GUSTAVE KOBBÉ

Tout l'opéra

Édition établie et révisée par
le comte de HAREWOOD

Traduit de l'anglais par
Marie-Caroline AUBERT et Denis COLLINS
Adaptation française de
Martine KAHANE
conservateur de la Bibliothèque de l'Opéra de Paris

Bouquins
ROBERT LAFFONT

Si vous désirez être tenu au courant des publications de l'éditeur
de cet ouvrage, il vous suffit d'adresser votre carte de visite
aux Éditions Robert Laffont, Service « Bulletin », 6, place Saint-Sulpice,
75279 Paris Cedex 06.

ISBN : 2-221-50101-2
Édition originale, ISBN 0-370-10020-4 Putnam & Company Londres.

Préface

Gustave Kobbé naquit à New York en 1857. Il fit ses études de musique dans sa ville natale et à Wiesbaden, en Allemagne. Il fut d'abord corédacteur en chef de la *Musical Review*, puis correspondant du *New York World* pour la création de *Parsifal* à Bayreuth, en 1882. Il écrivit de nombreux articles pour les principales revues américaines de l'époque — *The Century, Scribners, The Forum, North American Review*, etc. — avant de devenir critique musical du *New York Herald*, qui appartenait alors à James Gordon Bennett. Il y resta dix-huit ans. Passionné de navigation, c'est lors d'un accident en mer qu'il trouva la mort : un hydravion s'apprêtant à amerrir heurta son bateau dans la Great South Bay of Long Island, New York, en juillet 1918.

Kobbé était alors sur le point de terminer l'ouvrage qui fut complété et publié après sa mort sous le titre *The Complete Opera Book*. Pour satisfaire aux exigences — largement illusoires — du titre, l'ouvrage fit l'objet d'une mise au point à l'occasion de chaque réédition. Au début des années 1950, on me demanda de mettre le Kobbé à jour, et l'édition de 1954 reflète le souci de rendre compte de certains changements intervenus dans le répertoire depuis 1918.

En préparant cette édition, je me suis rappelé avoir eu fréquemment recours au Kobbé quand, écolier des années 30, j'écoutais à la radio des retransmissions d'opéras dont j'ignorais le sujet et le contexte. Ses informations me furent d'un secours inestimable. Mais je dois admettre ma déception quand je réalisai que *La Forza del Destino*, par exemple, n'y figurait même pas. Ce fut une piètre consolation d'apprendre ensuite que cet opéra, retransmis alors presque chaque semaine d'Italie, avait été exclu parce qu'on le connaissait à peine en Amérique à l'époque de la rédaction du livre.

C'est ainsi que plusieurs œuvres anciennes et modernes furent ajoutées en 1954 à celles retenues par Kobbé, au détriment d'autres, supprimées pour leur laisser la place. Après la publication de la nouvelle édition, je fus pris à partie par cette sommité qu'était Mary Garden pour n'avoir pas suffisamment prêté attention à « l'opéra français moderne » (c'est-à-dire, dans son esprit, aux œuvres qu'elle avait « créées » au début du siècle). Le Kobbé 1954, plus important que l'édition précédente, n'en omettait pas moins un certain nombre d'œuvres, dont l'expérience acquise au cours des vingt dernières années a prouvé qu'elles devaient y être incluses. C'est pourquoi la présente édition a été largement révisée et considérablement augmentée. Comme dans le Kobbé 1954, chaque article porte la signature « K. », qui correspond aux matériaux recueillis par M. Kobbé ; « K.W. » désigne les opéras ajoutés après sa mort par Katherine Wright, qui a rassemblé ses notes ; « F.B. » désigne Ferrucio Bonavia, et « H. », moi-même.

L'un des traits marquants de l'histoire de l'opéra dans les années 1950-1960 (et je ne vois pas pourquoi cela ne continuerait pas dans les années 1970 et au-delà) est la résurrection d'œuvres ayant connu, à une époque, un « purgatoire » : on joue maintenant Monteverdi plus souvent que Gluck ; *Idomeneo* de Mozart devint pour les amateurs des années 1950-1960 ce qu'avait été *Cosi* pour ceux d'avant 1939 ; des œuvres mineures de Rossini, Bellini, Donizetti ont connu récemment la même faveur que les opéras de Verdi ; Prokofiev est aujourd'hui considéré comme un auteur d'opéras, et même les œuvres discutées de l'Allemagne de l'entre-deux-guerres sont de judicieux modèles pour la nouvelle génération.

L'élargissement du répertoire, qui a certainement stimulé la vie de l'opéra, est lié naturellement à une regrettable caractéristique du milieu du XXe siècle : le manque d'intérêt, autrefois automatique et généralisé, pour les œuvres contemporaines. Il est vrai que ce déclin vaut autant pour l'opéra que pour les autres formes de musique ; il n'en demeure pas moins que, si cela continue, il en résultera une élimination progressive de la création d'œuvres nouvelles, qui se soldera en fin de compte par l'extinction du genre, inapte à se reproduire. Les compositeurs contemporains se plaignent de la rigidité de conception des directeurs de salles, du coût élevé des mises en scène (ce qui réduit les chances d'être joué) des grands opéras, de la non-coopération des chanteurs, du faible intérêt manifesté par le public — de telles idées n'auraient inquiété ni Mozart, ni Verdi (Wagner, peut-être...).

Pour ma part, tout en admettant l'absurdité d'une totale confiance en l'avenir de l'opéra (trop de détracteurs influents clament que cette fois est démodée), je ne peux oublier que le concept original qui soutient l'opéra est toujours vivant : *dramma per musica* — le drame par la musique. Nous pouvons concevoir quelque impatience devant les conventions de Haendel, l'élégance du XVIIIe siècle et les passions enflammées du XXe, le *bel canto*, le wagnérisme, le romantisme de Puccini, les dispositifs gigantesques d'*OEdipus Rex*, de *Peter Grimes*, ou de *Guerre et Paix ;* mais tant que l'homme s'intéressera aux arts de représentation, il voudra allier la musique au drame pour les sublimer, l'un comme l'autre — et il en découlera une œuvre susceptible d'être incorporée au prochain Kobbé.

Nous tenons à exprimer notre reconnaissance, pour l'utilisation de citations musicales d'œuvres dont les droits sont encore réservés, à :

MM. Boosey & Hawkes Music Publishers Ltd. (Rimsky-Korsakov, Strauss, Stravinsky, Prokofiev, Britten, Weinberger, Kodaly) ; MM. Chappell & Co. Ltd. (Granados) ; MM. J. & W. Chester Ltd. (Falla) ; MM. Durand & Cie (Ravel, Roussel, Debussy) ; MM. Faber Music Ltd. (les « mystères » de Britten, « Owen Wingrave » et « Death in Venice ») ; MM. Heugel (Massenet, Charpentier) ; Novello & Co. Ltd. (Rimsky-Korsakov) ; G. Ricordi & Co. Ltd. (Boito, Puccini, Montemezzi, Zandonai) ; MM. Schott & Co. Ltd. (Tippett) ; MM. Sonzogno (Leoncavallo, Giordano, Cilea, Mascagni) ; MM. Stainer & Bell Ltd. (Boughton) ; MM. Edizione Suvini Zerboni (Dallapicola) ; MM. Universal Edition (Alfred A. Kalmus) Ltd. (Berg. Janácek, Weill) ; MM. Joseph Weinberger Ltd. (Ravel).

Je tiens également à remercier M. Harold Rosenthal, qui a fourni pour l'édition de 1954 les détails relatifs aux premières et aux représentations à la tête de chaque article, et qui a révisé ce travail à l'occasion de chaque réédition, y compris la dernière. Et M. Herbert Rees, qui est non seulement le plus diligent des lecteurs d'épreuves, mais aussi une source inestimable de connaissances, en matière d'opéra et en bien d'autres domaines.

Janvier 1976,

HAREWOOD.

Pour l'édition française, les opéras suivants ont été ajoutés.
Ils ont été rédigés par M. Jean-François Labie et sont signalés par la lettre
« L » à la fin de chaque partie rédactionnelle.

Alceste de LULLY
Alfonso und Estrella de SCHUBERT
Armide de LULLY
L'Atlantide de FALLA
La Calisto de CAVALLI
Castor et Pollux de RAMEAU
Dardanus de RAMEAU
David et Jonathas de CHARPENTIER
Ercole amante de CAVALLI
Euricide de PERI
La Fedalta premiata de HAYDN
Les Fileuses de Transylvanie de KODALY
Genoveva de SCHUMANN
Hyppolite et Aricie de RAMEAU
Les Indes galantes de RAMEAU
Jeanne au bûcher de HONEGGER
Die Kluge de ORFF
Lear de REIMANN
Lucio Silla de MOZART
Médée de CHARPENTIER
Les Mines de soufre de BENNETT
Le Nez de CHOSTAKOVITCH
L'Opéra de quat'sous de WEILL
Orlando furioso de VIVALDI
Platée de RAMEAU
Rappresentazione di anima de CAVALIERI
Tito Manlio de VIVALDI
Les Trois Pintos de WEBER
Le Tsar Saltan de RIMSKI KORSAKOV
Ulisse de DALLAPICCOLA
La Ville morte de KORNGOLD

Avant 1800

1. Naissance de l'Opéra italien

L'opéra, en tant que tel, fait son apparition en Italie, à l'aube du XVIIᵉ siècle. Il a certes été précédé par diverses formes religieuses ou profanes qui unissaient la musique et le théâtre. Mais ni les pantomimes ou soties, ni les mystères médiévaux ne présentent cette union intime entre geste musical et geste théâtral qui sera l'ambition suprême des hommes de la Renaissance, désireux de retrouver l'unité de la prosodie antique. Le but dont ils rêvent est un *recitar cantando* où les puissances de la musique soient soumises à un texte qu'elles mettent en valeur.

Une telle recherche ne se localise pas en un seul lieu. Les mouvements qui, par des chemins quelque peu différents, mèneront à l'opéra, se manifestent à Florence, dans l'Italie du Nord autour du centre artistique qu'est Venise, à Rome aussi où certaines familles, les Barberini en particulier, vont jouer un rôle de mécénat très important.

A Florence, c'est une démarche de chercheurs qui va prédominer. Autour du comte Giovanni Bardi di Vernio, puis de Jacopo Corsi, vont se réunir un certain nombre d'hommes qu'intéresse le problème de la restitution de la musique antique. Théoriciens comme Girolamo Mei, musiciens comme Vincenzo Galilei (le père de l'astronome), Giulio Caccini, Jacopo Peri ou Emilio de' Cavalieri, poètes comme Ottavio Rinuccini, cette réunion académique, cette *Camerata fiorentina* ne semble pas s'être intéressée de prime abord au problème de l'opéra. Leur préoccupation se porte avant tout sur la reconstitution d'une prosodie digne d'être comparée au modèle antique. Ce n'est que dans les toutes dernières années du siècle, sous l'impulsion de Ferdinand de Médicis que des expériences concrètes seront tentées. La *Dafne* de Peri voit le jour en 1597 ; elle est malheureusement perdue. C'est l'*Euridice* du même Peri, celle de Caccini, et la *Rappresentazione* de Cavalieri qui feront de l'année 1600 l'an I de l'ère de l'opéra.

Pendant quelques années, Florence restera, autour de la cour des Médicis, le centre le plus important de l'opéra naissant. Peri continuera d'y travailler ; en 1608, Marco de Gagliano y donnera sa *Dafne*. Mais très vite, la mort de Ferdinand de Médicis fera perdre à la ville un des supports de sa vie artistique. L'opéra florentin s'appauvrit et c'est vers Rome qu'il faut se tourner pour en voir les prolongements. Autour du pape Urbain VIII, la famille Barberini regroupe un certain nombre d'artistes en mal de protecteurs. Dans le théâtre que fait ouvrir le cardinal Antonio, neveu du pape, l'opéra va briller de tous ses feux. Les musiciens sont parfois médiocres, mais le décorateur est le Bernin lui-même et le librettiste, Giulio Rospigliosi, est un futur pape. Toutefois, ce ne sont que centres d'activité secondaires. C'est dans le Nord de l'Italie, à Venise et Padoue, que va se jouer l'essentiel.

Doué d'une plus forte personnalité, maître incontesté de l'art polyphonique, Claudio Monteverdi utilise les expériences de la *Camerata* florentine pour donner à l'opéra une impulsion dramatique que les premiers auteurs ignoraient encore. Tout l'aspect « imitation de l'antique », qui freinait l'expressionnisme chez un Peri ou un Caccini, disparaît pour faire place à une violence émotionnelle sans précédent. La carrière théâtrale de Monteverdi s'est déroulée en deux temps : à Mantoue où il est au service des Gonzague de 1590 à 1612, puis à Venise où il est maître de chapelle à San Marco de 1613 à 1643. La première partie nous vaut l'*Orfeo*, le *Ballo delle Ingrate* et une *Arianna* dont il ne reste que quelques fragments. De la deuxième, il ne reste plus, sur dix-huit ouvrages dramatiques, que deux cantates et deux opéras, *Il Ritorno d'Ulisse in patria* et l'*Incoronazione di Poppea*. Dans ses dernières œuvres, Monteverdi a développé un style d'une énergie dramatique très intense ; on passe sans transition des scènes les plus tragiques aux épisodes les plus bouffons avec une liberté qui fait penser au théâtre shakespearien et qui nous entraîne déjà dans le monde de l'art baroque. Auprès du Monteverdi des dernières années, il faut remarquer la présence de musiciens de talent, tels que Francesco Cavalli qui fut son élève et probablement son collaborateur. Au cours d'une riche carrière d'homme de théâtre, Cavalli pousse plus loin que son maître l'utilisation à des fins dramatiques de la diversité des structures formelles employées : abandon des chœurs au profit des effets de solistes, alternance de monologues et de dialogues coupés par des arias, passages orchestraux à caractère descriptif. La liberté avec laquelle Cavalli compose le tissu de ses opéras est remarquable ; elle est historiquement d'autant plus importante qu'elle aura une influence profonde aussi bien sur l'opéra italien que sur le développement particulier de l'opéra français.

EMILIO DE' CAVALIERI
(1550-1602)

La rappresentazione di Anima e di Corpo
Le jeu de l'Ame et du Corps

Représentation lyrique en 3 actes d'Emilio de' Cavalieri ; livret d'Agostino Manni. Créée à Rome à Santa Maria della Valicella en février 1600. Reprises : Cambridge, Girton College, juin 1949 ; Université du Nord Dakota, février 1966 ; Festival de Salzbourg, août 1968, avec Tomaselli, Sepp Scheepers, Petri, Sarroca, Bundschuh, Frese, van Dam, Mayr, dir. Rolf Maedel, maintenu pendant plusieurs années au programme du Festival ; Festival d'Edimbourg, août 1972 ; Nuremberg, juin 1976 par l'ensemble de la Schola Cantorum de Bâle (instruments anciens) avec Bengtsson, Montserrat Savall, Ian Partridge, Nigel Rogers, dir. Hans-Martin

*Linde, mise en scène, Hans-Peter Lehmann ; Heidelberg, octobre 1978, en costu-
mes modernes, mise en scène. Johann Kresnik, dir. Kelber ; Sienne, Teatro dei Rin-
nuovati, 1980, avec Trama, Banditelli, Berkeley-Dennis, dir. Fausto Razzi, mise en
scène. Silvano Bussotti.*

PERSONNAGES

L'AME (mezzo-soprano) ; LE CORPS (baryton) ; L'INTELLIGENCE (ténor) ; LA SAGESSE
(basse) ; LE TEMPS (basse) ; LE PLAISIR (haute-contre) ; L'ANGE GARDIEN (soprano) ;
LA VIE DU MONDE (soprano) ; LE MONDE (basse) ; L'AME BIENHEUREUSE (soprano) ;
L'AME DAMNÉE (basse) ; L'ÉCHO (soprano).

L'année 1960 voit apparaître à Florence, l'*Euridice* de Jacopo Peri et à Rome, *La Rappresentazione di Anima e di Corpo* d'Emilio de' Cavalieri. De là à y voir les débuts parallèles de l'opéra et de l'oratorio, il n'y avait qu'un pas que les historiens s'empressèrent de franchir. Mais c'est oublier un peu vite que *La Rappresentazione,* si elle traite bien de personnages abstraits, à caractère essentiellement moral, si elle a eu pour premier cadre la maison des Pères Philippins à l'*Oratorio della Vallicella,* si elle est très conforme dans son esprit aux ambitions d'une spiritualité ouverte et simple telles que les formulait saint Philippe Neri, n'en est pas moins un drame lyrique en trois actes, écrit comme l'*Euridice* « per recitar cantando », et qu'elle a bel et bien été représentée avec des décors et tous les accessoires de l'opéra naissant. Bon nombre de reprises modernes ne se sont pas contentées de la salle de concert et ont cherché à retrouver les rythmes et les fastes du théâtre. On a même pu assister en 1978 à Heidelberg à une série de représentations où l'actualité du propos de la pièce de Cavalieri était soulignée par l'usage de costumes modernes, les forces du mal étant revêtues d'uniformes de S.S.

La pièce s'ouvre sur un cantique de louange à Dieu en forme de madrigal. Vient ensuite un long prologue parlé, au cours duquel deux jeunes gens, Intelligence et Prudence, discutent sur le mode platonicien de ce que la vie des mortels présente comme caractères d'illusion. Ils terminent leur conversation en annonçant qu'ils vont faire appel au théâtre pour rendre leur propos compréhensible par tous. Les trois actes qui suivent, présentent trois actions — si l'on peut parler ici d'action — différentes. Ce sont plutôt des jeux d'allégories, ayant beaucoup en commun avec les moralités médiévales.

Acte I. Il commence par deux monologues, l'un du Temps qui commente l'infinie mutabilité des choses humaines, l'autre de l'Intelligence qui rappelle que l'esprit humain n'est jamais satisfait. Ils sont suivis d'un dialogue du Corps et de l'Ame, exposé des penchants et des désirs contraires qui déchirent l'homme. L'acte se termine sur un chœur qui rappelle que seul le ciel nous donne la force de surmonter les obstacles qui nous mettent journellement en danger.

Acte II. Commençant par une formule de louange quasi liturgique, le second acte est un exposé classique du conflit entre le Monde et la Sagesse. C'est le thème que l'on retrouvera, tout au long de l'âge baroque, dans les allégories du type Hercule à la croisée des chemins. Le texte a ici une saveur toute érasmienne. Le Plaisir et ses compagnons font miroiter leur séduction devant le couple Corps-Ame ; au moment où le Corps est prêt à céder, l'Ame consulte le ciel qui répond par la voix d'un Écho qui décrit ce que sont les vrais plaisirs. Le débat reprend, opposant d'un côté l'Ame et son Ange Gardien, de l'autre le Monde et la Vie mondaine. La discussion est animée, mais les défenseurs du bien font apparaître sous les apparences souriantes de la vie facile la silhouette de la mort. C'est sur une note qui confine au désespoir que le Corps finit par chanter son désarroi devant un choix impossible. Il est réconforté par l'Ange Gardien et l'acte se termine par un chœur d'hommage à la vie céleste, sous forme de madrigal.

Acte III. Il est entièrement consacré à une contemplation du sort des âmes après leur mort. Sous la conduite de l'Intelligence et de la Sagesse, nous sommes appelés à assister à la déplorable condition des Ames Damnées, que le chœur souligne par des textes empruntés plus ou moins directement au *Dies Irae*. L'intérêt dramatique est moins soutenu dans cette discussion qui oppose deux groupes de personnages dont les positions sont immuable[s] L'œuvre se termine par un chœur [d]e jubilation qui est bien dans l'esprit d[es] laudes médiévales.

La Rappresentazione di Anima et [di] Corpo est l'expression d'un temps sp[i]rituel précis ; celui de la Contre[-] Réforme telle qu'elle fut vécue dans [le] milieu romain qui gravitait autour d[e] saint Philippe Néri. On y retrouve u[n] mélange étonnant de formes médiéva[-] les mêlées au plus pur esprit de l[a] Renaissance. Opéra aux personnage[s] abstraits, l'œuvre correspondait tro[p] peu au goût des générations qui on[t] suivi pour ne pas être tombée pendan[t] de longues décennies dans un oub[li] complet. Il appartenait à notre époqu[e] troublée et friande de musiques nouvel[-] les de l'exhumer et de lui ouvrir une nouvelle carrière. Musicalement, elle s'inscrit dans la même tradition que les premiers opéras nés dans le milieu flo[-] rentin dont le centre était formé par les membres de la Camerata Bardi.

L.

GIULIO CACCINI
(1545-1618)

JACOPO PERI
(1561-1633)

Euridice

Opéra en un prologue et 6 scènes sur un poème d'Ottavio Rinuccini. Musique de Jacopo Peri. Créé à Florence, Palazzo Pitti le 6 octobre 1600 à l'occasion du mariage d'Henri IV et de Marie de Médicis, Peri tenait le rôle d'Orfeo ; reprise à Saratoga Springs, 9 avril 1941.
Musique de Giulio Caccini. Créé à Florence, Palazzo Pitti le 5 décembre 1602. Reprise à Rennes, Maison de la Culture en janvier 1980.

PERSONNAGES

LA TRAGÉDIE (contralto) ; EURIDICE (soprano) ; ORPHÉE (ténor) ; ARCETRO (ténor) ; TYRSIS (ténor) ; AMINTE (ténor) ; DAPHNÉ (soprano) ; VÉNUS (soprano) ; PLUTON (basse) ; PROSERPINE (contralto) ; CHARON (basse) ; BERGERS, NYMPHES, DIEUX INFERNAUX.
La scène se passe dans une antiquité mythologique.

Le premier opéra, au sens moderne du terme, est incontestablement l'*Euridice* de Rinuccini. Que l'on ne s'étonne pas de voir ici le nom d'un librettiste et non celui d'un musicien. Il y a à cela deux raisons. La première est que dans la conception du drame musical qui s'était formée à Florence autour de la « Camerata » Bardi, il s'agissait de reconstituer ce qui avait été le drame antique. Comme on supposait que Grecs et Latins l'avaient fait, l'on tentait de chanter des vers afin de leur donner la teneur émotive maximale. Ce *recitar cantando* créait entre librettiste et musicien un rapport de force particulier, moins favorable à ce dernier qu'il ne l'a été par la suite. La seconde raison est que le livret de Rinuccini a été utilisé à Florence par deux musiciens de façon presque simultanée. Jacopo Peri vit son œuvre jouée en 1600 à l'occasion des fêtes données pour le mariage de Marie de Médicis avec Henri IV de France. Mais la partition ne fut imprimée qu'après celle de Caccini qui parut en janvier 1601. Par contre, l'*Euridice* de celui-ci ne fut jouée qu'en 1602 pour fêter le passage à Florence des cardinaux Montalto et Dal Monte. Le lieu des représentations fut le même : le palais Pitti, résidence officielle des Médicis, grands-ducs de Toscane. Ajoutons à cela que Caccini avait collaboré à la musique de Peri. L'œuvre (ou les deux œuvres) devait tomber pendant des siècles dans un oubli complet ; elle n'en constitue pas moins le premier opéra de notre répertoire et à ce titre, mérite le regain d'intérêt qui lui a été porté dans ces dernières années. La musique, surtout celle de Peri, est d'ailleurs loin de manquer d'intérêt.

Dans un court prologue, la Tragédie vient expliquer qu'en l'honneur du mariage royal, elle adoucira son langage habituel et ne fera pas couler le sang.

Acte I. Un village d'Arcadie prépare dans la joie les noces d'un jeune couple ; Orphée et Euridice vont se marier et tous chantent leur grâce et leur beauté. Euridice et ses compagnes s'éloignent pour aller se préparer à la cérémonie. Survient la nymphe Daphné porteuse d'une affreuse nouvelle. Euridice a été piquée par un serpent ; elle est morte en soupirant le nom d'Orphée. Le reste de l'acte n'est qu'une longue désolation où alternent chœur et voix solistes.

Acte II. Il se déroule aux Enfers. Orphée est allé chercher Euridice pour l'arracher à la mort. Pluton lui oppose un refus formel au nom de l'ordre établi qui est inviolable. Mais toutes les divinités, Vénus qui protège Orphée, Proserpine qui a le cœur plus tendre que son mari, jusqu'au terrible Charon, sont sensibles à la beauté du chant du poète. Pluton se laissera fléchir et rend sa bien-aimée à Orphée.

Acte III. Nous nous retrouvons sur la place du village. L'inquiétude est grande car Orphée n'est pas encore rentré. Aminta apporte un message d'espoir. Les deux époux sont vivants et heureux. Nous les voyons enfin apparaître et le chœur chante les louanges de la poésie et de l'amour qui, unis, peuvent triompher de la mort.

La construction très rigoureuse du texte de Rinuccini en fait un admirable

tremplin pour une musique tout en sou-
plesse, où le chœur a un rôle essentiel
(comme dans la tragédie grecque). Il
faut remarquer l'habileté avec laquelle
est construit le rôle d'Euridice, pivot
essentiel de l'action, qui n'apparaît que
quelques instants au début et à
l'extrême fin du drame mais dont la
présence est permanente dans les propos de tous les personnages.

L.

CLAUDIO MONTEVERDI
(1567-1643)

La convention veut que l'opéra commence en 1600, date de l'*Euridice* de Peri
le premier opéra passé à la postérité. (*Dafne*, composé par Peri en 1597, a été
perdu.) Mais la musique de scène existait bien auparavant, dans les miracles
mystères, soties et drames sacrés, et plus encore dans les pantomimes. Toutes ce
formes théâtrales ont eu leur influence sur le développement de l'opéra, qu
lui-même est encore, à ce jour, en pleine évolution.

A la fin du XVIᵉ s. se réunissait à Florence une petite élite de nobles cul
tivés — que les historiens de la musique désignent par la « Camerata ». Sou
l'égide d'un certain comte Giovanni Bardi di Vernio, et plus tard de Jacopo Corsi
elle accueillait des compositeurs tels que Vicenzo Galilei (père de l'astronome)
Emilio de' Cavalieri, Jacopo Peri et Giulio Caccini. Leur propos était de repro
duire, dans la mesure du possible, l'harmonie de mots et de musique qui présida
au théâtre grec, afin de le faire revivre. Dans cet esprit ils établirent que le texte
doit toujours être parfaitement compréhensible, que les mots doivent être
déclamés avec une exactitude et un naturel scrupuleux, et surtout que la musiqu
doit refléter l'esprit de l'ensemble et non se concentrer sur certains détails de
l'action, sur des mots ou même des syllabes isolées. Ces compositeurs et poètes
prenant pour modèle les Grecs, entendaient ainsi mettre fin à la déformation de
mots, rendue inévitable par la musique polyphonique. Ils furent responsables d
l'introduction de la monodie (ou chant pour voix non accompagnée) sous un
forme qui ressemble à celle que nous connaissons aujourd'hui.

Claudio Monteverdi, qui maîtrisait déjà brillamment le style polyphonique
fut le premier à savoir utiliser les bases établies par la « Camerata » florentine
Le professeur Westrup a dit de son premier opéra, *Orfeo*, qu'il faisait date « no
parce qu'il ouvrait une nouvelle voie mais parce que l'imagination y avait pris l
pas sur la théorie ». Ce fut sans aucun doute une chance pour l'opéra que so
apparu si tôt un compositeur dont la conception était avant tout dramatique. A
regard de l'*Orfeo* de Monteverdi, l'*Euridice* de Peri et celle de Caccini (tous deu
traitèrent la même année, 1600, le livret de Rinuccini) sont de toute évidenc
pâles et monotones.

On peut diviser la carrière de Monteverdi en deux périodes : de 1590 à 1612
il fut au service de la Cour de Mantoue; de 1613 à 1643, à Venise, il fut maître d
chapelle à Saint-Marc et composa pour le théâtre. Au cours de la première périod
il composa trois des vingt et une pièces dramatiques qui lui sont attribuées (*Orfeo e

l Ballo delle Ingrate nous sont parvenus intacts, mais l'on ne possède aujourd'hui que quelques fragments d'*Arianna*); des dix-huit autres, toutes, sauf quatre, ont disparu. (*Tirsi e Clori*, ballet-opéra; *Il Combattimento di Tancredi e Clorinda*, cantate dramatique et les opéras *Il Ritorno d'Ulisse in Patria*, *L'Incoronazione di Poppea*, ont survécu.)

La tendance actuelle veut que l'on voie en Monteverdi non pas un grand révolutionnaire, mais plutôt l'apogée d'une période de transition, et un compositeur qui dominait aussi bien le style polyphonique que la monodie.

La Favola d'Orfeo
La Légende d'Orphée

Opéra en 5 actes précédés d'un prologue. Musique de Claudio Monteverdi; liv. d'Alessandro Striggio. Première privée, février 1607, à l'Accademia degl'Invaghiti de Mantoue. Giovanni Gualberto (castrat, le premier à créer un rôle d'opéra important) dans le rôle d'Orfeo. Puis, 24 février de la même année, au théâtre de la Cour de Mantoue. Août 1607, l'opéra fut donné à Crémone, la ville natale de Monteverdi, et, semble-t-il, à Turin, Florence et Milan. Orfeo fut repris à Paris, 1904, dans une version de concert adaptée par Vincent d'Indy; puis, 1909, à Milan et dans d'autres villes italiennes (adaptation de Giacomo Orefice). Première sur scène : théâtre Réjane à Paris, 1911, dans la version de Vincent d'Indy. Première en Amérique, 1912, au Metropolitan Opera (version de concert, adaptation Orefice). Nouvelle production de Carl Orff à Mannheim, 1925. Adaptation de Malipiero, première, 1929, à Leningrad. 1929, première représentation sur une scène américaine, à Northampton, Massachusetts, sous les auspices du Smith College.

Première en Angleterre, 1924, sous les auspices de l'Institut français, dans la version de concert adaptée par Vincent d'Indy. L'adaptation de J.A. Westrup et W.H. Harris fut jouée à Oxford en 1925, et à Londres en 1929.

Pour ce qui est des reprises en Italie : Opéra de Rome, 1934 (adaptation de Benvenuti), dir. Serafin; Scala de Milan, 1935 (adaptation Respighi), dir. Marinuzzi; Festival de Florence, 1949 (adaptation Frazzi) : avec Fedora Barbieri en Orfeo, dir. Guarnieri. Version de Cesare Brero à Versailles, 1964, par l'Opera Camera de Milan, et au Festival d'Aix-en-Provence, 1965. 1967, Maderna dirige l'opéra au Festival de Hollande. La version de Respighi fut montée à Budapest, 1936, et resta au répertoire pendant de nombreuses années. Autres reprises : au New York City Center, 1960, avec Souzay, dir. Stokowski; au Sadler's Wells, 1965, production Leppard. Zurich, 1978, version Harnoncourt, dir. Harnoncourt.

PERSONNAGES

LA MUSIQUE (prologue) (soprano); ORFEO , *poète* (ténor ou baryton); EURIDICE , *sa femme* (soprano); UNE NYMPHE (soprano); QUATRE BERGERS (trois ténors, une basse); LE MESSAGER (soprano); L'ESPOIR (soprano); CHARON (basse); PROSERPINE, *reine du monde des Ténèbres* (soprano); PLUTON, *roi du monde des Ténèbres* (basse); APOLLON (ténor ou baryton).

Nymphes, bergers, esprits du monde des Ténèbres.

Il peut être utile de connaître la liste des instruments mentionnés au début de la partition d'*Orfeo*[1] et de ceux qui sont ajoutés dans la partition.

Instruments fondamentaux (c'est-à-dire jouant en accord)

2 *clavicembali*
1 double harpe (plus une pour la représentation ?)
2 *chitarrones* (plus un dans la partition)
2 basses de cistre (ne figurent pas sur la liste, mais dans la partition)
3 basses de gambe
2 orgues à flûte (*Organi di Legno*)
1 orgue à tuyau à anche (*Regale*)

Instruments à cordes

2 petits violons (*alla francese*)
10 *viole da braccio* (c'est-à-dire un ensemble à cordes, composé si possible de 4 violons, 4 altos, 2 violoncelles)
2 contrebasses

Instruments à vent

4 trombones (plus un mentionné dans la partition)
2 cornets à pistons
1 *flautino alla Vigesima Seconda* (c'est-à-dire un flageolet; un autre (?) est requis dans la partition)
1 trompette aiguë (*clarino;* il s'agit sans doute d'utiliser le registre élevé de la trompette normale)
3 trompettes douces (*trombe sordine*)

Il semble que chaque musicien jouait de plusieurs instruments, et que ceux-ci n'étaient pas utilisés tous à la fois, sauf pour la *toccata* de l'ouverture, certaines *sinfonie* et les accompagnements de certains chœurs. Monteverdi a indiqué quelles combinaisons d'instruments il souhaitait, et usé du contraste des différentes couleurs de l'orchestre à des fins dramatiques. L'opéra commence par une *toccata* en do majeur — « fracassante », selon Redlich — qui est jouée trois fois par tout l'orchestre avant le lever de rideau. Le prologue est le récit des pouvoirs de la Musique; chacun des cinq couplets — avec accompagnement de basse — est introduit par un *ritornello* que l'on rejoue une dernière fois après le cinquième. Le même *ritornello* réapparaît une septième et une huitième fois à la fin de l'acte II et au début de l'acte V. Ces *ritornelli* créent tout au long de l'opéra des atmosphères favorables aux diverses scènes.

Acte I. Les bergers et les nymphes se réjouissent du mariage d'Orfeo et d'Euridice. Les deux bergers et la nymphe chantent chacun un couplet entre les chœurs, et Orfeo son premier grand aria « Rosa del ciel ». Stance pour Euridice, reprise des chœurs. Magnifique chœur, où s'exprime l'espoir de voir les amoureux protégés du malheur.

Acte II. Débute par une longue et belle pastorale, il est dominé par la grande scène du Messager et par la complainte d'Orfeo. Bref aria d'Orfeo, suivi d'un couplet du deuxième berger, du duo des deux bergers — le couplet et le duo étant chacun composé de deux strophes précédées d'une ritournelle. Les bergers chantent ensuite un troisième couplet, encadré par une autre ritournelle, et la scène s'achève sur le chœur des bergers qui prient Orfeo de chanter. Celui-ci entonne alors « Vi ricordo o boschi ombrosi » dont chacune des 4 strophes est précédée d'une ritournelle jouée par 5 *viole da braccio*, une contrebasse, 2 *clavicembali* et 3 chitarrones. Aria simple et libre, parfait reflet d'une atmosphère heureuse. Ce climat est brutalement rompu par le Messager, qui vient annoncer la mort d'Euridice. Le bonheur et la sérénité d'Orfeo ont suscité la jalousie des dieux; le chœur semble immédiatement appréhender la nature de

1. La liste est citée dans *A Short History of Opera*, de Donald Grout.

a visite du Messager, tandis qu'Orfeo, eul, est insensible à l'approche de la ragédie. Le Messager chante « Ahi, aso acerbo », phrase reprise plus tard ar les bergers et le chœur. Aria d'une rande force émotionnelle et drama- ique. Monteverdi obtient par les noyens les plus simples une extraordinaire intensité, au début, dans les uelques phrases du dialogue avec rfeo, qui finissent sur son cri de stueur : « Ohimè. » Après le récit du Messager, la première réaction d'horeur, aux mots « Ahi, caso acerbo », st celle des bergers. Puis Orfeo entame a complainte « Tu se' morta, se' morta ia vita ». Elle est brève et d'une motion retenue, quasi classique ; mais e pouvoir évocateur de la musique est ans égal, et la simplicité passionnée e la fin — « A dio terra, a dio cielo, e ole, a Dio » — est bouleversante. Le hœur et les bergers élaborent une rénodie sur les mots « Ahi, caso cerbo », et pleurent le sort d'Euridice d'Orfeo.

Acte III. La confrontation d'Orfeo t de l'Espoir a des accents d'une olennité impressionnante. Orfeo déde d'aller chercher Euridice aux nfers. L'orchestration se distingue ici ar l'emploi des trombones. Aux ombres phrases de Charon succède le hant par lequel Orfeo espère gagner entrée aux Enfers. Son ornementation aborée en fait un test de virtuosité, nt la difficulté est accrue par le fait ue chaque strophe et chaque ritorello correspondent à un ensemble nstruments différents. Charon écoute chant avec plaisir, mais ne cède à la quête d'Orfeo que lorsque celui-ci la i répète dans un récitatif d'une simicité extrême. Qui pourrait résister la montée des demi-tons dans le Rendetemi il mio ben, Tartarei umi » qui clôt son plaidoyer ? L'acte, écédé et suivi d'une solennelle sinfoa, se termine par un ravissant chœur s Esprits, de style madrigalesque.

Acte IV. Proserpine et Pluton s'entretiennent du sort d'Orfeo. Poussé par sa femme et par les esprits captifs, le roi du monde des Ténèbres accepte de rendre Euridice à son mari, à condition que celui-ci ne regarde pas en arrière en sortant des Enfers. Orfeo triomphe, mais son chant de joie s'interrompt brutalement quand il se retourne pour s'assurer qu'Euridice le suit la perdant ainsi à jamais. Les Esprits pleurent alors sa liberté à peine reconquise et aussitôt perdue parce qu'Orfeo a transgressé la volonté de Pluton.

Acte V. Orfeo erre dans les plaines de Thrace, se lamentant sur son cœur brisé. Il enjoint à la Nature elle-même, qui autrefois se réjouissait de ses chants, de s'associer à son deuil. Le ritornello qui ouvre l'acte est celui-là même qui apparaissait dans le prologue. Monteverdi fait intervenir un écho au cours de cette scène. Apollon, le père d'Orfeo, descend des cieux pour annoncer à son fils qu'il va devenir immortel, et que parmi les étoiles il pourra revoir son Euridice. Tous deux montent au ciel, chantant un air richement orné de vocalises. Le chœur fait ses adieux dans une joyeuse « Moresca ». (On notera que le livret original de Striggio apportait à la légende une fin conforme à la tradition : les femmes de Thrace lacéraient Orfeo au cours d'une bacchanale, ne supportant pas qu'il se lamentât éternellement pour une femme qu'il ne reverrait jamais.)

« Orfeo, dit le professeur Westrup[1], est curieusement représentatif de son époque. Nous y trouvons le nouveau récitatif tel qu'il était déjà utilisé par Peri et Caccini, la subtilité rythmique de la chanson française, la polyphonie traditionnelle du motet et du madrigal, l'usage conventionnel qui consiste à embellir la ligne vocale avec des fioriture, les figures chromatiques du madrigal reportées sur la monodie... Orfeo n'est pas vraiment une œuvre

---

1. Dans son essai sur Monteverdi, in The Heritage of Music, vol. III (O.U.P.)

expérimentale, mais plutôt une heureuse tentative de fusion des diverses méthodes d'expression musicale d.
l'époque. »

H.

Arianna

Opéra en 1 prologue et 8 scènes de Monteverdi, sur un texte de Rinuccini; créé
28 mai 1608, au théâtre de la Cour de Mantoue, aux fêtes du mariage du du
Francesco Gonzague avec Marguerite de Savoie. Virginia Andreini créa le rôle
d'Arianna. La partition est aujourd'hui perdue, sauf le célèbre lamento *et quel-*
ques autres fragments. Mais des reprises ont eu lieu sur scène à Karlsruhe, 1926
et à Paris, 1931.

Il semble qu'*Arianna* ait connu un immense succès lors de la première représentation. Le grand *lamento* d'Arianna, « Lasciatemi morire », est aussitôt devenu le morceau le plus populaire de l'époque.

C'était le premier d'une longue série de *lamenti*, que Monteverdi a même transformée en un madrigal en cinq

parties (1610), puis en un « Pianto della Madonna » sacré, publié en 1640

H.

Il Combattimento di Tancredi e Clorinda
Le Combat de Tancrède et de Clorinde

Cantate dramatique, musique de Monteverdi, texte du Tasse : vers 52-68 du
12ᵉ Chant de « La Jérusalem délivrée ». Il Combattimento fut publié en 1638, soi
quatorze ans après avoir été écrit pour une représentation au palais de Girolam
Mocenigo, que Monteverdi décrit dans l'introduction de la partition. Aprè
quelques madrigaux chantés en guise d'introduction, Clorinde apparaît, armée
à pied, suivie de Tancrède, également en armes mais monté sur un « Cavallo
Mariano » [1].

1. Leppard a proposé une intéressante explication du sens de ce mot mystérieux. « A
l'époque où le *Combattimento* fut publié dans le Livre VIII, les circonstances de la représentation étaient décrites oralement, et non écrites. Le palais Mocenigo n'est pas grand, et il n'y a guère de place dans la cour pour y asseoir des spectateurs. La représentation a dû être donnée au *piano nobile* (premier étage, c'est-à-dire l'étage noble) qui n'est pas très grand non plus. Pas question d'y mettre un vrai cheval. Un cheval de bois semble être la meilleure solution, et puisque les marionnettes de taille humaine étaient (et sont encore) un élément typique du théâtre populaire italien, il est possible que des marionnettes aient joué tandis que des chanteurs chantaient à leur côté. « Mariano » n'existe que dans un sens religieux ou saisonnier, mais est très proche de « marionnette » (dont l'origine est également religieuse, me semble-t-il). Voici, je pense, la véritable origine. »

Tandis que le Narrateur commence [o]n chant, Clorinde et Tancrède [l]uent, ou dansent, l'histoire étant en [q]uelque sorte suggérée par les paroles. [L]'action, mi-ballet, mi-théâtre, devait [r]especter strictement la mesure impo-[sé]e par les paroles et la musique. Le [n]arrateur devait chanter d'une voix [cl]aire et ferme, et bien articuler. A la [fi]n, dit Monteverdi, l'assistance était [é]mue aux larmes, et applaudit à ce [n]ouveau genre de divertissement.

Avant le début de la pièce, Tancrède, [ch]evalier chrétien, est tombé amoureux [de] Clorinde, jeune fille sarrasine, qui [c]ombat avec courage et adresse. [R]evêtue d'une armure, elle vient, [av]ec l'aide d'un compagnon, d'atta-[qu]er et d'incendier une forteresse [c]hrétienne. Tancrède la poursuit, [e]t, la prenant pour un homme la [pr]ovoque en un combat mortel.

Le Narrateur (Testo), qui ne parti-[ci]pe pas à l'action mais la commente, [a]nnonce d'abord le thème de l'histoire. [I]mmédiatement ensuite vient, dans [u]ne mesure à 6/8, la représentation [d']une poursuite à cheval. Clorinde et [T]ancrède se défient, et Tancrède met [pi]ed à terre pour combattre. Le [n]arrateur décrit les phases du combat. [A]vant la *sinfonia* qui introduit l'Invo-[c]ation de la Nuit, nous entendons [p]our la première fois le *tremolo* de [c]ordes, ou *stile concitato,* qui sera [so]uvent employé par la suite. L'ode à [la] Nuit est d'une très belle inspiration; [el]le permet un compte rendu graphique [d]e la bataille, dont les phases musicales [ch]angent aussi souvent que les étapes [d]u duel. Non seulement Monteverdi [se] du moyen qui consiste à faire [jo]uer par l'orchestre des notes rapide-

ment répétées, mais il le fait imiter par le Narrateur, qui doit dire certains vers à une vitesse vertigineuse. Lorsque les combattants se reposent, au milieu du duel, leur épuisement est fidèlement reproduit par la musique. Tancrède dit qu'il aimerait connaître le nom de son adversaire, quelle que soit l'issue du combat; mais Clorinde rétorque fière-ment que le guerrier qu'il combat est l'un de ceux qui ont brûlé la forte-resse chrétienne. Ils reprennent le combat avec une ardeur renouvelée. Bientôt Clorinde est battue et, trans-percée par l'épée de son adversaire, tombe mourante à ses pieds. Elle lui pardonne, et le prie de lui accorder son pardon en la baptisant. Il va chercher de l'eau à la source toute proche, soulève son heaume, et réalise avec horreur qu'il vient de blesser la jeune fille qu'il aimait. Tandis qu'il la bap-tise, elle chante une dernière phrase, « S'apre il ciel; io vado in pace », qui s'élève comme son âme vers le ciel prêt à l'accueillir. Dans sa préface, Monteverdi admet qu'il y a trois passions humaines principales : la colère (*Ira*), la tempérance (*Tempe-renza*) et l'humilité ou prière (*Humiltà o Supplicazione*). Il dit que la musique a représenté la douceur, *molle*, et la tempérance, mais pas l'excitation, *concitato*. Il espère pallier cette insuffisance par son invention du *tremolo* de cordes, en l'appliquant à un texte approprié. Pour la première fois est associé à ce nouveau moyen le *pizzicato* de cordes, aussi courant de nos jours que le *tremolo*. La partition prévoit un quatuor à cordes, soutenu par une contrebasse et un clavecin.

H.

Il Ritorno d'Ulisse in patria
Le Retour d'Ulysse dans sa patrie

Opéra en 1 prologue et 5 actes. Texte de G. Badoaro. Créé à Venise, février 1641. [l]a partition ayant été publiée pour la première fois à Vienne, 1923, certains

*doutes ont été émis quant à l'authenticité de l'attribution de l'œuvre à Monteverdi.
Il semble pourtant presque unanimement admis, de nos jours, que la musique soit
bien de lui. Et le compositeur italien Luigi Dallapiccola – dont l'arrangement de
1942 fait autorité – n'hésite pas à qualifier cet opéra de chef-d'œuvre. Fragments
donnés à Bruxelles, 1925 (version de concert). Adaptation de Vincent d'Indy
jouée à Paris, 1925, 1927; et dans la version anglaise de D. Millar Craig, radio-
diffusée de Londres, 1928. Représentations sur scène, Festival de Florence, 1942
(adaptation de Dallapiccola); à la Scala de Milan, 1943; au Festival de Hollande,
1962, dir. Dorati; à la Piccola Scala, 1964. Arrangement d'Erich Kraack joué à
Wupperthal, 1959, et dans d'autres villes allemandes dont Hambourg, 1965; celui
de Raymond Leppard joué à Glyndebourne, 1972. Version d'Harnoncourt à
Zurich, 1978, dir. Harnoncourt.*

PERSONNAGES

GIOVE (Jupiter) (ténor); NETTUNO (Neptune) (basse-contre); MINERVA (Minerve)
(soprano); GIUNONE (Junon) (soprano); MERCURIO (Mercure) (baryton); ULISSE
(ténor); PENELOPE, *femme d'Ulisse* (contralto); TELEMACO, *fils d'Ulisse* (mezzo-
soprano); ANTINOO (basse-contre), PISANDRO (ténor), ANFINOMO (ténor), *soupirants
de Penelope*; EURIMACO, *amant de Melanto* (ténor); MELANTO, *suivante de Penelope*
(mezzo-soprano); EUMETE, *porcher d'Ulisse* (ténor); IRO, *bouffon des soupirants*
(ténor-bouffe); ERICLEA, *nourrice d'Ulisse* (mezzo-soprano).

Naïades, marins, sirènes et néréides.

Cette distribution est celle que
prévoit l'arrangement de Dallapiccola (version de Vincent d'Indy, Ulisse,
Eurimaco et Anfinomo : barytons,
Telemaco : ténor, Penelope : soprano).
Dans les deux versions, les cinq actes
de Monteverdi sont réduits à trois
(comme dans le manuscrit de la partition qui se trouve à Vienne). C'est cet
arrangement qui est suivi ici.

Acte I. (Dans la version de Dallapiccola, comme dans celle de Vincent
d'Indy, le prologue, avec ses figures
allégoriques – la Fragilité humaine, le
Temps, le Destin, l'Amour –, est omis.)
Une chambre du palais royal. Penelope,
l'épouse d'Ulisse, se lamente sur sa
solitude tandis que la nourrice Ericlea
la sert. Magnifique lamentation, « Torna, torna, deh torna Ulisse » en est le
poignant refrain. Duo entre l'amoureuse Melanto et son amant Eurimaco.

Dans la 2ᵉ scène, Jupiter et Neptune
s'entretiennent de la façon dont les

dieux doivent punir les péchés des
hommes. Changement de décor : Ulisse,
à bord d'un bateau phéacien, au large
des côtes d'Ithaque. Les Phéaciens
déposent Ulisse assoupi sur le rivage. Il
croit avoir été abandonné sur une
terre inconnue, et déplore un destin
qui le garde éloigné de son pays natal.
Longue scène entre Ulisse et Minerva,
la déesse déguisée en berger réconforte
le héros et l'incite à regagner son foyer,
son épouse et son trône. Ulisse reconnaît Minerva. Elle le déguisera en
vieillard pour que personne ne puisse
l'identifier, et il retournera chez lui
chasser les soupirants qui ont pris
possession de son palais. Ulisse se
réjouit du tour que prend son destin :
« O fortunato Ulisse ».

Acte II. Eumete, le vieux porcher
d'Ulisse, chante son propre sort heureux, différent de celui des princes qui
possèdent tout, mais pas toujours le
bonheur. Le grotesque Iro interrompt
sa rêverie, vantant la vie douillette qui

st la sienne. Eumete le renvoie à ses affaires : « Corri, corri a mangiar, a repar » (Cours, cours vite manger, e goinfrer). Ulisse entre deguisé en mendiant, entendant Eumete pleurer absense de son maître, il le réconforte. Ils partent ensemble, Eumete se réjouissant de l'imminent retour d'Ulisse, et Ulisse non moins heureux d'avoir rouvé un guide.

Après une brève scène où, sur son navire, Telemaco, accompagné de Minerva, se réjouit de la traversée, on retrouve le décor du début de l'acte. Minerva enjoint à Telemaco de ne pas négliger ses conseils, maintenant qu'il a débarqué, sain et sauf, sur son sol natal. Eumete accueille le jeune homme, lui confie que son compagnon lui a prédit qu'Ulisse était proche. Bref duo d'espoir chanté par Ulisse et Eumete. Telemaco envoie Eumete annoncer son retour à la reine. Dès qu'Eumete a quitté la scène, Ulisse se fait reconnaître de son fils. Duo des retrouvailles. Télémaco va prévenir Penelope du retour d'Ulisse.

Au palais, Penelope est entourée de ses prétendants qui la supplient de répondre à leur amour, mais elle les repousse tous. Eumete annonce qu'Ulisse pourrait être parmi eux très bientôt. Quatre des prétendants décident de presser la reine d'accéder à leur demande.

Acte III. Le palais. Antinoo raille le pauvre mendiant (Ulisse). Iro se joint à lui, en bégayant comme d'habitude. Ulisse le provoque, et sort victorieux de la lutte. Penelope le félicite. Les prétendants la pressant à nouveau, elle consent à leur faire subir une épreuve : celui qui saura bander l'arc d'Ulisse deviendra son époux. Chacun ayant échoué, Ulisse demande qu'on l'autorise à essayer sa force; il dit renoncer à la récompense, son seul souci est de participer à l'épreuve. Il bande l'arc, puis, accompagné d'une musique guerrière, il transperce d'une flèche chacun des prétendants. Iro reste seul. Son aria, *parte ridicola,* est une parodie exemplaire, dans le style exalté que Monteverdi a consacré. Et même la basse *ciaccona* est sollicitée, dans son madrigal « Zefiro torna », pour mettre en relief le spectacle qu'offre Iro pleurant le drame qui le frappe : maintenant que tous ses maîtres sont morts, son estomac est vide. Ne trouvant pas de moyen pour le remplir, il décide de se suicider.

Telemaco et Eumete s'emploient à persuader Penelope que le vieil homme qui a su bander l'arc est Ulisse. Elle craint d'être la victime d'une cruelle duperie. C'est seulement lorsque Ericlea affirme l'avoir reconnu à la cicatrice qui marque son épaule que l'amour chez Penelope remplace la méfiance. Aria de Penelope, puis avec Ulisse duo final des retrouvailles.

H.

L'Incoronazione di Poppea
Le Couronnement de Poppée

Opéra en 1 prologue et 3 actes de Claudio Monteverdi; liv. de G.F. Busenello. Première au Teatro di Santi Giovanni e Paolo à Venise, 1642. Naples, 1651. Reprise en version de concert, arrangée par Vincent d'Indy, à la Schola cantorum de Paris, 1905; puis, joué sur scène au Théâtre des Arts, 1913, avec Claire Croiza, Hélène Demellier. M.A. Coulomb, sous la dir. de Vincent d'Indy. L'opéra fut donné au Smith College, Northampton, Massachusetts, 1926, et à Oxford, 1927, par l'University Opera Club (version anglaise de R.L. Stuart). Festival de

Florence, 1937 (version de G. Benvenuti); Volksoper de Vienne, 1937 (version allemande de Krenek); Opéra-Comique (version de Malipiero) avec Renée Gilly, Madeleine Sibille, Georges Jouatte, André Gaudin, Etcheverry, dir. Gustave Cloez, 1937. Théâtre Olympique de Vicenze (version Malipiero) puis, en 1949 à Venise, avec Hilde Gueden, Elsa Cavelti, Giovanni Voyer et Boris Christoff, dir. Erede, Scala de Milan, 1953 (version Ghedini), dir. Carlo Maria Giulini. Hambourg, 1959 (version Walter Goehr), dir. Ernest Bour. Première de la version Raymond Leppard, Glyndebourne, 1962, dir. John Pritchard, puis Coliseum de Londres, 1971, dir. Leppard. Kent Opera, 1974, version Roger Norrington dont on s'accorde généralement à dire qu'elle est la plus fidèle à l'original. Opéra de Paris, 1977, version Leppard, dir. Julius Rudel, avec J. Vickers, G. Jones, N. Ghiaurov, R. Stilwell, V. Masterson, J. Taillon. Zurich, 1978, version Harnoncourt, dir. Harnoncourt.

PERSONNAGES

DÉESSE DU DESTIN (soprano); DÉESSE DE LA VERTU (soprano); DÉESSE DE L'AMOUR (soprano); OTTONE, *ancien amant de Poppea* (soprano)[1]; DEUX SOLDATS DE LA GARDE DE L'EMPEREUR (ténors); POPPEA (soprano); NERO, *Empereur de Rome* (soprano)[2]; ARNALTA, *la vieille nourrice de Poppea* (contralto)[3]; OCTAVIA, *Impératrice de Rome* (mezzo-soprano); LA NOURRICE D'OCTAVIA (mezzo-soprano); DRUSILLA, *suivante d'Octavia* (soprano); SENECA, *philosophe, ancien tuteur de Nero* (basse); VALLETTO, *jeune serviteur d'Octavia* (ténor)[4]; DAMIGELLA, *jeune fille au service d'Octavia* (soprano); LIBERTO, *capitaine de la garde* (baryton); PALLAS, *déesse de la Sagesse* (soprano); LUCANO, *ami de Nero* (ténor); LICTOR (basse); MERCURE (basse)[5]; VENUS (soprano).

Soldats, disciples de Seneca, domestiques, Consuls, tribuns, sénateurs, etc. Vers 55 ap. J.C., à Rome.

Le Couronnement de Poppée est le dernier opéra de Monteverdi, alors âgé de 75 ans. C'est, pour la plupart des critiques, sa plus belle œuvre. Il fut écrit dans des circonstances très différentes de celles qui présidèrent à la composition d'*Orfeo*, qui reflétait inévitablement les splendeurs de la Cour de Mantoue où travaillait Monteverdi.

L'Incoronazione di Poppea, plus simplement, était destiné à un théâtre public de Venise, et tenait bien plus compte des personnages que d'un cadre grandiose. Cavalli, élève de Monteverdi, avait organisé une entrevue avec le poète Francesco Busenello, juriste vénitien et ancien ambassadeur à la Cour de Mantoue. Au dire de tous les commentateurs, Busenello fut le premier grand librettiste; le résultat de cette collaboration fut une œuvre unique en soi, et dans l'histoire de l'opéra. L'accent y est partout mis sur la vérité dramatique, les émotions de la vie réelle et leur expression; l'amour illicite (mais passionné) y triomphe de l'amour « légitime », et l'intrigue y réserve, avec plus ou moins d'évidence, un sort injuste à Octavie, Sénèque et Ottone.

Pour ce qui est du matériel musical, « tout ce dont nous disposons est un

1. A l'origine, un soprano masculin; souvent un baryton dans les versions modernes.
2. A l'origine, un soprano masculin; presque toujours un ténor dans les versions modernes.
3. Peut-être un ténor, à l'origine.
4. A l'origine, un soprano masculin.
5. A l'origine, probablement une haute-contre.

manuscrit écrit par plusieurs personnes, une sorte de copie d'étude ou de continuo... composée d'une seule ligne de basse continue, avec de temps à autre des esquisses de chant à plusieurs voix pour les *ritornelli*, et une ligne vocale. Il est heureusement authentifié par le fait que les remarques, indications et coupures sont de la main du compositeur. Le manuscrit est conservé à Venise et demeure, si ce n'est une copie retrouvée par la suite à Naples, tout ce que nous possédions de la partition. Le reste a dû être reconstitué ». Ainsi parle Raymond Leppard, dont l'édition de l'opéra, en 1962, à Glyndebourne, a remporté un vif succès. Toutes les représentations modernes reposent sur deux éléments : ce manuscrit, et la façon dont l'adaptateur traite l'orchestration et les coupures (l'original représente environ trois heures et demie de musique).

A l'époque de Monteverdi, la musique de théâtre était accompagnée par les cordes et le continuo, tandis que les instruments à vent – plus ou moins réservés à la musique d'église – n'étaient introduits à l'opéra que dans certains cas, pour les besoins de la représentation : cors pour les scènes de chasse, trompettes et tambour pour les batailles, et ainsi de suite. De violentes discussions s'élèvent au sujet de la réalisation de ce genre de partition à chaque fois qu'une nouvelle adaptation est montée, ou une ancienne reprise.

Après l'ouverture vient un prologue (omis dans certaines versions, dont celle de Walter Goehr et celle de Leppard à Glyndebourne, 1962) où les déesses du Destin et de la Vertu affichent chacune leurs grâces, tout en se moquant des défauts de l'autre, jusqu'au moment où la déesse de l'Amour vient clamer sa supériorité.

Acte I. Un peu avant le jour, deux des gardes de Néron dorment devant la maison de Poppée. Ottone, son amant, de retour à Rome, chante sa beauté, jusqu'au moment où il remarque

les soldats et comprend qu'il a été supplanté par l'Empereur lui-même. Les soldats s'éveillent, parlent des amours de Néron et Poppée, se plaignent de leur sort. Entendant Néron approcher, ils se taisent.

Grande scène d'amour entre Néron et Poppée. Néron, ayant passé la nuit auprès d'elle, est impatient de partir mais ne peut s'arracher de ses bras. Poppée, poussée à la fois par l'ambition et par un amour évident, emploie tous les stratagèmes, si bien qu'avant de partir l'Empereur lui promet à demi-mot de répudier l'Impératrice Octavie pour l'épouser. Il y a plus de tendresse que d'insistance dans le « Tornerai ? » qu'elle lui réitère.

Poppée triomphe. Elle exprime ses sentiments dans l'aria « Speranza, tu mi vai il core accarezzando » (Espoir, tu caresses mon cœur). Sa nourrice Arnalta la met en garde contre son ambition : l'Impératrice peut chercher à se venger, l'amour de Néron peut tiédir – mais Poppée est persuadée que l'Amour est de son côté : « Non temo di noia alcuna. Per me guerreggia Amor » (Je ne crains aucun obstacle. L'Amour et le Destin sont mes alliés).

Dans son palais, Octavie se lamente sur son humiliation et sa peine, dénonçant dans une noble phrase l'infidélité de Néron et demandant à Jupiter de punir son époux égaré : « Disprezzata regina » (Impératrice méprisée). Sa nourrice (Drusilla, dans la version de Leppard) essaie en vain de la réconforter. Sénèque est introduit par Valletto, le page d'Octavie. Il lui expose que les larmes et les plaintes ne sont pas dignes d'une Impératrice, qui doit trouver refuge dans le stoïcisme; c'est ainsi qu'elle triomphera, en méprisant les coups du destin. Octavie lui rétorque que c'est d'un piètre réconfort, tandis que Valletto tente de défendre son Impératrice en reprochant au vieux philosophe ses platitudes, et le menace de brûler ses livres et sa robe.

Pallas, déesse de la Sagesse, apparaît à Sénèque; elle lui annonce que s'il tente de s'immiscer dans la querelle impériale, sa propre mort en résultera. Sénèque accueille calmement l'idée de la mort. Néron vient lui annoncer son projet de répudier Octavie et d'épouser Poppée. Sénèque le met en garde contre le cœur, mauvais conseiller qui hait la loi et méprise la justice; il supplie celui qui fut son élève de ne pas braver la colère du peuple et du Sénat, et de songer à la réputation de son nom. Les deux parties se laissent emporter par la passion; Néron annonce sa décision d'épouser Poppée et part, laissant Sénèque furieux. Duo d'amour prolongé de Néron et Poppée interrompu par cette dernière qui accuse Sénèque d'avoir dit en public que Néron n'était capable de gouverner que sur ses conseils. Néron ordonne à un garde de porter ce message à Sénèque : il doit mourir le jour même; il rassure alors Poppée sur ce que le véritable amour peut accomplir.

Ottone tente une dernière fois de fléchir Poppée qui le repousse avec mépris, et lui annonce sans ménagement qu'elle appartient désormais à Néron. Ottone est accablé, son orgueil est blessé, et il envisage d'assassiner Poppée. Dans sa détresse, il se tourne vers Drusilla qui l'aime et le réconforte. Il cherche à la convaincre qu'il est désormais tout à elle, mais ses protestations sonnent faux et quand, pour répondre à ses « m'aimes-tu ? » répétés, il lui dit « Ti bramo » (Je te veux), nous sommes une fois de plus confrontés au froid souci de réalisme qui caractérise Busenello.

Acte II. Mort de Sénèque. La sentence de mort émise par Néron est calmement accueillie par le vieux philosophe. Sénèque l'annonce à ses disciples. Ils le supplient de vivre dans un chœur passionné — un madrigal émi-

nemment touchant — mais il leu ordonne de préparer le bain dan lequel son sang innocent s'écoulera La scène suivante, où apparaissaien la Vertu, Sénèque, et « Un Choro d Virtù », a été perdue. Lui succèden deux scènes qui offrent un contraste extrême avec celle de la mort de Sénèque. La première annonce presque mot à mot les *intermezzi* dont les compositeurs du XVIIIe s. ornaient le intervalles de leurs opéras sérieux Valletto dit à Damigella, la jolie jeune fille, qu'il ressent une peine inconnue, « Sento un certo non so che » (J'éprouve un sentiment que je ne peu décrire). L'aidera-t-elle à la soigner '

La seconde scène offre un contraste au moins aussi fort : Néron exulte à la nouvelle de la mort de Sénèque et festoie avec son ami Lucano : « Hor che Seneca è morto, cantiam » (Maintenant que Sénèque est mort, chantons)[1].

Le caractère macabre de la situation est renforcé quand Néron, demeuré seul, chante avec conviction son amour pour Poppée. Une scène entre Néron et Poppée a été perdue. Soliloque d'Ottone qui ne hait plus Poppée, mais se languit pour elle d'un amour sans retour, il décide de l'épargner, mais Octavie le persuade qu'il est de son devoir de l'assassiner. Les hésitations et justifications du jeune homme sont admirablement décrites par le livret.

Drusilla se réjouit de son amour pour Ottone. Valletto demande à la nourrice d'Octavie ce qu'elle donnerait pour revivre un jour de jeunesse et de bonheur. « Tout », répond-elle. Ottone confie à Drusilla son intention de commettre un crime terrible pour lequel il aura besoin de mettre ses

---

1. A Glyndebourne où fut entendue pour la première fois la version de Raymond Leppard, cette scène suivait — ironie sans doute inconsciente — l'entracte du dîner, et commençait la seconde partie de l'opéra. La première partie s'était terminée sur la mort de Sénèque, elle-même précédée du duo Valletto-Damigella, si bien que le message ordonnant sa mort était séparé de son adieu aux disciples par le joyeux duo de l'intermezzo.

rêtements, elle les lui offre avec joie, prête à verser son sang pour lui.

Dans le jardin de Poppée. Dialogue avec Arnalta. Elle reprend les paroles de Néron apprenant la mort de Sénèque : « Hor che Seneca è morto », puis supplie ensuite l'Amour de mener son vaisseau à bon port. Arnalta chante une berceuse d'une grande beauté, « Oblivion soave » — sans doute le seul morceau de la partition qui ait de tout temps été connu indépendamment de son contexte. La déesse de l'Amour apparaît pendant le sommeil de Poppée, et promet de veiller sur elle tant qu'elle repose sans défense. Ottone entre, déguisé et prêt à tuer, mais la déesse intervient : Poppée s'éveille. Tout comme Arnalta, elle croit reconnaître Drusilla. La déesse de l'Amour triomphe : après avoir protégé Poppée, elle veillera à ce qu'elle devienne Impératrice le jour même !

Acte III. Drusilla chante joyeusement son amour pour Ottone, quand survient Arnalta, qui la dénonce. La jeune fille, arrêtée pour avoir tenté d'assassiner Poppée, proteste de son innocence, et aucune des menaces de Néron ne peut la faire changer d'avis. Au moment où l'on va l'emmener vers la torture et la mort, Ottone survient et, malgré ses protestations, avoue être le coupable. Leur bref duo convainc Néron de la culpabilité d'Ottone, qu'il condamne à l'exil. Drusilla déclare qu'elle partagera son sort. Néron annonce son intention de divorcer d'Octavie qu'il exile.

Poppée apprend qu'Ottone, et non Drusilla, avait essayé de la tuer, et Néron révèle qu'Octavie était à l'origine du complot. Aussi sera-t-elle exilée, et Poppée deviendra Impératrice le jour même ! Le couple chante en l'honneur de son amour un hymne grave et confiant, qui s'orne ensuite de vocalises. Arnalta célèbre le triomphe de Poppée, auquel elle est mêlée : son aria évoque son passé indigne de servante, puis sa jubilation à l'idée du sort plus noble qui l'attend. Octavie fait à Rome, à son pays natal et à ses amis, de tristes adieux empreints de dignité.

Triomphe de Poppée. Elle est accueillie par Néron, qui lui confère la souveraineté suprême, puis par les consuls et les tribuns de Rome, qui célèbrent son couronnement et demandent aux trois continents reconnus de s'incliner à ses pieds. Après une brève intervention de la déesse de l'Amour et de Vénus (qui pouvait, selon une note du manuscrit, être coupée, ce que la plupart des éditeurs n'ont manqué de faire), l'opéra se termine par la célébration de l'amour et du triomphe des deux protagonistes dans le duo : « Pur ti miro » (Je te contemple).

H.

FRANCESCO CAVALLI
(1602-1676)

La Calisto

Opéra en 2 actes de Francesco Cavalli ; livret de Giovanni Faustini d'après les Métamorphoses d'Ovide. Créé en 1651 au Théâtre San Apollinare de Venise. Principales reprises : Festival de Glyndebourne, 1970, dans une révision de Raymond Leppard, avec Janet Baker, Cotrubas, Ugo Trama, James Bowman, Hugues Cué-

nod, dir. Leppard ; Université de Cincinnati, 1972 ; Berlin, 1975 avec Dooley
MacDaniel, Lucy Peacock, Knutson, Patricia Johnson, dir. Lopez-Cobos ; nom
breuses reprises en Allemagne.

PERSONNAGES

LA NATURE, L'ÉTERNITÉ, LE DESTIN, DÉESSES DU PROLOGUE (mezzo, mezzo
soprano) ; JUPITER (basse) ; MERCURE (baryton) ; CALISTO, *nymphe, fille de Lycao*
(soprano) ; ENDYMION, *berger amoureux de Diane* (haute-contre) ; DIANE (mezzo)
LINFEA, *nymphe de la suite de Diane* (ténor, rôle travesti) ; SATIRINO, *un jeun*
satyre (soprano) ; PAN (basse) ; SYLVAIN (basse) ; JUNON (soprano) ; *furies, chœu*
des satyres, chœur des esprits célestes.

La scène se passe en Arcadie, région qui tire son nom d'Arcades, fils de Calisto e
de Jupiter.

La Calisto a été composée moins de dix ans après la mort de Monteverdi. Rien n'est pourtant aussi loin de l'esprit du grand Crémonais que l'œuvre de son disciple et successeur. L'écriture de ses opéras est plus rapide, passionnée ; elle vise l'effet immédiat par un jeu de phrases aux rythmes appuyés, aux mélodies chantantes et faciles. Il est avant tout compositeur pour la scène et ne néglige pas les effets voyants. Qualités et défauts sont particulièrement évidents dans cette *Calisto* où les dieux ont des comportements presque bouffons, où les situations scabreuses abondent sans qu'elles semblent offenser une quelconque délicatesse du musicien. Nous sommes dans un monde qui touche la farce bien plus que le drame. Le grand mérite de Cavalli est de rendre cet univers plausible ; généralement, le rire vieillit moins bien que le tragique. La *Calisto* est une plaisante exception à la règle.

Le prologue nous montre trois déesses en discussion. Le Destin annonce à ses collègues qu'il leur faut ajouter le nom de Calisto à la liste des constellations. Devant leur étonnement, elle leur promet de raconter comment la nymphe a gagné le droit à cette distinction.

Acte I. Il nous entraîne dans une forêt dévastée. Les guerres ont fait disparaître de la surface de la terre toute trace de vie. Jupiter et Mercure, des cendus du ciel pour voir ce qui peut êtr fait pour remédier à la situation, son rapidement détournés de leur propo par la vue de la nymphe Calisto Celle-ci est entrée au service de Dian pour expier les activités guerrières d son père Lycaon. Elle pleure la mort d la forêt. Jupiter décide de profiter de l situation et offre ses services pour rani mer la vie végétale contre certaine faveurs qu'il attend en récompense Pour prouver sa bonne foi, il fait jailli une source d'eau fraîche. Malgré cela Calisto lui dit des choses très désagréa bles et se retire drapée dans sa vertu Resté seul avec Mercure, Jupiter lu demande conseil ; il aimerait venir bout des résistances de cette prude Mercure lui rappelle la dévotion d Calisto à Diane ; pourquoi le dieu tou puissant n'emprunterait-il pas l'appa rence de la déesse ? Calisto n'aura alors plus rien à lui refuser. Le conse est suivi et quand la nymphe revien elle trouve Diane (plus exactemen Jupiter déguisé en Diane) qui l'invite visiter les bosquets. Ravie, la nymph chante avec sa déesse tutélaire un « du des baisers » et quitte la scène pour un destination que l'on peut deviner. Rest seul Mercure énonce quelques remar ques cyniques sur les bienfaits du me songe en amour.

Le berger Endymion chante so amour vain pour Diane. Celle-ci se lais serait peut-être fléchir, mais elle e accompagnée par une nymphe sur le retour, Linfea, qui chasse le jeune homme. Calisto réapparaît, enchantée de sa promenade en forêt, et voyant Diane lui dit sa satisfaction dans des termes tels que la Déesse Vierge se met en colère et la menace de châtier son impudeur. Calisto ne comprend rien à ce qui se passe. Linfea se plaint des ardeurs amoureuses dont elle est parfois saisie. Un jeune satyre lui offre ses services, ce qui lui vaut une volée d'injures. C'est au tour de Diane d'être l'objet des propositions de Pan lui-même qui lui offre de partager sa couche et son empire sur les bois. Elle refuse et sort. Chœur de satyres.

Acte II. Au début de l'acte, Endymion, ayant chanté son amour pour Diane, s'endort. La déesse qui l'a suivi, admire sa beauté puis l'embrasse. Endymion rêve qu'il tient Diane dans ses bras et se réveille pour découvrir que c'est bien le cas. Elle reconnaît qu'elle l'aime, mais, se souvenant à temps de son vœu de virginité, elle se sauve en lui promettant de revenir. Le petit satyre, qui a assisté caché à toute la scène, fait des commentaires aigres-doux sur la fragilité de la vertu des déesses. De son côté, Junon est inquiète : Jupiter est absent depuis bien longtemps. Descendant sur terre, elle rencontre Calisto. La description par la nymphe des baisers de la supposée Diane ne laisse à Junon aucun doute sur les activités de son mari. Celui-ci, toujours déguisé, entre en scène et ne voyant que Calisto lui fixe un nouveau rendez-vous. Abordé par Junon, Jupiter maintient son personnage mais sans succès. La déesse se retire en proférant des menaces. C'est maintenant au tour d'Endymion de s'en prendre à la fausse Diane. Jupiter ne se sent pas à l'aise et Mercure trouve l'imbroglio très amusant. L'arrivée de Pan et des satyres venus enlever Endymion soulage Jupiter qui ne fait rien pour sauver le berger, ce qui laisse celui-ci très amer. Quant à Linfea, elle a décidé de céder à ses instincts et vient s'offrir aux satyres qui lui offrent « la plus douce des vengeances ». Près de la fontaine, Calisto attend sa Diane. C'est Junon qui arrive, accompagnée par les furies. Elle transforme la nymphe en petite ourse puis, satisfaite, elle remonte aux cieux. Dans une autre partie de la forêt, les satyres sont en train de torturer Endymion lorsque survient la vraie Diane qui délivre le berger. Ils se vouent un amour éternel mais chaste. Jupiter, à son tour, est remonté au ciel. La comédie est terminée sur terre. Calisto restera oursonne, mais elle prendra sa place parmi les étoiles ; elle sera désormais Ursa Minor, la Petite Ourse.

L.

Ercole Amante

Opéra en un prologue et 5 actes de Francesco Cavalli ; livret de l'abbé Francesco Buti, mêlé de ballets de Jean-Baptiste Lully. Créé à Paris le 7 février 1662 au Théâtre du Palais des Tuileries par la troupe des chanteurs italiens du Cardinal Mazarin. Les ballets étaient dansés par le Roi et les principales personnalités de la Cour. Reprise à l'Opéra de Lyon le 4 mai 1979 avec Rosario Andrade, Pierre Thau, Margarita Zimmermann, Keith Lewis, Patricia Miller, Riccardo Cassinelli, dir. Michel Corboz.

PERSONNAGES

VÉNUS (soprano) ; HERCULE (basse) ; JUNON (contralto) ; HYLLUS (ténor) ; DÉJANIRE (mezzo-soprano) ; IOLE (soprano) ; LYCHAS (ténor) ; *dieux et déesses ; personnages mythologiques ; serviteurs,*
L'action se situe dans une antiquité mythologique.

Composé pour commémorer avec quelque retard le mariage de Louis XIV et de l'Infante Marie-Thérèse, l'*Ercole Amante* est le dernier fruit, posthume, de la politique culturelle italianisante dont Mazarin s'était fait le promoteur en France. Le ministre mourut quelques mois avant la représentation de cette œuvre au livret lourd de toute une symbolique politique dont la plus grande part nous échappe aujourd'hui. La troupe de chanteurs qu'avait réunie Mazarin devait quitter la France peu de temps après les fêtes des Tuileries ainsi que Cavalli lui-même, laissant le champ libre aux ambitions de Lully et à la création d'une école d'opéra française. Les décors fastueux de l'*Ercole Amante,* l'usage abondant de « machines » permettant les effets scéniques les plus grandioses, firent beaucoup pour le succès du spectacle. Ils sont caractéristiques d'une forme de théâtre lyrique qui allait dominer tout l'âge baroque. Le prologue est chanté par un chœur de fleuves, parmi lesquels se distingue le Tibre (hommage discret à Mazarin). Ils échangent avec la belle Cinthia des propos résumant les gloires du règne naissant de Louis XIV et exaltent la façon dont un heureux mariage permet à la paix de succéder à la guerre.

Acte I. Hercule, bien que marié à Déjanire, se désole de l'accueil que réserve à ses propos la jeune Iole qu'il a enlevée par amour, en tuant à l'occasion son père Eurytos. Tandis que Vénus, émue de sa tristesse, lui promet son aide dans ses entreprises amoureuses, Junon, qui a toujours eu à se plaindre d'Hercule (n'est-il pas le résultat d'une des nombreuses aventures galantes de Jupiter ?) et à qui incombe la

protection des foyers, chante sa colère et décide de contrarier les amours du héros. Vents, éclairs et tempête terminent l'acte.

Acte II. Par l'entremise d'un page Hercule donne rendez-vous à Iole dans le Jardin des Fleurs. Celle-ci est amoureuse d'Hyllus, fils d'Hercule ; leur amour est réciproque. Toutefois, elle n'ose refuser l'invitation d'un prince aussi puissant. Dans un air plein de charme, le page se pose la question de savoir ce que c'est que l'amour, ce sentiment dont tout le monde parle. Puis rencontrant Lychas, serviteur de Déjanire, il laisse échapper maladroitement le secret du rendez-vous. Lychas va aussitôt en informer sa maîtresse qui se désole malgré les conseils de solide bon sens que lui donne son valet. Junon se prépare à faire échouer les projets d'Hercule ; elle va emprunter le Sommeil aux déesses qui en ont la garde.

Acte III. Au début de l'acte, Vénus assure une fois encore Hercule de sa protection et lui conseille de prendre ce qu'il désire « par fraude ou par consentement ». Resté seul, le héros avoue qu'il perd tout son courage devant les mystères de l'Amour ; il est tout tremblant à l'idée de voir arriver Iole. Survient le page qui lui annonce la prochaine arrivée de la jeune fille mais lui apprend involontairement qu'elle est amoureuse d'Hyllus. Hercule est très surpris à la pensée d'avoir son fils pour rival. Iole entre, accompagnée d'Hyllus. Elle commence par répondre en termes très hostiles au discours amoureux d'Hercule, puis, de façon inexplicable, (c'est un effet de l'intervention de Vénus) elle semble lui faire une déclaration d'amour, ce qui provoque chez Hyllus une telle surprise qu'il révèle ses sentiments devant son père. Il sort et Iole, toujours sous le charme de Vénus, tient à Hercule des propos enflammés qui le remplissent de joie. L'arrivée de Junon, toujours accompagnée du Sommeil, vient dissiper l'enchantement. Hercule est endormi et Iole rappelée à ses devoirs. Junon lui remet une épée pour qu'elle puisse, profitant du sommeil du héros, venger la mort de son père. Hyllus rentrant en scène empêche le meurtre et désarme Iole. C'est à ce moment qu'Hercule est réveillé par Mercure ; il voit l'épée aux mains d'Hyllus et croit que son fils veut le tuer. Déjanire arrive sur ces entrefaites accompagnée de Lychas. Hercule veut condamner son fils à mort malgré toutes les supplications. Seule Iole parvient à changer sa décision en lui laissant entendre qu'il pourra lui inspirer des sentiments plus tendres s'il épargne son fils. L'acte finit sur les pleurs de Déjanire et d'Hyllus exilés et sur les propos désabusés que Lychas et le page échangent au sujet des folies que peut inspirer l'Amour.

Acte IV. Dans un château au bord de la mer. Hyllus emprisonné apprend du page que Iole a finalement décidé d'épouser Hercule dans l'espoir de sauver la vie de celui qu'elle aime. Désespéré le jeune homme tente de se suicider en se jetant à l'eau. Il est sauvé par Junon et par Neptune qu'elle a appelés à la rescousse. De son côté, Déjanire songe également au suicide malgré les propos de bon-sens que lui tient Lychas. Iole, venue se recueillir sur le tombeau de son père, apprend du fantôme d'Eurytos le suicide de son amoureux. Elle n'a plus aucune raison d'accepter les poursuites d'Hercule et conseille à Déjanire d'utiliser la tunique que lui donna le centaure Nessus en lui assurant que, grâce à elle, son mari ne brûlerait plus jamais pour une autre.

Acte V. Il débute aux Enfers. Tous les rois et les héros que fit périr Hercule complotent pour tirer de lui une vengeance longtemps attendue. Sur terre, dans un décor riant, le héros, ignorant les derniers développements de l'action, se prépare à épouser Iole. C'est de la main de celle-ci qu'il recevra la tunique de Nessus qui le fera mourir dans d'abominables tourments de feu intérieur. Entrent Déjanire qui comprend enfin l'ironie cruelle du centaure lui offrant la tunique fatale, et Hyllus sauvé qui tombe dans les bras de Iole. Junon vient contempler son œuvre d'un regard satisfait, tandis que les nuages s'entrouvent pour nous faire voir au ciel Hercule uni à la Beauté, digne récompense de ses prouesses. Chœur des planètes qui chantent la récompense offerte à la vertu.

L.

2. L'Opéra français

Paradoxalement, c'est à un musicien florentin, Jean-Baptiste Lully, que l'on doit la naissance d'un opéra spécifiquement français. Le genre présentera en France deux caractéristiques principales ; dans une tradition qui n'est pas loin de celle de la *Camerata* florentine, il est très attaché à la notion de soutien musical d'un texte dont il importe de mettre en valeur la moindre inflexion ; mais il est aussi marqué par le goût de la cour de France pour les divertissements, intermèdes et ballets qui sont occasions supplémentaires d'utiliser des « machines » et qui viennent couper l'action. L'opéra « à la française » suivra des destinées très différentes de celles de l'opéra italien qui triomphera au XVIIIᵉ siècle dans le reste de l'Europe. Il échappera en particulier à la rigueur de la séparation entre récitatifs *secco* et arias si caractéristique du théâtre lyrique pré-mozartien. Ainsi, il restera étranger au développement hypertrophique de l'aria da capo, origine de tout un art, celui que l'on appellera plus tard le *bel canto*.

Les querelles qui, dans l'histoire de la musique française, opposeront Lully à Charpentier, puis ses partisans à ceux de Rameau, ont peu d'importance dans une vue perspective, si on les compare aux différences radicales qui coupent la tradition lyrique française des conventions de l'opéra qui se développent partout ailleurs dans des directions toutes différentes.

JEAN-BAPTISTE LULLY
(1632-1687)

Alceste
ou
Le Triomphe d'Alcide

Tragédie lyrique en un prologue et 5 actes de Jean-Baptiste Lully ; liv. Philipp Quinault. Créé à Paris, Académie Royale de Musique le 12 janvier 1674. Nombreuses représentations au Palais Royal, à Versailles, à Fontainebleau, à Saint

Germain. Disparaît de la scène devant le succès de l'Alceste de Gluck, donné à Paris en 1776. Reprise moderne : Darmstadt, 26 octobre 1780 (en allemand) avec Nichoff, Bladin, Grab, Schmantz, dir. Karl-Heinz Bloemeke.

PERSONNAGES

Prologue : LA GLOIRE (soprano) ; *la Nymphe de la Seine* (soprano) ; *La Nymphe des Tuileries* (soprano) ; la Nymphe de la Marne (soprano). *Tragédie :* ALCESTE (soprano) ; ADMÈTE (ténor) ; LICOMÈDE (ténor) ; ALCIDE (basse) ; LYCHAS (ténor) ; CÉPHISE (soprano) ; STRATON (basse) ; THÉTIS (soprano) ; EOLE (basse) ; APOLLON (ténor) ; CHARON (ténor) ; PLUTON (basse) ; PROSERPINE (soprano) ; *foule, dieux et déesses, personnages des enfers.*
La scène se situe dans l'antiquité mythologique.

Alceste est un des premiers et des plus parfaits résultats de la collaboration entre Lully et Quinault. Passant du ballet et de la comédie à la grande tragédie lyrique sur le modèle des œuvres de Cavalli adapté au style de déclamation française, le musicien florentin crée les bases d'un opéra nouveau qui restera le modèle de tout art lyrique en France pendant plus d'un siècle.

Le prologue sur lequel s'ouvre l'opéra est un hommage conventionnel au Roi. Les Nymphes et la Gloire invitent l'auditeur à accorder l'art avec la nature et à chanter les plaisirs. Tandis que le drame sera représenté dans un décor antique peuplé de savantes machines, le décor du prologue figure seulement le palais et les jardins des Tuileries.

Acte I. Il débute dans une atmosphère de fête qui s'accorde avec celle qui dominait le prologue. A Yolkos, ville de Thessalie, on fête les noces d'Admète et d'Alceste. Tout le monde se réjouit, sauf Alcide, amoureux d'Alceste et désolé de la laisser aux bras de son rival. La situation se parodie d'elle-même au niveau des domestiques puisque Céphise, confidente d'Alceste est courtisée par Lychas et Straton, au service respectivement d'Alcide et de Licomède, roi de Scyros. Mais la belle ne prend pas les choses au tragique, et conseille à ses amoureux de se consoler dans l'inconstance. Licomède, lui aussi amoureux d'Alceste, organise en l'hon-

neur des nouveaux époux une fête nautique qui lui sera prétexte pour enlever la jeune mariée. Il est protégé dans sa fuite par Thétis, sa sœur, qui déchaîne les flots et provoque une tempête. L'intervention d'Éole qui apaisera la mer permettra enfin à Admète et à Alcide de se lancer à la poursuite du perfide Licomède.

Acte II. Nous sommes à Scyros. Céphise, enlevée avec sa maîtresse, fait la coquette et repousse les avances de Straton. Bien que brusque et impérieux, Licomède n'a pas plus de succès auprès d'Alceste. L'arrivée d'Alcide et d'Admète va déclencher une bataille marquée par une symphonie vocale très vigoureuse. Les assaillants sont vainqueurs grâce à la valeur d'Alcide, mais Admète est blessé à mort. Il fait à Alceste d'émouvants adieux. Mais Apollon intervient : la vie d'Admète sera sauvée si quelqu'un consent à mourir à sa place. Les Arts, compagnons d'Apollon descendent sur leurs nuages pour élever un monument funéraire.

Acte III. C'est devant ce monument que se déroule cet acte. Alceste se désole : qui accepterait de sacrifier sa vie pour une autre, fut-il son roi ? Phérès, père d'Admète, et Céphise, suivante d'Alceste prétextent que leur vieillesse ou leur jeunesse respective rend impossible pour eux un tel sacrifice. Admète guéri entre en scène ; il veut savoir à qui il doit son salut. Le monument s'entoure alors révélant l'image d'Alceste en train de se poignarder. Admète s'évanouit après avoir répété à plusieurs reprises « Alceste est morte ». Chœur funèbre. Admète, revenant à lui, se propose de suivre sa femme au tombeau. Alcide, lui révélant alors son amour pour Alceste, s'offre à aller la chercher aux Enfers et lui demande, s'il réussit, de lui abandonner la femme qu'il aime. Diane et Mercure ouvrent à Alcide le chemin du monde souterrain.

Acte IV. Il nous entraîne aux Enfers. Bien malgré lui, Charon est contraint d'accepter Alcide dans sa barque. Alceste a été accueillie avec faveur par Pluton et Proserpine qui ont même donné une fête avec ballets en son honneur. Mais la passion d'Alcide impressionne le roi des domaines infernaux qui rend la liberté à Alceste et met même son char à la disposition d'Alcide pour lui permettre de remonter à la surface de la terre.

Acte V. Il se déroule devant un arc de triomphe érigé en l'honneur d'Alcide vainqueur de la mort. Malgré son chagrin de perdre Alceste au profit d'un autre, Admète a donné ordre qu'une fête marque son retour dans le monde des vivants. Céphise renvoie dos-à-dos Lychas et Straton avec une petite morale pleine d'ironie : « Amants, n'épousez jamais. » Alceste révèle à Alcide qu'en retrouvant la vie, elle a retrouvé tout son amour pour Admète. Magnanime, le héros s'effacera devant le couple amoureux. Une grande fête de réjouissance, organisée par Apollon, clôt l'opéra.

L.

Armide

Opéra en un prologue et 5 actes de Jean-Baptiste Lully ; liv. Philippe Quinault d'après Le Tasse. Créé à Paris, Académie Royale de Musique le 15 février 1686 avec Rochois, Dun, Moreau, Desmatins, Frère, du Mesny. L'œuvre de Lully fut fréquemment représentée jusqu'à ce que l'Armide de Gluck composée sur le même livret ne vienne la supplanter. Elle est aujourd'hui pratiquement oubliée. Noter cependant une reprise à Bordeaux, 1957, dans une version révisée par Henri Busser ; version reprise au Festival de Wiesbaden en 1959.

PERSONNAGES

ARMIDE *magicienne* (soprano) ; LA HAINE (mezzo-soprano) ; SIDONIE *et* PHÉNICE, *suivantes d'Armide* (sopranos) ; LA NAÏSDE (soprano léger) ; LA GLOIRE *et* LA SAGESSE (sopranos) ; LUCINDE, *amante du chevalier Danois* (soprano) ; MÉLISSE, *amante d'Ulbalde* (soprano) ; RENAUD (ténor) ; HIDRAOT, *roi de Damas* (basse) ; *le chevalier Danois* (ténor) ; UBALDE (basse) ; ARTÉMIDOR (ténor) ; ARONTE (baryton) ; *chevaliers, païens, esprits...*
La scène se passe dans le Moyen Age de fantaisie des romans du Tasse.

L'*Armide* est composée quelques mois avant la mort de Lully. C'est aussi le monument le plus achevé de sa collaboration avec Quinault ; l'art de la déclamation lyrique, si propice aux grandes émotions pathétiques, n'a amais été poussé à un tel point de perfection. Entre les mains du poète et du musicien, l'opéra à la française est devenu un genre dont toutes les règles ont parfaitement fixées. Quinault a ici tiré son livret de la *Jérusalem délivrée* du Tasse avec le minimum d'ajouts personnels. Seul l'épisode de la Haine, au troisième acte, est une création propre du librettiste.

L'armée des croisés, commandée par Godefroy de Bouillon, a mis le siège devant Damas où règnent Hidraot et sa fille la princesse Armide ; tous deux sont magiciens. Par ses seuls pouvoirs magiques, Armide a jusqu'ici triomphé des plus célèbres chevaliers chrétiens qu'elle retient prisonniers. Le prologue, échange de nobles propos entre la Gloire et la Sagesse, suivi d'un ballet se déroule dans le décor de la grand-place de Damas.

Acte I. Il commence par une scène où Armide, louée de ses succès par ses suivantes, reconnaît avec dépit qu'elle n'a pu triompher de la résistance du plus vaillant de tous, Renaud, qui échappe à son pouvoir. A Hidraot, qui voudrait bien lui voir prendre un époux, elle déclare se réserver pour celui qui saura vaincre Renaud. Une grande fête est organisée : marche solennelle du peuple, chœurs à la gloire d'Armide. Au milieu de la joie générale, survient Aronte, percé de coups ; les captifs chrétiens confiés à sa garde ont été délivrés par le bras du seul Renaud. Armide jure de venger cet affront. Chœur de la poursuite. Intermède musical qui résume les événements.

Acte II. Un décor de plein air ; verte campagne, rivière. Renaud a été banni du camp de Godefroy pour avoir tué un chevalier qui l'insultait. Un de ses compagnons d'armes, Artémidor le rejoint dans son exil et le met en garde contre les charmes magiques d'Armide. Renaud chante alors son amour pour la seule gloire et les hauts faits d'armes et son mépris pour la beauté d'Armide. Il s'écarte et est remplacé sur scène par Hidraot et Armide qui évoquent la

troupe des esprits mauvais et leur ordonnent d'enchanter Renaud. Scène d'enchantement : Renaud, qui s'est endormi, est entouré par les nymphes des eaux et des bois. Chantant et dansant, celles-ci enchaînent le héros avec des fleurs. Armide accourt, impatiente de se venger, mais dès qu'elle voit le captif, elle sent sa fureur s'évanouir. La fière enchanteresse est touchée par l'amour, expérience nouvelle qui fait à la fois sa joie et sa honte. Pour cacher cette faiblesse, que les esprits aériens la transportent au bout du monde ! Ainsi elle sera à l'abri de la curiosité.

Acte III. Il nous transporte en un lieu désert où s'élève le palais enchanté d'Armide. C'est là que la magicienne retient Renaud ; mais elle n'est pas heureuse car Renaud ne l'aime que pour autant qu'elle l'y contraint par des sortilèges. Elle se sent insultée dans son orgueil et dans son amour ; il lui faut se libérer d'une passion qui l'abaisse. Dans un moment de révolte, elle appelle à son secours la Haine. Arrivée de la troupe des esprits mauvais. Imprécations du chœur. La Haine ordonne à l'Amour de quitter le cœur d'Armide. Celle-ci, désespérée, qui ne peut se résoudre à haïr Renaud, chasse la Haine qui, avant de disparaître, prédit à Armide le destin qui punira sa faiblesse : Renaud la trahira. Le chœur chante : « O malheureuse Armide. »

Acte IV. Dans un désert terrifiant, deux des compagnons de Renaud, Ubalde et le Chevalier Danois luttent contre des monstres sortis des Enfers à l'appel d'Armide. Puis, subitement, le désert fait place à une prairie riante. Les deux chevaliers sont, l'un après l'autre, soumis à la tentation du charme. Lucinde cherche à séduire le Chevalier Danois. Ubalde, d'un coup de sa baguette magique, la fait disparaître. Puis la même scène se renouvelle entre Mélisse et Ubalde, le Chevalier Danois dissipant le mirage. Les deux héros en arrivent à la conclusion que toutes les illusions sont dangereuses ;

ils s'enfuient. Intermède orchestral lent et expressif.

Acte V. Il nous entraîne dans le palais enchanté d'Armide. Renaud, encore ensorcelé, la supplie de ne pas le quitter. Elle, effrayée par les prophéties de la Haine, s'inquiète de l'avenir et décide d'aller chercher le secours des esprits. Durant son absence, Renaud est confié à la garde des « amants fortunés ». Scènes de divertissement : ballet avec gavotte, chaconne et menuet. Arrivent Ubalde et le Chevalier Danois qui rappellent à Renaud les exigences de la chevalerie. Renaud tente de s'enfuir ; Armide le surprend, sa passion et son désespoir éclatent. Tout est inutile ; elle demeure seule, appelle à son aide les démons de l'enfer. Son château enchanté s'écroule sur elle. Parfait modèle de l'opéra à machines qui séduisit la cour de Louis XIV, l'*Armide* de Lully devait connaître une belle carrière pendant un peu moins d'un siècle. Lorsque Gluck, en 1775, reprend le livret de Quinault pour composer à son tour une *Armide*, l'œuvre de Lully disparaît à peu près complètement du répertoire.

L.

MARC-ANTOINE CHARPENTIER
(1634-1704)

David et Jonathas

Tragédie en musique en un prologue et 5 actes de Marc-Antoine Charpentier, liv. du Père Bretonneau. Représentée à Paris par les élèves du Collège Louis-le-Grand le 28 février 1688. Reprise à l'Opéra de Lyon en janvier 1981 avec Alliot-Lugaz, Esswood, Jacobs, David, Huttenlocher, Soyer, dir. Michel Corboz.

PERSONNAGES

DAVID (haute-contre) ; JONATHAS (soprano) ; SAÜL (baryton) ; ACHIS, *roi des Philistins* (basse) ; JOABEL, *général philistin* (ténor) ; LA SORCIÈRE D'ENDOR (haute-contre) ; L'OMBRE de SAMUEL (basse) ; *guerriers, bergers, gens du peuple, captifs.*
   La scène se passe dans les montagnes de Gilboé entre le camp des Juifs et celui des Philistins.

Victime de l'ostracisme de Lully, Charpentier ne parvint à faire jouer ses opéras qu'en fin de carrière. Même alors, le succès de *Médée*, d'*Acis et Galatée*, de *Circé* fut de courte durée. La mémoire du compositeur est mieux assurée par sa collaboration avec Molière et par ce *David et Jonathas*, « opéra chrétien » qui étonna ses contemporains. Donné dans le cadre très particulier du collège Louis-le-Grand que dirigeaient les Jésuites, l'œuvre fit assez de bruit pour que Lecerf de La Vieville s'en souvint encore vingt ans plus tard et en fit l'éloge dans sa *Comparaison de la musique italienne et de la musique française.*

Suivant l'usage de l'époque, un prologue précède la tragédie proprement dite ; mais ici, point d'allégories. Nous sommes dès le premier abord en plein drame. Saül est venu consulter une pythonisse. L'ombre du prophète Samuel lui annonce les malheurs qui vont le frapper.

Acte I. Quand l'action commence, David a déjà été chassé du camp d'Israël par la jalousie de Saül. Réfugié chez les Philistins, il jouit de l'amitié de leur roi Achis et de l'admiraiton de tout le peuple. Après une première scène où nous entendons chanter ses louanges, nous le voyons en conférence avec Achis ; celui-ci annonce qu'il vient de signer une trêve avec les Juifs, qu'il doit rencontrer Saül et que de cette rencontre sortira la paix ou la guerre.

Acte II. Nous voyons apparaître le personnage de Joabel, général philistin, qui entretient des relations avec Saül et est jaloux de la gloire de David. Dans une conversation avec ce dernier, il cherche à l'attirer dans le parti de la guerre, espérant ainsi provoquer sa mort. David refuse et il ne reste à Joabel qu'à le dénoncer comme traître auprès de Saül. Jonathas et David se sont retrouvés à la faveur de la trêve ; ils chantent les charmes de l'amitié.

Acte III. La conférence de paix entre Saül et Achis occupe cet acte. Le roi des Juifs a prêté l'oreille aux calomnies de Joabel qui ont renforcé sa haine de David. Aussi exige-t-il comme condition d'une paix éventuelle qu'on lui livre le jeune homme. Ce que refuse Achis qui a confiance dans l'innocence de David. Jonathas et David entrent dans le lieu des négociations, ce qui provoque la colère de Saül qui poursuit

David : celui-ci, voyant qu'il n'est pas le bienvenu, se retire. Joabel se félicite du succès de sa machination.

Acte IV. La bataille est maintenant inévitable. Saül est persuadé que le soutien accordé par Achis à David laisse prévoir une trahison. Achis est poussé par les sentiments de ses guerriers que Joabel a excités par ses intrigues. David, rencontrant Jonathas se désole avec lui de la séparation qui les menace. Le héros promet que, bien loin de combattre contre Saül, il fera tout son possible pour le sauver.

Acte V. Il nous montre la bataille que Saül est en train de perdre. Jonathas est blessé à mort. A cette vue, Saül perd presque la raison ; après avoir cherché à tuer un de ses gardes qu'il tient pour responsable de la mort de Jonathas, il part à la poursuite de David sur lequel il veut venger le sort de son fils. Celui-ci mourra dans les bras de David. Il ne restera plus à Saül qu'à se jeter lui-même sur son épée. Achis survient alors pour annoncer à David que les Israélites l'ont choisi comme roi. Mais le chœur de joie et de triomphe qui termine l'ouvrage ne couvre pas entièrement les pleurs de désolation du héros.

L'utilisation d'un texte inspiré de l'Écriture a permis de donner à ce *David et Jonathas* beaucoup plus de densité dramatique qu'on n'en trouve usuellement dans les opéras de l'ère baroque. La musique de Charpentier brille d'autant mieux qu'elle n'est pas contrainte d'orner les tirades de circonstance qui pèsent parfois lourdement sur la tragédie lyrique française jusqu'à la fin du XVIIIe siècle.   L.

Médée

Tragédie lyrique en un prologue et 5 actes de Marc-Antoine Charpentier ; livret de Thomas Corneille d'après la Médée *de Pierre Corneille. Créée à Paris. Académie Royale de Musique le 4 décembre 1693, avec Dun, Dumesny, Mlles Moreau et Marthe le Rochois (rôle de Médée). Reprise à Lille, le 17 novembre 1700. L'œuvre a disparu du répertoire.*

PERSONNAGES

LA VICTOIRE (soprano) ; BELLONE (alto) ; LA GLOIRE (soprano) ; CRÉON, *roi de Corinthe* (basse) ; CRÉUSE, *fille de Créon* (soprano) ; MÉDÉE, *princesse de Colchos* (soprano) : JASON, *prince de Thessalie* (ténor) ; ORONTE, *prince d'Argos* ; ARCHAS, *confident de Jason* ; NÉRINE, *confidente de Médée* ; CLÉONE, *confidente de Créuse ; chœur des habitants des environs de la Seine, chœur de bergers héroïques, troupe d'Argiens, troupe des captifs de l'amour, troupe des démons.*
La scène se passe dans l'antiquité mythologique.

La mort de Lully en 1687 fit disparaître le principal obstacle qui tenait Charpentier éloigné des fêtes officielles. L'accès de l'Opéra ne lui fut pourtant ouvert qu'au bout de six ans. Sa *Médée,* considérée par une partie de la critique comme digne de comparaison avec les œuvres du Florentin, ne connut cependant qu'un succès assez modéré. Assez rapidement oubliée, jamais reprise, c'est le type même de l'opéra dont l'importance est plus grande pour l'histoire de la musique que pour celle du théâtre.

L'opéra débute, suivant la tradition, par un prologue entièrement consacré à chanter la gloire de Louis XIV. Les armées royales ont connu quelques succès dans la lutte qui oppose la France à Guillaume, roi d'Angleterre et de Hollande à la fois. Les chœurs (habitants des bords de la Seine et bergers héroïques) se réjouissent. A leur appel, apparaissent dans un palais de nuages qui descend du ciel la Victoire, la Gloire et Bellone qui chantent les succès militaires, les bienfaits du roi et le retour à une paix prochaine. Les chœurs s'associent à ce vœu.

Acte I. Il se déroule sur une place de Corinthe où Jason et Médée sont venus chercher la protection de Créon ; ils sont en effet poursuivis par la haine des Thessaliens à la suite des crimes de Médée. Au lever du rideau, celle-ci se plaint à sa confidente que Jason s'éloigne d'elle. Arrivant sur ces entrefaites, le héros explique qu'il est essentiel de se concilier les bonnes grâces de Créuse car elle règne entièrement sur l'esprit de son père. Après le départ de Médée, c'est au tour de Jason de se plaindre à son confident ; l'amour de Médée l'effraie d'autant plus que ses sentiments le portent vers Créuse. Dans une dernière scène, Oronte se joint à Créon et à Jason. Réunies, ses troupes et celles de Corinthe, dirigées par le héros qui a conquis la Toison d'Or, peuvent résister à tous les assauts. L'acte se termine par un chœur de guerriers : « Courons à la victoire. »

Acte II. Dans une salle de son palais, Créon explique à Médée qu'il ne la livrera pas à ses ennemis. Criminelle, elle doit s'éloigner, Jason, qui est un héros, restera à Corinthe ainsi que les enfants qu'il a eus de Médée et qui seront traités en princes. Médée proteste en vain : les crimes qu'elle a commis, elle ne les a commis que par amour pour Jason. Rien ne peut faire changer Créon d'avis. Il ne reste à l'enchanteresse qu'à confier ses enfants à Créuse à quitter la scène. Créuse, Créon, [ma]is Jason triomphent. Les noces de [C]réuse et de Jason pourront avoir lieu. [H]ymne à l'amour. Procession des cap[tif]s de l'Amour qui chantent un épitha[la]me où les paroles françaises se mêlent [à] des textes italiens.

Acte III. Il se déroule en un lieu [ré]servé aux enchantements de Médée. [C]elle-ci y rencontre Oronte qui lui pro[m]et la protection des murs d'Argos et [d]e ses guerriers si elle peut arranger un [m]ariage entre lui et Créuse. Médée lui [ré]plique alors que c'est l'amour de la [pr]incesse et de Jason qui est la cause de [so]n bannissement. Il ne leur reste plus [qu]'à unir leurs infortunes pour lutter [co]ntre un sort contraire. Jason essaye [de] calmer Médée en lui expliquant qu'il [a] accepte les propositions de Créon que [po]ur sauver la vie de leurs enfants. [M]édée reste seule en proie aux senti[m]ents les plus noirs. C'est alors que sa [s]uivante lui annonce que tout se pré[pa]re pour les noces de Créuse et de [Ja]son. Malgré les conseils de sagesse de [N]érine, Médée fait appel aux démons [po]ur qu'ils préparent, à l'intention de [sa] rivale, une robe empoisonnée. Appa[ri]tion aérienne des démons qui appor[te]nt la robe. Scènes de sorcellerie. [B]ruits de l'enfer. Médée quitte la scène [en] emportant la robe fatale.

Acte IV. Il nous transporte dans les [ja]rdins magnifiques du palais de [C]réon. Jason et Cléone admirent la [be]auté de Créuse qui est vêtue de la [ro]be offerte par Médée. Air « Ah ! [Qu]e d'attraits. » L'arrivée d'Oronte [fa]it partir Créuse. Le prince peut ainsi [co]nstater la réalité de l'amour entre [Ja]son et la princesse. Mais arrive [Mé]dée qui affirme que jamais Jason ne [se]ra l'époux de la fille de Créon. Elle en [fa]it le serment malgré les conseils de [m]odération que lui renouvelle Nérine. [E]ntouré de ses gardes, le roi de Corin[th]e s'irrite de voir que la magicienne [n'e]st pas encore partie pour l'exil. [C]oup de théâtre. Médée refuse de par[tir] tant qu'Oronte n'aura pas épousé [C]réuse. Le roi ordonne qu'on se sai-

sisse de l'insolente. Un coup de baguette précipite la pièce dans le domaine de la magie. Les gardes entourent Créon au lieu de se saisir de Médée. Surviennent des fantômes qui se transforment en femmes agréables, séduisent les gardes dans une sorte de ballet. Tous sortent, laissant Créon seul en scène. « O noire divinité !... »

Acte V. Il se déroule dans le palais de Médée. Celle-ci se réjouit de ses succès et se prépare à pousser sa vengeance à l'extrême. Devenu fou furieux, Créon n'est plus à craindre. Jason s'occupe de guerre, mais il est un point où l'on peut encore le toucher « Il aime ses enfants ; ne les épargnons pas. » Créuse vient implorer la pitié de Médée pour Corinthe dont elle prévoit le malheur. Elle accepte même la condition posée par Médée : renoncer à épouser Jason. Tout cela vient malheureusement trop tard. Cléone annonce que, dans une crise de folie, Créon s'est suicidé après avoir tué Oronte. Sur un coup de la baguette magique de l'enchanteresse, la robe de Créuse se transforme en robe de feu. Créuse expire entre les bras de Jason qui crie à la vengeance. Médée s'élève dans les airs sur un char tiré par deux dragons et signale à Jason son dernier forfait : « Venge aussi tes enfants que ce poignard t'a ravis. » Toutes les statues se brisent ; entrée de démons, des torches à la main. Symphonie finale au milieu des ruines et des pluies de feu. On peut s'étonner que la *Médée* de Charpentier n'ait pas connu un plus grand succès. Moins austère que les opéras de Lully, plus vigoureuse, elle est marquée par une audace mélodique qui porte la trace de l'apprentissage italien du compositeur. L'usage plus marqué qu'ailleurs des « machines », un certain goût pour les situations d'horreur semblent avoir rebuté les spectateurs du Siècle de Louis XIV finissant. Il n'en est que plus regrettable que l'oubli où la pièce est longtemps tombée ne se lève pas aujourd'hui pour nous en offrir une reconstitution attendue.

L.

JEAN-PHILIPPE RAMEAU
(1683-1764)

Hippolyte et Aricie

Tragédie lyrique en un prologue et 5 actes de Jean-Philippe Rameau ; liv. abbé Pellegrin. Créée à l'Opéra de Paris le 1ᵉʳ octobre 1733 avec Jelyotte, Dun, Eremans, Pelissier, Antier, Monville, Petitpas, Tribou, Chasse, Cuvillier. Mlle Camargo participait aux ballets. Reprises à Paris en 1742, 1757 et 1767 ; Genève, 1903 ; Paris, Opéra, 13 mai 1908 dans une version révisée par Vincent d'Indy avec Gall, Bréval, Plamondon, Delmas, dir. Paul Vidal ; Bâle, 1931 (en allemand) ; New York, Academy, 11 avril 1954 ; Strasbourg, 20 avril 1974, avec Bosabalian, Antoine, Auphan, Schuyler Hamilton, dir. Casadesus ; Berlin, juillet 1980, Malone, Dooley, Knutsen, dir. Malgoire.

PERSONNAGES

HIPPOLYTE (ténor) ; ARICIE (soprano) : PHÈDRE (mezzo-soprano) : THÉSÉE (basse) : OENONE (mezzo-soprano) ; LA GRANDE-PRÊTRESSE DE DIANE (soprano) : L'AMOUR (soprano) ; DIANE (soprano) ; JUPITER (baryton) ; PLUTON (baryton) ; MERCURE (ténor) ; TISIPHONE (ténor) : LES TROIS PARQUES (ténor, ténor, baryton) ; *bergers, courtisans, prêtresses...*
La scène se passe dans l'antiquité fabuleuse.

Pour sa première tragédie lyrique, Rameau emprunte, par l'intermédiaire de l'abbé Pellegrin, à la tragédie de Racine et apparemment du moins au drame d'Euripide. De Racine il retient, en l'édulcorant beaucoup, le drame « moderne » tournant autour du rôle de Phèdre et de son amour incestueux pour Hippolyte. A Euripide, il emprunte, en la modifiant également, l'idée de faire intervenir directement les dieux dans cette histoire d'humains. De plus, le drame antique lui inspire l'idée d'utiliser des chœurs, pratique généralement tombée en désuétude dans l'opéra baroque, essentiellement consacré à la mise en valeur des exploits vocaux des solistes.

Hippolyte et Aricie devait subir de nombreuses modifications de la main de Rameau même lors des reprises de 1742 et 1759. Le résumé donné ici est celui de la première version.

Un prologue précède la tragédie proprement dite. Il oppose Diane et l'Amour qui a la prétention de se promener dans les bois réservés traditionnellement à la déesse. Jupiter, descendant du ciel, rend une sentence arbitrale : le bois appartient à Diane, mais un jour par an l'Amour peut y faire ce qu'il veut. Diane mécontente proteste mais sans effet ; elle décide de se porter au secours d'Hippolyte et d'Aricie qui sont en danger. Le terrain reste en possession des Amours qui y organisent ballets et divertissements.

Acte I. Le temple de Diane. Aricie, captive de Thésée, doit se consacrer à la déesse. Mais, amoureuse d'Hippolyte, la jeune fille hésite devant la démarche qu'elle doit accomplir. L'arrivée d'Hippolyte, dont elle découvre que les sentiments correspondent aux siens, la décide à renoncer à cette sorte

« entrée au couvent ». Elle est approuvée en ceci par les prêtresses de Diane : on ne peut venir à la déesse que librement. Mais sa décision provoque le courroux de Phèdre. La reine menace de sa colère tous ceux qui oseront s'opposer à sa volonté. Seule, une apparition de Diane qui prend les amants sous sa protection peut venir à bout de la colère de Phèdre. Un messager apporte à celle-ci l'annonce de la mort de son mari ; Thésée avait été assez imprudent pour partir en campagne contre Pluton, tentant ainsi de sauver un de ses amis captif aux Enfers pour avoir tenté de séduire Proserpine, reine des Enfers. Seule Oenone, confidente de Phèdre, voit dans cette mort supposée de Thésée une bonne nouvelle : veuve, la reine pourra satisfaire la passion qu'elle nourrit pour son beau-fils Hippolyte.

Acte II. Il nous transporte aux Enfers. Thésée n'est pas mort : il est prisonnier et soumis à une implacable Furie, Tisiphone. Pluton lui refuse sa grâce qu'il demande en raison des hautes actions qu'il a accomplies sur terre. Mais elles n'ont plus de valeur au royaume infernal. Thésée, complice d'un sacrilège, sera jugé par les Parques : son châtiment doit être à la mesure de sa faute. Tandis que Pluton organise un ballet avec les personnalités infernales, Thésée est remis à la garde de Tisiphone ; il implore alors son père, Neptune, le conjurant de le sauver. Ce que fait le dieu, en mandant Mercure auprès de Pluton pour plaider la cause de son fils. Le dieu des Enfers se laisse fléchir : Thésée pourra repartir sur terre, mais les Parques lui apprennent que chez lui il trouvera « les Enfers » auxquels il croit avoir échappé.

Acte III. C'est celui qui emprunte le plus à la tragédie de Racine. Après une invocation à Vénus, Phèdre fait venir Hippolyte ; une conversation s'engage, qui est d'abord pleine de malentendus. Le jeune homme défend son amour pour Aricie, ce qui remplit sa belle-mère de fureur. Puis Phèdre éclaire

Hippolyte sur l'amour qu'elle a conçu pour lui. Il appelle la colère des Dieux sur cette passion qui lui fait horreur. La reine tente de se suicider avec l'épée d'Hippolyte qui la lui arrache des mains. Survient alors Thésée qui trouve son fils, l'épée à la main et Phèdre à ses pieds. La surprise et la honte rendent muets les partenaires de la scène, et c'est Oenone qui dénonce à Thésée la « passion fatale » d'Hippolyte pour sa belle-mère. Thésée invoque Neptune, l'implorant de le venger. L'acte se termine de façon surprenante par un chœur de matelots joyeux qui chantent l'heureux retour de leur roi.

Acte IV. Hippolyte exilé se réfugie dans la forêt sacrée de Diane où il trouve, au début de l'acte, Aricie. Les amants décident de partir ensemble, mais ils s'attardent pour assister aux chants et aux danses de la suite de Diane. Une violente tempête s'élève. Un monstre surgit de la mer ; Hippolyte courageux s'apprête à le combattre mais disparaît dans la fumée et les flammes. Désolation générale. Entre Phèdre qui apprend la mort d'Hippolyte et confesse ses fautes. Elle prie les Dieux d'attendre pour la punir qu'elle ait pu révéler à Thésée que son fils était innocent. Chœur de lamentation.

Acte V. La première scène voit la confession et le suicide de Phèdre. Thésée qui songe à la suivre dans la mort en est empêché par Neptune. Aricie qui s'est endormie en larmes, est réveillée par une charmante musique. Elle est entourée d'un chœur de bergers et de bergères dont les chants et les danses ne parviennent pas à la consoler. Diane lui promet, malgré ses protestations, qu'elle épousera le roi de cette forêt et qu'elle sera heureuse. Aricie proclame qu'aucun destin n'est plus cruel que le sien. Pourtant quand apparaît le roi promis par Diane, elle découvre qu'il n'est autre que son amant Hippolyte. Joie universelle. L'opéra se termine dans un couronnement-divertissement illustré de nombreuses danses.

L.

Les Indes galantes

Opéra-Ballet en un prologue et 4 actes de Jean-Philippe Rameau ; liv. Louis Fuzelier. Créé à l'Opéra de Paris le 23 août 1735 avec Jelyotte, Eremans, Petitpas, Pélissier, Dun, Tribou, de Chasse. Mlle Sallé participait aux entrées de ballet. Reprises : en 1736 avec des modifications du compositeur : demeure à l'affiche de l'Opéra jusqu'en 1761 (185 représentations) ; Paris, Opéra-Comique le 30 mai 1925 dans une version remaniée par Paul Dukas avec Brothier, Réville, Villabella, Rousseau, dir. Frigara ; Paris, Opéra, le 18 juin 1952, livret modifié René Fauchois, musique remaniée Dukas et Henri Busser avec Castelli, Jourfier, Bouvier, Ferrer, Micheau, Duval, Boué, Gireaudeau, Huc-Santana, Noré, Jansen, Luccioni, Jobin, Bourdin, dir. Fourestier. Serge Lifar avait réglé et participait à certains des ballets. Resté à l'affiche de l'Opéra jusqu'en septembre 1961 (421e représentation), tous les artistes du chant et de la danse à l'Opéra ont été affichés dans cet ouvrage ; Florence, été 1953, avec la troupe de l'Opéra de Paris ; New York, 1er mars 1961 avec Raskin, Ferriero, Bressier, Shirley, Trehy, dir. Dunn.

PERSONNAGES

HÉBÉ (soprano) ; BELLONE (basse) ; ÉMILIE (soprano) ; VALÈRE (ténor) ; OSMAN (basse) ; PHANI (soprano) ; CARLOS (ténor) ; HUASCAR (basse) ; ZAÏRE (soprano) ; FATIME (soprano) ; TACMAS (ténor) ; ALI (baryton) ; ZIMA (soprano) ; ADARIO (ténor) ; ALVAR (basse) ; DAMON (ténor) ; *guerriers, jeux et plaisirs (rôles dansés).*

Avec *Les Indes galantes,* Rameau a donné un magnifique exemple d'opéra-ballet. La priorité accordée ouvertement à la musique de danse a ramené le livret à une série d'arguments n'ayant entre eux que le plus ténu des liens. Cette formule, qui constitue un des aboutissements logiques de la réforme lullienne, rencontra un accueil très favorable malgré certaines critiques faites à la faiblesse du livret de Fuzelier. Dans les vingt-cinq ans qui suivirent leur création, *Les Indes galantes* ne connurent pas moins de cent quatre-vingt-cinq représentations. Reprises en 1952, après deux siècles d'oubli, elles continuent une carrière des plus brillantes à l'Opéra de Paris. Sous la forme définitive que Rameau lui a donnée en 1736, l'opéra comporte un prologue et quatre « entrées ».

Le prologue figure la lutte que se livrent Hébé, déesse préposée aux plaisirs des Dieux, et Bellonne, patronne de la guerre, pour s'emparer de l'esprit de la jeunesse des quatre nations qui com-posent le corps de ballet, les Français, les Italiens, les Espagnols et les Polonais.

Première entrée. Le Turc généreux. Émilie est esclave d'Osman, prince turc amoureux d'elle. Une tempête fait échouer sur les côtes de Barbarie Valère, amant d'Émilie. Le Turc généreux donnera leur liberté à Émilie et Valère en souvenir d'un bienfait ancien.

Deuxième entrée. Les Incas du Pérou. Phani, princesse inca et Carlos guerrier espagnol s'aiment. Huascar, grand-prêtre des Incas désire Phani et tente d'utiliser sa situation éminente pour séparer les jeunes gens. Il échoue et se suicide en se jetant dans un volcan des Andes.

Troisième entrée. Les fleurs ou La Fête Persane. Tacmas est amoureux de Zaïre, esclave de son ami Ali ; Ali est amoureux de Fatime, esclave de Tacmas. L'intrigue amène Tacmas à se déguiser en femme et Fatime à se déguiser en homme. Tout pourrait très mal finir si ces travestissements n'étaient découverts par Ali. L'entrée se termine par une Fête des Fleurs.

Quatrième entrée. Les Sauvages. Dans une forêt américaine, à la frontière des colonies françaises et espagnoles, doit se dérouler la cérémonie du « Grand Calumet de la Paix ». Damon, officier français, et Alvar,

officier espagnol, sont tous deux amoureux de l'indienne Zima ; mais celle-ci leur préfère Adario, membre de sa tribu. Le bon sauvage l'emporte sur l'homme civilisé.

On retrouve dans ces entrées de nombreux thèmes familiers à la littérature du XVIIIᵉ siècle ; Rameau semble, d'ailleurs, y avoir attaché assez peu d'importance, soucieux uniquement d'y trouver prétexte à une série de divertissements musicaux.

L.

Castor et Pollux

Tragédie lyrique en un prologue et 5 actes de Jean-Philippe Rameau ; liv. Pierre-Joseh Gentil-Bernard. Créée à l'Opéra de Paris le 24 octobre 1737 avec Éremans, Fel, Rabou, Le Page, Pélissier, Antier, Tribou, Chasse, Dun. Les ballets étaient dansés par Mlles Sallé et Mariette. Reprises en 1754, 1764 et 1772. Disparaît du répertoire à Paris, mais on la signale encore à Munich dans les premières années du XIXᵉ siècle : Montpellier, 1908 ; Paris, Opéra le 21 mars 1918 avec Lubin, Vallandri, Laval, Plamondon, Lestelly, Gresse, dir. Alfred Bachelet ; sera donnée régulièrement jusqu'en 1940 sous la direction de Gaubert, Germaine Lubin chantant le rôle de Télaïre. Glasgow, 27 avril 1927 ; Florence, Mai Musical 1935 avec Lubin, Villabella, Rouard, dir. Gaubert ; New York, Vassar College, 6 mars 1937 ; Francfort, 5 octobre 1980, avec Gale, Martin, Langridge, Hermann, de Kanel, Bradley, Heichele, Meyer, dir. Harnoncourt.

PERSONNAGES

CASTOR (ténor) ; POLLUX (baryton) ; MINERVE (soprano) ; VÉNUS (soprano) ; L'AMOUR (ténor) ; MARS (baryton) ; TÉLAÏRE, *fille du Soleil* (soprano) ; PHÉBÉ, *princesse de Sparte* (contralto) ; JUPITER (basse) ; *suivantes, spartiates, ombres et démons...*
L'action se déroule dans le cadre de la mythologie antique.

Des différentes légendes relatives à l'origine de Castor et Pollux, Rameau et son librettiste ont retenu celle qui faisait de Pollux un fils de Leda, princesse de Sparte, et de Jupiter, alors que son frère Castor a pour père le roi de Sparte Tindare. L'un des deux héros est donc un semi-dieu ayant droit à l'immortalité tandis que l'autre n'est qu'un

humain et doit donc en subir le sort. C'est sur cette différence de statut que va reposer, pour l'essentiel, l'action dramatique.

Cette action est précédée d'un prologue. Les Arts, les Plaisirs, Minerve, incarnation de la sagesse, font pression sur l'Amour. Il faut que celui-ci obtienne de Vénus sa mère qu'elle enchaîne le redoutable Mars. C'est l'Amour lui-même qui décochera une de ses flèches au dieu de la Guerre. Vénus et Mars couleront ensemble des jours aimables. La paix et le bonheur sont enfin de retour.

Acte I. Le peuple de Sparte pleure Castor, son roi qui est mort au combat. Télaïre se répand en gémissements sur la mort de son amant, tandis que Phébé tente de la consoler. Précédé par les sonneries des trompettes, Pollux arrive porteur des dépouilles de Lincée, le meurtrier de Castor. Ayant ainsi vengé son frère, Pollux cherche, à son tour, à consoler Télaïre ; il avoue d'ailleurs à cette princesse qu'il est amoureux d'elle. Elle n'en a que faire car elle entend rester fidèle au souvenir de son amant ; mais elle en profite pour demander à Pollux de descendre aux Enfers et de lui en ramener Castor.

Acte II. Devant le temple de Jupiter. Pollux est déchiré entre l'affection qu'il porte à son frère et l'amour qu'il ressent pour Télaïre. Poussé par celle-ci, il se décide enfin à implorer de Jupiter le retour de Castor. Mais le dieu est inflexible : Castor ne pourra revivre que si son frère accepte de prendre sa place aux Enfers. Pour prévenir un dévouement inutile de Pollux, Jupiter envoie sur terre Hébé, messagère des plaisirs, et la charge d'organiser d'aimables divertissements qui retiennent l'attention du héros. Mais rien ne peut retenir Pollux.

Acte III. Il se déroule devant la porte des Enfers. Des flammes et des démons en gardent l'entrée. Pollux est l'objet des pressions de Phébé qui l'aime et qui tente de l'empêcher de risquer cette aventure et de Télaïre dont il est épris et qui le pousse à aller au secours de Castor. Le héros, après avoir expliqué à Phébé que ce n'est pas elle qu'il aime mais Télaïre, triomphe des flammes et des démons avec l'aide de Mercure. Phébé est au désespoir et crie sa rage devant la trahison de son amant.

Acte IV. Nous nous trouvons à l'intérieur du royaume des morts. Tourmenté par le souvenir de son amour pour Télaïre, Castor ne peut trouver le repos qu'autour de lui chante le chœur des Ombres Heureuses. Survient Pollux qui lui annonce qu'il va pouvoir retrouver le monde des humains. Mais lorsque Castor devine les conditions de la libération, il refuse et les deux frères font assaut de générosité. Finalement, il acceptera mais promet que son séjour sur terre ne durera pas plus d'une journée et qu'il reviendra rendre la liberté à Pollux. Les Ombres Heureuses suggèrent dans le chœur qui termine l'acte que les deux frères feraient bien mieux de rester l'un et l'autre parmi elles à goûter les félicités qui sont leurs.

Acte V. Il nous ramène sur terre. Phébé ne peut supporter la vue de Castor et de Télaïre réunis. Folle de rage, elle se précipite aux Enfers. Malgré les supplications de sa maîtresse et de son peuple, Castor se prépare à tenir sa promesse et à retourner aux Enfers, pour permettre à Pollux de remonter sur terre. Jupiter, ému par cette grandeur d'âme, donne à l'opéra une fin heureuse. Castor sera promu à l'immortalité et trouvera, ainsi que son frère, une place au firmament. Pollux renoncera à sa passion pour Télaïre qui sera, elle aussi, transformée en étoile. L'œuvre s'achève sur un ballet qui réunit les Dieux, les étoiles et les planètes.

L.

Dardanus

*Tragédie lyrique en 5 actes de Jean-Philippe Rameau ; liv. Le Clerc de la
Bruyère. Créée à l'Opéra de Paris le 19 novembre 1739 avec Jélyotte, Le Page,
Albert, Mlles Pélissier, Fel, Bourbonnois. Mlle Sallé participait aux ballets. Reprise
en versions modifiées par l'auteur en 1744 et 1760. Donnée en concert le 26 avril
1907 à la Schola Cantorum, dir. Vincent d'Indy. Alger, Opéra, 1934 ; Paris,
Opéra, juin 1980 avec von Stade, Eda-Pierre, Gautier, van Dam, Devlin, Soyer,
dir. Leppard (mise en scène Jorge Lavelli).*

PERSONNAGES

VÉNUS (soprano) : IPHISE, *fille de Teucer* (soprano) ; DARDANUS, *fils d'Électre et de
Jupiter* (ténor) ; ANTÉNOR, *roi d'un pays voisin* (baryton) ; TEUCER, *roi de Phrygie*
(baryton) ; ISMÉNOR, *un magicien* (basse) ; UNE PHRYGIENNE (soprano) ; L'AMOUR
(soprano) ; *chœur des songes, guerriers, ministres, peuple...*
L'action se déroule dans une antiquité légendaire.

Le prologue nous fait apparaître un
monde sans trouble où Vénus, les Plaisirs et l'Amour s'endorment. Il faudra
que la déesse fasse revenir les Furies, la
Jalousie en particulier, pour que son
royaume reprenne vie. De même que,
dans ce prologue, on ne retrouve plus
les habituelles allusions à l'actualité
convergeant vers un éloge du roi, de
même, dans sa tragédie lyrique,
Rameau n'a plus utilisé les thèmes anti-
ques que comme un prétexte. L'action
qu'il met en musique rappelle bien plus
les romances fabuleuses de l'Arioste
que *L'Énéide* dont deux vers ont servi
de prétexte au développement du livret.

Acte I. Iphise, fille de Teucer, et
Dardanus, ennemi de celui-ci, sont
amoureux l'un de l'autre mais ils ignorent leurs sentiments réciproques. Teucer destine la main de sa fille au prince
Antéor. Tout le premier acte fait ressortir la tristesse cachée d'Iphise amoureuse, en vain croit-elle, et, faisant contraste avec cette tristesse, la joie guerrière qui anime Teucer, Anténor et le
peuple phrygien. Iphise se décide à consulter le magicien Isménor, en qui elle
espère trouver réconfort et conseil.

Acte II. Il nous transporte dans la
grotte d'Isménor. Dardanus est venu,

avant Iphise, consulter le magicien.
Pour l'aider dans son entreprise amoureuse, celui-ci lui remet une baguette
magique ; grâce à elle le prince pourra
emprunter les traits d'Isménor. C'est
donc sous la figure du magicien que
Dardanus recevra les confidences de
son rival, Anténor, puis celles d'Iphise.
C'est ainsi qu'il apprendra que sa passion est payée de retour. Se faisant connaître de celle qu'il aime, il rejette sa
baguette magique et apparaît sous son
vrai visage ; Iphise est déchirée entre
l'amour et le devoir où elle est de haïr
l'ennemi de son père ; elle s'enfuit.
Surviennent des Phrygiens qui se saisissent de Dardanus.

Acte III. Répète quelque peu le
schéma de l'acte I. Tandis qu'Iphise
pleure le sort de Dardanus prisonnier
de ses ennemis, parmi lesquels elle doit
compter son père et son fiancé, les
Phrygiens se réjouissent de cette capture. Chœurs et danses (on y trouve
une version orchestrée des *Niais de
Sologne*) sont interrompus par
l'annonce qu'un monstre gigantesque
dévaste la côte ; il a été envoyé par
Neptune pour punir les Phrygiens de
retenir captif un fils de Jupiter. Anténor part pour aller combattre le
dragon.

Acte IV. Il débute dans la prison où est enfermé Dardanus. Monologue émouvant du héros prisonnier. Isménor lui apparaît pour lui prédire un avenir plus riant. Puis c'est Vénus qui le confie aux soins du chœur des Songes Flatteurs. Ceux-ci font alterner dans son esprit la douceur du rêve amoureux et la prémonition des épreuves à venir. Ils lui montrent dans son sommeil l'abominable monstre qui ravage le pays. Miraculeusement sorti de sa prison, Dardanus se réveille en présence du monstre qui est sur le point de tuer Anténor ; dans la pénombre, celui-ci ne reconnaît pas à qui il doit la vie ; mais en bon chevalier, il se déclare son homme-lige et lui remet son épée en gage de fidélité.

Acte V. Le peuple phrygien est réuni devant le palais de Teucer. Le vainqueur du monstre (tous croient que c'est Anténor) va recevoir la main d'Iphise. Survient Dardanus qui se fait reconnaître de celui qu'il a sauvé. Anténor s'incline. Dardanus épousera Iphise. Réjouissances générales ; Vénus descend des cieux pour faire reconnaître la souveraineté de son fils, l'Amour.

Sur ce livret, où pèsent bien des faiblesses, Rameau a écrit une de ses musiques les plus « modernes ». Il a su utiliser le contraste entre les scènes graves et noires de la grotte d'Isménor ou de la prison et le côté brillant des grandes fêtes phrygiennes. Mais surtout, il a su parer d'une grâce inégalable toute la séquence du Trio des Songes Flatteurs où brille une poésie presque hypnotique.

L.

Platée

Comédie-ballet en un prologue et 3 actes de Jean-Philippe Rameau ; liv. Jacques Autreau et Joseph Le Valois d'Orville. Créée au château de Versailles le 31 mars 1745 à l'occasion du mariage du Dauphin et de l'infante Marie-Thérèse. Le rôle de Platée était tenu par Jélyotte. Reprise à l'Opéra de Paris en 1749 avec La Tour et Mlle Fel ; Munich, 1901 dans une adaptation de Hans Schilling-Ziemsen ; Milan, Scala, janvier 1921 ; Festival d'Aix-en-Provence, 1956 avec Sénéchal, Jansen, Gedda, Micheau, Sautereau, Castelli, Santana, dir. Hans Rosbaud ; Brême 1963 (en allemand) avec van Kesteren, de la Cruz, Novack, dir. Schäfer ; Festival de Drottingholm, juillet 1978 avec Zachrissen, dir. Farncombe.

PERSONNAGES

PLATÉE (contre-ténor, rôle travesti) ; JUPITER (basse) ; LA FOLIE (soprano) ; CITHÉRON (baryton) ; JUNON (soprano) ; CLARINE (soprano) ; THALIE (soprano) ; THESPIS (soprano) ; MERCURE (ténor) ; MOMUS (baryton) ; L'AMOUR (soprano).

La scène se passe dans la Grèce antique. Un vaste marécage s'étend au pied du mont Cithéron.

Avec *Platée,* Rameau a donné à la musique française un genre nouveau. Sa « comédie-ballet » est en effet l'ancêtre direct d'un théâtre lyrique bouffe qui allait faire fortune au XIXᵉ siècle. Choix du sujet, aspect parodique du texte, tout annonce déjà *La Belle Hélène.* Mais plus encore le traitement

musical lui-même avec ses jeux d'accé-
ération et de répétition, ses onomatopées, ses chœurs burlesques nous promet un type de spectacle où Offenbach
sera roi. La pièce devait connaître un
franc succès auprès d'un public qui ne
trouva à reprendre qu'une ou deux formules jugées un peu triviales. Elle fut
beaucoup moins bien accueillie par les
comédiens qui ne se souciaient pas
d'apparaître sur scène dans des situations ridicules. Des premiers sujets de
la troupe habituelle de l'Académie
Royale, seule Mlle Fel consentit à participer aux représentations.

Le prologue débute par un chœur à
la gloire de Bacchus et des vendanges.
C'est dans cette atmosphère de franche
gaieté que Momus, Thalie et Thespis,
s'entendent avec l'Amour pour railler
les ridicules des hommes et ceux des
dieux. Dans cet esprit, ils vont conter
l'histoire de Platée ou comment Jupiter
s'y prit pour guérir la jalousie de
Junon.

Acte I. Nous faisons la connaissance
de Platée, nymphe disgracieuse qui
règne sur un peuple de grenouilles et de
coucous ; mais si la nymphe est laide,
elle n'en est pas moins de tempérament
amoureux. Elle rêve que Cithéron, le
roi de la montagne qui borde son
royaume marécageux, est épris d'elle. Il
en résulte des scènes de malentendu
comique ; ayant attiré son voisin dans
son domaine, elle lui reproche sa timidité et l'excès de son respect pour elle.
Ces déclarations amoureuses sont
ponctuées par le chœur des coucous et
le coassement des grenouilles. Cithéron
a le plus grand mal à se tirer de ce mauvais pas. L'arrivée de Mercure, qui
vient en messager de Jupiter, suffit à
détourner les penchants amoureux de
Platée. Le messager de Jupiter est porteur d'un message d'amour et la
nymphe prend très au sérieux ce qui
n'est que l'amorce d'une plaisanterie à
ses dépens et à ceux de la jalouse
Junon.

Acte II. Nous assistons à la séduction, combien facile, de Platée par

Jupiter. Très émue, la nymphe voit
arriver un nuage d'où sort le roi des
dieux sous la forme d'un âne conduit
par un petit amour. Après s'être laissé
admirer sous cette forme, Jupiter se
métamorphose en hibou. Platée chante
les louanges de ce « plus beau des
hiboux », accompagnée dans son chant
par le charivari de ses sujets animaux.
Pendant ce chant, l'oiseau s'est envolé
et Jupiter paraît enfin sous son aspect
normal, accompagné d'une pluie de
feu. Il commence à faire sa cour quand
surgit la Folie qui organise aussitôt des
divertissements en l'honneur de
l'« aimable » Platée à qui Jupiter va
offrir le mariage.

Acte III. Il débute sur un air de
colère de Junon qui, à sa façon, est également dupe de cette comédie. Elle se
cache pour assister aux préparatifs de
la cérémonie nuptiale. Chœur et ballets
de dryades et de satyres forment un
spectacle que Platée, tout à l'ardeur de
son amour, trouve bien long. La cérémonie va commencer, mais Jupiter est
inquiet, au moment de prononcer des
engagements solennels, de ne point voir
Junon. Pourtant au moment où il prononce un solennel « Je jure », l'épouse
offensée apparaît. Sa jalousie se calme
pourtant lorsque Jupiter arrache à Platée son voile nuptial et fait contempler
sa laideur à tout le monde. Les immor-
tels remontent dans leur séjour ; Platée
reste la victime des rires de la Folie et
d'un chœur de paysans. Le ballet final
est consacré à la gloire de Bacchus.

Le rire qui se dégage de cette comédie
lyrique est passablement cruel. Platée
est ridicule par ses propos mais aussi
par sa simple laideur qui est le ressort
immédiat de l'intrigue comique. Mais il
ne faut pas oublier que dans le monde
de l'opéra, le jeu des conventions est tel
que l'hédonisme domine et que la laideur est pire qu'un crime, une incongruité permanente. Quelle que soit la
brutalité du propos, le comique de la
partition de Rameau a assuré la survie
de *Platée*.

L.

3. L'Angleterre

L'Angleterre de l'ère baroque a bien failli ne jamais connaître l'opéra. Elle en avait pourtant jeté très tôt les fondations en adoptant le *masque,* comédie mêlée de chansons et de ballets qui fit fureur à la cour des premiers rois Stuart. Mais le grand mouvement de puritanisme qui accompagna la révolution cromwellienne eut pour conséquence de disperser tout le personnel de l'institution musicale anglaise pendant plusieurs décennies. Lors de la restauration royaliste de 1660, la musique anglaise était presque morte faute de musiciens. Le goût du *masque* s'était pourtant maintenu et Purcell, entre autres, en composa de remarquables. Mais ils répondent difficilement à la définition de l'opéra ; une œuvre comme *Didon et Enée* reste une exception dans l'histoire de la musique anglaise ; elle ne fut d'ailleurs pas présentée en public du vivant de son auteur. C'est sous sa forme italienne que le grand opéra fit son entrée en Angleterre. Que les auteurs en fussent d'origine allemande, comme Haendel et Hasse, ou italienne, comme Bononcini ou Amadei, les ouvrages restent fidèles aux mêmes schémas. Les interprètes sont eux aussi italiens, castrats et sopranos exigeant des cachets monstrueux pour venir chanter à Londres. C'est contre cette colonisation culturelle que s'élèvera John Gay quand il présentera au public son *Beggar's Opera,* satire de l'opéra italien et ancêtre d'un genre destiné à devenir très populaire en Grande-Bretagne, l'opéra-ballade.

HENRI PURCELL
(1658-1695)

Dido and Eneas
Didon et Enée

Opéra en 1 prologue et 3 actes de Henry Purcell, sur un liv. de Nahum Tate. Première, 1689, à la Boarding School for Girls de M. Josias Priest, à Chelsea, Londres. Reprises : 1895, Lyceum Theatre de Londres par le Collège Royal de Musique, dir. Stanford; New York, 1923, Hôtel Plaza, 1924, Hôtel de Ville.

version de Bodanzky; Scala Theatre de Londres, 1929; Sadler's Wells, 1931; Festival de Florence, 1940, dir. Vittorio Gui; Opéra de Rome, 1949, décors de Clerici; 3 productions à Londres, dans le cadre du Festival d'Angleterre, 1951 : Lyric Theatre, Hammersmith, par l'English Opera Group, avec la nouvelle réalisation de Benjamin Britten, Sadler's Wells, Mermaid Theatre, avec Kirsten Flagstad. 1962, à Aldeburg et Göteborg, par l'English Opera Group, dir. Benjamin Britten, avec Janet Baker. Plusieurs productions en Allemagne et en Autriche dans les années 1950-1960. En Italie : Come, 1958; Piccola Scala, Milan, 1963 avec Teresa Berganza. Festival d'Aix-en-Provence, 1960, également avec Berganza.

PERSONNAGES

DIDON, *ou* ELISSA, *reine de Carthage* (soprano); BELINDA, *dame d'honneur* (soprano); PREMIÈRE DAME (soprano); DEUXIÈME DAME (mezzo-soprano); MAGICIENNE (mezzo-soprano); PREMIÈRE SORCIÈRE (soprano); DEUXIÈME SORCIÈRE (soprano); ESPRIT (soprano ou ténor); ENÉE, *prince troyen* (ténor ou baryton ténorisant); UN MARIN (soprano ou ténor).

Chœur de courtisans, sujets, sorcières et marins.

Le prologue, qui apparaît dans le livret, semble n'avoir jamais été mis en musique par Purcell; ou, s'il l'a été, il fut perdu. L'ouverture fait alterner, selon la tradition, les passages lents et rapides, dans un esprit d'emblée tragique.

Acte I. Didon apparaît entourée de sa cour, sa dame d'honneur Belinda à ses côtés. Exhortation de Belinda, « Chassez ce nuage qui assombrit votre front », reprise par le chœur. Douloureux aria de Didon : « Ah, Belinda, je sens venir les malheurs ». C'est une magnifique expression du tourment, digne et retenue, comme il sied à la reine de Carthage, et parfaitement en accord avec la tragédie qu'elle annonce et avec le conflit suggéré par les derniers mots : « J'ai grandi sans connaître la paix ». Belinda a compris que « l'hôte troyen » est à l'origine du malheur de la reine; elle suggère, à mots couverts, qu'un mariage entre Didon et l'étranger résoudrait les maux de Carthage — et le chœur soutient ses propos. *Chaconne*, introduite par le duo que chantent Belinda et une suivante. La cour tente à nouveau d'encourager la reine : « Le héros aime autant que vous. » Entrée

d'Enée, le chœur, puis Belinda, puis le chœur à nouveau, soutiennent la requête du héros. Danse triomphante, toute la cour chante gaiement et simplement sa joie de voir Didon accepter la requête d'Enée.

Changement de décor : la grotte où vit la sorcière. Elle enjoint à ses compagnes de s'unir à elle pour préparer la destruction de Didon et de Carthage. Toute la scène, avec ses chœurs ricanants, les cordes renvoyant aux cors de la chasse qui se poursuit au lointain, l'écho répercutant le chœur et la danse (des harmonies distinctes opposent la phrase à l'écho), illustre la beauté insidieuse qui peut marquer le cours du mal aussi sûrement que celui du bien.

Acte II. Un bosquet. Didon et Enée, suivis par Belinda et leur suite. Belinda et le chœur, puis la Seconde Dame, chantent l'attrait particulier de ce lieu, qui a su charmer la déesse Diane, et qui fut le théâtre de la mort d'Actéon, mis en pièces par ses propres chiens. Scène idyllique interrompue par un coup de tonnerre au lointain. Belinda presse l'assemblée de chercher un abri; air rapide et chargé d'ornements : « Pressez, retournez à la ville », qui révèle toute insuffisance technique chez la titulaire du rôle. Tous quittent la scène, sauf Enée, à qui apparaît Mercure — en réalité « l'elfe fidèle » de la Magicienne sous un déguisement. Il est porteur des ordres de Jupiter : le héros ne doit plus tarder à accomplir la tâche qui lui a été impartie, fonder la nouvelle Troie sur le sol latin. Réplique d'Enée, magnifique récitatif — l'un des hauts moments de la partition. La décision est aisée à prendre : il s'agit d'un ordre du dieu. Et pourtant, il « préférerait mourir » que de se résoudre à abandonner Didon.

Dans les versions publiées de la partition, l'acte II finit avec ce récitatif; pourtant la version la plus ancienne du livret contient six lignes supplémentaires — pour la Magicienne et ses suivantes — et prévoit une danse pour clore l'acte. Quand sa nouvelle production de l'opéra fut montée au Festival d'Angleterre, en 1951, Benjamin Britten écrivit : « Quiconque a participé à une représentation, ou même à une version de concert — ou l'a même seulement entendue — doit avoir été frappé par l'insuffisance et l'étrangeté de la fin de l'acte II. Enée chante son superbe récitatif en la mineur et disparaît, sans chœur ni accompagnement, pour le baisser de rideau (ce qui n'est pas le cas dans les autres actes). Le drame réclame une musique fortement dramatique, et la règle des tons qui est appliquée dans l'opéra (et suivie avec soin dans toutes les autres scènes), implique que l'on revienne au ton du début de l'acte, ou au ton majeur correspondant (ré mineur ou fa majeur). De plus, le livret original (dont une copie est conservée à la bibliothèque du *Royal College of Music*) indique clairement une scène pour la Magicienne et ses Sorcières, comportant six lignes de texte et une danse pour la fin de l'acte.

J'estime que la musique de cett scène a dû être composée, et qu'ell a dû être perdue... C'est pourquoi j'a trouvé une autre musique de Purce pour illustrer ces six lignes du livre et une musique de danse pour clor l'acte dans le ton approprié. »

Acte III. Le port de Carthage. O prépare le départ de la flotte troyenne l'orchestre introduit le chant du Marin « Partons, camarades marins, partons. Ton alerte et engageant, parole cyniques. Le Marin presse ses compa gnons « de boire et d'abréger leur adieu aux jeunes nymphes qui le attendent à terre ». Reprise de l'ai par le chœur, puis danse joyeuse Apparition de la Magicienne entourée de ses créatures surnaturelles. Duc endiablé des sorcières, reposant sur « Notre ruse a pris, la reine est aban donnée », qui se termine par des éclat de rire démoniaques. Bref solo de l Magicienne révélant son intention d perdre également Enée, le chœu souligne ces dispositions. Une dans en trois parties réunit les sorcières e les marins. Apparaissent Didon e Belinda venues chercher Enée.

Didon est pleine d'appréhension, e les premières paroles qu'il prononc confirment ses craintes. Elle le repouss avec mépris quand il tente de s'expli quer : « Ainsi, sur les rives fatales d Nil, pleure le crocodile trompeur » lorsqu'il lui annonce qu'il bravera l colère des dieux pour rester aupr d'elle, elle le rejette : « Pars, pars » Après son départ, elle admet « que l mort doit venir, maintenant qu'il n'es plus là ».

Le chœur résume la gravité de l situation et prépare le moment o Didon dira adieu à la vie. Récitati d'une simplicité émouvante, et aria « Quand je reposerai sous terre », u des grands moments de l'opéra Cette pièce, construite[1] sur une bass

---

1. Dans chaque acte, un aria est construit sur ce principe : « Ah, Belinda », à l'acte I; le « Souvent elle rend visite » de la suivante à l'acte II; et la complainte de Didon à l'acte III.

contrainte, — que l'on entend d'abord comme introduction à l'aria à la fin du récitatif — exprime un contrôle vocal sans égal. La reine chante : « Gardez le souvenir de moi, mais ah ! oubliez mon destin »; et le sens tragique profond est renforcé, plutôt qu'atténué, par le chœur suivant : « Des cupidons viendront, les ailes abaissées, et sur son tombeau éparpilleront des roses. »

Purcell a écrit beaucoup d'autres partitions pour la scène, mais *Didon et Enée* est considéré comme son seul opéra. Le Dr Alfred Loewenberg a inclus *Le Roi Arthur* (paroles de Dryden) et *La Reine des fées* (d'après *Le Songe d'une nuit d'été*) dans ses monumentales *Annales de l'Opéra*. Mais bien que la musique en soit magnifique, il s'agit plus de musique pour le théâtre que d'opéra.

H.

The Fairy Queen
La Reine des fées

Opéra (ou plus exactement « Masque ») en un prologue et 5 actes de Henry Purcell, livret adapté du « Songe d'une nuit d'été » de Shakespeare, probablement par Elkanah Settle.

Créé à Londres, Dorset Gardens, en avril 1692. La partition fut perdue et une petite annonce, insérée dans la « London Gazette » offrait 20 guinées à qui la retrouverait. L'annonce fut sans doute efficace puisque l'œuvre fut jouée de nouveau à Drury Lane, en 1703. La partition fut de nouveau perdue et retrouvée à la Bibliothèque de la Royal Academy of Music par John South Shedlock, qui en dirigea une version concert à Londres, St George's Hall, 15 juin 1901. Autre version concert : Londres, Morley College, 10 juin 1911, dir. G. Holst.

La première production scénique depuis 1692 eut lieu à Cambridge, 10 février 1920, dir. C.B. Rootham. Première à Covent Garden, 12 décembre 1946, avec Audrey Bowman, Muriel Burnett, Constance Shacklock, Bruce Darnagel, Rhydderch Davies, Olive Dyer, Edgar Evans, David Franklin, Hubert Norville, Muriel Rae, Dennis Stephenson, chorégr. F. Ashton, adapt. et dir. Constant Lambert; reprise en 1951; Fes. d'Aldeburgh, 1967.

Première en Allemagne : Essen, 27 juin 1931, trad. E. Schulz-Dornburg. En Amérique : San Francisco, 30 avril 1932. A Bruxelles : 28 juin 1935, trad. de J. Rousseau et J. Weterings. Fest. de Berlin, 1966, par le Th. am Gärtnerplatz de Munich, dir. Kurt Eichorn.

PERSONNAGES

LE DUC; EGEUS, *père d'Hermia;* LYSANDER, *amoureux d'Hermia;* DEMETRIUS, *amoureux d'Hermia, fiancé à Helena;* HERMIA, *amoureuse de Lysander;* HELENA, *amoureuse de Demetrius;* OBERON, *roi des fées;* TITANIA, *reine des fées;* ROBIN-GOOD-FELLOW; *fées.*

Les comédiens : BOTTOM *le tisserand;* QUINCE *le charpentier;* SNUG *le menusier;* FLUTE *l'arrangeur de soufflets;* SNOUT *le chaudronnier;* STARVELING *le tailleur.*

Chanteurs et danseurs: acte II : *Créatures féeriques,* LA NUIT, LE MYSTÈRE, LE SECRET, LE SOMMEIL *et leur suite, chanteurs, danseurs.*

Chanteurs, acte III : *Nymphes,* CORIDON et MOPSA, *Chœur de faunes et de naïades, bûcherons et moissonneurs, danseurs.*

Chanteurs et danseurs, acte IV : LE PRINTEMPS, L'ÉTÉ, L'AUTOMNE, L'HIVER e
leur suite; PHOEBUS
Chanteurs et danseurs, acte V : JUNON; *Chinois et Chinoises; Singes.*

Le livret suit d'assez loin la pièce de Shakespeare. L'intrigue est fortement diluée par les épisodes dansés. Nous ne notons ici que ce qui a trait à la partie musicale.

Acte I. Un palais. Titania ordonne aux fées de chanter et de danser pour elle. Elles amènent trois poètes ivres et les tourmentent. (Ouverture; duo « Come, let us leave the town » (Venez, quittons la ville); chœur des poètes : « Fill up the bowl » (Remplissez la coupe).

Acte II. Un bois, au clair de lune. Robin-Good-Fellow donne à Obéron la fleur magique. Après leur départ, Titania et les fées viennent danser et transformer le bois en paysage féerique. Elles appellent les esprits du ciel. Apparaissent La Nuit, Le Mystère, Le Secret, Le Sommeil. Danse de leur suite. Obéron, grâce à la fleur magique, endort Titania, Lysander et Hermia.
Solo de Titania : « Come, all ye sonsters » (Venez tous, esprits); Trio : « Now join your warbling voices all » (Maintenant unissez tous vos voix mélodieuses); Chœur : « Sing while we trip in » (Chantez pendant que nous entrons d'un pas léger).
Air de La Nuit : « See, even night her self is here » (Voyez même la nuit est là).
Le Mystère : « I am come to lock all fast » (Je suis venu pour tout fermer rapidement)
Le Secret : « One charming night » (Une charmante nuit)
Le Sommeil : « Hush, no more, be silent all » (Chut, plus de bruit, soyez silencieux), et chœur final.

Acte III. Même lieu. Helena entre, Lysander s'éveille et la suit. Les comédiens répètent leur pièce, Robin-Good-Fellow les disperse. Bottom revient avec la tête d'âne et Titania s'éveillant tombe amoureuse de lui par l'effet de la fleur magique. Ils sortent. Obéron envoie Robin-Good-Fellow chercher Helena. Titania ordonne aux fées de divertir Bottom, ce que font les faunes les dryades et les naïades. Coridon et Mopsa badinent, se poursuivant pour un baiser refusé, une nymphe chante Danse des moissonneurs. Chœur final (Air et chœur : « If love's a sweet passion » (Si l'amour est une douce passion). Ouverture. Danses des fées. Danse de l'homme vert. Air : « Ye gentle spirits of the air » (Vous gentils esprits de l'air); dialogue entre Coridon et Mopsa; chanson de la nymphe « When I have often heard » (J'ai souvent entendu); danse des moissonneurs; air et chœur : « A thousand, a thousand ways » (Un millier, un millier de fois).

Acte IV. Même lieu. Obéron réconcilie les amoureux, éveille Titania. Robin-Good-Fellow débarrasse Bottom de sa tête d'âne. Titania demande de la musique pour attendre le lever du jour. Le décor se change en un jardin merveilleux. Les Quatre Saisons et leur suite entrent. Phoebus apparaît, salué par tous. Ballet des Quatre Saisons.
(Air et chœur : « Now the night is chac'd away » (Maintenant la nuit est chassée); duo : « Let the fifes and the clarions » (Que les fifres et les clairons); airs : « When a cruel long winter » (Quand un long et cruel hiver), « Thus the ever grateful Spring » (Alors le Printemps toujours bienfaisant), « Here's the Summer, sprightly, gay » (Voilà l'Été, enjoué, gai), « See my many colour'd fields » (Voyez mes champs colorés), « Next winter comes slowly » (L'hiver prochain vient lentement).

Acte V. Le Duc ordonne aux chasseurs d'éveiller les amoureux. Obéron,

Titania et leur suite apparaissent et confirment leurs dires.

Junon arrive et leur donne ses conseils. Entrée et ballet des Chinois. L'hymen les bénit, Obéron et Titania terminent la scène par un épilogue parlé.

Epithalame : « Thrice happy lovers » (Trois fois, heureux amants); airs : « Thus the gloomy world (Alors le triste monde), « Thus happy and free » (Alors heureux et libres) avec reprise de chœurs; « Yes, Xansi »; danse des Singes; air : « Hark, how all things » (Ecoutez, comment toutes choses); soli, trio et chœur : « Sure the dull god » (Sûrement le triste dieu); air et chœur : « Hark, the ech'ing air » (Ecoutez, l'air comme un écho);

Solo : « See, I obey » (Voyez, j'obéis); duo : « Turn then thine eyes » (Tourne alors tes yeux); Solo : « My torch indeed » (Ma torche en effet); Trio et chœur : « They shall be as happy » (Ils seront aussi heureux). Chaconne.

M.K.

THE BEGGAR'S OPERA
L'Opéra du gueux.

Opéra-ballade en 3 actes. Texte de John Gay, musique assemblée et arrangée par Pepusch. Première, 9 février 1728 à Lincoln's Inn Fields, avec M. Walker en Macheath et Lavinia Fenton (par la suite duchesse de Bolton) en Polly. Premières à Covent Garden, 1732, et à New York, 1750. Reprises à Covent Garden d'une version abrégée, en 2 actes, 1813, avec Miss Stephens, Mme Davenport, Incledon; 1878, avec Sim Reeves en Macheath. Nouvelle version de Frédéric Austin montée au Lyric Theatre, Hammersmith, 1920, elle connut 1 463 représentations (avec Frederick Ranalow en Macheath, Sylvia Nelis et Frederic Austin); Brighton, 1940 (sous les auspices de Glyndebourne), avec Mildmay, Michael Redgrave, Roy Henderson. Nouvelle version de Benjamin Britten, donnée à Cambridge, 1948, puis au Sadler's Wells, dir. Britten; Vienne, 1949, dir. Zallinger; Hambourg, 1950, avec Enck, Rothenberger, Schütte, dir. Schmidt-Isserstedt. Nouvelle production de l'English Opera Group, Aldeburgh, 1963, avec Janet Baker donnée par la suite à Edimbourg, Londres, Montréal...

PERSONNAGES

LE GUEUX (rôle parlé); Mme PEACHUM (mezzo-soprano); M. PEACHUM, *fine lame* (basse); POLLY, *leur fille* (soprano); LE CAPITAINE MACHEATH, *brigand* (ténor); FILCH, *au service de Peachum* (ténor); LOCKIT, *geôlier* (baryton); LUCY LOCKIT, *sa fille* (soprano); Mme VIXEN, SUKY TAWDRY, Mme COAXER, DOLLY TRULL, Mme SLAMMEKIN, MOLLY BRAZEN, JENNY DIVER, BETTY DOXY, *dames de la ville* (sopranos, mezzos et contraltos); HARRY PADDINGTON, BEN BUDGE, WAT DREARY, MAT OF THE MINT, JEMMY TWITCHER, NIMMING NED, *gentilshommes des grands chemins* (ténors, barytons et basses); Mme TRAPES, *marchande à crédit* (mezzo-soprano).

Au début du XVIIIe siècle, à Londres.

Au début du XVIIIe siècle, opéra signifiait, en Angleterre comme partout ailleurs en Europe, opéra italien. Des œuvres telles que la *Rosamonde* de Clayton (sur un livret d'Addison) étaient des monstres, et connurent l'échec. Il fallut attendre 1728 pour trouver un opéra anglais ayant un succès populaire — certains des airs, il est vrai, venaient de l'opéra italien, ou étaient d'origine française. *L'Opéra du Gueux* est un opéra-ballade — on trouve, comme exemples antérieurs du genre, la pastorale d'Allan Ramsay, *The Gentle Shepherd* (repris au Festival d'Edimbourg en 1949) et, selon Burney, *Wonders in the sun* de Durfey. La musique est une compilation d'airs d'origines diverses — opéra contemporain, ballades, chansons populaires — arrangés de façon à former un tout relié par les dialogues. Les adaptateurs firent avec la musique dite sérieuse ce qui avait été fait en Angleterre depuis des années pour la musique des pantomimes de Noël; tout fut mis à contribution, à condition d'être agréable à entendre et populaire.

On pense que cet opéra-ballade trouva son origine dans une remarque, souvent citée, de Swift à Gay : « Une pastorale ayant Newgate pour cadre [1] serait à la fois plaisante et originale. » L'œuvre tend à la fois à la satire et à la parodie. L'opéra alors à la mode y est gentiment raillé : « J'ai une scène de prison que les dames ne manqueront pas de trouver délicieusement pathétique. Quant aux rôles, je les ai traités avec une gentille impartialité, si bien que ni l'une ni l'autre de nos deux dames ne pourra en prendre ombrage... J'espère que l'on me pardonnera de ne pas avoir conçu un opéra artificiel d'un bout à l'autre, comme c'est la mode aujourd'hui; car il n'y a pas de récitatifs. » L'opéra comporte aussi une satire politique et sociale, visant le premier ministre Sir Robert Walpole et quiconque

détient une forme de pouvoir et est susceptible de soudoyer, ou d'être soudoyé. L'aspect dramatique de l'opéra repose sur la corruption sous toutes ses formes.

Le succès de *L'Opéra du Gueux* porta un sérieux coup au prestige et à la réussite financière de l'opéra italien, dont la tête de file était Haendel; mais il fit la fortune de tous ceux qui, de près ou de loin, y participèrent — comme en rend compte un un mot d'esprit de l'époque : « Il fit de Rich un homme gai, et de Gay un homme riche. » (Rich était directeur du Lincoln's Inn Fields; il dirigea ensuite Covent Garden.) Ce succès fut tel que ceux qui étaient visés par la satire politique s'en inquiétèrent sérieusement et que la suite de l'opéra, *Polly* (1729), fut interdite, et ne put être représentée avant 1777 (Gay s'enrichit néanmoins confortablement en vendant des copies de l'œuvre). *L'Opéra du Gueux* connut, outre la suite imaginée par l'auteur, quelques imitations. L'adaptation des airs par Austin (qui était un chanteur célèbre, et jouait Peachum) remporta un triomphe à Londres en 1920 et tint l'affiche pendant deux ans et demi. L'adaptation de Bertold Brecht (*Die Dreigroschenoper*), qui apparut à Berlin deux cents ans et quelques mois après l'original de Londres, était assez différente, mais elle connut le même succès. Le compositeur Kurt Weill n'utilisa pour ainsi dire aucun des airs d'origine, et Brecht fit une mise en scène moderne, plus conforme à ses propres opinions politiques qu'à celles de Gay. Il semble qu'aucun Berlinois des années 20 n'ait pu résister au charme de cette étrange pièce, qui fut au moins aussi influente alors que celle de Gay en son temps.

De nos jours, le dernier compositeur à avoir été inspiré par le vieil opéra-ballade est Benjamin Britten. Il conserva 66 des 69 mélodies d'origine (plus que ne fit Austin), écarta les

---

1. Newgate : prison de Londres qui fut rasée en 1902 (N.d.T).

« jolies » introductions et les post-
ludes, et récrivit les airs pour qu'ils
produisent en 1948 le même genre
d'effet qu'en 1728. Il était soucieux
de retrouver le contraste initial entre
la douceur des mélodies et la dureté
des mots. La mise en scène soulignait
à dessein le sordide du XVIII⁸ s., et
négligeait son élégance et sa grâce.
Cette re-création fut un chef-d'œuvre
à sa manière

Un prologue, dit par un Gueux
et un Acteur, explique que la pièce
est écrite « en l'honneur du mariage
de James Chaunter et de Moll Lay,
tous deux excellents chanteurs de
ballades ».

Acte I. Une chambre de la maison de
Peachum; le propriétaire compulse un
livre de comptes. Il chante « Through
all the employments of life, each
neighbour abuses his brother » (En
toutes circonstances, le voisin trompe
son frère). Filch vient rendre compte
du sort de plusieurs membres de la
bande de Peachum, qui sont traduits
en justice. Il chante une douce mélodie : « 'Tis woman that seduces all
mankind » (C'est la femme qui
séduit l'humanité), puis va porter
les messages de Peachum aux divers
prisonniers.

Peachum examine la liste de ses
collaborateurs, commentant les apti-
tudes au gain (c'est-à-dire au vol)
de chacun. Il devra en abandonner
certains et accepter la récompense
offerte pour leur capture. Quand il en
arrive au nom de Bob Booty, sa femme
l'interrompt : pourquoi celui-là ? Les
femmes sont bien mauvais juges,
admet-elle, car elles aiment un homme
d'abord pour son courage : « If any
wench Venus' girdle wear » (S'il y
avait des jeunes filles pour porter la
ceinture de Vénus). Puis ils parlent
du meurtre, crime qui séduit moins la
femme que le mari, et du capitaine
Macheath que leur fille Polly « semble
trouver fort séduisant ». Mᵐᵉ Peachum
chante alors « If love the virgin's heart ›
invade, If she does not marry,

she's — What I dare not name » (Si
l'amour s'empare du cœur de la
vierge... si elle ne se marie pas... Je
n'oserai dire ce qu'elle est). Mais
Peachum semble tracassé : « I would
indulge the girl as far as prudently we
can. In anything but marriage » (Je
suis tenté de tout lui laisser faire, dans
les limites de la prudence. Tout sauf le
mariage). Laissant sa femme à son
ouvrage, il sort et va trouver sa fille
« pour lui enlever cette idée de la tête,
en lui citant l'exemple des voisins ».
Mᵐᵉ Peachum se met à philosopher :
pourquoi le mariage de Polly devrait-il
éloigner d'elle les autres hommes ? Et
elle chante « A maid is like the golden
ore » (Une jeune fille est comme de
l'or). Entre alors Filch; Mᵐᵉ Peachum
avoue avoir un faible pour sa compagnie... et pourtant, elle le questionne
sur les relations de Polly et du capitaine
Macheath; Filch semble si gêné
qu'elle l'emmène pour qu'il lui en dise
plus en privé.

Polly et son père. Elle affirme
être capable de veiller sur ses propres
intérêts, « Virgins are like the fair
flower in its lustre » (Les vierges
sont comme la belle fleur dans son
éclat). Peachum la met gravement en
garde contre le mariage; il est interrompu par l'arrivée de Mᵐᵉ Peachum,
dans une grande colère. Elle a découvert le pire : « Our Polly is a sad slut »
(Notre Polly est une petite catin),
chante-t-elle avec fureur; et elle crie à
qui veut l'entendre que Polly s'est
mariée. Polly demande « si l'amour
peut être maîtrisé par la raison », et sa
mère lui répond par une mélodie
délicieuse : « O Polly, you might have
toy'd and kiss'd » (Oh, Polly, des
petits jeux et des baisers auraient
suffi). Polly fait face : « I, like a
ship in storms, was tossed » (Comme
un bateau pris dans la tempête) mais
on l'envoie servir des clients dans la
grande salle. Les parents, restés seuls,
complotent pour faire tourner l'affaire
à leur profit, n'oubliant pas pour
autant qu'un homme de loi pourrait
intervenir et s'attribuer tout le béné-

fice de l'opération : « A fox may steal your hens, sir » (Un renard peut voler vos poules, monsieur). Quand Polly revient, elle apprend qu'elle doit tout de suite se faire à l'idée d'être veuve; en un mot, Macheath doit être livré aux autorités à temps pour la prochaine session du tribunal ! « Oh ! réfléchissez, ne soyez pas sévères », supplie-t-elle. Veuve, elle pleurerait toutes les larmes de son cœur, « The turtle thus with plaintive crying » (Comme la tortue au cri plaintif). Aussitôt sortie de la pièce, elle se cache pour écouter la suite du complot et est désespérée d'entendre que même l'Old Bailey[1] est mentionné. Changement de décor. Polly et Macheath chantent un duo d'amour.

> Pretty Polly, say,
> When I was away,
> Did you fancy never stray
> To some newer lover ?

> (Dis-moi, jolie Polly,
> N'as-tu jamais songé,
> Lorsque j'étais ailleurs,
> Trouver un autre amant ?)

Macheath vante sa propre constance : « Mon cœur était libre; il vagabondait comme une abeille, jusqu'au jour où Polly répondit à ma passion. » Puis ils se jurent une adoration réciproque dans : « Serais-je abandonné sur la côte du Groenland » (Were I laid on Greenland's coast), et son refrain « tout là-bas, au-delà des collines ». Mais Polly se rappelle que la vie de Macheath est menacée, car son père complote contre lui. Elle chante : « Oh, comme il est douloureux de se séparer. » Leur scène d'amour atteint son apogée avec « The miser thus a shilling sees » (Ainsi l'avare voit un shilling), qui constitue une fin superbe et tout à fait appropriée (malheureusement omise dans la partition publiée par Austin).

Acte II. Une taverne près de Newgate. La bande de Macheath évoque son métier et ses dangers. Mais en buvant, tout s'oublie : « Remplissez tous les verres. » Macheath vient leur dire qu'il ne peut les accompagner ce soir-là, en raison de son « désaccord » avec Peachum. Il leur souhaite bonne chance, et ils partent en chantant « Prenons la route », sur l'air de la marche de *Rinaldo*, de Haendel (Let us take the road).

Let us take the road, Hark, I hear the sound of coa — ches

Seul, Macheath rêve des plaisirs que procurent les femmes — insistant sur le pluriel. Sa romance, « Si le cœur d'un homme », est l'un des airs le plus ravissants de la partition. Il n'a pas longtemps à attendre : les femmes de la ville arrivent, répondant aux invitations qu'il leur avait lancées. Il les accueille et les entraîne dans une danse « Youth's the season made for joys » (La jeunesse est la saison des joies); après quelque badinage, Jenny Diver, allusive, chante « Before the barn-door crowing » (Jacassant à la porte de la grange), et réussit tandis que les femmes poursuivent « The gamesters and lawyers are jugglers alike » (Joueurs et hommes de loi sont tous de mauvaise foi) à prendre un de ses pistolets pendant que Suky Tawdry s'empare de l'autre. Elles font alors signe à Peachum, qui attendait dehors. Des policiers entrent avec lui et arrêtent le capitaine. Macheath provoque les femmes avec colère : « At the tree I shall suffer with pleasure » (Pendu à l'arbre, je souffrirai avec plaisir). On l'emmène, et elles restent à se disputer la récompense attribuée pour cette trahison.

La prison de Newgate. Macheath est reçu par le sinistre Lockit, qui lui rappelle qu'ici rien n'est gratuit; de plus, la coutume veut que le nouveau

1. Principal tribunal criminel de Londres (N. d. T.).

nu offre une tournée de « bien-
ue » à ses codétenus. Macheath,
ssé seul, réalise qu'il est redevable
cette situation à la Femme : « Man
y escape from rope and gun »
'homme peut échapper à la corde
au fusil). Cet air associe à mer-
lle le lyrique et le dramatique.

Man may escape from rope and gun, ney somehow outlived the doctor's pill

Entre Lucy, la fille de Lockit.
e fait immédiatement allusion au
ardeau infamant » qu'elle porte en
e, et n'hésite pas à déclarer que
cheath en est responsable. La
ngeance est son seul souci, dit-elle :
Thus when a good housewife sees
rat » (Ainsi, quand une bonne
énagère voit un rat).

Lucy n'est pas si facile à duper
mbien les traîtres sont cruels),
is Macheath la raisonne avec
ccès, lui expliquant comment Polly
it raconté leur mariage par pure
ité : « The first time at the looking-
ss » (La première fois, devant
miroir). Lucy emmène Macheath
r le prêtre de la prison.

Entrent Peachum et Lockit, absorbés
leurs transactions mutuelles.
availlant à la fois pour la loi et pour
crime, ils sont dans une position qui
r permet de prendre le meilleur de
aque. Peachum parle ouvertement
trahir ses amis, et Lockit lui enjoint
faire attention aux mots qu'il
ploie : « Quand vous critiquez
ge ». Peachum va plus avant, et met
doute l'honnêteté des tractations
Lockit. Ils en viennent aux mains,
s finissent par se calmer, et Peachum
tte la scène.

C'est le tour de Lucy d'être en
saccord avec son père; elle sollicite
grâce de Macheath : « Son sort est-
arrêté, monsieur ? » Lockit lui
orque une consolation un peu
e — réjouissez-vous d'être libérée,
mme les autres veuves : « Ainsi
nserez-vous d'ici quelques jours »
ritten réunit les deux airs en un duo

saisissant). Macheath rejoint Lucy, et
pèse ses chances de sortir de prison en
corrompant quelqu'un : « Si tu peux,
lors d'un entretien, réclamer ce qui
t'est dû ». Lucy promet de faire de
son mieux pour l'aider — mais à ce
moment même Polly apparaît et
se jette au cou de Macheath en criant
« mon cher époux ». Le voyant ainsi
languissant, elle risque une métaphore
ornithologique : « Thus when the
swallow seeking prey » (Ainsi quand
l'hirondelle cherche une proie).
Macheath semble être dans une position désespérée : « Comme je serais
heureux avec l'une ou l'autre, si l'autre
charmeuse pouvait s'éloigner ! » chante-
t-il dans l'un des airs les plus célèbres
de l'opéra. Les deux « épouses »
reviennent vers lui dans un duo,
« I'm bubbled. I'm bubbled. O how
I am troubled » (Quelle duperie,
quelle duperie. Oh, mon trouble est
extrême). Britten a enchaîné l'air
et le duo, et les a réunis en un
trio. L'avenir semble sombre pour
Macheath, quand enfin les deux
femmes finissent par se remarquer.
Polly dit à Lucy « Cease your funning »
(Cessez cette plaisanterie) et elles
s'en prennent l'une à l'autre, « Why
how now, Madam Flirt » (Eh bien,
maintenant, Madame la coquette).
Peachum vient chercher Polly, qui lui
résiste : « No power on earth can e'er
divide » (Aucune puissance sur terre
ne peut nous séparer), sur l'air du
« Irish howl ». Peachum finit par

No pow'r on earth can e'er di-vide the knot which sa-ered love hath tied

l'arracher à Macheath, et il ne reste
plus à Lucy, après s'être comparée à
la femelle du renard : « I like the fox
shall grieve » (Je souffrirai comme le
renard), qu'à le libérer de ses chaînes
et le mener hors de prison.

Austin et Britten ont écarté la brève
scène finale entre Lucy et Macheath,
préférant faire chanter par un ensemble
l'air « No power on earth » pour en
faire un finale.

Acte III. De nouveau à Newgate. Lockit sermonne Lucy pour avoir participé à la fuite de Macheath. Elle n'a pas été achetée, et seul l'amour l'a poussée à l'aider; elle reproche à Lockit de lui avoir enseigné à n'être point avare de ses baisers — Macheath était si gentil, après tout ce qu'elle avait enduré, qu'elle lui avait donné son cœur : « When young at the bar » (Quand jeune et accusé), chante-t-elle sur un air de Purcell. Elle passe du regret d'avoir perdu son amant aux récriminations, « My love is all madness and folly » (Mon amour n'est que sottise et déraison); son père l'envoie se repentir plus loin, pour ne pas entendre ses miaulements. Il fait ensuite le point : Peachum, de toute évidence, essaie de le doubler dans l'affaire du capitaine; il faut donc se venger à tout prix. « Of all animals of prey », songe-t-il, « Man is the only sociable one » (De tous les animaux de proie, seul l'homme est sociable). L'aria « Thus gamesters united in friendship are found » (Ainsi l'on trouve des joueurs unis par l'amitié) est une satire mordante, particulièrement frappante dans la mise en scène de Britten.

Une maison de jeu, où se trouve Macheath. Il rencontre Ben Budge et Matt of the Mint et leur donne de l'argent. Ils parlent de leurs affaires, mais la scène est dominée par « The modes of the court so common are grown » (Les manières de la Cour sont devenues si vulgaires), chanté sur l'air admirable de « Lillibulero ».

Chez Peachum. Une fois de plus, Peachum et Lockit tentent de se mettre d'accord sur leurs transactions mutuelles. Ils abandonnent, et se mettent à boire : il suffit de bien surveiller Polly et l'on pourra remettre la main sur Macheath avant peu, « What gudgeons are we men » (Les hommes sont comme des goujons). Mme Diane Trapes fait son entrée, et, avant d'aborder l'objet de sa visite,

boit à leur santé en ces termes : « I the days of my youth I could bill lik a dove » (Du temps de ma jeuness je savais donner des petits coups c bec, comme une tourterelle). I reprennent le refrain tous ensembl Elle est venue voir s'il y avait quelqu chose pour elle dans les marchandis qu'ils recèlent... Capes, velours, châle jupons... Elle glisse dans la conversatio qu'elle a vu Macheath le jour mêm Aussitôt, ils lui proposent tout c qu'elle veut, à son prix, du mome qu'elle les conduit au capitain Newgate, de nouveau. Lucy, tout e pleurant son triste sort — « I'm like skiff on the ocean tossed » (Je su comme une barque malmenée p l'océan) — envisage de vider sa qu relle avec Polly qu'elle attend, mort-aux-rats à portée de main. Pol est introduite par Filch, et Luc l'accueille aimablement : « When wife's in her pout » (Quand ur épouse boude). Elle essaie de l faire boire du gin, mais pour rie au monde Polly n'accepterait. E apparence, elles débordent d'affecti l'une pour l'autre : « A curse atten that woman's love » (La malédicti suit l'amour de cette femme) n'e pas une querelle, comme les mo pourraient le faire croire; Polly débor d'amabilité : « Among the mer coquets we find » (Les homme aussi pratiquent la coquetterie), Lucy la presse d'accepter le ver qu'elle lui offre : « Come sweet lass (Allons, douce jeune fille). La scèr est interrompue brutalement p l'entrée de Macheath, à nouvea enchaîné.

Duo de pitié qu'elles chantent tout deux, « Hither dear husband, turn you eyes » (Mon cher époux, regarde moi); Macheath, cependant, vo les choses autrement : « Which wa shall I turn me » (De quel côté m tournerai-je ?). Chacune va vers so père plaider sa propre cause « Whe my hero in court appears » (Quan mon héros paraîtra à la barre), « When he holds up his head arraign'

or his life » (Quand il redressera sa
ête, qui est mise en jeu). Peachum
t Lockit restent de pierre, « Ourselves
like the great » (Nous comme les
Grands de ce monde), et ordonnent
à Macheath de s'apprêter à être
onduit à l'Old Bailey. Il répond :
: The charge is prepared » (L'accusa-
ion est prête), air qui se termine
ar un ensemble dans la version de
Britten.

La cellule des condamnés. Macheath,
ffondré, se lamente sur son sort
t se prépare à la pendaison en bu-
ant copieusement. Il finit par se
évolter contre l'injustice des temps,
ur l'air de « Greensleeves ». Austin
'utilise que quatre des dix airs marqués
ans cette scène, et élimine « Greens-
eeves ». Britten, suivant les *Scènes de
olie* de Purcell, en fait une *scena* qui
st le sommet de l'opéra, articulée sur
ne basse tirée de « Greensleeves ». Le
ésultat est impressionnant, et confère
ne réelle dignité au personnage de
Macheath comme à l'idéal que défen-
ait la satire — car la satire n'est
u'aigreur tant qu'elle ne défend pas
n idéal et une vérité.
Ben Budge et Matt of the Mint
iennent faire leurs adieux à Macheath;
a dernière requête est qu'ils le vengent
e Lockit et de Peachum. Puis Lucy

et Polly viennent lui assurer qu'elles
seraient heureuses de prendre sa
place : « Would I might be hanged ».
Macheath se joint à leur duo, et le
morceau prend des allures de chant
funèbre, renforcées par l'intervention
du glas (que Britten utilise avec un
effet certain). Quatre autres femmes
viennent prétendre que Macheath est
leur mari, jusqu'au moment où il se
déclare prêt à suivre les huissiers qui
vont l'emmener au gibet.

(Comme je voudrais que l'on me
pende ! Et moi de même ! Ah, être
pendue avec toi. Mon bien-aimé
avec toi.)

C'est alors que l'Acteur proteste; il
dit au Gueux que si Macheath est
pendu, la pièce devient une tragédie.
Le Gueux se laisse persuader, et
accorde sa grâce. Macheath revient
pour mener le finale, « Thus I stand
like the Turk, with his doxies around »,
(Me voici comme le Turc, entouré
de ses maîtresses).

H.

GEORG FRIEDRICH HAENDEL
(1685-1759)

La musique des opéras de Haendel est l'une des plus accomplies de la première
oitié du XVIIIe s., et ce qui nous en éloigne tient aux conventions qu'ils res-
ectent et qui nous sont totalement étrangères.

Au temps de Haendel, la convention était engoncée dans l'aria — l'« aria da
apo » régnait, avec reprise obligatoire; chaque aria était suivi d'une sortie, il

n'y avait pour ainsi dire pas d'ensembles ni de chœurs, à telle enseigne que même le finale était chanté par les rôles principaux réunis; le livret était organisé en fonction des arias « typiques » (pour exprimer la compassion, la tristesse, l'intention amoureuse, le regret, le désespoir, la détermination, l'ardeur guerrière, etc.) négligeant l'évolution des personnages et les surprises de l'intrigue.

Les castrats étaient follement à la mode, et des rôles de héros, comme Jules César ou Hercule, étaient écrits pour des virtuoses dont la technique respiratoire et l'ampleur de la voix semblaient suffire à compenser l'obésité et un physique fréquemment comique, mais rarement viril.

Le regain d'intérêt pour les opéras de Haendel, au début des années 20, impliqua de nombreuses révisions : parfois au niveau du texte musical, dans l'intérêt de la cohérence musicale et dramatique; presque toujours au niveau des tessitures des voix, pour obtenir quelque vraisemblance quant au physique des personnages. Les héros castrats devinrent des barytons ou des basses. Dans les années 60, quand la « renaissance » de Haendel fut associée, abusivement, à l'art de Joan Sutherland, on revint à une attitude plus rigoureuse et érudite : des mezzos plus ou moins solides s'attaquèrent aux héros de l'Antiquité, avec un bonheur inégal; cela permit au moins de conserver l'orchestration originale de Haendel. Haendel lui-même faisait des changements en fonction des circonstances, modifiant un rôle de soprano pour un ténor, insérant un morceau pris dans une autre œuvre (et une autre situation), à l'intention d'une nouvelle prima donna, ajoutant ou retirant à son gré quand une situation nouvelle l'exigeait.

H.

Giulio Cesare
Jules César

Opéra en 3 actes de Haendel; liv. de Nicola Haym. Première 2 mars 1724, au Haymarket Theatre, à Londres, avec Cuzzoni dans le rôle de Cléopâtre, Durastanti[1] (Sesto), Mme Robinson (Cornelia), Senesino (César), Berenstadt[2] (Ptolémée). Première en Allemagne : Brunswick et Hambourg, 1725; Vienne, 1731. Première, version Oskar Hagen, 1922, Göttingen. Première, Northampton, Massachusetts 1927; Scala Theatre de Londres, 1930. Après-guerre : Leipzig 1950; Düsseldorf, 1953; Vienne, 1954, avec Della Casa, Malaniuk, Metternich, dir. Jochum; Rome, 1956, avec Fineschi, Barbieri, Christoff, Petri; Scala, Milan, 1956, avec Zeani, Simionato, Rossi-Lemeni; version de concert à New York, 1956, avec Leontyne Price et le contre-ténor Russell Oberlin; sur plusieurs scènes allemandes lors de la célébration du bi-centenaire de Haendel, 1959; par l'Handel Opera Society, Sadler's Wells, 1963, avec Joan Sutherland et Margreta Elkins.

1. Margherita Durastanti était un soprano, mais quand l'opéra fut repris en 1725, le ténor Borosini chantait le rôle de Sesto Pompeo.

2. Le dictionnaire de Grove, et le *Handel, a Documentary Biography* de Deutsch font de Berenstadt une basse; sans doute, suggère Winton Dean, parce que « castrat allemand » (ce qu'il était en réalité) est une notion dont les termes sont contradictoires.

PERSONNAGES

LES CÉSAR (contralto [baryton])[1] ; CURIO, *tribun romain* (basse); CORNELIA,
uve *de Pompée* (contralto); SEXTUS POMPÉE, *fils de Cornelia et Pompée* (soprano
énor]); CLÉOPÂTRE, *reine d'Égypte* (soprano), PTOLÉMÉE, *roi d'Égypte* (contralto
asse]); ACHILLAS, *général, conseiller de Ptolémée* (basse); NIRENUS, *confident de
éopâtre* (contralto [basse]).

En 48 av. J.C.
En Égypte.

Les implications et associations
storiques de *Jules César* étaient
rtainement pour beaucoup dans la
action immédiate du public allemand
la « renaissance » de Haendel,
début des années 20. Mais cela
xplique que partiellement son
mense succès.

Acte I. En Égypte, après la victoire
César sur Pompée à Pharsale, en 48
. J.-C. Dans la large plaine qui borde
Nil. Un chœur d'Égyptiens accueille
s légions romaines victorieuses, et
mplit la scène jusqu'au moment où
ésar vient célébrer son triomphe
Presti omai l'Egizia terra »). Cornelia
son fils Sextus viennent implorer sa
émence. Achillas au même instant
i offre l'hospitalité de Ptolémée
ont Pompée avait demandé l'aide
ilitaire), et lui apporte la tête de
mpée, preuve du revirement de
olémée. César condamne cette
uauté gratuite (« Empio, diro, tu sei,
gliti »). Cornelia repousse l'amour
Curio, un tribun romain, et pleure
misérable solitude dans une très
lle et lente aria, « Priva son d'ogni
nforto ». Sextus, son fils, réclame
ngeance des assassins de son père,
mpée (« Svegliatevi nel core »).
Le palais de Ptolémée. Cléopâtre
décidé que, pour gagner la faveur de
ésar, sa célèbre beauté valait bien
présent que lui a fait son frère,
olémée : la tête de Pompée (« Non
sperar »). Achillas raconte à Ptolé-

mée la fureur de César en apprenant le
meurtre de Pompée; il lui offre de tuer
César, en échange de la main de
Cornelia. Ptolémée accepte et se
répand en invectives contre César
(« L'empio, sleale, indegno »).

César, dans son camp, contemple
le monument qu'il a fait élever à la
mémoire de Pompée. Il médite, dans
un récitatif expressif, « Alma del gran
Pompeo », sur le caractère éphémère
des renommées. Cléopâtre se présente à
lui comme étant 'Lidia, l'une des dames
d'honneur de la reine. César est fasciné
par sa beauté (« Non è si vago e bello »);
Cléopâtre se loue de son succès
(« Tutto puó donna vezzosa »), elle
se cache avec Nirenus pour observer
Cornelia qui vient, en vêtements
de deuil, s'agenouiller devant le
monument dédié à son époux :
« Nel tuo seno, amico sasso ». Elle
appelle la vengeance sur le meurtrier
de Pompée, son fils déclare s'en charger.
Cléopâtre, se faisant toujours passer
pour Lidia, offre son aide, et Sextus se
réjouit que son rêve de justice puisse
enfin s'accomplir (« Cara speme »).
Cléopâtre exulte à l'idée de vaincre
Ptolémée, l'aria « Tu la mia stella sei »
a des accents mélodieux et abandonnés
qui contrastent avec les sentiments bien
déterminés qu'exprimait le récitatif.

Au palais, Ptolémée accueille César
avec effusion, et lui offre l'hospitalité
tout en ne songeant qu'à le tuer.
César n'est pas dupe, et dans une belle
aria accompagnée *obbligato* par le cor

. Les crochets concernent la version de Hagen en 1922, qui a été utilisée pour de nombreuses
rises modernes.

(unique chez Haendel), évoque une chasse pour décrire ses relations avec le roi égyptien (« Va tacito e nascosto »). César et les Romains quittent Ptolémée; Achillas désigne alors Cornelia au roi, qui est frappé par sa beauté. Quand la dame romaine et son fils s'avancent, celui-ci provoque le roi en combat mortel. Ptolémée fait jeter le jeune homme en prison et mener Cornelia à son sérail, où Achillas pourra la visiter, selon le bon vouloir du roi. Ptolémée parti, Achillas offre à Cornelia la liberté contre le mariage; elle le repousse avec mépris. Magnifique duo d'adieu entre la mère et le fils.

Acte II. Cléopâtre fait conduire César à son palais, espérant que la vue de la Vertu trônant sur le mont Parnasse l'enchantera. La *sinfonia* que joue l'orchestre accompagne l'entrée du général romain. L'opération de séduction commence avec l'apparition de la « Vertu », et réussit pleinement quand Cléopâtre elle-même, déguisée en déesse, chante le délicieux « V'adoro pupille », aria d'une tendre et sensuelle beauté. La passion grandissante de César apparaît clairement dans l'aria « Se in fiorito ameno prato ».

Dans le jardin du sérail, Cornelia chante avec tristesse son bonheur perdu (« Deh piangete, oh mesti lumi ») et résiste aux avances que lui font, tour à tour, Achillas et Ptolémée. La résolution de Ptolémée est bien rendue dans l'aria « Si spietata, il tuo rigore sveglia ». Sextus rejoint Cornelia. Nirenus propose, pour l'aider, de le conduire secrètement devant le roi. Cornelia le presse d'agir (« Cessa omai di sospirare »), et Sextus exprime sa détermination dans une superbe et martiale aria, « L'angue offeso mai riposa ».

Cléopâtre, prétendant toujours être Lidia, attend César. Curio intervient au moment où ils vont se déclarer leur amour, et dévoile l'attentat préparé par les soldats de Ptolémée contre César. Cléopâtre révèle alors sa véritable

identité, et presse César de fuir [le] danger. Méprisant cette solution (« A[l] lampo dell'armi »), il court à [la] rencontre.

Émotions contradictoires de la rei[ne] décrites dans une scène magnifique [où] une aria suit le récitatif accompag[né] (« Se pietà di me non senti ») : to[ut] en souhaitant se venger de ses ennemi[s], elle s'apitoie sur son propre sort, c[ar] elle craint pour la vie de l'homm[e] dont elle recherche maintenant l'amo[ur] bien plus que la faveur politique.

Le harem de Ptolémée. Le roi e[st] touré de ses favorites, parmi lesquelle[s] Cornelia, chante son amour, « Bel[le] dee di questo core ». Sextus tente de [le] poignarder, mais Achillas l'en empêch[e]. Il annonce que César a réussi à s'enfu[ir] par une fenêtre du château; tomb[é] dans le port, il a dû s'y noyer; Clé[o]pâtre fait avancer ses troupes contr[e] Ptolémée pour venger la mort d[e] César. Achillas réclame la récompens[e] promise, la main de Cornelia, ma[is] Ptolémée le repousse et part combattr[e]. Achillas murmure des paroles d[e] vengeance. Sextus, désespéré, veut s[e] tuer; mais sa mère lui redonne cou[ra]rage et lui rappelle le devoir qu'i[l] doit accomplir; l'acte se termine su[r] ce regain de détermination : « L'aur[a] che spira ».

La révision de la partition et d[u] livret que fit Oskar Hagen en 192[7] simplifiait la structure de cet acte, l[e] réduisant à deux scènes bien nette[ment] découpées : la première, dans l[e] palais de Cléopâtre, comprenait l[a] *sinfonia*, le « V'adoro pupille », l[e] récit de l'attaque des conspirateurs, la riposte de César (« Al lampo dell'armi »), et se terminait par l[a] grande scène de Cléopâtre; la second[e] avait pour décor le sérail de Ptolémée « Si spietata » (dans la partition d[e] Hagen « Belle dee » est à l'acte précé[dent], juste avant la réception de Césa[r] au palais), la tentative d'assassina[t] manquée, le refus d'accorder à Achilla[s] la main de Cornelia, et enfin l'ari[a] guerrière de Sextus : « l'angue offeso »

Acte III. Une forêt près d'Alexandrie. Achillas, à la tête d'une troupe de soldats, rejoint le camp de Cléopâtre pour se venger de Ptolémée qui lui a refusé Cornelia (« Dal fulgor di questa spada »).

Une symphonie guerrière décrit la bataille, dont Ptolémée sort victorieux. Le roi ordonne que sa sœur soit emprisonnée (« Domeró la tua fierezza »), et la scène se termine sur « Piangerò la sorte mia », où elle pleure le tour qu'a pris son destin. C'est une magnifique aria *largo,* dont la ligne vocale est d'une extrême simplicité, et qui comporte en son milieu la vision de Cléopâtre en fantôme, venant hanter son frère.

Sur le port, César réapparaît, il raconte comment il a échappé à la noyade (« Dall'ondoso periglio »), et prie qu'on le soutienne dans son isolement (« Aure, deh, per pietà ») dans un air aussi simplement émouvant et remarquable que le fameux « Ombra mai fu ». Sextus et Achillas arrivent aussi au port, ce dernier est mortellement blessé. Il remet à Sextus sa chevalière, qui lui vaudra le ralliement immédiat de ses troupes. Les hommes d'Achillas connaissent en effet un passage souterrain menant au palais, d'où ils peuvent renverser Ptolémée. César prend la situation en main, et sa détermination est exprimée par une métaphore où sa marche est comparée à une chute d'eau (« Quel torrente che cade dal monte »). Achillas et César se préparent à donner l'assaut final, Sextus sent enfin que l'heure de la justice est venue, « La giustizia ha già sull'arco ».

Dans ses appartements, Cléopâtre fait de tristes adieux à ses servantes. Elle est interrompue par l'arrivée précipitée de César qui, victorieux, vient la libérer. Cléopâtre manifeste sa joie (« Da tempeste il legno infranto »).

Pendant ce temps, Ptolémée tente encore d'imposer son amour à Cornelia, elle le menace d'un poignard. Sextus intervient, et tue le roi. Cornelia respire : « Non ha più che temere ».

Une marche, un duo (« Caro ! Bella ! più amabile beltà ») et un chœur final de réjouissances célèbrent le triomphe de César et de Cléopâtre dans le port d'Alexandrie.

H.

Rodelinda

Opéra en 3 actes de Haendel; liv. de A. Salvi (écrit à l'origine pour l'opéra de Perti, 1710), remanié par Nicola Haym. Terminé janvier 1725; première au King's Theatre, Haymarket, 13 (ou 24) février 1725, avec Cuzzoni, Senesino, Dotti, Paccini, Boschi, Borosini. Première en Allemagne : Hambourg, 1734; reprises : 1935, Göttingen (le début de la « renaissance » allemande de Haendel), nouvelle version O. Hagen; Smith College, Northampton, Mass., 1931; Old Vic, Londres, 1939; Göttingen (1953), Leipzig (1955), et Sadler's Wells, Londres, par l'Handel Opera Society (1959), avec Sutherland, Elkins, Janet Baker, Hallett, Herincx, Sir Farncombe.

PERSONNAGES

RODELINDA, *reine de Lombardie, épouse de Bertarido* (soprano); BERTARIDO, *roi de Lombardie* (contralto); GRIMOALDO, *usurpateur du trône de Bertarido* (ténor); EDUIGE, *sœur de Bertarido* (contralto); UNULFO, *jeune noble, conseiller de*

Grimoaldo, resté secrètement fidèle à Bertarido (contralto); GARIBALDO, *duc de Turin, ami de Grimoaldo* (basse); FLAVIO, *fils de Rodelinda* (rôle muet).

L'action se passe au palais royal, à Milan.

Rodelinda est, des opéras de Haendel, celui qui a connu l'un des plus grands succès; il fut repris plusieurs fois de son vivant, et fréquemment au XXe s.[1] Le seul air de l'opéra qui soit vraiment célèbre, « Dove sei », est très connu en Angleterre sous le titre de « Art thou troubled »; mais on lui également accolé des paroles bibliques, et il est devenu « Holy, Holy, Holy, Lord God Almighty » — exemple curieux de cette tendance qu'avaient les Anglais au XIXe s. à tout transformer en oratorio.

Après un début *maestoso*, l'ouverture est brillante et flamboyante.

Acte I. Une chambre des appartements de Rodelinda. La reine, seule, pleure la mort de son époux, Bertarido (« Ho perduto il caro sposo »); elle ne sait pas qu'il est vivant et attend l'occasion de se venger du traître Grimoaldo, qui l'a déposé. Grimoaldo propose à Rodelinda de l'épouser, mais elle le repousse avec colère (« L'empio rigor del fato vile non potrà farmi »).

Grimoaldo demande à son ami Garibaldo quelle est la meilleure manière de se débarrasser de la sœur de Bertarido, Eduige, sa fiancée, et de gagner le cœur de Rodelinda. Garibaldo lui promet son aide. Eduige entre et reproche à Grimoaldo son inconstance, mais il lui répond qu'il est décidé à prendre une plus digne épouse (« Io già t'amai »). Eduige le blâme dans l'aria « Lo faró, diró spietato ». Garibaldo lui apprend qu'il aspire à sa main, et par là même au trône (« Di Cupido impiego i vanni »).

Dans un bois de cyprès, où les rois de Lombardie sont traditionnellement

enterrés, Bertarido, déguisé, contemple sa propre tombe que Grimoaldo vient de faire creuser; il chante son amour pour Rodelinda dans la chaste et célèbre aria « Dove sei ». Rodelinda et son fils Flavio viennent déposer des fleurs sur la tombe. Bertarido va leur parler, mais son ami Unulfo l'en empêche, et les deux hommes se dissimulent. Rodelinda pleure son époux dans une aria *largo* qui rivalise de beauté avec la précédente (« Ombre, piante, urne funeste »). Garibaldo vient annoncer à Rodelinda que son fils sera tué si elle ne consent à épouser Grimoaldo. Elle accepte, mais se jure ensuite, dans un *allegro* tumultueux (« Morrai si, l'empia tua testa ») de faire périr Garibaldo pour ce forfait. Garibaldo rapporte ces paroles à Grimoaldo, qui lui assure sa protection (« Se per te giungo a godere »). Unulfo s'efforce de rassurer Bertarido dans l'aria « Sono i colpi della sorte ».

Acte II. Une chambre du palais de Grimoaldo. Eduige jure qu'elle se vengera (« De' miei scherni per far le vendette »). Rodelinda refuse d'épouser Grimoaldo tant qu'il n'a pas tué Flavio — voulant ainsi qu'il apparaisse comme un monstre aux yeux de tous (« Spietati, io vi giurai »). Grimoaldo hésite, mais Garibaldo le pousse à accepter les conditions de Rodelinda. Grimoaldo avoue être, de son plein gré, l'esclave de Rodelinda (« Prigionera hó l'alma in pena »). Garibaldo expose à Unulfo ses projets machiavéliques dans l'aria « Tirannia gli diede il regno » laissant le jeune homme bouleversé (« Frà tempeste funeste a quest'alma »).

Changement de décor, un « endroit délicieux », où Bertarido convie les

---

1. Non seulement le succès initial fut tout à fait exceptionnel, mais la robe brun et argent de Cuzzoni fit fureur pendant toute la saison !

uisseaux et les sources à partager sa couleur — il est persuadé que Rodelinda l'a trahi — dans une aria *larghetto* « Con rauco mormorio piangono »). Apparaît Eduige qui, revenue de sa surprise de le voir vivant, lui assure que Rodelinda est la fidélité même. Unulfo la soutient, et Bertarido se réjouit du tour que semble prendre son destin (« Scacciata dal suo nido »).

Unulfo apprend à Rodelinda que son époux est vivant, elle chante son bonheur (« Ritorna, oh caro e dolce mio tesoro »). Les époux sont réunis, mais Grimoaldo fait irruption, et ordonne à Bertarido de dire adieu à son épouse, car la prison et la mort l'attendent (« Tuo drudo è mio rivale »). Duo d'une grande tendresse, « Io t'abbraccio, e più che morte », entre Bertarido et Rodelinda.

Acte III. Eduige donne à Unulfo une clé du donjon où Bertarido est enfermé, et ils préparent un plan pour le sauver (Unulfo : « Un zeffiro spiro »). Eduige réfléchit au danger de l'entreprise : « Quanto più fiera tempesta freme ».

Garibaldo et Grimoaldo sont troublés par l'éventuelle incidence de la mort de Bertarido sur leurs ambitions respectives, et Grimoaldo exprime ses craintes dans l'aria « Tra sospetti, affetti, e timori ».

Dans le donjon, Bertarido chante la cruauté de l'amour : « Chi di voi fù più infedele, cieco Amor ». Unulfo lui lance une épée par la fenêtre. Dans l'obscurité et la confusion Bertarido blesse légèrement son ami quand celui-ci entre, mais tous deux réussissent à s'enfuir. Rodelinda et Eduige, également résolues à le sauver, trouvent son manteau taché de sang, et en déduisent qu'il a été assassiné. Désespoir de Rodelinda : « Ahi perchè, giusto ciel, tanta pena a questo cor », et « Se'l mio duol non è si forte ».

Dans le jardin du palais, Bertarido panse la blessure d'Unulfo, et chante sa joie d'être libre (« Se fiera belva ha cinto frà le catene »). Grimoaldo est poursuivi par le remords, dans une belle *scena* (« Fatto inferno è il mio petto »), et ne se console qu'à l'idée de prendre la place d'un simple berger (une charmante « sicilienne » : « Pastorello d'un povero armento »). Il s'endort après cette rêverie, et Garibaldo, essayant de le tuer avec sa propre épée, est lui-même frappé par Bertarido. Dans sa gratitude, Grimoaldo renonce au trône et rend Rodelinda à son époux. La reine chante « Mio caro bene ». Un chœur triomphant — qui était évidemment chanté à l'origine par les rôles principaux, accompagnés de quelques hommes chantant une ligne de basse.

H.

Alcina

Opéra en 3 actes de Haendel; liv. de A. Marchi d'après l'Orlando Furioso de l'Arioste (mis en musique, à l'origine, par Albinoni, 1725). Première à Covent Garden, Londres, 16 avril 1735, avec Anna Strada[1], Signora Negri, Carestini, Beard, Waltz. Première en Allemagne, Brunswick, 1738. Reprises : Leipzig, 1928, version allemande de H. Roth; Londres, (1957), St. Pancras Town Hall, par l'Handel Opera Society, avec Sutherland, Monica Sinclair, John Carvalho, dir. Farncombe; Venise, 1960, mise en scène de Zeffirelli, avec Sutherland,

1. Strada, l'un des sopranos les plus célèbres de son temps, est citée par Capek et Janacek dans *L'Affaire Makropoulos* comme exemple de voix et preuve de longévité.

Dominguez, Monica Sinclair; Covent Garden, 1960, par l'Opéra de Stockholm avec Hallin, Söderström, Meyer, Wixell, et 1962, dans la mise en scène de Zeffirelli avec Sutherland. Festival d'Aix-en-Provence, 1978, avec Berganza, Masterson mise en scène J. Lavelli, dir. Leppard.

PERSONNAGES

ALCINA, *magicienne* (soprano); RUGGIERO, *chevalier* (soprano); MORGANA, *sœur d'Alcina* (soprano); BRADAMANTE, *fiancée de Ruggiero* (contralto); ORONTE *commandant des troupes d'Alcina* (ténor); MELISSO, *tuteur de Bradamante* (basse) OBERTO, *jeune noble* (soprano).

L'action se situe dans une île enchantée.

Haendel écrivait ses opéras selon le goût du public de son temps, attachant peu d'importance au réalisme, mais fournissant à ses chanteurs un support vocal idéal. Bien que ce fût désastreux sur le plan dramatique, il n'hésitait pas à interrompre l'action pour que les personnages puissent s'engager dans des arias longues et élaborées, souvent admirablement expressives, et d'une grande beauté. L'intrigue était d'intérêt secondaire, et l'action de la plupart des opéras de Haendel nous semble aujourd'hui peu passionnante et souvent même risible. *Alcina*, qui ne fait pas exception à la règle, offre un étonnant embrouillamini de déguisements et de complications, et pourtant la force et l'invention musicales y sont indéniables; en fait, ce fut l'une des plus populaires parmi les dernières œuvres de Haendel, souvent jouée entre 1735 et 1737 mais curieusement négligée par la suite, puisqu'il n'y eut pas de reprise en Angleterre avant 1957 ! Joan Sutherland — qui n'était pas encore célèbre — fut à l'origine de la renaissance d'*Alcina,* le rôle principal lui convenant parfaitement; ce qu'elle fit pour l'opéra de Haendel peut être comparé à ce que fit Maria Callas pour relancer les opéras italiens de la première moitié du XIXe siècle.

Les premières représentations d'*Alcina* connurent quelques revers et incidents. On raconte que le célèbre castrat Carestini refusa d'abord de chanter ce qui devait devenir sa plus fameuse aria, « Verdi prati », sou prétexte qu'elle ne convenait pas à sa voix, et que seules les colères de l'irascible compositeur surent le convaincre de son erreur. Marie Sallé danseuse française très populaire à l'époque, fit partie de la troupe de Haendel en 1735, avec plus ou moins de succès si l'on en croit Prévost. I écrivit dans *Le Pour et le Contre* « Mlle Sallé, qui fut d'abord reçue en Angleterre avec autant de bienveillance que Farinelli (dans la mesure de son talent, bien entendu), se vit bientôt attaquée par tous, sans que l'on sût ce qui avait pu provoquer un tel changement... On donna l'opéra *Alcina,* dont l'argument est tiré de l'Arioste Mlle Sallé avait composé un ballet, où elle s'était attribué le rôle de Cupidon, qu'elle dansait habillée en homme. Cela lui seyait, paraît-il, fort mal, et semble avoir été la cause de sa disgrâce »[1].

Acte I. La magicienne Alcina vit sur une île enchantée, avec sa sœur Morgana et le général Oronte. Plus d'un brave chevalier a essayé de la courtiser, mais elle a métamorphosé chaque prétendant, qui en animal, qui en végétal, ou même en minéral. Son dernier prisonnier est Ruggiero, à qui

1. *Handel, a Documentary Biography,* d'Otto Erich Deutsch, Londres, A.&C. Black. 1955.

lle a laissé sa forme humaine; son ngouement pour la belle sorcière est el qu'il en a complètement oublié ßradamante, sa fiancée. Bradamante, yant pris l'apparence de son propre rère Ricciardo, et accompagnée de on tuteur Melisso, s'est embarquée our retrouver son amant; ils font aufrage, et échouent sur l'île que ouverne Alcina.

Au début de l'action, Bradamante t Melisso, naufragés, sont découverts ar Morgana, qui est aussitôt attirée ar « Ricciardo ». Après une courte ria *andante* (« O s'apre al riso »), lle les mène à la cour d'Alcina où ils encontrent Ruggiero, toujours ébloui, t Oberto, jeune noble à la recherche le son père (« Chi m'insegna il caro adre ? »). Ruggiero, croyant parler Ricciardo, déclare qu'il est désormais moureux d'Alcina (« Di te mi rido, emplice stolto »). Morgana repousse Oronte, qui la courtise, et annonce qu'elle protégera Bradamante, qui chante dans une aria ornée les dangers le la jalousie (« É gelosia »). Oronte, ou de rage, essaie de se venger en acontant à Ruggiero qu'Alcina s'est rise de passion pour Ricciardo, et le aille d'avoir cru en Alcina, dans une ria pleine de verve, à 12/8 : « Sempli-etto ! A donna credi ? ».

Bradamante et Melisso essaient vainement de convaincre Ruggiero que son rival est en réalité sa fiancée; mais l ne veut rien entendre et se précipite vers Alcina pour la supplier de tuer Ricciardo. Morgana enjoint à Brada- mante de quitter l'île, et l'acte se termine par la brillante aria d'Alcina, « Tornami a vagheggiar », dans laquelle aujourd'hui Joan Sutherland fait une éclatante démonstration de ses talents[1].

Acte II. Le vieux tuteur de Ruggiero, Mélisso, déguisé en Atlante, lui reproche son attitude, et lui donne un anneau magique qui peut briser le sort qu'Alcina lui a jeté. Ruggiero est immédiatement libéré de son engoue- ment, et pense à sa chère Bradamante. Le sermon de Melisso se termine par une aria *larghetto andante* (« Pensa a chi geme d'amor piagata »). L'in- trigue bascule quand Bradamante révèle à Ruggiero sa véritable identité et que celui-ci, persuadé qu'il y a là un nouveau maléfice d'Alcina, la repousse avec colère. Bradamante tente une fois encore de le convaincre dans une aria *bravura* (« Vorrei vendi- carmi »), et il finit par la croire. Pour pouvoir s'échapper, il demande à Alcina l'autorisation d'aller à la chasse, et lui promet d'être fidèle à celle qu'il aime (« Mio bel tesoro »). Oberto vient supplier Alcina de l'aider à retrouver son père; elle le lui promet, bien décidée à manquer à sa parole, et il chante son inquiétude (« Trà speme e timore »).

Oronte vient annoncer à Alcina que Ruggiero a pris la fuite, emportant l'épée et le bouclier qu'elle avait cachés en raison de leur pouvoir magique; dans une longue et glorieuse aria, elle invoque les dieux, témoins de sa détresse (« Ah ! mio cor ! »). Oronte se gausse de Morgana qui a perdu son nouvel amant, mais elle refuse de le croire et le quitte.

Il chante son aria *allegro*, « È un folle, è un vile affetto ». Puis elle revient et surprend les amants, qu'elle accuse de trahison. Ruggiero chante alors le si célèbre « Verdi prati », et l'acte se termine par une scène dans un souter- rain, où Alcina prépare ses sortilèges. Dans un récitatif dramatique avec accompagnement, elle se plaint d'avoir été trompée (« Ah, Ruggiero crudel, tu non mi amasti »), puis invoque dans l'aria « Ombre pallide » les esprits dont elle tient son pouvoir.

Acte III. Morgana réussit à per- suader Oronte de lui pardonner

---

1. Anna Strada, qui créa le rôle d'Alcina, était très jalouse du succès de Mrs. Young, qui chantait Morgana; on suppose qu'Haendel donna à Strada, pour la calmer, le « Tornami a vagheggiar » qui à l'origine était chanté par Morgana.

son inconstance (« Credete al mio dolore »). Alcina, rencontrant Ruggiero, tente en vain de le retenir (« Ma quando tornerai »). Ruggiero chante une aria triomphante (« Stà nell'Ircana pietrosa tana »), et Bradamante se réjouit de l'heureux résultat de ses efforts (« All' alma fedel »). Alcina réalise, de son côté, la futilité de son amour pour Ruggiero et, désabusée, chante « Mi restano le lagrime » dont la tendre ligne mélodique laisse entrevoir une profondeur inattendue dans le caractère de la magicienne.

Un chœur invisible prédit qu'une grande famille sera issue du mariage de Ruggiero et de Bradamante. L'infortuné Oberto implore une fois de plus Alcina pour qu'elle libère son père; mais elle lui ordonne de tuer un lion qu'elle a fait entrer, et il réalise juste à temps qu'il s'agit de son propre père, métamorphosé par la sorcière. Il exprime alors sa colère devant une telle méchanceté (« Barbara ! Io ben lo sò »).

Alcina tente une fois encore de séparer Ruggiero et Bradamante (beau trio expressif : « Non é amor, ne gelosia ») et une fois de plus échoue. Puis Ruggiero fait voler en éclats l'urne qui abritait tous les dons magiques d'Alcina, et aussitôt les chevaliers prisonniers, dont le père d'Oberto, retrouvent leur forme humaine. Tout finit bien, avec un chœur alerte et une danse bien connue des spectateurs anglais, car elle est incluse dans le ballet « The Gods go a-begging ».

H.

Semele

Opéra en 3 actes de Haendel; liv. de William Congreve. Musique écrite entre 3 juin et le 4 juillet 1743; créé, 10 février 1744, en oratorio, à Covent Garden. La soprano française Elisabeth Duparc (plus connue sous le surnom « La Francesina ») était Semele, et John Beard, Jupiter. Entre cette saison-là et la suivante, six représentations en oratorio furent données; puis l'œuvre sombra dans l'oubli pendant un siècle et demi, jusqu'en 1925, quand eut lieu la première sur scène, à Cambridge, dans la version de Dennis Arundell. Première américaine : 1959, North Western University, Evanston, dir. Thor Johnson; et la même année à New York, Empire State Music Festival, avec Elaine Malbin, André Turp, dir. Arnold Gamson. L'Handel Opera Society donne, en 1959, la première londonienne de la version pour scène, au Sadler's Wells, avec Heather Harper, Monica Sinclair, John Mitchinson, Owen Brannigan, dir. Charles Farncombe; Caramor Festival, New York, 1969, avec Beverley Sills, Elaine Bonassi, Leopold Simoneau, dir. Julius Rudel; 1970, au Sadler's Wells, dir. Charles Mackerras.

PERSONNAGES

JUPITER *roi des dieux* (ténor); JUNON *son épouse* (contralto); IRIS, *sa sœur* (soprano); CADMUS, *roi de Thèbes* (basse); SEMELE, *sa fille* (soprano); INO, *son autre fille* (contralto); ATHAMAS, *prince de Béotie* (haute-contre); SOMNUS, *dieu du sommeil* (basse); APOLLON, (ténor); CUPIDON (soprano); GRAND-PRÊTRE DE JUNON (basse). *Prêtres et augures, zéphyrs, nymphes et jeunes bergers, serviteurs.*

Acte I. Le temple de Junon, à Thèbes, où l'on célèbre un rite religieux. Semele, fille du roi Cadmus, est fiancée à Athamas, prince de la Béotie voisine, mais elle aime secrètement Jupiter qui lui est apparu sous un déguisement. Le prêtre proclame que Junon a accepté un sacrifice, et la foule assemblée se réjouit : « Lucky omens bless our rites ». Son père et son fiancé prient Semele de ne pas retarder la cérémonie de mariage plus longtemps; elle supplie les dieux de l'aider dans cette situation difficile : « Oh Jove, in pity teach me which to choose ».

Dans la scène suivante, qui est parfois coupée, Semele exprime son chagrin (« The morning lark ») et Athamas son amour pour elle (« Hymen, haste, thy torch prepare ! »). Ino craint que sa sœur ne cède aux prières d'Athamas, dont elle est également éprise. Semele la presse de lui confier toutes ses pensées. Cadmus sermonne Ino (« Why dost thou thus untimely grieve ? ») qui lui répond. Semele et Athamas interviennent, si bien que l'aria de la basse se transforme en un magnifique quatuor. Le feu s'éteint sur l'autel, et le peuple accueille avec terreur ce signe du mécontentement divin : « Avert these omens, all ye powers ». La flamme renaît, mais quand elle s'éteint à nouveau le peuple sait que ce n'est plus la colère de Junon, mais celle de Jupiter qui se manifeste. La foule paniquée se précipite hors du temple (« Cease your vows, 'tis impious to proceed »).

A la fin de la scène qui réunit Ino et Athamas, celui-ci comprend l'amour qu'il inspire à la jeune fille. Puis Cadmus revient avec sa suite et raconte avoir vu un aigle enlever Semele. Tous pleurent sa disparition jusqu'au moment où les prêtres saluent Cadmus et lui annoncent que la faveur de Jupiter est descendue sur sa famille — explication qui ne souffre aucune contradiction, car Semele émerge d'un nuage pour les rassurer dans une aria magnifique : « Endless pleasure, endless love Semele enjoys above ».

Acte II. Une *sinfonia* pleine de détermination introduit la scène entre Junon et sa sœur Iris, qui était partie à la recherche de Semele. Junon se répand en invectives contre Semele, et crie vengeance. Iris lui raconte comment Jupiter a entouré sa nouvelle favorite de protections, dont deux dragons féroces. Dans une aria vigoureuse et déterminée (« Hence, hence, Iris hence away »), Junon dit à sa sœur qu'elles vont demander à Somnus, le dieu du Sommeil, de « sceller par le sommeil les yeux de ces dragons », et qu'ensuite elle se vengera.

Le décor change. Semele est endormie dans son palais, entourée d'Amours et de Zéphyrs. Cupidon chante l'aria « Come, Zephyrs, come while Cupid sings » qui est omise dans les partitions pour voix — de même que le rôle de Cupidon était carrément supprimé dans l'adaptation du livret de Congreve — et dont Haendel a utilisé la première partie dans *Hercules* (« How blest the maid ! »).

Semele s'éveille, et chante l'un des airs les plus fameux de Haendel, « Oh sleep, why dost thou leave me ? »

C'est une aria d'une beauté parfaitement pure, souvent chantée isolément et très admirée comme pièce de concert. Elle est cependant beaucoup plus impressionnante dans son contexte. Jupiter rejoint Semele, et lui jure son amour avec lyrisme : « Lay your doubts and fears aside ». Leur scène se poursuit avec l'aria ornée de Semele, « With hope desiring », dont le refrain est chanté par le chœur. Jupiter la presse d'exprimer les vœux qu'il pourrait satisfaire. Quand elle évoque la différence fondamentale qui les sépare, lui un dieu, et elle une mortelle, il s'inquiète du tour que prennent ses pensées et cherche en hâte à l'en distraire : « I must with speed amuse her ». Ils se retirent, et le chœur commente : « Now Love, that everlasting boy, invites to revel ». Jupiter revient et annonce son intention d'offrir la compagnie d'Ino à Semele. Il les installera toutes deux en Arcadie. Si cette aria sereine (« Where'er you walk »[1]) a valeur de présage, on peut espérer que les deux sœurs connaîtront la félicité en ce lieu. C'est l'un des airs les plus connus de Haendel, et sa fraîcheur éternelle résiste aux traitements que lui ont fait subir les amateurs — son seul rival dans la musique lyrique classique étant peut-être la *Sérénade* de Schubert.

Ino comprend qu'elle s'est rendue en un lieu saint à la demande expresse de Jupiter : « But hark ! the Heavenly sphere turns round ». Elle chante avec Semele : « Prepare, then, ye immortal choir », laissant au chœur le soin de conclure : « Bless the glad earth with heavenly lays ».

Acte III. Un grondement de trilles nous introduit dans la Caverne du Sommeil, où repose Somnus. Une musique saisie d'une énergie soudaine accompagne l'entrée de Junon et d'Iris : elles vont demander à Somnus son aide pour écarter les obstacles accumulés par Jupiter autour de Semele. La lente aria de Somnus, « Leave me loathsome light » — pièce d'une grande beauté qui le caractérise parfaitement — se termine par ce vers évocateur : « Oh murmur me again to peace ». Junon sait comment le stimuler. En effet, à la seule mention du nom de Pasithéa, il renaît à la vie : « More sweet is that name than a soft purling stream ». Junon dévoile son plan : Jupiter doit être éloigné de Semele par des rêves, les dragons doivent être calmés d'un coup de baguette de plomb, et Ino doit s'endormir afin que Junon prenne sa forme pour apparaître devant Semele. L'amoureux Somnus, à qui elle promet Pasithéa, lui accorde tout ce qu'elle demande dans le duo : « Obey my will ».

Junon, sous l'apparence d'Ino, complimente Semele pour sa beauté et lui demande si Jupiter lui a accordé l'immortalité. Elle présente un miroir magique à Semele, qui s'y contemple avec admiration. Son aria *bravura* « Myself I shall adore », avec son effet d'écho, montre comment Haendel savait faire d'une idée frivole un air d'une grâce et d'une beauté suprême. Junon conseille à Semele de repousser les faveurs de Jupiter tant qu'il ne lui promettra pas l'immortalité et qu'il n'apparaîtra pas sous sa forme divine, et non en simple mortel comme il l'a fait jusqu'ici. Car Junon sait qu'à la seule vue du dieu, Semele mourra. Celle-ci, crédule, l'embrasse : « Thus let my thanks be paid ». Junon, entendant Jupiter approcher, se retire.

Jupiter dit à Semele que, dans un rêve, elle l'a repoussé ; son aria « Come to my arms, my lovely fair » est d'une extrême ardeur ; mais elle ne faiblit pas et s'en tient à sa résolution : « I ever am granting, you always complain ». Jupiter lui donne sa parole d'accomplir son désir, quel qu'il soit. Elle demande à le voir dans toute sa splendeur divine. Il manifeste sa consternation par des fioritures agitées (« Ah, take heed what you press »), mais elle insiste, mettant autant d'emphase dans ses vocalises (« No, no, I'll take no less »). Jupiter, resté seul, déplore dans un récitatif bouleversant les conséquences inévitables de son serment. Junon célèbre son triomphe imminent (« Above measure is the pleasure »). Une « symphonie funèbre » — selon le livret — accompagne l'apparition de Jupiter sous sa forme divine. Semele réalise trop tard que cette vision la brûle mortellement, et expire.

A la cour de Cadmus, on commente cette histoire d'amour et de mort qu'Ino vient de rapporter : « Oh terror and astonishment, Nature to each allots his proper sphere ». Elle révèle aussi que, selon une prophétie, elle

---

1. Paroles d'Alexander Pope.

doit épouser Athamas. Celui-ci, respectueux des convenances, s'en réjouit (« Despair no more shall wound me »). Une *sinfonia* annonce l'apparition d'Apollon sur un nuage : il déclare qu'un phénix naîtra des cendres de Semele, et tous se réjouissent : « Happy shall we be ».

H.

4. L'Italie au XVIIIe siècle

ANTONIO VIVALDI
(1678-1741)

Tito Manlio

Opéra en 3 actes de Vivaldi ; livret de Matteo Noris. Créé à Mantoue, Teatro Arciducale pendant le Carnaval 1719. Reprise à Milan, Piccola Scala, 16 février 1979 avec Gian-Carlo Luccardi, Ezio di Cesare, Helga Muller-Molinari, Carmen Gonzales, Antonio Savastano, Margaret Marshall, Nella Verri, Enrico Fissore, dir. Vittorio Negri.

PERSONNAGES

TITO MANLIO, *consul* (basse) ; MANLIO, *son fils* (alto) ; SERVILIA, *sœur de Geminio, fiancée à Manlio* (alto) ; VITELLIA, *fille de Tito Manlio* (alto) ; LINDO, *serviteur de Vitellia* (basse) ; LUCIO, *chevalier latin* (soprano) ; DECIO, *centurion romain* (alto) ; GEMINIO, *chef des Latins* (ténor).
L'action se situe à Rome à la fin du IIIe siècle av. J.-C.

Tito Manlio est un des premiers opéras de Vivaldi à bénéficier du regain d'intérêt pour l'œuvre lyrique du compositeur vénitien qui consacra à la scène une partie importante de son activité. La partition autographe de l'œuvre porte la mention « musica del Vivaldi fatta in 5 giorni » ce qui se comprend mieux quand on constate que toute la musique de l'opéra n'est pas nouvelle et que Vivaldi a employé des fragments d'œuvres antérieures. L'intrigue mêle de façon complexe un chassé-croisé de situations sentimentales à retournements brutaux et des événements politiques.

A la base, nous trouvons le conflit qui oppose les Romains et leurs alliés Latins ; las d'une situation de dépendance, ceux-ci ont demandé l'égalité avec Rome. Ayant essuyé un refus, ils se sont insurgés.

Acte I. Au début, Tito Manlio jure solennellement de poursuivre jusqu'au bout la guerre contre les Latins révoltés. Il exige de ceux qui l'entourent, Manlio, Vitellia, Lucio, Servilia et Decio qu'ils prêtent le même serment. Quoique Latin, Lucio accepte (nous apprendrons plus tard qu'il est amoureux de Vitellia, ce qui explique cette trahison) ; mais Vitellia et Servilia s'y refusent. L'une aime Geminio, chef des Latins, l'autre est sa propre sœur. Très irrité, Tito bannit Servilia de Rome et cherche à savoir les raisons du refus de sa fille. Devant le silence de celle-ci, il la fait enfermer au palais. Puis le consul ordonne à Manlio d'aller en reconnaissance du côté du camp latin mais de n'engager le combat sous aucun prétexte. Sur son chemin, Manlio rencontre Servilia qui lui reproche son attitude ; pour se disculper, il invoque son devoir patriotique. De son côté, Lucio explique à son ami Decio qu'il n'a trahi les Latins que par amour pour Vitellia. Decio, amoureux lui-même de la jeune fille, se désole car il pense que son grade de centurion ne lui permet pas d'aspirer à la main de la fille d'un consul.

Enfermée dans ses appartements, Vitellia fait porter par son serviteur Lindo une lettre à Geminio. Puis entrent Tito et Lucio. Le consul somme sa fille de lui expliquer son attitude ; sinon, elle sera torturée et mise à mort. Resté seul avec Vitellia, Lucio lui avoue son amour. Pour gagner un répit, elle le charge de dire à Tito que d'ici peu elle donnera les explications demandées.

Au camp latin, Geminio a reçu la lettre de Vitellia. Il hésite à se précipiter au secours de celle qu'il aime, mais son hostilité pour les Romains l'emporte et il décide de rester avec ses troupes. Sur ces entrefaites surviennent Manlio et ses cavaliers. Injurié par Geminio, le jeune Romain est sur le point de désobéir à son père et d'engager le combat. Servilia réconciliera provisoirement les deux hommes ; mais elle quitte la scène. Les deux hommes finissent par se battre et Manlio tue Geminio.

Acte II. Il débute à Rome. Servilia, qui a quitté le camp latin avant le combat fatal, annonce que Geminio renonce à sa rébellion, qu'il désire épouser Vitellia et devenir citoyen romain. Tito s'en déclare enchanté, quand le retour de Manlio, chargé des dépouilles de Geminio vient détruire cet espoir de réconciliation. Servilia et Vitellia s'évanouissent. Tito reproche à son fils de lui avoir désobéi et lui annonce qu'il en sera puni.

Vitellia décide de venger Geminio en tuant Manlio. Elle tente d'entraîner Servilia dans son projet. Pourtant lorsque passe Manlio chargé de chaînes, elle n'a pas le courage de le frapper. Les deux femmes vont s'adresser à Tito, l'une désirant la mort de son beau-frère, l'autre la grâce de son fiancé. De son côté, le consul hésite à signer la condamnation à mort de son fils. Il ne s'y résout que lorsque le jeune Decio vient exiger avec insolence la libération de Manlio. Servilia, venue plaider pour le jeune homme, est autorisée à lui rendre visite dans sa prison. Vitellia, venue demander sa mort, provoque un sentiment d'horreur dans le cœur de Lucio qui souhaite la vie du Romain. C'est pourtant à lui que sera confié l'ordre d'exécution.

Acte III. Il commence dans la prison obscure où Manlio s'entretient avec Servilia de son amour et des chances de voir s'attendrir le cœur de Tito. Survient Lucio porteur de l'ordre d'exécution. Il révèle à Manlio que les Latins l'ont élu à la succession de Geminio ; son intention est de marcher sur Rome avec ses troupes pour délivrer Manlio. Celui-ci refuse, préférant la mort à une défaite romaine ; il souhaite toutefois revoir son père avant de mourir. Servilia, qui a tout entendu, reproche à Manlio de ne pas se soucier de son amour.

Rencontrant Lucio, Vitellia lui ordonne de tuer Manlio. Le jeune Latin est partagé entre son amour et l'horreur que lui inspire une telle cruauté. Tito reçoit son fils, l'embrasse avec tendresse mais maintient la punition qu'il a fixée. A la demande de Manlio, qui veut éviter l'exil à Servilia, il décide de l'épouser lui-même, ce qui n'est pas du goût de la jeune fille. Manlio est conduit au supplice. Dans une rue, scène de réconciliation. Le héros demande pardon à Servilia d'avoir tué son frère, déclare qu'il ne savait pas que sa sœur aimait Geminio, et conjure Lucio de ne pas combattre contre Rome. Attendrie, Vitellia tombe dans les bras de son frère. Réconciliation générale des membres de la jeune génération. Une insurrection militaire, dirigée par Decio, vient libérer le prisonnier. Tito et le Sénat romain devront comprendre que Manlio appartient à l'armée et ne saurait être condamné par le pouvoir civil. Lucio vient comme ambassadeur des Latins reconnaître la suprématie de Rome, à condition toutefois qu'il puisse épouser Vitellia. Tito donne son consentement. Son fils est consacré héros du peuple romain aux acclamations du public.

L.

Orlando Furioso

Drame musical en 3 actes de Vivaldi ; liv. de Gazzio Braccioli d'après le poème de l'Arioste. Créé à Venise au Teatro Sant'Angelo en 1727. Reprises au Teatro Filarmonico de Vérone le 15 juin 1978 avec Marilyn Horne, Tomaszewska Schepis, Browne, Gallmetzer, Raffanti, Bowman, Zaccaria, dir. Claudio Scimone ; Paris, Festival de France, le 20 mai 1981, Horne, Pruett, Browne, Hovasse, Raffanti, Bowman, Zaccaria, dir. Scimone.

PERSONNAGES

ORLANDO, *paladin* (soprano) ; ANGELICA, *amante puis épouse de Medoro* (soprano) ; ALCINA, *magicienne* (soprano) ; BRADAMANTE, *épouse de Ruggiero* (alto) ; MEDORO, *amoureux puis époux d'Angelica* (ténor) ; RUGGIERO, *époux de Bradamante* (ténor) ; ASTOLFO (basse).
L'action se passe dans une île enchantée.

L'histoire de l'*Orlando Furioso* est fort complexe. L'opéra, tel que nous le connaissons aujourd'hui, est le fruit de la quatrième tentative de Vivaldi de composer un opéra tiré du poème de l'Arioste ; le personnage d'Orlando, paladin entraîné dans la folie puis rendu à la raison, est une des figures favorites de l'opéra baroque. On le retrouvera de Lully à Haydn, en passant par Haendel et autres compositeurs de moindre envergure. Le livret de Braccioli, utilisé et probablement corrigé par Vivaldi, mêle plusieurs épisodes du poème d'origine pour aboutir à un scénario particulièrement touffu.

Acte I. La perfide magicienne Alcina règne sur une île enchantée dont elle a chassé sa sœur, Logistilla, symbole de raison. Vieille et horrible, elle peut, grâce à ses artifices, sembler jeune et elle et séduire tout homme qui pénètre n son royaume. Elle y donne l'hospitaté à la princesse Angélica dont sont pris le preux Orlando et le guerrier Medoro. L'amour de la princesse va à e dernier. Quand le rideau se lève, ous voyons Orlando proclamer sa onfiance dans sa valeur et l'amour que e peut lui refuser Angélica. Cependant elle-ci déplore le sort de Medoro u'une tempête vient de jeter blessé sur es côtes de l'île. Alors qu'elle désespère e la situation survient Alcina qui, par effet de sa magie, guérit le blessé, puis sauve de la fureur d'Orlando prêt à massacrer son rival, en faisant croire au éros qu'il s'agit en réalité d'un frère 'Angélica. Celle-ci, entrant dans le eu, feint de répondre aux soupirs 'Orlando, provoquant ainsi la jalousie e Medoro qu'il lui faut à son tour ras-urer. Restée seule, Alcina voit appa-aître Ruggiero sur un cheval ailé. Elle éprend immédiatement du jeune omme à qui elle fait boire un breuvage nsorcelé ; l'effet en est immédiat et uggiero oublie qu'il est l'époux fidèle t aimant de Bradamante. Celle-ci rrive sur ces entrefaites ; son mari ne reconnaît même pas et elle le voit vec douleur faire la cour à Alcina. Par rudence, elle dissimule son nom et eint d'être à la recherche d'un autre.

Acte II. Les époux se rencontrent à ouveau. En l'absence d'Alcina, Bra-amante donne à Ruggiero un anneau nchanté qui rompt le sortilège dont il st victime. Ruggiero reconnaît enfin on épouse qui le punit de son égare-ent en le repoussant avec des paroles autaines. Tandis qu'Orlando cherche réconforter son ami, le preux stolfo, autre paladin chrétien, 'éprend d'Alcina qui se rie de ses avan-es. Réconciliés, Ruggiero et Brada-ante chantent en duo leur amour. ngélica, pour se débarrasser 'Orlando qui l'importune, l'envoie hercher une eau de jouvence qu'il ouvera, gardée par un monstre, au ommet d'une colline. C'est un piège

car la colline est ensorcelée. Orlando se trouvera enfermé dans une grotte dont il ne sortira qu'à la faveur d'un trem-blement de terre. Découvrant à son retour qu'Angélica et Medoro se sont mariés pendant son expédition, il devient furieux et, perdant la raison, détruit dans sa colère l'arbre sur lequel les jeunes époux ont gravé leurs noms ainsi que toute la végétation environ-nante.

Acte III. Astolfo, Ruggiero et Brada-mante jurent de prendre leur revanche sur la perfide Alcina. Ils sont aidés dans leur projet par une magicienne vertueuse, Melissa (qui n'apparaît jamais sur scène). Devant ce renverse-ment des forces, Alcina a recours aux derniers artifices. Elle révèle la source de sa force, une statue magique conte-nant les cendres de Merlin l'Enchanteur gardée par un monstre terrible. La magicienne en appelle aux génies infer-naux, tandis que Bradamante peu sou-cieuse d'être reconnue par la magi-cienne est allée se déguiser en homme. Sous le nom d'Aldarico, elle revient, feignant de poursuivre en Ruggiero l'amant infidèle d'une sœur. Alcina s'éprend immédiatement du nouveau venu à qui elle prodigue les avances. C'est à ce moment que réapparaît Orlando qui tient, à la stupéfaction de ses compagnons des propos incompré-hensibles. Il commence par échanger avec Alcina des compliments étrange-ment badins. Puis son attention est détournée par l'arrivée d'Angélica. Le délire du héros devient tel qu'il frappe de pitié tous les témoins de la scène. Après s'être saisi de la jeune fille, il la laisse aller et s'attaque au monstre qui défend la statue de Merlin en qui il croit voir la cruelle qui l'a fait souffrir. Au terme d'un affreux combat, statue et monstre s'écroulent ; l'île est libérée des maléfices d'Alcina. Orlando s'endort d'un sommeil paisible tandis que la magicienne s'enfuit, après avoir tenté un dernier effort pour se venger sur Orlando sans défense, poursuivie par tous les acteurs du drame. Quand Orlando sortira de son sommeil, il pardonnera à Angélica et Medoro et leur souhaitera une union heureuse.

Ce livret, particulièrement complexe même au regard des lois du genre dans l'Italie du XVIIIᵉ siècle, a permis à Vivaldi de donner à son opéra un double traitement musical : l'alternance conventionnelle d'arias et de récitatifs pour tout ce qui concerne l'histoire d'Alcina contraste avec un ensemble de récitatifs *accompagnato* pour traduire la folie d'Orlando. Rappelons que c'est le même artifice que Haendel reprendra dans sa propre version de la légende d'Orlando ainsi que pour les grandes séquences dramatiques de son *Alcina*.

L.

GIOVANNI PERGOLESI
(1710-1736)

La Serva Padrona
La Servante maîtresse

Intermezzo en 2 parties de Pergolèse; liv. de G.A. Federico. Créé à Naples 28 août 1733, au Teatro di S. Bartolomeo, avec Laura Monti et Gioacchino Corrado. L'intermezzo était donné entre les 3 actes de Il Prigioniero Superbo *opéra sérieux de Pergolèse. Première à Londres, 1750. Première à Paris au Théâtre italien. 1746, puis à l'Opéra, 1752, par une troupe italienne. C'est le début de la « Guerre des Bouffons ». Reprises : à l'Opéra-Comique, 1862, avec Galli Marié; à l'Hôtel des Modes, 1910, pour le bi-centenaire de Pergolèse; à l'Opéra 1928 par l'Opéra de Vienne, avec E. Schumann. Reprises : Lyric, Hammersmith 1919; Mercury Theatre, Londres, 1939; Metropolitan, New York, 1935 avec Editha Fleischer et Louis d'Angelo, et, 1942, avec Bidu Sayao et Salvatore Baccaloni; Paris, 1957, avec Elena Rizzieri et Paolo Pedani; Royal Festival Hall Londres, 1959, avec Rizzieri et Bruscantini; Piccola Scala, Milan, 1961, avec Mariella Adani et Montarsolo.*

PERSONNAGES

UBERTO (basse); SERPINA, *sa servante* (soprano); VESPONE, *autre domestique* (rôle muet).

Pergolèse a composé beaucoup de musique de chambre et de musique sacrée (dont le célèbre *Stabat Mater*), des opéras sérieux et comiques. *La Serva Padrona* est le seul qui ait été régulièrement joué, et la fraîcheur de la musique est d'autant plus remarquable que l'œuvre fut au cœur de la fameuse « Guerre des Bouffons » à Paris. Sa représentation en 1752 par une troupe italienne vient renforcer la division en deux camps de tous les musiciens et intellectuels français : moitié pour l'opéra italien, moitié pour l'opéra français. On appelait les nationalistes le parti « du coin du roi », et les opposants le parti « du coin de la reine ». Parmi ces derniers on trouvait Rousseau et les Encyclopédistes. Les premiers admiraient Lully et Rameau, déjà vieillissants tandis que les « bouffonistes » abhorraient la complexité démodée des compositeurs français. *La Serva Padrona* connut 100 représentations à l'Opéra de Paris, avant de passer, en

753, à la Comédie-Française où elle
ut jouée 96 fois.

C'est un opéra à petite échelle,
orchestre n'étant composé que d'un
quatuor à cordes. La pièce comprend
ne ouverture et deux *intermezzi*
distincts, composés chacun d'une aria
our les deux personnages, et d'un
duo. L'ouverture est joyeuse. Le
deau se lève : Uberto s'habille pour
ortir, tout en se lamentant d'avoir
ttendu trois heures un chocolat qui
'est toujours pas arrivé. Il s'impa-
ente dans une aria moins formelle
ue celles qui suivront, toutes dans
forme *da capo*. Ses reproches
adressent surtout à sa servante
erpina dans le récitatif qui s'ensuit.
Mais, elle le bouscule et renvoie
espone à ses affaires. La fraîcheur de
aria d'Uberto, « Sempre in contrasti »,
st assez typique de la partition; une
rande agilité vocale est nécessaire pour
 mener à bien. Serpina sermonne
'berto une fois encore dans l'aria
llegretto « Stizzoso, mio stizzoso ».
berto, exaspéré par une telle tyrannie,
emande à Vespone d'aller lui trouver
ne épouse. « Quelle excellente idée,
torque Serpina : pourquoi pas moi ! »
ans le duo suivant, elle soutient qu'elle
st un parti tout à fait acceptable,
ors qu'il se dit décidé à se débarrasser
'elle — tout en s'avouant quelque peu
épassé par la situation.

Second *intermezzo*. Serpina mani-
ance un stratagème qui forcera

Uberto à l'épouser. Vespone saura
l'aider. Elle annonce qu'elle a trouvé
pour mari un soldat : le capitaine
Tempête. Elle décrit son mauvais
caractère et ajoute, dans une aria
pathétique (« A Serpina penserete »),
qu'elle espère n'être pas complètement oubliée après son départ.
Elle apparaît alors comme une tout
autre femme. Mais dès l'instant où elle
voit un changement s'opérer sur le
visage de son maître, le tempo de la
musique change également, et nous
savons que nous avons toujours affaire
à la Serpina habituelle. Dès la fin de
son aria, Uberto lui a pris la main : la
ruse a donc produit son effet. Uberto
ne sait plus que penser : « Son imbro-
gliato io già ». Serpina réapparaît,
escortée de Vespone déguisé en
capitaine. Il semble prêt à exploser de
colère à la moindre provocation, mais
n'en reste pas moins parfaitement
silencieux, comme toujours. Uberto
est horrifié par son comportement
inquiétant. Est-ce vraiment là le mari
qu'il faut pour Serpina ? Elle répond
que le capitaine réclame une dot
importante; à défaut, il refusera de
l'épouser et il faudra alors qu'Uberto
le remplace. Les fiançailles du maître
et de la servante sont à peine conclues
que Vespone arrache sa fausse moustache et son déguisement militaire.
Uberto proteste vainement. Dans le
duo qui clôt l'opéra, il avoue son
amour pour Serpina.

H.

5. Gluck

CHRISTOPH WILLIBALD GLUCK
(1714-1787)

Gluck fut, pendant près d'un siècle, après la reprise d'*Orfeo* dans l'adaptation de Berlioz, le seul compositeur ancien dont les œuvres aient été régulièrement jouées dans les théâtres modernes.

Le compositeur entreprit, avec le poète et diplomate Calzabigi, de réformer l'opéra. *Orfeo* fut le premier produit de cette association. Le livret de Calzabigi était, pour l'époque, particulièrement riche d'intérêt humain, de passion et d'intensité dramatique. En cela, il était tout aussi nouveau que la partition de Gluck. Gluck avait auparavant composé des opéras d'un style vocal excessivement orné, sacrifiant la vraisemblance dramatique aux caprices des chanteurs, qui ne songeaient qu'à faire valoir leur voix. C'est avec *Orfeo* qu'il porta, pour la première fois, un juste intérêt à la véritable expression dramatique. Son grand mérite est de l'avoir fait sans négliger la beauté et l'importance de la voix, tout en établissant un équilibre entre les parties vocales et instrumentales de la partition.

Si la simplicité de ses opéras nous touche aujourd'hui, il ne faut pas pour autant oublier qu'ils soulevèrent des tempêtes à l'époque de leur création. L'opposition que rencontrèrent ses réformes culmina à Paris, où il se rendit en 1773. Ses adversaires lui opposèrent Piccini, qui était alors célèbre pour ses opéras-comiques dans le style napolitain. Les deux compositeurs ne semblent pas avoir été affectés outre mesure par cette compétition ; mais la guerre qui opposait leurs partisans était si féroce que l'on se battit en duel, et que des vies furent sacrifiées pour leur cause.

Orfeo ed Euridice
Orphée et Eurydice

Opéra en 3 actes; musique de Christoph Willibald Gluck; liv. de Ranieri da Calzabigi. Créations et reprises : Vienne, 5 octobre 1762, avec Guadagni en Orphée; Paris, 1774, avec le ténor Legros en Orphée; Londres, 1770, avec Guadagni. Première à Paris, à l'Opéra, 1774, avec Sophie Arnould, Levasseur, Legros, dir.

*Francœur. Reprises : 1838, avec Duprez; 1859, au Th. Lyrique, avec Viardot
dans la version et sous la dir. de Berlioz; 1896, Opéra-Comique, avec M. Delna, et
1959, avec R. Gorr, New York, 1863, en anglais.*

*Reprises célèbres : Covent Garden, 1890, avec Giulia et Sofia Ravogli; Metropo-
litan, New York, 1909, avec Homer (puis, Delna) et Gadski, dir. Toscanini;
Covent Garden, 1920, dir. Beecham; et, 1953, avec Kathleen Ferrier; 1938 et
1941, au Metropolitan, dir. Bodanzky (puis Walter); Glyndebourne, 1947, avec
Kathleen Ferrier; Festival de Salzbourg, 1948, avec Höngen, 1949, avec Simionato,
dir. Karajan. Opéra de Paris, 1973, dir. Rosenthal, avec C. Eda-Pierre, J. Pilou et
N. Gedda, chorégraphie G. Balanchine.*

PERSONNAGES

ORFEO (contralto); EURIDICE (soprano); AMOR, *dieu de l'Amour* (soprano); UNE
OMBRE JOYEUSE (soprano).

Bergers et bergères, Furies et démons, héros et héroïnes aux Enfers.

Acte I. Bref et solennel prélude.
Une grotte abritant le tombeau d'Euridice. La belle épouse d'Orfeo est
morte. Son époux et ses amis se
lamentent sur sa tombe. Aria émouvante et chœur (« Chiamo il mio ben
cosi »). Un deuxième orchestre, dans les
coulisses, fait écho aux cris de désespoir du mari. L'Amour apparaît et lui
annonce que Zeus l'a pris en pitié. Il
est autorisé à descendre aux Enfers,
afin de convaincre Pluton par la seule
force de sa musique. S'il réussit, il ne
devra sous aucun prétexte se retourner vers Euridice avant d'avoir traversé
le Styx.

Toute l'intrigue repose sur cette
condition — si difficile à remplir en
raison de la passion qu'Orfeo porte à
son épouse. S'il se retourne quand elle
l'appelle, ou lui explique pourquoi il
ne peut pas le faire, elle mourra immédiatement.

« Exécute avec joie la volonté des
dieux », chante l'Amour; et Orfeo
part pour le monde des Ténèbres,
après avoir imploré la protection des
divinités.

Acte II. L'entrée des Enfers. Dès
son apparition, Orfeo est poursuivi par
les cris des Furies. La scène, qui
commence par le chœur « Chi mai
dell'Erebo ? », est un chef-d'œuvre de

musique dramatique. Elles demandent
à Cerbère, le monstrueux chien tricé-
phale qui garde l'entrée du monde des
Enfers, de mettre en pièces le mortel
qui ose s'approcher, et l'aboiement du
monstre est reproduit dans la partition.
La douceur du chant d'Orphée brise la
résistance des Furies. Elles l'autorisent
à pénétrer dans la Vallée des Bienheureux. Danse lente, accompagnée du
célèbre air pour flûte seule. Euridice
(ou un Esprit Bienheureux) et ses
compagnons chantent leur félicité
dans les Champs Élysées : « E quest'
asilo ameno e grato » (Dans ce refuge
tranquille et délicieux). Orfeo vient
chercher Euridice. A son aria sereine
(avec accompagnement de hautbois
obbligato) « Che puro ciel », répond
un chœur d'Ombres Joyeuses. Elles
conduisent Euridice devant Orfeo.
Il la prend par la main en détournant
le regard et l'entraîne hors de la Vallée.

Acte III. Euridice ne comprend pas
l'attitude d'Orfeo. Il cherche en vain à
adoucir son chagrin dans le duo « Sù,
e con me vieni, o cara ». Aria passionnée, et duo « Che fiero momento »,
dans lesquels elle affirme n'avoir
aucune raison de vivre s'il ne l'aime
plus.

Orfeo ne peut résister plus longtemps à l'appel de son épouse. Oubliant

le message de l'Amour, il se tourne vers elle et la serre dans ses bras. Elle meurt au même instant. C'est alors qu'Orfeo entonne le *lamento* « Che farò senza Euridice » (J'ai perdu mon Euridice), cet air presque immortel :

« Toutes les formes de langage ont été épuisées pour louer la stupeur de la douleur, la passion, le désespoir exprimés dans ce morceau sublime », dit-on dans le « Dictionnaire des Opéras » de Clément et Larousse. Seuls ces vers de Virgile en sont dignes :

« Vox ipsa et frigida lingua
"Ah ! miseram Eurydicen," anima fugiente, vocabat;
"Eurydicen", toto referebant flumine ripae. »

« Ah malheureuse Eurydice »,
appelait-il,
Les lèvres glacées et l'âme défaillante;
« Eurydice », répondaient les rives du fleuve.)

L'amour, profondément touché par le désespoir d'Orfeo, apparaît et rend Euridice à la vie.

La légende d'Orfeo et d'Euridice, racontée dans les *Géorgiques* de Virgile (voir citation ci-dessus), est un des grands classiques de l'Antiquité. Dans son opéra, Gluck a préservé le chaste classicisme de l'original, tout en réussissant à pénétrer sa musique de passion et d'esprit dramatique.

Le rôle d'Orfeo fut écrit pour le célèbre alto Guadagni. Quand l'opéra fut monté à Paris, le compositeur ajouta trois mesures à l'illustre aria « Che farò senza Euridice », illustré plus haut. Ce sont sans doute les trois dernières mesures, celles qui concluent le discours de cet air immortel. Il adapta également le rôle d'Orfeo pour le ténor Legros, introduisant un air de bravoure sans aucun rapport avec le reste de la partition vocale, que l'on attribua pendant longtemps, à tort, au compositeur italien Ferdinando Bertoni. Legros l'introduisit à la fin du premier acte, et c'est là qu'on le trouve encore aujourd'hui dans la partition imprimée. Quand le ténor Nourrit reprit le rôle, de nombreuses années plus tard, il y substitua une aria bien plus appropriée « O transport, ô désordre extrême », tirée d'*Echo et Narcisse* de Gluck. Il est intéressant de noter que Toscanini, quand il dirigea la reprise de l'opéra au Metropolitan en 1910, ajouta l'aria « Divinités du Styx » (tirée de l'*Alceste* de Gluck) à la scène des Enfers.

Il est encore nécessaire aujourd'hui, à chaque fois que l'on monte l'œuvre, de concilier la version de Vienne et celle de Paris.[1] Mais il est apparu avec évidence que la version originale de

---

1. Un résumé et un commentaire des différentes versions d'*Orfeo* peuvent être utiles. En effet, Gluck composa l'opéra deux fois : en 1762 pour Vienne, et en 1774 pour Paris. Chaque version fut écrite pour un héros masculin, le contralto castrat Guadagni à Vienne, et le ténor Legros à Paris. La version de 1762 est courte (environ 90 minutes) et *antérieure* à l'époque où Gluck essaya consciemment de réformer l'opéra; en effet, le manifeste célèbre constitue la préface de l'édition de 1769 d'*Alceste*, dont la création en 1767 utilise la partition précédente, mais avec de nombreuses nouveautés, et offre au rôle d'Orfeo une aria *bravura* atteignant le ré. La version de 1762 a été récemment jouée à Drottningholm, et présentée par la même troupe au Festival de Brighton en 1972, avec Kerstin Meyer dans le rôle principal. La version de Paris a connu de nombreuses reprises, généralement assorties de discrètes transpositions : ainsi au Sadler's Wells en 1967, et à l'Opéra de Paris en 1973 pour inaugurer la direction Liebermann. En 1859, Berlioz tenta le premier compromis entre les deux versions pour Pauline Viardot, avec l'aide de Saint-Saëns. La version de 1774 fut alors choisie, mais en transposant le rôle de ténor d'Orfeo en un rôle d'alto féminin. Pour exemple de la métamorphose de ton, et par suite de tessiture : « Che farò » était en do majeur en 1762, en fa en 1774, en do en 1859, et au Sadler's Wells, 1967, en mi bémol !

H.

Gluck ne demandait aucune modification quand l'opéra fut repris au Théâtre Lyrique de Paris en novembre 1859, sous la direction de Berlioz. Le célèbre compositeur restitua au rôle d'Orfeo sa forme d'origine[1] et la célèbre contralto Pauline Viardot Garcia l'interpréta durant 150 représentations devant des salles enthousiastes.

L'opéra a toujours été admiré sans la moindre restriction. L'auteur français cité plus haut (*Dictionnaire des Opéras*) dit que de la première à la dernière note « C'est un chef-d'œuvre total, et l'une des plus surprenantes productions de l'esprit humain. Le chœur de démons tour à tour questionne, se met en colère, éclate en un tourbillon de menaces, redevient progressivement calme et finit par se taire, comme subjugué et conquis par la musique que joue Orfeo sur sa lyre. Qu'y a-t-il de plus émouvant que la phrase " Laissez-vous toucher par mes pleurs" ? Nulle part ailleurs, dans aucune œuvre, il n'est d'effet plus prenant. »

Gaetano Guadagni, qui créa le rôle d'Orfeo, était l'un des plus célèbres contraltos masculins du XVIIIe s. Haendel lui attribua les rôles pour contralto du *Messie* et de *Samson*, et c'est Gluck lui-même qui le fit engager à Vienne. Quand l'opéra fut monté à Paris, on le fit précéder d'un hommage, ce qui montre tout l'intérêt que les Français portaient à l'œuvre de Gluck. Bien que la création ait eu lieu à Vienne, la partition fut imprimée pour la première fois à Paris, aux frais du comte Durazzo. Le succès de l'œuvre à Paris fut si grand que l'ancienne élève de Gluck, Marie-Antoinette, lui alloua une pension de 6 000 francs, et lui promit la même somme pour chaque œuvre nouvelle qu'il ferait représenter en France.

Einstein résume ainsi l'œuvre : « *Orfeo ed Euridice* marqua une date, non seulement dans l'œuvre de Gluck, mais dans toute l'histoire de l'opéra. Voici pour la première fois un opéra sans *recitativo secco*... et une œuvre si intimement liée à son livret qu'elle était unique, et n'aurait pu être récrite... Un opéra enfin dont l'interprétation ne pouvait se faire sans la supervision de l'auteur... »

K.

Alceste

Opéra en 3 actes de Gluck; liv. de Calzabigi. Créé, 26 décembre 1767, au Burgtheater de Vienne, avec Antonia Berasconi (Alceste), Giuseppe Tibaldi (Admetus) et Laschi (Grand Prêtre et voix d'Apollon). Monté à Paris en français, dans une version révisée, 23 avril 1776, avec Mlle Levasseur en Alceste. Première à Londres, 1795, au King's Theatre (en italien). Parmi les reprises importantes : Paris, Opéra-Comique, 1904, avec F. Litvinne et Opéra, 1926, avec G. Lubin et G. Thill; Festival de Florence, 1935, avec Gina Cigna, Nicola Rakowski et Benvenuto Franci, dir. Vittorio Gui (en italien); Covent Garden, 1937, avec Germaine Lubin, Georges Jouatte et Martial Singher, dir. Philippe Gaubert (en français); Metropolitan, New York, 1941, avec Marjorie Lawrence, René Maison et Leonard Warren, dir. Ettore Panizza (en français), et, 1952, avec Kirsten Flagstad, (en

---

1. Pour autant qu'un contralto féminin soit l'équivalent d'un castrat, ce qui n'est pas le cas. Berlioz retint évidemment les nombreuses nouveautés de la version de Paris, tout en transposant le ton du rôle de ténor à celui d'un rôle de contralto.

H.

anglais); Glyndebourne, 1953, avec Laszlo; La Scala, Milan, 1954, avec Callas, dir. Giulini; Festival d'Édimbourg, 1974, avec Julia Varady, dir. Alexander Gibson.

PERSONNAGES

ADMETUS (ténor); ALCESTE (soprano); GRAND PRÊTRE (baryton); HERCULE (baryton); EVANDER (ténor); THANATOS (baryton); VOIX D'APOLLON (baryton); HÉRAUT (baryton); CHEFS POPULAIRES (soprano, mezzo-soprano, baryton); UNE FEMME (soprano).

Gluck aborde l'histoire en réformateur, dont la lutte contre les abus modernes en matière d'opéra a marqué un tournant dans l'histoire de l'art. Einstein a remarqué qu'au XVIIIᵉ s. les moyens habituellement employés pour réformer étaient la satire et la parodie; mais comme la nature de Gluck ne le portait pas à les utiliser, pas plus d'ailleurs que l'*opéra buffa*, il fut obligé, pour exprimer son point de vue, de devenir le premier créateur critique dans l'histoire de l'opéra; il n'avait aucune autre « soupape de sécurité ». Quoi qu'il en soit, sa préface à Alceste est l'un des textes les plus célèbres des annales de l'opéra :

« J'entrepris d'écrire la musique d'*Alceste* avec la résolution d'écarter tous les abus jusqu'ici introduits par la vanité déplacée des chanteurs ou la trop grande complaisance des compositeurs, et qui ont pendant si longtemps défiguré l'opéra italien et rendu le plus splendide et le plus beau des spectacles simplement le plus ridicule et le plus ennuyeux. Je me suis efforcé de limiter la musique à sa véritable fonction, qui est de servir la poésie avec expression, tout en suivant les étapes de l'intrigue, sans pour autant interrompre l'action et en évitant de l'étouffer par quantité d'ornements superflus. Et j'ai pensé que cela serait du même ordre que l'usage de couleurs fortes, dans un dessin correct et bien composé, qui viennent animer les silhouettes sans pour autant altérer leur contour par

un heureux contraste d'ombre et de lumière. C'est ainsi que je n'ai pas voulu interrompre un acteur au milieu d'un dialogue pour laisser place à un ennuyeux *ritornello*, ni l'immobiliser au milieu d'un mot sur une voyelle favorable à sa voix, ni exhiber l'agilité de sa jolie voix dans quelque passage tiré en longueur, ni attendre qu'il ait retrouvé son souffle pour une cadence. J'ai pensé qu'il n'était pas de mon devoir de passer en hâte sur la deuxième partie d'une aria, là même où les mots sont les plus passionnés et les plus importants, afin de pouvoir régulièrement répéter quatre fois ceux de la première partie; pas plus que je n'ai voulu finir l'aria à contresens, à la seule fin d'arranger le chanteur qui souhaite montrer qu'il peut varier à sa guise un même passage selon plusieurs manières. En un mot, j'ai voulu abolir tous les excès contre lesquels le bon sens et la raison s'élevaient vainement depuis longtemps.

» J'ai pensé que l'ouverture devrait informer les spectateurs de la nature de l'action et former, en quelque sorte, son argument; que les ensembles d'instruments devraient être introduits en fonction de l'intérêt et de l'intensité des paroles, sans laisser subsister ces contrastes abrupts entre l'aria et le récitatif dans le dialogue, et briser absurdement une phrase ou déranger gratuitement la force et le feu de l'action.

» Plus encore : j'ai pensé que je devrais consacrer tous mes efforts à la recherche d'une beauté simple, et j'ai pris soin d'éviter les étalages de difficultés qui nuisent à la clarté; et je n'ai pas jugé souhaitable de placer des nouveautés qui ne seraient pas naturellement suggérées par la situation et l'expression; et il n'est pas de règle que je n'ai jugé bon d'écarter, volontairement, dans le but de marquer un effet.

» Tels sont mes principes. Par chance, mes propos ont été admirablement servis par le livret où le célèbre auteur, inventant une nouvelle structure dramatique, a substitué aux descriptions fleuries, aux parangons factices et à la moralité froide et sentencieuse, un langage venu du cœur, des passions fortes, des situations intéressantes et un spectacle d'une variété illimitée. Le succès obtenu est venu justifier mes maximes, et l'approbation sans restrictions d'une cité si éclairée a nettement prouvé que la simplicité, la vérité et le naturel sont les grands principes de beauté pour toute manifestation artistique. En vertu de tout cela, et en dépit des encouragements répétés que me prodiguèrent des personnalités éminentes pour me faire publier cet opéra, j'étais parfaitement conscient du danger qu'il y avait à combattre des préjugés si fermement et profondément enracinés; c'est la raison pour laquelle j'ai senti la nécessité de renforcer ma position par le patronage tout-puissant de Votre Altesse Royale[1] et je me permets de solliciter l'honneur de voir votre Auguste Nom — un Nom qui, à si juste titre, recueille les suffrages d'une Europe éclairée — introduire mon opéra. Le grand protecteur des beauxarts, régnant sur une nation qui peut s'enorgueillir d'avoir relevé les arts de l'oppression universelle, et qui ellemême a donné naissance aux plus grands modèles, dans une cité qui fut toujours la première à secouer le joug des préjugés vulgaires pour ouvrir la voie à la perfection, est le seul à pouvoir entreprendre de réformer ce noble spectacle où tous les beaux-arts participent. Si cela devait réussir, la gloire d'avoir bougé la première pierre me reviendrait; et dans l'espoir que Votre Altesse m'apportera le témoignage public de son soutien, j'ai l'honneur de Lui présenter, avec tout mon humble respect, la haute considération de son

Très humble, très dévoué et très obligé serviteur,

Christoforo Gluck. »

Calzabigi s'est écarté de la tragédie d'Euripide, où le rôle d'Admetus est sans gloire, et où l'intervention d'Hercule est due à son désir de venger les lois de l'hospitalité, et non à quelque sentiment de pitié devant la triste situation d'Alceste et Admetus.

Acte I. Une superbe et sombre ouverture revendique pleinement les propos avoués dans la préface ci-dessus. Une cour devant le palais d'Admetus; dans le fond se dresse le temple d'Apollon. Le peuple pleure la maladie du roi qui, selon l'annonce du héraut, semble être fatale. Evander annonce Alceste, et la reine apparaît suivie de ses deux enfants. Elle plaint leur futur sort d'orphelins, et offre un sacrifice aux dieux.

Dans le temple d'Apollon. Air simple, désigné par « pantomime » dans la partition, qui peut servir de fond à une danse, ou à l'entrée d'Alceste. Le grand-prêtre et le chœur implorent le dieu d'épargner Admetus. Prière d'Alceste, et préparation du sacrifice, tandis qu'est jouée une autre « pantomime ». Le grand-prêtre invoque le dieu. L'oracle rend son jugement : Admetus devra mourir, à moins qu'un ami n'accepte de se sacrifier à sa place. Le peuple se précipite terrifié hors du temple, laissant Alceste seule avec le grand-prêtre. Elle décide de mourir pour son époux : « Non, ce n'est point un sacrifice ». Le grand-prêtre accepte sa requête, il lui reste tout le jour pour se préparer à la mort.

---

1. Léopold, duc de Toscane, devenu l'empereur Léopold II à la mort de Joseph II.

Dans une aria qui est devenue la plus célèbre de l'opéra, Alceste s'adresse aux dieux du monde souterrain : « Divinités du Styx ».

Acte II. Dans son palais, Admetus reçoit les félicitations du peuple mené par Evander pour sa guérison miraculeuse. Danse. Le roi s'enquiert de la raison de cette guérison, et Evander lui rapporte la condition imposée par l'Oracle, sans toutefois nommer la victime qui expiera à sa place. Le roi, horrifié, refuse d'accepter un tel sacrifice. Alceste le rejoint. Chœur de louanges et de liesse. Mais Alceste peut difficilement cacher sa peine, Admetus s'efforce vainement de la consoler dans une aria *da capo* de grande beauté : « Bannis la crainte et les alarmes ». La reine avoue enfin être celle que les dieux ont accepté de sacrifier à sa place. Il refuse dans une aria dramatique : « Non, sans toi, je ne puis vivre ». Alceste, restée seule avec le peuple qui déplore sa douleur, chante : « Ah, malgré moi, mon faible cœur partage vos tendres pleurs ».

Acte III. La cour du palais. Le peuple pleure la mort d'Alceste et d'Admetus, qui l'a rejointe. Hercule apparaît, se félicitant d'avoir fini ses travaux. Evander lui apprend comment son ami Admetus a trouvé la mort. Hercule jure alors de rendre au peuple de Grèce son roi et sa reine.

Changement de décor : les portes de l'Enfer. Alceste implore les dieux d'Hades (qui restent invisibles) de ne pas prolonger ses tourments et de l'accueillir immédiatement. Admetus la rejoint, demandant à lui être uni dans la mort. Leur duo est interrompu par la voix de Thanatos, annonçant que le moment est venu pour l'un d'eux de se rendre à la Mort; le choix de la victime est entre les mains d'Alceste. Elle refuse d'abandonner le droit de mourir pour son mari, à

la grande douleur d'Admetus. Hercule apparaît; avec Admetus, il défie Hades et ses maîtres, et tous deux combattent pour sauver Alceste. Après leur succès, Apollon annonce à Hercule que son action lui a valu d'être placé parmi les dieux, tandis qu'Admetus et Alceste seront rendus au monde des vivants, où ils seront l'exemple universel de la force de l'amour conjugal.

La cour du palais. Apollon ordonne au peuple de se réjouir, car son roi et sa reine lui sont rendus. Alceste, Admetus et Hercule sont réunis dans un trio et l'opéra se termine dans les réjouissances générales.

Mieux, peut-être, que n'importe quel autre opéra de la maturité de Gluck, *Alceste* illustre cet idéal de « simple beauté » qui est un des principes posés dans la préface. On sait l'admiration de Berlioz pour la scène du temple; Ernest Newman a cité les objections détaillées élevées par le célèbre compositeur contre les changements apportés à «Divinités du Styx » lorsque l'opéra fut traduit de l'italien en français; selon Berlioz, ils ont complètement gâché le début de l'aria. Et pour comble, lorsqu'un soprano italien chante cette aria aujourd'hui, c'est en utilisant la traduction italienne de la traduction française de la version italienne originale ! On ne doit pas oublier que la partition d'origine prévoyait une scène dans une sombre forêt près de Pherae, au début du deuxième acte; elle n'est pas dans la version française, dont l'acte II commence par les fêtes célébrant la guérison d'Admetus. De même, le troisième acte est entièrement altéré sur le plan dramatique, tout en conservant la majeure partie de la musique de l'original; et, selon Ernest Newman, ce changement a nettement été pour le pire. Toujours selon Newman, l'introduction d'Hercule prévue par Du Roullet[1] produit

1. Lebland du Roullet est responsable de la traduction française et de certaines modifications apportées en 1776.

un effet des plus vulgaires, et la seule addition valable est la nouvelle scène aux portes de l'Enfer (à l'origine, l'acte entier se passait dans la cour du palais, où Alceste mourait et Admètus tentait de se suicider; tout finissait bien grâce à l'intervention d'Apollon). Tout comme pour *Orfeo*, une représentation moderne d'*Alceste* implique la préparation d'une édition réunissant les meilleurs éléments de l'original et de la version française.

H.

Iphigénie en Aulide

Opéra en 3 actes de Gluck; liv. de Calzabigi. Créé, 19 avril 1774, à l'Académie de musique, Paris, avec Sophie Arnould (Iphigénie), Du Plant (Clytemnestre), Legros (Achille), Larrivée (Agamemnon).

En 1846, Wagner révisa l'opéra, changeant l'orchestration et récrivant certains récitatifs. Cette version, montée à Dresde, 1847, fut donnée sur de nombreuses scènes allemandes. Célèbre reprise à Vienne, 1904, dir. Gustav Mahler, avec Gutheil-Schoder, Mildenburg, Schmedes et Demuth. Il fallut attendre 1933 pour entendre l'opéra en Angleterre (à Oxford). Première en Amérique, 1935, Philadelphie. Reprises : Festival de Florence, 1950 (dans les jardins Boboli), avec Guerrini, Nicolai, Penno, et Christoff; La Scala, Milan, 1959, avec Simionato, Lazzarini, Pier Miranda Ferraro et Christoff; New York (version de concert), 1962, avec Gorr, Marilyn Horne, Simoneau et Bacquier; Salzbourg, 1962, avec Christa Ludwig, Borkh, King, Berry, dir. Böhm; Drottningholm (Suède), 1965, avec Elizabeth Söderström dans le rôle d'Iphigénie.

PERSONNAGES

AGAMEMNON, *roi de Mycènes* (basse-baryton); CLYTEMNESTRE, *son épouse* (soprano); IPHIGÉNIE, *leur fille* (soprano); ACHILLE, *héros grec* (ténor); PATROCLUS (basse); CALCHAS, *Grand Prêtre* (basse); ARCAS (basse); ARTÉMIS (soprano).
Chœur de prêtres, le peuple.

L'action se situe en Aulide, au début de la guerre de Troie.

Acte I. Agamemnon, ayant consulté l'oracle, a fait le vœu de sacrifier à Diane sa fille Iphigénie, en échange du vent favorable qui le mènera avec son armée sain et sauf à Troie. On le persuade d'envoyer chercher sa fille sous le prétexte de son mariage avec Achille. Il enjoint secrètement à son épouse, Clytemnestre, de retarder ce voyage. Quand l'opéra commence, Agamemnon est en proie à de terribles remords, déchiré entre le devoir et l'amour. Les Grecs veulent connaître la raison du mécontentement persistant des dieux. Calchas, le Grand Prêtre, supplie la déesse de choisir une autre victime, et Agamemnon se joint à sa prière. Les Grecs demandent qui est la victime, afin de l'immoler immédiatement; Calchas leur en promet une pour le jour même.

Calchas tente de raisonner le roi, mais Agamemnon se désespère. C'est alors qu'au milieu des reproches de Calchas on entend les cris des Grecs, souhaitant la bienvenue à Clytemnestre et Iphigénie qui viennent d'arriver sur l'île. Agamemnon cherchant un prétexte prévient secrètement sa femme qu'Achille s'est révélé indigne d'Iphigénie, et qu'elle doit repartir immédiatement avec elle. Clytemnestre informe sa fille de ces nouvelles et quand Achille apparaît rayonnant de joie, Iphigénie est d'abord froide et distante, mais l'acte se termine par un duo de réconciliation.

Acte II. En dépit des tentatives du chœur pour la rassurer Iphigénie envisage avec appréhension la rencontre entre Agamemnon et Achille, Clytemnestre apaise ses craintes. Achille, après lui avoir présenté le guerrier Patroclus, mène un chœur de louanges en son honneur. Chants et danses. Comme Achille va mener sa fiancée à l'autel, Arcas, le messager d'Agamemnon, intervient et fait savoir que le roi l'attend pour la sacrifier, en vertu de son vœu. Clytemnestre implore Achille de protéger Iphigénie. Achille jure de la défendre, mais elle lui rappelle qu'Agamemnon est son père, et qu'elle l'aime en dépit de la terrible situation où le destin l'a placé.

Agamemnon et Achille se rencontrent. Le roi répond aux reproches du jeune homme en lui rappelant qu'il est le chef suprême des forces grecques, et que tous lui doivent allégeance et obéissance. Achille le défie et affirme que quiconque lèvera la main sur Iphigénie devra d'abord se mesurer à lui. Agamemnon reste seul face à sa conscience. Il décide de renvoyer Clytemnestre et Iphigénie loin de Mycènes, espérant ainsi échapper aux conséquences de son serment.

Acte III. Les Grecs exigent que le vœu soit accompli, car c'est le seul moyen d'écarter la colère des dieux. Achille supplie Iphigénie de fuir avec lui. Elle affirme qu'elle veut mourir et il réitère sa volonté de la sauver. Clytemnestre, demeurée seule avec sa fille, cherche à la protéger par tous les moyens. Mais les Grecs sont intraitables et réclament le sacrifice. La reine appelle alors la colère de Jupiter sur ces armées cruelles.

Tout est prêt pour le sacrifice. La cérémonie est interrompue par l'arrivée d'Achille à la tête des Thessaliens qui attaquent les troupes grecques assemblées. Calchas évite que la bataille ne s'engage en annonçant que les dieux sont apaisés, et accorderon un temps favorable même si le vœu d'Agamemnon n'est pas rempli. Mari et femme, père et enfant, amant et fiancée sont réconciliés et réunis. L'opéra se termine par les réjouissances des Grecs qui se préparent à naviguer vers Troie.

Bien qu'*Iphigénie en Aulide* n'ait pas cette unité de style et de construction qui marque *Iphigénie en Tauride* écrit plus tard, sa musique n'en est pas moins remarquable. Les personnages principaux sont fortement dessinés. Agamemnon est toujours une figure héroïque, et le conflit qui résulte de son vœu en fait le personnage le plus intéressant du drame. Ses arias sont magnifiquement expressives, et celle du premier acte campe immédiatement l'importance de sa stature et sa noblesse profonde en même temps que l'horrible dilemme qui se présente à lui. La grande *scène* de la fin du second acte — après la scène avec Achille — est, sur le plan dramatique, encore plus impressionnante. Clytemnestre participe moins franchement au drame; mais son attitude face aux événements est exprimée par une musique admirablement dramatique. Dans les scènes où elle est seule, elle passe d'une fureur sans détours — quand elle apprend d'Agamemnon qu'Achille est infidèle à Iphigénie — à des excès de douleur — quand elle supplie Achille de sauver sa fille — et finit par s'effondrer totalement quand les Grecs ignorent ses supplications. L'intensité de ses émotions apparaît immédiatement, même de nos jours, et l'on peut aisément imaginer quel extraordinaire effet cette force expressive a dû produire à l'époque. Tout comme Ilia dans *Idomeneo*, Iphigénie est la victime plutôt que l'agent de la tragédie, mais sa résignation et son acceptation d'un sort cruel sont génératrices d'une musique remarquablement belle. Achille est l'ancêtre de Radames et de toute une lignée de ténors héroïques, dont la personnalité simple s'exprime vigoureusement et sans compromis, en utilisant force notes élevées pour souligner sa détermination. Son aria de l'acte III — quand il décide de sauver Iphigénie par la force armée — a dû produire lors de la création un effet comparable à celui que ressentirent les Italiens entendant la musique de Verdi à l'époque du Risorgimento. On raconte que, dans la salle, les hommes durent se retenir pour ne pas dégainer et bondir sur scène pour l'aider à sauver sa princesse.

H.

Iphigénie en Tauride

Opéra en 4 actes de Gluck; liv. de François Guillard. Créé, 18 mai 1779[1], à l'Académie de musique de Paris, avec Levasseur, Legros, Larrivée, dir. Francœur. Londres, 1796, dans la version italienne de Da Ponte; Metropolitan de New York, 25 novembre 1916 avec Kurt, Sembach, Weil, Braun et Rappold (en allemand, arrangement de Richard Strauss). Reprises : Paris, Opéra-Comique, 1900, avec Rose Caron et Opéra, 1931, avec G. Lubin et M. Singher, dir. P. Monteux. La Scala, Milan, 1937, dir. Sabata; Berlin, 1941; Aix-en-Provence, 1952, dir. Giulini; La Scala, Milan, 1957, avec Callas; Festival d'Édimbourg et Covent Garden, 1961, avec Gorr, dir. Solti; Festival de Hollande, 1964, dir. Erede; Opéra de Paris, 1965, avec Crespin, Chauvet, Massard.

PERSONNAGES

IPHIGÉNIE, *prêtresse de Diane* (soprano); ORESTE, *son frère* (baryton); PYLADE, *son ami* (ténor); THOAS, *roi de Scythie* (basse); DIANE (soprano).
Scythes, prêtresses de Diane, Grecs.
L'action se passe en Tauride après la guerre de Troie.

Iphigénie est la fille d'Agamemnon, roi de Mycènes. Celui-ci a été assassiné par son épouse Clytemnestre, qui a ensuite été tuée par son fils Oreste. Iphigénie ignore tous ces événements. Elle est devenue prêtresse de Diane sur l'île de Tauride, et n'a pas revu son frère depuis de nombreuses années.

Acte I. Devant l'atrium du temple de Diane. Iphigénie raconte aux prêtresses et à des jeunes filles grecques qu'elle a rêvé d'un malheur frappant sa famille dans le lointain pays où elle est née. Thoas apparaît, et réclame un sacrifice humain pour écarter le danger qui lui a été prédit. Des Scythes se précipitent, entraînant avec eux Oreste et Pylade, jeunes Grecs qui viennent d'aborder la côte et qu'ils ont capturés. Ils racontent qu'Oreste parle sans cesse d'un crime qu'il a commis et pour lequel il est poursuivi par les Furies.

Acte II. Le temple de Diane. Oreste déplore son destin. Pylade chante son éternelle amitié pour lui. Les deux

1. Gluck révisa son opéra en 1780-1781, à l'occasion d'une représentation chantée en allemand à Vienne. Il donna le rôle d'Oreste à Josef Velentin Adamberger qui était un ténor.

H.

amis sont séparés et Oreste perd momentanément la raison. Iphigénie le questionne. Sous son influence, il devient plus calme, mais évite de dévoiler son identité. Il lui dit cependant qu'il vient de Mycènes et qu'Agamemnon (leur père) a été tué par sa femme, Clytemnestre. Leur fils, pour venger ce meurtre, a tué sa propre mère et a trouvé lui-même le trépas. De cette famille, autrefois nombreuse, il ne reste plus qu'une fille, Électre.

Acte III. Iphigénie est frappée de la ressemblance entre cet étranger et son propre frère. Afin de le sauver du sacrifice exigé par Thoas, elle lui demande de porter une lettre à Électre. Il ne veut pas quitter Pylade; celui-ci refuse également de porter cette lettre jusqu'au moment où Oreste affirme qu'il se suicidera plutôt que d'accepter la liberté au prix de la vie de son ami; Pylade accepte alors, espérant pouvoir ainsi lui porter secours.

Acte IV. Tout est prêt pour le sacrifice. Iphigénie brandit le couteau qui va porter le coup fatal quand, à une exclamation proférée par Oreste, elle reconnaît son frère. Les prêtresses lui promettent obéissance comme à un roi. Thoas réclame le sacrifice. Iphigénie déclare qu'elle mourra avec son frère. Mais Pylade, accompagné de renforts, pénètre à son tour dans le temple. Thoas est tué dans le combat qui s'ensuit. Diane elle-même apparaît, pardonne à Oreste, et rend aux Grecs son portrait que les Scythes avaient volé et autour duquel ils avaient bâti le temple.

Gluck avait 65 ans quand il écrivit *Iphigénie en Tauride*. Un contemporain fit remarquer qu'il y avait de nombreux

passages très beaux dans l'opéra « Il n'y en a qu'un » répliqua l'abbé Arnaud. « Lequel ? » — « L'œuvre entière. » On a dit de la scène de folie d'Oreste, au second acte, que c'était la plus grande réussite de Gluck. Mais il ne faut pas négliger l'aria d'Iphigénie « Ô toi, qui prolongeas nos jours », la danse des Scythes, l'air de Thoas « De noirs pressentiments mon âme intimidée » — et « Ô mon ami » —, les deux airs d'Iphigénie : « Ô malheureuse Iphigénie » et « Je t'implore et je tremble », ainsi que l'hymne à Diane « Chaste fille de Latone ».

On peut rapporter ici un incident révélateur de la signification dramatique recherchée par l'auteur. Quand au second acte, Oreste chante « Le calme rentre dans mon cœur » l'orchestre continue d'exprimer l'agitation de ses pensées. Lors d'une répétition, les musiciens d'orchestre ne comprenant pas ce passage, s'arrêtèrent. « Continuez de même », s'écria Gluck. « Il ment, il a tué sa mère ».

Les ennemis de Gluck obtinrent de son rival, Piccini, qu'il compose une contre-*Iphigénie en Tauride*. Elle fut jouée en janvier 1781, ne connut aucun succès et mit fin une bonne fois pour toutes à la rivalité entre les deux compositeurs. La prima donna était ivre le soir de la première. Un spectateur cria : « *Iphigénie en Tauride* ! Allons donc, c'est *Iphigénie en Champagne* ! » L'éclat de rire qui suivit marqua définitivement la ruine de l'œuvre.

La version retenue au Metropolitan de New York était due à Richard Strauss. Elle comportait des changements dans les finales du premier et du dernier acte, et introduisait la musique de ballets d'*Orfeo* et d'*Armide*.

K.

Armide

Opéra en 5 actes de Christoph-Willibald Gluck ; liv. Philippe Quinault d'après le Tasse. Créé à Paris, Académie Royale de Musique le 23 septembre 1777 avec Levasseur, Durancy, Chateauneuf, Saint-Huberti, Gavaudan, Legros, Genin, Lainé, Larrivée, dir. Francoeur. Les ballets étaient réglés par Vestris qui dansait avec Mlle Guimard. Joué sans interruption majeure à l'Opéra de Paris jusqu'en 1837 (337 représentations) ; Adolphe Nourrit sera le plus célèbre des Renaud. L'opéra sera donné à Kassel dès 1787, à Berlin en 1805, à Vienne en 1808, à Stockholm en 1811. En mars 1843, Meyerbeer le dirige à Berlin et Richard Wagner à Dresde avec Schröden-Devriendt. Reprise à Paris, Opéra, le 12 avril 1905 avec Breval, Féart, Lindsay, Affre, Delmas, Scarenberg, Dinh-Gilly, dir. Taffanel (l'œuvre restera à l'affiche jusqu'en 1913) ; Béziers, Théâtre des Arènes, 28 avril 1905 avec Felia Litvine, dir. Viardot ; Londres, Covent Garden, 6 juillet 1906 avec Bréval, Laffitte, Séveilhac, Crabbé, dir. André Messager ; New York, Metropolitan, 14 novembre 1910 avec Fremstad, Caruso, Amato, Gilly, dir. A. Toscanini. Schwetzingen, 12 juin 1966 par la troupe du Bayerische Staatsoper, Bjoner, Nökker, Kucharsky, Madeira, dir. Gerd Albrecht.

PERSONNAGES

Voir l'ARMIDE de Lully.

En 1775, Gluck entreprend de donner une démonstration de son savoir-faire en reprenant un des livrets de Quinault sur lesquels Lully avait écrit ses meilleurs opéras. Son choix se portera sur l'*Armide* qui sera donné au public en septembre 1777. Il s'agit pour un musicien « moderne » de reprendre en compte toutes les traditions du grand opéra à « machines » avec intermèdes et ballets qui viennent couper l'action. Gluck a très fidèlement suivi le texte de Quinault. Il s'est contenté de supprimer le prologue, usage devenu périmé, et de modifier un tout petit peu la fin du troisième acte. Dans la version utilisée par Lully, celui-ci finissait par les imprécations de la Haine que suivait son départ. Gluck a ajouté quelques vers pour Armide, mélodie d'une sensibilité et d'une pureté admirables où la magicienne dit son abandon à l'amour auquel elle ne peut ni ne veut échapper. Cette modification, en apparence mineure, change complètement l'éclairage du personnage et lui donne un relief beaucoup plus marqué.

Gluck a utilisé dans sa version d'*Armide* de nombreux morceaux de ses opéras antérieurs. L'ouverture et le premier air proviennent du *Telemacco nell'isola de Circe ;* le premier air d'Hidraot est emprunté à la *Tetide ;* l'appel d'Armide à la Haine a déjà été utilisé dans l'*Arsace* et dans l'*Innocenza giustificata*. On trouve ainsi, au long des pages, des emprunts à l'*Ivrogne Corrigé*, au *Don Juan* (ballet), au *Paride e Elena*, à l'*Ippolito*, au *Cadi dupé*, au *Bauci e Filemone*. Il faut reconnaître que l'emploi de ces musiques d'auto-emprunt est fait avec une telle habileté qu'elles ne semblent jamais constituer un corps étranger dans le déroulement de l'œuvre.

Le succès, difficile au premier abord, de l'*Armide* de Gluck rejeta l'œuvre de Lully dans des ténèbres qu'elle ne méritait pas et dont elle n'est pas encore sortie.

L.

6. Haydn et Mozart

FRANZ-JOSEPH HAYDN
(1732-1809)

La Fedeltà premiata

Drame pastoral gioccoso en 3 actes de Joseph Haydn ; liv. Giambattista Lorenzi. Créé à Esterhaza le 25 février 1781, repris à Vienne au Kärtnertor Theater par Schikaneder, le 18 décembre 1784, probablement en présence de l'auteur. Reprises modernes : Festival de Hollande, juin-juillet 1970 avec Renato Capecchi, Rati, Botazzo, Giminez, dir. Erede (mise en scène : J.-P. Ponelle) ; Londres, Camden Town Hall, mai 1971, avec Janet Price, Hillman, Sumner, Hayter, dir. Lloyd-Jones ; Karlsruhe, 11 juin 1972 (1re en allemand) avec Diefenbaker, Brencke, Kelly, dir. Haas ; Glyndebourne, 15 juillet 1979, avec Battle, Atherton, van Allen, Lindenstrand, Allen, Cosotti, Hamari, Harrhy, dir. Haïtink ; Eisenstadt, juillet 1979, dir. Sommer.

PERSONNAGES

CELIA, *de son vrai nom Filide* (contralto) ; FILENO, *amoureux de Filide* (ténor) ; AMARANTA (mezzo-soprano) ; PERRUCCHETTO, *un comte extravagant* (baryton) ; NERINA, *une nymphe inconstante* (soprano) ; LINDORO, *frère d'Amaranta* (ténor) ; MÉLIBEO, *prêtre du temple de Diane* (basse) ; DIANE (soprano) ; *chœur de nymphes et de bergers, de chasseurs et de chasseresses.*

C'est avec la *Fedeltà premiata* que fut rouverte après le malheureux incendie de 1779 la salle d'opéra d'Esterhaza. Le livret de Lorenzi est le type même de l'histoire-à-tout-faire mêlant des éléments de drame classique, propres à justifier l'utilisation de machines, des fragments de comédie pastorale, un peu de burlesque, le tout mêlé dans le cadre d'une mythologie de fantaisie et destiné essentiellement à servir de support à quelques belles arias. C'est une des preuves du génie de Haydn qu'il ait réussi à tirer d'une aussi pauvre matière un opéra étincelant d'esprit musical.

Acte I. Il débute devant un temple de Diane. Une population de nymphes et de bergers implore la clémence de la déesse. En effet, une grande inscription au fronton du temple rappelle que chaque année surgira un monstre auquel il faudra en pâture un couple d'amants fidèles, à moins qu'une âme héroïque ne se sacrifie et mette fin au maléfice. Survient Amaranta, femme hautaine qui vient apporter ses offrandes au temple. Le grand-prêtre Mélibeo lui fait aussitôt la cour, lui expliquant que l'amour d'un membre du clergé n'est pas soumis à la loi commune et qu'elle ne court aucun risque avec lui. Nerina reproche à Lindoro de l'avoir abandonnée pour Celia. Amaranta suggère au grand-prêtre d'organiser un mariage entre son frère et cette Celia. Ces quiproquos amoureux sont interrompus par l'arrivée du comte Perrucchetto tremblant de peur parce que des voleurs viennent de l'attaquer. Remarquant la beauté d'Amaranta, il se met à lui dire des douceurs et en est bien accueilli : l'amour d'un comte vaut mieux que celui d'un prêtre. Mélibeo fait entendre à mi-voix de sombres menaces. Quittant le monde du ridicule, nous passons à celui de l'amour vrai. Fileno pleure parce que sa maîtresse Filide a été mordue par un serpent venimeux ; il prend pour confidente Nerina qui se plaint d'avoir été abandonnée au profit de Celia. Ils ignorent l'un et l'autre qu'ils sont en train de parler de la même femme. En une autre partie de la forêt, Celia, alias Felide, garde ses moutons et se désole de sa solitude. Son Fileno a disparu et c'est en vain qu'elle le cherche. Elle s'endort et c'est alors qu'elle est découverte par Fileno ; celui-ci doit d'abord chasser Lindoro qui veille sur la femme que lui a promise Mélibeo, puis il réveille sa bien-aimée. Joie et extase ; mais, plus fine, Celia aperçoit du coin de l'œil Lindoro et Mélibeo qui les espionnent. Elle réalise le danger que représente le fait d'être « un couple d'amants fidèles ». Aussi, quand les autres s'approchent, elle feint, au grand désespoir de Fileno qui n'y comprend rien, de ne pas le connaître.

Fileno s'enfuit en pleurant ; Celia le suit pour l'empêcher de commettre quelque imprudence ; Lindoro suit Celia ; Perrucchetto en fait autant. Restée seule, Amaranta pique une crise de colère jalouse. Quant à Mélibeo, malgré la ruse de Celia, il se doute de quelque chose. Il offre à la jeune femme un dilemme : la mort entre les griffes du monstre ou le mariage avec Lindoro. Tous poussent vers cette dernière solution ; c'est un des ressorts dramatiques réels que ce besoin qu'éprouvent Amaranta, Perrucchetto, Lindoro, Mélibeo, tous ces personnages lâches et ridicules, de se débarrasser d'un amour sincère qui leur fait honte et trouble leurs petites combinaisons. Enserrée de partout, Celia refuse de céder à l'ultimatum, mais elle demande qu'il ne soit fait aucun mal à Felino ; cependant que celui-ci a été capturé et qu'il se désole croyant sa bien-aimée infidèle. La peur d'être consacrés les « amants fidèles de l'année » avec les conséquences de droit paralyse toute tentative d'explication entre les deux amoureux. Cette situation absurde et cruelle fournit la matière dramatique du finale de l'acte. La tension est rompue par l'arrivée d'une troupe de satyres qui enlèvent Célia ; Fileno, seul homme brave de l'histoire, ne peut rien faire car il est chargé de chaînes.

Acte II. Il va mettre en jeu trois ressorts différents. D'une part, l'imbroglio amoureux va se perpétuer. Nerina délivre Fileno ; celui-ci lui fait la cour pour donner une leçon à l'infidèle Celia-Filide. Amaranta et Perruchetto alternent disputes et réconciliations. Le jeu sentimental atteint son paroxysme quand Fileno, décidé à mourir d'amour, grave dans un tronc d'arbre sa propre épitaphe : « Pour Filide... Fileno est mort ! », puis quand Celia-Filide, découvrant l'inscription adresse ses plaintes à l'esprit de Fileno mort. Deux grandes arias parallèles constituent le sommet émotif du drame. Par ailleurs, l'on touche à la comédie pure : dans une scène de chasse inversée, les personnages ridicules, Amaranta, Perrucchetto et Lindoro, sont poursuivis par des animaux et contraints à se cacher derrière ou dans des branches d'arbres. Fileno joue le rôle du tueur de sanglier ; Perrucchetto s'attribue aussitôt tout le mérite de la victoire. Enfin, la tension dramatique se noue autour d'un complot ourdi par Mélibeo et Amaranta. Puisqu'il faut nourrir le monstre, on lui donnera en pâture Celia et Perrucchetto. Trop jolie, Celia est une victime rêvée ; quant au comte, sa disparition est essentielle aux desseins de Mélibeo. Le finale de l'acte voit tous les personnages, à l'exception de Mélibeo durci dans sa méchanceté, un peu inquiets des conséquences de leurs intrigues. La colère de Diane règne sur la scène ; on entend le roulement répété du tonnerre.

Acte III. Il s'ouvre sur un duo Celia-Fileno. Les deux amants se disent leur amour réciproque, mais ils sont encor sous le coup de tous les quiproquos qu se suivent depuis le début de l'opéra Chacun croit l'autre infidèle et le reproches sont aussi nombreux que le serments d'amour. Mélibeo a prépar sur le rivage la cérémonie du sacrifice les victimes désignées, Celia et Perruc chetto sont là devant un grand con cours de foule, quand Fileno s'avance seul, il se sacrifiera et affrontera l monstre. Ainsi reviendra la paix. Ma dans un grand fracas de cors, le mons tre se transforme en une grotte où règn Diane souriante. Elle avait puni u peuple à cause du sacrilège commis pa une nymphe infidèle dans son temple Le courage de Fileno suffit à apaise son courroux. Tout le monde peut êtr heureux. Fileno épousera Filide, ex Celia, Amaranta deviendra comtess Perrucchino. Mélibeo sera puni d mort car la déesse ne tolère pas l trahison.

L.

WOLFGANG AMADEUS MOZART
(1756-1791)

Lucio Silla

Opéra seria en 3 actes de Wolfgang Amadeus Mozart ; liv. Giovanni de Gamerr revue par Metastase. Créé à Milan, Teatro Regio Ducal, le 26 décembre 1772 ave Morgnoni, Rauzzini, Suarti, Mienci, de Amicis, Onofrio. Première repris moderne, Prague, 1929 (en allemand) ; Salzbourg, Kleines Festspielhaus le 28 jui let 1964 avec Dooley, Muszely, Grobe, Lange, Witzmann, Franc, dir. B. Conz Londres, Camden Town Hall, le 7 mars 1967 avec Curphey, Bruce, Jenkins, Con rad, dir. Farncombe ; Baltimore, Peabody Concert Hall, le 19 janvier 1968 ave Perret, Winburn, Riegel, Gerber, dir. Conlin ; Bucarest, mars 1978 ; Zurich l 28 février 1980 avec Eric Tappy, Edith Gruberova, Ann Murray, Jill Gomez Rachel Yakar, Peter Strake, dir. Harnoncourt (mise en scène Ponnelle) ; Vienne Theater an der Wien, 20 mai 1981, les mêmes, Frederica von Stade remplaçant Ann Murray.

PERSONNAGES

LUCIO SILLA, *dictateur de Rome* (ténor) ; GIUNIA, *fille de Gaïus Marius et fiancée à Cecilio* (soprano) ; CECILIO, *sénateur proscrit* (soprano) ; LUCIO CINNA, *praticien romain, ami de Cecilio et adversaire secret de Silla* (soprano) ; CELIA, *sœur de Silla* (soprano) ; AUFIDIO, *confident de Silla* (ténor).
L'action se passe à Rome, au Ier siècle avant notre ère.

Écrit par Mozart à dix-sept ans, destiné au théâtre de Milan, *Lucio Silla* épouse la forme la plus stricte de l'opéra-seria. On y trouve l'alternance traditionnelle de récitatifs et d'arias, les grands morceaux de bravoure pour castrats ou *prime donne*. Le livret, œuvre d'un militaire converti à la littérature, avait été revue par Metastase lui-même. Selon toutes les conventions du genre, il mêle intrigues politiques et passion amoureuse et oppose la toute-puissance du pouvoir à celle de l'amour.

Acte I. Une scène d'exposition. Nous apprenons dans une conversation entre Cinna et son ami Cecilio, rentré clandestinement à Rome malgré le bannissement dont il est frappé, que Lucio Silla a donné asile à Giunia, la fille de son vieil adversaire défunt, Gaïus Marius, qu'il cherche à s'en faire aimer et qu'il fait courir le bruit de la mort de Cecilio pour détourner Giunia du souvenir de celui qu'elle aime. Cecilio chante son amour pour Giunia, puis sur les conseils de son ami va en cachette l'attendre près de la tombe de Marius où elle vient prier tous les jours. Pendant ce temps dans le palais de Silla, le dictateur est aux prises avec sa sœur Celia, qui lui conseille la douceur pour tenter de conquérir l'amour de Giunia, et avec son confident Aufidio qui lui suggère des méthodes plus énergiques. Quant à Giunia, elle repousse les avances de Silla et appelle la mort qui la réunira à son père et à son amant. L'acte se termine près du monument funéraire de Marius. Les plaintes de Cecilio et de Giunia séparés se transforment en un duo d'amour triomphant après que Cecilio se fut fait reconnaître de celle qu'il aime.

Acte II. Celia doit avouer que ses efforts auprès de Giunia sont restés vains. Cela laisse la place libre aux conseils d'Aufidio : que Silla déclare devant le Sénat que Giunia a accepté de devenir son épouse ; elle ne pourra rien faire. Malgré quelques tiraillements de conscience, le dictateur décide d'adopter ce plan. Il en fait part à sa sœur à qui il annonce, en même temps, son intention de la marier à Cinna. Celui-ci, à l'autre bout de Rome, essaie de persuader Cecilio de ne pas tenter sans préparation un attentat contre Silla, qui risquerait de mettre en danger la vie de Giunia. Ayant réussi à calmer son ami, Cinna rêve d'un projet de vengeance contre Silla. Son monologue est interrompu par l'arrivée de Celia toute heureuse de lui annoncer que son frère consent à leur union. Cinna est tellement absorbé par ses pensées de vengeance qu'il ne remarque même pas ce qu'elle lui dit. Il communique son projet d'attentat à Giunia en lui demandant de se faire sa complice. Mais la jeune femme refuse. Silla est président du Sénat de Rome ; c'est aux Dieux qu'il appartient de le punir s'ils le souhaitent. Resté seul, Cinna se résout à assassiner lui-même le tyran. Poussé par Aufidio, Silla menace Giunia de mort si elle persiste à le refuser. Il ajoute que d'autres qu'elle souffriront de sa colère. Tremblante, Giunia essaie d'obtenir de Cecilio qu'il la laisse seule à son sort et qu'il aille se mettre en sécurité. Au Capitole, Silla s'est résolu à suivre les conseils d'Aufidio ; il annonce au Sénat et au peuple son intention d'épouser Giunia ; mais celle-ci lui oppose un refus public. Cecilio apparaît l'épée au poing ; il est désarmé et enchaîné. Quant à Cinna, il feint de n'avoir dégainé que pour venir au secours de Silla. L'acte se termine sur un trio où Giunia et Cecilio chantent leur réconfort à la pensée de mourir ensemble, tandis que Silla reconnaît que cette constance et cet amour forcent l'admiration.

Acte III. Scènes sombres où Cecilio, Cinna et Giunia se préparent chacun de son côté à un sort qui semble inévitable. Giunia, ayant réussi à se glisser dans la prison de son amant, est séparée de lui quand le cruel Aufidio vient avec des gardes emmener Cecilio pour une destination inconnue. Au Capitole, tous les personnages du drame, le Sénat et le peuple intercèdent en faveur de Cecilio. Quand celui-ci comparaît, amené par Aufidio, Silla lui accorde sa grâce, puis il annonce que tous les bannis pourront rentrer à Rome et que lui-même, abandonnant le pouvoir, est décidé à vivre en simple citoyen. Le peuple applaudit le dictateur qui abdique remportant ainsi la plus grande des victoires.

L.

Idomeneo
Idoménée

Opéra en 3 actes de Mozart; liv. de l'abbé Varesco, d'après un opéra français de Campra et Danchet. Créé à Munich, 29 janvier 1781, avec Anton Raaff (Idoménée), del Prato (Idamante), Dorothea Wendling (Ilia), Elisabeth Wendling (Électre) et Panzacchi (Arbace). Première à Paris : Théâtre des Arts, dir. Grovlez, 1912. Reprises : Vienne, 1931 (revu par Strauss, avec un nouveau liv. de Lothar Wallerstein et une distribution comprenant Marie Nemeth, Elisabeth Schumann, Josef Kalenberg, Eva Hadrabova et Richard Mayr; Munich, 1931, revu par Wolf-Ferrari. Première en Angleterre : 1934, par des amateurs à Glasgow, et par des professionnels à Glyndebourne, 1951, avec Sena Jurinac (Ilia), Birgit Nilsson (Électre), Richard Lewis (Idoménée) et Leopold Simoneau (Idamante), dir. Fritz Busch. Première : New York, 1951, à Town Hall. Reprises récentes : Salzbourg, 1956, dir. Böhm; Sadler's Wells, 1962, dir. Colin Davis; Festival d'Aix-en-Provence, 1963; Scala de Milan, 1968, dir. Sawallisch; Théâtre municipal d'Angers, 1975, dir. Diego Masson.

PERSONNAGES

IDOMÉNÉE, *roi de Crète* (ténor); IDAMANTE, *son fils* (soprano); ILIA, *princesse troyenne* (soprano); ÉLECTRE, *princesse grecque* (soprano); ARBACE, *confident d'Idoménée* (ténor); LE GRAND-PRÊTRE DE NEPTUNE (ténor); LA VOIX DE NEPTUNE (basse).

Le peuple de Crète, des prisonniers troyens, des marins, des soldats, les prêtres de Neptune, des danseurs.

L'action se déroule en Crète.

Cette œuvre, le troisième essai de Mozart dans le genre de l'*opera seria*, et le plus important (les deux autres, *Mitridate* et *Lucio Silla*, ayant été composés respectivement dix ans et neuf ans auparavant), fut créée en 1781 à l'Opéra de Munich, qui l'avait commandée. Elle ne fut reprise qu'une ois du vivant de Mozart, à l'occasion 'une représentation privée, à Vienne n 1786. Après sa mort, on la donna ssez souvent en Autriche et en llemagne, mais peu et tard à l'étran- er. Pourquoi une telle négligence ? D'abord, en raison de sa nature même, *Idomeneo* n'a jamais été un opéra de répertoire. Ensuite, et c'est là l'aspect e plus important, il répond à des onventions dont la vogue touchait à a fin lorsqu'il fut créé, et qui nous ont aujourd'hui presque totalement étrangères. Un castrat (« mio molto mato castrato del Prato », comme appelait Mozart) tenait un rôle très mportant dans la première distribu- on, et l'opéra fut conçu à une époque ù l'on associait la virtuosité vocale à ette sorte de chanteurs. C'est un point ssentiel pour la compréhension d'*Ido- meneo*. Mozart voulait donner à ses hanteurs toutes les possibilités d'ex- rimer leur talent, et le texte ne portait raiment que s'il était chanté par des rtistes de grande stature. Il ne faut as croire pour autant qu'il n'y a là u'une suite de morceaux de bravoure t de mouvements formels. C'est bien lus que cela. Einstein, en fait, décri- ait *Idomeneo* comme « une de ces euvres que même un génie de tout remier ordre comme Mozart ne réussit u'une fois dans sa vie ». Il était en leine possession de ses moyens quand le composa, et les arias sont mer- eilleusement expressives, empreintes eut-être d'une certaine austérité à quelle les comédies ultérieures ne ous ont pas habitués. Si l'on admet e drame par l'action réciproque des obiles et des sentiments, et si, dans a tragédie, la vie des hommes est églée par un destin que leurs propres ctions ont provoqué, *Idomeneo* est un péra à la fois tragique (bien qu'ayant ne fin heureuse) et dramatique.

Les quatre personnages prinicpaux, ont la crise atteint son apogée dans le rand quatuor du dernier acte, sont ettement dessinés. Nous pouvons en it considérer Ilia, dont la person- alité se développe au gré des épreuves

qu'elle subit, comme l'esquisse — du moins, musicale — de Pamina, qui est la forme la plus accomplie du type féminin « parfait » selon Mozart. Il est à peine moins chimérique de voir en Idamante, son amant, le précurseur de Tamino (mais avec plus de puissance, de dignité et de générosité), bien que ce fût à l'origine un rôle de castrat.

Acte I. Idoménée, roi de Crète, est parti depuis longtemps à la guerre de Troie. Parmi les prisonniers qu'il a envoyés en Crète se trouve Ilia, fille du roi Priam, amoureuse du fils d'Ido- ménée, Idamante. L'ouverture précise immédiatement le ton de cet opéra dont la musique conservera toujours un caractère sérieux et intense. Le drame se déroule calmement. Dans l'aria « Padre, germani addio », Ilia révèle que sa haine pour les conqué- rants de sa patrie n'est rien au regard de l'amour qu'elle porte à Idamante. Celui-ci lui déclare en termes voilés son amour, annonce que les prisonniers troyens vont être libérés en l'honneur du retour imminent de son père en Crète. Chœur de réjouissances. Mais Arbace annonce que le navire d'Ido- ménée a fait naufrage. Consternation générale, exprimée plus particulière- ment par Electre, qui redoute que la mort d'Idoménée ne supprime tout obstacle au mariage d'Ilia et d'Ida- mante, dont elle-même est éprise. Jamais peut-être la furie amoureuse n'a été décrite avec autant d'éclat que dans cette aria. Chœur de prières. Idoménée apparaît, renvoie sa suite avant de révéler, dans une aria, la promesse faite à Neptune pour qu'il calme la tempête et lui sauve la vie. Il s'est engagé à sacrifier la première créature vivante qu'il rencontrera. C'est naturellement Idamante. Leur dialogue est d'autant plus poignant qu'il met un certain temps à reconnaître son fils qu'il a quitté en bas âge. Horrifié, il le renvoie ; Idamante se plaint du mé- contentement apparent de son père : « Il padre adorato ritrovo e lo perdo ».

Marche brillante et choral *ciaconna* en l'honneur de Neptune.

Acte II. Le roi confie son secret à son conseiller Arbace, qui lui suggère d'envoyer Idamante dans un pays lointain. Cette scène, conçue à l'origine pour le ténor Panzacchi, qui créa le rôle d'Arbace, est en général supprimée dans les représentations modernes. Scène entre Idoménée et Ilia, dont l'aria « Se il padre perdei » est d'une beauté touchante. Idoménée comprend que son vœu frappe également Ilia; il affronte cependant la tragédie avec courage : « Fuor del mar ho un mar in seno ». Cet air fut composé pour mettre en valeur le talent de Raaff, le ténor âgé de 66 ans qui créa le rôle à Munich.

Aria très lyrique et magnifique d'Electre que ravit la perspective d'un amour heureux. Marche, puis fameuse barcarolle pour chœur de l'embarquement, « Placido è il mar, andiamo ». Idamante et Electre prennent congé d'Idoménée (« Pria di partir ») mais le rythme s'accélère, la tempête éclate dans le port : Neptune se venge de la violation de la promesse qui lui fut faite. Idoménée reconnaît sa faute, mais accuse le dieu d'injustice. La foule terrorisée se disperse.

Acte III. Ilia ne songe qu'à son amour pour Idamante. Son aria « Zeffiretti lusinghieri » est un des moments où l'opéra atteint la perfection. Idamante la rejoint; il part combattre le monstre envoyé par Neptune pour détruire l'île. Involontairement, elle avoue son amour. Duo. Idoménée et Électre les interrompent. Le roi hésite encore à expliquer la véritable cause des malheurs qui s'abattent sur tous. Adieux d'Idamante. Quatuor « Andrò ramingo e solo ». Einstein en fait « le premier grand ensemble de l'histoire de l'*opera seria* ».

En général la scène se termine par ce quatuor; l'aria fort élaborée d'Arbace

étant supprimée. Le Grand-Prêtre exhorte le roi à confesser sa faute à Neptune, et le peuple entend avec horreur que c'est seulement au prix du sacrifice d'Idamante que s'apaisera la colère du dieu. On se rassemble dans le temple de Neptune pour assister au sacrifice. Entrée des prêtres (marche). Prière solennelle d'Idoménée, réponse des prêtres. Arbace annonce qu'Idamante est victorieux de son combat contre le monstre. Cependant, Idamante, qui connaît maintenant le vœu prononcé par son père, vient s'offrir en victime et Idoménée doit accepter son sacrifice. Ilia supplie qu'on la sacrifie à la place d'Idamante. La solution est alors apportée par un oracle de Neptune qui indique le moyen d'expier le crime et d'accomplir le vœu : qu'Idoménée renonce à son trône en faveur de son fils.

Dans la joie générale, seule Électre est confrontée à ce qu'elle craignait le plus; emportée par une fureur extrême, elle donne libre cours à son désespoir et se précipite hors de scène ou, dans certaines versions, s'effondre morte ou encore se suicide.

L'atmosphère est maintenant sereine et rassurée. Idoménée présente Idamante au peuple : « Torna la pace ancore », le désigne comme son successeur et fait ses adieux. Lors de la création, cette aria avait été supprimée au grand regret de Mozart. Accession d'Idamante au trône célébrée par le peuple dans une danse et un chœur.

Lorsque *Idomeneo* fut joué en privé [p]ar des chanteurs amateurs, à Vienne, [M]ozart ajouta deux airs, adapta le rôle [d']Idamante pour un ténor, supprima [la] plus grande partie du rôle d'Arbace [et] fit quelques autres changements [d]ans la partition. Le fait qu'il ait donné [le] rôle d'Idamante à un ténor fut [in]terprété par certains adaptateurs [m]odernes comme l'indication qu'il [av]ait changé d'avis quant à la voix [re]quise pour ce rôle. Ceci ne tient pas [c]ompte des conditions pratiques de la [re]présentation qui, après tout, était

l'affaire d'amateurs : il est peu probable qu'il y ait eu quantité de castrats parmi eux ! Quoi qu'il en soit, aussi éloignée que soit la voix du castrat de celle d'un soprano moderne, il est douteux qu'elle ait été beaucoup plus proche de celle d'un ténor.

Il n'est pas surprenant que des chefs d'orchestre contemporains aient hésité : si l'on fait chanter le rôle d'Idamante par un ténor, on sacrifie la couleur vocale, mais si l'on choisit un soprano, on sacrifie la vraisemblance dramatique.

H.

Die Entführung aus dem Serail
L'Enlèvement au sérail

Opéra en 3 actes de Mozart; liv. de Gottlieb Stephanie d'après une pièce de [B]retzner. Créé au Burgtheater de Vienne, 16 juillet 1782, avec Katharina Cavalieri [(]Constanze), Therese Teyber (Blonde), Valentin Ademberger (Belmonte), Ludwig [F]ischer (Osmin), sous la dir. de l'auteur. Première à Paris en version originale au [L]ycée des Arts, 26 septembre 1798, et en version française (trad. Prosper Pascal) au [T]héâtre Lyrique en 1859. Première au Palais Garnier, en français, 1903, dir. Paul [V]idal. Première à l'Opéra-Comique, 1937, dir. Reynaldo Hahn. Reprises à l'Opéra, [1]953, dir. G. Sebastian avec Mado Robin; 1976, dir. Karl Böhm, avec Christiane [E]da-Pierre, Burrowes, Burrows, Davies, Orth, Moll. Première à Londres, Covent [G]arden, 1827, en anglais, avec addition d'airs de J.B. Cramer. Première à New [Y]ork, 1860. Reprises à Covent Garden, 1927, dir. Bruno Walter, et 1938, dir. [B]eecham. Création en Italie en 1935, au Festival de Florence, dir. Bruno Walter. [P]remière au Metropolitan de New York, 1946, en anglais. Reprise au Festival [d]e Salzbourg, 1965, mise en scène G. Strehler, décors Damiani.

PERSONNAGES

[C]ONSTANZE, *dame espagnole* (soprano); BLONDE, *sa soubrette anglaise* (soprano); [B]ELMONTE, *noble espagnol* (ténor); PEDRILLO, *son valet* (ténor); SELIM BASSA, *le [p]acha* (rôle parlé); OSMIN, *gardien de son sérail* (basse).

Des soldats turcs, des gardes, des femmes turques.

Une autre œuvre a servi de « trem[pl]in » (selon l'expression d'Einstein [d]ans *Mozart, his Character, his Work*) à [l'*]Enlèvement au Sérail*. En 1779, [M]ozart commence à écrire la musique [d']un *Singspiel*, déçu peut-être par les

maigres possibilités qu'offrait Salzbourg en matière d'opéra. Il semble qu'il ait abandonné cette œuvre dès qu'il reçut commande d'*Idomeneo*. Elle ne fut publiée qu'en 1838, sous le titre de *Zaïde*, et représentée en 1866.

L'explication est simple : la modestie de conception de l'œuvre ne répondait pas vraiment aux exigences de Mozart, et le sujet, comme le style, en étaient « turcs », ressemblant trop à l'opéra qu'il entreprit peu après : *Die Entführung*. L'intrigue du second peut être considérée comme un développement de celle du premier. Il y a cependant dans *Zaïde* des passages fort plaisants, et l'aria « Ruhe sanft, mein holdes Leben », fort simple, est d'une grande beauté.

Die Entführung (1782) tient une place importante dans l'œuvre de Mozart, en raison, en particulier, du rôle ambitieux et important qu'y joue le *Singspiel* allemand, genre modeste jusqu'alors. Le drame est presque exclusivement parlé, et les personnages n'ont recours au chant que dans les moments d'émotion intense — mais quand ce chant apparaît, il atteint le sublime. Attendre d'un *Singspiel* les finales prolongés qui caractérisent l'*opera buffa* serait ignorer les conventions du genre, ce qui n'était pas dans l'intention de Mozart. La musique n'en est pas moins extrêmement expressive. Certes, Constanze et Belmonte sont peut-être plus sublimes musicalement qu'humainement, en ce sens qu'on peut les accuser d'ingratitude et de duperie. Blonde et Pedrillo, au demeurant fort distrayants, ne sont guère que des figures comiques de convention. Osmin, en revanche, est une des grandes créations dramatiques de l'auteur, véritablement et constamment comique tant sur le plan musical que sur celui de l'action, sans jamais être un simple bouffon, et virtuellement aussi dangereux que risible.

Acte I. L'ouverture tend surtout à créer l'atmosphère « turque » de l'opéra; Mozart y introduit aussi une référence en mineur à l'aria de Belmonte : « Hier soll'ich dich denn sehen, Constanze », que l'on entend en do majeur au lever du rideau. Belmonte est devant la demeure du pacha Selim, où est enfermée sa bien-aimée,

Constanze, enlevée par des pirate[s] Osmin apparaît, chante une sorte d[e] complainte amoureuse : « Wer ei[n] Liebchen hat gefunden », un des ai[rs] les plus charmants de la partitio[n] Belmonte le questionne sur la demeu[re] du Pacha et le rôle qu'il y joue; ma[is] une question concernant Pedrill[o] obtient une réponse moins aimable c'est la *bête noire* d'Osmin, son riv[al] auprès de Blonde. Il écarte Belmont[e] mais voici Pedrillo en personne, plu[s] effronté et impudent que jamai[s] Osmin libère ses sentiments refoul[és] dans une aria où la rage s'exprime ave[c] virtuosité et où tout l'art d'une bass[e] comique peut être déployé : « Solch[e] hergelauf'ne Laffen ».

Belmonte revient et retrouve so[n] ancien valet, qui lui apprend qu[e] Constanze lui est restée fidèle en dép[it] des assiduités du pacha. Un bateau le[s] attend, dès qu'ils auront réussi à fair[e] évader les femmes. Belmonte chant[e] son amour pour l'absente, sa chèr[e] Constanze : « O wie ängstlich, o wi[e] feurig ». Cet air est empreint d'un r[o-] mantisme que nous pouvons attribue[r] en partie en tout cas, aux sentiment[s] que l'auteur portait à sa Constanze qu'il devait épouser quelques semaine[s] après la création de l'opéra. Il écrivit [à] son père que « l'accompagnement or[-] chestral représentait les battements d[u] cœur de l'amoureux, sa respiration op[-] pressée, ses soupirs et ses murmures »

Constanze et le pacha sortent d'u[n] bateau, accompagnés d'un chœur de[s] plus turcs. Le pacha affirme une foi[s] de plus à Constanze qu'il l'aime e[t] qu'il est déterminé à gagner son cœur Elle chante l'amour qu'elle a conn[u] avant la captivité et s'engage à reste[r] fidèle à ce souvenir : « Ach, ich liebte war so glücklich ». Cette aria trè[s] ornée est empreinte de la nostalgie d[u] bonheur passé et de la ferme résolutio[n] de résister aux tentations. Pedrill[o] présente Belmonte au pacha, le faisan[t] passer pour un architecte renomm[é] Le pacha laisse entendre qu'il ne lu[i] refusera pas sa protection, et sort Osmin, nullement impressionné pa[r] cette bienveillance, s'efforce aussitôt de leur barrer le chemin. Après un trio très animé, « Marsch, marsch, marsch », ils réussissent enfin à pénétrer dans le palais.

Acte II. Osmin n'est pas de taille à rivaliser d'esprit avec Blonde, qui le prouve de belle manière dans l'aria « Durch Zärtlichkeit und Schmeicheln » et le duo qui s'ensuit. Il déplore la liberté que les Anglais accordent aux femmes (car Blonde est censée être anglaise). Constanze ouvre son cœur à Blonde : « Traurigkeit ward mir zum Loose ».

Cet air, sans doute le plus profondément émouvant de la partition, est l'une des plus sublimes expressions du chagrin que l'on puisse trouver chez Mozart (comme « Ach, ich fühl's », en sol mineur). Le pacha vient faire une cour pressante à Constanze. Elle reste de marbre et se lance dans une des plus grandes arias pour soprano jamais composées par Mozart : « Martern aller Arten ». Dans cette aria, composée comme un concerto, avec quatre instruments solistes et une longue ouverture orchestrale, l'auteur a délibérément sacrifié l'aspect théâtral aux possibilités vocales des chanteurs (Katharina Cavalieri – Constanze – étant certainement la plus éminente).

Blonde, voyant la scène déserte, redoute que le pacha ne soit parvenu à ses fins. Pedrillo lui annonce que Belmonte est arrivé, et qu'il a un plan d'évasion. Il suffira d'enivrer Osmin pour permettre aux deux captives de s'échapper. La gaieté de Blonde, qui transparaît dans « Welche Wonne, welche Lust », contraste avec l'anxiété de Pedrillo à l'idée d'être aux prises avec Osmin : « Frisch zum Kampfe ». Il le persuade que l'on respecte autant la doctrine du Prophète (qui prescrit la sobriété) en y manquant qu'en s'y soumettant. Et bientôt, le duo « Vivat Bacchus » – l'une des plus exquises créations de Mozart – célèbre l'ivrognerie d'Osmin. Il s'endort et Pedrillo peut enfin s'en débarrasser. Retrouvailles de Constanze et de Belmonte. Belmonte n'atteint pas, dans son « Wenn der Freude Thränen fliessen », à la même intensité de passion que Constanze quand elle ouvre le quatuor final. C'est une composition d'une grande noblesse, en dépit d'une crise inventée aux seules fins d'animer la scène – les hommes réclament de leurs amantes l'assurance qu'elles leur furent fidèles en captivité, mais cet artifice dramatique n'entame en rien la pureté de l'inspiration musicale.

Acte III. Pedrillo – utilisant les procédés de la pantomime comique – installe des échelles, aidé par le capitaine du bateau qui doit les emmener. Belmonte prend la place de Pedrillo pour son habituelle sérénade à Blonde, « Ich baue ganz auf deine Stärke ». Pedrillo revient donner le signal de la fuite avec sa délicieuse sérénade « Im Mohrenland gefangen war ».

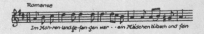

Cet air, qui de tout l'opéra est celui qui ravit le plus spontanément le public, constitue le « morceau de bravoure » du répertoire de « deuxième ténor ». Belmonte et Constance s'enfuient, et Pedrillo escalade l'échelle pour chercher Blonde, sans réaliser que ses chants ont éveillé le garde, un muet, qui alerte Osmin. Tous sont arrêtés. Osmin est enchanté de pouvoir enfin régler leurs comptes à Pedrillo et Belmonte « Ha ! Wie will ich triumphieren » et se laisse aller à un véritable débordement de cris de triomphe et de vengeance, poussant jusqu'au contre-mi et tenant un ré dans le grave pour leur donner une expression musicale satisfaisante.

Le pacha vient interroger les prisonniers. Pour justifier sa conduite, Constance invoque son amour; Belmonte assure au pacha que son père, un riche marchand espagnol du nom de Lostados, paiera une forte rançon en échange de sa liberté. « Lostados ! » s'exclame le pacha : « Vous êtes le fils de mon pire ennemi, l'homme qui m'a ravi mon amour, ma carrière, et jusqu'au droit de vivre dans ma patrie. »

Belmonte et Constance n'attendent plus que la mort, leur long duo « Welch' ein Geschick » traduit leur gravité devant la tragédie imminente. Mais le pacha, avec générosité, leur fait grâce et les libère. Les heureux couples expriment leur gratitude dans un *vaudeville,* entamé par Belmonte, chacun chantant ensuite un vers, et tous reprenant le refrain :

Vaudeville

Wer so viel Huld vergessen kann, den seh man mit Verachtung an

Blonde ne résiste pas au plaisir de lancer une dernière pointe contre le misérable Osmin. Celui-ci, débordant de rage, rompt l'harmonie de l'ensemble d'une nouvelle explosion de fureur. Les autres terminent sur la note de gratitude qui convient et font leurs adieux tandis que le chœur chante les louanges du Pacha et célèbre sa clémence.

H.

Der Schauspieldirektor
Le Directeur de théâtre

Opéra de genre comique, monté en 1786. Il met en scène Schikaneder, ce brillant fripon qui persuada Mozart de composer *La Flûte enchantée.* Les autres personnages sont Mozart et Mme Hofer, sa belle-sœur, qui devait créer le rôle de la Reine de la Nuit. L'histoire raconte les tourments que connaît un directeur de théâtre à cause de la jalousie des *prime donne.*

« Avant d'être engagées, les chanteuses d'opéra sont très engageantes, sauf quand elles sont aux prises avec une aria. » Cette phrase est tirée de la traduction du livret que fit H.E. Krehbiel, et qui fut utilisée lorsque l'œuvre fut créée à l'Empire Theatre, New York, le 26 octobre 1916 (*Bastien et Bastienne* était au même programme). Ces charmantes représentations furent données par la *Society of American Singer,* avec David Bishap (Schikaneder et Colas), Albert Reiss (Mozart et Bastien), Mabel Garrison et Lucy Gates, dir. Reiss.

K.

Le Nozze di Figaro
Les Noces de Figaro

Opera buffa en 4 actes de Mozart; liv. de Lorenzo da Ponte, d'après Beaumarchais. Créé le 1ᵉʳ mai 1786 à Vienne, avec Mᵐᵉˢ Laschi (la Comtesse), Storace (Suzanna), Bussani (Cherubino), Gottlieb (Barbarina), Mandini (Marcelina), et MM. Mandini (le comte Almaviva), Benucci (Figaro), Kelly (Basilio et Curzio) Bussani (Bartolo et Antonio), dir. de l'auteur. Première à Paris, à l'Opéra, 29 mars 1793, en français. Reprises au Th. des Italiens, 1807; à l'Opéra-Comique, 1872 (version fr. de Barbier et Carré), 1940 (version A. Boschot), dir. R. Hahn. Reprise récente à l'Opéra, 1973, dir. G. Solti, mise en scène G. Strehler, avec Yanowitz, Freni, von Stade, Bacquier, Van Dam. Première en Angleterre, 1812, Haymarket Theatre, à Londres (en italien); Covent Garden, 1819 (en anglais). Première à New York, 1824. Reprise à l'Old Vic Theatre, Londres, 1920 (version anglaise d'Edward Dent); Créé à Glyndebourne, 1934, dir. Fritz Busch.

PERSONNAGES

LE COMTE ALMAVIVA (baryton); FIGARO, *son valet* (baryton); LE DOCTEUR BARTOLO (basse); DON BASILIO, *maître de musique* (ténor); CHERUBINO, *page* (soprano); ANTONIO, *jardinier* (basse); DON CURZIO, *homme de loi* (ténor); LA COMTESSE ALMAVIVA (soprano); SUSANNA, *sa soubrette, fiancée à Figaro* (soprano); MARCELLINA, *duègne* (soprano); BARBARINA, *nièce d'Antonio* (soprano).

L'action se passe au XVIIIᵉ siècle, à Aguas-Frescas, château du comte, situé près de Séville.

Les deux exemples parfaits de l'opéra « populaire » sont sans doute *Aïda* et *Figaro*. « Populaires », en ce sens, qu'on ne se lasse ni de les jouer ni de les entendre, et parfaits parce que la sensibilité et la délicatesse de leur structure musicale, ainsi que la facture du compositeur y sont en harmonie avec un certain ton populaire, ce qui est très important.

Figaro marque la première rencontre entre Mozart et son plus célèbre librettiste, Lorenzo da Ponte. N'ayant produit aucun opéra dans le genre comique italien depuis *La Finta Giardiniera* (1775), Mozart avait entre-temps travaillé à deux projets, *L'Oca del Cairo* et *Lo Sposo Deluso*, qu'il finit par abandonner. Il avait aussi composé la musique du *Schauspieldirektor*, œuvre assez mince en soi, qui révélait cependant la progression constante de sa maîtrise dramatique et musicale. Nous sommes rétrospectivement frappés de constater que *Figaro* ne remporta à Vienne, lors de sa création, qu'un succès très modéré; et cela en dépit d'un livret éblouissant et d'une musique plus éblouissante encore; il fallut attendre le triomphe de Prague pour que le public viennois revînt sur sa première impression. Ce fut d'ailleurs à la suite du succès de *Figaro* à Prague que l'Opéra de cette ville commanda *Don Giovanni* à Mozart.

Acte I. L'ouverture est extrêmement célèbre. Rien ne pouvait constituer un meilleur prélude à ce jour de noces, bourdonnant d'une activité fébrile, que ce court mouvement *presto*. Au lever du rideau, Susanna est assise à son miroir, et Figaro occupé à mesurer le sol (« Cinque... Dieci »). Figaro dit que cette pièce leur est destinée et qu'elle est celle « qui leur convient le mieux, juste entre M. le comte et Mᵐᵉ la comtesse ». Mais Susanna n'en

veut pas. Elle lui explique (« Se a caso
Madama ») que, si la disposition des
lieux facilite l'accès de la chambre de
sa maîtresse, elle laisse aussi toute
liberté aux mouvements du comte.
La comtesse sonne alors, et Figaro
demeure seul, confronté à une situation qui ne lui plaît guère. Dans les
deux mouvements composant son duo
avec Susanna, le ton était à la gaieté
et à la bonne humeur, Susanna ne
semblant nullement troublée par une
situation qu'elle se sent parfaitement
capable de maîtriser. Mais le « Se vuol
ballare » (Si vous voulez danser...)
de Figaro révèle un état d'esprit où la
détermination se mêle à une certaine
appréhension. Marcellina entre, accompagnée de Don Bartolo; tous deux
ourdissent le plan qui forcera Figaro à
épouser Marcellina, à qui il doit de
l'argent. « La vendetta » (La vengeance est le plaisir des sages), est
un exemple parfait de ce qu'une aria
pour *basso buffo* peut devenir entre
les mains d'un compositeur de génie.
Tandis que Bartolo sort par une porte,
Susanna entre par une autre, heurtant
Marcellina. Leur duo, où chacune laisse
à l'autre la préséance, s'achève par la
parfaite déconfiture de Marcellina.
Susanna est rejointe par Cherubino,
inconsolable : il la supplie d'intervenir
auprès du comte en sa faveur afin
qu'on lui rende son office de page
auprès de la comtesse. Il a juste le
mauvais âge : assez jeune pour qu'on
lui passe certaines libertés, mais assez
âgé pour en tirer parti d'une façon
qu'on ne saurait tolérer. De plus, il
s'éprend de chaque femme qui croise
son chemin et ouvre maintenant son
cœur à Susanna : « Non so più cosa
son, cosa faccio » (Je ne sais plus
qui je suis, ni ce que je fais). On
entend des voix au-dehors; il a juste le
temps de se cacher : le comte pénètre
dans la chambre de Susanna, et lui fait
une cour pressante. Pour comble de
malchance, Basilio fait à son tour
irruption chez elle; dans la bous-
culade qui s'ensuit, Cherubino se blottit
dans le fauteuil derrière lequel s'est

caché le comte. Basilio taquine Susanna
au sujet de Cherubino, et comme elle
refuse de l'écouter, il insiste pour
qu'elle lui confie les détails de l'intrigue
entre la comtesse et le page, dont
tout le monde parle. Le comte, ne
pouvant se contenir davantage, sort
de sa cachette, et exige que les faiseurs
de ragots soient découverts et châtiés.
Susanna s'évanouit; mais elle reprend
connaissance à temps pour plaider la
cause de Cherubino — un simple enfant,
dit-elle. Pas aussi innocent que vous
pourriez le croire, intervient le comte,
et il décrit comment il l'a lui-même
surpris, le jour précédent, dissimulé
sous une table dans la chambre de
Barbarina. Alliant le geste à la parole,
il soulève la robe que Susanna avait
jetée sur le fauteuil, découvrant
Cherubino se précipite dans la
chambre de la comtesse, et Susanna se
cache derrière un rideau. Le comte est
mis sur ses gardes par la nervosité excessive de sa femme, et le soupçon qu'on
lui cache quelque chose devient une
Mené par Figaro, un groupe de paysans vient chanter les louanges du
comte. Celui-ci finit par céder aux
prières de tous en faveur du page, mais
à la condition qu'il prenne son brevet
d'officier et rejoigne son régiment
immédiatement. Figaro l'expédie vivement, lui décrivant avec verve ce que
sera sa nouvelle vie.

Acte II. La chambre de la comtesse
dont la longue aria « Porgi amor »
(Accorde-moi, ô amour...), par sa
simplicité même, est une des « entrées »
les plus éprouvantes du répertoire de
soprano.

Susanna et Figaro viennent lui présenter le plan de ce dernier : faire savoir au comte que Susanna veut le rencontrer, et envoyer Cherubino à la place de celle-ci; le comte apprendra en même temps, par une lettre anonyme, que la comtesse a, elle aussi, accordé un rendez-vous à un inconnu. Cherubino vient voir si on peut le déguiser pour le rôle qui lui a été dévolu. Mais auparavant, il chante une mélodie qu'il vient de composer : « Voi che sapete » (Vous, qui connaissez l'amour). Non seulement Mozart s'est joué de la difficulté d'introduire une chanson (« paroles et musique de Cherubino ») dans un milieu où tous s'expriment en chantant, mais il en a fait un air dont la popularité est devenue universelle. Cherubino se prête à l'essayage tandis que le chant de Susanna décrit l'action : « Venite inginocchiatevi » (Viens ici et mets-toi à genoux).

A peine a-t-elle fini d'habiller Cherubino que l'on frappe à la porte. C'est le comte. Consternation.

Cherubino se précipite dans la chambre de la comtesse, et Susanna se cache derrière un rideau. Le comte est mis sur ses gardes par la nervosité excessive de sa femme, et le soupçon qu'on lui cache quelque chose devient une certitude quand, entendant un bruit, il essaye la porte de sa chambre et la trouve fermée à double tour : « Susanna, or via sortite » (Allons, Susanna, sortez). Il emmène sa femme et va chercher ses outils pour enfoncer la porte. Profitant de son absence momentanée, Cherubino sort de sa cachette et saute par la fenêtre tandis que Susanna prend sa place. Le petit duo *allegro assai* que chantent Susanna et Cherubino fournit un interlude comique extrêmement habile, interrompu par les exclamations tonitruantes et enragées du comte. Sa colère redouble quand la comtesse tente de lui expliquer que Cherubino est dans sa chambre, fort peu vêtu car on était justement en train de le costumer pour une charade.

Le comte, au comble de la fureur, entame le grand finale : « Esci omai, garzon malnato » (Sortez de là, petit vaurien), tandis que la comtesse, en vain, continue de le supplier. Susanna, imperturbable, sort de la chambre. Les deux époux restent frappés de stupeur. Le comte se précipite pour s'assurer que Cherubino n'y est pas; ne le trouvant pas, il n'a plus qu'à implorer le pardon de la comtesse. Grâce à Susanna, il l'obtient, mais aussitôt les soupçons recommencent à agiter son cœur. Et la lettre anonyme ? Écrite par Figaro, apportée par Basilio. Alors qu'il croit enfin avoir trouvé qui poursuivre de sa colère, son épouse lui enjoint de pardonner à tous s'il veut que sa propre jalousie lui soit pardonnée. La paix et la détente règnent un court moment. Figaro vient inviter ses maîtres au bal qui va célébrer son mariage. Le comte voit alors une occasion de prendre sa revanche et interroge Figaro au sujet de la lettre anonyme. Sourd aux allusions discrètes de la comtesse et de Susanna, celui-ci affirme ne rien savoir,

et il est presque parvenu à calmer les soupçons du comte quand Antonio, le jardinier, les interrompt : un individu en sautant par la fenêtre a détruit ses plates-bandes. Figaro prétend être le responsable, mais le jardinier affirme que l'individu en question ressemblait beaucoup plus au page. Le comte questionne Figaro au sujet d'un papier tombé de la poche de l'inconnu dans la plate-bande. Figaro fouille en vain ses poches et sa mémoire. La comtesse, à point nommé, identifie le papier et souffle à Figaro qu'il s'agit du brevet du page. Mais pourquoi a-t-il été oublié ? La comtesse se rappelle à temps que le sceau du comte n'y avait pas été apposé, et Susanna glisse la réponse à Figaro. Son triomphe est de courte durée, car voici Marcellina. Appuyée par Bartolo et Basilio, elle vient porter plainte contre Figaro pour rupture de promesse. L'acte se termine dans un parfait désordre.

Ce finale est unique parmi les morceaux exceptionnels de l'œuvre de Mozart. La variété des motifs, des tempi, des timbres, est sans égale ; chaque personnage est cohérent et crédible, et le caractère n'est jamais soumis aux exigences de la musique ; le niveau d'inspiration est très élevé ; et seuls les neuf personnages principaux sont employés, à l'exclusion de tout chœur ou d'effets de scène.

Acte III. Le comte n'a pas encore abandonné tout espoir de conquérir Susanna, et quand elle vient chercher des sels parfumés pour sa maîtresse, il se croit près du but. Obéissant à la comtesse, elle feint d'accepter de le retrouver le soir même dans le jardin. Leur duo « Crudel, perchè finora » (Pourquoi êtes-vous si cruelle ?)

révèle l'ardeur des sentiments du comte et le détachement de Susanna, et le résultat de ce contraste est un chef-d'œuvre. En sortant, Susanna rencontre Figaro et lui affirme, juste un peu trop fort, qu'il est assuré maintenant de gagner son procès contre Marcellina. Sûr de gagner ? répète le comte, qui se lance dans un superbe récitatif et une aria : « Vedrò mentr'io sospiro, felice

un servo mio ? » (Verrai-je le bonheur de mon valet, alors que je soupire ?)

Le procès de Figaro est introduit après que le comte ait confirmé le jugement prononcé en faveur de Marcellina : on découvre qu'elle n'est autre que la mère de Figaro. Dans le grand sextuor qui suit, le comte en est réduit à exprimer sa fureur impuissante.

La comtesse vient chanter sa tristesse dans son aria la plus longue et la plus émouvante : « Dove sono » (Où sont ces jours de bonheur ?) consiste en un long récitatif, suivi d'une aria retenue mais profondément expressive, en deux sections, *andantino* et *allegro*. Elle évoque l'amour que son mari lui portait autrefois, et qui n'existe plus. Dans un duo entre la comtesse et Susanna, le lieu où Susanna doit, le soir même, rencontrer le comte est fixé. Ce duo de la lettre, « Che suoave zeffiretto » (Une douce brise soufflera ce soir), demeure l'un des morceaux les plus célèbres de la partition ; la maîtresse dicte à la soubrette la lettre destinée au comte, puis leurs voix s'unissent quand elles la relisent.

Les festivités de la noce sont sur le point de commencer et une foule de jeunes filles du village vient offrir des fleurs à la comtesse. Elle est stupéfaite de voir Antonio arriver avec le comte, s'approcher de l'une d'elles et la démasquer : Cherubino ! C'est Barbarina qui sauve la situation en chantant : « Seigneur, quand vous m'embrassez et dites que vous m'aimez, souvent vous me promettez tout ce que je veux. Donnez-moi Cherubino pour mari ». Figaro annonce le début de la marche nuptiale, ce *fandango* qui est le seul élément espagnol de la partition.

Chœur à la louange du comte et de sa générosité, le remerciant d'avoir aboli le *droit de seigneur*. Bartolo et Marcellina, Figaro et Susanna, reçoivent leurs couronnes nuptiales des mains du comte et de la comtesse. Susanna en profite pour glisser au comte la lettre qu'elle lui a écrite avec l'aide de sa maîtresse. Il se pique le doigt avec l'épingle qui sert de sceau en l'ouvrant — épisode comique que Figaro regarde sans comprendre et qu'il commente avec amusement. Le comte annonce que les festivités peuvent commencer — chants, danses, festins et feux d'artifice — et l'acte se termine par une répétition du chœur en son honneur.

Acte IV. L'action se déroule en un endroit du parc où abondent les bosquets et les charmilles. Barbarina ouvre l'acte avec une ébauche de cavatine; on lui a remis l'épingle qui fermait la lettre pour qu'elle la rende à Susanna, mais elle l'a perdue et en est toute misérable. Elle raconte sa mésaventure à Figaro qui arrive avec Marcellina. Il est accablé par ce qui semble être le signe de l'infidélité de sa femme.

Les arias de Marcellina et de Barbarina qui s'insèrent ici sont généralement supprimées. Avant celle de Basilio, Figaro voit Barbarina se cacher dans l'un des bosquets où Cherubino doit la rejoindre. Puis il recommande à Basilio et à Bartolo de ne pas s'éloigner, afin d'être témoins de l'infidélité de sa

femme avec le comte. Figaro aborde alors son grand récitatif et aria, « Tutto è disposto » (Tout est prêt), et « Aprite un po' quegli occhi » (Tous que vous êtes, ouvrez grands vos yeux). Susanna demande à la comtesse la permission de s'éloigner quelque peu (elles ont maintenant échangé leurs vêtements). Elle chante une aria d'une exquise sensibilité, qui semble destinée à l'amant qu'elle attend, tout en sachant fort bien grâce à Marcellina que Figaro l'écoute : « Deh vieni non tardar » (Venez sans plus tarder). La comédie des fausses identités commence. Cherubino entreprend de séduire celle qu'il croit être Susanna et qui, en réalité, est la comtesse; Susanna, le comte et Figaro observent; le comte intervient alors et commence à déclarer son amour à sa femme, la prenant également pour Susanna. Figaro, ignorant tout de la substitution, intervient à son tour. Resté seul sur scène, car les autres se sont retirés à son intervention, il évoque les dieux de l'Antiquité et clame son désir de vengeance. Susanna, toujours déguisée en comtesse, le rejoint; il lui raconte l'aventure du comte, mais réalise soudain à qui il est en train de parler. Figaro fait la cour à sa propre femme comme si elle

était la comtesse et se moque ensuite d'elle pour avoir essayé de lui donner le change et s'être indignée de son comportement. Tout est pardonné — Susanna accepte la plaisanterie dont elle a été l'objet — et ils décident ensemble de se jouer du comte : ils lui feront croire que cette scène d'amour se passe réellement entre la maîtresse et le valet.

La ruse prend : le comte appelle à l'aide pour faire constater l'infidélité de son épouse, et fait sortir des bosquets, dans l'ordre, Cherubino, Barbarina, Marcellina et la prétendue coupable. Toutes leurs protestations sont vaines jusqu'à ce que surgisse derrière eux la véritable comtesse : « Almeno io per loro perdono otterrò ? » (Puis-je enfin intercéder en leur faveur ?).

Dans une phrase ample, le comte demande qu'on lui pardonne; ce qui est fait, et l'opéra s'achève dans la réjouissance générale, exprimée par les personnages principaux, sans le support d'aucun chœur.

H.

Don Giovanni
Don Juan

Opéra en 2 actes de Mozart; liv. de Lorenzo da Ponte. Créé au Théâtre national de Prague, 28 octobre 1787 avec Teresa Saporiti, Micelli, Bondini, Luigi Bassi (Don Juan), Ponziani, Baglioni, Lolli. Joué à Vienne l'année suivante par Aloysia Lange (Donna Anna), Cavalieri, Mombelli, Francesco Albertarelli (Don Juan), Morella et Benucci. Première à Paris, Th. des Italiens, 12 octobre 1811. Reprises : à l'Odéon, en fr. (version Castil-Blaze), 1827; à l'Opéra-Comique, 1831, à l'Opéra (version Castil-Blaze et Deschamps), avec Mmes Falcon, Dorus-Gras, Cinti-Damoreau, MM. Nourrit, Levasseur, Derivis, dir. Habeneck, 1834. Nombreuses reprises dont : 1934, avec Mmes Lubin, Ritter-Ciampi et A. Pernet, dir. B. Walter, 1975, avec Soyer, Price, Burrows, Te Kanawa, Van Dam, Berbié, dir. Solti. Première en Angleterre, 12 avril 1817, au Théâtre de Sa Majesté à Londres, puis à Covent Garden, en anglais, le 30 mai. Pour la première fois en Amérique en 1818, à Philadelphie, sous le titre Le Libertin. Il fut joué en présence de da Ponte au Park Theatre de New York, 1826, avec Manuel Garcia senior (Don Juan), Marcel Garcia junior (Leporello), Mme Garcia (Elvira) et Mlle Maria Garcia (plus tard célèbre sous le nom de La Malibran) dans le rôle de Zerline. Reprises récentes : Covent Garden, 1926, dir. Bruno Walter, avec Frida Leider, Lotte Lehmann, Elisabeth Schumann, Mariano Stabile, Fritz Krauss et Aquistapace, et 1939, avec Elisabeth Rethberg, Hilde Konetzi, Mafalda Favero, Ezio Pinza, Richard Tauber et Virgilio Lazzari, dir. Sir Thomas Beecham. Première à Glyndebourne, 1936, avec Ina Souez, Luise Helletsgruber, Audrey Mildmay, John Brownlee, Koloman von Pataky, Salvatore Baccaloni, dir. Fritz Busch.

Faure et Maurel furent de grands Don Juan; Jean de Reszke chanta le rôle alors qu'il était encore baryton et c'est dans ce rôle que Scotti fit ses débuts au Metropolitan. Renaud fut Don Juan au Manhattan Opera House; parmi les récents Don Juan : John Forsell, Mariano Stabile, Ezio Pinza, Cesare Siepi, Tito Gobbi, Fischer-Dieskau, Nicolai Ghiaurov, Ruggero Raimondi. Lablache passe pour avoir été le meilleur Leporello mais, plus jeune, il avait chanté le rôle de Don Juan. Rubini, Mario, John McCormack et Schipa ont chanté Ottavio. Lilli Lehmann et Ljuba Welitsch furent des Donna Anna célèbres. Et Zerline fut chantée par des prime donne *débutantes, comme Adelina Patti, Geraldine Farrar et quelques mezzos comme Maria Gay et (à Covent Garden) Anne Howells.*

Un curieux épisode dans l'histoire de l'œuvre fut l'adaptation de Kalkbrenner. mise en scène à Paris en 1805. Le fait que le trio des masques y était chanté par trois policiers donne une idée de la distance qui séparait l'adaptation de l'original.

PERSONNAGES

LE COMMANDEUR (basse); DONNA ANNA, *sa fille* (soprano); DON OTTAVIO, *fiancé de donna Anna* (ténor); DON JUAN, *jeune noble* (baryton); LEPORELLO, *son valet* (basse); DONNA ELVIRA, *dame de Burgos* (soprano); ZERLINE, *paysanne* (soprano); MASETTO, *fiancé de Zerline* (baryton).

L'action se déroule à Séville, au XVIIe siècle.

Pendant des années, *Don Giovanni* a été sinon l'opéra le plus populaire, du moins le plus apprécié. Beethoven aurait désigné *La Flûte enchantée* comme étant son opéra préféré, non pas, comme on aurait pu s'y attendre, en raison de son niveau musical et de la richesse de son inspiration, mais parce qu'il réunissait presque toutes les formes de musique, de la fugue au *lied*. De la même manière, peut-être *Don Giovanni* doit-il une partie de son succès au mélange quasi unique de comique irrésistible et de sérieux tragique, au rythme de l'action musicale et dramatique, et à la qualité de la musique. L'autre facteur décisif de sa popularité est la fascinante figure de Don Juan lui-même, libertin et blasphémateur.

Il apparaît pour la première fois dans la littérature avec *El Burlador de Sevilla*, pièce de Tirso de Molina (1571-1641). *Le Festin de Pierre* de Molière n'a que peu de rapport avec la pièce espagnole mais introduit un personnage important, Donna Elvira. *The Libertine*, de Shadwell, parut en Angleterre en 1676, à une époque où l'histoire était déjà « célèbre en Espagne, en Italie et en France ». Goldoni écrit en 1736 une pièce en vers, *Don Giovanni Tenorio o sia il Dissoluto*, mais ce n'est qu'en 1787 qu'apparaît la plus importante des diverses sources dont le livret de da

Ponte est inspiré. C'est un livret de Bertati pour une musique de Giuseppe Gazzaniga. Edward Dent suggère que da Ponte aurait pu proposer le sujet à Mozart sachant qu'il disposait d'une bonne source, et il est certain qu'il a largement emprunté à Bertati pour écrire son livret qui n'en demeure pas moins l'un de ses meilleurs.

C'est l'Opéra de Prague, où *Figaro* venait de remporter un éclatant succès, qui commanda *Don Giovanni* à Mozart. Les deux œuvres furent créées par la même troupe, celle de Bondini. Beaucoup de chanteurs avaient déjà été entendus dans *Figaro,* en particulier Luigi Bassi, Don Juan de 22 ans qui avait chanté le comte. Outre Bassi, la distribution comprenait : Teresa Saporiti (Donna Anna), Catarina Micelli (Donna Elvira), Teresa Bondini, la femme du directeur de la troupe (Zerline), Antonio Baglioli (Don Ottavio), Felice Ponziani (Leporello) et Giuseppe Lolli (Le Commandeur et Masetto).

Beaucoup d'histoires ont circulé au sujet de la première représentation. Peu d'entre elles sont vraisemblables. L'ouverture, par exemple, aurait été composée la veille de la première (et cela n'est pas impossible) : Mozart passait une joyeuse soirée en compagnie d'amis. L'un d'eux lui aurait dit : « C'est demain la première de *Don Giovanni*, et tu n'as même pas écrit l'ouverture ! » Mozart aurait feint l'anxiété et se serait retiré dans sa chambre où l'attendaient plumes, encre et papier à musique. Il aurait commencé à composer vers minuit, veillé par sa femme qui lui racontait des histoires pour l'empêcher de dormir. Il ne fallut pas plus de trois heures, dit-on, pour achever de composer cette ouverture.

A la première répétition, mécontent du cri poussé par Zerline — la signora Bondini — quand Don Juan, dans les coulisses, attaque sa vertu, Mozart laissa l'orchestre et monta sur la scène. Là, ayant ordonné que l'on reprenne le finale du premier acte à partir du menuet, il se cacha dans la coulisse. Le moment venu de crier pour Zerline, il allongea la main et lui pinça vivement la jambe. Elle poussa un cri perçant. « Voilà ! C'est ainsi que je le veux », dit-il en émergeant des coulisses, tandis que Bondini, ne sachant que faire, riait et rougissait à la fois.

Acte I. L'ouverture commence par un *andante*, introduction qui reproduit le thème de la scène du banquet où apparaît la statue du Commandeur. Puis vient un *allegro*, qui caractérise l'impétueux Don Juan que seule motive la recherche du plaisir. Sans aucune pause, Mozart enchaîne avec l'air de Leporello; celui-ci, enveloppé dans sa cape, est assis dans le jardin d'une maison sévillane où Don Juan, poursuivant un dessein amoureux, s'est introduit secrètement à la faveur de la nuit. Il accuse le sort d'avoir fait de lui le valet d'un maître qui mène une existence dangereuse et mouvementée : « Notte e giorno faticar » (Nuit et jour se fatiguer). Il chante ici — comme d'ailleurs tout au long de l'opéra — dans la tradition *buffa* italienne. Don Juan sort précipitamment de la maison, poursuivi par Donna Anna. Dans le trio suivant, la colère de la femme insultée, la contrariété du libertin et les observations du valet sont exprimés simultanément. Le Commandeur, ayant entendu le bruit, sort à son tour et trouve sa fille aux

prises avec un inconnu. Il dégaine et, en dépit des protestations de Don Juan qui répugne à combattre un homme aussi âgé, le duel s'engage; le Commandeur est mortellement blessé. Le trio qui vient clore ce pénible incident, réunissant Don Juan, le Commandeur agonisant et Leporello, est unique dans toute l'histoire de la musique. Tout le génie de Mozart, à la fois tendre, profond et pathétique, y est exprimé. Ce trio en fa mineur, comportant seulement 18 mesures au rythme solennel, contient en puissance, avec une magistrale économie, toute la gravité du drame. Tandis que le récitatif suivant, où Don Juan tourne toute l'affaire en dérision, restitue à l'opéra sa nature de comédie, la gravité est abordée à nouveau quand Donna Anna se lamente sur le corps de son père. Dans un duo où Don Ottavio tente de la consoler, elle se jure de venger le mort.

Changement de décor : Don Juan et Leporello, en quête d'une nouvelle aventure. Don Juan aperçoit une femme qui se répand en imprécations contre un amant perdu. C'est Donna Elvira, une autre des victimes de Don Juan, qu'ils ne reconnaissent pas tout de suite. « Ah, chi mi dice mai quel barbaro dov'è ? » (Ah, qui pourra me dire où se trouve le traître). Par cette aria, nous connaissons son caractère immédiatement : plus souple que celui de Donna Anna, mais d'une ténacité telle que Don Juan ne songe qu'à la fuir.

A la fin de cet éclat, elle se retourne vers l'étranger qui essayait de la consoler et réalise qu'il s'agit de Don Juan lui-même. Celui-ci s'enfuit, laissant à Leporello le soin d'expliquer pourquoi il l'a abandonnée. Elvire doit alors écouter le valet lui débiter la liste des conquêtes de son maître. « Madamina » est une perfection, et l'une des arias les plus célèbres du répertoire de *basso buffo*. Elvire quitte la scène en jurant de se venger du séducteur.

Changement de décor : dans la campagne des environs de Séville, près du palais de Don Juan. Zerline et son fiancé Masetto chantent et dansent avec des amis en l'honneur de leur prochain mariage. Don Juan et Leporello se joignent à eux. Don Juan réussit à éveiller la vanité et la coquetterie de Zerline par des propos galants et raffinés, et ordonne à Leporello de le débarrasser du fiancé jaloux en emmenant toute la joyeuse compagnie — sauf, bien entendu, Zerline — à son château. Leporello s'exécute, mais Masetto, tout en se soumettant, laisse entendre à Don Juan et à Zerline qu'il n'est pas aussi sot qu'il en a l'air. Cette aria « Ho capito, Signor, si » (Oui, Monseigneur, j'ai bien compris) fait de Masetto une sorte de Figaro, moins étoffé et moins spirituel il est vrai, dont le ton est déjà révolutionnaire. Don Juan, resté seul avec Zerline, chante avec elle un duo qui est un des joyaux non seulement de cet opéra, mais de tout l'opéra : « Là ci darem la mano » (Je te tendrai la main).

Tandis qu'ils s'éloignent, Elvira apparaît et dénonce Don Juan : « Ah, fuggi il traditor ! » (Il faut fuir cet homme). Elle emmène Zerline. Donna Anna et Don Ottavio entrent alors et engagent conversation avec Don Juan, mais Donna Elvira réapparaît. Dans le quatuor qui s'ensuit, elle dénonce Don Juan comme un être sans cœur et sans parole tandis qu'il la traite de folle. Anna et Ottavio ne savent qui croire.

Elvira se retire, aussitôt suivie par Don Juan. Mais, aux quelques paroles qu'il a prononcées, Donna Anna a reconnu la voix de l'assassin de son père et de son propre séducteur. Elle fait alors le récit des événements de la nuit dans un récitatif déclamatoire « d'un style aussi hardi et tragique que celui des plus beaux récitatifs de Gluck ». L'aria suivante « Or sai chi l onore » (Vous savez maintenant qui m'a offensée) est tout aussi grandiose; son implacable vindicte (et implacable tessiture) est une difficulté que doit maîtriser l'interprète. Nulle part ailleurs, peut-être, Mozart n'a écrit de mesures aussi difficiles et éprouvantes pour une voix de soprano :

C'est habituellement à la fin de cette aria qu'est intercalée celle de Don Ottavio « Dalla sua pace » (De sa paix dépend la mienne)[1] — Don Juan dirige les préparatifs de la fête : « Fin ch'han dal vino » (Que tout s'apprête pour la fête).

La *scène 4* se passe dans les jardins du palais de Don Juan. Masetto reproche à Zerline sa coquetterie, mais elle implore son pardon « Batti, batti o bel Masetto », l'un des airs les plus populaires de l'œuvre. A peine a-t-elle fini que la voix de Don Juan retentit au loin. Devant la nervosité de Zerline, les soupçons de Masetto redoublent.

Le finale commence, chef-d'œuvre de musique dramatique. De sa cachette, Masetto entend Don Juan ordonner à ses domestiques de faire de leur mieux pour que la soirée soit réussie et il peut confronter Zerline et Don Juan au

1. Écrite pour la première viennoise de l'opéra. Le ténor avait préféré ne pas chanter « Il mio tesoro » que Mozart avait remplacé par le duo entre Leporello et Zerline où elle le menace de le châtrer avec un rasoir.

moment où celui-ci tente de l'entraîner. Le seigneur maîtrise aisément la situation. Il reproche vivement à Masetto d'avoir laissé sa fiancée toute seule et les emmène tous deux au château où le bal va commencer. C'est alors qu'apparaissent Elvira, Anna et Ottavio, tous trois masqués. Leporello ouvre une fenêtre pour laisser entrer la brise du soir, et l'on peut entendre les violons d'un petit orchestre qui joue un menuet plein de grâce. Il aperçoit les trois masques et, fidèle à la tradition, les invite à entrer. Après quelque hésitation, ils décident d'accepter l'invitation et de poursuivre leur entreprise. Juste avant d'entrer, ils s'arrêtent sur le seuil et, l'âme saisie d'une sainte frayeur, s'adressent au ciel dans l'une des plus belles prières jamais écrites :

Dans la salle de bal, la fête bat son plein. Don Juan et Leporello manœuvrent pour éloigner Masetto de Zerline, mais l'entrée des trois masques crée une diversion. Don Juan leur souhaite la bienvenue. La danse commence au son du menuet tandis que, sur la scène, deux petits orchestres attaquent, l'un un quadrille rustique, l'autre une valse. Don Juan danse avec Zerline, puis l'emmène. Pendant ce temps, Leporello s'emploie à distraire le fiancé jaloux : il insiste pour valser avec lui. Mais Masetto réussit à échapper à Leporello, qui se précipite pour prévenir son maître. Il franchit à peine la porte que retentit le cri perçant de Zerline appelant au secours. Don Juan sort brusquement, l'épée à la main. Il traîne derrière lui le malheureux Leporello qu'il a pu saisir au passage, et menace de le tuer sous prétexte qu'il est coupable. Cette ruse ne trompe

personne. Anna, Elvira et Ottavio ôtent leur masque et accusent Don Juan du meurtre du Commandeur : « Tutto tutto già si sa » (Tout, nous savons tout). Don Juan fonce dans la foule qui s'écarte devant lui, et réussit à s'échapper.

Acte II. Une rue. La maison de Donna Elvira. Le début de cet acte apporte la preuve, fort nécessaire, que *Don Giovanni* est véritablement le *drama giocoso* annoncé dans le titre. Le duo qui ouvre l'acte, « Eh via, buffone » (Eh bien, méchant drôle), est du plus pur style *buffo*; puis trio chanté par Donna Elvira, Don Juan et Leporello. Donna Elvira, tristement appuyée à son balcon, exprime ses regrets mélancoliques dans une aria d'une grande beauté. Malgré ses torts, elle ne peut haïr Don Juan. Don Juan change de vêtement avec Leporello et dans l'obscurité, ce dernier, passant pour son maître, attire Elvira dans le jardin tandis que Don Juan se moque d'elle en lui faisant des déclarations exagérément passionnées, qu'elle prend pour argent comptant.

Elvira s'éloigne et Don Juan, s'accompagnant lui-même à la mandoline, chante une sérénade à sa suivante : « Deh vieni alla finestra » (Viens à la fenêtre) qui est l'un des airs les plus célèbres de l'opéra. Masetto survient à la tête d'un groupe de paysans décidés à tuer Don Juan. Ils croient s'adresser à Leporello, et Don Juan, sous son déguisement, les dépêche en petits groupes aux quatre points cardinaux : « Metà di voi qua vadano » (Que la moitié d'entre vous emprunte cette route). Il garde auprès de lui Masetto, le chef de l'expédition et lui administre une volée de coups. Zerline l'entendant crier, se précipite et le console avec les mesures charmantes de « Vedrai, carino, se sei buonino » (Fais-moi confiance et tu verras).

La cour d'un palais où Elvira et Leporello se sont réfugiés. Il s'agit de la demeure de Donna Anna, qui s'apprête à rentrer chez elle, escortée de l'inévitable Don Ottavio et d'un groupe de domestiques tenant des torches. Elvira et Leporello se dirigent vers la porte, mais Masetto et Zerline les interceptent. Tous prennent Leporello pour son maître et réclament sa mort. S'étant aperçu qu'ils n'ont, après tout, attrapé que le valet, ils abandonnent. Le sextuor est un bel ensemble, musicalement et dramatiquement varié. « C'est donc vous qui avez battu Masetto », demande Zerline ; « vous qui m'avez cruellement trompée », reprend Elvira. « Ah, pietà, Signori miei » (Ah, pitié, épargnez-moi) rétorque Leporello dans une aria qui s'éteint peu à peu tandis qu'il s'éloigne doucement.

La célèbre aria de Don Ottavio intervient ici. « Il mio tesoro intanto » (Oh, mon trésor suprême).

Toutes les louanges ont été épuisées au sujet de cette aria. On l'a surnommée « la pietra di paragone » des ténors — la pierre de touche, l'épreuve suprême du chant classique. En dépit d'une valeur dramatique assez douteuse, sa beauté sur le plan musical est aussi indéniable que la difficulté de son exécution. C'est ici qu'est habituellement inséré le superbe récitatif et aria d'Elvira que Mozart composa spécialement pour Katharina Cavalieri, créatrice du rôle à Vienne. Elle s'était plainte d'être moins appréciée par le public viennois que par celui des autres grandes villes, et avait supplié le compositeur d'écrire quelque chose qui mit sa voix pleinement en valeur. Ce fut « Mi tradì quell' alma ingrata » (C'est tout mon amour que je t'ai donné).

Don Juan rencontre par hasard Leporello dans le cimetière. Tout en racontant sa dernière aventure à son valet, Don Juan reprend ses vêtements et lui rend les siens. Leporello est légèrement piqué d'apprendre que la dernière conquête de son maître était quelqu'un dont lui — Leporello — avait en fait attiré l'attention. Don Juan s'apprête à tourner l'affaire en plaisanterie quand il entend une voix solennelle, qu'il attribue bientôt à la statue du Commandeur dont il a provoqué la mort.

Don Juan ordonne à Leporello d'inviter à dîner la statue qu'il traite de « O vecchio buffonissimo ». Leporello s'acquitte de son devoir au cours du duo « O statua gentilissima » ; son maître doit stimuler vigoureusement son courage, qui faiblit à chaque phrase. Toutes les paroles du récitatif de la statue sont accompagnées par les trombones, qui sont, dans l'opéra, liés à l'apparition de la statue. On ne les entend jamais, même dans l'ouverture, quand celle-ci est absente de la scène.

Une chambre de la maison de Donna Anna. Elle accable Ottavio de reproches lorsqu'il fait allusion à leur prochain mariage ; comment pourrait-elle songer à autre chose qu'à son père assassiné ? Cette scène n'existe que pour donner à Anna l'occasion de chanter « Non mi dir » (N'en dites pas plus) ; malgré sa célébrité et sa beauté, cette aria ne contribue guère au développement dramatique de l'opéra. Le passage de vocalises qui est inclus dans l'allegretto final fut souvent critiqué, en particulier par Berlioz. On lui a surtout reproché son incompatibilité avec les autres parties du rôle de Donna Anna.

Le palais de Don Juan. Au cours d'une brillante introduction, il s'assied à table et célèbre les plaisirs de la vie. Un orchestre (qui est sur la scène dans de nombreuses représentations modernes, mais qui ne devait pas y être lors de la création) joue des airs extraits de *Una cosa rara* de Vicente Martin[1], de *Fra due litiganti* de Sarti, et le « Non più andrai » des *Noces de Figaro,* dont Leporello fait observer qu'il n'est pas des plus nouveaux. La musique caractérise merveilleusement Don Juan, sa nature exubérante et insouciante, et conserve le ton gai et jovial qu'il a tout au long de l'opéra, même dans les récitatifs. C'est à ce moment qu'Elvira vient conjurer l'homme qui l'a bafouée de se repentir. Il reste sourd à ses prières. Elle sort et pousse un cri d'horreur. Don Juan envoie Leporello voir ce qui l'a tant effrayée; on l'entend pousser le même cri, et il revient balbutier que la statue est derrière la porte. Saisissant un chandelier et dégainant son épée, Don Juan s'élance. Un instant plus tard, il réapparaît dans la pièce, reculant devant la statue du Commandeur. Les lumières s'éteignent. Tout est sombre, et seule brille la bougie que Don Juan tient à la main. A pas lents et lourds que répercute l'orchestre, la statue fait son entrée. Elle parle : « Don Juan, vous m'avez invité à dîner en ce lieu. Souhaitez-moi la bienvenue. » Nonchalant, Don Juan ordonne à Leporello de dresser le couvert du Commandeur et de servir le souper. « Non, reste là », commande la statue. « Ceux qui ont connu les nourritures célestes ne touchent plus aux mets corrompus des mortels. Viendras-tu dîner avec moi ? » Don Juan accepte et tend sa main à la statue en signe d'engagement. Il sent un froid glacial l'envahir, mais refuse toujours de se repentir; la statue l'entraîne alors en enfer. La musique accompagnant cette scène est extrêmement poignante sans que Mozart utilise d'autres moyens que ceux dont il avait l'habitude, si ce n'est l'addition de trombones à l'orchestre habituel, et sans forcer pour obtenir un effet. Au XIXe s., et dans les premières années du XXe s., le rideau tombait sur cette fin. La partition comporte pourtant un épilogue où les personnages tirent la morale de la mort de Don Juan — élément essentiel de toutes les pièces ayant trait à la légende. Mozart avait supprimé l'épilogue pour la représentation à Vienne en 1788, ce qui fut utilisé par les critiques du XIXe s. pour justifier une interprétation tragique, ou tout au moins romantique, de l'opéra. Une telle opinion fait abstraction du duo extrêmement comique de Leporello et Zerline, que Mozart composa spécialement pour cette représentation et qui est encore publié à la fin des partitions pour voix, bien que n'étant jamais chanté. Le procédé comique du finale moralisateur a, du reste, été employé encore récemment, par Stravinsky dans *The Rake's Progress,* et Alexander Goehr dans *Arden must die.*

Outre le rythme brillant de la musique, outre la juxtaposition de la tragédie la plus sombre et de la comédie la plus gaie, *Don Giovanni* se distingue par la fascination qu'exerce son personnage principal. Leporello est un *basso buffo* typique, à cela près que la qualité de sa partition est bien supérieure à celle des autres rôles de ce type. Lors de la première représentation à Vienne, c'est Benucci qui chanta le rôle, là même où il avait créé celui de Figaro. Ottavio n'est pas loin de recréer le rôle du confident dans l'*opera seria,* tant son intervention a peu d'importance au niveau de l'action. Il en va de tout autrement de l'aspect musical du rôle.

Plus intéressants encore sont les trois personnages féminins de la distribution. Zerline est souvent jouée avec une grande candeur mais, à l'occasion de la première représentation viennoise, Mozart avait ajouté un duo qu'elle chantait avec Leporello, où elle l'attaquait avec un rasoir et se contentait finalement, démentant ses menaces, de le ligoter. Elvire est souvent émouvante par sa fidélité au souvenir de l'homme qui l'a trahie,

1. Reprise à Ledlanet, Écosse, en 1967.

et plus touchante encore dans sa réso-lution, exprimée dans le finale, de terminer ses jours dans un couvent; il y a cependant chez elle un côté récriminateur qui altère quelque peu son portrait. Le personnage d'Anna est celui, sans doute, qui a connu les interprétations les plus variées. D'un côté, une créature froide et inca-pable d'aimer; de l'autre, une femme consumée par sa passion pour Don Juan (c'est notamment l'interpréta-tion du poète romantique allemand E.T.W. Hoffmann). Einstein propose

une autre solution : quand le rideau se lève pour le premier acte, Don Juan a déjà séduit Donna Anna, déguisé en Don Ottavio. Pour soutenir sa thèse, il se réfère au récitatif précédent « Or sai chi l'onore » à l'indifférence que lui témoigne Don Juan (pour la même raison qu'il se désintéresse de Donna Elvira), au fait qu'elle insiste fortement pour qu'Ottavio venge de sa propre main la mort du Commandeur sans avoir recours à la loi, et enfin à son refus d'épouser Ottavio avant qu'un certain laps de temps se soit écoulé.

K., H.

Cosi fan tutte

Opera buffa *en 2 actes de Mozart; liv. de Lorenzo da Ponte. Créé le 26 janvier 1790 au Burgtheater de Vienne, par Ferrarese del Bene, Villeneuve (qui étaient également sœurs), Dorotea Bussani, Calvesi, Benucci, et Bussani. Première londonienne, 1811, au Haymarket Theatre. Reprises : Théâtre de Sa Majesté, à Londres, 1911, par Sir Thomas Beecham; 1922 au Metropolitan de New York. Glyndebourne 1934, puis 1950, dir. Fritz Busch. Parmi les reprises plus récentes : Salzbourg, 1960, avec Schwarzkopf, Ludwig, Sciutti, Kmentt, Prey et Dönch, dir. Böhm. Première à Covent Garden, 1947, par le Vienna State Opera, dir. Krips; puis, 1968, dir. Solti. Créé à Paris sous le titre* Le Laboureur chinois, *en 1813, dans une version très arrangée; reprise au Th. des Italiens (version originale), 1862; au Théâtre Lyrique, 1863, sous le titre* Peines d'amours perdues *(version Barbier et Carré); première à l'Opéra-Comique, 1920, dir. Messager, et à l'Opéra, 1974, avec Price, Berbié, Krause, Davies, Stratas, Bacquier, dir. Krips.*

PERSONNAGES

FIORDILIGI (soprano); DORABELLA, *sa sœur* (mezzo-soprano); FERRANDO, *fiancé de* Dorabella (ténor); GUGLIELMO, *fiancé de Fiordiligi* (baryton); DON ALFONSO (basse); DESPINA, *servante des deux sœurs* (soprano).

*L'action se passe à Naples au XVIII*e *siècle.*

Così fan tutte, ossia La Scuola degli Amanti *fut commandé à Mozart par l'empereur Joseph II. On raconte que l'histoire est inspirée d'un incident réel dont on parlait beaucoup à Vienne à l'époque. Deux jeunes hommes, sûrs de la fidélité des deux sœurs à qui ils sont fiancés, font un pari avec un vieux célibataire de leurs amis qui ne donne pas cher de la fidélité féminine. Selon ses indications, ils se déguisent et font chacun la cour à la fiancée de l'autre après s'être assurés de la complicité de la soubrette Despina. Les deux sœurs ne résistent pas longtemps à leurs avances, mais au moment du mariage, les jeunes gens disparaissent pour aller revêtir leur uniforme et reviennent confondre les sœurs inconstantes.

L'intrigue est un peu mince, mais c'est l'une des plus nettes qu'ait écrites da Ponte; et la symétrie de la distribution — deux paires d'amoureux et une paire de cyniques avisés — alliée à la symétrie de la construction du livret a permis à Mozart de composer une partition incomparable. Il était alors au sommet de sa créativité. Même si l'idée de départ est bien peu consistante, la musique qui l'habille suggère bien plus que la comédie apparente sur laquelle repose l'opéra : elle dévoile l'amertume des cœurs au-delà de cette plaisanterie qui a été trop loin et prend parfois un tour sérieux. Huit mesures lentes introduisent la brève ouverture, avant l'apparition du thème « Cosi fan tutte ». Le reste est rapide, jusqu'à la reprise du motif central, juste avant la fin.

Acte I. Le rideau se lève sur un café. Les trois hommes sont engagés dans une discussion animée. Ferrando et Guglielmo défendent leurs fiancées Dorabella et Fiordiligi contre les accusations de Don Alfonso. Trois trios se succèdent. Le premier oppose les deux amants au sceptique Alfonso; le second prend la forme d'un solo où Alfonso est accompagné par les deux autres.

Le troisième exprime la jubilation des amants à l'idée de gagner le pari qu'ils viennent d'engager avec Alfonso. C'est une scène de comédie pure, dont la musique souligne l'artificialité, culminant avec un air d'une gaieté pétillante et contagieuse que Mozart lui-même n'a jamais égalé :

Le décor change. Les clarinettes jouent en tierces au-dessus des cordes[1]; apparaissent Fiordiligi et Dorabella, ces parangons de vertu dont la fidélité vient d'être l'objet d'un pari. Elles comparent les mérites respectifs de leurs prétendants sur des miniatures, et le ravissement sentimental provoqué par cette contemplation est délicieusement exagéré par la musique, qui se dissout dans une *cadenza* en tierces sur le mot « Amore ». L'arrivée précipitée de Don Alfonso les interrompt.

Il regrette de devoir leur porter de mauvaises nouvelles : leurs amants sont appelés à la guerre et doivent partir immédiatement. C'est, de tout l'opéra, le seul semblant d'aria qui soit réservé à Don Alfonso. L'*allegro agitato* exprime parfaitement l'agitation haletante dont il prétend être animé. La situation est admirablement résumée dans les deux quintettes qui suivent, séparés seulement par le bref duo des deux jeunes officiers et par un chœur militaire. Les deux sœurs sont inconsolables dans « Sento, oh Dio » (Le courage m'abandonne); tandis qu'Alfonso y voit un début de confirmation de ses théories, Guglielmo laisse les consolations de circonstance à Ferrando, et se joint à Alfonso dans un commentaire plus général. A deux

---

1. La richesse de l'écriture pour les instruments à vent est inhabituelle, même pour Mozart, et il y a plus d'une allusion, ici et plus loin dans la partition, à la grande Sérénade en si bémol majeur pour 13 instruments (K. 361).

reprises, les deux officiers ne peuvent s'empêcher de narguer le sceptique (Vous voyez bien, maintenant), mais celui-ci reste sur sa position. Ferrando et Guglielmo prennent congé; des soldats traversent la scène en chantant les joies de la vie militaire; enfin les deux couples échangent des adieux prolongés, d'une grande beauté : « Di scrivermi ogni giorno » (Tu m'écriras chaque jour), commentés avec force sarcasmes par Alfonso.

Fiordiligi, Dorabella et Alfonso chantent un trio merveilleusement évocateur : « Soave sia il vento », qui appelle la clémence des vents et des mers sur les voyageurs. Ce ton idyllique ne survit pas une seule mesure à leur départ. Dans un récitatif *secco*, Alfonso réfléchit à ses plans. A mesure qu'il s'anime à l'idée de l'inconstance féminine, sa diatribe s'étend à tout le beau sexe, devenant le seul passage véritablement amer de la partition. Despina, la servante, nous apprend que la perte qui les afflige a laissé ses maîtresses dans un tel désarroi que ni chocolat, ni aucune autre sucrerie de ce genre ne sauraient les distraire. Dorabella est la première à donner cours à ses sentiments, dans une aria exagérément tragique, « Smanie implacabili ». Despina leur conseille la modération. A son avis, le départ d'un amant est une bonne occasion pour se distraire et non pour se lamenter : « In uomini, in soldati ». Ecœurées par ses propos, les deux sœurs sortent, et Alfonso en profite pour rallier Despina à sa cause. Les deux officiers, dont on a vu le départ, reviennent déguisés en Albanais; on les présente à Despina qui se moque d'eux mais ne les reconnaît pas; elle est toute prête à les aider dans leur projet de séduire les deux sœurs. Celles-ci s'indignent de trouver des étrangers chez elles. Mais Alfonso prétend que ce sont de vieux amis. Pour lui faire plaisir, ces dames devraient les accueil-

lir aimablement. Fiordiligi affirme que leurs déclarations passionnées ne les mèneront à rien; elle-même et sa sœur sont des forteresses imprenables (« Come scoglio »). Le ton de l'aria est parodique; la partition, qui comporte de grands intervalles et des passages absurdes d'un extrême à l'autre du registre de soprano, pourrait bien avoir été écrite ici, en partie du moins, aux dépens de Ferrarese del Bene, qui créa le rôle de Fiordiligi; célèbre pour l'étendue phénoménale de son registre et pour sa technique, elle était la maîtresse de da Ponte quand l'opéra fut créé, mais il semble que Mozart n'aimait en elle ni l'artiste, ni l'être humain. Guglielmo répond en son

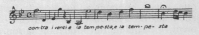

contra i venti e la tempesta, e la tem-pe- sta

nom et en celui de Ferrando dans un air d'un charme et d'une délicatesse tels, « Non siate ritrosi » (O vision délicieuse)[1] que l'on comprend mal comment les objets de leur affection peuvent leur tourner le dos et disparaître avant même la fin de l'aria, qui se termine dans les rires. Le rapide trio où leurs rires se mêlent est charmant, mais Alfonso a fort à faire pour les persuader qu'il n'a pas encore perdu son pari. Ferrando, resté seul, chante son amour dans une très belle aria romantique, et même sentimentale : « Un' aura amorosa » (Son regard est si amoureux). Alfonso et Despina se rassurent mutuellement, affirmant que le pari est encore loin d'être perdu.

Dans le jardin. Fiordiligi et Dorabella songent ensemble à l'inconstance des plaisirs, accompagnées d'une musique d'une tendresse extrême. Guglielmo et Ferrando se précipitent brandissant des flacons de poison qu'Alfonso ne peut les empêcher d'avaler. Tandis que les Albanais sombrent dans l'inconscience, un désordre indescriptible s'installe.

---

1. Une magnifique aria *buffo*, « Rivolgete a lui lo sguardo » (K. 584) était à l'origine prévue ici; l'aria plus légère lui a été préférée car elle était, peut-on penser, en meilleure harmonie avec la situation.

Quand Alfonso et Despina se précipitent à la recherche d'un médecin,
Ferrando et Guglielmo trouvent le
moyen de se joindre à l'ensemble
vocal. Alfonso revient accompagné du
médecin (en réalité, Despina déguisée)
qui s'empresse de dispenser aux deux
corps les soins les plus éclairés pour
l'époque, à savoir le mesmérisme (ce
qui était considéré en 1790 à peu près
comme la psychiatrie l'était vers 1940,
et propre à déclencher les rires). Les
cadavres ressuscitent et, se croyant
tout d'abord aux Champs Élysées,
réclament un baiser des déesses pour
sceller leur guérison. Malgré les encouragements d'Alfonso et de Despina,
cela leur est refusé. Les deux sœurs
sont décidées à défendre rien moins
que « leur honneur », tandis que les
Albanais les approuvent chaleureusement (« Grande serait mon indignation
si elles ne résistaient ») et que Despina
et Alfonso les accablent de railleries.
La musique de ce finale passe de la
beauté pure − au début, en particulier
− à la farce pure et simple − Despina
déguisée en médecin, brandissant son
aimant avec force trilles.

Acte II. Despina commence à perdre
patience avec ses vertueuses maîtresses.
Elle défend son point de vue dans l'aria
« Una donna a quindici anni » (Une
femme, à quinze ans »). Elles finissent
par admettre qu'il ne peut y avoir
aucun mal à bavarder avec les étrangers.
Ainsi décidées, elles désignent chacune
le partenaire de leur choix, « Prenderò
quel brunettino » (Je choisirai le
plus brun), sur un mode mélodique
typique. Elles sont attendues au jardin
où un divertissement a été organisé en
leur honneur. Duo et chœur « Secon-
date aurette amiche » (Charmant
zéphyr qui souffle doucement) que
chantent Guglielmo et Ferrando.

Mais, la sérénade achevée, ni l'un ni
l'autre ne semblent capables de tirer
avantage de la situation; dégoûtés,
Alfonso et Despina jouent la scène à
leur place. Ils laissent face à face les
deux couples assez gênés qui se
mettent à parler du temps. Ferrando
est entraîné par Fiordiligi, tandis que
Guglielmo, après avoir ébauché quelques compliments, réussit à offrir à
Dorabella un médaillon en forme de
cœur, en échange de celui qu'elle
porte autour du cou, et qui contient le
portrait de Ferrando. Leur duo « I
core vi dono » (Le cœur que je vous
ai donné) est délicieusement léger et
sentimental, et les références aux
palpitations de leur cœur tout à fait
charmantes.

Les premières défenses de Dorabella
ont été assez faciles à vaincre; Fiordiligi
se montrera d'un abord plus rétif. Elle
ne veut rien entendre aux avances de
Ferrando qui exprime tour à tour ses
doutes et son espoir dans une magnifique aria : « Ah, lo veggio, quell'anima
bella ». C'est l'un des morceaux pour
ténor les plus remarquables de Mozart.
On le supprime néanmoins assez
souvent dans les représentations modernes en raison de sa longueur et de
sa haute *tessitura*, et surtout parce
qu'il est suivi de l'aria de Fiordiligi.
Le grand rondo de Fiordiligi « Per
pietà, ben mio, perdona » (Ah, bien-
aimé, pardonne ma folie), est le
grand morceau de bravoure de l'opéra.
Le registre étendu de la voix, les écarts
précipités du soprano aigu au contralto
puis au soprano à nouveau, les passages
de vocalises difficiles, la longueur
éprouvante : tout contribue à mettre
en avant la technique de la chanteuse
(qui doit exprimer le tumulte des émotions contradictoires chez Fiordiligi)
mais non sans la railler. Un accompagnement de cor *obbligato* souligne
l'effet.

Guglielmo et Ferrando se rencontrent pour faire le point sur leurs
progrès respectifs. Guglielmo se vante
avec une certaine suffisance de l'apparente constance de Fiordiligi, mais

errando ne contient pas sa colère en apprenant la conduite de Dorabella dont il a la preuve en voyant le médaillon qu'il lui avait offert. Il se vengera, mais comment ? Guglielmo lui conseille de ne pas prendre tout cela trop à cœur. « Donne mie, la fate tanti ». (Les femmes sont sujettes à tant de changements et de combinaisons). C'est un merveilleux exemple d'aria d'*opera buffa*. Suit une aria pour Ferrando, qui est parfois supprimée.

Fiordiligi veut s'efforcer une dernière fois de se dégager, et Dorabella avec elle, d'une situation devenue intolérable. Elle envoie quérir une paire de vieux uniformes appartenant à Guglielmo et Ferrando, et annonce son intention de partir pour le front avec sa sœur. Elle entame à peine les premières mesures d'une grande aria exprimant sa détermination, qu'elle est interrompue par Ferrando, toujours déguisé en Albanais. Il la supplie, avant de partir, de mettre fin à son agonie en lui transperçant le cœur d'une épée. Fiordiligi tombe dans ses bras. Ils évoquent ensemble le bonheur qui les attend. En réalité, la plaisanterie a été poussée trop loin, mettant en cause tant de liens émotionnels, nouveaux et anciens, que le détachement n'est plus possible. C'est exactement ce qu'exprime une certaine inquiétude de la musique. On peut penser que les amants, de simples marionnettes jusqu'ici, sont devenus des personnages réels, capables d'émotion; la musique et l'œuvre nous émeuvent et nous fascinent justement parce que cette transformation a été possible.

Toute la scène a été suivie par Guglielmo, qu'Alfonso a eu les plus grandes difficultés à tenir silencieux jusqu'au bout. « Que dites-vous maintenant de votre chère Fiordiligi ? » vient lui demander Ferrando. « Fior di diavolo », répond Guglielmo. Elles ne sont pas pires que les autres, affirme Don Alfonso : « Tutti accusan le donne » (Tout le monde accuse les femmes); et à la fin de sa brève aria, il oblige les amants trompés à répéter

sa devise : « Così fan tutte ». Despina vient annoncer que ses maîtresses ont décidé de rendre leurs soupirants albanais heureux, en les épousant sur-le-champ.

Le finale fait avancer l'intrigue d'un degré et la mène au dénouement attendu de tous. Des serviteurs, dirigés par Despina, s'affairent aux préparatifs des noces et acclament les futurs mariés à leur arrivée. L'air en l'honneur des amants est introduit par une de ces mélodies que Mozart fait généralement intervenir au moment même où l'on croyait avoir atteint l'apogée. C'est un canon éblouissant, mené par Fiordiligi, qui se poursuit harmonieusement jusqu'au moment où Guglielmo reprend la mélodie. Il se contente d'un aparté courroucé où son vœu le plus cher semble être que le vin bu par les deux fiancées se transforme en poison.

On a suggéré que cet aparté, qui rompt la monotonie éventuelle du quatuor, avait été imaginé par Mozart parce que le la bémol prévu dans cet air échappait au registre de basse de Guglielmo. Alfonso fait son entrée, accompagné d'un notaire (Despina, à nouveau costumée) qui doit accomplir les formalités légales du mariage; le contrat est préparé et signé, à grand renfort de camouflage de voix et de verbiage pseudo-juridique (y compris une plaisanterie concernant ces dames Ferraresi).

La formalité accomplie, une fanfare militaire éclate au-dehors dans laquelle ces dames reconnaissent aussitôt l'air qui accompagnait le départ de leurs fiancés pour la guerre. Leurs soupçons tournent à la consternation quand Alfonso annonce leur arrivée. Les Albanais sont poussés dehors, et les deux sœurs s'efforcent de retrouver leur calme; leurs prétendants guerriers font alors leur entrée au son d'une musique qui rappelle immanquablement le début de l'acte I. On découvre Despina cachée dans l'antichambre, et Alfonso s'empresse de laisser choir le contrat de mariage là où les deux officiers ne peuvent manquer de le voir; on leur assure ensuite que la preuve de l'infidélité de leurs fiancées se trouve dans la pièce voisine. Ils en ressortent peu après avec des éléments de costume albanais, en chantant, qui plus est, des passages de la musique qui les avait aidés à mener leur entreprise à bon terme. Ici intervient une curieuse anomalie qui semble n'avoir jamais été expliquée. Guglielmo cite un passage de « Il core vi dono » et chante avec Ferrando l'air associé à la démonstration de mesmérisme que faisait Despina à la fin de l'acte I; mais auparavant, Ferrando a cité des paroles qu'il n'avait jamais prononcées jusque-là dans l'opéra. Une des arias de Ferrando a-t-elle été modifiée en cours de représentation ? Mozart n'y a-t-il plus repensé par la suite ou faut-il chercher une autre explication ?

Tout est pardonné. Les amants sont réunis — sans que l'on nous précise si c'est dans la version originale ou dans la version albanaise — et les six personnages chantent un discours d'adieu en l'honneur de qui sait faire contre mauvaise fortune bon cœur et recourir à la raison dans les pires circonstances.

La Clemenza di Tito
La Clémence de Titus

Opéra en 2 actes de Mozart; liv. de Mazzolà, adapté de Metastasio. Créé au Théâtre national de Prague, 6 septembre 1791. Première à Londres, King's Theatre, 27 mars 1806. Reprises : City Opera Club, Londres, 1949; Festival de Salzbourg 1949, dir. Josef Krips (dans une adaptation de Bernhard Paumgartner, qui puisait dans d'autres œuvres, notamment Idoménée*). Première en anglais, Falmouth 1930; à Londres, 1931. Retransmis par la N.B.C. aux États-Unis en 1940. Première sur scène en Amérique, Tanglewood, 1952. A la Scala de Milan, 1966 avec Gordoni, Simionato (dont c'étaient les adieux à la scène), Renzo Casellato Alva, dir. Sanzogno; 1969, Festival Hall (B.B.C.), dir. Colin Davis. Covent Garden, 1974, avec Janet Baker (Vitellia), Yvonne Minton (Sextus), Eric Tappy (Titus) dir. Colin Davis.*

PERSONNAGES

TITUS, *empereur romain* (ténor); VITELLIA, *fille de l'empereur déposé, Vitellius* (soprano); SEXTUS *et* ANNIUS, *jeunes patriciens romains* (contralto et mezzo soprano)[1]; SERVILIA, *sœur de Sextus* (soprano); PUBLIUS, *capitaine de la garde prétorienne* (basse).

L'action se situe à Rome en 79-81 ap. J.C.

1. Un ténor dans certaines versions modernes.

Mozart eut toute sa vie la nostalgie
e l'*opera seria*. Ses tentatives com-
mençèrent avec *Mitridate*, composé
quand il habitait l'Italie (1770), se
confirmèrent avec *Idomeneo* (1781)
t culminèrent avec *La Clemenza di
Tito* (1791). La version de Mazzolà,
adaptée du livret de Metastasio (toutes
résentent une amélioration notable
ar rapport à l'original) ne constituait
ans doute pas une source d'inspiration
déale pour Mozart, avec sa glorifi-
ation conventionnelle du despotisme
clairé. L'opéra fut commandé en
honneur du couronnement de l'em-
ereur Leopold II de Bavière, sacré roi
e Bohême à Prague en 1791. Mozart
avait pas terminé *La Flûte enchantée*,
travaillait déjà au *Requiem*; et
ourtant, 18 jours après que Mozart
eut reçu commande, l'opéra était
rit et représenté, malgré un voyage
ue le compositeur dut effectuer de
ienne à Prague la même époque.
n'y a pas lieu de s'étonner, en consé-
uence, que la composition des réci-
atifs *secco* ait été confiée à son élève
ussmayer ! Trois semaines après la
remière, *La Flûte enchantée* était
éée à Vienne. Et neuf semaines plus
rd, Mozart mourait. Il reste à ajouter
ue l'œuvre n'emporta pas un triomphe
la première, mais qu'en l'espace d'un
ois, néanmoins, le public était
nquis.

L'opéra fut joué dans la plupart des
éâtres de langue allemande (traduit,
la va sans dire) dans les dix premières
nnées du XIXe s., et fut, assez curieuse-
ent, le premier opéra de Mozart que
n entendit à Londres, lorsqu'il fut
nné, en italien, à l'intention de
me Billington.

Acte I. Deux considérations do-
inent l'intrigue : la détermination de
itellia, qui aime Titus (elle veut se
nger de lui quand il songe à en
ouser une autre); et la tendance
rofonde de Titus à la clémence,
uelles que soient les provocations.

Vitellia a appris que Titus avait
ntention d'épouser Bérénice, fille
d'Agrippa, roi de Judée; elle pousse
Sextus, son soupirant, à prendre la
tête d'une conspiration contre Titus.
Elle apprend que Titus a congédié
Bérénice et porté son choix sur une
Romaine. Annius qui désire épouser
Servilia, la sœur de son ami Sextus, le
prie d'intercéder auprès de l'empereur
au sujet de ce mariage, mais Titus
est lui-même décidé à épouser
Servilia. Publius vient informer Titus
qu'un complot se trame contre lui.
Servilia, qui aime Annius, repousse
l'empereur qui décide de revenir à
Vitellia. Celle-ci, ignorant tout des
derniers événements, envoie Sextus
mettre le feu au Capitole et assassiner
Titus. Elle apprend alors, peu après
son départ, qu'elle a été désignée
comme future impératrice. Sextus
réussit à mener à bien la première
partie de son plan, mais l'attentat
contre Titus échoue. L'acte se termine
dans la confusion générale.

Acte II. Titus a échappé à la mort
et connaît les détails du complot.
Annius conseille à Sextus de se dénoncer. Vitellia, par contre, veut éviter
d'être découverte; elle pousse donc
Sextus à s'enfuir. Publius, en arrêtant
Sextus, résout le dilemme. Sextus est
jugé et condamné à mort par le Sénat.
Titus le confronte avec les preuves de
sa culpabilité mais déchire la sentence
de mort qu'il vient de signer dès que
Sextus le quitte. Sachant Sextus et les
autres conspirateurs sur le point d'être
livrés aux bêtes féroces dans l'arène,
Vitellia, écrasée par le poids de sa
faute, va confesser sa participation au
complot, et est à son tour l'objet de la
clémence de l'empereur.

Pendant des années, les critiques
ont partagé l'opinion que *La Clemenza
di Tito* composé à la hâte, à un
moment où Mozart était épuisé par
la maladie et surchargé de travail,
était, par suite, de peu de valeur. Ceux
qui le réentendent, ou l'entendent
pour la première fois aujourd'hui,
admettront difficilement que c'est

une œuvre sans inspiration tout en reconnaissant que la composition en fut un peu bâclée et que la forme est démodée. Il y a peu d'impulsion dramatique et la plupart des arias reposent sur des situations assez faibles. Mais l'intrigue ne fut jamais le point fort de l'*opera seria*, qui tendait plutôt à procurer un cadre digne et convenable à une musique noble et aux virtuosités vocales que l'aristocratie souhaitait entendre.

Sur les vingt-six morceaux de la partition, onze seulement sont des arias — ce qui montre combien le livret de Metastasio a été modifié : aucun ensemble n'y était prévu, sous quelque forme que ce soit. Mozart a prévu de simples ariettes, comme celle de Servilia « S'altro che lagrime », mais aussi de grands morceaux de bravoure comme l'aria de Sextus « Parto,

parto », et celle de Vitellia « Non pi di fiori », dont les accompagnement *obbligati* sont fort élaborés (le premie pour clarinette, le second pour cor d basset) Stadler[1] se rendit spécialemen à Prague pour les jouer. La partitio des voix n'est pas moins recherchée Les duos, de Sextus et Annius, et d Servilia et Annius, sont particulière ment séduisants. Il y a également u très beau trio au second acte, chant par Vitellia, Publius et Sextus, just avant l'arrestation de ce dernier. Mai le final de l'acte I, après que Sextu eût mis le feu au Capitole, est san doute ce qu'il y a de plus remarquabl dans la partition. Le bruit de la foul qui s'agite dans les coulisses ajout à la terreur des personnages su scène, et l'utilisation du contre-chan donne à cet ensemble une dimensio imposante.

H.

Die Zauberflöte
La Flûte enchantée

Opéra en 2 actes de Mozart; liv. d'Emmanuel Schikaneder. Créé au Theater an der Wien, à Vienne, 30 septembre 1791, avec Nanetta Gottlieb (Pamina), Josefa Hofer (la Reine de la Nuit), Schack (Tamino), Gerl (Sarastro), Schikaneder (Papageno). Première à Paris, à l'Opéra, 20 août 1811, en fr., sous le titre : Les Mystères d'Isis reprises : Th. Lyrique (version Nuitter et Beaumont), 1865; Opéra-Comique, 1879. Reprises à l'Opéra 1922, dir. R. Hahn; 1954, dir. G. Sebastian, avec M. Robin, J. Micheau, D. Duval et N. Gedda; 1977, dir. K. Boehm, avec Te Kanawa, Talvela, Adam, Moser, Laubenthal... Premières représentations en Angleterre au Haymarket Theatre, Londres, 1811, et à Covent Garden, 1833 (en allemand). Reprise à Covent Garden, 1938, dir. Beecham; 1935, première à Glyndebourne, dir. Fritz Buch; 1937, à Salzbourg, dir. Toscanini, et 1949, dir. Furtwängler, Covent Garden, 1962, dir. Klemperer.

PERSONNAGES

TAMINO, *prince égyptien* (ténor); TROIS DAMES, *au service de la Reine de la Nui* (deux sopranos, une mezzo-soprano); PAPAGENO, *oiseleur* (baryton); LA REINE DE LA NUIT (soprano); MONOSTATOS, *Maure au service de Sarastro* (ténor); PAMINA

---

1. Anton Stadler, clarinettiste virtuose pour qui Mozart composa aussi le *Quintette*.

lle de la Reine de la Nuit (soprano); TROIS GÉNIES (deux sopranos, une mezzo-
oprano); LE RÉCITANT (basse); SARASTRO, *Grand-Prêtre d'Isis et Osiris* (basse);
EUX PRÊTRES (ténor et basse); DEUX HOMMES D'ARMES (ténor et basse).
Des esclaves, des prêtres, le peuple, etc.

Lieu : l'Égypte.

Emmanuel Johann Schikaneder, qui
crivit le livret avec un choriste
nommé Gieseke, était un ami de
ozart et appartenait à la même loge
açonnique que lui. Il était également
recteur d'une compagnie théâtrale,
acteur[1] renommé; il avait persuadé
ozart de composer pour lui la
usique d'une pièce pour marion-
ettes. Il avait choisi à cet effet
histoire de « Lulu », par Liebeskind,
ui avait paru dans un recueil de
ontes orientaux publié par Wieland
ous le titre : *Dschinnistan*. Dans le
cit original, le méchant sorcier a
nlevé la fille de la Reine de la Nuit,
ui est sauvée par un prince grâce à
magie. Pendant que Schikaneder
availlait à son livret, un autre théâtre
ennois monta une pièce traitant du
ême sujet, un conte de fées écrit par
erinet et mis en musique par Wenzel
üller. Le grand succès qu'elle
mporta modifia les projets de
chikaneder.
A cette époque, la franc-maçonnerie
ait un sujet très à la mode : Marie-
hérèse en avait interdit la pratique
des forces armées s'employaient
dissoudre les loges. Schikaneder,
omme doué de sens pratique, comprit
ntérêt d'exploiter les rites interdits
ur la scène. Il transforma le méchant
orcier en Sarastro, le sage prêtre
Isis. Les épreuves infligées à Tamino
Pamina devinrent des copies du
rémonial franc-maçonnique. Il situa
action en Égypte, berceau présumé
e la tradition maçonnique. De plus,
admirable musique de Mozart vint
onner de la noblesse au livret et

une force mystérieuse et sacrée à
l'ensemble.
En raison des liens existant entre
cet opéra et la franc-maçonnerie,
certains commentateurs[2] identifièrent
Tamino à l'empereur Joseph II,
Pamina au peuple autrichien, Sarastro
à Ignaz von Born, franc-maçon et
homme de sciences éminent; la
vindicative Reine de la Nuit aurait
été l'impératrice Marie-Thérèse, et
Monostatos, le clergé[3] (particulièrement les jésuites et les ordres religieux).
Mozart travaille à *La Flûte enchantée* de mars à juillet 1791, puis
à nouveau en septembre. La première
eut lieu le 30 septembre, deux mois
avant sa mort.
On a suggéré que les accords lourds
et répétés de l'ouverture représen-
taient les coups pesants frappés à la
porte de la loge. On les réentend
d'ailleurs dans la scène du temple,
juste avant que ne commence l'initiation de Tamino.
On a beaucoup commenté l'éclat de
l'*allegro* fugué ainsi que la ressemblance
entre son thème et celui de la sonate
en si bémol pour piano de Clementi.

H.

Acte I. Tamino tente d'échapper à
un énorme serpent. Il perd connaissance après avoir appelé les dieux à
son secours. Les trois dames d'honneur
de la Reine de la Nuit, vêtues de noir,
accourent, alertées par ses cris, et
tuent le serpent avec leurs javelots.
L'*allegro* de l'introduction mène à un
trio prolongé où les trois dames se

1. Selon Einstein, il fut dans sa jeunesse l'un des meilleurs Hamlet d'Allemagne.
2. A commencer par Moritz Zille en 1866.
3. Ainsi fut-il représenté dans l'ingénieuse mise en scène de Michael Geliot au Welsh National
pera, en 1971.

réjouissent d'avoir vaincu le serpent et commentent la beauté du jeune homme qu'elles ont sauvé. Elles quittent à grand regret l'étranger toujours inanimé. Celui-ci, s'étant réveillé, voit avancer en dansant un curieux personnage couvert de plumes. C'est Papageno, l'oiseleur de la Reine. Son chant, « Der Vogelfänger bin ich ja » (Oui, je suis le joyeux oiseleur),

ponctué de roulades qu'il tire de ses pipeaux, nous le présente d'emblée comme un comédien jovial, de type populaire. Il explique à Tamino, stupéfait, qu'ils se trouvent au royaume de la Reine de la Nuit. Et il n'hésite pas, voyant la dépouille du serpent, à se vanter de l'avoir tué. Les trois dames réapparaissent pour le punir de ce mensonge et placent un cadenas sur sa bouche. Elles montrent alors à Tamino le portrait d'une jeune fille de grande beauté ; il s'éprend immédiatement d'elle et exprime l'ardeur de ses sentiments dans l'une des plus belles arias que Mozart ait composées pour un ténor : « Dies Bildnis ist bezaubernd schön » (Ce portrait est un ravissement incomparable). Les trois dames lui expliquent qu'elle est la fille de la Reine de la Nuit et que Sarastro la tient prisonnière. Il jure de la délivrer, et aussitôt la Reine de la Nuit apparaît sur des nuages. Elle dit son désespoir d'avoir perdu sa fille et promet à Tamino de lui accorder sa main dès qu'il l'aura délivrée. Elle chante l'aria « O zittre nicht, mein lieber Sohn ! » (Ne tremble pas, mon cher enfant), qui se transforme en un véritable feu d'artifice de vocalises. L'aria semble avoir été écrite, à l'origine, pour permettre à la belle-sœur de Mozart, Josefa Hofer, qui créa le rôle, de déployer toute l'agilité de sa technique. Mais elle est aussi révéla-

trice du caractère aveuglé et passionné du personnage. Les dames reviennent délivrent Papageno de son cadenas, et lui remettent un carillon tandis qu'elle offrent à Tamino une flûte en or Grâce à ces instruments magiques, il pourront triompher des épreuves du voyage qu'ils vont entreprendre, guidé par trois jeunes garçons. Le quintette « Hm, hm, hm ! Der Arme kann von Strafe sagen » (Le pauvre diable peut bien parler de punition), tout à fait enchanteur, a permis d'introduire le thème que l'on associera plus tard aux génies (les trois garçons) ; il possède une qualité particulière, surnaturelle, que l'on peut appeler « magique ».

Une salle du palais de Sarastro. Un Maure brutal, Monostatos, poursuit Pamina de ses assiduités importunes. Survient Papageno, dont la seule vue fait fuir Monostatos. L'oiseleur reconnaît en Pamina la fille de la Reine de la Nuit ; il lui assure qu'elle sera bientôt délivrée par celui qui l'aime sans l'avoir pourtant jamais vue — voilà bien quelque chose qui ne m'arrivera jamais, se lamente-t-il. Pamina, pour le consoler, chante un délicieux air en la bémol, lui assurant qu'il connaîtra bientôt l'amour : « Bei Männern welche Liebe fühlen, fehlt auch ein gutes Herze nicht » (La douce voix de notre mère, la Nature, éveille l'amour chez les oiseaux, les bêtes et les fleurs).

Le finale est chanté dans une clairière bordée, sur trois côtés, des trois temples dédiés à la Sagesse, à la Raison et à la Nature. C'est là que Tamino est conduit par les trois génies qui lui recommandent de rester « silencieux, patient et persévérant ». Dans une aria qui exprime admirablement l'éveil de la prise de conscience chez Tamino, celui-ci décide de pénétrer dans les temples. L'accès des deux premiers lui est refusé, mais un prêtre sort du troisième pour lui expliquer que Sarastro n'est ni un tyran ni un magicien néfaste comme la Reine de la

Nuit a voulu le lui faire croire, mais un sage au noble caractère. L'atmosphère solennelle de leur dialogue — extraordinaire exemple d'un discours musical renforçant les paroles avec logique — suscite en Tamino un désir croissant de connaissance, et son récitatif « O ew'ge Nacht » (Ô nuit sans fin) prend la forme de questions auxquelles répond un chœur invisible et encourageant. Il prend sa flûte et s'en accompagne pour chanter « Wie stark is nicht dein Zauberton » (Ô puissance de ta mélodie magique). Les bêtes sauvages sortent de leurs repaires et viennent se coucher à ses pieds. Il entend le pipeau de Papageno, et se

précipite à sa rencontre. Papageno entre en scène avec Pamina. Leur duo « Schnelle Füsse, rascher Mut » (Dépêchons-nous, pleins de courage) est ponctué des appels du pipeau et des réponses de la flûte; il devient un trio quand ils sont rattrapés par Monostatos, qui envoie chercher des chaînes pour les tenir prisonniers.

Papageno se souvient qu'il a un dernier atout et agite son carillon magique. Le Maure et ses esclaves se mettent à danser en l'entendant. Il se réjouit avec Pamina de leur avoir ainsi échappé, mais une fanfare de trompettes et un chœur chantant les louanges de Sarastro les interrompent. Papageno se demande ce qu'ils vont bien pouvoir lui dire. « Die Wahrheit »

(La vérité) répond fièrement Pamina, finissant par cette phrase l'intermède comique de la fuite, et consacrant la solennité de la procession de Sarastro. Elle s'agenouille aux pieds de ce dernier et lui explique qu'elle essayait d'échapper à Monostatos. Sarastro la rassure. Monostatos apparaît, traînant Tamino derrière lui, et le dénonce à Sarastro en des termes qui s'apparentent fortement au « style turc » de Mozart (voir *L'Enlèvement au sérail*); mais au lieu de la récompense qu'il espérait, il est condamné à être fouetté. Le moment enchanteur de la première rencontre de Tamino et Pamina s'inscrit dans cette partie du finale. Sur ordre de Sarastro, ils sont tous deux conduits au Temple des Épreuves où ils devront prouver qu'ils sont dignes du bonheur supérieur.

Acte II. Le rideau se lève sur une palmeraie proche du Temple, accompagné d'un *andante* solennel. Sarastro informe les prêtres de ses projets. Les dieux ont décidé que Pamina deviendrait l'épouse du jeune et noble Tamino. Cependant, Tamino doit faire lui-même la preuve de sa valeur pour pouvoir être admis dans le Temple. Sarastro a pris sous sa protection Pamina, fille de la Reine de la Nuit à qui l'on doit les malheurs et la superstition. Le jeune couple devra traverser victorieusement de difficiles épreuves avant de pénétrer dans le Temple de la Lumière et de pouvoir ainsi déjouer les sinistres machinations de la Reine. Entre ces déclarations, les prêtres jouent de la trompette, reprenant les accords déjà entendus dans l'ouverture. Sarastro prie Isis et Osiris d'accorder la force aux deux jeunes gens qui aspirent à la sagesse : « O Isis und Osiris ».

La cour du Temple. Les épreuves de Tamino et de Papageno vont commencer. Les prêtres les avertissent qu'ils peuvent mourir dans leur quête de la Vérité; puis ils leur enjoignent, comme première phase d'initiation, de garder

un silence complet. Dans le duo
« Bewahret euch vor Weibertücken »
(Prenez garde aux supercheries des
femmes), deux prêtres les préviennent
de ce qui arrivera s'ils manquent
à leur vœu de silence. Restés seuls
dans l'obscurité, les deux novices sont
confrontés aux trois dames de la
Reine de la Nuit ; dans le quintette qui
suit, elles tentent de les persuader
d'abandonner leur quête de la Vérité ;
mais Tamino et même Papageno —
fermement soutenu par Tamino, il est
vrai — opposent à leurs questions un
silence impassible. Les prêtres réapparaissent pour les féliciter d'avoir
triomphé de la première épreuve.

Le décor change. Pamina est étendue
assoupie dans un jardin. Le Maure se
glisse silencieusement vers elle et
entreprend ce qu'Einstein décrit
comme « une danse grotesque et phal-
lique », et une aria qui est à peu près
de la même qualité, « Alles fühlt der
Liebe Freuden » (Pris par la fièvre
de la passion). Mozart avait lui-même
précisé que l'accompagnement de
l'aria devait être « joué très doucement,
comme si la musique venait de très
loin ». Monostatos s'approche de
Pamina, mais recule vivement au cri de
« Zurück », lancé par la Reine de la
Nuit. Elle jette un poignard à sa fille
et lui ordonne de l'utiliser pour tuer
Sarastro. Dans l'aria « Der Hölle
Rache kocht in meinem Herzen »
(La vengeance de l'Enfer consume
mon cœur), on peut sentir les éclairs
de rage éclater dans la musique, exprimés par des vocalises *staccato* chargées
de passion, quatre contre-fa, et une
impulsion illimitée. Puis elle disparaît
dans un fracas de coups de tonnerre.
Monostatos revient, menace de dé-

noncer le complot (auquel Pamina
n'a jamais accepté de participer) et
exige son amour comme prix de son
silence. Sarastro intervient juste à
temps pour écarter le Maure et celui-
ci s'enfuit en jurant d'essayer sa chance
auprès de la mère, puisqu'il a échoué
avec la fille. Pamina plaide en faveur
de sa mère, mais Sarastro lui promet
qu'il ne songe nullement à se venger
« In diesen heil'gen Hallen kennt man
die Rache nicht » (Dans les murs de
ce temple, nous ignorons la pensée de
vengeance). La noblesse de l'expression
musicale égale ici, si elle ne surpasse,
celle d'« Isis und Osiris ».

Une salle. Les prêtres, après avoir
enjoint à Papageno et à Tamino de
garder une fois de plus le silence, les
laissent seuls. Papageno, néanmoins, se
parle à lui-même, et engage bientôt
une longue conversation avec une
vieille commère qui se présente sous le
nom de Papagena, la bien-aimée qu'il
ne connaît pas encore. Un coup de
tonnerre le fait fuir, et les trois génies
la remplacent, apportant la flûte et le
carillon ainsi qu'une table chargée de
mets, et chantant les mêmes airs qu'à
leur première apparition. Pamina, qui
ignore tout de leur vœu de silence,
s'avance vers les deux novices, laissant
apparaître sa joie d'avoir enfin trouvé
Tamino. Mais son bonheur est de
courte durée et toute sa foi en la fidélité humaine s'effondre quand elle
n'obtient aucune réponse de son bien-
aimé : « Ach, ich fühl's, es ist ver-
schwunden » (Ah, je sens qu'elle est
disparue à jamais). Le mélange de
maturité et d'innocence qui la caractérise depuis le début atteint son expression la plus parfaite dans cette aria en
sol mineur.

Une crypte à l'intérieur du Temple. Les prêtres chantent un solennel chœur *adagio* à la louange d'Isis et d'Osiris; puis Sarastro met Pamina en présence de Tamino, pour lui faire ses derniers adieux. « Soll ich dich, Teurer, nicht mehr seh'n ? » (Ne te verrai-je plus jamais ?) lui demande-t-elle.

Revenons à Papageno, à qui l'on accorde la réalisation d'un vœu, mais d'un seul : il demande du vin, et semble être vaguement déçu après l'avoir bu. Que lui manque-t-il donc ? « Ein Mädchen oder Weibchen wünscht Papageno sich » (Une fiancée, ou une petite épouse, voilà le vœu de Papageno). Son aria est composée de trois strophes *andante* entre lesquelles est repris le refrain *allegro*, et le *Glockenspiel ritornelli* se complique à chaque fois davantage. La vieille femme revient vers lui dès qu'il a fini de chanter, et le menace des pires sévices s'il ne lui jure pas fidélité; ce qu'il fait aussitôt, et elle se transforme en une jeune et charmante compagne, également couverte de plumes — mais le pauvre Papageno est fermement écarté d'elle par un prêtre, sous prétexte qu'il ne s'en est pas encore montré digne.

Dans un jardin, les trois génies chantent les joies symboliques du soleil levant dont les rayons éloignent les terreurs de la nuit et annoncent le règne de la lumière et le l'amour : « Bald prangt, den Morgen zu verkünden » (Le soleil brille pour annoncer le matin).

Ne se sachant pas observée, Pamina en vient à penser au suicide : « Du also bist mein Bräutigam ? Durch dich vollend'ich meinen Gram » (Il n'est plus d'autre moyen que celui-ci pour mettre fin à mes tourments); mais les génies l'en empêchent et la consolent en chantant un air d'une tendresse extrême. Deux hommes en armes apparaissent, gardant une porte. Les hommes d'armes annoncent l'épreuve du feu et de l'eau, dans un morceau construit comme un prélude choral, tandis que l'orchestre élabore un *fugato* autour de ce choral « Ach Gott vom Himmel sieh' darein ».

Tamino se déclare prêt. Pamina se joint à lui pour ces ultimes épreuves. Il exprime sa joie de la revoir et de pouvoir lui parler librement en des termes ardents qui annoncent la simplicité émouvante du duo qui s'ensuit et qui devient un quatuor à l'entrée des deux soldats.

Les souffrances de Pamina semblent avoir fait naître en elle une étonnante sérénité, une sagesse même; c'est elle, en quelque sorte, qui guide Tamino à travers les épreuves du feu et de l'eau, tandis qu'un *adagio* pour flûte seule les accompagne. Enfin ils sont accueillis dans le temple par Sarastro et les prêtres.

Ici intervient la grande scène du faux suicide de Papageno, sorte d'épreuve sur le mode comique faisant pendant aux vraies épreuves endurées par Tamino et Pamina. « Papagena, Papagena ! » est un air bien plus sérieux que ceux jusqu'ici réservés à l'oiseleur; et pourtant, il fait bientôt appel à quiconque, dans le public, voudra bien venir le sauver, ce qui provoque l'intervention des génies : la *scena* se termine dans la joie, avec un carillon de cloches, et elle est suivie d'un duo où Papageno et Papagena pérorent irrésistiblement.

Monostatos mène devant le Temple la Reine de la Nuit et ses dames qui ont décidé de tenter une dernière fois de se venger de Sarastro. Mais elles apparaissent au moment même où la scène est inondée de lumière, et les forces de la nuit s'évanouissent devant l'apparition de Sarastro et un chœur célèbre les mérites des nouveaux initiés. La flûte enchantée qui les avait fidèlement accompagnés dans leurs épreuves joue les dernières notes de l'opéra.

K., H.

Le XIXeme siècle

Le XIXᵉ siècle

7. L'Opéra allemand

LUDWIG VAN BEETHOVEN
(1770-1827)

Fidelio

Opéra en 2 actes de Beethoven; liv. de Joseph et Georg Friedrich Sonnleithner d'après le drame de Jean Nicolas Bouilly. Créé au Theater an der Wien, Vienne, 20 novembre 1805 (en 3 actes), avec Anna Milder, Louise Müller, Demmer, Meier, Rothe, Weinkopf et Cache, dir. de l'auteur; puis représenté en 2 actes le 29 mars 1806. Joué pour la première fois dans sa forme définitive en 1814 au Kärnthnerthor Theatre à Vienne. Représenté pour la première fois à Paris en 1825, à l'Odéon (version française de Castil-Blaze), puis par une troupe allemande, avec Haitzinger et Mme Schröder-Devrient; 1829, salle Favart, puis 1852 au Théâtre des Italiens, avec Sophie Cruvelli. L'œuvre entra au répertoire de l'Opéra-Comique en 1898, avec Rose Caron, dir. A. Messager, puis à celui de l'Opéra en 1937, avec Lubin, Schoene, dir. Gaubert. Reprise en 1960, dir. Knappertsbusch. Première en Angleterre : 1832, Haymarket Theatre, Londres (en all.); 1835, Covent Garden (en angl.) avec la Malibran; New York, 1839 (en angl.) et 1856 (en all.). Reprises : Covent Garden, 1927 avec Wildbrunn, Krauss et Bender, dir. Bruno Walter; 1934 avec Lotte Lehmann, Völker et Kipnis, dir. Beecham; 1961, avec Jurinac, Vickers, Hotter, Frick, dir. Klemperer. A Salzbourg : 1927-1936, avec Lotte Lehmann; 1927, Schumann, Piccaver, Jerger, Mayr, dir. Schalk; 1932, dir. Richard Strauss; 1936, dir. Toscanini; 1948-1950, avec Schlüter et Flagstad, dir. Furtwängler.

PERSONNAGES

FLORESTAN, *aristocrate espagnol* (ténor); LEONORA, *son épouse, déguisée en Fidelio* (soprano); DON FERNANDO, *ambassadeur du roi* (basse); DON PIZZARO, *gouverneur de la prison* (baryton); ROCCO, *premier geôlier* (basse); MARCELLINA, *fille de Rocco* (soprano); JACQUINO, *assistant de Rocco* (ténor).

Des soldats, des prisonniers.
Dans une forteresse, près de Séville, au XVIIIe siècle.

Le livret, qui attira le compositeur par la pureté et l'idéalisme de son sujet, ne fut pas écrit pour lui. Le livre français de Bouilly avait été utilisé par trois compositeurs : Pierre Gaveaux (1798), Simon Mayr (1805), professeur de Donizetti et auteur de plus de 70 opéras, et Paer (1804).

C'est Schikaneder, le librettiste et metteur en scène de *La Flûte enchantée* de Mozart, qui commanda un opéra à Beethoven. Mais l'œuvre fut achevée pour le baron von Braun, devenu entre-temps directeur du Theater an der Wien.

Beethoven était profondément attaché à cette œuvre. Il s'y consacra jusque dans les moindres détails : 16 ébauches furent composées pour le début du premier air de Florestan, et 346 pages d'esquisses pour l'opéra entier. Il continua d'y travailler une fois l'opéra achevé et représenté.

Un ami de Schubert, Joseph Sonnleithner, traduisit et adapta pour Beethoven le livret de Bouilly. L'opéra fut créé le 20 novembre 1805, et joué les deux soirs suivants. Ce fut un échec. Les Français occupaient Vienne, que l'empereur d'Autriche et sa cour avaient abandonnée, et l'atmosphère était peu propice. Les amis de Beethoven ne mirent cependant pas cet échec sur le compte des circonstances défavorables. L'œuvre avait des défauts, qui apparurent encore un siècle plus tard, à l'occasion de la reprise de la version originale pour le centenaire de *Fidelio*, à Berlin.

Pour y remédier, un ami de l'auteur, Stephen von Breuning, réduisit les trois actes à deux, et Beethoven modifia la partition. Cette seconde version fut présentée le 29 mars 1806 et fut mieux accueillie que la première. Mais une querelle qui l'opposait à von Braun incita Beethoven à la retirer. Il semble que 7 années aient passé avant le rétablissement de l'*entente cordiale* entre les deux hommes.

Le baron von Braun confia alors le texte à un librettiste professionnel, Georg Friedrich Treitschke. Beethoven fut très satisfait de cette révision et entreprit à son tour de revoir la partition. C'est dans cette nouvelle forme que *Fidelio* fut joué le 23 mai 1814 au Theater am Kärnthnerthor, et emporta cette fois-là un réel succès. L'opéra entra au répertoire, et quand, 8 ans plus tard, Mme Schröder-Devrient chanta le rôle de Fidelio, elle obtint un triomphe.

Quatre ouvertures furent composées pour cette œuvre : 3 intitulées *Leonore* (n°s 1, 2, 3) et la 4e *Fidelio*. Les ouvertures *Leonore* sont incorrectement numérotées. C'est le n° 2 qui fut jouée le soir de la création et qui doit, par suite, porter le n° 1. Le n° 3, la plus grande et la plus célèbre à juste titre, est en fait le n° 2. Celle qu'on appelle n° 1 était prévue pour une représentation à Prague qui n'eut jamais lieu. La partition et les parties vocales furent retrouvées après la mort de l'auteur, de la main d'un copiste mais annotées par Beethoven. L'ouverture *Fidelio* était prévue pour la seconde version; mais comme elle ne fut pas prête à temps, on lui substitua celle des *Ruines d'Athènes*. En général, c'est l'ouverture de *Fidelio* que l'on joue avant l'opéra, et la *Leonore* n° 3 que l'on insère entre les deux scènes de l'acte II.[1]

Florestan, noble seigneur espagnol, s'est attiré la haine de Pizzaro, gouverneur d'une sinistre forteresse médiévale où sont enfermés des prisonniers politiques. Pizzaro a secrètement réussi à s'emparer de Florestan et à le jeter dans le plus sombre donjon de la forteresse, faisant en même temps courir le bruit de sa mort.

Cependant, Leonore, la femme de Florestan, soupçonne la vérité. Le motif principal de l'opéra est la fidélité

1. Mais cette pratique n'a pas rencontré une approbation universelle (sauf peut-être parmi les chefs d'orchestre, qui y voient l'occasion d'un solo). *Leonore* 3 reprend beaucoup d'éléments de la scène qui précède, détruit l'effet de soleil éclatant et de dissolution que produit le do majeur de la scène finale quand il n'est pas précédé de musique dans le même ton, et détruit entièrement l'équilibre dramatique de tout l'acte.

de cette femme, les dangers qu'elle affronte pour secourir son époux, et le triomphe final de l'amour conjugal sur les machinations sinistres de Pizzaro. Fidelio est le nom qu'emprunte Leonore quand, déguisée en homme, elle se fait employer comme assistante de Rocco, le chef geôlier de la prison dont elle gagne la sympathie et celle de sa fille Marcellina. Celle-ci, en fait, préfère de loin Fidelio, jeune et avenant, à Jacquino, le guichetier, qui croyait bien jusqu'alors l'épouser. Leonore ne peut révéler la vérité à la jeune fille sans compromettre ses plans.

Acte I. Vif duo où Jacquino presse Marcellina, qui repousse ses avances. Restée seule, elle exprime sa compassion pour lui, et son désir d'être unie à Fidelio : « O wär' ich schon mit dir vereint ».

Son père, puis Fidelio, la rejoignent. Marcellina, le voyant épuisé, se précipite pour le débarrasser de son fardeau. Rocco fait une allusion bienveillante à ce qu'il croit être l'intérêt que se portent les deux jeunes gens. Ce qui mène à un quatuor en canon, l'un des plus beaux passages de l'opéra, « Mir ist so wunderbar » (Quelle surprenante émotion).

Rocco chante les louanges de l'argent et son utilité pour les jeunes gens qui se marient, « Hat man nicht auch Gold beineben » (La vie n'est rien sans l'argent). Ce personnage jovial et vulgaire forme un curieux contraste avec le quatuor précédent. La situation de Leonora est devenue des plus scabreuses, mais il importe qu'elle continue de porter ce déguisement si elle veut sauver son mari.

D'après une description que Rocco fait de ses prisonniers, Leonora est convaincue de ce qu'elle soupçonnait : son époux est bien dans cette forteresse, mais dans le cachot le plus

profond. Trio où domine le « Ich habe Muth » de Leonora.

Une courte marche, au rythme prononcé et caractéristique, annonce l'arrivée de Pizzaro pendant le changement de décor. Une dépêche l'avertit que Fernando, ministre du roi, ayant appris que Pizzaro usait de son pouvoir de gouverneur pour servir ses vengeances personnelles doit venir visiter la forteresse. Pizzaro décide d'en finir avec Florestan. Son aria « Ha ! welch' ein Augenblick ! » (Ah ! le moment décisif !) est l'une des arias pour basse les plus lourdes et les plus difficiles du répertoire dramatique; mais son efficacité est indéniable.

Pizzaro fait placer sur les remparts un trompette et une sentinelle chargés de surveiller la route de Séville. Le trompette devra sonner dès qu'il apercevra l'équipage officiel. S'étant ainsi assuré qu'il serait averti à temps, il lance une bourse bien remplie à Rocco et lui ordonne « pour la sûreté de l'État » de se débarrasser du plus dangereux des prisonniers, c'est-à-dire Florestan. Rocco refuse de commettre un crime; mais quand Pizzaro lui assure qu'il le fera lui-même, il consent à creuser une tombe dans une vieille citerne qui se trouve dans les caves.

Aria de Leonora, qui a entendu leur conversation : « Abscheulicher ! wo eilst du hin ? » (Homme horrible ! Où cours-tu donc ainsi ?). Elle exprime de façon bouleversante l'espoir que l'amour et la fidélité, avec l'aide de la Providence, sauveront la vie de son époux. Le récitatif, l'air *andante* et le finale rapide sont construits sur le mode rendu familier par Mozart dans « Dove sono » et, plus tard, par les opéras de Weber. « Abscheulicher » est l'un des exemples les plus célèbres de ce genre de *scena*. Elle apprend qu'elle doit aider Rocco à creuser la tombe. Elle sera ainsi près de son époux et pourra, soit l'aider, soit mourir avec lui.

Les prisonniers de l'étage supérieur ont obtenu le droit de sortir, grâce à l'intervention de Leonora et à l'occasion de l'anniversaire du roi. Leurs cellules sont ouvertes, et on leur permet de marcher dans le jardin de la forteresse jusqu'à ce que Pizzaro, furieux, intervienne. Le chœur des prisonniers est l'un des passages les plus significatifs de la partition.

Acte II. Le cachot où Florestan est enchaîné. L'acte commence par son récitatif et air, qui forment un pendant parfait au « Komm Hoffnung » de Leonora à l'acte I :

Le duo que chuchotent Leonora et Rocco en creusant la tombe et l'accompagnement orchestral soulignent le caractère macabre de la scène.

Leonora croit reconnaître son mari et obtient de Rocco la permission de lui donner quelque nourriture. Ses remerciements émus devant une bonté inattendue, l'anxiété qu'elle exprime en le reconnaissant et le pressentiment de Rocco devant la détresse immense

du prisonnier sont les trois éléments d'un trio d'une admirable beauté.

Pizzaro pénètre dans la cave, se fait reconnaître de son ennemi et dégaine son poignard pour le tuer. Leonora se jette entre eux; repoussée elle braque sur Pizzaro un pistolet et s'écrie : « Tuez d'abord sa femme ! »

La trompette retentit. Jacquino apparaît et annonce que le ministre du roi est aux portes de la forteresse. Florestan est sauvé, le quatuor se termine sur la défaite de Pizzaro. Un duo extasié réunit les époux : « O namenlose Freude » (O joie inexprimable).

Le ministre se révèle être un ami de Florestan, il fait arrêter Pizzaro. L'opéra finit par un chœur de réjouissances « Wer ein solches Weib errungen » (Lui, qu'une telle épouse a adoré).

K.

CARL MARIA VON WEBER
(1786-1826)

Der Freischütz
Le Freischütz

Opéra en 3 actes de Weber; liv. de Johann Friedrich Kind. Créé au Schauspielhaus, Berlin, le 18 juin 1821, avec Mmes Seidler, Eunicke, et MM. Stümer et Blume. Première à l'English Opera House, Londres, 1824, avec Mlles Noel et Povey, et MM. Braham, Baker, Bartley et Bennet; en allemand, 1832 au Théâtre de Sa Majesté. Première à New York, en 1825, en anglais et en 1845 en allemand; au Metropolitan, 1884. Création en français (version Castil-Blaze) à l'Odéon, sous le titre Robin des Bois, en 1824, et première à l'Opéra de Paris en 1841 (version Pacini et Berlioz) avec Mmes Stolz, Nau, MM. Bouché, Marie, Massol, dir. Habeneck. Costa écrivit des récitatifs en remplacement des dialogues parlés pour la représentation de l'opéra en italien à Covent Garden, 1825; Berlioz fit de même quand l'œuvre fut donnée à l'Opéra de Paris, en 1841. Reprises : Covent Garden, 1935 (en angl.), dir. Beecham; à Salzbourg, 1954, avec Grümmer, Streich, Hopf, Böhme, dir. Furtwängler; à la Scala, 1955, avec Vittoria de Los Angeles, Ratti, Francesco Albanese, Rossi-Lemeni, dir. Giulini.

PERSONNAGES

LE PRINCE OTTOKAR (baryton); CUNO, *chef garde forestier* (basse); MAX, *un forestier* (ténor); GASPARD, *un forestier* (basse); KILIAN, *riche paysan* (ténor); UN ERMITE (basse); SAMIEL, *le chasseur fantôme* (rôle parlé); AGATHE, *fille de Cuno* (soprano); ANNETTE, *sa cousine* (soprano).

L'action se passe en Bohême au milieu du XVIIe siècle.

L'ouverture du *Freischütz* utilise sans réserve les mélodies que l'on entendra ensuite dans l'opéra.

Acte I. La lisière de la forêt. Le paysan Kilian vient de vaincre le forestier Max dans un concours de tir. Max, plus habitué aux armes à feu, aurait dû gagner, et il est vexé d'avoir été surpassé par un paysan et d'essuyer les moqueries des villageois. Le garde forestier Cuno est inquiet de l'échec de Max. Un concours doit avoir lieu le lendemain en présence du prince Ottokar. La main de sa fille, Agathe, ainsi que la succession à sa charge de garde forestier seront accordées au vainqueur du concours, et Max doit remporter la palme. Max, Gaspard et Cuno chantent un trio accompagné d'un chœur (« O diese Sonne ! »), suivi d'une valse courte, tandis que les paysans célèbrent en dansant la fin de la compétition. Max est désespéré, il semble avoir perdu toute son adresse au tir, et par suite toute chance d'obtenir la main d'Agathe. La première partie de cette *scena* « Durch die Wälder, durch die Auen » (A travers les forêts et les prairies) est une mélodie d'une grande beauté; mais elle prend un tour assez sinistre lorsque Samiel, que Max ne peut pas voir, laisse planer dans le fond son ombre menaçante. Gaspard, un autre garde forestier au sombre visage et au caractère inquiétant, s'approche de Max après le départ des autres. Il lui tend son fusil et désigne un aigle qui plane loin au-dessus de leurs têtes. Max tire, l'oiseau tombe mort à ses pieds. Gaspard lui explique que l'arme était chargée d'une balle enchantée et que ces balles ne ratent jamais leur cible (*Der Freischütz* ne peut se traduire que par « tireur d'élite », c'est-à-dire celui qui tire des balles magiques). Si Max le rencontre à minuit dans la Vallée du Loup, ils fondront ensemble des balles dont l'une lui permettra de vaincre.

Max, pour qui cette victoire signifie tout, accepte. La chanson bachique de Gaspard, avant qu'il ne tente Max, est d'une gaieté forcée. Elle se termine par un rire grotesque, indiquant qu'il est un familier de Samiel, le chasseur fantôme. L'acte se termine par une aria de Gaspard.

Acte II. La chambre d'Agathe chez le garde forestier. Agathe et Annette chantent un duo ravissant qui se termine par un air espiègle d'Annette : « Kommt ein schlanker Bursch gegangen » (Qu'un charmant jeune homme vienne me faire la cour). Mais Agathe a de sombres pressentiments que la vivacité de sa cousine n'arrive pas à dissiper. Une fois seule, elle ouvre la porte et s'avance sur le balcon. Elle entonne au clair de lune cette prière d'une exquise simplicité : « Leise, leise, fromme Weise » (Doucement, doucement, ma pure chanson).

Max arrive, aussitôt suivi d'Annette; mais il ne peut s'attarder car il a tiré un daim dans la Vallée du Loup et doit aller le chercher. La scène se termine par un trio où les deux jeunes filles tentent en vain de le mettre en garde contre ce lieu hanté.

La Vallée du Loup, le repaire de Samiel le chasseur fantôme (autrement dit, le diable), à qui Gaspard a vendu son âme. Samiel est prêt à lui accorder un bref sursis sur terre, à condition qu'il lui cède Max. Le jeune garde forestier rejoint Gaspard dans la Vallée du Loup et ils fondent ensemble les sept balles magiques dont six doivent atteindre leur cible et la septième obéir à la volonté de Samiel.

Le fantôme de la mère de Max lui apparaît, l'exhortant à s'enfuir. Des animaux effrayants et repoussants sortent en rampant des rochers, en crachant des flammes, l'orage éclate, la terre tremble, et un coup de foudre clôt la scène.

Acte III. Après une brève introduction suggérant le chœur des chasseurs qui interviendra plus tard, l'acte commence par une brève scène forestière, où Max demande à Gaspard s'il lui reste encore des balles enchantées. Elles ont toutes été tirées et Max n'en possède plus qu'une... Agathe chante la charmante cavatine « Und ob die Wolke » (Même quand il est caché par les nuages), dont la mélodie atteint une beauté d'expression que Weber lui-même n'a jamais surpassée. Agathe est parée pour le concours de tir qui fera d'elle la femme de Max s'il est vainqueur. Annette chante seule un air, suivi du chœur des jeunes filles qui entrent en tressant la couronne de la mariée. C'est le

morceau que Richard Wagner, alors âgé de sept ans, jouait dans la pièce voisine de la chambre où son beau-père, Ludwig Geyer, se mourait. L'entendant jouer le chœur des filles d'honneur, Geyer se tourna vers sa femme, la mère de Wagner, et dit : « S'il était doué pour la musique ! »

La dernière scène, celle du concours de tir, commence par le joyeux chœur des chasseurs. Le tour de Max est arrivé; il ne lui reste plus que la balle contrôlée par Samiel, mais il ne le sait pas. Gaspard, qui souhaite que Max soit la victime de Samiel, grimpe dans un arbre pour observer la scène en toute sécurité. Le concours se déroule devant les villageois et le prince Ottokar. Il désigne à Max une colombe en vol et celui-ci met en joue son fusil. Agathe apparaît alors, accompagnée d'un ermite; elle crie à Max de ne pas tirer, car elle est cette colombe; mais le coup est déjà parti et Agathe s'effondre, évanouie seulement, tandis que Gaspard, blessé à mort, tombe de son arbre et expire en maudissant le ciel. Agathe, en s'éveillant, appelle Max. Celui-ci avoue au prince avoir été séduit par les mensonges de Gaspard et avoir coulé avec lui les balles magiques. Le prince le chasse, mais tous implorent sa clémence. L'ermite demande la grâce de Max contre une année d'épreuves; s'il est encore, dans un an, bon et gai comme il l'a toujours été, que la main d'Agathe lui appartienne. Le prince accepte. L'opéra finit par la jubilante mélodie qu'Agathe chantait au second acte.

Der Freischütz tient une place importante dans l'histoire de la musique et de l'opéra en particulier. Si quelqu'un a pu prétendre au titre de fondateur de l'École romantique allemande — qui a connu son épanouissement avec Wagner, et son apogée peut-être, avec Strauss — c'est bien Weber. La structure de l'ouverture du *Freischütz* n'est pas sans ressembler à celle de *Tannhäuser*. Il y a aussi une parenté d'allure entre la jubilation d'Agathe et l'hymne de Vénus dans *Tannhäuser*. Wagner, d'ailleurs, vénérait Weber. Sans pour autant suggérer le plagiat, il faut admettre que la ligne du discours musical de Wagner est celle de Weber. La construction générale des finales du 1er acte, dans *Tannhäuser* comme dans *Lohengrin*, évoque Weber de façon évidente.

Mais Weber est bien plus que le simple précurseur de Wagner, tout comme Bellini a eu d'autres qualités que celle de précéder Verdi. Weber est l'un des grands mélodistes de l'histoire de la musique, et peut-être le seul compositeur romantique qui ait su préserver entièrement la fraîcheur de la musique tout en introduisant l'élément littéraire.

K., H.

Euryanthe

Opéra en 3 actes de Weber; liv. d'Helmine von Chezy, d'après l'Histoire de Gérard de Nevers et de la belle et vertueuse Euryanthe, sa mie. C'est le seul « grand opéra » de Weber (c'est-à-dire sans dialogues parlés). Créé le 25 octobre 1823 au Kärnthnerthor Theatre, à Vienne, avec Henriette Sontag. Créé en France, à l'Opéra, 1831 (version fr. de Castil-Blaze) avec Dabadie, Nourrit, Mme Damoreau-Cinti; au Théâtre Lyrique, 1857 (version Saint-Georges et Leuven). Ces versions sont des adaptations très lointaines du liv. allemand. Covent Garden, 1833, (en all.). Première américaine, Metropolitan de New York, 1877, avec Lilli Lehmann, Marianne Brandt, Max Alvary, Emil Fischer, dir. Anton Seidl. Reprises : Festival de Salzbourg, 1937, dir. Bruno Walter; Festival d'Edimbourg, 1958, dir. Giulini.

PERSONNAGES

EURYANTHE DE SAVOIE (soprano); ÉGLANTINE DE PUISET (mezzo-soprano); COMTE LYSIART DE FORÊT (baryton); COMTE ADOLAR DE NEVERS (ténor); LOUIS VII (basse); RODOLPHE, *chevalier* (ténor); BERTHA (soprano),

L'action se passe en France au début du XIIe siècle.

Acte I. Le palais du roi. Le comte Adolar chante la beauté et la vertu de sa bien-aimée Euryanthe. Le comte Lysiart le raille et prétend qu'il peut la détourner du droit chemin. Les deux gentilshommes mettent leurs possessions en jeu sur cette affirmation.

Le jardin du palais de Nevers. Euryanthe chante son amour pour Adolar. Églantine, fille d'un sujet rebelle qui a été emprisonné, a obtenu, grâce à l'intervention d'Euryanthe, la permission d'aller librement dans le domaine. Elle aussi est éprise d'Adolar. Elle pressent qu'Euryanthe et son

amant partagent un secret. Espérant les séparer, elle gagne la confiance d'Euryanthe; celle-ci lui apprend que la sœur d'Adolar, qui repose dans la tombe solitaire du jardin, leur est apparue. Elle leur a avoué qu'après la mort de son amant, tué sur le champ de bataille, elle a bu le poison contenu dans le chaton de sa bague; son âme ne trouvera le repos que lorsqu'une victime injustement accusée mouillera l'anneau de ses larmes. Adolar a fait jurer à Euryanthe de garder ce secret. Elle regrette de l'avoir révélé à Églantine, mais il est déjà trop tard. Lysiart vient chercher Euryanthe pour l'emmener au palais royal.

Acte II. Lysiart désespère de gagner son pari, quand Églantine sort de la tombe avec l'anneau et lui en révèle le secret. Arrivé au palais royal, Lysiart annonce devant une brillante assemblée qu'il a gagné son pari, montre l'anneau comme preuve, et prétend qu'Euryanthe lui en a confié le secret. Celle-ci clame en vain son innocence; Adolar renonce à son titre et à ses possessions et entraîne Euryanthe dans la forêt où il a l'intention de la tuer avant de se donner lui-même la mort.

Acte III. Adolar s'apprête à tuer Euryanthe quand survient un énorme serpent, Euryanthe s'interpose pour protéger Adolar. Celui-ci tue le serpent et, malgré les supplications d'Euryanthe, il l'épargne et l'abandonne à la protection du ciel. Le roi la découvre; elle lui conte son histoire et, quand elle lui révèle que Lysiart a obtenu l'anneau par Églantine, il lui promet de la venger.

Les jardins de Nevers, où l'on prépare les noces de Lysiart et d'Églantine. Adolar fait son entrée revêtu d'une armure noire, la visière de son heaume baissée. Eglantine, dans un accès de folie, avoue être responsable de l'injuste sort d'Euryanthe. Adolar révèle alors son identité et provoque Lysiart en duel. A peine ont-ils dégainé que le roi apparaît. Pour punir Adolar de ne pas avoir cru Euryanthe, il lui fait croire qu'elle est morte. Églantine triomphe en apprenant la mort de sa rivale et avoue tout le complot. Lysiart la tue.

Euryanthe apparaît et vient se jeter dans les bras d'Adolar. Lysiart est emprisonné et la sœur d'Adolar trouve enfin le repos éternel dans sa tombe, car l'anneau a été baigné des larmes de l'innocente Euryanthe.

L'ouverture mise à part, *Euryanthe* n'a jamais été très populaire. L'ouverture se compose de deux parties d'une grande force dramatique, séparées par le thème étrange de la tombe. Le chœur du début, dans le palais du roi, est éclatant et assez frappant. Adolar chante une magnifique romance « Sous les amandiers en fleur ». Au moment où les chevaliers qui veulent éprouver la fidélité d'Euryanthe se défient, intervient la phrase pleine de force par laquelle l'ouverture commençait. Puis Euryanthe chante une exquise cavatine : « Des carillons dans la vallée », et un duo avec Églantine : « Je suis entourée de nuages menaçants ». La scène d'Églantine est suivie du finale où un chœur accompagne Euryanthe.

Le deuxième acte commence par un récitatif et aria de Lysiart, morceau d'une grande force dramatique exprimant la haine et la défiance : « Où se cacher ? »; puis vient le duo sombrement prémonitoire de Lysiart et Églantine. L'aria tranquille d'Adolar introduite par les bois, comporte une mélodie *allegro* : « Quand le zéphyr apporte la paix », qui apparaissait dans l'ouverture. Euryanthe s'abandonne dans le duo qu'elle chante avec lui : « Je te donne mon âme ». Le finale est un quatuor accompagné d'un chœur. Le chœur des chasseurs au dernier acte, avant que le roi ne découvre Euryanthe, est considéré comme l'une des plus belles créations de Weber.

K.

Oberon

Opéra en 3 actes de Weber; liv. de James Robertson Planché, en angl., d'après une histoire parue dans la Bibliothèque Bleue *sous le titre* Huon de Bordeaux. *Wieland adapta cette histoire pour son poème* Oberon, *et Planché écrivit son liv. d'après la trad. que Sotheby fit du poème de Wieland. Créé à Paris, à l'Opéra-Comique, 1831, par une troupe allemande; repris au Théâtre Lyrique, 1857 (en fr. version Nuitter); première fois à l'Opéra, 1954 (version fr. Kufferath et H. Cain). Première le 12 avril 1826 à Covent Garden, avec M*lle *Paton dans le rôle de Reiza (Rezia dans la version allemande), M*me *Vestris en Fatima, Braham en Huon, et Bland en Oberon, avec l'auteur au pupitre. Première à New York, 1828. Reprises : Metropolitan, 1918, avec Ponselle, Alice Gentle, Martinelli, Althouse, dir. Bodanzky (les récitatifs composés par Bodanzky remplaçant les dialogues parlés); Salzbourg, 1932, en allemand, avec Maria Müller, Lotte Schoene, Helge Roswaenge, dir. Bruno Walter; Festival de Hollande, 1950, (en all.) avec Gré Brouwenstijn, Anna Pollak, Frans Vroons, dir. Monteaux; Festival de Florence, 1952, (en it.), dans les jardins Boboli, mise en scène Herbert Graf; Opéra de Paris, 1953, avec Araujo, Gedda, dir. Cluytens, mise en scène de Maurice Lehmann; Londres, 1970 (B.B.C. version de concert), avec Joan Carlyle, Alberto Remedios, dir. Pritchard.*

PERSONNAGES

LE SIRE HUON DE BORDEAUX (ténor); SHERASMIN, *son écuyer* (baryton); OBERON, *roi des fées* (ténor); PUCK (soprano); REIZA, *fille d'Haroun el Rashid* (soprano); FATIMA, *sa suivante* (mezzo-soprano); UNE NYMPHE DE LA MER (soprano). CHARLEMAGNE, *empereur des Francs,* HAROUN EL RASHID, *calife,* BABEKAN, *prince sarrazin,* ALMANZOR, *émir de Tunis,* ABDULLAH, *corsaire,* TITANIA, *épouse d'Oberon,* ROSHANA, *épouse d'Almanzor,* NAMOUNA, *grand-mère de Fatima,* NADINA, *une femme du harem d'Almanzor* (rôles parlés).

L'ouverture — l'un des morceaux de concert les plus célèbres et les plus populaires — est entièrement composée de pièces que l'on retrouvera dans l'opéra. L'appel du cor au début (ex. 1) y joue un rôle important, tout comme les instruments magiques dans *La Flûte enchantée;* il est suivi d'un motif (ex. 2) qui suggère le pays des fées et où les accords descendants sont joués doucement par les bois; sa légèreté prépare l'atmosphère du chœur des fées du début; suivent deux thèmes doux et mystérieux que l'on retrouvera à la fin de l'opéra sous forme de marche triomphante. Puis l'atmosphère et le tempo changent : un motif orageux apparaît chez les cordes (ex. 3), que l'on retrouvera dans

l'accompagnement du quatuor de l'acte II, quand les quatre amants fuient vers le navire. Les accords féeriques ont pour effet d'adoucir la violente partie *allegro,* et l'on entend à la clarinette un thème d'une grande beauté (ex. 4), que Huon chantera

plus tard dans la grande *scena;* il est repris par les cordes. On entend ensuite un air exaltant, immanquablement typique de Weber (ex. 5),

que l'on identifie comme la fin de la grande aria de Reiza « Océan, ô monstre puissant ». Weber l'introduit, comme il le fait souvent pour ses thèmes triomphants, tout d'abord lentement et discrètement; puis, après récapitulation du matériel existant et introduction d'un thème nouveau et puissant (plus tard associé à Puck, ex. 6), il nous laisse percevoir la force de cet air capiteux, qui termine l'ouverture sur une note animée.

Acte I. Quand le rideau se lève, des fées groupées autour de la tonnelle où somnole Oberon bercent le roi de leurs chants dont émane une atmosphère enchantée. L'exemple 2 ponctue leurs phrases, que l'auteur a marquées *Andante quasi allegretto (sempre tutto pianissimo possibile).* Puck apparaît et explique qu'Oberon s'est brouillé avec son épouse, la fée Titania. Ils ne se réconcilieront que lorsqu'il aura découvert un couple d'amants restés fidèles en dépit de tous les périls et de toutes les tentations. Puck, « l'esprit espiègle » d'Oberon, a parcouru le monde en vain à la recherche de ce couple parfait. Oberon s'éveille et, dans une

aria répondant aux incitations de son introduction *agitato,* se lamente sur le serment fatal qui l'enchaîne. Puck lui apprend qu'un jeune chevalier, Huon de Bordeaux, a tué dans un combat singulier le fils de Charlemagne qui l'avait insulté; l'empereur l'a alors condamné à se rendre à Bagdad pour y tuer celui qui est assis à la droite du calife, et à demander à celui-ci, la main de sa fille.

Oberon décide sur-le-champ d'utiliser ce couple comme instrument de sa réunion avec Titania. Il endort Huon et son écuyer Sherasmin et rend le chevalier amoureux de Reiza qui lui apparaît en songe. Après l'appel du cor que l'on a entendu dans l'ouverture (ex. 1), la jeune fille appelle à l'aide. (Reiza est la forme originale qui apparaît dans la première édition anglaise; elle devient Rezia dans la première édition allemande.)

Oberon réveille Huon au moyen d'une musique enchantée et en obtient la promesse qu'il remplira fidèlement sa mission. D'un geste, il transporte le chevalier et son écuyer à Bagdad. Le contraste entre Huon le mortel et Oberon l'immortel est fortement marqué, et la transformation produit un effet musicalement fort réussi. Accompagné du chœur, Huon exprime sa joie avec force fioritures; il se prépare à accomplir sa mission, comptant sur l'aide du cor enchanté que lui a remis Oberon.

Suivent deux épisodes non musicaux. Dans le premier, Huon et Sherasmin portent secours au prince Babekan, le fiancé de Reiza, qu'un lion a attaqué. Sa mauvaise nature se révèle aussitôt : à peine a-t-il été sauvé qu'il se jette, avec sa suite, sur ses défenseurs. Ceux-ci réussissent à le mettre en fuite. Une vieille femme, Namouna, apprend au chevalier que Reiza doit être mariée le lendemain à Babekan; mais elle a été, tout comme lui, influencée par une vision et a résolu de n'appartenir qu'à celui qui lui est apparu.

Huon dévoile ensuite l'aspect chevaleresque de son caractère dans une grande *scena*. Aux magnifiques fioritures du début succède un charmant *andante* pour violoncelle, qui va exprimer ses sentiments, par opposition à ses résolutions héroïques. Puis l'on revient à l'*allegro energico* du début, pour conclure avec vigueur et netteté.

Le palais d'Haroun el Rashid. Reiza fait part à Fatima de sa décision de rester fidèle au chevalier qui lui est destiné; plutôt la mort qu'une union avec l'abominable Babekan. Grande aria de Reiza : elle jure de rester fidèle au chevalier qui lui est apparu. Fatima lui affirme que son sauveur n'est pas loin, et toutes deux envisagent le bonheur proche dans un simple *duettino*. Marche. Exaltation de Reiza, accompagnée doucement par le chœur des gardes du palais et des eunuques.

Acte II. La cour d'Haroun el Rashid. Un chœur de suivants et d'esclaves chante les louanges du puissant calife; à sa droite se tient le prince Babekan. Il rappelle au calife qu'il doit sans tarder épouser sa fille, et Haroun ordonne que Reiza soit amenée devant · lui. Elle entre, précédée de danseuses et accompagnée par l'orchestre d'un bref *allegretto grazioso*. La musique finit à peine que l'on entend à l'extérieur un bruit d'épées, et l'instant suivant Reiza est dans les bras de son sauveur. Huon sort vainqueur de son combat contre Babekan; il envoûte les assistants avec son cor enchanté et, aidé de Sherasmin, enlève Reiza et Fatima.

Une scène sans musique décrit leur fuite : les quatre fugitifs sont arrêtés par des gardes du palais dont ils se débarrassent grâce au cor enchanté qu'ils perdent ensuite. Plus tard, Fatima entonne un chant nostalgique dans les bras de Sherasmin : « Solitaire servante arabe » (annoté *moderato amoroso* par le compositeur). Les amants embarquent en chantant un quatuor : d'abord les deux femmes répondent aux hommes, puis tous

unissent leurs voix dans un ensemble ravissant, accompagnés par le motif pour cordes de l'ouverture (ex. 3).

Un rivage rocailleux. Puck invoque ses esprits et leur ordonne de provoquer le naufrage du navire où les fugitifs ont embarqué. La musique suggère l'approche de la tempête. Huon réapparaît, soutenant Reiza évanouie. Sa brève prière *adagio* est l'un des plus beaux passages de la partition. Il est exaucé : Reiza reprend connaissance; Huon part à la recherche d'autres survivants du naufrage.

Reiza restée seule s'adresse à la mer, toujours terrible et menaçante : « Océan, ô monstre puissant »; cette aria, justement célèbre dans le répertoire de soprano dramatique, est, avec l'ouverture, le passage le plus connu d'*Oberon*. C'est une longue *scena*, bâtie sur le modèle du grand solo d'Agathe dans le *Freischütz*, mais plus dramatique. Elle est introduite par un grand récitatif, suivi d'une section *allegro con moto* où la tempête est décrite; le calme revient avec le *maestoso assai*, mais pas pour longtemps : un *crescendo* indique que Reiza a vu quelque chose bouger, et la musique atteint le comble de l'animation quand elle comprend qu'il s'agit d'un navire; la fin, *presto con fuoco,* constitue un des passages les plus terrifiants de l'opéra où l'on reconnaît la section finale de l'ouverture (ex. 5).

Mais ce navire est aux mains de pirates. Ils abordent, capturent Reiza et abandonnent Huon, qui tentait de la secourir, sans connaissance sur le rivage.

Nous retrouvons dans le finale une atmosphère très idyllique, typique de Weber. Le chant gracieux et sensuel des Nymphes de la mer, à 6/8, a quelque chose de magique; et toute la scène, avec le duo d'Oberon et de Puck, suivi du long chœur *pianissimo* des fées, est tout simplement admirable.

Acte III. Fatima, sauvée du naufrage, se retrouve avec Sherasmin esclave à Tunis. Elle se plaint de son nouveau sort : « Ô Arabie, chère Arabie, mon pays natal ». Mais sa gaieté naturelle reprend bien vite le dessus avec le refrain « Al, al, al, al, al ». Sherasmin, qui travaille au même endroit pour un nommé Ibrahim, se joint à sa tristesse, mais ils finissent par se réjouir d'être réunis. Puck introduit Huon. Après de grandes retrouvailles, Fatima déclare que Reiza doit être à Tunis. Ils décident de faire employer Huon par Ibrahim.

Le palais de l'émir de Tunis, où Reiza est retenue captive; comme la Constance de Mozart, elle est devenue l'objet de la convoitise de son maître, Almanzor. Dans une aria en fa mineur d'une grande et pure tristesse, elle pleure son amour perdu – c'est la contrepartie de la prière de Huon à l'acte II : « Pleure pauvre cœur ». Almanzor respecte la douleur de sa prisonnière, et ne l'oblige pas à répondre à son amour.

Huon reçoit un message exprimé, à l'orientale, dans le langage des fleurs. Fatima l'interprète pour lui : il vient de Reiza qui l'attend. Rondo de Huon : « Mon cœur exulte de joie et d'espoir ». Huon est conduit au palais mais, là, il est confronté à Roshana, l'épouse de l'émir. Elle ne pense qu'à se venger de son mari qui l'a délaissée pour la belle captive et offre à Huon son amour et le trône de Tunis, s'il l'aide à éliminer l'émir. Huon la repousse.

Au moment où Huon se retire, Almanzor et sa garde le saisissent. Roshana, qui tente de poignarder son mari, est arrêtée. Almanzor ordonne de dresser un bûcher pour Huon. La même sentence est prononcée contre Reiza, qui a vainement essayé d'obtenir son pardon. Sherasmin, qui a réussi à pénétrer dans le palais, a retrouvé miraculeusement le cor enchanté grâce auquel la situation va être renversée.

Au son de la musique, la cour d'Almanzor ne songe plus qu'à danser. Les quatre amants à nouveau réunis décident de faire appel à Oberon pour que leur cauchemar

cesse. Le dieu apparaît, répondant à l'appel du cor; dans une aria très courte mais d'une grande beauté, il salue les amants fidèles, leur annonce que leurs prières ont été entendues et qu'ils vont enfin retrouver la sécurité et le bonheur. Ils sont transportés à la cour de Charlemagne. L'empereur et sa suite entrent au son d'une marche. Huon lui rend compte de sa mission et vient implorer avec Reiza le pardon qu'il leur a promis. Ils l'obtiennent, et l'opéra se termine par un chœur de louanges et de remerciements.

Oberon n'appartient pas vraiment à l'opéra romantique allemand malgré tous les efforts qui ont été faits pour le placer dans cette catégorie. Le sujet est sans aucun doute fort peu conventionnel, et il semble que Weber ait eu quelques difficultés à résoudre certains aspects de la structure dramatique. L'opéra fut plusieurs fois remanié, et il faut reconnaître qu'il fut rarement donné dans la forme originale prévue par Weber.

Quand on monta *Oberon* au Metropolitan, en 1918, Bodanzky composa des récitatifs pour remplacer les dialogues parlés mais laissa la partition intacte. Une version plus importante fut préparée par Mahler, avec une nouvelle traduction allemande de Gustav Brecher; le décorateur Alfred Roller y collabora. Mahler procéda à certains arrangements musicaux pour les dialogues parlés, qu'il désigna sous le nom de « mélodrame ». Ils sont nettement marqués dans la partition par 13a et 13b, mais n'ont pas de numéro séparé dans son édition. Les additions sont au nombre de huit. Elles rapprochent certains passages musicaux de l'action dramatique (en particulier, l'appel du cor que l'on entend au début de l'ouverture, et qui prend, dans l'arrangement de Mahler, une importance comparable à celle du pipeau de Papageno). Une section musicale a été introduite pour présenter la vision de Reiza au premier acte, et une autre pour renforcer la

cène où Oberon remet le cor enchanté
à Huon, juste avant de l'envoyer à
Bagdad avec Sherasmin. A l'acte II,
l'ensorcellement de la cour de Haroun
est rendu plus plausible par un accompagnement musical. La fuite des 4
amants est accompagnée par l'orchestre
à partir du moment où le cor a
invoqué l'aide d'Oberon. Celui-ci et
Reiza chantent ensuite le bref air
prévu pour Oberon au finale de
l'acte III (si bien qu'on l'entend deux
fois dans la version de Mahler). Après
l'enlèvement de Reiza par les pirates,
qui intervient après son « Océan, ô
monstre puissant », Oberon déplore la

dureté des épreuves qui leur sont
imposées dans une version écourtée
de sa première aria. Puck anticipe le
passage féerique du finale en évoquant
le chœur des fées de l'ouverture de
l'acte I (abrégé, et non plus en fa, mais
en do). A l'acte III, le retour de Huon,
qui précède le trio avec Fatima et
Sherasmin, est annoncé par un mélodrame interprété par Puck. Mahler
omet complètement le rondo de Huon
qui devait suivre l'aria en fa mineur de
Reiza. Les préparatifs de l'exécution
de Huon sont accompagnés de la
marche qui, plus tard dans le finale,
l'introduira à la cour de Charlemagne.

H.

Die Drei Pintos
Les Trois Pintos

Opéra en 3 actes de Carl-Maria von Weber, abandonné par lui et terminé par Gustav Malher ; liv. Theodor Hell d'après le roman de Seidel. Créé à Leipzig, 20 janvier 1888 avec Baumann, Artner, Rothhauser, Hedmont, Hübner, Grengg, Schelper, Kölher, Proft, dir. Gustav Mahler. L'œuvre sera ensuite dirigée par Nikish pendant que Mahler va la conduire à Hambourg, Munich, Dresde (en avril et mai 1888) et Prague, en août de la même année, avec Betti Frank, Hilgermann, Wallnöffer, Perluss, Sieglitz. Première à Vienne le 18 janvier 1889 avec Beeth, Ellen Forster, Marie Renard, Schrödter, Mayerhofer. Reprises modernes : Londres, John Lewis Theater, 10 avril 1962, avec Tinsley, Brandt, Maurel, dir. David Lloyd-Jones ; Turin, Teatro Regio, 25 février 1975 (en italien) avec Montarsolo, Luigi Alva, Margherita Guglielmi, Maria Casoni, Benelli, dir. Piero Bellugi (mise en scène, Rognoni) ; Vienne, Volksoper, 22 mai 1978 avec Dallapozza, Korn, Marikke, Steffl, Schreibmayer, dir. Layer.

PERSONNAGES

DON PINTO DE FONSECA (basse) ; DON GASTON VIRATOS (ténor) ; AMBROSIO, *son domestique* (baryton) ; DON PANTALEONE Ruiz de Pacheco (baryton) ; CLARISSA, *sa fille* (soprano) ; LAURA, *femme de chambre de Clarissa* (soprano) ; DON GOMEZ DE FREIROS (ténor) ; UN AUBERGISTE (baryton) ; INEZ, *sa fille* (soprano) ; *étudiants, domestiques de don Pantaleone, serviteurs de l'auberge.*
La scène se passe à Salamanque et à Madrid à la fin du XVIIIᵉ siècle.

Les Trois Pintos constituent dans
l'histoire de la musique un phénomène
très particulier : un opéra, commencé

par un auteur (Weber), abandonné par
lui à l'état d'esquisse encore peu poussée, repris soixante ans plus tard par un

autre compositeur (Mahler) qui le complète en y mêlant des fragments divers de la production du musicien d'origine et des éléments de son propre cru. Le plus étonnant est qu'à l'écoute des *Drei Pintos,* on se demande continuellement quel est des deux collaborateurs, qui sont séparés par deux générations et ne se sont bien entendu jamais rencontrés, celui qui a le mieux contribué à donner à l'ouvrage un style définitif. Nous sommes bien plus proches de Weber que de Mahler ; et pourtant c'est ce dernier qui a procédé au montage des fragments laissés par Weber, et qui a sélectionné dans l'œuvre de son prédécesseur ce qui pouvait servir un opéra qu'il a presque entièrement orchestré. Weber reconstitué par Mahler ? Un opéra de Mahler sur des fragments de Weber ? La question reste ouverte. Le résultat est là pour nous prouver la valeur de cette étrange participation. Les *Drei Pintos* ne font pas mauvaise figure à côté des grandes œuvres weberiennes. Quant à Mahler, il ne nous a pas donné d'autres exemples de ce qu'il était capable d'écrire pour la scène.

Acte I. Une auberge de Salamanque. Don Gaston Viratos vient de terminer ses études et il va partir pour Madrid où l'attendent un poste de corrégidor et, il l'espère, des aventures amoureuses. Inez, la fille de l'aubergiste le met en garde contre les risques qui attendent les coureurs de jupons en lui chantant la ballade de « Mansor, le chat amoureux ». La fête est interrompue par l'entrée de Don Pinto de Fonseca, gentilhomme de campagne, gros et ridicule, qui se rend aussi à Madrid pour y épouser la riche Donna Clarissa qu'il n'a jamais vue, car il s'agit d'un mariage convenu entre les parents des futurs époux. Don Pinto, ne sachant rien du comportement des jeunes gens galants de la ville, demande conseil à Gaston ; celui-ci lui apprendra à faire la cour à une jolie fille, rôle tenu pour la circonstance par Ambrosio, le domestique, qui imite les façons d'une belle à sa toilette. Don Pinto est tellement ridicule qu'il vient à Gaston l'idée

de prendre sa place. Il fait manger e boire le campagnard et profite de so état d'ébriété pour lui dérober la lettr d'introduction qui constitue la pro messe de mariage ; après avoir couch Don Pinto, au milieu des rires de tous Gaston et son domestique partent pou Madrid sous leur nouvelle identité.

Acte II. A Madrid, Don Pantaleon Ruiz de Pacheco convoque tout le per sonnel de sa maison pour annoncer l prochain mariage de sa fille Clarissa e du fils de son vieil ami, Don Pinto Tout le monde exprime une joi bruyante sauf Clarissa qui est désespé rée. Elle aime depuis longtemps Do Gomez de Freiro ; lui seul sera so époux. Si l'amour des jeunes gens es resté secret, c'est que Don Gomez doi rester caché à la suite d'un duel. Laura la soubrette de Clarissa, introdui Gomez dans la maison. Amoureux e bretteur, il saura défendre son amou contre le prétendant choisi par le pèr de sa fiancée.

Acte III. Nous assistons aux prépara tifs de la fête. Les domestiques de Do Pantaleone décorent son palais en pré vision du mariage. Gaston et Ambrosi sont entrés sans être vus. Ils font l connaissance de Laura, à qui Ambrosi fait une cour qui est accueillie favora blement. Gomez et Gaston se rencon trent. Prenant Gaston pour Don Pinto Gomez lui dit son amour pour Clarissa Gaston maintient son rôle et un duel v s'engager entre les deux jeunes gens Mais Gomez fait appel aux sentiment de générosité de celui qu'il croit tou jours être le prétendant officiel de sa bien-aimée. Gaston se sent ému et i cède à Gomez la lettre-promesse de mariage qu'il a, lui-même, dérobée au vrai Pinto. Quand Don Pantaleone vient à la rencontre de son futur gen dre, c'est à Pinto III qu'il adresse la bienvenue sur les indications de Pinto II. Le mariage est sur le poin d'être célébré lorsque survient Pinto I Mais le ridicule avec lequel s'exprime le vrai Don Pinto est tel que personne ne le prend au sérieux. Tout le monde se moque de lui, y compris Gaston ; c'en est trop et Pinto I pique une crise de rage, menaçant les jeunes gens de son épée. Don Pantaleone fait jeter à la rue un homme aussi sauvage. Tout le monde est heureux. Gaston et Ambrosio ont mené à bien une aventure plaisante ; Gomez épouse Clarissa ; Don Pantaleone a reconnu son erreur et découvert qu'un mariage d'amoureux valait mieux que celui qu'il avait projeté pour sa fille.

Les pages les plus charmantes de cet opéra sont bien souvent empruntées par Mahler à des œuvres oubliées de Weber. L'ouvrage n'en a pas moins beaucoup de cohésion. Si l'orchestration de Mahler y est pour beaucoup, il ne faut pas négliger les retouches importantes apportées au livret par le musicien et Carl von Weber, petit-fils du premier compositeur. Ce jeune officier de vingt-six ans semble avoir eu un sens assez sûr de la construction théâtrale.

L.

FRANZ SCHUBERT
(1797-1828)

Alfonso und Estrella

Opéra en 3 actes de Franz Schubert ; liv. Franz von Schober. Créé à Weimar le 24 juin 1854, dir. Franz Liszt. Reprises à Vienne, le 15 avril 1882 avec Beck, Ehnn, Nawiasky, Sommer, Walter, dir. J.-N. Fuchs ; Stuttgart, 1958 avec Fritz Wunderlich ; Linz, 26 octobre 1958, sous le titre Die Wunderinsel, *l'opéra est repris sur un livret tiré de* La Tempête *de Shakespeare par K. Honolka.*

PERSONNAGES

MAUREGATO, *roi de León* (baryton) ; ESTRELLA, *sa fille* (soprano) ; ADOLFO, *son général* (basse) ; TROILA, *ancien roi de León, exilé* (baryton) ; ALFONSO, *son fils* (ténor) ; *jeunes gens, soldats.*
La scène se passe en Espagne au Moyen Age.

Schubert n'était, dit-on, pas doué pour l'opéra. Il tenta toutefois à plusieurs reprises d'écrire pour la scène. Bon nombre de ces tentatives restèrent inachevées. Elles se situaient d'ailleurs dans le domaine du « Singspiel » en filiation plus ou moins directe avec *La Flûte enchantée*. Il ne faut pas oublier qu'un des essais scéniques de Schubert est une *Zauberharfe* qui précède de deux ans l'*Alfonso und Estrella*. Mais avec ce dernier ouvrage, le musicien se

montre plus ambitieux. C'est dans la direction du grand opéra allemand qu'il veut se diriger sur les traces de Weber dont le *Freischütz* vient d'être présenté au public. Si l'ouvrage comporte des faiblesses, elles sont dues autant à la médiocre qualité du livret qu'à un certain manque de souffle chez le musicien ; capable de rendre dramatique le plus court des Lieder, Schubert est parfois embarrassé par la nécessité de construire une architecture musicale qui soutienne des péripéries multiples parfois difficiles à lier de façon vraiment dramatique. Toutefois, dans ses meilleurs passages, l'ouvrage rappelle le *Fidelio* de Beethoven avec lequel il peut soutenir une comparaison fort honorable.

L'ouverture est restée fort connue. Elle a, en effet, été réutilisée par Schubert pour sa *Rosamunde* et c'est à ce titre qu'elle est assez fréquemment donnée au concert. Le livret utilisé par Schubert repose sur l'existence de deux rois de León, l'un légitime mais exilé, l'autre usurpateur qui aura des difficultés à se maintenir sur son trône.

Acte I. Troila, le roi légitime se consolerait de son sort car la vie paisible qu'il mène vaut mieux que celle de la cour, mais il est inquiet de la mélancolie qui semble frapper son fils Alfonso. Au cours d'un long duo, le père explique au fils les circonstances dans lequelles Mauregato s'est emparé de son trône. Il lui remet à cette occasion un bijou, ayant appartenu au légendaire saint Eurich ; cette chaîne a toujours appartenu à la famille royale de León ; elle est à la fois pour l'héritier du trône le signe de sa légitimité et le talisman qui lui permettra de rentrer dans ses droits. Pour le moment, Troila recommande à Alfonso la patience et lui déconseille toute action contre l'usurpateur ; le risque serait trop grand et la justice doit triompher d'elle-même. Un chœur de chasseresses, accompagné par quatre cors, nous fait passer de l'univers de Troila à celui de son rival. Parmi ces chasseresses se trouve en effet la jeune Estrella, fille de Mauregato. A la cour de ce dernier, nous faisons la connaissance d'Adolfo, glorieux amoureux d'Estrella, et du roi lui-même. Lorsque le général lui demande pour prix de ses services la main de sa fille, Mauregato lui répond que seul pourra épouser Estrella celui qui rapportera la chaîne de saint Eurich. L'acte se termine sur un double chœur unissant les guerriers d'Adolfo et les chasseresses d'Estrella.

Acte II. Il commence par une charmante chanson populaire que Troila chante à Alfonso ; mais l'action ne se noue vraiment que par la rencontre d'Alfonso et d'Estrella. Les deux jeunes gens tombent immédiatement amoureux l'un de l'autre. Et c'est tout naturellement qu'Alfonso passe au cou d'Estrella la chaîne-talisman que lui a remise son père. Brusque rupture après cette scène d'idylle. Retournant à la cour de León, nous découvrons qu'Adolfo, ulcéré par la réponse du roi, organise contre lui un complot. Cependant celui-ci, qui ne se doute de rien, retrouve sa fille avec bonheur et découvre à son cou le bijou qu'il recherchait. Celui qui a fait ce cadeau peut devenir le mari d'Estrella ; elle ne sait pas même le nom de son amoureux mais n'en raconte pas moins son aventure à son père. L'acte s'achève dans la confusion et le brouhaha car la conspiration d'Adolfo vient d'éclater. Chœur du peuple qui soutient son roi, chœur des conspirateurs entendu en coulisse, la tension est extrême.

Acte III. Un duo opposant un jeune homme et une jeune fille permet d'introduire au début le récit de la bataille qui tourne mal pour les défenseurs de Mauregato. Adolfo vainqueur est sur le point de s'emparer d'Estrella quand survient Alfonso à la tête d'un groupe de chasseurs. Le combat change d'allure ; l'épisode se termine dans le grand ré majeur des triomphes. Duo d'amour des deux jeunes gens, mais très vite une certaine inquiétude les gagne. Alfonso apprend que sa bien-aimée est la fille de l'ennemi de son père ; Estrella est sans nouvelles du sien. Un nouveau duo permet de replacer l'action sur un plan héroïque. Alfonso sauvera le père d'Estrella tout en restant fidèle à sa propre cause. Il se met à la tête des troupes de Mauregato, les regroupe, et repart au combat en conduisant à la fois les soldats et ses propres chasseurs, ce qui donne l'occasion d'un très beau développement à deux chœurs d'hommes. Troila, apprenant l'identité d'Estrella, est fort troublé. Mauregato est accablé d'avoir été trahi par ses propres troupes et de n'avoir dû son salut qu'au fils de son vieil ennemi. Mais les deux pères se rencontreront et se réconcilieront avec grandeur d'âme. Les jeunes gens s'uniront avec la bénédiction de leurs pères. Joie générale. Marche triomphale.

Sur ce livret bourré de toutes les situations les plus conventionnelles de la littérature romantique, Schubert n'a pas réussi à construire un opéra qui présente l'unité de ton et de sentiments qu'on peut trouver dans les œuvres de Weber. Mais la partition d'*Alfonso und Estrella* est remplie de morceaux du plus radieux lyrisme qui, à eux seuls, mériteraient que l'œuvre soit exécutée plus souvent. Ajoutons que, dans la mise en place des chœurs, le compositeur fait preuve d'une sensibilité qui fait de certains d'entre eux des morceaux d'anthologie dignes d'être comparés aux plus beaux des chants à plusieurs voix que Schubert composera dans les dernières années de sa vie.

Schubert ne réussit pas à faire exécuter son opéra. Ce n'est que vingt-six ans après sa mort qu'il sera enfin présenté au public de Weimar par les soins de Liszt qui avait d'ailleurs procédé à quelques modifications d'orchestration.

L.

ALBERT LORTZING
(1801-1851)

Zar und Zimmermann
Tsar et Charpentier

Opéra-comique en 3 actes de Lortzing; liv. du compositeur d'après une pièce française de J.T. Merle. Créé le 22 décembre 1837 à Leipzig; 1871 au Gaiety Théâtre, Londres, en angl., sous le titre Peter the Shipwright, *avec Santley et Blanche Cole. Œuvre encore très populaire dans les théâtres de langue allemande.*

PERSONNAGES

PIERRE Ier, *tsar de Russie* (baryton); PIERRE IVANOV, *soldat déserteur* (ténor); VAN BETT, *bourgmestre de Saardam* (basse); MARIE, *sa nièce* (soprano); L'AMIRAL LEFORT, *ambassadeur de Russie* (basse); LORD SYNDHAM, *ambassadeur d'Angleterre* (basse); LE MARQUIS DE CHATEAUNEUF, *ambassadeur de France* (ténor); WITWE BROWE (contralto).

L'action est située en 1698, à Saardam (Hollande).

Acte I. Pierre le Grand, tsar de Russie, travaille sur le chantier de constructions navales de Saardam, en Hollande, sous le nom de Pierre Michaelov. Il espère ainsi acquérir l'expérience et les connaissances qu'il n'aurait jamais pu trouver en Russie. Il s'est lié d'amitié avec Pierre Ivanov, déserteur de l'armée russe, épris de la coquette Marie, nièce du bourgmestre. Les ambassadeurs de France et d'Angleterre ont approché le bourgmestre van Bett, homme imbu de lui-même et ridicule, pour essayer de savoir s'il était vrai que le tsar travaillait secrètement à Saardam. Le bourgmestre réunit tous les ouvriers et leur demande si, parmi ceux nommés Pierre, il n'en est pas un qui soit étranger. Deux hommes répondent à son appel : ce sont Pierre Ivanov et Pierre Michaelov. Pour lui, il n'y a aucun doute, Pierre Ivanov est l'homme qu'il cherche. Il lui accorde, en conséquence, tout ce qu'il peut désirer, y compris la main de sa nièce, à condition toutefois qu'il veuille bien décliner son identité devant l'étranger qu'il va lui présenter dans un instant. A la fin de l'acte, l'ambassadeur de France a reconnu le tsar et a même pris contact avec lui, tandis que Syndham et van Bett, persuadés qu'Ivanov est leur homme, se conduisent avec lui comme des courtisans.

Acte II. Une fête locale bat son plein. L'ambassadeur français chante l'éloge de la beauté flamande au grand désarroi de Pierre Ivanov, qui est persuadé que cela s'adresse à Marie. Les principaux personnages se divisent en deux groupes : d'un côté, Pierre Michaelov et les ambassadeurs de France et de Russie, de l'autre, Pierre Ivanov, van Bett et Lord Syndham; et les négociations commencent. Van Bett, très éméché, pense que l'heure est venue pour lui de régler l'affaire à sa manière. Il demande aux trois ambassadeurs présents de décliner leurs noms et qualités. Quelque peu décontenancé par leurs réponses, il décide d'arrêter les deux Pierre. Mais le tsar dégaine son épée et annonce qu'on ne le prendra pas vivant.

Acte III. Van Bett fait répéter un chœur, dans lequel il chantera la partie soliste en l'honneur du tsar. Pendant ce temps, le tsar a réussi à se procurer un navire pour le ramener en Russie et a promis un sauf-conduit à Pierre Ivanov. Van Bett adresse son chant de louanges à Ivanov, qu'il prend toujours pour le tsar, mais il est interrompu par un coup de canon : le véritable tsar va quitter le port. Il prend congé de ses amis et part sous les acclamations de la foule.

La musique de *Zar und Zimmermann* est tout sauf compliquée, et ses chœurs bien nets ainsi que ses solos décidés n'ont rien révélé d'exceptionnel dans l'imagination du compositeur. Le meilleur rôle est celui de van Bett, dont l'aria d'introduction dans l'acte I, avec sa rengaine : « Oh, ich bin klug und weise » est très appréciée des basses comiques en Allemagne. Le meilleur moment de l'opéra est sans doute la répétition que dirige le bourgmestre au dernier acte : la séquence où van Bett fredonne « diddle-dum, diddle-dum » pour marquer les endroits où l'orchestre joue seul est d'une drôlerie irrésistible, tout comme, d'ailleurs, le plaisir qu'il prend à ses propres bons mots. L'ambassadeur de France chante à l'acte II une aria délicieuse : « Lebewohl mein flandrisch' Mädchen »; au dernier acte, interviennent l'air du tsar, « Sonst spielt ich mit Szepter und Kron », et la sabotière, qui annonce directement les élèves de Wagner.

H.

Der Wildschütz
Le Braconnier

Opéra en 3 actes de Lortzing; texte du compositeur d'après une pièce d'A. von Kotzebue. Créé à Leipzig le 31 décembre 1842. Première en Angleterre à Drury Lane, 1895 (en all.); à New York, 1856. 1958, au Festival d'Edimbourg, par la troupe de l'Opéra de Stuttgart, dir. Leitner.

PERSONNAGES

LE COMTE D'EBERBACH (baryton); LA COMTESSE, *sa femme* (contralto); LE BARON KRONTHAL, *frère de la comtesse* (ténor); LA BARONNE FREIMANN, *jeune veuve, sœur du comte* (soprano); NANETTE, *sa servante* (soprano); BACULUS, *précepteur chez le comte* (basse-bouffe); GRETCHEN, *sa fiancée* (soprano); PANCRATIUS, *majordome du comte* (rôle parlé).
Domestiques, chasseurs, paysans et écoliers.

Der Wildschütz est sans doute, avec *Zar und Zimmermann*, l'opéra le plus populaire de Lortzing; l'intrigue est amusante et le rôle comique de Baculus, excellent, a le mérite d'être unique — il n'y a pas d'autre exemple de précepteur braconnier dans les annales de l'opéra.

Son « Fünftausend Thaler » est l'un des airs de basse les plus célèbres du répertoire allemand.

Acte I. Baculus a tiré un chevreuil par accident dans les bois du comte Eberbach, chez qui il est précepteur. Il est consterné quand il est convoqué au château pour y rendre compte de son braconnage. Gretchen, sa fiancée, propose d'intervenir en sa faveur mais il ne lui fait pas confiance et lui interdit de se rendre au château. Un jeune étudiant offre de les aider à sortir de ce mauvais pas : il ira, déguisé en Gretchen, implorer le pardon du comte. L'étudiant est, en réalité, la baronne Freimann sous un déguisement. Accompagnée de sa servante Nanette, également vêtue en homme, elle veut observer son fiancé, le baron Kronthal, à son insu. Le comte Eberbach et le baron arrivent à l'école; le comte, séduit au premier regard par la supposée Gretchen, l'invite, ainsi que ses amis, aux fêtes qui célébreront son anniversaire.

Acte II. Baculus accompagne la baronne travestie au château. Le comte essaie de la courtiser discrètement, et le baron Kronthal va jusqu'à parler mariage. Pour sauver la situation, la comtesse décide de garder la « villageoise » dans sa chambre pour la nuit. Entre-temps le baron va jusqu'à offrir 5 000 thalers à Baculus s'il consent à renoncer à sa fiancée. Il paraît difficile au maître d'école de refuser.

Acte III. Baculus s'emploie à persuader sa fiancée de s'adapter à la nouvelle situation; mais il découvre avec consternation que le baron s'est intéressé à la Gretchen travestie. Quand il avoue que celle-là n'est qu'un étudiant déguisé, la réaction du baron est inattendue : il est furieux qu'un homme ait passé la nuit dans la chambre de sa sœur, la comtesse. Tout rentre dans l'ordre quand on apprend que l'étudiant est en réalité la baronne Freimann : le comte, qui lui avait volé un baiser, a en fait tout naturellement embrassé sa propre sœur. Il finit par accorder son pardon à l'infortuné Baculus, qui se réconcilie avec Gretchen.

H.

OTTO NICOLAI
(1810-1849)

Die Lustigen Weiber von Windsor
Les Joyeuses Commères de Windsor

Opéra en 3 actes d'Otto Nicolai; liv. d'Hermann von Mosenthal d'après la pièce de Shakespeare. Créé au Berlin Hofoper, 9 mars 1849. Zschiesche était Falstaff et l'orchestre était dirigé par l'auteur. Créé en 1863 à Philadelphie; Her Majesty's Théâtre, Londres, 1864, avec Tietjens, Vitali, Jura, Santley (en it.); Théâtre Lyrique, Paris, 25 mai 1866 (version fr. de Barbier); Metropolitan, New York, 1900, (en all.), dir. Emil Paur; Covent Garden, 1907 (en all.). Reprise à l'occasion du centenaire de l'auteur, au Staatsoper de Berlin, 1949.

PERSONNAGES

SIR JOHN FALSTAFF (basse); HERR FLUTH (*M. Ford*) (baryton); HERR REICH (*M. Page*) (basse); FENTON (ténor); JUNKER SPÄRLICH (*Slender*) (ténor); Dr. CAÏUS (basse); FRAU FLUTH (*Mme Ford*) (soprano); FRAU REICH (*Mme Page*) (mezzo-soprano); JUNGFER ANNA REICH (*Anne Page*) (soprano); PREMIER CITOYEN (ténor).

L'action se passe à Windsor, sous le règne d'Henry IV.

Nicolai mourut à 39 ans. Mais sa vie de compositeur avait été fort active, tout comme sa vie de musicien : organiste à l'ambassade de Prusse à Rome, maître de chapelle à Vienne, compositeur en Italie, fondateur et chef de l'orchestre philharmonique de Berlin et directeur de l'opéra de Berlin. Il composa beaucoup d'opéras, *Die lustigen Weiber von Windsor* est le plus connu, il se distingue par son esprit, une construction nette et une joyeuse légèreté.

Acte I. Après l'ouverture, qui est l'une des plus célèbres du répertoire de concert, nous nous trouvons dans le jardin qui sépare les maisons de Mme Page et de Mme Ford (pour leur donner leur nom shakespearien). Elles comparent les lettres d'amour qu'elles ont reçu de Sir John Falstaff. Elles quittent la scène, laissant la place aux hommes. Page a promis la main de sa fille Anne à Slender, qu'il préfère aux autres prétendants, Caïus et surtout Fenton.

Chez Ford. Son épouse attend la visite de Falstaff. Elle décide de le jouer en lui faisant croire qu'elle succombe à son charme : « Nun eilt herbei ».

Falstaff arrive comme prévu. Ses déclarations sont interrompues par de violents coups frappés à la porte. Il se cache dans le coffre à linge, et Ford se précipite dans la maison en hurlant qu'il prend enfin sa femme sur le fait; il est accompagné d'une quantité impressionnante de témoins. Les recherches commencent tandis que les femmes s'amusent de la façon dont leur plaisanterie a tourné : Falstaff va être jeté dans la rivière. La légèreté du duo contraste avec les réprimandes de Mme Ford, qui reproche à son mari de l'avoir injustement soupçonnée. L'acte se termine par un ensemble.

Acte II. Falstaff a regagné un terrain plus sûr : l'auberge de la Jarretière « Gasthaus zum Hosenbande ». Il entonne une chanson à boire : « Als Büblein klein », qui a toujours été très populaire. Ford, se faisant appeler Brook (Bach dans la version allemande), vient essayer de lui soutirer des renseignements sur ses rapports avec Mme Ford. Leur duo comique est admirable : le bavardage de Falstaff est ponctué des exclamations horrifiées de Ford. « Wie freu' ich mich » chantent-ils, l'un se réjouissant à l'approche de son rendez-vous et l'autre à l'idée de prendre Falstaff en flagrant délit.

Le jardin de Page. Trois prétendants se préparent à chanter leur sérénade à Anne. Slender et Caïus s'en tirent de façon définitivement comique; mais Fenton apporte une touche romantique, et son « Horch, die Lerche singt im Hain » est un air délicieux. Duo d'amour entre Fenton et Anne, et *quartettino* — comme l'appelle Nicolai — où les deux prétendants ridicules surprennent les propos du couple et reprennent l'air qu'Anne chantait au début, jusqu'à ce que tous les quatre y soient engagés.

Dans la maison de Ford. Ford prévient sa femme que, cette fois, il saura la surprendre et que rien ne l'empêchera de confondre son amant. Caïus, Slender et Page frappent à la porte pour signifier qu'ils sont là, comme prévu. Falstaff est introduit en cachette, déguisé en vieille femme, au bras de Mme Page. Il prétend ne pas entendre les questions de Ford et on le renvoie sous les acclamations de tous. L'acte finit par un ensemble.

Acte III. Chez Mme Page, qui chante la ballade de Herne le Chasseur, un agréable air à 6/8. Puis Anne s'acquitte de l'aria qui, à elle seule, justifie qu'on donne le rôle à une prima donna.

La forêt de Windsor, près de ce que la partition appelle « die Eiche des Jägers Herne », ou « le chêne d'Herne le Chasseur ». Le thème que nous avons entendu dans l'ouverture s'épanouit dans une succession de chœurs et de mouvements de danse qui accompagnent les préparatifs de la mascarade que l'on doit jouer à Falstaff. Celui-ci chante un trio avec les épouses de Ford et de Page, tentant de les séduire toutes deux. Anne et Fenton, déguisés en Titania et Oberon, chantent un duo entre deux ballets, puis le grand air de l'ouverture est à nouveau entendu. L'opéra se termine par un trio accompagné d'un chœur.

H.

ROBERT SCHUMANN
(1810-1866)

Genoveva

Opéra en 4 actes de Schumann ; liv. de Reinick et Schumann d'après Tieck et Hebbel. Créé à Leipzig le 25 juin 1850 sous la direction de l'auteur, avec Meyer, Günther-Baumann, Wiedermann, Brussin. Reprises à Leipzig le 31 mai 1859 sous la direction de Liszt ; Vienne, Staatsoper, le 8 janvier 1874 ; Londres, Drury Lane, le 6 décembre 1893, dir. Charles Stanford ; Mai Musical de Florence 1951, dir. André Cluytens ; Francfort, 9 février 1980 (en concert) avec Devlin, Norma Sharp, John Stewart, dir. Hans-Martin Schneidt.

PERSONNAGES

SIEGFRIED, *comte palatin* (baryton) ; GENOVEVA, *son épouse* (soprano) ; GOLO, *lieutenant de Siegfried* (basse) ; HIDULFUS, *évêque* (baryton) ; MARGARETHA, *magicienne* (mezzo) ; DRAGO, *intendant de Siegfried* (basse) ; BALTHASAR ET CASPAR, *serviteurs de Siegfried* (basse et baryton) ; *chevaliers, écuyers, valets, servantes, peuple.*
L'action se passe dans le Brabant au VIIIᵉ siècle.

La *Genoveva* de Schumann nous raconte l'histoire bien classique de Geneviève de Brabant. Pour le compositeur, c'est l'aboutissement d'un projet caressé depuis plusieurs années d'écrire un « opéra allemand » dans la lignée de la *Flûte enchantée,* de *Fidelio* et du *Freischütz.* Il entend faire ici barrage à la musique selon Meyerbeer qu'il a en horreur et qu'il croit retrouver jusque dans *Rienzi,* le *Vaisseau Fantôme* et *Tannhäuser.* Il apporte à son œuvre une grande attention, allant pour lui conserver la teinte romantique qu'il recherche, jusqu'à réécrire lui-même une grande partie du livret composé par Reinick. Le langage musical employé par Schumann dans son opéra fait encore usage de la distinction entre récitatif et aria. Ce seront les grands ouvrages de la maturité de Wagner qui réaliseront son rêve d'une union complète du texte et de la musique.

Acte I. Genoveva commence sur un ton héroïque et glorieux. Le comte Siegfried va rejoindre Charles Martel dans sa lutte conte les Sarrasins. Son peuple l'applaudit, l'évêque Hidulfus le bénit. Trop vieux pour les combats, Golo ne part pas pour cette croisade. C'est à lui que Siegfried confie pendant son absence la garde de son épouse. Pourtant Golo est amoureux de Genoveva. Lorsque celle-ci s'évanouit de douleur au départ de son mari, l'intendant en profite pour lui voler en cachette un baiser. Il a malheureusement été aperçu par Margaretha, une sorcière qui a des raisons personnelles de se venger de Siegfried. La vieille femme, qui fut autrefois la nourrice de Golo, décide de tendre un piège dans lequel se prendront le comte de Brabant et son épouse. Pour le moment, elle dissipe les scrupules de Golo en le persuadant que Genoveva l'aime en secret.

Acte II. Genoveva va tomber dans le piège qui lui est tendu. Tandis que très innocemment, elle passe avec Golo une soirée tranquille, elle lui propose de chanter avec elle une vieille chanson populaire. Golo, qui croit y voir un signe de complicité, en profite pour lui dire son amour. Indignée, Genoveva le chasse, ce qui provoque chez lui une crise de colère ; il n'y a plus d'infamie qu'il n'acceptera pour se venger de ce dédain méprisant. L'arrivée de Drago, le fidèle intendant, lui donne l'occasion d'ourdir tout de suite sa vengeance. Golo va accuser Genoveva de recevoir en cachette son amant, le chapelain du château, et comme Drago émet des doutes, on le cachera dans la chambre pour qu'il puisse se rendre compte de la vérité. Genoveva, sur le point d'aller se coucher, chante une romance délicieuse où elle témoigne de sa foi en Dieu et de son amour pour Siegfried. A ce moment arrivent ses gens, conduits par le valet Balthazar. Informés par Golo et Margaretha, ils viennent arrêter l'homme qu'elle cache dans sa chambre. Ses protestations ne font qu'aggraver les soupçons. Les appartements sont fouillés ; on y découvre Drago qui est poignardé avant d'avoir pu dire un mot.

Acte III. Pour se venger de Siegfried, Margaretha est partie pour Strasbourg où le comte, blessé au combat, est soigné. La magicienne lui vante les mérites d'un miroir féérique qui permet de voir la vérité, si loin qu'on soit des personnes que l'on veut observer. Siegfried ne s'en soucie pas — pour le moment — mais fait seller son cheval pour aller, rejoindre son épouse. En chemin, il rencontre Golo qui lui apporte une lettre où se trouve le récit de la trahison supposée de Genoveva. Malgré les paroles pacifiantes de Golo qui éprouve quelques remords, Siegfried se précipite chez la magicienne pour consulter le miroir. Il y voit sa femme, seule d'abord dans les jardins du palais, puis entre les bras de Drago. Dans sa colère, le comte donne l'ordre à Golo de « le venger », puis casse d'un coup d'épée le miroir diabolique et sort. Brisé, le miroir a retourné ses forces magiques contre Margaretha. Le spectre de Drago en surgit qui ordonne à la sorcière d'aller tout avouer à Siegfried, sinon elle périra dans les flammes.

Acte IV. Sur une lande d'où on aperçoit le château, Balthazar et Caspar emmènent Genoveva à son dernier supplice. Malgré ses protestations d'innocence, la comtesse est brutalisée par les deux rustres. Golo, repris par son désir, propose à Genoveva le marché classique : il lui assure la vie sauve si elle accepte de lui céder. Refus indigné de la vertueuse comtesse ; il ne lui reste plus qu'à mourir. Au moment où Balthazar lève l'épée fatale, il est atteint par une flèche tirée par un fidèle serviteur muet qui avait tout observé caché derrière des rochers. Chœur joyeux de chasseurs : c'est Siegfried qui arrive, guidé par Margaretha qui lui a, entre temps, avoué sa supercherie. Le duo d'amour des époux réunis trouve son écho dans le chant alterné, puis combiné de deux chœurs qui chantent la vertu et le bonheur. L'évêque Hidulfus, à la tête d'une longue procession de peuple en liesse, vient célébrer l'heureuse fin d'une vertueuse histoire.

Lors des premières représentations de *Genovèva,* les deux premiers actes de l'ouvrage reçurent un bien meilleur accueil que les deux derniers. Si la musique de Schumann présente une forte homogénéité, les faiblesses du livret deviennent trop flagrantes à partir du moment où s'est noué le complot qui unit Margaretha et Golo. De plus, la splendeur lyrique de la première moitié de l'acte II fait apparaître le reste de l'œuvre comme relativement pâle.

L.

FRIEDRICH VON FLOTOW
(1812-1883)

Martha

Opéra en 4 actes de Flotow; liv. de W. Friedrich, d'après un ballet-pantomime de Saint-Georges, Lady Henriette, ou La Servante de Greenwich, *dont Flotow avait partiellement écrit la musique. Créé au Kärnthnerthor Theater de Vienne, 25 novembre 1847, avec Anna Zer, Alois Ander, Formes. Première à New York, 1852; à Londres : Drury Lane, 1849 (en all.), et à Covent Garden (en angl.) 1858; à*

*Paris, Théâtre Italien avec Mario, Graziani et Zucchini et Mmes Saint-Urbain et
Nantier-Didiée, 1858 et au Théâtre Lyrique, le 16 décembre 1865, avec C. Nilsson :
le fameux air « M'Appari », tiré d'un opéra en 2 actes de Flotow, L'Âme en peine,
que l'Opéra de Paris avait donné en juin 1846 fut alors intercalé dans l'œuvre.
Metropolitan New York, 1884 et 1905, avec Caruso; 1923 avec Gigli, de Luca,
et 1961 avec Victoria de los Angeles, Elias, Tucker et Tozzi. Reprises : Covent
Garden, 1930, avec Edith Mason et Gigli; Scala, 1931, avec Pertile; Festival de
Wexford, 1956.*

PERSONNAGES

LADY HARRIET DURHAM, *dame d'honneur de la reine Anne* (soprano); SIR TRISTRAM
MIKLEFORD, *son cousin* (basse); PLUNKETT, *jeune fermier* (basse); LIONEL, *son frère
de lait, plus tard comte Derby* (ténor); NANCY, *suivante de Lady Harriet* (contralto);
SHERIFF (basse); TROIS SERVITEURS (un ténor, deux basses); TROIS SERVANTES (un
soprano, deux mezzo).

Des courtisans, pages, dames, chasseurs, fermiers.

L'action se passe à Richmond, vers 1710.

Acte I, Scène 1. Le boudoir de Lady
Harriet. Elle bâille. Elle s'ennuie,
même à la cour de la reine Anne.
Nancy, pourtant pleine de ressources,
finit par s'exclamer : « Si au moins
Madame pouvait être amoureuse ! »
Lady Harriet a ensorcelé tous les
hommes de la cour mais est restée insensible à leurs déclarations passionnées. Un valet annonce le plus tenace
des prétendants, Sir Tristram Mikleford, un cousin assez âgé. Il commence
de façon sentencieuse : « Ma cousine
très respectée, dame d'honneur de Sa
très Gracieuse Majesté... » mais elle l'interrompt d'un geste d'impatience. Il
l'invite à l'accompagner aux courses
d'ânes. Il ouvre la fenêtre et l'on
entend les joyeux accents d'un chœur
chanté par les voix fraîches et gaies de
jeunes servantes qui vont, selon la
coutume à la foire de Richmond se
faire embaucher par des fermiers.

La foire de Richmond ! Ces mots
suggèrent aux sens alanguis de la
dame d'honneur un mélange de
nouveauté et de divertissement, elle
s'écrie « Nancy, allons à la foire
déguisées en paysannes, et mélan-
geons-nous à la foule ! Qui sait,
peut-être y aura-t-il quelqu'un pour
louer nos services ! Je m'appellerai
Martha, vous serez Julia. Quant à mon
cher cousin, s'il veut bien abandonner
ses titres un instant, il nous accompagnera sous le nom de Bob, tout
simplement ! »

Scène 2. La foire de Richmond.
Le pompeux Shériff lit à voix haute
la loi : tous les contrats passés à la
foire engageront les parties pour un
an au moins, à partir du moment où
de l'argent sera passé d'une main à
l'autre. Parmi les preneurs se trouvent
Plunkett, jeune et robuste fermier, et
son frère de lait Lionel. Celui-ci est de
toute évidence né gentilhomme, mais
ses origines sont mystérieuses : un
homme âgé qui fuyait et paraissait
sur le point de mourir de froid et
d'épuisement a autrefois confié Lionel
enfant à la mère de Plunkett; il lui a
toutefois remis un anneau en exigeant,
si un quelconque malheur venait
menacer cet enfant, qu'elle montrât la
bague à la reine.

Les jeunes filles affirment, l'une
après l'autre, leur habileté à cuisiner,
coudre, jardiner, soigner la basse cour
et autres tâches ménagères et campa-
gnardes, tandis que le shériff crie :
« Quatre guinées ! Qui la prendra ? –
Cinq guinées ! Qui l'essaiera ? »

C'est alors qu'on entend la voix d'une jeune femme protester : « Non, je ne vous suivrai pas. » Tous se retournent, et voient deux jeunes femmes qui discutent vivement avec un vieil homme d'apparence irascible. Ce sont Lady Harriet et Nancy qui refusent de partir malgré les supplications de Sir Tristram. Lionel et Plunkett n'ont jamais vu de filles aussi séduisantes.

L'instant suivant, l'absurde vieillard est au centre d'une émeute, aux prises avec la foule des filles qui le suit alors qu'il essaye de partir. « Martha » et « Julia » se retrouvent seules avec Lionel et Plunkett. Elles sont d'excellente humeur : elles ont cherché l'aventure et l'ont trouvée ! Rassuré par leurs regards espiègles, Plunkett surmonte sa timidité et leur dit : « Nous avons porté notre choix sur vous ». « D'accord ! » répondent-elles, trouvant que c'est là une bonne farce. Et Lady Harriet donne sa main à Lionel, Nancy la sienne à Plunkett, l'argent est échangé et le marché conclu.

L'escapade a assez duré. Les deux femmes cherchent Sir Tristram pour qu'il les raccompagne. « Il n'en est pas question », répliquent les deux fermiers et ils les entraînent.

Acte II. La ferme de Plunkett. Lady Harriet et Nancy se retrouvent dans une humble ferme en train de préparer le dîner. Elles s'essayent aussi au métier à tisser, mais elles y montrent si peu d'adresse que les deux hommes doivent leur dire comment s'y prendre. Nancy renverse le rouet de Plunkett et part en courant. Il se lance à sa poursuite, laissant Lionel et Martha seuls. La comtesse, pour donner le change, chante son air favori : « The last rose of summer » (La dernière rose de l'été). Lionel, complètement transporté, s'exclame : « Ah, Martha, acceptez de m'épouser. Vous ne serez plus une servante et je ferai de vous une femme de ma condition ! »

Plunkett revient, traînant Nancy qu'il a dû poursuivre jusque dans la cuisine où elle a tout mis en désordre. L'horloge de la tour sonne minuit dans le lointain. Les jeunes fermiers autorisent leurs servantes à gagner leur chambre. Lionel réitère sa proposition à Martha.

Acte III. Une forêt près de Richmond. La comtesse et Nancy sont parvenues à s'enfuir, grâce à l'aide de Sir Tristram. La comtesse ne s'ennuie plus et Nancy a perdu sa vivacité car toutes deux sont amoureuses.

Lionel se promène dans le parc, reconnaît dans une jeune chasseresse, en dépit de la différence de tenue, la « Martha » dont il pleure la disparition. Lionel commence à lui reprocher avec colère de cacher son identité à celui qui, selon la loi, est son maître ; elle appelle alors au secours, et Sir Tristram accourt, suivi de tout l'équipage. Lionel, remarquant la déférence avec laquelle on traite la jeune femme et entendant qu'on l'appelle la comtesse, comprend qu'il a fait, à la foire, les frais d'une plaisanterie.

Acte IV. La ferme de Plunkett. Dans cette extrémité, Lionel se rappelle la bague et demande à Plunkett d'aller la montrer à la reine et de plaider sa cause. Il s'avère que cette bague a appartenu au comte Derby, gentilhomme qui a pris la fuite après l'échec du complot qui devait ramener Jacques II sur le trône d'Angleterre. Avant de mourir, il a confié son fils à la mère de Plunkett. Ainsi Lionel est l'héritier légitime du titre et des terres.

Dans le parc de Lady Harriet. En dépit de tous ces honneurs, Lionel est profondément malheureux. Il est très épris de Lady Harriet mais ne peut se décider à aller lui parler. Nancy et Plunkett organisent une rencontre entre Lionel et Lady Harriet, dans le parc. Mais une douce voix familière se détache, chantant « 'Tis the last rose of summer »...

L'instant suivant, « Martha » est dans les bras de Lionel.

Martha va de pair avec mélodie. Les airs les plus connus sont « The last rose of summer » et celui que chante Lionel : « Ach, so fromm » (M'apparì[1]/Comme dans un rêve). Le meilleur ensemble, un quintette avec chœur, intervient à la fin de l'acte III : « Mag der Himmel euch vergeben » (Ah ! che a voi perdoni Iddio ! / Ah, que les cieux vous accordent le pardon !). Le quatuor du rouet, à l'acte II, est d'une grande vivacité. Mais des mélodies légères et gracieuses interviennent régulièrement tout au long de cet opéra. Dans la scène de la foire de Richmond, la musique est brillante et pleine d'esprit; puis Lionel et Plunkett expriment leur profond attachement dans « Ja, seit früher Kindheit Tagen » (Solo, profugo, reietto/Seul, proscrit, errant sans ami). Puis intervient le joyeux quatuor où les deux filles quittent la foire en compagnie de leurs maîtres, tandis que la foule empêche Sir Tristram d'intervenir. C'est lors de cette scène que, le 10 février 1897, au Metropolitan, la basse Castelmary, qui chantait le rôle de Sir Tristram, mourut sur scène d'une attaque cardiaque.

Un quatuor capital ouvre l'acte II, dans la ferme, et mène au quatuor du rouet : « Was soll ich dazu sagen ? » (Che vuol dir ciò ? / Que vais-je dire ?); puis l'attraction croissante entre Lionel et Martha s'exprime dans le duo « Blickt sein Aug » (Il suo sguardo è dolce tanto / son regard est d'une telle douceur). Enfin, le célèbre « Letzt Rose » (Qui sola, vergin rosa / La dernière rose de l'été), sur les paroles d'un poème de Tom Moore et un air irlandais traditionnel, « The Groves of Blarney ». Flotow a apporté au vieux chant une touche de nouveauté en faisant re-

joindre le soprano par le ténor à la fin. Les paroles et la musique sont si parfaitement adaptées à la situation sur scène que l'on peut qualifier de coup de génie la façon dont Flotow les a « démarquées » et insérées dans son opéra. *Martha* leur est certainement redevable d'une bonne partie de sa popularité de l'époque.

'Tis the last rose of sum-mer, Left blooming a - lone

La scène se termine par un autre quatuor, l'un des plus beaux morceaux de la partition : « Schlafe wohl ! Und mag Dich reuen » (Dormi pur, ma il mio riposo/Dors bien, d'un sommeil pur et tranquille).

L'acte III commence par une chanson à boire, le « Porterlied » de Plunkett, (Chi mi dirà / Me direz-vous). Les *pièces de résistances*[2] de cet acte sont « Ach, so fromm » (M'appari) :

ainsi qu'un solo pour Nancy, « Jägerin, schlau im Sinn » (Il tuo stral nel lanciar), l'air de Martha, qui fut écrit pour Nantier-Didiée, « Hier in stillen Schattengründen » (Quì tranquilla almen possio), et l'émouvant quintette avec chœur :

On remarque à l'acte IV l'air de Plunkett : « Il mio Lionel perira » (Mon ami va mourir), et la reprise de certains airs animés de la scène de la foire.

K.

---

1. Les paroles italiennes sont connues dans le monde entier.
2. En français dans le texte.

Dans son article original, Gustav Kobbé est allé jusqu'à réunir *Martha* au répertoire français sur le plan stylistique. Je lui ai rendu sa place correcte parmi les œuvres allemandes – et pourtant, c'est curieusement comme opéra italien – ni français, ni allemand – que *Martha* a fait son chemin dans le répertoire international; dans la seconde moitié du XXᵉ siècle, c'est en Allemagne qu'il a fait sa carrière. Bien que je ne puisse me rallier à l'opinion de Kobbé, je dois reconnaître que son raisonnement est intéressant. Voici ce qu'il dit :

« Ce n'est pas sans une considérable hésitation que j'ai classé *Martha* parmi les opéras français. Car Flotow est né à Teutendorf le 27 avril 1812, et mort à Darmstadt le 24 janvier 1883. Et *Martha* a été créé à Vienne, tandis que son autre œuvre célèbre, *Alessandro Stradella,* fut créée à Hambourg, en 1844.

Et pourtant, la musique de Martha est d'une élégance qu'on n'a jamais vue en Allemagne, et qui est typiquement française. Flotow, en fait, était français quant à son éducation musicale; de plus, le sujet et la partition de *Martha* étaient d'origine française. L'auteur étudia la composition à Paris avec Reicha, de 1827 à 1830; il quitta la capitale à cause de la révolution de Juillet, mais y revint en 1835, pour y rester jusqu'à la révolution de Mars 1848 qui elle aussi, le chassa. Il retourna à Paris de 1863 à 1868, puis alla s'installer près de Vienne. De là, il fit de fréquentes visites à Paris, à Vienne et en Italie.

» Lors de son second séjour à Paris, il composa pour le grand opéra le premier acte d'un ballet, *Henriette, ou La Servante de Greenwich.* Ce ballet, dont l'argument avait été écrit par Vernoy de Saint-Georges, était pour Adèle Dumilâtre. On ne confia à Flotow qu'un acte de cette œuvre parce qu'il fallait compléter la partition dans les plus brefs délais. Les deux autres actes furent commandés à Robert Bergmüller et Edouard Deldevez. *Martha* est une adaptation de ce ballet, qui avait été écrit et composé pour une danseuse française et pour un public français. C'est la raison pour laquelle cet opéra est si typiquement français, et n'est en rien allemand. »

H.

8. Wagner

DE WEBER A WAGNER

Dans l'évolution de l'opéra de Weber à Wagner, ce qui pourrait être considéré comme un vide est en fait rempli par des auteurs dont la réputation a persisté, mais dont les œuvres sont rarement jouées de nos jours. Heinrich Marschner (1795-1861) composa avec *Hans Heiling*, créé à Berlin en 1883, un opéra construit sur la légende. Il se peut que son succès soit venu confirmer l'intérêt que Wagner portait au sources dramatiques de ce genre — un intérêt qui avait déjà été éveillé par son admiration pour Weber. *Hans Heiling, Der Vampyr* (*Le Vampire*) et *Der Templer und Die Judin* (*Le Templier et la Juive*, sorte d'*Ivanhoé*) ont longtemps tenu une place importante dans le répertoire d'opéra allemand. Par contre, *Faust* (1818) et *Jessonda* (1823), de Ludwig Spohr (1784-1859), ont complètement disparu. Il faut cependant reconnaître en Spohr le premier musicien professionnel éminent qui ait encouragé Wagner. Incapable d'apprécier Beethoven ou Weber — ce qui est curieux — il sut immédiatement reconnaître les mérites du *Vaisseau Fantôme* et de *Tannhäuser*, et même de *Lohengrin*, œuvres alors obscures pour les musiciens et les amateurs de musique. Chef d'orchestre de la Cour à Kassel, il y introduisit *Le Vaisseau Fantôme* (1842) et *Tannhäuser* (1853). Il souhaitait également monter *Lohengrin* mais en fut empêché par une interdiction de la Cour.

On traitera Meyerbeer et ses principaux opéras dans les chapitres réservés à l'opéra français. On ne peut douter, en tout cas, de l'influence certaine qu'eurent sur Wagner la « grandeur » du style de Meyerbeer et son instrumentation frappante.

Gasparo Spontini (1774-1851) était italien de naissance ; mais il n'a aucunement marqué le développement de l'opéra italien. Ses œuvres principales, *La Vestale, Olimpia* et *Fernando Cortez*, furent montées à Paris, puis à Berlin, où il fut directeur général de la musique de 1820 à 1841. La partition de ses opéras était lourde, particulièrement pour les cuivres, mais ces trois œuvres ont été reprises avec succès : *La Vestale* au Festival de Florence, ainsi qu'au Metropolitan, pour Rosa Ponselle ; *Olimpia* à Florence, 1950, et *Fernando Cortez* à Naples, 1951 (ces deux productions avec Renata Tebaldi).

RICHARD WAGNER
(1813-1883)

Rienzi

Opéra en 5 actes de Wagner; liv. du compositeur, d'après un roman de Bulwer Lytton, portant le même titre. Créé le 20 octobre 1842 au Hofoper, Dresde, avec Mmes Schröder-Devrient, Wüst, Thiele, et MM. Tichatscheck, Dettmer, Wächter, Vestri, Reinhold, Risse; à New York, 1878; à Londres, Her Majesty's Theatre, 1879, avec Hélène Crosmond, Mme Vanzini et Joseph Maas, dir. Carl Rosa (en angl.); au Metropolitan de New York, 1866, avec Lilli Lehmann, Marianne Brandt, Eloi Sylva, Emil Fischer, dir. Anton Seidl; Reprises : Berlin, 1933, dir. Blech, et 1941; Stuttgart, 1957, mise en scène de Wieland Wagner, avec Windgassen.

PERSONNAGES

COLA RIENZI, *tribun romain et notaire papal* (ténor); IRÈNE, *sa sœur* (soprano); STEFANO COLONNA (basse); ADRIANO, *son fils* (mezzo-soprano); PAOLO ORSINI (basse); RAIMONDO, *légat du Pape* (basse); BARONCELLI, CECCO DEL VECCHIO, LE MESSAGER DE LA PAIX, *citoyens romains* (ténor, basse, soprano).

Des ambassadeurs, des nobles, des prêtres, des moines, des soldats, des messagers, et le peuple.

L'action se passe à Rome au milieu du XIVe siècle.

L'ouverture de *Rienzi* donne une idée éclatante de l'action de l'opéra. On entend au début l'ample et puissante mélodie de la prière de Rienzi, puis le motif de Rienzi, une phrase typique qui sera reprise avec effet plus tard. Suit la mélodie vivante que l'on entendra dans la dernière section du finale du second acte. Ce sont les 3 morceaux les plus remarquables de l'ouverture, où l'on trouve, par ailleurs, de nombreux passages tumultueux reflétant l'action dramatique qui anime plusieurs scènes.

Acte I. Orsini, patricien romain, tente d'enlever Irène, la sœur de Rienzi, notaire papal, mais il se heurte à un autre patricien, Colonna. Une lutte s'engage entre les deux factions. Adriano, le fils de Colonna, épris d'Irène, intervient et prend la défense de la jeune fille. Le tumulte attire la foule, et avec elle Rienzi. Furieux de l'insulte faite à sa sœur et poussé par le cardinal Raimondo, il incite le peuple à résister aux nobles. Adriano, poussé par son amour pour Irène, se range aux côtés de Rienzi. Les nobles sont vaincus et prêtent serment d'allégeance à Rienzi. Pendant la cérémonie, Adriano lui révèle qu'ils projettent de l'assassiner. Orsini tente effectivement de le tuer mais échoue, car Rienzi portait un pectoral d'acier sous sa robe.

Les nobles sont arrêtés et condamnés à mort. Adriano plaide en leur faveur et obtient leur grâce. Mais ils violent leur serment d'allégeance et le peuple, conduit par Rienzi, se soulève et les extermine, malgré l'intervention d'Adriano. Le peuple est inconstant : ayant appris l'alliance de Rienzi avec l'empereur allemand et son intention de restaurer le pouvoir du pontife romain, il se retourne contre lui. Une procession accompagne Rienzi vers l'église. Rendu furieux par le meurtre des siens, Adriano se précipite sur lui, le poignard à la main. Mais, une fois de plus, le coup est évité. A la place du *Te Deum,* Rienzi est accueilli dans l'église par des cris de malédiction. Des dignitaires de l'église affichent aux portes les bans qui l'excommunient.

Adriano avertit Irène du danger qui menace son frère, et la supplie de s'enfuir avec lui. Elle le repousse et se met à la recherche de Rienzi, déterminée à mourir avec lui. Elle le trouve en prière au Capitole. Il lui conseille de fuir avec Adriano, mais elle refuse. Puis il tente de s'adresser une dernière fois à la populace déchaînée qui s'est rassemblée autour du Capitole. En vain. Le peuple met le feu à l'édifice et lapide Rienzi et Irène. Adriano, les voyant périr dans les flammes, jette son épée et se précipite pour mourir avec eux.

L'ouverture du premier acte est très animée. L'orchestre décrit le tumulte qui accompagne le combat des nobles. Le bref récitatif de Rienzi est un chef-d'œuvre de musique déclamatoire et son appel aux armes est plein de fougue. Trio entre Irène, Rienzi et Adriano qui devient un duo extrêmement animé entre les deux hommes. Le finale commence par le double chœur du peuple et des moines du Latran, accompagné par l'orgue. Rienzi s'adresse au peuple, avec ampleur et fermeté. La foule crie, les trompettes retentissent.

Acte II. L'insurrection populaire contre les nobles a réussi. Au début du second acte, Rienzi attend les patriciens, qui vont lui jurer allégeance. Marche lente et majestueuse et entrée des messagers de la paix. Chœur plein de grâce, puis chœur des sénateurs. Soumission des nobles.

Dans le *terzetto* qui réunit Adriano, Colonna et Orsini, les nobles expriment leur mépris pour le jeune patricien. Le finale, extrêmement spectaculaire, commence par la marche des ambassadeurs, suivie d'un grand ballet à caractère historique, qui doit symboliser les triomphes de l'ancienne Rome. Ici intervient l'attaque contre Rienzi.

Il accepte de pardonner aux nobles dans une belle et large mélodie, à laquelle succède le passage animé que l'on a entendu dans l'ouverture. Les chants des moines, les cris du peuple qui s'oppose au cardinal et aux nobles, et le son des cloches s'y mêlent.

Acte III. Il débute dans le tumulte. Le peuple, outragé par les nobles, s'est soulevé. Après un chœur enflammé, les émissaires de Rienzi se dispersent et vont inciter le peuple à la vengeance. Adriano chante son grand air après leur départ.

Le reste de l'acte est une accumulation de musique martiale, dont l'extraordinaire hymne de combat, accompagné du cliquetis des épées et des boucliers, du tintement des cloches et de tout le tumulte qui accompagne les émeutes. Après qu'Adriano ait vainement tenté de plaider en faveur des nobles et que les diverses bandes de citoyens armés se soient dispersées, il chante avec Irène un duo d'adieu. La populace réapparaît victorieuse, et ses cris de triomphe viennent clore l'acte.

Acte IV. L'acte est court et ne nécessite d'autre commentaire que la description donnée ci-dessus dans le synopsis de l'intrigue.

Acte V. Il commence par la magnifique prière de Rienzi que l'ouverture nous a déjà rendue familière. Viennent ensuite le tendre duo d'Irène et de Rienzi, l'aria passionnée de Rienzi, un duo entre Irène et Adriano, et le finale, qui est surtout choral.

K.

Der Fliegende Holländer
Le Vaisseau fantôme

Opéra en 3 actes de Wagner; liv. du compositeur, d'après un épisode des Mémoires de von Schnabelewopski, de Heine. Créé au Hofoper de Dresde, 2 janvier 1843, avec Mmes Schröder-Devrient, J.M. Watcher, MM. Wächter, Reinhold, Risse, Bielezizky, dir. de l'auteur; 1870, Drury Lane (en it., premier opéra de Wagner joué à Londres), avec Ilma di Murska, Mme Corsi, MM. Santley, Perotti, Foli, Rinaldini, dir Arditi; Philadelphie, 1876, en it.; Metropolitan New York, 1889, avec Sophie Weisner, Charlotte Huhn, Reichmann, Kalisch, Fischer, Mittelhauser, dir. Seidl. Opéra de Lille, 1893; Paris, Opéra-Comique, 1897, avec Marcy, Delorn, Bouvet, dir. Danbé; Opéra de Paris, 1937, avec Hoerner et Singher, dir. Gaubert; reprises, 1946, avec Hoerner et Beckmans, dir. Ruhlmann; 1956, Sarroca et Bianco, dir. Fourestier; 1960, Varnay et Hotter, dir. Knappertsbusch. Parmi les interprètes du rôle principal : Theodor Bertram, Anton van Rooy, Friedrich Schoor, Rudolf Bockelmann, Herbert Janssen, Joel Berglund et Hans Hotter. Emmy Destinn, Maria Müller, Frida Leider, Kirsten Flagstad et Anja Silja furent des Senta célèbres.

PERSONNAGES

DALAND, *navigateur norvégien* (basse); SENTA, *sa fille* (soprano); ERIC, *chasseur* (ténor); MARY, *nourrice de Senta* (contralto); LE TIMONIER DE DALAND (ténor); LE HOLLANDAIS (baryton).
Marins, jeunes filles, chasseurs....

L'action se passe au XVIIIe siècle dans un petit port de pêche norvégien.

La différence qui sépare *Rienzi* du *Vaisseau Fantôme* est considérable, car le second marque le début du mouvement qui mènera Wagner de l'opéra au drame lyrique. L'auteur eut par la suite honte de son *Rienzi*, et il écrivit à Liszt : « Je n'ai, ni comme artiste, ni comme homme, de cœur pour reprendre cette œuvre démodée à mon goût et que j'ai dû, en raison de ses dimensions immodérées, remodeler plus d'une fois. Je n'en ai plus le courage, et souhaite de toute mon âme faire à la place quelque chose de nouveau ». Il en parlait comme d'une erreur de jeunesse alors qu'il y avait peu, sinon rien, dans *Le Vaisseau Fantôme* qui pût troubler sa conscience d'artiste.

On imagine difficilement que la légende puisse trouver une forme musicale et dramatique plus frappante que celle du livret et de la partition de Wagner. C'est une œuvre d'une sombre et sauvage beauté, avec quelques touches de lumière et de grâce. Elle porte tous les traits attachants de l'œuvre où un génie s'affirme pour la première fois. Si elle n'est pas aussi impressionnante que *Tannhäuser* ou *Lohengrin* ni aussi tumultueuse que les drames lyriques, c'est que le sujet en est plus léger. Au fur et à mesure que son génie s'épanouissait, il choisit et traita ses sujets fort différemment, et l'évolution se fit dans le même sens que celle de sa théorie musicale. Lorsqu'il abandonna la forme de l'opéra classique pour le système du *leitmotiv*, il conçut comme base dramatique de ses partitions des intrigues que l'on imaginerait difficilement accompagnées d'une autre musique que la sienne.

Le livret de *Der Fliegende Holländer* est inspiré de la pittoresque légende du Hollandais Volant — le Juif Errant des océans. Un capitaine de navire hollandais avait voulu franchir le cap de Bonne-Espérance malgré une tempête déchaînée et s'était juré d'y arriver, dût-il naviguer éternellement. Entendant ce serment, le diable avait condamné le capitaine à parcourir les mers jusqu'au Jugement dernier, sans espoir de rémission, à moins qu'il ne trouvât une femme pour l'aimer fidèlement jusqu'à sa mort. Il était autorisé à accoster tous les sept ans pour rechercher cette femme dont l'amour fidèle le sauverait.

Quand l'opéra commence, une période de sept ans s'est écoulée. Le navire du Hollandais vient jeter l'ancre dans une baie de la côte norvégienne, où le navire de Daland, capitaine norvégien, est venu s'abriter de la tempête. Sa maison n'est pas très éloignée. Le Hollandais, apprenant que Daland a une fille, lui demande l'autorisation de la courtiser, lui offrant tous ses trésors en échange. Daland accepte. Sa fille, Senta, est une jeune personne romantique sur qui la légende du Hollandais Volant a fait une forte impression. Elle contemple en rêvant son portrait lorsque Daland introduit le visiteur dans la maison. La ressemblance entre l'étranger et ce portrait est si grande que la jeune fille lui jure fidélité, se donnant pour mission de le sauver. Par la suite, Eric, un jeune chasseur épris de Senta, vient lui demander sa main. Le Hollandais surprend ces paroles et se croit abandonné, il se précipite vers son navire. Senta, retenue par Eric, Daland et ses amis, lui crie qu'elle lui est fidèle. Le Hollandais, qui aime sincèrement la jeune fille, lui révèle son identité, pensant la terrifier, et ordonne le départ. Se sentant liée par son serment de fidélité éternelle, échappant à ceux qui la retiennent, elle se jette dans l'océan du haut de la falaise, les bras tendus vers lui. Le Vaisseau Fantôme disparaît dans un énorme tourbillon. Les ombres enlacées de Senta et du Hollandais s'élèvent et flottent dans la lumière du crépuscule.

Dans *Le Vaisseau Fantôme*, Wagner emploie plusieurs motifs principaux, avec beaucoup plus de liberté que dans *Rienzi*, mais sans toutefois atteindre l'admirable maîtrise des drames lyriques.

L'ouverture contient tous ces motifs. Elle peut être considérée comme la narration musicale et éloquente de l'opéra. Elle commence par un motif orageux, dont jaillit le sombre et puissant motif du Hollandais Volant, le héros de la légende. L'orchestre évoque la mer grondant sous la tempête. Le motif du Hollandais revient sans cesse au milieu de cette orchestration furieuse, comme si son ombre se dressait parmi les éléments déchaînés. Il s'élève, prêt à mourir, mais cependant indestructible.

Le dramatisme de la musique s'estompe peu à peu, et l'on entend une phrase calme, presque ondulante : le vaisseau du Hollandais vient mouiller dans le calme port norvégien. Le motif du Hollandais est réintroduit, doucement, comme si le malheureux avait enfin trouvé la paix après la tempête.

Les accents de la ballade de Senta au second acte (où elle raconte la légende du Hollandais et son triste destin) retentissent comme des mesures prophétiques : elle est celle qu'il doit rencontrer en abordant le rivage. Seul le début de la deuxième partie de la ballade est joué dans cette ouverture, pour indiquer la beauté et la simplicité du personnage de Senta. On peut fort bien appeler cette phrase le motif de Senta. Il est suivi de la phrase indiquant que le Vaisseau Fantôme a jeté l'ancre, et du motif du Hollandais, qui s'éloigne et finit par disparaître. Puis, avec une énergie soudaine, l'orchestre attaque le chant de l'océan, introduisant la complainte pathétique et sauvage que chantera le Hollandais au premier acte de l'opéra. Nous réentendons son motif, et une fois de plus la musique semble représenter l'océan hurlant et tourbillonnant sous la tempête. Et, même avec les premières mesures du chœur des marins, l'orchestre conserve cette allure effrénée si bien que les marins semblent crier pour dominer l'orage.

Le motif le plus caractéristique de cette ouverture, et peut-être de l'opéra, surtout dans la ballade de Senta, est celui de l'océan, qui dépeint l'aspect terrible et sauvage de la mer pendant la tempête. Il change selon les circonstances, sans jamais se départir de sa puissance ni de son étrangeté. L'ouverture finit sur l'éclat passionné d'une mélodie inspirée des dernières phrases de la ballade de Senta, qui réapparaîtront à la fin de l'opéra quand elle se sacrifie pour sauver son amant.

Acte I. Le rideau se lève sur un décor sauvage et orageux. La mer occupe la plus grande partie de la scène et s'étend jusqu'à l'horizon. La tempête fait rage. Le navire de Daland est venu s'abriter dans la petite crique ménagée par les falaises. L'orchestre décrit l'orage, utilisant surtout le motif de l'Océan cité dans l'ouverture, et l'on entend les cris des marins « Ho-jo-he ! Hal-lo-jo ! » dominer le tumulte.

L'orage semble se calmer; les matelots descendent dans la cale, et Daland va dans sa cabine, pour se reposer. Il laisse à son timonier la garde du pont. Celui-ci s'efforce de rester éveillé et entonne une chanson de marin. Mais le sommeil le gagne et ses phrases s'espacent. Il s'endort.

La tempête se réveille et le ciel s'assombrit. Soudain le navire du Hollandais Volant, reconnaissable à ses voiles rouges et son mât noir, entre dans le port; il vient se placer à côté du navire de Daland, et les hommes d'équipage, tels des spectres, enroulent les voiles dans le plus grand silence. Le Hollandais descend à terre.

A ce moment s'élève l'étrange, le dramatique récitatif et aria : « Die Frist ist um » (L'heure a sonné ! Sept longues années viennent de s'écouler). Daland entend le Hollandais et va le questionner. Celui-ci, après lui avoir raconté ses malheurs de marin, lui demande de l'emmener chez lui et de le laisser courtiser sa fille. Il lui donnera en échange tous ses trésors. Dans un duo ravissant Daland consent à ce que le Hollandais l'accompagne. La tempête s'étant apaisée et le vent devenu favorable, les équipages des vaisseaux hissent les voiles pour quitter le port. Les matelots chantent la Chanson du Timonier. Le navire de Daland disparaît, suivi de celui du Hollandais.

Acte II. Après une introduction où nous entendons une partie du Chant du Timonier et la phrase qui marque l'apparition du Vaisseau Fantôme dans le port, le rideau se lève sur une pièce dans la maison de Daland. Des tableaux représentant des navires, des cartes, et le portrait d'un homme pâle et barbu ornent les murs. Senta, dans un fauteuil, contemple un portrait d'un air rêveur, Marie, sa vieille nourrice, et ses amies filent dans la pièce. Nous entendons alors le délicieux « chœur des fileuses », célèbre dans le monde entier — en partie grâce à l'admirable arrangement pour piano qu'en fit Liszt. Les jeunes filles taquinent Senta, qui contemple toujours le portrait du Hollandais Volant, et lui demandent de chanter sa ballade.

C'est un chef-d'œuvre de composition vocale et instrumentale. Elle commence par la musique orageuse de l'ouverture et par les étranges mesures du motif du Hollandais Volant, qui résonnent comme une voix appelant à l'aide à travers les océans.

Senta reprend les mesures de ce motif, et commence à chanter : « L'océan sans relâche emporte le vaisseau ». Dans cette partie de la ballade, la voix de Senta domine dramatiquement l'orchestre, qui dépeint l'océan en furie. Puis, sur les mesures déjà entendues dans l'ouverture, elle dit comment le Hollandais peut être délivré de son serment. Elle déclare, avec les phrases larges et transportées de la fin de l'ouverture, qu'elle sauvera l'homme maudit en lui étant fidèle jusqu'à la fin. Les jeunes filles se lèvent, terrifiées.

Eric, qui l'a entendue en entrant, se hâte à ses côtés. Il apporte la nouvelle du retour du navire de Daland, et Marie se précipite avec les jeunes filles pour accueillir les marins. Senta veut les suivre mais en est empêchée par Eric qui lui avoue son amour dans un chant mélodieux. Elle refuse de lui donner une réponse. Il lui raconte alors son rêve : deux hommes — l'un était son père, l'autre un étranger d'aspect effroyable — surgissait d'un étrange navire. Elle se dirigeait vers l'étranger et implorait son respect.

Senta, subjuguée par ce récit, s'exclame : « Il est à ma recherche, et moi à la sienne ! » Eric, frappé d'horreur et de désespoir, s'enfuit. La porte s'ouvre, et Daland apparaît avec le Hollandais. Senta détourne son regard du portrait et fixe le Hollandais en poussant un cri de surprise. Daland lui fait part de la requête de l'étranger, puis les laisse seuls. Ils chantent un duo dont la mélodie est large et fluide, et les phrases d'une grande puissance dramatique. Senta s'abandonne sans réserve à son héros et lui promet un amour fidèle jusqu'à la mort. Daland revient et les félicite de leur engagement.

Acte III. L'écho de la musique précédente se mêle à l'introduction de cet acte et rejoint un chœur vigoureux des marins qui dansent. Le décor représente une baie au rivage rocheux. Au premier plan, d'un côté, la maison de Daland. Au fond, son navire et celui du Hollandais. Les marins et les jeunes filles, réunis sur le pont du navire norvégien, font signe à l'équipage du vaisseau hollandais de se joindre à leurs réjouissances. Mais aucune réponse ne vient de l'étrange navire. Les marins appellent de plus en plus fort et finissent par se moquer de cet équipage. Tout à coup la mer, jusque-là fort calme, s'agite. Un vent d'orage siffle dans les cordages du mystérieux vaisseau, et l'équipage apparaît parmi des flammes bleuâtres, chantant un chœur sauvage et terrifiant. Les jeunes filles s'enfuient et les marins norvégiens quittent le pont en se signant. L'équipage hollandais les observe, puis disparaît avec des rires perçants.

Senta, tremblante, sort de sa maison. Eric la suit. Il la supplie de se rappeler l'amour qu'il lui porte et les encouragements qu'elle lui a autrefois prodigués. Mais le Hollandais s'est approché sans être vu et a tout entendu. Eric l'aperçoit et reconnaît en lui l'homme à la mine effroyable de son rêve. Quand le Hollandais dit adieu à Senta, car il s'estime trahi, elle tente de le suivre. Mais Eric la retient et appelle les autres à l'aide. Senta cherche à tout prix à s'arracher de leurs bras. Le Hollandais lui révèle son identité, monte à bord de son navire et prend le large. Senta réussit enfin à se dégager, et se précipite vers une falaise qui surplombe la mer, chantant :

Gloire à ton ange et à sa loi !
Me voici, fidèle à toi jusqu'à
la mort !

Elle se jette dans l'océan. L'opéra finit sur la partie de la ballade qui terminait l'ouverture et la scène des fileuses.

Wagner aurait voulu que *Le Vaisseau Fantôme* fût joué en un seul acte — ce qui témoigne une fois de plus de ses efforts pour rompre avec les traditions. Son vœu fut exaucé à Bayreuth en 1901. Ernest Newman raconte, dans ses inestimables *Wagner Nights (Nuits wagnériennes*), comment cela fut fait : on coupa de la mesure 26 avant la fin du postlude orchestral à l'acte I à la mesure 19 du prélude de l'acte II, et une douzaine de mesures furent supprimées à la fin de l'acte II.

K.

Tannhäuser
und der Sängerkrieg auf dem Wartburg
(ou le Tournoi des Chanteurs à la Wartburg)

Opéra en 3 actes de Wagner; liv. du compositeur. Créé le 19 octobre 1845 à Dresde, avec Johanna Wagner, Schröder-Devrient, Tichatschek, Mitterwurzer, Dettmer, dir. du compositeur. Revu et représenté dans ce qui est maintenant appelé « la version de Paris », à l'Opéra de Paris en 1861, avec Marie Sasse, Tedesco, Niemann, Morelli, Cazaux, dir. Dietsch; Reprises : 1895, avec Caron, Breval, van Dyck, Renaud, dir. Taffanel; 1925, avec Lubin et Franz, dir. Gaubert; 1930, avec L. Lehmann; 1959, avec Synek, Gorr, Beirer, dir. Knappertsbusch; 1963 avec Gorr, Crespin, Beirer, Wolansky, dir. Cluytens. Première à New York, 1859; à Covent Garden, en 1876, avec Albani, d'Angeri, Carpi, Maurel, Capponi, dir. Vianesi (en it.); en 1882, Her Majesty's Theatre, Londres (en angl.), avec Valleria, Burns, Schott, Ludwig, Pope, dir. Randegger; Metropolitan de New York, 1884, avec Seidl-Kraus, Slach, Schott, Adolf Robinson; Covent Garden (en fr., « version de Paris »), 1896, avec Eames, Adini, Alvarez, Ancona, Plançon, dir. Mancinelli. Parmi les « Tannhäuser » célèbres : Max Alvary, Winkelmann, Urlus, Slezak, Schmedes et Melchior.

PERSONNAGES

HERMANN, *Landgrave de Thuringe* (basse); TANNHÄUSER, WOLFRAM VON ESCHENBACH, WALTER VON DER VOGELWEIDE, BITEROLF, HEINRICH DER SCHREIBER, REINMAR VON ZWETER, *chevaliers et chanteurs* (ténor, baryton, ténor, basse, ténor, basse); ELISABETH, *nièce du Landgrave* (soprano); VÉNUS (soprano); UN JEUNE PÂTRE (soprano).

Nobles et chevaliers, dames nobles, pèlerins, sirènes, naïades, nymphes et bacchantes.

L'action est située près d'Eisenach, au XIIIe siècle.

L'action de *Tannhäuser* est située dans et près de la Wartburg, où régnaient au XIIIe s. les landgraves de la vallée de Thuringe. Ils étaient amateurs d'art — en particulier de poésie et de musique — et la Wartburg était le siège de nombreux et pacifiques concours de chant entre les chevaliers-troubadours. Près de ce château se dresse le Vénusberg. Selon la légende, le cœur de cette montagne était habité par Holda, déesse du Printemps, que l'on identifia par la suite à la déesse de l'Amour. Sa cour était remplie de nymphes et de sirènes, et son plus grand plaisir était d'attirer dans la montagne les chevaliers de la Wartburg et de les retenir captifs de sa beauté.

Tannhäuser est l'un de ceux qu'elle a ainsi pris au piège souriant du Vénusberg. Et pourtant, celui-ci, malgré la beauté de la déesse, commence à se lasser de ses charmes et rêve de voir le monde. Confiant son salut à la Vierge Marie, il s'arrache aux bras de la déesse. L'instant suivant, la cour de Vénus a disparu, et Tannhäuser est prostré au pied d'une croix, dans la vallée que domine la Wartburg. Des pèlerins passent devant lui, en route vers Rome; il songe à se joindre à eux. A ce moment, des chevaliers-poètes revenant de la chasse, conduits par le landgrave, le reconnaissent. Ils le décident à retourner avec eux à la Wartburg.

Wolfram von Eschenbach lui apprend que, depuis son départ, Elisabeth, la nièce du landgrave, est atteinte d'une étrange langueur. Cela le décide à les suivre. Car il a autrefois aimé Elisabeth, qui est belle et vertueuse. Les paroles de Wolfram le touchent et il retourne à la Wartburg où il a jadis gagné tant de concours de chant.

Le landgrave, persuadé que Tannhäuser sortira vainqueur de l'épreuve qui doit avoir lieu sous peu, décide d'offrir la main de sa nièce au gagnant. Les chevaliers chantent platement la beauté de l'amour chaste, mais Tannhäuser, se remémorant soudain les séductions et la magie du Vénusberg, perd tout contrôle de lui-même et se lance dans un hymne passionné à Vénus. Horrifiés par ses paroles, les chevaliers dégainent leur épée mais Elisabeth s'interpose. Écrasé de repentir, Tannhäuser se tient derrière elle, et le landgrave, ému, l'autorise à se joindre aux pèlerins qui se rendent à Rome pour obtenir le pardon du pape.

Elisabeth attend en priant le retour de Tannhäuser. Tandis qu'elle se recueille devant le crucifix au pied de la Wartburg, des pèlerins passent. Mais elle ne le reconnaît pas parmi eux. Accablée, elle retourne lentement au château pour y mourir. Wolfram lui aussi profondément épris d'Elisabeth reste seul. Tannhäuser apparaît, exténué et abattu. Il n'a pas obtenu le pardon du Souverain Pontife, qui l'a rejeté à jamais, déclarant qu'il n'obtiendrait sa grâce que lorsque son

bâton de pèlerin aurait fleuri. Il est revenu, décidé à retourner au Vénusberg. Wolfram essaie en vain de le retenir; mais Tannhäuser est sauvé quand il prononce le nom d'Elisabeth. Un cortège s'approche. Quand Tannhäuser reconnaît Elisabeth qu'on porte en terre, il s'évanouit sur son corps et meurt. Les pèlerins arrivent, portant le bâton de Tannhäuser tout en fleur.

L'ouverture de *Tannhäuser* a longtemps été un morceau favori des programmes de concert. Comme celle du *Vaisseau Fantôme*, elle raconte toute l'histoire de l'opéra. C'est une pièce orchestrale très brillante et fort impressionnante, et l'on comprend aisément sa popularité. Elle commence par la mélodie du chœur des pèlerins, doucement d'abord, comme venue de loin, et prenant progressivement de l'ampleur.

Ayant atteint son apogée, le chœur s'éteint peu à peu et nous entendons soudain, avec un contraste dramatique intense, le déploiement de toutes les séductions du Vénusberg. Vient ensuite l'éclat passionné du chant par lequel Tannhäuser évoque la déesse de l'amour, et la musique tumultueuse et vigoureuse qui accompagne les menaces des chevaliers et du Landgrave, tirant l'épée pour châtier Tannhäuser. L'ouverture est construite sur ces trois épisodes, les plus révélateurs de l'action, et se termine tout naturellement par le chœur des pèlerins, qui exprime le pardon final.

Acte I. Le rideau se lève sur le Vénusberg. Tannhäuser est dans les bras de Vénus, qui repose sur une couche fleurie. Des nymphes et des bacchantes dansent, des sirènes chantent, et dans le fond, des corps décrivent des figures amoureuses. Parmi les accouplements mythologiques célèbres, on remarque Léda enlacée au cygne.

On retrouve dans cette scène la musique entendue dans l'ouverture, mais renforcée par les voix lointaines des sirènes et les danses des habitants du royaume de Vénus.

La scène qui réunit Vénus et Tannhäuser est très dramatique : il chante passionnément un hymne à sa louange, mais exprime en même temps son désir de retrouver le monde extérieur et la nature. Elle trouve des accents pleins de séduction pour le retenir; puis, comprenant qu'il est déterminé à partir, le met en garde avec véhémence contre les malheurs qui l'attendent sur terre et prédit que le monde refusera de lui pardonner, qu'il lui reviendra, repentant, et demandera à être repris dans son royaume.

Cette scène était déjà fort dramatique et impressionnante dans la partition originale. Mais ce que Wagner y ajouta, à l'intention de la production de Paris en 1861, lui fit gagner beaucoup en puissance. L'ouverture ne se termine pas formellement dans cette version, mais, à la manière des dernières œuvres de Wagner, on passe sans transition à la scène du Vénusberg. Les danses ont été élaborées sur une base allégorique plus rigoureuse et le rôle de Vénus a été renforcé sur le plan dramatique. Ainsi, la scène où elle le supplie de rester et où elle le met en garde contre les tourments qui l'attendent est devenue une des meilleures compositions de Wagner, rivalisant en puissance dramatique avec les œuvres de la maturité.

Le changement de décor entre le Vénusberg et la vallée de la Wartburg offre un excellent exemple des connais-sances théâtrales de Wagner. Nous avions les séductions variées de la cour de la déesse de l'Amour, l'instant suivant, tout a disparu, et nous sommes transportés dans un décor serein, accentué par le crucifix devant lequel Tannhäuser est prostré. Et pour renforcer encore l'effet de calme, un jeune pâtre joue sur sa flûte un air pastoral. Il continue quand les voix des pèlerins s'élèvent dans le lointain et leur chant solennel est interrompu de temps à autre par les traits de flûte du berger. Les pèlerins se rapprochent, leur chœur s'amplifie; quand ils arrivent sur la scène et s'inclinent devant la croix, leur prière devient un immense psaume de dévotion.

Tannhäuser est profondément affecté. Il donne libre cours à ses sentiments dans une complainte, tandis que le chant des pèlerins s'éloigne peu à peu. La scène est d'une merveilleuse beauté, contrastant avec l'épisode précédent par le caractère serein et religieux de l'atmosphère et de la musique qui l'accompagne. Le son des cors de chasse rompt ce calme, et le Landgrave et ses chevaliers viennent peu à peu se placer autour de Tannhäuser. Wolfram le reconnaît et le désigne aux autres. Ils l'accueillent dans un septuor expressif. Wolfram, voyant qu'il souhaite accompagner les pèlerins à Rome, demande au Landgrave l'autorisation de lui révéler l'impression qu'il semble avoir faite sur Elisabeth. Il s'en acquitte dans un air mélodieux. Tannhäuser, qui aime toujours Elisabeth, accepte de retourner au château. Des exclamations de joie accueillent sa décision et l'acte se termine par un ensemble enthousiaste. C'est un très beau morceau d'ensemble, très brillant s'il est bien interprété, c'est-à-dire quand la voix de Tannhäuser se détache.

Acte II. La grande salle des chanteurs à la Wartburg. L'introduction décrit la joie d'Elisabeth au retour de Tannhäuser. Elle apparaît dès le lever du rideau, et évoque en larges phrases animées les anciens succès du chevalier.

Wolfram entre et conduit Tannhäuser vers elle. Elle est transportée de joie à sa vue mais se reprend bientôt : sa pudeur combat son trouble dans des phrases hésitantes et extrêmement belles. Elle demande au poète où il était, mais il répond évasivement. Il finit par lui avouer que c'est son souvenir qui l'a attiré dans ce château. Leur amour s'exprime dans un duo vif, qui est malheureusement rarement donné intégralement.

Suit une scène encore plus tendre où le Landgrave annonce à Elisabeth qu'il offrira sa main en récompense au chanteur qu'elle couronnera vainqueur du tournoi. Les premiers accords d'une grande marche imposante retentissent. Après un discours sans grand intérêt du Landgrave, les chanteurs tirent au sort le nom de celui qui commencera l'épreuve. Cette joute musicale n'est malheureusement pas à la hauteur du reste de la partition. Pour qui n'en comprend pas bien les paroles, elle peut même paraître fort longue. Ce qui la rachète est l'excitation croissante des premières paroles de Tannhäuser : il exprime son mépris pour les tributs serviles des chevaliers à l'amour chaste; puis, incapable de se maîtriser plus longtemps, entonne son hymne à la gloire des charmes profanes de Vénus.

Dir, Gött-in der Lie-be soll mein Lied er-tö-nen

Les femmes, horrifiées, quittent la salle. Les hommes, dégainant leur épée, se lancent sur Tannhäuser. Nous arrivons au grand passage dramatique : Elisabeth, malgré son amour bafoué, se précipite devant lui pour le protéger, apparaissant ainsi pour la seconde fois comme son ange gardien. Les chevaliers expriment leur colère et leur réprobation par des phrases brèves et agitées. Mais Tannhäuser, réalisant tout à coup l'énormité de son crime, reste confondu. Le septuor qui s'ensuit : « Un ange est descendu du ciel » est d'une grande beauté. Les voix de

jeunes pèlerins s'élèvent de la vallée. Le Landgrave proclame alors que Tannhäuser ne pourra obtenir le pardon que s'il les suit à Rome où il expiera sa faute. Tannhäuser rejoint les pèlerins.

Acte III. A nouveau la vallée de la Wartburg. Elisabeth, vêtue de blanc, prie agenouillée au pied de la croix. Wolfram se tient un peu plus loin, la regardant avec tendresse. Après son triste récitatif, on entend au loin le chœur des pèlerins qui reviennent. Ils chantent la mélodie déjà entendue dans l'ouverture et au premier acte. Le même effet d'arrivée progressive est rendu par le *crescendo* superbe qui accompagne leur entrée en scène. Elisabeth les regarde passer avec anxiété, cherchant Tannhäuser parmi eux. Quand le dernier s'est éloigné, elle s'effondre à genoux devant la croix : « Vierge toute-puissante, écoute ma douleur ». Elle se lève pour regagner le château, et Wolfram, par son attitude, semble lui demander s'il peut l'accompagner. Mais elle repousse son offre et gravit lentement le sentier qui mène au château.

Entre-temps, la nuit est tombée et l'étoile du berger brille doucement au-dessus du château. Wolfram, s'accompagnant à la lyre, chante la tendre et magnifique « chanson à l'étoile du berger » où il confesse son amour pour Elisabeth.

Moderato

pp

C'est alors que Tannhäuser, abattu, épuisé, apparaît et demande à Wolfram d'une voix brisée quel est le chemin du Vénusberg. Wolfram lui ordonne de s'arrêter et lui demande de raconter son pèlerinage. Tannhäuser lui relate alors avec des accents déchirants toutes les souffrances qu'il a endurées et le terrible jugement prononcé contre lui par le pape. C'est un passage très impressionnant, qui présage clairement la façon dont Wagner utilisera le récitatif dans ses drames lyriques ultérieurs. Tannhäuser déclare qu'ayant perdu tout espoir de salut, il préfère s'adonner une fois de plus aux délices du Vénusberg. Une lumière rose éclaire la montagne, et la population profane du Vénusberg apparaît. Vénus est allongée, les bras tendus vers Tannhäuser. Quand celui-ci semble ne pouvoir résister plus longtemps à l'attrait de la voix de Vénus, Wolfram invoque le souvenir de la sainte Elisabeth. La lumière s'évanouit et les charmes du Vénusberg disparaissent aussitôt. Des cloches sonnent, des voix se lamentent, et une procession funèbre descend de la montagne. Tannhäuser mourant reconnaît Elisabeth et expire sur son corps. Les jeunes pèlerins arrivent, portant le bâton de Tannhäuser qui a refleuri, et l'opéra se termine par leurs alléluias.

K.

Lohengrin

Opéra en 3 actes de Wagner; liv. du compositeur. Créé le 28 août 1850 à Weimar, avec Agthe, Fasztlinger, Beck, von Milde, Hoder, dir. Liszt. Première, Covent Garden, 1875 (en it.) avec Albani, d'Angeri, Nicolini, Maurel, Seiderman, dir. Vianesi; Drury Lane, 1882 (en all.) avec Sucher, Dily, Winkelmann, Kraus, Kœgel, dir. Richter; New York, 1871; Metropolitan, 1885, (en all.) avec Seidl-Kraus, Brandt, Stritt, Robinson, Fischer, dir. Seidl; Paris, Eden-Theatre, 1887, avec Devries et van Dyck, dir. Lamoureux; Opéra de Paris, 1891, (en fr.) avec Caron, Fierens, van Dyck, Renaud, Delmas, dir. Lamoureux; parmi les reprises : 1922, avec F. Heldy et Franz; 1934, avec Hoerner; 1959, avec Crespin, Gorr, Konya, Bianco, dir. Knappertsbusch. Parmi les interprètes célèbres de Lohengrin : Jean de Reszke, van Dyck, Dalmores, Urlus, Slezak, Völker.

PERSONNAGES

HENRI L'OISELEUR, *roi d'Allemagne* (basse); LOHENGRIN (ténor); ELSA DE BRABANT (soprano); LE DUC GODEFROI, *son frère;* FRÉDÉRIC DE TELRAMUND, *comte de Brabant* (baryton); ORTRUDE, *son épouse* (mezzo-soprano); LE HÉRAUT DU ROI (baryton).

Comtes et seigneurs saxons, thuringiens et brabançons, dames d'honneur, pages et serviteurs.

L'action est située à Anvers dans la première moitié du Xe siècle.

Lohengrin, qui à l'époque sembla si nouveau et si étrange, fut composé en un an. Les actes furent écrits en commençant par le dernier : Wagner commença le 3e acte en septembre 1846 et le finit le 5 mars 1847; il passa moins d'un mois sur le 1er acte : du 12 mai au 8 juin 1847; il travailla au 2e acte entre le 18 juin et le 2 août de la même année.

Sa musique était si peu comprise de ses contemporains que l'on commença à rire de *Lohengrin* avant même de l'avoir entendu. Un lithographe nommé Meser avait publié les trois précédentes partitions de Wagner, mais sans grand succès. Les mauvaises langues racontaient qu'avant de publier *Rienzi,* Meser habitait le premier étage de sa maison; *Rienzi* l'avait mené au second,

Le Vaisseau Fantôme et Tannhäuser au troisième, et l'on pensait que Lohengrin le reléguerait dans une mansarde. Prophétie qui ne se réalisa pas, car il refusa de publier l'œuvre.

En 1849, l'opéra de Dresde n'avait toujours pas accepté Lohengrin. Wagner prit une part active à la révolution de mai, qui, après un triomphe de courte durée, fut réprimée par l'armée. On raconte que le compositeur s'échappa déguisé en cocher. Le mandat d'arrestation lancé contre lui par la police de Dresde en donne une description juste après qu'il eut fini Lohengrin :

« Wagner a 37 ou 38 ans; il est de taille moyenne; ses cheveux sont bruns, son front dégagé, ses sourcils bruns; les yeux, bleu-gris; nez et bouche bien proportionnés; le menton est rond, il porte des lunettes. Signes particuliers : gestes et discours rapides. Vêtements : manteau de daim vert foncé, pantalons noirs, veste de velours, mouchoir de soie autour du cou, chapeau de feutre ordinaire, bottes. »

L'expression, « menton rond, porte des lunettes », a été l'objet de bien des plaisanteries. Wagner quitta Dresde avec le passeport d'un certain docteur Widmann, à qui il ressemblait. On lui a même suggéré, pour que la ressemblance soit plus frappante, de perdre l'habitude de porter ses lunettes sur son menton.[1]

En avril 1850, Wagner, alors exilé à Zurich, écrivit à Liszt : « Faites jouer mon Lohengrin ! Vous êtes le seul à qui je puisse le demander, et je ne confierai la production de mon opéra qu'à vous. Je vous le remets avec la plus totale, la plus joyeuse confiance. »

Wagner raconte lui-même qu'à cette époque, il s'était senti malade, malheureux et sans espoir; son regard s'était porté sur la partition de Lohengrin qu'il avait pour ainsi dire oubliée : « Je fus pris d'un sentiment de profonde détresse à l'idée que les sons inscrits sur ce papier d'une mortelle pâleur ne seraient jamais entendus. Je mis deux lignes à Liszt, et je reçus simplement comme réponse que, dans la mesure où les ressources de l'Opéra de Weimar le permettaient, tout était mis en œuvre pour que Lohengrin soit monté. »

La réponse de Liszt, à laquelle Wagner fait allusion et qui donne quelques détails concernant les préparatifs de Lohengrin, tout en témoignant de sa profonde compréhension du génie de Wagner et de l'importance de sa nouvelle partition, peut nous faire sourire aujourd'hui parce qu'elle révèle à quelle petite échelle les choses se faisaient en 1850.

« Votre Lohengrin, écrivit-il à Wagner, sera donné dans des circonstances tout à fait exceptionnelles et favorables à son succès. La direction dépensera 2 000 thalers (environ 1 500 dollars) — somme sans précédent à Weimar... La clarinette-basse a été achetée », etc. Il faudrait aujourd'hui dix fois cette somme pour produire correctement Lohengrin, et l'orchestre d'opéra qui devrait acheter une clarinette basse à cette occasion serait une curiosité. Mais Weimar avait ce dont aucun autre opéra ne pouvait se vanter : Franz Liszt comme chef d'orchestre.

Lohengrin fut joué sur scène pour la première fois le 28 août 1850, sous

1. Au début de sa carrière de critique musical, Gustave Kobbé fut envoyé à Bayreuth comme correspondant du New York World. Il en rapporta le témoignage suivant : « J'ai vu Wagner plusieurs fois à Bayreuth, l'été 1882, où j'assistai à la première représentation de Parsifal. Mis à part les cheveux, devenus gris, et le fait qu'il ne portait plus ses lunettes sur son menton, la description du mandat d'arrêt pouvait encore s'appliquer, en particulier pour la rapidité de gestes et de parole. C'est également là que j'ai rencontré son ami de toujours, Franz Liszt, aux cheveux blancs mais au visage d'aigle. Je les ai vus à une table de banquet avec Cosima, la fille de Liszt devenue la seconde femme de Wagner, et leur fils, Siegfried Wagner. Cosima ressemblait beaucoup à son père, tandis que Siegfried était le portrait de Wagner. L'été suivant, un des quatre manquait. J'ai conservé le programme de Parsifal, bordé de noir pour signifier que la représentation était donnée en mémoire du créateur ».

la brillante direction de Liszt. On célébrait ce jour-là à la fois l'anniversaire
de la naissance de Goethe, celui de la
consécration du monument offert par
Weimar au poète Herder, et le troisième
anniversaire de *Lohengrin*. L'œuvre
fut jouée intégralement, devant un
public qui réunissait l'élite intellectuelle et musicale d'Allemagne. Elle fit
grande impression. Elle bénéficia, il
est vrai, de la présence de Liszt, dont
le soutien fut pour beaucoup dans
l'ampleur que prit l'événement.

Le 15 mai 1861, après avoir été
autorisé à revenir en Allemagne grâce
à l'intervention de la princesse Metternich, Wagner entendit l'œuvre pour la
première fois à Vienne : c'était 11 ans
après la première de Weimar, et 14 ans
après qu'elle eut été écrite.

En raison de l'aspect lyrique de
l'intrigue, l'opéra, qui ne manque pas
pour autant de situations dramatiques,
se distingue par un caractère mélodieux
plus subtil et plus discret que celui de
Tannhäuser. Il est en fait plus délicieusement lyrique que toutes les œuvres
de Wagner, excepté *Parsifal*.

Il y a des thèmes typiques dans la
partition, mais ils subissent rarement
le traitement qui permettrait de les
appeler motifs principaux. Il y a, par
ailleurs, des détails d'orchestration
tout à fait fascinants. Les cuivres sont
utilisés surtout pour accompagner le
roi et, bien sûr, les chœurs guerriers.
Les bois plaintifs sont réservés à Elsa.
Le cor anglais et la sombre clarinette-
basse sont pour Ortrude. Les violons,
surtout dans les harmoniques élevées,
représentent le Saint-Graal et son
envoyé, Lohengrin. Même les tons
différent selon les personnages : les
trompettes du héraut sonnent en do, et
gardent ce ton brillant pour accueillir
le roi. Le fa dièse mineur est le ton
sombre et menaçant qui indique l'apparition d'Ortrude. Le la, qui est
le ton le plus pur pour les cordes,
donnant les effets les plus éthérés,
annonce Lohengrin et la subtile influence du Graal.

Le prélude repose entièrement sur
un thème, beau et expressif : celui de
la sainteté du Graal dont Lohengrin
est chevalier. Les longs accords aériens
des flûtes et des cordes l'ouvrent puis
les violons jouent le motif du Graal, ce
vase qui est censé avoir recueilli le
sang qui coulait de la plaie du Christ
en croix. C'est le plus ancien, mais
aussi le plus parfait exemple d'effet
d'harmonie céleste rendu par les notes
élevées d'un chœur de violons divisé :

Acte I. Au bord de l'Escaut, près
d'Anvers. Le roi Henri 1er est assis
sous un chêne, entouré des nobles de
Saxe et de Thuringe. En face d'eux, au
milieu des chevaliers de Brabant, se
tiennent Frédéric de Telramund et son
épouse Ortrude.

Le roi Henri a réuni les Brabançons
au bord de l'Escaut pour les inciter
à combattre avec lui les Hongrois
qui menacent d'envahir l'Allemagne.
Mais les Brabançons eux-mêmes sont
divisés pour ou contre Frédéric, qui
revendique la succession du duché de
Brabant.

Le roi demande à Frédéric des explications sur cette discorde. Frédéric
accuse Elsa d'avoir tué son frère
Godefroi. Frappé d'horreur, il a renoncé à sa main et a épousé Ortrude,
descendante d'une lignée de chefs.

Considérant que les deux enfants
du duc de Brabant ne peuvent plus
porter la couronne : Godefroi par sa
mort et Elsa par son crime, il demande
au roi qu'elle lui soit accordée, comme
au plus proche héritier. Le roi décide
de s'en remettre au jugement de Dieu.
Frédéric et le chevalier qui se proposera
comme champion d'Elsa s'affronteront
en combat singulier.

Le héraut du roi s'avance, et appelle
Elsa. Un murmure parcourt l'assistance
quand s'approche une mince silhouette

vêtue de blanc. Il semble qu'Elsa, avec son front clair, son doux visage et son allure timide, ne peut être l'objet de l'horrible accusation de Frédéric. Mais des forces ténébreuses conspirent contre elle, que seuls connaissent son accusateur et sa femme venue du Nord. En Frise, les rites mystérieux d'Odin et des anciens dieux ont encore des adeptes secrets dont Ortrude fait partie. L'espoir de cette femme est d'éliminer Elsa, de réussir à arrêter l'avancée de la foi chrétienne vers le Nord et de restaurer les rites d'Odin dans le pays de Brabant. L'accession au trône de Frédéric, qui est entièrement sous sa coupe, l'aiderait considérablement pour ce projet. Elle est prête, pour cela, à utiliser tous les secrets de magie noire qu'elle détient.

Jusqu'au moment où Elsa apparaît, la musique est rude et énergique, reflétant ainsi l'état d'esprit de Frédéric quand, poussé par Ortrude, il lance son accusation contre Elsa. Quand celle-ci arrive, la musique devient douce, légère et plaintive, mais sans être totalement dénuée d'espoir; comme si la jeune fille, consciente de son innocence, avait foi en son destin.

« Elsa, demande le roi doucement, qui sera ton champion ? » Elle répond dans une sorte de transe, et l'on entend ce qu'on appelle « le rêve d'Elsa ». Les violons murmurent le motif du Graal, et Elsa chante, comme perdue dans un rêve : « Je vois un chevalier glorieux, enveloppé d'une lumière splendide. Ses yeux me contemplent avec douceur. Il se tient dans les nuages, appuyé sur son épée, près d'une maison en or. Le Ciel l'a envoyé à mon secours. Il sera mon défenseur ! »

Tous se regardent avec stupeur. Le roi demande une fois encore, avec douceur : « Elsa, qui as-tu pris comme défenseur ? » — « Celui que le ciel m'enverra; à celui-là j'accorderai tout ce qu'il me demandera, même d'être son épouse ! » répond-elle. On entend encore une fois la belle, large et fluide mélodie dont on a parlé ci-dessus, qui peut être appelée « Motif d'Elsa ». Solennellement le héraut appelle par deux fois le champion d'Elsa.

Soudain, les hommes qui sont près de la rivière s'écrient : « Miracle ! voici un cygne, qui tire une nacelle par une chaîne dorée ! Un chevalier est debout dans la barque ! » Tous se précipitent vers la rive pour acclamer la fragile embarcation et le chevalier, revêtu d'une armure étincelante. Elsa croit rêver et n'ose tourner son regard vers l'étonnant spectacle; bien au contraire, elle lève les yeux vers le ciel avec une expression extasiée, tandis qu'Ortrude et Frédéric, voyant leur intrigue déjouée par un miracle qui dépasse leur entendement, échangent un regard à la fois stupéfait et inquiet.

Le chevalier fait ses adieux au cygne, qui disparaît avec la barque. Le Chevalier au Cygne — dont le heaume et le bouclier sont ornés d'un cygne d'argent — présente ses respects au roi; puis s'avance vers Elsa et la questionne.

« Elsa, si je dois gagner pour vous et vous prendre pour épouse, vous devez me promettre de ne jamais chercher à connaître mon nom, ni mon origine. » « Je le promets », répond-elle.

« Elsa, je vous aime » s'écrie-t-il en la prenant dans ses bras. Puis, s'adressant au roi, il déclare être prêt à se battre pour défendre l'innocence de la jeune femme.

C'est dans cette scène qu'apparaît un des thèmes les plus significatifs de l'opéra, « Le Mystère du nom » — car Elsa le négligera et, en brisant sa promesse, sera l'artisan de son propre malheur.

L'aire de combat est tracée et le roi adresse une prière à Dieu, lui demandant de prononcer le jugement.

Le Chevalier au Cygne terrasse Frédéric, mais lui laisse la vie sauve. Le roi conduit Elsa vers le vainqueur, qui est acclamé par tous comme son sauveur et son fiancé.

Acte II. Cette nuit-là, dans la ville fortifiée d'Anvers, le palais où demeurent les chevaliers est illuminé, et le bruit de la fête s'en échappe. Deux personnes se cachent dans l'ombre des murs : Frédéric et Ortrude, qui ont été bannis. Frédéric, qui a tout perdu, accuse Ortrude de l'avoir poussé à vilipender Elsa devant le roi. Ortrude le rassure, sa magie, avec l'aide de ses dieux, lui rendra le pouvoir. Elle saura remplir de doute l'âme d'Elsa et l'amener à poser au chevalier la question fatidique.

Au même moment, Elsa sort sur son balcon et exprime sa joie. Elle entend une voix plaintive appeler son nom, c'est Ortrude dont les mains sont levées vers elle en signe de supplication. Émue par le spectacle de cette femme autrefois si fière et maintenant déchue, l'innocente jeune fille descend et la console, elle demandera au chevalier le pardon de Frédéric. Ortrude, tout en la remerciant, insinue quelques phrases qui jetteront le doute dans le cœur d'Elsa. La scène se termine par ce duo magnifique.

Tôt le lendemain matin. On se rassemble sur le parvis de la cathédrale. Chœur plein de vivacité. Le héraut royal annonce la sentence qui bannit Frédéric, le mariage d'Elsa et le protectorat du chevalier sur le Brabant. Alors que la foule s'éloigne, Frédéric, déguisé, réussit à rallier quelques-uns de ses anciens compagnons à sa cause.

La mariée apparaît, suivie de ses dames d'honneur. Ortrude se précipite sur son chemin : « Arrière, Elsa ! », s'exclame-t-elle.

« Je ne suis pas une esclave, destinée à te suivre. Même si ton chevalier a vaincu mon mari, nous ne savons pas

qui il est — ni son nom, ni le lieu d'où il vient. Ses raisons pour t'interdire la moindre question doivent être bien puissantes. A quelle horrible disgrâce serait-il réduit s'il était forcé de répondre ? »

Le roi, le fiancé et les nobles s'approchent. Elsa s'écarte d'Ortrude, rejoint son chevalier et se serre contre lui. C'est le moment que choisit Frédéric, suivant les indications d'Ortrude pour s'avancer sur les marches de la cathédrale et répéter les propos de sa femme, puis, profitant de la confusion générale, il s'enfuit en se mêlant à la foule. Mais l'insidieux poison a commencé son action. En entrant dans la cathédrale, Elsa voit Ortrude lever la main en signe d'avertissement et de menace.

Acte III. L'introduction décrit brillamment les festivités qui accompagnent les noces. Elle est suivie du « chœur nuptial ». Elsa et son époux se retrouvent seuls pour la première fois.

Le duo d'amour est délicieux — certainement l'un des passages les plus doux et tendres du répertoire lyrique. Pourtant, lorsqu'il prononce tendrement son nom, Elsa remarque qu'elle ne peut en faire autant : « Comme mon nom est doux quand tu le dis ! Que ne puis-je prononcer le tien. Mais tu me le diras sûrement un jour, en secret, et ainsi je pourrai le murmurer sans que personne ne puisse l'entendre. »

Le chevalier ne perçoit que trop bien les premiers effets de l'œuvre néfaste d'Ortrude et de Frédéric. Il s'éloigne, ouvre la fenêtre et, montrant les fleurs éclairées par la lune, chante : « Dis-moi, ne sens-tu pas la délicieuse fragrance des fleurs ? » La même magie subtile l'a attiré vers elle, l'a rendu amoureux d'elle et lui a donné une foi inébranlable dans le vœu qu'elle a prononcé. Serait-elle assez insensée pour briser l'admirable appel du clair de lune et de l'amour ? Malgré ce tendre avertissement, elle commence à le questionner. Il la supplie, dans un chant passionné, de lui faire confiance et de l'aimer en tenant parole. La musique exprime avec un réalisme admirable les sentiments qui troublent Elsa : elle craint que le souvenir du pays merveilleux dont il vient n'écarte d'elle son époux et elle est obsédée par la vision du cygne venant le chercher pour l'emporter loin d'elle. Elle finit par lui poser les questions fatidiques. Frédéric, suivi de ses séides, pénètre dans la chambre pour tuer le chevalier, mais celui-ci l'abat d'un seul coup.

Après l'attaque où Frédéric perd la vie, un silence dramatique plane et Elsa s'effondre évanouie dans les bras de son mari. Par silence, je ne veux pas dire disparition totale de tout bruit. Car le silence peut parfois être rendu très expressif par la musique : Wagner utilise ici de longs accords prolongés suivis de légers coups de cymbale. Quand le chevalier se penche vers Elsa pour la relever, des réminiscences du duo d'amour viennent renforcer la tristesse de la musique. « Le Mystère du nom », lourd de menace, vient terminer la scène.

Sur la rive de l'Escaut. A l'endroit même où il avait débarqué, le chevalier décide de répondre aux questions d'Elsa. Le roi et les troupes qu'il doit mener au combat l'attendent et l'acclament comme leur chef. Cette scène, appelée « Promesse de Victoire », prend la forme d'une marche brillante et d'un chœur, aux sons desquels entrent les comtes de Brabant, suivis de leurs vassaux. Elle est abrégée dans la plupart des représentations. Le chevalier répond aux acclamations des seigneurs en leur faisant ses adieux, car Elsa a brisé son vœu. Il vient d'une contrée lointaine, Montsalvat, où se dresse le temple du Saint-Graal. Son père, Parsifal, en est le roi, et lui-même, Lohengrin, en est chevalier. Maintenant que son nom et son ascendance sont connus, il doit repartir, car le Graal ne donne à ses chevaliers la force pour redresser les torts et protéger les innocents que dans la mesure où le secret de leur pouvoir est gardé.

Le cygne descend doucement la rivière et Lohengrin fait ses tristes adieux à Elsa. Ortrude intervient « Pars dans toute ta gloire. Le cygne qui t'emporte n'est autre que Godefroi, le frère d'Elsa, à qui un sortilège a donné cette forme. Si Elsa avait été fidèle à son vœu et si tu avais pu rester, tu aurais pu le délivrer de mon enchantement. Les dieux anciens dont je suis la servante punissent ainsi la déloyauté humaine ! »

Lohengrin tombe à genoux au bord du fleuve et prie en silence. Soudain une colombe blanche vient voler au-dessus de la nacelle; le cygne disparaît. Godefroi, ayant retrouvé sa forme humaine, se tient debout sur la rive; et Lohengrin, qui est monté dans l'embarcation, se laisse entraîner par la colombe. Ortrude s'effondre en hurlant, tandis que tous s'agenouillent devant Godefroi. Elsa le contemple avec émerveillement; puis, consciente soudain de sa propre détresse, elle crie « Mon époux ! Mon époux ! », et tombe morte dans les bras de son frère.

Le récit que fait Lohengrin de son origine est magnifiquement accompagné d'une musique que nous avons entendue dans le prélude; mais quand il prononce son nom, nous entendons les mesures que chantait Elsa dans la deuxième partie de son rêve au premier acte. L'air qu'il chante en tendant à Elsa son cor, son épée et son anneau pour qu'elle les remette à son frère s'il revenait, est d'une extrême beauté et d'une grande tendresse. Ainsi, d'ailleurs, que la façon dont il accueille le cygne. La deuxième partie du rêve d'Elsa est reprise à la fin, et l'opéra se termine par le superbe motif du Graal.

Tristan und Isolde
Tristan et Isolde

Opéra en 3 actes de Wagner; liv. du compositeur. Créé le 10 juin 1865 à Munich, avec Malvina Schnorr von Carolsfeld, Anne Deinet, Ludwig Schnorr von Carolsfeld (Tristan était dans la vie le mari d'Isolde), Zottmayer, Mitterwurzer, Heinrich, dir. Hans von Bülow. Il faut rappeler que Bülow était encore, à l'époque, le mari de Cosima dont il ne divorça que l'année suivante. Première à Londres, Drury Lane, 1882, avec Rose Sucher, Brandt, Winkelmann, Gura, Landau, dir. Richter; Bayreuth, 1886, avec Malten, Gisela, Staudigl, Gudehus, Gura, Plank, dir. Mottl; Metropolitan de New York, 1886, avec Lilli Lehmann, Brandt, Niemann, Robinson, Fischer, dir. Seidl; Covent Garden, 1892, avec Rosa Sucher, Schumann-Heink, Alvary, Knapp, dir. Gustav Mahler. Première à Paris, Nouveau Théâtre, 1899, avec Litvinne, Brema, Gilbert, Saimprey, Vallier, dir. Lamoureux; Château d'Eau, 1902, avec Litvinne, dir. Cortot; Opéra de Paris, en fr., 1904, Grandjean, Feart, Alvarez, Delmas, dir. Taffanel. Reprises : 1910, avec Nordica, van Dyck, dir. Messager; 1930, Lubin et Franz, dir. Gaubert; 1938, Lubin et Sattler, dir. Furtwaengler; 1941, Lubin et Lorenz, dir. von Karajan; 1948, Flagstad et Lorenz, dir. Sebastian; 1956, Varnay et Suthaus, dir. Knappertsbusch; 1966, Nilsson, Gorr, Windgassen, Hotter, dir. Sebastien. Jean de Reszke est en général reconnu comme le meilleur Tristan ayant chanté au Metropolitan. Schmedes, Vogel, Urlus, Melchior, Vinay et Windgassen furent également de célèbres interprètes du rôle. Parmi les grandes interprètes d'Isolde : Nordica, Ternina, Fremstad, Mildenburg, Wittich, Gadski, Litvinne, Kappel, Leider, Larsen-Todsen, Marta Fuchs, Flagstad, Germaine Lubin, Traubel, Varnay, Mödl, Birgit Nilsson; Bispham, van Rooy et Hotter furent de célèbres Kurwenal; Edouard de Reszke, Mayr, Bohnen, Kipnis et Weber comptent parmi les grands interprètes du roi Marc. Parmi les Tristan italiens d'un certain renom : Giuseppe Borgatti, et pour Isolde : Giuseppina Cobelli.

PERSONNAGES

TRISTAN, *chevalier de Cornouailles, neveu du roi Marc* (ténor); MARC, *roi de Cornouailles* (basse); ISOLDE, *princesse irlandaise* (soprano); KURWENAL, *écuyer de Tristan* (baryton); MELOT, *un courtisan* (ténor); BRANGAENE, *suivante d'Isolde* (mezzo-soprano); UN BERGER (ténor); UN MARIN (ténor); UN TIMONIER (baryton).
Marins, écuyers, chevaliers, hommes d'armes.

A l'époque légendaire.

Un navire en mer; les alentours du palais du roi Marc en Cornouailles; le château de Tristan à Kareol.

Wagner a profondément remanié la légende de *Tristan* avant d'en faire un drame musical[1]. Il l'a dépouillée de tous les incidents superflus et a concentré les épisodes principaux en un drame concis, vigoureux et émouvant, qui convient parfaitement à la scène. La manière dont il utilise à ses fins le philtre magique de la légende montre son remarquable sens dramatique. Dans la légende, l'amour de Tristan et d'Isolde n'est que le produit d'un

---

1. Voir *Le Vin Herbé*, de Frank Martin, d'après la version de J. Bédier.

philtre ; tandis que Wagner les présente comme deux jeunes gens déjà épris l'un de l'autre et dont le philtre ne fera qu'attiser la passion.

C'est le récit d'une passion tragique sublimée dans la mort qui se déroule dans le flot et les palpitations d'une musique immortelle.

La passion a lentement couvé dans le cœur des héros. Elle ne pouvait éclater, car elle était entravée par l'ombre du devoir — celui du chevalier envers son roi, et celui de l'épouse envers son mari. Ils ont voulu mourir et décidé de boire un philtre mortel. Mais la confidente de l'héroïne y a substitué un philtre d'amour. Grâce à ce moyen magique, leur passion a cessé d'être vague et hésitante : portée à son comble, elle s'est exprimée dans l'abandon total des amants à leur extase et à leur destin.

Ce qui précède l'épisode du philtre est, dans le drame, narratif, explicatif et préliminaire. Une fois la coupe partagée et la passion libérée, la seule issue heureuse pour les amants est la mort. Le prélude commence, fort à propos, par le motif qui exprime les effets du philtre sur les deux amants. On peut le diviser nettement en deux parties : l'une montante et l'autre descendante chromatiquement. Le philtre neutralise leur sens du devoir et livre les deux êtres à leur passion. La première partie, caractérisée par ses demi-tons chromatiques descendants, est empreinte de tristesse comme si Tristan pressentait vaguement la tragédie imminente. La deuxième prend son essor et atteint l'extase. Elle exprime l'abandon sans restriction de la jeune femme à la jouissance de l'amour partagé. Pourtant, si l'on peut appeler cette phrase « Motif du Breuvage d'Amour » ou, comme suggère Wolzogen, « Motif du Désir Ardent », il semble préférable de la diviser en deux motifs : celui de Tristan et celui d'Isolde (A et B) :

Les deux motifs sont répétés chacun deux fois, et interrompus par une *fermata*[1]. Puis l'on réentend le Motif d'Isolde. Car, dans cette tragédie, comme dans celle du paradis terrestre, c'est la femme qui fait le premier pas décisif.

Après un autre point d'orgue, les deux dernières notes du Motif d'Isolde sont répétées deux fois et disparaissent progressivement. Puis une variation sur le Motif d'Isolde

nous entraîne avec passion dans une autre phrase, pleine de désir sensuel et suffisamment différente pour former un nouveau motif : le Motif du Regard.

Il revient plusieurs fois dans le prélude. Et bien que facile à reconnaître, il prend à chaque répétition une forme différente, si bien que l'exaltation ne tombe jamais. En fait, le prélude gagne en impétuosité au fur et à mesure qu'il avance jusqu'au moment où, avec une inversion du Motif du Regard porté à un niveau de plus en plus élevé par des montées précipitées, il atteint son sommet dans un paroxysme d'amour, pour s'éteindre ensuite dans des reprises des Motifs de Tristan et d'Isolde et du Motif du Regard.

1. *Fermata* : pause sur une note tenue ou un accord.

Le prélude nous conte, par les thèmes qu'il emploie, l'histoire d'amour de Tristan et d'Isolde. Nous entendons les Motifs du héros et de l'héroïne, puis celui du Regard. Quand le finale de l'œuvre, « Liebestod »[1], est attaché au prélude, comme c'est souvent le cas dans les concerts, nous écoutons le début et la fin du drame lyrique, formant un épitomé éloquent de la tragédie.

Acte I. Sur le navire qui ramène Tristan et Isolde en Cornouailles. Une tente a été dressée sur le pont du bateau où se tient Isolde.

Brangaene a tiré l'une des tentures et regarde la mer. La voix d'un jeune marin chantant des adieux à sa « jeune Irlandaise » semble venir des cordages. Ce chant est d'une beauté sauvage et illustre parfaitement avec quelle habileté Wagner savait donner à sa musique de la couleur locale. Les paroles, « Frisch weht der Wind der Heimath zu » (La brise nous pousse fraîchement vers notre pays), illustrent un air que nous retrouverons plusieurs fois dans cette scène et que l'on peut appeler le Motif de l'Océan. Il coule gracieusement dans la réponse de Brangaene après qu'Isolde se soit inquiétée de la course du navire, et jaillit violemment lorsque Isolde découvre, animée d'une colère impuissante, que la côte de Cornouailles est proche; enfin il se brise sauvagement quand, désespérée, elle supplie les éléments de détruire le navire et tout ce qui s'y trouve :

C'est sa passion sans espoir pour Tristan qui a ainsi prostré Isolde; le Motif du Regard accompagne sa pre-

mière exclamation quand elle se lève brusquement.

Elle demande à Brangaene de repousser les tentures pour laisser entrer l'air. Le geste de la suivante découvre le pont du bateau et, au-delà, l'océan. Tristan, un peu à l'écart, contemple la mer. Son écuyer, Kurwenal, est étendu à ses pieds. On entend à nouveau la voix du jeune marin.

Isolde aperçoit Tristan. A la pensée que celui qu'elle aime la conduit vers son futur époux, elle exprime sa colère et le souhait qu'il meure. Cette phrase véhémente est le Motif de la Mort. On réentend le Motif du Regard — qui révèle le secret d'Isolde — au moment où elle demande à Brangaene ce qu'elle pense de Tristan. Il devient triomphant quand la suivante chante les louanges du jeune homme. Isolde lui ordonne alors d'aller chercher Tristan en chantant le Motif de la Mort car elle souhaite mourir avec lui. Tandis que Brangaene exécute son ordre, on entend une gracieuse variation du Motif de l'Océan où les basses rythment les mouvements des marins dans les cordages.

Tristan refuse d'abandonner le gouvernail et quand Brangaene répète la demande d'Isolde, Kurwenal lui répond par un chant à la louange de Tristan. Les chevaliers, les écuyers et les marins reprennent le refrain. Les accents impétueux de « Vive Tristan le brave ! » forment ce qu'on nomme « Gloire de Tristan ».

1. Mais ce mot, qui est maintenant habituellement appliqué à la musique de la mort d'Isolde, devait, dans l'esprit de Wagner, caractériser le prélude, où l'Amour contient déjà les germes de la Mort.

Les sarcasmes de Kurwenal exaspèrent Isolde. Elle raconte à Brangaene l'histoire d'un chevalier nommé Tantris qui avait débarqué, blessé, sur la côte irlandaise et avait été soigné par elle. Elle avait pu ajuster dans une entaille de son épée un morceau de métal qu'elle avait trouvé incrusté dans la tête de Morold, son fiancé; car on la lui avait envoyée, par dérision, après qu'il eut été tué en Cornouailles. Elle avait brandi cette épée au-dessus de la tête du chevalier blessé dont elle savait maintenant qu'il était Tristan, celui qui avait tué son fiancé. Mais son regard l'avait fait défaillir, et elle l'avait soigné et guéri. Tristan, en la quittant, lui avait juré une reconnaissance éternelle. Le thème principal de ce récit est issu du Motif de Tristan :

(Von einem Kahn, der klein und arm...)
Un bateau fragile et sans défense
Dériva jusque vers nos rivages;
Un homme s'y trouvait étendu,
Gravement blessé et épuisé;
Il avait entendu parler
De l'habileté d'Isolde;
Avec des baumes, des herbes et des
             onguents,
Elle sut guérir les plaies qui
             l'accablaient,
Et lui rendre ses forces.

La transition entre la phrase « Ses yeux contemplaient les miens » et les Motifs d'Isolde et du Regard est remarquable. Le passage commençant par « Die schweigend ihm » (Elle qui sans rien dire l'épargna), est suivi de « Gloire de Tristan », comme si Isolde voulait établir une comparaison railleuse entre ce qu'elle considère comme sa trahison et sa réputation de héros. Le débordement de sa colère, quand elle évoque la traîtrise de celui qui la mène au roi Marc pour être son épouse, est le point culminant du récit. Brangaene cherche à la calmer; mais elle avoue, presque involontairement son amour pour Tristan.

Le récit d'Isolde est traité par des expressions diverses : la colère, le désir de vengeance, les souvenirs extasiés qu'elle ne peut dissimuler, enfin la confession de son amour, sont les émotions qui affleurent.

Ce qui pousse Brangaene à s'écrier « Où est-il, celui qui ne vous aime pas ? » Elle murmure ensuite quelques paroles étranges au sujet d'un philtre d'amour et prend une fiole dans un coffret. Les Motifs du Regard et du Breuvage d'Amour accompagnent ses paroles et gestes. Mais Isolde s'empare d'une autre fiole, qu'elle brandit victorieusement. C'est le philtre de Mort. Une phrase menaçante, sur trois notes intervient alors : le Motif du Destin.

L'orchestre atteint un sommet de violence, auquel succèdent les cris des marins à la vue de la côte. Isolde, pour qui ils signifient l'imminence de son mariage, les entend avec une terreur grandissante. Kurwenal vient, avec brusquerie, lui demander de s'apprêter à débarquer. Elle l'envoie mander Tristan, et ordonne à Brangaene de préparer la potion mortelle. Le Motif de la Mort accompagne ces deux ordres tandis que le Motif du Destin bourdonne en sourdine, menaçant. Mais Brangaene substitue habilement le philtre d'Amour à celui de Mort.

Kurwenal annonce Tristan. Le thème qui annonce son apparition est plein d'une défiance tragique, comme s'il réalisait qu'il se tenait sur le seuil de la mort tout en étant prêt à assumer stoïquement son destin. Ce thème alterne avec le Motif du Destin et est utilisé avec un effet des plus dramatiques dans la scène suivante où s'affrontent les deux héros. Isolde annonce son intention de boire à leur réconciliation. Puis le passage où il ordonne à

Isolde de le tuer avec l'épée qu'elle a déjà dirigée vers lui est sombre et impressionnant.

Les cris des marins leur apprennent que la terre est proche. Dans une variante du thème de son récit, elle prévoit moqueusement les compliments que Tristan fera d'elle quand il la conduira au roi Marc. Elle lui tend alors la coupe qui contient, du moins le croit-elle, le breuvage mortel. On entend à nouveau les cris des marins. Tristan s'empare de la coupe et la porte à ses lèvres avec extase, comme s'il allait enfin être libéré. Quand il en a bu la moitié, Isolde la saisit et la vide entièrement.

La coupe lui échappe des mains, elle se tourne vers Tristan.

Motif d'Isolde. Le sortilège est rompu. Isolde tombe dans les bras de Tristan.

Les marins annoncent joyeusement la fin de la traversée. Aucun son n'atteint les amoureux qui ne perçoivent que les brèves phrases qu'ils échangent pour exprimer le transport de leur passion, enfin révélée. Brangaene les sépare juste à temps.

Chevaliers, écuyers et marins envahissent le pont. Isolde s'évanouit dans les bras de Tristan. Et cependant l'acte se termine par un épanouissement triomphant du Motif d'Isolde, qui domine les cris de joie des passagers du navire.

Acte II. L'introduction de cet acte, tout comme la première scène entre Isolde et Brangaene, constitue un admirable portrait musical d'ambiance.

Cette introduction débute par un motif particulièrement significatif. Au cours de la scène d'amour de l'acte précédent, les deux amants ont maudit le jour qui les sépare jalousement : ils ne pourront se rencontrer qu'avec la complicité de l'obscurité. Et même alors, leur joie sera ternie à l'idée que le jour succédera bientôt à la nuit. Si bien que, pour eux, le jour représente tout ce qui est néfaste, tandis que la nuit est bienfaisante.

La phrase, qui commence l'acte par un véritable cri d'agonie, est le Motif du Jour :

Il est suivi d'une autre phrase, dont les mesures avides et tumultueuses décrivent Isolde attendant l'arrivée de Tristan, c'est le Motif de l'Impatience :

Un air suave et séduisant plane au-dessus. C'est le Motif de l'Ardeur, qui s'épanouit ensuite dans les mesures enchanteresses du Motif de l'Élan Passionné :

Le jardin du palais au clair de lune. Le roi et sa suite sont partis chasser. Parmi eux se trouve Melot, un chevalier qui se prétend dévoué à Tristan, mais en qui Brangaene n'a pas toute confiance.

Brangaene observe une clairière, dans la direction prise par la chasse. Elle soupçonne un piège. Une torche brûle près de la porte d'Isolde, dès qu'elle sera éteinte, Tristan saura qu'il peut aller la rejoindre. Le son des cors s'éloigne. Isolde passe dans le jardin. Elle demande à Brangaene de préparer le signal pour Tristan. Celle-ci lui répond que l'on entend encore les chasseurs. Isolde se fâche : n'est-ce pas le chant charmant d'un ruisseau qu'elle entend ? La musique est idyllique et délicieuse, évoquant une nuit de rêve. Brangaene met Isolde en garde contre Melot, l'exhorte vainement à la prudence. Les mesures séduisantes de l'Ardeur et l'Élan Passionné illustrent tout au long de cette scène l'abandon qui gagne le cœur d'Isolde. Quand sa suivante lui avoue avoir substitué le philtre d'amour au breuvage mortel, Isolde rejette avec mépris cette explication de son amour pour Tristan. Le philtre n'a fait qu'augmenter la passion qui habitait déjà son cœur. Elle le proclame dans les phrases transportées du Motif d'Isolde; et l'on entend les tendres accents du Motif de l'Amour quand elle remet son sort entre les mains de la déesse de l'amour.

En vain Brangaene la met-elle en garde, une fois encore, contre la possibilité d'une trahison de Melot. Le Motif de l'Amour s'élève avec une passion croissante, jusqu'à ce que l'exaltation d'Isolde s'exprime dans le Motif de l'Élan Passionné. Elle ordonne à Brangaene de faire le guet, et éteint elle-même la torche pour prévenir Tristan, dût-elle ainsi éteindre aussi la flamme de sa propre vie. Le Motif de l'Ardeur retentit victorieusement à ce moment; puis se fond dans le Motif de l'Impatience. Le Motif de l'Élan Passionné et le geste transporté d'Isolde indiquent l'arrivée de Tristan; les deux amants se jettent dans les bras l'un de l'autre.

Le Motif de l'Amour et le Motif de l'Élan Passionné rivalisent de ferveur pour exprimer l'ivresse de ces retrouvailles. Les deux héros s'avouent leur amour. Cette scène est dominée par le Motif du Jour qui, à mesure que la lumière diurne tombe, laisse place au Motif de la Nuit, apaisant et caressant. Les tressaillements de ce motif accompagnent tout le duo « O, descends sur nous, Nuit d'Amour ».

Le duo est interrompu par la voix de Brangaene, qui annonce le lever du jour. Les arpèges qui accompagnent cet avertissement évoquent les premières lueurs de l'aube. Mais les amants ne l'écoutent pas. Ils murmurent leur douce et suave mélodie d'amour — le Motif de la Félicité est d'une irrésistible grâce sensuelle.

C'est bien à ce moment où la nuit et l'amour les enveloppent que la mort aurait dû les surprendre. C'est en vérité ce à quoi ils aspirent, et le chant de Mort domine un accompagnement fébrile :

Une fois de plus, la voix de Brangaene se fait entendre. Et les deux amants n'y prêtent pas plus d'attention : « Que la nuit nous protège à jamais ! », s'écrie Isolde, bravant l'approche du jour, tandis que le Motif de l'Élan Passionné prend son essor :

Brangaene pousse un cri. Kurwenal se précipite sur scène en criant à Tristan de s'enfuir : c'est la fin du rêve enchanteur. Ils sont entourés par le roi et sa suite que le traître Melot accompagne. Des phrases rappelant leur scène d'amour s'élèvent comme des souvenirs endeuillés.

Le roi s'engage curieusement dans un discours philosophique qui se termine par :

Qui nous révélera
L'inexplicable,
L'impénétrable
Cause de ces malheurs ?

Tristan se tourne vers Isolde : le suivra-t-elle dans son pays natal balayé par les vents. Elle lui répond que sa maison sera la sienne. Melot tire alors son épée et se jette sur lui. Tristan dégaine à son tour mais est touché par la lame. Isolde se précipite sur le corps de son amant blessé.

Acte III. L'introduction commence par une variation sur le Motif d'Isolde, qui annonce tristement la désolation que va découvrir le rideau en se levant. À la troisième reprise, la phrase est prolongée par une longue montée évoquant l'étendue d'océan que domine le château de Tristan.

Tout le passage représente la rêverie de Tristan, absorbé par le souvenir d'Isolde. Son imagination passe de l'océan qui s'étend devant lui à l'évocation de la dernière nuit d'amour. Il finit par s'abandonner complètement à son chagrin.

Le rideau se lève sur les terres désolées de Karéol. Tristan est étendu sous un grand tilleul. Le fidèle Kurwenal le veille. Les notes plaintives qu'un berger tire de son pipeau s'harmonisent parfaitement avec la tristesse et la désolation de ce spectacle. Par ce Chant du Chagrin, le berger, qui surveille la mer, informe Kurwenal que le navire qui est parti chercher Isolde en Cornouailles n'est toujours pas en vue.

Ce Chant du Chagrin, d'une beauté nostalgique, a la simplicité et le charme sans pareil des chansons populaires.

Le berger regarde par-dessus la muraille et demande si Tristan a montré quelque signe de vie. Kurwenal répond que non d'un air sombre. Le berger se remet à scruter l'océan en jouant sur sa flûte son triste refrain. Tristan ouvre lentement les yeux : « Le vieux refrain ; pourquoi me réveille-t-il ? Où suis-je ? » murmure-t-il. Kurwenal se réjouit, ses réponses aux questions égarées de Tristan reposent essentiellement sur un motif qui exprime parfaitement le caractère solide de ce fidèle serviteur.

Lorsque Tristan s'abandonne désespérément au souvenir d'Isolde, Kurwenal tente de le réconforter, il l'a envoyée chercher en Cornouailles, afin qu'elle vienne guérir la blessure infligée par Melot comme elle avait déjà guéri celle faite par Morold. Fou de joie, Tristan serre Kurwenal contre lui, et le Motif d'Isolde prend la forme d'un motif joyeux. Mais le Motif de la Détresse de Tristan y succède bientôt, car Tristan est repris par son délire :

« Le navire ! Le navire ! Kurwenal, ne le vois-tu pas ? » s'exclame-t-il. Le Chant du Chagrin, joué par le berger, donne la triste réponse. Il baigne sa rêverie mélancolique jusqu'au moment où son esprit se perd à nouveau dans le souvenir d'Isolde soignant tendrement sa plaie en Irlande : on entend alors le thème du Récit d'Isolde. Finalement, l'exaltation l'envahit et, dans un paroxysme d'angoisse proche de la folie, il maudit son amour.

Il retombe, apparemment mort. Mais lorsque Kurwenal se penche sur lui, l'orchestre effleure le Motif d'Isolde, il murmure le nom de la jeune femme. Le Motif de la Félicité, d'une beauté saisissante, accompagne doucement son délire, quand il croit voir Isolde glisser doucement vers lui sur les flots. Il ordonne à Kurwenal d'aller guetter l'arrivée du navire. Ce qu'il voit si clairement, Kurwenal ne peut-il pas le voir ? Le caractère de la musique se modifie soudain. Le navire est vraiment en vue, et le berger joue sur son pipeau un air joyeux. Il accompagne les questions exaltées de Tristan et les réponses de Kurwenal qui décrivent les mouvements du bateau.

L'écuyer se précipite vers le rivage pour accueillir Isolde et la conduire près de Tristan. Celui-ci, épuisé par sa blessure, rendu à demi fou par son attente passionnée, s'efforce de se soulever. Le Motif de la Félicité, maintenant d'une rapidité frénétique, accompagne ses gestes. Dans son délire, il arrache ses bandages et se lève.

La voix d'Isolde ! Tristan tombe en chancelant dans les bras qu'elle tend vers lui.

Son regard extasié se pose sur elle une dernière fois, tandis que le Motif du Regard, d'une beauté funèbre, s'élève. Il expire.

Il n'y a pas de scène plus profondément désespérée dans toute l'histoire de la Musique.

Un tumulte accompagne l'arrivée d'un second navire, celui du roi Marc et de sa suite. Kurwenal et ses hommes, pensant qu'ils sont à la poursuite d'Isolde, les attaquent. Kurwenal venge Tristan en tuant Melot, puis s'écroule à son tour, mortellement blessé, près de son maître. Il saisit la main de Tristan et meurt en disant : « Tristan, ne m'en veuillez pas de vous suivre fidèlement. »

Brangaene se précipite et dit qu'elle a révélé au roi le secret du breuvage d'amour. Il est venu jusqu'ici pour apporter son pardon. Mais Isolde n'entend pas. Tandis que le Chant de Mort s'élève doucement, devenant peu à peu le Motif de l'Élan Passionné pour culminer avec un fracas prodigieux de tous les instruments, elle contemple son amant mort avec une extase croissante puis s'effondre sur son corps et expire.

Dans la version wagnérienne de la légende, cette mort libératrice, pour laquelle les deux amants ont prié et qui les réunit enfin, est plus qu'une communion dans l'adieu à la vie. Cette fin, empreinte de philosophie orientale, symbolise l'assimilation naturelle de tout ce qui est spirituel, donc immortel, par des vies que l'amour a illuminées.

K.

Die Meistersinger von Nürnberg
Les Maîtres Chanteurs de Nuremberg

Opéra en 3 actes de Wagner; liv. du compositeur. Créé au Théâtre de la Cour Royale de Munich, 21 juin 1868, avec Mathilde Mallinger, Sophie Dietz, Franz Betz, Bausewein, Gustav Hölzel, Fischer, Nachbauer, Schloser, dir. Hans von Bülow. Première à Londres, Drury Lane, Th. Royal, 1882, avec Rose Sucher, Schefsky, Gura, Kœgel, Ehrke, Landau, Winkelmann, Kraus, dir. Richter; Metropolitan New York, 1886, avec Seidl-Kraus, Marianne Brandt, Emil Fischer, Josef Staudigl, Kemlitz, Stritt, Krämer, dir. Anton Seidl; Covent Garden, 1889, (en it.) dir. Mancinelli. Première en France à Lyon, 1896; à l'Opéra de Paris (en fr.), 1897, avec Breval, Grandjean, Alvarez, Delmas, Vaguet, Renaud, Gresse, dir. Taffanel. Reprises : 1906; 1912, avec Gall, Franz, Delmas, dir. Rabaud; 1923, avec Lubin;

1952, avec Boué et Gorr. Parmi les interprètes célèbres du rôle de Hans Sachs :
Reichmann, van Rooy, Whitehill, Weil, Soomer, Schorr, Bockelmann, Nissen,
Rode, Prohaska, Schöffler, Berglund, Hotter, Edelmann et Norman Bailey.

PERSONNAGES

HANS SACHS, *cordonnier* (basse); VEIT POGNER, *orfèvre* (basse); KUNZ VOGELGESANG, *fourreur* (ténor); KONRAD NACHTIGALL, *ferblantier* (basse); SIXTUS BECKMESSER, *greffier* (basse); FRITZ KOTHNER, *boulanger* (basse); BALTHASAR ZORN, *étameur* (ténor); ULRICH EISSLINGER, *épicier* (ténor); AUGUSTIN MOSER, *tailleur* (ténor); HERMANN ORTEL, *fabricant de savon* (basse); HANS SCHWARZ, *tisserand* (basse); HANS FOLTZ, *chaudronnier* (basse); WALTHER VON STOLZING, *jeune chevalier franconien* (ténor); DAVID, *apprenti de Hans Sachs* (ténor); UN VEILLEUR DE NUIT (basse); EVA, *fille de Pogner* (soprano); MAGDALENA, *nourrice d'Eva* (mezzo-soprano).

Bourgeois de la Guilde, compagnons, apprentis, jeunes filles.

A Nuremberg, au milieu du XVIe siècle.

Walther von Stolzing est amoureux d'Eva. Et comme le père de celle-ci, Pogner, l'a promise en mariage au vainqueur du concours des Maîtres Chanteurs au festival d'été, il doit se faire accepter parmi eux. Sa demande est rejetée, car sa façon de chanter viole les règles auxquelles les Maîtres Chanteurs adhèrent servilement. Beckmesser, le greffier, « marqueur » de la confrérie, a fait de son mieux pour que Walther soit écarté : comme il convoite la main d'Eva, il n'a pas manqué une occasion de pénaliser son rival.

Seul Sachs a reconnu les qualités du chant de Walther. Il découvre dans le génie sans contrainte du jeune chevalier la force qui, bien contrôlée, conduira l'art des sentiers battus de la tradition à un nouvel idéal plus élevé.

Après son échec devant les Maîtres Chanteurs, Walther essaie de convaincre Eva de s'enfuir avec lui. Mais la nuit, alors qu'ils s'apprêtent à fuir, Beckmesser survient pour chanter sa sérénade à Eva. Sachs ponctue de coups de marteau les fautes de Beckmesser. Plus celui-ci chante fort, plus les coups de Sachs résonnent, si bien que les voisins se réveillent. David, l'amoureux de Magdalena, pense que la sérénade de Beckmesser lui est

adressée et fonce sur ce dernier avec un gourdin. Un mêlée générale s'ensuit, Sachs entraîne Walther chez lui.

Le lendemain matin, Walther chante à Sachs la chanson qui lui est venue dans un rêve; Sachs note les paroles et fait une critique amicale du texte et de la musique. Sachs fait adroitement passer le poème de Walther entre les mains de Beckmesser qui, persuadé que les paroles sont de Sachs, est sûr d'être vainqueur en le mettant en musique. Eva trouve Walther chez Sachs et tous, avec David et Magdalena, partent pour le festival. Comme Sachs l'avait prévu, Beckmesser y échoue lamentablement car il n'a rien compris au poème de Walther; celui-ci est alors appelé par Sachs pour chanter son poème et en dévoiler la beauté par la musique. Il remporte l'approbation des Maîtres Chanteurs, est accepté parmi eux et gagne la main d'Eva.

Les Maîtres Chanteurs étaient d'origine bourgeoise, très nombreux en Allemagne, surtout dans les cités impériales, du XIVe au XVIe s. Ils contribuèrent largement à stimuler et conserver l'amour de l'art dans les classes moyennes. Leurs concours musicaux étaient jugés selon un code précis où était porté le nom de chacune des trente-deux fautes à éviter. Des sujets bibliques ou religieux étaient généralement retenus, et les juges, ou « Marqueurs », étaient quatre à Nuremberg : le premier comparait les paroles de la chanson à celles de la Bible : le deuxième critiquait la prosodie ; le troisième, la rime, et le quatrième la mélodie. Celui qui avait fait le moins de fautes recevait le prix.

Hans Sachs, le plus célèbre des Maîtres Chanteurs, né le 5 novembre 1494 et mort en janvier 1576 à Nuremberg, est censé avoir écrit quelque 6 000 poèmes. Il était cordonnier de profession.

> *Hans Sachs war ein Schuh-*
> *Macher und Poet dazu.*

Un monument lui fut érigé dans sa ville natale en 1874.

Les Maîtres Chanteurs est une parabole sur l'art, dite en termes simples d'histoire d'amour ; de nombreux traits d'humour viennent la raviver, et un cadre historique fort pittoresque en soutient l'intérêt. Le drame trace un portrait extrêmement précis de la vie et des mœurs à Nuremberg au XVIe s. Wagner a sûrement effectué des recherches historiques approfondies, mais n'a en aucune façon fait étalage d'érudition. L'œuvre qui en résulte est d'une grande spontanéité.

Les Maîtres Chanteurs présente un intérêt très particulier : c'est la protestation de Wagner contre les préjugés du public et l'étroitesse de vue des critiques, qui pendant si longtemps ont refusé de le reconnaître. Eduard Hanslick, le plus acerbe de tous, considérait le livret comme une insulte personnelle. Invité à une lecture privée de ce livret — à ce stade, Beckmesser s'appelait encore Hans Lick — il se leva brusquement après le premier acte et partit. Walther von Stolzing incarne les aspirations de l'art moderne ; il est le champion d'un nouvel idéal, luttant sans cesse contre les limitations imposées par les règles et les méthodes traditionnelles. Hans Sachs est un conservateur qui, tout en voulant préserver le meilleur de la tradition est cependant capable de reconnaître la beauté dans la nouveauté. Il représente l'opinion du public éclairé. Beckmesser et les autres Maîtres Chanteurs sont l'incarnation des préjugés de classe — les critiques. Le triomphe de Walther est celui de Wagner. Peu de créations dramatiques présentent, dans l'œuvre de Wagner, autant de vie que le personnage de Hans Sachs, dessiné avec amour et délicatesse.

Le prélude est un épitomé musical complet de l'histoire. Il est plein de vie et d'entrain — pompeux, passionné et jovial tour à tour, sans la moindre suggestion de morbidité ou de tourment. Sa sensibilité et sa gaieté sont tout à fait humaines. Sur le plan technique, sa construction est exemplaire.

Précédant le lever de rideau, cette composition orchestrale est un *Vorspiel*, ou prélude. Cependant, comme œuvre, c'est une ouverture achevée, riche en matériau thématique. Les thèmes, d'une merveilleuse variété, sont les Leitmotives ou Motifs principaux, que l'on entend à plusieurs reprises au cours de l'opéra. Une analyse de l'ouverture annonce dans une large mesure l'œuvre elle-même.

Le prélude commence par le pompeux Motif des Maîtres Chanteurs. Il exprime, musicalement, les caractéristiques de ces dignitaires d'une façon capitale ; ce sont des citoyens puissants et très satisfaits ; ils acceptent les nouveautés avec une extrême lenteur et ne sont pas favorables au changement.

Ils se décident lentement à agir, mais une fois leur position prise, rien ne saurait les arrêter tant leur influence est grande. Ils font initialement obstacle aux réformes, mais sont par la suite la force qui les mène au succès. C'est pourquoi il y a dans le Motif des Maîtres Chanteurs une certaine dignité grave, qui souligne bien l'idée du pouvoir conservateur.

Par contraste, le Motif Lyrique semble exprimer les efforts tendant à imposer un idéal poétique libre d'entraves désuètes telles que les règles des Maîtres Chanteurs.

Mais les forces conservatrices sont vigoureuses et refusent encore de se laisser convaincre de la valeur de ce nouvel idéal. C'est pourquoi le Motif Lyrique est soudain comme étouffé par les mesures retentissantes de la Marche des Maîtres Chanteurs.

La majesté de la loi et de l'ordre s'y expriment. Suit une noble phrase, d'une ample beauté, qui est manifestement issue de passages du Motif des Maîtres Chanteurs. Elle représente si typiquement la bonne volonté qui devrait animer une confrérie, qu'on peut l'appeler le Motif de la Fraternité de l'Art.

Elle culmine avec éloquence dans le Motif de l'Idéal.

L'esprit de progrès, toujours en mouvement, s'oppose à cette corporation de maîtres conservateurs. C'est alors que les accents imposants de la Marche des Maîtres Chanteurs et du Motif de la Confrérie laissent place à un thème chargé de force émotionnelle qui n'est pas sans ressembler au Motif Lyrique. Walther est le champion de

ce nouvel idéal. Ce n'est pas par pure conviction artistique, mais plutôt en raison de l'amour qu'il porte à Eva. Il ignore les règles et la routine imposées par les Maîtres Chanteurs. Aussi, lorsqu'il se présente pour être admis parmi eux, les mesures qu'il chante en toute liberté atteignent une beauté qui dépasse l'imagination des maîtres. C'est son amour pour Eva qui l'a poussé à concourir et qui a inspiré son chant. Il n'est réformateur que par accident; ce n'est pas l'amour de l'art mais l'amour d'Eva qui est à l'origine de la grande réforme musicale dont le point de départ est la chanson qui lui fait gagner le prix. Voici l'un des meilleurs traits dramatiques de Wagner : l'amour est le ressort de l'action, la morale n'est là que par incidence. C'est pourquoi tous ces motifs où s'expriment les efforts incessants en quête de l'idéal sont autant de motifs d'amour, Eva étant l'incarnation de l'idéal de Walther. Et le motif qui interrompt la Marche des Maîtres Chanteurs et le Motif de la Confrérie avec une telle force émotionnelle reflète plus le désir de posséder Eva que l'aspiration à un nouvel idéal artistique. C'est pourquoi je l'appelle le Motif de l'Ardeur Impatiente.

Une partie du « Chant de Concours de Walther », telle une déclaration d'amour murmurée rapidement, mène à une variation sur l'un des plus beaux thèmes de l'œuvre — le Motif du Printemps.

Puis Wagner entre en guerre contre les idées arriérées qui firent pendant si longtemps obstacle à son succès. Dans un passage délicieusement humoristique, qui parodie les Motifs des Maîtres Chanteurs et de la Fraternité de l'Art, il tourne les maîtres en ridicule, alors que le Motif du Printemps tente vainement de s'imposer. La citation suivante, dans les basses, est le Motif du Ridicule, tandis qu'une variante du Motif de la Fraternité de l'Art est jouée dans l'aigu (associé aux apprentis).

Le passage est suivi du Motif des Maîtres Chanteurs, qui conduit à une imposante combinaison de phrases. Nous entendons la partie du Chant de Concours déjà citée et des éléments de la Marche des Maîtres Chanteurs; puis interviennent le Motif de la Fraternité de l'Art et celui du Ridicule; cette grande masse de forces orchestrales culmine avec le Motif de l'Idéal, pour terminer le *Vorspiel* par le Motif des Maîtres Chanteurs. Dans ce noble passage, où le « Chant de Concours » s'élève au-dessus des différents thèmes, le nouvel idéal semble être porté en triomphe par les forces conservatrices qui, enfin convaincues, épousent sa cause de toute leur énergie.

Cette conclusion du prélude révèle avec éloquence la profonde signification de *Die Meistersinger*. Il y a toujours eu, dans les œuvres de Wagner, une éthique au-delà des mots et de la musique. Nous pouvons déduire le sens réel de l'œuvre d'après l'admirable combinaison des motifs dans le *Vorspiel*. Quatre airs de concours de Maîtres sont cités dans un livre précieux de J.C. Wagenseil, édité à Nuremberg en 1697. Wagner en a repris, et modernisé, deux : l'un dans la Marche des Maîtres Chanteurs, l'autre dans le Motif de la Fraternité de l'Art.

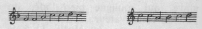

Acte I. L'église Sainte-Catherine à Nuremberg. La confrérie chante le dernier choral de la messe. Walther échange des signes avec Eva. Cette conversation mimée est accompagnée d'interludes expressifs entre les strophes du choral, inspirés des Motifs Lyrique, du Printemps et du Chant de Concours. Ils contrastent avec le choral.

A la fin du service religieux, le Motif du Printemps exprime, dans un élan impétueux, la joie des amants enfin libérés. Le Motif Lyrique accompagne le départ des Maîtres. Eva, Magdalena et Walther restent en arrière.

Eva, désireuse d'échanger quelques mots avec Walther, envoie Magdalena chercher le mouchoir et le missel qu'elle pense avoir oubliés sur son banc. Magdalena presse Eva de rentrer chez elle, mais David apparaît juste à ce moment au fond de la scène, et commence les préparatifs pour la rencontre des Maîtres Chanteurs. Le Motif des Maîtres Chanteurs, et celui de la Confrérie, qui accompagnent naturellement l'activité de David, contrastent par leur sobriété avec les phrases ardentes qu'échangent les amoureux. Magdalena explique à Walther qu'Eva est déjà fiancée, bien qu'elle ne sache pas à qui. Son père a l'intention de lui faire épouser le lauréat du prochain concours des Maîtres Chanteurs. Elle sera cependant libre de le repousser, mais il n'en demeure pas moins qu'elle ne peut épouser qu'un Maître Chanteur. Eva s'exclame : « Je n'en choisirai pas d'autre que mon chevalier ! » Le thème que l'on entend lorsque David se joint au groupe — le Motif de David — est très gai et gracieux.

Il exprime magistralement la joie de vivre et la fraîcheur des apprentis et notamment de David.

La scène se termine par un petit trio, après que Magdalena ait ordonné à David, sous peine de lui déplaire, d'instruire le chevalier des règles de l'art.

Les apprentis font leur entrée. Ils commencent à monter l'estrade du « marqueur », s'arrêtant de temps à autre pour taquiner David, qui explique à Walther les règles des Maîtres Chanteurs d'un air suffisant. Les apprentis chantent et dansent autour de l'estrade, mais s'interrompent brusquement à l'arrivée des Maîtres Chanteurs. Le joyeux Motif de David accompagne toute cette scène.

Pogner et Beckmesser ouvrent la marche. Ce dernier se pose aussitôt en prétendant d'Eva. Il apparaît, d'emblée, comme un personnage revêche et acariâtre. Pogner salue à nouveau Walther et s'étonne qu'il veuille être reçu dans la Confrérie des Maîtres.

Les autres Maîtres entrent à leur tour. L'un d'eux fait l'appel, et Beckmesser est choisi comme marqueur. Pogner se lève et, dans un magnifique passage pour voix de basse, offre la main de sa fille Eva au vainqueur du prochain concours de chant – à condition toutefois qu'elle y consente. Ce passage est connu dans les programmes de concert comme « Le discours de Pogner ».

Hans Sachs propose un amendement : que l'opinion du peuple soit retenue avec celle d'Eva. Cela élargira le cadre du concours, permettra de corriger les règles imposées aux chanteurs et de les assouplir. Tous s'opposent à cette suggestion. Pogner présente Walther. Le Motif du Chevalier :

On demande au postulant quels sont ses mérites, il répond par trois vers : « Am stillen Herd ». Beckmesser, jaloux, prend place au banc du marqueur avec la ferme intention de le faire échouer. Kothner lit les règles établies par les Maîtres : c'est une charge magistrale des vieilles formes de composition. C'est avec une certaine mauvaise grâce que Walther prend le siège du candidat. De son estrade de marqueur, Beckmesser crie : « Fanget an ! » (Et maintenant, commence !). Après un brillant accord suivi d'une montée précipitée des violons, Walther reprend les paroles de Beckmesser d'une voix retentissante. La musique est alors radicalement différente. Le Motif du Printemps est l'accompagnement sans cesse jaillissant du chant de Walther. Il finit par se joindre à la mélodie vocale et la porte de plus en plus haut, vers un sommet passionné. Cependant, il est interrompu par le crissement de la craie de Beckmesser, qui marque sur l'ardoise les infractions aux règles. Et Walther, qui chantait l'amour et le printemps, évoque alors l'hiver qui, caché derrière un buisson épineux, conspire en vue d'éteindre la joie de la nouvelle saison. Le chevalier se lève — autre entorse aux règles — et chante une deuxième strophe avec un enthousiasme provocant. Quand il a fini, Beckmesser tire le rideau qui le dissimulait aux regards du public et montre son ardoise couverte de marques. Walther proteste, mais les maîtres, à l'exception de Sachs et de Pogner, refusent d'en écouter davantage et le tournent en dérision. Ici intervient le Motif de la Dérision.

Sachs proteste : bien que la méthode utilisée par le chevalier soit nouvelle, ce n'est pas pour autant qu'elle doive être sans forme. Le Motif de Sachs est introduit ici :

Il révèle la nature géniale de cet homme robuste et aimable — l'esprit fondamental du drame. Il unit la tolérance d'un caractère conservateur à la force d'un esprit progressiste. C'est pourquoi il est l'incarnation de l'idée-force de ce drame : la confrontation d'une juste mesure de prudence conservatrice et de l'énergie du progrès produit le nouvel idéal en art. Sachs insinue que le jugement de Beckmesser peut être soupçonné de partialité, puisque lui aussi prétend obtenir la main d'Eva; celui-ci, pour toute réponse, lui reproche d'avoir tardé à finir ses chaussures. On entend le Motif du Cordonnier dans la réponse que lui fait Sachs avec humour.

Sachs demande résolument à Walther de terminer son chant, sans tenir compte des maîtres. C'est le début d'un finale admirablement construit. Les maîtres se moquent de Walther, dont le chant domine néanmoins le tumulte. Les apprentis, profitant de la confusion, font une ronde en chantant autour de l'estrade du marqueur. Puis Wagner réunit avec une habileté étonnante le chant de Walther, le chœur des apprentis et les exclamations des maîtres. Ceux-ci finissent par crier leur verdict : « rejeté ! ». Tous sortent. Sachs, qui s'est attardé en arrière, contemple d'un air pensif la chaise vide du chevalier, et sort après avoir esquissé un geste de regret.

Acte II. Une rue à Nuremberg. Les maisons de Pogner et de Sachs. Devant l'une, un tilleul; devant l'autre, un lilas. Une belle soirée d'été.

La première scène est joyeuse. David et les apprentis ferment boutique. Après une introduction allègre, reposant sur le Motif de la Saint-Jean, les apprentis taquinent David au sujet de Magdalena. Celle-ci apparaît, avec un panier de friandises destiné à son soupirant. Apprenant que le chevalier a été rejeté, elle arrache le panier des mains de David et rentre. David perd patience et s'apprête à se battre quand

Sachs apparaît, disperse les apprentis et le fait entrer dans son atelier.

Eva et Pogner reviennent de leur promenade. Pogner demande à sa fille ce qu'elle pense des devoirs qui l'attendent le lendemain. Quand Pogner, assis près de sa fille à l'ombre du tilleul, évoque le concours du lendemain et le rôle qu'elle doit y jouer en choisissant le vainqueur devant les bourgeois de Nuremberg, on entend l'imposant Motif de Nuremberg.

Magdalena apparaît à la porte et fait un signe à Eva. Celle-ci persuade son père qu'il fait trop frais pour rester dehors; ils rentrent. Magdalena lui annonce que Walther a échoué devant les Maîtres Chanteurs et lui suggère de demander conseil à Sachs.

Le Motif du Cordonnier introduit Sachs et David devant l'atelier. Le maître envoie son apprenti se coucher et se laisse ensuite aller à son amour poétique pour cette nuit d'été embaumée. Le Motif du Cordonnier s'éteint peu à peu, le Motif du Printemps jaillit, tandis que les tendres notes du cor, soutenues par le trémolo des violons, évoquent le chant de Walther. Ses mesures viennent hanter Sachs jusqu'à ce qu'il reprenne son travail, accompagné par les mesures brusques du Motif du Cordonnier. Le Motif du Printemps vient, avec des réminiscences du premier chant de Walther, imprégner un remarquable monologue, « Wie duftet doch der Flieder », d'une beauté poétique exceptionnelle. Les dernières paroles, à la louange de Walther (L'oiseau qui a chanté aujourd'hui), suivent une mélodie ample et expressive.

Eva s'approche timidement de l'échoppe. Le thème qui marque cette scène semble projeter l'esprit même de la jeunesse gracieuse où se mêlent les aspirations romantiques, la réserve féminine et une beauté remarquable. C'est le Motif d'Eva, que Wagner a su varier avec délicatesse pour lui faire refléter les nombreuses suggestions subtilement dramatiques de la scène. Dans sa forme originale, le motif se présente ainsi :

Aux premières paroles d'Eva, Sachs lève la tête et le motif subit une première variation :

Puis, la scène étant bien exposée, le Motif d'Eva intervient. Eva parle du concours. Quand Sachs cite Beckmesser comme son plus sérieux prétendant, elle insinue malicieusement — allusion évidente à Sachs lui-même — qu'elle préférerait encore un veuf à ce vieux garçon déplaisant. La ligne mélodique de l'accompagnement, dans l'aigu, quand Eva demande « un veuf ne m'épouserait-il pas ? », ressemble à une variation du Motif d'Isolde dans *Tristan et Isolde*, tandis que le Motif d'Eva, timidement *pp*[1], semble indiquer la coquetterie de la question posée. Cette référence à *Tristan* peut difficilement être considérée comme fortuite, puisque Sachs, par la suite, avouera qu'il n'est pas prêt à partager le sort du pauvre roi Marc. Maintenant, Eva essaie d'obtenir des détails sur l'expérience de Walther le matin même : nous entendons le Motif de l'Envie, le Motif du Chevalier et le Motif du Ridicule. Elle n'apprécie pas la fine satire qui marque les critiques sévères de Sachs : à ce moment, il n'exprime pas son propre point de vue mais celui des maîtres à qui, en

vérité, ses traits sont destinés. Elle croit qu'ils s'adressent au chevalier et part, furieuse. Ce qui éclaire parfaitement Sachs sur la situation. Il décide alors de faire tout son possible pour favoriser l'union d'Eva et de Walther. Magdalena vient apprendre à Eva que Beckmesser projette de lui donner une sérénade. Eva la prie de prendre sa place à la fenêtre.

Quand Walther apparaît, Eva se jette dans ses bras. Le récit exalté du chevalier est interrompu comiquement par l'appel du Veilleur de nuit ; quand Eva lui propose de s'abriter à l'ombre du tilleul, une délicate variante du Motif d'Eva gagne l'orchestre : le Calme de la Nuit d'Eté.

Eva rentre dans la maison pour y préparer sa fugue. Le Veilleur de nuit traverse la scène en entonnant un chant médiéval tout à fait insolite.

Les deux amants sont prêts à s'enfuir. Mais Sachs, soucieux d'empêcher cette folie, ouvre ses volets.

Beckmesser se faufile sur les traces du Veilleur de nuit et commence à chanter. Le curieux nasillement de son chant, qui s'oppose à la richesse de l'orchestration, est particulièrement grotesque.

Eva et Walther se sont retirés dans l'ombre du tilleul. Sachs, qui a placé son établi devant sa porte, frappe de vigoureux coups de marteau et entonne un chant rude et brusque qui est une merveille d'invention musicale. Beckmesser lui enjoint de se taire. Sachs lui rétorque qu'il doit finir ses chaussures, faute de quoi il sera encore une fois blâmé en public pour avoir négligé son travail au profit de la poésie. Il finit par accepter de se taire, mais à la condition de ponctuer d'un coup de marteau chaque faute commise par Beckmesser. L'orchestre, comme pour

1. *pp* : pianissimo.

faire ressortir le ridicule de cette sérénade, joue une fois de plus le thème de la Nuit d'Eté avant que Beckmesser ne commence son chant, qui est prétexte à une parodie du Motif Lyrique. Wagner veut montrer ici, avec une grande acuité satirique, comment une belle mélodie peut être gâchée par une technique surannée. Beckmesser commence à peine que les coups de marteau de Sachs résonnent brutalement, le faisant sursauter de colère. Beckmesser, pour couvrir ce bruit, chante de plus en plus fort. Les voisins, réveillés, lui crient de se tenir tranquille. David, fou de jalousie en voyant Magdalena écouter la sérénade, saute par la fenêtre et se précipite sur le greffier, un gourdin à la main. Mêlée générale. Les maîtres interviennent pour rétablir l'ordre, et les apprentis font leur possible pour aggraver la confusion.

Ce désordre est exprimé musicalement par une fugue dont le motif principal est celui de la Bastonnade.

Le thème du chant de Beckmesser, véritable cause de ce remue-ménage, émerge de cette rumeur.

La rue se vide enfin. Le cordonnier-poète pousse Eva, qui était sur le point de s'enfuir avec Walther, dans les bras de son père et entraîne le jeune homme dans son échoppe.

Chant du Veilleur de nuit.

Acte III. Le prélude commence par le thème du « Wahn », le Motif de la Profonde Émotion de Sachs. Il reflète les pensées profondes et les aspirations artistiques de Sachs le poète. Il est suivi du thème chanté plus loin dans l'acte par un magnifique chœur à la louange de Sachs : « Éveillez-vous ! Voici que l'aube approche ! » Des trois thèmes du prélude, c'est celui qui désigne la popularité de Sachs. Le troi-

sième thème réunit des passages du chant du cordonnier au second acte. On a longtemps considéré ce prélude comme l'un des chefs-d'œuvre de Wagner. Les thèmes sont traités avec une absolue délicatesse qui nous permet de reconnaître à la fois la poésie du personnage de Sachs et sa joyeuse brusquerie. Le Motif de la Profonde Émotion de Sachs est très sérieux, et il serait peut-être préférable de l'appeler Motif de la Pensée Poétique, ce qui rend mieux compte de l'expression « Wahn Motif », qu'il y a tout lieu d'attribuer à Wagner. Le prélude est, en fait, une subtile analyse psychologique exprimée par la musique.

L'échoppe de Sachs. David, habillé pour le concours, entre. Un peu effrayé par la mauvaise humeur de Sachs, il commence à chanter ; mais il se trompe, et entame l'air de la sérénade de Beckmesser ; heureusement, il se reprend aussitôt. Il finit par réaliser que c'est le jour de la fête de Sachs. Il se retire, laissant Sachs plongé dans ses pensées : « Wahn ! Wahn ! Ueberall Wahn ! » (Fous, fous, ce sont tous des fous).

Tandis que le Motif de la Profonde Émotion de Sachs semble créer autour de lui une atmosphère poétique, le Motif du Printemps survient, aussitôt suivi du Motif de Nuremberg quand Sachs chante les louanges de la vieille et vénérable cité. Quand il évoque le tumulte de la nuit précédente, la partition fait allusion à des passages musicaux de cet épisode. « Un ver luisant ne pouvait trouver sa compagne », chante-t-il en faisant allusion à Walther et Eva. Les Motifs de la Saint-Jean, Lyrique, et de Nuremberg, unis, annonçant le triomphe de l'art véritable à Nuremberg, terminent ce monologue de façon majestueuse.

Walther descend dans l'échoppe. Le Motif de Sachs qui s'élève alors dominera entièrement la scène suivante. Le thème dans lequel Sachs reproche à Walther de tourner les maîtres en dérision est d'une grande beauté; car, en dépit de leurs nombreuses idées retardataires, ils protègent ce qui est, en partie, la vérité et la beauté de l'art.

Walther parle à Sachs d'un chant qui lui est venu en rêve et chante deux strophes de ce « Chant de Concours ». Sachs fait, amicalement, quelques commentaires critiques et note les paroles. Le Motif de Nuremberg, avec son instrumentation sonore et joyeuse, termine cet épisode mélodieux.

Dès que Sachs et Walther se sont retirés, Beckmesser entre dans l'échoppe. Il aperçoit les paroles du chant de concours, écrites de la main de Sachs. Il s'empare vivement du manuscrit. Sachs entre, Beckmesser l'accuse de convoiter en secret la main d'Eva. Remarquant que le manuscrit a disparu, Sachs comprend que Beckmesser l'a volé; mais il décide de le lui laisser, sachant que le marqueur sera incapable de donner une expression musicale satisfaisante à l'inspiration de Walther. Dialogue entre Eva et Sachs, accompagné d'une transformation du Motif d'Eva, soulignant son hésitation à se confier à Sachs.

Le Motif du Cordonnier apparaît quand elle place son pied sur le tabouret pour que Sachs lui essaie les chaussures qu'elle portera pour la fête. Quand Walther apparaît dans la galerie, elle reste, immobile, à le contempler tandis que le Motif de la Nuit d'Été vient rehausser la beauté de la scène. Sachs continue de s'affairer en faisant semblant d'ignorer les deux amants. Le Motif de l'Anxiété d'Eva connaît de nombreuses modulations, jusqu'au moment où l'on entend une phrase de *Tristan et Isolde* (le Motif d'Isolde), allusion que nous expliquerons plus loin. Le Motif Lyrique introduit la troisième strophe du Chant de Concours par laquelle Walther accueille Eva. Eva chante alors les louanges de Sachs dans un noble élan de tendresse et de grati-

tude, sur une mélodie issue du Motif d'Isolde (« O Sachs, mein Freund »).

C'est alors que Sachs, faisant allusion à son amour pour Eva, déclare qu'il n'est pas prêt à connaître la triste expérience du roi Marc. Et l'utilisation du Motif du Roi Marc à cet instant prouve bien que les réminiscences précédentes du Motif d'Isolde n'avaient rien d'accidentel.

Magdalena et David entrent ensemble. Sachs donne au *Chant de Concours* de Walther son baptême musical, utilisant surtout la première et la deuxième ligne du choral qui commence le premier acte. David s'agenouille et, selon la coutume de l'époque, reçoit de la main de Sachs une gifle qui fait de lui un compagnon. Vient ensuite le magnifique quintette où le *Chant de Concours* s'épanouit.

Après le quintette, l'orchestre reprend le Motif de Nuremberg, et tout le monde part pour la fête. Nouveau décor : une prairie au bord de la Pegnitz, près de Nuremberg. Interlude orchestral tumultueux qui, à l'aide de motifs déjà rencontrés, et avec la fanfare de la ville, décrit l'animation accompagnant les préparatifs de la fête.

Les corps de métier arrivent les uns après les autres, les apprentis valsent avec des paysannes. L'arrivée des maîtres interrompt la valse. Ils s'avancent, avec Eva, aux accents du Motif des Maîtres Chanteurs qui se transforme en Marche des Maîtres Chanteurs au moment où Kothner apparaît, portant leur étendard, avec le portrait du roi David jouant de la harpe. Sachs s'avance, la foule entonne un chœur dont les paroles sont celles d'un poème du véritable Hans Sachs : « Éveillez-vous ! Voici que l'aube approche ! »

Beckmesser s'avance, on entend la variation pleine d'humour du thème des Maîtres Chanteurs du prélude. Et, comme Sachs l'avait prévu, Beckmesser est tout à fait incapable de chanter correctement le poème de Walther. Il ne réussit à honorer ni les paroles ni la musique. Ses efforts sont accueillis par des huées. Avant de s'enfuir, furieux, il déclare que Sachs est l'auteur du chant dont on vient de se moquer. Mais le cordonnier-poète nie ; il ajoute que ce poème est d'une grande beauté s'il est accompagné d'une mélodie appropriée et qu'il va leur présenter le véritable auteur du poème. Walther réussit sans difficulté à gagner les suffrages du public et des maîtres, qui reprennent la mélodie finale de son *Chant de Concours* en témoignage de leur approbation de la nouveauté merveilleuse de son art. Eva le couronne en chantant une phrase d'une extrême beauté ; et la suggestion de Sachs, autrefois rejetée, selon laquelle le peuple devait donner son avis, est acceptée d'emblée.

Sous bien des aspects, le *Chant de Concours* est le point fort des *Maîtres Chanteurs*. On l'a entendu dans la scène précédente du troisième acte, non seulement quand Walther le répète devant Sachs, mais aussi pendant la quintette. De plus, on en entend plusieurs versions dans l'ouverture et, en fait, dans l'œuvre même. Il est pour beaucoup dans l'impression romantique que laisse la partition.

Pogner s'avance pour décorer Walther de l'insigne de la Guilde des Maîtres mais, d'un geste impulsif, le chevalier refuse cet honneur. Sachs sauve la situation dans des mesures qui viennent évidemment du prélude, et auxquelles s'ajoute le Motif de Nuremberg, il chante la louange des maîtres et expose la noblesse de leur mission de gardiens de l'art. Eva enlève la couronne de la tête de Walther et la pose sur celle de Sachs qui, entre-temps, a décoré le chevalier de l'insigne. Pogner s'agenouille, en hommage, devant Sachs, que les maîtres désignent comme leur chef. Le chœur répète le discours final de Sachs, accompagné des mesures qui terminent le prélude.

K.

Der Ring des Nibelungen
L'Anneau du Nibelung ou La Tétralogie

Festival scénique en un prologue et trois journées (Ein Bühnenfestspiel für drei Tage und einen Vorabend) ; *paroles et musique de Richard Wagner.*

Le cycle complet fut représenté pour la première fois à Bayreuth en août 1876. Il fut donné pour la première fois à Londres les 5, 6, 8 et 9 mai 1882, au Her Majesty's Theatre (en all.), dir. Anton Seidl ; A New York, la première du cycle intégral eut lieu au Metropolitan, les 4, 5, 8 et 11 mars 1889, dir. Anton Seidl ; celui-ci avait déjà dirigé plusieurs représentations du cycle pendant la saison 1887-88, mais sans L'Or du Rhin. En juin 1892 eut lieu la première du cycle à Covent Garden — mais dans le mauvais ordre, afin qu'Alvary puisse faire ses débuts dans le rôle du jeune Siegfried. La présence de Mahler au pupitre ne semble pas avoir fait obstacle à l'inversion des opéras. Richter dirigea, en 1908, le premier cycle complet (en angl.), à Covent Garden.

En 1863, alors qu'il travaillait aux *Maîtres Chanteurs* à Penzing, près de Vienne, Wagner publia sa Tétralogie. Il espérait que l'œuvre serait représentée grâce à la générosité d'un des souverains allemands. Mais au printemps 1864, épuisé par sa lutte contre la misère et moralement atteint par l'incompréhension du public et des critiques, il décida d'abandonner toute vie publique et de se retirer en Suisse. C'est au moment même où tout espoir l'avait quitté que l'aide tant attendue se manifesta. Le roi Louis II de Bavière l'invita à Munich, où il s'installa en 1864. C'est là que *Tristan* fut créé le 10 juin 1865. Une représentation exemplaire des *Maîtres Chanteurs* y fut donnée le 21 juin 1868 (Wagner avait terminé l'œuvre en 1867) sous la direction de Hans von Bülow; Richter dirigeait les chœurs et Wagner supervisait tous les détails. C'est là aussi que Wagner travailla sans relâche à la partie inachevée de *L'Anneau*, terminant l'instrumentation du troisième acte de *Siegfried* en 1869, l'introduction et le premier acte du *Crépuscule des Dieux*, en juin 1870.

Sa première femme, dont il était déjà séparé depuis cinq ans, mourut le 25 janvier 1866, et il se remaria le 25 août 1870 avec Cosima Liszt, la première femme de Bülow. En 1869 et 1870 respectivement, *L'Or du Rhin* et *La Walkyrie* furent joués au Théâtre de la Cour de Munich.

Ayant choisi Bayreuth pour y construire un théâtre qui abriterait la représentation de sa Tétralogie, Wagner s'y installa en avril 1872. Dès novembre 1874, il mettait la dernière touche au *Crépuscule*, et des répétitions avaient lieu à Bayreuth. Pendant l'été 1875, sous la surveillance de l'auteur, Hans Richter dirigea des répétitions complètes. Et enfin, vingt-huit ans après sa conception initiale, la Tétralogie fut donnée en entier, à Bayreuth, les 13, 14, 16 et 17 août 1875, puis du 20 au 23 août, et à nouveau du 27 au 30 août 1876, avec la distribution suivante : Wotan, Betz;

Loge, Vogel; Alberich, Hill; Mime, Schlosser; Fricka, Frau Grün; Donner et Gunther, Gura; Erda et Waltraute, Frau Jaide; Siegmund, Niemann; Sieglinde, Frl. Schefsky; Brünnhilde, Frau Materna; Siegfried, Unger; Hagen, Siehr; Gutrune, Frl. Weckerin; les filles du Rhin, Lilli et Marie Lehmann, et Frl. Lammert. Premier violon, Wilhelmj; chef d'orchestre : Hans Richter. La première fille du Rhin était cette même Lilli Lehmann qui devint plus tard, au Metropolitan de New York, l'une des plus grandes prima donna de son temps et, pour ce qui est du répertoire wagnérien, un modèle immortel. Materna y fut entendue dans une *Walküre* dirigée par le Dr Damrosch, en janvier 1885; Niemann chanta aussi, par la suite, au Metropolitan.

L'Anneau du Nibelung est composé de quatre opéras – *Das Rheingold (L'Or du Rhin), Die Walküre (La Walkyrie), Siegfried*, et *Götterdämmerung (Le Crépuscule des Dieux)*. Les livrets furent écrits dans l'ordre inverse. Wagner composa une esquisse dramatique du mythe du Nibelung dès l'automne 1848. Puis, jusqu'à l'automne 1850, il écrivit *La Mort de Siegfried*, qui devint par la suite *Le Crépuscule*. Il semble que les idées de Wagner sur la façon de traiter le mythe aient changé entre-temps. A la fin de *La Mort de Siegfried*, Brünnhilde entraînait Siegfried vers le Walhalla – ce qui était dramatique mais dépourvu du sens moral profond de la version ultérieure. Là, Wagner envisagea de relier la catastrophe finale de sa trilogie au *Crépuscule des Dieux*, ou Fin de Toutes Choses dans la mythologie nordique, et de révéler une vérité profonde dans l'action des drames musicaux.

A l'automne 1850, alors que Wagner allait ébaucher la musique de *La Mort de Siegfried*, il convint de la nécessité de relier l'œuvre à un autre drame : *Le Jeune Siegfried*, plus tard *Siegfried*, en résulta. Puis il trouva cela insuffisant et décida d'y ajouter *La Walkyrie* et *L'Or du Rhin*.

Parmi les personnages principaux de la Tétralogie, ceux qui symbolisent le désir de richesse et de puissance sont Alberich, le Nibelung et Wotan, le chef des dieux. En raison de cette convoitise, Alberich renonce à l'amour — le plus sacré des sentiments — pour voler l'or du Rhin aux filles du Rhin qui le gardent, afin d'en forger un anneau qui lui donnera la puissance suprême. Wotan s'approprie l'anneau par la ruse mais, au lieu de le rendre aux filles du Rhin, il le donne aux géants Fafner et Fasolt, en échange de Freia, la déesse de la Jeunesse et de la Beauté qu'il leur avait promise pour qu'ils construisent le Walhalla. Mais Alberich a jeté un sort à l'anneau et à tous ceux qui entre les mains de qui il tombera. A peine les géants l'ont-ils qu'ils commencent à se quereller pour sa possession. Fafner tue Fasolt et se retire dans une grotte au cœur de la forêt où, transformé en dragon, il garde l'anneau et ce qui reste du trésor que Wotan a pris à Alberich et donné aux géants : le Tarnhelm. Celui qui s'en coiffe peut prendre la forme de son choix.

Wotan, témoin du meurtre de Fasolt, est saisi d'épouvante à l'idée que la malédiction d'Alberich puisse s'abattre sur les dieux. Pour défendre le Walhalla contre les assauts d'Alberich et de l'armée des Nibelung, il s'unit à Erda, déesse de la Sagesse, qui donne naissance aux Walkyries (à la tête desquelles se trouve Brünnhilde); ces jeunes vierges qui traversent les airs montées sur de superbes coursiers, transportent au Walhalla les dépouilles des héros pour qu'ils y ressuscitent et aident les dieux à combattre les Nibelung. Mais il faut aussi arracher à Fafner l'anneau maudit et le rendre, loin de tout motif désintéressé, aux filles du Rhin, pour que le sort soit ainsi écarté de la race des dieux. Les dieux ne peuvent le faire, car leurs motivations seraient entachées d'égoïsme. C'est pourquoi Wotan, exceptionnellement privé de toute divinité, et déguisé en Wälse, s'unit

à une mortelle, qui engendre les jumeaux Wälsung : Siegmund et Sieglinde. Il espère que Siegmund sera le héros capable de tuer Fafner et de rendre l'anneau aux filles du Rhin. Pour l'endurcir et le stimuler, il multiplie les épreuves. Sieglinde est enlevée et mariée de force à Hunding. Siegmund, chassé par la tempête, trouve asile dans la cabane de Hunding. Là, il reconnaît sa sœur, et tous deux s'enfuient pendant la nuit. Hunding les rattrape. Siegmund, en commettant un crime contre les liens sacrés du mariage, a offensé Fricka, la Junon de la mythologie nordique. Elle arrache à son époux Wotan le serment qu'il accordera la victoire à Hunding. Mais Brünnhilde se prend de pitié pour Siegmund et décide de protéger le jeune homme pendant son combat contre Hunding, malgré les ordres formels de Wotan. Celui-ci intervient, et Siegmund est tué. Wotan, pour punir sa fille, la plonge dans un sommeil profond. Seul pourra prétendre à sa main le héros qui saura traverser la barrière de flammes qui encercle le rocher où elle repose.

Après la mort de Siegmund, Sieglinde donne le jour à Siegfried, le fruit de leurs amours incestueuses. Dans la forêt où Fafner garde le trésor des Nibelung, l'enfant est élevé par l'un d'eux, Mime. Celui-ci essaie de ressouder les morceaux de l'épée de Siegmund (*Nothung,* ou Nécessaire) pour que Siegfried tue Fafner. Il espère ensuite se débarrasser du jeune homme et s'approprier le trésor. Mais il ne peut réparer l'épée. Siegfried, apprenant qu'elle appartenait à son père, y parvient et tue Fafner. Ses lèvres ayant touché le sang du dragon dont ses doigts sont couverts, il peut, par magie, comprendre le langage des oiseaux : l'un d'eux lui révèle la traîtrise de Mime. Siegfried tue le nain et se laisse guider vers la barrière de flammes qui entoure le rocher de la Walkyrie. Il la franchit et voit Brünnhilde. Bouleversé par sa beauté, il l'éveille et la prie d'être sa femme. Elle s'abandonne, la fierté virginale de la déesse cédant devant l'amour de la femme. Siegfried consacre son serment avec l'anneau maudit qu'il a arraché à Fafner.

Siegfried part à la recherche de l'aventure. Au bord du Rhin vivent les Gibichs : Gunther, sa sœur Gutrune et leur demi-frère Hagen, qui n'est autre que le fils d'Alberich, le Nibelung. Hagen, sachant que Siegfried s'approche, complote de l'assassiner pour reprendre l'anneau du Nibelung. Aussi, cachant habilement à Gunther les liens qui unissent Siegfried à Brünnhilde, il l'incite à convoiter la main de celle-ci. Selon le plan ourdi par Hagen, Gutrun présente à Siegfried, dès son arrivée, une corne remplie d'un philtre d'amour. Siegfried boit, oublie qu'il est marié à Brünnhilde, s'éprend de Gutrune et demande sa main à Gunther. Celui-ci accepte, à la condition que Siegfried revête le Tarnhelm, passant ainsi pour Gunther, et lui ramène Brünnhilde pour épouse. Siegfried y consent et livre Brünnhilde aux Gibichs. Mais celle-ci reconnaît au doigt de Siegfried l'anneau que son vainqueur lui avait enlevé et l'accuse de trahison. Gunther est démasqué et il soupçonne Siegfried. Il conspire avec Hagen et Brünnhilde, qui ne sait rien du philtre d'amour, et brûle de haine et de jalousie devant la trahison de Siegfried. Hagen tue Siegfried pendant une chasse puis, se querellant avec Gunther à propos de l'anneau, le tue également.

Entre-temps, les filles du Rhin ont raconté à Brünnhilde la ruse dont elle a été victime, ainsi que Siegfried. Toute sa jalousie disparaît pour laisser resurgir son ancien amour : elle n'aspire plus qu'à le rejoindre dans la mort. Elle retire l'anneau qu'il porte et le place à son propre doigt, puis jette une torche enflammée sur le bûcher. Elle enfourche ensuite son coursier et s'élance dans les flammes. Une des filles du Rhin qui nagent dans le fleuve, se saisit de l'anneau. Hagen se précipite dans le Rhin en crue pour le récupérer mais les autres filles l'agrippent et l'entraînent au fond. Les flammes du bûcher et une lumière émanant de tout l'horizon illuminent la scène. C'est le Walhalla qui disparaît dans les flammes. C'est par l'amour — ce sentiment qu'Alberich avait repoussé pour obtenir richesse et puissance — que Brünnhilde a détruit l'ancien ordre des choses et permis l'avènement d'une ère humaine qui remplacera l'âge mythologique des dieux.

K.

Das Rheingold
L'Or du Rhin

Prologue (en 4 scènes) à la trilogie Der Ring des Nibelungen. *Musique et livret de Richard Wagner. Créé à Munich, 22 septembre 1869, avec August Kindermann, Nachbar, Vogel, Fischer, Schlosser, Polzer, Bausewein, Sophie Stehle, Frau Müller, Frau Seehofer, Frau Kaufmann, Therese Vogel, Frau Ritte, dir. Franz Wüllner. Première à Londres, Her Majesty's Theatre, 1882, avec Emil Scaria, Vogel, Schelper, Schlosser, Reicher-Kindermann, Schreiber, Riegler, Krauss, Klafsky, Schulze, Eilers, Wiegand, Bürgen, dir. Seidl; Metropolitan, New York, 1889, avec Fischer, Grienauer, Mittelhauser, Alvary, Beck, Sedlmayer, Mödlinger, Weiss, Moran-Oldern, Bettaque, Reill, Traubmann, Koschoska, dir. Seidl; Covent Garden, 1892, dir. Mahler; puis, 1908, (en angl.), dir. Richter; l'Opéra de Paris, 1909, (en fr.), avec Demougeot, Campredon, Charbonnel, Gall, Laute-*

Brun, Lapeyrette, Delmas, van Dick, Duclos, Fabert, Note, Nansen, Gresse, Journet, dir. Messager. Reprises : Opéra de Paris, 1921; 1941; 1956 avec Malaniuk, Bjœrling, Suthaus, Neidlinger, dir. Knappertsbusch; 1976, avec Ludwig, Dernesch, Finnila, Eda-Pierre, Berbie, Ringart, Adam, Sotin, Vento, Steinbach, Tear, Mazura, Moll, Shanks, dir. Solti.

PERSONNAGES

Dieux : WOTAN (baryton-basse), DONNER (baryton-basse), FROH (ténor), LOGE (ténor). Géants : FASOLT (baryton-basse), FAFNER (basse). Nibelungen : ALBERICH (baryton-basse), MIME (ténor). Déesses : FRICKA (mezzo-soprano), FREIA (soprano), ERDA (contralto). Filles du Rhin : WOGLINDE (soprano); WELLGUNDE (soprano), FLOSSHILDE (mezzo-soprano).

A l'époque légendaire.
Le lit du Rhin; une région montagneuse près du Rhin; les cavernes souterraines du Nibelheim.

Nous rencontrons dans *L'Or du Rhin* les personnages mythologiques de la légende allemande — les Filles du Rhin, Woglinde, Wellgunde et Flosshilde, dont la mission est de protéger l'or du Rhin; Loge, le dieu du Feu (le diplomate du Walhalla); Freia, la déesse de la Jeunesse et de la Beauté; ses frères, Donner et Froh; Erda, la femme à la sagesse suprême; les géants Fafner et Fasolt; Alberich et Mime, de la race des Nibelung, gnomes rusés et traîtres qui habitent les entrailles de la terre.

Scène 1. Le début de *L'Or du Rhin* se passe au fond du fleuve, là où les filles du Rhin gardent l'or du Rhin.

L'œuvre commence par un prélude extrêmement descriptif, qui nous montre avec un art merveilleux parce que simple la transition entre le calme des eaux profondes et la vie ondoyante des filles du Rhin. Les doubles basses attaquent en mi bémol. Seule cette note est entendue pendant quatre mesures. Puis trois contrebasses y ajoutent un si bémol. L'accord ainsi constitué tient jusqu'à la mesure 136. A la mesure 16, le Motif du Rhin submerge la basse apparemment inamovible, tout comme le fleuve coule sur son lit inamovible.

C'est un cor qui attaque ce motif. Puis d'autres cors le reprennent, l'un après l'autre, jusqu'à ce que les huit instruments jouent cet air ondoyant. Le Motif, accompagné par les violoncelles, est passé aux bois. Il s'élève de plus en plus, tandis que les autres cordes se joignent à l'accompagnement qui suit maintenant ses douces ondulations. Le Motif est joué, à l'aigu, par les bois.

Le décor montre le lit du Rhin. Woglinde chante le Motif des Filles du Rhin, accompagnée par l'orchestre :

Weia wa-ga! Woge du Wel-le, walle zur Wie-ge!
Wa-ga-la-wei-a! Wal-la-la, wei-la-la wei - - a!

Pendant ce temps, Alberich contemple les ébats des Ondines. La musique durcit quand il leur adresse la parole, et la fluidité du rythme est rauque. Il se répand en invectives contre la « vase glissante » qui lui fait perdre l'équilibre.

Woglinde, Wellgunde et Flosshilde nagent près de lui en le narguant et s'éloignent aussitôt qu'elles sont à sa portée. Il maudit sa propre faiblesse dans le Motif de la Servitude des Nibelung :

Son regard est attiré par un rai de lumière qui pénètre soudain l'eau au-dessus de lui, et augmente pour devenir un rayon de lumière dorée. Parmi les frémissements des violons s'élève alors, au cor, le Motif de l'Or du Rhin :

Les Filles du Rhin nagent autour du rocher en poussant des cris de joie triomphante :

La rivière brille d'une lumière dorée, et la trompette fait éclater le Motif de l'Or du Rhin. Par les Filles du Rhin, Alberich apprend que la lumière est celle de l'or du Rhin, et que quiconque pourra fondre un anneau de cet or sera investi d'un pouvoir exceptionnel. On entend le Motif de l'Anneau :

Flosshilde enjoint à ses sœurs de se taire, de peur qu'un ennemi surprenne leurs propos. Wellgunde et Woglinde rient de l'inquiétude de leur sœur et lui rappellent que nul ne se souciera de s'emparer de cet or puisqu'il ne donnera de pouvoir qu'à celui qui renoncera à l'amour. C'est alors que surgit, sombrement prophétique, le Motif du Renoncement à l'Amour :

Le Motif de l'Anneau est chanté et joué par l'orchestre, mystérieusement *pianissimo*, comme pour faire écho aux sinistres pensées d'Alberich. Il est suivi du Motif du Renoncement, puis du Motif du Nibelung, au rythme aigu et précis. Alberich bondit et sous les hurlements des Filles du Rhin s'écrie : « Entendez-moi, crues du Rhin ! A l'Amour je renonce pour toujours ! » et il disparaît après s'être emparé de l'or, tandis que résonne le Motif de l'Or du Rhin.

Les eaux et les rochers disparaissent pendant que l'accompagnement houleux de l'orchestre sombre peu à peu. Le Motif du Renoncement s'élève une fois encore, puis le Motif de l'Anneau. L'accompagnement devient *pianissimo* et le Motif de l'Anneau est repris.

Scène 2. Dans le fond, un château. Devant, le Rhin coule dans une profonde vallée.

Le Motif du Walhalla revient à plusieurs reprises dans *L'Or du Rhin* et dans les autres drames musicaux du cycle. Le Walhalla est la demeure des dieux et des héros. Son thème est d'une beauté divine et héroïque.

Fricka repose aux côtés de Wotan. Elle s'éveille, et son regard tombe sur le château. Surprise, elle appelle son époux. Wotan continue de rêver et l'on entend le Motif de l'Anneau, puis celui du Walhalla, car c'est par cet anneau que Wotan a l'intention de récompenser les géants pour avoir construit le Walhalla, et non en leur donnant Freia, comme il l'avait promis. Il ouvre les yeux et voit le château, et nous entendons le Motif de la Lance, variation caractéristique du Motif du Traité. En effet, s'il en est besoin, Wotan doit défendre les pactes des dieux avec la lance.

Wotan chante la gloire du Walhalla; Fricka lui rappelle le pacte qui le lie aux géants : il doit leur remettre, pour les remercier d'avoir construit le Walhalla, Freia, déesse de la Jeunesse et de la Beauté. Les violoncelles et les contrebasses introduisent alors le Motif du Traité, thème qui exprime la force contraignante de la loi et la dignité du sens de la justice :

Wotan rappelle à Fricka qu'elle aussi avait hâte de voir le Walhalla construit. Elle lui répond que c'était afin de lui voir mener une vie plus familiale. Quand elle dit : « Des salles, brillantes et claires », apparaît, caressant et gracieux, le Motif de Fricka :

Il est encore présent dans la réponse immédiate de Wotan : il n'a jamais vraiment eu l'intention de céder Freia aux géants. L'accompagnement suggère le Motif de Loge, car c'est avec l'aide de Loge, le dieu du Feu, que Wotan espère berner les géants et sauver Freia. « Alors, sauve-la tout de suite ! » s'exclame Fricka au moment où Freia se précipite sur scène. Suit le Motif de Freia :

Freia crie que les géants sont lancés à sa poursuite, et la première suggestion du Motif des Géants apparaît. Puis, quand ces lourds personnages font leur entrée, le Motif, pesant et maladroit, est entendu intégralement :

Les géants, Fafner et Fasolt, sont venus chercher Freia. Dans la scène qui s'ensuit, le Motif des Géants, le Motif du Walhalla, le Motif du Traité et la première mesure du Motif de Freia se succèdent, jusqu'au moment où Fasolt profère ces paroles menaçantes : « La paix s'évanouira quand vous briserez votre pacte. » C'est alors que survient une version du Motif du Traité qui est suffisamment caractéristique pour être distinguée : le Motif de la convention avec les Géants :

Les Motifs du Walhalla, des Géants et de Freia reviennent jusqu'à ce que Fafner évoque les pommes dorées qui poussent dans le jardin de Freia. Ce sont les fruits que les dieux se partagent pour jouir de la jeunesse éternelle. Le Motif de la Jeunesse Eternelle est l'un des plus gracieux du cycle. Il semble que les années ne peuvent l'atteindre, ni l'habitude ternir sa variété infinie. Sa première mesure rappelle le Motif de l'Anneau, car il y a un lien subtil entre les pommes dorées de Freia et l'or du Rhin. Voici ce motif :

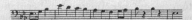

Il est habilement relié au Motif des Géants quand Fafner dit : « Qu'elle soit immédiatement arrachée à leurs bras ! » Froh et Donner, les frères de Freia, se précipitent à son secours. Froh la saisit tandis que Donner fait face aux géants. Le Motif de la Jeunesse Éternelle retentit alors triomphalement, joué par les cors et les bois. Mais les espoirs de Freia sont de courte durée. Car, si Wotan souhaite la garder au Walhalla, il n'ose pas pour autant offenser les géants. C'est à ce moment critique qu'il aperçoit Loge, son rusé conseiller. Voici les Motifs qui le caractérisent :

Wotan lui reproche de n'avoir rien trouvé que les géants accepteraient en compensation de la perte de Freia. Loge dit avoir parcouru le monde sans jamais découvrir la moindre chose susceptible de consoler un homme de la perte d'une jolie femme. Il raconte ses pérégrinations et informe habilement Wotan du vol de l'or du Rhin et de la valeur fabuleuse de l'anneau modelé dans cet or. Les géants demandent l'or du Rhin en échange de Freia. Au début du récit de Loge, Wagner a mêlé deux phrases avec un sens musical exceptionnel et une justesse dramatique admirable : le Motif de Freia et l'accompagnement orchestral du Cri de Triomphe des Filles du Rhin pendant la première scène. Cette musique continue jusqu'au moment où Loge révèle qu'un seul être, le nain Alberich, a décidé de renoncer à l'amour. Le Motif de l'Or du Rhin est alors joué en mineur, aussitôt suivi du Motif du Renoncement.

Loge raconte ensuite comment Alberich a volé l'or. Il a déjà réussi à éveiller la curiosité des géants : quand Fafner lui demande quels pouvoirs cet or conférera à Alberich, il insiste sur les vertus magiques de l'anneau.

La diplomatie de Loge commence à produire son effet. Fafner dit à Fasolt qu'il pense plus intéressant de posséder l'or que Freia. Il faut remarquer qu'ici le Motif de Freia, qui dominait au moment où les géants insistaient pour qu'elle leur soit cédée, est relégué dans les basses. Le Motif de l'Or du Rhin laisse place au Motif de la Jeunesse Éternelle, alors que Fafner et Fasolt s'avancent vers Wotan et lui demandent

de s'emparer de cet or pour pouvoir le leur donner en échange de Freia. Wotan refuse, car il s'est mis, lui aussi, à convoiter l'anneau. Les géants donnent à Wotan jusqu'au soir pour se décider, s'emparent de Freia et l'emmènent. Le visage des dieux pâlit soudain et ils semblent vieillis : ils souffrent de l'absence de Freia, déesse de la Jeunesse. Les Motifs de Freia et de la Jeunesse Éternelle sont alors donnés avec éclat. Wotan finit par déclarer qu'il se rendra au Nibelheim, accompagné de Loge, et qu'il arrachera à Alberich le trésor entier pour payer la rançon de Freia.

Les ténèbres envahissent la scène, quand elles se dissipent apparaît le sombre royaume des Nibelung.

L'orchestre se lance, *molto vivace,* dans le Motif de la Fuite, puis il s'évanouit et l'on entend seulement le martèlement des forgerons. C'est le Motif du Nibelung, qui fait allusion au peuple d'Alberich travaillant pour lui.

Les sons s'atténuent progressivement. Puis, alors que le Motif de l'Anneau retentit comme un cri de triomphe diabolique (exprimant la joie malveillante d'Alberich quand il détient le pouvoir), apparaît une caverne souterraine.

Scène 3. Alberich entre, traînant derrière lui Mime, qui pousse des cris perçants. Il laisse tomber un casque dont Alberich s'empare aussitôt. C'est un casque enchanté, le « Tarnhelm », fondu avec l'or du Rhin; celui qui le porte peut devenir invisible ou prendre l'apparence de son choix. Le Motif du Tarnhelm retentit. Pour essayer son

pouvoir magique, Alberich s'en coiffe et se change aussitôt en colonne de vapeur. Il demande à Mime s'il peut le voir. « Non », répond Mime. « Eh bien, tu vas me sentir », dit-il; et le pauvre Mime est aussitôt accablé d'une volée de coups invisibles. Alberich annonce ensuite aux Nibelung qu'ils sont désormais ses esclaves, Mime tremble de peur.

Wotan et Loge arrivent. Mime leur raconte qu'Alberich est devenu tout-puissant grâce à l'anneau et au Tarnhelm faits avec l'or du Rhin. Alberich pousse devant lui une foule de Nibelung chargés d'or et d'argent qu'il les force à entasser. Soudain, il aperçoit Wotan et Loge et houspille Mime, qui a laissé entrer des étrangers, puis ordonne aux Nibelung de redescendre dans la caverne pour y chercher un autre trésor. On entend le Motif de l'Anneau. Alberich enlève l'anneau de son doigt et le tend d'un geste menaçant dans la direction des Nibelung, leur ordonnant d'obéir.

Wotan dit à Alberich qu'ils ont entendu parler de ses richesses et de sa puissance et sont venus s'en assurer. Le Nibelung désigne le tas d'or et se vante de pouvoir bientôt dominer le monde entier (Motif de l'Anneau), et d'avoir pour futurs sujets les dieux qui aujourd'hui se prélassent dans la jeunesse et la beauté (Motif de Freia), car il a abjuré l'amour (Motif du Renoncement). Aussi, même les dieux du Walhalla le craindront (Motif du Walhalla) et ils doivent prendre garde au jour où l'armée des Nibelung nés de la nuit sortira du Nibelheim pour envahir le royaume du jour. Le Motif de l'Or du Rhin est suivi du Motif du Walhalla. Loge le flatte habilement. Quand Alberich lui parle du Tarnhelm, il feint de mettre ses paroles en doute. Alberich se coiffe alors du casque et se transforme en un énorme serpent. Le Motif du Serpent exprime les enroulement et les contorsions du monstre. Loge demande alors si Alberich peut se transformer en quelque chose de très petit, et le Nibelung se change en crapaud. Wotan pose son pied sur le crapaud et s'empare à temps du casque. Aussitôt, on voit Alberich se tordre

sous le pied de Wotan. Loge le ligote et ils l'emmènent.

Le Motif de l'Anneau passe d'un *fortissimo* écrasant au *pianissimo;* le sombre Motif du Renoncement lui succède. On entend à nouveau le bruit des forges du Nibelung. Les Motifs des Géants, du Walhalla, de Loge et de la Servitude se succèdent avec une force éclatante tandis que Wotan et Loge émergent de la crevasse, traînant à leur suite Alberich.

Scène 4. Le Nibelung demande quel est le prix de sa liberté. « Ton trésor et ton or étincelant » est la réponse. Alberich accepte, et Loge défait les liens qui entravent sa main droite. Alberich porte l'anneau à ses lèvres et prononce un vœu secret. Les Nibelung surgissent de l'abîme et entassent les richesses. Quand Alberich tend l'anneau dans leur direction, ils disparaissent dans l'abîme. Alberich réclame alors sa liberté, mais Loge lance le Tarnhelm sur le trésor. Wotan demande aussi l'anneau et l'arrache de son doigt. Ivre de haine et de rage, Alberich maudit alors l'anneau. Le Motif de la Malédiction :

auquel il faut ajouter les mesures syncopées de la Haine des Nibelung, éternellement menaçante et active :

Alberich disparaît dans le gouffre, accompagné des sons lourds du Motif de la Servitude.

La lumière filtre. Le Motif des Géants et le Motif de la Jeunesse Éternelle annoncent que les géants s'approchent avec Freia. Donner, Froh et Fricka accueillent Wotan. Fasolt et Fafner entrent avec la jeune déesse. La seule présence de Freia a rendu leur jeunesse aux dieux. Fasolt réclame la rançon de Freia. Wotan lui désigne le tas d'or. Munis d'un bâton, les géants mesurent un espace long et large comme Freia : il faut qu'il soit rempli de trésors. Loge et Froh empilent les richesses, mais les géants ne sont pas satisfaits même quand on ajoute le Tarnhelm. Ils réclament aussi l'anneau. Wotan se détourne d'eux avec colère.

Erda apparaît, elle met Wotan en garde contre son intention de garder l'anneau. Le Motif d'Erda ressemble fortement au Motif du Rhin. Les notes syncopées de la Haine des Nibelung interviennent aussi dans l'avertissement d'Erda.

Wotan lui cède et jette l'anneau sur le tas. Les géants libèrent Freia, le Motif de Freia retentit ici, plein d'allégresse, allié au Motif de la Fuite. Mais ils sont bientôt interrompus par les Motifs des Géants et du Nibelung, puis par les Motifs de la Haine des Nibelung, et de l'Anneau. Le mauvais sort d'Alberich porte ses premiers effets. Les géants se jettent sur le butin et commencent à se battre; finalement Fafner tue Fasolt et arrache l'anneau du doigt du géant mourant, tandis que les dieux contemplent la scène, horrifiés. Le Motif de la Malédiction retentit avec force.

Loge félicite Wotan d'avoir cédé cet anneau maudit. Mais toutes les caresses de Fricka, qui demande à Wotan de la mener dans le Walhalla, sont impuissantes à distraire le dieu de ses sombres pensées. Car l'anneau maudit est passé par ses mains et c'est pourquoi le Motif de la Malédiction accompagne son lugubre pressentiment : il l'a lui-même arraché à Alberich; or le mauvais sort atteint tous ceux qui l'ont touché.

Donner fait tourner son marteau, un éclair jaillit, le tonnerre gronde et le nuage disparaît ! Un arc-en-ciel en-jambe, comme un pont, la vallée du Walhalla qu'illumine le soleil couchant. Wotan salue le Walhalla (« Abendlich strahlt ») et, prenant Fricka par la main, mène le cortège des dieux vers le château.

La musique de ce passage est admirablement éloquente et d'une grande beauté. Six harpes sont ajoutées au matériel d'orchestre habituel pour l'ample et majestueux Motif de l'Arc-en-ciel :

L'imposant Motif du Walhalla résonne pendant que les dieux regardent le château. Il est suivi du Motif de l'Anneau quand Wotan évoque les malheurs de la journée. Puis il envisage d'engendrer une race de demi-dieux pour vaincre le Nibelung, et l'on entend, pour la première fois, le Motif de l'Épée :

Les Filles du Rhin supplient Wotan de leur restituer l'anneau. Mais il reste sourd à leurs prières. Il a donné cet anneau, qu'il aurait dû leur rendre, aux géants en échange de Freia.

Le Motif du Walhalla atteint un sommet majestueux quand les dieux entrent dans le château. Le Motif de l'Arc-en-ciel résonne au milieu d'arpèges chatoyants. Les dieux sont au faîte de leur gloire — mais la malédiction des Nibelung plane toujours et frappera ceux qui possèdent — ou ont possédé — l'anneau jusqu'à ce qu'il soit rendu aux Filles du Rhin. Fasolt n'est que la première victime de la malédiction d'Alberich.

K.

Die Walküre
La Walkyrie

Drame musical en 3 actes; paroles et musique de Wagner. Créé le 26 juin 1870 à Munich, avec Sophie Stehle, Thérèse Thoma, Frau Kaufmann, Heinrich Vogel, August Kindermann, Bausewein, dir. Franz Wüllner. Première à Bayreuth, 1876, avec Materna, Schafsky, Niemann, Betz, dir. Richter; Academy of Music, New York dans une version incomplète et non conforme, avec Pappenheim, Canissa, Bischoff, Preusser, dir. Neuendorff; Her Majesty's Theatre, Londres, 1882, avec Frau Vogel, Sachse-Hofmeir, Reicher-Kindermann, Niemann, Scaria, Wiegand, dir. Seidl; Metropolitan, New York, 1885, avec Materna, Seidl-Krauss, Brandt, Schott, Staudigl, Kœgl, dir. Damrosch; Covent Garden, 1892, dir. Mahler; 1895 (en angl.) dir. George Henschel; Opéra de Paris, 1893, avec Breval, Caron, Deschamps-Jehin, van Dyck, Gresse, Delmas, dir. Colonne. Parmi les reprises : 1921, avec Demougeot, Lubin, Lapeyrette, Franz, Gresse, Delmas, dir. Chevillard; 1958, avec Varnay, Crespin, Scharley, dir. Cluytens; 1971, avec Kingsley, Crespin, Vilma, Cox, Langdon, Hoffmann, dir. Von Matacic; 1976, avec Jones, Dernesch, Ludwig, Hofmann, Moll, Adam, dir. Solti. Parmi les Brünnhilde les plus célèbres : Ellen Gulbranson, Saltzmann-Stevens, Litvinne, Mildenburg, Kappel, Leider, Larsen-Todsen, Ohms, Flagstad, Marta Fuchs, Traubel, Varnay, Birgit Nilsson. Pour le rôle de Sieglinde : Marie Wittich, Fremstad, Lotte Lehmann, Rethberg, Marie Müller, Lemnitz. Pour le rôle de Siegmund : Jacques Urlus, Melchior, Schmedes, Völker, Lorenz, Vickers. Van Rooy, Reichmann, Schorr, Bockelmann, Rode, Hotter et Berglund furent de célèbres Wotan.

PERSONNAGES

SIEGMUND (ténor); HUNDING (basse); WOTAN (baryton-basse); SIEGLINDE (soprano); BRÜNNHILDE (soprano); FRICKA (mezzo-soprano). Les Walkyries : GERHILDE, HELMVIGE, ORTLINDE (sopranos); WALTRAUTE, ROSSWEISSE, SIEGRUNE, GRIMGERDE, SCHWERTLEITE (mezzo-sopranos et contralto).

A l'époque légendaire, dans la cabane de Hunding; sur un promontoire rocheux; au sommet d'une montagne rocheuse (le rocher de Brünnhilde).

L'action de *La Walkyrie* commence après le mariage forcé de Sieglinde et de Hunding. Les Wälsungs ignorent tout de la divinité de leur père : ils le connaissent seulement sous le nom de Wälse.

Acte I. La Walkyrie commence dans une atmosphère orageuse et tendue. La paix et le bonheur de la première partie du cycle semblent avoir disparu de la Terre avec l'abjuration de l'amour par Alberich, le vol de l'or et les traîtrises de Wotan.

Le prélude de *La Walkyrie* est la représentation magistrale d'un orage.

Les deux thèmes principaux utilisés dans cette introduction sont le Motif de l'Orage et celui de Donner. Le Motif de l'Orage est le suivant :

La cabane de Hunding, construite autour d'un immense frêne dont le tronc et les branches traversent le toit.

Siegmund, tel un fugitif aux limites de ses forces, titube vers le foyer, et s'effondre.

Les violoncelles et les basses jouent le Motif de Siegmund quand celui-ci apparaît dans l'embrasure de la porte. Il semble épuisé par le fardeau d'une figure d'accompagnement que jouent les cors, sous laquelle il trébuche.

Le Motif de l'Orage lui succède, *pp*, et l'orage s'apaise. Sieglinde apparaît.

Elle a entendu du bruit et, pensant qu'il s'agissait de son mari, est sortie pour l'accueillir, poussée par la peur plutôt que par l'amour. Car Hunding l'a enlevée pendant que son père et ses cousins étaient à la chasse, et a dévasté leur habitation; puis il l'a forcée à l'épouser. Elle se prend de pitié pour le fugitif que la tempête a poussé jusque chez elle et se penche sur lui.

Cette attitude est accompagnée d'un nouveau Motif, que les commentateurs de Wagner ont intitulé Motif de Compassion, et que j'ai préféré appeler Motif de la Sympathie, voulant ainsi évoquer à la fois la compassion et une profonde affinité :

Siegmund demande « de l'eau ! de l'eau ! » Sieglinde saisit une corne remplie d'eau et la lui tend. Comme si ce geste faisait naître en lui un nouvel espoir, le Motif de Siegmund s'élève de plus en plus fort, puis une fois de plus s'unit au Motif de la Sympathie. Ce passage est entièrement écrit pour les cordes.

Après avoir bu, l'étranger lève les yeux vers Sieglinde, comme si son visage prenait dans son souvenir un sens particulier. Elle semble curieusement affectée par ce regard.

Le Motif de l'Amour, joué par un violoncelle seul accompagné de 8 violoncelles et de 2 contrebasses, intervient ici.

Le Motif de l'Amour est le ressort de cet acte. Siegmund demande chez qui il a trouvé refuge. Sieglinde répond qu'il se trouve dans la maison de Hunding, dont elle est la femme; elle prie Siegmund d'attendre le retour de son époux.

Je suis désarmé :
A l'hôte blessé
Il saura donner abri

Ses blessures sont bénignes et si son épée et son bouclier avaient été plus solides, il n'aurait pas dû fuir devant ses ennemis. C'est la fuite dans la tempête qui l'a épuisé, mais la nuit qui obscurcissait son esprit s'est dissipée depuis qu'il a rencontré Sieglinde. Le Motif de la Sympathie s'élève comme un doux espoir à ce moment. Sieglinde emplit la corne d'hydromel et la tend à Siegmund, il lui demande de boire la première gorgée, elle accepte, puis lui rend la corne. Il la regarde en buvant. On peut lire une profonde émotion sur son visage. L'accompagnement de l'orchestre suit alors parfaitement l'action. Il faut surtout noter la montée passionnée du Motif de la Sympathie au moment où Siegmund regarde Sieglinde. D'une voix tremblante d'émotion : il lui dit : « Vous avez donné abri à celui que le malheur poursuit en tous lieux. C'est pourquoi je dois quitter votre maison, de peur que le malheur ne la frappe aussi. » Il atteint la porte mais Sieglinde s'exclame : « Attendez ! Vous ne pouvez attirer le malheur sur une maison où il règne déjà ! »

Ses paroles sont suivies d'une phrase tourmentée, le Motif des Wälsungs :

Hunding s'approche, il regarde d'un air sombre sa femme et l'étranger.

La musique change alors profondément. Le Motif de Hunding, joué par les tubas, *pp*, évoque avec puissance une sorte de pressentiment :

Sieglinde explique comment elle a trouvé l'étranger effondré près du feu et lui a donné asile. Il lui ordonne de préparer le repas, et demande à l'étranger : « Quel est votre nom, et quelle est votre histoire ? » Siegmund entreprend de la raconter lentement, comme oppressé par de terribles souvenirs. Il prend bien soin, cependant, de cacher son nom, sachant que Hunding peut appartenir aux ennemis de sa race. Il dit comment il a grandi dans la forêt, entouré d'ennemis contre lesquels il leur fallait, lui et les siens, se battre constamment. Un jour qu'il revenait de la chasse avec son père, ils ont trouvé la cabane en cendres, le cadavre de sa mère et aucune trace de sa sœur jumelle.

Alors retentit le Motif du Walhalla, car le père de Siegmund est Wotan, connu sous le nom de Wälse par ses descendants de la race humaine. On découvrira, au cours du récit de Wotan à l'acte suivant, qu'il a accumulé ces épreuves sur le chemin de Siegmund dans le seul but de multiplier ses forces pour la tâche qui l'attend.

Après avoir perdu son père, il a erré d'un endroit à l'autre, poursuivi par une malchance implacable. Aujourd'hui même, il a pris la défense d'une jeune fille que ses frères voulaient marier contre son gré. Mais quand il eut tué l'un des frères au cours du combat qui s'ensuivit, elle se retourna contre lui et le traita d'assassin. Les parents de la victime, appelés à la vengeance, se jetèrent sur lui et l'attaquèrent de toutes parts.

Ceux que Siegmund a tués étaient les parents de Hunding. Ainsi son implacable destin l'a-t-il poussé à se réfugier chez celui-là même qui devait, tenu par la loi du sang, venger la mort des siens.

A la fin du récit de Siegmund intervient le Motif des Wälsungs, s'adressant à Sieglinde, il dit :

Maintenant tu sais, épouse
curieuse
Pourquoi « Pacifique » n'est pas
mon nom

On entend alors le Motif qui symbolise le courage héroïque des Wälsungs dans la lutte contre le destin. C'est le Motif de l'Héroïsme des Wälsungs, joué par les cors, les bassons, les altos et les violoncelles :

Hunding, menaçant, se lève : « Je connais une race impitoyable pour qui rien n'est sacré et qui est haïe de tous. Ceux que vous avez tués étaient mes parents. Moi aussi, j'ai été appelé à les venger dans le sang. Et, rentrant chez moi, je trouve leur meurtrier. Mais on vous a offert l'hospitalité pour la nuit, et vous êtes sauf pour cette nuit. Mais soyez prêt à vous défendre demain. » Il sort entraînant Sieglinde.

Les pensées de Siegmund, resté seul, sont accompagnées par le thème menaçant du Motif de Hunding et par le Motif de l'Épée, en mineur, car Siegmund est toujours désarmé.

Une épée me fut promise par
mon père
. . . .
Wälse ! Wälse ! Wälse ! Où est
ton épée !

Le Motif de l'Épée retentit alors comme un cri de triomphe. Une lueur se reflète un instant sur le frêne, et l'on voit la garde d'une épée dont la lame est profondément enfoncée dans l'arbre, à l'endroit même que Sieglinde a fixé du regard avant de sortir. Le Motif de l'Épée s'élève et retombe doucement. Siegmund s'adresse à la lueur comme si elle était le reflet du regard de Sieglinde.

Un moment plus tard, Sieglinde est près de lui. Elle a fait boire un breuvage soporifique à Hunding. Elle va donner une arme à Siegmund, une épée. S'il est capable d'en ressouder les morceaux, il sera le plus grand des héros, car seuls les tout-puissants peuvent y parvenir. Le Motif de l'Appel des Wälsungs à la Victoire, joué par les cors, la clarinette et le hautbois, vient se superposer au Motif de l'Épée :

Sieglinde raconte l'histoire de l'épée tandis que résonnent le Motif du Walhalla, puis le Motif de l'Épée. Alors que Hunding et les siens festoyaient en l'honneur de son mariage forcé, un vieillard étranger était entré dans la salle. Les hommes ne le connaissaient pas et ils frémirent sous son regard ardent, qui s'était adouci en se posant sur Sieglinde. D'un geste puissant, il avait enfoncé jusqu'à la garde une épée dans le tronc du frêne. Elle appartiendrait à celui qui pourrait l'en retirer. Tous ces hommes robustes s'y étaient essayés, l'un après l'autre, mais en vain. C'est alors qu'elle sut qui était ce vieillard et à qui il destinait l'épée.

Le Motif de l'Épée retentit joyeusement, et la voix de Sieglinde s'unit aux notes triomphantes de l'Appel des Wälsungs à la Victoire quand elle se tourne vers Siegmund :

Ô, ai je trouvé en toi
L'ami dans l'adversité !

Le Motif de l'Héroïsme des Wälsungs s'affirme, dépourvu de toute note tragique : Siegmund et Sieglinde sont dans les bras l'un de l'autre.

Le vent se lève brusquement, la porte s'ouvre. Les amants se retournent, et un spectacle glorieux s'offre à leurs yeux. Le paysage est inondé de clair de lune. La nature tout entière semble frémir à l'unisson avec les cœurs des deux amants; se tournant vers Sieglinde, Siegmund la salue du Chant d'Amour :

Win-ter stürme wichen dem Won-nemond

Sieglinde s'abandonne totalement à Siegmund dans le Motif de la Fuite, car avec sa venue ses malheurs se sont envolés comme l'hiver disparaît avec l'arrivée du printemps; puis les pulsations du Motif d'Amour affleurent dans son discours extasié. Siegmund s'exclame :

Ô vision admirable !
Femme enthousiasmante !

et le Motif de Freia, la Vénus de la mythologie allemande, s'élève dans l'orchestre.

qui cède ensuite aux charmes de cette phrase caressante :

Sieglinde contemple une fois de plus le visage de Siegmund. Ses traits lui sont familiers : elle les a déjà vus quand elle a regardé son reflet dans le ruisseau ! Et sa voix ? Elle semble être l'écho de la sienne. Et son regard, ne l'a-t-il jamais posé sur elle ? Elle est sûre que si : c'était quand l'étranger a enfoncé l'épée dans l'arbre. Celui-là qui a plongé l'épée dans le frêne était de leur race, celle des Wälsungs. Mais qui était-il ?

« Moi aussi, j'ai vu cette lumière, mais dans vos yeux, s'exclame le fugitif. J'appartiens moi aussi à votre race, je suis un Wälsung et mon père est Wälse lui-même.

« Wälse, votre père ? Alors c'est pour vous que cette épée fut enfoncée dans l'arbre ! Je connais votre nom, cela remonte à ma lointaine enfance. Tu es Siegmund ! »

« Oui, je suis Siegmund. Et toi, je te connais bien, tu es Sieglinde. Le destin a voulu que nous nous retrouvions pour survivre ou mourir ensemble.

Ce disant, il arrache l'épée de l'arbre et la brandit triomphalement. Tous deux s'enfuient dans la nuit.

La musique est frémissante d'émotion. Le Motif de l'Héroïsme des Wälsungs retentit comme un défi aux ennemis de la race. Le Motif de l'Épée, quand Siegmund saisit la garde de l'épée; puis le Motif du Traité, lourd du destin qui frappe les Wälsungs; le Motif du Renoncement, menaçant; et à nouveau le Motif de l'Épée, brillant comme l'acier de la lame, quand Siegmund arrache l'épée. Le Motif de l'Appel des Wälsungs à la Victoire retentit alors comme un chant de triomphe; puis une magnifique montée du Motif de l'Épée; enfin le Motif d'Amour, qui déferle dans l'extase de la passion; Siegmund étreint Sieglinde, sa femme, qui est de sa race !

Acte II. Le prélude commence par le Motif de la Fuite. Le Motif de l'Épée, à 9/8, ressemble beaucoup au Motif de la Chevauchée de la Walkyrie — et le Motif de la Fuite tel qu'il apparaît ici est proche du Cri de la Walkyrie. On entend la Chevauchée et le Cri pendant le *Vorspiel*[1]. La Chevauchée est jouée avec une force impressionnante par les trompettes et les trombones pendant que le rideau se lève sur un site sauvage et rocheux.

Devant Wotan, armé de sa lance, de son casque et de son bouclier, se tient Brünnhilde, habillée en Walkyrie. L'atmosphère orageuse du *Vorspiel* gagne le discours de Wotan, qui ordonne à Brünnhilde de seller sa monture et de la préparer pour le combat qui, aux côtés de Siegmund, l'opposera à Hunding. Brünnhilde accueille cet ordre du joyeux Cri des Walkyries :

La figure d'accompagnement repose sur le Motif de la Chevauchée des Walkyries :

1. Vorspiel : prélude (N. d. T.).

Brünnhilde avertit Wotan que Fricka approche dans son chariot tiré par des béliers, puis disparaît. Fricka est la protectrice des liens sacrés du mariage, elle est venue demander à Wotan de venger Hunding. L'orchestre exprime sa colère. On entendra souvent cette image musicale de la fureur divine au cours de la scène. Wotan, tout en sachant fort bien ce qui l'amène, feint d'ignorer la raison de son agitation et lui demande ce qui la tourmente ainsi. La réponse de Fricka est précédée du sévère motif de Hunding.

Elle a entendu la voix de Hunding réclamant qu'on le venge des jumeaux Wälsungs. Les mots : « Sa voix s'est élevée pour réclamer vengeance », sont accompagnés d'une phrase qui évoque fortement la malédiction d'Alberich. Il semble que les Nibelung poursuivent les enfants de Wotan et frappent le dieu lui-même par l'intermédiaire de Fricka. Le Motif de l'Amour apparaît quand Wotan proteste que Siegmund et Sieglinde n'ont fait que céder à la musique de la nuit printanière. Le Motif du Chant d'Amour, le Motif de l'Amour et la belle phrase entendue lors de la dernière scène de l'acte précédent se mêlent aux paroles de Wotan.

Il explique pourquoi il a engendré la race des Wälsungs et quels espoirs il fonde sur elle. Mais Fricka reste froide, Hunding doit être vengé de Siegmund et de Sieglinde. Wotan doit retirer sa protection. Ici apparaît une phrase qui exprime la colère impuissante de Wotan — impuissante car Fricka a utilisé un argument inattaquable : si les Wälsungs demeurent impunis, alors elle, gardienne du mariage et reine des dieux, sera la risée de la race humaine.

La colère du dieu éclate à l'idée de sacrifier ses propres enfants à la vengeance de Hunding. Tous ses plans sont réduits à néant. Il voit s'évanouir l'espoir de faire rendre l'anneau aux filles du Rhin par le héros généreux de la race des Wälsungs. La malédiction d'Alberich plane au-dessus de lui. Le Motif de la Colère de Wotan est le suivant :

Les cris joyeux de Brünnhilde retentissent, Wotan déclare qu'il a ordonné à la Walkyrie de combattre pour Siegmund. Fricka répond, avec des phrases amples et majestueuses, que son honneur sera protégé par le bouclier de Brünnhilde et demande à Wotan de jurer que les Wälsungs perdront ce combat. Wotan prête serment et s'effondre, Fricka s'éloigne.

Au comble du désespoir, il exprime librement ses sentiments dans un passage d'une sublime intensité. Les dernières paroles de cet accès de douleur : « Moi, le plus triste de tous les hommes » sont illustrées par une variante du Motif du Renoncement ; le sens de cette phrase recouvre le renoncement d'Alberich à l'amour et le renoncement au bonheur qui est imposé à Wotan par un destin inexorable :

Brünnhilde jette bouclier, lance et heaume, et se laisse tomber aux pieds de Wotan.

Le Motif de l'Amour est suivi du Motif de Siegmund, quatre cors jouent alors une riche mélodie, merveilleusement douce.

Wotan raconte à Brünnhilde les événements qui causent sa douleur. On reconnaît tous les motifs qui émaillent son récit, sauf un, qui est nouveau. Il exprime l'inquiétude des dieux à la suite du crime de Wotan. On l'entend une première fois quand Wotan parle du héros qui, seul, peut reconquérir l'anneau. C'est le Motif de la Détresse des dieux :

Poussé par le remords et le désespoir, Wotan dit adieu à la gloire divine. Puis, avec une terrible dérision, il bénit l'héritier des Nibelung — car Alberich s'est marié et a un héritier, un fils qui doit continuer la guerre mortelle des siens contre les dieux. Brünnhilde demande quelle doit être son attitude dans le combat à venir. Wotan lui ordonne de se plier à la volonté de Fricka et de ne plus protéger Siegmund. En vain, plaide-t-elle pour les Wälsungs.

Brünnhilde reprend lentement ses armes tandis que retentit le Motif de la Walkyrie. Dépourvu de son impétuosité, il est le triste reflet de ses pensées.

Soudain intervient le Motif de la Fuite. Siegmund et Sieglinde, depuis des heures qu'ils sont en fuite, n'ont jamais pu se défaire de l'horrible bruit du cor de Hunding appelant les siens à la rescousse. La panique commence à ébranler la raison de Sieglinde. D'un air hagard, Siegmund lui annonce que leur fuite s'arrête là. Ils vont attendre Hunding, et il mettra l'épée de Wälse à l'épreuve. Épuisée par cette longue course, elle s'évanouit. Siegmund se laisse lentement glisser sur un rocher et l'attire vers lui. Il regarde tendrement sa compagne, et l'orchestre entonne le Motif de l'Amour, comme un souvenir funèbre. Il lève les yeux, et voit Brünnhilde debout qui les domine.

L'imposant Motif du Destin intervient :

Alors que son grave regard se pose sur lui, on entend l'accent prophétique du Motif du Chant de Mort :

Brünnhilde regarde Siegmund. Des accents d'une riche et somptueuse beauté s'élèvent alors dans l'orchestre :

une inversion du Motif du Walhalla. Les Motifs du Destin, du Chant de Mort et du Walhalla réapparaissent et Siegmund, levant les yeux et rencontrant le regard de Brünnhilde, la questionne. La scène est d'une telle solennité que l'ombre de la mort semble planer sur elle.

Brünnhilde s'adresse avec gravité au Wälsung : « Siegmund, regarde-moi. Je suis celle qu'il te faudra bientôt suivre ». Elle lui dépeint alors les bonheurs du Walhalla où son père, Wälse, l'attend et où il aura des héros pour compagnons. Siegmund répond : « Quand j'entrerai au Walhalla, Sieglinde sera-t-elle là pour m'accueillir ? » Mais quand Brünnhilde lui dit qu'au Walhalla il sera servi par des Walkyries et d'admirables jeunes filles mais que Sieglinde ne sera pas là, il rejette les délices qu'elle lui promet.

La Walkyrie lui révèle le sort que Wotan lui a réservé. Que Siegmund se prépare pour le Walhalla, tandis qu'elle s'occupera de Sieglinde et la protégera. « Aucun être vivant ne la touchera en dehors de moi ! » s'écrie-t-il en dégainant son épée. « Si l'épée des Wälsungs doit se briser sur la lance de Hunding, qu'elle transperce d'abord le sein de Sieglinde, lui épargnant ainsi un sort encore pire ! » Il brandit l'épée, prêt à frapper Sieglinde inconsciente.

« Arrête ! » crie Brünnhilde, transportée par tant d'héroïsme. « Quelles que soient les conséquences de la colère de Wotan, je lui désobéirai aujourd'hui pour la première fois. Sieglinde vivra, et avec Siegmund ! »

Le cor de Hunding se rapproche. Siegmund embrasse une dernière fois Sieglinde, la dépose doucement à terre et se dirige vers le sommet de la montagne. Sieglinde revient lentement à elle. Elle cherche Siegmund et entend la voix de Hunding. Siegmund accepte le combat. De son bouclier, Brünnhilde protège Siegmund, qui va porter un coup mortel à Hunding.

A ce moment, Wotan apparaît, il interpose sa lance. L'épée de Siegmund se brise en deux, et Hunding le transperce. La deuxième victime de la malédiction d'Alberich a rencontré son destin.

Sieglinde s'effondre en poussant un cri terrible, Brünnhilde l'emporte et disparaît. Wotan, désespéré, contemple le corps de son fils. Puis il fait un geste vers Hunding, qui tombe mort. Wotan se lance alors à la poursuite de Brünnhilde.

Acte III. Il commence par la célèbre « Chevauchée des Walkyries ». Les vierges sauvages, montées sur des coursiers ailés, traversent les nuages orageux. Elles vont tenir conseil sur le rocher des Walkyries.

Les huit Walkyries regardent Brünnhilde s'avancer. Mais au lieu de porter un héros blessé sur sa monture, Brünnhilde amène une femme. Elle raconte que Wotan la poursuit pour la punir. Brünnhilde prie Sieglinde de se réfugier dans la forêt. Celle-ci la supplie, avec des accents d'une sinistre beauté, de la laisser affronter son sort et rejoindre Siegmund dans la mort. La glorieuse prophétie par laquelle Brünnhilde annonce à Sieglinde qu'elle va être la mère de Siegfried repose sur le Motif de Siegfried :

Sieglinde, émue et réjouie par cette nouvelle, bénit Brünnhilde et se hâte d'aller chercher refuge dans la forêt où Fafner déguisé en serpent garde le trésor de l'or du Rhin.

Les Walkyries tentent vainement de plaider pour la vie de Brünnhilde, Wotan les menace brutalement, et elles s'enfuient en poussant des cris de terreur.

Brünnhilde est la fille favorite de Wotan, mais il est fou de colère parce qu'elle lui a désobéi. Elle se jette aux pieds de son père, et, pour se justifier, lui rappelle que lui-même avait voulu sauver Siegmund et n'avait cédé que devant l'intervention de Fricka. Mais Wotan est inflexible : elle doit être punie. Il va la plonger dans un sommeil profond, sur le rocher des Walkyries qui sera désormais le rocher de Brünnhilde. Elle appartiendra au premier homme qui la trouvera et l'éveillera. Elle ne sera alors plus une Walkyrie, mais une simple femme.

Cette grande scène entre Brünnhilde et son père est introduite par un passage orchestral. Le Motif de la Colère de Wotan se mêle à celui de la Supplique de Brünnhilde, formant un prélude à la scène où elle tente d'apaiser la colère de son père en exposant les raisons qui l'ont poussée à enfreindre les ordres du dieu pour protéger Siegmund. Le Motif de la Supplique de Brünnhilde prend sa forme la plus dépouillée quand elle dit : « Ai-je donc commis une faute si honteuse ? » On remarque, alors qu'elle continue, que le Motif de la Colère de Wotan, en accompagnement, perd de sa sévérité et finit par prendre un ton de chagrin et de regret quand elle dit :. « Que ta colère s'adoucisse ! »

Les sentiments de Wotan ont évolué. Sa colère a laissé place à la tristesse de devoir la punir. Rien ne peut mieux exprimer la profonde contrition de Brünnhilde que la phrase dans laquelle elle dit à Wotan que c'est à sa demande qu'elle a aimé Siegmund; c'est le Motif de la Supplique de Brünnhilde :

Wotan avoue qu'il a abandonné Siegmund à son sort parce qu'il n'avait plus confiance en la victoire des dieux, et qu'il espérait anéantir ses propres malheurs dans la catastrophe qui engloutirait le monde entier.

Brünnhilde fait une dernière tentative. Elle dit à son père que Sieglinde s'est réfugiée dans la forêt et qu'elle y donnera le jour à un fils, Siegfried — ce héros que les dieux attendent pour vaincre leurs ennemis. Si elle doit payer pour avoir désobéi, que Wotan entoure son corps endormi d'un cercle de feu afin que seul un héros puisse s'approcher d'elle. L'union du Motif de la Supplique de Brünnhilde et de celui de Siegfried donne toute sa beauté, sa tendresse et sa majesté à cette scène.

Le dieu la relève doucement et pose un baiser sur son front. Il dit adieu à sa fille préférée. Elle s'allonge lentement sur le rocher; il baisse la visière de son heaume et la couvre de son bouclier. Puis, brandissant sa lance, il invoque le dieu du feu. Un rayon de feu jaillit du rocher et Wotan, ayant adressé un dernier regard à la forme endormie de Brünnhilde, disparaît derrière l'écran de flammes.

Un passage orchestral majestueux entame l'adieu de Wotan à Brünnhilde. Il n'y a rien de comparable à cette scène dans toute l'œuvre de Wagner. Jamais la musique n'a atteint ce point de beauté tendre et funèbre à la fois, que ce soit dans la partition vocale ou dans l'accompagnement orchestral où figure le beau Motif du Sommeil :

Les Motifs du Sommeil, du Feu Magique et de Siegfried s'allient dans une scène magistrale où réapparaît, vers la fin, le murmure menaçant du Motif du Destin. Brünnhilde sera peut-être sauvée de l'ignominie, Sieglinde peut donner naissance à Siegfried — mais la malédiction d'Alberich continue de menacer la race des dieux.

K.

Siegfried

Drame musical en 3 actes; texte et musique de Wagner. Créé à Bayreuth, 16 août 1876, avec Unger, Schlosser, Betz, Hill, von Reichenberg, Materna, dir. Richter. Première à Londres, Her Majesty's Theatre, 1882, avec Scaria, Vogel, Schlosser, Schelper, Frau Vogel, Reigler, Schreiber, dir. Seidl; Metropolitan, New York, 1887, avec Fischer, Alvary, von Milde, Fererczy, Elmbald, Lilli Lehmann, Brandt, Seidl-Krauss, dir. Seidl; Covent Garden, 1892, avec Grengg, Alvary, Lieban, Lorent, Wiegand, Rosa Sucher, Schumann-Heink, Traubmann, dir. Mahler; Rouen, Théâtre des Arts, 1900, (en fr.); Opéra de Paris, 1901, (en fr.), avec Heglon, Grandjean, Bessie-Abott, De Reszke, Delmas, Lafitte, Note, Fafy, dir. Taffanel; parmi les reprises, 1938, Hammer, Lubin, Bockor, Sattler, Hotter, dir. Furtwaengler; 1950, Klose, Braun, Lorenz, Frantz, dir. Sebastian.

PERSONNAGES

SIEGFRIED (ténor), MIME (ténor); WOTAN déguisé en Voyageur errant (baryton-basse); ALBERICH (baryton-basse); FAFNER déguisé en dragon (basse); ERDA (contralto); OISEAU DE LA FORÊT (soprano); BRÜNNHILDE (soprano).

A l'époque légendaire, dans une caverne rocheuse sur la forêt; au cœur de la forêt; dans une région sauvage au pied d'une montagne; le rocher de Brünnhilde.

Les Nibelung n'apparaissaient pas dans *La Walkyrie* bien que l'influence sinistre d'Alberich ait présidé à la mort tragique de Siegmund. Plusieurs personnages de *L'Or du Rhin* réapparaissent dans *Siegfried*. Ce sont les Nibelung, Alberich, Mime, le géant Fafner sous la forme d'un serpent qui garde le trésor des Nibelung dans la caverne, et Erda.

Sieglinde est morte en mettant Siegfried au monde. L'héritier des Wälsungs a été élevé par Mime, qui l'a trouvé dans la forêt à côté du corps de sa mère. Mime souhaite en secret s'emparer de l'anneau et des autres trésors de Fafner et espère bien que le jeune héros l'aidera dans cette entreprise. Wotan, déguisé en Voyageur errant, regarde les choses évoluer. Il espère une fois de plus qu'un héros de la race des Wälsungs libérera les dieux de la malédiction d'Alberich. Encerclée par le feu magique, Brünnhilde repose toujours sur son rocher.

Le *Vorspiel* de *Siegfried* reflète les machinations de Mime. La musique dépeint d'abord un personnage mysté-rieux et inquiétant. Le Motif du Tas d'or, que l'on a déjà entendu dans *L'Or du Rhin*, intervient. Le Motif des Nibelung culmine avec force, puis s'efface devant le Motif de l'Anneau, qui passe du *pianissimo* à un vacarme éclatant. C'est en effet l'anneau qui fait l'objet de toutes les convoitises de Mime.

Mime forge une épée au cœur d'une caverne rocheuse. Son monologue révèle l'objet de ses travaux, sa tristesse de voir Siegfried briser toutes les épées qu'il forge pour lui, et son désir impossible : réunir les tronçons de l'épée de Siegmund. Le Motif de l'Épée retentit alors brillamment, puis est repris joyeusement avec une variante du Motif du Walhalla. Si les morceaux de l'épée pouvaient être ressoudés, et si Siegfried tuait Fafner avec cette arme, Mime pourrait s'emparer de l'anneau, assassiner Siegfried, régner sur les dieux du Walhalla et déjouer les plans d'Alberich pour la reconquête de l'or.

Arrive Siegfried, tenant un ours en laisse avec lequel il terrifie Mime. La musique reflète sa nature pleine d'entrain dans un thème frais et joyeux, empreint de la liberté propre à la vie des bois. On peut l'appeler, pour le distinguer de celui de Siegfried, le Motif de Siegfried l'Intrépide :

Il examine l'épée que Mime vient de forger. Le Motif de Siegfried éclate tandis qu'il critique la faiblesse de l'arme, et la brise sur l'enclume. L'orchestre attaque alors vivement le Motif de Siegfried le Courageux :

Mime rappelle à Siegfried qu'il l'a élevé tendrement depuis son enfance. Ces souvenirs suivent une charmante mélodie, comme s'il voulait évoquer une berceuse. Mais Siegfried s'impatiente. Comment se fait-il qu'il ressente de l'aversion pour Mime, si celui-ci l'a soigné avec tant d'affection ? Et comment expliquer qu'en dépit de cette aversion il retourne toujours à la caverne ? Le gnome explique qu'il est à Siegfried ce que l'oiseau est à l'oisillon. Ceci introduit un très bel épisode lyrique. Siegfried demande qui est sa mère. Cet épisode est marqué par le Motif de l'Amour de la Vie :

Mime tente de persuader Siegfried qu'il est à la fois son père et sa mère. Mais Siegfried a vu le reflet de son visage dans les ruisseaux et sait bien qu'il ne ressemble pas à l'affreux Mime. Les notes du Motif de l'Amour de la Vie ponctuent ce passage. Mime finit par avouer que sa mère, Sieglinde, est morte en lui donnant le jour. Pendant toute cette scène, nous entendons des réminiscences du premier acte de *La Walkyrie*, le Motif des Wälsungs, le

Motif de la Sympathie, le Motif de l'Amour. Quand finalement, pour appuyer ses dires, Mime brandit les morceaux de l'épée de Siegmund, le Motif de l'Épée retentit avec éclat. Siegfried déclare que Mime doit souder les deux tronçons. C'est ici qu'intervient la « Chanson de voyage » de Siegfried, chargée d'un joyeux abandon :

Une fois l'arme soudée, il quittera Mime pour toujours.

Mime entame un monologue sinistre qu'interrompt la venue de Wotan, déguisé en Vagabond. Mime est désespéré car il ne peut souder les morceaux de l'épée de Siegmund. Le Vagabond part après avoir annoncé que seul celui qui ne connaît pas la peur y parviendra, et que Mime périra de sa main. Cette prophétie est faite selon un processus quasi incompréhensible pour qui n'a pas étudié le livret à fond. Le Vagabond s'asseoit et parie sa tête qu'il saura répondre correctement à trois questions, quelles qu'elles soient, que lui posera Mime. Celui-ci demande alors : « Quelle est la race née dans les entrailles de la terre ? » Le Voyageur errant répond « Les Nibelung ». La deuxième question est : « Quelle race habite le sommet du globe ? » Et le Voyageur réplique : « La race des géants ». Enfin, Mime demande : « Quelle race réside dans les hauteurs nuageuses ? », et le Vagabond dit : « La race des dieux. »

Ayant gagné son pari, il pose à son tour trois questions à Mime : « Quelle est la race que Wotan a traitée sans la moindre pitié, tout en lui portant la plus haute estime ? » Mime répond correctement : « Les Wälsungs. » Le Vagabond demande ensuite : « Avec quelle épée Siegfried doit-il frapper, s'il veut tuer Fafner ? » Et à nouveau la réponse de Mime est exacte : « Avec l'épée de Siegmund. » « Et qui, poursuit le Voyageur, peut en souder les fragments ? » Mime est terrifié, car il ne sait répondre. Wotan prononce alors la prophétie du héros sans peur.

Plusieurs motifs familiers, déjà entendus dans *L'Or du Rhin* et *La Walkyrie,* interviennent ici. Il s'agit, entre autres, du Motif du Traité, si représentatif de la force contraignante de la loi, du Motif du Nibelung et du Motif du Walhalla — qui sont dans *L'Or du Rhin,* et du Motif de l'Héroïsme des Wälsungs, qui apparaît dans le premier acte de *La Walkyrie.*

Après que Le Vagabond s'est enfoncé dans la forêt, Mime reste effondré. Nous entendons le Motif de Loge, déjà apparu dans *L'Or du Rhin* et le finale de *La Walkyrie.* Mime finit par se lever, en proie à une terreur profonde. Il lui semble voir Fafner, déguisé en serpent, qui s'approche de lui pour le dévorer. Siegfried arrive à ce moment précis et la joyeuse Chanson de voyage vient, avec le Motif de Siegfried l'Intrépide, dissiper le pressentiment qui planait sur la scène précédente. Il cherche Mime du regard et finit par l'apercevoir, recroquevillé derrière l'enclume.

Il lui demande en riant si c'est ainsi qu'il s'y prend pour souder l'épée. « L'épée, l'épée ? » répète le gnome avec confusion tandis que son esprit est obsédé par la prophétie du héros sans peur. Il reprend ses esprits et annonce à Siegfried qu'il lui reste une chose à apprendre, la peur. Avant de mourir, la mère de Siegfried l'en a chargé. Il lui demande s'il a jamais senti battre son cœur quand, à la tombée de la nuit, des bruits insolites et des lueurs étranges sortaient de la forêt. Siegfried répond négativement. S'il doit apprendre à connaître la peur avant de se lancer à la quête d'aventures, il est tout disposé à le faire. Mais Mime est-il en mesure de la lui enseigner ?

Les Motifs du Feu Magique et du Sommeil de Brünnhilde, rendus familiers par l'Adieu de Wotan et la scène du Feu Magique, interviennent ici. Le premier décrit les lueurs étranges par lesquelles Mime a tenté d'insinuer la peur dans l'âme de Siegfried, et le second prédit que le héros traversera le cercle de feu hardiment et parviendra jusqu'à Brünnhilde. Mime évoque alors Fafner, espérant bien ainsi glacer de terreur le cœur du jeune Wälsung. Mais ses paroles incitent Siegfried à chercher le combat ! Il demande à Mime s'il a réussi à souder les fragments de l'épée de Siegmund. Siegfried s'empare alors des morceaux, décidé à forger lui-même son arme. La scène capitale commence ici : le Motif de Siegfried l'Intrépide retentit comme un cri de victoire, et l'orchestre s'enflamme, en quelque sorte, tandis que Siegfried s'emploie à souder les tronçons de l'épée.

Le Motif de l'Épée bondit comme une flamme étincelante sur les derniers accents d'une puissante variante du Motif du Traité. Siegfried élève son marteau.

No-thung! No-thung! Neid-li-ches Schwert!

Enfin, le travail est fait. Le Motif de l'Épée, uni à celui de Siegfried l'Intrépide, éclate bruyamment, et l'orchestre se lance dans un *prestissimo* furieux : Siegfried, criant de joie, brandit l'épée au-dessus de sa tête et, dans un geste exalté, fend en deux l'enclume.

Acte II. Il commence par un sombre prélude. On entend immédiatement le Motif de Fafner, évidemment issu du Motif des Géants. Le Vorspiel reprend ensuite certains thèmes déjà familiers et s'élève dans un *fortissimo* fracassant.

Une forêt dense, l'entrée de la caverne de Fafner. Alberich le Nibelung hante la caverne où sont entassés les trésors dont il a été dépouillé. Wotan entre, toujours déguisé en Vagabond.

La scène suivante, entre Alberich et le Vagabond, est tout à fait épisodique sur le plan dramatique. Le Nibelung reste caché jusqu'à l'arrivée de Siegfried et de Mime. Mime décrit la forme terrible et les pouvoirs de Fafner pour essayer d'insinuer la peur dans l'âme de Siegfried. Mais le courage de celui-ci est sans faiblesse. Mime, sachant bien que Fafner va apparaître sous peu et affronter Siegfried dans un combat mortel, se prend à espérer que tous deux succomberont.

Un très bel épisode lyrique commence ici. Siegfried s'adosse à un tilleul et regarde à travers les branches. On entend le bruissement des feuillages. Une variante du Motif des Wälsungs s'élève au-dessus des murmures frémissants de l'orchestre — connus dans les programmes de concert comme « Waldweben », ou Murmures de la Forêt. Siegfried se demande comment était sa mère, et la variante du thème entendu dans *La Walkyrie*, au moment où Sieglinde dit à Siegmund que sa maison était celle du malheur, s'élève comme un souvenir de l'image maternelle. Les doux accents du Motif d'Amour de la Vie viennent sereinement dissiper ses tristes pensées. Siegfried est fasciné par les bruits de la forêt et les écoute avec intensité, mais sans saisir le sens de ce chant. Peut-être, s'il peut l'imiter, le comprendra-t-il. Il tranche un jonc avec son épée et en fait un pipeau. Mais le son qu'il en tire est trop aigu. Il porte son cor à ses lèvres et les notes retentissent dans toute la forêt.

Ce son a éveillé Fafner, qui rampe maintenant vers Siegfried sous la forme d'un énorme dragon. La musique est extrêmement dramatique. La force exultante du Motif de Siegfried l'Intrépide éclate quand il se précipite sur le monstre; l'accord fracassant qui accompagne le grondement de celui-ci quand l'épée plonge dans son cœur; les amples mouvements de la musique décrivant l'agonie de Fafner sont les grands traits de la partition.

Siegfried porte ses doigts à sa bouche pour lécher le sang dont ils sont tachés. Il comprend instantanément le sens du chant de l'oiseau qui reprend, tandis que les voix de la forêt recommencent leur bruissement mélodieux. L'oiseau enseigne à Siegfried l'existence de l'anneau, du casque et des autres trésors qui sont accumulés dans la caverne de Fafner; Siegfried entre pour les chercher. Aussitôt les murmures de la forêt cèdent la place aux notes dures et criardes qui apparaissaient au début de la scène du Nibelheim dans *L'Or du Rhin*. Mime s'assure de la mort de Fafner. Alberich sort au même instant de sa cachette.

Siegfried sort de la caverne, apportant au grand jour l'anneau et le casque. On entend alors trois motifs : celui de l'Anneau, le Cri de Triomphe des Filles du Rhin, et le thème de l'Or du Rhin. Le murmure de la forêt reprend, et les oiseaux mettent le jeune Wälsung en garde contre Mime. Grâce aux dons surnaturels dont il vient d'hériter, Siegfried soupçonne l'infâme Mime, qui révèle par inadvertance son intention de l'empoisonner. Siegfried le frappe alors de son épée. Mime entend en expirant le rire moqueur d'Alberich. Le Motif de Siegfried l'Intrépide domine ici, mais on perçoit également ceux du Nibelung et de la Malédiction — indiquant les mauvaises intentions d'Alberich.

Siegfried demande à l'oiseau où il pourra trouver un ami, car il se sent troublé par une passion naissante.

Une phrase impétueuse, définissant les premiers transports de la passion dans son âme, vient accélérer le cours de la musique. C'est le Motif de la Joie d'Aimer :

Il est interrompu par une très belle variante du Motif d'Amour de la Vie qui recouvre le murmure de la forêt jusqu'au moment où l'oiseau lui conte l'histoire de la jeune fille glorieuse qui dort depuis si longtemps sur un rocher gardé par le feu. Le Motif de la Joie d'Aimer parcourt l'orchestre, tandis que l'oiseau guide Siegfried et le Motif de la Joie d'Aimer, succédant à celui de Siegfried l'Intrépide, vient clore l'acte.

Acte III. Introduction orageuse où le Motif de la Chevauchée des Walkyries accompagne ceux de l'Inquiétude des Dieux, du Traité et d'Erda.

Une région sauvage, la nuit. Angoissé et terrifié à l'idée que Siegfried et Brünnhilde puissent faire passer la souveraineté du monde des mains des dieux à celles de la race humaine, Wotan somme Erda de sortir de sa retraite souterraine. Mais Erda n'a rien à lui proposer.

La scène atteint son apogée quand avec noblesse Wotan déclare renoncer à l'empire du monde. Qu'une ère d'amour humain supplante cette dynastie et emporte les dieux et les Nibelung dans sa vague puissante; peut-être le crépuscule des dieux sera-t-il l'aube d'une époque plus glorieuse. Une phrase d'une grande dignité vient renforcer ces propos. C'est le Motif de l'Héritage du Monde :

Siegfried entre, guidé par l'oiseau. Wotan arrête son élan avec cette même lance qui avait brisé l'épée de Siegmund. Siegfried doit se battre pour approcher Brünnhilde. Le jeune Wälsung fait voler en morceaux la lance de Wotan, qui disparaît dans le fracas du Motif du Traité — car la lance avec laquelle il forçait le respect des pactes est brisée. Siegfried se tient à la limite du cercle magique. Il plonge au milieu des flammes après avoir sonné du cor. Le Motif du Feu Magique et celui de Loge viennent éclater autour des Motifs de Siegfried et de Siegfried l'Intrépide. Les flammes perdent de leur éclat. On peut alors voir le rocher où Brünn-

hilde repose dans un profond sommeil, comme dans le finale de *La Walkyrie*. Siegfried contemple ce spectacle, on perçoit les Motifs du Destin et du Sommeil; puis l'orchestre joue une ravissante variante du thème de Freia, suivie des doux accents du Motif de Fricka. Fricka avait tenté de s'attacher Wotan par les liens de l'amour, pourtant le Motif de Fricka ne reflète pas ici son caractère, mais plutôt l'éveil de l'amour chez Siegfried au moment où il va découvrir les traits de la Walkyrie. Siegfried voit le destrier de Brünnhilde qui dort dans le bosquet, on entend le Motif de la Chevauchée des Walkyries, et quand son regard est attiré par le reflet de l'armure de Brünnhilde apparaît le thème de l'Adieu de Wotan. Siegfried soulève le bouclier, détache le heaume. Siegfried contemple Brünnhilde, émerveillé. Le Motif de la Joie d'Aimer décrit ses sentiments alors qu'il tient pour la première fois une femme dans ses bras. Le Motif Wälsung, jouant par la suite avec le Motif de la Joie d'Aimer, accompagne ses paroles, tandis que le paroxysme de l'émotion est exprimé par un majestueux *crescendo* du Motif de Freia. Avec le Motif du Destin, il fait face à son sort, et avec celui de Freia, qui s'élève comme une vision délicieuse, il se penche vers Brünnhilde et l'embrasse.

Brünnhilde s'éveille, et accueille noblement, avec des accents majestueux, son retour à la terre. Jamais musique plus sublime ne fut composée. Brünnhilde sort de son sommeil enchanté pour entrer dans la majesté de la condition de femme :

Le Motif du Destin retentit quand elle demande le nom du héros qui l'a éveillée. Et le superbe Motif de

Siegfried lui répond fièrement. Ils se découvrent avec ravissement. C'est le Motif du Salut à l'Amour, qui unit

pour laisser place au tranquille épisode introduit par le Motif de la Paix de l'Amour :

leurs voix dans des accents passionnés jusqu'à ce que survienne le Motif de l'Enthousiasme de l'Amour, comme si le Motif précédent ne suffisait plus à exprimer leur extase :

Auquel succède le motif, ardent mais tendre, de Siegfried, Trésor du Monde :

Il s'élève avec le Motif de Siegfried. Ces motifs suivent un cours impétueux tout au long de la scène. De temps à autre, d'autres motifs viennent rappeler des passages antérieurs du cycle — le Motif Wälsung, quand Brünnhilde évoque la mère de Siegfried, Sieglinde; le Motif de la Supplique de Brünnhilde, quand elle raconte comment elle a désobéi aux ordres de Wotan; une variante du Motif du Walhalla quand elle évoque sa vie au Walhalla; et le Motif de l'Héritage du Monde, avec lequel Siegfried demande sa main; puis le Motif de la Supplique de Brünnhilde, qui atteint un sommet tumultueux

Ces motifs décrivent admirablement l'action. Brünnhilde hésite encore à abandonner à jamais les prérogatives supernaturelles des Walkyries pour se donner entièrement à Siegfried. L'extase croissante du jeune héros trouve son expression dans le Motif de la Joie d'Aimer. Il éveille enfin chez Brünnhilde les accents d'une passion purement humaine; le fier cri des Walkyries répond au Motif de Siegfried, et elle se proclame sienne pour toujours tandis que jaillissent les mesures ardentes de l'Enthousiasme de l'Amour.

Le drame se termine avec le duo d'amour. Siegfried, héritier de la race des Wälsungs, a conquis le cœur de Brünnhilde et passe à son doigt l'anneau fait avec l'Or du Rhin.

K.

Götterdämmerung
Le Crépuscule des Dieux

Drame musical composé d'1 prologue et de 3 actes; texte et musique de Wagner. Créé à Bayreuth, 17 août 1876, avec Unger, Gura, Seihr, Hill, Materna, dir. Richter. Première, Londres, Her Majesty's Theatre, 1882, avec Vogel, Wiegand, Schelper, Biberti, Frau Vogel, Schreiber, Reicher-Kindermann, dir. Seidl; Metropolitan New York, 1888, avec Niemann, Robinson, Fischer, von Milde, Seidl-Krauss, Brandt, Lilli Lehmann, dir. Seidl; Covent Garden, 1892, avec Alvary,

Knapp, Wiegand, Lissmann, Klafsky, Bettaque, Schumann-Heink, dir. Mahler; et 1908 (en angl.) dir. Richter. Première à Paris, Théâtre du Château d'Eau, (en fr.) 1902, avec Litvinne, dir. Cortot; Opéra de Paris, 1908, (en fr.) avec Grandjean, Feart, Lapeyrette, van Dyck, Dinh-Gilly, Duclos, Delmas, dir. Messager; parmi les reprises : 1933, avec Lubin et Franz; 1950, avec Flagstad et Lorenz, dir. Sebastian; 1955, avec Mödl et Treptow, dir. Knappertsbusch; 1957, avec Varnay et Beirer, dir. Knappertsbusch; 1962, avec Grob-Prandl et Beirer, dir. Sebastian.

PERSONNAGES

SIEGFRIED (ténor); GUNTHER (baryton); ALBERICH (baryton-basse); HAGEN (basse); BRÜNNHILDE (soprano); GUTRUNE (soprano); WALTRAUTE (mezzo-soprano); PREMIÈRE, SECONDE ET TROISIÈME NORNE (contralto, mezzo-soprano et soprano); WOGLINDE, WELLGUNDE ET FLOSSHILDE (sopranos et mezzo-soprano).
Vassaux et femmes.

A l'époque légendaire, sur le rocher de Brünnhilde, dans le château de Gunther au bord du Rhin et dans une région boisée près du Rhin.

Le prologue. La première scène du prologue nous présente l'étrange conférence des trois sœurs grises du Destin, les Nornes, qui dévident l'écheveau de la Vie. Elles se sont réunies sur le rocher des Walkyries, et leurs propos annoncent la fin des dieux. Enfin l'écheveau, qu'elles dévidaient, casse : la catastrophe finale est imminente.

Un interlude orchestral ménage la transition entre l'atmosphère irréelle et sinistre de la scène des Nornes et la venue de l'aurore sur la Terre. La musique retentit majestueusement quand Siegfried et Brünnhilde paraissent. Le sommet alors atteint doit son éloquence à trois Motifs : celui de la Chevauchée des Walkyries, et deux autres que nous ne connaissons pas encore; l'un, exquis, est le Motif de Brünnhilde :

L'autre, héroïque, est le Motif de Siegfried le Héros :

Le Motif de Brünnhilde traduit l'élément très pur et très féminin qui domine maintenant la nature de l'ancienne Walkyrie et proclame le triomphe du bonheur féminin dans l'amour partagé. Le Motif de Siegfried le Héros est issu de celui de Siegfried l'Intrépide. Les deux amants échangent leur serment éternel. Siegfried, qui a donné à Brünnhilde l'anneau fatal et reçu d'elle le coursier Grane, sur lequel elle chevauchait jadis, prend congé de sa femme et part en quête de nouvelles aventures. Les deux nouveaux Motifs cités ci-dessus interviennent ici. Un troisième s'y ajoute, le Motif de l'Amour Héroïque :

Le cor de Siegfried retentit, et Brünnhilde lui fait un grand geste d'adieu. L'accompagnement orchestral introduit le Motif de Brünnhilde, le Motif de Siegfried l'Intrépide, et finit par le thème du duo d'amour de la fin de *Siegfried.*

Un interlude orchestral décrit le voyage de Siegfried le long du Rhin, jusqu'au château des Gibichs où demeurent Gutrune, son frère Gunther et leur demi-frère Hagen, le fils d'Alberich. C'est par Hagen que se réalisera la malédiction proférée par Alberich dans *L'Or du Rhin* — la destruction de Siegfried et la fin du règne des dieux.

Nous entendons le brillant Motif de Siegfried l'Intrépide, puis les gracieux Motifs du Rhin et du Cri de Triomphe des Filles du Rhin, et enfin les Motifs de L'Or du Rhin et de l'Anneau. Des harmonies sombres annoncent le sinistre complot de Hagen.

Acte I. Le château des Gibichs, au bord du fleuve. Depuis longtemps, Hagen envisage de s'emparer de l'anneau forgé dans l'Or du Rhin. Il sait qu'il était gardé par le dragon et que Siegfried l'a pris pour le donner ensuite à Brünnhilde.

Descendant par son père de la race des Nibelung, Hagen connaît les secrets de la magie noire. Selon son plan, Gutrune versera à Siegfried un philtre qui lui fera oublier Brünnhilde. Il demandera alors la main de Gutrune, qui lui sera accordée à la condition qu'il obtienne celle de Brünnhilde pour Gunther. Avant même que Siegfried soit en vue, Hagen prépare ce complot. Au même moment, Gunther lui demande : «Écoute, Hagen, et réponds-moi sincèrement. Suis-je un chef honorable pour la race des Gibichs ? » « Oui, en vérité, lui répond Hagen. Mais tu es sans femme, et Gutrune n'a toujours pas d'époux. » Il évoque alors Brünnhilde : « Un cercle de flammes entoure le rocher où elle se tient, mais celui qui saura braver le feu deviendra son époux. Que Siegfried le fasse à ta place et te l'amène pour femme, elle sera tienne. » Hagen cache le fait que Siegfried a déjà conquis Brünnhilde; puis, ayant éveillé chez Gunther le désir de la posséder, il dévoile son plan et rappelle à Gutrune qu'il lui appartient de verser à Siegfried le philtre magique.

On entend le Motif de Hagen tout au début de l'acte. Les deux premiers accords, très marqués, sont particulièrement frappants. Ils réapparaissent, chargés de force dramatique, quand Hagen tue Siegfried au troisième acte.

Le Motif de Hagen est suivi du Motif des Gibichs. Tous deux interviennent fréquemment dans cette scène d'ouverture.

Vient s'y ajouter le Motif du Philtre d'Amour.

Le son du cor de Siegfried annonce son arrivée. Les trois hommes restent seuls. Hagen questionne Siegfried sur le combat qui l'a opposé au dragon. N'a-t-il rien pris dans le tas d'or ? « Seulement un anneau, que j'ai remis à une femme, répond Siegfried, et ceci ». Il montre alors un objet en mailles d'acier accroché à sa ceinture. « Ha ! s'exclame Hagen. C'est le Tarnhelm. Je reconnais là le travail accompli des Nibelung. Coiffez-le, et vous verrez que vous pouvez prendre la forme que vous souhaitez. »

Gutrune offre à Siegfried la boisson qui va transformer si profondément sa nature. Siegfried prend la coupe de ses mains avec courtoisie, ne lui accordant qu'une attention amicale. Il en vide le contenu. Son comportement change soudain et il la couve d'un regard ardent. C'est ici qu'intervient pour la première fois le Motif de Gutrune :

« Gunther, quel est le nom de votre sœur ? Etes-vous marié ? » demande

Siegfried vivement. « Mon cœur est promis à une femme qu'il ne peut conquérir, répond Gunther. Un rocher lointain, encerclé par le feu, est sa demeure. » « Un rocher lointain, encerclé par le feu », répète Siegfried, comme s'il tentait de se rappeler un très vieux souvenir; et quand Gunther prononce le nom de Brünnhilde, l'attitude et l'expression de Siegfried prouvent bien que cela ne signifie plus rien pour lui. Le philtre d'amour a fait son œuvre : il l'a oubliée. « Je franchirai ce cercle de flammes, s'écrie-t-il. Je la prendrai dans mes bras et vous l'amènerai — à condition que vous m'accordiez la main de Gutrune. »

C'est ainsi que le pacte maudit est conclu, scellé par le serment de la fraternité du sang. Cette cérémonie est introduite par le Motif de la Malédiction, suivi par le Motif du Traité. Les paroles du serment sont prononcées sur un nouveau thème dont la puissante simplicité exprime l'idée de vérité. C'est le Motif du Vœu :

Immédiatement après le serment de Siegfried : « Ainsi je bois à toi, vérité » interviennent les deux accords du Motif de Hagen que l'on réentend au troisième acte, quand le Nibelung tue Siegfried.

Bref interlude orchestral. Brünnhilde est perdue dans la contemplation de l'anneau, tandis que l'orchestre joue le Motif de Siegfried Trésor du Monde, souvenir bienheureux de la scène d'amour.

Ces douces réminiscences sont interrompues par le bruit de la tempête qui s'approche; l'une des Walkyries, Waltraute, sort du sombre nuage et vient demander à Brünnhilde de rejeter dans le Rhin l'anneau que lui a donné Siegfried — l'anneau maudit par Alberich : ainsi la race des dieux sera libérée de la malédiction qui pèse sur elle. Mais Brünnhilde refuse.

On entend le cor de Siegfried. Brünnhilde se prépare joyeusement à l'accueillir. Mais soudain, elle voit un étranger franchir les flammes. C'est Siegfried. Grâce au Tarnhelm (dont le Motif, suivi de celui de Gunther, domine presque toute la scène), il a pris l'apparence de Gunther. Brünnhilde tente vainement de se défendre : en dépit de la puissance que lui confère l'anneau, elle est sans force devant l'agresseur. Le Motif de la Malédiction retentit quand il arrache l'anneau du doigt de la Walkyrie. Des échos du Motif de Siegfried Trésor du Monde et du Motif de Brünnhilde lui succèdent, puis enfin le Motif du Tarnhelm qui exprime le maléfice responsable du changement de la nature de Siegfried. Brünnhilde doit s'avouer vaincue et, désespérée, entre dans la caverne. Avant de l'y suivre, Siegfried dégaine son épée, Nothung, et s'exclame : « Nothung, sois maintenant témoin de ma chaste cour, protège le serment qui me lie à mon frère en me séparant de sa fiancée. » Des phrases du serment de la Fraternité du sang, suivies des Motifs de Brünnhilde, de Gutrune et de l'Épée, accompagnent ces paroles. Les coups sourds typiques du rythme des Nibelung résonnent, menant aux derniers accords fracassants de l'acte.

Acte II. Le puissant Motif de la Haine des Nibelung introduit l'acte II. La demeure des Gibichs. Hagen dort. Alberich le presse de tuer Siegfried pour lui arracher l'anneau.

Un charmant interlude orchestral décrit le point du jour. Sa beauté sereine est cependant interrompue par le Motif de la Joie Méchante de Hagen :

Siegfried apparaît et raconte à Hagen le succès de son entreprise. Il lui enjoint de se préparer à recevoir Gunther et Brünnhilde. A son doigt est l'anneau. Gutrune les rejoint.

Hagen porte à ses lèvres une corne de taureau et sonne vers les quatre points cardinaux, conviant les vassaux des Gibichs aux fêtes qui vont célébrer le double mariage de Siegfried et Gutrune et de Gunther et Brünnhilde.

Quand Siegfried s'avance avec Gutrune, Gunther le nomme par son nom véritable. Brünnhilde sursaute, lève les yeux et regarde Siegfried avec stupeur; elle lâche la main de Gunther et avance d'un pas, comme mue par une impulsion soudaine vers l'homme qui l'a éveillée de son sommeil enchanté; puis elle recule, horrifiée, les yeux fixés sur lui. Tous regardent la scène avec un étonnement profond. Le Motif de Siegfried le Héros, le Motif de l'Épée et les accords du Motif de Hagen soulignent avec emphase l'aspect dramatique de cette scène. Le silence tombe brutalement : Brünnhilde est muette et frappée de stupeur; Siegfried est parfaitement maître de lui-même, n'ayant pas conscience de sa faute; Gunther, Gutrune et les vassaux sont saisis de stupéfaction. C'est alors, dans la tension née de ce silence, que surgit le motif qui exprime la pensée dominante de Brünnhilde — pensée qui s'exprimerait par une explosion de colère frénétique si elle n'était immobilisée par l'incompréhension, l'impossibilité d'envisager la trahison dont elle est la victime. C'est le Motif de la Vengeance :

« Quel trouble saisit Brünnhilde ? » demande calmement Siegfried. Il a perdu toute mémoire de sa rencontre avec la jeune fille et de son amour pour elle.

« Siegfried ne me reconnaît pas », murmure-t-elle. « Voici votre époux », lui répond Siegfried en désignant Gunther. Il a par ce geste découvert l'anneau qui est maintenant à son doigt. « L'anneau me fut pris par cet homme, crie-t-elle en désignant Gunther. Comment se fait-il qu'il soit à ton doigt ? Ou alors, si ce n'est pas cet anneau, où est celui que vous m'avez arraché ? » ajoute-t-elle en regardant Gunther.

Gunther, qui ignore tout de l'épisode de l'anneau, reste perplexe. Brünnhilde crie alors, en proie à une rage incontrôlable : « Alors Siegfried s'est fait passer pour vous et ce n'est pas vous qui me l'avez pris ! Sachez bien, Gunther, que vous aussi avez été trahi par cet homme. Lui, à qui vous avez promis votre sœur en échange de ma main, est déjà mon mari ! »

Les paroles de Brünnhilde plongent toute l'assistance dans la consternation, à l'exception de Hagen et Siegfried. Le premier, voyant l'effet qu'elles produisent sur Gunther, y voit une occasion de pousser celui-ci à l'aider dans son plan meurtrier. Et le philtre a rendu le second totalement incapable de percevoir la vérité de cette accusation. Il ne se rappelle même pas s'être jamais séparé de l'anneau. Il dit calmement avoir trouvé cet anneau dans le trésor du dragon et ne l'avoir jamais quitté.

C'est l'épée de Hagen que Siegfried rencontrera et qui jugera de son innocence. « Gardienne de l'honneur, arme sacrée, jure Siegfried, que ton acier me transperce là où il le peut; donne-moi la mort là où la mort peut me frapper, si j'ai jamais été l'époux de Brünnhilde, si j'ai jamais trompé le frère de Gutrune. »

Brünnhilde s'écrie alors : « Gardienne de l'honneur, arme sacrée, je voue ton acier à sa destruction. Je bénis ta pointe, puisse-t-elle l'occire; car tous ses serments sont brisés, et il s'est révélé parjure. »

Siegfried entraîne Gutrune vers la salle, suivi des vassaux et des femmes. Gunther soupçonne Siegfried d'avoir volontairement trahi son honneur et Brünnhilde de dire la vérité.

Soutenu par Brünnhilde, Hagen convainc Gunther de la nécessité de tuer Siegfried. Or, Brünnhilde a révélé à Hagen que ses charmes magiques avaient rendu Siegfried insensible aux blessures. Seul son dos est vulnérable.

Hagen lui suggère le plan qui les mettra tous deux à l'abri de toute accusation : « Demain, nous irons chasser. Quand Siegfried s'élancera hardiment, nous le frapperons dans le dos et ferons croire ensuite qu'il a été tué par un sanglier sauvage. »

Hagen triomphe et c'est le Motif du Meurtre qui termine l'acte.

Acte III. Les Filles du Rhin s'efforcent d'obtenir l'anneau en ~~couvrant~~ Siegfried ~~de cajoleries.~~

Mais Siegfried refuse de rendre l'anneau. Voici le thème principal de leur chant dans cette scène :

On entend, au lointain, le son des cors de chasse. Gunther, Hagen et leur suite arrivent. Hagen persuade Siegfried de raconter l'histoire de sa vie. Siegfried commence par évoquer ses premiers souvenirs de Mime : « Mime heiss ein mürrischer Zwerg » (Mime était le nom d'un nain hargneux) depuis son enfance jusqu'à sa maturité, au son d'une musique qui nous est familière. Puis, éprouvant le besoin de se rafraîchir, il boit une gorgée du breuvage que lui tend Hagen. Il agit comme un contrepoison, et tous les tendres souvenirs de Brünnhilde surgissent en lui. Il raconte avec simplicité et enthousiasme comment il a franchi la barrière de flammes qui gardait la Walkyrie, trouvé Brünnhilde qu'il a réveillée d'un baiser, pour l'épouser ensuite. Gunther

se dresse, épouvanté, en entendant cette révélation.

Deux corbeaux survolent la scène. Le Motif de la Malédiction retentit quand Siegfried se tourne pour les suivre des yeux. Hagen plonge alors son épée dans le dos du héros. Le Motif de Siegfried s'élève, brisé net par un accord fracassant, tandis que les deux accords meurtriers du Motif de Hagen forment la basse.

Un nouveau thème s'est élevé avec la disparition du dernier héritier de la race des Wälsungs, un thème simple mais chargé d'une tristesse indescriptible, le Motif de la Mort :

Siegfried entonne son chant de mort, le regard éclairé d'un étrange ravissement. C'est un chant extasié qui salue Brünnhilde. « Brünnhilde ! celui qui doit t'éveiller est venu te donner le baiser de l'éveil. » Les harmonies éthérées du Motif du Réveil de Brünnhilde, le Motif du Destin, celui de Siegfried, se fondent dans le Motif du Salut de l'Amour et s'évanouissent dans le Motif de l'Enthousiasme de l'Amour, les dernières paroles que Siegfried murmure. « Brünnhilde m'appelle à elle », disparaissent dans le Motif du Destin, et Siegfried retombe, mort.

Pétrifiés de douleur, les hommes s'assemblent autour du corps de Siegfried. A un signe de Gunther, ils prennent le corps et l'emportent en procession solennelle. L'orchestre joue avec majesté l'oraison funèbre du « plus grand héros du monde ». On entend les motifs qui racontent la lutte futile des Wälsungs contre le Destin — le Motif des Wälsungs, celui de l'Héroïsme des Wälsungs, les Motifs de la Sympathie, de l'Amour, de l'Épée, de Siegfried, et de Siegfried le Héros. Mais le Motif de la Mort déferle, fracassant et couvre tous les autres motifs. Il s'efface devant le Motif de Brünnhilde qui termine cet hymne héroïque avec le soupir d'un cœur brisé.

Dans la salle de la demeure des Gibichs, Gutrune cherche à distinguer dans la nuit les bruits annonçant le retour de la chasse. Hagen lui annonce la mort de Siegfried. Folle de douleur, elle accable Gunther d'accusations violentes. Il désigne alors Hagen, qui pour toute réponse réclame l'anneau pour butin. Gunther refuse. Hagen tue Gunther après un court combat. Il va arracher l'anneau qui est au doigt de Siegfried quand le bras de celui-ci se dresse brusquement, menaçant. Tous, même Hagen, reculent avec effroi.

Brünnhilde a appris des Filles du Rhin la sombre machination dont elle avait été la victime avec Siegfried. Quand Gutrune comprend que c'est le souvenir de Brünnhilde que le philtre a effacé de l'esprit de Siegfried, elle tombe évanouie sur le corps de son frère. Brünnhilde ordonne qu'un bûcher funéraire soit construit. Des traits de la Chevauchée des Walkyries viennent traverser le Motif des Flammes. Elle contemple son héros mort et invoque sa mémoire sur le thème de la Rédemption par l'Amour, sur le Motif du Walhalla et celui de la Supplique de Brünnhilde, elle accuse avec passion l'injustice des dieux. Le Motif de la Malédiction est suivi d'une admirable combinaison du Motif du Walhalla et de celui de l'Angoisse des Dieux quand Brünnhilde s'écrie : « Sois en repos ! Sois en repos ! Ô Dieu ! » En effet,

quand le Walhalla disparaîtra et que le règne de l'amour humain viendra remplacer celui du lucre et de l'avidité — un changement qui s'opérera quand Brünnhilde aura expié pour tous les crimes dont le premier fut le vol de l'or aux Filles du Rhin —, Wotan trouvera enfin la paix. Brünnhilde, ayant raconté comment elle a appris des Filles du Rhin la traîtrise de Hagen, place l'anneau à son doigt. Puis, se tournant vers le bûcher où repose le corps de Siegfried, elle l'enflamme. Le Motif de l'Expiation prend de l'ampleur alors qu'elle se prépare à mourir.

Brünnhilde monte sur son coursier, Grane, qui la porte sur le bûcher enflammé.

Le Rhin déborde. Portées par le flot, les Filles du Rhin retirent l'anneau du doigt de Brünnhilde. Hagen plonge à leur poursuite. Deux d'entre elles l'entraînent vers les profondeurs, la troisième brandit l'anneau triomphalement.

Une sombre lueur apparaît dans le ciel. C'est le Crépuscule des Dieux — *Götterdämmerung*. Une ère vient de prendre fin. Le Walhalla est en flammes. Son Motif imposant retentit une fois de plus, pour s'effondrer, comme une ruine, devant la montée irrésistible du Motif de l'Expiation. Le Motif de Siegfried éclate, mais le Motif de l'Expiation réapparaît. Le sordide empire des dieux s'est écroulé. Une nouvelle ère, celle de l'amour humain, a vu le jour grâce au sacrifice de Brünnhilde.

K.

Parsifal

Bühnenweihfestspiel en trois actes ; texte et paroles de Wagner. Créé à Bayreuth, 26 juillet 1882. Par la suite, l'œuvre fut seulement donnée en concert ; il fallut attendre le 24 décembre 1903 pour la voir présentée sur scène à nouveau, au Metropolitan Opera de New York, que dirigeait alors Heinrich Conried.

A Bayreuth, les distributions alternaient. Winkelmann créa le rôle de Parsifal, et Gudehus le chanta pour la deuxième représentation, Jäger pour la troisième. Materna, Marianne Brandt et Malten reprirent le rôle de Kundry en alternance ;

pour le rôle de Gurnemanz : Scaria et Siehr; pour le rôle d'Amfortas : Reichmann;
pour le rôle de Klingsor : Hill et Fuchs. Hermann Levi dirigea toutes les repré-
sentations.

    Dans la distribution du Metropolitan, Ternina était Kundry, Burgstaller (Parsifal),
van Rooy (Amfortas), Blass (Gurnemanz), Goritz (Klingsor), Journet (Titurel),
avec Hertz au pupitre. Première à l'Opéra de Paris (en fr.) 1914, avec Breval,
Franz, Lestelly, Gresse, Delmas, Journet, dir. Messager. Parmi les reprises :
1924, avec Demougeot, dir. Gaubert; 1954, avec Mödl, Windgassen, dir. Leitner;
1974, avec Rhodes, Kollo, Nimsgern, Sotin, Rouleau, dir. Stein. En Angleterre,
2 février 1914, à Covent Garden, avec von der Osten, Heinrich Hensel, Bender,
Knüpfer, August Kiess, Murray Davey, dir. Bodanzky; puis en 1919 (en angl.)
avec Gladys Ancrum, Mullings, Heming, Allin, Hubert Langley, Foster Richardson,
dir. Albert Coates. Parmi les célèbres Kundry : Sucher, Brema, Mildenburg,
Wittich, Gulbranson, Edyth Walker, Saltzmann-Stevens, Fremstad, Kurt, Matzen-
auer, Kemp, Leider, Marta Fuchs, Thorborg, Lubin, Mödl, Varnay, Lammers.
Dans le rôle de Parsifal, outre ceux qui ont créé le rôle, il faut retenir : van Dyck,
Schmedes, Burrian, Sembach, Urius, Hutt, Laubenthal, Melchior, Fritz Wolff,
Windgassen, Vickers; parmi les interprètes célèbres du rôle de Gurnemanz :
Karl Grengg, Felix von Krauss, Karl Braun, Mayr, Andresen, Bohnen, Kipnis,
von Manowarda, Weber, Frick; et du rôle d'Amfortas : Eugen Gura, Scheide-
mantel, Karl Perron, Whitehill, Hermann Weil, Plaschke, Scheidl, Janssen
Schlusnus, Schorr, George London, Fischer-Dieskau.

PERSONNAGES

AMFORTAS, *fils de Titurel, souverain du Royaume du Graal* (baryton-basse);
TITUREL, *ancien roi* (basse); GURNEMANZ, *doyen des chevaliers du Graal* (basse);
KLINGSOR, *magicien* (basse); PARSIFAL (ténor); KUNDRY (soprano), 1er et 2e
CHEVALIERS (ténor et basse); QUATRE ECUYERS (sopranos et ténors); SIX FILLES-
FLEURS DE KLINGSOR (sopranos).

    Au Moyen Age, en Espagne : autour et à l'intérieur du château du Saint-Graal;
dans le château enchanté de Klingsor; dans le jardin de ce château.

Pour qui a entendu *Lohengrin*, le nom de Parsifal n'est pas inconnu : on se souvient que Lohengrin a avoué à Elsa être le fils de Parsifal, et l'un des chevaliers du Saint-Graal. Tennyson dit « Percival » dans *Les Idylles du Roi*. Wagner, lui, reprend la forme à la fois plus ancienne et plus germanique du nom. *Parsifal* se situe avant *Lohengrin* dans l'histoire de la chevalerie du Graal. Et pourtant, il y a entre les deux œuvres une ressemblance qui ne tient ni à la mélodie ni à la structure musicale, mais à la spiritualité et à la pureté qui les animent. Wagner a conçu les personnages principaux du drame à partir de trois légendes : *Percival le Gallois*, ou les *Contes de Grail*, de

Chrétien de Troyes; *Parsifal*, de Wolfram von Eschenbach; un manuscrit du XIVe, appelé *Mabinogion* par les érudits. Comme d'habitude, Wagner ne s'est pas strictement conformé à l'une ou l'autre source : il les a intégrées et, par son génie particulier, les a fait revivre toutes trois. Le Saint-Graal — le vase dans lequel le Christ avait bu pendant la Cène — a été placé sous la garde de Titurel et de sa compagnie de chevaliers chrétiens. La Sainte Lance, l'arme avec laquelle le soldat romain avait percé le flanc du Christ, a également été mise sous leur protection. Afin de mieux préserver ces saintes reliques des ennemis de la foi, Titurel, roi des chevaliers du Graal, a édifié un château inabordable sur un pic inaccessible des Pyrénées, le Montsalvat. Dans une contrée voisine habite Klingsor. Il a autrefois voulu s'enrôler parmi les chevaliers du Graal. Mais, ayant été rejeté, il écouta l'esprit du Mal et devint magicien. Il réussit à plusieurs reprises, grâce à la séduction des filles-fleurs et de l'enchanteresse Kundry, femme d'une rare beauté, à attirer dans son jardin magique certains gardiens du Graal dont il a fait ses serviteurs et qui sont devenus les ennemis de leurs anciens frères d'armes.

Même Amfortas, à qui Titurel, son père, vieillissant et chargé d'honneurs, a remis le trône et son droit de tutelle n'a pu échapper à la magie de Klingsor : désireux de commencer son règne en détruisant les pouvoirs du sorcier, il a pénétré dans son jardin pour l'assassiner. Mais il l'oublia, aux pieds de Kundry, l'objet de sa mission et laissa la Sainte Lance échapper de ses mains. Klingsor s'en empara et le blessa grièvement avant que les chevaliers accourus à la rescousse aient pu intervenir. Aucun soin n'a su venir à bout de cette plaie qui mine les forces d'Amfortas. L'indécision et la tristesse ont gagné la confrérie autrefois si vaillante. Seul le contact de l'arme sacrée qui ouvrit la plaie saurait la refermer, mais une seule personne peut la reconquérir : en effet, une voix mystique venue du sanctuaire du Graal a révélé à Amfortas que son salut ne viendrait que d'un être jeune et naïf, totalement ignorant du péché. Celui-là pourra résister aux tentations du jardin magique de Klingsor et, ayant appris la faute d'Amfortas et cédant à la pitié, dévouera sa vie à la rédemption du roi. Il recouvrera la Lance et, par elle, cicatrisera la plaie. Si bien que tous les gardiens du Graal attendent la venue de « l'Innocent au cœur pur ».

La réalisation de cette prophétie est le sujet de *Parsifal,* traité sous une forme allégorique. Le triomphe de Parsifal sur Klingsor est celui des croyants sur les impies.

Kundry est une des créations les plus impressionnantes de Wagner. C'est une version féminine d'Assuérus, une Juive errante. Dans le *Mabinogion,* elle n'est autre qu'Hérodiade, condamnée à errer éternellement pour avoir raillé la tête de saint Jean Baptiste. Mais pour Wagner, elle est condamnée pour avoir ri à la face du Christ quand il portait la croix. Dans sa quête du pardon, elle sert de messager aux chevaliers du Graal. Mais, de temps à autre, la malédiction qui la frappe la ramène vers Klingsor. Il la transforme alors en une femme magnifique qui attire les chevaliers dans le jardin pour leur perte. Seul pourra la délivrer celui qui saura résister à ses charmes. A la fin, elle est libérée par Parsifal, puis baptisée. En tant que messager du Graal, elle n'est pas sans ressembler aux Walkyries, farouches messagères du Walhalla. En fait, dans la « Saga Edda », on trouve son nom dans la première partie du mot composé « Gundryggja » qui exprime justement la fonction des Walkyries.

Prélude. L'introduction orchestrale de *Parsifal* est fondée sur trois motifs religieux. Le Motif du Sacrement :

Les Chevaliers du Graal soutiennent leur foi dans la sainte communion; c'est alors que le Graal lui-même est découvert et exposé à leurs yeux. Ce qui nous mène au Motif du Graal (dit « Amen de Dresde ») qui enfle jusqu'au *forte,* puis s'éloigne dans des harmonies éthérées.

Alors, les trompettes annoncent le Motif de la Foi, sévère mais résolu :

Puis, une fois encore, le Motif du Graal. Ensuite, reprise du Motif de la Foi, moins sévèrement et si doucement qu'il apporte un sentiment de paix « passant tout entendement ».

Le reste du prélude est agité. La partie du Motif du Sacrement qui deviendra plus tard le Motif de la Lance est ici légèrement modifiée, avec une connotation de profonde tristesse : tout au long de l'œuvre, elle représentera la détresse engendrée par le crime d'Amfortas. C'est le Motif Élégiaque :

Le prélude décrit ainsi à la fois les devoirs religieux, qui ont une place importante dans le drame, et le malheur qui frappe Amfortas et ses chevaliers, justement parce qu'il a négligé ces devoirs.

Acte I. Gurnemanz monte la garde à l'orée de la forêt. C'est l'aube. Deux jeunes écuyers dorment à ses pieds. Des sonneries au lointain annoncent le réveil du château. Gurnemanz interpelle brusquement les deux jeunes gens qui s'agenouillent pour prier. Motif de la Paix. Arrivent deux chevaliers en avant-garde de la procession qui mène le roi, allongé sur une litière, baigner sa plaie dans les eaux du lac tout proche. A peine se sont-ils arrêtés que retentissent les cris des jeunes écuyers et le bruit d'une course précipitée : « Regardez la folle cavalière ! » — « La crinière de la jument du diable s'envole sauvagement ! » — « Ah ! C'est Kundry ! » — « Elle a mis pied à terre ». Elle remet en hâte une fiole de cristal à Gurnemanz : « Un baume — pour le roi ! », repousse violemment les remerciements; et quand Gurnemanz

lui demande d'où vient cette fiole, elle répond : « De si loin que même votre pensée ne peut s'y rendre. Si ceci ne soulage pas la douleur du roi, alors rien d'autre en Arabie ne le pourra. Maintenant, plus un mot, je suis épuisée » et se jette à terre, le visage entre les mains. Elle regarde cependant le roi arriver. Quand il la remercie pour le baume, sa seule réplique est un rire sauvage et moqueur.

L'arrivée de Kundry sur son cheval est accompagnée d'un furieux galop par l'orchestre.

On entend, quand elle se précipite sur scène, une descente impétueuse des cordes sur quatre octaves.

Deux natures contradictoires s'affrontent en Kundry : elle est l'initiatrice de la douleur d'Amfortas, mais par ailleurs, elle s'efforce de l'éteindre dès qu'elle n'est plus sous l'emprise du sortilège de Klingsor; elle est à la fois le fidèle messager des chevaliers du Graal et leur mauvais génie.

Quand Amfortas arrive, porté sur une litière, le Motif de la Souffrance d'Amfortas apparaît, exprimant son agonie physique et morale. Le rythme en est particulièrement lourd et traînant, à l'image de la blessure qui sape lentement la vie du roi.

Au moment où les chevaliers emportent Amfortas vers le lac, l'orchestre joue une idylle :

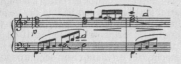

L'un des jeunes écuyers, resté avec Gurnemanz, remarque que Kundry n'a pas bougé et l'interpelle avec mépris : « Que fais-tu couchée par terre, comme une bête sauvage ? » Elle lui répond avec rudesse : « Les animaux ne sont-ils pas sacrés en ce lieu ? » Gurnemanz retient les autres écuyers : « Elle ne vous a jamais fait aucun mal. Elle sert le Graal, et le mal ne nous frappe que lorsqu'elle est au loin, en un lieu inconnu de nous. » Puis, se tournant vers elle : « Où étais-tu quand notre chef a perdu la Sainte Lance ? Pourquoi n'étais-tu pas là pour nous aider ? »

Elle répond brutalement : « Je n'aide jamais ! »

Gurnemanz évoque des événements qui précédèrent la perte de l'arme sacrée. Il raconte aux jeunes gens comment le sorcier Klingsor avait demandé à être admis dans la confrérie du Graal, s'était mutilé de sa propre main, et s'était vu rejeter par Titurel. Pour se venger, il a décidé de détruire l'Ordre et espère arriver à ses fins maintenant que la Sainte Lance est en sa possession.

Un nouveau motif important est celui de Klingsor :

Amfortas, priant dans l'espoir qu'un signe vienne lui indiquer qui guérira sa plaie, a entendu une voix lui annoncer :

Par la pitié animé
L'innocent au cœur pur,
Attends-le,
Celui que j'ai choisi.

Cela introduit l'important Motif de la Prophétie, phrase d'une beauté simple, comme les mots qu'elle illustre. Gurnemanz chante ce motif que les écuyers reprennent. Ils sont interrompus par des cris affolés. Un cygne blessé

— l'un des oiseaux sacrés de la confrérie du Graal — vient s'abattre aux pieds de Gurnemanz. Les chevaliers suivent, consternés. Deux d'entre eux amènent Parsifal qu'ils accusent d'avoir tué l'oiseau sacré. A son arrivée, les cors font retentir le magnifique Motif de Parsifal :

C'est un motif allègre et joyeux, animé par la liberté et la spontanéité de cet enfant de la nature qui n'entend rien au Graal, ni à ses chevaliers, ni aux cygnes sacrés mais qui se vante sans vergogne d'être un adroit tireur. Au cours de cet épisode, le Motif du Cygne de *Lohengrin* est introduit. Puis Gurnemanz exprime ses reproches dans une grande et noble mélodie : dans la région du Graal, tous les animaux sont sacrés et doivent être protégés. L'éveil progressif de Parsifal à la notion de mal est l'un des moments les plus touchants de l'œuvre : sa douleur enfantine est d'une simplicité pathétique.

Gurnemanz s'assure d'abord que Parsifal n'a pas conscience d'avoir commis une faute en tuant le cygne. Puis il lui pose des questions sur sa famille. Parsifal raconte tranquillement qu'il a été élevé dans la forêt. Un jour, poursuivant des cavaliers qui longeaient la lisière, il a échappé à sa mère, Herzeleide, qu'il n'a jamais revue depuis. Il ne se rappelle ni son propre nom ni celui de son père. C'est alors que Kundry intervient, à la surprise de tous. Elle révèle que le père s'appelait Gamuret, qu'il est mort avant la naissance de son fils et que, par la suite, la mère emmena l'enfant très loin, pour le protéger. Plus tard, quand il disparut, elle mourut de chagrin.

Gurnemanz se prend à espérer qu'enfin voici « l'Innocent au cœur pur » qu'ils ont tant invoqué et demande au jeune homme de le suivre.

Avec le changement de décor intervient le Motif de la Cloche, pendant l'Intermezzo. On le retrouvera lors de la scène de la Communion, mais alors le Motif de la Contrition — représentant la souffrance spirituelle du roi — viendra interrompre le cours majestueux de la symphonie.

Accompagnés par le Motif du Sacrement que font éclater les trombones, Parsifal et Gurnemanz entrent dans une grande salle. Tandis que l'orchestre entame une procession solennelle où le Motif de la Cloche réapparaît, les chevaliers entonnent le chœur : « A la dernière agape ».

Il se termine par l'éclatement glorieux du Motif du Graal, au moment même où l'on porte Amfortas vers l'autel. Le Motif du Graal s'éloigne parmi les carillons tandis que des pages chantent un chœur de pénitence dont l'argument principal est le Motif de la Contrition. Puis le Motif de la Foi se détache, tel un chœur non accompagné pour voix de jeunes garçons — passage d'une beauté céleste —, auquel répond le faible écho du bref postlude murmuré par l'orchestre. Ce passage est d'une spiritualité non égalée, c'est un exemple absolument parfait de musique religieuse, une admirable mélodie totalement isolée des choses de ce monde.

Titurel ordonne à Amfortas d'accomplir le rite sacré, c'est-à-dire de dévoiler le Graal. Celui-ci, torturé par le remords du péché que la douleur lui rappelle sans cesse, commence par refuser d'obéir. Mais des voix éthérées descendent à nouveau de la coupole. Elles chantent maintenant la prophétie de « l'Innocent au cœur pur » et Amfortas, soutenu par l'espoir de la rédemption, découvre le Graal. Un rayon de lumière émane du vase sacré, tous se mettent à genoux, sauf Parsifal. Il est resté debout, immobile, sans comprendre ce qu'il voyait ni ce qu'il entendait. Mais il a paru ému, comme touché par la douleur, au moment des plaintes d'Amfortas.

Gurnemanz, profondément déçu, lui demande avec humeur : « Sais-tu ce que tu as vu ? » Pour toute réponse, le jeune homme secoue la tête. « Ce n'est qu'un imbécile, après tout ! » s'exclame le vieux chevalier et il le pousse dehors avec colère.

Le rideau tombe parmi les harmonies nobles de la prophétie de l'Innocent au cœur pur et du Motif du Graal.

Acte II. Dans le château enchanté et le jardin magique de Klingsor. L'ouverture commence par le Motif de Klingsor, menaçant, suivi du Motif de la Magie et de celui de la Contrition.

Le sauvage Motif de Kundry fait la transition avec la première scène.

Klingsor regarde dans un miroir qui lui reflète tout ce qui se passe dans les environs de son château. Il sait que le jeune homme qui s'approche sera bientôt en son pouvoir. Ainsi sera rendue vaine la prophétie de « l'Innocent au cœur pur ». Et son propre triomphe sera alors total.

Klingsor se tourne vers le puits et agite la main. Une vapeur bleuâtre s'élève des profondeurs, portant la forme d'une femme magnifique, Kundry. Elle se débat et les ricanements du sorcier accompagnent ses vains efforts. Voilà pourquoi, lorsqu'elle était loin du domaine du Graal, tant de chevaliers sont tombés sous l'empire de Klingsor. Elle est le piège, la grande enchanteresse de son jardin magique. D'une part, elle s'efforce d'expier quelque péché passé en servant l'Ordre des chevaliers du Graal; de l'autre, elle ne peut résister au sortilège du magicien; il raille son impuissance car il sait qu'à tout moment il peut obtenir qu'elle l'aide à détruire les chevaliers du Graal.

Elle sait fort bien pourquoi il vient de l'appeler. Le jeune homme qu'elle a vu dans la forêt du Graal s'approche de la tour. Elle a reconnu en lui, tout comme Klingsor, le futur sauveur d'Amfortas et le sien. Et il faut maintenant qu'elle le séduise à sa perte, ruinant par là même le dernier espoir qui lui reste d'être sauvée. Klingsor, continuant de la railler, agite la main encore une fois : château et donjon disparaissent; à leur place, un jardin rempli de fleurs merveilleuses. L'orchestre décrit le bref combat qui oppose Parsifal aux chevaliers de Klingsor, avec une prédominance du Motif de Parsifal. Les sombres harmonies du Motif de Klingsor illustrent la disparition du donjon et l'apparition du jardin magique aux yeux émerveillés de Parsifal. Les filles-fleurs, ayant appris que leurs chevaliers venaient de succomber, accourent de toutes parts en criant de douleur. Leurs exclamations confuses et l'accompagnement orchestral soulignent admirablement toute cette agitation.

Le Motif de Parsifal réapparaît quand celui-ci, attiré par la beauté des jeunes filles, descend dans le jardin pour les rejoindre. Le motif de Parsifal sera répété plusieurs fois au cours de cette scène. Voyant que le jeune homme ne leur veut pas de mal, elles l'encerclent, chantant cette mélodie caressante :

La voix de Kundry s'élève : « Parsifal, attends ! »

Irrésistiblement attiré, il approche et s'agenouille à son côté. Alors, se penchant sur lui, elle l'embrasse longuement. Voici le leurre qui a conclu la perte de plus d'un chevalier du Graal. Mais il agit différemment sur le jeune homme. Le péril subtil qui doit le détruire transforme « l'Innocent au cœur pur » en un homme conscient de sa mission. Tout devient clair à ses yeux dans le ravissement de ce baiser impie : ce qu'il a vu au château du Graal; le roi frappé par la blessure toujours béante; le rôle que lui-même, Parsifal, est appelé à jouer; la tentation placée en ce jardin pour le perdre. En vain la magicienne cherche à le retenir. Il la repousse. Folle de colère, elle invoque l'aide de Klingsor. A son cri, le magicien apparaît, brandissant la Lance prise à Amfortas. Mais l'arme s'arrête miraculeusement, comme suspendue en plein vol, au-dessus de la tête du jeune homme.

Parsifal s'en empare et fait le signe de la croix. Aussitôt le château et le mur du jardin tombent en ruine.

Parsifal, laissant Kundry effondrée sur le sol, part à la recherche du château du Graal pour y accomplir ce qu'il considère désormais comme sa mission.

Acte III. Revêtu d'une armure noire, la lance sacrée à la main, Parsifal s'approche de l'endroit où Gurnemanz, maintenant très âgé, monte encore la garde. Kundry, à nouveau en haillons, mais soumise et douce maintenant, sert la confrérie avec humilité. C'est le matin du Vendredi Saint et la paix est descendue sur la forêt. Kundry attire l'attention de Gurnemanz sur la silhouette silencieuse, elle a deviné qui il est et pourquoi il est venu. Mais Gurnemanz ne voit en lui qu'un intrus armé, qui vient fouler le sol sacré un Vendredi Saint et il lui reproche son offense. Le chevalier ôte son armure, se met à genoux, et prie devant la lance. Une profonde émotion se dessine sur le visage de Gurnemanz qui a reconnu l'homme et l'arme. Il relève doucement Parsifal, lui ôte son armure et le revêt de la cotte de mailles et de la cape des chevaliers du Graal; Kundry oint les pieds du chevalier puis les essuie de ses cheveux défaits. Gurnemanz baptise Parsifal roi des chevaliers du Graal. Sitôt investi de ses saintes fonctions, le nouveau roi baptise Kundry.

On entend ici le Motif du Baptême :

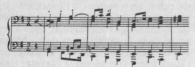

« L'enchantement du Vendredi Saint », l'un des morceaux les plus admirables de Wagner, domine au cours de ces dernières scènes :

Le vieux père d'Amfortas, Titurel, est mort sans avoir revu le Graal, qu'Amfortas, rongé par le remords, s'est jugé indigne de dévoiler. Le cercueil de Titurel est transporté solennellement dans la grande salle où sont réunis les chevaliers et placé sur un catafalque devant le lit d'Amfortas. « Dévoile le calice ! » s'écrient les chevaliers qui entourent Amfortas. Mais celui-ci, pour toute réponse, se dresse dans un paroxysme de désespoir, arrache ses vêtements et montre sa plaie ouverte. « Tuez-moi ! s'écrie-t-il. Tirez vos épées et enfoncez-les dans mon corps profondément, jusqu'à la garde ! Tuez-moi, et avec moi, la souffrance qui me torture ! »

Parsifal entre à ce moment. Il s'approche doucement et touche la blessure de la pointe de la lance. « Seule l'arme qui a ouvert cette plaie peut la guérir. »

La torture d'Amfortas fait place à un bonheur sublime. Le calice est découvert et Parsifal élève le Graal qui irradie à nouveau sa lumière; Amfortas et les chevaliers tombent à genoux et lui rendent hommage.

Kundry, après un dernier regard de gratitude à Parsifal, s'abîme doucement dans le sommeil de la mort et du pardon qu'elle désire depuis si longtemps.

La musique de cette scène flotte sur des arpèges aériens. Le Thème de la Foi est délicieusement accompagné; ses harmonies spirituelles prennent finalement la forme suivante :

On entend aussi le Motif de la Prophétie, et celui du Sacrement tandis que les chevaliers chantent sur la scène et les enfants sous la coupole. Le Motif du Graal, qui domine toute la scène, s'élève dans un esprit de doux triomphe religieux, uni au Motif du Sacrement pour terminer l'œuvre.

K.

9. L'Opéra allemand
(suite)

FRANZ VON SUPPÉ
(1819-1895)

Boccaccio

Opéra en 3 actes de Suppé; liv. de F. Zell et Richard Genée. Créé au Carl Theatre, Vienne, 1ᵉʳ février 1879, avec Mˡˡᵉ Link dans le rôle de Boccaccio, et Mˡˡᵉ Streitmann dans celui de Fiametta. Première à New York, 1880, au Thalia Theatre; à Londres, 1882, au Royal Comedy Theatre. Reprise au Metropolitan de New York, 1931 (récitatifs de Bodanzky), avec Jeritza (Boccaccio), et Fleischer, Telva, Kirchoff, Meader, Gustav Schützendorf, dir. Bodanzky; au Volksoper, Vienne, 1951, avec Liewehr (Boccaccio) et Réthy, Lorna Sidney, Carl Dönch, Szemere, dir. Paulik.

PERSONNAGES

FIAMETTA, *fille adoptive de Lambertuccio* (soprano); BOCCACCIO, *écrivain* (ténor)[1]; LAMBERTUCCIO, *citoyen de Florence* (ténor); BEATRICE, *femme de Scalza* (soprano); PERONELLA, *femme de Lambertuccio* (contralto); PIETRO, *prince de Palerme* (ténor); SCALZA, *marchand* (baryton); LEONETTO, *étudiant* (ténor); ISABELLA, *femme de Lotteringhi* (mezzo-soprano); LOTTERINGHI, *tonnelier florentin* (ténor); CHECCO, *mendiant* (basse); COLPORTEUR (baryton); MAJORDOME (baryton).

A Florence en 1331.

Acte I. Sur la place de l'église Santa Maria Novella. Une foule de mendiants, menée par Checco, s'apprête pour la fête. Leonetto profite de l'animation pour se glisser discrètement dans la maison de Scalza, dont l'épouse Béatrice lui a remis la clef. On danse une tarentelle; un libraire vient proposer ses ouvrages, et tous sont prêts à se laisser tenter; mais il leur offre des histoires de Boccaccio, soulignant qu'elles révèlent tous les scandales florentins; les bourgeois chassent le marchand malgré les protestations des étudiants.

Scalza rentre chez lui, sa femme est en compagnie de Boccaccio et de son ami Leonetto, tous deux fort ennuyés du retour du mari. Béatrice se sort de ce mauvais pas en criant à l'aide.

---

1. Parfois, comme pour la première, chanté par un soprano.

Boccaccio et Leonetto surgissent, faisant semblant de se battre en duel, et Scalza tente de les arrêter; les passants interviennent et prennent parti. Scalza fait entrer sa femme à l'intérieur, laissant les autres commenter la morale de l'amour, sujet dont Boccaccio s'empare aussitôt dans un chant joyeux : « Ich sehe einen jungen Mann dort stehn ». Voici qui lui fournira peut-être matière à un conte, explique-t-il.

La foule se presse dans l'église pour la messe. Boccaccio se cache et écoute Fiametta et Peronella parler du mariage de la première avec un homme de haut rang. Fiametta chante une romance, « Hab'ich nur deine Liebe » : l'amour sans fidélité a rendu plus d'une jeune fille heureuse, mais la fidélité sans amour n'a jamais fait le bonheur de personne. Boccaccio reprend le refrain.

Pour approcher Fiametta, Boccaccio se déguise en mendiant et attend sa sortie de l'église. Entre-temps, Lambertuccio et Lotteringhi prennent à tort Pietro pour Boccaccio, dont ils redoutent les écrits, mais il réussit à leur échapper. Le faux mendiant demande l'aumône à Fiametta, qui reconnaît sa voix. Duo.

Lotteringhi et Lambertuccio, à la tête des bourgeois de Florence, surtout les hommes mariés, mènent la chasse à Boccaccio; ils s'assurent le concours de Scalza, qui les empêche de passer leur colère sur Pietro, capturé par erreur; Scalza le reconnaît aussitôt : c'est le prince de Palerme. A défaut de l'auteur, ils se vengent sur les livres qu'ils brûlent, tandis que les étudiants, menés par Boccaccio, réclament vengeance contre la stupidité.

Acte II. Boccaccio, Pietro et Leonetto chantent ensemble une sérénade à leurs biens-aimées, Fiametta, Isabelle et Peronella. Ils se cachent quand arrive Lotteringhi que sa femme, Isabella, réprimande pour avoir fait du tapage avec ses assistants. Pour se venger, il chante la Chanson du Tonnelier, en tapant violemment sur ses tonneaux. Pendant ce temps, Boccaccio écrit des lettres d'amour aux trois femmes. La délicieuse façon dont elles réagissent à la lecture de ces lettres est l'occasion d'un des meilleurs passages de la partition : un trio dont le refrain est une valse exquise « Wie pocht mein Herz so ungestüm » :

Peronella et Leonetto d'une part, Isabella et Pietro de l'autre, se retrouvent et se déclarent leur amour. L'arrivée de Lotteringhi les interrompt.

Suit une scène comique : Boccaccio, à nouveau déguisé, raconte à Lambertuccio qu'il y a un arbre magique dans son jardin. Celui qui est assis sur ses branches croit entendre le couple qui se trouve en dessous échanger des propos amoureux, ce qu'il prouve avec l'aide de Fiametta. Pendant ce temps, Isabella a fait entrer son mari dans un fût vidé de son vin; avec le concours de Pietro, de Leonetto et de Peronella, elle vient faire une démonstration supplémentaire des vertus étonnantes de l'arbre. Le sextuor des amoureux devient un octuor quand interviennent les deux époux bernés, celui de l'arbre et celui du tonneau.

Scalza arrive et annonce qu'on a vu Boccaccio entrer dans la maison. Les amants se cachent et les maris s'activent. Les femmes révèlent alors que le prétendu coupable n'est autre que l'homme qui apporte l'argent destiné à payer la pension de Fiametta; il est venu la chercher. Boccaccio et ses deux amis doivent non seulement fuir, mais aussi organiser la délivrance de Fiametta. Elle écoute le plan qu'on lui propose, puis le commente en reprenant l'air de la valse précédente.

Tandis qu'on l'emmène dans sa chaise à porteurs, Boccaccio bondit, déguisé en diable, et fait fuir la foule épouvantée.

Acte III. Dans le jardin du palais ducal, Pietro avoue à Boccaccio être le mystérieux seigneur que doit épouser Fiametta, fille naturelle du duc, elle vient de se voir attribuer le titre de princesse. De son côté, Fiametta découvre que son soupirant n'est autre que Boccaccio, et non un humble étudiant. La méprise est effacée dans un charmant duo à 6/8 : « Mia bella fiorentina ».

Boccaccio doit ensuite se défendre contre Lotteringhi, Lambertuccio et Scalza qui attaquent ses écrits, tandis que les femmes le soutiennent.

Boccaccio réussit à convaincre le prince que Fiametta ne lui est pas destinée, au cours d'un divertissement théâtral donné dans la demeure ducale. L'opérette se termine avec une reprise de sa devise : esprit, humour et honnêteté sont des armes redoutables; la victoire appartient à qui sait les utiliser.

H.

PETER CORNELIUS
(1824-1874)

Der Barbier von Baghdad
Le Barbier de Bagdad

Opéra en 2 actes de Cornelius; texte de l'auteur, d'après un conte des Mille et Une Nuits. *Créé le 15 décembre 1858 à Weimar, dir. Liszt. En raison de la querelle qui opposait Liszt, directeur de la Musique à Weimar, et Dingelstedt, le directeur du théâtre, la première fut l'occasion d'une prise de position de la part de leurs partisans respectifs, et l'opéra fut un fiasco. Liszt remit sa démission et l'œuvre ne fut pas rejouée du vivant de son auteur. Elle fut reprise en 1877 à Hanovre et connut un autre échec. Elle fut ensuite révisée et réorchestrée par Felix Mottl, puis montée en 1885 à Karlsruhe, et dans bien d'autres théâtres allemands. En 1890, au Metropolitan de New York, avec Sophie Traubmann, Kalisch et Fischer, dir. Damrosch; au Savoy Theatre de Londres, 1891, par des élèves du Collège Royal de Musique; à Covent Garden, 1906, avec Burchardt, Jörn, Knüpfer, dir. Richter. Reprises : au Metropolitan, 1925, avec Rethberg, Laubenthal et Bender; London Opera Club, 1949, avec Victoria Sladen, Owen Brannigan; Volksoper de Vienne, 1949, avec Jurinac, Dermota et Edelmann; Festival d'Edimbourg, 1956, avec Muszely, Konya, van Mill (troupe de l'Opéra de Hambourg).*

PERSONNAGES

LE CALIFE (baryton); BABA MUSTAPHA, *un Cadi* (ténor); MARGIANA, *sa fille* (soprano); BOSTANA, *servante du Cadi* (mezzo-soprano); NUREDDIN (ténor); ABUL HASSAN ALI EBN BEKAR, *barbier* (basse).

Des domestiques de Nureddin, des amis du Cadi, des habitants de Bagdad, des pleureuses, l'entourage du calife.

A Bagdad.

A l'origine, Cornelius envisageait un opéra en un acte, comportant une longue scène finale qui occuperait un tiers de l'œuvre. Par la suite, il se décide pour deux actes de longueur égale, et c'est sous cette forme que l'opéra fut créé à Weimar. Après la première, qui fut un échec, Liszt (qui aimait l'œuvre mais aurait préféré qu'elle fût sérieuse, et non comique) persuada Cornelius de récrire l'ouverture et de substituer au prélude comique une ouverture qui utiliserait les thèmes de l'opéra lui-même, mais il mourut avant d'avoir pu l'orchestrer. Liszt s'en chargea après sa mort. Lors des reprises qu'ils dirigèrent, Levi et Mottl apportèrent de nombreux changements à l'orchestration. L'œuvre ne fut jouée dans la forme dramatique et orchestrale prévue par l'auteur qu'en 1904.

L'ouverture en ré majeur — écrite sur la suggestion de Liszt — repose sur des références au thème du Barbier, à son boniment chanté, à la prière de Nureddin à l'absente Margiana, au duo entre Nureddin et Bostana et au chœur des serviteurs de Nureddin.

Acte I. Nureddin est allongé sur un divan; obsédé par son amour sans espoir pour Margiana, il se croit mortellement atteint; tout comme lui, ses serviteurs refusent d'accepter un diagnostic scientifique. Chœur des serviteurs et chant d'amour de Nureddin. Il évoque encore une fois la vision de sa bien-aimée dans un air merveilleusement romantique : « Vor deinem Fenster die Blumen versengte der Sonne Strahl. »

Bostana, une vieille servante du père de Margiana, le Cadi, vient tenter d'apaiser sa douleur. Margiana le recevra le jour même à midi, heure à laquelle son père se rend à la mosquée. Bref duo en canon. Avant de partir, elle lui conseille de se baigner et de

se raser. Elle le quitte en criant : « N'oubliez pas le Barbier. » Il chante un *allegro* extasié : « Ach, das Leid hab'ich getragen, wie ertrag' ich nun mein Glück ? »

Entrée du Barbier, Abul Hassan Ali Ebn Bekar, muni d'une cuvette, d'une serviette, d'un miroir et autres instruments et surtout d'un astrolabe à l'aide duquel il prédit l'avenir de ses clients. Nureddin voudrait se faire raser au plus vite, mais il a affaire à l'homme le plus bavard de Bagdad.

Nureddin tente de lui faire commencer son travail, mais rien n'y fait : Abul doit commencer par lire son horoscope. Nureddin s'impatiente de plus en plus et lui réplique qu'il n'est qu'un moulin à paroles, ce qui remplit le Barbier d'une indignation vertueuse : ses frères, il est vrai, sont des bavards; mais lui, le plus jeune, est réputé taciturne et sérieux. Nureddin appelle ses serviteurs pour qu'ils le délivrent de ce fléau vivant. Ils réussissent à pousser le Barbier jusqu'à la porte; mais il brandit alors son rasoir et les met en fuite.

Le Barbier va commencer à travailler quand son client laisse échapper le mot « Margiana ». Cela provoque un flot de réminiscences : le Barbier était autrefois très épris d'elle. Le Barbier est enchanté de savoir Nureddin amoureux tout en déplorant que sa bien-aimée soit la fille du Cadi Baba Mustapha, un scélérat qui se rase lui-même. La situation est désespérée, à moins qu'il n'accompagne son nouvel ami au rendez-vous.

Avant de sortir, Nureddin lui conseille de retourner à ses innombrables clients. En son absence, le Barbier monologue sur les effets désastreux que les femmes peuvent causer dans la vie d'un homme : « So schwärmet Jugend ». C'est d'ailleurs l'amour qui fit le malheur de ses six frères... et il ponctue la liste de leurs infortunes respectives de références au mot « lieben » (aimer).

A son retour, Nureddin retrouve avec consternation le Barbier, prêt à l'accompagner chez Margiana. Il recommande à ses domestiques de bien prendre soin du Barbier qui, dit-il, est fort malade. Les serviteurs sont enchantés de pouvoir prendre leur revanche. Ils s'emparent d'Abul, le posent sur le divan et le couvrent de coussins. Puis ils préparent rasoirs et lancettes, tout en continuant de chanter.

Acte II. L'Intermezzo repose sur une figure qui évoque l'appel du Muezzin à la prière. Dans la maison du Cadi, dans la partie réservée aux femmes, Margiana exprime sa joie de voir enfin Nureddin : « Er kommt, er kommt, o Wonne meiner Brust ! » Bostana fait irruption et reprend les mêmes paroles sur la même mélodie. Quelques instants plus tard, le Cadi se joint à elles, exprimant exactement la même chose, mais pour d'autres raisons. Il attend son riche ami Selim qui vient de Damas, chargé de présents, pour demander la main de Margiana.

Un coffre arrive de Damas, rempli de tous les trésors espérés, et Margiana, en bonne fille, approuve la joie de son père. L'appel du Muezzin, chanté dans les coulisses par une basse et deux ténors, retentit au milieu des réjouissances. Il est repris sur scène par les trois personnages, et le Cadi part pour la mosquée.

L'instant suivant, Nureddin est dans la pièce. Il se lance dans une déclaration d'amour, que reprend Margiana : « O holdes Bild in Engelschöne ». L'alternance des mesures à trois et à quatre temps cède la place à une mesure à 3/4 dans la deuxième partie de ce duo, chanté en octaves du début à la fin. Il s'en dégage une impression de fraîcheur et d'innocence, convenant parfaitement à une première, et presque

formelle, déclaration d'amour. Cette scène idyllique est interrompue par la voix du Barbier, qui monte la garde en bas. Il assure Nureddin qu'il ne risque rien avec un guetteur comme lui et commence sa chanson d'amour. Les cris d'un esclave qui vient de casser un vase précieux et se fait réprimander par son maître s'ajoutent au chant d'Abdul : le Cadi est revenu de la mosquée.

La situation délicate de Nureddin s'aggrave quand Abdul, entendant les hurlements de l'esclave, imagine que le Cadi assassine Nureddin et appelle à l'aide. Dehors, la foule crie des paroles hostiles au Cadi.

Les femmes vident en hâte le coffre de ses trésors et y cachent Nureddin. Abdul se précipite dans la pièce, accompagné de quelques serviteurs de Nureddin. Bostana essaie vainement de lui expliquer que celui-ci est caché dans le coffre, mais le Barbier est convaincu qu'il contient le cadavre de son ami. Les domestiques emportent le coffre quand survient le Cadi, persuadé que l'on vole son trésor. Ernest Newman pense que l'abus d'allitérations qui s'ensuit est une parodie volontaire des allitérations utilisées par Wagner dans la Tétralogie; Cornelius était le secrétaire de Liszt, et il est fort probable qu'il avait vu le livret de l'œuvre, que son maître possédait en 1853. Un quiproquo surgit au sujet du mot « Schatz », que le Cadi prend dans son sens littéral de « trésor », et le Barbier dans celui familier de « chéri ».

Les accusations et contre-accusations fusent dans une scène réunissant le Cadi, le Barbier, les amis et la suite du Cadi, les serviteurs de Nureddin, les femmes qui le pleurent déjà et de nombreux habitants de Bagdad. La confusion cesse à l'arrivée du calife. Le Cadi explique qu'Abdul est un malfaiteur qui a voulu voler le trésor de sa fille. Abdul, après avoir une fois de plus comparé la loquacité de ses frères à sa propre discrétion et décrit toutes ses performances en détail, nie.

Il accuse le Cadi d'avoir assassiné son ami et d'avoir caché son corps dans le coffre. A la demande du calife, Margiana ouvre le coffre. On y découvre le corps inanimé de Nureddin. Consternation générale. Abdul s'est penché sur le « cadavre » et met fin aux lamentations en déclarant que Nureddin n'est pas mort, mais simplement inconscient. La calife suggère que c'est là pour Abdul une bonne occasion de montrer ses talents. Après plusieurs essais, quand il lui fait sentir la rose que lui avait donnée Margiana et écouter le deuxième vers de sa chanson d'amour, Nureddin ouvre les yeux et se lève.

Le Cadi réunit les mains des deux amants et demande aux soldats d'arrêter le Barbier – dans le seul but, assure-t-il, de pouvoir bénéficier de ses conseils et de ses histoires dont il a été jusqu'ici privé. Abdul entraîne l'assemblée dans un chant à la louange du calife : « Heil diesem Hause », et tous reprennent le refrain : « Salamaleikum ».

H.

JOHANN STRAUSS
(1825-1899)

Die Fledermaus
La Chauve-Souris

Opéra en 3 actes de Strauss; liv. de Haffner et Richard Genée d'après le vaudeville de Meilhac et Halévy, Le Réveillon. Créé à Vienne, 5 avril 1874, au Theater an der Wien, avec Marie Geistinger, Mme Charles Hirsch, Mme Nittingwe, MM. Szika, Rudinger, Lenrecht, Rott, dir. de l'auteur. Premières à Londres, 1876, à l'Alhambra Theatre, avec Mlle Cabella, Mlle Chambers, Loredan, Rosenthal, Jarvis, Shaw, dir. M.G. Jacobi; New York, 1879; Opéra de Vienne, 1894; Metropolitan de New York, 1905. Reprises : Covent Garden, 1930, avec Lotte Lehmann, Schumann, Olszewska, Willi Wörle, Karl Jöken, Hüsch, Habich, dir. Bruno Walter; Metropolitan de New York, 1950, dir. Eugene Ormandy. Un film en fut tiré en 1955-1956, sous le titre de O Rosalinde (en angl.), et il connut un grand succès. Michael Redgrave en Eisenstein et Anneliese Rothenberger en Adele, jouaient et chantaient; Ludmilla Tcherina jouait le rôle de Rosalinde, chanté par Sari Barabas, et Anton Walbrook était Falke.

PERSONNAGES

GABRIEL VON EISENSTEIN (ténor); ROSALINDE, *sa femme* (soprano); FRANK, *gouverneur de la prison* (baryton); LE PRINCE ORLOFSKY, *riche seigneur russe* (mezzosoprano); ALFRED, *chanteur* (ténor); LE Dr FALKE, *ami d'Eisenstein* (baryton); LE Dr BLIND, *avocat d'Eisenstein* (ténor); ADÈLE, *servante des Eisenstein* (soprano); FROSCH, *le geôlier* (rôle parlé).

L'action est située à Vienne, à la fin du XIXe siècle.

Johann Strauss le jeune était déjà célèbre comme compositeur de musique viennoise avant de s'essayer à l'opérette. La première fut *Indigo* (1871), la deuxième *Der Karneval in Rom* (1873), et la troisième *Die Fledermaus*. On n'a jamais vraiment su s'il était préférable de donner les rôles principaux de *Fledermaus* à des comédiens sachant chanter en raison de l'entrain de l'action et de la prédominance des dialogues, ou, si au contraire, vu la difficulté des parties vocales, il fallait choisir des chanteurs capables de jouer la comédie.

L'œuvre dans son ensemble — intrigue et partition — est un chef-d'œuvre, le produit parfait de l'école d'opérette viennoise.

L'Ouverture, un pot-pourri, est l'une des plus populaires qui aient jamais été écrites. Les trois premiers airs sont pris à la scène de la prison de l'acte III, le troisième étant associé au dénouement. Vient ensuite la célèbre valse au refrain cadencé. Elle est suivie, après un bref interlude, d'un air sinistre joué par le hautbois (également à 3/4) et dont la section est contrastée (les airs associés aux adieux aigres-doux que fait Eisenstein avant de partir pour la prison). Ces éléments sont répétés; l'ouverture est dans l'ensemble dominée par la valse.

Acte I. Dans la maison d'Eisenstein. On entend au-dehors Alfred chanter une sérénade à Rosalinde qu'il a autrefois courtisée et appelle sa colombe. Adèle, la servante d'Eisenstein, fait son entrée sur une cadence et lit une lettre de sa sœur Ida. La troupe de ballet dont Ida fait partie a été invité « en bloc » à une soirée[1] chez le prince Orlofsky,

un riche et jeune excentrique russe qui vient de s'installer à Vienne. Si Adèle trouve de quoi se vêtir pour l'occasion, Ida peut l'emmener — l'orchestre pétille d'excitation, reflétant les sentiments d'Adèle. Mais Rosalinde, toute à la sérénade, ne fait pas attention à Adèle qui lui demande la permission d'aller rendre visite à sa tante malade. Einsenstein doit le soir même partir pour la prison où il passera cinq jours. Rosalinde ne peut, en de telles circonstances, se passer de qui que ce soit : il faut que son mari fasse un bon dîner avant son départ. Puisque Eisenstein doit être absent cinq jours, Alfred lui propose de revenir ce soir même. Rosalinde refuse avec véhémence mais finit par succomber à sa voix de ténor et à son contre-la.

Eisenstein fait irruption, accompagné de son avocat, le Dr. Blind. Il l'accuse d'être entièrement responsable de la sentence qui a été prononcée contre lui et, pire encore, de ce qu'elle est maintenant passée de cinq à huit jours de détention. Trio.

Le juriste s'en va, et Adèle entre, toujours inondée de larmes qu'elle verse sur sa tante imaginaire. On l'envoie commander un délicieux souper à l'intention de son maître. Rosalinde va chercher de vieux vêtements qu'il portera en prison. Entre le Dr. Falke, un ami d'Eisenstein, qui nourrit secrètement contre celui-ci un grief datant du Carnaval. Il semblerait qu'Eisenstein ait laissé Falke s'endormir dans son costume de chauve-souris (d'où le titre de l'œuvre), le forçant à se réveiller au grand jour et à regagner sa demeure costumé de la sorte. Falke a décidé de se venger. Il propose à Eisenstein d'aller, costumé,

---

1. Les années 1870 furent, à Vienne comme ailleurs, d'une considérable tolérance morale, même si, en apparence, les règles de conduite étaient strictes. Le « plaisir », qui représentait le moyen d'échapper au « devoir » et à la famille, était l'apanage des hommes; les danseuses qui fréquentaient les soirées du prince Orlofsky étaient l'image même du *demi-monde* entrant en contact avec la bonne société; elles offraient le plaisir mais en vivaient. Grâce aux masques, quelques dames dites respectables pouvaient espérer vivre discrètement une aventure. On oublie souvent que *Fledermaus* est le seul opéra de Strauss ayant Vienne pour cadre.

au bal du comte Orlofsky avant de se constituer prisonnier, ceci naturellement à l'insu de sa femme.

Eisenstein ignore qu'elle aussi est invitée et s'y rendra masquée. La vengeance de la Chauve-Souris prend forme : Eisenstein reçoit cette invitation aux accents de la polka qui accompagnait Adèle quand elle lisait la lettre de sa sœur peu de temps avant. Il accepte.

Rosalinde s'étonne que son mari se rende en prison en tenue de soirée. Mais, toute à la pensée d'Alfred, elle se contente d'une explication bien légère. Tout est prêt. Rosalinde, Adèle (qui a obtenu son congé pour la nuit, ce qui laisse le terrain libre pour la visite d'Aldred) et Eisenstein chantent un trio d'adieu. Rosalinde se lamente avec une exagération *moderato espressivo,* mais aucun des trois n'est capable de garder sa triste mine bien longtemps, et le refrain repart gaiement après chacune des lamentations de Rosalinde, aussi joyeux et pétillant que la soirée qui les attend. Rosalinde termine sur un contre-ut éclatant, et Eisenstein se dépêche de partir.

Alfred arrive aussitôt et profite du souper, il chante « Trinke, Liebchen, trinke schnell » et Rosalinde se joint à lui pour le refrain. La chanson à boire est interrompue par Frank, le nouveau gouverneur de la prison. Il est venu chercher Herr von Eisenstein pour l'escorter jusqu'à sa cellule. Alfred l'entraîne dans le chœur, puis nie farouchement être Eisenstein. Rosalinde s'en sort avec une maestria étonnante. Le gouverneur s'imagine-t-il qu'elle irait souper à une heure de la nuit aussi avancée, avec un autre que son mari ? « Mein Herr, was dächten Sie von mir ? » (Quelles conclusions en tireriez-vous ?) Frank qui a également l'intention d'aller à la soirée du prince Orlofsky, pousse Alfred dehors en direction de la prison.

Acte II. La soirée du prince Orlofsky bat son plein. Le chœur qui ouvre l'acte ne laisse aucun doute sur le succès de la fête. Trop blasé pour y prendre lui-même le moindre plaisir, le prince entend néanmoins que ses soirées se déroulent bien. Mais gare à celui qui refuse de boire avec lui : il fera lancer une bouteille à sa tête. Son chant, « Ich lade gern mir Gäste ein », mélange de nonchalance languide et de gaucherie d'adolescent, révèle admirablement le personnage.

Eisenstein se fait annoncer comme le marquis Renard. Il croit reconnaître Adèle, la servante de sa femme, parmi les invités. Mais Orlofsky et les autres rient de lui, et Adèle elle-même chante une délicieuse chanson de soubrette, « Mein Herr Marquis », dont le refrain lui permet de se moquer sans retenue de son employeur.

Par contre, il ne reconnaît pas sa femme, qui entre masquée, en se faisant passer pour une comtesse hongroise. Elle éveille sa curiosité, il lui vante sa montre à carillon, une ruse qui a pris avec plus d'une demoiselle sans méfiance. Mais cette fois-ci, bien que tout semble commencer le mieux du monde, la ruse ne prend pas. La dame finit par s'emparer de la montre. La montre sonne et les deux chanteurs se lancent dans un galop que Rosalinde termine par un carillon de vocalises triomphantes. Mais Rosalinde refuse d'enlever son masque. Adèle suggère que c'est parce qu'elle n'est pas le moins du monde hongroise. Rosalinde prouve le contraire en chantant une brillante czardas.

Le finale commence par une brève louange du champagne, *allegro con brio.* Orlofsky d'abord, suivi d'Adèle et d'Eisenstein, mène le mouvement. L'assistance se joint à leur chœur après trois vers. Eisenstein et Frank (qui s'est présenté comme le chevalier Chagrin) boivent à la santé l'un de l'autre; Falke, considérant les couples qui se sont formés, propose sur un air de valse lente qu'ils prêtent un serment de fraternité éternelle. Toute cohérence semble avoir disparu. L'assemblée, dans ses efforts pour porter le toast correctement, ne va pas plus loin que « Duidu » et « la, la, la » et retombe vite dans le silence, laissant la place au ballet. Le ballet terminé, Orlofsky suggère que les danseurs se reposent et que les invités montrent s'ils savent valser. C'est la fameuse valse de la Chauve-Souris, déjà entendue dans l'ouverture. Elle domine toute la scène, laissant cependant entrevoir que Rosalinde continue de recevoir les avances d'Eisenstein. Enfin, six heures sonnent et Eisenstein se rappelle qu'il est largement temps de se rendre à la prison. Il sort de la salle de bal, appuyé sur Frank.

Acte III. Un entracte, mi-marche, mi-valse, nous introduit dans la prison où Frosch, le geôlier (rôle parlé) est ivre. Ses ébats avinés sont interrompus de temps à autre par des bribes de chanson venant de la cellule 12 : c'est Alfred qui lutte contre l'ennui. Frank fait alors son entrée, à peine en meilleur état. Accompagné par l'orchestre, il siffle l'air de la valse du bal, chante un peu l'air du champagne et s'endort.

Mais Frosch a réussi à rassembler ses dernières forces pour lui présenter le rapport du matin selon la tradition. Rien ne s'est produit, dit-il, sinon que Herr von Eisenstein ne s'est pas tenu tranquille un instant et a demandé à voir son avocat qui doit arriver d'un moment à l'autre. La sonnerie de la porte d'entrée retentit. Frosch annonce les deux jeunes femmes qui ont attiré l'attention de Frank pendant le bal : Adèle et sa sœur. Elles demandent son aide à Frank pour qu'Adèle puisse commencer une carrière. Elle lui vante ses talents : « Spiel' ich die Unschuld vom Lande ». On sonne encore à la porte, entre le marquis Renard. Quand il apprend que le chevalier Chagrin (dont il a tout d'abord cru qu'il avait été arrêté pour ivresse) n'est autre que le gouverneur de la prison, il rit ouvertement de ce qu'il prend pour une bonne blague. Frank,

quant à lui, ne peut croire que son ami du bal soit Herr von Eisenstein ; n'a-t-il pas lui-même escorté celui-ci de son domicile à la prison et n'est-il pas enfermé à quelques mètres d'eux ?

Frosch annonce qu'une autre dame demande à être reçue (les deux premières ont été emmenées dans la cellule 13, qui était la seule pièce libre de la prison), et Frank va l'accueillir. Eisenstein guette l'arrivée de Blind : il a l'intention de lui emprunter sa perruque, ses lunettes et autres accessoires, afin de se faire passer pour lui et découvrir qui a bien pu être incarcéré à sa place la nuit précédente.

Rosalinde vient voir s'il est possible avec l'aide de l'avocat de faire sortir Alfred de prison. Eisenstein a pris la place de Blind et commence à les questionner avec ardeur. Alfred lui apprend la vérité dans un air fort agréable, ponctué par les éclats d'indignation d'Eisenstein-Blind. Rosalinde se plaint d'être la victime d'un mari qui est un monstre de tromperie. Hors de lui, Eisenstein se découvre et les accuse. A peine le trio — fort vivant — entre Rosalinde, Eisenstein et Alfred est-il terminé que les autres invités du bal apparaissent comme par magie. Il ne manque qu'Adèle et sa sœur, dont on a vite des nouvelles : Frosch vient se plaindre à Frank de ce que les dames de la cellule 13 refusent de prendre le bain réglementaire ! Falke explique comment il a décidé de mettre Eisenstein dans cette position fâcheuse pour se venger du tour qu'il lui avait joué un an auparavant. Alfred et Rosalinde saisissent l'occasion au vol et déclarent à leur tour que le souper de la veille faisait également partie du plan. Eisenstein est enchanté de la façon dont tournent les événements, et Rosalinde chante la seule morale qui s'impose : la louange du vin de Champagne.

H.

Eine Nacht in Venedig
Une Nuit à Venise

Opéra en 3 actes de Strauss; liv. de F. Zell et Richard Genée. Créé au Friedrich-Wilhelm Städtische Theater, Berlin, le 3 octobre 1883. L'œuvre avait été commandée pour l'ouverture de ce théâtre. Monté à Vienne une semaine plus tard au Theater an der Wien; New York, 1884. Reprises : au Volksoper de Vienne, 1948, avec Esther Réthy, Helge Roswaenge, Kunz, Fritz Krenn, dir. Paulik; au Komische Oper de Berlin, 1954, avec un nouveau liv. et une mise en scène de Walter Felsenstein.

PERSONNAGES

LE DUC D'URBINO (ténor); CARAMELLO, *barbier* (ténor ou baryton); DELACQUA, *sénateur* (baryton); BARBARA, *sa femme* (mezzo-soprano); BARBARUCCIO, *sénateur* (rôle parlé); PAPPACODA, *cuisinier* (ténor); ANNINA, *jeune poissonnière* (soprano); CIBOLETTA, *servante de Barbara* (soprano); AGRICOLA (soprano); ENRICO PISELLI (rôle parlé).
Des sénateurs, leurs épouses; des pêcheurs, des gondoliers; des Vénitiens.

A Venise, à la fin du XVIIIᵉ siècle.

L'ouverture est une joyeuse compilation d'airs tirés de l'opéra lui-même où les valses jouent leur rôle habituel : c'est Venise au XVIIIᵉ siècle selon la Vienne de la fin du XIXᵉ siècle. La fameuse « Lagunenwaltz » est un élément particulièrement délectable :

Acte I. Des Vénitiens se réjouissent de la splendeur de leur cité. Pappacoda les félicite d'avoir enfin trouvé ce qui leur manquait jusqu'alors : un spécialiste des macaroni, Napolitain bien évidemment.

Le jeune Enrico Piselli, neveu du sénateur Delacqua, est épris de la jeune femme de celui-ci, Barbara. Pappacoda lui sert de messager pour un rendez-vous le soir même. Ciboletta, la servante de Barbara, chante avec son bien-aimé Pappacoda un duo d'une grande gaieté, non sans faire quelques réflexions sur la duplicité des hommes.

Annina entre en criant sa marchandise sur une valse délicieuse : « Frutta di mare ». Son soupirant, Caramello, travaille comme barbier et homme à tout faire chez le duc d'Urbino. Pappacoda la taquine à ce sujet. La belle Barbara Delacqua fait enfin son entrée, et Pappacoda lui remet le message d'Enrico.

Delacqua et un autre sénateur, Barbaruccio, entrent en commentant les fêtes du carnaval et l'invitation traditionnelle au bal du duc. La charge d'intendant du duc est vacante, et Delacqua espère bien l'obtenir. Mais le duc a une solide réputation de libertin, et Delacqua a jugé prudent d'envoyer

Barbara faire en gondole une visite sur l'île de Murano.

Voici enfin Caramello, le barbier et factotum du duc, un terrible garçon en vérité. Pappacoda lui apprend comment Delacqua entend éloigner son épouse pour les fêtes de carnaval; il décide aussitôt de prendre la place du gondolier et d'emmener la jeune femme non pas à Murano, mais au palais du duc qui a été captivé par sa beauté lors du dernier carnaval. Barbara compte bien ne pas rater son rendez-vous avec Enrico, aussi s'arrange-t-elle pour qu'Annina prenne sa place dans la gondole.

Dans un duo brillant avec Caramello, Annina le garde à distance, le comparant à l'hirondelle, symbole de l'inconstance : « Pellegrina rondinella ». Ciboletta est en larmes parce que Pappacoda n'a pas d'argent pour l'emmener danser. Caramello leur donne des invitations pour le bal masqué de son maître, et la joie règne à nouveau. Quatuor.

Le duc sort de sa gondole et s'adresse à sa ville préférée : « Sei mir gegrüsst, du holdes Venezia »[1]. Les sénateurs lui expriment leurs regrets : malheureusement, leurs épouses ne peuvent accepter sa gracieuse invitation. Pendant que Delacqua présente ses excuses, Caramello souffle à l'oreille du duc que tout ceci est un complot destiné à éloigner la belle Barbara; mais il se charge de tout arranger. Les charmes de son épouse, convoitée par le Duc, pourraient aider Delacqua. Il obtiendrait ainsi cette place d'intendant tant souhaitée. Mais qui remplacerait sa femme dans son plan ? Il dit chaleureusement adieu à son épouse. « Au revoir, vieil âne », répond-elle dès qu'il a le dos tourné. Caramello confie au duc qu'il se fera reconnaître de Barbara par une chanson.

Le duc se réjouit à l'idée de voir Barbara. Les voix de Ciboletta, Annina,

Barbara et Pappacoda se joignent à la sienne. Peu après, on entend la voix de Caramello (ou bien, est-ce celle du duc lui-même ?) entonner la chanson de gondolier prévue dans son plan, « Komm' in die Gondel ». Annina fait un grand signe à Delacqua, ravi de voir sa femme bien en route. Son attention est ensuite attirée par un groupe d'hommes qui l'accueillent avec des louanges exagérées : « Delacqua, qua, qua, qua, qua ». Et, preuve supplémentaire de la richesse d'invention mélodique de Strauss, on ne sait si l'on préfère cette fausse sérénade adressée au vieux cocu ou la sérénade romantique du faux gondolier ! La ruse prend parfaitement, et l'acte finit avec le chant du gondolier, « Ho-a-ho », qui s'éloigne peu à peu.

Acte II. La salle de bal dans le palais du duc. Agricola, à la tête du groupe de dames, accueille le duc qu'elle présente comme « l'homme aux cent aventures ». Mais il ne pense qu'à Barbara. Annina semble ravie de la situation dans laquelle la met son nouveau rôle : « Was mir der Zufall gab », et rien de ce que Caramello pourra lui dire : « Hör mich, Annina » ne saura lui faire oublier son intention de s'amuser le plus possible. Le duc poursuit son avantage en lui rappelant ce qu'elle lui a dit l'année précédente : « Sie sagten meinem Liebesfleh'n ».

Pappacoda ne peut retrouver Ciboletta et est fou d'inquiétude. Par contre, tous ses amis de la ville sont enchantés d'être là grâce aux invitations que Caramello leur a fait passer. Voici que Delacqua présente sa « femme », et le duc, prévenu par Annina qu'il s'agissait de Ciboletta sous un déguisement, l'accueille avec une élégance étudiée. Mais Ciboletta est incapable de suivre les consignes de Delacqua : au lieu de demander pour son époux la charge d'intendant,

1. Dans son excellente édition, en 1923, Erich Wolfrang Korngold a ajouté cet air, tiré de *Simplizius* de Johann Strauss (1887).

elle brigue celle de chef cuisinier, n'ayant que Pappacoda en tête ! Le duc invite maintenant Annina et Ciboletta à souper, leur adressant force compliments, à la grande terreur de Caramello et de Pappacoda qui font le service. On annonce enfin que, selon la coutume, tous doivent se rendre place Saint-Marc, et l'acte se termine dans l'animation.

Acte III. La place Saint-Marc pendant le carnaval. Certains s'amusent, d'autres sont rongés par la jalousie ; ils expriment leurs sentiments avec une musique admirablement mélodieuse : ainsi Caramello, quand il voit Annina au bras du duc, chante : « Ach, wie so herrlich zu schau'n » sur la musique de la « Lagunenwalzer », et seul le refrain — verbal, s'entend — de « La donna è mobile » suggère ses véritables sentiments.

L'intrigue se dénoue. Delacqua apprend par Ciboletta que Barbara n'est pas à Murano comme il le croyait.

Pappacoda est largement consolé quand Ciboletta lui annonce qu'il a été nommé chef cuisinier du duc. Elle apprend également au duc que celle qu'il prenait pour Barbara était en réalité Annina. Il accueille la nouvelle avec une sérénité très aristocratique. Pour la plus grande joie de Delacqua, Barbara explique qu'elle s'est trompée de gondole et qu'Enrico a eu la bonté de veiller sur elle. Au grand bonheur de Caramello, le duc le nomme intendant — pour garder près de lui Annina, future épouse du Caramello. Et tout finit dans les réjouissances de carnaval.

H.

Der Zigeunerbaron
Le Baron Tzigane

Opérette en 3 actes de Strauss ; liv. de J. Schnitzer, d'après un liv. de M. Jokai, tiré de son histoire Saffi. *Première au Theater an der Wien, Vienne, 24 octobre 1885 ; au Staatsoper de Vienne, 1910 ; à New York, 1886 ; au Theatre Rudolf Steiner, Londres, 1935 (par des amateurs). Reprises : New York City Center, 1944 ; au Volksoper de Vienne, 1948, avec Esther Réthy, Laszlo Szemere, Walter Höfermayer, Alfred Jerger, dir. Anton Paulik ; Metropolitan de New York, 1959, avec Della Casa, Gedda, dir. Leinsdorf ; Sadler's Wells 1964, avec June Bronhill, Nigel Douglas, dir. Vilem Tausky.*

PERSONNAGES

GRAF PETER HOMONAY (baryton) ; COMTE CARNERO (baryton) ; SANDOR BARINKAY (ténor) ; KALMAN ZSUPAN, *éleveur de cochons* (baryton) ; ARSENA, *sa fille* (soprano) ; MIRABELLA, *sa gouvernante* (contralto) ; OTTOKAR (ténor) ; CZIPRA, *bohémienne* (mezzo-soprano) ; SAFFI, *sa fille adoptive* (soprano) ; PALI, *bohémien* (basse).

En Hongrie, au XVIIIᵉ siècle.

Acte I. L'ouverture, comme à l'habitude, utilise des airs tirés de l'opéra lui-même. La bordure d'un village où se dressent un château désaffecté à demi en ruine et une petite maison de paysans. Chœur. Ottokar, un jeune paysan, se plaint de n'avoir toujours pas trouvé le trésor qui est caché dans le château. Czipra, une vieille bohémienne, se moque de lui et de son amour pour Arsena, la fille de Zsupan, un riche éleveur de cochons qui habite tout près.

Un petit groupe, mené par Sandor Barinkay, entre sur scène. Barinkay est l'héritier du château dont il vient prendre possession avec l'aide du comte Carnero, commissaire aux mœurs. Il fait un récit animé de ses expériences dans un chant dont le refrain est une valse entraînante : « Als flotter Geist ». Carnero a besoin de témoins pour pouvoir remettre officiellement le château à Sandor. Czipra, pressentie, déclare ne pas savoir écrire. Mais elle lit dans les lignes des mains de Barinkay et de Carnero : Barinkay rencontrera à la fois le bonheur et la fortune grâce à une épouse fidèle qui lui dira dans un rêve comment découvrir le trésor caché; Carnero trouvera également un trésor, encore plus grand, qu'il croit perdu depuis de nombreuses années. Cela mystifie complètement le commissaire qui ne se rappelle pas avoir perdu quoi que ce soit.

Zsupan est censé être le second témoin. Il explique avec un fort accent campagnard et un air des plus comiques : « Ja, das Schreiben und das Lesen » qu'il n'a jamais appris à lire ni à écrire; il est content avec ses porcs et avec ce qu'ils lui rapportent. Quand il apprend que Barinkay doit devenir son voisin, il le menace d'un éventuel litige sur le titre de propriété; Barinkay suggère un mariage avec la fille de Zsupan, ce qui éviterait tout déboire de ce genre, et celui-ci crie à sa fille de sortir de la maison. Ce n'est pas Arsena qui répond, mais Mirabella, sa gouvernante. Il apparaît qu'elle n'est autre que la femme de Carnero, disparue depuis de nombreuses années (Schatz = personne chère, tout autant que trésor). Elle

explique qu'elle l'avait cru perdu pendant ces vingt-quatre ans. La première prophétie de Czipra est réalisée.

Arsena apparaît voilée. Malgré la gracieuse demande en mariage de Barinkay, Arsena refuse de l'épouser et affirme qu'elle ne se mariera qu'avec un seigneur noble.

Barinkay est inconsolable. Saffi, la fille de Czipra, chante une chanson tzigane à la louange de la loyauté de sa race en matière d'amitié : « So elend und so treu », qui se termine par un *allegretto* passionné. Barinkay accepte l'invitation des deux bohémiennes et se joint à elles pour le dîner.

Arsena est éprise d'Ottokar Barinkay, Saffi et Czipra sont témoins de la rencontre nocturne des deux amoureux. Barinkay jure de se venger. Quand les tziganes arrivent, Czipra leur explique que Barinkay est le véritable propriétaire du château. Ils font de lui leur chef, et Barinkay se précipite chez Zsupan pour lui annoncer qu'il possède désormais le titre exigé par Arsena : il est baron tzigane. « Er ist Baron » chante l'ensemble, et Saffi l'accueille au pays de son enfance avec un air que nous avons déjà entendu dans l'ouverture. Zsupan repousse la demande de Barinkay, mais celui-ci l'interrompt : il ne veut plus épouser Arsena, mais Saffi ! Zsupan est furieux. Tous chantent le grand air de l'ouverture, qui vient former la coda du finale.

Acte II. A l'aube. Barinkay a passé la nuit dans les ruines du château avec Czipra et Saffi. Tous trois accueillent le jour dans un trio : « Mein Aug' bewacht » qui se transforme en duo d'amour entre les deux jeunes gens. Czipra raconte qu'elle a découvert dans un rêve le trésor de la légende. Barinkay se moque d'elle. La radieuse valse du trésor : « Ha, seht es winkt ! » prélude à la découverte du trésor, qui est bien réel.

Les bohémiens viennent travailler à la forge. Leur chant est une parodie du chœur de l'enclume du *Trouvère*. Zsupan demande qu'on l'aide à dégager une charrette qui s'est embourbée. Mais les bohémiens sont bien décidés à prendre leur revanche. Ils lui volent sa montre et son argent. Ses hurlements attirent Carnero, Mirabella, Ottokar et Arsena. Barinkay et Saffi arrivent ensuite. Celui-ci est maintenant vêtu comme un baron tzigane, et il leur annonce qu'il a épousé Saffi. Carnero s'inquiète de l'aspect légal de cette aventure, et les deux jeunes époux lui répondent dans un duo qui est devenu le morceau le plus célèbre de l'opéra : « Wer uns getraut ? » (Qui nous a mariés ?); les oiseaux, qui ont également servi de témoins, répond Barinkay, se joignant à Saffi dans un refrain lent.

C'en est trop pour Carnero qui entraîne Mirabella et Zsupan dans une ode à la moralité tout à fait comique, dite « les couplets des commissions légales ».

Ottokar a trouvé quelques morceaux d'or. Il croit être enfin sur la trace du trésor, mais Barinkay lui enlève toute illusion. L'instant suivant, la scène est envahie par une escouade de recrutement, commandée par le Graf Peter Homonay, vieil ami de Barinkay. Ils entonnent une chanson de recrutement suivie d'une czardas. La situation des deux « jeunes mariés » ne choque pas Homonay et il les félicite malgré les protestations de Carnero.

Czipra annonce pendant le finale que Saffi n'est pas vraiment sa fille, mais une princesse qui descend du dernier pacha de Hongrie — elle possède même un document qui en fait foi. « Ein Fürstenkind », chante l'assemblée à un rythme effréné, et Saffi intervient avec quelques contreut. Seul Barinkay ne peut participer à ces réjouissances : Saffi n'est plus à sa portée maintenant. Il décide de s'enrôler et de partir pour la guerre, comme Zsupan et Ottokar. Sa tristesse fait peine à voir, mais l'acte se termine par le « Werberlied » que chante toute l'assemblée et que dominent les si et les do de Saffi.

Acte III. L'entracte utilise la valse du trésor. A Vienne, où tous sont réunis pour accueillir Barinkay, Ottokar et Zsupan avec l'armée victorieuse. Arsena chante un petit couplet sur l'incompatibilité de l'amour et de la fortune. Les héros viennent bientôt les rejoindre. Zsupan leur chante ses exploits qui n'ont rien de très militaire mais semblent avoir été couronnés de succès. Le reste de l'armée s'avance, et l'on apprend que Barinkay et Ottokar se sont particulièrement distingués. Chacun doit être récompensé d'un titre nobiliaire. Dans le finale, toutes les difficultés sont effacées : Arsena se jette dans les bras d'Ottokar, et Saffi surgit soudain pour ouvrir les siens à Barinkay.

H.

Wienerblut
L'Esprit viennois

Opérette en 3 actes de Strauss; liv. de Viktor Leon et Leo Stein. Première au Carl Theater, Vienne, 25 octobre 1899 (un échec); repris avec un grand succès au Theater an der Wien, Vienne, 1905. Reprises : Volksoper, Vienne, 1946; Stoll Theatre, Londres, 1954, dir. Schönherr.

PERSONNAGES

PRINCE YPSHEIM-GINDELBACH, *premier ministre du Reuss-Schleiz-Greiz* (baryton);
BALDUIN, GRAF ZEDLAU, *ambassadeur du Reuss-Schleiz-Greiz à Vienne* (ténor);
GABRIELE, GRÄFIN ZEDLAU, *son épouse* (soprano); GRAF BITOWSKI; MADEMOISELLE
FRANZISKA CAGLIARI, *danseuse viennoise et maîtresse de Zedlau* (soprano);
KAGLER, *son père, directeur de cirque* (comique); MARQUIS DE LA FASSADE, LORD
PERCY, PRINCE DE LUGANDO : *diplomates;* PEPI PLEININGER, *mannequin* (soprano);
JOSEF, *valet de Zedlau* (baryton); ANNA, *servante de mademoiselle Cagliari.*

A Vienne en 1814-1815, au moment du Congrès de Vienne.

Strauss remit lui-même, juste avant de mourir, ce projet d'une nouvelle opérette à Adolf Müller, illustre directeur de théâtre viennois. La musique devait comprendre des morceaux appartenant à plusieurs œuvres précédentes de Strauss, sur un livret de Leon et Stein (auteurs de celui de *La Veuve joyeuse,* (six ans plus tard). Le résultat est une compilation, qui n'est pas une invention nouvelle, mais dont la popularité a été très grande après la mort de Strauss.

Acte I. La villa du comte Zedlau, ambassadeur du Reuss-Schleiz-Greiz à Vienne. Il s'agit d'un petit État (purement imaginaire) dont le premier ministre est venu à Vienne à l'occasion du Congrès. Le comte passe son temps avec une danseuse, Franziska Cagliari. Joseph, le valet du comte, veut porter des documents secrets à son maître, mais n'arrive pas à le trouver. Il appelle à plusieurs reprises la servante Anna, mais c'est Franzi qui apparaît. Elle aussi voudrait bien voir le comte, parti depuis cinq jours. Son père, Kagler — personnage hautement comique et typiquement viennois —, arrive. Il veut s'assurer qu'elle dansera le soir même au bal du comte Bitowski, mais disparaît dès que revient le comte Zedlau.

Au début, Franzi est un peu distante, le comte étant avec une autre femme. Seulement avec la mienne, pour respecter les apparences, réplique-t-il, sur un air de valse. Le comte dit au fidèle Joseph que le premier ministre les a vus, sa femme et lui, et qu'il

semble avoir pris celle-ci pour sa maîtresse. Par ailleurs, Zedlau a découvert un mannequin tout à fait séduisant qu'il voudrait rencontrer au plus tôt. Pourquoi pas ce soir, à l'occasion de la fête à Hietzing, suggère Joseph. Dans un duo charmant, le comte presse son valet d'écrire la lettre fixant le rendez-vous : « O komm, zum Stelldichein ».

Pepi, l'amie de Joseph, entre dès que le comte est parti, c'est le mannequin en question. Elle va à la fête à Hietzing et regrette que Joseph ne puisse l'y accompagner à cause de son service. Duo, sous forme de polka : « Leichter Blut ». Pepi est venue au sujet de la robe que Franzi doit porter au bal du comte Bitowski. Le premier ministre entre en demandant à voir le comte. Joseph essaye de gagner du temps en disant que ni le comte ni la comtesse ne sont là. Mais Kagler réapparaît juste à ce moment-là, et, croyant qu'on parle de sa fille, le contredit vivement. Franzi arrive, le premier ministre la prend pour la comtesse et la complimente sur l'attitude volontaire de son mari. Elle sort, furieuse.

L'arrivée de la vraie comtesse complique encore les choses. Elle chante le délicieux « Morgenblätter ». Le premier ministre revient et la prend pour la maîtresse du comte. Franzi réapparaît, et le comte se trouve face à sa femme et à sa maîtresse, chacune demandant : « Qui est cette dame ? » Le premier ministre continue de les prendre l'une pour l'autre et de les traiter en conséquence. Le comte, pour sauver la situation, affecte de prendre Franzi pour la femme du premier ministre et demande à celui-ci de faire des présentations.

Mais le ministre se trompe et présente la comtesse à Franzi comme étant sa femme. L'ensemble finit dans une atmosphère de soupçons mal dissipés.

Acte II. Les invités du comte Bitowski ouvrent le bal en chantant une polonaise. Le comte et la comtesse évoquent l'échec de leur mariage. Ils l'imputent à un certain manque d'esprit viennois dans les débuts, mais maintenant, admet le comte, le comportement du Don Juan viennois semble avoir pris le pas, chez lui, sur la nature sérieuse du Reuss-Schleiz-Greiz. De son côté Franzi le soupçonne et prend sa femme légitime pour une rivale. Voyant Pepi dans l'assemblée, le comte réussit à lui glisser la lettre de rendez-vous. Reconnaissant l'écriture de Joseph, elle est persuadée qu'il en est l'auteur. Mais Joseph vient lui dire qu'il ne peut l'accompagner à Hietzing et elle finit par comprendre que la lettre était du comte.

La comédie des méprises se complique. Le prenant pour le père de la comtesse, le premier ministre avertit Kagler que sa fille a une rivale, puis la comtesse, voyant son mari arranger la rencontre avec Pepi, en déduit que celle-ci est sa maîtresse, Franzi, dont elle a entendu parler. Elle demande alors au comte de l'accompagner le soir même à Hietzing, il refuse, prétextant des affaires à traiter avec le premier ministre. Il fait d'ailleurs exactement la même réponse à Franzi, qui est

venue lui demander la même chose. Le premier ministre promet à Franzi qu'il empêchera le comte d'aller à Hietzing avec sa maîtresse (en réalité, la comtesse) puis, quand la finale commence, se laisse persuader par cette dernière (qu'il prend toujours pour la maîtresse) de l'accompagner à Hietzing.

Complication supplémentaire : la comtesse et Franzi se rencontrent, le premier ministre fait les présentations. Elles éclatent de rire, et la comtesse désigne Pepi qu'elle prend pour Franzi. Pepi n'est pas d'accord et désigne Franzi. On en appelle à Joseph, qui simplifie tout en disant qu'aucune des trois n'est la véritable Franzi. Le comte trouve cela drôle et entraîne l'assistance dans un chant à la louange de la valse viennoise. Ce finale réunit des passages de « Du Vin, des Femmes et des Chansons », du « Beau Danube bleu » et de « Wienerblut ».

Acte III. La fête à Hietzing. Trois couples ont organisé un rendez-vous : la comtesse et le premier ministre, Franzi et Joseph, le comte et Pepi. Leurs trois duos, scandés par le bruit des bouchons de champagne qui sautent, deviennent un sextuor quand le comte entonne une chanson à boire « Du Vin, des Femmes et des Chansons » sous la charmille. Chacun sort de sa retraite — le premier ministre, malheureusement, s'endort — et découvre l'imbroglio qui règne. Heureusement, les identités véritables sont retablies; le comte plaide l'innocence de Pepi, et le mot de la fin appartient au premier ministre : tout cela était dû au « Wienerblut ! »

H.

KARL GOLDMARK
(1830-1915)

Die Königin von Saba
La Reine de Saba

Opéra en 4 actes de Karl Goldmark; liv. de Hermann von Mosenthal. Créé à l'Hofoper, Vienne, 10 mars 1875, avec Materna, Wild, et Beck. Première au Metropolitan de New York, 1885, avec Lilli Lehmann (dans le rôle de Sulamith; en 1889, dans la même salle, elle chanta celui de la reine de Saba), Krämer-Wiedl, Marianne Brandt, Albert Stritt, Adolf Robinson, Emil Fischer, dir. Anton Seidl. L'opéra est resté au répertoire du Staatsoper de Vienne de 1875 à 1938, sans interruption.

PERSONNAGES

LE ROI SALOMON (baryton); BAAL HANAN, *surveillant du palais* (baryton); ASSAD (ténor); LE GRAND-PRÊTRE (basse); SULAMITH , *sa fille* (soprano); LA REINE DE SABA (mezzo-soprano); ASTAROTH, *son esclave* (soprano); LA VOIX DU GARDIEN DU TEMPLE (basse).

A Jérusalem, au Xe siècle av. J.-C.

Acte I. Dans le palais du roi Salomon, tous se préparent à recevoir la reine de Saba. Sulamith, la fille du Grand-Prêtre, attend Assad, son fiancé, parti à la rencontre de la reine étrangère. Mais quand il revient, il se détourne d'elle. Il confesse au roi Salomon qu'il n'a pas encore vu la reine de Saba. Par contre, il a rencontré une femme admirable dans un bois de cèdres. Elle lui a promis son amour et, depuis, il a perdu la tête. Le roi déclare au jeune homme que Dieu lui rendra la paix et l'esprit quand il épousera Sulamith. La suite de la reine de Saba approche. La reine salue Salomon et enlève son voile. Assad se précipite vers elle : c'est la femme qu'il a vue sous les cèdres ! Mais elle dit ne pas le connaître.

Acte II. La reine n'a pas voulu reconnaître Assad publiquement, mais elle l'aime éperdument. L'amour les réunit. Le décor change. Dans un temple, où le mariage d'Assad et de Sulamith va être célébré. La reine

apparaît; Assad jette l'anneau nuptial à terre et se précipite vers elle; mais elle déclare, pour la deuxième fois, ne l'avoir jamais vu; elle est juste venue apporter un présent à Sulamith. Assad, qui a insulté le Tout-Puissant, encourt la peine de mort.

Acte III. Salomon est seul avec la reine. Elle lui demande la liberté d'Assad, prétendant que ce n'est qu'une façon de lui prouver son respect. Salomon comprend la ruse et repousse la requête de la reine qui jure de se venger. Sulamith est désespérée, mais le roi la console. Bientôt Assad sera libre et ils seront heureux.

Acte IV. A la lisière du désert s'élève l'hospice consacré à Dieu où Sulamith s'est réfugiée. Assad y arrive, banni et épuisé. La reine de Saba vient une fois de plus lui proposer son amour. Mais il s'enfuit à sa vue, plein de remords. Une tornade s'élève, ensevelissant Assad sous les sables. Quand elle s'apaise, Sulamith qui se promène avec ses compagnes, le découvre. Elle accorde son pardon au mourant et chante le bonheur qu'ils connaîtront ensemble.

Die Königin von Saba est de ces opéras dont la musique est fondamentalement conventionnelle et qui requièrent une mise en scène somptueuse. A l'époque de la création, la musique a dû paraître agréablement exotique. Et pourtant, le début du second acte, avec la grande *scena* de la reine, suivie du chant allusif d'Astaroth (tout à fait impressionnant quand il est chanté par une grande artiste), le fameux « Magische Töne » d'Assad et le grand duo d'amour avec la reine sont, sur le plan musical, tout à fait séduisants. Les deux grandes scènes de Sulamith avec le chœur (« Der Freund ist dein », tout au début, et la complainte de l'acte III) sont d'une couleur exotique et passionnée et d'une ampleur lyrique assez éprouvante pour la chanteuse qui tient le rôle. La reine chante un duo saisissant avec Salomon au début de l'acte III, quand elle cherche à le détourner du chemin du devoir dans l'espoir de lui arracher Assad.

K.W., H.

HERMANN GOETZ
(1840 - 1876)

Der Widerspänstigen Zähmung
La Mégère apprivoisée

Opéra-comique en 4 actes de Goetz; liv. de Joseph Viktor Widmann, d'après la comédie de Shakespeare. Créé à Mannheim, 11 octobre 1874, avec Ottilie Ottiker et Eduard Schlosser. Première : à Vienne, 1875; Drury Lane, Londres, 1879; New York, 1886. Reprises : Metropolitan, New York, 1916, avec Ober et Goritz, dir. Bodanzky; Berlin, 1952; City Opera Club, Londres, 1959.

PERSONNAGES

BAPTISTA, *riche gentilhomme de Padoue* (basse); BIANCA, KATHARINA, *ses filles* (sopranos); HORTENSIO et LUCENTIO, *prétendants de Bianca* (basse et ténor); PETRUCHIO, *gentilhomme de Vérone* (baryton); GRUMIO, *valet de Petruchio* (basse); UN TAILLEUR (ténor); LA FEMME D'HORTENSIO (mezzo-soprano).

Les domestiques de Baptista et de Petruchio, les invités de la noce, les voisins, etc.

Actes I, II, III à Padoue; Acte IV dans la maison de Petruchio à la campagne.

Goetz fut l'élève de Ulrich et de Hans von Bülow à Berlin, mais il passa la plus grande part de sa vie en Suisse, comme organiste à Winterthur et à Zürich. A part *La Mégère apprivoisée*, il écrivit un autre opéra,

Francesca da Rimini, qui eut moins de succès; des chants; des œuvres pour piano; de la musique de chambre; une symphonie; des concertos pour piano, pour violon, et quelques partitions pour chœur et orchestre. *La Mégère* est sans conteste un chef-d'œuvre.

Acte I. Devant la maison de Baptista, à Padoue. Il fait nuit. Introduit par la clarinette, Lucentio chante à Bianca une belle et ardente sérénade : « Klinget, klinget, liebe Töne » (Hâtez-vous, bruits de l'amour et du désir), mais il est interrompu par le vacarme que font les domestiques de Baptista, décidés à quitter son service à cause des manières méprisantes de sa fille Kate. Elle entre, furieuse, de voir son père argumenter avec diplomatie. Bianca apparaît et chante avec Lucentio un délicieux duo d'amour : « O wende dich nicht ab » (Ô ne te détourne pas). L'arrivée du soupirant grisonnant, Hortensio, met fin à cette tendre scène. Les deux rivaux se querellent, et Baptista est réveillé. Lucentio lui avoue son amour pour Bianca. Personne ne fera la cour à Bianca, déclare le père, tant que sa sœur aînée ne sera pas mariée. En attendant, Bianca étudiera avec les meilleurs maîtres d'Italie. Dans leur duo *allegretto*, les deux soupirants s'offrent réciproquement Katherina, jusqu'au moment où ils sont frappés par une idée géniale : pourquoi ne pas se déguiser en professeur et se rapprocher ainsi de Bianca ? Sur ce, Petruchio arrive, accompagné de son valet Grumio. Il est riche à s'ennuyer et ne souhaite qu'une chose : partager sa fortune avec une femme qui en soit digne. Hortensio suggère aussitôt Katherina. Petruchio, enchanté de cette idée, proclame son intention de l'épouser dans une aria vigoureuse : « Sie ist ein Weib, für solchen Mann geschaffen » (Voici l'épouse, faite pour un tel homme).

Acte II. Kate raille Bianca de la sérénade de la nuit précédente. Elle lui demande de l'accompagner au luth pendant qu'elle chante « Ich will mich keinem geben » (Je ne m'abandonnerai à personne). Petruchio entre, accompagné de Lucentio et d'Hortensio et demande à Baptista sa fille Kate en mariage. On essaie de le mettre en garde contre son mauvais caractère mais il ne veut rien entendre; et quand Hortensio, qui est arrivé déguisé en professeur, apparaît avec un luth en morceaux sur la tête, Petruchio trouve le moyen d'en rire. Il déclare dans un monologue que rien ne l'empêchera de prendre Kate pour épouse. Le duo entre Petruchio et Kate est parfaitement contrasté : une musique gracieuse exprime les moqueries de Kate, puis une querelle éclate. A la fin de ce duo, Kate exprime l'éveil de sa tendresse pour Petruchio sur un air inspiré de celui qui illustrait son mépris des hommes au début de l'acte. Petruchio annonce à Baptista qu'il va épouser Kate mais elle dit qu'il n'en est rien. Petruchio domine le quintette qui s'ensuit — car Hortensio et Lucentio s'en mêlent, et à la fin Kate accepte de l'épouser, apparemment plus pour se venger que pour toute autre raison.

Acte III. Baptista et ses deux filles, Lucentio et Hortensio (toujours déguisés en professeurs), attendent l'arrivée des invités, mais Petruchio est toujours absent. Bianca reprend ses leçons, et c'est en traduisant *L'Énéide* que Lucentio lui révèle son identité. Hortensio, une fois qu'il a réussi à accorder son luth, se joint à eux, transformant leur duo en trio dans la meilleure tradition de l'opéra-comique allemand. Baptista entre précipitamment pour annoncer l'arrivée de Petruchio. Aucune des remarques qu'on lui fait sur son retard ou sur la négligence de sa tenue ne l'atteint, et il mène le cortège à l'église pendant que les serviteurs préparent le repas. Ils ne sont pas longs à revenir. Hortensio décrit le comportement parfaitement déplaisant de Petruchio pendant la cérémonie. Le marié annonce qu'il doit partir immédiatement avec Kate, s'arrache à la foule des invités et entraîne Kate dehors.

Acte IV. Chez Petruchio. Le comportement des domestiques suggère clairement qu'il y a de la colère dans l'air. Quand le nouveau couple fait son entrée, Kate est toute pâle, et Petruchio, faisant voltiger une badine, trouve des remarques désobligeantes pour tout ce qu'il voit. La nourriture est renvoyée, à peine touchée, et Kate reste seule à monologuer sur ses malheurs : « Die Kraft versagt » (Ma force est épuisée).

Grumio annonce un tailleur, qui vante la qualité de ses articles. Kate les aime assez, mais Petruchio, comme à son habitude, leur trouve des défauts.

Dans l'ensemble qui s'ensuit, il paie les marchandises, puis les piétine. Sa plaisanterie suivante touche à l'heure : d'abord, selon Petruchio, il est minuit ; mais quand Kate tombe d'accord sur ce point, il décide qu'il est midi. Elle reconnaît sa défaite : elle est désormais son épouse aimante. Aussitôt, Petruchio la console et ils se réconcilient. Grumio annonce l'arrivée de Baptista, accompagné de Bianca et de Lucentio qui viennent juste de se marier, ainsi que d'Hortensio et de sa femme. Tous se réjouissent d'apprendre que la mégère est domptée (au siècle dernier, quand Minnie Hauck chantait le rôle de Kate, cet excellent septuor était supprimé et remplacé par une valse que chantait Kate seule). L'opéra se termine par le chœur des invités qui félicitent Kate et Petruchio.

H.

KARL MILLÖCKER
(1842-1899)

Der Bettelstudent
L'Étudiant mendiant

Opéra en 3 actes de Millöcker; liv. de Zell et Richard Genée. Créé au Theater an der Wien, Vienne, 6 décembre 1882; New York, 1883; Alhambra Theatre, Londres, 1884 (en angl.), et Royalty Theatre, 1895 (en all.). Reprises : Vienne, Staatsoper, 1936, dir. Josef Krips; Volksoper, 1949, dir. Anton Paulik.

PERSONNAGES

PALMATICA, *comtesse Nowalska* (mezzo-soprano); LA COMTESSE LAURA, *sa fille* (soprano); LA COMTESSE BRONISLAWA, *sa sœur* (soprano); SIMON, *l'étudiant mendiant* (ténor); JAN JANITZKY, *l'ami de Simon* (ténor); LE COLONEL OLLENDORF (basse); ENTERICH, *gouverneur de la prison* (baryton); RICHTHOFEN, WANGENHEIM, HENRICI, *officiers saxons.*

A Cracovie, en 1704.

Le colonel Ollendorf, l'irascible gouverneur de Cracovie, vient d'être grièvement blessé : il commençait à peine à faire quelques avances à la comtesse Laura, fière beauté polonaise, qu'elle le frappa au visage d'un coup de son éventail — en public, et à un bal officiel ! Son honneur sera vengé !

Acte I. Dans la prison; les épouses des détenus tentent de persuader Enterich, le gouverneur, qu'elles peuvent voir leurs maris. Il est disposé à céder à leur demande mais confisque les friandises qu'elles ont apportées. Ollendorf arrive à la prison, se plaignant du traitement qu'il a subi la nuit précédente, « Ach ich hab' sie ja nur auf die Schulter geküsst. » Il veut trouver deux jeunes prisonniers qui l'aideront à se venger en échange de leur liberté. Ils doivent faire la cour à la comtesse Laura et à sa sœur; au moment propice, il révélera la plaisanterie, et vengera ainsi son honneur. Les deux Polonais qu'il choisit — tous deux prisonniers politiques — acceptent. Ollendorf en fait le prince Wibicky et son secrétaire — et les voilà libres.

Une foire sur la Rathausplatz, à Cracovie. Un chœur enlevé, à 6/8, et une marche, introduisent la scène suivante. Palmatica et ses filles sont là, bien trop pauvres pour acheter quoi que ce soit, mais faisant de leur mieux, au cours de leur trio à 3/8, pour donner le change. Ollendorf leur présente le prince Wibicky et son compagnon, et Simon commence à leur raconter ses randonnées dans le monde entier, il affirme la supériorité des Polonaises sur toutes les autres filles du monde, « Ich knüfte manche zarte Bande » (J'ai fait bien des serments amoureux). Simon demande à Laura de l'épouser et tous se mettent à table pour célébrer leurs fiançailles. Laura chante une chanson polonaise — la joie et la peine, dit-elle, sont de proches parentes — dont la solennelle ouverture *andante*, cède vite la place

à un *allegretto* étincelant. L'orchestre de la ville fait acte de présence avec une marche qui prend plus exemple sur Schubert que sur Sousa, et l'acte se termine dans la liesse générale.

Acte II. Laura est chez elle, essayant sa robe de mariée, aidée de sa mère et de sa sœur. Elle répète le conseil de sa mère, les maris peuvent et doivent être dominés par leurs épouses, non par voie de commandement mais de persuasion et par les larmes plutôt que les menaces. On annonce le secrétaire du prince; Jan courtise Bronislawa, dans un duo charmant.

Jan rappelle à Simon que des plans ont été dressés pour rendre Cracovie aux Polonais et que le neveu du roi, le duc Adam, est en train de préparer un coup de force. Une seule chose manque : l'argent. Il semble que leurs projets soient sur le point de se concrétiser. Resté seul avec Laura, Simon lui demande si elle l'aimerait encore s'il était pauvre, sans titre et même s'il était un imposteur. Elle lui répond que la force de son amour est indépendante de son rang. D'ailleurs, que ferait-il si une jeune fille belle, riche et bien née lui était présentée ? A son tour, Simon la rassure. Encouragé, Simon lui écrit la vérité, mais quand il la retrouve, l'attitude de la jeune fille n'a pas changé, et pour cause, la lettre a été interceptée par Ollendorf. Le mariage est célébré, tout le monde félicite l'heureux couple. Soudain, des cris et des chansons retentissent dehors : ce sont les compagnons de prison de Simon qui veulent participer à la fête. Ollendorf révèle sa vengeance.

Acte III. L'infâme conduite de Simon et la terrible punition de Laura sont abondamment commentées. Cependant Bronislawa garde confiance en son amour, rien n'entame son appétit.

Simon est inconsolable, mais Jan le réconforte : il lui reste encore un rôle à jouer dans la libération de Cracovie. Ollendorf a essayé d'acheter Jan avec les fonds nécessaires au financement de l'insurrection, à la condition qu'il dénonce le duc Adam. Jan a promis de le faire, Simon se fera passer pour le duc Adam, qui pendant ce temps franchira les portes de la ville avec ses troupes. Simon avoue que, de toute façon, la partie est perdue pour lui : « Ich hab' kein Geld, bin vogelfrei » (Je suis fini, mon argent a disparu).

Palmatica maltraite le pauvre Simon. Finalement, Ollendorf révèle ce qu'il croit être la vérité : Simon n'est autre que le duc Adam, et il va l'emmener à la prison de la ville pour le faire décapiter. Tous sont consternés.

Palmatica prétend qu'elle le soupçonnait d'être noble et qu'elle est enchantée de l'avoir pour gendre; Laura déclare avec flamme qu'elle mourra avec lui; et Jan tremble de peur à l'idée que Simon ne joue pas convenablement son rôle. On entend tirer un coup de canon, signe que le duc Adam maîtrise la ville. Ollendorf admet qu'il ne lui reste plus qu'à se rendre — sur quoi Bronislawa avoue qu'elle s'est déjà rendue — au secrétaire du prince ! Laura dit qu'elle aussi s'est abandonnée, à Simon, « l'étudiant mendiant »... mais Jan s'empresse de rectifier : dorénavant, il faudra l'appeler comte Simon Rymanowitsch. L'opéra se termine dans la joie.

H.

ENGELBERT HUMPERDINCK
(1854-1921)

Hänsel und Gretel

Opéra en 3 actes de Engelbert Humperdinck; liv. d'Adelheid Wette (la sœur du compositeur). Créé au Hoftheater, Weimar, 23 décembre 1893; Daly's Theatre, Londres, 1894 (en angl.), dir. Arditi; Covent Garden, 1896, dir. Mancinelli; New York, Daly's Theatre, 1895 (en angl.); Metropolitan, 1905, (en all.) dir. Alfred Hertz; Covent Garden, par la B.N.O.C., janvier 1923 (C'était la première fois qu'un opéra était intégralement diffusé en direct par la radio en Europe).

PERSONNAGES

HÄNSEL (mezzo-soprano); GRETEL, *sa sœur* (soprano); LA SORCIÈRE (mezzo-soprano)[1]; GERTRUDE, *la mère des deux enfants* (soprano); PETER, *le père, fabricant de balais* (baryton); LE MARCHAND DE SABLE (soprano); LA FÉE ROSÉE (soprano).

Acte I. La hutte du fabricant de balais. Hänsel attache des balais tandis que Gretel tricote. Les enfants s'ébattent, se querellent, se réconcilient. Leur mère, Gertrude, entre; elle leur reproche leur paresse et renverse

1. Parfois chanté par un ténor.

une cruche de lait en essayant de les gifler. Le souper ainsi évanoui, elle les envoie chercher des fraises dans le bois. Puis, maudissant leur pauvreté, épuisée, elle s'endort. Un chant turbulent annonce l'arrivée de son mari, ivre comme d'habitude. Mais il a apporté des saucisses, du pain et du beurre, du café, de quoi faire un festin. Il demande où sont les enfants et semble horrifié de les savoir dans les bois, car une méchante fée, près de l'Ilsenstein, attire à elle les petits enfants pour les cuire dans son four avant de les dévorer. Les parents se précipitent dehors à la recherche d'Hänsel et de Gretel.

Acte II. Près de l'Ilsenstein. Hänsel a rempli son panier de fraises et Gretel a tressé une guirlande dont son frère la couronne, puis ils mangent toutes les fraises... La nuit tombe sans qu'ils puissent retrouver le chemin de la maison. Gretel pleure et Hänsel la console. Le marchand de sable passe et ils ont juste le temps de dire leur prière avant de tomber endormis. Quatorze anges gardiens descendent des cieux pour les protéger.

Acte III. Le matin, la fée Rosée les éveille. Ils remarquent alors une petite maison de sucre et de pain d'épice. Ils commencent à en détacher de menus morceaux quand une voix crie à l'intérieur et la sorcière ouvre la porte. Elle lance une corde autour du cou de Hänsel et ordonne aux enfants d'entrer. Ils tentent de s'enfuir, mais elle les immobilise en leur jetant un sort, enferme Hänsel dans le chenil et force Gretel à entrer dans la maison.

Croyant Hänsel endormi, elle s'occupe de son four, puis sort faire quelques cercles autour de la maison, montée sur son balai. Redescendue, elle ordonne à Hänsel de lui montrer son doigt. Mais à la place il passe un bâton entre les barreaux de sa prison et elle le trouve trop maigre. Gretel s'empare du rameau de genévrier avec lequel la sorcière lance ses sorts, prononce les paroles magiques et brise l'enchantement qui retient son frère. La sorcière dit ensuite à Gretel d'entrer dans le four pour voir si les gâteaux de miel sont cuits. Mais Gretel feint la stupidité. Pour lui montrer, la vieille s'approche, et les deux enfants la poussent dans le four dont ils claquent la porte. Le four tombe aussitôt en morceaux, à sa place il y a une rangée de garçons et de filles debout contre le mur de la maison, immobiles. Gretel brise le sortilège qui les emprisonne, comme elle l'avait fait pour Hänsel. Peter et Gertrude arrivent; on tire la vieille sorcière du four : elle est devenue un immense pain d'épice.

L'ouverture, écrite à partir des motifs de l'opéra, est célèbre. Il y a un long duo, au premier acte, pour les deux enfants, dont l'apogée est leur danse, et le fameux « tra-la-la-la » qui accompagne l'arrivée de leur père. L'acte II commence par la Chevauchée de la Sorcière, suivie de la Chanson du Marchand de sable, de la prière du soir des enfants, et de la pantomime des Anges, d'inspiration wagnérienne. Puis, à l'acte III, l'air de la Fée Rosée, le grand air de la sorcière, et la valse de la sorcière par laquelle Hänsel et Gretel célèbrent leur victoire.

K.W.

HUGO WOLF
(1860-1903)

Der Corregidor
Le Juge

Opéra en 4 actes d'Hugo Wolf; liv. de Rosa Mayreder-Obermayer d'après Le Tricorne, *histoire de P. de Alarcon. Créé en juin 1896 à Mannheim. Première à Vienne, 1904, dir. Mahler, avec Förster-Lauterer (Frasquita), Breuer (Corregidor), Demuth (Tio Lucas), et Hesch (Repela); Académie Royale de Musique, Londres, 1934; Festival de Salzbourg, 1936, avec Novotna (Frasquita), Thorborg (Mercedes), Bella Paalen, Gunnar Graarud, Jerger, Zec, Ludwig Hoffmann, dir. Bruno Walter; Londres, 1955, par le City Opera Club; New York, 1959, en version de concert; Wiesbaden, 1960; Zürich, 1972.*

PERSONNAGES

DON EUGENIO DE ZUNIGA, *le Corregidor, (magistrat)* (ténor bouffe); DONA MERCEDES, *son épouse* (soprano); REPELA, *son valet* (basse bouffe); TIO LUCAS, *un meunier* (baryton); FRASQUITA, *son épouse* (mezzo-soprano); JUAN LOPEZ, *l'alcade (maire)* (basse); PEDRO, *son secrétaire* (ténor); MANUELA, *une servante* (mezzo-soprano); TONUELO, *messager du tribunal* (basse); UN VOISIN (ténor); UNE DUÈGNE, *employée par Dona Mercedes* (mezzo-soprano).

Acte I. Le meunier, Tio Lucas, vit dans le bonheur avec son épouse, la belle Frasquita. Et pourtant, il est jaloux. Le Corregidor, qui est attiré par la jolie femme du meunier, l'est aussi. Elle se permet une danse avec le Corregidor, espérant l'assagir, et même obtenir, en plus, la charge que brigue son neveu. Mais son comportement est tel que le Corregidor s'éprend d'elle violemment, il perd l'équilibre et tombe le nez dans la poussière; le meunier vient l'en sortir sans rien soupçonner. Le Corregidor jure de se venger.

Acte II. Un soir, on frappe à la porte du meunier. C'est un messager du tribunal, Tonuelo, qui, parfaitement ivre, présente un mandat d'arrêt. Tio Lucas doit le suivre immédiatement chez l'alcade (qui de son propre gré a accepté de participer au plan de vengeance du Corregidor). Frasquita essaie de calmer son inquiétude en chantant, quand un appel au secours retentit à l'extérieur. Elle ouvre la porte et voit sur le seuil le Corregidor dégoulinant d'eau. Il est tombé dans le ruisseau. Il demande à Frasquita, furieuse, la permission d'entrer, il apporte avec lui la nomination du neveu. Mais la jeune femme le renvoie. Le Corregidor s'évanouit, son valet se précipite. Frasquita les fait entrer tous deux chez elle et sort aussitôt pour aller en ville chercher son Tio Lucas. Le Corregidor, reprenant ses esprits, envoie son valet à la poursuite de Frasquita. Puis il étend ses vêtements trempés devant le feu et se couche dans le lit du meunier.

Pendant ce temps, Tio Lucas a bu avec l'alcade et ses compagnons jusqu'à ce qu'ils soient ivres à rouler sous la table, et a saisi l'occasion pour s'enfuir.

Acte III. Dans l'obscurité, Tio Lucas et Frasquita se croisent en chemin sans se voir. Le meunier arrive chez lui, tout est ouvert, l'acte de nomination du neveu traîne par terre, les vêtements du Corregidor sèchent devant le feu. Un horrible soupçon s'empare de l'esprit du meunier et devient une certitude quand il voit, par le trou de la serrure, le Corregidor dans son propre lit. Il va saisir son fusil quand une autre idée lui vient : le Corregidor a une femme, une femme de grande beauté. Il enfile rapidement les vêtements du Corregidor et retourne en ville. Le Corregidor s'éveille, ne trouvant plus ses vêtements, il revêt ceux du meunier et manque de se faire arrêter par l'alcade qui entre juste à ce moment-là, avec ses compagnons et Frasquita. Une fois le quiproquo éclairci, tous partent en ville à la recherche du meunier, animés de sentiments divers.

Acte IV. Le Corregidor reçoit une bonne raclée, ce qui rabat un peu sa superbe. Le meunier n'a pas eu le temps de savourer sa « vengeance » : il est reconnu et reçoit également une volée de coups de bâton.

La comédie du Corregidor est *durchkomponiert*. L'ouverture commence par le thème du Corregidor (repris ensuite par les trombones), et joue aussi l'air de romance en mi majeur qu'on entendra lors de la première scène du second acte. Deux des *lieder* de Wolf sont inclus dans le livret : le premier, « In dem Schatten meiner Locken », est chanté par Frasquita au Corregidor; le second, sur des paroles de Heine, est chanté par le Corregidor à la fin de la première scène de l'acte II, « Herz, verzage nicht geschwind ».

K. W.

10. L'Opéra italien

DOMENICO CIMAROSA
(1749 - 1801)

Il Matrimonio segreto
Le Mariage secret

Opéra bouffe en 2 actes de Cimarosa; liv. de Giovanni Bertati, d'après The Clandestine Marriage *de Colman. Créé au Burgtheater de Vienne, 7 février 1792; La Scala, Milan, 1793; Londres, 1794; New York, 1834; Covent Garden, 1849; Paris, Théâtre des Italiens, 1851, avec Sontag, Giuliani, Bertrand, Lablache, Ferranti; Trianon Lyrique, 1921 (en fr.); Opéra-Comique, 1931; Metropolitan, 1937; Théâtre Sarah Bernhardt, 1946; La Scala, Milan, 1949, avec Fedora Barbieri, Tito Schipa, Boris Christoff; Aix-en-Provence, 1951, dir. Gavazzeni; Glyndebourne; 1965.*

PERSONNAGES

GERONIMO (bouffe); ELISETTA , CAROLINA , *ses filles* (sopranos); FIDALMA , *sœur de Geronimo* (mezzo-soprano); LE COMTE ROBINSON , *seigneur anglais* (basse); PAOLINO (ténor).

A Bologne, au XVIIIe siècle.

La particularité de ce célèbre opéra de Cimarosa est d'avoir été, à notre connaissance, le seul que l'on ait entièrement bissé le soir de sa création. La petite histoire veut que l'empereur Léopold II, pour qui Mozart avait écrit *La Clémence de Titus* quelques mois plus tôt, ait tellement aimé l'œuvre qu'il invita tous ses interprètes à souper après le fameux bis.

Acte I. L'action se passe chez un certain Geronimo, riche citoyen de Bologne, dont la sœur Fidalma gère le ménage. Il a deux filles, Elisetta et Carolina. Carolina et Paolino, jeune homme associé aux affaires de Geronimo, se sont secrètement mariés. Dans leur premier duo, elle le presse de révéler leur union à tous, puis, dans le duo suivant, plus léger, elle dit adieu à son époux. Geronimo fait son entrée. Il est enclin à la surdité et définitivement atteint de la maladie dorée des *nouveaux riches*. Il apprend de Paolino que son ami, le comte Robinson, arrive à Bologne avec la ferme intention d'épouser Elisetta. Il raconte la bonne nouvelle à sa famille dans une *aria buffo*. Les deux sœurs se querellent, ce qui contrarie Fidalma. La dispute s'épanouit dans un trio.

Fidalma avoue à Elisetta qu'elle-même est éprise, mais elle ne veut pas dire de qui. Elle murmure au public, dans un aparté, que l'heureux élu est Paolino.

Le comte Robinson apparaît enfin et adresse à chacun un maximum de mots pour un minimum de contenu — il déteste les hommes qui ne savent pas être brefs, dit-il. Dans un sextuor il prend successivement Carolina et Fidalma pour Elisetta, sa future femme. Il confie à Paolino sa consternation à l'idée d'épouser Elisetta, alors que Carolina lui plairait tout à fait, ce qui plonge Paolino dans un profond désespoir. Le comte fait sa demande à Carolina. Elle lui répond avec tout le tact possible qu'elle n'est pas disposée à l'épouser et cite même dans son aria tous les défauts dont elle est accablée.

Elisetta les interrompt, et leur reproche leur conduite. Fidalma réussit à étouffer la querelle naissante. Geronimo arrive, il cherche aussitôt à découvrir la raison de tout ce vacarme. Mais il n'y parvient pas, vaincu par sa surdité, par les efforts de Paolino pour lui cacher les intentions matrimoniales du comte, par le souci pacificateur de Fidalma, et par le fait que tous parlent en même temps.

Acte II. Geronimo essaie encore de comprendre ce qui se passe en interrogeant le comte. Après quelques quiproquos, il comprend que son futur gendre n'est pas vraiment séduit par sa fiancée. Le comte propose de n'accepter que la moitié de la dot promise, à condition de pouvoir épouser

la cadette. Leur duo se termine dans une harmonie totale.

Paolino est informé de ce nouvel accord. Dans son désespoir, il est prêt à s'abandonner à la merci de Fidalma. Celle-ci est persuadée que tous ces regards et ces soupirs lui sont destinés. Encouragée, elle déclare accepter sa proposition et être prête à l'épouser. Paolino s'évanouit. Carolina entre au moment où Fidalma essaie de le faire revenir à lui. Fidalma sort chercher des sels, et Paolino profite de son absence pour mettre Carolina au courant de la situation. Ce n'est qu'à la fin du trio qui les réunit à Fidalma et après avoir donné toute sa flamme dans une aria qu'il réussit à la convaincre de la sincérité de ses protestations d'amour.

Le comte essaie de persuader Elisetta qu'il est un véritable ogre, et un monstre d'injustice pour l'inciter à rompre leurs fiançailles. Mais il n'y parvient pas. Elisetta, à qui Fidalma a révélé que Carolina, tout en étant l'objet de la passion du comte, est par ailleurs éprise de Paolino, complote avec sa tante pour se débarrasser de sa sœur en l'envoyant dans un couvent. Geronimo annonce la décision à la malheureuse intéressée, qui en a le cœur brisé. Le comte offre de l'aider; elle est sur le point de lui avouer toute la vérité quand sa sœur, sa tante et son père se précipitent sur eux, déclarant qu'ils ne peut plus y avoir de doute, puisqu'ils ont été pris sur le fait. Geronimo dépêche immédiatement Paolino au couvent avec une lettre pour la mère supérieure.

Le finale commence. Le comte et Elisetta se disent bonsoir, et se séparent. Paolino et Carolina, décidés à s'enfuir, leur succèdent, mais un bruit les fait tressaillir, et ils se réfugient dans la chambre de Carolina. Elisetta écoute à leur porte, entend des murmures, et éveille toute la maisonnée pour que l'on surprenne le comte dans la chambre de sa sœur. Tous se précipitent sans attendre et exigent du comte qu'il se montre et avoue sa perfidie. Réveillé par tout ce vacarme, il sort de sa propre chambre, où il s'était endormi. Presque aussitôt, Paolino et Carolina sortent de la chambre de celle-ci, et avouent être mariés depuis déjà deux mois.

Finalement, tout est pardonné, le comte accepte d'épouser Elisetta, et le bonheur règne en maître.

H.

LUIGI CHERUBINI
(1760-1842)

Médée

Opéra en 3 actes de Cherubini; liv. (en fr.) de François Benoit Hoffmann, d'après Euripide. Créé au Théâtre Feydeau, Paris, 13 mars 1797, avec Scio, Gaveaux, Dessaules. Première à Berlin, 1800, avec Schick; Vienne, 1814, avec Milder-Hauptmann; Covent Garden, 1870, avec Tietjens. Les dialogues parlés de la version originale ont été mis en musique par Franz Lachner en 1854, et par Arditi pour la production londonienne de 1865 (Her Majesty's Theatre). Les récitatifs de Lachner sont utilisés dans la plupart des représentations modernes. La Scala, 1909, dir. Vitale. La première reprise vraiment importante fut celle du Festival de Florence en 1953, où Callas chanta le rôle de Médée pour la première fois, avec Tucci, Barbieri, Picchi, Petri, dir. Gui. Par la suite, Callas fut responsable des reprises de la Scala, de Venise, Rome et Dallas, Texas, 1958. Reprises : Covent Garden, 1959, avec Callas, Carlyle, Cossotto, Vickers, Zaccaria; Opéra de Paris, 1962, avec Rita Gorr et Albert Lance, dir. Prêtre; Venise, 1968 avec Gencer, Mazzuccato, Bottion, Ruggiero Raimondi, dir. Franci; Buenos Aires, 1969, avec Jones, Lerer, Cossutta, Diaz, dir. Previtali; Vienne, 1972, avec Rysanek, Lilowa, Prevedi, Ghiuselev, dir. Stein; Aix-en-Provence, 1976, avec Rysanek et Lucchetti, dir. Baudo.

PERSONNAGES

MÉDÉE, *première épouse de Jason* (soprano); JASON, *chef des Argonautes* (ténor); GLAUCE (DIRCE), *fille de Créon* (soprano); CRÉON, *roi de Corinthe* (basse); NÉRIS, *servante de Médée* (mezzo-soprano); DEUX SERVANTES (sopranos); CAPITAINE DE LA GARDE (baryton).

Les deux enfants de Médée, les serviteurs de Glauce, les Argonautes, des prêtres, des soldats et le peuple de Corinthe.

A Corinthe, dans l'Antiquité.

Les opéras dits « réformés » de Gluck ont eu quantité de successeurs. Aucun n'a atteint le niveau de la *Médée* de Cherubini. *Médée* offre un admirable rôle principal. Mme Scio, la créatrice de ce rôle, est morte, selon ses contemporains. de tuberculose, huit ans après la première, sans doute à cause des efforts extrêmes que lui avait imposés la partition. Teresa Tietjens fut une Médée inoubliable dans les années 1870-1880. L'opéra est une des nombreuses œuvres de l'époque classique qui aient été exhumées pour Maria Callas au milieu du XXe s. L'intensité dramatique de son jeu et ses dons musicaux exceptionnels la destinaient tout particulièrement à ce rôle. La reprise londonienne de 1959 fut placée sous le signe de la Grèce : Callas, grecque, était dirigée par un metteur en scène grec, Alexis Minotis, dans les décors grecs de Tsarouchis, et la basse grecque Nicola Zaccaria lui donnait la réplique.

Jason, héritier légitime du trône de Thessalie, parvenu à sa majorité, s'est vu confier par son oncle, l'usurpateur Pelias, la tâche de reconquérir la Toison d'or. Avec les Argonautes, il met voile vers Colchis et accomplit sa mission grâce à l'aide de Médée, la fille du roi. Il s'enfuit ensuite avec elle. Le roi Aeetes se lance à leur poursuite. Pour le retarder, Médée fait tuer son jeune frère Absyrtus et jeter les morceaux de son corps à la mer, sachant parfaitement que son père voudra les récupérer pour leur donner une sépulture décente. Les fugitifs arrivent sains et saufs en Thessalie. Là, Médée fait tuer Pelias. Jason l'abandonne alors et s'enfuit vers Corinthe avec ses deux fils.

Les proportions, le contenu et le style de l'ouverture peuvent expliquer pourquoi Beethoven tenait Cherubini en estime : c'est une pièce extrêmement sérieuse, annonçant et introduisant à la perfection la version chantée de la tragédie grecque. Cherubini est l'un des compositeurs qui ont le mieux profité des enseignements de Gluck.

Acte I. Le rideau se lève sur la Cour du roi Créon à Corinthe. A l'arrière-plan se dresse l'*Argo*, le navire de Jason. Les suivantes offrent une sérénade à leur maîtresse, Glauce, fille de Créon, qui doit épouser Jason le lendemain. Elle supplie, dans une aria, le dieu de l'Amour de la protéger contre Médée : « Hymen, viens dissiper », solo d'une extrême difficulté technique, écrit sur une très large gamme.

Créon entre avec Jason et lui promet sa protection, malgré la colère du peuple qui, monté contre Médée, réclame la vie de ses deux enfants à défaut de la sienne. Jason annonce que ses marins désirent offrir la Toison d'or en hommage à Glauce. Ils entrent au son d'une marche qui fut, en son temps, fort admirée. Glauce craint encore que Médée ne vienne détruire son bonheur, mais Jason la rassure de son mieux dans l'aria « Éloigné pour jamais d'une épouse cruelle » (Or che più non vedro quella sposa crudele). Créon invoque la clémence et la bénédiction des dieux dans une magnifique aria à laquelle Glauce, Jason et le chœur ajoutent leurs voix par la suite : « Dieux et déesses tutélaires » (Pronube Dive, Dei custodi).

Le capitaine de la Garde annonce qu'une femme inconnue demande à être reçue, c'est Médée. Créon la menace d'emprisonnement si elle n'a pas quitté Corinthe le lendemain à l'aube. Elle reste seule face à Jason. Médée sait que le cœur de Jason est partagé : jamais il ne pourra oublier qu'il l'a aimée. Dans une grande aria « Vous voyez de vos fils la mère infortunée » (Dei tuoi figli la madre tu vedi), elle invoque son amour, puis implore sa pitié. Ils maudissent ensemble la fatale Toison, et il lui demande de partir. Elle répond : « Si tel est son malheur ton épouse en fuyant te percera le cœur, ingrat ! » (Medea col suo fuggir il cor strapperà ! Crudel !)

Acte II. Le palais de Créon et le temple d'Héra. Médée se répand en invectives contre l'injustice du sort. Néris, sa confidente, lui apprend que la foule, rassemblée, réclame son sang; mais elle décide de rester. Créon intervient, lui demandant de quitter le pays car si elle demeure, il ne pourra rien faire pour la sauver. Dans une scène de grande force dramatique, Médée plaide sa cause auprès de Créon, mais il se montre inflexible. Médée supplie qu'on lui laisse passer encore un jour à Corinthe, et Créon n'a pas le cœur de refuser. Néris chante une aria magnifique et funèbre, accompagnée par le basson *obbligato*, « Ah, nos peines » (Solo un pianto).

Médée décide de faire périr sa rivale. Elle demande à Jason de voir ses enfants et il accepte de les laisser auprès d'elle jusqu'à son départ.

Médée ordonne à Néris de faire venir les enfants et d'aller chercher le diadème et le manteau, autrefois bénis par Phébus Apollon, qu'elle entend offrir à Glauce pour son mariage. Les premiers accents de la musique nuptiale retentissent. Créon, Jason, Glauce, les prêtres, les guerriers et les Corinthiens se rendent en procession au temple d'Héra, pendant que Médée maudit ces hymnes de joie. Quand la procession sort du temple, elle se précipite vers l'autel, s'empare d'une torche enflammée et disparaît.

Acte III. Une colline, que domine un temple, le palais de Créon. Il fait nuit et le tonnerre gronde. Un bref prélude orchestral d'une extraordinaire intensité précède l'arrivée de Médée devant le temple. Elle invoque l'aide des dieux infernaux, d'autant plus nécessaire qu'elle sent sa résolution faiblir à la vue des enfants que Néris lui amène. Elle ne peut se décider à plonger le poignard dans leur sein innocent, et déplore le pouvoir qu'ils exercent encore sur elle : « Du trouble affreux » (Del fiero dol).

Néris raconte que Glauce a reçu son présent avec reconnaissance. Médée exulte de joie à l'idée que les joyaux qu'elle va placer sur son front sont empoisonnés. Néris la supplie de se contenter de cette vengeance, et d'épargner les enfants. Sur l'ordre de sa maîtresse, elle les emmène dans le temple, laissant Médée en proie à l'indécision.

On entend dans le temple le cri d'horreur de ceux qui sont témoins de l'affreuse mort de Glauce, et Médée se précipite, telle une bête sauvage, pour compléter sa vengeance. Jason apparaît, suivi de la foule, et Néris l'informe du projet de Médée. Mais avant qu'il ait pu atteindre l'entrée du temple, celle-ci en sort flanquée des trois Furies, en brandissant le couteau avec lequel elle vient d'assassiner ses enfants. Jason, Néris, et la foule s'enfuient de toutes parts, et le temple s'enflamme brusquement.

H.

Les Deux Journées

ou

Le Porteur d'eau

Comédie lyrique en 3 actes; musique de Cherubini; liv. de J. N. Boully. Créé à Paris, Th. Feydeau, 16 janv. 1800, avec Gaveaux, Scio, Juliet, Platel, Jausserand, Gavaudon, Prevost, Desmares, Dessaules, Georget, Darcour, Grenier; La Scala, Milan, 1801, avec Pasqua, Eckartt, Martinelli, Binaghi, Carmanini, Calvesi, Schiroli; Opéra de Hambourg, 1802; Londres, Drury Lane, 1872, (en it.) avec Tietjens, Roze, Agnesi, Vizzani, Feli; Londres, Carl Rosa Opera Company, 1875 (en angl. : The Water Carrier).

PERSONNAGES

ARMAND, *président à mortier du parlement de Paris* (ténor); CONSTANCE, *épouse d'Armand* (soprano); MIKÉLI, *Savoyard d'origine, établi à Paris, porteur d'eau* (baryton); DANIEL, *son père, vieillard infirme* (baryton); ANTONIO, *fils de Mikéli, garçon de ferme au village de Gonesse* (ténor); MARCELLINA, *fille de Mikéli* (soprano); SEMOS, *riche fermier de Gonesse* (ténor); ANGELINA, *fille unique de Semos, fiancée à Antonio* (soprano); COMMANDANT, *des troupes italiennes à la solde de Mazarin;* UN OFFICIER DES GARDES, *personnage muet;* 1er SOLDAT ITALIEN ; 2e SOLDAT ITALIEN.

Une sentinelle, habitants de Gonesse, gardes et soldats.

En 1647, à Paris et au village de Gonesse.

L'œuvre connut un immense succès, dû tout autant à la beauté de la musique et à la variété et à la richesse de l'orchestration qu'au livret où l'on pouvait retrouver tous les bons sentiments à la mode pendant la période révolutionnaire.

Les plus grands musiciens (Beethoven et Weber entre autres) ont dit leur admiration pour cet ouvrage. L'œuvre est maintenant pratiquement tombée dans l'oubli. Les très nombreux passages parlés que contient le livret en sont peut-être la cause.

Acte I. Dans la maison de Mikéli, le soir. Antonio et Marcellina, assis près de Daniel, travaillent à des bouquets de fleurs artificielles. Marcellina attend avec impatience le lendemain; son frère doit l'emmener à Gonesse où il se marie avec Angelina, fille d'un riche fermier. Ils évoquent avec bonheur ce jour de joie. Antonio chante la chanson du Savoyard. *Couplets* : « Un pauvre petit Savoyard. » Il relate l'aventure qui lui est arrivée quand il était petit : alors qu'il pleurait de misère, un jour où il n'avait rien gagné, un jeune étranger lui a donné cinq pièces d'argent. Il n'a jamais revu cet homme mais sait seulement qu'il est français. Les jeunes gens attendent Mikéli qui doit les emmener au commissariat chercher les laissez-passer indispensables pour leur voyage du lendemain. La ville est très surveillée car on recherche les opposants à Mazarin. Mikéli rentre. Il attend un mystérieux visiteur et envoie Daniel et les enfants au commissariat. Une fois seul, Mikéli révèle qu'il attend un couple recherché qu'il doit aider à s'enfuir. Il hésite en pensant au sort malheureux de ses enfants s'il est arrêté. *Chanson* : « Guide mes pas, ô Providence ! » Entrent les fugitifs, Armand déguisé en officier et sa femme Constance. *Ensemble* au cours duquel ils remercient Mikéli qui les a déjà sauvés une fois. Armand est le comte Armand, président du parlement de Paris, en lutte ouverte contre Mazarin. Mikéli projette de le faire évader de la ville le lendemain, avec l'aide d'Antonio. Constance restera près de lui jusqu'à ce qu'il trouve un moyen de lui faire rejoindre son mari. *Dialogue chanté* entre Armand et Constance, *air* d'Armand. Attendri par leurs plaintes, Mikéli décide de ne pas les séparer. Constance est déguisée en savoyarde, sous cet habit Mikéli la fera passer pour sa fille. Des coups violents sont frappés à la porte, ce sont des soldats. Mikéli cache rapidement Armand dans le lit de son père avant de leur ouvrir. Le commandant fait fouiller la maison. Mikéli fait passer Armand pour son père et Constance pour sa fille. Antonio revient du commissariat et comprend bientôt la situation. Le commandant et ses hommes s'en vont. Dans un *finale chanté*, Antonio reconnaît en Armand l'homme qui lui avait donné les cinq pièces d'argent. Attendrissement général.

Acte II. Un corps de garde à une barrière, à six heures du matin. *Chœur* de soldats : « Point de pitié ! Point de clémence ! » Le commandant fait savoir que le comte Armand s'est sans doute réfugié dans le quartier et que sa tête est mise à prix 6 000 ducats. Constance, se faisant passer pour Marcellina, et Antonio se présentent au poste de garde. Mais le signalement porté sur le laissez-passer de la jeune femme ne correspond pas à son physique. Un des officiers veut les arrêter, le commandant qui avait mené la perquisition chez Mikéli, la prenant pour la fille de ce dernier, les laisse partir. Le porteur d'eau arrive justement avec sa charrette. Il ne peut pas sortir : aucune voiture ne doit quitter la ville. Les officiers tentent de l'allécher avec la promesse d'une récompense. Il feint d'accepter de les aider et prétend avoir vu le comte se réfugier dans une maison voisine. Pendant qu'on rassemble les troupes, Mikéli fait évader Armand, caché dans le tonneau. *Air* : « Il est sauvé l'homme au manteau ! » *Chœur* des soldats : « Allons ! Marchons ! »

Acte III. A Gonesse, devant la maison de Semos. Semos et Angelina attendent le retour d'Antonio pour la noce. *Chœur* de villageois : « Jeunes fillettes ». Ils partent tous à la rencontre d'une troupe de soldats qui approche du village. Armand, Antonio et Constance trouvent la maison vide.

Inquiet, Armand se dissimule dans un arbre creux, il n'en sortira qu'en entendant Constance frapper par trois fois dans ses mains.

Antonio présente Constance comme sa sœur. Le commandant et deux de ses soldats viennent se faire héberger chez Semos. Les deux soldats vident une bouteille de vin au pied de l'arbre où est caché Armand. Ils racontent comment le porteur d'eau leur a fait courir tout Paris sans résultat. Ils rêvent de la récompense promise, mais s'intéressent beaucoup aussi à Constance qu'ils projettent d'emmener à l'écart derrière un rocher. En la voyant approcher, ils se cachent. Elle apporte un panier de vivres à Armand et s'étonne qu'il ne réponde pas au signal convenu. *Dialogue chanté* : « Que ce silence est effrayant ! » Les soldats se jettent sur elle et l'enlèvent. Armand sort de sa cachette et se précipite, bientôt suivi par Antonio et le commandant alertés par les cris de la jeune femme. C'est Constance qui, en revenant de son évanouissement, livre Armand en prononçant son nom. *Ensemble.* En apprenant que Constance est l'épouse d'Armand, le commandant ne peut cacher son émotion; mais il doit obéir aux ordres. Armand dït adieu à Constance. Mikéli apparaît, brandissant un papier, c'est la grâce d'Armand obtenue de la reine. Retrouvailles et bonheur général. *Chœur final* : « Livrons nous tous à la joie ».

M. K.

GASPARO SPONTINI
(1774-1851)

La Vestale

Opéra en 3 actes de Spontini; liv. d'Etienne de Jouy, d'abord écrit pour Boieldieu, et refusé par la suite par Méhul. Créé à l'Opéra de Paris, 15 décembre 1807, avec Branchu, Maillard, Lainé, Dérivis. L'œuvre fut jouée 213 fois à l'Opéra entre 1807 et 1857. Première à la Scala, 1824, avec Ferron. Reprises : Covent Garden, 1842, avec Schodl (en all.); la Scala, 1908, dir. Toscanini; Metropolitan, 1925, avec Ponselle. dir. Serafin; la Scala, 1955, avec Callas, Stignani, Corelli, Sordello, Rossi-Lemeni; Lyon-Fourvières, 1960, avec Crespin.

PERSONNAGES

LICINIO, *général romain* (ténor); GIULIA, *jeune vierge, vestale* (soprano); CINNA, *centurion* (ténor/baryton); LE PONTIFEX MAXIMUS (basse); LA GRANDE-PRÊTRESSE (mezzo-soprano); UN CONSUL (basse).

Des vestales, des prêtres, des gens du peuple, des matrones, des jeunes femmes, des sénateurs, consuls, licteurs, des guerriers, des gladiateurs, des danseurs, des enfants, des prisonniers.

A Rome.

Acte I. Après une ample ouverture, le rideau se lève sur le Forum, à Rome, devant le temple de Vesta. On prépare le triomphe du général romain Licinio. Licinio avoue à son ami Cinna qu'il est toujours épris d'une des prêtresses de Vesta, Giulia; elle était autrefois sa fiancée, mais à son retour de la guerre, il l'a retrouvée vouée au service de Vesta.

La Grande-Prêtresse et Giulia mènent la procession des vestales vers le temple et leur annoncent qu'il leur appartiendra de couronner le héros du triomphe. Dans un récitatif et une aria tout à fait dignes de la mémoire de Gluck, « È l'amore un mostro », la Prêtresse s'efforce de soutenir la jeune fille dans sa résolution de rester chaste.

La procession descend vers le temple, la foule chante un hymne à la louange du général victorieux; Licinio complote avec Cinna l'enlèvement de Giulia. Après un hymne de louanges, l'acte se termine avec les danses du triomphe.

Acte II. Dans le temple de Vesta, les jeunes vierges adorent leur déesse, et la Grande-Prêtresse confie à Giulia l'entretien de la flamme sacrée, qui ne doit jamais s'éteindre. Restée seule, Giulia prie pour que la déesse la libère de l'amour profane qui la tourmente. C'est la scène la plus célèbre de l'opéra.

Les phrases amples, la forme classique, le drame sous-jacent de cette *scena* sont autant d'éléments qui permettent de reconnaître en Spontini le successeur naturel de Gluck, plutôt que le simple rival et contemporain de Cherubini comme on aurait tendance à le croire aujourd'hui. Le lyrisme intense de la prière, « Tu che invoco con orrore », est suivi d'une section extrêmement dramatique, « Su questo sacro altare », où Giulia prend conscience de la toute-puissance de son amour pour Licinio. L'aria se termine par l'aveu passionné de sa trahison en tant que prêtresse, « Sospendete qualche instante ».

Licinio entre, leurs deux voix s'unissent dans un duo passionné; il est trop tard quand ils s'aperçoivent que la flamme s'est éteinte. Cinna leur conseille de fuir quand il est encore temps; mais des voix s'approchent, et Licinio sort pour obtenir du renfort. Le Pontifex Maximus accuse Giulia d'avoir négligé ses devoirs sacrés, elle demande à payer de sa vie son impiété. Dans une magnifique aria, « O nume tutelar », elle prie les dieux, non pour elle-même, mais pour que Licinio ne soit pas associé à son destin. Elle refuse de révéler son nom au Pontifex Maximus, qui la maudit, et ordonne qu'on la dépouille de son voile et des ornements de son office sacré avant de l'enterrer vivante.

Acte III. Près de la tombe de Giulia, Licinio maudit la cruauté du sort qui attend la jeune fille. Cinna lui conseille de gagner la tolérance du Pontifex par la persuasion. Mais ses efforts ne rencontrent qu'un refus brutal et définitif. Désespéré, il avoue être le complice de Giulia, et dénonce, dans un duo, toutes les cruautés dont le Pontifex s'est rendu responsable au nom de la religion.

Malgré l'avertissement de l'Augure, le Pontifex entend réaliser son plan. Giulia dit adieu à ses compagnes et à la Grande-Prêtresse. Son voile est placé sur l'autel; si la déesse lui pardonne, le voile brûlera d'un feu sacré, signe de sa clémence. Giulia lance ses derniers et tendres adieux à son amant, « Caro oggetto », son arrivée précipitée ne change rien au cours des choses : Giulia déclare qu'elle ne le connaît pas et descend dans sa tombe.

Mais soudain le ciel s'obscurcit, et un éclair embrase le voile qui se trouvait sur l'autel. Vesta a pardonné, Giulia est libérée, et l'opéra se termine par les chœurs et les danses de réjouissance, dédiés à la gloire de Vénus.

H.

GIOACCHINO ANTONIO ROSSINI
(1792-1868)

L'Italiana in Algeri
L'Italienne à Alger

Opéra en 2 actes de Rossini; liv. de A. Anelli (écrit à l'origine pour L. Mosca, et joué à la Scala en 1808). Créé, 22 mai 1813, au Teatro San Benedetto, Venise. Première à Paris, Th. des Italiens, 1817; à Londres, 1819, Haymarket Theatre (en it.); New York, 1832 (en it.). Reprises : Metropolitan de New York, 1919, dir. Papi; Turin, 1925, avec Supervia, dir. Gui; Paris, par la Compagnie de C. Supervia, à l'Opéra, 1930, dir. Padovani et à l'Opéra-Comique, 1933, dir. Serafin; Scala de Milan, 1933 avec Castagna; Covent Garden, 1935, avec Supervia, dir. Bellezza; Scala de Milan, 1953, avec Simionato; Glyndebourne, 1957; Sadler's Wells, 1968, avec Patricia Kern (Isabella), dir. Mario Bernardi; Aix-en-Provence, 1970, avec J. Berbie; Metropolitan de New York, 1974, avec Marilyn Horne.

PERSONNAGES

MUSTAFA, *Bey d'Alger* (basse); ELVIRA, *sa femme* (soprano); ZULMA, *confidente d'Elvira* (contralto); HALY, *au service du Bey* (basse); LINDORO, *Italien, amoureux d'Isabella* (ténor); ISABELLA (contralto); TADDEO, *vieil Italien* (baryton).

L'Italienne à Alger de Rossini est une *commedia dell'arte* mise en musique. Dans ce genre, l'intrigue et les paroles ne sont pas vraiment celles d'une pièce bien structurée; ce sont plutôt des situations offertes à la liberté d'invention des comédiens. Rossini avait vingt et un ans quand il la composa, et cela ne lui prit que vingt-sept jours.

Acte I. L'ouverture — l'une des plus célèbres de Rossini — est animée au début par le sentiment d'un drame latent auquel succède rapidement un délicieux *allegro.* Le jeu des bois y est particulièrement séduisant.

Le palais du Bey d'Alger. Le chœur des eunuques du harem (curieusement composé de ténors et de basses) pleure la triste condition des femmes. Elvira, l'épouse du Bey, et sa confidente Zulma, se lamentent : son mari ne l'aime plus. Le Bey fait son entrée. Avec force roulades, il maudit l'arrogance des femmes, et prétend avoir les oreilles brisées quand Elvira s'adresse à lui. Un quatuor plein de vivacité s'ensuit (car Haly, le capitaine des corsaires du Bey, s'est joint à cette scène de famille). Le Bey demande à Haly d'aller lui quérir une épouse italienne — rien d'autre ne saurait le satisfaire.

Lindoro, un jeune esclave italien, au service du bey, pleure l'absence de sa bien-aimée dans une cavatine lente, « Languir per una bella », suivie d'une vigoureuse *cabaletta* tout aussi ornée. Le Bey lui demande s'il souhaiterait se marier. Pas à moins d'être amoureux, répond Lindoro. Le maître et l'esclave chantent alors un duo charmant, ayant pour sujet le mariage.

Changement de décor. Isabella, qui a parcouru les mers à la recherche de son amant perdu, Lindoro, se trouve rejetée, fort à propos, sur la côte d'Algérie à la suite d'un naufrage.

Les hommes de Haly ne tarissent pas d'éloges sur la beauté des esclaves, et sur la bonne fortune de Mustafa, qui va ainsi agrandir son harem. « Cruda sorte » (Quel sort fatal), chante Isabella. Elle n'est vraiment en danger qu'en raison de son amour fidèle pour Lindoro; sa *cabaletta* nous rassure entièrement, par ailleurs, sur son aptitude à se tirer d'affaire toute seule. Tous sont faits prisonniers. Haly est enchanté de découvrir qu'Isabella

et Taddeo — un soupirant vieillissant et assez ridicule qu'elle avait emmené pour lui tenir compagnie — sont Italiens. On les mènera au Bey. Isabella, restée seule avec Taddeo, ne semble pas trop effrayée à la perspective d'entrer dans le sérail du Bey. Ils se querellent à ce sujet dans le duo « Ai capricci della sorte », mais tout s'arrange dans un charmant *allegro vivace* : leur relation d'oncle à nièce (sur laquelle ils viennent de se mettre d'accord) présente des avantages. L'air est d'une niaiserie exquise, et illustre parfaitement le talent avec lequel Rossini pouvait écrire une musique à la fois profondément comique et tout à fait ravissante.

Au palais du Bey, Elvira et Zulma sermonnent Lindoro, qui montre bien peu d'empressement à accepter Elvira pour épouse; pourtant le Bey lui a offert la liberté et la fortune s'il voulait bien l'en débarrasser. Haly vient annoncer la capture d'Isabella. Le Bey exprime sa joie dans une aria ornée de vocalises : « Già d'insolito ardore ». Après son départ, Elvira avoue être encore éprise de cet époux inconstant, et Lindoro la console : si elle le suit en Italie, elle trouvera autant de maris et d'amants qu'elle voudra.

Le finale commence par le chœur des eunuques à la louange de Mustafa, le fléau des femmes qui transforme les tigresses en agneaux. On fait entrer Isabella, qui ne peut dissimuler son amusement à la vue de Mustafa. L'air qu'elle chante est irrésistiblement comique, tout comme le duo où elle fait des avances au Bey médusé. Un quatuor réunit Isabella, Taddeo, Haly et Mustafa. Elvira, Zulma et Lindoro entrent. Isabella et Lindoro se reconnaissent, et le quatuor devient un septuor, que domine une figure particulièrement ornée, chantée par Mustafa et Lindoro. Isabella fait un scandale quand elle découvre qu'Elvira est la femme que Mustafa veut répudier, et les complications s'accumulent jusqu'à la fin de l'acte.

Acte II. Les eunuques commentent la solitude sentimentale de Mustafa. Haly conseille à Elvira et à Zulma de rester du côté de Mustafa : on ne sait jamais, il peut encore changer d'avis. Aussitôt arrivé, il invite l'Italienne à se joindre à lui pour le café. Isabella reproche à Lindoro son futur mariage avec Elvira. Mais elle finit par croire à ses protestations de fidélité, et ils complotent de s'enfuir ensemble. Mustafa annonce à Taddeo qu'il a l'intention de le nommer, en l'honneur de sa nièce, Grand Kaimakan d'Alger. Le chœur chante ses louanges, et Taddeo enchaîne avec une aria fort amusante : « Ho un gran preso sulla testa ».

Isabella, devant son miroir, finit de s'apprêter. Elvira et Zulma viennent lui remettre le message du Bey. Elle ordonne à son esclave, Lindoro, d'apporter du café pour trois personnes, car il ne lui viendrait pas à l'idée d'exclure la propre épouse du Bey. Elle va même, de femme à femme, lui donner une indispensable leçon en matière de maniement des hommes. Installée devant son miroir, et sous les regards de Lindoro, Haly et Mustafa, elle chante « Per lui, che adoro »; l'aria est commentée, puis accompagnée par les trois hommes. Mustafa présente Taddeo, Grand Kaimakan, à Isabella selon un protocole grandiloquent. Il cherche ensuite à se débarrasser des hommes, mais sans succès. Elvira arrive avec le café et se joint à eux : le quatuor est devenu un quintette. Mustafa enrage, et l'ensemble se termine dans un tumulte *crescendo*.

Haly est resté seul. Dans une aria plaisante, il loue les séductions des femmes italiennes, « Le femine d'Italia ». Dès qu'il a quitté la scène, Lindoro et Taddeo apparaissent. Ce dernier confie à son compère qu'il aime Isabella. Il pense qu'elle a autrefois aimé un certain Lindoro; mais tout cela est terminé, et maintenant c'est lui, Taddeo, qu'elle aime. Lindoro est choqué par cette révélation mais il se remet bien vite de son émotion,

devant l'insignifiance éclatante de son rival. Quand Mustafa entre, Lindoro conseille à Taddeo de soutenir son plan. Mustafa se plaint du traitement que lui fait subir Isabella; ils le rassurent et lui suggèrent de faire ce qu'elle attend de lui : entrer dans l'ordre très noble et très ancien des « Pappatacci » (littéralement : « Mange et tais-toi »; c'est-à-dire l'ordre des maris complaisants). Mustafa, qui est loin d'avoir compris ce dont il s'agissait, accepte. Le trio suivant est connu comme le « trio des Pappatacci », le chant élevé et fluide de Lindoro est soutenu par les deux voix graves pour produire un effet des plus comiques. Haly, cependant, a des soupçons : pourquoi, demande-t-il à Zulma, Isabella donne-t-elle à boire aux eunuques et aux Maures ? Juste pour rire, répond-elle.

Pendant les préparatifs de la cérémonie d'initiation de Mustafa, Isabella rassemble tous les Italiens qui sont au service du Bey et fait appel à leur patriotisme pour s'assurer leur concours : il s'agit de s'enfuir pendant le déroulement de la cérémonie. Le chœur des Italiens la félicite, puis elle chante son récitatif, « Amici, in ogni evento », et rondo, « Pensa alla patria », sans oublier de glisser une pique contre Taddeo et un mot tendre pour Lindoro.

Annoncé par Lindoro, le chœur des « Pappatacci » commence, accompagné par les cors. Mustafa, poussé par Isabella, jure obéissance aux règ'es de l'ordre, qu'il répète après Taddeo. Pour l'éprouver, Isabella et Lindoro échangent force manifestations d'affection : il n'y résiste pas, mais Taddeo le remet en place, et il jure de ne plus enfreindre les règles de l'ordre. On entend au-dehors un chœur d'esclaves européens. Le bateau qui doit les ramener chez eux attend devant le palais du Bey. Isabella et Lindoro s'apprêtent à monter à bord, et Mustafa croit que cela fait partie de son initiation. Seul Taddeo s'inquiète de la tournure que prennent les événements. Mustafa réalise son erreur dans un *allegro* : Elvira, Zulma et Haly ont réussi à le convaincre qu'il avait été trompé. Il se tourne vers Elvira, son véritable amour — les Italiennes n'étaient qu'une fantaisie passagère. Du palais, on peut encore voir Isabella et ses compagnons : l'opéra se termine par les réjouissances et félicitations de tous, ravisseurs et fugitifs.

H.

Il Turco in Italia
Le Turc en Italie

Opéra en 2 actes (de nos jours, généralement 3) de Rossini; liv. de Felice Romani. Créé à La Scala de Milan, 14 août 1814, avec Maffei-Festa, Giovanni David; Filippo Galli, Luigi Pacini. Première à Paris, Th. des Italiens, 1820; King's Theatre, Londres, 1821, avec Giuseppina et Giuseppe Ronzi de Begnis (leurs débuts londoniens); New York, 1826. L'opéra ne fut pas joué en Italie entre 1855 et la reprise du Théâtre Eliseo à Rome en 1950, avec Callas, Valletti, Stabile, Bruscantini, dir. Gavazzeni; La Scala, 1955, même distribution; Festival d'Edimbourg, 1957, par la Piccola Scala, avec Ratti, Cossotto, Alva, Corena, Bruscantini, dir. Gavazzeni; Glyndebourne, 1970, avec Sciutti, Benelli, Roux, Montarsolo, dir. Pritchard.

PERSONNAGES

SELIM , *le Turc* (basse); FIORILLA , *jeune Napolitaine* (soprano); GERONIO , *son mari* (basse); NARCISO , *soupirant de Fiorilla* (ténor); ZAIDA , *Turque* (mezzo-soprano); ALBAZAR , *Turc* (ténor); PRODOSCIMO , *poète* (baryton).

A Naples et alentour, au XVIIIᵉ siècle.

Acte I. Un campement de gitans dans les faubourgs de Naples. Des passants se font dire la bonne aventure. Parmi les gitans se trouvent deux Turcs fugitifs, Zaida et Albazar. Zaida est malheureuse : en Turquie, elle était esclave, et elle aimait son maître qu'elle désespère de ne jamais revoir.

Prosdocimo le poète arrive au campement, en quête d'inspiration : son patron lui a commandé une pièce comique. Il se refuse à croire qu'une autre pièce sur le thème éternel de l'épouse coquette et du mari ridicule — comme le sont dans la vie Donna Fiorilla et Don Geronio — serait acceptable. Don Geronio entre à la recherche d'une bohémienne qui saurait lui lire les lignes de la main et lui conseiller un moyen de raisonner son épouse. Il est profondément perturbé par les prédictions qu'on lui fait.

Prosdócimo questionne Zaida. Elle lui révèle qu'elle a été arrachée à son maître, Selim Damelec d'Erzerum, par les intrigues de ses rivales. Prosdocimo la console en lui annonçant qu'un pacha turc doit arriver incessamment à Naples, peut-être acceptera-t-il d'intercéder pour elle.

Le port. Donna Fiorilla nous est présentée avec un air de bravoure, « Non si dà follia maggiore » : elle raconte aux passants les agréables complications de sa vie sentimentale. Arrive un vaisseau battant pavillon turc. Annoncée en mineur, comme il sied aux Turcs de la fin du XVIIIᵉ s. et du début du XIXᵉ s., la cavatina de Selim, « Bella Italia », est dans le style fleuri que Rossini affectionnait particulièrement pour ses basses comiques. Selim, brusquement, passe des louanges du pays à celles de ses habitants, en particulier ceux du sexe féminin. Fiorilla se joint aux dernières phrases de l'aria; ils échangent des compliments, et la scène se termine par un bref duo entre Fiorilla et Selim.

Fiorilla est non seulement nantie d'un mari barbon, mais aussi d'un jeune amant, Narciso. Celui-ci exprime ses sentiments dans l'aria « Un vago sembiante di gioia ». Prosdocimo voit dans la façon dont tournent les événements un excellent thème pour sa comédie. Tandis qu'il y réfléchit – un mari stupide, une femme volage, l'amant supplanté par un Turc séduisant et amoureux : que peut-on souhaiter de mieux ? – il est surpris par ce même mari et ce même amant auxquels il faisait allusion : le monologue devient trio. Aux ingrédients qu'il a cités, les nouveaux venus désirent en ajouter un : un poète recevant sans tarder une bonne correction. Mais Prosdocimo leur échappe, les laissant déconfits.

Une chambre de la maison de Fiorilla. Elle prend le café avec Selim. Le Turc affirme à la jeune femme qu'il est follement épris d'elle et elle lui lance quelques remarques espiègles sur les centaines de femmes que contient son harem. Le fameux quatuor qui, dans la plupart des versions modernes, termine l'acte I commence par cet assaut galant. Quand Geronio entre, Selim se précipite sur lui, mais Fiorilla fait en sorte que les choses tournent en sa faveur, décidant son mari à couvrir le Turc de compliments. Seul Narciso semble interloqué. Selim s'arrange pour prendre rendez-vous avec Fiorilla, le soir même, au port.

L'avant-dernière scène de l'acte I (de nos jours la scène 1 de l'acte II)

a lieu dans la maison de Geronio. Il regrette amèrement d'avoir épousé une femme plus jeune que lui, qu'il ne peut plus contrôler. Prosdocimo lui conseille la fermeté et l'esprit de décision. Mais Geronio n'obtient rien de bon en appliquant cette formule. Il se confond en excuses dès le début de son duo avec Fiorilla, « Per piacere alla Signora, che ho da far »; au milieu, elle feint de l'aimer et va jusqu'à verser quelques fausses larmes en lui déclarant qu'*il* est celui qui *la* fait souffrir; à la fin, elle le tient entièrement à sa merci.

Dans le quartier des bohémiens. Selim vient y chercher des présages favorables à sa fuite avec Fiorilla. Zaida le reconnaît, et une réconciliation s'amorce à la grande déconvenue de Prosdocimo, qui y voit l'écroulement de son intrigue. Arrivent Narciso, très malheureux, et Fiorilla, poursuivie par son mari en fureur. L'acte se termine dans la confusion générale.

Acte II. (le plus souvent, acte III). Prosdocimo, bien décidé à réaliser son plan, presse Geronio de surprendre son épouse et Selim le soir même, afin de mettre fin à l'intrigue. Selim propose une solution : que Geronio, suivant la coutume turque lui vende Fiorilla; après six ans de mariage, il doit en être un peu fatigué. Leur duo, avec son *crescendo* prolongé dans la section finale, est l'un des chefs-d'œuvre de Rossini. Fiorilla chante une aria avec chœur d'une délicatesse quasi mozartienne, « Se il zefiro si posa », et déclare son intention d'évincer toute rivale. Zaida la rejoint et l'on demande à Selim de choisir entre les deux femmes. Avant qu'il ait pu se décider, Zaida renonce. Apparemment, le champ est libre : Selim et Fiorilla peuvent éclaircir leurs malentendus dans un duo, « Credete alle femine ». Au cours d'un bal masqué, le soir même, Selim doit enlever Fiorilla. Prosdocimo propose à Geronio et à Narciso que Zaida revête la robe de Fiorilla et que Geronio se déguise en Selim. Narciso, éperdu de joie, décide de profiter de la situation et d'apparaître lui aussi sous les traits de Selim.

Le bal. Un chœur de fête et une valse plantent le décor de la comédie des erreurs, qui se déploie dans un superbe quintette, « Oh, guardate, che accidente, non conosco più mia moglie ». Tous les conspirateurs se trouvent en fâcheuse posture et expriment leurs craintes quant à l'avenir; le début de cet ensemble, pratiquement sans accompagnement, évoque irrésistiblement *Cosi fan Tutte*,

mais l'*allegro* est rempli d'une verve tout à fait typique de Rossini, qui va jusqu'à mêler une trompette aux voix.

Finalement, l'escapade de Fiorilla est connue de tous. Elle pleure sa disgrâce dans une aria où elle se plaint d'avoir perdu à la fois l'honneur, son mari, et la paix de l'âme. Selim dit adieu à l'Italie, retourne en Turquie avec Zaida; Fiorilla reste « fidèle » à Geronio; Narciso décide de suivre les exemples qui lui sont ainsi proposés; et Prosdocimo est maître de la fin de la pièce. Tous se réunissent pour chanter la morale : « Restate contenti, felici vivete ».

H.

Elisabetta, Regina d'Inghilterra
Elisabeth, Reine d'Angleterre

Opéra en 2 actes de Rossini; liv. de Giovanni Schmidt. Créé au San Carlo de Naples, 4 octobre 1815, avec Isabella Colbran, Dardanelli, Nozzari, Garcia l'ancien. Première à Londres, 1818, avec Fodor, Corri, Crivelli, Garcia; Paris, 1822, Th. des Italiens. Reprise par la Radio Italienne à l'occasion du couronnement de la reine Elizabeth II en 1953, avec Maria Vitale, Lina Pagliughi, Campora, Pirino. Il ne semble pas que l'opéra ait été joué sur scène entre 1841 et la reprise de 1968 au Camden Festival, Londres. Reprises : Palerme, 1971 (et du Festival d'Edimbourg l'année suivante), dir. Gavazzeni, puis Sanzogno; Aix-en-Provence, 1975, avec Caballe, Masterson, dir. Masini.

PERSONNAGES

ELIZABETH 1re, *reine d'Angleterre* (soprano); LE COMTE DE LEICESTER, *commandant de l'armée* (ténor); MATILDA, *secrètement son épouse* (soprano); LE DUC DE NORFOLK (ténor); HENRY (ENRICO), *frère de Matilda* (mezzo-soprano); FITZWILLIAM (GUGLIELMO), *capitaine de la garde royale* (ténor).

La Cour, des soldats, des gens du peuple.

Londres, à la fin du XVIe siècle.

Après les succès qu'il obtint dans le nord de l'Italie, Rossini fut engagé, en 1815, par le célèbre impresario Domenica Barbaia, à travailler pour le théâtre San Carlo de Naples. Barbaia, qui venait de faire reconstruire ce

théâtre incendié, et qui avait la faveur du roi Ferdinand, est l'un des personnages les plus extraordinaires de l'histoire de l'opéra. Il débuta comme serveur, eut le premier l'idée de mélanger la crème fouettée au chocolat ou au café, réalisa des opérations spéculatives sur les contrats de l'armée pendant les guerres napoléoniennes, et amassa une fortune dans les salles de jeu de Milan. La coutume veut qu'il ait été illettré, mais on ne peut mettre en question le succès éclatant qu'il connut en tant que directeur de théâtre — d'ailleurs, les deux choses ne sont pas forcément contradictoires.

Le livret du premier opéra composé par Rossini pour Barbaia était adapté d'une pièce contemporaine, elle-même tirée d'un roman anglais, *The Recess*, d'une certaine Sophia Lee (1785). Rossini l'écrivit pour Isabella Colbran, alors la maîtresse de Barbaia, qui l'épousa par la suite. Il convient de souligner deux traits de cette œuvre qui ont leur importance sur le plan musical et historique : pour la première fois, les récitatifs y étaient accompagnés par l'orchestre; et, pour la première fois également, le compositeur écrivit entièrement les ornements vocaux — car il avait entendu le castrat Velluti se livrer à une telle profusion de vocalises dans *Aureliano in Palmira* qu'il redoutait ce qu'un chanteur moins musicien pourrait faire dans des circonstances comparables. En un mot, Rossini écrivait pour un nouveau public et tenait à mettre toutes les chances de son côté pour le conquérir.

Acte I. Pour son ouverture, Rossini fit quelques emprunts à son dernier opéra à succès, *Aureliano.* Procédé qu'il reprit moins de deux ans plus tard : il utilisa exactement la même pièce pour *Il Barbiere di Siviglia,* si bien que la même ouverture a servi pour trois opéras.

On célèbre à Londres, au palais de Whitehall, les succès militaires de Leicester en Écosse. Norfolk ne cache pas sa jalousie. Les courtisans saluent la reine, qui les accueille en chantant un air extrêmement digne (et orné), puis exprime sa joie sur une musique à peine différente du « Io sono docile » (dans *Le Barbier*). La reine accueille Leicester au grand dépit de Norfolk.

Leicester a ramené les fils de la noblesse écossaise en otage. Dans un aparté, il ne peut dissimuler sa surprise en reconnaissant parmi eux, déguisée en garçon, sa propre femme Matilda, qu'il a épousée secrètement. La reine les prend tous comme pages à son service. Resté seul avec sa femme, Leicester lui reproche la hardiesse de son comportement : étant parente de Marie, reine d'Écosse, elle court un grand danger. Ce duo : « Incauta, che festi ? » connut, selon Stendhal, un immense succès le soir de la première. Matilda sait que la reine aime Leicester; elle se trouve seule avec son frère Henry, également retenu comme otage, et se lamente sur son triste sort dans une aria très douce : « Sento un intorna voce ».

Norfolk apprend de Leicester, en vertu du serment d'amitié qui les unit, le secret de son mariage. Il s'empresse de rapporter la nouvelle à la reine, qui elle-même caressait le projet d'épouser Leicester. Sa réaction est exprimée par un mélange de fureur et de dignité dans le magnifique duo qu'elle chante avec Norfolk : « Perche mai, destin crudele », dont la vigoureuse section rapide préfigure *Guillaume Tell*, et même les premières œuvres de Verdi.

Dans les quelques mesures précédant le début du finale, la reine ordonne à Fitzwilliam, qui commence déjà à soupçonner la perfidie de Norfolk, de tenir la garde prête et d'envoyer quérir Leicester et les otages écossais, parmi lesquels elle reconnaît aussitôt Matilda. Puis elle décide de s'entretenir avec Leicester, son premier conseiller et héros du jour. Elle lui propose de devenir prince consort, ce qui le plonge dans un profond désarroi. Il essaie de refuser. La reine est alors prise d'une terrible colère; elle accuse le couple et le fait arrêter. Le finale, qualifié de « magnifique » par Stendhal, est une pièce impressionnante, d'abord pleine de fureur et de fracas, puis rappelant les sonorités mozartiennes.

Acte II. Elizabeth envoie chercher Matilda. Au cours de ce qu'on peut considérer comme la meilleure scène de l'opéra, elle lui demande de signer sa renonciation à tout droit en tant qu'épouse de Leicester; en échange de quoi, son époux et son frère auront la vie sauve : « Pensa che sol per poco sospendo l'ira mia ». Il est probable que Bellini a pris ce duo, et en particulier la 2e section, lente, comme modèle de son célèbre « Mira, o Norma ». Leicester entre. Il lit le document, défie la reine en le déchirant et fait du célèbre duo un trio non moins remarquable. On emmène les coupables. Mais la reine, après réflexion, ordonne le bannissement de Norfolk dont elle a enfin compris la duplicité.

Devant la Tour de Londres. Le peuple pleure le triste sort de Leicester. Norfolk, maintenant condamné à l'exil, tente, dans une aria avec chœur, un soulèvement populaire.

Le donjon où est enfermé Leicester. Il se lamente sur sa destinée tandis que la flûte et le cor anglais reprennent le récit de ses rêves confus. Norfolk vient lui promettre son aide; leur duo est chargé de vocalises : « Deh, scusa i trasporti ». La reine vient à la prison voir son favori avant qu'il ne soit exécuté. Norfolk se dissimule, tandis que Matilda et Henry réussissent à s'introduire dans le donjon. Leicester apprend que Norfolk l'a dénoncé, et la reine finit par réaliser toute la traîtrise de celui-ci. Norfolk tire son poignard pour tuer la reine, mais Matilda s'interpose.

Dans un finale splendide, la reine condamne Norfolk à mort; dans la section à trois temps, lente[1] et de plus en plus ornée, elle se tourne vers Matilda et Leicester et leur accorde la liberté pour les remercier de leur loyauté : « Bel'alme generose ». On entend au-dehors le peuple plaidant la cause de Leicester. La reine Elizabeth lui présente le héros libéré, et l'opéra se termine par les roulades de la reine qu'acclame la foule.

H.

Il Barbiere di Siviglia
Le Barbier de Séville

Opéra en 2 actes de Rossini; liv. de Sterbini, d'après Beaumarchais. Créé le 20 février 1816 au Teatro Argentina, à Rome, avec Giorgi-Righetti, M. Garcia, L. Zamboni, Vitanelli, Botticelli, dir. du compositeur (sous le titre Almaviva, ossia l'Inutile Precauzione, *utilisé pour la première fois à Bologne en 1816). Haymarket, Londres, en 1818, avec Fodor, Garcia, Naldi, Angrisani, Ambrogetti; Covent Garden, 1918, avec Dickons, Jones, Liston, Fawcett, Isaacs; New York, 1819 (en angl.), avec Thomas Phillips, et Mme Leosugg; 1825 (en it.), avec Garcia l'ancien dans le rôle d'Almaviva, Garcia le jeune dans celui de Figaro, et Malibran en Rosine; Metropolitan, 1833, avec Sembrich, Stagno, del Puente, Mirabella, Corsini dir. Vianesi. Reprises : Covent Garden, 1919, dir. Mugnone; 1925, avec Dal Monte, dir. Votto; 1926, avec Capsir et Chaliapine; 1935, avec Pons, Dino Borgioli, de Luca, Pinza, dir. Bellezza; 1960, avec Berganza, Alva, Panerai, Vinco, Corena, dir. Giulini; La Scala, Milan, 1952, avec Simionato, Tagliavini, Bechi, Rossi-Lemeni Luise, dir. de Sabata; et, 1956, avec Callas, Alva, Gobbi, Rossi-Lemeni, Luise, dir. Giulini.*

1. Connue du public de ballets britannique comme l'air de flûte de Lisa dans *La Fille Mal Gardée*.

PERSONNAGES

LE COMTE ALMAVIVA (ténor); LE DOCTEUR BARTOLO (basse comique); DON BASILIO, *professeur de chant* (basse); FIGARO, *barbier* (baryton); FIORELLO, *domestique du comte* (basse); AMBROGIO, *domestique du docteur* (basse); ROSINE, *pupille du docteur* (mezzo-soprano); BERTA, *gouvernante de Rosine* (soprano).
Un notaire, un commissaire de police, des musiciens et des soldats.

A Séville au XVIIIᵉ siècle.

Deux compositeurs, Mozart et Rossini, ont écrit des opéras dont l'intrigue s'inspirait d'épisodes de la trilogie de Beaumarchais. Ces deux opéras ont connu un succès long et régulier dans les divers répertoires. Les trois comédies de Beaumarchais sont *Le Barbier de Séville, Le Mariage de Figaro* et *La Mère coupable.* Mozart choisit le second, et Rossini le premier. Si bien que, sur le plan de l'action, *Il Barbiere di Siviglia* précède *Le Nozze di Figaro* de Mozart (mai 1786) est antérieur de près de 30 ans au *Barbiere* de Rossini (février 1816). Figaro est le principal personnage des deux comédies.

Il y a beaucoup à dire sur la première représentation du *Barbier de Séville,* ainsi que sur l'ouverture, l'origine du premier solo du comte, « Ecco ridente in cielo », et sur la musique choisie par les *prime donne* successives pour illustrer la leçon de musique de l'acte II. Mais il est préférable de faire précéder ces anecdotes de quelques renseignements relatifs à l'intrigue et à la musique.

Acte I, scène 1. Une rue dans laquelle s'élève la maison du docteur Bartolo. Le comte Almaviva, Grand d'Espagne, est désespérément amoureux de Rosine, la pupille de Bartolo. Accompagné de Fiorello, son valet, et d'une bande de musiciens il lui offre une sérénade illustrée par les douces et fluides mesures de « Ecco ridente in cielo » (Voici, riant sous les cieux) :

Ec - co ri-den-te in cie - - lo

Il paye les musiciens avant de les renvoyer, leur recommandant le silence; mais sa générosité provoque un certain remue-ménage, car ils l'entourent pour le remercier.

C'est à ce moment que Figaro, barbier et homme à tout faire de la ville, entre en dansant et en chantant le célèbre air « Largo al factotum della città » (Place au factotum de la cité) :

Lar - gò al fac - to - tum del - la cit - tà   lar - go

Figaro est le barbier de Bartolo. Quand le comte Almaviva lui confie son secret, il est tout prêt à chercher le moyen de l'introduire auprès de Rosine.

Mais le tuteur de Rosine la surveille étroitement, car il envisage de la prendre pour femme, et le maître de musique, Basilio, lui apporte tout son soutien dans ce projet. Rosine, pour sa part, est tout à fait sensible à l'intérêt que lui porte le comte, bien qu'elle ne l'ait jamais vu. Malgré la surveillance de son gardien, elle réussit à laisser tomber de son balcon une lettre adressée à Almaviva, où elle lui déclare sa flamme et lui demande son nom. Il lui répond, dans une aria, qu'il se nomme Lindoro.

Le duo habile qui réunit le comte et Figaro met fin à la scène — dans la première section, le comte promet de l'argent au barbier, tandis que la seconde est consacrée à la louange de l'amour et du plaisir, et à l'habileté de Figaro comme entremetteur.

Scène 2. Une chambre dans la maison de Bartolo. Rosine chante le brillant « Una voce poco fa » (J'ai entendu une voix), suivi de « Io sono docile » (Je suis une femme docile) :

Bartolo fait savoir à Basilio qu'il soupçonne le comte Almaviva d'être arrivé en ville et, qui plus est, d'être amoureux de Rosine. Basilio lui conseille de faire éclater un scandale visant le comte; dans l'aria : « La calunnia », remarquable pour son *crescendo descriptif*, il expose comment la calomnie peut, partant de rien, dégénérer en un épouvantable scandale.

Figaro annonce à Rosine que Lindoro est son cousin, et qu'il est follement épris d'elle. Rosine remet un billet pour le présumé Lindoro. Duo de Rosine et de Figaro : « Dunque io son, tu non m'inganni ? » (M'aime-t-il vraiment, tu ne me trompes pas ?)

Bartolo reproche à Rosine d'avoir laissé tomber un billet de son balcon. Bien qu'elle ait une réponse prête pour toutes ses questions, il ne la croit pas et lui sert un petit sermon sur l'inutilité d'essayer de le tromper. Son aria, « A un dottor della mia sorte », est un excellent morceau *buffo*, tout à fait supérieur à « Manca un foglio », que l'on a souvent chanté à sa place et qui n'est aucunement de Rossini.

Pour pouvoir rencontrer Rosine, le comte se déguise en soldat ivre et force la porte de la maison de Bartolo. Le gardien de Rosine fait arrêter le prétendu soldat, ayant compris qu'il agissait sous une fausse identité. Mais on le relâche aussitôt, car il a discrète-ment fait connaître à l'officier qu'il était Grand d'Espagne. Un sextuor d'un comique irrésistible réunit Rosine, Almaviva, Bartolo, Berta, Figaro et Basilio : « Fredda ed immobile » (Pétrifié et immobile) et l'acte se termine par un grand ensemble.

Acte II. Le comte pénètre à nouveau dans la maison de Bartolo. Il est cette fois déguisé en professeur de musique et prétend être envoyé par Basilio, souffrant. Il gagne même la confiance de Bartolo en lui montrant la lettre de Rosine, et en offrant de la persuader que cette lettre lui a été remise par une maîtresse du comte. Dans la fameuse scène de la « leçon de mu-sique », il va pouvoir murmurer quel-ques mots à Rosine. Figaro de son côté réussit à obtenir les clés nécessaires à l'évasion. On prépare la fuite pour minuit, et un mariage secret est orga-nisé. Mais voici que Basilio réapparaît. Les amants sont quelque peu déconcer-tés ils finissent par le persuader qu'il est réellement malade — et il se laisse d'autant mieux convaincre que le comte lui glisse une bourse bien remplie dans la main. Ils réussissent ainsi à s'en débarrasser. Il part après le quintette « Buona sera, mio Signore » (Portez-vous bien, Monseigneur) :

Figaro entreprend de raser le doc-teur, tandis qu'Almaviva et Rosine préparent leur fuite. Mais Bartolo commence à avoir quelques soupçons. Il quitte son fauteuil à un moment où personne ne le surveille et surprend la conversation compromettante des deux amants.

Une fois le comte et Figaro partis, Bartolo montre à Rosine la lettre qu'elle a écrite à Almaviva, et qu'il détient maintenant. Il réussit à exciter la jalousie de sa pupille. Dans sa colère, elle avoue son plan de fuite et va jus-qu'à accepter d'épouser son tuteur. Au moment prévu, cependant, le comte et Figaro font leur entrée — les amants sont réconciliés et le notaire que Bartolo avait mandé pour son propre mariage célèbre le leur. Quand le tuteur arrive, accompagné des officiers de police chargés d'arrêter Figaro et Almaviva, il est trop tard. Mais il est réconforté par la promesse qu'il recevra en dédommagement l'équivalent de la dot de sa pupille.

Juste avant qu'Almaviva et Figaro n'entrent pour enlever Rosine, il y a un orage. Le trio délicat, qui réunit Rosine, le comte et le barbier : « Zitti, zitti, piano » (Doucement, doucement et en silence), n'est pas sans ressembler, par pur hasard sans doute, à un passage des *Saisons* de Haydn :

zit-ti, zit-ti, pia-no, pia - no,

La première représentation de *Il Barbiere di Siviglia* — qui a tenu la vedette au répertoire pendant plus d'un siècle — a connu un échec retentissant, non dénué, il est vrai, d'anecdotes piquantes. Castil-Blaze, Giuseppe Carpani dans son *Rossiniane*, et Stendhal dans sa *Vie de Rossini* (dont une bonne partie est « empruntée » à Carpani) ont raconté l'histoire. De plus, la Rosine de la création, Mme Giorgi-Righetti, qui était à la fois ravissante et populaire, a laissé ses souvenirs.

Le 26 décembre 1815, le duc Cesarini, directeur du Teatro Argentino, à Rome, pour qui Rossini s'était engagé à écrire deux opéras, fit jouer le premier, *Torvaldo e Dorliska,* qui reçut un accueil médiocre. Sur quoi Cesarini remit à Rossini le livret du *Barbier*, que Paisiello, encore vivant, avait mis en musique plus d'un quart de siècle auparavant. Le public romain avait gardé un bon souvenir des œuvres du vieux maître. Les honoraires étaient d'environ 400 dollars, et Rossini était censé tenir le pianoforte pendant les trois premières représentations. On dit qu'il composa sa partition en une quinzaine de jours. Même si ce n'est pas la stricte vérité, il faut reconnaître qu'il y a à peine plus d'un mois entre le 26 décembre et le 5 février. Le jeune auteur avait bien trop de bon sens pour négliger de rendre honneur à Paisiello. Il s'empressa d'écrire au vieux maître. Celui-ci, bien que férocement jaloux, dit-on, depuis le succès sensationnel remporté à Naples, en 1815, par *Elisabetta, Regina d'Inghilterra,* lui répondit qu'il ne voyait aucune objection à ce qu'un autre musicien utilisât le sujet de son opéra. En vérité, on raconte qu'il espérait bien que Rossini serait incapable de s'en sortir. Le livret fut revu par Sterbini, et Rossini écrivit une préface modeste, qui ne manquait cependant pas de suggérer que l'ancienne partition était passée de mode. Mais il prit bien soin de montrer la lettre de Paisiello à tous les amateurs de musique de Rome, et insista pour que le titre de l'opéra fût changé. Le *Barbier de Séville* devint ainsi *Almaviva, ossia l'Inutile Precauzione, « Almaviva, ou la Précaution inutile ».*

Mme Giorgi-Righetti rapporte que tous les ennemis acharnés du compositeur étaient à leur poste dès l'ouverture du théâtre, tandis que ses amis, échaudés par le mauvais accueil que *Torvaldo e Dorliska* venait de recevoir, défendaient assez timidement le nouvel opéra. De plus, ajoute-t-elle, Rossini avait cédé à regret à une suggestion de Garcia, le créateur du rôle d'Almaviva : il lui avait permis de substituer à l'air que le comte chante sous le balcon de Rosine une mélodie espagnole avec accompagnement de guitare. Le décor étant planté en Espagne, cela ajouterait à la couleur locale. C'était du moins l'idée. Mais personne n'avait songé à accorder cette guitare, et Garcia dut le faire sur scène. Une corde cassa qu'il dut remplacer sous les quolibets et les sifflets du public. L'air de Figaro venait ensuite, et les spectateurs s'étaient calmés pour l'écouter. Mais quand Zamboni fit son entrée sur scène avec une autre guitare, les rires et les sifflets reprirent de plus belle, rendant son solo complètement inaudible.

Rosine apparut alors au balcon. Le public admirait beaucoup Mme Giorgi-Righetti, et était prêt à l'applaudir. Mais, comble d'absurdité, elle se mit à chanter : « Segui, o caro, deh, segui così » (Continue, bien-aimé, continue toujours ainsi). Bien entendu, la salle croula de rire. Les sifflets et les quolibets durèrent pendant tout le duo de Figaro et d'Almaviva. L'œuvre semblait perdue. Enfin Rosine vint chanter : « Una voce poco fa », que l'on attendait avec impatience (et qui est encore considéré aujourd'hui comme un *tour de force* pour soprano). Le charme juvénile de l'interprète, la beauté de sa voix et la faveur dont elle jouissait auprès du public lui permirent de remporter « une sorte d'ovation ». A trois reprises, les applaudissements la rappelèrent, et l'on se prit à espérer que tout n'était pas perdu. Rossini, qui était au pianoforte, se leva pour saluer. Mais, comprenant tout à coup que les applaudissements n'étaient destinés qu'à la chanteuse, il lui confia dans un murmure : « Oh, natura ! » (Oh, la nature humaine !).

« Remerciez-la, répliqua l'artiste, car sans elle, vous n'auriez pas eu l'occasion de vous lever de votre chaise. »

Ce qui semblait une tournure favorable des événements ne dura point. Les sifflets reprirent avec plus de force encore pour le duo entre Figaro et Rosine. « Tous les siffleurs d'Italie semblaient s'être donné rendez-vous à cette occasion », disait Castil-Blaze. Finalement, une voix de stentor s'éleva : « C'est l'enterrement de Don Pollione ». Ces paroles étaient sans aucun doute pleines de sel pour un auditoire romain, car les cris, les sifflets, les battements de pieds reprirent avec une véhémence accrue. Quand le rideau tomba sur la fin du premier acte, Rossini se tourna vers le public, haussa imperceptiblement les épaules et applaudit. La salle, vexée de voir son goût traité avec un tel mépris, réserva sa vengeance pour le second acte, dont il fut impossible de percevoir la moindre note.

Pour la deuxième représentation, Rossini remplaça le malheureux air introduit par Garcia par l'« Ecco ridente in cielo » que nous connaissons. Et les choses sont demeurées ainsi. Il emprunta la cavatine à un opéra de ses débuts, *Aureliano in Palmira* (*Aurélien à Palmyre*). Cet air a également figuré dans une cantate de Rossini, *Ciro in Babilonia* (Cyrus à *Babylone*), si bien que les mesures d'abord chantées par le roi perse dans l'ancienne capitale de Nabuchodonosor, puis par l'empereur romain et sa suite dans la ville née du désert furent jugées dignes d'être entonnées par un comte espagnol éperdu d'amour lors de sa sérénade à une Sévillane, au XVIIe siècle !

L'histoire de l'ouverture n'est pas moins curieuse. On dit que l'original a été perdu. Celle qu'on joue actuellement provient de la même source que « Ecco ridente in cielo », d'*Aureliano*, et a déjà servi d'ouverture à *Elisabetta, regina d'Inghilterra*.

Il est singulier que l'opéra ait reçu à Paris à peu près le même accueil qu'à Rome. La première représentation dans la salle Louvois fut accueillie assez froidement. Les journaux comparèrent *Le Barbier* de Rossini à celui de Paisiello, et ce ne fut pas à son avantage. Mais fort heureusement il fut décidé de reprendre l'œuvre de Paisiello. Paer, directeur musical du Théâtre Italien, qui ne demandait pas mieux que de jouer un mauvais tour à Rossini, prétendit céder à la demande du public quand il ressortit l'œuvre du vieux maître. Mais il se produisit justement le contraire de ce qu'il attendait. L'œuvre fut jugée complètement démodée, on décida que c'était un comble d'ennui, et Rossini triompha. Garcia l'ancien, qui avait chanté le rôle d'Almaviva à Rome, le reprit à Paris, puis à Londres et à New York, quand l'œuvre y fut jouée pour la première fois en italien. Rossini avait la réputation d'être extrêmement indolent quand il n'avait rien à faire. Nous avons vu qu'après la perte de l'ouverture du *Barbier* (s'il l'a jamais composée), il ne prit pas la peine d'en écrire une autre, mais se contenta d'utiliser une ouverture plus ancienne. Une anecdote similaire concerne la leçon de musique qu'Almaviva est supposé donner à Rosine dans la maison du docteur Bartolo. Ce morceau aussi aurait été perdu, avec l'ouverture. C'est inexact ; il existe, et on le chante habituellement dans les représentations modernes. Mais, comme ce fut le cas pour l'ouverture, Rossini ne prit pas la peine de le recomposer, dit la légende. Il aurait laissé la prima donna chanter ce qui lui venait à l'esprit. « A cette occasion, Rosine chante un air, « ad libitum » est l'indication portée sur le livret. Peut-être est-ce Giorgi-Righetti qui, la première, choisit « La Biondina in gondoletta », que les prime donne italiennes ont souvent chanté pour la leçon de musique. Par la suite y fut substitué l'air « Di tanti palpiti », tiré de l'opéra *Tancredi* (et connu comme *l'aria dei rizzi*, ou « Air du riz », parce que Rossini, qui était un fin gourmet, l'avait composé en préparant son riz). Pauline Viardot-Garcia (la fille de Garcia) fit comme son père lors de la première manquée : elle chanta une mélodie espagnole. Ce pourrait bien être « La Calesera » qu'Adelina Patti chanta également à Paris vers 1867. Parmi les autres choix de Patti à cette époque, on peut noter l'air intitulé « l'Éclat de rire », tiré de *Manon Lescaut*, d'Auber (aussi apprécié à Paris, à cette époque, que la *Manon* de Massenet, aujourd'hui). A New York, j'ai entendu Patti chanter, dans cette scène, la valse d'Arditi, « Il Bacio » (Le baiser), le boléro d'Hélène, des *Vêpres Siciliennes* de Verdi ; la « danse de l'ombre » de *Dinorah*, de Meyerbeer, et, pour conclure la scène : « Foyer, mon doux foyer », qui ne manquait jamais d'émouvoir la salle, bien que la

naïveté dont était emprunt son chant fût tout à fait artificielle.

Avant Patti, au moins deux prime donne, Grisi et Alboni, adaptèrent une brillante pièce pour violon à leurs possibilités : « Air et Variations », de Rode. L'habitude de chanter un air avec des variations dura jusqu'à Mme Sembrich. Celle-ci chantait les variations de Proch, qui fut le professeur de nombreuses prime donne, dont Tietjens et Peschka-Leutner ; elle fut la première à rendre célèbres les variations et vocalises de son professeur. Elle chanta également la valse de Strauss : « Voce di Primavera » ; « Ah ! non giunge », de la *Somnambule* ; le boléro des *Vêpres Siciliennes*, et « O luce di quest'anima », de *Linda di Chamounix*. A la fin de la scène, elle allait s'asseoir avec grâce au pianoforte et chantait, s'accompagnant elle-même, « Rêve de jeune fille » de Chopin. Mme Melba, elle, a chanté la valse d'Arditi, « Se saran Rose », la « Sevillana » de Massenet, et la scène de la folie de *Lucia*, terminant, comme Mme Sembrich, par un morceau qu'elle accompagnait elle-même : la « Mattinata » de Tosti. Mme Galli-Curci avait la chance de pouvoir commencer par l'air de la vengeance de *La Flûte Enchantée*, continuant avec « L'éclat de rire » d'Auber, et « Charmant oiseau », tiré de *La Perle du Brésil*, de David ; « Foyer, doux foyer » et « La dernière rose de l'été » concluaient cette intéressante leçon de musique où chaque Rosine, censée être une élève recevant une leçon, devait en fait être une prima donna brillante et accomplie.

On peut s'étonner qu'Alboni, qui était contralto, ait chanté le rôle de Rosine que l'on associe généralement à des sopranos à la voix haute et souple[1]. Le rôle a en fait été écrit pour une voix basse. Giorgi-Righetti, la première Rosine, était un contralto.

---

1. Ce commentaire s'applique au début de notre siècle. Mais, curieusement, après 1945, on est revenu à la conception traditionnelle, attribuant le rôle de Rosine à des mezzo-sopranos.

H.

Tel qu'on l'entend aujourd'hui, c'est-à-dire chanté par un soprano léger, ce rôle est transposé du ton original à un ton plus élevé. Cela permet aux interprètes de vocaliser à loisir sur des notes hautes.

Les prime donne ont pris bien des libertés avec la partition qu'elles ont chargée de fioritures vocales. On raconte que Patti a chanté « Una voce poco fa » à Paris, devant Rossini, en agrémentant l'air à sa façon.

« Cet air est ravissant. De qui est-il ? » aurait été le seul commentaire de l'auteur.

Une autre anecdote est souvent citée. On avait demandé à Donizetti s'il croyait que Rossini avait réellement composé *Il Barbiere* en treize jours, « Pourquoi pas, aurait-il répondu, il est si paresseux ! »

Si l'histoire est vraie, Donizetti était un jeune homme bien présomptueux : il n'avait alors que 19 ans, et n'avait même pas écrit son premier opéra.

K.

La Cenerentola
Cendrillon

Opéra en 2 actes de Rossini; liv. de Jacopo Ferretti d'après celui (en fr.) qu'Etienne avait écrit pour la Cendrillon *d'Isouard, en 1810. Créé au Teatro Valle, Rome, 25 janvier 1817, avec Giorgi-Righetti en Cendrillon. Première à Londres, 1820, Haymarket Theatre; New York, 1826; Covent Garden, 1830 (en angl.), avec Paton; Paris, Th. des Italiens, 1922. Reprises : Pesaro, 1920, avec Fanny Anitua; Paris, 1929, avec Supervia, Ederle, Bettoni; Vienne, 1930, avec Kern, von Pataky; Berlin, 1931, Schoene, Hüsch, Kandl; Paris, Opéra-Comique, 1932; Florence, 1933 avec C. Supervia, dir. Serafin; Covent Garden, 1934, avec Supervia, Dino Borgioli, Ghirardini Pinza, dir. Marinuzzi; La Scala, Milan, 1937, avec Pederzini, dir. Marinuzzi; Festival de Florence, 1942, avec Barbieri; La Scala, Milan, 1946, avec Barbieri, Infantino, Maugeri, Tajo, dir. Serafin; Glyndebourne, 1952; Sadler's Wells, Londres, 1959; Opéra de Paris, 1977, avec Berganza puis von Stade, Krause, Workman, Montarsolo, dir. Lopez-Cobos.*

PERSONNAGES

DON RAMIRO, *prince de Salerne* (ténor); DANDINI, *son valet* (basse); DON MAGNIFICO, *baron de Monfiascone* (basse-bouffe); CLORINDA, THISBE, *ses filles* (soprano et mezzo-soprano); ANGELINA, *dite Cendrillon, sa belle-fille* (contralto); ALIDORO, *philosophe* (basse).

La maison de don Magnifico, le palais du prince.

Acte I. Quand le rideau se lève, Cenerentola (Cendrillon) prépare du café tout en chantant un air plein de mélancolie. Alidoro, ami et conseiller du prince, entre, déguisé en mendiant. Les deux sœurs le renvoient avec rudesse, tandis que Cenerentola, prise de pitié, lui offre à boire. Cela exaspère ses sœurs. Leur querelle est interrompue par l'arrivée de la suite du prince. Clorinda et Thisbe sont persuadées que celui-ci ne pourra pas résister à leurs charmes. Elles n'écoutent que d'une oreille le récit que leur fait leur père d'un rêve qu'il vient d'avoir et courent se faire belles pour le prince. Celui-ci arrive sous le costume de son valet, Dandini, et trouve Cenerentola seule.

C'est le coup de foudre : le prince et Cenerentola expriment leurs sentiments dans un duo d'amour dont l'esprit et la mélodie sont typiques de Rossini :

Pendant que Cenerentola s'occupe de ses sœurs, le prince, resté seul, avoue son trouble. Sa méditation est interrompue par l'arrivée de Dandini, qui porte ses vêtements.

Tandis que Dandini fait de mauvaises citations latines pour se donner de l'importance, Cenerentola implore le baron de la laisser aller au bal. Mais il ne l'écoute pas et prétend que la troisième sœur est morte et que Cenerentola n'est que la servante. Tous partent, Alidoro promet son aide à Cenerentola.

Le palais du prince. Le baron a été nommé premier échanson et goûte les vins. Le prince, sous son déguisement, a bien observé Clorinda et Thisbe et les a jugées comme des pimbêches. Quant aux deux filles, elles font leur possible pour séduire Dandini. Leur jalousie éclate quand on annonce l'arrivée d'une jeune et belle inconnue. Celle-ci, pourtant, ressemble trop à Cenerentola pour les inquiéter.

Acte II. Clorinda et Thisbe sont maintenant en très mauvais termes : chacune croit avoir fait la conquête du prince. Mais Dandini est amoureux de Cenerentola et lui demande de l'épouser. Elle refuse, et lui avoue qu'elle est éprise de son « valet ». Le prince l'entend, s'avance, et à son tour la

demande en mariage. Cenerentola lui avoue son amour mais, avant d'accepter de l'épouser, elle veut qu'il sache qui elle est. Elle lui donne un de ses bracelets et disparaît.

Le baron demande à Dandini de hâter le mariage. Dandini lui révèle alors n'être qu'un valet. Il ne saurait être question qu'il épouse une fille du baron.

La maison du baron. Clorinda et Thisbe rabrouent Cenerentola dont la ressemblance avec l'étrangère du bal est frappante. Dehors, la tempête, provoquée par les incantations du philosophe Alidoro, fait rage. Le prince et Dandini viennent se réfugier chez le baron en attendant qu'un carrosse leur soit avancé. Le prince reconnaît au bras de Cenerentola le même bracelet que celui qu'il détient. L'intrigue finit par se dénouer. Mais le baron et les deux sœurs, n'y comprenant rien, demandent fort grossièrement à Cenerentola de sortir. Le prince se fâche et les menace de sa disgrâce. Cenerentola intervient auprès de lui pour qu'il pardonne au baron et à ses filles.

F. B.

L'une des raisons, et non des moindres, du relatif manque de succès des opéras de Rossini au début de notre siècle (seul, *Le Barbier* est resté régulièrement au répertoire) est la nature ornée de l'écriture vocale. *Cenerentola* ne fait pas exeption à la règle, bien au contraire. Le rôle principal, comme dans *L'Italienne,* est écrit pour cette espèce rare qu'est le contralto coloratura.

Dans *Cerenentola,* ce ne sont pas les motivations des personnages qui importent — sauf dans le charmant duo du début de l'acte I, l'amour que le prince Ramiro porte à Cenerentola a peu d'influence sur la musique — ni même leurs réactions à leurs propres sentiments ou à ceux des autres. Ce qui compte, ce sont les situations provoquées par ces motivations. Et, chez Rossini, les situations mènent à des ensembles plus qu'à des arias. L'art de saisir le rythme verbal d'une phrase au hasard et d'en faire de la musique (ainsi l'ensemble qui intervient juste après qu'Alidoro ait annoncé l'arrivée de Cenerentola au bal); la dextérité des bavardages; l'extraordinaire manipulation des éléments les plus simples jusqu'à ce qu'ils deviennent du vif-argent : toutes ces qualités sont idéalement représentées par le quintette qui commence par « Signore, una parola », au finale de l'acte I et se termine avec le *crescendo* déjà entendu dans l'ouverture, dans le duo comique et brillant de Dandini et Magnifico, à l'acte II. Et le sommet n'est pas le rondo de la fin — aussi excellent soit-il — mais le grand ensemble en mi bémol, quand tous sont stupéfaits de la tournure que prennent les événements après que le prince et son valet se soient réfugiés chez don Magnifico, pendant l'orage. Ce sextuor est construit sur un lent *staccato* (marqué *maestoso*), que chaque chanteur brise tour à tour d'une phrase ornée, tandis que les autres tiennent le même rythme imperturbable en répétant l'air et les mots, procédé mis en valeur par le retour fréquent du « r » italien. Cet ensemble est à placer aux côtés de l'incomparable « fredda e immobile » du *Barbier,* parmi les sommets de la comédie mise en musique.

H.

La Gazza ladra
La Pie voleuse

Opéra en 3 actes de Rossini; liv. de Gherardini. Créé à la Scala de Milan, 31 mai 1817, avec Teresa Belloc, Savino Monelli, Filippo Galli, Antonio Ambrosi. Première à Paris, 1821; Londres, 1821; King's Th., avec Violante Camporese et Vestris; Covent Garden, 1830 (en angl. sous le titre de Ninetta, ou La Jeune Fille de Palaiseau, *adapt. de Bishop), avec Mary Anne Paton; 1847 avec Grisi, Alboni, Mario et Tamburini; New York, 1830 (en fr.) et 1833 (en it.). Reprise à Pesaro, 1941, nouvelle adapt. de Zandonai, sous sa dir. Cette version fut jouée à Rome, 1942; Florence, 1965. Première à Sadler's Wells, Londres, 1966 avec la partition reconstituée à partir du manuscrit de la Bibl. Nat., Paris et d'une nouvelle version du liv., en angl., de Tom Hammond.*

PERSONNAGES

FABRIZIO VINGRADITO, *riche fermier* (basse); LUCIA, *sa femme* (mezzo-soprano); GIANNETTO, *son fils, soldat* (ténor); NINETTA, *servante des Vingradito* (soprano); FERNANDO VILLABELLA, *père de Ninetta, soldat* (baryton); GOTTARDO, *maire du village* (basse); PIPPO, *jeune paysan au service de Fabrizio* (contralto); ISAAC, *marchand ambulant* (ténor); ANTONIO, *geôlier* (ténor); GIORGIO, *domestique du maire* (basse); ERNESTO, *ami de Fernando, soldat* (basse); UNE PIE.

Un huissier, des hommes armés, des villageois, des domestiques de Fabrizio.

Dans un grand village, non loin de Paris.

Aussitôt après le succès remporté à Rome par *La Cenerentola*, en janvier 1817, Rossini se rendit à Milan pour écrire un opéra commandé par La Scala. Il abordait ce travail avec une certaine inquiétude car le public milanais qui n'avait pas, selon Stendhal, accueilli très favorablement ses œuvres antérieures, était d'autant moins bien disposé à son égard qu'il venait de remporter de grands succès à Rome et à Naples. Comme il se trouvait déjà à Milan début mai, prêt à travailler sur le livret que la direction de La Scala lui fournirait, et que la première ne devait avoir lieu qu'à la fin du mois, Rossini se trouvait disposer, pour la composition et la préparation de son opéra, d'une période de temps inhabituellement longue.

Il remporta avec cette œuvre l'un des plus grands triomphes de sa carrière. Stendhal décrit la première comme l'une des plus éclatantes qu'il ait connues. Peut-être parce que la partition ménageait tous les goûts — pathos, comédie, tragédie, gaieté — et peut-être parce que, selon Toye, « des choses extrêmement originales étaient présentées de façon à ce que chacun puisse suivre et comprendre »; rien dans cet opéra n'échappa à la louange. L'ouverture, commençant par un roulement de tambour (deux des personnages principaux sont des soldats rentrant de la guerre), est l'une des plus vivantes et des plus splendides de Rossini. Et la musique a beaucoup plus de relations avec le reste de l'opéra que d'habitude chez Rossini.

Acte I. Le rideau se lève sur la cour de la maison de Fabrizio, un riche marchand. Une pie se tient près d'une cage ouverte. Les gens du village — et parmi eux, Pippo, qui travaille pour Fabrizio — se réjouissent du prochain retour de Giannetto, le fils de la maison, qui était à la guerre. Tout se déroule avec entrain jusqu'au moment où l'on entend prononcer le nom de Pippo. Il s'avère que la voix fantôme est celle de la pie. Quand Lucia lui

demande qui Giannetto épousera, l'oiseau répond avec effronterie : « Ninetta ! » De toute évidence, Lucia trouve cette union inconcevable, bien que Fabrizio et les autres approuvent le choix de l'oiseau; Lucia est d'ailleurs prête à reprocher n'importe quoi à Ninetta, jusqu'à la disparition d'une fourchette d'argent. Tous partent se préparer pour l'arrivée de Giannetto, et la scène est vide quand entre Ninetta, portant un panier de fraises. Elle chante sa joie dans une aria ravissante, qui n'est pas sans rappeler « Una voce poco fa » : « Di piacer mi balza il cor » (elle est secrètement éprise de Giannetto, et son cœur bat de plaisir à l'idée de le revoir). Fabrizio, qui a laissé entendre qu'il ne s'opposerait pas à leur union, et Lucia, qui a recommandé à Ninetta de bien surveiller le coffre à argenterie, partent à la rencontre de Giannetto. Isaac, le vieux marchand ambulant, commence à vanter ses marchandises d'une voix fausse et nasillarde.

Giannetto arrive enfin. Il n'a d'yeux que pour Ninetta à qui il chante une aria passionnée : « Ma quel piacer che adesso, o mia Ninetta ». Tous se réjouissent dans un *brindisi* animé, mené par Pippo, puis quittent la cour.

Ninetta s'apprête à dire au revoir à son bien-aimé quand entre un homme en qui elle ne reconnaît pas immédiatement son père. Il a enfreint la loi militaire, et est maintenant condamné à mort. Un long duo s'ensuit : « Come frenar il pianto ». Ninetta tente de le consoler, mais s'effraie en voyant le maire s'approcher.

Celui-ci fait son entrée avec une grande *aria buffo* : « Il mio piano è preparato »; il la courtise quand, à sa grande indignation, on lui fait parvenir un message. Tandis qu'il essaie de le déchiffrer, Ninetta dit à son père de s'enfuir. Mais celui-ci n'a plus d'argent et lui demande de vendre pour lui une cuillère d'argent, tout ce qui lui reste. Elle ira porter la somme ainsi réunie dans une cachette qu'il lui indique. Le maire l'interrompt et demande à

Ninetta de lire à voix haute le message qu'il ne peut déchiffrer sans ses lunettes. Elle réalise que son père y est décrit comme un déserteur et que le maire est censé le remettre à la justice, et elle change le nom qui y est porté, ainsi que la description du fuyard. C'est alors qu'intervient le célèbre trio « O Nume benefico », où Fernando, caché derrière la porte, joint sa voix à celle de Ninetta pour remercier le ciel de son intervention, tandis que le maire réclame la protection divine pour ses projets amoureux.

Une fois seul avec Ninetta — du moins le croit-il —, le maire lui fait une proposition. Mais elle lui résiste avec fermeté. Fernando ne peut en supporter plus et interrompt la scène d'une vigoureuse protestation : « Uom maturo e magistrato », suivie d'une *stretta* fort animée. Le maire se retire, tandis que Fernando s'enfuit, et la pie en profite pour s'emparer de la cuillère d'argent et disparaître.

Une chambre dans la maison de Fabrizio. On entend au-dehors la voix d'Isaac. Ninetta lui vend la cuillère que son père lui a confiée. Elle est sur le point de prendre l'argent qu'il lui remet en échange, quand arrive Giannetto, suivi aussitôt de son père qui réunit les mains des deux amants. Le maire accueille Giannetto, et Lucia va compter son argenterie. Quand elle déclare qu'une cuillère manque, le maire s'assoit avec une pomposité extrême pour dresser un procès-verbal. « Qui peut bien être le voleur ? » demande Giannetto. « Ninetta », répond la pie.

Un sextuor se développe pendant que le maire couche tout sur le papier. Quand il demande à Ninetta le nom de son père, et qu'elle répond « Fernando Villabella », il réalise soudain que le déserteur cité dans la dépêche était son père et qu'elle le protégeait en lisant à voix haute un autre nom. Tout s'aggrave quand Ninetta sort son

mouchoir et que quelques pièces roulent sur le sol. Quand Pippo témoigne qu'elles proviennent d'Isaac, celui-ci confirme qu'elle lui a vendu une cuillère portant les initiales F.V. — mais comme Isaac l'a revendue, on ne peut la comparer à celles qui se trouvent dans le coffre de Fabrizio. Même Giannetto commence à la soupçonner. La position de la pauvre Ninetta est des plus précaires quand elle lance l'ensemble : « Mi sento opprimere ». L'arrivée d'une escorte armée transforme la *stretta* effrénée en un finale caractéristique de la solide et brillante construction rossinienne. On emmène Ninetta comme une criminelle.

Acte II. A l'extérieur de la prison de l'Hôtel de Ville. Antonio, le geôlier, tente de rassurer Ninetta. Il fait entrer Giannetto qui veut la persuader de prouver son innocence. Elle lui assure, dans un duo magnifique « Forse un dì conoscerete », que ses lèvres sont scellées par un serment, mais que la vérité éclatera un jour.

Pippo vient rendre visite à Ninetta. Elle lui confie les 3 couronnes qu'elle a obtenues en échange de la cuillère que lui a donnée son père, lui demande de les porter dans la cachette et lui remet sa croix en cadeau, comme gage de l'affection qui les unit. Ils chantent tristement leurs souvenirs communs dans un duo, puis, au son de l'*allegro* de l'ouverture, Ninetta lui remet son anneau pour qu'il le remette à Giannetto en souvenir d'elle.

La maison de Fabrizio. Lucia est en proie au doute : peut-être Ninetta n'est-elle pas coupable... Fernando vient affirmer que sa fille est innocente.

La grande salle de l'Hôtel de Ville. Le tribunal est réuni. Les jurés chantent de façon imposante — dans une scène qui a toujours été très admirée — l'étendue de leurs pouvoirs et la façon inexorable dont ils les exercent. Le juge lit l'acte d'accusation de Ninetta et la condamne à mort. Ni les tentatives de Giannetto ni celles de Fabrizio ne la décident à apporter la preuve de son innocence, et la sentence est confirmée. C'est alors que Fernando se précipite dans la salle, réclamant dans une *scena* dramatique que sa fille soit libérée. Il est aussitôt saisi par les gardes mais continue de défier le tribunal en hurlant. Rien n'y fait. Le jugement est réitéré. Un ensemble solennel s'élève au cours duquel Giannetto se joint à Ninetta pour mener un chœur de protestation. A la fin de la scène, on emmène Fernando dans une cellule et Ninetta vers la place où aura lieu l'exécution.

La place du village. Lucia se lamente sur la tragique tournure qu'ont pris les événements. Pippo compte son argent. Il le pose, le temps de parler au domestique du maire, Giorgio; la pie s'élance, et vole une pièce. Ils la poursuivent.

Ninetta est menée sur l'échafaud, au milieu des lamentations des spectateurs. Sa dernière pensée est pour son père : « Deh tu reggi in tal memento ». Pippo et Antonio se précipitent alors, criant à Giorgio qu'ils ont découvert le véritable voleur : la pie. On a tout retrouvé dans une cachette, et Ninetta est innocente. L'animation gagne l'orchestre, Ninetta est libérée, le maire voit ses projets déjoués, et tous se réjouissent. Ninetta les remercie dans un air d'une délicieuse innocence, mais admet que sa joie sera incomplète tant qu'elle ne connaîtra pas le sort de son père. C'est alors qu'il apparaît, libéré par la grâce du roi. Il ne reste plus qu'à unir les mains de Ninetta et de Giannetto.

H.

Mose in Egitto
Moïse en Egypte

Opéra en 4 actes (3 à l'origine) de Rossini; liv. d'A. L. Tottala. Créé au Théâtre San Carlo de Naples, 5 mars 1818, avec Benedetti (Moïse), Isabella Colbran et Nozzari. Première à Budapest, 1820 (en all.); Vienne, 1821 (en all.); Londres, 1822 (en it., sous le titre Pietro l'Eremita*), et 1833, à Covent Garden (en angl.), sous le titre* Les Israélites en Égypte, *avec addition de morceaux de l'oratorio d'Haendel); Paris, 1822; New York, 1832. Rossini remania l'œuvre considérablement pour Paris (où elle fut jouée, sous le titre* Moïse et Pharaon*), en 1827, avec un nouveau liv. de Jouy, et Levasseur en Moïse, Cinti en Anaïde et Nourrit le jeune en Aménophis. La 100e de cette version à Paris eut lieu en 1838. Elle fut jouée pour la première fois à Pérouse, 1829; à Covent Garden, 1850 (sous le titre* Zora*), avec Zelger en Moïse, Castellan en Anaïde, Tamberlik et Tamburini; à New York, 1860. Reprises :* La Scala, *Milan, 1918, dir. Serafin; 1959, avec Christoff; 1965, avec Ghiaurov; Welsh National Opera (également à Londres), 1965; New York, 1966, avec Ghiaurov; Rome, 1971, avec Christoff.*

PERSONNAGES

MOÏSE/MOSÈ, *chef des Israélites* (basse); ELIEZER/ELISERO, *son frère* (ténor); PHARAON/FARAONE, *roi d'Égypte* (baryton); AMÉNOPHIS/AMÉNOFI, *son fils* (ténor); OPHIDE/AUFIDE, *officier égyptien* (ténor); OSIRIS/OSIRIDE, *grand prêtre d'Isis* (basse);

MARIE / MARIA, *sœur de Moïse* (mezzo-soprano); ANAÏ / ANAIDE, *sa fille* (soprano); SINAÏDE / SINAIDE, *épouse du Pharaon* (soprano); UNE VOIX MYSTÉRIEUSE (basse). *Des Hébreux, des Égyptiens, des prêtres, des gardes, des soldats, des danseurs.*

Avant 1820, Rossini avait l'habitude de terminer quatre opéras par an. Ainsi, en 1818, quand la première version de *Moïse* fut composée pour Naples, trois opéras avaient été écrits, bien que deux seulement eussent été joués. *Moïse* fut, comme les autres, écrit pour le San Carlo, sur commande de Barbaia et à l'intention d'Isabella Colbran, autrefois la maîtresse de Barbaia et bientôt l'épouse de Rossini. Le librettiste accomplit une sorte d'exploit en faisant du rôle d'Anaï, la nièce de Moïse, le pivot autour duquel s'articulait l'antagonisme entre Moïse et le Pharaon. L'opéra remporta un succès encore plus grand lorsqu'il fut repris un an plus tard — honneur fort rare pour l'époque — avec l'addition de la fameuse prière du dernier acte. (Rossini l'avait conçue dans le seul but de faire oublier au public qu'il était mal venu d'installer la mer Rouge au San Carlo.) Selon Stendhal, quelques minutes seulement suffirent à Rossini pour écrire cet air. Mais l'anecdote est apocryphe; et nous savons, par la correspondance du compositeur, qu'il écrivit l'air d'abord et que Tottola trouva ensuite les mots susceptibles de lui convenir. Lors des premières représentations, ce morceau mit les spectatrices italiennes dans de tels états nerveux qu'il fallut appeler des médecins pour les calmer. C'est le seul air que l'on connaisse encore hors de son contexte — ce qui ne surprendra pas, puisque l'opéra, dans sa seconde version, est composé de duos et d'ensembles et non plus d'arias.

Une chose est sûre en tout cas : c'est cette prière qui fut chantée sur les marches de Santa Croce, à Florence, quand le corps de Rossini fut ramené de Paris en 1887 (il y était mort vingt ans auparavant) pour être réenterré dans la grande cathédrale florentine. Aucun doute non plus sur le fait que la foule immense assemblée pour cette occasion ait réclamé un bis.

Il fallut deux mois, nous dit Toye dans sa biographie du compositeur, pour faire de *Mosé, Moïse*. Et c'est sur la version ultérieure de *Moïse* que l'on établit les reprises modernes, en italien il est vrai, et non en français comme cela avait été le cas à Paris en 1827. De nombreux passages de la partition ont été recomposés dans la seconde version et le premier acte est nouveau. Le succès en fut immédiat, et Balzac fit l'éloge de l'œuvre en la qualifiant « d'immense poème musical », ajoutant qu'il avait eu l'impression, en écoutant cet opéra, d'assister à la libération de l'Italie.

Acte I. Un bref prélude *andante* suggère l'atmosphère du camp des Israélites en Égypte, et un *allegro* nous conduit droit à la première scène. Le chœur des Israélites exprime leur désir d'être libérés de l'esclavage et de retourner dans leur mère patrie. Moïse apparaît et demande à ses hommes de cesser de se lamenter. S'ils avaient foi en Dieu, celui-ci les récompenserait en leur montrant le chemin de leur pays. Le frère de Moïse, Eliezer (Aaron), est allé plaider la cause des Israélites auprès du Pharaon. Il revient maintenant, accompagné de Marie, la sœur de Moïse, et de la fille de celle-ci, Anaï. Les Égyptiens l'avaient gardée en otage, mais le Pharaon, influencé par la reine Sinaïde, a rendu Anaï aux Israélites en témoignage de sa bonne volonté et de sa décision de libérer le peuple. Le fils du Pharaon, Aménophis, est, selon Marie, épris d'Anaï.

Moïse sent que Dieu est prêt à récompenser la fidélité des siens. Un arc-en-ciel apparaît en même temps qu'une voix mystérieuse s'élève, rappelant à Moïse et aux Israélites que Dieu a tenu Ses promesses, et lui ordonne de recevoir Sa Loi. Tous jurent, dans un ensemble *a capella*, d'observer ces lois. Moïse, à la tête de son peuple, remercie Dieu. Il leur ordonne ensuite de se hâter pour être prêts à quitter l'Égypte et à regagner leur patrie.

Tous partent, sauf Anaï, qui aime le prince Aménophis. Celui-ci apparaît et lui demande de rester auprès de lui. Mais Anaï semble insensible à ses serments, même quand il menace de demander au Pharaon de reprendre sa parole. Stendhal a dit que ce duo était ce qu'il y avait de plus admirable dans l'opéra – sauf peut-être l'introduction (alors, de l'acte I, mais aujourd'hui, de l'acte II), et les deux prières.

Aménophis se retire, et Eliezer et Marie chantent un hymne de grâces.

Mais Anaï est incapable de se rallier à ces réjouissances. Dans un duo d'une charmante délicatesse, elle confie son trouble à sa mère.

Aménophis est à la mesure de sa menace : au moment où la finale commence, il dit à Moïse que le Pharaon est revenu sur sa décision, et que les Israélites doivent retourner en captivité. Anaï essaie en vain d'intervenir. Moïse menace l'Égypte de la vengeance divine si le départ de son peuple est retardé. Aménophis ordonne à ses soldats de tuer Moïse. Mais l'arrivée du Pharaon et de Sinaïde les en empêche. Un grand ensemble commence : le Pharaon déclare qu'Aménophis a dit la vérité et qu'il a retiré sa promesse initiale. Le magnifique finale atteint son apogée quand Moïse lève son bâton vers le ciel : une éclipse de soleil a lieu et les ténèbres descendent sur l'Égypte.

Acte II. Le palais du Pharaon[1]. L'Égypte est plongée dans la nuit. Sinaïde, le Pharaon et Aménophis se lamentent sur cette nuit apparemment

éternelle dans un magnifique trio accompagné d'un chœur. Stendhal a dit que le soir de la première, malgré ses réticences à l'égard de ce genre de scènes bibliques et des références aux plaies de l'Égypte, il s'était complètement abandonné à la musique (on ne doit pas oublier que, dans la version originale, c'était la scène qui ouvrait l'opéra). Le Pharaon fait appeler Moïse, lui demande de faire disparaître le sort qui a plongé son royaume dans l'obscurité : si la lumière revient, les Israélites pourront partir. Dans une prière admirable : « Eterno ! Immenso ! incomprensibil Dio ! » (Arbitre suprême du ciel et de la terre)[2], Moïse demande à Dieu de rendre le jour à l'Égypte. Il brandit son bâton, et la lumière revient. La réaction à cet événement prend la forme d'un canon, introduit par un solo pour cor, et mené par Moïse. Eliezer, Sinaïde, Aménophis et le Pharaon le reprennent tour à tour. Eliezer espère que cette lumière saura toucher le cœur du Pharaon, maintenant prêt à libérer les Israélites malgré tous les efforts d'Aménophis pour l'en empêcher. Tout le long de la *stretta*, Aménophis oppose sa volonté à celle des Israélites qui se réjouissent déjà.

L'acte se termine souvent par une scène entre Aménophis et le Pharaon au cours de laquelle le roi déclare à son fils qu'il épousera la fille du roi d'Assyrie. Le jeune homme, toujours épris d'Anaï, est profondément affecté par cette nouvelle. On ajoute parfois une autre scène, entre Aménophis et sa mère Sinaïde. Celle-ci, bien qu'elle ait autrefois soutenu les efforts des Israélites, pleure dans une superbe aria le départ imminent d'Anaï, de Moïse et des Hébreux, tandis qu'Aménophis, pris d'une terrible colère à l'idée de perdre Anaï, déclare à sa mère qu'il va lui-même tuer Moïse.

---

1. Introduit par trois ut répétés dans *Moïse*, comme dans *Mosè*.
2. « Cette entrée de Moïse rappelle tout ce qu'il y a de sublime dans Haydn... » écrit Stendhal.

Acte III. Le temple d'Isis. Les Égyptiens adorent la déesse. C'est ici qu'intervient un ballet en 3 mouvements, écrit, bien entendu, pour la version de Paris, et d'une invention assez plaisante. Moïse vient réclamer ce qui lui a été promis, mais le Grand-Prêtre Osiris exige qu'au préalable les Hébreux rendent hommage à Isis. L'indignation de Moïse est extrême. Auphis, un officier égyptien, vient rendre compte d'une nouvelle série de désastres : les eaux du Nil sont devenues rouges, la terre tremble, et l'air est rempli d'insectes. Le Grand-Prêtre essaie d'obtenir du Pharaon qu'il punisse Moïse pour ces nouvelles plaies qui frappent l'Égypte tandis que Sinaïde supplie son époux de rester fidèle à la parole donnée. Une fois encore, Moïse lève son bâton et, cette fois, le feu de l'autel s'éteint. Un magnifique ensemble exprime l'intensité de la situation; Moïse puis Osiris, viennent demander justice au Pharaon. Le roi égyptien décrète que les Hébreux seront chassés de Memphis, enchaînés, et le finale se termine de façon impressionnante.

Acte IV. Le désert. Au loin, la mer Rouge. Aménophis tente une nouvelle fois de convaincre Anaï, il est prêt à renoncer à son droit au trône si elle accepte de l'épouser. Ils se cachent, entendant une marche qui annonce l'arrivée de Moïse et des siens, enchaînés. Voici venu le jour où ils regagneront la Terre Promise, dit-il.

Cependant Marie est triste car sa fille n'est pas venue avec eux. Mais Anaï apparaît soudain, à la grande joie de tous. Elle avoue devoir sa liberté à Aménophis qui vient leur demander sa main. Moïse lui répond alors de choisir comme elle l'entend. Anaï, déchirée, décide dans une aria bouleversante de suivre les siens, malgré tout son amour pour Aménophis. Le prince prévient alors Moïse de l'attaque-surprise que le Pharaon envisage contre les Hébreux et avoue qu'il combattra avec l'armée égyptienne.

Le rivage de la mer Rouge. Moïse est pris entre, devant lui, l'étendue de mer qu'il ne peut traverser et, derrière lui, l'implacable armée qui s'avance. Il s'adresse alors à Dieu dans le morceau le plus célèbre de la partition, la prière (ajoutée quand l'œuvre fut reprise à Naples, la saison suivant la première) à laquelle se joignent les voix d'Anaï, d'Eliezer et de Marie : « Des cieux où tu résides, grand Dieu » (Dal tuo stellato soglio).

Anaï voit que les Égyptiens sont prêts à attaquer. Moïse entraîne les Hébreux dans la mer, qui s'écarte miraculeusement devant eux, leur laissant le passage. Quand les Égyptiens s'y engagent à leur tour, menés par le Pharaon et Aménophis, les eaux se referment sur eux. L'orchestre décrit la catastrophe qui frappe l'armée égyptienne, et l'opéra finit par le *Cantique* de louanges et de grâces, qui est supprimé dans la partition italienne de la version française.

H.

La Donna del Lago
La Dame du Lac

Opéra en 2 actes de Rossini; liv. de A.L. Tottola, d'après le poème narratif de Sir Walter Scott, The Lady of the Lake. *Créé au Théâtre San Carlo de Naples, 24 septembre 1819, avec Isabella Colbran, Rosanna Pisaroni, Giovanni Davide. Première à Londres, King's Th., Haymarket, 1823, avec G. Ronzi de Begnis, Vestris, Curioni; Paris, Odéon, 1825; New York, 1829 (en fr.). L'opéra a été donné régulièrement à Londres dans les années 1840-1850, avec Grisi et Mario. Reprises : Festival de Florence, 1958, avec Rosanna Carteri, Irene Companeez, Cesare Valleti, dir. Serafin; Londres, 1969, Camden Festival, avec Kiri Te Kanawa, dir. Gerald Gover; Radio Italienne, 1970, avec Caballe, Julia Hamari, Pietro Bottazzo, Franco Bonisolli, Paolo Washington, dir. Piero Bellugi.*

PERSONNAGES

ELLEN (ELENA) (soprano); HUBERT (JAMES V D'ÉCOSSE) (ténor); RODERICK DHU (RODERIGO) (ténor); MALCOLM GROEM (mezzo-soprano); ARCHIBALD DOUGLAS, comte d'Angus (basse); SERANO, *suivant de Douglas* (basse); ALBINA, *confidente d'Ellen* (mezzo-soprano).

Des membres du clan, des chasseurs, des pages, des dames et des gentilshommes de la Cour.

En Écosse, dans la première moitié du XVIe siècle.

Entre le début décembre 1818 et la fin de l'année suivante, Rossini composa quatre opéras : deux furent créés au San Carlo de Naples, un à Venise, et l'autre à la Scala[1]. Des quatre, le seul qui soit susceptible d'être connu de nos jours, ne serait-ce que de nom, est *La Donna del Lago*, tiré d'un conte de Walter Scott *The Lady of the Lake*. L'œuvre gagna vite les scènes internationales. Elle fut jouée 32 fois lors de sa première saison à La Scala et conserva une grande popularité à Londres jusqu'en 1851. Ensuite, elle fut laissée de côté et ne fut reprise qu'en 1958 par le Maggio Musicale Fiorentino, sous la dir. de Tullio Serafin. C'est un opéra gracieux, dont la musique est fort expressive et qui présente l'une des partitions lyriques les plus attrayantes qu'ait écrites Rossini. Trois facteurs ont pu contribuer à son oubli pendant un siècle : le rôle d'Ellen, écrit pour Colbran, est lyrique jusqu'à l'aria finale, brillante et diaboliquement difficile, si bien que la plupart des sopranos et des mezzos ne peuvent l'assurer[2]; les deux rôles de ténor sont hérissés de notes élevées, chargés de traits et de roulades et demandent néanmoins une interprétation égale et

harmonieuse dont les chanteurs des cent dernières années étaient bien incapables; enfin, et c'est sans doute là le plus important, les héros de l'intrigue sont d'un calibre bien inférieur à celui des Norma, Lucia et des héroïnes de la première période de Verdi, qui les ont supplantés dans l'imagination du public.

L'opéra de Rossini, tout comme le poème de Walter Scott, conte la romantique histoire du jeune roi d'Écosse, Jacques V (né en 1512, mort en 1542). Archibald Douglas, comte d'Angus, a gardé le roi prisonnier pendant deux ans, jusqu'à ce qu'il réussisse à s'échapper, en 1528. Douglas se réfugia en Angleterre et le roi se vengea sur sa famille. Au début de l'opéra, Archibald est de retour en Écosse, protégé par Roderick Dhu, qui appartient à une faction opposée au jeune roi. Douglas a promis à Roderick la main de sa fille Ellen, pour le remercier de l'avoir hébergé.

Acte I, scène 1. Les rives du lac Katrine. Dans le fond, se profilent les monts Ben Ledi. Ellen apparaît dans un bateau. Dans une fluide cavatine à 6/8 : « Oh mattutini albori » (O lever

---

1. Bien qu'il fût lié par contrat au San Carlo, comme directeur musical et compositeur principal, il prenait souvent des congés.
2. A Florence, en 1958, elle fut apparemment omise.

du jour), elle dit son espoir de trouver son jeune amant, Malcolm, parmi les chasseurs. Hubert la surprend ; il est frappé par sa beauté et lui dit qu'il a perdu la trace de la chasse. Elle propose de l'abriter, leurs voix se joignent dans la mélodie de la cavatine d'Ellen, et ils partent ensemble.

Scène 2. La maison de Douglas. Ellen avoue à Hubert qu'elle est la fille du célèbre Douglas qui a été exilé de la Cour — décision dont Hubert dit, dans un aparté, que le roi la regrette fort. De toute évidence, Hubert est séduit par Ellen. Quand les amis de la jeune fille font allusion à l'amour que lui porte Roderick, l'ami de Douglas, et qu'elle admet franchement être éprise d'un autre homme, Hubert commet l'erreur d'espérer qu'il est l'heureux élu.

Tous quittent la scène. Malcolm, l'objet des pensées d'Ellen, arrive alors ; il nous livre ses espoirs et ses craintes dans un monologue. Serano, le serviteur de Douglas, vient annoncer que Roderick, accompagné de quelques soldats, a déjà atteint la vallée. Douglas accueille ces nouvelles avec joie. Mais Ellen, au grand déplaisir de son père, et à la grande joie de Malcolm, ose avouer qu'elle ne veut pas être unie à Roderick. Dans une aria, Douglas ordonne à sa fille de lui obéir. Dès qu'il est parti, les deux jeunes gens chantent leur amour dans un mouvement lent et charmant.

Scène 3. Un champ ouvert qu'entourent de hautes montagnes. Roderick est accueilli par les hommes de son clan et leur répond par une aria brillante et ornée. Il déclare avec tendresse son amour pour Ellen, tandis que celle-ci essaie de cacher son inquiétude. Douglas se demande si elle n'a pas déjà donné son cœur à un autre amant.

Malcolm et sa suite sont venus rejoindre Roderick. Douglas commence à deviner que Malcolm est l'élu du cœur de sa fille. Roderick s'adresse à Ellen comme à sa future épouse, et

Malcolm manque de se trahir. Mais Ellen l'arrête à temps. Les quatre acteurs du drame, Albina et le chœur, commentent la situation. Serano leur annonce que l'ennemi les menace, et le patriotisme prend la place des sentiments personnels. L'acte se termine par un ensemble guerrier chargé de défiance et de détermination.

Acte II, scène 1. Une grotte près du lac. Hubert est revenu voir la jeune fille dont il est tombé éperdument amoureux. Il chante sa passion : « Oh fiamma soave » (O douce flamme). Ellen apparaît, et il lui déclare sa flamme. Mais elle avoue en aimer un autre et lui offre son amitié. Il lui donne alors un anneau, qu'il dit tenir du roi d'Écosse dont il a sauvé la vie. Si quiconque dans sa famille se trouvait en danger, qu'elle porte cet anneau au roi, et il lui accordera ce qu'elle demandera. Roderick surprend leur duo. Sa voix rejoint la leur (les deux ténors doivent émettre quelques do aigus, et Hubert doit, en plus, faire face à deux ré) ; il les interrompt, exigeant d'Hubert qu'il révèle son identité. Celui-ci affirme ne pas craindre les ennemis du roi, mais, sur un cri de Roderick, la rive du lac est envahie par les hommes de sa suite qui étaient cachés dans le sous-bois. C'est l'intervention d'Ellen qui les empêche de se jeter sur Hubert. Hubert et Roderick se préparent à combattre, à la grande terreur d'Ellen.

Scène 2. Une grande salle du château de Stirling. Ellen est née dans ce château et elle y retourne pour demander au roi d'aider son père, qui est en prison. C'est avec un certain malaise qu'elle s'approche de ce lieu où elle n'a connu que des malheurs, par opposition à l'humble chaumière où elle a été heureuse. Elle demande à voir le roi et reste frappée de stupeur quand elle réalise qu'il n'est autre qu'Hubert. Elle plaide alors la cause de son père, qui lui est rendu. Le roi accorde également son pardon à

Malcolm. (Le quatuor « Cielo il mio labbro inspira », qui réunit Ellen, Malcolm, Hubert/Jacques V et Douglas a été tiré, avec le consentement de Rossini, de son opéra *Bianca e Falliero*; il a même été imprimé dans les livrets et partitions des années 1830-40).

L'opéra finit par un ensemble brillant et partitions des années 1830-1840). « Tanti affetti in tal momento » (Tant de sentiments mêlés en même temps). C'est ce passage qui remporta le seul grand succès lors de la première au San Carlo.

H.

Sémiramide

Opéra en 2 actes de Rossini; liv. de Gaetano Rossi, d'après la tragédie de Voltaire. Créé, 3 février 1823, la Fenice, Venise; Haymarket, Londres, 1824; Paris, Th. Italien, 1825; Covent Garden, 1842 (en angl.); ouvrit la saison de l'Opéra Royal Italien à Covent Garden, 1847 — la distribution réunissait Grisi, Alboni, Tamburini, Lavia et Tagliafico, dir. Costa; New York, 1845; Opéra de Paris, 1860, avec C. et B. Marchisio, version fr. de Carafo; Metropolitan, New York, 1893, avec Melba, E. de Reszke; Festival de Florence, 1940, dir. Serafin. Reprise: Scala de Milan, 1962, avec Sutherland, Simionato, Raimondi, Ganzarolli, dir. Santini.

PERSONNAGES

SEMIRAMIS, *reine de Babylone* (soprano); ARSACES, *commandant de l'armée assyrienne* (contralto); LE FANTÔME DE NIMUS (basse); OROËS, *Grand-Prêtre des Mages* (basse); ASSUR, *prince* (baryton); AZEMA, *princesse* (soprano); IDRENUS, *prince indien* (ténor); MITRANE, *capitaine de la garde* (ténor).

Des mages, des gardes, des satrapes et des esclaves.

L'action est située à Babylone, dans l'Antiquité.

Semiramis chante une brillante aria au 1er acte : « Bel raggio lusinghier » (Brillant rayon d'espoir), le morceau qui a permis à cet opéra d'entrer au répertoire des œuvres gravées sur disque.

Bel rag - gio lusin - - - - ghier.

La marche et le chœur des prêtres, qui conduisent au finale du 1er acte, sont accompagnés non seulement par l'orchestre, mais par un orchestre militaire placé sur scène. C'est le premier exemple de l'utilisation d'un tel grou-

pement dans l'opéra italien. Le duo « Giorno d'orrore » apparaît à l'acte II.

L'ouverture de *Semiramide* a été pendant de nombreuses années un classique des concerts populaires. Elle était appréciée surtout pour l'air ample, ressemblant à un hymne, qui figure dans l'introduction et qui, dans l'opéra, devient un chœur :

et pour la mélodie gracieuse et vivante qu'annonce d'abord la clarinette. Je dis « gracieuse » et « vivante », et c'est ainsi qu'on devrait l'entendre de nos jours. Mais dans l'opéra, elle accompagne la majestueuse entrée des prêtres dans un sombre temple chargé de mystère. A l'époque où cet opéra fut donné, cette musique était censée être « terrifiante » et « macabre » :

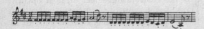

Semiramis, reine de Babylone, a assassiné son époux, Ninus. Le prince Assur lui a apporté son aide, espérant la main de la reine et la succession du trône.

Semiramis, cependant, est éprise d'Arsaces, qui est le chef victorieux de ses armées et, paraît-il, scythe. Il est en réalité son propre fils, ce qu'Oroës, le Grand-Prêtre du temple, est seul à savoir. Arsaces, quant à lui, est amoureux de la princesse royale, Azema.

Tous sont réunis dans le temple. Des mains invisibles ouvrent la tombe du roi Ninus. Son fantôme annonce qu'Arsaces lui succédera mais qu'il doit auparavar.t se rendre auprès de sa tombe, à minuit, pour y apprendre le secret de son assassinat.

Rendu furieux par cette prophétie, Assur décide de pénétrer dans le tombeau du roi. Mais Semiramis, qui sait maintenant que le jeune guerrier est son fils, se rend également auprès du tombeau pour mettre le jeune homme en garde contre Assur. C'est ainsi que les trois protagonistes principaux du drame se retrouvent au moment crucial. Arsaces veut porter un coup fatal à Assur, mais Semiramis s'interpose entre les deux hommes et reçoit la blessure mortelle. Arsaces est proclamé roi et vengeur de l'assassinat de son père.

Selon la légende, Semiramis aurait été nourrie, enfant, par des colombes, et elle aurait disparu, après quarante-deux ans de règne — après avoir été transformée en colombe.

Pour la première à New York, Garcia présenta l'œuvre sous le titre *La Figlia dell'Aria, ou Semiramide.*

K.

Le Comte Ory

Opéra en 2 actes de Rossini; liv. (en fr.) de Scribe et Delestre-Poirson. Créé à l'Académie Royale de Musique, Paris, 20 août 1828, avec Cinti-Damoreau, Javureck, Nourrit, Levasseur, Dabadie. L'œuvre connut à Paris un succès considérable et fut jouée 400 fois entre sa création et 1884. Une première version, en l'honneur du sacre de Charles X, avait été donnée, en 1825, au Th. Italien, avec Cinti-Damoreau, Pasta, Bordogni, Levasseur et Pellegrini. Première au King's Th., Londres, 1829; Covent Garden, 1854. Reprises : Festival de Florence 1952, avec Barabas, Monti, Capecchi, Petri, dir. Gui; prod. Glyndebourne au Festival d'Edimbourg, 1954, dir. Gui; Berlin, Städtische Oper, 1957, dir. Richard Kraus; Piccola Scala, Milan, 1958, avec Berganza, Panerai, dir. Sanzogno; Sadler's Wells, 1963, avec Elizabeth Harwood, Patricia Kern, Alexander Young, Dowling; 1972, avec Valerie Masterson et John Brecknock. Opéra, Salle Favart, 1976, avec Michel Sénéchal.

PERSONNAGES

RAIMBAUD, *ami du comte Ory* (baryton); ALICE, *paysanne* (soprano); LE COMTE ORY, *jeune aristocrate libertin* (ténor); RAGONDE, *compagne de la comtesse Adèle* (contralto); LE TUTEUR (basse); ISOLIER, *page du comte Ory* (mezzo-soprano); UN JEUNE ARISTOCRATE, *ami du comte Ory* (ténor); LA COMTESSE ADÈLE (soprano).

En Touraine, au temps des Croisades.

Après le grand succès remporté par *Moïse* à Paris, Rossini se mit à travailler à une comédie légère dans le style français — et cela malgré la mort récente de sa mère, à qui il vouait une véritable dévotion. Scribe et Delestre-Poirson remanièrent un vaudeville qu'ils avaient écrit douze ans plus tôt, en doublèrent la durée en y ajoutant un acte (le premier), et Rossini le mit en musique en utilisant quatre morceaux tirés de *Il Viaggio a Reims*. Le résultat fut pariticulièrement admiré, surtout en France où des compositeurs aussi différents que Berlioz et Milhaud ont chanté ses louanges. Les reprises récentes ont connu une certaine renommée et un grand succès.

L'argument raconte les efforts (aussi peu couronnés de succès que ceux de Don Juan), d'un jeune libertin, le comte Ory, pour gagner le cœur d'une dame. Le comte de Formoutiers est parti pour les Croisades, laissant sa sœur Adèle et ses compagnes seules, sans protection, au château. Résolus à la séduire, le comte Ory et son ami Raimbaud, jeune et mauvais garçon, se sont déguisés en ermites. Ils rôdent autour du château d'Adèle, attendant l'occasion de s'y introduire.

Acte I. Le rideau se lève après une introduction avant tout martiale. Raimbaud rallie les paysans : bientôt l'ermite va se montrer — qu'ils placent leurs offrandes sur le talus, et trêve de paillardises ! Ragonde apparaît et reproche à la foule d'être si frivole, alors que la comtesse Adèle pleure l'absence de son frère. Elle désire, ainsi que sa maîtresse, consulter l'ermite qui saura peut-être alléger leur actuelle détresse.

Le comte apparaît à ce moment-là : la tessiture de sa cavatine est très haute, comme le reste du rôle, « Que les destins prospères ». Il offre son aide à tous sans exception, en particulier aux représentantes du sexe faible qui se trouveraient en mal d'époux. Dans un ensemble *crescendo* tout à fait typique, tous expriment leur désir de profiter de ses conseils. Ragonde, à qui il s'était auparavant adressé comme à une « dame trop respectable », lui confie que la comtesse et les dames du château ont fait le vœu de bannir les hommes de leur société jusqu'au retour du comte de Formoutiers. Elle est maintenant solitaire et déprimée, et aimerait avoir l'avis de l'ermite (au grand plaisir du comte).

Le tuteur du comte entre sur scène, suivi de son page Isolier. Le premier cherche son insaisissable pupille; le second espère trouver son maître dans ces parages, en vérité parce qu'il est lui-même épris de sa cousine Adèle et espère ainsi se rapprocher d'elle. Le tuteur se plaint de son pauvre sort dans une aria. Il commence à entrevoir quelque chose de bizarre quand il entend un chœur de jeunes filles chanter les louanges d'un ermite arrivé il y a une semaine — cela fait huit jours en effet que le comte a disparu. Isolier ne soupçonne rien : il chante un duo charmant et enjoué avec son maître, qu'il ne reconnaît pas, et à qui il révèle, dans sa soif de conseils spirituels, l'amour qu'il porte à Adèle. Il va même jusqu'à lui dévoiler son intention de pénétrer dans le château, déguisé en pèlerin. Ory décide d'adopter ce plan.

Adèle à son tour vient consulter l'ermite. Dans une aria assez agitée,

« En proie à la tristesse », elle admet être atteinte de mélancolie depuis qu'elle a prononcé son vœu. Le remède est simple, dit le comte, il suffit qu'elle tombe amoureuse. Et à l'avance, il l'absout, la libérant de son vœu. Elle accepte, chantant une *cabaletta,* puis avoue être disposée à porter ses regards sur son cousin Isolier. L'ermite la met alors en garde contre les manigances du page du célèbre comte Ory. Le tuteur arrive sur ces entrefaites, reconnaît son pupille et met la machination à jour. Tous expriment leur horreur, dans un septuor magnifique, non accompagné. La comtesse apprend que son frère et ses compagnons sont attendus incessamment. Le comte, réalisant combien il lui reste peu de temps pour mettre son projet à exécution, prend la tête d'un brillant ensemble, *allegro spiritoso,* qui finit l'acte.

Acte II. A l'intérieur du château où Adèle et ses compagnes — sans oublier Ragonde — attendent le retour des croisés. Les deux femmes chantent le duo « Dans ce séjour calme et tranquille », où elles se félicitent d'avoir échappé aux ruses du comte Ory. On entend les pèlerins entonner leur chant au milieu des coups de tonnerre et de l'orage qui éclate. La comtesse ne peut refuser son hospitalité aux voyageurs, et envoie Ragonde à leur rencontre. Celle-ci revient pour annoncer qu'il s'agit de nonnes fuyant le méchant comte Ory. La mère supérieure (qui, bien entendu, est le comte déguisé) l'accompagne.

La mère supérieure exprime la gratitude de toutes les nonnes dans le duo « Ah, quel respect, madame »,

puis confie à la comtesse la rumeur selon laquelle le comte Ory serait épris d'elle. Entendant ces nouvelles, la comtesse manifeste son indignation. Des vivres sont servis aux voyageurs épuisés — et, une fois seuls, ils expriment leur joie dans un chœur d'une gaieté tapageuse. Une seule chose manque — mais Raimbaud dans une aria, annonce qu'il l'a trouvée : le vin. Le chœur à boire est d'une gaieté contagieuse, mais il se transforme en complainte de pèlerins dès qu'ils entendent un bruit de pas. C'est la comtesse, venue leur annoncer qu'ils pouvaient passer la nuit au château.

Isolier dit à Adèle que son frère ne devrait plus tarder. Apprenant que des nonnes se sont réfugiées au château, il s'inquiète. Il prévient Adèle qu'elle pourrait fort bien avoir donné asile au comte Ory lui-même. Ils entendent des pas approcher, et Isolier promet à la comtesse de la sauver du sort qui la menace. Le comte Ory vient effectivement avec l'intention de séduire Adèle. Mais, dans l'obscurité, ses avances sont interceptées par Isolier, qui s'empresse de les transmettre à sa belle cousine avec un intérêt certain. Le trio : « A la faveur de la nuit obscure », est le morceau le plus célèbre de la partition. Berlioz, qu'on ne peut soupçonner d'un excès de tendresse pour Rossini, a écrit « ... que ce trio était le chef-d'œuvre absolu du compositeur »[1].

Les trompettes retentissent soudain, annonçant le retour des croisés. Ory est découvert. Isolier révèle sa présence. Il combat la fureur de son maître en menaçant d'aller tout raconter à son père. Puis, adouci, il l'aide à s'échapper. L'opéra se termine avec le retour des croisés.

H.

1. *Rossini : a study in tragi-comedy* par Francis Toye, Heinemann, 1934.

Guillaume Tell

Opéra en 4 actes de Rossini; liv. de V.J. Etienne de Jouy et H.L.F. Bis, d'après Schiller. Créé le 3 août 1829 à l'Opéra de Paris, avec Nourrit, Cinti-Damoreau, Dabadie (Arnold), dir. Habeneck; juin 1831, les 4 actes furent réduits à 3. Première à Londres, Drury Lane, en 1830 (en angl.); Covent Garden, 1845 (en fr.); New York, 1831 (en angl.), 1845 (en fr.), 1855 (en it.). Reprises : Opéra de Paris, 1856, 1868 (500e), avec Battu, Villaret, Faure, 1870, avec Carvalho et Faure, reprises incessantes jusqu'en 1932; Metropolitan, New York, 1923, avec Ponselle, Martinelli, 1931 avec Lauri-Volpi; La Scala Milan, 1930 avec Bruna Rasa, Lauri-Volpi, Franci; Opéra de Paris, 1932 (dernière), avec Norena, O'Sullivan, Huberty, Journet; Berlin, 1934, avec Kipnis, dir. Heger; Festival de Florence, 1952, avec Rossi-Lemeni (Tell), Tebaldi, Baum, dir. Serafin; Reprise : La Scala, Milan, 1965, avec Ligabue, Raimondi, Guelfi, dir. Molinari-Pradelli; Grand Théâtre de Genève, 1979, avec Nimsgern, dir. Patane.

PERSONNAGES

GUILLAUME TELL (baryton); HEDWIGE, *son épouse* (soprano); JEMMY, *leur fils* (soprano); ARNOLD, *prétendant de Mathilde* (ténor); MELCTHAL, *père d'Arnold* (basse); GESSLER, *gouverneur de Schwitz et d'Uri* (basse); MATHILDE, *sœur de Gessler* (soprano); RUDOLPH, *capitaine dans la garde de Gessler* (ténor); WALTER FURST (basse); LEUTHOLD, *un berger* (basse); RUEDI, *un pêcheur* (ténor).

Des paysans, des chevaliers, des pages, des dames, des chasseurs, des soldats, des gardes, et trois couples de jeunes mariés.

En Suisse, au XIIIe siècle.

Arnold, patriote suisse et fils du vénérable chef suisse Melcthal, a sauvé de la noyade Mathilde, sœur du tyran autrichien Gessler, que les Suisses haïssent. Arnold et Mathilde s'aiment.

Acte I. Le jour de la fête des bergers. Conformément à une ancienne coutume, Melcthal bénit les couples d'amoureux qui se trouvent parmi eux. Son propre fils, Arnold, ne lui demande pas sa bénédiction. Bien qu'il soit épris de Mathilde, son cœur appartient à sa patrie. La fête est interrompue par le son des cors. C'est la suite de Gessler, le tyran abhorré. Leuthold se précipite sur scène, hors d'haleine. Afin de protéger sa fille du déshonneur, il a dû tuer l'un des soldats de Gessler, et ceux-ci sont maintenant à sa poursuite. Il ne peut s'échapper qu'en traversant le lac. Mais qui l'emmènera, car l'orage se lève ? Le fugitif réussit à s'enfuir avec l'aide de Tell. Mais les hommes de Gessler saisissent le vieux Melcthal et l'emmènent.

Acte II. Dans une vallée près d'un lac, Arnold et Mathilde s'avouent une fois encore leur amour. Arnold apprend par Tell et Walter que son père a été assassiné sur l'ordre de Gessler. Il ne pense qu'à se venger. Les trois hommes font le serment de libérer la Suisse. Les cantons se rassemblent et décident de briser le joug autrichien.

Acte III. La place du marché à Altdorf. C'est le 100e anniversaire de la tutelle autrichienne sur la Suisse. Pour célébrer ce jour, Gessler a placé son chapeau à la pointe d'un poteau et a ordonné aux Suisses de lui rendre hommage. Tell arrive, tenant son fils Jemmy par la main. Il refuse de s'incliner devant le chapeau. Gessler a reconnu en lui l'homme qui a sauvé Leuthold, et décide de le punir. Il lui ordonne de tirer une flèche dans la pomme que l'on a placée sur la tête de Jemmy. Tell réussit. Imperturbable, il déclare à Gessler que la seconde flèche aurait été pour lui si la première avait manqué son but. Gessler ordonne l'arrestation de Tell, mais les Suisses, qui se sont soulevés contre l'Autriche, approchent, en armes. Gessler tombe, blessé par Tell. La bataille se termine par la complète victoire des Suisses. Mathilde se réfugie dans les bras d'Arnold.

Guillaume Tell est le seul opéra composé par un Italien dont on puisse dire que son ouverture a acquis, bien que l'opéra lui-même soit à peu près sorti du répertoire, une réputation mondiale. A l'occasion, l'œuvre est reprise pour un ténor comme Tamagno[1]. C'est en réalité une trop bonne œuvre pour servir seulement d'écrin à une vedette. Il semble qu'avec un bon ensemble, *Guillaume Tell* pourrait très facilement être réincorporé au répertoire.

On peut voir tout le soin que Rossini a pris à l'écrire en examinant la composition de l'ouverture. Elle est, en tant que pièce instrumentale, un « tour de force » comparable sur le plan vocal à « Una voce poco fa », « Bel raggio » ou « Giorno d'orrore ». La lente introduction exprime le calme alpin ; il y a ensuite un admirable passage pour les violoncelles, qui a souvent été cité dans les ouvrages consacrés à l'instrumentation. Rossini s'est sans doute souvenu à cette occasion de l'époque où il étudiait le violoncelle au Conservatoire de Bologne. La quiétude est suivie de l'orage, auquel succède le « Ranz des Vaches ». La partie finale est un appel de trompette, suivi d'un mouvement rapide que l'on peut jouer de façon à ce que l'auditeur en ait le souffle coupé. Il est censé représenter l'appel aux armes et le soulèvement des Suisses contre l'oppresseur autrichien.

Musicalement, la pièce la plus frappante du premier acte est l'air d'Arnold, « Ah, Mathilde » :

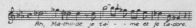

Ah, Ma-thil-de je t'ai - - me et je t'a-dore.

Un ténor ayant la puissance suffisante pour atteindre les notes élevées peut le rendre saisissant.

Le sommet de l'acte II est le trio entre Arnold, Tell et Walter, suivi de l'assemblée des cantons, et du serment : conquérir ou mourir : « Que la gloire puisse exalter nos cœurs ». Son passage le plus marquant commence ainsi :

Un autre passage frappant est le monologue d'Arnold au dernier acte, à la vue de sa maison en ruine : « Asile héréditaire ».

Lors de la première de *Guillaume Tell* à Paris, rien ne laissait supposer que l'opéra ne resterait pas de nombreuses années au répertoire. On le joua cinquante-six fois. Puis, comme il était un peu long, on ne joua plus que le second acte. Ensuite, l'extraordinaire succès remporté par Duprez en 1837 fut à l'origine d'une reprise. Joué intégralement, *Guillaume Tell* dure près de cinq heures. La pauvreté du livret original de Jouy fut cause de la révision par Bis. Et pourtant, même après cela, il fallut procéder à d'autres coupures.

« Ah ! Maestro, s'exclama un admirateur enthousiaste de Rossini, j'ai écouté l'acte II de votre *Guillaume Tell* hier soir ! » — « Comment, répliqua Rossini, tout l'acte ? »

Habile ; mais par cette question, l'auteur soulignait inconsciemment le point faible de l'opéra dont il voulait qu'il fût son chef-d'œuvre. Il faut dire qu'il est interminable.

K.

1. Ou Lauri-Volpi, Mazaroff, Filippeschi. H.

GAETANO DONIZETTI
(1797-1848)

Donizetti, tout comme Rossini et Verdi, et à l'encontre de Beethoven et de Wagner, fut un praticien et non un chercheur. Il sut inventer de la musique originale, mais sans jamais mettre en cause les conventions esthétiques de son temps. Bien mieux, c'est au sein de ces conventions qu'il cherchait son inspiration, sans se hasarder — ou rarement — sur de nouvelles voies. A son époque, Beethoven et les efforts des romantiques avaient déjà fait éclater les cadres de la forme symphonique; mais l'opéra italien de la première moitié du XIXe s. vivait dans la certitude. Rossini et ses contemporains avaient forgé des formes tout à fait viables (différentes pour la tragédie et pour la comédie), exploitées par Bellini, Donizetti, et même Verdi (pendant ses premières 20 années de création). Le public était enchanté. Il savait à quoi s'attendre et prenait grand plaisir à redécouvrir les joies des représentations antérieures. Les chanteurs aussi étaient satisfaits, qui voyaient leur position consacrée et leurs prouesses célébrées; et les compositeurs, dont les problèmes formels étaient résolus d'avance, n'avaient plus qu'à trouver les notes pour exprimer des situations données.

Dans les tragédies de Donizetti, on trouvera l'inévitable chœur introduisant la cavatine de l'héroïne, les rencontres et les séparations d'amants, ou de préposés amants, les confrontations de rivaux, les erreurs sur l'identité, et bien sûr les scènes de folie (parfois travesties en scènes de mort, mais scènes de folie néanmoins, avec leurs bonds à travers le temps et l'espace, tant et si bien que la référence à une musique plus ancienne peut évoquer une félicité passée de façon poignante). Tout sujet pris par Donizetti, qu'il soit de Schiller ou de Scott et qu'il concerne une reine écossaise ou une héroïne amazonienne, suivra les mêmes sentiers battus. Une grande scène émergera à l'occasion, comme le sextuor de *Lucia* ou la fin pathétique d'*Anna Bolena*, mais la forme sera sans surprise aucune, du début à la fin.

H.

Anna Bolena
Anne Boleyn

Opéra en 2 actes de Donizetti; liv. de Felice Romani. Créé au Teatro Carcano, Milan, 20 décembre 1830, avec Giuditta Pasta, Elisa Orlandi, Rubini, Galli. Première à Paris, Th. Italien, 1831; La Scala, 1832, avec Pasta (plus tard Grisi), Deval et Negrini; Londres, King's Th., 1831, avec Pasta, Rubini, Lablache; New York, 1843 (en fr.). Reprises : Covent Garden, 1847, avec Giulia Grisi, Alboni, Mario, Tamburini; Drury Lane, Londres, 1871, avec Tietjens, Sinico, Agnesi; Bergame, 1956 (après 113 ans d'absence de la scène italienne); la Scala, 1957, avec Callas, Simionato, Raimondi, Rossi-Lemeni, mise en scène de Luchino Visconti, dir. Gavazzeni; Glyndebourne, 1965, dir. Gavazzeni; New York (version de concert), 1967, avec Suliotis, Horne et Domingo.

PERSONNAGES

HENRY VIII, *roi d'Angleterre* (basse); ANNE BOLEYN, *sa seconde femme* (soprano); JANE SEYMOUR, *la dame d'honneur d'Anne Boleyn* (soprano); LORD ROCHEFORT, *frère d'Anne Boleyn* (basse); LORD RICHARD PERCY (ténor); SMEATON, *page de la reine* (contralto), HERVEY, *courtisan* (ténor).

Des courtisans, lords, chasseurs, soldats, etc.

En Angleterre, en 1536. Actes I et II à Windsor, acte III à Londres.

Au début de 1830, l'*Hernani* de Victor Hugo — source du mouvement romantique — était créé à Paris. A l'automne de la même année, Bellini et Donizetti, tous deux sur les bords du lac de Côme, se consacraient à un opéra commandé par le directeur du Teatro Carcano à Milan. Bellini était à Moltrasio, sur une rive, avec Giuditta Turina; Donizetti était sur l'autre rive, à Blevio, avec Giuditta Pasta. Chacun avait entre les mains un livret du célèbre Felice Romani et était bien décidé à surpasser l'autre. Cela, c'était la légende. Mais la réalité fut un peu différente : Donizetti eut le 10 novembre le livret d'*Anna Bolena* — dont la composition fut achevée le 10 décembre, tandis que Bellini ne reçut qu'en décembre celui de *La Sonnambula*.

Quand Donizetti mourut, le critique de la *Revue des Deux Mondes* désigna les cinq opéras du compositeur qui, selon lui, survivraient : *Lucia, Favorita, L'Elisir, Don Pasquale* et *Anna Bolena*. Il est certain que le public appréciait beaucoup ce dernier. Les prime donne voyaient dans le « Piangete voi ? » d'Anna un parfait faire-valoir de leur technique, et dans le « Al dolce guidami » une scène de folie digne de rivaliser avec celles de *Sonnambula*, des *Puritani*, de *Lucia* et de *Linda*. Puis, dans les années 50, *Anna Bolena* fut l'un des plus prisés parmi les opéras ayant bénéficié du renouveau d'intérêt pour le *bel canto*, renouveau dont l'origine est certainement imputable aux interprétations souveraines de Maria Callas.

C'est avec Callas dans le rôle d'Anna Bolena et dans une magnifique mise en scène de Visconti que l'opéra triompha à la Scala en 1957.

Acte I, scène 1. L'escalier du château de Windsor, où la foule des courtisans commente la passion grandissante du roi pour Jane Seymour. Celle-ci fait son entrée, inquiète des prévenances que lui montre la reine, sa rivale. Entre la reine sur un accompagnement de musique solennelle. La triste petite chanson de son page Smeaton ne réussit pas à dissiper ses sombres pensées. La lente cavatine de la reine, « Come, innocente giovane », est suivie d'une *cabaletta*. Jane Seymour, restée seule, exprime librement son anxiété, qui disparaît quand le roi vient la courtiser avec ardeur. Il veut faire éclater l'infidélité de la reine, pour épouser ensuite Jane.

Scène 2. Une cour du château. Rochefort, frère de la reine, est stupéfait de voir Percy, rappelé d'exil par le roi qui espère qu'il lui fournira une preuve contre la reine. Percy avoue que l'amour qu'il portait à la reine quand elle était jeune fille n'est pas éteint (Cavatine : « Da quel dì che lei perduta »). La Cour se prépare pour la chasse. Les espoirs de Percy sont encouragés par la gêne évidente de la reine. Pendant le remarquable quintette qui termine cette scène (« Io sentii sulla mia mano »), le roi recommande à Hervey de surveiller le comportement de Percy et de la reine, tandis que Rochefort déplore le manque de discrétion de Percy et que les courtisans appréhendent le tour que semblent prendre les événements.

Scène 3.[1] Dans le couloir qui mène aux appartements privés de la reine. Smeaton contemple un portrait de la reine et chante son amour : « Ah, parea che per incanto ». Elle s'approche avec son frère qui la persuade de recevoir Percy, mais elle refuse d'écouter ses déclarations, et même de le revoir; Percy dégaine alors son épée pour s'en frapper quand Smeaton sort de sa cachette. La reine s'évanouit alors que Rochefort vient l'avertir précipitamment de l'arrivée du roi. Henry la surprend dans cette situation compromettante : « Tace ognuno è ognun tremante ! ». Smeaton proteste en vain. Jane Seymour entre et le roi réitère ses accusations. Il condamne les conspirateurs à la prison et prévient la reine qu'elle aura à présenter sa défense à des juges. C'est ici qu'intervient le fameux cri de désespoir, « Giudici, ad Anna »; puis elle commence la *stretta* « Ah, segnata è la mia sorte » (Mon destin est tracé), qui produisait, chantée par Callas, un effet extraordinaire.

Acte II. La reine dans sa prison.

Scène 1. Ses dames d'honneur tentent de la réconforter avant le procès. Jane Seymour conseille à la reine de plaider coupable pour sauver sa vie. Elle lui avoue ensuite que le roi l'a désignée pour la remplacer. Dans un duo grandiose, Anne lui pardonne.

Scène 2. Une antichambre de la salle du Conseil. Hervey dit à la Cour réunie que Smeaton a avoué et mis la reine en cause. La reine réfute avec grandeur les accusations que l'on porte contre elle, tout en admettant avoir aimé Percy avant de devenir reine. La colère du roi et sa détermination à se venger (« Ambo morrete »), la déclaration d'amour de Percy et la triste résignation de la reine devant son sort désormais sans espoir s'articulent dans un noble trio. Jane Seymour intercède en faveur de la reine dont elle est à la fois l'amie et la rivale (« Per questa fiamma indomita »). La reine et ses complices sont condamnés à mort.

Le roi fait grâce à Percy et à Rochefort, mais ils refusent de vivre alors que la reine innocente doit mourir.

Dans la Tour de Londres, la reine a perdu la raison et reproche à ses dames d'honneur de pleurer (dans un magnifique prélude oral) le jour de son mariage, alors que le roi l'attend. Elle chante avec extase « Al dolce guidami » quand elle s'imagine voir Percy qui lui sourit. Cette aria est introduite par un solo de cor anglais particulièrement émouvant. Hervey vient chercher la reine et les trois condamnés pour les conduire à l'échafaud. Smeaton avoue avoir fait une fausse confession pour sauver sa propre vie. Anne recommence à divaguer. Elle ordonne à Smeaton d'accorder sa harpe et de chanter pour elle. Elle entonne une prière (« Cielo, a miei lunghi spasimi »)[2] à laquelle se joignent Smeaton, Percy et Rochefort. On entend une salve de coups de canon et les cloches qui sonnent en l'honneur de la nouvelle reine. L'opéra se termine par l'imprécation passionnée d'Anne Boleyn (« Coppia iniqua »).

H.

1. De nos jours, l'acte II.
2. Version ornée de « Home Sweet Home », air tiré de l'opéra de Bishop, *Clari* (1823), qui était à l'époque extrêmement populaire.

L'Elisir d'amore
L'Élixir d'amour

Opéra en 2 actes de Donizetti; liv. de Felice Romani. Créé au Teatro della Canobbiana, Milan, 12 mai 1832, avec Sabina Heinefetter, Genero, Dabadie, Frezzolini. Première à Londres, Lyceum Theatre, 1836; New York, 1838; Paris, Th. Italien, 1839; Metropolitan de New York, 1904, avec Sembrich, Caruso, Scotti, Rossi, dir. Vigna. Reprises : 1941, Metropolitan de New York avec Sayao, Landi, Valentino, Baccaloni, dir. Panizza; Covent Garden, 1950; Glyndebourne, 1961; Aix-en-Provence, 1975, avec Bacquier.

PERSONNAGES

NEMORINO, *jeune paysan* (ténor); ADINA, *riche propriétaire d'une ferme* (soprano); BELCORE, *sergent* (baryton); DULCAMARA, *charlatan* (basse); GIANNETTA, *jeune paysanne* (soprano).

Dans un petit village italien au XIXᵉ siècle.

Acte I. La beauté et la richesse ont rendu la jeune Adina très difficile. Elle se moque du jeune paysan Nemorino, qui la courtise; elle rit de la légende de Tristan et Iseult, et se réjouit de la disparition des élixirs d'amour. Elle n'est pas vraiment indifférente aux avances de Nemorino, mais lui reproche d'hésiter à se déclarer franchement.

Le sergent Belcore arrive avec une troupe de soldats. Il essaie de prendre d'assaut le cœur d'Adina. Les villageois taquinent Nemorino désespéré. Nemorino achète au charlatan ambulant, le Dr. Dulcamara, une fiole de vin de Bordeaux dont le « docteur » lui assure qu'il s'agit d'un élixir qui lui fera gagner le cœur d'Adina. Nemorino avale le contenu d'un trait, il est pris d'une gaieté extravagante, se met à chanter et à danser sans plus se soucier d'Adina. Celle-ci, piquée, décide pour se venger d'accepter la proposition du sergent. Ce dernier reçoit alors l'ordre de partir avec ses troupes et presse Adina de hâter le mariage. Elle accepte. Nemorino semble s'en consoler en chantant et en dansant de plus belle.

Acte II. Le village est réuni dans la ferme d'Adina pour son mariage avec le sergent. Mais elle remet toujours à plus tard la signature du contrat. Nemorino attend toujours l'effet de l'élixir. Pour mettre toutes les chances de son côté, il achète un deuxième flacon au charlatan. N'ayant pas de quoi le payer, il s'enrôle parmi les recrues de Belcore et le règle avec l'argent de sa solde. La nouvelle dose de breuvage rend Nemorino plus exubérant que jamais. Il évoque sa future gloire de soldat, admiré par toutes les jeunes filles du village. Adina croit qu'il s'est engagé par amour pour elle et lui fait comprendre qu'elle le préfère à Belcore. Mais il la traite avec indifférence et elle en est toute triste. Nemorino est persuadé que l'élixir est la cause de son bonheur.

Les villageois ont appris que l'oncle du jeune homme venait de mourir, lui laissant son héritage. Mais il n'en a pas encore été informé et reste persuadé que toutes les attentions dont il est l'objet sont l'effet du philtre d'amour. Adina rachète à Belcore la feuille d'enrôlement de Nemorino. Puis, l'ayant ainsi libéré, elle le traite si froidement que Nemorino menace d'aller chercher la mort au combat. Sur ce, elle tombe dans ses bras. La renommée de Dulcamara devient telle qu'il se débarrasse de tout son stock, faisant ainsi fortune.

Le sommet de *L'Elisir* est la romance pour ténor du second acte que chante Nemorino quand Adina le quitte, attristée de le voir indifférent (« Una furtiva lagrima »). C'est grâce à la merveilleuse interprétation de Caruso que cet opéra fut repris au Metropolitan de New York en 1904. L'introduction instrumentale, où les bassons jouent l'air, est irrésistible.

Un-na fur-ti-va la-gri-ma Negl'oc-chi suoi spun-to,

L'*acte I* débute dans la ferme d'Adina. Nemorino chante un air charmant, « Quanto è bella », et Adina un air fleuri, « Chiedi all'aura lusinghiera » (Va demander à ce doux zéphyr), où elle repousse ses attentions.

Chie-di all'au-na lu - sin-ghie - - - - na,

Le Dr. Dulcamara fait son entrée en chantant son air *buffo*, « Udite, udite, o rustici » (Écoutez, écoutez, paysans). Il y a dans cette scène deux duos charmants. L'un entre le Docteur et Nemorino, « Obbligato! Obbligato!» (Mille merci ! mille merci !).

L'autre, entre Adina et Nemorino : « Esulti pur la barbara per poco alle mie pene » (Cruelle qui se moque de ma douleur).

Au début de l'*acte II*, un chœur brillant se réjouit du prochain mariage d'Adina. Dulcamara propose une pièce de musique, la dernière nouveauté de Venise, paraît-il. C'est une barcarolle pour 2 voix qu'il chante avec Adina, un duo délicat qui a sa place dans tous les vieux pots-pourris d'opéra : « Io son ricco, e tu sei bella » (Je suis riche, et tu es belle) :

Io son ric-co,etu sei bel-la; Io du-ca-ti, e vezzi nai tu

La scène suivante réunit Nemorino, Giannetta et les paysans; Nemorino y vante l'élixir : « Dell' elisir mirabile » (De cet élixir miraculeux). Un autre duo pour Adina et Dulcamara intervient ensuite, « Quanto amore ! » (quelle passion !), où Adina réalise que Nemorino ne l'aime plus.

K.

Lucrezia Borgia
Lucrèce Borgia

Opéra en 1 prologue et 2 actes de Donizetti; liv. de Felice Romani d'après Victor Hugo. Créé à la Scala de Milan, 26 décembre 1833, avec Lalande, M. Brambilla, Pedrazzi, Mariani, Spiaggi; Londres, Her Majesty's Th. 1839, avec Grisi, Ernesta Grisi, Mario, Tamburini; Paris, Th. Italien, 1840; New York, 1844; Covent Garden, 1847, avec Grisi, Alboni, Mario, Tamburini; Metropolitan, 1904, avec de Macchi, Edyth Walker, Caruso, Scotti, dir. Vigna. Reprises : Florence, 1933, avec Arangi-Lombardi, Pederzini, Gigli, Pasero, dir. Marinuzzi; la Scala, 1951, avec Mancini, Pirazzini, Picchi, Rossi-Lemeni, dir. Capuana. Teresa Tietjens au siècle dernier, et Montserrat Caballe dans les années 60 ont été les deux plus célèbres interprètes du rôle de Lucrèce.

PERSONNAGES

ALFONSO D'ESTE, *duc de Ferrare* (baryton); LUCRÈCE BORGIA (soprano); MAFFIO ORSINI (contralto); GENNARO, LIVEROTTO et VITELLOZZO, *jeunes nobles au service de la République vénitienne* (ténors et basse); GAZELLA (basse); RUSTIGHELLO, *au service de Don Alfonso* (ténor); GUBETTA et ASTOLFO, *au service de Lucrèce* (basses).

Hommes d'armes, officiers, nobles et dames de la République de Venise, ou attachés à la Cour d'Alfonso.

A Venise et à Ferrare, au début du XVIe siècle.

Il faut qu'il y ait des passages remarquables dans un opéra qui, sans pour autant s'être maintenu au répertoire, fait cependant l'objet de reprises occasionnelles. Dans *Lucrezia Borgia*, l'un des rôles masculins, celui de Maffio Orsini, est chanté par un contralto. La ballade d'Orsini, « Il segreto per esser felici » (Le secret du bonheur), est un air célèbre pour contralto qu'Ernestine Schumann-Heink, dont le registre était exceptionnellement étendu, a rendu célèbre dans tous les États-Unis.

La musique possède tout l'allant et tout l'abandon que suggèrent les paroles. Orsini chante, lors d'un banquet à Ferrare. Soudain, un chant funèbre s'élève de la pièce voisine, des moines entrent, continuant à chanter. Les lumières baissent, puis s'éteignent une à une. Lucrèce Borgia apparaît. Le banquet réunit ses ennemis. Elle a fait empoisonner le vin qu'ils viennent de boire pour célébrer le chant d'Orsini. Leur sort est arrêté. L'hymne funéraire leur est destiné. Mais parmi eux se trouve Gennaro, son fils illégitime qu'elle adore — cela, elle ne le savait pas. Elle lui tend un antidote, en vain. Il n'accepte pas d'être sauvé si ses amis doivent mourir. Elle lui avoue alors qu'elle est sa mère, il la repousse. Lucrèce porte alors la coupe fatale à ses lèvres et s'effondre, mourante, sur le corps de son fils. Voilà le sombre contexte de ce *Brindisi*.

Il ae-gre-to pe res-ser fe-li ... ci s o per prova el inseg-no aghiam œ

Le rôle de Gennaro, pour ténor, a aussi été l'occasion de certaines reprises. Mario y a introduit, pour remplacer une scène du second acte, un récitatif et air de Lillo, « Com'è soave quest' ora di silenzio » (Qu'elle est délicieuse, cette douce heure de silence).

Prologue. La terrasse du palais Grimani à Venise. Une fête nocturne. Gennaro, fatigué, se sépare de ses compagnons et s'endort sur un banc de pierre. Lucrèce, masquée, le contemple avec tendresse : « Com'è bello ! Quale incanto » (O bel enfant de la nature).

Com'è bel-lo quale in-can-to

Gennaro s'éveille. Il raconte qu'il a été élevé par un pauvre pêcheur : « Di pescatore ignobile » (D'un misérable pêcheur).

Larghetto

Di pes-ca-to-rei-gno-bi-le

Ses amis entrent. Maffio Orsini arrache le masque de Lucrèce; dans un ensemble dramatique ils lui rappellent — pour le bien de Gennaro qui, frappé par la beauté de la jeune femme, ne réalise pas qu'elle est l'infâme Borgia — comment chacun a perdu, à cause d'elle, qui un frère, qui un autre parent. « Maffio Orsini, signora, son' io cui svenaste il dormente fratello » (Je suis Maffio Orsini, madame, dont vous avez assassiné le frère pendant son sommeil).

Gennaro, plein de haine, se détourne d'elle. Elle s'évanouit.

Acte I. Une place publique à Ferrare. Alfonso, quatrième mari de Lucrèce — les autres sont morts empoisonnés ou assassinés —, est jaloux de Gennaro. Tout comme celui-ci, il ignore que Lucrèce est en fait la mère du jeune homme. Il chante le solo « Vieni, la mia vendetta » (Hâtons la vengeance), et sa *cabaletta* « Qualunque sia l'evento » (J'engage mon destin).

Qua-lun-que sia l'e-ven-to, che può re-car far-tu-na.

Gennaro et ses amis arrivent. Ils voient le nom BORGIA inscrit sous l'écusson du palais. Gennaro, pour bien montrer combien il hait les crimes de Lucrèce, gravit les marches et fait sauter avec son épée la première lettre du nom, qui devient ORGIA. Le duc ordonne qu'il soit arrêté.

Lucrèce, ignorant qui est l'auteur de ce forfait, exige de son mari que le coupable soit mis à mort. Il accepte avec une promptitude pleine de cynisme. On fait entrer Gennaro. Lucrèce plaide maintenant pour qu'il ait la vie sauve. Le duc ne fléchit pas, même quand Lucrèce le menace. Il condamne Gennaro à mourir empoisonné, en buvant le contenu du gobelet que lui tendra Lucrèce. Trio d'une grande force entre Alfonso, Lucrèce et Gennaro. Alfonso verse pour Lucrèce et lui-même le vin contenu dans un flacon d'argent, tandis qu'il vide le « vin des Borgia », contenu dans un flacon d'or dans la coupe de Gennaro. Mais Lucrèce a un contre-poison; et, dès que le duc l'a laissée seule auprès de Gennaro, pour qu'elle contemple la mort de celui qu'il croit être son amant, elle le remet à Gennaro, lui ordonnant de fuir Ferrare. *L'acte II* a lieu au palais Negroni. C'est la scène du banquet, décrite ci-dessus.

K.

Maria Stuarda
Marie Stuart

Opéra en 3 actes de Donizetti; liv. de Giuseppe Bardari. Créé au Teatro San Carlo de Naples, 18 octobre 1834, sous le titre Buondelmonte, *avec Ronzi de Begnis, del Sarre, Francesco Pedrazzi, Carlo Ottolini Porto, Achille Balestracci. Produit par la Scala de Milan, 30 décembre 1835, sous son vrai titre, avec Maria Malibran, Giacinta Puzzi-Tosso, Domenico Reina, Ignazio Marini, Pietro Novelli. Reprises : Bergame, 1958, dir. Olivero de Fabritiis; la Scala, 1971, avec Caballe, Verrett, dir. Cillario; San Francisco, 1971, avec Sutherland, Tourangeau, Burrows, Opthof, Berberian, dir. Bonynge; New York City Opera, 1972, avec Sills, Tinsley, dir. Rudel; London Coliseum, 1973, avec Baker, Tinsley, Erwen, Garrard, dir. Mackerras.*

PERSONNAGES

ELISABETH, *reine d'Angleterre* (soprano); MARIE STUART, *reine d'Ecosse* (soprano); ANNA KENNEDY (mezzo-soprano); ROBERT DUDLEY, *comte de Leicester* (ténor);

TALBOT, *comte de Shrewsbury* (baryton); CECIL *(Lord Burleigh)* (basse); UN HÉRAUT (basse).

En 1567, au palais de Westminster, à Londres; au château de Fotheringay, dans le Northamptonshire.

Maria Stuarda date de 1834, c'est-à-dire après *Anna Bolena, L'Elisir d'Amore* et *Lucrezia Borgia,* mais avant *Lucia* (1835), *Campanello* et *Betly* (1836). Ses débuts furent orageux : l'œuvre eut des difficultés avec la censure à Naples, et à la première, le nouveau livret portait le titre *Buondelmonte*; puis les prime donne rivales en vinrent aux mains sur scène; enfin, quand l'œuvre fut réhabilitée à Milan, Malibran, qui chantait Marie Stuart, n'était pas en voix, mais elle refusa d'abandonner en raison de l'importance du cachet.

Dans la seconde moitié du XXe siècle, cet opéra – le second de Donizetti où intervienne la reine Elisabeth (le premier étant *Elisabetta al Castello di Kenilworth,* et le troisième, *Roberto Devereux*) – fut considéré comme très représentatif de l'art de son auteur.

Au début de l'opéra, Marie, reine d'Écosse, s'est enfuie de son royaume et a été emprisonnée par sa cousine Elisabeth, reine d'Angleterre, au château de Fotheringay. Nous ne la voyons pas avant l'acte II – en cela, l'opéra de Donizetti est construit sur le modèle de la pièce de Schiller qu'il suit également pour ce qui est de la rencontre entre les deux reines, scène célèbre et historiquement parfaitement inexacte.

Acte I. Au palais de Westminster, les courtisans attendent l'arrivée de la reine, qui doit unir les trônes d'Angleterre et de France par un mariage. En réalité, la reine est attirée par un autre homme : elle l'avoue dans une gracieuse cavatine, « Ah, quando all'ara scorgemi ». La Cour et Talbot pressent la reine d'user de clémence envers sa cousine Marie Stuart, mais

Cecil lui rappelle qu'on ne peut lui faire confiance. Elle nomme Leicester ambassadeur en France, c'est de lui qu'elle est éprise.

Talbot avoue à Leicester qu'il est allé à Fotheringay, et que Marie Stuart a demandé l'aide de Leicester: Frappé par la beauté du portrait de Marie qu'on lui montre, « Ah, rimiro il bel sembiante »), et touché par sa détresse, Leicester ne songe qu'à l'aider. La reine revient et demande à voir la lettre qu'il tient à la main. Elle réalise alors que Marie a non seulement des vues sur le trône qu'elle occupe, mais sur l'homme qu'elle aime. Leicester réussit à la persuader d'aller voir sa cousine en prison à Fotheringay (« Era d'amor l'immagine », et « Sul crin la rivale »).

Acte II. Dans le parc de Fotheringay. Marie évoque, avec sa compagne Anna, les jours heureux de sa vie d'autrefois à la Cour de France (« Oh nube ! che lieve per l'aria ti aggiri »). Arrive l'équipage de la reine. Leicester conseille à Marie de se soumettre à Elisabeth et se jure de la venger si la reine devait rester insensible à ses prières. A la fin de leur duo, il demande sa main à Marie.

La confrontation est précédée de l'un de ces moments de drame latent qu'on ne trouve qu'à l'opéra : un sextuor de la meilleure manière de Donizetti, qui commence par la réaction d'Elisabeth quand elle voit Marie : « E sempre la stessa, superba, orgogliosa » (Elle est toujours la même, altière et orgueilleuse). Marie se force à s'agenouiller devant sa cousine et à implorer son pardon. Mais, accusée d'avoir trahi et d'avoir assassiné son époux, Darnley, elle insulte la reine, la traitant de « Figlia impura di Bolena » (Fille impure de Boleyn) et de « bastarda ». La reine la condamne à mort.

Acte III. Au palais de Westminster. La reine Elisabeth n'a pas encore signé l'ordre d'exécution (« Quella vita a me funesta »). La vue de Leicester, qu'elle soupçonne d'être amoureux de sa cousine, et les pressions continues de Cecil viennent à bout de ses hésitations. Elle ordonne à Leicester d'assister à l'exécution.

A Fotheringay, Cecil informe Marie de la sentence. Elle refuse les services d'un prêtre anglican. La grande scène de la confession, que reçoit le loyal Talbot, intervient alors. A un moment, Marie croit voir le fantôme de son second mari, Henry Darnley, que le librettiste a nommé Arrigo (« Delle mie colpe lo squallido fantasma »); cette vision est admirablement rendue par l'utilisation des trombones à l'orchestre. Elle évoque avec douleur le souvenir de Rizzio, puis (« Quando di luce rosea ») nie avoir été complice du meurtre de son mari, dont la responsabilité retombe sur la jalousie d'Elisabeth.

Les partisans de Marie s'indignent. Anna essaye de les calmer, leur reprochant de troubler les dernières heures de sa maîtresse. Celle-ci prie Dieu d'une façon à la fois calme et pathétique (« Deh ! tu di un umile preghiera »). On entend le premier des trois coups de canon qui annoncent l'exécution, Cecil vient dire à Marie que la reine lui accorde une dernière volonté. Marie demande qu'Anna l'accompagne aux marches de l'échafaud (« Di un cor che more »); Leicester, bouleversé, apparaît, le second coup de canon provoque son ultime protestation d'innocence (« Ah, se un giorno da queste ritorte »). Le troisième coup retentit, et Marie marche vers la mort, la tête haute.

H.

Lucia di Lammermoor
Lucie de Lammermoor

Opéra en 3 actes de Donizetti; liv. de Salvatore Cammarano d'après le roman de Sir Walter Scott. Créé au Teatro San Carlo de Naples, 26 septembre 1835, avec Persiani, Duprez, Cosselli, Porto; Paris, Th. Italien, 1837, avec Persiani, Rubini, Tamburini, Th. Ventadour, 1839; Her Majesty's Theatre, 1838; New York, 1843; Opéra de Paris, 1846, version fr. de Royer, avec Nau, Duprez, Barroilhet, dir. Habeneck. Reprises : 1889, avec Melba, 1935 avec Lily Pons; Metropolitan de New York, 1883, avec Sembrich, Campanini, Kaschmann, Augier; Paris, Th. des Champs-Elysées, 1913, avec Barrientos; Covent Garden, 1925, avec Toti dal Monte, Dino Borgioli, Badini; 1959, avec Sutherland, dir. Serafin; Scala de Milan, 1923 avec dal Monte, Pertile, Stracciari, Pinza, dir. Toscanini; 1936, avec dal Monte, Schipa; 1954, avec Callas, di Stefano, Panerai, dir. Karajan; Opéra de Paris, 1960, avec Sutherland, Vanzo, Massard, dir. Dervaux. Parmi les Lucia célèbres, on trouve Lucca, Patti, Gerster, Melba, Tetrazzini, Galli-Curci, Barrientos, Pacini, Pareto, Scotto.

PERSONNAGES

LORD HENRY ASHTON, *de Lammermoor* (baryton); LUCIE, *sa sœur* (soprano); EDGAR, *Maître de Ravenswood* (ténor); LORD ARTHUR BUCKLAW (ténor); RAYMOND,

chapelain de Lammermoor (basse); ALICE, *compagne de Lucie* (mezzo-soprano);
NORMAN, *suivant d'Ashton* (ténor).
  Des parents, des serviteurs, des amis de la maison de Lammermoor.

  *Les personnages, en italien, deviennent : Enrico, Lucia, Edgardo, Arturo,
Raimondo, Alisa et Normanno.*

En Écosse, vers 1700.

Don Pasquale mis à part, *Lucia di Lammermoor* est généralement considéré comme le chef-d'œuvre de Donizetti. Les mélodies sont nombreuses et magnifiques; elles reflètent toujours, même dans les passages ornés, l'intrigue dramatique à laquelle elles sont liées. Bien plus, le sextuor qui termine l'acte II, quand Edgar de Ravenswood apparaît sur scène au moment où Lucie, de sa main tremblante, vient de signer le contrat de mariage qui l'unit à Lord Bucklaw, est un des passages dramatiques les plus remarquables de toute l'histoire de l'opéra. Pour ce qui est de la popularité, en tout cas en ce qui concerne l'opéra italien, il n'est égalé que par le quatuor de *Rigoletto*.

La scène de la folie de l'acte III est l'occasion, pour un soprano coloratura, de déployer une virtuosité technique égale à celle que requiert la scène de la leçon dans *Le Barbier de Séville;* à cette différence près qu'il ne s'agit pas ici d'une série de morceaux intercalés, mais d'une *scena* complète, avec récitatifs et solos brillants, incorporée dans la partition.

Le frère de Lucie, Lord Henry Ashton de Lammermoor, a décidé, pour échapper à une situation financière et politique périlleuse (il a participé à un mouvement politique dirigé contre le roi), de la marier à Lord Arthur Bucklaw. Lucie ne sait rien de cet arrangement. Henry ne sait rien non plus des tendres sentiments que partagent sa sœur et Edgar de Ravenswood, dont la famille est ennemie de la sienne depuis fort longtemps. Quand il l'apprend, il n'hésite pas à employer les moyens les plus indignes pour briser cet attachement.

Edgar de Ravenswood est le dernier représentant de sa lignée. Dans l'intérêt de son pays, il est parti pour la France, d'où il a envoyé de nombreuses lettres à Lucie. Henry les a interceptées et a par ailleurs montré à sa sœur une fausse lettre établissant l'infidélité d'Edgar. Pressée par son frère et persuadée d'être trahie par son amant, Lucie finit, contre son gré, par accepter d'épouser Lord Arthur Bucklaw. Elle vient de signer son contrat de mariage quand Edgar réapparaît. A peine rentré de France, il s'est précipité pour demander la main de Lucie — mais trop tard. Persuadé que celle-ci l'a trahie, il jette à ses pieds l'anneau qu'elle lui avait donné, la maudissant ainsi que ses anciens ennemis, les Lammermoor.

Le soir, Henry vient trouver Edgar dans son sinistre château. Ils décident de se battre en duel le lendemain matin, près du tombeau des Ravenswood. Edgar, le dernier fils d'une race frappée par le destin, est fatigué de vivre et a décidé de se jeter sur l'épée de son adversaire. Lucie a été incapable de supporter tant d'épreuves. La nuit, après s'être retirée, elle perd la raison et va assassiner son mari. Elle meurt ensuite de douleur.

Edgar attend son ennemi dans le cimetière de Ravenswood. Mais Henry s'est dérobé. La solitude d'Edgar est interrompue par un convoi funéraire venant du château de Lammermoor. Apprenant que Lucie est morte, il dégaine son poignard, s'en frappe et s'effondre mort près des tombes de ses ancêtres.

Acte I. Près du château de Lammermoor. Norman dit à Henry qu'il soupçonne Lucie et Edgar de s'être secrètement rencontrés dans le parc de Lammermoor. Norman a envoyé ses veneurs alentour pour vérifier ses soupçons. « Cruda, funesta smania » (Tremblant de fureur), chante Henry.

Les veneurs reviennent. Un fauconnier leur a révélé que celui qui s'était introduit sur les terres de Lammermoor n'était autre qu'Edgar de Ravenswood. Henry exprime sa rage et son désir de vengeance dans une vigoureuse *cabaletta*, « La pietade in suo favore » (De mon cœur je bannis la pitié).

Une fontaine, dans le parc. Une harpe joue seule un admirable morceau, annonçant le climat de la scène suivante et le reprend entièrement une seconde fois. Lucie apparaît, accompagnée d'Alice. Elle lui conte la légende de la fontaine, « Regnava nel silenzio » (Le silence régnait) :

(Cet air, généralement chanté en ré, est écrit en mi). Le deuxième air de Lucie : « Quanto rapita » est une des arias pour soprano les plus célèbres de l'histoire de l'opéra :

Un autre passage familier, et de grande beauté, est le duo entre Edgar et Lucie. Il lui annonce son départ pour la France et lui dit adieu : « Verranno a te sul' aure » (Mes soupirs seront portés par la brise embaumée).

Acte II. Un appartement du château de Lammermoor. Lucie reproche à son frère de lui imposer un mariage avec Lord Arthur Bucklaw. Henry lui montre alors la fausse lettre d'Edgar lui faisant croire qu'elle est trahie par son amant. Le duo entre le frère et la sœur commence par « Soffriva nel pianto languia nel dolore » (J'ai enduré mes souffrances). La *cadenza* en est particulièrement frappante.

Lucie, qui se croit abandonnée par Edgar, finit par céder.

La scène du contrat de mariage commence par le chœur des invités. Désespérée et réticente, Lucie signe le contrat. C'est à ce moment précis qu'apparaît dans le fond de la scène, au sommet d'un large escalier, la silhouette d'Edgar.

L'orchestre joue un bref prélude, et le grand sextuor commence. Edgar et Henry : « Chi mi frena in tal momento ? Chi troncò dell'ire il corso ? » (Comment puis-je me retenir ? Qui m'empêche de donner libre cours à ma colère ?) :

C'est parce qu'il a vu Lucie, « comme une rose ployant sous la tempête » :

Henry lui-même s'exclame : « De par mon propre sang, je suis un traître » :

Le chœur prend de l'ampleur, mais la voix de Lucie le domine avec désespoir :

Acte III. Dans le lugubre château d'Edgar. Henry vient pendant la nuit le provoquer en duel.

A nouveau Lammermoor. Les invités de la noce, festoyant toujours, sont interrompus par Raymond qui annonce que Lucie est devenue folle et a tué son mari. Presque aussitôt, la malheureuse mariée apparaît. C'est ici qu'intervient la célèbre scène de la folie, grand morceau de bravoure pour soprano, qui a le mérite de s'incorporer parfaitement à l'action.

C'est une *scena* très élaborée. Plus tôt dans l'œuvre, Donizetti avait tiré un certain effet de la harpe. Il introduit ici un accompagnement de flûte obbligato qui joue avec la voix, s'enroule autour d'elle, l'accentue brillamment, étincelle en parfaite union avec elle du haut en bas de la gamme.

Donizetti introduit, tel un souvenir funèbre, le thème du duo d'amour du premier acte entre Edgar et Lucie, « Verranno a te sul'aure »; et deux mélodies, « Alfin son tua » (Je suis tienne à jamais) :

et « Spargi d'amaro pianto » (Des larmes de désespoir) :

La *scena* se termine par un *stretto*.

Il y a un moment dans la scène de la folie où la cantatrice peut moduler en sol majeur. C'est dans ce ton que Donizetti a écrit l'aria : « Perché non ho del vento », que certains soprani insèrent dans la scène.

Pendant le finale de l'opéra, Edgar est seul en scène pour son aria finale,

« Tu che a Dio spiegasti l'ali » rarement égalée dans l'opéra italien, qui est d'une funèbre beauté.

C'est Adelina Patti qui, autrefois, interpréta le rôle de Lucie avec la plus grande aisance et le plus grand brio. Sa voix était parfaitement flexible et semblait couler sans effort et sans limite possible.

Roberto Devereux
Robert Devereux

Opéra en 3 actes de Donizetti; liv. de Salvatore Cammarano, d'après Elisabeth d'Angleterre, d'Ancelot. Créé, 29 octobre 1837, à Naples, avec Giuseppina Ronzi de Begnis, Almerinda Granchi, Giovanni Basadonna, Paul Barroilhet. Première à Venise, 1838, avec Carolina Ungher, Moriani; Paris, 1838, avec Grisi, Rubini,

Tamburini; la Scala, 1839, avec Armenia, Mazzarelli, Salvi, Marini; Londres, 1841, avec Grisi et Rubini; New York, 1849. Après 1882, il n'y a pas trace de représentations jusqu'à la reprise du San Carlo de Naples, 1964, avec Leyla Gencer, Anna Maria Rota, Ruggero Bondini, Piero Cappuccilli; Barcelone, 1968, avec Caballe, Marti, Cappuccilli; New York City Opera, 1970, avec Sills et Domingo; Aix-en-Provence, 1977, avec Caballe et Carreras, dir. Rudel.

PERSONNAGES

ELISABETH, *reine d'Angleterre* (soprano); LE DUC DE NOTTINGHAM (baryton); SARAH, *duchesse de Nottingham* (mezzo-soprano); ROBERT DEVEREUX, *comte d'Essex* (ténor); LORD CECIL (ténor); SIR WALTER RALEIGH (basse); UN PAGE (basse); UN SERVITEUR DE NOTTINGHAM (basse).

Dames de la Cour royale, courtisans, pages, gardes royaux, serviteurs de Nottingham.

En Angleterre, en 1598.

Roberto Devereux est le cinquante-septième des soixante-dix opéras de Donizetti; il fut écrit 19 ans après le premier, dans les circonstances les moins favorables qui soient. L'auteur perdit en 1836 son père et sa mère, à quelques semaines d'intervalle, et en juillet 1837, sa femme. *Roberto Devereux* avait été commandé pour Naples, où sévissait une terrible épidémie de choléra au moment où il s'efforçait de finir l'œuvre. Elle remporta néanmoins un succès éclatant dès la première. Donizetti était cependant persuadé que la malchance guettait cet opéra : le baryton et la prima donna tombèrent malades pendant la première série de représentations; l'œuvre fut donnée ailleurs dans une version pirate, ce qui était une catastrophe d'ordre financier plutôt que moral.

L'ouverture, écrite à l'occasion de la première parisienne, comporte une variante pour bois de *God save the Queen* tout à fait anachronique; c'est pourtant son seul mérite, qui lui a sans doute valu d'être mise au programme des concerts dirigés vers 1970 par Richard Bonynge, le mari de Joan Sutherland.

La base historique de l'œuvre est assez mince; il est habile de l'avoir située en 1598, année de la rébellion et de l'exécution d'Essex.

Acte I. Au moment où l'action commence, Robert Devereux, comte d'Essex, vient de rentrer d'une expédition militaire en Irlande et va être jugé. Sarah, duchesse de Nottingham, en est éperdument éprise. Lisant l'histoire de la belle Rosamonde (par ailleurs l'héroïne d'un autre opéra de Donizetti, *Rosamunda d'Inghilterra*), elle ne peut cacher ses larmes : « All' afflitto è dolce il pianto » (Les larmes sont douces à qui souffre). La reine dit à Sarah qu'elle a consenti à revoir Essex, sans qui sa vie n'a pas de sens; elle ne le soupçonne pas de la trahison qu'on lui impute, mais de lui être infidèle : « L'amor suo mi fe'beata » (Son amour m'est une bénédiction). Cecil lui demande si elle approuve le jugement porté sur Essex. Elle réclame des preuves supplémentaires et exprime son intention de le revoir; sa cabalette révèle que les sentiments qu'elle lui portait sont toujours intacts.

Essex proclame sa fidélité à sa souveraine; puis, lors d'une *scena* grandiose, elle fait allusion à une bague qu'elle lui avait donnée autrefois; il suffirait qu'il la montrât pour que sa sauvegarde soit assurée. Essex se demande si la reine est informée de sa passion pour Sarah. Son ami Nottingham lui promet de le soutenir devant le Conseil, et révèle dans une cavatine que son épouse Sarah, en proie aux larmes et au désespoir, a fini par éveiller ses soupçons : « Forse in quel cor sensibile » (« Peut-être dans ce cœur délicat »).

Scène 2. Essex est venu trouver Sarah dans ses appartements. Avant de lui faire ses adieux, il lui reproche d'en avoir épousé un autre. Elle se défend en arguant que la mort brutale de son père, alors qu'Essex était à l'étranger, l'avait précipitée vers ce mariage dénué de passion. Elle le supplie de se tourner vers la reine. Essex arrache de son doigt l'anneau que lui avait remis la reine et le jette sur la table. Pendant ce duo, Sarah lui remet une écharpe bleue brodée de sa main, qu'il promet de porter contre son cœur.

Acte II. Le Palais de Justice de Westminster (comme dans la scène 1 de l'acte I). Les courtisans sont consternés par le sort qui attend Essex. Cecil vient dire à la reine que le Conseil, malgré l'intervention favorable de Nottingham, a prononcé une sentence de mort contre Essex qui ne sera applicable que lorsqu'elle l'aura approuvée. Raleigh dit à Elisabeth que l'on a trouvé une écharpe de soie sur le cœur d'Essex quand on l'a fouillé après son arrestation. La reine là reconnaît aussitôt comme appartenant à Lady Nottingham; au même moment Nottingham vient intervenir en faveur de son ami. Essex comparaît, la reine lui montre l'écharpe, que Nottingham reconnaît aussitôt, il appelle la vengeance de Dieu sur son ami infidèle. Le trio (« Un perfido, un vile, un mentitore tu sei ») révèle toute la gamme des sentiments : l'ami trahi, l'amant

démasqué et anxieux, et surtout la femme bafouée. Les courtisans sont introduits et le trio devient un ensemble où tous condamnent à des titres divers la trahison d'Essex.

Acte III. Les appartements de Sarah. Elle apprend qu'Essex a été condamné et décide de porter à la reine la bague qu'il lui a laissée, espérant ainsi obtenir sa grâce. Mais son époux se dresse devant elle.

La Tour de Londres où Essex attend sa grâce, il ne doute pas qu'elle surviendra dès que la bague sera entre les mains de la reine. Il s'imagine alors s'offrant à l'épée de Nottingham et lui assurant, sur le point de mourir, que sa femme lui est restée fidèle en dépit de toutes les tentations « Come uno spirito angelico » (Comme un esprit angélique). Mais le pardon n'arrive pas, et l'on entend le bruit funèbre de la garde qui approche.

La dernière scène montre la reine, entourée de ses dames d'honneur, dans la grande salle du palais. Elle attend avec anxiété l'arrivée de Sarah pour la réconforter et la bague qu'Essex saura lui faire parvenir (elle n'établit évidemment aucune relation entre les deux événements). Sa tendance au pardon se manifeste dans sa magnifique aria, « Vivi ingrato ». Sarah survient, désemparée, apportant la bague. La reine reconnaît alors en elle sa rivale haïe, mais cela ne la détourne pas de son propos. Elle ordonne qu'il soit sursis à l'exécution au moment même où retentit le coup de canon qui donne le signal au bourreau. Puis elle blâme Sarah; Nottingham se décide alors à avouer qu'il a tenté de l'empêcher de porter la bague à la reine. A la fin de l'œuvre, Elisabeth, éperdue de douleur, a des visions : la couronne d'Angleterre baignant dans le sang; un homme court dans les couloirs du palais en portant sa propre tête; une tombe, qui lui est destinée, s'ouvre à l'endroit même où reposait son trône. C'est sans doute la seule cabalette de l'histoire de l'opéra qui soit presque entièrement *maestoso;* et l'*allegro* conventionnel n'intervient qu'aux dernières mesures.

H.

La Fille du Régiment
La Figlia del Reggimento

Opéra en 2 actes de Donizetti; liv. de J.H. Vernoy de Saint-Georges et F. Bayard. Créé à l'Opéra-Comique, Paris, 11 février 1840. Reprises : 1848; 1851, avec Ugalde; 1857, avec Cabel, 1900 et 1914; au Th. Italien, reprise en 1840 avec J. Lind et Sontag. Première à Milan, 1840; à New York, 1843 (en fr.); à Londres, Her Majesty's Th., 1847; Metropolitan de New York, 1902, avec Sembrich. Reprises : 1917, et 1940 avec Pons; La Scala, Milan, 1928 avec dal Monte; Covent Garden, 1966, avec Sutherland, Pavarotti, Malas; La Scala, 1968, avec Freni, Pavarotti, Ganzarolli. Parmi les célèbres Marie, on compte Lind, Sontag, Lucca, Patti et Tetrazzini.

PERSONNAGES

MARIE, « *la fille du régiment* » (soprano); SULPICE, *sergent de grenadiers français* (basse); TONIO, *paysan tyrolien, amoureux de Marie* (ténor); LA MARQUISE DE BIRKENFELD (soprano); HORTENSO, *valet de la marquise* (basse); UN CAPITAINE (basse); UN PAYSAN (ténor); LA DUCHESSE DE KRAKENTHORP (soprano).

Des soldats, paysans, amis de la marquise, etc.

En 1815, dans les montagnes du Tyrol suisse.

Acte I. Une vallée du Tyrol. Des paysans, rassemblés sur un monticule, sont aux aguets. Les femmes sont agenouillées devant une statue de la Vierge. La marquise de Birkenfeld est assise sur un banc, son valet, Hortensio, à son côté. Ils ont été pris par l'avancée de la guerre. Les femmes prient tandis que le chœur des Tyroliens retentit bravement : les Français sont victorieux. Le fameux 21e régiment de grenadiers, toujours vainqueur n'est-il pas avec eux ? L'un des soldats français s'avance, c'est le sergent Sulpice, un vieux grognard. Il est suivi d'une jolie fille en uniforme, une vivandière — Marie, la fille du régiment, trouvée sur un champ de bataille alors qu'elle n'était qu'une enfant. Elle chante, « Au bruit de la guerre j'ai reçu le jour » (Apparvi alla luce, sul campo guerrière),

qui se termine par une cadence brillante.

Le sergent lui fait faire un exercice au tambour. Ils chantent ensuite un duo « Rataplan », qui est une répétition de l'air de Marie, avec un accompagnement de rataplans. Depuis quelques jours, Marie n'est plus aussi joyeuse que par le passé. On l'a vue avec un jeune homme qui lui a sauvé la vie en l'empêchant de tomber dans un précipice. Mais cela ne lui donne aucun droit sur elle, car le régiment a décrété que seul un grenadier pourrait être l'époux de la jeune fille.

Des soldats traînent Tonio sur scène, l'accusant d'être un espion. Ils l'ont découvert alors qu'il rampait aux alentours du camp. Marie intervient en sa faveur, car il n'est autre que son sauveur. Voulant rester près d'elle, il décide de devenir soldat. Les grenadiers fêtent cette décision en buvant à sa santé et en demandant à Marie de chanter « La chanson du régiment », un air plein d'entrain qui est le plus célèbre de la partition : « Chacun le sait, chacun le dit » (Ciascun lo dice, ciascun lo sà !).

Vient ensuite une scène d'amour entre Marie et Tonio, suivie d'un duo, « De cet aveu si tendre » (A voti cosi ardente).

Puis les grenadiers chantent un chœur « Rataplan ». Mais le sergent a appris que la marquise de Birkenfeld réclamait un sauf-conduit. Birkenfeld ! C'est le nom auquel étaient adressés certains papiers découverts sur Marie, sur le champ de bataille où on l'avait recueillie ! La marquise examine les papiers, déclare que Marie est sa nièce et qu'elle doit vivre avec elle dans son château. Le pauvre Tonio est devenu grenadier pour rien. Le régiment ne peut que pleurer avec lui la perte de Marie. Elle-même semble bien triste et chante de larmoyants adieux, « Il faut partir, mes

bons compagnons d'armes » (Convien partir ! o miei compagni d'arme).

Acte II. Dans le château de la marquise. Marie apprend à danser le menuet et à chanter des romances. Mais au beau milieu de ce chant, que Sulpice accompagne car la marquise l'a également emmené au château, ils entonnent la « Chanson du régiment » et font résonner les « rataplans ». Cette liesse est de courte durée car la pauvre Marie doit, sur l'ordre de sa tante, épouser l'héritier d'une maison ducale, un Krakenthorp. On entend la marche des grenadiers. Ils entrent, menés par Tonio, qui a été fait capitaine en récompense de sa bravoure. Sulpice ne voit pas pourquoi Marie ne pourrait pas l'épouser à la place du seigneur désigné par la marquise. D'ailleurs, Marie et Tonio décident de s'échapper ensemble. La marquise avoue alors au sergent, afin de l'influencer pour qu'il fasse pression sur Marie, que celle-ci est en réalité sa propre fille née hors des liens du mariage. Sulpice prévient Marie qui ne se sent pas le cœur d'agir contre la volonté de sa mère.

Mais à la fin, c'est Marie qui sauve la situation. Les invités se sont réunis pour la signature du contrat de mariage. Marie chante devant l'assemblée l'histoire de son enfance heureuse avec le régiment et de son existence de vivandière. La bonne société est scandalisée. Mais la marquise, profondément émue, va chercher Tonio pour l'amener vers Marie, et elle réunit les mains des deux amants. L'opéra se termine par un ensemble, « Vive la France ».

K.

La Favorita
La Favorite

Opéra en 4 actes de Donizetti; liv. d'Alphonse Royer et de Gustave Vaez d'après le drame de Baculard d'Arnaud, Le Comte de Comminges. *Créé le 2 décembre 1840 à l'Opéra de Paris avec Stoltz, Duprez, Barroilhet. Première à Londres,*

Drury Lane, 1843 (en angl.); Covent Garden, 1845 (en fr.); Opéra de Paris, 1899, avec Delna, Alvarez, Renaud; Metropolitan de New York, 1905, avec Edyth Walker, Caruso, Scotti, Plançon. Reprises : la Scala, 1934, avec Stignani, Pertile; 1939, 1949, 1962, avec Simionato. Raimondi: Chicago, 1964, avec Cossotto, Alfredo Kraus, Bruscantini, et Florence, 1966, même distribution.

PERSONNAGES

ALPHONSE XI, *roi de Castille* (baryton); FERDINAND, *jeune novice du monastère de Saint-Jacques de Compostelle* (ténor); DON GASPARE, *ministre du roi* (ténor); BALTHAZAR, *Supérieur du monastère* (basse); LEONORA DI GUSMAN (soprano); INEZ, *sa confidente* (soprano).

Des courtisans, gardes, moines, dames de la Cour, serviteurs.

En Castille, vers 1340.

Il y a, à la fin du troisième acte de *La Favorita*, une scène d'une grande force dramatique. L'opéra commence doucement, pour nous y mener le plus progressivement possible.

Ferdinand, novice au monastère de Saint-Jacques de Compostelle, a eu l'occasion d'apercevoir Leonora, la maîtresse d'Alfonso, roi de Castille, et il en est tombé éperdument amoureux. Il ne sait pas son nom ni l'ambiguïté de sa position. Mais sa passion est telle qu'il renonce au noviciat pour retrouver la femme qu'il aime.

Acte I. A l'intérieur du monastère. Ferdinand annonce à Balthazar, le Supérieur, qu'il veut renoncer à son noviciat, ne pouvant chasser de son esprit la femme dont il est épris. Il la décrit au prêtre comme « Una vergine, un angiol di Dio » (Une vierge, un ange de Dieu).

Balthazar lui rend sa liberté à regret. Il prédit qu'il reviendra un jour, le cœur brisé, chercher une fois de plus refuge auprès de lui.

L'île de Saint-Leon, où Leonora vit dans la splendeur. Elle est profondément éprise de Ferdinand, mais craint qu'il ne la méprise quand il saura quels liens l'unissent au roi.

Elle le fait conduire sur l'île, les yeux bandés, sans lui révéler qui elle est.

« Bei raggi lucenti » (De brillants rayons de lumière) est le gracieux solo et chœur d'Ines, confidente de Leonora et de ses compagnes. Il est suivi de « Dolce zeffiro il seconda » (Doux zéphyr), chanté par un chœur de femmes tandis que le bateau qui amène Ferdinand accoste sur l'île. Leonora interrompt les transports de Ferdinand en lui annonçant, sans lui en donner la raison, que leur amour ne peut finir que dans le chagrin et qu'ils doivent se séparer. Elle lui remet un parchemin qui le mènera, dit-elle, sur la route de l'honneur et de la gloire.

Leonora dit adieu à Ferdinand et se précipite à la rencontre d'Alfonso. Ferdinand est maintenant persuadé que la femme qu'il aime est d'un rang si élevé qu'elle ne peut envisager de l'épouser mais qu'elle lui prouve son amour en favorisant sa carrière. Le parchemin qu'elle lui a remis lui confère un grade d'officier dans l'armée. L'acte finit sur l'air martial de Ferdinand, « Si, che un tuo solo accento ».

Acte II. Les jardins du palais de l'Alcazar. Les rêves de gloire de Ferdinand sont devenus réalité. Sa conversation avec son ministre Gaspard nous apprend que le jeune officier a mené l'armée espagnole à la victoire, décimant les Maures. Il a repris l'Alcazar à l'ennemi.

Le roi chante son amour dans un air chargé d'émotion, « Vien, Leonora, a' piedi tuoi » (Viens, Leonora, je suis à tes pieds).

Elle entre, accompagnée de sa confidente. Le roi a fait préparer une fête en l'honneur de la victoire de Ferdinand. Leonora se réjouit de l'honneur qui l'attend mais ne peut s'empêcher de redouter l'avenir. Gaspard revient avec une lettre de Ferdinand à Leonora qu'il a interceptée entre les mains d'Iñez. Le roi, irrité, cherche à savoir qui en est l'auteur. Des bruits venus de l'extérieur l'interrompent. Balthazar fait son entrée, précédé d'un prêtre qui porte un parchemin marqué du sceau papal. La bulle du pape autorise Balthazar à déposer le roi si celui-ci refuse de renvoyer sa favorite et de rendre ses droits à sa femme légitime. Le souverain est d'abord tenté de braver l'autorité papale, il hésite et Balthazar lui donne jusqu'au lendemain pour décider.

La ferme et digne dénonciation prononcée par Balthazar, « Ah paventa il furor d'un Dio vendicatore » (N'appelle pas la vengeance de Dieu sur ta tête) est la base retentissante du finale de l'acte.

Larghetto
Ah paven-ta il fu-ror d'un Di- o ven-di-ca-to- re

Acte III. Un salon du palais de l'Alcazar. Le roi informe son ministre de sa décision : il a résolu de céder aux ordres de l'Église. Il ordonne à Gaspard de faire venir Leonora mais de faire auparavant arrêter sa complice, Iñez.

C'est alors que Ferdinand, revenant de la guerre où il s'est distingué et où il a sauvé le royaume, fait son entrée à la Cour. Alfonso lui demande ce qu'il veut en récompense de ses services. Leonora entre. La voyant, Ferdinand demande aussitôt sa main. Le roi donne son consentement à leur union,

non sans regret; son émouvante aria est empreinte d'une triste ironie : « A tanto amor ». Il se retire ensuite avec Ferdinand.

Leonora est touchée par la générosité du roi. Elle est éprise de Ferdinand, mais troublée par la peur et le doute car elle le sait innocent et inconscient : « O mio Fernando » :

Cantabile
O, mio Fer-nan-do, del-la ter-ra il tro- no

Elle sait que son bonheur futur dépend de sa sincérité. Ferdinand doit être informé de ses relations avec le roi. C'est en pleine connaissance de la situation qu'il devra décider s'il veut vraiment l'épouser. Elle envoie Iñez lui porter une lettre. Mais Iñez, en chemin, est arrêtée par Gaspard, sur l'ordre du roi. Elle n'a donc pas le temps de remettre à Ferdinand la lettre de Leonora.

En présence de toute sa Cour, le roi décore Ferdinand et le fait comte de Zamora. Les seigneurs jaloux commentent entre eux son scandaleux mariage avec l'ex-maîtresse du roi. Leonora fait son entrée, revêtue de sa robe de mariée.

Tandis que le mariage est célébré dans une pièce voisine, les nobles continuent de parler de la honte de Ferdinand.

Balthazar vient alors prendre connaissance de la décision du roi. Ferdinand l'accueille avec joie. Gaspard dit alors ironiquement : « Voici le mari de Leonora ! » Balthazar recule, surpris, et Ferdinand apprend qu'il vient d'épouser « la bella del Re », la favorite du roi.

Dans une scène dramatique, le point culminant de l'opéra, Ferdinand arrache de son cou la chaîne que le roi vient de lui offrir et la jette par terre avec mépris; il brise ensuite son épée et la jette aux pieds du roi, puis s'éloigne avec Balthazar.

Acte IV. Le cloître du monastère de Saint-Jacques de Compostelle. On célèbre l'entrée de Ferdinand dans les ordres. Accompagné par le chœur des moines, Balthazar chante « Splendon più belle in ciel le stelle » (Les étoiles resplendissent dans le ciel).

Ferdinand donne libre cours à sa détresse dans la romance « Spirito gentil » (Esprit de lumière), l'une des plus belles arias pour ténor du répertoire italien.

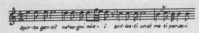

spir-to gen-til ne'eo-gni mie - i   bril-las-ti un-di ma ti per-de-i

Leonora entre, déguisée en novice. Elle entend les voix des moines, et celle de Ferdinand prononçant ses vœux. Il sort de la chapelle, la reconnaît et lui enjoint de partir : « Ah ! va, t'invola e questa terra » (Pars, quitte ce lieu).

Elle lui raconte cependant comment elle a essayé de le mettre au courant avant leur mariage et implore son pardon pour le mal qu'elle lui a fait, « Pietoso al par del Nume » (Que par ta bouche, Dieu me pardonne).

Ferdinand n'a pas oublié son amour pour elle : « Vieni, ah ! vieni ».

Mais il est trop tard. Leonora meurt dans ses bras. « Bientôt, mon âme aussi aura besoin de vos prières », dit-il à Balthazar. Il demande aux moines de prier pour l'âme qui vient de s'envoler.

K.

Linda di Chamounix
Linda de Chamonix

Opéra en 3 actes de Donizetti; liv. de Gaetano Rossi. Créé au Kärnthnerthor Theater, Vienne, 19 mai 1842. Première à Paris, Th. Italien, 1842; Londres, Her Majesty's Theatre, 1843; New York, 1847, avec Clothilda Barili. Reprises : Metropolitan de New York, 1934, avec Pons, Swarthout, Crooks, de Luca, Pinza, dir. Serafin; San Carlo, Naples, 1934, avec dal Monte, dir. Baroni; La Scala, Milan, 1939, avec dal Monte, Elmo, Malipiero, Basiola, Pasero, dir. Marinuzzi.

PERSONNAGES

LE MARQUIS DE BOISFLEURY (baryton); CARLO, *vicomte de Sirval* (ténor); LE PRÉFET (basse); PIEROTTO (contralto); LINDA (soprano); ANTONIO (baryton); MADDALENA (soprano); L'INTENDANT (ténor).
Des paysans et paysannes, des Savoyards, etc.

A Paris et à Chamonix, en 1760, sous Louis XV.

Linda di Chamounix, opéra pastoral, appartient à une lignée d'œuvres telles que *La Sonnambula* de Bellini, *Dinorah* de Meyerbeer, dont *L'Amico Fritz* de Mascagni est un représentant tardif.

Une ouverture, tout à fait typique de son époque, nous mène à un chœur de villageois se rendant à l'église de Chamonix à l'aube. Maddalena attend le retour de son mari, Antonio, qui est allé voir la marquise, propriétaire de leur ferme et de son hypothèque. Antonio dit que le frère de la marquise, Boisfleury, va parler en leur faveur; il chante ensuite les louanges de la vallée où ils ont vécu jusqu'ici « Ambo nati in questa valle » (Cette vallée où nous naquîmes).

Acte I. Les cris des villageois annoncent la venue du marquis de Boisfleury. Homme assez content de lui, il semble fort intéressé par Linda, la fille d'Antonio, dont on lui a dit le plus grand bien — voilà la vraie raison de son soutien supposé dans l'affaire de l'hypothèque. Il est déçu de ne pas trouver Linda, mais les assure de sa protection et promet pour Linda une place au château.

Linda revient d'un rendez-vous manqué avec son amant, un jeune peintre sans ressources nommé Charles (Carlo), elle est arrivée trop tard et n'a trouvé que les fleurs qu'il avait laissées à son intention. Elle ne songe qu'à le revoir au plus vite : « O luce di quest' anima » est l'air le plus célèbre de la partition, un délicieux morceau *allegretto* qui ne serait pas déplacé dans un répertoire de soprano coloratura :

Un groupe de jeunes villageois va partir pour la France. Parmi eux se trouve Pierotto, poète du village et ami d'enfance de Linda. Tous lui réclament une dernière chanson, ce dont il s'acquitte avec une ballade sentimentale où l'on parle d'une jeune fille qui abandonne son village natal pour aller faire fortune, tombe amoureuse, est trahie et meurt.

Charles arrive et chante un duo d'amour avec Linda.

Le préfet vient prévenir Antonio des sombres desseins que le marquis nourrit à l'égard de Linda. Au cours de leur magnifique duo, Antonio reproche au ciel de réserver un tel sort à sa fille, tandis que le préfet, plus pratique, suggère et obtient qu'elle parte avec le groupe de villageois.

Acte II. En arrivant à Paris, Linda a appris que le frère du préfet, pour lequel elle avait une lettre d'introduction, venait de mourir. Son bien-aimé Charles l'a retrouvée, lui a révélé qu'il était en réalité le vicomte de Sirval, fils de la marquise, et l'a installée dans un appartement, étape préliminaire à leur mariage. Elle entend la voix de Pierrot, le fait venir, lui explique qu'elle va bientôt épouser Charles. Dans leur duo fleuri, Pierrot et Linda se jurent une éternelle amitié.

Le marquis fait irruption dans la pièce, à la grande surprise et horreur de Linda. Dans un duo bouffe, le marquis offre d'améliorer à tous points de vue la situation — d'une splendeur toute relative — dans laquelle elle se trouve. Linda proteste, et le marquis, dans un charmant air *andante mosso*, se demande s'il n'est pas allé trop loin. Linda, avec les accents de la Norina de *Don Pasquale,* s'inquiète à l'idée que Charles puisse rentrer à l'improviste; enfin, elle se débarrasse du marquis.

Dans une belle aria, Charles se plaint de ne pas être capable de prendre une décision : soit combattre les projets de sa mère, qui veut pour lui un riche mariage, soit annoncer la mauvaise nouvelle à Linda (« Se tanto in ira »). Linda revient et leur duo est passionné (« Ah ! dimmi, dimmi io t'amo »). Elle le repousse quand elle entend le son de la vielle de Pierrot, qui lui rappelle son enfance et son innocence.

Le père de Linda réussit à pénétrer dans son appartement. Il est venu plaider sa cause auprès du fils de la propriétaire de la ferme qu'il occupe, et, à défaut, la défend auprès de celle qu'il prend pour la maîtresse du vicomte (« Un buon servo del Visconte di Sirval »). Linda réussit d'abord à lui cacher son identité, mais il finit par la reconnaître. Pierrot intervient au milieu de leur scène. Il vient de voir des préparatifs de noce en cours chez la mère de Charles ! Cette nouvelle, et les remontrances de son père, portent Linda au bord de la folie. Dans le magnifique duo qui termine l'acte, elle prend Pierrot pour Charles, lui demande de l'emmener à l'autel et finit dans un état de démence qui n'a rien à envier à celui de Lucia.

Acte III. La place du village de Chamonix. Tous se réjouissent du retour des Savoyards qui étaient allés à Paris. Le jeune vicomte de Sirval fait irruption. Sa mère a cédé et il peut maintenant épouser Linda. Le préfet répond qu'elle est morte.

Le marquis aussi revient de son escapade parisienne. Les plaisanteries des Savoyards ne le déconcertent aucunement, et il s'étend longuement, dans une aria buffo, sur le prochain mariage de son neveu avec une belle et vertueuse jeune fille.

Pierrot mène alors Linda vers le village, jouant de sa vielle pour lui rappeler son enfance et sa maison. Charles, qui apporte l'acte de propriété de la ferme, est horrifié de la trouver dans un état si alarmant. Soudain, elle reconnaît sa mère et la voix de Charles. Dans son aria « E la voce che primiera », il réussit à la convaincre à demi qu'il s'agit bien de lui, et après qu'ils aient chanté une seconde fois leur duo du premier acte, la raison revient à la jeune fille. Elle reconnaît tous ceux qui l'entourent avec compassion.

L'opéra se termine par le bref duo plein d'allégresse de Linda et de Charles.

H.

Don Pasquale

Opéra en 3 actes de Donizetti; liv. de Giovanni Ruffini et du compositeur. Créé au Théâtre-Italien, Paris, 3 janvier 1843, avec Grisi, Mario, Tamburini, Lablache, dir. du compositeur. Première : La Scala, Milan, 1843; Her Majesty's Theatre, Londres, 1843; New York, 1846; Paris, Opéra-Comique, 1896. Reprise au Metropolitan, 1899, avec Sembrich, Salignac, Scotti, Pini-Corsi, dir. Mancinelli; 1935 avec Bori, Schipa, de Luca, Pinza, dir. Panizza; 1940 avec Sayao, Martini, Valentino, Baccaloni, dir. Papi (et Busch, 1945); Covent Garden, 1920, 1937; Glyndebourne, 1938, dir. Busch. Reprises : La Scala, Milan, 1930, avec dal Monte Lomanto, Stabile, Autori, dir. Calusio; 1936, avec Carosio, Schipa, de Luca, Badini, dir. Marinuzzi; 1950 avec Noni, Prandelli, Taddei, Pasero, dir. Capuana. Reprises : Vienne, 1944, avec Noni, Dermota, Kunz, Vogel, dir. Paulik; Piccola Scala, 1959, avec Sciutti, Alva, Panerai, Bruscantini, dir. Sanzogno; Aix-en-Provence, 1978, avec Bacquier.

PERSONNAGES

DON PASQUALE, *vieux garçon* (basse); LE Dr MALATESTA, *son ami* (baryton); ERNESTO, *neveu de Don Pasquale* (ténor); NORINA, *jeune veuve* (soprano); UN NOTAIRE (baryton).

A Rome, au début du XIXe siècle.

L'ouverture repose principalement sur la sérénade d'Ernesto au dernier acte et l'aria de Norina au premier. Elle suggère le ton enjoué de l'opéra.

Acte I. Chez Don Pasquale. Le riche Don Pasquale est sur le point de se marier. Il est tout à fait déterminé à prendre femme, mais reproche fortement à son neveu de vouloir en faire autant et menace même de le déshériter. Ces menaces troublent Ernesto, ainsi que la jeune élue de son cœur, la veuve Norina.

Au lever du rideau, Pasquale attend Malatesta avec impatience. Celui-ci, ne réussissant pas à le persuader de renoncer à son projet, et encore moins à lui faire admettre que son neveu doit faire ce que son cœur lui dicte, fait semblant d'approuver ses plans stupides. Il propose que sa « sœur » soit la mariée — puisque Don Pasquale n'a fixé son choix sur personne en particulier — et la décrit, dans l'aria pleine de grâce « Bella siccome un' angelo », comme une personne timide, naïve et ingénue, qui a été élevée dans un couvent. Elle n'est, en fait, autre que Norina, qu'aucune parenté ne lie à Malatesta. Entendant ce portrait, Don Pasquale ne peut contenir sa joie malgré tous les efforts de Malatesta pour le calmer. Resté seul, il se lance dans une joyeuse cavatine, « Ah, un foco insolito ».

Don Pasquale décide de servir à son neveu un sermon sur sa conduite future et ajoute qu'il a lui-même l'intention de prendre épouse. Ernesto n'en croit pas ses oreilles. Il réalise que cela l'écarte du mariage qu'il se proposait de faire et exprime son chagrin dans un des airs les plus ambitieux de Donizetti, « Sogno soave e casto » (Doux rêves d'amour qui s'envolent), tandis que la voix de l'oncle marmonne dans le fond. Les derniers espoirs d'Ernesto s'évanouissent quand Pasquale lui dit avoir déjà consulté Malatesta : il n'y a maintenant plus personne pour faire entendre raison au vieil homme.

Dans la chambre de Norina. Son récitatif commence par « Quel guardo il cavaliere » (Quel beau cavalier), mais ce n'est que le roman qu'elle lit à voix haute. Sa charmante nature se révèle dans l'aria « So anch' io la virtù magica » (Je sais les vertus magiques).

So anch'io la vir- tu ma-gi- ca, D un guar- do a tem- po e lo- co

On lui apporte une lettre. Malatesta vient lui annoncer que le vieil oncle d'Ernesto est tombé dans le piège qui a pour but de lui faire approuver la mariage de son neveu. Ils n'ont pas eu le temps de mettre Ernest au courant de leur stratagème, et il écrit dans la lettre qu'il est furieux.

Ils mettent au point ensemble l'attitude qu'ils prendront quand Don Pasquale rencontrera enfin sa fiancée élevée au couvent. La musique est très enjouée, pleine de fioritures étincelantes et d'airs gais et changeants.

Acte II. Les appartements d'Ernesto. La perspective de perdre sa fiancée et sa maison (son oncle lui a enjoint de quitter les lieux) le met au désespoir. Un long prélude joué au cor introduit son récitatif et aria « Cercherò lontana terra », l'un des plus célèbres de l'opéra.

Don Pasquale reçoit chez lui sa future épouse, accompagnée de son parrain, Malatesta. Elle est très timide, et le pseudo fiancé observe tous ses mouvements avec ravissement. Norina se décide enfin à parler à Pasquale : elle lui assure que seules les tâches du foyer l'intéressent — coudre, faire des vêtements et s'occuper de la cuisine. On a envoyé chercher un notaire, et Malatesta dicte les termes du contrat de mariage que tous répètent après lui, y compris le notaire. Il faudrait un témoin, mais il n'y a personne en vue. Heureusement Ernesto fait irruption, criant à qui veut l'entendre qu'il a été trahi. Malatesta s'arrange pour lui faire comprendre ce qui se passe sans que Pasquale puisse comprendre ses propos.

Dès que tout est signé, le caractère de la jeune épouse change brusquement et elle commence à rejeter toutes les tentatives d'autorité de son époux.

Il est effondré devant son comportement et horrifié d'entendre qu'elle veut aller se promener avec Ernesto. Le quatuor redouble de vigueur, tandis que Norina et Ernesto chantent en aparté un duo charmant. Norina appelle les domestiques et, s'apercevant qu'il n'y en a que trois, décrète, en riant de mépris, qu'il faudra en engager d'autres et doubler les appointements de ceux qui sont déjà sur place. Don Pasquale ne peut en supporter plus. « Son tradito, son tradito » (On m'a trahi), crie-t-il de rage, et la *stretta* du quatuor.

Acte III. Les domestiques courent en tous sens, obéissant aux ordres de Norina, et placent dans la maison toutes les nouveautés qu'elle y a fait porter. Don Pasquale voit son épouse parée et prête à aller au théâtre. Le ton de leur querelle monte et Norina le gifle. Don Pasquale perd tout espoir, toutes ses prétentions s'effondrent : son mariage est un échec. Même Norina est désolée d'avoir dû aller si loin pour ramener le vieux fou à ce qu'Ernesto et elle-même considèrent comme raisonnable. Elle se précipite hors de la pièce, prenant bien soin de laisser tomber un billet au passage. Il est signé d'Ernesto qui lui donne rendez-vous au jardin pour le soir même. Pasquale y voit une chance de se sortir de cette fâcheuse situation. Il fait appeler Malatesta.

Les domestiques se rassemblent pour commenter les événements dans un chœur charmant. Malatesta arrive et essaie de faire profiter Pasquale de ses conseils. Les deux hommes confèrent dans un duo d'un comique irrésistible. Sa fin à 6/8, de style *buffo,* est un des morceaux les plus drôles du répertoire post-rossinien.

Dans le jardin. Ernesto chante à Norina la belle sérénade, « Com'è gentil ».

Com'è gen-til, la notte a mezzo April.

On raconte qu'après une des répétitions, Donizetti avait demandé à l'éditeur de la musique, Dormoy, de l'accompagner chez lui. Là, il fouilla dans ses manuscrits et finit par tendre quelque chose à Dormoy. « Voilà, dit-il, donnez ceci à Mario, et dites-lui de le chanter lors de la dernière scène, dans le jardin, comme sérénade à Norina ». Quand on donna l'opéra, Mario chanta cet air, tandis que Lablache, des coulisses, l'accompagnait au luth. C'était la sérénade. Elle est en vérité la quintessence d'une pièce nocturne légère, et la plupart des grands ténors lyriques de l'histoire de l'opéra, de Mario à Schipa, ont cherché à prouver que personne avant eux n'avait su la chanter avec tant de style.

Elle est aussitôt suivie d'un duo tout aussi charmant et à peu près aussi célèbre, « Tornami a dir ». Ce ne sont que tierces et sixtes pour deux voix, produisant un effet enchanteur. Don Pasquale et Malatesta surprennent les deux amants. Ernesto réussit à s'échapper, mais Norina fait front. Malatesta arrange tout à la satisfaction générale, et bientôt Norina et Ernesto sont prêts à être mariés, et qui plus est avec l'approbation sans réserve de Don Pasquale. Comme il sied, Malatesta mène le *rondo finale* qui termine l'œuvre.

K., H.

VINCENZO BELLINI
(1801-1835)

Il Pirata
Le Pirate

Opéra en 2 actes de Bellini; liv. de Felice Romani, d'après la traduction en français d'une tragédie en 5 actes d'un écrivain irlandais, le Révérend R. C. Maturin : Bertram, ou The Castle of St. Aldobrando. *Créé à la Scala de Milan, 27 octobre 1827, avec Henriette Méric-Lalande, Giovanni Rubini et Antonio Tamburini, décors d'Alessandro Sanquirico; l'œuvre fut jouée 15 fois la même saison, 12 fois en 1830 et 12 fois en 1840. Première à Londres, King's Th., 1830, avec la distrib. de la Scala; Paris, 1832, avec Schroeder-Devrient, Rubini, Santini; New York, 1832; Paris, Th. Italien, 1846 avec Mario et Grisi. Reprises : Rome, 1935, avec Gigli, dir. Serafin; la Scala, 1958, avec Callas, Corelli; New York, 1959, avec Callas, et 1966, avec Caballe (les 2 représentations en version de concert); Florence, 1967 avec Caballe, Piero Cappuccilli; Philadelphie, 1968, avec Caballe; Wexford, 1972, et Festival d'York, 1973, avec Christiane Eda-Pierre.*

PERSONNAGES

ERNESTO, *duc de Caldora* (baryton); IMOGENE, *sa femme* (soprano); GUALTIERO, *anciennement comte de Montalto* (ténor); ITULBO, *lieutenant de Gualtiero* (ténor); GOFFREDO, *ermite, autrefois tuteur de Gualtiero* (basse); ADÈLE, *compagne d'Imogene* (soprano); UN PETIT GARÇON, *fils d'Imogene et d'Ernesto.*
Des pêcheurs et des femmes, des pirates, des chevaliers, des dames.

Au château de Caldora et alentour, en Sicile, au XIIIe siècle.

Bellini appartenait à une famille de musiciens siciliens. Ses premières expériences musicales eurent pour cadre l'église de son pays natal. Il passa six années à Naples, terminées en 1826 par un succès (son 2e opéra), *Bianca e Gernando* (sic, titre de la version d'origine), et une commande de la Scala. *Il Pirata* fut le premier livret que Felice Romani écrivit pour Bellini. Il devint par la suite son fidèle collaborateur, sauf pour *I Puritani.*

Ernesto, duc de Caldora, et Gualtiero, comte de Montalto, sont rivaux en politique, mais aussi comme prétendants à la main de la belle Imogene. Gualtiero et le père d'Imogene ont épousé la cause du roi Manfredo et Ernesto celle de Charles d'Anjou. Imogene aimait Gualtiero qui a été banni après la mort de Man-fredo et la défaite de son parti. Exilé, il dirige maintenant une bande de pirates aragonais qui écument les côtes de Sicile. Il ne songe qu'à se venger et à reprendre Imogene. Celle-ci a dû, entre-temps, épouser le duc de Caldora pour sauver la vie de son père. Le duc de Caldora vient de remporter une victoire sur les pirates aragonais. Leur chef s'est échappé; pris dans une tempête il est venu échouer sur la côte sicilienne, non loin de Caldora.

Acte I. Après une ouverture conventionnelle, le rideau se lève dans une atmosphère musicale agitée. La foule regarde le naufrage avec anxiété. La tempête calmée, les survivants abordent. L'ermite Goffredo reconnaît Gualtiero parmi eux. Celui-ci proclame avec ferveur que seul son amour éternel pour Imogene lui a permis de traverser ses épreuves, « Nel Furor delle tempeste » (Dans la furie de la tempête).

Selon une vieille coutume, c'est la duchesse en personne qui vient offrir l'hospitalité aux étrangers, dont Itulbo est le porte-parole. Horrifiée à l'idée que leur chef puisse être mort, Imogene confie ses craintes à Adèle dans une magnifique aria, « Lo sognai ferito ». Elle lui raconte aussi un rêve dans lequel son mari tuait son amant d'autrefois. En voyant Imogene, Gualtiero se contient à peine, et le cri qu'il laisse échapper malgré lui éveille chez la jeune femme de poignants souvenirs.

Le soir, les pirates boivent bruyamment sur la terrasse du château. Itulbo leur recommande de ne pas révéler leur identité, jusqu'ici protégée. Imogene est troublée par l'étranger qui s'est retiré chez l'ermite Goffredo. A peine est-il arrivé au château qu'il lui révèle sa véritable identité. Imogene raconte comment elle a été obligée d'épouser Ernesto, et la stupéfaction de Gualtiero, exprimée par une des cantilènes les plus touchantes qu'ait écrites Bellini (« Pietosa al padre »), se change en désir de vengeance à la vue du jeune fils d'Imogene.

Dans la grande salle du château. Les hommes du duc célèbrent leur victoire. Ernesto lui-même se réjouit dans une aria (accompagnée *piano* par les cordes et trois trombones), et reproche à Imogene de ne pas participer à la liesse générale. Quant à lui, la seule ombre à son bonheur est l'incertitude qui plane sur le sort de son ennemi, Gualtiero. Il va questionner les fugitifs et leur chef, qui semble avoir trouvé refuge auprès de l'ermite. Itulbo se fait passer pour le chef des pirates; Ernesto menace de les emprisonner; Imogene plaide leur cause; l'ermite modère Gualtiero qui relance frénétiquement Ernesto dans son désir de tout mettre à feu et à sang. Un quintette (qui devient bientôt un sextuor) se développe, avec les commentaires du chœur, et l'acte se termine par une *stretta*, sans que l'identité de Gualtiero ait été dévoilée.

Acte II. Dans l'antichambre des appartements d'Imogene. Adèle tente de rassurer l'entourage d'Imogene qui s'inquiète de la santé de celle-ci. Elle dit à sa maîtresse que Gualtiero ne partira pas sans l'avoir revue. Le duc vient accuser sa femme d'infidélité. Elle se défend en admettant qu'elle aime encore Gualtiero, mais comme quelqu'un qu'elle a connu autrefois. La colère d'Ernesto explose quand un message lui révèle que Gualtiero est en ce moment même au château.

Itulbo tente vainement de convaincre Gualtiero de renoncer à son rendez-vous avec Imogene. Ernesto les épie et, tout en restant caché, mêle sa voix à la leur pour former un trio de la meilleure inspiration. Ernesto est découvert et il part avec Gualtiero pour mettre fin à leur rivalité par un duel.

Les courtisans du duc réunis dans la grande salle du château pour y porter son deuil, jurent de le venger. A leur stupéfaction, Gualtiero vient de lui-même se livrer à eux. On le remet au Conseil des Chevaliers tandis qu'il lance un adieu à Imogene, demandant son pardon, dans l'aria « Tu vedrai la sventurata ».

Dans les opéras de Bellini, c'est à la femme que revient le rôle le plus important. Malgré son titre, *Il Pirata* ne fait pas exception. La raison et la volonté d'Imogene ont cédé sous la pression des événements, et sa dernière scène est introduite par le son plaintif et magnifique du cor anglais, qui exprime de façon touchante son angoisse. Elle croit voir Ernesto, puis leur fils, qui viennent plaider pour la vie de Gualtiero qui autrefois a épargné Ernesto. Sur le plan musical, Bellini pénètre déjà dans l'univers du « Casta diva » qui apparaîtra en fait quatre ans plus tard. Le lent « Col sorriso d'innocenza » est d'une superbe inspiration, et la cabalette « Oh sole, ti vela di tenebre oscure » n'a rien à lui envier; ces deux pièces concluent l'opéra, après qu'Imogene eût appris la condamnation à mort de Gualtiero.

H.

La Straniera
L'Etrangère

Opéra en 2 actes de Bellini; liv. de Felice Romani d'après le roman du vicomte d'Arlincourt, L'Etrangère. Créé à la Scala de Milan, 14 février 1829, avec Henriette Méric-Lalande, Caroline Unger, Domenico Reina, Antonio Tamburini. Première à Londres, King's Th., 1832, avec Giuditta Grisi, Rubini, Tamburini; Paris, Th. Italien, 1832, avec G. Grisi; New York, Park Th., 1834. Reprises: Catane, 1954; Palerme, 1968, avec Renata Scotto, dir. Sanzogno; New York (en concert), 1969, avec Montserrat Caballé; Festival d'Edimbourg, 1972, par la compagnie de Palerme, avec Scotto, dir. Sanzogno.

PERSONNAGES

ALAIDE, *(l'Étrangère)* (soprano); LE SEIGNEUR DE MONTOLINO (basse); ISOLETTA, *sa fille* (mezzo-soprano); ARTURO, *comte de Ravenstal* (ténor); LE BARON VALDEBURGO (baryton); LE PRIEUR DES TEMPLIERS (basse); OSBURGO, *confident d'Arturo* (ténor).

En Bretagne.

La Straniera, composée en 1829 pour La Scala, est le second opéra écrit par Bellini en collaboration avec Felice Romani, qui allait être son librettiste pour tous les autres opéras, sauf *Les Puritains*. Tout comme *Il Pirata*, *La Straniera* fait preuve d'une approche dramatique beaucoup plus vigoureuse que les œuvres plus tardives de Bellini où la mélodie élégiaque est déployée avec autant d'évidence que la passion romantique.

Tous ces opéras ont été écrits, comme ceux de Haendel, pour mettre en valeur la capacité de briller ou d'exprimer des grandes prime donne de l'époque et pour montrer leur habileté et leur virtuosité. De nos jours, Callas a, pendant quelques années inoubliables, repris ces œuvres à la Scala, allant jusqu'à re-créer trois opéras tous les deux ans.

Acte I, scène 1. Près du château de Montolino, des paysans et des membres de la suite du seigneur célèbrent dans une barcarolle le prochain mariage d'Isoletta, sa fille, avec Arturo, comte de Ravenstal. Seule la fiancée ne peut prendre part aux réjouissances car elle a remarqué, confie-t-elle à son ami le baron Valdeburgo, un changement dans le comportement de son fiancé. Elle craint qu'il ne soit épris d'une femme étrangère qui habite de l'autre côté du lac – la Straniera. Valdeburgo, puis le père d'Isoletta et Osburgo, l'ami d'Arturo, essaient de le réconforter. Ils entendent dans le lointain la foule qui maudit l'étrangère, la sorcière.

Scène 2. La cabane de la Straniera dans les bois. Arturo est venu la chercher. Alaide, l'étrangère, entre (introduite par une harpe) et réfléchit à la tristesse d'aimer avec trop de confiance (« Ah ! Sventurato il cor che fida »). Elle reproche à Arturo d'être venu la trouver jusque dans sa cachette et lui déclare, en réponse à sa déclaration d'amour passionnée que le ciel a mis entre eux une barrière insurmontable.

Scène 3. En chassant, Osburgo s'est raproché de l'endroit où habite la Straniera. Valdeburgo tente de persuader Arturo de retourner au château. Quand il dit de la Straniera qu'elle n'est pas digne d'Arturo, celui-ci demande à son ami de la voir avant de porter un jugement. Dès qu'il a aperçu Alaide, Valdeburgo la reconnaît, Arturo en conçoit quelque jalousie. Quand son ami lui annonce que, pour des raisons qui doivent demeurer cachées, il lui faut renoncer à son amour, ses soupçons sont confirmés.

Scène 4. Un sinistre prélude nous mène au bord du lac qui s'étend près du château. Arturo apprend d'Osburgo et de ses amis qu'Alaide et Valdeburgo envisagent de fuir ensemble. Il croit apprendre le pire quand il entend Alaide appeler Valdeburgo « Leopoldo », il se jette alors sur son rival, le blesse et le fait tomber dans le lac. Alaide, horrifiée, révèle alors que Valdeburgo est son frère. Arturo se jette dans le lac pour le sauver. Un groupe de paysans mené par Osburgo surgit et, la trouvant seule avec une épée tachée de sang, accuse la Straniera de meurtre.

Acte II, scène 1. Une chambre du château. Le Prieur de l'Ordre des Templiers écoute les preuves

qu'Osburgo a accumulées contre la Straniera. Quand elle apparaît, il croit un instant reconnaître sa voix, mais se reprend. Arturo fait irruption, s'accusant du meurtre de Valdeburgo. Mais celui-ci réapparaît, annonçant que ni Alaide ni Arturo ne sont coupables. Valdeburgo offre sa protection à Alaide. Quand les membres du tribunal demandent qu'elle dévoile son visage, elle n'accepte de le faire que devant le prieur. Il reste stupéfait, et déclare qu'elle est libre de partir.

Scène 2. Arturo essaie d'atteindre la cabane d'Alaide, mais Valdeburgo l'en dissuade au cours d'un duo plein de vigueur. Arturo se laisse convaincre qu'il doit retourner vers Isoletta, tandis que Valdeburgo lui promet d'amener Alaide au mariage.

Scène 3. L'église. Isoletta a de sombres pressentiments et exprime sa peine dans l'aria « Ah ! se non m'ami più » (avec accompagnement *obbligato* de flûte)[1]

Un hymne nuptial entame la cérémonie; mais Arturo a l'esprit ailleurs, et Isoletta menace d'interrompre le mariage. Alaide intervient alors et insiste pour que la jeune fille se rende à l'autel avec Arturo. Puis elle se précipite hors de scène pour demander à Dieu son pardon (« Pago, o ciel tremendo »). Arturo, l'épée dégainée, veut lui ordonner de le suivre, mais le prieur annonce qu'elle doit regagner la place qui lui est due, celle de reine de France[2]. Arturo se précipite alors sur sa propre épée, et Isoletta s'effondre sur son corps.

---

1. Lors de la reprise de Palerme, en 1968, cette aria a été transférée avec beaucoup d'à-propos à la première scène de l'acte I.
2. Le roi de France avait abandonné, la nuit de ses noces, son épouse Isamberga de Danemark. Il avait épousé par la suite Agnès de Poméranie, l'héroïne de cet opéra. Le pape avait ordonné au roi de revenir à sa première femme, exilant Agnès. Mais après la mort d'Isamberga, Agnès peut maintenant rejoindre le Roi.

La Sonnambula
La Somnambule

Opéra en 2 actes de Bellini; liv. de Felice Romani. Créé au Teatro Carcano, Milan, 6 mars 1831, avec Pasta, Rubini, Mariani. Première à Paris, Th. Italien, 1831, Patti y fit ses débuts dans le rôle; Londres, Haymarket, 1831, avec Pasta, Rubini, Santini; Drury Lane, 1833 (en angl.) avec Malibran (débuts), Templeton, Seguin; Covent Garden, 1835, même distrib.; New York, 1835 (en angl.); 1844, en it. Covent Garden, 1910, avec Tetrazzini, McCormack, Edmund Burke; Metropolitan de New York, 1932, avec Pons, Bourskaya, Gigli, Pinza, dir. Serafin; La Scala, Milan, 1935, avec dal Monte, Schipa, Pasero, dir. Guarnieri; 1955, avec Callas, Monti, Zaccaria, mise en scène de Visconti (de même à Edimbourg, 1957, avec Callas, puis Scotto); Covent Garden, 1960, avec Sutherland, dir. Serafin; Metropolitan de New York, 1963, avec Sutherland, Gedda, Tozzi.

PERSONNAGES

LE COMTE RODOLPHE, *seigneur du château* (basse); TERESA, *propriétaire du moulin* (mezzo-soprano); AMINA, *sa fille adoptive* (soprano); LISA, *propriétaire de l'auberge du village* (soprano); ELVINO, *jeune fermier* (ténor); ALESSIO, *villageois* (basse).
Le notaire, des villageois, etc.

Dans un village suisse, au début du XIXe siècle.

Acte I. La place du village. Les villageois sont en liesse, on célèbre le contrat de mariage qui unira Amina, orpheline élevée par Teresa, la propriétaire du moulin du village, et Elvino, un jeune propriétaire du voisinage. Mais ces préparatifs remplissent de fiel le cœur de Lisa, la tenancière de l'auberge, car elle est amoureuse d'Elvino. Et les attentions mal venues d'Alessio n'arrangent pas les choses. Amina chante deux airs pleins d'attrait : « Come per me sereno », et la cabalette, « Sovra il sen la man mi posa ».

Le contrat est signé par les époux et leurs témoins, et Elvino passe un anneau au doigt d'Amina. Duo : « Prendi, l'anel ti dono » (Prends l'anneau que je te donne).

Un bel étranger en habit d'officier usagé fait son entrée. Il souhaite que ses chevaux soient nourris avant d'aller au château. La route est mauvaise et la nuit approche. Sur les conseils des villageois, soutenus par Lisa, l'officier accepte de rester à l'auberge pour la nuit.

L'officier n'est autre que Rodolphe, le seigneur du château. Il regarde autour de lui et se rappelle les scènes de son enfance : « Vi ravviso » (comme je le voyais) :

Il s'adresse alors à Amina de façon galante, dans une charmante cabalette, « Tu non sai in quei begli occhi » (Tu ne sais pas combien tes beaux yeux).

Elvino se pique de voir l'étranger porter tant d'attention à son épouse. Teresa recommande à tous de se retirer, car le village est, paraît-il, hanté par un fantôme. L'étranger traite ces superstitions avec légèreté et se retire dans l'auberge, accueilli par Lisa. Elvino gronde Amina pour sa coquetterie, mais ils finissent par se réconcilier (« Son geloso del Zefiro errante »).

L'appartement de Rodolphe à l'auberge. Il entre, conduit par Lisa. Elle est coquette, et il songe à la séduire. Les villageois savent maintenant qu'il est le seigneur du château et ne vont pas tarder à venir lui présenter leur respects.

On entend alors un bruit, Lisa se dérobe rapidement, laissant dans sa hâte tomber un mouchoir que Rodolphe ramasse et accroche au montant du lit. Amina, toute vêtue de blanc, soulève sa fenêtre et pénètre dans sa chambre. Il réalise aussitôt qu'elle est somnambule et que son état a provoqué la légende du fantôme du village. Pendant son sommeil, Amina parle de son prochain mariage, de la jalousie d'Elvino, de leur querelle et de leur réconciliation. Rodolphe, craignant de l'embarrasser par sa présence si elle venait à s'éveiller, éteint les chandelles, sort par la fenêtre et la referme doucement derrière lui. Toujours endormie, Amina s'effondre sur le lit.

Les villageois entrent pour saluer Rodolphe. La pièce est plongée dans l'obscurité, mais, à leur grand amusement, ils peuvent distinguer la silhouette d'une femme sur le lit. Ils vont se retirer quand Lisa entre avec une chandelle et montre à Elvino Amina endormie. La lumière et le bruit la réveillent. Sa confusion est prise à tort par Elvino comme la preuve de sa culpabilité. Il la renvoie. Tous, sauf Teresa, partagent ses soupçons. Teresa prend machinalement le mouchoir qui repose sur le montant du lit et le noue autour du cou d'Amina, qui tombe évanouie dans ses bras quand Elvino se détourne d'elle.

Musicalement, la pièce la plus française de la scène, de l'acte même, est le duo de la fin. Il est d'une composition délicate et pour ainsi dire complètement dépourvu de fioritures vocales. Il commence par les protestations d'innocence d'Amina : « D'un pensiero, e d'un accento » (Comment pourrais-tu croire). Quand Elvino

joint sa voix à la sienne, il n'y a pas la moindre trace de réconfort dans ses paroles : il est encore animé de sombres soupçons.

Le duo se termine par une phrase expressive chantée par le ténor seul, ce qui produit un effet inhabituel et de grande beauté : « Questo pianto del mio cor » (Cette douleur dans mon cœur)

Acte II. Une vallée entre le village et le château. Les villageois se rendent au château pour demander à Rodolphe d'intervenir auprès d'Elvino en faveur d'Amina. Elvino rencontre Amina. Il est toujours furieux et lui arrache l'anneau qu'il lui avait donné. « Ah ! perchè non posso odiarti » (Ah, que ne puis-je te haïr).

Scène 2. Le village, près du moulin de Teresa.

Lisa a réussi à convaincre Elvino de l'épouser. Les préparatifs de la noce commencent. Rodolphe essaie de dissuader Elvino de son projet. Il explique qu'Amina est somnambule. Mais Elvino n'a jamais entendu parler de somnambulisme et demeure incrédule.

Teresa demande aux villageois de faire moins de bruit, car Amina dort dans le moulin. Puis apprenant qu'Elvino a l'intention d'épouser Lisa, elle sort de son corsage le mouchoir de Lisa qu'elle a trouvé près du lit de Rodolphe. Lisa est fort gênée. Elvino a bien l'impression qu'elle aussi l'a trahi. Rodolphe répète encore une fois à Elvino qu'Amina est innocente, et qu'elle est victime de somnambulisme.

Au même moment, Amina, en chemise de nuit et la lampe à la main, émerge d'une lucarne du moulin. Toujours endormie, elle traverse la passerelle qui enjambe la roue du moulin. Les villageois tombent à genoux et prient pour qu'elle le franchisse sans mal. Sa lampe lui échappe et tombe dans le torrent. Elle arrive cependant sans encombre à l'autre extrémité. Marchant toujours dans son sommeil, elle s'avance vers l'endroit où se tiennent Rodolphe et les villageois. Elle s'agenouille et prie pour Elvino. Puis, se relevant, elle évoque la bague qu'il lui a reprise et tire de son corsage les fleurs qu'il lui avait données le jour précédent : « Ah ! non credea mirarti, si presto estinto, o fiore » (Oh fleurs, je n'aurais pas cru que vous seriez si tôt fanées).

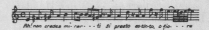

Elvino vient doucement remettre l'anneau à son doigt, et s'agenouille devant elle. Elle s'éveille, Elvino lui tend les bras, implore son pardon, prêt à la mener à l'autel :

L'œuvre se termine par ce passage brillant :

K.

Norma

Opéra en 2 actes de Bellini; liv. de Felice Romani, d'après la tragédie de L. A. Soumet. Créé le 26 décembre 1831, à la Scala de Milan, avec Pasta, Grisi, Donzelli, Negrini; Londres, Haymarket, 1833, avec Pasta, de Meric, Donzelli, Galli; Paris, Th. Italien, 1835, avec G. Grisi, Rubini, Lablache; Covent Garden, 1841; New York, 1841 (en angl.); 1843 (en it.); New York, Metropolitan, 1891, avec Lilli Lehmann, et 1927 avec Ponselle, Telva Lauri-Volpi, Pinza, dir. Serafin; Covent Garden, 1929, avec Ponselle, dir. Bellezza; Metropolitan, New York, 1936, avec Cigna, Castagna, Martinelli, Pinza, dir. Panizza; 1943, avec Milanov, dir. Sodero; la Scala, 1952, avec Callas, Rossi-Lemeni, dir. Ghione; Covent Garden, 1952, avec Callas, dir. Gui; Opéra de Paris, 1964, avec Callas; 1967, avec Sutherland, Marilyn Horne, dir. Bonynge; 1972, avec Caballe et Cossotto.

PERSONNAGES

POLLIONE, *proconsul romain en Gaule* (ténor); OROVESO, *chef des druides, père de Norma* (basse); NORMA, *grande-prêtresse du temple druidique* (soprano); ADALGISA, *une vierge du temple* (soprano); CLOTILDA, *confidente de Norma* (soprano); FLAVIUS, *centurion* (ténor).
Des prêtres, des officiers, des guerriers gaulois, des prêtresses et des vierges du temple.

En Gaule, au temps de l'occupation romaine, vers 50 av. J.C.

Acte I. Le bois sacré des Druides. Le grand prêtre Oroveso et les Druides demandent aux dieux d'inciter le peuple à la guerre pour détruire le joug romain. Le proconsul romain, Pollione, confie à son centurion Flavius qu'il n'aime plus Norma, bien qu'elle ait rompu pour lui ses vœux de chasteté et lui ait donné deux fils. Son cœur ne bat plus que pour Adalgisa.

Les prêtres et les prêtresses s'approchent de l'autel et Norma, la grande prêtresse, fille d'Oroveso, gravit les marches. Personne ne soupçonne son intimité avec Pollione. Elle l'aime et cherche à détourner le danger qui le menacerait si la Gaule se soulevait contre les Romains. Elle prédit que Rome tombera d'elle-même, à cause de sa propre faiblesse, et qu'il n'y a pas lieu que la Gaule entre en guerre. Puis elle prie la déesse pour que le chef romain, qui l'a quittée, lui revienne.

Adalgisa attend Pollione. Il la rejoint et la supplie de l'accompagner à Rome, elle accepte de le suivre.

La demeure de Norma. Elle sait que Pollione songe à l'abandonner; mais elle ignore qui est sa rivale. Adalgisa entre et confesse qu'elle a failli à sa parole en tombant amoureuse d'un Romain, Norma, songeant qu'elle-même a brisé ses vœux, est prête à libérer Adalgisa des siens quand apparaît Pollione. Norma comprend alors qu'Adalgisa est éprise de lui. Apprenant la vérité, celle-ci se détourne de Pollione; elle respecte trop Norma pour fuir avec celui qui a trahi la grande prêtresse.

Acte II. Norma, désespérée, se tient près du lit où reposent ses enfants. Elle est tentée, un instant, de les tuer. Elle décide de renoncer à son amant et accepte même l'idée qu'Adalgisa soit heureuse avec lui, à condition qu'elle serve de mère à ses enfants. Adalgisa refuse de trahir Norma. Elle ira voir Pollione, mais seulement pour lui rappeler quels sont ses devoirs.

Des bois autour du temple. Les guerriers gaulois y sont rassemblés. Norma attend le résultat de l'entrevue d'Adalgisa et de Pollione. Elle apprend que la jeune fille a échoué et qu'elle est revenue vers le lieu sacré pour finir ses jours comme prêtresse. La colère de Norma est désormais incontrôlable. Elle brandit un bouclier d'airain, et crie joyeusement aux guerriers réunis : « Guerre aux Romains ! ». Des bruits tumultueux, venant du temple, se mêlent au sombre chant guerrier. Un Romain s'est introduit dans l'édifice sacré et a été capturé. Il s'agit de Pollione dont Norma sait qu'il a essayé d'enlever Adalgisa. Le châtiment pour une telle intrusion est la mort. Mais Norma, bouleversée, prend pitié. Espérant encore sauver son amant volage, elle soumet une autre victime aux Gaulois déchaînés — une vierge parjure. « Eh bien, parle ! Nomme-la ! » crient-ils.

A leur stupéfaction, elle prononce son propre nom; puis elle avoue tout à son père et confie ses enfants à sa garde. Norma gravit le bûcher, mais Pollione se joint à elle, touché par sa grandeur d'âme.

K.

L'ouverture a le caractère d'un prélude dramatique. Les Druides apparaissent dans une introduction solennelle (où intervient une phrase obsédante, jouée par les bois), à laquelle succède le discours enflammé d'Oroveso; une marche italienne typique du début du XIXe siècle la termine.

La cavatine de Pollione, « Meco all' altar di Venere », est interrompue par le rassemblement des Druides, il chante une dernière cabalette avant de quitter la scène. L'introduction à la grande scène rituelle des Druides prend la forme d'une marche, qui sera par la suite réutilisée dans la partie rapide du grand et justement fameux « Casta diva » de Norma, point culminant de la scène et de tout l'opéra. Cette prière à la chaste déesse est l'une des arias les plus admirées du répertoire de soprano.

On a dit de sa forme et de son contour mélodique qu'ils avaient exercé une forte influence sur l'esprit et le caractère des *Nocturnes* de Chopin (et ceci est valable pour d'autres arias d'opéras de Bellini).

L'impressionnant récitatif d'Adalgisa « Sgombra a la sacra selva » est son unique solo; il mène à un duo avec Pollione, « Va crudele, al dio spietato », suivi de la longue scène où elle confesse sa faute à Norma et du trio qui clôt l'acte.

Mieux connue et peut-être plus belle encore est la grande scène des deux sopranos à l'acte II, « Mira, o

Norma », où Norma demande à Adalgisa d'épouser Pollione et de veiller sur ses deux enfants. La dévotion d'Adalgisa s'exprime admirablement dans ce duo qui comporte une des plus belles mélodies de Bellini. Norma et Adalgisa chantent ensemble en tierces dans la section lente, puis à nouveau dans la section rapide et ornée qui le termine.

La dernière partie de l'opéra commence par l'aria d'Oroveso, « Ah, del Tebro » (marquée « con ferocia » sur la partition); elle prend de l'ampleur au moment où Norma exhorte les Druides à la guerre et chante avec eux un chœur décidé, « Guerra ! », et atteint son sommet au moment où Pollione reste seul avec Norma. Leurs deux grands duos — « In mia man alfin tu sei », en privé, et « Qual cor tradisti », en public et avec chœur sont le point culminant de l'opéra qui se termine par un magnifique trio, « Deh, non volerli vittime », où le chœur se joint à Norma, Pollione et Oroveso.

H.

Beatrice di Tenda
Béatrice de Tende

Opéra en 2 actes de Bellini; liv. de Felice Romani. Créé à La Fenice, Venise, 16 mars 1833, avec Giuditta Pasta, Anna dal Serre, Alberico Curioni, Orazio Cartagenova. Première à Londres, 1836; Paris, Th. Italien, 1841, reprise en 1854, avec Graziani et Frezzolini. Reprises : Palerme, 1959, avec Rubio, Ligabue, Oncina, Taddei, dir. Gui; New York (American Opera Society), 1961, avec Joan Sutherland, Horne, Cassilly, Sordello, dir. Rescigno; la Scala, 1961, avec Sutherland, Kabaivanska, Campora, Dondi, dir. Gavazzeni.

PERSONNAGES

FILIPPO MARIA VISCONTI, *duc de Milan* (baryton); BEATRICE DE TENDE, *son épouse* (soprano); AGNES DEL MAINO, *bien-aimée de Filippo* (mezzo-soprano); OROMBELLO,

seigneur de Vintimille (ténor); ANICHINO, *ami d'Orombello, autrefois ministre de Facino, duc de Milan* (ténor); RIZZARDO DEL MAINO, *frère d'Agnès* (ténor).
Des courtisans, des juges, des officiers, des soldats, des dames d'honneur.

En 1418, au château de Binasco.

Beatrice di Tenda est l'avant-dernier opéra de Bellini, créé juste un an après *Norma* et près de deux ans avant *Les Puritains*. Il fut commandé par Lanari, directeur de la Fenice à Venise, à l'occasion du Carnaval de 1833. Dès octobre 1832, Bellini et Romani avaient décidé que le sujet concernerait la reine Christine de Suède. Un mois plus tard, librettiste et compositeur, d'accord avec la grande cantatrice Pasta, avaient porté leur choix sur Béatrice de Tende; à la mi-décembre Bellini, qui était à Venise pour monter *Norma*, n'avait toujours rien reçu de Romani, et à la fin du mois il avait intenté une action pour persuader Romani de quitter Milan et de venir remplir son contrat. Entre les premiers jours de janvier 1833 et le 16 mars, Bellini, qui avait l'habitude de travailler assez lentement, reçut son texte, le mit en musique, fit répéter les chanteurs et mit l'opéra en scène — pour finir sur un quasi-échec. Romani dut faire au public des excuses, expliquant avec quelle hâte le compositeur avait été obligé de travailler[1] ! On ne peut manquer de remarquer combien l'intrigue ressemble à celle d'*Anna Bolena* (Donizetti avait mis le livret de Romani en musique en 1830).

L'intrigue est basée sur un événement de l'histoire italienne. Filippo Visconti, après la mort de son frère et de leur père, Gian Galeazzo, s'est allié au général Facino Cane pour restaurer l'ordre. Après la mort du général, il a épousé sa veuve, Béatrice de Tende, et a ainsi hérité de son armée et de ses biens. Quand l'opéra commence, Filippo est las de Béatrice et s'est épris d'Agnès del Maino.

L'ouverture, qui reprend la 4e scène de Béatrice, « Deh ! se mi

amasti », nous introduit dans la cour du château de Binasco. Les courtisans s'étonnent que le duc ait déjà quitté la fête, cela en raison de ses mauvais rapports avec sa femme, qui préside aux festivités. On entend la voix d'Agnès — chantant « Ah, non pensar che pieno sia » — qui vient du château. Filippo avoue son amour pour elle (« Come t'adoro »).

Dans ses appartements, Agnès attend le résultat d'une lettre anonyme qu'elle a envoyée à Orombello, seigneur de Vintimille, pour lui fixer un rendez-vous. Pendant leur duo, elle comprend avec colère qu'il est épris de Béatrice.

Béatrice se lamente dans une belle cavatine (« Ma la sola, ohimé, son' io ») et une cabalette (« Ah ! la pena in lor piombò »). Rizzardo, le frère d'Agnès, entre avec Filippo, qui cherche un prétexte pour se débarrasser de Béatrice. Mais maintenant qu'il la soupçonne de mener une intrigue amoureuse, à tort d'ailleurs, il prend fort mal la chose. Leur confrontation n'est que cris et insultes de la part de Filippo qui affirme avoir la preuve qu'elle complote contre lui avec ses sujets.

Scène 4. Dans une partie retirée du château. Des soldats commentent l'attitude du duc. Béatrice vient s'agenouiller devant une statue de Facino, son premier mari, elle demande pardon pour avoir oublié sa mémoire et s'être remariée « Deh ! se mi amasti un giorno ». « Je suis abandonnée de tous », dit-elle. Par tous, mais pas par moi, s'écrie Orombello.

Ses sujets la vénèrent toujours et sont prêts à lui venir en aide s'il prend leur tête. Le duc voit dans cette

1. Vittorio Gui, autorité incontestable en matière d'opéra, a écrit que *Beatrice* était, sur le plan musical, l'un des opéras les plus riches de Bellini.

situation une preuve qui confirme tous ses soupçons. Filippo, ivre de colère, fait emprisonner Béatrice et Orombello, qui continue à affirmer que la duchesse est innocente.

Acte II. Un tribunal dans le château. Les jurés de la Cour révèlent qu'Orombello a succombé sous la torture et a avoué. Filippo, sourd aux supplications d'Anichino, demande aux juges d'appliquer la même sentence à Béatrice. Confrontée à Orombello, et apprenant qu'il a confessé être coupable, celle-ci le condamne pour avoir tenté de racheter sa vie d'une manière aussi vile. Mais, dans un sursaut d'honnêteté, il déclare que ses aveux ont été arrachés sous la torture. Dans l'ensemble qui se développe alors, Béatrice remercie le ciel et Orombello; celui-ci se félicite d'avoir regagné sa fermeté d'esprit; Agnès exprime ses doutes et ses remords, Anichino sa certitude que l'innocence des accusés triomphera; et Filippo dit combien il est déterminé à poursuivre son accusation, même s'il faut obtenir d'autres aveux en recourant une fois encore à la torture. Puis, dans un moment pathétique, Béatrice prévient son mari que le ciel prend compte de ses actions.

Filippo affirme à Agnès, qui vient plaider la cause des deux accusés, que c'est sur son intime conviction qu'il a pris la responsabilité de les punir. Il est incapable de regrets. Puis, croyant entendre le cri de Béatrice sous la torture, il se demande s'il est aussi inflexible qu'il veut le faire croire. Il découvre enfin quels sont ses vrais sentiments quand Anichino vient lui apprendre que, malgré la résistance de Béatrice à la torture, les juges ont

décidé qu'elle devait mourir et que l'on n'attend plus que sa signature. Il ne peut se résoudre à signer et à envoyer à l'échafaud la femme qui l'a autrefois sauvé d'une vie errante (« Qui m'accolse oppresso, errante »). C'est le seul moment où ce personnage, jusqu'ici trop noir pour être crédible, montre quelque humanité. Mais la clémence de Filippo est de courte durée, car il apprend que le peuple et des éléments de l'armée de Facino sont prêts à marcher contre lui. Il signe aussitôt l'ordre d'exécution, insistant bien pour que l'on sache que Béatrice n'a pas été condamnée sur son ordre, mais en raison de sa propre infamie (« Non son io che la condanno »).

La salle qui mène aux donjons du château. Ses dames d'honneur ont laissé Béatrice prier dans sa cellule. Elle déclare que le ciel l'a aidée à triompher de ses épreuves et qu'elle mourra vertueuse, alors que Filippo et ses complices seront punis par Dieu. Agnès vient confesser sa part de responsabilités — elle a volé les lettres, et a acheté la mort de Béatrice avec son propre honneur. Mais Béatrice s'adoucit et accorde son pardon à Agnès dans un magnifique trio auquel participe Orombello depuis la cellule voisine (« Angiol di pace »).

Un chant funèbre annonce l'arrivée des gardes qui vont accompagner Béatrice à l'échafaud. Agnès s'évanouit et Béatrice demande, dans une aria poignante, que l'on prie pour Filippo et pour Agnès plutôt que pour elle-même (« Ah ! se un'urna »). Puis, dans une brillante cabalette (« Ah ! la morte a cui m'appresso »), elle semble accueillir l'idée de la mort comme une victoire sur les tourments de la terre.

H.

I Puritani
Les Puritains

Opéra en 3 actes de Bellini; liv. du comte Pepoli. Créé au Th. des Italiens, Paris, 25 janvier 1835, avec Grisi (Elvira), Rubini (Arturo), Tamburini (Riccardo), et Lablache (Giorgio). Londres, King's Th. 21 mai 1835 (en it.); La Scala, Milan, 1835; New York, 3 février 1844. Reprises : Metropolitan, 1918, avec Barrientos, Lazaro, de Luca, Mardones; Florence, 1933, avec Capsir, Lauri-Volpi, Basiola, Pinza, dir. Serafin; Scala de Milan, 1942, 1949, avec Carosio, Conley, Tagliabue, Siepi, dir. Capuana; La Fenice, Venise, 1949, avec Callas et Christoff, dir. Serafin; Glyndebourne, 1960, avec Sutherland, dir. Gui; Covent Garden, 1964, avec Sutherland, Craig, Bacquier, Rouleau.

PERSONNAGES

LORD WALTON, *du parti des Puritains* (basse); SIR GEORGE WALTON, *son frère, du même parti* (basse); LORD ARTHUR TALBOT, *du parti des Cavaliers* (ténor); SIR RICHARD FORTH, *du parti des Puritains* (baryton); SIR BENNO ROBERTSON, *du parti des Puritains* (ténor); LA REINE HENRIETTE, *veuve de Charles Ier* (soprano); ELVIRA, *fille de Lord Walton* (soprano)[1].

Des Puritains, des soldats du Royaume-Uni, des hommes d'armes, des femmes, des pages, etc.

Pendant la guerre civile, près de Plymouth, en Angleterre.

Acte I. Une forteresse près de Plymouth, que garde Lord Walton, partisan de Cromwell. La fille de Lord Walton, Elvira, est éprise de Lord Talbot, cavalier et partisan des Stuart, mais son père a promis sa main à Sir Richard Forth qui est, comme lui, pour Cromwell. Walton cède cependant aux prières de sa fille, et Sir George Walton, oncle de la jeune fille, lui ordonne de préparer son mariage avec Lord Arthur Talbot à qui l'on a fait parvenir un sauf-conduit lui permettant de pénétrer dans la forteresse.

La reine Henriette, veuve de Charles Ier, est prisonnière dans cette forteresse. Ayant découvert qu'elle a été condamnée à mort, Arthur, resté loyal aux Stuart, l'aide à s'enfuir en l'enveloppant dans le voile de mariée d'Elvira et en lui faisant passer la garde comme si elle était sa jeune épouse. Ils rencontrent Sir Richard, qui avait espéré épouser Elvira. Les hommes dégainent, mais le voile s'est légèrement déplacé, et Sir Richard a eu le temps de voir que la femme n'était pas Elvira. Il leur laisse le passage. Quand la fuite est découverte, Elvira, qui se croit abandonnée, perd la raison. Tous ceux qui s'étaient réunis pour ses noces appellent maintenant, dans un chœur bouleversant, la malédiction sur la tête d'Arthur.

Acte II. Une autre partie de la forteresse. L'acte a principalement trait à la démence d'Elvira; mais il contient aussi le célèbre duo martial « Suoni la tromba », où Sir George et Sir Richard déclarent être prêts à se battre contre Arthur et à venger ainsi le triste sort d'Elvira.

1. Dans la version italienne, les personnages se nomment Enrichetta, Arturo, Riccardo, Giorgio.

Acte III. Dans un bois près de la forteresse. Arthur, bien que proscrit, cherche Elvira. Quand ils se retrouvent, la joie de la jeune fille est telle que son esprit s'éclaire un instant. Mais elle sombre à nouveau dans un état de démence qui alarme son amant. Il entend s'approcher les hommes qui sont lancés à sa poursuite, mais ne peut se résoudre à abandonner Elvira. Il est pris et va être exécuté quand arrive un messager qui annonce la défaite des Stuart et le pardon pour tous les prisonniers. Arthur est libéré. Le choc brutal de ce bonheur rend la raison à Elvira et les amants sont unis.

Les morceaux principaux sont, à l'acte I, la cavatine de Sir Richard Forth, « Ah ! per sempre io ti perdei » (Ah, je t'ai perdue à jamais), la romance d'Arthur, « A te o cara » (A toi, bien-aimée) :

et l'étincelante *polacca* d'Elvira, « Son vergin vezzosa » (Je suis une joyeuse jeune fille).

A l'acte II, nous avons la romance de Sir George, « Cinta di fiori », et la scène de folie d'Elvira, « Qui la voce sua soave » :

C'est une mélodie *legato* infiniment pathétique et d'une grande beauté — l'une des meilleures inventions de Bellini, et peut-être la plus jolie, et musicalement la plus pure, de toutes les scènes de folie du XIXe s. Elle est suivie d'une superbe cabalette, « Vien, diletto » (Viens, très cher amour).

L'acte se termine par un duo pour basse et baryton, entre Sir Richard et Sir George, « Suoni la tromba », belle et retentissante expression d'ardeur guerrière.

Au début de l'acte III, intervient une très belle pièce pour Elvira, « A una fonte afflitto e solo » (Triste et seule près d'une fontaine). Egalement le duo passionné entre Arthur et Elvira, où le ténor doit atteindre deux contre-ré : « Vieni fra queste braccia » (Viens dans ces bras). Il est suivi d'un grand ensemble, « Credeasi, misera », que domine le ténor et où intervient ce qui doit être le seul exemple d'un fa aigu écrit pour un ténor.

K.

11. Verdi

GIUSEPPE VERDI
(1813-1901)

Un Giorno di Regno
Roi pour un Jour

Opéra en 2 actes de Verdi; liv. de Felice Romani (sous-titre : Il Finto Stanislao*) d'abord mis en musique en 1818 par Gyrowetz. Créé à la Scala de Milan, 5 septembre 1840, avec Marini, Abbaddia, Salvi, Ferlotti, Scalese, Rovere. Œuvre reprise seulement en 1951, à l'occasion d'un cinquantenaire Verdi retransmis par la radio italienne. Distribution : Pagliughi, Laura Cozzi, Oncina, Capecchi, Bruscantini, Dalamangas, dir. Simonetto. New York, Amato Opera Theatre, 1960; Londres, St. Pancras, 1961 dir. Hans Ucko.*

PERSONNAGES

LE CHEVALIER BELFIORE, *officier français se faisant passer pour Stanislas de Pologne* (baryton); LE BARON KELBAR (basse-bouffe); LA MARQUISE DEL POGGIO, *jeune veuve, nièce du baron, éprise de Belfiore* (soprano); GIULIETTA KELBAR, *fille du baron* (mezzo-soprano); EDOUARD DE SANVAL, *jeune notable, neveu de La Rocca* (ténor); LA ROCCA, *trésorier des États de Bretagne* (basse-bouffe); LE COMTE IVREA, *commandant de Brest, fiancé à la marquise* (ténor); DELMONTE, *écuyer du faux Stanislas* (basse).

En Bretagne, dans le château du baron Kelbar, près de Brest, en août 1733.

Après le succès du premier opéra de Verdi, *Oberto*, à la Scala en 1839, le directeur, Merelli, lui commanda trois œuvres pour les deux années à venir. Elles étaient destinées soit à la Scala, soit au Théâtre Impérial de Vienne. Le premier de ces opéras devait être un opera buffa. Les circonstances de sa composition sont devenues célèbres : la maladie de l'auteur, la mort de sa femme, une représentation inadéquate, l'accueil désastreux du public et le retrait de l'œuvre, au désespoir de Verdi. Le compositeur ne pardonna jamais au public milanais ce qu'il considérait comme un acte de cruauté envers un jeune auteur en mal d'encouragements. Quand, des années plus tard, un ami vint le féliciter d'un succès récent, Verdi refusa de se réjouir de la réaction favorable du public, la considérant tout aussi capricieuse et dénuée de conviction que celle d'autrefois. Aucune des reprises de *Un Giorno di Regno* n'a vraiment connu de succès.

L'intrigue repose sur un incident datant de la guerre de succession polonaise au XVIIe siècle. Stanislas Leczinski, dont le droit au trône avait été contesté, avait trouvé refuge en France. Plus tard, revenu secrètement en Pologne, il fit une réapparition soudaine et dramatique pendant une messe à la cathédrale de Varsovie, se posant en prétendant légitime. Le support historique des incidents retenus par le livret de Romani est assez faible.

Acte I, scène 1. Après une joyeuse et brillante ouverture, le rideau se lève sur une salle du château. On prépare les fêtes d'un double mariage : celui de Giulietta, la fille du baron, avec le riche et vieux trésorier La Rocca; et celui de sa nièce, la marquise, avec le comte Ivrea. En réalité Giulietta est éprise du jeune Édouard de Sanval, tandis que la marquise a accepté d'épouser le comte sur un coup de tête, se croyant délaissée par le chevalier Belfiore. Le baron et le trésorier se félicitent mutuellement du grand honneur que leur fait le roi de Pologne en assistant à la double cérémonie. Delmonte annonce l'arrivée de son maître, en fait apparaît le chevalier Belfiore, déguisé en Stanislas (« Il Finto Stanislao ») pour détourner l'attention de tous du coup d'Etat que prépare le véritable roi. Dans un aparté lyrique (« Compagnoni di Parigi »), il dit qu'il aimerait que ses amis parisiens puissent le voir, lui le fêtard invétéré, dans un rôle aussi convenable, puis exprime dans une cabalette son désir de voir l'assemblée le traiter en ami et non en roi.

Invité à assister au double mariage, Belfiore apprend avec émotion que l'une des futures épouses est la marquise, dont il est amoureux. Il demande à être laissé seul et s'empresse d'écrire à la cour de Pologne. Il espère en effet que Stanislas a enfin recouvré son trône, lui permettant ainsi d'abandonner le rôle qu'il joue en ce moment. De son côté, Édouard de Sanval est au désespoir du prochain mariage de Giulietta, et il demande à être engagé dans l'armée polonaise : « Proverò che digno io sono » (Je prouverai ma valeur). Belfiore accepte sa proposition. Les deux jeune gens chantent un air martial où il est question de gloire et d'héroïsme. La marquise entre sans être vue et reconnaît Belfiore. Dans une très belle cavatine (« Grave a core innamorato »), elle avoue être incapable de cacher son amour, et espère obtenir le pardon de son oncle.

Scène 2. Le jardin du château. De jeunes paysannes offrent à Giulietta des fruits et des fleurs, elle se dit qu'elle préférerait épouser un jeune homme plutôt que ce barbon. Mais son père s'approche, accompagné de son futur époux, et la réprimande. Belfiore arrive et présente son nouvel écuyer : Édouard. Afin de ménager aux amoureux malheureux une occasion de se parler, Belfiore déclare avoir besoin de l'avis du baron sur des questions d'ordre militaire, et du trésorier sur des problèmes politiques. Édouard tiendra compagnie à Giulietta. Édouard saisit immédiatement sa chance, ce qui n'échappe pas à l'œil jaloux de son oncle, qui, furieux, interrompt la discussion stratégique et se voit rappeler à l'ordre par le « roi ».

La marquise fait son entrée, elle murmure à Giulietta qu'elle est venue pour elle. Le baron s'empresse de lui faire remarquer qu'elle manque d'égards pour le noble visiteur. Elle présente alors ses excuses à Belfiore, et chacun s'interroge sur les pensées du voisin.

Sextuor allegro. Édouard et Giulietta, restés avec la marquise, regrettent qu'elle semble si peu disposée à leur venir en aide, elle s'adoucit, et leur promet son concours.

Trio enjoué, « Noi siamo amanti e giovani » (Nous sommes jeunes et amoureux).

Scène 3. Belfiore déclare à La Rocca qu'il est tout prêt à le nommer ministre et à lui donner la main d'une riche princesse polonaise. Mais ces projets ne peuvent voir le jour, puisque le trésorier est sur le point de se marier. La Rocca, alléché, accepte. Quand le baron vient aborder la question du contrat de mariage avec Giulietta, le trésorier s'esquive. Le baron le provoque en duel, tous arrivent à ses hurlements. Giulietta est bien évidemment enchantée, et la marquise suggère au baron de venger son honneur en humiliant le trésorier : il suffit de marier la jeune fille à Édouard. Belfiore entre, tous essayent de lui expliquer la situation en même temps.

Acte II, scène 1. Les domestiques du baron se demandent s'il finira par y avoir un mariage. Édouard annonce qu'il va épouser Giulietta. Entrent Belfiore, Giulietta et La Rocca. Apprenant que c'est en raison de la pauvreté du prétendant que le baron s'oppose au mariage d'Édouard et de Giulietta, Belfiore ordonne aussitôt au malheureux trésorier de faire don à Édouard de l'un de ses nombreux châteaux, assorti d'une rente à vie, et exige une réponse immédiate. Les réflexions de La Rocca sont interrompues par le baron qui, toujours furieux, exige un duel. Les deux vieillards, apoplectiques, se précipitent hors de scène en vociférant des insultes.

Scène 2. Une serre donnant sur le jardin. La marquise et Belfiore entrent séparément et sans se voir. Elle est mécontente du comportement de Belfiore qu'elle ne comprend pas, et veut absolument obtenir des explications. Belfiore, toujours sous l'apparence du roi, lui tend un piège et lui demande si elle pense au chevalier. « Oui, répond-elle, j'essaie de penser au moyen de le punir de son infidélité et je ne l'épouserai pas. » Mais Belfiore n'en croit pas un mot, chacun trouve que le piège de l'autre est bien transparent. La comtesse chante avec tristesse, dans une aria *andante cantabile*, son désir de revoir le chevalier. Les serviteurs annoncent l'arrivée du comte, et la marquise va au-devant de son futur époux, faisant vœu d'oublier son amant infidèle.

Giulietta entre, ravie que son père ait consenti à son mariage avec Édouard, et éperdue de gratitude envers le roi qui est à l'origine de son bonheur. Quand Édouard lui annonce son départ avec Belfiore, elle le blâme et se plaint. Ils finissent par se réconcilier dans un duo *allegro*.

Le comte Ivrea, fiancé de la marquise, est arrivé. Le baron lui promet que sa bien-aimée a complètement oublié le chevalier. La marquise se dit prête à épouser le comte si le chevalier ne se présente pas dans l'heure qui suit. Belfiore entre, suivi d'Édouard et de Giulietta, et annonce qu'il doit partir immédiatement pour régler une affaire de la plus grande urgence, et qu'il emmène le comte avec lui. Tous sont stupéfaits de le voir agir avec une telle grossièreté.

Delmonte apporte un message de la cour de Pologne. Belfiore le lit avec émotion mais se garde bien d'en révéler le contenu. Il s'assure du mariage d'Édouard et Giulietta, lui-même et La Rocca servant de témoins. Cela fait, Belfiore annonce que Stanislas a été accueilli à Varsovie et réinstallé sur son trône. Lui-même, nommé maréchal, reprend sa véritable identité. Il serre dans ses bras la marquise, et le baron, le comte et le trésorier doivent se rendre à l'évidence.

H.

Nabucco

Opéra en 4 actes de Verdi; liv. de Temistocle Solera (précédemment refusé par Nicolai). Créé à la Scala de Milan, 9 mars 1842, avec Giuseppina Strepponi (qui devint par la suite la femme de Verdi), Bellinzaghi, Miraglia, Ronconi, Derivis. Première à Paris, Théâtre des Italiens, 1845, avec Ronconi, Derivis, Corelli, Brambilla, Londres, 1846, Her Majesty's Theatre, sous le titre Nino *(en it.); 1850. Covent Garden, sous le titre* Anato, *avec Castellan, Costi, Tamberlik, Ronconi, Tagliafico, dir. Costa; New York, 1848. Reprises : 1933, Festival de Florence et Scala, avec Cigna, Stignani, Dolci (remplacé par Voyer à Milan), Galeffi, Pasero, dir. Gui et mise en scène Ebert; la Scala, 1946, pour la réouverture du théâtre après sa reconstruction, avec Pedrini, Barbieri, Binci, Bechi, Siepi, dir. Serafin; Rome, 1951, avec Caniglia, Pirazzini, Francesco Albanese, Bechi, Rossi-Lemeni, dir. Gui; Metropolitan Opéra de New York, 1960, avec Rysanek, MacNiel, Siepi, dir. Schippers; Scala de Milan, 1966, avec Suliotis, Giangiacomo Guelfi et Ghiaurov; Opéra de Paris, 1979, avec Milnes, Cossutta, Raimondi, Bumbry, Cortez, dir. Santi.*

PERSONNAGES

ABIGAILLE, *esclave, présumée la fille aînée de Nabucco* (soprano); FENENA, *fille de Nabucco* (soprano); ISMAËL, *neveu du roi des Hébreux* (ténor); NABUCCO, *roi de Babylone* (baryton); ZACCHARIE, *grand-prêtre de Jérusalem* (basse); LE GRAND-PRÊTRE DE BABYLONE (basse); ABDALLO, *vieil officier au service de Nabucco* (ténor); ANNA, *sœur de Zaccharie* (soprano).

A Jérusalem et à Babylone, en 586 av. J.C.

Nabucco fut le premier vrai succès de Verdi, l'opéra qui fit de lui le premier grand compositeur d'Italie en l'identifiant publiquement, en raison du sujet, aux aspirations politiques du pays. Il ne faut pas seulement imputer ce succès aux qualités musicales de l'œuvre mais aussi à la façon dont Verdi sut exprimer le désir de liberté et d'autonomie de ses compatriotes. Chaque Italien qui entendait « Va, pensiero » ne pouvait manquer de s'identifier au chœur des exilés qui le chantait. Cet air est vite devenu l'un des plus populaires de l'époque. Franz Werfel, dans son édition des lettrés de Verdi, a décrit le deuxième enterrement de Verdi, à Milan (le premier, selon les volontés du compositeur, avait été très simple) : « ... Alors se produisit l'un de ces rares et grands moments où le peuple et la musique ne font qu'un. Sans que rien ait été préparé d'avance, et suivant quelque inspiration spontanée et inexplicable, le chœur de *Nabucco* — celui-là même par lequel Giuseppe Verdi avait personnifié la consolation et l'espoir pour ses compatriotes, quelque soixante années auparavant — " Va, pensiero sull'ali dorate !" — s'éleva soudain de l'immense foule rassemblée. »

L'ouverture, assez conventionnelle, utilise les thèmes que l'on entendra par la suite, en particulier ceux des chœurs.

Acte I. Les prêtres et le peuple de Jérusalem pleurent dans un chœur passionné la défaite qui met leur sort entre les mains de Nabuchodonosor, roi de Babylone (appelé ici, comme dans l'opéra, Nabucco). Ils supplient Dieu que le Temple soit épargné. Dans un solo impressionnant, « Sperate o figli », Zaccharie les prie d'avoir confiance en Dieu. La nouvelle de l'avancée de Nabucco les consterne à nouveau. Ismaël, le messager, reste seul avec Fenena que les Hébreux ont réussi à prendre en otage. Il l'aime depuis le jour où elle l'a secouru, alors qu'envoyé comme émissaire du peuple hébreu à Babylone, il avait été jeté en prison. Leur entretien est interrompu par l'arrivée d'Abigaille, la sœur de Fenena, à la tête d'une troupe de soldats babyloniens. Elle menace les deux amants d'une mort immédiate, puis finit par avouer à Ismaël l'amour qu'elle lui porte, lui offrant de le sauver s'il veut bien répondre à son amour. Zaccharie fait irruption, annonçant que Nabucco se dirige vers le Temple; les soldats de Babylone arrivent et Nabucco lui-même apparaît à la porte (en principe à cheval). Zaccharie menace de sacrifier la fille du roi, Fenena, si celui-ci ose profaner ce lieu sacré. Nabucco se moque des Hébreux vaincus (« Tremin gl'insani »), Zaccharie lève son poignard sur Fenena... et Ismaël lui arrache son arme. Nabucco, fou de colère, ordonne à ses soldats de mettre le Temple à sac.

Acte II. Les Hébreux ont été emmenés en captivité à Babylone. Nabucco est reparti pour la guerre après avoir confié la régence de son royaume à sa fille Fenena. Abigaille est jalouse de sa sœur. Elle brûle de savoir si elle est bien la fille de Nabucco ou seulement une esclave, comme certaines rumeurs le laissent entendre, et finit par découvrir qu'elle n'est qu'une esclave; sa fureur ne se calme qu'à l'évocation de l'amour d'Ismaël. La première partie de sa grande aria est empreinte de douceur et très expressive. Elle apprend ensuite par le grand-prêtre de Baal que Fenena a

décidé de rendre leur liberté aux prisonniers hébreux. Il la presse de s'emparer du pouvoir et lui avoue qu'il a déjà fait courir le bruit de la mort de Nabucco. La réaction d'Abigaille à cette nouvelle est exprimée dans une cabalette pleine de vigueur et de détermination.

Les Hébreux ont été rassemblés dans une salle du palais. Dans un magnifique exemple de prière verdienne, « Tu sul labbro », Zaccharie implore le secours de Dieu. Le peuple maudit Ismaël, mais Zaccharie lui rappelle que Fenena, pour qui le jeune homme avait trahi, s'est convertie à leur foi.

Abdallo se précipite, leur annonce que la rumeur publique propage le bruit de la mort du roi et qu'Abigaille complote pour se débarrasser de Fenena. Abigaille entre entourée des ministres de la Cour, elle réclame la couronne de Fenena, mais à ce moment même Nabucco s'avance, saisit la couronne et la place sur sa tête. Il défie Abigaille d'oser la lui reprendre. Le roi prédit que cet incident aura des conséquences néfastes et entonne un ensemble tout à fait impressionnant dont le trait le plus remarquable est le contraste entre les solistes et le chœur[1]. Il se proclame lui-même Dieu, et oblige Zaccharie et Fenena à se prosterner à ses pieds. Le tonnerre éclate et une force surnaturelle arrache la couronne de son front. Devenu fou, il marmonne des phrases incohérentes, se disant persécuté et se plaignant que sa propre fille ne lui vienne pas en aide. Zaccharie proclame que le ciel a puni le blasphémateur, mais Abigaille s'empare de la couronne en criant que la gloire de Babylone n'est pas encore passée.

Acte III. Abigaille est maintenant régente, soutenue par les prêtres qui réclament la mort des prisonniers hébreux, parmi lesquels se trouve Fenena. Le fidèle Abdallo introduit

1. La section commençant par « le folgoi intorno » peut avoir été inspirée par le sextuor de *Maria Stuarda*, de Donizetti.

Nabucco devant Abigaille. Un long duo s'ensuit entre le roi fou et sa fille supposée. Il s'indigne de la voir sur son trône; puis, sous les railleries d'Abigaille, il finit par signer l'arrêt de mort des Hébreux; enfin il la supplie dans un accès de désespoir.

Sur les bords de l'Euphrate où les Hébreux enchaînés chantent des psaumes pour célébrer leur patrie perdue. « Va, pensiero » est le premier des grands chœurs patriotiques de Verdi, à la poignante mélodie. Zaccharie leur reproche leur défaitisme et tente de leur redonner courage en leur prédisant la chute imminente de Babylone.

Acte IV. Dans sa prison, Nabucco s'éveille après un cauchemar (qui a été suggéré dans le prélude). Il entend au-dehors les cris de la foule qui réclame la mort de Fenena. Il la voit marcher vers le lieu où elle sera exécutée et se met à prier Jéhovah pour qu'elle soit épargnée, lui demandant de lui pardonner d'avoir péché par orgueil : « Dio di Giuda ». Abdallo apparaît avec la garde, il libère Nabucco qui se précipite au secours de sa fille.

Le lieu de l'exécution. Une marche funèbre précède la magnifique prière de Fenena qui se prépare à mourir avec les Hébreux. Nabucco et sa suite arrêtent le sacrifice. La fausse idole est précipitée à terre comme par magie. Tous s'unissent pour offrir à Jehovah une prière de reconnaissance. Arrive Abigaille, prise de remords elle a absorbé un poison et vient mourir devant eux, implorant le pardon de Dieu. Zaccharie prédit la gloire à Nabucco, qui vient de se convertir.

H.

I Lombardi
Les Lombards

Opéra en 4 actes de Verdi; liv. de T. Solera. Créé à la Scala de Milan, 11 février 1843, avec Erminia Frezzolini, Guasco, Derivis. Première à Londres, Her Majesty's Theatre, 1846, avec Grisi, Mario, Fornasari; New York, 1847 (premier opéra de Verdi joué dans cette ville); Opéra de Paris, 1847 (dans une version revue, et sous le titre Jérusalem*), avec Frezzolini, Duprez, Alizard; au Th. Italien, 1863 (version* I Lombardi*). Traduit à nouveau en italien avec pour nouveau titre* Gerusalemme, *et produit par la Scala de Milan, 1850. Reprises : Londres, Her Majesty's Theatre, 1867, avec Tiejens, Mongini, Santley; Turan, 1926; la Scala, 1931, avec Scacciti, Merli, Vaghi, dir. Panizza; Festival de Florence, 1948, avec Mancini, Gustavo Gallo, Pasero, dir. Ettore Gracis; Londres, Sadler's Wells, 1956, par la Welsh National Opera Company.*

PERSONNAGES

ARVINO et PAGANO, *fils de Folco* (ténor, basse); VICLINDA, *épouse d'Arvino* (soprano); GISELDA, *sa fille* (soprano); PIRRO, *écuyer de Pagano* (basse); L'ÉVÊQUE DE MILAN, (ténor); ACCIANO, *tyran d'Antioche* (basse); ORONTE, *fils d'Acciano* (ténor); SOFIA, *épouse d'Acciano* (soprano).

Prêtres, le peuple de Milan, serviteurs de Folco, émissaires musulmans, croisés et soldats, pèlerins, femmes musulmanes et dames lombardes.

En 1099, à Milan, à Antioche et dans la campagne autour de Jérusalem.

La Scala commanda *I Lombardi* à Verdi à la suite du succès remporté par *Nabucco* l'année précédente. L'opéra était déjà annoncé quand l'archevêque de Milan fit remarquer à la police que le livret comportait certaines références religieuses — un baptême, entre autres — qui pourraient choquer si elles venaient à être représentées sur scène. Les considérations artistiques l'emportèrent sur les scrupules du chef de la police, et l'opéra fut représenté moyennant un changement mineur, les mots « Ave Maria » devenant « Salve Maria ». En réalité, les autorités eurent à s'inquiéter davantage des démonstrations patriotiques qui étaient la réaction naturelle à ce genre de sujet pour l'Italie de l'époque.

Acte I, scène 1. Un bref prélude lourd de pressentiment précède le lever du rideau. La Piazza di Sant'Ambrogio à Milan. De l'intérieur de la cathédrale parviennent des cris de liesse, la foule assemblée sur la place commente les événements. Il y a plusieurs années, deux frères, Arvino et Pagano, s'étaient épris de la même jeune fille, Viclinda, qui avait préféré Arvino. Un jour, Pagano avait frappé et blessé son frère, il avait été exilé en Terre Sainte. Aujourd'hui, le temps d'expiation écoulé, il a été pardonné et est revenu. Mais la lueur du mal éclaire encore son regard, murmure la foule. Quand les deux frères sortent de la cathédrale, Pagano prie le Ciel ostensiblement. L'ensemble « T'assale un tremito ! » se développe. Giselda et Viclinda semblent apeurées, Arvino est saisi d'un pressentiment, et Pagano fait des plans de vengeance avec son écuyer, Pirro. L'évêque annonce qu'Arvino a été désigné pour mener la Croisade en Terre Sainte, et tous appellent l'anathème sur celui qui osera menacer la sainte entreprise. Pagano et Pirro restent seuls. Tandis qu'un groupe de nonnes prie à l'intérieur de la cathédrale, Pagano est en proie à de sombres pensées, justifiant sa conduite par son amour malheureux (« Sciagurata ! hai tu creduto »). Pirro annonce que les hommes de Pagano sont réunis, et celui-ci se réjouit dans une cabalette à l'idée de se venger.

Scène 2. Une salle du palais de Folco, le père de Pagano et d'Arvino. Viclinda, Giselda et Arvino sont persuadés que le repentir de Pagano n'est qu'une feinte, et Giselda prie le Ciel dans le magnifique « Salve Maria — di grazie il petto ». Pirro mène Pagano vers la chambre d'Arvino. Peu de temps après, des flammes envahissent l'intérieur du palais. Pagano tente d'enlever Viclinda mais, entendant la voix d'Arvino, il s'aperçoit qu'il a tué son propre père au lieu d'assassiner son frère. Tous maudissent Pagano pour son crime et il unit ses cris d'horreur à leurs imprécations. On l'empêche de se suicider, et il est décidé qu'il finira ses jours seul, en exil.

Acte II, scène 1. Le palais d'Acciano à Antioche. Le tyran reçoit les ambassadeurs musulmans qui appellent la vengeance d'Allah sur les envahisseurs chrétiens. Entrent Oronte et Sofia, le fils et la femme d'Acciano. Sofia, qui reste voilée, est en réalité chrétienne. Oronte avoue son amour pour Giselda qui est maintenant prisonnière à Antioche (« La mia letizia infondere »). Il déclare, dans sa cabalette (dont il existe deux versions), être si convaincu de la perfection de sa bien-aimée que le dieu qu'elle prie ne peut être que le véritable Dieu.

Scène 2. Une caravane dans la montagne qui domine Antioche. L'ermite qui y vit est en réalité Pagano. Dans la belle aria, « Ma quando un suon terrible », il espère avoir bientôt l'occasion d'aider l'armée des croisés à prendre Antioche aux Sarrasins. Pirro, qui s'est converti à la religion musulmane, vient demander à l'ermite son secours spirituel. L'arrivée des croisés interrompt leur entretien. L'ermite, ayant revêtu un uniforme militaire, sort de sa caverne au moment où apparaît Arvino, le chef des croisés. Il s'approche de l'ermite sans reconnaître en lui son frère et son plus mortel ennemi, et lui demande de prier pour que sa fille, maintenant captive, ait la vie sauve. L'ermite le rassure et la scène finit avec un hymne *allegro vivace*, où éclate la haine qu'inspirent les Sarrasins.

Scène 3. Le harem du palais d'Acciano. Giselda prie le Ciel (« Oh madre, dal cielo soccori al mio pianto ») sous les railleries des femmes. Le harem est soudain envahi par des soldats, et Sofia annonce que son époux et son fils ont été tués par les Croisés — elle désigne Arvino comme leur chef impitoyable. Dans un air extrêmement convaincant, Giselda reproche à son père le sang qu'il a versé : « No, Dio nol vuole ».

Acte III, scène 1. La vallée de Josaphat. Le mont des Oliviers et Jérusalem apparaissent dans le lointain. Des pélerins chantent un chœur de dévotion qui porte la marque typique du *Risorgimento*. Giselda apparaît, désespérée de la perte de son amant, Oronte, qu'elle croit mort dans le massacre qui a accompagné la prise de la ville. Mais le voici sous un déguisement lombard, se plaignant d'en être réduit à fuir comme un lâche pour pouvoir retrouver sa bien-aimée. Leur duo de retrouvailles les montre décidés à tout sacrifier à leur amour; Oronte va jusqu'à envisager de se convertir à la religion de Giselda. Mais les cris de guerre du camp des croisés effraient Giselda qui prend la fuite avec Oronte.

Scène 2. Sous la tente d'Arvino. Il se répand en invectives contre sa fille

qui l'a trahi en s'enfuyant. Ses hommes lui apprennent que Pagano a été vu dans le camp. La colère d'Arvino se détourne sur son frère ennemi.

Scène 3. Une grotte près des bords du Jourdain. Le prélude — violon solo accompagné par l'orchestre — est d'une écriture si élaborée qu'il pourrait bien être la fin d'un mouvement de concerto. En tentant de s'enfuir, Oronte a été mortellement blessé. La douleur a fait perdre l'esprit à Giselda, qui blâme l'injustice des voies du Seigneur. L'ermite apparaît à l'entrée de la grotte et lui reproche son comportement. Le long trio « Qual voluttà trascorrere », avec accompagnement de violon *obbligato* dans le fond, est l'une des plus célèbres scènes de mort écrites par Verdi :

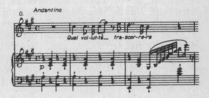

La cantilène d'Oronte s'interrompt, l'ermite le baptise au moment où il meurt dans les bras de Giselda.

Acte IV, scène 1. Une caverne près de Jérusalem. Pendant son sommeil, Giselda voit apparaître Oronte parmi les élus, elle entend sa voix. Elle exprime son trouble dans un solo bref et agité, « Qual prodigio », curieusement connu dans les enregistrements anciens comme la « Polonaise des Lombards », malgré une mesure à quatre temps !

Scène 2. Le camp des croisés près du tombeau de Rachel. Grand chœur mélancolique qui a connu, en tant qu'hymne du *Risorgimento*, la même popularité en son temps que le « Va, pensiero » de *Nabucco*. Ce type de musique patriotique a atteint son sommet en 1865, avec le chœur du dernier acte de *Macbeth*. Les croisés se préparent à prendre Jérusalem d'assaut. Arvino et l'ermite les mèneront à la bataille.

Un autre interlude orchestral fait la transition avec la scène 3, qui se déroule dans une autre partie du camp d'Arvino. Arvino et Giselda sont auprès de l'ermite blessé. Entendant prononcer le nom d'Arvino, il sort de son délire pour murmurer le mot parricide. Il révèle son nom au bout de quelques instants, et Giselda joint sa voix à la sienne pour supplier Arvino de lui accorder son pardon, dans une scène d'une extrême émotion. L'opéra s'achève quand Pagano demande à voir une dernière fois la cité sainte, que domine le drapeau des croisés.

H.

Ernani

Opéra en 4 actes de Giuseppe Verdi; liv. de Francesco Maria Piave, d'après le drame de Victor Hugo. Créé le 9 mars 1844 à la Fenice, Venise, avec Löwe, Guasco, Superchi, Selva. Première à Londres, 1845, Her Majesty's Theatre; Paris, Th. Italien, 1946; New York, 1847; au Metropolitan, 1903, avec Sembrich, de Marchi, Scotti, Edouard de Reszke, dir. Mancinelli; 1921, avec Rosa Ponselle, Martinelli, Danise, Mardones, dir. Papi; 1928, avec Ponselle, Martinelli, Ruffo, Pinza, dir. Bellezza; 1956, avec Milanov, del Monaco, Warren, Siepi. Reprises : la Scala, 1935, dir. Marinuzzi; Berlin, 1935, dir. Blech; la Scala, 1941, dir. Marinuzzi; Rome, 1951, avec Mancini, Penno, Silveri, Christoff, dir. Santini; Festival de Florence, 1957, avec Cerquetti, del Monaco, Bastianini, Christoff, dir. Mitropoulos; la Scala, 1960, avec Margherita Roberti, del Monaco, Bastianini, Rossi-Lemeni; Londres, Sadler's Wells, 1967.

PERSONNAGES

DON CARLOS, *roi de Castille* (baryton); DON RUY GOMEZ DE SILVA, *Grand d'Espagne* (basse); ERNANI ou JEAN D'ARAGON, *chef de bande* (ténor); DON RICCARDO, *écuyer du roi* (ténor); JAGO, *écuyer de Silva* (basse); ELVIRA, *parente de Silva* (soprano); GIOVANNA, *servante d'Elvira* (soprano).

Des montagnards et des bandits; la suite de Silva; les dames d'honneur d'Elvira; la suite de Don Carlos, des Electeurs et des pages.

En Espagne, au début du XVIe siècle.

Acte I. Jean d'Aragon est devenu bandit après que son père ait été assassiné sur ordre du père de Don Carlos. Proscrit et poursuivi par les émissaires du roi, il s'est réfugié dans les montagnes d'Aragon où il est devenu, sous le nom d'Ernani, le chef d'une importante troupe de rebelles montagnards. Ernani est épris de Donna Elvira, qui l'aime aussi, bien qu'elle doive épouser son cousin, le vieux Ruy Gomez de Silva, Grand d'Espagne.

Don Carlos, qui deviendra l'empereur Charles Quint, est lui aussi amoureux d'Elvira. Il a découvert qu'un jeune cavalier (Ernani) accédait à ses appartements au milieu de la nuit. Il imite son signal, s'introduit chez elle et lui déclare sa flamme. Elle le repousse, et il s'apprête à l'emmener de force quand s'ouvre un panneau secret, laissant apparaître Ernani. Au milieu d'une scène violente, Silva fait son apparition. Pour éviter sa jalousie et sa colère, le roi révèle son identité. Il prétend être venu le consulter en secret au sujet de sa prochaine élection à l'Empire et d'une conspiration qui menace ses jours. Puis, désignant Ernani, il dit à Silva : « Il nous plaît que cet homme, notre suivant, s'en aille. » Il assure ainsi à Ernani une sécurité momentanée — car un Espagnol ne livre jamais son propre ennemi à la vengeance d'un autre.

On a fait croire à Elvira qu'Ernani avait été pris et tué par les soldats du roi. Désespérée, elle consent à épouser Silva. Cependant, Ernani, à la veille du mariage, vient se réfugier dans le château de Silva, déguisé en pèlerin pour échapper au roi et à ses troupes. Il est, selon la tradition espagnole, l'hôte de Silva, et bénéficie de sa protection.

Elvira entre, vêtue de sa robe de mariée. Ernani apprend ainsi qu'elle doit épouser Silva le lendemain. Il se fait connaître de Silva et demande à être livré aux troupes du roi, préférant mourir que vivre sans Elvira. Silva refuse, faisant honneur à sa parole d'hôte. Bien qu'Ernani soit son ennemi, il est sauf dans les murs de ce château. Il ordonne même à ses hommes de s'apprêter à défendre le château contre une éventuelle attaque des troupes du roi. Quand il revient, il trouve les amants dans les bras l'un de l'autre. Il n'a pas le temps de céder à la colère, car déjà le roi se présente aux portes du château. Il ordonne qu'on le fasse entrer avec ses hommes, dit à Elvira de se retirer chez elle et cache Ernani dans un cabinet secret. Le roi demande à Silva de lui remettre le bandit. Le Grand d'Espagne refuse avec fierté : Ernani est son invité. La fureur du roi se retourne alors contre Silva : il lui enjoint de remettre son épée et le menace de mort, quand Elvira intervient. Le roi pardonne à Silva, mais emmène Elvira comme gage de la loyauté de son parent et fiancé.

Le roi parti, Silva fait sortir son hôte de sa cachette et le provoque en un duel à mort. Ernani refuse, et lui propose de combattre d'abord le roi, entre les mains de qui l'honneur d'Elvira est menacé. Une fois celle-ci sauvée, Ernani sera à la disposition de Silva. Il lui tend son cor de chasse et se déclare prêt à mourir au moment même où il en sonnera. Silva, qui ignore tout de la passion du roi pour Elvira, lui accorde ce sursis.

Une conspiration est ourdie contre le roi. Les conspirateurs se réunissent dans la cathédrale d'Aix-la-Chapelle, sous la voûte où reposent les cendres de Charlemagne. Ils se mettent d'accord pour assassiner le roi. Le nom de celui qui le frappera est tiré au sort : c'est Ernani.

Entre-temps, le roi, informé du lieu et de l'heure de cette réunion, se cache dans le tombeau de Charlemagne et assiste à la conspiration. Des coups de canon lui apprennent qu'il vient d'être élu à la tête du Saint Empire Romain Germanique. Il se dresse alors devant les conspirateurs terrifiés qui croient voir Charlemagne ressuscité pour les combattre. Les portes s'ouvrent, les électeurs de l'Empire viennent rendre hommage à Charles V. « Que les hommes du peuple soient conduits au cachot, et les nobles menés au bourreau », ordonne-t-il.

Ernani s'approche et déclare qu'il est Jean d'Aragon. Il réclame le droit de mourir avec les nobles. Elvira intercède en leur faveur, et le roi, maintenant empereur, décide de commencer son nouveau règne par un acte de grâce. Il pardonne aux conspirateurs, restitue ses titres à Ernani et lui donne Elvira en mariage.

Silva attend que les époux se retrouvent sur la terrasse de leur château en Aragon. Il sonne alors du cor fatal. Ernani, trop chevaleresque pour faillir à sa parole, se poignarde, Elvira tombe prostrée sur le corps inanimé de son époux.

Dans l'opéra, cette intrigue se développe de la manière suivante :

l'acte I commence dans le repaire des bandits, dans la montagne aragonaise. On aperçoit au lointain le château mauresque de Silva. Le soleil se couche. Les hommes d'Ernani chantent « Allegri, beviamo » (Vite, trinquons !) Ernani chante les louanges d'Elvira dans l'air « Come rugiada al cespite » (« Plus douce que la rosée sur le bouton de rose ») :

qui est suivi d'un morceau plus rapide, « O tu, che l'alma adora » (O toi, mon adorée) :

Les bandits acceptent avec enthousiasme de partager avec Ernani les dangers de l'expédition qu'il projette. Il s'agit d'aller enlever Elvira, et tous partent dans la direction du château de Silva.

Le décor suivant montre les appartements d'Elvira dans le château. La nuit est tombée. Elle pense à Ernani, puis à Silva, ce « vieux spectre glacé », et encore à Ernani, qui « à jamais règne sur son cœur ». Ses réflexions sont rendues dans la fameuse aria « Ernani ! Involami ! (Ernani ! Fuyons ensemble !) :

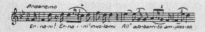

L'air se termine par une cadence brillante, « Un Eden quegli antri a me » (Ces cavernes me seront un Eden).

Des jeunes filles entrent, portant des présents de mariage. Elles chantent un chœur de félicitations. Elvira y répond dans une gracieuse cabalette, exprimant ses véritables sentiments en aparté : « Tutto sprezzo che d'Ernani » :

Les jeunes filles sortent. Don Carlos, le roi, entre. Elvira commence par lui reprocher sa présence. Ils chantent un duo, que le roi commence avec « Da quel di che t'ho veduta » (Depuis le premier jour où je t'ai vue).

Une porte secrète s'ouvre. Le roi se trouve confronté à Ernani et à Elvira, qui a arraché un poignard à la ceinture de celui-ci. Elle s'interpose entre les deux hommes. Silva entre. A la vue des deux hommes dans la chambre d'Elvira, il se laisse aller à de mélancoliques commentaires : « Infelice ! et tuo credevi » (Malheureux que je suis ! et je te faisais confiance !), qui donnent lieu à une aria pour basse d'une qualité exceptionnelle :

Il enchaîne ensuite avec un morceau plus vindicatif, « Infin, che un brando vindice » (Avec une lame rapide et infaillible).

Les gens du château et les hommes du roi sont entrés à leur tour. Le souverain se fait reconnaître de Silva, qui n'a plus qu'à lui obéir et à laisser partir Ernani. L'acte se termine sur un ensemble.

Acte II. La grande salle du château de Silva. Les dames d'honneur entrent. Tout en sachant qu'Elvira aborde son mariage avec le « spectre glacé » sans la moindre joie, n'y ayant consenti que parce qu'elle croyait Ernani mort, elles chantent en chœur « Esultiamo ! », honorant les nombreuses vertus et qualités de la fiancée.

Ernani, déguisé en moine, est conduit devant Silva qui est assis sur son siège ducal, revêtu de son costume de Grand d'Espagne. Il est accueilli comme un invité. Mais, voyant apparaître Elvira en robe de mariée, il arrache son vêtement de pèlerin et offre sa vie en cadeau de noces, se sacrifiant ainsi à la vengeance de Silva. Celui-ci, apprenant que le jeune homme est poursuivi par le roi, lui offre protection et hospitalité, selon la coutume des Grands d'Espagne.

Puis il sort, laissant les deux jeunes gens seuls. Ils chantent un duo passionné, « Ah, morir potessi adesso » (Ah, comme il serait doux de mourir) :

Ah, mo-rir po-tes-sia-des-so Omio Er-na-ni sul tuo pet-to

A son retour, Silva les trouve enlacés. Mais il ne veut pas faillir aux règles de l'hospitalité, et préfère se réserver une vengeance à sa façon. Il trouve une cachette sûre pour Ernani, et les gens du roi ayant fouillé le château de fond en comble reconnaissent qu'il n'y a pas la moindre trace du fugitif en ce lieu. Chœur : « Fu esplorata del castello ».

C'est ici qu'interviennent les épisodes importants déjà décrits — le roi demande à Silva de rendre son épée et le menace de mort; Elvira s'interpose; le roi l'emmène comme otage, non sans lui avoir chanté un air plein de sous-entendus : « Vieni meco, sol di rose »,

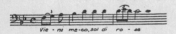

Vie - ni me-co,sol di ro - se

Puis Ernani remet son cor à Silva et lui fait comprendre quels dangers menacent Elvira. Vient ensuite un finale, l'appel aux armes lancé par Silva, Ernani et le chœur : « In arcione, in arcione, cavalieri ! » (En selle, en selle, cavaliers !).

Acte III. Le décor montre une voûte qui abrite le tombeau de Charlemagne dans la cathédrale d'Aix-la-Chapelle. A l'entrée du tombeau se trouve une lourde porte de bronze, portant l'inscription « Charlemagne ». Des marches mènent à la grande porte du caveau.

C'est dans ce lieu sombre et grandiose que le roi est venu écouter, caché dans le tombeau de son ancêtre, les plans des conspirateurs. Son monologue, « Oh, de' verd' anni miei » (Où sont passées mes jeunes années ?) ne laisse pas d'impressionner tant par la solennité de la situation que par l'ample mouvement de la musique :

On de' verd'an - - ni mie - i

L'épisode principal de cette réunion est le chœur des conspirateurs, « Si ridesti il Leon di Castiglia » (Que s'éveille le Lion de Castille). Un coup de canon dans le lointain produit un effet dramatique. Les conspirateurs sursautent. Au deuxième coup de canon, la porte du tombeau s'ouvre et le roi apparaît. Il frappe trois fois la porte de bronze avec la garde de son poignard, et l'entrée principale du caveau s'ouvre au son des trompettes. Les électeurs, tout d'or vêtus, font leur entrée. Ils sont suivis de pages qui portent le sceptre, la couronne et les autres insignes impériaux sur des coussins de velours. Les courtisans entourent l'empereur. Elvira s'approche. On déploie les bannières de l'Empire. La scène est éclairée par les nombreuses torches que portent les soldats. L'acte finit avec le pardon du roi et un émouvant finale : « Oh, sommo Carlo ! » (O noble Charles !).

L'acte IV, qui se déroule sur la terrasse du château d'Ernani, est bref. Il n'y a rien à ajouter en ce qui concerne l'action. Ernani demande à Silva de l'épargner tant que ses lèvres n'auront pas goûté au calice de l'amour. Il évoque sa misérable vie : « Solingo, errante misero » (Errer dans la misère de l'exil). Mais Silva lui répond sévèrement qu'il a le choix entre une coupe de poison et le poignard. Il choisit ce dernier. « Ferma, crudele, estinguere », s'écrie Elvira qui veut partager son destin. A la fin, il ne reste plus que l'implacable vengeur, contemplant

Ernani, mort, et Elvira, effondrée sur son corps. *Ernani*, écrit en 1844, est le seul des opéras de jeunesse de Verdi, avec *Nabucco*, qui se soit maintenu dans les répertoires modernes. Cet opéra a connu, au début de sa carrière, un certain nombre de vicissitudes. Avant de monter l'œuvre, il fallut remanier la scène des conspirateurs pour des raisons politiques. Et même après cela, le chœur « Que s'éveille le Lion de Castille » provoqua quelques manifestations. Victor Hugo, auteur du drame dont le livret s'inspirait, fit obstacle à la représentation de l'opéra à Paris. *Ernani* fut alors joué sous le titre *Il Proscritto* (*Le Proscrit*), et les personnages devinrent italiens.

K.

I Due Foscari
Les Deux Foscari

Opéra en 3 actes de Verdi; liv. de Francesco Maria Piave d'après une pièce de Byron. Créé à Rome, le 3 novembre 1844, avec Barbieri-Nini, Roppa, de Bassini. Première à Londres, 1847, Her Majesty's Theatre, avec Grisi, Mario, Ronconi; New York, 1847. Reprises : Halle, 1927; Stuttgart, 1956 (sous le titre Der Doge von Venedig*); Venise, 1957, dir. Serafin.*

PERSONNAGES

FRANCESCO FOSCARI, *octogénaire, doge de Venise* (baryton); JACOPO FOSCARI, *son fils* (ténor); LUCREZIA CONTARINI, *épouse de Jacopo* (soprano); JACOPO LOREDANO, *membre du Conseil des Dix* (basse); BARBARIGO, *sénateur, membre du Conseil* (ténor); PISANA, *amie et confidente de Lucrezia* (soprano); UN SERVITEUR DU CONSEIL DES DIX (ténor); UN SERVITEUR DU DOGE (basse).

Des membres du Conseil des Dix et de la « Giunta »; les servantes de Lucrezia; des dames vénitiennes; masques et gens de Venise; des geôliers, gondoliers, pages; deux fils de Jacopo Foscari.

A Venise, en 1457.

Le thème *adagio* du bref prélude est associé au désespoir du héros, Jacopo Foscari.

Acte I. Une salle du palais du doge à Venise. Le Conseil des Dix y est réuni et annonce, dans un chœur solennel, que ses délibérations seront implacables. Il gagne ensuite la chambre du Conseil. Jacopo Foscari est conduit dans la salle où il attendra la décision des juges. Il est le fils du vieux doge, et a été autrefois exilé à la suite d'une accusation de meurtre. Malgré cette condamnation, il est revenu à Venise pour y voir sa famille. C'est cette infraction que le Conseil va examiner (dans la pièce de Byron, ses ennemis l'accusent de comploter avec les Milanais contre les Vénitiens, mais cette considération est ignorée dans l'opéra). Il chante l'amour de la patrie dans une magnifique aria, « Brezza del suol natio »; puis, dans une vive cabalette, sa volonté de faire éclater son innocence.

Une pièce du palais Foscari. Lucrezia, l'épouse de Jacopo, renvoie ses servantes et va supplier le doge de se montrer clément à l'égard de son fils.

Elle prie le Ciel de l'aider dans son malheur (cavatine : « Tu al qui sguardo onnipossente »). Pisana, sa compagne, lui annonce que le Conseil a condamné Jacopo à l'exil. Lucrezia s'indigne de l'injustice de la sentence.

Le vieux doge déplore le destin qui le force à choisir entre son devoir de juge et l'amour paternel : « O vecchio cor che batti » — le seul passage de la partition ayant connu une certaine gloire hors de son contexte. (L'enregistrement de Pasquale Amato, avant-guerre, eut pendant de nombreuses années un succès sans égal). Lucrezia le supplie de reconnaître publiquement l'innocence de Jacopo. Dans un monologue plein de tendresse, le vieil homme laisse entendre qu'il est convaincu de l'innocence de son fils, mais qu'il ne peut rien faire.

Acte II. La prison d'Etat. Jacopo se lamente dans un monologue qui prend forme de délire. Par instants, il croit voir l'homme qu'on l'accuse d'avoir assassiné, Carmagnola ; mais il ne reconnaît pas sa femme qui vient d'entrer. Entendant chanter au-dehors, il condamne avec fureur ceux qui l'arrachent aux siens. Le doge vient lui dire adieu. Trio « Nel tuo paterno amplesso ». Loredano, un membre du Conseil des Dix qui a juré la perte de la famille Foscari responsable selon lui de la mort de son père et de son oncle, vient chercher Jacopo pour l'emmener dans la salle du Conseil où la sentence lui sera signifiée. Quatuor *presto*.

Le Conseil, assemblé dans la grande salle, examine, en l'attendant, le crime pour lequel Jacopo a été autrefois condamné. La même sentence est prononcée une seconde fois. Le doge prend place, et Loredano proclame la « clémence » du Conseil. Jacopo s'insurge, les suppliant de croire en son innocence. Le doge confirme la sentence au moment où Lucrezia fait son entrée, accompagnée de ses enfants. Jacopo implore son pardon et l'acte se termine par un finale grandiose, où Lucrezia tente vainement d'être autorisée à accompagner son époux en exil.

Acte III. Carnaval, la place Saint-Marc est remplie de masques. Des gondoliers chantent une barcarolle. Jacopo traverse la place, sous escorte, pour aller s'embarquer vers l'exil. Son pathétique chant d'adieu tourne au cri de désespoir à la vue de son ennemi, Loredano.

Le doge déplore le sort qui lui a pris trois fils encore enfants et le prive maintenant du quatrième, le laissant seul pour mourir. Barbarigo vient lui apprendre qu'un homme a confessé le crime pour lequel Jacopo avait été condamné. Lucrezia annonce que Jacopo a rendu son dernier soupir sur la barque qui l'emmenait. Le sort des Foscari est maintenant entre les mains de Lucrezia qui, seule, a encore la force de réclamer réparation à leurs ennemis.

Le Conseil des Dix rend visite au doge. Loredano, son porte-parole, lui demande d'abandonner sa charge, en raison de son âge et des épreuves qu'il vient de subir. Le doge commence par refuser mais il doit céder à leur pression menaçante. Le doge les défie (« Questa dunque è l'iniqua mercede ») et leur reproche de lui avoir pris sa dernière chance de bonheur (« Ah, rendete il figlio a me »). Il finit par ôter l'anneau qui orne son doigt et la couronne qui le coiffe, mais s'assure dans un dernier geste de défiance que Loredano ne profitera pas de l'emblème ducal. Lucrezia arrive juste pour entendre sonner la grande cloche à l'occasion de l'élection d'un Malipiero à la place du doge. Le vieux Foscari s'effondre, brisé, et s'éteint en sanglotant sous les regards du Conseil, tandis que Loredano triomphe.

H.

Attila

*Opéra en 1 prologue et 3 actes de Verdi; liv. de Temistocle Solera. Créé à Venise,
17 mars 1846, avec Sophie Lœwe, Guasco, Constantini, Marini. Première à Londres,
Her Majesty's Theatre, 1848, avec Sophie Cruvelli, Italo Gardoni, Velletti, Cuzzoni.
New York, 1850. Reprises : Festival de Venise, 1951 (représentation de concert),
avec Mancini, Penno, Giangiacomo Guelfi, Italo Tajo, dir. Giulini; Sadler's Wells,
Londres, 1963, en angl., dir. John Matheson; Rome, 1964; Trieste, 1965, avec
Christoff; Buenos Aires, 1966, avec Tatum, Cossutta, Glossop, Hines, dir. Pritchard;
Berlin, 1971, avec Janowitz, Franco Tagliavini, Wixell, Van Dam, dir. Patane;
Festival d'Edimbourg, 1972, avec Maragliano, Prevedi, Bruson, Ruggiero Raimondi,
dir. Patane; Florence, 1972, avec Gencer, Luchetti, Mittelmann, Ghiaurov, dir.
Muti.*

PERSONNAGES

ATTILA, *roi des Huns* (basse); ULDINO, *breton, esclave d'Attila* (ténor); ODABELLA,
fille du seigneur d'Aquilée (soprano); EZIO, *général romain* (baryton); FORESTO,
chevalier à Aquilée (ténor); LE PAPE LÉON 1er (basse).

En Italie, au Ve siècle ap. J.C.

Après un bref prélude, le rideau se
lève pour le prologue sur une place
d'Aquilée. L'armée d'Attila a mis la
ville à sac et célèbre maintenant la
victoire, invoquant Wodan et louant
son général. Attila prend place sur son
trône, il est furieux que certaines
femmes ennemies aient eu la vie sauve,
en dépit de ses ordres. Odabella, qui
est à leur tête, proclame dans une aria
l'esprit invincible des femmes italiennes
qui ont combattu aux côtés des
hommes, à l'encontre de celles qui
accompagnaient l'armée des Huns. Les
étincelantes vocalises de cette aria
sont aussi venimeuses que celles de
Lady Macbeth. Attila, éperdu d'amira-
tion, lui offre ce qu'elle voudra, elle
choisit une épée et il lui donne la
sienne. Elle se jure, dans une cabalette,
de s'en servir pour venger tout ce
qu'elle a perdu.

On annonce l'émissaire de l'empereur romain, Ezio. Au cours d'un duo
prolongé, il propose à Attila de réaliser l'hégémonie du monde : à l'est
règne un vieillard et à l'ouest un jeune
garçon; si Attila conquiert l'Empire
romain, Ezio ne réclamera que l'Italie

pour sa part. Au plus fort moment de
ce duo retentissent les paroles « Avrai
tu l'universo, resti l'Italia a me ». On
peut imaginer l'effet produit sur le
public du *Risorgimento* italien par ces
mots et par la fière et vaillante musique
qui les accompagnait.

Mais Attila réagit violemment :
comment l'Italie s'imagine-t-elle pouvoir le défier alors que son chef le
plus brave n'est qu'un traître ? Ezio
lui rappelle qu'il a subi une défaite à

Châlons, et lui lance le défi des Romains.

Foresto, autrefois l'un des chefs d'Aquilée, a mené une troupe de réfugiés sur la lagune où ils ont construit un misérable petit village de huttes qui deviendra Venise. Ils saluent l'aube, et Foresto pleure la perte de sa chère Odabella.

Puis il exprime sa décision d'élever au bord de cette lagune déserte une cité aussi splendide que celle qu'ils viennent de perdre — le public de la Fenice, en 1846, n'a pu manquer de relever ce compliment que lui faisait Solera, le librettiste de Verdi.

Acte I. Les bois près du camp d'Attila. Odabella pleure la mort de son père dans des phrases d'un admirable lyrisme, accompagnées d'abord par le cor anglais puis par tous les bois. Foresto lui reproche, malgré la joie qu'elle manifeste en le voyant, de l'avoir trahi avec le meurtrier de sa famille. Elle se justifie et lui rappelle l'exemple de Judith qui sauva Israël.

Scène 2. Sous la tente d'Attila. Il s'éveille en plein rêve et confie à son esclave Uldino qu'il a, pendant son sommeil, été visité par un vieillard qui lui déconseillait vivement de marcher sur Rome. Mais il fait fi de ses pressentiments : il appelle les prêtres et l'armée et ordonne que l'on reprenne la marche sur Rome. Un groupe se rapproche : ce sont des enfants et des jeunes filles menés par ce même vieillard qu'il a vu en rêve. Attila est d'autant plus terrifié que le vieil homme (saint Léon dans la partition) réitère les paroles prononcées dans le rêve. L'acte se termine par un grand ensemble qui n'est pas sans rappeler le finale de la scène du banquet dans *Macbeth,* et dans lequel Attila décide de se soumettre à l'évidente volonté de Dieu.

Acte II. Dans son camp, Ezio lit la lettre de l'empereur Valentinien qui lui ordonne de regagner Rome. Cet enfant ose *ordonner* ! Dans une magnifique aria, il dit l'amour qu'il porte à sa patrie (« Dagli immortali vertici ») puis, pressé par Foresto de s'unir aux forces qui vont résister à Attila, il se déclare prêt à mourir, s'il le faut, en défendant sa patrie.

Au camp d'Attila. Les soldats fêtent la trêve et Attila, malgré les recommandations des prêtres, invite Ezio à sa table. Les torches sont brusquement éteintes par un coup de vent. Uldino tend à Attila la coupe dans laquelle il doit boire à la santé de ses invités, mais Odabella, la sachant empoisonnée, intervient. Foresto revendique fièrement cette tentative de meurtre. A la demande d'Odabella, Attila laisse la vie sauve à Foresto. Il annonce sa décision d'épouser Odabella. Une fois de plus, Foresto soupçonne la pureté des intentions d'Odabella, et part après lui avoir adressé d'amers reproches.

Acte III. Dans le bois qui sépare le camp d'Attila de celui d'Ezio. Foresto déplore, dans une très belle aria, l'infidélité d'Odabella. Ezio joint sa voix à la sienne, et ils réitèrent leur serment de tuer Attila. L'arrivée d'Odabella ne calme pas les soupçons de Foresto, d'autant qu'il est sûr d'avoir entendu le chœur qui célébrait son mariage. Au cours d'un magnifique trio (« Te sol quest'anima »), elle essaie de le convaincre que son cœur lui appartient pour toujours.

Attila vient retrouver sa femme, et la trouve dans les bras de Foresto. Il adresse de vifs reproches à l'esclave qu'il vient d'épouser, au criminel dont il a épargné la vie et au Romain avec qui il a conclu une trêve. Mais ils se moquent de ses menaces, formant ainsi un quatuor très animé. Les soldats romains placés en embuscade par Ezio et Foresto se précipitent pour assassiner Attila, mais Odabella les devance, et le frappe au cœur de sa propre épée. « E tu, pure Odabella ? », dit-il en mourant.

H.

Macbeth

Opéra en 4 actes de Verdi; liv. de Francesco Maria Piave. Créé à Florence, 14 mars 1847, avec Barbieri-Nini, Varesi. Première à New York, 1850; à Dublin, 1859, avec Pauline Viardot-Garcia dans le rôle de Lady Macbeth, dir. Arditi. Donné à Paris dans une version révisée, en français, par Nuitter et Beaumont, au Th. Lyrique, 21 avril 1865, avec Rey, Balla, Ismaël. Reprises : Dresde, 1928, avec Eugénie Burckhardt, Robert Burg, Willy Bader, dir. Kutzchbach; Berlin, 1931; Rome, 1932, dir. Guarnieri; Vienne, 1933, avec Rose Pauly; Glyndebourne, 1938 (pour la première fois en Angleterre, les projets de production en 1861 et 1870 ayant été abandonnés), dir. Busch, mise en scène Ebert; Scala de Milan, 1938, dir. Marinuzzi; Zurich, 1949, avec Malaniuk et Dow; Berlin, 1950, avec Mödl, Metternich, dir. Keilberth; la Scala, 1952, avec Callas, Mascherini, dir. Sabata; Metropolitan, 1958, avec Rysanek, Warren; Covent Garden, 1960, avec Shuard, Gobbi; la Scala, 1964, avec Birgit Nilsson, Giangiacomo Guelfi, dir. Scherchen.

PERSONNAGES

LADY MACBETH (soprano); MACBETH, *général* (baryton); BANQUO, *général* (basse); MACDUFF, *noble écossais* (ténor); DUNCAN, *roi d'Écosse* (rôle muet); DAME D'HONNEUR DE LADY MACBETH (soprano); MALCOLM, *fils de Duncan* (ténor); FLEANCE, *fils de Banquo* (rôle muet); LE DOCTEUR (basse).

En Écosse, en 1040.

Après la première représentation à Paris de la version révisée de *Macbeth*, en 1865, on accusa — entre autres — Verdi de ne pas connaître Shakespeare. Cela le rendit furieux et il écrivit, lui qui était le plus modeste des compositeurs : « Que je n'aie pas su rendre parfaitement l'esprit de *Macbeth*, passe encore. Mais que je ne connaisse pas, que je ne comprenne pas Shakespeare, non, que Dieu me garde, non ! Il est l'un de mes poètes préférés, et je l'ai lu et relu sans cesse depuis ma plus tendre enfance. »

Macbeth était, parmi ses œuvres, l'une de celles que Verdi préférait. Il passa beaucoup de temps à la remanier et conçut toujours quelque irritation à la voir assez mal accueillie de son vivant. Il fournit à Piave, le librettiste, un découpage détaillé de l'œuvre avant de lui permettre de commencer à écrire. On peut donc dire que la construction dramatique est de Verdi.

Conscient de la difficulté d'adapter une assez longue pièce à l'opéra, il concentra tout sur trois points principaux : Lady Macbeth, Macbeth et les Sorcières — en insistant fortement sur celui-ci. Lady Macbeth est évidemment la figure dominante (comme chez Shakespeare, implicitement), bien que son époux soit au centre de la tragédie; Macduff n'est guère plus qu'une partie de l'ensemble (même l'aria qu'il chante seul appartient à l'immobilité qui précède le moment fort où se déclenche l'action); et Banquo, personnage considérable jusqu'à sa mort, disparaît bien avant la moitié de l'œuvre. Malcolm est pour ainsi dire complètement éliminé, et le docteur et la dame d'honneur ne sont retenus que pour la scène de somnambulisme.

L'acte I, qui mène l'action jusqu'à la scène 3 de l'acte II chez Shakespeare, commence par la première rencontre

de Macbeth et des Sorcières et continue par la scène où Lady Macbeth lit
la lettre de son mari :

... *come you spirits*
That tend on mortal thoughts, unsex
me here. [1]

Viennent ensuite l'arrivée de Macbeth et de Duncan, le meurtre, l'horreur
de Macbeth et, enfin, la découverte du
crime.

A l'acte II, il est décidé que Banquo,
menaçant la position de Macbeth, doit
être tué. Puis vient la scène du banquet
et l'apparition du fantôme.

A l'acte III, Macbeth retourne
chercher le réconfort auprès des
Sorcières ; sa femme le trouve dans un
état second, consécutif à un certain
nombre d'apparitions, et tous deux
décident la mort de Macduff.

Au dernier acte, un groupe de réfugiés écossais, dont Macduff, déplore
le règne de terreur de Macbeth. L'arrivée de Malcolm à la tête d'une armée
de secours interrompt leur lugubre
chant. Le décor suivant nous emmène
à Dunsinane pour la scène de somnambulisme ; puis Macbeth apprend que le
bois de Birnam est en marche, et l'on
assiste au triomphe final de Malcolm
et à la mort de Macbeth. Seules les
scènes essentielles sont conservées,
mais elles forment le cœur du drame
de Shakespeare, la trame à partir de
laquelle il aurait pu construire la
pièce.

Acte I. Le prélude utilise des
éléments qui serviront plus tard à la
scène de somnambulisme. La première
scène a lieu dans la lande où les
Sorcières chantent un chœur fantastique en attendant Macbeth. Elles lui
prédisent ensuite l'avenir en termes
terrifiants. Un messager annonce que
Macbeth vient de se voir accorder le
titre et les biens du rebelle Cawdor.
Dans leur duo, Macbeth et Banquo
envisagent les suites de la prophétie,

dont une partie vient de se réaliser.
Chœur et danses des Sorcières.

Lady Macbeth lit la lettre où son
mari lui décrit la rencontre avec les
Sorcières. Elle se lance dans un récitatif volontaire, « Vieni, t'affretta ».

Marche annonçant l'arrivée du roi.
Macbeth entre sur scène où se trouve
sa femme. Le meurtre du souverain
est décidé en quelques phrases lourdes
de sens, sans que rien pourtant ne soit
dit directement. Cette marche est
parfaitement banale mais elle suffit
bien à illustrer la pantomime qui
accompagne le passage du roi, sans
qu'aucune parole ne soit prononcée.

Macbeth, resté seul, voit un poignard
devant lui. Son monologue introduit
le grand duo entre les deux principaux
personnages. Une fois le meurtre
accompli, Macbeth descend l'escalier
en titubant, le poignard encore à la
main : « Fatal mia donna ! un murmure,
com' io, non intendesti ? »

Il décrit la scène précédente, le
murmure des valets dans l'antichambre,
comment le mot « Amen » est resté
dans sa gorge ; c'est finalement Lady
Macbeth qui doit aller reporter le
poignard dans la chambre du roi.

Ce duo est marqué « sotto voce,
e cupa » sur la partition, c'est-à-dire à
mi-voix, sombre et étouffée. Seules
quelques phrases sont marquées
« voce aperta », à pleine voix : ainsi
l'accès d'horreur qui saisit Macbeth
quand il voit ses mains tachées de
sang, « Oh, vista orribile. » L'interprète qui créa le rôle de Lady Macbeth
a raconté que 151 répétitions de ce
duo furent nécessaires pour satisfaire
le compositeur et que la scène de
somnambulisme — l'autre moment
crucial de l'opéra, selon Verdi — lui
valut trois mois d'angoisses et de travail
incessant, jusqu'à ce qu'enfin ses

1. « Venez, esprits qui influencez les pensées mortelles... »

gestes et sa voix eussent grâce auprès du maître.

Banquo et Macduff, qui doivent accompagner le roi sur son chemin, arrivent ensuite. La méditation de Banquo, en ut mineur, est pleine de sombres présages. Son compagnon va éveiller le roi, le meurtre est découvert et tous se retrouvent dans un finale magnifique et éclatant, l'un des plus admirables écrits par Verdi dans ses premiers opéras (et, pour le soprano, l'un des plus éprouvants).

Acte II. Macbeth est seul en scène (le prélude orchestral est une réminicence de « Fatal mia donna »). Lady Macbeth le rejoint bientôt et l'accuse de chercher à l'éviter. Ils décident que la mort de Banquo est indispensable à la réussite de leurs plans; restée seule, Lady Macbeth chante une aria volontaire, « La luce langue ». La détermination féroce de ce passage (il date de 1865) est très différente de l'esprit anodin du morceau qu'il remplace, et son tracé nous rappelle que le « O don fatale » de *Don Carlos* fut écrit moins de deux ans après la révision de Macbeth.

Dans le parc, un groupe d'assassins guette Banquo. Leur chœur est l'illustration typique de la musique conventionnelle réservée aux bandes d'assassins dans les opéras italiens de l'époque (cela s'applique en fait à tout rassemblement nocturne dans un but malhonnête; cf. le chœur de la fin de l'acte I dans *Rigoletto*). Par contre, l'aria de Banquo qui vient ensuite est un magnifique exemple d'écriture verdienne pour basse. Les bandits se jettent sur lui, mais son fils Fleance parvient à s'enfuir.

La musique qui ouvre le banquet est d'une gaieté artificielle et fiévreuse qu'il serait peut-être excessif d'imputer au seul sens dramatique de l'auteur (comme on le ferait pour la scène de l'auberge dans *Wozzeck);* mais, curieusement, elle s'inscrit plutôt bien dans le contexte. La même qualité

apparaît dans le *Brindisi* nerveux et dépourvu de grâce que Lady Macbeth chante à ses invités. Macbeth s'entretient, entre les strophes, avec l'un des bandits chargés de tuer Banquo; il apprend que Fleance a réussi à s'enfuir. Puis, s'adressant à ses invités, il déplore l'absence de Banquo et décide de s'asseoir un moment à sa place. Mais, au même moment, il voit le fantôme de Banquo et se met à hurler qu'il n'est pas coupable, à la grande stupeur de l'assistance. Les remontrances de Lady Macbeth lui donnent la force de faire à nouveau face à ses invités, et il bredouille quelques explications. Lady Macbeth chante une autre strophe du *Brindisi,* et Macbeth s'effondre une fois de plus quand le fantôme réapparaît. Il reste sans force, et les invités se retirent, persuadés d'une culpabilité qu'il ne s'efforce même plus de cacher. « Sangue a me », le sombre air de Macbeth, commence le finale qui est aussi impressionnant que celui de l'acte I sur le plan musical et dramatique.

Acte III. Dans une sinistre caverne, les Sorcières sont assises autour de leur chaudron. Leur chœur est de la même veine que celui du premier acte. Un ballet (écrit, bien sûr, pour la version de Paris, en 1865) lui succède. Hécate vient ensuite instruire les Sorcières de la conduite à adopter quand Macbeth se présentera devant elles. La danse reprend, puis Macbeth apparaît et demande à connaître son avenir. Le pouvoir suggestif de la musique est extraordinaire. Verdi n'a peut-être jamais mieux rendu le surnaturel que dans cette scène d'apparitions, ponctuée des commentaires égarés de Macbeth. Il finit par perdre connaissance, et les Sorcières dansent et chantent autour de lui avant de disparaître.

Dans une atmosphère tout à fait différente, Lady Macbeth vient à la rencontre de son époux. Elle lui demande ce qu'ont dit les Sorcières et il avoue qu'elles ont prédit qu'une lignée de rois descendrait de Banquo. Lady Macbeth réfute cette prédiction avec une telle énergie qu'elle redonne quelque force à son mari. Leur duo, bref mais vigoureux, apporte à l'acte une fin éclatante.

Acte IV. On peut imaginer que Verdi, en 1847, a voulu opposer à la tyrannie de Macbeth la force — tout à fait à circonstance — du patriotisme qui sous-tend le drame de bout en bout, personnifiée par Macduff, Banquo, le chœur et Malcolm. Le chœur des exilés écossais à l'acte IV, « Patria oppressa », descend directement du « Va, pensiero » de *Nabucco*, avec la plaintive seconde mineure de l'accompagnement, tantôt ascendante, tantôt descendante (qui réapparaîtra dans la scène de somnambulisme), et son pouvoir merveilleusement évocateur.

La magnifique aria de Macduff complète ce moment de calme au cœur de l'action, aussitôt rompu par un mouvement rapide quand l'armée de Malcolm traverse la scène; Malcolm et Macduff chantent un duo avec le chœur.

Rien n'est plus admirable dans la partition de *Macbeth* que la scène de somnambulisme, écrite dans la forme traditionnelle d'une scène de folie pour soprano, mais avec une liberté de mouvement et d'expression que Verdi n'allait pas retrouver avant les arias d'*Aïda*, près de vingt-cinq ans plus tard. On a déjà entendu dans le prélude la plupart des thèmes que l'orchestre joue en introduction, mais la qualité évocatrice de l'écriture vocale est absolument exceptionnelle; la scène elle-même est une épreuve pour la cantatrice, réunissant toutes les nuances expressives et exigeant un très large registre, du do bémol inférieur au contre-ré bémol dans la dernière phrase (marquée « un fil di voce »).

Macbeth est aux abois, Malcolm marche sur lui à la tête d'une armée grossie de troupes anglaises; mais il ne perd pas confiance, car les Sorcières lui ont prédit qu'il ne pourrait mourir de la main d'un « homme né d'une femme ». Il maudit une vie qui l'a privé de l'amitié des hommes, mais se lance vaillamment à la tête de ses troupes quand il apprend la mort de sa femme. La bataille est accompagnée d'une fugue qui continue pendant la brève rencontre de Macduff et de Macbeth, et laisse enfin la place à un chœur de réjouissances générales célébrant la défaite du tyran.

Si l'on ne tient pas compte du ballet, écrit spécialement pour Paris, 4 morceaux furent insérés en 1865 à la place de ceux de 1847 : l'aria de Lady Macbeth à l'acte II, « La luce langue »; le duo final de l'acte II; à l'acte IV, le chœur des exilés (avec les mêmes paroles et des sentiments semblables à celui de 1847), et la totalité de la scène de la bataille (i. e. ce qui vient après l'aria de Macbeth). A l'origine, l'opéra se terminait par une brève *scena* pour Macbeth; c'est d'ailleurs ainsi qu'on a toujours fait à Glyndebourne, Busch et Ebert ayant placé cette *scena* juste après la fugue et l'entrée de Macduff et de Malcolm. Même en gardant cet élément, que Verdi avait rejeté, il apparaît clairement que la dernière partie de l'opéra, avec sa fugue brillamment descriptive et son vaillant chœur « national » à la fin, marque un net progrès sur le dénouement assez ordinaire de la version d'origine.

Le reste de l'opéra a subi un certain nombre de remaniements — en particulier la section *presto* du grand duo de l'acte I, la réaction de Macbeth à la première apparition du fantôme pendant le banquet, la section en mi majeur du premier chœur de l'acte III et la scène des apparitions. Ces changements étaient destinés à souligner l'intensité de certains moments forts de la partition.

Verdi s'est toute sa vie efforcé de bien caractériser ses personnages; c'est dans *Macbeth* qu'il a pour la première fois pleinement atteint son but. Macbeth lui-même apparaît, plus encore que dans la pièce, comme un être dominé par les autres personnages principaux, Lady Macbeth et les Sorcières; c'est-à-dire qu'il joue un rôle relativement moins important dans la détermination du cours des événements et qu'il est le plus souvent montré sous un mauvais jour, au désavantage de ses qualités de poète et de guerrier. La part prise par le remords dans sa conscience est admirablement rendue — car Verdi, tout comme Shakespeare, le juge meilleur homme que ses actions le laissent croire. Le long duo qui succède au meurtre exprime sa terreur avec une grande subtilité. C'est, avec la scène de somnambulisme, le moment où, pour les deux personnages, l'expression musicale de la tragédie et de la destinée est la plus complète.

Ce que perd Macbeth — si l'on peut dire — profite à Lady Macbeth : elle est maîtresse de l'action et de la musique. On l'a jugé comme un rôle de comédienne et de cantatrice. Il est vrai, mais cela va bien au-delà : c'est l'un des plus beaux rôles écrits par Verdi, et peut-être le premier où le développement musical soit allé de pair avec l'évolution psychologique et dramatique du personnage. La progression, depuis l'aria du premier acte (« Vieni t'affretta », de forme conventionnelle et assortie d'une cabalette fort difficile, et fort réussie d'ailleurs), en passant par des étapes de plus en plus éprouvantes, et jusqu'à la longue courbe finale de la scène de somnambulisme, représente une remarquable étude musicale de la désintégration progressive sous l'influence de la conscience.

On peut dire que Macbeth résume, mieux peut-être que tout autre opéra, cette période de la carrière de Verdi; il a réussi pour la première fois la synthèse des trois éléments qui dominent sa musique : le théâtre, le patriotisme et les personnages.

H.

Il Corsaro
Le Corsaire

Opéra en 3 actes de Giuseppe Verdi; liv. de Francesco Maria Piave, d'après le poème de Byron The Corsair. *Créé à Trieste, Teatro Grande, 25 octobre 1848, avec Marianna Barbieri-Nini (Gulnara), Carolina Rapazzini (Medora), Gaetano Fraschini (Corrado), Achille de Bassini (Seid), Giovanni Volpini (Giovanni), Giovanni Petrovich (Selimo). Repris à Milan, Teatro Carcano, 1852; Modène, 1852; Turin, 1852; Novarre, Venise et Malte, 1853; Naples, Th. San Carlo, 1854. Repris à Venise un siècle plus tard, 1963. Création à Londres, Saint Pancras, 1966.*

PERSONNAGES

CORRADO, *chef des pirates* (ténor); GIOVANNI, *un pirate* (basse); MEDORA, *maîtresse de Corrado* (soprano); SEID, *Pacha de Corone* (baryton); GULNARA, *favorite de Seid* (soprano); SELIMO, *guerrier de Seid* (ténor); UN EUNUQUE (ténor); UN ESCLAVE (ténor).

Au début du XIXe *siècle, sur une île de la mer Égée, et à Corone, ville turque.*

« Il Corsaro » fut écrit à Paris, pendant l'hiver 1847-1848. Verdi avait lui-même choisi le sujet et le librettiste. Il semble qu'il ne consacra que peu de temps à l'élaboration de l'œuvre, il était alors très pris par les productions de *I Masnadieri* à Londres et *Jérusalem* à Paris. L'opéra lui avait été commandé par Lucca. La première représentation eut peu de succès et l'œuvre compta quelques reprises seulement en Italie. Il a fallu attendre 1963, pour qu'elle soit reprise à Venise et 1966 pour qu'elle soit donnée pour la première fois hors d'Italie.

Acte I. Le repaire des pirates, sur une île de la mer Égée. Corrado est averti par un message que lui porte Giovanni, son lieutenant, que le Pacha Seid a l'intention de l'attaquer. Corrado réunit sa bande pour porter le premier coup au Pacha. Dans les appartements de Medora, la maîtresse du corsaire. Corrado vient lui dire adieu, elle cherche en vain à le retenir. Il lui assure qu'il sortira sain et sauf du combat. Des coups de canon annoncent le départ des bâteaux des corsaires.

Acte II. Le port turc de Corone. Dans le harem de Seid, les esclaves entourent sa favorite, Gulnara. Elle chante sa liberté perdue et sa haine pour son maître le Pacha. Un eunuque l'invite au banquet que Seid donne pour célébrer sa victoire (prochaine, mais à son avis certaine) sur Corrado. Seid et ses lieutenants ordonnent que soit chantée une prière à Allah. Un esclave annonce qu'un derviche qui a réussi à échapper aux corsaires est là. Au moment où on l'introduit, on voit les lueurs d'un incendie dans le port. La flotte du Pacha est en feu. Le derviche est en réalité Corrado, déguisé, et ses hommes se précipitent à sa suite dans la salle. Le combat fait rage, en essayant de sauver Gulnara et les esclaves du harem, Corrado et ses hommes laissent aux Turcs le temps de se ressaisir. Les pirates sont battus, Corrado est fait prisonnier et condamné à être torturé jusqu'à ce que mort s'ensuive, malgré les supplications des femmes.

Acte III. Les appartements de Seid. Il se réjouit de sa victoire, mais craint que Gulnara ne soit tombée amoureuse du corsaire. Il la fait venir et lui tend un piège, évoquant le sort malheureux de Corrado. Elle plaide pour la vie de son sauveur, provoquant la colère et la jalousie de Seid. Devant ses menaces, elle décide de se venger.

La prison de Corrado. Gulnara, en soudoyant un garde, a réussi à pénétrer dans le cachot de Corrado. Elle lui apprend qu'elle déteste le Pacha et qu'elle l'aime, lui, Corrado. S'il tue Seid, ils fuiront ensemble. Corrado, soucieux de son honneur se refuse à ce forfait. Elle tue Seid et vient le retrouver, le délivre et prend la fuite avec lui.

L'île des pirates. Medora, mourante, est entourée par les pirates. On annonce un vaisseau, c'est celui de Corrado et de Gulnara. Medora, qui le croyait mort, s'est empoisonnée. Gulnara a le temps de lui avouer, qu'elle aussi aime Corrado, mais en vain. Medora expire dans les bras de Corrado qui, de désespoir, se jette dans la mer.

M.K.

La Battaglia di Legnano
La Bataille de Legnano

Opéra en 3 actes de Verdi; liv. de Salvatore Cammarano. Créé au Teatro Argentina, Rome, 27 janvier 1849, avec Teresa de Giuli-Borsi, Gaetano Fraschini, Filippo Colini. Première en Angleterre, 1960, par le Welsh National Opera (mise en scène et costumes contemporains, liv. de John et Mary Moody, sous le titre The Battle, *avec Heather Harper, Ronald Dowd, Ronald Lewis, Hervey Alan, dir. Charles Groves; Londres, Sadler's Wells, 1961 (par le Welsh National Opera). Reprises : Scala de Milan, 1916; Festival de Florence, 1959, avec Leyla Gencer, Gastone Limarilli, Giuseppe Taddei, Paolo Washington, dir. Vittorio Gui; Scala de Milan, 1961, avec Antonietta Stella, Franco Corelli, Ettore Bastianini, Marco Stefanoni, dir. Gavazzeni.*

PERSONNAGES

FREDERICK BARBAROSSA (BARBEROUSSE) (basse); LE PREMIER CONSUL MILANAIS (basse); LE DEUXIÈME CONSUL MILANAIS (basse); LE MAIRE DE CÔME (basse); ROLANDO, *duc de Milan* (baryton); LIDA, *son épouse* (soprano); ARRIGO, *soldat venu de Vérone* (ténor); MARCOVALDO, *prisonnier allemand* (baryton); IMELDA, *servante de Lida* (mezzo-soprano); UN HÉRAUT (ténor).

A Côme et à Milan au XIIe siècle.

C'est le poète Cammarano qui suggéra à Verdi le thème de cet opéra à une époque où le compositeur, n'étant pas satisfait de la révolution libérale et nationaliste, était avide d'exprimer son patriotisme. Il décida de se mettre au travail sans tarder, profitant de la rupture d'un précédent contrat avec le San Carlo de Naples. Il y passa l'été 1848; à la fin de l'année, l'œuvre était terminée. La première eut lieu à Rome le 27 janvier 1849, et Verdi surveilla lui-même la mise en scène. L'accueil fut si délirant — en partie parce que le thème de la victoire de la ligue lombarde sur Frederick Barberousse était d'actualité — que le 4e acte fut entièrement bissé. Un peu plus tard, la censure autrichienne interdit l'œuvre. Quand elle fut reprise, à Milan en 1861, le titre était devenu *L'Assedio di Haarlem*, l'empereur un duc espagnol, et les patriotes italiens des Hollandais; ce fut un échec. L'opéra fut enfin repris en 1960 par le Welsh National Opera avec un nouveau décor et des costumes contemporains, sous le titre *The Battle*.

Acte I. Une ouverture au parfum nettement militaire introduit la première scène, qui a lieu à Milan. Une ligue, composée de contingents des diverses cités de Lombardie, se forme pour repousser l'imminent assaut des troupes de Frederick Barberousse. Rolando, chef des Milanais, découvre que le groupe de Vérone est commandé par son cher ami Arrigo qu'il avait cru mort au combat. Arrigo explique qu'il était seulement prisonnier, et les deux amis se réjouissent d'être réunis. Dans un chœur extrêmement fervent, tous les patriotes font vœu de mourir pour leur cause, s'il le faut.

Scène 2. Lida et ses dames dans l'ombre d'un jardin. Après un chœur plein de douceur, l'aria de Lida, lyrique et très ornée, est interrompue par Marcovaldo, un prisonnier qui s'est épris d'elle. Elle le repousse.

Arrigo et Rolando arrivent. Marcovaldo devine l'amour de Lida pour Arrigo. Lida et Arrigo restent seuls. Nous apprenons par leur duo chargé d'émotion qu'ils ont été fiancés, plusieurs années auparavant. Arrigo reproche à Lida d'avoir épousé Rolando, elle explique qu'elle l'avait cru mort.

Acte II. Côme. Arrigo et Rolando sont venus persuader les dirigeants de la ville de s'unir à eux contre Barberousse. Le maire de la ville refuse, invoquant un traité passé avec Barberousse. Furieux, Arrigo et Rolando démontrent que le sort de l'Italie est en jeu. Apparaît Barberousse qui les renvoie, non sans leur montrer le grand camp allemand qui s'est déployé aux portes de la ville. Malgré cette démonstration de puissance, Arrigo et Rolando continuent de croire en leur victoire finale, et l'acte se termine par le chœur vibrant où tous les Lombards jurent de se battre jusqu'à la mort.

Acte III. Dans la crypte de la cathédrale de Milan. Arrigo est admis parmi les Cavaliers de la Mort (*Cavalieri della Morte*), groupe de soldats qui ont tous prêté le terrible et solennel serment de libérer leur patrie des envahisseurs ou de mourir pour cette cause.

Scène 2. Les appartements de Lida. Persuadée qu'Arrigo va être tué pendant la bataille, elle lui a écrit une lettre que sa servante va lui porter. Elle chante ensuite sa douleur avec des accents qui laissent clairement entrevoir ceux de *La Traviata.* Rolando, mû par un pressentiment, dit adieu à sa femme et à son enfant. Il entraîne ensuite Arrigo à part et lui confie qu'il a été nommé chef des Cavaliers de la Mort, honneur qui lui vaudra presque certainement de perdre la vie. Arrigo

lui promet de veiller sur sa famille s'il venait à mourir. Marcovaldo remet à Rolando la lettre de Lida qu'il a obtenue de la servante Imelda — lettre où Lida supplie Arrigo, en souvenir du passé, de venir la voir avant de partir pour la bataille. Rolando jure de se venger des deux amants.

Scène 3. Arrigo est dans sa chambre, il écrit à sa mère. Lida, qui n'a pas reçu de réponse à sa lettre, vient lui dire qu'elle l'aime toujours, mais qu'ils ne doivent jamais se revoir. Ils entendent Rolando approcher. Arrigo pousse Lida vers le balcon. Rolando entre et, sous prétexte de voir s'il est temps de commencer la bataille, la découvre. Il va tuer Arrigo quand retentissent les trompettes qui appellent aux armes. Rolando décide que la meilleure façon de punir Arrigo est de le déshonorer en l'empêchant de rejoindre l'armée des patriotes. Il l'enferme dans sa chambre. Arrigo se jette du haut de son balcon en criant « Viva Italia ! » Franz Werfel, dans son édition des lettres de Verdi[1], a décrit l'effet produit par la musique sur les patriotes italiens de son temps :

« A ce moment précis un sergent de dragons, qui se tenait dans la galerie du Teatro Costanzi, imita le geste du ténor sur la scène : la musique lui avait fait perdre la raison et, emporté par le rythme irrésistible et fougueux, il arracha sa tunique et sauta du balcon pour atterrir dans l'orchestre, sans se faire le moindre mal ni blesser quiconque. »

Acte IV. Le peuple de Milan — Lida se trouve parmi eux — attend dans la cathédrale les nouvelles de la bataille qui s'est livré à Legnano. On apprend la totale déroute de l'armée autrichienne. Arrigo a réussi à faire tomber l'empereur de sa monture, mais a été mortellement blessé pendant ce

1. *Verdi : The Man in his Letters,* par Franz Werfel, et Paul Stefan. Traduction d'Edward Downes. (ed. L. B. Fischer, New York, 1942).

combat. Il se fait ramener dans la cathédrale, porté par les Cavaliers de la Mort, pour y mourir selon son désir. Il jure à Rolando qu'il est innocent, ainsi que Lida. Rolando le croit, lui pardonne et prend Lida dans ses bras. Arrigo pose ses lèvres sur le drapeau des patriotes et meurt pendant que les citoyens de Milan se réjouissent de la victoire.

H.

Luisa Miller

Opéra en 3 actes de Verdi; liv. de Salvatore Cammarano d'après une pièce de Schiller, Kabale und Liebe. *Créé au Théâtre San Carlo à Naples, 8 décembre 1849, avec Gazzaniga, Salandri, Malvezzi, Selva, de Bassini. Première à Philadelphie, 1852. Londres, Her Majesty's Theatre, 1858, avec Piccolomini, Giuglini, Vialetti, Beneventaro. Reprises : Berlin, 1927; Metropolitan, 1929, avec Ponselle, Lauri-Volpi, de Luca, Pasero, Ludikar, dir. Serafin; Festival de Florence, 1937, avec Caniglia, Lauri-Volpi, Armando Borgioli, Pasero, dir. Gui; Rome, 1949, avec Caniglia, Pirazzini, Lauri-Volpi, Silveri, Baronti, dir. Santini; Festival de Florence, 1966, avec Suliotis, Enzo Tei, MacNeil, Cava, dir. Sanzogno; Metropolitan, 1968, avec Caballe, Tucker, Sherrill Milnes, Tozzi, dir. Schippers.*

PERSONNAGES

LE COMTE WALTER (basse); RODOLFO, *son fils* (ténor); MILLER, *un vieux soldat* (baryton); LUISA, *sa fille* (soprano); FEDERICA, *duchesse d'Ostheim, nièce de Walter* (contralto); LAURA, *paysanne* (contralto); WURM (basse).
Les dames d'honneur de la duchesse, des pages, des domestiques, des villageois.

Au Tyrol, dans la première moitié du XVIIIe siècle.

Acte I. Un village tyrolien. Luisa, la fille de Miller, aime Rodolfo, le fils du comte Walter qui lui a caché son véritable nom. Pour Luisa et son père, il n'est qu'un paysan nommé Carlo. Miller, un vieux soldat, a cependant un pressentiment : il est persuadé que cette histoire d'amour finira mal. Ses craintes se précisent quand Wurm lui apprend la véritable identité de Carlo. Wurm est également amoureux de Luisa.

La duchesse Federica, nièce du comte Walter, arrive au château. C'est là qu'elle fut élevée avec Rodolfo, auquel elle porte une profonde affection depuis leur enfance. Mais elle ne l'a pas vu depuis des années, son père l'ayant entre-temps forcée à épouser le duc d'Ostheim. Elle est maintenant veuve. Le comte Walter l'a invitée, espérant bien qu'elle épouserait son fils (sans mettre celui-ci dans la confidence, bien entendu); elle arrive donc au château avec l'idée de s'unir à son amour d'enfance. Le comte, ayant appris les sentiments de son fils pour Luisa, est décidé à y mettre fin. Mais Rodolfo avoue à la duchesse qu'il en aime une autre.

Il révèle son nom et sa position à Luisa et à son père. Le comte interrompt la conversation des amants. Rendu furieux par le comportement de son fils, il fait venir la garde pour emprisonner Luisa et son père. Rodolfo le menace de révéler comment, aidé de Wurm, il a assassiné son prédécesseur pour s'emparer de son titre et de ses biens.

Acte II. Miller est en prison. Pour le sauver, et sur l'instigation de Wurm, Luisa écrit une lettre où elle affirme n'avoir jamais vraiment aimé Rodolfo : elle n'aurait encouragé ses avances qu'en considération de son titre et de sa fortune. Elle accepte de s'enfuir avec Wurm. Elle réussit à convaincre la duchesse que son amour pour Rodolfo n'était qu'une comédie. Le comte et son valet s'arrangent pour faire tomber la lettre entre les mains de Rodolfo. Furieux de se voir trahi, il se dit prêt à épouser la duchesse. Puis il décide de tuer Luisa et de se donner ensuite la mort.

Acte III. Luisa a décidé de mourir. Rodolfo entre chez elle en l'absence de Miller. Il lui arrache l'aveu qu'elle a bien écrit la lettre, verse du poison dans une coupe dont ils partagent le contenu. Luisa avait juré à Wurm de ne jamais révéler sous quelle pression la lettre avait été écrite. Mais, sentant

la mort venir, elle se sent dégagée de son serment et confesse la vérité à Rodolfo. Celui-ci rassemble ses dernières forces pour transpercer Wurm de son épée, et les deux amants meurent sous les yeux de leurs parents horrifiés.

L'ouverture a connu un grand succès, le finale de l'acte I est excellent et il y a trois belles arias, au début de l'acte, pour Luisa, Miller et Walter. Le duo entre Wurm et Walter, ainsi que l'aria de Rodolfo, sont les meilleurs passages de l'acte II : ce dernier, « Quando le sere al placido », est

même l'une des plus belles arias jamais écrites par Verdi.

L'acte III est, selon Francis Toye, le meilleur en raison de son étonnante qualité dramatique. Mais il faut particulièrement retenir le « Piangi, piangi » que chante Luisa pendant son duo avec Rodolfo, et le trio de la fin.

K.

Rigoletto

Opéra en 3 actes de Verdi; liv. de Francesco Maria Piave d'après Le Roi s'amuse, *de Victor Hugo. Créé à la Fenice de Venise, 11 mars 1851, avec Brambilla, Casaloni, Mirate, Varesi, Ponz, Damini. Première à Covent Garden, 1853, avec Bosio, Mario, Ronconi. New York, 1855, avec Frezzolini, Bignardi. Première à Paris : Th. des Italiens, janvier 1857, avec Frezzolini (Gilda), Alboni (Maddalena) Mario (le Duc), Corsi (Rigoletto); Th. Lyrique, 24 décembre 1863, version Duprez; Première à l'Opéra, 27 février 1885, version Duprez, avec Krauss, Richard, Dereims, Lassalle, dir. E. Altes; depuis l'œuvre n'a jamais quitté le répertoire. Parmi les Gilda célèbres, on retient Melba, Tetrazzini, Galli-Curci, dal Monte, Norena, Pagliughi, Pons, Sayao, Berger; Caruso, Bonci, Hislop, Piccaver, Dino Borgioli, Gigli, Schipa et Björling furent de grands interprètes du rôle du duc; et Scotti, Ruffo, de Luca, Sammarco, Formichi, Joseph Schwarz, Franci, Stabile, Basiola, Warren, de celui de Rigoletto.*

PERSONNAGES

LE DUC DE MANTOUE (ténor); RIGOLETTO, *son bouffon, un bossu* (baryton); LE COMTE CEPRANO et LE COMTE MONTERONE, *nobles* (basse et baryton); SPARAFUCILE, *un spadassin* (basse); MATTEO BORSA, *un courtisan* (ténor); LE CHEVALIER MARULLO, *un courtisan* (baryton); LA COMTESSE CEPRANO (mezzo-soprano); GILDA, *fille de Rigoletto* (soprano); GIOVANNA, *sa duègne* (mezzo-soprano); MADDALENA, *sœur de Sparafucile* (contralto).

Des courtisans, des nobles, des pages, des serviteurs.

A Mantoue, au XVIᵉ siècle.

Rigoletto est un opéra à part. Composé en quarante jours, en 1851, il garde aujourd'hui toute sa vigueur. Vingt ans séparent *Rigoletto* d'*Aïda* — avec tout ce que cela comporte d'expérience et d'évolution artistique. Et pourtant le premier, véritable *tour de force* par la rapidité de sa conception, est presque aussi populaire que l'œuvre de la maturité de Verdi.

Plusieurs raisons expliquent l'attachement du public à *Rigoletto*. Le sujet est tiré d'une pièce célèbre de Victor Hugo, *Le Roi s'amuse*[1].

Le caractère du personnage de Rigoletto, le bossu, est rendu de façon très vivante par la musique de Verdi, et le rôle a séduit plusieurs artistes de renom. Ronconi (qui enseigna le chant à New York pendant quelques années à partir de 1867) fut un remarquable Rigoletto, tout comme Galassi; Renaud (au Manhattan Opera House), Titta Ruffo (au Metropolitan de Philadelphie) firent tous deux leurs débuts américains dans ce rôle.

Mais l'œuvre offre d'autres rôles remarquables. Mario fut autrefois un duc célèbre. Et Caruso fit des débuts sensationnels au Metropolitan, le 23 novembre 1903, dans ce même rôle. Comme Gilda, nous avons eu Adelina Patti, Melba, et Tetrazzini, pour ne citer qu'elles; ce rôle fut aussi au répertoire de Galli-Curci, qui le chanta le 18 novembre 1916 à Chicago. Il n'y a aucun soprano coloratura digne de ce nom qui puisse se permettre de le négliger[2].

L'opéra possède donc une intrigue, un personnage principal d'une grande dimension dramatique, et au moins deux autres personnages importants. Mais il y a plus : car le quatuor du dernier acte de *Rigoletto* est, avec le sextuor de *Lucia*, la plus belle pièce d'ensemble vocal de l'opéra italien.

L'argument de *Rigoletto* repose sur les escapades amoureuses du duc de Mantoue et sur la complicité de son bouffon Rigoletto, un bossu. Celui-ci s'est fait de nombreux ennemis à la Cour par son esprit caustique et son manque de scrupules. Le comte Monterone, qui y est venu venger l'honneur de sa fille, déshonorée par le duc, est accueilli par les rires et les sarcasmes du bouffon. Il maudit Rigoletto, qui est frappé d'une terreur superstitieuse.

Rigoletto a une fille, Gilda, qu'il garde enfermée à l'abri de tous les regards. Mais le duc l'a aperçue et s'est épris d'elle, sans savoir qui elle était. Le comte Ceprano, qui a maintes fois été la victime des plaisanteries acérées du bouffon, sait qu'il y a un lien entre la jeune fille et le bossu (en réalité, il la prend pour sa maîtresse). Trop content de trouver une occasion de se venger, il organise l'enlèvement de la jeune fille de façon à ce que Rigoletto y participe inconsciemment. Le bouffon comprend qu'il a livré sa

1. Dont le véritable héros était, bien entendu, François Iᵉʳ, ce qui explique la splendeur de la vie de Cour, impensable à Mantoue où la censure a transféré l'intrigue.

2. Bien que Verdi ne l'ait jamais considéré autrement que comme un rôle lyrique, et que Toscanini l'ait attribué (en concert) à un soprano dramatique, Zinka Milanov.   H.

propre fille au pouvoir du duc ; il décide
de tuer son maître et engage à cet
effet le spadassin Sparafucile. La sœur
de celui-ci, Maddalena, entraîne le duc
dans une auberge et supplie son frère
de l'épargner. Il accepte et tuera à sa
place la première personne qui se
présentera avant minuit à l'auberge.
Rigoletto, qui a retrouvé sa fille,
l'emmène à l'auberge, espérant qu'elle
se détachera du duc en constatant son
infidélité. Elle surprend le complot
qui menace la vie de son bien-aimé, et
entend la promesse de Sparafucile à sa
sœur. Décidée à sauver le duc, elle
frappe à la porte de l'auberge et est
poignardée sur le seuil. Rigoletto
arrive à temps pour prendre livraison
du corps que Sparafucile apporte
enveloppé dans un sac. Au moment
où le bouffon va le jeter à l'eau, il
entend le duc chanter. Déchirant le
sac, il y trouve sa propre fille sur le
point de mourir.

Le prélude introduit les mesures
associées à la malédiction.

Acte I. Commence dans un salon du
palais ducal. Des bribes de musique
et des rires parviennent d'un salon
adjacent.

L'accompagnement musical de cette
scène est d'une gaieté effervescente.
Le duc et Borsa entrent, parlant
de la « charmante inconnue » aperçue
à l'église et qui n'est autre que Gilda.
Le duc est prêt à poursuivre l'aventure
jusqu'au bout, malgré les visites
nocturnes que lui rend un mystérieux
inconnu.

Le duc aperçoit, parmi les invités,
la comtesse Ceprano qu'il courtise
ouvertement en dépit de l'évidente
contrariété du mari. Il se moque bien
de ce que les gens, surtout les maris,
peuvent penser de ses aventures :
« Questa o quella per me pari sono »
(Celle-ci ou celle-là, pour moi, ce
sont toutes les mêmes).

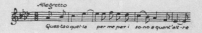

Questa o quella   per me pari i   so-no a quant'alt-re

La musique est aérienne, suggérant
parfaitement le caractère du duc. Tout
comme Don Giovanni, il est indifférent
à son destin, collectionne les aventures
et fascine toutes les femmes. Le
menuet que dansent le duc et la
comtesse Ceprano rappelle curieusement celui de Don Giovanni.

Rigoletto se glisse dans la salle. Sa
première victime est le comte Ceprano,
qui regarde sa femme sortir au bras du
duc. Marullo confie aux nobles que,
malgré sa bosse, Rigoletto a une
inamorata. Le comte Ceprano leur
donne rendez-vous le lendemain soir,
leur promettant de les venger de tous
les quolibets qu'ils ont dû endurer.

La musique d'une irrésistible gaieté
qui accompagne cette scène est soudain
interrompue par la voix d'un homme
se battant au-dehors. C'est le vieux
comte Monterone dont la fille a été
déshonorée par le duc.

Il accuse publiquement le maître de
Mantoue, qui le fait arrêter. Rigoletto
se moque de lui, le vieil homme
dénonce sa conduite et le maudit.
Cette malédiction impressionne fortement Rigoletto[1]

La rue qui longe la maison de Rigoletto. En entrant, la nuit, Rigoletto se
rappelle la malédiction de Monterone.
Il rencontre Sparafucile, tueur à gages.
Au cours de leur entretien, auquel
l'orchestre ménage un subtil accompagnement « nocturne », il offre ses
services à Rigoletto.

1. La malédiction de Monterone est l'un des motifs principaux de l'opéra. Sa victime
y fait sans cesse allusion, et y reconnaît la faille tragique de sa propre nature. C'est par là,
par la face décente de son personnage, qu'il peut être mortellement blessé. Raison de plus
pour attribuer le rôle de Monterone à un chanteur dont la belle voix n'exclue pas une forte
personnalité.   H.

(La partition prévoit un violoncelle et une contrebasse en sourdine, accompagnés par les cordes, *pizzicato*.)

Sparafucile s'en va. Rigoletto chante « Pari siamo », « Comme nous nous ressemblons ! la langue, mon arme, le poignard la sienne ! faire rire les autres est mon destin — les faire pleurer est le sien !... Les larmes, consolation du genre humain, me sont refusées... "Amuse-moi, bouffon" — et je dois obéir. » Mais il continue de penser à la malédiction — le sort que lui a jeté un père dont la fille est le trésor. Il continue d'y songer en ouvrant la porte de sa maison, et quand sa fille se jette dans ses bras.

Il la met en garde, mais elle répond qu'elle ne s'aventure jamais au-delà de la cour si ce n'est pour aller à l'église. Il déplore la mort de sa femme qui l'a laissé seul veiller sur le sort de leur enfant. « Deh non parlare al misero » (Ah ! ne parle pas au malheureux) :

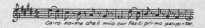
Deh non par-la-re al mi-se-ro

Il recommande à sa servante, Giovanna, de surveiller attentivement la jeune fille. Gilda tente de dissiper ses craintes; leur tendre duo commence par ces paroles de Rigoletto à Giovanna : « Veglia, o donna, questo fiore » (Veille, je te prie, sur cette fleur précieuse).

Rigoletto entend du bruit dans la rue et se précipite vers la porte donnant sur la cour. Le duc, déguisé en étudiant, se glisse dans la cour, lance une bourse à Giovanna et se cache. Rigoletto dit adieu à Gilda et réitère ses recommandations à Giovanna.

Dès qu'il est parti, Gilda regrette de ne pas lui avoir avoué qu'à plusieurs reprises un beau jeune homme l'avait suivie depuis l'église.

Le duc sort de l'ombre et se jette aux pieds de Gilda, lui déclarant son amour.

Elle écoute sa déclaration avec ravissement : « 'E il sol dell'anima, la vita è amore » (L'amour est le soleil de l'âme).

E il sol dell'a-ni-ma, la vi-ta è a-mo-re,

Ils se disent adieu dans un duo passionné « Addio speranza ed anima » (Adieu, mon espoir et mon âme).

Il s'est présenté comme un étudiant nommé Walter Maldè. Après son départ, elle répète ce nom rêveusement : « Caro nome che il mio cor » (Nom bien-aimé qui est dans mon cœur) :

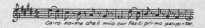
Ca-ro no-me che il mio cor Fes-ti pri-mo pal-pi-tar.

Marullo, Ceprano, Borsa et d'autres nobles décidés à se venger de Rigoletto en enlevant celle qu'ils prennent pour sa bien-aimée, arrivent. Mais voici le bouffon. Ils prétendent être venus enlever la comtesse Ceprano pour la conduire au palais ducal, et lui montrent les clés des Ceprano. Il leur propose son aide, Marullo lui met un masque et l'attache avec un mouchoir, qui aveugle le bouffon. Il les aide à enlever sa propre fille sans s'en rendre compte.

Rigoletto, resté seul dans l'obscurité, arrache le mouchoir qui recouvre ses yeux et voit la porte de sa maison ouverte. Il réalise le malheur qui le frappe et dont il a été l'instrument involontaire. « Ah ! la maledizione », s'écrie-t-il : c'est la malédiction de Monterone.

Acte II. Un salon du palais ducal. Le duc est inconsolable, il est retourné chez Rigoletto et a trouvé la maison vide : « Parmi veder le lagrime » (Chacune de mes larmes).

Marullo et les nobles lui apprennent, en chœur, qu'ils ont enlevé la bien-aimée de Rigoletto et l'ont amenée au palais.

Le duc sait fort bien que c'est la jeune fille dont les charmes ont su le conquérir : « Possente amor mi chiama » (Elle que j'aime avec ravissement). Cette cabalette est souvent supprimée en représentation.

Le duc se hâte d'aller la « consoler », à sa façon. Rigoletto entre à ce moment précis. Il est venu chercher sa fille car il a compris le complot dont il a été la victime. Cette scène est dominée par le motif, joué par l'orchestre, du clown qui bouffonne quand son cœur est brisé.

Il se tourne vers la foule qui le raille et l'invective : « Cortigiani, vil razza dannata » (Gens de Cour, race vile et damnée). Une porte s'ouvre. Gilda, bouleversée, se précipite dans ses bras.

Le père et la fille sont seuls. Elle lui raconte son histoire, comment le beau jeune homme, qui la suivait depuis l'église... « Tutte le feste al tempio » (Chaque matin de fête), s'est fait passer pour un étudiant pauvre alors qu'il était le duc en personne, et comment elle a été enlevée. Dans l'un des plus beaux duos écrits par Verdi, son père essaie de la consoler : « Piangi, fanciulla » (Pleure, mon enfant).

En voyant passer le comte Monterone, conduit par des gardes vers la prison où il sera exécuté pour avoir dénoncé le duc, Rigoletto se rappelle encore un fois la malediction. Il se jure de venger Gilda : « Sì, vendetta, tremenda vendetta ».

Acte III. Un lieu désolé sur les bords du fleuve, une auberge. Il fait nuit.

Cette maison est celle de Sparafucile. Il y vit avec sa sœur Maddalena, belle bohémienne qui attire les hommes dans l'auberge, où ils seront volés ou tués. Il nettoie sa ceinture et fourbit son épée. Dehors, Rigoletto et Gilda. Elle n'arrive pas à oublier son séducteur. C'est pourquoi Rigoletto l'a menée jusqu'ici afin de lui donner la preuve de l'inconstance du duc. Elle le voit s'approcher, vêtu en soldat. Il pénètre dans l'auberge, et chante le célèbre « La donna è mobile » (Souvent femme varie).

Au signal de Sparafucile, Maddalena s'approche du duc. Il commence à lui faire des avances mais elle feint de le repousser. Cela nous conduit au quatuor qui exprime les différentes émotions des quatre personnes présentes : le duc est galant, pressant et implorant, « Bella figlia dell'amore » (Belle fille de l'amour),

Maddalena lui résiste en riant (« Je me méfie, gentil séducteur, de vos vaines avances »).

Gilda est au comble du désespoir (« Ah, de la même façon il m'a parlé d'amour »).

et Rigoletto murmure des paroles de vengeance.

Après le quatuor, Sparafucile sort de l'auberge. Rigoletto lui remet la moitié de ses gages pour le meurtre du duc, dont le solde sera payé quand le corps lui sera remis dans un sac. Maintenant certain que Gilda a eu le temps de se convaincre de la perfidie du duc, il la renvoie, elle revêtira par mesure de sécurité des habits d'homme avant de s'engager sur la route de Vérone où il la rejoindra.

Un orage éclate. Maddalena, fascinée par le duc, plaide en sa faveur. L'orage est maintenant à son plus fort. Gilda se rapproche, elle entend Maddalena supplier son frère d'épargner la vie du duc. « Tue plutôt le bossu, lui conseille-t-elle, quand il viendra avec le reste de l'argent. » Le spadassin refuse. Maddalena insiste. Sparafucile finit par accorder une dernière chance de survie à sa victime : si un homme se présente à l'auberge avant minuit, c'est lui qu'il tuera à la place de l'élu de Maddalena, et dont il placera le corps dans le sac. Gilda est décidée à se sacrifier pour le duc. Elle frappe à

la porte. Maddalena ouvre la porte, Gilda entre. Un cri à demi étouffé, puis tout retombe dans le silence.

La tempête s'est calmée. Rigoletto est de retour : « Voici venue l'heure de ma vengeance. » Une cloche sonne minuit; il frappe à la porte; Sparafucile sort le sac, reçoit son argent et rentre dans la maison. « Ce sac sera ton linceul », s'écrie le bossu. Il traîne derrière lui le sac contenant le corps. Une voix familière, celle du duc, se détache dans la nuit, chantant :

La donn'è mobile
Qual piuma al vento;
Muta d'accento,
E di pensiero.

(Comme la plume au vent, souvent femme varie). Le bossu ouvre le sac, il y trouve sa fille. Mourante, elle lui murmure : « Je l'aimais trop — maintenant je meurs pour lui. » Vient ensuite le duc : « Lassu — in cielo. »

« Maledizione ! » Le thème de la malédiction de Monterone résonne au-dessus du bouffon, penché sur le corps de sa fille morte.

K.

Il Trovatore
Le Trouvère

Opéra en 4 actes de Verdi; liv. de Salvatore Cammarano, d'après le drame espagnol d'Antonio Garcia Gutièrrez. Créé au Teatro Apollo, Rome, 19 janvier 1853, avec Penco, Goggi, Baucardé, Guicciardi, Balderi. Première à Paris, 23 décembre 1854; Th. Italien et 12 janvier 1857, Opéra de Paris (en fr.[1]), avec Gueymard-Lauters, Borghi-Man, Gueymard, Bonnehée. New York, 1855; Covent Garden, 1855, avec Ney, Viardot, Tamberlik, Tagliafico. Metropolitan, 1883. Reprises: Opéra de Paris, 1904, avec Grandjean, Flahaut, Alvarez, Note; 1923; 1973, avec Santunione, Jones, Arroyo, Verrett, Cossotto, Cossutta, Domingo, Cappuccilli, dir. Mackerras, Rudel; Covent Garden, 1927, avec Leider, Olszewska, Pertile, A. Borgioli; 1939, avec Björling, dir. Gui; Festival de Florence, 1939, avec

1. Pour la production française de 1857, Verdi écrivit la musique d'un ballet de 15 mn (qui fut partiellement jouée lors de la reprise du Sadler's Wells au Coliseum en 1972), et allongea légèrement le finale en réintroduisant le « Miserere » à la fin (je l'ai entendu à Paris, quand l'opéra y fut repris en 1973, sous la direction de Mackerras, c'est-à-dire pour la première fois depuis 1923 !)

Lauri-Volpi, dir. Gui; Covent Garden, 1964, avec Gwyneth Jones, Simionato, Prevedi, Glossop, dir. Giulini. Parmi les célèbres interprètes du rôle de Manrico, on compte Caruso, Zenatello, Slezak, Martinelli, Bergonzi, Corelli.

PERSONNAGES

LE COMTE DE LUNA, *jeune noble d'Aragon* (baryton); FERRANDO, *le capitaine de sa garde* (basse); MANRICO, *chef de troupes sous les ordres du prince de Gascogne, fils présumé d'Azucena* (ténor); RUIZ, *soldat au service de Manrico* (ténor); UN VIEUX GITAN (baryton); LA DUCHESSE LEONORA, *dame d'honneur de la princesse d'Aragon* (soprano); AZUCENA, *gitane* (mezzo-soprano).

Des hommes de la suite du comte de Luna et de celle de Manrico; un messager, un geôlier, des soldats, des nonnes, des gitans.

L'action est située en Gascogne et en Aragon, au XVe siècle.

Il Trovatore a été pendant de nombreuses années un opéra de réputation mondiale, et peut-être le plus populaire du répertoire dans tous les pays.

C'est un opéra d'une verve extrême, d'une nature fougueuse, d'un tel génie mélodramatique que l'auteur a développé des mélodies passionnées, produisant un effet dramatique à partir de rythmes de danses telles que la mazurka et la valse. La musique est vive, spontanée et émouvante. Les absurdités, complexités, obscurités de l'intrigue sont balayées par son irrésistible avancée. L'une des raisons pour lesquelles l'intrigue semble tellement inextricable est que l'on est déjà censé connaître une bonne partie de l'histoire avant le lever du rideau. Ces événements sont contés par Ferrando, le capitaine de la garde du comte de Luna, peu après le début de l'opéra.

Le vieux comte de Luna, aujourd'hui mort, a eu deux fils presque du même âge. Une nuit — ils étaient encore enfants —, ils dormaient dans un appartement du château sous la surveillance d'une nourrice quand on découvrit une vieille bohémienne penchée sur le berceau du plus jeune d'entre eux, Garcia. On l'éloigna. Mais la santé de l'enfant commença à se dégrader lentement, et on en conclut qu'elle lui avait jeté un sort. On l'arrêta et la fit brûler vive.

Sa fille Azucena, alors une jeune gitane mère d'un enfant en bas âge, assista à la mort de sa mère et décida de la venger. La nuit suivante, elle réussit à s'introduire au château, s'empara du plus jeune enfant du comte de Luna et se rendit en toute hâte sur le lieu du supplice avec l'intention de le jeter dans les flammes encore vives du bûcher. Mais le souvenir de l'horrible scène dont elle avait été témoin lui fit perdre la raison, et elle sacrifia son propre enfant à la place de l'héritier du comte. Elle éleva l'enfant du comte comme le sien, il devint Manrico, le trouvère — avec l'idée qu'elle pourrait un jour venger sa famille à travers lui.

Au début de l'opéra, Manrico a atteint l'âge adulte et Azucena est devenue un vieille femme qui n'a pas pour autant abandonné ses projets de vengeance. Le vieux comte est mort, laissant comme seul héritier de son titre et de ses biens le comte de Luna.

Chacun des actes porte un titre : acte I, « Il Duello » (Le Duel); acte II, « La Gitana » (La Gitane); acte III, « Il Figlio della Zingara » (Le Fils de la Gitane); acte IV, « Il Supplizio » (Le Supplice).

Acte I. La cour intérieure du palais d'Aliaferia.

C'est la nuit. Les hommes montent la garde sur ordre du comte de Luna qui veut saisir un troubadour que l'on a plusieurs fois entendu chanter la sérénade sous les fenêtres de la duchesse Leonora, objet sans espoir de la folle passion du comte. Fatigués de veiller, les serviteurs demandent à Ferrando de leur conter l'histoire du frère du comte, l'enfant volé. Ferrando s'exécute dans une ballade : « Abbietta zingara » (Une vieille gitane était assise là).

Les jardins du palais. Leonora et Iñez se tiennent dans le jardin. Grâce aux questions de la confidente et aux réponses de la maîtresse, on comprend que Leonora est éprise d'un vaillant chevalier inconnu qui a remporté le tournoi et qu'elle a couronné vainqueur de sa main. Elle sait son amour partagé car elle a entendu, la nuit, son trouvère chanter sous ses fenêtres. Leonora chante deux airs au cours de ce récit : le romantique « Tacea la notte placida » (La nuit silencieuse et placide est belle dans le ciel serein)

Ta-cea la not-te pla-ci-da, E bel-lan-cei se-re-no;

et le gracieux « Di tale amor che dirsi » (Vainement d'un tel amour) à la brillante cadence.

Di ta-le a-mor che dir-si

Elles sortent. Le comte de Luna entre dans le jardin. Au loin, on entend le trouvère accompagné au luth, qui chante son air familier, « Deserto sulla terra » (Seul sur cette terre) :

De-ser-to sul-la ter-ra

Lenora sort du palais. Dans l'obscurité, prenant le comte pour le trouvère elle court vers lui, puis s'aperçoit de sa méprise. Le trouvère est Manrico, proscrit en Aragon parce qu'il appartient aux hommes du prince de Gascogne. Les deux hommes dégainent leur épée. Un trio passionné s'engage, « Di geloso amor sprezzato » (Feux d'un amour jaloux).

Ils croisent le fer, Leonora s'évanouit.

Acte II. Le camp des gitans. Azucena est assise près du feu.

Deux airs importants se succèdent dès le début de cet acte : le fameux chœur de l'enclume,

où les gitans travaillant à la forge frappent l'enclume au rythme de la musique, et l'air d'Azucena, tout aussi célèbre, « Stride la vampa » (La flamme s'élève).

Stri-de la vam-pa!

C'est dans ce passage qu'elle déverse le flot passionné de ses souvenirs et de ses haines, racontant l'histoire de la mort de sa mère. « Venge-moi », murmure-t-elle à Manrico, qui se demande, à entendre de tels propos, s'il est bien son fils. Elle s'empresse de le rassurer : ce n'étaient là que de folles pensées. D'ailleurs, à la suite de la récente bataille qui opposa les troupes d'Aragon à celles de Gascogne, ne l'a-t-elle pas cherché, le sachant blessé, puis soigné jusqu'à ce qu'il guérisse ?

Le comte de Luna était à la tête des troupes d'Aragon. Comment se fait-il, demande la vieille femme, que Manrico ait épargné sa vie ?

La réponse de Manrico est hardie et martiale : « Mal reggendo all' aspro assalto » (Répondant mal à ce furieux assaut); elle termine sur un *pp*, quand il dit avoir entendu une voix, venue du ciel, le suppliant d'épargner la vie qu'il tenait entre ses mains.

Ruiz, le messager du prince de Gascogne, vient annoncer à Manrico qu'il doit prendre la tête des troupes chargées de défendre la forteresse de Castellor. Il ajoute que Leonora, le croyant mort, a décidé de prendre le voile.

Le cloître du couvent où Leonora s'est retirée. La nuit est tombée. Masqués, le comte et ses hommes, conduits par Ferrando, se préparent à enlever Leonora avant qu'elle ait prononcé ses vœux. Il chante son amour pour elle dans ce que l'on considère, à juste titre, comme l'un des airs les plus purs et les plus beaux du répertoire de baryton dans l'opéra italien : « Il balen del suo sorriso » (Son sourire à l'éclat du matin).

Suit l'air *alla marcia*, « Per me ora fatale » (Oh, heure fatale).

Chœur de nonnes à l'intérieur du couvent. Leonora, Iñez et les suivantes sortent du cloître, se dirigent vers le couvent, le comte s'interpose. Arrive Manrico, accompagné de Ruiz et de leurs hommes.

« E deggio ! — e posso crederlo ? » (Puis-je en croire mes yeux ?), s'exclame Leonora. Ici commence la finale passionné, quatuor où Leonora, Manrico, le comte et Ferrando sont accompagnés par le chœur.

Acte III. Le camp du comte de Luna, qui fait le siège de Castellor où Manrico a mis Leonora en sûreté. Chœur chanté par Ferrando et les soldats.

Les soldats ont capturé une bohémienne qui rôdait alentour. C'est Azucena. Questionnée, elle répond qu'elle est seulement une pauvre femme : « Giorni poveri vivea » (Je vivais dans la pauvreté). Mais Ferrando reconnaît en elle la gitane qui a autrefois jeté le fils du comte

dans les flammes pour venger sa mère. Elle se défend avec véhémence, et appelle Manrico à son secours, criant qu'il est son fils. Le comte ordonne qu'elle soit brûlée sur le bûcher.

La chapelle de la forteresse de Castellor. Leonora va être unie à Manrico qui chante l'admirable : « Ah sì, ben mio, coll'essere. » Cet air, dont la sérénité fait ressortir le caractère tumultueux de la scène suivante, met en valeur la véritable nature de cet épisode, l'un des plus célèbres de l'opéra italien : un point culminant sur le plan dramatique.

Au moment où Manrico prend la main de Leonora pour la conduire à l'autel, Ruiz se précipite et leur apprend qu'Azucena a été capturée par les assiégeants qui vont la brûler vive. On peut déjà voir les flammes du bûcher depuis les fenêtres de Castellor. Tout retard met sa vie en danger. Manrico dégaine son épée, et se précipite à la tête de ses hommes, après avoir chanté « Di quella pira » (De ce bûcher). C'est dans le vers « O teco almeno corro a morir » qu'intervient le fameux contre-ut.

Ce *tour de force* a souvent été condamné comme un effet vulgaire, mais il faut avouer qu'il rend le passage bien plus impressionnant. Il n'apparaît d'ailleurs pas dans la partition. C'est un ténor qui l'introduisit pour produire un effet. Il y parvint si bien que l'exception devint la règle.

Acte IV. La tentative de Manrico pour sauver sa mère a échoué, il a été capturé et jeté dans le donjon d'Aliaferia où Azucena était déjà enchaînée. Leonora entre avec Ruiz qui lui désigne l'endroit où est enfermé Manrico. Elle a conçu un plan désespéré pour sauver la vie de son amant, et porte une bague dont le chaton cache un poison. Manrico ne sait pas qu'elle est si près de lui. Elle laisse ses pensées le rejoindre : « D'amor sull'ali rose. »

Vient ensuite le « Miserere » qui a été pendant de nombreuses années le plus populaire des morceaux d'opéra. Il est chanté par le chœur dans la tour, les cris déchirés de Leonora s'y inscrivant en relief. Depuis la tour, la voix de Manrico entonne « Ah ! che la morte ognora » (Ah ! comme la mort tarde à venir).

Leonora, sachant que Manrico est encore vivant, mais condamné à mort, chante une *stretta* passionnée « Tu vedrai che amore in terra ».

Le comte entre et se trouve face à elle. Elle jure de l'épouser s'il rend la liberté à Manrico. Il accepte. Léonora chante un monologue, « Mira, d'acerbe lagrime » (Vois comme mes larmes sont amères),

suivi d'un duo avec le comte. Celui-ci ne sait pas qu'elle échappera à cette union exécrable en s'empoisonnant dès qu'il aura libéré Manrico.

Dans la tour, Manrico et Azucena chantent un duo d'une beauté lugubre, « Ai nostri monti » (Ah, revoir nos montagnes).

Leonora entre et le presse de s'enfuir. Mais il soupçonne le prix qu'elle a payé pour obtenir sa liberté. Ses soupçons sont confirmés quand le poison produit ses premiers effets. Elle se sent basculer vers la mort, tandis qu'Azucena, dans son sommeil, continue de rêver (Ah, revoir nos montagnes).

Le comte de Luna arrive pour trouver Leonora morte dans les bras de son amant. Il ordonne que Manrico soit immédiatement emmené à l'échafaud et traîne Azucena vers la fenêtre pour qu'elle assiste à la mort de son « fils ».

« C'est fini ! » s'exclame Luna, une fois le travail du bourreau achevé.

« La victime était ton propre frère », crie la vieille gitane. « Tu es vengée, ô ma mère ! » Et elle s'effondre près de la fenêtre. « Et moi, je suis vivant », conclut le comte.

K.

La Traviata

Opéra en 3 actes de Giuseppe Verdi; liv. de Francesco Maria Piave d'après la pièce d'Alexandre Dumas, La Dame aux Camélias. *Créé à La Fenice, Venise, 6 mars 1853, avec Salvini-Donatelli, Graziani, Varesi. Première au Her Majesty's Theatre, Londres, 1856, avec Piccolomini, Calzolari, Beneventato; New York, 1856, avec La Grange, Brignoli, Amodio; Paris, Th. Italien, 1856, avec Piccolomini (Violetta), Mario (Rodolphe); Opéra-Comique, 1886; Opéra, 24 décembre 1926, avec Heldy et Thill, dir. Busser. Reprises : 1933, 1941, 1952; Covent Garden, 1858, avec Bosio, Mario; Metropolitan, 1883, avec Sembrich, Capoul, del Puente, dir. Vianesi. Reprises : Covent Garden, 1930, avec Ponselle, Gigli, Noble; 1939, avec Caniglia, Gigli, Basiola, dir. Gui; 1948, avec Schwarzkopf; 1958, avec*

Callas; 1966, avec Freni, Cioni, Cappucilli, dir. Giulini; Scala, 1955, avec Callas, di Stefano, Bastianini, mise en scène Visconti, dir. Giulini. Parmi les célèbres Violetta : Patti, Nilsson, Bellincioni, Melba, Tetrazzini, Galli-Curci, Selma Kurz, Muzio, Sayao, Albanese, Callas.

PERSONNAGES

ALFREDO GERMONT[1], *amant de Violetta* (ténor); GIORGIO GERMONT, *son père* (baryton); GASTONE DE LETORIÈRES (ténor); LE BARON DOUPHOL, *rival d'Alfredo* (baryton); LE MARQUIS D'OBIGNY (basse); LE DOCTEUR GRENVIL (basse); GIUSEPPE, *serviteur de Violetta* (ténor); VIOLETTA VALERY, *courtisane* (soprano); FLORA BERVOIX, *son amie* (mezzo-soprano); ANNINA, *confidente et servante de Violetta* (soprano).

Des invités, des masques et des domestiques, des danseurs.

A Paris et alentour, en 1850.

Pour diverses raisons, *La Traviata* n'eut aucun succès lors de ses débuts à Venise, en 1853. La pièce d'Alexandre Dumas fils, *La Dame aux Camélias*, connue du public anglais sous le titre incorrect de *Camille*, était une étude de mœurs modernes, jouée dans des costumes contemporains. Quand Piave s'inspira de la pièce pour écrire le livret de sa *Traviata*, il conserva ce décor moderne. On a dit que cela avait déplu à un public habitué aux opéras situés dans le passé et joués « en costumes »[2]. Mais il semble que la véritable raison du fiasco soit imputable aux chanteurs. Graziani, qui chantait Alfredo, était enroué. Salvini-Donatelli (Violetta) était d'une stature particulièrement importante et la scène où elle mourait tuberculeuse fut accueillie avec dérision. Varesi, le baryton qui chantait Giorgio Germont estimait que le rôle n'était pas à la hauteur de sa réputation — ne tenant apparemment pas compte de la magnifique aria qui lui était réservée (« Di Provenza ») — et l'interprétait sans le moindre enthousiasme. Il ressort clairement de la correspondance de Verdi qu'il était tout à fait sûr de

sa partition, et qu'il attribua l'échec aux interprètes et au public.

Quand le même public qui avait décrié *La Traviata* l'année précédente revit l'œuvre lors de sa reprise, il lui réserva un succès enthousiaste. Mais à cette occasion, l'époque avait été modifiée : tout se passait sous Louis XIV.

Acte I. Un salon dans la maison de Violetta. Elle y donne une soirée. L'opéra commence par un ensemble très alerte. Violetta est une courtisane (*traviata* = femme perdue) et sa maison est un lieu de divertissement. Gaston, qui est arrivé avec Alfredo, a prévenu Violetta, dès le début de la fête, que son ami est très sérieusement épris d'elle. Elle fait semblant de prendre la chose à la légère tout en étant, au fond, profondément touchée par les sentiments d'Alfredo. Les premiers signes de la tuberculose qui mine Violetta apparaissent, très discrètement, dans cette scène.

Le premier solo de l'acte est la chanson à boire d'Alfredo que Violetta reprend ensuite et dont chaque mesure est ponctuée par le chœur. C'est le

---

1. Il arrive que l'opéra soit repris avec les noms français de la pièce — Armand, Marguerite, etc. — et non avec les noms italiens, plus familiers, choisis par Piave.
2. C'est du moins ce qu'ont dit certains commentateurs. La vérité est que les premières représentations vénitiennes furent données dans un décor du début du XVIIIe siècle.

« Libiamo ne' lieti calici » (Buvons à la coupe débordante de vin) :

Les invités se dirigent vers un salon voisin. Alfredo avoue son amour à Violetta. D'abord amusée, elle finit par le prendre au sérieux, comprenant la profondeur de son sentiment. Depuis combien de temps l'aime-t-il ? Un an, répond-il : « Un dì félice, eterea » (Un jour, j'ai compris que je t'aimais).

Violetta reprendra la phrase musicale qui accompagne les mots « Di quell' amor ch'è palpito » dans son fameux « Ah, fors'è lui », tout comme elle avait repris la chanson à boire.

Après le départ d'Alfredo et des autres invités, Violetta, songeuse, avoue que pour la première fois son cœur est touché : « Ah, fors'è lui che l'anima » (C'est pour lui que mon âme).

Elle répète comme un refrain les mesures qu'avait chantées Alfredo. Puis, soudain, comme s'il ne pouvait y avoir d'amour durable pour une femme comme elle, elle change de ton et se lance dans le brillant « Sempre libera » (Toujours libre et de plaisir en plaisir).

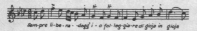

Dehors, la voix d'Alfredo chante le refrain « Di quell'amor. »

Acte II. Le salon, au rez-de-chaussée d'une maison de campagne près de Paris où vivent Violetta et Alfredo. Elle a abandonné pour lui les séductions de la vie parisienne. Il chante son bonheur de posséder Violetta : « De miei bollenti spiriti ».

Alfredo apprend par Annina, la servante de Violetta, que celle-ci a dû, pour pouvoir garder cette maison de campagne, vendre ses bijoux. Il part immédiatement pour Paris dans l'intention d'obtenir l'argent nécessaire.

Violetta entre aussitôt après son départ. Elle a reçu de Flora une invitation à une fête qui doit avoir lieu le soir même. L'idée de retrouver, même un soir, le cadre de son ancienne vie lui semble absurde et la fait sourire. Un visiteur est annoncé, c'est le père d'Alfredo.

Il lui demande de quitter son fils : leur liaison risque non seulement de compromettre la carrière. du jeune homme, mais aussi la réputation de sa sœur : « Pura siccome un angelo » (Pure comme un ange), chante Germont dans un air célèbre :

Car si le scandale devait continuer, la famille du jeune homme qui doit l'épouser irait jusqu'à rompre leur fiançailles. Ce n'est donc pas seulement pour son fils, mais aussi pour l'avenir de sa fille que Germont est venu l'implorer. Violetta supplie qu'on l'épargne : « Non sapete » (Ah, si vous saviez) et finit par accepter dans un air d'une grande beauté : « Dite alla giovine » (Dites à votre fille).

puis « Imponete » (Donnez-moi vos instructions), et enfin « Morrò — la mia memoria » (J'en mourrai — mais mon souvenir).

Germont se retire. Violetta écrit une lettre, sonne Annina et la lui remet. A la surprise manifestée par la servante quand elle lit l'adresse, ce doit être pour Flora, et sans doute contenir une acceptation à son invitation. Puis, la servante sortie, elle écrit à Alfredo pour lui annoncer qu'elle retourne à son ancienne vie et qu'elle s'adressera au baron Douphol pour l'entretenir. Alfredo entre, et elle se hâte de cacher la lettre. Il lui annonce que son père va venir le voir et essayer de les séparer. Elle sort, sous prétexte de ne pas vouloir assister à l'entretien, et lui dit adieu : « Amami, Alfredo » — pour le soprano, l'un des sommets émotionnels de l'opéra.

Alfredo est seul. Un messager lui remet la lettre de rupture de Violetta. Seule l'intervention de son père, qui est entré par le jardin, l'empêche de s'effondrer. Il se réfugie dans ses bras, se croyant trahi par la femme qu'il aime.

Germont, s'efforçant d'adoucir la peine de son fils, chante « Di Provenza il mar, il suol chi dal cor ti cancellò » (Aurais-tu oublié la mer et le sol de la Provence ?).

Di Pro - ven - zail mar, il suol

Alfredo se reprend[1]. Ses regards égarés tombent sur la lettre de Flora. Il la parcourt et en conclut que Violetta renouera avec sa vie de plaisirs ce soir même chez Flora. « J'y cours, et je m'y vengerai ! » s'exclame-t-il. Il sort précipitamment, suivi de son père.

Un salon dans la maison de Flora. La fête bat son plein. Des gitanes dansent un ballet en chantant « Noi siamo zingarelle ».

Gastone et ses amis font leur entrée, déguisés les uns en matadors, les autres en picadors. Pendant que les autres dansent, Gastone chante « E Piquillo, un bel gagliardo » (C'est Piquillo, si jeune et si hardi).

Entre Alfredo, bientôt suivi du baron Douphol et de Violetta. Alfredo est assis à une table de jeu. Il gagne et fait des allusions méprisantes au sujet du baron et de Violetta. Tous se retirent dans le salon voisin pour le souper, et la scène reste vide un instant.

Violetta entre. Elle a demandé à Alfredo de la rejoindre, elle le supplie de partir, craignant que la colère du baron ne l'entraîne à provoquer Alfredo en duel. Celui-ci se moque de ses appréhensions.

Alfredo ouvre toutes grandes les portes de la salle où se tient le souper et appelle les convives. Devant eux, il couvre Violetta d'insultes et lui jette à la figure tout l'argent qu'il a gagné à la table de jeu, en paiement de ce que lui a coûté l'entretien de la maison où ils ont vécu ensemble. Elle s'évanouit.

Germont vient chercher son fils. Lui seul sait quel est le véritable sens de cette scène, mais il ne veut rien dire, par souci de protéger les siens. Un ensemble dramatique où Violetta chante « Alfredo, Alfredo, di questo core non puoi comprendere tutto l'amore » (Alfredo, Alfredo, tu ne pourras jamais comprendre combien je t'aime) termine l'acte.

Acte III. La chambre de Violetta. D'une voix faible, Violetta appelle Annina. Violetta essaie de se lever mais retombe épuisée. Le docteur la réconforte gaiement et lui parle de guérison, tout en murmurant à la servante que sa maîtresse n'en a plus que pour quelques heures.

Violetta a reçu une lettre où Germont lui dit avoir raconté son sacrifice à Alfredo. Celui-ci va venir

1. Cette aria comporte une *cabaletta* qui est, pour ainsi dire, toujours supprimée à la représentation, dans laquelle Germont supplie encore une fois son fils d'accepter son aide et sa protection.

la voir. Mais elle sent l'approche de la mort et doute qu'il puisse arriver à temps. « Addio del passato » (Adieu, ô vie) est plus le soupir d'une âme purifiée qu'une aria.

Montant de la rue, un chœur joyeux de carnaval envahit la chambre. Annina, qui était descendue distribuer des aumônes sur l'ordre de sa maîtresse, réapparaît introduisant Alfredo, et, l'instant suivant, ils sont dans les bras l'un de l'autre. Ils oublient la mort qui menace Violetta. Rien ne saura plus les séparer; ils vont quitter Paris pour se retirer dans quelque lieu calme : « Parigi, o cara, noi lasceremo » (Nous quitterons Paris, ô bien-aimée) chantent-ils en duo.

Mais il est trop tard. L'ombre de la mort marque déjà le front de la jeune femme. « Gran Dio ! morir sì giovane » (Ciel ! mourir si jeune !).

Germont et le Dr. Grenvil sont entrés à leur tour. Il n'y a plus rien à faire. La toux qui déchirait ce pauvre corps épuisé s'est tue. La Traviata est morte. *Il Trovatore* et *La Traviata* furent créés la même année, le second fut écrit entre le 19 janvier, date de la première représentation romaine du *Trovatore* et le 6 mars. Verdi ne lui consacra que quatre semaines en tout, sans cesser de travailler au *Trovatore* par ailleurs. Rien ne saurait mieux illustrer la fécondité de ce génie et sa facilité de travail.

K.

Les Vêpres siciliennes
I Vespri Siciliani

Opéra en 5 actes de Verdi; liv. de Scribe et Charles Duveyrier (en fr.). Première Opéra de Paris, 13 juin 1855, avec Cruvelli (Hélène), Gueymard (Arrigo), Obin (Procida), Bonnehée (Monfort), reprise, 1863. Première représentation en Italie, la même année, à Parme; la Scala de Milan, 1856 (sous le titre Giovanna de Guzman); *San Carlo, Naples, 1857 (sous le titre* Batilde di Turenna); *Drury Lane, Londres, 1859, New York, la même année. Reprises : Stuttgart, 1929 (dans la nouvelle version allemande de G. Budi); Berlin, 1932, dir. Kleiber; Palerme, 1937, dir. Capuana; Gênes, 1939, dir. Gui; Festival de Florence, 1951, avec Callas, Kokolios, Mascherini, Christoff, dir. Kleiber; Scala de Milan la même année, à peu près la même distrib., dir. Sabata; Cardiff, 1954, par le Welsh National Opera Company. Les reprises contemporaines de l'opéra, avec mise en scène de John Dexter et décors de Josef Svoboda, qui ont eu lieu à Hambourg en 1969, avec Felicia Weathers, Wieslaw Ochman, David Ohanesian, Hans Sotin; au Metropolitan en 1974, avec Caballe, Gedda, Milnes, Diaz, dir. James Levine; à Paris en 1974 (en italien), avec Arroyo, Domingo, Ohanesian, Glossop et Roger Soyer, dir. Santi, ont connu un immense succès.*

PERSONNAGES

ELENA, *sœur de Frédéric d'Autriche* (HÉLÈNE) (soprano); ARRIGO, *jeune sicilien* (HENRI) (ténor); GUIDO DI MONFORTE, gouverneur de Sicile (MONTFORT) (baryton); GIOVANNI DA PROCIDA, médecin sicilien (basse); DE BÉTHUNE, *officier français* (basse);

LE COMTE VAUDEMONT, *officier français* (basse);NINETTA,*soubrette d'Elena* (soprano),
DANIELI, *jeune sicilien* (ténor); TEBALDO, *soldat français* (THIBAULT) (ténor);
ROBERTO, *officier français* (ROBERT) (basse); MANFREDO, *sicilien* (ténor).

A Palerme, en 1282.

Les Vêpres siciliennes (le titre
d'origine) fut commandé pour la
Grande Exposition de 1855. Malgré
l'aversion qu'il avait pour les conditions de travail à Paris, Verdi ne put
rester insensible à l'honneur qu'on
lui faisait en lui commandant une
œuvre pour une telle occasion, dans
ce qui était alors la capitale artistique
du monde. Le livret ne lui plut pas,
faisant selon lui offense à la fois aux
Français, à cause du massacre final,
et aux Italiens, en raison de la trahison
des patriotes siciliens. Ses relations
avec Scribe furent si difficiles que la
presse s'en empara. Et pour comble
de malchance, Cruvelli, l'admirable
soprano qui devait chanter le rôle
d'Elena, disparut brutalement au
moment des répétitions. Selon Francis
Toye, « il semblerait qu'elle soit partie
pour une lune de miel anticipée avec
un certain baron Vigier qu'elle épousa
peu après ».

L'opéra traite de l'occupation de la
Sicile par les troupes françaises au
XIIIe siècle et des efforts des Siciliens
pour les mettre dehors. L'ouverture,
l'une des meilleures que Verdi ait
écrites, dominée par un long solo de
violoncelle, emprunte le thème du duo
de l'acte III entre Arrigo et Monforte.

Acte I. Un détachement de troupes
françaises occupe la grande place de
Palerme. Les Français disent combien
leur pèse cet éloignement forcé du
pays natal, et les Siciliens expriment
leur haine pour l'oppresseur. Les
quelques phrases échangées entre
Béthune, Roberto et Tebaldo (nous
avons conservé les noms italiens, car
c'est le plus souvent dans cette langue
qu'est joué l'opéra) indiquent que rien
n'est nouveau dans la façon dont les
occupants traitent les femmes du pays.

Elena traverse la place, elle est allée
prier pour l'âme de son frère, exécuté
sur ordre de Monforte pour ses activités
patriotiques. Un soldat français, ivre,
la trouve d'une beauté saisissante, lui
ordonne de chanter pour distraire les
conquérants. A sa surprise, elle
accepte : mais ce qu'elle chante n'est
pas du tout ce à quoi il s'attendait.
Les phrases d'ouverture, amples et
souples, et la longue ligne *cantabile*
conduisent à un soudain et flamboyant
allegro giusto qui revigore l'énergie
des Siciliens opprimés. Cette scène est
d'une puissance théâtrale considérable.

Les Siciliens se précipitent vers les
Français mais ce début de soulèvement est brisé par l'apparition de Monforte,
seul et désarmé, à la porte de son
palais. Elena, soutenue par ses serviteurs, Ninetta et Danieli, reste seule
face à Monforte. Le quatuor qui
s'ensuit est presque sans accompagnement. A la fin, Arrigo, qui était
en prison, se précipite vers Elena
pour lui annoncer qu'il a été libéré.
L'acte se termine par le duo entre
les deux hommes, où Monforte
offre à Arrigo de se couvrir de gloire
au service de la France. Mais sa proposition est repoussée avec indignation,
tout comme son ordre de ne plus
revoir Elena, la rebelle.

Acte II. En dehors de la ville, dans
une vallée où Procida revient secrètement. Il a été banni en tant que
chef des patriotes siciliens et réapparaît
maintenant pour fomenter la révolte.
Il salue sa chère patrie dans un récitatif
et une aria qui est devenue le passage
le plus célèbre de l'opéra, « O tu Palermo ».
Puis, dans une *cabaletta*, il exhorte
une petite troupe de Siciliens à
préparer avec lui la délivrance du sol
natal.

O tu, Pa-ler-mo, ter-ra a-do-ra-ta

Elena et Arrigo viennent à sa rencontre. Après avoir choisi Arrigo comme l'un des chefs de la révolte, il sort, les laissant seuls. Arrigo déclare son amour à Elena et lui jure de venger la mort de son frère. Un messager apporte à Arrigo une invitation de Monforte, le conviant à un bal. Il refuse avec indignation. Aussitôt surgissent des soldats qui l'emmènent.

Procida fomente une occasion de soulever l'opinion publique contre les occupants : il suggère aux Français d'enlever les jeunes femmes présentes à la fête, outrage qui sortira peut-être les Siciliens de leur léthargie. Des couples dansent une *tarentella*. Le plan de Procida fonctionne admirablement : les soldats français se précipitent sur les femmes présentes, réussissent à en emmener quelques-unes et mettent les autres en fuite.

Procida et Elena sont restés en arrière avec quelques patriotes. Ils expriment leurs sentiments d'une voix bouleversée, exaspérés par les bribes d'une barcarolle que chantent dans un bateau les soldats français avides de plaisir. La combinaison des deux chœurs termine l'acte d'une façon impressionnante.

Acte III. Monforte est seul dans son palais. Il songe à la femme qu'il a autrefois connue et maltraitéé. Après la naissance de leur fils, elle s'est échappée et a élevé l'enfant dans la haine de son père, oppresseur des Siciliens. Maintenant, sur son lit de mort, elle lui écrit que ce fils, qu'il n'a pas vu pendant dix-huit ans, n'est autre qu'Arrigo, son pire ennemi. Le monologue de Monforte, « In bracio alle dovizie » (Au sein de la puissance), exprime admirablement son indécision

et son dilemme. Il est de bien des façons supérieur au grand duo qui

In braccio alle do-vi-zie, nel se-no de-gllo-nor

le confronte ensuite à Arrigo, le fils retrouvé.

A la fin de la scène, Arrigo évoque la mémoire de sa mère. Puis se déroule le ballet des saisons que Monforte a organisé pour distraire ses invités. C'est un grand ballet à la française qui a dû impressionner les amateurs de Grand Opéra en son temps. De nos jours, il impressionne plutôt par sa durée — une demi-heure — et la façon dont il suspend l'action dramatique à un moment crucial. Par ailleurs, l'éliminer n'est pas une solution car le bal se trouve alors sans contenu[1]. La meilleure façon de le sauver serait peut-être de l'incorporer dans un ballet séparé, comme le fit Constantin Lambert avec la musique du ballet du *Prophète*, et de ne donner qu'une des quatre sections lors de la représentation de l'opéra.

Un certain nombre de masques, dont les vêtements sont parés de rubans de soie, sont mélangés aux invités. Ce sont les conspirateurs siciliens à la tête desquels se trouvent Procida et Elena. L'ambiguïté de la position d'Arrigo — va-t-il accepter l'assassinat de son père ou trahir ses amis ? — est habilement suggérée par les bribes de conversations que nous l'entendons échanger avec Elena et Procida au milieu des festivités. Finalement, il tente d'avertir Monforte du danger qui le menace, mais le gouverneur refuse de quitter le bal. Quand Procida s'avance vers lui, Arrigo s'interpose, les conspirateurs sont arrêtés et l'acte se termine par un ensemble remarquable où les Siciliens maudissent la traîtrise d'Arrigo.

1. Mais c'est avec succès qu'il fut éliminé dans la remarquable et austère mise en scène de John Dexter au Metropolitan, en 1974.

Acte IV. Dans la grande cour de la forteresse. Arrigo, muni d'un laissez-passer signé par Monforte, est venu rendre visite aux prisonniers. Dans une sombre aria en mi mineur, « Giorno di pianto » (O jour de peine), il déplore sa situation. Il ne peut supporter l'idée d'être haï d'Elena et, croyant entendre ses pas, implore son pardon. Elle entre enfin, et le qualifie de traître, répétant ironiquement ses paroles « Non son reo » (Malheureux et non coupable). Il doit lui avouer que leur ennemi est son propre père. Le ton d'Elena se charge alors de pitié. Elle lui confie ensuite, dans une ravissante *cantilena* bellinienne, que son plus grand chagrin, dans sa prison, était d'avoir à considérer celui qu'elle aimait comme un traître. Leur entretien devient un duo d'amour. Procida sort de prison, encadré par les gardes. Il considère le repentir d'Arrigo comme une nouvelle traîtrise.

Monforte entre à son tour. Il ordonne que l'on prépare sans délai la double exécution qui doit avoir lieu, malgré les supplications d'Arrigo qui demande à mourir avec ses amis. Un tel honneur, dit Procida, n'est pas digne d'un traître notoire. Monforte enjoint à Arrigo de ne pas écouter les insultes que lui lancent ses anciens amis et de ne pas oublier qu'il est son fils. Procida est stupéfait de cette nouvelle. Il fait d'émouvants adieux au pays pour lequel il a combattu. Un quatuor d'une admirable beauté en découle (avec Elena, Arrigo et Monforte), suivi de la musique qui doit accompagner l'exécution — déjà entendue dans l'ouverture, mais atteignant ici le comble du pathétique. Monforte déclare qu'il accordera leur grâce aux condamnés à condition qu'Arrigo l'appelle père. Arrigo hésite. Elena et Procida déclarent avec emphase que la mort est préférable au déshonneur; les accents d'un hymne funéraire accompagnent les victimes alors qu'elles se rapprochent du billot et de la hache du bourreau.

Arrigo finit par céder à la requête de son père. La grâce est accordée aux coupables et l'amnistie générale prononcée. Les fiançailles d'Elena et Arrigo sont annoncées, et le rideau tombe sur un ensemble.

Acte V. Dans les jardins du palais de Monforte où vont être célébrées les noces d'Arrigo et Elena. Après un chœur, Elena chante son célèbre *bolero,* « Merce, dilette amiche » (Merci, jeunes amies). Arrigo joint sa voix à la sienne dans un air charmant, « La brezza aleggia intorno carrezzarmi il viso » (La brise souffle au loin plus légère et plus pure), intermède entièrement lyrique dans cette partition où les pièces lyriques ne dominent pas.

Arrigo s'éloigne. Procida, qui correspond plus que jamais à l'image du conspirateur prêt à sortir son poignard, rejoint Elena. C'est cette caractérisation simplifiée à l'excès que Verdi reprochait à Scribe. Il félicite Elena d'avoir, en se mariant, donné aux Siciliens l'occasion de surprendre les Français désarmés. Il ajoute qu'une volée de cloches donnera le signal du massacre. Le voyant rester sourd à ses supplications, Elena déclare qu'elle ne se mariera pas, à la grande consternation d'Arrigo qui ne comprend pas son revirement. Le trio qui réunit Elena, Arrigo et Procida, l'un des meilleurs passages de l'opéra, est particulièrement impressionnant. Monforte balaie les protestations d'Elena dont il ne connaît pas la raison, et prononce lui-même son engagement de mariage avec Arrigo, tandis que les cloches sonnent. Les Siciliens se précipitent hors de leurs cachettes pour massacrer les Français et la revanche de Procida est totale.

On a beaucoup critiqué *Les Vêpres siciliennes,* en en faisant l'une des œuvres les plus faibles de Verdi; il n'est en effet pas question de la placer au niveau de *Don Carlos* ou de *Simon Boccanegra;* mais de récentes reprises ont connu un grand succès, et cette musique peu familière a su frapper le public bien plus que les commentateurs ne l'avaient prévu. En vérité, la seule faiblesse des *Vêpres* est son gigantisme. Verdi lui-même se plaignait de la longueur des cinq actes nécessaires à un Grand Opéra français ; mais le caractère spectaculaire de l'ouvrage rend extrê-mement difficile la réduction de deux actes en un seul. Autre difficulté, qui ne relève pas spécialement de cette partition, mais qu'il faut cependant souligner : le rôle d'Elena est écrit pour un soprano coloratura de tout premier plan. Il suffit de trouver une telle voix pour que l'œuvre connaisse une reprise durable.

H.

Aroldo

Opéra en 4 actes de Verdi ; liv. de Francesco Maria Piave d'après celui qu'il avait écrit en 1850 pour Stiffelio *(en 3 actes). Créé à Rimini, 16 août 1857, avec Marcellina Lotti (plus tard connue sous le nom de Lotti della Santa), Giovanni Pancani, Carlo Poggiali, Cornago, Gaetano Ferri. Créé à New York, 1863, à l'Académie de musique ; à Londres, St. Pancras Town Hall, 1964. Reprises : Festival de Florence, 1953, dir. Tullio Serafin ; Hambourg, 1954 ; Trieste, 1954, dir. Franco Capuana ; Festival de Wexford, 1959, dir. Charles Mackerras ; New York, 1961, par l'Amato Opera Company. (*Stiffelio *fut repris avec succès à Parme en 1968.)*

PERSONNAGES

AROLDO, *chevalier saxon* (STIFFELIO)[1] (ténor) ; MINA, *sa femme* (LINA) (soprano) ; EGBERTO, *père de Mina* (STANKAR) (baryton) ; GODVINO, *chevalier* (RAFFAELE) (ténor) ; BRIANO, *un saint homme* (JORG) (basse) ; ENRICO, *cousin de Mina* (FEDERICO) ; (ténor) ; ELENA, *cousine de Mina* (DOROTHEA) (mezzo-soprano).

En Angleterre et en Écosse vers 1200.

Stiffelio *se passait en Allemagne au début du XIXᵉ siècle.*

Verdi s'intéressait déjà aux pièces française et espagnole qui allaient devenir *Rigoletto* et *Il Trovatore* quand Piave lui soumit une autre pièce française contemporaine qu'il accepta. Le sujet était assez curieux pour un pays catholique : un pasteur protestant apprend que sa femme l'a trompé mais lui pardonne, après que le père de la coupable eut tué son amant.

Cela devint *Stiffelio* qui connut un succès raisonnable lors des premières représentations. Verdi disait dans une lettre de 1854 que deux de ses œuvres n'avaient pas véritablement provoqué l'engouement du public, mais qu'il n'aimerait pas pour autant les voir tomber dans l'oubli : l'une était *Stiffelio*, l'autre *La Battaglia di Legnano*. En 1856, il s'employa avec Piave à réviser le livret qu'il trouvait insuffisant, du moins pour un public italien. L'année suivante, la nouvelle production de l'œuvre révisée inaugura l'Opéra de Rimini. Les lignes générales de l'intrigue demeuraient inchangées,

1. Les personnages correspondants dans *Stiffelio* sont indiqués entre parenthèses.

sinon que l'action était passée du
XIXe siècle en Allemagne au XIIIe siècle
en Angleterre et en Écosse. Les personnages principaux étaient devenus
des croisés, remplaçant les pasteurs
protestants. La musique était à peu
près la même, sauf quelques altérations
et deux ou trois morceaux re-écrits.
La principale différence entre les
deux opéras tient à leurs scènes finales.
La scène 2 de l'acte III, dans *Stiffelio*,
se passe dans une église; la congrégation y est réunie pour prier, puis
Stiffelio évoque le passage de la Bible
concernant la femme adultère, avant
de pardonner publiquement à sa
femme. L'acte IV d'*Aroldo*, comme
on le verra plus loin, se termine tout
à fait différemment.

Acte I. Après une ouverture saisissante, dont la première section est
dominée par l'intervention du solo
pour cor, le rideau se lève sur une
grande salle du château d'Egberto. La
scène est vide mais un chœur joyeux
retentit en coulisses; ce contraste
produit un effet d'angoisse, renforcé par l'entrée de Mina : son monologue révèle les tourments d'une
conscience bouleversée par un péché
secret — en l'absence de son mari,
elle lui a été infidèle, cédant aux
avances d'un invité de son père,
Godvino. Son récitatif angoissé et sa
prière pathétique s'opposent fortement
aux arias *bravura* qui introduisaient
généralement les héroïnes d'opéra au
XIXe siècle.

Aroldo entre accompagné de Briano,
qui a suivi la croisade à ses côtés et
est devenu pour lui une sorte de
conseiller spirituel. Aroldo remarque
immédiatement le trouble de sa
femme; Briano les laisse seuls. La
cavatine d'Aroldo, « Sotto il sol di
Siria », où il exprime la nostalgie
qui était la sienne quand il était loin
d'elle, est empreinte d'une tendresse
certaine; mais Mina ponctue la cavatine
d'exclamations de remords. Aroldo
lui demande de l'accueillir avec un
sourire plutôt qu'avec ces larmes

qu'elle ne cesse de verser. Il remarque
qu'elle ne porte plus la bague que sa
mère lui avait donnée et blâme cette
perte dans une cabalette.

Briano revient chercher Aroldo qui
doit assister aux festivités données en
l'honneur de son retour. De son côté,
Mina, observée par son père qui
soupçonne le rôle joué par Godvino,
décide de tout avouer à son époux.
Egberto l'interrompt pendant qu'elle
écrit sa lettre d'aveu, lit ce qu'elle a
confessé et réussit à la persuader d'y
renoncer, de peur que le choc ne tue
Aroldo.

Scène 2. Une autre grande salle
du château que quittent les chevaliers
et leurs dames. Tandis que Briano
l'observe, Godvino entre et laisse dans
un livre une lettre pour Mina. Il ferme
la serrure du livre et emporte la clé.
Pour Briano, Godvino n'est qu'un des
amis d'Aroldo. Et quand entrent
tour à tour Egberto et sa fille, puis
son gendre et les autres invités,
Briano raconte ce qu'il a vu à Aroldo
et désigne à tort Enrico, le cousin de
Mina, comme l'homme qui est venu
cacher la lettre. Tous réclament à
Aroldo un récit de la croisade. Mais à
leur grand étonnement, il commence à
parler du livre et de la lettre et demande
à Mina, sur un ton qui n'est pas sans
laisser présager *Otello*, d'ouvrir la
serrure du livre pour qu'il puisse en
vérifier le contenu. Il brise la serrure,
la lettre tombe, mais Egberto s'en
empare et la détruit. La colère d'Aroldo
est extrême. Egberto ordonne à
Godvino de le retrouver plus tard
dans le cimetière où ils se battront
en duel.

Acte II. L'ancien cimetière du
château. D'un côté, une église; de
l'autre, le château. La musique est
sombre et suggestive. Mina, dans une
splendide aria, prie sur la tombe de
sa mère, comparant la pureté de
celle-ci à sa propre culpabilité, « Ah !
dagli scanni eterei ». Godvino vient
lui déclarer son amour, mais elle lui

ordonne de ne pas profaner le lieu où sa mère repose et lui réclame la bague qu'elle lui a autrefois donnée. Il refuse, et jure de la défendre contre les siens. Mais il apparaît clairement, dans sa cabalette, qu'elle ne veut plus l'aimer.

Egberto les surprend ensemble et provoque Godvino en duel. Celui-ci commence par refuser de se battre contre un homme plus âgé. Mais les sarcasmes l'atteignent; il engage le combat, et Aroldo arrive à temps pour les séparer. Arolda accueille Godvino chaleureusement. C'en est trop pour Egberto, qui le dénonce. Mina apparaît et ne peut repousser l'accusation. Le fol éclat de colère jalouse que chante alors Aroldo n'est pas indigne de ceux qu'écrira Verdi trente-neuf ans plus tard. A la fin d'un quatuor très impressionnant, Aroldo provoque Godvino. On entend les chants de prière venant de l'église. Briano essaie de persuader Aroldo de se calmer et de pardonner à ses ennemis, comme il sied à un chrétien qui vient de combattre pour sa foi. Mais Aroldo est encore fou de rage, et l'acte se termine quand il s'effondre, inconscient, sous l'effet de l'émotion.

Acte III. Une antichambre du château. Egberto songe toujours à se venger. Il apprend que Godvino s'est enfui et déplore le déshonneur qui le frappe ainsi que sa famille. Il envisage le suicide quand Briano vient lui annoncer que Godvino est de retour au château. L'un de nous doit mourir, dit Egberto, dans une splendide cabalette marquée, de façon peu habituelle, *pianissimo* — indication que l'auteur a soulignée d'une note en bas de page dans la partie vocale, recommandant à l'interprète de chanter « extrêmement doucement, sauf la dernière phrase ».

Aroldo entre avec Godvino et lui demande s'il accorde plus de prix à

sa propre liberté qu'à l'avenir de la femme qu'il a trahie. Puis il l'envoie dans une chambre voisine. Il fait ensuite croire à Mina qu'il partira le soir même, lui laissant ainsi la possibilité de rejoindre celui qu'elle aime vraiment en acceptant le divorce. Le duo est dans la manière ample de Verdi. A la fin, Mina signe le papier que lui tend son époux. C'est à ce moment que surgit Egberto, l'épée sanglante à la main : il vient de tuer Godvino. Aroldo se dirige vers l'église, tandis que Mina reste seule pour prier.

Acte IV. Sur les bords du lac Lomond, quelque temps plus tard. Dans l'introduction, les cornemuses sont suivies du chœur des chasseurs et même, au moment où le soleil se couche, d'une allusion à « The Campbelles are coming » — Verdi pouvait-il connaître l'air ? Aroldo et Briano se sont retirés du monde et habitent dans une hutte rustique. Aroldo avoue qu'il aime toujours Mina. On entend l'angélus, et les voix des deux hommes s'unissent pour la prière du soir.

Un orage éclate, exprimé par des phrases musicales qui laissent présager *Otello* de façon saisissante. Du bateau qui vient échouer sur le rivage sortent Egberto et Mina. Ils vont chercher refuge dans la hutte. Aroldo reconnaît aussitôt Mina et veut la repousser. Mais Egberto assure que les épreuves qu'elle a subies en exil l'ont menée au repentir, et Briano cite les Écritures; l'amour finit par triompher après un bref et saisissant quatuor — ce qui est surprenant, vu le caractère plutôt tragique de l'œuvre.

Les reprises modernes laissent à penser que *Stiffelio* est tout aussi viable qu'*Aroldo* et que les deux opéras peuvent également compter parmi les œuvres injustement négligées de Verdi.

H.

Simon Boccanegra

Opéra en trois actes et un prologue de Verdi; liv. de Francesco Maria Piave d'après une pièce de Gutièrez. Créé à la Fenice, Venise, 12 mars 1857, avec Bendazzi, Negrini, Giraldoni, Echeverria, Vercellini. Première de la version révisée (modifications de Botto) à la Scala de Milan, 1881, avec d'Angeri, Tamagno, Maurel, Edouard de Reszke, dir. Faccio. Reprises : Vienne (dans la version de Werfel), 1930, dir. Krauss; Berlin, 1930; Metropolitan de New York, 1932, dir Serafin; la Scala, 1933, dir. Gui; Sadler's Wells, 1948, dir. Mudie; Metropolitan de New York, 1949, avec Varnay, Tucker, Warren, Szekely, dir. Stiedry; Rome, 1949, avec Fineschi, Picchi, Gobbi, Siepi, dir. Serafin; Venise, 1950, avec Mancini, Penno, Tagliabue, Christoff; Covent Garden, 1965, avec Santunione, Cioni, Gobbi, Rouleau, dir. de Fabrittis; Scala de Milan, 1965, avec Tucci, Prevedi, Giangiacomo Guelfi, Ghiaurov, dir. Gavazzeni; Berlin, 1969, avec Janowitz, Cossutta, Wächter, Ghiaurov, dir. Krips. Première à l'Opéra de Paris, 1978, dans la version de la Scala de Milan, avec Freni, Ghiaurov, Cappuccilli, Lucchetti, dir. Abbado.

PERSONNAGES

AMELIA BOCCANEGRA *(parfois appelée Maria, et apparaissant pendant l'acte I sous le nom de Amelia Grimaldi)* (soprano); GABRIELE ADORNO, *un patricien* (ténor); SIMON BOCCANEGRA, *un plébéien qui deviendra doge* (baryton); JACOPO FIESCO, *un patricien* (basse); PAOLO ALBIANI, *un plébéien* (baryton); PIETRO, *un plébéien* (basse); UN CAPITAINE (ténor).

A Gênes et dans ses environs. Au XIVᵉ siècle.

Simon Boccanegra n'eut pas de succès lorsqu'il fut créé à Venise. Verdi lui-même disait d'ailleurs de cette première version qu'elle était « froide et monotone », et il n'est pas surprenant qu'il ait entrepris une révision vingt ans après sa création. A cette époque, il avait déjà écrit *Aïda* et le *Requiem* et pensait à *Otello* : c'est donc à Boito, qui devait devenir son collaborateur pour cette œuvre, qu'il confia la révision. C'est cette seconde version qui a progressivement eu accès au répertoire international. Mais soyons justes : si l'on doit à Boito l'insertion d'une scène quasi géniale, on ne peut lui imputer l'allégement des complications de l'intrigue; Franz Werfel, qui travaillait en Allemagne dans les années 20, et Norman Tucker, auteur de la traduction anglaise de 1948, s'y sont par contre attachés, non sans succès.

Au XIVᵉ siècle, Gênes était gouvernée par un doge élu, jusque-là choisi parmi les patriciens. Fiesco, qui est au pouvoir au début de notre histoire, a une fille, Maria, qui s'est éprise d'un plébéien, Simon Boccanegra. De leur liaison est née une fille. Simon combattait sur les mers, une vieille femme gardait leur fille à Pise. Il revint un jour pour trouver la vieille servante morte et l'enfant disparue. Depuis lors, il l'a vainement cherchée, sans savoir que le comte Grimaldi, un patricien, l'avait élevée comme sa propre fille après l'avoir trouvée abandonnée sur le rivage.

Prologue. Paolo, chef politique des plébéiens, et Pietro, membre influent de leur mouvement, discutent de l'élection prochaine du doge. Pietro accepte d'organiser le vote populaire en faveur de Simon Boccanegra à condition d'en retirer honneur et profit. Boccanegra, que Paolo a fait venir spécialement à Gênes, accepte d'être candidat, voyant là le moyen d'épouser enfin Maria. Paolo annonce au peuple que Boccanegra le représentera à l'élection; tous unissent leurs voix pour insulter Fiesco, dont le palais est mystérieusement éclairé.

Toute la musique de cette partie suggère admirablement l'agitation secrète et la conspiration dans l'ombre, depuis la malédiction dont Paolo accable les patriciens jusqu'à la façon dont il manœuvre la foule, *sotto voce,* suggérant qu'il se passe des choses inavouables dans le palais de Fiesco.

La place se vide. Fiesco quitte son palais, pleurant la mort de sa fille. Son noble et pudique cri de douleur, « Il lacerato spirito » (L'âme déchirée), avec son émouvant postlude orchestral, l'établit d'emblée comme un personnage de chair et de sang : si ses émotions se soumettent parfois à la dignité de son rang, il n'en est pas moins un homme sensible :

Il voit Boccanegra arriver sur la place et l'accuse d'avoir causé la perte de Maria. C'est le premier des deux grands duos entre les deux adversaires.

La fureur de Fiesco s'oppose au ton désolé de Boccanegra, qui raconte comment la disparition de sa petite fille l'a privé de son enfant et a interdit au vieux doge de connaître sa descendance.

Fiesco quitte Boccanegra en lui disant que seule la vue de sa petite-fille pourra les réconcilier. De loin, il le regarde pénétrer dans le palais. Boccanegra y trouve le cadavre de celle qu'il aimait; il ressort pour entendre les ovations du peuple rassemblé sur la place (aux accents d'une marche fort démocratique) pour l'acclamer comme son nouveau doge.

Acte I. Vingt-cinq ans ont passé. Amelia, la fille de Boccanegra, se tient dans les jardins du palais Grimaldi, près de la mer. C'est l'aube. Elle chante la beauté du paysage et évoque ses souvenirs d'enfance dans une aria ravissante, « Come in quest'ora bruna », dont l'accompagnement frémissant aurait pu être rendu par un impressionniste français. Elle entend la voix de Gabriele, son amant, qui de loin lui chante une sérénade. Quand il apparaît, elle lui confie ses appréhensions quant à son sort et à celui d'Andrea (en réalité, Fiesco sous un déguisement), dont elle sait qu'il complote contre le doge. Leur conversation se transforme en duo d'amour, interrompu par l'arrivée de Pietro : le doge, revenant de la chasse, demande à être reçu par Amelia. Elle sait bien que le doge va lui proposer d'épouser son écuyer, Paolo. Gabriele décide alors de solliciter sans attendre la bénédiction d'Andrea (Fiesco), devenu le tuteur d'Amelia après le bannissement du comte Grimaldi pour raisons politiques. Andrea (Fiesco) lui révèle alors qu'Amelia a été adoptée (il ne connaît pas, bien sûr, sa véritable identité). Gabriele jure d'aimer éternellement la jeune fille, et Andrea le félicite d'aimer à la fois Amelia et sa patrie.

Le doge accueille Amelia. Il lui apporte la grâce du comte Grimaldi, qu'il vient de signer, et lui demande si elle est heureuse. Elle répond qu'elle a un amant mais qu'elle est poursuivie par Paolo, qu'elle déteste. De toute façon, confie-t-elle au doge, elle n'est pas la fille de Grimaldi, mais une orpheline. Le seul élément permettant de découvrir son identité est ce médaillon renfermant le portrait de sa mère. Boccanegra reconnaît avec une émotion considérable le portrait de Maria et comprend qu'il a enfin retrouvé sa fille. Le duo du père et de la fille est de plus en plus intense; la dernière partie offre vers la fin une expression de tendresse unique, et le postlude orchestral — ponctué par le « Figlia ! » extasié de Boccanegra, sur un fa aigu — termine la scène de façon saisissante.

Fig-lia!stalno-meio pal-pi-to qual se miap-ris-se i cie - li

Boccanegra refuse la main d'Amelia à Paolo, qui s'empresse d'organiser, avec son compère Pietro, l'enlèvement de celle-ci. Le décor change, et nous retournons aux luttes politiques.

Le finale de l'acte I, qui a lieu dans la chambre du Conseil du doge, date entièrement de la révision de Boito. Il représente 50 pages de la partition vocale, soit presque la moitié de l'acte. C'est l'une des plus belles scènes de l'œuvre de Verdi et une extraordinaire anticipation de ce qu'allait donner la collaboration du compositeur et du librettiste dans *Otello*.

Le doge, entouré des membres plébéiens et patriciens de son Conseil (les premiers en majorité), reçoit les émissaires du roi de Tartarie qui s'engage à laisser ses mers libres aux vaisseaux gênois. Puis il lit et approuve un message de Pétrarque qui conseille une paix immédiate avec Venise, ville italienne tout comme Gênes. (Dans la version de Tucker, le message émane du pape et vise une querelle interne entre plébéiens et patriciens au lieu de la rivalité maritime entre Gênes et Venise.) On entend au-dehors un bruit d'émeute. Paolo voit, par la fenêtre, la foule traîner Adorno vers le palais. On peut distinguer les mots « Morte ai patrizi » (Mort aux patriciens); le Conseil se divise aussitôt en deux groupes, l'épée à la main. Simon entend le cri « Morte al doge »; il envoie son héraut ouvrir les portes du palais et annoncer à la foule que le doge l'attend dans la salle du Conseil. Les trompettes sonnent pour établir le silence, mais le tumulte est tel que l'on ne peut distinguer les paroles du héraut. A la fin retentit le cri « Evviva il Doge ».

C'est une scène intensément dramatique; la puissance de Boccanegra et ses efforts pour maintenir la paix — aussi bien dans sa cité qu'au sein de son Conseil — sont admirablement exposés avec les moyens les plus simples.

La populace se précipite dans la salle, criant vengeance en traînant Gabriele Adorno et Andrea (Fiesco) devant le Doge. D'après le récit d'Adorno, on comprend qu'il a tué Lorenzino au moment où il allait enlever Amelia; avant de mourir, le scélérat aurait avoué n'être qu'un homme de main. Adorno soupçonne Boccanegra; il va le poignarder, quand Amelia, entrée avec la foule, s'interpose entre les deux hommes. Sa version des faits confirme celle de Gabriele, mais avant qu'elle ait pu nommer le coupable, patriciens et plébéiens s'accusent mutuellement du crime. L'intervention de Boccanegra évite toute effusion de sang.

Son grand plaidoyer pour la paix et l'unité, « Piango su voi, sul placido raggio del vostro clivo », est suivi d'un ensemble prolongé, mené par Amelia qui reprend la prière pour la paix.

(Dans la version de Tucker, ce n'est pas Lorenzino, mais Pietro qui enlève Amelia sur ordre de Paolo.)

Boccanegra accepte l'épée que lui remet Adorno, puis se retourne vers Paolo, « con forza terribile ». Il dit avec une intensité croissante sa volonté de retrouver celui qui a osé porter la main sur Amelia, et d'une voix terrible somme Paolo de maudire le scélérat avec lui. Paolo est obligé de s'exécuter et se maudit ainsi lui-même et l'assistance entière répète cette malédiction.

Acte II. Paolo, terrifié par les conséquences de son acte et par la malédiction que Boccanegra l'a forcé à prononcer contre lui-même, rejeté de tous, plébéiens et patriciens, décide de se venger en empoisonnant le doge.

Fiesco et Adorno sont introduits auprès de lui. Il offre la liberté au premier, à condition qu'il veuille bien tuer le doge. S'il refuse, tous les détails du complot ainsi que les noms des coupables seront révélés à Boccanegra. Fiesco, indigné, refuse. Mais Paolo dispose encore d'une arme. Au moment où Adorno s'apprête à sortir avec Fiesco, Paolo lui demande s'il sait qu'Amelia est installée au palais comme la maîtresse de Boccanegra. (Tucker a modifié l'ordre des événements : au début de l'acte, Fiesco entre seul et s'entretient avec Paolo ; vient ensuite le monologue de celui-ci, à la fin duquel Adorno entre seul).

Adorno croit cette calomnie et se lance dans une magnifique tirade en *la* mineur, maudissant le doge qui a ordonné l'exécution de son père et lui prend maintenant sa bien-aimée. Amelia entre et nie l'accusation avec indignation. Elle supplie Adorno de partir. Entendant les pas du doge, il doit se cacher, la rage au cœur.

Boccanegra, remarquant les larmes de sa fille, dit en connaître la raison : elle est amoureuse. « Oui, d'Adorno », répond-elle. Boccanegra voit ses craintes confirmées : Adorno est un traître qui a comploté contre l'État. Amelia le supplie de pardonner, car elle préfère mourir que continuer à vivre sans Adorno. Le doge prie sa fille de sortir. Il se demande s'il est sur le point de pardonner à son ennemi par force ou par faiblesse.

Il boit le poison que Paolo avait versé dans une aiguière et s'assoupit. Adorno sort de sa cachette ; l'homme qui a assassiné son père et séduit sa bien-aimée est maintenant à sa merci ! Mais Amelia rejoint les deux hommes ; Boccanegra s'éveille, prend conscience de la situation et défie Adorno de tuer un homme sans défense. Adorno répond que la mort de Boccanegra n'est que le juste retour de celle de son père. Boccanegra dit qu'il devrait s'estimer amplement vengé car il lui enlève ce qu'il aime le plus au monde, sa fille. Adorno est accablé par cette révélation. Il supplie Amelia d'oublier ses accusations et obtient le pardon du doge qui le lui accorde dans une phrase dont la noblesse domine la dernière partie de leur admirable trio :

Des bruits d'émeute retentissent au-dehors. La rébellion vient de commencer. Adorno jure fidélité au doge et l'acte se termine sur sa promesse de faire cesser le combat.

Acte III. Une grande salle. Par la fenêtre, on voit le port de Gênes. Des torches illuminent la ville, célébrant l'écrasement de la rébellion. On rend à Fiesco son épée et la liberté. Paolo entre, escorté par des gardes : il a pris part à la révolte et a été condamné à mort par Boccanegra, mais il se réjouit à l'idée que le doge, empoisonné par ses soins, ne lui survivra pas longtemps. On entend l'hymne célébrant le mariage de Gabriele et d'Amelia, qui résonne aux oreilles de Paolo quand il monte à l'échafaud. Fiesco, regrettant que la mort de Boccanegra soit due à la traîtrise et au déshonneur, décide de le revoir.

On lit une proclamation ordonnant que les feux soient éteints en l'honneur de ceux qui ont vaillamment combattu. Le doge entre, laissant paraître les premiers effets du poison qu'il a absorbé. La vue de la mer et le contact de l'air salé lui redonnent quelques forces lui rappelant le temps où il naviguait librement. C'est un passage ample et émouvant, l'un de ces morceaux d'abandon spontané dont la partition est riche et qui atteignent une extrême beauté. Pourquoi, se demande Boccanegra, ne suis-je pas alors, à cette époque heureuse de ma vie ? Comme pour répondre à sa question, la voix de Fiesco, jusquelà dissimulé, s'élève. Il se fait reconnaître de Boccanegra qui lui annonce que sa fille est retrouvée, ce qui amène leur réconciliation. La haine de Fiesco laisse place à la pitié. Le deuxième des grands duos est encore plus imposant que le premier — celui du prologue où Fiesco imposait au malheureux Boccanegra ses conditions à leur réconciliation. L'harmonie s'établit parfaitement entre la déclamation passionnée de la voix de basse et la maturité conciliante de celle de Boccanegra.

Celui-ci rassemble ses dernières forces pour apprendre à Amelia sa filiation et nommer Adorno son successeur, puis il meurt. Fiesco va annoncer à la foule que Gabriele Adorno est le nouveau doge; quand s'élèvent les cris réclamant Boccanegra, il révèle sa mort.

On a beaucoup parlé de la complexité du livret et des difficultés rencontrées par Boito pour le simplifier. En vérité, il manque peu de chose à l'intrigue pour qu'elle soit compréhensible, en tout cas pour un public qui parle italien.

On doit à Boito, outre l'assainissement de l'ensemble du dialogue, le finale de l'acte I dont on s'accorde à dire que c'est le plus beau passage de l'opéra. La révision effectuée par Verdi fut loin d'être superficielle. Comme dans *Macbeth*, mais de façon encore plus généreuse, des détails d'orchestration, de ligne vocale et d'harmonie furent repris. La scène qui ouvre le prologue, jusqu'à l'aria de Fiesco (mais sans compter « L'altra magion » que chante Paolo), est entièrement nouvelle; de même l'introduction de l'acte I, le duo entre Gabriele et Fiesco, le point culminant de la scène de retrouvailles et, bien entendu, la scène de la salle du Conseil; entièrement nouveaux également le bref monologue de Boccanegra à l'acte II et la sorte de *Credo* que chante Paolo immédiatement avant; le début de l'acte III jusqu'à l'entrée de Boccanegra et, dans une large mesure, le quatuor final avec chœur.

La prédilection de Verdi pour cet opéra peut s'expliquer partiellement par son grand amour pour Gênes, qu'il réussit à faire transparaître dans la musique. L'élément le plus remarquable de cette œuvre demeure son personnage central, ce caractère puissant qui est l'une des plus grandes créations de Verdi : on ne peut s'empêcher, tout au long, d'admirer l'étonnante homogénéité de cette caractérisation. Jamais peut-être auparavant n'avait-on

vu sur scène une concrétisation aussi réussie de cette qualité pourtant peu spectaculaire : la science du gouvernement. (Ce n'est pas faute de tentatives, voir Mozart dans *La Clemenza di Tito*.) La profondeur et l'intégrité de Boccanegra sont révélées autant par la musique que par le drame. Cela n'est pas seulement dû au fait que Verdi ait disposé d'un matériel riche en situations fracassantes — la réapparition de la fille disparue, la malédiction du ravisseur, le sommeil du doge et son réveil pour voir le fiancé de sa fille se pencher sur lui un poignard à la main, la réapparition de l'ennemi qu'il croyait mort — mais surtout à une étonnante connivence entre la musique et l'idée que nous nous faisons de la psychologie de Boccanegra. Chaque mesure de récitatif, chaque note de grande aria contribue à renforcer le portrait de cette figure centrale qui est aussi le rôle le plus astreignant, et certainement l'un des plus séduisants, que Verdi ait écrit pour voix de baryton.

H.

Un Ballo in maschera
Un Bal masqué

Opéra en trois actes de Verdi; liv. de Somma d'après le liv. écrit par Scribe pour l'opéra d'Auber, Gustave III *ou* Le Bal masqué. *Créé au Théâtre Apollo, Rome, 17 février 1859, avec Julienne-Dejean, Scotti, Sbriscia, Fraschini, Giraldoni. Première : Paris, Théâtre des Italiens, 1861, avec Penco, Alboni, Battu, Mario, Graziani, dir. Bonetti; Théâtre Lyrique, 1869, version fr. de Duprez; Opéra, 1951, par le San Carlo de Naples, reprise, 1958, avec Crespin, Scharley, Mesplé, Lance, Bianco... dir. Dervaux; 1961; New York, 1861; Londres, Lyceum Theatre, 1861, avec Tietjens, Lemaire, Gussier, Giuglini, Sedie; Metropolitan, 1889 (en all.), avec Lilli Lehmann, Perotti, Reichmann, dir. Seidl. Reprises : Metropolitan, 1903 avec Jean de Reszke; 1905 avec Caruso, Eames, Homer, Scotti, Plançon, Journet; Covent Garden, 1919, avec Destinn, Martinelli, Dinh Gilly; Festival de Florence, 1935, dir. Serafin; 1941, avec Gigli; Metropolitan, 1940, avec Milanov, Thorborg, Björling, Sved, dir. Panizza; la Scala, 1958, avec Callas, Ratti, Simionato, di Stefano, Bastianini. Bonci a été l'un des plus célèbres interprètes du rôle de Riccardo, et c'est dans le rôle d'Oscar que les trilles de Selma Kurz ont été le mieux mises en valeur.*

PERSONNAGES

RICCARDO, *comte de Warwick* (GUSTAVE III) (ténor); AMELIA (soprano); RENATO, *secrétaire du gouverneur* (ANCKARSTROEM) (baryton); SAMUELE (COMTE RIBBING) et TOMASO (COMTE HORN), *ennemis du gouverneur* (basses); SILVANO, *un marin* (CRISTIAN) (baryton); OSCAR, *un page* (soprano); ULRICA, *diseuse de bonne aventure* (ARVIDSON) (contralto).

Un juge, une servante d'Amelia, des gens du peuple, des gardes, des courtisans, etc. (Les noms utilisés quand l'opéra est situé à Boston apparaissent en premier; les noms utilisés quand l'action est située en Suède apparaissent entre parenthèses.)

Le livret anglais de *Un Ballo in Maschera* comporte la note suivante : « Le décor du *Ballo in Maschera* de Verdi avait été situé par le librettiste dans une ville européenne. Mais la censure officielle ne fut pas d'accord sur ce point, sans doute parce que l'intrigue rendait compte d'un complot réussi contre un prince ou gouverneur en place. On pensa résoudre cette difficulté en transportant l'action dans la lointaine ville de Boston, en Amérique. Il faut rappeler ce fait aux Bostoniens et à tous ceux qui pourraient s'étonner de voir de tels événements prendre place dans la vieille cité puritaine. »

Auber écrivit, en 1833, un opéra sur un livret de Scribe, dont le titre était *Gustave III, ou le Bal Masqué*. C'est de ce livret que s'inspire celui de l'opéra de Verdi, dont le titre original était *Gustavo III*. Tout comme dans l'œuvre de Scribe-Auber, le cœur du sujet était l'assassinat du souverain libéral de Suède, Gustave III, qui fut tué d'une balle dans le dos lors d'un bal masqué, à Stockholm, le 16 mars 1792. Verdi composa l'œuvre pour le théâtre San Carlo de Naples, où elle devait être montée pour le carnaval de 1858. Mais le 14 janvier, alors que les répétitions avaient commencé, un révolutionnaire italien, Felice Orsini, attentait à la vie de Napoléon III. Les autorités s'empressèrent alors d'interdire la représentation d'une œuvre mettant en scène l'assassinat d'un roi. Verdi repoussa l'idée d'adapter la musique à un autre livret et l'opéra fut retiré de l'affiche. L'émeute gagna alors les rues de Naples : les gens défilèrent en criant « Viva Verdi », proclamant ainsi leur adhésion à la cause de l'Italie unifiée avec Victor-Emmanuel pour roi (car VERDI = Vittorio Emmanuele Re d'Italia). La censure romaine finit par suggérer que l'on change le titre de l'opéra et que le lieu de l'action soit transporté à Boston — car si les autorités voyaient avec déplaisir le meurtre d'un roi porté sur scène, elles considéraient l'assassinat d'un gouverneur britannique de la lointaine Amérique comme une diversion inoffensive. Et elles n'avaient pas tort, car la seule réaction manifestée par le public de la première au Théâtre Apollo de Rome était imputable à son enthousiasme pour les différents airs de la partition musicale. De plus, en transférant l'action à Boston, on avait aussi transformé les deux conspirateurs, Samuel et Tom, ainsi que la voyante, Ulrica, en Noirs !

Le retour du décor à Naples (où l'action a souvent été située) serait dû à l'initiative de Mario, qui chantait le rôle de Riccardo à Paris : il n'était pas question pour lui « de chanter la ballade de l'acte II en pantalons courts, bas de soie, habit rouge et grosses épaulettes de dentelle dorée. Il n'était pas plus question d'accepter le titre de comte de Warwick et le poste de gouverneur. Il préférait être Grand d'Espagne, s'appeler duc d'Olivares et se déguiser en pêcheur napolitain... de plus, peu lui importait d'être fidèle à la lettre au rôle, du moment qu'il pouvait l'adapter à sa personnalité d'artiste ». La ballade à laquelle il est fait allusion dans cette citation est sans aucun doute la barcarolle de Riccardo, « Di'tu se fedele il flutto m'aspetta ».

La logique voudrait que l'on reprenne le cadre suédois d'origine[1], restituant ainsi un contexte historique correct à une série d'événements reposant essentiellement sur le fait historique.

Gustave III était un monarque célèbre pour ses vues libérales, alors que Richard, comte de Warwick, n'est qu'une affabulation. De même, Anckarstroem, Horn et Ribbing étaient des défenseurs passionnés de la cause réactionnaire et aristocratique que rien ne rapproche de personnages aussi grotesques que Tom et Sam, ou du métis Renato. La transformation de la négresse Ulrica en Mlle Arvidson est plus difficilement conciliable avec la musique, mais cela est largement compensé par le fait que les autres personnages deviennent plus plausibles. Ce n'est pas que ce changement affecte la musique même, mais plutôt que l'action est renforcée par une motivation plus crédible.

Acte I. La salle de réception du palais du gouverneur. Riccardo donne une audience. Oscar, son page, lui apporte la liste des invités conviés au bal masqué. Riccardo est ravi d'y trouver le nom d'Amelia, l'épouse de son secrétaire Renato. Le fait que celui-ci soit son meilleur ami et le plus dévoué de ses défenseurs lui pose cependant un cas de conscience... Par ailleurs, Renato a récemment découvert que l'on conspirait contre son maître, mais il ne connaît pas encore les noms des coupables.

Au cours de l'audience, un juge vient présenter à la signature la sentence de bannissement prononcée contre une vieille diseuse de bonne aventure nommée Ulrica. Oscar intervient en faveur de la vieille femme. Riccardo décide de se déguiser pour aller la voir et mettre à l'épreuve son pouvoir de divination.

La cabane d'Ulrica, où Riccardo entre déguisé en pêcheur. Sans qu'il le sache, Amelia est aussi venue consulter la sorcière. Il l'entend demander à la vieille femme l'herbe magique qui pourra la guérir de l'amour qu'elle éprouve, bien que mariée, pour Riccardo. Cette herbe, répond la sorcière, il faudra qu'elle aille elle-même la cueillir à minuit à l'emplacement du gibet. Après son départ, il sort de sa cachette et questionne la sorcière. Ulrica lui prédit qu'il mourra de la main d'un ami. Les conspirateurs qui appartiennent à sa suite murmurent alors qu'ils sont découverts. Riccardo demande : « Qui sera le meurtrier ? », et la vieille femme répond : « Le premier homme qui serrera votre main ». Renato entre et accueille son ami d'une vigoureuse poignée de main. Riccardo rit de cette coïncidence. Sa suite et les gens du peuple, réunis, chantent ses louanges.

Acte II. Il est minuit. Amelia dissimulée derrière un voile épais arrive près de la potence. Elle commence à cueillir l'herbe magique. Riccardo la rejoint, décidé à la protéger. Elle est incapable de lui cacher son amour. Mais voilà que Renato arrive à son tour pour veiller sur son maître. Les conspirateurs sont rassemblés non loin de là et l'attendent. Riccardo fait promettre à Renato qu'il accompagnera en ville, sous bonne escorte, la femme voilée qui est avec lui, sans chercher à connaître son identité.

---

1. Comme ce fut le cas à la fin des années 50 dans une production exceptionnellement brillante de Göran Gentele, qui mourut brutalement en 1972, quelque temps avant la date où il devait prendre ses fonctions de directeur général du Metropolitan de New York. Cette mise en scène n'essayait aucunement de jeter un voile sur l'homosexualité notoire de Gustave III — Oscar n'était qu'un page parmi tant d'autres — et mettait l'accent sur de telles caractéristiques tout en soulignant le cadre suédois. Cette mise en scène fut celle du Festival d'Edimbourg en 1959.					H.

Il rentrera de son côté par un autre chemin. Renato et la jeune femme tombent aux mains des conspirateurs. Ils ne font aucun mal au secrétaire, mais veulent savoir qui est la bien-aimée du gouverneur. Ils soulèvent le voile qui recouvre son visage et Renato reconnaît sa propre femme. La colère envahit son cœur. Il ordonne aux chefs de la troupe de conspira-teurs de le retrouver chez lui au matin.

Acte III. Une chambre des appar-tements de Renato. Il a décidé de tuer sa femme pour se venger de l'affront qu'il a subi. Elle le supplie de la laisser embrasser leur fils une dernière fois; touché, il l'épargne. Les conspirateurs arrivent et tous décident de tirer au sort le nom de celui qui frappera Riccardo. Renato demande à sa femme de tirer un papier de l'urne : il porte le nom de Renato, écrit de sa propre main. C'est ainsi qu'elle désigne involontairement celui qui va tuer l'homme qu'elle aime. Pour dissiper ses soupçons, Renato accepte de se rendre au bal masqué auquel Riccardo, ne se doutant de rien, les invite.

Le bal masqué. Au milieu de la brillante foule de masques, Renato peut reconnaître Riccardo grâce aux indications d'Oscar. Amelia l'a éga-lement reconnu, guidée par son instinct de femme amoureuse. Elle le supplie de fuir le danger qui le menace. Mais Riccardo ne connaît pas la peur. Pour protéger l'honneur de son ami, il a décidé de l'envoyer comme émissaire en Angleterre, accompagné de sa femme. Nous ne nous reverrons jamais, dit-il à Amelia : « Adieu, pour la dernière fois, adieu ! »

« En vérité, voici aussi mon adieu », s'écrie Renato en tirant une balle dans le dos du gouverneur. Avant de mourir, celui-ci assure Renato de l'innocence de sa femme et demande à tous de ne pas essayer de le venger.

K.

Un Ballo est l'un des rares opéras de Verdi qui offrent au ténor un rôle plus long, plus riche et plus avantageux qu'au baryton. Il est vrai que les subtilités en sont telles qu'un très grand sens artistique est indispensable; la vaillance de la musique implique également que l'interprète du rôle ait une voix jeune et brillante. Au début du premier acte intervient le « La rivedrà nell'estasi » de Riccardo (Je veux encore contempler ton visage); ce magnifique monologue lyrique forme aussi le thème principal du prélude :

La ri-ve-drà nel-le-sta-si

Il est suivi de l'intervention du fidèle Renato, « Alla vita che t'arride ».

Oscar est la mouche du coche, celui qui fournit le piment de la musique, le révélateur du caractère brillant de Riccardo — ce qui est logique si l'on considère les prédi-lections bien connues du véritable Gustave III. Il plaide la cause de la diseuse de bonne aventure dans « Volta la terrea » :

Allegretto
Vol-ta la ter-re-a fronteal-le stel-le

Dans sa cabane, Ulrica invoque les esprits souterrains dans un air impres-sionnant. Au cours du trio qui s'ensuit, Riccardo entend Amelia lui confier son amour, aveu qui atteint son sommet dans la grande phrase :

Con espressione
Con-sen-ti-mio Si-gno-re.

Riccardo adresse à la sorcière sa charmante barcarolle, une mélodie de type napolitain, « Di' tu se fedele il flutto m'aspetta ». Le morceau de choix de cette scène demeure le quintette dans lequel Riccardo sourit de la prédiction d'Ulrica : « È scherzo, o dè follia ».

Andante mosso
È scher-zo, o dè fol-li-a sif-fet-ta pro-fe-zi-a

C'est à Florence en 1898 qu'Alessandro Bonci — alors âgé de 28 ans — inséra une cascade de rires dans les temps morts de sa partie et mit tant de grâce et d'habileté dans son innovation que Verdi lui écrivit pour l'en féliciter. Bonci enregistra ce passage 28 ans plus tard, avec une grande élégance, et pour ainsi dire tous les ténors depuis lors (moins quelques rares exceptions dont, curieusement, Björling) ont suivi son exemple en introduisant ce qu'on appelle la « risata ».

Le grand récitatif et l'aria d'Amelia qui commence la scène de la potence est un des passages les plus astreignants de la littérature d'opéra, exigeant un registre impressionnant : « Ma dall' arido stelo divulsa ». A la fin, la seconde partie ayant culminé avec un contre-ut dans une sorte d'hystérie, Riccardo fait son entrée. Il chante avec elle le duo d'amour le plus émouvant qu'ait écrit Verdi avant Otello. Quand Renato vient sauver Riccardo, il y a un bref trio assez agité où ils organisent la fuite. Le finale révèle les efforts de Renato pour protéger son épouse déguisée des conspirateurs, et sa rage quand il la voit démasquée et repentante. Cette scène, l'une des plus fascinantes de l'œuvre de Verdi, laisse entrevoir, avec les rires moqueurs des conspirateurs, le rôle de Fra Melitone dans La Forza et, bien sûr, Falstaff.

Le dernier acte commence par l'aria où Amelia demande à revoir son fils : « Morrò, ma prima in grazia ». Cependant, c'est avant tout la scène de Renato, et il doit la dominer comme un colosse. Le récitatif dramatique et la redoutable aria qui suivent celle d'Amelia, « Eri tu », demandent dans la première moitié de l'aria à peu près la même intensité dramatique que pour le « Credo » de Iago ; dans la partie finale, un lyrisme digne de

Germont ; et tout au long, d'exceptionnelles qualités de tenue et de puissance à la voix de baryton. Vient ensuite la scène où Renato reçoit les deux chefs de la conspiration et accepte de faire cause commune avec eux, où Amelia tire un nom au sort ; enfin, le brillant solo d'Oscar, « Ah ! di che fulgor », se transforme en quintette, quand Amelia, Renato et les conspirateurs apprennent que Riccardo donne un bal masqué le soir même.

La dernière scène est précédée du solo où Riccardo décide d'envoyer Renato et Amelia en mission à l'étranger. Le récitatif « Forse la soglia attinse », est pensif et l'aria, « Ma se m'è forza perderti », pleine de langueur romantique.

Vient enfin le bal masqué. Renato demande comment est déguisé Riccardo, et Oscar lui répond par un brillant air, commençant par « Saper vorreste ». Selma Kurz s'est rendue célèbre par son interprétation de ce rôle, surtout à Covent Garden entre 1904 et 1907. Des enregistrements ont conservé cette voix personnelle et limpide, ces trilles incomparables mais aussi ces cadences et notes aiguës dont elle décorait la musique comme l'action — car c'est en trillant et en valsant tout autour de la scène qu'elle finit par entrer en collision avec le chef d'orchestre Mancinelli, à Covent Garden en 1904 ; cette attraction succéda dans le cœur du public du début du siècle à la « risata » de Bonci. Une grande partie de la scène se déroule sur une musique de danse. Le duo d'adieu entre Amelia et Riccardo, et la scène de la mort de celui-ci sont particulièrement émouvants. Un coup de feu retentit, Riccardo tombe dans les bras d'Oscar, Amelia se précipite, la musique de danse s'arrête, il pardonne à ses ennemis et meurt.

K., H.

La Forza del destino
La Force du destin

Opéra en 4 actes de Verdi; liv. de Francesco Maria Piave d'après un drame espagnol du duc de Rivas, Don Alvaro o La Fuerza de Sino. Créé à Saint-Petersbourg, 10 novembre 1862, avec Barbot, Didiée, Tamberlik, Graziani, Angelini, Première à New York; Londres, Her Majesty's Theatre, 1867, avec Tietjens dir. Arditi. Reprises : Metropolitan, 1918, avec Ponselle, Caruso, de Luca, dir. Papi; 1942, avec Milanov, Baum, Tibbett, Pinza, dir. Walter; Dresde, 1926, dir. Busch; Vienne, 1926, avec Angerer, Piccaver, Schipper, Mayr; la Scala, 1928, dir. Toscanini; Covent Garden, 1931, avec Ponselle, Pertile, Franci, Pasero, dir. Serafin; Buenos Aires, 1933, avec Muzio, Gigli, dir. Marinuzzi; la Scala, 1940, avec Cigna, Gigli, A. Borgioli, Pasero, dir. Marinuzzi; 1949, avec Christoff, dir. de Sabata; Metropolitan de New York, 1952, avec Milanov, Tucker, Warren, Siepi; Covent Garden, 1962, avec Cavalli, Bergonzi, John Shaw, Ghiaurov, dir. Solti. Première à l'Opéra de Paris, 1975, avec Arroyo, Cossotto, Domingo, Cappuccilli, Talvela, Bacquier, dir. Rudel.

PERSONNAGES

DONNA LEONORA DI VARGAS (soprano); PREZIOSILLA, *bohémienne* (mezzo-soprano); DON ALVARO (ténor); DON CARLO DI VARGAS, *frère de Leonora* (baryton); PADRE GUARDIANO, *moine franciscain* (basse); MARCHESE DI CALATRAVA, *père de Leonora* (basse); FRA MELITONE, *moine franciscain* (baryton); CURRA, *servante de Leonora* (mezzo-soprano); LE MAIRE D'HORNACHUELOS (basse); TRABUCO, *muletier* (ténor); UN CHIRURGIEN (ténor).

En Espagne et en Italie, au milieu du XVIIIe siècle.

On a souvent reproché à *La Forza* un livret extravagant où le destin semble avoir une part moins décisive que la coïncidence. Francis Toye s'est donné la peine de démontrer que la pièce de Rivas, *Don Alvaro,* était dominée par le principe de la vendetta où les actes ont plus de prix que l'intention, et que la compréhension du sens original de la pièce impliquait une reconstruction intellectuelle de cette attitude parfaitement démodée. Il a aussi suggéré que le libéral Rivas avait voulu montrer que la vie devrait être influencée par d'autres considérations que celles de l'honneur des familles nobles espagnoles — en tout cas, ses scènes de vie populaire étaient particulièrement réussies.

L'ouverture, dominée par l'aria que chante Leonora à l'acte II et par le thème du « destin », est vivante et animée :

Il y est aussi fait référence à l'air *cantabile con espressione* (en la mineur) d'Alvaro dans le duo de l'acte IV, et aux thèmes du duo entre Leonora et le Père Guardiano.

Acte I. La chambre de Leonora. Elle dit bonsoir à son père puis se trouve prise de remords à l'idée de le quitter si brutalement — car elle a prévu de s'enfuir le soir même avec son amant, Don Alvaro. Elle envisage son triste avenir, solitaire dans un pays étranger, et il ne semble pas que la perspective de son mariage avec Alvaro suffise à la consoler : « Me pellegrina ed orfana ». Il se fait tard; il ne viendra plus maintenant. Mais à peine a-t-elle prononcé ces mots que l'on entend le bruit des chevaux et qu'Alvaro est à ses pieds, lui jurant un amour éternel. Il lui décrit avec passion les détails de leur fuite et Leonora, après avoir quelque peu hésité, lui répond avec une passion égale. Mais le retard d'Alvaro a été fatal : avant qu'ils aient pu s'enfuir, le marquis est dans la pièce, accusant le séducteur de sa fille. Alvaro proteste de leur innocence à tous deux, et lance son arme aux pieds du marquis en signe de reddition. Le coup de feu part accidentellement et blesse mortellement le vieil homme qui maudit sa fille avant de mourir.

Acte II. Au cours de leur fuite, Leonora et Alvaro ont été séparés. Chacun croit l'autre mort, mais Don Carlo, le frère de Leonora, les sait vivants et parcourt le pays à la recherche du meurtrier de son père, et de sa sœur qui a jeté le déshonneur sur leur famille.

La première scène se déroule dans une auberge du village d'Hornachuelos où sont réunis plusieurs personnages importants, des muletiers, des domestiques et un mystérieux étudiant qui n'est autre que Don Carlo sous un déguisement. Tous chantent et dansent en attendant le repas. Leonora apparaît un moment mais se retire précipitamment en reconnaissant son frère dans l'étudiant qui dit le benedicite. C'est alors qu'entre Preziosilla, la gitane, pour leur annoncer que la guerre vient d'éclater et qu'ils devraient se hâter d'aller combattre les Allemands en Italie. Elle chante les louanges de la guerre et entreprend de prédire à chacun son avenir, ne manquant pas de dire à l'étudiant que son déguisement ne saurait le tromper.

On entend au-dehors la prière des pèlerins, et tous s'y joignent. Leonora prie le ciel que la vengeance de son frère lui soit épargnée. C'est un splendide exemple d'écriture chorale.

A la demande du muletier, l'étudiant conte son histoire dans une ballade :

il est Pareda, un jeune étudiant qui a suivi son ami Vargas, lancé à la poursuite du meurtrier de son père. Il semblerait que ce meurtrier se soit échappé en Amérique du Sud et que la sœur de Vargas, que le meurtrier avait séduite, soit morte. Tous se retirent pour la nuit, une dernière danse termine l'acte.

Leonora a continué son chemin. Au début de la scène suivante, nous la trouvons devant le monastère de la « Madonna degli Angeli » près d'Hornachuelos où elle vient chercher refuge. Dans la plus longue aria de l'opéra, elle prie pour que ses péchés lui soient pardonnés et reprend courage en entendant l'hymne qui est chanté dans la chapelle. On reconnaît au début de la scène le motif du « destin » déjà entendu dans l'ouverture. Vient ensuite, après un récitatif dramatique, l'aria « Madre, pietosa Vergine », dont le sommet est la grande phrase en majeur déjà citée dans l'ouverture, « Deh, non m'abbandonar » :

Leonora sonne à la porte du monastère. Fra Melitone, apprenant que le père Cleto la recommande, accepte d'informer le Père supérieur de sa présence.

Il devine qui elle est en entendant le nom de celui qui l'envoie et la met en garde contre l'extrême isolement de la vie solitaire qu'elle se propose de mener dans la grotte où une pénitente a déjà fini ses jours; mais elle est déterminée à suivre son plan et il s'incline devant sa volonté. Il viendra lui-même lui apporter sa nourriture quotidienne; en cas de danger, elle pourra appeler à l'aide en sonnant une cloche; sinon, elle ne pourra plus jamais lever les yeux sur un être humain. Le Père supérieur convoque les moines pour leur annoncer que la caverne va être à nouveau occupée. Aucun d'eux ne doit s'en approcher ni essayer de découvrir l'identité de la pénitente qui s'y est réfugiée.

La scène entre Leonora et le Père supérieur Guardiano est l'une des plus belles qu'ait écrites Verdi, dans la lignée des grands duos dont nous avons parlé ci-dessus. L'expressivité de la ligne vocale est rehaussée par le contraste qu'offrent les diverses sections : l'air souple où Leonora perçoit l'apaisement progressif de son âme; le duo très dense, en mi majeur, où le Père Guardiano la met en garde contre les dangers de sa vie solitaire; les longues phrases par lesquelles il la presse de se rapprocher de Dieu; les phrases passionnées qu'elle emploie pour le remercier et bénir le salut qu'elle sent déjà approcher. Le finale (le bref service religieux au cours duquel le Père supérieur bénit Leonora et dit aux moines de ne plus s'approcher de son refuge) est le pendant idéal d'une grande scène. Menés par le Père Guardiano, les moines maudissent quiconque osera violer la retraite solitaire de la pénitente, et la voix de Leonora s'élève au-dessus des leurs, priant la Vierge : « La Vergine degli angeli ». Il est difficile de trouver une plus parfaite harmonie entre la simplicité des moyens et la perfection de l'effet.

Acte III. En Italie, près de Velletri, où se déroule la bataille annoncée à l'acte précédent. Don Alvaro et Don Carlo di Vargas, chacun sous un pseudonyme, se sont engagés dans l'armée espagnole. Alvaro s'avance pour le long récitatif et l'aria où il exprime les souffrances endurées depuis la mort du marquis de Calatrava, et le douloureux souvenir de son aïeul qui, allié au dernier des Incas, avait tenté de libérer son pays

du joug étranger pour finir sur l'échafaud : « O tu che in seno agli angeli ».

Entendant un appel au secours, il sauve Don Carlo, qu'il arrache à une bande de brigands. Ils échangent de faux noms, se jurent une amitié éternelle et se précipitent ensemble vers le lieu de la bataille.

Un chirurgien militaire, entouré de soldats, observe la bataille qui se déroule au loin. Les Italiens et les Espagnols ont le dessus, mais Don Carlo revient avec Alvaro grièvement blessé. Carlo veut décorer son ami de l'ordre de Calatrava, mais celui-ci tressaille en entendant ce nom; il charge néanmoins Carlo de recevoir ses dernières volontés. Dans un coffret qu'il détient se trouve une lettre qui doit être brûlée après sa mort, sans être lue de personne. Carlo pourra-t-il s'acquitter de cette tâche ? Certainement, lui assure-t-il. Le duo « Solenne in quest'ora » est devenu mondialement célèbre en partie à cause du fameux enregistrement réalisé par Caruso et Scotti, mais aussi en raison de sa gracieuse mélodie et de sa parfaite opportunité dramatique.

Alvaro est emmené sur une civière, accompagné du chirurgien. Carlo se pose quelques questions sur le secret contenu dans la mystérieuse cassette. Son ami a frémi en entendant le nom de Calatrava, pourquoi ? Il développe le thème de la tentation « Urna fatale del mio destino » (Réceptacle fatal de ma destinée). Il finit par l'ouvrir et y trouve un portrait qui le délivre de son serment : c'est celui de Leonora ! Son ami n'est autre que son éternel ennemi ! Un messager vient lui annoncer qu'Alvaro est sauf; dans une aria *allegro* il se réjouit à l'idée de se venger.

Un camp militaire près de Velletri. Une patrouille traverse la scène. L'aube se lève. Don Alvaro marche dans le camp, Carlo l'interpelle, lui révèle qu'il sait tout de son identité et le force à accepter un duel. Mais ils sont interrompus par le retour de la patrouille. Alvaro, resté seul, décide de chercher refuge dans un monastère. La scène est dans la superbe tradition des duos pour ténor et baryton où excelle Verdi; il y a lieu de regretter qu'on la supprime si souvent en Italie, soit pour abréger l'opéra, soit pour ménager les forces du ténor dont le rôle est assez éprouvant.

Le point du jour. Les soldats fourbissent leurs armes; des colporteurs proposent leur marchandise; Preziosilla offre ses services; l'apparition d'un groupe de recrues lui donne l'occasion de chanter une tarentelle. Fra Melitone se dégage de l'ensemble et adresse à l'assemblée un discours sur ses nombreux vices, avec force jeux de mots. Les soldats essaient de le rosser, mais Preziosilla les empêche d'aller plus loin et chante le « Rataplan » riche en verve et pauvre en imagination qui termine l'acte.

Acte IV. Le cloître du couvent de la « Madonna degli Angeli » où une foule de mendiants est venue chercher sa soupe quotidienne. Fra Melitone est chargé de la distribution et manifeste sa mauvaise humeur en traitant les mendiants avec brutalité. De plus, il supporte mal la faveur dont semble jouir le Père Raffaelo (en réalité, Alvaro sous un déguisement), et finit par donner un coup de pied rageur dans le chaudron. Le Père supérieur, qui a tout observé, lui reproche doucement son manque de patience.

On cite toujours la partie vocale de Melitone comme exemple d'originalité dans *Forza,* et comme avant-goût des méthodes employées plusieurs années après dans *Falstaff.* Cela est vrai pour les rythmes et l'accompagnement orchestral ainsi que pour la ligne de l'écriture vocale, qui laisse certainement présager un nouveau style chez Verdi.

La cloche du monastère retentit violemment et Melitone laisse entrer Don Carlo qui réclame le Père Raffaelo. Alvaro entre. Carlo décline immédiatement son identité et le provoque en duel. Il sort deux épées qu'il tenait dissimulées sous sa cape. Alvaro le supplie de renoncer à ses projets de vengeance, lui donnant sa parole de prêtre que sa sœur n'a jamais été déshonorée et qu'il ne cherche à punir que le résultat d'un affreux malentendu. Pour le forcer à accepter le duel, Carlo le gifle.

Ce duo est un passage magnifique, peut-être le plus beau et le plus expressif que Verdi ait écrit pour ténor et baryton avant l'époque d'*Otello*. Il est aussitôt suivi d'un rapide changement de décor : le motif du destin retentit, et Leonora sort de sa caverne. Avec de longues phrases suppliantes, elle prie que lui soit accordée la paix qu'elle n'a jamais retrouvée depuis le premier jour de sa retraite : « Pace, pace, mio Dio ». Elle aperçoit le pain qui a été laissé à son intention et qui ne sert, dit-elle, qu'à prolonger ses misérables jours. Elle entend soudain les bruits d'un combat et, maudissant ceux qui osent profaner sa retraite, se retire dans sa caverne.

On entend la voix de Carlo demander grâce. Il est mourant. Alvaro, fou de remords à l'idée d'avoir une fois de plus versé le sang des Vargas, frappe à la porte de la cellule de Leonora et demande du secours pour l'homme qui est en train de mourir. Leonora sonne la cloche d'alarme et sort. Alvaro la reconnaît et lui raconte ce qui vient de se passer. Elle se précipite auprès de son frère mourant mais Carlo soucieux de se venger même au moment de mourir, la poignarde. Alvaro ne peut contenir plus longtemps sa colère quand il voit Leonora, soutenue par le Père Guardiano, et il maudit le destin qui les frappe tous ainsi. Le Père supérieur lui demande alors, dans un air d'une grande noblesse, de ne pas blasphémer, mais de s'incliner devant la puissance divine tandis que l'ange qui est à leurs pieds s'évade. Leonora meurt devant son amant et le prêtre qui lui a offert son seul salut sur terre. Elle expie ainsi l'anathème qui les poursuit depuis la mort de son père.

H.

Don Carlos

Opéra en 5 actes de Verdi; liv. de G. Méry et de C. de Locle (en fr.), d'après Schiller. Créé à l'Opéra de Paris, 11 mars 1867, avec Marie Sass, Gueymard, Morère, Jean-Baptiste Faure, Obin, David, dir. Emile Perrin. Première à Covent Garden, 1867[1] avec Pauline Lucca, Fricci, Naudin, Grazziani; New York, 1877. La version révisée fut donnée à la Scala en 1884, avec Bruschi-Chiatti, Pasqua, Tamagno, Lhérie, Silvestri, Navarrini. Reprises : Metropolitan, 1920, avec Ponselle, Matzenauer, Martinelli, de Luca, Didur, dir. Papi; la Scala, 1926, dir. Toscanini; Vienne, 1932 (dans une version revue par Werfel), dir. Krauss; Covent Garden, 1933, dir. Beecham; Covent Garden, 1958, avec Brouwenstijn, Barbieri, Vickers, Gobbi, Christoff, dir. Giulini, mise en scène de Visconti (5 actes); Festival de Salzbourg, 1958, avec Jurinac, Christa Ludwig, Fernandi, Bastianini, Siepi, dir. Karajan (4 actes); Opéra de Paris, 1966, dir. P. Dervaux, mise en scène Wallmann, avec Sarroca, Cioni, Ghiaurov.

PERSONNAGES

ELISABETH DE VALOIS, *plus tard reine d'Espagne* (soprano); LA PRINCESSE EBOLI, *sa dame de compagnie* (mezzo-soprano); DON CARLOS, *héritier du trône d'Espagne* (ténor); RODRIGO, *marquis de Posa* (baryton); PHILIPPE II, *roi d'Espagne* (basse); LE GRAND INQUISITEUR (basse); UN MOINE (basse); TEBALDO, *page d'Elisabeth* (soprano); LE COMTE LERMA (ténor); UN HÉRAUT ROYAL (ténor); UNE VOIX CELESTE (soprano).

En France et en Espagne, au milieu du XVIe siècle.

Don Carlos souffre d'un vice premier : il a été écrit pour Paris, en cinq actes, dans le respect de la tradition établie par Meyerbeer, si bien qu'il est trop long pour les publics modernes. En 1882-83, aidé de Ghislanzoni — son librettiste pour *Aïda* — Verdi essaya d'en établir une version abrégée; cela impliquait la suppression du ballet et de la plus grande partie du premier acte, ce qui est difficilement acceptable. Les meilleures reprises depuis lors furent celles qui conservaient le premier acte tout en effectuant d'autres coupures[2].

C'est la fin de la guerre entre la France et l'Espagne. L'une des conditions de la paix est que l'héritier du

1. Escudier, dans cette mise en scène, supprima l'acte I et le ballet, rétablissant l'aria de Carlos dans la scène du jardin — maintenant à l'acte II.
2. En 1866, Verdi insistait, dans une lettre à Tito Ricordi, pour que l'œuvre soit donnée intégralement. En 1874, il était mécontent des coupures faites à Reggio; en 1875, il disait que les coupures prévues pour la production viennoise seraient difficiles. En 1882-83, il supprimait lui-même l'acte I et le ballet, ne sauvant que l'aria du ténor.   H.

trône d'Espagne, Don Carlos (en réalité un monstre et un épileptique, devenu chez Verdi et chez Schiller un brillant jeune homme), épouse Elisabeth, fille du roi de France.

Acte I. Don Carlos s'est rendu secrètement en France pour y rencontrer l'épouse qu'on a choisie pour lui. Au cours d'une chasse, près de Fontainebleau, Elisabeth et son page Tebaldo sont séparés du reste des chasseurs (il n'y a pas de prélude à cet opéra). Ils disparaissent à la recherche de leurs compagnons, tandis que Carlos, resté seul, exprime l'amour que lui a inspiré la seule vue de sa fiancée. Cette romance avait été conservée lorsque Verdi, en essayant de réduire l'œuvre, avait supprimé la plus grande partie de l'acte I. Carlos se présente à Elisabeth comme un gentilhomme de la suite du prince espagnol. Elle le questionne sur le prince qu'elle doit épouser mais qu'elle n'a jamais vu. Carlos la rassure : le prince l'aimera, et il lui montre son portrait. Elisabeth le reconnaît alors. Il déclare son amour, qu'elle admet partager. Leur duo, supprimé dans la version de 1884, est d'une inspiration particulièrement délicieuse, et la délicate beauté de la phrase chantée par Elisabeth, « Di qual amor, di quant'ardor » (C'est bien l'amour) ne peut être négligée, d'autant qu'elle sera réutilisée plus tard dans l'opéra sous forme, en quelque sorte, de motif :

Tebaldo annonce à Elisabeth que l'émissaire espagnol s'apprête à lui demander sa main au nom de son maître, le roi d'Espagne lui-même, et non plus au nom de Don Carlos comme cela avait été décidé initialement. Les deux jeunes gens sont consternés, mais Elisabeth cède aux supplications des courtisans qui la prient d'accepter et de mettre ainsi fin à la guerre. Le rideau tombe sur les acclamations de la foule mêlées aux pleurs des deux amants.

Acte II. Pour oublier ses malheurs, Carlos s'est réfugié au couvent de San Yuste où son grand-père Charles Quint était allé finir ses jours. Des bruits étranges se propagent selon lesquels Charles Quint ne serait pas mort et continuerait de vivre paisiblement dans ce cloître. Carlos croit le reconnaître sous les traits d'un moine. L'air pour basse accompagné du chœur est extrêmement impressionnant; c'est notre premier contact avec l'influence de l'Eglise qui va jouer un rôle déterminant au cours de l'opéra. La romance de Don Carlos intervient ici dans la version en quatre actes.

Carlos est très heureux de revoir Rodrigo, marquis de Posa, qui revient de Flandre. Carlos lui avoue son amour pour Elisabeth, sa propre belle-mère. Rodrigo se dit prêt à l'aider; il ajoute qu'il doit oublier ses propres soucis et se dévouer à la cause du peuple flamand opprimé. Ils se jurent une amitié éternelle, « Dio, che nell' alma infondere amor » (Dieu, qui réjouis nos âmes), sur un thème que l'on entendra plusieurs fois au cours de l'opéra.

Le roi et la reine mènent une procession qui passe devant la tombe, du grand empereur. Rodrigo doit soutenir Carlos qui défaille en voyant sa bien-aimée. Mais la voix du moine mystérieux le réconforte. Le thème de l'amitié est repris à la fin de la scène.

Le jardin autour du monastère. La suite de la reine l'attend, tandis que la princesse Eboli, soutenue par l'irrésistible Tebaldo, chante une romance mauresque, le chant du voile.

Les cadences ambitieuses et les vocalises rapides en font un excellent air pour mettre en valeur les qualités du mezzo qui chante le rôle d'Eboli[1].

La reine arrive. Rodrigo est annoncé : il lui remet une lettre de sa mère, qui est à Paris, et lui glisse en même temps un billet de Carlos. Leur conversation — et les apartés d'Elisabeth — se déroule aux accents gracieux d'une danse, suggérant parfaitement la brillante atmosphère d'une cour. Elisabeth remercie Rodrigo et lui demande quelle faveur elle peut lui accorder. Dans une brève aria, « Carlo ch'è sol il nostro amore », il lui demande d'intercéder auprès du roi pour obtenir ce que Carlos désire le plus, une entrevue avec son père. Quand elle servait la reine, Eboli, éprise de Carlos, a remarqué le trouble du jeune homme et pense que c'est elle qu'il aime en secret. Elisabeth dit à Rodrigo qu'elle recevra Carlos, il s'arrange pour que les dames d'honneur s'éloignent et que l'entrevue n'ait pas de témoins.

Carlos entre et salue sa belle-mère avec réserve. Il la prie de persuader le roi de l'envoyer en Flandre. Mais l'apparente maîtrise du jeune homme ne résiste pas longtemps à la présence de celle qu'il aime et il finit par lui reprocher l'indifférence qu'elle lui témoigne. Mon seul devoir d'épouse en est la cause, lui répond-elle. Carlos lui laisse alors entendre qu'il la comprend, mais la tendresse qui transparaît dans son chant manifeste clairement que son esprit est dominé par son amour pour elle.

Il s'exalte soudain et tombe sans connaissance aux pieds d'Elisabeth (seule référence de tout l'opéra aux crises qui étaient le lot du véritable Don Carlos). Elle craint un moment qu'il ne meure, mais dans

son délire il lui exprime encore une fois son amour. Reprenant ses esprits, il veut l'enlacer; elle s'écarte, lui demandant s'il a l'intention de tuer son propre père pour pouvoir épouser sa belle-mère. Carlos s'éloigne d'elle avec un cri de douleur. Restée seule, elle implore l'aide du Ciel.

Le roi s'aperçoit que ses ordres sont restés sans effet et que la reine est seule. Il renvoie la dame de compagnie coupable, Elisabeth la console dans la tendre aria, « Non pianger mia compagna ». Philippe prie le marquis de Posa de rester un instant. Comment se fait-il, dit le roi, qu'un serviteur aussi fidèle et éprouvé de l'Etat n'ait jamais eu à lui demander la moindre faveur ? Ni même une audience ? Rodrigo répond que son service est sa récompense. Puis il plaide en faveur d'un adoucissement des mesures prises contre le peuple de Flandre, qui continue de mourir par l'épée et par la faim.

Le roi veut que Rodrigo devienne son conseiller mais il devra alors se méfier de l'Inquisition; le souverain lui confie ensuite ses craintes au sujet de Carlos et d'Elisabeth — ce qui dans l'esprit de Rodrigo est un signe favorable — et lui dit de se retirer après l'avoir mis une dernière fois en garde contre le Grand Inquisiteur.

L'*acte II* est dominé par les deux duos. Celui qui réunit Carlos et

---

1. Selon Andrew Porter (Annales de l'Association Royale de Musique, 15.IV.72), cet air était écrit à l'origine en sol, avant la première parisienne où un jeune mezzo français chantait le rôle d'Eboli. Il fut monté d'un ton par Verdi quand Pauline Gueymard, soprano au moins aussi célèbre que Marie Sass, reprit le rôle. Cela explique que cette partie — dont le début est pour une Azucena et la fin pour une Leonora — soit si difficile pour un mezzo seul ou un soprano seul.

H.

Elisabeth est profondément émouvant; il décrit admirablement l'amour impossible du jeune homme et sa crise de délire. L'entrevue entre Philippe et Rodrigo est un excellent exemple de la maîtrise avec laquelle Verdi sait écrire une musique capable d'exprimer un affrontement de personnalités et, qui plus est, de personnalités intelligentes et raisonnables.

Acte III. Un bal masqué est donné dans le palais du roi à Madrid (c'est ici qu'intervenait le ballet d'origine). Carlos a reçu une lettre anonyme lui donnant rendez-vous dans les jardins de la reine, et il s'y est rendu. Il croit voir Elisabeth et lui déclare son amour. Mais elle se démasque : ce n'est qu'Eboli. Il ne peut cacher son horrible déception, et Eboli l'accuse d'être épris de la reine quand Rodrigo les rejoint. Il prétend que Carlos n'est pas dans son état normal. Il ne faut pas tenir compte de ce qu'il dit ni de ce qu'il fait. Mais Eboli ne se laisse pas duper. Rodrigo la menace alors et elle répond qu'elle usera de tout son pouvoir pour les perdre. Rodrigo persuade Carlos de lui remettre tout papier compromettant qu'il pourrait détenir au cas où Eboli viendrait à accomplir sa menace. Le rideau tombe tandis que l'orchestre joue *fortissimo* le thème du serment d'amitié.

La scène suivante a lieu sur une place madrilène où l'on dresse un bûcher pour les hérétiques condamnés. Le peuple chante sa joie, et un groupe de moines précède les tristes victimes de l'Inquisition. La Cour, avec la reine, entre en procession; le roi, portant la couronne d'Espagne, fait une entrée solennelle par la porte de la cathédrale, acclamé par la foule et annoncé par un héraut. Il réitère le serment qu'il a prêté avant son couronnement : combattre tous les ennemis de la Foi. Menés par Carlos, six délégués de Flandre se jettent à ses pieds, lui jurant leur loyauté et celle de ses sujets flamands, mais implorant un allègement de leurs souffrances. Le roi reste sourd à leur prière; un ensemble se développe au cours duquel une partie de la Cour et de la foule se joint aux requérants tandis que les autres, soutenus par les prêtres, réclament la mort pour les traîtres et les hérétiques. Don Carlos demande à son père la permission de s'exercer à son futur métier de roi en devenant son représentant à la tête des sujets flamands. Le roi refuse cette requête qui risque de créer une arme susceptible de se retourner contre le royaume d'Espagne. Désespéré, Carlos dégaine son épée et proclame son intention de combattre pour libérer la Flandre. Philippe ordonne que l'on désarme son fils, mais personne n'ose obéir. Rodrigo s'approche de son ami et lui demande doucement son épée, qu'il remet au roi. La procession reprend sa marche, les moines chantent le glas des hérétiques et une voix céleste s'élève au-dessus de toutes les autres, promettant la paix dans l'autre monde à tous ceux qui ont souffert dans celui-ci.

Acte IV. La première scène a lieu dans la chambre du roi; il est seul. Son monologue révèle son anxiété, sa tristesse de savoir son mariage raté, sa solitude de roi et d'homme, puisqu'il n'est pas aimé de sa femme. On introduit le Grand Inquisiteur. C'est un vieillard de quatre-vingt-dix ans, aveugle. Il demande pourquoi on l'a fait venir. Le roi lui explique que son fils a commis une grave offense en prenant ouvertement parti pour les hérétiques flamands. Il n'a pas l'intention de l'épargner, et s'il le punit ce sera de la mort. Dans ce cas extrême, le roi peut-il être assuré du soutien de la Sainte Eglise ? L'Inquisiteur répond que Dieu n'a pas craint de sacrifier son Fils unique pour sauver le monde. Il dit au roi que la faute de l'impétueux Carlos n'est rien au regard de celle commise par le marquis de Posa. Le roi refuse de sacrifier Rodrigo, et l'Inquisiteur lui reproche de ne pas servir la cause de Dieu comme il le devrait. Il rejette toute concession et laisse derrière lui le roi ·plus triste que jamais.

A peine l'Inquisiteur a-t-il quitté la pièce que la reine fait irruption : son coffret à bijoux a disparu. Il se trouve sur la propre table du roi. Elle l'ouvre, il contient un portrait de Carlos. Philippe, au comble de la colère, l'accuse d'adultère avec une extrême dureté. Elisabeth s'évanouit. Le roi appelle au secours et Eboli se précipite, accompagnée de Rodrigo. Eboli est prise de remords, consciente des tragiques effets de sa jalousie — car c'est elle qui a suggéré au roi de vérifier le contenu du coffre à bijoux. Rodrigo comprend qu'il ne peut sauver Carlos qu'en se sacrifiant à sa place pour la liberté. Les deux hommes quittent la pièce. Eboli se jette aux pieds de sa maîtresse et lui avoue sa double faute : dévorée de jalousie, elle a éveillé les soupçons du roi; de plus, elle a commis l'adultère dont Elisabeth était accusée en devenant la maîtresse du roi. Elisabeth la chasse à jamais. Restée seule, Eboli déplore son triste sort et les effets désastreux de sa fatale beauté; avant de quitter la Cour, elle protégera Don Carlos du danger mortel qui le menace.

La *première scène* de l'acte IV de *Don Carlos* est l'une des plus belles de toute l'œuvre de Verdi. La simple énumération de son contenu suffira peut-être à donner une idée de sa variété et de sa forte structure dramatique. Elle commence par la plus grande aria pour basse écrite par Verdi : « Ella giammai m'amò »

(Elle n'éprouve aucun amour pour moi), qui évoque admirablement le tourment et la solitude du roi.

Vient ensuite le duo des deux basses, pièce unique, d'une force inégalée dans toute la musique d'opéra. L'affrontement des personnalités est extraordinaire : le roi, bien que bigot, use encore de sa raison; l'Inquisiteur, imbu de sa conviction religieuse, écrase toute logique avec une supériorité imperturbable.

A la fin, ayant par deux fois tenté d'élaborer un semblant d'entente, le roi perd patience : dans une phrase puissante qui couvre deux octaves, du fa supérieur au fa inférieur du registre de basse, il demande avec éloquence si le Trône doit toujours s'incliner devant l'Eglise. La courte scène qui réunit ensuite le roi et Elisabeth est excellente, en particulier au moment où il maudit l'infidélité de sa femme; brève également, mais tout aussi expressive, est la scène entre Eboli et Elisabeth, qui enchaîne après un remarquable quatuor. Il est dominé par la phrase montante de Philippe et l'exquise façon dont Elisabeth revient à elle, splendide exemple de l'écriture verdienne d'ensembles. Pour terminer cet acte d'une richesse inégalée, nous avons une pièce superbement construite, le « O don fatale » d'Eboli, qui lui donne l'occasion de disparaître avec éclat.

La *scène 2* a lieu dans la prison de Carlos. Rodrigo vient le voir. Il sait que les lettres adressées de Flandre à Carlos ayant été trouvées en sa possession, ses jours sont maintenant comptés. Il fait ses adieux à son ami dans une aria fort émouvante : « Per me giunto è il dì supremo » (Mon jour suprême s'est levé). Un coup de feu retentit et il s'effondre, mortellement blessé par un assassin qui l'a suivi jusque dans la prison. Il dit à Carlos (« O Carlo ascolta ») que la reine l'attendra le lendemain près du couvent de San Yuste pour le voir une dernière fois. Il meurt heureux, dit-il, de savoir qu'en Carlos lui survit un champion de la liberté. L'acte se termine souvent sur cette scène.

Philippe veut rendre son épée à son fils, mais celui-ci l'accuse d'avoir assassiné son ami. On entend du bruit : c'est la foule qui s'est introduite dans la prison et réclame la liberté de Carlos. Eboli s'y est mêlée, essayant une dernière fois de le sauver des conséquences de son acte insensé. Le peuple demande que Carlos lui soit remis. Mais le Grand Inquisiteur apparaît à ce moment précis, tonnant contre la foule qui a osé lever la main contre l'Oint du Seigneur et la sommant de se prosterner à ses pieds. Une fois de plus, l'Eglise s'est portée au secours du Trône.

Acte V. Le cloître de San Yuste. Elisabeth s'agenouille devant le tombeau de Charles Quint. Elle évoque tristement ses joies d'autrefois, son pays natal, la France, et son amour pour le jeune Don Carlos ; et elle pleure maintenant à l'idée de ne plus jamais le revoir : « Tu che le vanità conoscesti del mondo » (Toi qui sais la vanité des mortels).

S'an-cor si pian-ge in cie - - lo.

Cette mélodie, qui utilise un large registre, dévoile la maturité du personnage d'Elisabeth tout en apportant un démenti à ceux qui la considèrent comme l'une des héroïnes les moins intéressantes de l'œuvre de Verdi. La délicieuse phrase que l'on avait entendue dans le duo de l'acte I, et qui restait liée à l'évocation de sa jeunesse en France, revient pour illustrer sa mélancolie (voir p. 344).

L'aria se termine par une reprise de sa prière pour la paix, se terminant sur un *ppp*.

Elisabeth et Carlos échangent leur dernier adieu ; ils pensent au bonheur qu'ils auraient pu partager puis, se tournant vers l'avenir, commentent la carrière de Carlos, désormais vouée à la cause libérale selon le vœu de Rodrigo. C'est le dernier de leurs trois grands duos, rivalisant de richesse avec les deux premiers. Au moment où ils vont se quitter, Philippe sort de sa cachette, saisit Elisabeth et demande au Grand Inquisiteur qui l'accompagne de faire son devoir. Le vieux prêtre ordonne aux gardes de s'emparer de Carlos, mais le prince se défend et recule vers le tombeau de Charles Quint, au fond du cloître. Une voix en surgit ; le vieil empereur lui-même — ou un moine lui ressemblant — apparaît et entraîne le jeune homme dans le cloître. On a beaucoup reproché à cette fin de n'être qu'une version affaiblie de Schiller, où Philippe remet son fils à la merci de l'Inquisition ; on a même tenté, dans certaines productions, de revenir à l'original de Schiller.

Don Carlos est, sur presque tous les plans, un opéra magnifique. Sa seule faiblesse est une scène qui reste inférieure aux autres en qualité — le spectaculaire *autodafé*, qui n'atteint pas le sublime de la scène du triomphe d'*Aïda* — et, une longueur excessive (la version florentine de 1950, en cinq actes, durait plus de cinq heures compte tenu des coupures !). On y trouve le plus grand rôle pour basse écrit par Verdi ; l'un des plus grands rôles pour mezzo-soprano sur le plan vocal, deux superbes parties pour Elisabeth et Carlos ; et la possibilité, pour un baryton de talent, de rendre à la silhouette de Posa le panache du grand libéral dans la pièce de Schiller. *Don Carlos* contient aussi l'une des meilleures scènes d'apothéose de toute l'œuvre de Verdi, la première de l'acte IV, où les lignes conductrices du drame, développées au cours des cinq scènes précédentes, se retrouvent. Les deux scènes suivantes résolvent les conflits mis à vif — dans l'acte IV, scène 2, l'Espagne catholique contre la Flandre protestante; Rodrigo le libéral contre l'autorité en place (État et Église); l'Église contre l'État; et à l'acte V, Elisabeth contre Eboli (au sujet de Carlos); et Philippe contre Carlos (au sujet d'Elisabeth et de la Flandre). Vu les sujets abordés, il n'y a pas lieu de s'étonner de la longueur de l'opéra ni d'être surpris par l'impressionnante qualité de la musique.

H.

Aïda

Opéra en 4 actes de Verdi; liv. d'Antonio Ghislanzoni, d'après Camille du Locle et Mariette Bey. Créé au Caire, 24 décembre 1871, avec Pozzoni, Grossi, Mongini, Steller, Medini, Costa, Bottardi, dir. Bottesini. Première à la Scala de Milan, 8 février 1872, avec Stolz, Waldmann, Fancelli, Pandolfini, Maini, dir. de l'auteur; New York, 1873; Covent Garden, 1876, avec Patti, Gindele, Nicolini, Graziani, Capponi, Feitlinger, dir. Bevignani; Paris, Th. des Italiens, 1876, avec Stolz, Waldemann, Masini, Pandolfini, dir. Verdi; Opéra, 1880, avec Krauss, Bloch, Sellier, Maurel, dir. Verdi. L'œuvre n'a pratiquement pas quitté l'affiche jusqu'en 1961. Elle a été régulièrement inscrite au répertoire des plus grands opéras. Parmi les Aïda les plus célèbres : Lilli Lehmann, Nordica, Eames, Gadski, Destinn, Russ, Boninsegna, Raisa, Muzio, Rethberg, Giannini, Ponselle, Arangi-Lombardi, Turner, Cigna, Caniglia, Milanov, Welitsch, Leontyne Price; parmi les interprètes célèbres du rôle de Radames : Tamagno, Caruso, Zenatello, Slezak, Martinelli, Pertile, Lauri-Volpi, Merli, Vinay, del Monaco; et du rôle d'Amneris : Mantelli, Homer, Kirkby Lunn, Mildenburg, Edyth Walker, Matzenauer, Onegin, Minghini-Cattaneo, Stignani, Castagna, Wettergren, Simionato.

PERSONNAGES

AÏDA, *esclave éthiopienne d'Amneris* (soprano); AMNERIS, *fille du roi d'Égypte* (mezzo-soprano); AMONASRO, *roi d'Éthiopie, père d'Aïda* (baryton); RADAMES, *capitaine de la garde égyptienne* (ténor); RAMPHIS, *Grand-Prêtre égyptien* (basse); LE ROI D'ÉGYPTE (basse); UN MESSAGER (ténor).

Des prêtres, des soldats, des esclaves éthiopiens, des prisonniers, des égyptiens, etc.

A Memphis et à Thèbes, au temps des pharaons.

Aïda fut commandé par Ismail Pacha, khédive d'Egypte, pour le Théâtre Italien du Caire, ouvert en novembre 1869. L'opéra y fut donné le 24 décembre 1871 et non pas le jour de l'inauguration, comme cela a souvent été affirmé à tort. L'accueil fut également enthousiaste pour la création à la Scala de Milan le 8 février 1872. L'auteur, qui dirigeait l'orchestre, fut rappelé 32 fois et reçut une baguette d'ivoire avec une étoile de diamant portant le nom d'Aïda et le sien incrustés en rubis et autres pierres précieuses[1].

Il est intéressant de noter que l'œuvre fut donnée à New York avant toute autre grande ville européenne — exception faite de Milan. C'était le 26 novembre 1873, à l'*Academy of Music*; Max Strakosch était au pupitre. Italo Campanini chantait le rôle de Radames, Victor Maurel celui d'Amonasro, et Annie Louise Cary celui d'Amneris. Mlle Torriani, Aïda, sans atteindre leur niveau, était tout à fait adéquate. Nanneti et Ramphis, Scolara dans le rôle du roi et Boy dans celui du messager, complétaient le plateau.

Paris n'entendit pas *Aïda* avant 1876, au Théâtre Italien; l'œuvre ne fut jouée à l'Opéra qu'en mars 1880, avec Maurel dans le rôle d'Amonasro, et Edouard de Reszke — plus tard la basse favorite du Metropolitan Opera House de New York — dans celui du roi. En 1855, *Les Vêpres siciliennes* avaient été créées dans cette salle et de nombreux incidents avaient provoqué la colère du compositeur. L'orchestre avait clairement manifesté sa réticence à suivre les indications de détail requises par l'auteur; comprenant, après avoir eu un entretien avec le chef d'orchestre, que l'on cherchait tout simplement à l'ennuyer, Verdi avait mis son chapeau et quitté le théâtre pour ne plus y remettre les pieds. En 1867, son *Don Carlos* n'obtint au Grand Opéra qu'un succès d'estime. Quand il fut question d'y jouer *Aïda*, Verdi, qui n'avait rien oublié de ces événements, refusa son autorisation jusqu'en 1880. Et quand enfin il l'accorda, ce fut à condition d'être présent. Les autorités cherchèrent à compenser le manque d'égards dont il avait souffert plusieurs années auparavant. Le président de la République donna un banquet en son honneur et le fit Grand Officier de la Légion d'honneur.

Quand le khédive demanda à Verdi de composer un opéra spécialement pour le nouveau théâtre du Caire, il s'enquit de ses conditions. Le compositeur demanda 20 000 $ et les obtint. Le sujet qu'il devait traiter, *Aïda*, avait été suggéré au khédive par Mariette Bey, le grand égyptologue français. On remit au compositeur une première version de l'intrigue à partir de laquelle Camille du Locle, ancien directeur de l'Opéra-Comique, de passage chez Verdi à Bussetto, écrivit un livret en français, « scène après scène, phrase après phrase ». Il dit par la suite que l'auteur avait manifesté le plus grand intérêt pour ce travail, allant jusqu'à suggérer la double scène du finale. Ce livret en prose fut traduit en vers italiens par Antonio Ghislanzoni, auteur de plus de 60 livrets d'opéra dont *Aïda* est le plus célèbre. Les connaissances archéologiques de Mariette Bey furent mises à contribution pour la mise en scène. « Il ressuscita la vie égyptienne du temps des pharaons; il reconstruisit l'ancienne Thèbes, Memphis, le temple de Ptah; il dessina les costumes et conçut le décor. C'est dans ces circonstances exceptionnelles que fut créé le nouvel opéra de Verdi. »

La partition était prête un an avant la première, mais la mise en scène fut retardée par la force des circonstances. Les décors et les costumes étaient réalisés par des artistes français; la guerre franco-prussienne éclata avant qu'ils aient pu être expédiés au Caire. Ils furent bloqués à Paris et la création d'*Aïda* s'en trouva suspendue.

Faut-il imputer une partie du charme, de la passion et de la tension dramatique d'*Aïda* au fait que Verdi ait eu ainsi l'occasion de revoir soigneusement son œuvre ? Ce n'est pas impossible. Nous savons qu'il apporta quelques changements à la partition terminée, éliminant, par exemple, un chœur dans le style de Palestrina qui ne lui semblait pas convenir au

---

1. Elle est maintenant au musée de la Scala, à Milan.

culte d'Isis. Le résultat fut une réduction, qui permit à la musique exotique de la scène du temple d'exercer librement toute sa fascination, due à l'atmosphère et à la couleur locale.

L'intrigue se déroule en quatre actes et sept scènes.

Acte I, scène 1. Après un bref et magnifique prélude, dont le thème principal est associé à Aïda, et une figure descendante qui sera par la suite associée aux prêtres, le rideau se lève sur une salle du palais royal à Memphis.

Les Egyptiens pensaient, après avoir envahi l'Ethiopie, que les Ethiopiens seraient longs à se remettre de leur défaite. Mais Amonasro, leur roi, a vite fait de rallier les débris de son armée en déroute, de lever de nouvelles troupes sous son étendard et de traverser la frontière. Et cela avec une telle rapidité qu'un messager a dû relier Thèbes à Memphis sans attendre pour y porter l'incroyable nouvelle : la ville sacrée elle-même est menacée.

Les prêtres offrent des sacrifices à Isis pour savoir qui elle désignera comme chef des armées égyptiennes; Radames, un jeune guerrier, espère être l'élu. Son vœu le plus cher, avec celui-ci, est de pouvoir épouser Aïda, l'esclave éthiopienne d'Amneris, quand il reviendra du combat chargé de gloire. Il exprime toutes ces aspirations dans la romance « Celeste Aïda » (Radieuse Aïda) :

Ce. leste A - i - da

qui se termine par la phrase suivante :

un tro-no vicino al sol, un tro-no vicino al sol

Il ne sait pas qu'Aïda est de sang royal; ni qu'Amneris, la fille du roi d'Égypte est amoureuse de lui, et férocement jalouse d'Aïda — jalousie qui est le ressort principal de cette intrigue et la cause de son dénouement tragique.

Un avant-goût des forces émotionnelles qui s'affronteront au cours de l'action est donné dans le « Vieni, o diletta » (Viens, très chère amie), qui commence sous forme de duo entre Amneris et Aïda, et devient ensuite un trio avec l'intervention de Radames. La princesse égyptienne y feint une amitié sincère pour son esclave tout en révélant la haine qu'elle lui porte dans des apartés.

Le roi annonce que les prêtres d'Isis ont enfin obtenu le nom du chef de l'armée égyptienne : c'est Radames ! La princesse place l'étendard royal entre ses mains, et les prêtres le conduisent vers le temple, au milieu des acclamations de la foule et au son d'une marche et d'un chœur, pour y revêtir l'armure consacrée. Amneris remarque à cette occasion le regard enflammé qu'il adresse à Aïda. Est-ce donc là raison pour laquelle il n'a pas répondu à ses discrètes avances ? Sa propre esclave serait-elle sa rivale ?

De son côté, Aïda est déchirée par des émotions contradictoires. Elle aime Radames, qui va combattre son propre peuple, le peuple éthiopien commandé par son père, Amonasro. Elle aussi est une princesse, et c'est pour la libérer de captivité que son père a levé une armée en hâte et envahi l'Egypte dans un sursaut désespéré. Autant de faits qu'elle a soigneusement cachés à ceux qui la retiennent prisonnière. Elle s'écrie, pleurant sur son triste sort : « Jamais sur terre il n'y eut de cœur plus cruellement déchiré. Ces mots sacrés, père, amant : ni l'un, ni l'autre je ne peux prononcer. Pour l'un, pour l'autre, je pleurerai et je prierai. »

On a beaucoup admiré les vers de cette aria. Ils offraient au compositeur l'occasion d'exprimer des sentiments contradictoires et il s'en est admirablement acquitté en écrivant des mesures d'une force dramatique remarquable, dont les dernières, « Numi pietà » (O ciel, piété) sont d'une beauté extraordinaire.

Scène 2. Ramphis, le grand-prêtre, est au pied de l'autel. Des prêtres et des prêtresses, puis Radames, pénètrent dans le temple de Ptah à Memphis.

Les prêtresses exécutent une danse sacrée tandis que Radamès s'avance vers l'autel. Un voile d'argent est placé sur sa tête et il reçoit l'armure consacrée pendant que continuent les chants et danses religieux.

La couleur exotique de la musique est due à l'utilisation de certains intervalles particuliers aux musiques orientales. Cet intervalle, curieux pour l'oreille occidentale, est composé de trois demi-tons. Dans les thèmes à résonance très exotique des scènes de temple dans *Aïda*, ces intervalles vont du sol au fa bémol et du ré au do bémol. Le chant sacré

emploie deux fois l'intervalle entre le ré et le do bémol, la première fois en descendant et la deuxième en montant (nous semblant alors plus familière parce que nous sommes habitués à considérer la gamme en montant, tandis que dans les systèmes orientaux elle est lue en descendant). Dans la danse sacrée

l'intervalle est du sol au fa bémol. Ces intervalles, dans ces deux exemples, sont marqués par des crochets. L'intervalle de trois demi-tons, caractéristique de la gamme orientale, ne peut pas être montré plus clairement que

dans le second crochet de la danse sacrée.

Acte II, scène 1. Les appartements d'Amneris. Des messagers reviennent du front et annoncent que Radames a mis l'armée éthiopienne en déroute et revient avec de nombreux trophées et des prisonniers. Aïda est bouleversée, elle s'inquiète du sort de son amant et de celui de son père. Amneris la met à l'épreuve à ce moment.

Aïda entre au milieu de préparatifs de fête. Amneris feint de compatir à son chagrin et essaie de la consoler de l'éventuelle perte d'un parent cher en lui apprenant que Radames, le chef des Egyptiens, a été tué au combat.

La jeune fille laisse éclater sa douleur. Amneris lui révèle alors qu'il est vivant et qu'elle lui avait tendu un piège pour s'assurer de son amour. Elle lui apprend sa propre passion pour Radames et compare cruellement sa qualité de fille de pharaon au pauvre sort d'esclave d'Aïda. Elle lui ordonne d'assister à l'entrée des armées victorieuses : « Viens, suis-moi, et tu comprendras à qui tu t'opposes, toi, prostrée dans la poussière pendant que je trônerai aux côtés du roi ! »

Tout cela a été illustré par Verdi dans le duo « Fu la sorte dell'armi a' tuoi funesta » (Le sort de la bataille a été funeste pour les tiens), qui exprime tout l'art et toute la subtilité de la princesse égyptienne face aux sentiments éperdus d'Aïda, dans un climat de tension exceptionnel.

La phrase suivante reflète particulièrement bien le mélange de hauteur et de jalousie chez Amneris :

Scène 2. Le roi, acclamé par la foule, prend place sur son trône, à sa gauche se tient Amneris, écrasant de son mépris la plus malheureuse de ses esclaves.

Les trompettes retentissent et les armées commencent à défiler devant le trône. Radames passe sous l'arche triomphale. Le roi le félicite et lui promet d'exaucer son vœu le plus cher. Radames fait conduire les prisonniers de guerre devant le roi. Quand ils entrent, l'un d'eux se détache nettement par sa fière et noble allure. Il est reconnu par Aïda qui murmure : « Mon père ! »

C'est Amonasro, le roi des Ethiopiens, qui a réussi à cacher son identité. Il raconte habilement comment il a vu le roi des Ethiopiens mourir à ses pieds de ses nombreuses blessures et demande ensuite au souverain d'épargner les prisonniers. Les captifs et Aïda soutiennent cette prière et le peuple égyptien, ému par ses propos et sa noble attitude, se rallie à leur cause; mais les prêtres protestent. Radames se joint aux prières des Ethiopiens : « O roi ! » s'écrie-t-il, par les dieux sacrés et la splendeur de votre couronne, vous avez juré de m'accorder aujourd'hui ce que je désirerais ! Que ce soit la vie sauve et la liberté pour les prisonniers éthiopiens. » Le roi donne son accord. Sur le conseil du grand-prêtre, il garde Aïda et son père en otages. Puis, désignant Amneris au jeune guerrier vainqueur, il déclare : « Radames, le pays te doit tout. Ta récompense sera la main d'Amneris. Avec elle, tu régneras un jour sur l'Egypte. »

Un cri immense s'élève de la foule. Amneris voit de la façon la plus inattendue son rêve et son triomphe sur sa rivale établis sans conteste. Aïda perd tout espoir, sachant que, pour Radames, le refus équivaudrait à la trahison et à la mort.

Finale de l'acte II. Le chœur triomphal, « Gloria all'Egitto », est retentissant et peut produire un effet splendide. Il est précédé d'une marche :

Puis vient le chœur :

Des voix de femmes s'y joignent.

Et les prêtres introduisent une note menaçante.

Les trompettes des troupes égyptiennes réalisent une très brillante modulation de la bémol en si naturel. Il s'agit des longues trompettes droites à trois valves (dont l'une seulement est utilisée). Ces trompettes, par groupes de trois, précèdent les différentes divisions de l'armée égyptienne. Les trompettes du premier groupe jouent en la bémol.

Quand le deuxième groupe fait son entrée et entonne le même thème de marche en si, la modulation harmonique d'un ton au ton supérieur rehausse immédiatement, et de façon fort impressionnante, la musique et l'action.

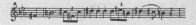

L'entrée de Radames est le sommet dramatique du spectacle. Mais le sommet émotionnel vient ensuite : Aïda reconnaissant son père; la prière des prisonniers; l'intervention de Radames et du peuple égyptien en leur faveur; la protestation véhémente des prêtres qui réclament leur mort au nom des dieux de l'Egypte; les passions diverses qui troublent Radames, Aïda et Amneris; le désir de vengeance que nourrit Amonasro : tout cela est admirablement rendu par la musique. Toute la structure repose sur la supplique d'Amonasro au roi, « Ma tu, Re, tu signore possente » (Mais toi, roi, ô seigneur tout-puissant) :

Ma tu, Re, tu sig-no-re pos-sen-te

Après que le roi d'Égypte ait donné à Radames la main de sa fille Amneris, on entend à nouveau le chœur « Gloria all'Egitto », dont les mesures retentissantes sont dominées par le cri d'Aïda :

Quel espoir me reste-t-il ?
À lui, la gloire et le trône :
A moi, l'oubli et les larmes
Qui baignent l'amour sans espoir.

Acte III. Les rives du Nil, le temple d'Isis d'où proviennent des chants de femmes. Amneris et le grand-prêtre, suivis de femmes voilées et de plusieurs gardes, vont prier la déesse dans son temple avant son mariage avec Radames.

Aïda, dans l'ombre, évoque les souvenirs de son pays natal, « Oh, patria mia, mai più ti rivedrò » (O ma patrie que jamais je ne reverrai).

O cieli az-zur-ri o dol- ci au-re na-ti - ve

La liberté de la forme et la richesse d'expression des mélodies ont valu à cette aria de nombreux admirateurs dès le soir de la première. Elle demeure la plus célèbre du répertoire italien de soprano dramatique.

C'est ici que Radames a donné rendez-vous à Aïda. Mais Amonasro, qui a percé le secret de sa fille et deviné qu'elle viendrait ici retrouver le fiancé d'Amneris, la rejoint. Les Ethiopiens ont repris les armes. De nouveau Radames va mener les Egyptiens au combat. Si Aïda pouvait savoir quel chemin il compte emprunter avec son armée, cela permettrait de lui dresser une embuscade.

Aïda est d'abord horrifiée par cette idée. Mais son père sait lui parler de l'amour du pays et attiser sa jalousie. Elle finit par céder, et il se retire dans l'ombre au moment où les pas de Radames se rapprochent.

Le duo entre Amonasro et Aïda est dans la ligne des grands duos verdiens. Son impact dramatique est considérable, et la manière dont la progression du drame est exprimée en termes purement musicaux est sans égale. Amonasro établit son influence sur Aïda dans une phrase dont la parenté avec celle de Leonora dans *La Forza* est très étroite.

Andante
Pen-sa che un po- po-lo vin-to, straz-zia-to

Radames déclare une fois de plus son amour à Aïda, mais elle accueille assez froidement ses serments soulignant qu'on prépare en ce moment son mariage avec une autre. Il lui dévoile alors ses plans : il mènera les Egyptiens à la victoire et, revenant avec de nouveaux lauriers, demandera au roi la main d'Aïda en récompense des services rendus à la patrie. Mais Aïda connaît la puissance d'Amneris et sait que sa vengeance sera terrible. Elle propose à Radames de s'enfuir avec elle en Éthiopie.

Ici débute leur grand duo d'amour « Fuggiam gli ardori inospiti ». Ensorcelé par sa voix, fasciné par les visions de bonheur qu'elle évoque, Radames oublie un instant son pays et son devoir : « L'amour nous guidera », s'écrie-t-il.

Ce duo au charme exotique commence par les phrases du récitatif d'Aïda. J'en citerai deux passages : « Là tra foreste vergini » (Au cœur des forêts vierges),

dolciss
Là   tra fo-res te   ver-gi- ni,

et « In estasi la terra scorderem » (Heureux, nous oublierons le monde).

Puis, feignant de s'inquiéter, Aïda demande : « Quel chemin prendrons-nous pour éviter l'armée égyptienne ? », et Radames, tombant dans le piège, lui révèle la route que suivra l'armée, celle du col de Napata.

Une voix fait écho à ces mots : « Le col de Napata ». Amonasro sort de sa cachette et révèle à Radames, stupéfait, son identité. Au même moment, un cri retentit du temple : « Traître ! » C'est la voix d'Amneris qui, avec le grand-prêtre, a tout entendu. Amonasro veut poignarder Amneris mais Radames s'interpose et ordonne au roi d'Ethiopie de fuir avec sa fille Aïda. Puis il se constitue prisonnier.

Acte IV, scène 1. Une salle du palais royal. Amneris guette le passage de Radames qu'on conduit à son jugement. Leur duo est un passage magnifiquement dramatique où elle supplie Radames de se disculper et éclate de fureur devant son refus. Pour Radames, tout est fini : il ne vivra pas sans Aïda.

Par trois fois Ramphis accuse Radames de trahison, et par trois fois,

Radames reste silencieux devant l'accusation. Le jugement est prononcé, il sera emmuré vivant. Des phrases musicales d'une extrême intensité dramatique expriment les sentiments qui agitent l'âme de la princesse : haine, amour et désespoir. Amneris domine réellement cette scène qui, renforcée par la glaciale malédiction des prêtres, constitue l'un des plus grands passages pour mezzo-soprano du répertoire d'opéra.

Scène 2. Le décor est divisé en deux niveaux. A l'étage supérieur se trouve le temple, resplendissant de lumière et d'or; au-dessous, une salle souterraine et de longues enfilades de piliers qui se perdent dans l'obscurité. Une colossale statue d'Osiris, les mains jointes, soutient les piliers de la voûte.

Au-dessus, dans le temple, Amneris et les prêtresses prient, agenouillées. Au-dessous Radames, emmuré se croit voué à une mort solitaire; soudain il entend son nom, prononcé doucement par une voix familière. C'est Aïda, qui s'est introduite secrètement dans le donjon avant le jugement, et s'y est cachée pour y mourir avec lui.

Leur dernier chant est passionné et sublime : « O terra, addio ».

K.

Otello

Opéra en 4 actes de Verdi; liv. d'Arrigo Boito, d'après le drame de Shakespeare. Créé à la Scala de Milan, 5 février 1887, avec Pantaleoni, Tamagno, Maurel, dir. Faccio. Première à New York, 1888, avec Eva Tetrazzini, Marconi (plus tard Campanini), Galassi; Lyceum Theatre, Londres, 1889, avec Cataneo, Tamagno, Maurel, dir. Faccio; Covent Garden, 1891, avec Albani, Jean de Reszke, Maurel; Metropolitan de New York, 1894, avec Albani, Tamagno, Maurel; Opéra de Paris, 1894, version fr. de Boito et du Locle, avec Caron, Heglon, Saleza, Maurel, Vaguet, dir. Taffanel. Reprises : 1955, avec Crespin, Luccioni, Bianco, dir.

Sebastian; 1966, avec Tatum, Craig, Gobbi; 1976, avec Price, Berbie, Domingo, Bacquier, dir. Solti. Reprise à Covent Garden, 1926, avec Lehmann, Zenatello, Stabile; 1928; 1933 avec Pampanini, Melchior, Rimini; 1937 avec Ciani (plus tard Norena), Martinelli, Formichi (plus tard Tibbett), dir. Beecham; 1950, par la compagnie de la Scala, avec Tebaldi, Vinay, Bechi, dir. de Sabata; 1955, avec Brouwenstijn, Vinay, Otakar Kraus, dir. Kubelik. Reprise au Metropolitan, 1902, avec Eames, Alvarez, Scotti; 1937. Reprise à la Scala, 1927, avec Scacciati, Trantoul, Stabile, dir. Toscanini; 1935; 1938, dir. de Sabata; 1942; 1947, dir. de Sabata. Après la mort de Tamagno, Zenatello et Slezak furent les plus grands interprètes du rôle d'Otello, suivis ensuite par Zanelli, puis Martinelli; après 1945, la vedette revint à Vinay et à del Monaco. Parmi les chanteurs célèbres qui ont interprété ce rôle, on note Pertile, Vickers, McCraken, Domingo et, en Angleterre, Frank Mullings.

PERSONNAGES

OTELLO, *Maure, général de l'armée vénitienne* (ténor); IAGO, *son enseigne* (baryton); CASSIO, *son lieutenant* (ténor); RODERIGO, *gentilhomme vénitien* (ténor); LODOVICO, *ambassadeur de la république de Venise* (basse); MONTANO, *prédécesseur d'Otello à Chypre* (basse); UN HÉRAUT (baryton); DESDEMONA, *épouse d'Otello* (soprano); EMILIA, *épouse de Iago, suivante de Desdemona* (mezzo-soprano).

Des soldats, des marins vénitiens, des habitants de Venise, des Cypriotes.

Dans un port cypriote, à la fin du XVe siècle.

On a dit d'*Otello* que c'était l'opéra parfait. Il apparut seize ans après *Aïda*; dans l'intervalle, seul le *Manzoni Requiem* (1884) avait permis au public de constater que le vieux musicien n'avait pas abandonné la composition. Pour *Otello*, Verdi travailla avec l'un des tout premiers poètes d'Italie, Boito, lui-même excellent compositeur. Les premières représentations connurent un succès considérable, qui se mua en respect avec les années. L'œuvre continue d'attirer les foules et, en dépit de la difficulté de trouver un ténor qui puisse chanter le rôle principal, tient dans le répertoire international une place au moins aussi importante que *Don Giovanni* ou *Tristan*.

Dans *Otello*, comme dans son autre opéra shakespearien, *Macbeth*, Verdi a contribué à l'élaboration du livret. Il faut cependant porter au crédit de Boito l'exploit que représente la concentration du livret. Les scènes vénitiennes ont été supprimées, et chacun des quatre actes est

joué sans interruption, avec, au maximum, un changement de décor (à l'acte III).

Acte I. Le chœur attend l'arrivée du navire d'Otello, pris dans la tempête. Cet orage prépare l'apparition d'Otello; son premier cri triomphal, « Esultate ! l'orgoglio musulmano sepolto è in mar » (Réjouissez-vous ! L'océan a englouti les musulmans), accompagne une entrée splendide et montre le guerrier dans tout son éclat.

Acclamé par la foule, Otello se dirige vers le château, suivi de Cassio, de Montano et des soldats. Le peuple allume un feu de joie et danse en chantant « Fuoco di gioia ». Il ressort d'une conversation entre Roderigo et Iago que ce dernier déteste Otello, à qui il semble pourtant si dévoué, parce qu'il a promu Cassio lieutenant à sa place et que Roderigo est épris de Desdemona.

Iago décide d'enivrer Cassio pour causer sa perte. Il chante un air à boire, « Inaffia l'ugola » (Trinquons ensemble), que Cassio essaie vainement de reprendre après lui; sous l'effet de l'alcool, Cassio supporte mal les railleries de Roderigo que Iago a stimulé contre lui. Montano essaie de les calmer.

Mais Cassio dégaine son épée et Montano est blessé au cours du combat. Le tumulte attire Otello qui fait cesser la rixe d'une voix impérieuse, « Abbasso le spade » — « Keep up your bright swords » chez Shakespeare. Le Maure renvoie Cassio, et Iago marque un premier point.

La foule se disperse, le calme revient sur scène : Otello et Desdemona sont seuls. Dès sa première apparition, Desdemona se distingue par son extrême isolement. Sa présence met en valeur un aspect totalement nouveau du caractère d'Otello. Jusqu'ici, nous avons vu un homme de grande autorité; mais, dans le duo d'amour, le poète se révéle si persuasif que nous en conserverons le souvenir plus tard, lors de sa chute. Pour ce duo, Boito a utilisé des vers de la scène du Sénat (Shakespeare, acte I) et du passage où Otello accueille Desdemona à Chypre.

C'est, dans tout Verdi, le seul duo d'amour qui ne soit menacé ni par l'urgence ni par l'interruption. Le compositeur révèle ici la sensibilité des deux amants, la maturité impétueuse d'Otello et la sérénité passionnée de Desdemona; il leur donne fréquemment une même phrase à chanter, en la différenciant par une touche d'une justesse et d'une subtilité inouïes. Juste avant la fin de l'acte, Otello enlace Desdemona; la phrase musicale qui intervient alors réapparaîtra juste avant la fin de l'opéra :

Acte II. Au rez-de-chaussée du palais. Iago, qui veut rendre Otello jaloux de Desdemona, conseille à Cassio de la faire intervenir pour plaider sa cause. Resté seul, Iago chante son célèbre « credo » : « Credo in un Dio crudel che m'ha creato simile a sè » (Je crois en un dieu cruel qui m'a fait à son image). Ce passage est souvent considéré comme un chef-d'œuvre d'invective; il correspond surtout à une simplification du personnage shakespearien, les vers et les sentiments étant imputables seulement à Boito. Dans l'accompagnement, les trompettes sont particulièrement remarquables.

Quand Otello s'approche, Iago regarde fixement dans la direction de Desdemona et de Cassio, s'exclamant, au moment où Otello entre : « Ah, je n'aime pas cela. » Tout comme dans la scène correspondante de la pièce de Shakespeare, Otello le presse de questions et il y répond habilement, réussissant à attiser sa jalousie. Chaque parole sonne parfaitement juste, et l'intensité croissante de la musique est calculée tout au long de l'acte pour s'adapter parfaitement à l'irrésistible montée de l'action à ce moment-là. Des femmes cypriotes chantent un madrigal à Desdemona. Otello est prêt à oublier tout soupçon, quand Desdemona lui demande de pardonner à Cassio et insiste maladroitement. Dans le quatuor qui s'ensuit, réunissant Emilia, Desdemona, Otello et Iago, le poison de la jalousie fait son œuvre. Puis Otello renvoie Desdemona, après que Iago ait saisi l'occasion de s'emparer du mouchoir qui jouera un rôle déterminant dans l'évolution de l'intrigue.

Otello et Iago se retrouvent seuls. Otello dit combien il souffre d'avoir perdu la paix de l'âme et d'être torturé par le doute : « Ora e per sempre addio » (Maintenant, et pour toujours, adieu). C'est l'équivalent de l'adieu aux armes dans la pièce; l'expression musicale est beaucoup plus directe qu'au début de l'acte, opposant en cela Otello déterminé à Otello perplexe.

Iago prétend le calmer, mais la fureur du Maure atteint une telle violence qu'il menace de le tuer s'il s'avère que ses accusations sont mal fondées. Iago décrit le rêve de Cassio la nuit précédente qui a parlé sans détours de son amour pour Desdemona... La musique qui illustre son récit est admirablement suggestive :

Il prétend avoir vu dans les mains de Cassio le mouchoir qu'Otello avait donné à sa femme le jour de leur mariage.

La colère d'Otello ne connaît plus de limites; il se jure de prouver la culpabilité de Desdemona et de se venger; Iago se joint à son serment : « Si, pel ciel marmoreo giuro » (Oui, je le jure devant le ciel).

Acte III. La grande salle du palais. Après une brève scène où l'on annonce l'arrivée des ambassadeurs de Venise,

Desdemona fait son entrée. Ignorant totalement la raison de l'étrange comportement d'Otello, elle tente une fois encore de plaider la cause de Cassio :

Boito a tiré parti de leur divergence : Otello est obsédé par le mouchoir et ne parle que de lui, tandis que Desdemona le presse encore de restaurer Cassio dans sa fonction; Desdemona, à genoux, jure qu'elle est fidèle à son époux, « Esterrefatta fisso » (A genoux devant toi); mais la fureur d'Otello, mêlée d'ironie et d'hystérie, atteint un point tel qu'elle s'enfuit.

Iago revient, annonçant l'arrivée de Cassio, la musique s'élève brusquement et va jusqu'à la stridence.

Otello se cache; Iago fait entrer Cassio en lui parlant de Bianca; Otello n'entend qu'à moitié et imagine que la conversation concerne Desdemona. Au cours de ce trio, Iago va faire en sorte que Cassio sorte le mouchoir de sa poche, de façon à ce qu'Otello puisse le voir (il l'a porté dans ses appartements après l'avoir volé à Emilia). Cassio sort dès qu'il entend les trompettes annonçant l'arrivée des ambassadeurs vénitiens. En quelques mesures, sur fond d'acclamations de foule, Otello décide avec Iago que Desdemona mourra le soir même dans le lit qu'elle a déshonoré.

Arrivée des ambassadeurs vénitiens. Ils annoncent qu'Otello est rappelé à Venise et que Cassio deviendra gouverneur de Chypre à sa place. Devant les ambassadeurs, Otello jette son épouse à terre, tous se joignent à elle pour implorer son pardon; à la fin de l'ensemble, Otello leur ordonne de quitter la salle. Débordant de rage et d'émotion, Otello s'évanouit tandis qu'au-dehors le peuple, persuadé que son retour à Venise signifie de nouveaux honneurs, l'acclame. Iago, au faîte de sa puissance, lance son cri triomphant, « Ecco il Leon » (Le voilà, le Lion), devant le corps inanimé d'Otello.

Acte IV. La chambre de Desdemona. L'introduction orchestrale est d'une grande beauté; suit un bref dialogue entre Desdemona et Emilia. Desdemona chante la pathétique « chanson du Saule », « Piangea cantando ».

Quand Emilia quitte la pièce, le cri bouleversant de Desdemona la rappelle : « Ah, Emilia, addio ». C'est le sommet de cette scène pathétique entre toutes.

Desdemona s'agenouille et entonne un sublime « Ave Maria » que les violons achèvent sur un la bémol aigu. Les contrebasses annoncent l'entrée d'Otello par un mi grave *pianissimo*,

cinq octaves et demi en dessous. Il se dirige vers le lit de Desdemona; puis il hésite et l'embrasse trois fois. Il tente vainement de lui faire avouer le crime dont il la croit coupable et l'étrangle en dépit de ses protestations d'innocence. Emilia frappe à la porte, entre, et annonce que Cassio a tué Roderigo. Elle entend les derniers soupirs de Desdemona et se précipite hors de la chambre en criant que sa maîtresse a été assassinée. Cassio, Iago et Lodovico accourent. Emilia révèle alors le rôle joué par Iago; Montano, qui a recueilli les dernières paroles de Roderigo, le confirme. Iago réussit à s'échapper. Otello saisit son épée, défiant l'assistance de la lui reprendre. « Niun mi tema » (N'ayez crainte). Il s'adresse alors à Desdemona, morte, sur un ton qui contraste étonnamment avec la musique précédente et n'en est que plus pathétique. Il se frappe de son arme tandis que résonne le thème associé au baiser dans le duo d'amour : « Un bacio, un bacio ancora, un altro bacio » et s'effondre auprès du corps de Desdemona.

K., H.

Falstaff

Opéra en 3 actes de Verdi; liv. d'Arrigo Boito. Créé à la Scala de Milan, 9 février 1893, avec Stehle, Zilli, Pasqua, Garbin, Maurel, Pini-Corsi, Paroli, Arimondi, dir. Mascheroni. Première à l'Opéra-Comique, Paris 1894, avec Grandjean, Landouzi, Delna, Chevalier, Maurel, Soulacroix, Clement, dir. Danbe; Châtelet, 1910, dir. Toscanini; Opéra, 1922; Covent Garden, 1894; Metropolitan de New York, 1895, avec Eames, de Lussan, Schalschi, Russitano, Maurel, Campanari, dir. Mancinelli. Reprises à La Scala, 1921, avec Ganetti, Marmora, Casazza, de Paolis, Stabile, Badini, dir. Toscanini; 1926, dir. Panizza; 1931; 1936, dir. de Sabata; 1950, avec Tebaldi, Noni, Barbieri, Francesco Albanese, Stabile, Silveri, Siepi, dir. de Sabata. Reprises à Covent Garden, 1926, avec Stabile; 1937, dir. Beecham; 1950, par la compagnie de la Scala, Reprises au Metropolitan en 1925, avec Bori, Alda, Telva, Gigli, Scotti, Tibbett, dir. Serafin; 1938, avec Tibbett, dir. Panizza. Salzbourg, 1935, avec Caniglia, Mason, Cravcenco, Dino Borgioli, Stabile, Biasini, dir. Toscanini; Festival de Florence, 1955, avec Tebaldi, Barbieri, Campora, Gobbi et Stabile, Capecchi, dir. Votto; Covent Garden, 1961, avec Angioletti, Freni, Resnik, Geraint Evans, Shaw, dir. Giulini.

PERSONNAGES

SIR JOHN FALSTAFF (baryton); FENTON, *jeune gentilhomme* (ténor); FORD, *riche bourgeois* (baryton); Dr CAÏUS (ténor); BARDOLPH et PISTOL, *valets de Falstaff* (ténor et basse); ALICE FORD, *femme de Ford* (soprano); NANETTA, *sa fille* (soprano); MRS. PAGE (mezzo-soprano); MRS. QUICKLY (contralto).

Des bourgeois, des badauds, des domestiques de Ford, etc.

A Windsor, sous le règne d'Henri IV.

Si la composition d'*Otello* fut entourée d'un certain mystère, ce ne fut rien au regard de celle de *Falstaff* que Verdi écrivit purement pour son plaisir, dans le plus grand secret et sans la moindre intention de le faire jouer. Il semble que le compositeur, alors très âgé, ait mis la dernière touche à sa partition avec un certain regret, convaincu qu'il s'agissait là de sa dernière œuvre. Cela est vrai en ce qui concerne l'opéra, mais les « Quattro Pezzi Sacri » ont témoigné par la suite que son génie créateur n'était pas éteint.

Le *Falstaff* de Verdi est loin d'être la première adaptation lyrique de la comédie de Shakespeare, *The Merry Wives of Windsor*. Le *Falstaff* de Salieri fut créé à Vienne, 1798; celui de Balfe, à Londres, 1838; et l'opéra d'Otto Nicolai, *The Merry Wives of Windsor*, est cité au chapitre IV de ce livre.

Le personnage de Falstaff apparaît également dans *Le Songe d'une nuit d'été* d'Ambroise Thomas (qui écrivit aussi un *Hamlet*), créé à Paris, 1850; un contemporain a écrit : « Le personnage est traité d'une main experte, surtout dans le premier acte, qui est un chef-d'œuvre de comédie lyrique ».

Une pièce en un acte d'Adolphe Adam, *Falstaff*, fut jouée au Théâtre Lyrique, 1856. Depuis Verdi, seul Vaughan Williams semble s'être risqué à mettre *Falstaff* en musique : *Sir John in Love*, 1935. Le court opéra de Holst, *At the Boar's Head*, utilise les scènes de taverne d'*Henry IV*.

Acte I. Une salle de l'auberge de la Jarretière. Le Dr. Caïus vient se plaindre de ce que Falstaff est entré chez lui et a battu ses domestiques; de plus, Bardolph et Pistol l'ont volé après l'avoir enivré. Falstaff se moque de lui. Caïus jure alors de ne plus jamais boire qu'en compagnie de gens honnêtes, connus pour leur piété. Il sort après cette déclaration grandiloquente tandis que Pistol et Bardolph, battant la mesure, entonnent un « Amen ». Falstaff les interrompt, trouvant qu'ils ne chantent pas en mesure.

Falstaff regarde la note de l'aubergiste et constate qu'il ne lui reste pas assez d'argent. Il se plaint d'avoir à nourrir ses deux compères qui lui coûtent si cher qu'il va bientôt être réduit à la mendicité et, si cela se trouve, être obligé de maigrir. Or, tout le monde sait que Falstaff maigre n'est plus Falstaff. Les autres applaudissent cette lucidité – « Falstaff immenso ! enorme Falstaff ! »; il leur raconte qu'il est épris de deux dames, les épouses de Ford et de Page. Il a écrit deux billets doux que Bardolph et Pistol vont aller porter à leurs destinataires. Mais voilà qu'ils refusent : leur honneur leur interdit de se prêter à une telle transaction. Les maudissant, Falstaff charge un garçon d'auberge de la commission. De quel droit ces ruffians peuvent-ils parler d'honneur ? Boito a ici transcrit le monologue sur l'honneur, que Verdi a illustré d'une musique admirablement juste et savoureuse :

« L'onore ! Ladri ! » A la fin, Falstaff ramasse un balai et chasse les deux compères hors de la pièce.

Le jardin de la maison de Ford. L'orchestre dit clairement que nous sommes en présence des joyeuses épouses, Alice Ford, Meg Page et Mrs. Quickly. Ann Ford[1] (Nanetta) est avec elles. Meg est venue avec Quickly montrer à Alice Ford la lettre qu'elle vient de recevoir de Falstaff. Alice lui montre aussitôt la sienne et les quatre femmes les lisent ensemble; leurs textes, à part l'adresse, sont absolument identiques. Elles sont mi-amusées, mi-fâchées et décident de tirer vengeance du gros chevalier.

Pendant ce temps, Ford passe devant sa maison avec Caïus, le jeune Fenton (qui est épris de Nanetta mais n'est pas agréé par son père), Bardolph et Pistol. Ces deux derniers ont trahi leur maître et c'est par eux que Ford vient d'apprendre les projets de Falstaff. Il envisage aussi de se venger, et les deux ensembles — le quatuor féminin et le quintette masculin — se superposent, parfois mêlés, parfois distincts. Fenton et Nanetta s'écartent un instant pour un court duo d'amour, qui se termine par une phrase d'une beauté exquise :

Boc-ca ba-cia-ta non per-de ven-tu-ra. An-zi rin-
dolgica
-no-va co-me fa la luna

Épouses et maris entrent, et mettent séparément au point les derniers détails de leurs plans de vengeance respectifs. C'est le célèbre ensemble où Verdi associe ce qu'ils chantaient auparavant en deux parties distinctes; sa difficulté notoire est due au fait que les hommes chantent *alla breve*, et les femmes à 6/8.

1. Ann Page chez Shakespeare.

Acte II. L'auberge de la Jarretière. Falstaff est toujours attablé. Feignant le repentir, Pistol et Bardolph implorent son pardon. Ils annoncent à Falstaff qu'une vieille femme veut lui parler. Quickly entre et fait une profonde révérence au chevalier, accompagnée par l'orchestre : « Reverenza ». Falstaff est toute condescendance et amabilité : « Buon giorno, buona donna » :

Re-ve-ren-za! Buon gior-no buona don-na. Re-ve-ren-za!

et Quickly lui transmet les messages des deux dames. Alice recevra le chevalier, mais Meg est trop jalousement gardée par son mari pour pouvoir même se trouver seule. Alice le verra entre deux et trois heures, quand son mari sera sorti (« Dalle due alle tre »). Falstaff répète ces mots avec une satisfaction évidente et promet à Quickly qu'il sera là à l'heure dite. Resté seul, il pense à sa bonne fortune et chante « Alice è mia » tandis que l'orchestre résume sa satisfaction et son attente :

Allegro sostenuto

Puis il se pavane, content de lui, « Va, vecchio John », avant qu'on introduise le visiteur suivant.

C'est Ford. Il se présente à Falstaff sous le nom de Mr. Brooks (Signor Fontana) et appâte le chevalier avec une bourse pleine : il dit être amoureux de Mrs. Ford qu'il ne parvient pas à séduire; Falstaff ne pourrait-il pas la courtiser afin de lui préparer la voie ? Falstaff laisse apparaître son amusement dans une petite chanson triomphale :

L'a-mor, l'a-mor che non ci dà mai tre-
-que Fin-chè la vi-ta strug-ge.

Jubilant, il lui déclare qu'il a rendez-vous avec cette dame l'après-midi même et qu'il saura sûrement saisir l'occasion d'obtenir ce qu'il désire. Ford lui demande alors s'il connaît le mari d'Alice et s'entend décrire de façon injurieuse et méprisante. L'effet comique est riche sans être forcé, et ce duo clôt brillamment la série de scènes de ce type dans l'œuvre de Verdi.

Ford reste seul, en proie à une terrible jalousie. Ecrire un tel monologue juste après avoir conçu un chef-d'œuvre de passion jalouse et tragique dans *Otello* aurait pu présenter des difficultés. Verdi s'est joué du danger, réussissant une résurrection parfaite du cocu enragé dans la comédie élizabethaine. Falstaff revient et ils sortent au bras l'un de l'autre.

La maison de Ford où les quatre femmes s'apprêtent à offrir à Falstaff l'accueil qu'il mérite. Une conversation entre Mrs. Ford et Nanetta nous enseigne que Ford veut marier sa fille au vieux pédant, le Dr. Caïus, alors que celle-ci veut épouser Fenton. Sa mère lui promet son soutien. Alice mène un ensemble à mélodie *staccato*, et Quickly les avertit de l'arrivée de Falstaff.

Alice s'assoit et commence à jouer du luth. Falstaff chante ses louanges en termes extravagants, puis une petite chanson à la mélodie irrésistible : « Quando ero paggio del Duca di Norfolk » (Quand j'étais page du duc de Norfolk), où il évoque sa silhouette élégante et mince de jeune homme. Ils sont interrompus par Quickly qui vient les prévenir du retour de Ford. On cache Falstaff derrière un paravent, juste avant

l'entrée de Ford. Il commence à fouiller la maison, aidé de ses domestiques; les femmes poussent Falstaff dans un grand panier à linge sale qu'elles referment précipitamment. A peine est-ce fait que Ford revient et entend des baisers derrière le paravent. Il rassemble toute la maisonnée, écarte le paravent, et trouve Fenton et Nanetta qui ont profité de la confusion. La fureur de Ford redouble et il se précipite dehors. Les femmes appellent les servantes pour qu'elles soulèvent le panier et en vident le contenu par la fenêtre qui donne sur la Tamise. Quand Ford revient, sa femme lui montre Fasltaff qui se débat dans l'eau.

Acte III. Falstaff est venu reprendre ses forces à l'auberge de la Jarretière. Il est d'humeur morose et demande du vin. La scène, qui avait commencé dans l'invective et le reproche, se termine par un panégyrique à la louange du vin, accompagné des trilles de l'orchestre.

Une fois de plus, Quickly vient le saluer (à son grand déplaisir, il faut l'admettre) et lui proposer un rendez-vous avec Alice. Falstaff ne veut plus entendre parler de rien et il faut toute la force persuasive de Quickly pour l'amener, ne serait-ce qu'à écouter, puis à accepter un lieu de rencontre. Il accepte de retrouver Alice à minuit devant le chêne du Chasseur dans le parc de Windsor. Nous apprendrons un peu plus tard, par Alice et ses amies, que Falstaff doit se présenter sous le déguisement du chasseur noir lui-même — celui qui, selon la légende, s'est pendu à ce chêne, si bien que l'endroit est maintenant hanté par les sorcières et les esprits.

La scène se termine par un ensemble où les femmes organisent avec Fenton la mascarade prévue pour le soir même, tandis que Ford et Caïus décident que les fiançailles de Nanetta et de ce dernier seront annoncées à cette occasion. Les femmes s'interpellent dans les coulisses et les cordes jouent quinze mesures d'un commentaire idyllique, tandis que la nuit tombe.

Le chêne de Herne le chasseur, au clair de lune. Les appels du cor et les rappels du thème de son duo d'amour forment la base du prélude à l'air de Fenton par lequel commence l'acte. Il est empreint de la même douceur que le duo d'amour et finit par les mêmes motifs amoureux.

Chacun revêt hâtivement son costume, et l'instant suivant Falstaff arrive. Sa tête est coiffée de bois de cerf et il est enveloppé dans une grande cape. Les coups de minuit sonnent, à chaque fois repris par Falstaff; il se remet de l'incongruité de son déguisement en songeant à Jupiter venu séduire Europe sous la forme d'un taureau. Pendant un moment il est seul avec Alice, mais ils sont bientôt interrompus par des bruits; Alice disparaît, le laissant se débrouiller.

Nanetta, déguisée en reine des fées, rassemble sa suite autour d'elle; tous font des pirouettes et elle chante. La musique est ici d'une extrême délicatesse, aussi bien pour le chœur que pour le soprano : « Sul fil d'un soffio etesio » (Dans les charmilles et les grottes secrètes). Bardolph trébuche sur Falstaff, qui s'est couché, la tête entre les mains, pour ne pas voir les fées. Il appelle les autres : les joyeuses épouses, la suite de Ford, tous masqués et déguisés, qui taquinent et rabrouent Falstaff jusqu'au moment où il reconnaît Bardolph parmi ses bourreaux. Chacun enlève son masque et la déconvenue de Falstaff est totale. Il tente courageusement de sauver la face en affirmant que la plaisanterie était réussie grâce à lui, et tous — même Ford — admettent que son esprit suffit à le racheter, en dépit de ses énormes défauts.

Ford prend sa fille par la main et déclare ses fiançailles officielles avec Caïus. Il en fait autant pour un couple masqué qu'Alice lui présente. Il est trop tard quand il réalise que Bardolph avait revêtu les vêtements de Nanetta et que c'est lui qu'il vient de promettre à Caïus, l'autre couple déguisé étant formé de Fenton et Nanetta. Falstaff ne peut résister à la tentation de demander à Ford qui est maintenant la dupe. Mais Alice ne veut pas qu'il s'en sorte aussi facilement; il doit s'aligner aux côtés de Ford et de Caïus, parmi les dupes. Ford n'a plus qu'à bénir sa fille et Fenton tandis que Falstaff entraîne l'assemblée dans la fugue finale : « Tutto nel mondo è burla. L'uom è nato burlone » (Tout au monde n'est que farce, et l'homme est né bouffon) :

Pour la deuxième fois dans sa carrière[1], Verdi, qui méprisait l'académisme, a terminé un opéra shakespearien de la façon la plus académique : par une fugue.

Il faudrait un ouvrage à part pour décrire *Falstaff* avec une précision suffisante, qui rende compte de la variété infinie de la partition. Il y a dans l'écriture des ensembles une rapidité d'expression, un scintillement, une vivacité de mouvement, une

1. La première fois dans *Macbeth*.

économie de moyens tels qu'on n'en a jamais vus depuis Mozart; et il serait difficile d'imaginer le compositeur des opéras antérieurs à *Macbeth* concevant des mesures d'un tel raffinement, à la fois expressives et retenues. La musique est encore plus fluide que celle d'*Otello;* les idées rythmiques sont saisies, abandonnées et reprises avec une dextérité digne de Shakespeare. Le tout est d'une légèreté aérienne, mais le Falstaff qui s'en détache, bien que parlant italien, est plus shakespearien et plus anglais que toutes les adaptations existantes du personnage.

H.

12. L'Opéra italien
(suite)

AMILCARE PONCHIELLI
(1834-1886)

La Gioconda

Opéra en 4 actes de Ponchielli; liv. d'Arrigo Boito. Créé à la Scala de Milan, 8 avril 1876, avec Mariani, Biancolini-Rodriguez, Barlani-Dini, Gavarre, Aldighieri, Maini. Première à Covent Garden, 1883, avec Maria Durand, Stahl, Tremelli, Marconi, Cotogni, Edouard de Reszke; Metropolitan, 1883, avec Nilsson, Fursch-Madi, Stagno, del Puente, Novarre. Reprises : Metropolitan, 1904, avec Nordica, Homer, Walker, Caruso, Giraldoni, Plançon; Covent Garden, 1907, avec Destinn, Kirkby Lunn, Thornton, Bassi, Sammarco, Journet, dir. Campanini; Metropolitan 1925, avec Ponselle, Telva, Gigli, Danise, Mardones, dir. Serafin; la Scala, Milan, 1927, dir. Toscanini. Reprise à la Scala de Milan, 1952, avec Callas[1], di Stefano, dir. Votto.

PERSONNAGES

LA GIOCONDA, *chanteuse de ballades* (soprano); LA CIECA, *sa mère aveugle* (contralto); ALVISE BADOERO, *l'un des chefs de l'Inquisition* (basse); LAURA, *son épouse* (mezzo-soprano); ENZO GRIMALDO, *noble génois* (ténor); BARNABA, *espion de l'Inquisition* (baryton); ZUANE, *batelier* (basse); ISÈPO, *scribe public* (ténor); UN PILOTE (basse).

Des moines, des sénateurs, des marins, des charpentiers, des seigneurs et leurs épouses, des gens du peuple, des masques, des gardes, etc.

A Venise, au XVIIe siècle.

Chaque acte de *La Gioconda* porte un titre distinct : acte I « La Gueule du Lion », acte II « Le Rosaire », acte III « La Maison d'Or », acte IV « Le Canal Orfano ». Le titre de l'opéra peut être traduit par « La Chanteuse de ballades », mais c'est toujours le titre italien qui est retenu.

Acte I. La grande cour du palais ducal, décorée pour une fête. Sur la

1. Qui fit ses débuts en Italie dans le rôle de la Gioconda en août 1947, aux Arènes de Vérone.

gauche, la table de l'écrivain public; d'un côté de la cour, l'une des gueules de lion historiques, avec l'inscription suivante se détachant en lettres noires sur le mur :

POUR LES DÉNONCIATIONS SECRÈTES
A L'INQUISITION,
CONTRE TOUTE PERSONNE,
DANS L'IMPUNITÉ ET LE SECRET,
ET POUR LE BIEN DE L'ÉTAT.

Barnaba, adossé à une colonne, observe la foule. Une petite guitare est accrochée à son cou.

Le peuple chante gaiement « Feste e pane ». Barnaba annonce le début de la régate, et tous se précipitent. Il les regarde avec mépris : « Ils dansent au-dessus de leurs tombes ! » s'écrie-t-il. Gioconda accompagne La Cieca, sa mère aveugle. Leur scène est d'une grande tendresse : « Figlia, che reggi il tremulo piè » (Fille, qui conduit mes pas hésitants).

Barnaba est amoureux de Gioconda, mais elle l'a repoussé à plusieurs reprises, car elle est éprise d'Enzo, un noble proscrit par les autorités vénitiennes, néanmoins revenu en ville sous le déguisement d'un capitaine de navire. Son bateau est amarré dans la lagune Fusina.

Barnaba la courtise, elle lui échappe et s'enfuit en courant, laissant sa mère seule, assise près du portail de l'église. Barnaba a toujours désiré s'emparer de La Cieca pour forcer sa fille à lui céder. Voilà l'occasion rêvée. La foule revient, portant en triomphe le vainqueur de la régate. Zuàne, le concurrent malheureux, Gioconda et Enzo entrent en scène avec eux. Barnaba insinue que La Cieca est une sorcière, qui a provoqué la défaite de Zuàne par quelque maléfice. On s'empare de la vieille femme.

Les portes du palais s'ouvrent au moment où la confusion est à son comble. Alvise apparaît en haut de l'escalier avec sa femme, Laura, masquée. Il fait cesser l'émeute.

Barnaba remarque les regards que Laura, sous son masque, lance à Enzo; et il note que celui-ci semble avoir reconnu la jeune femme et en concevoir un certain trouble. Gioconda s'agenouille aux pieds d'Alvise et implore le pardon pour sa mère. Laura intercède aussitôt en faveur de la vieille femme aveugle, et Alvise ordonne qu'on la laisse aller. Dans un des airs les plus expressifs de l'opéra, « Voce di donna, o d'angelo » (Voix de femme, ou d'ange), La Cieca remercie Laura et lui offre un rosaire, étendant ses deux mains pour la bénir.

Elle lui demande quel est son nom. L'épouse d'Alvise, toujours masquée, répond « Laura » en regardant Enzo. « C'est elle », s'exclame-t-il. Tous entrent dans l'église. Enzo reste en arrière. Barnaba s'approche alors, et lui donne son nom et son titre véritables : « Enzo Grimaldo, prince de Santa Fior ». Car l'espion connaît toute l'histoire. Enzo et Laura étaient fiancés, puis ils furent séparés, et Laura dut épouser Alvise. Bien qu'ils ne se soient jamais revus jusqu'à ce jour, leur amour est toujours aussi fort. Barnaba explique cyniquement que son unique chance de séduire Gioconda est de la persuader de l'inconstance d'Enzo; il lui promet donc de faire en sorte que Laura le rejoigne le soir même sur son navire. Ce duo est extrêmement célèbre, et c'est justice.

Enzo sort. Barnaba appelle l'un de ses hommes, Isèpo, l'écrivain public, et lui dicte une lettre. Gioconda, dissimulée, l'entend mais ne connaît pas le destinataire de la missive. Il y informe un mari que son épouse entend s'enfuir le soir même avec Enzo. Barnaba laisse tomber sa lettre dans la Gueule du Lion, et adresse un monologue au palais du Doge : « O monumento ! Regia e bolgia dogale ! » (O monument ! palais et tanière des doges).

Les masques et le peuple reviennent en chantant. Ils dansent *La Furlana*. La voix d'un moine, puis un chœur, s'élèvent dans l'église. Gioconda se lamente de l'abandon d'Enzo, La Cieca essaie de la réconforter.

Acte II. La nuit, la rive déserte d'une île inhabitée de la lagune Fusina. Au premier plan, un petit autel dédié à la Vierge Marie, éclairé par une lampe rouge.

Des marins sur le pont d'un bateau chantent une Marinesca, mélange de chanson de bord et de mélodie classique.

Barnaba et Isèpo sont dans un bateau, déguisés en pêcheurs. Barnaba chante une ballade de pêcheur, « Ah ! Pescador affonda l'esca » (Pêcheur, ton filet descend).

Ah ! Pesca - tor af - fon - da l'e - sca

Barnaba a tendu un piège à Laura et Enzo, mais aussi à Gioconda. Ses paroles le disent clairement : « Quelque sirène viendra timidement se prendre à votre filet, tandis que vous glisserez sur l'eau. » Enzo monte sur le pont et donne quelques ordres, il chante le célèbre « Cielo e mar ! », où il évoque avec passion son amour pour celle qu'il attend.

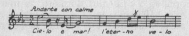

Andante con calme

Cie - lo e mar ! l'eter - no ve - lo

Laura s'avance vers Enzo, leurs retrouvailles sont passionnées : « Laggiù, nelle nebbie remote ». Laura s'agenouille alors devant l'autel et prie : « Stella del marinar ! Vergine Santa ! » (Étoile des navigateurs ! Très Sainte Vierge !).

Gioconda se glisse à bord et fait face à sa rivale. Le duo entre les femmes, toutes deux amoureuses d'Enzo, qui se défient, est le passage le plus dramatique de la partition : « L'amo come il fulgor del creato ».

Andante

L'amo co - me il fulgor del cre - a - to

Gioconda va frapper Laura d'un poignard, mais s'arrête brusquement. Un bateau s'approche où se trouvent Alvise et ses hommes d'armes. Laura implore l'aide de la Vierge, élevant vers le ciel le rosaire que lui a donné La Cieca et Gioconda reconnaît alors en elle la femme masquée qui avait sauvé sa mère de la vengeance populaire. Elle appelle aussitôt les deux bateliers qui l'ont menée jusqu'ici et presse Laura de s'enfuir avec eux. Quand Barnaba monte à bord, sa proie a disparu, sauvée par Gioconda.

Enzo remonte sur le pont et, à la place de Laura, trouve Gioconda. Des bateaux vénitiens paraissent se rapprocher. Plutôt que de voir son navire capturé, Enzo préfère y mettre le feu.

Acte III. La maison d'Alvise. Il chante son intention de se venger de la trahison de Laura : « Sì ! mori ella de » (Oui, mourir est son sort inévitable).

Il fait appeler sa femme et l'accuse d'infidélité. Des gondoliers chantent leur sérénade. Alvise montre à sa femme son cercueil et lui tend une fiole de poison. Elle devra l'avaler avant que n'ait retenti la dernière note de la sérénade.

Dès qu'il est sorti apparaît Gioconda. Elle remet à Laura un somnifère dont les effets sont comparables à ceux de la mort. Laura le boit, et se retire dans la chambre funéraire. Gioconda emmène le poison dans sa propre fiole, laissant celle d'Alvise vide sur la table.

La sérénade cesse. Alvise entre et voit la fiole vide. Il reste un instant dans la chambre où Laura est allongée, apparemment morte.

Une grande salle où Alvise reçoit ses invités. C'est ici qu'intervient la très célèbre « Danse des Heures ».

Barnaba entre, traînant derriere lui La Cieca, qu'il a trouvée cachée dans la maison. Enzo aussi a réussi à s'y introduire. La Cieca, à qui l'on demande ce qu'elle vient faire ici, répond : « Pour elle, à peine morte, je suis venue prier. » Le silence s'abat sur la fête. Un glas sonne lentement. « D'un vampiro fatal l'ala fredda passò » (L'aile glacée d'un vampire fatal nous a frôlés), chante le chœur, tandis qu'Enzo dit : « Già ti veggo immota e smorta » (Te voici inanimée et exsangue). Barnaba, Gioconda, La Cieca et Alvise joignent leurs voix à celle d'Enzo pour former un grand ensemble d'une puissance remarquable. Alvise tire le rideau de la chambre funéraire, il désigne Laura, inanimée sur son lit de mort. Enzo veut le poignarder, mais les gardes le saisissent.

Acte IV. Un palais en ruine dans l'île de la Giudecca. Deux hommes portent le corps de Laura chez la Gioconda. Elle les supplie de rechercher sa mère qu'elle n'a pas réussi à retrouver après la scène dans la « Maison d'Or ».

Gioconda a promis à Barnaba de lui céder, à condition qu'il aide Enzo à s'enfuir de prison et le mène au canal Orfano. Mais, le désespoir la saisit. Dans un monologue dramatique — un « chant terrible » comme on l'a appelé — elle pense au suicide. « Suicidio !... in questi fieri momenti tu sol mi resti » (Ah ! suicide, ma seule issue dans ces moments terribles). La voix d'un gondolier retentit dans la nuit : « Oh, gondolier ! As-tu fait de bonnes prises ? » Et une autre voix répond : « Il y a des cadavres dans le canal Orfano. »

Désespérée, Gioconda s'effondre en pleurs. C'est alors qu'entre Enzo. Gioconda provoque sa colère en lui avouant qu'elle a fait enlever le corps de Laura de la chambre mortuaire et qu'il ne l'y trouvera pas. Il s'apprête à la poignarder, quand la voix de Laura, qui s'éveille de son sommeil artificiel, s'élève : « Enzo ! » Au loin, un chœur chante une sérénade. C'est ce même chant dont la fin devait marquer pour Laura le moment de prendre le poison. Les deux amants expriment leurs remerciments à Gioconda : « Sulle tue mani l'anima tutta stempriamo in pianto » (Sur tes mains coulent tes larmes généreuses), et la scène atteint un sommet de puissance.

Gioconda se décide à partir quand Barnaba fait son entrée. Prétendant vouloir se parer en son honneur, elle s'empare du poignard qui traîne sur la table. « Gioconda est tienne ! » s'écrie-t-elle et se retournant vers lui, elle se poignarde.

Se penchant sur le corps prostré, l'espion crie furieusement à ses oreilles : « La nuit dernière, ta mère m'a offensé. Je l'ai étranglée ! », mais Gioconda est morte. Il quitte la scène en hurlant de rage.

K.

ARRIGO BOITO
(1842-1918)

Mefistofele
Méphistophélès

Opéra en 4 actes d'Arrigo Boito; texte du compositeur. Créé à la Scala de Milan, 5 mars 1868, avec Reboux, Flory, Spallazzi Junca, dir. de l'auteur (piètre succès). Produit à Bologne, 1875, dans une version révisée, avec Borghi-Mano, Campanini, Nannetti, cette fois avec un grand succès. Joué pour la première fois à Londres, Her Majesty's Theatre, 1880, avec Nilsson, Trebelli, Campanini, Nannetti, Grazzi, dir. Arditi; Metropolitan, 1883, avec Nilsson, Trebelli, Campanini, Mirabella. Reprises : Metropolitan, 1889 (Lehmann), 1896 (Calvé), 1907 (Farrar, Martin, Chaliapine); Opéra de Paris, 1912, avec Agostinelli, Chaliapine, Smirnoff, dir. Serafin. Reprise au Th. Lyrique, 1919, avec Mason, Vanni Marcoux, Dardani; Covent Garden, 1914, avec Muzio, 1926, avec Chaliapine; à la Scala, 1918, avec Canetti, Gigli, de Angelis, dir. Toscanini; 1952, avec Tebaldi, dir. de Sabata; Chicago, 1961, avec Ligabue, Christa Ludwig, Bergonzi, Christoff, dir. Votto; Londres, Sadler's Wells (par le Welsh National Opera) en 1957, avec Raimund Herincx.

PERSONNAGES

MEFISTOFELE (basse); FAUST (ténor); MARGHERITA (soprano); MARTHA (contralto); WAGNER (ténor); ELENA (soprano); PANTALIS (contralto); NEREO (ténor);
Un chœur mystique, des phalanges célestes, des chérubins, des pénitents, des pèlerins, des hommes d'armes, des chasseurs, des étudiants, des citoyens, des gens du peuple, des citadins, des sorciers et des sorcières, un chœur grec, des sirènes, des naïades, des danseurs et des guerriers.

Au Moyen Age, dans les cieux, à Francfort en Allemagne, et dans la vallée de Tempe, en Grèce ancienne.

Mefistofele est en un prologue, quatre actes et un épilogue. Les librettistes du *Faust* de Gounod avaient été fort circonspects, limitant leur champ d'action à la première partie du *Faust* de Goethe, c'est-à-dire à l'histoire de Faust et de Marguerite — succinte, dramatique et intense. Ils n'utilisèrent la deuxième partie que pour le ballet, empruntant la scène sur le Brocken qui est, d'ailleurs, souvent supprimée.

Boito inspira son livret des deux parties de l'œuvre de Goethe, avec l'intention de conserver l'esprit philosophique qui anime la structure dramatique du chef-d'œuvre allemand. Le résultat fut que *Mefistofele* est deux opéras en un seul. Tant qu'il s'agit de l'aventure de Faust et de Marguerite, l'œuvre est passionnante, et cela en dépit de certaines similitudes avec l'opéra de Gounod. Mais pour tout ce qui concerne la seconde partie du drame de Goethe, l'action semble soudain brisée. C'est pourquoi l'une des œuvres les plus profondes du répertoire lyrique, et l'une des plus belles partitions jamais écrites en Italie, apparaît assez rarement à l'affiche en dehors de son pays natal.

Le *prologue* commence dans les régions nébuleuses de l'espace, où flottent d'invisibles légions d'anges, de chérubins et de séraphins. Leurs voix s'élèvent dans un hymne à la louange du Maître Suprême de l'univers. A la fin de ce chant d'allégresse, Mefistofele s'avance et s'adresse insolemment à la divinité : « Ave Signor ». Le chœur mystique lui demande « Connais-tu Faust ? » et il répond avec mépris qu'il prend le parti d'entraîner Faust vers le Mal, et de remporter ainsi une victoire sur les forces du Bien. Le défi est relevé, et les esprits reprennent leur chœur de louanges.

Sur le plan musical, ce prologue est fort intéressant.[1] Il est composé de cinq séquences musicales distinctes, de caractères variés; le prélude avec chœur mystique; le scherzo sardonique qui annonce l'entrée de Mefistofele; la déclaration pleine de mépris où il s'engage à obtenir la destruction de l'âme de Faust; un chœur de chérubins (personnifiés par 24 jeunes garçons) d'une grande vivacité; la psalmodie des pénitents et des esprits.

Acte I. Le dimanche de Pâques, à Francfort. Parmi la foule, un franciscain, objet à la fois de l'admiration et de la crainte de ceux qui l'entourent. Le vieux Dr. Faust et son élève Wagner entrent en scène, suivis par le moine qui les écoute commenter son comportement. Le franciscain suit Faust chez lui, et se cache. Faust s'abandonne à la méditation. Au moment où il ouvre la Bible, il tressaille, entendant le cri que pousse le moine en sortant de sa cachette. Faust fait le tout-puissant « signe de Salomon » qui force Mefistofele à abandonner son déguisement de moine et à apparaître sous son habit de cavalier. Il déclare qu'il est l'esprit qui nie toutes choses, dont le seul souhait est la destruction totale du monde et le retour au chaos et à la nuit. Il offre à Faust de devenir son compagnon

d'errance, sous certaines conditions; Faust accepte, disant : « Si vous pouvez m'accorder une heure de paix pendant laquelle mon âme pourra enfin se reposer — si vous pouvez soulever le voile qui cache le monde et me cache à moi même — si je peux trouver l'occasion de dire au moment qui s'écoule : " Reste, car tu es bienheureux ", alors, que je meure, et que les profondeurs de l'enfer m'engloutissent. » Tous deux disparaissent dans l'espace.

Les épisodes les plus remarquables sont le magnifique air de Faust, « Dai campi, dai prati » (Depuis les champs, et depuis les prairies), et le passage où Mefistofele proclame son identité, « Son lo spirito che nega sempre tutto » (Je suis l'esprit qui nie tout), ainsi que le duo commençant par « Se tu mi doni un'ora ».

Acte II. Commence par la scène du jardin. Faust (rajeuni, et portant maintenant le prénom d'Henri), Marguerite, Mefistofele et Martha s'y promènent. Mefistofele emmène ensuite Faust sur le sommet du Brocken, où il va être témoin des orgies du Sabbat des Sorcières. Elles accueillent et saluent le malin comme leur souverain. Faust, stupéfait, contemple le ciel et y voit l'image de Marguerite, pâle, triste et enchaînée.

La scène du jardin est d'une grâce idyllique. Elle contient le « Colma il tuo cor d'un palpito » (Inonde ton cœur de tout ce bonheur), le quatuor des adieux par lequel se termine cette scène, Marguerite avouant à Faust qu'elle l'aime en riant avec une joie et un abandon ineffables. La scène sur le Brocken, à part le tourbillon de l'orgie des sorcières, est surtout remarquable par le monologue de Mefistofele, où il contemple la terre dans une boule de cristal : « Ecco il mondo » (Voici le monde).

1. C'était l'un des morceaux préférés de Toscanini, qui l'a souvent mis au programme de ses concerts, et qui l'a choisi, avec l'acte III de cet opéra et un acte de *Nerone,* pour la soirée d'opéra qu'il donna après-guerre à la Scala, en juin 48.

Acte III. Marguerite dans sa prison. Mefistofele et Faust apparaissent, ils ont une rapide conversation où Faust demande grâce pour la vie de Marguerite. Mefistofele le presse de se hâter, car les couriers infernaux sont prêts à s'envoler. Marguerite reconnaît son amant. Elle décrit tout ce qui s'est passé après qu'il l'ait abandonnée et le supplie de la faire reposer, après sa mort, près de ceux qu'elle aime, l'enfant qu'elle a noyé et la mère qu'elle est accusée d'avoir empoisonnée. Faust essaie de la convaincre de fuir avec lui, elle accepte, mais la voix de Mefistofele, à l'arrière-plan, la rappelle à la réalité de la situation. Elle s'arrache à Faust et prie le Ciel de lui pardonner avant de mourir. Les voix du chœur céleste chantent doucement « Elle est sauvée ! »

L'acte commence avec la complainte de Marguerite, « L'altra notte in fondo al mare » (L'autre nuit, au fond de la mer), où elle raconte la noyade de son enfant.

Il y a aussi le duo délicieux entre Faust et Marguerite, « Lontano, sui flutti d'un ampio oceano » (Loin, sur les flots d'un vaste océan), et le magnifique passage que chante Marguerite avant de mourir, « Spunta l'aurora pallida ».

Acte IV. Mefistofele emmène Faust dans la vallée du Tempe.

C'est la nuit du Sabbat traditionnel. Un groupe de jeunes filles apparaît, chantant et dansant. Hélène entre, accompagnée par le chœur et raconte la destruction de Troie. Faust apparaît, richement vêtu d'un costume de chevalier du XVe siècle, suivi de Mefistofele, Nereo, Pantalis et autres. Il s'agenouille devant Hélène et lui déclare qu'elle représente pour lui un idéal de beauté et de pureté. Ils se jurent l'un et l'autre amour et dévotion. L'ode d'Hélène, « La luna immobile innonda l'etere » (La lune immobile envahit doucement la nuit); sa vision de la destruction de Troie, le duo d'amour d'Hélène et de Faust, « Forma ideal purissima », et « Ah, Amore ! misterio celeste » (C'est l'Amour, ce mystère céleste); et le brillant fond musical élaboré par l'orchestre et le chœur sont les traits marquants de la partition dans cet acte.

Epilogue. Faust dans son laboratoire, c'est un vieillard guetté par la mort. Craignant que Faust ne lui échappe, Mefistofele le prie de s'envoler avec lui dans les airs. Faust, en appelle au Ciel, et, soutenu par le chant de voix angéliques, résiste. Voyant ses efforts déjoués, Mefistofele évoque une vision de magnifiques sirènes. Faust hésite un instant, mais tombe à genoux en prière, réussissant à surmonter les tentations du Malin. Il s'éteint doucement, tandis que s'élève le chant triomphant d'un chœur céleste.

Nous avons dans cet acte la complainte de Faust, « Giunto sul passo estremo » (Approchant de l'ultime moment) sa prière et le message de salut chanté par le chœur.

K.

Nerone
Néron

Opéra en 4 actes d'Arrigo Boito; liv. du compositeur. Créé à la Scala de Milan, 1er mai 1924, avec Raisa, Bertana, Pertile, Galeffi, Journet, Pinza, dir. Toscanini. Première à Rome, 1928, avec Scacciati, Bertana, Lauri-Volpi, Franci, Maugeri, dir. Marinuzzi. Reprises : la Scala, 1939, dir. Marinuzzi; Rome, 1950, dir. Santini.

PERSONNAGES

NERONE, *empereur de Rome* (ténor); SIMON MAGO, *un sorcier* (baryton); FANUÈL, *chef chrétien* (baryton); ASTERIA (soprano); RUBRIA, *vierge vestale* (mezzo-soprano); TIGELLINO, *suivant de Nerone* (basse); GOBRIAS, *suivant de Simon Mago* (ténor); DOSITÈO, *un Romain* (baryton); PÈRSIDE, *une chrétienne* (soprano); CERINTO (contralto).

A Rome et alentour, vers 60 ap. J.-C.

Dans *Mefistofele*, Boito avait tenté d'exprimer, par les mots et par la musique, le conflit entre le Bien et le Mal; dans *Nerone* l'affrontement se fait entre le monde païen qui décline et le christianisme. D'une part, la corruption, le luxe et la puissance; de l'autre, la foi, la simplicité et un nouvel idéal.

Acte I. La Via Appia. Simon Mago et Tigellino attendent Néron, qui doit venir enterrer les cendres de sa mère, Agrippine, qu'il a assassinée. Il arrive enfin, terrifié et tremblant, pas vraiment repentant car il a trouvé dans l'Orestie un précédent de matricide. Une voix céleste est venue lui dire « Je suis Oreste », et il est tout réconforté à l'idée d'être la réincarnation d'Oreste. Tigellino a creusé la tombe où doivent être enfouies les cendres d'Aggripine. Il s'adresse à la tombe : « Queste ad un lido fatal ». Cela fait, Simon Mago lui donne l'absolution. A peine le rite se termine-t-il qu'apparaît une femme, comme surgissant de terre; des serpents s'entrelacent autour de son cou. Néron s'enfuit, suivi de Tigellino. Simon reste, et lui fait bravement face.

La nouvelle venue est Asteria; éprise de Néron, elle le suit partout. Simon pense qu'elle peut lui être

utile, et il lui promet de la mener à Néron si elle accepte d'obéir à ses ordres. Simon descend dans la crypte où les chrétiens doivent se rencontrer, tandis que deux chrétiens, Rubria et Fanuèl, se retrouvent au-dessus. Rubria aime Fanuèl, mais celui-ci ne pense qu'à sa mission. Quand les deux chrétiens voient leur pire ennemi, Simon, sortir de la crypte, Fanuèl envoie Rubria prévenir leurs amis tandis qu'il reste sur place pour faire face au danger, quel qu'il soit. Mais les intentions de Simon sont dénuées d'hostilité. Il voit le vieux monde courir à sa ruine, et offre maintenant la puissance et la richesse à Fanuèl à condition que celui-ci lui enseigne le moyen d'accomplir des miracles. La musique entonne alors le traditionnel « Credo ». Fanuèl refuse avec indignation.

Une grande procession vient à la rencontre de Néron. Une scène de triomphe termine l'acte.

Acte II. Le temple de Simon Mago. Simon essaie d'accomplir un miracle. Une fois cette parodie de cérémonie terminée, Simon prépare le temple pour la visite de Néron. Il faut que l'empereur le croie capable de faire des miracles : Asteria jouera le rôle d'une déesse, des échos rendront la voix des dieux et des déesses avec un horrible timbre; des miroirs donneront l'illusion que des fantômes visitent le temple. Néron s'adresse à la présumée déesse : « O, come viene a errar »; tout se déroule comme prévu jusqu'au moment où l'empereur touche la déesse et s'aperçoit que c'est une femme bien réelle. Il appelle ses gardes et fait arrêter Simon et sa suite, puis ordonne la destruction du temple. Simon s'est vanté de pouvoir voler; lors des prochaines festivités, il sera donc lancé du haut de la tour du cirque. Néron prend alors une cithare et chante, dominant les ruines.

Acte III. Les chrétiens se réunissent dans un verger. Leur chef leur explique solennellement les Béatitudes. Rubria chante la parabole des Vierges folles sur un air d'une extrême suavité. Arrive Asteria, qui a réussi à s'échapper; elle leur annonce que Simon a tenté d'acheter sa liberté en trahissant les chrétiens, et presse Fanuèl de s'enfuir, mais il refuse. Deux mendiants s'avancent vers eux; ce sont Simon et Gobrias, venus les espionner sous ce déguisement. Dès qu'il découvre Fanuèl, Simon envoie chercher les gardes. La brève scène qui oppose Fanuèl à Simon est d'une puissance considérable. Quand les gardes arrivent, les chrétiens veulent attaquer Simon, mais Fanuèl les en empêche et leur ordonne de se soumettre. Tout ce passage, avec son mélange de sérénité chrétienne et de puissance dramatique, est fort impressionnant.

Acte IV. Les jeux du Cirque. Gobrias et Simon, surveillés par deux gardes, projettent d'incendier Rome pour échapper à la punition qui les menace. Tigellino dévoile le complot à Néron, qui refuse d'intervenir : il a décidé que les jeux auraient lieu, car il veut plaire au peuple. Fanuèl est introduit en même temps que d'autres chrétiens, prêts à subir le martyre. Une vestale implore leur pardon, c'est Rubria, qui est venue aider Fanuèl. Ses efforts sont vains, elle est aussi condamnée. Les chrétiens marchent vers leur mort; Simon suit. Au loin, on aperçoit les lueurs de l'incendie qui détruit la ville.

Au « spolarium », où sont jetées les dépouilles de ceux qui sont morts au cirque. Asteria et Fanuèl, qui ont réussi à s'échapper à la faveur de l'incendie, sont venus dans l'espoir d'y trouver Rubria. Ils la découvrent, blessée à mort. Elle confesse sa faute : elle était une vestale, qui adorait chaque jour le dieu chrétien avant de retourner au culte de sa déesse. Elle avoue aussi son amour pour Fanuèl. A sa demande, Fanuèl lui conte une fois de plus la Galilée et la mer sur la rive de laquelle priait le Christ, et c'est en entendant cette évocation que Rubria meurt.

Nerone devait, à l'origine, être en cinq actes. On sait que Boito a travaillé toute sa vie à cet opéra, ajoutant, supprimant et améliorant jusqu'à un âge avancé. Quand il eut enfin révisé l'acte IV, il écrivit sur la dernière page : « La Fin : Arrigo Boito et Chronos. » *Nerone* ne fut jamais joué du vivant de son auteur.

F.B.

ALFREDO CATALANI
(1854-1893)

La Wally

Opéra en 4 actes de Catalani; liv. de Luigi Illica. Créé à La Scala de Milan, 20 janvier 1892, avec Darclée, Stehle, Guerrini, Suagnes, Pessina, Cesari, Brancaleoni, dir. Mascheroni. Première au Metropolitan, 1909, avec Emmy Destinn, Riccardo Martin, Amato, Campanari, dir. Toscanini; Manchester, 1919. Reprises : la Scala, 1922, avec Sheridan, de Voltri, Bertana, Piccaluga, Noto, di Lelio, dir. Panizza; 1936, avec Cigna, Carosio, Palombini, Merli, Armando Borglio; Rome, 1944, avec Caniglia, Renato Gigli; 1946, avec Caniglia, Ziliani, Silveri; Venise, 1951, avec Guerrini, Voyer, Panerai, Baronti, dir. Votto; la Scala, 1953, avec Tebaldi, Scotto, del Monaco, Giangiacomo Guelfi, dir. Giulini.

PERSONNAGES

WALLY (soprano); STROMMINGER, *son père* (basse); AFRA, *aubergiste* (contralto); WALTER, *troubadour ambulant* (soprano); GIUSEPPE HAGENBACH, *de Sölden* (ténor); VINCENZO GELLNER, *de Hochstoff* (baryton); LE MESSAGER DE SCHNALS (ténor).

Au Tyrol, en 1800.

Acte I. Stromminger célèbre son soixante-dixième anniversaire. Au tir à la cible, Gellner fait mouche. Tandis que Stromminger et Gellner boivent, Walter chante une chanson écrite, dit-il par Wally. Hagenbach entre, triomphant, avec la peau de l'ours qu'il vient de tuer. Stromminger raille son adresse, puis insulte son père, si bien qu'Hagenbach l'attaque.

Wally se précipite pour protéger son père, et reconnaît en Hagenbach, qui ne la connaît pas, le jeune homme dont elle est secrètement éprise. Gellner, qui aime Wally, révèle à Stromminger que sa fille est tombée amoureuse de son ennemi, et le père décide qu'elle doit épouser Gellner avant la fin du mois. Il menace de la jeter dehors si elle n'obéit pas.

Acte II. L'auberge de l'Aigle, à Sölden. La tenancière, Afra, est fiancée à Hagenbach. Stromminger est maintenant mort, et Wally a hérité de sa fortune. Gellner, autrefois gai et insouciant, est devenu taciturne. Wally se rend à la fête pour y revoir son bien-aimé Hagenbach. On le met au défi de lui voler un baiser. Afra lui lance un avertissement : il ne faut pas jouer avec l'amour. Malgré cela, il relève le défi. Mais Wally refuse le jeu des baisers. Wally, qui n'a pas revu Gellner depuis qu'elle a quitté son foyer à cause de lui, lui propose de l'argent en échange de son départ. Il proteste, se prétendant toujours épris d'elle, et ajoute que de toute façon il est inutile qu'elle songe à Hagenbach, qui est fiancé à Afra. Wally, furieuse, couvre Afra d'injures. Hagenbach a retourné la plume d'aigle qui orne son chapeau, voulant ainsi signifier que sa promesse ne valait rien, seul Gellner le remarque. Wally danse avec Hagenbach, il se laisse gagner par la passion de la jeune femme, et l'embrasse. Les parieurs s'écrient : « Hagenbach a gagné son pari, et Afra est vengée. » Wally se tourne alors vers Gellner et lui demande s'il veut toujours d'elle. Elle ajoute qu'Hagenbach doit mourir pour s'être ainsi comporté envers elle.

Acte III. Hochstoff. Wally revient du bal, elle se retire dans sa chambre, non sans avoir entendu qu'Hagenbach était parti pour Hochstoff avec une mission secrète. Elle pleure sur son amour brisé; puis, se sentant capable de pardonner, elle se demande si elle ne devrait pas empêcher Gellner d'obéir à son ordre et de tuer Hagenbach. Gellner vient lui annoncer qu'il a poussé Hagenbach dans le ravin.

Wally, horrifiée, entraîne Gellner dehors. Elle promet à Afra de ne pas s'opposer à son mariage si l'on réussit à sauver Hagenbach, et descend dans l'abîme avec une corde pour tenter de le secourir. On le ramène inconscient.

Acte IV. Epuisée et désespérée, Wally contemple le glacier qui s'étend près de sa maison. Walter vient lui dire qu'elle est menacée par les avalanches, nombreuses à cette époque de l'année (c'est Noël). Elle lui demande de chanter pour elle le chant de l'Edelweiss − que nous avons déjà entendu auparavant. Alors qu'elle se prépare à mourir, arrive Hagenbach.

Le ciel s'assombrit, et le brouillard se lève. Hagenbach sort pour reconnaître le sentier qui descend au village. Il crie quelque chose à Wally, et l'on entend un bruit d'avalanche. Wally lui répond avec inquiétude, mais sa voix reste sans écho. Elle ouvre les bras et se jette dans le flot de l'avalanche.

H.

RUGGIERO LEONCAVALLO
(1858-1919)

I Pagliacci
Paillasse

Opéra en 2 actes, liv. et musique de Ruggiero Leoncavallo. Créé au Teatro dal Verme, Milan, 21 mai 1892, avec Stehle, Giraud, Maurel, Ancona, Daddi, dir. Toscanini. Première à Covent Garden, mai 1893, avec Melba, de Lucia, Ancona; Metropolitan, 1893, avec Melba, de Lucia, Ancona; Première à Paris, Cercle de l'Union Artistique, dir. Vizentini, 1899; à l'Opéra, 1902, avec Azkté, De Rescké, Delmas; à l'Opéra-Comique, 1910, avec Lamare, Salignac, Albers; reprises à l'Opéra-Comique 1915, 1922, 1945, avec Boué, Luccioni, Musy, dir. Desormières. Paillasse a été régulièrement au répertoire de tous les opéras. Parmi les interprètes célèbres du rôle de Canio : Caruso, Martinelli, Zenatello, Gigli.

PERSONNAGES

CANIO (« *Paillasse* » dans la pièce) *directeur d'une troupe ambulante* (ténor); NEDDA (« *Colombine* » dans la pièce), *son épouse* (soprano); TONIO (« *Taddeo* » dans la pièce), *un clown* (baryton); BEPPE (« *Arlequin* » dans la pièce) (ténor); SILVIO, *un villageois* (baryton).
Des villageois.

A Montalto, en Calabre, dans les années 1876-70, le jour de l'Assomption.

I Pagliacci commence par un prologue. Après une introduction instrumentale, Tonio passe la tête entre les rideaux, « Si può ? Signore, Signori » (Avec votre permission, mesdames et messieurs) — s'avance devant la scène et chante. Le prologue fait allusion à l'intrigue de l'opéra, utilisant des phrases musicales que nous réentendrons pendant l'action : l'animation des joueurs se préparant pour la représentation; Canio se plaignant de devoir paraître joyeux alors que son cœur est brisé; une partie de la musique qui illustre les scènes d'amour entre Nedda et Silvio; et les mesures amples du thème de l'intermezzo, sur lequel Tonio chante « E voi, piuttosto che le nostre povere gabbane » (Et vous, plutôt que nos pauvres vêtements chamarrés) :

E vo-i, piut-to-sto che le no-stre po-ve-re gabbanech tno-ru

Acte I. Le village de Montalto, en Calabre. C'est la fête de l'Assomption. Au fond se dresse la tente des comédiens ambulants, Canio, Nedda, Tonio et Beppe. Ils ont revêtu leur costume de scène et paradent dans les rues du village.

Le premier chœur, « Son qua » (Les voici), exprime la joie des villageois saluant les comédiens. Ceux-ci regagnent leur tente.

Canio s'adresse à la foule. La représentation commencera à sept heures. On y verra les malheurs du pauvre Paillasse et la vengeance qu'il tire du Clown, ce traître. Une fois de plus, la foule acclame les comédiens.

Tonio s'avance et aide Nedda à sortir de la voiture. Canio le gifle et saisit Nedda pour la poser à terre. La foule se moque de Tonio, il s'éloigne en marmonnant qu'il saura bien se venger. Canio et Beppe vont boire avec les villageois, Tonio refuse. Les villageois raillent et insinuent qu'en réalité, c'est pour faire la cour à Nedda. Mais cela n'atteint pas Canio : « Un tal gioco, credetemi » (Ce genre

de jeu, croyez-moi). Il ajoute que, dans la pièce, il interrompt Tonio et s'expose à une volée de coups; mais dans la vie que prenne garde celui qui voudrait lui enlever Nedda.

On entend approcher les cornemuses du village voisin. Les musiciens, suivis des gens de leur village, viennent participer à la fête. Les villageois chantent un chœur charmant, « Din, don — suona vespero » (Ding, dong, sonnent les vêpres).

Nedda est seule. Les propos et l'attitude de Canio l'ont inquiétée. « Comme il me regardait férocement ! Plaise au Ciel qu'il ne me suspecte pas ! » Les oiseaux commencent à chanter — ces oiseaux dont sa mère comprenait les voix. Elle songe à son enfance, et chante « Oh ! che volo d'augelli » (Ah, ce merveilleux chant des oiseaux), suivi de sa *ballatella* animée, « Stridono lassù » (Voler pour toujours dans un ciel libre).

Tonio vient avouer son amour à Nedda. Elle se moque de lui, ce qui le rend furieux. Il essaie de la saisir de force et de lui voler un baiser. Elle lui échappe et aperçoit le fouet de Beppe, s'en empare et frappe Tonio en plein visage. Ivre de rage, il la menace de se venger, et s'en va.

Arrive Silvio, son amant, venu s'assurer qu'elle l'aimait toujours et qu'elle accepterait de fuir avec lui le soir même, après la représentation. Leur scène atteint son apogée dans le duo passionné « E allor perchè, di', tu m'hai stregato » (Pourquoi m'as-tu enseigné la magie de l'Amour).

Mais Tonio les a entendus. Poussé par la jalousie et le désir de se venger, il avertit Canio, qui arrive juste à temps pour entendre Nedda dire à Silvio, qui s'en va, « Ce soir, bien-aimé, et pour toujours je serai tienne. »

Canio, le poignard à la main, se précipite mais ne peut rattraper le fugitif. Il veut tuer Nedda, mais Tonio et Beppe l'en empêchent. Tonio lui suggère d'attendre : l'amant de Nedda assistera sûrement à la représentation. Il se trahira bien par un regard ou un geste, et Canio pourra se venger.

La douleur de Canio est exprimée dans un des morceaux les plus célèbres de l'opéra italien, « Vesti la giubba » (Revêtu de mon habit clinquant), avec le fameux « Ridi Pagliaccio » (Ris donc, Paillasse). C'est l'éternelle histoire du bouffon qui doit rire et faire rire les autres alors que son cœur est brisé.

Acte II. La représentation. Nedda, vêtue en Colombine, fait la collecte. Elle s'approche de Silvio, lui glisse un avertissement, et rentre dans le théâtre. Le chœur se fait plus insistant : la pièce doit commencer.

Une cloche retentit bruyamment. Le rideau se lève. Nedda, en Colombine, fait les cent pas avec anxiété. Son mari, Paillasse, est parti jusqu'au matin. Taddeo est au marché. Elle attend Arlequin, son amant. Un menuet délicat sert de fond musical.

Arlequin chante sa jolie sérénade, « O Colombina, il tenero fido Arlecchin » (O Colombine, le tendre et fidèle Arlequin). Tonio (en Taddeo) fait des avances outrées à Colombine qui appelle Beppe (en Arlequin) qui met Taddeo dehors avec quelques coups de pied.

Arlequin a apporté une bouteille de vin et une fiole contenant un somnifère. Colombine devra l'admi-nistrer à son époux pour que tous deux puissent s'enfuir pendant son sommeil. Paillasse, le mari de Colombine, approche. Arlequin s'enfuit par la fenêtre.

Colombine lui crie « A ce soir, bien-aimé, et je serai tienne pour toujours » au moment même où Canio, jouant le rôle de Paillasse, franchit la porte. Il a entendu ces paroles, les mêmes que prononçait sa femme quelques heures auparavant.

Colombine évite les questions de Paillasse.

Mais maintenant, ce n'est plus Paillasse, mais Canio, qui demande à sa femme d'un air menaçant : « Quel est son nom ? » Il oublie son rôle, le théâtre et, fou de jalousie, la menace.

Essayant désespérément de sauver les apparences et de parer à l'inévitable, Nedda chante une gavote comme si elle jouait encore Colombine : « Suvvia, cosi terribile » (Je n'aurais jamais cru, mon cher, que vous étiez si terrible).

Elle termine par un rire, qui s'arrête net : Canio, gagné par la fureur, a pris un couteau sur la table.

Le public réalise que tout ceci n'est pas de la comédie. Nedda se mélange au public et s'enfuit. Canio la rattrape et la frappe. Elle appelle Silvio à l'aide.

Canio se retourne sauvagement et bondit sur lui. Silvio tombe mort auprès du corps de Nedda.

Canio, hagard, laisse échapper le couteau de ses mains : « La commedia è finita » (La comédie est finie).

K.

PIETRO MASCAGNI
(1863-1945)

Cavalleria Rusticana

Opéra en 1 acte de Mascagni; liv. de G. Menasci et G. Targioni-Tozzetti, d'après une histoire de G. Verga. Créé le 17 mai 1890 au Teatro Costanzi, à Rome, avec Bellincioni, Stagno, Salasso, dir. Mugnone. Première au Metropolitan de New York, 1891, avec Eames, Valero; Opéra-Comique, Paris, 1892, avec Calvé, Gibert, Bouvet, dir. Danbé. Reprises : 1901, 1922, 1943; Covent Garden, 1892, avec Calvé, de Lucia. Des représentations spéciales pour le cinquantenaire de l'œuvre eurent lieu en 1940 en Italie, sous la direction de l'auteur, avec Bruna Rasa, Masini, Franci.

PERSONNAGES

TURIDDU, *jeune soldat* (ténor); ALFIO, *charretier du village* (baryton); LOLA, *son épouse* (mezzo-soprano); MAMMA LUCIA, *mère de Turiddu* (contralto); SANTUZZA, *villageoise* (soprano).

Villageois, paysans, jeunes garçons.

Dans un village sicilien, de nos jours, le dimanche de Pâques.

A l'origine, *Cavalleria Rusticana* était une histoire courte, compacte et intense de Giovanni Verga. On en fit une tragédie, où Eleonora Duse déploya tout son talent d'actrice.

Le livret est excellent, l'un des meilleurs qui soient. Il inspira au compositeur sa seule œuvre marquante. Le long succès de *Cavalleria Rusticana* tient à son mérite : l'œuvre est inspirée, du début à la fin. Mascagni, alors âgé de vingt-six ans, s'y est « trouvé ». Et il ne s'est « retrouvé » dans aucune de ses tentatives ultérieures.

Le *prélude* mentionne trois passages significatifs de l'intrigue. Le premier est la phrase où Santuzza, désespérée, crie à Turiddu qu'elle l'aime encore et lui pardonne malgré sa trahison. Le deuxième est la mélodie du duo où Santuzza supplie Turiddu de rester avec elle et de ne pas suivre Lola à l'église. Le troisième est la *Sicilienne* chantée derrière le rideau par Turiddu, sorte de sérénade destinée à Lola : « O Lola, ch'ai di latti ».

A la fin de la *Sicilienne*, le rideau se lève sur la place publique d'un village sicilien. C'est le matin de Pâques. Un chœur s'élève. Les femmes répètent « Gli aranci olezzano sui verdi margini » (Les prairies vertes parfumées d'orangers) comme un refrain. Santuzza s'approche tristement de la maison de Mamma Lucia, la mère de son amant infidèle, elle demande à voir Turiddu. Mamma Lucia répond qu'il est allé chercher du vin à Francofonte. Mais Santuzza sait qu'il a été vu la nuit même au village. Mamma Lucia, émue par sa détresse, la fait entrer chez elle.

« Je ne peux pas franchir votre seuil, s'écrie Santuzza, je suis une pauvre excommuniée ! » A ce moment, Alfio, le charretier, entre en scène, suivi des villageois. Il chante gaiement les joies de la vie de charretier et la beauté de sa femme Lola. Le chœur des villageois lui répond : « Il cavallo scalpita » (Le cheval avance).

Alfio demande à Mamma Lucia s'il lui reste de son vin. Elle répond que Turiddu est allé en acheter à Francofonte.

« Pas du tout, dit Alfio. Il est ici. Je l'ai vu ce matin, non loin de chez moi. » Mamma Lucia va exprimer sa surprise, mais Santuzza l'en empêche.

Dans l'église, un chœur entonne le « Regina Coeli ». Ceux qui sont sur la place y ajoutent leurs « Alléluia ». Ils s'agenouillent et, conduits par la voix de Santuzza, chantent l'hymne de la Résurrection, « Inneggiamo, il Signor non è morto » (Réjouissons-nous, le Seigneur n'est pas mort).

Mamma Lucia demande à la jeune fille pourquoi elle lui a enjoint le silence à la suite de la remarque d'Alfio. « Voi le saprete » (Vous le saurez), s'écrie Santuzza. Elle raconte à la mère de son amant infidèle dans l'un des passages les plus passionnés de la partition comment elle a été séduite. Avant que Turiddu ne parte pour l'armée, il était épris de Lola. Mais lasse de l'attendre, elle finit par épouser Alfio. Turiddu, à son retour, courtisa Santuzza et parvint à la séduire. Maintenant, attiré par les charmes de Lola, il profite des absences d'Alfio pour revoir son ancien amour.

Turiddu apparaît. Santuzza lui reproche sa visite clandestine à Lola. Mais elle est terrifiée quand Turiddu lui fait croire que sa vie serait menacée si Alfio venait à apprendre ses visites à Lola : « Battimi, insultami, t'amo e perdono » (Bats-moi, insulte-moi, je t'aime encore et te pardonne).

On entend la voix de Lola dans la coulisse. Son chant insouciant, est à l'image de son caractère, volage, égoïste et légèrement cruel : « Fior di giaggiolo » (Fleur d'iris). Sa mélodie, ses pauses et ses inflexions dressent un rapide portrait musical de la coquette sans cœur qui a, sur un coup de tête, volé Turiddu à Santuzza. Elle se moque de la jeune fille avant d'entrer dans l'église.

Ici intervient une scène hautement dramatique, l'un des éclats les plus passionnés de la partition. Turiddu

s'apprête à suivre Lola dans l'église. Santuzza le prie de rester avec elle : « No, no, Turiddu, rimani, rimani ancora — Abbandonarmi dunque tu vuoi ? » (Non, Turiddu, reste, reste encore — Vas-tu encore m'abandonner ?).

« La tua Santuzza piange e t'implora » est accompagné d'une phrase extrêmement dramatique, déjà entendue dans le prélude.

Turiddu la repousse et rejoint Lola dans l'église.

Alfio arrive, il cherche Lola. Santuzza lui révèle en peu de mots, et d'une voix blanche de passion contenue, que sa femme l'a trompé avec Turiddu. Sa réaction est violente. Toute la force de *Cavalleria Rusticana* réside dans la brièveté de ses récitatifs et l'intensité mélodique de chaque situation dramatique qui se développe dans le courant inexorable de la tragédie.

Santuzza et Alfio sortent. La place est vide. Mais l'orchestre continue de décrire l'action. L'*intermezzo* — le célèbre *intermezzo* — qui suit résume en quarante-huit mesures ce qui vient de se passer, et annonce l'imminente tragédie. Turiddu invite ses amis à boire chez sa mère. Il se lance dans une chanson à boire, « Viva il vino spumeggiante » (Vive le vin mousseux).

Alfio les rejoint. Turiddu lui offre à boire. Il refuse. Les femmes partent et emmènent Lola. Alfio provoque Turiddu en quelques mots. Les deux hommes se donnent l'accolade à la mode sicilienne, et Turiddu, pour exprimer son accord, mord l'oreille d'Alfio. Ils conviennent d'un lieu de rendez-vous pour le duel au stylet.

Turiddu dit adieu à sa mère prétendant qu'ici le vin est trop généreux : « Mamma, quel vino è generoso », et lui demande s'il ne revenait pas, de s'occuper comme une mère de Santuzza, « Santa, que je devais mener à l'autel ».

Mamma Lucia, hagarde, pleure. Santuzza entre et se jette à son cou. La foule se presse sur la scène. Il règne une atmosphère d'excitation retenue. Des voix s'élèvent dans le lointain, une femme crie : « Hanno ammazzato compare Turiddu ! » (Ils ont tué le voisin Turiddu !).

K.

L'Amico Fritz
L'Ami Fritz

Opéra en 3 actes de Mascagni; liv. de P. Suardon (N. Daspuro) d'après le roman d'Erckmann-Chatrian. Créé le 1er novembre 1891 au Teatro Costanzi, Rome, avec Calvé, Synnemberg, de Lucia, Lhérie, dir. Ferrari. Première à Covent Garden, 1892, avec Calvé, Ravogli, de Lucia, Dufriche; Metropolitan de New York, 1893, avec Calvé, Scalchi, de Lucia, Ancona; Festival de Florence, 1941, avec Magnoni, Tagliavini, Poli, dir. de l'auteur; Londres, Drury Lane, 1958; la Scala de Milan, 1963, avec Freni, Raimondi, Panerai, dir. Gavazzeni.

PERSONNAGES

FRITZ KOBUS, *riche propriétaire célibataire* (ténor); SUZEL, *fille de fermier* (soprano); BEPPE, *bohémienne* (mezzo-soprano); DAVID, *rabbin* (baryton); HANEZÒ et FEDERICO, *amis de Fritz* (basse et ténor); CATERINA, *gouvernante de Fritz* (soprano).

En Alsace.

Acte I. La salle à manger de la maison de Fritz. Il se plaint à son ami David d'avoir été, une fois de plus, sollicité pour doter deux voisins désireux de se marier. Il ne comprend pas que l'on puisse tomber amoureux et soupirer pour une femme. Deux de ses amis, Hanezò et Federico, et sa gouvernante Caterina, viennent lui présenter leurs vœux pour son quarantième anniversaire. David lui prédit qu'il sera marié avant la fin de l'année.

Caterina fait entrer Suzel, la fille d'un des fermiers de Fritz, venue lui offrir des fleurs : « Son pochi fiori », chante-t-elle dans une ravissante petite aria. Entre Beppe qui joue du violon et fait à Fritz un gracieux discours sur son comportement charitable : « Laceri, miseri. »

Dès que Suzel est sortie, tous s'émerveillent de la beauté de la jeune adolescente. David estime qu'il sera bientôt temps de la marier, mais Fritz proteste : elle n'est encore qu'une petite fille. David parie que Fritz sera lui aussi bientôt marié, et ils choisissent comme enjeu les vignes de Fritz. Une marche retentit et un groupe d'orphelins, protégés de Fritz, fait son entrée. L'acte se termine dans l'allégresse générale.

Acte II. Un verger près d'une ferme. Suzel cueille des cerises et dit son bonheur dans une petite chanson : la scène est charmante et pastorale. Fritz entre (« Suzel, buon dì »), félicite Suzel pour son chant et la remercie des fleurs qu'elle a ramassées pour lui. Elle lui dit que les cerises sont mûres

Andante

Han del-la por-po-ra vi-vo co-lo-re, tondol-ce te-ne-re

Du haut d'une échelle, elle lance des cerises à Fritz, qui est séduit par sa jeunesse et sa fraîcheur. Où trouvera-t-il une telle sérénité et une telle innocence ? (« Tutto tace »). Et quand, sinon au printemps (« Tu sei bella, o stagion primaverile ») ?

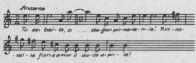

Il ne semble pas que Mascagni ait écrit de musique plus délicate et plus inspirée.

Beppe, Hanezò et Federico proposent une promenade dans la campagne. David, prétextant la fatigue, décide de ne pas les accompagner. Quand Suzel lui offre de l'eau, il lui dit que cette scène évoque l'histoire d'Isaac et de Rebecca et lui fait lire ce passage de la Bible. David est alors persuadé qu'elle a compris le rapport entre le texte et la situation. David veut éprouver les réactions de Fritz : il lui avoue avoir trouvé un bon mari pour Suzel. Cette idée remplit Fritz d'horreur. Après le départ de David, il admet qu'il doit être amoureux, mais décide de n'en pas subir les conséquences et de regagner la ville avec ses amis.

Acte III. L'*intermezzo* qui ouvre l'acte a connu un succès considérable auprès du public italien; il est presque aussi souvent bissé que les airs les plus célèbres de la partition. Le décor est celui du premier acte. Fritz est troublé et inquiet d'avoir découvert l'amour. Beppe essaie de le distraire en lui chantant une chanson composée alors qu'il souffrait d'un amour malheureux.

L'aria de Fritz, « O amore, o bella luce del core », dédiée à la passion fatale, couvre toute la gamme. David vient lui annoncer que tout est prêt pour le mariage de Suzel. Affolé, Fritz refuse son consentement et se précipite hors de la pièce. Suzel, qui apporte des fruits, avoue son amour pour Fritz : « Non mi resta che il pianto ».

Fritz revient et tout s'arrange. David a gagné son pari, et tous félicitent Fritz de son heureux destin.

H.

Iris

Opéra en 3 actes de Mascagni; liv. de Luigi Illica. Créé le 27 novembre 1898 au Teatro Costanzi, Rome, avec Darclée, de Lucia, dir. de l'auteur. La même distribution interpréta une version révisée à la Scala de Milan l'année suivante. Première au Metropolitan, 1907, avec Eames, Caruso, Scotti, Journet; Covent Garden, 1919; la Scala, 1924, avec Vigano, Pertile, Badini, dir. Toscanini. Reprise à Londres, Opera Viva, en 1967, avec Victoria Elliott et Robert Thomas.

PERSONNAGES

IL CIECO, *l'aveugle* (basse); IRIS, *sa fille* (soprano); OSAKA, *jeune homme riche* (ténor); KYOTO, *takiomati* (baryton).

Des chiffonniers, boutiquiers, geishas, mousmés *(lavandières), samouraïs, citoyens, comédiens ambulants. Trois femmes représentent la Beauté, la Mort et le Vampire. Une jeune fille.*

Au Japon, au XIXe siècle.

Acte I. La maison d'Iris, près de la ville. La musique décrit avec fracas le lever du jour — l'instrumentation prévoit des tam-tams, des cymbales, des tambours et des cloches — tandis que des voix répètent « Calore, Luce, Amor ! » (Chaleur, Lumière, Amour). Dans la chaleur et la lumière, on trouve l'amour et la vie. *Iris* est empreint de philosophie naturaliste, et le ton est donné par cet « Hymne au Soleil » de l'ouverture.

Iris qui n'aime que son père aveugle, apparaît à la porte de sa chaumière. Elle a rêvé que des monstres voulaient blesser sa poupée, qui repose sous les rosiers. Mais ils ont disparu avec le lever du soleil.

Iris est jeune et belle. Osaka, un jeune libertin fortuné, la convoite, et Kyoto, le directeur d'un établissement assez douteux, complote pour la lui livrer. Tandis que son père dit ses prières et que les *mousmés*[1] chantent sur la rive du fleuve, Iris s'occupe de ses fleurs : « In pure stille ». Osaka et Kyoto arrivent chez elle avec un spectacle de marionnettes. La pièce commence. Bientôt Osaka, personnifiant Jor, le fils du dieu du Soleil, chante la sérénade : « Apri la tua finestra ». Trois geishas, représentant la Beauté, la Mort et le Vampire dansent autour d'Iris et forment devant elle un écran en déployant leurs jupes. Iris est enlevée. Osaka justifie le rapt en laissant de l'argent à l'intention du vieux père aveugle. Quand celui-ci revient, on lui fait croire que sa fille est partie de son plein gré pour le Yoshiwara. Furieux, il se lance à sa poursuite.

Acte II. L'intérieur de la serre du Yoshiwara. Kyoto et Osaka contemplent Iris endormie. Elle s'éveille et croit d'abord être dans un autre monde. Osaka, qui a placé des bijoux près d'elle, vient la courtiser. Mais c'est en vain qu'il tente d'éveiller sa passion. Dans sa pureté, Iris ne

1. En français dans le texte.

comprend pas le sens de ses paroles ni de ses gestes. Le voyant somptueusement vêtu, elle le prend pour Jor, le dieu du Soleil; mais il avoue être le Plaisir. La jeune fille est effrayée, car, un prêtre lui a dit un jour, au temple, que le plaisir et la mort ne faisaient qu'un : « Un dì (ero piccina) al tempio ».

Las d'une telle innocence, Osaka la quitte. Mais Kyoto, voulant l'attirer à nouveau vers elle, pare la jeune fille de vêtements transparents et la fait sortir sur un balcon. La foule dans la rue s'émerveille de sa beauté. Osaka est à nouveau tenté de l'acheter. Elle reconnaît alors la voix de son père et l'appelle joyeusement. Mais il ne sait pas qu'elle a été enlevée et est persuadé qu'elle est volontairement pensionnaire dans la maison de rendez-vous. Il ramasse une poignée de boue dans la rue et la lance vers elle en la maudissant. Terrifiée, elle saute d'une fenêtre et tombe dans l'égout en contrebas.

Acte III. Les égoutiers et les chiffonniers drainent l'égout avant le jour. Ils raillent la lune en chantant. Ils découvrent le corps d'Iris et le dégagent. Ils vont arracher ses bijoux quand elle remue doucement. La voyant vivante, hommes et femmes s'enfuient. La lueur rosée qui émane du Fuji-yama se répand dans le ciel. La chaleur et la lumière sont à nouveau présentes. Iris reprend ses esprits. Des voix intemporelles murmurent que l'existence en ce bas monde est personnifiée, symboliquement, par la veulerie de Kyoto, le désir d'Osaka et l'égoïsme du père d'Iris, avide du confort de l'existence grâce au dévouement de sa fille.

Elle reprend suffisamment de forces pour glorifier la sainteté du Soleil. A nouveau, et comme au début, retentit le chœur à la louange de la chaleur, de la lumière et de l'amour — le Soleil !

K.

UMBERTO GIORDANO
(1867-1948)

Andrea Chénier
André Chénier

Opéra en 4 actes de Giordano; liv. de Luigi Illica. Créé à la Scala de Milan, 28 mars 1896, avec Carrera, Borgatti, Sammarco. Première à New York, 1896; Covent Garden, 1905; Metropolitan, New York, 1921, avec Muzio, Gigli, Danise, dir. Moranzoni. Reprises : la Scala en 1946, pour le cinquantenaire de la création, avec Caniglia, Beval, Piero Guelfi, dir. Giordano; 1949, représentation à la mémoire de Giordano, avec Tebaldi, del Monaco, Silveri, dir. de Sabata; Metropolitan, New York, 1954, avec Milanov, del Monaco, Warren; 1962, avec Eileen Farrell, Corelli, Merrill.

PERSONNAGES

UN MAJORDOME (baryton); CHARLES GÉRARD (baryton); MADELEINE DE COIGNY (soprano); LA COMTESSE DE COIGNY, *sa mère* (mezzo-soprano); BERSI, *la servante mulâtre de Madeleine* (mezzo-soprano); FLÉVILLE, *un chevalier* (*« Romanziere »*) (baryton); L'ABBÉ (ténor); ANDREA CHÉNIER, *poète* (ténor); MATHIEU, *un domestique* (baryton); INCREDIBILE [1], *espion* (ténor); ROUCHER, *un ami de Chénier* (basse); MADELON, *une vieille femme* (mezzo-soprano); DUMAS, *président du tribunal* (baryton); FOUQUIER-TINVILLE, *Procureur général* (baryton); SCHMIDT, *geôlier de la prison Saint-Lazare* (baryton).

Des courtisans, des dames, des citoyens français, des soldats, des domestiques, des paysans, des prisonniers, des membres du tribunal révolutionnaire.

André Chénier était un personnage historique, dont le librettiste de Giordano, Luigi Illica, a romancé la vie. C'était un poète, un rêveur et un patriote. Né à Constantinople, il fut éduqué à Paris, où il participa à la Révolution, dont il fut finalement la victime.

Acte I. La salle de bal du château. Parmi les domestiques qui préparent la salle pour une grande réception se trouve Gérard. Il raille les conventions et les travers de la vie des aristocrates; puis, voyant son vieux père porter des meubles, devient plus menaçant et se lance dans une tirade dénonçant ses maîtres et le système qui leur permet de vivre dans ce luxe immérité : « Son sessant'anni ». La comtesse, sa

fille Madeleine et Bersi viennent s'assurer que tout est prêt pour la fête. Gérard s'émerveille de la beauté de la jeune fille dont il est secrètement épris.

Les invités arrivent. Parmi eux, l'Abbé et Fléville, qui présente un musicien italien et le poète Chénier.

Chénier chante le célèbre *Improviso di Chénier*, « Un dì, all'azzurro spazio ». Il y oppose la beauté de la nature à la misère que les hommes font naître autour d'eux; il y dénonce l'égoïsme des hommes au pouvoir — prêtres, politiciens et aristocrates, et ses opinions extrémistes sont assez mal accueillies par les invités (l'aria a connu une grande popularité dès sa création).

La comtesse s'empresse de faire jouer une gavotte. Gérard fait alors irruption, à la tête d'un groupe de

1. Incroyable : élégant, pendant le Directoire.

mendiants, et annonce, comme un aboyeur : « Madame, la Misère ! ». Le majordome les fait sortir, mais Gérard a eu le temps de le traiter d'esclave. La gaieté et les divertissements reprennent comme si de rien n'était.

Acte II. Le café Hottot à Paris. La première phase de la Révolution est terminée. Chénier est seul à une table. Bersi et Incredibile, l'espion, sont à une autre. Bersi cherche à savoir s'il y a vraiment des espions partout; elle ajoute qu'elle n'a rien à craindre : n'est-elle pas une vraie fille de la Révolution ? Incredibile lit le rapport qu'il rend sur Chénier et Bersi, tous deux fort suspects à ses yeux.

Roucher apporte à Chénier un passeport qu'il a réussi à se procurer Il est indispensable qu'il s'enfuie au plus vite, car il a de dangereux ennemis. Chénier refuse cette solution désespérée et dit avoir confiance en son destin : « Credo a una possanza arcana ». Par ailleurs, il a reçu plusieurs lettres anonymes d'une femme, qu'il imagine sublimement belle. Chénier va partir quand Robespierre apparaît, accompagné d'autres révolutionnaires et suivi d'une foule enthousiaste. Gérard est l'un des chefs qui entourent Robespierre. Incredibile lui demande des précisions sur la femme qu'il recherche. Gérard décrit alors avec lyrisme la beauté de Madeleine. Bersi se rapproche de Roucher pour lui dire qu'une personne en danger voudrait voir Chénier.

Madeleine arrive au lieu du rendez-vous; Chénier la rejoint. Il ne la reconnaît pas tout de suite et comprend enfin qu'elle est l'auteur des lettres anonymes. Pendant ce temps, Incredibile, dissimulé, reconnaît en Madeleine la femme recherchée par Gérard. Madeleine demande à Chénier de l'aider dans sa solitude, et il lui avoue son amour. Leur duo est passionné. Ils vont fuir ensemble quand Gérard se dresse sur leur chemin. L'espion et

Roucher le suivent de près. Chénier crie à son ami Roucher de protéger Madeleine. Chénier et Gérard tirent leurs épées, le duel commence, sans qu'ils se soient reconnus. Gérard, touché, s'effondre. Il reconnaît alors son adversaire et lui murmure de prendre garde, car il est sur la liste noire de Fouquier-Tinville.

Incredibile revient avec la police. Un attroupement se forme. Tous réclament le châtiment de l'agresseur de Gérard, mais il dit ne pas l'avoir reconnu.

Acte III. Le Tribunal révolutionnaire. Mathieu s'adresse à la foule qui assiste au procès pour obtenir une contribution en argent. Les spectateurs réagissent peu. Gérard entre et fait un discours passionné. Tous se déclarent prêts à participer au don. La foule se disperse en entonnant le chant révolutionnaire, *La Carmagnole.*

Gérard demande à Incredibile si l'on a des nouvelles de Chénier et de Madeleine. Un vendeur de journaux crie que le poète a été arrêté — Madeleine ira bientôt rejoindre son amant, dit l'espion. Gérard est choqué par le cynisme d'Incredibile d'autant plus qu'il lui demande d'écrire au plus vite le réquisitoire contre Chénier.

Gérard hésite : peut-il dénoncer Chénier comme « un ennemi de son pays » (« Nemico della patria ») ? Mais, poussé par sa jalousie et par le désir de posséder Madeleine, Gérard signe le réquisitoire.

Gérard explique à Madeleine que Chénier a été arrêté sur son ordre et parce que lui-même est épris d'elle. Elle se détourne, puis offre à Gérard son amour en échange de la liberté de Chénier. Elle raconte la mort horrible de sa mère, brûlée vive dans sa maison que la foule avait incendiée : « La mamma morta ». Gérard jure à Madeleine de faire l'impossible pour sauver Chénier.

Le procès. Plusieurs prisonniers sont condamnés sommairement, sous les acclamations de la foule. Quand vient le tour de Chénier, la Cour lui refuse le droit de répondre aux accusations. Mais Gérard intervient, et on l'autorise à se défendre : « Sì, fui soldato. » Gérard prend la défense de Chénier, mais en vain : la condamnation à mort est prononcée.

Acte IV. Dans la cour de la prison Saint-Lazare, Chénier attend le tombereau, Roucher est avec lui. Il lui demande de lire le poème qu'il vient d'écrire. La très belle aria « Come un bel dì di Maggio » décrit les sentiments du poète face à la mort :

Gérard et Madeleine entrent. Le geôlier accepte que Madeleine prenne la place d'une condamnée pour mourir avec Chénier. Gérard part, décidé à intercéder une dernière fois en leur faveur. Leur amour et leur joie d'être réunis dans la mort éclatent dans leur grand duo : « Vicino a te ».

H.

Fedora

Opéra en 3 actes de Giordano; liv. de A. Colautti, d'après la pièce de Sardou. Créé le 17 novembre 1898 au Teatro Lirico, Milan, avec Bellincioni, Caruso, Delfino Menotti, sous la dir. de l'auteur. Première au Th. Italien, Paris, 1905, avec Cavalieri, Caruso, Ruffo, dir. Ferrari; Covent Garden, 1906, avec Giachetti, Zenatello, Sammarco, dir. Mugnone; Metropolitan de New York, 1906, avec Cavalieri, Caruso, Scotti, dir. Vigna. Reprises : Metropolitan, 1923, avec Jeritza, Martinelli, Scotti, dir. Papi; la Scala de Milan, 1932, avec Pertile, dir. de Sabata; 1956 avec Callas, Corelli, Colzani, dir. Gavazzeni.

PERSONNAGES

LA PRINCESSE FEDORA ROMANOV (soprano); LE COMTE LORIS IPANOV (ténor); DE SIRIEX, *diplomate français* (baryton); LA COMTESSE OLGA SUKAREV (soprano); GRECH, *officier de police* (basse); CIRILLO, *cocher* (baryton); DMITRI, *valet* (contralto); UN PETIT SAVOYARD (mezzo-soprano); DÉSIRÉ, *valet* (ténor); LE BARON ROUVEL (ténor); LOREK, *chirurgien* (baryton); BOROV, *médecin* (baryton); NICOLA et SERGIO, *laquais* (ténor et baryton); BOLESLAO LAZINSKI, *pianiste* (mime).

A Saint-Pétersbourg, à Paris et en Suisse, à la fin du XIXe siècle.

Fedora est, après *Andrea Chénier*, l'opéra de Giordano qui a connu le plus de succès.

Acte I. A Saint-Pétersbourg, chez le comte Vladimir Andreievitch; l'époque est « contemporaine ». Les domestiques du comte attendent son retour en jouant aux dominos et en commentant son mode de vie — le jeu, la boisson et les femmes sont ses divertissements; mais il faudra que cela cesse quand il sera l'époux d'une riche veuve, la princesse Fedora. On sonne : c'est la princesse, qui vient chercher son fiancé.

Grech entre précipitamment et demande où se trouve la chambre du comte. Celui-ci y est transporté, gravement blessé. Personne ne sait qui a blessé le comte. Grech, l'officier de police chargé de l'enquête, interroge tout le monde, en commençant par Dmitri, Désiré et Cirillo. Le cocher dit avoir conduit son maître à la salle de tir; un quart d'heure après leur arrivée, deux coups de feu retentirent; quelqu'un sortit ensuite en laissant des marques sanglantes sur la neige et disparut dans l'obscurité. Cirillo fit signe à une voiture qui passait, dans laquelle se trouvait de Siriex. Ils entrèrent ensemble dans la maison et trouvèrent à l'étage le comte couvert de sang. Il semblerait que le comte ait reçu une lettre le matin même, apportée par une vieille femme — et la maison où le comte fut retrouvée était louée à une vieille femme. Un jeune homme, entré sans donner son nom et ressorti précipitamment, est venu le matin chez le comte.

Soudain, l'un des domestiques se rappelle qu'il s'agissait du comte Loris Ipanov. Fedora en conclut aussitôt qu'il est coupable. Grech va chez lui mais revient bientôt bredouille. Entre-temps, le médecin a fait appeler Fedora. Son cri de désespoir nous renseigne sans équivoque sur la mort de Vladimir.

Acte II. Fedora a décidé de se consacrer à la poursuite et à la capture de celui qu'elle prend pour le meurtrier de son fiancé : le comte Loris Ipanov. Elle veut qu'il confesse sa faute. Au cours d'une réception qu'elle donne dans sa résidence parisienne, la comtesse Olga présente aux invités son ami, le pianiste Boleslao Lazinski. Fedora se rapproche de de Siriex, qui est maintenant ministre des Affaires étrangères. Elle lui confie avec une emphase particulière : « Il se peut que j'aie besoin de votre aide. Vous êtes un vieil ami. Mais en voici un nouveau, le comte Loris Ipanov. » De Siriex est stupéfait de la rapidité avec laquelle Fedora a retrouvé la trace de Loris.

Fedora est seule avec Loris. Il lui déclare son amour dans un *arioso* passionné, « Amor ti vieta » (L'amour interdit de ne pas aimer). Cette souple *cantilena* est l'une des chansons les plus célèbres du répertoire de ténor italien et ne manque jamais de provoquer l'enthousiasme du public.

Borov vient demander à Fedora si elle désire lui confier un message pour un ami russe, mais elle lui répond qu'elle est prête à retourner en Russie sous peu, sa grâce a été accordée, et ses biens lui ont été restitués. Loris est inconsolable, car il ne peut l'accompagner. Elle propose d'intervenir en sa faveur. Il lui avoue que cela ne suffirait pas à modifier la sentence prononcée contre lui. Tandis que Lazinski, dans une pantomime comique, commence à jouer pour les invités, Loris se confesse à Fedora : il est responsable de la mort de Vladimir, mais est innocent de son meurtre. Fedora, triomphante, se contient difficilement. Loris assure être en mesure de prouver son innocence, et elle lui demande de revenir la voir le soir même avec les documents en faisant foi.

Fedora explique à Grech qu'il devra kidnapper Loris, aidé de ses hommes, une fois que celui-ci lui aura apporté la preuve de son crime. Il faudra ensuite le conduire à bord d'un navire russe. Elle a écrit au général Jarischkin, à Saint-Pétersbourg, pour le mettre au courant, et a ajouté au nom de Loris ceux de son frère et de son ami Sokolev, également complices, selon elle, du crime.

Quand Loris arrive, Fedora l'accuse immédiatement d'être nihiliste et d'avoir participé au complot contre la vie du tsar, ainsi que d'avoir assassiné le comte Vladimir. Loris nie le meurtre et raconte que le comte avait une liaison clandestine avec Wanda, sa propre épouse. Il avait découvert par hasard une lettre de Wanda à Vladimir. Il montre alors à Fedora des lettres de Vladimir adressés à Wanda, et elle doit reconnaître qu'il dit la vérité. La confession de Loris, « Mia madre, la mia vecchia madre », est l'un des passages les plus célèbres de la partition. Loris poursuit son récit : il se rendit ensuite au lieu de rendez-vous mentionné dans la lettre et prit les coupables sur le fait. Vladimir tira le premier et le blessa; quand il fit feu à son tour, Vladimir fut mortellement atteint. Wanda s'échappa et mourut par la suite.

Fedora est stupéfaite. Loris lui avoue alors être poursuivi par un ennemi inconnu, qui lance des espions à sa suite, rendant son exil invivable. Il évoque sa mère, et la terre natale qu'il ne peut pas revoir : « Vedi, io piango » (Voyez, je pleure). Un signal retentit, et Fedora réussit avec difficulté à empêcher Loris de se précipiter à la rencontre de ses accusateurs. Elle admet enfin qu'elle est éprise de lui et prête à le garder près d'elle. Il se laisse convaincre.

Acte III. La villa de Fedora en Suisse. Un air suisse chanté par des montagnards sert de prélude à l'entretien bref mais passionné de Fedora et de Loris. Ils sont maintenant mariés et heureux. Olga interrompt cette scène idyllique. De Siriex entre, il confie à Olga que son pianiste polonais était en réalité un espion, lancé sur sa trace pour essayer de lui extorquer des renseignements.

De Siriex se trouve seul avec Fedora, il lui apprend que Jarischkin a cessé de poursuivre son œuvre de vengeance : le nouveau tsar l'a renvoyé. Deux jeunes gens, présumés coupables de complicité dans le meurtre du comte Vladimir, ont été arrêtés; l'un a disparu mais l'autre a été enfermé dans une prison au bord de la Néva; lors d'une crue du fleuve, il a été lentement noyé dans son donjon. C'était Valerian, le frère de Loris. La nouvelle de sa mort bouleversa tant sa vieille mère qu'elle en mourut.

Fedora, demeurée seule, prie pour que Loris échappe au piège qu'elle lui a inconsciemment tendu : « Dio di giustizia » (O Dieu juste). Loris revient et trouve un télégramme lui annonçant qu'il est gracié et libre de retourner en Russie. Il exulte. Mais dans une lettre, Borov, l'auteur du télégramme, lui confie que son exil prolongé était dû aux accusations d'une femme; elles ont provoqué la mort de ses deux prétendus « complices », Valerian et Sokolev, et sa mère en est morte de douleur.

Fedora essaie d'insinuer que cette femme n'avait agi de la sorte que parce qu'elle le croyait coupable d'un crime monstrueux, et il finit par comprendre qu'elle était son ennemie. Elle réussit à boire le poison qu'elle avait caché dans sa croix. Quand Borov arrive, elle se meurt. La douleur de Loris est extrême, dans « Amor ti vieta », il lui pardonne.

H.

13. L'Opéra français

FRANCOIS ADRIEN BOÏELDIEU
(1775-1834)

La Dame blanche

Opéra en 3 actes de Boïeldieu; liv. de Scribe, d'après Guy Mannering *et* The Monastery *de W. Scott. Créé à l'Opéra-Comique, Paris, 30 décembre 1825, avec Mmes Rigaut (Anna), Boulanger (Jenny), MM. Ponchard (Georges), Henri (Gaveston). Première à Drury Lane, Londres, 1826 (en angl.); New York, 1827 (en fr.). Reprises : Metropolitan, 1904, dir. Mottl; Opéra-Comique, 1926, avec Féraldy, Faroche, Villabella, Marrio; Bruxelles, 1936; Londres, Philopera Circle, 1955; Toulouse, 1961; Gand et Bordeaux, 1963 (avec Michel Sénéchal à Bordeaux).*

PERSONNAGES

GAVESTON, *intendant de feu le comte d'Avenel* (basse); ANNA, *sa pupille* (soprano); GEORGES BROWN, *jeune officier anglais* (ténor); DICKSON, *locataire du domaine* (ténor); JENNY, *sa femme* (soprano); MARGUERITE, *vieille servante du comte d'Avenel* (soprano); GABRIEL, *au service de Dickson* (basse); MAC IRTON, *juge de Paix* (basse).

En Écosse, en 1759.

La Dame Blanche connut une des premières les plus triomphales de l'histoire de l'opéra et demeure l'un des succès les plus remarquables du répertoire d'opéra-comique. La 1 000e eut lieu à l'Opéra-Comique en 1862, et la 1 675e en 1914. Les passages délicieux et d'une écriture accomplie abondent dans la partition. Son brillant et son éclat distinguent l'œuvre de toutes celles qui l'ont suivie dans ce genre.

Acte I. Devant la maison de Dickson, on danse et chante à l'occasion du baptême de son enfant. Georges Brown se présente comme officier du roi et accepte de remplacer le parrain de l'enfant, qui est absent. Il s'intéresse à l'histoire du château d'Avenel, qui domine le paysage. On lui raconte qu'il est hanté par un fantôme; il s'agit d'une femme, appelée la « Dame Blanche »; elle s'est consacrée à la défense des femmes bafouées par leurs prétendants. Tous croient fermement en son existence, et certains sont même persuadés de l'avoir déjà vue. Dickson doit la rencontrer le soir même et, malgré ses appréhensions, il n'ose pas désobéir. George propose de s'y rendre à sa place, et son offre est acceptée avec reconnaissance. Tous lui souhaitent bonne chance.

Acte II. Une salle gothique du château. Marguerite file dans une demi-obscurité. Anna vient lui conter l'histoire de l'héritier disparu du vieux comte, que Gaveston aurait fait enlever pour s'approprier le château et les terres. Gaveston entre et essaie vainement de faire dire à Anna où la comtesse a caché le trésor avant de mourir. On sonne à la porte, et Gaveston interdit que l'on fasse entrer qui que ce soit. Mais Anna intervient, elle sait qu'il s'agit de Dickson, convoqué par la « Dame Blanche ». En réalité, c'est elle qui joue le rôle du fantôme, et qui a fait venir Dickson, dans l'espoir qu'il l'aiderait à sauver le château des mains de Gaveston. Anna promet à Gaveston de lui révéler le secret de la cachette le lendemain, à la condition qu'il laisse entrer le voyageur. Elle disparaît, et Marguerite va ouvrir la porte.

C'est Georges Brown qui est venu à la place de Dickson. Les habitants du château vont se coucher, le laissant seul dans la grande salle. Il ranime le feu et chante une sérénade pour inciter le fantôme à apparaître. Anna se montre en effet, persuadée de trouver Dickson. Elle reconnaît en Georges Brown un officier qu'elle a autrefois soigné de ses blessures et dont elle s'était éprise. Il est stupéfait que le fantôme connaisse si bien son passé et l'épisode de sa blessure — depuis lors, il recherche sa bienfaitrice dont il s'était épris; à sa demande il jure d'exécuter tous les ordres qu'elle lui donnera le lendemain.

Elle disparaît. Gaveston entre; il invite Georges à assister à la vente aux enchères du château qui va commencer. Jenny et Dickson pressent Georges de questions, mais il ne révèle rien de ce qu'il a vu.

Les enchères montent, Dickson doit abandonner, mais Georges Brown intervient. Au moment où lui aussi est sur le point de céder, Anna apparaît. Stimulé, Georges surenchérit, et le château lui est attribué, mais il doit payer avant midi. Gaveston est hors de lui.

Acte III. La même salle. Anna et Marguerite s'entretiennent de l'endroit où pourrait se trouver une certaine statue de la « Dame Blanche »; selon Anna, toute la fortune de la famille y serait dissimulée. Marguerite se rappelle l'existence d'un passage secret, qu'elles vont explorer. Pendant ce temps, la foule se réunit pour saluer le nouveau maître du château et lui chante une variante d'un vieil air écossais : « Robin Adair ».

Georges avoue à Gaveston qu'il n'a pas de quoi payer le château mais il espère que la « Dame Blanche » s'en chargera. Mac Irton, un ami de Gaveston, vient le prévenir du retour en Angleterre du fils perdu de la maison, sous le nom de Georges Brown, Anna, cachée, entend tout.

Juste avant midi, Mac Irton vient chercher l'argent, accompagné des représentants de la Loi. Georges demande qu'on lui laisse le temps d'entrer en contact avec la « Dame Blanche », qui doit financer la transaction. Anna apparaît sous son déguisement, avec le coffret contenant le trésor, qu'elle a enfin découvert. Elle déclare que Georges Brown est l'héritier légitime des terres d'Avenel.

La fraîcheur des mélodies, la gaieté des personnages — tout semble capable de survivre dans *La Dame Blanche*. Des morceaux tels que l'énergique « Ah, quel plaisir d'être soldat » de Georges, la charmante ballade de la Dame Blanche que chantent Jenny et Dickson, et l'exquis *allegretto* du duo d'Anna et Georges à l'acte II dont la légèreté et la distinction inhérentes à l'expression « opéra-comique ». L'esprit de l'aria d'Anna au début de l'acte III et la structure de certaines mélodies ne sont pas sans rappeler Weber. Le personnage de Georges Brown est particulièrement attachant : il est romantique, débonnaire et téméraire, sans que cela nuise à la logique de l'action dramatique; ses deux solos romantiques sont extrêmement réussis — l'un quand il attend l'apparition du fantôme (« Viens, gentille dame »), l'autre quand il reprend l'air de « Robin Adair » que le chœur commence à chanter à l'acte III.

H.

DANIEL FRANCOIS AUBER
(1782-1871)

La Muette de Portici

Opéra en 5 actes d'Auber; liv. de Scribe et Delavigne. Créé à l'Opéra de Paris, 29 février 1828, avec Mmes Noblet, Cinti-Damoreau, MM. Nourrit, Dabadie, dir. Habeneck. Reprise en 1879, dir. Lamoureux. Première à Drury Lane, Londres, 1829 (en angl.); New York, 1829 (en angl.); Covent Garden, 1845 (en fr.); 1849 (en it.), avec Grisi et Mario; Metropolitan, 1844, dir. Damrosch. Braham fut un remarquable Masaniello. Reprise, avec des harmoniques révolutionnaires, au Staatsoper de Berlin en 1953, avec Stolze.

PERSONNAGES

ALFONSO D'ARCOS, *fils du vice-roi espagnol de Naples* (ténor); LORENZO, *son confident* (ténor); SELVA, *officier de la garde du vice-roi* (basse); MASANIELLO, *pêcheur napolitain* (ténor); PIETRO, *son ami* (baryton); FENELLA, *sœur de Masaniello* (danseuse); BORELLA et MORENO, *pêcheurs* (basses); ELVIRA, *princesse espagnole* (soprano); UNE DEMOISELLE D'HONNEUR DE LA PRINCESSE (mezzo-soprano).

A Naples, en 1647.

Le sujet de *La Muette de Portici* est inspiré des événements historiques qui se déroulèrent en Italie en 1647, quand le peuple napolitain se souleva contre l'oppresseur espagnol. De tous les opéras d'Auber, c'est sans doute celui qui a connu le plus grand succès; douze ans après la première, il avait été joué cent fois à l'Opéra de Paris; la 500e eut lieu en 1880. « Tout le monde sait, écrit Loewenberg, que la représentation du 25 août 1830 à Bruxelles (non pas la première, comme on l'a parfois dit) donna le signal de la révolution belge, qui conduisit le pays à l'indépendance. »

L'ouverture, presque rossinienne par son animation, est encore extrêmement populaire.

Acte I. Les jardins du duc d'Arcos, vice-roi de Naples. On aperçoit une chapelle. Le fils du vice-roi, Alfonso, se reproche d'avoir séduit une pauvre Napolitaine innocente, Fenella, qui l'aimait; il a dû l'abandonner en raison de son prochain mariage avec Elvira, la princesse espagnole dont il est épris. Fenella, qui est muette, a disparu depuis un mois sans laisser la moindre trace. Un chœur de réjouissances se poursuit pendant tout le monologue d'Alfonso. Puis, dans une grande aria, Elvira exprime son bonheur et l'on danse en son honneur. Une jeune fille poursuivie par des soldats demande sa protection, c'est Fenella. Répondant aux questions d'Elvira, elle raconte son histoire avec des gestes.

La princesse et sa suite entrent dans la chapelle. Quand elle ressort avec Alfonso, celui-ci reconnaît Fenella. La jeune fille fait comprendre qu'Alfonso est son séducteur. Elvira est horrifiée, et l'acte se termine dans la consternation générale.

Acte II. Portici, sur le littoral entre Naples et le Vésuve. Des pêcheurs accueillent leur chef, Masaniello. Sa barcarolle, « Amis, la matinée est belle », évoque l'inquiétude plus que la joie de vivre. Seul Pietro, l'ami de Masaniello, connaît le triste sort de Fenella, il avoue ne l'avoir trouvée nulle part. Les deux amis jurent de se venger des tyrans qui ont opprimé leur peuple pendant si longtemps et qui ont aujourd'hui compromis la plus innocente des jeunes filles : « Amour sacré de la patrie » est le refrain de ce fameux duo patriotique dont on raconte qu'il donna le signal de la révolution belge.

Fenella vient trouver Masaniello et lui conte son histoire. Elle ne veut pas révéler le nom de son séducteur, mais lui fait comprendre qu'il est marié et ne peut réparer son outrage. Masaniello jure de la venger et appelle les pêcheurs aux armes. Ils font serment d'anéantir les ennemis de la patrie.

Acte III. Une place publique à Naples. Alfonso veut convaincre Elvira de la sincérité de son amour ; il se repent sincèrement d'avoir trompé la pauvre fille de pêcheurs. Elle finit par le croire et il ordonne aux gardes de trouver Fenella et de la conduire auprès

d'Elvira. Dans la grande animation du marché, on danse une tarentelle. Les gardes aperçoivent Fenella et veulent l'arrêter. Masaniello intervient, il incite le peuple à se soulever. Les soldats sont repoussés. Avant de poursuivre son combat à la tête de cette armée de fortune, Masaniello l'incite à prier Dieu pour qu'il les soutienne dans leur juste entreprise. Ils se préparent à assiéger la ville.

Acte IV. A Portici, la cabane de Masaniello. Il déplore que cette lutte pour la liberté ait dégénéré et que la licence et l'esprit de destruction aient gagné la racaille qu'il a menée à la victoire. Fenella apparaît, pâle et titubante. Son frère l'invite à se reposer. Pietro et ses compagnons demandent à Masaniello de les mener une fois de plus à la victoire. Il tente de les calmer et les supplie de ne plus verser de sang.

Alfonso et Elvira, poursuivis par la foule, cherchent un abri. Tout d'abord, Fenella refuse de sauver Elvira qu'elle considère comme sa rivale. Mais elle s'attendrit et jure de les sauver, ou de mourir avec eux. Masaniello accepte alors d'abriter les deux fugitifs.

Accompagné des représentants du peuple, Pietro vient demander à Masaniello de prendre le pouvoir. Il reconnaît Alfonso. Un ensemble se développe, réunissant les deux fugitifs espagnols, Masaniello, Pietro et le chœur. Pietro veut mettre à mort Alfonso et Elvira sans tarder, Masaniello fait valoir les lois de l'hospitalité. Finalement, il remet un sauf-conduit à ses protégés et menace de mort quiconque osera leur nuire. Pietro et les siens jurent de faire tomber la tête de Masaniello.

Acte V. Devant le palais du vice-roi à Naples. Pietro chante une barcarolle avec le chœur. Entre deux strophes, il avoue à un ami qu'il a déjà administré un poison à Masaniello qui s'annonçait comme un tyran bien pire encore que ceux dont on venait de se débarrasser. Pendant qu'il chante, le « roi du jour » se meurt doucement, et aucun pouvoir humain ne saurait le sauver.

On apprend qu'Alfonso, à la tête de ses troupes, avance sur Naples. De plus, le Vésuve est en éruption, et les paysans crédules sont persuadés que la colère de Dieu s'est abattue sur les rebelles. Seul Masaniello peut les sauver, crie le peuple. Mais Pietro et les siens doivent avouer qu'il est maintenant victime d'hallucinations, dues au poison. Le héros, apparemment privé de bon sens, sort du palais. Tous implorent son aide, mais il ne les entend pas et chante la barcarolle entendue au premier acte. L'arrivée de Fenella lui fait prendre conscience de la situation : il se met alors à la tête des rebelles.

Fenella prie pour qu'il revienne sauf. Elvira apparaît peu après : Masaniello lui a sauvé la vie. Alfonso la suit et finit le récit : Masaniello a été exécuté pour avoir sauvé Elvira. Fenella, à cette nouvelle, se donne la mort.

H.

Fra Diavolo

Opéra en 3 actes d'Auber; liv. de Scribe. Créé à l'Opéra-Comique, Paris, 28 janvier 1830, avec Mmes Prévost, Boulanger, M. Chollet. Reprises nombreuses jusqu'en 1911, avec Tiphaine, Mathieu, Lutz, Francell. Première à Drury Lane, 1831; New York, même année. Reprises : Metropolitan, 1910, avec Alten et Clément, dir. Hertz; Berlin, 1934 et 1936; la Scala de Milan, 1934, dir. Santini; Sadler's Wells, 1935 (en angl.); Stockholm, 1948; Naples, 1962; Festival de Wexford, 1966; Marseille, 1966, avec Mady Mesplé et Michel Sénéchal; San Francisco, 1968, avec Nicolai Gedda. Fra Diavolo a été le rôle préféré de nombreux ténors célèbres, dont Bonci et Schipa.

PERSONNAGES

FRA DIAVOLO, *chef de bande* (ténor); LORD COCKBURN, *touriste anglais* (ténor); LADY PAMELA, *son épouse* (mezzo-soprano); LORENZO, *officier de carabiniers* (ténor); MATTEO, *aubergiste* (basse); ZERLINA, *sa fille* (soprano); GIACOMO, *un bandit* (basse); BEPPO, *un bandit* (ténor).

Les environs de Naples, au XVIIIe siècle.

Fra Diavolo, l'un des opéras-comiques les plus populaires en son temps, a survécu surtout grâce à son ouverture. Pourtant, la musique en est admirable et le sujet excellent. Cela devrait justifier des reprises plus fréquentes.

Le héros de l'histoire est Fra Diavolo, fameux bandit dont la bande opérait dans la région de Naples. Comme Robin des Bois, il est parfaitement chevaleresque et toujours prêt à donner aux pauvres ce qu'il a pris aux riches. Au début de l'action, il voyage sous l'identité du marquis de San Marco.

Acte I. La taverne de Matteo. Une récompense de 10 000 piastres a été promise pour la capture de Fra Diavolo. Lorenzo et sa troupe de carabiniers boivent à l'auberge. Le brigadier est triste, sa bien-aimée, Zerlina, la fille de l'aubergiste, a été promise par son père à un prétendant plus riche que lui, le fermier Francesco. Lord Cockburn, riche voyageur anglais, et sa femme,

Lady Pamela, font irruption dans la salle. Ils se plaignent à grands cris d'avoir été volés et prétendent n'être encore en vie que parce qu'ils ont eu la présence d'esprit d'abandonner leur voiture. Lorenzo se lance à la recherche du brigand, ayant entendu Lord Cockburn promettre 6 000 scudi à qui retrouverait les bijoux de sa femme.

Les voyageurs se querellent au sujet d'un certain marquis de San Marco qui a courtisé Lady Pamela. Le marquis fait son entrée, il est enchanté de retrouver Pamela et décide de passer la nuit à l'auberge. Matteo s'empresse de lui porter une collation, puis demande à sa fille de bien veiller sur leur hôte, car il doit aller s'occuper des préparatifs de son mariage avec Francesco.

Le marquis apprend que les Anglais viennent d'être dévalisés par le célèbre Fra Diavolo. Zerlina chante la ballade, dite « ballade de Fra Diavolo ». Deux mendiants entrent dès que l'aubergiste et sa fille sont sortis, ils se découvrent : ce sont Giacomo et Beppo, deux membres de la bande de Fra Diavolo. Ils n'ont pas réussi à découvrir où l'Anglais avait caché son or. Fra Diavolo essaye de faire parler Lady Pamela. Il renvoie ses acolytes et adresse des compliments à la jeune femme, transformant leur tendre duo en barcarolle dès que le mari s'approche. Le marquis flatte habilement le lord et réussit à lui faire dire où il cache son or : ce sont des billets qu'il a cousus dans son manteau et dans la robe de son épouse.

La troupe de carabiniers revient, triomphante ; ils ont tué au moins vingt brigands et récupéré les biens dérobés. Lady Pamela veut que Lorenzo soit immédiatement récompensé et puisse ainsi convaincre Matteo qu'il est assez riche pour épouser Zerlina. A la fin de l'acte, Lorenzo et ses soldats annoncent leur intention de capturer le chef des bandits tandis que Fra Diavolo jure de se venger de la perte des siens.

Acte II. La chambre de Zerlina. Lord Cockburn et son épouse occupent la chambre voisine à laquelle on ne peut accéder que par la sienne. Elle prépare les chambres en chantant une brillante aria. Le couple anglais va se coucher en se querellant violemment.

Fra Diavolo, ayant découvert que la chambre de Zerlina était contiguë à celle des Anglais, a décidé de s'y cacher avec ses deux acolytes. Il chante une barcarolle pour attirer l'attention de Beppo et de Giacomo, et les aide à passer par la fenêtre. Giacomo va frapper Zerlina de son poignard, mais elle murmure une prière dans son sommeil, et il n'a pas le courage de finir son geste.

Soudain, on entend du bruit en bas, la voix de Lorenzo qui l'appelle réveille Zerlina, il a cherché en vain Fra Diavolo, avec ses hommes. Lord Cockburn sort de sa chambre pour se plaindre du bruit. Au même moment, Beppo fait tomber quelque chose dans le placard où il est caché. Fra Diavolo a la présence d'esprit de se montrer, il confesse au brigadier et à l'Anglais, séparément, qu'il est venu pour un rendez-vous : il glisse à chacun le nom approprié. Lorenzo le provoque, et il accepte le duel. Zerlina et Lady Pamela apparaissent et sont accueillies avec froideur et réserve par leur amant et leur époux respectifs.

Acte III. Les montagnes, près de l'auberge de Matteo. Fra Diavolo a dressé ses plans avec soin. Il veut se venger des pertes que Lorenzo et ses hommes lui ont infligées. En attendant, il chante les charmes de la vie de bandit. Beppo et Giacomo surveillent la procession pascale qui doit partir de l'auberge. Ils ont ordre d'attendre le départ de Lorenzo et de ses soldats et de sonner la cloche de l'église pour indiquer à Fra Diavolo que la voie est libre. La romance que chante Lorenzo exprime son amertume devant la vanité de l'amour, il reproche à Zerlina son inconstance, qu'elle nie avec indignation. Beppo et Giacomo reconnaissent en elle la jeune fille qu'ils ont observée la nuit précédente, ils évoquent — apparemment un peu trop fort —

quelques-unes de ses phrases. Elle les entend et demande comment ils peuvent savoir ce qu'elle disait alors qu'elle était seule dans sa chambre. On découvre sur l'un d'eux le plan de Fra Diavolo, et le complot est mis à jour.

Lorenzo ordonne que l'on conduise Giacomo à l'église, où il sonnera la cloche. Quand Fra Diavolo apparaîtra, Beppo devra lui dire que la voie est libre. Il tombera ainsi dans leurs mains. Tout se déroule comme prévu. Fra Diavolo arrive sur la place, où il est encerclé et arrêté par les carabiniers. Tout s'explique, et le pardon est accordé. (Une autre fin de l'opéra prévoit que Fra Diavolo est tué par des soldats au cours d'une embuscade.)

H.

Le Domino Noir

Opéra-comique en 3 actes, musique d'Auber; liv. d'Eugène Scribe. Créé à Paris, Opéra-Comique, 2 décembre 1837, avec Mmes Cinti-Damoreau (Angèle), Berthaud (Brigitte), Boulanger (Jacinthe), Olivier (Ursule), MM. Couderc (Horace), Moreau-Cinti (Juliano), Grignon (Lord Elfort), Roy (Gil Perez). Reprises : 1848, avec Ugalde; 1854; 1882 avec A. Isaac; 1901 et 1911 avec Jean Périer, dir. E. Picheran. Th. de la Porte Saint-Martin, 1935. Londres, Covent Garden, 1838 (en ang.); 1861, et dans de nombreux autres théâtres londoniens; Guildhall School of Music, 1904. Berlin, 1838 (en all.); Saint-Pétersbourg, 1839 (en russe); New York, 1843 (en fr.) et 1848 (en ang.) Rome, 1891.

PERSONNAGES

LORD ELFORT. JULIANO (ténor); HORACE DE MASSARENA, *jeune diplomate espagnol, ami de Juliano* (ténor); GIL PEREZ, *portier du couvent des Annonciades* (baryton); ANGÈLE, *le « Domino noir »* (soprano); BRIGITTE, (soprano); JACINTHE, *gouvernante de Juliano* (soprano); URSULE (soprano); GERTRUDE, *sœur tourière.*
Nonnes, seigneurs et dames de la Cour.

A Madrid.

Acte I. Un petit salon pendant un bal, dans les appartements de la reine, la nuit de Noël. Lord Elfort confie à Juliano qu'il s'ennuie à mourir, de plus il a perdu au jeu contre Horace de Massarena, jeune diplomate espagnol ami de Juliano. Il n'aime pas Horace : sa femme, souffrante aujourd'hui et restée chez elle, lui en parle trop souvent. Cela amuse Juliano, car Milady est en fait sa maîtresse. Il invite le Lord à souper chez lui après le bal.

Horace est triste. Son protecteur, le comte de San-Lucar, veut lui faire épouser sa fille. Elle est belle, noble et riche, mais Horace est amoureux d'une inconnue, « le Domino noir », qu'il a rencontrée, il y a un an au bal de la reine. Il ne l'a vue qu'une seule fois et elle s'est enfuie à minuit.

Angèle et Brigitte entrent dans le petit salon. Horace reconnaît en Angèle la belle inconnue du bal; Juliano éloigne Brigitte, pour laisser le champ libre aux amoureux. Angèle est venue dire adieu à Horace, elle ne doit jamais le revoir. Lord Elfort les interrompt et, croyant reconnaître sa femme, invite Angèle à danser. Il revient fou-furieux, elle portait à la main un mouchoir brodé aux armes de la famille d'Olivares, celle de sa femme. Il rentre précipitamment chez lui, suivi de Juliano.

Horace est désespéré, son idole est la femme du Lord et la maîtresse de son meilleur ami. Quand Angèle réapparaît, il l'accuse et lui conseille de fuir et de tenter de rentrer chez elle avant l'arrivée de son mari. Angèle rit de lui, elle n'est pas la femme de Lord Elfort et pour le lui prouver elle va rester au bal jusqu'à minuit. Elle refuse cependant de lui révéler son identité et de lui accorder sa main.

Quand minuit sonne, apprenant que Brigitte, trompée par une ruse de Juliano (il avait avancé une pendule), est partie sans elle Angèle s'enfuit, disant qu'elle est perdue. Horace se lance à sa poursuite.

Acte II. La salle à manger de Juliano. Sa gouvernante, Jacinthe, se plaint de son travail : « S'il est sur terre un emploi ». On frappe à la porte, elle ouvre, c'est Angèle, vêtue de son domino noir. Elle la supplie de la sauver contre une bourse bien garnie. Jacinthe accepte. Elle la fera passer pour sa nièce Inésille, arrivée d'Aragon. Gil Perez, portier du couvent des Annonciades vient faire sa cour à Jacinthe. Il va l'aider à la cuisine pour le banquet que donne son maître, ensuite il se glissera dans sa chambre. Juliano et ses invités arrivent : « Réveillons, réveillons l'hymen et les belles »; seul manque Horace. Tous admirent la fausse Inésille. Quand Horace arrive enfin, Juliano lui apprend que, quand ils sont arrivés chez Lord Elfort, Milady dormait dans son lit. Horace lui révèle que Milady et le Domino noir ne sont pas la même personne. Quand il voit Inésille il se trouble et croit reconnaître son inconnue. Inésille chante un air aragonnais « La belle Ines ». On frappe à la porte, c'est Lord Elfort, Inésille supplie Horace de la cacher et promet de lui dévoiler toute son histoire s'il l'aide. Horace cache Inésille dans la chambre de Jacinthe et ouvre au Lord.

Gil Perez se dirige vers la chambre de Jacinthe. Angèle, de nouveau vêtue de son domino noir, se dresse devant lui, il la prend pour un fantôme. Elle l'appelle par son nom et lui réclame les clés du couvent; terrifié, il les lui donne. Le Domino noir s'enfuit et Horace retrouve la chambre vide. Jacinthe lui conte l'histoire de la fausse Inésille.

Acte III. Le parloir d'un couvent. Brigitte, en habit de novice, attend avec inquiétude le retour d'Angèle, future abbesse des Annonciades : « Au réfectoire, à la prière ». Sœur Ursule vient l'espionner, elle est jalouse d'Angèle d'Olivares qui n'a pas encore prononcé ses vœux et va être nommée abbesse par la seule volonté de la reine sa cousine. Par héritage de son grand-oncle, Angèle est devenue immensément riche, et tous ses biens iront à son seul parent par alliance Lord Elfort.

Après le départ des deux femmes, Angèle arrive enfin, épuisée. Elle a pu rentrer au couvent grâce aux clés dérobées à Gil Perez. « Je suis sauvée enfin ». Arrive Horace, muni d'un laissez-passer du comte de San Lucar. Il vient voir sa future fiancée, pensionnaire du couvent (c'est Brigitte). Il a résolu d'oublier son inconnue. La voix d'Angèle, chantant un cantique, ravive sa passion. Il avoue à l'abbesse (Angèle, mais voilée et qui a déguisé sa voix) qu'il ne peut se résoudre au mariage qu'on lui destine car il en aime une autre. Ursule apporte à Angèle une lettre aux armes de la reine. Angèle la lit et dans son trouble son voile tombe. Horace la reconnaît.

Le comte de San Lucar, Juliano, Lord et Lady Elfort sont au couvent pour la cérémonie d'intronisation de la nouvelle abbesse. Horace les rejoint, désespéré.

Angèle paraît, entourée des sœurs. Elle leur apprend que la reine a décidé qu'elle devait quitter le couvent et se marier. Elle remet sa charge d'abbesse à Ursule et demande à Horace s'il veut toujours l'épouser.

M.K.

GIACOMO MEYERBEER
(1791-1864)

Bien qu'il soit né à Berlin (le 5 septembre 1791), qu'il ait étudié le piano et la théorie en Allemagne, où il acquit une réputation de brillant pianiste, et où il produisit plusieurs opéras, Meyerbeer est considéré comme le fondateur[1] de ce qu'on appelle le Grand Opéra français. On a dit de lui « qu'il avait su allier la fluide mélodie des Italiens et la solide harmonie des Allemands à la poignante déclamation et au rythme piquant et varié des Français »; cette formule décrit admirablement le genre d'opéra qui faisait fureur sur la scène de l'Académie de Musique, ou Grand Opéra, à Paris. Les scènes et finales spectaculaires et élaborés des opéras de Meyerbeer servirent de modèle à beaucoup de ses successeurs, aussi bien italiens que français ou allemands. Il sut écrire efficacement pour les voix et s'efforça de mettre en valeur le timbre des instruments d'accompagnement. Parfois, l'effet est trop calculé, trop habilement recherché, trop évident. Mais ce qu'il accomplit eut une influence décisive sur l'enrichissement de la partition orchestrale dans l'opéra.

On a beaucoup critiqué Meyerbeer, et la plupart de ses œuvres ont disparu du répertoire. Ses œuvres furent chantées par les plus grands artistes de son époque, mieux vaut ne les remettre à la scène qu'avec des distributions tout aussi prestigieuses.

Meyerbeer était issu d'une famille juive, son véritable nom était Jakob Liebmann Beer. Sur la demande d'un parent qui fit de lui son héritier, il ajouta le préfixe Meyer à son nom. Il fut l'élève de Clementi pour le piano et étudia aussi avec l'abbé Vogler, tout comme C.M. von Weber. Ses premiers opéras furent allemands. En 1815, il se rendit en Italie et y composa une série d'opéras dans le style de Rossini. A Paris, dès 1826, il se « plongea dans l'étude de l'opéra français, à partir de Lully ». Le premier résultat de ces recherches fut *Robert le Diable,* créé à l'Opéra de Paris en 1831. La plus grande partie de la musique de *L'Étoile du Nord* vient d'une partition antérieure, *Ein Feldlager in Schlesien* (*Le Camp en Silésie*), Berlin, 1843.

Robert le Diable

Opéra en 5 actes de Meyerbeer; liv. de Scribe et Delavigne. Créé à l'Opéra de Paris, 22 novembre 1831, avec Mmes Dorus-Gras, Cinti-Damoreau, MM. Nourrit, Levasseur, dir. Habeneck. Reprises : 1867 (500e) avec Mauduit, Battu, Gueymard, Belval; en 1876, avec Krauss, Miolan-Carvalho, Salomon, dir. Deldevez. Dernière en 1893. Première à Drury Lane, Londres, 1832 (en angl.), sous le titre The Demon, or the Mystic Branch; *Covent Garden, 1832 (en angl.), sous le titre* The Fiend Father, or Robert of Normandy; *Her Majesty's Theatre, 1847 (en it.), avec Jenny Lind pour ses débuts londoniens; New York, 1834 (en angl.), avec Mrs. Wood en Isabelle, et Wood en Robert. Dernière représentation à Covent Garden en 1890, dir. Arditi. Reprise : Festival de Florence, 1968, avec Scotto, Merighi, Christoff.*

---

1. Ou du moins, le plus grand utilisateur du genre. Car, de même que l'on doit à Mozart, avec *Idomeneo,* plutôt qu'à Gluck, le plus grand *opera seria,* de même on peut prétendre que le meilleur exemple de Grand Opéra français ne se trouve pas chez Meyerbeer mais chez Verdi, avec *Don Carlos.*   H.

PERSONNAGES

ALICE, *sœur de lait de Robert* (soprano); ISABELLA, *princesse de Sicile* (soprano); L'ABBESSE (danseuse); ROBERT, *duc de Normandie* (ténor); BERTRAM, *l'Inconnu* (basse); RAIMBAUT, *un troubadour* (ténor).

En Sicile, au XIIIe siècle.

La représentation de *Robert le Diable* à Paris rencontra un succès si sensationnel que l'Opéra fit fortune. Quelles que soient les critiques que l'on puisse faire sur cette œuvre, ce n'en était pas moins une remarquable création pour son temps. La partition de Meyerbeer sauva le livret — où le grotesque confine à l'absurdité — et fit de la production un brillant succès.

L'histoire est légendaire. Robert est le fils de Satan et d'une mortelle. Le père de Robert, connu sous le nom de Bertram — en réalité le diable —, le suit partout où il se trouve pour le tenter et obtenir sa perte. La pureté, dans ce drame, prend les traits d'Alice, la sœur de lait de Robert. Si Bertram est la référence de Méphistophélès dans *Faust*, Alice est l'original de la Micaela de *Carmen*.

Robert, banni de Normandie à la suite de ses méfaits (inspirés par Bertram), s'est réfugié en Sicile. Il s'est épris d'Isabella, qui l'aime en retour. Il doit participer à un tournoi, dont elle remettra les récompenses. Tenté par Bertram, il joue et perd tout ce qu'il possède, même son armure. Nous apprenons tout ceci pendant le premier acte, où Raimbaut, le troubadour, raconte tous les crimes de Robert. Raimbaut échappe au courroux de Robert grâce à sa fiancée Alice : dans un air très expressif, elle essaie de convaincre Robert de s'améliorer et surtout d'éviter Bertram qu'elle redoute instinctivement. A l'acte II, Robert et Isabella se rencontrent au palais. Elle lui remet une armure, qu'il portera pour le tournoi. Mais, trompé à nouveau par Bertram, il rencontre son adversaire hors des limites de la lice, et c'en est fait de son honneur de chevalier. A l'acte suivant, dans la caverne de sainte Irène, a lieu une orgie de mauvais esprits auxquels Bertram se promet d'amener Robert. Vient ensuite une scène quasi grotesque mais que le génie de Meyerbeer a su rendre hautement fantastique. Elle se passe dans les ruines du couvent de Sainte-Rosalie. Dans un grand solo (« Nonnes, qui reposez »), Bertram somme les nonnes qui, de leur vivant, ont rompu leurs vœux, de sortir de leurs tombes. Le diable a promis à Robert que ses désirs seraient exaucés s'il parvenait à s'emparer d'une branche du cyprès magique qui domine la tombe de sainte Rosalie. Les fantômes des nonnes, conduites par leur abbesse (Taglioni lors de la première), dansent autour de lui. Elles cherchent à l'inciter au jeu, à la boisson et à la luxure. Leurs charmes lui font perdre l'esprit, et il saisit le rameau magique. On trouve aussi dans cet acte une scène entre Raimbaut et Bertram (« Du rendez-vous »), et l'air « Le bonheur est dans l'inconstance ».

La première chose que Robert veut obtenir du rameau magique est de pouvoir entrer dans la chambre d'Isabella. Il menace de l'enlever; puis, cédant à ses prières, il brise la branche et détruit le sortilège. Dans ce IVe acte intervient le fameux air d'Isabella, « Robert, toi que j'aime ».

Bertram essaie une fois encore de passer un pacte avec Robert, dont le prix est son âme. Mais Alice répète à Robert les dernières paroles de sa mère, qui contenaient un avertissement. Elle réussit à repousser jusqu'à minuit la signature du contrat. Le sort est rompu. Bertram disparaît. Les portes de la cathédrale s'ouvrent : Isabella apparaît, revêtue de sa robe de mariée, attendant Robert. Le trio d'Alice, Robert et Bertram, pendant le finale, est considéré comme l'une des meilleures compositions de l'auteur. K.

Les Huguenots

Opéra en 5 actes de Meyerbeer; liv. de Scribe, d'après Deschamps. Créé à l'Opéra de Paris, 29 février 1836, avec Mmes Falcon, Dorus-Gras, Nourrit, Levasseur, Serda. Première fois à Covent Garden, 1841 (en all.); 1845 (en fr.); 1848 (en it.); New York, 1845 (en fr.). Reprises : Metropolitan, 1883, avec Nilsson, Sembrich, Campanini, Mirabella, Kaschmann, dir. Vianesi; fréquemment joué à Covent Garden dans les années 1900, avec Destinn, Tetrazzini, Caruso, Scotti, Journet; Paris, 1936, avec Hoerner, Delmas, Thill, Huberty, Pernet; la Scala, 1962, avec Simionato, Sutherland, Cossotto, Corelli, Ganzarolli, Ghiaurov, Tozzi.

PERSONNAGES

VALENTINE, *fille de Saint-Bris, fiancée à Nevers* (soprano); MARGUERITE DE VALOIS, *fiancée à Henri de Navarre (Henri IV)* (soprano); URBAIN, *page de Marguerite de Valois* (mezzo-soprano)[1], LE COMTE DE SAINT-BRIS *et* LE COMTE DE NEVERS, *nobles catholiques* (barytons); COSSÉ, MÉRU, THORÉ, TAVANNES *et* DE RETZ, *gentilshommes catholiques* (ténor, barytons, ténor, baryton); RAOUL DE NANGIS, *noble huguenot* (ténor); MARCEL, *soldat huguenot, serviteur de Raoul* (basse); BOIS-ROSÉ, *soldat huguenot* (ténor); MAUREVERT, *noble catholique* (basse).
Courtisans huguenots et catholiques; soldats, pages, citadins et gens du peuple; la sentinelle de nuit; des moines, et des étudiants.

En Touraine et à Paris, en août 1572.

On a dit que Meyerbeer avait choisi pour deux de ses opéras, *Les Huguenots* et *Le Prophète*, des sujets liés aux affrontements religieux, parce qu'il était juif. *Les Huguenots* ont pour cadre la nuit de la Saint-Barthélémy où les catholiques massacrèrent les huguenots, le 24 août 1572; *Le Prophète* concerne la prise et l'occupation de Münster par les anabaptistes, menés par Jean de Leyde, en 1555. On a même suggéré que le ballet des nonnes, dans *Robert le Diable*, s'expliquait par l'origine juive de Meyerbeer et par son souci caché d'attaquer la religion chrétienne. C'est chercher un peu loin, me semble-t-il. Il est plus probable que son célèbre librettiste était responsable du choix des sujets que Meyerbeer acceptait parce qu'ils étaient traités avec une grande efficacité. Mais il ne fut pas entièrement satisfait du livret des *Huguenots*. Il fit développer la scène de la bénédiction des épées et insista pour que Deschamps écrivît le duo

d'amour de l'acte IV. Telle qu'elle est, l'histoire semble avoir été utilisée dans la juste mesure de ses possibilités dramatiques.

Acte I. En Touraine. Le comte de Nevers — l'un des chefs du parti catholique, et grand séducteur — donne un banquet dans son château en l'honneur de ses amis. Parmi eux se trouve un huguenot, Raoul de Nangis, accompagné de son vieux serviteur, le soldat huguenot Marcel. Au cours de la fête, on propose que chacun chante en l'honneur de sa bien-aimée. Raoul doit commencer. Il ne connaît pas le nom de la belle dame à qui il dédie son toast. Il s'est porté à son secours alors qu'une bande d'étudiants l'attaquait; elle le remercia fort gracieusement, et depuis il vit dans l'espoir de la retrouver.

Marcel est un huguenot fanatique. Il a suivi son maître à ce banquet et se retrouve maintenant entouré de chefs du parti adverse, il craint que cela ne

1. A l'origine, pour un soprano.

tourne mal. Contrastant curieusement avec la gaieté et l'éclat des festivités, il entonne l'hymne de Luther, « Ein'feste Burg » (Une place fortifiée). Les nobles du parti catholique, loin d'en prendre ombrage, s'en amusent. Marcel honore leur frivolité en chantant un fier chant de combat huguenot. Cela les amuse également.

On annonce au comte de Nevers qu'une dame l'attend dans le jardin pour lui parler. Raoul est consterné de reconnaître en cette dame celle qu'il a sauvée des brutalités des étudiants et dont il est épris.

Nevers vient retrouver ses invités. Urbain, le page de la reine Marguerite de Valois, entre. Il emmène Raoul vers une belle et noble dame dont l'identité est gardée secrète.

Acte II. Dans les jardins de Chenonceaux, la reine Marguerite reçoit Valentine, la fille du comte de Saint-Bris. La reine sait qu'elle a été sauvée des mains des étudiants par Raoul. Elle désire mettre fin aux querelles entre les catholiques et les huguenots et projette d'unir Valentine, fille d'un grand chef catholique, au huguenot Raoul. Mais Valentine était déjà promise à Nevers. C'est sur la suggestion de la reine qu'elle est allée le trouver le soir de la fête, pour lui demander de la libérer de son engagement — requête qu'il lui a accordée à contrecœur.

Selon le plan de la reine, Valentine et Raoul doivent se revoir, dans les jardins de Chenonceaux. Mais, d'abord, elle le recevra seule. On le fait avancer et enlever son bandeau. En présence des chefs du parti catholique, Marguerite expose son projet de mettre fin, par l'union de deux grandes maisons, aux antagonismes religieux qui ont perturbé son règne. Tous consentent.

Valentine est introduite. Raoul reconnaît aussitôt la femme qu'il aime et celle qui a rencontré Nevers pendant le banquet (il ne connaît toujours pas la raison de cette entrevue). La croyant impure, il refuse sa main. Consternation générale. Saint-Bris et sa suite dégainent, Raoul également. Seule l'intervention de la reine évite l'effusion de sang.

Acte III. A Paris, devant une chapelle où Nevers, qui est de nouveau fiancé à Valentine, doit l'épouser. La foule gronde, la présence de soldats catholiques et huguenots ne fait qu'accroître cet énervement. Nevers, Saint-Bris et un autre noble catholique, Maurevert, sortent de la chapelle où Valentine veut se recueillir. Marcel vient signifier à Saint-Bris que son maître le provoque en duel. Les gentilshommes catholiques conspirent pour attirer Raoul dans un guet-apens, les hommes de Saint-Bris, cachés non loin du lieu du duel, assassineront le jeune huguenot.

Valentine, du vestibule de la chapelle, a tout entendu. Elle aime Raoul et veut le protéger. Elle confie à Marcel que son maître ne doit pas aller se battre sans être accompagné d'une solide escorte. Les deux adversaires se retrouvent pour le duel. Au moment où les hommes de Saint-Bris vont attaquer le huguenot, ils sont surpris par Marcel et sa suite, qui s'étaient cachés dans une auberge voisine. Le combat va s'engager entre les deux groupes quand entre la reine, suivie de ses gens. Nevers vient chercher son épouse. La reine apprend à Raoul la vérité : il a refusé la main de celle qui l'aimait et qui était allée demander à Nevers de la libérer de sa promesse.

Acte IV. Raoul va trouver Valentine, maintenant mariée à Nevers. Il veut s'assurer de la véracité des propos de la reine. Valentine a juste le temps de cacher Raoul dans la chambre contiguë, quand Nevers, Saint-Bris et d'autres gentilshommes entrent. Ils commentent le plan qui prévoit le massacre des huguenots pour le soir même — la nuit de la Saint-Barthélemy. Seul Nevers refuse de participer au complot. Plutôt que de se joindre à eux, il remet son épée à Saint-Bris et se constitue prisonnier. Un prêtre bénit les épées

de Saint-Bris et de ses hommes, qui
jurent loyauté à leur cause sanglante
et sortent. La grande cloche de
St-Germain leur donnera le signal du
massacre.

Raoul sort de sa cachette, ne songeant qu'à prévenir les siens. Valentine
essaie de le retenir, sachant qu'il risque
la mort, et lui avoue son amour. Mais
déjà la cloche sonne, donnant le signal.
Raoul saute par la fenêtre.

Acte V. Raoul, couvert de sang, fait
irruption dans la salle de bal de l'Hôtel
de Nesle où les chefs huguenots sont
réunis pour le mariage de Marguerite
de Valois et d'Henri IV. Ils ignorent
tout du massacre qui vient de commencer. Raoul les appelle au combat. Leur
chef, Coligny, a déjà succombé. Les
autres se font décimer.

Un cimetière huguenot, où Raoul
et Marcel ont trouvé refuge. Valentine
s'y précipite. Elle veut sauver Raoul et
le supplie de se convertir. Nevers est
mort glorieusement, elle est maintenant libre de l'épouser. Mais Raoul
refuse de sacrifier sa foi. Elle décide
alors de mourir avec lui, après s'être
convertie à la religion réformée. Marcel
les bénit. Le cimetière est envahi et le
massacre commence. Le décor change
à nouveau : une place à Paris. Raoul,
gravement blessé, est soutenu par
Marcel et Valentine. Saint-Bris approche avec sa suite. A sa question :
« Qui va là ? », Raoul, rassemblant
ses dernières forces, répond : « Huguenots ». Une salve est tirée. Raoul,
Valentine et Marcel s'effondrent, mortellement touchés. Saint-Bris réalise
trop tard qu'il a tué sa propre fille.

Les Huguenots sont en cinq actes,
mais la version habituellement représentée est réduite à trois. Les deux
premiers actes sont fondus en un seul,
le second étant converti en une seule
scène incorporée au premier. L'acte V
est presque toujours omis,[1] en raison
de la longueur de l'opéra. Le public

doit supposer que Raoul, en quittant
Valentine, court vers sa mort.

Les représentations des *Huguenots*
lors des brillantes reprises du Metropolitan de New York, sous la direction
de Maurice Grau, furent connues
comme les « Nuits aux sept Étoiles ».
Un directeur d'opéra qui voudrait
monter l'œuvre de façon satisfaisante
devrait pouvoir trouver sept interprètes
de tout premier plan pour les rôles
principaux, capables de plus de suivre
le style lyrique de cet opéra. Ils devraient pouvoir chanter en français
et connaître les traditions du Grand
Opéra de Paris. Les distributions où
les chanteurs latins et allemands sont
mélangés s'avèrent catastrophiques. Si,
depuis les « Nuits aux sept Étoiles »,
Les Huguenots ont perdu leur popularité, c'est à la fois à cause de la carence
de chanteurs d'un calibre suffisant et
des goûts nouveaux du public. Les
chanteurs qui auraient pu interpréter
Meyerbeer se sont tournés vers Wagner,
et l'on ne joue plus Meyerbeer.

Après une brève ouverture où domine « Ein' feste Burg », l'acte I
commence par le chœur bruyant des
invités au château de Nevers, Raoul,
invité à porter un toast à une dame de
son choix, chante la romance « Plus
blanche que la blanche hermine ». Les
premières mesures sont jouées par un
alto, témoignant de la connaissance
que Meyerbeer avait de l'instrument
et de ses possibilités. Cette romance
illustre parfaitement une certaine
époque de l'art de Meyerbeer — une
mélodie pour voix, suave et élégante,
accompagnée de la façon la plus
originale, à certains moments, par un
instrument jouant seul — donnant
ainsi une impression de simplicité non
dénuée de calcul.

La romance de Raoul est suivie de
la scène de Marcel, ce vieux combat-
tant huguenot, intrépide et bourru,
mais loyal serviteur de Raoul. C'est
un personnage admirablement campé,

---

1. Mais pas à la Scala, en 1962.

aussi bien musicalement que dramatiquement. Il essaie de rompre l'ambiance de fête en entonnant les phrases
sévères de l'hymne de Luther, puis le
chant de combat huguenot rendu célèbre, avec ses « Piff, paff, piff » par
de grandes basses telles qu'Edouard
de Reszké.

Urbain, le page de Marguerite de
Valois, salue l'assemblée du brillant
récitatif, « Nobles Seigneurs, salut ! »
Suit une charmante cavatine : « Une
dame noble et sage ». A l'origine, ce
morceau était écrit pour soprano,
Urbain étant un rôle de soprano (ce
qu'il resta pendant douze ans). Quand
Les Huguenots furent donnés à
Londres en 1844 avec Alboni dans ce
rôle, Meyerbeer le transposa pour elle.
Depuis, Urbain fut chanté par des
contraltos ou des mezzo-sopranos,
telles qu'Annie Louise Cary, Trebelli,
Scalchi, Homer.

Les nobles catholiques reconnaissent
l'écriture de Marguerite de Valois sur
la lettre qu'apporte Urbain à Raoul.
Leur comportement obséquieux envers
celui-ci révèle l'importance qu'ils attachent à l'invitation qui lui est faite.
Il en accepte les termes et part, guidé
par Urbain, les yeux recouverts d'un
bandeau.

Selon la partition originale et en
considérant ce qui est aujourd'hui la
seconde scène de l'acte I comme le
second acte, celui-ci commence par la
déclaration de Marguerite de Valois :
« Ô beau pays de la Touraine. » Elle
constitue, avec la *cabaletta* qui lui succède : « A ce mot tout s'anime et renaît
la nature », une scène vivante et brillante pour un soprano colorature.

Au bref entretien entre Marguerite
et Valentine succède le gracieux chœur
féminin, chanté sur la rive de la Seine
et connu comme le « chœur des bai-
gneurs ». Vient ensuite la chanson
d'Urbain — le rondeau composé pour
Alboni — « Non ! — non, non, non,
non ! Vous n'avez jamais, je gage. »

Raoul entre, on enlève son bandeau.
Il chante avec Marguerite un duo,

« Beauté divine, enchanteresse », où
s'exprime toute son admiration défé-
rente pour la grâce de la souveraine.
Les nobles et leur suite entrent en
scène. Ils approuvent le plan élaboré
par Marguerite pour mettre fin aux
rivalités religieuses qui troublent le
royaume. Le finale de l'acte commence
par le chœur où ils jurent de le soutenir.
Ici s'insère le bref épisode où Valentine,
conduite par Saint-Bris, est présentée à
Raoul, qui la repousse avec indignation.
L'acte se termine par un ensemble agité.
Seule l'intervention de Marguerite
empêche que le sang soit versé.

L'acte III commence par le célèbre
chœur des huguenots : imitant avec
leurs mains le battement des tambours,
ils chantent un « Rataplan » enlevé.
L'atmosphère change avec la litanie des
jeunes filles catholiques qui accompagnent le cortège nuptial de Valentine
et de Nevers. Des catholiques, hommes,
femmes et étudiants, protestent contre
le chant des huguenots. Ces différents
chœurs sont habilement traités dans la
partition. Marcel s'arrange pour faire
sortir Saint-Bris de la chapelle et lui
communique la provocation en duel
de Raoul. Les catholiques complotent
pour assassiner celui-ci. Valentine parvient à en avertir Marcel dans un long
duo qui est une des scènes les plus frap-
pantes de l'opéra. La scène du duel est
précédée d'un septuor émouvant et
imposant : « En mon bon droit j'ai
confiance ». La musique culmine dans
un double chœur quand Marcel appelle
les huguenots à la rescousse, débus-
quant les catholiques. L'animation
persiste avec l'arrivée de Marguerite
de Valois et de la barque amenant
Nevers et sa suite. Le finale est constitué d'un chœur brillant, soutenu par
l'orchestre et par une formation militaire sur scène, et enrichi d'un ballet :
Nevers conduit Valentine à bord de la
barque, suivi de Saint-Bris et du cortège
nuptial.

L'acte IV commence par la romance de Valentine : « Parmi les

pleurs ». La scène de la bénédiction des épées est une des plus importantes de cet opéra; pour qu'elle produise pleinement son effet, il faut que Saint-Bris soit, comme l'était Plançon, doté d'une voix magnifique et d'une superbe prestance de seigneur français de l'Ancien Régime. La scène, musicalement et dramatiquement, repose entièrement sur lui, depuis son solo « Pour cette cause sainte, obéissez sans crainte » jusqu'à la fin de la *stretta* fanatique :

là, les conspirateurs, qui s'étaient doucement avancés jusqu'à la porte, se retournent soudain, lèvent leurs épées, poignards et crucifix, et jurent frénétiquement de servir loyalement leur cause sanglante; puis ils se glissent dans l'ombre de la nuit fatale.

Meyerbeer a su rendre le duo d'amour suivant encore plus poignant, résumant les émotions contradictoires de l'amour et de la loyauté chez les deux héros. Il commence par le cri de Valentine : « Oh, ciel ! Où courez-vous ? », et culmine avec la sublime *cantilena* : « Tu l'as dit, oui, tu m'aimes », que brise le sinistre son

Andante amoroso

d'une cloche distante — le signal du début du massacre. Suivent un air chanté par Valentine, la *stretta* passionnée des amants, le saut de Raoul dans la rue, que conclut une salve de mousquets — là, dans la version abrégée, Raoul mourait. Cette scène étonnante termine l'acte.

A l'acte V, Marcel bénit Valentine et Raoul, tandis que les huguenots réfugiés dans la chapelle, entonnent l'hymne de Luther.

Les Huguenots ont été violemment attaqués. Dès 1837, Robert Schumann rédigeait un article commençant par : « Je me sens aujourd'hui tel le jeune guerrier qui tire pour la première fois son épée au service d'une cause sacrée ». La cause particulièrement « sacrée » de Schumann était la défense de l'oratorio de Mendelssohn, *St. Paul*, aux dépens des *Huguenots* de Meyerbeer, malgré la profonde différence de propos entre les deux œuvres. Par ailleurs, Hanslick déclare que celui qui ne saurait apprécier la puissance dramatique de cette œuvre de Meyerbeer ne jouit sans doute pas de ses pleines facultés critiques. Même Wagner, qui n'épargnait pas Meyerbeer, a loué le duo d'amour cité ci-dessus.

Les Huguenots, interprétés par une distribution adéquate, ont remporté d'immenses succès, les « Nuits aux sept Étoiles » en ont témoigné.

Un exemple typique est la nuit du 26 décembre 1894 au Metropolitan de New York, où le prix des places atteignit 7 dollars pour la première fois.

Les *sept étoiles* étaient Nordica (Valentine), Scalchi (Urbain), Melba (Marguerite de Valois), Jean de Reszké (Raoul), Plançon (Saint-Bris), Maurel (Nevers) et Edouard de Reszké (Marcel). Il faut également citer deux distributions mémorables de l'*Academy of Music* : le 30 avril 1872, Parepa Rosa, pour ses adieux à la scène américaine, chanta Valentine, Wachtel ayant le rôle de Raoul et Santley celui de Saint-Bris; le 24 décembre 1874 fut une « Nuit aux six Étoiles » : Nilsson était Valentine; Cary, Urbain; Maresi, Marguerite de Valois; Campanini, Raoul; del Puente, Saint-Bris; Maurel, Nevers, et Nanneti, Marcel. Si Marguerite de Valois avait été plus remarquable, cette représentation aurait été une « Nuit aux sept Étoiles » avant la lettre.

K.

Le Prophète

Opéra en 5 actes de Meyerbeer; liv. de Scribe. Créé à l'Opéra de Paris, le 16 avril 1849, avec Pauline Viardot et Roger. Reprises incessantes avec Delna, Heglon, de Reszké, Alvarez, Franz, dernière en 1912. Première londonienne 24 juillet 1949, à Covent Garden, avec Mario, Viardot-Garcia, Miss Hayes, et Tagliafico. Reprise en langue allemande au Metropolitan, New York, par Damrosch, 17 décembre 1884, avec Anton Schott (Jean de Leyde), Marianne Brandt (Fides) et Schroeder-Hanfstaengl (Bertha). L'opéra fut donné dix fois pendant cette saison, n'ayant pas d'autres rivaux que Tannhäuser *et* Lohengrin. *Reprise à Covent Garden, 1890, en fr., avec Jean de Reszké, Richard, Edouard de Reszké, joué pour la dernière fois dans cette salle en 1895, avec Ravogli, Tamagno. Metropolitan de New York, 1898-99, avec Jean de Reszké, Brema (Fides), Lehmann (Bertha); 22 janvier 1900, avec Alvarez, Schumann-Heink, Suzanne Adams, Plançon et Edouard de Reszké; 1927 avec Corona, Matzenauer, Martinelli. Parmi les reprises modernes : Zurich, 1962; Radio de Turin, 1963; Opéra de Berlin, 1966.*

PERSONNAGES

JEAN DE LEYDE (ténor); FIDES, *sa mère* (mezzo-soprano); BERTHA, *sa fiancée* (soprano); JONAS, MATTHISEN et ZACHARIAS, *Anabaptistes* (ténor, basses); LE COMTE OBERTHAL (baryton).

Des nobles, des bourgeois, des Anabaptistes, des paysans, des soldats, des prisonniers et des enfants.

A Dordrecht, en Hollande, et à Münster, en 1534-35.

Acte I. Des paysans et des ouvriers se sont réunis au pied du château du comte Oberthal, près de Dordrecht. Fides apporte à Bertha un anneau de fiançailles de la part de son fils Jean, qu'elle va épouser le lendemain. Mais ils doivent auparavant obtenir l'autorisation du comte Oberthal, seigneur du domaine. Les deux femmes vont la lui demander. Les Anabaptistes, Jonas, Matthisen et Zacharias tentent de soulever le peuple contre la tyrannie. Le comte sort de son château avec sa suite, il reconnaît en Jonas un valet qu'il avait renvoyé. Il ordonne aux soldats de battre les trois hommes du plat de leur épée. La mère de Jean et Bertha présentent leur requête : Jean et Bertha s'aiment depuis qu'il l'a sauvée de la noyade dans la Meuse, qu'il leur permette de s'épouser. Oberthal, séduit par la beauté de la jeune fille, refuse d'approuver son mariage et la fait emmener au château pour son propre divertissement. La foule s'agite, quand les trois Anabaptistes réapparaissent, elle se jette à leurs pieds, puis fait des gestes menaçants en direction du château.

Acte II. L'auberge de Jean à Leyde. Les trois Anabaptistes sont entourés d'une foule de paysans. Jean se languit de Bertha et ne songe qu'au lendemain. Les Anabaptistes découvrent sa profonde ressemblance avec le portrait du roi David qui se trouve dans la cathédrale de Münster. Ils pensent pouvoir mettre cette ressemblance à profit dans l'exécution de leur plan. Jean leur raconte le curieux rêve dans lequel il se tenait debout sous la coupole d'un temple, tandis que des gens se prosternaient devant lui. Ils l'interprètent comme une preuve de son règne à venir, et le pressent de les suivre. Mais pour lui, seul compte l'amour de Bertha.

Elle se précipite alors dans l'auberge et le supplie de la cacher au plus vite.

Elle a réussi à échapper à Oberthal, qui s'est lancé à sa poursuite. Oberthal entre avec ses soldats. Le comte menace Jean de tuer sa mère, Fidès, qu'ils ont capturée, s'il ne lui livre pas immédiatement Bertha. On amène Fidès, un soldat brandit une hache d'armes au-dessus d'elle. L'amour maternel l'emporte chez Jean, il remet Bertha à Oberthal, qui la fait emmener. Fidès est libérée.

Jean est maintenant prêt à suivre les Anabaptistes, et décidé à se venger d'Oberthal. Il les suit sans même dire adieu à sa mère, qui doit ignorer leurs plans.

Acte III. Le camp d'hiver des Anabaptistes dans une forêt westphalienne, devant Münster. Des patineurs dansent sur le lac gelé. Le peuple s'est soulevé contre les oppresseurs. Jean a été proclamé prophète de Dieu, il assiège Münster à la tête des Anabaptistes.

L'acte comprend trois scènes. La première révèle la confusion qui règne dans l'esprit des Anabaptistes, à la fois fanatiques et sensuels. Dans la seconde, Jean fait son entrée. On lui remet Oberthal qui lui apprend comment Bertha s'est une fois de plus échappée du château. Elle est maintenant à Münster. Les trois chefs anabaptistes veulent la mort du comte, mais Jean repousse le moment de l'exécution, ayant décidé que Bertha seule jugerait cet homme. Les trois fanatiques ne sont pas de cet avis, et ils estiment fort excessive l'autorité dont Jean fait preuve. Cette deuxième scène se déroule sous la tente de Zacharias. La troisième montre à nouveau le camp des Anabaptistes. Les chefs, craignant que Jean n'usurpe ses pouvoirs, ont mené de leur côté une attaque sur Münster, sans succès. Ils conduisent une populace furieuse et prête à se retourner contre Jean. Mais celui-ci, par la seule force de sa personnalité et de ce qu'il suppose être une inspiration surhumaine, rallie la foule sous son étendard et la mène à la victoire.

Acte IV. Une place publique à Münster. Les Anabaptistes ont envahi la cité. Jean, autrefois simple aubergiste, décide maintenant d'être proclamé empereur. Entre-temps, Fidès s'est trouvée réduite à la mendicité. Les Anabaptistes, afin de la convaincre de la mort de Jean — ils ne veulent pas qu'elle suspecte que son fils et le nouveau Prophète sont une seule et même personne — ont déposé à l'auberge quelques vêtements de Jean tachés de sang, ainsi qu'une note affirmant qu'il a été tué par le Prophète et ses hommes.

La pauvre femme est venue mendier à Münster. Elle y rencontre Bertha et lui confie que Jean a été assassiné. Bertha jure de se venger du Prophète.

Dans la cathédrale. Pendant le couronnement, Jean annonce qu'il est l'élu de Dieu. Au son de cette voix, la vieille mendiante tressaille, elle crie : « Mon fils ! » La cause de Jean est ainsi menacée et sa vie en jeu : il s'est dit d'origine divine; mais si cette femme est sa mère, le peuple, qu'il gouverne avec fermeté, le reniera et le tuera. Il fait face à la situation avec rapidité et en profite pour affirmer son autorité. Que les hommes de sa suite dégainent leur épée et la plongent dans son cœur si cette femme affirme encore une fois qu'il est son fils. Voyant les épées prêtes à le transpercer, Fidès, voulant le sauver, déclare s'être trompée : sa mauvaise vue l'a induite en erreur.

Acte V. Les trois Anabaptistes, Jonas, Matthisen et Zacharias, n'avaient vu en Jean qu'un moyen de s'emparer du pouvoir. L'empereur d'Allemagne, qui marche sur Münster avec de fortes troupes, leur a promis le pardon s'ils trahissaient Jean. Ils ont accepté et sont prêts, le jour du couronnement, à accomplir leur forfait.

A la demande de Jean, on a fait conduire Fidès en secret au palais. La mère et le fils se retrouvent. Il implore son pardon, en vain. Enfin, croyant qu'il a été conduit à usurper le pouvoir et à verser le sang par son seul souci de venger Bertha, elle lui pardonne. Mais à une condition : qu'il retourne à Leyde — ce qu'il promet de faire, soudain repentant.

Bertha les rejoint. Elle a juré de tuer le Prophète qu'elle croit responsable de la mort de son amant. Elle a dans ce but allumé un incendie au palais. Il doit gagner la réserve de poudre et faire exploser l'édifice au moment où Jean et ses partisans festoieront dans la grande salle.

Elle reconnaît son amant. Sa joie est de courte durée car un officier vient annoncer à Jean qu'il est trahi et que les forces de l'Empire sont massées aux grilles du palais. Bertha apprend ainsi que son amant et le Prophète criminel ne font qu'un. Horrifiée, elle se poignarde.

Jean décide de mourir, victime de la catastrophe organisée par Bertha. Il rejoint les invités dans la salle du banquet. Au moment où tous ses ennemis, secrets et déclarés, sont prêts à l'entraîner dans une tumultueuse bacchanale, une fumée s'élève du sol. Des flammes gagnent la pièce. Dans la confusion générale, Fidès rejoint calmement son fils pour mourir avec lui. La réserve de poudre explose, et l'édifice s'effondre au milieu de la fumée et des flammes.

Jean de Leyde, de son véritable nom Jan Beuckelszoon, naquit en 1509. Il fut successivement tailleur, petit commerçant et aubergiste. Après qu'il se fut couronné lui-même à Münster, la cité devint le théâtre de scènes d'orgies et de cruautés. Il fut capturé par les forces impériales le 24 juin 1535. En janvier, l'année suivante, le « Prophète » fut torturé à mort. Knipperdölling, son écuyer, qui l'avait avantageusement débarrassé d'une de ses épouses en lui tranchant la tête, connut le même sort.

On trouve dans le premier acte du *Prophète* un joyeux chœur de paysans; la cavatine de Bertha : « Mon cœur s'élance », où elle dit son bonheur d'être bientôt unie à Jean; le chant sinistre mais émouvant, en latin, des trois Anabaptistes; la musique accompagnant la brève révolte des paysans contre Oberthal; la requête des deux femmes à Oberthal : « Un jour, dans les flots de la Meuse »; le refus d'Oberthal et l'enlèvement de Bertha; la réapparition des trois Anabaptistes et leurs nouveaux efforts pour faire réaliser au peuple qu'il est opprimé.

Le chœur et la danse des amis de Jean, se réjouissant de son imminent mariage, ouvrent l'acte II, dans la taverne de Jean, non loin de Leyde. Quand les trois Anabaptistes saisissent la ressemblance de l'aubergiste avec le David de la cathédrale de Münster, Jean, remarquant leur attitude sombre et imposante, leur raconte son rêve : « Sous les vastes arceaux d'un temple magnifique ». Ils l'interprètent et lui promettent un trône. Mais il connaît un empire plus doux que celui-là, qui naîtra de son union avec Bertha : « Pour Bertha, moi, je soupire ». Puis elle arrive, fuyant Oberthal; Jean doit la sacrifier pour sauver sa mère, et celle-ci chante son grand solo : « Ah, mon fils ».

Le ballet des patineurs, sur le lac gelé près du camp des Anabaptistes, est tout à fait séduisant.[1] La scène est brillante et la musique délicieusement rythmée et gracieuse. Vient ensuite le bouleversant chant de guerre de Zacharias, où il décrit l'ennemi « aussi nombreux que les étoiles », bien que vaincu. Un autre passage marquant est le trio de Jonas, Zacharias et Oberthal — particulièrement remarquable dans sa phrase descriptive, où Jonas fait jaillir une étincelle d'un briquet à silex, allume une lanterne, et reconnaît ainsi Oberthal. Puis Jean se rallie aux Anabaptistes qui ont été repoussés des murailles de Münster et promet de les conduire à la victoire : l'acte culmine alors dans « l'Hymne triomphal » chanté par Jean et le chœur : « Roi du Ciel et des Anges ».

---

1. La musique a été reprise pour le ballet *Les Patineurs*, de Frederick Ashton, qui obtint un grand succès au Sadler's Wells.

Au moment le plus bouleversant de ce finale, alors que Jean est acclamé par sa suite, la brume qui recouvrait le lac se dissipe et le soleil éclate glorieusement.

A l'acte suivant, Fides, réduite à la mendicité, mendie dans les rues de Münster. Il y a également la scène de la rencontre de Fides et de Bertha où celle-ci, croyant, tout comme Fides, que Jean a été tué par les Anabaptistes, jure de se venger du Prophète.

Depuis sa création en 1849, la grande scène de la procession vers la cathédrale, avec marche et chœur, est restée le modèle parfait de construction spectaculaire pour un opéra. La marche est célèbre. La scène où Fides affirme, puis nie, que le Prophète est son fils, est hautement dramatique. On trouve à l'acte V un solo saisissant, chanté par Fides (« O prêtres de Baal »), et son duo avec Jean. Le sommet, cependant, est la chanson à boire : « Versez, que tout respire l'ivresse et le délire », pendant laquelle le palais explose et Jean meurt avec ceux qui voulaient le trahir.   K.

Dinorah

ou

Le Pardon de Ploërmel

Opéra en 3 actes de Meyerbeer; liv. de Barbier et Carré. Créé à l'Opéra-Comique, Paris, 4 avril 1859, avec Mme Cabel, MM. Sainte-Foy et Faure, sous la dir. de l'auteur; reprises en 1886; 1912, avec Vauchelet, Albers, Capitaine, dir. Ruhlmann. Première à Covent Garden, 1859 (en it.), avec Miolan-Carvalho, Gardoni, Grazziani; Metropolitan, 1892, avec van Zandt, Giannini, Lassalle. Reprises : Metropolitan, 1925, avec Galli-Curci, Tokatyan, de Luca; Bruxelles, 1939. A part Galli-Curci, les autres interprètes célèbres du rôle de Dinorah furent Ilma di Murska, Patti, Tetrazzini.

PERSONNAGES

DINORAH, *paysanne* (soprano); HOËL, *chevrier* (baryton); CORENTINO, *joueur de cornemuse* (ténor); LE CHASSEUR (basse); LE MOISSONNEUR (ténor); DES CHEVRIERS (soprano et contralto).

Dans un village breton. Au XIXe siècle.

Dinorah est fiancée à Hoël; sa chaumière a été détruite par un orage. Hoël, voulant la reconstruire, se rend dans une région hantée pour y trouver un trésor caché. Dinorah, se croyant abandonnée, perd la raison et part à sa recherche au hasard, accompagnée de sa chèvre dont on entend la cloche dans les montagnes.

L'opéra est en trois actes. Il est précédé d'une ouverture pendant laquelle des villageois, derrière le rideau, chantent un hymne à Notre-Dame de Grâce. Le décor du premier acte montre un passage montagneux près de la cabane de Corentino. Dinorah trouve sa chèvre endormie, et lui chante une charmante berceuse, « Dors, petite, dors tranquille ». Corentino, dans sa chaumière, dit comment la peur l'a envahi, dans cette région isolée. Pour dissiper sa crainte, il joue de la cornemuse.

Dinorah entre chez lui et danse avec lui en chantant.

Entendant quelqu'un approcher, elle saute par la fenêtre. C'est Hoël. Tout comme Corentino, il la prend pour un esprit. Hoël parle de l'or qu'il espère trouver et offre une part du trésor à Corentino si celui-ci l'aide à le transporter. Cependant, selon la légende, le premier qui touchera le trésor devra mourir. Cette prétendue générosité de Hoël n'est qu'une ruse destinée à faire de Corentino la victime de la découverte. On entend le tintement de la cloche de la chèvre. Hoël suggère qu'ils la suivent, car elle peut mener au trésor. L'acte se termine par un trio, « Ce tintement que l'on entend ».

Acte II. Un bois de bouleaux sous le clair de lune. Dinorah chante « Le vieux sorcier de la montagne », suivi de « Ombre légère qui suit mes pas » — connu comme « Ombra leggiera » dans la version italienne, plus familière.

Un arbre déraciné enjambe le ravin. Plus loin, un étang, muni d'une écluse, dont l'eau se déverse dans le ravin quand elle est ouverte. Clair de lune. Un orage se prépare.

Hoël et Corentino entrent, puis Dinorah. Dans la nuit qui devient de plus en plus menaçante, elle chante la légende du trésor : « Sombre destinée, âme condamnée ».

Ses paroles éveillent en Corentino le souvenir de la tragique histoire du trésor. Il comprend la ruse de Hoël et essaie de persuader la jeune fille de rechercher aussi le trésor. Le joyeux chant de celle-ci contraste avec l'orage qui se rapproche. Dinorah se précipite pour rattraper sa chèvre au moment où elle franchit le tronc d'arbre, un coup de tonnerre retentit. L'écluse se rompt, l'arbre est emporté par le flot et Dinorah prise dans le tourbillon. Hoël plonge dans l'eau pour la sauver.

Il n'y a pas grand-chose dans l'histoire qui permette de faire un 3e acte. Le début est une succession de chants : celui du Chasseur (une basse), celui du Moissonneur (un ténor), et le duo des Chevriers (soprano et contralto). Hoël entre, tenant Dinorah évanouie dans ses bras. Il chante ici son plus grand air : « Ah ! mon remords te venge ». Dinorah reprend ses esprits. Elle reconnaît son amant. Les villageois chantent « L'Hymne du Pardon ». Une procession se forme pour le mariage qui doit faire le bonheur de tous.

K.

L'Africaine

Opéra en 5 actes de Meyerbeer; liv. de Scribe. Créé à l'Opéra de Paris, le 28 avril 1865, avec Marie Sasse, Battu, Naudin, Faure, dir. Hainl. Reprises : 1877, avec Krauss, Salomon, Lassalle. Dernière en 1902, avec Breval, Affre, Noté, dir. Taffanel. Première londonienne à Covent Garden le 22 juillet 1865 (en it.) avec Lucca, Fioretti, Wachtel, Graziani; Metropolitan Opera House, 15 janvier 1892, avec Nordica, Pettigiani, Jean de Reszké. Edouard de Reszké, Lassalle. Reprises : aux arènes de Vérone en 1932, avec Bruna Rasa, Gigli, Armando Borgioli, Righetti; Metropolitan, 1933, avec Ponselle, Martinelli, Borgioli, Lazzari, dir. Serafin; Rome, 1937, avec Caniglia, Licia Albanese, Gigli, Basiola, Vaghi, dir. Serafin; Vienne, 1937, avec Konetzni, Gerhart, Piccaver, Jerger, Zec, dir. Alwin; Berlin, 1951, dir. Ludwig; Munich, 1962, avec Bjoner, Fahberg, Jess Thomas, Imdahl, Engen; Naples, 1963, avec Stella, Rinaldi, Nicola Nikolov, Protti, Ivo

Vinco, dir. Capuana; Florence, 1971, avec Jessye Norman, Sighele, Luchetti, Guelfi; San Francisco, 1972, avec Verrett et Domingo; Covent Garden, 1978, avec Bumbry et Domingo.

PERSONNAGES

SELIKA, *esclave* (soprano); INEZ, *fille de Don Diego* (soprano); ANNA, *sa suivante* (mezzo-soprano); VASCO DE GAMA, *officier de la Marine portugaise* (ténor); NELUSKO, *esclave* (baryton); DON PEDRO, *président du Conseil du roi* (basse); DON DIEGO, *membre du Conseil* (basse); DON ALVAR, *membre du Conseil* (ténor); LE GRAND INQUISITEUR (basse); LE GRAND PRÊTRE DE BRAHMA (baryton).

Des prêtres, des inquisiteurs, des conseillers, des marins, des Indiens, des serviteurs, des dames, des soldats.

A Lisbonne, sur un bateau en mer, et aux Indes, au début du XVIe siècle.

En 1838, Scribe soumit deux livrets à Meyerbeer : celui du *Prophète* et celui de *L'Africaine*. Il donna la priorité au *Prophète*, mais travailla sur les deux livrets à la fois. Si bien qu'une partition de *L'Africaine* fut terminée en 1849, peu après la création du *Prophète*.

Meyerbeer, pourtant, n'était pas entièrement satisfait du livret. Il demanda à Scribe de le remanier et celui-ci lui donna en 1852 une version révisée. Meyerbeer y adapta ce qu'il avait déjà écrit, et termina l'œuvre en 1860. Ainsi, selon le *Dictionnaire des Opéras* : « La gestation de *L'Africaine* dura quelque vingt ans, et il semble que sa naissance ait coûté la vie à son auteur : il mourut pendant les préparatifs de la représentation, le 2 mai 1864, un jour après avoir vu finir chez lui, rue Montaigne, une copie de la partition ».

Acte I. Lisbonne. L'Assemblée royale portugaise – ou Chambre du Conseil du roi. On n'a aucune nouvelle de l'expédition de l'explorateur Bartholomé Diaz. L'un des officiers qui l'accompagnent, Vasco de Gama, est fiancé à Iñez, la fille d'un puissant noble, Don Diego. On suppose que Vasco a trouvé la mort pendant la traversée. Le père d'Iñez souhaite qu'elle se fiance maintenant à Don Pedro, président du Conseil du roi.

Le roi veut envoyer une expédition à la recherche de Diaz. Mais Don Alvar,

l'un des conseillers, révèle qu'un officier et deux prisonniers, seuls survivants du naufrage du vaisseau de Diaz, viennent d'arriver. On introduit l'officier. C'est Vasco de Gama que tous croyaient mort. Les épreuves qu'il a traversées ne l'ont aucunement découragé et il a conçu un autre plan pour découvrir les territoires qui, selon lui, s'étendent au-delà de l'Afrique. Pour appuyer ses dires, il a ramené des prisonniers, Selika et Nelusko. Ils viennent d'un pays qu'on ne connaît pas encore en Europe.

Don Pedro, soucieux de gagner la main d'Iñez et de conduire lui-même une expédition, profite de l'absence de Vasco pour prendre dans ses papiers une carte fort importante. Il persuade ensuite le Grand Inquisiteur et le Conseil de la futilité des plans du jeune navigateur, que Don Alvar est le seul à défendre. La proposition de Vasco est repoussée, celui-ci accuse les conseillers d'ignorance et de parti pris. Don Pedro saisit cette occasion pour le faire jeter en prison.

Acte II. Vasco s'est endormi dans sa cellule, Selika veille auprès de lui. Reine dans son pays natal, elle n'est plus ici qu'esclave et captive. Mais ses ravisseurs ignorent tout de son véritable rang. Elle est profondément éprise de Vasco et désespérée de voir qu'il aime Iñez. Elle empêche Nelusko de poignarder Vasco (son compagnon de captivité est follement amoureux d'elle et désespérément jaloux du navigateur portugais) et non contente de lui sauver la vie, elle révèle à Vasco la route secrète, connue d'elle seule et de Nelusko, qui conduit au pays qu'il recherche.

Iñez, Don Pedro et leur suite pénètrent dans la prison. Vasco est libre; Iñez a payé cette liberté de son propre sacrifice : elle épousera Don Pedro. Vasco espère maintenant, grâce à l'information de Selika, pouvoir entreprendre un nouveau voyage. Mais il apprend que Don Pedro s'est vu confier le commandement d'une expédition et a choisi Nelusko pour guide. Tous ses espoirs s'évanouissent.

Acte III. Le navire de Don Pedro, en mer. Don Alvar, le chef de la faction qui avait soutenu Vasco, soupçonne Nelusko. Deux bâtiments de l'escadre ont déjà été perdus et Don Alvar craint pour le vaisseau amiral. A ce moment, on voit s'approcher un vaisseau battant pavillon portugais, il est commandé par Vasco de Gama, qui l'a armé à ses frais. Bien que Don Pedro soit son ennemi, il monte à son bord et l'avertit qu'il a pris la mauvaise route et court au désastre. Don Pedro l'accuse de n'être venu que pour voir Iñez, qui est aussi à bord. Il ordonne à ses hommes de le saisir. Un violent orage éclate, le vaisseau est poussé contre un récif par la tempête. Des sauvages, alertés par un signal de Nelusko, abordent et massacrent la plupart des occupants. Les autres sont capturés.

Acte IV. L'entrée d'un temple hindou, un palais. Paysage tropical. Selika, à son retour, est acclamée et prête le serment sacré. Vasco est de ceux qui ont échappé au massacre, les indigènes veulent le mettre à mort. Mais la reine Selika, pour le sauver, affirme à ses sujets qu'il est son époux. Leur mariage

est célébré selon le rituel indien. Vasco, ému par cette fidélité, est presque décidé à respecter son vœu nuptial et à rester auprès de Selika. Mais il entend soudain la voix d'Iñez et sa passion pour elle renaît.

Acte V. Les jardins du palais de Selika. Une fois de plus, Selika se sacrifie par amour. Elle pardonne à Vasco et à Iñez, demande à Nelusko de leur fournir un navire et de la retrouver, après leur départ, sur un promontoire qui domine la mer.

Changement de décor. Au sommet de la montagne se dresse un grand mancenillier[1]. Le parfum de ses fleurs est mortel. A l'ombre de ses larges branches, Selika regarde le navire hisser ses voiles. Il emporte loin d'elle celui qu'elle aime. Elle respire le parfum empoisonné de l'arbre et meurt. Nelusko la découvre et va mourir à son côté sous les branches fatales.

Meyerbeer était persuadé que *L'Africaine* était son chef-d'œuvre, le monument immortel qu'il laissait à la postérité. Il y travailla, il est vrai, pendant de nombreuses années et produisit une partition d'une grande ingéniosité; mais, en dépit de passages intenses et émouvants, l'œuvre est plus laborieuse qu'inspirée. La création la plus remarquable de Meyerbeer n'est pas *L'Africaine*, mais *Les Huguenots*.

On a critiqué le livret de Scribe — et non à tort — quant à l'indécision du personnage de Vasco de Gama. Au premier acte, le héros aime Iñez. Au second acte, dans la scène de prison, il est tellement impressionné par les talents de Selika — qui lui désigne sur la carte la véritable route des Indes — qu'il la serre dans ses bras et lui chante une déclaration passionnée. La pauvre Selika, qui aime Vasco, est transportée par ce succès. Malheureusement, Iñez entre juste à ce moment pour annoncer à Vasco qu'il est libre. Pour lui prouver qu'il l'aime encore, Vasco lui offre généreusement Selika et Nelusko.

1. Arbre exotique.

Selika disparaît des préoccupations de Vasco jusqu'à l'acte IV, où elle lui sauve la vie en le prétendant son époux. Il lui déclare alors son amour avec transport. Mais quand la voix d'Iñez s'élève, Selika se retrouve abandonnée. Il ne lui reste plus qu'à mourir sous le mancenillier.

« L'ombre de cet arbre est-elle réellement fatale? » demande un spécialiste français, « Monsieur Scribe dit que oui, mais les naturalistes le nient. »[1] Laissons la question en suspens et L'Africaine face à son destin, sans oublier de rappeler que Selika, dont le nom est arabe, semble être native des Indes.

Au début du premier acte intervient la ballade d'Iñez : « Adieu mon beau rivage », gracieusement accompagnée à la flûte et au hautbois. C'est cette ballade adressée au Tage que Vasco l'entend chanter à l'acte IV et qui ranime son amour pour elle. Le finale du premier acte — la scène où Vasco défie le Conseil du roi — est un ensemble imposant. La berceuse de Selika au second acte, quand elle veille Vasco, est tout à fait originale et charmante, agrémentée de traits exotiques et fascinants : « Sur mes genoux, fils du soleil ». Le sombre hommage de Nelusko : « Fille des rois, à toi l'hommage » est caractéristique du sauvage loyal qui voue à sa reine une passion fanatique. Le finale est un septuor impressionnant, sans accompagnement, réunissant Iñez, Selika, Anna, Vasco, don Alvar, Nelusko et Don Pedro.

Dans l'acte suivant, sur le navire, on remarque le gracieux chœur des femmes : « Le rapide et léger navire », la prière des marins : « Ô grand saint Dominique », et le chant de Nelusko : « Adamastor, roi des vagues profondes », sauvage évocation de la mer et de la tempête par le personnage le plus dramatique de cet opéra. Nelusko, tout comme Marcel dans Les Huguenots et Fidès dans Le Prophète, est une véritable création dramatique.

La marche indienne et le ballet qui accompagnent le couronnement de Selika ouvrent l'acte IV. La musique est exotique, vive et tout à fait frappante. Dans son genre, cette scène est un chef-d'œuvre. Suivent les ravissantes mesures du principal solo de ténor, le « Ô Paradis, sorti de l'onde » chanté par Vasco. Puis Nelusko chante son amour pour Selika de façon touchante : « L'avoir tant aimée », et Selika et Vasco ont leur duo d'amour : « Ô transport, ô douce extase ».

La scène de la mort de Selika sous le mancenillier est précédée du fameux prélude pour cordes à l'unisson soutenues par les clarinettes et les bassons, bref passage instrumental extrêmement émouvant. L'opéra se termine de façon dramatique par le monologue de Selika : « D'ici je vois la mer immense ».

K.

---

1. Pure invention de Scribe, semble-t-il, aucun arbre n'ayant un tel pouvoir. Le mancenillier des Caraïbes est cependant connu pour ses propriétés nocives : après la pluie, ses feuilles peuvent provoquer des brûlures et des ampoules chez celui qui s'en approche. Et la mort pourrait bien frapper celui qui se risquerait à en manger les fruits.

JACQUES FRANCOIS HALÉVY
(1799-1862)

La Juive

Opéra en 5 actes d'Halévy, liv. de Scribe. Créé à l'Opéra de Paris, le 23 février 1835, avec Mmes Falcon, Dorus-Gras, Nourrit et Levasseur, dir. Habeneck. Première à Covent Garden, 1850 (en it.), avec Pauline Viardot, Tamberlick, Pololini; Metropolitan, 1885, avec Materna, Udvardy, Kögel, dir. Damrosch. Reprises : Metropolitan en 1887, avec Lilli Lehmann, Niemann, Fischer; 1919, avec Ponselle, Caruso, Rothier, dir. Bodansky, 1924, 1936; Paris, 1875, avec Krauss, Belval, Villaret, dir. Deldevez, 1933, avec Hoerner, Franz, Huberty; New York, 1944, avec Doree, Carron; Karlsruhe, 1952; Gand, 1964, avec Geri Brunin, Tony Poncet; Londres (en concert), 1973, avec Richard Tucker. Rosa Raisa se rendit célèbre par son interprétation du rôle de Rachel, et Duprez fut l'un des plus fameux successeurs de Nourrit dans le rôle d'Eleazar.

PERSONNAGES

LA PRINCESSE EUDOXIA, *nièce de l'empereur* (soprano); RACHEL, *fille d'Eleazar* (soprano); ELEAZAR, *orfèvre juif* (ténor); LÉOPOLD, *prince de l'Empire, employé par Eleazar sous le nom de Samuel* (ténor); RUGGIERO, *maire de la ville de Constance* (baryton); ALBERT, *sergent dans l'armée de l'empereur* (basse); LE CARDINAL DE BROGNI, *président du Conseil* (basse).

A Constance, en Suisse. En 1414.

Halévy avait trente-cinq ans quand *La Juive* fut créée. Il écrivit par la suite d'autres opéras, dont la plupart eurent du succès. Mais *La Juive* demeure le plus célèbre. Wagner admirait les œuvres de Halévy, dont on peut dire qu'il fut — exception faite de Verdi et de Berlioz — le plus talentueux des compositeurs qui s'essayèrent au « Grand Opéra à la française ». Si l'on songe à Meyerbeer, la comparaison tourne à son avantage quand on écoute *La Juive;* mais Halévy n'avait malheureusement ni la maîtrise ni l'énergie de son rival. Au départ, Halévy voulait confier le rôle d'Eleazar (l'un des plus importants du répertoire de ténor du xixe s.) à une basse légère, et situer le décor en Espagne, au temps de la puissance de l'Inquisition; finalement, il écrivit le rôle pour le grand ténor Nourrit — qui intervint lui-même, dit la légende, dans la composition de certains passages, notamment la célèbre aria : « Rachel, quand du Seigneur ».

Au début de l'opéra, des événements nécessaires à la compréhension de l'action viennent de se produire. Brogni était autrefois le premier magistrat de Rome. Pendant l'une de ses absences, la ville fut prise par les Napolitains qui l'assiégeaient, et partiellement incendiée. Parmi les maisons mises à sac se trouvait celle de Brogni. A son retour, sa femme était morte et son enfant disparu. Désespéré, Brogni abandonna ses fonctions et se fit prêtre. Il devint ensuite le cardinal qui est l'un des personnages principaux de l'intrigue.

Acte I. Dans l'ouverture, les thèmes représentant la force chrétienne et la force juive sont mis en opposition. Une place de Constance, en Suisse. D'un côté, le grand portail d'une église;

de l'autre, parmi plusieurs échoppes, la maison et l'atelier d'Eleazar, l'orfèvre et joaillier juif. Dans l'église, un chœur chante le *Te Deum*. Dehors, un passant fait remarquer que certains Juifs travaillent un jour de fête chrétienne. Léopold, le jeune général qui vient de triompher des Hussites à la tête de ses armées, est venu à Constance sous un déguisement : lors d'une précédente visite, il avait rencontré Rachel, la fille d'Eleazar, et s'était épris d'elle ; il veut aujourd'hui la retrouver. Il ordonne le silence à l'un de ses soldats qui l'a reconnu et lui demande quelle est la raison de la fête. Albert déclare qu'elle est célébrée en l'honneur de la visite de l'empereur, qui a convoqué un grand conseil pour unir tous les chrétiens du monde : cette entreprise a été décidée après la victoire de Léopold sur les Hussites dissidents.

Un grand choral retentit dans l'église : « Hosanna », et les fidèles sortent. Ruggiero, le maire de Constance, décrète officiellement le jour de fête, au nom de l'empereur. La foule manifeste son enthousiasme. Mais Ruggiero entend les bruits qui s'échappent de l'atelier d'Eleazar et demande à en voir les occupants. On traîne devant lui le joaillier et sa fille. Il répond avec mépris aux questions de Ruggiero : n'a-t-il pas vu les chrétiens brûler ses fils ? Pourquoi devrait-il se plier à leurs lois ? Ruggiero le menace d'une mort identique quand se produit une diversion inattendue. Le cardinal Brogni, passant avec sa suite, demande la cause de toute cette agitation. Il reconnaît Eleazar, qui lui rappelle qu'ils se sont jadis connus à Rome, du temps où le cardinal n'était pas encore dans les ordres (aucune mention de ceci n'apparaît dans l'opéra, mais l'histoire originale de Scribe signalait que Brogni avait banni Eleazar de Rome, lui sauvant ainsi la vie après sa condamnation à mort comme usurier). Brogni chante une *cavatine* paisible : « Si la rigueur et la vengeance », où il prie pour que la sagesse vienne aux incroyants juifs.

L'aria se fond dans un ensemble, et la foule se disperse.

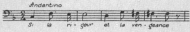

Seul Léopold reste en arrière. Il s'est fait employer comme ouvrier par Eleazar, sous le nom de Samuel, et tous le croient juif. Il entonne une sérénade à l'intention de Rachel. C'est une charmante mélodie à laquelle la jeune fille répond bientôt : qu'il vienne la retrouver le soir même, quand son père fêtera la Pâque juive. La place est soudain envahie par la foule, les chœurs se succèdent, on danse et on boit. Eleazar et sa fille veulent traverser la place, mais sont reconnus par Ruggiero et attaqués par la foule. Léopold se porte à leur secours. Il est encore déguisé, mais Albert le reconnaît et ordonne à la foule de laisser les Juifs en paix. Rachel est stupéfaite de l'influence de Léopold sur les chrétiens et se demande d'où vient son pouvoir. Eleazar continue d'insulter les chrétiens qu'il exècre.

Acte II. On célèbre la Pâque juive dans une pièce de la maison d'Eleazar. Il entonne le chant : « O Dieu, Dieu de nos pères », que Rachel et les autres reprennent après lui. Eleazar maudit quiconque osera interrompre leur fête sacrée (« Si trahison ou perfidie »), et distribue le pain sans levain que Samuel reçoit le dernier. Samuel le jette discrètement sans l'avoir touché, mais Rachel surprend son geste et s'interroge sur son sens. La scène est extrêmement impressionnante, et l'incantation mesurée du début est l'un des plus beaux passages de l'opéra.

Eleazar finit à peine d'implorer Dieu (« Dieu, que ma voix tremblante ») quand on frappe à la porte. Il dit aux siens de cacher la vaisselle et les candélabres rituels et d'enlever la table. Les Juifs s'enfuient par une porte dérobée. Léopold va les suivre, mais Eleazar lui demande de rester. La porte s'ouvre, la princesse Eudoxia entre. Elle se présente, et Eleazar s'agenouille devant elle. Elle veut lui acheter une chaîne précieuse pour son époux, Léopold, qui doit rentrer aujourd'hui de sa campagne victorieuse contre les Hussites. Eleazar lui apprend que cette chaîne a autrefois appartenu à l'empereur Constantin lui-même. Léopold, qui a entendu leur conversation, se sent coupable et pris de remords. Eudoxia demande qu'on lui porte la chaîne le lendemain au palais.

Rachel demande à Samuel de s'expliquer sur sa conduite de l'après-midi, face à la foule, et du soir, pendant la cérémonie rituelle. Il lui promet de lui répondre quand ils seront seuls.

Rachel se prépare pour son rendez-vous avec Léopold. Elle est anxieuse : « Il va venir ! et d'effroi je me sens frémir ! » Léopold avoue l'avoir trompée : il est en réalité un chrétien. Rachel lui fait d'amers reproches. Elle est sur le point de lui pardonner quand Eleazar les surprend.

Pendant le trio qui s'ensuit, les deux coupables disent leur terreur devant la colère d'Eleazar, et celui-ci déclare que si Samuel n'était pas juif, il le tuerait sur-le-champ. Léopold lui dit de frapper, car il est chrétien. Rachel s'interpose et plaide en faveur de son amant : elle aussi est coupable. Eleazar consent enfin à leur mariage, mais sa colère ne connaît plus de bornes quand Léopold lui avoue qu'il n'est pas libre.

Acte III. Dans certaines versions, il commence par une scène entre Eudoxia et Rachel, qui demande à la princesse la faveur de servir au palais comme esclave pendant un seul jour. Car elle a suivi Léopold jusque-là et, sans connaître sa véritable identité, pense trouver au palais une occasion de se venger. Eudoxia accepte sa proposition.

Quand cette scène est supprimée, l'acte commence dans les jardins du palais impérial où l'on célèbre la victoire de Léopold. L'empereur est assis à la grande table, entouré de Brogni, de Léopold et d'Eudoxia. Une danse est donnée en l'honneur du héros. Puis Eleazar et Rachel s'avancent et remettent à Eudoxia la chaîne qu'elle a commandée. Au moment où elle va la passer au cou de son époux, Rachel la lui arrache des mains et déclare que Léopold est coupable d'avoir séduit une Juive. Cette Juive, c'est elle.

Le cardinal Brogni prononce un terrible anathème contre ceux qui ont osé enfreindre la loi de Dieu : « Vous qui du Dieu vivant ».

Acte IV. Tous ont été condamnés à mort. Mais Eudoxia, qui aime encore Léopold, est prête à tout pour le sauver. Elle supplie Rachel de retirer son accusation. Celle-ci refuse d'abord puis finit par accepter. Cette scène est hautement dramatique, tout comme la suivante, où le cardinal fait face à Rachel. Il lui demande d'abjurer sa foi pour échapper à la mort. Elle refuse.

Brogni supplie alors Eleazar de renoncer à sa foi pour épargner la vie de sa fille. Mais Eleazar résiste à la tentation et refuse d'abjurer la religion de ses pères. Il rappelle à Brogni l'époque où ses biens et sa famille périrent dans les flammes : sa fille fut alors sauvée par un Juif, qui brava l'incendie; elle est aujourd'hui vivante; il sait où elle est, mais est décidé à se venger en emportant le secret dans sa tombe. Brogni le supplie en vain.

Eleazar est déchiré par le doute : doit-il envoyer sa fille à la mort parce qu'il hait les chrétiens ? Cette pensée le torture : « Rachel, quand du Seigneur » est le sommet de l'opéra, le chant où Eleazar est le plus noble et le plus humain.

Ra-chel, quand du Sei-gneur la grâ-ce tu-té-lai-re

Il entend au-dehors les cris des fanatiques : « Au bûcher, les Juifs », et sa décision en est renforcée : Rachel mourra, victime de leur haine.

Acte V. D'une tente, on aperçoit l'échafaud où périront les deux Juifs. Léopold a seulement été condamné au bannissement. Le peuple réclame la mort des Juifs. Eleazar et Rachel se rapprochent de l'échafaud. Eleazar demande à sa fille si elle désire, au dernier moment, renier sa foi et devenir chrétienne. Elle refuse avec fierté.

Au moment où on la précipite dans la fournaise, Eleazar dit à Brogni : « C'est votre fille qui périt dans ces flammes ».

H.

ADOLPHE ADAM
(1803-1856)

Le Chalet

*Opéra comique en un acte, musique d'A. Adam; liv. d'Eugène Scribe et Mélesville. Créé à Paris, Opéra Comique, 25 septembre 1834, avec Couderc (Daniel), Inchindi (Max), M*ᵐᵉ *Pradher (Bettly). L'œuvre fut reprise de très nombreuses fois et atteignit en 1922 sa 1 500ᵉ représentation. Bruxelles, 1834; Saint-Petersbourg, 1835; Copenhague, 1836 (en dan.). New York, 1836 (en ang. « The Swiss Cottage »); 1843, 1855 (en fr.); Londres, Covent Garden, 1845 et 1899, (en fr.); Her Majesty Th., 1877; Francfort, 1846 (en all.); Berlin, 1853; Vienne, 1858 (en all.). Reprises récentes : Stuttgart, 1909 (en all.); Toulon, 1930.*

PERSONNAGES

DANIEL, *jeune fermier* (ténor); MAX, *soldat suisse* (baryton); BETTLY, *sœur de Max* (mezzo-soprano).
Soldats, paysans et paysannes.

En Suisse, dans le canton d'Appenzell, pendant les campagnes napoléoniennes.

Des jeunes gens apportent le lait en chantant : « Déjà dans la plaine. » Ils cherchent Bettly et Daniel à qui ils viennent de jouer un tour. Daniel arrive, relisant joyeusement le billet qu'il vient de recevoir, dans lequel Bettly lui écrit qu'elle accepte enfin de l'épouser : « Elle est à moi, c'est ma compagne ». Les jeunes gens s'amusent de sa crédulité : « Ah ! Combien il l'aime ».

Bettly a reçu une lettre de son frère Max qui est soldat depuis quinze ans.

En partant, il lui a dit qu'il reviendrait pour danser à ses noces. Daniel en profite pour faire allusion à leur prochain mariage. Mais Bettly en stupéfaite, elle ne lui a jamais envoyé ce billet, d'ailleurs elle ne sait ni lire ni écrire. Daniel est pour elle un ami très fidèle, si elle se mariait elle le choisirait sûrement, mais elle veut garder sa liberté : « Dans ce modeste et simple asile ». Daniel est effondré, il a déjà commandé le banquet de noces et invité tout le village. Il lui lit la lettre de son frère qui la pousse à se marier. Furieuse, Bettly le plante là.

Alors qu'il se désespère arrive une troupe de soldats. Daniel décide de s'engager et demande à leur officier, qui n'est autre que Max, le frère de Bettly, de l'enrôler. Il lui raconte ses malheurs et Max apprend ainsi qu'il vient de faire halte dans le chalet que sa sœur a acheté après la mort de leurs parents. Il décide d'arranger les affaires de Daniel et l'envoie chercher ses papiers.

Voyant Bettly s'approcher, Max ordonne à ses soldats de tout mettre à sac dans la maison : « Du vin, du rhum, du rack ! » Max laisse croire à Bettly que les soldats vont passer quinze jours chez elle : « Dans le service de l'Autriche », aussi quand Daniel revient, elle l'accueille comme son sauveur et apprend avec terreur qu'il s'est engagé. Elle le persuade de passer la nuit dans le chalet pour la protéger. Duo : « Prêt à quitter ceux que l'on aime ». Max, ravi de constater la bonne marche de son plan réclame un baiser à Bettly et, comme Daniel s'interpose, le rudoye : « Il faut me céder ta maîtresse ». Il le provoque en duel. Adieux de Daniel à Bettly : « Adieu, vous que j'ai tant chérie ». Pour sauver Daniel, Bettly prétend qu'ils sont mariés, mais Max exige de voir le contrat de mariage auquel il appose sa signature se faisant ainsi reconnaître. Réjouissances générales.

M.K.

Le Postillon de Longjumeau

Opéra en 3 actes d'Adam; liv. de A. de Leuven et L.L. Brunswick. Créé à l'Opéra-Comique, Paris, le 13 octobre 1836, avec Mme Roy, MM. Cholet, Henri. Première à·Londres, St. James's Theatre en 1837 (en angl.); Drury Lane, 1845 (en fr.); New York, 1840 (en angl.). Reprises : Berlin, 1930, dir. Blech; Volksoper de Vienne, 1964, avec Murray Dickie; encore au répertoire de certains opéras allemands. Le plus célèbre des Chappelou fut Théodor Wachtel, qui débuta lui-même dans la vie comme garçon d'étable.

PERSONNAGES

MADELEINE, *femme de Chappelou* (soprano); ROSE (soprano); CHAPPELOU, *cocher* (ténor); LE MARQUIS DE CORCY, *directeur de l'Opéra de Paris* (ténor); BIJOU, *ami de Chappelou* (baryton); BOURDON (basse).

A Longjumeau et à Paris, au début du XIXe siècle.

Acte I. Chappelou, le postillon de Longjumeau, va épouser Madeleine, la jeune aubergiste. La cérémonie achevée, ses amis le retiennent pour qu'il chante, selon la coutume. Il se fait d'abord prier puis entonne un air très populaire, qui raconte comment le postillon de Longjumeau a gagné le cœur d'une ravissante princesse en sonnant de la trompe. Ce chant a fait la célébrité de l'opéra : le ténor qui peut imiter la trompe de la malle-poste en atteignant le ré aigu est sûr de son succès.

L'effet produit par ce chant dépasse toute prévision : le marquis de Corcy, directeur de l'Opéra de Paris, l'a entendu; il demande à Chappelou de rentrer dans sa troupe comme ténor. Chappelou essaie de retarder le départ du marquis, mais celui-ci est inflexible : s'il veut aller à Paris, il faut que ce soit immédiatement. Chappelou charge son ami Bijou, qui possède également une belle voix, de prévenir Madeleine qu'il ne rentrera que le lendemain, ou la semaine suivante, et qu'il a dû partir en toute hâte pour ne pas rater sa chance de rencontrer le roi à Paris et d'y faire fortune. Madeleine a le cœur brisé et sa colère est grande. Bijou décide de retrouver Chappelou au plus tôt et de devenir aussi un chanteur célèbre.

Acte II. Dix ans après, Madeleine est à Paris sous le nom de Mme de Latour. Ayant hérité d'une vieille tante, elle peut se faire passer pour une riche et noble dame. Mais son véritable propos est de retrouver son fugitif de mari et de le punir.

Chappelou est devenu premier ténor de l'Opéra, sous le nom de Saint-Phar, et Bijou, chef de chœur, sous le nom d'Alcindor. Au cours d'une répétition, Saint-Phar se plaint de chanter trop souvent ; d'ailleurs, il a mal à la gorge. Le marquis est désespéré car la représentation qu'ils préparent doit être donnée en l'honneur de Mme de Latour, dont il est épris. Saint-Phar tout à coup se sent mieux et chante son air en se jouant des difficultés : lui-même est amoureux de cette dame.

Au cours d'une rencontre entre Saint-Phar et Mme de Latour, le ténor

lui déclare son amour, et la dame accepte de l'épouser. Ses camarades de l'Opéra le félicitent, et il les invite tous au mariage. Saint-Phar, qui ne veut pas être bigame, a convaincu son ami Bijou de se déguiser en prêtre et de simuler la cérémonie. Mais Mme de Latour s'est méfiée et a enfermé Bijou avec le deuxième chef de chœur.

Acte III. Le marquis se rappelle que Saint-Phar a laissé une femme à son foyer et qu'il se rend coupable de bigamie. Étant lui-même épris de la belle Mme de Latour, il ne fait rien pour empêcher le mariage, trop content de pouvoir faire arrêter son rival par la police dès le lendemain. La joie de Saint-Phar est de courte durée : Bijou s'échappe et lui révèle l'horrible vérité. Ce n'est pas lui, mais un vrai prêtre, qui a célébré le mariage.

Madeleine n'en a pas encore fini avec son mari. Elle vient le trouver revêtue de ses vêtements de paysanne d'autrefois, et avec sa véritable voix. Elle souffle la bougie et entreprend un dialogue où elle fait alterner les deux voix, celle de Madeleine et celle de Mme de Latour. Chappelou ne sait trop que penser. Il est désespéré quand la police frappe à la porte. Le marquis est avec eux. Ils vont l'emmener — pour le pendre, précise-t-il. Madeleine demande la permission d'accompagner son mari. Puis, soudain, reprenant sa « grande » voix, elle déclare que deux personnes ont participé au crime. Elle révèle la vérité, et tout est pardonné.

H.

HECTOR BERLIOZ
(1803-1869)

Benvenuto Cellini

Opéra en 3 actes de Berlioz; liv. de Wailly et Barbier. Créé à l'Opéra de Paris[1]*, 10 septembre 1838, avec Dorus-Gras, Stolz, Duprez, Derivis; il y eut 29 répétitions, et 7 représentations. Première londonienne, 1853, Covent Garden, sous la dir. de l'auteur, avec Julienne, Tamberlik, Tagliafico (en it.); Weimar, 1852, dir. Liszt; Hanovre, 1879, dir. Von Bülow. Reprises : Vienne, 1911; Théâtre des Champs-Élysées, Paris, 1912, dir. Weingartner; Amsterdam, 1961, avec Gedda, dir. Prêtre; Genève, 1964, avec Esposito, Gedda; New York (version de concert), 1965; Covent Garden, Londres, 1966, avec Elizabeth Vaughan, Minton, Gedda, Massard, dir. Pritchard; San Carlo, Naples (première italienne), 1967, avec Kabaivanska, Anna Maria Rota, Nicola Tagger, dir. Previtali; Opéra de Paris, 1972, avec Guiot, Berbié, Vanzo, Dupouy, Massard, Van Dam, dir. Fournet.*

PERSONNAGES

LE CARDINAL SALVIATI[2] (basse); BALDUCCI, *trésorier papal* (basse); TERESA, *sa fille* (soprano); BENVENUTO CELLINI, *orfèvre* (ténor); ASCANIO, *son apprenti* (mezzo-soprano); FRANCESCO et BERNARDINO, *artisans de l'atelier de Cellini* (ténor et basse); FIERAMOSCA, *sculpteur au service du Pape* (baryton); POMPEO, *spadassin* (baryton).

A Rome, en 1532.

L'ouverture, une des plus célèbres de Berlioz, utilise des éléments que l'on retrouve dans l'opéra.

Acte I. Le carnaval de 1532. Lundi gras. Nous sommes chez le trésorier du pape. Balducci, qui vient de réprimander sa fille Teresa pour avoir regardé par la fenêtre. Le vieillard est mécontent car le pape a fait venir à Rome l'orfèvre florentin Cellini.

Sa fille Teresa, par contre, est enchantée car elle a trouvé un billet dans un bouquet qu'un masque lui a lancé depuis la rue — Cellini sans aucun doute. Elle chante sa joie et son bonheur dans une délicieuse cavatine, suivie d'un *allegro con fuoco*. Quelques instants plus tard, Cellini est près d'elle. Ils chantent ensemble un grand air glorieux, *andante* (qui sera utilisé plus tard dans l'ouverture du *Carnaval Romain*).

O Te-re-sa, vous que j'aime plus que ma vi - e

Cellini propose à la jeune fille de s'enfuir : au matin, quand tous porteront un masque de carnaval. il sera coiffé d'une capuche blanche de moine,

---

1. L'importance de la production parisienne domine l'histoire de l'opéra français jusqu'à la fin du XIXᵉ siècle. Berlioz, qui méprisait les conventions de l'Opéra, avait remué ciel et terre pour que son œuvre y fût jouée. H.

2. A l'origine, Berlioz voulait que ce fût le pape Clément VII. La censure parisienne refusa qu'un pape apparût sur une scène. Mais le rôle fut restauré dans la mise en scène du Covent Garden en 1966.

et son apprenti Ascanio d'une capuche brune. Ils la rejoindront et ils fuiront ensemble. Mais Fieramosca, le sculpteur du pape, s'est glissé dans la maison et a entendu leur conversation : c'est le rival de Cellini en art et en amour. Il surprend le complot et les propos particulièrement désagréables que les deux amoureux tiennent sur son compte. Balducci revient à l'improviste. Sa fille est encore debout ? Anxieuse de se justifier, elle dit avoir entendu un homme entrer dans la maison. Cellini réussit à s'enfuir, mais Fieramosca est découvert. Avant qu'il ait pu s'expliquer, des voisines, qui étaient entrées par curiosité, le traînent vers le bain public pour l'y plonger de force.

Acte II. Cellini, entouré de ses assistants, est assis dans la cour d'une taverne. Il veut boire en l'honneur de son amour, malheureusement son hôte ne veut plus lui faire crédit. Ascanio arrive à temps avec l'argent que lui a remis le trésorier du pape. En échange, Cellini devra terminer son *Persée* pour le lendemain matin. Il donne sa parole, bien que l'avare Balducci, le sachant aux abois, lui ait envoyé fort peu d'argent. Cellini raconte à Ascanio quels déguisements ils porteront pour le carnaval et son plan de fuite avec Teresa. Une fois de plus, Fieramosca entend tout. Il engage alors le spadassin Pompeo pour l'aider à enlever Teresa.

Le décor suivant montre la foule des masques sur la *Piazza di Colonna*. C'est carnaval, et la musique traduit brillamment la gaieté de la scène. Balducci et Teresa viennent assister au spectacle. Cellini et ses amis se sont arrangés pour que l'affreux Midas ait les traits de Balducci : c'est leur façon de se venger de sa ladrerie. Le trésorier proteste, et Cellini profite de la confu-

sion pour s'approcher de Teresa, suivi d'Ascanio. Au même moment, deux autres moines s'avancent, revêtus du même capuchon. Lesquels sont les vrais ? Bientôt, tous les quatre sont face à face. Un cri retentit, et l'un des moines à capuche brune s'effondre, mortellement blessé. C'est Pompeo. Un moine à capuche blanche (Cellini) l'a frappé. La foule se jette sur Cellini au moment où un coup de canon annonce la fin des fêtes de carnaval. Profitant de l'effet de surprise, Cellini parvient à s'enfuir. L'autre moine à capuche blanche est saisi à sa place, c'est Fieramosca.

Acte III. Devant la maison de Cellini. Ascanio assure Teresa que son amant est sauf, d'ailleurs le voici. Teresa et Cellini chantent un duo pendant qu'Ascanio organise leur fuite : la ligne mélodique est magnifique, et nous avons là l'un des plus beaux passages de la partition.

Balducci et Fieramosca font irruption. Balducci veut forcer sa fille à épouser Fieramosca. L'arrivée du cardinal Salviati, venu voir le *Persée*, interrompt la scène. Le pauvre Cellini est en fâcheuse posture : accusé de meurtre et de tentative d'enlèvement, son *Persée* inachevé, et l'argent reçu en paiement entièrement dépensé ! Un terrible châtiment l'attend et un autre devra finir son œuvre inachevée.

L'artiste est ivre de rage. Un autre finir son *Persée* ! Jamais ! Le moulage va être fait tout de suite. Resté seul, il chante une magnifique aria *andante*, à 6/8. Puis il entreprend de mouler la statue. Comme le métal manque, il saisit les autres œuvres et les jette dans la masse en fusion. Enfin, il brise le moule. Le *Persée* apparaît dans toute sa splendeur aux yeux stupéfaits des spectateurs, superbe justification pour le maître génial.

K.,H.

La Damnation de Faust

Dans sa forme originale, légende dramatique en 4 parties pour salle de concert. Musique d'Hector Berlioz; liv. écrit par Berlioz, Gérard et Gandonnière d'après la version tirée par Gérard de Nerval de la pièce de Goethe. Créé dans sa forme originale de morceau de concert à l'Opéra-Comique, Paris, 6 décembre 1846, avec Duflot-Maillard (Marguerite), Roger (Faust), Hermann-Léon (Mephisto), dir. de l'auteur; deux parties de l'œuvre furent dirigées par l'auteur à Drury Lane, le 7 février 1848; première représentation intégrale en Angleterre, 5 février 1880, au Free Trade Hall, Manchester; New York, 12 février 1880, dir. Damrosch. Adapté pour une scène d'opéra par Raoul Gunsbourg, et créé dans sa mise en scène à Monte-Carlo, le 18 février 1893, avec Jean de Reszké (Faust), Rose Caron (Marguerite), Renaud (Mephisto). Reprise à Monte-Carlo, mars 1902, avec Melba, Jean de Reszké et Maurice Renaud. Commémoration du 100e anniversaire de la naissance de Berlioz à Paris, le 11 décembre 1903, avec Calvé, Alvarez et Renaud. Metropolitan de New York, 1906, avec Farrar, Rousselière, Plançon; Opéra de Paris, 1910, avec Grandjean, Franz, Renaud. Reprises : la Scala de Milan en 1929, dir. de Sabata; Covent Garden, 1933, dir. Beecham; la Scala, 1947, dir. Serafin; Opéra de Paris (mise en scène de Béjart), 1964, avec Denise Monteil, Guy Chauvet, Jacques Mars, dir. Markevitch; San Carlo de Naples, 1964, dir. Maag; Sadler's Wells, 1969, dir. Mackerras.

PERSONNAGES

MARGUERITE (soprano); FAUST (ténor); MÉPHISTOPHÉLÈS (basse); BRANDER (basse).
Des étudiants, des soldats, des citadins, hommes et femmes, des fées, etc.

La *première partie* de la légende dramatique de Berlioz est supposée se passer dans les plaines hongroises. Faust chante la nature et la solitude. Les paysans dansent et chantent un chœur, puis un récitatif. Des soldats traversent la scène aux accents bouleversants de la Marche Rákóczi, l'air national hongrois.

Berlioz orchestra cette magnifique marche lors de son séjour à Vienne en 1845; il la dirigea ensuite à Pest et remporta un très grand succès. C'est pour justifier la présence de cette marche au début de l'œuvre qu'il a placé l'action de sa légende dans les plaines de Hongrie.

La *deuxième partie* n'avait plus besoin que d'un décor pour devenir une scène d'opéra. Faust est dans son bureau, se lamentant sur son existence misérable. Il va avaler un poison quand les murs s'écartent, révélant l'intérieur d'une église. Le public, agenouillé, chante le cantique de Pâques, « Christ est ressuscité », et Faust est réconforté par leur chant. Méphistophélès apparaît cependant et propose à Faust de lui montrer tout ce que son âme peut désirer. Ils partent ensemble goûter à tous les plaisirs terrestres. Décor suivant : les caves d'Auerbach à Leipzig. Orgie d'étudiants et de soldats. Brander entonne la « chanson du rat », dont tous raillent la mort par un « Requiescat in pace », suivi d'une fugue sur le mot « Amen ». Méphistophélès enchaîne avec la « chanson de la puce », où les ébats fuyants de l'insecte sont décrits par l'accompagnement orchestral.

Dans la scène suivante de la légende dramatique Faust est censé dormir sur les bords de l'Elbe. Méphistophélès chante le magnifique « Voici des roses », suivi du plus joli passage de la partition, la « Danse des Sylphes », chef-d'œuvre d'illustration délicate et légère. Les violoncelles tiennent, *con sordini*, une seule note comme point d'orgue sur laquelle est tissée une mélodie arachnéenne et harmonieuse se terminant sur un imperceptible *pianissimo* joué par le tambour et les harpes. Gunsbourg a ici utilisé admirablement ce ballet aérien et donné un cadre somptueux à la scène, qui comprend une vision de Marguerite. Le ballet est suivi du chœur des soldats et du chant latin des étudiants.

Troisième partie. Les indications scéniques de Gounod dans *Faust* font de la maison de Marguerite un pavillon. Gunsbourg a opté pour quelque chose ressemblant plus à une charmille. Des soldats et des étudiants déambulent en chantant dans la rue. Faust chante : « Merci doux crépuscule », et se réjouit d'être dans la chambre de Marguerite.

Il se cache. Elle entre et chante la ballade des rois de Thulé. Berlioz a choisi pour ce chant une musique primitive — il appelle d'ailleurs ce morceau une « Chanson Gothique ». C'est une reconstitution merveilleusement réussie dans l'esprit médiéval. L'« Invocation » de Méphistophélès est suivie du « Menuet des Feux Follets ».

Puis intervient la sérénade de Méphistophélès : « Devant la maison », pièce brillante, fuyante et railleuse.

Le duo d'amour de Faust et Marguerite : « Ange adorable », devient un trio quand Méphistophélès vient les séparer, emmenant Faust.

Quatrième partie. Marguerite est seule. Berlioz, au lieu de se servir du chant de Goethe : « Meine Ruh ist hin » (Ma paix a disparu) dont Schubert a fait un lied si célèbre, lui substitue un poème de son choix. Introduite par les tristes accents du cor anglais, Marguerite chante : « D'amour, l'ardente flamme », aria d'une extraordinaire beauté.

Le chant des étudiants et des soldats s'éloigne. La « retraite » est sonnée par les trompettes, accompagnées par les tambours, Marguerite, prise de remords, s'évanouit.

Un défilé montagneux. La scène commence par le monologue de Faust : « Nature, immense, impénétrable et fière ». Cette invocation produit un effet très impressionnant. Suivent : la Chevauchée vers l'abîme, le pandemonium, la rédemption de Marguerite, que des anges accueillent dans les cieux.

K.

Les Troyens

Opéra en 5 actes d'Hector Berlioz; liv. du compositeur, d'après Virgile. L'œuvre ne fut donnée intégralement que vingt et un ans après la mort du compositeur. La 2e partie (Les Troyens à Carthage : voir ci-dessous les détails de la division) fut créée au Th. Lyrique, Paris, 4 novembre 1863, avec Charton-Demeur en Didon et Monjauze en Enée. Entre cette création et le 20 décembre 1863, l'œuvre fut jouée vingt et une fois; puis elle fut abandonnée. Intégralement jouée à Karlsruhe les 5 et 6 décembre 1890, dans une version allemande de O. Neitzel, avec Reuss-Belce (Cassandre), Mailhac (Didon), sous la direction de Mottl (La 1re partie, connue comme La Prise de Troie, *eut ainsi sa première mondiale le 5 décembre 1890). Versions de concert aux États-Unis : Partie I à New York, 1877; Partie II, 1887. La première partie fut donnée en fr. à Nice, 1891; Opéra de Paris, 1899, avec Mme Delna, MM. Lucas, Renaud, dir. Taffanel. La Partie II fut reprise à l'Opéra de Paris, 1892, avec Delna, Laffarge; créée en Italie, 1951, à Naples, avec Cavelti, Tygesen, Tajo, dir. Cluytens. Les deux parties* (Les Troyens) *furent données à Cologne, 1898 (en all.); Stuttgart, 1913 (arr. Schillings); Opéra de Paris, 1921 (version abrégée), avec Gozategui, Isnardon, Franz, Rouard; reprise à Paris, 1939 avec Anduran, Ferrer, de Trévi[1], Singher, et 1961 avec Crespin, Serres, Chauvet, Massard; créé à Berlin, 1930, (en 4 actes), avec Leider, Roswaenge, dir. Blech; Covent Garden (en angl., pour ainsi dire intégralement), 1957, avec Thebom, Shuard, Vickers, dir. Kubelik; la Scala (avec des coupures importantes), 1960, avec Simionato, del Monaco, dir. Kubelik; Teatro Colon de Buenos Aires, 1964, avec Crespin (Cassandre et Didon), Chauvet; San Francisco, 1966, avec Crespin (dans les deux rôles), Vickers; Stuttgart, 1967, avec Grace Hoffman, Hillebrecht, del Monaco; Scottish Opera, 1969, avec Janet Baker, Dowd, dir. Gibson (intégralement, en ang.); Opéra de Vienne, 1976, avec Ludwig, Chauvet, Dernesch, dir. Gerd Albrecht; Covent Garden, 1977, avec Minton, Cassily, Brecknock, Rouleau, dir. Colin Davis.*

PERSONNAGES

PREMIÈRE PARTIE : *La Prise de Troie*

CASSANDRE, *prophétesse troyenne* (soprano); ASCAGNE, *fils d'Enée* (soprano); HÉCUBE, *épouse de Priam* (mezzo-soprano); POLYXÈNE, *fille de Priam* (soprano); ENÉE (AENEAS), *héros troyen* (ténor); CHORÈBE, *fiancé de Cassandre* (baryton); PANTHÉE, *prêtre troyen* (basse); LE FANTÔME D'HECTOR (basse); PRIAM, *roi de Troie* (basse); UN SOLDAT TROYEN (baryton); UN CAPITAINE GREC (basse); HELENUS, *fils de Priam* (ténor); ANDROMAQUE, *veuve d'Hector* (mime); ASTYANAX, *son fils* (mime).

Des soldats grecs et troyens, des gens de la ville, des femmes et des enfants.

SECONDE PARTIE : *Les Troyens à Carthage*

DIDON, *reine de Carthage* (mezzo-soprano); ANNA, *sa sœur* (contralto); ASCAGNE (soprano); ENÉE (ténor); IOPAS, *poète carthaginois* (ténor); HYLAS, *jeune marin phrygien* (ténor); NARBAL, *ministre de Didon* (basse); PANTHÉE (basse); PREMIER SOLDAT (baryton); DEUXIÈME SOLDAT (basse); DEUX CAPITAINES TROYENS (baryton, basse); LE FANTÔME DE CASSANDRE (mezzo-soprano); LE FANTÔME DE CHORÈBE (baryton); LE FANTÔME D'HECTOR (basse); LE FANTÔME DE PRIAM (basse); LE DIEU MERCURE (basse).

Des capitaines troyens, des courtisans, des chasseurs, des Carthaginois, des fantômes invisibles, des travailleurs, des marins, des paysans, des naïades, des faunes, des satyres, des nymphes des bois.

1. Georges Thill, à qui l'on doit un enregistrement célèbre de la fameuse grande *scena* du ténor, chanta Enée dans une reprise de la Partie II à l'Opéra de Paris, en 1930.

Les Troyens est le plus grand opéra de Berlioz et sa plus grande réussite à bien des égards. Il y réunit son souci d'atteindre le classicisme de Gluck, son aspiration à la forme et à la structure et sa propre passion pour ce qui est vivant et expressif. L'œuvre est importante, et Berlioz a lui-même minuté les cinq actes : 52 mn pour l'acte I, 22 mn pour l'acte II, 40 mn pour l'acte III, 47 mn pour l'acte IV, et 45 mn pour l'acte V : au total, 206 mn.[1] Quatre entractes sont prévus, de 15 mn chacun. L'auteur a donc calculé que la représentation durerait 4 heures et 26 mn en tout. Mais il ne devait pas entendre son œuvre telle qu'il l'avait conçue. Quand elle fut donnée au Théâtre Lyrique, les deux premiers actes furent supprimés et seule la seconde partie — connue dans les partitions vocales et la plupart des représentations comme *Les Troyens à Carthage* — fut jouée. La plupart des directions de théâtres lyriques n'ont jusqu'ici pas pu faire face à une œuvre d'une telle dimension.

Les difficultés inhérentes à la représentation sont nombreuses, et Berlioz n'avait pas auprès de lui un Louis de Bavière pour lui assurer des conditions idéales. ou presque, ni un Festival de Bayreuth pour produire des œuvres d'une longueur inhabituelle — tant pour les représentations que pour les répétitions. La mise en scène est prodigieusement exigeante, avec de fréquents changements de décor, un chœur énorme, plusieurs ballets — y compris la délicate « Chasse royale ». Les rôles principaux sont d'une grande envergure — particulièrement Didon et Enée — et, de plus, deux d'entre eux disparaissent après deux actes, Cassandre et Chorèbe (bien que celui-ci puisse être attribué à l'interprète de Narbal).

L'enthousiasme de Berlioz pour Virgile n'était surpassé que par son amour pour Shakespeare. En fait il a puisé aux deux sources pour le livret des *Troyens* : chez Virgile pour le récit de l'amour de Didon et Enée (livres I, II et IV de l'*Enéide),* chez Shakespeare pour le grand duo d'amour de Didon et d'Enée à l'acte IV, dont les paroles sont tirées de la scène entre Jessica et Lorenzo dans *Le Marchand de Venise.*

Au début de l'opéra, les Troyens viennent de perdre Hector, et les Grecs, Achille et Patrocle; les Troyens espèrent que leurs ennemis vont se lasser de cette guerre : elle dure depuis déjà neuf ans; les Grecs se sont retirés, laissant derrière eux le « cheval de Troie ».

Première partie

Acte I. Le camp abandonné par les Grecs, sur la plaine de Troie. D'un côté un trône, de l'autre un autel; au fond, le tombeau d'Achille sur lequel trois bergers jouent de la flûte. Le peuple se réjouit, car la guerre est finie : « Quel bonheur de respirer l'air pur des champs ! » et tous se précipitent pour regarder le cheval de bois. Seule Cassandre reste en arrière. Elle continue de prédire la fin de Troie : « Malheureux roi ! » Son amant, Chorèbe, est persuadé qu'elle a perdu l'esprit. Il tente de la consoler, mais elle répète encore que la cité tombera et qu'il mourra. Ne parvenant pas à le convaincre qu'il doit quitter Troie, elle se résigne à mourir le lendemain.

Le caractère de Cassandre est admirablement décrit par la scène d'ouverture — Cassandre, dont Berlioz dit, se résignant à ne pouvoir écouter la première partie de son opéra : « Ah, ma noble Cassandre, ma vierge héroïque, je dois me résigner à ne jamais t'entendre ». Le classicisme de la première aria révèle l'affinité entre Berlioz et Gluck, et le duo entre Cassandre et Chorèbe est riche en sentiment.

La seconde scène se passe devant la citadelle — toujours un autel d'un côté et un trône de l'autre. Les Troyens célèbrent leur délivrance par une procession et des jeux, en chantant

---

1. Mais ces durées sont généralement dépassées à la représentation.

un grand hymne de grâces. La veuve d'Hector et son fils Astyanax, vêtus de blanc en signe de deuil, déposent des fleurs au pied de l'autel, tandis que Cassandre prédit qu'un malheur encore plus grand les attend.

L'arrivée d'Enée les interrompt. Encore effaré, il leur conte le terrible spectacle dont il vient d'être témoin sur le rivage. Le prêtre, Laocoön, soupçonnant les Grecs de quelque projet secret a lancé un javelot dans le flanc du cheval de bois. Deux serpents sont aussitôt sortis de la mer et l'ont dévoré vivant sous les yeux des Troyens. L'assemblée exprime sa terreur horrifiée dans un magnifique octuor que soutient le chœur : « Châtiment effroyable ». Selon Enée, Pallas est responsable de ce désastre : ce cheval lui avait été dédié, elle s'est sentie outragée par les insultes dont il a été l'objet. La seule façon d'apaiser la déesse est d'amener le cheval dans les murs de la ville et de le porter dans son temple. Cassandre déplore cette décision qui, prédit-elle, les mènera immanquablement au désastre.

Au son d'une marche, on traîne le cheval dans la cité (c'est la « Marche troyenne », souvent entendue en concert).

La rumeur se répand que l'on a entendu un bruit d'armes à l'intérieur du cheval. Le peuple néanmoins est en liesse. Cassandre demande vainement que le cheval soit détruit.

Acte II. Dans le palais d'Enée. Son fils, Ascagne, entre. Voyant son père endormi, il n'ose l'éveiller et quitte la pièce. Le fantôme d'Hector apparaît et traverse lentement la scène. Enée se réveille et accueille le héros, qui lui annonce que Troie est tombée. Le fantôme lui recommande de partir en bâteau avec son fils et d'emporter avec lui les statues des dieux. Ayant traversé les mers il fondera en Italie un nouvel Empire. Le discours d'Hector est chanté sur une octave chromatique descendante, chaque phrase étant émise sur une note inférieure d'un demi-ton à la précédente. C'est une scène impressionnante. A la fin, Panthée apporte à Enée les idoles des dieux troyens. Il lui raconte qu'au milieu de la nuit le cheval s'est ouvert, libérant une troupe de Grecs armés. Priam est mort et la ville a été mise à sac et incendiée. Enée se précipite pour conduire ses hommes au combat.

La seconde scène a lieu dans le temple de Vesta où sont rassemblées les Troyennes pleurant la chute de leur cité. Cassandre leur annonce qu'Enée a réussi à s'échapper. Pour elle tout est fini, car Chorèbe est mort. Elle exhorte les femmes à mourir plutôt que de devenir esclaves des Grecs. Des Grecs entrent cherchant le trésor. Cassandre se poignarde, imitée par certaines femmes, toutes, en mourant, crient « Italie ! ».

Quand cette première partie est jouée séparément (*La Prise de Troie*), elle est divisée en trois actes. Le premier comprend le chœur d'ouverture, l'aria de Cassandre et son duo avec Chorèbe: le deuxième commence par les réjouissances de la foule et continue jusqu'à la fin de l'acte I proprement dit; le troisième est l'acte II prévu par Berlioz.

Seconde partie

Le reste de l'opéra se déroule à Carthage. A l'origine, il n'y avait pas de prélude, l'opéra devant commencer par les épisodes de la chute de Troie. Quand on décida de jouer la seconde partie séparément, Berlioz composa un prélude. Pour instruire le public des événements antérieurs, Berlioz les fit exposer par un récitant; la « Marche troyenne » succédait à ce récit, avec le chœur qui accompagne l'entrée du cheval dans les murs de Troie. C'était selon lui essentiel, car la marche joue dans la seconde partie de l'opéra un rôle très important, dont le sens échapperait complètement à un public non averti.

Acte III. Un amphithéâtre dans les jardins du palais de Didon, à Carthage. Une fête est donnée en l'honneur de la construction de la cité. Un chœur enthousiaste chante : « Gloire à Didon ». Dans une aria majestueuse (« Chers Tyriens ») elle évoque l'ampleur des travaux réalisés, et tout ce qui reste encore à faire. Le peuple jure de la défendre, ainsi que son royaume, contre Iarbas qui, après avoir demandé sa main, menace maintenant d'envahir son territoire.

La fête de la moisson est célébrée. La reine reste seule avec sa sœur Anna, qui lui conseille de se remarier et de donner ainsi un roi à Carthage. Didon évoque tristement son époux décédé.

Iopas annonce à la reine qu'une flotte étrangère, poussée par la tempête, s'est abritée dans le port. Ses chefs demandent à la voir. La « Marche troyenne » retentit — cette fois-ci en mineur — et les survivants du naufrage apparaissent, conduits par Ascagne. Enée s'est déguisé, laissant son fils parler au nom de tous. Didon leur souhaite la bienvenue et déclare qu'Enée, noble guerrier et ami du grand Hector, sera l'hôte d'honneur de sa Cour. A ce moment Narbal entre, fort agité. Iarbas, à la tête de troupes numides, est entré sur le territoire de Didon, dévastant tout sur son passage. Carthage est menacée. Enée révèle aussitôt son identité et propose ses services pour aider à repousser l'envahisseur. Son offre est acceptée. Ayant confié son fils à Didon, il se lance à la tête de l'armée.

Selon le plan original de Berlioz, l'acte III se terminait par le grand intermezzo symphonique : « Chasse royale et orage ». Dans les partitions modernes, il apparaît à la fin de l'acte suivant — avec moins de bonheur, peut-être, bien que ce soit un épisode autonome, ne dépendant pas du contexte.

Une forêt près de Carthage. Des naïades traversent une clairière et nagent dans le torrent. On entend une chasse dans le lointain, les naïades disparaissent. Fuyant l'orage, un des chasseurs se réfugie sous un arbre. Ascagne apparaît, suivi de Didon et d'Enée, vêtus l'une en Diane et l'autre en guerrier. Tous deux s'abritent. Les naïades sortent de leur cachette, les faunes et les satyres dansent, et l'on entend crier « Italie ! ». Un arbre s'effondre, frappé par la foudre, et prend feu. L'orage s'apaise, le calme revient progressivement.

Acte IV. Les jardins de Didon, près de la mer. Tout est prêt pour célébrer le retour triomphal d'Enée. Narbal confie à Anna que, selon lui, le retour d'Enée sera néfaste à Carthage et à Didon. Anna ne peut le convaincre qu'Enée serait le meilleur roi possible pour Carthage.

L'orchestre évoque l'accueil de la foule à l'acte précédent, et Didon fait son entrée avec Enée. Un ballet est dansé en leur honneur. Didon demande ensuite à Iopas de chanter. Il entonne le délicieux « Ô blonde Cérès », accompagné de la harpe et de plusieurs autres instruments. Enée conte l'histoire d'Andromaque qui a finalement cédé à l'amour et épousé son ravisseur, Pyrrhus. « Ô pudeur », chante Didon, « tout conspire à vaincre mes remords ». Ascagne lui ôte sa bague et Anna ne manque pas de remarquer combien il ressemble à Cupidon.

La voix d'Enée intervient, puis Iopas et Narbal ajoutent la leur à ce qui devient un quintette. C'est l'un des plus ravissants passages de la partition, un ensemble digne de Verdi, consacré aux réactions de chacun à l'amour maintenant évident de Didon pour Enée. Il est suivi d'un septuor (Didon, Enée, Anna, Ascagne, Iopas, Narbal, Panthée, et le chœur) d'égale beauté : « Tout n'est que paix et charme ».

Tous quittent la scène, sauf Didon et Enée. Dans le jardin commence l'incomparable duo d'amour shakespearien : « Nuit d'ivresse et d'extase infinie », l'un des plus beaux de tout l'opéra. L'esprit répond à l'esprit, et une référence à leurs deux noms termine le duo de façon idyllique. Didon

Nuit d'ivresse et d'extase infinie

quitte la scène appuyée sur l'épaule d'Enée, tandis qu'un rayon de lune révèle la statue du dieu Mercure. Elle s'anime soudain pour réitérer le glas de leurs espoirs : « Italie ! ».

Acte V. Le port, la nuit. Les navires des Troyens sont à l'ancre, et leurs tentes occupent la plage. Un jeune marin, Hylas, chante avec tristesse son pays natal : « Vallon sonore ». Panthée et les chefs troyens préparent le départ de la flotte qui n'est retardé qu'en raison de l'amour de Didon pour Enée. Chaque instant de retard peut leur attirer la colère des dieux — et l'on peut entendre, une fois de plus, le cri désincarné : « Italie ! ».

Enée est déchiré entre son amour pour Didon — à qui il vient d'annoncer son départ — et son sens du devoir et du destin : « Inutiles regrets. Je dois quitter Carthage ». Il pleure leur séparation : « Ah, quand viendra l'instant des suprêmes adieux ? » Son anxiété reprend le dessus : « En un dernier naufrage ». Il voit le spectre de son père Priam, suivi de ceux de Chorèbe, de Cassandre et d'Hector, lui ordonnant de suivre son destin. Sa décision est prise : il commande aux Troyens de gagner leurs navires (« Debout, Troyens ») et adresse un triste et lent adieu à l'absente Didon. Cette *scena* est l'une des plus magnifiques du répertoire de ténor.

Didon a suivi Enée, une brève scène les réunit. Elle pleure, l'accuse puis le supplie de rester; il est sur le point de céder à ses supplications quand retentit dans le lointain la « Marche troyenne. » Alors, au cri d'« Italie ! », Enée monte à bord d'un des vaisseaux.

Dans le palais de Didon. Elle essaie de persuader sa sœur Anna de se rendre au port pour plaider sa cause. Prise d'un accès de fureur, elle ordonne aux Carthaginois de se lancer à la poursuite des Troyens et de les détruire. Il ne lui reste plus qu'à élever un bûcher gigantesque, dédié au dieu du monde souterrain, et à y brûler tout ce qui peut avoir un lien avec le traître Enée.

Elle périra dans les flammes du bûcher : « Ah, je vais mourir ». Elle dit adieu à Carthage : « Adieu, fière cité ».

Une terrasse qui domine la mer. Un bûcher funéraire est présidé par les prêtres de Pluton. Didon, précédée d'Anna et de Narbal, entre lentement. Anna et Narbal maudissent solennellement les Troyens. Didon se prépare à monter sur le bûcher. Elle regarde tristement l'équipement d'Enée qu'on y a déposé. Elle s'empare de l'épée et prédit à son peuple qu'un jour viendra un guerrier pour la venger de la honte infligée par Enée. Elle porte l'épée à son cœur. Anna se précipite, mais Didon survit juste le temps de lui révéler sa dernière vision : le triomphe de Rome. Elle meurt, et les Carthaginois maudissent furieusement les Troyens. Mais la « Marche troyenne » les contredit, et la vision de Rome éternelle s'élève derrière le bûcher de Didon.

H.

Béatrice et Bénédict

Opéra en 2 actes d'Hector Berlioz; liv. du compositeur d'après la pièce de Shakespeare, Much Ado about Nothing. *Créé à Baden-Baden, 9 août 1862, avec Charton-Demeur, Monrose, Montaubry. Vienne, 1890; Opéra-Comique, Paris, 1890; New York, Carnegie Hall, 1960; Festival Hall, Londres, 1962, avec Veasey, dir. Colin Davis; Opera-Comique, Paris, 1966, avec Hélia T'Hezan, Monique de Pondeau, Voli, dir. Dervaux.*

PERSONNAGES

DON PEDRO, *général* (basse); LEONATO, *gouverneur de Messine* (basse); HERO, *sa fille* (soprano); BÉATRICE, *sa nièce* (mezzo-soprano); CLAUDIO, *officier* (baryton); BÉNÉDICT, *officier* (ténor); URSULA, *compagne d'Hero* (contralto); SOMARONE, *chef d'orchestre* (basse).

A Messine, en Sicile.

L'intrigue est une adaptation d'une version abrégée de la pièce de Shakespeare, qui conserve l'esprit de la comédie. mais omet l'histoire saturnienne qui oppose Don John à Claudio et Hero. Le point essentiel de la comédie est l'évolution progressive de l'attitude de la brillante Béatrice envers le galant Bénédict : moquerie et feinte indifférence. Tous deux ont un caractère très marqué, mais, après une querelle animée, ils décident cependant de se marier.

L'ouverture, tout comme celle de *Benvenuto Cellini,* est constituée d'airs utilisés par la suite dans l'opéra. Ainsi, l'*allegretto scherzando* qui la commence accompagne ensuite le duo de la fin de l'opéra, et l'air *andante* de Béatrice : « Il m'en souvient ». Elle est gaie et brillante.

Acte I. Dans le jardin de Leonato, gouverneur de Messine. Tous se réjouissent car la ville n'est plus menacée par le siège de l'armée maure, enfin mise en déroute. Après quelques dialogues — ceci est un opéra-comique, et une grande partie de l'action est traitée en discours parlé — le chœur reprend ses louanges à la gloire du général victorieux et de ses troupes, au grand déplaisir de Béatrice. Après une danse — une Sicilienne à 6/8, originale et charmante — la scène se vide.

Dans une splendide aria, Hero dit son impatience de revoir Claudio. Le ravissant air paisible de la section *larghetto* d'ouverture : « Je vais le voir » illustre bien le raffinement stylistique et la pureté de la musique de Berlioz, tandis que la section rapide : « Il me revient fidèle » se termine avec verve. Bénédict et Claudio arrivent et se lancent leurs premières escarmouches. Leur duo, merveilleusement inspiré, commence par : « Comment le dédain pourrait-il mourir ? »; il est suivi d'un trio à 3/8 *allegretto*, chanté par les trois hommes, Bénédict, Claudio et Don Pedro : « Me marier ? Dieu me pardonne ». Bénédict répond avec colère quand on aborde railleusement le sujet du mariage. Ce trio est dominé par ses longues phrases, que les deux autres commentent.

Berlioz introduit un personnage non shakespearien, Somarone, *maître de chapelle.* Il fait répéter son chœur et son orchestre dans une *Epithalame grotesque,* dédiée à l'amour. Bénédict réalise peu à peu que son vœu d'éternel célibat est menacé. Il chante un *rondo* enlevé, pièce originale extrêmement vivante : « Ah, je vais l'aimer ».

Le soir. L'acte se termine par le lent duo de Hero et Ursula — un Nocturne, « merveille d'indescriptible beauté lyrique, où l'auteur exprime admirablement son amour de la nature », dit W.J. Turner. On ne trouve d'écriture aussi idyllique pour voix de femmes associées que dans *Cosi fan Tutte*.

Acte II. Commence par une version de la Sicilienne déjà entendue. Après un dialogue entre les serviteurs, Somarone entonne une chanson à boire, accompagné par les guitares, les trompettes et les tambourins (la guitare était l'instrument dont Berlioz jouait avec le plus de plaisir). La scène se vide et Béatrice fait son entrée. Bénédict

est épris d'elle. Elle chante une grande aria : « Il m'en souvient », dont l'air a déjà été entendu dans l'ouverture. Cette impressionnante *scena* finit par un *allegro agitato* : « Je l'aime donc ? »

Suit le magnifique trio à 6/8 qui réunit Hero, Béatrice et Ursula, où Béatrice avoue que ses sentiments ont considérablement évolué. Elle accueille sans honte la tendresse qu'elle méprisait auparavant : « Et ton époux restera ton amant ». C'est au retour de Baden-Baden, où son opéra fut créé, que Berlioz ajouta ce morceau ainsi que le chœur suivant, chanté dans les coulisses avec accompagnement de guitare.

Béatrice et Bénédict essaient de se cacher leur amour mutuel, mais en vain. Après la *Marche nuptiale*, deux contrats de mariage sont signés : celui de Béatrice et Bénédict, et celui de Hero et Claudio. L'opéra finit par le duo brillant de Béatrice et Bénédict : « L'amour est un flambeau », marqué *scherzo-duettino*, il est accompagné par la première figure de l'ouverture; son étincelante gaieté convient parfaitement à un finale de comédie. Il apparaît clairement que c'est un duo d'amour, mais inspiré d'une telle animation et d'un tel esprit qu'il atteint une qualité rarement égalée dans l'histoire de l'opéra, sinon par le *Falstaff* de Verdi.

H.

AMBROISE THOMAS
(1811-1896)

Mignon

Opéra en 3 actes d'Ambroise Thomas; liv. de Barbier et Carré d'après Wilhelm Meister *de Goethe. Créé à l'Opéra-Comique, Paris, 17 novembre 1866, avec Galli-Marié, Cabel, Achard, Battaille, Couderc, Vois; reprises : 1900, 1943, avec Gilly, Renaux, Altery, Rousseau. Londres, Drury Lane, 5 juillet 1870, avec Nilsson,*

*Volpini, Bettini, Faure. New York, Academy of Music, 22 novembre 1871, avec Nilsson, Duval (Philine), M*ᴵˡᵉ *Ronconi (Frédéric) et Capoul; Metropolitan Opera House, 21 octobre 1883, avec Nilsson, Capoul, Scalchi (Frédéric). Reprises : Metropolitan, 1926, avec Bori, Gigli; Sadler's Wells, 1932, avec Rose Morris, Tudor Davies; la Scala de Milan, 1933, avec Besanzoni, Schipa; 1945, avec Pederzini, Schipa; 1947, avec Simionato, di Stefano. Frédéric, depuis l'époque où Trebelli chanta le rôle à Londres, est devenu un contralto au lieu d'un ténor bouffe. Le « Rondo Gavotte » de l'acte II, écrit par l'auteur pour Trebelli, est resté incorporé à la partition.*

PERSONNAGES

MIGNON, *enlevée enfant dans un château italien* (mezzo-soprano); PHILINE, *actrice* (soprano); FRÉDÉRIC, *jeune noble* (ténor bouffe ou contralto); WILHELM MEISTER, *étudiant en voyage* (ténor); LAERTE, *acteur* (ténor); LOTHARIO (basse); JARNO, *bohémien* (basse); ANTONIO, *domestique* (basse).

Des citadins, des bohémiens, des acteurs et des actrices, des domestiques, etc.

A la fin du XVIIIᵉ *siècle en Allemagne, pour les actes I et II, et en Italie pour l'acte III.*

En dépit de la popularité de deux airs : « Connais-tu le pays ? » et la Polonaise, *Mignon* a pour ainsi dire disparu du répertoire. C'est une œuvre délicate, plus charmante que passionnée, dont l'intrigue est peut-être trop ingénue pour séduire les publics sophistiqués des théâtres lyriques modernes. D'autre part, « Connais-tu le pays ? » fut à une époque mis à rude épreuve, autant par les professionnels que par les amateurs.

Acte I. La cour d'une auberge allemande. Chœur de citadins et de voyageurs. Lothario, un troubadour itinérant, chante en s'accompagnant à la harpe : « Fugitif et tremblant ». Philine et Laerte, qui doivent rejoindre un château voisin avec leur troupe pour y jouer une pièce, apparaissent au balcon. Mignon dort dans le foin à l'arrière d'une charrette de bohémiens. Jarno, le chef des gitans, la réveille. Elle refuse de danser. Il la menace d'un bâton. Lothario et Wilhelm la protègent. Mignon partage un bouquet de fleurs sauvages et les leur offre.

Laerte engage la conversation avec Wilhelm et Philine. Wilhelm est forte-ment impressionné par sa blonde beauté. Il ne proteste pas quand Laerte lui prend des mains les fleurs de Mignon pour les offrir à Philine.

Philine et Laerte sont partis. Wilhelm et Mignon restent seuls. La jeune fille lui raconte ses souvenirs d'enfance — le pays où elle a été enlevée. C'est ici qu'elle chante : « Connais-tu le pays ? » Wilhelm décide d'acheter sa liberté et entre dans l'auberge avec Jarno pour en négocier le prix. Lothario, qui est prêt à reprendre sa route, a été attiré par la beauté de Mignon. Avant de partir, il lui dit adieu.

Ils chantent le charmant duo : « Légères hirondelles ». Suit une scène entre Philine et Frédéric, un jeune garçon qui est épris d'elle. Mais Philine a d'autres vues, elle a décidé de séduire Wilhelm. Lothario voudrait que Mignon parte avec lui, mais Wilhelm craint qu'elle ne soit pas en sécurité avec le vieil homme dont l'esprit semble parfois égaré. De plus, Mignon souhaite ardemment rester au service de Wilhelm, qui l'a libérée de la domination des gitans. Quand elle entend qu'il refuse à Lothario le droit de l'emmener, elle est ivre de joie — jusqu'au moment où elle reconnaît ses fleurs dans les mains de Philine. Sa passion pour Wilhelm éclate, tout comme sa jalousie quand Philine l'invite à assister à la représentation théâtrale du château.

Acte II. L'entracte utilise l'air de la célèbre gavotte. Dans le boudoir de Philine, au château. L'actrice dit son plaisir d'être dans ce joli décor et évoque Wilhelm. Dans les coulisses, Laerte chante un madrigal à l'intention de Philine :« Belle, ayez pitié de nous ».

Entrent Wilhelm et Mignon. Mignon fait semblant de s'assoupir pour mieux surveiller Wilhelm et Philine qui chantent un duo gracieux : « Je crois entendre les doux compliments ». Pendant ce temps, Mignon est torturée par la jalousie. Wilhelm et Philine quittent le boudoir, Mignon se pare alors de l'un des costumes de Philine, s'assied face au miroir et se farde comme elle a vu l'actrice le faire. Elle chante une brillante Styrienne : « Je connais un pauvre enfant », et se retire ensuite dans la pièce voisine. Frédéric entre dans le boudoir, à la recherche de Philine, il chante la gavotte : « Me voici dans son boudoir ». Wilhelm entre à son tour, à la recherche de Mignon. Les deux hommes se trouvent face à face et échangent des accusations jalouses. Ils vont se battre, quand Mignon se jette entre eux. Frédéric reconnaît le costume qu'elle porte et éclate de rire. Wilhelm, réalisant dans quelle situation délicate il va se trouver si la jeune fille le suit partout, lui déclare qu'ils doivent se séparer : « Adieu, Mignon, courage ». Elle lui dit tristement adieu. Philine se moque de l'accoutrement de Mignon. Elle sort au bras de Wilhelm et Mignon, mortifiée, s'écrie : « Cette femme ! Comme je la hais ! »

Scène 2 : Dans le parc du château. Mignon, hors d'elle, chante une *scena* réellement dramatique : « Elle est là, près de lui ? » Elle va se jeter dans le lac quand elle entend une harpe. C'est

Lothario qui joue. Une grande affection transparaît dans leur duo : « As-tu souffert ? As-tu pleuré ? » Mignon entend les applaudissements qui saluent la performance de Philine. Prise d'un accès de colère jalouse, elle s'écrie : « Puisse le château être frappé par un éclair et disparaître dans les flammes »; puis s'enfuit. Lothario répète ses paroles d'un air hagard. Les acteurs et les spectateurs sortent.

Ils viennent de jouer *Le Songe d'une nuit d'été*, et Philine, entraînée par le succès, chante une brillante Polonaise : « Je suis Titania ». Mignon apparaît. Wilhelm, qui a souffert de son absence, l'accueille avec une telle joie que Philine demande à la jeune fille d'aller chercher les fleurs qu'elle a données la veille à Wilhelm. A peine Mignon a-t-elle pénétré dans l'édifice que celui-ci est gagné par les flammes. Lothario, pour satisfaire son vœu, y a mis le feu. Au risque de sa vie, Wilhelm se précipite à l'intérieur, et ramène Mignon évanouie dans ses bras.

Acte III. Une galerie dans un château italien où Wilhelm a conduit Lothario et Mignon qui relève d'une grave maladie. Lothario, qui garde la porte de la chambre de Mignon, chante une mélodie : « De son cœur j'ai calmé la fièvre ». Wilhelm lui explique qu'ils se trouvent dans le palais Cipriani qu'il souhaite offrir à Mignon. Entendant prononcer le nom du palais, Lothario est saisi d'une étrange agitation.

Wilhelm a entendu Mignon prononcer son nom dans son délire, il chante : « Elle ne croyait pas ». Elle entre dans la galerie et contemple le paysage. Des souvenirs hantent sa mémoire. Suit un duo entre Mignon et Wilhelm :« Je suis heureuse, l'air m'enivre ». On entend la voix de Philine. Mignon est violemment émue, mais Wilhelm la rassure.

Dans la scène suivante, Lothario retrouve sa raison en reconnaissant les lieux qui lui sont familiers. Le palais Cipriani est en effet son propre château, et Mignon est sa fille dont la disparition l'avait rendu amnésique. Il était alors parti à sa recherche, déguisé en troubadour. L'opéra se termine par le trio de Mignon, Lothario et Wilhelm, où réapparaît le refrain : « Connais-tu le pays ? »

K.

CHARLES FRANCOIS GOUNOD
(1818-1893)

Faust

Opéra en 5 actes de Gounod; liv. de Barbier et Carré. Créé au Théâtre Lyrique, Paris, 19 mars 1859, avec Miolan-Carvalho, Faivre, Duclos, Barbot, Reynald, Balanque. Opéra de Paris, 3 mars 1869, avec Christine Nilsson, Colin et Faure. L'œuvre n'a jamais quitté le répertoire. Dernière reprise, Opéra de Paris, 1975, avec Gedda, Ghiaurov, Massard, Freni, Auphan, Taillon, dir. Plasson, mise en scène de Lavelli. Londres, Her Majesty's Theatre, 11 juin 1863, avec Tietjens, Trebelli, Giuglini, Santley, Gassier; Covent Garden, 2 juillet 1863 (en it.), avec Miolan-Carvalho, Tamberlik, Faure; Her Majesty's Theatre, 23 janvier 1864, dans une version anglaise de Chorley, pour laquelle Gounod composa ce qui allait devenir l'un des morceaux les plus populaires de l'opéra : « Avant de quitter ces lieux »; Metropolitan Opera House, soirée d'ouverture, 22 octobre 1933, avec Nilsson, Scalchi, Lablache. Campanini, Novara, Del Puente. Parmi les interprètes célèbres du rôle de Marguerite : Patti, Melba, Eames, Nordica, Suzanne Adams, Calvé, Farrar, Sayao, los Angeles; du rôle de Faust : Jean de Reszké, Capoul, Campanini, Caruso, Muratore, Dalmores, Bjoerling, Gedda; du rôle de Mephisto-phélès : Edouard de Reszké, Plaçon, Delmas, Journet, Vanni-Marcoux, Chaliapine, Pinza.

PERSONNAGES

FAUST, *savant* (ténor); MÉPHISTOPHÉLÈS (basse); MARGUERITE (soprano); VALENTIN, *soldat, frère de Marguerite* (baryton); SIEBEL, *jeune villageois, épris de Marguerite* (mezzo-soprano); WAGNER, *étudiant* (baryton); MARTHA SCHWERLEIN, *voisine de Marguerite* (mezzo-soprano).

Des étudiants, des soldats, des villageois, des anges, des démons, Cléopâtre, Laïs, Hélène de Troie...

En Allemagne, au XVIᵉ siècle.

Les librettistes de Gounod, Michel Carré et Jules Barbier, témoignèrent d'un sens typiquement français de l'utilisation pratique des effets scéniques : ils ne cherchèrent pas à utiliser tout le *Faust* de Goethe, mais se contentèrent de l'histoire d'amour de Faust et de Marguerite − création entièrement originale de Goethe, semble-t-il, car elle n'apparaît pas dans la légende. L'opéra n'ayant pas trait à tout *Faust,* les Allemands refusent de lui donner le titre de la pièce et préfèrent l'appeler du nom de l'héroïne :

Margarethe. Faust, tel qu'il fut restructuré pour l'Opéra de Paris, où il fut donné dix ans après la création au Théâtre Lyrique, se déroule comme suit :

Il y a un bref *prélude.* Un *ff*[1] sur une seule note, puis de mystérieux accords chromatiques, et enfin la mélodie que Gounod composa pour Santley.

Acte I. Le cabinet de travail de Faust. Le philosophe est seul, assis devant sa table, sur laquelle est ouvert un volume. Le jour va se lever.

Faust désespère. Il est vieux, et sa recherche de la vérité n'a porté aucun fruit : il saisit une fiole de poison et s'apprête à le boire. Mais soudain, le jour s'étant levé, le chant joyeux de jeunes femmes se rendant à leur travail arrête son geste. Les voix s'éloignent. Il porte à nouveau le gobelet à ses lèvres et une fois encore suspend son geste en entendant un chœur de laboureurs dont les voix s'unissent à celles des femmes. Faust, rendu fou par ces cris de joie et de jeunesse, maudit la vie et le temps qui passe et appelle Satan à son aide.

Méphistophélès, en cavalier, tout de rouge vêtu, apparaît brusquement, comme sorti du sol. Tour à tour suave, ironique et démoniaque, il offre à Faust la richesse et la puissance. Le philosophe, cependant, n'en veut pas — à moins que la jeunesse ne lui soit aussi accordée : « Je veux la jeunesse. » Cela est facile, dit le tentateur. Il suffit que le vieux philosophe, ayant trempé sa plume dans son propre sang, signe la réddition de son âme. Faust hésite. Sur un geste de Méphistophélès apparaît Marguerite, assise à son rouet, ses longs cheveux blonds épars dans son dos. « Ô merveille » s'exclame Faust, qui signe aussitôt le parchemin. Il boit à la vision de Marguerite le contenu d'un gobelet que lui présente Méphistophélès. Le décor disparaît, les vêtements de philosophe de Faust tombent ; la barbe grise et autres signes de vieillesse s'évanouissent. A la place

1. Fortissimo.

du vieil érudit las de vivre se dresse un vaillant jeune homme avide d'aventures. Ici intervient un duo impétueux entre Faust et Méphistophélès : « A moi les plaisirs ».

Acte II. A l'extérieur d'une des portes de la cité. Sur la gauche, une auberge dont l'enseigne représente Bacchus à califourchon sur un tonnelet. C'est jour de kermesse.

L'acte commence par un chœur. *Faust* a été si souvent joué que ce chœur, pour la plupart des gens, doit être un lieu commun. C'est en fait une admirable pièce descriptive : les groupes de gens sont effectivement différenciés dans la partition. Le bavardage des vieillards édentés à la voix de fausset est un détail particulièrement amusant. A la fin, les groupes choraux, jusqu'ici distincts, sont réunis avec habileté.

Valentin et Siebel se joignent à la foule. Le premier examine une médaille que sa sœur Marguerite lui a donné pour conjurer le mauvais sort pendant la bataille. Il chante l'air composé par Gounod pour Santley : « Avant de quitter ces lieux ».

Wagner monte sur une table et commence la « chanson du rat ». Il est interrompu après quelques vers par l'apparition soudaine de Méphistophélès qui dit quelques mots et chante « le veau d'or », commentaire cynique sur le culte que les hommes vouent à Mammon. Il lit dans les mains de ceux qui l'entourent. Il prédit à Siebel que toutes les fleurs qu'il touchera faneront. Repoussant le vin que lui offre Wagner, il en fait couler dans son gobelet et boit à la santé de Marguerite.

Ce geste provoque la colère de Valentin et conduit à la « scène des épées ». Valentin dégaine et attaque son adversaire, mais la lame se brise au moment où l'épée pénètre le cercle magique tracé par Méphistophélès. Valentin comprend brusquement qui est son adversaire, il saisit son épée par son extrémité brisée et brandit la garde en forme de croix devant Méphistophélès qui recule devant la croix et disparaît. Valentin et ses hommes chantent un chœur retentissant : « Puisque tu brises le fer ».

La foule se rassemble pour la danse de la kermesse, la « valse de Faust », célèbre dans le monde entier, qui marquera la fin de l'acte. Méphistophélès entre, accompagné de Faust. Marguerite s'approche, livre de prières à la main : elle revient de l'église. Siebel essaie de la rejoindre. Mais chaque fois qu'il se rapproche d'elle, il rencontre Méphistophélès, qui l'écarte en souriant. Entre-temps, Faust s'est approché de Marguerite. Ils échangent quelques mots. Il lui propose son bras pour traverser la foule, mais elle refuse avec pudeur. L'épisode, en dépit de sa brièveté, est délicieusement mélodique. Les phrases de Marguerite, tout en exprimant sa modestie, révèlent qu'elle n'est pas complètement insensible aux attentions du bel étranger. Elle part. La danse continue : « Valsons toujours ! »

Acte III. Le jardin de Marguerite. Siebel a cueilli un bouquet : « Faites-lui mes aveux », chante-t-il avec grâce. Mais la première fleur qu'il ramasse fane dans sa main, selon la prédiction de Méphistophélès. Apercevant un bénitier, il y trempe ses doigts. Les fleurs qu'il touche ensuite ne flétrissent pas. Il laisse le bouquet sur le seuil, dans l'espoir que Marguerite le trouvera.

Faust entre avec Méphistophélès, qui se retire. Faust s'adresse alors à la demeure de la jeune fille dans une délicieuse romance : « Salut ! demeure chaste et pure ».

Méphistophélès revient avec un coffret de bijoux et un superbe bouquet qu'il met à la place de celui de Siebel. Les deux hommes se retirent pour attendre le retour de Marguerite.

Elle entre, ses pensées vont au bel étranger — homme de haute position, donc d'autant plus fascinant — qui lui a parlé pendant la foire. Elle s'assoit pensivement à son rouet et entame la ballade du roi de Thulé : « Il était un roi de Thulé ». Mais son esprit vagabond revient vite à Faust avant qu'elle n'ait fini cette chanson populaire.

Elle admire les fleurs et ne peut retenir une pensée pleine de compassion pour le pauvre Siebel dont la dévotion est si mal récompensée. Elle aperçoit ensuite le coffret et l'ouvre avec hésitation. L'attrait des bijoux est tel qu'elle ne peut se résoudre à les remettre en place. Elle s'en pare et contemple son image dans le miroir également contenu dans le coffret, puis se lance dans le brillant « Air des Bijoux ».

C'est l'un des airs les plus éclatants du répertoire de soprano coloratura qui offre un grand contraste avec la simple ballade précédente; il donne ainsi au soprano capable de faire face aux exigences de la scène l'occasion de passer de la chaste simplicité de la ballade à l'interprétation joyeuse mais irréprochable des ornements élaborés contenus dans l'air des bijoux.

Martha, voisine et amie de Marguerite, la rejoint. Fidèle au personnage habituel de la duègne, son rôle essentiel est d'encourager les intrigues amoureuses, aussi périlleuses soient-elles; elle accueille très calmement la présence des bijoux, puis l'arrivée de Faust et de Méphistophélès. Quand ce dernier lui annonce que son mari a été tué au combat, elle pousse quelques cris de douleur un peu forcés, puis se laisse consoler par le flatteur qui l'entraîne dans le jardin. Marguerite reste avec Faust. Pendant la scène suivante, les deux couples seront tantôt visibles, tantôt éloignés dans le jardin. Le quatuor commence quand Faust dit : « Prenez mon bras un moment. » Il est habilement individualisé : chaque personnage est nettement caractérisé dans la partition de Gounod.

Méphistophélès évoque le parfum subtil des fleurs pour séduire Marguerite. « Il était temps » est le début de son monologue. Marguerite enlève un à un les pétales de la fleur : « Il m'aime, il ne m'aime pas... ». Les amoureux chantent ensuite deux duos merveilleux : « Laisse-moi contempler ton visage » et « Ô nuit d'amour... ciel radieux ! »

Faust et Marguerite se séparent après avoir décidé de se revoir le lendemain. Elle rentre. Faust va quitter le jardin quand il se heurte à Méphistophélès qui désigne la fenêtre. Marguerite, se croyant seule, l'ouvre et chante : « Il m'aime... Ah ! presse ton retour, cher bien-aimé ! Viens ! »

Faust s'avance. Marguerite, extasiée, se jette dans ses bras.

Méphistophélès éclate de rire.

Acte IV. Dans la chambre de Marguerite. Elle a été séduite et abandonnée. Le fidèle Siebel, cependant, continue de lui offrir son amour : « Si le bonheur à sourire t'invite ». Mais Marguerite aime toujours celui qui l'a bafouée et espère qu'il lui reviendra.

L'épisode est suivi de la scène de la cathédrale. Marguerite y est entrée pour prier. Méphistophélès et un chœur de démons invisibles l'accusent et lui rappellent sa faute. Le « Dies irae » retentit, accompagné par l'orgue. Marguerite chante avec les fidèles. Le chœur terminé, Méphistophélès déclare que le gouffre s'ouvre sous les pieds des filles perdues. Marguerite s'enfuit, terrifiée. C'est l'un des passages les plus importants de la partition.

Devant la maison de Marguerite. Les soldats, revenant de la guerre, chantent leur chœur célèbre : « Gloire immortelle ». Valentin, à qui le trouble de Siebel a laissé entrevoir un malheur, entre chez Marguerite. Arrivent Faust et Méphistophélès qui, s'accompagnant à la guitare, attaque une sérénade : « Vous qui faites l'endormie ». Valentin, piqué par l'insulte qu'il sait dirigée contre sa sœur, sort brusquement. Suit un trio animé : « Allons, messieurs ! ». Valentin attaque Faust. Méphistophélès guide les coups de l'épée de celui-ci, qui blesse mortellement le frère de Marguerite. La jeune fille sort dans la rue et se jette sur le corps de Valentin. Il expire en maudissant sa sœur.

L'ordre des scènes de cet acte est parfois modifié.

Acte V. Quand Gounod révisa *Faust* pour l'Opéra de Paris, il dut se plier aux traditions de la maison, qui exigeaient un ballet plus important que la danse de la scène féerique. Les auteurs eurent alors recours, dans la seconde partie du drame de Goethe, aux scènes légendaires de la nuit de Walpurgis sur le Brocken, le plus haut sommet des monts Hartz. Faust y rencontre les courtisanes de l'Antiquité — Laïs, Cléopâtre, Hélène de Troie, Phryné. Les danses de ce ballet sont intitulées : *Les Nubiennes, Cléopâtre et la Coupe d'or, Les Troyennes, Variation et Danse de Phryné*. Mais cette scène est presque toujours supprimée, elle est reliée à l'intrigue par le biais d'une vision que Faust a de Marguerite au cours d'une orgie : une ligne rouge marque son cou, comme la coupure d'une hache. Faust ordonne à Méphistophélès de le conduire à elle.

Ils la trouvent en prison, condamnée à mort pour avoir tué son enfant. Duo passionné de Faust et Marguerite. Il la supplie de s'enfuir avec lui. Mais elle a perdu la raison. Empruntant des passages mélodiques aux scènes précédentes, elle évoque l'épisode de la kermesse, la nuit dans le jardin. Elle voit Méphistophélès et devine qu'il est le diable. Dans un magnifique trio, Marguerite appelle avec extase les anges qui doivent la sauver : « Anges purs ! Anges radieux ! » Les voix s'élèvent de plus en plus, celle de Marguerite culmine : elle meurt.

« Perdue ! » s'écrie Méphistophélès. « Sauvée ! » chantent des voix célestes.

K.

Mireille

Opéra en 3 actes (5 à l'origine) de Charles Gounod; liv. de Carré d'après le poème de Frédéric Mistral, « Mireio ». Créé au Théâtre Lyrique, Paris, 19 mars 1864, avec Miolan-Carvalho et Michot. La version révisée, qui comportait d'importants changements dans la musique et la substitution d'une pastorale à la fin tragique, fut écrite plus tard dans l'année. Première à Londres, Her Majesty's Theatre, 1864, avec Tietjens, Giuglini, Santley; Philadelphie, 1864; Opéra-Comique, Paris, 1874, avec Miolan-Carvalho, Galli-Marié, Duchesne, Melchissedec; reprise, 1933, dans la version originale, reconstituée par R. Hahn et sous sa direction; Covent Garden, 1891, avec Eames, Lubert, Ceste. En plein air, au Val-d'Enfer, les Baux-de-Provence, 1954, avec Vivaldi, Gedda, Dens, dir Cluytens. Festival de Carpentras, 1978, avec Perriers, Filistad, Blanc, Vilma, Vento, dir. Roberto Benzi.

PERSONNAGES

MIREILLE (soprano); VINCENT, *son amoureux* (ténor); OURRIAS, *gardien de taureaux* (baryton); MAÎTRE RAMON, *père de Mireille* (basse); TAVEN, *vieille femme, présumée sorcière* (mezzo-soprano); ANDRELOUX, *berger* (mezzo-soprano); MAÎTRE AMBROISE, *père de Vincent* (basse); CLÉMENCE (soprano).

Au milieu du XIXᵉ siècle, Arles et alentour.

Acte I. L'atmosphère provençale est tout de suite rendue dans l'ouverture, grâce aux airs de cornemuse. Le décor représente une plantation de mûriers. Après un chœur pastoral, Mireille avoue être éprise de Vincent, qui l'aime en retour. Son chant, « O légère hirondelle », sur un de ces rythmes de valse qui accompagnent souvent l'entrée des héroïnes chez Gounod, est naïf et séduisant. Taven a beau l'avertir de ne pas livrer son cœur avec une telle candeur (d'autant que l'accord des parents est loin d'être obtenu), Mireille ne cache pas ses sentiments à l'approche de Vincent. Ils se promettent un amour éternel dans un duo charmant et jurent de se retrouver dans un lieu donné si leur vie se trouve menacée.

Acte II. Une fête en Arles. Une vigoureuse farandole chantée par un chœur ouvre l'acte. Mireille et Vincent, à la demande de l'assemblée, chantent la gracieuse Chanson de Magali : « La brise est douce ». Taven avertit

Mireille : Vincent a un rival, Ourrias, qui l'aime aussi. Mireille est indignée à l'idée d'être infidèle : « Trahir Vincent ! Non, jamais, jamais ! A toi mon âme. »

Ourrias entre juste après ce gracieux aveu : « Si les filles d'Arles » est une chanson typiquement bucolique. Ourrias demande la main de Mireille, qui la lui refuse. Le père de Vincent, Ambroise, plaide la cause de son fils et s'entend répondre que ses motivations ne sont pas désintéressées. Mireille soutient avec emphase sa passion pour Vincent, malgré la préférence de son père pour l'autre candidat.

Acte III. La Crau, région désertique brûlée par le soleil. A une Musette succède le charmant chant du berger Andreloux : « Le jour se lève ». Mireille, sur le chemin du rendez-vous secret dont il a été question au début de l'acte I, s'arrête et envie l'insouciance du berger : « Heureux petit berger ». Taven la rattrape et lui annonce qu'Ourrias a essayé de tuer Vincent. Mireille se hâte vers leur sanctuaire.

L'église des Saintes-Maries. Après la marche et le chœur des pèlerins, Vincent apparaît, cherchant vainement Mireille. Dans l'impressionnante aria pour ténor, « Anges du Paradis », il prie pour qu'elle arrive sauve malgré la chaleur torride du soleil de Provence. Mireille apparaît, au bord de l'évanouissement, mais elle s'anime à la vue de son amant et tous deux se réjouissent de leur bonheur dans un duo charmant : « La foi de son flambeau divin ». Mireille semble à nouveau perdre ses esprits, mais la présence de son père, venu bénir son union avec Vincent, lui rend ses forces.

Un autre dénouement développe le complot d'Ourrias.

Au cours d'un bref combat entre les deux rivaux, Ourrias frappe mortellement Vincent avec son trident. Il s'enfuit ensuite dans le Val d'Enfer où il est confronté aux accusations de sa conscience, sous la forme des esprits des amants trompés qui hantent les lieux. Même le marin qui vient à son aide semble connaître son crime et il se noie en s'échappant.

Mireille meurt d'épuisement en traversant la Crau pour aller retrouver Vincent aux Saintes-Maries. Sa grande scène : « Voici la vaste plaine et le désert de feu », est l'un des meilleurs passages de la partition, unissant les qualités lyriques habituelles de la musique de Gounod à quelque chose de considérablement dramatique. Le résultat est saisissant.

H.

Roméo et Juliette

Opéra en 5 actes de Gounod; paroles de Barbier et Carré d'après Shakespeare. Créé au Théâtre Lyrique, Paris, 27 avril 1867, avec Miolan-Carvalho, Michot, Barre, Cazaux; repris à l'Opéra-Comique, janvier 1873; Opéra de Paris, 28 novembre 1888, avec Patti, Jean et Edouard de Reszké, Delmas, dir. de l'auteur. Reprises en 1916, 1958, 1963, avec Guiot, Lance, Massard; Londres, Covent Garden (en it.), 11 juillet 1867, avec Patti, Mario, Cotogni, Tagliafico; Metropolitan Opera House, 14 décembre 1891, avec Eames, Jean et Edouard de Reszké; Chicago, 15 décembre 1916, avec Muratore et Galli-Curci. Reprises : Covent Garden, 1919, avec Melba, Ansseau; Metropolitan, 1922, avec Bori, Gigli; Covent Garden, 1930, avec Edith Mason, Burdino, Brownlee, Pinza, dir. Barbirolli; Covent Garden, dir. Beecham; Metropolitan 1937, 1945, 1968 avec Mirella Freni et Franco Corelli. Festival de Carpentras, 1979, avec Burrows, Lima, dir. P. Dervaux.

PERSONNAGES

LE DUC DE VÉRONE (basse); LE COMTE PARIS (baryton); LE COMTE CAPULET (basse); JULIETTE, *sa fille* (soprano); GERTRUDE, *nourrice de Juliette* (mezzo-soprano); TYBALT, *neveu de Capulet* (ténor); ROMEO, *un Montaigu* (ténor); MERCUTIO (baryton); STEPHANO, *page de Roméo* (soprano); GREGORY, *serviteur des Capulet* (baryton); FRÈRE LAURENT (basse); BENVOLIO, *serviteur des Montaigu* (ténor); FRÈRE JEAN (basse).

Nobles et habitants de Vérone, soldats et moines, pages.

A Vérone, au XIVe siècle.

S'étant tournés vers Goethe pour *Faust*, les librettistes de Gounod, Barbier et Carré, eurent recours à Shakespeare pour *Roméo et Juliette* qui finit, tout comme *Faust*, à l'Opéra après avoir été créé au Théâtre Lyrique.

Roméo et Juliette a été plus apprécié en France que nulle part ailleurs. L'œuvre n'a vraiment eu de succès en Angleterre que du temps où Patti, puis Melba, interprétèrent Juliette. En Amérique, mis à part les représentations à New Orleans, l'œuvre ne fut jouée en français avec des distributions dignes du Grand Opéra que sous le règne de Grau au Metropolitan Opera House de New York. L'opéra occupa alors une place assez régulière au répertoire. Eames a été une singulièrement belle Juliette, aussi bien vocalement que dramatiquement; Capoul, Jean de Reszké et Saléza furent de remarquables Roméo, et Edouard de Reszké un frère Laurent mémorable.

Nicolini, plus tard le second mari d'Adelina Patti, chanta Roméo à l'Opéra quand elle jouait Juliette. Elle était alors marquise de Caux à la suite d'un mariage organisé par l'impératrice Eugénie. Mais cette union ne devait pas durer : Roméo et Juliette s'aimaient autant dans la réalité que sur la scène — comme le public de l'Opéra put le voir un soir où, pendant la scène du balcon, la prima donna et le ténor échangèrent vingt-neuf baisers réels et passionnés.

Le livret prévoit cinq actes et suit fidèlement — parfois même textuellement — la tragédie de Shakespeare. Pendant le prologue, le chœur et les personnages répètent brièvement l'intrigue qui va être contée.

Acte I. Un bal masqué au palais des Capulet. Tybalt parle de Juliette à Paris, son fiancé. Elle apparaît au même moment, avec son père. Capulet souhaite la bienvenue à ses invités et leur recommande la gaieté : « Soyez les bienvenus, amis » puis : « Allons ! jeunes gens ! Allons ! belles dames ! »

Roméo, Mercutio, Benvolio et une demi-douzaine d'autres entrent, masqués. Malgré la lutte meurtrière qui oppose les deux maisons, les Montaigu ont osé pénétrer, masqués, chez les Capulet. Mercutio chante « la reine Mab », numéro qui semble aussi frivole que le monologue de la pièce.

Les Montaigu se retirent dans une autre partie du palais. Juliette revient avec Gertrude, sa nourrice. D'humeur joyeuse, elle chante une valse gracieuse et animée : « Je veux vivre dans ce rêve qui m'enivre. » La nourrice sort. Roméo entre par hasard et se trouve face à Juliette. Leur amour, comme dans la pièce, est immédiat. Roméo lui adresse des phrases passionnées : « Ange adorable »; Juliette lui répond, formant un duo délicieux.

Roméo se masque de nouveau quand Tybalt revient. Celui-ci devine qui il est et Juliette comprend, en l'écoutant, que le beau jeune homme qu'elle aime n'est autre que Roméo, l'héritier des Montaigu, ennemis jurés de sa maison. Le fier Tybalt veut attaquer les Montaigu, mais le vieux

Capulet, respectueux des lois de l'hospitalité, ordonne que la fête continue.

Acte II. Le jardin des Capulet. La fenêtre de Juliette et le balcon. Stephano, le page de Roméo — personnage introduit par les librettistes — aide son maître à atteindre le balcon. Roméo chante : « Ah ! lève-toi, soleil ! », l'une des plus jolies arias pour ténor de Gounod. La fenêtre s'ouvre : Juliette apparaît au balcon et avoue son amour. Il se montre alors à elle. L'échange de leurs serments est irrésistible. De peur que la suavité de l'épisode ne devienne écœurante, les librettistes ont prévu une interruption : le serviteur des Capulet, Gregory, et d'autres domestiques ont aperçu la silhouette de Stephano quand il s'enfuyait. Ils soupçonnent la présence d'un étranger, fouillent vainement la scène et repartent.

La nourrice appelle, Juliette rentre dans ses appartements. Roméo chante : « O nuit divine ». Juliette se glisse à nouveau sur le balcon et Roméo lui dit : « Ah ! je te l'ai dit, je t'adore ! » Viennent ensuite un duo magnifique, « Ah ! ne fuis pas encore ! » et de rapides adieux.

Acte III, scène 1. La cellule de frère Laurent. Ici a lieu le mariage de Roméo et Juliette, le moine espère que cette union apportera la paix entre les deux maisons ennemies. Dans cette première partie de l'acte interviennent la prière de frère Laurent : « Dieu qui fis l'homme à ton image » et un trio et un quatuor final saisissant où Juliette, Gertrude, Roméo et frère Laurent sont réunis : « O pur bonheur ».

Acte III, scène 2. Une rue près du palais Capulet. Stephano a cherché Roméo en vain; il entonne une petite chanson qui provoque la colère des Capulet et attire leurs serviteurs dans la rue : « Que fais-tu, blanche tourterelle ? » Gregory et Stephano dégainent et croisent le fer. La scène se développe

comme dans la pièce. Les amis de chaque maison rivale accourent. Mercutio se bat contre Tybalt, est blessé, puis vengé par Roméo qui tue Tybalt, le cousin de Juliette. Il est banni de Vérone par le duc qui est apparu au plus fort du combat.

Acte IV. La chambre de Juliette. Roméo est venu lui faire ses adieux avant de partir pour l'exil. Les adieux prolongés, les accents passionnés qui expriment le désespoir des deux amants sont admirablement exprimés par la musique. Ils chantent le duo : « Nuit d'hyménée, Ô douce nuit d'amour ». Roméo entend l'alouette, signe que le jour va se lever. Juliette proteste : « Non, non, ce n'est pas le jour. » Mais il faut se séparer. Roméo : « Ah ! reste ! reste encore dans mes bras enlacés »; puis, tous deux : « Il faut partir, hélas ».

Gertrude fait irruption : le père de Juliette approche avec frère Laurent. Les dernières paroles de Tybalt moribond, murmurées à l'oreille du vieux Capulet, étaient pour prier que l'on hâte le mariage de Juliette et de Paris. Capulet ordonne à sa fille de se préparer pour ses noces. Elle n'ose lui avouer qu'elle est secrètement mariée à Roméo; le moine et la nourrice gardent également le silence. Cela explique le quatuor : « Ne crains rien ». Capulet se retire, laissant frère Laurent donner — du moins le croit-il — à Juliette tous les détails concernant la cérémonie. C'est alors que frère Laurent, dans le dramatique : « Buvez donc ce breuvage », remet à la jeune fille le philtre qui lui donnera l'apparence de la mort.

La grande salle du palais. Les invités arrivent pour le mariage. Ici intervient le ballet, indispensable à une mise en scène de l'Opéra de Paris. Juliette boit le contenu de la fiole et s'effondre, comme morte (cette scène, écrite en 1888, est souvent omise).

Acte V. Le tombeau des Capulet. Roméo a appris, de son lieu d'exil, que sa bien-aimée était morte. Il est revenu à Vérone pour s'introduire dans la tombe des Capulet et s'y tuer. Juliette, s'éveillant de son sommeil artificiel, voit son époux mourant à ses côtés. Elle se frappe d'un poignard et expire avec lui.

Il y a un impressionnant prélude musical à cette scène. Puis Roméo salue le tombeau : « Salut, tombeau sombre et silencieux », et chante pour sa bien-aimée apparemment morte : « O ma femme, ô ma bien-

aimée ». Juliette n'a pas encore réalisé que Roméo a absorbé un poison, et lui-même oublie un instant que sa mort est proche. Ils chantent ensemble : « Viens, fuyons au bout du monde ». Roméo ressent alors les premiers effets du poison et avoue à Juliette ce qu'il a fait : « Console-toi, pauvre âme ». Mais Juliette refuse de vivre sans lui. Alors que l'esprit du jeune homme s'égare, elle entend l'alouette — réminiscence de leur dernière séparation — et se poignarde.

K.

JACQUES OFFENBACH
(1819-1880)

Orphée aux Enfers

Opéra en 2 actes de Jacques Offenbach; liv. d'Hector Crémieux et Halévy. Créé aux Bouffes-Parisiens, 21 octobre 1858, avec Mme Tautin, MM. Leonce, Tayau, Désiré. Première à New York, 1861 (en all.); Londres, Haymarket Theatre, 1865. Reprise au Sadler's Wells, 1960.

PERSONNAGES

PLUTON, *dieu des Enfers* (ténor); JUPITER, *roi des dieux* (baryton); ORPHÉE, *violoniste* (ténor); JEAN STYX, *bouffon* (baryton); MERCURE (ténor); BACCHUS (rôle parlé); MARS (basse); MORPHÉE (ténor); EURYDICE, *épouse d'Orphée* (soprano); DIANE (soprano); L'OPINION PUBLIQUE (mezzo-soprano); VÉNUS (contralto); CUPIDON (soprano); JUNON (mezzo-soprano); MINERVE (soprano).

La parodie qu'Offenbach fit de l'histoire d'Orphée obtint à l'origine une sorte de *succès de scandale*. On l'accusa de blasphémer l'Antiquité, de ridiculiser le gouvernement et de mettre en vedette les problèmes sociaux. Comme il se trouvait à l'époque, en tant que directeur des Bouffes-Parisiens, dans une situation financière désastreuse, le succès était toujours bienvenu, sous quelque forme que ce fût. Selon la petite histoire, le rôle de Jean Styx naquit d'une idée

de dernière minute et fut écrit expressément pour l'acteur Bache, excellent musicien qui venait juste de quitter la Comédie-Française. Lors d'une reprise d'*Orphée* (1867), la célèbre courtisane Cora Pearl chanta Cupidon — abandonnant le rôle, il est vrai, au bout de douze jours. A cette occasion, Mme Ugalde, plus tard créatrice de Nicklausse, chanta Eurydice.

L'ouverture (que nous connaissons pour l'avoir entendue en concert) n'a rien à voir avec celle qu'Offenbach choisit pour précéder son opéra; elle fut compilée par un certain Carl Binder pour une première à Vienne; il utilisa l'ouverture écrite par Offenbach (une introduction, un menuet et un embryon de canon) et y ajouta le célèbre solo de violon et le can-can.

Acte I. Premier tableau. L'opinion publique présente les personnages. Eurydice chante l'amour impur que nourrit son cœur, tandis que les flûtes ornent tendrement la ligne vocale : « La femme dont le cœur rêve n'a pas de sommeil ». Orphée remarque les fleurs qu'elle tient à la main. A qui sont-elles destinées ? Il apparaît que chacun a donné son cœur à un (ou une) autre et refuse de sacrifier sa nouvelle passion au lien conjugal. Ils se querellent. Eurydice n'a aucune sympathie pour le talent artistique d'Orphée et lui reproche de jouer du violon en toute occasion. Orphée déclare qu'il va lui jouer son dernier concerto de violon — il dure une heure un quart, précise-t-il. Le duo qui en émane est charmant, et l'air joué par le violon influence rapidement les lignes vocales.

L'amant d'Eurydice est Pluton, apparu sur terre sous la forme d'un berger apiculteur nommé Aristeus. Il séduit Eurydice avec la « Chanson pastorale », puis avoue que l'amour qu'elle lui porte la conduira nécessairement dans le monde des ténèbres. Eurydice fait ses adieux à la vie avec beaucoup de grâce et laisse un message à Orphée lui signifiant qu'elle est morte. Il le trouve et s'en réjouit discrètement, quand l'Opinion publique le menace de scandale s'il ne court pas à la suite de sa femme aux Enfers. Ses réclamations seront d'autant plus vertueuses qu'il n'a pas vraiment envie de la voir revenir ! Ils se mettent en route : Orphée se plaint des mauvais traitements dont il est l'objet, et l'Opinion publique le presse d'avancer dans un duettino délicieusement *marziale*.

Le Mont Olympe, paisible repos des dieux. Ils se présentent l'un après l'autre, Vénus faisant suite à Cupidon, un chœur sans paroles sépare chacune de leurs strophes. Jupiter est réveillé par le cor de Diane. Elle est malheureuse, car elle n'a pas trouvé Actéon à sa place habituelle sur terre. Jupiter déclare qu'il a pris l'initiative de transformer Actéon en coursier, voyant que Diane se compromettait gravement avec lui. Tous les dieux se plaignent de la tyrannie de Jupiter. Ils sont interrompus par la nouvelle qu'Eurydice est parmi eux. Pluton est réprimandé, dès son entrée, par Jupiter pour avoir enlevé la délicieuse Eurydice. Il veut se défendre, et bientôt tous les dieux se joignent à lui, se rebellant en chœur contre l'intolérable domination de Jupiter — sans compter l'éternelle monotonie de leur régime de nectar et d'ambroisie. Minerve, Cupidon, Vénus et Diane rappellent tour à tour à Jupiter qu'il a, lui aussi, eu recours aux déguisements, dans le passé, pour ses amours terrestres. Dans de charmants et spirituels « couplets », ils raillent l'intérêt évident qu'il porte au cas d'Eurydice : « Ne prends plus l'air patelin, on te connaît, Jupin ». Pluton aggrave l'insulte en déclarant que ces déguisements étaient indispensables, vu la laideur rédhibitoire de Jupiter.

On annonce alors Orphée et l'Opinion publique. Jupiter recommande aux dieux de se comporter dignement. Pluton entame le finale de l'acte I en niant avoir organisé l'enlèvement d'Eurydice. Orphée demande qu'on lui rende sa femme, mais il ne va pas plus loin que la première phrase : « J'ai perdu mon Eurydice », car les dieux et les déesses reprennent l'air et le chantent à sa place. Il va sûrement obtenir satisfaction puisque la célébrité de son chant a gagné le Mont Olympe. A la grande consternation d'Orphée, Jupiter ordonne à Pluton de rendre Eurydice à son époux et se dit prêt à descendre en Enfer pour la chercher lui-même. Pouvons-nous venir aussi, supplient les dieux et les déesses. Il accepte, et tous chantent un hymne de louanges qui se transforme vite en un joyeux galop.

Acte II. Tableau 3. Un étincelant entracte *allegretto* introduit la scène du monde des ténèbres. Eurydice est gardée par Jean Styx, un parfait pitre de son vivant qui est maintenant affecté à la surveillance des Enfers.

Dans un chant à la mélodie délicieusement stupide, il explique : « Quand j'étais roi de Béotie ». Dès qu'il est parti, Jupiter vient chercher Eurydice, qui l'intéresse prodigieusement. Il se transforme en mouche et en imite le bourdonnement. Eurydice est prise d'une soudaine affection pour l'animal : « Bel insecte à l'aile dorée ». Ils chantent et bourdonnent un duo à la fin duquel Jupiter reprend sa véritable voix pour se féliciter de sa nouvelle prise. Il se présente. Jean Styx répète sa petite chanson, tandis que Pluton l'imite et le tourne en dérision.

Tableau 4. Un magnifique « Chœur infernal » ouvre la scène. Jupiter a transformé Eurydice en Bacchante. Cupidon la persuade de chanter un Hymne bacchique pour le distraire. Jupiter propose un menuet, et tous admirent sa façon de le danser. Ici intervient le fameux Can-Can, certainement le passage le plus connu de l'opéra. Jupiter va s'enfuir avec Eurydice quand Pluton s'interpose, au moment même où l'on entend le violon d'Orphée qui joue : « J'ai perdu mon Eurydice ». On explique à Orphée qu'il doit marcher devant sa femme et que l'autorisation de la ramener avec lui sur terre lui sera irrémédiablement refusée s'il la regarde. L'Opinion publique enjoint à Orphée d'obéir aux ordres de Pluton. Mais Jupiter dispose encore d'un atout : il fait éclater un coup de tonnerre ; le bruit surprend Orphée qui se retourne et perd par là même tout droit sur son épouse. Tout le monde est ravi : Eurydice va rester une Bacchante. Tous participent à la version finale du Can-Can, qui exprime leur joie devant ce résultat.

H.

La Belle Hélène

Opéra en 3 actes d'Offenbach; liv. de Meilhac et Halévy. Créé le 17 décembre 1864 au Théâtre des Variétés, Paris, avec Hortense Schneider (Hélène), Mlle Sully (Oreste), Dupuis (Pâris). Première londonienne, 1866, avec Hortense Schneider; New York, 1867 (en all.). Reprises à Paris, 1890, avec Jeanne Granier; 1899, avec Simon-Gérard; 1919, avec Marguerite Carré; 1960, avec Géori Boué; Londres, Adelphi Theatre, 1932, dans une nouvelle version d'A.P. Herbert; Sadler's Wells, 1963.

PERSONNAGES

PÀRIS, *fils de Priam, roi de Troie* (ténor); MÉNÉLAS, *roi de de Sparte* (ténor); AGAMEMNON, *roi d'Argos* (baryton); CALCHAS, *grand prêtre de Jupiter* (basse); ACHILLE, *roi de Phthiotis* (ténor); ORESTE, *fils d'Agamemnon* (soprano); AJAX I, *roi de Salamis* (ténor); AJAX II, *roi de Locris* (baryton); HÉLÈNE, *reine de Sparte* (soprano); BACCHIS, *suivante d'Hélène* (mezzo-soprano); LEOENA, *courtisane* (soprano); PARTHOENIS, *courtisane* (soprano).

Des gardes, des esclaves, des gens du peuple, des princes et des princesses, cortège funèbre pour Adonis, entourage d'Hélène.

En Grèce, dans l'Antiquité.

Acte I. L'introduction est la Marche des Rois :

suivie du chant de Pâris joué par le hautbois. Devant le temple, le chœur rend un simulacre d'hommage à Jupiter (Jupin) au cours d'une fête dédiée à Vénus. Hélène dirige les prières des femmes. Elle chante un air solennel à 6/8 : « Amours divins », puis confie à Calchas qu'elle songe sans cesse à la promesse de Vénus à Pâris : il séduira la plus belle femme du monde. Voilà une situation délicate : qui d'autre qu'elle-même peut prétendre à ce titre ? Au son d'une marche comique, Oreste, le fils précoce d'Agamemnon, Leoena et Parthoenis, les courtisanes, font leur entrée. Il entonne une chanson fantasque dont Calchas chante le refrain avec lui :

> *C'est avec ces dames qu'Oreste*
> *Fait danser l'argent à papa;*
> *Papa s'en fiche bien au reste*
> *Car c'est la Grèce qui paiera.*

Calchas est fort embarrassé, car Oreste veut emmener les deux dames au temple. Le jeune garçon finit par céder, et part en chantant son refrain.

Un berger vient demander d'un air péremptoire si Vénus a envoyé un message. Le messager arrive peu après, hors d'haleine : c'est une colombe. Calchas lit les ordres de la déesse : le berger aura la plus belle femme du monde — c'est-à-dire Hélène. Calchas comprend qu'il s'agit de Pâris; il se soumet à la décision divine et demande avec habileté comment est la déesse. Pâris lui répond par le célèbre : « Au mont Ida », l'un des plus connus et sans doute des plus séduisants airs lyriques d'Offenbach.

Hélène et les femmes se rendent au temple, délicieusement accompagnées par l'orchestre. Hélène demande à Calchas qui est ce jeune et beau berger; ils ont à peine le temps d'échanger quelques mots, car le roi de Grèce entre, conduisant une procession. Les deux Ajax, suivis d'Achille se présentent, déclinant leurs titres sur un mode comique (N°. 1). Ménélas suit, conscient qu'il sera bientôt trompé, et enfin vient Agamemnon, le roi des rois. Tout cet épisode est de la meilleure veine d'Offenbach, inoubliable et irrésistiblement comique. On a dit que l'auteur avait un moment songé à insérer ici une parodie du chant de concours de *Tannhaüser*. Mais il n'a pas donné suite à cette idée, et nous avons un jeu de charades, dont le vainqueur doit être couronné par Hélène. Les rois se comportent sans gloire, et le concours est gagné par Pâris — toujours déguisé en berger. Il décline son identité et, au milieu des acclamations (« Ciel ! L'homme à la pomme »), est couronné par Hélène qui l'invite à souper. Calchas promet de faire de son mieux pour que Ménélas soit absent. Le tonnerre gronde, et Calchas en profite pour annoncer la volonté de Jupiter : Ménélas doit partir en Crète. Tous, Hélène en tête, exhortent Ménélas : « Pars pour la Crète », sur l'air pressant du n° 1.

Acte II. Les appartements d'Hélène. Elle est entourée de ses dames d'honneur qui la pressent de se parer avec un soin particulier en ce grand jour.

Mais, pour une fois, Hélène semble pencher pour la vertu, et choisit une robe sobre : il n'est pas question d'influencer le destin. On lui remet un message de Pâris; il demande à être reçu. Hélène voudrait bien refuser, mais elle soupire : « Pourquoi, ô déesse, as-tu toujours choisi notre famille pour faire tes expériences ? ». Dans un chant étincelant d'esprit et de beauté, Hélène déplore sa fatale beauté :

> Dis-moi Vénus
> Quel plaisir trouves-tu,
> A faire ainsi cascader
> La vertu ?

Exemple n° 1 :

Pâris entre sans être annoncé. Il trouve Hélène décidée à résister à l'amour et aux menaces, et l'enjoint de se méfier des tromperies. La musique annonce le Jeu de l'Oie. Les rois font leurs paris; on surprend Calchas en train de tricher et il est traité comme un *bookmaker* marron. Hélène fait venir Calchas et lui demande d'obtenir, par ses prières, qu'elle rencontre Pâris en rêve. Elle s'endort. Pâris entre déguisé en esclave, envoie Calchas à ses affaires, et reste seul avec Hélène. Oreste et les filles chantent à l'extérieur. Hélène s'éveille. Pâris est devant elle, et elle prend la réalité pour ce rêve qu'elle souhaitait tant. Leur long duo d'amour est digne de Gounod par son innocence mélodique : « Oui, c'est un rêve ». Leur félicité est interrompue par l'arrivée inopinée de Ménélas qui sonne l'alarme et appelle les rois, réunis pour souper dans la pièce voisine. Oreste, qui chante toujours son refrain, arrive le premier, suivi de près par les autres. Ménélas demande

si c'est ainsi qu'ils ont veillé sur son honneur pendant son absence. Pâris vocalise (comme Jupiter déguisé en mouche dans *Orphée*). Ménélas est bouleversé par l'idée, vite suggérée par Hélène, qu'il est plus à blâmer que quiconque. « Les maris annoncent toujours leur retour », est la morale de la délicieuse chanson d'Hélène. Agamemnon essaie de renvoyer Pâris — mais dans ce cas, dit Pâris, il lui faudra revenir. Sur l'air de la valse de l'entracte, avec accompagnement d'onomatopées, ils pressent le jeune homme de partir.

Acte III. Le port de Nauplie. L'entracte reprend l'air d'Oreste, et le rideau se lève sur les Spartiates qui chantent les louanges de Vénus. Oreste pense que Ménélas, en insistant pour que Pâris parte, a offensé Vénus. Apparemment, celle-ci s'est vengée sur les femmes de Grèce en les rendant plus vulnérables aux exigences du cœur. Les rois se plaignent de la foule qui envahit le bord de mer : on ne peut plus se baigner tranquillement.

Hélène et Ménélas entrent en se querellant. Pourquoi Hélène a-t-elle dit : « Mais alors, ce n'était pas un rêve ? » Hélène explique que Vénus n'est pas étrangère à tout cela, et que, d'autre part, Pâris est réellement très séduisant. Agamemnon n'est pas satisfait : le peuple de Grèce est anxieux, car Vénus est mécontente du départ de Pâris. Tout cela est la faute de Ménélas. Son comportement serait acceptable pour un homme ordinaire — mais de la part d'un roi, c'est franchement idiot. Dans un trio célèbre, à la fois satire des passages patriotiques de *Guillaume Tell* et de *La Muette de Portici*, Calchas et Agamemnon essaient de persuader Ménélas de céder Hélène à Pâris pour que la Grèce soit sauvée du chaos moral ! Ménélas a une meilleure idée; il a invité le grand-prêtre de Vénus à venir de Cythère pour exorciser leurs maux. Ce dernier apparaît dans un grand navire, accompagné de sa suite. Les Grecs le supplient de les aider dans leur malheur. Il les réprimande pour leur accueil mélancolique — le culte de Vénus est censé être joyeux — et se lance dans une tyrolienne complète, avec effets de ioulement (le grand-prêtre est en réalité Pâris). Il leur promet le pardon au nom de Vénus, à condition que Ménélas autorise Hélène à s'embarquer pour Cythère où elle sacrifiera à Vénus. Hélène apparaît, accepte de partir après quelques discussions et monte à bord. Pâris se montre alors. Ménélas ne reverra pas Hélène — mais cette menace se perd dans le chœur final qui souhaite aux voyageurs bonne route pour Cythère.

H.

La Périchole

Opérette en 3 actes d'Offenbach; liv. de Meilhac et Halévy, d'après la pièce de Mérimée, Le Carrosse du Saint-Sacrement. *Première (en 2 actes) aux Variétés, Paris, 6 octobre 1868, avec Hortense Schneider. Un 3ᵉ acte fut ajouté à l'occasion d'une reprise au même théâtre en 1874. Première à New York, 1869; Londres, 1870.*

PERSONNAGES

LA PÉRICHOLE, *chanteuse des rues* (soprano); PIQUILLO, *chanteur des rues, épris de la Périchole* (ténor); DON ANDRES DE RIBEIRA, *vice-roi du Pérou* (baryton); DON PEDRO DE HINOYOSA, *gouverneur de Lima* (baryton); LE COMTE MIGUEL DE PANATELLAS, *seigneur attaché au service du vice-roi* (ténor); LE MARQUIS DE SARTAREM (baryton); LE MARQUIS DE TARAPOTE (basse); DEUX NOTAIRES (ténor, baryton); LE VIEUX PRISONNIER ; GUADALENA, BERGINELLA, MASTRILLA, *propriétaires de l'auberge des « Trois Cousines »* (sopranos, mezzo-soprano); MANUELITA, NINETTA, BRAMBILLA, FRASQUINELLA, *Dames de la Cour* (sopranos, mezzo-soprano, contralto).

Des courtisans, des citadins, des pages, des gardes, etc.

A Lima, capitale du Pérou, à la fin du XVIIIᵉ siècle.

L'intrigue de *La Périchole* est inspirée de la pièce de Mérimée, *Le Carrosse du Saint-Sacrement.*[1] En réalité, l'adaptation est fort éloignée de l'original. Les librettistes d'Offenbach ont abandonné jusqu'à la structure de la pièce, et développé l'idée pour en faire une satire du Second Empire.

Acte I. Après un prélude animé — une marche et deux airs empruntés au premier acte — le rideau se lève sur une place publique à Lima, devant le café « Les Trois Cousines ». C'est l'anniversaire du vice-roi. Il a pris l'habitude de parcourir les rues, soidisant incognito, pour découvrir ce qu'on y dit réellement de lui. Le vin est versé gratuitement, et le peuple de Lima, poussé par le gouverneur, est prêt à se plier au caprice du viceroi. Les trois propriétaires du café « Les Trois Cousines » se présentent

1. Le drame de Mérimée fut joué à Londres en 1957 avec Edwige Feuillère; le magnifique film de Jean Renoir, *Le Carrosse d'Or*, avec Anna Magnani, en fut également tiré.

dans un trio animé; la foule entend le signal les avertissant que le vice-roi approche. Dans son chant d'ouverture, il proclame sa totale confiance en la discrétion de son déguisement — accompagné par un chœur qui soutient l'incognito dont il est si fier. Deux chanteurs des rues — la Périchole et Piquillo — traversent la place. Ils annoncent le titre de leur ballade : « Le soldat et la jeune Indienne », qu'ils chantent en duo.

Ils font ensuite la quête, sans grand succès car Piquillo a un air si féroce qu'il effraie tous les hommes qui veulent donner de l'argent .à la Périchole. Ils essaient alors une autre chanson, une « séguedille pour soirée ». Mais, cette fois, leur quête est gâchée par une parade de cirque. La Périchole et son amant se retrouvent affamés, fatigués et sans un sou.

Piquillo quitte la scène, et Don Andres ne peut résister plus longtemps à la tentation : il demande à la Périchole si elle aimerait devenir l'une des dames d'honneur du vice-roi — son épouse est morte, mais il tient à continuer les vieilles traditions. La Périchole a faim, elle accepte donc. Mais auparavant, elle écrit une lettre à Piquillo pour lui dire adieu. Sa délicieuse chanson d'adieu : « O mon cher amant » est une pièce réellement émouvante, d'une veine particulièrement sérieuse pour Offenbach et son public. Entre-temps, Don Andres a rencontré un obstacle : seule une femme mariée peut devenir dame d'honneur du vice-roi; or la Périchole est célibataire. Il ordonne à Panatellas, son écuyer, de trouver un mari pour la jeune femme et à Don Pedro, gouverneur de Lima, de lui procurer un notaire pour célébrer le mariage.

Piquillo reçoit la lettre, au désespoir il veut se pendre, quand intervient une diversion. Panatellas le choisit comme mari de la future dame d'honneur. Il accepte de se rendre au palais, moyennant un dédommagement.

Le finale se déroule dans une atmosphère euphorique. Les futurs époux et les notaires qui doivent les unir sont ivres. La Périchole chante une valse : « Ah, quel dîner », en attendant de signer le contrat de mariage. Elle est enchantée d'apprendre que Piquillo est son promis, mais il est bien trop ivre pour la reconnaître et persiste à affirmer qu'il est amoureux d'une autre. Le mariage est dûment célébré. La Périchole et Piquillo, poussés par l'habitude, chantent un passage de la ballade du début.

Acte II. La grande salle du palais du vice-roi. La toute récente comtesse de Tabago doit être officiellement présentée par son mari au vice-roi. Mais il n'est pas facile de persuader Piquillo de se prêter à cette mascarade d'autant qu'il n'a plus qu'une idée en tête : retrouver la Périchole au plus tôt. Les dames de la Cour sont jalouses de la nouvelle arrivante tout en méprisant sa basse extraction. Quand la Périchole apparaît, Piquillo la reconnaît évidemment et entre dans une fureur que rien ne saurait calmer, même le fameux air de sa bien-aimée : « Mon Dieu, que les hommes sont bêtes ». Il s'empresse de la dénoncer comme une scélérate sans cœur et sans scrupules. Le vice-roi n'a pas le choix : il le fait jeter en prison, avec tous les autres maris qui se sont montrés récalcitrants. Sur un air de valse extrêmement séduisant, les acteurs de ce splendide finale jouent sur les syllabes du mot « récalcitrant ».

Acte III, scène 1. Un donjon dans la prison. Les officiers de la Cour conduisent Piquillo à sa geôle, le félicitent de sa digne attitude et le laissent après un trio brillant en forme de boléro. Piquillo se demande, dans un chant charmant, si son « épouse » a l'intention de l'aider. La Périchole a obtenu du vice-roi l'autorisation de venir le voir. Après quelques récriminations de part et d'autre, Piquillo se laisse fléchir par la lente valse que lui chante la Périchole : « Tu n'es pas beau », et son refrain : « Je t'adore, brigand ». Ils se réconcilient et décident de soudoyer le geôlier pour que Piquillo s'échappe. Malheureusement, le geôlier n'est autre que Don Andres, sous un nouveau déguisement — fort réussi celui-là. Il se venge en ordonnant que la Périchole soit enchaînée en face de Piquillo. Au cours du trio qui s'ensuit, il murmure à la jeune femme qu'elle sera libérée dès qu'elle lui fera savoir qu'elle l'aime.

Les deux amants ne restent pas longtemps seuls : un vieux prisonnier sort à travers le mur. Cela fait des années qu'il est en prison, il est enfin sur le point de s'échapper. Il libère les deux amants de leurs liens, et tous trois complotent : la Périchole fera le signe convenu au vice-roi. Quand celui-ci arrive, plein d'ardeur, ils le capturent, l'attachent et sortent de la prison sans encombre.

Scène 2. Sur la place publique. Les soldats fouillent la ville pour retrouver les fugitifs qui se sont réfugiés au café « Les Trois Cousines ». Les « cousines » chantent un trio très agréable et les fugitifs se montrent dès que les soldats ont quitté la place. Ils décident de se rendre, et la Périchole attendrit le vice-roi dans une ballade : « La clémence d'Auguste ». Il leur accorde la liberté, les autorise à porter leurs titres, offre à la Périchole de garder tous ses cadeaux, et l'opérette finit avec la reprise de la ballade du premier acte.

H.

Les Contes d'Hoffmann

Opéra en 3 actes d'Offenbach; liv. de Barbier et Carré. Créé à l'Opéra-Comique, Paris, 10 février 1881, avec Adèle Isaac (Stella, Olympia, Antonia), Ugalde, Talazac et Taskin. Reprise en 1911, avec Mmes Nicot-Vauchelet, Lafargue, Vix, MM. Beyle et Périer, dir. Wolff; 1918, avec F. Heldy. Première à New York, 1882; Londres, Adelphi Theatre, 1907; Covent Garden, 1910, dir. Beecham; Metropolitan de New York, 1913. Reprises : Metropolitan, 1924; Covent Garden, 1936; Berlin, Komische Oper, 1958, version et mise en scène de Felsenstein, dir. Neumann; Sadler's Wells, 1970; Opéra de Paris, 1974, mise en scène Patrice Chereau, avec Sarroca, Eda-Pierre, Krause, Gedda, dir. Prêtre.

PERSONNAGES

LINDORE, *membre du conseil de Nuremberg* (basse[1]); ANDRÈS, *serviteur de Stella* (ténor); HERMANN, *étudiant* (baryton); NATHANAEL, *étudiant* (ténor); LUTHER, *aubergiste* (basse); HOFFMANN, *poète* (ténor); NICKLAUSSE, *son compagnon* (mezzo-soprano); SPALANZANI, *inventeur* (ténor); COCHENILLE, *son serviteur* (ténor); COPPELIUS, *savant et rival de Spalanzani* (baryton[1]); OLYMPIA, *poupée mécanique* (soprano); ANTONIA, *chanteuse* (soprano); CRESPEL, *son père, membre du conseil de Munich* (baryton); FRANTZ, *son serviteur* (ténor); Dr MIRACLE, *médecin* (baryton[1]); LA VOIX DE LA MÈRE D'ANTONIA (mezzo-soprano); GIULIETTA, *courtisane* (soprano); SCHLEMIL, *son amant* (basse); DAPERTUTTO, *sorcier* (baryton[1]); PITTICHINACCIO, *admirateur de Giulietta* (ténor); STELLA, *chanteuse d'opéra* (soprano); LA MUSE DE LA POÉSIE (rôle joué).

A Nuremberg, Munich et Venise, au XIXe siècle.

1. Il est habituel que les incarnations du mauvais génie d'Hoffmann (Lindorf, Coppelius Dapertutto et le Dr Miracle) soient chantées par le même interprète. C'est aussi le cas, exceptionnellement, pour les trois rôles de soprano.

Offenbach mourut pendant les répétitions d'*Hoffmann*. Ernest Guiraud fit l'orchestration pour la première à l'Opéra-Comique, éliminant la prestation de Giulietta, et situant celle d'Antonia à Venise afin de pouvoir conserver la barcarolle ! Une douzaine d'années après cette représentation, Giulietta fut réintroduite — mais avant Antonia et non après comme Offenbach et ses librettistes l'avaient voulu. Les épisodes des trois amours d'Hoffmann ont peu de chose en commun — et l'apparition d'un mauvais génie, sous plusieurs identités, qui les arrache à son amour (à moins qu'il ne les empêche de corrompre le génie du poète ?) est génératrice de continuité plus que de tension dramatique. Sous prétexte qu'il n'existait pas de véritable version définitive, on a vu, lors de chaque reprise, l'opéra subir d'importantes modifications — coupures, additions, etc. Mahler, à Vienne, supprima carrément le prologue et l'épilogue; Hans Gregor, à Berlin, 1905, restitua les arias de Coppelius et de Dapertutto, faisant cependant correspondre l'air de Coppelius aux paroles de Dapertutto. La musique de ce qu'on appelle l'aria du Miroir — ou aria des Bijoux — fut écrite à l'origine pour *Le Voyage dans la Lune*, et rien ne permet d'affirmer qu'Offenbach avait l'intention de l'utiliser pour *Hoffmann*. Felsenstein à Berlin, en 1958, et Edmund Tracey et Colin Graham pour Sadler's Wells, en 1970, témoignent des efforts contemporains pour restituer les intentions d'Offenbach. Dans chaque version, comme dans les représentations « authentiques » d'autrefois, l'ordre est celui que nous suivons ci-dessous, et l'œuvre a la forme d'un *opéra-comique* (c'est-à-dire qu'il comporte une quantité appréciable de dialogues parlés).

Prologue. La taverne de Luther à Nuremberg, près du Théâtre Lyrique où l'on joue *Don Giovanni*. Un chœur à boire résonne dans les coulisses.

Lindorf fait son entrée, avec Andrès, le serviteur de Stella, la prima donna qui chante dans *Don Giovanni*. Lindorf réussit à se faire remettre un billet que Stella a écrit à Hoffmann, lui donnant rendez-vous le soir même. La clé de sa chambre accompagne le message. Lindorf, qui assume pendant tout l'opéra, et sous les formes diverses, le rôle du mauvais génie d'Hoffmann, exulte dans une aria : sa victime est à portée de main. Une foule d'étudiants pénètre dans la taverne et se réjouit de boire de la bière.

Hoffmann entre avec Nicklausse. Ils s'assoient avec les étudiants. Nicklausse, volontairement ironique, fredonne le « Notte e giorno faticar » qui intervient dans l'acte de *Don Giovanni* qu'ils viennent d'entendre. Hoffmann semble de méchante humeur. Il est obsédé par l'image de Stella, qu'il a autrefois aimée. L'assistance le supplie de chanter, et il entonne la « légende de Kleinzach » (« Il était une fois à la Cour d'Eisenbach »). Le chœur reprend ses phrases. Mais au moment de décrire le visage du nain, Hoffmann se prend à rêver et se lance dans une description lyrique des traits de sa bien-aimée.

Hoffmann est mécontent de voir Lindorf qui le suit comme une ombre et ne lui apporte que de la malchance. Il propose de raconter l'histoire des trois grands amours de sa vie. Luther les avertit que le rideau va se lever pour le 2e acte de *Don Giovanni*, mais tous préfèrent rester avec Hoffmann et écouter son récit. La première élue de son cœur, dit Hoffmann, s'appelait Olympia.

Acte I (Olympia). L'introduction est une parodie de menuet. Le rideau se lève sur la chambre de Spalanzani. Il attend ses invités, qui doivent assister aux extraordinaires performances de sa poupée, Olympia. Le savant murmure qu'il espère tirer une fortune de son invention, ce qui compensera la perte qu'il a subie quand le banquier Elias a fait faillite.

Mais pourvu que son rival, Coppelius, ne prétende pas participer aux bénéfices !

Hoffmann apparaît. Il est immédiatement impressionné par Olympia, qu'il croit être la fille du savant. Il chante son amour pour elle avec ardeur : « Ah, vivre deux ». Cette aria est l'une des plus gracieuses expressions de l'esprit romantique qui l'anime pendant tout l'opéra. Nicklausse n'est aucunement surpris de voir son maître amoureux une fois de plus; mais il commente avec causticité la nature improbable de la nouvelle bien-aimée : une poupée mécanique, vraiment !

Coppelius entre et regarde Hoffmann, qui est perdu dans la contemplation de la poupée. Il essaie de l'intéresser à sa propre invention : des yeux et des lunettes pour chaque besoin. « J'ai des yeux », chante-t-il en vantant ses produits. Spalanzani doit consentir à Coppelius une participation à la poupée : il lui a fourni ses yeux — cela fera 500 couronnes. Spalanzani lui signe un chèque sur la banque d'Elias.

Les invités arrivent. Ils remercient Spalanzani de son hospitalité sur l'air familier du menuet. Le savant leur montre Olympia qu'il présente comme sa fille. Et, à leur émerveillement, il l'accompagne à la harpe quand elle chante la célèbre chanson : « Les oiseaux dans la charmille ». La musique imite admirablement le phrasé saccadé qu'on attend d'un automate. Spalanzani remonte de temps à autre le mécanisme qui donne vie à sa « fille ». Elle reste seule avec Hoffmann tandis que les autres vont souper, il chante pour elle. Puis il la suit, sourd aux avertissements de Nicklausse : Olympia n'est qu'une poupée sans vie.

Coppelius revient, ayant découvert que son rival l'avait trompé. La danse recommence. Hoffmann valse avec Olympia qui, une fois remontée, tourne de plus en plus vite. Spalanzani parvient à saisir la poupée et à l'arrêter. Elle se lance alors dans une série de vocalises qui dominent le chœur.

On entend soudain un bruit de mécanisme fracassé, Coppelius triomphe. Hoffmann est abandonné, désespéré de découvrir que sa bien-aimée était un automate.

Acte II (Antonia). Munich. Une chambre dans la maison de Crespel. Antonia, sa fille, chante : « Elle a fui, la tourterelle ». Crespel entre et déplore de trouver sa fille prête à s'évanouir. Elle avait promis de ne plus chanter, mais n'a pu s'en empêcher en voyant le portrait de sa mère. Crespel a déjà observé sur elle les signes de la tuberculose qui emporta sa mère. Maintenant, il reproche à Hoffmann d'être responsable de l'état de sa fille. Il a dû l'emmener à Munich pour la protéger de ses assiduités. Crespel appelle son vieux serviteur, Frantz, et lui ordonne de ne laisser entrer personne dans la maison, sous quelque prétexte que ce soit. Resté seul, Frantz gémit sur la misérable vie que lui fait mener son maître avare. Heureusement, il se console en chantant et en dansant — il y excelle, assure-t-il. Après en avoir fait la démonstration, il s'effondre épuisé sur une chaise. Hoffmann entre avec Nicklausse.

Antonia apparaît, après leur duo passionné, Crespel entre; il voue Hoffmann au diable, puis tourne sa mauvaise humeur contre le Dr. Miracle. Frantz vient lui annoncer que le docteur attend justement à la porte. Le Dr. Miracle entre dans un éclat de rire et se prépare à soigner Antonia. Hoffmann devine en lui le Mal. Crespel ne sait comment se débarrasser de l'homme qui, il en est sûr, a tué sa femme et s'apprête à tuer sa fille également. Miracle prétend soigner Antonia à distance. Répondant à son ordre, elle chante une brillante vocalise depuis sa chambre mais n'apparaît toujours pas. Crespel demande à Miracle de la laisser en paix, mais celui-ci prétend pouvoir guérir Antonia si on lui en donne la possibilité.

Hoffmann, resté seul, est bientôt rejoint par Antonia. Il essaie de la convaincre qu'elle doit renoncer au chant, pour sauver sa santé et leur amour. Elle accepte. Hoffmann est à peine sorti que Miracle est de retour et la tente. Va-t-elle perdre un tel talent en se taisant pour toujours ? Antonia entend la voix de sa mère qui l'incite à chanter. Au cours d'un splendide trio, Miracle décroche un violon du mur et en joue avec frénésie. La voix d'Antonia s'élève de plus en plus, jusqu'au moment où elle s'effondre mourante. Miracle disparaît et Crespel arrive juste à temps pour entendre les dernières paroles de sa fille. Quand Hoffmann entre, Crespel lui reproche la mort d'Antonia. Hoffmann veut appeler un médecin, et Miracle se présente.

Acte III (Giulietta). Venise. La galerie d'un palais au bord du Grand Canal. Les invités de Giulietta sont réunis. Nicklausse et Giulietta chantent la célèbre barcarolle : « Belle nuit, ô nuit d'amour », l'un des airs d'opéra les plus célèbres du monde.

Hoffmann désapprouve ces accents mélancoliques et répond par un chant animé dont le refrain est repris par le chœur. Giulietta présente ses invités et organise un jeu de cartes. Nicklausse prévient Hoffmann qu'il a l'intention de l'emmener s'il manifeste le moindre sentiment pour Giulietta. Hoffmann jure de ne pas succomber à ses charmes — que son âme aille au diable si cela lui arrive !

Dapertutto le regarde s'éloigner. Il sort alors de sa poche un magnifique diamant : voilà le moyen de persuader Giulietta de s'emparer de l'âme d'Hoffmann, comme elle l'a déjà fait pour Schlemil. Ils n'ont qu'à regarder dans un miroir magique, et leurs âmes y restent avec leur reflet. Il chante une grande aria : « Scintille diamant », qui met admirablement en valeur les belles voix de basse.

Giulietta accepte d'obéir à Dapertutto. Elle reproche à Hoffmann de partir simplement parce qu'il a perdu au jeu. Hoffmann n'est pas capable de lui résister et chante avec émotion la passion qui l'envahit à sa vue : « O Dieu de quelle ivresse ». Cela, comme sa chanson à Olympia, est une admirable expression lyrique.

O Dieu de quelle ivresse embrasses-tu mon âme

Ils chantent un duo extasié, « Si ta présence m'est ravie », au cours duquel elle obtient le reflet convoité par Dapertutto. Schlemil se précipite à ce moment et dénonce la trahison de Giulietta. En se regardant dans le miroir, Hoffmann découvre qu'il n'a plus de reflet. Mais il ne veut pas quitter Giulietta dont il dit être follement épris. Un septuor commence . Hoffmann avoue son amour; Dapertutto et Pittichinaccio disent leur mépris pour le poète; Giulietta avoue qu'elle a trouvé le diamant irrésistible; Schlemil ne pense qu'à se venger; Nicklausse et le chœur contemplent Hoffmann avec pitié.

Hoffmann et Schlemil se battent en duel. Le premier, qui se bat avec l'épée de Dapertutto, réussit à tuer son rival et à prendre à son cou la clé de la chambre de Giulietta. Au son d'une barcarolle, Hoffmann se lance à la recherche de Giulietta. Il la voit passer en gondole dans les bras de Pittichinaccio.

Dans la taverne de Luther, épilogue. L'histoire d'Hoffmann est terminée. Tout comme la représentation de *Don Giovanni* avec Stella. La prima donna personnifie sans aucun doute, remarque Nicklausse, les trois types féminins idéalisés par Hoffmann. Mais Hoffmann est tellement ivre qu'il ne fait plus attention à rien. Lindorf peut être tranquille. Les étudiants chantent la chanson à boire du prologue. La Muse de la Poésie se dresse à côté d'Hoffmann et le revendique. Lindorf sort de la pièce avec Stella. Hoffmann reste hébété, ivre mort.

H.

ÉDOUARD LALO
(1823-1892)

Le Roi d' Ys

Opéra en 3 actes de Lalo; liv. d'Edouard Blau. Créé à l'Opéra-Comique, Paris, 7 mai 1888, avec Deschamps-Jéhin, Simonnet, Talazac, Bouvet, dir. Danbé. Reprises en 1902, avec Delna; en 1909, avec Chenal; en 1940, avec Gilly, Joachim. Première à l'Opéra, 5 janvier 1941, avec Renaux, Ferrer, Altery, Beckmans; reprises en 1950, dir. Ingelbrecht; 1954, dir. Cluytens. Première à Covent Garden, 1901, avec Paquot, Adams, Jerome, Plançon; Metropolitan, 1922, avec Ponselle, Alda, Gigli, Danise, Rothier, dir. Wolff.

PERSONNAGES

LE ROI D'YS (basse); MARGARED et ROZENN, *ses filles* (sopranos); MYLIO (ténor); KARNAC (baryton); SAINT CORENTIN (basse); JAHEL (baryton).
Des nobles, des guerriers, des soldats, des gens du peuple. L'histoire s'inspire d'une légende bretonne.

L'ouverture saisissante, utilise des thèmes que l'on retrouvera dans l'opéra et particulièrement le duo : « En silence pourquoi souffrir ? » sous forme de solo de violoncelle et l'air de Margared au second acte.

Acte I. Devant le palais d'Ys. La foule se réjouit de la fin de la guerre et de son heureux dénouement : la fille du roi, Margared, est fiancée au chef ennemi, Karnac. Les deux sœurs apparaissent dès que la foule a quitté la scène. Rozenn demande à Margared pourquoi elle semble si triste le jour de ses fiançailles : « En silence, pourquoi souffrir ? » Margared avoue qu'elle a déjà donné son cœur à un autre homme, qui se trouvait sur le bateau de Mylio que l'on n'a pas revu depuis la fin des hostilités. Elle hait doublement Karnac : il l'enlève à l'homme qu'elle aime, et il est l'ennemi de sa patrie.

Restée seule, Rozenn chante son amour pour Mylio. Il apparaît soudain, et ils se jurent un amour éternel. Après son départ, le roi entre avec Margared, Karnac et sa suite. Le peuple se réjouit de ce mariage qui met fin à ses souffrances. Pendant la cérémonie, Rozenn murmure à sa sœur que Mylio est de retour, ainsi que ses compagnons, l'homme qu'aime Margared doit être avec eux. Margared se retourne impulsivement vers son père et répudie Karnac, refusant d'épouser un homme qu'elle n'aime pas. Karnac jure de se venger en détruisant Ys. La consternation est générale. Mylio jure alors de combattre pour Ys jusqu'à la victoire. La foule acclame son champion.

Acte II. La grande salle du palais. Margared, de la fenêtre, regarde le rassemblement des troupes de Karnac. Mylio conduira les armées d'Ys. Margared exprime la violence des sentiments qu'elle éprouve pour lui dans une splendide aria : « Lorsque je t'ai vu soudain ». Elle soupçonne Mylio d'aimer Rozenn, s'il en est ainsi, l'amour qu'elle leur porte se transformera en haine implacable.

Elle se dissimule alors que le roi entre, avec Rozenn et Mylio. Elle entend ainsi sa sœur avouer son amour pour Mylio. Le roi les bénit, puis part avec Mylio. Margared fait face à sa rivale : que Mylio meure plutôt que d'épouser Rozenn ! Celle-ci est horrifiée par ces propos et essaie de se défendre : « Tais-toi, Margared ». Mais Margared ne se calme pas, elle maudit sa sœur et jure de se venger d'elle.

La grande plaine aux pieds du château d'Ys. Mylio, proclamé vainqueur, attribue la défaite de l'ennemi à l'intervention de saint Corentin, le saint patron d'Ys. La scène se vide. Karnac entre, épuisé et vaincu. Margared se dresse devant lui et lui offre de se venger. Avec son aide, elle ouvrira les écluses, ainsi la mer inondera la ville. Quand ils passent devant la chapelle de saint Corentin, Margared défie le saint d'empêcher le désastre qui menace Ys. Le ciel s'assombrit. La statue du saint s'anime et l'exhorte à se repentir.

Acte III. Une galerie du palais, la porte donnant sur les appartements de Rozenn. Selon la coutume bretonne, elle est gardée par des jeunes filles, qui doivent empêcher les amis du fiancé de passer. Mylio rejoint les hommes de sa suite et plaide sa propre cause : il chante la célèbre aubade : « Vainement ma bien-aimée ». C'est un air délicieux, accompagné

par un chœur de femmes. Rozenn cède à sa demande. La procession se forme, et se dirige vers la chapelle. Quand le *Te Deum* retentit, Margared et Karnac s'introduisent dans le château. Karnac exige qu'elle remplisse sa promesse, mais elle hésite à détruire sa famille et sa ville, il la presse jusqu'à la rendre folle de jalousie. Mylio et Rozenn sortent de la chapelle et chantent leur amour : « A l'autel j'allais rayonnant ». Margared, prise de remords, veut prévenir son père et sa sœur alors que des cris d'alarme retentissent au-dehors. Elle avoue que Karnac a ouvert les vannes et qu'elle l'a tué.

Le sommet de la ville. Les habitants s'y sont réfugiés et prient pour échapper à la mort. L'eau continue de monter et le roi pleure la disparition de la moitié de la ville dont la plupart des habitants sont déjà morts. Soudain Margared, dans une sorte de transe, révèle que la mer ne se retirera pas tant qu'on ne lui aura pas sacrifié de victime. Elle sera cette victime, car c'est elle qui a provoqué ce désastre en ouvrant les vannes. Elle mourra pour expier ses crimes. Elle se jette à la mer, le calme revient, et le peuple remercie saint Corentin de l'avoir sauvé.

H.

CAMILLE SAINT-SAËNS
(1835-1921)

Samson et Dalila

Opéra en 3 actes de Camille Saint-Saëns; liv. de Ferdinand Lemaire. Créé à l'Hoftheater, Weimar, 2 décembre 1977, avec Müller, Ferenczy, Milde, dir. Lassen. Première en France, à Rouen, 1890, avec Bossy; Paris, Eden Theatre, 1890, avec Bloch, Talazac, Bouhy; Opéra de Paris, 1892, avec Deschamps-Jehin, Vergnet, Lassalle, Fournets, dir. Colonne. L'œuvre n'a pas quitté le répertoire jusqu'en 1960, Scharley, Del Monaco, Bianco, dir. Fourestier; reprise récente, 1975, avec

Cossotto, Chauvet, Massard, dir. Prêtre; 1978, avec Cortez et Vickers; Covent Garden, 1893 (concert); Metropolitan, 1895, avec Mantelli, Tamagno, Campanari, Plançon, dir. Mancinelli. Reprises : Covent Garden, 1909; Metropolitan, 1915, avec Matzenauer, Caruso, Amato; Berlin, 1929, avec Onegin, Oehmann; la Scala de Milan, 1936, dir. de Sabata; Metropolitan, 1936, 1940, 1964, avec Gorr, Jess Thomas, Bacquier.

PERSONNAGES

DALILA (mezzo-soprano); SAMSON (ténor); LE GRAND PRÊTRE DE DAGON (baryton); ABIMELECH, *satrape de Gaza* (basse); UN VIEIL HEBREU (basse); LE MESSAGER PHILISTIN (ténor).

Des Hébreux, des Philistins.
A Gaza, av. J.-C.

Acte I. Avant le lever du rideau, nous entendons les Philistins, à Gaza, forcer les Hébreux à travailler. Ensuite apparaît l'arrière du temple de Dagon, dieu des Philistins. Les Juifs expriment leur désespoir, mais Samson essaie de leur redonner courage : « Arrêtez, ô mes frères » et « L'as-tu donc oublié ? » A sa troisième tentative, son succès est tel que la nouvelle énergie qui porte leurs voix attire l'attention d'Abimelech. Il vient avec ses gardes et méprise le dieu des Juifs, apparemment incapable de les aider dans leur malheur. Samson blesse Abimelech avec l'épée qu'il lui a prise et attaque les Philistins. Le prêtre de Dagon maudit les Juifs de son mieux : « Maudite à jamais soit la race », mais les Philistins sont incapables de résister à l'assaut. Déjà les Hébreux se réjouissent et rendent grâce à Dieu quand apparaissent les plus belles Philistines, conduites par Dalila. Elles viennent rendre hommage au victorieux Samson : « Je viens célébrer la victoire ». Malgré les avertissements d'un vieil Hébreu, le souvenir de l'amour qu'elle lui a offert quand le « soleil riait, la source jaillissait et embrassait le sol », la vue de sa beauté ensorcelante, les danses tentatrices, séduisent à nouveau Samson. Dalila célèbre sa victoire par le langoureux « Printemps qui commence ».

Acte II. Dalila attend Samson dans sa maison de la vallée de Sorek. Dans une splendide aria, elle supplie l'amour de ne pas l'abandonner : « Amour, viens aider ma faiblesse ». En vérité, Dalila n'a jamais aimé l'ennemi de sa patrie; maintenant qu'il l'a quittée, elle le hait.

Quand le grand-prêtre vient l'exhorter à se venger, il ne fait que renforcer Dalila dans sa volonté d'obtenir de Samson le secret de sa force surhumaine.

Il apparaît peu après, déchiré par le doute et l'irrésolution et décidé à dire adieu à Dalila. Les charmes de la jeune femme viennent néanmoins à bout de sa résolution, et il reste sans défense quand elle chante : « Mon cœur s'ouvre à ta voix ». Il parvient à réunir ses dernières forces pour garder son secret. Elle rentre chez elle et, après un moment d'indécision, il la suit. Le cri de triomphe de Dalila fait accourir les Philistins; dépouillé de sa chevelure, le champion trahi est encerclé.

Acte III. Samson, aveuglé, se languit au fond d'un donjon. Les reproches qu'il s'adresse le tourmentent plus encore que les souffrances physiques ou les lamentations des siens. Dans « Vois ma misère, hélas », sa voix se mêle aux reproches des Hébreux qui blâment sa faiblesse. Des soldats l'emmènent à la cérémonie du triomphe des Philistins, dans le temple de Dagon. Samson est accablé de mépris. Le grand-prêtre l'invite insolemment à chanter une romance à Dalila qui se moque du champion déchu. On danse une bacchanale. Samson prie son Dieu : s'il pouvait retrouver sa force, ne serait-ce qu'une fois ! Tandis que la foule se laisse emporter par la fête, il se traîne jusqu'aux deux piliers qui supportent le temple et les étreint. Dans un craquement terrible, les piliers s'effondrent et les débris du temple ensevelissent Samson et les Philistins.

K.W.,H.

LÉO DELIBES
(1836-1891)

Le Roi l'a dit

Opéra-comique en 2 actes, musique de Delibes; liv. d'Edmond Gondinet et Philippe Gille. Créé à Paris, Opéra-Comique, 24 mai 1873, avec Priola (Javotte), Ganetti (Flarambel), Reine (La Bluette), Revilly (la Marquise), Chapuy (Philomèle), Nadaud (Chimène), Guillot (Agathe), Thibault (Angélique), Lhérie (Benoit), Ismael (le Marquis), Sainte-Foy (Miton), Barnolt (Pacome), Bernard (Merlusse), Thierry (Gautru), dir. Deloffre. Reprise en 1900, au Th. du Jardin d'Acclimatation; Trianon-Lyrique, 1911; Opéra-Comique, 1961, avec Noguera Ristori, Dran, Harbell, Gabriel, Simon, Sabran, Loreau, dir. P. Cruchon. Vienne, 1874 (en all.); Carlsruhe, 1874; Berlin, 1877; Bruxelles, 1888; Genève, 1890; Londres, Prince of Wales's Th., 1894 (en ang.); Stuttgart, 1930; Londres, 1939, par la Webber-Douglas School.

PERSONNAGES

LE MARQUIS DE MONCONTOUR (basse baryton); BENOIT (ténor); BARON DE MERLUSSAC (ténor); GAUTRU, *financier* (baryton); MARQUIS DE FLARAMBEL (ténor); MARQUIS DE LA BLUETTE (baryton); MARQUISE DE MONCONTOUR (contralto); PHILOMÈLE, AGATHE, CHIMÈNE, ANGÉLIQUE, *filles du marquis* (mezzo-soprano); JAVOTTE, *soubrette* (mezzo-soprano léger); MITON, *professeur de belles manières;* PACOME, *serviteur de Moncontour;* SEIGNEURS, *masques.*

A Versailles, en 1688, sous le règne de Louis XIV.

Acte I. Un salon. Les filles du marquis de Moncontour lui apprennent une révérence. Il doit paraître ce jour même devant le roi. Un courrier arrive. La marquise avoue à son mari qu'elle a intrigué en sa faveur avant qu'il ne soit présenté au roi. Elle a eu recours au baron de Merlussac et au financier Gautru, en échange de leur aide, elle leur a promis la main de ses filles, Agathe et Chimène. Le mari approuve sa femme, se déclare ravi de ses futurs gendres et envoie prévenir ses filles. Il part à la Cour au grand émoi de toute la maisonnée.

Javotte extraie de l'armoire où elle l'avait caché son amoureux Benoit. Il veut rentrer au service du marquis comme Suisse. Miton, le professeur de belles manières, arrive, il donne quelques conseils à Javotte et jure de faire d'elle une princesse. Javotte refuse, celui qu'elle aime est un paysan et elle l'épousera. Les filles du marquis arrivent pour leur leçon. Miton glisse à chacune d'elles un billet de son amoureux. L'amoureux d'Agathe, Flarambel et l'amoureux de Chimène, La Bluette se promènent justement sous leur fenêtre. Les jeunes filles les font monter. La marquise vient annoncer à ses filles leur prochain mariage, elle est suivie de près par Merlussac et Gautru. On a juste le temps de dissimuler Flarambel et La Bluette et de renvoyer les deux prétendants officiels sous un prétexte quelconque. Mais la marquise est furieuse, et envoie ses filles au couvent en attendant leur prochain mariage.

Le marquis revient de la Cour, tout s'est très bien passé à un détail près : le roi lui a demandé de lui amener son fils, Moncontour a accepté, mais il n'a que des filles. Il lui faut à présent trouver de toute urgence un fils. Miton propose de l'aider. Les seigneurs de la Cour viennent féliciter Moncontour et toute sa maison apprend avec stupéfaction qu'il a un fils.

Acte II. Miton amène le « fils ». C'est Benoit, dans son costume de paysan. Miton promet d'en faire un noble seigneur. Les fournisseurs l'habillent à la dernière mode, et il prend vite des manières hautaines, insultant et battant les domestiques.

Merlussac et Gautru sont mécontents de la brusque apparition de ce fils qui va faire baisser la dot et accaparer les titres. Le marquis, pour les contenter, leur promet argent et terres. Miton présente Benoit comme le fils du marquis à Flarambel et La Bluette, venus lui demander son aide. Benoit apprend avec stupéfaction qu'il a des sœurs et qu'elles sont au couvent. Il promet son aide aux jeunes gens, fous de joie.

Javotte reconnaît Benoit, elle est désespérée de sa fortune soudaine et veut retourner dans son village, croyant son amour éteint par toutes ces richesses. Benoit, avec ses nouvelles manières, tente de la séduire, elle le gifle et s'en va. On prévient le marquis que le notaire qui doit dresser le contrat de mariage est arrivé. Benoit s'oppose au mariage de ses sœurs avec Merlussac et Gautru et part au couvent pour parler à ces demoiselles.

La marquise fait une scène à son mari, elle est persuadée que Benoit est un fils naturel du marquis. Benoit revient du couvent; il y a fait un tel scandale que ses sœurs ont été renvoyées, elles arrivent peu après et l'embrassent avec effusion, ravies de ce frère tombé du ciel qui leur a rendu leur liberté. Benoit donne sa bénédiction aux jeunes filles et à leurs amoureux devant Merlussac et Gautru effondrés.

Acte III. Une fête dans un parc. Javotte passe timidement, habillée en paysanne. Elle apprend que Benoit a été enfermé par ordre du marquis et que Pacome fait à sa place les honneurs de la fête. Les jeunes filles épouseront d'autorité les prétendants choisis par leur père. Tout doit rentrer dans l'ordre. Miton arrive tout de noir vêtu. Le roi a décidé de faire retraite et la mode est maintenant à la dévotion. Javotte avoue qu'elle est amoureuse de Benoit qu'elle croit, maintenant, être le fils naturel du marquis. Il arrive complètement ivre, il s'est échappé de sa chambre, a passé la soirée au cabaret, bu, joué et perdu tout ce qu'il avait y compris son habit et sa perruque.

Le marquis et sa femme, de retour de la campagne, chassent les fêtards. Le marquis traite Benoit avec indulgence, à la grande indignation de sa femme.

Les quatre filles, en domino rose, arrivent alors que la fête est finie. Miton leur apprend la volonté du roi et, en un tour de main, elles se transforment en dévotes aux yeux baissés. Flarambel et La Bluette sont désespérés, Benoit les envoie plaider leur cause auprès du roi. Il provoque Merlussac en duel et feint d'être tué, Merlussac s'enfuit. Benoit renouvelle ce stratagème, avec le même résultat, pour Gautru. Le voilà débarrassé des prétendants officiels.

Javotte arrive en larmes, le croyant mort. Il la rassure, lui réitère ses déclarations d'amour et oblige ses parents, sous la menace de tout révéler au roi, à l'accepter comme sa femme. Flarambel et La Bluette reviennent de la cour, apportant d'importantes nouvelles. Le roi, apprenant le duel et la mort de Benoit a décidé de donner au marquis le titre de duc pour le dédommager de la perte de son fils. Benoit essaye de protester mais le marquis lui ferme la bouche : il est mort, le roi l'a dit. Javotte et Benoit partent ensemble, les jeunes filles et leurs galants leur donnent tout leur argent et tous leurs bijoux.

M.K.

Lakmé

Opéra en 3 actes de Leo Delibes; liv. d'Edmond Gondinet et Philippe Gille d'après Le Mariage de Loti, *de Pierre Loti. Créé à l'Opéra-Comique, Paris, 14 avril 1883, avec Van Zandt, Frandin, Talazac, Barré, Cobalet, dir. Danbé. Reprises en 1909, 1931, 1943, avec J. Micheau; 1946, avec Pons, Mathiot, Arnoult, Cabanel. Première londonienne au Gaiety Theatre, 1885; New York, 1886; Metropolitan, 1892, avec Van Zandt, Montariol, Edouard de Reszké; Covent Garden, 1910. Reprises : Metropolitan 1916, 1931, avec Pons, Thill; Seattle, 1967, avec Sutherland; Wexford, 1970, avec Christiane Eda-Pierre, John Stewart, Jacques Mars.*

PERSONNAGES

LAKMÉ (soprano); MALLIKA, *son esclave* (mezzo-soprano); ELLEN ET ROSE, *dames anglaises* (sopranos); MISTRESS BENTSON, *leur gouvernante* (mezzo-soprano); GÉRALD, *officier anglais* (ténor); NILAKANTHA, *prêtre brahmane* (baryton-basse); FRÉDÉRIC, *officier anglais* (baryton); HADJI, *serviteur de Nilakantha* (ténor).

En Inde, au XIXᵉ siècle.

Acte I. Lakmé est la fille de Nilakantha, un prêtre brahmane fanatique. Il hait les envahisseurs britanniques qui lui ont interdit de pratiquer son culte; sa fille et d'autres fidèles chantent une invocation aux dieux traditionnels : « Blanche Dourga, Pâle Siva, Puissant Ganeça ». Les variations de Lakmé, dominant le chœur, sont riches en vocalises. Lakmé reste seule avec ses compagnons dans le jardin idyllique qui entoure le temple britannique. Lakmé et Mallika chantent une barcarolle charmante en se préparant pour le bain : « Dôme épais, le jasmin ». Le thème ondoyant de

la musique et la beauté orientale du cadre rendent parfaitement compte de l'atmosphère qui entoure Lakmé.

Elle enlève ses bijoux et les place sur un banc de pierre, puis s'éloigne dans une barque avec Mallika.

Les personnages anglais nous sont ensuite présentés : deux officiers, deux jeunes filles et leur ineffable gouvernante, Mistress Bentson. Tous se méfient plus ou moins de l'Orient et de ses mystères. Ils franchissent le rideau de bambous qui protège le temple et s'émerveillent. Frédéric les avertit : plusieurs fleurs sont vénéneuses (même les variétés qui sont inoffensives en Europe); il ajoute que la cabane appartient à un Brahmane implacable et féroce dont la seule joie est une fille admirable. Ils se demandent ce que peut ressentir cette jeune fille, ainsi privée de tout contact avec l'extérieur en raison de sa vocation religieuse. Quintette : « Quand une femme est si jolie ».

Les femmes voudraient posséder un croquis des bijoux de Lakmé. Gérald le leur promet, à condition qu'elles rentrent tout de suite en ville. Resté seul, il est fasciné par les joyaux et imagine quelle peut être la beauté et la jeunesse de leur propriétaire. Son aria : « Fantaisie aux divins mensonges » est une des merveilles de la partition. Par la fraîcheur de la mélodie et la simplicité de son charme, elle est l'une des plus belles arias du répertoire français.

Voyant Lakmé et Mallika revenir, il se cache. Lakmé donne congé à Mallika et se demande comment elle peut ressentir en même temps du bonheur et de la tristesse : « Pourquoi dans les grands bois ? ». Elle aperçoit Gérald et appelle à l'aide. Mais quand Mallika et Hadji viennent à son secours,

elle les renvoie à la recherche de son père. Elle confie alors à Gérald qu'un seul mot d'elle signifierait sa mort certaine. Il doit partir et oublier qu'il l'a jamais vue. Mais Gérald est séduit par la jeune fille et lui avoue son amour : « C'est le dieu de la jeunesse, c'est le dieu du printemps ». Lakmé joint sa voix à la sienne; puis, entendant son père rentrer, elle le renvoie. Au moment où il sort, Nilakantha apparaît et invoque le châtiment de celui qui a profané son temple.

Acte II. Un bazar. Dans le fond, un temple. La scène est envahie par les soldats, les marins, les touristes qui se mêlent aux marchands ambulants et aux indigènes. Mistress Bentson se fait dérober sa montre et son mouchoir. Frédéric vient à la rescousse. Une cloche annonce la fermeture du marché, et la fête commence. Des jeunes filles exécutent plusieurs danses exotiques. Nilakantha apparaît, déguisé en vieux pénitent hindou, sa fille l'accompagne. Gérald et sa fiancée Ellen entrent également en scène. Il vient d'apprendre par Frédéric que leur régiment partirait à l'aube pour attaquer un groupe de rebelles. Lakmé suggère à son père que Brahma accepterait peut-être de pardonner l'offense d'un étranger mais son père réfute une telle idée avec indignation. Il chante ensuite la tendresse qu'il éprouve pour elle : « Lakmé, ton doux regard se voile ».

Nilakantha demande à Lakmé de chanter pour attirer l'homme qui a osé s'aventurer sur le terrain sacré — attiré, il en est sûr, par la beauté de sa fille. Un passage de brillantes roulades doit retenir l'attention de la foule à qui le prêtre présente sa fille comme une chanteuse hindoue traditionnelle. Elle raconte l'histoire d'une jeune paria qui trouve un jour dans la forêt un étranger, perdu et sans défense contre les bêtes sauvages prêtes à le dévorer. Elle fait sonner ses clochettes et charme les animaux, sauvant ainsi l'étranger. Quand il s'éveille, elle réalise qu'il est Vishnou, le fils de Brahma. Il la prend dans ses bras et ils s'élèvent dans les cieux. Depuis, le voyageur peut entendre les cloches sonner en cet endroit de la forêt. C'est le célèbre air des clochettes, « Où va la jeune hindoue ? », à qui l'opéra doit son éternelle popularité.

A la grande colère de Nilakantha, personne ne répond au chant de Lakmé. Il ne connaît toujours pas l'identité de l'étranger qui a souillé le sol du temple sacré. Enfin, Lakmé aperçoit Gérald, pousse un cri et s'évanouit dans ses bras. Nilakantha connaît maintenant son ennemi. Il décide de le tuer au cours de la procession dédiée à la déesse le soir-même.

Lakmé reste seule avec le fidèle Hadji. Il tente de la consoler et lui promet de faire tout ce qu'elle voudra ; aider un ami, ou se débarrasser d'un ennemi. A peine a-t-il fini de parler que Gérald se précipite vers Lakmé. Ils chantent un duo d'amour : « Dans la vague d'un rêve », au cours duquel Lakmé avoue qu'elle aime le jeune officier dont la religion n'est pas la sienne. Elle évoque leur nouvelle vie, dans un lieu de la forêt connu d'elle seule où elle possède une cabane : « Dans la forêt près de nous ».

La procession se forme. Les dames anglaises, escortées par Frédéric, la regardent passer. Les prêtres chantent un hymne à Dourga. Le plan de Nilakantha est mis à exécution; Gérald s'effondre, poignardé. Lakmé

découvre qu'il n'est que légèrement blessé et aidée par Hadji le porte dans sa cachette, où ils seront enfin seuls.

Acte III. L'entracte suggère une berceuse. La cabane de Lakmé, dans la forêt. Lakmé chante : « Sous le ciel tout étoilé ». Gérald s'éveille, et exprime sa joie d'être loin du monde, avec Lakmé pour seule compagne, dans un morceau exalté : « Ah, viens dans la forêt profonde ».

On entend chanter dans le lointain. Ce sont, dit Lakmé, des amoureux venus boire à la source sacrée dont l'eau procure un amour éternel. Elle décide d'aller chercher un peu de cette eau qui scellera leur amour. Dès qu'elle est partie, Frédéric, qui a tout entendu, rejoint Gérald. Il a suivi les traces sanglantes qu'ils ont laissées derrière eux en traversant la forêt. Il rappelle à Gérald son honneur de soldat. On entend la marche des soldats dans le lointain.

Lakmé remarque le changement qui s'est opéré chez son amant pendant sa courte absence. Tandis qu'il écoute la marche avec attention, elle arrache une feuille de *datura*, arbre fatal, et la mange, elle chante : « Tu m'as donné le plus doux rêve ». Ils boivent ensemble l'eau qu'elle a rapportée et se jurent un amour éternel. Lakmé lui confie qu'il ne risque pas de briser son serment, car elle va mourir. Leurs voix s'unissent dans un autre duo d'amour. Nilakantha les découvre, et Lakmé meurt après lui avoir avoué qu'ils ont tous deux bu l'eau de la source sacrée. Gérald crie son désespoir, et Nilakantha se réjouit de savoir sa fille transportée dans l'éternité.

H.

GEORGES BIZET
(1838-1875)

Les Pêcheurs de perles

Opéra en 3 actes de Bizet; liv. de Carré et Cormon. Créé au Théâtre-Lyrique, Paris, 30 septembre 1863, avec Mlle de Maesen, Morini, Ismaël, Guyot. Première à Covent Garden, 1887, sous le titre Leïla; *Opéra-Comique, Paris, 21 avril 1893, avec Calvé, Delmas, Soulacroix, Challet, dir. Danbé. Reprises : 1900, 1932, 1936; Metropolitan, 1896, (deux actes seulement, associés à* La Navarraise), *avec Calvé. Reprise au Metropolitan, 1916, avec Caruso, dir. Polacco; Covent Garden, 1920, dir. Beecham; La Scala de Milan, 1938, 1948, dir. Capuana.*

PERSONNAGES

LEÏLA, *prêtresse de Brahma* (soprano); NADIR, *pêcheur* (ténor); ZURGA, *roi des pêcheurs* (baryton); NOURABAD, *grand-prêtre de Brahma* (basse).

A Ceylan, dans l'Antiquité.

Acte I. Des pêcheurs célèbrent l'élection de leur chef, ils désignent Zurga comme leur roi. Nadir est accueilli après une longue absence et raconte ses aventures dans la jungle. Zurga et Nadir sont contents de se retrouver, ils étaient amis autrefois, puis ils devinrent rivaux, par amour de la belle prêtresse Leïla qu'ils ont vue dans le temple brahmane de Candy. Leur duo : « Au fond du temple saint » est un exemple de la meilleure inspiration mélodique de Bizet, et l'un des meilleurs duos pour ténor et baryton du répertoire français. Son thème revient tout au long de l'opéra pour signifier l'amitié des deux protagonistes.

On annonce l'arrivée du bateau qui transporte la vierge inconnue chargée de prier pour les marins. Zurga dit à Nadir que la jeune fille est voilée et qu'on ne peut l'approcher. Personne ne doit la voir quand elle remplit son office, qui consiste à écarter les mauvais esprits des marins. Elle est accompagnée par le vieux prêtre Nourabad. Zurga la consacre Vierge protectrice des pêcheurs et la menace de mort si elle brisait son serment.

Leïla et Nadir se reconnaissent. Il la regarde gravir la falaise et croit rêver. Dans une aria sublime, il évoque son amour, sur lequel le temps n'a pas eu de prise : « Je crois entendre encore ».

C'est le passage le plus connu de la partition — particulièrement dans sa traduction italienne : « Mi par d'udir ancora ». Leïla chante une invocation à Brahma, reprise par le chœur. Puis elle reste seule sur le rocher. Nadir lève son regard vers elle, chante son amour avec ardeur, et jure de la protéger.

Acte II. Dans un temple en ruine, le grand-prêtre Nourabad avertit Leïla qu'elle risque la mort si elle trahit ses vœux. Elle répond qu'elle ne manque jamais à sa parole. Le collier quelle porte au cou lui a été donné par un fugitif dont elle a refusé de révéler la cachette sous la menace des poignards de ses poursuivants : elle avait juré de ne pas le trahir.

Elle chante l'amour qui emplit son cœur : « Comme autrefois dans la nuit sombre ». Soudain, elle entend Nadir chanter une sérénade, non loin de là : « De mon amie fleur endormie ». Dans un duo quasi verdien : « Ton cœur n'a pas compris le mien », Leïla le supplie de partir, mais ils décident de se revoir le lendemain. Nourabad qui les a surpris appelle l'anathème sur eux, tandis que le chœur murmure qu'un orage s'approche. Nadir est capturé par des gardes. Nourabad accuse les amoureux de sacrilège et la foule fait écho à son cri de vengeance. Zurga réclame le droit de régler la question lui-même, espérant protéger son ami. Nourabad arrache le voile qui cache le visage de Leïla, alors Zurga la reconnaît, et se jure de punir la trahison de Nadir. Leïla et Nadir prient Brahma de les aider, tandis que la foule réclame que le sacrilège soit puni.

Acte III, scène 1. La tente de Zurga. Il souligne le contraste entre son esprit enflammé et l'orage qui, après avoir menacé de détruire la flotte, s'est apaisé : « L'orage s'est calmé ». Il pleure la fin de l'amitié qui le liait à Nadir : « O Nadir, tendre ami de mon cœur ». C'est une belle *scena* lyrique, très impressionnante. Leïla se présente devant lui. Elle veut mourir, mais plaide en faveur de Nadir. Zurga, ne supportant pas l'idée de laisser Leïla à Nadir, cède à la jalousie, et elle le maudit pour sa cruauté. Avant de partir elle sollicite une dernière faveur : elle aimerait que son collier soit envoyé à sa mère. Elle remet le bijou à Zurga et le quitte.

Scène 2. Sur le lieu d'exécution. Un bûcher funéraire est préparé. Danses et chœurs sauvages sont exécutés. Nourabad, fendant la foule, mène Leïla vers le bûcher. Au moment où les amants coupables vont mourir, on voit une lueur dans le lointain. Zurga se précipite en hurlant que le camp a pris feu, et le peuple part combattre les flammes. Zurga avoue à Leïla et Nadir qu'il est responsable de l'incendie. Le collier que Leïla lui a remis lui a appartenu autrefois : il est le fugitif qu'elle a sauvé de la mort. Il leur rend la liberté et ils chantent un trio solennel : « O lumière sainte ». Zurga essaie de retenir leurs poursuivants, mais est dénoncé par Nourabad qui, resté près d'eux, a tout entendu. Zurga est poignardé dans le dos par l'un de ses sujets. L'orchestre joue l'air : « Au fond d'un temple saint », dont la ligne supérieure est chantée par les deux amants, en octaves, quand ils apparaissent au sommet du rocher. En contrebas, Zurga expire.

K.,H.

La Jolie Fille de Perth

Opéra en 4 actes de Bizet; liv. de J.H. Vernoy de Saint-Georges et J. Adenis, d'après le roman de W. Scott, The Fair Maid of Perth. *Créé au Th. Lyrique, Paris, 26 décembre 1867, avec Mlles Devries, Ducasse et MM. Massy, Barré, Lutz. Première à Covent Garden, 1919. Reprise à Oxford, 1955.*

PERSONNAGES

SIMON GLOVER, *gantier* (basse); CATHERINE GLOVER, *sa fille* (soprano); MAB, *reine des gitans* (soprano ou mezzo-soprano); HENRY SMITH, *armurier* (ténor); LE DUC DE ROTHSAY (baryton ou ténor); RALPH, *apprenti de Glover* (basse ou baryton); UN SEIGNEUR AU SERVICE DE ROTHSAY (ténor); LE MAJORDOME DU DUC (basse).

En Écosse.

Bizet signa, en juillet 1866, un contrat avec Carvalho pour *La Jolie Fille de Perth*; il avait vingt-sept ans; l'œuvre fut terminée en décembre de la même année. Le rôle de Catherine fut écrit pour Christine Nilsson; mais la grande prima donna préféra créer le rôle d'Ophelia dans le *Hamlet* d'Ambroise Thomas produit à l'Opéra. *La Jolie Fille de Perth* eut du succès à la première — plus que n'importe quel autre opéra de Bizet, de son vivant. Il ne fut ensuite joué que dix-huit fois et ne fut pas repris à Paris avant 1890. On peut s'étonner qu'il n'ait jamais été donné à l'Opéra-Comique.

Acte I. Dans son atelier, Smith regrette l'absence de sa chère Catherine Glover. Des bruits interrompent sa rêverie : il ouvre sa porte et laisse entrer Mab, la gitane, qu'un groupe de jeunes gens rudoyaient dans la rue. Elle se cache. Catherine entre alors avec son père et Ralph, l'apprenti. Celui-ci, tout au long de la scène, cachera difficilement son dépit de voir Catherine et Smith s'entendre à merveille. Glover a apporté des provisions dignes d'une noce : du gibier, des pâtés, du pudding et du whisky; sa gourmandise notoire sera plus évidente encore dans le finale du premier acte. Catherine célèbre ce jour de fête par une vivante et brillante polonaise[1] : « Ah ! le carnaval apporte encore des plaisirs ». Glover préfère Smith à Ralph comme prétendant pour sa fille, et les deux jeunes gens restent seuls pour leur charmant duo : « Sera-t-elle sa Valentine ? » En gage d'amour,

Smith offre à Catherine une fleur émaillée d'or.

Le duc de Rothsay fait son entrée, incognito. Il vient solliciter les services de Smith. En réalité c'est Catherine qui l'intéresse. Dans un trio, il l'invite à se rendre au château le soir même, à la grande fureur de Smith. Le trio devient un quatuor animé. Pendant le finale Glover entre et reconnaît le duc; Catherine se querelle avec Smith et jette par terre la fleur qu'il lui a donnée; Mab la ramasse et s'enfuit.

Acte II. Une marche nocturne introduit l'acte. Le carnaval bat son plein. Tous regardent la danse des gitans, dont l'accompagnement musical, fut bissé à la première. Le duc s'assure l'appui de Mab pour enlever Catherine. La gitane, qui fut autrefois sa maîtresse, fait semblant d'approuver son plan tout en étant bien décidée à se substituer à Catherine le moment venu.

A la fenêtre de Catherine, Smith chante une ravissante sérénade à 6/8 : « A la voix d'un amant fidèle », l'un des morceaux devenus célèbres en dehors de leur contexte. Vient ensuite la splendide et lugubre chanson à boire de Ralph, qui est pris de boisson : « Quand la flamme de l'amour », elle est aussi célèbre, sinon plus.

Ralph s'effondre, hors d'haleine. Le majordome du duc vient lui demander où se trouve la maison de Catherine; il voit ensuite une silhouette de femme masquée repartir avec le

---

1. Bizet écrivit une aria plus lyrique, laissée au choix de l'interprète de Catherine; elle apparaît en appendice de la partition vocale.

majordome vers le château, tandis que l'orchestre joue une reprise de la sérénade de Smith. Indigné, Ralph réveille Glover et Smith, qui se précipitent. Il reste seul, dans son état précaire d'ivrognerie, et aperçoit la véritable Catherine se pencher à sa fenêtre pour répondre à la sérénade de Smith.

Acte III. L'entracte est un gracieux menuet, qui apparaît par ailleurs dans la seconde suite *L'Arlésienne*. Le duc de Rothsay joue dans son château, il décrit à ses compagnons, dans une cavatine, son nouvel amour. Il courtise ensuite la jeune femme – qui n'est autre que Mab, méconnaissable sous son masque. Mab accueille ses déclarations avec un certain cynisme, car il lui a déjà adressé les mêmes paroles autrefois. Le duc prend la rose de Catherine, que Mab porte. Elle s'enfuit, poursuivie par le duc, puis par Smith qui exprime, assez doucement, son désespoir et son désir de vengeance. Il se cache et entend avec indignation Glover demander au duc d'autoriser sa fille à épouser Smith. Au cours d'un long finale – le passage le plus ambitieux de la partition – la pauvre

Catherine s'entend pardonner sa soi-disant infidélité; elle réalise qu'elle partage un secret coupable avec le seigneur des lieux qu'elle connaît pourtant à peine; et, enfin, elle se voit repoussée par son amant, qui est pris d'une fureur extrême en voyant la rose qu'il lui avait offerte épinglée au revers du duc.

Acte IV. Le matin de la Saint-Valentin. Smith et Ralph se querellent. Ce dernier défend l'honneur de Catherine. Ils se provoquent en duel. Catherine apparaît et évoque tristement avec Smith leur amour passé. Smith dit qu'il pourrait bien mourir au cours du duel, Catherine s'évanouit. Le chœur célèbre la Saint-Valentin. Mab vient raconter que le duc a fait cesser le duel sur son intervention. Tous regardent Catherine qui semble avoir perdu l'esprit – selon la convention d'opéra du XIXe siècle, et au mépris de Walter Scott. Sa ballade est un gracieux exemple de scène de folie. La situation se rétablit quand Smith chante sa sérénade sous les fenêtres de Catherine, dont Mab joue le rôle. Smith fait de Catherine sa Valentine, et tout finit bien.

H.

Djamileh

Opéra en 1 acte de Georges Bizet; liv. de Louis Gallet. Créé à l'Opéra-Comique, 22 mai 1872, avec Mme Prelly, (« la Vénus sans voix », comme l'appelait Gauthier-Villars), MM. Duchesne, Potel. Première à Covent Garden, 1893; Vienne, 1938, avec Brems et Dermota. Reprise à Paris, 1938, avec Tourel, Arnoult, Bourdin.

PERSONNAGES

DJAMILEH, *esclave* (mezzo-soprano); HAROUN, *prince* (ténor); SPLENDIANO, *son secrétaire* (ténor ou baryton).
    Un trafiquant d'esclaves.

Djamileh, une belle esclave, est éprise de son maître, le prince Haroun, noble turc qui s'est lassé d'elle et a

décidé de la revendre. Elle persuade le secrétaire d'Haroun, Splendiano, qui l'aime, de l'aider à reconquérir son maître. Si elle échoue, elle épousera Splendiano.

Aussi, quand le marchand d'esclaves arrive, elle a réussi, avec la complicité du secrétaire, à se mélanger aux esclaves que l'on propose à Haroun. Elle danse, Haroun est ébloui et l'achète aussitôt. Quand elle révèle son identité et plaide sa cause en affirmant que seul l'amour l'a poussée à agir de la sorte, il accepte de la reprendre.

Djamileh est écrit pour un mezzo-soprano, et les rôles d'hommes pour des ténors. A part la danse, on remarque un duo pour ténors : « Que l'esclave soit brune ou blonde », un trio : « Je voyais au loin la mer s'étendre », et le chœur : « Quelle est cette belle ? ».

K.

Carmen

Opéra en 4 actes de Georges Bizet; liv. Henri Meilhac et Ludovic Halévy, d'après le roman de Prosper Mérimée. Créé à l'Opéra-Comique, Paris, 3 mars 1875, avec Galli-Marié dans le rôle de Carmen, et Chapuy, Lhérie, Bouhy. Reprises en 1883, 1898, avec Georgette Leblanc, 1904, avec Emma Calvé, 1930. L'œuvre quitta le répertoire de l'Opéra-Comique en 1959, pour entrer à celui de l'Opéra; avec J. Rhodes, Lance, Massard, dir. Benzi. Her Majesty's Theatre, Londres (en italien), 22 juin 1878, avec Minnie Hauck; Covent Garden, 1882, avec Pauline Lucca, Valleria, Lestellier, Bouhy. Minnie Hauck, qui créa Carmen en Angleterre, créa aussi le rôle en Amérique le 23 octobre 1879 à l'Academy of Music, New York, avec Campanini, del Puente. Calvé fit ses débuts en Carmen au Metropolitan le 20 décembre 1893, avec Jean de Reszké et Eames. Campanini, Jean de Reszké, Caruso, Clément, Saléza, Dalmores, Muratore, Martinelli, Ansseau, Thill, Maison et Vickers furent de célèbres interprètes du rôle de Don José; Eames et Melba furent des Micaela irréprochables; del Puente, Galassi, Campanari, Plançon, Amato et Journet furent de célèbres Escamillo. Parmi les chanteuses qui jouèrent Carmen à Covent Garden, on compte de Lussan, Calvé, Bourguignon, Olszewska, Supervia, Renée Gilly, Coates, Shacklock, Brems, Mödl, Resnik, Veasey, Cortez, Troyanos, Verrett. D'autres interprètes célèbres du rôle furent Bressler-Gianoli, Maria Gay, Gutheil-Schoder, Farrar, Mary Gerden, Besanzoni, Jeritza, Ponselle, Giannini, Bruna Castagna, Risë Stevens, Swarthout, Djanel, Pederzini, Bumbry.

PERSONNAGES

DON JOSÉ, *caporal de dragons* (ténor); ESCAMILLO, *torero* (baryton); EL DANCAIRO et EL REMENDADO, *contrebandiers* (ténors); ZUNIGA, *un capitaine* (basse); MORALES, *un officier* (baryton); MICAELA, *paysanne* (soprano); FRASQUITA et MERCEDES, *gitanes, amies de Carmen* (sopranos); CARMEN, *cigarière et gitane* (soprano).

A Séville, vers 1820.

Acte I. Une place à Séville. Le prélude — une des pièces orchestrales les plus célèbres de l'opéra — commence par un *presto* débordant mais contient une section menaçante et inquiétante vers le milieu. A la fin de l'œuvre, on verra que cet air est lié à l'idée du destin.

Morales et les soldats sont près du poste de garde. Des gens vont et viennent. Un chœur vif s'élève : « Sur la place ». Micaela s'avance, cherchant Don José.

Les soldats l'effarouchent et elle s'enfuit. Une fascinante petite marche jouée par des fifres et des trompettes se rapproche.

La garde montante arrive, précédée d'un groupe de garçonnets qui imitent le pas des dragons ainsi que le capitaine Zuniga et le caporal José. La cérémonie du changement de la garde est accompagnée d'un chœur d'enfants et de spectateurs adultes. C'est une scène très vivante.

Quand on lui dit qu'une jeune fille en robe bleue, coiffée de tresses blondes, l'a demandé, José reconnaît Micaela et avoue qu'il l'aime.

La cloche de la fabrique de cigares sonne l'heure du travail, les cigarières se dégagent de la foule et franchissent les grilles. Un cri s'élève : « Voilà la Carmencita ! »

La foule s'écarte pour lui laisser le passage. « Quand je vous aimerai ? » dit-elle insolemment aux hommes qui se pressent autour d'elle, « peut-être jamais, peut-être demain ». Puis elle se balance lentement au rythme d'une *habanera* : « L'amour est un oiseau rebelle, Que nul ne peut apprivoiser...
... Si tu ne m'aimes pas, je t'aime, Mais si je t'aime, prends garde à toi !...»

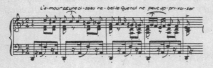

Elle essaye d'attirer l'attention de José, mais il ne semble pas remarquer sa présence. Elle arrache de son corsage une fleur et la lui lance, puis s'en va.

Les librettistes ont construit une scène admirable et le compositeur a su en tirer parti. La *Habanera* caractérise d'entrée le personnage de Carmen : une gitane passionnée mais volage, aimant impulsivement, mais se lassant tout aussi vite. Elle représente le fatalisme qui joue avec la mort.

La fleur lancée par Carmen gît aux pieds de José. Il hésite, puis la ramasse.

Micaela apparaît, et s'avance vers lui joyeusement. Elle lui apporte des nouvelles de chez lui, et un peu d'argent que sa mère a économisé pour améliorer sa maigre solde. Ils chantent un duo charmant : « Parlemoi de ma mère ».

Des cris retentissent dans la fabrique de cigares, et la place se remplit de filles, de soldats et de badauds. On comprend, d'après les cris excités des ouvrières, que Carmen s'est querellée avec une autre fille et l'a blessée d'un coup de couteau. Zuniga ordonne à José d'aller l'arrêter avec deux autres dragons. Le capitaine la questionne, elle lui répond : « Tra, la, la, tra la la » d'un ton moqueur, montant d'une note à chaque question.

L'officier perd patience et ordonne qu'on lui lie les mains pendant qu'il signe un mandat d'arrêt pour qu'on l'emprisonne. José est chargé de garder Carmen : elle l'ensorcelle avec ses chansons : « Où est la fleur que je vous ai jetée ? Qu'en avez-vous fait ? » Puis elle chante une autre mélodie attirante, sur un rythme typique de danse espagnole : une

Seguidilla : « Près des remparts de Séville », et fait tant qu'elle parvient à obtenir qu'il lui rende sa liberté.

Acte II. L'auberge de Lillas Pastia. Frasquita, Mercédès et Morales sont avec Carmen. Elle chante : « Les tringles des sistres tintaient ».

Frasquita et Mercédès se joignent au « Tra la la la » du refrain. Carmen fait crépiter ses castagnettes, et la danse devient de plus en plus rapide et violente.

On crie au-dehors : « Vivat, vivat le torero ! Vivat Escamillo ! » Le célèbre torero, vainqueur de la corrida de

Grenade, s'approche. Il chante les fameux « Couplets du Toréador », chant avec refrain et chœur, qui commence par « Votre toast je peux vous le rendre ». Le refrain avec chœur est : « Toréador, en garde ».

Tor-e-a-dor en gar - de

Il est fasciné par Carmen, mais elle pense encore à José qui doit être libéré aujourd'hui, après avoir été emprisonné pour l'avoir laissée fuir. Le toréador part, suivi de la foule et de Zuniga.

L'aubergiste ferme les volets et quitte la salle. Carmen, Frasquita et Mercédès sont aussitôt rejointes par les contrebandiers, El Dancairo et El Remendado. Ils ont besoin des filles pour enjôler les garde-côtes et leur faire oublier leur service. Leurs sentiments sont exprimés dans un quintette d'une joyeuse spontanéité : « Quand il s'agit de tromperie ». Comme partout ailleurs dans *Carmen*, même dans les passages intensément dramatiques, la musique n'est jamais forcée.

Les hommes veulent que les trois filles les accompagnent tout de suite, mais Carmen veut attendre José. Ils suggèrent qu'elle le décide à se joindre à leur bande.

On entend José chanter : « Halte-là ! Qui va là ? Dragon d'Alcala ! » quand il s'approche de l'auberge.

Carmen danse pour lui. Dehors, le clairon sonne la « retraite » qui somme les soldats de rejoindre leurs quartiers. Il se lève pour rentrer au camp, mais Carmen lui reproche de placer son devoir au-dessus de son amour pour elle. Il prend alors la fleur qu'elle lui avait lancée et la lui montre en gage de sa passion, chantant le célèbre : « La fleur que tu m'avais jetée. »

La fleur que tu m'a-vais je - té - e

Elle essaie de le persuader de rester auprès d'elle, il se joindra à la bande de contrebandiers : « Là-bas, là-bas dans la montagne ». Mais il hésite à devenir un déserteur et à la suivre. A ce moment, Zuniga, qui croyait trouver Carmen seule, entre dans la salle. Les deux hommes se querellent et dégainent leurs sabres. La bande de contrebandiers se précipite à l'appel de Carmen. El Dancairo et El Remendado menacent Zuniga de leurs pistolets, et le forcent à sortir.

Acte III. Dans la montagne. Les contrebandiers arrivent. Parmi eux se trouvent Don José, El Dancairo, El Remendado, Frasquita et Mercédès. Le chœur d'ouverture a un rythme particulièrement attrayant.

Don José est malheureux. La passion de Carmen a été de courte durée, Carmen est volage et capricieuse. De plus, José n'est pas à l'aise parmi ces contrebandiers et commence à se reprocher de tout avoir sacrifié à une beauté fière et fantasque qui appartient a une race sans loi. Il l'aime encore follement, et jalousement, car Escamillo est devenu son rival.

Don José est plus morose que jamais, Carmen le pousse à partir et à la quitter, il la menace de mort si elle répète cela.

Le trio des cartes : « Mêlons, coupons », est l'un des brillants passages de la partition, interrompu par le fantastique monologue de Carmen : « En vain pour éviter ».

Le chef des contrebandiers donne le signal du départ. Don José monte la garde et reste légèrement en arrière.

Micaela apparaît, cherchant Don José qu'elle espère sauver. Sa romance :

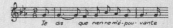
Je dis que rien ne m'é-pou-vante

« Je dis que rien ne m'épouvante » est exquise.

Ne voyant pas Don José, elle se retire. Arrive Escamillo qui vient voir Carmen. Il ne connaît pas Don José et lui conte que Carmen s'est lassée de son dernier amant, un dragon qui a déserté pour elle. Don José révèle son identité et ils engagent un duel au couteau. Les contrebandiers reviennent et séparent les combattants. Escamillo invite la bande à sa prochaine corrida à Séville. Tous acceptent avec joie. L'un des contrebandiers aperçoit Micaela et la fait descendre. Elle supplie Don José de partir avec elle, mais il résiste. Sa jalousie est exaspérée quand Carmen lui conseille de suivre la jeune fille. Il s'écrie tragiquement qu'il ne la quittera jamais, même si cela doit lui coûter la vie. C'est l'un des passages les plus bouleversants de la partition.

Micaela lui révèle enfin que sa mère est mourante depuis sa désertion, et il décide de partir.

Dans le lointain, Escamillo chante le refrain de sa chanson. Carmen écoute, ravie, et veut courir vers lui. Don José brandit son couteau et lui barre le chemin. Il part ensuite avec Micaela.

Acte IV. Une place à Séville. Au fond, l'entrée de l'arène. C'est le jour de la corrida. La place est animée : marchands d'eau, d'oranges, d'éventails ... Chœur. Ballet.

La foule acclame les premières mesures de la procession qui s'approche et applaudit les groupes qui passent et entrent dans l'arène. « Voici Escamillo ! Vive Escamillo ! » Un grand cri s'élève quand le toréador entre, Carmen à son bras.

Ils chantent un duo bref mais magnifique : « Si tu m'aimes, Carmen », avant qu'il entre se préparer pour le combat.

Une des gitanes apprend à Carmen que José est là, il se cache dans la foule et la guette.

Carmen n'a pas peur du danger, elle reste seule sur la place. Quand José

arrive, elle lui dit durement que malgré ses menaces elle ne sera plus jamais à lui.

L'orchestre entame une fanfare dans l'arène. Des acclamations accueillent Escamillo. Carmen veut se précipiter vers l'entrée. Don José lui fait face, poussé par le désespoir, le couteau tiré.

A ses questions, elle répond qu'elle aime Escamillo et va le rejoindre. Elle s'élance vers l'entrée mais il la poignarde.

Les portes de l'arène s'ouvrent. La foule se déverse, louant le courage d'Escamillo, puis s'arrête brusquement, frappée d'horreur, en voyant le cadavre au pied des marches. José se constitue prisonnier, puis, se jetant sur son corps, il s'écrie : « Ah ! Carmen, ma Carmen adorée ! »

La production de *Carmen* à l'Opéra-Comique fut un échec. Si l'on considère le succès mondial que l'œuvre connut par la suite, cet échec reste historique. Il eut cependant pour conséquence lamentable de précipiter la mort de Bizet, trois mois plus tard, avant même qu'il ait pu concevoir combien son œuvre serait acclamée par la suite : *Carmen* remporta son premier triomphe à Vienne, quatre mois après sa mort. Puis ce fut Bruxelles, Londres, New York. Enfin, *Carmen* revint à Paris pour ce que Pierre Berton appelle « la brillante réparation ».

Le lecteur qui prendra la peine de consulter des articles de presse rendant compte de la première parisienne découvrira que l'on reprochait à la partition, si riche en mélodies bien menées et originales — ensembles, airs accompagnés et solos — d'être trop wagnérienne. Un autre exemple de ce curieux comportement à l'égard d'un opéra où les mélodies abondent presque autant que dans *Il Trovatore* et sûrement autant que dans *Aïda,* apparaît dans l'article réservé à *Carmen* dans le *Dictionnaire des Opéras* (l'un des plus défavorables qu'on puisse y trouver). Si l'on en croit Berton, qui assista à la seconde représentation, l'échec n'était pas imputable à des défauts de distribution. Selon lui, Galli-Marié (Carmen) Chapuy (Micaela), Lhérie (Don José) et Bouhy (Escamillo) furent « à la hauteur de leur tâche... un quatuor admirable ».

L'Amérique a eu ses « périodes Carmen ». Minnie Hauck imposa sa suprématie dans ce rôle, en tout cas jusqu'à l'arrivée de Calvé. Quand Grau voulait remplir sa salle, il n'avait qu'à annoncer Calvé dans Carmen. Elle domina le personnage par sa beauté, son charme, sa *diablerie* et son art vocal. Si bien qu'il fut impossible de reprendre *Carmen* avec succès après son départ du Metropolitan, jusqu'au jour où Farrar le chanta, le 19 novembre 1914, avec Alda en Micaela, Caruso en Don José et Amato en Escamillo.

K.

ALEXIS EMMANUEL CHABRIER
(1841-1894)

L'Étoile

Opéra bouffe en 3 actes; liv. d'E. Leterrier et A. Vanloo. Créé aux Bouffes-Parisiens, 28 novembre 1877, avec Paola-Marie, Berthe Stuart, Luce, MM. Daubray, Joly, Scipion, Jannin, dir. Leon Rocques. Créé à New York, 1890, sous le titre The Merry Monarch (Le Joyeux Monarque), *dans une adaptation de J.C. Goodwin et W. Morse, avec un arrangement musical de J.P. Sousa. Cette version fut donnée au Savoy Theatre, Londres, en 1899, avec de nouveaux dialogues, des morceaux supplémentaires composés par I. Caryll : il ne restait pas grand-chose de l'original de Chabrier. Reprise à Paris, 1925; première à l'Opéra-Comique, 1941, avec Fanély Revoil, Lilie Grandval, Madeleine Grandval, Madeleine Mathieu, René Hérent, Balbon, Derroja, dir. Désormière; reprise, 1946.*

PERSONNAGES

LE ROI OUF Ier (ténor); SIROCCO, *astronome de la Cour* (basse); HÉRISSON DE PORC EPIC (ténor); TAPIOCA, *son secrétaire particulier* (baryton); LE CHEF DE LA POLICE (rôle parlé); LE MAIRE (rôle parlé); LAZULI, *marchand ambulant* (mezzo-soprano); LA PRINCESSE LAOULA (soprano); ALOÈS, *femme d'Hérisson* (soprano).

Des courtisans et des courtisanes, le peuple, les gardes.

Une place publique.

Le bruit court que le roi Ouf se promène dans la ville sous un déguisement. Les citoyens se passent le mot : soyez sur vos gardes. Apparaît une silhouette enveloppée d'un manteau, qui pose des questions tendancieuses aux passants sur le roi et le gouvernement. Le roi doit obtenir un discours subversif d'un de ses sujets si les autres ne veulent pas être privés de leur distraction favorite le jour de son anniversaire : une exécution publique. Mais personne ne se risque à la moindre remarque anti-Ouf, et le roi s'en plaint amèrement à Siroco, l'astronome royal, qui descend justement de son observatoire. Il lui confie de plus une clause de son testament selon laquelle Siroco devra mourir un quart d'heure après son maître; puis il le charge de consulter les augures au sujet de son prochain mariage avec la princesse Laoula, fille de son voisin le roi Mataquin. C'est le meilleur moyen d'établir la paix entre les deux pays et d'assurer un héritier à son trône.

Quatre silhouettes enveloppées dans des capes arrivent sur la scène déserte. Ce sont Hérisson de Porc Epic, l'ambassadeur du roi Mataquin; Tapioca, son fidèle secrétaire; la princesse Laoula, et Aloès, la femme d'Hérisson. Ils annoncent en chœur leur intention de rester incognito, sous l'apparence de boutiquiers, puis chantent l'un après l'autre les joies et les beautés du commerce. Pour des raisons qu'ils disent diplomatiques, Hérisson fait passer Laoula pour sa femme — une manœuvre fort délicate, mais il n'y a pas de diplomatie sans complications.

Ils se dirigent tous vers l'hôtel. Lazuli, le marchand ambulant, vient chanter avec grâce le pouvoir qu'exercent les cosmétiques sur les femmes (« Je suis Lazuli ») : sans aucun doute, un air « à succès ». Il déballe ses marchandises en s'avouant qu'il est amoureux d'une des voyageuses et donne sa dernière pièce d'or à Siroco pour qu'il découvre son avenir dans les étoiles. Tandis que l'on établit son horoscope, Lazuli se prépare à dormir et chante une émouvante romance à l'étoile dont son destin dépend.

Hérisson et Tapioca sortent de l'auberge. Aloès et Laoula, avides d'aventures, en font immédiatement autant. Elles aperçoivent Lazuli endormi et décident de l'éveiller. La meilleure technique est le chatouillis — illustrée par la musique : « Il faut le chatouiller pour mieux le réveiller. » Lazuli fait semblant de dormir jusqu'au moment où il peut attraper ses bourreaux. Elles lui avouent alors être célibataires et employées dans une boutique. Il déclare sa passion à Laoula et la prouve par un baiser. Mais le retour de Hérisson et Tapioca interrompt une scène qui s'annonçait prometteuse. Lazuli est consterné d'apprendre que Laoùla est la femme d'Hérisson. Aussi, quand le roi Ouf, toujours en quête d'une victime, s'approche de lui, il laisse éclater sa mauvaise humeur, dit du mal du gouvernement et gifle finalement son interrogateur. Ouf est éperdu de joie. Il appelle sa garde et révèle à Lazuli que celui qu'il vient de gifler n'est autre que le roi. Pour une telle offense, il mérite la mort. Ouf envoie chercher les instruments de torture dont il chante les louanges dans les « Couplets du Pal ». Au moment où Lazuli va être cérémonieusement empalé, Siroco intervient : les étoiles ont révélé que le destin du condamné était intimement lié à celui du roi, et que la mort de l'un suivrait rapidement celle de l'autre. L'ordre du jour est rapidement modifié : Lazuli est pardonné; le *pal* est décommandé, et le roi le fait remplacer par son *palanquin*, Lazuli va être installé au Palais Royal.

Acte II. La Salle du Trône. Les fenêtres du fond donnent sur un lac. Lazuli est maintenant richement vêtu et servi par des demoiselles d'honneur qu'il remercie en chantant un Brindisi. Le roi et Siroco viennent s'enquérir de sa santé, sur laquelle ils comptent tant... Leur sollicitude l'inquiète considérablement. Il s'écrie que rien ne saurait le garder prisonnier loin de sa bien-aimée. Aussi s'échappe-t-il par la fenêtre, à l'aide d'une nappe. Ouf et Siroco, de retour, voient la fenêtre ouverte avec accablement. Ils promettent la liberté à Lazuli et le convainquent de remonter. Il leur avoue être épris d'une femme mariée; puis se réjouit, dans un air très animé, de n'avoir jamais eu trop de difficultés avec les maris — en tout cas, il les provoque en duel. On annonce Hérisson, le nouvel ambassadeur. Lazuli reconnaît le mari de son *inamorata* et le roi Ouf, au grand mécontentement de l'ambassadeur, ne lui prête pas la moindre attention. Les détails de sa mission d'ambassadeur lui importent peu; tout ce qui l'intéresse est son habileté à l'escrime. Tant et si bien qu'Hérisson est sur le point de présenter l'ultimatum qu'il porte toujours sur lui pour les cas d'urgence. La crise est évitée, et Hérisson sort chercher la princesse Laoula.

Le roi Ouf tient à ce que Lazuli puisse séduire la femme de l'ambassadeur. Celui-ci est donc arrêté dès son retour et emmené par Siroco. La voie est libre pour les amants. Un charmant quatuor intervient ici, entre Lazuli et Laoula, Tapioca et Aloès; il devient vite un double duo d'amour, car Tapioca est décidé à couvrir Aloès de toutes les attentions dont Lazuli honore Laoula. Ouf est persuadé qu'Aloès est la princesse qu'il doit épouser. Personne ne lui enlève ses illusions, mais Tapioca prend sur lui d'accompagner la jeune femme dans sa chambre. Ouf offre à Lazuli la liberté et la fortune, et Laoula exprime sa reconnaissance dans un air charmant : « Moi, je n'ai pas une âme ingrate ». Dans le trio qui s'ensuit, Ouf leur dit adieu juste au moment où Hérisson, qui s'est échappé, se précipite dans la salle. Ouf le calme. Tout est préparé pour que la princesse soit accueillie avec égards. Hérisson revient accompagné d'Aloès et de Tapioca. Sa colère est grande car non seulement la princesse Laoula a disparu, mais il a trouvé sa femme et Tapioca dans une situation fort compromettante. Le quiproquo s'éclaircit, même pour Ouf; sa consternation s'aggrave quand Hérisson annonce qu'il a envoyé des gardes à la poursuite des fugitifs. Un coup de feu retentit. Laoula est introduite, seule, et raconte sa triste histoire. Mais son air devient gai et brillant quand elle décrit comment Lazuli a disparu au fond du lac : « Et puis crac ! Tout changea dans une minute ». Tous se joignent avec soulagement au finale de l'acte.

Acte III. L'entracte est constitué d'un amusant trio. Le rideau se lève sur une autre pièce du Palais Royal. Siroco et Ouf ont beau retarder l'horloge, ils doivent bien se rendre à l'évidence : la mort les guette, d'autant plus que le chef de la police leur annonce qu'on n'a retrouvé que le chapeau et le manteau de Lazuli. Seul un verre de cordial peut les réconforter. Ils sortent.

Lazuli émerge de sa cachette. Se sachant bon nageur (ce que nous savions depuis sa première escapade), il a plongé du bâteau et échappé à ses poursuivants. Malheureusement, nous apprend sa chanson : « Enfin, je me sens mieux », sa feinte lui a valu un horrible rhume, et il renifle en chantant. Il se cache au moment où Siroco et Ouf reviennent. Même un verre de chartreuse n'a pu redonner confiance au roi dont le moral est très atteint. De sa cachette, Lazuli le voit insulter Hérisson, qui produit l'ultimatum. Mais le roi en évite les conséquences en soutenant que Lazuli est mort à cause de l'ambassadeur; lui-même, par conséquence, doit mourir bientôt. Hérisson est très ému, et présente ses condoléances, que le roi accepte avec ravissement.

Cette scène a épuisé Ouf. Siroco suggère timidement qu'un autre verre — cette fois-ci de chartreuse verte — et doublement rempli — pourrait le soulager. Le « Duo de la Chartreuse verte », généralement bissé, est une irrésistible parodie des morceaux italiens du début du XIXe siècle. Ouf et Siroco sortent ensemble. Lazuli réapparaît, ayant enfin compris la situation. Il écoute Aloès consoler Laoula que sa mort a apparemment beaucoup peinée. Il se joint à elles, formant un trio. Lazuli explique à Laoula qu'il va pouvoir l'épouser justement parce qu'il est mort : elle prétendra retourner chez son père, mais, en fait, il l'attendra aux portes de la ville.

Ouf revient. Une seule chose est claire dans son esprit : la chartreuse verte est meilleure que la jaune, car elle est plus forte. Il regarde Laoula et décide de l'épouser au plus vite, promettant les joies du veuvage à la princesse inconsolable. Celle-ci, dans un chant à 6/8, se compare à la rose qui flétrit et meurt dès qu'on l'a cueillie. Heureusement pour elle, l'horloge de l'observatoire sonne, rappelant à Ouf qu'il a trafiqué celle du palais. Il est trop tard, et il renonce au mariage. L'horloge continue de sonner, et il est toujours en vie. Il promet à Siroco une punition imminente, retrouve sa bonne humeur pour pardonner à Lazuli que le chef de la police vient d'arrêter. Puis, sur l'air du « Pal », il bénit Laoula et Lazuli et assure un heureux dénouement.

H.

Gwendoline

Opéra en 3 actes (ou 2 actes et 3 tableaux), musique de Chabrier; liv. de Catulle Mendès. Créé à Bruxelles, Th. de la Monnaie, 10 avril 1886, avec Thuringer, Berardi, Engel, dir. Dupont. Première à Carlsruhe, 1889, dir. Mottl. Munich, 1890, dir. Levi; Opéra de Lyon 1893, avec Veyreiden, Mondaud, Dupuy, dir. Luigini; Opéra de Paris, 1893, avec Berthet, Renaud, Vaguet, Douaillier, dir. Mangin. Reprises : 1911, avec Kousnetzoff, Duclos, Campagnola, Ezanno, Gonguet, dir. Messager; 1926, avec Nespoulos, Rouard, Rambaud, Ernst, Madlen, dir. Ruhlmann; 1941, avec Renaud, Beckmans, Jouatte, dir. Gaubert. O.R.T.F. (en concert), 1977, avec Miranda, Meloni, Garazzi, Angot, Etchebarne, dir. H. Gallois.

PERSONNAGES

GWENDOLINE, *fille d'Armel* (soprano); HARALD, *chef Danois* (ténor); ARMEL, *chef Saxon* (ténor); AELLA, *serviteur d'Armel* (baryton); ERICK, *serviteur d'Armel* (baryton).

Danois, Saxons et Saxonnes.

Sur la côte de Grande-Bretagne, aux temps barbares.

Acte I. Une vallée près de la mer, la maison du vieil Armel. Les paysans et les pêcheurs se préparent au travail. Gwendoline s'inquiète de la menace toujours présente des Danois sur leurs côtes. Elle a rêvé qu'un Danois l'enlevait sur son navire. Alors que les jeunes filles se moquent de ses craintes, les pirates Danois débarquent, conduits par Harald. Comme il menace Armel, Gwendoline s'interpose.

Harald renvoie tout le monde ne gardant près de lui que la jeune fille dont il est tombé éperdument amoureux au premier regard. Elle l'apprivoise, lui fait porter une guirlande de fleurs, filer son rouet, chanter. Il demande à Armel la main de sa fille, lui offrant son amitié en échange.

Armel feint d'accepter pour mieux tendre un piège aux Danois.

Acte II. Un autre aspect du même décor.

Armel et les Saxons, pendant les préparatifs du mariage, ont décidé d'incendier la flotte danoise.

Armel bénit les époux, offre à Harald un hanap, et prenant sa fille à part, lui donne un couteau, en lui disant de poignarder son mari s'il échappait à leurs coups. Gwendoline, restée seule avec Harald l'incite à fuir et finit par lui révéler le complot.

Harald, qui a confiance dans la vaillance de ses compagnons, refuse de la quitter. Leur duo d'amour est interrompu par des bruits d'armes et des appels au secours. Gwendoline donne à Harald, désarmé, le couteau offert par Armel.

Acte III. Dans la vallée. Les Danois sont massacrés, leur flotte incendiée. Harald recule devant ses poursuivants. Armel le tue, et Gwendoline se poignarde sur le corps de son époux.

M.K.

Une éducation manquée

Opérette en un acte, musique de Chabrier; liv. de Eugène Leterrier et Albert Vanloo. Créé à Paris, au Cercle Franco-International, 1ᵉʳ mai 1879, avec Réval (Hélène), Jane Hading (Gontran), Morlet (Pausanias). Repris par Jacques Rouché, au Théâtre des Arts, 1913, avec Launay, Coulomb, Bourgeois, dir. Grovlez; Th. des Champs-Élysées, soirée organisée par Diaghilev; 1924, avec Geneviève Vix, Ferraris, Vigneau, récitatifs de Darius Milhaud, décors et costumes de Juan Gris, mise en scène de Georges Wague, dir. André Messager; Opéra-Comique, 1938, avec Gaudel, Rolland, Rousseau, dir. Desormière.

PERSONNAGES

GONTRAN (ténor ou soprano); HÉLÈNE (mezzo-soprano); PAUSANIAS (baryton).

Hélène et son cousin Gontran viennent d'être mariés. Elle sort de son couvent, il sort de chez son précepteur, Pausanias, qui lui a tout appris sauf précisément ce qu'étaient l'amour et le mariage. Ils s'étonnent d'être laissés seuls, quand arrive Pausanias assez éméché : « Ce vin généreux, j'en ai pris d'abord un verre ». Il avertit Hélène que sa tante l'attend dans sa chambre. Le grand-père de Gontran n'ayant pu venir, a laissé à Pausanias une lettre à l'intention de son petit-fils : « Mon enfant, ton vieux grand-père. » Mais la lettre ne contient aucune instruction. Désespéré, Gontran fait rappeler Pausanias. Hélène sort de sa chambre, son entretien avec sa tante, une vieille fille, ne lui a rien appris. Duetto : « Eh bien ma chère, à son mari ». Ils ne savent que faire et que dire et Hélène, qui a sommeil, se retire dans sa chambre. Pausanias revient enfin. Gontran l'accuse de ne pas lui avoir donné une éducation complète. Duetto bouffe : « Après vous avoir saturé d'hébreu ». Mais Pausanias n'est d'aucune aide et va s'informer auprès d'un confrère. Gontran, resté seul, ouvre la fenêtre : « Lorsque le ciel se couvre ainsi ». Un orage éclate. Hélène, apeurée, revient, Gontran la trouve ravissante et la prend dans ses bras. Duo : « Faisons-nous petits, tout petits ». Quand Pausanias revient, les amoureux n'ont plus besoin de lui.

M.K.

Le Roi malgré lui

Opéra-comique en 3 actes d'Emmanuel Chabrier; liv. d'Emile de Najac et Paul Burani. Créé à l'Opéra-Comique, Paris, 18 mai 1887, avec Adèle Isaac, Cécile Mézéray, Max Bouvet, Delaguerrière, Lucien Fugère, dir. Danbé. Reprise, dans une nouvelle version dramatique d'Albert Carré, à l'Opéra-Comique, 1929, avec Brothier, Guyla, Bourdin, Musy; 1946, avec Turba-Rabier, Vina Bovy, Bourdin, Musy; 1959, avec Micheau, Castelli, Clément, Musy; Capitole de Toulouse, 1978.

PERSONNAGES

HENRI DE VALOIS, *roi de Pologne* (baryton); LE COMTE DE NANGIS, *membre de sa suite* (ténor); LE DUC FRITELLI (baryton-bouffe); LE COMTE LASKI, *patriote polonais* (basse); BASILE, *aubergiste* (ténor); VILLEQUIER, LIANCOURT, ELBEUF, MAUGIRON, et QUÉLUS, *nobles français* (basses, ténors, barytons); UN SOLDAT (basse); MINKA, *serve du comte Laski* (soprano); ALEXINA, *duchesse de Fritelli* (soprano).
Six serfs, des pages, des nobles français et polonais, des soldats, des dames polonaises, des gens du peuple.

En Pologne.

Henri de Valois est roi de Pologne. Mais sa position et son entourage l'ennuient à périr, et rien, songe-t-il, ne saurait plus lui plaire que de s'en débarrasser à jamais. Au lever du rideau, les nobles français de sa Cour sont réunis dans un château près de Cracovie. Ils font tout ce qu'ils peuvent pour oublier l'ennui d'une vie de Cour loin de chez eux. Nangis chante la pénitence que représente la vie dans une capitale barbare. Le roi entre, acclamé. Il passe distraitement en revue les nouvelles recrues et apprend qu'il doit avoir un garde du corps car de nombreux Polonais n'ont pas admis son élection. Villequier soupçonne même que l'on en veut à sa vie. On apporte cérémonieusement le courrier de France au souverain qui chante les louanges de son pays natal dans une belle romance nostalgique. Il décide de se mêler à ses sujets, pour découvrir leurs sentiments.

Entre le duc Fritelli. Il est italien, mais a épousé une Polonaise, dont l'oncle est le suspect comte Laski. C'est un personnage bouffe en raison de son manque d'allure physique, de sa couardise et de sa suffisance. Mais quand le roi lui demande son interprétation du caractère polonais, il s'acquitte avec brio dans un chant remarquable : « Le Polonais est triste et grave ». Nangis est épris d'une esclave de la maison Laski, Minka, qui l'informe des complots menés contre le roi. Justement Minka apparaît, menacée par un soldat. Nangis la protège, ils chantent leur amour. Minka révèle qu'il y aura un bal le soir même chez le comte Laski, puis répète combien elle aime Nangis dans une romance gracieuse : « L'amour ce divin maître ». Nangis donne rendez-vous à la jeune fille plus tard dans le parc. Elle chantera pour qu'il puisse la trouver. Minka se cache car le duc et la duchesse Fritelli approchent, soucieux de rendre hommage au roi.

Ils se croient seuls. Alexina, la duchesse, révèle à son mari, qui est aussi du complot, que les ennemis polonais du roi doivent se retrouver le soir même chez son oncle Laski. Elle repousse les avances de son mari, lui raconte une aventure vénitienne qui semble curieusement complémentaire de celle que le roi vient de narrer. Elle a beau lui donner un tour innocent, il sait qu'*elle* est l'Italienne qui a su séduire le roi !

Minka, prenant le roi pour un autre des nobles de sa suite, lui décrit le complot dans un duo, ajoutant qu'elle aime Nangis et que les Polonais ne veulent pas de leur roi. Elle désigne Fritelli comme l'un des conspirateurs. Le roi confond le duc, puis lui pardonne à condition qu'il l'emmène au bal Laski. Il le présentera sous l'identité de Nangis, que le roi, pour s'en débarrasser un moment, fait conduire en prison. Le finale se développe dans un ensemble d'une perplexité très rossinienne (« Qu'a-t-il fait ? En effet qu'a-t-il pu commettre ? »).

Fritelli est obligé de présenter le roi à sa femme comme Nangis et de le faire passer pour un postulant conspirateur. Elle reconnaît en lui son partenaire de l'aventure vénitienne. Le trio « Ma beauté de Venise », est fort brillant, mais la voix de Minka qui chante dans le parc l'interrompt. Le roi termine l'acte en déclarant : « Conspirons tous trois contre Henri de Valois ».

Acte II. La grande salle du palais Laski. Le bal va commencer avec la célèbre « Fête Polonaise », danse chorale brillamment orchestrée, dans la tradition de Berlioz (cf. la scène du « Carnaval Romain » dans *Benvenuto Cellini*). Le bal sert de prétexte, pour le comte Laski, au rassemblement des conspirateurs. Alexina présente le comte de Nangis (le roi sous un déguisement) comme un sympathisant. Mais Minka comprend qu'une mystification est en cours. Lors d'un chœur de conspirateurs qui rivalise avec Meyerbeer pour l'effet de masse, le soi-disant Nangis jure qu'il débarrassera la Pologne de son roi. Fritelli, malgré ses efforts pour passer inaperçu, est désigné pour enlever son maître et le faire conduire en voiture à la frontière. Quand tous sont partis, le roi prend en pitié Fritelli et se charge

de l'affaire : « Rien n'est aussi près de la haine que l'amour. »

Suit un interlude — le Sextuor des Serves et la Chanson tzigane, et un solo de Minka. Le roi entre avec Alexina, leur duo devient une barcarolle qui rappelle leur merveilleuse aventure (annonçant le style d'opérette de Reynaldo Hahn).

Fritelli demande à Minka de prévenir son maître que le roi est venu au bal sous un déguisement. Minka chante pour attirer l'attention de son amant. Il apparaît un instant, le temps d'apprendre que le roi est au bal, et se cache. Le bruit court, et Laski fait fermer et garder les portes. Comme Nangis ne retire pas son masque, Laski le prend pour le roi. Un ensemble digne d'Offenbach commence, qui culmine avec l'air spirituel de Nangis (poussé par le véritable roi) : « Je suis le roi ! » Les Polonais lui présentent un acte d'abdication. Le roi le somme de signer, mais Minka le supplie de refuser, et on le fait enfermer. Les ravisseurs délibèrent, ils votent sa mort et le véritable roi se propose comme victime.

La consternation est générale. Alexina est persuadée qu'il est de bonne foi et n'est qu'un simple courtisan. Les conspirateurs tirent au sort le nom de celui qui fera le bourreau. Tous désignent Nangis sur leur papier. Le roi fait mine de se porter le coup fatal. Minka apparaît et avoue qu'elle a aidé Nangis à s'enfuir.

Acte III. Dans la grande salle d'une auberge frontalière. La salle est chargée de décorations, presque toutes marquées de la lettre H. La foule chante son bonheur d'avoir bientôt un nouveau roi. Mais Fritelli, qui a regardé les décorations, doit leur expliquer que le nouveau roi de Pologne n'est pas Henri de Valois mais l'archiduc Ernest ! Une mazurka animée, *allegro tempo*, un chœur, et un ensemble dans le style du début du dernier acte de *Carmen,* se succèdent. Fritelli apprend de l'aubergiste Basile, qu'un voyageur d'apparence élégante est arrivé à l'auberge la nuit précédente, il est dans la chambre 8; Fritelli pense que c'est l'archiduc Ernest. Stupéfaction : c'est Henri de Valois qui franchit le seuil en souriant.

Le cocher l'a laissé à la frontière. Il demande de nouveaux chevaux, et ajoute qu'il regrette de n'avoir pu dire adieu à la nièce du comte Laski. Alexina et Minka se lamentent du départ précipité des hommes qu'elles aiment (les sentiments sont sincères, même si les identités sont confuses); leur lent nocturne à 6/8 pour deux voix féminines, d'une écriture douce-reuse, évoque inévitablement le Berlioz de *Béatrice et Bénédict*.

Alexina, se voyant abandonnée, exprime son chagrin. Fritelli lui répond : « Nous ne sommes plus à Venise, Madame ! » et la réprimande pour son indiscrétion dans un air comique : « Je suis du pays des gondoles » (n'y-a-t-il pas une référence à la *Marche Hongroise* de Berlioz en refrain à la fin de chaque vers ?). Il entre dans la chambre 8 cherchant l'archiduc. Alexina s'empresse de rassembler les paysans pour saluer le nouveau roi et voit son amant sortir de la chambre.

Tout est mis au clair : il est le roi, elle est la femme du duc. Mais Minka intervient, criant que le comté Laski est tout près et que le roi va être assassiné. Henri accepte de partir : il a tenu parole, le roi n'existe plus. Minka est persuadée qu'il a assassiné son amant et se précipite à sa poursuite en criant vengeance. Mais les choses ont changé à Cracovie. Les nobles polonais ont appris que l'archi-duc renonçait à son trône. De plus, ils ont été impressionnés par le comporte-ment chevaleresque d'Henri la nuit précédente.

Mais il faut encore résoudre le dilemme de Minka, qui est exprimé dans une aria déchirante. Nangis apparaît et lui explique la supercherie. Henri fait un retour triomphal et pardonne à tous.

H.

JULES MASSENET
(1842-1912)

Hérodiade

Opéra en 4 actes et 7 tableaux de Jules Massenet; liv. de Paul Milliet et Henri Grémont. Créé à Bruxelles, Th. de la Monnaie, 19 décembre 1881, avec Vergnet (Jean), Manoury (Hérode), Gresse (Phanuel), Fontaine (Vitellius), Boutens (le Grand-Prêtre), Duvivier (Salomé), Blanche Deschamps (Hérodiade), dir. Joseph Dupont. Opéra de Nantes, 1883. Première à Paris, Th. des Italiens, 1er février 1884, avec Jean de Reszké, Maurel, Ed. de Reszké, Villani, Paroli, Fides-Devries, Tremelli (en it.). Th. de la Gaieté-Lyrique, 1903, avec Emma Calvé, Lina Pacary, Renaud, Jerome, Fournets, Weber, dir. Luigini. Opéra de Paris, 22 décembre 1921, avec Fanny Heldy, Lise Charny, Franz, dir. Ph. Gaubert. Reprises : 1926, avec Berton, Perret, dir. Busser; 1945, avec Boué, Luccioni, dir. Ruhlmann; 1947, avec Bonny-Pellieux et Verdiere. Georges Thill, en 1925, et José de Trévi, en 1931, chantèrent le rôle de Jean. A l'étranger : l'œuvre fut donnée pour la première fois à la Scala de Milan, 1882 (en it.); à Hambourg, 1883 (en all.) avec Krauss, Sucher, Brandt-Goertz, Winkelmann; Genève, 1884; Covent-Garden, 1904, (en fr.) sous le titre de « Salomé » et avec de nombreuses modifications à cause de la censure, avec Emma Calvé, Dalmores, Renaud, Kirkby Lunn, dir. Lhose; London Opera House, 1911; New York, Metropolitan, 1909, (en fr.).

PERSONNAGES

JEAN (ténor); HÉRODE, *roi de Galilée* (baryton); PHANUEL, *chaldéen* (basse); VITELLIUS, *proconsul romain* (baryton); LE GRAND-PRÊTRE (baryton); UNE VOIX DANS LE TEMPLE (ténor); SALOMÉ (soprano); HÉRODIADE (mezzo-soprano); UNE JEUNE BABYLONIENNE (soprano).

Chœurs : marchands, soldats juifs, soldats romains, prêtres, lévites, serviteurs du temple, marins, pharisiens, scribes.

Le peuple : Galiléens, Samaritains, Saducéens, Éthiopiens, Nubiens, Arabes, Romains.

Ballet.

A Jérusalem, à l'époque de Jésus-Christ, vers l'an 30.

Acte I. scène 1. Dans la cour du palais d'Hérode, au lever du jour. Les chefs de la caravane éveillent les marchands. Ceux-ci se querellent en préparant les marchandises précieuses qu'ils apportent. Phanuel leur prêche la réconciliation et l'union devant l'ennemi commun, le Romain. Salomé sort du palais. Inquiète et solitaire, elle cherche sa mère et le prophète qui, seul, peut la réconforter. Intermède dansé : Promenade des danseuses d'Hérode.

Scène 2. Hérode, à la recherche de Salomé, avoue son amour pour elle.

Scène 3. Hérodiade paraît, elle le supplie de la venger du prophète Jean qui l'a insultée et menacée. Elle réclame sa tête, rappelant à Hérode que pour lui elle a tout abandonné, y compris son enfant. Hérode refuse. Alors qu'elle jure de se venger, Jean paraît et la maudit, les laissant tous deux glacés de terreur.

Scène 4. Salomé retrouve Jean et lui crie son amour. Il lui montre le ciel, invoquant la foi nouvelle qui élève les âmes.

Acte II, 1er tableau. Dans la chambre royale. Hérode est entouré de ses esclaves qui dansent pour lui (danse babylonienne), puis lui présentent un philtre d'amour. Le roi, dans son délire, rêve alors de Salomé et l'appelle, mais sans révéler son nom. Phanuel le ramène à la réalité. Le peuple, accablé de misère, réclame le Messie, il tremble devant Hérode, mais acclame Jean. Le roi a confiance dans l'appui du peuple qu'il délivrera du joug des Romains.

2e tableau. Sur la place publique de Jérusalem. Le peuple salue Hérode comme son libérateur. Hérode l'appelle à la lutte contre les Romains. Hérodiade glace leur enthousiasme en leur faisant écouter les trompettes de l'escorte du consul Vitellius qui s'approche. Le consul demande au peuple quels sont ses vœux. Les prêtres réclament qu'on leur rende le temple d'Israël et que le culte soit respecté. Le consul accepte. Arrive alors Jean, suivi de Salomé et d'un cortège de femmes chananéennes qui chantent ses louanges. Le consul est surpris des marques de respect prodiguées à cet inconnu. Hérode reconnaît Salomé, et Hérodiade, qui l'observe, remarque son trouble.

Acte III. 1er tableau. Phanuel, dans sa demeure, contemple la nuit étoilée et se demande qui est ce Jean que la foule vénère. Hérodiade vient lui demander de lui montrer l'astre qui régit le sort de la femme dont Hérode est amoureux. Phanuel lui rappelle l'enfant qu'elle a jadis abandonné, et lui désigne Salomé. Mais la reine ne peut voir en elle que la femme qui lui a ravi l'amour d'Hérode et non son enfant perdu. Phanuel la maudit : « Va, tu n'es qu'une femme... une mère, jamais ! »

2e tableau. Salomé entre dans le temple, alors qu'au dehors un chœur célèbre Hérode et la reine. Elle est épuisée, Jean a été arrêté et emprisonné. Hérode arrive, se plaignant de son sort : les Romains ont gagné. Pour se venger d'eux, il veut délivrer Jean, qui entraînera le peuple à briser le joug des Romains. Il aperçoit Salomé, lui avoue son amour, mais elle le repousse et refuse de lui appartenir, car elle en aime un autre. Hérode la menace des pires supplices pour elle et pour son amant. Les Juifs accourent dans le temple pour prier, Hérode s'enfuit. Danse sacrée. Vitellius ordonne au peuple de rendre justice à Rome qui a permis le rétablissement du vrai culte. Les prêtres demandent que Jean soit condamné car il répand le trouble. Vitellius laisse ce soin à Hérode. Ce dernier voit là un moyen de réaliser ses projets et ordonne qu'on lui amène Jean. Les femmes, Vitellius et Phanuel sont impressionnés par la grandeur du prisonnier, tandis qu'Hériodade et les prêtres le dénigrent. Jean répond à Hérode que son but est la liberté. Hérodiade et les prêtres réclament sa mort, les autres qu'on le relâche. Salomé se jette aux pieds de Jean et demande à partager son sort, car, dit-elle, leurs âmes sont unies dans l'immortalité. Hérode réalise avec fureur que Jean est l'homme dont elle est amoureuse et ordonne aux gardes de les frapper tous deux. Tandis qu'on les entoure un grand ensemble se développe et Jean prophétise la destruction de Rome

Acte IV, 1er tableau. Dans un souterrain du temple, Jean dit adieu à la vie et s'interroge sur sa mission. Salomé le rejoint, tandis que dans le temple retentissent les menaces de mort des prêtres. On vient chercher Jean, condamné au supplice par Hérodiade. Le roi a fait grâce à Salomé et a ordonné qu'elle soit amenée au palais. Le Grand-Prêtre, le prenant à part, propose à Jean sa liberté s'il proclame en échange qu'Hérode doit régner sur le pays. Jean refuse.

2e tableau. (Dans la salle du festin, au palais du proconsul.) Les Romains célèbrent leur puissance. Hérode et Hérodiade entrent avec Vitellius, salué d'un « Gloire à César ! » Ballet. Salomé arrive en suppliant qu'on lui permette de mourir avec celui qu'elle aime. Elle prie Hérodiade de compatir à ses larmes et lui raconte comment, alors que sa mère l'avait abandonnée pour un hymen infâme, le prophète l'a recueillie et consolée. Hérodiade reconnaît enfin en Salomé sa fille mais refuse de parler alors que tous l'en prient. Au moment où elle va céder, le bourreau apparaît et le chœur annonce la mort du prophète. Salomé veut poignarder Hérodiade, mais celle-ci lui révèle qu'elle est sa fille. Salomé tourne son poignard contre sa propre poitrine et se tue en la maudissant.

Après un prélude qui contient l'Hosannah du 2e tableau et le motif de l'anathème jeté par Jean sur Hérodiade, le chœur des marchands est accompagné du cor anglais.

On remarque ensuite l'entrée de Salomé et sa cantilène : « Il est doux, il est bon » le duo entre Salomé et Jean et la mélopée de ce dernier : « Aime-moi donc alors, mais comme on aime en songe ». La scène religieuse est très impressionnante. Le « Schemah Israël » est emprunté à la liturgie hébraïque, chanté par une voix ténor sans accompagnement, puis repris par la foule sur un rythme plus rapide, avec accompagnement de sistres. Le prélude de l'acte III reprend le motif de Salomé.

M.K

Manon

Opéra en 5 actes de Jules Massenet; liv. de Meilhac et Gille, d'après le roman de l'abbé Prévost. Créé à l'Opéra-Comique, Paris, 19 janvier 1884, avec Marie Heilbronn, Talazac, Taskin, Cobalet, dir. Danbé. Reprises : 1891, avec Sanderson, Delmas, Taskin; 1905, avec M. Carré; 1950, avec G. Boué, de Luca, Bourdin. Première à l'Opéra, 1974, avec Cotrubas et Vanzo, dir. Baudo. Première à Covent Garden, 1891, avec Sybil Sanderson, Van Dyck, Isnardon; New York, Academy of Music, 1885, avec Minnie Hauck, Giannini, del Puente; 1895 (en it.), avec Sybil Sanderson, Jean de Reszké, Ancona, Plançon. Reprises à Covent Garden, 1919, dir. Beecham; 1926, avec Heldy et Ansseau; depuis 1947, Mc Watters, Schwarzkopf, de los Angeles, Leigh et Scotto ont joué le rôle de Manon à Londres. Parmi les autres interprètes célèbres : Mary Garden, Farrar, Bori, Grace Moore, Favero, Sayao. Dans le rôle de des Grieux, on retient Clément, Caruso, Gigli, Schipa, Tagliavini, di Stefano.

PERSONNAGES

LE CHEVALIER DES GRIEUX, (ténor); LE COMTE DES GRIEUX, *son père* (basse); LESCAUT, *de la Garde du roi, cousin de Manon* (baryton); GUILLOT DE MORFONTAINE, *ministre des Finances et vieux roué* (ténor); DE BRÉTIGNY, *noble* (baryton); MANON LESCAUT (soprano); POUSSETTE, JAVOTTE, ROSETTE, *actrices* (sopranos).

Des étudiants, un aubergiste, un sergent, un soldat, des joueurs, des marchands et leurs femmes, des croupiers, des escrocs, des gardes, des voyageurs, des dames et des messieurs, des portiers, des postillons, un serviteur du monastère de Saint-Sulpice, des gens du peuple.

En 1721, à Amiens, à Paris et au Havre.

Acte I. La cour d'une auberge à Amiens. Guillot et Brétigny, accompagnés des actrices Poussette, Javotte et Rosette festoient. Arrivent des voyageurs, puis Lescaut qui attend sa cousine Manon qu'il doit conduire au couvent. Elle révèle son caractère dans un air d'ouverture : « Je suis encore tout étourdie », un mélange d'innocence et de vivacité, de réserve et de conscience de soi, telle une courtisane. Guillot, le vieux roué, aperçoit la jeune fille. Il lui fait comprendre qu'il est riche et peut lui donner tout ce qu'elle désire, il met son carrosse à sa disposition. Elle n'a qu'à y entrer et l'attendre.

Lescaut veut aller jouer et boire avec des camarades. Il prétexte la nécessité de retourner un moment à la caserne. Mais avant de quitter Manon, il lui recommande de faire attention : « Regardez-moi bien dans les yeux ».

Manon admire les bijoux et le linge des actrices. Elle rêve d'être comme elles : « Voyons, Manon, plus de chimères ». Le chevalier des Grieux, jeune, beau, fringant, entre en scène. Au premier regard, il s'éprend de Manon. La musique qui commence par : « Si je savais votre nom », et la réponse : « Je m'appelle Manon », ouvre un duo d'amour passionné. Pour lui, elle est une enchanteresse, et pour elle : « A vous ma vie et mon âme ».

Manon et des Grieux s'enfuient à Paris dans la voiture de Guillot : « Nous vivrons à Paris tous les deux ».

Acte II. L'appartement de Manon et des Grieux à Paris. Des Grieux lit à Manon la lettre qu'il écrit à son père où il demande la permission de l'épouser. C'est, sur le plan musical, une scène pleine de charme.

On frappe à la porte. Deux gardes demandent à être reçus, ce sont Lescaut et Brétigny. Lescaut interroge des Grieux sur ses intentions. Le jeune homme montre la lettre adressée à son père. Brétigny confie à Manon que le père du chevalier réprouve le mode de vie de son fils et a décidé de le faire enlever le soir même. Si elle sait se taire, lui Brétigny l'établira dans le luxe et le confort. Elle affirme qu'elle aime des Grieux mais se garde bien de le prévenir de ce qui le menace. Dans ce quatuor animé, le contraste est bien établi entre le chevalier sentimental et les deux autres hommes, plus pratiques.

Des Grieux sort porter la lettre destinée à son père. Manon, s'approchant de la table où le couvert est préparé, chante le charmant : « Adieu, notre petite table ». Suit l'air délicieux avec accompagnement de harpe : « Le Rêve de Manon », que chante des Grieux à son retour, la voyant apparaître comme dans un rêve : « En fermant les yeux ». C'est l'un des meilleurs exemples du talent gracieux de Massenet — sensible, expressif, et riche en « style ».

On vient enlever des Grieux.

Manon, « ivre de chagrin », s'écrie : « Il est parti ».

Acte III, scène 1. Le Cours la Reine à Paris, un jour de fête populaire. Après quelques préliminaires animés entre les trois actrices et Guillot, Lescaut entre en chantant avec romantisme les louanges d'une certaine Rosalinde.

Brétigny suit avec Manon. Elle chante sa joyeuse vie avec frivolité : « Je marche sur tous les chemins », puis la célèbre *Gavotte* : « Obéissons quand leur voix appelle ».[1]

Manon surprend l'entretien du comte des Grieux, père du chevalier, avec Brétigny, et apprend que le chevalier va entrer au séminaire de Saint-Sulpice. Guillot revient, accompagné du ballet de l'Opéra. Luxe qui avait été refusé, quelques instants plus tôt par Brétigny à Manon, sous prétexte qu'il coûtait trop cher. Guillot espère ainsi enlever Manon à son amant actuel. A la fin du ballet, elle ordonne qu'on la fasse conduire au séminaire de Saint-Sulpice.

Scène 2. La chapelle de Saint-Sulpice. Des Grieux entre, vêtu d'une soutane. Les dames se retirent, laissant des Grieux avec son père. Il tente vainement de dissuader son fils d'entrer dans les ordres : « Épouse quelque brave fille ». Des Grieux, resté seul, ne peut chasser Manon de ses pensées. « Fuyez douce image ».

Comme répondant à son monologue, Manon entre. Des Grieux lui reproche d'avoir manqué à sa parole et affirme qu'il ne renoncera pas à la paix de l'esprit qu'il a trouvée dans sa retraite religieuse.

Mais il cède peu à peu à ses supplications : « N'est-ce plus ma main que cette main presse ? »...

« Ah ! regarde-moi ! ». N'est-ce plus Manon ? ». Leur duo passionné s'élève : « Ah ! Viens, Manon, je t'aime ! »

Acte IV. L'hôtel de Transylvanie, maison de jeux parisienne. On joue. Guillot, Lescaut, Poussette, Javotte et Rosette sont là. Manon et des Grieux entrent et le chevalier déclare avec

1. A l'Opéra-Comique, on chante à la place de la gavotte : le *Fabliau* : « Oui, dans les bois ».

H.

passion son amour pour elle, seule raison de sa présence dans un tel endroit :

Manon, qui a déjà partiellement ruiné son amant, lui conseille de jouer ce qui lui reste. Des Grieux a une chance inouïe face à Guillot et accumule les gains. Manon chante : « Ce bruit de l'or, ce rire et ces éclats joyeux ». Mais Guillot accuse soudain des Grieux de tricher, la police intervient et arrête Manon et des Grieux. Les accents de douleur de Manon sont repris par ceux de son amant : « O douleur, l'avenir nous sépare ».

Acte V. D'habitude, il est donné comme la scène 2 de l'acte IV. Sur une route isolée, vers Le Havre. Des Grieux a été libéré à la suite de l'intervention de son père. Manon a été condamnée comme prostituée à la déportation en Louisiane. Des Grieux et Lescaut attendent les prisonniers qui doivent passer sous escorte. Le chevalier espère libérer Manon en attaquant le convoi, mais Lescaut l'en dissuade. Il achète le sergent qui garde le convoi pour que Manon, déjà à demi-morte d'épuisement, puisse rester en arrière avec des Grieux. L'opéra se termine par leur duo pathétique et la mort de Manon. Même au moment de mourir, sa double nature apparaît. Elle ouvre à peine les yeux, au moment d'expirer, et s'écrie, croyant voir des bijoux : « Oh, les belles pierres ! » Puis, se tournant vers le chevalier : « Je t'aime ! Prends ce baiser. C'est mon adieu à jamais ». C'est évidemment cette ambiguïté qui rend le personnage conçu par l'abbé Prévost si intéressant.

Le dernier acte est une création originale des librettistes. Dans le roman, la dernière scène a lieu en Louisiane (voir la *Manon Lescault* de Puccini). La scène frappante du couvent de Saint-Sulpice fut écartée par Puccini, ainsi que par Scribe, auteur du livret de la *Manon* d'Auber. Cette dernière œuvre a survécu dans « L'Éclat de Rire », morceau que Patti introduisit dans la leçon de chant du *Barbier*, et que Galli-Curci reprit plus tard aux mêmes fins.

K.

Werther

Opéra en 4 actes de Massenet; liv. d'Edouard Blau, Paul Milliet et Georges Hartmann, d'après le roman de Goethe. Créé, en all., à l'Opéra de Vienne, 16 février 1892, avec Marie Renard, Forster, Van Dyck, Neidl. Première à l'Opéra-Comique, 16 janvier 1893, avec Marie Delna, Laisné, Ibos, Bouvet. Reprises : 1903 avec De Lisle, Carré, Beyle, Allard, dir. Lugini; 1919; 1928; 1977, Rhodes, Vanzo; New York, et Covent Garden, 1894, avec Eames, Arnoldson, Jean de Reszké. Reprises : Metropolitan en 1910, avec Farrar, Alma Gluck, Clément, Dinh Gilly; 1971, avec Christa Ludwig et Franco Corelli; La Scala, Milan, 1939, avec Pederzini, Schipa; Glyndebourne, 1966, avec Hélia T'Hézan, Jean Brazzi.

PERSONNAGES

WERTHER, *poète âgé de vingt-trois ans* (ténor); ALBERT, *jeune homme de vingt-cinq ans* (baryton); LE MAGISTRAT, *âgé de cinquante ans* (basse); SCHMIDT et

JOHANN, *amis du magistrat* (ténor et basse); CHARLOTTE, *la fille du magistrat, vingt ans* (mezzo-soprano); SOPHIE, *sa sœur, quinze ans* (soprano).

Des enfants, des voisins du magistrat.

A Francfort, vers 1780.

Le prélude évoque la double nature du personnage de Werther : à la fois puissant et idyllique. Le rideau se lève pour l'acte I sur un jardin devant la maison du Magistrat. Il fait répéter à ses enfants un chant de Noël. Dès que leur sœur Charlotte apparaît, le chant s'améliore. Deux amis du Magistrat, Johann et Schmidt lui rappellent qu'il doit les retrouver plus tard dans la soirée au « Raisin d'or ». Sophie est entrée à son tour. On parle de Werther, le rêveur, et d'Albert, le réaliste qui ferait un mari idéal pour Charlotte. Les deux amis partent en chantant « Vivat Bacchus ».

Werther apparaît. Il demande où se trouve la maison du Magistrat et apprécie l'atmosphère campagnarde dans un gracieux récitatif et une aria : « O nature pleine de grâce ».

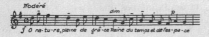

Charlotte, déjà habillée pour la danse du soir, sort avec les enfants, elle les fait goûter, puis leur souhaite une bonne nuit. Le cri de Werther à la vue de cette scène de famille : « O spectacle idéal », est admirablement expressif. Tous partent pour le bal. Entre Albert, il chante son aria, à la nuit tombée.

L'orchestre joue le « Clair de Lune » au moment où Charlotte entre dans le jardin au bras de Werther.

Werther avoue son amour — mais, de la maison, la voix du Magistrat retentit : Albert est de retour et l'idylle est brisée.

Le duo du « Clair de Lune » met en valeur les meilleures qualités de Massenet : l'élégante simplicité de la ligne vocale, la réserve de l'orchestre, le contour riche de la mélodie et la délicate atmosphère de l'ensemble; ce n'est pas sans force dramatique : la ligne vocale s'anime au fur et à mesure que la situation évolue et que la réticence de Charlotte est influencée par la passion croissante de Werther; mais nous sommes encore dans un univers d'allusions, où les petits mouvements s'opposent aux grands gestes : l'univers que Massenet connaissait et interprétait le mieux.

Quelques phrases hâtives mettent les choses au point : Albert est le fiancé que la mère de Charlotte souhaitait pour sa fille. Le rideau tombe sur le cri désespéré de Werther : « Un autre ! son époux ! »

Acte II. Devant l'église. Johann et Schmidt, les deux bons vivants, boivent à l'auberge. Charlotte et Albert arrivent, apparemment heureux après trois mois de mariage et entrent dans l'église. Werther les aperçoit juste à ce moment-là : « Un autre est son époux ». Son monologue est d'une nature bien plus vigoureuse que ses interventions précédentes : il se plaint de ne jamais pouvoir épouser Charlotte : « J'aurais sur ma poitrine », et s'effondre de chagrin. Albert, en sortant de l'église, voit l'occasion de parler à son ami qui, pense-t-il, aime ou a aimé Charlotte. Werther finit par affirmer, douloureusement, sa loyauté envers tous deux : « Mais, comme après l'orage ». Sophie chante le bonheur de son cœur dans un petit air digne de la frivole Manon : « Le gai soleil ». Charlotte demande à Werther de partir, et de ne pas revenir, en tout cas pas avant Noël.

Werther chante : « Lorsque l'enfant revient d'un voyage ». Il confie qu'il s'en va pour ne jamais revenir.

Acte III. Noël. Charlotte a compris qu'elle aimait Werther. Le simple fait de relire ses lettres la bouleverse complètement. Sa sœur essaie en vain de la réconforter, et quand elle cite le nom de Werther, Charlotte ne se contient plus et avoue son amour pour lui : « Va ! laisse couler mes larmes ». Restée seule, elle prie Dieu

pour qu'il l'aide : « Ah ! mon courage m'abandonne ». Sa lecture des lettres, l'« Air des Larmes », et sa prière constituent une scène presque aussi puissante et convaincante que la « scène de la Lettre » de Tatiana dans *Eugène Oneguine*.

Werther apparaît brusquement. Il est là, comme convenu, le jour de Noël. Ils regardent les livres qu'ils lisaient ensemble autrefois, le clavecin sur lequel ils jouaient, et Charlotte lui rappelle qu'il traduisait Ossian juste avant de partir. La vue du livre réveille les souvenirs de Werther et il

chante l'histoire d'un amour tragique qui y est contée : « Pourquoi me réveiller ? ». Cette aria est devenue extrêmement populaire. La voix de Charlotte trahit ses sentiments, et il la prend dans ses bras. La musique est prise dans un cercle tragique, Werther devenant de plus en plus passionné; en fait, du début de l'acte III à la fin

de l'opéra, il y a dans l'expression du personnage une volonté et une netteté d'attitude qui contrastent avec la frustration et les hésitations des deux premiers actes. Albert revient chez lui et impute l'agitation de sa femme au retour de Werther, dont il a été informé. On lui apporte alors un message de Werther : « Je pars pour un lointain voyage, voulez-vous me prêter vos pistolets ? » Albert les fait remettre au messager par Charlotte.

Acte IV. Chez Werther. (Les actes III et IV se succèdent sans entracte). Charlotte trouve Werther mourant. Il l'empêche d'aller chercher de l'aide; son bonheur est accompli quand elle lui avoue qu'elle l'a aimé dès leur première rencontre. Pendant qu'il expire, on entend les voix des enfants qui célèbrent Noël dans la maison.

H.

Thaïs

Opéra en 3 actes de Jules Massenet; liv. de L. Gallet d'après le roman d'Anatole France. Créé à l'Opéra de Paris, 16 mars 1894, avec Sybil Sanderson, Delmas et Alvarez. Reprises incessantes jusqu'en 1956, avec entre autres, Garden (1908), Ackté (1910), Chenal (1917), Lubin (1918), Heldy (1925), dans le rôle de Thaïs. Première à New York, 1907; Covent Garden, 1911, avec Edvina, Dinh Gilly, dir. Panizza; reprise en 1919, dir. Beecham et 1926, avec Jeritza, dir. Bellezza. Reprises : Metropolitan en 1917, avec Farrar, Amato; 1922, avec Jeritza; Chicago, 1959, avec Leontyne Price. Entré au répertoire de l'Opéra de Paris après 1945, avec Géori Boué et Bourdin. Mary Garden a été une célèbre Thaïs.

PERSONNAGES

ATHANAËL, *jeune moine cénobite* (baryton); NICIAS, *jeune alexandrien* (ténor); PALÉMON, *vieux cénobite* (basse); LE SERVITEUR DE NICIAS (baryton); THAÏS, *courtisane* (soprano); CROBYLE, *une esclave* (soprano); MYRTALE, *une esclave* (mezzo-soprano); ALBINE, *une abbesse* (contralto).

A Alexandrie et alentour, au IVe siècle.

Un refuge de cénobites dans la plaine de Thèbes, sur les bords du Nil. Les pères finissent leur repas. Une des places est vide, celle d'Athanaël (Paphnuce dans le roman) qui est allé à Alexandrie. A son retour, il raconte le scandale provoqué dans la cité par une courtisane, célèbre actrice et danseuse : Thaïs. En fait, Athanaël a connu cette femme quand il était jeune et habitait Alexandrie, avant de se consacrer au Seigneur.

Il est obsédé par son souvenir et rêve de l'arracher à sa vie de débauche. Thaïs lui apparaît en songe, sur la scène du théâtre d'Alexandrie, jouant les amours de Vénus. Il part à sa recherche, déterminé à tout tenter pour la convertir.

En arrivant à Alexandrie, Athanaël rencontre un ami, Nicias, qui est l'amant de Thaïs jusqu'à la fin de la semaine : il a acheté son amour pour cette durée. Athanaël lui confie son plan.

Au banquet donné le soir même en l'honneur de Thaïs, il se trouve en présence de la courtisane, qui rit dès ses premiers mots et l'invite à venir chez elle s'il veut la convertir. Une fois dans sa maison, il lui reproche sa vie de débauche, lui révèle avec éloquence les joies du ciel et de la religion. Thaïs est sur le point de se laisser convaincre quand retentissent les voix de ses compagnons de plaisir. Elle repousse le moine, qui lui dit : « Jusqu'au lever du jour, je t'attendrai sur ton seuil ».

La nuit venue, il est assis sur les marches du perron de Thaïs. La jeune femme sort de chez elle, ayant remplacé ses somptueux vêtements par une robe de bure et supplie le moine de la conduire dans un couvent.

Mais Athanaël s'est trompé. Ce n'était pas l'amour de Dieu, mais la jalousie qui l'animait dans son entreprise, sans qu'il le sût. De retour à la Thébaïde, après qu'il eut accompagné Thaïs au couvent, il réalise qu'il est épris d'elle. En rêve, Thaïs lui apparaît, sanctifiée et purifiée par le remords et la prière, sur le point de mourir dans le couvent où elle s'est réfugiée. Il se précipite vers le couvent, où Thaïs est vraiment sur le point d'expirer. Il veut l'arracher à la mort et lui parle de son amour. Elle meurt, et il s'effondre à son côté.

Sur ce sujet — moitié mystique, moitié psychologique — Massenet a composé une partition qui, si elle ne présente pas la ferme unité de *Manon* ou de *Werther,* n'en est pas moins riche en inspiration, en couleur et en originalité, tout en présentant un déploiement de qualités techniques exceptionnelles. La musique du premier acte — la retraite des cénobites — est sobre et sévère, contrastant avec le mouvement et la grâce qui animeront la scène chez Nicias. Il faut noter le paisible chœur des moines, l'entrée d'Athanaël : « Hélas, enfant encore », la belle phrase qui suit son rêve : « Toi qui mis la pitié dans nos âmes », et le curieux effet produit par la scène où il quitte ses compagnons pour retourner à Alexandrie. Au second acte, l'invocation prononcée par Athanaël : « Voilà donc la terrible cité », écrite sur un rythme puissant, est suivie d'un charmant quatuor, passage plein de grâce, surtout à la fin. Je ferai encore remarquer, dans cet acte, le bref et amical dialogue de Nicias et Thaïs : « Nous nous sommes aimés une longue semaine », qui semble cacher sous une apparente indifférence une pointe de mélancolie ; puis le charmant air de Thaïs : « Qui te fait si sévère ». Je passe sur l'air de Thaïs : « Dis-moi que je suis belle », morceau de bravoure uniquement destiné à révéler le panache de la chanteuse, auquel je préfère la scène suivante : le long duo où Athanaël tente de convertir Thaïs. Le compositeur a su, avec un rare bonheur, mettre en relief le contraste entre le sérieux et la sévérité du moine et les accents railleurs et voluptueux de la courtisane. L'*intermezzo* symphonique qui sépare cet acte du suivant, la « Méditation », est un délicieux solo de violon avec accompagnement de harpes ; quand le violon reprend le premier motif, un chœur invisible intervient, produisant un effet admirable.

Le rideau se lève sur la scène où Thaïs, en robe de bure, va supplier le moine de l'emmener. Ce duo contraste fortement avec le précédent.

Athanaël veut que Thaïs détruise et brûle tout ce qui peut lui rappeler son passé. Elle obéit, demandant de sauver seulement une petite statue d'Eros : « L'amour est une vertu rare ». C'est une sorte d'invocation de la pureté de l'amour, entièrement imprégnée de poésie et de chaste mélancolie. En arrivant à l'oasis, Athanaël et Thaïs, épuisés, chantent un duo émouvant et simple. C'est le passage le plus solide de la partition. La scène finale, où Thaïs meurt, mérite une louange particulière. L'auteur a admirablement su rendre l'opposition entre les pensées pieuses de Thaïs, qui ne songe qu'au bonheur éternel, et la rage impuissante d'Athanaël qui, dévoré par un amour impie, lui révèle toute l'ardeur de sa passion sans qu'elle l'entende ou le comprenne. Les phrases touchantes de Thaïs, les accents désespérés d'Athanaël que les chants des nonnes interrompent, tout fait naître chez l'auditeur une émotion poignante et sincère. C'est l'une des plus belles pages de Massenet. Il faut particulièrement souligner le retour de la belle phrase du violon, qui constitue la base de l'*intermezzo* du second acte.

K.W.

Le Jongleur de Notre-Dame

Opéra en 3 actes de Massenet ; liv. de M. Léna. Créé à Monte-Carlo, 18 février 1902 avec Charles Maréchal et Renaud. Première à l'Opéra-Comique, Paris, 1904, avec Maréchal, Allard, Fugère, Huberdeau (peu après, le rôle de Jean fut repris par Mary Garden), dir. Lugini. Reprises : 1915, avec Chenal ; 1939, avec Friant ; Covent Garden, 1906, avec Laffite, Gilibert, Serveilhac, Crabbé ; New York, 1908, avec Garden, Renaud, Dufranne.

PERSONNAGES

JEAN, *acrobate* (ténor, soprano) ; BONIFACE, *cuisinier du monastère* (baryton) ; LE SUPÉRIEUR (basse) ; UN MOINE POÈTE (ténor) ; UN MOINE PEINTRE (baryton) ; UN MOINE MUSICIEN (baryton) ; UN MOINE SCULPTEUR (basse) ; DEUX ANGES (soprano, mezzo-soprano).

A Cluny, au XIVᵉ siècle.

Acte I. La place de Cluny, un jour de marché. On danse sur la place, on entend jouer de la vielle, et Jean l'acrobate entre en scène. Il commence son boniment mais se fait huer par la foule. Désespéré de n'avoir aucun succès, il chante avec mauvaise conscience « *l'Allehuiah* du vin » auquel le chœur se joint joyeusement. Ils sont interrompus par le Supérieur, ulcéré par le quasi-sacrilège que l'on commet juste devant l'abbaye.

Le Supérieur passe sa colère sur Jean, qui est resté seul. Le voyant disposé à se repentir, il lui conseille de se vouer à la Vierge Marie. Jean hésite à renoncer à la liberté alors qu'il est encore si jeune : « Liberté ! Liberté ! c'est elle que mon cœur pour maîtresse a choisie. » Ses résolutions faiblissent, mais il craint de devoir laisser derrière lui la marotte qui symbolise son activité. Le Supérieur décide de le convaincre une dernière fois ; il lui montre toutes les bonnes choses que le frère Boniface apporte au monastère : elles sont pour la table des moines. Boniface passe en revue le magnifique choix de provisions qu'il a apportées pour la grande gloire de la Vierge, et le plus grand confort de ses serviteurs : « Pour la Vierge ! » On récite le *Benedicite* à l'intérieur de l'abbaye. Tous crient « A table », et Jean les suit à l'intérieur.

Acte II. Dans l'abbaye. Les moines travaillent. Seul Jean n'a rien à faire. Il avoue au Supérieur qu'il ne connaît pas le latin et que toutes les chansons qu'il sait sont en français et profanes. Les frères se moquent de sa paresse, et chacun déclare que sa propre profession — peinture, sculpture, poésie — est la seule qui compte. Le Supérieur doit intervenir pour rétablir l'harmonie. Seul Boniface essaie de consoler Jean, il lui conte, pour le réconforter, la légende d'une humble sauge qui accepta, à la requête de la Vierge, de cacher le Sauveur que des soldats poursuivaient pour le tuer ; elle éclipsa ainsi la rose qui avait été trop fière pour rendre ce service : « Fleurissait une rose » est devenu le passage le plus connu de l'œuvre.

Acte III. La chapelle de l'abbaye. Le portrait de la Vierge est en place, les moines chantent un hymne. Ils quittent la chapelle, mais le peintre lance un dernier regard à son œuvre. Il aperçoit alors Jean qui arrive avec son attirail de jongleur. Il se cache et observe Jean qui prie devant l'autel. Le jongleur enlève sa robe de moine et revêt ses anciens vêtements. Il joue quelques accords sur sa viole, comme il l'avait fait en entrant sur la place.

Jean joue tout son répertoire, non sans quelques trous de mémoire : ainsi, il commence à tendre sa sébile autour de lui. Le Supérieur arrive alors, alerté par le moine peintre. Heureusement Boniface les accompagne ; il empêche le Supérieur d'intervenir. Enfin, Jean danse tandis que les autres moines arrivent. Ils sont tous horrifiés de ce qu'ils voient, mais restent cachés. Jean danse jusqu'au moment où il tombe d'épuisement aux pieds de la statue de la Vierge.

Boniface désigne la Vierge : elle a étendu le bras et bénit l'homme étendu à ses pieds. Jean s'éveille de sa transe et voit les moines penchés sur lui. Il s'attend à être puni et ne comprend pas pourquoi ils parlent de miracle. Il s'effondre, mort, après un dernier chant de louanges.

                                                     H.

Don Quichotte

Opéra en 5 actes de Jules Massenet; liv. d'Henry Cain, d'après la pièce tirée par Le Lorrain du roman de Cervantes. Créé à Monte-Carlo, 19 février 1910, avec Lucy Arbell, Chaliapine, Gresse. Première parisienne, 1910, avec Arbell, Vanni Marcoux, Fugère; London Opera House, 1912; New York, 1914, avec Garden, Vanni Marcoux, Dufranne; Metropolitan, 1926, avec Easton, Chaliapine, de Luca. Reprises : l'Opéra-Comique 1931; Opéra de Paris, 1947, avec Renée Gilly, Vanni Marcoux, Musy, dir. Cluytens et 1974, avec Ghiaurov, Massard et Cortez, dir. Prêtre.

PERSONNAGES

LA BELLE DULCINÉE (contralto); DON QUICHOTTE (basse); SANCHO (baryton); PEDRO et GARCIAS, *travestis, admirateurs de Dulcinée* (sopranos); RODRIGUEZ et JUAN, *admirateurs de Dulcinée* (ténors); DEUX DOMESTIQUES (barytons).
Tenebrun, chef des bandits, et sa troupe, amis de Dulcinée, etc.

En Espagne, au Moyen Age.

Acte I. Une place devant la maison de Dulcinée. Des gens du peuple louent sa beauté. Don Quichotte et Sancho arrivent à cheval, ils donnent de l'argent aux mendiants qui se pressent autour d'eux. Clair de lune. Don Quichotte chante une sérénade à Ducinée : « Quand apparaissent les étoiles », ce qui provoque la jalousie de Juan, amant de cette beauté professionnelle. Elle apparaît, évitant ainsi un duel. Elle est amusée par les déclarations de Don Quichotte et accepte de devenir sa bien-aimée à condition qu'il retrouve un collier qui lui a été volé par des brigands.

Acte II. Sur la route qui mène au camp des brigands, Don Quichotte compose un poème en l'honneur de Dulcinée. Sancho est exaspéré. Ici intervient le combat contre le moulin à vent.

Acte III. Le camp des brigands. Don Quichotte les attaque, tandis que Sancho recule. Le Chevalier est pris. Il s'attend à être mis à mort. Mais son courage, sa digne courtoisie et son amour pour Dulcinée impressionnent les bandits. Ils le libèrent et lui rendent le collier.

Acte IV. Une fête chez Dulcinée. A la stupeur de tous, Sancho et Don Quichotte font leur entrée. Dulcinée, enchantée d'avoir retrouvé son collier, embrasse le Chevalier. Il lui propose immédiatement de l'épouser : « Marchez dans mon chemin ». Touchée par sa dévotion, Dulcinée lui enlève toutes ses illusions en lui révélant quelle sorte de femme elle est.

Acte V. Une forêt. Don Quichotte se meurt. Il dit à Sancho qu'il lui a légué l'île qu'il lui avait promise au cours de leurs pérégrinations, la plus belle île du monde — « L'île des Rêves ». Dans son délire, il entend et voit Dulcinée. La lance qui était dans sa main tombe.

K.W.

14. L'Opéra russe

MICHAEL IVANOVICH GLINKA
(1804-1857)

Une Vie pour le Tsar[1]
Ivan Susanin

Opéra en 4 actes et un épilogue de Glinka; liv. de G.F. Rosen. Créé le 9 décembre 1836 à Saint-Pétersbourg, cet opéra ouvrit chaque saison d'opéra à Saint-Pétersbourg et à Moscou jusqu'en 1917. Première à la Scala de Milan, 1874; Covent Garden, 1887, avec Albani; Staatsoper, Berlin, 1940, avec Cebotari, Roswaenge, Prohaska; la Scala, 1959, avec Scotto, Raimondi, Christoff; San Carlo, Naples, 1967, avec Adriana Maliponte, Giorgio Casellato, Christoff.

PERSONNAGES

ANTONIDA, *fille de Susanin* (soprano); IVAN SUSANIN, *paysan* (basse); SOBINJIN, *fiancé d'Antonida* (ténor); VANIA, *orphelin adopté par Susanin* (contralto); UN OFFICIER POLONAIS (baryton).

A Domnin, Moscou et dans un camp polonais, en 1613.

Acte I. Une rue de village à Domnin. Les paysans célèbrent le retour imminent de la guerre de Sobinjin par un chant patriotique. Antonida, sa fiancée, exprime sa joie de le revoir dans une cavatine. Mais Susanin vient apporter de moins bonnes nouvelles : l'armée polonaise avance sur Moscou. Sobinjin arrive, et annonce que les Polonais ont été repoussés. Il veut hâter son mariage avec Antonida, mais Susanin, inquiet pour son pays, refuse de donner son accord tant que la Russie n'aura pas un tsar. Sobinjin déclare qu'un tsar vient justement d'être choisi; c'est leur propriétaire, Romanov. Susanin consent alors au mariage.

Acte II. Un bal au quartier général polonais. On joue plusieurs danses, dont une cracoviak et deux mazurkas. Un messager vient annoncer au commandant polonais la défaite de son armée et l'élection d'un Romanov comme tsar de Russie. Les Polonais projettent d'enlever le jeune tsar, qui vit dans un monastère.

---

1. A l'origine, Glinka avait intitulé son opéra *Ivan Susanin*, sur la suggestion de la cour impériale, ce devint *Une vie pour le tsar*. Mais on utilise encore le titre original en U.R.S.S.

Acte III. La maison de Susanin. Vania chante, Susanin évoque le bonheur actuel de son pays.

Il a entendu dire que les Polonais voulaient enlever le jeune tsar. Des paysans viennent féliciter Antonida et Sobinjin pour leur mariage. Quatuor entre Antonida, Vania, Sobinjin et Susanin. Des soldats polonais arrivent et essaient de forcer Susanin à leur indiquer la route du monastère où vit le jeune tsar. Susanin commence par refuser.

Il dit à Vania de partir en avant pour prévenir le tsar; puis fait semblant d'accepter l'argent des Polonais et d'être prêts à les conduire. Antonida arrive pour voir son père partir avec eux.

Sobinjin essaie de la consoler et rassemble une troupe de paysans qu'il emmène au secours de Susanin.

Acte IV. Une forêt, la nuit. Les hommes de Sobinjin sont démoralisés. Il leur redonne courage dans une aria pleine de vigueur. Glinka a composé une autre version de cette scène, située dans la forêt près du monastère. Vania frappe à la porte du monastère et convainc les domestiques du danger qui menace le tsar.

Une autre partie de la forêt. La neige recouvre tout, les Polonais accusent Susanin de les avoir mis sur une mauvaise route. Il se défend. Un feu est allumé pour la nuit. Susanin, resté seul, décide, dans une scène célèbre, de donner sa vie pour sauver son pays. Un orage éclate. Les Polonais s'éveillent, Susanin leur révèle qu'il les a délibérément attirés dans la partie la plus perdue de la forêt : le tsar est sauf et bien loin de là. Les Polonais le tuent.

Epilogue. Une rue à Moscou. La foule chante les louanges du tsar; Antonida, Vania et Sobinjin sont là. La nouvelle de la mort de Susanin a gagné la capitale et la foule partage la peine de sa famille. Sur la grande place devant le Kremlin le cortège du tsar pénètre dans la capitale.

H.

Russlan et Ludmila

Opéra en 5 actes de Glinka; liv. de V.F. Shirkov et K.A. Bakhturin, d'après Pouchkine. Créé le 9 décembre 1842, à Saint-Pétersbourg. Première à Londres, Lyceum Theatre, 1931; Staatsoper, Berlin, 1951, dir. Quennet; New York, 1942, en concert; Hambourg, 1969, dir. Mackerras.

PERSONNAGES

SVIETOSAR, *prince de Kiev* (basse); LUDMILA, *sa fille* (soprano); RUSSLAN, *chevalier* (baryton); RATMIR, *prince oriental* (contralto); FARLAF, *guerrier* (basse); GORISLAVA, *esclave de Ratmir* (soprano); FINN, *bonne fée* (ténor); NAINA, *méchante fée* (mezzo-soprano); BAYAN, *barde* (ténor); TCHERNOMOR, *méchant nain*.

Le second opéra de Glinka est inspiré d'un des premiers poèmes de Pouchkine. Le poète avait à peine accepté de préparer une version dramatique de son conte de fées pour le compositeur qu'il fut tué dans un duel, provoqué par l'infidélité présumée de sa femme. Glinka eut alors recours à 5 librettistes différents.

Le grand-duc de Kiev donne une fête en l'honneur des prétendants de sa fille Ludmila. Un barde prédit un avenir merveilleux à Ludmila et à Russlan. La jeune fille accueille ses prétendants et dit sa tristesse de devoir quitter sa maison, et la musique qui lui y a procuré tant de joie. Des trois prétendants — Russlan le chevalier, Ratmir le poète oriental et Farlaf le couard aux grands airs, le premier est son préféré. Un coup de tonnerre, suivi d'une obscurité brutale, interrompt les festivités. Quand la lumière revient, Ludmila a disparu. Son père et les trois prétendants chantent un canon, puis Svietosar promet la main de la jeune fille à celui qui la retrouvera.

Acte II. Dans la grotte de Finn, le sorcier que Russlan est venu consulter. Le chevalier apprend que c'est le nain Tchernomor qui a enlevé Ludmila. Finn le met en garde contre Naina, une méchante fée. Russlan se lance à la recherche de la jeune fille. Entretien de Farlaf et de Naina. Ici intervient le boniment de Farlaf, le brillant et célèbre *rondo*. La fée lui conseille d'attendre que Russlan ait retrouvé Ludmila et de l'enlever ensuite. Russlan médite devant un champ de bataille : peut-être la mort viendra-t-elle le prendre dans le silence et n'entendra-t-il plus jamais les chants qu'il aime tant. En dépit du brouillard, il trouve une lance et un bouclier. Quand l'atmosphère s'éclaircit, il est face à une tête énorme et monstrueuse dont la terrifiante respiration provoque une tempête. La représentation musicale de cette tête est un chœur. Russlan se débarrasse de la tête d'un seul coup de lance et découvre l'épée magique qui lui permettra de vaincre Tchernomor. La tête explique qu'elle doit sa présente situation à son frère, le nain, et révèle à Russlan l'usage qu'on peut faire de l'épée.

Acte III. Le palais enchanté de Naina. Des nymphes chantent un chœur. Gorislava, qui aime Ratmir, apparaît. Ratmir la néglige, la prenant pour une sirène de la cour de Naina. Russlan manque de se laisser séduire par le charme des sirènes, mais Finn le sauve de leur fascination.

Acte IV. Chez Tchernomor. Ludmila est au désespoir et refuse toute consolation. Elle s'endort, pour être réveillée peu après par Tchernomor et sa suite. Le ballet qui suit est interrompu par l'arrivée de Russlan. Tchernomor hypnotise Ludmila, puis provoque Russlan en combat singulier. Le chevalier, enfin victorieux, est incapable de sortir Ludmila de son état hypnotique. Il l'emporte dans ses bras.

Acte V. Russlan utilise un anneau magique que lui a donné Finn pour rompre le sortilège et éveiller Ludmila.

K.W.

ALEKSANDR PORFYREVICH BORODINE
(1834-1887)

Le Prince Igor

Opéra en 1 prologue en 4 actes de Borodine; liv. du compositeur d'après une pièce de V.V. Stassov; terminé par Rimsky-Korsakov et Glazounov. Créé le 4 novembre 1890 à Saint-Pétersbourg. Scènes choisies, Th. du Chatelet, Paris, 1909, par l'Opéra de Moscou, dir. Tcherepine. Première à Londres, Drury Lane, 1914, avec Kousnetzoff, Petrenko, Andreev, Chaliapine; Metropolitan de New York, 1915, avec Alda, Amato, Didur; Th. Royal de la Monnaie, Bruxelles, 1924, en fr.; Grd Th. de Bordeaux, 1927, en fr.; Opéra-Comique, Paris, 1932, en russe, par l'Opéra Russe de Paris. Reprises : Berlin, 1930, avec Branzell, Roswaenge, Schorr, Scheidl, dir. Blech; Covent Garden, 1935, avec Rethberg, Branzell, Kullman, Janssen, Kipnis, dir. Beecham; la Scala, 1940, dir. Capuana; Vienne, 1947, dir. Krips; Th. des Champs-Elysées, Paris, 1956, par l'Opéra de Belgrade; New York City Opera, 1960.

PERSONNAGES

IGOR SVIATOSLAVICH, *prince de Seversk* (baryton); YAROSLAVNA, *sa femme* (soprano); VLADIMIR IGOREVICH, *fils d'Igor* (ténor); VLADIMIR YAROSLAVICH, *prince Galitzky, frère de Yaroslavna* (basse); KONTCHAK et GZAK, *khans polovtsiens* (basses); KONTCHAKOVNA, *fille de Kontchak* (mezzo-soprano); OVLOUR, *un Polovtsien* (ténor); SKOULA et EROSHKA, *joueurs de Gudok* (basse, ténor); LA NOURRICE DE YAROSLAVNA (soprano); UNE JEUNE FILLE POLOVTSIENNE (soprano).

Princes et princesses russes, boyards et leurs épouses, vieillards, combattants russes, jeunes femmes, gens du peuple, chefs polovtsiens, servantes de Kontchakovna, esclaves du khan Kontchak, prisonniers de guerre russes.

En 1185, dans la ville de Poutivl et dans un camp polovtsien.

Borodine, dont la vie fut partagée entre la science et la musique, écrivit son opéra par petits morceaux. Rimsky-Korsakov a rapporté qu'il le trouvait souvent dans son laboratoire, qui communiquait directement avec sa maison : « Quand il était assis devant ses cornues, que remplissaient des gaz incolores qu'il canalisait vers divers récipients, je ne manquais jamais de lui dire qu'il passait de l'eau au tamis. Aussitôt libre, il m'emmenait dans son salon, où nous bavardions et faisions de la musique — mais là, il lui arrivait souvent de se lever brusquement pour se précipiter dans son laboratoire et s'y assurer que rien ne brûlait ni ne débordait; il faisait alors retentir en passant dans le couloir d'extraordinaires passages de neuvièmes ou de secondes; peu après, il revenait à la musique et à la conversation. »

Borodine écrivait : « En hiver, je ne peux composer que lorsque je ne me sens pas assez bien pour donner mes conférences. Aussi mes amis me disent-ils, renversant la proposition traditionnelle, "J'espère que vous allez mal", et non pas : "J'espère que vous allez bien". A Noël, ayant la grippe, j'écrivis chez moi le chœur de grâces du dernier acte d'*Igor*. »

Il ne termina jamais son opéra : Rimsky-Korsakov et son élève Glazounov s'en chargèrent, et l'œuvre fut créée 3 ans après la mort de l'auteur. Borodine ne nota jamais l'ouverture sur papier, mais Glazounov l'avait si souvent entendu la jouer qu'il lui fut facile de l'orchestrer selon ses vœux. L'auteur a laissé cette note au sujet de son opéra : « Il est curieux de voir combien tous les membres de notre groupe louent mon travail. Alors que nous nous opposons sur à peu près tout le reste, tous jusqu'ici aiment *Igor* : Moussorgsky l'ultra-réaliste, Cui, l'innovateur lyrico-dramatique, notre maître Balakirev, si strict sur ce qui concerne la forme et la tradition, et Vladimir Stassov lui-même, notre vaillant champion de tout ce qui porte la marque de la nouveauté ou de la grandeur. »

L'ouverture est entièrement constituée d'airs qu'on entend par la suite.

Elle commence par ce qui précède la grande aria d'Igor à l'acte II, et continue par les thèmes ensuite associés au khan Kontchak et à Kontchakovna, avant d'arriver au n° 1, passionné :

et au n° 2 :

Prologue. La place du marché de Poutivl, ville où règne Igor, prince de Seversk. Son peuple l'a supplié de remettre son départ, en raison d'une éclipse de soleil, mauvais présage. Igor et son fils Vladimir partent cependant à la poursuite des Polovtsiens, une tribu tartare autrefois repoussée jusqu'aux plaines du Don par le prince Sviatoslav de Kiev, père d'Igor.

Acte I. La maison du prince Vladimir Galitzky, frère de Yaroslavna, la femme d'Igor. En l'absence d'Igor, c'est Galitzky qui gouverne Poutivl et veille sur Yaroslavna. Le peuple l'aime à cause de ses manières insouciantes et libertines. Dans une aria incisive et vigoureuse il affirme qu'il est un homme d'honneur sur qui l'on peut compter. Des jeunes filles viennent lui demander aide et protection contre les parasites de sa suite, qui ont enlevé l'une de leurs compagnes. Il refuse d'intervenir. Skoula et Eroshka, ivrognes joueurs de Gudok et déserteurs, essaient de soulever la foule contre Igor. Ils chantent les louanges de leur maître, Galitzky, et proposent de le nommer prince.

La chambre de Yaroslavna, où les jeunes filles de la scène précédente cherchent protection. Leur intervention est précédée d'un magnifique et chaleureux passage *arioso*, chanté par Yaroslavna. Elle oblige son frère à rendre la jeune fille enlevée.

On dresse la liste des malheurs qui se sont abattus sur Igor : il a été vaincu par l'armée ennemie, fait prisonnier avec son fils, et l'ennemi marche sur Poutivl. On sonne l'alarme. Les fidèles boyards jurent de protéger leur princesse, Yaroslavna.

Acte II. Le camp des Polovtsiens. La musique oppose nettement Kontchak à Galitzky (bien que souvent le même chanteur interprète les deux rôles) et Kontchakovna à Yaroslavna. La différence apparaît dès la scène d'ouverture, où deux jeunes filles polovtsiennes chantent un air langoureux et dansent pour leur maîtresse. Elle chante un superbe nocturne dont la mélodie chromatique évoque l'amour avec nostalgie : « Maintenant la lumière du jour s'éteint ».

Kontchakovna voit un groupe de prisonniers russes entrer dans le camp et ordonne à ses femmes de leur porter à boire. Le fils d'Igor, Vladimir, est déjà épris de la fille du khan, Kontchakovna, et exprime ses sentiments dans une aria délicieuse : « La lumière du jour s'en va doucement ».

Kontchakovna assure à Vladimir que son père ne s'opposera pas à leur mariage. En revanche, Vladimir est persuadé qu'Igor n'acceptera jamais qu'il épouse la fille de son ennemi. Igor est obsédé par le souvenir de son pays : nous entendons alors les mesures qui commençaient l'ouverture. Il chante avec désespoir son bonheur passé et son malheur présent (n° 1) et rêve de la liberté qui lui rendra la gloire et lui permettra de protéger son peuple. Son évocation de Yaroslavna (n° 2) est empreinte de tendresse.

Le traître tartare Ovlour lui propose de s'échapper; la musique devient alors insinuante. Igor refuse : l'honneur lui interdit une telle solution.

Le khan vient trouver Igor. Dans une grande *scena* pour basse, il offre à son prisonnier tout ce qu'il peut souhaiter pour alléger le poids de sa captivité. Igor ne souhaite que la liberté. Le khan est prêt à la lui rendre contre sa parole de ne jamais reprendre la guerre. Il lui propose même d'unir leurs forces pour dominer le monde. Mais Igor admet que, s'il était libre, il lèverait une armée pour marcher sur les Tartares qui ont menacé la paix de son territoire. Le khan ordonne que des esclaves viennent danser pour le distraire.

Ici interviennent les célèbres danses polovtsiennes, souvent données en concert avec ou sans le chœur qui en fait en réalité partie, ou sous forme de ballet. Elles allient une douce et ensorcelante mélodie à une vigueur rude et barbare.

Acte III. Prélude : une danse polovtsienne barbare, que l'on entend souvent en concert. Elle accompagne l'entrée du khan Gzak et de ses guerriers. Comme Kontchak, il a triomphé de ses adversaires russes et revient avec de nombreux prisonniers. Dans une aria énergique et triomphante Kontchak accueille ses frères d'armes et se réjouit des massacres et de la misère qu'ils ont provoqués sur leur passage. Les trompettes annoncent le partage du butin, les khans vont préparer leur nouvelle campagne contre les Russes. Les Tartares conservent l'esprit vigoureux qui marquait l'aria de Kontchak tandis que les Russes, dès qu'ils sont seuls, se lamentent sur le sort de leur patrie. Ils persuadent Igor de sacrifier son honneur à son devoir, de s'échapper, pour mener les siens vers la vengeance et la liberté.

Les gardes polovtsiens célèbrent la victoire. Rapidement ivres, ils entonnent un chœur à la gloire de leurs chefs invincibles. Ovlour met au point les détails de la fuite avec Igor et Vladimir, et leur donne rendez-vous de l'autre côté de la rivière, où il les attendra avec des chevaux. Kontchakovna a entendu parler du projet, et exprime son mécontentement non pas devant la trahison envisagée, mais de voir Vladimir s'enfuir sans lui demander de l'accompagner. Dans un superbe trio (sur l'air du n° 1) Igor

refuse de l'emmener. Alors elle alerte le camp. Igor parvient à s'enfuir, mais Vladimir reste entre les mains des Polovtsiens.

Ils se lancent à la poursuite d'Igor et réclament la mort de Vladimir, malgré les supplications de Kontchakovna. Kontchak dit son admiration pour Igor. Il ordonne de pendre les gardes qui n'ont su empêcher la fuite d'Igor, et d'épargner Vladimir, qui deviendra leur allié et le mari de Kontchakovna. Chœur à la louange de Kontchak.

Acte IV. Les murs de la ville de Poutivl et une place publique. Yaroslavna pleure son bonheur perdu. Ses plaintes conduisent au thème passionné qui illustre l'amour que lui porte Igor (n° 2).

Elle aperçoit deux cavaliers qui se dirigent vers la ville. L'un d'eux semble vêtu comme un prince, tandis que l'autre paraît être un Polovtsien. Elle reconnaît Igor et se précipite dans ses bras. Duo. Ils se dirigent ensemble vers la citadelle; mais au moment où ils s'arrêtent devant la grille, Eroshka et Skoula apparaissent, ivres comme à leur habitude, ils sont consternés de voir Igor de retour. Ils décident cependant de rester et de faire face.

Borodine avait trop de tendresse pour ces ivrognes pour ne pas leur offrir une fin en fanfare (cf. Varlaam et Missail, chez Moussorgsky) : ils annoncent aux citoyens le retour inopiné d'Igor et sont acclamés comme porteurs de la bonne nouvelle. Ils peuvent ainsi participer au finale (marqué *allegro marziale*) qui célèbre le retour d'Igor et la chute imminente de Galitzky.

Borodine ne termina pas *Le Prince Igor* (bien qu'il en eût composé toute la musique) : il ne se livra pas au travail de révision qu'on pourrait attendre de l'auteur d'une œuvre épique de ce type. Les organisateurs de représentations modernes se trouve face à un dilemme. Certains décident de réviser l'œuvre entièrement. Ainsi Eugene Goossens pour Covent Garden en 1937. D'autres préfèrent éliminer tout l'acte III, réduisant l'opéra à une durée raisonnable sans nuire au drame — mais en sacrifiant beaucoup de musique (une partie de cette musique était incorporée dans la production du New York City Opera en 1969). Personne n'a encore trouvé de solution satisfaisante.

K.W., H.

MODEST PETROVICH MOUSSORGSKY
(1839-1881)

Boris Godounov

Opéra en 1 prologue et 4 actes de Moussorgsky; liv. d'après la pièce de Pouchkine et l'Histoire de l'État russe de Karamzin. Il y eut 4 versions principales de Boris : 2 de Moussorgsky, 2 de Rimsky-Korsakov, sans parler des nombreuses tentatives, plus récentes, d'adaptation en vue de représentations. (A), composée et orchestrée entre octobre 1868 et décembre 1869, consistait en 7 scènes : la cour du monastère de Novodevichy; le couronnement; la cellule de Pimen; l'auberge; les appartements du tsar; devant la cathédrale St-Basile à Moscou (y compris la scène de l'Idiot); mort de Boris. Cette version fut soumise au comité des Théâtres Impériaux, qui la rejeta. (B), Moussorgsky travailla aussitôt à une seconde version, recueillant les avis de ses amis, et termina en juin 1872. En février 1872, la scène du couronnement fut chantée en concert par Napravnik, et Balakirev dirigea la Polonaise en avril. Cette version fut également repoussée par le comité, mais la scène de l'auberge et les deux scènes de l'acte polonais furent jouées en public en février 1873 au Théâtre Marinsky, avec Petrov — la plus célèbre basse de son temps — en Varlaam, Komissarzhevsky en Dimitri, Platonova en Marina; le reste du programme était composé du 1ᵉʳ acte de Freischütz et du 2ᵉ acte de Lohengrin. Cette représentation remporta un grand succès, si bien que l'opéra fut donné en entier — moyennant d'importantes coupures — du 27 janvier au 8 février 1874, avec Melnikov en Boris, et Petrov, Komissarzhevsky et Platonova dans les rôles qu'ils tenaient en 1873; Napravnik était au pupitre, et l'opéra connut un grand succès auprès du public, sinon des critiques. En 1882, il n'était plus au répertoire. Rimsky-Korsakov révisa l'œuvre en 1896, reprenant la partition, pratiquant des coupures et composant des passages pour pallier les vides laissés par les coupures. Cette version (C) fut donnée en 1896; en 1899 par la Compagnie Mamontov avec Chaliapine dans le rôle de Boris, et en 1904 aux Théâtres Impériaux, à nouveau avec Chaliapine. En 1906-1908, Rimsky-Korsakov travailla à la version (D), restaurant les passages qu'il avait coupés dans la version (C) et éliminant ses propres additions. C'est dans cette version (D) que cette œuvre a été le plus souvent jouée.

(D) : première à l'Opéra de Paris, 1908, et à la Scala de Milan, 1909, avec Chaliapine¹; Metropolitan de New York, 1913, avec Chaliapine. Reprises :

1. Par la troupe de l'Opéra de Moscou; version fr. de M. Delines, Opéra de Lyon et Th. des Champs-Élysées, 1913; Opéra de Paris, 1922, version fr. de M. Delines et L. Laloy, dir. Koussevitzky; nombreuses reprises jusqu'en 1960.

Metropolitan, 1921, avec Chaliapine; 1939, avec Pinza; 1943, avec Kipnis; la Scala, 1922, avec Vanni Marcoux, dir. Toscanini; 1930, avec Chaliapine; 1941, avec Pasero; 1949, avec Christoff, dir. Dobrowen; Covent Garden, 1928, avec Chaliapine, La version (A) de Moussorgsky fut donnée en 1935 à Londres, Sadler's Wells (en ang.), avec Ronald Stear en Boris; la version (B) fut donnée en 1948 à Covent Garden (en angl.), avec Silveri en Boris; en 1949, ce fut Christoff; en 1950 (on était revenu à la version (D) de Rimsky-Korsakov), Weber, et, en 1952, Rossi-Lemeni; en 1958, un retour à (B) eut lieu sous la dir. de Kubelik, avec Christoff; la scène de St-Basile y était conservée, ainsi que celle de la forêt de Kromy, mais sans les déclarations de l'Idiot. Dans la production spectaculaire de Karajan, à Salzbourg, en 1965, Ghiaurov était Boris, accompagné de Jurinac, Uzunov, Stolze, Gyuselev, Diakov.

PERSONNAGES

BORIS GODOUNOV (basse); FEODOR, *son fils* (mezzo-soprano); XENIA, *sa fille* (soprano); LA VIEILLE NOURRICE (contralto); LE PRINCE SHOUISKY (ténor); ANDREI TCHELKALOV, *secrétaire de la Douma* (baryton); PIMEN, *moine et chroniqueur* (basse); LE PRÉTENDANT, DIMITRI, *appelé Gregori* (ténor lyrique); MARINA MNISHEK, *princesse polonaise* (soprano); RANGONI, *jésuite déguisé* (basse); VARLAAM et MISSAIL, *vagabonds* (basse, ténor); L'HÔTESSE DE L'AUBERGE (mezzo-soprano); NIKITICH (MICHAEL), *officier de police* (basse); L'IDIOT (ténor); DEUX JÉSUITES (basses).

En Russie et en Pologne, de 1598 à 1605.

Le sujet concerne l'un des épisodes les plus curieux de l'histoire de Russie aux XVIe et XVIIe s. Boris Godounov, beau-frère et Premier ministre du tsar Feodor, fils d'Ivan, a fait assassiner le jeune Dimitri, demi-frère et héritier du tsar. A la mort de Feodor, Boris, qui n'a commis ce crime que pour prendre le pouvoir, est acclamé par le peuple et monte sur le trône. A peu près à la même époque, un jeune moine nommé Gregori s'échappe de son monastère et gagne la Pologne où il se fait passer pour le tsarevich Dimitri, présumé mort. Le gouvernement polonais le reçoit très cordialement, voyant l'avantage qu'il pourrait tirer de la situation. Bientôt le prétendu Dimitri, qui a épousé la fille du Voïvode de Sandomir, conduit l'armée polonaise contre la Russie. Apprenant la mort de Boris, le faux Dimitri saisit l'occasion et usurpe le pouvoir.

Historiquement, le fils de Boris, Feodor, fut assassiné; sa fille, Xenia, devint la maîtresse de Dimitri — l'opéra de Dvorak, *Dmitrij*, traite de ces événements. Dimitri ne resta pas longtemps au pouvoir : il fut tué par Shouisky, qui régna après lui. L'histoire a lavé Boris du meurtre de Feodor (mais il faut y croire pour les besoins de l'action dans l'opéra), tandis que Shouisky s'est avéré être un tsar cruel et ambitieux. Marina semble avoir été en réalité ce qu'elle est dans l'opéra : après la mort de Dimitri, elle épousa un autre prétendant au trône, et le reconnut comme étant son époux perdu.

César Cui, historien de la musique russe et compositeur, a écrit au sujet du drame poétique : « Il ne s'agit évidemment pas d'un sujet dont les différentes parties, combinées de sorte à former une séquence d'événements découlant les uns des autres, correspondent dans leur totalité aux critères de la stricte unité dramatique. Chaque scène est indépendante; les rôles, pour la plupart, sont transitoires. Les

épisodes successifs sont articulés par
nécessité; ils ont tous plus ou moins
un rapport à un fait général, à une
action commune; mais l'opéra ne
souffrirait pas d'une nouvelle disposition des scènes ni même de la
substitution .de certains épisodes
secondaires à d'autres. Cela tient
essentiellement au fait que *Boris
Godounov* n'est à proprement parler
ni un drame ni un opéra, mais plutôt
une chronique musicale à la manière
des drames historiques de Shakespeare.
Chaque acte est intéressant en soi,
sans rien devoir à ce qui précède ou ce
qui suit ». Ajoutons que certaines
scènes sont écrites en prose et d'autres
en vers, pour parfaire l'idée générale
de ce livret qui offrit au compositeur
une série de scènes tout à fait propices
à l'illustration musicale.

K.W.

Prologue. Bref prélude. La cour du
monastère de Novodevichy, près de
Moscou. Un officier de police ordonne
à la foule de continuer la prière. Dès
qu'il s'éloigne, tous admettent qu'ils
n'ont pas la moindre idée de la raison
pour laquelle ils sont réunis en ce lieu.
La prière, devenue une lamentation
frénétique, est interrompue par l'apparition de Tchelkalov, le secrétaire
de la Douma. Il leur annonce que Boris
n'a pas encore cédé aux pressions du
gouvernement et du peuple, qui le
supplient d'accepter la couronne.

Des pèlerins s'approchent du
monastère. Ils distribuent des aumônes
et des reliques.

Scène 2. La cour du Kremlin à
Moscou. Dans le fond, l'escalier Rouge
qui conduit aux appartements du
tsar. Les sujets, agenouillés, occupent
l'espace qui sépare la cathédrale de
l'Assomption de la cathédrale de
l'Archange. On peut voir les porches
des deux églises.

Des cloches retentissent. Une procession de boyards et de gardes s'avance.
Le prince Shouisky s'écrie : « Longue
vie à toi, tsar Boris Feodorovich ! »

et le peuple entonne un grand chant
de louanges à la gloire du tsar. Il
apparaît et prie le ciel de l'aider sur un
mode plus réservé que triomphant. Il
demande aux boyards de venir prier
avec lui sur la tombe des souverains
disparus. Le peuple l'acclame.

Acte I. Cinq ans ont passé depuis le
couronnement de Boris. Le peuple
souffre maintenant de la famine et de
la peste, et brave la loi pour se livrer
au pillage. Malgré tous ses efforts pour
régner sagement et justement, on
reproche à Boris les malheurs de la
Russie, la mort de sa sœur − la veuve
du tsar Feodor, la mort de son futur
beau-fils.

Une cellule du monastère de Chudov,
où le vieux moine Pimen travaille à
sa chronique de l'histoire de Russie.
Il est satisfait d'atteindre la fin de
son travail. Gregori, le jeune compagnon de cellule de Pimen, s'éveille.
Il vient de rêver, pour la 3e fois, qu'il
se trouvait au sommet d'une haute
tour d'où il pouvait voir la ville de
Moscou étendue à ses pieds. La foule
en contrebas se moquait de lui, et il
était saisi de honte et de terreur; il
tombait alors de la tour et s'éveillait
de son rêve (c'est une référence à une
version du meurtre de Dimitri, qui
aurait été précipité du sommet d'une
tour).

Gregori se lamente d'avoir passé
toute sa vie entre les murs d'un
monastère, sans avoir connu l'action
ni le monde. Pimen lui rappelle que les
plus grands guerriers de la Russie ont
terminé leur vie solitairement, dans la
paix de l'âme − le plus célèbre étant
Ivan lui-même, qui mourut dans cette
cellule. Le dernier tsar, Feodor, était
un homme pacifique. Mais Dieu a
maintenant envoyé à la Russie un
régicide, le féroce Boris. Gregori
demande à Pimen quel âge aurait
aujourd'hui Dimitri, le frère de
Feodor. A peu près ton âge, lui
répond Pimen, une vingtaine d'années.
Dans la version (A), Moussorgsky
ajouta un passage où Pimen décrit

le meurtre du jeune tsarevich à Uglitch; il fut supprimé dans la version (B). L'orchestre joue un thème que l'on associera plus tard à la fois à l'ambition de Gregori et au personnage de Dimitri, qu'il usurpera :

La cloche sonne pour les matines, Pimen sort, Gregori reste en arrière et déclare que Boris n'échappera pas au châtiment du ciel.

Scène 2. Une auberge de la frontière lithuanienne. La tenancière chante une petite chanson où se mêlent la grivoiserie et les absurdités. Des moines arrivent, ce sont d'assez louches vagabonds; ils se nomment Varlaam et Missail, et avouent passer le plus clair de leur temps à transformer le fruit de leurs quêtes en alcool. Gregori, qui s'est enfui du monastère, les accompagne; poursuivi par la police, il se dirige vers la Lithuanie. Varlaam se lance dans un récit féroce de ses exploits comme soldat dans l'armée d'Ivan le Terrible à la bataille de Kazan. Son chant est d'une admirable vigueur. Il reproche à Gregori de ne pas boire, ni même chanter avec eux. Gregori se renseigne sur la meilleure route vers la frontière. La tenancière lui dit que les routes sont pleines de policiers qui recherchent un moine évadé, mais qu'il y a un chemin sûr où il passera inaperçu.

Soudain, la pièce est envahie par des gardes. Ils questionnent Gregori, qui leur semble inoffensif. Ils se tournent ensuite vers les deux vagabonds qui correspondent plus à la description de l'homme qu'ils recherchent. Le capitaine tend le mandat d'arrêt à Varlaam et lui demande de le lire. Mais le vagabond avoue en être incapable. On demande alors à Gregori de lire à voix haute; il modifie la description portée sur le document et désigne Varlaam à sa place. Celui-ci décide alors de faire un effort pour lire ce papier. Il énonce

le véritable contenu du document avec la plus grande difficulté, et les policiers réalisent que Gregori est leur homme. Celui-ci saute par la fenêtre et leur échappe.

Acte II. Les appartements du tsar au Kremlin. Le tsarevich Feodor lit, sa sœur Xenia pleure son fiancé mort avant leur mariage. La nourrice tente de la consoler. Feodor chante une chanson gaie. Au moment le plus animé, le tsar apparaît. La nourrice est terrifiée et essaie maladroitement de se justifier : elle n'est qu'une vieille femme peureuse. Boris réconforte sa fille, puis s'approche de son fils qui contemple une carte de l'Empire russe. Il lui conseille de suivre ses leçons avec sérieux, car il pourrait bientôt avoir à gouverner tous ces pays.

Devant son fils, Boris laisse apparaître sa peine, les doutes et les chagrins qu'il a connus en régnant; il évoque les ennemis qui conspirent contre lui et les remords qui envahissent son âme à la pensée de Dimitri assassiné. Ce très long monologue (« J'ai atteint la plus grande puissance ») croît en intensité, puis s'éteint au fur et à mesure que Boris ploie sous le poids de sa conscience. Deux thèmes doivent être cités ici. Le 1er sera à nouveau entendu pendant la mort de Boris :

et le 2e est associé à sa culpabilité dans le meurtre de Dimitri :

On entend du bruit dehors. Le boyard de garde annonce que le prince Shouisky réclame une audience. Boris accepte de le recevoir. Le boyard le prévient alors des rumeurs qui circulent : les nobles, mécontents, ont pris contact avec les Polonais à Cracovie; Shouisky serait des leurs, un messager est arrivé de Cracovie. Qu'on l'arrête, ordonne le tsar. Feodor revient expliquer, dans un chant charmant, la cause du bruit : un perroquet s'était échappé et avait effrayé les jeunes filles. Boris apprécie la façon dont son fils raconte cette histoire.

Shouisky, dès son entrée, est accueilli par un torrent d'injures. Boris l'accuse d'hypocrisie et de trahison. Le prince se défend de ces accusations mais admet tacitement ses relations avec les rebelles. Il est venu apporter de graves nouvelles au tsar. Un prétendant au trône de Russie s'est fait reconnaître publiquement par le roi de Pologne, et officieusement par le pape. Il se pourrait que le peuple russe lui-même se laisse séduire par la cause de ce prétendant si celui-ci traversait la frontière, se faisant appeler Dimitri et passer pour le tsarevich disparu.

Dès que le nom de Dimitri est prononcé, le tsar fait sortir son fils pour rester seul avec Shouisky. Il lui ordonne de confirmer que le corps de Dimitri a vraiment été enterré à Uglich; Skouisky apaise ses craintes : il a observé son corps, et ceux de ses présumés meurtriers, que la foule avait tués, pendant les cinq jours où ils furent exposés. Les autres avaient commencé à se décomposer, seul le corps de Dimitri resta intact, malgré le cercle rouge qui marquait son cou. Son visage était éclairé d'un sourire angélique.

Boris ne peut en écouter plus et renvoie Shouisky. En sortant, celui-ci se retourne et voit le tsar s'effondrer dans un fauteuil, apparemment épuisé. Au même moment, une horloge sonne (on sait qu'elles furent introduites en Russie sous le règne de Boris). Les personnages automates qui la décorent commencent à bouger, et Boris croit voir une apparition de l'enfant assassiné. Son hystérie tourne à la folie. Il tombe en sanglotant sur le sol, suppliant Dieu de lui pardonner. Le pouvoir évocateur de la musique est extraordinairement sinistre.

Acte III. L'acte « polonais ».

Scène I. Les appartements de Marina Mnishek, fille du Voïvode de Sandomir. Elle écoute chanter les jeunes filles puis exprime ses ambitions : les chansons d'amour ne l'intéressent pas; elle préfère les récits héroïques. Elle chante un air *alla mazurka*, dévoilant ses plans ambitieux, grâce à Dimitri elle espère accéder au trône de Russie. Apparaît Rangoni, un jésuite introduit dans l'histoire par Moussorgsky. Il la somme de ne pas oublier son devoir quand elle régnera sur la Russie : convertir les Russes, ces hérétiques, à la vraie religion. Marina n'est pas de cet avis. Mais le vieil homme affirme qu'il est le messager de Dieu.

Scène 2. Près d'une fontaine, dans le jardin de Mnishek à Sandomir. Marina y a donné rendez-vous à Dimitri. En l'attendant, il chante son amour avec ardeur. Ce qu'on a décrit comme un « motif huileux et reptilien » — une gamme chromatique — indique que Rangoni s'est glissé sur scène. Il déclare à Dimitri (c'est ainsi qu'on appelle Gregori dorénavant) que Marina l'aime passionnément malgré toutes les insultes qu'il lui a fait subir. Il est prêt à conduire Dimitri jusqu'à sa bien-aimée. Le seul prix qu'il attend de ce service est de pouvoir le suivre et veiller partout à son bien-être moral. Il conseille ensuite à Dimitri de se cacher, car les invités de Mnishek sortent de la maison.

On danse une polonaise. Les nobles font la cour à Marina et envisagent leur marche sur Moscou. Dimitri surveille jalousement la scène et se sent animé d'une volonté nouvelle (une version plus héroïque du thème de Dimitri retentit alors). Marina le trouve tendre et dévoué. Elle use de toute sa hauteur et de toute sa fierté pour le stimuler : il réagit à ses insultes en affirmant qu'il va immédiatement marcher sur Moscou à la tête d'une armée. Marina a obtenu ce qu'elle voulait de lui et est prête maintenant à lui faire des grâces : c'est le célèbre duo d'amour. Le pauvre Dimitri est une proie aisée. Il prend Marina dans ses bras et lui déclare sa passion.

Rangoni les observe de sa cachette, et l'orchestre descend l'échelle chromatique pour bien souligner qu'il ne s'agit ni du triomphe de Marina, ni de celui de Dimitri, mais du sien et de celui de son Eglise. (A part la polonaise et le duo, la plus grande partie de cet acte est généralement supprimée.)

Acte IV. Sur le conseil de ses amis — dit-on — Moussorgsky plaça dans la version (B) la scène de la mort de Boris avant la « scène révolutionnaire », faisant ainsi du peuple russe le véritable acteur du drame. Mais il est sans doute plus exact de considérer (D) comme le travail ultime de l'auteur sur la partition; en faire la version définitive et testamentaire est cependant exagéré. Rimsky-Korsakov a modifié l'ordre des choses dans (C) et (D) : quand ces versions sont jouées, la scène révolutionnaire précède la mort de Boris, qui termine l'opéra.

Revenons à la dernière version de Moussorgsky :

Scène 1. Le palais Granovitaya, au Kremlin. La Douma s'est réunie pour prendre les mesures capables de repousser l'invasion menaçante. Shouisky leur raconte qu'il a vu Boris parlant tout seul, en essayant de repousser quelque spectre; il criait : « Va-t'en ! Va-t'en ! »

A peine a-t-il prononcé ces mots que la voix de Boris les répète derrière la porte. Il entre en titubant dans la salle, ne voyant pas les boyards qui l'observent, terrifiés. Shouisky le ramène à la raison. Le tsar prend place sur son trône pour écouter le conseil des boyards. Shouisky demande la parole : il annonce qu'un saint homme, très âgé, attend dehors. Il voudrait parler au tsar. Boris, pensant que cela risque d'apaiser ses esprits troublés, accepte de le voir.

C'est Pimen. Il conte une étrange histoire. Un berger, aveugle de naissance, a reçu l'ordre, pendant un rêve, d'aller prier près de la tombe du tsarevich Dimitri à Uglich. Il le fit et recouvra immédiatement la vue. Boris est horrifié par la seule mention du nom de Dimitri; il réclame de la lumière et tombe inconscient dans les bras des boyards. Se sentant mourir, il envoie chercher son fils et le *skhima* (la coutume veut que le tsar, avant sa mort, soit reçu comme moine au sein de l'Eglise).

Feodor arrive, et Boris demande qu'on les laisse seuls. Il dit adieu à son fils et lui affirme qu'il est l'héritier légitime du trône de Russie. Qu'il prenne garde aux nobles et à leurs complots et qu'il consacre sa vie à la protection du peuple russe et de sa sœur Xenia. Sentant la mort venir, il prie Dieu de bénir ses enfants. Le glas retentit. Le chœur des moines, priant doucement pour le repos de l'âme du tsar, s'élève doucement. Les boyards reviennent, Boris expire en criant : « Tant que je respire, je suis encore le tsar ».

Il est possible que la grande popularité de cet opéra au début du siècle ait été due à Chaliapine — particulièrement à la façon dont il chantait et jouait la scène de la mort de Boris.

Scène 2. Une clairière de la forêt de Kromy. Dimitri a traversé la Russie à la tête de ses troupes et le pays est dans un état lamentable : chaos, famine et pillage. La foule harcèle un propriétaire, partisan de Boris, qu'elle a capturé. Des enfants se moquent d'un idiot, qui chante pathétiquement:

Ils lui volent ses quelques sous. Varlaam et Missail chantent les louanges de Dimitri, puis dénoncent les deux jésuites à la foule, qui s'empresse de monter une potence pour les pendre.

Une procession annonce l'arrivée de Dimitri, suivi de ses troupes. Il fait libérer les boyards et les jésuites et demande à la foule de le suivre à Moscou. L'idiot reste seul en scène, il pleure le sort de la Russie : « Malheur et douleur, toujours, lamentations; peuple russe, pauvre peuple affamé. »

La polémique au sujet du choix entre l'édition de la partition de Rimsky-Korsakov ou la version de Moussorgsky (B) – la version (A) fut donnée au Sadler's Wells avant la guerre – ne semble pas résolue. Plusieurs sommités ont soutenu que la force de l'original, avec sa partition sans compromissions, avait beaucoup souffert des coupures faites par Rimsky-Korsakov. Néanmoins, les directeurs de théâtres lyriques semblent pencher pour la version (D), essentiellement parce qu'elle est bien connue des chanteurs et que ceux-ci n'ont pas envie de réapprendre leur rôle.

Une chose est certaine, quelle que soit la version envisagée, c'est l'extraordinaire pouvoir de caractérisation de la musique de Moussorgsky. Un rôle aussi infime que celui du boyard Tchelkalov (qui comporte 30 mesures) est celui d'une personnalité, et non d'un figurant. La Nourrice, Feodor et Xenia, sont très poussés, et des personnages comme Varlaam et le prince Shouisky sont superbement décrits, avec une grande économie. Boris est une création dominante, d'une puissance diabolique; chanter ce rôle est le sommet d'une carrière de basse ou de baryton-basse à composante slave. La façon dont la foule participe activement à l'opéra est également remarquable.

H.

Khovanschina
La Khovantchina

Opéra en 5 actes de Moussorgsky; liv. de l'auteur et de V.V. Stassov. Créé le 21 février 1866 à Saint-Pétersbourg. Terminé et orchestré par Rimsky-Korsakov. Première officielle, 7 novembre 1911 à Saint-Pétersbourg, avec Zbrueva, Lobinsky, Sharonoff, Chaliapine, dir. Coates; Paris, 1913, Th. des Champs-Élysées, en russe, version révisée par I. Strawinski et M. Ravel, avec Chaliapine, dir. E. Cooper; Londres, Drury Lane, la même année. Paris, 1923, version fr. d'Harcourt, avec Charmy, Laval, Journet, Huberty, dir. Koussevitzky; la Scala, Milan, 1926, avec Bertana, Dolci, Sdanowsky, Journet; la Scala de Milan, 1949, avec Barbieri, Francesco Albanese, Inghilleri, Christoff, Rossi-Lemeni, dir. Dobrowen; Metropolitan de New York, 1950, avec Stevens, Sullivan, Tibbett, Hines, dir. Cooper; Munich, 1956, dir. Fricsay; Londres, Covent Garden, 1963, dans la version de Chostakovitch, dir. Silvestri; et 1972, en russe, dans la première version jamais donnée sans coupures, avec Yvonne Minton, Robert Tear, Donald McIntyre, David Ward, Martti Talvela, dir. Edward Downes.

PERSONNAGES

LE PRINCE IVAN KHOVANSKY, *chef des Streltsy*[1] (basse); LE PRINCE ANDRÉ KHOVANSKY, *son fils* (ténor); LE PRINCE VASSILI GALITZINE (ténor); LE BOYARD

1. *Streltsy*, troupes indisciplinées qui avaient, à l'origine, mis l'impératrice Sophie sur le trône; le prince Ivan Khovansky ensuite prit leur tête. Beaucoup étaient des Vieux Partisans.

SHAKLOVITY (baryton); DOSITHEUS, *chef des Vieux Partisans* (basse); MARTHA, *jeune veuve, du parti des Vieux Partisans* (mezzo-soprano); UN SCRIBE (ténor); EMMA, *jeune fille du quartier allemand* (soprano); VARSONOFIEV, *serviteur de Galitzine* (baryton); PREMIER et SECOND MOUSQUETAIRES *streltsy* (basses); KOUZKA, *mousquetaire* (ténor); STRECHNIEV (ténor); SUSANNA, *du parti des Vieux Partisans* (soprano); UN PASTEUR LUTHÉRIEN (baryton).

Des mousquetaires, des Vieux Partisans, des demoiselles d'honneur et des esclaves perses de la suite d'Ivan Khovansky, les gardes du corps de Pierre le Grand (Petrovtsy-Poteshny), le peuple.

En 1682-1689.

Les actes I, II et III ont lieu à Moscou; la scène 1 de l'acte IV dans la propriété du prince Khovansky; la scène 2 à Moscou; l'acte V dans un bois près de Moscou.

Moussorgsky voulait décrire l'affrontement entre l'ancien et le nouveau mode de vie en Russie au moment de l'accession au pouvoir de Pierre le Grand. D'un côté se tiennent les princes Khovansky et leurs Streltsy, réactionnaires qui ont engagé une lutte politique contre le régent (le parti de Galitzine); de l'autre, les Vieux Partisans, menés par Dositheus, qui ont refusé d'accepter les réformes depuis 1654. Le « nouveau » régime de Pierre le Grand a été victorieux à la fois des Streltsy et des Vieux Partisans. Le sujet de *Khovantchina* concerne surtout l'opposition entre le tsar et ses ennemis bien plus que l'affrontement entre les nobles.

Moussorgsky commença son opéra en 1872 mais ne vécut pas assez longtemps pour le terminer. Rimsky-Korsakov travailla sur la partition, et la modifia par la suite dans son édition de 1883. Une édition de Chostakovitch, beaucoup plus fidèle, fut réalisée en 1959.

Acte I. Le magnifique prélude commence *andante tranquillo*. La place Rouge, à Moscou, au lever du soleil. Kouzka, un Streltsy[1], s'est assoupi en montant la garde. Une patrouille passe et le voit. Leur conversation nous apprend que les Streltsy ont été occupés pendant la nuit : ils se sont débarrassés de leurs opposants. L'écrivain public s'installe sur la place. Le boyard Shaklovity lui dicte une lettre pour le tsar et son conseil, où il les met en garde contre les complots du prince Khovansky, qui veut, avec l'aide des Vieux Partisans, mettre son fils à la place du tsar. La lettre doit être anonyme, et le scribe doit oublier qu'il l'a jamais écrite. La foule envahit la place et force le scribe à lire la déclaration que les Streltsy ont affichée sur la colonne centrale. Le chœur annonce l'arrivée du prince Khovansky, ce qui fait fuir le scribe. Le prince s'adresse à la foule : la trahison sévit en Russie, mais il est décidé à écraser les ennemis des tsars. La foule invoque le « Cygne blanc »; le prince, avec l'accord de tous, ordonne que les Streltsy patrouillent dans la ville.

Le prince, sa suite et la foule quittent la place. Aussitôt Emma apparaît, suivie du fils du prince, André Khovansky. Il veut l'embrasser, mais elle résiste. Emma est rassurée, car voici Martha. André Khovansky l'a aimée et abandonnée. Elle l'apostrophe et exige qu'il se repente. Le jeune homme, furieux, l'attaque avec un poignard. Mais Martha est armée et pare le coup. L'arrivée du père d'André, accompagné de ses Streltsy, interrompt l'affrontement. Le vieux prince apprécie Emma et ordonne à ses gardes de prendre soin d'elle. André préférerait la voir morte que livrée aux Streltsy. Il veut la frapper, mais Dositheus arrête le coup à temps.

Le chef des Vieux Partisans rétablit la paix. Martha part avec Emma, qu'elle a prise sous sa protection. Le prince Khovansky et ses Streltsy retournent au Kremlin, tandis que Dositheus et ses Vieux Partisans s'agenouillent pour prier.

Acte II. Un appartement chez le prince Galitzine, conseiller, et autrefois amant de la tsarevna. Le prince lit une lettre d'amour de la tsarevna. Varsonofiev annonce un pasteur luthérien qui dénonce les mauvais traitements que les Khovansky font subir à Emma. Galitzine refuse d'intervenir dans une querelle d'ordre privé. Varsonofiev annonce maintenant Martha que le prince a convoquée pour qu'elle lui fasse son horoscope. Dans une coupe remplie d'eau, Martha lit l'avenir puis annonce, dans ce qu'on appelle la « Divination », passage célèbre et impressionnant, la disgrâce et la pauvreté qui frapperont bientôt le prince Galitzine. Il la renvoie avec colère, puis ordonne aussitôt qu'on la rattrape et qu'on la noie. Il évoque mélancoliquement les services qu'il a rendus à la Russie. Sa rêverie est interrompue par le prince Khovansky, venu se plaindre de ce que Galitzine s'immisce dans les conseils qu'il donne à la tsarevna, et se moque de lui. Ils échangent quelques injures, mais Dositheus intervient, prônant l'alliance et un retour au gouvernement d'autrefois, appuyé sur les textes anciens et les coutumes. Le chant des Vieux Partisans retentit alors et agace Galitzine. Mais Khovansky voit en eux les sauveurs de la Russie. Martha fait irruption, implorant la protection de Galitzine : son serviteur a voulu la noyer mais a été interrompu par l'arrivée de Petrovtsy, le garde du corps du tsar. La présence des troupes de Pierre le Grand à Moscou, jusqu'alors insoupçonnée, inquiète les princes. Le boyard Shaklovity vient leur annoncer que les Khovansky ont été dénoncés au tsar comme des traîtres.

Acte III. Le camp des Streltsy. Martha est assise sur un tertre près de la maison d'André Khovansky et chante son amour perdu dans un air d'une grande beauté. Susanna l'entend et la traite d'incorrigible pécheresse. Dositheus console Martha. Shaklovity, dans une aria à tendance prophétique, espère que la Russie sera bientôt libérée du gouvernement qui l'opprime. Le chœur des Streltsy approchant, il se cache. Ils arrivent en chantant une chanson à boire, s'encourageant mutuellement à se venger des commérages ou des larcins des voisins en les décimant sans pitié. Leurs femmes viennent les injurier. Mais l'arrivée du scribe arrête le tumulte. Il a vu des mercenaires étrangers attaquer des femmes et des enfants à l'extérieur de leur campement. Les Streltsy alertent le prince Khovansky et demandent à combattre les mercenaires. Le prince leur conseille plutôt de se soumettre à la volonté du tsar Pierre.

Acte IV, scène 1. La résidence du prince Ivan Khovansky, où va se dérouler l'un des épisodes les plus poignants de ce drame. Le prince écoute ses esclaves chanter. Varsonofiev, envoyé par Galitzine, vient l'avertir du danger qui le menace. Khovansky néglige l'avertissement et fait venir ses esclaves perses pour danser devant lui. A la fin du ballet, le boyard Shaklovity invite Khovansky à participer au conseil de la tsarevna. Le prince commence par refuser puis se décide à accompagner le boyard. En quittant la pièce (« Le cygne blanc »), il est poignardé dans le dos par Shaklovity.

Scène 2. La place St-Basile à Moscou. Une musique solennelle et impressionnante (connue dans les concerts, comme « Entracte, acte IV ») accompagne le départ du prince Galitzine dans un carrosse que surveillent des soldats. Il a été condamné à l'exil. La procession avance et Dositheus déplore la perte des deux grands nobles, Khovansky et Galitzine. Il échange quelques mots avec Martha et sort. Elle se trouve face au prince André Khovansky; il lui demande avec dureté où se trouve Emma. Celle-ci, dit Martha, est maintenant en sécurité et sans doute mariée à celui qu'elle aimait et dont elle avait été séparée par André. Furieux, il menace Martha de la mort des sorcières, entre les mains des archers.[1] Elle le défie. Il appelle les archers. Ils arrivent, mais ce n'est pas pour répondre à son ordre : ils forment une sinistre procession, portant les billots sur lesquels leurs tête vont bientôt tomber. Martha entraîne André vers une cachette. La foule réclame la mort des archers; mais le héraut de la garde du tsar déclare qu'ils ont été pardonnés. La vérité historique est autre : les Streltsy furent mis à mort et cruellement torturés.

Acte V. Une pinède près de Moscou. Les Vieux Partisans se retrouvent pour la dernière fois dans leur ermitage. Leur cause est perdue et leur secte persécutée dans toute la Russie. Les querelles des princes ont provoqué leur ruine. Plutôt que de se rendre aux soldats qui cernent leur retraite, ils préfèrent mourir ensemble. Les Vieux Partisans, parmi lesquels se trouvent André et Martha, construisent un bûcher funéraire qu'ils gravissent ensuite, une chandelle à la main. Les flammes s'élèvent au moment où les troupes venues les arrêter apparaissent. Les soldats reculent, frappés d'horreur à la vue du bûcher.

F.B., H.

La Foire de Sorochintsy

Opéra en 3 actes de Moussorgsky; liv. de l'auteur d'après un épisode des Soirées dans une ferme près de Dekanka, *de Gogol. A la mort du compositeur, l'œuvre était incomplète (il manquait la plus grande partie du dernier acte) et non orchestrée. Donné en concert à Saint-Pétersbourg, 1911, puis au Comedia Theatre, semi-publiquement. Une autre version au Th. Libre de Moscou, le 3 novembre 1913. En 1917, l'opéra fut donné dans une version de César Cui, au Théâtre de Musique dramatique. Cette même version fut remplacée par celle de Tcherepnine à Monte-Carlo, 1923, avec Luart, John McCormack; Buenos Aires, 1929, avec Maria Kouznetzoff, Davidoff, Sdanovsky, dir. Fitelberg; Metropolitan de New York, 1930, avec Müller, Bourskaya, Jagel, Pinza, dir. Serafin; Covent Garden, 1936, avec Danieli, de Villiers, Russell, Kassen, dir. Coates; Trieste, 1940; Londres, Savoy Theatre, 1942, dir. Fistoulari.*

PERSONNAGES

TCHEREVIK, *un vieux paysan* (basse); PARASSIA, *sa fille* (soprano); KHIVRIA, *sa femme* (mezzo-soprano); GRITZKO, *jeune paysan* (ténor); LE FILS DU POPE (ténor); LE VIEIL AMI DE TCHEREVIK (basse); LE GITAN (basse).

Des jeunes gens et des jeunes femmes, des bohémiens, des marchands, des cosaques, des juifs, etc.

A Sorochintsy, en Petite Russie.

1. Les Streltsy.

La Foire de Sorochintsy fut écrit à peu près en même temps que *Khovantchina*. L'histoire est de Gogol; le lieu où elle se déroule est sa ville natale, en Ukraine. Moussorgsky écrivit lui-même le livret avec de grandes difficultés dues à sa piètre connaissance du dialecte ukrainien. L'œuvre n'était pas terminée à sa mort. Mais elle a connu un grand succès à l'étranger dans la version de Tcherepnine.

L'introduction est intitulée : « Jour de chaleur en Petite Russie ». Elle tend à rendre l'atmosphère décrite par Gogol.

Acte I. Une scène de marché. Dans son livre *Les Maitres musiciens*, consacré à Moussorgsky, Calvocoressi écrit : « Moussorgsky construit une sorte de mosaïque musicale, comme un kaléidoscope; il y rend, pour autant qu'un chœur d'opéra en soit capable, l'atmosphère confuse d'une foire campagnarde ». C'est la première fois que Parassia accompagnée de son père Tcherevik, vient à la foire. Un vieux bohémien domine le vacarme, saluant tout le monde; il annonce que le sol qu'ils foulent est régulièrement visité par le diable, prenant alors la forme d'un cochon. Parassia retrouve son jeune amant, Gritzko, et s'asseoit à côté de lui pendant la tirade du bohémien. Tcherevik réalise soudain que sa fille n'est plus auprès de lui, mais aussitôt Gritzko vient lui demander la main de la jeune fille. Le père du prétendant étant un de ses vieux amis, Tcherevik accepte et bénit le jeune couple. Il réapparaît quelque temps après avec son vieux compagnon : ils sont joyeusement ivres. La femme de Tcherevik, Khivria, apparaît à son tour. Elle semble fort contrariée par l'idée d'accepter un gendre qu'elle ne connaît pas et vexée que les fiançailles aient été conclues sans son accord. Gritzko se lamente du tour que prennent ses affaires. Il y a ici, dans la version de Tcherepnine, une très belle aria que le compositeur avait prévue pour l'acte III et non pour l'acte I; en effet, la scène où Gritzko dit sa douleur avait été indiquée dans le plan de travail, sans avoir été composée. Le vieux bohémien vient proposer à Gritzko, en échange d'une réduction du prix des bœufs qu'il voudrait lui acheter, de rallier Tcherevik et sa femme Khivria à l'idée de son mariage avec Parassia. Gritzko accepte le marché.

L'acte, normalement, se termine avec le *hopak*, le passage le mieux connu de la partition. Mais dans la version de Tcherepnine, ce morceau est placé à la fin de l'opéra, fournissant un excellent finale; il est remplacé par le duo de Parassia et Gritzko.

Acte II. La maison de Tcherevik. Khivria est occupée dans la cuisine tandis que son époux dort. Suit une querelle conjugale pendant laquelle Khivria s'enquiert du résultat de la vente des produits de la ferme. Tcherevik quitte la pièce, et Khivria attend avec impatience son amant, le fils du pope, pour qui elle a préparé des friandises, figure hautement comique dont les propos de bigot contrastent délicieusement avec les intentions impures. Un bruit au-dehors interrompt ses déclarations. Khivria n'a que le temps de cacher son amant : Tcherevik et ses compagnons sont déjà de retour, faisant grand bruit et exprimant leur crainte d'être là où se trouve la « manche rouge » du diable.

Tous boivent, et Tcherevik chante bruyamment pour leur donner du courage. Le malheureux fils du pope heurte une boîte de métal, mais personne n'y prête attention, imputant cette manifestation à la « manche rouge ». Enfin, le compagnon de Tcherevik raconte l'histoire de cette manche rouge. Au plus fort du récit, la fenêtre s'ouvre brusquement et l'on peut voir une tête de porc — forme sous laquelle le diable sillonne le monde, à la recherche de sa manche rouge. Consternation générale. Un cri d'horreur répond à l'apparition, et le fils du pope perd malencontreusement l'équilibre pour s'effondrer au beau milieu de l'assemblée, vêtu de la chemise de nuit de Khivria. Tous les amis de Tcherevik se moquent de Khivria, la fière et irréductible Khivria, qui s'est mise dans une si fâcheuse position.

Acte III. La place du village. La maison de Tcherevik est visible dans le fond. Moussorgsky a écrit une version spéciale et élaborée d'*Une nuit sur le Mont-Chauve* (1867), qui devait servir de ballet-intermezzo entre les actes II et III de *La Foire de Sorochintsy.* Le *parabok* Gritzko (jeune paysan) dort dans la rue. Des créatures issues du monde des ténèbres apparaissent dans son rêve et dansent autour de lui.

Parassia évoque son amant avec tristesse. Puis, se regardant dans son miroir, elle retrouve sa gaieté et chante un charmant *hopak* (marqué *allegro grazioso*). Elle danse en chantant.

Tcherevik sort de chez lui au moment où Gritzko apparaît et il lui dit aussitôt qu'il consent au mariage. L'intervention du bohémien a produit son effet. Les deux jeunes gens se réjouissent de leur bonheur à venir dans un duo animé. Des villageois se joignent à eux, et l'arrivée de Khivria, avec son comportement de belle-mère classique et désapprobatrice, n'entame en rien leur gaieté. Car Tcherevik est en position de force depuis l'épisode du fils du pope et n'admettra pas la moindre contradiction. L'opéra se termine avec le *hopak* endiablé que Moussorgsky avait prévu à l'acte I mais que Tcherepnine a déplacé.

La version à laquelle nous nous référons est celle de Tcherepnine, qui ne suit pas toujours le plan de Moussorgsky, loin de là. Mais c'est la version que l'on entend le plus souvent; et, d'autre part, la fin de l'acte II et tout l'acte III n'existant que sous forme de fragments, nous avons préféré ne pas commenter une œuvre incomplète.

H.

PIOTR ILITCH TCHAÏKOVSKY
(1840-1893)

Tchaïkovsky a écrit 10 opéras, cela vient à l'encontre des théories qui le présentent comme un auteur d'œuvres instrumentales qui se serait essayé à une ou deux œuvres dramatiques. Ces opéras ont connu des fortunes diverses, deux d'entre eux, en tout cas, se sont imposés au répertoire international : *Eugène Onéguine* et *La Dame de Pique.*

Eugène Onéguine

Opéra en 3 actes de Tchaïkovsky; liv. du compositeur et de K.S. Shilovsky, d'après Pouchkine. Créé au Collège impérial de musique, Petit Théâtre, Moscou, 29 mars 1879; joué en public à Moscou, 1881; Olympic Theatre, Londres, 1892 (en angl.); Scala de Milan, 1900; Covent Garden, 1906, avec Destinn, Battistini, Journet, dir. Campanini; Metropolitan de New York, 1920, avec Muzio, Martinelli, de Luca

Didur, dir. Bodanzky; reprise en 1957, avec Amara, Tucker, London, dir. Mitropoulos; Sadler's Wells, 1934, reprise, 1952; Vienne, 1937, avec Lehmann, Maikl, Sved, Hofmann, dir. Walter; Berlin, 1945, avec Lemnitz, Witte, Domgraf-Fassbaender; New York City Centre, 1947, avec Brenda Miller; Vienne, 1950, avec Welitsch, Schock, London, Frick; Paris, Opéra-Comique, 1955, avec Geori Boué, Bourdin, Giraudeau, Depraz, dir. Fournet; Glyndebourne, 1968, avec Söderström, Ochman, Selimsky, Kim Borg, dir. Pritchard; Covent Garden, 1971, avec Ileana Cotrubas, Robert Tear, Victor Braun, dir. Solti.

PERSONNAGES

MADAME LARINA, *propriétaire terrienne* (mezzo-soprano); TATIANA *et* OLGA, *ses filles* (soprano, contralto); FILIPIEVNA, *nourrice de Tatiana* (mezzo-soprano); LENSKI, *fiancé d'Olga* (ténor); EUGÈNE ONÉGUINE, *son ami* (baryton); LE PRINCE GREMINE, *vieux général* (basse); UN CAPITAINE (basse); ZARETSKI (basse); MONSIEUR TRIQUET, *un français* (ténor).

A la fin du XVIIIᵉ siècle, dans une propriété à la campagne, et à Saint-Pétersbourg.

Il semble qu'on ait suggéré à Tchaïkovsky de faire un opéra du poème de Pouchkine en 1877. Le compositeur avait déjà écrit quatre opéras. Il accepta le sujet après une légère hésitation, au risque de se voir accuser de maltraiter un classique — car le poème de Pouchkine était déjà considéré ainsi en Russie. Il composa la « scène de la Lettre » d'un seul trait, tout en mentionnant qu'il « adorait Tatiana, mais qu'Onéguine lui paraissait être un freluquet froid et sans cœur, pour lequel il n'éprouvait aucune sympathie ». À l'époque où il travaillait à cet opéra, il reçut lui-même une déclaration passionnée de la part d'une jeune fille rencontrée à Moscou quand il enseignait au Conservatoire. Fermement décidé à ne pas agir comme Onéguine, il prit la fatale décision d'épouser cette femme qu'il n'aimait pas. Le résultat fut désastreux. Le compositeur, qui était homosexuel, eut une grave dépression nerveuse. Ses médecins insistèrent ensuite pour qu'il rompît ce mariage.

La plupart des commentaires sociaux de Pouchkine ne se retrouvent pas dans le livret qui, par ailleurs, suit d'assez près le texte du poème. L'opposition entre Tatiana et Onéguine n'y apparaît pas avec autant de force, et le dénouement a été étoffé d'une touche romantique : Tatiana et Onéguine chantent un duo avant leur séparation.

Acte I. Le bref prélude est construit sur la phrase suivante :

qui remplit admirablement son rôle en provoquant chez l'auditeur un curieux sentiment d'anticipation.

Dans le jardin de Mᵐᵉ Larina, qui fait des confitures, aidée de Filipievna. Les voix de Tatiana et Olga, qui répètent un duo, s'échappent par la fenêtre ouverte de la maison. Les deux femmes écoutent la première strophe en silence. Mais, à la seconde, elles commencent à parler et le duo devient un quatuor. Un chœur de moissonneurs se rapproche. Ils offrent une gerbe décorée à Mᵐᵉ Larina en chantant un air d'inspiration nettement populaire. Le chœur est suivi d'une danse. Tatiana confie timidement que ces airs campagnards évoquent pour elle des régions lointaines. Mais Olga, plus réaliste, affirme qu'elle n'a pas de temps à perdre avec de tels rêves. Quand elle entend chanter, elle ne songe qu'à danser. Sa petite chanson, non dépourvue de tendresse, exprime sa philosophie désinvolte. Mme Larina félicite sa fille et remercie les moissonneurs. Elle remarque ensuite, ainsi que Filipievna, combien Tatiana est pâle. La jeune fille répond — tandis que la clarinette joue le thème associé à son personnage — qu'elle était simplement absorbée par son livre qui décrit des amours malheureuses. On entend une voiture s'approcher. Lenski doit arriver — et Onéguine n'est-il pas avec lui ? L'imagination de Tatiana vagabonde.

Mme Larina accueille ses invités, puis laisse à ses filles le soin de les distraire. Au début du quatuor, hommes et femmes conversent séparément. Puis Lenski se rapproche d'Olga, et Onéguine de Tatiana. Le premier couple est enchanté de se retrouver : ils sont fiancés et ne se sont pas vus depuis la veille, le second échange ses impressions sur les charmes de la vie à la campagne. Lenski chante un *arioso* transporté, à la fois sincère et immature, conventionnel et poétique — les personnages de cet opéra, il est vrai, sont plus des êtres réels que des héros romantiques.

Souvent, la scène se termine ici. Mais elle continue en fait par un court passage où Onéguine et Tatiana reviennent d'une promenade dans le jardin et où le jeune homme finit de raconter une histoire; cela permet à Filipievna de spéculer à haute voix sur les chances que le jeune voisin a de plaire à Tatiana.

La chambre de Tatiana, à qui la nourrice souhaite une bonne nuit. L'écriture du bref prélude orchestral est délicate et suggestive. Tatiana, après son entretien avec Filipievna, ne parvient pas à s'endormir. Elle demande à sa nourrice de lui raconter l'histoire de ses jeunes années et de son mariage. Au début, elle écoute le récit. Mais, peu à peu, son attention faiblit, ses pensées vagabondent, et l'orchestre décrit la tension croissante qui anime ses sentiments. Filipievna lui demande si elle est souffrante. Pas du tout, seulement amoureuse, répond la jeune fille. Mais il faut garder le secret.

Dès qu'elle est seule, elle est incapable de contenir plus longtemps son émotion, dont la violence est pleinement rendue par la phrase orchestrale précédant son aveu extasié :

Elle commence à écrire, tandis que l'orchestre suggère avec précision ce qu'elle ne dit pas à voix haute. Elle recommence sa lettre et, comme l'a admirablement exprimé Gerald Abraham[1] : « La simple ligne du hautbois, traversée par les quartes et les quintes de la flûte, de la clarinette et du cor, et par les projections lumineuses de la harpe, rend magnifiquement la naïveté et le romantisme de la jeune fille, tout en suggérant, comme une pantomime, l'acte d'écriture »; cela est comparable, sinon semblable, aux passages d'« écriture » de *Boris Godounov* et de *Khovantchina* (la scène qui se déroule dans la cellule de Pimen, et celle de l'écrivain public) :

Des bribes de récitatif interviennent pendant la rédaction de la lettre. La musique est par moments lyrique et réfléchie, par moments passionnée et quasi déclamatoire. Le commentaire

1. Dans une conférence sur Tchaïkovsky, publiée par Lindsay Drummond.

de l'orchestre sert de lien à ces états d'esprit contradictoires. Pourrait-elle en aimer un autre ? Jamais !

Tout ce qu'elle a jamais fait, c'était pour lui, comme s'il avait toujours été présent. Le cor répond à la voix dans une phrase expressive :

Chaque étape de cette lettre fatale qui va modifier le destin de Tatiana est décrite par la musique. Le jour se lève; on entend le pipeau d'un berger; Filipievna vient réveiller Tatiana, qui lui confie la lettre. La vieille femme va la porter à Onéguine, tandis que l'orchestre résume l'attente de la jeune fille.

Dans une autre partie du jardin de Mme Larina. Les jeunes filles chantent un gracieux chœur campagnard en cueillant des baies, et Tatiana entre en scène, apparemment très émue. Onéguine vient vers elle; dans son aria il s'exprime avec calme et mesure. Elle lui a écrit avec franchise; il lui répondra de même, car elle le mérite. Il se montre décourageant sans être cruel : l'amour et le mariage ne sont pas pour lui; il l'aime beaucoup, mais comme un frère, pas plus. Le chœur retentit à nouveau, ils quittent la scène.

Acte II. Un bal chez Mme Larina pour l'anniversaire de Tatiana. Les invités dansent une valse à l'ancienne manière, en chantant joyeusement.

Onéguine danse avec Tatiana, ce qui ne manque pas de provoquer des commentaires défavorables chez les adultes, qui ont peu de considération pour le jeune homme. Onéguine trouve tout cela très désagréable et en veut à Lenski, qui l'a forcé à venir : il lui vole une danse que sa fiancée Olga lui avait promise. Lenski proteste en vain, et Olga se défend

d'avoir fait quoi que ce soit de répréhensible. Elle accorde en outre le cotillon à Onéguine, que Lenski accuse de libertinage.

La chanson que Triquet, le vieux tuteur français, dédie à Tatiana, fait diversion. C'est un délicieux pastiche, aussi remarquable à sa façon que son équivalent dans *La Dame de Pique*. Le cotillon commence par une mazurka, que dansent Olga et Onéguine sous les regards furieux de Lenski. Onéguine provoque son ami en lui demandant pourquoi il ne les rejoint pas. La querelle s'envenime et Lenski finit par lui demander une réparation par les armes. Lenski évoque avec une tendresse délicate le bonheur qu'il a connu dans cette maison dont il vient de faire le théâtre d'une querelle et d'un scandale. Dans l'ensemble qui s'ensuit, Onéguine regrette de s'être comporté avec tant de désinvolture et d'insolence, et tous, même Tatiana, sont consternés par le duel. Onéguine est persuadé que les choses sont allées trop loin pour qu'ils puissent se réconcilier. Les deux adversaires s'insultent et se jettent l'un sur l'autre. On les sépare.

Un prélude mélancolique annonce la grande scène où Lenski dit adieu à la vie et à tout ce qu'il a aimé. Zaretski, son témoin, échange quelques mots avec lui avant de le laisser seul. Lenski évoque alors son passé, sa jeunesse insouciante, qu'il oppose à sa condition présente : peu importe qu'il meure ou qu'il vive. Son seul regret sera Olga. C'est une belle scène lyrique, généreuse et terriblement pathétique, la plus grande scène pour ténor de l'opéra russe.

Onéguine arrive un peu en retard. Pouchkine a décrit comment il avait manqué l'heure du réveil. Zaretski lui demande qui est son témoin, car le duel doit suivre l'étiquette. Onéguine présente son domestique, espérant que Zaretski n'y verra aucune objection : c'est un homme de noble caractère. Les deux témoins s'éloignent pour s'entretenir des conditions du duel. Onéguine et Lenski, à quelques pas l'un de l'autre, se tournent le dos et chantent en canon. Les adversaires s'affrontent, et Lenski est tué.

Acte III. Quelques années plus tard, à Saint-Pétersbourg, un bal a lieu dans une demeure élégante. On joue une polonaise au lever du rideau (*La* polonaise, souvent entendue en concert, tout comme la valse de l'acte précédent et *La* valse). Onéguine est là, il a vingt-six ans et retrouve le monde qu'il avait quitté pendant de nombreuses années après avoir tué son ami en duel. Une écossaise commence ; mais le tempo change bientôt, et elle laisse la place à une valse lente en ré bémol. Le prince Gremine et sa femme — Tatiana —

font leur entrée. Les invités, dont Onéguine, apprécient la beauté de la princesse. Le prince se dirige vers son parent, Onéguine, qui le questionne sur sa compagne. En même temps Tatiana demande à ceux qui l'entourent qui est l'interlocuteur de son mari. La beauté du thème de la valse et l'habileté avec laquelle Tchaïkovsky l'utilise pour mettre les conversations en valeur sont remarquables.

Dans son aria, Gremine explique à Onéguine comment l'amour et la beauté sont entrés dans sa vie depuis son mariage avec Tatiana, il y a deux

ans. Cette aria est tout à fait typique du répertoire de basse russe.

Gremine présente son cousin à sa femme, qui demande à rentrer chez elle. Onéguine peut exprimer ses sentiments dans une aria passionnée, dont la dernière section est identique (une tierce mineure plus bas) à la section qui ouvrait la scène de la Lettre à l'acte I. La scène se termine par une reprise de l'écossaise.

La dernière scène se déroule dans le salon de réception de la maison du prince Gremine. Tatiana a reçu une lettre d'Onéguine. Il est follement épris d'elle, à tel point que les mots lui manquent quand il entre et se jette à ses pieds. Elle évoque leurs rencontres d'autrefois — la lettre, et les grands discours qu'il lui tenait sur la réserve des jeunes filles. L'air — qui est dérivé de l'aria de Gremine — était joué en octaves par la flûte et la clarinette dans le prélude orchestral de la scène. Ils songent avec mélancolie au bonheur qu'ils auraient pu connaître et qui leur est aujourd'hui interdit. Ils doivent se séparer, dit Tatiana, car elle est l'épouse de Gremine. Mais Onéguine la presse d'écouter ses déclarations et Tatiana se lance dans un grand air en ré bémol qui va dominer tout le reste de la scène. Dans les

premières mesures, elle enjoint à Onéguine de se plier au code de l'honneur et de partir; ensuite, elle avoue son amour pour lui. Ils chantent le thème ensemble, puis elle sort, laissant Onéguine seul et désespéré.

H.

Orleanskaya Dyeva
La Pucelle d'Orléans

Opéra en 4 actes de Tchaïkovsky; liv. du compositeur, d'après une version russe tirée par Zhukovsky de la tragédie de Schiller. Créé le 25 février 1881, à Saint-Pétersbourg, avec M.D. Kamenskaya, M.D. Vasiliev, P.E. Stravinsky (le père d'Igor Stravinsky) dans le rôle de Dunois. Première à Prague en 1882 — le premier opéra de Tchaïkovsky joué ailleurs qu'en Russie; Moscou, 1899; reprise en 1907. Reprises : Brno en 1940, dir. Rafael Kubelik; Perugia, 1956, dir. Perlea, Saarbrück, 1967; Leipzig, 1970.

PERSONNAGES

JEANNE D'ARC (mezzo-soprano ou soprano)[1]; CHARLES VII, *roi de France* (ténor); AGNÈS SOREL, *sa maîtresse* (soprano); THIBAUT, *père de Jeanne* (basse); RAYMOND, *jeune homme épris de Jeanne* (ténor); DUNOIS, *soldat français* (baryton); BERTRAND, *vieux paysan* (basse); LIONEL, *soldat bourguignon* (baryton); L'ARCHEVÊQUE (basse); UN SOLDAT (basse); LORE (basse); UNE VOIX D'ANGE (soprano).

En France, en 1430-1431.

Acte I. Un long prélude introduit immédiatement un thème *andante,* nostalgique et apitoyé, d'une expression très slave. Suivent un farouche *allegro vivo* (associé au tocsin et à la peur du peuple devant les succès de l'armée anglaise), et un *allegro giusto* (associé à la scène où Jeanne entend des voix — fin de l'acte I — et décide de défendre son pays).

Dans le village de Domrémy, des jeunes filles chantent en décorant un vieux chêne. Thibaut, le père de Jeanne, entre en scène avec Raymond, un jeune homme dont il aimerait faire son gendre. Car l'époque est troublée, et Jeanne doit être protégée. Dans le trio que lance Raymond, Jeanne apparaît. L'atmosphère change, car le tocsin retentit et le peuple dit sa peur de voir le pays envahi par les Anglais (*l'allegro vivo* de l'ouverture). Un vieux paysan, Bertrand, décrit l'imminent désastre, mais Jeanne refuse de céder au climat désespéré. Prise d'un accès d'inspiration, elle

prédit la fin de tous les maux, la victoire des armées françaises et la mort du chef ennemi, Salisbury. Personne ne la croit, et son père va même jusqu'à penser qu'elle est influencée par le diable. Un soldat annonce alors la mort de Salisbury, et l'espoir renaît. Jeanne, en extase, prie à voix haute; Raymond et Bertrand se joignent à l'allégresse et à la confiance générales.

Jeanne est convaincue que le moment d'agir est venu. Elle quittera sa maison et s'engagera dans l'armée. Son aria déterminée est splendide et justement célèbre. La mélodie en est simple, chaleureuse et émouvante[2]. Elle entend un chœur d'anges lui annoncer que le jour de la décision est arrivé. Sur l'air de l'*allegro giusto* de l'ouverture, elle prédit la victoire des Français.

Acte II. Le château royal de Chinon. Ménestrels et jongleurs distraient le souverain et sa maîtresse, Agnès

---

1. La première Jeanne était un mezzo-soprano et Tchaïkovsky modifia le rôle pour elle.
2. Connue du public sous le titre « Adieu forêts », et souvent enregistrée dans les récitals de sopranos aussi bien que de mezzos.

Sorel — d'abord une mélodie lyrique, mais souvent chantée par un ténor seul, ensuite une succession de danses. Dans un duo entre Dunois et Charles VII, le soldat tente de persuader le roi qu'il devrait lui-même conduire son armée dans la bataille contre les Anglais. Mais Charles VII est indécis et hésite à laisser Agnès. Un soldat blessé fait soudain irruption. Il annonce de nouvelles pertes parmi les combattants, mais expire avant d'avoir fini son message. Le roi perd le peu de courage dont il disposait, et Dunois, indigné, le laisse pleurer dans les bras d'Agnès, qui le console avec beaucoup de grâce dans un *arioso*, puis au cours d'un duo.

Des fanfares retentissent. Dunois revient et proclame le quasi-miracle : la victoire a été arrachée aux Anglais. Le roi n'y croit pas, mais l'archevêque confirme la nouvelle. Il explique qu'un guerrier inconnu a provoqué la déconfiture des ennemis. Ce guerrier est une jeune fille. Le peuple se réjouit, les cloches sonnent, et Jeanne fait son entrée. Dunois, sur les instructions de son maître, a pris sa place sur le trône. Mais Jeanne identifie immédiatement son souverain au milieu de la foule de courtisans. Elle explique au roi stupéfait le sens de ses plus secrètes prières. Puis, dans un passage inspiré dont l'écriture rivalise d'expression avec celle du rôle de Martha dans *Khovantchina*, elle raconte l'histoire de sa vie. Sous l'impulsion de l'archevêque, un ensemble imposant se développe, dont l'enthousiasme éclate quand le roi place Jeanne à la tête de l'armée.

Acte III, scène 1. Après une vigoureuse introduction, le rideau se lève sur le combat singulier qui oppose Jeanne à Lionel, un jeune Bourguignon du camp anglais. Elle le tient à sa merci, mais l'épargne. Dès qu'ils se voient à visage découvert, ils s'éprennent l'un de l'autre. Après un long duo, Lionel décide de se constituer prisonnier entre les mains de Dunois, au lieu

de s'échapper comme le lui suggérait Jeanne.

Une marche introduit la scène 2 : le couronnement du roi Charles VII à Reims (c'est cette scène qui provoqua, lors de la première, les critiques de ceux qui reprochaient à l'auteur de s'être laissé influencer par Meyerbeer). La cérémonie terminée, Thibaut et Raymond réapparaissent; le roi proclame Jeanne sauveur de la France; Thibaut déclare qu'elle est sous l'influence du diable, et un magnifique ensemble se développe. Le roi et l'archevêque pressent Jeanne de se défendre. Mais elle garde le silence, persuadée que son amour pour Lionel et sa clémence à son égard sont le signe d'une profonde culpabilité. Dunois jette un gantelet au sol. Celui qui le ramassera combattra pour l'innocence de Jeanne. Le tonnerre retentit violemment, et tous y voient le signe de sa culpabilité. Ils quittent la salle, la laissant seule avec Lionel. Il lui propose de la protéger. Mais elle s'éloigne de lui avec horreur, le considérant comme responsable de sa chute. A la fin de l'acte, Jeanne est seule. Elle lit l'acte par lequel le roi la condamne au bannissement.

Acte IV, scène 1. Un bois. Une introduction turbulente précède le lever du rideau. Jeanne est assise, seule, méditant sur son amour pour Lionel. Celui-ci apparaît à son côté. Leur duo passionné est un des passages fondamentaux de la partition. Il est interrompu par des voix célestes qui prédisent à Jeanne qu'elle expiera ses péchés dans la souffrance et la mort. Des soldats ennemis font irruption. Lionel est tué et Jeanne capturée.

Scène 2. Une place à Rouen. Jeanne a été condamnée à périr sur le bûcher. Une marche funèbre introduit cette dernière scène. La foule s'émeut du sort de Jeanne. Celle-ci sent son courage faiblir mais se ressaisit en entendant les voix des anges qui la soutiennent. La musique continue inexorablement tandis qu'on l'attache au bûcher et qu'on allume le feu.

H.

Mazeppa

Opéra en 3 actes de Tchaïkovsky; liv. du compositeur et de V.P. Burenine, d'après Poltava *de Pouchkine. Créé à Moscou, 15 février 1884, et à Saint-Pétersbourg, 19 février 1884. Première en Angleterre, 6 août 1888, Liverpool (en russe, par une compagnie en tournée); New York, 1933, par une troupe ukrainienne; Vienne, 1933, en version de concert. Reprises : Florence, 1954, avec Magda Olivero, Marianna Radev, David Poleri, Ettore Bastianini, Boris Christoff, dir. Jonel Perlea; Festival de Berlin, 1969 (par la troupe de l'Opéra de Belgrade), avec Radmila Bakocevic, Svonimir Krnetic, Nikola Mitic, Miroslav Cangalovic, dir. Oskar Danon.*

PERSONNAGES

MAZEPPA, *hetman*[1] *cosaque* (baryton); KOCHUBEY, *riche cosaque* (basse); MARIA, *sa fille* (soprano); ANDREI, *jeune cosaque* (ténor); ORLIK, *écuyer de Mazeppa* (basse); ISKRA, *gouverneur de Poltava* (ténor); LIUBOV, *épouse de Kochubey* (mezzo-soprano); UN COSAQUE IVRE (ténor).

Des cosaques et leurs femmes, des domestiques de Kochubey, des moines.

En Petite Russie, au début du XVIIIe siècle.

Tchaïkovsky avait parlé de son projet d'écrire un opéra sur le sujet de *Mazeppa* en juin 1881, moins de 4 mois après la création de *La Pucelle d'Orléans*. Il semble que son enthousiasme ait faibli par la suite : il composa 4 morceaux, puis se consacra à un duo utilisant du matériel symphonique de *Roméo et Juliette* (complété après sa mort par . Taneiev), puis composa un autre duo d'amour, inspiré d'une pièce d'Antropov. Finalement, ce dernier morceau devint le grand duo de Mazeppa et de Maria à l'acte II, et Tchaïkovsky se lança avec une apparente satisfaction dans la composition de son opéra, non sans se plaindre du temps qu'il passait sur l'orchestration.

L'ouverture est brillante. Elle contient un avant-goût du *hopak* et une très belle mélodie *andantino con moto*.

Acte I, scène 1. Dans le jardin du riche cosaque Kochubey. Des jeunes filles chantent un gracieux chœur à 5/4 en lisant leur avenir d'après les guirlandes qu'elles jettent dans la rivière. Mais Maria, la fille de Kochubey, ne partage pas leurs jeux. Elle aime le puissant Mazeppa, invité de son père et du même âge que lui. Son monologue est interrompu par Andrei, un jeune cosaque qui l'aime follement, mais sans espoir. Au cours de leur duo lyrique, elle le prie de lui pardonner la peine qu'elle lui fait et il admet ne plus avoir aucun espoir.

Mazeppa remercie Kochubey de son hospitalité. Il souhaite à tous le bonheur et la fortune. Kochubey

1. Chef cosaque.

ordonne à ses domestiques d'offrir des divertissements à son honorable invité. Ils chantent un chœur et dansent un *hopak* enlevé.

Mazeppa demande à son ami la main de Maria. Celui-ci, au début, essaie de l'en dissuader tout en l'assurant de sa fidèle amitié. Mazeppa insiste jusqu'à ce que Kochubey refuse nettement et le prie de quitter la maison. Leur altercation attire l'attention de tous. Liubov, Andrei et Iskra, suivis des serviteurs et des invités, viennent voir ce qui se passe. Dans le grand ensemble qui suit, Maria est déchirée entre son devoir de fille et son amour pour Mazeppa. Celui-ci résoud la question en ordonnant à ses gens d'enlever Maria. Elle décide de le suivre de son plein gré. Après avoir adressé une dernière menace à ses hôtes, il part avec Maria et sa suite.

Scène 2. Une chambre de la demeure de Kochubey. Les femmes, Liubov à leur tête, se lamentent du départ de Maria. L'épouse de Kochubey, soutenue par ses domestiques et par Iskra, veut se venger de l'insulte que leur a faite Mazeppa. Kochubey décide de démasquer le faux patriotisme de son ennemi et de révéler au tsar[1] qu'il complote avec les Suédois. Andrei offre d'aller communiquer cette information au tsar, et Kochubey accepte.

Acte II, scène 1. Un donjon dans le château de Mazeppa, à Belotserkovsky. Le tsar, qui a toute confiance en Mazeppa, lui a livré ses accusateurs. Kochubey, enchaîné à une colonne, maudit son destin. Orlik veut découvrir la cachette de son trésor. Le vieil homme est décidé à ne rien révéler, et Orlik presse le tortionnaire de renforcer son interrogatoire.

Scène 2. Une salle du château. Mazeppa regarde par la fenêtre, et loue avec poésie la beauté de la nuit ukrainienne. Il apaise sa conscience en se remémorant l'ambition de Kochubey. Orlik lui annonce qu'aucune torture n'a eu raison du vieil homme. Mazeppa ordonne qu'on l'exécute au matin. Resté seul, il exprime dans un grand *arioso* en sol bémol son amour passionné pour Maria (cet *arioso* fut inséré après la création de l'opéra).

L'entrée de Maria annonce la scène clé de l'œuvre. C'est l'équivalent de la scène de la lettre dans *Eugène Onéguine*, qui détermine la dynamique du reste de l'œuvre et donne un sens aux personnages principaux. Mais le contenu n'en imprègne pas la musique comme dans *Onéguine*. Maria reproche à son mari sa froideur des derniers jours. Il répond avec une chaleur qui ne dément pas son arioso précédent :

Il lui confie ensuite son projet de faire de l'Ukraine un Etat indépendant dont il serait le souverain[2].

Maria ne cache pas son enthousiasme ni la confiance qu'elle lui porte. Pourtant, il admet que cette entreprise peut aussi bien le mener sur un trône qu'à la potence.

1. Pierre le Grand; la période concernée se situe vingt ans après celle de *Khovantchina*.
2. « En faisant dire à Mazeppa qu'il rêve d'une Ukraine indépendante et libre, qui ne soit ni sous la "domination de Moscou", ni livrée à la "protection de Varsovie", Tchaïkovsky introduit une citation modifiée ou plutôt une allusion assez fréquente en littérature mais fort rare en musique : l'orchestre souligne les mots de Mazeppa par un passage marqué entre des parenthèses carrées dans la partition, avec les lettres "Zh. z. Ts.G." (i.e. *Zhizn' za Tsarya*

Allegro vivace (♩=160)

Mazeppa met sa femme à l'épreuve en lui demandant qui elle sacrifierait, de son père ou de son époux, si elle devait choisir. Elle avoue qu'à tous elle préférerait Mazeppa.

Seule, Maria pense à ses parents. Soudain, elle est rejointe par sa mère, qui a réussi à s'introduire dans le château en dépit des gardes. Elle lui demande d'user de son influence pour sauver son père de la mort. Maria ne comprend pas. Liubov lui explique la situation dans laquelle se trouve Kochubey. Maria est horrifiée par cette nouvelle. Les deux femmes se précipitent pour tenter de le sauver.

Scène 3. Un champ, près d'un échafaud. Des badauds attendent l'arrivée des victimes du bourreau. Tchaïkovsky en fait une « scène rustique », ponctuée par la chanson grivoise d'un cosaque ivre (ascendance musicale commune à la scène de l'auberge dans *Boris*), à la grande déconvenue du public. C'est un admirable morceau d'ironie dramatique. La procession se rapproche. Mazeppa est à cheval, Kochubey et Iskra fort bien gardés. Kochubey prie de façon émouvante. La hache tombe. Maria et sa mère arrivent trop tard pour le sauver.

Acte III. Le début est une description symphonique souvent jouée en concert : « La bataille de Poltava ». Pour symboliser la victoire des Russes, Tchaïkovsky utilise la célèbre « slava » (comme Beethoven dans son second quatuor Rasumovsky, Moussorgsky dans la scène du couronnement de *Boris*, et Rimsky-Korsakov dans *La Fiancée du tsar*), un chant liturgique qu'il avait déjà employé dans *Ouverture 1812*, et enfin, très largement, une marche militaire de l'époque de Pierre le Grand.

Le rideau se lève sur le décor de la scène 1 de l'acte I, mais en ruines et désolé. Dans une aria vigoureuse, Andrei se reproche de n'avoir pas su vaincre Mazeppa dans la bataille. Entendant un bruit de cavalcade, il se cache. Ce sont Mazeppa et Orlik, qui s'enfuient devant les troupes du tsar. Mazeppa injurie Orlik qui lui donne son titre de hetman, titre qu'il a perdu en cherchant vainement à s'approprier le pouvoir suprême.

Andrei reconnaît la voix de Mazeppa. Il le somme de répondre de ses méfaits et le provoque en duel. Mais, mortellement blessé, il s'effondre au moment où Maria sort de la maison. Mazeppa appelle sa femme, elle semble avoir perdu la raison et balbutie des phrases sur la mort de son père, qu'elle a provoquée en s'enfuyant. Orlik entraîne Mazeppa, le suppliant d'oublier cette folle qui l'a conduit au désastre.

Maria reste seule, elle prend la tête d'Andrei dans ses mains et chante doucement le souvenir de leur enfance heureuse. Il meurt dans ses bras, et cet opéra plein de sang, de batailles et d'ambitions se termine par la plus douce des berceuses.

H.

Glinki), composé de la mazurka d'*Une vie pour le tsar* et de la *Slavsya* du même opéra, qui symbolisent respectivement Varsovie et Moscou. La nuance est, il est vrai, bien trop subtile pour un public d'opéra , peut-être pour quelque public que ce soit. »

Gerald Abraham dans *Music of the Masters* : *Tchaïkovsky* (Lindsay Drummond, 1945).

La Dame de Pique
Pikovaya Dama

Opéra en 3 actes de Tchaïkovsky; liv. de Modeste Tchaïkovsky, le frère du compositeur, d'après Pouchkine. Créé le 19 décembre 1890 à Saint-Pétersbourg, avec Nicola Figner et Medea Mei. Première à la Scala de Milan, 1906, avec Corsi, d'Alberti, de Cisneros, Zenatello, Stracciari, Didur; Metropolitan de New York, 1910, avec Destinn, Meitschek, Slezak, Didur, Forsell, dir. Mahler; Opéra de Londres, 1915, avec Rosing; Buenos Aires, 1924, avec Koshetz, Zalevsky, Zaporojetz; Zürich, 1940; Staatsoper de Berlin, 1948, avec Scheppan, Rünger, Schuffer, Metternich; Opéra d'Etat de Vienne, 1946, avec Hilde Konetzni et Welitsch, Hoengen, Lorenz, Schoeffler, dir. Krips; Covent Garden, 1950 (en angl.), avec Zadek, Coates, Edgar Evans, Rothmüller, Walters, dir. Kleiber. Reprises : Metropolitan, New York, 1965, avec Stratas, Resnik, Vickers, dir. Schippers; Glyndebourne, 1971, avec Kubiak, Maievsky, dir. John Pritchard.

PERSONNAGES

TCHEKALINSKI et SOURINE, *officiers* (ténor, basse); HERMANN, *jeune officier* (ténor); LE COMTE TOMSKY (baryton); LE PRINCE ELETSKY (baryton); LA COMTESSE (mezzo-soprano); LISA, *sa petite-fille* (soprano); PAULINE, *compagne de Lisa* (contralto); LA GOUVERNANTE (mezzo-soprano); MASCHA, *femme de chambre de Lisa* (soprano); LE MAÎTRE DE CÉRÉMONIE (ténor); TCHAPLITSKY et NARUMOFF, *joueurs* (ténor, basse); CHLOÉ (soprano); DAPHNIS (PAULINE) et PLUTUS (TOMSKY), *dans l'interlude* (contralto, baryton).

Des domestiques, des invités, des joueurs, des enfants.

A la fin du XVIIIᵉ siècle, à Saint-Pétersbourg.

De nombreux changements ont été effectués, quant au ton et quant aux détails, avant que le poème de Pouchkine ne devienne un livret d'opéra et ils ont souvent été l'objet de critiques acerbes. L'histoire de Pouchkine est cynique, avec une part de grotesque; son héros est un officier sans pitié et sans romantisme, que seul le secret des cartes intéresse. Il n'a rien à faire de Lisa, sinon dans la mesure où elle l'introduit auprès de la comtesse; Tchaïkovsky et son frère ont transformé Hermann en héros romantique, quasi byronien, épris du jeu autant que de Lisa, devenue la petite-fille de la comtesse et l'occasion d'un dénouement tragique.

Un bref prélude introduit la scène 1 de l'acte I; dans les Jardins d'Eté de Saint-Pétersbourg. Chœur d'enfants qui jouent à monter la garde. Sourine et Tchekalinski commentent les tendances au jeu d'Hermann; il a passé la nuit précédente, comme à son habitude, à regarder silencieusement les joueurs, sans jamais risquer un coup.

Hermann approche avec son ami Tomsky, qui lui demande quel malheur pèse sur son existence, transformant le garçon joyeux d'autrefois. Hermann explique ce changement par le fait qu'il est amoureux, mais il ne connaît même pas le nom de l'élue de son cœur. Son *arioso* à la louange de la dame inconnue est d'une fraîcheur typique de Tchaïkovsky. Tomsky lui propose de découvrir le nom de la dame, puis de la courtiser sérieusement. Mais Hermann craint qu'elle ne soit de haute naissance et redoute d'être indigne d'elle.

La promenade continue. Tomsky félicite le prince Eletski qui s'est fiancé le matin même avec Lisa. Sa joie contraste avec l'amertume d'Hermann. L'instant suivant, Eletski désigne Lisa à Tomsky, et Hermann reconnaît en elle la femme de son cœur. Lisa et sa grand-mère s'exclament en voyant Hermann. Elles ont remarqué l'ardeur de ses regards mais ne savent pas qui il est. Un bref quintette intervient ici. Puis Tomsky salue la comtesse, qui demande le nom d'Hermann, tandis qu'Eletski se dirige vers Lisa.

La comtesse emmène sa petite-fille, Eletski les escorte, les autres commentent les rumeurs qui entourent le passé de la comtesse. Elle aurait été une grande joueuse, autrefois, mais aurait maintenant renoncé aux cartes. Tomsky raconte son histoire dans une ballade. La comtesse était fort belle dans sa jeunesse. L'un des ses plus fervents admirateurs était le comte de Saint-Germain. Malheureusement, elle préférait le jeu à l'amour. Un jour, elle perdit tout à la table de jeu. Le comte lui offrit de lui révéler le secret des « trois cartes », contre un seul rendez-vous. Le lendemain matin elle était de nouveau à la table de jeu, et rien ne pouvait l'empêcher de gagner. On a dit qu'elle avait transmis le secret à son mari et, plusieurs années après, à un jeune galant dont elle s'était entichée. Elle apprit dans un rêve qu'elle mourrait quand un troisième homme essaierait de lui arracher son secret.

L'information n'est pas perdue pour Hermann. Tchekalinski et Sourine lui répètent moqueusement le refrain. Un orage menace. Tous vont s'abriter, sauf Hermann qui semble hypnotisé. Il rêve à cette histoire — que ferait-il du secret s'il ne possédait pas Lisa ? Il se dit alors décidé à enlever Lisa au prince.

Scène 2. La chambre de Lisa. Entourée de jeunes filles, elle est assise au clavecin. Elle chante avec Pauline un duo assez démodé. Il révèle, au même titre que le premier duo d'*Eugène Onéguine*, le talent de Tchaïkovsky pour animer ce qui n'est rien d'autre qu'un pastiche. L'assistance applaudit et demande un bis. Lisa prie Pauline de chanter seule. La jeune fille fait succéder une joyeuse chanson rustique à sa romance. Mais elle est trop bruyante pour cette calme maison, et la gouvernante vient les sommer de faire moins de bruit.

Restée seule, Lisa s'interroge sur le mariage auquel elle s'est engagée. Personne n'est un meilleur prétendant que le prince — il est bon, beau, intelligent, bien né et riche — et pourtant un pressentiment accable son âme.

Hermann apparaît soudain à la fenêtre, il la supplie de rester et de l'écouter. Il lui avoue son amour avec une tendresse passionnée. Lisa, de toute évidence, n'est pas indifférente. Mais on frappe à la porte. C'est la comtesse, venue voir si Lisa dormait. Hermann se cache, Lisa rassure la comtesse. Pendant ce temps, Hermann reprend doucement le refrain de la ballade de Tomsky. Est-il vrai qu'elle mourra le jour où un troisième homme, poussé par le désespoir, lui demandera son secret ? Dès qu'ils sont seuls, Hermann prend Lisa dans ses bras.

Acte II. Une grande salle de réception. Un bal masqué est donné par un riche dignitaire. Tchekalinski et Sourine décident de jouer un tour à Hermann, qui est obsédé, disent-ils, par les « trois cartes » de la comtesse. Le prince adresse à Lisa une aria dont les sentiments sont à la fois nobles et chevaleresques : « Je vous aime au-delà de toute limite. » Ils s'éloignent ensemble. Hermann apparaît, lisant un billet de Lisa : « Après la réception, attendez-moi dans ma chambre, je dois vous parler. » Ah ! s'il connaissait le secret des trois cartes, il pourrait devenir riche et prétendre à la main de Lisa. Comme en écho à ses pensées, il entend Tchekalinski et Sourine murmurer : « Serais-tu le troisième homme ?... Trois cartes... ». Hermann se demande s'il entend la voix d'un fantôme.

Le maître dé cérémonie annonce : « Notre hôte nous prie de prendre place pour assister à une charmante pastorale intitulée *La Bergère fidèle*. » La mascarade commence. C'est l'histoire de Daphnis, de Chloé et de Plutus. Un chœur et une sarabande sont suivis du duo mozartien de Chloé et de Daphnis (que joue Pauline). Plutus (Tomsky) fait une entrée impressionnante, sur un chariot doré. Mais Chloé repousse ses serments d'amour, insensible à sa richesse. Daphnis et Chloé s'avouent leur amour sur l'air de leur duo précédent. Le chœur se réjouit de leur bonheur.

L'interlude terminé, Hermann attend Lisa. Elle lui remet une clé et lui dit de passer par la chambre de sa grand-mère pour accéder à ses appartements : une porte secrète est ménagée derrière le portrait de la comtesse. Celle-ci sera sûrement occupée au jeu à minuit. Hermann dit qu'il ne peut attendre le lendemain. Il viendra le soir même. Lisa se soumet à sa volonté. A la fin de l'acte, le maître de cérémonie annonce l'arrivée de l'impératrice et les invités se pressent pour l'accueillir.

Scène 2. La chambre de la comtesse. Hermann entre et, entendant des voix, se cache. La comtesse, précédée de ses femmes de chambre, entre dans la pièce. Elle enlève sa robe du soir et met une chemise de nuit. Elle s'assied dans un fauteuil. Ses réflexions sur le déclin de la société sont suivies de réminiscences d'autrefois, quand les choses allaient comme il fallait, les gens pouvaient réellement danser, la Pompadour régnait sur Paris et elle-même chantait devant le roi. Elle chante très doucement un air du *Richard Cœur de Lion* de Grétry; puis, soudain, renvoie brusquement les domestiques.

Enfin seule, elle fredonne cet air dont elle ne peut se défaire. Mais ses paroles s'arrêtent net : elle se trouve face à Hermann. Elle ne peut plus

parler et marmonne des propos incohérents. Hermann la prie de ne pas s'inquiéter; il ne lui veut aucun mal; il est venu pour qu'elle lui confie le secret des « trois cartes ». Mais il est désespéré et va jusqu'à sortir son pistolet. A cette vue, la vieille dame meurt de frayeur. Hermann pousse un cri affreux : il ne connaîtra jamais le secret. Lisa entre à ce moment, alertée par le bruit. Elle est horrifiée de trouver sa grand-mère morte et Hermann auprès d'elle. Ainsi, c'est par amour du jeu, et non pour elle, qu'il tenait à venir à minuit ! Elle lui ordonne de partir.

Acte III, scène 1. Le logement d'Hermann à la caserne. Des tambours et des trompettes suggèrent une marche funéraire. Hermann lit une lettre de Lisa où elle lui pardonne son attitude. Elle a compris qu'il n'avait pas voulu tuer sa grand-mère et lui donne rendez-vous à minuit près du canal. Hermann est obsédé par le souvenir de l'enterrement de la comtesse auquel il a assisté. La porte s'ouvre brusquement. La chandelle est soufflée par le vent, et le fantôme de sa victime apparaît. Elle déclare à Hermann qu'il doit épouser Lisa pour obtenir le secret : « Trois, Sept, As ! » Il répète la formule à voix basse, et le rideau tombe.

Scène 2. Lisa attend Hermann près du canal. Il est presque minuit. Son aria est tout à fait remarquable, et sa popularité comme morceau de concert ne doit pas faire oublier l'effet extraordinaire qu'elle produit dans le contexte original.

Ses craintes s'apaisent à l'arrivée d'Hermann, qui chante leur bonheur à venir. Tout d'un coup Hermann déclare qu'il est temps de se rendre à la maison de jeux. Lisa le croit fou. Il lui confie malgré lui son obsession puis, sourd à ses supplications, la repousse et part. Lisa se jette dans le canal.

Scène 3. La maison de jeux. On chante les louanges du vin, de la jeunesse et de la joie de vivre. Tomsky accueille le prince avec étonnement, ne l'ayant pas vu jouer depuis longtemps. Eletsky avoue qu'il est venu prendre sa revanche : malheureux en amour, heureux aux cartes. A la demande de tous, Tomsky chante un air très animé. Hermann entre à son tour et demande qui veut jouer contre lui. Tchekalinski accepte. Hermann parie une forte somme et gagne par deux fois, sur le trois et le sept. Il se réjouit de sa chance : « Qu'est la vie ? Un jeu ! » Il défie alors les autres de parier contre lui une troisième fois, mais personne ne se décide. Enfin le prince s'avance. Hermann accepte malgré lui. Il retourne une carte et annonce un as sans même la regarder.

Le prince déclare calmement : « Non, c'est votre dame de pique. » Hermann, poussant un cri terrible, voit le fantôme de la comtesse. Il bégaie de peur et de rage tandis que tous s'éloignent de lui. Enfin, il se poignarde, et avant de mourir supplie le prince de lui pardonner tout le mal qu'il lui a fait. Tandis qu'une prière s'élève pour le salut de son âme, il meurt.

H.

Iolanta

Opéra en 1 acte de Tchaïkovsky; liv. de Modeste Tchaïkovsky, frère du compositeur. Créé les 6 et 8 décembre 1892 à Saint-Pétersbourg, avec Edma Mey-Figner, Nicola Figner. Reprises : Leipzig, 1955; Moscou, 1957; Londres, Camden Festival, 1968.

PERSONNAGES

RENÉ, *roi de Provence* (basse); ROBERT, *duc de Bourgogne* (baryton-basse); LE COMTE VAUDÉMONT, *chevalier bourguignon* (ténor); EBN-HAKIA, *médecin maure* (baryton); ALMERIC, *écuyer du roi René* (ténor); BERTRAND, *portier* (baryton); IOLANTA, *la fille du roi* (soprano); MARTHA, *nourrice de Iolanta, épouse de Bertrand* (contralto); BRIGITTE, *amie de Iolanta* (soprano); LAURA, *amie de Iolanta* (mezzo-soprano).

Des serviteurs et amis de Iolanta, des membres de la suite du roi, les gens du duc de Bourgogne.

En Provence, au XVe siècle.

Iolanta fut commandé pour être donné avec le célèbre ballet *Casse-Noisette*[1]. Tchaïkovsky commença d'y d'y travailler six mois avant la première. L'ayant terminé, il avoua que « les ducs, chevaliers et nobles dames du Moyen Age captivaient son imagination, mais pas son *cœur* ». Comme souvent, il approcha le livret par une scène cruciale : ici le duo entre Iolanta et son amant Vaudémont, dont la musique imprègne toute la partition. Un conte d'Andersen est à l'origine de ce livret.

Un sombre prélude suggère peut-être que Iolanta est aveugle. Un jardin, devant le palais du roi René de Provence. Iolanta cueille des fruits

1. Iolanta, qui est joué sans entracte, dure environ 1 h 30.

avec ses amies, sur un gracieux accompagnement musical. Iolanta est aveugle mais, sur l'ordre du roi, on ne lui a jamais laissé comprendre qu'elle était différente des autres. Elle trouve les fruits par tâtonnements et les met ensuite dans son panier. Son attention s'éloigne peu à peu : comment les autres peuvent-ils savoir qu'elle pleure sans avoir *touché* ses yeux ? Dans un *arioso* émouvant, elle oppose sa présente inquiétude à son bonheur passé. Martha veut calmer son anxiété. Les jeunes filles réunissent les fleurs qu'elles ont cueillies et chantent un chœur à 6/8. Puis Martha et ses autres amies chantent pour l'endormir dans un trio d'une beauté considérable.

Des serviteurs annoncent l'arrivée du roi. Il avoue au célèbre médecin maure, Ebn-Hakia, qu'il représente la dernière chance de Iolanta. Ebn-Hakia va observer sa future patiente pendant qu'elle dort. Le roi, seul, prie Dieu de sauver sa fille innocente dans l'aria : « Oh Dieu, quand j'ai provoqué ta colère ». Le médecin déclare qu'il peut guérir la jeune fille à deux conditions : qu'on lui dise qu'elle est aveugle et qu'elle ait la volonté de ne plus l'être. Il souligne combien le corps dépend de l'esprit dans un *arioso* d'inspiration très orientale. Le roi René refuse son accord.

Robert, duc de Bourgogne, et le comte Vaudémont entrent, ils ont perdu leur chemin. Vaudémont s'émerveille de la beauté du jardin et Robert se réjouit de tout ce qui peut retarder son entrevue avec le roi. Il n'a jamais vu Iolanta, sa fiancée, et aime une autre femme : il voudrait que le roi lui rende sa parole. Vaudémont suggère que Iolanta est peut-être très belle. Mais Robert s'exclame vivement : « Personne n'est comparable à Mathilde ». Ils aperçoivent Iolanta endormie. Vaudémont est stupéfait de sa beauté, mais Robert craint quelque sorcellerie et essaie de l'éloigner. Elle s'éveille. Tandis que Robert va chercher ses compagnons, la jeune fille apporte du vin à Vaudémont.

Le duo qui s'ensuit est le passage central de l'opéra. L'amour naît sur un thème en sol majeur d'une extrême tendresse. Le rythme s'accélère quand le comte demande à Iolanta de lui cueillir une rose rouge pour accompagner la rose blanche qu'elle lui a déjà donnée. Elle lui apporte une autre rose blanche, apparemment inconsciente de la différence entre les deux fleurs. Vaudémont comprend qu'elle est aveugle. Il la rassure et chante les beautés du monde qui les entoure. Le moment crucial est atteint quand il décrit la lumière avec ravissement et que Iolanta lui répond avec enthousiasme.

Le roi, le médecin et les servantes de la princesse entrent, s'attendant à la trouver endormie. Ils sont stupéfaits de la voir avec un jeune homme. Il lui a, raconte la jeune fille, donné une idée du sens du mot « lumière ». Le roi est horrifié mais le médecin sait qu'il y a maintenant une chance de pouvoir la sauver. Ebn-Hakia mène un grand ensemble où chacun réagit à la situation. Le roi déclare que l'étranger devra mourir si sa fille ne recouvre pas la vue. Iolanta proclame sa volonté de sauver le chevalier dont elle aime la voix, sur le grand thème en sol majeur (maintenant un demi-ton plus haut). Elle s'éloigne. Le roi René explique alors à Vaudémont que sa menace ne visait qu'à fournir à Iolanta une raison majeure pour vouloir guérir.

Robert confie son secret au roi, qui accepte que Vaudémont épouse Iolanta. On apprend que les soins d'Ebn-Hakia l'ont guérie. Les femmes sortent dans le jardin en se réjouissant. Iolanta est émerveillée par ce qu'elle voit et remercie Dieu pour sa bonté, pour les beautés qu'elle peut apprécier et surtout pour l'amour qu'elle éprouve pour Vaudémont.

H.

NIKOLAI ANDREEVICH RIMSKY-KORSAKOV
(1844-1908)

Pskovityanka
La Jeune Fille de Pskov,
ou
Ivan le Terrible

Opéra en 4 actes de Rimsky-Korsakov; liv. du compositeur d'après une pièce de L.A. Mei. Créé le 13 janvier 1873 à Saint-Pétersbourg. Reprise à Moscou, 1898, avec un nouveau prologue. Première à Paris, 1909 (en russe); Drury Lane, Londres 1913, avec Chaliapine, dir. Emil Cooper; Palerme, 1959, avec Zeani, Bertocci, Rossi-Lemeni; Trieste, 1967, avec Bakocevic, Lajos Kozma, Christoff.

PERSONNAGES

LE TSAR IVAN VASSILIEVICH dit LE TERRIBLE (basse); LE PRINCE YOURI IVANOVITCH TOKMAKOV, *vice-roi du tsar et maire de Pskov* (basse); LE BOYARD NIKITA MATOUTA (ténor); LE PRINCE AFANASY VIAZEMSKY (ténor); BOMELY (basse); MICHAEL ANDREIEVICH TOUCHA, *fils de bourgeois* (ténor); YOUSKO VELEBINE, *messager* (basse); LA PRINCESSE OLGA YOURIEVNA TOKMAKOV (soprano); STEPHANIDA MATOUTA (STESHA), *compagnes d'Olga* (soprano); VLASSIEVNA et PERFILIEVNA, *vieilles nourrices* (alto, mezzo-soprano); UNE SENTINELLE (ténor).

Des officiers, des juges, des boyards de Pskov, des bourgeois, des Oprichniks (gardes du corps d'Ivan), des pages, des archers de Moscou (streltsy), des jeunes servantes, des garçons, des gens du peuple, des chasseurs.

En 1570.

Les actes I et II ont lieu à Pskov. La scène I de l'acte III près du monastère de Pedersk; la scène 2 sur les rives de la Mediedna.

Acte I, scène 1. Le jardin du prince Tokmakov. Olga et les deux vieilles nourrices, Vlassievna et Perfilievna, regardent les jeunes filles jouer. Elles commentent la rumeur locale : Olga ne serait pas la fille du boyard mais serait de bien plus haute extraction. Les nouvelles venues de Novgorod sont encore plus importantes. Le tsar Ivan y a mené ses troupes pour punir la ville orgueilleuse; les innocents et les coupables sont massacrés sans distinction. Les enfants demandent à Vlassievna de leur conter une histoire. La nurse commence la légende d'un terrible dragon et de la tsarevna Lada. Mais un coup de sifflet strident inter-

rompt le récit, et les petites filles, effrayées, se réfugient dans la maison. C'est le signal qui annonce l'arrivée de l'amant d'Olga, Michael Toucha. Il escalade la barrière et attend sa bien-aimée. Michael apprend à Olga qu'il est décidé à partir faire fortune à l'étranger avant de demander sa main au prince Tokmakov. Elle le supplie de rester, car elle craint qu'en son absence on la fiance au vieux boyard Matouta, l'ami de son père. Justement les deux hommes s'approchent, précipitant le départ de Michael tandis qu'Olga se cache dans les buissons. Elle entend leur conversation, qui concerne d'abord l'avancée du tsar Ivan sur Pskov, puis prend un tour plus intime : Tokmakov donnera sa fille à Matouta, mais il doit auparavant lui révéler le secret de sa naissance. Elle n'est pas sa fille mais sa nièce :

sa mère était la sœur de sa femme, on ne sait pas qui était son père. Les cloches qui appellent la population sur la place du marché retentissent et les lueurs lointaines de feux d'alarme gagnent le ciel. Un remarquable interlude décrit l'atmosphère de terreur et d'anxiété.

Scène 2. La place du marché de Pskov. Le peuple et les boyards sont venus écouter les nouvelles apportées par un messager de Novgorod. Il annonce que Novgorod est en ruine, détruite sur l'ordre du tsar cruel qui marche maintenant avec ses troupes sur Pskov. La population veut se défendre par les armes, mais le prince Tokmakov réussit à la convaincre que c'est inutile : n'ayant fait aucun mal, il serait plus sage qu'ils accueillent le tsar avec humilité et amabilité. Seul Michael Toucha proteste. Plutôt que de voir sa ville soumise et privée de ses libertés, il préfère partir en exil après s'être battu pour elle. Les cloches retentissent à nouveau, tandis que Michael et ses partisans quittent la place en chantant un hymne martial.

Acte II, scène 1. Sur la place du marché la foule est venue attendre le tsar Ivan. Des tables sont dressées avec le pain et le sel traditionnels. Vlassievna essaie vainement de consoler Olga que la conversation de son père et de Matouta a plongée dans le désespoir. L'avant-garde de la suite du tsar, les Tartares, arrivent en faisant tournoyer leurs fouets. Une procession précède le tsar.

Scène 2. Un appartement chez le prince Tokmakov. Le prince accueille le tsar dans sa demeure et essaie d'éviter sa colère. Mais quand Olga lui présente une boisson, le souverain manifeste une agitation évidente. Il

veut savoir qui elle est, et se dit décidé à l'emmener à Moscou avec sa suite. Il reste seul avec le prince Tokmakov, qui lui révèle le secret de la naissance de la jeune fille. Le tsar est très ému par le récit du prince; après une brève prière, il promet de mettre fin à toutes les violences et de pardonner à Pskov.

Acte III, scène 1. Le tsar et ses amis chassent au cœur d'une forêt. Des voix de jeunes filles chantent dans le lointain. A la tombée de la nuit, Olga retrouve Michael Toucha. Il la persuade de quitter Pskov et de partager son destin. Mais ils sont surpris par les domestiques de Matouta, qui appellent leur maître. Michael est laissé sans connaissance sur le sol, et Olga est reconduite chez le tsar.

Scène 2. Sous la tente du tsar. Le monologue d'Ivan évoque son amour pour la mère d'Olga, car Olga est sa propre fille. Le prince Viazemsky annonce que Matouta vient offrir Olga au tsar. Ivan ordonne que Matouta soit introduit en sa présence avec la jeune fille. Puis il renvoie le boyard avec colère et pardonne à Olga dont la confiance et la simplicité le touchent.

Tandis que le tsar s'entretient avec elle, on entend Michael Toucha à l'extérieur : il exhorte ses compagnons à attaquer le tsar pour sauver Olga. Ivan s'empare de son épée et se poste à l'entrée de la tente. Olga échappe à sa surveillance et se précipite vers son amant. A ce moment, elle est atteinte par une balle destinée à Michael. Des soldats la ramènent morte dans la tente. Le chœur, qui a suivi sa dépouille, conclut l'opéra, ordonnant aux Russes de cesser leurs querelles pour l'amour de celle qui a été sacrifiée pour la cause de Pskov.

F.B.

Maiskaya Noch
La Nuit de Mai

Opéra en 3 actes de Rimsky-Korsakov; liv. de l'auteur d'après une histoire de Gogol. Créé à Moscou, le 21 janvier 1880, dir. Napravník. Première à Londres, Drury Lane, 1914. Reprise à Oxford, 1931 (en angl.); Cardiff, 1959, par le Welsh National Opera Company, dir. Braithwaite; Sadler's Wells, 1961.

PERSONNAGES

LE MAIRE (basse); LEVKO, *son fils* (ténor); LA BELLE-SŒUR DU MAIRE (mezzo-soprano); HANNA (mezzo-soprano); LE SECRÉTAIRE DU MAIRE (basse); LE DISTILLA-TEUR (ténor); KALENIK (baryton); PANNOCHKA, *esprit de l'eau* (soprano); TROIS ESPRITS DE L'EAU (soprano, mezzo-soprano).

Au XIXᵉ siècle dans un petit village russe.

La Nuit de Mai est le second opéra de Rimsky-Korsakov. Si l'on classe sa production scénique en trois catégories, on peut ranger *La Nuit de Mai* avec *Fêtes de la veille de Noël* dans le groupe « paysan »; les autres sont le groupe « héroïque » (*Ivan le Terrible, La Fiancée du tsar, Pan Voyevoda, Servilia*) et le groupe « fantastique » (*Snegourotchka, Sadko, Tsar Saltan, Kachtchei l'Immortel, Le Dit de la ville invisible de Kitège, Le Coq d'or*). Seul *Mozart et Salieri* ne correspondent à aucune classification.

L'histoire est tirée de Gogol. Outre un nationalisme poussé, elle introduit sans la moindre contrainte un élément surnaturel qui pourrait venir directement de *Sadko*. L'ouverture, morceau longtemps favori des programmes de concerts, fut un des préférés de Sir Thomas Beecham.

Acte I. Dans un petit village du cœur de la Russie, des paysans célèbrent la Pentecôte par des danses et des jeux. Kalenik, le meilleur danseur du village, fait une démonstration de ses talents. La foule s'éloigne et Levko donne la sérénade à sa bien-aimée, Hanna. C'est une romance vivante et plaisante, qu'il accompagne lui même à la bandura (piano et harpe à l'orchestre). Leur long duo suggère clairement la profondeur de leur sentiment. Mais Hanna craint que le père de Levko, le maire, désapprouve leur union et interdise leur mariage. Levko la rassure de son mieux, elle lui demande de lui raconter encore une fois la légende du château abandonné sur l'autre rive du lac.

Autrefois, un noble seigneur habitait ce château avec sa fille, la belle Pannochka. Quand celle-ci découvrit que sa belle-mère était une sorcière, son père la chassa. Elle se noya et devint une Roussalka, un esprit de l'eau. Un jour, elle réussit à s'emparer de la sorcière, avec l'aide de ses compagnes, et à l'attirer dans le lac. Mais la sorcière utilisa son pouvoir magique pour se transformer en une Roussalka semblable aux autres. Tant que Pannochka n'aura pas découvert laquelle de ses compagnes est la sorcière, elle restera soumise au mauvais sort.

Les amants se souhaitent une bonne nuit quand ils entendent les fêtards approcher. Les femmes du village chantent un petit chœur en l'honneur de la Pentecôte, et Kalenik mène un hopak, chantant et dansant avec vigueur. Levko reste en arrière et entend qu'on appelle Hanna à sa fenêtre. Il découvre avec rage que son propre père, le maire, courtise la jeune fille. Il attire l'attention de ses compagnons, qui éloignent le vieil hommes par leurs moqueries. Il leur suggère de se déguiser et de donner une bonne leçon au maire en chantant un air railleur sous ses fenêtres.

Acte II. Le maire reçoit, avec sa belle-sœur célibataire, un vieil ami fort riche qui souhaite ouvrir une distillerie sur l'emplacement du château abandonné. Leur gaieté est interrompue par Kalenik, qui est fort ivre et difficile à éloigner; ensuite une pierre est jetée par la fenêtre, et enfin Levko et ses amis chantent à tue-tête leur chanson. Le maire réussit à saisir Levko. Mais un coup de vent éteint toutes les chandelles, et Levko s'enfuit dans la confusion générale, tandis que le maire expédie en prison sa belle-sœur innocente. Le secrétaire du maire a entendu les chants insolents. Il entre pour déclarer que, grâce à lui, le principal coupable est sous les verrous. L'assistance s'en étonne et fait des recherches. Dès que la porte de la première cellule est ouverte, la belle-sœur, ivre de rage, s'échappe et quitte la maison en hurlant.

Le maire, le secrétaire et le distillateur se dirigent vers la seconde cellule où se trouve le prisonnier du secrétaire. Le maire regarde par le trou de la serrure et s'exclame : « Satanas ! », cri que reprennent les autres dès qu'ils ont jeté un coup d'œil. La solution s'impose : il faut brûler le diable, ce ne peut être que lui. La belle-sœur proteste avec véhémence — car c'est elle, enfermée une seconde fois dans une cellule, et cette fois par la foule qui avait auparavant libéré Levko, le prisonnier du secrétaire. Ses cris et protestations lui · évitent de connaître le destin d'une sorcière. Une fois libre, elle se retourne contre le maire : tout ceci n'est qu'un complot de sa part pour empêcher qu'elle ne soit témoin de ses escapades, qui sont

la risée du village. Voici ensuite le gardien qui traîne Kalenik, passablement ivre. Le maire essaie de sauver ce qui lui reste d'honneur en ordonnant que l'on débarrasse les rues de cette troupe de plaisantins qui l'ont gravement insulté.

La musique de cet acte est agréablement *buffa*, et le rôle du maire, qui fut créé par le père de Stravinski, est riche en possibilités comiques. La seconde scène a la variété et un certain parfum de finale rossinien.

Acte III. Le château abandonné, au bord du lac. Levko chante une magnifique chanson d'amour (Dors, ma bien-aimée) l'équivalent pour le ténor russe de *Cielo e mar* ou du *Lamento di Federico* dans le répertoire du ténor italien :

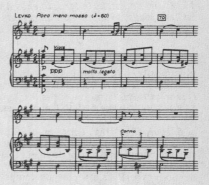

Tandis que Levko chante les louanges d'Hanna, un groupe de nymphes émerge brusquement du lac. Après leur délicieux chœur à 6/8, leur reine, Pannochka, demande à Levko s'il peut l'aider à identifier sa méchante belle-mère, qui se cache parmi elles. Chacune tour à tour prétend être un corbeau; mais l'une d'elles le fait avec tant de mépris et de conviction que Levko la désigne. Ses compagnes se précipitent sur elles et l'entraînent au fond du lac. Pannochka, au cours d'un petit duo, remercie Levko et lui remet un papier qui saura, dit-elle, neutraliser l'opposition de son père à son mariage avec Hanna.

Les nymphes ont à peine disparu que la garde s'empare de Levko, l'auteur des délits de la nuit précédente. Le secrétaire parcourt le papier donné par Pannochka à Levko et y reconnaît le sceau du gouverneur : l'incompétence du maire est proclamée et la célébration immédiate du mariage de Levko et Hanna requise.

Les villageois chantent leur chant de Pentecôte. Hanna est unie à Levko; et le maire se réjouit bruyamment à la perspective de dîner avec le gouverneur; même le mariage forcé des jeunes gens et les menaces que marmonne sa belle-sœur ne peuvent lui gâcher ce plaisir.

H.

Snegurochka
La Fille de glace

Opéra en 1 prologue et 4 actes de Rimsky-Korsakov; liv. du compositeur d'après une pièce de N. Ostrovsky. Créé le 10 février 1882 à Saint-Pétersbourg. Première à l'Opéra-Comique, Paris, 1908, avec M. Carré; Metropolitan de New York, 1922, dir. Bodanzky (en fr.); Buenos Aires, 1929, avec Kouznetzoff, dir. Fitelberg; Sadler's Wells, 1933, dir. Collingwood.

PERSONNAGES

SNEGUROCHKA (soprano); LE BERGER LEHL (alto); COUPAVA (soprano); LA FÉE PRINTEMPS (mezzo-soprano); BOBILICKA (mezzo-soprano); L'ESPRIT DES BOIS (ténor); UN PAGE (mezzo-soprano); LE TSAR BERENDEY (ténor); MISGIR (baryton); LE ROI GIVRE (basse); BOBIL (ténor); BERMATE (basse).

Snegurochka fut écrit en 1880. Dans ses mémoires, Rimsky-Korsakov raconte comment il s'éprit du sujet et le traita en trois mois dans le village russe de Stelyovo. Il fallut plus de temps pour l'orchestration. La partition complète fut commencée le 7 septembre 1880 et terminée le 26 mai de l'année suivante. L'œuvre achevée, l'auteur la joua à ses trois amis Balakirev, Borodine et Stassov, qui l'aimèrent mais chacun pour des raisons différentes. « Stassov et Balakirev apprécièrent surtout la partie rustique et fantastique de l'opéra. Borodine, lui, aimait tout. » Balakirev, « qui ne pouvait s'empêcher d'intervenir », suggéra de transposer l'introduction en si mineur. Rimsky-Korsakov refusa, car cela aurait impliqué que l'on transposât le thème du printemps, qui restait lié, dans son imagination, au la mineur. Il raconte également, sans aucune fausse modestie, qu'il s'est senti, en composant cet opéra, « un musicien parvenu à maturité et un auteur d'opéra enfin capable de tenir sur ses jambes ». Le public confirma cette opinion, trouvant l'œuvre plus inventive et originale que tout ce que Rimsky-Korsakov avait écrit jusqu'alors.

L'action est située dans le fabuleux royaume du tsar Berendey, à l'époque préhistorique. Le prologue se déroule dans la Montagne Rouge, près de la capitale. L'acte I, dans le village de Berendey; l'acte II, au palais du tsar; l'acte III, dans la forêt sacrée; et l'acte IV, dans le village de Yarilo.

Prologue. C'est le début du printemps. Des bandes d'oiseaux reviennent du Sud, entraînant avec eux la fée Printemps. Il y a plusieurs années par caprice, elle fit des avances à l'Hiver glacé qui la traite depuis lors comme une esclave. D'où ce froid qui dure et fait trembler jusqu'aux oiseaux. Leur amour n'a pas duré, mais Printemps et Hiver ont eu un enfant ensemble : la jeune Snegurochka. Ils craignent pour sa vie, car ils ne peuvent plus la cacher et la protéger, maintenant qu'elle a seize ans. Il suffirait que le dieu Soleil, Yarilo, jette un regard sur elle pour qu'elle meure. Ils doivent maintenant gagner le Nord. Mais avant de partir, ils la confient à l'Esprit des bois, qui a juré de la protéger. Snegurochka est libre de parcourir le monde.

Une bande de fêtards envahit la scène au moment où Hiver et Printemps s'éloignent. Snegurochka est dans la foule. Sa grande beauté impressionne Bobil et Bobilicka, qui l'adoptent. Il faut remarquer dans le prologue l'aria particulièrement belle que chante Snegurochka dès son entrée. L'un des problèmes que pose cet opéra est de trouver un soprano dont la voix se prête à la musique qu'elle doit chanter, et dont le physique soit compatible avec le personnage juvénile qu'elle interprète.

Acte I. A la demande de Snegurochka, Lehl, un jeune berger, exécute deux charmantes mélodies champêtres. Mais les avances sans malice de Snegurochka lui déplaisent, et il s'enfuit pour rejoindre les autres jeunes filles. La petite fille de Printemps et Hiver connaît maintenant les douleurs de l'amour non partagé. L'arrivée de Misgir, venu épouser Coupava, complique encore la situation. Car le riche jeune homme, ayant aperçu Snegurochka, s'est épris d'elle et refuse maintenant d'épouser sa fiancée. Snegurochka repousse les avances passionnées de Misgir. Coupava est désespérée, et échappe au suicide grâce à Lehl.

Acte II. Dans le palais du tsar. Coupava vient demander réparation de l'affront que Misgir lui a infligé. Le tsar ordonne qu'on réunisse un tribunal et exige la présence de Snegurochka et de Misgir. Impressionné par la beauté de la jeune fille, le tsar lui demande le nom de son amant. Elle répond qu'elle n'en a pas. Le tsar déclare que ne pas aimer est un outrage au roi Soleil, Yarilo. Il lève l'audience en promettant une récompense à celui qui saura gagner le cœur de Snegurochka.

Dans cet acte, la musique, avec la tranquille aria du tsar, a une unité qui n'apparaît pas toujours dans le reste de l'opéra, plus décousu. Cette observation vaut pour l'économie et l'intérêt de l'action.

Acte III. On festoie et se réjouit dans le Bois sacré. Le grand tsar chante une cavatine, suivie de la célèbre Danse des Jongleurs. Lehl chante un air délicieux à la demande du tsar. En récompense, il a le droit d'embrasser une des filles présentes. Il passe devant Snegurochka, qui s'enfuit en pleurant, et choisit Coupava. Snegurochka, le cœur brisé, n'écoute pas Misgir qui lui déclare son amour. Elle disparaît, et l'Esprit des bois, fidèle à sa parole, empêche Misgir de la suivre.

Acte IV. Snegurochka, désespérée, appelle sa mère. Elle veut aimer et être aimée. Printemps lui accorde son vœu. Quand Misgir retrouve la jeune fille, celle-ci l'accueille comme son héros. Le tsar attend les couples qui doivent se marier. Parmi eux, Misgir et Snegurochka. Mais tout va mal. Le dieu Soleil a réchauffé le cœur de Snegurochka d'un de ses rayons, elle va mourir. Elle disparaît quand le brouillard se lève. Misgir se jette dans le lac. Le tsar voit en leurs morts la disparition d'un élément défavorable qui empêchait Yarilo de couvrir le pays de bienfaits. Dorénavant, déclare le tsar, Yarilo nous protégera. Un enfant vêtu de blanc apparaît au sommet de la montagne, une gerbe de blé dans les mains. L'opéra se termine par l'invocation à Yarilo, que mène Lehl.

F.B., H.

Le Tsar Saltan
Skaska. o Tzare Saltane

Opéra en un prologue et 4 actes de Nicolas Rimsky-Korsakov ; liv. Vladimir Belsky d'après Pouchkine. Créé à Moscou, Théâtre Solodovnikov, le 3 novembre 1900 avec Moutine, Tsvetkova, Rovstatseva, Veretennikova, Strakhova, Sekar-Rozhansky, Zabela, Chkafer, Cheveliov, Levandovsky, dir. Ippolitov-Ivanov ; Bruxelles, Théâtre de la Monnaie, avril 1926 avec Ballarol, Smirnovo, Clairbert, van Obbergh, Gallins, dir. Morskoy (en français) ; Paris, Opéra, le 29 novembre 1928, ballet « La princesse Cygne » avec Ida Rubinstein, dir. Straram ; Londres, Sadler's Wells, 11 octobre 1933 avec Cross, Palmer, Kennard, Coates, Wendon, Kelsey, Austin, Hancock, dir. Collingwood ; New York, St-James Theatre, 27 decembre 1937 sous le titre « Le bourdon » (en anglais) ; Dresde, 6 octobre 1977 avec Wollrad, Ruchiskaja, Ludwig, Spiewok, Hoene, dir. Siegfried Kurz.

PERSONNAGES

LE TSAR SALTAN (basse) ; LA TSARINE MILITRISSA, *la plus jeune des trois sœurs* (soprano) ; LA SŒUR AÎNÉE (soprano) ; LA DEUXIÈME SŒUR (mezzo) ; BABARIKHA (contralto) ; GUIDON, *fils du Tsar* (ténor) ; LA PRINCESSE CYGNE (soprano) ; *courtisans, paysans, foule.*

Le Tsar Saltan nous emmène dans le domaine de la féerie et de l'image d'Épinal. Les péripéties sont nombreuses ; il n'est pas possible de les présenter toutes directement sur la scène. Ce qui amène l'orchestre à déborder son rôle classique de soutien du chant et à assumer une fonction autonome. Il joue le rôle d'un narrateur. D'où l'importance des interludes qui séparent les actes : bruit des batailles, de l'océan, qui se déroulent sur un mode quasi humoristique.

Le prologue nous emmène dans une chaumière où les trois sœurs cousent en chantant en compagnie de Babarikha, la marieuse du village. Sur un mode de chanson populaire, elles expriment ce qu'elles feraient « si le roi les épousait ». Les deux aînées se vantent de leurs talents domestiques ; la plus jeune ne peut promettre au Prince Charmant qu'un fils, un héros. Le Tsar Saltan écoutait derrière la porte. Il entre et décide d'emmener les trois sœurs dans son palais. Suivant les capacités qu'elles ont décrites, les deux aînées seront domestiques et la troisième Tsarine. Désolation des deux sœurs. Babarikha les rassure : le Tsar partira bien en guerre ; l'enfant naîtra en son absence et elles enverront un message de leur façon annonçant la naissance d'un petit monstre. C'en sera fini de la Tsarine, chantent les complices sur un air de marionnettes.

Acte I. Il débute sur un interlude musical. Saltan est parti en guerre tandis que Militrissa a mis au monde un fils et que ses deux sœurs et Babarikha ont réalisé leur projet de complot.

L'orchestre nous raconte ses batailles et ses succès. Dans le palais du Tsar au bord de la mer. La Tsarine, ses sœurs et Babarikha entourent un gigantesque berceau : le fils du Tsar, nouvel Hercule, grandit d'heure en heure et non pas d'année en année. Animation de la cour impériale autour du berceau ; on entend les nourrices chanter en coulisses une ravissante berceuse. Pendant que les sœurs aînées se moquent du fou et d'un vieillard qui se querellent, Militrissa chante un conte de fées que le peuple tout entier écoute avec attention. L'enfant s'échappe de son berceau. Il est rattrapé et ramené à sa mère. Liesse générale autour de la Tsarine et du prince. Tous chantent dans une atmosphère de fête publique, lorsqu'arrive le messager porteur d'une lettre de Saltan ; les scribes la déchiffrent péniblement. Stupeur générale quand on en entend le contenu : Militrissa doit être enfermée dans un tonneau avec son rejeton monstrueux et jetée à la mer. Les deux sœurs ont gagné la partie. Dans un air très émouvant, la Tsarine supplie la mer et les vents de l'épargner. Chœur désolé du peuple qui voit le tonneau s'éloigner du rivage.

Interlude de la mer : tempête qui s'apaise peu à peu ; on entend pour la première fois le « thème du Tsarévitch ».

Acte II. Il se déroule sur une île déserte où s'est échoué le tonneau. Le Tsarévitch Guidon, qui est devenu un beau et grand jeune homme, sort joyeusement du tonneau et cherche à réconforter sa mère. D'une branche de l'unique arbre de l'île, il se fait un arc, d'un roseau, une flèche. Au-dessus de la mer, un cygne est menacé par un vautour que Guidon abat. Imprécations du vautour qui n'était autre qu'un magicien. Le cygne remercie Guidon et l'invite au repos ainsi que sa mère. Ils s'endorment. Obscurité totale. Quand le jour reviendra, l'île n'est plus déserte. Une ville splendide s'élève sur la grève. Ses clochers font entendre de joyeux carillons. Scènes de liesse populaire. Les notables s'avancent pour remettre à Guidon les clefs de la ville et le proclamer roi.

Acte III. Le rivage boisé de l'île. Au loin, on aperçoit la voile d'un navire. Guidon exprime sa nostalgie : il aimerait retrouver son père. Apparaît le Cygne qui, pour l'aider, le change en bourdon ; il pourra ainsi atteindre le navire et s'y cacher. Le célèbre *Vol du Bourdon* est en tous points tiré du texte de Pouchkine où le bourdon « volète, se fâche, s'irrite et pique ». Nous nous retrouvons dans le palais de Saltan. Les marins sont les hôtes du Tsar. Servis par les deux sœurs et par Babarikha, ils racontent les prodiges qu'ils ont vus durant leur voyage : une île, jadis déserte, est devenue un riche royaume où règnent un jeune prince et sa mère, ce qui excite la curiosité de Saltan qui décide de s'embarquer pour aller voir cette merveille. Les deux sœurs, qui soupçonnent la vérité, cherchent à le retenir, en lui racontant des prodiges plus extradordinaires encore : écureuil qui se nourrit d'émeraudes, guerriers enfantés par les vagues, princesse si belle que personne ne l'a jamais vue. Au fur et à mesure, le bourdon les pique à l'œil et les éborgne. On poursuit le bourdon, mais en vain.

Interlude orchestral qui rappelle les trois merveilles. Le dernier acte se déroule dans l'île enchantée. Guidon rêve à la princesse merveilleuse dont on lui a raconté l'histoire et qu'il aime sans l'avoir jamais vue. Arrive le Cygne. Pour répondre à l'amour de Guidon, il reprend sa vraie forme ; il n'est autre que la princesse fabuleuse qui avait été ensorcelée par le magicien que Guidon a tué alors que, vautour, il la menaçait. Mélodie féerique aux violons. Duo d'amour sur des thèmes paysans qui gardent à l'œuvre son aspect populaire. Arrivée de Militrissa qui bénit le jeune couple. Une fanfare annonce l'arrivée de Saltan qui reconnaît sa femme, lui demande pardon pour toutes les peines qu'il lui a causées bien malgré lui, puis raconte sa propre histoire en sanglotant. L'orchestre souligne les sanglots.

Tout finit bien comme dans les belles histoires. Tout le monde s'embrasse sur fond de liesse populaire. Même les trois méchantes femmes sont pardonnées.

L.

Sadko

Opéra en 7 scènes (3 ou 5 actes) de Rimsky-Korsakov; liv. du compositeur et de V.I. Bielsky. Créé le 7 janvier 1898 à Moscou; Opéra de Paris, 1927, en oratorio; Metropolitan, New York, 1930, dir. Serafin (en fr.); Londres, Lyceum Theatre, 1931, dir. Goossens; la Scala, Milan, 1938, dir. Marinuzzi; Staatsoper, Berlin, 1946, dir. Schüler. Actuellement au répertoire des troupes russes.

PERSONNAGES

LE ROI DE L'OCÉAN (basse); VOLKHOVA, *sa fille* (soprano); SADKO, *chanteur de Novgorod* (ténor); LUBAVA, *sa femme* (mezzo-soprano); NEJATA, *joueur de gousli de Kiev* (mezzo-soprano); UN MARCHAND VIKING (basse); UN MARCHAND INDIEN (ténor); UN MARCHAND VÉNITIEN (baryton); QUATRE BOUFFONS (deux mezzo-sopranos, ténor et basse); DEUX ANCIENS, *marchands de Novgorod* (ténor et basse).

A Novgorod, et au fond de l'Océan.

Tableau I. Les marchands de Novgorod festoient et se rejouissent de leur prospérité. Nejata, chanteur et joueur de *gousli* venu de Kiev, chante les jours héroïques du passé. Les marchands aimeraient qu'un de leurs concitoyens chante pour Novgorod. Sadko entre alors et doit s'exécuter. Mais son chant les ennuie; il suggère que Novgorod est sur un lac et que ses navires rapporteraient des fortunes du monde entier si seulement ils pouvaient atteindre l'océan. Les marchands se moquent de lui et le renvoient. La fête continue, avec chants et danses.

Tableau II. Sur les rives du lac Ilmen, Sadko chante sa détresse et sa désillusion : « Oh, toi, sombre forêt ». Des cygnes, fascinés par son chant, s'approchent de lui et deviennent de jeunes femmes. Parmi elles, Volkhova, princesse de la Mer. Il chante à nouveau pour elles tandis qu'elles dansent. La princesse est conquise. Au lever du jour, elle quitte Sadko après lui avoir prédit qu'il pêcherait trois poissons d'or dans le lac, qu'il voyagerait dans un pays lointain, et qu'elle attendrait fidèlement son retour. Puis elle regagne les profondeurs où règne son père, le roi de l'Océan. Le soleil se lève.

Tableau III. Lubava, dans sa maison, pleure l'absence de son mari Sadko. Elle déborde de joie en l'entendant rentrer, mais sombre à nouveau dans le désespoir quand il lui crie « adieu ».

Tableau IV. Les quais du lac Ilmen, à Novgorod. Des navires sont à l'ancre, et la foule se presse autour des riches marchands étrangers venus de toutes contrées. Des devins disent leurs prophéties, Nejata chante en s'accompagnant de son *gousli*, des bouffons chantent et dansent, la voix d'un pèlerin s'élève. Sadko est accueilli par des rires qui augmentent quand il prétend connaître un secret : on peut attraper des poissons d'or dans le lac. Il parie sa tête contre n'importe quelle fortune qu'il peut prouver ses dires. Un filet est jeté; on entend le chant de la princesse de la Mer; et quand on remonte le filet, il contient trois poissons d'or. Sadko invite tous les aventuriers du port à l'accompagner dans son voyage, et ils vont se préparer.

Nejata chante l'histoire du rossignol devenu un grand marchand. A son retour, dit Sadko, il rendra sa fortune à chaque marchand, car il n'a besoin que de leurs navires. Il demande à trois d'entre eux, le Viking, le Vénitien et l'Indien, de lui chanter les beautés de leur pays natal afin qu'il puisse choisir celui qu'il visitera. Le Viking chante en premier : les rivages de son pays sont rocheux, la mer est violente et les habitants sont de rudes combattants. Sa lente aria *pesante* est l'une des plus célèbres du répertoire de basse russe. Vient ensuite l'Indien, dont le récit et la musique sont plus exotiques : l'Inde est une terre de mystère et de pierres précieuses. C'est l'une des mélodies les plus célèbres du monde, chantée par presque tous les ténors et les sopranos en concert. Elle fait souvent partie des programmes de récitals de violon. Dans sa forme originale, c'est une mélodie pour ténor :

Le troisième marchand est le Vénétien (un baryton) qui chante une barcarolle. Sadko décider d'aller à Venise. Il confie son épouse Lubava aux habitants de Novgorod et lève l'ancre.

Tableau V. Sadko revient chez lui chargé de trésors. Sur son chemin, le vent tombe — c'est leur punition pour n'avoir pas sacrifié au roi de l'Océan, pendant leurs douze mois en mer, dit Sadko. Ils versent des trésors par-dessus bord, mais le vent ne se lève toujours pas. Alors, sur l'ordre de Sadko. Ils jettent des trésors par-mer. Sadko descend le long du flanc du navire par une échelle et monte sur une planche jetée à la mer. Immédiatement une brise se lève et le bateau s'éloigne, abandonnant Sadko. Le brouillard descend.

Quand la brume se dissipe (*tableau VI*), nous sommes au fond de l'océan, à la cour du roi. Les souverains sont sur leur trône, et leur fille, Volkhova, file des algues. Sadko chante et on lui accorde la main de la jeune fille. Les invités arrivent et le mariage est célébré. Des danses sont exécutées et Sadko chante à nouveau, soulevant l'enthousiasme des invités, qui se joignent à la danse. Leur mouvement s'anime de plus en plus, agitant la mer et provoquant le naufrage de plusieurs navires. Une apparition les avertit soudain de la fin prochaine du règne du roi de l'Océan. Sadko et Volkhova sont emportés par des mouettes, dans une coquille.

Tableau VII. Le matin. Sadko dort sur la rive du lac Ilmen. La princesse Volkhova le contemple en chantant une berceuse. Elle dit un dernier adieu au troubadour endormi avant de se fondre dans le brouillard pour devenir la grande rivière Volkhova, qui réunit le lac Ilmen à la mer.

Lubava, hors d'elle, cherche son époux. Sa joie est grande de le trouver assoupi au bord du lac. Il s'éveille et croit avoir dormi depuis qu'il l'a quittée. Son voyage n'aurait été qu'un rêve. Mais la vue de sa flotte remontant la rivière le convainc que tout s'est réellement passé et qu'il est devenu l'homme le plus riche de Novgorod. Tous les citoyens l'accueillent chaleureusement, en particulier les trois marchands qui avaient chanté avant son départ.

H.

Le Coq d'Or
Zolotoy Pyetuschok

Opéra en 3 actes de Nikolaï Rimsky-Korsakov; liv. de V. Bielsky d'après Pouchkine. Créé à Moscou, le 7 octobre 1909. Première à l'Opéra de Paris, 1914, par les Ballets russes de Diaghilev, dir. P. Monteux; Londres, Drury Lane, 1914, dir. Emil Cooper; Metropolitan, New York, 1918, dir. Monteux (en fr.). Reprises : Covent Garden 1919 (en angl.), dir. Beecham; Opéra de Paris, 1927, dir. Tcherepnine; 1936, dir. P. Paray; 1947, dir. R. Blot; Buenos Aires, 1937, avec Carosio, Melnik; Metropolitan, 1937, avec Pons et Pinza; 1942, avec Bok et Pinza; 1945, avec Munsel et Cordon; Rome, 1940, avec Carosio, Pasero, dir. Serafin; Covent Garden, 1954, dir. Markevitch (en angl.); New York City Opera, 1967, avec Stills et Treigle.

PERSONNAGES

LE ROI DODON (basse); LE PRINCE GUIDON (ténor); LE PRINCE AFRON (baryton); LE GÉNÉRAL POLKAN (basse); AMELFA, *gouvernante royale* (contralto); L'ASTROLOGUE (ténor); LA REINE DE SHEMAKHA (soprano); LE COQ D'OR (soprano).

Le Coq d'Or fut le dernier opéra de Rimsky-Korsakov. La censure refusa son autorisation, assez curieusement à moins que la pertinence de certaines références à la mauvaise conduite de la guerre aient déplu, et l'œuvre ne fut représentée qu'après la mort de son auteur. Quand l'opéra fut joué à Saint-Pétersbourg, on l'estima trop difficile pour les chanteurs, qui devaient danser, ou pour les danseurs, qui devaient chanter. Le chorégraphe Fokine trouva une solution ingénieuse : les chanteurs s'assiéraient de chaque côté de la scène pendant que les danseurs mimeraient l'action chantée. Cette idée fut appliquée à Paris, Londres et New York, en dépit des protestations de la famille de Rimsky-Korsakov. Elle permit de lancer l'œuvre, mais on a tendance aujourd'hui à revenir aux instructions de l'auteur.

L'histoire du *Coq d'Or* vient de Pouchkine, qui la tenait de sa nourrice. On peut y trouver une signification symbolique, mais Bielsky, le librettiste, a préféré y voir un cas de passions et de faiblesses humaines, sans aucun contexte particulier.

Une trompette en sourdine donne le thème associé au coq (ex. 1) :

immédiatement suivi d'une mélodie chromatique descendante, jouée par la clarinette, caractéristique de la reine de Shemakha (ex. 2) :

La plus grande partie de la musique de ce bref prélude vient de l'aria de la reine à l'acte II. Le son menu, *staccato,* du xylophone annonce l'arrivée de l'Astrologue devant le rideau. Grâce à son art, dit-il, il va évoquer pour le public un conte ancien. La musique de l'Astrologue est de caractère plus instrumental que lyrique; et sa *tessitura* est anormalement élevée.

Après ce bref prologue, le rideau se lève sur la Cour du roi Dodon. Il siège entre ses deux fils, Guidon et Afron. Dodon se plaint de n'être pas bien traité par ses voisins. Quand il était jeune et vaillant, il les attaquait, à la tête de ses armées. Maintenant qu'il est vieux, ils ont tendance à envahir son royaume alors qu'il répugne de plus en plus à faire la guerre. Que suggèrent ses conseillers devant cette menace d'invasion ? Guidon, son fils aîné, parle le premier : le mieux serait que le roi cantonne son armée dans les murs de la capitale; là, convenablement équipé et pourvu de provisions, il pourra réfléchir à loisir. Tous trouvent la suggestion excellente, sauf le général Polkan, Premier ministre du roi. Afron repousse la solution de son frère et conseille de congédier les troupes et de renvoyer les hommes chez eux. Quand l'ennemi se sera avancé, on pourra toujours reconstituer l'armée, qui l'attaquera par l'arrière et le détruira. Dodon est enchanté, mais Polkan démolit également cette proposition.

Soudain, annoncé par l'air entendu dans le prologue, l'Astrologue apparaît en haut de l'escalier. Il a revêtu une robe bleue constellée d'étoiles dorées, et porte un grand chapeau d'astrakan blanc. Il offre au souverain un coq d'or magique. Il suffira de le placer en un lieu d'où il verra tout le paysage alentour, et il chantera dès le moindre danger. Dodon est ravi et offre à l'Astrologue ce qu'il voudra pour récompense. Le vieil homme n'est intéressé ni par l'argent ni par les honneurs; il veut simplement que le roi lui remette sa promesse par écrit pour pouvoir en profiter ultérieurement s'il le souhaite. Le monarque refuse, déclarant que sa parole le lie autant qu'un écrit.

Au son de l'ex. 1, le coq ordonne au roi de vivre sans souci du danger. Dodon se réjouit de ne plus avoir à être sur ses gardes. Dorénavant, il fera ce qu'il lui plaira, et surtout dormira. Il commence à s'assoupir, et la gouvernante royale, Amelfa, demande que l'on fasse approcher le lit du roi. Celui-ci s'allonge, grignote quelques sucreries et joue avec son perroquet qui chante pour lui (à l'orchestre). Tandis qu'il s'endort, veillé par la fidèle Amelfa, l'orchestre entame la scène du sommeil (telle

qu'elle est connue dans la suite orchestrale), où les bois répètent doucement la déclaration du coq — le roi peut reposer en paix — et les violoncelles jouent une suave berceuse. Amelfa s'endort à son tour. L'intervention de l'ex. 2 indique que le roi prévoit dans ses rêves la rencontre amoureuse qu'il fera à l'acte suivant.

Mais le roi s'est à peine assoupi que retentit le cri d'alarme du coq, repris par les instruments de l'orchestre. Polkan réussit à réveiller son maître, qui ordonne la mobilisation de l'armée. Les troupes se mettent en route au son d'une marche.

Le calme est bientôt revenu, et l'oiseau attentif autorise son maître à se rendormir. Mais Dodon ne retrouve par son délicieux rêve, il ne réussit même pas à se rappeler le sujet. Amelfa tente de l'aider et fait deux ou trois suggestions, dont la dernière est la bonne. Tous se rendorment mais sont bientôt éveillés par les cris du coq, encore plus pressants que les précédents. La foule envahit la scène, et Polkan prévient le roi que sa vie est en danger. Il faut qu'il mène lui-même son armée à la victoire. Tout en maugréant, Dodon se prépare à revêtir son armure. Mais elle est sale et rouillée, son épée est trop lourde et sa cuirasse trop petite. Finalement, bien que rien ne soit proprement en place, il est à peu près équipé et part au combat sous les acclamations de la foule.

Acte II. La guerre se passe mal. Le clair de lune révèle les corps des soldats et des fils du roi, morts et abandonnés. La marche de l'acte précédent est maintenant sombre, et Dodon est saisi par le désespoir quand il trouve les corps de ses fils.

Le brouillard qui recouvrait le défilé se lève, laissant apparaître une tente. Consternation générale. Si c'était celle du chef ennemi ? Les soldats se laissent persuader, à contrecœur, de traîner une pièce d'artillerie passablement ridicule. Ils tirent sur la tente avec difficulté.

Seul résultat : une ravissante jeune femme émerge de la tente. Les soldats s'enfuient. Seuls Dodon et Polkan restent. La jeune femme, accompagnée par la phrase à la clarinette de l'ex.2, chante les louanges du soleil qui donne vie et beauté à son pays natal. C'est le célèbre « Hymne au Soleil », dont la mélodie sensuelle est presque aussi populaire, parmi les compositions vocales de Rimsky-Korsakov, que le Chant de l'Indien dans *Sadko*.

Pressée de questions, la jeune femme révèle qu'elle est la reine de Shemakha, venue soumettre Dodon par la seule vertu de sa beauté, et non par la force. Dodon est bien plus timide que Polkan; d'ailleurs, la brusquerie de ce dernier est telle que la reine demande son renvoi. Dodon s'empresse d'obéir et Polkan doit se cacher derrière la tente pour assister à la suite des événements. Les corps des soldats ont été enlevés, et la scène est maintenant éclairée par le soleil.

Après un petit air à 6/8 où elle décrit sa beauté dénudée, la reine s'emploie à séduire Dodon. Le roi ne prête pas la moindre attention aux références de l'orchestre au cri du coq. Il est tout au plaisir de se laisser ensorceler. La reine voudrait qu'il chante pour elle, comme il l'a certainement fait dans sa jeunesse. A sa grande joie, Dodon se lance dans une mélodie incroyablement primitive. Elle essaie autre chose. Chez elle, tout le monde obéit à ses moindres caprices, et son royaume est régi par sa fantaisie. Ah ! si on osait la contredire, mieux, la dominer ! Dodon se propose comme dominateur. Elle lui demande de danser pour elle : il doit bien avoir dansé quand il était jeune ! Elle remplace sa lourde armure par un éventail et un châle et ordonne à ses esclaves de jouer une mélodie lente pour l'accompagner. Elle se joint à lui, tout en raillant ses efforts. La musique devient de plus en plus

rapide, et il finit par s'effondrer sur les coussins.

Le roi est maintenant complètement ensorcelé par la reine. Il lui offre sa main, ses biens, son trône, son royaume. La reine accepte à condition que Polkan soit fouetté. Dodon offre mieux : il sera décapité. Tandis que les esclaves de la reine rient de sa nouvelle conquête, l'armée de Dodon se met en rang pour escorter le roi et sa nouvelle épouse dans leur capitale. L'acte se termine par cette procession grotesque.

Acte III. La capitale de Dodon. La foule se demande quand il reviendra. Des bruits circulent : il aurait remporté une grande victoire après avoir perdu ses deux fils; il reviendrait avec sa fiancée, une jeune reine qu'il aurait sauvée du dragon. Tout doit aller bien, se dit le peuple, puisque le coq reste silencieux. La procession s'approche, elle traverse la foule, qui acclame le roi et sa fiancée.

Soudain, tout s'arrête : voici l'astrologue, précédé de la musique qui le caractérise. Il vient demander au roi la récompense promise : ce sera la reine qui marche à ses côtés ! Le roi refuse avec colère, mais l'astrologue insiste, soulignant sa détermination de se marier, à son âge, par un mi aigu. (Dans sa préface à la partition, le compositeur a précisé que le rôle de l'astrologue était fait pour un ténor à voix de tête très développée.) Dodon ordonne à ses hommes d'écarter le vieillard. Mais celui-ci s'obstine, et le roi le tue d'un coup de sceptre sur la tête. Le ciel s'assombrit, le tonnerre gronde, mauvais présage pour un jour de noces ! La reine s'amuse beaucoup de l'épisode mais repousse Dodon avec dégoût quand il veut l'embrasser. Le coq s'anime soudain et s'envole avec un cri perçant. Il survole la foule et fonce sur la tête du roi. Celui-ci s'effondre, mort. Le peuple loyal pleure son souverain. Le ciel devient de plus en plus noir. Quand la lumière revient, la reine et le coq ont disparu.

Dans l'épilogue, l'astrologue ressuscité explique que tout ceci n'était qu'un conte de fées et qu'au royaume de Dodon, seuls lui-même et la reine étaient mortels.

Le Coq d'Or sera considéré peu à peu comme le meilleur opéra de Rimsky-Korsakov. La structure en est concise, et la somptueuse orchestration est traitée avec une économie nouvelle et un sens du style plus efficace.

La mise en scène spectaculaire requise par l'œuvre et l'écriture vocale à peine moins spectaculaire du rôle de la reine-soprano-coloratture ont beaucoup contribué à la popularité de l'œuvre. Elles établissent un lien direct entre Rimsky-Korsakov et son élève le plus célèbre, Stravinsky. Le premier opéra de celui-ci, *Le Rossignol*, commencé un an après *Le Coq d'Or*, utilise exactement les mêmes éléments caractéristiques.

H.

15. L'Opéra anglais

MICHAEL WILLIAM BALFE
(1803-1870)

The Bohemian Girl
La Bohémienne

Opéra en 3 actes de Balfe; liv. d'Alfred Bunn, d'après le ballet-pantomime La Gipsy, de Saint-Georges. Créé à Drury Lane, Londres, 27 novembre 1843. Première à New York, 1844. Reprises : Sadler's Wells, 1932; Covent Garden, 1951, dans une nouvelle version de Sir Thomas Beecham et Dennis Arundell, dir. Beecham. La Bohémienne fut, comme Maritana, au répertoire des compagnies anglaises en tournée jusqu'en 1930 environ.

PERSONNAGES

ARLINE, *fille du comte* (soprano); THADÉE, *Polonais proscrit* (ténor); LA REINE DES GITANS (alto); DEVILSHOOF, *chef des gitans* (basse); LE COMTE ARNHEIM, *gouverneur de Presbourg* (basse); FLORESTEIN, *son neveu* (ténor); LE CAPITAINE DE LA GARDE (basse); UN OFFICIER (ténor); BUDA, *femme de chambre d'Arline* (soprano).

A Presbourg, en Pologne.

La Bohémienne doit sa popularité à des mélodies faciles et nombreuses, mais aussi, dans une certaine mesure, au fait que l'œuvre réunit des éléments qui plaisaient à une certaine partie du public, il y a cent ans. Il n'y a aucune subtilité dans le livret d'Alfred Bunn; en fait, il a été tourné en ridicule dès le début. Par ailleurs, l'action est énergique et aussi éloignée des préoccupations de la vie quotidienne que possible. Les personnages principaux sont des nobles ou des gitans : des nobles qui ont pouvoir de vie et de mort sur leurs gens, et des gitans qui volent et trichent, mais dont certains sont aussi purs et innocents que le héros et l'héroïne.

Acte I. Thadée, noble polonais exilé pour rébellion, s'est mêlé aux gitans de Devilshoof pour échapper à sa condamnation. C'est en tant que gitan qu'il a sauvé la vie d'Arline, la fille du comte Arnheim, gouverneur autrichien de la province. Le père, reconnaissant, invite Thadée et Devilshoof au château. Ils s'y rendent, mais refusent de boire à la santé de l'empereur, comme le ferait tout bon sujet de Sa Majesté.

On jette Devilshoof en prison; mais Thadée, parce qu'il a sauvé Arline, reste libre. Devilshoof s'échappe de la prison et, pour se venger, enlève Arline et la cache parmi les gitans.

Les morceaux principaux de l'acte I sont l'aria d'entrée de Thadée : « 'Tis sad to leave our fatherland » (Comme il est triste de quitter son pays natal) et le chœur des gitans : « In the gypsy's life you read » (Dans la vie des gitans on peut lire), qui revient souvent au cours de l'action.

Acte II. Douze années ont passé. Arline s'est éprise de son sauveur, Thadée. Il l'aime en retour et désire l'épouser. Mais il y a un obstacle. La reine des gitans, également amoureuse de Thadée, n'est pas une femme à se laisser impunément négliger.

Devilshoof et ses amis ont dépouillé Florestein, le neveu du comte, de tout ce qu'il possédait, alors qu'il revenait d'une fête. La reine, craignant l'influence du comte dans le pays, exige que le butin soit restitué. Tous les colifichets sont rendus à leur propriétaire, sauf un médaillon que Devilshoof garde pour sa part. Mais la reine s'en empare, dans l'intention d'en faire usage ultérieurement. La coutume gitane l'oblige à unir Thadée et Arline, mais aussitôt elle complote la chute de la jeune fille. L'occasion ne tarde pas.

Les bohémiens se sont mélangés à la foule pour la foire. La reine offre à Arline le médaillon volé à Florestein. Quand le jeune noble, qui a été repoussé plusieurs fois par Arline, la voit porter le bijou, il l'accuse de vol. Arline est emmenée au château pour y être jugée. Le comte Arnheim aimerait pardonner à cette jeune femme qui a l'âge de sa fille disparue mais les preuves sont contre elle, et il doit la reconnaître coupable. Arline ne connaît pas le secret de sa naissance. Pourtant, elle a fait un rêve, qu'elle a déjà confié à Thadée : elle « habitait dans de grandes salles de marbre, entourée de vassaux et de serfs ». Se sentant perdue, Arline veut se poignarder, quand le comte intervient : il lui saisit la main et remarque sur son bras une cicatrice similaire à celle qu'avait sa fille disparue. Scène de retrouvailles, à la grande joie de tous, sauf de Thadée qui craint d'avoir perdu Arline à jamais.

Cet acte contient l'aria la plus célèbre de la partition, le « I dreamt that I dwelt in marble halls » (J'ai rêvé que je vivais dans des salles de marbre) que chante Arline.

Il faut aussi noter l'aria du comte, « The heart bowed down » (Le cœur s'est incliné), le duo d'Arline et de Thadée, et, bien sûr, l'inévitable répétition du chœur des gitans.

Acte III. Arline est fidèle à son amant, et décidée à le rejoindre. Les jeunes gens implorent l'accord du comte, qui s'oppose fermement au mariage de sa fille avec un gitan. Thadée révèle sa véritable identité. On oublie sa révolte contre les autorités autrichiennes, tout est pardonné et les préparatifs du mariage commencent. Mais la reine est furieuse, elle tire un coup de feu sur Arline; la balle ricoche et revient sur elle, la tuant. L'aria de Thadée, « When other lips and other hearts » (Quand d'autres lèvres et d'autres cœurs) intervient au début de l'acte III. *La Bohémienne, Maritana* et *Le Lys de Killarney* furent longtemps appelés, collectivement, « le Ring anglais ».

F.B.

JULIUS BENEDICT
(1804-1885)

The Lily of Killarney
Le Lys de Killarney

Opéra en 3 actes de Benedict; liv. de J. Oxenford et D. Boucicault, d'après la pièce de ce dernier, Colleen Bawn. *Créé à Covent Garden, 8 février 1862, avec Louise Pyne, Henry Haigh, Charles Santley, William Harrison. Première à New York, 1868; Brunswick, Hambourg et autres villes allemandes, 1863, sous le titre* Die Rose von Erin. *Reprises : Covent Garden, 1902; Sadler's Wells, 1931.*

PERSONNAGES

EILY O'CONNOR (soprano); HARDRESS CREGAN, *secrètement l'époux d'Eily* (ténor); MRS. CREGAN, *sa mère* (contralto); MR. CORRIGAN, *titulaire d'une hypothèque sur les terres des Cregan* (basse); MYLES NA COPPALEEN, *soupirant d'Eily* (ténor); DANNY MANN, *batelier, dévoué à Hardress* (baryton); MISS ANN CHUTE, *héritière* (soprano); SHEELAH (contralto); LE PÈRE TOM (basse); O'MOORE (basse).

En Irlande, au XIXᵉ siècle.

Acte I, scène 1. La grande salle de Tore Cregan. Hardress Cregan, dont le mariage secret avec la belle paysanne Eily O'Connor est ignoré de tous, même de sa mère, reçoit ses amis. Deux invités vantent les mérites de leurs chevaux respectifs, et leur hôte décide que seule une course d'obstacles peut les départager. Mrs. Cregan, restée seule, reçoit la visite de Corrigan, un parvenu qui détient une hypothèque sur le domaine Cregan et menace d'épouser l'héritière Ann Chute si Hardress ne se décide pas à demander sa main et à devenir riche. Mrs. Cregan est choquée par cette proposition.

On entend Danny Mann chanter dans le lointain. Corrigan dit à Mrs. Cregan que Danny attend Hardress pour l'emmener chez Eily. Les signaux qu'ils échangent avec une lanterne prouvent bien l'engouement de Hardress. Ils écoutent Hardress et Danny chanter « The moon has raised her lamp above » (La lune a levé sa lampe au-dessus de nous), duo qui est sans doute le morceau le mieux connu de la partition. Dans le quatuor qui s'ensuit, Mrs. Cregan et Corrigan chantent leur colère et leur inquiétude, tandis que Danny et Hardress se réjouissent d'aller retrouver Eily : « Ah, never was seen » (Ah, on n'a jamais vu).

Scène 2. La chaumière d'Eily. Corrigan essaie d'arracher à Myles na Coppaleen des renseignements sur Hardress. Myles, un jeune paysan qui nourrit un amour malheureux pour Eily, chante sa passion : « From Inchigela » et « It is a charming girl ». Eily, entourée de Myles, Sheilah et du Père Tom, un prêtre qui veille sur elle, attend son mari. Elle raconte l'histoire de son mariage secret dans une romance, « In my wild mountain valley » (Dans ma vallée montagneuse et sauvage), puis tous chantent un quatuor enlevé qu'interrompt l'arrivée de Hardress. Le Père Tom voudrait que le mariage d'Eily soit rendu public. Mais Hardress, soucieux de garder le secret, essaie d'obtenir le certificat que détient Eily. Myles et le Père Tom obtiennent de la jeune femme la promesse de ne jamais se séparer du précieux document, et Hardress part sur un éclat.

Acte II. Commence par un chœur, tandis que Hardress entreprend de courtiser Ann Chute. Elle chante un air fleuri, « The eye of love is keen » (Le regard de l'amour est ardent); puis vient un duo où Hardress, pensant à Eily, est pris de remords. Danny lui suggère de tuer Eily pour avoir la voie libre, mais il est horrifié par cette proposition. S'il change d'avis, dit Danny, qu'il lui fasse parvenir son gant.

Scène 2. Au cours d'une scène violente, Hardress reproche à Corrigan les attentions dont il entoure Mrs. Cregan. Celle-ci déclare en pleurant que son fils aurait pu éviter tout cela s'il l'avait voulu, et Corrigan raille l'amour d'Hardress pour Eily. Danny Mann a tout entendu. Il suggère à Mrs. Cregan de décider son fils à lui envoyer son gant. Si elle y parvenait, tous ses malheurs prendraient fin. Mrs. Cregan se demande ce que cela signifie, mais se prête au jeu. Elle revient avec le gant, qu'elle remet à Danny. Celui-ci, à l'idée de la tâche qu'il s'impose, sent son cœur se serrer. Mais il se ressaisit vite, soutenu par sa loyauté envers son maître.

Scène 3. Seule dans son cottage, Eily dit sa solitude et son amour pour son époux. Danny Mann, pris de boisson, vient lui dire qu'il va lui faire traverser le lac, car Hardress l'attend de l'autre côté. Myles la supplie de ne pas y aller, mais elle rit de sa peur et monte dans le bateau de Danny.

Scène 4. Myles, qui chante toujours son amour sans espoir pour Eily, se dirige vers une grotte isolée. Voyant une loutre glisser d'un rocher, il part chercher son fusil.

Danny mène la barque dans la grotte, et fait descendre Eily sur un rocher. Là, il lui offre la vie sauve en échange de son contrat de mariage. Elle refuse de céder, et Danny la pousse dans l'eau. Un coup de feu retentit, et Danny tombe à l'eau à son tour. Myles s'approche, cherchant la loutre qu'il croit avoir tuée, et trouve Eily dans l'eau. Il plonge et la ramène sur le rocher tandis que le chant des marins résonne mystérieusement dans le souterrain.

Acte III. Myles chante une berceuse à Eily. Le Père Tom se joint à eux pour remercier le ciel d'avoir sauvé la vie de la jeune femme. Le décor suivant montre la ville, où Hardress va épouser Ann Chute. Corrigan arrive soudain, accompagné de soldats. Ils arrêtent Hardress pour sa participation au meurtre d'Eily : Danny Mann a tout avoué avant de mourir. Mais le scélérat ne peut triompher, car l'arrivée opportune d'Eily et de Myles réfute son accusation. Le mariage d'Eily et de Hardress est porté à la connaissance de tous. Mrs. Cregan protège son fils en déclarant qu'il ne savait rien des projets de Danny Mann. Tout finit bien avec un joyeux *Rondo Finale.*

H.

VINCENT WALLACE
(1814-1865)

Maritana

Opéra en 3 actes de Vincent Wallace; liv. d'Edward Fitzball, d'après la pièce Don César de Bazan. *Créé à Londres, Drury Lane, 15 novembre 1845. New York, 1848. Reprises : Lyceum, Londres, 1925; Old Vic et Sadler's Wells, 1931, avec Kennard (plus tard, Cross), Morris, Cox, Austin, Brindle. Régulièrement au répertoire des troupes anglaises en tournée jusqu'à 1930 environ.*

PERSONNAGES

MARITANA, *belle gitane* (soprano); DON CÉSAR DE BAZAN (ténor); DON JOSÉ DE SANTAREM, *courtisan sans scrupules* (baryton); LAZARILLO, *garçon pauvre* (mezzo-soprano); LA MARQUISE DE MONTEFIORE (mezzo-soprano); LE CAPITAINE DE LA GARDE (baryton); LE MARQUIS DE MONTEFIORE (basse); LE ROI (basse); LE MAIRE (basse).
Des soldats, des gitans, la populace.

A Madrid.

Tout comme *La Bohémienne*, *Maritana* repose sur le contraste entre les gens très pauvres, les riches et les puissants. Si *La Bohémienne* était dénué de tout humour, le librettiste de *Maritana*, Edward Fitzball, a su conférer au personnage de Don César un humour joyeux et léger qui remplace l'esprit de façon tout à fait acceptable. Quant à la musique, l'aria pour soprano, « Scenes that are brightest », et celle pour ténor, « Yes, let me like a soldier fall », sont de force à lutter avec « I dreamt that I dwelt in marble halls » dans *The Lily of Killarney*.

Don José, jeune et riche courtisan madrilène, aime la reine d'Espagne. Il est persuadé qu'elle céderait à sa passion s'il réussissait à la convaincre de l'indifférence du roi. Celui-ci est d'humeur vagabonde et volage, et a récemment été conquis par Maritana, la chanteuse des rues.

Acte I. Maritana est entourée d'une foule qui l'écoute chanter. Don José est bien décidé à favoriser l'intérêt que le roi porte à la jeune femme, tout en sachant que Maritana ne cédera pas à la tentation de la fortune et de la position sociale. Don César de Bazan, noble pauvre et orgueilleux, vainqueur d'innombrables duels, revient à Madrid. Don José lui annonce que les duels sont interdits sous peine de mort, et il affirme qu'il ne se battra plus jamais. Don César apprend également que celui qui enfreindra la loi en ce jour précis de l'année ne sera pas fusillé dignement, mais simplement pendu. Pourtant, quand Lazarillo, un pauvre apprenti, passe devant lui, poursuivi par des gardes, il n'hésite pas à provoquer le capitaine pour donner au garçon une chance de s'enfuir. Don César blesse le capitaine, se fait arrêter et conduire en prison.

Acte II. Dans la forteresse. L'idée de mourir comme un simple criminel fait horreur à Don César. Aussi accepte-t-il l'étrange proposition de Don José. Celui-ci, persuadé que Maritana se plierait plus facilement aux volontés du roi si elle était mariée à un noble, propose un marché.

Don César mourra fusillé, et non pendu, s'il consent à épouser une dame voilée avant son exécution. Don César est prêt à tout pour échapper à la potence, il chante l'une des meilleures arias de l'opéra, « Yes, let me like a soldier fall ». Don José évoque sa première rencontre avec la reine, « In happy moments day by day » (Des moments heureux, jour après jour). Puis il décide de mettre son plan en action. Le mariage est célébré séance tenante, aussitôt suivi de l'exécution — apparemment, du moins. Car Lazarillo, pour exprimer sa reconnaissance à celui qui avait risqué sa vie pour lui, a enlevé les balles des fusils. Don César n'est tombé que pour mieux se relever. Dès que les soldats sont partis, Don César s'en va tranquillement chercher la dame inconnue à qui il est marié.

Le roi, se rappelant les services passés de Don César, a décidé de lui pardonner. Mais sa lettre de pardon est tombée entre les mains de Don José, qui n'a pas hésité à la cacher pour se débarrasser de Don César.

Acte III. Un magnifique appartement. Maritana pleure sa liberté perdue : « Scenes that are brightest » (Les plus beaux décors). Le roi lui fait croire qu'il est son mari.

Don José a ordonné à Lazarillo de protéger leur intimité et de tirer sur quiconque essaierait d'entrer. Le jeune garçon fait feu sur un étranger qui s'approche, mais le manque. C'est Don César, qui réussit à passer par la fenêtre et se trouve face au roi, laissé seul par Maritana. Que faites-vous ici ? demande Don César au roi qu'il ne reconnaît pas. « Je suis le maître ici, le comte de Bazan », répond Sa Majesté. « Alors, je dois être le roi », répond le noble. Pendant leur altercation, Don César apprend que le roi lui a pardonné et que l'exécution n'aurait jamais dû avoir lieu. Le roi quitte l'appartement, et Don César se retrouve seul avec Maritana. Ils se reconnaissent. La reine arrive, pressée par Don José qui veut lui prouver l'infidélité de son mari. On s'explique. Emporté par son souci de délivrer la reine de l'importun Don César transperce fortuitement Don José de son épée. Tout finit bien pour Don César et sa bien-aimée, Maritana.

F.B.

16. L'Opéra tchèque

BEDRICH SMETANA
(1824-1884)

La Fiancée Vendue
Prodana Nevesta

Opéra en 3 actes de Smetana; liv. de Karel Sabina. Créé au Th. Nat. de Prague, 30 mai 1866; l'œuvre subit quelques modifications en 1869, et la version définitive fut créée en 1870. Première à Chicago, 1893 (en tchèque); Drury Lane, Londres, 1895 (en all.), dir. Schalk; Metropolitan, New York, 1909 (en all), dir. Mahler; Opéra-Comique, Paris, 1928, version fr. de Muller et Brunel, dir. L. Masson; Sadler's Wells, 1935 (en angl.), dir. Collingwood; la Scala, Milan, 1935, dir. Ghione. Parmi les reprises : Covent Garden, 1931 (en angl.), dir. Barbirolli; 1939 (en all.), dir. Beecham; 1955 (en angl.), dir. Kubelik; Metropolitan, 1926, dir. Bodanzky; 1941, dir. Walter; Sadler's Wells, 1943, dir. Collingwood; Opéra d'Etat de Vienne, 1951, avec Jurinac, Dermota, Christ, Edelmann, dir. Ackermann; Metropolitan Opera, New York (en angl), 1978, avec Stratas, Vickers, Talvela, Gedda.

PERSONNAGES

KRUSINA, *un paysan* (baryton); LUDMILA, *sa femme* (mezzo-soprano); MARENKA, *leur fille* (soprano); MICHA, *propriétaire terrien* (basse); HATA, *sa femme* (mezzo-soprano); VASEK, *leur fils* (ténor); JENIK, *fils du premier mariage de Micha* (ténor); KECAL [3], *marieur* (basse); LE MAITRE DE MANÈGE D'UNE TROUPE D'ARTISTES DE CIRQUE (ténor); ESMERALDA, *danseuse* (soprano); UN « INDIEN » (basse).

La Fiancée vendue est considéré, en Tchécoslovaquie, comme une institution nationale, et est devenu, dans le monde entier, l'exemple type d'opéra « folklorique ». On peut donc s'étonner qu'on ait reproché à Smetana, de son vivant, la tiédeur de son sentiment nationaliste et la trop grande influence de Wagner sur ses autres opéras. Ce fut pourtant le cas. Grâce à la *Fiancée vendue*, il fut immédiatement considéré comme un musicien patriote. Par la suite l'attitude du public envers ses autres œuvres lui déplut tant qu'il prétendit avoir écrit sa comédie populaire sans la moindre conviction ni le moindre enthousiasme.

L'ouverture, écrite avant le reste de l'opéra, tant l'auteur était enthousiasmé par le sujet auquel il s'attaquait, est à juste titre très populaire comme morceau de concert. Les thèmes qui y sont abordés sont liés plus tard à Kecal et au contrat de mariage (scène de l'auberge, dans le finale de l'acte II). Leurs trilles impétueux, d'une gaieté mozartienne, fort à propos marqués *vivacissimo,* lancent l'opéra de façon irrésistible.

Acte I. Le printemps dans un village de Bohême. Les villageois se réjouissent à la perspective de la danse organisée en l'honneur des vacances. Seuls Marenka et Jenik sont tristes : les parents de Marenka envisagent de lui faire faire un riche mariage, en dépit de son amour pour le beau et pauvre Jenik. Les villageois vont danser, Marenka avoue à Jenik qu'elle aurait le cœur brisé s'il l'abandonnait. La principale section lyrique de ce morceau revient fréquemment dans l'opéra comme motif de l'amour.

Les parents de Marenka subissent le discours du marieur. Ils ont toutes les peines du monde à interrompre son boniment. Ils sont prêts à accepter sa suggestion : Marenka épousera le fils d'un riche voisin, Tobias Micha. Krusina estime que la question du contrat devrait être abordée sans tarder. Il connaît bien Micha, mais ne peut se rappeler les noms de ses deux fils. Kecal proteste : Micha n'a qu'un fils; l'autre, né du premier mariage, a disparu, et il est sans doute mort. Bien que Kecal fasse une description enthousiaste du futur mari, retenu par sa seule timidité naturelle de les rencontrer jusque-là, Ludmila persiste à croire que Marenka a le droit de choisir son sort.

Le trio devient un quatuor avec l'intervention de Marenka. Elle n'a qu'une objection à élever contre leur plan : elle est fiancée à Jenik. Kecal trouve que ce n'est pas une excuse sérieuse; Krusina est mécontent de ne pas avoir été consulté, et même Ludmila estime que sa fille aurait pu agir avec plus de circonspection. La

jeune fille arrache le contrat des mains de Kecal, et s'éloigne.

L'acte finit sur une polka enlevée, dansée et chantée par les villageois.

Acte II. L'intérieur de l'auberge. Les hommes boivent, et chantent en chœur les louanges de la bière. Kecal rejoint Jenik, tous deux participent au chœur. Les femmes viennent retrouver les hommes, et ils dansent ensemble.

Tous quittent l'auberge. Vasek entre timidement et déclare en balbutiant que sa mère l'a envoyé courtiser sa future femme. C'est un personnage charmant et niais, avec son bégaiement et sa simplicité évidente. Marenka le trouve seul dans l'auberge, et comprend assez vite que voilà son prétendu fiancé. Elle est horrifiée et entreprend de lui faire croire combien elle regrette, tout comme les autres villageoises, de le savoir fiancé à Marenka, cette évaporée qui lui mènera une vie d'enfer dès qu'ils seront mariés. Vasek appréhende la réaction de sa mère, mais elle lui décrit un avenir plus souriant avec une autre jeune fille, bien plus jolie et déjà très éprise de lui. Finalement, il accepte de renoncer à Marenka mais il veut embrasser la jolie fille qui lui parle. Elle lui échappe, et il la suit dehors.

Kecal recevra une importante commission s'il réussit à fiancer Marenka au fils de Tobias Micha, et il n'est pas prêt à laisser passer l'occasion. Aussi décide-t-il d'utiliser une partie de l'argent pour acheter le renoncement de l'encombrant prétendant que Marenka semble préférer. Il entraîne Jenik dans l'auberge, mais les choses ne progressent pas vite et Kecal a toutes les difficultés à le convaincre. Il en est réduit à lui proposer une somme importante s'il accepte de renoncer à Marenka. Jenik se fait prier, mais finit par accepter à la condition que la jeune fille épouse le fils aîné de Tobias Micha, l'argent lui étant versé sans qu'aucune restitution soit possible.

Kecal quitte l'auberge, enchanté de son arrangement. Mais Jenik sait que ce fils aîné de Micha, supposé mort, n'est autre que lui-même. Il vient d'obtenir un contrat de mariage avec sa bien-aimée et une dot de sa pingre de belle-mère en une seule opération ! Le très beau chant d'amour qu'il entonne dès le départ de Kecal ne laisse aucun doute sur la sincérité de son amour pour Marenka.

Kecal revient avec Krusina et les autres villageois pour célébrer l'heureux résultat de cette difficile manœuvre. On retrouve dans le finale les thèmes de l'ouverture. Kecal réclame le silence, désirant que chacun témoigne de la légalité du document qui va être signé. Il le lit à voix haute : il stipule, en langage juridique, que Jenik a renoncé à Marenka. Krusina et Kecal sont ravis, tout comme Jenik, apparemment. Les villageois ne comprennent son attitude que lorsque l'on mentionne la somme de trois cents *gulden*. Leur fureur est extrême. Même Krusina désapprouve que Jenik renonce à sa fille pour de l'argent, et le jeune homme chante dans l'hostilité générale.

Acte III. Même décor que pour l'ate I. Vasek est désespéré de ne pouvoir retrouver la jeune fille si jolie qui l'avait si bien conseillé. Son aria, véritablement comique, est marquée *lamentoso*. Ses pensées sont interrompues par l'arrivée d'une troupe de cirque, conduite par un redoutable maître de manège, et annoncée par ce qu'on appelle la Marche des comédiens. Le maître de manège déclare que la grande danseuse Esmeralda et un véritable ours américain sont au nombre des attractions. Accompagnés par la Danse des comédiens, délicieusement variée et mélodieuse, les clowns et les danseurs font leur numéro, admirés par la foule.

Vasek reste en arrière, regardant avec admiration la belle Esmeralda.

A ce moment, un des clowns se précipite pour avertir le maître de manège que l'interprète habituel de l'ours est beaucoup trop ivre pour tenir son rôle. Il a cherché quelqu'un pour le remplacer mais personne ne fait complètement l'affaire. Il est désemparé. Esmeralda résoud le problème : le débile qui la contemple bouche bée depuis tout à l'heure serait parfait. Le maître de manège demande à Vasek s'il aimerait danser avec cette belle fille, Esmeralda promet de lui montrer comment faire, et le marché est conclu. Vasek fera ses débuts le soir même. Un délicieux air de danse chanté par les gens du cirque accompagne cette scène, et devient un trio quand Vasek, toujours silencieux, se met à caracoler.

Vasek s'entraîne à quelques pas de danse quand il aperçoit ses parents. Hata insiste pour qu'il rencontre sa future fiancée, mais il résiste et s'enfuit. Marenka arrive, furieuse et vexée d'avoir été abandonnée contre de l'argent par Jenik. L'orchestre évoque les déclarations d'amour éternel de Jenik, la jeune fille est inconsolable.

Vasek revient. Il est ravi d'apprendre que la jeune fille qu'il trouvait si séduisante n'est autre que Marenka Celle-ci demande le temps de réfléchir, tandis que ses parents, Kecal et le fiancé la supplient de ne pas prendre la chose à la légère. Ce sextuor — Marenka se joint à eux à la fin — est une ravissante pièce contemplative. Marenka, restée seule, se lamente sur sa misérable position.

Jenik s'avance vers elle, d'excellente humeur. Marenka lui en veut beaucoup, et sa colère augmente quand il prétend prendre l'affaire à la légère. Leur querelle dure toujours quand Kecal les rejoint et dit à Jenik que l'argent sera à sa disposition dès que Marenka aura signé le contrat. Jenik la presse de signer, ce qui augmente la fureur de la jeune fille, et confirme Kecal dans sa mauvaise opinion du jeune homme. Ces sentiments sont exprimés dans un trio.

Tout le village s'est rassemblé pour le finale qui doit consacrer les fiançailles de Marenka et (selon la définition imposée par Jenik) « du fils aîné de Tobias Micha ». Chacun félicite Marenka, Jenik le premier; mais il est aussitôt reconnu par Hata et Micha comme leur fils aîné perdu depuis longtemps. Kecal écume de rage à l'idée d'avoir été berné.

Deux jeunes garçons se précipitent sur scène en criant que l'ours s'est échappé ! L'animal s'avance à pas traînants, mais bientôt la voix de Vasek s'élève, priant l'assistance de ne rien craindre. Hata l'aide à sortir de son enveloppe, et tous se réjouissent des fiançailles de la fiancée vendue et de son fidèle soupirant.

H.

Dalibor

Opéra en 3 actes de Smetana; liv. allemand de J. Wenzig, traduit en tchèque par Spindler. Créé à Prague, 16 mai 1868, avec Benevicovà-Mikovà (Milada), Lukes (Dalibor). Première à Vienne, 1892; reprise en 1838, avec Hilde Konetzni, Réthy, Mazaroff, Destal, Kipnis, dir. Walter. Première à Chicago, 1924; Berlin, 1940; Festival d'Edimbourg, 1964 (première en Grande-Bretagne), par l'Opéra de Prague; English National Opera, Londres, 1977, dir. M. Elder.

PERSONNAGES

VLADISLAV, *roi de Bohême* (baryton); DALIBOR, *chevalier* (ténor); BUDIVOJ, *capitaine de la garde* (baryton); BENES, *geôlier* (basse); VITEK, *écuyer de Dalibor* (ténor); MILADA, *sœur du défunt burgrave* (soprano); JITKA (soprano); LE FANTÔME DE ZDENEK (soprano).

Des nobles, des soldats, le peuple.

A Prague, au XVᵉ siècle.

L'histoire de Dalibor était une légende[1] symbolisant les aspirations tchèques bien avant que Smetana en fît un sujet d'opéra. Il est difficile de croire que le travail du librettiste n'ait pas été inspiré par *Fidelio* et que les ressemblances dramatiques entre les deux œuvres soient dues à une coïncidence. Après 1919, quand l'indépendance tchèque cessa d'être un rêve pour devenir réalité, l'opéra prit un sens nouveau pour le peuple tchèque. Il est devenu depuis, tout comme *La Fiancée vendue*, une institution nationale, ce qui justifiaient entièrement le thème et la musique magnifique qui l'illustre.

Dans *The Music of Czechoslovakia* (Oxford University Press), Rosa Newmarch écrit : « Le thème de

1. La légende originale, dit Brian Large, concerne « le chevalier rebelle Dalibor, emprisonné dans la tour Daliborka, près de Hradcany... en 1498, pour avoir mené une révolte en faveur de la reconnaissance des droits de brassage des paysans. Pendant sa captivité, Dalibor apprit à jouer du violon avec tant de bonheur que les gens venaient de partout pour l'écouter. Il fut torturé, puis exécuté pour avoir incité les serfs à se rebeller contre les tyrans, mais devint le symbole de la juste révolte contre le pouvoir royal. »

Dalibor semble avoir été noté par le compositeur dès 1863. Il apparaît dans l'opéra après la fanfare d'ouverture et représente, sous cette forme *largo maestoso*, le destin plus que la personnalité de Dalibor; il est traité par l'orchestre, et non par une voix ou par un instrument. Une version altérée de ce thème, en fa majeur, décrit Dalibor, le héros orgueilleux et intrépide. De ce thème naît la mélodie associée à Zdenek, l'ami de Dalibor mort assassiné. Elle est plus douce, et mieux adaptée à un solo de violon — quand l'esprit de Zdenek apparaît à Dalibor dans le donjon... Le motif de la délivrance — autre dérivé — est une brillante fanfare en sol majeur. »

L'ouverture est brève, et le rideau se lève après quinze mesures sur la salle du palais royal, à Prague, où les jugements sont rendus. Dalibor est entré en conflit avec le burgrave de Ploskovice : son ami Zdenek a été pris et mis à mort. Pour le venger, Dalibor a tué le burgrave. C'est pour cet acte qu'il comparaît devant le roi. Le peuple, dont Jitka, une orpheline pour qui Dalibor s'est pris d'amitié, attend que la cour se rassemble, et loue en Dalibor son ami et protecteur. Le roi entre, suivi des juges, et résume les charges retenues contre Dalibor. Il appelle Milada, la sœur du défunt burgrave, pour témoigner.

Elle entreprend le récit dramatique de l'entrée de Dalibor au château et du meurtre de son frère. Le roi lui promet que Dalibor paiera son crime de sa vie, et ordonne que l'on introduise l'accusé. Quand il entre, des murmures d'admiration parcourent l'assistance. Dalibor ne nie pas son geste, ce n'était pas un meurtre, mais une vengeance pour meurtre. Il dit dans une aria combien il aimait son ami et la façon dont il jouait du violon (le solo de violon est associé, dans tout l'opéra, à Zdenek). Zdenek fut capturé pendant la bataille; quand Dalibor demanda quel était le prix de la rançon, on lui envoya sa tête au bout d'une lance. Milada commence

à prendre son adversaire en pitié. Dalibor défie le roi : il n'a commis aucun crime, il a seulement vengé la mort d'un ami. Et si aujourd'hui on lui laisse la vie sauve, il en profitera pour continuer à se venger. Ce n'est pas le roi qui l'en empêchera !

La cour prononce son verdict : emprisonnement à vie. Dalibor invoque le libre esprit de Zdenek; a-t-il entendu la sentence ? On emmène Dalibor, et Milada plaide pour lui, sans résultat. Restée seule, Milada avoue qu'elle est éprise de Dalibor. Jitka l'entend et la supplie de tout faire pour le libérer. Dans un duo vigoureux, elles se promettent d'agir pour cela.

Acte II. Une rue en contrebas du château qui sert de prison à Dalibor. On chante gaiement dans une auberge. Jitka et Vitek, le page de Dalibor, se retrouvent dans un duo charmant. Jitka révèle que Milada se trouve déjà dans le château, déguisée en garçon. Dalibor sera bientôt libre, la victoire et la liberté seront à eux. La musique est d'une exubérance digne de Weber.

La maison de Benes, le geôlier, dans le château. La nuit tombe, et les sentinelles patrouillent. Budivoj prévient Benes : un soulèvement en faveur de Dalibor pourrait bien se produire; or il répond sur sa vie du prisonnier. Budivoj regarde Milada, qui se tient près d'eux, déguisée. Qui est-ce ? Le nouvel assistant, répond Benes. Il n'est pas nécessaire de souligner la similitude de la situation avec celle de *Fidelio*. Benes réfléchit mélancoliquement à la triste nature de son métier.

Milada vient annoncer à Benes que son repas est prêt. Le geôlier dit sa sympathie pour Dalibor, qui a demandé la permission de jouer du violon dans son cachot. Il demande à Milada de porter l'instrument au prisonnier, ajoutant qu'il ira lui-même le rechercher. Restée seule, Milada se réjouit à l'idée de revoir Dalibor. Benes revient et lui indique le chemin du cachot.

La cellule de Dalibor. Il a une vision, où Zdenek lui apparaît et joue du violon. Quand il a disparu, Dalibor l'invoque dans une très belle aria. A ce moment, Milada lui apporte l'instrument qu'il a demandé. Elle avoue l'avoir accusé et haï pendant son procès, mais elle a ensuite vainement supplié qu'on le libère, et maintenant se prépare à le faire évader. Elle demande son pardon et son amour. Toute la scène est d'une grande force, et le duo d'une beauté ensorcelante.

Acte III. La salle du trône. Le roi est entouré de ses conseillers. Budivoj et Benes sont introduits devant le souverain. Le premier révèle qu'on prépare un soulèvement en faveur de Dalibor. Benes raconte son histoire : son apprenti a disparu brusquement, lui laissant un peu d'argent et une lettre de remerciements; heureusement, il a pu empêcher la fuite de Dalibor; le jeune garçon disparu avait certainement participé aux préparatifs d'évasion. Benes supplie qu'on l'épargne. Le roi, non sans hésitation (exprimée dans une belle aria), accepte l'avis de son Conseil : Dalibor est condamné à mort.

Tout est prêt pour l'évasion de Dalibor. Celui-ci est dans sa cellule, libre de ses fers. Dans une brillante et vaillante aria, il se réjouit d'être bientôt en mesure de libérer son peuple. Mais Budivoj fait irruption avec des gardes, l'immobilise et lui annonce qu'il est condamné à mort. Dalibor évoque sa mort prochaine dans un air poignant.

On joue une marche pendant le changement de décor. Sur une place, devant le château. Milada, vêtue pour le combat, et Jitka, Vitek et tous leurs partisans en armes attendent le signal. Ils entendent les cloches sonner et des moines entonner un chœur. Milada craint que l'on tue Dalibor dans sa prison pendant qu'ils attendent de pouvoir attaquer. Ils se préparent à prendre d'assaut le château.

Des femmes commentent les événements. Dalibor sort du château, portant Milada qui a été blessée. Elle meurt dans ses bras. Quand Budivoj apparaît avec ses troupes, Dalibor se poignarde et meurt auprès de sa bien-aimée. Une autre fin prévoit que Dalibor est tué avant l'intervention de Milada et de ses autres sauveteurs : Milada meurt alors pendant l'attaque.

H.

Dve Vdovy
Les Deux Veuves

Opéra en 2 actes de Smetana; liv. d'Emmanuel Züngel d'après une comédie de P.J.F. Malefille. Créé le 27 mars 1874 à Prague, avec Marie Sittovà, Ema Sakovà, Antonin Vàvra, Karel Cech, dir. de l'auteur. Nouvelle version, avec des récitatifs remplaçant les dialogues parlés, à Prague, 1878. Première en Allemagne, Hambourg, 1881; Vienne, par une troupe venue d'Olomouc, 1924; Londres, Guildhall School of Music, 1963. Très souvent donné en Tchécoslovaquie, et assez souvent en Allemagne dans les années d'après-guerre.

PERSONNAGES

KAROLINA ZALESKA, *veuve et héritière d'un riche colonel* (soprano); ANEZKA MILETINSKA, *veuve, sa cousine* (soprano); MUMLAL, *garde-chasse chez Karolina* (basse); LADISLAS PODHAJSKY, *propriétaire voisin* (ténor); TONIK, *paysan* (ténor); LIDKA, *servante* (soprano).

Des villageois, des serviteurs.

La maison de Karolina, à la fin du XVIIIe siècle.

Smetana a délibérément voulu écrire un opéra dans le « style salon distingué », selon son expression, avec toute l'élégance des salons de réception. Dans sa production, *Les Deux Veuves* correspond, si l'on peut dire, à *Onéguine*, ou *Traviata*, ou *Cosi fan Tutte*.

Une ouverture trépidante introduit le chœur animé des villageois, venus inviter Karolina, la dame du manoir, aux fêtes de la moisson. Elle se moque gentiment de sa cousine Anezka, qui continue à porter le deuil si longtemps après la mort de son mari. Karolina exprime sa philosophie dans une aria charmante : elle est indépendante et active, sait gérer sa propriété et estime avoir une vie très satisfaisante. Elle conseille à sa cousine de se marier, et la meilleure façon de commencer sa nouvelle vie serait d'aller à la fête de la moisson, où l'on dansera le soir même.

Sa-mo-stat-ně vlád-ru ja — vše-mi statky svý-mi,

Mumlal, le garde-chasse de Karolina, homme à tout faire et grognon de naissance, fait son entrée. Un trio pétille, tout à fait dans l'ambiance de *Die lustigen Weiber von Windsor*, quand Mumlal explique que sa vie est gâchée par la présence d'un braconnier qui ne touche jamais sa cible. Un coup de feu retentit. Mumlal est sûr qu'il s'agit de son bourreau, et Karolina lui ordonne d'arrêter le coupable.

Les deux cousines se retirent à l'approche de Ladislas. Son seul objectif est d'entrer au manoir pour rencontrer sa chère Anezka, mais la maladresse du garde-chasse, qui

tarde à le capturer, retarde ce moment. Karolina insiste pour qu'on le juge immédiatement. Ladislas est introduit, et tous commentent sa capture dans un quatuor. Dans un solo fervent, Ladislas défend son amour non partagé et son action, devant un public plus réceptif qu'il n'y paraît. Après le trio animé de Ladislas et des deux dames, on lit la description du prisonnier, laborieusement élaborée par Mumlal : « Taille — moyenne; cheveux — moyens; etc. », et la sentence qui le condamne à être emprisonné une demi-journée dans la maison. Le trio, repris avec vigueur, devient un quatuor avec l'intervention de Mumlal.

Mumlal emmène son prisonnier. A son retour, il est assailli de questions par les jeunes gens du village, parmi eux, Tonik et Lidka, qui veulent connaître tous les détails de l'arrestation. S'agit-il d'une histoire d'amour ? Mumlal dénigre les tendres passions; Tonik et Lidka raillent son cynisme, et tous les approuvent.

Acte II. Une grande salle avec une verrière. Un prélude animé introduit le chant lyrique où Ladislas loue le mois de mai et l'amour (depuis les coulisses). Anezka écoute; puis, s'entretenant avec Karolina, lui concède tous les droits à l'affection de Ladislas. Karolina sait bien que sa cousine est éprise du jeune homme, mais elle veut provoquer son aveu en la rendant jalouse. Leur duo charmant repose sur l'aria d'ouverture de Karolina.

Anezka, seule, lit la lettre que lui a écrite Ladislas. Elle va la brûler, mais mouche la chandelle et cache la lettre car Ladislas apparaît. Dans une longue scène, Ladislas défend sa cause et récite de mémoire la lettre qu'Anezka prétend ne pas avoir lue.

Elle lui dit enfin qu'elle sera toujours son amie, rien de plus, et ils se séparent. La musique de toute cette scène est d'une exquise tendresse. Même quand Anezka feint de repousser Ladislas, ses véritables sentiments ne sont jamais mis en doute : cette musique est aussi touchante et authentique que l'aria de Marenka dans *La Fiancée vendue*.

L'intrigue se complique quand Karolina, habillée pour le bal, prétend s'approprier Ladislas. La grande *scena* d'Anezka est une longue aria structurée d'une grande beauté, où elle se lamente d'être seule et malheureuse. Mumlal entre et se plaint du comportement de sa maîtresse, qui embrasse selon la coutume l'homme avec qui elle danse. Il expose sa philosophie dans un chant comique, bougonnant à toute occasion, mais Anezka ne peut plus le supporter et s'échappe. Mumlal se cache quand Lidka fait irruption, poursuivie par Tonik, qui réclame un baiser. Elle est timide, et Mumlal,

derrière son pilier, fulmine comme un Osmin tchèque, quand elle cède enfin, il s'interpose, « Un goût de sel et de poivre », commente le jeune couple. Mais ils se vengent peu après en le giflant abondamment. Leur trio est l'un des meilleurs morceaux de la partition.

Karolina fait ensuite admettre à Ladislas qu'il s'est introduit sur ses terres par amour. Anezka les observe et tire ses conclusions rapidement et à tort. Dans un quatuor, Mumlal s'est joint à eux, chacun confesse son point de vue véritable. Trois d'entre eux déclarent enfin dans une *stretta* leur confiance en la puissance de l'amour, seul Mumlal est d'un avis différent. Ladislas s'enfuit. Anezka doit avouer à sa cousine qu'elle aime le jeune homme, et celui-ci l'entend depuis sa cachette. On annonce que le banquet est prêt, et Mumlal s'éloigne seul en maugréant. L'opéra se termine par un chœur de réjouissances et une polka.

H.

Hubicka
Le Baiser

Opéra en 2 actes de Smetana; liv. de E. Krasnohorska. Créé à Prague, 7 novembre 1876. Première à Chicago, 1921. En Angleterre, Carl Rosa, 1948, dir. Tausky. Reprise à l'Université de Cambridge, 1969.

PERSONNAGES

PALOUCKY, *paysan* (baryton-basse); VENDULKA, *sa fille* (soprano); LUKAS, *jeune veuf* (ténor); TOMES, *beau-frère de Lukas* (baryton); MARTINKA, *vieille tante de Vendulka* (contralto); MATOUS, *vieux contrebandier* (basse); BARCE, *servante* (soprano); UN GARDE-FRONTIÈRE (ténor).

Dans les montagnes, à la frontière de la Bohême.

Le Baiser est un opéra discret, ayant pour sujet une plaisanterie peu méchante : une fiancée refuse, par superstition, d'embrasser son

amoureux avant le mariage; ils se disputent (acte I) et se réconcilient (acte II, scène 2). La première scène de l'acte II traite de la frustration des personnages principaux. Une bande de contrebandiers intervient également, interruption quasi inexpliquée. Si la partition ne vaut pas vraiment celle de *La Fiancée vendue*, elle n'en est pas moins pleine de charme et non dépourvue d'airs susceptibles d'être populaires.

Acte I. Dans une pièce de la chaumière de Paloucky. On peut voir la place du village par la fenêtre ouverte. Lukas, un jeune paysan, aimait Vendulka. Mais, à l'instigation de ses parents, il a épousé une autre jeune femme, maintenant morte. Il est donc libre d'épouser Vendulka. Martinka est ravie de la façon dont les événements ont tourné, mais le père de Vendulka n'est pas convaincu. Vendulka et Lukas sont tous deux de fortes personnalités, très volontaires. Elle ne devrait pas se marier, dit le père à sa fille. La déception de la jeune femme semble si grande qu'il s'adoucit, mais sans pour autant changer d'opinion : ce mariage est risqué.

Barce vient annoncer que le prétendant s'approche pour faire sa cour. Lukas et Tomes apparaissent à la fenêtre, suivis d'une foule de villageois curieux. Tomes explique que Lukas vient en prétendant. Paloucky donne son accord, mais avec réticence, si bien que Lukas s'en offense. Le père de Vendulka explique que les deux jeunes gens sont trop coléreux pour vivre longtemps en paix, mais il leur donne sa bénédiction et tout est oublié pour le moment. Les deux fiancés chantent un duo, à la fin duquel Lukas essaie d'embrasser Vendulka; mais elle se dérobe. Lukas insiste, elle continue de refuser, et la querelle s'engage, selon les prédictions de Paloucky. Tout s'arrange une fois encore, et Tomes entonne une chanson à boire à laquelle tout le monde se joint. Le jeune couple reste enfin seul.

Ils chantent leur amour, et l'on apporte l'enfant de Lukas dans un berceau, à la grande joie de Vendulka. Il essaie encore de l'embrasser, mais elle refuse de le laisser faire avant leur mariage. La querelle éclate à nouveau, et Vendulka menace de jeter Lukas dehors. Tous sont très étonnés, sauf son père qui avait prévu ce genre de situation. Lukas demande une dernière fois un baiser, et part fort en colère après avoir essuyé un autre refus.

Martinka suggère à Vendulka de vider sa querelle et lui souhaite une bonne nuit. Vendulka s'approche du berceau de l'enfant et chante en le berçant. Les deux chansons, distinctes, forment une aria très séduisante à la fin de laquelle la jeune femme s'endort également. Elle est réveillée par une polka et voit par la fenêtre Lukas, qui danse joyeusement devant la maison, embrassant ses partenaires. Elle est furieuse. Les tentatives de Tomes ne suffisent pas à calmer Lukas qui semble décidé à se venger publiquement de Vendulka. Celle-ci déclare qu'elle doit quitter ce lieu où elle a été publiquement humiliée.

Acte II. Une forêt près de la frontière de Bohême. Matous est à la tête d'une bande de contrebandiers, qui portent tous de lourds paquets. Chœur de contrebandiers. Lukas arrive et chante une aria où il exprime son désespoir d'avoir perdu Vendulka qu'il aime sincèrement malgré son odieux comportement. Tomes est parti à la recherche de son beau-frère; il se réjouit de l'apercevoir, car il commençait à craindre réellement pour sa vie. Lukas a hâte de regagner la faveur de Vendulka. Tomes lui suggère d'avouer courageusement qu'il a eu tort, et tout rentrera dans l'ordre. C'est un bel exemple de duo pour ténor et baryton, du même type que le célèbre exemple de *La Fiancée vendue*.

Matous, qui a entendu leur conversation, se montre dès leur départ et se moque ouvertement de Lukas. Il attend Martinka, qui habite tout près et qui est de mèche avec les contrebandiers. Elle vient accompagnée de Vendulka. Celle-ci est effrayée dans cette forêt isolée, mais Martinka la rassure avant de lancer le signal qui fait sortir Matous de sa cachette. Vendulka commence à se lamenter sur son triste sort, mais Matous sait que l'heureux dénouement est proche et que l'artisan en sera Lukas, bien décidé à oublier la querelle.

Matous, avant de s'éloigner, remet quelques marchandises de contrebande à Martinka, qui partage le butin avec Vendulka. Un garde-forestier intervient mais ne les inquiète pas. Martinka fait de son mieux pour décider Vendulka à retourner chez elle, où Lukas l'attend certainement.

Le lendemain matin, devant la maison de Martinka. Barce cherche Martinka et Vendulka pour leur raconter ce que Matous lui a dit. Elle croit les entendre, mais ce n'est qu'une alouette. Elle apprécie l'aria ravissante que chante l'oiseau, une aria si difficile qu'elle échappe souvent aux possibilités des sopranos prêtes à assumer des seconds rôles.

Matous, Paloucky, Lukas et Tomes, suivis d'une foule de villageois, remontent le chemin qui mène à la maison de Martinka. Barce se tord les mains de désespoir car Martinka et Vendulka ne sont pas là pour les accueillir et faciliter la réconciliation. Lukas présente ses excuses à Paloucky pour s'être mal conduit, et Vendulka se montre peu de temps après. Les deux jeunes gens sont, de toute évidence, ravis de se retrouver. Mais quand Vendulka s'avance vers Lukas, les bras tendus, il refuse de l'embrasser, avant d'avoir clairement imploré son pardon pour l'avoir maltraitée !

H.

Tajemstvi
Le Secret

Opéra en 3 actes de Smetana; liv. d'Eliska Krąsnohorská. Créé au Nouveau Th. tchèque, Prague, 18 septembre 1878, avec Sittova, Fibichová, Mares, Lev. Première à Vienne (en all.), 1895; Oxford (en angl.), 1957, avec Janet Baker (Rose), dir. Jack Westrup.

PERSONNAGES

LE CONSEILLER MALINA (basse); LE CONSEILLER KALINA (baryton); MADEMOISELLE ROSE, *sœur de Malina* (contralto); BLAZENKA, *fille de Malina* (soprano); VIT, *forestier, fils de Kalina* (ténor); BONIFACE, *vieux soldat, neveu de Kalina* (baryton); SKRIVANEK, *chanteur de ballades* (ténor); L'ENTREPRENEUR (baryton); L'AUBERGISTE (soprano); JIRKA, *sonneur de cloches* (ténor); LE FANTÔME DE FRÈRE BARNABÉ (baryton).

Des conseillers, des voisins, des garçons et des filles, des moissonneurs, des maçons.

Sur le mont Bezdez, et alentour à la fin du XVIIIᵉ siècle.

Le Secret fut écrit à une époque où Smetana n'entendait plus et avait perdu son poste de chef d'orchestre de l'Opéra. L'œuvre eut un succès immédiat mais ne garda pas longtemps la faveur d'un public qui réclamait avant

tout une reprise de *La Fiancée vendue*.
La popularité que connaît cet opéra
à l'heure actuelle date de la révision
entreprise par Karel Kovarovic, vingt-
cinq ans après la création.

L'ouverture, sur une gamme étendue,
semble animée en dépit du thème
introductif en do mineur (le secret),
qui laisse planer un pressentiment.
Rose, la sœur de Malina, et Kalina
ont voulu se marier il y a quelques
années. Mais la famille de la jeune
fille s'y est opposée parce qu'il était
trop pauvre. Les familles sont restées
rivales et ne ratent jamais une occasion
d'échanger des insultes et des récriminations. D'un côté de la rue chez
Malina, on engrange la moisson; de
l'autre côté, les maçons et leur contremaître se réjouissent d'avoir terminé
la maison de Kalina. Les deux factions
ne tardent pas à se quereller mais
l'arrivée du musicien Skrivanek produit
une diversion. Chaque famille veut
alors le payer pour qu'il chante une
critique de l'adversaire. Il se moque de
chacun dans une pièce charmante,
jusqu'au moment où une réconciliation
semble possible. Mais la querelle éclate
à nouveau, et seule l'intervention de
Blazenka et de Vit fait obstacle à la
bagarre. Les combattants disparaissent,
et Vit donne rendez-vous pour le soir
même à Blazenka dans un délicieux
arioso.

Rose (qui a « dépassé la trentaine »,
selon les indications du livret) a précédemment fait allusion à un secret
que le frère Barnabé aurait laissé en
mourant, et grâce auquel Kalina serait
en mesure de découvrir un trésor.
Kalina déclare n'être au courant de
rien, mais Boniface a trouvé un vieux
papier moisi dans un morceau de bois
qu'il voulait utiliser comme arme. Il le
remet à Kalina, qui reconnaît le
document du frère Barnabé censé
demeurer secret. Boniface, qui prétend aussi à la main de Rose, est
jaloux : il dit tout à l'entrepreneur,
qui répète aussitôt la nouvelle à tous
ceux qu'il rencontre. Si bien que, dans

le finale de l'acte I, le sonneur de
cloches ébruite le secret alentour,
tandis que Blazenka et Vit échangent
de tendres déclarations.

Acte II. Une ruine sur le mont
Bezdez. Le motif du « secret » ouvre
le prélude de l'impressionnante *scena*
de Kalina, venu chercher le trésor. Il
fulmine d'avoir été repoussé parce
qu'il était pauvre, et avoue que son
actuelle richesse n'est que feinte. Sur
un air fort énergique, il se demande
si l'argent l'intéresse vraiment, mais
pourquoi ? A cause de Rose ? Kalina
s'endort et rêve que le fantôme de
frère Barnabé le presse de découvrir
le trésor. Il s'éveille et voit une procession de jeunes filles et de pèlerins
se diriger vers la chapelle. Il décide de
les suivre, se demandant pourtant si
son rêve était inspiré par le ciel ou
par l'enfer.

Blazenka et Vit ont rendez-vous.
Leur scène est un grand duo d'amour
dominé par le solo de Blazenka. Vit
affirme qu'il veut l'épouser, mais
Blazenka veut que leur idylle soit une
série de rendez-vous amoureux. Ils vont
se séparer, quand Boniface les aperçoit
et court chercher leurs parents. Un
ensemble d'un éclat quasi rossinien se
développe alors que les aînés observent
les adieux des amants. Ceux-ci sont
découverts et essaient de se justifier.
Rose décrète que tous les Kalina
sont des menteurs. Vit ne supporte pas
que l'on insulte son père et déclare
qu'il s'enfuira avec Blazenka, sans
accepter le moindre sou.

Après un octuor impressionnant,
Rose reste seule et compare son
bonheur détruit à leur amour sans
entraves. Boniface s'approche furtivement et propose de l'épouser dans
un air martial. Avant même que Rose
ait pu répondre, Kalina s'avance
avec une lanterne et une pelle. Ils le
regardent creuser. Soudain, Kalina
crie le nom de Rose et disparaît
dans un trou. Les deux témoins sont
pétrifiés.

Acte III. Chez Malina, des réjouissances célèbrent la fin de la moisson du houblon. Rose encourage Blazenka à demander franchement à son père la permission de se marier. Elle chante une aria fraîche et émouvante, comparant son amour à un cours d'eau : il ne faut pas qu'il se brise contre les pierres. Un ensemble parlé se développe ; on parle des dettes de Kalina, et un grand coup résonne derrière le mur. Personne n'y prête grande attention, car au même moment Vit vient faire ses adieux : il part faire fortune. La façon dont il envisage l'avenir émeut Malina lui-même, qui se déclare prêt à donner sa fille en mariage si Kalina en personne vient la demander au nom de son fils. A l'instant où Boniface se pose en prétendant à la main de Rose, d'autres coups retentissent. Tous craignent une manifestation surnaturelle. Skrivanek improvise une chanson à la louange de Barnabé, et les coups redoublent. Le motif du « sècret » est repris, et Kalina traverse le mur près du grand poêle. Il a découvert le trésor de frère Barnabé : c'est Rose ! Heureux dénouement : Kalina demande à Malina d'accorder la main de sa fille à Vit, et de lui accorder celle de Rose.

H.

Libuse

Opéra en 3 actes de Smetana ; liv. (allemand à l'origine) de Josef Wenzig, traduit en tchèque par Erwin Spindler. Créé à Prague, pour l'ouverture du Th. Nat. tchèque (Narodni Divadlo), 11 juin 1881, avec Marie Sittova, Irma Reichova, Betty Fibichova, Josef Lev, Karel Cech, Antonin Vavra, Frantisek Hynek, Leopold Stropnicky. Le théâtre brûla deux mois après, et un nouveau bâtiment fut inauguré en 1883, cette fois encore avec Libuse. La 1000ᵉ représentation des œuvres de Smetana fut célébrée avec cet opéra le 27 août 1905, à Prague. Première viennoise, 1924, par la compagnie de l'Opéra d'Olomouc ; Zagreb, 1933. Fréquentes reprises en Tchécoslovaquie.

PERSONNAGES

LIBUSE, *princesse bohémienne* (soprano) ; PREMYSL, DE STADICE (baryton) ; CHRUDOS, D'OTTAVA, ST'ÁHLAV, DE RADBUZA, *frères* (basse, ténor) ; LUTOBOR, *leur oncle* (basse) ; RADOVAN, *chef du Conseil* (baryton) ; KRASAVA, *fille de Lutobor* (soprano) ; RADMILA, *sœur de Chrudos et St'ahlav* (contralto) ; QUATRE MOISSONNEURS (sopranos, contralto, ténor).
Les Anciens, des nobles, des jeunes filles de la cour de Libuse, la suite de Premysl, des gens du peuple.

A l'ère païenne, dans les montagnes de Bohême, à Vysehrad et Stadice.

Smetana avait été nommé chef d'orchestre du théâtre provisoire un an avant d'avoir terminé *Dalibor*. Il essaya d'améliorer le théâtre sous tous ses aspects, en s'attachant particulièrement à constituer un répertoire représentatif, si possible, de la musique tchèque. Entre 1866 et 1872, 82 opéras différents furent joués, dont 33 étaient de nouvelles productions montées et dirigées par Smetana lui-même. Il écrivit en 1869 un morceau de concert intitulé « Le Jugement de Libuse ». C'est la source de son quatrième opéra (chronologiquement, mais l'avant-dernier à être joué). Il dit, dès le début, de *Libuse* : « Je veux qu'il soit donné à l'occasion de fêtes concernant toute la nation tchèque. *Libuse* n'est pas un opéra de l'ancien type, mais un *tableau* de réjouissances, une forme riche, musicalement et dramatiquement. »

Il obtint gain de cause, mais à quel prix ! Il composa l'œuvre entre 1869 et 1872; mais elle ne fut donné que neuf ans plus tard. Smetana refusa, en effet, qu'elle fut jouée à une autre occasion que l'inauguration du Théâtre national. L'ouverture fut jouée auparavant mais quand l'œuvre fut enfin représentée, l'auteur était sourd. Dans sa remarquable biographie de Smetana[1], Brian Large dit : « Tandis que *Les Brandebourgeois en Bohême* se développe comme un roman historique, *La Fiancée vendue* comme une idylle, et *Dalibor* comme un drame épique, seul *Libuse* atteint la grandeur d'une ode. Ce n'est pas un opéra au sens traditionnel du terme, mais un magnifique et spectaculaire hymne à la nation en six tableaux. » Il le compare à deux autres monuments du XIXᵉ siècle, *Die Meistersinger* de Wagner, et *Les Troyens* de Berlioz. La dernière scène, avec sa note prophétique, évoque sans aucun doute la Didon de Berlioz.

La noble ouverture commence par une fanfare splendide et développe ensuite deux idées. L'une, associée tout au long de l'œuvre à Libuse, est jouée par le hautbois (ex. 1) :

et l'autre, associée à Premysl, est jouée par les cors (ex. 2) :

Acte I, scène 1. A Vysehrad, qui domine la vallée de la Vetava. Libuse, seule héritière de son père, règne sur la Bohême. Elle est entourée de ses demoiselles d'honneur. Radmila présente avec des accents mesurés le cas que Libuse doit juger : ses deux frères se disputent les biens de leur père décédé. On comprend, à entendre les commentaires angoissés de Krasava, qu'elle est fort concernée par l'issue de la querelle. Une introduction orchestrale solennelle précède la majestueuse prière où Libuse demande aux dieux d'éclairer son esprit. Elle se dirige vers la chambre du Conseil. Radmila et Krasava restent en arrière, et cette dernière avoue éprouver un sentiment coupable, sans vouloir en dire plus.

A Vysehrad. Les deux adversaires, Chrudos et St'ahlav, attendent la princesse tandis que la tension de la musique illustre leur état d'esprit. Chrudos interrompt les commentaires conventionnels de la foule, qui désapprouve la querelle entre les deux frères. St'ahlav s'exprime en termes plus mesurés. Leur oncle Lutobor ne pense pas qu'une réconciliation soit possible. Il ajoute que la princesse devrait trouver un époux qui partagerait avec elle le fardeau du pouvoir.

Une marche introduit la procession qui accompagne Libuse (ex. 1, maintenant joué par les violons); dans une grande déclaration publique, elle expose le but de la réunion et l'importance de la querelle entre les deux frères. Chrudos suggère que l'on se plie à la coutume allemande suivant laquelle le plus âgé hérite de tout. Le ton de St'ahlav est plus mesuré : il

1. *Smetana* par Brian Large (Duckworth, Londres, 1970).

décide de se conformer à la décision qui sera prise. Libuse décide, selon l'ancienne coutume, que la propriété du père doit être gérée conjointement par les deux frères; à défaut, ils peuvent la partager. Chrudos manifeste sa désapprobation, et Libuse soumet le jugement au Conseil. Radovan confirme que le choix des Anciens est celui de Libuse. Chrudos déclare alors que la princesse n'est pas un juge acceptable, puisqu'elle n'est qu'une faible femme. Il sort brusquement, dans une grande colère. Son frère et son oncle le suivent. Libuse décide d'abdiquer et demande au peuple de lui choisir le mari à qui elle cédera le pouvoir. Un ensemble se développe. On lui laisse le choix, et elle désigne Premysl, de Stadice, qu'elle aime depuis l'enfance. La joie de tous éclate.

Acte II, scène 1. Un tumulus dans la campagne. Lutobor se plaint d'avoir une fille qui lui ressemble si peu. Krasava, qui le suit, semble prête à confesser sa faute, elle aime Chrudos, après l'avoir repoussé par pure coquetterie; maintenant, elle sait qu'elle est responsable de la catastrophe imminente. La musique illustrant son aveu est vibrante de passion. St'ahlav et Radmila l'entendent et supplient Lutobor avec elle; il s'adoucit et demande à sa fille de se réconcilier avec Chrudos et de le persuader de se soumettre à la princesse. Si elle lui désobéit, il ne la reverra pas.

Chrudos entre sur scène de fort mauvaise humeur. Il hait l'idée de devoir s'incliner devant la volonté de Libuse, et tourne son dépit contre sa chère Krasava, qu'il croit amoureuse de son frère. Krasava reconnaît ses torts et lui avoue qu'elle l'aime sincèrement. Il lui résiste d'abord, puis succombe à sa passion quand elle invoque la mémoire de son père. St'ahlav et Radmila approuvent ce dénouement et les deux frères s'embrassent.

La campagne aux alentours de Stadice, la ferme de Premysl. L'atmosphère est idyllique. Les voix des moissonneurs dans les coulisses introduisent la célèbre aria de Premysl « Jiz plane slunce », (Le soleil étincelle), monument de l'opéra tchèque, qui couvre toute la gamme des émotions idéalisées par l'homme : un amour fidèle — mais parfois désespéré — pour une femme de bien, l'ardeur patriotique, la certitude que l'ordre naturel des choses résout tous les conflits. Premysl accueille les travailleurs de retour à la ferme (nous sommes proches de l'univers de *La Fiancée vendue*), mais reste seul dehors, méditant sur la beauté paisible du paysage et songeant à Libuse. C'est un très beau passage lyrique.

Une foule conduite par Radovan et les Anciens vient annoncer que Premysl a été choisi comme prince consort. Premysl dit sa gratitude à ceux avec qui il a travaillé comme fermier, et suit les Anciens, avec d'autant plus de cœur qu'ils lui apprennent le danger que représente Chrudos. Premysl, Radovan et la foule chantent un finale animé.

Acte III. La cour de Libuse. La princesse, revêtue de ses atours de fête, attend l'arrivée de celui qu'elle a choisi pour époux. Elle déclare solennellement la réconciliation des deux frères ennemis, devant Radmila et Lutobor, et prononce les fiançailles de Chrudos et de Krasava. Elle promet ensuite d'intervenir en faveur de Chrudos auprès de Premysl, à qui le pouvoir suprême appartiendra désormais.

Les cris de la foule indiquent que Premysl approche. Tous sortent en hâte, et Libuse, restée seule, prie l'esprit de son père défunt, Krok, de la bénir en ce moment solennel de son existence. Ses demoiselles d'honneur l'escortent jusqu'à Premysl, et la scène se termine par le chœur nuptial.

Une grande place publique à Vysehrad. Chrudos, Lutobor, St'ahlav,

Radmila et Krasava attendent le couple princier. L'esprit rebelle de Chrudos a repris le dessus. Une procession solennelle, composée des nobles et des Anciens conduits par Radovan, précède Libuse et Premysl. Premysl salue le peuple et promet de le servir de son mieux. Accompagné de Libuse, il prie les dieux de les bénir. La scène de réjouissances collectives prend toute son ampleur quand Premysl applaudit à la réconciliation des deux frères et demande que Chrudos fasse amende honorable pour avoir insulté la princesse. Quand Chrudos met un genou à terre, Premysl, lui donne l'accolade.

Pendant ce temps, Libuse est entrée dans un état d'extase prophétique. Elle prédit la destinée héroïque du peuple tchèque, qu'elle décrit en « tableaux » : le prince Bretislav fait l'unité de la Bohême et de la Moravie, protégeant la frontière occidentale en repoussant l'invasion allemande; Jaroslav de Sternberk, qui défend le pays contre les Tartares; le roi Ottokar II augmente l'Empire slave, et son œuvre est poursuivie par sa petite-fille Elizabeth et le fils de celle-ci, Charles IV, qui améliore la position de la Bohême en Europe centrale et fonde l'Université; puis Zizka, Prokope le Grand et les Hussites; le sage roi Georges de Podiebrad qui consolide les résultats de la révolution hussite; enfin, alors que la vision de Libuse convainc la foule de la grandeur du destin tchèque, le château royal de Prague domine toute la scène. Malgré les tentatives d'illustration de chaque tableau et en dépit de l'utilisation du choral hussite : « Vous, les guerriers de Dieu » comme base musicale, toute cette scène a la solennité et la grandeur d'un véritable drame. Le dernier quart d'heure fournit en tout cas un dénouement idéal à un spectacle de fête, même si l'on juge la partition plus remarquable par son effusion lyrique et l'émouvante générosité de la musique que par l'économie des moyens et la concision de la structure dramatique.

H.

ANTONIN DVORAK
(1841-1904)

Rusalka
Roussalka

Opéra en 3 actes de Dvorak; liv. de S. J. Kvapil. Créé le 31 mars 1901, Th. nat. de Prague, avec Maturova, Kabatova, Ptak, Kliment, dir. Kovarovic. En 1950, plus de 600 représentations avaient eu lieu au Th. Nat. de Prague. Première à Londres, 1950, par la John Lewis Musical Society, version angl. de Christopher Hassall; Sadler's Wells, 1959, dir. Vilem Tausky.

PERSONNAGES

LES NYMPHES DES BOIS (deux sopranos, contralto); LES NYMPHES DES EAUX (danseuses); L'ESPRIT DU LAC (basse); RUSALKA, *sa fille* (soprano); JEZIBABA, *la sorcière*

(mezzo-soprano); LA VOIX D'UN CHASSEUR (ténor); LE PRINCE (ténor); LE GARDE-
FORESTIER (baryton); LE GARÇON DE CUISINE (mezzo-soprano); LA PRINCESSE
ÉTRANGÈRE (soprano).

Des nymphes des eaux, des courtisans et les invités au mariage.

Acte I. Le bref et magnifique prélude évoque admirablement l'atmosphère poétique et brumeuse de l'opéra.
A la quatrième mesure intervient
une phrase mélodique importante,
associée à Rusalka et à son élément
naturel, l'eau (ex. 1) :

Une clairière au bord du lac; dans le
fond, une chaumière. L'Esprit du lac,
vieillard bon enfant, est attiré loin des
profondeurs où se trouve son royaume
par le chant des nymphes des bois.
Dès qu'elles sont parties, Rusalka
émerge du lac et demande tristement
conseil à son père.

Elle est amoureuse d'un prince
jeune et beau, et voudrait prendre
forme humaine pour l'épouser. Sa
confession attriste son père, mais il
lui conseille d'aller voir la vieille
sorcière voisine. Seule, Rusalka confie
le secret de son désir à la lune — un
passage devenu célèbre, à juste titre,
parmi les chants d'amour à la fois
chastes et émouvants (ex. 2) :

Rusalka fait appel à Jezibaba la
sorcière, qui lui donne forme humaine,
mais sans le don de parole, et à la
condition qu'elle soit damnée à
jamais, ainsi que son amant, si celui-ci
vient à la tromper. Rusalka et Jezibaba
jettent le sort ensemble. La voix de
l'Esprit du lac s'élève, angoissée, des
profondeurs. Mais la décision de
Rusalka est prise, irrévocablement.

Le son des cors et les chants des
chasseurs retentissent dans le lointain.
Le prince poursuit un daim blanc, mais
se sent irrésistiblement attiré par les
rives du lac. Il soupçonne un effet de
la magie et renvoie ses compagnons au
palais, décidé à faire face seul aux
mystérieuses puissances qui règnent
sur cet endroit. Aux accents de l'ex. 1,
Rusalka sort de la hutte de la sorcière
et le prince est immédiatement
séduit. Il chante chaleureusement, et
Rusalka se précipite dans ses bras,
sans un mot, car en sa présence elle
est muette. Les sœurs et le père de
Rusalka sont anxieux, mais le prince
est conquis. Il enveloppe Rusalka
dans sa cape et l'emmène vers le
palais.

Acte II. Le palais. De nombreux
invités sont arrivés pour le mariage du
prince et de la mystérieuse Rusalka.
Au cours d'une charmante scène,
le garde-forestier et un garçon des
cuisines du château échangent les
dernières nouvelles. Le jeune garçon
a peur de Rusalka, qui lui donne la
chair de poule, le garde-chasse soupçonne l'action de quelque sorcellerie.
Les commentaires vont bon train :
le prince serait déjà las de sa beauté
silencieuse et tournerait ses regards

vers une princesse étrangère. Ils s'enfuient à l'approche du prince et de Rusalka. Celui-ci est déçu qu'elle lui témoigne si peu son amour et craint de ne pas être heureux une fois marié. Quand la princesse étrangère vient vers eux, le prince envoie Rusalka s'apprêter pour le bal. Il s'éloigne avec la princesse, blessée de le voir en épouser une autre. Rusalka rejoint tristement ses appartements tandis que retentit la mélodie de l'ex. 1.

Le bal commence, la musique s'élève. Cette brillante scène est momentanément interrompue par la complainte mélodieuse de l'Esprit du lac, qui émerge de la fontaine et dit son désespoir d'assister à la chute de sa fille préférée. Il continue de se lamenter quand le chœur chante le magnifique : « Les fleurs blanches fleuriront toujours ». Rusalka se précipite vers lui et peut enfin dire combien elle est malheureuse : le prince s'est occupé de la princesse étrangère pendant toute la soirée et ne lui a pas accordé un regard. Peu après, le prince s'éloigne du bal avec la nouvelle élue de son cœur, et leur duo enflammé contient toute la passion que Rusalka n'a pas pu exprimer. Ils s'embrassent. A ce moment, Rusalka se jette dans les bras de son fiancé et l'Esprit du lac proclame qu'ils ne seront jamais séparés. Le prince implore l'aide de la princesse étrangère, mais elle se détourne avec dignité.

Acte III. Une clairière au bord du lac, comme à l'acte I. C'est le soir. Rusalka, maintenant victime de l'infidélité de son amant, est condamnée à errer éternellement comme un feu follet. Dans une aria, elle dit vouloir mourir. Jezibaba sort de sa hutte et déclare qu'elle ne sera libérée de son sort que lorsque le sang humain coulera. Rusalka se résigne dans un chant émouvant et s'enfonce seule dans les eaux tandis que les nymphes des bois commentent son bref séjour sur la terre.

Le garde-forestier et le garçon des cuisines du palais viennent à leur tour consulter la sorcière au sujet du prince qui, semble-t-il, est sous une influence surnaturelle. Le garde-forestier pousse le garçon devant lui, mais aucun des deux n'ose frapper à la porte. La sorcière répond enfin à leurs appels. Elle les rabroue quand ils la supplient de guérir le prince et, aidée de l'Esprit du lac, les met rapidement en fuite.

Les nymphes des bois, rassemblées au bord du lac, chantent et dansent gracieusement. Mais l'Esprit du lac leur rappelle le triste destin de Rusalka et les prie de se taire. Le prince sort du bois en titubant, murmurant que le daim blanc l'a entraîné ici la première fois, pour rencontrer Rusalka. Il l'appelle pour qu'elle lui revienne. Elle apparaît, tandis que la phrase de l'ex. 1 est jouée avec tendresse. Le prince la supplie de prendre sa vie, si elle est un fantôme, et de lui pardonner. Elle lui reproche tendrement de l'avoir trompée ; elle était incapable de lui exprimer la passion qu'il attendait d'elle, et maintenant, si elle l'embrassait, il mourrait aussitôt. Extasié, il implore le baiser qui mettra fin à ses jours, et expire dans ses bras. L'Esprit du lac déclare que le sacrifice de son amant ne modifiera en rien le destin de Rusalka, mais rien ne peut altérer la félicité des deux amants dans l'amour enfin partagé.

H.

Le XXeme siècle

17. L'Opéra allemand

EUGEN D'ALBERT
(1864-1932)

Tiefland

Opéra en 1 prologue et 2 actes de d'Albert; liv. de Rudolph Lothar d'après une pièce catalane, Tierra Baixa, *d'Angel Guimerà. Créé au Neues Deutsches Theater, Prague, 15 novembre 1903. Première à Berlin, 1907; Vienne, 1908; Metropolitan, New York, 1908, avec Destinn, Schmedes, Feinhals, dir. Hertz; Covent Garden, 1910, dir. Beecham. Reprises : Berlin, 1939, avec Rünger, Asserson, Völker, Bockelmann, Hiller; Vienne, 1947, avec Helena Braun, Schwaiger, Friedrich, Kamann, dir. Loibner.*

PERSONNAGES

SEBASTIANO, *riche propriétaire terrien* (baryton); TOMMASO, *le doyen du village âgé de quatre-vingt-dix ans* (basse); MORUCCIO, *meunier* (baryton); MARTA (soprano), PEPA (soprano), ANTONIA (soprano), ROSALIA (contralto), NURI, *petite fille* (soprano), PEDRO, *berger* (ténor), NANDO, *berger* (ténor), *tous au service de Sebastiano*, LE PRÊTRE (rôle muet).

Dans les Pyrénées et les basses plaines de Catalogne, au début du XXe siècle.

D'Albert, né à Glasgow, fut un excellent pianiste, un compositeur apprécié, auteur d'opéras de formes diverses, allant de la comédie à une version allemande du *verismo*. *Tiefland* est un exemple de ce dernier style.

Prologue. Un lieu escarpé dans les Pyrénées, une cabane de bergers. Pedro et Nando se retrouvent avec plaisir, le premier n'a vu personne depuis très longtemps. Il assure que la vie de berger est idéale, ce qui ne l'a pas empêché, dans ses prières, de demander quelquefois à Dieu de lui envoyer une femme (« Zwei Vaterunser bet' ich »).

Sebastiano apparaît peu après, accompagné de Marta et de Tommaso qu'il envoie à la recherche de Pedro. Il ordonne à Nando de leur apporter à manger. Il explique à Marta, qui est sa maîtresse depuis longtemps, qu'il l'a menée jusqu'ici pour qu'elle rencontre Pedro, qui sera un mari parfait pour elle.

Pedro raconte à Nando que la chance lui a souri, mais son ami le met en garde contre le mode de vie qui règne dans la vallée. Pedro chante son adieu aux montagnes familières (« Ich grüss' noch einmal meine Berge ») et le rideau tombe.

Acte I. L'intérieur du moulin. Moruccio est interrompu par l'arrivée de Pepa, Antonia et Rosalia. Elles le pressent de questions importunes : est-il vrai que Marta va se marier ?

Celle-ci entre à son tour mais, voyant la salle pleine de gens, ressort précipitamment. Les trois femmes rient de la curieuse situation que son mariage va provoquer, et se moquent du pauvre ballot qui va devenir son mari. Marta revient et les fait sortir. Elle semble contente de voir Nuri et prête à se confier à l'enfant.

Nuri s'éloigne, et Marta commente son malheur : elle appartient à Sebastiano et n'a pas le courage de se libérer en se jetant à l'eau. Et voilà qu'elle va épouser un lourdaud de la montagne ! Elle sort, entendant du bruit au-dehors : ce doit être l'escorte de son futur époux. Tommaso entre dans le moulin, et Moruccio lui demande comment il a pu se prêter à l'arrangement d'un si mauvais mariage.

La nuit tombe. On entend crier : « le fiancé ! » Pedro arrive, suivi de près par Sebastiano.

Marta et Sebastiano restent seuls. Au cours de leur long duo, Sebastiano affirme que Marta continuera de l'aimer même après son mariage : ce soir même, si elle voit une lumière dans sa chambre, elle saura qu'il l'attend.

Pedro, accompagné des gens du village, vient chercher Marta et ils se dirigent vers l'église. Tommaso demande à parler à Sebastiano. Il évoque l'accusation que Moruccio a lancée contre Marta, Sebastiano réplique qu'elle est fausse. D'ailleurs, celui qui est responsable de cette calomnie sera renvoyé de son service.

On entend la procession nuptiale sur le chemin du retour. Marta entre, suivie de Pedro. Il veut la séduire, mais elle le repousse, allant jusqu'à refuser le cadeau qu'il lui offre : un thaler d'argent. Il a été durement gagné, lui

confie-t-il... Et il entreprend de conter à Marta l'histoire de sa lutte contre le loup qui s'attaquait à ses moutons. Sebastiano en personne le récompensa d'un thaler pour avoir tué l'animal avec son couteau (« Wolfserzählung »).

Marta semble impressionnée par ce récit, et touchée du présent qu'il veut lui faire. Mais elle lui dit bonsoir et désigne une chambre qui se trouve être exactement à l'opposé de la sienne. Devant les protestations de son mari, elle s'étonne qu'il n'ait pas conscience de la mauvaise affaire qu'il a faite en l'épousant. Mais Pedro ne sait rien du passé de Marta, et ne songe qu'à l'aimer. Soudain, il voit une lumière allumée dans la chambre de sa femme. Il s'assure qu'il a bien son couteau dans la poche et se dirige vers la porte quand la lumière s'éteint. Marta prétend ne rien avoir vu. Elle se résigne à passer la nuit dans la pièce principale, et Pedro s'allonge sur le sol, déterminé à ne pas relâcher sa surveillance.

Acte II. Pedro et Marta sont dans la même position. Nuri chante dans les coulisses. Marta se lève et va dans sa chambre. Nuri éveille Pedro, qui la prend un instant pour sa femme. Il déclare qu'il ne restera pas une minute de plus, car il est sûr qu'un homme attendait Marta dans sa chambre la veille.

Ses soupçons sont confirmés quand Nuri déplore que tout le monde se moque de lui. Il sait maintenant que son déshonneur est chose publique mais à qui doit-il ce déshonneur ?

Marta, le voyant avec Nuri, est jalouse. Elle les voit sortir ensemble et s'apprête à les suivre quand elle rencontre Tommaso. Celui-ci la maudit pour l'avoir poussé à mettre Pedro, inconsciemment, dans une telle situation. Elle lui conte son histoire dans un passage émouvant (« Ich weiss nicht, wer mein Vater war ») : élevée par sa mère, elle n'a jamais connu son père; elles vécurent en mendiant dans les rues; un jour, un vieil infirme se joignit à elles et ne les quitta plus; sa mère mourut, mais elle dut rester auprès de l'infirme qui la retenait car elle était jolie et gagnait de l'argent en dansant; enfin, leurs pérégrinations les menèrent jusqu'à cette vallée; Sebastiano la remarqua et lui adressa les premières paroles gentilles de sa vie; l'infirme fut installé comme meunier, et elle devint la maîtresse de Sebastiano, le seigneur du manoir; elle avait quatorze ans. La voilà aujourd'hui forcée d'épouser Pedro. Mais une chose merveilleuse s'est produite dans la chapelle: elle a cru entendre une voix lui dire que Pedro était l'époux qui lui était destiné. Tommaso lui répond qu'elle doit tout avouer à Pedro si elle l'aime vraiment.

En sortant, Tommaso est arrêté par les femmes du village qui le questionnent. Il s'éloigne sans rien dire. Elles s'en prennent ensuite à Pedro. Celui-ci perd patience et veut savoir pourquoi elles se moquent de lui, mais en vain. Marta apporte son repas à Pedro et lui demande son pardon. Il répond qu'il devrait plutôt la tuer. Comme il va la quitter, elle tente sa chance et avoue qu'elle a connu un autre homme avant de l'épouser. C'est la raison pour laquelle tous ont ri à leur mariage; comment a-t-il pu vendre ainsi son honneur ? Hors de lui, Pedro lui donne un coup de couteau dans le bras. Marta pleure de joie, enfin, il l'a punie pour sa faute. Pedro est désespéré, il avoue qu'il l'aime. Pourquoi ne le suivrait-elle pas dans la montagne où ils vivraient en paix, loin de cette vallée maudite ? Marta joint sa voix à celle de Pedro.

Enlacés, ils s'apprêtent à partir quand surgit Sebastiano. Pedro lui dit qu'il peut reprendre son moulin : il emmène son épouse dans la montagne. Mais Sebastiano ne remarque même pas la présence de Pedro. Il demande à Marta de danser pour lui, comme elle l'a déjà fait (« Hüll in die Mantille »). Les paysans chantent avec lui. Pedro demande à Marta de le suivre. La querelle éclate et l'on a toutes les peines à empêcher Pedro d'attaquer Sebastiano. Marta révèle alors qui a allumé dans sa chambre la nuit précédente. Des hommes saisissent Pedro et l'entraînent, tandis que Marta s'évanouit.

Tommaso vient annoncer à Sebastiano que le père de sa fiancée ne pourra le voir aujourd'hui. Tommaso a fait son devoir : il l'a informé des circonstances qui entouraient ce projet de mariage, mais maintenant, c'est fini, il ne veut plus rien avoir à faire avec lui. Suit un duo violent entre Marta et Sebastiano, où il proclame qu'elle est maintenant tout ce qui lui reste, et où elle déclare aimer Pedro. Sebastiano défie le mari absent d'oser l'emmener. Mais Pedro est déjà dans la pièce, prêt à se battre.

Sebastiano veut sortir, mais Pedro le force à rester. Il tire son couteau et le jette loin de lui : ils combattront à mains nues. Sebastiano tente de s'emparer du couteau, mais Pedro l'en empêche et le prend à la gorge. Bientôt Sebastiano ne réagit plus, son corps inanimé glisse à terre. Pedro, sur le seuil du moulin, appelle les villageois. Le moment est venu de rire, dit-il. Quant à lui, il retourne dans la montagne avec sa femme, Marta.

H.

RICHARD STRAUSS
(1864-1949)

Salomé

Opéra en 1 acte de Richard Strauss; liv. tiré du poème d'Oscar Wilde, Salomé, *et traduit en all. par Hedwig Lachmann. Créé à Dresde, 9 décembre 1905, avec Wittich, von Chavanne, Burrian, Perron, dir. von Schuch. Première à Berlin, 1906, avec Destinn, Goetze, Krauss, Baptist Hoffmann, dir. de l'auteur; la Scala de Milan, 1906, avec Krusceniski, Bruno, Borgatti; Paris, Petit Th., 1907, avec Isnardon; Metropolitan, 1907, avec Fremstad, Weed, Burrian, van Rooy, dir. Hertz; 1909, Manhattan Opera (en fr.), avec Mary Garden, de Cisneros, Dalmorès, Dufranne; 1910, Opéra de Paris, avec Mary Garden, Le Senne, Muratore, Dufranne, dir. Messager; 1910, Covent Garden, avec Ackté, Metzger, Ernst Krauss, Whitehill, dir. Beecham. Reprises à l'Opéra de Paris, 1926, avec Vix, dir. Gaubert; 1934, avec Lawrence, de Trevi, dir. Gaubert; 1951, avec Borkh, Lorenz, dir. Sebastian; 1958, avec Rhodes, Gorr, Vinay, dir. Cluytens; 1972, avec Silja, dir. Dohnanyi; Covent Garden : 1924, avec Ljüngberg, Olszewska, Kirchhoff, Schipper; 1937, avec Ranczak (plus tard Schulz), Kalter, Ralf, Schöffler, dir. Knappertsbusch; 1947, avec Welitsch (plus tard Cebotari), Höngen, Patzak, Rothmüller, dir. Clemens Krauss; 1949 (en angl.), avec Welitsch, Shacklock, Lechleitner, Schon, dir. Rankl (décor de Salvador Dali); 1970, avec Bumbry, dir. Solti. Reprises : au Metropolitan, 1933, avec Ljüngberg, Lorenz, Schorr, dir. Bodanzky; 1937, avec Marjorie Lawrence, Branzell, Maison, Janssen, dir. Szell; 1949, avec Welitsch, Thorborg, Lorenz, Berglund, dir. Reiner; à Berlin en 1942, avec Cebotari, Pölzer, Prohaska; Berlin, Opéra allemand, 1963, mise en scène Wieland Wagner, avec Anja Silja, Varnay, Stolze, Grobe, Dooley, dir. Maderna; Metropolitan, New York, 1965, avec Nilsson, Dalis, Liebl, Alexander, Dooley, dir. Böhm.*

PERSONNAGES

HÉRODE ANTIPAS, *tétrarque de Judée* (ténor); HÉRODIADE, *épouse d'Hérode* (mezzo-soprano); SALOMÉ, *fille d'Hérodiade* (soprano); JOKANAAN *(Jean-Baptiste)* (baryton); NARRABOTH, *jeune Syrien, capitaine de la garde* (ténor); LE PAGE D'HÉRODIADE (alto); CINQ JUIFS (quatre ténors, une basse); DEUX NAZARÉENS (ténor, basse); DEUX SOLDATS (basses); UN CAPPADOCIEN (basse).
Un esclave.

Environ en 30 av. J.-C., dans le palais d'Hérode, à Tibériade en Galilée.

Sur la grande terrasse du palais d'Hérode, devant la salle des banquets, se tient la garde du corps du tétraque. Le jeune capitaine, Narraboth, un Syrien, lance des regards ardents vers la salle où se trouve Salomé. Le page le met en garde contre le caractère névrotique de la princesse, mais en vain : le jeune capitaine est consumé de désir.

Soudain retentit une voix profonde et forte, comme issue d'une tombe.

Même les soldats sont pris de panique. Celui qui appelle est un fou, disent les uns, un prophète disent les autres; en tout cas, un homme d'un courage exemplaire qui ose accuser en face ceux qui règnent et exiger d'eux qu'ils se repentent de leurs péchés. C'est Jokanaan. Sa voix résonne ainsi car il est enfermé dans une citerne.

Salomé, fortement émue, sort sur la terrasse. Les regards ardents de son beau-père, Hérode, et les bavardages des dépravés réunis pour ce banquet l'ont mise hors d'elle. Le sang coupable de sa mère, qui a tué son mari pour épouser Hérode, coule dans ses veines. Elle ne recherche que de nouveaux plaisirs, des sensations jamais éprouvées. Et maintenant, en entendant la voix du Prophète, le désir de le voir la prend; elle a entendu sa mère le maudire parce qu'il avait stigmatisé sa honte, et elle sait que le tétrarque le craint, bien qu'il soit prisonnier. Narraboth est incapable de lui résister : « Du wirst das für mich tun, Narraboth ». L'étrange et sombre silhouette de Jokanaan émerge de la citerne, accompagné par l'orchestre (avec une version accomplie du thème associé à Jokanann. Ex. 1)

Sa vue éveille les désirs morbides de Salomé. Au cours de leur longue scène, Jokanaan commence par dénoncer Hérode et son épouse (« Wo ist er, dessen Sündenbecher jetzt voll ist ? »); Salomé est fascinée quand il s'en prend à elle (« Wer ist dies Weib, das mich ansieth ? »), lui reprochant d'être la fille d'une mère infâme; Salomé, avec une intensité croissante, lui dit combien elle désire son corps (« Jokanaan, ich bin verliebt in deiner Leib »), ses cheveux (« In dein Haar bin ich verliebt ») et sa bouche (« Deinen Mund begehre ich »). Une phrase significative est alors développée. Ex. 2 :

Elle déploie tous ses charmes pour le séduire, mais en vain : il lui demande de faire pénitence. Narraboth, désespéré de la voir agir ainsi, se tue sous ses yeux, mais elle le remarque à peine. Le Prophète, épouvanté par tant de cruauté, recommande à Salomé de chercher le seul être qui puisse lui apporter la rédemption : l'Homme de Galilée (« Es lebt nur Einer, der dich retten kann »). Il finit par comprendre qu'il parle en vain, et la maudit avant de regagner sa citerne.

Hérode, Hérodiade et leur suite avancent sur la terrasse : « Wo ist Salome ? Wo ist die Prinzessin ? » Hérode ploie sous le poids de ses crimes mais Hérodiade est froide comme un serpent. Hérode est bouleversé par le désir coupable que sa belle-fille éveille en lui. Il lui propose de boire dans sa coupe. Ex. 3 :

et de partager un fruit pour poser ses lèvres où elle a posé les siennes. Malgré les protestations d'Hérodiade, il propose à Salomé de s'asseoir près de lui sur le trône, à la place de sa mère.

Mais Salomé est lasse et indifférente, et Hérodiade ivre de mépris pour son mari et sa fille. Elle hait par-dessus tout le Prophète dont la voix terrifie tous ceux qui l'entendent. Cependant, mystérieusement, Hérode le craint. Il refuse de le remettre aux Juifs qui prétendent avoir le droit de le juger et affirme que Jokanaan est un homme saint, inspiré de Dieu. Cela provoque une discussion théologique entre les Juifs invités au banquet (quintette fugué). Aussitôt après, les Nazaréens proclament que le Messie est parmi eux; il a même ressuscité des morts. Hérode est aussitôt accablé par un pressentiment qu'aggravent les sinistres prédictions du Prophète.

Hérode demande à sa belle-fille de danser : grâce à elle, la vie renaîtra dans ses veines glacées. Elle se fait prier tant et si bien qu'il promet de lui accorder tout ce qu'elle voudra. Elle interprète alors la « Danse des sept voiles », laissant tomber l'un après l'autre les voiles qui la revêtent.

Lors de la création, la danse fut exécutée par une danseuse, et le soprano émergea de la foule à la fin. Mais on raconte que, par la suite, Frau Wittich décida de danser elle-même, au grand désespoir de l'auteur, dont on sait qu'il préféra toujours avoir deux Salomé plutôt que de voir ce spectacle se reproduire.

Quand Salomé a fini de danser, Hérode lui demande quelle sera sa récompense. Poussée par sa mère, mais aussi par son propre désir de vengeance, elle demande la tête du Prophète. Hérode lui offre tout ce qu'il peut nommer — des pierres précieuses, ses rarissimes paons blancs, le manteau du Grand-Prêtre, même le Voile du Temple — mais Salomé ne se laisse pas acheter : il devra tenir sa promesse. Finalement, épuisé et apeuré, il cède.

Le bourreau descend dans la citerne. Jokanaan est assassiné, tandis que retentit le son étrange d'un si bémol pincé par la contrebasse. Sa tête est présentée à Salomé sur un plateau d'argent. En extase, elle tourne autour de la tête en lui parlant comme à un être vivant. Quand Jokanaan vivait, il lui avait refusé ses lèvres; maintenant, prise d'un désir frénétique, elle les embrasse longuement. Même Hérode en frémit et se détourne d'elle. « Tuez cette femme », ordonne-t-il à ses gardes, qui écrasent Salomé sous leurs boucliers.

K.,H.

Elektra

Opéra en 1 acte de Richard Strauss; liv. d'Hugo von Hofmannsthal d'après Sophocle. Créé à Dresde, 25 janvier 1909, avec Anny Krull, Siems, Schumann-Heink, Sembach, Perron, dir. von Schuch. Première à Berlin, 1909, avec Plaichinger, Goetze, Rose, Grüning, Bischof, dir. Blech; Vienne, 1909, avec Marie Gutheil-Schoder, Mildenburg, Weidemann; la Scala, Milan, 1909 (en it.); New York, Manhattan Opera, 1910, en fr., avec Mazarin, Gerville-Réache, Duffault, Huberdeau; Covent Garden, 1910, dir. Beecham. Opéra de Paris, 1932, mise en scène J. Rouché, avec Lapeyrette, Lubin, Hoerner, Le Clezio, Singher, dir. Gaubert. Reprises : 1935, par l'Opéra de Vienne; 1974, avec Ludwig, Nilsson, Rysanek, Cassilly, Krause, dir Boehm. Reprise à Covent Garden, 1925, dir. Walter; 1938, dir. Beecham; 1953, dir. Kleiber; 1957, dir. Kempe; 1965, dir. Kempe; 1969, avec Nilsson, Resnik, dir. Solti. Au Metropolitan, 1938, dir. Bodanzky; la Scala, 1943; Vienne, 1949, avec Anny Konetzni, Hilde Konetzni, Höngen, Lorenz, Nissen; Fest. de Florence, 1950, avec Anny Konetzni, Mödl, dir. Mitropoulos; Münich, 1952, avec Borkh, Kupper, Fischer, Klarwein, Frantz; Metropolitan, 1952, avec Varnay, Wegner, Höngen, Svanholm, Schöffler, dir. Reiner. Gutheil-Schoder fut une des plus célèbres Electre.

PERSONNAGES

CLYTEMNESTRE, *veuve d'Agamemnon* (soprano); ELECTRE et CHRYSOTHEMIS, *ses filles* (sopranos); EGISTE, *amant de Clytemnestre* (ténor); ORESTE, *fils de Clytemnestre et d'Agamemnon* (baryton); LE TUTEUR D'ORESTE (basse); LA CONFIDENTE DE CLYTEMNESTRE (soprano); LE PAGE DE CLYTEMNESTRE (soprano); UN JEUNE SERVITEUR (ténor); UN VIEUX SERVITEUR (basse); LA SURVEILLANTE (soprano); CINQ JEUNES SERVANTES (contralto, mezzo-sopranos, sopranos).

A Mycènes, dans l'Antiquité.

Elektra est maintenant considéré comme l'un des opéras les plus réussis de Strauss. Mais il n'en fut pas toujours ainsi. Écoutons plutôt Mme Schumann-Heink, la créatrice du rôle de Clytemnestre : « Je ne chanterai plus jamais ce rôle. Ce fut horrible. Nous étions une bande de folles... Rien ne va plus loin qu'*Elektra*. Nous avions vécu et atteint l'extrême limite d'écriture vocale dramatique avec Wagner. Mais Strauss est allé au-delà. Ses voix sont perdues. Nous sommes bloquées. Je pense que Strauss lui-même s'en rend compte. » Et, dans son opéra suivant, *Der Rosenkavalier,* le compositeur eut plus d'égards pour les voix. La légende veut néanmoins que, lors de la couturière de Dresde, Strauss ait crié à l'intention de la fosse d'orchestre : « Plus fort ! J'entends encore Mme Heink ! »

Il suffit de savoir qu'Agamemnon a été assassiné par sa femme Clytemnestre et l'amant de celle-ci, Egiste.

L'œuvre se compose d'un seul acte — Strauss s'opposait à ce qu'on jouât une autre œuvre le même soir — divisé par les analystes en sept sections : (1) Electre, (2) Chrysothemis; (3) Clytemnestre; (4) Electre et Chrysothemis; (5) Oreste; (6) Les retrouvailles; (7) La vengeance.

Le rideau se lève sans prélude sur la cour intérieure du palais de Mycènes. Dans le fond, le palais. Dans la cour, un puits où des servantes puisent de l'eau. Elles parlent d'Electre, qui hurle étrangement, comme les chiens avec lesquels sa mère et son beau-père l'ont condamnée à vivre. Certaines la haïssent, mais d'autres ont pitié d'elle; seule la cinquième servante l'aime et l'admire. Ses compagnes l'attaquent, car elle défend Electre. Les servantes rentrent dans le palais et l'on entend la cinquième servante crier parce qu'on la bat.

Electre apparaît. Dans un grand monologue (« Allein ! Weh, ganz allein ! »), elle répète l'histoire du meurtre de son père par sa mère et appelle celui-ci par son nom (n° 1);

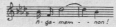

elle évoque le moment où, aidée de son frère Oreste, elle vengera sa mort. Quand cela sera fini, elle dansera triomphalement autour du corps de ses ennemis. Le motif associé aux enfants d'Agamemnon est important (n° 2) :

La seconde phase commence quand Chrysothemis rejoint sa sœur. Hofmannsthal en fait une créature plus faible et plus humaine qu'Electre l'implacable. Elle semble peu tentée de participer aux complots de vengeance que sa sœur lui soumet sans cesse. Bien au contraire, elle met Electre en garde contre les horreurs que le destin lui réserve. La pauvre Chrysothemis est une femme frustrée, privée de passions (« Ich hab's wie Feuer in der Brust ») qui ne rêve que de fuir cette prison où Clytemnestre la confine, par crainte de l'étrange haine d'Electre. L'épreuve qu'elles endurent a laissé son empreinte sur elle, avoue-t-elle.

A l'intérieur, des bruits de pas, on allume des torches. Chrysothemis ne veut pas rester pour rencontrer sa mère, qui va sûrement sortir. Electre, par contre, est décidée à parler à Clytemnestre.

3e partie. Clytemnestre apparaît à la fenêtre centrale du palais. Son visage est ravagé, des nuits sans sommeil et des jours de débauche lui donnent un air hagard. Elle s'appuie sur le bras de sa confidente. Ses premières paroles sont pour maudire le sort qui lui a donné une telle fille. Elle descend ensuite dans la cour, renvoie ses servantes et reste seule avec cette enfant qu'elle craint et hait tant.

Des rêves la tourmentent : Electre, qui est si sage, est la seule qui puisse l'aider. Ne connaît-elle aucun remède ? Elle décrit ses nuits d'insomnie, et demande quel sacrifice elle pourrait offrir aux dieux pour échapper à cette torture. Les réponses d'Electre sont insinuantes et ambiguës. Oui, il existe une victime qu'il faudrait sacrifier. Elle n'est pas consacrée et vit en liberté; c'est une femme mariée qui peut être tuée à n'importe quelle heure du jour et de la nuit, à l'aide d'une hache, par un homme de son sang. Clytemnestre s'impatiente, et Electre lui demande si elle veut faire revenir son frère d'exil. Entendant le nom d'Oreste, Clytemnestre se sent tout à coup mal à l'aise. Electre l'accuse d'envoyer de l'argent à ceux qui le gardent pour qu'ils le tuent. D'ailleurs, le tremblement de Clytemnestre l'accuse. Mais celle-ci répond qu'elle ne craint personne. Elle saura bien arracher à Electre le nom de celle qu'il faut sacrifier pour que ses cauchemars cessent. Electre se dresse brusquement devant sa mère : c'est son sang à *elle* qui doit couler; *elle* est la victime désignée par les dieux. Et Electre décrit la chasse qui se terminera par la mort de Clytemnestre. Le livret indique : « Elles sont face à face, elles se fixent du regard; dans celui d'Electre, une lueur sauvage et excitée; d'horribles spasmes de peur marquent la respiration de Clytemnestre. »

A ce moment, la confidente sort précipitamment du palais et vient murmurer quelques mots à l'oreille de Clytemnestre. Une lueur triomphale éclaire les traits de la reine, qui se dirige vers le palais, laissant Electre seule dans la cour.

4e partie: Peu après, Chrysothemis crie l'affreuse nouvelle : Oreste est mort. Electre ne la croit pas. Mais sa sœur dit que deux étrangers, un vieillard et un jeune homme, ont apporté les nouvelles. Oreste a été traîné à mort par ses propres chevaux. Une servante sort du palais, réclamant qu'on amène un cheval au plus vite pour exécuter les ordres de sa maîtresse et transmettre la nouvelle à Egiste.

Electre demande alors à sa sœur de l'aider; elle ne peut assassiner Clytemnestre et Egiste toute seule. Elle flatte sa sœur et lui promet de veiller sur elle, après le crime, comme si elle était son esclave. Elle tient fermement sa sœur, mais celle-ci réussit à se dégager et s'enfuit. Electre la maudit.

5e partie. Electre, seule, commence à creuser comme un animal dans un coin de la cour. Elle lève la tête à deux reprises et aperçoit quelqu'un près du portail. Qui ose l'interrompre ? L'étranger lui demande si elle travaille au palais. Elle répond amèrement que oui. Il ajoute qu'il doit voir la reine. C'est lui qui, avec son compagnon, a annoncé la mort d'Oreste. La peine d'Electre est immense. Elle émet une sorte de complainte à la mémoire d'Oreste qu'elle ne reverra jamais. L'étranger lui demande si elle est de sang royal pour souffrir autant de la mort d'Oreste. Elle lui révèle son nom et il pousse un cri de stupeur. Il lui confie qu'Oreste n'est pas mort. L'instant suivant, des domestiques s'approchent de lui et baisent sa main. Qui es-tu ? demande Electre. Tous me reconnaissent, réplique-t-il, sauf ma propre sœur.

6e partie. La scène des Retrouvailles est le sommet émotionnel de l'opéra. Toute férocité disparaît du personnage d'Electre, laissant place à la tendresse; la tension soutenue de la musique cède devant le lyrisme : « Oreste ! Oreste ! Oreste ! »

Electre ne veut pas que son frère l'embrasse. Sa beauté d'autrefois a disparu; elle a renoncé à tout pour expier le meurtre de son père. Ils se réjouissent tous deux de la juste vengeance qu'ils vont tirer des meurtriers d'Agamemnon. Le tuteur d'Oreste les rappelle à la réalité.

Le 7ᵉ et dernier épisode du drame commence avec l'apparition de la Confidente, qui conduit Oreste et son tuteur dans le palais. Electre est seule, terriblement agitée. Elle attend que la première partie du plan de vengeance soit accomplie. Un cri lui indique qu'Oreste a trouvé Clytemnestre. Tout le palais est en émoi, mais Electre se tient dans l'entrée, en bloquant l'accès.

Egiste se promène dans la cour. Electre lui propose de l'éclairer jusqu'au palais. Il se demande pourquoi elle tourne ainsi autour de lui en dansant bizarrement. Egiste entre dans le palais pour réapparaître peu après à une fenêtre en criant à l'aide.

Des femmes sortent du palais en courant. Chrysothemis est parmi elles; elle sait maintenant qu'Oreste est de retour. Elle partage la joie d'Electre qui, rejetant la tête en arrière comme une ménade se livre à une danse démente. Sa soif de vengeance est assouvie, et sa danse devient de plus en plus frénétique. Elle s'effondre soudain, morte. Chrysothemis appelle « Oreste ! », et se précipite vers la porte du palais qu'elle martèle de ses poings. L'orchestre continue de jouer le motif d'Agamemnon.

H.

Der Rosenkavalier
Le Chevalier à la rose

Opéra en 3 actes de Richard Strauss; liv. d'Hugo von Hofmannsthal. Créé à Dresde, 26 janvier 1911, avec Siems, Nast, von der Osten, Perron, dir. Schuch. Première à Berlin, avril 1911, avec Hempel, Dux, Lola Artôt de Padilla, Knüpfer, dir. Muck; Vienne, 1911, avec Weidt, Förstel, Gutheil-Schoder, Mayr; la Scala, Milan, 1911; Covent Garden, 1913, dir. Hertz; Opéra de Paris, 1927, mise en scène de J. Rouché, avec Campredon, Lubin, Laval, Huberty, Fabert, dir. Gaubert; reprises : 1941, avec Lubin, Courtin, Micheau, Huberty, Noguera, dir. Gaubert; 1957, avec Crespin, Sarroca, Berton, Langdon, Laffage; 1966, avec Schwartzkopf, Sarroca, Berton, Böhme, Laffage, dir. Sebastian; 1976, avec Ludwig, Minton, Popp, Sotin, Wolansky, dir. Stein. Parmi les reprises à Covent Garden : 1924, avec Lehmann (plus tard Leider), Schumann, Reinhardt, Mayr, dir. Walter; 1933, avec Lehmann, Kern, Hadrabova, Kipnis, dir. Beecham; 1936, avec Rethberg, Andreva, Lemnitz, List, dir. Reiner; 1938, avec Lehmann (plus tard, Hilde Konetzni), Berger, Lemnitz, Krenn, dir. Kleiber; 1950, avec Fisher, Graf, Shacklock, Glynne, dir. Kleiber; 1953, dir. Kempe, mise en scène de Visconti, avec Jurinac (la Maréchale), Carlyle, Veasey, Langdon, dir. Solti. Première production à Glyndebourne en 1959, avec Crespin, Rothenberger, Söderström, Czerwenka, dir. Ludwig. Reprise par l'Opéra National Anglais en 1975, dir. Mackerras.

PERSONNAGES

LA PRINCESSE VON WERDENBERG *(la Maréchale)* (soprano); LE BARON OCHS VON LERCHENAU (basse); OCTAVIAN, *jeune frère du comte Rofrano* (soprano); MONSIEUR DE FANINAL, *riche parvenu* (baryton); SOPHIE, *sa fille* (soprano); MARIANNE, *sa duègne* (soprano); VALZACCHI, *intrigant italien* (ténor); ANNINA, *sa complice* (mezzo-soprano); UN COMMISSAIRE DE POLICE (basse); LE MAJORDOME DE LA MARÉCHALE (ténor); LE MAJORDOME DE FANINAL (ténor); UN NOTAIRE (basse); UN AUBERGISTE (ténor); UN CHANTEUR (ténor); LE JOUEUR DE FLUTE, LE COIFFEUR, UN ÉRUDIT, UNE NOBLE VEUVE, *rôles muets;* TROIS NOBLES ORPHELINES (soprano, mezzo, contralto); UNE COUTURIÈRE (soprano); UN DRESSEUR D'ANIMAUX (ténor); QUATRE DOMESTIQUES DE LA MARÉCHALE (deux ténors, deux basses); QUATRE MAÎTRES D'HOTEL (un ténor, trois basses); UN PETIT PAGE NOIR.

A Vienne, sous le règne de l'impératrice Marie-Thérèse.

Depuis sa création, *Der Rosenkavalier* a sans doute été plus joué que n'importe quel autre opéra allemand du XXe siècle. Sa popularité est peut-être due à la quantité de rythmes de valse qui surabondent dans la partition. On a même dit : « Il est à peine exagéré d'identifier la conception de base... à une immense valse de concert. » Mais il faut aussi tenir compte du personnage de la Maréchale.

Der Rosenkavalier exige un immense orchestre. Si l'on regarde de près la partition orchestrale, on y trouve 112 instruments, dont 19 pour un orchestre qui joue sur scène au troisième acte. Pour l'orchestre principal, le compositeur demande : 16 premiers et 16 seconds violons; 12 altos; 10 violoncelles; 8 contrebasses; 3 flûtes (n° 3 également piccolo); 3 hautbois (n° 3 également cor anglais); 1 clarinette basse (aussi corno di bassetto); 3 bassons (n° 3 également contrebasson); 4 cors; 3 trompettes; 3 trombones; 1 tuba; tympan, celesta; 2 harpes, et 3 joueurs pour la grosse caisse, les cymbales, le triangle, le tambourin, le Glockenspiel, le tambour, le tambourin, les cloches et les castagnettes. Le chef d'orchestre doit réduire les cordes dans les passages où « cela est rendu nécessaire pour la perception des paroles ».

Acte I. La chambre à coucher de la Maréchale. C'est le matin. Le rideau se lève après une introduction orchestrale passionnée, censée illustrer la scène d'amour qui vient juste de se dérouler. Cette impression est renforcée par les indications scéniques : Octavian est agenouillé près du lit où repose la Maréchale. On ne voit que le bras de celle-ci dépasser du rideau. Ces indications ne furent pas suivies dans la première mise en scène de l'Opéra de Berlin, paraît-il, à la suite d'une intervention de la Cour.

Le prélude (cf. premières mesures ci-dessous, no 1) est empreint de la scène d'amour qui se termine juste.

Le 1a est le thème du Chevalier à la Rose; les pensées passionnées et contemplatives de la Maréchale sont illustrées par les nos 2

et 3 respectivement — ce dernier terminant le prélude :

Au lever du rideau, le jeune et bel Octavian — 17 ans — devise avec la princesse dont le mari, un maréchal, est parti chasser. Octavian n'a pas envie de partir, et la Maréchale a encore moins envie de le laisser aller. Elle ne peut s'empêcher de penser que leur différence d'âge est telle (elle a trente-deux ans) qu'il finira bien un jour ou l'autre par rechercher de plus jeunes femmes.

Ils entendent du bruit et s'affolent : ce doit être le mari qui revient. Octavian disparaît derrière le lit et se déguise en femme de chambre. Mais l'alarme est moins sérieuse qu'il n'y paraissait. C'est un des parents de campagne de la Maréchale, le baron Ochs von Lerchenau, qui souhaite la voir. Les domestiques tentent de lui faire comprendre qu'il est bien trop tôt, mais il force la porte.

A peine est-il entré que son attention se porte sur la jeune femme de chambre de sa cousine, qu'il trouve fort à son goût. Il la dévore des yeux et essaie d'obtenir un rendez-vous, puis se décide à contrecœur à aborder l'objet de sa visite. Mais l'esprit de la Maréchale est si troublé par Octavian qu'elle a complètement oublié ce que son cousin lui avait demandé. Elle finit par comprendre qu'il lui échoit de désigner le Chevalier à la Rose qui devra, selon la coutume, porter au nom du baron la rose d'argent qu'il destine à sa fiancée, Sophie, fille d'un certain Faninal, fort riche et récemment anobli.

Ochs voudrait également que la Maréchale lui recommande un notaire car il faut encore mettre au point les détails du contrat de mariage. Elle lui suggère d'attendre l'heure de son lever auquel son propre notaire assistera. Ochs continue de presser honteusement la soi-disant camériste. La Maréchale lui fait remarquer qu'il semble savoir prendre son plaisir là où il se trouve, ce qui lance le baron dans une grande tirade sur son sujet favori : l'amour sous toutes ses formes.

Le lever commence. Le notaire, le chef, le chanteur italien, trois pauvres orphelines et deux intrigants italiens sont introduits tour à tour. Tandis que le coiffeur officie, chacun fait valoir sa cause. Le chanteur italien fait une démonstration très convaincante de son talent dans une aria pastiche : « Di rigori armato il seno ». Entre-temps, la Maréchale repousse avec mépris les deux intrigants qui essaient d'attirer son attention avec une lettre scandaleuse. Ochs discute avec le notaire et entre dans une grande colère quand on lui suggère qu'il doit verser une dot à la mariée, contrairement à l'habitude. Dans sa rage, il frappe la table du poing et interrompt le chanteur. Le calme revient, tous quittent la pièce, y compris les domestiques miteux qui ont accompagné Ochs et lui ont remis la rose d'argent.

Restée seule, la Maréchale est en proie à des pensées mélancoliques. N'a-t-elle pas été une jeune fille naïve, tout comme cette pauvre créature innocente que ce rustre d'Ochs va épouser ? « Kann mich auch an ein Mädel erinnern ? ». Même Octavian, de retour avec bottes, éperons et beaux discours, ne parvient pas à la dérider. Quelles que soient ses intentions, maintenant, il ne tardera pas à la quitter pour une autre femme, plus jeune : « Die Zeit, die ist ein sonderbar Ding ». Cet état d'esprit triste, réfléchi et presque amer échappe complètement à Octavian. A peine a-t-il quitté la pièce qu'elle réalise qu'elle ne l'a pas embrassé. Elle sonne pour que l'on coure le rattraper, mais il a disparu. La Maréchale remet à son petit page noir la rose d'argent pour qu'il la porte au comte Octavian.

Acte II. Un salon chez M. de Faninal. Ce nouveau riche récemment anobli est très flatté que le baron Ochs von Lerchenau, membre de l'ancienne noblesse, daigne prétendre à la main de sa fille Sophie. Celle-ci, et sa duègne Marianne, attendent le prétendant avec une grande impatience. En effet, le majordome de Faninal lui a expliqué que l'étiquette voulait qu'il soit absent à l'arrivée du porteur de la rose d'argent.

Marianne fait des commentaires élogieux sur l'équipage d'Octavian, enchantée de voir que les voisins les observent. On entend crier « Rofrano » au-dehors. Le cours de la musique s'amplifie et Octavian, suivi de son escorte, entre, la rose d'argent dans la main droite (n° 4).

Il fait un petit discours à Sophie, qui reçoit la rose. Dans une phrase extasiée et épanouie (n° 5), Sophie donne libre cours à son agitation — due tout autant à la belle tournure du chevalier qu'à la rose ou à la perspective de voir son fiancé.

Suit un duo assez court après lequel les deux jeunes gens s'assoient pour engager une conversation courtoise en attendant le baron. Octavian est sous le charme, et la jeune fille se sent fort attirée par ce jeune et beau cavalier. La conversation prend imperceptiblement un tour plus intime qu'interrompt l'entrée du véritable prétendant. Sophie est horrifiée par sa brutalité (il lui fait entendre qu'il ne la courtise que par condescendance) et ses vilaines manières. Il fredonne sa valse favorite. (n°6).

Octavian écume de rage et de jalousie, tandis que l'aversion de Sophie pour le baron ne fait que croître.

Fort à propos, le notaire appelle Ochs dans une pièce voisine pour dresser le contrat de mariage. Sophie est bouleversée. Elle ne se résoudra jamais à épouser l'ignoble baron, d'autant moins qu'elle connaît maintenant le bel Octavian. Tous deux en conviennent rapidement, et Sophie se jette dans les bras du chevalier.

Les deux intrigants, Valzacchi et Annina, sortent alors de leur cachette en criant. Le baron Ochs, alerté, arrive de la pièce voisine. Les domestiques se précipitent. Octavian déclare à Ochs que Sophie le trouve antipathique et l'insulte tant et si bien que le baron doit dégainer, mais contre son gré. Au cours de l'assaut, Octavian le pique légèrement. La « victime » pousse un cri effroyable. Un grand désordre s'ensuit : les domestiques et le médecin s'affairent, et Faninal, ivre de rage quand sa fille refuse fermement d'épouser le baron, la menace du couvent. Ochs, aussitôt sa blessure pansée, se remet tranquillement en buvant le vin de Faninal.

Octavian est résolu à conquérir Sophie. Il décide d'utiliser les services des deux intrigants, qui sont ravis de pouvoir l'aider car la mesquinerie du baron les a dégoûtés. La foule se disperse, et Ochs reste seul allongé sur un divan, fredonnant sa valse favorite (n° 6). Annina lui remet alors un billet. C'est la camériste de la princesse qui lui accorde un rendez-vous ! Ochs est enchanté d'avoir fait une nouvelle conquête.

L'air de la célèbre valse du baron domine le finale.

Acte III. Après le brillant *fugato* de l'orchestre, le rideau se lève sur la salle d'une auberge près de Vienne. Avec l'aide des deux intrigants italiens, qui sont maintenant à la fois au service du baron et du chevalier, tout en préférant ce dernier parce qu'il les paie mieux, Octavian a réservé une chambre à l'auberge. Cette pièce est pleine de trappes, de fausses portes et de fausses fenêtres. Sur la suggestion des deux intrigants, qui connaissent bien l'endroit et l'usage qu'on peut en faire, Ochs a fixé ici son rendez-vous galant. Octavian, qui a revêtu pour l'occasion des vêtements féminins, arrive en avance.

Dès qu'ils sont seuls, Ochs courtise Octavian dans un style parfaitement primitif, avec accompagnement d'airs de valse. Octavian réussit à le tenir à distance, et peu à peu se développe la plaisanterie délirante dont le baron fait l'objet. D'étranges silhouettes apparaissent aux fenêtres. Soudain, une fenêtre supposée fausse s'ouvre, et une femme en deuil fait irruption. C'est Annina qui, sous un déguisement, prétend être la femme abandonnée du baron. L'aubergiste et ses domestiques envahissent la chambre. Le bruit et la confusion règnent. Enfin, le baron appelle la police sans réaliser les fâcheuses conséquences de son acte. Le commissaire arrive et le baron, pour se sortir d'affaire, prétend que sa compagne est sa fiancée, Sophie von Faninal. Ce qui ne fait qu'embrouiller la situation, car les complices d'Octavian ont invité Faninal à l'auberge, à l'insu du baron, mais en son nom. Stupéfait, ce dernier ne trouve rien de mieux que de prétendre qu'il ne connaît pas Faninal, qui bien entendu, en conçoit une forte colère. La Maréchale apparaît quand le désordre est à son comble. En effet, un laquais du baron, voyant son maître en mauvaise posture, est allé lui demander protection. Elle prend aussitôt la situation en main. Le commissaire de police a autrefois été au service de son mari, aussi n'a-t-elle aucun mal à le persuader d'oublier cette plaisanterie. Sophie,

qui a déjà fait comprendre au baron que ni elle-même ni son père ne souhaitaient le revoir, craint de subir, avec Octavian, les retombées de la « plaisanterie ». Mais son inquiétude est de courte durée. Car la Maréchale, après s'être débarrassée d'Ochs, pousse Sophie dans les bras d'Octavian.

La dernière partie de l'opéra efface l'impression d'agitation désordonnée qui marquait le début de l'acte III. On y trouve le grand trio (« Hab' mir's gelobt, ihn lieb zu haben ») entre la Maréchale, Sophie et Octavian, l'un des premiers exemples de la somptueuse écriture pour plusieurs voix féminines que l'on retrouvera dans toutes les partitions de Strauss, mais ici sous sa plus belle forme.

Octavian et Sophie sont pardonnés et restent seuls — l'ampleur du personnage de la Maréchale apparaît tout entière dans le grand mouvement de la première phrase du trio.

Les deux amants chantent un petit duo sur l'air le plus simple qu'on puisse imaginer, ponctué par le n° 4a (« Ist ein Traum, kann nicht wirklich sein ») : leur bonheur est complet. La Maréchale réapparaît au bras de Faninal. Elle ne dit que « Ja, ja », mais l'orchestre fait doucement allusion à la musique de son monologue à la fin de l'acte I. Les amants sont à nouveau seuls. Après une autre référence à leur bonheur sans nuage ils sortent, main dans la main. Mais l'opéra n'est pas tout à fait fini. Sophie a laissé tomber son mouchoir et le petit page noir revient le chercher en courant. Il le ramasse, repart en courant vers le carrosse, et le rideau tombe.

Der Rosenkavalier est un chef-d'œuvre de pastiche, une évocation de la Vienne féerique et irréelle d'autrefois, et un brillant tour de force technique. Les principales recettes utilisées par l'auteur et son librettiste, aussi séduisantes soient-elles, sont soit anachroniques (comme ces valses magiques et omniprésentes qui suggèrent une période largement antérieure), soit imaginaires (comme cette présentation de la rose à la jeune fiancée, qui n'a aucune réalité historique). Si les moyens défient les puristes, la fin est un triomphe sans précédent : l'invention de Strauss est expressive et inoubliable, celle d'Hofmannsthal élégante et sen-

sible. L'un des meilleurs produits de leur collaboration est une sorte de conversation musicale ultra-rapide, toujours adaptée à la situation, pleine de caractère — exemple unique de discours rehaussé par une musique qui n'est jamais banale et ne gâche jamais la ligne principale par excès de lyrisme. De là naissent des moments d'émotion authentique qui rendent l'opéra inoubliable — la Maréchale méditant sur sa jeunesse évanouie, son émouvante et réelle grandeur quand elle cède Octavian à une femme plus jeune; il faut également citer à cet effet des passages plus traditionnels comme la valse du baron, l'entrée étincelante d'Octavian et sa présentation de la rose et le trio de l'acte III qui résume splendidement toutes les émotions contenues dans ce drame.

K.,H.

Ariadne auf Naxos
Ariane à Naxos

Dans sa version originale, opéra en 1 acte de Richard Strauss, sur un liv. d'Hugo von Hofmannsthal. L'œuvre devait succéder à une version abrégée du Bourgeois Gentilhomme *de Molière (dans une traduction d'Hofmannsthal), avec musique de Strauss. Cette version fut entendue pour la première fois à Stuttgart, le 25 octobre 1912, avec Jeritza, Siems, Jadlowker, dir. de l'auteur. Première à Berlin, 1913, avec Hafgren-Waag, Bosetti, Jadlowker, dir. Blech; Her Majesty's Th. Londres, 1913, avec von der Osten, Bosetti, Marak, dir. Beecham (Tree jouait M. Jourdain, et Somerset Maugham avait fait la traduction). Reprise au Fest. d'Edimbourg, 1950, dir. Beecham (Miles Malleson, auteur de la traduction, jouait également le rôle de M. Jourdain). L'opéra fut ensuite révisé, et la pièce de Molière abandonnée. La première de la nouvelle version fut donnée à Vienne, 4 octobre 1916, avec Jeritza, Selma Kurz, Környey, Duhan et Lehmann (qui remplaça, dit-on dans son autobiographie, Gutheil-Schoder dans le rôle du compositeur), avec Schalk au pupitre. Première à Berlin, 1916, avec Hafgren-Waag, Hansa, Lola Artôt de Padilla, Kirchner, dir. Blech; Covent Garden, 1924, avec Lehmann, Ivogün, Schumann, Fischer-Niemann, dir. Alwin; New York, 1934; Rome, 1935, avec Anny Konetzni, Kern, Hadrabova, Kalenberg, dir. Krips (ensemble de l'Opéra de Vienne); Paris, Opéra-Comique, 1943, avec Lubin, Micheau, Ferrer, Jouatte, Rousseau, dir. Desormiere; reprise, 1950, dir. Sebastian; City Center, New York, 1946, avec beaucoup de succès : c'était la première représentation professionnelle à New York, dir. Halasz, avec Ella Flesch, MacWatters, Stoska, Argyris. Reprises : Berlin, 1932, avec Anny Konetzni, Ivogün, Lorenz; Covent Garden, 1936, avec Marta Fuchs, Sack, Wieber, Ralf, dir. Strauss (ensemble de l'Opéra de*

Dresde); Vienne, 1947, avec Cebotari, Noni, Jurinac, Friedrich; Munich, 1952,
avec Cunitz, Lipp, Jurinac, Patzak, dir. Keilberth; Glyndebourne, 1953, dir.
Pritchard; Metropolitan, 1962, avec Rysanek, d'Angelo, Meyer, Jess Thomas, dir.
Böhm; Aix-en-Provence, 1963, avec Meyer, Wolff, Schoffler, Seefried, Stich-
Randall, dir. Dervaux, et 1966, avec Mesplé, Kerns, Troyanos, Cox, Crespin,
Yakar, dir. Sebastian.

PERSONNAGES

PERSONNAGES DU PROLOGUE :

LE MAJORDOME (rôle parlé); LE MAÎTRE DE MUSIQUE (baryton); LE COMPOSITEUR
(soprano); LE TÉNOR (plus tard BACCHUS) (ténor); UN OFFICIER (ténor); LE MAÎTRE
DE BALLET (ténor); LE PERRUQUIER (basse); UN LAQUAIS (basse); ZERBINETTE
(soprano); LA PRIMA DONNA (plus tard ARIANE) (soprano); ARLEQUIN (baryton);
SCARAMOUCHE (ténor); TRUFFALDINO (basse); BRIGHELLA (ténor);

PERSONNAGES DE L'OPÉRA :

ARIANE (soprano); BACCHUS (ténor); NAÏADE, DRYADE et ECHO, *trois nymphes*
(soprano, contralto, soprano); ZERBINETTE et ARLEQUIN, *personnages de l'Intermezzo*
(soprano et baryton); SCARAMOUCHE, TRUFFALDINO et BRIGHELLA, *personnages*
de l'Intermezzo (ténor, basse, ténor).

Les personnages de l'opéra sont les
mêmes dans les deux versions. Ceux
du prologue n'apparaissent que dans la
deuxième version. La conception
originale de l'œuvre faisait appel à la
distribution du *Bourgeois Gentil-*
homme de Molière pour la première
partie de la soirée.

Ce qui frappe le plus quand on lit la
correspondance de Strauss et d'Hofmannsthal c'est l'opposition entre leur
premier point de vue sur une œuvre
commune et leurs dernières considérations. Ainsi, *Der Rosenkavalier* avait
été envisagé comme une simple comédie, avec des rôles importants pour un
baryton et un soprano déguisé en garçon; au début de la correspondance, il
n'y avait pas trace de la Maréchale, qui
devint par la suite le personnage central de la comédie. *Ariane* connut une
évolution encore plus étrange. Conçue
à l'origine comme un petit opéra d'une
demi-heure, destiné à remercier Max

Reinhardt qui avait mis le *Rosenka-*
valier en scène à Dresde, l'œuvre devait
remplacer le ballet turc commandé
par M. Jourdain dans le *Bourgeois*
Gentilhomme de Molière. L'opéra finit
par être plus long qu'on ne l'avait
prévu initialement. Utiliser à la fois
une troupe d'opéra et une troupe de
théâtre semblait malheureusement au-
delà des moyens de la plupart des salles
et l'œuvre, telle quelle, se révéla in-
jouable. Strauss la révisa donc, et
substitua un prélude musical de
35 mm à la pièce de Molière; il
modifia en même temps le contenu de
l'opéra qui ne changea pas beaucoup,
sinon que le rôle de Zerbinette[1] subit
quelques coupures.

On joue généralement la seconde
version d'*Ariane*. Mais un grand
spécialiste de Strauss, Sir Thomas
Beecham, écrit dans son ouvrage
autobiographique, *A Mingled Chime* :
« J'ai toujours pensé que la musique

---

1. Margarethe Siems fut non seulement la créatrice du rôle de Zerbinette, mais aussi de
Chrysothemis et de la Maréchale.

de Strauss atteignait un sommet dans cette première version d'*Ariane*, cédant à une plus grande variété et spontanéité d'invention, alliées à un style plus mûr et plus subtil que dans toutes ses autres œuvres pour la scène... la partie de Bacchus est l'un des fleurons de la littérature d'opéra au XXe siècle... La seconde version a non seulement peu tenu l'affiche[1], mais a aussi privé le public de l'original, bien meilleur et plus séduisant. »

La version originale de l'opéra implique que *Le Bourgeois Gentilhomme* soit abrégé, pour pouvoir former la 1re partie d'un spectacle. Rappelons le thème : M. Jourdain, un bourgeois décidé à devenir gentilhomme par la seule grâce de l'effort, veut apprendre à danser, chanter, jouer du fleuret, composer, philosopher ; il est en même temps soucieux de gagner les faveurs d'une certaine marquise Dorimène. Celle-ci est éprise du comte Dorante, individu assez louche qui entend l'accompagner au somptueux dîner que M. Jourdain donne en leur honneur. La pièce est illustrée par quelques délicieux passages de Strauss, et les trois personnages s'installent sur le côté de la scène pour assister à l'opéra joué en leur honneur.

Dans la version révisée, le prologue se déroule chez un nouveau riche viennois. Des musiciens, chanteurs, menuisiers et machinistes préparent la scène pour la première représentation d'un opéra sérieux commandé spécialement par le maître des lieux à l'intention de ses invités. Consternation générale quand le Majordome annonce qu'un divertissement costumé suivra l'opéra ; aucun des deux spectacles ne doit dépasser la durée prévue, car le feu d'artifice commence à 9 h précises ! Mais le pire est à venir : le Majordome vient d'informer les deux troupes que son maître a changé d'avis et que les

deux spectacles seront joués simultanément : l'opéra sera ponctué d'intervalles chantés et dansés par les comédiens.

La figure principale du prologue est le Compositeur, créé pour la seconde version. C'est un personnage émouvant, qui a presque toujours été servi par d'exceptionnelles interprètes. Il improvise une aria destinée au Ténor (tirée d'une petite chanson de la pièce, dans la première version), déplore que son chef-d'œuvre soit mélangé aux danses d'un spectacle ordinaire, essaie d'expliquer à Zerbinette qu'Ariane préfère mourir plutôt qu'embrasser un autre que son bien-aimé, et enfin, n'y parvenant pas, engage un duo avec Zerbinette où il est à deux pas de lui avouer son amour. Ayant réglé ses différents avec le Ténor et la Prima Donna, il termine le prologue par une tirade à la gloire de la musique, le plus sacré des arts.

L'opéra proprement dit commence aussitôt après l'intervalle. Le maître de maison et ses invités y assistent dans leurs loges. Le décor, que nous avions vu à l'envers, apparaît. D'un côté, une grotte, devant laquelle Ariane est endormie, veillée par Naïade, Dryade et Echo. Elles expriment dans un trio (du type rendu familier par les Filles du Rhin de Wagner) leur compassion pour le malheur d'Ariane, auquel elles ont fini par s'habituer avec le temps.

La grande *scena* d'Ariane commence. Elle parle comme dans un rêve et ne remarque pas que Zerbinette et le quatuor de l'Arlequinade commentent sa détresse et cherchent un moyen de la consoler. Ariane ne songe qu'à la mort, malgré les efforts d'Arlequin pour la guérir de cette folie : « Es gibt ein Reich, wo alles rein ist ; es hat auch einen Namen : Totenreich » ; son monologue devient plus intense à l'évocation du nom d'Hermès, le messager de la mort. Dans la dernière

---

1. L'expérience a prouvé que ce jugement était, pour le moins, prématuré.

partie, elle se réjouit avec extase du repos que la mort lui apportera — passage d'un poids quasi wagnérien pour l'interprète. Finalement Zerbinette, décidée à agir seule, renvoie les comédiens. Sa *scena* est l'une des plus difficiles du répertoire de soprano colorature. Après un récitatif : « Grossmächtige Prinzessin » (Très gracieuse princesse), elle s'adresse à Ariane de femme à femme. La princesse n'est pas la première femme que son amant abandonne, et certainement pas la dernière. Zerbinette expose sa philosophie

Als ein Gott kam Je-der ge-gangen und sein Schritt schon machte mich stumm.

légère, et continue imperturbablement quand Ariane regagne sa grotte. Elle fait un récit détaillé de sa carrière amoureuse dans un *allegretto scherzando* (« So war es mit Pagliazzo »). Ici, l'écriture vocale abandonne le terrain traditionnellement reconnu, pour se lancer dans un étalage fantastique d'acrobaties vocales.

Als ein Gott. Kam Je - der ge - gan - gen

La partie de l'opéra qui commence avec le récitatif est entièrement consacrée à Zerbinette. Les quatre comédiens la poursuivent de leurs avances. Elle les encourage et les repousse tous, jusqu'au moment où Scaramouche, Brighella et Truffaldino restent seuls en scène. L'instant suivant, ils sont fort contrits d'entendre Zerbinette converser tendrement avec Arlequin — dont ils croyaient s'être débarrassé — et sortent précipitamment pour intervenir.

Les trois nymphes reviennent, un jeune dieu s'avance. C'est Bacchus, à peine sorti des bras de Circé, mais prêt pour de nouvelles aventures. Elles appellent Ariane. Celle-ci sort de sa caverne et entend Bacchus, dans les coulisses, appeler Circé. Les nymphes prient le jeune dieu de continuer son chant et Ariane l'accueille comme le messager de la mort tant attendu. L'opéra se termine par un long duo d'amour, où Ariane trouve le réconfort dans les bras de Bacchus. Zerbinette intervient un instant pour souligner que tout s'est passé exactement comme elle l'avait prédit. Bacchus et Ariane entrent ensemble dans la grotte. *Ariane* est écrit pour un petit orchestre de trente-neuf musiciens.

H.

Die Frau ohne Schatten
La Femme sans ombre

Opéra en 3 actes de Strauss; liv. d'Hugo von Hofmannsthal. Créé à Vienne, 10 octobre 1919, avec Lehmann, Jeritza, Weidt, Oestvig, Manowarda, Mayr, dir. Schalk. Première à Dresde, 1919, dir. Reiner; Berlin, 1920; Salzbourg, 1932, dir. Clemens Krauss; Zürich, 1932; Venise, 1934 avec la troupe viennoise, la Scala, 1940, dir. Marinuzzi; Buenos Aires, 1949, dir. Kleiber; Munich, 1954, dir. Kempe; San Francisco, 1959, dir. Ludwig; la réouverture de l'Opéra de Munich, reconstruit, eut lieu en 1953 avec cette œuvre; la distribution réunissait Borkh, Bjoner, Mödl, Jess Thomas, Fischer-Dieskau, dir. Keilberth; Metropolitan, New York, 1966, avec Christa Ludwig, Rysanek, Dalis, King, Berry, dir. Böhm; Covent Garden, 1967, avec Borkh, Hillebrecht, King, McIntyre, dir. Solti; Paris, 1972, avec Ludwig, Rysanek, Hess, Berry King, dir. Böhm.

PERSONNAGES

L'EMPEREUR (ténor); L'IMPÉRATRICE, *sa femme* (soprano); LA NOURRICE *(Die Amme)* (mezzo-soprano); UN ESPRIT MESSAGER (baryton); LE GARDIEN DES PORTES DU TEMPLE (soprano ou ténor [falsetto]); APPARITION D'UN JEUNE HOMME (ténor); LA VOIX DU FAUCON (soprano); UNE VOIX VENUE D'EN HAUT (contralto); BARAK, *le teinturier* (baryton-basse); SA FEMME (soprano); LE BORGNE, LE MANCHOT, LE BOSSU, *frères de Barak* (basses, ténor); SIX VOIX D'ENFANTS : (trois sopranos, trois contraltos); LES VOIX DES VEILLEURS DE NUIT : (trois basses).

Les serviteurs de l'empereur, les voix des enfants qui ne sont pas encore nés, les esprits.

L'empereur des îles du Sud-Est est marié à un être surnaturel, la fille de Keikobad, roi des Esprits. Elle apparut un jour à la place d'une gazelle blanche qu'il avait tuée à la chasse. Leur amour est profond, mais ils n'ont pas d'enfant; en signe de sa stérilité, l'impératrice n'a pas d'ombre. Voilà le thème principal de l'opéra : pour que l'amour soit accompli, la femme doit avoir des enfants, et l'ombre est le signe qui marque la fécondité.

Acte I. Au début de l'opéra — dont chaque acte dure plus d'une heure — un messager apparaît à la nourrice. S'étant assuré que l'impératrice n'avait toujours pas d'ombre, il annonce qu'elle n'a plus que trois jours à passer sur terre. Passé ce délai, elle devra retourner à Keikobad, et l'empereur sera pétrifié.

L'empereur raconte comment il a rencontré et conquis sa femme. Il dit à la nourrice qu'il part chasser pendant trois jours et fait allusion à son faucon favori qu'il n'a pas revu depuis qu'il a rencontré sa femme. L'impératrice évoque à son tour son amour, puis aperçoit le faucon qui décrète : « La femme n'a pas d'ombre, l'empereur doit être pétrifié. » L'impératrice comprend que le seul moyen de sauver son époux est d'acquérir une ombre, et elle supplie la nourrice de l'aider.

L'orchestre décrit leur voyage sur terre. Le second décor représente la cabane du teinturier Barak. Elle est pauvrement meublée et sert à la fois d'atelier et de chambre. Au lever du rideau, les trois frères infirmes de Barak se querellent. La scène suivante révèle la différence de caractère entre Barak et sa femme. Autant il est patient et bonhomme, autant elle criaille et se plaint sans cesse. Il lui reproche de ne pas lui avoir donné d'enfant, puis sort pour porter ses marchandises au marché.

Aussitôt, l'impératrice et la nourrice, vêtues en simples paysannes, entrent dans la cabane. La nourrice comprend vite que la femme du teinturier sera un bon sujet pour ses expériences de magie noire. Elle la complimente d'être si belle et lui propose de vendre son ombre en échange de toutes les richesses qu'elle peut désirer. Pour mieux la convaincre, la nourrice fait appel à des visions.

La femme du teinturier accepte d'échanger toutes ces richesses contre ses propres espérances de maternité. Elle interdira son lit à son mari. Restée seule, la femme a une autre vision. Elle entend avec terreur sortir des flammes les voix de ses enfants à naître.

Quand Barak revient, son lit et celui de sa femme sont séparés. On entend au-dehors les voix des veilleurs de nuit.

Acte II. Dans la cabane de Barak. La nourrice tente la femme avec l'apparition d'un beau jeune homme qui se manifeste quand le teinturier est sorti. La femme croit haïr son mari, pourtant, elle n'ose pas le tromper. Barak sent bien qu'elle a changé et en conçoit une grande peine. Il invite quelques enfants mendiants à partager leur repas.

Dans la fauconnerie de l'empereur, au cœur de la forêt. L'empereur, qui a retrouvé son faucon, le suit à l'intérieur de la maison. Il y trouve sa femme, et sent immédiatement qu'elle est entrée en contact avec les choses de la terre.

La cabane de Barak. Nous sommes au troisième jour, et la nourrice s'efforce toujours d'obtenir l'ombre de la femme du teinturier. Toutes deux sortent de la cabane, laissant l'impératrice et Barak. Quand le rideau tombe, on comprend que l'impératrice éprouve de la sympathie pour le teinturier et qu'elle regrette le mal qu'elle va lui causer.

La chambre de l'impératrice dans la fauconnerie. Elle ne trouve pas le sommeil. Elle a une vision de son mari errant parmi des grottes ressemblant à des tombes, et elle entend La Voix du Faucon : « La femme n'a pas d'ombre, et l'empereur doit être pétrifié. » L'impératrice est bouleversée, mais aussi émue du malheur de Barak dont elle se sait responsable.

La cabane de Barak. La nourrice tente une dernière fois d'arracher l'ombre de la femme. Il est midi, et pourtant, il fait sombre, un orage gronde, et les trois frères de Barak hurlent de terreur. La nourrice comprend que les forces surnaturelles qui se déchaînent échappent à son contrôle. L'impératrice est terrifiée par les souffrances des êtres humains, mais reconnaissante au destin qui lui a permis de rencontrer Barak, dont l'intégrité l'a conquise. Le point culminant de la scène est le moment où la femme dit à Barak qu'elle l'a trompé en vendant son ombre et ses enfants à naître. Pour prouver ses dires, les trois frères allument un feu : on voit alors qu'elle n'a pas d'ombre. Barak veut la tuer, et une épée apparaît, comme par magie, à portée de sa main. L'impératrice refuse d'obtenir l'ombre à un tel prix. La femme de Barak, devant l'effet produit par son aveu, dit à son mari

qu'elle n'a rien fait, mais seulement désiré le faire.

Au moment où la nourrice arrache l'impératrice à cette scène, la terre s'entrouvre et engloutit Barak et sa cabane.

Acte III. Une voûte souterraine, divisée en son milieu par un mur épais. D'un côté, Barak; de l'autre, sa femme. Chacun est inconscient de la présence de l'autre. Dans un passage célèbre, elle lutte avec sa conscience (« Schweigt doch, ihr Stimmen ») tandis qu'il essaie de trouver la paix et la consolation pour tous deux (« Mir anvertraut, dass ich sie hege »).

Les trombones appellent l'impératrice dans la salle des jugements où siège son père, Keikobad. La nourrice veut l'empêcher d'entrer, craignant la colère de Keikobad plus que la mort. Elle veut convaincre l'impératrice de retourner sur terre chercher l'ombre. Mais l'impératrice entre dans la salle où son mari est jugé. Elle fait ses adieux à la nourrice qui ne comprend ni les hommes, ni leurs luttes, ni le prix qu'ils paient pour leurs fautes, elle, par contre, a appris à les aimer et les comprendre dans leur malheur. On entend les voix de Barak et de sa femme qui s'appellent.

L'impératrice demande à connaître la place qu'elle occupe dans l'univers. Une voix venue d'en haut lui ordonne de boire l'Eau de Vie pour avoir une ombre et devenir humaine. Mais les voix de Barak et de sa femme retentissent à nouveau, et l'impératrice refuse de boire au prix de leur perte. Elle demande à voir son père, le juge. Un renfoncement dans la muraille s'illumine. L'empereur apparaît, pétrifié. Seuls ses yeux bougent, qui implorent l'impératrice. Désespérée, elle veut se précipiter à ses côtés, mais une voix s'élève : « La femme n'a pas d'ombre et l'empereur doit être pétrifié. » C'est son ultime épreuve, et elle s'effondre, vaincue par son combat intérieur. Enfin, un cri s'échappe de ses lèvres : « Je ne boirai pas. »

Aussitôt, l'Eau disparaît, et une lumière venue d'en haut éclaire entièrement le temple. L'impératrice se lève et on peut voir son ombre. L'empereur descend de son alcôve dans la muraille, les voix de leurs enfants à naître chantent au-dessus d'eux.

Eperdus de bonheur, ils s'embrassent et tombent à genoux.

Un magnifique paysage avec une chute d'eau. L'empereur et l'impératrice regardent la cascade. Au-dessous, on peut voir les silhouettes de Barak et de sa femme, qui se sont retrouvés. Les voix des enfants à naître viennent parfaire le bonheur des deux couples.

H.

Intermezzo

Opéra en 2 actes de Strauss; liv. du compositeur. Créé à Dresde, 4 novembre 1924, avec Lotte Lehmann, Joseph Correck, Theo Strack, Hans Lange, Liesl von Schuch, Ludwig Ermold, dir. Fritz Busch. Première à Berlin, 1925, dir. Szell; Vienne, 1927, dir. Strauss; Cuvelliéstheater, Munich, 1960; New York, 1963; Glyndebourne, 1974, avec Söderström.

PERSONNAGES

CHRISTINE (soprano); LE PETIT FRANZ, *son fils, huit ans;* LE HOFKAPPELMEISTER ROBERT STORCH, *son mari* (baryton); ANNA, *la femme de chambre* (soprano); LE BARON LUMMER (ténor); LE NOTAIRE (baryton); SA FEMME (soprano); LE KAPPELMEISTER STROH [1] (ténor), LE CONSEILLER COMMERCIAL (baryton), JUSTIZRAT [2] (baryton), KAMMERSÄNGER [3] (basse), *partenaires de Storch* [4].

A Grundlsee et à Vienne, dans les années 1920.

Lorsque l'opéra fut créé, les journaux insistèrent sur le fait que l'intrigue était inspirée de la vie privée du compositeur. D'ailleurs Strauss avait personnellement veillé à ce que les décors ressemblent à sa maison de Garmisch, et Joseph Correck, le créateur du rôle de Storch, portait un masque spécialement conçu pour accentuer sa ressemblance avec Strauss.

Acte I. Le cabinet de toilette du Kappelmeister Storch. Il est sept heures du matin. Storch et son épouse font

leurs bagages. Elle est de fort mauvaise humeur, houspillant les domestiques et se plaignant sans cesse de son mari à qui elle rappelle qu'elle vient d'une bien meilleure famille que la sienne.

Après avoir amplement fait preuve de son mauvais caractère, elle avoue à sa camériste que le principal défaut de son mari est son incorrigible gentillesse; si seulement il lui faisait face, comme un homme, elle aurait plus de respect pour lui. Le téléphone sonne. Une amie propose à Christine d'aller patiner, elle accepte.

1. Stroh était le chef d'orchestre Joseph Stransky, attaché par la suite au N.Y. Philharmonic.
2. Titre honorifique conféré par l'empereur à des magistrats.
3. Le Kammersänger était le ténor héroïque wagnérien Ernst Kraus, membre de l'Opéra d'État de Berlin de 1896 à 1924, qui chanta les œuvres de Wagner à Bayreuth et à Covent Garden.
4. Strauss jouait régulièrement. Ses partenaires au jeu vivaient apparemment à Berlin au début du siècle.

Un interlude nous conduit à la scène suivante. (Il y a douze interludes dans cette œuvre, qui sont des éléments importants de l'expression lyrique.) Une piste de toboggan très fréquentée. Quand vient le tour de Christine, elle entre en collision avec un jeune skieur; elle l'insulte, prétendant s'être blessée dans sa chute. Ayant découvert qu'il est le fameux baron Lummer, elle devient d'une extrême amabilité et s'empresse de lui révéler qu'elle est l'épouse du célèbre compositeur Storch et l'invite à lui rendre visite.

L'interlude suivant, composé de valses et autres danses, nous mène dans une auberge à Grundlsee, où Christine danse avec le baron. Toute cette scène est brillante et animée. La musique est celle du troisième acte du *Rosenkavalier,* transposée et abrégée, et dépourvue de l'esprit de farce.

La salle à manger chez Storch. Christine relit la lettre qu'elle adresse à son mari, lui confiant qu'elle a trouvé un excellent chevalier servant. Le baron entre à ce moment. Assis face à face, ils lisent les journaux, et elle lui demande quand il va commencer ses études. A ce sujet un différend l'oppose à sa famille. Elle lui conseille d'attendre le retour de son mari, qui ne manquera pas de lui venir en aide.

La musique pleine d'entrain qui accompagne la sortie du baron, combinée à l'interlude suivant, constitue un passage de concert, connu comme « l'interlude d'*Intermezzo* ».

La chambre que le baron occupe chez le notaire. Il repense avec colère aux exigences de Mme Storch. Si elle croit passer ses soirées avec lui à lire les journaux ! Et tout ce discours au sujet de ses études... et de sa mauvaise santé ! Une jeune amie l'interrompt. Il la prie d'attendre un instant et s'asseoit pour écrire à sa protectrice (c'est le titre qu'il donne à Christine) qu'il lui faut de l'argent.

Un autre interlude nous ramène dans la salle à manger de Storch. Christine a reçu la lettre du baron. Mille marks ! Il doit être fou ! Quand il se présente

devant elle, elle le renvoie essuyer ses chaussures. Elle lui assure ensuite qu'elle ne peut lui donner ce qu'il demande, mais que son mari l'aidera sûrement dès son retour.

La femme de chambre apporte un billet, adressé au Kappelmeister Storch. Christine l'ouvre et pousse un cri horrifié. Elle lit à voix haute : « Chéri, envoie-moi deux autres billets pour l'opéra demain. Retrouvons-nous ensuite au bar, comme d'habitude. Ta Mieze Meier. » Elle rédige un télégramme : « Qui est Mieze Meier ? Votre infidélité découverte. Je vous quitte pour de bon. »

Nouvel interlude. La chambre d'enfant. Christine pleure, accuse son mari, mais l'enfant n'y comprend rien : son père est bon et doux, et c'est elle, au contraire, qui fait d'affreuses scènes.

Acte II. Le jeu de « skat ». Un salon confortable dans la maison du conseiller commercial. Autour de la table de jeu sont assis le Justizrat, le conseiller commercial, le Kammersänger et le Kappelmeister Stroh. En attendant Storch, ils commentent son agréable caractère, si diamétralement opposé à celui de son épouvantable épouse. Storch arrive, il leur parle de sa lettre où elle mentionne le baron. Sentant la critique poindre dans leur ton, Storch leur explique combien Christine sous une apparence revêche, cache un cœur d'or.

On apporte un télégramme à Storch dont la bonne humeur s'effondre tout à coup. Il passe le papier à Stroh et le prie d'en lire le contenu à voix haute. Stroh demande aussitôt : « Comment, vous la connaissez aussi ? » Storch quitte la pièce précipitamment, comme pris de panique.

Le bureau du notaire. L'épouse du Kappelmeister vient demander le divorce. Le Notaire présume que le baron est en cause et entend avec stupeur Christine affirmer qu'elle a des preuves de l'infidélité de son mari.

L'interlude suivant est orageux. Nous nous retrouvons au Prater, à

Vienne. Orage. Storch se promène, Christine n'a pas répondu à ses télégrammes et il ne sait toujours pas qui est la mystérieuse Mieze Meier. Il ne peut quitter Vienne et son travail pour cette ridicule méprise, mais il est très inquiet. Stroh suggère que la fameuse lettre lui était peut-être adressée : les deux noms se ressemblent, et Mieze, cette écervelée, a dû relever son adresse dans l'annuaire, convaincue que Stroh était le célèbre Kappelmeister. Storch est furieux et exige de Stroh qu'il répare ce gâchis.

Scène 4. Le cabinet de toilette de Christine, dans le plus grand désordre. Elle passe sa colère sur tout ce qu'elle a sous la main. Elle regrette d'avoir envoyé le baron enquêter à Vienne sur Mieze Meier. Un autre télégramme arrive : Stroh va venir lui expliquer ce qui s'est produit.

La salle à manger, décorée en l'honneur du retour de Storch. Christine est très excitée, et ne songe qu'à aller à sa rencontre. Mais elle se retient et lui tend froidement la main quand il se précipite vers elle pour l'embrasser. Elle lui dit qu'elle est lasse de lui, comme de tous les hommes, et qu'il peut s'adresser au notaire pour les formalités de divorce. Excédé, Storch lui répond par un long discours amplement mérité et tourne les talons. Le baron avoue être à l'origine de l'histoire du rendez-vous de Mieze.

Storch revient et prétend être jaloux du baron. Christine convient que celui-ci a eu son charme, un certain temps, mais qu'en fait, c'est un fâcheux, d'autant qu'il lui a demandé mille marks. Storch trouve l'incident très distrayant et prend la chose avec humour. Tout est en place pour la réconciliation.

H.

Die Aegyptische Helena
Hélène d'Égypte

Opéra en 2 actes de Strauss; liv. d'Hofmannsthal. Créé à Dresde, 6 juin 1928, avec Rethberg, Rajdl, Taucher, Plaschke, dir. Busch. Première à Vienne, 1928, avec Jeritza, Angerer, Graarud, dir. de l'auteur; Berlin, 1928, dir. Blech; Metropolitan, 1928, dir. Bodanzky; Salzbourg, 1933, dir. Krauss. Reprises : Berlin, 1935, dir. Krauss; Munich, 1940, avec Ursuleac, Rancsak, Hotter et 1956, avec Rysanek, Aldenhoff, Uhde; New York, Philharmonic Hall, 1967, avec Elizabeth Carron, Olvis; Vienne, 1970, avec Gwyneth Jones, Coertse, Jess Thomas, Glossop; dir. Krips.

PERSONNAGES

HÉLÈNE, *femme de Ménélas* (soprano); MÉNÉLAS (ténor); HERMIONE, *leur fille* (soprano); AITHRA, *fille d'un roi égyptien, sorcière* (soprano); ALTAIR (baryton); DA-UD, *son fils* (ténor); 1re et 2e SERVANTES D'AITHRA (soprano, mezzo-soprano); TROIS ELFES (deux sopranos, 1 contralto); LE COQUILLAGE SAVANT (contralto).

Égypte, en 1193-1184 av. J.C. (après la guerre de Troie).

La guerre de Troie est terminée. Ménélas a tué Pâris, le ravisseur de sa femme Hélène, et revient maintenant chez lui. Il a décidé que, pour venger son honneur et les innombrables Grecs morts en défendant sa cause, Hélène devait payer de sa vie. Il veut la sacrifier lui-même, en mer ou sur leur sol natal. Mais son navire fait naufrage pendant une tempête.

Acte I. Une grande salle du palais d'Aithra. Le Coquillage Savant promet à Aithra que Poséidon l'aime toujours. Il évoque ensuite le navire de Ménélas à bord duquel se trouve la plus belle des femmes que son mari va assassiner. Aithra provoque une tempête qui détruit le navire. Peu après, Ménélas entre dans la pièce, traînant derrière lui Hélène. Il pense qu'il doit accomplir son vœu et tuer Hélène, mais celle-ci déploie toute sa séduction pour le reconquérir. Aithra intervient : elle fait en sorte que Ménélas croie voir et entendre Pâris et les Troyens ressuscités devant lui. Il se précipite à leur poursuite. Aithra console Hélène et lui fait boire un philtre qui lui fera oublier tous ses maux.

Ménélas revient, persuadé d'avoir tué Pâris et Hélène. Il voit encore leur sang sur son poignard — mais l'arme qu'il brandit est intacte et étincelante. Aithra lui affirme qu'il est victime, depuis dix ans, d'une mystification : Hélène n'est jamais allée à Troie; elle était ici, profondément endormie pendant tout ce temps, et loin des hommes.

Aithra fait un signe et Hélène s'éveille, apparaissant à Ménélas dans toute sa beauté. Emerveillé, il ne peut résister à la joie que lui procure cette vision. Hélène insiste pour qu'Aithra les transporte, grâce à ses pouvoirs magiques, dans un pays où personne ne connaît son nom.

Acte II. Une tente dans une palmeraie; dans le fond, les monts de l'Atlas. Hélène et Ménélas s'éveillent après leur parcours enchanté. Hélène est extasiée : « Zweite Brautnacht ! Zaubernacht, überlange ! », mais Ménélas n'est qu'à demi convaincu. Pour lui, Hélène n'est encore qu'un fantôme, concrétisé par la magie d'Aithra. Et son esprit reste obsédé par le meurtre

d'Hélène devant le palais d'Aithra. Il se considère comme le veuf d'Hélène.

Un chef du désert, Altaïr, vient rendre visite à Hélène. Il salue la reine avec respect et demande à sa suite et à son fils Da-Ud de lui rendre hommage. Pendant ce temps, Ménélas a dégainé son épée et pris place derrière Hélène. Ménélas ressent quelque jalousie à l'égard de Da-Ud, il ressemble à Pâris, mais sa femme le rassure. Altaïr propose à Ménélas de chasser avec lui, Da-Ud sera son guide. En partant, Altaïr ne cache ni son mépris pour Ménélas, ni son admiration pour Hélène.

Tandis que Ménélas se prépare pour la chasse, Da-Ud se jette aux pieds d'Hélène et lui déclare son amour. Mais elle ne l'écoute pas plus qu'elle n'avait écouté son père. Ménélas part, insistant pour garder son épée qu'Hélène veut lui prendre.

Aithra révèle à Hélène qu'elle lui a non seulement donné le philtre qui lui permettrait d'oublier tous ses malheurs, mais aussi l'antidote. Elle vient lui reprendre ce contrepoison, de peur qu'Hélène l'absorbe par erreur. Mais Hélène veut le garder, persuadée que c'est le seul moyen de la sauver de la situation dans laquelle elle se trouve avec Ménélas. Car celui-ci est persuadé qu'elle est une nymphe, évoquée par la magie d'Aithra pour remplacer Hélène. Hélène ordonne à ses esclaves de préparer le philtre qui leur rendra la mémoire.

Altaïr apparaît et avoue sa passion pour Hélène. Des esclaves commentent la chasse, mais bientôt ils décrivent le combat mortel que se livrent Ménélas et Da-Ud. Ménélas est vainqueur, on apporte solennellement le corps de Da-Ud.

Les esclaves convient Hélène et Ménélas au festin offert par Altaïr, tandis qu'Hélène, aidée de ses suivantes, prépare le philtre qui rendra la mémoire à son époux. Après elle, Ménélas vide la coupe, et, l'instant suivant, regarde sa femme comme s'il allait la tuer. Puis il la reconnaît, laisse tomber son épée et étend les bras comme pour saisir une ombre.

Altaïr fait irruption, décidé à enlever Hélène de force. Au même moment, Aithra apparaît, suivie d'une cohorte de créatures surnaturelles, et enjoint à Altaïr de ne lever la main ni sur elle-même ni sur la femme qu'elle protège. Au milieu de la suite d'Aithra se tient Hermione, la fille d'Hélène et de Ménélas. Elle demande à son père : « Où est ma mère ? », et tout est oublié et pardonné. Ménélas et Hélène commencent une nouvelle vie.

H.

Arabella

Opéra en 3 actes de Strauss, liv. d'Hofmannsthal. Créé à Dresde, 1er juillet 1933, avec Ursuleac, Bokor, Kremer, Jerger, Plaschke, dir. Clemens Krauss. Première à Vienne, 1933, avec Lehmann, Jerger, dir. Krauss; Covent Garden, 1934, avec la distrib. de la création; Buenos Aires, 1934, avec Kipnis, dir. Busch; Salzbourg, 1942, dir. Krauss; 1947, avec Reining, Della Casa, Taubmann, Hotter, dir. Böhm; Zürich, 1946, avec Cebotari, della Casa, Schöffler; Covent Garden, 1953, avec Della Casa, Uhde, dir. Kempe; Metropolitan, New York, 1955, avec Steber, Gueden, London, dir. Kempe; Covent Garden, 1965, avec della Casa, Carlyle, Fischer-Dieskau, dir. Solti; Berlin, 1975, avec Janowitz, dir. Hollreiser; Munich, 1977, avec Varady, Fischer-Dieskau, Böhme, Mathis, Mödl, dir. Sawallisch.

PERSONNAGES

LE COMTE WALDNER (basse); ADÉLAÏDE, *sa femme* (mezzo-soprano); ARABELLA et ZDENKA, *ses filles* (sopranos); MANDRYKA, *seigneur croate* (baryton); MATTEO, *officier* (ténor); LE COMTE ELEMER (ténor); LE COMTE DOMINIK (baryton), LE COMTE LAMORAL (basse), *prétendants d'Arabella;* LA « MILLI DU FIACRE » (soprano); UNE DISEUSE DE BONNE AVENTURE (soprano).

Welko, Djura, Jankel, serviteurs de Mandryka; une servante; la duègne d'Arabella; trois joueurs de cartes; un médecin; un palefrenier.

A Vienne, en 1860.

Il n'y a pas de prélude. Un salon dans un hôtel viennois, richement décoré. La famille Waldner est presque ruinée, le comte a beaucoup perdu au jeu, et son seul espoir pour sauver la famille est de marier la belle Arabella à un riche prétendant. Zdenka, la plus jeune, a été élevée comme le garçon que ses parents désiraient. De plus, Adélaïde affirme qu'il est au-dessus de leurs moyens de faire sortir dans le monde deux filles à la fois.

Tandis qu'Adélaïde se fait prédire son avenir, Zdenka excuse ses parents auprès des fournisseurs venus réclamer leur dû. Matteo, un jeune officier épris d'Arabella, demande à Zdenka, qu'il prend pour le frère d'Arabella, des nouvelles de sa bien-aimée. Arabella ne l'a pas regardé depuis plusieurs jours, et il serait au comble du désespoir si elle ne lui avait pas écrit une merveilleuse lettre la veille. Il menace de partir, et même de se tuer si Arabella continue à l'ignorer. Après son départ, Zdenka confie son émotion : elle est amoureuse de Matteo, et c'est *elle* qui a écrit la fameuse lettre.

Arabella a reçu des cadeaux de trois nobles prétendants, ainsi que de Matteo, mais aucun d'eux ne l'intéresse vraiment et elle reste indifférente quand sa sœur plaide la cause de Matteo. Un jour, l'homme qu'elle attend apparaîtra et elle le reconnaîtra immédiatement (« Aber der Richtige, wenn's einen gibt für mich »).

Les deux jeunes filles unissent leurs voix dans un duo délicieusement et typiquement straussien dont le thème — d'origine slave — réapparaîtra à plusieurs reprises. Arabella a confiance en l'avenir. Pourtant, c'est bientôt la fin du carnaval et, avant demain, il lui faudra choisir un fiancé.

Elemer, l'un des trois prétendants, vient chercher Arabella pour une promenade en traîneau. Arabella demande à sa sœur si elle a remarqué, en regardant par sa fenêtre, le séduisant étranger qui est apparu il y a deux jours.

Les parents, de retour à l'hôtel, appellent leurs filles. Le comte a encore perdu au jeu et constate avec accablement que les factures envahissent son courrier où il n'y a pas la moindre lettre de ses amis de régiment qu'il a appelés à l'aide. Il était persuadé, en particulier, que Mandryka, riche et excentrique, ne le laisserait pas tomber. Adélaïde lui affirme qu'elle a rêvé que tout s'arrangeait. On annonce Mandryka, le neveu et héritier du vieil ami du comte. Il est tombé amoureux de la photographie d'Arabella que Waldner avait jointe à sa lettre, et vient demander sa main — requête à la fois formelle et spontanée, accompagnée d'une musique somptueuse. Il avoue avoir vendu quelques bois pour payer le voyage jusqu'à Vienne, et offre à Waldner 2000 *gülden*. Celui-ci n'en croit pas ses yeux et imite Mandryka dès qu'il a franchi la porte : « Teschek,

bedien' dich » (Je vous en prie, acceptez !).

Matteo demande avec anxiété s'il peut avoir la lettre d'Arabella que Zdenka lui a promise, Zdenka la lui donnera le soir même, au bal du Fiacre (un bal costumé). Arabella apparaît, prête à sortir avec Elemer que Zdenka appelle « dein Elemer » (*Ton* Elemer), mots qui prennent une résonance romantique aux oreilles d'Arabella. Mais le souvenir de l'étranger est encore bien plus romantique, et l'affreuse idée qu'il est peut-être déjà marié ne peut modérer son enthousiasme.

Acte II. La salle de bal. Arabella, sans aucun doute la reine de la soirée, descend avec sa mère et plusieurs chevaliers servants : ses parents veulent lui présenter Mandryka en qui elle reconnaît l'étranger aperçu par la fenêtre. Elle reste assise auprès de lui et refuse toutes les danses que lui proposent ses autres soupirants. La passion qui anime le discours du jeune homme surprend Arabella, elle est fascinée et convaincue qu'il est celui qu'elle attendait : « Und du wirst mein Gebieter sein ». Au cours de leur duo enflammé, Mandryka raconte que, dans son pays, les jeunes filles offrent à leur futur fiancé un verre d'eau en signe d'engagement.

Elle demande à rester une heure de plus au bal pour dire adieu à ce qui constituait son univers d'adolescente. Les invités font cercle autour d'elle, et la « Fiakermilli », pomponnée comme une poupée, s'incline devant elle en lui offrant un bouquet. Elle chante pour Arabella une polka brillante et ornée; ensuite, la jeune fille se lève pour danser avec Dominik.

Waldner est enchanté d'apprendre les fiançailles de sa fille. Matteo a le cœur brisé — non pas par cette grande nouvelle qu'il ne connaît pas encore — mais parce qu'Arabella ne lui a pas accordé un regard de la soirée. Zdenka le réconforte de son mieux, l'assurant qu'Arabella n'est pas insensible à son amour : elle n'a pas encore trouvé le moyen de le lui exprimer, voilà tout. Mandryka commande du champagne pour tous les invités. Arabella dit adieu à ses trois prétendants qu'elle doit éconduire maintenant qu'elle a rencontré l'homme de sa vie. Elle danse une fois encore.

Zdenka revient avec une lettre pour Matteo, soi-disant écrite par Arabella. Elle contient, dit-elle, la clé de la chambre d'Arabella. Qu'il s'y trouve dans un quart d'heure, et il recevra tout ce qu'il désire. Mandryka entend cette conversation et n'en croit pas ses oreilles. Il se dit qu'il doit y avoir une autre Arabella à l'hôtel. Mais, ne réussissant pas à trouver sa fiancée, il se rend à l'évidence : c'est elle qui a fixé ce rendez-vous. Désespéré, il courtise la « Fiakermilli ». On lui remet un billet d'Arabella : elle est rentrée chez elle mais sera à lui le lendemain. Les parents de la jeune fille s'étonnent de sa disparition et partent la chercher à l'hôtel, accompagnés de Mandryka.

Acte III. Un salon de l'hôtel. Un escalier mène aux étages supérieurs. Il fait toujours nuit.

Après un bref prélude[1], on voit Matteo s'apprêter à descendre l'escalier. Il se cache quand une cloche retentit. Arabella entre, heureuse et souriante. La musique du bal l'accompagne quand elle chante son futur bonheur avec Mandryka. Matteo réapparaît et s'étonne de voir Arabella dans l'entrée. Elle ne comprend rien à l'ardeur et aux insinuations du jeune homme, tandis que celui-ci est surpris par sa froideur.

Au milieu de ce quiproquo, les parents d'Arabella arrivent avec Mandrika qui reconnaît aussitôt en Matteo l'homme qui a reçu la clé pendant le bal.

Arabella proteste vainement de son innocence, le ton monte, et un duel entre Mandryka et Matteo paraît inévitable quand surgit Zdenka, vêtue d'un négligé et les cheveux défaits. Elle dévale les escaliers et affirme vouloir les embrasser avant de se jeter dans le Danube. Arabella lui promet de la soutenir, quoi qu'il arrive, et Zdenka finit par balbutier qu'elle est l'auteur de la lettre adressée à Matteo. Elle y a placé la clé de sa chambre, et non celle de la chambre d'Arabella. Dans le noir, Matteo n'aurait pas fait la différence.

Mandryka veut exprimer sa honte et sa tristesse, mais Arabella lui tourne le dos et remercie sa sœur de lui avoir enseigné comment vivre selon son cœur. Poussé par Arabella et Mandryka, Waldner accepte d'accorder la main de Zdenka à Matteo, et la foule, que le bruit avait attirée, se disperse. Arabella déclare à Mandryka qu'il n'est pas question de s'expliquer avant le matin. Elle lui serait cependant reconnaissante si l'un de ses serviteurs pouvait lui porter un verre d'eau. Elle monte lentement l'escalier sans ajouter un mot.

Mandryka reste seul, désemparé. Soudain, Arabella apparaît en haut de l'escalier. Elle descend lentement et lui tend le verre d'eau qu'elle tient à la main. L'opéra se termine par leur duo d'amour : « Das war sehr gut, Mandryka ».

H.

1. Il sert à relier les actes II et III quand il n'y a pas d'entracte. Strauss inaugura cette solution à Munich.

Die Schweigsame Frau
La Femme silencieuse

Opéra en 3 actes de Strauss; liv. de Stefan Zweig, librement adapté d'une comédie de Ben Jonson, Epicoene, or the Silent Woman. Créé à Dresde, 24 juin 1935, avec Cebotari, Sack, Kremer, Ahlersmeyer, Plaschke, dir. Böhm. L'œuvre déplut aux nazis[1] et fut retirée de l'affiche après quelques représentations. La Scala, Milan, 1936, dir. Marinuzzi; Munich, 1949; New York City Opera, 1955, dir. Adler; Komische Oper, Berlin, 1956, mise en scène de Felsenstein, avec Arnold, Reinmar; Salzbourg, 1959, avec Gueden, Wunderlich, Prey, Hotter, dir. Böhm; Covent Garden, 1961 (en angl.), dir. Kempe; Vienne, 1968, avec Coertse, Blankenship, Kerns, Czerwenka, dir. Varviso; Radio-France, 1976, en concert, dir. Segerstram.

PERSONNAGES

SIR MOROSUS (basse); SA GOUVERNANTE (contralto); LE BARBIER (baryton); HENRI MOROSUS (ténor); AMINTA, *sa femme* (soprano colorature), ISOTTA (soprano colorature), CARLOTTA (mezzo-soprano), MORBIO (baryton), VANUZZI (basse), FARFALLO (basse), *acteurs.*
Des acteurs et des voisins.

Une chambre de la maison de Sir Morosus dans la banlieue de Londres, aux alentours de 1780.

Hofmannsthal mourut en 1929, laissant le livret d'*Arabella*. Strauss, à la recherche d'un nouveau collaborateur, choisit Stefan Zweig. Ils décidèrent de s'inspirer de Ben Jonson, dont le *Volpone* avait déjà été adapté par Zweig avec grand succès.

Après une ouverture, décrite comme *pot pourri* par l'auteur, le rideau se lève à l'acte I sur une chambre de la maison de Sir Morosus. Le bric-à-brac qui y est amoncelé indique qu'elle appartient à un ancien marin. Nous sommes aussitôt mis en présence du ressort de l'action, le barbier Schneidebart. La gouvernante de Sir Morosus aimerait que le barbier suggère à son maître l'idée du mariage. Elle serait l'épouse rêvée. La vie est devenue impossible dans cette maison où il prétend éliminer toute forme de bruit et, de toute façon, il lui faut une femme. Le barbier rit de cette suggestion, mais le maître fait irruption à ce moment précis, fulminant contre le bruit.

Tandis qu'on le rase, il se lance dans une diatribe contre ces criminels, les faiseurs de bruit, auxquels il n'échappe pas. Il chante tristement sa solitude. A la fin de l'opéra, cette mélodie est développée sous la forme d'un hymne de grâce à la paix. Le barbier lui suggère d'épouser une femme jeune et silencieuse et, s'entendant répondre qu'un tel article n'existe pas, propose de le trouver. Morosus a beau prétendre qu'il est trop vieux, il n'en accueille pas moins la suggestion assez favorablement.

Quelqu'un veut s'introduire dans sa chambre, dans un vacarme qui le met à nouveau en colère. Mais l'intrus est son neveu Henri, qu'il croyait mort, et

---

1. On a largement cité la lettre où Strauss disait au Juif Stefan Zweig que le nazisme n'était qu'une phase passagère dans la vie de l'Allemagne; et on l'a plus récemment utilisée à son détriment, laissant entendre qu'elle exprimait ses véritables sentiments vis-à-vis d'Hitler. Zweig se suicida en 1942.

sa joie de le revoir est immense. Il ordonne qu'on le reçoive avec tous les égards. Quand le jeune homme fait allusion à la troupe qui l'accompagne, Morosus comprend mal, s'imaginant qu'il s'agit d'une troupe de soldats, mais sa joie se transforme instantanément en furie quand il réalise que son neveu appartient à une compagnie théâtrale. Il refuse même d'accueillir Aminta, la femme d'Henri, comme sa nièce; il les insulte, déshérite Henri et ordonne au barbier de lui trouver une femme sur-le-champ, sans oublier un prêtre.

La consternation règne après son départ. Mais, très vite, les victimes discutent du moyen de se venger des insultes du vieux grognon. Henri affirme qu'il est parfaitement heureux et n'échangerait pas son amour contre une maison, fût-elle en or. Le barbier lui fait remarquer qu'il se prive ainsi d'une fortune considérable, mais le jeune homme chante avec Aminta un duo d'amour fort acclamé par toute la troupe. Le barbier propose à Aminta, Carlotta et Isotta de se déguiser et de jouer les candidates le lendemain matin, Schneidebart se chargera de la mise en scène. Tous sont ravis, sauf Aminta qui éprouve quelques réticences à l'idée de tromper le vieil homme.

Acte II. La gouvernante de Morosus veut l'informer du complot qui se prépare dans son dos, mais il ne l'écoute pas et se pare de ses plus beaux habits. Le barbier annonce qu'il amène trois candidates et conseille au vieil homme de modérer ses ardeurs. Morosus, piqué, rétorque qu'il n'a pas l'intention de les dévorer.

Les jeunes femmes incarnent trois types tout à fait différents : Carlotta est en paysanne, Isotta en jeune élégante, et Aminta est habillé simplement et sans prétention. Leur discours correspond à leur tournure : Carlotta est une rustre, et son accent est épouvantable; Morosus l'écarte rapidement; Isotta, dans son babillage prétentieux,

essaie de lui lire les lignes de la main, et se fait promptement remercier. Enfin, Aminta se comporte normalement, et son naturel impressionne Morosus. Il la choisit (elle se fait appeler Timida). Les deux intéressés restent seuls, et Morosus, sincèrement touché par la jeunesse et la beauté de la jeune fille, lui fait modestement remarquer qu'elle perd au change. Aminta semble regretter d'avoir accepté de jouer ce rôle.

Schneidebart arrive avec deux membres de la troupe, déguisés en prêtre et en notaire. Le pseudo-mariage est à peine célébré que d'autres membres de la troupe font irruption, prétendant être de vieux compagnons de Morosus avides de participer à la fête. Le « marié » parvient à s'en débarrasser à grands cris.

Restée seule avec Morosus, Aminta avoue dans un aparté qu'elle ne prend aucun goût à cette plaisanterie. Nous retrouvons alors le schéma de *Don Pasquale.* Aminta accumule les scènes, déclarant qu'elle est la maîtresse des lieux et bien décidée à faire comme bon lui plaira. Morosus est pétrifié. Heureusement, Henri intervient, fait sortir Aminta et console son vieil oncle. L'acte se termine par une courte scène où Aminta avoue à Henri combien il lui a été désagréable de maltraiter le vieil homme; mais elle se console à l'idée que c'était pour le bien de son mari.

Acte III. Avant le lever du rideau, de violents coups de marteau retentissent, on voit ensuite une équipe d'ouvriers redécorer la pièce selon les indications d'Aminta. Puis Henri, déguisé, lui donne une leçon de chant. Morosus est au bord du désespoir. Le barbier vient alors annoncer l'arrivée imminente du juge : tout est prêt pour le divorce. Aminta ne l'entend pas ainsi, mais le juge entre et énonce en latin de cuisine les motifs pour lesquels un divorce peut être prononcé. Isotta et Carlotta témoignent que Sir Morosus n'est certainement pas le premier homme qu'ait connu Timida, et Henri, toujours déguisé, affirme qu'ils ont été très intimes. Timida jure n'avoir jamais connu qu'un seul homme, son mari. Le juge décrète que ce qui s'est passé avant le mariage ne peut être retenu en faveur d'un divorce. Morosus est à bout et menace de se suicider si on ne lui rend pas sa liberté.

A un signal du barbier, Henri et Aminta vont lui révéler la vérité. D'abord stupéfait, puis furieux, il finit par éclater de rire. Morosus, Henri et Aminta restent seuls. Le vieil homme dit sa joie d'avoir enfin trouvé la paix et s'affale dans son fauteuil avec un soupir de satisfaction.

H.

Friedenstag
Jour de Paix

Opéra en 1 acte de Strauss; liv. de Joseph Gregor. Créé à Munich, 24 juillet 1938, avec Ursuleac, Patzak, Ostertag, Hotter, Hann, Weber, Wieter, dir. Clemens Krauss (l'opéra est dédié à Ursuleac et à Krauss). Première à Berlin, 1939, dir. Krauss; Venise, 1940, dir. Gui. Reprise à Munich, 1961, dir. Keilberth.

PERSONNAGES

LE COMMANDANT DE LA VILLE ASSIÉGÉE (baryton); MARIA, *sa femme* (soprano); LE SERGENT (basse), LE CAPORAL (baryton), UN SOLDAT (ténor), UN MOUSQUETAIRE (basse), UN CLAIRON (basse), UN OFFICIER (baryton), UN OFFICIER DE PREMIÈRE LIGNE (baryton), *de la garnison;* UN PIÉMONTAIS (ténor); LE HOLSTEINER, *commandant de l'armée assiégeante* (basse); LE BOURGMESTRE (ténor), L'ÉVÊQUE (baryton), UNE FEMME DU PEUPLE (soprano), *de la ville assiégée.*

Des soldats, des anciens, des femmes envoyées en députation auprès du commandant, des gens de la ville.

Le 24 octobre 1648, dans la citadelle d'une ville assiégée, pendant la guerre de Trente Ans.

Une grande pièce circulaire au cœur de la citadelle; à hauteur d'homme, une galerie avec des meurtrières; un escalier mène à l'étage supérieur de la forteresse; un autre à l'étage inférieur.

Les soldats chantent un refrain, on entend dans le fond les cris de la foule affamée.

Au son d'une marche funèbre, aux cris de « faim ! faim », les anciens de la cité font leur entrée, conduits par le Bourgmestre et l'Évêque. Soudain, les crosses des mousquets frappent le sol, et le Commandant apparaît sur l'escalier supérieur. Il est prêt à écouter la délégation mais prévient qu'il ne supportera pas qu'on lui conseille la couardise, ce disant, il jette un mousquet à leurs pieds. Le Bourgmestre et l'Évêque veulent le persuader de se rendre, mais il est sourd à leurs arguments.

Un officier annonce au Commandant que les munitions sont épuisées; peut-il donner l'ordre d'en prendre dans les caves secrètes qui, comme chacun sait, en sont pleines ? Le Commandant refuse mais les prie de lui faire confiance. Il lit à voix haute le message reçu la veille de l'empereur, où on lui demande de tenir à tout prix. Mais les requêtes de la délégation se font plus pressantes, les cris de la foule redoublent, et il finit par céder. Qu'on lui laisse jusqu'à midi pour annoncer la reddition. Il en donnera lui-même le signal, que tous reconnaîtront.

La délégation s'en retourne, très satisfaite du résultat des négociations. On comprend peu après que le Commandant préfère mettre le feu à l'arsenal et sauter avec sa garnison plutôt que de se rendre.

Maria, la femme du Commandant apparaît, son monologue se termine par une prière d'espoir qui renaît avec le soleil qu'on aperçoit à travers la meurtrière.

Maria veut savoir pourquoi son mari est si sombre. Il la presse de s'enfuir, car la citadelle, et tous ceux qui l'occupent, sont condamnés. Elle remercie le soleil d'avoir éclairé sa vie, d'avoir réchauffé un cœur qu'elle croyait froid, d'avoir adouci le regard qui l'inquiétait tant. Elle ne se séparera pas de son époux, et restera auprès de lui.

Ils s'embrassent. Les soldats pénètrent dans la pièce, le dernier est le Sergent, il tient une mèche à la main. Le Commandant le dirige vers l'arsenal. Un coup de canon retentit. C'est le signe que le Commandant attendait : l'ennemi attaque. Mais aucun ennemi ne s'avance, et les cloches commencent à sonner dans toute la ville.

Le Bourgmestre entre et annonce la paix. Le Commandant affirme qu'il ne se rendra pas. Au son d'une marche, les troupes du Holsteiner pénètrent dans la citadelle. La voix de leur commandant retentit au-dehors : il veut rencontrer son noble ennemi et lui donner l'accolade. Mais le Commandant refuse de serrer la main que lui tend le Holsteiner. Il dégaine, le Holsteiner en fait autant. Maria s'interpose alors entre les deux hommes. Elle supplie son mari d'admettre que l'amour et la fraternité ont enfin remplacé la haine et la guerre dans leurs vies. Il la regarde, jette au loin son épée et donne l'accolade à son adversaire. L'opéra se termine par un long hymne à la gloire de la paix, auquel tous les solistes se joignent.

H.

Daphné

Opéra en 1 acte de Strauss; liv. de Joseph Gregor. Créé à Dresde, 15 octobre 1938, avec Teschemacher, Jung, Ralf, Kremer, dir. Böhm (au même programme, Friedenstag). Première à Berlin, 1939, dir. Krauss; la Scala, Milan, 1942, dir. Marinuzzi; Buenos Aires, 1948, dir. Kleiber. Reprise à Munich en 1950, dir. Jochum et 1964, avec Bioner, Madeira, Uhl, dir. Keilberth.

PERSONNAGES

PENEIOS, *pêcheur* (basse); GAEA, *sa femme* (contralto); DAPHNÉ, *leur fille* (soprano); LEUKIPPOS, *un berger* (ténor); APOLLON (ténor); QUATRE BERGERS (baryton, ténor, deux basses); DEUX JEUNES FILLES (sopranos).

Dans l'Antiquité, près de la cabane de Peneios.

Après une brève introduction pastorale, le rideau se lève sur la cabane de

Peneios et le paysage environnant. Deux couples de bergers apparaissent, annoncés par les cloches de leurs troupeaux. Ils parlent de la prochaine fête en l'honneur de Dionysos, cadre traditionnel de la rencontre des couples amoureux. Daphné apparaît, son long monologue révèle son amour de la nature et son identification aux arbres et aux fleurs qui l'entourent. La perspective de la fête ne la réjouit aucunement.

Leukippos, son camarade d'enfance, lui dit qu'il l'aime et veut l'embrasser. Elle le repousse et refuse de l'accompagner à la fête. Gaea, qui a entendu la fin de leur conversation, ordonne à sa fille de se préparer pour la fête, un jour viendra où son cœur sera prêt à aimer. Daphné rejette les vêtements que lui présentent les jeunes filles. Celles-ci, restées seules, entendent les lamentations de Leukippos et décident de l'aider à conquérir Daphné. Elles lui proposent de revêtir les vêtements délaissés par celle-ci.

Peneios apparaît, entouré de Gaea et des bergers. Le pêcheur désigne la lumière qui brille encore sur le mont Olympe; le jour renaîtra quand les dieux reviendront parmi les hommes. Les bergers ont beau protester, il affirme qu'Apollon va descendre parmi eux et qu'il faut se préparer à le recevoir dignement. Peneios rit, et un mystérieux écho lui répond. Un étranger apparaît — c'est Apollon déguisé en gardien de troupeaux — et les salue. Il leur raconte que son troupeau s'était affolé et qu'il vient juste de le rassembler. Gaea et les bergers se moquent de Peneios en voyant comment s'est concrétisée sa prophétie. Mais celui-ci appelle Daphné et la prie de veiller sur l'étranger.

Quand Daphné apparaît, Apollon est émerveillé par sa beauté. Elle se sent attirée vers l'étranger et lui demande son véritable nom. Il lui explique, en termes énigmatiques, qu'il l'a vue depuis son chariot. Elle

ne comprend pas qui il est, mais lui avoue combien elle déteste être séparée du soleil. Apollon lui déclare son amour et lui dit d'écouter les chants des amoureux dans le lointain. Mais Daphné est effrayée : Apollon lui a dit qu'il était son frère, et voici qu'il parle d'amour.

Une procession conduite par Peneios et Gaea s'approche. Ils chantent les louanges de Dionysos, et la fête commence. Leukippos, déguisé au milieu des femmes, invite Daphné à se joindre à leur danse. Aussitôt, Apollon déclare avec colère que Peneios et sa fille sont victimes d'une tricherie. Il interrompt la fête d'un coup de tonnerre, et Leukippos se présente comme prétendant à la main de Daphné qu'il prie de le suivre, dans un passage plein d'ardeur. Daphné se plaint d'être doublement trompée — par son compagnon de jeux d'enfance et par l'étranger, qui n'est pas ce qu'il paraît être. Apollon révèle qu'il est le soleil et, dans la querelle qui s'ensuit, Daphné refusant de céder à ses deux soupirants, il blesse Leukippos d'une flèche.

Leukippos se meurt. Daphné découvre que son amant était un dieu et s'accuse d'avoir provoqué la mort de son camarade d'enfance. Apollon la contemple, ébloui par sa beauté, et se reproche son acte. Il demande à Dionysos de lui pardonner d'avoir causé la mort d'un de ses disciples; puis il supplie Zeus de ne pas le punir pour avoir voulu se mêler aux mortels. Il demande que Daphné lui soit donnée, non pas sous sa forme humaine, mais sous la forme éternelle d'un des arbres qu'elle aime tant. A l'avenir, les hommes les plus braves viendront cueillir des guirlandes sur ses branches. Daphné se change peu à peu en laurier, et sa voix s'élève, célébrant son nouvel état.

H.

Die Liebe der Danae
L'Amour de Danaé

Opéra en 3 actes de Strauss; liv. de Joseph Gregor. Les répétitions eurent lieu à la fin de l'été 1944, mais un décret nazi ordonnant la fermeture des théâtres à la suite du complot contre Hitler fit obstacle à la création de l'œuvre en public. Finalement, Die Liebe der Danae fut joué en « couturière » le 16 août, dir. Clemens Krauss, avec Ursuleac, Taubmann, et Hotter. La première officielle eut lieu au Festival de Salzbourg, le 14 août 1952, avec Kupper, Gostic, Szemere, Schöffler, dir. Krauss. Première à Vienne, 1952, dir. Krauss; Berlin, 1952, dir. Ludwig; la Scala de Milan, 1952, dir. Krauss; Covent Garden, 1953, dir. Kempe; Los Angeles, 1964 (en angl).

PERSONNAGES

JUPITER (baryton); MERCURE (ténor); POLLUX, *roi d'Eos* (ténor); DANAE, *sa fille* (soprano); XANTHE, *sa servante* (soprano); MIDAS, *roi de Lydie;* QUATRE ROIS, *neveux de Pollux* (deux ténors, deux basses); QUATRE REINES : SEMELE (soprano), EUROPA (soprano), ALCMÈNE (mezzo-soprano), LÉDA (contralto), QUATRE VEILLEURS (quatre basses).
Le chœur des créanciers, les domestiques et la suite de Pollux, et de Danaé, des gens du peuple.

Dès le printemps 1920, Hofmannsthal avait envoyé à Strauss un scénario portant le titre *Danaé ou le Mariage de raison*. Le compositeur ne s'y était pas attaché, et ce n'est que bien après la mort de son librettiste (1929) qu'il y revint. Il persuada alors Gregor d'écrire un texte sur le thème d'Hofmannsthal. Strauss finit d'en composer la musique en 1940, soit deux ans avant *Capriccio*, mais *Die Liebe der Danae* fut le dernier de ses opéras à être représenté sur une scène.

Acte I. La salle du trône du roi Pollux. Elle est délabrée et il ne reste plus grand-chose du trône d'or. Les créanciers l'assiègent. Le roi essaye de les calmer en leur affirmant que ses nièces, les plus belles femmes du monde, et leurs époux, rois des îles, ont trouvé un mari pour sa fille Danaé : Midas, l'homme le plus riche du monde, qui transforme en or tout ce qu'il touche, sera bientôt ici pour l'épouser. La foule est sceptique et se jette sur le trône pour piller ce qu'il en reste.

Un interlude décrit la pluie d'or. La chambre de Danaé. Elle s'éveille et confie à sa servante Xanthe qu'elle s'est vue couverte d'or dans son rêve. Une marche retentit dans le lointain, et Xanthe annonce l'arrivée d'un nouveau prétendant. Danaé déclare qu'elle ne recevra que l'homme capable de lui apporter l'or.

La salle du trône, pillée; dans le fond, la mer. Le roi, entouré de ses conseillers et de ses créanciers, attend le retour des émissaires. On annonce que le nouveau prétendant est Midas. En touchant le portrait de Danaé, il l'a transformé en or, et maintenant, il envoie à sa fiancée une guirlande dorée. Un cri retentit : « Le navire ! Un navire d'or ! », et tous se précipitent vers le port pour accueillir Midas. Seule Danaé reste en arrière. Tout cela ressemble à son rêve et elle décide d'accepter pour époux celui qui lui apporte l'or.

Midas entre. Il est vêtu simplement, et prétend être Chrysopher, un ami de Midas venu préparer la rencontre de Danaé et du roi. Danaé est très impressionnée et ne peut cacher sa déception qu'il ne soit que le messager de son prétendant.

Le port. La foule accueille avec exubérance le soi-disant Midas, en réalité Jupiter vêtu d'or. Danaé reconnaît en lui le maître de ses rêves dorés; mais est-il le maître de son cœur? Elle s'évanouit, et le rideau tombe.

Acte II. Dans une magnifique chambre à coucher, les quatre reines décorent le lit nuptial. Jupiter, vêtu d'or des pieds à la tête, fait son entrée. Les quatre reines le connaissent, car il a été leur amant sous divers déguisements : un nuage, un taureau, Amphitryon, et un cygne. Il les prie de ne pas révéler son nouveau stratagème, mais elles ne peuvent s'empêcher d'être jalouses. Il explique qu'il aime follement Danaé d'autant plus qu'elle ne manifeste que froideur et mépris pour les hommes. Il espère rencontrer enfin le véritable amour. S'il a pris l'apparence de Midas, c'est pour mieux tromper Junon, dont la jalousie empire sans cesse et qui n'épargne pas celles qu'il a aimées. Ainsi, si Junon vient manifester sa colère, le véritable Midas pourra prendre sa place. Les quatre reines le félicitent de son habileté et essaient de le reconquérir.

Midas entre, Jupiter craint qu'il ne se fasse aimer de Danaé et lui rappelle qu'il lui a donné le pouvoir de tout changer en or à la condition qu'il lui obéisse. Il est devenu l'homme le plus riche du monde, mais s'il manquait à son contrat, il retrouverait sa condition première : celle d'un simple meneur d'ânes. Jupiter sort, une marche sereine annonce l'arrivée de Danaé, et Midas revêt les habits d'or abandonnés par le dieu.

Les quatre reines, qui accompagnent Danaé, lui révèlent que l'objet de ses affections a été l'amant de chacune d'elles; mais elles reconnaissent Midas, prennent peur et disparaissent. Midas fait de son mieux pour expliquer la situation : il est le maître de l'or, sans

être le prétendant du navire. Danaé ne comprend pas ce mystère, mais est sûre d'une chose : il est l'homme qu'elle aime. Quand il transforme tout ce qui meuble la chambre en or, elle est certaine d'être en présence de Midas. Ils tombent dans les bras l'un de l'autre, et Danaé est aussitôt transformée en statue d'or.

Midas maudit son pouvoir, Jupiter apparaît et revendique Danaé. Midas proteste : elle doit revivre pour lui seul, car elle l'aime sincèrement. Chacun lui offre ce qu'il possède : Jupiter, des rêves dorés, des temples et des honneurs divins; Midas, son amour humain et la pauvreté. Danaé choisit Midas. Tous deux disparaissent et Jupiter, resté seul, pleure son échec.

Acte III. Une route en Orient. Danaé et Midas s'éveillent. Danaé commence lentement à comprendre ce qui s'est passé. Midas, le protégé du dieu, a renoncé à la richesse et à la puissance par amour et a retrouvé son humble condition d'ânier. Elle est satisfaite.

Une forêt ensoleillée dans les montagnes. Mercure, à demi-dieu et à demi-jongleur, raconte à Jupiter que l'histoire de Danaé a bien amusé les dieux mais a apporté la consternation dans l'île de Pollux. Jupiter se trouve face aux quatre reines qui ont trouvé leur chemin jusqu'à lui avec l'aide de Mercure. Elles le flattent et affectent de considérer tout l'épisode comme une plaisanterie aux dépens de Junon : ainsi, l'attention de celle-ci est détournée tandis qu'elles se divertissent avec Jupiter. Mais le dieu se lasse rapidement et leur fait ses adieux, ainsi qu'à son dernier et cher amour et à la terre.

Malheureusement pour lui, Pollux et ses neveux ont trouvé sa trace et viennent lui demander des comptes. Sur le conseil de Mercure, il fait tomber une pluie d'argent sur laquelle ils se précipitent. Mercure suggère à Jupiter de ne pas abandonner la conquête de Danaé : maintenant qu'elle est pauvre, elle succombera bien plus facilement à l'attrait de l'or que lorsqu'elle vivait dans un palais !

La pauvre cabane de Midas. Danaé chante son amour. Jupiter entre sous la forme de l'homme qui a pour la première fois donné de l'or à Midas. Il essaie de savoir si Danaé est mécontente de son sort. Il lui rappelle ses rêves d'or, mais elle résiste à l'évocation et le convainc qu'elle aime réellement Midas. Jupiter est touché par cette évidente fidélité et lui raconte l'histoire de Maia, qui aima le dieu et donna naissance au printemps. A la fin, Jupiter s'incline devant la grandeur de Danaé, et elle exprime sa gratitude pour la compréhension du dieu. Il la remercie et s'éloigne. Elle le regarde partir. L'orchestre joue le thème associé à Midas, et Danaé sort à sa rencontre.

H.

Capriccio

Opéra en 1 acte de Strauss; liv. de Clemens Krauss. Créé à Munich, 28 octobre 1942, avec Ursuleac, Ranczak, Taubmann, Hotter, Höfermayer, Hann, dir. Krauss. Première à Zürich, 1944, dir. Böhm; Salzbourg, 1950, avec Della Casa, Höngen, Dermota, Braun, Wolff, Schöffler, dir. Böhm; Vienne, 1951, dir. Kempe; Covent Garden, 1953, dir. Heger; New York, Juiliard School, 1954; Paris, Opéra-Comique, 1957, avec Jobin, Massard, Roux, Froumenty, Segalat, dir. G. Prêtre, trad. fr. de Samazeuilh; Glyndebourne, 1963, avec Söderström, Cervena, Horst Wilhelm, Wolansky, Krause, Kusche, dir. Pritchard.

PERSONNAGES

LA COMTESSE (soprano); CLAIRON, *actrice* (contralto); FLAMAND, *musicien* (ténor); OLIVIER, *poète* (baryton); LE COMTE, *frère de la comtesse* (baryton); LA ROCHE, *directeur d'un théâtre* (basse); MONSIEUR TAUPE (ténor); DES CHANTEURS ITALIENS (soprano, ténor); UN JEUNE DANSEUR; LE MAJORDOME (basse); HUIT SERVITEURS (quatre ténors, quatre basses); TROIS MUSICIENS (violon, violoncelle, cembalo).

Dans un château des environs de Paris, vers 1775, à l'époque des réformes de Gluck en matière d'opéra.

Capriccio, terminé en 1942, et bien que représenté avant *Danae*, est le dernier opéra auquel le compositeur ait travaillé.

Dans la demeure de la charmante comtesse, les invités s'entretiennent sur le thème « Prima le parole, dopo la musica », lancé par le musicien Flamand et le poète Olivier. Tous deux sont rivaux en art et se disputent les faveurs de la comtesse. Le frère de la comtesse défend un autre point de vue — peu concerné par la musique ou la poésie, il s'intéresse surtout à la scène, et en particulier à une comédienne renommée, Clairon. La forte personnalité qui émerge du groupe est celle de La Roche, un directeur de théâtre qui se révèle être plus professionnel que les artistes, et plus cynique que le comte. L'attitude de chacun à l'égard de l'opéra est le reflet symbolique de ses rapports avec la comtesse et avec les autres invités.

A l'origine, *Capriccio* devait être une œuvre courte, en un acte, destinée à accompagner *Friedenstag* ou *Daphné*. Dans sa forme définitive, elle dure près de deux heures trente, sans entracte.

Dans un château des environs de Paris, on s'apprête à célébrer l'anniversaire de la comtesse Madeleine, une jeune veuve. Pour cette occasion, Flamand a écrit un sextuor à cordes qu'il écoute avec Olivier. Le directeur de théâtre, La Roche, a clairement exprimé ce qu'il en pensait en s'endormant dans son fauteuil. Il s'éveille pour se joindre à la discussion au moment où ils soulignent que voilà le genre d'homme entre les mains de qui repose le sort des compositeurs. La Roche croit au spectacle — décor splendide, notes difficiles, belles femmes; son idéal, c'est l'opéra italien; il ne peut s'empêcher d'ajouter que même les créateurs intellectuels et exigeants ont leurs faibles : Olivier ne semble pas avoir méprisé le talent — ou la beauté — de la célèbre Clairon. Celle-ci, objet de l'admiration du comte, doit arriver sous peu au château pour jouer avec lui dans la pièce d'Olivier.

Le comte se pose nettement en faveur de la Poésie — peut-être en raison de son faible pour Clairon. Sa sœur, par contre, semble pencher pour la Musique — mais en aucun cas aux dépens des paroles. Le comte a bien remarqué l'intérêt que porte sa sœur aux deux artistes, et se demande lequel elle finira par choisir.

Retour de La Roche, Flamand et Olivier. Le directeur de théâtre annonce que tout est prêt pour la répétition du spectacle d'anniversaire, composé d'une nouvelle œuvre de Flamand, de la pièce d'Olivier et d'une *azione teatrale* interprétée par toute la troupe. Toutes les discussions cessent avec l'entrée de Clairon.

Clairon et le comte lisent leur scène, dont le sommet est le moment où le comte déclame un sonnet (une traduction d'un sonnet de Ronsard). On le félicite, et La Roche les entraîne tous vers le théâtre, laissant Flamand et Olivier avec la comtesse.

Olivier critique la façon dont le comte a dit le sonnet et en fait une lecture pour la comtesse. Flamand s'assied au clavecin, improvise pendant un moment, et finit par quitter la pièce avec le manuscrit d'Olivier. Celui-ci saisit sa chance et déclare sa passion avec délicatesse et douceur. Flamand revient et chante le sonnet, qu'il vient juste de mettre en musique, « Kein andres, das mir so im Herzen loht » (Nulle part plus qu'en mon cœur on ne trouve de flammes); la comtesse et Olivier unissent leurs voix à la sienne pour former un trio d'une beauté extraordinaire. Flamand et Olivier se querellent sur le point de savoir qui est l'auteur de cette œuvre, mais la comtesse résoud la question : désormais, ce sonnet lui appartient !

La Roche vient chercher Olivier pour la répétition, et c'est au tour de Flamand de déclarer sa flamme. Il presse Madeleine de choisir entre Olivier et lui, et elle lui promet sa réponse pour onze heures le lendemain.

Le bruit de la répétition s'amplifie (le souffleur, à la grande joie de tous, s'est endormi !) et la comtesse commande des rafraîchissements. Elle échange avec son frère quelques commentaires sur le progrès de leurs affaires de cœur. Elle lui suggère de ne pas se laisser entraîner par son sentiment pour Clairon et finit par avouer que, pour sa part, elle ne sait qui choisir, du musicien ou du poète. Elle commence à se demander si un opéra ne sera pas le résultat de l'intérêt qu'ils lui portent tous deux.[1]

La Roche introduit un danseur. Pendant la gigue, Olivier essaie vainement de faire des avances à Clairon. A la fin, le comte fait remarquer à Flamand que la danse est une forme d'art où la contribution du musicien est tout à fait secondaire. Bien au contraire, rétorque Flamand, sans

---

1. Strauss n'avait pas prévu d'entracte; pourtant, on prévoit parfois une interruption, en particulier (mais pas uniquement) à Glyndebourne.

musique l'idée de lever le pied ne viendrait à personne.

La fugue qui s'ensuit est marquée « discussion sur le thème "Paroles ou Musique" ». La musique exprime les choses plus profondément, mais les mots reflètent la pensée avec plus de clarté; la musique est l'art du sublime; dans le théâtre, les paroles et la musique doivent travailler ensemble. Le comte, Clairon et Olivier sont contre l'opéra, tandis que La Roche nourrit une véritable passion pour le *bel canto* — sur ce, il introduit deux chanteurs italiens qui interprètent pour l'assistance un duo dans le style italien.

Le comte propose à Clairon de la raccompagner à Paris au moment où le directeur de théâtre annonce la forme du spectacle qui célébrera l'anniversaire de la comtesse. La première partie de l'hommage sera une sublime allégorie : « La Naissance de Pallas Athénée ». Cette révélation et les indications qui l'accompagnent provoquent les critiques et l'incrédulité de tous, exprimées dans la première partie d'un grand octuor (sous-titrée : « Ensemble des rires »).

La comtesse essaie d'arranger les choses en demandant à La Roche d'exposer la seconde partie du spectacle. Elle sera, dit-il, héroïque et hautement dramatique : « La Chute de Carthage ». Il commence à peine à décrire ce magnifique épisode que Flamand et Olivier l'attaquent, et la seconde partie de l'octuor se développe (sous-titrée : « La Querelle »). Mais La Roche ne se laisse pas faire et se lance dans une défense farouche de son programme. Les vers d'Olivier sont parfaits — quand Clairon les dit; la musique de Flamand est parfaite pour le salon, mais pour le théâtre, il faut quelque chose de plus grand. Pour sa part, il est le serviteur de l'art éternel : le Théâtre; le drame doit montrer l'être humain sous tous ses aspects et aborder toutes les situations et toutes les époques. Son émouvant plaidoyer fini, il propose une épitaphe

le proclamant l'ami de la comédie, l'ange gardien des artistes et le patron de l'art sérieux.

La déclaration de La Roche est acclamée par tous. La comtesse demande à Flamand et à Olivier de collaborer, et son frère réalise avec horreur qu'elle vient de commander un opéra. En dépit de ses réserves, tous discutent du sujet : *Ariane* ? *Daphné* ? Non, dit le comte, choisissons plutôt un thème ayant trait à la vie quotidienne : que l'on prenne les événements de ce jour comme tous les ont vécus ! L'idée est acceptée, tous sortent. Le salon est envahi par les domestiques qui commentent en chœur les péripéties du jour. Une voix sort de l'ombre : « Herr Direktor ! ». C'est M. Taupe, le souffleur, qui vient juste de s'éveiller et se demande comment il va rentrer chez lui. Le Majordome, qui connaît sa juste valeur — sans lui, le théâtre ne fonctionnerait pas du tout —, se propose de l'aider.

Le salon est éclairé par la lune, la comtesse entre, élégamment vêtue. Le Majordorme la suit, allume les chandeliers et lui transmet deux messages : son frère ne dînera pas à la maison ce soir, et le poète Olivier viendra lui demander demain, à onze heures comment l'opéra doit se terminer... Le décor est en place pour la grande scène finale, l'une des plus splendides péroraisons de Strauss, un hymne à la gloire de la beauté des grandes voix féminines qui ne laisse aucun doute sur la position du compositeur face à la question : les paroles ou la musique ? La comtesse va comprendre que les deux hommes qui la courtisent sont inextricablement engagés dans l'aventure artistique née de leur collaboration. Elle chante deux vers du sonnet, se contemple dans son miroir et réalise qu'elle est incapable de faire le choix qui apporterait une fin à l'opéra. L'alternative est trop triviale.

Le Majordome la sort de son indécision en annonçant que le souper est servi.   H.

HANS PFITZNER
(1869-1949)

Palestrina

Opéra en 3 actes de Pfitzner; liv. du compositeur. Créé à Munich, 12 juin 1917, avec Karl Erb, Feinhals, Brodersen, Bender, Gustav Schützendorf, Ivogün, dir. Bruno Walter. Première à Bâle (par la troupe de Munich), Berne, Zürich, 1917; Vienne, 1919, avec Erich Schmedes, Schipper, Duhan, Mayr, Madin, Maikl, Lotte Lehmann, Kittel; Berlin, 1919, dir. Pfitzner; Opéra de Paris, 1942, version fr. de R. Fernay, dir. Wetzelsberger. Reprises : Berlin, 1939; Vienne, 1949, avec Patzak, Hotter, Poell, Alsen, Jerger, Pölzer, Jurinac, Rohs, dir. Krips; Salzbourg, 1955, avec Lorenz, Schoeffler, Frantz, Frick, Söderström, Madeira, dir. Kempe; Vienne, 1965, avec Wunderlich, Wiener, Berry, Frick, Jurinac, Christa Ludwig, dir. Heger.

PERSONNAGES

I. CHANTEURS :

LE PAPE PIE IV (basse); GIOVANNI MORONE, *légat papal* (baryton); BERNARDO NOVA-GERIO, *légat papal* (ténor); LE CARDINAL CHRISTOPHE MADRUSCHT (basse); CARLO BORROMEO, *cardinal romain* (baryton); LE CARDINAL DE LORRAINE (basse); ABDISU, *patriarche d'Assyrie* (ténor); ANTON BRUS VON MÜGLITZ, *archevêque de Prague* (basse); LE COMTE LUNA, *envoyé du roi d'Espagne* (baryton); L'ÉVÊQUE DE BUDOJA, THEOPHILE D'IMOLA, *évêques italiens* (ténors); AVOSMEDIANO, *évêque de Cadiz* (baryton-basse); GIOVANNI PIERLUIGI PALESTRINA (ténor); IGHINO, *son fils, quinze ans* (soprano); SILLA, *son élève, dix-sept ans* (mezzo-soprano); L'ÉVÊQUE ERCOLE SEVEROLUS, *maître de cérémonie au concile de Trente* (baryton-basse); CINQ CHANTEURS DE LA CHAPELLE DE SAINTE MARIE MAJEURE A ROME (deux ténors, trois basses); DES CHANTEURS DE LA CHAPELLE PAPALE, DES ARCHEVÊQUES, DES ÉVÊQUES, DES ABBÉS, DES AMBASSADEURS, DES ÉMISSAIRES, DES THÉOLOGIENS, DES SERVITEURS, DES SOLDATS, LE PEUPLE (chœur).

II. PERSONNAGES MUETS

Deux nonces du pape, des jésuites, Massarelli l'évêque de Thélesia, le secrétaire du Conseil, Giuseppe, le vieux valet de Palestrina.

III. APPARITIONS

L'APPARITION DE LUCRÈCE, *l'épouse décédée de Palestrina* (contralto); LES APPARI-TIONS DE NEUF COMPOSITEURS DÉCÉDÉS (ténors, baryton, basse); TROIS VOIX ANGÉ-LIQUES (sopranos); DES ANGES (chœur).

A Rome et à Trente, en novembre et décembre 1563, l'année de la fin du concile.

Acte I. Un prélude solennel nous introduit directement dans l'action. Silla, l'élève de Palestrina, travaille dans une des pièces de la maison de son maître sur une de ses compositions pour viole (deux altos solos l'ont suggérée dans les dernières mesures du prélude). Ighino entre, l'air sombre, la triste mine de son père l'inquiète.

La célébrité a peu apporté à son père; il est désespérément seul depuis la perte de sa femme, et n'a rien écrit; il semblerait que la vie se soit éteinte en lui avec cette mort.

Palestrina entre avec le cardinal Borromeo. Le cardinal, fort surpris par la musique qu'il a entendue en arrivant (Silla avait repris son air), demande à Palestrina ce qu'il en pense. Peut-être est-ce la nouvelle musique, la musique de l'avenir, répond ce dernier. Borromeo avoue que l'attitude blasée de Palestrina et sa tolérance des nouvelles tendances l'agacent. Sans lui, que va devenir la musique d'église ? Il est venu trouver Palestrina dans un but pratique. Le concile de Trente, qui siège depuis dix-huit ans, touche à sa fin. Le pape Pie IV, non content de réformer les abus de la musique liturgique, a décidé de revenir au chant grégorien et de jeter au feu toute autre musique sacrée. Seul Borromeo a résisté à ce point de vue réactionnaire, avec l'appui de l'empereur qui condamnait un changement aussi draconien. La cause est maintenant entendue, mais il faut encore prouver son bien-fondé. Il faudrait qu'un compositeur de prestige écrive une Messe capable de convaincre le pape et son concile. Cette œuvre serait un modèle pour les compositeurs futurs et assurerait l'avenir de la musique sacrée. Il est du devoir de Palestrina de l'écrire !

Mais Palestrina n'est pas l'homme de l'emploi. Ni les insultes du cardinal, ni sa colère, ni ses supplications ne l'émeuvent : le talent d'un artiste peut vieillir. La colère de Borromeo devient terrible, et il finit par accuser le maître de blasphème et quitte la pièce dans un état de fureur incontrôlable. Palestrina est ému de cet épisode : « Ainsi part mon dernier ami », remarque-t-il. Il médite sur la précarité de la condition humaine, contemplant tristement le portrait de son épouse décédée, et

réalise que, depuis sa mort, il est épuisé et incapable de travailler. Au cours de cette méditation, les compositeurs du passé lui apparaissent. Il reconnaît en eux ses prédécesseurs qui lui rappellent le temps de sa jeunesse, quand il les découvrit. Ils l'encouragent et l'assurent que son dernier devoir reste à accomplir.

Ayant vaincu la résistance du maître, ils disparaissent progressivement et il entend aussitôt des voix d'anges lui dicter sa Messe. Au sommet de son inspiration, il voit apparaître le fantôme de sa femme, Lucrèce, qui lui apporte un message de paix. La scène pendant laquelle la Messe est dictée au compositeur est le moment crucial de l'opéra. Elle réussit à conférer l'impression de l'exaltation d'un artiste au moment de la création.

C'est l'aube. Les voix des anges s'évanouissent; les cloches de Rome retentissent dans le lointain, et Palestrina s'effondre, épuisé. Le sol de la pièce est couvert de papiers et les deux jeunes gens, venus prendre leur leçon du matin, constatent avec joie que le maître a passé sa nuit à travailler. Ils ramassent les feuilles et réalisent peu à peu qu'une Messe entière a été écrite en une seule nuit. Silla se demande comment une œuvre composée en si peu de temps pourrait ajouter quoi que ce soit à la gloire de son maître.

Acte II. Le prélude agité contraste nettement avec celui qui précédait l'acte I. La grande salle du palais du cardinal Madruscht à Trente, où l'on se prépare à reprendre la conférence. Le cardinal Novagerio s'amuse des plaisanteries qui accompagnent les efforts du délégué espagnol pour respecter les préséances; puis il prévient les domestiques qu'ils seront sévèrement punis s'ils recommencent à se quereller dans les rues.

Borromeo engage une longue discussion d'ordre politique avec Novagerio. Celui-ci le félicite pour la façon dont il a traité la question de la musique liturgique. Mais Borromeo avoue qu'il n'a su convaincre Palestrina d'écrire cette Messe dont il a tant besoin. Il l'a fait jeter en prison, mais se demande si l'œuvre sera prête à temps, à supposer que ce traitement le fasse changer d'avis. Novagerio suggère qu'il existe des moyens pour forcer les hommes à céder à leurs maîtres, mais Borromeo est horrifié par ce que cette remarque implique.

Les autres délégués arrivent peu à peu. Les Italiens se méfient des Allemands, et les Espagnols se plaignent des Italiens qui grouillent comme des fourmis. Certains clament leur indignation contre les hérétiques tandis que d'autres se demandent, plus prosaïquement, si leurs frais de voyage vont leur être remboursés. L'évêque Ercole Severolus, maître de cérémonie, annonce que la conférence va commencer et invite les délégués à regagner leur place dans l'ordre prévu par les préséances. Morone, le légat du pape, s'adresse à eux. Il appelle la malédiction sur les hérétiques, soutenu par toute la conférence — sauf l'évêque de Budoja, libéral mais assez rustre, qui se trompe et prie pour qu'ils soient éclairés, et non détruits, s'attirant ainsi de noirs regards de plusieurs de ses collègues.

La discussion s'engage sur la musique qui accompagne le service religieux. L'approbation du pape est soumise à la production d'une œuvre qui satisfasse aux exigences du rite. Borromeo déclare que Palestrina est en train d'écrire cette œuvre. Le délégué espagnol se plaint de la rapidité avec laquelle les affaires sont expédiées, et son comportement querelleur attire de nombreuses objections des autres délégués. L'évêque de Budoja crie, de sa voix la plus haute, qu'on n'obtiendra jamais la paix au sein d'une conférence désunie; mais la réunion sombre à nouveau dans les querelles nationalistes et Morone décide de clore la session.

Dès qu'ils sont sortis, non sans avoir échangé quelques remarques acides,

les serviteurs espagnols se réunissent et murmurent que leur délégué a été insulté; la querelle éclate parmi les serviteurs. Madruscht apparaît, suivi de soldats, il leur ordonne de faire feu et de conduire les survivants à la chambre des tortures.

Acte III. La chambre de Palestrina. Le compositeur est assis, à peine visible du public. Cinq chanteurs de la chapelle l'entourent, et Ighino est agenouillé à son côté. Les chanteurs expriment leur sollicitude, mais il ne les reconnaît pas en s'éveillant de sa transe, bien qu'ils appartiennent à son propre chœur. Il demande à Ighino ce qu'ils attendent et pourquoi ils le regardent ainsi. Son fils lui annonce que sa Messe est chantée en ce moment même au palais du pape. Il ne semble pas comprendre ce que cela signifie, mais fait allusion à une question qu'on lui a posée à ce sujet en prison. Les autres lui rappellent qu'ils ont ramassé les pages de sa Messe, et qu'elles leur furent ensuite enlevées.

Soudain, un cri retentit dans la rue, la foule l'acclame : « Longue vie à Palestrina, le sauveur de la musique ! » La chambre est envahie. Le pape entre suivi de ses cardinaux, et dit à Palestrina quelle grande impression sa Messe a faite sur eux. Il doit rester à son service jusqu'à la fin de ses jours.

Le pape se retire, ayant béni Palestrina et ses chanteurs. Les cardinaux suivent le pape, sauf Borromeo qui fait signe aux chanteurs de le laisser seul avec le maître. Ils se regardent pendant un long moment, et Borromeo tombe à genoux en pleurant devant le compositeur, qui pose doucement ses mains sur sa tête. Palestrina relève ensuite le cardinal et le serre contre lui. Borromeo quitte la pièce après cette accolade.

Ighino, qui a observé la scène de sa cachette, se précipite vers son père et lui demande s'il n'est pas le plus heureux des hommes. Sans doute, répond Palestrina, mais il est vieux et montre son bonheur avec moins d'évidence qu'Ighino. Où est Silla, demande-t-il ? Sans doute parti pour Florence. Ighino acquiesce. La foule continue d'acclamer Palestrina dans la rue. Il dit à son fils de rire, de chanter et de danser s'il en a envie. Resté seul dans sa chambre, il se dirige lentement vers le portrait de sa femme Lucrèce, puis s'assied devant son orgue et joue doucement. La foule continue de crier son nom pendant qu'il joue, et le rideau tombe.

H.

ARNOLD SCHOENBERG
(1874-1951)

Erwartung
Attente

Monodrame en 1 acte (4 scènes) d'Arnold Schoenberg; liv. de Marie Pappenheim (composé en 1909, publié en 1916). Créé à Prague, 6 juin 1924, avec Marie Gutheil-Schoder, dir. Alexander Zemlinsky. Première à Wiesbaden, 1928; Berlin, 1930, avec Moje Forbach, dir. Klemperer; Zurich, 1949, avec Dorothy Dow; Hambourg, 1955, avec Helga Pilarczyk; Festival de Hollande, 1958, avec Pilarczyk, dir. Hans Rosbaud; Sadler's Wells, 1960, par la New Opera Company, avec Heather Harper; Covent Garden, 1961, avec Amy Shuard, dir. Georg Solti; Opéra de Lyon, 1967, avec M. Patris, dir. Leibowitz, trad. de M. Deutsch.

PERSONNAGES

LA FEMME

Schoenberg termina la partition brève (pas plus de 30 minutes) mais incroyablement complexe d'*Erwartung* en dix sept jours seulement, vers la fin de 1909, à l'époque où il avait déjà abandonné la tonalité, mais sans avoir encore développé le système dodécaphonique.

L'opéra — appelé monodrame par son auteur — est écrit pour une seule voix et un orchestre. Il décrit les errances à demi démentes d'une femme qui cherche son amant le long d'un sentier éclairé par la lune, au cœur d'une forêt. Peut-être est-ce un rêve. En phrases brisées, elle chante « leur » jardin, la nuit, la forêt, la lune, terrifiée par d'imaginaires poursuites, par les ombres et les bêtes sauvages, et par une bûche qu'elle prend pour un corps. A la fin de la troisième brève scène, elle se précipite dans les bois, laissant à l'orchestre le soin de donner l'impression vivante d'un cœur affolé par la terreur.

Dans la quatrième et dernière scène, qui constitue près de la moitié de l'œuvre, la femme se trouve près d'une maison sans lumière et est terrifiée par un silence mortel. Elle trébuche sur le corps de son amant, que son rival a assassiné. Tout le reste de la scène est un cri de deuil hystérique, coupé de références à une autre femme, de tentatives pour faire revivre le mort, et d'appels à l'aide. Finalement, elle se relève et s'éloigne au hasard, murmurant : « J'étais à la recherche... », tandis que les sons de l'orchestre s'évanouissent dans l'espace avec un frisson glacial de demi-trilles ascendantes.

H.

Von Heute auf Morgen
D'aujourd'hui à demain

Opéra en 1 acte d'Arnold Schoenberg; liv. de « Max Blonda »[1]. *Créé à Francfort, 1er février 1930, avec Else Gentner-Fischer, Benno Ziegler, Elisabeth Friedrich, Anton Maria Töplitz, dir. Wilhelm Steinberg. Première à Naples, 1953, avec Lydia Styx, Edith della Pergola, Willy Krämer, Nasco Petroff, dir. Hermann Scherchen; Festival de Hollande, 1958, avec Erika Schmidt, Magda Laszlo, Derrik Olsen, Herbert Schachtschneider, dir. Hans Rosbaud; Londres, 1963, Royal Festival Hall (en version de concert), avec Erika Schmidt, Heather Harper, Herbert Schachtschneider, Derrik Olsen, dir. Antal Dorati; Vienne, Theater an der Wien, 1965; Paris, Th. des Champs-Élysées, 1967, avec Pilarczyk, Leonard Delaney, dir. Léon Barzin.*

PERSONNAGES

LA FEMME (soprano); LE MARI (baryton-basse); L'AMIE (soprano); LE TÉNOR (ténor);

De nos jours.

Écrit en 1928, soit vingt ans après *Erwartung, Von Heute auf Morgen* est la seule œuvre véritablement comique de Schoenberg; le choix du sujet[2] fut influencé, dit-on, par son admiration pour *Neues vom Tage* d'Hindemith. La comédie possède cependant des éléments sérieux, suivant une ligne quasi ésopienne, car, selon la morale de Schoenberg, « le soi-disant moderne, ce qui est simplement à la mode, ne dure que du jour au lendemain ». Le conte prend la forme d'une scène domestique, rapidement décrite. Un mari et sa femme, revenant d'une soirée, font des commentaires sur les autres invités. L'homme a été particulièrement frappé par une amie d'enfance de sa femme, dont l'élégance et la sophistication l'attirent bien plus que le charme domestique et familier de celle-ci; l'épouse, quant à elle, s'est laissée émouvoir par les compliments d'un ténor célèbre. Chacun se moque de l'engouement de son conjoint, et la querelle éclate. L'épouse, piquée par les propos de son mari, se transforme en une éblouissante élégante. Il lui fait une cour passionnée mais elle le repousse avec mépris et écarte même son petit garçon que la dispute a réveillé.

Un employé du gaz se présente, à la grande stupeur du mari, car il est fort tard dans la nuit. Il demande à être payé. La femme déclare que tout son argent est passé en robes, et insiste pour qu'ils déménagent dans un hôtel.

1. Gertrud Kolisch, la seconde femme du compositeur.
2. Inspiré d'un épisode de la vie du compositeur Franz Schreker.

Elle prépare ses bagages. Le téléphone sonne. C'est le ténor, qui recommence ses flatteries, au grand dégoût du mari. Il a parié avec leur amie commune que la lumière que l'on voyait à la fenêtre était celle des yeux de la femme, alors que l'amie soutenait qu'il s'agissait d'une lumière électrique ordinaire. Si elle a raison, elle devra persuader le mari et la femme de les accompagner dans un bar proche — mais s'il a gagné, il devra en faire autant.

Tout cela semble très raisonnable aux yeux de la femme — mais le mari n'est pas d'accord et manifeste sa mauvaise humeur. Elle leur donne rendez-vous dans dix minutes et revêt une robe de cocktail, ce qui déclenche la fureur de son mari. Le mépris de l'épouse redouble, et il n'a plus qu'à admettre, d'assez mauvaise grâce, qu'il l'aimait réellement comme elle était avant, mais ne s'en était jamais rendu compte. Accepte-t-elle de lui revenir ? La femme retrouve instantanément sa véritable personnalité, et les deux époux se jurent fidélité dans une scène attendrissante. Ils sont interrompus par le chanteur et l'amie qui viennent les chercher, las de les attendre au bar. Chacun essaie de séduire sa victime d'un soir et se moque de la résistance démodée des époux. Ceux-ci les accompagnent à la porte. Le lendemain matin, la famille est réunie pour le petit déjeuner. Les séducteurs de la veille occupent leur conversation. « Maman, qu'est-ce qu'une personne à la mode ?» demande l'enfant.

La musique, d'une écriture claire et aisément perceptible, est en même temps d'une structure très élaborée et fortement expressive, même si à l'époque Schoenberg était déjà rigoureusement attaché au système dodécaphonique. La partition prévoit une grande variété d'instruments : ainsi, en plus du matériel orchestral habituel, deux saxophones, une mandoline, une guitare, un banjo, un célesta, un piano et un flexatone; elle est naturellement divisée en brèves arias et ensembles, de caractère très « vocal », que relient des conversations de type récitatif. Les personnages, leurs états d'esprit et leurs gestes sont définis avec acuité par l'orchestre. Si l'on tient compte de sa complexité, l'œuvre est au fond étonnamment accessible.

H.

Moses und Aron
Moïse et Aaron

Opéra en 3 actes; texte et musique d'Arnold Schoenberg. Créé en concert, 12 mars 1954, NWDR Hambourg, avec Helmut Krebs, Hans Herbert Fiedler, dir. Hans Rosbaud. Créé sur scène à Zürich, 6 juin 1957, avec Helmut Melchert, Fiedler, dir. Rosbaud. Berlin, 1959, avec Melchert, Greindl, dir. Scherchen (la mise en scène de Berlin fut reprise à Vienne, 1960, et à Paris et Milan, 1961); Covent Garden, 1965, avec Richard Lewis, Forbes Robinson, dir. Solti, mise en scène Peter Hall; Paris, 1975, en fr. (version A. Golea) avec Richard Lewis, Raymond Gerôme, dir. Solti.

PERSONNAGES

MOÏSE (rôle parlé pour voix de basse); AARON, *son frère* (ténor); UNE JEUNE FILLE (soprano); UNE FEMME INVALIDE (contralto); UN JEUNE HOMME (ténor); UN ADOLES-

CENT NU (ténor); UN AUTRE HOMME (baryton); L'EPHRAÏMITE (baryton); UN PRÊTRE (basses); QUATRE VIERGES NUES (deux sopranos, deux contraltos); LA VOIX ISSUE DU BUISSON ARDENT (sopranos, ténors, altos, barytons, basses [3-6 pour chaque rôle]); SIX VOIX SOLO DANS L'ORCHESTRE (ténor, baryton, basse, soprano, mezzo-soprano, contralto).

Des mendiants, des vieillards, des personnages âgés, des chefs de tribu, le peuple d'Israël.

Schoenberg commença à travailler sur la musique de son dernier et seul grand opéra, en 1931; le deuxième acte fut terminé en 1932; il semblerait cependant qu'il ait déjà eu l'opéra en tête dans les années 1925. Les circonstances entourant le troisième acte demeurent une énigme. Le texte existe; en 1949, Schoenberg écrit qu'il en a déjà conçu la musique, et que « quelques mois » suffiraient pour l'écrire; en 1950, il écrit qu'il n'a trouvé « ni le temps ni l'état d'esprit favorables à la composition du troisième acte... Cela tient à (ma) maladie nerveuse des yeux » puis, un peu plus tard : « Il n'est pas entièrement impossible que je termine le dernier acte en un an. » Enfin, l'année de sa mort, il admet : « ... le troisième acte peut être simplement parlé, au cas où je ne pourrais finir d'en composer la musique ». La plupart de ceux qui ont entendu et vu représenter les deux actes de l'œuvre conviennent qu'il ne s'agit aucunement d'un fragment, mais d'une œuvre complète, faite pour la scène, et parfaitement viable en deux actes. L'expérience tentée par Scherchen à Berlin, où il donna le 3e acte avec une musique prise à l'acte I, fut moins approuvée.

Le texte, écrit par le compositeur, dévoile ses pensées religieuses et philosophiques. Le drame réside dans le conflit entre Moïse, le penseur, et Aaron, l'homme d'action; chaque fois qu'Aaron tente de concrétiser les pensées de Moïse, le résultat est un compromis qui avilit l'idéal. Schoenberg utilise un orchestre à peine

augmenté (ce n'est que dans la *Danse devant le Veau d'Or* qu'il supplante les voix comme principal moyen d'expression), mais exige beaucoup des voix. Il n'y a que deux grands rôles principaux, Moïse et Aaron; mais les rôles secondaires et les ensembles solo sont compliqués et d'une importance vitale. L'accent mis sur le chœur est tout à fait exceptionnel, et il y a plusieurs demi-chœurs qui contrastent avec le groupe principal. Ils chantent et parlent, et les deux méthodes d'expression sont parfois combinées avec un effet remarquable. « Le parlé fait partie de la musique, et il est indiqué par la notation musicale sur la partition. Au sein de l'ensemble de voix, il produit un effet similaire à celui de la percussion dans l'orchestre, surtout par la précision rythmique; les notes indiquent l'intonation des phrases parlées, si bien qu'on peut entendre les mélodies parlées; et des accords parlés sont rendus par les différentes voix du chœur (bien que la hauteur du son ne soit pas définie). »[1]

Acte I. L'Appel de Moïse. Il n'y a pas de prélude, mais de doux et longs accords (six voix solistes chantent dans la fosse d'orchestre) introduisent la prière de Moïse. Les six voix de l'orchestre et un demi-chœur parlé lui répondent du Buisson Ardent. Il est appelé à libérer le peuple d'Israël de la domination égyptienne; il proteste qu'il est vieux et incapable de convaincre ce peuple incroyant, et il lui est répondu que son frère Aaron sera son porte-parole. Les chœurs,

1. Article d'Erwin Stein dans *Opera*, août 1957.

parlant et chantant, proclament que
Dieu a promis aux Israélites d'être Son
peuple élu.

Moïse rencontre Aaron dans le
désert. La scène 2 est introduite par
une musique *grazioso,* délicate comme
une musique de chambre, sur un
tempo à 6/8; associée au personnage
d'Aaron, elle offre un fort contraste
avec ce qui a précédé. Aaron comprend
immédiatement le rôle qu'il doit jouer
dans la destinée des Israélites, mais il
est évident qu'il est en désaccord avec
son frère sur le moyen de remplir leur
tâche. Pour Moïse, Dieu est une idée
pure — inimaginable, car toute tentative de concevoir son image détruit
l'idée : « Tu ne chercheras pas à
graver une image de toi-même... »
Le gouffre qui sépare l'idée de sa réalisation, symbolisé par Schoenberg dans
la figure de Moïse et d'Aaron, intervient à tous les niveaux de l'action
humaine. Aaron est plus simple
d'esprit, et sa conception des choses
est commandée par ses émotions. Il
accueille avec un grand enthousiasme
l'idée de devoir libérer son peuple,
mais il ne comprend pas ce qu'implique
la façon dont Moïse conçoit Dieu. Il
demande : « Invisible ? Inimaginable ?...
comment peut-on aimer ce qu'on
n'ose imaginer ? » Moïse répond avec
sérieux : « Ne pas oser ? Inimaginable ?
Libère ta pensée du trivial, purifie-la,
consacre-la à la vérité; il n'y aura pas
d'autre récompense pour ton sacrifice. »[1] Le duo qui allie, chose unique,
le chant du ténor et le discours parlé
de la basse, est tout à fait impressionnant.

Moïse et Aaron apportent au peuple
le message de Dieu. Trois jeunes Hébreux ont vu Aaron dans un état
d'exaltation religieuse, mais d'autres, en
particulier les prêtres, doutent qu'un
nouveau Dieu puisse les libérer du
joug du Pharaon. Un grand chœur
— mi-parlé, mi-chanté — se développe
alors que Moïse s'approche avec son

frère. Ils proclament ensemble Dieu et
son dessein. Quand le peuple se dit
prêt à suivre un Dieu qu'il puisse
comprendre, Moïse sait qu'il a échoué.
Mais Aaron lui enlève alors sa canne
et réussit à mettre le peuple dans un
état de folie religieuse en accomplis-
sant des miracles : la canne devient un
serpent, la main lépreuse est guérie,
l'eau du Nil se transforme en sang. Le
peuple dit sa ferveur en entonnant une
marche, et Aaron célèbre sa victoire
morale dans une grande aria — cette
victoire qui a en même temps conquis
le peuple et trahi l'idéal de Moïse.
Les Juifs, sur l'air de la marche, se
préparent pour leur voyage à travers
le désert.

Acte II. Le chœur chante et murmure
un interlude devant le rideau : « Wo
ist Moses ? » — extraordinaire *scherzo*
mystique et assourdi, d'une immense
beauté.

Aaron et les Anciens se tiennent
devant le mont Sinaï : les Hébreux
campent au pied de la montagne;
même les Anciens se plaignent de
l'absence prolongée de Moïse : « Voilà
maintenant quarante jours, et nous
attendons toujours. » Aaron essaie
de les apaiser. Un bruit de pas se
rapproche, et peu après le peuple en
colère envahit la scène, réclamant
le sang de Moïse. Les Anciens prient
Aaron de leur parler. Il veut leur
expliquer que Moïse s'est écarté
d'eux parce qu'il était trop près de
Dieu. Ils menacent alors de se venger
aussi sur les prêtres, et Aaron réussit
à prendre la situation en main en
leur promettant qu'il donnera à Dieu
une forme compréhensible. Il envoie
chercher de l'or, et le peuple se
réjouit en chœur.

Le Veau d'Or et l'Autel. *La Danse
devant le Veau d'Or* est le sommet
de l'opéra; une ample conception
musicale, visuellement   compliquée,

1. Erwin Stein dans *Opera*, août 1957.

avec des écarts brusques de tempéra-
ture, et la gamme complète, de l'ébriété
et la danse à l'orgie finale, en passant
par la fureur destructrice et l'obsession
suicidaire.

Aaron annonce que la statue va
être coulée, et des processions de
chameaux, d'ânes, de chevaux, de
porteurs et de charrettes envahissent
la scène et déchargent leurs trésors;
toutes sortes d'animaux sont apportés,
décorés et enfin sacrifiés; la riche
musique qui accompagne toute cette
scène est jouée par l'orchestre seul.
Les égorgeurs dansent sur un rythme
animé; puis la musique se calme pour
l'épisode lyrique où une femme malade
est portée devant la statue et est
guérie quand elle la touche. Des
mendiants apportent leurs derniers
biens, des vieillards se sacrifient
devant l'idole, et la tension monte à
nouveau, soutenue par les trombones,
quand les chefs des tribus galopent
vers l'idole pour l'adorer. Un adolescent essaie de faire retrouver à la
foule son état de grâce antérieur, mais
il est assassiné par un Ephraïmite. La
réjouissance devient vite extase, et
l'extase se transforme en frénésie
sauvage quand quatre vierges nues (un
magnifique quatuor vocal dont la
délicatesse fait contraste) s'immolent
sur l'autel. L'orgie et le viol succèdent
à la destruction et au suicide jusqu'au
moment où, épuisée, la foule s'endort.
La musique décline, les feux sont
éteints; la scène est dans une obscurité
presque intégrale quand un homme se
retourne, et, ayant regardé au loin,
s'écrie : « Moïse descend de la
montagne ».

Moïse apparaît, les tables de la Loi
à la main, et ordonne : « Disparais,
image d'impuissance. » La foule
regarde avec terreur le Veau d'Or se
désintégrer et s'enfuit. Moïse reste
seul avec son frère.

Moïse et Aaron. Répondant à son
frère, Aaron tente d'expliquer que
ses actes étaient la conséquence
logique des idées de Moïse. Etant
son porte-parole, il était de son devoir
de les interpréter en termes que le
peuple pourrait comprendre. Dans sa
colère, Moïse casse les tables de la Loi
en qui il ne voit plus que des images.

La discussion théologique est dramatique : Moïse réitère sa foi avec une
fermeté inébranlable, tandis qu'Aaron
défend l'intégrité du peuple sur
une musique ornée. Dans le fond,
on entend les enfants d'Israël qui,
conduits par une colonne de feu,
reprennent leur marche vers la terre
promise (la marche de l'acte I retentit
à nouveau). Moïse reste seul, désespéré : « O Wort, du Wort, das mir
fehlt » est sa dernière et bouleversante
phrase.

Acte III. Il n'a pas été composé et
consiste principalement en un dialogue
entre Moïse et Aaron, maintenant
prisonniers et enchaînés. En présence
des soixante-dix Anciens, Moïse réitère
sa conviction — la nature idéale de
Dieu — et affirme que Sa parole a été
dénaturée par Aaron. Ce dernier essaie
vainement de justifier ses actes et,
finalement, quand on lui rend la
liberté, s'effondre mort.

Bien que Schoenberg ait, dans une
lettre, apparemment autorisé que
l'acte III soit parlé, il a été supprimé
dans la production de Zurich, super-
visée par la veuve du compositeur
et dirigée par Rosbaud. A Berlin,
Scherchen a fait parler l'acte III sur
un accompagnement musical emprunté
à l'acte I.

H.

ALBAN BERG
(1885-1935)

Wozzeck

Opéra en 3 actes et 15 scènes d'Alban Berg; texte adapté du drame de Büchner par l'auteur. Créé à Berlin, Staatsoper, 14 décembre 1925, avec Sigrid Johanson, von Scheele-Müller, Leo Schützendorf, Waldemar Henke, Martin Abendroth, dir. Kleiber. Première à Vienne, 1930, avec Pauly, Manowarda, dir. Krauss; Philadelphie, 1931, avec Roselle, Ivantzoff, dir. Stokowski; New York, 1931, même distribution; Londres (Queen's Hall, en concert), avec Blyth, Bitterauf, dir. Boult; Rome, 1942, avec Gatti, Gobbi, dir. Serafin. Reprises : Düsseldorf, 1948, avec Mödl, Nillius, dir. Hollreiser; Naples, 1949, avec Danco, Gobbi, dir. Böhm; Berne, 1951, avec Borkh, Fehr, dir. Aesbacher; Festival de Salzbourg, 1951, avec Goltz, Josef Herrmann, dir. Böhm; Covent Garden, 1952, avec Goltz, Rothmüller, Parry Jones, Dalberg, dir. Kleiber; La Sçala, Milan, 1952, avec Dow, Gobbi, dir. Mitropoulos; New York, Metropolitan, 1959, avec Steber, Uhde, dir. Böhm; Paris, 1963 et 1966, dir. Boulez.

PERSONNAGES

WOZZECK, *soldat* (baryton); LE TAMBOUR-MAJOR (ténor); ANDRES, *soldat* (ténor); LE CAPITAINE (ténor); LE MÉDECIN (basse); PREMIER ET DEUXIÈME OUVRIERS (baryton et basse); UN IDIOT (ténor); MARIE (soprano); MARGRET (contralto); L'ENFANT DE MARIE (soprano).
Des soldats, des domestiques, des jeunes filles, des enfants.

La composition de *Wozzeck*, conçue en 1914 après que l'auteur eut vu une représentation de la pièce de George Buchner (1813-1837), fut interrompue par la Première Guerre mondiale, où il combattit. La partition fut terminée en 1921 et Universal Edition la publia en 1923. Entre-temps, Berg entreprit de décider un opéra ou un théâtre à monter son œuvre — avec l'aide d'un pianiste célèbre, Eduard Steuermann, qui joua la partition à une succession de « Generalmusikdirektor » blasés. Kleiber l'accepta enfin pour la Staatsoper de Berlin. Mais, dix-huit mois avant la première, le public eut l'occasion d'entendre les soi-disant *Fragments de Wozzeck* (1re moitié de l'acte I,

scène 3; acte III, scène 1; et acte III, scène 5, ainsi que l'interlude qui la précède), chantés par Sutter-Kottlar et dirigés par Scherchen. *Wozzeck* devint dès lors un sujet de controverses, et musiciens et amateurs d'opéra se divisèrent en deux camps — souvent, la réaction fut plus forte que les raisons qui pouvaient soutenir l'impression ressentie.

Wozzeck est en trois actes, dont chacun comporte cinq scènes. La musique est continue, et Berg, souvent, ne prévoit pas plus de quelques secondes d'interlude pour les changements de décor.
Berg a lui-même relié la musique au drame, de la façon la plus succincte :

SCENE	MUSIQUE
	Acte I
Wozzeck dans ses rapports avec son entourage	*Cinq morceaux de caractère*
	Scène 1
Wozzeck et le capitaine	Suite
	Scène 2
Wozzeck et Andres	Rhapsodie
	Scène 3
Marie et Wozzeck	Marche militaire et Berceuse
	Scène 4
Wozzeck et le médecin	Passacaille
	Scène 5
Marie et le tambour-major	*Andante affectuoso (quasi Rondo)*
	Acte II
Développement dramatique	*Symphonie en cinq Mouvements*
	Scène 1
Marie et l'enfant puis Wozzeck	Sonate
	Scène 2
Le capitaine et le médecin puis Wozzeck	Fantaisie et Fugue
	Scène 3
Marie et Wozzeck	*Largo*
	Scène 4
La brasserie	Scherzo
	Scène 5
Dortoirs à la caserne	*Rondo con introduzione*
	Acte III
Catastrophe et Épilogue	*Six Inventions*
	Scène 1
Marie et l'enfant	Invention sur un thème
	Scène 2
Marie et Wozzeck	Invention sur une note
	Scène 3
L'auberge	Invention sur un rythme
	Scène 4
La mort de Wozzeck	Invention sur un accord de six notes
Interlude orchestral	Invention sur un ton
	Scène 5
Le jeu des enfants	Invention sur un trille

Pourtant le compositeur lui-même, dans un article publié en 1928 dans le *Neue Musik-Zeitung* et reproduit dans l'ouvrage de Willi Reich sur Berg, a averti ceux qui seraient tentés de faire une analyse musicale de *Wozzeck* pendant une représentation : « Même si l'auteur connaît parfaitement les formes musicales que l'on trouve dans cette œuvre... à partir du moment où le rideau se lève jusqu'à celui où il tombe définitivement, personne dans le public ne devrait remarquer ces Fugues et Inventions, Suite et Sonate, Variations et Passacaille — chacun devrait être seulement rempli de l'idée de l'opéra, une idée qui dépasse largement le destin individuel de Wozzeck. »

Berg, élève de Schoenberg, a subi l'influence de plusieurs idées théoriques et pratiques du maître. *Wozzeck* n'est pourtant pas composé selon la méthode dite dodécaphonique de Schoenberg, bien que le thème de la Passacaille de l'acte II ait douze notes.

Les armures de clé sont écartées, sauf dans l'Interlude de l'acte III, et le compositeur utilise abondamment, et subtilement, le *Sprechstimme*, bien connu grâce à l'emploi que Schoenberg en a fait dans le *Pierrot Lunaire*. Le *Sprechstimme* est un discours parlé, défini musicalement. Le rythme et l'intonation sont prescrits avec exactitude, mais « lors de l'exécution, chaque note est définie au moment même où elle est articulée, et la voix s'élève ou retombe ensuite, comme dans le discours parlé[1] ». Tous les spécialistes conviennent qu'un style excessivement vocal, ou *cantabile,* est désastreux dans le *Sprechstimme*, alors que le résultat devrait plutôt ressembler à la déclamation poétique d'un bon acteur.

Acte I. A la troisième mesure, le rideau se lève sur la chambre du capitaine. C'est le matin, le capitaine se fait raser par Wozzeck, son ordonnance.

Le capitaine, un fieffé bavard, fait la morale à Wozzeck stupéfait : s'il se presse tant, que fera-t-il des dix minutes qu'il aura gagnées ? Délaissant le sujet de l'éternité, il demande à Wozzeck si le vent ne souffle pas sud-nord et glousse en entendant le « Jawohl, Herr Hauptmann » automatique du soldat. L'observation selon laquelle Wozzeck est un brave homme, mais dénué de tout sens moral — d'ailleurs, il a un enfant, sans être marié — commence à préoccuper celui-ci. Le Seigneur n'a-t-il pas dit : « Laissez venir à moi les petits enfants », demande Wozzeck. La voix du capitaine, de stupeur, atteint le do aigu; Wozzeck explique que seuls les riches peuvent s'offrir la moralité conventionnelle (Ex. 1).

Wozzeck pense trop, se dit le capitaine. Et il le renvoie en l'exhortant à ne pas se presser avec tant d'excès.

Scène 2. Dans un champ d'où l'on peut voir la ville, Wozzeck et Andres taillent des bâtons. Andres chante, mais Wozzeck est persuadé qu'ils se trouvent dans un lieu hanté. Il imagine toutes sortes de choses, marmonne quelques paroles sur les intrigues des Francs-Maçons, croit que le sol va s'ouvrir sous leurs pieds et est persuadé que la terre a pris feu quand le soleil couchant rougit l'horizon. Cette brève scène est une des plus brillantes inspirations de Berg sur le plan orchestral.

Scène 3. La chambre de Marie, le soir. Le son d'une marche militaire dans les coulisses nous renseigne sur ce que Marie regarde par la fenêtre : la troupe rentrant à la caserne. Le Tambour-Major lui fait un signe de la main, et Marie chante joyeusement l'air du régiment, si joyeusement

1. Article d'Erwin Stein sur *Wozzeck*, in *Opera*, janvier 1952.

même que sa voisine, Margret, fait malicieusement allusion à son intérêt pour les soldats. Elles échangent quelques propos acides, et Marie ferme bruyamment la fenêtre, nous privant de la musique du régiment. Elle chante une berceuse lyrique à son

enfant; on frappe à la porte, et Wozzeck apparaît. Il ne peut pas entrer, car il est fort tard. Il ne peut même pas embrasser l'enfant que Marie lui tend. Son discours confus inquiète la jeune femme qui se précipite dehors dès qu'il est parti.

Scène 4. Dans le bureau du Médecin, le lendemain (Passacaille). Wozzeck, en échange d'un maigre salaire, se prête aux expériences diététiques du Médecin. Celui-ci reproche au soldat de ne pas suivre ses instructions à la lettre, et son discours scientifique affole le malheureux dont la réaction est telle que le médecin envisage de le faire conduire à l'asile. Le savant est ravi à la perspective de la gloire qu'il tirera de ses nouvelles théories, et le rideau tombe alors qu'il examine à nouveau la langue de Wozzeck.

Scène 5. Dans la rue, devant la maison de Marie, le Tambour-Major prend des poses, sous le regard admiratif de celle-ci. Il lui assure que sa tenue n'est rien à côté de celle des dimanches. Marie le repousse une première fois quand il veut l'embrasser, mais se laisse faire la seconde fois. Puis, s'exclamant : « Quelle importance ? Cela m'est égal », elle l'emmène dans sa maison.

Acte II, scène 1. Dans sa maison, Marie admire ses nouvelles boucles

d'oreilles en se contemplant dans un miroir cassé. Elle essaie de faire dormir l'Enfant, puis s'admire à nouveau. Wozzeck entre, et lui demande ce qu'elle essaie de cacher. Elle dit qu'elle a trouvé des boucles d'oreilles, et il réplique qu'il n'a jamais eu la chance de trouver ce genre d'objet par paire. Il regarde l'Enfant endormi et déclare que la vie n'est que travail (réf. à l'exemple 1), et que l'homme transpire même en dormant. Il remet à Marie l'argent gagné chez le Capitaine et chez le Médecin (accompagnement d'un accord en do majeur par les cordes) et sort, la laissant méditer tristement sur son infidélité.

Scène 2. Dans la rue. Le Médecin est fort pressé. Son ami le Capitaine l'arrête en dépit de ses protestations, et il se venge en lui racontant en détail plusieurs cas récents et fatals; pour conclure, il déclare à son ami que sa rougeur de teint pourrait bien annoncer une attaque d'apoplexie, génératrice de mort ou en tout cas de paralysie. Le Capitaine accueille avec lyrisme l'idée de son trépas, puis se console en pensant à toutes les choses aimables qu'on dira de lui après sa mort.

Sa rêverie est interrompue par Wozzeck. Il tranche le monde comme ses lames de rasoir, se dit le Capitaine avec tristesse. L'idée du rasoir lui rappelle aussitôt le scandale provoqué par Marie et le Tambour-Major : aidé du Médecin, il glisse quelques allusions malveillantes au pauvre Wozzeck et va jusqu'à imiter une marche militaire. Mais la sombre réaction du soldat inquiète ses bourreaux : il se lance *fortissimo* dans une terrible imprécation contre l'impossibilité de trouver le bonheur sur terre. Le Médecin lui prend le pouls pour vérifier si l'émotion modifie la tension; il leur échappe, les laissant fort surpris.

Scène 3. Dans la rue, devant la maison de Marie. Le mouvement lent de la symphonie — *largo* — est écrit pour un orchestre de chambre de quatorze musiciens, composé de la même façon que celui de la *Kammersymphonie* de Schoenberg. Wozzeck s'approche de Marie, qui se tient devant sa maison. Elle est belle comme le péché, lui dit-il — mais comment le péché peut-il être beau ? Est-ce qu'*il* s'est tenu à cet endroit ? Marie répond qu'elle ne peut contrôler les gens qui marchent dans la rue et ajoute, comme Wozzeck semble sur le point de la battre ; « Il vaut mieux me planter un couteau dans le cœur que me frapper... Jamais mon père n'a osé lever la main sur moi quand j'étais enfant. » Wozzeck répète ces mots d'un air hagard tandis qu'elle rentre chez elle.

Scène 4. Dans une brasserie, où l'on danse. Un Ländler lent est joué sur la scène par un orchestre Heurige : 2-4 violons accordés un ton plus haut, une clarinette en do, un accordéon, plusieurs guitares, un bombardon en fa.

Tout le monde danse, et un couple d'ouvriers particulièrement ivres pleurniche que le cognac est mauvais pour l'âme. Wozzeck entre et voit que Marie danse avec le Tambour-Major; sa jalousie se réveille, et il va bondir sur la piste pour les séparer quand la musique s'arrête. Les soldats entonnent à pleine voix une chanson de chasse, qui se termine sur le do soutenu du soliste, Andres. Le premier ouvrier monte sur une table et se lance dans un de ces discours profondément logiques et absurdes à la fois qu'inspire traditionnellement l'ébriété. Il est entièrement déclamé sur le mode du *Sprechstimme* et prouve combien cette technique peut être expressive et saisissante.

Un chœur masculin succède au sermon. Puis l'Idiot apparaît et se dirige vers Wozzeck en remarquant : « Lustig, lustig... aber es riecht... ich riech Blut » (« La gaieté, la gaieté... et pourtant cela sent... cela sent, le sang »). Le rôle de l'Idiot comporte treize notes, toute sa scène, accompa-

gnée surtout à l'accordéon, exerce une fascination extraordinaire. La danse reprend, mais l'esprit de Wozzeck est obsédé par l'idée du sang.

Scène 5. Dans la chambrée de Wozzeck, la nuit. Avant le lever du rideau, on entend les ronflements des dormeurs. Wozzeck se plaint à Andres de la scène du bal, qui hante son souvenir. Le Tambour-Major pénètre dans le dortoir en titubant, et se vante de sa conquête à pleine voix. Il demande à Wozzeck de boire avec lui; celui-ci se détourne et sifflote; le Tambour-Major l'attaque, et ils se battent; Wozzeck est envoyé au sol d'un coup de poing, et son adversaire le secoue en le menaçant de le tuer. Le Tambour-Major sort, et Wozzeck reste ahuri, regardant devant lui. Il saigne, s'écrie Andres. Le mot « sang » est pour Wozzeck une sorte de suggestion du destin : « Une fois après l'autre ».

Acte III. Cet acte est composé de six Inventions — c'est le terme employé par Berg.

Scène 1. La chambre de Marie, la nuit. Un solo d'alto joue le thème. Marie lit l'histoire de Marie-Madeleine dans la Bible, et ne peut s'empêcher de penser à sa propre vie. Elle finit en implorant la pitié de Dieu : « Sauveur... toi qui as eu pitié d'elle, aie maintenant pitié de moi, Seigneur ! »

La scène, d'une beauté obsédante, est dite en *Sprechstimme* pendant la lecture de la Bible, et chantée ensuite.

Scène 2. Une mare dans le bois, plus tard dans la nuit. Wozzeck retient Marie, qui veut rentrer chez elle. Il pense qu'ils se connaissent depuis bien longtemps puis, quand Marie regarde la lune se lever, il sort son couteau et lui coupe la gorge. Il se penche alors sur elle : « Morte ! » L'interlude, formé de deux longs *crescendi* en si naturel, commence par un solo de cor *pianissimo* et continue avec tout l'orchestre; ensuite, après un rythme percutant, le second *crescendo* introduit également la percussion.

Scène 3. Dans une auberge. On joue une polka rapide sur un piano désaccordé. Wozzeck danse avec les autres. Il choisit Margret pour partenaire et l'entraîne vers une table pour la courtiser. Elle entonne une courte chanson, mais s'arrête brusquement en voyant du sang sur la main de Wozzeck. Il essaie de se justifier en inventant qu'il s'est coupé au bras, puis se fraie un chemin en repoussant les danseurs alertés, et sort de la salle.

Scène 4. A nouveau près de la mare. Wozzeck cherche le couteau qu'il a laissé tomber après le meurtre. Il le trouve, s'arrête un instant auprès du corps de Marie, et jette l'arme dans l'eau. Il regarde le couteau disparaître. Le monde entier lui semble baigné de sang; il en voit sur ses vêtements et sur ses mains et marche dans l'eau pour s'en débarrasser. Il continue de marcher quand l'eau arrive à son cou, et disparaît. Le Médecin et le Capitaine s'approchent, intrigués par le bruit qu'ils ont entendu — un bruit d'homme qui se noie, suggère le Médecin — et

l'orchestre illustre l'eau recouvrant la tête de Wozzeck par des gammes chromatiques ascendantes.

Le grand interlude en ré mineur constitue le sommet de l'opéra, et la

complainte funèbre de Wozzeck, le héros de l'histoire.

Il y est fait allusion à la musique des scènes précédentes, et les thèmes liés au personnage de Wozzeck sont repris sous une forme plus noble. Selon Erwin Stein, Berg, dans cet interlude « ne s'exprime pas à travers le drame, mais nous parle directement. Le changement d'accent est frappant, et sa sincérité nous fait réaliser pourquoi nous aimons la musique de Berg ».

Scène 5. Dans la rue, devant la maison de Marie. Des enfants jouent. L'Enfant de Marie joue tout seul, à l'écart. D'autres enfants arrivent en courant et l'un d'eux dit qu'on a retrouvé Marie morte. L'Enfant ne comprend pas ce qui est dit, et continue à jouer : « Hopp-hopp, hopp-hopp, hopp-hopp ». Le rideau tombe lentement.

H.

Lulu

Opéra en 3 actes d'Alban Berg; liv. adapté par l'auteur d'Erdgeist et Die Büchse der Pandora, de Wedekind. Créé, dans la forme inachevée où l'a laissé le compositeur, le 2 juin 1937 à Zurich, avec Nuri Hadzic (Lulu) Aster Stig (D' Schön), Emmerich (l'athlète), Peter Baxeranos (Alwa), Maria Bernhard (Geschwitz), Feichtinger (Gymnasiast), Paul Feher (Le Peintre), Honisch (Schigolch), dir. Denzler. Première à Venise, 1949, avec Styx, Rehfuss, Demetz, Zareska, dir. Sanzogno; Essen, 1953, avec Spletter, Jüllich, Peter Walter, Offermanns, dir König; Hambourg, 1957, avec Pilarczyk, Blankenheim, Ruesche, Litz, dir. Ludwig, mise en scène Rennert; Opéra de Marseille, 1963, avec Carroll, Doucet, Senechal, dir.

*Reinshagen; Paris, Th. des Nations, 1960, par l'Opéra de Francfort, dir. Solti;
San Francisco, 1965, avec Evelyn Lear, Vinay, Richard Lewis, Cervena, dir.
Ludwig; Stuttgart, 1966, mise en scène de Wieland Wagner, avec Silja, Carlos
Alexander, Holm, Cervena, dir. Leitner; Vienne, 1968, avec Silja, Gutstein,
Kmentt, Mödl, dir. Böhm; San Francisco, 1971, avec Silja, Cervena, Ulfung,
Hopferweiser, Alvary, dir. Dohnanyi; Opéra de Lyon, 1976, dir. Cambreling;
Hambourg, 1978; Opéra de Paris 1979, avec le troisième acte complété par Cerha
(création mondiale), avec Stratas, Minton, Schwarz, Blankenheim, Tear, Mazura,
Riegel, mise en scène P. Chéreau, dir. Boulez.*

PERSONNAGES

LULU (soprano coloratine); LA COMTESSE GESCHWITZ (mezzo-soprano dramatique);
UNE COSTUMIÈRE (contralto); UN ÉCOLIER (« DER GYMNASIAST ») (contralto); LE
MÉDECIN (rôle parlé); LE PEINTRE (ténor lyrique); Dr SCHÖN, *directeur d'un journal*
(baryton héroïque); ALWA, *fils du Dr Schön, écrivain* (jeune ténor héroïque); UN
DRESSEUR D'ANIMAUX (basse); RODRIGO, *athlète* (basse); SCHIGOLCH, *vieillard* (basse
de caractère); LE PRINCE, *voyageur en Afrique* (ténor); LE DIRECTEUR DE THÉÂTRE
(basse bouffe).

Dans une ville allemande, dans le dernier quart du XIXᵉ siècle.

Lulu, second et dernier opéra de
Berg, est entièrement écrit selon le
système dodécaphonique. Avant de
mourir, le compositeur avait terminé
les actes I et II, et une partie de l'acte
III, c'est-à-dire du grand ensemble de
la scène d'ouverture. Il avait de plus
élaboré le projet du reste de l'œuvre, à
savoir que, mis à part quelques lignes
du texte de l'ensemble, toutes les paroles étaient mises en musique[1]. Une
partie de la musique de cet acte appartient aux cinq Pièces Symphoniques de
l'opéra, qu'il avait terminées auparavant. La Suite Symphonique (prévoit
la participation d'un chanteur) consiste
en (1) *Rondo* (duo Lulu-Alwa, II, 1 et
fin de II, 2); (2) *Ostinato* (Interlude
II, 1-2); (3) *Song of Lulu* (II, 1); (4)
Variations (Interlude III, 1-2); (5)
Adagio (Interlude I, 2-3, et fin
de l'opéra, y compris l'arietta de
Geschwitz).

Prologue. Un dresseur d'animaux,
accompagné du clown de son cirque,

s'avance devant le rideau et présente
sa troupe. Lulu, costumée en Pierrot,
en fait partie.

Acte I, scène 1. Dans son studio, le
Peintre fait le portrait de Lulu en
costume de Pierrot. Le Dr Schön,
directeur d'un journal, observe. Le fils
de Schön, Alwa, entre et dit sa surprise
de trouver Lulu sans son mari. Elle
répond qu'elle l'attend; Alwa, qui
travaille au théâtre, emmène son père
à la répétition en costume, laissant
Lulu seule avec le Peintre. Celui-ci ne
parvient pas à se concentrer sur son
travail, et essaie d'embrasser Lulu. Il
la poursuit autour de la pièce — les
deux voix chantent en canon, en
commençant par le motif de Lulu
(déjà entendu dans le Prologue); il lui
baise les mains au moment où le mari
frappe à la porte.

---

1. Après la mort de Berg, plusieurs tentatives visèrent à faire terminer *Lulu* par un de ses
contemporains, réceptif à cette musique. Après l'échec des premiers essais, la veuve du compositeur s'opposa fermement à toute intervention sur son opéra. Ce n'est qu'en 1979 que Rolf
Libermann, administrateur de l'Opéra de Paris, put faire jouer dans ce théâtre une version en
3 actes, complétée par Friedrich Cerha.

Il réussit à forcer la porte, et s'évanouit d'émotion en les trouvant dans une situation compromettante. Ils réalisent qu'il est mort, ce que Lulu commente avec plus d'intérêt que de regret (*Canzonetta* introduite par le solo de saxophone). Dans le duo suivant, Lulu répond invariablement « Je ne sais pas » aux questions du Peintre, celui-ci chante un *arioso* tandis que Lulu sort pour se changer.

Interlude. Scène 2. Dans une pièce élégante, décorée du portrait de Lulu en Pierrot. Le Peintre, devenu son mari, entre avec le courrier, et Lulu lit avec stupeur l'annonce des fiançailles du Dr Schön. Les époux chantent ensuite un *Duettino* allègre, et la sonnette du studio retentit. Le Peintre va voir ce que c'est, et annonce un mendiant. Il part travailler dans son atelier et Lulu fait entrer le « mendiant », qui est supposé être son père, mais dont tout le monde pense qu'il est son ancien amant, Schigolch. Il admire le cadre dans lequel elle vit : elle a fait du chemin depuis la dernière fois.

Schön entre (début de la Sonate); il reconnaît Schigolch avec étonnement, puis déclare à Lulu qu'elle doit cesser de venir le voir maintenant qu'il est fiancé. Elle répond qu'elle lui appartient (le début lent de la coda de l'exposition de la sonate prend le sens d'un thème d'amour); il l'a sortie du ruisseau quand elle était enfant, et, de toute façon, son mari est incapable de voir ce qu'elle fait et ne la considère pas comme une personne mais comme sa « petite chérie », son « petit oiseau ».

Schön dit au mari de surveiller la jeune femme de plus près et, tandis que la musique se fait plus pressante, lui dévoile une partie de son passé. Il l'a lui-même présentée à son précédent mari, le Dr Goll; c'était juste après la mort de sa propre femme, et Lulu voulait à tout prix la remplacer. Chacun de ses amants la connaît sous un nom différent : Schön l'appelle Mignon, le Dr Goll l'appelait Nelly, et pour le Peintre, elle est Eva. Le Peintre

s'éloigne pour parler à sa femme. On entend des râles, Lulu force une porte avec le Dr Schön (canon rythmique à la percussion) : le Peintre est étendu, mort.

On sonne à la porte, et Alwa entre, très excité par la nouvelle de la révolution qui a éclaté à Paris. Schön a peur que la découverte du suicide du Peintre ne provoque un scandale qui nuirait à ses propres fiançailles; cependant, en bon journaliste, il imagine que les nouvelles venues de France prendront la vedette. Le rideau tombe tandis que Lulu chante, sur son motif : « Vous finirez par m'épouser ».

Le motif de l'amour est développé au cours d'un long Interlude.

Scène 3. Dans la loge de Lulu, dans les coulisses d'un théâtre. Alwa attend qu'elle sorte de scène. Il lui rappelle comment il a voulu, quand il était encore un jeune homme, persuader son père de l'épouser après la mort de sa mère. Lulu répond qu'elle sait parfaitement pourquoi le Dr Schön l'a poussée sur la scène : ainsi, un riche spectateur finira par s'éprendre d'elle, ce qui le débarrasserait d'elle.

Alwa, resté seul dans la loge, songe que la vie de Lulu ferait un très beau sujet d'opéra. Un Prince, décidé à l'épouser, entre et se lance dans un éloge extravagant de la jeune femme. On entend du bruit dans les coulisses. Peu après, on ramène Lulu qui s'est évanouie sur scène — parce qu'elle a dû danser devant la fiancée de Schön, explique-t-elle.

Lulu et Schön restent seuls (développement de la sonate); Lulu lui demande avec mépris pourquoi il n'a pas déjà épousé son innocente fiancée, tandis qu'il essaie lamentablement de se soustraire à la domination de la jeune femme. Désespéré, il essaie de s'arracher à elle, mais elle est plus forte (récapitulation de la Sonate) et l'oblige à écrire, sous sa dictée, une lettre de rupture à sa fiancée. Le rideau tombe alors que Schön s'écrie « Mon heure est venue », et que Lulu se prépare à reprendre son numéro, interrompu par son évanouissement.

Acte II, scène 1. Dans le hall d'un palais décoré dans le style de la Renaissance allemande. La comtesse Geschwitz, vêtue de façon nettement masculine, rend visite à Lulu, qu'elle trouve irrésistible. Schön est maintenant le mari de Lulu. Quand sa femme s'éloigne avec la comtesse, il donne libre cours à sa jalousie, qui confine à la démence. Il regarde derrière les rideaux, un revolver à la main, comme s'il s'attendait à y trouver quelque amant caché. Lulu revient, puis s'éloigne avec Schön.

La comtesse réapparaît, et se cache dans la pièce, juste au moment où entrent Schigolch, un Athlète et un Écolier (rôle travesti). Le garçon est amoureux de Lulu, et Schigolch a servi d'intermédiaire. Ils boivent et fument en attendant Lulu. Enfin, elle arrive. Mais ils doivent se cacher quand on annonce Alwa qui, avec une émotion croissante, déclare sa passion à Lulu. Elle le neutralise en lui avouant qu'elle a été responsable de l'empoisonnement de sa mère, il y a plusieurs années. Le Dr Schön observe la scène de sa cachette et aperçoit l'Athlète, qui se cache également. Schön fait sortir son fils, qui a perdu tout contrôle de lui-même. Il revient pour tenir un long discours à Lulu et lui tendre le revolver dont il avait menacé l'Athlète : elle n'a plus qu'à se suicider.

Il trouve ensuite Geschwitz, également dissimulée, et la traîne hors de la chambre tout en continuant d'exhorter Lulu au suicide. Ici intervient le chant de Lulu — dédié à Anton von Webern par le compositeur. Elle se justifie et déclare n'avoir jamais essayé de paraître différente de ce qu'elle était. Schön essaie à nouveau de la forcer à tourner le revolver contre elle-même. Le garçon pousse un cri, et Lulu tire cinq coups de feu contre Schön. Toute la scène entre Lulu et Schön est construite sur l'aria en cinq strophes de Schön, les autres épisodes intervenant entre ces strophes.

Lulu est horrifiée par son acte. Schön était son seul amour. Alwa revient, et son père demande vengeance avant de mourir. Lulu implore Alwa d'avoir pitié dans une ariette mais la police arrive.

Le passionnant Interlude qui introduit la scène suivante est destiné à accompagner un film muet et fort symbolique, où l'on voit ce qu'il advient de Lulu entre-temps. Elle est condamnée pour le meurtre de Schön, entre à l'hôpital après avoir attrapé le choléra, s'échappe grâce à la comtesse Geschwitz.

Scène 2. Même décor que la scène 1, mais la pièce est sale et mal rangée. Geschwitz, Alwa et l'Athlète (habillé en valet de pied) sont réunis. On comprend que Lulu a eu le choléra, dont Geschwitz se remet à peine, et que cette dernière prendra la place de Lulu à l'hôpital après son évasion. Lulu doit ensuite épouser l'Athlète. Schigolch s'éloigne avec Geschwitz pour mettre le plan au point. En fait Geschwitz a attrapé le choléra dans le seul but d'aider Lulu à s'enfuir.

Dès qu'Alwa et l'Athlète se retrouvent seuls, l'Écolier apporte son plan d'évasion pour Lulu. Ils essaient de lui faire croire qu'elle est morte et le poussent dehors quelques minutes avant qu'elle n'entre, soutenue par Schigolch. L'Athlète est tellement déçu de la voir si pâle et si maigre qu'il lui lance des injures et quitte la pièce. Schigolch sort acheter des billets pour Paris, et Alwa reste seul auprès de Lulu. Après leur duo d'amour passionné, ils partent ensemble pour Paris.

Acte III, scène 1. Une élégante demeure parisienne, fréquentée par des personnages du demi-monde. Casti Piani, élégant trafiquant de la traite des blanches, connaît le passé de Lulu. Il lui suggère de rentrer dans un bordel, faute de quoi il la dénoncera à la police. Elle refuse et décide de s'enfuir. Elle fait revêtir à un valet ses propres vêtements, et s'échappe habillée des vêtements du garçon. Quand la police arrive, elle ne trouve que le domestique.

Scène 2. Un grenier dans un taudis londonien. Lulu est maintenant sur le trottoir et fait vivre Alwa et Schigolch.

Geschwitz arrive de Paris, avec le portrait de Lulu en Pierrot, qu'elle a réussi à sauver. Plusieurs visiteurs sont introduits dans la pièce (l'un d'eux prend peur en voyant Geschwitz). Le dernier client de Lulu est Jack l'Eventreur. Il la tue et assassine également Geschwitz quand elle veut la secourir.

H.

PAUL HINDEMITH
(1895-1963)

Cardillac

Opéra en 3 actes de Paul Hindemith; liv. de Ferdinand Lion, d'après l'histoire de E.T.A. Hoffmann Das Fraülein von Scuderi. *Créé à Dresde, 9 novembre 1926, avec Robert Burg, Claire Born, Grete Merrem, Max Hirzel, Ludwig Eybisch, Adolph Schoepfin, Paul Schöffler, dir. Fritz Busch. Première à Vienne, 1927, dir. Heger; Prague, 1927; Berlin, 1928, dir. Klemperer; Venise, 1948, dir. Sanzogno. Nouvelle version : Zürich, 1952, dir. Reinshagen; saison 1953-54 à Francfort, avec Willi Wolff, Schlemm, mise en scène Rennert, dir. Solti; 1961, Hambourg, dir. Ludwig. Reprises (en version originale) : Vienne, 1964, avec Wiener, Lipp, Seefrid, Nocker, Stolze, dir. Ludwig; La Scala, Milan, 1964, mise en scène Kaslik, dir. Sanzogno; Munich, 1965, avec Fischer-Dieskau, Kirschstein, Töpper (la Dame), Paskuda, Holm, dir. Keilberth; Francfort, 1976, dir. Solti; Berlin, Deutsche Oper, 1977, dir. Janowski.*

PERSONNAGES

L'ORFÈVRE CARDILLAC (baryton); SA FILLE (soprano); LA DAME (soprano); L'OFFICIER (ténor); LE CAVALIER (ténor); LE MARCHAND D'OR (basse); L'OFFICIER DE POLICE (basse).
Le roi; les chevaliers et dames de la Cour; la police; la foule.

A Paris, au XVIIe siècle.

Cardillac, le premier grand opéra d'Hindemith, succède à quatre opéras en un acte : *Mörder, Hoffnung der Frauen* (liv. du peintre Kokoschka), *Das Nusch Nuschi* (comme le précédent, joué par Fritz Busch à Dresde en 1921), *Sancta Susanna* (rejeté à Stutt-gart pour obscénité, mais accepté à Francfort et joué en 1922), et le conte de Noël *Tuttifäntchen*. Le sujet est la relation entre l'artiste et la société, thème traité sous une forme beaucoup plus poussée que dans les opéras suivants d'Hindemith, *Mathis der Maler* (au sujet du peintre Grünewald) et *Die Harmonie der Welt* (au sujet de l'astronome Kepler).

La partition prévoit un orchestre de chambre agrandi (18 instruments à cordes); elle est, par le style, linéaire et contraponctuelle, et baroque par la forme — Hindemith utilise l'Aria, le Duo, le Fugato, la Passacaille, etc. Dans cet opéra, la tension naît moins du drame et de ses moments pathétiques que de l'élan musical de formes rigides et fermées.

Le compositeur, en 1952, soit vingt-six ans après la création de l'opéra, le révisa entièrement[1]. Un acte fut ajouté (la musique est celle de l'opéra de Lully, *Phaeton*, et la Dame de l'acte I devint une première chanteuse). Un nouveau texte du compositeur lui-même, plus anodin, fut substitué à l'adaptation de Hoffmann par Ferdinand Lion. La partie d'orchestre est dans l'ensemble conservée, dominée par une nouvelle ligne vocale qui illustre de nouvelles paroles.

La version révisée par Hindemith fut créée à Zürich, et généralement considérée comme inférieure à l'original, et trop sentimentale. L'interdiction visant la version de 1926 ne fut levée qu'après sa mort, en 1963.

Acte I. Un prélude introduit la scène 1, dans une rue de la ville. Le peuple de Paris est affolé car une série de meurtres vient d'être commise, dont on ignore toujours l'auteur. La foule cherche une victime pour calmer sa peur. L'émeute risque d'éclater quand passe un détachement de gardes du roi. L'Officier, dans un long passage déclamatoire (le jeune Paul Schöffler a créé le rôle), proclame l'édit du roi : le meurtrier sera brûlé vif, à petit feu. La foule semble satisfaite, rassurée même, et se disperse, s'écartant avec une certaine révérence au passage d'une silhouette solitaire qui salue et s'éloigne

(Cardillac ne chante pas à sa première apparition).

Une Dame demande au Cavalier qui est cet homme que l'on traite avec respect. L'orfèvre Cardillac, répond-il, un artiste d'une habileté inégalée dont les créations, de plus, sont liées aux récents meurtres : chaque victime avait acheté une œuvre à Cardillac, peu avant sa mort. Le Cavalier se montrant très empressé, la Dame promet d'être sienne le soir même s'il peut lui apporter la plus belle pièce de l'atelier de Cardillac. Aria du Cavalier.

Interlude, scène 2. La Dame chante un nocturne irrésistiblement lyrique, s'abandonnant doucement au sommeil avec l'idée que son amant lui apportera le cadeau promis. La scène suivante est vite devenue célèbre : c'est une pantomime ‿ accompagnée d'un duo ouvert par deux flûtes seules. Le Cavalier apporte une splendide ceinture d'or. La Dame s'éveille, semble d'abord s'étonner de son intrusion, puis succombe à la beauté de la création de Cardillac et à la présence de son amant.

Au moment où ils vont s'étreindre, une silhouette sombre et masquée apparaît dans la pièce, poignarde le Cavalier et disparaît après s'être emparé de la ceinture. L'action se déroule dans un silence complet, puis la musique conclut avec fracas tandis que le rideau tombe.

Acte II. Dans son atelier, Cardillac est en pleine activité. Accompagné par le son froid et impersonnel d'un saxophone ténor, il chante un arioso dont le sujet est l'or : « Mag Sonne leuchten ! » (Que le soleil entre). Un Marchand lui apporte de l'or. Cardillac le refuse, le trouvant impur. Le Marchand d'or suspecte que si les victimes des meurtres étaient des clients de Cardillac ce n'était pas par pure

---

1. Hindemith avait déjà produit, à plusieurs années d'intervalle, 2 versions complètement différentes de *Das Marienleben,* cycle chanté sur des paroles de Rainer Maria Rilke.

coïncidence. Les créations du grand artiste possèdent une beauté au-delà des mérites des hommes, et il faut les considérer comme les mobiles du crime et non comme leur innocent accompagnement. Cardillac déclare fermement « Was ich erschuf, ist mein » (Ma création m'appartient), le Marchand d'or sort de l'échoppe, en marmonnant qu'il aura l'orfèvre à l'œil. Cardillac s'assure que l'on s'occupera de sa fille avant de partir avec le Marchand.

La fille de Cardillac attend son amant avec impatience. Son aria prend la forme d'un mouvement de *concerto grosso,* avec violon, hautbois et cor *concertante.* L'amant est un jeune Officier (dans la révision d'Hindemith en 1952, comme dans le conte d'Hoffmann, c'est l'apprenti de Cardillac). Au cours de leur duo, il s'avère que la jeune fille est partagée entre son amour — elle envisage de s'enfuir avec lui — et son devoir filial.

Cardillac revient, muni cette fois d'un or sans alliage. La jeune fille lui reproche de caresser le métal avec une tendresse qu'il n'a jamais eue pour elle, puis lui avoue qu'elle est amoureuse, mais elle ne l'abandonnera jamais ! Cardillac répond qu'il a bien remarqué en elle un changement ces dernières semaines — mais il reprend contact avec la vie à chaque nouvelle création, aussi vieux soit-il. Aussi accepte-t-il de la donner à son amant. Leur scène se termine par un lent duo fugato, et la jeune fille rentre chez elle.

Dans un curieux épisode, Cardillac observe le roi et sa Cour qui passent devant son échoppe. Il montre ensuite ses créations au souverain (qui reste silencieux de bout en bout) et emploie toutes ses forces à l'empêcher d'acheter quoi que ce soit. Enfin seul, il avoue : « J'aurais eu à le tuer ! Il aurait fallu qu'il meure ! » La ceinture d'or a maintenant retrouvé sa place au sein de la collection, à la grande joie de son créateur. Il remarque une tache de sang et la nettoie avec un soin amoureux.

L'Officier entre dans l'échoppe et déclare qu'il doit acquérir la plus belle des créations de Cardillac. Au grand soulagement de l'orfèvre, il lui demande la main de sa fille. Le prétendant est surpris de la facilité avec laquelle sa demande est agréée, et trouve dans la réponse qu'il obtient une clé de l'obsession de l'orfèvre : « Ai-je jamais pu aimer ce qui n'était entièrement mien ? » L'Officier veut acheter une chaîne d'or, mais Cardillac l'en dissuade ; finalement l'achat est conclu. Au début de son aria (obbligato pour saxophone, à nouveau), Cardillac envisage de remplacer la chaîne qu'il vient de vendre ; puis il se lance à la poursuite de son obsession, revêtu de sa cape noire et de son masque.

Acte III. Une rue devant une taverne. La gaieté des fêtards nocturnes est exprimée par l'orchestre (y compris les instruments dans les coulisses) ; l'Officier s'avance, la chaîne à son cou, en chantant une ariette. Surveillé par le Marchand d'or, Cardillac le suit. Il attaque et blesse légèrement l'Officier, qui le reconnaît et lui enjoint de s'enfuir, tandis que le Marchand donne l'alarme. Des gardes et des passants mettent la main sur Cardillac, mais l'Officier ne reconnaît pas en lui son assaillant et désigne plutôt le Marchand d'or. Tous expriment leur stupeur dans un long et vigoureux quatuor, auquel se joint la fille de Cardillac. La jeune fille réclame la condamnation de l'assaillant, tandis que son fiancé la blâme, approuvé par la foule.

Dans la dernière section de l'opéra (une *Passacaglia*), Cardillac est une dernière fois confronté à la foule et à sa conscience. Il affirme que le Marchand d'or est au pire un complice, qu'il comprend, lui, la motivation du criminel — il l'a même observé — mais qu'il ne le livrera jamais. La foule se retourne contre l'orfèvre, menaçant de détruire son atelier et tout ce qu'il contient s'il refuse de révéler l'identité de l'assassin. Pour sauver son œuvre, il avoue qu'il est le coupable. La foule entreprend de le lyncher, et l'Officier s'interpose. Il est celui que Cardillac a voulu poignarder ce soir même — pourquoi la foule aurait-elle le droit de s'ériger en juge de l'orfèvre, qui n'est pas un assassin, mais la victime d'une folie sacrée ? La jeune fille et l'Officier soulèvent le corps de Cardillac, un souffle de vie l'anime

encore. Il aperçoit la chaîne, sa chaîne, soulève sa tête dans un dernier effort pour l'embrasser, et retombe mort.

L'opéra se termine par une belle thrénodie sur le corps de Cardillac, où les voix hautes de la jeune fille et de l'Officier dominent celles de la foule : « Nacht des Todes... Ein Held starb » (Nuit de mort... un héros s'est éteint).

H.

Mathis der Maler
Mathias le Peintre

Opéra en 7 scènes de Paul Hindemith; liv. du compositeur. Créé le 28 mai 1938, au Zürich Stadttheater, avec Hellwig, Funk, Stig, Baxevanos, Mossbacher, Honisch, Rothmüller, Emmerich, dir. Denzler. Première à Amsterdam, 1939; Stuttgart (première en Allemagne), 1946, avec Wissmann, Stoll, Czubok, Windgassen, von Rohr, dir. Leitner; Munich, 1948, dir. Solti; Berlin Staatsoper, 1948, dir. Schüler; Hambourg, 1952, dir. Ludwig; Montreal et Metropolitan de New York, 1967, dir. Schmidt-Isserstedt.

PERSONNAGES

LE CARDINAL ALBRECHT VON BRANDENBURG, *archevêque de Mayence* (ténor); MATHIS, *peintre à son service* (baryton); LORENZ VON POMMERSFELDEN, *doyen de Mayence* (basse); WOLFGANG CAPITO, *conseiller du cardinal* (ténor); RIEDINGER, *riche citoyen de Mayence, luthérien* (basse); HANS SCHWALB, *chef de l'armée paysanne* (ténor); TRUCHSESS VON WALDBURG, *chef de l'armée confédérée* (basse); SYLVESTER VON SCHAUMBERG, *un de ses officiers* (ténor); LE COMTE VON HELFENSTEIN (rôle muet); LA COMTESSE VON HELFENSTEIN, *sa femme* (contralto); URSULA, *fille de Riedinger* (soprano); REGINA, *fille de Schwalb* (soprano).

Vers 1525, pendant la guerre des Paysans, à Mayence et alentour.

Hindemith, natif de Mayence, choisit comme personnage principal de son cinquième opéra le peintre Mathias Grünewald, qui passa la plus grande partie de sa vie au service de l'archevêque de Mayence, et à qui l'on doit l'œuvre célèbre qui orne le grand autel d'Isenheim. Hindemith travailla à cet opéra au début du régime nazi en Allemagne, et l'on retrace aisément les liens existant entre les événements politiques d'alors et l'action de l'opéra.

L'argument philosophique, pour Mathis comme pour Hindemith, avait un sens autant pratique que théorique.

L'histoire a pour cadre la Réforme et la guerre des Paysans en Allemagne. Elle est divisée en sept scènes, sans continuité.

Le prélude, portant le sous-titre « Engelkonzert » (Concert d'Anges), est inspiré par une partie du polyptyque d'Isenheim, il constitue le premier mouvement de la symphonie qu'Hindemith a tirée de son opéra. L'utilisation du contrepoint y est typique de la manière du compositeur, dans ses opéras comme dans ses autres œuvres.

Scène 1. La cour du monastère de Saint-Antoine, à Mayence, où Mathias peint une fresque. Tout en se réjouissant de l'arrivée du printemps, il ne peut s'empêcher de mettre en cause la façon dont il remplit ses devoirs de peintre. Sa méditation est interrompue par l'arrivée de Schwalb et de sa fille Regina, hors d'haleine, poursuivis par les troupes du Fürstenbund, ils viennent chercher asile au monastère. Mathias leur offre son aide et s'apitoie sur le sort de Regina, qui chante une petite ballade fort triste. Il lui donne un ruban avec lequel elle attache ses cheveux. Leur conversation est interrompue par Schwalb, qui revient pansé et reposé. Il s'étonne de voir Mathias peindre au lieu de participer à la lutte pour la liberté. Le peintre semble se laisser convaincre, · et leurs voix expriment à l'unisson la conviction que la cause des paysans est juste.

Regina se précipite vers eux : leurs poursuivants sont en vue. Mathias leur donne alors son cheval et assure à Schwalb qu'il pourra toujours compter sur son aide. Mathias avoue à Sylvester qu'il a aidé le chef rebelle à s'échapper, et proclame qu'il ne rendra compte de ses actes qu'au cardinal.

Scène 2. La grande salle du Martinsburg, le palais de l'archevêque à Mayence. Les factions rivales, papistes et luthériens, s'affrontent en attendant l'arrivée de l'archevêque. Pommersfelden se tient parmi les papistes, tandis que Capito, Riedinger et sa fille Ursula sont du côté des luthériens. Le calme règne momentanément à l'entrée de l'archevêque. La salle se vide. Seuls restent Pommersfelden, Capito, Riedinger et sa fille. Mathias apparaît à son tour. Cela fait un an qu'il est parti, et Ursula l'accueille avec ravissement. Dans un quatuor, Mathias

et la jeune fille disent leur joie de se retrouver, tandis que le cardinal promet à Riedinger de ne pas appliquer à Mayence l'ordre de brûler les livres luthériens. Pommersfelden objecte que l'ordre vient de Rome, et le cardinal admet à regret qu'il faut l'exécuter.

Suit une discussion pour savoir si Mathias doit représenter les saints dans ses tableaux ; elle se termine sur la constatation que les caisses du cardinal sont vides. Sylvester accuse Mathias devant le cardinal d'avoir aidé Schwalb à s'échapper.

Mathias ne nie pas et plaide avec force pour la cause des paysans, suppliant le cardinal de ne pas donner aux Fürstenbund l'argent qu'ils réclament, mais au contraire de soutenir la juste cause des rebelles. En échange, il propose de peindre pour son maître jusqu'à la fin de ses jours sans la moindre rémunération. Le cardinal répond que sa conduite officielle lui est dictée par les traités. Il n'est libre qu'en matière d'art. Que Mathias ne s'occupe pas de ce qu'il ne comprend pas. Mathias contredit son protecteur, et les points de vue du cardinal, de Mathias, de Pommersfelden, de Capito et du belliqueux Sylvester s'affrontent dans un quintette. Mathias est autorisé à quitter le service du cardinal.

Scène 3. Une pièce de la maison de Riedinger. On se prépare à brûler les livres des luthériens. Riedinger et ses amis tentent de protéger leurs précieux ouvrages, mais Capito et des soldats les leur arrachent. Capito calme la colère des luthériens en leur montrant une lettre où Luther engage vivement le cardinal à montrer l'exemple au clergé en renonçant au célibat. Le plan de Capito est de convaincre le cardinal, qui a absolument besoin d'argent, de faire un riche mariage — avec Ursula, par exemple, la fille de Riedinger. Riedinger fait allusion au projet devant sa fille, puis il accompagne ses frères luthériens sur la place du marché où l'on brûle leurs livres. Cette scène est suggérée par un chœur à l'arrière-plan.

Mathias vient dire adieu à Ursula. Il doit l'abandonner, ainsi que son travail, pour s'engager dans la lutte pour la liberté. Ce n'est qu'au contact de la misère qu'il retrouvera la paix de l'âme. Ils se jurent un amour éternel, mais leur duo se termine par ce cri : « L'amour, qui jusqu'ici nous a unis, peut nous faire souffrir. » Mathias embrasse Ursula et sort.

Quand son père lui demande comment elle peut opposer un tel calme à leurs malheurs, Ursula répond qu'elle a décidé d'accepter le sacrifice exigé par sa foi. Riedinger se réjouit et proclame que le feu allumé par leurs ennemis ouvre une nouvelle ère de courage qui finira par leur victoire.

Scène 4. Les paysans rebelles se sont emparés d'un village ravagé par la guerre et terrorisent les seigneurs locaux. Ils tuent le comte Helfenstein sous les yeux de sa femme. Mathias proteste contre cette trahison de leurs idéaux et veut protéger la comtesse. Il se fait assommer. L'intervention de Schwalb le sauve du pire. Les paysans combattent l'armée ennemie qui pénètre maintenant dans le village. Mais ils sont démoralisés à l'idée de rencontrer des troupes entraînées et reculent bientôt dans le plus grand désordre. Schwalb est encerclé et tombe sous les lances de ses ennemis qui avancent au son d'une marche. Mathias doit la vie sauve à l'intervention de la comtesse Helfenstein, et doit admettre son échec en tant qu'homme d'action. Il retrouve Regina, que la mort de son père a bouleversée, et l'entraîne à la recherche d'un abri.

Scène 5. La salle de travail du cardinal dans son palais de Mayence. Capito a essayé de le persuader de suivre les préceptes de Luther en abandonnant le célibat. Son meilleur argument étant qu'une riche épouse résoudrait les graves difficultés financières qui l'accablent. Il lui présente

Ursula, sa future fiancée. Le cardinal est stupéfait de la voir. Elle lui explique avec une ferveur croissante que seule sa foi inébranlable en la religion luthérienne l'a conduite jusqu'ici. Elle ne l'aime pas, mais est prête à l'épouser pour le bien de la cause.

Le cardinal appelle Capito et Riedinger et leur dit que l'acte de foi d'Ursula l'a convaincu. Il renvoie Capito, son conseiller, et se déclare prêt à mener une vie plus simple. Il autorise les luthériens à déclarer ouvertement leur foi. Le cardinal, Ursula, Capito et Riedinger chantent un quatuor impressionnant à la fin duquel le jeune fille demande au prélat de la bénir avant son départ.

Scène 6. Dans l'Odenwald, Mathias et Régina interrompent un instant leur course fugitive, elle rêve encore de l'image de son père mort. Mathias tente de la calmer en lui décrivant sa vision du Concert des Anges — accompagné à l'orchestre par la musique déjà entendue dans le prélude. Ils chantent ensemble le choral : « Es sungen drei Engel », qui apparaissait aussi dans le prélude, et Regina s'endort. Mathias, désespéré, compare alors son actuelle misère spirituelle à l'état de grâce qu'il connaissait du temps où il peignait.

Comme dans *La Tentation de Saint-Antoine*, Mathias est tenté par la luxure, qui prend le visage de la comtesse ; par la richesse (Pommersfelden) ; une mendiante, une courtisane et une martyre (Ursula) ; un savant (Capito) ; et un chevalier revêtu d'une armure étincelante (Schwalb). La musique culmine quand le démon apparaît. A la fin d'un grand ensemble, le cardinal, sous la forme de saint Paul, vient soutenir et conseiller saint Antoine (une partie du polyptyque d'Isenheim décrit l'entrevue entre saint Paul et saint Antoine). Saint Antoine demande ce qu'il a fait pour connaître une telle incertitude et saint Paul lui répond qu'il s'est menti à lui-même. En voulant combattre avec le peuple il a nié les dons que Dieu lui avait accordés et s'est en cela éloigné du peuple qu'il voulait aider. Qu'il retourne à son art, avec la volonté de ne dédier son œuvre qu'à Dieu, ainsi, il appartiendra au peuple. A la fin de cette vision, grâce à laquelle le compositeur expose l'idée qu'il se fait du rôle de l'artiste, les deux voix des saints s'élèvent, leur acte de grâces se terminant par un magnifique « Alleluia ».

Hindemith a utilisé les thèmes de cette scène cruciale comme base du dernier mouvement de sa symphonie. Il est probable qu'il s'est inspiré de la scène de *La Tentation* dans le polyptyque d'Isenheim et de la Conversation entre saint Paul et saint Antoine.

Scène 7. L'atelier de Mathias à Mayence. Le peintre est allongé, épuisé par son travail. Tandis qu'il dort, Ursula veille seule Regina mourante. Elle médite sur le sens de leurs vies et sur l'extraordinaire inspiration de Mathias depuis qu'il est de retour à Mayence. Regina reprend conscience et évoque le souvenir de son père, dont elle reconnaît le visage dans le tableau que Mathias a fait de la Crucifixion. Elle demande à Ursula de rendre à Mathias le ruban qu'il lui avait remis. Ursula reconnaît celui qu'elle avait autrefois donné au peintre. Regina chante deux phrases du chorale avant d'expirer au côté de Mathias.

L'interlude, marqué « très lentement », porte le titre « Mise au tombeau ». Hindemith en a fait le mouvement lent de sa Symphonie. L'atelier de Mathias, qui ne contient plus qu'une table, recouverte de divers objets. Le cardinal vient dire adieu à Mathias et l'embrasser une dernière fois. Mathias range dans un coffret les objets qui, matériellement et symboliquement, ont représenté ses principaux efforts sur terre. C'est dans cet esprit de suprême humilité que se termine l'opéra.

H.

CARL ORFF
(1895-1982)

Die Kluge
La femme avisée

Conte musical en 6 tableaux de Carl Orff ; liv. du compositeur d'après le conte des frères Grimm. Créé à Francfort le 20 février 1943 avec Wackers, Gonszar, Staudenmayer, dir. Winkler ; la pièce est depuis très régulièrement reprise dans les salles d'opéra allemandes. Cleveland, Karamu House, le 7 décembre 1949 par une troupe entièrement noire dans un théâtre en rond (version anglaise) ; Rome, Teatro Valle, 1950 avec Sesto Bruscantini, dir. Mario Rossi (en italien) ; San Francisco, 1958, avec Leontyne Price et Lawrence Winters, dir. Ludwig, mise en scène Ponnelle ; Tokyo, 1958, à l'Académie de Musique Musashino, mise en scène dans le style du théâtre kabuki (en japonais) ; Nüremberg, 1965, pour le 70e anniversaire de Orff, dir. Fr. Leitner.

PERSONNAGES

LE ROI (baryton) ; LE PAYSAN (basse) ; LA KLUGE (soprano léger) ; LE GEOLIER (basse) ; L'ANIER (ténor) ; LE MULETIER (baryton-basse) ; *les vagabonds.*

Nous avons maintenu le mot « Kluge » qui n'a pas d'équivalent exact en français ; il évoque en allemand à la fois la sagacité et la simplicité et s'oppose entièrement à toute notion de ruse qui pourrait être implicite dans certaines traductions françaises.

« L'histoire du Roi et de la Femme avisée », tel est le titre complet de cette histoire qui, sur le fond d'un thème du folklore, permet à Orff d'opposer deux univers, celui de la force et de la bêtise et celui de la douceur et de la sérénité. Au texte des frères Grimm, le compositeur-librettiste a ajouté tout un fond de littérature populaire, proverbes, dictons et sentences, qu'il met dans la bouche de trois vagabonds, commentant de façon burlesque l'action des personnages principaux et constituant ainsi une sorte de parodie du chœur antique. L'opposition née du livret se traduit dans la musique ; d'une part le roi, le muletier, l'ânier, les vagabonds ont des chansons à boire, des airs de taverne ou de musiciens ambulants, parodiant l'opéra-bouffe à l'italienne ; en face la « Kluge » vit dans un monde de musique statique, mélodies populaires simples et apaisantes. Scènes musicales et scènes parlées alternent, les dernières se transforment souvent en langage rythmique. Orff a, par ailleurs, donné une grande importance à l'expression gestuelle, allant jusqu'à faire de ses trois vagabonds de véritables mimes. Le décor est construit pour bien marquer la différence entre les deux plans où se déroule l'action. L'avant-scène, à un niveau inférieur, est réservée aux vagabonds et aux personnages secondaires ; une scène principale surélevée est le lieu du jeu de la « Kluge ».

1er tableau. Nous entendons les gémissements du paysan dans sa prison. Il y a été enfermé pour avoir été trop honnête, malgré les conseils de sa fille avisée. Il avait trouvé en labourant un mortier d'or. Au lieu de se taire, il est allé le rapporter au roi qui lui a aussi réclamé le pilon et l'a accusé de vol. Il scande sa plainte d'un « Oh ! Si seulement j'avais cru ma fille » que le roi finit par entendre ; il demande alors qu'on lui amène ce miracle de sagesse.

2e tableau. Les trois vagabonds commentent à grands coups de proverbes breugheliens ce qu'ils viennent, comme nous, d'apprendre.

La rencontre entre le roi et la « Kluge » se fait au palais où le roi est au milieu d'une grande beuverie. Ces scènes de la rencontre sont ponctuées de citations de Mozart *(Enlèvement au Sérail, Noces de Figaro).* Comme dans beaucoup de légendes, le roi offre à la femme avisée sa liberté et celle de son père si elle est capable de résoudre trois énigmes. La « Kluge » y réussit avec tant d'habileté et de douceur que le roi décide sur le champ de l'épouser.

3e tableau. Les trois vagabonds méditent avec un muletier malhonnête des moyens de jouer un mauvais tour à un ânier quelque peu simple d'esprit.

Du haut de la plate-forme supérieure, le roi rend la justice. Tout en tranchant les cas qui lui sont soumis, il joue avec sa femme aux échecs, jeu par excellence de la sagesse. Arrive le procès du muletier et de l'ânier. Pour une nuit, ils ont fait coucher leur bête respective dans la même écurie. Au matin, un ânon nouveau-né était couché au côté du mulet. Contrairement à toute vraisemblance, le muletier réclame la propriété de l'animal. Distrait par son jeu, le roi lui donne raison et condamne l'ânier.

4e tableau. Les trois gueux dansent et miment leur version des événements. Prélude orchestral où l'on reconnaît le thème de l'avisée. L'ânier pleure et se plaint de son sort ; dissimulée dans un grand manteau, la « Kluge » vient le consoler.

Dans une scène très inspirée de Breughel, les trois gueux s'enivrent avec le vin des caves du roi que leur a donné le geôlier. Sur un mode grotesque et dans un latin de cuisine, ils chantent la mort des vertus en général, et de la justice en particulier. On entend le chant du coq, symbole de trahison.

5e tableau. Le roi sort de son palais (plan inférieur). Il rencontre l'ânier qui, dans les rues de la ville, tire un filet de pêcheur. Comme le roi s'en étonne, l'ânier lui répond que, dans un monde où les mulets engendrent, on peut aussi bien attraper des poissons sur les pavés. « Il y a bien longtemps que le monde va à l'envers. » La scène qui a commencé en dialogue parlé passe peu à peu à un chant très rythmé qui lui donne une teneur dramatique.

De retour à l'intérieur du palais (plan supérieur), le roi, qui a reconnu l'esprit de sa femme dans les propos de l'ânier, se met en colère et la chasse ; elle ne pourra emporter qu'un grand coffre dans lequel elle aura mis tout ce qu'elle possède de plus précieux. Avant de le quitter, la « Kluge » lui sert son dîner, le calme et l'endort comme un enfant en lui chantant une berceuse dont la mélodie donne une curieuse impression d'envoûtement. Pantomime : transport en procession d'un grand coffre. Les vagabonds reprennent le cours de leurs commentaires ; le geôlier apporte à l'ânier de l'argent de la part du roi.

6e tableau. Décor de plein air ; lumière matinale ; on entend un appel de trompettes. Le roi endormi se réveille. C'est lui que la « Kluge » avait emmené dans son coffre comme son bien le plus précieux. Il reconnaît alors la sagesse de son épouse qui par sa simplicité a fait mentir le dicton shakespearien « Nul ne peut être sage et aimer ».

L.

ERICH KORNGOLD
(1897-1957)

Die Tote Stadt
La ville morte

Opéra en 3 actes de Korngold ; liv. de Julius et Erich Korngold (sous le pseudonyme Paul Schott) d'après Georges Rodenbach. Créé le 4 décembre 1920 simultanément à Hambourg avec Munchow, Oliczewska, Schubert, Degler, dir. Egon Pollack, et à Cologne avec Joanna Klemperer (dans le rôle de Marietta), Rohr, Schröder, Renner, dir. Otto Klemperer. Vienne, janvier 1921 avec Jeritza, Aagard, Oestvig, Mayr. New York, novembre 1921 avec Jeritza (premier ouvrage chanté en allemand sur la scène du Metropolitan après la guerre de 1914-18). Très fréquentes reprises entre les deux guerres. Munich, 1955 avec Schech, Hopf, Cordes, dir. Heger ; New York City Opera, 2 avril 1975, avec Carol Neblett, John Alexander, dir. Imre Pallo (mise en scène Corsaro et Chase faisant usage de projections cinématographiques de Bruges).

PERSÒNNAGES

PAUL (ténor) ; MARIETTA, *danseuse, et* LE SPECTRE *de Marie, femme de Paul* (soprano) ; FRANK, *un ami de Paul* (baryton) ; BRIGITTA, *femme de chambre* (mezzo-soprano) ; FRITZ, *le Pierrot* (baryton) ; LE COMTE ALBERT (ténor) ; *danseurs et danseuses, bourgeois, enfants, sœurs béguines.*
L'action se passe à Bruges à la fin du XIXe siècle.

La ville morte, cet opéra qui mêle si intimement le rêve et le réel, se situe au croisement de deux courants de pensée esthétique : le symbolisme fin-de-siècle qui animait le poète belge Rodenbach, à qui l'intrigue est empruntée, et un modernisme amer, né de la guerre, qui fait de Korngold un parent proche de Hindemith, Kurt Weill, Richard Strauss et parfois aussi du Puccini vieillissant. Korngold, qui avait été un enfant prodige et un compositeur rapide a passé plus de trois ans sur la partition de cet opéra où la correspondance entre *Bruges la Morte* et le désarroi de Paul, le veuf obsédé par sa peine, est poussée au dernier point. Le rêve et la réalité sont étroitement enlacés, aussi amers l'un que l'autre, dans cette action dont plus de la moitié est du domaine des fantasmes.

Acte I. Paul, veuf de fraîche date, retient autour de lui tout ce qu'il peut du souvenir de Marie, son épouse. Dans Bruges, ville-musée, Paul a fait de sa maison un temple des reliques. Il vit sous le regard d'un grand portrait qui représente la morte ; son trésor le plus précieux est une épaisse mèche de ses cheveux dorés. Paul reçoit la visite de son ami Frank qui s'inquiète de le trouver dans un état de surexcitation anormal. C'est que le veuf vient de rencontrer une jeune femme dont la ressemblance avec son épouse défunte le trouble profondément. Il a invité cette Marietta, danseuse de son métier, et veut la faire pénétrer dans « la chambre de Marie », pour confronter la morte et la vivante. Marietta chante, danse. Séduit, Paul veut la prendre dans ses bras ; elle cherche à lui échapper, se prend les pieds dans un rideau et découvre le portrait de Marie. Marietta s'est

reconnue dans le portrait au grand effroi de Paul, mais elle doit partir. Ses camarades l'attendent pour une répétition. Resté seul, Paul est en proie à un étrange vertige ; n'est-ce pas le portrait de Marie qui est sorti de son cadre pour lui communiquer un message de vie ? Est-ce Marie ou Marietta qui est en train de danser devant lui ?

Acte II. Le rêve de Paul continue. Il se voit de nuit, sur un quai désert, devant la maison de Marietta. Il se sent attiré par une force qui substitue dans son esprit le désir d'une femme vivante au souvenir d'une femme morte. Le son des cloches de Bruges, la rencontre de Brigitta, l'ancienne femme de chambre de Marie devenue béguine, lui sont autant de remords. Mais il arrachera de force la clef de la maison de Marietta à son ami Frank. Son obsession est plus forte que l'amitié. Lorsque arrive la troupe de comédiens à laquelle appartient Marietta, une fête nocturne s'organise : on répète en plein air la scène de la résurrection d'Hélène dans *Robert le Diable* de Meyerbeer. La danseuse qui tient le rôle d'Hélène en profite pour provoquer le scandale et le désir de Paul. Elle met en œuvre toute sa séduction. Mais c'est dans la maison de celui-ci, sous le portrait de Marie qu'elle se donnera à lui. Telles sont ses conditions.

Actes III. Le lendemain matin, Marietta triomphante décide de venir à bout du fantôme de Marie. C'est de la chambre de celle-ci, devant son portrait, qu'elle veut assister à la grande fête de Bruges, la procession du Saint Sang. Paul assiste religieusement à la cérémonie dont les sons emplissent la

ville de chants de prière. Marietta, au
contraire, se moque de ce qu'elle
nomme hypocrisie. Le ton du drame
monte, car la danseuse essaie d'opposer
son propre pouvoir de séduction aux
sentiments religieux de Paul. Dans son
désir de heurter celui-ci, elle sort de leur
écrin les lourdes tresses blondes de
Marie. Tandis que le jeune homme
cherche à la chasser, elle entame une
dernière danse de séduction en se
parant des cheveux de la morte. Poussé

hors de lui, Paul l'étrangle avec ces cheveux, symbole de son souvenir.

Obscurité totale qui se dissipe peu à
peu. Paul se réveille. Sa chambre est en
ordre ; le portrait de Marie, la mèche
de ses cheveux sont en place. Brigitta
est redevenue la fidèle femme de chambre, Frank l'excellent ami. Paul quittera Bruges la Morte ; il quittera la présence trop lourde de Marie ; la vie et la
mort ne doivent pas suivre le même
chemin.

L.

KURT WEILL
(1900-1950)

Die Drei Groschenoper
L'Opéra de quat' sous

*Opéra en un prologue, 3 actes et 8 scènes de Kurt Weill ; livret de Bertolt Brecht
d'après le* Beggar's Opera *de John Gay avec des textes additionnels de François Villon et de Rudyard Kipling, traduits par Gerhard Hauptmann. Créé à Berlin, Theater am Schiffbauerdamm, 28 août 1928 avec Bahn, Lenya, Pausen, Gerron,
Valetti, Ponto, Busch. Prague, le 31 décembre 1928 (en allemand). Vienne, Raimund Theater, le 9 mars 1929. Varsovie, le 4 mai 1929 (en polonais). Bâle, le
31 mai 1929. Amsterdam en octobre 1929 (en hollandais). Copenhague, Ny Theater, le 15 janvier 1930 (en danois). Moscou en 1930 au Kamerny Theater (en russe).
Budapest le 1er septembre 1930 (en hongrois). Paris, Théâtre Montparnasse avec
Nat, Beaulieu, Colas, Mes Bériza, Dubois, Jamois (en français, mise en scène Gaston Baty). New York le 13 avril 1933, Empire Theater (en anglais). Londres le
9 février 1956, Royal Court Theater avec D. Anderson (en anglais). Turin, en
décembre 1967, Teatro Regio (en italien).*

*Version cinématographique de G.-W. Pabst (1931). Version allemande :
R. Forster, K. Neher, L. Lenya. Version française : A. Préjean, Florelle,
M. Lyon.*

PERSONNAGES

Le chanteur de ballades (ténor) ; PEACHUM (ténor) ; MADAME PEACHUM (contralto) ; POLLY PEACHUM, *leur fille* (soprano) ; MACHEATH, *dit Mackie Messer*
(ténor) ; JENNY, *dite Spelunken-Jenny* (soprano) ; TIGER BROWN, *chef de la police*
(ténor) ; LUCY, *sa fille* (soprano) ; *voleurs, mendiants, putains, policiers.*

L'action est supposée se passer à Londres en 1837.

Le *Beggar's Opera* de John Gay avait
été défini par son auteur comme une
pastorale des bas-fonds. Lorsque Ber-

tolt Brecht décida de reprendre le
thème de Gay pour en faire une arme
de critique sociale contemporaine, il

situa l'action assez arbitrairement dans la Londres du tout-début de l'ère victorienne. En réalité, le cadre réel du drame est Berlin ou Hambourg en 1928. De la comédie de John Gay, Brecht ne gardera que les noms de certains personnages et quelques situations. Son œuvre ira bien plus loin que le modèle dans la descente vers l'enfer des bas-fonds. Un point reste cependant commun aux deux ouvrages malgré les deux cents ans qui les séparent, c'est la coupe dramatique. Dans les deux cas, la priorité est donnée au texte, la musique n'intervenant que par morceaux isolés que rien, hors les paroles, ne relie entre eux. Mais Kurt Weill a fait preuve de plus de génie et d'originalité que Pepusch. Là où il n'y avait qu'emprunts au répertoire mondain de l'opéra, on trouve dans le *Drei Groschenoper* une utilisation de la ballade de coupe populaire, petit récit presque autonome, destiné à souligner un élément de « moralité » bien plus qu'à contribuer à l'action. Cette référence permanente à la musique la plus populaire explique le faible niveau de caractérisation des voix ; il s'agit d'airs, de « goualantes » que tout le monde doit garder à la mémoire et doit pouvoir chanter.

L'ouverture est remplacée par une complainte que chante un mendiant et qui relate les crimes divers de Mackie Messer (Mackie le couteau).

Acte I. Il s'ouvre sur un chant en forme de choral de Peachum. L'« ami des mendiants » nous y apparaît dans toute sa splendeur d'organisateur et de bénéficiaire de la mendicité organisée de Londres. Il fournit à qui le veut les loques qui feront pitié ; il reçoit un important pourcentage des recettes ; n'est-ce pas là un métier bien organisé et donc honorable ? Passant du domaine des affaires à celui de la famille, il s'aperçoit que sa fille Polly a passé la nuit en dehors de la maison paternelle. Dans un duo avec sa femme, il déplore l'inconduite des jeunes gens qui se laissent attirer par les apparences trompeuses et romantiques de l'amour (la lune brillant au-dessus de Soho) au lieu de vivre paisiblement au sein de leur famille. Nous découvrons bien vite que Polly s'est en effet enfuie de chez elle par amour pour le beau Macheath, qui règne sur la pègre de Londres et prélève une dîme sur le produit de tous les crimes commis dans la capitale. Moyennant quoi, il fait bénéficier tous les truands de la ville de l'amitié que lui porte « Tiger » Brown, chef de la police municipale et son ancien camarade de régiment. Nous assistons au mariage de Polly et de Macheath. La cérémonie est marquée par un chœur de voleurs à la gloire de la jeune épouse et par une chanson d'anciens combattants qui unit les voix de Macheath et de Brown. Puis, rentrée chez ses parents, la nouvelle mariée justifie son comportement devant ses parents qui la blâment. Elle n'a fait que donner à Macheath ce que d'autres, plus riches, auraient bien voulu lui acheter et elle est seule juge de ses actions. L'acte se termine par un chœur des trois membres de la famille Peachum « sur l'instabilité des choses humaines ». Dans un procédé très brechtien, ce chœur n'a que peu de rapport avec les épisodes qui se sont déroulés ; il est seulement l'occasion d'affirmer le cynisme d'une certaine morale.

Acte II. Il débute sur la séparation des jeunes mariés. Macheath doit s'enfuir car son beau-père l'a dénoncé. Polly chante son chagrin dans une charmante parodie d'opéra romantique, tandis que Mme Peachum se renseigne sur le lieu de refuge de son gendre. Elle apprend bien vite qu'il a trouvé asile dans une maison de prostituées à Turnbridge. C'est là que nous retrouvons le voleur en galante compagnie. Une des filles de l'établissement, Jenny, chante la célèbre *Complainte de la fiancée du corsaire,* étonnant cri de haine pour la société qui se dit respectable. Puis elle chante en duo avec Macheath la *Complainte du Souteneur* où sont évoquées les amours passées. Ce qui donne à la police le temps d'intervenir et de capturer le fugitif qui ne s'étonne pas outre mesure quand il apprend qu'il a été trahi par Jenny elle-même. En prison, il aura le temps de se souvenir avec nostalgie des plaisirs de la vie facile ; certains accents de sa chanson rappellent de très près certains textes de Villon. Par ailleurs, un duo-bouffe opposera Polly à Lucy, fille de Brown, qui se prétend aussi épouse légitime du brigand et, de plus, enceinte de ses œuvres. Grâce à son aide, Macheath s'évadera. Le final du second acte pose la question : « De quoi vit l'homme ? » et apporte la réponse connue : « La bouffe d'abord, ensuite vient la morale. »

Acte III. Au début, Peachum menace Brown de provoquer une émeute le jour du couronnement de la reine si son gendre n'est pas retrouvé, emprisonné et pendu. La musique évoque ce que pourrait être une telle émeute. Jenny, dans le *Chant de Salomon,* évoque la vanité et le danger des vertus : Salomon a été perdu par sa sagesse, César par son courage, Cléôpatre par sa beauté. (Un couplet ajoute même que Brecht l'a été par son bon-sens.) Une fois Macheath rattrapé, tout le monde considère que sa mort est chose acquise. Ses amis refusent de lui donner l'argent qui permettrait d'acheter le geôlier, Polly s'admire dans sa jolie robe de veuve. Il ne lui reste plus qu'à demander la pitié des hommes dans des termes qu'il emprunte à Villon. Mais la pièce finira bien. A la dernière minute, Brown surgira, porteur d'un message de la reine : Macheath est gracié ; de plus il devient noble et riche. Réjouissance de la foule (mendiants, voleurs, prostituées). Le spectacle se termine sur un choral de coupe religieuse : « Ne faites rien contre le crime ; il finira par s'éteindre de lui-même... »

La musique de Kurt Weill doit son efficacité à son utilisation des moyens les plus populaires, à son aspect parodique et à une science des dissonances qui suffit à créer une atmosphère parfois proche de celle des grands opéras de Berg. *L'Opéra de quat' sous* est une des rares œuvres lyriques à avoir connu une diffusion par le film presque aussi rapide que par la scène. Dès 1931, G.-W. Pabst en donnait une double adaptation, française et allemande, que Brecht refusa toutefois de signer car elle restait fidèle au texte de 1928 et n'incorporait pas les corrections que l'auteur, dont la pensée politique s'était radicalisée, voulait y intégrer.

L.

Aufstieg und Fall der Stadt Mahagonny
Grandeur et Décadence de la ville de Mahagonny

Opéra en 3 actes de Kurt Weill; liv. de Bertolt Brecht. Créé à Leipzig, 9 mars 1930, avec Mali Trummer, Marga Dannenberg, Paul Beinert, dir. Gustav Brecher, mise en scène de Walter Brügmann, décors de Casper Neher. Berlin, 1931, avec Lotte Lenya, Trude Hesterberg, Harold Paulsen, dir. Alexander von Zemlinsky, mise en scène d'Ernst Anfricht; l'œuvre fut ensuite interdite en Allemagne par les nazis. Weill accepta que le Songspiel *fût donné à Paris en 1932, et cette version fut ensuite entendue à Venise, 1949, avec Hilde Gueden; Cologne, 1952. Aprèsguerre (version altérée) : Darmstadt, 1957, et Kiel, 1961. La version d'opéra (celle de Leipzig) fut ensuite jouée à Heidelberg en 1962; Hambourg, 1962, dir. Janos Kulka; Londres, Sadler's Wells, 1963, dir. Colin Davis.*

PERSONNAGES

LEOKADJA BEGBICK (contralto); FATTY, *le libraire* (ténor); TRINITY MOSES (baryton); JENNY (soprano); JIM MAHONEY (ténor); JAKE SCHMIDT (ténor); ALASKA WOLF JOE (basse); PENNYBANK BILL (baryton); TOBY HIGGINS (ténor [peut être chanté par « Jake »]).

Six femmes de Mahagonny ; les hommes de Mahagonny.

La première collaboration de Brecht avec Kurt Weill, élève de Busoni[1], date du 17 juillet 1927, quand un *Songspiel Kleine Mahagonny* fut donné à Baden-Baden en même temps que de courts opéras de Milhaud, Toch et Hindemith. L'œuvre consistait en cinq chansons de Brecht mises en musique par Weill — il est amusant de noter que Brecht en avait auparavant déjà écrit la musique. Ce n'est qu'après avoir travaillé ensemble sur *Die Dreigroschenoper* (pièce avec musique, 1928), *Der Lindberghflug* (cantate, 1928), et *Happy End* (pièce avec musique, 1929) qu'ils terminèrent le grand opéra qu'ils avaient commencé à élaborer à partir du *Songspiel*. De leur collaboration ultérieure naquirent : *Der Jasager* (opéra d'enfants, 1930), *Mann ist Mann* (pièce avec chansons, 1931), et *Die sieben Todsünden* (*Les Sept Péchés Capitaux*, opéra-ballet, 1933).

Aufstieg und Fall der Stadt Mahagonny est, entre autres choses, un opéra, écrit pour des chanteurs d'opéra (Lotte Lenya ne chanta le rôle de Jenny que pour la production de Berlin en 1931), et conçu selon les conventions d'opéra. Si Brecht, d'une part, détestait profondément ce qu'il appelait « l'opéra culinaire » — opéra « avec une approche hédoniste » —, il était par ailleurs persuadé que l'art théâtral de l'avenir ferait appel à la musique, l'un des meilleurs moyens de suspendre l'action pour faire passer un message ; selon lui, la musique était au service du dramaturge, même dans un opéra.

Après sa période de collaboration avec Weill, Brecht se lança dans une série de pièces engagées (il commença à étudier Marx en 1927) et fonda après la guerre à Berlin-Est une des plus grandes compagnies théâtrales de notre temps. Weill, par contre, après leur dernière œuvre commune — la plus attachante à bien des égards — *Les Sept Péchés Capitaux,* ne retrouva jamais un autre librettiste capable de lui inspirer ce mélange unique de ragtime, d'opérette, de musique pop et de contrepoint qui est sa marque propre. Dans l'esprit de beaucoup, ce genre est associé d'abord au chant de sa femme Lotte Lenya, et ensuite au Berlin de la République de Weimar.

Mahagonny est une œuvre déconcertante — une sorte de chef-d'œuvre qu'aucune représentation n'a vraiment su mettre en valeur — une satire anticapitaliste rejetée par l'orthodoxie marxiste. Le livret écrit par le prophète didactique du théâtre moderne semble paradoxalement avoir daté bien plus vite que la musique du compositeur, que nous associons pourtant à une période et à un cadre particuliers. La première de Leipzig[2] provoqua en tout cas la réaction des nazis, qui interdirent par la suite l'auteur, le compositeur et l'œuvre ; chaque reprise ultérieure fit l'objet de controverses : ainsi, la production de Hambourg, prévue pour l'automne 1961, fut remise à l'année suivante parce qu'on craignait de montrer l'œuvre dans les semaines suivant la construction du mur de

---

1. Busoni accusa Weill à une époque (avant la collaboration avec Brecht, qui commença après sa mort) de chercher à devenir « un Verdi du pauvre ».

2. Klemperer refusa de créer l'œuvre au Kroll Oper de Berlin ; plusieurs années plus tard (dans *Entretiens avec Klemperer* présentés par Peter Heyworth), il dit de la première qu'elle fut un « échec total ».

Berlin. C'est par les notes de Lotte Lenya — la veuve du compositeur — sur l'enregistrement intégral que l'on sait combien l'œuvre fut amusante à créer pour les auteurs et pour elle-même.

Tandis que la musique[1] se lance énergiquement dans l'action, un camion très cabossé s'arrête dans une région désolée d'Amérique. Leokadja Begbick, Trinity Moses, et Fatty le libraire, tous trois poursuivis par la police, en émergent.

S'ils ne peuvent avancer plus loin, pourquoi ne pas s'installer ici et fonder une nouvelle ville où personne ne serait obligé de travailler et où l'on organiserait des combats de boxe tous les trois jours, propose Leokadja dans un long *arioso* : « Sie soll sein wie ein Netz » (Etre comme un filet, déployé pour attraper des oiseaux comestibles.)

Ainsi fut fondée la cité que l'on appela Mahagonny, et les premiers requins arrivèrent. Jenny la mulâtresse, et six autres filles entrent; assises sur leurs valises, elles chantent le célèbre *Alabama* écrit à l'origine dans le curieux jargon[2] anglais de Brecht, et dont l'air est l'un des plus obsédants qu'ait composés Weill (Ex. 1).

Dans les grandes villes, on apprend la création de la cité de plaisirs : les habitants chantent leur misère tandis que Fatty et Moses crient les louanges de Mahagonny. Bientôt, tous les malheureux du continent se rendent à Mahagonny, en particulier les bûcherons Jim, Jake, Bill et Joe, qui évoquent les plaisirs à venir dans un fox-trot rapide (qui contient une phrase parodique du Chœur des Demoiselles d'Honneur dans le *Freischütz*).

Le héros de l'histoire, Jim Mahoney, et les autres sont accueillis par Mrs. Begbick; Trinity Moses fournit immédiatement les portraits des filles qui sont à leur disposition. Jenny et les six filles se présentent, et Jake offre 30 $ pour Jenny, qui proteste en chantant : « Ach, bedenken Sie, Herr Jakob Schmidt » (Pensez au peu que vous aurez pour 30 $). Jim dit qu'il va sans doute la prendre, et ils échangent, après le départ des autres, des commentaires fort instructifs sur une mélodie mélancolique : Jenny doit-elle ou non ramener ses cheveux en arrière ? Va-t-elle ou non porter quelque chose sous sa jupe ?

Mais l'ère des illusions est passée et, selon Begbick, les gens commencent à quitter la ville. Fatty riposte que la police va finir par arriver. Jim entre et dit son intention de partir après avoir vu un panneau d'interdiction. Jake, Bill et Joe chantent les louanges de la cité et de sa liberté éternelle, mais la mélancolie de Jim semble bien naître de l'inutilité de toute l'entreprise.

---

1. Pour un petit orchestre, où la vedette est donnée au saxophone, au banjo, à la guitare, au piano, à la cithare et à l'accordéon.

2. Brecht avait pensé, à une époque, qu'une forme d'anglais bâtard deviendrait le premier langage universel !

Devant l'auberge, connue comme « Tout est permis », les hommes boivent en écoutant les accents de « La prière de la jeune fille » – un art éternel, se dit Jenny. Dans une ballade pathétique, Jim raconte comment il est parti pour l'Alaska à la recherche d'un havre de paix, n'a connu que des souffrances et n'a finalement rien trouvé. Tous doivent intervenir pour l'empêcher de découper tout ce qui l'entoure avec son fameux couteau.

Le haut-parleur annonce un « typhon », et un *fugato* un impressionnant morceau de lamentation.

La scène suivante est intitulée « La nuit du Typhon ». Les hommes chantent un chœur vigoureux (échos du choral de *Die Zauberflöte*) tandis que Jake se plaint et que Jenny répète tristement la chanson *Alabama*. Jim expose sa philosophie d'un ton moqueur : qu'est-ce qu'un ouragan a de si terrible, comparé à un homme ? Cette longue scène, au cours de laquelle nous apprenons que l'ouragan se dirige droit sur la cité et que les policiers qui poursuivaient Begbick ont été tués, culmine avec la plus célèbre, et sans doute la meilleure des chansons, le « Denn wie man dich bettet, so liegt man » de Jim (Comme l'homme fait son lit, il se couche), Ex. 2 :

Quand le rideau tombe, on peut voir une carte : une flèche la traverse lentement en direction de Mahagonny.

Acte II. A nouveau la carte, avec la flèche qui se rapproche de la cité. Des bulletins de radio se succèdent, indiquant l'imminence du danger; enfin, on annonce que « l'ouragan a dépassé Mahagonny en l'épargnant, et continue maintenant sa route » ! Les citoyens se réjouissent. S'ils ont appris quelque chose, c'est à profiter de ce que la chance leur accorde. Désormais, le mot d'ordre est « tout est permis ». D'abord, la gloutonnerie. Sur un air de valse parodique (cithare et accordéon), Jim engloutit trois veaux entiers et expire en réclamant le quatrième.

Ensuite, l'amour. On peut voir un homme et une fille dans la chambre du fond. Mrs Begbick est avec eux. Elle exige de l'homme qu'il crache sa gomme, se lave les mains et se comporte convenablement. Les lumières sont éteintes. Le chœur chante la chanson de Mandalay et prie l'homme d'en finir. Mais, quand on rallume, Jim est assis et fume une cigarette tandis que Jenny se maquille. Ils chantent tendrement que deux grues traversent le ciel – un duo où l'invention lyrique de Brecht est merveilleusement associée à celle de Weill, formant l'un des morceaux « d'opéra » les plus purs de la partition. S'il est placé ici dans la partition publiée, c'est sans doute à la demande des éditeurs de Weill; car l'auteur et le compositeur étaient d'accord pour le mettre à l'acte III.

Ensuite, les combats de boxe. Trinity Moses et Alaska Wolf Joe doivent combattre ensemble, ce qui surprend beaucoup Fatty et les autres, qui prédisent une victoire facile pour Trinity. Jim et Joe, d'humeur sentimentale, évoquent les sept hivers passés ensemble en Alaska, et Jim parie sur Joe qui, selon toute attente, touche le tapis. « Mort ! » dit l'arbitre. La foule rit et les hommes s'avancent, n'oubliant pas que tout est permis et qu'ils vont maintenant pouvoir se soûler.

Jim, Bill et Jenny jouent au billard. Jim invite tout le monde à boire. Mais il s'aperçoit qu'il n'a plus d'argent et demande à Jenny de l'aider. Ils transforment la table de billard en bateau, montent dessus, et Jim annonce qu'ils sont arrivés en Alaska. Trinity Moses et Begbick demandent à être payés, mais Jim n'a plus un sou. Tous s'écartent de lui, sauf Bill et Jenny, qui refusent d'ailleurs de lui prêter de l'argent. Alors qu'on ligote et emmène Jim, qui a commis le pire crime capitaliste, être sans argent, Jenny répète : « Denn wie man sich bettet, so liegt man ». A la fin de l'acte, Jim est abandonné dans la forêt, un pied attaché à un arbre. Dans une *scena* saisissante (qui atteint le do aigu), il espère que la nuit se prolongera et que le jour n'arrivera jamais.

Acte III. Jim doit être jugé par ce qu'on appelle la Cour de Justice de Mahagonny — la veuve Begbick est le juge, Fatty la défense, et Trinity Moses l'accusateur public. Un dénommé Toby Higgins comparaît pour meurtre. Tandis que Trinity Moses s'étend avec éloquence sur la noirceur du crime, on voit l'accusé communiquer par gestes avec le juge. Il a dû proposer une assez belle somme, car l'avocat de la défense est autorisé à demander la comparution de la partie adverse. Comme personne ne s'avance, le cas est jugé par défaut.

C'est le tour de Jim. Il demande à son ami Bill de lui prêter 100 $ pour que son procès soit conduit décemment. Ils évoquent encore une fois leur sept hivers en Alaska, mais le sentiment n'a rien à faire avec les questions d'argent, et Bill refuse. Le ministère public commence son accusation. Begbick est à nouveau prête à marchander, mais comme Jim est incapable de lui répondre, le procès continue. Jim est accusé d'avoir séduit Jenny, chanté joyeusement quand le « typhon » approchait, corrompu la ville entière, envoyé son ami à une mort certaine dans un combat organisé, dans le simple but de gagner un pari et de n'avoir payé ni le whisky bu, ni

la tringle à rideau qu'il a cassée. A chaque fois, la question est : « Qui est la victime ? »

On demande l'acquittement de Jim pour les motifs suivants : son comportement pendant l'ouragan n'a fait de mal à personne et ce n'est certainement pas lui qui a tué Alaska Wolf Joe. Mais il est sans aucun doute coupable du dernier crime et doit être condamné pour les autres; aussi la peine est augmentée, et il est condamné à mort pour n'avoir pas payé son whisky. Le verdict est applaudi par tous.

Les habitants de la cité sont assis au bar et lisent le journal, laissant entrevoir leur désabusement. Ils rêvent ensemble d'un changement :

Allons, allons à Benarès,
A Benarès où brille le soleil.

Le haut-parleur annonce l'exécution de Jim Mahoney. Jenny et Jim se font de tendres adieux, et il la confie à Bill, son meilleur ami. Il marche ensuite vers le lieu de l'exécution et proclame sur un air assez lugubre qu'il n'a aucun regret, que sa philosophie est toujours la même, et que la vie doit être bue à grands traits. Jim s'asseoit sur la chaise électrique et demande si personne ne sait qu'il y a un Dieu. Pendant l'exécution, les autres miment l'arrivée de Dieu à Mahagonny, Trinity Moses ayant le premier rôle.

Le haut-parleur annonce que de grandes processions se sont déroulées pour protester contre l'incroyable hausse des prix. Elles laissent entrevoir la fin de la « Cité des Filets ».

Pendant la marche finale, dominée par « Denn wie man sich bettet, so liegt man » et *Alabama,* les processions apparaissent. Chacune porte une bannière, et l'opéra se termine sur les paroles suivantes : « Können uns und euch und niemand helfen ! » (Nous ne pouvons aider personne, ni vous ni nous-mêmes).

H.

GOTTFRIED von EINEM
(né en 1918)

Dantons Tod
La Mort de Danton

Opéra en 2 parties de Gottfried von Einem; liv. du compositeur et de Boris Blacher d'après le drame de Büchner (1835). Créé au Festival de Salzbourg, 6 août 1947, avec Maria Cebotari, Julius Patzak, Paul Schoeffler, dir. Ferenc Fricsay. Par la suite : Vienne, Hambourg, Berlin et Bruxelles. Reprises : Munich, 1956, dir. von Matacic; New York City Opera, 1966 (en angl.), dir. Märzendorfer; Berlin, 1967, avec Fischer-Dieskau, dir. Hollreiser; Vienne, 1967, dir. Josef Krips; Rome, 1970, dir. Bartoletti.

PERSONNAGES

GEORGES DANTON (baryton), CAMILLE DESMOULINS (ténor), HÉRAULT DE SÉCHELLES (ténor), *députés;* ROBESPIERRE (ténor); SAINT-JUST (basse); HERRMANN, *président du Tribunal révolutionnaire* (baryton); SIMON, *un souffleur* (basse bouffe); UN JEUNE HOMME (ténor); PREMIER BOURREAU (ténor); DEUXIÈME BOURREAU (ténor); JULIE, *la femme de Danton* (mezzo-soprano); LUCILE, *la femme de Camille Desmoulins* (soprano); UNE FEMME (soprano); MADAME SIMON (contralto).
Des hommes et des femmes du peuple.

A Paris, en 1794.

Le premier opéra d'Einem fut écrit à la fin de la Seconde Guerre mondiale, sur le conseil de son maître, Boris Blacher, qui l'aida à adapter la pièce de Büchner pour une scène d'opéra. Peu d'opéras allemands ou autrichiens de cette époque ont gardé une place aussi régulière au répertoire. On peut imputer cette longévité à la force de la musique et à l'excellence de l'action dramatique.

Acte I. Danton et ses amis sont rassemblés dans une salle de jeu. Hérault de Séchelles et une amie jouent, tandis que Danton s'occupe de sa jeune femme, Julie. La scène est très animée, la conversation nourrie, et les remarques spirituelles fusent. Nous sommes en 1794, et le pouvoir de Robespierre est absolu. La plupart de ceux qui ont combattu pour la liberté ont été liquidés. Camille Desmoulins, chef révolutionnaire de la jeune génération

et ami de Danton, fait son entrée. Il est révolté par le nombre sans cesse croissant d'exécutions et presse Danton de s'opposer à la terreur que fait régner Robespierre. Mais Danton est devenu las et sceptique, et les événements lui ont fait perdre confiance en la vertu des hommes. « La statue de la liberté est loin d'être moulée; le four est allumé, et nous pouvons tous nous y brûler les doigts. »

Un interlude lyrique et pressant nous conduit dans le peuple. Le souffleur de théâtre, Simon, est fort en colère car il croit que sa femme a poussé leur fille sur le trottoir. La foule se rassemble pour écouter les invectives de Simon contre les riches qui peuvent s'acheter l'amour des pauvres. La populace s'empare d'un jeune aristocrate et veut le pendre au premier réverbère venu, il accueille son projet d'un trait d'esprit blasé et voit avec surprise sa condamnation à mort se transformer en applaudissements. Robespierre apparaît devant la foule déchaînée et annonce de nouvelles condamnations, il est acclamé. Danton l'attaque : « Vous êtes d'une intégrité répugnante », et la réaction de Robespierre est totalement dénuée de passion. Dès que Danton s'est éloigné, Robespierre remarque qu'il va falloir s'en débarrasser; Saint-Just apporte les documents qui permettront d'accuser Danton devant le tribunal. Camille Desmoulins aussi doit mourir — là, Robespierre hésite, car il était de ses amis. Mais, brusquement, il prend sa décision : « Qu'on s'en débarasse. Rapidement. Seuls les morts ne reviennent pas. » La coda *larghetto* de l'orchestre souligne les derniers mots du tyran : « Ils m'abandonnent tous. Tout est vide et nu. Je suis seul. »

Scène 3. Dans la maison de Desmoulins. Il est avec sa femme Lucile et son ami, Danton. Celui-ci est appelé au-dehors, et la musique se fait aussitôt lyrique pour accompagner la déclaration des deux époux amoureux. Mais ils sont interrompus par le retour de leur ami : il a été dénoncé et le Comité a décidé son arrestation. Camille le supplie de s'enfuir, mais il refuse : « Je saurai comment mourir courageusement. C'est plus facile que de vivre. » Desmoulins, qui ne se doute pas qu'il va aussi être arrêté, veut parler à Robespierre. Un pressentiment étreint sa femme, dans une aria émouvante elle se plaint de l'époque horrible où ils vivent. Puis elle sort précipitamment dans la rue pour chercher son mari. Les pensées des époux sont soulignées par une marche funéraire que joue l'orchestre.

Acte II. Danton, Desmoulins et leurs amis sont maintenant en prison. Le décor révèle à la fois l'intérieur de la prison (sombre au lever du rideau) et l'extérieur, où la populace s'agite. Au début, la foule crie son enthousiasme pour les chefs récemment arrêtés. Mais

des soldats gardent l'entrée de la prison. Simon retourne l'opinion populaire en affirmant que Danton a vécu dans le luxe, comme un aristocrate, alors que Robespierre a toujours suivi le chemin de la vertu et de l'honnêteté.

Camille et Danton attendent d'être jugés. Camille ne pense qu'à Lucile et ne supporte pas l'idée de mourir. Danton, par contre, attend la mort avec calme et tristesse, et son magnifique monologue exprime admirablement sa résignation. Lucile, à qui la douleur a fait perdre la raison, apparaît derrière les barreaux. Elle reconnaît cependant Camille et lui parle. Les voix de Danton, de Desmoulins et de Lucile s'unissent dans un beau trio qu'interrompent les cris des autres prisonniers et le vacarme qu'ils font en tapant sur les barreaux.

Le Tribunal révolutionnaire. Herrmann préside. Le procès commence par l'audition de Danton, fréquemment interrompue par les cris de la foule qui a envahi la salle. Son talent oratoire émeut la foule. Il devient l'accusateur du régime dans un grand discours prophétique. La foule commence à attaquer Robespierre, et la scène se termine dans le tumulte, tandis que les soldats font hâtivement sortir les prisonniers.

La dernière scène a lieu sur une place publique. La foule entoure la guillotine, dansant et chantant *La Carmagnole*. Danton arrive dans une charrette, avec Camille et Hérault. Ils chantent bravement : « Notre ennemi est la stupidité des masses que seule l'épée de l'esprit peut transpercer. » La foule continue à rugir *La Carmagnole* pendant que les condamnés montent sur l'échafaud. Chacun prononce quelques mots à l'intention de la foule avant d'être exécuté.

La nuit tombe. Deux bourreaux font leur ménage après la journée de travail en chantant une chanson sentimentale. Lucile apparaît et gravit les marches de l'échafaud pour chanter son désespoir.

H.

BERND ALOIS ZIMMERMANN
(1918-1971)

Die Soldaten
Les Soldats

Opéra en 4 actes et 15 scènes de Bernd Alois Zimmermann; liv. tiré de la pièce de Jakob Michael Lenz (1775). Créé à Cologne, 15 février 1965, avec Edith Gabry, Liane Synek, Helga Jenckel, Anton de Ridder, Claudio Nicolai et Zoltan Kelemen, dir. Michael Gielen, mise en scène Hans Neugebauer. Munich, 1969 (après 33 répétitions de l'orchestre et pas moins de 377 répétitions des solistes), dir. Gielen, mise en scène Vaclav Kaclik, décors Josef Svoboda; Düsseldorf, 1971, dir. Günther Wich; Festival d'Edimbourg, 1972. Opéra de Paris et Ircam, 1977, version concert, avec Bryn-Julson, Mazura, Herndon, Grundheber, Boese, dir. Boulez.

PERSONNAGES

WESENER, *marchand de nouveautés à Lille* (basse); MARIE et CHARLOTTE, *ses filles* (soprano coloratura, mezzo-soprano); LA VIEILLE MÈRE DE WESENER (contralto); STOLZIUS, *drapier à Armentières* (baryton ténorisant); LA MÈRE DE STOLZIUS (contralto); OBRIST, *comte de Spannheim* (basse); DESPORTES, *jeune noble engagé dans l'armée française* (ténor); UN JEUNE GARDE-CHASSE *au service de Desportes* (acteur); LE CAPITAINE PIRZEL (ténor); EISENHARDT, *aumônier de l'armée* (baryton); LE MAJOR HAUDY (baryton); LE MAJOR MARY (baryton); TROIS JEUNES OFFICIERS (ténors ou sopranos légers); LA COMTESSE DE LA ROCHE (mezzo-soprano); LE JEUNE COMTE, *son fils* (ténor lyrique); UNE SERVEUSE ANDALOUSE (danseuse); 3 CADETS (danseurs); MADAME ROUX, *tenancière du café* (rôle muet); LE SERVITEUR DE LA COMTESSE DE LA ROCHE (acteur); UN JEUNE CADET (acteur); UN OFFICIER IVRE (acteur); 3 OFFICIERS (acteurs);
18 officiers et cadets; ballet, doubles des acteurs et danseurs.

L'action est située Hier, Aujourd'hui et Demain, en Flandre de langue française.

« Quelles sont les exigences de l'opéra moderne ? » demandait Zimmermann. « La réponse ne comporte qu'une phrase : l'opéra est le théâtre total ! C'est ainsi qu'il faut concevoir l'opéra, ou plutôt le théâtre : la concentration de tous les moyens théâtraux pour communiquer en un lieu créé spécialement à cet effet. En d'autres termes : architecture, sculpture, peinture, théâtre musical, théâtre parlé, ballet, film, microphone, télévision, bandes magnétiques et autres techniques du son, musique électronique, musique concrète, cirque, comédie musicale, et toutes formes de mouvement au théâtre, constituent le phénomène de l'opéra pluraliste. L'exigence immédiate est aujourd'hui de concentrer et de coordonner intellectuellement toutes les découvertes des dernières années. J'ai essayé, avec mes *Soldaten*, de franchir un pas décisif dans cette direction. Dans certaines scènes de l'opéra, j'ai utilisé le discours parlé, le chant, les cris, les murmures, le jazz, le chant grégorien, la danse, le film et tout le théâtre moderne " technique " pour servir cette idée d'une forme plurale du théâtre musical. » Mais le pluralisme de Zimmermann dépasse largement la synthèse de plusieurs élé-

ments au service d'une nouvelle forme
d'opéra. Il fait tout autant référence
au « déroulement simultané du passé,
du présent et du futur comme interfé-
rence compliquée de plusieurs facteurs
inséparables de nos vies, éternellement
présents, qui se dérouleraient sur la
surface interne d'un vaste globe; le
public serait suspendu quelque part
en son centre et pourrait appréhender
simultanément le mouvement de la
cause et celui de l'effet »[1].

C'est sans doute parce qu'il voulait
ignorer les unités classiques de temps,
de lieu et d'action au profit d'un
recoupement rapide de scènes très
brèves — ce qui correspondait à son
idée de la scène plurale — que Zimmermann choisit une pièce de Jakob
Michael Lenz. Ce n'est bien entendu
pas par les événements assez prosaïques
de la pièce que Zimmermann fut attiré
(le noble Desportes séduit la petite-
bourgeoise Marie, de respectable,
celle-ci devient une misérable fille à
soldats); mais il fut convaincu que
les personnages de Lenz « étaient
inévitablement pris dans une situation
inextricable — plus par leur innocence
que par leur faute — qui menait directement au viol, au meurtre et au suicide,
pour déboucher finalement sur la destruction de toute chose existante ».
Mais la théorie et son application
par l'auteur sont une chose, et la représentation sur scène en est une autre.
Zimmermann commença à travailler
à son opéra en 1957, et l'Opéra de
Cologne, sa ville natale, le lui commanda officiellement en 1958. Cependant,
la direction de l'Opéra, le metteur en
scène, Fritz Schuh et le chef d'orchestre, Wolfgang Sawallisch, convinrent
assez vite que l'opéra ne pouvait
être joué dans sa forme originale.
Zimmermann prépara en 1963 une
version simplifiée qui fut créée début
1965. Pour cela, il lui avait fallu
accepter — à contrecœur sans doute
— une structure théâtrale traditionnelle

et renoncer au « théâtre du futur »
(qui restait à construire) capable
d'exprimer son idée fondamentale : les
événements sont inévitables, et la
chronologie de leur déroulement est
sans importance — « Kugelgestalt der
Zeit » est son expression, que l'on
peut traduire par « le cours sphérique
du temps ». Il voulait que le public
fût environné par l'action — active ou
filmée — pour pouvoir, comme dans
la scène 6, ou 13, concentrer son attention sur le passé, le présent ou l'avenir
au choix, répartis sur douze scènes
périphériques dont chacune était pour-
vue de musiciens. La partition publiée
en 1966 prévoit plusieurs niveaux scéniques et trois écrans de cinéma.

Acte I. Un long et violent prélude,
dominé par un obsédant battement de
tambour, nous introduit directement
dans la maison de Wesener à Lille,
pour la *scène 1 (Strofe).* Marie demande
à sa sœur Charlotte de l'aider à écrire
une lettre de remerciements à Mme
Stolzius, qui l'a récemment accueillie
à Armentières. Elle ne veut surtout
pas que sa sœur sache qu'elle est amoureuse du jeune Stolzius et qu'elle espère
bien le revoir.

Scène 2 (Ciacona I). La maison de
Stolzius à Armentières. Sa mère finit
par lui montrer une lettre de Marie,
dont il est épris. Immédiatement, le
visage du jeune homme s'éclaire. Sa
mère semble moins enthousiaste.

Un bref interlude *(Tratto I)* nous
mène à la *scène 3 (Ricercari I)*, qui se
déroule à Lille. Le baron Desportes,
jeune officier de l'armée française, rend
visite à Marie. Il commence sa cour par
une phrase fleurie et étendue : « Mein
göttliche Mademoiselle » (une sorte de
« Reverenza » moderne !)[2] ; elle caractérise fort bien ce jeune homme ardent
et assez peu sincère qui s'exprime de
façon formelle. Il feint l'étonnement

---

1. James Helme Sutcliffe dans *Opera,* juin 1969
2. Mistress Quickly accueillant Falstaff dans l'opéra de Verdi.

quand Marie lui répond que son père l'a avertie : tous les hommes sont des menteurs — et le « göttliche Mademoiselle » est repris avec platitude et exagération. Desportes invite Marie au théâtre. Mais le père est inflexible. La déception de Marie est grande, et son père veut lui expliquer sa position, lui assurant qu'il se montre sévère à son égard parce qu'elle représente son seul bonheur dans l'existence.

Le rythme de la musique s'accélère; après quelques mesures nous nous retrouvons à Armentières pour la *scène 4 (Toccata I);* sur la place publique, un détachement de l'armée. Haudy, Pirzel et l'aumônier Eisenhardt s'entretiennent des mérites du théâtre et du sermon, deux tremplins pour la morale. De sa voix la plus haute, Haudy proclame : « Une putain sera toujours une putain », ce à quoi l'aumônier réplique : « Une putain ne devient jamais putain sans qu'on l'y aide. »

Scène 5 (Nocturne I). A Lille. Marie est seule dans sa chambre. Son père vient lui demander si les intentions de Desportes sont honnêtes. Elle lui montre le poème qu'il lui a écrit. Wesener le lit avec une certaine satisfaction. Il est clair qu'il envisage sans déplaisir d'avoir un baron pour gendre. Il conseille néanmoins à sa fille de ne pas rompre avec Stolzius avant que Desportes ait officiellement demandé sa main. Marie reste seule. Son *arioso,* très important, révèle qu'elle a quelques doutes et que, par ailleurs, son amour pour Stolzius est loin d'être éteint. Le tonnerre et les éclairs que l'on voit par la fenêtre, et le tumulte de l'orchestre ne laissent rien présager de bon.

Acte II, scène 6 (Toccata II). A Armentières, le café où règne Mme Roux. Le principal attrait en est la servante andalouse. C'est ici que les soldats se réunissent. Zimmermann a soigneusement noté la disposition des tables pour garantir l'équilibre de l'ensemble, d'une part, mais aussi pour

que les bruits que font les clients avec leur cuillère, leurs mains ouvertes ou fermées, produisent un effet précis. Un jeune officier ivre annonce à qui veut l'entendre : « Si j'avais une femme, je vous laisserais coucher avec elle — à condition de la convaincre. » L'aumônier et Pirzel s'installent en avant, ainsi que le jeune comte de La Roche. Après une discussion générale, la danse commence, menée par l'Andalouse. C'est une danse élaborée, compliquée par les mesures de jazz, au cours de laquelle interviennent des effets de percussion sur les verres, les tasses et les tables. Stolzius entre et se fait impitoyablement taquiner au sujet du comportement de Marie à Lille. Il prétend ne rien savoir et n'avoir jamais entendu parler de l'officier Desportes. Il ressort précipitamment, et un *Intermezzo* avec orgue, musique de scène et percussions diverses nous mène à la scène suivante.

Scène 7, Lille *(Capriccio, Corale* et *Ciacona II).* Marie pleure après avoir lu la lettre pleine de reproches de Stolzius. Elle la tend à Desportes qui vient d'entrer et demande ce qui se passe. Il feint d'abord de s'indigner devant l'impertinence de son rival, puis décide de dicter la réponse à Marie. Mais la lettre est bien vite oubliée, et une hystérie de rire coloratura marque le début de la séduction physique de Marie. Ici, la scène se dédouble pour la première fois. Zimmermann montre simultanément la séduction, la réaction instinctive de Stolzius à Armentières, et une troisième personne qui médite sur la situation. Car nous voyons également la vieille mère de Wesener prévoir les malheurs de sa chère petite-fille; et, de l'autre côté de la scène, en face de la chambre de Marie, Stolzius s'apitoyer sur le ton de la lettre que Marie lui a écrite pour rompre leurs fiançailles. Il prend la défense de Marie devant sa mère, mais jure de se venger de Desportes. Entretemps, la scène d'amour sans paroles a suivi son cours.

Un bref prélude introduit l'*acte III*. La *scène 8 (Rondino)* se tient à Armentières où le capitaine Pirzel et l'aumônier sont engagés, une fois de plus, dans une interminable discussion. L'aumônier veut parler des raisons du départ prochain du major Mary pour Lille, mais Pirzel préfère philosopher; « Der philosophiert mich zu Tode » (Il me fera mourir avec sa philosophie), dit sa victime. L'aumônier fait remarquer qu'on ne peut pas sortir sans voir un soldat embrasser une fille, ce qui provoque d'autres développements théoriques chez Pirzel. Son service militaire prolongé semble lui avoir donné un tour d'esprit très particulier, un refuge sans doute à l'écart des aberrations de la vie militaire.

Scène 9 (Rappresentazione). La chambre de Marie. On frappe à la porte. C'est Stolzius, fringant et nerveux dans son uniforme, décidé à devenir l'ordonnance du major Mary. Marie le fait entrer.

La *scène 10 (Ricercari II)*, qui commence après une seule mesure silencieuse, a lieu chez Wesener à Lille. Charlotte reproche à sa sœur d'avoir fréquenté le major Mary dès le départ de Desportes. Marie cherche à se justifier : c'est Desportes qu'il faut blâmer pour être parti; de toute façon, le Major Mary était son meilleur ami. Mais Charlotte traite Marie de « fille à soldats » pendant que celle-ci se maquille. Marie accueille le major Mary en parodiant le salut de Desportes à la scène 3, et le major lui rend son compliment. Tous trois se préparent à sortir quand les filles remarquent une ressemblance entre l'ordonnance du major, qui est resté discrètement en arrière, et « une certaine personne ». L'interlude est intitulé *Romanza;* c'est l'une des pièces les plus remarquables de la partition.

Scène 11 (Nocturne II). Chez la comtesse de La Roche, le soir. La comtesse attend le retour de son fils, méditant sur les soucis que les enfants causent immanquablement à leurs parents. Voici que maintenant son fils a des secrets pour elle. Ses pensées sont exprimées dans un ample *arioso* solo, qui devient à l'entrée du jeune comte (que nous avons déjà aperçu dans les deux scènes de régiment) un long duo d'une grande séduction vocale. Il ressort de leur conversation que Mlle Wesener n'est certainement pas un parti pour le jeune comte. La comtesse de La Roche s'occupera personnellement de l'avenir de la jeune fille.

Scène 12 (Tropi). A Lille, chez Wesener. La conversation des deux sœurs nous apprend que le major Mary, tout comme son ami Desportes, a fini par abandonner Marie. Elles sont interrompues par une servante qui demande au nom de la comtesse de La Roche si elles sont visibles. Très agitées, elles répondent que ce sera pour elles un honneur de recevoir la comtesse. Celle-ci affirme avec un judicieux dosage de chaleur et de condescendance qu'elle est la meilleure amie de Marie. Elle s'apitoie avec elle sur les affreux commérages dont elle fait l'objet en ville. Elle lui demande ensuite, de sa façon à la fois ferme et aimable, d'oublier tout ce qui s'est passé avec le jeune comte et propose, en réparation, de la prendre chez elle. Un magnifique trio pour voix féminines se développe, et la comtesse sort, non sans avoir recommandé à Marie de bien considérer sa proposition.

Acte IV: Scène 13 (Toccata III) Dans un café d'Armentières. Zimmermann y a appliqué en grand ses théories sur le pluralisme théatral. Les différentes étapes de la déchéance de Marie y sont représentés simultanément sur scène, comme dans une sorte de rêve : à un niveau, par des danseurs; à un autre, par tous les interprètes de l'opéra; à un troisième, par leurs doubles; enfin par un film sur trois écrans[1]. Le tout est conçu comme un procès de Marie. Mélangés sur les trois scènes, avec des interférences de l'une à l'autre, se déroulent les événements importants de l'action. Le major Mary n'a pas mis longtemps à découvrir la retraite de Marie, et la comtesse les surprend dans le jardin. Marie s'est enfuie de chez la comtesse, mais elle n'est pas retournée chez son père. En même temps, Desportes a essayé de se débarrasser de son ancienne maîtresse en la jetant dans les bras de Mary (c'est ce que nous apprenons dans la pièce originale), bien que Wesener ait payé les dettes qu'il avait laissées derrière lui; de plus, il a écrit, chez lui, à son garde-chasse pour lui annoncer qu'il lui avait trouvé une femme. Marie, sans le sou et désespérée, est violée par le garde-chasse, et devient ensuite une vulgaire prostituée. Stolzius, apprenant ce qui s'est passé, achète du poison pour se venger. Les fils de cette scène, fort complexe, sont réunis dans une grande déclaration de tous les participants : « Et que ceux qui qui subissent l'injustice tremblent, et que ceux qui font le mal soient les seuls à être heureux. »

Un interlude *(Tratto II)* fait la transition avec la *scène 14 (Ciacona III)*. La chambre du major Mary à Armentières. Desportes dîne avec son ami, et Stolzius leur apporte sans cesse des serviettes propres pour ne rien perdre de leur conversation. Desportes raconte avec une incroyable dureté que Marie lui a écrit pour lui annoncer qu'elle allait lui rendre visite. Et si son père l'avait vue ? dit-il avec de grands airs. Il ajoute qu'il s'est arrangé pour que son gardien, un garçon fort et viril, l'accueille comme elle le mérite. Le major Mary est révolté par ce stratagème, mais Desportes estime que Marie n'aurait aucune raison de se plaindre si son gardien voulait l'épouser. Le major Mary précise qu'il l'aurait fait si le comte de La Roche ne s'était immiscé.

Stolzius apporte alors la soupe dans laquelle il a versé le poison. Desportes en ressent presque immédiatement les effets. Stolzius le saisit alors par les oreilles en hurlant « Marie ! », puis le regardant mourir, boit lui aussi le poison, et meurt.

La dernière scène se passe sur la route *(Nocturne III)*. Sur un fond de voix stylisées et amplifiées, une misérable mendiante — Marie, évidemment — accoste le vieux Wesener et lui demande de l'argent. Il commence par refuser. Puis, songeant à ce que sa fille a pu devenir, accepte. Il ne l'a pas reconnue. A la fin de la tragédie, plusieurs scènes sont jouées en contrepoint. Des groupes d'officiers ont recours aux services du personnel de Mme Bischof dans le café, et des films montrent des soldats de tous âges et de toutes nationalités marchant inlassablement sur les cailloux. Cette dernière image envahit la scène, accompagnée d'une marche jouée par les tambours et amplifiée. Pendant tout ce temps, Marie est allongée sur la scène, immobile. Il est bien précisé que les soldats ne sont que la représentation symbolique de tous ceux qui sont responsables de la misère des autres et ne doivent pas être considérés comme les uniques auteurs de ces crimes contre l'humanité contre lesquels Zimmermann s'insurge avec tant de force.

Zimmermann a écrit une partition compliquée, impliquant d'importantes ressources musicales et scéniques. Mais ce qui frappe le plus l'auditeur, après la représentation, c'est la clarté de l'organisation, la perceptibilité du texte, la subtilité des sons. La ligne vocale est souvent angulaire et complexe, mais elle est aussi lyrique et expressive. L'orchestration est riche en couleurs et en sonorités. Par-dessus tout, Zimmermann a écrit un opéra plein de compassion et d'humanité, qui va droit au cœur du public.

---

1. Et ceci est la version simplifiée du compositeur, celle des compromis !

On sait que Zimmermann avait envisagé une seconde œuvre pour la scène, *Médée*, où il espérait développer plus avant ses conceptions sur la simultanéité et les différents media. Il a travaillé pendant des années sur un livret tiré d'un drame du poète allemand, Hans-Henny Jahnn. Pour autant qu'on sache, il n'est jamais arrivé au point d'en commencer la composition.

H.

HANS WERNER HENZE
(né en 1926)

Henze est le premier musicien du groupe de Darmstadt qui ait atteint une réputation mondiale. Après 1945, un centre fut ouvert dans cette ville à l'intention des compositeurs allemands qui s'intéressaient aux courants de la musique contemporaine interdits par les nazis. Henze était l'élève de Wolfgang Fortner et devint rapidement le premier compositeur de sa génération.

Henze a contribué à prolonger la vitalité de l'opéra autant, sinon plus, que les autres compositeurs de sa génération. On peut partiellement imputer son universalité à la quantité d'expériences pratiques qu'il accumula comme chef d'orchestre de ballet et d'opéra dans les théâtres de province. La longue liste de ses œuvres comprend de nombreuses symphonies et compositions pour orchestre; de remarquables partitions de musique de chambre, un grand ballet pour Covent Garden (*Ondine*), ainsi que six grands opéras (jusqu'en 1970 en tout cas) d'une extrême richesse et variété. Aussi fut-il très surprenant de lire en été 1970 une déclaration du compositeur où il envisageait d'abandonner complètement cette forme d'expression. Les propos suivants étaient cités : « Ma crise ne concernait pas tant l'opéra que la musique, la création musicale et les gens, et dans ce contexte, je voyais bien que je ne ferais plus d'autres opéras, mascarades, charades... Je pense que l'opéra est fini. Évidemment, la notion même d'illustrer le drame par la musique n'est pas morte... le principal problème musical et technique est la désintégration de ces moyens d'expression traditionnels qui sont essentiels à la fabrication d'un opéra. Leur déclin, qui préfigure le déclin de la société contemporaine annonce également le déclin de son théâtre. » Il donna une explication plus ou moins marxiste à sa prise de position, mais ses admirateurs se sont emparés de la formule « illustrer le drame par la musique » pour conclure que tout n'était pas perdu.

Boulevard Solitude

Opéra en 7 scènes de Hans Werner Henze; liv. de Grete Weil, d'après la pièce de Walter Jockisch, elle-même une version moderne de Manon Lescaut. *Créé le 17 février 1952 à Hanovre, avec Sigrid Klaus, Walter Buckow, dir. Johannes Schüler. Puis Düsseldorf, 1953; San Carlo, Naples, 1954, avec Lydia Styx, dir. Joel Perlea; Rome, 1954, avec Magda Laszlo, dir. Nino Sanzogno; Londres, Sadler's Wells, par le New Opera Company, 1962, avec April Cantelo, John Carolan, Peter Glossop.*

PERSONNAGES

MANON LESCAUT (soprano colorature); ARMAND DES GRIEUX, *étudiant* (ténor lyrique); LESCAUT, *frère de Manon* (baryton); FRANCIS, *ami d'Armand* (baryton); LILAQUE PÈRE, *riche et vieux gentilhomme* (ténor bouffe); LILAQUE FILS (baryton); UNE PROSTITUÉE (danseuse); SERVITEUR DE LILAQUE FILS (mime); DEUX DROGUÉS (danseurs); JEUNE VENDEUR DE CIGARETTES (danseur).

Des *marchands de journaux, des mendiants, des putains, la police, des étudiants et des voyageurs.*

A Paris, à la fin de la Seconde Guerre mondiale.

Le premier opéra de Henze (1950-51) est une version moderne de l'histoire de Manon qui lui valut un succès immédiat auprès des critiques et du public. Le style de Henze est éclectique, et cette petite œuvre profondément attachante (petite par la prétention et la longueur — moins de deux heures avec entracte — mais grande par la réalisation) fait appel à des éléments de jazz et de musique populaire, mais aussi à Berg et Stravinsky.

Scène 1. La salle d'attente, comble, d'une grande gare française. Au début, la musique est entièrement jouée par les timbales et la percussion. On annonce le départ du train. Francis donne une tape sur l'épaule de son ami Armand et sort. Manon entre avec son frère qui l'installe à la table d'Armand, puis la quitte pour aller boire au bar. Après quelques instants, Manon prend une cigarette qu'Armand allume. Il lui demande si elle va également à Paris. Non, répond-elle, elle va parfaire son éducation à Lausanne. Armand décrit avec tristesse la solitude de la vie d'étudiant à Paris : il ne peut jamais approcher les femmes dont il rêve. Manon partage son point de vue, mais décide de l'heureux dénouement : ils se lèvent et partent ensemble.

Scène 2. Une chambre mansardée à Paris. Armand et Manon sont au lit. C'est le matin, et ils chantent avec entrain. Manon parle d'un chapeau qui lui a plu et qu'elle a l'intention d'acheter. Non, répond Armand. Son père

lui a coupé les vivres quand il a interrompu ses études, et ils n'ont plus d'argent. Il se lève, s'habille et part à la recherche de son ami Francis. Lescaut entre dans la chambre après son départ. Que veut-il, encore de l'argent ? Non, répond Lescaut avec grossièreté, simplement ces seins exquis. Il lui a trouvé un nouvel admirateur, vieux et gros, mais riche aussi. Armand revient, et Manon l'embrasse tendrement avant qu'il ne ressorte. Lescaut, sur un ton sardonique, complimente sa sœur pour sa cruauté envers son amant — plus elle traitera brutalement ses amants, plus elle ira loin. Après cette violente sortie, il la laisse, lui donnant cinq minutes pour se décider. Manon reproche à son amant absent de la laisser seule, proie facile pour les tentations habituelles. Mais, tout en chantant, elle se prépare à le quitter.

Scène 3. Un élégant boudoir dans la maison de Lilaque père. Manon chante une aria en écrivant à Armand. Elle lui promet qu'elle est heureuse et très bien traitée par le généreux M. Lilaque. Le seul ennui est qu'Armand ne peut lui rendre visite. Mais cela peut s'arranger, car elle se promène tous les jours à 5 h au bois de Boulogne dans son petit attelage. Lescaut l'interrompt à ce moment précis. Il est furieux qu'elle écrive à son amant plutôt que de s'occuper de Lilaque, et déchire la lettre. Manon s'écrie qu'il détruit la seule chose authentique de son existence, mais il répond qu'elle est une source de revenus pour lui et qu'il lui faut de l'argent immédiatement. Il remarque un coffre, en force la serrure et s'empare de l'argent qu'il contient malgré les protestations de sa sœur.

Lilaque entre alors, salue Manon avec tendresse et Lescaut avec courtoisie, et propose de les laisser finir leur conversation. Mais au moment de sortir il voit le coffre forcé et sa bonne humeur se transforme en colère. Il les jette dehors. La figure grotesque (mais nullement méprisable) de Lilaque est caractérisée par une écriture pour ténor très léger, particulièrement remarquable dans le trio lyrique de la fin de cette scène.

Scène 4. La bibliothèque d'une université. Armand et Francis étudient des poèmes de Catulle. Autour d'eux, d'autres étudiants qui forment le fond choral de cette scène. Francis est absorbé par son travail, alors qu'Armand ne peut penser à autre chose qu'à Manon. Quand Francis lui apprend que Lilaque les a jetés dehors pour vol, elle et son frère, Armand proteste : Lescaut est capable de tout, mais Manon ne commettrait jamais un crime. Francis se lève, froissé. Manon entre et vient s'asseoir près d'Armand. Ils lisent ensemble un poème d'amour qui répond parfaitement à leur propre sentiment, et finissent par chanter un duo passionné. Le parallèle avec la scène de Saint-Sulpice dans l'opéra de Massenet est parfait — il n'y manque que les protestations de des Grieux.

Scène 5. Une cave. La réconciliation n'a pas duré bien longtemps. Armand se drogue maintenant. Tandis qu'il chante l'oubli qu'il s'achète ainsi, tout le monde danse sur une musique qui évoque *Wozzeck* avec des harmonies de Gershwin. Lescaut entre avec le fils de Lilaque — le dernier « soupirant » de Manon. Ils vont au bar. Lescaut demande à Armand où est sa sœur, mais le jeune homme ne s'intéresse qu'à la cocaïne que Lescaut lui fournit.

Manon vient se joindre à Lescaut et Lilaque fils. Excité par la drogue, Armand délire et veut empêcher Lilaque de toucher Manon. Lescaut lui ordonne de s'écarter, et Manon le console en évoquant un avenir heureux. Lilaque finit par perdre patience et part avec Manon et son frère, laissant Armand seul. Une jolie fille entre et remet une lettre à Armand. En la lisant, il entend la voix de Manon lui demander de la rejoindre la nuit suivante, car Lilaque sera absent; en attendant, elle lui envoie comme consolation une des plus jolies filles de Paris. Mais Armand est bien loin de là, et ne la voit même pas. La fille hausse les épaules et le laisse dormir.

Scène 6. Après un interlude saisissant, nous nous retrouvons dans une chambre de l'appartement de Lilaque fils. Le jour se lève. Manon et Armand sont ensemble. Manon évoque gaiement l'évolution de sa destinée, depuis la gare et le petit grenier jusqu'au luxe d'aujourd'hui. Mais Armand lui rappelle qu'autrefois ils étaient réunis — point de vue qui échappe complètement à Manon. Lescaut, qui a monté la garde, vient dire à Armand de partir au plus vite, de peur que les domestiques ne le voient. Au moment d'entraîner Armand dehors, il remarque une peinture abstraite sur le mur. Est-ce un Picasso ? demande-t-il. Non, mais un très beau tableau quand même, réplique Armand. Manon et son frère rient du tableau, mais Lescaut, ne perdant pas son sens pratique, le décroche et le cache sous son manteau. Ils entendent alors la voix de Lilaque père appelé par un domestique soupçonneux. Manon dissimule en hâte les deux hommes derrière un rideau et sort avec l'intention d'empêcher le vieil homme de pénétrer dans la chambre. Il affirme que la joie de la voir efface tous les mauvais souvenirs et insiste pour entrer dans la chambre qu'elle vient de quitter. Il s'y trouve en effet un tableau moderne qu'il estime incompréhensible mais dont les psychiatres disent qu'il agit bénéfiquement sur le subconscient. Manon résiste vainement, et il la pousse dans la chambre. Dès qu'il constate la disparition du tableau, il ameute toute la maison et accuse les deux hommes qu'il soupçonne d'être cachés derrière le rideau. Lilaque crie aux domestiques d'appeler la police et bloque la porte. Lescaut sort son revolver, tue le vieil homme et place l'arme dans la main de Manon avant de s'échapper. Lilaque fils entre et trouve Manon et Armand à côté du corps de son père.

Scène 7. Un intermezzo introduit cette dernière scène, qui se déroule à l'extérieur d'une prison, par un sinistre jour d'hiver. Armand attend de voir Manon une dernière fois, lors de son transfert à la prison, et chante une aria désespérée. Les policiers éloignent Manon et les autres prisonnières avant qu'elle ait pu échanger une parole avec Armand. L'action, ici, devient une pantomime symbolique où l'on retrouve des gens de la gare, des policiers, des enfants qui chantent, Lilaque fils suivant le corps de son père dans une voiture à bras (mise en scène de Londres), et même Lescaut, qui flâne aù bord de la mer avec une petite amie en bikini, grâce au produit de la vente du tableau. « Et c'est là l'histoire de Manon, de Manon Lescaut. »

H.

König Hirsch
Il Re Cervo / Le Roi Cerf

Opéra en 3 actes de Hans Werner Henze, liv. de Heinz von Cramer d'après une histoire de Carlo Gozzi. Créé (sous le titre König Hirsch*), Berlin Städtische Oper, 23 septembre 1956, avec Helga Pilarczyk, Nora Jungwirth, Sandor Konya, Martin Vantin, Helmut Krebs, Tomislav Neralic, dir. Hermann Scherchen. Première à Darmstadt, 1959, avec Käthe Maas, George Maran, dir. Hans Zanotelli. Reprises : Cassel, 1962 (sous le titre* Il Re Cervo*), dir. Henze; Munich, 1964, avec Felicia Weathers, dir. Christoph von Dohnanyi; B.B.C., 1973 (en angl.).*

PERSONNAGES

LEANDRO, *le roi* (ténor); COSTANZA, *sa bien-aimée* (soprano); TARTAGLIA, *le chancelier* (baryton-basse); SCOLLATELLA I (soprano colorature); SCOLLATELLA II (soubrette); SCOLLATELLA III (mezzo-soprano); SCOLLATELLA IV (alto); CHECCO, *musicien mélancolique* (ténor bouffe); COLTELLINO, *meurtrier raté* (ténor bouffe); SIX ALCHIMISTES; DEUX STATUES (contraltos); CIGOLOTTI, *magicien* (rôle parlé); LE CERF (rôle parlé).

Voix du Bois, Voix du Peuple, Voix du Vent, courtisans, pages, animaux sauvages, citadins, soldats, chasseurs.

Dans l'Antiquité, près de Venise, entre la mer et la forêt.

Le second opéra de Henze, *Il Re Cervo,* est une adaptation d'une fable du Vénitien Carlo Gozzi, contemporain et rival de Goldoni, source d'opéras contemporains tels que *Turandot* de Busoni, et de Puccini, *La Donna*

Serpente de Casella, et *L'Amour des Trois Oranges* de Prokofiev. Henze en composa la plus grande partie à Ischia, où il s'était retiré en 1953.

De tous les opéras écrits jusqu'alors, celui-ci est sans doute le plus nettement influencé par l'environnement italien de l'auteur. La première version devait durer plus de cinq heures et fut largement réduite pour la première à Berlin en 1956 — à son grand détriment, disent ceux qui connaissaient l'original. En 1962, Henze produisit une version révisée, réduite de moitié, qui fut créée à Cassel.

Le roi Leandro (Deramo, dans la pièce de Gozzi) a grandi dans la forêt, parmi les animaux. En accédant au trône, il retourne dans l'univers compliqué des hommes où il fait figure d'innocent, choisit une épouse, et finit par abdiquer quand son chancelier, Tartaglia, la fait arrêter. Après son abdication, le roi prend la forme d'un cerf, par l'effet de quelque sorcellerie, si bien que le chancelier peut emprunter le même sort pour prendre place dans la dépouille du roi et régner à sa place. Il conduit le pays à la ruine jusqu'au jour où le Roi Cerf réapparaît, pour la plus grande joie de son peuple. Le faux roi est tué et le véritable souverain reprend son apparence humaine sous les acclamations de la foule.

Acte I. Le château royal, on prépare la cérémonie du couronnement. Un orage terrible éclate (décrit par l'ouverture *vivace*) et une première candidate au rôle de reine — Scollatella — apparaît, se plaignant de l'affreux état dans lequel ses vêtements se trouvent à cause du mauvais temps. Elle est presque sûre de pouvoir gagner la main du roi, mais elle a peur de rester seule pendant l'orage. Aussi se regarde-t-elle dans son miroir et évoque-t-elle un double. Scollatella II sort du miroir, se plaignant également du temps; peu après, Scollatella III et Scollatella IV apparaissent à leur tour, appelées à jouer un rôle dans le stratagème qui permettra de séduire le roi. Mais Scollatella I insiste pour être la seule à porter le titre de reine si leurs plans aboutissent.

La procession du couronnement. Scollatella I se cache au moment où le chancelier, Tartaglia, entre et se dissimule également, nourrissant apparemment de noirs desseins. On entend le chœur qui célèbre le couronnement, et Tartaglia laisse éclater sa colère; quelle futilité, ce roi-enfant que l'on mène comme un agneau à l'abattoir, ces courtisans rampants dans tous les coins; pendant ce temps, lui, Tartaglia, attend toujours que l'on récompense ses mérites. Il ne songe qu'à les faire tous trembler de peur et souhaite que les éléments mettent fin à cette farce. Scollatella prend Tartaglia pour le roi et se présente avant de disparaître.

Deux gardes introduisent Costanza. Tartaglia propose de la libérer après lui avoir posé quelques questions mais elle refuse de partir. Il lui assure que le roi est un montre et lui remet un poignard pour qu'elle assassine le souverain. Elle hésite, mais Tartaglia l'oblige à dissimuler l'arme et lui ordonne d'aller l'attendre dehors.

Les animaux, qui ont été les amis du roi dans la forêt, forment un demi-cercle autour de lui. Il leur dit adieu avec émotion et franchise. Les animaux le laissent seul, et le célesta introduit deux statues (des contraltos) qui le mettent en garde contre les dangers qu'il devra affronter chez les hommes. Elles promettent au roi de l'aider en riant chaque fois que quelqu'un mentira, et cela aussi longtemps qu'il le voudra.

Précédé d'une fanfare, Tartaglia fait son entrée et annonce au roi que le moment est venu de choisir l'épouse royale. De nouvelles fanfares accompagnent l'entrée de Scollatella I, qui fait sa révérence, suivie de Scollatella II, III et IV. Elles font tout leur possible pour attirer l'attention du roi et finissent par se quereller. Le tumulte qui s'ensuit est rendu par une intéressante série de sections orchestrales contrastées. Le roi leur demande laquelle d'entre elles souffrirait le plus s'il venait à mourir, et elles ne savent comment répondre. Tartaglia murmure en aparté qu'il a l'intention de lancer son filet et d'attendre que le poisson s'y prenne. Les statues éclatent de rire, et le roi sait qu'aucune ne mérite d'être son épouse.

Tartaglia introduit Costanza. Sa première phrase impressionne favorablement le roi, qui la prie de continuer. Elle avoue ne plus avoir peur de lui tandis qu'il est rassuré par le calme des statues. Ils chantent ensemble une section *adagio*, le premier duo d'amour de l'opéra. A la fin, Leandro se jette sur les statues et les brise, ne supportant pas l'idée qu'il pourrait perdre Costanza. Tartaglia se précipite immédiatement et dévoile le poignard caché par Costanza. Elle est arrêtée par les gardes. Le roi a le cœur brisé et ne peut plus demander conseil aux statues. Il opte pour la clémence, mais Tartaglia réclame la mort pour régicide potentiel. Le roi décide de renoncer au pouvoir et de retourner dans la forêt. Cigolotti (déguisé en perroquet) lui montre le chemin.

Tartaglia est maître du terrain. Les Esprits du Vent se précipitent sur la scène, suivis de Coltellino, le spadassin de Tartaglia, et de Checco, le musicien qui suit Cigolotti et porte sa guitare sur son dos. Coltellino, qui a perdu son pistolet et son poignard, se débarrasse de Checco. Coltellino s'empresse auprès de Tartaglia. Pourquoi ne veut-il pas être un honnête meurtrier, comme son père ? Il n'a qu'à suivre le roi dans la forêt et le tuer. Tartaglia ne trouve pas que la perte du poignard et du pistolet soit une excuse valable et lui remet d'autres armes.

L'acte se termine par un curieux post-scriptum : six alchimistes entrent en devisant joyeusement et rythmiquement; ils déclarent à Tartaglia qu'ils sont venus donner une fête en l'honneur du roi Leandro. Furieux, Tartaglia leur répond qu'il est trop tard.

Acte II. Se passe dans la forêt — un grand organisme qui respire — dont nous entendons les bruits, tandis que des voix inquiètes s'interpellent. Il y a un étranger, dit une voix. Bientôt, d'autres lui répondent que la forêt est pleine d'hommes. Leandro apparaît. Scollatella joint sa voix à la sienne (ses doubles nés du miroir lui servent maintenant de suivantes). Elle est obsédée par l'idée qu'elle est réellement une reine, mais Leandro lui tourne le dos. Les animaux s'éloignent des humains. Les alchimistes réapparaissent, déguisés en animaux, et sont effrayés par les chasseurs qui veulent les tuer et par les autres animaux qui peuvent les prendre pour une proie facile. Tartaglia veut tuer Leandro avec son couteau, mais échoue. Checco et Coltellino compliquent l'action par leurs craintes et leurs fiascos.

Cigolotti décide que seul Checco connaîtra la formule secrète qui permet les transformations et qu'il la communiquera au roi seulement, lui sauvant ainsi la vie. Checco chante ici un beau chant énigmatique, plus proche peut-être de Britten ou de Tippett que de n'importe quel autre auteur italien ou allemand, avec un léger accompagnement de guitare. Un cerf apparaît. Tartaglia le blesse, mais légèrement pour qu'il puisse s'échapper. Il essaie de faire dire à Checco où se trouve le roi. Le cerf meurt, et Tartaglia entend Checco transmettre au roi la formule magique qui permet de se transformer. Grâce à elle, Leandro devient le cerf et s'éloigne. Tartaglia répète à son tour la formule et peut ainsi se glisser dans la dépouille abandonnée par le roi. Checco est horrifié par ce qu'il a inconsciemment provoqué, et Cigolotti est paniqué par l'idée que la vilaine âme de Tartaglia habite le corps du roi. Le *credo* de Tartaglia intervient ici : il imposera sa volonté au pays, il le piétinera si bon lui semble. Pour l'instant, il lance les chasseurs sur le cerf, décidé à éliminer Leandro définitivement. Mais les éléments semblent conspirer contre lui, et un orage éclate sur la forêt.

Acte III. Dans la ville désertée où Tartaglia exerce un pouvoir absolu. Tout est en ruine; les gens sont malheureux et leur seul espoir est qu'un jour, selon la légende, un cerf apparaîtra et la paix régnera à nouveau. C'est ce qui se produit. Leandro, le Roi Cerf, se promène tranquillement dans les rues. Personne ne répond à ses appels, mais il entend Coltellino se plaindre mélodieusement d'être un mauvais assassin.

Même les alchimistes sont persécutés sous le règne de Tartaglia, mais les nouvelles gagnent lentement la cité : le roi est de retour. Costanza vient voir l'homme qu'elle a pu seulement aimer un instant. Le Roi Cerf s'approche d'elle, et leur second duo d'amour confirme leurs sentiments réciproques Mais le cerf s'enfuit dès qu'elle le touche — juste à temps, car voici Tartaglia, sous l'apparence du roi,

armé jusqu'aux dents. Il s'adresse aimablement à Costanza, prétendant être le roi, elle détecte la supercherie et le repousse. Sa disparition exaspère Tartaglia qui appelle ses soldats et défie ses ennemis.

Les gens commencent à réaliser que le cerf est parmi eux. Tartaglia continue à quadriller la ville et ordonne que l'animal soit tiré à vue. Finalement, Coltellino vise soigneusement le roi, avec l'aide de Cigolotti; mais il se trompe de cible, il tire, et c'est Tartaglia qui s'effondre, au moment même où il allait tuer le cerf.

Leandro prononce la formule magique et retrouve aussitôt sa forme véritable. L'opéra se termine par un chœur de réjouissances, comprenant un petit duo où Leandro demande à Costanza de l'épouser.

On raconte que Brahms avait envisagé d'utiliser la pièce originale pour un opéra; l'intrigue a par ailleurs d'évidentes affinités avec la *Cantata Profana* de Bartok. Pour Henze, âgé de vingt-neuf ans, c'était un conte de fées avec des échos de l'Allemagne nazie de son enfance.

H.

Der Prinz von Homburg
Le Prince de Hombourg

Opéra en 3 actes de Hans Werner Henze; liv. d'Ingeborg Bachmann, d'après le drame de Heinrich von Kleist. Créé à l'Opéra de Hambourg, 22 mai 1960, avec Liselotte Fölser, Mimi Aarden, Helmut Melchert, Vladimir Ruzdak, Toni Blankenheim, Herbert Fliether, dir. Leopold Ludwig. Londres, Sadler's Wells, 1962, par la compagnie de Hambourg avec la même distribution, sauf Colette Lorand et l'auteur au pupitre; Paris, Opéra de Francfort, 1962; Düsseldorf, 1964, le rôle principal étant réécrit pour un ténor, et chanté par Andor Kaposy.

PERSONNAGES

FRIEDRICH WILHELM, *Électeur de Brandebourg* (ténor dramatique); L'ÉLECTRICE, *sa femme* (contralto); LA PRINCESSE NATALIE VON ORANIEN, *sa nièce, colonel en chef d'un régiment de dragons* (soprano); LE MARÉCHAL DÖRFLING (baryton);

LE PRINCE FRIEDRICH ARTHUR VON HOMBOURG, *général de cavalerie* (baryton-ténorisant); LE COLONEL KOTTWITZ, *du régiment de la princesse* (basse); LE COMTE HOHENZOLLERN, *attaché à l'Électeur* (ténor lyrique); PREMIER OFFICIER (ténor); SECOND OFFICIER (baryton); TROISIÈME OFFICIER (basse); PREMIÈRE DAME DE LA COUR (soprano); DEUXIÈME DAME DE LA COUR (mezzo-soprano); TROISIÈME DAME DE LA COUR (contralto); UN SERGENT (baryton); PREMIER ET DEUXIÈME PLANTON (ténor, baryton); AUTRES OFFICIERS (ténors et basses).

Des gens de la Cour (pages, serviteurs, etc), le personnel militaire (gardes, cadets, soldats).

A Fehrbellin, Allemagne, en 1675.

Le livret d'Ingeborg Bachmann, qui collabora souvent avec Henze, est tiré de la dernière pièce de Kleist, *Prinz Friedrich von Homburg* (1811). Le cadre est l'univers triomphant du militarisme prussien au XVIIe siècle, et le héros est un poète rêveur qui accepte néanmoins les valeurs de son environnement. C'est pendant une représentation donnée au T.N.P. de Jean Vilar, avec Gérard Philipe, qu'Ingeborg Bachmann, découvrit qu'elle aimait cette pièce. Dans une certaine mesure le compositeur et sa librettiste ont consciemment dégermanisé le texte de Kleist. Andrew Porter souligna dans un article que les vers attribués à l'Electeur par Kleist :

*Il vous enseignera, soyez-en sûrs,
Ce que sont la discipline
et l'obéissance*

étaient devenus :

*Ce que sont l'honneur
et la liberté*

Acte I, scène 1. Le jardin d'un château à Fehrbellin. Il fait nuit. Le prince de Hombourg est dans une sorte de transe, à demi éveillé, tordant entre ses doigts une guirlande de fleurs. L'entourage de l'Électeur tue le temps en attendant la bataille; tous ont remarqué l'absence du prince. En sortant du château, ils le trouvent seul et se demandent s'il n'est pas malade. L'Électeur lui ôte la guirlande qu'il tient à la main, passe une chaîne d'argent à son cou et lui donne la main de la princesse Natalie. Les hommes s'éloignent, laissant le prince caresser le gant de la princesse. Le comte Hohenzollern sort son ami de sa rêverie... Mais le gant reste pour lui un lien inexpliqué entre le rêve et la réalité.

Toute cette scène a la douceur du rêve; l'interlude nous conduit vers un univers très différent, la conférence militaire dans une salle du château. Le maréchal Dörfling dicte son plan de bataille : le prince de Hombourg devra retenir sa force de cavalerie jusqu'à ce qu'il reçoive l'ordre spécifique d'attaquer. Le prince écoute rêveusement; il faut sans cesse le ramener à la réalité; il est obsédé par l'idée que la princesse Natalie cherche ce gant qu'elle a perdu et qu'il tient dans sa main. Il le laisse tomber; elle le reconnaît, et il comprend l'élément de réalité que contenait son rêve.

Scène 3. Le champ de bataille de Fehrbellin. Des officiers attendent le début de la bataille tandis qu'Hombourg s'assure auprès de son ami Hohenzollern des instructions qu'il a reçues la veille et qui ne sont pas claires dans son esprit. Il pense à Natalie quand le premier coup de canon est tiré, indiquant que la bataille est engagée. Les officiers en guettent les progrès du haut d'une colline. Il semble que les Suédois faiblissent, quand soudain le prince Friedrich, sans attendre les ordres, donne le commandement d'attaquer. Rien ne peut le retenir. Il ordonne de sonner une fanfare et se lance dans la bataille.

Pendant l'interlude — avec son solo plaintif de saxophone — la nuit tombe, puis le jour se lève progressivement pour révéler le champ de bataille le lendemain matin. On emporte les morts et les blessés et le bruit court que l'Électeur a été tué. L'Électrice et la princesse Natalie sont éperdues de douleur, et le prince de Hombourg vient partager leur peine. Friedrich et Natalie s'avouent leur amour. Mais la rumeur était fausse : l'Électeur se tient devant eux avec le maréchal et d'autres officiers, tous sains et saufs. L'Électeur déclare que la victoire a été menacée par une attaque inopportune de la cavalerie. Le responsable, quel qu'il soit, passera en cour martiale et sera condamné à mort. Quand le prince lui apporte les trophées de victoires, l'Électeur lui fait enlever son épée. L'acte se termine par un ensemble, tandis que le prince est escorté vers la prison.

Acte II, scène 4. La prison. Le prince Friedrich a été condamné à mort par la cour martiale. Il saisit toute la gravité de sa situation quand son ami Hohenzollern lui annonce que l'Électeur a demandé qu'on lui présente l'ordre d'exécution pour signature.

Scène 5. En allant demander sa grâce, il voit avec horreur la tombe que l'on a creusée pour lui dans la cour du château.

Scène 6. La chambre de l'Électrice. Hombourg la supplie d'intervenir en sa faveur. Malgré tout l'amour qu'elle lui porte, elle sent qu'elle ne pourra rien pour lui. Natalie lui avoue qu'elle l'aime et promet d'essayer d'attendrir l'Électeur.

Scène 7. La chambre de l'Électeur. Natalie demande à son oncle de gracier Hombourg. Mais celui-ci est horrifié de voir que le jeune homme a oublié son enseignement au point de ne penser qu'à la liberté. Finalement, l'Électeur remet une lettre à Natalie

où il offre la liberté à Hombourg à condition qu'il estime en son âme et conscience que la sentence prononcée contre lui était injuste.

Scène 8. La prison. Natalie apporte la lettre de l'Électeur à Friedrich et lui dit qu'il peut être libre immédiatement. Friedrich hésite, puis décide que le jugement était juste et qu'il ne peut écrire à l'Électeur la lettre qui lui rendrait sa liberté. Natalie l'embrasse et déclare que s'il estime devoir suivre son cœur, elle suivra le sien — elle décide d'ordonner à son régiment de dragons de libérer le prince par la force.

Acte III, scène 9. La chambre de l'Électeur. Le maréchal annonce que le régiment de la princesse von Oranien veut libérer le prince de Hombourg. L'Électeur reçoit au même instant la lettre où Friedrich lui fait part de sa décision. Les officiers viennent supplier l'Électeur de pardonner au prince. Celui-ci accepte alors de le laisser sortir de prison et déclare qu'il lui enseignera ce que sont l'honneur et la liberté. Le prince entre et salue ses amis. Mais il ne veut pas changer d'avis, persuadé que seule la mort le lavera de sa faute. L'Électeur, heureux de voir que Friedrich a retrouvé son sens de l'honneur, ordonne qu'on le reconduise en prison. Avant de sortir, le prince précise que les supplications de Natalie et du comte Hohenzollern ne sauraient l'attendrir. L'Électeur est persuadé avoir marqué un important point de principe, ce qui l'autorise à déchirer l'ordre d'exécution.

Scène 10. Au son d'une marche funèbre, le comte Hohenzollern conduit le prince Friedrich, dont les yeux sont recouverts d'un bandeau, dans le jardin du château. Le prince, qui croit marcher vers le lieu de l'exécution, sent déjà la vie le quitter. L'Électeur entre, suivi de sa Cour. On enlève le bandeau des yeux du prince, qui se retrouve debout devant l'Électeur, comme dans son rêve précédant la bataille. Le rêve — couronne victo-rieuse, chaîne princière et fiancée — devient réalité.

H.

Elegy for Young Lovers
Élégie pour de jeunes amants

Opéra en 5 actes de Hans Werner Henze; liv. de W.H. Auden et Chester Kallman. Créé (en all.), 20 mai 1961, au Festival de Schwetzingen (Opéra de Munich), avec Eva-Marie Rogner, Ingeborg Bremert, Lilian Benningsen, Friedrich Lenz, Dietrich Fischer-Dieskau, Karl Christian Kohn, mise en scène de l'auteur, dir. Heinrich Bender. Première en 1963, à Glyndebourne (en angl.), avec Dorow, Söderström, Kerstin Meyer, Turp, Carlos Alexander, Hemsley, dir. John Pritchard; Zurich, 1961, par l'Opéra de Munich; Berlin, 1962, avec Catherine Gayer, Liane Dubin, Martha Mödl, Dietrich Fischer-Dieskau, Grobe, Hemsley, dir. Reinhard Peters; Nice, 1960, avec Mesplé, Doucet, dir. Perisson.

PERSONNAGES

GREGOR MITTENHOFER, *poète* (baryton); Dr WILHELM REISCHMANN, *médecin* (basse); TONI REISCHMANN, *son fils* (ténor lyrique); ELISABETH ZIMMER (soprano); CAROLINA, *comtesse von Kirchstetten* (contralto); FRAU HILDA MACK, *veuve* (soprano colorature); JOSEF MAUER, *guide de montagne* (rôle parlé); SERVANTES A « L'AIGLE NOIR » (muet).

Dans les Alpes autrichiennes, en 1910.

Il est curieux qu'*Elegy for Young Lovers* — tout comme l'autre opéra de Henze sur un livret anglais de W.H. Auden et Chester Kallman, *The Bassarids*, ait été créé en allemand. Les librettistes nous ont raconté que Henze leur avait demandé, à la fin de l'automne 1958, un livret « dont le sujet et la situation exigeraient des sons tendres et beaux ». Il envisagea un « petit orchestre subtil » pour son opéra de chambre, où certains instruments seraient associés aux personnages principaux : une flûte, par exemple, pour Hilda Mack, les cuivres pour Mittenhofer, le violon et l'alto pour les jeunes amants, le cor anglais pour Carolina, le basson ou le saxophone pour le Dr Reischmann.

La ligne générale de l'intrigue est assez simple, quoique ponctuée de nombreux incidents, de nuances psychologiques. Elle concerne principalement (écrivait l'auteur en 1970) « la naissance d'un poème pendant 3 actes, de la première idée à la lecture publique de la fin. Tout ce qui se produit autour de ce processus de naissance, les événements drôles, la méchanceté, la vulgarité, la banalité, le meurtre, sert principalement à mettre en question " L'Artiste comme Héros ", tel qu'il fut créé au XIXe siècle, et tel qu'il survit encore au XXe siècle. »

« L'artiste comme héros » est le grand poète Gregor Mittenhofer, qui se rend chaque année dans une auberge de montagne, le *Schwarze Adler*, dans les Alpes autrichiennes. Ce printemps-là, il arrive accompagné de Carolina von Kirchstetten, sa protectrice et secrétaire bénévole, d'Elisabeth

Zimmer, sa jeune maîtresse, et de son médecin, le Dr Reischmann. Il espère, comme les autres années, trouver l'inspiration dans les folles « visions » de la veuve Mack, qui vit à l'auberge depuis quarante ans — depuis que son mari s'est tué en escaladant le Hammerhorn, le premier jour de leur voyage de noces. Mais les espoirs du poète ne se réalisent pas. Le corps de Herr Mack, décédé depuis si longtemps, est retrouvé dans un glacier, parfaitement préservé. La folie de sa veuve se transforme en perspicacité caustique dont les voisins font les frais. Elisabeth s'éprend de Toni, le fils du Dr Reischmann; et Mittenhofer, privé de sa principale source d'inspiration en trouve une autre dans la situation critique des deux jeunes amoureux : ils se sont en effet aventurés dans la montagne, mais il a omis de prévenir le guide qui pourrait les sauver. L'opéra se termine tandis qu'il lit sa nouvelle *Elegy for Young Lovers* devant un élégant public.

Acte I. Réapparition du jeune marié (chaque acte et chaque scène a reçu un titre des librettistes).

I. *40 ans auparavant.* Hilda Mack, encore vêtue et maquillée comme une jeune femme des années 1870, chante, sur une musique éloquente qui couvre bien deux octaves, comment son mari a entrepris l'ascension du Hammerhorn et sa décision d'attendre son retour.

II. *L'Ordre du Jour.* Une lumière éclaire l'intérieur de l'auberge. Nous voyons Carolina assise à son bureau. Le Dr Reischmann entre et l'observe tandis qu'elle classe des coupures de presse. Chacun reçoit des ordres : qui, de porter son deuxième œuf au Maître, qui, de lui faire sa piqûre du matin. Le médecin prend le pouls de Carolina et diagnostique un accès de grippe. Le fait que Carolina finance le poète en cachant des pièces d'argent là où il est censé les trouver arrache cette remarque au médecin : « Que feraient les poètes sans leurs gouvernantes ? » Tous deux en conviennent dans un duo, ajoutant qu'ils sont indispensables au maître, mais fort peu récompensés de leur zèle.

III. *Une arrivée programmée.* Le docteur attend son fils Toni, qui traverse une « crise » et sera sans doute un piètre compagnon. Dès qu'il entre, son père le questionne, lui offre toutes sortes de distractions. Chaque remarque provoque un commentaire exaspéré de Toni.

IV. *Apparitions et visions.* Carolina fait entrer Frau Mack au moment où Mittenhofer apparaît, tenant Elisabeth Zimmer contre lui. C'est « un grand et bel homme d'environ 60 ans, vêtu d'une veste de velours et de knickerbockers. Son grand front et sa crinière blanche à la Beethoven font grande impression, il en accentue l'effet en rejetant la tête en arrière. » Mittenhofer présente les jeunes gens quand Frau Mack se lance dans une de ses visions coloratura, pour le plus grand plaisir du poète qui commence à prendre des notes. Les autres quittent la pièce, et Toni commente « What a shamelessly low variety show » (Quel médiocre et scandaleux numéro de variétés). C'est une grande aria, très étendue, typique de la partition de Frau Mack; elle semble y annoncer ce que nous savons être la mort des deux jeunes gens.

V. *Problèmes matériels.* Mittenhofer est ravi de ce qu'il a pu noter. Il écarte d'un ton bourru les papiers que Carolina essaie de lui montrer, puis commence à lire ce qui a été dactylographié la veille, s'interrompant pour hurler à Carolina qu'elle a fait une faute. Il l'accable tant et si bien qu'elle s'évanouit à ses pieds. Le Dr Reischmann se précipite et la porte sur une chaise, aidé d'une servante.

VI. *L'Aide.* Mittenhofer se dirige vers son bureau, puis revient pour chercher de l'argent, comme un enfant attiré par des bonbons. Il trouve ce qu'il cherche, compte les pièces, les met dans sa poche, fait une révérence au pot qui les recélait, et retourne dans sa chambre.

VII. *Faiblesse spirituelle*. La pauvre Carolina est fort mal — « La mort, en fait, est d'une séduction éblouissante », est son commentaire.

VIII. *La Beauté dans la mort*. Josef Mauer, guide de montagne, vient leur annoncer qu'on a retrouvé un corps sur le Hammerhorn — bien conservé, l'air jeune, le crâne fracassé à l'arrière — ce doit être le mari de Frau Mack !

IX. *Qui va lui dire ?* Carolina se sent trop malade et elle décide avec le Dr Reischmann que ce sera Elisabeth.

X. *Le temps aujourd'hui*. Elisabeth annonce la nouvelle à Frau Mack, avec douceur et gentillesse. Celle-ci est pleine de pressentiments quant à l'avenir d'Elisabeth. La jeune fille réussit enfin à lui faire comprendre ce qui s'est passé (dans un magnifique duo en canon). Toni observe la fin de la scène et est ému par la chaleur inattendue dont fait preuve Elisabeth.

XI. *Interlude visionnaire*. Toni chante un air à la mémoire de sa mère, morte depuis longtemps. Il se retourne ensuite pour contempler l'endroit où se tenait Elisabeth dans la scène précédente. (Il est fort surprenant que cela puisse être coupé, le cas échéant, dans la partition vocale.)

XII. *Demain : Deux folies se croisent*. Hilda, qui est restée immobile pendant que Toni chantait, se lève brusquement dans un état frôlant l'extase. A la fin de l'acte, elle chante avec lui un duo d'intensité croissante, chez elle, parce que « le cristal est brisé »; chez Toni, parce qu'il réalise qu'il aime Elisabeth.

Acte II. Réapparition de la jeune mariée.

I. *Une passion*. Quelques jours plus tard au milieu de l'après-midi. Elisabeth et Toni sont maintenant parfaitement amoureux, comme en témoigne leur duo joyeux, et Toni la presse de rompre avec Mittenhofer. Carolina les surprend enlacés et demande au docteur de l'aider à résoudre ce qu'elle pense être une bêtise.

II. *Parlons sérieusement*. A l'intérieur, le Dr Reischmann, essaie de raisonner Toni. A l'extérieur, Carolina en fait de même avec Elisabeth. « Le monde a besoin de cœurs plus chaleureux, et pas de plus vieux poètes » tel est le fond de leur discussion.

III. *Chacun à sa place*. Dans un duo qui est composé de deux monologues séparés, les jeunes gens disent leur colère.

IV. *L'Heure du Maître*. La phrase de Carolina : « C'est l'heure du thé du Maître », provoque la catastrophe. Tandis que dans une pièce Elisabeth demande à Toni de l'emmener, Carolina révèle à Mittenhofer, dans une autre pièce, qu'il y a quelque chose entre Elisabeth et Toni. Le poète demande à Carolina de décider Elisabeth à prendre le thé avec lui.

V. *Questions personnelles*. La tactique de Mittenhofer est de jouer l'autocritique en utilisant le sentiment de culpabilité d'Elisabeth. « J'étais mécontent à cause d'un vers que je ne parvenais pas à écrire.... une fois de plus, j'apprends à mes dépens qu'un poète ne peut compter que sur lui-même. » Il est le meilleur avocat du diable possible, et l'essence de cette scène est une *apologia pro vita sua*. A la fin de ce monologue, Elisabeth sort, sans lui avoir rien dit.

VI. *Les Problèmes des autres*. Elisabeth (et plus tard l'orchestre) est triste.

VII. *Ce qui doit être dit*. Elisabeth avoue à Toni qu'elle n'a rien dit; parce qu'ils ne savent rien l'un de l'autre, et parce qu'elle n'a pas osé. Toni déclare qu'il s'en chargera.

VIII. *Le Mauvais Moment*. Au moment où Toni arrive à la porte de

Mittenhofer, le poète sort de sa chambre, et entend les déclarations du jeune homme. Un ensemble de dimension considérable se développe, réunissant tous les personnages : Mittenhofer, Elisabeth, Toni, le docteur, et à la fin, Carolina.

IX. *La Mariée*. Elisabeth éclate en sanglots. La clochette d'une vache tinte. Frau Mack apparaît, chantant plus haut que jamais, et se réjouit de la nouvelle situation qu'elle apprécie pleinement; les do aigus abondent.

Frau Mack réclame 10 % des futurs droits d'auteur de Mittenhofer, puis, après un mi naturel aigu, se tourne vers Elisabeth et commence à la consoler. « Frau Mack, me prenez-vous vraiment pour une traînée ? » Mittenhofer assainit la situation en demandant au Dr Reischmann de bénir les amoureux.

X. *Les Jeunes Amants*. Dans un ensemble grandiose, le poète explique sa nouvelle œuvre : « Les Jeunes Amants ». Les personnages semblent boire ses paroles qui expriment si bien leur situation.

XI. *La Fleur*. Le docteur bénit leur union; Mittenhofer, saisissant l'occasion — et soulignant qu'il va bientôt fêter ses soixante ans — demande aux jeunes amants de rester un ou deux jours de plus et de lui cueillir sur les pentes du Hammerhorn l'edelweiss dont il a tant besoin pour finir son poème. Ils acceptent. Frau Mack décide de partir.

XII. *Vision du lendemain*. Les jeunes amants restent; le poète refuse son tonique — la vue de ce jeune amour lui suffit. Après un moment où les six voix sont réunies, tous sortent, sauf le poète. Mauer vient lui dire que la journée du lendemain sera chaude, permettant ainsi aux jeunes gens d'aller cueillir l'edelweiss sur les pentes du Hammerhorn.

XIII. *La Fin du jour*. L'atmosphère change. La tolérance se transforme en

fureur débridée — les épaules de Mittenhofer « se soulèvent, ses poignets se tordent; il tourne en rond, les traits déformés par la colère; il tape du pied et fait autant de bruit qu'un bélier enragé ». Dans un monologue dément, il s'en prend à tous ceux qui l'entourent, de Frau Mack au docteur, sans oublier Carolina ni Elisabeth. « Pourquoi ne meurent-ils pas ? » Il est sur le point de lancer un encrier à travers la chambre quand Frau Mack revient et le surprend. Il sort avec un hurlement de rage tandis qu'elle est prise d'un rire incontrôlable.

Acte III. Mari et femme.

I. *Echos*. Hilda est disposée à partir. Toni et Elisabeth sont prêts pour l'ascension de la montagne et chantent un air folklorique; Hilda leur dit adieu. Un ensemble se développe au cours duquel on entend Mittenhofer essayer des rimes et des prépositions. Frau Mack se sent trop jeune — ou est-ce trop vieille ? — et les clés de la maison évoquent pour le poète une cellule de prison.

II. *Adieux*. Il ne reste plus pour Frau Mack qu'à faire tendrement sa révérence à l'opéra. Elle offre à Carolina le châle colossal qu'elle tricote depuis 40 ans. Mittenhofer sort de sa chambre et persuade Carolina d'en rire. Frau Mack réussit à lui dire une parole aimable.

III. *Départs prévus*. « Les jeunes en couple, les vieux par deux, s'éloignent. » La musique est en forme de quatuor.

IV. *Deux s'en vont*. Carolina essaie d'éteindre le feu qui brûle encore en Mittenhofer, mais sans succès. A la fin de la scène, Mauer entre précipitamment pour annoncer qu'une tempête se lève. Dans quelques minutes, la montagne sera recouverte de neige. Quelqu'un est-il là-haut ? Sans jeter un seul regard à Carolina, Mittenhofer déclare qu'il n'y a personne, à sa connaissance. Mauer se hâte d'aller poser la question ailleurs.

V. *Evénements fous*. Alors que le ciel s'assombrit, Mittenhofer et Carolina se font face. Le Maître suggère malicieusement qu'elle s'en aille, « pour un changement de décor ». Si elle a jamais été saine d'esprit, la voilà maintenant parfaitement folle.

VI. *Changement de décor*. Nous sortons pour la première fois de l'auberge. On aperçoit le Hammerhorn, pris dans la tempête. Un long interlude orchestral nous mène vers Toni et Elisabeth, dans la montagne. Ils sont au bord de l'épuisement.

VII. *Mari et Femme*. (Les scènes 6 et 7 furent supprimées à Glyndebourne, en 1961). Leur duo prend la forme de souvenirs d'un couple marié depuis longtemps. Ils évoquent la naissance et la mort d'enfants imaginaires, une romance à Munich, le pardon et la réconciliation.

VIII. *Toni et Elisabeth*. Au-delà de l'amour, ils ont découvert la Vérité. Cela les aidera à mourir.

IX. *Elégie pour de jeunes amants*. Mittenhofer ajuste sa cravate blanche avant d'aller lire ses poèmes sur une scène viennoise. Après une séquence d'applaudissements — « Un, deux, trois, quatre; qui adorons-nous ? » il dédie le poème qu'il va lire à « la mémoire d'un jeune couple, beau et courageux : Toni Reischmann et Elisabeth Zimmer ». Il le dit, dominé par l'ensemble invisible que forment Hilda, Mack, Elisabeth, Carolina, Toni et le docteur; le poème, avec l'aide des autres, est terminé, et par suite, l'opéra.

H.

The Bassarids
Les Bassarides

Opera seria, avec intermezzo, en un acte de Hans Werner Henze; liv. de W.H. Audent et Chester Kallman, d'après les Bacchantes *d'Euripide. Créé à Salzbourg, 6 août 1966, avec Ingeborg Hallstein, Kerstin Meyer, Vera Little, Loren Driscoll, Helmut Melchert, Kostas Paskalis, William Dooley, Peter Lagger, dir. Christoph von Dohnanyi. Deutsche Oper, Berlin, 1966, même distribution. La Scala, Milan, 1967, en it., dir. Sanzogno; Santa Fé, 1967, en angl., avec Regina Safarty, Driscoll, John Reardon, dir. de l'auteur; English National Opera, 1974, avec Barstow, Katherine Pring, Collins, Dempsey, Woollam, Welsby, McDonnell, Wicks, mise en scène et dir. de l'auteur.*

PERSONNAGES

DIONYSOS (*également* LA VOIX ET L'ÉTRANGER) (ténor); PENTHÉE, *roi de Thèbes* (baryton); CADMOS, *son grand-père, fondateur de Thèbes* (basse); TIRÉSIAS, *vieux prophète aveugle* (ténor); LE CAPITAINE DE LA GARDE ROYALE (baryton); AGAVE, *fille de Cadmos, mère de Penthée* (mezzo-soprano); AUTONOE, *sa sœur* (soprano); BEROE, *vieille esclave, autrefois nourrice de Semele, puis de Penthée* (mezzo-soprano); UNE JEUNE FEMME, *esclave de la maison d'Agave* (rôle muet); L'ENFANT, *sa fille* (rôle muet).

Bassarides *(Ménades et Bacchantes), citoyens de Thèbes, gardes et serviteurs.*

Au palais royal à Thèbes, et sur le mont Cythaeron, dans l'Antiquité.

Les Bassarides[1], seconde collaboration de l'auteur avec W.H. Auden et Chester Kallman, est une libre adaptation des *Bacchantes* d'Euripide. Le compositeur demanda à ses librettistes de donner à l'opéra la forme d'une symphonie. Le résultat est une œuvre continue, presque aussi longue que *L'Or du Rhin*, divisée en quatre mouvements — les auteurs utilisent ce terme pour désigner les changements d'ambiance.

L'histoire symbolise « la terrible vengeance prise par la face sensuelle et dionysienne de la nature humaine si son existence est niée et ses besoins réprimés »[2]. Les librettistes ont réussi en ce qu'ils ont non seulement reflété la brutalité de leur siècle, mais aussi inséré dans leur livret un réseau de motivations psychologiques. Ils ont inspiré au compositeur l'une de ses plus importantes partitions d'opéra.

Thèbes fut fondée par Cadmos, fils d'Agenor, roi de Tyr, et frère d'Europe que Zeus, déguisé en taureau, avait aimée. Cinq guerriers, appelés les Hommes Semés parce qu'ils jaillirent à l'endroit où Cadmos avait semé les dents du dragon, l'aidèrent à construire la citadelle de Thèbes. Ils fondèrent les familles nobles de la ville, et l'un d'eux, Echion, épousa la plus jeune fille de Cadmos, Agave. Semele, autre fille de Cadmos, fut séduite par Zeus, qui avait pris une forme humaine. L'épouse de Zeus, Héra, avait alors pris l'apparence de la servante de Semele, Beroe, pour la persuader de demander à Zeus d'apparaître dans toute sa splendeur divine. Semele, dans sa folie mortelle, suivit la suggestion et fut réduite en cendres. Selon la légende, Zeus réussit à sauver l'enfant qu'elle portait, Dionysos, et à le placer dans sa cuisse, d'où il naquit.

Avant le début de l'opéra, le tombeau de Semele est devenu un lieu de pélerinage pour les adeptes du culte de Dionysos. Mais pour quelques-uns, dont les sœurs de Semele, l'objet de son amour était un mortel, et non pas Zeus. Ils méprisent donc ce culte. Cadmos a abdiqué en faveur de son petit-fils, Penthée, qui règne maintenant sur Thèbes. La responsabilité de décider si Dionysos est vraiment un dieu — ce qui risque d'offenser les autres dieux, ou s'il est le fils de mortels — ce qui risque de provoquer la colère de Dionysos lui-même, lui revient. La position de Penthée est d'autant plus difficile qu'il ne croit qu'en la raison et est persuadé que tous les malheurs des hommes naissent de leur passion pour la chair.

1ᵉʳ mouvement. La cour du palais royal à Thèbes; devant le tombeau de Semele, un autel sur lequel brûle une flamme. Les citoyens de Thèbes se sont rassemblés pour saluer leur nouveau roi, qu'ils célèbrent dans un chœur. Une voix retentit soudain au loin : « Ayayalya » le dieu Dionysos est entré en Béotie. L'atmosphère musicale devient brusquement mystérieuse et le peuple réagit immédiatement : le chant reprend, et tous se dirigent dans la direction des voix. En quelques mesures, la foule est devenue Bassarides.

Quand Cadmos, Beroe, Agave et Tirésias font leur entrée, ils trouvent la cour du palais déserte. Tirésias, le vieux prophète aveugle, a fort envie de se joindre aux adorateurs de Dionysos sur le mont Cythaéron. Cadmos conseille la prudence, car on ne sait toujours pas si Dionysos est un dieu et, de plus, la simple mention de son nom semble provoquer la colère du roi Penthée. Quand Agave demande à Beroe si Zeus a vraiment aimé Semele, tout ce qu'elle obtient comme réponse est : « Je ne sais rien », ce qui ne fait qu'accroître son mépris pour l'enthousiasme de Tirésias.

---

1. Le titre *Bassarides* est l'autre nom désignant les *Bacchantes*, adoratrices de Dionysos.
2. *The Times,* après la première de Salzbourg.

L'hymne des Bassarides continue dans le fond. Cadmos est préoccupé par la question cruciale : Dionysos est-il vraiment un dieu ? Mais l'attention d'Agave est vite détournée par la vue du capitaine de la garde, un bel homme qui n'est plus tout jeune, mais suffisamment séduisant à ses yeux de veuve délaissée. Autonoe s'approche d'Agave, apparemment dans la même disposition d'esprit. Beroe leur dit que le roi souhaite voir ses parents écouter la première proclamation de son règne. Le message royal, que lit maintenant le capitaine de la garde, repousse l'idée d'une intrigue amoureuse entre Semele et un immortel. Elle n'a donc pas pu donner le jour à un dieu, et il est interdit aux Thébains de souscrire à une telle croyance.

Avant même que son grand-père, sa mère, sa tante et sa nourrice aient eu le temps de commenter cette proclamation, Penthée apparaît. C'est un homme jeune, mince, athlétique, et même ascétique d'apparence. Il déplore l'ignorance qui a poussé les femmes à allumer une flamme sur la tombe de Semele, lance sa cape sur la flamme et l'éteint. Il s'aperçoit alors que le peuple, pourtant convié à écouter sa proclamation, n'est pas sur la place. Quand Agave lui avoue qu'ils sont allés vers la montagne en dansant, la colère le gagne, et il part. Ses parents commentent les événements. Soudain, la voix de Dionysos retentit, chantant mystérieusement les louanges de Cythaeron (air généralement connu comme sa « Sérénade »). Agave et Autonoe, hypnotisées par ce chant, s'éloignent en dansant, si bien que Penthée ne les trouve pas à son retour.

2e mouvement. Dans son désespoir, Cadmos réaffirme son autorité : Penthée règne grâce à lui. Mais ce dernier refuse de l'écouter et proclame que Thèbes, dorénavant, connaîtra un règne plus rigoureux. Devant Cadmos, horrifié, il ordonne aux gardes de se rendre à Cythaéron et d'en ramener le plus de prisonniers possible. On entend à nouveau le chant des Bassarides. Pendant l'aria de Penthée (Thèbes doit connaître à nouveau la Vérité et combattre le mensonge), sa vieille nourrice marmonne une prière. Il jure en sa présence de « s'abstenir de boire du vin, de manger de la viande, de fréquenter le lit de la femme, et (promet) de vivre sobre et chaste jusqu'à la fin de ses jours ».

Les gardes reviennent avec leurs prisonniers, parmi eux Agave, Autonoe, Tiresias, un jeune étranger (en réalité, Dionysos), quelques adorateurs de Bacchus, et une jeune femme avec son enfant. Tous sont en transe et continuent le chant des Bassarides. Penthée, ne parvenant pas à obtenir la moindre réponse sensée de leur part, ordonne au capitaine de les emmener et de les faire parler sous la torture. Le roi interrogera lui-même Tirésias, la jeune femme inconnue et les membres de sa famille.

Agave, interrogée la première, tente de décrire dans une aria ce qu'elle a vu sur le mont Cythaéron — « une sorte de vision mystique de la nature ». A sa grande fureur, le roi ne peut rien obtenir de ses prisonniers, le capitaine vient lui annoncer que les autres ont gardé le silence sous la torture. Le roi fait démolir la maison de Tirésias et entreprend de questionner l'étranger qu'il prend pour un prêtre de Dionysos. Dans son aria, l'étranger lui raconte la curieuse aventure qu'il a vécue en mer Égée, alors qu'il naviguait vers Naxos. Les marins du navire s'avérèrent être des pirates qui changèrent de route dans l'espoir de le vendre comme esclave. Mais Dionysos fit en sorte que la vigne pousse sur le pont et provoqua l'apparition d'animaux sauvages. Les marins terrifiés sautèrent par-dessus bord et furent transformés en dauphins.

3e mouvement. Les Bassarides chantent toujours. Le capitaine revient prendre les ordres. Penthée s'effondre, et il ordonne au capitaine d'emmener l'étranger et de « briser le mensonge qui naît sur ses lèvres souriantes, de fouetter sa chair douillette ».

Des influences que Penthée ne peut contrôler prennent le dessus. On entend la terre gronder; la cape de Penthée est balayée de la tombe de Semele et la flamme ressurgit; les cris des prisonniers échappés retentissent tandis qu'ils se précipitent vers Cythaeron. Le roi ordonne d'exterminer tous les adorateurs de Dionysos que l'on trouvera. L'étranger suggère une autre méthode. Ses paroles ont un curieux effet sur Penthée qui écoute son conseil et accepte de voir par magie les rites auxquels sa famille participe. On apporte le miroir de sa mère, et on le place pour qu'il reflète la flamme du tombeau de Semele. Le rire des Bassarides résonne toujours, servant d'intermède pendant le changement de décor. Apparaît ce que la partition décrit comme « la représentation réaliste d'un jardin à la Boucher, avec des statues de groupes mythologiques ». Dans ce cadre est joué l'Intermezzo. Agave et Autonoe sont gagnées par le fou rire en observant le comportement de Penthée. Elles jouent avec le capitaine de la garde — sorte de jouet pour ébats amoureux — l'histoire du jugement de Calliope. C'est en réalité l'évocation des fantasmes refoulés de Penthée, où le sexe n'est plus la saine activité que l'on connaissait à Thèbes, mais objet de risée.

Cinryas, roi de Chypre, a déclaré que sa fille Smyrna était plus belle qu'Aphrodite. Pour se venger, la déesse a fait en sorte que Smyrna s'éprenne de son propre père et attende un enfant de lui — erreur d'un soir d'ivresse. Quand le roi découvre ce qui s'est produit, il chasse sa fille, l'épée à la main. Au moment où il la pourfend, Aphrodite change la jeune fille en baumier[1], et Adonis en sort. Prévoyant l'avenir, la déesse cache l'enfant dans un coffre qu'elle confie

à Perséphone, déesse des Morts. Celle-ci, dans un accès de curiosité féminine, ouvre le coffre et tombe amoureuse d'Adonis, qu'elle emmène dans son palais. Aphrodite en réfère à Jupiter, qui nomme juge la muse Calliope. Celle-ci déclare que chacune des deux déesses, ayant rendu service à Adonis, a autant de droits sur lui. Son année devra donc être divisée en trois parties égales, consacrées l'une à Aphrodite, l'autre à Perséphone, et la dernière à ce qu'il voudra. Aphrodite triche, et réussit par quelque magie à ce qu'Adonis passe toute l'année avec elle. Si bien que Perséphone n'a aucun scrupule à aller trouver Arés (Mars) et à lui révéler qu'Aphrodite lui préfère son nouvel amant, un mortel. Ivre de rage, le dieu se déguise en sanglier et blesse mortellement Adonis sur le mont du Liban. Pour accomplir la modernisation du cadre, les noms grecs des personnages ont été employés : Mars, Pluton, Jupiter, Vénus, Proserpine.

Le tout est conté en termes musicaux à demi formels, et joué comme une charade par Agave, Autonoe et le capitaine, à qui Tirésias, déguisé en une sorte de bacchante, se joint pour interpréter Calliope. Sur scène, deux mandolines et une guitare. Récitatifs, arias (généralement assorties d'une *cabaletta*), duos, un canon, pour quatre voix, un trio formel et un quatuor final se succèdent, sur une musique assez tributaire du Stravinsky des années 1920. Tous éclatent de rire, et le capitaine s'enfuit, déclarant : « Mon avenir ici est sinistre et licencieux : ces deux-là ne me laisseront pas tranquille un instant. » Le rire des Bassarides clôt l'Intermezzo comme il l'avait commencé, et nous ramène au palais.

Une cour du palais. Penthée, transporté d'horreur et d'indignation décide d'aller sur le mont Cythaéron. L'étranger semble le mettre en garde

---

1. Arbre d'où provient la myrrhe.

contre les dangers qui l'attendent et affirme qu'il doit s'habiller en femme s'il veut passer inaperçu. Penthée se laisse encore une fois fasciner et part se déguiser. Beroe supplie l'étranger l'appelant Dionysos, d'épargner le roi. Il refuse, et Penthée réapparaît ridiculement accoutré dans une des robes d'Agave. Les voix du roi et du dieu s'unissent. Dionysos prend la main de Penthée . et lui fait passer la ligne des gardes pour le mener vers Cythaéron. Beroe, restée seule, se lamente d'avoir perdu le roi à jamais. Cadmos pleure à la perspective de la chute de Thèbes.

Les voix des Bassarides reviennent et le décor change à nouveau. Penthée est caché dans un arbre. L'orgie bacchique se déroule. Penthée disparaît un instant et l'on entend la voix de Dionysos qui accueille les Ménades et les invite à donner la chasse à un intrus qui se trouve parmi eux. Tandis que la tension musicale s'accroît, la chasse à l'homme commence. Penthée est encerclé. Dans une dernière et émouvante déclaration, il supplie sa mère de le reconnaître, mais en vain. Les lumières s'éteignent, et un cri dans l'obscurité est tout ce qui reste du roi de Thèbes.

4e mouvement. Les Ménades chantent un chœur triomphal. Dans la cour du palais, Beroe et Cadmos montent toujours la garde. Agave apporte la tête de Penthée. Quand Agave demande à voir le roi, Cadmos la questionne doucement pour essayer de savoir dans quelle mesure elle voit, elle se rappelle, et si elle a identifié l'abominable objet qu'elle porte. Elle essaie de se persuader que c'est la tête d'un jeune lion mais, à la fin, reconnaît celle de son propre fils. Le capitaine et la garde apportent le corps décapité du roi Penthée, tandis qu'Autonoe et le chœur nient avoir pris la moindre part au meurtre. Mais Agave comprend et demande à son père de la tuer avec l'épée de Penthée. Un chœur de lamentations s'élève, elle pleure alors la mort de son fils dans une aria lente, qui se termine par :

Nous fîmes tous deux ce que nous n'aurions dû;
Les dieux puissants ne sont pas bons.

Soudain, Dionysos est parmi eux. Il proclame sa condition divine, bannit Cadmos, Autonoe et Agave de Thèbes et ordonne au capitaine de mettre le feu au palais. Dans un sursaut de défi, Agave se tourne vers le dieu et lui conseille de ne pas oublier le destin d'Uranus et de Chronos[1]. Le Tartare les attend tous en fin de parcours.

Dans les flammes qui envahissent la scène, Dionysos affirme son dessein de revenir à Thèbes pour se venger de ce que la ville et ses habitants ont fait à sa mère. Il restaurera Semele dans la position dont on l'avait déchue. Tandis que l'opéra se termine doucement par le chœur des Bassarides, deux statues se dressent sur le tombeau de Semele, représentant Dionysos et Thyone apparaissant aux yeux des spectateurs du XXe siècle comme « deux énormes idoles primitives de la fertilité telles qu'il y en a en Afrique ou dans les Mers du Sud ».

H.

---

1. Dans la mythologie grecque, Uranus était la personnification du Ciel. Il haïssait ses enfants, les Titans, et les enferma dans le Tartare. Mais ils en sortirent, et son fils Chronos le détrôna, pour être lui-même détrôné plus tard par son fils, Zeus.

Der Junge Lord
Le Jeune Lord

Opéra-Comique en 2 actes de Hans Werner Henze; liv. d'Ingeborg Bachmann d'après une fable tirée de Der Scheik von Alexandria und seine Sklaven, *de Wilhelm Hauff. Créé au Deutsche Oper de Berlin, 7 avril 1965, avec Edith Mathis, Patricia Johnson, Loren Driscoll, Donald Grobe, Barry McDaniel, dir. Dohnanyi. Stuttgart, 1965, dir. Leitner; Rome, 1965, avec Maria Chiara, Fedora Barbieri, Giuseppe Campora, Aldo Bottion, dir. de l'auteur; Strasbourg, 1967, avec Yakar, Manchet, Sénéchal, dir. Stoll; Londres, 1969, par la compagnie de Cologne, dir. Marek Janowski.*

PERSONNAGES

SIR EDGAR (rôle muet); SON SECRÉTAIRE (baryton); LORD BARRAT, *neveu de Sir Edgar* (ténor); BEGONIA, *sa cuisinière jamaïcaine* (mezzo-soprano); LE MAIRE (baryton-basse); LE CONSEILLER HASENTREFFER (baryton); LE CONSEILLER SCHARF (baryton); LE PROFESSEUR VON MUCKER (ténor bouffe); LA BARONNE GRÜNWIESEL (mezzo-soprano); FRAU VON HUFNAGEL (mezzo-soprano); FRAU HASENTREFFER (soprano); LUISE, *pupille de la baronne* (soprano); IDA, *son amie* (soprano); UNE SERVANTE (soprano); WILHELM, *étudiant* (ténor); AMINTORE LA ROCCA, *directeur de cirque* (ténor dramatique); UN ALLUMEUR (baryton); MONSIEUR LA TRUIARE, *maître de danse* (rôle muet); MEADOWS, *le valet de chambre* (rôle muet); JEREMY, *un Maure* (rôle muet).

Des gens du cirque, un professeur, un orchestre militaire, une troupe de danseurs, des gens de la bonne société, des gens du peuple, des enfants.

A Hülsdorf-Gotha, en 1830.

Le cinquième opéra de Henze pour la scène (par opposition à ses opéras pour la radio) est une comédie noire inspirée de la parabole de Wilhelm Hauff, *Der Affe als Mensch*, et composée après un long séjour en Italie, à l'époque où sa préférence allait aux compositeurs du début du XIXe siècle, comme Rossini et Bellini. Nous voyons le début de ce siècle avec les yeux de Henze comme nous avons vu le XVIIIe siècle avec ceux de Stravinsky. Il y a abondance d'écriture lyrique — *Der Junge Lord* est un opéra pour voix — mais le principal moyen d'expression reste l'ensemble, comme l'a développé Rossini, ou Verdi dans *Falstaff*. C'est une œuvre vivante, facile à écouter et spirituelle, mais en aucun cas une comédie classique avec un heureux dénouement. Le singe crie car on lui mène la vie dure, et la rose qu'il donne à Luise est suffisamment épineuse pour faire couler le sang.

Acte I. La jolie petite place de la ville. Le bruit court qu'un riche Anglais — un savant — doit bientôt arriver en ville. Les notables méditent sur cet événement et revoient leurs discours de bienvenue. Luise, la jeune fille la plus désirable de la ville, est attirée par un étudiant, Wilhelm. Séparés par quelques mètres, ils chantent ensemble un air lyrique. On fait répéter une cantate aux écoliers dès que l'on annonce la première voiture. Le Maire forme un comité d'accueil. Tous voient avec surprise sortir de la voiture la suite du visiteur : une collection d'animaux, puis un page noir et quelques domestiques, et enfin la cuisinière jamaïcaine, Begonia, qui devient la vedette. Elle boit d'un trait un verre de rhum, dit quelques mots d'un curieux anglais et se joint aux autres pour attendre la dernière voiture, splendidement décorée.

Sir Edgar[1] en sort avec grande cérémonie (il y a même un passage de la musique turque de *L'Enlèvement au sérail*). Il fait, par l'entremise de son secrétaire, un gracieux discours en réponse aux compliments du comité d'accueil. Il refuse toutes les invitations et affirme n'avoir aucun désir particulier. Le ciel s'assombrit. Begonia sort son parapluie, et tous sont fort ennuyés de voir que le temps se gâte. Seuls Luise et Wilhelm sont enchantés de la diversion.

Scène 2. Le salon de la baronne Grünwiesel. Bien que Sir Edgar ait jusqu'ici décliné toute invitation, la baronne, personnage éminent de la société, a réuni toutes les dames pour la rencontrer, espérant qu'il ferait une exception pour elle. Elle nourrit le projet d'unir Luise au riche visiteur. Mais Jeremy, le page noir (qui sème la confusion parmi les domestiques de la baronne), vient porter un message de son maître : Sir Edgar ne peut accepter son invitation. La fureur de la baronne ne connaît pas de bornes. Elle n'a plus désormais qu'un seul but : rendre la vie impossible à cet odieux visiteur ! L'interlude suggère qu'elle pourrait bien se montrer digne du Don Basilio de Rossini.

Scène 3. La place de la ville. Un modeste cirque campagnard s'y est établi; la représentation touche à sa fin. Le directeur napolitain, Amintore La Rocca, remercie le public quand la porte de la maison de Sir Edgar s'ouvre. Avec sa suite, il se dirige vers le cirque. Son seul geste aimable est pour les enfants de la ville.' Les commentaires vont bon train : il va

au cirque, mais pas à l'église ! Le conseil de la ville essaie d'amadouer Sir Edgar, mais son secrétaire les écarte; Wilhelm et Luise continuent leur innocent manège et La Rocca salue toujours le public. Les conseillers décident de refuser au cirque l'autorisation de donner des représentations. Sir Edgar propose de les dédommager en invitant chez lui le directeur, la danseuse, le mangeur de feu et le « singe humain ». Les citoyens restent dehors, les plus modestes admirant sa générosité, les riches ne digérant pas l'affront. Juste avant que le rideau tombe, deux hommes s'approchent de la maison de Sir Edgar, accompagnés par la percussion, et inscrivent le mot HONTE sur le mur.

Acte II, scène 4. Devant la maison de Sir Edgar, par une nuit d'hiver enneigée. Sir Edgar est maintenant l'objet de l'antipathie des citadins. Les enfants bombardent Jeremy de boules de neige à son retour du marché. Un allumeur fait sa tournée et entend d'épouvantables cris à l'intérieur de la maison, il s'enfuit à toutes jambes. Luise et Wilhelm s'avouent leur amour dans un duo lyrique et fort tendre.

L'idylle est interrompue par de nouveaux cris provenant de la maison. Le Maire et les conseillers approchent, alertés par l'Allumeur. De nouveaux cris retentissent, et le Maire demande à entrer pour enquêter. Le secrétaire leur dit que la porte est ouverte, et Sir Edgar apparaît en personne. Il laisse à son secrétaire le soin d'expliquer que ces cris étaient ceux du neveu de Sir Edgar, récemment arrivé de Londres, qui souffre horriblement en essayant d'apprendre l'allemand. Dès qu'il parlera correctement, ils seront invités à le rencontrer. Tous repartent soulagés.

Scène 5. Une réception dans la la bibliothèque de Sir Edgar. Begonia

---

1. Rudolf Bing, longtemps directeur général du Metropolitan, apparut dans ce rôle muet au New York City Opera en 1973.

valse à travers la pièce en tenant un grand plat de friandises. Le secrétaire essaie de placer un mot. Jeremy vole dans les plats, et tout est enfin prêt pour l'entrée des invités. A leur tête, la baronne, suivie de Luise et d'Ida, et des autres notables de la ville, y compris Wilhelm. Le secrétaire les accueille. On sert du thé, du punch et du champagne, tout le monde est ravi.

Le secrétaire leur annonce que Sir Edgar n'est pas encore très satisfait de la façon dont son neveu parle allemand. Cela ne fait rien, répondent les invités. Sir Edgar et le jeune Lord apparaissent en haut de l'escalier. Sir Edgar baise la main de la baronne, et Lord Barrat en fait autant après un instant d'hésitation. Il porte des gants, des lunettes et est habillé avec une grande élégance. Sa conversation est un peu limitée, mais tous sont très impressionnés, Luise en particulier. Il saisit le sac de la jeune fille et le jette derrière lui, après un bref coup d'œil alentour. La baronne suggère à Luise de lui porter une tasse de thé. Luise hésite un peu et lui tend enfin la tasse. Il la prend à deux mains, la vide et la jette derrière lui. Il baise ensuite la main de la baronne, puis celle de la jeune fille, et tous, après un moment de stupéfaction, respirent.

Mais rien ne va tout à fait bien, en dépit de l'intérêt évident que le Maire porte à Begonia. Quand Lord Barrat pose une jambe après l'autre sur la table, il ne reste plus aux dames qu'à commenter l'élégance avec laquelle il se livre à toutes ses excentricités. Seul Wilhelm n'est pas de cet avis. Le Maire continue de courtiser Begonia, qui est loin de se montrer rétive. Ces dames se rassemblent autour de Lord Barrat. Il commence à danser, imité par les autres jeunes gens. Il joue avec le châle de Luise, et Begonia commente : « C'est ce que les filles de la Jamaïque appellent des finasseries. Napoléon détestait ça. » Wilhelm n'en

peut plus et se dresse devant Lord Barrat, à qui Sir Edgar et le secrétaire font signe de s'éloigner. Luise s'évanouit, et Wilhelm se sent désapprouvé.

Scène 6. La grande salle de bal du Casino. Luise délaisse la scène où tous s'agitent et vient chanter son bonheur dans une aria. Son amour pour Lord Barrat a fait de la jeune innocente éprise de Wilhelm une personne d'expérience. Lord Barrat entre et s'approche d'elle en silence. Il lui donne une rose pleine d'épines si bien que le sang coule dès qu'elle la touche. Barrat et Luise chantent ensemble, observés par Wilhelm, et bientôt tout le monde connaît le secret de leurs fiançailles.

La pièce se remplit, et tous commencent à danser (valse des Débutantes). Lord Barrat affecte des manières d'une telle originalité que tous veulent l'imiter (de même qu'ils ont déjà copié sa façon de s'habiller). Il reste seul sur la piste avec Luise. Le secrétaire de Sir Edgar ne le quitte pas du regard. Il s'empare de l'instrument d'un des musiciens de l'orchestre et souffle dedans sauvagement, provoquant quelque étonnement dans les rangs des conseillers, qui manifestent encore, malgré cela, leur admiration. Mais quand il commence à se balancer entre les lustres, la stupeur cède devant l'inquiétude. Même l'arrivée de Sir Edgar ne suffit pas à calmer la panique naissante. Lord Barrat fait tellement danser Luise qu'elle est au bord de l'évanouissement. Il se défait brutalement de ses gants, de sa cravate et de ses vêtements et les lance dans toutes les directions. En quelques secondes, le singe apparaît aux yeux de tous, et on le fait sortir de la pièce sur un signe de Sir Edgar. Luise et Wilhelm se blottissent l'un contre l'autre, et la comédie se termine dans la consternation générale.

                                        H.

ARIBERT REIMANN
(né en 1936)

Lear

Opéra en 2 parties d'Aribert Reimann ; liv. Claus Henneberg d'après Shakespeare. Créé à Munich, Staatsoper, le 9 juillet 1978 avec Fischer-Dieskau, Boysen, Dernesh, Lorand, Varady, Wilbrink, Psskuda, Helm, Nöcker, Knutson, Götz, Holm, dir. Gerd Albrecht (mise en scène : J.-P. Ponnelle) ; Dusseldorf, Deutsche Oper am Rhein, le 30 septembre 1978 avec Reich, van der Bilt, Green, Stone, Rawlins, Kosnowsky, Byrne, Küper, Becht, Keller, Hiestermann, Eliasson, dir. Friedemann Layer (mise en scène : Gert Westphal).

PERSONNAGES

LE ROI LEAR (baryton) ; LE ROI DE FRANCE (baryton-basse) ; LE DUC D'ALBANY (baryton) ; LE DUC DE CORNOUAILLES (ténor) ; LE COMTE DE KENT (ténor) ; LE COMTE DE GLOUCESTER (baryton-basse) ; SON FILS EDGAR (contre-ténor) ; SON BÂTARD EDMOND (ténor) ; GONERIL (soprano) ; REGANE (soprano) ; CORDELIA (soprano) ; *bouffon, serviteurs, chevaliers.*
La scène se passe dans l'Angleterre du Moyen Age.

En adaptant le *Roi Lear* à la scène lyrique, Aribert Reimann et son librettiste ont suivi très fidèlement le schéma du drame shakespearien. Allégée de quelques personnages secondaires et de quelques scènes d'explication, la tragégédie atteint un exceptionnel niveau d'intensité. Le travail fourni, pour les représentations de Munich, par le metteur en scène, Jean-Pierre Ponnelle, en liaison avec le compositeur, a permis de renforcer la tension du drame en réduisant à de simples jeux de lumière toutes les indications de lieux ou de circonstances extérieures au comportement des personnages.

Acte I. Au début de l'acte, qui commence sans aucune ouverture, le roi Lear, las des charges du gouvernement, explique son intention de diviser son royaume en trois, au profit de ses trois filles, Goneril, Regane et Cordelia ; il répartira son patrimoine en fonction de l'affection dont celles-ci feront preuve. Les deux aînées, Goneril et Regane, mariées respectivement au duc

d'Albany et au duc de Cornouailles, font assaut de protestations d'amour filial et reçoivent chacune un tiers du royaume paternel. Cordelia, la plus jeune des trois, qui ressent pour son père une affection profonde et vraie, ne voit pas de raison de s'exprimer dans des termes chaleureux et reste silencieuse. Furieux, Lear renvoie sa fille, malgré les protestations de son fidèle serviteur, le comte de Kent. Celui-ci sera banni, tandis que Cordelia est donnée sans cérémonies en mariage au roi de France qui l'accepte sans dot ni espoir d'héritage, par admiration pour l'intégrité dont elle fait preuve. Le jeune couple rentre en France ; et les deux filles aînées se partagent la totalité du royaume d'Angleterre. Chacune d'entre elles a accepté de recevoir son père à tour de rôle, mais elles complotent aussitôt sur la façon dont elles pourront se débarrasser de celui qu'elles considèrent déjà comme une charge. Edmond, fils bâtard de Gloucester, dresse son père contre Edgar, le fils légitime, au moyen d'une fausse lettre par laquelle il lui fait croire qu'Edgar complote pour le tuer. Il obtient ainsi le bannissement de son demi-frère. *Interlude orchestral*. A la scène suivante, Kent, déguisé, entre au service du roi Lear comme domestique. Regane et Goneril ordonnent à leur père de se séparer de la suite de chevaliers qu'il a conservée. Elles provoquent ainsi sa colère et son refus et le chassent. *Interlude orchestral*. Sur la lande, la tempête fait rage. A moitié fou, Lear n'est plus accompagné que par son bouffon et le fidèle Kent qui ne lui trouvent comme abri qu'une vieille hutte abandonnée. *Interlude orchestral*. Edgar, pourchassé par les soldats de son père, se réfugie auprès du roi Lear. Il feint la folie. Grâce à quoi, il ne sera pas reconnu par son père lorsque celui-ci arrivera pour offrir ses services au vieux roi. Lear est conduit à Douvres où il sera plus près de sa fille Cordelia.

Acte II. Il débute dans une Angleterre déchirée par la guerre. Cornouailles s'est emparé de Gloucester qui doit être puni pour avoir porté assistance à Lear. Edmond se désintéresse du sort de son père ; il appuie de ses discours Goneril qui cherche à persuader Albany de partir en campagne contre le roi de France dont l'armée a débarqué à Douvres. Gloucester justifie son comportement vis-à-vis de Lear par la pitié due à l'âge et au malheur d'un homme abandonné par ses filles. Cornouailles lui arrache un œil et meurt poignardé par un de ses propres serviteurs. Regane tue l'assassin et arrache son autre œil à Gloucester. Tandis que celui-ci appelle son fils Edmond à son secours, elle lui révèle que c'est Edmond lui-même qui l'a trahi. Puis elle le fait jeter sur la route de Douvres. *Interlude orchestral*. Albany, dégoûté par la cruauté de Goneril, s'est détourné de sa femme. Elle promet alors à Edmond sa couronne et sa personne s'il l'aide à se débarrasser de son mari. La scène suivante nous montre

Cordelia pleurant à la nouvelle de la folie de son père et envoyant des soldats à sa recherche. Pendant ce temps Gloucester, qui n'a toujours pas reconnu son fils Edgar lui demande de le conduire jusqu'à Douvres. *Interlude orchestral*. Gloucester n'a plus qu'un désir : se suicider. Il demande à son guide de le conduire au plus haut de la falaise pour qu'il puisse se jeter à la mer. Edgar, profitant de sa cécité, le trompe et lui fait effectuer un faible saut sans danger. Le père reconnaît enfin la voix de son fils dont il envie ce qu'il croit être la folie qui lui a fait perdre le souvenir des injustices dont il a été victime. Des soldats retrouvent Lear et l'emmènent à Douvres auprès de Cordelia. *Interlude orchestral*. Cordelia et Lear sont ensemble dans le camp français. La fille promet à son père une vieillesse heureuse et lui promet que la paix reviendra sur l'Angleterre.

Dernière scène. Edmond a capturé Lear et Cordelia. Sur ses ordres, la jeune femme est étranglée dans sa prison. Il espère que Goneril tiendra ses promesses, mais Albany le renvoie avec mépris. Il change alors de camp et passe au service de Regane dont les armées n'ont plus de chef depuis la mort de Cornouailles. Mais Goneril a administré à sa sœur un poison lent qui commence à faire son effet. Aussi quand Edgar aura vaincu Edmond en combat singulier, Regane mourra aux côtés de son amant et complice. Seule, sans espoir, Goneril se suicide. Lear apparaît, portant dans ses bras le cadavre de Cordelia. Son chagrin est trop fort pour son esprit et son corps usés. Sa voix lui manque ; il meurt.

La place des passages orchestraux est très importante dans cette œuvre au lyrisme tendu à l'extrême. Ils assurent à une matière musicale complexe, qui fait usage du langage le plus moderne, une rigueur dans la structure théâtrale qui fait de *Lear* un digne successeur des grands opéras de Berg.

L.

18. L'Opéra italien

GIACOMO PUCCINI
(1858-1924)

Manon Lescaut

Opéra en 4 actes de Giacomo Puccini; liv. de Praga, Oliva et Illica. Créé le 1ᵉʳ février 1893, au Teatro Regio, Turin, avec Cesira-Ferrani, Cremonini, Moro, Polinini, dir. Pome. Covent Garden, 1894; Philadelphie, 1894; New York, 1898; Nice, 1906; Metropolitan, 1907, avec Cavalieri, Caruso, Scotti; Paris, Th. du Châtelet, 1910, par la troupe du Metropolitan, dir. Toscanini. Reprises : Covent Garden, 1920; 1929 avec Sheridan, (puis Pampanini), Pertile, Badini; 1937, avec Oltrabella, Menescaldi, Noble; Metropolitan, 1927, avec Alda, Gigli, Scotti, Didur, dir. Serafin; 1949, avec Kirsten, Björling, Valdengo; La Scala, Milan, 1922, avec Carraciolo, Pertile, Badini, dir. Toscanini; 1934, avec Pacetti; Ziliani, Biasini; 1941, avec Caniglia, Gigli, Poli, dir. Marinuzzi; 1944, avec Favero, Beval, Stabile, dir. Marinuzzi; 1949, avec Barbato, del Monaco, Colombo; Enghien, 1955, avec Petrella, Bergonzi, Mantovani, dir. Argeo; Metropolitan, New York, 1956, dir. Mitropoulos; Covent Garden, 1968, avec Collier, Hosfalvy, Massard, dir. Kertesz; Festival de Spolète, 1973, avec Shade et Theyard, mise en scène de Visconti.

PERSONNAGES

MANON LESCAUT (soprano); LESCAUT, *sergent de la garde du roi* (baryton); LE CHEVALIER DES GRIEUX (ténor); GERONTE DI RAVOIR, *trésorier général* (basse); EDMOND, *un étudiant* (ténor); L'AUBERGISTE (basse); UN MAÎTRE A DANSER (ténor); UN MUSICIEN (mezzo-soprano); L'ALLUMEUR PUBLIC (ténor); UN COMMANDANT DE NAVIRE (basse); UN PERRUQUIER (mime); SERGENT DES ARCHERS (basse).

A Amiens, Paris, Le Havre et en Louisiane, au XVIIIᵉ siècle.

Acte I. Devant une auberge à Amiens. Edmond chante un solo, accompagné par un chœur de jeunes filles et d'étudiants. On taquine des Grieux, qui a l'air triste. Serait-ce un chagrin d'amour ? Il leur répond par une sérénade moqueuse : « Tra voi, belle, brune e bionde. » Lescaut, Geronte et Manon arrivent dans une diligence. Lescaut emmène sa sœur dans un couvent pour y parfaire son éducation. Mais il a bien vu que le riche Geronte admirait la jeune fille et envisage de fermer les yeux et de laisser le vieux satyre l'enlever avec la complicité de l'aubergiste. Des Grieux remarque Manon et demande son nom. En hommage à sa beauté, il chante : « Donna non vidi mai simile a questa » (Je n'ai jamais vu de femme aussi belle).

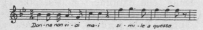

Les étudiants se moquent de lui.

Pour Manon, comme pour des Grieux, c'est le coup de foudre. Elle le rejoint comme promis, et ils chantent un duo d'amour. « Vedete ? Io son fedele parola mia » (Voyez, j'ai tenu ma parole), Edmond, qui a entendu que Geronte envisageait d'enlever Manon, en informe des Grieux. Il persuade la jeune fille de fuir avec lui dans la voiture commandée par Geronte. Lescaut déclare qu'il persuadera facilement Manon de quitter Grieux, qui n'est pas riche, pour le trésorier général, car elle aime le luxe.

Acte II. Manon est luxueusement installée dans la maison de Geronte à Paris. Elle confie à son frère, qui se flatte d'être à l'origine de son confort, que tous ces rideaux de satin (« In quelle trine morbide ») la font frissonner. Elle rêve de retourner dans l'humble logement où elle a connu l'amour. Son aria est une des plus belles de Puccini.

Entrée du maître de danse. La leçon de menuet commence.

Manon est transportée et exprime sa joie dans une brillante aria avec chœur : « L'ora o Tirsi, è vaga e bella. » L'effet est garanti pour le soprano qui peut tenir son do aigu *pianissimo* à la fin.

Lescaut court dire à des Grieux, qui a gagné de l'argent au jeu, où se trouve Manon. La leçon terminée,

tout le monde part et des Grieux apparaît à la porte : « Tu, tu amore, tu ? » Après quelques reproches, il se laisse séduire. Ils chantent un duo d'amour passionné, « Vieni ! Colle tue braccia stringi Manon che t'ama » (Viens, prends dans tes bras Manon, qui t'aime).

Geronte les surprend et va chercher la police. Lescaut les presse de s'enfuir, mais Manon, qui répugne à abandonner les richesses dont Geronte l'a comblée, insiste pour emporter ses bijoux. Des Grieux lui reproche son amour du luxe et tout le mal qui en résulte : « Ah, Manon, mi tradisce il tuo folle pensier ». C'est l'une des meilleures inventions lyriques de Puccini. La police arrive et arrête Manon que Geronte accuse d'être une prostituée.

Acte III. Elle est condamnée à l'exil en Louisiane, colonie française, avec d'autres prostituées. Le voyage jusqu'au Havre, où elle doit s'embarquer, est représenté dans la partition par un *intermezzo*, et dans le livret par un extrait du roman de l'abbé Prévost. Le thème de l'*intermezzo*, tout à fait marquant est le suivant :

Une place, près du port du Havre. des Grieux et Lescaut ont un plan pour libérer Manon, mais il est déjoué. Un allumeur public traverse la scène. La confusion commence quand on appelle les noms des femmes condamnées. Au fur et à mesure qu'elles s'avancent, la foule commente. Quand vient le tour de Manon, des Grieux reste auprès d'elle. Les gardes le menacent, mais il ne supporte pas l'idée d'être séparé d'elle et tient bon : « Ah, non v'avvicinate » (Ah, ne m'approchez pas). Il supplie le capitaine du navire, que le bruit a attiré, de le laisser partir avec Manon, quel que soit l'emploi qu'on lui assignera à bord : « Guardate, pazzo son » (Prenez garde, je suis à bout). Cette scène est d'une grande puissance dramatique − à tel point même que le capitaine se laisse fléchir.

Acte IV. Une grande plaine à la frontière de la Nouvelle-Orléans. Le paysage est désertique et accidenté, la nuit tombe. Manon et des Grieux ont quitté la Nouvelle-Orléans, victimes de jalousies et d'intrigues. Manon est épuisée par le voyage. Ils chantent avec tristesse le sort qui les accable, et Manon prie des Grieux de la laisser mourir seule. Il part chercher de l'aide. Seule, elle exprime son désespoir et son angoisse dans une aria bouleversante : « Sola, perduta, abbandonata. » Quand des Grieux revient, elle se meurt. Il s'effondre auprès d'elle.

K.

La Bohème

Opéra en 4 actes de Puccini; liv. de Giacosa et Illica. Créé le 1er février 1896 au Teatro Regio, Turin, avec Cesari-Ferrani, Pasini, Gorga, Wilmant, Mazzara, Pini-Corsi, dir. Toscanini. Première à Manchester (en angl.), 1897, avec Alice Esty, Bessie McDonald, Umberto Salvi, Maggi; Opéra-Comique, Paris, 1898, version fr. de Paul Ferrier, avec Guiraudon (Mimi) et Maréchal (Rodolphe), dir. Luigini, reprises en 1905, avec M. Carré, 1915, E. Favari, 1951, G. Boué; Covent Garden, 1899 (en it.), avec Melba, de Lussan, de Lucia, Ancona, Journet, Gilibert, dir. Mancinelli; Los Angeles, 1897. Reprises : La Scala, Milan, 1924, avec Zamboni, Ferraris, Pertile, Franci, dir. Toscanini; 1947, avec Favero, Menotti, Lauri-Volpi, Tagliabue; 1963, avec Freni, Sciutti, Raimondi, Panerai, Vinco, dir. Karajan, mise en scène Zeffirelli; Covent Garden, 1935, avec Grace Moore, Naylor, Dino Borgioli, Brownlee, Pinza; 1938, avec Perli, Andreva, Gigli, Rossi-Morelli, dir. Gui; Opéra de Paris, 1973, avec Pilou et Cossutta, dir. Ceccato.

PERSONNAGES

RODOLPHE, *poète* (ténor); MARCEL, *peintre* (baryton); COLLINE, *philosophe* (basse); SCHAUNARD, *musicien* (baryton); BENOÎT, *le propriétaire* (basse); ALCINDORO, *conseiller d'État, admirateur de Musetta* (basse); PARPIGNOL, *marchand de jouets ambulant* (ténor); UN SERGENT DES DOUANES (basse); MUSETTA, *une grisette* (soprano); MIMI, *une cousette* (soprano).

Des étudiants, des ouvrières, des citadins, des boutiquiers, des marchands ambulants, des soldats, des garçons de café, des garçons et des filles, etc.

Au Quartier latin, à Paris, en 1830 environ.

Pour beaucoup, *La Bohème* est la meilleure partition de Puccini. Comme l'action est située au Quartier latin, où le drame côtoie la gaieté, on y pleure autant qu'on y rit. Les auteurs et compositeurs capables de faire éclater la passion sont beaucoup plus nombreux que ceux qui possèdent l'art subtil de la comédie. Ce don, très rare, rend de nombreux passages de *La Bohème* fort remarquables. La joie, le désespoir et l'amour s'y retrouvent avec éloquence.

Acte I. Une mansarde dans le Quartier latin, où vit l'inséparable quatuor

— Rodolphe le poète, Marcel le peintre, Colline le philosophe et Schaunard le musicien. Ils luttent contre la faim avec gaieté et jouent des tours au propriétaire de leur modeste logement quand il insiste pour toucher son loyer.

Rodolphe écrit à sa table, pendant que Marcel peint « Le passage de la Mer Rouge ».

Au cours de leur duo, « Questo mar rosso » (Cette mer rouge), Rodolphe décide de sacrifier son manuscrit pour alimenter le poêle. Ils déchirent le premier acte et le jettent au feu. Colline revient avec une pile de livres qu'il n'a pas réussi à engager au Mont-de-Piété. Un deuxième acte de la tragédie va au feu. Ils s'y chauffent, toujours affamés.

Deux garçons apportent des provisions et du combustible, Schaunard entre derrière eux et jette de l'argent sur la table. Ils s'installent tous à la table. C'est la nuit de Noël et Schaunard propose qu'ils aillent ensuite dîner au Café Momus, leur repaire favori. On frappe à la porte, c'est Benoît, le propriétaire, qui vient chercher son loyer. Ils l'invitent à boire avec eux, cela le rend bavard : il se vante des femmes qu'il a conquises dans des cafés louches. Les quatre amis feignent l'indignation. Lui, un homme marié, commettre des actes aussi peu honorables ! Ils le jettent dehors.

Tous se mettent en route pour le Café Momus — sauf Rodolphe, qui doit auparavant terminer un article pour une nouvelle revue, *Le Castor*.

Rodolphe s'assied à sa table. Les idées ne viennent pas vite. Soudain, on frappe timidement à la porte. « Qui est-ce ? » demande-t-il. Une voix de femme répond, hésitante : « Excusez-moi. Ma bougie s'est éteinte. »

Rodolphe se précipite pour ouvrir la porte. Une frêle et séduisante jeune femme se tient sur le seuil. Elle tient sa bougie dans une main, et une clé dans l'autre. Rodolphe la prie d'entrer.

Elle rallume sa bougie puis, au moment de repartir, s'effondre sur une chaise, prise d'un accès de toux. Elle se remet et le courant d'air éteint sa bougie, puis celle de Rodolphe. Mimi pousse un cri : elle a laissé tomber sa clé. Ils la cherchent, mais Rodolphe la trouve le premier et la glisse dans sa poche. Guidé par la voix et les mouvements de Mimi, il se rapproche d'elle, saisit sa main, et lui dit avec une tendre sollicitude : « Che gelida manina » (Cette petite main gelée). Il lui dit qui il est, dans ce qui est maintenant connu comme le « Racconto di Rodolfo ». La tendre phrase « Che gelida manina », suivie de la fière exclamation « Sono un poeta » (Je suis un poète) entraîne la confession éloquente de ses rêves et de ses espoirs. Vient ensuite le charmant « Mi chiamano Mimi » (On m'appelle Mimi).

Sa fragilité, due évidemment aux premiers effets de la phtisie, la rend encore plus ravissante. « O soave fanciulla » (O délicieuse jeune fille), s'exclame Rodolphe, la prenant dans ses bras. C'est le début du duo d'amour. Le thème est cité, ci-dessous, dans la clé dans laquelle il apparaît, un peu plus tôt dans l'acte, comme une prémonition.

Ce motif du duo d'amour est utilisé à plusieurs reprises au cours de l'opéra et il est toujours lié au personnage de Mimi.

Acte II. Une place, quelques boutiques et le Café Momus. Colline se tient près d'un magasin de vêtements. Schaunard marchande le prix d'un cor avec un ferblantier. Marcel taquine les filles qui le bousculent dans la foule.

Des marchands ambulants vantent leurs marchandises ; des bourgeois, des étudiants et des ouvrières s'interpellent ; les clients du café passent commande — un joyeux tourbillon que la musique décrit avec des bribes de chœur, des morceaux de récitatifs et un accompagnement orchestral qui donne sa cohésion à la scène.

Rodolphe achète à Mimi un chapeau. Ses amis sont assis à la terrasse du café. Il les rejoint avec Mimi, et la leur présente : « Si je suis poète, elle est la muse incarnée. »

Parpignol, le marchand de jouets, traverse la scène et s'éloigne, suivi des enfants. Le quatuor, devenu quintette avec l'arrivée de Mimi, commande à boire et à manger.

Des boutiquières regardent une jeune femme qui s'approche et s'exclament : « C'est Musetta ! Ce qu'elle est belle ! Un vieux gâteux l'accompagne ! »

Musetta et Marcel se sont aimés, querellés et séparés. Elle est maintenant la maîtresse d'Alcindoro, un riche vieillard. Quand elle arrive sur la place, il la suit difficilement, hors d'haleine.

Bien que Musetta et Marcel fassent de leur mieux pour paraître indifférents, ils sont encore très émus l'un par l'autre. Elle chante une valse : « Quando me'n vo' soletta per la via » (Quand je me promène seule dans la rue), à l'intention de Marcel, pour qu'il comprenne qu'elle l'aime encore. C'est l'un des airs les plus célèbres de la partition. Marcel se joint à la reprise, *fortissimo*.

Puis elle prétend que sa chaussure la blesse et oblige le pauvre Alcindoro à la lui ôter pour la porter chez le cordonnier. Elle embrasse aussitôt Marcel et se joint aux autres. Le souper somptueux commandé par Alcindoro est servi avec le leur.

On entend se rapprocher les tambours du régiment. Une grande confusion règne sur la place. Un serveur apporte la note. Schaunard cherche vainement sa bourse, Musetta lui vient en aide : « Faites une seule note pour les deux commandes. Le monsieur qui était avec moi paiera. »

Le régiment apparaît, conduit par le tambour-major. Musetta est toujours sans chaussure, aussi Marcel et Colline la prennent-ils sur leurs épaules. Ils traversent ainsi la foule qui leur fait une ovation, avant de s'en prendre à Alcindoro dont la grotesque apparition, une paire de chaussures à la main, est accueillie par des quolibets.

Acte III. Une barrière à la sortie de Paris, sur la route d'Orléans; une taverne dont l'enseigne est le tableau de Marcel, « La Mer Rouge ». C'est l'aube, et les quintes de l'orchestre illustrent à merveille le froid qui règne. Des balayeurs des rues, des livreuses de lait, des paysans portant les produits de leur ferme, attendent de pouvoir pénétrer dans la ville. Les officiers de douane dorment assis autour d'un feu.

Mimi arrive, elle semble épuisée, un accès de toux la saisit.

Elle fait parvenir un message à Marcel qui sort de la taverne. Il lui confie qu'il gagne mieux sa vie en peignant des enseignes que des tableaux, Musetta donne des leçons de musique. Rodolphe est avec eux. Mimi veut-elle se joindre à eux ? Elle pleure et lui avoue que la jalousie de Rodolphe est telle qu'elle craint qu'ils ne doivent se séparer. Leur duo est touchant. Rodolphe sort de la taverne pour chercher son ami. Mimi se cache derrière un arbre et l'entend déclarer qu'il veut se séparer d'elle à cause de leurs fréquentes disputes. « Mimi è una civetta » (Mimi n'a pas de cœur) est le principal grief de sa déclaration. Une toux violente révèle la présence de Mimi. Ils décident de se séparer — sans rancune, mais avec regret. L'adieu de Mimi est empreint de tendresse : « Donde lieta usci », qui se termine par : « Addio, senza rancore » (Adieu donc, sois heureux).

Entre-temps, Marcel est retourné à l'auberge où il a trouvé Musetta en conversation galante avec un étranger. Cela provoque une dispute qui les entraîne dehors. L'adieu des amants devient ainsi un quatuor :

« Addio, dolce svegliare » (Adieu, doux amour), chantent Rodolphe et Mimi, tandis que Marcel et Musetta s'accablent de reproches. Le compositeur a admirablement rendu la différence de tempérament entre les deux femmes — Mimi, douce et mélancolique, Musetta, agressive et chicanière, ainsi que l'effet produit sur les deux hommes par leur comportement. Marcel et Musetta se traitent respectivement de « Crapaud ! » et de « Vipère ! » en se quittant. Mimi chante « Ah ! Puisse cette nuit d'hiver durer à jamais », puis, avec Rodolphe : « Nous nous séparerons quand les roses fleuriront. »

Acte IV. Dans la mansarde, Rodolphe se languit de Mimi dont il n'a aucune nouvelle, et Marcel de Musetta qui l'a une fois de plus quitté pour un de ses riches protecteurs. « Ah, Mimi, tu più non torni », chante Rodolphe en contemplant le bonnet qu'il lui avait offert la veille de Noël (Ah, Mimi, tu n'es pas revenue). Les quatre amis essaient de parer à la pauvreté et à la tristesse en jouant la dignité, puis se livrent à toutes sortes de gambades dans leur grenier. La fête bat son plein quand la porte s'ouvre. Musetta entre et leur annonce que Mimi est mourante.

Son dernier souhait est de pouvoir retourner dans cette mansarde où elle a été si heureuse avec Rodolphe. Il se précipite au-devant d'elle et guide ses pas chancelants jusqu'au lit, où il l'allonge avec précaution.

Elle tousse, ses mains sont glacées. Musetta tend ses boucles d'oreille à Marcel pour qu'il aille les vendre et acheter des provisions. Colline ôte son manteau et, après l'avoir salué par la « Chanson du Manteau », va le vendre pour remplir le garde-manger. Musetta court chercher un manchon pour Mimi dont les mains sont toujours glacées.

Rodolphe reste seul avec la mourante. Les phrases « Che gelida manina » et « Mi chiamano Mimi », entendues dans la scène d'amour à l'acte I, reviennent ici comme des souvenirs mélancoliques.

Mimi évoque leur passé : « Te lo rammenti » (Te rappelles-tu ?).

Musetta revient avec les autres, ils réalisent, avant Rodolphe, que leurs secours sont superflus. Il lit sur leurs visages ce qui vient d'arriver, pousse un cri et s'effondre en sanglotant sur le corps inanimé : « Mimi ! Mimi ! ».

K.

Tosca

Opéra en 3 actes de Puccini; liv. de Giacosa et Illica, d'après la pièce de Sardou. Créé le 14 janvier 1900 au Teatro Constanzi, Rome, avec Darclée, de Marchi, Giraldoni, dir. Mugnone. La Scala, Milan, 1900, avec Darclée, Borgatti, Giraldoni, dir. Mancinelli; Metropolitan, 1901, avec Ternina, Cremonini, Scotti, dir. Manci-

nelli; *Opéra-Comique, Paris, 1903, dir. Messager; Opéra, 1925; reprise, 1928, avec Jeritza et Kiepura. Reprises : la Scala, 1927, avec Scacciati, Pertile, Galeffi, dir. Toscanini; Opéra de Paris, 1960, avec Tebaldi, Lance, Bacquier, dir. G. Prêtre; Covent Garden, 1964, mise en scène Zeffirelli, avec Callas, Cioni, Gobbi, dir. Cillario; Opéra de Paris, 1974, avec Saunders, Domingo, Bacquier, dir. Mackerras. Parmi les Tosca célèbres : Cavalieri, Destinn, Edvina, Eames, Muzio, Jeritza, Pacetti, Lotte Lehmann, Cobelli, Cigna, Caniglia, Grandi, Welitsch, Crespin. Parmi les interprètes célèbres de Scarpia : Scotti, Baklanoff, Formichi, Franci, Stabile, Tibbett, Rothmüller, Gobbi, Otakar Kraus.*

PERSONNAGES

FLORIA TOSCA, *cantatrice célèbre* (soprano); MARIO CAVARADOSSI, *peintre* (ténor); LE BARON SCARPIA, *chef de la police* (baryton); CESARE ANGELOTTI, *prisonnier politique* (basse); UN SACRISTAIN (baryton); SPOLETTA, *policier* (ténor); SCIARRONE, *gendarme* (basse); UN GEÔLIER (basse); UN BERGER (contralto).

Roberti, le bourreau; un cardinal, un juge, un scribe, des dames, des nobles, des citadins, des artisans, etc.

A Rome, en juin 1800.

Trois accords *fff, tutta forza,* illustrent le personnage de Scarpia, impérieux, sinistre et vindicatif : voilà l'ouverture de *Tosca.*

Acte I. L'église de Sant'Andrea della Valle[1]. Sur la droite la chapelle Attavanti; sur la gauche, une estrade et un dais.

Angelotti, qui vient de s'échapper de prison, cherche une cachette. Au pied de la statue de la Vierge il trouve la clé de la chapelle et disparaît à l'intérieur. Le sacristain apporte quelques pinceaux qu'il vient de nettoyer et s'étonne de ne pas trouver Cavaradossi devant son chevalet. Il constate que le peintre n'a pas touché à son repas et en déduit qu'il s'est trompé en croyant le voir entrer dans la chapelle.

On sonne l'Angélus. Cavaradossi entre, il dévoile son tableau — une Marie-Madeleine aux grands yeux bleus et à l'abondante chevelure blonde. Le sacristain reconnaît dans le portrait une dame qui est souvent venue prier à l'église ces derniers temps. Le brave homme est scandalisé par ce qu'il

considère comme un sacrilège, mais Cavaradossi n'y prête pas attention. Il compare le portrait aux traits de la femme qu'il aime, la célèbre cantatrice aux yeux noirs, Floria Tosca : « Recondita armonia di bellezze diverse » (Étrange harmonie de contrastes magnifiques). Le sacristain, avant de partir, jette un regard gourmand au repas que le peintre refuse de toucher.

Angelotti, croyant l'église vide, sort de sa cachette. Il reconnaît en Cavaradossi un sympathisant politique et lui explique qu'il vient de s'échapper de la prison du château Saint-Ange. Le peintre lui offre aussitôt son aide. La voix de Tosca, au même moment, retentit dehors. Le peintre remet le panier contenant le repas au fugitif et le presse de rentrer dans la chapelle, tandis que les cris de Tosca se font plus insistants : « Mario ! Mario ! »

Cavaradossi maîtrise son trouble et ouvre à Tosca. De nature jalouse, elle l'accuse d'avoir été en compagnie : elle a entendu des murmures, des bruits de pas et un froissement de jupe. Après

---

1. Sardou décrit l'église comme « l'église Saint Andréa des Jésuites à Rome. Architecture du Bernin ». Il voulait dire Sant'Andrea al Quirinale.

avoir prié la Madone, elle dit à Cavaradossi de l'attendre à la sortie des coulisses le soir même, ils iront ensuite dans sa villa. Mais le peintre a l'esprit ailleurs et répond sans grande conviction. Elle le remarque. Ici commence le duo d'amour, « Non la sospiri la nostra casetta » (Ne rêves-tu pas de notre retraite isolée), où elle évoque pour lui la vision d'un séjour idyllique.

Cavaradossi prie Tosca de le laisser finir son travail. Elle se vexe et est prise ensuite d'une terrible colère en reconnaissant les traits de la marquise Attavanti dans le portrait de Marie-Madeleine. Mais son amant réussit à la calmer (« Qual'occhio al mondo ? »).

Tosca partie, Cavaradossi fait sortir Angelotti de la chapelle. Il est le frère de la marquise Attavanti dont Tosca est si jalouse, et qui a caché des vêtements féminins sous l'autel, à son intention. Ils parlent avec haine de l'homme qui a gardé Angelotti en prison, Scarpia, « un satyre bigot et hypocrite, secrètement adonné au vice, mais offrant les apparences de la piété ». C'est la première allusion au personnage impitoyable dont le désir de posséder Tosca est le ressort principal du drame.

Un coup de canon les fait sursauter. Il vient du château Saint-Ange et signifie qu'un prisonnier s'est échappé. Cavaradossi suggère que le fugitif se cache dans sa villa où il sera protégé de Scarpia et de ses agents. Au fond du puits asséché, il trouvera un passage secret qui conduit dans une cave. Le peintre propose de guider Angelotti, et ils sortent en hâte.

Le sacristain entre, très énervé : il apporte de grandes nouvelles, Napoléon a été battu ! Mais le vieil homme réalise soudain, à sa grande surprise, que le peintre n'est plus là. Acolytes, pénitents, choristes et élèves de la chapelle arrivent de toutes parts. Un *Te Deum* va être chanté en l'honneur de la victoire, et, le soir même, Floria Tosca sera la soliste d'une cantate, au Palais Farnese.

Le tumulte se calme brusquement avec l'arrivée de Scarpia. Tout bruit cesse et tous restent immobiles, comme hypnotisés, quand il donne ses ordres. Pendant que l'on se prépare pour le *Te Deum*, Scarpia ordonne de fouiller la chapelle. Il découvre un éventail aux armes des Attavanti et en déduit qu'il a été oublié par la sœur d'Angelotti. Un agent de police découvre un panier. Le sacristain s'exclame étourdiment : c'est celui de Cavaradossi; il est vide, et pourtant il avait dit qu'il ne mangerait pas ! Pour Scarpia, qui a saisi la ressemblance entre le portrait de Marie-Madeleine et la marquise Attavanti, tout est clair : le peintre a donné son panier de provisions au fugitif; il est son complice.

Tosca entre et s'approche du dais. Elle est fort étonnée de ne pas trouver Cavaradossi devant son chevalet. Scarpia, de son air le plus ironique, tend à la cantatrice ses doigts qu'il a plongés dans l'eau bénite. Surmontant sa répugnance, elle les effleure et se signe. Scarpia la félicite de son zèle religieux. D'un ton insinuant, il poursuit : elle n'est pas comme certaines femmes légères qui ne viennent à l'église — le disant, il désigne le tableau — que pour rencontrer leur amant. Il produit alors l'éventail. « Cela ressemble-t-il à un pinceau de peintre ? », il précise qu'il l'a trouvé sur le chevalet.

Tosca donne libre cours à sa jalousie, puis quitte l'église en pleurant, galamment escortée par Scarpia. Il fait signe à son agent, Spoletta, de la suivre et de présenter son rapport au Palais Farnese le soir même.

Les cloches de l'église sonnent. De temps à autre retentit un coup de canon, tiré du château Saint-Ange. Un cardinal s'avance vers le grand autel. Le *Te Deum* commence. Scarpia monologue rageusement : « Va, Tosca ! Nel tuo cuor s'annida Scarpia » (Allons, Tosca ! Il y a de la place pour Scarpia dans ton cœur !).

Il s'interrompt pour saluer le cardinal avec révérence, puis reprend son discours. Il enverra Cavaradossi à la mort et séduira Tosca, pour elle, il renoncerait même au ciel. Il s'agenouille et se joint au *Te Deum*.

Ce finale, extrêmement élaboré et riche en émotions complexes, est dominé par la sinistre silhouette de Scarpia, sur un fond brillant et constamment mouvant. Il fournit à l'acte une fin impressionnante.

Acte II. Le Palais Farnese. Les appartements de Scarpia. On entend l'orchestre, jouer à l'étage inférieur où la reine Caroline donne une fête pour célébrer la victoire sur Bonaparte. Tosca doit y chanter dans la cantate. Scarpia fait venir Sciarrone et lui remet une lettre pour la cantatrice. Il se réjouit de l'issue probable de son plan : Tosca se rendra à ses exigences. Ce sont ces conquêtes violentes qui lui procurent le plus grand plaisir : « Ella verrà ».

Spoletta vient lui rendre compte de sa mission. Il a suivi Tosca jusqu'à la villa, elle n'est pas restée longtemps. Aussitôt après, Spoletta et ses hommes ont fouillé la maison, mais en vain. Scarpia est furieux, mais il se calme en apprenant qu'ils ont mis la main sur Cavaradossi.

On entend le début de la cantate. Sur ordre de Scarpia, on introduit Cavaradossi, le bourreau Roberti et un juge assisté de son greffier. Cavaradossi est plein d'indignation et de défi, tandis que Scarpia adopte la manière suave. La voix de Tosca, qui chante à l'étage inférieur, leur arrive par bribes. Scarpia finit par fermer la fenêtre. Il questionne Cavaradossi sur un ton beaucoup plus sévère. Tosca fait irruption, elle voit Cavaradossi et se jette dans ses bras. Il lui murmure de ne rien révéler de ce qu'elle a vu à la villa.

Scarpia ordonne qu'on emmène le peintre dans la pièce voisine pour noter sa déposition. Tosca ne sait pas que la porte qui se ferme sur son amant est celle de la salle de tortures.

Au début, quand Scarpia lui demande s'il y avait quelqu'un à la villa, elle répond avec légèreté, mais manifeste quelque irritation quand les questions se font plus pressantes. Si bien qu'à la fin, Scarpia lui annonce durement que l'on torture Cavaradossi pour le faire parler. On entend un cri de douleur. Tosca supplie Scarpia d'avoir pitié de son amant. Il accepte à condition qu'elle révèle la cachette d'Angelotti. Elle semble sur le point de céder, et Scarpia ordonne que l'on suspende le supplice. Mais le son de la voix de Cavaradossi redonne du courage à Tosca qui nie savoir quoi que ce soit. Scarpia ordonne de reprendre la torture. Les gémissements se succèdent dans la salle du supplice. Scarpia fait signe au bourreau d'augmenter sa pression. Mario jette un terrible cri de douleur. Incapable de supporter plus longtemps les souffrances de son amant, et bien qu'il lui ait enjoint de se taire à chaque fois qu'il reprenait son souffle, elle laisse brièvement tomber ces mots : « Le puits... dans le jardin ».

On ramène Cavaradossi que Tosca prend dans ses bras. Malgré sa souffrance, Cavaradossi reste fidèle à son ami et demande à Tosca si elle a parlé. Elle le rassure.

De sa forte voix, Scarpia lance l'ordre : « Dans le puits, dans le jardin. Allez, Spoletta ! » En entendant les paroles de Scarpia, Cavaradossi comprend que Tosca a parlé et veut la repousser.

Sciarrone entre dans la pièce en hâte, très perturbé. La victoire qu'ils ont célébrée s'est transformée en défaite, Bonaparte a triomphé à Marengo. L'enthousiasme de Cavaradossi se réveille à cette nouvelle : « Victoire ! Tremble, Scarpia, boucher hypocrite ! »

Sur l'ordre de Scarpia, Sciarrone et les policiers s'emparent de lui et l'entraînent.

Scarpia s'installe calmement à sa table et offre une chaise à Tosca. Peut-être vont-ils pouvoir élaborer un plan qui sauverait Cavaradossi. « Votre prix ? » demande-t-elle avec mépris. Toujours imperturbable, il se verse du vin, puis chante un passage extrêmement puissant, « Già mi dicon venal » (Tous mes ennemis me disent vénal), appelé le *Cantabile di Scarpia* lors

de la création. *Elle,* Tosca, sera le prix de la liberté de Cavaradossi. L'horreur qu'elle exprime aussitôt, son dégoût non dissimulé la rendent encore plus désirable aux yeux de Scarpia. On entend des tambours. C'est l'escorte qui va accompagner Cavaradossi à l'échafaud.

Éperdue, Tosca chante ici le célèbre « Vissi d'arte, vissi d'amore, non feci mai male ad anima viva ».

Commençant doucement, « Vissi d'arte » évolue peu à peu vers un bouleversant éclat de douleur passionnée.

Spoletta annonce qu'Angelotti, se voyant découvert, s'est empoisonné. « L'autre, ajoute-t-il en faisant allusion à Cavaradossi, attend votre décision. » Scarpia demande à Tosca : « Qu'avez-vous à dire ? » Elle acquiesce d'un signe de tête et s'effondre.

Scarpia dit qu'il faut simuler l'exécution avant que Tosca et Cavaradossi puissent fuir Rome. Il donne ses instructions à Spoletta : « Que l'exécution soit feinte — comme pour Palmieri. Vous avez bien compris ? »

Spoletta répète avec emphase « Exactement comme pour Palmieri », et sort. Scarpia se tourne vers Tosca : « J'ai tenu ma parole. » Elle lui demande un sauf-conduit pour Cavaradossi et pour elle-même. Scarpia va à sa table pour signer le document. Tosca, debout devant lui, aperçoit le couteau dont il s'était servi. Elle s'en empare. Scarpia s'avance vers elle, les bras tendus.

« Tosca, enfin tu es à moi ! » D'un geste vif, elle le frappe en plein cœur. « C'est ainsi que Tosca embrasse ! » Il titube, tombe, et expire.

Tosca cherche le sauf-conduit sur la table, il n'y est pas, elle le voit entre les doigts de Scarpia, le lui arrache. Ayant jeté un dernier regard au cadavre, elle éteint les chandelles sur la table et s'apprête à sortir.

Mais elle se ravise, elle place deux bougies de part et d'autre de la tête de Scarpia, décroche un crucifix et le place sur la poitrine du mort. On entend un roulement de tambours, Tosca se glisse furtivement dehors.

Cette scène est admirable dans l'opéra comme dans la pièce de Sardou (l'un des grands triomphes de Sarah Bernhardt) — l'une des plus grandes dans l'histoire du mélodrame.

Acte III. Une terrasse du château Saint-Ange. Le jour va se lever. Le son des cloches d'un troupeau se rapproche. Un berger chante.

Cavaradossi, escorté par ceux qui vont l'exécuter, monte l'escalier. Le geôlier l'accueille et, ayant entendu une cloche sonner, lui dit : « Vous avez une heure ». Mario demande l'autorisation d'écrire une lettre. Elle lui est accordée. Il commence à peine qu'il évoque le souvenir de Tosca : « E lucevan le stelle ed olezzava la terra » (Quand les étoiles brillaient et la terre embaumait), air pour ténor d'une grande beauté, qui culmine avec :

Spoletta et le sergent conduisent Tosca sur la terrasse et lui désignent l'endroit où se trouve Cavaradossi. Tosca se précipite vers son amant, et lui montre le laissez-passer. « A quel prix ? » demande-t-il. Elle lui raconte brièvement ce que Scarpia attendait d'elle et comment elle l'a assassiné. Cavaradossi prend doucement les mains de Tosca entre les siennes : « O dolci mani mansuete e pure » (O douces mains, si humbles et si pures).

Leurs voix s'unissent dans un duo d'amour, à demi désenchanté mais non dénué d'espoir en l'avenir : « Amaro sol per te m'era il morire ».

Elle lui annonce que l'exécution sera feinte. Il devra tomber, après la salve, et rester immobile, simulant la mort, et il ne se relèvera qu'à son appel.

Ils rient de cette ruse. Le peloton d'exécution arrive, Cavaradossi s'adosse au mur tandis que les soldats le mettent en joue. L'officier baisse son épée, les soldats font feu, Cavaradossi tombe. « Comme il joue bien ! » s'écrie Tosca.

Le peloton s'éloigne. Tosca demande à son amant de ne pas bouger encore. Les pas des soldats s'éloignent. « Maintenant, lève-toi ». Il ne bouge pas, elle se rapproche : « Mario ! Debout, vite ! Debout, Mario ! »

Scarpia l'a trompée. Ce qu'il a ordonné était une véritable exécution, comme pour Palmieri.

Des cris retentissent. Le meurtre de Scarpia a été découvert. Ses sbires accourent pour saisir Tosca. Elle enjambe le parapet et se jette dans le vide.

K.

Madame Butterfly

Opéra en 3 actes de Puccini; liv. de Giacosa et Illica. Créé à la Scala de Milan, 17 février 1904, avec Storchio, Giaconia, Zenatello, de Luca, dir. Campanini. Ce fut un échec, et il n'y eut qu'une représentation. L'opéra révisé connut un grand succès à Brescia en mai 1904, avec Krusceniski, Zenatello, dir. Toscanini. Covent Garden, 1905, avec Destinn, Lejeune, Caruso, Scotti, dir. Campanini; Paris, Opéra-Comique, 1906, avec Carré, Lamare, Clément, Périer; reprise, 1938, avec F. Heldy; Metropolitan, 1907, avec Farrar, Homer, Caruso, Scotti. Reprises : la Scala, 1925, avec Pampanini, Pertile, Paci, dir. Toscanini; 1938, dir. De Sabata; 1940, dir. Guarnieri. Paris, Opéra, 1978, prod. de la Scala, dir. G. Prêtre. Parmi les interprètes célèbres de Madame Butterfly : Tamaki Miura, Rethberg, Sheridan, dal Monte, Teyte, Joan Cross, Albanese, Cebotari, de Los Angeles, Jurinac.

PERSONNAGES

CIO-CIO-SAN, MADAME BUTTERFLY (soprano); SUZUKI, *sa servante* (mezzo-soprano); KATE PINKERTON, *l'épouse américaine de Pinkerton* (mezzo-soprano); B.F. PINKERTON, *lieutenant de la Marine des États-Unis* (ténor); SHARPLESS, *consul des États-Unis à Nagasaki* (baryton); GORO, *marieur* (ténor); LE PRINCE YAMADORI, *riche Japonais* (baryton); LE BONZE, *oncle de Cio-Cio-San* (basse); LE COMMISSAIRE IMPÉRIAL (basse); L'OFFICIER DU REGISTRE (baryton); L'ENFANT DE CIO-CIO-SAN.

Les parents et les amis de Cio-Cio-San; des domestiques.

A Nagasaki, au début du XXᵉ siècle.

Acte I. Le prélude est inspiré d'un thème japonais qui réapparaît pendant tout cet acte. Il est utilisé comme fond, mais aussi comme transition, donnant aux scènes leur couleur exotique. Le prélude et le 1er acte s'enchaînent sans interruption.

Le lieutenant de Marine américain Pinkerton va épouser, à la mode japonaise, Cio-Cio-San, que ses amis appellent Madame Butterfly. Il contemple une petite maison qu'il va habiter avec elle. Goro, le *nakodo,* ou marieur, a tout arrangé pour lui : le mariage et la location de la maison. Il la lui fait visiter et s'amuse de son étonnement. Il lui présente les domestiques japonais attachés à la maison, dont Suzuki, la fidèle servante de Butterfly.

Arrivée de Sharpless, le consul américain à Nagasaki. Il désapprouve le caprice de Pinkerton. Il lui fait remarquer la légèreté de son comportement et ajoute que la jeune épouse japonaise prend certainement tout cela très sérieusement. Pinkerton rit de la délicatesse de son ami. Il prépare deux verres et porte un toast à sa future et véritable épouse américaine. Leur entretien est interrompu par l'arrivée de la fiancée et de son escorte.

Après les salutations d'usage, le consul échange quelques mots avec la jeune fille. Il est bientôt convaincu du bien-fondé de sa mise en garde : la jeune fille ne se marie pas par simple convenance, selon la tradition japonaise, elle est sincèrement éprise de Pinkerton et envisage son union avec le plus grand sérieux. Elle a même décidé, confie-t-elle à Pinkerton, de renoncer à la religion de ses ancêtres et d'adopter la sienne. Ce pas décisif signifie qu'elle est prête à rompre avec toutes ses relations et à abandonner tous ses biens, au cas où sa famille l'apprendrait. Elle remet son avenir entre les mains de son mari.

Arrivée de quelques officiels de second ordre, qui doivent veiller à ce que le contrat de mariage soit correctement signé — bien qu'il s'agisse d'un « mariage japonais ». Des imprécations véhémentes interrompent les réjouissances. C'est le Bonze, l'oncle de Butterfly, qui ayant découvert qu'elle avait renié la foi de ses pères, la maudit violemment. Pinkerton, exaspéré par l'incident, met tout le monde dehors. La famille s'éloigne en poussant des cris de réprobation et Butterfly fond en larmes. Pinkerton réussit bientôt à la consoler et l'acte se termine par leur duo d'amour passionné.

Le thème « japonais » qui introduit l'acte et apparaît souvent par la suite ne nous lasse jamais car il est interrompu par plusieurs autres épisodes musicaux. Ainsi, le bref thème de l'air de Pinkerton, « Tutto è pronto » (Tout est prêt), et le petit thème sautillant sur lequel Goro explique à Pinkerton qui participera à la cérémonie. Quand Pinkerton chante « Dovunque al mondo » (Partout dans le monde), on entend pour la première fois un motif inspiré de *La Bannière Etoilée*.

Dans le duo entre Pinkerton et Sharpless, que le premier commence par les mots « Amore o grillo » (C'est l'amour ou la fantaisie), le consul dit sérieusement que l'amour de Butterfly pourrait bien être sincère; la musique est ici particulièrement juste. Quand Butterfly arrive avec les siens, sa voix domine sur le thème qui culmine dans le duo d'amour à la fin de l'acte et reste lié à ses sentiments dans tout l'opéra.

La musique qui illustre son aveu à Pinkerton est remplie d'émotion : « Ieri son salita » (Hier, je suis sortie). Le chœur « O Kami, O Kami ! » est un épisode bref, mais charmant. L'arrivée du Bonze offre un contraste dramatique.

La scène d'amour est développée. Du début, « Viene la sera » (Que vienne le soir), à la fin, l'intérêt est constant : la mélodie est belle et riche en sentiments, mais aussi variée, grâce à des passages plus légers (Butterfly : « Je suis comme la petite déesse de la lune » et « Vogliatemi bene » —

Aime-moi, je te prie) et au magnifique air de Pinkerton, « Pourquoi trembles-tu mon amour ? » La passion atteint son sommet dans les deux phrases : « Dolce notte ! Quante stelle » (Nuit délicieuse ! Étoiles innombrables)

et « Oh ! Quanti occhi fisi, attenti » (O ciel clément).

Acte II. Trois ans ont passé. Il y a longtemps que Pinkerton a quitté Butterfly, promettant de revenir « quand les rouges-gorges feraient leur nid ». Le rideau se lève après une introduction où un nouveau thème japonais est utilisé. Suzuki, tout en étant convaincue que Pinkerton a bien abandonné sa maîtresse, prie cependant pour qu'il revienne. Butterfly, par contre, est pleine d'espoir et de confiance. Elle reproche à sa servante dévouée de douter du retour de Pinkerton et évoque avec entrain leur joie commune le jour où il reviendra : « Un bel dì vedremo » (Un beau jour nous verrons).

Pinkerton doit revenir à Nagasaki mais il n'a pas la moindre intention de reprendre la vie commune avec son épouse japonaise. D'ailleurs, il a écrit à Sharpless, le priant d'annoncer à Butterfly qu'il serait accompagné de son épouse américaine. Sharpless vient transmettre ce message à Butterfly. Mais il est incapable de lui dire la vérité tant l'émotion de la jeune femme est grande à la seule vue de la lettre de Pinkerton. Elle est transportée de joie, persuadée que le seul fait d'écrire signifie qu'il ne l'a pas oubliée et souhaite la retrouver. Sharpless s'apprête à lui dire la vérité quand il est interrompu par Yamadori, un riche prétendant japonais que Goro soutient activement. Car l'argent laissé par Pinkerton à sa jeune épouse japonaise s'est envolé et elle est au bord de la misère. Mais elle ne veut pas entendre parler de Yamadori : elle est mariée à Pinkerton, et attend son retour.

Après le départ de Yamadori, Sharpless essaie une dernière fois de lui ouvrir les yeux. Dans leur duo, « Ora a noi » (Maintenant, enfin), il tente de lui faire comprendre que Pinkerton l'a trahie et oubliée. Sa seule réaction est d'aller chercher son petit garçon, né après le départ de Pinkerton. Elle est certaine que Pinkerton se hâtera de revenir quand il saura que son enfant l'attend au Japon. Elle chante au petit garçon : « Sai cos' ebbe cuore » (Sais-tu ce que l'on dit ?); son aria est d'une grande force dramatique. Tous les efforts de Sharpless sont vains. Et si Pinkerton ne revenait pas ? Il lui reste deux solutions, dit-elle : reprendre son ancienne existence de geisha, ou mourir. Elle chante une berceuse pathétique à l'enfant, interrompue deux fois par ce cri de Suzuki : « Pauvre Madame Butterfly ! »

Un coup de canon retentit dans le port pour saluer l'arrivée d'un navire de guerre. Butterfly et Suzuki reconnaissent, en regardant à la longue-vue, le navire de Pinkerton, l'*Abraham Lincoln*. Butterfly est maintenant persuadée que Sharpless avait tort. Sa fidélité va être récompensée : l'homme qu'elle aime lui revient. Il faut décorer la maison pour l'accueillir dignement. Les deux femmes disposent des fleurs avec soin, en chantant le délicieux « duo des fleurs » : « Scuoti quella fronda di ciliegio » (Secouez le cerisier, que toutes les fleurs tombent). Leurs voix s'unissent dans une phrase admirable : « Gettiamo a mani piene mammole e tuberose » (Jetons par poignées les violettes et les tubéreuses).

Butterfly se prépare, habille son petit garçon. Elle perce ensuite trois trous dans le mur de papier de l'habitation, par lesquels ils vont guetter, avec Suzuki et l'enfant, l'arrivée de Pinkerton. La nuit tombe. La servante et le garçon s'endorment, mais Butterfly, immobile, attend toujours avec la même confiance. La scène est profondément dramatique, et la musique tout à fait admirable, avec le bourdonnement des voix du port qui traverse la nuit silencieuse.

Acte III. C'est l'aube. Suzuki et l'enfant dorment toujours et Butterfly n'a pas cessé de guetter. Puccini emploie ici un nouveau motif japonais, le thème de la « veillée ».

Quand Suzuki se réveille, elle persuade la pauvre petite « épouse » de prendre un peu de repos. Celle-ci accepte à la condition qu'on la préviendra dès l'arrivée de Pinkerton. Il apparaît enfin, accompagné de Sharpless. Suzuki exprime vite sa consternation en apprenant la vérité. Pinkerton, réalisant que Butterfly lui a été fidèle, prend conscience de sa propre cruauté. Il chante un trio avec Sharpless et Suzuki : « Io so che alle sue pene ». Incapable de faire face à la situation, il dit des adieux déchirants à la maison qu'il a si bien connue (« Addio, fiorito asil ») et part en hâte, laissant à Sharpless le soin de tout arranger au mieux.

Butterfly a entendu que quelqu'un était arrivé. Suzuki veut l'empêcher d'entrer, mais en vain : elle apparaît, radieuse à l'idée de retrouver son mari. La scène où elle apprend la vérité est d'un pathétique indescriptible. Elle garde son calme et supporte l'affreuse nouvelle avec sa douceur coutumière. Elle va jusqu'à souhaiter tout le bonheur possible à Kate, la véritable épouse de Pinkerton, et fait dire à celui-ci qu'il pourra venir prendre son fils dans une demi-heure.

Sharpless et Mme Pinkerton se retirent. Dans une scène éminemment tragique, elle se blesse mortellement avec l'épée de son père (dont la lame porte l'inscription « mourir dans l'honneur plutôt que vivre dans le déshonneur »), puis se traîne sur le sol jusqu'au petit garçon et expire au moment où Pinkerton vient chercher son fils.

On a beaucoup parlé, à une époque, de l'usage que Puccini faisait des airs « japonais » comme « fond d'ambiance » de l'opéra. On l'a même félicité du soin qu'il apportait à rendre « l'atmosphère », contrairement aux vieux maîtres qui s'en tenaient uniquement à la mélodie. L'« atmosphère » de *Butterfly* nous semble aujourd'hui moins importante que l'intensité avec laquelle les personnages sont dépeints. En ce sens, Butterfly domine.

J'assistai à la première de la pièce de David Belasco, *Madame Butterfly*, pour le compte du *New York Herald*. C'était au Herald Square Theatre, à Broadway, le 5 mars 1900, et Blanche Bates jouait Butterfly. Au même programme, *Naughty Anthony*, autre pièce de Belasco, comédie-farce qui fut un échec. La tragédie avait été très rapidement adaptée d'après l'histoire de John Luther Long, et son succès fut encore plus rapide. Francis Nielsen, régisseur de Covent Garden, la vit au Théâtre du duc d'York à Londres et demanda aussitôt à Puccini de quitter Milan pour venir voir cette pièce qui, dans ses mains, pourrait devenir un opéra à succès. Puccini vint immédiatement et créa l'œuvre dont la popularité ne s'est jamais démentie.

K.

La Fanciulla del West
La Fille du Far-West

Opéra en 3 actes de Puccini; liv. de G. Civinini et C. Zangarini, d'après la pièce de David Belasco. Créé au Metropolitan, New York, 10 décembre 1910, avec Destinn, Caruso, Amato, dir. Toscanini. Covent Garden, 1911, avec Destinn, Bassi, Dinh Gilly, dir. Campanini; Paris, Opéra, 1912, par l'Opéra de Monte-Carlo, avec Mellis, Caruso, Ruffo, dir. Serafin; La Scala, Milan, 1912, avec Poli-Randaccio, Martinelli, Tibbett; 1930, avec dalla Rizza, Thill, Viglione-Borghese, dir. de Sabata; 1937, avec Cobelli, Merli, Armando Borgioli; 1943, avec Carbone, Lauri-Volpi, Reali, dir. Erede; Buenos Aires, 1951, avec Barbato, Annaloro, Galeffi, dir. Panizza; La Scala, 1956, avec Corelli; 1957, avec Del Monaco; Fest. de Florence, 1954, avec Steber, Del Monaco, Giangiacomo Guelfi, dir. Mitropoulos; San Carlo, Naples, 1962, avec Magda Olivero; Metropolitan, New York, 1961, avec Price, Tucker, Colzani; Sadler's Wells, 1963, avec Fretwell, Donald Smith, Herincx.

PERSONNAGES

MINNIE, *tenancière de « La Polka »* (soprano); JACK RANCE, *le Sheriff* (baryton); DICK JOHNSON, *un bandit* (ténor); NICK, *barman à « La Polka »* (ténor); SONORA (baryton) - TRIM (ténor) - SID (baryton) - HANDSOME (baryton) - HARRY (ténor) - JOE (ténor) - HAPPY (baryton) - LARKENS (basse), *mineurs.* ASHBY, *agent de Wells Fargo Transport Co*[1] (basse); BILLY JACKRABBIT, *Peau-Rouge* (basse); WOWKLE, *femme de Billy* (mezzo-soprano); JAKE WALLACE, *chanteur ambulant* (baryton); JOSÉ CASTRO, *Mexicain de la bande de Ramerrez* (basse); UN COURRIER (ténor).

En 1849-1850, dans un camp minier.

La partition est préfacée d'une citation d'une vieille histoire californienne : « A cette curieuse époque, des gens venus de Dieu sait où groupèrent leurs forces dans ces lointaines terres de l'Ouest et, selon la rude loi du camp, oublièrent vite leur véritable nom, combattirent, rirent, jurèrent, tuèrent, aimèrent, et accomplirent leur étonnante destinée d'une façon qui paraîtrait aujourd'hui incroyable. Nous sommes sûrs d'une seule chose, ils vécurent. » Puccini décida que son opéra se déroulerait dans cette atmosphère.

Acte I. « La Polka », la taverne où les mineurs jouent et boivent. La tenancière, Minnie, que tous aiment, respectent et protègent, a essayé d'organiser une école élémentaire pour les habitants les moins évolués. Deux domestiques indiens, Billy et Wowkle, font le service. On peut voir un bar, des trophées, une affiche promettant une récompense pour la capture de Ramerrez, et un rideau de fer contre d'éventuels coups de feu.

Les mineurs jouent. Larkens semble un peu abattu — il a la fièvre de l'or, dit Nick. Jack chante un air mélancolique dont tous reprennent le refrain. Larkens perd et Sonora fait une collecte en son nom. Sid triche, et les autres mineurs veulent le punir eux-mêmes. Rance, le shériff, qui n'a cessé d'entrer et de sortir du bar depuis le début, leur suggère d'épingler sur sa poitrine une pancarte indiquant qu'il ne doit pas jouer; il suffit de faire passer le mot dans le camp, et il sera pendu haut et court s'il se débarrasse

1. Compagnie de transports américaine.

de ce signe infamant. Ashby entre, demande à voir Minnie et avoue à Rance qu'il est sur la piste du célèbre Ramerrez. Minnie fait apporter du whisky chaud et du citron, et tous boivent à sa santé. Rance en profite pour glisser qu'elle pourrait bientôt devenir sa femme. Sonora se moque de lui; ils se battent, mais Minnie a vite fait de les séparer. Elle les semonce assez vertement, et ils lui offrent les petits présents qu'ils ont apportés à son intention. Rance et Ashby parlent en aparté, et Minnie commence à enseigner la Bible.

Le courrier arrive. Ashby a une lettre de Nina Micheltorena, une ancienne amie de Ramerrez, qui lui indique où le bandit se trouvera le soir même. Il se réjouit de pouvoir enfin l'attraper. Chacun se plonge dans la lecture de ses lettres et de ses journaux, faisant des commentaires en conséquence, Nick annonce qu'un étranger est dehors, réclamant du whisky. Cela fait rire tout le monde. Rance s'approche de Minnie pour lui déclarer son amour, mais elle ne veut rien entendre. Il s'éloigne en boudant, et quand elle lui demande s'il est fâché, se lance dans une déclaration passionnée : « Minnie della mia casa son partito ». Il a tout abandonné sans le moindre regret pour venir dans l'Ouest, mais maintenant il donnerait une fortune pour un baiser d'elle. Minnie rétorque : l'amour, ce n'est pas ça. Elle a gardé un excellent souvenir de son enfance et ne prendra pas de mari à moins de l'aimer autant que ses parents se sont aimés : « Laggiù nel Soledad ».

Nick fait entrer l'étranger, Dick Johnson. Rance se montre assez désagréable, mais Minnie le reconnaît, et ils évoquent leur première rencontre. Rance s'approche, balaie le verre de l'étranger d'un coup de main et affirme qu'il a le droit, en tant que shériff, de savoir ce qu'il vient faire ici. Les mineurs sont prêts à prendre le parti de Rance, quand Minnie se porte garant de l'étranger. Johnson emmène Minnie danser. Après leur départ, on introduit

Castro, un membre de la bande de Ramerrez qui vient d'être capturé. Il promet de les conduire au campement du bandit à condition d'avoir la vie sauve. Puis, voyant la selle de Johnson par terre, il se dit qu'ils l'ont déjà pris. L'instant suivant, il voit son chef sortir d'une pièce voisine. Il demande à boire et glisse à Johnson qu'il n'a rien révélé, que la bande est prête, attendant seulement que le shériff et ses hommes s'éloignent pour piller le camp sans défense.

Johnson reste en arrière, avec Minnie. Il s'étonne de ce qu'elle reste ainsi seule, sans protection, d'autant plus qu'elle est chargée de garder l'or des mineurs. Elle répond qu'elle aime cette vie et n'en voudrait pas d'autre. Nick les interrompt pour les prévenir qu'on a vu un bandit rôder autour du camp. Johnson la rassure et accepte de revenir plus tard dans sa cabane pour reprendre cette conversation et partager son repas. Elle éclate en sanglots quand il sort, il lui dit : « Vous avez un visage d'ange. »

Acte II. La cabane de Minnie. Wowkle chante une berceuse à son bébé. Elle bavarde un moment avec Billy : vont-ils se marier ? Minnie envoie Billy à son travail et prévient Wowkle qu'elle aura un invité à dîner. Elle revêt ce qu'elle peut trouver de mieux, apparemment décidée à faire de l'effet. Johnson entre, ils s'asseoient à table. Johnson fait remarquer combien la vie doit être solitaire dans cette région. « Oh, vous ne pouvez savoir combien ma vie est passionnante », s'exclame Minnie : « Oh, se sapeste. »

Ils chantent leur joie d'être ensemble, et Minnie, ayant persuadé Johnson qu'il doit passer la nuit chez elle, car il neige, prépare un lit devant le feu. On entend du bruit dehors. Minnie cache Johnson derrière les rideaux du lit et ouvre. Ce sont Rance, Nick, Ashby et Sonora qui s'inquiétaient : ils ont découvert que Johnson n'était autre que Ramerrez. Castro les a conduits à sa cachette.

Là, Nina Micheltorena leur a montré une photo de lui — Rance la tend à Minnie, qui rit bruyamment.

Elle leur dit bonsoir, puis se tourne vers Johnson, furieuse. Il avoue qu'il était venu avec l'intention de voler, mais qu'il a changé d'avis en la voyant. Il raconte sa vie dans une aria : son père était un bandit; quand il est mort, il y a six mois, il ne laissait rien pour sa mère, ses frères et lui-même, sinon sa bande de malfaiteurs (« Or son sei mesi »); il ne lui restait plus qu'à courir les chemins; mais du jour où il a rencontré Minnie, il a rêvé de mener une vie honnête.

Il se précipite dehors, et un coup de feu retentit. Un corps s'écroule contre la porte. Minnie ouvre et il entre en titubant. Elle s'écrie qu'elle l'aime et souhaite l'aider, et le cache dans le grenier. Rance cherche sa proie dans tous les coins et demande à Minnie de jurer qu'elle ne le cache pas. Il veut l'embrasser, elle le repousse et il l'accuse d'aimer le bandit. Avec un geste de défi, il affirme à Minnie qu'elle ne sera jamais à Johnson. Une goutte de sang tombe sur sa main, puis une autre. Rance crie à Johnson de sortir de sa cachette. Aidé par Minnie, celui-ci descend l'échelle et s'évanouit en touchant le sol. Minnie, désespérée, fait une dernière tentative. Elle propose à Rance de jouer au poker. Si elle gagne, elle sera maîtresse de la vie de Johnson. Mais si elle perd, elle cédera à Rance. Il ne peut résister à la tentation du jeu. Ils jouent et gagnent chacun une fois. Avant la dernière donne, Minnie, prise d'angoisse, demande à Rance de lui servir un verre. Elle substitue à ses cartes celles qu'elle avait dissimulées auparavant dans son bas. Quand Rance lui montre trois rois, elle étale trois as et une paire. Rance quitte la cabane,

et Minnie reste seule avec celui qu'elle a sauvé.

Acte III. Une clairière dans la forêt. Nick, Rance et Ashby se sont joints à la bande qui traque Ramerrez. Ils évoquent avec tristesse la vie qu'ils mènent depuis l'arrivée de Johnson. On entend un bruit, c'est une fausse alerte, mais ils sont sur une bonne piste. Rance, tendant les bras dans la direction de la cabane de Minnie, s'écrie qu'elle ne reverra jamais son amant, sauf au bout d'une corde. Enfin, Sonora arrive, criant qu'ils l'ont capturé. Ashby remet Johnson au shérif, qui suggère qu'on le pende immédiatement. Il proteste qu'il n'a tué personne et demande qu'on lui accorde une seule chose avant de mourir : il faut que Minnie le croie libre et qu'elle l'attende sans jamais connaître son ignoble fin. « Ch'ella mi creda libero e lontano » est l'une des arias les plus célèbres de Puccini. Ce fut même un chant de marche apprécié des troupes pendant la guerre de 1914-18.

Avant qu'il ait fini sa requête, Rance se jette sur lui et le frappe au visage. L'assistance manifeste sa désapprobation. Ils vont pendre leur prisonnier quand on entend la voix de Minnie. Elle les défie d'oser toucher à Johnson en sa présence. Pendant des années elle a partagé leurs malheurs et leurs dangers — vont-ils lui refuser la première chose qu'elle leur demande ? Elle a décidé de commencer une autre vie avec Johnson quand le bandit est mort dans sa cabane, donnant naissance à un homme nouveau. Sonora prend son parti. Tous conviennent qu'ils lui doivent trop pour lui refuser ce qu'elle demande. Elle s'éloigne au bras de Johnson, en route pour une nouvelle existence.

H.

La Rondine

Comédie lyrique en 3 actes de Puccini; liv. de G. Adami d'après le texte alle-
mand de A.M. Willner et H. Reichert. Créé à Monte-Carlo, 27 mars 1917, avec
dalla Rizza, Ferraris, Schipa, Francesco Dominici, Huberdeau, dir. Marinuzzi.
Metropolitan, New York, 1928, avec Bori, Fleischer, Gigli, Tokatyan, Ludikar,
dir. Bellezza. Reprises : Metropolitan, 1936, avec Bori, Martini, dir. Panizza;
La Scala, Milan, 1940, avec Favero, Malipiero, dir. Marinuzzi; Rome, 1940, avec
Favero, Gigli, Gobbi, Taddei; première en Angleterre, 1966, par Opera Viva;
English Opera Group, 1974, avec June Bronhill.

PERSONNAGES

MAGDA, *maîtresse de Rambaldo* (soprano); LISETTE, *sa femme de chambre* (soprano);
RUGGERO, *un jeune homme* (ténor); PRUNIER, *un poète* (ténor)[1] ; RAMBALDO, *riche*
Parisien (baryton); PÉRICHAUD (baryton-basse); GOBIN et CRÉBILLON, *ses amis*
(ténor, baryton-basse); YVETTE, BIANCA et SUZY, *femmes légères, amies de Magda*
(soprano, soprano, mezzo-soprano); UN MAÎTRE D'HÔTEL (basse).

Des gens du monde, des gens de la ville, des étudiants, des artistes, des demi-
mondaines, des danseurs, etc.

A Paris, sous le Second Empire.

Alors qu'il séjournait à Vienne en 1912, un éditeur autrichien demanda à Puccini d'écrire quelque chose de léger à la manière viennoise. La guerre empêcha la signature du contrat, mais Puccini décida de mettre en musique le livret, sous une forme un peu différente de celle qui avait, été envisagée. La musique est légère, et les rythmes de valse abondent, mais le compositeur n'a en aucune façon tenté d'écrire une opérette.

Acte I. Une salle luxueusement meublée dans la demeure parisienne de Magda. Elle reçoit ses amis avec Rambaldo. Parmi eux, Prunier, le poète, qui chante sa dernière chanson en s'accompagnant au piano. C'est l'histoire d'une certaine Doretta qui rêve que le roi la remarque. Prunier avoue que la fin lui échappe, et Magda reprend l'histoire : « Chi il bel sogno di Doretta ». Rambaldo montre le collier qu'il veut offrir à la jeune femme, qui devient immédiatement le centre

d'un cercle d'envieux et d'admirateurs. Lisette, la femme de chambre dont Prunier n'apprécie pas l'impertinence, mais dont Magda dit qu'elle est un rayon de soleil, demande à Rambaldo s'il se décide à voir le jeune homme qui l'attend depuis bientôt deux heures. C'est le fils d'un vieil ami à lui.

Magda évoque pour ses amis l'époque où elle était encore innocente et se rendait au café Bullier pour y trouver l'aventure et, qui sait, l'amour. Elle n'a jamais oublié l'homme qu'elle y a rencontré un jour, dont elle n'a jamais su le nom. Elle chante « Ore dolci e divine » (Douces et divines heures) tandis que la musique retrace les étapes de cette jeunesse inoubliable et insouciante.

On introduit Ruggero au moment où Prunier entreprend de lire l'avenir dans les mains des invités. Magda est comme une hirondelle, elle fuira Paris et trouvera peut-être l'amour au loin. Tous s'inquiètent de savoir où Ruggero va passer sa première soirée parisienne.

---

1. Baryton à l'origine.

On choisit Bullier, et Lisette — dont l'impertinence dérange toujours autant Prunier — déclare que c'est un excellent choix.

Tous s'éloignent, sauf Prunier, qui reste sur la véranda. Lisette rappelle à sa maîtresse que c'est son jour de sortie. Magda lui donne congé et gagne sa chambre. Lisette réapparaît, vêtue d'une robe de Magda. Elle heurte Prunier qui la prend dans ses bras avec une affection évidente — tout en faisant ensuite remarquer qu'elle a mal assorti ses vêtements. Elle court se changer et revient dans une tenue plus convenable. Ils partent ensemble. Magda entre à son tour, à peine reconnaissable, vêtue comme une grisette.

Acte II. Chez Bullier. La salle de danse est remplie d'une foule d'artistes, de grisettes, de demi-mondaines, etc. Des fleuristes proposent leur marchandise. Ruggero, seul à une table, néglige les invitations de nombreuses jeunes femmes. Magda entre et ne réussit à se débarrasser de nombreux candidats-cavaliers qu'en affirmant avoir rendez-vous avec le jeune homme solitaire de la table du fond.

Ruggero est ravi et refuse de la laisser repartir quand elle se croit débarrassée des prétendants importuns. En dansant avec lui, Magda se rappelle l'aventure d'autrefois. Ils vont jusqu'à inscrire leurs noms sur la plaque de marbre qui recouvre leur table. Prunier et Lisette entrent; elle croit reconnaître sa maîtresse, mais il l'en dissuade. Les deux couples se rencontrent, et expriment dans un quatuor ce qu'ils pensent respectivement de l'amour.

Magda voit Rambaldo entrer. Prunier éloigne en hâte Ruggero et Lisette. Rambaldo s'approche de leur table, écarte vivement Prunier et demande à Magda si elle rentre avec lui. Elle répond qu'elle est amoureuse et qu'elle ne partira avec lui, ni maintenant ni un autre jour. Il réagit avec dignité et la laisse. Ruggero revient, et tous deux quittent le café.

Acte III. Une petite villa près de Nice abrite l'idylle de Ruggero et de Magda. Ruggero a écrit à son père pour demander son consentement à leur mariage. La jeune femme se demande quelle est la meilleure façon de lui avouer son passé.

Lisette et Prunier entrent au moment où Magda et Ruggero quittent la scène. Prunier a voulu faire de Lisette une grande actrice, mais les sifflets des spectateurs ont marqué sa seule et unique prestation. Lisette voudrait maintenant retrouver son emploi auprès de Magda. Celle-ci accepte, et la soubrette se sent tout à coup beaucoup plus à l'aise. Il en serait sûrement de même pour Magda, suggère Prunier... si elle retournait à Paris, et à la vie de plaisir, un de ces jours. Magda comprend que ce message, transmis par Prunier, vient de Rambaldo : elle peut revenir auprès de lui quand elle le désire.

Prunier s'apprête à partir, prétendant que tout est fini entre Lisette et lui — mais il s'enquiert de l'heure à laquelle elle sortira le soir même. Ruggero entre avec la lettre qu'il vient de recevoir de sa mère. Magda la lit avec confusion. Elle se dit qu'elle ne peut le tromper plus longtemps : il doit savoir qu'elle a toujours été prête à vendre ses faveurs pour de l'argent et qu'elle a vécu dans un luxe coupable. Elle peut l'aimer — mais elle ne peut l'épouser, et se présenter à sa mère comme une pure fiancée. Le cœur brisé, s'appuyant au bras de Lisette, elle s'en va, prête à reprendre son ancienne existence, laissant derrière elle son unique amour.

H.

Il Tabarro
La Houppelande

Opéra en 1 acte de Puccini; liv. de G. Adami, d'après la pièce de Didier Gold, La Houppelande. Créé au Metropolitan, New York, 14 décembre 1918, avec Muzio, Crimi, Montesanto, Didur, dir. Moranzoni. Rome, 1919, avec Maria Labia, di Giovanni (Edward Johnson), Galeffi, dir. Marinuzzi; Buenos Aires, 1919, avec Labia, Grassi, Viglione-Borghese, dir. Serafin; Covent Garden, 1920; la Scala, Milan, 1922, dir. Panizza; Sadler's Wells, 1935 (en angl.). Reprises : La Scala, 1936, dir. Marinuzzi; Metropolitan, 1946; Covent Garden, 1965, avec Collier, Craig, Gobbi, dir. Pritchard. Première du Triptyque à Paris, Opéra-Comique, 1967, dir. de Almeïda.

PERSONNAGES

MICHELE, *propriétaire d'une péniche, 50 ans,* (baryton); LUIGI, *déchargeur, 20 ans* (ténor); « TINCA », *déchargeur, 35 ans* (ténor); « TALPA », *déchargeur, 55 ans* (basse); GIORGETTA, *femme de Michele, 25 ans* (soprano); FRUGOLA, *femme de Talpa, 50 ans* (mezzo-soprano).

La Seine à Paris, au XXe siècle.

Le Triptyque de Puccini est constitué d'un spécimen de Grand-Guignol, d'une pièce sentimentale et d'une comédie. *Suor Angelica,* joué en second dans les représentations originales, n'a jamais séduit aucun public, ni aucun directeur d'opéra; par contre *Gianni Schicchi,* la comédie, eut aussitôt un grand succès et fut souvent joué par la suite, mais sans les deux autres. *Il Tabarro,* l'ouverture mélodramatique, fut plus lent à plaire, mais semble avoir connu quelque faveur par la suite, ce qui est justice. L'aspect vériste du talent de Puccini — qui s'exprime parfaitement dans *Tosca* — y trouve un sujet idéal. Les ambitions et désirs des protagonistes, tout à fait ordinaires, ne sont pas compliqués par des idéaux tels que la Liberté; et il n'est pas nécessaire, comme dans *Tosca,* de faire intervenir Napoléon ni la bataille de Marengo, qui ne sont après tout que des soutiens scéniques. Pour ce qui est de la franchise de l'expression, *Il Tabarro* est une sorte de chef-d'œuvre.

L'action se déroule à bord d'une péniche dont le patron est Michele. Elle a jeté l'ancre dans la Seine, et l'on peut voir l'imposante silhouette de Notre-Dame dans le fond. La péniche occupe la plus grande partie de la scène, mais une passerelle la relie au rivage, que l'on aperçoit.

Le rideau se lève. Puis l'orchestre décrit le mouvement oscillant d'un bateau amarré au rivage :

C'est la fin de la journée et des hommes terminent leur chargement sur la péniche. Michele et Giorgetta ne font pas très attention à eux, mais elle propose de leur offrir à boire avant leur départ. Michele veut embrasser sa femme. Elle ne lui tend que la joue et, déçu, il descend à terre. Les travailleurs entourent Giorgetta et boivent à sa santé sur une mesure à trois temps bien marquée. Un joueur d'orgue de Barbarie passe sur le quai, et Luigi lui demande de leur jouer quelque chose. Giorgetta avoue ne comprendre qu'une

sorte de musique, celle qui lui donne
envie de danser.

La phrase sera développée plus tard,
dans sa scène d'amour avec Luigi.

Tinca se propose aussitôt comme
partenaire. Mais il est trop maladroit,
Luigi le repousse pour prendre sa place
et serre Giorgetta dans ses bras. Talpa
voit Michele revenir, et ils s'arrêtent
aussitôt de danser. Les travailleurs
disparaissent. Giorgetta demande à
son mari des détails sur le programme
du lendemain, car ils partent pour
Rouen. Il répond qu'il emmènera les
trois hommes qui ont travaillé pour
lui à Paris, Tinca, Talpa et Luigi.

Arrivée de Frugola, la femme de
Talpa. Elle parle de son métier de
chiffonnière. L'être qu'elle préfère est
son chat, pour qui elle achète la meilleure viande. Talpa, Tinca et Luigi
remontent de la cale avec d'autres
déchargeurs, et Tinca explique qu'il
boit pour oublier ses malheurs. Luigi
enchaîne : c'est vrai, leur condition est
misérable (« Hai ben ragione »). La
seule solution, dit Tinca, est de faire
comme lui : boire !

Talpa et Frugola s'apprêtent tristement à rentrer chez eux, rêvant de la
villa à la campagne qu'ils ne pourront
jamais s'offrir. Giorgetta, pour sa part,
rêve que Michele abandonne un jour
son existence nomade pour se fixer
quelque part : « E ben altro il mio
sogno ». C'est l'un des passages les
plus ornés de la partition. Luigi se joint
à elle pour affirmer que la vie qu'ils
menaient auparavant était beaucoup
plus agréable : « Ma chi lascia il sob-
borgo ».

Giorgetta et Luigi écoutent les voix
qui chantent dans les coulisses (Ex. 1).
Giorgetta le repousse et Luigi se plaint

de l'obstacle qui les empêche de vivre
ensemble (leur duo repose sur l'Ex. 2).
Michele les interrompt en remontant de
la cale. Luigi lui demande de le laisser
à terre le lendemain, à Rouen, il veut
y tenter sa chance comme manœuvre.
Michele le lui déconseille fortement,
et Luigi accepte de travailler pour lui.
Michele part se coucher. Au cours de
leur duo, Luigi accepte de venir retrouver Giorgetta dans une heure.
Comme la nuit précédente, elle cra-
quera une allumette pour lui indiquer
que la voie est libre.

Michele revient et s'approche d'elle
avec un geste affectueux. Ne peuvent-
ils pas revivre leur amour d'autrefois,
éteint depuis la mort de leur enfant ?
« Perchè, perchè non m'ami più ? » –
(Pourquoi ne ne m'aimes-tu plus ?,
Pourquoi ne viens-tu plus jamais te
réchauffer sous ma houppelande ?)
« Resta vicino a me » (Reste auprès de moi), supplie-t-il. Mais
Giorgetta explique cyniquement que
s'ils ne s'aiment plus comme avant,
c'est qu'ils vieillissent.

Dès qu'elle a disparu, il s'exclame,
furieux : « Espèce de putain ! » Il
regarde par la fenêtre et voit que
Giorgetta, toujours habillée, semble
attendre quelqu'un. Il passe en revue
tous les hommes qu'elle côtoie, mais
aucun ne lui semble plausible. Son
monologue est d'une grande puissance,
et sa colère croissante admirablement
soutenue par l'orchestre.

Il craque une allumette pour allumer
sa pipe, donnant ainsi, sans le savoir, le
signal convenu entre les deux amants. Il
bondit dans l'obscurité sur la silhouette
qui rampe vers le bateau, c'est Luigi. Il
le force à avouer et l'étrangle. Quand
Giorgetta apparaît, attirée par le bruit,
il jette sa houppelande sur le corps et
reste debout comme si de rien n'était.
Giorgetta vient vers lui et demande à
se réchauffer sous la houppelande.
Avec un cri terrible, il soulève la cape
et découvre ce qu'elle cache.

H.

Suor Angelica
Sœur Angelica

Opéra en 1 acte de Puccini; liv. de G. Forzano. Créé au Metropolitan, New York, 14 décembre 1918, avec Farrar, Perini, dir. Moranzoni (en même temps que les premières de Gianni Schicchi et Il Tabarro). Rome, 1919, avec dalla Rizza, dir. Marinuzzi; Buenos Aires, 1919, avec Mazzoleni, dir. Serafin; Covent Garden, 1920, avec dalla Rizza; la Scala, Milan, 1922, avec Carena, Casazza, dir. Panizza. Reprises : La Scala, 1936, avec Oltrabella, Casazza, dir. Marinuzzi; 1944, avec Oltrabella, Palombini, dir. Marinuzzi; Covent Garden, 1965, avec Carlyle, Fisher, dir. Pritchard. Première du Triptyque à Paris, Opéra-Comique, 1967, dir. de Almeïda.

PERSONNAGES

SŒUR ANGELICA (soprano); LA PRINCESSE, *sa tante* (contralto); L'ABBESSE (mezzo-soprano); LA QUÊTEUSE (soprano); LA MAÎTRESSE DES NOVICES (mezzo-soprano); SŒUR GENEVIÈVE (soprano); SŒUR OSMINE (soprano); SŒUR DULCINÉE (mezzo-soprano); LES SŒURS ASPIRANTES (mezzo-soprano); LA SŒUR INFIRMIÈRE (soprano).

Des novices, des sœurs.

Le cloître d'un couvent, au XVIIIe siècle.

Née dans une noble famille florentine, sœur Angelica a pris le voile pour expier le scandale qui a brisé sa vie : elle est mère célibataire. Elle a passé sept ans dans le silence et la paix du couvent, passant du repentir au désir de revoir son enfant. L'abbesse lui annonce que sa tante, la princesse, vient lui rendre visite, et lui recommande de se montrer humble et respectueuse.

La princesse est venue trouver Angelica pour qu'elle signe un document relatif au prochain mariage de sa sœur. Elle lui fait bien comprendre que sa vie doit être pour toujours entièrement consacrée à l'expiation. Quand Angelica lui demande des nouvelles de l'enfant, la princesse lui répond froidement qu'il est déjà mort depuis deux ans.

Désespérée, Angelica décide de se tuer. Elle cueille des fleurs et des herbes et prépare un breuvage empoisonné qu'elle boit. Elle prie ensuite la Vierge de ne pas la laisser mourir en état de péché mortel. La Vierge lui apparaît alors, s'avançant vers elle en tenant un enfant par la main. Un chœur invisible s'élève pendant qu'elle meurt.

Cet opéra n'a jamais eu de succès, et seule la complainte d'Angelica, « Senza Mamma », a connu la popularité des autres arias de Puccini.   H.

Gianni Schicchi

Opéra en 1 acte de Puccini, liv. de G. Forzano. Créé au Metropolitan, New York, 14 décembre 1918, avec Easton, Crimi, de Luca, dir. Moranzoni. Rome, 1919, avec dalla Rizza, di Giovanni (Edward Johnson), Galeffi, dir. Marinuzzi; Buenos Aires, avec Vanni Marcoux, dir. Serafin; Covent Garden, 1920, avec dalla Rizza, Tom

Burke, Badini, dir. Bavagnoli; Paris, Opéra-Comique, 1922; la Scala, Milan, 1922, avec Di Voltri, Marion, Badini, dir. Panizza. Reprises : Covent Garden, 1926, avec Torri, Minghetti, Badini; 1931, dir. Barbirolli; Paris, Opéra-Comique, 1932, 1937; la Scala, 1928, avec Galeffi; 1944, avec Menotti, Malipiero, Stabile, dir. Marinuzzi; 1947, avec Forti, Sinimberghi, Stabile, dir. Capuana; Metropolitan, 1936, avec Tibbett; 1944, avec Albanese, Martini, Baccaloni; Sadler's Wells, 1935 (en angl.), dir. Menges; Covent Garden, 1962, avec Joan Carlyle, André Turp, Geraint Evans, dir. Solti. Première du Triptyque à Paris, Opéra-Comique, 1967, dir. de Almeïda.

PERSONNAGES

GIANNI SCHICCHI, *50 ans* (baryton); LAURETTA, *sa fille, 21 ans* (soprano); LA FA-MILLE DE BUOSO DE DONATI : ZITA, *surnommée La Vieille, cousine de Buoso, 60 ans* (contralto); RINUCCIO, *neveu de Zita, 24 ans* (ténor); GHERARDO, *neveu de Buoso, 40 ans* (ténor); NELLA, *sa femme, 34 ans* (soprano); GHERARDINO, *leur fils, 7 ans* (alto); BETTO DI SIGNA, *beau-frère de Buoso, pauvre, mal vêtu, sans âge* (basse); SIMONE, *cousin de Buoso, 70 ans* (basse); MARCO, *son fils, 45 ans* (baryton); LA CIESCA, *femme de Marco, 38 ans* (mezzo-soprano); MAÎTRE SPINELLOCCIO, *médecin* (basse); SER AMANTIO DI NICOLAO, *notaire* (baryton); PINELLINO, *cordonnier* (basse); GUCCIO, peintre (basse).

A Florence, en 1929.

Gianni Schicchi est un personnage historique, cité dans le 30e Chant de *L'Enfer* de Dante, où il apparaît, « forme nue et blême » aux côtés de l'incestueuse Myrrha de Chypre (le lien entre eux est que tous deux ont pris la forme de quelqu'un d'autre pour parvenir à leurs fins).

Quelques mesures rapides sont jouées avant le lever du rideau. Dès le début de l'action, leur élan est brisé, cédant la place à une complainte en mineur. Une figure évoquant un petit rire (suggestion d'Ernest Newman) indique la présence de Gianni Schicchi.

Une chambre à coucher de la maison de Buoso Donati, qui vient de mourir. Son corps est allongé sur un lit, et toute sa famille est agenouillée, se comportant avec la solennité requise — sauf Gherardino, que cette mise en scène ennuie profondément. Une nouvelle se répand : « Le bruit court que la fortune de Buoso irait aux moines. » La famille endeuillée se tourne vers Simone, leur doyen et le plus sage d'entre eux, autrefois maire de Fucecchio. Simone déclare qu'il n'y a rien à faire si le testament est déjà entre les mains des hommes de loi. Mais s'il est encore dans la pièce, tout n'est pas perdu.

La chasse au testament commence, de plus en plus fiévreusement car chacun, tour à tour, croit l'avoir trouvé. Rinuccio le brandit enfin triomphalement. Avant de le leur remettre, il veut être récompensé : qu'on lui accorde la main de Lauretta, la fille de Gianni Schicchi. Rinuccio envoie Gherardino chercher Schicchi et sa fille; et l'on ouvre enfin le testament. Il est adressé à Zita et à Simone; au fur et à mesure de sa lecture, ils réalisent ce qu'il contient avec une horreur croissante. Le bruit qui courait à Signa était vrai. Ils maudissent les moines qui vont s'enrichir avec leurs parts. Qui aurait pensé, se dit Zita, qu'ils pleureraient autant à la mort de Buoso ?

Une pensée semble tous les frapper en même temps; si seulement il était possible... Ils s'en ouvrent à Simone, qui estime ne rien pouvoir faire. Rinuccio suggère que le seul homme capable de les aider est Gianni Schicchi. Zita déclare avec agacement qu'ils ont assez entendu parler de lui et de sa fille pour le moment. Mais Gherardino fait irruption dans la pièce et annonce que Schicchi est en route. Il vante l'esprit rusé et plein de ressources de Schicchi et les prie de ne plus médire de ses modestes origines. Leur majestueuse cité ne prend-elle pas racine, également, dans la campagne ? Le chant de Rinuccio, « Firenze è come un albero fiorito », a une saveur antique, comme une chanson traditionnelle. Il y a en son milieu une grande phrase qui s'épanouira plus tard dans le célèbre air de Lauretta.

Gianni Schicchi arrive avec sa fille et, voyant la triste mine de ceux qui l'accueillent, se demande si cela signifie que Donati va mieux. On lui explique le contenu du testament; il en déduit qu'ils sont tous déshérités. Zita répète le mot et lui dit d'un air pincé qu'il peut s'en retourner avec sa fille; jamais son neveu n'épousera une « rien du tout ». Schicchi, furieux, se répand en invectives contre la vieille chipie qui serait capable de sacrifier le bonheur de deux jeunes gens. Un ensemble se développe, au milieu duquel les amants pleurent leur rêve évanoui. Rinuccio empêche Schicchi de partir et lui demande de jeter un coup d'œil sur le testament. Schicchi est réticent, mais cède quand sa fille le supplie avec Rinuccio. « O mio babbino caro » (O mon cher père), construit sur la phrase de la mélodie de Rinuccio, mais en la bémol, et non plus en si bémol, est devenu très populaire. Dans ce contexte, son charme lyrique doit être considéré comme un chef-d'œuvre d'écriture ironique.

Schicchi étudie le testament en faisant les cent pas. Il finit par déclarer :

« On ne peut rien faire », et les amants poussent des cris de consternation. Deuxième lecture, même conclusion, nouveaux sanglots. Mais une lueur d'espoir éclaire l'esprit agile de Schicchi — et les amants réagissent en conséquence. Schicchi demande si qui que ce soit, à part eux, sait que Buoso est mort. Personne, lui répondent-ils. Alors, il y a de l'espoir. Que l'on enlève aussitôt tous les ornements funéraires, ordonne-t-il (au son d'une marche d'enterrement en sourdine).

Le médecin arrive. Schicchi se cache derrière les rideaux du lit et répond aux questions du docteur en contrefaisant la voix de Donati. Tous voient le docteur partir avec soulagement. Schicchi dévoile son plan : qu'on aille quérir un notaire sous prétexte que Donati a eu une rechute et souhaite faire son testament. Le monologue de Schicchi est un modèle d'astuce et d'humour. A la fin, tous les parents de Buoso crient de joie, et l'ensemble se développe à une vitesse vertigineuse, chacun félicitant Schicchi de ce plan ingénieux. Tous réunis, ils demandent que l'héritage soit divisé en parts égales; mais chacun s'adressant à lui séparément le supplie de lui réserver l'essentiel. Schicchi se moque d'eux tous, juste à ce moment le glas retentit — mais ce n'est que pour un domestique du maire, et ils poussent un soupir de soulagement. Simone suggère que le partage soit laissé à l'appréciation de leur ami. Mais au moment où Schicchi revêt la chemise de nuit de Buoso, chacun tour à tour essaie de le convaincre — moyennant récompense — de lui attribuer la part convoitée. Il promet à chacun ce qu'il demande. Dès qu'il est prêt, Zita, Ciesca et Nella l'entourent, et admirent sa mise en scène. Elles chantent un chœur de louanges en son honneur.

Avant de se coucher, il les met en garde contre les dangers de leur entreprise. La loi prévoit des sanctions contre ceux qui falsifient les testaments — l'exil, et l'amputation de la main droite du coupable et de ses complices. Avec une solennité feinte, il dit tristement adieu à leur belle cité. La famille, convaincue par son argument, répète après lui : « Adieu, chère ville de Florence... Je te salue de mon pauvre bras sans main. »

Ad-dio, Fi- ren   ze, ad- dio, cie-lo di- vi- no.

On fait entrer le notaire et les deux témoins. Schicchi répond à leurs questions d'une voix faible, et ils élaborent le nouveau testament en faisant toutes sortes de mines comiques. Les funérailles modestes qu'il suggère rassurent entièrement la famille. Il fait ensuite un petit legs à chacun d'eux — jusqu'au moment où ils réalisent qu'il ne reste plus que les biens de valeur à distribuer — la villa de Florence, les moulins de Signa et la mule. Au milieu des protestations de la famille, il lègue ces derniers biens à son « ami dévoué, Gianni Schicchi », affirmant, à chaque fois qu'on l'interrompt, qu'il sait fort bien ce qui est bon pour Schicchi. Quand les protestations deviennent trop violentes, il chante une ou deux mesures de « l'adieu à Florence », et ils ne comprennent que trop bien qu'ils ont été pris à leur propre piège et n'y

peuvent rien. Pour que la leçon soit complète, il ordonne à Zita de donner 20 florins à chaque témoin, et 100 au notaire.

Dès le départ de celui-ci, les parents de Donati se précipitent sur Schicchi et arrachent sa chemise. Il saisit alors la canne du mort et distribue quelques bons coups de part et d'autre avant de les chasser tous de ce qui est maintenant sa maison. Ils essaient de piller les lieux avant de partir et, tandis que Lauretta et Rinuccio chantent leur bonheur futur, Schicchi va récupérer quelques objets volés. Il revient sur scène les bras chargés et se tourne vers le public : « Pouvait-on faire meilleur usage de l'argent de Buoso ?... Si vous avez apprécié cette soirée, vous n'hésiterez pas, j'en suis sûr, à m'accorder les « circonstances atténuantes ».

La dette de Puccini envers le *Falstaff* de Verdi est évidente, mais on ne peut nier qu'il ait écrit une musique habile et brillante. Elle ne peut rivaliser, il est vrai, ni en grandeur ni en humanité avec le chef-d'œuvre de Verdi. *Gianni Schicchi* utilise une facette de son talent qui n'était jusque-là apparue que dans l'ensemble de *La Bohème* et l'entrée du sacristain dans *Tosca*. Dans *Schicchi*, cependant, l'esprit est plus mordant, et le tempo plus vif que dans ses autres œuvres.

H.

Turandot

Opéra en 3 actes de Puccini; liv. d'Adami et Simoni, d'après la fable de Gozzi. Créé à La Scala, Milan, 25 avril 1926, avec Raisa, Zamboni, Fleta, Rimini, Nessi, Palai, Carlo Walter, dir. Toscanini. Rome, 1926, avec Scacciati, Torri, Merli, dir. Vitale; Buenos Aires, 1926, avec Muzio, Pampanini, Lauri-Volpi, dir. Marinuzzi; Metropolitan, 1926, avec Jeritza, Attwood, Lauri-Volpi, dir. Serafin; Covent Garden, 1927, avec Scacciati (puis Easton), Schoene, Merli, dir. Bellezza; Opéra de Paris, 1928, avec Beaujon et Thill, version fr. de P. Spaak, dir. Gaubert. Reprises : Covent Garden, 1929, avec Eva Turner; 1931, avec Nemeth, Norena, Cortis, dir. Barbirolli; 1937, avec Turner, Favero, Martinelli; 1946, avec Turner, Terry, Midgley, dir. Lambert; 1963, avec Shuard, Kabaivanska, Prevedi, dir. Downes; 1967, avec Nilsson, McCracken, dir. Mackerras; Metropolitan, 1961, avec Nilsson, Moffo, Corelli, dir. Stokowski; Opéra de Paris, 1968, avec Nilsson, Guiot, King, dir. Prêtre. Autres grands interprètes du rôle de Turandot : Mafalda Salvatini, Cigna, Grob-Prandl, Borkh, Rysanek.

PERSONNAGES

LA PRINCESSE TURANDOT (soprano); L'EMPEREUR ALTOUM (ténor); TIMUR, *roi de Tartarie en exil* (basse); CALAF, *son fils* (ténor); LIÙ, *une esclave* (soprano); PING, *Grand Chancelier de Chine* (baryton); PANG, *Grand maître des provisions* (ténor); PONG, *Grand maître de la cuisine impériale* (ténor); UN MANDARIN (baryton).

A Pékin, dans l'Antiquité.

Turandot est inspiré d'un conte de fées ancien où une cruelle princesse orientale tuait tous ceux qui l'aimaient. La beauté de la princesse Turandot est légendaire, ses prétendants viennent de tous les pays pour la courtiser à Pékin. Mais avant de l'approcher, ils doivent subir une épreuve. S'ils peuvent résoudre trois énigmes, ils obtiendront à la fois la main de la princesse et le trône de Chine. Mais s'ils échouent, ce sera la mort.

Au lever du rideau, la foule attend le résultat d'une épreuve. Quand un mandarin leur apprend que le prince de Perse a échoué et doit par conséquent mourir, leur joie ne connaît plus de limites. Ils échangent des plaisanteries grossières avec le bourreau, et guettent avidement l'apparition de la lune, qui donnera le signal de l'exécution.

Au milieu de la foule se trouve Timur, roi de Tartarie, aveugle et banni de son pays, qu'accompagne une fidèle esclave, Liù. Sa joie de retrouver son fils, Calaf, qu'il croyait mort, n'est pas sans ombre : les conspirateurs qui ont usurpé le trône de Tartarie n'hésiteraient pas à assassiner Calaf s'ils le savaient seul et sans défense. C'est pourquoi Timur décide de garder secrets son nom et son titre. Il raconte à Calaf comment il s'est enfui, aidé seulement par Liù. Pourquoi a-t-elle pris ce risque ? demande Calaf. Parce que je lui ai un jour souri, au palais, répond Timur.

L'assistance presse le bourreau d'affûter l'épée rituelle (« Gira la cote »). La lune se lève enfin et tandis que la funèbre procession, conduite par la silhouette pathétique de la victime, s'avance, la foule se ravise et demande le pardon. Calaf maudit la beauté qui envoie à l'échafaud des amants nobles et innocents. Turandot apparaît un instant au balcon du palais et des cris s'élèvent en faveur du condamné. D'un geste, la princesse confirme la sentence de mort, et la procession se remet en marche.

Mais la beauté de Turandot a fait une autre victime. Depuis qu'il l'a vue, Calaf n'a plus qu'un désir : la conquérir. Il décide de se soumettre à l'épreuve.

Son père et Liù, qui est éprise de lui, le supplient vainement de renoncer à ce projet. Les trois ministres de la maison impériale, Ping, Pang et Pong, avancent des arguments concrets. Ils font leur entrée sur cet air caractéristique.

Dans un passage délicieux, Liù fait une dernière tentative pathétique pour le dissuader : « Signore, ascolta » (Seigneur, écoute-moi).

Calaf la console dans l'aria : « Non piangere, Liù » (Ne pleure pas, Liù); mais sa décision est prise, et il donne le signal qui annonce l'arrivée d'un nouveau prétendant à la main de Turandot.

Acte II. Dans un pavillon, les trois ministres Ping, Pang et Pong (réincarnation des personnages de la *Commedia dell' Arte)* se lamentent sur le malheur de la Chine.

C'est la fin de la monarchie, disent-ils. Les têtes tombent comme des pommes trop mûres et personne n'est capable de donner la paix au pays bouleversé. Ils évoquent avec nostalgie leur foyer lointain. La musique suggère de façon remarquable les différentes natures des trois dignitaires. Si la scène des énigmes est le mouvement lent de l'opéra, celle-ci en est certainement le *scherzo.*

Roulements de tambour. L'heure de l'épreuve approche. Résignés, ils se préparent à assister à la « dernière torture ». Une marche majestueuse retentit. La salle du trône où l'épreuve va se dérouler.

Le vieil empereur, entouré de ses sages et de ses gardes, domine l'assemblée. Calaf est introduit avec des nobles et des soldats qui portent d'étranges bannières. Turandot arrive enfin. Quand les courtisans ont fini d'acclamer l'empereur, celui-ci demande à Calaf de renoncer à cette épreuve. Turandot a maintenant fait trop de victimes. Calaf refuse. La princesse raconte alors l'histoire de son aïeule qui, « il y a des milliers d'années », fut trahie par un conquérant étranger : il mit la ville à sac et l'emmena loin en exil, où elle mourut de chagrin : « In questa reggia ». C'est pour la venger que Turandot a imaginé cette épreuve. Elle conseille également à Calaf de renoncer et l'avertit : si les énigmes sont au nombre de trois, il n'a que peu de chance d'échapper à la mort. Calaf lui répond avec une certaine emphase et une grande confiance,

et leurs voix s'unissent, atteignant un do aigu.

La première énigme est à peine posée que Calaf y a répondu. Le « fantôme qui naît chaque nuit et meurt chaque jour est ce qui m'inspire aujourd'hui, dit Calaf : c'est l'Espoir ». Turandot, inquiète de le voir trouver si rapidement, se hâte de lui poser la deuxième : « Dites-moi ce qui par moments ressemble à une fièvre, mais refroidit quand vous mourez, et s'enflamme si vous songez à de grandes actions. » Calaf hésite à peine et répond : le sang. Les courtisans, enthousiasmés, encouragent le candidat : « Courage, liseur d'énigmes ! » Turandot réclame le silence et énonce la troisième énigme : « Quelle est la glace qui peut vous enflammer ? » Calaf semble désarçonné, et elle se moque de lui : « Vous avez peur, la mort est proche ». Mais Calaf devine bientôt : « Vous êtes la glace qui m'enflamme »; la dernière réponse est « Turandot ». Il sort vainqueur de l'épreuve et les courtisans le félicitent. Mais il n'a pas encore conquis Turandot.

Prise de peur et de colère, elle supplie l'empereur de ne pas la céder au prince étranger comme une vulgaire esclave : elle en mourrait de honte. L'empereur répond que sa parole est sacrée, et que l'épreuve a été loyalement passée. Calaf, magnanime, vient à son secours : « J'ai résolu les énigmes, dit-il; mais si avant demain matin vous découvrez un seul secret — le nom que je porte, et que vous ne connaissez pas — je serai prêt à mourir comme je serais mort si j'avais échoué. »

Acte III. Même décor que l'acte II. Il fait nuit et l'on entend la voix des mandarins : Turandot a ordonné que personne ne dorme à Pékin tant qu'on n'aura pas découvert le nom de l'étranger. Quiconque enfreindra cet ordre sera puni de mort. Calaf entend cette proclamation, mais reste impassible. Dans une délicieuse aria, il affirme qu'il sera le seul à révéler ce secret : « Nessun dorma » (Personne ne dormira). Quand le soleil se lèvera, Turandot deviendra sa femme.

Ping, Pang et Pong viennent lui offrir tout ce qu'il peut désirer et la liberté en échange de son nom. Calaf ne se laisse émouvoir par aucune promesse ou menace. Les gardes de Turandot ont arrêté Timur et Liù, que l'on avait vus parler à Calaf. Turandot demande que Timur soit torturé. Craignant pour la vie du vieil homme, Liù s'avance courageusement : « Je suis la seule à connaître le nom de l'étranger. » Mais elle refuse de parler sous la torture. « Qui te donne la force de résister ainsi ? demande Turandot. — « L'amour, princesse » (« Tanto amore segreto »). On appelle le tortionnaire, mais Liù déclare qu'elle n'en peut supporter plus. Elle s'adresse directement à Turandot : « Tu, che di gel sei cinta » (Toi, dont le cœur est de glace). Cette aria constitue le sommet émotionnel de l'opéra. Liù représente les vertus féminines dont Turandot est si évidemment dépourvue, et Puccini a admirablement rendu

les vertus de sa dernière « héroïne frêle ». A la fin de son aria, elle saisit le poignard d'un soldat et se frappe au cœur. Timur est saisi d'une grande colère. On emporte le corps. La foule sort. Turandot et Calaf restent seuls.[1]

Calaf reproche à la princesse sa cruauté. Puis il la prend dans ses bras et l'embrasse. Sans défense, Turandot abandonne toute idée de vengeance, toute férocité et tout courage. L'aube annonce un jour nouveau. Turandot pleure dans les bras de Calaf : « Del primo pianto ». Le règne de Turandot a cessé. Elle demande humblement à Calaf de lui révéler son secret. Il sait qu'il l'a conquise, et lui dit : « Je n'ai plus de secret. Je suis Calaf, le fils de Timur. Je vous offre mon nom, et avec lui, ma vie. »

Des trompettes annoncent que la Cour se rassemble. Dans la salle du trône, Turandot s'adresse à l'empereur et aux courtisans : « Je connais le secret de l'étranger — son nom est — Amour. »

Dans *Turandot,* la structure harmonique est plus audacieuse et plus riche que dans les autres opéras de Puccini, mais sa foi en la puissance de la mélodie est restée intacte. Pourtant, il avait rêvé de faire pour le dernier duo quelque chose d'inédit et d'inégalé. Le duo final aurait été le point culminant de l'œuvre, tout comme le duo d'amour de *Tristan* en est le point crucial. Mais il n'eut pas le temps de l'écrire.

F.B.

---

1. On a seulement retrouvé quelques esquisses du dernier duo à la mort du compositeur. C'est d'elles que M. Alfano s'est inspiré pour écrire les dernières scènes.

FRANCESCO CILEA
(1866-1950)

Adriana Lecouvreur
Adrienne Lecouvreur

Opéra en 4 actes de Francesco Cilea; liv. de Colautti, d'après la pièce de Scribe et Legouvé. Créé le 26 novembre 1902 au Teatro Lirico, Milan, avec Pandolfini, Ghibaudo, Caruso, de Luca, dir. Campanini; Covent Garden, 1904, avec Giachetti, Anselmi, Sammarco, dir. Campanini; Metropolitan, 1907, avec Cavalieri, Caruso, Scotti, dir. Ferrari. Reprises : la Scala, Milan, 1932, avec Cobelli, Pederzini, Pertile, Ghirardini, dir. Ghione; 1939, avec Oltrabella, Elmo, Voyer, Valentino; 1942, avec Cobelli; 1945, avec Favero; Rome, 1952, avec Caniglia, Benedetti, Campora, Gobbi; Metropolitan, 1963, avec Tebaldi, Corelli; Festival d'Edimbourg, 1963, (par le San Carlo de Naples) avec Magda Olivero, Lazzarini, Oncina, Bruscantini. Magda Olivero s'est rendue particulièrement célèbre par son interprétation du rôle d'Adrienne Lecouvreur.

PERSONNAGES

MAURIZIO, *comte de Saxe* (ténor); LE PRINCE DE BOUILLON (basse); L'ABBÉ DE CHAZEUIL (ténor); MICHONNET, *régisseur à la Comédie-Française* (baryton); QUINAULT et POISSON, *membres de la troupe* (basse, ténor); MAJORDOME (ténor); ADRIENNE LECOUVREUR (soprano); LA PRINCESSE DE BOUILLON (mezzo-soprano); MLLE JOUVENOT et MLLE DANGEVILLE, *membres de la troupe* (soprano, mezzo-soprano); UNE FEMME DE CHAMBRE.
Dames et gentilshommes, domestiques.

A Paris, en 1730.

Acte I. Le foyer de la Comédie-Française. Des acteurs sur le point d'entrer en scène demandent à Michonnet une épée, un chapeau ou un manteau, il se plaint de devoir tout faire en même temps. Le prince de Bouillon entre avec l'Abbé et salue les comédiens. Les visiteurs s'étonnent de voir la salle si pleine. Rien d'étonnant à cela, commente Michonnet, puisque Duclos et Adrienne Lecouvreur jouent ce soir. Adrienne entre, répétant sa tirade. Elle accueille modestement les compliments qu'on lui fait et déclare n'être que la servante de l'art : « Io son l'umile ancella ». Cet air réapparaît tout au long de l'œuvre comme le thème d'Adrienne.

Elle déclare que Michonnet est son meilleur ami, et le fidèle régisseur en pleure d'émotion. Une fois seul, il en avoue la raison : il aime Adrienne depuis le jour où elle est entrée dans la Maison — mais osera-t-il le lui dire ? Il commence à peine qu'elle avoue être amoureuse d'un cavalier inconnu, attaché au comte de Saxe. L'instant suivant, le cavalier inconnu est auprès d'elle et lui chante un *arioso* passionné : « La dolcissima effigie ». Adrienne lui promet de ne jouer que pour lui, et lui donne, avant de le quitter, des violettes pour sa boutonnière.

Le prince entre, accompagné de l'Abbé, qui lit une lettre qu'ils ont interceptée. Elle est signée par la

Adriana.

princesse, et comme elle fixe un rendez-vous pour onze heures à la villa de la maîtresse du prince, la comédienne Duclos, ils sont persuadés que cette dernière l'a écrite. Des comédiens les entendent mettre au point un plan pour surprendre les amoureux, et un ensemble animé se développe.

Acte II. La princesse de Bouillon — qui a organisé le rendez-vous — révèle dans son grand monologue ses tourments amoureux : « Acerba voluttà ». Maurizio arrive et s'excuse de son retard : on le suivait. Elle remarque les violettes et demande si elles sont pour quelque chose dans ce retard. Il répond les avoir apportées à son intention : « L'anima ho stanca ».

Ils sont interrompus par l'arrivée d'une voiture. La princesse se cache, et le prince de Bouillon, accompagné de l'Abbé, ne trouve que Maurizio dans la pièce. S'étant moqués de lui, ils s'étonnent qu'il parle de duel. Pourquoi faire autant d'histoires ? Le prince est las de La Duclos; pourquoi le comte de Saxe ne la prendrait-il pas pour maîtresse ? Maurizio commence à comprendre. L'instant suivant, Adrienne est introduite dans la pièce. On les présente. Elle s'étonne : celui qu'elle prenait pour un aide de camp est le comte de Saxe lui-même. Le prince et l'Abbé sortent et Adrienne se trouve seule avec Maurizio.

Ils répètent leurs déclarations passionnées dans un bref duo. Michonnet entre et demande à parler à Duclos, car il faut prendre une décision avant le matin au sujet d'un nouveau rôle. Elle est ici, dit l'Abbé. Maurizio veut le faire taire, mais Michonnet décide d'agir : il se dirige d'un pas ferme vers la pièce que Maurizio a essayé de protéger. Maurizio jure à Adrienne que Duclos ne s'y trouve pas — d'ailleurs, il avait ici rendez-vous pour des questions politiques, et pas pour une affaire de cœur. Elle le croit. Quand Michonnet ressort déclarant que La Duclos n'y était pas, l'Abbé demande à connaître l'identité de la dame qui s'y trouve.

Adrienne empêche Michonnet de parler, décidée à servir la cause de Maurizio et à aider la mystérieuse dame.

Adrienne frappe à la porte et dit à la dame qui se trouve dans la pièce qu'elle peut l'aider à s'enfuir grâce aux clés du jardin, qui sont en sa possession. La princesse la presse de questions et finit par avouer qu'elle aime Maurizio. Adrienne répond fièrement que c'est elle qu'il aime, sur l'air de leur duo d'amour. La princesse s'échappe juste au moment où le prince et sa suite reviennent.

Acte III. On prépare une soirée dans l'hôtel de la princesse de Bouillon. Elle se demande où elle a déjà entendu la voix de sa rivale. Les invités arrivent. Adrienne, que la princesse reconnaît aussitôt, chante l'air qui accompagnait au premier acte les paroles « Io son l'umile ancella ». La princesse glisse que Maurizio a été gravement blessé dans un duel, et Adrienne laisse apparaître son émotion. Maurizio entre, et tous le pressent de raconter ses batailles. Pendant que l'on danse un intermède, la conversation continue, se terminant par une joute de mots d'esprit entre la princesse et Adrienne.

Acte IV. Même décor qu'à l'acte I. Michonnet attend Adrienne, qui arrive enfin, complètement désespérée. Plusieurs comédiens viennent lui souhaiter son anniversaire, et l'on apporte un panier. Adrienne l'ouvre, il contient des violettes, celles-là mêmes données la veille à Maurizio, maintenant fanées et flétries. Elle s'adresse tristement aux fleurs, car elle y voit le symbole de l'amour éteint de Maurizio : « Poveri fiori ». Michonnet essaie de la consoler. Il sourit, car on entend la voix de Maurizio approcher. Adrienne ne peut résister à ses déclarations passionnées, surtout quand il propose de l'épouser. Il lui confie que ses revendications ont été écoutées et qu'il a recouvré les titres auxquels il avait droit. Elle essaie un moment de l'impressionner en déclarant que la scène est la seule chose qui compte dans sa vie — mais l'amour l'emporte.

Soudain, elle pâlit, et Maurizio l'empêche de tomber. Elle pense que cela est dû aux fleurs qu'il lui a renvoyées. Il nie avoir fait une telle chose. Adrienne souffre terriblement; bientôt,

elle ne reconnaît plus son amant. Il demande du secours. Michonnet entre et suggère que les fleurs ont été empoisonnées par une rivale. Après une dernière convulsion Adrienne meurt dans leurs bras. La vengeance de la princesse est complète.

H.

FERRUCCIO BUSONI
(1866-1924)

Turandot

Fable chinoise en 2 actes, d'après Gozzi; musique de Busoni, liv. du compositeur. La musique fut développée à partir de petites pièces destinées à la mise en scène de Reinhardt pour la pièce de Gozzi à Berlin, en 1911. Créé à Zürich, 11 mai 1917. Francfort, 1918; Berlin, 1921, avec Lola Artôt de Padilla, Ober, dir. Blech. Reprises : Fest. de Venise, 1940, dir. Previtali; Hambourg, 1948, dir. Grüber; la Scala, 1962, avec Kabaiwanska, Cioni, dir. Sanzogno; Berlin, Opéra allemand, 1966, dir. Patane; New York, Little Orchestra Society, 1967.

PERSONNAGES

L'EMPEREUR ALTOUM (basse); TURANDOT, *sa fille* (soprano); ADELMA, *sa confidente* (mezzo-soprano); CALAF, *jeune prince inconnu* (ténor); BARAK, *son fidèle serviteur* (baryton); LA REINE-MÈRE DE SAMARKAND, *négresse* (soprano); TRUFFALDINO, *chef des eunuques* (haute-contre); TARTAGLIA et PANTALONE, *ministres d'Altoum* (basses); HUIT DOCTEURS (ténors, basses); UNE CHANTEUSE (mezzo-sopano).
Des esclaves, pleureuses, eunuques, soldats; un prêtre, des danseurs.

En Extrême-Orient, dans l'Antiquité.

L'action suit le même développement que dans l'opéra, du même nom, de Puccini.

Acte I. Un rythme de marche introduit la *scène 1.* Calaf franchit les portes et célèbre avec transport la ville de Pékin. Son vieux serviteur, Barak, le reconnaît. Il le croyait mort. Calaf lui apprend que son père, Timur, est également vivant, et que lui-même est venu chercher fortune à Pékin. Barak lui raconte l'histoire de Turandot et

des énigmes. Calaf ne prend pas cela très au sérieux. Il voit cependant quelques têtes empalées sur des piques par ordre de Turandot. Barak lui désigne une procession qui passe au même moment, portant le deuil du prince de Samarkand, mis à mort le jour même. Les lamentations sont menées par la mère du prince, une négresse très âgée. A la fin, elle maudit Turandot et jette loin d'elle le portrait de la princesse. Barak fait remarquer que même le portrait de Turandot peut captiver ceux qui le regardent. Calaf, l'ayant contemplé, proclame dans un *arioso* son amour pour la princesse. Il décide de tenter sa chance.

Scène 2. Truffaldino s'avance devant le rideau et appelle les esclaves de sa voix de ténor flûtée.

Une musique lente et solennelle annonce l'arrivée de l'empereur Altoum, le père de Turandot, précédé des sages. Il déplore la cruauté de sa fille, tandis que ses deux conseillers, Pantalone et Tartaglia le bègue, personnages comiques, le couvrent de flatteries. Dans une brève aria, l'empereur prie Confucius d'accorder la victoire à l'étranger qui va passer l'épreuve. Calaf se jette à ses pieds. L'empereur, impressionné par sa contenance, le questionne. Calaf dit qu'il est prince, mais que son nom doit rester secret pour l'instant. Altoum lui conseille de renoncer au combat inégal qui l'attend, mais Calaf ne désire que Turandot, ou la mort. L'empereur lui offre honneurs et richesses s'il se désiste. Pantalone et Tartaglia insistent à leur tour, mais Calaf est inébranlable. Le brillant quatuor se termine sur une série de la aigus qui marquent la fermeté de sa décision.

Turandot entre, voilée. Elle demande qui ose opposer sa sagesse à la sienne mais, ayant vu l'étranger, reconnaît qu'il ne la laisse pas insensible. Le chœur admet avec douceur qu'il est différent des autres candidats. La confidente de la princesse, Adelma, reconnaît en lui le jeune homme qu'elle a autrefois aimé[1]. Calaf répète encore une fois qu'il n'y a pour lui qu'une alternative : Turandot ou la mort. Turandot répond que s'il meurt, elle mourra également.

L'empereur suggère que Turandot pose trois énigmes faciles pour respecter les formes de l'épreuve ; elle pourra ensuite épouser le prétendant inconnu. Mais la princesse refuse : les énigmes sont dictées par la loi. Truffaldino

sonne une cloche et annonce les énigmes l'une après l'autre. Elles sont d'un niveau plus métaphysique que dans l'opéra de Puccini ; les réponses sont, dans l'ordre : la Connaissance humaine, la Morale et l'Art. Quand Calaf répond correctement à la seconde, Turandot lui offre la liberté. Il refuse. Avant de poser la dernière question, Turandot ôte son voile et il semble bien que Calaf est perdu. Mais il se ressaisit et devine la dernière réponse.

L'empereur et son entourage se réjouissent du succès de Calaf. Turandot admet qu'elle a perdu, mais ne pouvant supporter une telle honte, décide de se tuer sur l'autel. Calaf considère sa victoire comme vaine si elle le hait toujours. Il lui donne une dernière chance en lui posant une énigme : comment se nomme-t-il ? Calaf se dit qu'en atteignant le sommet du bonheur, il n'a réussi qu'à être encore plus malheureux qu'avant.

Acte II. Le chœur chante devant le rideau qui se lève ensuite sur la chambre de Turandot. Des esclaves chantent et dansent pour distraire Turandot et Adelma, mais elle les renvoie brusquement. Elle ne parvient pas à comprendre ses propres sentiments : aime-t-elle l'étranger ? Elle sait qu'elle regrettera d'avoir cédé, aussi décide-t-elle de rester intransigeante : Turandot mourra pure. Sa grande aria est hautement dramatique, et tout aussi difficile que celle de Puccini en dépit d'une plus grande économie.

Truffaldino vient de conduire les hommes de Turandot, qui avaient pour tâche de découvrir le nom de l'étranger. Son aria est parfaitement écrite pour la voix haute et légère qui le caractérise. Quand il a demandé son nom à l'étranger, celui-ci a répondu « La Mort ou Turandot ».

L'empereur rend visite à sa fille. Il sait le nom de l'étranger mais ne le lui

---

1. C'est à partir de ce personnage que Puccini et son librettiste ont conçu le personnage tragique de Liù.

dira jamais. L'étranger lui est bien supérieur, et il est content de la voir humiliée aux yeux de tous. Turandot lui répond d'un ton acerbe qu'il regrettera ces paroles quand elle rencontrera l'étranger, le lendemain. Dans sa détresse, elle se tourne vers Adelma. Celle-ci lui confie que l'empereur n'est pas seul à connaître le nom de l'étranger. Dans un passage pathétique et fier, elle reproche à la princesse de la traiter d'« amie », tout en la gardant comme esclave en dépit de son sang royal. Lui accordera-t-elle la liberté si elle lui révèle le nom du prince ? Turandot proteste, mais Adelma lui avoue que le prince s'est moqué d'elle quand elle était plus jeune, aussi veut-elle se venger à tout prix. Turandot la salue comme sa sœur, et Adelma lui murmure le nom à l'oreille.

Un intermezzo introduit la dernière scène, qui se déroule dans la salle du trône. Des tambours battent le rythme d'une marche funèbre tandis que Pantalone et Tartaglia, consternés, se demandent ce que cela signifie. L'empereur leur répond : c'est pour Turandot, et pour personne d'autre.

La princesse acquiesce, et Calaf avoue être fort peiné du résultat de sa victoire. L'empereur demande que l'on joue une musique plus gaie, mais Turandot leur fait face : cette musique funèbre faisait partie de son plan, car elle voulait que sa revanche fût complète. Elle connaît le nom de l'étranger : Calaf ! Elle le renvoie, à la grande douleur de l'empereur. Le prince, sur le point de partir, déclare qu'il trouvera facilement la mort à la guerre. Au moment où il s'éloigne, Turandot l'appelle par son nom. Elle l'accepte pour époux, et les lamentations de tous se transforment en réjouissances.

H.

Arlecchino
Arlequin

Opéra en 1 acte de Busoni; liv. du compositeur. Créé à Zürich, 11 mai 1917, avec Alexander Moissi (Arlequin). Francfort, 1918; Berlin, 1921, dir. Blech; Vienne, 1926; Londres (B.B.C.), 1939; Festival de Venise, 1940, avec Tellini, Mazziotti, Gelli, dir. Gui; New York, Carnegie Hall, 1951; Glyndebourne, 1954, dir. Pritchard. Reprises : Berlin, Staatsoper, 1946, dir. Patane; Bologne, 1967, dir. Ceccato.

PERSONNAGES

SER MATTEO DEL SARTO, *tailleur* (baryton); ABBATE COSPICUO (baryton); DOTTOR BOMBASTO (basse); ARLEQUIN (acteur); LEANDRO (ténor); ANNUNZIATA, *femme de Matteo* (rôle muet); COLOMBINE, *femme d'Arlequin* (mezzo-soprano).

A Bergame, au XIXᵉ siècle.

Busoni a dit d'*Arlecchino* que c'était un caprice théâtral, *ein theatralisches Capriccio*.

L'œuvre est divisée en quatre parties, correspondant chacune à un aspect d'Arlequin; nous le voyons en mauvais garçon, en soldat, en époux et en conquérant. Une introduction rapide et animée conduit à la *scène 1*. Matteo travaille devant sa maison tout en lisant

Dante à haute voix. Par la fenêtre du premier étage, on voit Arlequin courtiser la femme de Matteo. Ce dernier commente sa lecture, qui lui rappelle l'opéra (l'orchestre joue un passage de « Fin ch'han dal vino » de *Don Giovanni*). Arlequin se demande comment il va s'en sortir. Finalement, il saute par la fenêtre disant à Matteo, étonné, d'un air agité : « Ne savez-vous pas que les barbares encerclent la ville ? » Le brave homme est tellement interloqué et effrayé qu'il en oublie l'atterrissage d'Arlequin. Dans sa confusion, Matteo laisse tomber la clé de la porte d'entrée. Arlequin la ramasse, ferme la porte de l'extérieur, met la clé dans sa poche, puis s'éloigne en chantant gaiement.

Le docteur et l'abbé s'approchent en discutant un peu à la manière du docteur et du capitaine dans *Wozzeck*. L'abbé chante les louanges de la Toscane et de son vin. Ils baissent le ton et appellent Matteo, qui n'est pas à sa place habituelle devant la maison. Dans un trio dominé par un rythme de marche, il leur explique que les barbares sont aux portes de la ville — leurs filles vont être enlevées et leurs amis tués ; pourquoi ne sont-ils pas déjà cachés eux-mêmes ? Ils annoncent qu'ils vont aller consulter le bourgmestre au sujet de l'invasion et disparaissent en riant dans la direction de la taverne.

Arlequin réapparaît déguisé en sergent recruteur, suivi de deux assistants. La musique est une référence parodique à la marche de *La Fille du Régiment*. Il dit à Matteo de rejoindre l'armée immédiatement et sans discussion. Matteo demande s'il peut emporter son Dante, et part entre les deux soldats.

L'orchestre entame un menuet tandis qu'Arlequin essaie la clé qu'il a fait copier sur celle de Matteo. Elle fonctionne à merveille. Au même moment, on l'appelle. Il se retourne, et se trouve face à sa propre femme, Colombine. Pourquoi est-il si cruel et si infidèle ? demande-t-elle dans une aria. Arlequin détourne son attention un instant et disparaît.

Colombine est décidée à savoir ce qu'Arlequin vient faire dans cette maison ; mais elle entend alors la belle voix de Leandro, qui chante une romance et ne peut y résister. Leandro, ayant entendu sa version de l'histoire, propose aussitôt de venger son honneur. Son premier air est une parodie de chanson allemande romantique, et le second une parodie de l'équivalent italien classique. Ils chantent un duo d'amour chargé de vocalises, elle lui suggère d'être un peu moins larmoyant, mais il répond : attends un peu, tu verras dans la *stretta*. Arlequin intervient ; il dégaine son épée de bois pour se battre contre Leandro, l'assomme du plat de la lame, puis, criant « au meurtre » de sa voix la plus haute, disparaît dans la maison de Matteo.

Colombine ressort de l'auberge avec l'abbé et le docteur, tous deux très ivres. Ils se rappellent bien qu'ils doivent parler de l'invasion de la ville au bourgmestre, mais cela n'est plus très clair dans leur esprit. Soudain, le docteur trébuche sur le corps de Leandro. Après examen, Colombine déclare qu'il n'est pas vraiment mort, ils essaient d'obtenir l'aide des voisins. Des têtes se montrent aux fenêtres et disparaissent bien vite, voyant ce dont il s'agit.

Le docteur et l'abbé en conçoivent quelque tristesse, mais finissent par prendre la chose avec philosophie. Soudain, un âne apparaît, attelé à une charrette. Un quatuor s'ensuit, où l'abbé prie, Leandro reprend conscience, le docteur commente les aspects médico-philosophiques de l'affaire, et Colombine dit son mépris pour tous les hommes sans distinction. A la fin, ils montent tous dans la charrette et disparaissent.

Arlequin se penche par la fenêtre de la maison de Matteo et leur fait un grand signe d'adieu, ravi d'être enfin libre. Il sort de la maison avec la femme de Matteo. Matteo revient chez lui, abandonné par ses compagnons, il présume que la paix a été conclue. Voyant que sa femme est partie, il se remet sagement à son ouvrage et à son Dante, comme auparavant. Il reprend sa lecture où il l'a laissée. Le passage traite de l'infidélité...

Les personnages viennent saluer le public deux par deux, y compris l'âne et son maître. Arlequin et Annunziata, la femme de Matteo, défilent en dernier. Arlequin dit l'épilogue : il présente Annunziata au public, qui n'a pas vraiment eu l'occasion de la voir au cours de cette soirée; puis il demande quelle peut être la morale de cette histoire. Tout est nouveau, mais tout continue comme avant, est sa conclusion; il conseille cependant au public d'en juger comme bon lui semble.

H.

Doktor Faust
Docteur Faust

Opéra en 6 tableaux (2 prologues, 1 interlude scénique, et 3 scènes); liv. du compositeur. Créé à Dresde, 21 mai 1925, avec Meta Seinemeyer, Theo Strack, Robert Burg, dir. Fritz Busch. Berlin, 1927; Londres, Queen's Hall (concert), trad. d'E.J. Dent, 1937, dir. Boult; Fest. de Florence, 1942, dir. Previtali; Berlin, 1954, avec Fischer-Dieskau; Londres, 1959 (concert) avec Harper, Richard Lewis, Fischer-Dieskau, dir. Boult; la Scala, 1960; New York, Carnegie Hall, 1964 (concert), avec Bjoner, Shirley, Fischer-Dieskau; Festival de Florence, 1964; Stockholm, 1969, avec Söderström, Erik Saeden.

PERSONNAGES

LE DOCTEUR FAUST (baryton); WAGNER, *son assistant, ensuite Recteur de l'Université de Wittenberg* (baryton); UN HOMME VÊTU DE NOIR, UN MOINE, UN HÉRAUT, UN AUMÔNIER, UN MESSAGER, UN VEILLEUR DE NUIT, *Méphistophélès sous ses différents aspects* (ténor); LE DUC DE PARME (ténor); LA DUCHESSE DE PARME (soprano); LE MAÎTRE DE CÉRÉMONIES (basse); LE FRÈRE DE LA JEUNE FILLE, *soldat* (baryton); UN LIEUTENANT (ténor); 3 ÉTUDIANTS DE CRACOVIE (ténor, deux basses); UN THÉOLOGIEN (basse); UN JURISTE (basse); UN DOCTEUR EN HISTOIRE NATURELLE (baryton); 4 ÉTUDIANTS DE WITTENBERG (quatre ténor); Voix des esprits : GRAVIS (basse), LEVIS (basse), ASMODUS (baryton), BELZEBUB (ténor), MEGÄRUS (ténor), LA 6e VOIX (MÉPHISTOPHÉLÈS) (ténor).
Fidèles, soldats, courtisans, étudiants.

A Wittenberg et à Parme, au XVIe siècle.

Busoni s'est inspiré, pour le texte, du vieux spectacle de marionnettes, *Faust*, et n'est redevable à Goethe que de la richesse et de la noblesse du langage employé — il fut toute sa vie un grand admirateur des œuvres de Goethe qu'il étudia dans les moindres détails. *Doktor Faust* représente l'aboutissement de son œuvre.

Le prélude orchestral est une sorte « d'étude impressionniste de cloches dans le lointain ».[1] Vers la fin du prélude, le chœur chante le mot « Pax »

1. E.J. Dent, *Ferruccio Busoni* (O.U.P.)

dans les coulisses (E. Dent a fait justement remarquer que cette partie de l'opéra avait été composée à Zurich en 1917). Le rideau se lève. Un acteur s'avance devant un rideau d'entracte pour réciter le prologue en vers par lequel Busoni explique comment le sujet a été choisi.

Le bureau de Faust à Wittenberg, il surveille quelque expérience chimique. Wagner lui annonce que trois étudiants veulent le voir, ils apportent un livre remarquable, « Clavis Astartis Magica ». Faust est très ému, peut-être est-ce le livre qui lui donnera le pouvoir magique qu'il désire depuis si longtemps. Les trois jeunes gens déclarent qu'ils viennent de Cracovie. Cela rappelle à Faust sa jeunesse, avec ses espoirs, ses rêves et ses projets. Ils lui remettent le livre, une clé pour l'ouvrir et une lettre lui en assurant la propriété.

Ils sortent disant qu'ils les reverra peut-être. Faust s'étonne que Wagner n'accompagne pas les visiteurs jusqu'à la porte. Mais Wagner n'a vu personne, et Faust commence à deviner l'identité des étrangers. Les pots sur le feu sifflent et craquent.

2e prologue. Même décor. Il fait nuit. Tenant à la main la clé que les étudiants lui ont remise, Faust défait sa ceinture et lui fait décrire un cercle magique. Pénétrant dans ce cercle, il prie Lucifer de lui envoyer ses serviteurs. Six langues de feu apparaissent dans l'air, chacune représente l'un des intimes de Lucifer. A chacune, Faust demande quelle est sa rapidité — et, déçu par la réponse, à chaque fois congédie l'esprit. Il hésite à questionner la sixième, craignant de n'être pas satisfait. Une voix l'appelle par son nom et lui dit être aussi rapide que la pensée humaine. « La scène des langues de feu, dit E. Dent est conçue comme une série de variations sur un thème; le premier esprit est une basse profonde, et les voix s'élèvent progressivement, si bien que la dernière, celle

de Méphistophélès, est une voix de haute-contre ». L'entrée musicale de Méphistophélès est d'une grande difficulté, puisqu'il doit successivement soutenir un la aigu naturel, un si bémol et un si naturel, et finir la phrase où il se vante de sa rapidité par un do naturel soutenu.

Faust lui ordonne de se montrer sous sa forme matérielle. Il demande alors à Méphistophélès : « Donnez-moi jusqu'à la fin de mes jours, et sans condition, l'accomplissement de tous mes désirs; laissez-moi embrasser le monde, l'Est et le Sud qui m'appellent; laissez-moi comprendre les actes des hommes et les propager; donnez-moi le Génie ! donnez-moi aussi la douleur, que je puisse connaître le bonheur mieux que quiconque — donnez-moi la liberté. »[1] Mais Faust est sorti du cercle magique, et Méphistophélès ne le servira qu'à une condition : quand il aura exaucé le vœu de Faust, celui-ci devra accepter de le servir à jamais. Faust déclare qu'il ne servira jamais personne et s'apprête à le renvoyer comme les autres, quand Méphistophélès lui rappelle que ses créditeurs sont derrière la porte, que le frère de la jeune fille qu'il a séduite le cherche pour le tuer, et que seule l'aide du diable lui permettra de se sortir de son impossible situation.

Faust accepte à regret le marché de Méphistophélès, et la scène se termine par la signature du pacte, tandis qu'un chœur invisible chante le « Credo » et le « Gloria ». Le rideau tombe alors que retentit un « Alleluiah ».

Intermezzo. Dans la chapelle latérale, romane, de la grande cathédrale. Toute la scène est dominée par le son de l'orgue. Un soldat, connu comme « le frère de la jeune fille », prie le Ciel de lui donner l'occasion de venger l'innocence bafouée. Méphistophélès le désigne à Faust, puis entreprend de s'en débarrasser. Il prend l'aspect d'un moine et s'agenouille près du

1. *Op. cit.*

soldat, qui fait de son mieux pour l'éloigner. Des soldats apparaissent et reconnaissent en lui l'assassin de leur capitaine. Ils le tuent, assurant ainsi le triomphe de Méphistophélès. Meurtre et sacrilège — et cela pour le compte de Faust.

Ici commence l'essentiel de l'action. La Cour du duc de Parme qui vient de se marier. La célébration des noces est suggérée par un cortège joué par l'orchestre au début de la scène. Le cortège pompeux et le ballet qui marquent le début des réjouissances utilisent aussi la *Tanzwalzer* de Busoni, œuvre datant de 1920 et dédiée à la mémoire de Johann Strauss; c'est une composition isolée, à la différence de la Sarabande et du Cortège, composés la même année que l'opéra, dans le but d'y être incorporés.

Le maître de cérémonies propose au duc et à sa jeune épouse de recevoir le docteur Faust, savant connu dans le monde entier, mais de sinistre réputation. Méphistophélès est auprès de Faust : c'est son héraut; il annonce son maître, qui fait une entrée remarquée, avec (selon les indications scéniques) soit des pages noirs, soit des singes pour porter sa traîne. Le chœur exprime son admiration; la duchesse approuve sans arrière-pensée, mais le duc craint que les rumeurs qui circulent au sujet du savant ne soient fondées.

Faust démontre son pouvoir en transformant la lumière en obscurité. Il demande à la duchesse ce qu'elle aimerait le voir faire. Demandez quelque chose d'impossible, suggère le duc. Elle aimerait voir Salomon; il apparaît, accompagné de la reine de Saba. La reine ressemble à la duchesse, et Salomon est le sosie de Faust. La duchesse décide que Faust devra réaliser, mais aussi deviner son prochain vœu. Dalila et Samson apparaissent; sous le lit de Dalila se tient un esclave noir, tenant les ciseaux à portée de la main de sa maîtresse. Une fois de plus, les visions ont les traits de Faust et de la duchesse. La 3e apparition est évoquée par Faust de son plein gré. Salomé et saint Jean Baptiste apparaissent, à leurs côtés, se tient le bourreau. Cette fois aussi, les protagonistes ressemblent à Faust et à sa noble hôtesse, tandis que le bourreau a les traits du duc. « Il suffit d'un mot de Salomé pour que sa tête tombe », dit Faust. « Il ne doit pas mourir », réplique la duchesse avec ferveur. Faust sait maintenant que la duchesse est éprise de lui.

Le duc met fin à la représentation en invitant Faust à sa table, mais Méphistophélès dissuade son maître, insinuant que les mets seront empoisonnés. Ils quittent la scène ensemble. La duchesse réapparaît, persuadée que Faust l'appelle. Elle chante son amour pour lui avec transport, puis ressort lentement. Sa voix retentit encore dans les coulisses.

Le duc de Parme a une conversation animée avec son aumônier, qui lui annonce que la duchesse s'est enfuie avec Faust; il les a vus disparaître ensemble sur des chevaux ailés. Il serait préférable d'étouffer l'affaire en épousant la sœur du duc de Ferrare, qui sinon lui déclarera la guerre. Le duc accepte le conseil de son aumônier. Tandis que le rideau tombe, nous voyons la main levée pour donner une bénédiction se transformer en griffe.

La Sarabande, longue et solennelle pièce orchestrale décrite comme un intermezzo symphonique, introduit le dernier acte. Une auberge à Wittenberg, où Faust boit en compagnie de ses étudiants en parlant de philosophie. La discussion tourne à la querelle, et Faust essaie de les calmer : on ne peut rien prouver, affirme-t-il. Il vaut mieux suivre l'exemple de Luther... Il a à peine prononcé le nom de Luther que l'assistance se divise en Catholiques et Protestants, et qu'un *Te Deum* s'oppose violemment, en latin, à « Ein' feste Burg ».

Faust reste pensivement à l'écart, jusqu'à ce qu'un des étudiants lui demande de raconter ses expériences amoureuses. L'orchestre évoque, *sotto voce*, le cortège, et Faust leur conte l'histoire de la plus belle femme qu'il ait jamais vue, une duchesse le jour de son mariage, il y a un an. Pense-t-elle encore à lui maintenant, se demande-t-il. Méphistophélès entre sous l'apparence d'un messager. La duchesse de Parme, qui vient de mourir, a fait porter quelque chose à Faust, en souvenir. Et il place aux pieds de Faust, devant l'assistance horrifiée, le corps d'un nouveau-né. Il raconte ensuite l'histoire de Faust en termes fort peu romantiques, et met le feu au paquet qu'il avait apporté, qui ne contenait que de la paille. De la fumée, il fait surgir Hélène de Troie.

Méphistophélès laisse Faust seul. Celui-ci veut retrouver son rêve de beauté, mais dès qu'il appréhende la vision, elle se désagrège et il est à nouveau seul. Quand il se retourne, trois sombres silhouettes se dressent dans l'ombre et lui demandent de rendre le livre avec la clé et la lettre. Faust les écarte : il a détruit ce qu'ils demandent. Ils lui disent que son heure est venue, mais il les écoute avec mépris, prêt à mourir.

Une rue à Wittenberg, l'hiver, le sol est couvert de neige ; le veilleur de nuit (Méphistophélès sous son dernier déguisement) annonce aux citoyens que dix heures ont sonné. Les étudiants félicitent Wagner pour son discours d'inauguration en tant que Recteur de l'Université, poste où il a succédé à Faust.

Faust reconnaît la maison de Wagner, autrefois la sienne, écoute le *Dies Irae* que l'on chante dans l'église, et aperçoit une mendiante, un enfant dans ses bras. Il lui donne de l'argent et reconnaît la duchesse. Elle lui remet l'enfant — par deux fois, elle a déjà essayé de le faire, il est mort. Elle disparaît. Faust veut entrer dans l'église pour prier, mais le soldat qui a été tué dans la chapelle romane lui interdit la porte. Faust l'écarte — son pouvoir s'étend encore aux esprits — et va prier devant un crucifix. Mais il ne trouve pas ses mots, et quand la lanterne du veilleur de nuit éclaire le crucifix, il voit la forme d'Hélène de Troie.

Il se détourne avec un cri d'horreur, mais se maîtrise dans un dernier effort de volonté. (La partition de Busoni s'arrête ici ; le reste de l'opéra fut terminé par Jarnach[1].) Faust étend le cadavre de l'enfant à terre et le recouvre de son manteau. Il place sa ceinture sur le sol et pénètre dans le cercle. Il rassemble toutes ses forces pour projeter sa personnalité dans le corps de l'enfant mort, espérant lui faire réaliser tout ce qu'il avait raté. Puissent ses vices être redressés chez l'enfant. Il meurt. Le veilleur de nuit annonce les douze coups de minuit. Un jeune garçon, nu, portant un rameau vert à la main, émerge les bras dressés du corps de Faust et avance dans la neige. Le veilleur de nuit lève sa lanterne et regarde le cadavre. Cet homme a-t-il eu un accident ? demande-t-il.

H.

1. Philipp Jarnach était l'élève de Busoni. On a pensé, à une époque, demander à Schoenberg de terminer l'opéra.

ITALO MONTEMEZZI
(1875-1952)

L'Amore dei Tre Re
L'Amour des Trois Rois

Opéra en 3 actes de Montemezzi; liv. de Sem Benelli, d'après sa pièce. Créé à la Scala, Milan, 10 avril 1913, avec Villani, Ferrari-Fontana, Galeffi, de Angelis, dir. Serafin. Metropolitan, New York, 1914, avec Bori, Ferrari-Fontana, Amato, Didur, dir. Toscanini; Covent Garden, 1914, avec Edvina, Crimi, Cigada, Didur, dir. Moranzoni; Paris, Th. de la Gaîté-Lyrique, 1925, avec Mary Garden et Lazzari, dir. de Sabata; Metropolitan, 1926, avec Ponselle, Gigli, Danise, Didur, dir. Serafin; 1939, avec Jepson, Tokatyan, Bonelli, Pinza, dir. Papi; 1949, avec Kirsten, Kullman, Weede, Lazzari; la Scala, 1926, avec Cobelli, Lo Giudice, Morelli, de Angelis, dir. Toscanini; 1932, avec dalla Rizza, Piccaluga, Morelli, Lazzari, dir. de Sabata; 1937, avec Scuderi, Marcato, Tagliabue, Pasero, dir. Marinuzzi; 1948, avec Petrella, Francesco Albanese, Guarrera, Rossi-Lemeni, dir. Capuana; 1953, avec Araujo, Prandelli, Valdengo, Rossi-Lemeni, dir. de Sabata; Covent Garden, 1930, avec Ponselle, Merli, Inghilleri, Autori (plus tard Pinza), dir. Bellezza; Buenos Aires, 1938, avec Rethberg, Jagel, Galeffi, Pinza, dir. Serafin; San Francisco, 1941, avec Moore, Kullman, Weede, Pinza, dir. Montemezzi; 1966, avec Kirsten, Campora, Wolansky, Ghiuselev, dir. Molinari-Pradelli.

PERSONNAGES

ARCHIBALDO, *roi d'Altura* (basse); MANFREDO, *fils d'Archibaldo* (baryton); AVITO, *ancien prince d'Altura* (ténor); FLAMINIO , *garde du palais* (ténor); FIORA , *épouse de Manfredo* (soprano).

Un adolescent, un petit garçon (voix derrière la scène), servante, jeune fille, vieille femme, habitants d'Altura.

*Au X*e *siècle, dans un château italien isolé, quarante ans après une invasion barbare conduite par Archibaldo.*

Cet opéra est l'une des œuvres les plus populaires de la musique italienne du XXe siècle, plus encore aux Etats-Unis, où elle fut souvent jouée, que dans son pays d'origine. Inspirée d'une puissante tragédie de Sem Benelli, l'un des premiers auteurs dramatiques italiens, elle allie un drame concis et rapide à une partition qui décrit de façon très vivante une série d'événements aboutissant inexorablement à un cataclysme humain. Bien qu'il y ait peu de morceaux de bravoure dans cette partition, elle est fort mélodieuse — succession de phrases musicales admirablement adaptées aux paroles, à la pensée qui les anime, aux suggestions les plus subtiles. C'est une tapisserie médiévale dont les couleurs ne seraient pas passées, mais révéleraient toujours leur profondeur et leur opulence originales.

Acte I. Une grande salle ouvrant sur une terrasse. Une lanterne, qui sert de signal, jette une lumière rougeâtre et discrète dans la pénombre qui précède l'aube.

Archibaldo entre, il est vieux et aveugle; son guide, Flaminio, portant l'uniforme de la garde du château, lui montre le chemin. Comme s'il pouvait voir, le vieillard désigne la porte d'une chambre et demande à Flaminio d'aller vérifier si elle est bien fermée. Elle est entrouverte. A voix basse, le roi ordonne à Flaminio de la fermer très doucement; puis, changeant d'avis, il lui dit de la laisser telle quelle.

L'auditeur ressent dès le début un climat d'une inquiétante étrangeté, accentué par le caractère tâtonnant du thème qui accompagne l'entrée du roi et de son guide et décrit les pas hésitants du vieillard aveugle.

Ils mentionnent Fiora, l'épouse de Manfredo, le fils d'Archibaldo, qui assiège actuellement une forteresse ennemie dans le nord, et Avito, un prince d'Altura à qui Fiora était fiancée avant l'invasion de l'Italie par Archibaldo (le mariage de Fiora et de Manfredo était une des conditions de la paix). On peut déduire de leur bref entretien que le roi est venu attendre avec Flaminio le retour de Manfredo, ou encore qu'il soupçonne sa bru et Avito de s'être retrouvés. Il est également clair que Flaminio, tout en étant au service d'Archibaldo, est fidèle à Avito, qui a dû subir comme lui l'invasion de son pays.

Flaminio rappelle au roi qu'Avito aurait dû épouser Fiora, mais le vieillard lui ordonne de regarder dans la vallée si quelque signe annonce le retour de son fils. « Nessuno, mio signore ! Tutto è pace ! » (Rien, monseigneur, tout est calme), répond Flaminio.

Archibaldo se remémore ses jeunes années et évoque avec éloquence sa conquête de l'Italie. Il dit à Flaminio d'éteindre la lanterne, puisque Manfredo ne vient pas. Le garde obéit puis,

entendant dans le lointain le son d'une flûte champêtre, il presse le vieux roi de partir. L'aube est proche, et la flûte semble être un signal à l'intention de Flaminio.

Avito et Fiora sortent de la chambre de la jeune femme. Ils chantent une brève scène d'amour, pleine de passion.

Avito voit que la lanterne a été éteinte, quelqu'un était là, et les épiait ! Fiora essaie encore une fois de le calmer, mais on approche. Avito disparaît sur la terrasse dans l'obscurité. Archibaldo apparaît, il appelle : « Fiora ! Fiora ! Fiora ! »

Elle essaie de se glisser dans sa chambre, mais il l'entend : « Je t'entends respirer ! Ton souffle est haletant et agité ! O Fiora, à qui parlais-tu ? »

Elle lui ment sans hésiter. Mais le vieil homme le sent. Quand elle a voulu s'éloigner, il l'a entendue « glisser dans l'ombre comme une aile enneigée ».

Flaminio entre précipitamment. On a aperçu dans le lointain des reflets d'armes, Manfredo est de retour. Ses trompettes l'annoncent, il est sur le rempart et son père le serre dans ses bras. Impatient de voir sa femme, Fiora, il abandonne momentanément le siège de la citadelle. Fiora l'accueille avec toutes les apparences de la tendresse. Elle se moque habilement d'Archibaldo en racontant à Manfredo qu'elle est sortie sur la terrasse, à l'aube, pour guetter son retour. Archibaldo peut le confirmer, il l'a surprise à cet endroit. Le vieil homme, troublé, soupçonneux et inquiet, remercie Dieu d'être aveugle.

Acte II. Une terrasse circulaire au sommet du château. Des trompettes retentissent dans la vallée, Manfredo arrive tenant Fiora enlacée. Il la supplie de l'aimer, et lui demande, comme dernière faveur avant son départ, de monter l'escalier et d'agiter son écharpe pour qu'il la voie en s'éloignant dans la vallée. Profondément touchée par cette requête, pitoyable par sa simplicité et l'importance qu'elle semble avoir, la jeune femme accepte. Il lui dit adieu, l'embrasse et rejoint ses hommes.

Fiora monte au rempart. Une servante lui apporte un coffre dont elle sort une longue écharpe blanche. L'orchestre décrit le départ de Manfredo à la tête de ses cavaliers.

Fiora les voit s'enfoncer dans la vallée. Elle agite l'écharpe, et laisse retomber sa main avec lassitude. Avito vient lui dire au revoir. Tout d'abord émue par la pitié qu'elle a ressentie pour son époux, Fiora continue d'agiter son écharpe. Puis elle cesse, sa main retombe, elle descend les escaliers pour se jeter dans les bras de son amant et ils s'embrassent passionnément. « Come tremi, diletto » (Comme tu trembles, bien-aimé !) murmure Fiora. « Guarda in su ! Siamo in cielo ! » (Lève les yeux ! Nous sommes au ciel !) répond Avito.

Mais Archibaldo arrive. Avito veut le poignarder, mais un geste de Flaminio l'en empêche. Archibaldo ordonne à Flaminio de le laisser seul avec Fiora. Flaminio lui dit alors : « Écoutez le bruit des chevaux dans la vallée; Manfredo revient ! » Fiora comprend que son mari a remarqué la disparition de l'écharpe. Archibaldo ordonne à Flaminio d'aller à la rencontre du prince.

Le vieux roi accuse alors Fiora d'avoir rencontré son amant, elle nie, puis avoue orgueilleusement. Le vieil-lard veut connaître le nom de l'amant, elle refuse de le lui révéler. Le roi l'étrangle. Quand Manfredo arrive, le vieil homme lui dit brièvement que Fiora était coupable. Mais Manfredo ne peut lui en vouloir, et est apitoyé par ce grand amour, bien qu'un autre en ait été l'objet. Il sort lentement, tandis qu'Archibaldo, avant de le suivre, hisse le mince corps de la jeune femme sur ses épaules.

Acte III. La crypte du château. Fiora repose dans son cercueil, entourée de fleurs et de chandelles. Des gens du peuple la veillent, et un chœur s'élève dans la chapelle.

Avito sort de l'ombre. Tous se retirent pour qu'il puisse rester seul avec le corps de sa bien-aimée, car il est l'un des leurs, et ils savent. « Fiora ! Fiora ! — È silenzio ! » (Fiora ! Le silence nous entoure) sont ses premiers mots.

Puis, dans un accès de désespoir, il dépose un baiser sur ses lèvres. Un frisson le parcourt, il se lève et titube vers la porte.

Manfredo s'approche, comme une ombre. Il est venu prendre au piège l'amant de sa femme, dont son père n'a pu savoir le nom. Il reconnaît Avito. « Que voulez-vous ? » demande Avito. « Ne voyez-vous pas que je peux à peine parler ? »

Archibaldo a mis un poison violent sur les lèvres de la morte, sachant fort bien que son amant viendrait l'embrasser dans la crypte.

Dans un dernier soupir, Avito déclare qu'elle l'aimait autant que la vie qu'ils lui ont enlevée, sinon plus. Malgré cet aveu, Manfredo ne parvient pas à le haïr. Au contraire, il s'émerveille encore du grand amour que Fiora ressentait pour un autre que lui-même.

Avito est mort. Manfredo s'approche à son tour du corps de Fiora et prend sur ses lèvres le reste du poison. Il frissonne et rend l'âme au moment où Archibaldo se glisse dans la crypte. L'aveugle s'approche de la bière. Il sent un cadavre et croit avoir enfin découvert l'amant de la jeune femme, mais ce corps est celui de son fils.

Ainsi est l'amour des trois rois : celui d'Archibaldo pour son fils, celui d'Avito pour sa maîtresse, et celui de Manfredo pour son épouse.

Si l'on cherche un sens plus profond à la puissante tragédie de Sem Benelli, on peut dire que les trois rois aiment l'Italie, personnifiée par Fiora, qui hait et méprise le conquérant de sa patrie, repousse froidement son fils et héritier, et meurt pour un prince de sa race. L'issue des efforts du conquérant pour régner sur un peuple réticent est tragique. Mais en vérité, il est aveugle.

K.

ERMANNO WOLF-FERRARI
(1876-1948)

I Quattro Rusteghi
Les Quatre Rustres

Opéra en 4 actes d'Ermanno Wolf-Ferrari; liv. de G. Pizzolato d'après Goldoni; texte all. de H. Teibler. Créé à Munich, 19 mars 1906. Teatro Lirico, Milan, 1914; la Scala, Milan, 1922, dir. Panizza; Buenos Aires, 1927, dir. Panizza; Berlin, 1937; Sadler's Wells, Londres, 1946, dir. Robertson; New York City Center, 1951, dir. Halasz.

PERSONNAGES

LUNARDO, *marchand* (basse); MARGARITA, *sa seconde femme* (mezzo-soprano); LUCIETA, *sa fille d'un premier mariage* (soprano); MAURIZIO, *marchand* (basse ou baryton-basse); FILIPETO, *son fils* (ténor); MARINA, *tante de Filipeto* (soprano); SIMON, *son mari* (baryton-basse); CANCIANO, *riche marchand* (basse); FELICE, *sa femme* (soprano); LE COMTE RICCARDO ARCOLAI, *de passage à Venise* (ténor).

A Venise, à la fin du XVIIIe siècle.

Ermanno Wolf-Ferrari a mis en musique plusieurs comédies vénitiennes de Goldoni. *I Quattro Rusteghi* est sans doute la meilleure, les personnages sont bien campés, et l'action bien menée. Le ton provincial de la description a nui à une diffusion rapide et large de l'opéra — tout comme de la comédie. Mais il a été bien accueilli en Allemagne, ainsi qu'à Londres où, dans la mise en scène de l'adaptateur, Edward Dent,

l'action était transportée de Venise à Londres.

Les « rusteghi » (ce qui n'a rien à voir avec « paysan » ou « rustaud ») sont d'honnêtes et traditionnels tyrans domestiques qui, persuadés que la place de la femme est au foyer, lui interdisent toute activité qui pourrait égayer le fardeau des tâches du ménage. L'intrigue repose sur ce conflit entre les vieux principes et une conception plus généreuse de la place de la femme dans la société. C'est ce qu'on a appelé une comédie de mauvaises manières.

Acte I. La femme de Lunardo, Margarita, et sa belle-fille, Lucieta, font de la broderie et du tricot. C'est carnaval, et leurs pensées se tournent vers la joie et les amusements dont profitent des femmes plus heureuses. Margarita se rappelle qu'avant d'épouser Lunardo, elle allait quelquefois au théâtre, et l'on donnait des soirées chez elle. Lucieta est en âge de se marier et espère un mari et des jours meilleurs. Lunardo entre discrètement. Il voudrait parler à sa femme mais ne souhaite pas interrompre son travail. Il lui révèle un important secret : ils ont décidé, son ami Maurizio et lui, de marier Lucieta au fils de Maurizio, Filipeto. Le fait que les deux jeunes gens ne se soient jamais rencontrés n'a aucune importance. Les remarques fort sensées de Margarita sont grossièrement repoussées. Il lui répond par « Je suis le maître ». On annonce Maurizio, et Margarita se retire. Les deux « rusteghi » parlent des termes du contrat. Le caractère austère et rigide de ces ours domestiques est très bien décrit dans cette scène.

Chez Marina et son mari — « rustego » encore plus féroce que Lunardo. Marina chante un air familier à tous car il sert d'interlude à l'acte II. Filipeto demande où se trouve son oncle, il le craint beaucoup et cherche à l'éviter. Il est venu voir si sa tante savait quoi que ce soit au sujet de son mariage. Son père vient en effet de lui annoncer qu'il avait l'intention de lui donner une épouse, il est bien décidé à ne pas épouser une jeune fille qui ne lui plairait pas. Il supplie sa tante de l'aider. S'il n'aime pas la jeune fille quand il la verra, il s'enfuira plutôt que de l'épouser (« Lucieta ! xe un bel nome ! » Lucieta, au moins c'est un joli prénom !). Simon arrive et renvoie Filipetto. Marina reçoit une autre visite, la bavarde Felice, accompagnée de son mari et de son chevalier

servant, le comte Riccardo. Le mari, Canciano, reste silencieux et garde un air désapprobateur. Les deux femmes font front, décidées à ne pas se laisser faire par les hommes.

Acte II. L'acte est précédé du célèbre *intermezzo*, excellent exemple du style léger et gracieux du compositeur :

Dans la maison de Lunardo. Lucieta a persuadé Margarita de lui prêter quelques colifichets quand Lunardo entre et ordonne à la jeune fille de tout enlever. Marina et Simon se joignent à eux. Quand les femmes sont sorties, les hommes se répandent en invectives contre elles et déplorent la disparition du bon vieux temps, quand les femmes étaient vraiment des femmes et faisaient ce qu'on leur disait. L'arrivée de Felice les incite à partir. Les autres femmes se joignent à elle, et l'on félicite Lucieta pour ses fiançailles. « Pourrais-je voir mon futur mari ? » demande-t-elle. Felice et ses amies ont trouvé un moyen pour que les deux jeunes gens se rencontrent. C'est carnaval, et Filipeto, escorté par Riccardo, doit arriver déguisé en fille. Si on les découvre, on le fera passer pour une cousine éloignée. Il arrive enfin, et Marina, dans une charmante petite scène, le persuade d'enlever son masque. Entre-temps, les hommes ont réglé leurs affaires et le père de Filipeto, Maurizio, est parti chercher son fils pour les fiançailles. Voilà que Lunardo surprend les femmes, qui ont juste le temps de cacher Filipeto dans un placard et Riccardo dans un autre. Maurizio revient fort mécontent, car il ne trouve Filipeto nulle part. Tout ce qu'on sait est qu'il a quitté la maison avec Riccardo. Canciano se montre sous son vrai jour. Il n'aime pas Riccardo ; il ne veut rien avoir à faire avec lui; ce doit être un imposteur. Mais Riccardo est un homme courageux et, entendant tout ceci, il sort de sa cachette et provoque Canciano. Filipeto est découvert, ainsi que tout le complot. Lunardo, fort mécontent, ordonne à ses visisteurs de sortir de chez lui. Il n'y aura pas de mariage pour Lucieta.

Acte III. Lunardo, Simon et Canciano commentent la mauvaise conduite de leurs femmes. L'arrivée de Felice les interrompt. Elle est d'abord accueillie avec hostilité, car elle est à l'origine du complot. Mais on ne peut rien répondre à ses arguments, dont le débit et la détermination sont irrésistibles. Peu à peu, les hommes se radoucissent et finissent par capituler.

L'opéra se termine comme un conte de fées, dans une envolée de cloches nuptiales.

F. B.

Il Segreto di Susanna
Le Secret de Suzanne

*Opéra en 1 acte d'Ermanno Wolf-Ferrari; liv. d'Enrico Golisciani (version all. de Kalbeck). Créé à Munich, 4 décembre 1909 (en all.), dir. Mottl. New York (par une troupe de Chicago), 1911, avec Carolina White et Sammarco; Rome, 1911; Covent Garden, 1911, avec Lipkowska, Sammarco; Metropolitan, 1912, avec Farrar, Scotti, dir. Polacco. Reprises : la Scala, Milan, 1917, avec Vallin, Parvis, dir. Panizza; Covent Garden, 1919, avec Borghi-Zerni, Sammarco, dir. Coates; Metropolitan, 1921, avec Bori, Scotti; la Scala, 1934; Glyndebourne, 1958, dir. Pritchard. Ce petit opéra est un descendant direct de l'*Intermezzo du XVIIIe S.*

PERSONNAGES

LE COMTE GIL, *30 ans* (baryton); LA COMTESSE SUSANNA, *sa femme, 20 ans* (soprano); SANTE, *leur servante, 50 ans* (rôle muet).

Au Piemont, de nos jours.

Brève ouverture, fort justement marquée *vivacissimo*. Un bel appartement dans la demeure du comte. Gil, en tenue de promenade, entre précipitamment : « Le manteau gris pâle, le chapeau rose et la plume... Je ne peux pas me tromper. » Il ressort aussitôt, et Susanna apparaît, revêtue d'un manteau gris, avec un chapeau rose. Elle remet son manteau, son chapeau et un paquet à la servante et ressort, après s'être assurée que son mari était bien dans sa chambre. A peine est-elle partie que Gil revient, écoute à la porte de sa chambre et semble rassuré de la savoir là. Il a dû se tromper, et pourtant il a nettement perçu une odeur de tabac dans sa maison. Or, il ne fume pas. Il se prend en flagrant délit de jalousie, et demande à la servante : qui fume ici ?

Gil est tout à fait troublé quand Susanna sort de sa chambre. Il la salue et lui avoue qu'il a vu quelqu'un lui ressemblant fort pendant sa promenade. Pourtant, ce ne pouvait être elle puisqu'il lui a interdit de sortir seule. Pourquoi rougit-elle ? Seulement parce que, pour la première fois, il n'est pas gentil avec elle. Gil lui jure qu'il l'aime passionnément, et pour la vie : « Il dolce idillio » ; un duo d'amour s'ensuit — mais au moment où Gil va embrasser sa femme, il sent cette abominable odeur de tabac. Elle est horrifiée qu'il l'ait remarquée — elle sait combien il déteste cette odeur. Quant à lui, il doit penser qu'elle a reçu la visite d'un admirateur inconnu. Le malentendu est total. Susanna croit qu'il connaît son secret — « Si je reste seule à la maison en attendant ton retour du club, le temps passe plus vite... Fais comme les autres maris, ferme les yeux sur mon petit secret. » Mais Gil soupçonne tout autre chose et brise les vases dans un accès de colère. Susanna s'échappe (« pour pleurer ») et Gil se jette dans un fauteuil, au comble de la douleur. Sante contemple la pièce avec une inquiétude comique, et entreprend de réparer les dégâts.

Après un intermezzo, pendant lequel Sante range la pièce, Susanna réapparaît avec les gants, le chapeau et le parapluie de Gil ; elle est certaine qu'il veut sortir. Mais auparavant, lui chante-t-elle avec tendresse, ne lui accordera-t-il pas un mot, un regard tendre (« Via, così non mi lasciate »)? Il consent à déposer un baiser sur son front et disparaît.

Susanna, enfin seule, se détend. Sante lui apporte les cigarettes qu'elle a rapportées de sa promenade. A peine en a-t-elle allumé une que Gil frappe à la porte. Il regarde dans tous les coins, mais ne trouve personne, sinon cette odeur de tabac. Hors de lui, il ressort. Cette fois, Susanna chante une aria à l'intention de la cigarette dont elle apprécie tant le parfum : « O gioja, la nube leggera ». Mais son répit est de courte durée. Gil apparaît soudain à la fenêtre et prend sa femme sur le fait. Elle cache sa cigarette derrière son dos ; il avance la main pour saisir ce qu'elle dissimule et se brûle. Le secret n'en est plus un : Susanna fume. Tout est pardonné, et ils allument chacun une cigarette en dansant joyeusement.

H.

I Giojelli della Madonna
Les Joyaux de la Madone

Opéra en 3 actes d'Ermanno Wolf-Ferrari ; liv. de Golisciani et Zangarini ; version all. de H. Liebstöckl. Créé à Berlin, 2 décembre 1911 ; Chicago et New York, 1912, avec White Bassi, Sammarco ; Covent Garden, 1912, avec Edvina, Martinelli, Sammarco ; Opéra de Paris, 1913, version fr. de Lara, avec Vally, Charny, Campredon, Campagnola, Marcoux ; Metropolitan, New York, 1926, avec Jeritza, Martinelli, Danise, dir. Papi. Reprises : Covent Garden, 1925, avec Jeritza, Merli, Noto, dir. Bellezza ; Chicago, 1940, avec Giannini, Jagel, Czaplicki, dir. d'Abravanel. Création en Italie en 1953, à Rome, avec Clara Petrella, Prandelli, Gobbi.

PERSONNAGES

GENNARO, *forgeron* (ténor) ; MALIELLA, *fille adoptive de Carmela* (soprano) ; RAFAELE, *chef des Carbonari* (baryton) ; CARMELA, *mère de Gennaro* (mezzosoprano) ; BIASO, *scribe* (ténor) ; CICCILLIO, *Carbonaro* (ténor) ; STELLA, CONCETTA

1. Carbonari.

et SERENA, *amies des Carbonari* (soprano, soprano, contralto); ROCCO, *Carbonaro* (basse).

GRAZIA, *danseuse; des marchands, des moines, le peuple.*

A Naples, de nos jours.

Acte I. Une petite place, près de la mer. C'est la fête de la Madone. La musique passe d'un sujet à l'autre, représentant admirablement l'ambiance de cette scène animée.

Dans son atelier, Gennaro termine un candélabre. Il le place sur l'enclume, comme sur un autel, s'agenouille et prie la Vierge Marie — « Madonna con sospiri » (Madone, avec des larmes et des soupirs).

Maliella sort de la maison, poursuivie par Carmela. C'est une jeune fille exigeante et déterminée, décidée à échapper aux contraintes de la vie de famille et à se jeter dans le monde de la ville. Malgré les protestations de Gennaro, elle exprime courageusement son point de vue dans la « Canzone di Cannetella », — « Diceva Cannetella vedendosi inserata » (Ainsi chantait la pauvre Cannetella, avide de liberté).

La foule se rassemble pour l'écouter. Le chœur des Carbonari se rapproche. Maliella et la foule dansent éperdument.

Carmela raconte à son fils la brève histoire de Maliella. Un jour, alors qu'il était malade, elle a promis à la Madone d'adopter une petite fille et de l'élever comme sa propre fille si son enfant guérissait. La mère et le fils chantent un duo émouvant (« T'eri un giorno ammalato bambino »), où elle lui demande d'aller prier la Vierge. Gennaro demande à sa mère de le bénir auparavant.

Maliella revient en courant : les Carbonari, précédés par Rafaele, la poursuivent. Rafaele, leur chef, est un vaurien, beau garçon et tapageur, Comme il s'approche pour l'embrasser, elle tire une épingle de son chapeau, le frappe à la main et jette son arme. D'abord mécontent de voir son sang couler, il finit par rire dédaigneusement et embrasse sa blessure. Les autres Carbonari achètent des fleurs à une marchande ambulante et en font un tapis. Rafaele ramasse l'épingle à chapeau et, s'agenouillant devant Maliella, la lui tend. Maliella la replace lentement dans ses cheveux. Rafaele prend alors une fleur qu'elle avait refusée et la place sur son corsage; quelques instants plus tard, elle l'arrache et la jette. Il la ramasse encore une fois et la met à sa boutonnière. Il se dirige vers la taverne, lève son verre à sa santé.

La procession de la Madone approche. Tandis que s'élèvent les hymnes à la Vierge, Rafaele murmure de brûlantes déclarations à Maliella. La statue de la Vierge, ornée de somptueux joyaux, passe devant eux. Rafaele affirme qu'il serait prêt à voler ces précieux joyaux pour l'amour de Maliella. La jeune fille, superstitieuse, est terrifiée.

Gennaro revient alors et prévient Maliella : Rafaele est le « vaurien le plus redouté du quartier ». Il la force à rentrer, mais les rires moqueurs de Rafaele le rendent fou de rage. Les deux hommes sont prêts à se battre, mais le retour de la procession les oblige à s'agenouiller. Rafaele lui lance la fleur qu'elle avait refusée. Elle la ramasse, la serre entre ses lèvres et rentre en hâte chez elle.

Acte II. Le jardin de Carmela, tard dans la nuit. Gennaro entreprend de mettre Maliella en garde. Elle déclare qu'elle veut être libre, et se précipite dans sa chambre, où elle rassemble ses affaires en fredonnant « E ndringhete » (Je rêve de joies et de folies).

Elle descend avec son baluchon, prête à partir. Gennaro essaie de la raisonner. Comme perdue dans un rêve, les yeux à demi clos, elle se rappelle que Rafaele lui a proposé de voler les joyaux de la Madone pour elle. Gennaro, d'abord choqué par ce qui semble être un sacrilège, semble ensuite se plier à une solution désespérée. Il empêche Maliella de passer, ferme la porte à clé et lui fait face. Riant avec dérision, elle remonte l'escalier qui mène à sa chambre.

Gennaro prend quelques clés et passe-partout qu'il enveloppe dans un morceau de cuir, cache le tout sous son manteau, se signe et sort furtivement.

Un chœur de voix masculines se rapproche. Rafaele apparaît à la grille avec ses amis carbonari. Ils l'accompagnent avec leurs mandolines et leurs guitares, tandis qu'il chante une sérénade pleine d'entrain : « Aprila, o bella, la fenestrella. » La jeune fille descend dans le jardin. Duo d'amour : elle promet de le retrouver le lendemain. Les compagnons de Rafaele lui font signe, quelqu'un approche.

Restée seule, elle voit apparaître Gennaro portant un paquet, il étale sur la table les joyaux de la Madone.

Maliella est transportée et voit en Gennaro l'image de celui qui lui a promis les joyaux, Rafaele. Elle cède complètement quand Gennaro la prend dans ses bras, sous l'oranger en fleur. La scène est décrite dans le livret avec un réalisme qui ne laisse aucun doute.

Acte III. Le repaire des Carbonari dans la banlieue de Naples. Sur le mur, une fresque grossière de la Madone, devant une sorte d'autel.

Les Carbonari se réunissent. On chante et on danse — l'Apache, la Tarentelle; Stella, Concetta, Serena et la danseuse Grazia sont les seules femmes, et elles attendent l'arrivée de Maliella avec un certain déplaisir. Quand Rafaele entre, elles lui demandent ce qu'il peut bien lui trouver. « Non sapete... di Maliella la preziosa qualità » (Vous ne savez pas quelle est la qualité précieuse), leur répond il : son principal attrait est sa pureté.

Le tumulte augmente; on crie et on danse tandis que Rafaele, debout sur la table, fait claquer un fouet. Soudain, Maliella entre et avoue qu'elle s'est donnée à Gennaro. Les femmes se moquent de Rafaele qui vient juste de leur confier que la jeune fille ne s'offrirait qu'à lui. Furieux, il la repousse. Les joyaux de la Madone tombent à terre.

Gennaro, qui l'a suivie jusqu'au repaire des Carbonari, entre à son tour. Il est à demi fou. Maliella, prise d'un rire hystérique, jette les bijoux à ses pieds, criant qu'il les a volés pour elle. L'assistance, superstitieuse, recule. Les femmes tombent à genoux. Rafaele maudit la jeune fille. Sur son ordre, la bande se disperse. Maliella va se jeter dans la mer. « Madonna dei dolor ! Miserere ! » prie Gennaro. Il pense alors à sa mère et, trouvant un couteau, se poignarde.

K.

RICCARDO ZANDONAI
(1883-1944)

Francesca da Rimini
Françoise de Rimini

Opéra en 4 actes de Riccardo Zandonai; liv. de Tito Ricordi d'après la pièce de d'Annunzio. Créé au Teatro Regio, Turin, 19 février 1914, avec Canetti, Crimi, Cigada, Paltrinieri, dir. Panizza. Covent Garden, 1914, avec Edvina, Martinelli, Cigada, dir. Panizza; la Scala, Milan, 1916, avec Raisa, Pertile, Danise; Metropolitan, 1916, avec Alda, Martinelli, Amato, dir. Polacco. Reprises : la Scala, 1929, avec dalla Rizza, Pertile, Maugeri, dir. Panizza; 1937, avec Cigna, Parmeggiani, Maugeri, dir. Zandonai; 1942, avec Somigli, Ziliani, Maugeri, dir. Guarnieri; 1946, avec Carbone, Ziliani, Stabile, dir. Guarnieri; 1950, avec Caniglia, Prandelli, Biasini, dir. Capuana; 1959, avec Olivero, Del Monaco, Giangiacomo Guelfi; San Francisco, 1956, dir. de Fabritiis.

PERSONNAGES

FRANCESCA, SAMARITANA et OSTASIO, *filles et fils du Guido Minore de Polenta* (soprani, baryton); GIOVANNI LO SCIANCATO (LE BOITEUX), PAOLO IL BELLO (LE BEAU) et MALATESTINO DALL'OCCHIO (LE BORGNE), *fils de Malatesta da Verruchio* (baryton, ténors); BIANCOFIORE, GARSENDA, ALTICHIARA, DONELLA, et L'ESCLAVE, *servantes de Francesca* (soprani, mezzo-soprano, contralto); SER TOLDO BERARDENGO, *notaire* (ténor); UN JONGLEUR (basse); UN ARCHER (ténor); UN PORTE-FLAMBEAU (baryton).

Archers, porte-flambeaux, musiciens.

A Ravenne et à Rimini, fin du XIIIe siècle.

Acte I. Une cour de la maison des Polentani, à Ravenne. Ostasio, le frère de Francesca, parle avec Ser Toldo Berardengo, le notaire, du mariage de la jeune fille, pour raison d'État, avec l'un des trois fils de Malatesta da Verrucchio. Le prétendant s'appelle Giovanni, mais en raison de sa laideur et de sa difformité, il est surnommé Gianciotto, le boiteux. Comme Francesca refusera certainement de l'épouser, un plan a été mis au point : on lui présente Paolo, le plus jeune frère et le plus beau. Persuadée qu'il est le fiancé qu'on lui destine, elle s'éprend de lui immédiatement — passion d'ailleurs réciproque, et tout aussi foudroyante chez le jeune homme. Ils n'ont même pas échangé un mot.

Acte II. A l'intérieur d'une tour, dans la forteresse des Malatesta. Des munitions et des armes sont stockées au sommet de la tour. Ce château est la place-forte des Guelfes.

La bataille fait rage. C'est au milieu de ce tumulte que Paolo et Francesca se rencontrent pour la première fois depuis qu'elle a dû épouser Giovanni. Leur amour est évident. Ils cherchent désespérément à mourir en s'exposant pendant la bataille au sommet de la tour.

Les Malatesta sont victorieux. Gianciotto monte sur la terrasse pour annoncer à Paolo qu'il a été élu capitaine de la ville et des habitants de Florence, où Paolo se rend justement. On apporte Malatestino, qui a perdu un œil dans la bataille mais insiste courageusement pour continuer à se battre.

Acte III. Dans son magnifique appartement, Francesca lit l'histoire de

Lancelot et de Guenièvre à ses femmes. Les femmes dansent et chantent jusqu'au moment où Francesca, ayant reçu un message de son esclave, les renvoie. Paolo est de retour. Elle l'accueille simplement : « Benvenuto, signore mio cognato » (Bienvenue mon seigneur et parent). Mais le sens de la musique est plus profond que celui des paroles.

Plus fort encore est le sens de la phrase musicale qui illustre ces paroles de Francesca : « Paolo, datemi pace » (Paolo, donne-moi la paix).

Ils lisent ensemble l'histoire que Francesca avait commencée à l'intention de ses femmes, et quand, dans le vieux conte amoureux, la reine et son amant s'embrassent, les lèvres de Paolo et de Francesca se rencontrent également.

Acte IV. Une salle; une grille condamne l'accès d'une prison souterraine.

Malatestino, désespérément amoureux de Francesca, est prêt à empoisonner Gianciotto, mais Francesca le repousse. Les cris d'un prisonnier dans le donjon ont dérangé Francesca, et Malatestino va l'étrangler dans sa cellule.

Gianciotto entre dans la chambre de sa femme, elle se plaint de la cruauté et du comportement de Malatestino — sans donner de détails. Un cri terrible retentit soudain dans le donjon. Malatestino a de toute évidence exécuté le prisonnier. Francesca sort pour ne pas avoir à le rencontrer.

Pour se venger d'avoir été rejeté, Malatestino provoque la jalousie de Gianciotto en lui parlant de Paolo et de Francesca; Gianciotto est bouleversé et demande des preuves. Malatestino lui dit que, pour cela, il suffit d'attendre la tombée de la nuit.

Dans la chambre de Francesca, la nuit. Francesca est allongée sur son lit. Un cauchemar la réveille : il arrivait quelque chose à Paolo. Ses femmes essaient de la réconforter. Après quelques phrases amicales, elle les renvoie.

On frappe doucement à la porte, et la voix de Paolo appelle : « Francesca ! » Elle ouvre et se jette dans les bras de son amant. Un coup violent est frappé contre la porte, Gianciotto demande à entrer. Paolo remarque une trappe dans le plancher, tire le verrou, et dit à Francesca de faire entrer son mari pendant qu'il s'échappe.

Gianciotto se précipite dans la chambre. Le manteau de Paolo s'est pris dans la serrure de la trappe. Le saisissant par les cheveux, son frère le force à remonter. Paolo sort son poignard, Gianciotto dégaine son épée, et Francesca, s'interposant entre les deux hommes, reçoit l'épée en plein cœur. Elle tombe dans les bras de Paolo. Ivre de rage, le mari frappe son frère d'un autre coup mortel. Paolo et Francesca tombent ensemble. Gianciotto brise alors son épée sanglante sur son genou, dans un terrible effort.

K.

LUIGI DALLAPICCOLA
(1904-1975)

Il Prigioniero
Le Prisonnier

Opéra en 1 prologue et 1 acte de Luigi Dallapiccola; liv. du compositeur d'après La Torture *par l'Espérance de Villiers de l'Isle-Adam et* La Légende d'Ulenspiegel et de Lamme Goedzak *de Charles de Coster. Créé en 1949, par la Radio Italienne, Turin, en concert, avec Magda Laszlo, Emilio Renzi, Scipione Colombo, dir. Hermann Scherchen. Première sur scène au Teatro Communale, Florence, 20 mai 1950, même distrib., sauf Mario Binci remplaçant Renzo. Essen, 1954; Londres, en concert, 1954, dir. Scherchen; Sadler's Wells (en angl.), 1959, par la New Opera Company, dir. Leon Lovett; Teatro Colon, Buenos Aires, 1954; New York City Center, 1960, dir. Stokowski; la Scala, Milan, 1962, dir. Sanzogno, mise en scène Rennert; Opéra de Paris, 1968, avec Monmart, Depraz, Giraudeau, dir. Rosenthal. Dans les douze ans qui ont suivi la première, il n'y eut pas moins de 186 représentations de cet opéra, à la radio, en concert et sur scène.*

PERSONNAGES

LA MÈRE (soprano dramatique); LE PRISONNIER (baryton); LE GEÔLIER (ténor); LE GRAND INQUISITEUR (ténor); DEUX PRÊTRES (ténor et baryton); UN « FRA REDEMPTOR » (OU TORTIONNAIRE) (rôle muet).

A Saragosse, dans la deuxième moitié du XVIe siècle.

En 1955, Roman Vlad, dans l'un de ses commentaires[1] éblouissants sur la musique de Dallapiccola, décrivit l'activité du compositeur selon trois périodes : d'abord, de 1930 à 1936, prédominance diatonique; puis, pendant les années de guerre, « caractérisée... par le nombre croissant de fils chromatiques que le compositeur insérait dans le tissu diatonique de ses œuvres. Ils tendaient à ressembler aux actuelles lignes de douze notes et finirent par absorber les éléments diatoniques. » Dans la 3e phase, « il commença à adopter une technique linéaire systématique »; selon Vlad, c'est alors que « l'auteur maîtrise son propre langage », et atteint la maturité artistique. *Il Prigioniero* appartient à cette période de l'activité de Dallapiccola; c'est sa seconde œuvre pour la scène, succédant

à son opéra en un acte, *Volo di Notte* (1937-1939), d'après le roman de Saint-Exupéry, *Vol de nuit*, qui eut beaucoup de succès. Ensuite vinrent la « sacra rappresentazione », *Job* (1950) et *Ulisse*, œuvre ambitieuse qui occupa le compositeur pendant de nombreuses années et fut créée à Berlin en 1968.

Disciple, quoique éloigné, de Schoenberg et de Berg, c'était un admirateur enthousiaste à la fois de Monteverdi (il réalisa une excellente version pour la scène de *Il Ritorno d'Ulisse in Patria*) et de Debussy. Il manifesta pour la première fois son souci des grands problèmes humanitaires de notre temps dans les remarquables *Canti di Prigionia* pour chœur et orchestre (1938-1941). *Il Prigioniero* développe avec intensité, sinon désespoir, un autre aspect de la Liberté — à cette différence près que le

---

1. Roman Vlad dans *The Score*.

Prisonnier, à l'encontre de Savonarole dans les *Canti,* « va vers sa mort avec le doute le plus affreux qui puisse tourmenter une âme humaine, et la mort n'apparaît pas alors comme la libération suprême mais comme l'annihilation finale de l'existence et de la totalité de la personnalité humaine. Ce doute est au cœur de la tragédie de l'homme. C'est la plus profonde motivation de l'homme — même les saints n'y échappent pas. Dallapiccola ne l'avait jamais exprimée auparavant; *Il Prigioniero* est son premier opéra tragique[1].

L'opéra, en 1 prologue et 1 acte, fut composé entre 1944 et 1947, et orchestré au printemps 1948. J'étais présent à la création, qui eut un très grand succès au Maggio Musicale, en 1950. Je me rappelle que l'auteur, après plusieurs rappels devant le rideau, s'inclina ironiquement à l'intention d'un détracteur isolé qui dans son enthousiasme avait apporté un sifflet, et lui dit, comme pour honorer le célèbre discours de Shaw dans une circonstance analogue : « Vous savez peut-être, tout comme moi, qu'il n'y a rien dans tout cela. Mais qui sommes-nous, face à tant de monde ? »

Dallapiccola tira son livret de *La Torture par l'Espérance* de Villiers de l'Isle-Adam (1838-1889), insérant un bref épisode de *La Légende d'Ulenspiegel et de Lamme Goedzak* du Belge Charles de Coster (1827-1879). Il substitua le Prisonnier au héros de Villiers et ajouta le personnage de la Mère. L'opéra qui, fait largement usage du *Sprechstimme,* est en 7 parties et dure environ cinquante minutes.

Dans le prologue, la Mère attend de voir son fils en prison, et évoque dans une *Ballata*[2] les rêves qui reviennent sans arrêt hanter son sommeil : elle voit au fond d'une caverne obscure une silhouette terrifiante qui s'approche, ressemblant au roi Philippe II,

mais se transforme peu à peu en l'image de la Mort. « Le Prologue est basé, dit R. Vlad, sur une combinaison dodécaphonique exposée dans la figure dramatique et impétueuse qui ouvre l'opéra »[3], (Ex. 1) :

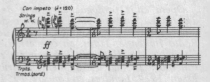

Tandis que la voix de la Mère atteint un si bémol hystérique, le chœur, dans les coulisses, l'interrompt en chantant le premier *Intermezzo Corale.*

Le rideau se lève sur une sombre cellule de la prison de l'Inquisiteur à Saragosse, où le Prisonnier raconte à sa Mère les tortures qu'il a endurées, et comment le Geôlier, le traitant de « Fratello », Frère (Ex. 2) :

lui a rendu foi et espoir, lui redonnant envie de prier comme dans son enfance (Ex. 3) :

C'est l'une des trois séries fondamentales sur lesquelles tout l'opéra est

1. Roman Vlad, *ibid.*
2. Ceci, comme les autres descriptions, est emprunté à la partition.
3. Roman Vlad, *ibid.*

construit (les deux autres sont les exemples 4 et 5).

La conversation est interrompue par le Geôlier qui redonne courage au Prisonnier en lui annonçant que la Flandre s'est soulevée et que la grande cloche Roelandt, symbole de Liberté, va sonner à nouveau. Ici apparaissent pour la première fois les deux autres séries fondamentales (Ex. 4) :

et Ex. 5 :

que le compositeur décrit comme des séries « d'espoir et de liberté ». Le Geôlier décrit les événements dans une *Aria in tre strofe,* et laisse le Prisonnier sur ces mots : « Il y a quelqu'un qui veille sur toi... Aie la foi, mon frère. Dors maintenant, et espère. » Le Prisonnier répète ces paroles comme s'il ne pouvait y croire; puis il réalise que le Geôlier a laissé la porte de la cellule entrouverte, et se précipite dehors.

Un bref interlude orchestral introduit la 3e scène, qui décrit les étapes successives de la lente et horrible progression du Prisonnier dans les couloirs souterrains de la prison, vers sa liberté. La scène est divisée en trois *Ricercari* (« *Signore, aiutami a camminare* », « *Fratello* », et « *Roelandt* ») , et le parcours de la « fuite » du prisonnier est dramatiquement compliqué par la rencontre du bourreau, qui ne le voit pas, le passage de deux moines trop engagés dans une discussion théologique pour le remar-

quer, et enfin par la perception d'un courant d'air frais l'incitant à croire qu'il approche de son but. Il prie : « Signore, aiutami a salire ! », et ouvre une porte pour entendre la grande cloche Roelandt.

Un 2e *Intermezzo Corale,* chanté dans les coulisses, comme le premier, fait monter l'intensité dramatique. Dans la partition, Dallapiccola a noté que « la sonorité... devait être formidable; chaque spectateur doit se sentir littéralement balayé, emporté par l'immensité du son. Tous moyens tels que haut-parleurs, etc. doivent être utilisés sans la moindre hésitation pour obtenir ce résultat. »

La 4e et dernière scène nous montre le Prisonnier, dans un jardin, sous un ciel étoilé, qui chante « Alléluia ! » à la perspective d'être libre et se dirige vers un grand cèdre qui se dresse dans le fond. Dans une sorte d'extase, il tend les bras vers l'arbre, sorte de grand geste d'amour destiné à l'humanité entière. Le chœur s'arrête brusquement. On entend appeler doucement « Fratello » — mais cette fois ce sont les lèvres du Grand Inquisiteur qui prononcent le mot, et ses bras s'ouvrent pour étreindre son prisonnier : « Pourquoi veux-tu nous quitter maintenant, à la veille même de ton salut ? » Une lumière plus claire monte dans le fond, comme pour souligner les pensées des deux protagonistes. Le Prisonnier réalise que son destin ultime est de gagner le salut, aussi certainement que la dernière torture était l'espoir. Un chœur réduit entonne une citation des *Canti di Prigionia,* assourdissant presque complètement le dernier « La libertà ? » (La liberté ?) murmuré par le Prisonnier.

H.

Ulisse

Opéra en un prologue et 2 actes de Luigi Dallapicola ; liv. du compositeur. Créé à Berlin, Deutsche Oper le 29 septembre 1968 avec Gayer, Hillebrecht, Madeira, van Halem, Melchert, Saedén, dir. Maazel ; Londres, Studio BBC, 20 septembre 1969 (en anglais) avec Gayer, Bernard, Madeira, Driscoll, English, Reich, dir. Maazel ; Milan, Scala, 13 janvier 1970 avec Ruk-Focic, Gayer, Murray, Davia, dir. Riatjen ; Rouen, 23 avril 1971 avec Herzog, Pontié, Doucet, Carmeli, dir. Charles Bruck ; Venise, La Fenice et Florence, Mai Musical, printemps 1972 avec Beckman, Zara, Roar, Wimberger, dir. Günther Wich.

PERSONNAGES

CALYPSO et PÉNÉLOPE (rôle double, soprano) ; CIRCÉ (mezzo-soprano) ; ANTICLEA (soprano) ; NAUSICAA (soprano) ; ULYSSE (baryton) ; ALKINOOS, *roi des Phéaciens, père de Nausicaa* (basse) ; TIRÉSIAS (ténor) ; TÉLÉMAQUE (haute-contre) ; EUMÉE (ténor) ; *servantes et serviteurs.*
L'action se situe dans un lieu indéterminé évoquant L'Odyssée.

L'*Ulisse* de Dallapicola doit son origine première à une transcription que fit le compositeur en 1941 du *Ritorno d'Ulisse in patria* de Monteverdi. Musicien hanté par les problèmes de son temps, et particulièrement par la solitude de l'homme devant la violence et la difficulté qu'il a à s'en arracher, Dallapicola a trouvé dans *L'Odyssée* une trame qui lui permet de répondre à quelques-unes de ses interrogations intimes. Mais, sur le parcours de la légende grecque, l'auteur a placé, comme dans un jeu de collages, de nombreuses citations d'écrivains contemporains qui lui permettent d'élargir l'épisode à la taille d'une méditation universelle. Dans le domaine de la musique, le compositeur s'est astreint à n'employer que le langage dodécaphonique le plus rigoureux.

Le prologue de l'opéra se compose de trois épisodes : dans le premier, Calypso rend sa liberté à Ulysse et le pousse à partir sur mer. C'est dans la liberté de l'espace marin qu'il pourra trouver la réponse aux questions qu'il se pose sur le monde et sur lui-même. Le second épisode ne fait pas appel à la parole ; c'est un poème symphonique à la gloire de Poséidon, dieu des mers. Dans le troisième, Nausicaa décrit à ses compagnes un rêve qui l'obsède. C'est de la mer qu'elle verra sortir le personnage central de ce rêve qui n'est autre qu'Ulysse naufragé. Elle conduit le héros au palais de son père, Alkinoos.

Acte I. Chez Alkinoos, Ulysse entreprend de raconter ses aventures. Tout ce premier acte est construit comme une série de retours de mémoire, faisant revivre des scènes passées. Sur un mode très lyrique, le récit est coupé de brèves interventions des personnages que sa mémoire fait revivre. Nous le suivons ainsi au pays des Lotophages, dispensateurs de l'oubli, dans l'île de Circé, la magicienne qui transforme les hommes en animaux, dans sa descente aux Enfers où il a aperçu sans pouvoir la toucher sa mère prisonnière de la mort. Le thème de la captivité domine tous ces récits. Nausicaa demande à Ulysse de l'inscrire dans son souvenir quand il repartira sur la mer sans limites.

Acte II. Au récit des captivités passées qui occupe le premier acte, s'oppose dans le second acte le récit de la violence présente. Dans les quatre premières scènes, Dallapicola suit de près le texte homérique. Nous assistons au retour de Télémaque, puis à celui d'Ulysse, aux difficultés de se faire reconnaître des siens, à la lutte contre les prétendants de Pénélope et à la victoire. Mais lorsque se termine l'aventure telle que nous la connaissons, s'ouvre la dernière scène de l'opéra. Rentré chez lui, en possession de ce qu'il avait perdu, Ulysse s'aperçoit que sa vie n'a aucun sens. Il lui faut continuer à chercher le pourquoi de son existence ; il reprendra la mer, seul, dans sa quête de vérité. Une longue méditation lyrique sur un texte de saint Augustin donne son sens à l'ouvrage qu'elle clôt.

C'est au-delà de la réalité dans laquelle se déroule la vie humaine que se trouve la libération.

Le thème de la captivité, qui a obsédé la pensée de Dallapicola tout au long de son œuvre, semble trouver ici une réponse. Dans son dernier opéra, le compositeur laisse entrevoir une sérénité qu'il a vainement cherché à exprimer dans ses autres ouvrages. *Ulisse* fait en quelque sorte le pendant au *Prigionero* et à sa quête désespéré de liberté.

L.

19. L'Opéra français

GABRIEL FAURÉ
(1845-1924)

Pénélope

Opéra en 3 actes de G. Fauré; liv. de René Fauchois. Créé le 4 mars 1913 à Monte-Carlo, avec Lucienne Bréval, Charles Rousselière, dir. Léon Jéhin. Paris, Th. des Champs-Élysées, 1913, avec Bréval, Muratore, dir. Hasselmans; Bruxelles, 1913, avec Croiza, Darmel; Opéra-Comique, 1919, avec Germaine Lubin, Rousselière. Reprises : Opéra de Paris, 1943, avec Lubin, Jouatte, dir. Ruhlmann; Bordeaux, 1957, avec Régine Crespin, Raoul Jobin; Buenos Aires, 1962, avec Crespin, Guy Chauvet.

PERSONNAGES

ULYSSE, *roi d'Ithaque* (ténor); EUMÉE, *vieux berger* (baryton); ANTINOÜS (ténor); EURIMACHUS (baryton); LAERTE (ténor); CTESIPPOS (baryton); PISANDRE (baryton); *prétendants de Pénélope;* UN BERGER (ténor); PÉNÉLOPE, *reine d'Ithaque* (soprano); EURYCLÉE, *nourrice d'Ulysse* (mezzo-soprano); CLÉONE (mezzo-soprano); MELANTHO (soprano); ALKANDRA (mezzo-soprano); PHYLO (soprano); LYDIA (soprano); *servantes;* EURYNOME, *la gouvernante* (soprano).
  Bergers, serviteurs, danseurs et joueurs de flûte.

Pénélope est le premier véritable opéra de Gabriel Fauré. Il le composa à l'âge de 50 ans, treize ans après *Prométhée*, grand drame qui utilisait plusieurs moyens propres à l'opéra. Son succès fut discuté. Les admirateurs de Fauré, comme le compositeur Koechlin, affirmaient qu'il ne s'agissait pas seulement d'une œuvre majeure d'un des compositeurs français les plus importants, mais aussi d'une date dans l'histoire du drame lyrique en France; ses détracteurs trouvaient l'œuvre dépourvue de sens dramatique. En dépit de plusieurs reprises espacées, l'opéra ne s'est jamais véritablement imposé, même à Paris.

Acte I. Pénélope attend le retour d'Ulysse, harcelée par les prétendants qui veulent s'emparer d'elle et du trône. Elle est souvent assaillie par le doute : reviendra-t-il jamais ? Une antichambre des appartements de Pénélope. Le prélude dévoile parfaitement le caractère sérieux de l'opéra. Les servantes de la reine avouent qu'à sa place elles auraient depuis longtemps succombé aux flatteries des prétendants. Ceux-ci font irruption et demandent à voir la reine. La vieille Euryclée s'y oppose. Pénélope apparaît enfin ; avec une incomparable dignité, elle déclare que son époux, Ulysse, lui a demandé de l'attendre — ce qu'elle fait, chaque jour, sûre qu'il réapparaîtra dans toute sa gloire. Les prétendants sont cyniques : il ne reviendra jamais. Mais ils s'inquiètent, car le linceul que la reine tisse pour le vieux Laerte, le père d'Ulysse, est loin d'être terminé — elle a jusqu'ici repoussé leurs avances en demandant qu'on la laisse seule tant qu'elle n'aurait pas fini cet ouvrage. Ils déclarent qu'elle devra désormais travailler sous leur surveillance.

Eurimachus fait signe aux joueurs de flûte et aux danseurs. Sourde aux compliments de ses prétendants, Pénélope fait une grande déclaration, musicalement fort inspirée : « Ulysse, fier époux, doux guerrier, roi puissant, viens m'aider dans ma détresse. » Dehors, une voix répond à son appel. C'est Ulysse, déguisé en vieux mendiant. Malgré les protestations de ses soupirants, elle l'accueille et lui offre l'hospitalité. Comme chaque soir, elle refuse de souper avec eux, et ils s'éloignent avec les plus jolies filles du palais.

Pénélope, restée seule avec le vieillard, le confie aux soins d'Euryclée, la vieille nourrice, qui le reconnaît aussitôt. La reine entreprend alors, comme chaque nuit, de défaire l'ouvrage qu'elle a fait pendant le jour. Mais les prétendants la surprennent et exigent qu'elle choisisse l'un d'eux dès le lendemain.

Le vieux mendiant réapparaît. Ses propos sont d'un tel réconfort que Pénélope décide qu'il les accompagnera le soir, quand avec Euryclée elle montera la garde sur la colline d'où l'on peut voir la mer et les vaisseaux. Ulysse, seul sur scène, dit son émotion avec exubérance. Il rejoint ensuite les deux femmes.

Acte II. Un berger chante avec mélancolie. Pénélope atteint le sommet de la colline, suivie d'Euryclée et d'Ulysse. Pendant son duo avec le vieillard, elle apprend qu'il a hébergé le roi en Crète. Le vieil homme suggère alors un stratagème : que Pénélope accepte de céder au prétendant qui saura bander le grand arc d'Ulysse ! Elle accepte et repart tristement. Ulysse, stimulé, réunit les bergers et se fait reconnaître. Il sollicite leur aide pour punir les prétendants de sa femme.

Acte III. Ulysse révèle qu'il a choisi la grande épée d'Hercule pour exercer sa vengeance. Euryclée est accablée par le désespoir de sa maîtresse, mais Ulysse la rassure. Eumée vient annoncer au roi que le destin leur est favorable : les soupirants de la reine ont ordonné aux bergers d'apporter des animaux à la Cour pour y célébrer un sacrifice.

Les prétendants demandent à Pénélope de faire son choix. Elle déclare que celui d'entre eux qui saura bander l'arc d'Ulysse restera au palais. Puis, frappée d'un pressentiment mortel, elle change d'avis et leur demande de sortir. Chacun tour à tour essaie de tendre l'arc et échoue. Ulysse, toujours déguisé, demande la permission de tenter sa chance. Les prétendants le considèrent avec mépris. Ulysse bande l'arc et tire une flèche dans la cible prévue pour les exercices des archers. Puis il dirige son arc vers tous les prétendants, successivement, et les tue avec l'aide d'Eumée et des bergers. Justice est faite, et l'opéra finit triomphalement tandis que la Cour se réjouit du bonheur retrouvé du couple royal.

H.

GUSTAVE CHARPENTIER
(1860-1956)

Louise

Opéra en 4 actes de Charpentier; liv. de l'auteur. Créé à l'Opéra-Comique, Paris, 2 février 1900, avec Marthe Rioton, Deschamps-Jéhin, Maréchal, Fugère, dir. Messager. Berlin, 1903, avec Destinn, Goetze, Philipp, Baptist Hoffmann; Vienne, 1903, avec Gutheil-Schoder, Slezak, Demuth, dir. Mahler; New York, Manhattan Opera House, 1908, avec Garden, Bressler-Gianoli, Dalmorès, Gilibert, dir. Campanini; Covent Garden, 1909, avec Edvina, Bérat, Dalmorès, Gilibert, dir. Frigara; Metropolitan, 1921, avec Farrar, Bérat, Harrold, Whitehill. Reprises : Covent Garden, 1919, dir. Coates; 1928, avec Heldy, Kaisin, Journet; 1936, dir. Sargent; Metropolitan, 1930, avec Bori, Trantoul, Rothier; 1939, avec Moore, Maison, Pinza; 1947, avec Dorothy Kirsten, Jobin, Brownlee, dir. Fourestier; la Scala, Milan, 1923, avec Heldy, Casazza, Pertile, Journet, dir. Toscanini; 1929, avec Dalla Rizza; 1934, avec Favero, Casazza, Ziliani, Stabile; Paris, Opéra-Comique, 1937; New York City Opera, 1962, avec Arlene Saunders, Claramae Turner, John Alexander, Treigle, dir. Morel; Paris, Opéra-Comique, 1964, avec Sarocca, Turp, Bianco, Scharley, dir. Etcheverry; San Francisco, 1967, avec Saunders, Cervena, Alexander, Rossi-Lemeni; Opéra de Nantes, 1978, dir. René Terrasson.

PERSONNAGES

LOUISE (soprano); SA MÈRE (contralto); IRMA (soprano); CAMILLE (soprano); GERTRUDE (contralto); L'APPRENTIE (soprano); ELISE (soprano); BLANCHE (soprano); SUZANNE (contralto); UNE BALAYEUSE (mezzo-soprano); UNE PETITE CHIFFONNIÈRE (mezzo-soprano); UNE PREMIÈRE (mezzo-soprano); UNE LAITIÈRE (soprano); UNE PLIEUSE (soprano); UNE GLANEUSE (mezzo-soprano); MARGUERITE (soprano); MADELEINE (contralto); UNE DANSEUSE; JULIEN, *jeune artiste* (ténor); LE PÈRE DE LOUISE (basse); UN NOCTAMBULE (ténor); UN CHIFFONNIER (basse); UN VIEUX BOHÊME (baryton); UN CHANSONNIER (baryton); UN BROCANTEUR (basse); UN PEINTRE (basse); DEUX PHILOSOPHES (ténor, basse); UN JEUNE POÈTE (baryton); UN ÉTUDIANT (ténor); DEUX GARDIENS DE LA PAIX (barytons); UN GAVROCHE (soprano); UN SCULPTEUR (baryton); UN FRIPIER (ténor); UN APPRENTI (baryton); LE BOUFFON (ténor).

Marchands ambulants, ouvriers, etc.

A Paris, au début du XXᵉ siècle.

Le rôle de Louise fut créé par Mˡˡᵉ Rioton qui faisait à cette occasion ses débuts sur une scène d'opéra. On a dit que sa silhouette fragile et son chant admirable convenaient parfaitement à cette œuvre.

Mary Garden lui succéda et fit de Louise un de ses grands rôles à succès.

Il y a un bref prélude, qui utilise une phrase développée par la suite dans l'opéra :

Elle est plus associée à l'appel de la liberté qui, pour Louise, est indissociable de Julien, qu'à Julien lui-même. Trois mesures avant la fin du prélude, on entend un motif qui désigne le père de Louise.

Acte I. Une pièce dans le logement d'un ouvrier. Par une grande fenêtre ouverte, on aperçoit une terrasse appartenant à l'atelier d'un artiste, juste en face de la maison des parents de Louise. Au lever du rideau, Julien chante une sérénade à celle-ci : « O cœur ami ! O cœur promis ! » (Ex. n° 1). Nous apprenons par leur conversation que Louise a suggéré à Julien d'écrire à ses parents pour leur demander sa main; s'ils refusent, elle s'enfuira avec lui.

Louise demande à Julien de lui raconter encore comment il est tombé amoureux d'elle : « Depuis longtemps j'habitais cette chambre. » Sa description devient de plus en plus lyrique, quand survient la mère de Louise, au point le plus fort du récit. Elle ne révèle pas immédiatement sa présence (seul l'orchestre nous la suggère) et se cache pour écouter ce qu'ils disent. La tendre conversation se poursuit, non sans quelques remarques assez peu flatteuses sur le compte de la mère de Louise. Celle-ci finit par intervenir, entraînant Louise et l'enfermant dans la cuisine. Louise se glisse dans la pièce juste à temps pour voir la lettre que lui tend Julien.

La mère se moque de l'amour de Louise pour Julien. Le bruit des pas du père dans l'escalier l'empêche de la battre. Il commence à ouvrir la lettre que Julien a laissée à son intention. Louise et son père s'embrassent, avec apparemment beaucoup de tendresse, et la famille passe à table.

Louise porte la lettre à son père, qui l'avait oubliée, puis rejoint sa mère dans la cuisine. Le père relit la lettre et semble prêt à s'intéresser à la question. Mais la mère est furieuse. Quand sa fille contredit ses propos haineux à l'égard de Julien, elle la

gifle. Le père demande à Louise de lui lire la lettre. Elle commence, mais fond en larmes à la mention du printemps à Paris. Le rideau tombe.

Acte II. Le prélude est intitulé « Paris s'éveille ». Une rue au pied de la colline de Montmartre. D'un côté de la scène, la maison où Louise travaille comme couturière. Les gens se livrent à leurs occupations. L'un des personnages de cette scène est le noctambule, un fêtard tardif rentrant chez lui qui symbolise « les plaisirs de Paris », dont Louise et ses compagnes rêvent ardemment. Charpentier a fait un jeu de mots sur « plaisir », qui est également une sorte de gaufre.[1] Le cri des marchands d'oublies est associé musicalement au noctambule.

Julien, accompagné de quelques amis « bohèmes », vient attendre Louise pour connaître l'accueil réservé à sa lettre. Les couturières arrivent, bientôt suivies de Louise et de sa mère. La mère repart, Louise entre dans la maison. Mais Julien l'en fait ressortir et la presse de questions. Il est mécontent de voir qu'elle est incapable de se rebeller contre l'autorité de ses parents; reprendra-t-elle sa promesse de s'enfuir avec lui ?

L'atelier de couture. Les jeunes filles bavardent en cousant. Il y a beaucoup de bruit, et les commérages vont bon train. Elles remarquent que Louise a pleuré et suggèrent que c'est un chagrin d'amour. Elle nie farouchement, mais Irma entonne une chanson où il est question d'amour. Bientôt, un air de polka retentit au rez-de-chaussée, immédiatement suivi de la sérénade de Julien : « Dans la cité lointaine ». Au début, les filles sont ravies. Puis, réalisant que ce chant n'est adressé à aucune d'entre elles, elles se lassent. Louise n'en peut supporter plus et s'en va, leur demandant d'expliquer qu'elle a dû rentrer chez elle. Elle se précipite dehors, et l'instant suivant on la voit s'éloigner

1. Plaisir = oublie.

au bras de Julien. Ses compagnes éclatent de rire.

Acte III. Un petit jardin sur le coteau de Montmartre, une petite maison à un étage. Vue panoramique de Paris. Au lever du rideau, Louise chante sa célèbre romance, « Depuis le jour où je me suis donnée ». Elle vit maintenant avec Julien : « Ah, je suis heureuse ! » « Depuis le jour » est devenu une aria célèbre, d'un lyrisme suffisamment fervent pour être appréciée en dehors de son contexte.

Louise explique combien on s'intéressait peu à elle dans son atelier; même son père, qui l'aimait sincèrement, la traitait comme une petite fille. Quant à sa mère, elle la battait et la grondait (« Qui aime bien, châtie bien »). Elle se réjouit avec Julien de voir les lumières de la ville s'allumer l'une après l'autre, et ils chantent ensemble le bonheur d'être libres : « Libres ! »

Ici intervient le curieux épisode dit du « Couronnement de la Muse »[1]. Des bohèmes entrent dans le jardin et entreprennent de décorer la façade de la maison. Suit une foule de gens, puis une procession dont la vedette n'est autre que le « noctambule » de l'acte II maintenant déguisé en bouffon. Louise est couronnée reine des bohèmes et muse de Montmartre. La gaieté de tous prend brusquement fin quand ils aperçoivent une triste silhouette à l'écart. C'est la mère de Louise. Elle vient lui dire que son père est gravement malade et souhaite la revoir. Pendant un certain temps, ils avaient fait semblant de croire Louise morte. Mais elle l'a trouvé une nuit dans la chambre de sa fille, répétant son nom. Julien est d'abord soupçonneux, mais il finit par accepter que Louise retourne chez elle, sa mère ayant promis qu'elle reviendrait avec lui quand elle le voudrait.

Acte IV. Même décor qu'au 1er acte. Louise est toujours avec les siens qui n'ont pas tenu parole. Son père se remet de sa maladie. Il a beaucoup changé : l'homme heureux et actif du début est devenu grincheux : « Les pauvres gens peuvent-ils être heureux ? » Il se plaint de l'ingratitude des enfants d'aujourd'hui, qui rejettent l'autorité de ceux qui les aiment et se sacrifient pour eux.

Louise contemple mélancoliquement la ville par la fenêtre. Quand sa mère lui dit qu'il n'est pas question de la laisser rejoindre Julien, en dépit de la promesse faite, elle répond d'un air triste : « Rira bien qui rira le dernier ». Elle dit bonsoir à son père qui la prend dans ses bras et l'embrasse tendrement. Elle se dégage, insensible à son affection. Mais il l'appelle, la prend sur son genou comme une enfant et lui chante une Berceuse : « Reste... repose-toi... comme jadis toute petite. » La musique possède alors une véritable émotion, et l'on oublie que le père ne fait que s'apitoyer sur lui-même.

Mais la détresse de Louise est trop profonde pour être ignorée. Elle leur rappelle leur promesse et affirme calmement, avec conviction, son droit à la liberté : « Tout être a le droit d'être libre. » L'air de valse qu'elle écoutait du temps de son bonheur l'appelle — la voix de Paris. Elle répond passionnément et supplie la ville de lui redonner sa liberté. Les efforts de son père ne suffisent pas à étouffer le sentiment qui la gagne. Finalement, le vieil homme perd complètement patience et lui dit de quitter la maison. Il la poursuit d'ailleurs effectivement autour de la pièce, et elle sort. Sa colère passée, le père l'appelle d'une voix larmoyante. Il brandit alors son poing en direction de la ville et le rideau tombe sur son dernier cri : « O Paris. »   H.

1. La musique est empruntée à une composition écrite par Charpentier en 1897 pour une cérémonie de ce type. La muse de Montmartre, élue par le peuple, devait être couronnée publiquement mais le sacre dut être retardé de deux ans en raison du mauvais temps.

CLAUDE DEBUSSY
(1862-1918)

Pelléas et Mélisande

Opéra en 5 actes de Debussy; liv. tiré de la pièce de Maeterlinck. Créé à l'Opéra-Comique, Paris, 30 avril 1902, avec Garden, Gerville-Réache, Périer, Dufranne, Vieuille, dir. Messager. New York, Manhattan Opera House, 1908, avec Garden, Gerville-Réache, Périer, Dufranne, Arimondi, Crabbé, dir. Campanini; Covent Garden, 1909, avec Féart, Bourgeois, Warnéry, Vanni Marcoux, Bourbon, Crabbé, dir. Campanini; la Scala, Milan, 1908, avec Ferrari, Giraud, Amato, Cirino, dir. Toscanini; Metropolitan Opera, New York, 1925, avec Bori, Johnson, Whitehill, Rothier. Reprises : Covent Garden, 1920, avec Edvina, Maguénat, Huberdeau, Cotreuil, dir. Pitt; 1930, avec Teyte, Bourdin, Brownlee, Autori; 1937, avec Perli, Gaudin, Vanni Marcoux, Bernasconi; 1949, avec Joachim, Jansen, Etcheverry, Médus, dir. Désormière; la Scala, Milan, 1925, avec Heldy, Bertana, Legrand, Journet, dir. Toscanini; 1949, avec Boué, Bourdin, Etcheverry, Médus, dir. de Sabata; Metropolitan, 1940, avec Jepson, Cathelat; 1943, avec Sayao, Singher; 1949, avec Dosia, Jansen; Glyndebourne, 1962, avec Duval, Henry Gui, Roux, dir. Gui; Covent Garden, 1969, avec Söderström, George Shirley, dir. Pierre Boulez; Covent Garden, 1974; Opéra de Paris, 1977, avec Von Stade, Stilwell, Bacquier, Taillon, Soyer, dir. Maazel; la Scala, Milan, 1977, dir. Prêtre; Metropolitan Opera, New York, 1977, avec Stratas, Gibbs, Hines, Van Dam, dir. Levine.

PERSONNAGES

ARKEL, *roi d'Allemonde* (basse); GENEVIÈVE, *mère de Pelléas et de Golaud* (alto); PELLÉAS (ténor)[1]; GOLAUD (baryton), petits-fils d'Arkel; MÉLISANDE (soprano); YNIOLD, *fils du premier mariage de Golaud* (soprano); UN MÉDECIN (basse).

Certains opéras résument le passé, d'autres laissent entrevoir l'avenir — ceux de Mozart illustrent la première catégorie, et *Tristan, Falstaff* ou *Wozzeck*, la seconde. *Pelléas* semble n'appartenir à aucune. Debussy était tout sauf un compositeur fermé aux influences extérieures, et pourtant son opéra n'appartient à aucune lignée et a eu peu d'imitateurs (à la différence de ses œuvres pour piano et pour orchestre). Si l'œuvre semble ne mener nulle part, elle n'en est pas pour autant stérile. L'auditeur est à chaque fois convaincu qu'il s'agit là d'un opéra d'une beauté étrange et exceptionnelle, d'une imagination incroyablement perceptive, dont l'absence de postérité indique justement que tout a été dit, et une bonne fois pour toutes.

On a beaucoup écrit sur la mièvrerie de *Pelléas,* aussi convient-il de souligner que ce commentaire ne peut s'appliquer qu'à l'aspect dramatique de l'œuvre. Les personnages n'expriment pas complètement leurs sentiments — dans cette mesure, *Pelléas* est un opéra « réaliste » — et préfèrent avoir recours à des phrases imprécises, non engagées, plutôt que se livrer à un étalage d'émotions grandioses. Mais sur le plan musical, aucun accent n'est

---

1. Ou baryton-Martin. Jean Périer, qui créa Pelléas, chantait aussi Scarpia, Colline, Sharpless; Warnéry chanta Gonzalve dans *L'Heure Espagnole*, Mime dans *Siegfried* ; Bourdin fut Onéguine, et Shirley un célèbre Don Ottavio.

atténué. Ce que Debussy recherchait était exactement à l'opposé — une expression précise, non exagérée des sentiments en présence, et l'indication tout aussi précise de ce que les personnages ressentent au-delà de ces sentiments. Aussi suis-je persuadé que la citation fréquente du sommet du duo de l'*acte IV* :

a plus nui que contribué à la compréhension de l'œuvre par le public. Debussy n'avait aucunement l'intention de rester au-dessous de la vérité, comme en témoigne la passion qui anime d'autres passages de la partition; pas plus que de simplifier. La précision française demandait qu'une situation subtile ne soit compliquée ni par les formules ni par la convention. Ce qui explique combien l'œuvre de Debussy a pu paraître étrangement « différente » à son public original.

Chaque scène est reliée à la précédente par un interlude orchestral, et les actes se déroulent sans interruption de la musique.

Acte I, scène 1. Dans la forêt, Golaud perd son chemin en poursuivant un ours et se retrouve dans un endroit qu'il ne connaît pas. Une jeune fille est assise près d'un cours d'eau. Elle se comporte comme un personnage de conte de fées, un être isolé du monde. Golaud réussit enfin à entraîner Mélisande — elle a fini par lui dire son nom — loin de ces sombres bois.

Scène 2. Une salle du château. Geneviève lit au vieux roi Arkel, qui est presque aveugle, la lettre écrite par Golaud à son demi-frère Pelléas. « Voici ce qu'il écrit à son frère

Pelléas. » Nous apprenons ainsi que Golaud est marié depuis six mois à la mystérieuse Mélisande. Il éprouve un grand amour pour son épouse, dont il ne sait cependant toujours rien. Aussi craint-il que son grand-père, le roi, ne lui pardonne pas cette union. Il charge Pelléas de lui indiquer par un signe si le roi est prêt « à accueillir l'étrangère comme sa fille ». Sinon, il gagnera un pays lointain à bord de son navire et ne reviendra jamais chez lui. Le roi Arkel a atteint cet âge de la vie où la sagesse engendre la clémence. Il pardonne à Golaud et ordonne à son petit-fils, Pelléas, de donner à son frère le signe convenu. Pelléas lui demande s'il peut aller dire adieu à un de ses amis qui, mourant, lui a écrit. Mais Arkel lui rappelle que son devoir est d'attendre le retour de son frère et de veiller sur son père malade.

Scène 3. Devant le château. La reine Geneviève cherche à calmer le désespoir de Mélisande, né des régions sinistres où elle a erré. Pelléas est également là. Ils regardent ensemble un bateau s'éloigner, accompagné par un chœur invisible.

Acte II, scène 1. Une fontaine dans le parc. Pelléas et Mélisande se dirigent vers ce lieu où la chaleur du jour est moins pesante. Mélisande ressemble-t-elle à Mélusine ? L'eau l'attire irrésistiblement. Pelléas l'avertit : « Prenez garde de glisser. » Elle se penche pour regarder son reflet, et ses cheveux tombent dans l'eau. Ne pouvant atteindre l'eau, elle commence à jouer avec la bague que Golaud lui a donnée. L'objet lui échappe des doigts, tandis que la harpe joue *glissando*, et disparaît au fond de l'eau.

Scène 2. Cette bague devait avoir quelque chose de particulier. A l'heure même où Mélisande la perdait, le cheval de Golaud a fait un écart pendant la chasse. Golaud est maintenant blessé et repose dans son lit. Mélisande le veille. Elle dit à son mari qu'elle ne se sent pas heureuse ici. Elle est oppressée par un pressentiment, mais elle ne sait pas ce que c'est. Golaud veut la consoler; il lui prend les mains et voit que la bague a disparu. Il l'envoie alors la chercher dans la nuit. Pelléas l'accompagnera. « Je préférerais abandonner tout ce que je possède, ma fortune et mes biens, plutôt qu'avoir perdu cette bague précieuse. »

Scène 3. Devant une grotte, dans les rochers. Mélisande a menti à Golaud en lui disant que la bague avait glissé de son doigt pour tomber dans la mer. Pelléas doit donc l'emmener voir l'endroit où elle a prétendu l'avoir perdue — un lieu affreux, où plane l'ombre de la mort. Ils y voient trois mystérieux mendiants barbus, endormis dans cet abri de fortune.

Acte III, scène 1. Une tour du château. A la fenêtre, Mélisande peigne sa chevelure : « Mes longs cheveux ». Pelléas arrive par le chemin qui passe

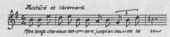

Modéré et librement
Mes longs che-veux des-cen-dent jusqu'au seuil de la   tour

sous la fenêtre. Il vient lui dire adieu, car il doit partir le lendemain matin. Mélisande tend une fois de plus sa main vers lui, pour qu'il la presse contre ses lèvres. L'amour envahit les jeunes gens sans qu'ils s'en rendent compte. Leurs mains ne peuvent se toucher, mais les longs cheveux de Mélisande atteignent la tête de Pelléas, faisant naître chez le jeune homme un sentiment passionné. Ils échangent des propos de plus en plus intenses — quand Golaud s'approche et les traite d'enfants. Il s'éloigne avec Pelléas.
Toute la scène, depuis le son ravissant de la harpe au début jusqu'à l'apparition de Golaud, n'est rien d'autre qu'une scène d'amour passionnée (bien qu'aucun mot d'amour ne soit prononcé), illustrée par une musique d'une extraordinaire sensibilité.

Scène 2. Les caves sous le château. Golaud, sinistre et menaçant, conduit son frère dans des souterrains où passe le souffle de la mort. Saisis d'un frisson, ils ressortent.

Scène 3. Sur la terrasse, à l'entrée du souterrain. Golaud recommande à Pelléas, en termes très sérieux, de s'éloigner de Mélisande et de ne plus avoir de conversations intimes avec elle.

Scène 4. Devant le château. Golaud a vainement cherché à se rassurer en se répétant que tout ceci n'était que jeux d'enfants. La jalousie le dévore. Il prend dans ses bras son fils Yniold, né d'un premier mariage, et lui demande d'épier par la fenêtre les gestes de Pelléas et Mélisande. Mais l'enfant est incapable de lui dire quoi que ce soit de précis. Pourtant, Golaud devine qu'il se passe quelque chose. Il se sent vieux, beaucoup plus vieux que le jeune couple. C'est, sur le plan dramatique, une des scènes les plus intenses de l'œuvre. L'agonie et l'impuissance de Golaud sont renforcées par l'innocence et l'inquiétude du petit Yniold jouant son rôle de délateur.

Acte IV, scène 1. Pelléas et Mélisande se retrouvent dans une salle du château. Il faut qu'il la voie le soir même. Elle promet de se rendre près de la fontaine, dans le parc, là où elle a perdu la bague. Ce sera leur dernière rencontre. Mélisande ne comprend toujours pas pourquoi le jeune homme doit partir.

Scène 2. Le vieux roi Arkel pénètre dans la salle. Le vieillard s'est pris d'affection pour Mélisande. Il sait bien qu'elle n'est pas heureuse. Golaud entre à son tour. Il est bouleversé et garde son calme avec difficulté. La vue de sa jeune femme, image même de l'innocence, l'exaspère à un point tel (« Une grande innocence ») qu'il la jette à terre, pris d'un accès de rage, et la traîne par les cheveux. Seul Arkel a pitié :

Scène 3. Près de la fontaine, dans le parc. Le désastre plane dans l'air. Seul le petit Yniold est insensible à cette atmosphère. Il a laissé tomber quelque chose derrière un rocher et le cherche. Puis il aperçoit un troupeau de moutons et les écoute s'éloigner. (Cette scène est souvent supprimée à la représentation.)

Scène 4. La nuit tombe quand Mélisande rejoint Pelléas. Les deux jeunes gens comprennent maintenant, peut-être grâce à la colère de Golaud, ce qui les a mis dans une telle situation. Ils se laissent gagner avec joie par la perspective de mourir. Le destin ferme les grilles du château derrière eux. Et ils voient Golaud s'approcher, tel le destin. Ils se réjouissent en pensant à la mort. Pelléas tombe, transpercé par l'épée de Golaud, et Mélisande s'échappe dans la nuit.

Acte V. Une pièce du château. Mélisande est allongée sur son lit. Arkel, Golaud et le médecin conversent à voix basse. Non, Mélisande ne se meurt pas de la légère blessure que lui a infligée Golaud. Peut-être pourra-t-on la sauver. Mais Golaud est poursuivi d'un terrible remords : « J'ai tué sans raison !... Ils s'étaient embrassés comme des petits enfants... Je l'ai fait malgré moi. » Mélisande s'éveille. Tout ce qui s'est passé lui a semblé un rêve. Golaud, désespéré, se précipite vers elle pour implorer son pardon et lui demande de dire la vérité. Il veut aussi mourir — mais avant cela, il faut qu'il sache si elle était coupable. Elle nie. Golaud la serre avec tant de force qu'elle défaille. Son esprit n'est déjà plus là, et il semble maintenant impossible de la ramener à elle. Le vieux roi apporte l'enfant qu'elle a mis au monde et propose d'aider l'âme de la mourante à quitter cette terre de larmes et de souffrances.

K.W., H.

Le Martyre de Saint Sébastien

Mystère en 5 mansions de Gabriele d'Annunzio, composé en rythme français. Musique de Claude Debussy. Créé à Paris, Th. du Châtelet, 22 mai 1911, avec Ida Rubinstein (Sébastien), Mmes Feart, Vallin, Courso, dir. A. Caplet. Première au Palais Garnier, 1922, avec Ida Rubinstein, Mmes Laval, Montfort, Courso, dir. H. Defosse, dans des décors et des costumes de Léon Bakst, chorégraphie de Fokine. Reprise en 1957, avec L. Tcherina (Sébastien), Mmes Angelici, Van Herck, Castelli, Montmart, Gorr, Michel, dir. Louis Fourestier; en 1969, avec L. Tcherina, Mmes Denize, Eda-Pierre, Garetti, Barthelemy, Collard, Fourier, dir. M. Rosenthal. Dans une adapt. de Henri Doublier : Rio de Janeiro, 1965; Teatro Colon de Buenos Aires, 1966; Heidelberg, 1974.

PERSONNAGES

Rôles parlés : SÉBASTIEN (qui est aussi dans certaines mises en scène un rôle dansé ou mimé); L'EMPEREUR ; LE PRÉFET (rôle mimé dans certaines mises en scène);

SANAÉ (id.); MARC et MARCELLIEN, *frères jumeaux;* GUDÈNE, *l'affranchi* (rôle mimé dans certaines mises en scène); THÉDOTE; VITAL, *fils du préfet;* LE HÉRAUT D'ARMES; *La Mère douloureuse; La femme voilée; La femme muette; La femme aveugle; La Fille malade des fièvres; Les vierges; Les compagnons des jumeaux; Le greffier; Les appariteurs; Les hérauts; Les bourreaux; Les sacrificateurs; Les victimaires; Les joueurs de flûte; Les gentils; Les chrétiens; Les juifs; les esclaves, Les sept séraphins.*
Rôles chantés : LA VIERGE ERIGONE; VOX COELESTIS; VOX SOLA; ANIMA SABASTIANI; LES GÉMEAUX; CHŒURS.

Le poème de d'Annunzio, très long (4 h), a subi au cours des représentations des coupures diverses.

Le déroulement de l'action peut, sommairement, se résumer ainsi.

Première mansion. La Cour des Lys. Deux jeunes chrétiens, Marc et Marcellien, vont subir le martyre. Voyant leur foi fléchir aux supplications de leur mère, Sébastien, chef des archers de l'Empereur, reçoit soudain la révélation de la vraie foi et les exhorte. Il marche lui-même sur les charbons ardents et les compare à une brassée de lys. Il lance sa dernière flèche dans le ciel et elle ne retombe pas. L'assistance crie au miracle. Tandis qu'il marche sur le feu un hymne séraphique s'élève : « Salut ô Lumière ».

Deuxième mansion. La chambre magique. Le Concile des faux-dieux.

Troisième mansion. L'Empereur pardonne à Sébastien et lui offre tout ce qu'il peut désirer. Malgré les supplications de l'Empereur, qui admire son courage et sa beauté, Sébastien refuse les faux-dieux et brise la lyre d'Apollon. Il mime la passion du Christ. L'Empereur lui offre la récompense suprême : la Victoire impériale qui l'élèverait au rang des dieux. Sébastien refuse, il demande au Christ son aide et proclame son règne. L'Empereur le condamne, le fait lier au tronc d'un laurier et ordonne aux archers de le cribler de flèches.

Pendant qu'on entraîne Sébastien au supplice, évocation de la passion du Christ. On décrit les stigmates que porte le linceul du Christ, dont la garde a été confiée à la Fille malade des fièvres. Une voix céleste s'élève : « Qui pleure mon enfant si doux ». enfant si doux ».

Quatrième mansion : Le laurier blessé. Les archers refusent d'exécuter l'ordre de l'Empereur. Sébastien les conjure de le tuer : « Pour revivre, il faut que je meure ». Les archers lancent leurs flèches. Le chœur chante : « Pleurez ô femmes de Syrie ».

Cinquième mansion : Le Paradis. Les chœurs des martyrs : « Gloire ! Sous nos armures »; des vierges : « Tu es loué »; des apôtres : « Tu es saint »; et des anges : « Tu es beau », accueillent l'âme de Sébastien : « Je viens, je monte, j'ai des ailes ». Tous les saints, en un chœur final, louent le Seigneur : « Louez le Seigneur dans l'immensité de sa foi ».

M. K.

PAUL DUKAS
(1865-1935)

Ariane et Barbe-Bleue

Opéra en 3 actes de Dukas; liv. d'après la pièce de Maeterlinck. Créé à l'Opéra-Comique, Paris, 10 mai 1907, avec Georgette Leblanc (femme de Maeterlinck), Brohly, Vieuille; Metropolitan, New York, 1911, avec Farrar, Rothier, dir. Toscanini; la Scala, Milan, 1911, avec Pierich, Ludikar, dir. Serafin; Buenos Aires, 1934, avec Bunlet, Romito, dir. Panizza; Covent Garden, 1937, avec Lubin, Etcheverry, dir. Gaubert; Naples, 1950, avec Varenne, Chalude, dir. Wolff; Lisbonne, 1963, avec Borkh, Depraz; Opéra de Paris, 1975, avec Bumbry et Arkhipova, dir. Bertini.

PERSONNAGES

BARBE-BLEUE (basse); ARIANE (mezzo-soprano); LA NOURRICE (contralto); SÉLYSETTE (mezzo-soprano); YGRAINE (soprano); MÉLISANDE (soprano); BELLANGÈRE (soprano); ALLADINE (mime); UN VIEUX PAYSAN (basse); DEUXIÈME PAYSAN, (ténor); TROISIÈME PAYSAN (basse).
Des paysans, la foule.

L'action se déroule dans le château de Barbe-Bleue.

Acte I. Une vaste et somptueuse salle en forme de demi-cercle dans le château de Barbe-Bleue. Dans le fond, une grande porte, et de part et d'autre, trois petites portes d'ébène. Par la fenêtre ouverte, les cris d'une foule en colère nous parviennent. Tous croient que Barbe-Bleue a successivement tué toutes ses femmes et que la belle Ariane va être la prochaine victime. Ne peut-on la sauver ? Les gens commentent l'arrivée d'un carrosse. Est-il vrai qu'Ariane sait déjà tout au sujet du château ? Est-il vrai que les cinq épouses précédentes sont encore vivantes, enfermées dans un donjon ? On aurait entendu des voix.

Une fois les fenêtres fermées, les cris de la foule ne sont plus qu'un murmure. Ariane et sa nourrice entrent par une porte latérale. La nourrice commence à déplorer leur sort; elles sont comme mortes maintenant, la foule a essayé de les mettre en garde; il est fou et a déjà assassiné cinq femmes. Ariane est très calme. Elle est persuadée que Barbe-Bleue l'aime et qu'il lui suffira de percer son secret pour les sauver toutes. Il lui a donné sept clés — six d'argent, et une d'or; elle peut ouvrir toutes les portes qu'elle voudra avec les clés d'argent, mais elle ne doit pas toucher à la clé d'or. Cette clé est donc celle de son secret; aussi ne s'occupera-t-elle pas des clés d'argent : seule la clé d'or lui sera utile. Elle jette les clés d'argent que la nourrice s'empresse de ramasser car elles ouvriront la porte de mon trésor, a dit Barbe-Bleue.

La nourrice ouvre les six portes avec les clés d'argent. Des cascades d'améthystes, saphirs, perles et autres pierres précieuses déferlent. Ariane, qui n'est pas à la recherche d'un trésor, ne peut cependant résister aux diamants : « O mes clairs diamants ! », chante-t-elle dans un grand élan lyrique, dont la *tessiture* semble bien élevée pour un mezzo-soprano.

Ariane ne pense qu'à découvrir ce qui est derrière la septième porte. Elle recommande à sa nourrice de se cacher et met la clé dans la serrure. Rien n'apparaît quand la porte s'ouvre, mais on entend un son triste, étouffé. Ce sont les cinq autres épouses, dit Ariane. Le chant augmente, et au moment où Ariane va s'engager sous la voûte, Barbe-Bleue entre dans la pièce. Il reproche à Ariane de l'avoir trahi; mais elle veut savoir la vérité. Il la prend par le bras et lui demande de le suivre. Elle essaie de se dégager, la nourrice se précipite à son secours, et les échos de leur querelle atteignent la foule à l'extérieur. Une pierre est lancée par la fenêtre. La nourrice se précipite pour déverrouiller la porte, et une foule de paysans envahit la pièce. Barbe-Bleue se prépare à combattre mais Ariane affirme doucement mais fermement, à la foule qu'elle n'a pas été blessée. Elle referme elle-même le portail.

Acte II. Une vaste salle souterraine. Il fait très sombre. Ariane apparaît, portant une lampe. La nourrice la suit. Ariane trébuche sur les corps des autres épouses, entassés au milieu de la salle. Dans sa joie de les trouver vivantes, elle se précipite et les embrasse : « Ah ! Je vous ai trouvées ! » La lumière semble les éblouir et les effrayer. Ariane les appelle par leur nom, l'une après l'autre,[1] et les réconforte; elle n'est pas venue partager leur sort, mais les libérer, obéissant à une loi plus forte que celle de Barbe-Bleue. Soudain, une goutte d'eau éteint la lampe d'Ariane, mais elle ne manifeste aucune crainte. Les autres, accoutumées à l'obscurité, la conduisent dans un coin du donjon où, disent-elles, il y a de la lumière. Ariane y trouve des barres de fer et des verrous que les autres épouses n'ont jamais essayé d'ouvrir. La mer se trouve derrière le mur. Si l'on ouvrait, les vagues déferleraient dans la salle. Ariane se jette contre le mur, comme si c'était une porte, et l'ouvre.

La lumière entre alors par une sorte de grande fenêtre : « Ah, ce n'est pas encore la clarté véritable. » Elle prend une pierre et la lance contre cette ouverture. La pièce est aussitôt illuminée, et Ariane elle-même supporte difficilement l'intensité de la lumière. Ariane encourage les autres : il faut regarder ce monde dont elles ont été isolées. Et elle les conduit vers la liberté en chantant joyeusement.

Acte III. Même décor qu'à l'acte I. Les épouses de Barbe-Bleue se parent des bijoux qu'Ariane a découverts grâce aux six clés d'argent. Elles n'ont pu s'enfuir du château, car les pont-levis se sont relevés comme par magie à leur approche, les douves se remplissant d'eau en même temps. Elles se demandent où peut bien être Barbe-Bleue, mais Ariane leur conseille de se faire belles en vue de la liberté qu'elles vont immanquablement retrouver.

La nourrice entre précipitamment et annonce que Barbe-Bleue est de retour. Son carrosse approche. Quand il descend, les villageois l'attaquent, décidés à mettre un terme à sa tyrannie, et il est blessé. Les paysans l'attachent et s'apprêtent à le noyer dans les douves. Ariane ouvre les grandes portes de la salle, et les paysans apparaissent sur le seuil, portant Barbe-Bleue. Que les femmes se vengent de lui comme elles l'entendent. Ariane les remercie et leur conseille de rentrer chez eux panser leurs plaies.

Dès qu'elles sont seules, les épouses de Barbe-Bleue se précipitent pour soigner ses blessures. Ariane tranche ses liens avec un poignard, et il se lève. Elle décide de partir, bien que Barbe-Bleue fasse un geste, comme s'il souhaitait qu'elle restât. Elle demande aux autres épouses de l'accompagner, mais toutes les cinq refusent. Ariane les laisse avec Barbe-Bleue dans le château.   H.

---

1. Quand le nom de Mélisande est mentionné, on entend le thème de l'acte I, scène 3, de l'opéra de Debussy.

ALBERT ROUSSEL
(1869-1937)

Padmavati

Opéra-ballet en 2 actes. Musique d'Albert Roussel, liv. de Louis Laloy. Créé à l'Opéra de Paris, 1ᵉʳ juin 1923, avec Ketty Lapeyrette, Jane Laval, Paul Franz, Edouard Rouard, dir. Philippe Gaubert. Reprise, 1946, avec Hélène Bouvier, Renée Mahé, Charles Fronval, Marcel Clavère. Première : Buenos Aires, 1949, avec Bouvier, Negroni, Tygessen, Filipe Rimito, dir. Calusio; 1968, avec Lyane Dourian, Noémi Souza, Jon Vickers, Angel Mattiello, dir. Georges Prêtre; Naples, 1952, avec Janine Micheau, Tygessen, Vieuille, dir. Cluytens; Strasbourg, 1967, avec Geneviève Marcaux, Guy Chauvet, Franz Péri; Londres, Coliseum (concert), 1969, avec Rita Gorr, Jane Berbié, Albert Lance, Gérard Souzay, dir. Jean Martinon; Opéra de Strasbourg, 1978, dir. Schnitzler.

PERSONNAGES

RATAN-SEN, *roi de Chitoor* (ténor); PADMÂVATÎ, *sa femme* (contralto); ALAUDDIN, *sultan mogol de Delhi* (baryton); LE BRAHMANE (ténor); GORA, *intendant du palais de Chitoor* (baryton); BADAL, *émissaire de Ratan-Sen* (ténor); NAKAMTI, *jeune fille* (mezzo-soprano); LA SENTINELLE (ténor); UN PRÊTRE (basse); DEUX FEMMES DU PALAIS (soprano, contralto); UNE FEMME DU PEUPLE (soprano); UN GUERRIER (ténor); UN MARCHAND (ténor); UN ARTISAN (baryton).

Guerriers, prêtres, femmes du palais, la populace.

Danseurs : UNE FEMME DU PALAIS; UNE ESCLAVE; UN GUERRIER; KALI; DURGA; PRITHIVI, PARVATI, UMA, GAURI.

A Chitoor, en 1303.

Roussel fit son premier voyage en Orient pendant son service militaire dans la Marine. Il y retourna en 1909, lors d'une croisière de quatre mois, et visita Bombay, Ellorâ, Jaipur, Benarès, Ceylan, Singapour et Saïgon. A son retour, il écrivit son tryptique orchestral, *Évocations,* cédant fort peu à la tentation de l'orientalisme. En 1914, Jacques Rouché devint directeur de l'Opéra, après avoir dirigé le Théâtre des Arts où, en 1913, avait été créé le ballet de Roussel *Le Festin de l'Araignée.* Aussitôt nommé à l'Opéra, il s'empressa de commander une œuvre lyrique au compositeur. Celui-ci choisit un sujet qui l'avait séduit pendant son voyage en Inde, et Louis Laloy, l'orientaliste français, en écrivit le livret. Il finit la partition vocale à la déclaration de la guerre, et l'orchestration en 1918, après avoir quitté la Marine pour cause de maladie.

On a beaucoup parlé de l'inspiration orientale dans la musique de Roussel. Pourtant, il n'a jamais essayé d'appliquer des formes mélodiques ou rythmiques indiennes à ce qu'il écrivait (sauf quand l'œuvre était de caractère spécifiquement oriental), et sa musique reste parfaitement européenne. Certains passages de *Padmâvatî,* à caractère lyrique en particulier, utilisent les gammes de la musique indienne qu'on ne trouve pas en Occident. La pantomime de la scène 3 de l'acte II débute par une imitation du mouvement *arpeggio* pour cordes par lequel commencent d'ordinaire les récitals de cithare.

Acte I. Le souverain de Chitoor est le noble et juste prince Ratan-Sen; son épouse est la belle Padmâvatî, dont le nom évoque Padma, le lotus sacré. Autrefois, un prêtre brahmane a aimé Padmâvatî. Banni de Chitoor, il est maintenant au service du souverain mogol de Dehli, Alauddin. Décidé à se venger de Ratan-Sen, il persuade son maître d'attaquer Chitoor.

Après un lent prélude qui crée déjà l'atmosphère, le rideau se lève sur la place publique devant le palais royal de Chitoor. Le peuple attend l'arrivée d'Alauddin et de ses émissaires, qui doivent parler de la paix avec Ratan-Sen. Gora, intendant du palais, veut apaiser la crainte qu'éprouve la foule à l'égard de leurs ennemis traditionnels. Mais ses propres soupçons sont éveillés quand Badal lui avoue que, derrière cette délégation pacifique, le rassemblement de l'armée mogole se prépare dans la plaine.

La musique, anticipant déjà sur les événements à venir, devient plus pressante quand apparaît le souverain mogol, suivi de ses gens et du prêtre brahmane. Un chœur sans paroles les accueille. Après que les souverains ont échangé leurs salutations, Ratan-Sen propose de porter un toast à leur futur alliance. Gora demande que le Brahmane s'éloigne pendant qu'ils s'entretiennent, mais Alauddin insiste pour que son fidèle conseiller reste à ses côtés. Répondant au désir de son hôte, Ratan-Sen fait venir des danseurs; ses soldats exécutent des pas enlevés sur des rythmes à 5/4 et 7/4; des esclaves leur succèdent, sur un rythme moins énergique mais fort animé, à 6/8, avec une section centrale

plus lente. Alauddin demande à voir les danseuses hindoues du palais, faveur habituellement refusée aux incroyants, affirmant que le Brahmane l'a converti. Après une danse langoureuse accompagnée d'un chœur sans paroles, Alauddin exprime son plus cher désir : voir Padmâvatî, dont la beauté est célèbre, tandis que le Brahmane chante une aria passionnée à la gloire de la jeune femme. Ratan-Sen, bien que réticent, comprend qu'il ne peut refuser. Padmâvatî apparaît voilée, au milieu de ses femmes. L'une d'elles, Nakamti, compare dans un air remarquable[1] la beauté de la reine au soleil qui dissipe la nuit et éveille les fleurs (« Elle monte au ciel où rêve le printemps »).

L'ouverture et la phrase souvent répétée de l'aria de Nakamti forment le motif de Padmâvatî, évocateur à la fois de la beauté de la jeune femme et de la modestie, qualité traditionnelle des Indiennes; que ce motif apparaisse seulement dans l'orchestre ou dans le chant de Nakamti souligne en quelque sorte cette modestie. Ratan-Sen ordonne à sa femme de se dévoiler, et Alauddin est ébloui. Il demande la permission de se retirer et remet au lendemain la signature du traité pour pouvoir apporter à ses hôtes des présents dignes d'eux.

---

1. Selon Vuillemin, dit Basil Deane dans son ouvrage sur Roussel, cet air serait d'origine hindoue.

Le Brahmane veut suivre son maître quand une sentinelle le reconnaît et l'arrête. Dès qu'un garde est venu confirmer qu'Alauddin avait bien quitté la ville, le Brahmane proclame le défi de son maître : si Padmâvatî ne lui est pas remise (référence à l'air de Nakamti), l'armée mogole, déjà rassemblée dans la plaine, mettra la ville à sac. Le refus de Ratan-Sen est immédiat et sans appel. La foule lynche le Brahmane, qui prédit, avant d'expirer, la mort de Ratan-Sen et de Padmâvatî ainsi que la destruction du peuple de Chitoor.

Dans la scène finale, sur fond d'appel aux armes, Padmâvatî se reproche d'être la cause innocente d'un désastre — déjà, une mort sacrilège a eu lieu. Elle prie les dieux de la faire mourir plutôt que de la séparer de Ratan-Sen.

Acte II. Cet acte, introduit par un prélude solennel, se déroule dans le temple de Siva[1]. Une porte conduisant à une crypte est ménagée dans le socle d'une gigantesque statue du dieu. Il fait nuit. Dès l'aube, Chitoor sera détruite si Padmâvatî n'a pas été livrée à Alauddin. Ratan-Sen conduit en ce moment même ses guerriers à l'assaut des Mogols, dans une tentative désespérée. Padmâvatî est venue joindre ses supplications à celles qui s'élèvent solennellement dans la crypte. Les prêtres apparaissent, chantant une litanie à l'intention de Siva, et Padmâvatî leur demande quelle est l'intention du dieu. Un sacrifice suprême à l'aube, répondent-ils. Elle se propose alors comme victime et s'entend dire qu'une victime isolée ne suffira pas.

Ratan-Sen apparaît à son tour dans le temple. Il est blessé, ses soldats sont vaincus, et la trêve accordée ne durera que jusqu'à l'aube. Il essaie d'expliquer à son épouse l'étendue de la catastrophe, mais elle ne peut convenir qu'il envisage de céder autre chose que son cadavre au roi mogol. L'idée que son propre mari puisse la remettre vivante à son ennemi dépasse son imagination. Il lui décrit pourtant les souffrances qu'endurera le peuple de Chitoor si Alauddin n'est pas satisfait, et elle finit par comprendre. Elle évoque alors son arrivée à Chitoor, son existence heureuse et sa détermination à suivre son époux jusque dans la mort. Puis, décidée à éviter le sacrilège qu'il s'apprête à commettre, elle le frappe en plein cœur, sachant parfaitement que la coutume exige qu'elle subisse le sâti[2] sur le bûcher funéraire de son mari.

La *scène 3* est un grand rituel funéraire. Padmâvatî se prépare au sacrifice. On la pare comme une jeune mariée pendant qu'elle chante une complainte (« O mes sœurs fidèles »). Un long ballet est dansé ensuite. Un feu est allumé, et quatre personnages costumés en vampires, miment une danse à la lumière des flammes. Deux danseurs représentant la mort, c'est-à-dire Kâli et Durga[3], se rapprochent de Padmâvatî, la victime du sacrifice, en dessinant des cercles autour d'elle. La cérémonie funèbre proprement dite commence par un chœur de femmes, sans paroles. Les incantations des prêtres s'y mêlent peu à peu. Le corps du défunt et celui de la victime vivante sont couverts de guirlandes tandis que retentissent les lamentations de la foule massée à l'extérieur du palais pour attendre l'aube.

Dès les premiers rayons du soleil, la procession se met en marche. Le corps de Ratan-Sen est porté lentement dans la crypte ; Padmâvatî le

---

1. Siva est l'un des principaux dieux de la religion hindoue.
2. Sâti, ou suttee = coutume hindoue ancienne (abolie en 1829) selon laquelle la veuve s'immolait, de préférence volontairement, sur le bûcher funéraire de l'époux défunt.
3. Kâli, déesse primitive au visage noir, épouse de Siva, est associée à la mort, tout comme Durga, fameux pourfendeur de démons.

suit, chancelante. Les invocations à l'intérieur du temple et les cris de la foule à l'extérieur sont rendus par une écriture chorale assez complexe. Quand le bûcher funéraire du roi s'embrase et que Padmâvatî, saisie d'un sursaut de terreur, est doucement portée dans la crypte, la musique atteint son apogée finale. Un grand cri retentit quand Alauddin se précipite dans le temple. Mais tout ce qu'il peut voir est la fumée sortant lentement de la crypte, tandis que l'orchestre rappelle le motif par lequel Nakamti célébrait la beauté de la reine.

Cet opéra, qui ne dure que cent minutes, est le projet le plus ambitieux de Roussel. On pourrait remarquer qu'il n'est pas très bien servi par le librettiste, et qu'il y a plus d'intensité dans la musique que dans le texte. Le compositeur utilise des formes musicales soutenues; pour lui, le drame réside plus dans un puissant thème global que dans l'expression d'une situation immédiate, d'un antagonisme ou d'un incident violent;

le traitement des caractères n'est pas primordial; ce qu'il faut remarquer est l'habileté avec laquelle il organise son œuvre, que ce soit le long mouvement d'ouverture avec ses processions et ses messagers, les longues séquences dansées dans les deux actes, ou le quasi-finale de l'acte I (la dernière scène pouvant être prise comme un postlude ou comme une réflexion sur l'action principale). Les nobles déclamations de Padmâvatî sont dignes de figurer, à mon avis, auprès de celles de la Didon de Berlioz. Et il faut porter au crédit du don d'organisation de l'auteur le fait que le drame ne souffre pas du silence d'Alauddin après le premier acte, ni de celui de Padmâvatî après sa grande complainte du début de l'acte II. Les splendeurs du chœur funèbre fournissent en tout cas à l'œuvre une fin impressionnante, et l'on peut s'étonner de la négligence dont elle a fait l'objet en France depuis sa création. Sans tenir compte de l'extraordinaire précédent constitué par Les Troyens de Berlioz, bien évidemment.

H.

HENRI RABAUD
(1875-1949)

Marouf

Opéra en 5 actes de Rabaud; liv. de Lucien Népoty. Créé à l'Opéra-Comique, Paris, 15 mai 1914, avec Davelli, Périer, Vieuille, dir. Ruhlmann. La Scala, Milan, 1917, avec Vallin, Macnez, dir. Panizza; 1939, avec Favero, Malipiero, Poli, Baccaloni, dir. Marinuzzi; Metropolitan, New York, 1917, avec Alda, de Luca, Rothier, dir. Monteux; 1937, avec Chamlee; Buenos Aires, 1917, avec Vallin, Crabbé; 1923, même distribution; 1935, avec Bovy, Gaudin; 1942, avec Denya Singher; 1946, avec Mazella, Jansen; 1966, avec Massard; San Francisco, 1931, avec Gall, Chamlee. Reprises : Opéra-Comique, 1949, avec Géori Boué, Bourdin, Pernet, dir. Fourestier; Lisbonne, 1960, avec Micheau, Jansen, Roux; Opéra de Nantes, 1976, avec Blanzat, Lecoq, Barraud, Petri, Loup, dir. Etcheverry.

PERSONNAGES

LA PRINCESSE SAAMCHEDDINE (soprano); FATIMAH, *épouse de Marouf* (soprano); MAROUF, *cordonnier du Caire* (ténor [ou baryton]); LE SULTAN DE KHAÏTAN (basse); LE VIZIR (baryton); ALI (baryton); LE FELLAH (ténor); DEUX MARCHANDS (ténor, basse); LE CHEF DES MARINS (ténor); DEUX MUEZZINS (ténors); LE PÂTISSIER AHMAD (basse); LE CADI (basse); DEUX MAMALIKS (basses).

Au Caire, à Khaïtan et dans le désert, à l'époque légendaire.

Acte I. Le Caire. Marouf n'est pas heureux chez lui. Sa femme, Fatimah, n'est pas jolie et n'a pas bon caractère. Quand elle demande un gâteau de riz sucré au miel et que son mari lui rapporte de chez son ami le pâtissier un gâteau simplement sucré, elle se met en colère et court raconter au cadi que son époux la bat. Le cadi, homme crédule, ordonne aux policiers de corriger le cordonnier, en dépit des protestations des voisins. Dégoûté, Marouf décide de disparaître. Il se joint à un groupe de marins.

Acte II. Une tempête provoque le naufrage du navire. Seul Marouf en réchappe. Son ami Ali, qu'il n'a pas vu depuis vingt ans et qui a fait fortune entre-temps, le recueille sur le rivage et l'emmène dans la grande cité de Khaïtan, « quelque part entre la Chine et le Maroc ». On présente Marouf aux gens de la ville comme le plus riche marchand du monde, qui attend une caravane pleine de merveilles. Tout le monde l'accueille. Le sultan en personne l'invite au palais, en dépit des soupçons du vizir.

Acte III. Le sultan offre à Marouf sa fille en mariage, négligeant les conseils du vizir qui trouve plus prudent d'attendre l'arrivée de la caravane avant de prendre une décision aussi grave.

Acte IV. Marouf vit dans le luxe pendant quarante jours avec la princesse. Il épuise les trésors du sultan, qui se console en pensant à l'arrivée imminente de la caravane. Finalement, la princesse questionne Marouf, qui lui dit la vérité. Ils décident alors de s'enfuir, et la princesse se déguise en garçon.

Acte V. Une oasis dans le désert. Les fugitifs s'abritent chez un pauvre paysan. Marouf veut le remercier de son hospitalité en poussant sa charrue. L'outil heurte un anneau de fer qui permet de soulever une trappe donnant sur une chambre souterraine. L'anneau a de plus un pouvoir magique. Quand la princesse le frotte, le pauvre paysan est transformé en génie qui se met à leur service et leur révèle un trésor caché. Quand le sultan arrive avec ses gardes, on entend le bruit d'une caravane qui se rapproche. Le sultan fait ses excuses. Marouf et la princesse triomphent. Le vizir sceptique est condamné à une centaine de coups de fouet.

La musique de *Marouf* est séduisante, elle repose sur une sorte de *pastiche* oriental, redevable successivement à *Turandot, Hassan* et *Chu Chin Chow;* à cette différence près que Rabaud a opéré le mélange avec beaucoup plus d'habileté que ses prédécesseurs et successeurs. *Marouf* comporte, outre des danses et de brefs épisodes, des solos frappants : la complainte de Marouf (« Il est des musulmans »), qui débute l'opéra et réapparaît plusieurs fois au cours du premier acte, est d'une mélancolie obsédante; à l'acte II, il vante ses richesses imaginaires dans une grande aria (« A travers le désert »); à l'acte IV, il médite sur un air exquis, inspiré d'une chanson orientale (« Dans le jardin fleuri »).

K.W., H.

MAURICE RAVEL
(1875-1937)

L'Heure espagnole

Opéra en 1 acte de Ravel; liv. de Franc-Nohain. Créé à l'Opéra-Comique, Paris, 19 mai 1911, avec Vix, Périer; Covent Garden, 1919, avec Donalda, André Gilly, Dua, Maguénat, Cotreuil, dir. Pitt; Chicago et New York, 1920, avec Gall, Maguénat, Defrère, Warnéry, Cotreuil, dir. Hasselmans; Opéra de Paris, 1921, avec Heldy, Huberti, Cousinou, dir. Gaubert; Metropolitan, 1925, avec Bori, Errolle, Bada, Tibbett, Didur, dir. Hasselmans; la Scala, Milan, 1929, avec Supervia, Menescaldi, Damiani, Baccaloni, dir. Santini. Reprises : Covent Garden, 1924, avec Di Lima, Warnéry, Couzinou; 1926, avec Heldy; 1962, avec Costa, dir. Solti; San Francisco, 1945, avec Albanese, Garris, de Paolis, Harrell, Baccaloni, dir. Merola; Opéra de Hollande, 1950, avec van der Veen, Vroons, Baylé, dir. Monteux; Opéra-Comique, Paris, 1951, avec Duval, Giraudeau, Vieuille, dir. Cluytens; Naples, 1952, avec Marthe Luccioni, dir. Cluytens; Sadler's Wells, 1961, par la New Opera Company, avec Collier, Alexander Young, Glossop, Glynne; Chicago, 1965, avec Berganza, Alfredo Kraus, Bruscantini; Glyndebourne, 1966, avec Garcisanz, Sénéchal, Le Hémonet, Cuénod, dir. Pritchard.

PERSONNAGES

CONCEPCION, *épouse de Torquemada* (soprano); GONZALVE, *poète* (ténor); TORQUE- MADA, *horloger* (ténor); RAMIRO, *muletier* (baryton-Martin); DON INIGO GOMEZ, *banquier* (basse).

A Tolède, au XVIIIe siècle.

Tout se déroule dans la boutique de Torquemada, un horloger de Tolède particulièrement distrait. C'est le jour où il répare diverses horloges dans la ville, mais aussi celui où sa femme, Concepcion, peut vivre ses idylles en toute tranquillité. Au moment où l'horloger sort de chez lui, le muletier Ramiro vient faire réparer sa montre, objet hérité de sa famille et auquel il tient beaucoup. Concepcion est fort dépitée d'entendre son mari proposer au muletier d'attendre son retour. Que va-t-elle pouvoir faire de l'indésirable visiteur ? Tout aussi gêné, celui-ci offre de transporter dans la chambre de la jeune femme une grande horloge que Torquemada ne pouvait soulever tout seul.

L'amant de Concepcion, Gonzalve, apparaît pendant que Ramiro porte l'horloge dans l'autre pièce. Il se cache dans une autre énorme horloge. Un échange d'horloges s'ensuit, si bien que le muletier, toujours innocent, transporte Gonzalve sans le savoir dans la chambre de Concepcion. Survient alors Inigo, le banquier, un autre admirateur de la jeune femme. Il se cache à son tour dans une horloge que le muletier transporte dans l'autre pièce. Nouvel échange d'horloges. Mais aucun de ces deux amants ne satisfait vraiment Concepcion. L'un récite trop de vers, et l'autre est tout simplement ridicule. C'est le vaillant et fort muletier, au contraire, qui provoque l'admiration de la femme de l'horloger. Elle reporte sa tendresse du moment sur lui et l'emmène dans sa chambre. Pendant ce temps, Torquemada revient. Il découvre les deux galants abandonnés dans leur cachette et en profite pour leur vendre à chacun une horloge. Retour de Concepcion et de Ramiro. L'opéra se termine par un quintette étincelant, dont la morale, disent les personnages, est due à Boccace :

> *Entre tous les amants,*
> *seul amant efficace,*
> *Il arrive un moment,*
> *dans les déduits d'amour,*
> *Où le muletier a son tour !*

Des gracieux bruits d'horloge du début au quintette en forme d'habanera de la fin, *L'Heure espagnole* est riche en musique charmante. La partition est conçue pour souligner de spirituels jeux de scène et il n'y a à proprement parler aucun « air » (ce qui s'en rapproche le plus est le passage où Concepcion, exaspérée, chante « Ah, la pitoyable aventure »). Ravel recommandait d'ailleurs à ses interprètes de « *dire* plutôt que *chanter* ». Gonzalve est la seule exception dont les discours soient parfois positivement lyrique (ainsi sa première chanson, typiquement espagnole). Tout cela est très léger et — puisque tout le monde s'accorde à dire qu'une traduction serait aberrante — très français.

K.W., H.

L'Enfant et les Sortilèges

Opéra en 2 parties de Maurice Ravel; liv. de Colette. Créé à Monte-Carlo, le 21 mars 1925, avec Gauley, Warnéry, Lafont, dir. de Sabata. Opéra-Comique, Paris, 1926, avec Féraldy, Calvet, Sibille, Bourdin, Hérent, Guénot, dir. Wolff; San Francisco, 1930, avec Queena Mario, dir. Merola; Festival de Florence, 1939, par la troupe de l'Opéra de Paris (où l'œuvre fut reprise la même année), avec Micheau, Branèze, Cernay, dir. Previtali. Reprises : Opéra-Comique de Paris, 1951, avec Angelici, Turba-Rabier, Jourfier, dir. Cluytens; Sadler's Wells, Londres, 1965, dir. Matheson; Opéra de Paris, 1979, avec Gallamini, Arrauzau, Taillon, Berbié, Garner, Eda-Pierre, Ringart, Lublin, Bernard, Perriers, Dutertre, Soyer, Bisson, Sénéchal, Benoit, dir. Ozawa.

PERSONNAGES

L'ENFANT (mezzo-soprano); SA MÈRE (contralto); LA CHAISE LOUIS XV (LA BERGÈRE) (soprano); LA TASSE CHINOISE (contralto); LE FEU [1] (soprano léger); LA PRINCESSE [1] (soprano léger); LE CHAT (mezzo-soprano); LA LIBELLULE (mezzo-soprano); LE ROSSIGNOL [1] (soprano léger); LA CHAUVE-SOURIS (soprano); LA CHOUETTE (soprano); L'ÉCUREUIL (mezzo-soprano); UNE PASTOURELLE (soprano); UN PÂTRE (contralto); LE FAUTEUIL (basse chantante); L'HORLOGE COMTOISE (baryton); LA THÉIÈRE (ténor); ARITHMÉTIQUE [2] (ténor); LE MATOU (baryton); UN ARBRE (basse); LA RAINETTE [2] (ténor); LE BANC, LE CANAPÉ, LE POUF, LA CHAISE DE JARDIN (chœur d'enfants); LES CHIFFRES (chœur d'enfants); PÂTRES, GRENOUILLES, ANIMAUX, ARBRES (chœur).

Le livret de Colette était à l'origine un projet de ballet. Elle l'envoya à Jacques Rouché, directeur de l'Opéra de Paris, qui le transmit à Ravel, alors

---

1 et 2 : ces rôles *doivent*, selon la partition, être chantés par le même interprète.

engagé dans l'armée. Le compositeur ne commença à y travailler qu'en 1920, le projet de ballet étant devenu entre-temps un livret d'opéra. Ravel interrompit son travail à plusieurs reprises et l'œuvre fut enfin achevée en 1924.

Une pièce dans une vieille demeure normande. Au fond, un jardin. De grands fauteuils, une horloge comtoise, du papier mural représentant des pâtres et des bergères. Près de la fenêtre, un écureuil dans une cage ronde. Les restes d'un feu dans l'âtre, et une bouilloire qui chante. Le chat chante également. C'est l'après-midi. L'Enfant, âgé de six ou sept ans, a toutes les peines à se concentrer sur ses devoirs. Il mordille son porte-plume, se gratte la tête et marmonne. Les mots l'exaspèrent et il n'a envie de faire que ce qui est interdit.

Sa mère lui apporte du thé. Elle lui demande où il en est et constate avec mécontentement qu'il n'a rien fait, sinon une tache sur la nappe. L'Enfant lui tire la langue quand elle veut lui faire promettre de travailler. Elle sort en déclarant qu'il restera seul dans cette pièce jusqu'au dîner. Ce sera sa punition. Soudain, l'Enfant perd patience. Il se précipite sur tout ce qu'il peut détruire dans la pièce, brise la tasse et la théière, pique l'écureuil avec sa plume, tire la queue du chat, remue le feu avec le tisonnier et renverse la bouilloire, provoquant un nuage de fumée et de cendres. Puis, brandissant le tisonnier comme une épée, il s'en prend au papier qui recouvre le mur, en arrachant de grands lambeaux. Il ouvre l'horloge comtoise et tire sur le balancier qu'il finit par dérégler. Puis il se jette sur ses livres et les déchire en poussant un grand cri de joie. Tout cela a duré quelques secondes, sur une musique très animée.

Dorénavant, l'Enfant va prendre conscience de ce qu'il a fait. Et à son grand étonnement, ce sont les victimes mêmes de sa mauvaise humeur qui lui en feront réaliser les conséquences. Il

s'effondre dans un fauteuil qui, à son extrême surprise, s'écarte doucement de lui avec un craquement de contre-basse, et s'incline gravement devant une bergère Louis XV qu'il entraîne dans une danse majestueuse et grotesque. L'Enfant, frappé de stupeur, les entend dire qu'ils n'auront plus à supporter le poids et les farces du vilain enfant qui les a si longtemps ennuyés. Le banc, le canapé, le pouf et la chaise de jardin les approuvent vigoureusement.

L'horloge mutilée intervient à son tour. Elle frappe des coups incontrôlés et se plaint amèrement d'avoir été privée, à proprement parler, de son équilibre. Pour cacher sa honte, l'Enfant va dans le coin de la chambre, face au mur. Les voix de la tasse chinoise et de la théière (du Wedgwood noir, dit la partition) montent du plancher : « Comment va votre tasse ? Fort mal... aurait mieux fait... allons ! Je vous frapperai, Monsieur, je vous boxerai le nez, je vous réduirai en marmelade. » Les paroles n'ont aucun sens, mêlées d'anglicismes et d'orientalismes obscurs tels que « Mah-jong », « kong-kong », « Harakiri », et même « Caskara ». La musique parodie brillamment le fox-trot de

jazz américain (style des années 20); l'air nostalgique est soutenu tantôt par des voix, tantôt par le premier trombone qui doit, selon la partition, « vibrer avec la coulisse ». Le fox-trot est, à juste titre, l'un des passages les plus célèbres de cette partition, il provoqua pourtant, lors de la première, plus d'hostilité que les autres.

L'Enfant se sent bien seul, tout à coup. Il se tourne vers le feu qui lui crache au visage et annonce sur une musique *coloratura* que la chaleur est réservée aux enfants sages, les méchants seront brûlés. Le feu poursuit l'Enfant à travers la pièce, avant de succomber doucement sous les cendres, après avoir dansé un moment avec elles. Lui succède une procession à la fois pathétique et comique, composée des pâtres et des bergères du papier mural. La princesse des fées sort ensuite du livre sur lequel l'Enfant a appuyé sa tête. Il était arrivé au milieu du conte, mais il n'en connaîtra jamais la fin, maintenant que le livre est déchiré. Aussi veut-il la retenir tandis qu'elle disparaît à travers le plancher. Les phrases lyriques de l'Enfant après le départ de la fée sont réellement émouvantes par leur simplicité et leur intensité.

Peut-être la fin de l'histoire se trouve-t-elle dans les pages qui gisent à ses pieds. Hélas, non. Tout ce qu'il retrouve sont les feuilles abîmées d'un livre d'arithmétique d'où émerge un vieux bonhomme couvert de signes et couronné d'un Pi. Il commence aussitôt à débiter des problèmes du genre « Si deux robinets remplissent une baignoire en... » Son regard et celui de l'Enfant se croisent au même moment. Sans attendre, il tourmente l'enfant, aidé de son escadron de chiffres, en le soumettant à un feu nourri d'absurdités arithmétiques. L'Enfant est entraîné dans un tourbillon, et finit par s'effondrer, la tête entre les mains.

Il ne voit pas le chat noir sortir de dessous le fauteuil, bâiller et commencer sa toilette. Il joue avec une balle, l'Enfant le remarque et lui demande d'un air las s'il a, lui aussi, acquis le don de parole. Le chat fait un signe négatif et crache dans sa direction avant d'aller à la fenêtre derrière laquelle un chat blanc est apparu. Ici intervient le célèbre duo d'amour des chats qui causa un scandale à la première. Pas une parole n'est prononcée, mais les « Mi-inhou » et « Mornaou » par lesquels Colette a choisi de représenter le langage chat sont illustrés de notes exactes et marquées « nasal ».

Le résultat est étonnamment réel, et les animaux, pris d'une folie frénétique, finissent par sauter dans le jardin.

L'Enfant les suit avec hésitation. Ici, les indications scéniques requièrent que les murs de la pièce soient enlevés, que le plafond disparaisse et que l'Enfant se retrouve avec les deux chats dans le jardin où se mêlent les derniers rayons du soleil et le clair de lune. Les cordes jouent un bref mais superbe interlude, le piccolo et le sifflet Swanee imitent les sifflements des oiseaux; et l'ensemble est purement magique. Un chœur de grenouilles retentit dans les coulisses, et l'Enfant est ravi de se trouver dans ce jardin qu'il aime tant.

Mais il n'y échappera pas plus aux voix obsédantes qui le poursuivaient à l'intérieur. L'arbre se plaint des entailles subies la veille, et l'Enfant appuie sa joue contre l'écorce en signe de tendresse. Une libellule traverse la scène en appelant son compagnon disparu, qui gît maintenant épinglé au mur de la chambre de l'Enfant. La voix d'un rossignol domine le chœur des grenouilles (la musique atteint un fa aigu), et une chauve-souris accuse l'Enfant d'avoir tué son époux, laissant sa famille sans protection. Les grenouilles sortent de la mare et s'assoient en cercle sur le bord. Elles dansent. L'une d'entre elles pose sa tête sur le genou de l'Enfant; l'écureuil lui reproche aussitôt de prendre un tel risque avec cette dangereuse créature : lui-même a réussi à s'échapper, mais un de ses semblables a été pris et languit maintenant dans une cage, chez l'Enfant. Celui-ci explique qu'il a agi ainsi pour avoir le plaisir de contempler chaque jour les beaux yeux de l'animal. Mais l'écureuil n'est pas satisfait de sa réponse et se lance dans un plaidoyer en faveur de la liberté que sa race chérit tant.

L'Enfant comprend soudain que tous les animaux autour de lui sont heureux. Il se sent isolé, personne ne faisant attention à lui, et crie brusquement : « Maman ». L'atmosphère de paix est immédiatement détruite. Certains animaux disparaissent, mais ceux qui restent forment un chœur menaçant dont l'Enfant est l'objet. Chacun a quelque chose à lui reprocher. Ils se jettent sur lui, le saisissent, le bourrent de coups, le font tourner sur lui-même, le bousculent, puis finissent par l'oublier et se battent entre eux dans leur excitation.

L'Enfant est repoussé dans un coin de la scène. Soudain, un petit écureuil blessé saute vers lui en boîtant. L'Enfant fait un pansement à la patte endommagée avec un ruban, sous les regards des autres animaux. Leur animosité diminue et ils crient leur étonnement devant cette bonne action. « Il a arrêté le saignement, il a pansé la blessure. » Que peuvent-ils faire pour l'aider, lui qui semble si seul et désemparé dans ce jardin ? Il vient de crier un nom. Qu'était-ce donc ? Ils essaient d'appeler « Maman », pensant que cela aidera l'Enfant. Ils savent maintenant qu'il n'est pas méchant. Ils l'accompagnent jusqu'à la maison dont les fenêtres se sont éclairées. L'opéra se termine sur le cri confiant de l'Enfant : « Maman ».

L'oubli relatif dans lequel est tombé le chef-d'œuvre de Ravel est dû à deux causes : les problèmes que soulève la traduction (pour les représentations à l'étranger) et la difficulté de remplir avec précision les indications scéniques. Il ne peut y avoir d'autre raison, car il a écrit là l'une des meilleures partitions, et l'une des plus complètes. Il était alors au sommet de son talent, et sa capacité d'invention ne s'est pas démentie. De plus, le sujet convient particulièrement à son type de génie ; l'œuvre passe brillamment de la parodie au lyrisme le plus émouvant et à la représentation de l'histoire par des onomatopées. On ne peut qu'être enchanté par tant de fantaisie et d'imagination.

H.

ARTHUR HONEGGER
(1892-1955)

Jeanne au bûcher

Oratorio dramatique en un prologue et 11 tableaux de Arthur Honegger ; liv. Paul Claudel. Créé à Bâle le 12 mai 1938 avec Ida Rubinstein, dir. Paul Sacher ; Orléans, le 6 mai 1939 avec Rubinstein, dir. Fourestier ; première à Paris au concert le 9 mai 1943 sous la direction de l'auteur avec Mary Marquet ; Paris, Opéra, 18 décembre 1950 avec Cl. Nollier, Jean Vilar, dir. Fourestier, ballets de Serge Lifar (mise en scène de Jean Doat) ; à partir de la 50e représentation, Vilar est remplacé par H. Doublier. L'œuvre atteindra 93 représentations. Paris, Opéra, du 21 au 27 juin 1953, six représentations avec Ingrid Bergman dans une mise en scène de R. Rossellini ; Vienne, Theater an der Wien, 13 mai 1950 avec Seidler, Aslan, dir. Cl. Krauss. Aix-la-Chapelle, Mannheim, Darmstadt en 1952 ; San Francisco, 15 octobre 1954 avec Doriothy Maguire ; Londres, Stoll Theatre, avec Ingrid Bergman, mise en scène Rossellini, décors projetés de Klausz ; Buenos-Aires, Teatro Colon, 1962, avec Nollier et Doublier, dir. Jean Fournet ; New York City Center, automne 1963 avec Brookes et Watson, dir. L. Barzin ; Genève, novembre 1965, puis Bruxelles, janvier 1966, avec Nollier et Doublier, dir. Ansermet.

PERSONNAGES

JEANNE D'ARC (rôle parlé) ; FRÈRE DOMINIQUE (rôle parlé) ; LA VIERGE (soprano) : MARGUERITE (soprano) ; CATHERINE (mezzo-soprano) ; PORCUS (ténor) ; *hérauts, clercs, rois, reines, valets, hommes d'armes, foule.*
    La scène se passe à Rouen en 1431.

L'aventure spirituelle de Jeanne d'Arc est évoquée plutôt que racontée dans l'œuvre d'Honegger et de Claudel. Un prologue, marquant le parallélisme entre les situations de la France occupée par les Anglais au XVe siècle et par les Allemands au XXe siècle, n'appartenait pas à la version originale et a été composé plus tard. Certaines représentations, telles celles données à New York en 1963, ont cherché à marquer l'actualité du drame lyrique par des artifices de mise en scène comme de transformer les costumes moyenâgeux des soldats anglais en uniformes de S.S. Toute l'action se déroule sur deux plans ; la scène elle-même a deux étages que réunit un escalier assez raide. Sur le plateau supérieur est un bûcher ; au milieu de celui-ci, un poteau auquel est attachée Jeanne. La sainte restera présente et immobile tout au long de la pièce dont les éléments les plus caricaturaux, souvent dansés, se déroulent sur le plateau inférieur.

Le prologue, qui est chanté dans une obscurité complète, témoigne de la douloureuse division du royaume de France plongé dans les ténèbres. Une voix de soprano dialogue avec le chœur dans un chant d'angoisse jusqu'à ce que retentisse, comme une raison d'espérer, la triple affirmation : « Il y eut une fille appelée Jeanne. »

Premier tableau : Dans la nuit que se partagent le hurlement des chiens et le chant du rossignol, Jeanne répond au triple appel de son nom par le Frère Dominique.

Deuxième tableau : Le dialogue entre Jeanne et Frère Dominique est une occasion de marquer le contraste entre le livre d'injustice que constituent les actes du procès de Jeanne et le Livre de Dieu qui est écrit pour elle bien qu'elle ne sache pas lire. Le moine en commence la lecture : « Au nom du Père... »

Troisième tableau : Les voix de la terre, voix de la foule qui injurie Jeanne, voix des juges qui la condamnent, s'opposent à la seule voix qui s'élève pour la défendre, celle de Frère Dominique. « Ce ne sont pas des hommes qui t'ont jugée, ce sont des bêtes... »

Quatrième tableau : Présentation du tribunal qui jugera Jeanne. La foule se moque des juges-animaux qui se dérobent. Finalement il ne reste que Porcus (le nom latin de Cauchon) qui présidera la cour, l'âne qui servira de greffier, les moutons qui formeront le jury. Parodie d'une Fête des Fous médiévale, procès grotesque où la vérité est travestie, cris de haine de la foule. Jeanne est condamnée au feu.

Cinquième tableau : Jeanne est accablée par ce jugement qu'elle ne comprend pas. Frère Dominique lui explique qu'elle est la victime d'un jeu, le jeu de la politique.

Sixième tableau : Commentaire sur le jeu de la politique ; les figures d'un jeu de cartes dansent un ballet qui associent les rois, les vices qui les dominent, les reines et les valets. A ce jeu, tout le monde gagne et se remplit les poches tout en feignant de perdre. Mais il n'y a qu'un seul vrai perdant : Jeanne que tous sont prêts à vendre.

Septième tableau : Alors que tout est perdu pour elle, Jeanne entend ses voix ; elle entend à nouveau les paroles de sa mission, pendant que le peuple se masse pour assister au sacre du roi à Reims.

Huitième tableau : Le sacre du roi. Symboliquement sont réunis dans la joie commune la France du pain et celle du vin, les pays du Nord et les pays du Midi. Les chansons populaires se mêlent aux thèmes liturgiques. Mais les voix d'en-bas continuent à poursuivre Jeanne de leur haine.

Neuvième tableau : La confiance de Jeanne est plus forte que la haine qui l'entoure. Ses voix se font entendre. Elles lui rappellent les douces heures de Domrémy, l'épée trouvée à Fierbois, le chant du mois de mai dans le tintement des cloches. La force intérieure de Jeanne est plus grande et plus savante que toute la sagesse de Frère Dominique.

Dixième tableau : Dans sa détresse, Jeanne revoit les joies de son enfance ; les chœurs chantent *Trimazo,* la chanson du mai des enfants. D'une voix épuisée, Jeanne reprend le refrain.

Onzième tableau : C'est le sacrifice. Les voix de la haine et de l'injustice emportent tout. Jeanne est seule ; elle cherche en vain à ses côtés la présence de Frère Dominique. Dans le déferlement des cris d'hostilité, il ne lui reste plus pour la soutenir que la voix de la Vierge et, peu à peu, le chant d'un peuple entier qui reprend les paroles du cantique de saint François « Loué soit notre Frère le Feu ». Jeanne refuse une dernière fois le mensonge qu'attendent d'elle les mauvais prêtres massés sur la scène inférieure. Le ciel s'ouvre pour l'accueillir. Un dernier chant se fait entendre, celui du rossignol, symbole de l'espoir et de la paix.

L.

DARIUS MILHAUD
(1892-1975)

Le Pauvre Matelot

Opéra en 3 actes de Darius Milhaud; liv. de Jean Cocteau. Créé le 16 décembre 1927 à l'Opéra-Comique, Paris, avec Madeleine Sibille, Legrand, Vieuille, Musy, dir. Lauweryns. Berlin, 1929, avec Novotna, dir. Zemlinsky. Reprises : Genève, avec une nouvelle orchestration, 1934; Philadelphie, 1937, avec Anna Leskaya, Fritz Kreuger; Vienne, 1937; Opéra-Comique, 1938, dir. Desormières; Berlin, 1947, avec Enk, Schuffler, Heinz Nilssen, Schirp; Düsseldorf, 1948, avec Teschemacher, Ostertag, dir. Hollreiser; London Opera Club, 1950, avec Vyvyan, Servant, Loring, Wallace, dir. Renton; la Scala, Milan, 1950, avec Favero, Malipiero, Inghilleri, Beuf, dir. Sanzogno; Hambourg, 1951.

PERSONNAGES

LA FEMME (soprano); LE MATELOT (ténor); SON BEAU-PÈRE (basse); SON AMI (baryton).

Un port, de nos jours.

L'opéra, qui est dédié à Henri Sauguet, est divisé en trois actes mais joué sans entractes. Il ne dure que trente-cinq minutes.

Acte I. L'action se déroule dans un bar que tient la femme, et non loin de là. On peut aussi voir la rue et le commerce de vins que tient l'ami. La femme et l'ami dansent. Elle attend depuis quinze ans le retour de son mari et n'a jamais désespéré de le revoir. L'ami l'encourage et exprime son admiration pour sa constance et sa fidélité.

Ce n'est pas ce qu'on s'attendrait à trouver dans un port comme celui-ci, dit-il. Elle aurait pu tromper son mari s'il avait été là. Mais en son absence, avec sa photo accrochée au-dessus du lit, comment pourrait-elle faire une chose pareille ? De plus, aucun homme n'a su retenir son attention.

Le père de la femme voit cette attitude d'un tout autre œil. Ne peut-elle donc pas trouver un homme qui pourrait en plus tenir le bar et le gérer correctement ? L'ami dit qu'il a proposé de le faire, mais qu'elle a toujours refusé, donnant une excuse évidente : s'ils se mariaient et qu'un jour le mari revenait ? Le père n'est pas convaincu, même quand elle imagine avec optimisme que son mari va revenir couvert de richesses.

L'ami retourne dans sa boutique. Le père répète à sa fille qu'elle formerait un beau couple avec cet homme mais elle répond avec lyrisme qu'elle entend rester fidèle à l'époux qui lui reviendra sûrement un jour. Le père lui rappelle qu'elle avait vingt-cinq ans quand il est parti et qu'elle en a maintenant quarante. Pendant qu'ils parlent, et avant qu'ils ne quittent la scène, le matelot lui-même apparaît dans la rue. Ils ne le remarquent pas.

Il hésite devant la porte de sa maison, puis décide de ne pas l'ouvrir. Que se passerait-il si sa propre femme ne le reconnaissait pas ? Jusqu'ici, personne ne l'a reconnu. Ne serait-il pas mieux de voir auparavant comment réagit son ami ? Il frappe à sa porte et se fait traiter d'ivrogne. Quand il déclare avoir une femme en face, son ami le reconnaît. Le matelot se félicite de n'être pas arrivé chez lui sans se faire annoncer. Il sait qu'il a changé. Qui n'aurait pas changé dans les rudes climats qu'il a connus ? Il demande comment va sa femme et apprend avec joie qu'elle l'attend. Il a apporté suffisamment d'argent pour mettre fin à leurs malheurs.

L'ami veut qu'ils aillent la trouver immédiatement, mais le matelot préfère passer la nuit chez lui. Il aimerait rencontrer sa femme comme un étranger. Ses voyages lui ont donné le goût de l'aventure. Ce sera la dernière.

Acte II. Le lendemain, le matelot dit au revoir à son ami et va affronter sa femme au bar, non sans quelque inquiétude. Il dit à sa femme qu'il lui apporte des nouvelles de son mari. Il est de retour mais n'ose revenir avant la fin du jour, car il est poursuivi par ses créanciers. Elle répond qu'ils ne sont pas en mesure de l'aider, n'ayant eux-mêmes pas d'argent. Le matelot est sceptique; depuis quand a-t-on vu de jolies femmes manquer d'argent ? Son beau-père se moque de sa femme, mais elle fait semblant de ne rien remarquer et entame un bref ensemble fortement rythmé : « Cher époux ! » Elle est si heureuse que son mari lui soit rendu ! Elle apprend très calmement que celui-ci serait revenu très riche s'il avait répondu à l'amour d'une princesse cannibale. En fait, c'est son compagnon qui s'est enrichi à sa place. Et le matelot lui montre les perles qu'il a reçues pour être devenu l'amant de la princesse à la place de son mari.

Le matelot demande s'il peut passer la nuit avec eux. On lui répond qu'on ne peut refuser ce genre de chose à quelqu'un qui apporte de si bonnes nouvelles. L'ami est très curieux de savoir comment s'est passée la rencontre. Il utilise comme prétexte le marteau qu'il avait emprunté à la femme la veille. Elle ne lui dit pas qu'elle a reçu des nouvelles de son mari. Mais quand elle referme la porte derrière lui, elle est frappée par la ressemblance entre ce matelot qui dort sur le banc et son mari.

Acte III. Le matelot dort toujours. La femme s'approche de lui, le marteau à la main. Elle le regarde un instant, lève le marteau, puis semble se raviser. Elle tousse, mais le matelot ne fait pas un geste. Elle lève à nouveau le marteau, et frappe l'homme à la tête. Elle frappe à nouveau quand il bouge convulsivement, puis laisse tomber le marteau et prend rapidement les perles qui se trouvent dans sa poche. Le bruit réveille le père, et elle lui demande de l'aider à porter le corps. Ils le jetteront dans le réservoir à eau de pluie et diront à l'ami que le visiteur a dû partir très tôt le matin. On frappe à la porte. Ils ne bougent pas. L'ami repart. Ils se préparent à transporter le corps tandis que la femme chante avec lyrisme sa joie de retrouver bientôt son mari.

H.

Opéras-Minutes

3 opéras en 1 acte, de 8 mn chacun. Musique de Darius Milhaud, texte de Henri Hoppenot. Création de L'Enlèvement d'Europe *à Baden-Baden le 17 juillet 1927, en même temps que* Die Prinzessin auf der Erbse *de Toch et que* Hin und Zurück *d'Hindemith et* Mahagonny *de Weill. L'œuvre fut jouée pour la première fois avec les deux autres Opéras - Minutes (*La Délivrance de Thésée *et* L'Abandon d'Ariane*) le 20 avril 1928 à Wiesbaden; Budapest, 1932 (en hongrois); Minneapolis, 1967; Florence, 1970.*

Ces opéras miniatures, hautement divertissants, sont de propos satirique. La mythologie en général, et en particulier l'interprétation qu'en donnent les Français, font l'objet d'une complète mystification, tant par le librettiste (qui fut, comme Claudel, ambassadeur) que par le compositeur. La Phèdre *de Milhaud est à l'œuvre de Racine ce que l'*Orphée *d'Offenbach est à l'opéra de Gluck. La musique, agrémentée de rythmes sud-américains, est très attrayante, et l'inventivité étincelante de Milhaud semble convenir particulièrement à cette forme originale qu'il a inventée.*

L'Enlèvement d'Europe

PERSONNAGES

AGÉNOR (basse); PERGAMON, *prétendant d'Europe* (baryton); JUPITER, *déguisé en taureau* (ténor); EUROPE, *fille d'Agénor* (soprano); CHŒUR DE MAÎTRESSES.

SERVANTES (un mezzo, un soprano, un contralto); CHŒUR DE SOLDATS-LABOUREURS (un ténor, un baryton, une basse).

La façade du palais du roi Agénor à Thèbes.

Un chœur de femmes s'élève près du puits. Celui des hommes retentit dans les champs. Le chœur reprend le nom d'Europe dans une alternance de septièmes et de neuvièmes augmentées.

Pergamon sort du palais pour dire sa colère : Europe préfère la compagnie des taureaux et des vaches à celle d'un héros comme lui. Agénor confirme que sa fille n'a jamais particulièrement apprécié le commerce des guerriers. Elle apparaît avec le taureau qu'elle admire tant, et le chœur commente avec mépris la passion de la jeune fille pour les beuglements de l'animal.

Jupiter explique sa passion pour Europe et demande avec ferveur la « satisfaction » de « cette double ardeur du taureau dans mes reins et du Dieu dans mon cœur ». Le chœur se rit de l'animal et Pergamon, hors de lui, tire une flèche sur son rival, à la grande consternation de l'assistance. La flèche atteint sa cible. Mais le taureau s'en débarrasse d'une secousse et le projectile revient droit sur celui qui l'a lancé, et le transperce. Après la mort de Pergamon, le chœur chante des adieux, dominés par les septièmes et les neuvièmes du début. Europe disparaît avec le taureau.

H.

L'Abandon d'Ariane

PERSONNAGES

ARIANE (soprano); PHÈDRE, *sa sœur* (soprano); THÉSÉE (ténor); DIONYSOS, *le dieu, déguisé* (baryton); CHŒUR DE MARINS AYANT FAIT NAUFRAGE (un ténor, un baryton, une basse); CHŒUR DE BACCHANTES GITANES (un soprano, un mezzo, un contralto).

L'île de Naxos; dans le fond, des rochers. L'obscurité tombe pendant la pièce et il fait presque nuit à la fin. Au lever du rideau, les matelots échoués jouent aux dés, et les bacchantes sont rassemblées autour d'un chaudron, comme des gitanes. Parmi elles se tient Dionysos, déguisé en mendiant. Les deux groupes se rejoignent, comme un chœur grec, pour nous apprendre qu'Ariane a l'habitude de venir chaque soir en cette partie de l'île pour échapper aux assiduités de Thésée. Pendant ce temps, Phèdre attend vainement qu'il l'honore de ses caresses.

Les deux sœurs, vêtues exactement de la même façon, apparaissent

bientôt. Chacune exprime les sentiments que lui a attribués le chœur. Celui-ci supplie Dionysos de venir en aide aux jeunes filles. Dionysos, profitant de sa qualité de mendiant, se plaint d'être aveugle et demande la charité. Les deux sœurs lui donnent de l'argent. Quand les marins annoncent que Thésée approche, Ariane dit qu'elle doit s'éloigner, tandis que Phèdre se réjouit de voir son bien-aimé.

Thésée crie à haute voix le nom d'Ariane et demande avec tendresse si quelqu'un peut lui dire où elle se trouve. Dionysos lui offre une coupe d'un vin précieux, et il le remercie d'une phrase pleine d'allégresse qui se termine par un si bémol aigu. Le vin a pour effet de lui faire voir double. Aussi, quand Phèdre sort de sa cachette, il croit voir les deux sœurs, et part avec elle. Le chœur commente sur un rythme de tango, et Dionysos confie à Ariane que, désormais, Thésée considérera Phèdre comme son épouse. Elle le remercie d'avoir été si bon pour elle; l'instant suivant, le dieu et les bacchantes enlèvent leurs vêtements de mendiants et apparaissent dans une tenue d'un blanc éclatant. Ariane et sa sœur ont fait l'aumône à un dieu, qui les remercie en exauçant leurs vœux. Ariane a une dernière requête à formuler : pourrait-elle finir ses jours dans les cieux, aux côtés de Diane ? Le jour baisse, et Dionysos conduit Ariane au sommet du rocher. Derrière elle apparaît la constellation d'Ariane. Le chœur se réjouit. Le chœur d'ouverture est repris sur un rythme différent (alternant 6/8 et 5/8 par mesure), dominant un accompagnement qui évoque une version moderne d'une *toccata* d'opéra de Monteverdi.

H.

La Délivrance de Thésée

PERSONNAGES

ARICIE (mezzo-soprano); PHÈDRE, *sa sœur* (soprano); HIPPOLYTE, *fils de Phèdre* (baryton); THÉRAMÈNE, *ami d'Hippolyte* (baryton); THÉSÉE, *époux de Phèdre* (ténor); CHŒUR DE VOIX LOINTAINES (quatuor vocal).

Une grande salle du palais de Thésée; au milieu, un trône. Hippolyte se plaint à son ami Théramène des attentions importunes dont l'accable sa mère, Phèdre. Il est amoureux d'Aricie, mais s'entend répondre, quand il lui confie sa passion, qu'elle ne peut se décider qu'avec le consentement de Thésée, père d'Hippolyte. Phèdre entre, et Théramène se retire respectueusement, suivi d'Aricie. Elle est enchantée de trouver Hippolyte seul, mais il la repousse. Des trompettes annoncent que Thésée est de retour après un nouvel exploit guerrier. Dès l'entrée de son mari, Phèdre retourne la situation et lui demande protection contre son fils incestueux. Thésée bannit Hippolyte et lui ordonne d'aller combattre le monstre qui menace les murs de la cité.

Le chœur reprend le séduisant rythme de béguine qui accompagnait la sortie d'Hippolyte et de Théramène, sur les paroles : « Oui, c'est lui ! C'est bien lui ! » Le chœur continue de chanter dans le fond quand Thésée rend compte de ses aventures :

> *J'arrivai : Ils tremblèrent;*
> *J'avançai : Ils reculèrent;*
> *Je dégainai : Ils décampèrent;*
> *Je les tuai : Ils expirèrent !*

Thésée étant un ténor, ils décampent sur un do aigu; à la fin de son aria miniature, le chœur s'exclame devant un nouveau malheur : « O douleur ! O tristesse ! » Phèdre et Aricie ont beau le supplier, le chœur refuse de donner la raison de ce désespoir. Bientôt, Théramène, qui a tout vu, revient. Il se met en position pour « Le Récit » (référence à la *Phèdre* de Racine) et commence : « A peine nous sortions », quand Thésée, qui sait toujours tout, l'interrompt : « Je connais... Finis vite. » Théramène n'a plus qu'à venger la mort d'Hippolyte. Il dégaine son épée et frappe Phèdre en plein cœur. Thésée ordonne aux gardes de le pendre à l'arbre le plus proche.

Aricie, soutenue par un chœur sans paroles, déplore tous les malheurs accumulés en une seule journée. Mais les deux survivants vont bientôt connaître la consolation : Thésée entoure Aricie de son bras et lui propose de se réconforter avec lui. La pauvre Aricie, qualifiée jusqu'ici de craintive et pudique, appartient à cette race qui profite des catastrophes. A la fin, nous voyons Thésée, sur une note plus optimiste, l'appeler « la timide Aricie ».

H.

Christophe Colomb

Opéra en 2 parties et 27 scènes de Darius Milhaud; texte de Paul Claudel. Créé à Berlin, 5 mai 1930, avec Reinhardt, Scheidl, dir. Kleiber. Donné en concert à Paris, 1936, Londres, 1937, Anvers, 1940, New York, 1952, avec Dow, David Lloyd, Harrell, Brownlee, Norman Scott, dir. Mitropoulos. En 1968, un opéra en 1 acte tiré par Gunther Schuller de Christophe Colomb, la Découverte de l'Amérique, *fut joué à San Francisco.*

PERSONNAGES

ISABELLE, *reine d'Espagne* (soprano); CHRISTOPHE COLOMB I (baryton); CHRISTOPHE COLOMB II (baryton); LE NARRATEUR (rôle parlé); L'AVOCAT DES PLAIGNANTS (rôle parlé); LE REPRÉSENTANT DES MARINS (rôle parlé); LE MAJORDOME (ténor); LE MAÎTRE DE CÉRÉMONIES (ténor); LE CUISINIER (ténor); LE ROI D'ESPAGNE (basse); LE COMMANDANT (basse); LE MESSAGER (baryton); LE SULTAN MIRAMOLIN (ténor).
Chœur, officiers, avocat, créanciers, etc.

Christophe Colomb est dans la tradition des grands opéras français, défendue par Lully, Rameau, Spontini, Berlioz, Meyerbeer. Milhaud et Claudel ont cependant renoncé au traitement quasi réaliste du sujet que leurs prédécesseurs les plus proches avaient adopté (si le terme réaliste signifie quoi que ce soit quand on l'applique à des œuvres pour la scène). Ils ont préféré concentrer leurs efforts sur les aspects symboliques de l'histoire de Christophe Colomb. L'opéra est très astreignant sur le plan de la réalisation scénique (car il exige une machinerie compliquée) et peu accessible pour le public.

Acte I. (1) Le narrateur et le chœur entrent en procession. Le narrateur annonce (2) : « Le livre de la vie et des voyages de Christophe Colomb, qui découvrit l'Amérique. Au nom du Père, et du Fils et du Saint-Esprit. » (3) Soutenu par le murmure du chœur dans le fond et par la percussion, le narrateur prie que la lumière et la force l'accompagnent dans son entreprise. (4) Sur un écran de cinéma, au fond de la scène, un globe tourne sur lui-même; au-dessus, une colombe resplendissante de lumière.

(5) Une modeste auberge à Valladolid. Christophe Colomb est un vieil homme brisé, dont l'unique bien est une mule. (6) Le narrateur et le chœur lui demandent d'entrer dans la postérité en considérant sa vie et ses exploits passés.

L'avocat de la partie plaignante se manifeste. (7) Le narrateur consulte la Cour d'Espagne. L'Envie, l'Ignorance, la Vanité et l'Avarice font leur apparition sur accompagnement de danses espagnoles. Partie plaignante et Défense commentent l'attitude du roi d'Espagne à l'égard de Christophe Colomb. Ce dernier finit par participer à la discussion. On l'accuse de mentir et d'exagérer, mais il s'en défend.

(8) La scène se vide quand passe un nuage de colombes, accompagnées par l'orchestre. (9) La cour d'Isabelle la Catholique. La reine est représentée comme une enfant, entourée d'une cour d'enfants. Elle reçoit le sultan Miramolin (également un enfant) qui lui offre une colombe en cage. Elle l'accepte, place un anneau à la patte de l'oiseau et le relâche. Un chœur sans paroles accompagne cette scène. (10) La colombe survole la mer. (11) Le narrateur continue l'histoire de Christophe Colomb. Enfant, il lut l'histoire de Marco Polo, plusieurs incidents se mélangent sur l'écran ; quand la mère de Christophe, ou sa sœur, vient regarder par-dessus son épaule ce qu'il lit, elle entre dans son champ de conscience, et apparaît en même temps sur l'écran. L'homme à la fenêtre, qui incite l'enfant à tenter l'aventure, et le chœur, qui veut l'empêcher de quitter sa famille, entrent en conflit. La voix de sa conscience lui ordonne de suivre l'appel de l'aventure, au nom de Dieu. A la fin de la scène, une colombe baguée entre par la fenêtre.

(12) Christophe Colomb dit adieu à sa famille avant de quitter Gênes. Il interroge un marin qui va mourir pour savoir ce qu'il a vu dans l'Ouest. (13) Colomb et ses créanciers. Il est fier d'avoir conquis la mer, mais cela ne fait pas taire les créanciers. Trois guitaristes se joignent à eux, tandis que les créanciers conviennent qu'un troisième voyage, aussi désespéré soit-il, est leur seule chance de se voir rembourser. (14) Colomb se rend à la cour du roi d'Espagne. Il dit au majordome qu'il n'est pas venu demander, mais plutôt apporter quelque chose. On se moque de ses prétentions et le majordome lui conseille de revenir le lendemain, non sans lui avoir furtivement demandé s'il avait de l'or à offrir.

(15) La reine Isabelle fait sa prière. Des foules apparaissent sur l'écran, ainsi que la représentation des processions, des batailles qui ont permis la prise de Grenade et l'unification de l'Espagne. Un chœur sans paroles accompagne la prière de la reine. Elle a joué un rôle dans cette unification en apportant l'Aragon à la Castille, ne peut-elle renoncer à la vie, maintenant qu'elle a accompli son devoir ? Elle a une vision, et la voix de saint Jacques lui conseille de regarder au delà des mers. N'avait-elle pas un autre anneau que celui qu'elle a offert à son époux ? Si, elle l'a mis à la patte d'une colombe et l'a revu ensuite au doigt de Christophe Colomb.

(16) Cadix. On recrute des marins pour les trois navires qui constituent l'expédition de Christophe Colomb. (17) Le maître de cérémonie appelle la liste des démons divins d'Amérique. Ils évoquent les désastres qu'ils infligeront à Colomb et à son équipage. (18) Colomb reçoit les représentants de l'équipage qui se plaignent du manque de vivres. Les hommes veulent faire marche arrière et abandonner une expédition qu'ils croient condamnée d'avance par Dieu. Colomb demande conseil aux plus sages, qui sont également persuadés que l'expédition est vouée à l'échec. Il refuse de retourner en arrière, et la situation s'aggrave d'un risque de mutinerie. Il défend courageusement son point de vue. Il est même si convaincu de la justesse de ses calculs qu'il ordonne aux marins de finir les provisions. A peine a-t-il parlé qu'un oiseau apparaît et que la vigie crie « Terre ! ».

(19) L'Amérique. Les navires s'approchent. Un *Te Deum* s'élève. La première partie se termine par le « Sanctus ».

Acte II. Un interlude décrit l'effet que produit la découverte de Christophe Colomb dans le monde entier. Partout, on ne parle que de cela : la terre est-elle ronde, le Nouveau Monde existe-t-il ? Le narrateur explique les difficultés de la conquête : les indigènes, cruellement traités, se sont révoltés et ont été encore plus durement réprimés, le Nouveau Monde ne rapporte pas autant de bénéfices qu'on l'avait cru, et les ennemis de Christophe Colomb reprennent leur lutte de plus belle en Espagne. (1) Le roi demande à trois sages de le conseiller. Ils ne répondent pas très franchement, mais s'arrangent pour le mettre en garde contre Colomb : « Vous devez l'honorer — vous devez le surveiller — vous devez l'enterrer. » (2) Controverse. L'orchestre joue doucement tandis que les différentes factions engagent la discussion.

(3) Au cours de son quatrième voyage, Colomb a été neutralisé par les hommes que le roi avait chargés de prendre le commandement. Il est enchaîné dans la cale où ses ennemis viennent lui demander de sauver le navire, qui s'est engagé dans des eaux dangereuses. Le commandant est accompagné du cuisinier, qui supplie Colomb d'agir comme Samson faisant s'effondrer le temple de Dagon, c'est-à dire de détruire le navire. Mais Colomb préfère prier, et à trois reprises le navire échappe au désastre.

(4) La conscience de Christophe Colomb. Le cuisinier agit comme un guide, tandis que Colomb considère ses actions passées et leurs conséquences. Il voit les habitants d'Amérique que la découverte de leur pays a ruinés et asservis; les esclaves qu'il a dû vendre pour payer ses dettes; sa mère et son épouse qu'il a abandonnées; lui-même, heureux à Gênes et à Lisbonne, et enfin son fantôme. Le cuisinier lui rappelle qu'il y a d'autres mers inconnues derrière celles qu'il a découvertes et lui prédit que le Nouveau Monde ne portera pas son nom mais celui d'un membre obscur de son équipage, Amerigo Vespucci, dont il se souvient à peine.

(5) Le navire arrive sain et sauf. Nous sommes à nouveau en Espagne. Un messager vient de la part de la reine Isabelle. Sur son lit de douleur, elle a pensé à Colomb et lui fait parvenir ses vœux de bienvenue sur la terre d'Espagne. Le cortège funèbre de la reine traverse la scène. (6) Le livre est presque terminé, dit le narrateur. Le serveur de l'auberge demande à Colomb de payer sa note. L'aubergiste ne pourrait-il attendre trois jours, demande le vieil homme. Il a une fois supplié ses marins d'attendre trois jours pour le tuer, et c'est pendant ces trois jours qu'il a découvert le Nouveau Monde. L'aubergiste en fera-t-il autant ? Mais l'élégant personnage déclare qu'il se saisira de la mule s'il n'est pas payé le lendemain et laisse Colomb au comble du désespoir.

(7) Le Paradis de l'Idée. Le décor ressemble à celui de la scène 9 de l'acte I, sinon que tout est argenté. C'est le paradis. Isabelle salue ses amis, et les dames de la cour l'accueillent gracieusement — tous sont des enfants, comme dans l'autre scène. Le sultan Miramolin vient lui présenter ses cadeaux, et elle se rappelle qu'il lui a autrefois donné une colombe, dont elle a bagué la patte. Comment peut-elle entrer au royaume des cieux sans son ami Christophe Colomb, demande-t-elle. Qu'on aille le chercher. On lui répond que personne n'a réussi à le trouver. Il n'est dans aucun des palais d'Espagne. Mais Isabelle peut le voir dans l'auberge de Valladolid. Elle apprend qu'il se meurt sur une litière de paille. On lui annonce ensuite qu'il n'a pas l'intention de venir la rejoindre et qu'il préfère suivre son destin, en gardant sa bague à son doigt. Par contre, elle peut avoir sa mule.

(8) Le décor s'évanouit. L'image de saint Jacques apparaît sur l'écran. C'est lui qui a guidé la reine jusqu'au paradis. Isabelle prie pour Christophe Colomb. Après le dernier alléluia, une colombe s'élance du globe.   H.

FRANCIS POULENC
(1899-1963)

Les Mamelles de Tirésias

Opéra-bouffe en 1 prologue et 2 actes de Poulenc; liv. de Guillaume Apollinaire. Créé à l'Opéra-Comique, Paris, 3 juin 1947, avec Denise Duval, Paul Payen, dir. Albert Wolff. Première aux États-Unis : Brandeis University, Mass., 1953; New York, 1957, avec Duval, Singher, Gramm; en Angleterre, Festival d'Alde-bourg, 1958, avec Jennifer Vyvyan, Peter Pears, Hervey Alan, Poulenc et Britten aux deux pianos, dir. Charles Mackerras; Opéra de Marseille, 1964, avec Denise Duval, dir. J.M. Damase.

PERSONNAGES

LE DIRECTEUR DE THÉÂTRE (baryton); THÉRÈSE (soprano); SON MARI (ténor)[1]; M. LACOUF (ténor); M. PRESTO (baryton); LE GENDARME (baryton); LA MARCHANDE DE JOURNAUX (mezzo-soprano); LE JOURNALISTE (ténor); LE FILS (baryton). Dans le public : UNE DAME ÉLÉGANTE (mezzo-soprano); UNE GROSSE DAME (mezzo-soprano); UN MONSIEUR BARBU (basse).

Le peuple de Zanzibar.

En 1910 à Zanzibar, ville imaginaire de la Côte d'Azur, entre Nice et Monte-Carlo.

Francis Poulenc dit un jour que « Chabrier était son véritable grand-père ». Et Chabrier, aussi grand admirateur de Wagner qu'il fût, devait beaucoup de son exceptionnel talent à la culture délibérée de la vulgarité, comme en témoignent les airs de music-hall fort peu discrets d'*España*, chef-d'œuvre musicalement issu d'une sorte de *nostalgie de la boue*. Compte tenu de cet héritage musical et de l'admiration de Poulenc pour Apollinaire, dont il avait déjà mis de nombreux poèmes en musique, il ne faut pas s'étonner que le premier opéra du compositeur soit une farce irrésistible. *Les Mamelles de Tirésias*, selon Edward Lockspeiser, « unissent les univers du surréalisme et du music-hall. Dans son introduction à cette fantaisie sur le changement de sexes (qu'il écrivit d'ailleurs très sérieusement, se plai-

gnant de ce que les Français négligeaient l'acte d'amour), Apollinaire écrivit ceci sur l'origine du mouvement surréaliste : " Quand l'homme voulut imiter l'action de marcher, il inventa la roue, ce qui n'a absolument rien à voir avec une jambe. C'était un exemple surréaliste inconscient " ».

D'autres influences s'exercèrent sur Poulenc : celle du talentueux et excentrique Erik Satie, et celle des autres compositeurs, artificiellement réunis sous le nom des *Six* par la critique : Auric, Milhaud, Durey, Tailleferre et Honegger.

Apollinaire écrivit son drame en 1903, mais il ne fut publié qu'en 1917. Poulenc termina l'opéra en 1945 et il fut joué à l'Opéra-Comique en juin 1947 après une période transitoire qui, selon le compositeur, vint confirmer l'efficacité de son mot d'ordre :

---

1. Dans la partition imprimée, et au cours des représentations parisiennes de 1947, un baryton chantait le rôle du mari. Poulenc le révisa ensuite pour l'attribuer à un ténor.

« Français, faites des enfants. » En effet, les deux premières chanteuses pressenties pour le rôle principal durent y renoncer pour cause de maternité.

Après une introduction orchestrale paisible, le directeur de théâtre s'adresse directement au public en termes calmes et mesurés : « Public, attendez sans impatience, je vous apporte une pièce dont le but est de réformer les mœurs. Il s'agit des enfants dans la famille... » Il décrit ce que le public va voir sur un mode quasi frénétique, puis reprend le ton sérieux du début, qui est aussi celui du mot d'ordre de l'œuvre : « Et faites des enfants, vous qui n'en faisiez guère. » C'est la composition musicale la plus longue de l'opéra, et la seule qui soit totalement dépourvue d'ironie.

Dès que le directeur a disparu, le rideau se lève sur la grande place de Zanzibar, avec ses maisons, ses cafés et sa vue sur le port. Il n'est pas le moins du monde question d'exotisme : Zanzibar est situé quelque part entre Nice et Monte-Carlo. L'ambiance musicale change radicalement avec l'entrée de la charmante et vivante Thérèse : nous sommes maintenant en pleine farce. Elle se déclare féministe, décidée à ne pas se soumettre aux volontés de son mari, et désireuse de devenir soldat. Quand celui-ci crie « Donnez-moi du lard », elle reprend de plus belle sa dénonciation de l'amour et la proclamation de ses ambitions. C'est alors que son corsage semble sur le point de rompre. Elle le dégrafe (do aigu) et deux ballons d'enfant s'en échappent, qui ne sont plus retenus que par des ficelles. Après avoir vanté leur beauté et célébré leur perte dans une lente valse, elle se dit qu'ils sont à l'origine du péché : « Débarrassons-nous de nos mamelles », joignant le geste à la parole en les faisant exploser grâce à la flamme d'un briquet. Sentant sa barbe pousser,

elle se regarde dans un miroir, puis se tourne vers le public pour lui montrer le résultat, se réjouissant dans un *paso doble* plein d'entrain.

Le mari apparaît, tenant un bouquet de fleurs. L'étranger qui porte les vêtements de Thérèse ne peut être que son assassin. L'illusion est de courte durée : Thérèse annonce qu'elle n'est désormais plus sa femme et qu'on l'appellera dorénavant Tirésias (ses accents laissent nettement entrevoir ceux de Blanche de la Force dans le *Dialogue des Carmélites*). Thérèse-Tirésias disparaît dans la maison, et le tambour retentit quand divers objets sont jetés par la fenêtre; « le piano », « le violon », explique le mari d'un air désapprobateur.

Le mari rentre dans la maison, et une polka commence quand un couple d'ivrognes, Presto le gros et Lacouf le maigre, sort du café. Ils ont joué et se querellent de façon fort amicale. Ils organisent un duel et tirent joyeusement l'un sur l'autre. Toute cette scène n'est pas sans parenté avec le Chabrier de *L'Etoile*, et en particulier avec le « Duo de la Chartreuse Verte ».

Thérèse, habillée à la dernière mode masculine, et son mari, déguisé en ménagère assez souillon, pleurent la perte de ces deux valeureux citoyens. Les habitants se joignent à eux d'un air solennel.

Musique rapide et roulement de tambour précèdent l'arrivée du mari et du gendarme. Ce dernier est censé poursuivre le crime mais semble plus enclin à courtiser le mari, qu'il prend pour une femme. Le mari se moque de lui ouvertement. Toute la scène est accompagnée des cris féministes de la population de Zanzibar.

Le mari explique, dans une ariette, au gendarme qu'il traite de « fameux représentant de toute autorité », que Zanzibar devrait avoir plus d'enfants. Si les femmes refusent de s'en charger, il le fera, lui. Quelle que soit la dimension cocasse des situations dans lesquelles il se trouve, le mari exprime toujours une chaleur lyrique parti-culière dans ses solos.

La première partie se termine par une scène très animée : un marchand de journaux dénonce une supercherie, le mari promet au gendarme de lui montrer le soir même comment il a réussi, à lui seul, à produire des enfants; même Lacouf et Presto réap-paraissent, bien vivants, et le chœur chante un choral solennel qui contraste parfaitement avec la vivacité des autres voix. Pour la rapide *stretta à la Rossini*, les indications scéniques prévoient que le rideau descende jusqu'au moment où seules les jambes des chanteurs seront visibles.

L'entracte à la Ravel commence par une ouverture solennelle. Six couples sortent alors du chœur et dansent une gavotte grotesque devant le rideau, manœuvre que viennent interrompre de curieux bruits dans la fosse d'orchestre; des cris d'enfants.

Au début de la deuxième partie, la scène est remplie de berceaux, et, sur le devant, de quoi écrire et un gigantes-que pot de colle. Le mari est enchanté de son succès - 40 000 nouveau-nés en un seul jour ! et les voix des enfants font écho à la satisfaction de leur père. Un journaliste vient lui demander quel est son secret et suggère qu'il doit être follement riche pour entretenir une si nombreuse famille. Absolument pas, répond le mari, et ils me nourriront quand ils seront grands. Il y en a déjà un, du nom de Joseph, qui a vendu 600 000 exemplaires de son roman à ce jour. Un énorme livre descend aux pieds du journaliste, qui entreprend de lire avec beaucoup de difficulté. Puis, impressionné par cette preuve du revenu du mari, il essaie d'obtenir un petit prêt. Il se fait immédiatement jeter dehors à coups de pied.

Le mari semble tirer une morale (sans accompagnement) de tout cela.

Plus vous avez d'enfants, plus vous êtes riche. Il commencera par faire un journaliste. Mais l'adolescent de dix-huit ans qui résulte de ses curieuses activités se met à lui faire du chantage. Le départ du garçon est accompagné de ce simple commentaire : « Celui-là n'a pas bien marché. » Il envisage d'autres activités créatives quand il heurte le gendarme qui le prend par l'épaule et lui reproche d'avoir aug-menté la population de Zanzibar de plus de 40 000 habitants. Comment va-t-on les nourrir ? Avec des tickets d'alimentation, suggère le mari. On les trouve chez la cartomancienne.

Dès qu'on mentionne son nom, elle apparaît, accompagnant ses cadences grandioses à la lyre. Malheureusement, aucune aria ne s'en dégage, et la cartomancienne offre à chacun de lui lire l'avenir, bien que le gendarme lui fasse remarquer que c'est contraire à la loi. Elle recommande la fécondité et condamne sévèrement le gendarme, qui est stérile. Il veut venger son honneur en attaquant l'activité de la cartomancienne, mais celle-ci l'étrangle. En essayant de l'en empêcher, le mari réalise qu'elle n'est autre que Thérèse. Le mari est enchanté et le gendarme ressuscite. Le seul inconvénient est que sa silhouette semble toujours aussi mince, à la grande déconvenue du mari. Elle écarte le problème dans une charmante aria « Qu'im-porte, viens cueillir la fraise », et son mari danse avec elle une valse tendre et langoureuse tandis que le soleil se couche et que les lumières s'allument. Les voix des habitants les accom-pagnent. Le mari va acheter des ballons, mais cela ne touche aucu-nement Thérèse qui les lâche dans le ciel étoilé. L'action, qui dure un peu moins d'une heure, finit par la *stretta* et la morale : « Ecoutez, ô Français, les leçons de la guerre, et faites des enfants, vous qui n'en faisiez guère. »

H.

Dialogues des Carmélites

Opéra en 3 actes de Poulenc; liv. d'Emmet Lavery, d'après d'un drame de Georges Bernanos, lui-même inspiré d'un roman de Gertrude von Le Fort et d'un scénario du R. P. Bruckberger et de Philippe Agostini. Créé le 26 janvier 1957, à la Scala de Milan, avec Virginia Zeani, Leyla Gencer, Gigliola Frazzoni, Eugenia Ratti, Gianna Pederzini, dir. Nino Sanzogno (la Scala avait demandé une partition de ballet à Poulenc; quand on répondit que l'auteur envisageait un opéra, la direction en réserva immédiatement la création). Opéra de Paris, 1957, avec Denise Duval, Régine Crespin, Rita Gorr, Liliane Berton, Denise Scharley, dir. André Cluytens; Cologne, 1957; San Francisco, 1957, avec Dorothy Kirsten, Leontyne Price, Blanche Thébom, Sylvia Stahlman, Claramae Turner, dir. Leinsdorf; Covent Garden, Londres, 1958, en angl., avec Elsie Morison, Joan Sutherland, Sylvia Fisher, Jeanette Sinclair, Jean Watson, dir. Kubelik; Vienne, 1959, avec Seefried, Zadek, Goltz, Rothenberger, Hoengen, dir. Hollreiser; Opéra de Paris, 1972, avec Sarroca, Scharley, Crespin, Vilma, dir. G. Prêtre; New York, Metropolitan Opera, 1977, avec Ewing, Crespin, Dunn, Verrett, dir. M. Plasson (en anglais).

PERSONNAGES

LE MARQUIS DE LA FORCE (baryton); LE CHEVALIER DE LA FORCE, *son fils* (ténor); BLANCHE DE LA FORCE (SŒUR BLANCHE DE L'AGONIE DU CHRIST), *sa fille* (soprano); THIERRY, *un laquais* (baryton); Mme DE CROISSY (MÈRE HENRIETTE DE JESUS), *la Prieure* (contralto); SŒUR CONSTANCE DE ST-DENIS, *jeune novice* (soprano); MÈRE MARIE DE L'INCARNATION, *sous-prieure* (mezzo-soprano); M. JAVELINOT, *médecin* (baryton); Mme LIDOINE (MÈRE MARIE DE ST-AUGUSTIN), *la nouvelle prieure* (soprano); MÈRE JEANNE DE L'ENFANT JÉSUS (contralto); SŒUR MATHILDE (mezzo-soprano); LE PÈRE CONFESSEUR DU COUVENT (ténor); LE PREMIER COMMISSAIRE (ténor); LE SECOND COMMISSAIRE (baryton); OFFICIER (baryton); GEÔLIER (baryton); ONZE CARMÉLITES (soprano, mezzo-soprano, contralto).

Représentants officiels de la municipalité, officiers, policiers, prisonniers, gardes, gens de la ville.

Entre avril 1789 et l'été 1792, au couvent des Carmélites de Compiègne et à Paris.

Même si l'on trouve, à l'origine des *Dialogues des Carmélites* de Bernanos, un roman allemand et un projet de scénario français (Bernanos ne devait fournir que le dialogue du film), « la psychologie de peur qui reste le thème principal des *Dialogues* est traitée d'une façon parfaitement caractéristique de Bernanos; et cela vaut aussi pour l'interprétation de la Communion des Saints : "On ne meurt pas seul; on meurt pour les autres, et même à la place des autres[1] " ».

Le grand mérite de Poulenc est d'avoir su préserver la nature de l'original, de sorte que toutes les paroles sont audibles et qu'il en résulte un drame bouleversant, si la musique ne l'est pas toujours.

Acte I, scène 1. La bibliothèque de l'hôtel parisien du marquis de La Force, en avril 1789. Le marquis se repose, quand le chevalier fait irruption. Il paraît qu'une foule se masse dans la rue, or sa sœur est sortie en voiture.

1. *Francis Poulenc*, par Henri Hell (1959).

Le marquis s'émeut de la nouvelle, car il se rappelle l'horrible incident qui coûta la vie à sa femme vingt ans auparavant : molestée par la foule alors qu'elle se déplaçait en voiture, elle mourut en donnant le jour à Blanche. Le chevalier est d'autant plus inquiet qu'il connaît la nature impressionnable, sinon morbide, de sa sœur. Mais elle entre et dit seulement qu'elle ira immédiatement se coucher, épuisée par le long service religieux du matin. L'instant suivant, on l'entend hurler dans le couloir — elle a aperçu une lampe que portait un serviteur. Ce choc a produit autre chose qu'une peur momentanée dans l'âme de Blanche. Elle demande formellement à son père, sans le moindre signe de panique, l'autorisation d'entrer dans un couvent de Carmélites. Comment une créature aussi nerveuse pourrait-elle être sauvée autrement ?

Scène 2. Quelques semaines plus tard. Le parloir du couvent des Carmélites à Compiègne. Séparée de la vieille prieure par une cloison, Blanche répond à ses questions. Blanche affirme être attirée par les privations qu'impose l'ordre. La prieure souligne que la prière est la seule raison d'être des Carmélites. Pressée de questions, Blanche finit par éclater en sanglots. Mais la prieure s'adoucit et lui demande si elle a choisi son nom de religion, au cas où elle serait acceptée. Blanche répond : « Sœur Blanche de l'Agonie du Christ ».

Scène 3. Dans le couvent, Blanche et Constance, maintenant novices, s'occupent à des tâches ménagères. Constance bavarde sans mesure, racontant son éducation campagnarde. Mais Blanche lui reproche sa légèreté et lui rappelle que la prieure repose près d'elles, gravement malade. Constance veut convaincre Blanche de se sacrifier avec elle pour sauver la prieure, mais Blanche repousse l'idée avec terreur. Constance lui raconte alors, sans la

moindre malice, qu'elle a rêvé qu'elles mouraient ensemble.

Scène 4. La cellule de la prieure. La prieure, sur son lit de douleur, est obsédée par la peur de mourir. La sous-prieure, Mère Marie de l'Incarnation, essaie de la réconforter. La prieure recommande particulièrement à Mère Marie une nouvelle Carmélite, Blanche, dont elle se sent spécialement responsable. Sœur Blanche entre pour saluer la prieure, qui lui demande de conserver son innocence d'âme en restant confiante en Dieu.

La prieure demande au médecin de lui donner assez de force pour dire publiquement adieu à sa charge. Mère Marie lui conseille de ne penser qu'à Dieu, mais la mère supérieure réagit violemment : « Qui suis-je, misérable que je suis en ce moment, pour m'occuper de Lui ? Qu'Il commence par s'intéresser à moi ! » Elle a une vision d'un autel profané et d'une chapelle dévastée. Mère Marie est incapable d'arrêter le flot de paroles qui lui échappe, elle fait dire aux Sœurs que la supérieure ne pourra les voir, ayant perdu toute volonté. Blanche revient, la prieure veut lui parler, mais s'effondre, morte.

Acte II, scène 1. La chapelle du couvent. Le corps de la prieure est exposé. Quand Constance sort chercher des Sœurs pour veiller à sa place, Blanche essaie de prier. Puis elle se précipite vers la porte où elle se trouve face à face avec Mère Marie. Elle veut se justifier, mais Mère Marie la conduit à sa cellule; qu'elle ne parle pas de son échec; demain il la remplira de chagrin, aujourd'hui il ne peut lui causer que de la honte.

Blanche et Constance portent des fleurs sur la tombe de la prieure. Elles espèrent que Mère Marie sera choisie pour lui succéder. Constance se demande s'il a été difficile de mourir pour la vieille supérieure. On aurait dit qu'elle avait reçu par erreur la mort qui ne lui convenait pas, comme le manteau de quelqu'un d'autre dans un vestiaire. Peut-être l'une d'elles, quand leur tour viendra, trouvera une mort meilleure que celle qu'elle mérite.

Scène 2. La salle du chapitre. Ce n'est pas Mère Marie qui est choisie comme prieure, mais une certaine Mme Lidoine, venue de l'extérieur.[1] Elle s'adresse aux nonnes dans une aria, faisant les louanges de la prieure défunte et leur recommandant de ne jamais oublier leur devoir, qui est de prier. Tout ce qui peut leur faire oublier ce devoir, même la joie du martyre, doit être écarté. Elle laisse à Mère Marie le soin de terminer l'allocution, après laquelle les nonnes chantent un *Ave Maria* dans un magnifique ensemble.

La cloche de la porte latérale retentit. C'est le chevalier de La Force qui veut voir sa sœur avant de partir pour l'étranger.

Scène 3. Le parloir du couvent. Séparés par une cloison et surveillés par Mère Marie dans le fond, le frère et la sœur se rencontrent. Le chevalier reproche à Blanche de rester au couvent par peur. Blanche ne veut pas qu'ils se quittent sur un malentendu et en mauvaise harmonie. C'est une scène intense et impressionnante, dont la musique sait révéler les changements qui se sont produits chez Blanche depuis qu'elle est entrée au couvent.

Scène 4. La sacristie du couvent. Le Père confesseur vient de dire sa dernière messe. Les prêtres sont maintenant proscrits et il doit se cacher. Constance demande avec emphase s'il n'y a plus aucun homme en France et la prieure répond : « Quand il n'y aura plus de prêtres, il y aura autant de martyrs, et l'équilibre de la grâce sera rétabli. » Mère Marie s'empare de ses paroles : il est du devoir des filles du Carmel d'offrir leurs vies à la France pour qu'elle ait à nouveau des prêtres. La Mère Supérieure la corrige; il ne leur appartient pas de décider si leurs noms doivent être inscrits sur la liste des martyrs. Elle sort, et les nonnes restent avec Mère Marie, la regardant avec stupeur.

Les cloches retentissent violemment. Les nonnes s'éparpillent dans toutes les directions, et la foule fait irruption. Un commissaire annonce que les nonnes doivent être expulsées. Mère Marie, ayant pris le commandement, se querelle avec le premier commissaire qui la prend à part et lui avoue qu'il est un fidèle serviteur de l'Eglise. Il fait sortir la foule. Blanche prend dans ses bras une statue du Christ enfant, mais la laisse tomber par terre quand retentit brusquement un cri dans la foule.

Acte III, scène 1. La chapelle du couvent, en ruine. Mère Marie, en présence du Père confesseur, s'adresse aux nonnes, la prieure n'étant pas là. Elle propose qu'elles fassent ensemble vœu de martyre pour sauver l'Ordre. Mais, dit-elle fermement, cette suggestion sera abandonnée si le vote n'est pas unanime. Le Père confesseur reçoit les votes, et Mère Marie annonce qu'une voix s'est prononcée contre le projet. Aussitôt, Constance, pour épargner toute gêne à Blanche, déclare que c'était elle : elle se dédit, et ainsi le vote sera unanime. Blanche et Constance, étant les plus jeunes, sont les premières à prononcer le vœu. Mais dès que Blanche est passée devant le Père confesseur, elle profite de la confusion générale pour s'échapper.

A l'extérieur du couvent, l'officier félicite les nonnes, qui sortent en costume civil, pour leur discipline et leur esprit civique. Il les avertit

---

1. Il paraît que la très fervente Mère Marie était une fille illégitime du roi, raison pour laquelle on aurait préféré la candidature de Mme Lidoine, fille d'un marchand local, moins provocante en ces temps agités.

néanmoins qu'elles seront surveillées. La prieure veut empêcher le Père confesseur de venir célébrer la messe : ce serait trop dangereux pour eux tous. Mère Marie réagit avec une extrême violence : comment concilier une telle précaution avec leur vœu ? La prieure répond que chacun est individuellement responsable devant Dieu, mais qu'il lui appartient de répondre au nom de leur collectivité et qu'elle est assez vieille pour tenir ses propres comptes.

Scène 2. Dans la bibliothèque dévastée de l'hôtel parisien du marquis de La Force. Blanche, en costume de paysanne, cuisine quand survient Mère Marie : elle est venue la chercher. Blanche tergiverse. Elle dit à Mère Marie que son père a été guillotiné et qu'elle se retrouve maintenant seule. Mère Marie lui communique une adresse où elle sera en sécurité et où elle-même la veillera jusqu'à la nuit suivante. Blanche déclare qu'elle ne peut y aller, mais Mère Marie manifeste une confiance tranquille.

Dans une rue proche de la Bastille, Blanche entend que toutes les nonnes du couvent de Compiègne ont été arrêtées.

Scène 3. La prison de la Conciergerie. La prieure tente de réconforter les sœurs après leur première nuit en prison. Désormais, elle se considérera comme liée par leur vœu de martyre, bien qu'il ait été pris en son absence. Constance est persuadée que Blanche reviendra, elle l'a rêvé. Le geôlier annonce la décision du tribunal : la mort pour toutes. La Mère Supérieure leur fait encore une fois prêter serment d'obéissance et les bénit.

Dans un recoin de rue, le Père confesseur communique à Mère Marie la sentence de mort qui frappe ses compagnes. Elle dit qu'elle doit aller mourir avec elles, mais il réplique que ce n'est peut-être pas conforme à la volonté de Dieu.

Scène 4. L'échafaud est dressé sur la place de la Révolution. La foule regarde la Mère Supérieure conduire son petit groupe de quatorze Carmélites. Elles montent l'une après l'autre à l'échafaud en chantant le *Salve Regina,* et à chaque fois que le couperet tombe, il y a une voix de moins pour soutenir le chœur. Restée seule, Sœur Constance voit Blanche dans la foule. Elle s'arrête un instant, puis marche vers la mort avec une confiance renouvelée. Blanche reprend le chant et suit avec sérénité ses sœurs dans la voie qu'elles ont juré ensemble de suivre.

H.

La Voix Humaine

La pièce de théâtre de Jean Cocteau fut créée à la Comédie-Française, le 17 février 1930, par Berthe Bovy. En 1959, Francis Poulenc la transforma en monologue lyrique en 1 acte, écrit pour Denise Duval, et créé par cette artiste, à l'Opéra-Comique, 6 février 1959.

PERSONNAGES

LA FEMME (soprano lyrico dramatique).

C'est le long monologue d'une femme qui, au cours d'une conversation téléphonique avec l'homme qu'elle aime et qui l'abandonne, tente de le reconquérir.

M.K.

20. L'Opéra russe

IGOR FEDOROVICH STRAVINSKY
(1882-1971)

Stravinsky est un des géants non contestés de la musique de ce siècle sur laquelle il a régné comme un colosse pendant plus de soixante ans. Le plus important est peut-être sa contribution au théâtre musical. Pour ce qui est du ballet, il fut suprême, prolifique, varié et conséquent. Sa contribution à l'opéra — j'entends par opéra le drame exprimé et sublimé par la musique — bien que moins capitale, fut également impressionnante.

Deux citations : « Peut-être que *Rossignol* prouve simplement combien j'avais raison de composer des ballets, puisque je n'étais pas encore prêt pour l'opéra... »[1] ; « Si je vis suffisamment pour écrire un autre opéra, je présume qu'il sera pour le tube électronique de verre ou la télévision plutôt que pour les scènes de l'âge baroque que nous offrent les théâtres contemporains »[2]. Si la première citation révèle une certaine incertitude dans ses premières approches, assez surprenante vu son enthousiasme pour l'opéra dans sa jeunesse et le fait que son père était un célèbre chanteur, la seconde correspond parfaitement à son souci de trouver une forme originale. En plus de quarante ans de recherches parfaitement cohérentes, il produisit huit opéras, de formes très différentes[3]. Un seul était de durée normale; dans un autre, on ne chantait pas; dans deux autres, le ballet avait plus d'importance que l'opéra proprement dit, et le dernier était pour la télévision.

Délimitons le champ dès le début. Stravinsky écrivit, à propos de *Rake's Progress* : « Je crois que le drame musical et l'opéra sont deux choses très, très différentes. Tout le travail de ma vie a été consacré au dernier. » Mais, bien qu'il se situe dans « la ligne de la tradition classique », dès le départ il manifeste sa mauvaise grâce à accepter la conception de l'opéra qui avait cours au XIXe s. et qu'il avait héritée de son professeur Rimsky-Korsakov (quelle qu'ait été l'influence de celui-ci sur *Le Rossignol* [1908 : 1913-1914]). Le conte de fées qu'il a choisi est de caractère fort peu héroïque, et il s'y attache à ce qu'on pourrait appeler les problèmes les plus intimes. Dans *L'Histoire du Soldat*, il fait de la nécessité librement imposée une vertu, réussissant, tout en écrivant une pièce convenant parfaitement par ses dimensions à une salle de village, à créer quelque chose de

---

1. Stravinsky et Craft : *Expositions and Developments*, Faber, 1962.
2. Stravinsky : « Working notes for *The Flood* », dans *Dialogues and a Diary*, Faber, 1968.
3. *Rossignol, L'Histoire du Soldat, Renard, Mavra, Œdipus Rex, Perséphone* (dans *Annals of Opera* de Loewenberg), *The Rake's Progress, The Flood*.

plus ample, frappant infailliblement les centres nerveux avec ce qu'il qualifiait lui-même de « sons caractéristiques... le grattement du violon et la ponctuation des tambours. Le violon est l'âme du soldat, et les tambours sont la diablerie ». On peut dire que Stravinsky n'a pas mieux réussi, avec cette « pièce économique », à trouver une solution moins onéreuse au répertoire traditionnel que Britten, une génération plus tard, avec ses opéras de chambre. Son propos était d'ailleurs différent de celui de Britten. Si tous deux ont produit de l'excellente musique, aucun n'a réussi à réduire les frais de façon appréciable.

L'après-guerre correspond à l'exil de Stravinsky de son pays natal; il n'en continua pas moins à exploiter la veine des contes de fées russes, exotiques et fascinants pour tous les étrangers, et dont l'utilisation la plus complète apparaît dans Les Noces. Renard (1917) et Mavra (1921), bien que différents, se situent par rapport aux Noces comme une sorte de Parergon. Mavra, avec l'évocation consciente des premiers opéras russes, soumis à l'influence de l'Italie, est d'une texture tout

aussi dense que Les Noces (bien qu'utilisant un idiome vocal très différent). Je me rappelle avoir ardemment souhaité, lorsque je l'entendis pour la première fois, une pause, deux ou trois mesures ici et là qui permettent de reprendre son souffle. Mon avis n'est plus le même aujourd'hui, et je considère que les deux œuvres, Les Noces étant la plus importante, représentent des aspects essentiels de la recherche de Stravinsky en matière d'opéra.

Dans Œdipus Rex (1926-1927), la stylisation est encore plus poussée : utilisation d'une langue « morte »; élimination de l'action, qui ne subsiste que dans les moments cruciaux; histoire presque entièrement entre les mains d'un narrateur qui ne chante pas. Et pourtant, la musique restitue l'implacabilité poignante du thème avec autant de réussite que n'importe quelle pièce sur le sujet, et de nouveaux aspects de l'art de Stravinsky entrent en jeu. La violence du martèlement de la musique intervient aux moments critiques (l'entrée de Jocaste, le chœur à mi-chemin, le messager); et un réel pathos contredit les dogmes affichés de l'auteur (celui qui reste insensible à « Lux facta est » a vraiment un cœur de pierre).

Perséphone (1933-1934), avec son curieux dialogue entre le chanteur et le danseur-narrateur, me semble être sa moins bonne œuvre pour la scène. Il n'essaya d'ailleurs plus de refaire de théâtre musical parlé pendant quinze ans; et sa seconde tentative eut des allures de régression, s'éloignant tant du durchkomponiert que le résultat évoquait plus Rossini que Wagner ou Berg. En tout cas, The Rake's Progress (1948-1951) a sa part de surprises, que ce soit l'extraordinaire scène du cimetière, dominée par le clavecin, et son postlude incroyablement intense, les dix mesures accompagnées par les bois où l'on découvre que Nick se venge en rendant Tom fou, ou le flux de mélodie lyrique qui parcourt la partition avec une émotion et une expression jusque-là jamais vues dans l'œuvre de Stravinsky. (On a raconté que les auditeurs du Metropolitan crachèrent au visage des gens de la location quand l'œuvre fut donnée pour la première fois; j'ai toujours trouvé cela si incroyable que j'ai même imaginé que l'histoire avait été inventée par la direction pour cacher son manque d'audace.) C'est ici que Stravinsky réfléchit le mieux sur le destin humain à un niveau domestique - mieux encore que dans L'Histoire du Soldat. On s'étonne qu'il n'ait pas élaboré son propre langage, d'autant que sa compassion s'exprime dans des passages extrêmement lyriques, comme le trio suivant l'épisode où Ann découvre que Tom est marié, ou la sortie finale de Baba, digne de la Maréchale, ou encore la berceuse d'Ann à Bedlam.

Tous les opéras de Stravinsky, sauf les deux plus grands, *Œdipus* et *The Rake's Progress*, émanent directement d'une phase particulière de son activité productrice. Ainsi, *Le Déluge* (1961-1962), appartient à la période sérielle du compositeur, qui nous valut *Mouvements; Un Sermon, un Récit, une Prière; Abraham et Isaac*. C'est une œuvre concise et ramassée, puissante de bout en bout. Dans l'ensemble, rien ne pourrait moins ressembler à *The Rake's*. Et bien qu'on y trouve au début et à la fin un retour en arrière vers le style choral de *Noces*, et plus d'une réminiscence de l'écriture vocale de *The Rake's*, il semble tout à fait approprié que le vieil innovateur termine sa carrière de compositeur d'opéras par la première œuvre de ce genre jamais commandée pour la télévision. Nous devons lui être reconnaissants pour sa production, tout en regrettant de n'avoir jamais eu l'orchestration et l'achèvement de *Khovantchina*, ni surtout l'opéra en collaboration avec Dylan Thomas, projeté mais jamais écrit.

H.

Le Rossignol

Opéra en 3 actes d'Igor Stravinsky; liv. du compositeur et de S. Mitousoff d'après un conte d'Andersen. Créé à l'Opéra de Paris, 26 mai 1914; Drury Lane, Londres, 1914, avec Dobrovolska, Petrenko, Brian, Andreev, Warfolomeiev, dir. Cooper; Covent Garden, 1919 (en angl.), avec Nelis, Clegg, Moore, d'Oisly, Richardson, Austin, dir. E. Goossens (senior); Metropolitan de New York, 1926, avec Talley, Bourskaya, Wakefield, Errolle, Schützendorf, Didur, dir. Serafin; La Scala, Milan, 1926, avec Pasini, dir. Stravinsky; Buenos Aires, 1927, avec Dal Monte, Tedeschi, dir. Calusio; Berlin, 1929 (comme ballet). Reprises : Trieste, 1935, avec Menotti, dir. Salfi; Gênes, 1937, avec Pagliughi, Fort, dir. Gui; Palerme, 1950, avec Grani, dir. Questa; Hollande, 1952, avec Dobbs, dir. Bruck; Sadler's Wells, 1960, par la New Opera Company, avec Marion Studholme (en angl.); B.B.C. (concert), 1972, avec Elizabeth Harwood, dir. Pierre Boulez (en russe).

PERSONNAGES

LE PÊCHEUR (ténor); LE ROSSIGNOL (soprano); LA CUISINIÈRE (mezzo-soprano); LE CHAMBELLAN (basse); LE BONZE (basse); 1er ÉMISSAIRE JAPONAIS (ténor); 2e ÉMISSAIRE JAPONAIS (baryton); 3e ÉMISSAIRE JAPONAIS (ténor); L'EMPEREUR DE CHINE (baryton); LA MORT (alto).
Chœur de courtisans et de fantômes.

Acte I. Une forêt en bord de mer, la nuit un pêcheur dans son bateau. Il attend le rossignol dont le chant le ravit chaque nuit au point de lui faire oublier sa pêche. Le rossignol commence à chanter. D'autres spectateurs entrent à leur tour : le chambellan de l'empereur, un bonze, et la cuisinière de l'empereur, qui vient, avec ses acolytes et d'autres courtisans, inviter officiellement le rossignol à chanter devant l'empereur. Le rossignol répond que sa voix est bien plus douce dans la forêt que dans un palais. Mais puisque telle est la volonté de l'empereur, il obéira. L'oiseau vole jusqu'à la main de la cuisinière, qui l'emmène au palais tandis que le pêcheur continue de chanter ses louanges.

Acte II. Entracte avec chœur pendant lequel la scène est dissimulée par des voiles. Le chœur demande à la cuisinière (qui vient d'être nommée « Grand Cordon Bleu ») des renseignements au sujet du rossignol. Elle décrit le petit oiseau dont la voix fait pleurer. Le rideau se lève, et le chambellan annonce l'empereur. Celui-ci arrive en grande pompe avec le rossignol. Sur un signe du souverain, l'oiseau commence à chanter, et l'empereur est si charmé qu'il le décore de la Pantoufle d'Or. Mais l'oiseau ne veut pas d'autre honneur que celui d'avoir conquis le monarque. Trois émissaires de l'empereur du Japon apportent au souverain un oiseau mécanique qui sait également chanter. Dès que le faux rossignol élève la voix, le véritable s'enfuit. L'empereur, vexé, le condamne au bannissement à perpétuité. La voix du pêcheur retentit à nouveau quand le rideau tombe.

Acte III. L'empereur est malade. La mort, assise au pied du lit, porte la couronne impériale, l'étendard à la main. Les fantômes de ses bonnes et de ses mauvaises actions se pressent autour du lit. L'empereur appelle ses musiciens. Le rossignol répond à l'appel. Il est venu bannir les fantômes et chanter l'approche de l'aube. Son chant est si délicieux que la mort décide de rendre sa couronne et son étendard au monarque. Le charme du rossignol a su vaincre le mal, et, tandis que les courtisans arrivent en procession solennelle pour saluer leur souverain qu'ils croient mort, le soleil éclaire toute la pièce. La mort disparaît, l'empereur se lève et salue ses sujets. Le pêcheur recommande à tous de ne pas se méprendre sur le chant du rossignol : c'est la voix du ciel. F.B.

Le Rossignol fut commencé en 1908, juste avant la mort du maître

de l'auteur, Rimsky-Korsakov. La composition en fut ensuite interrompue, après l'acte I, quand Diaghilev commanda *L'Oiseau de Feu* à Stravinsky. Ce dernier reprit le travail quand le nouveau Théâtre Libre de Moscou lui demanda de terminer l'opéra, en 1913. Mais en cinq ans, le compositeur avait considérablement évolué. Les styles des actes II et III, par rapport à l'acte I, n'offrent finalement pas un contraste trop marquant, d'autant que l'acte I n'est rien de plus qu'un prologue lyrique. Certains critiques, cependant, ont relevé un écart entre les deux périodes.

La délicieuse mélodie du pêcheur, qui encadre chaque acte, le caractère

spectaculaire de la Marche Chinoise ; le filigrane délicat et expressif des vocalises du rossignol — ces éléments ne

constituent aucunement la totalité de l'histoire. La musique a du charme, l'orchestration est remarquable, sans effets gratuits de couleur, mais cela ne suffit pas à expliquer les qualités éternelles de cette œuvre totalement dénuée de prétention. La vérité est qu'ici, comme dans le reste de son œuvre, le compositeur contrôle son matériau avec plus de rigueur que quiconque. L'inspiration n'engendre jamais l'excès, et un petit geste ne provoque jamais de réaction musicale excessivement exubérante. C'est précisément parce que l'œuvre raconte son histoire sans le moindre embellissement, parce que le rossignol limite son éclat et ne cherche pas à imiter une héroïne du XIXe siècle — en un mot, en raison du sens admirable du style dont témoigne l'auteur — que

Le Rossignol, un demi-siècle plus tard, se révèle être encore une expérience totalement satisfaisante, comme

en a témoigné le concert donné en 1972 à Londres sous la direction de Pierre Boulez.

H.

L'Histoire du Soldat

Histoire devant être lue, jouée et dansée. Musique d'Igor Stravinsky, liv. de C.F. Ramuz. Créé à Lausanne, 28 septembre 1918. Première londonienne : concert à Wigmore Hall, 1920; Arts Theatre Club (sur scène), 1927; Volskbühne, Berlin, 1924; New York, 1926. Reprises : Londres, King George's Hall, 1953, par le Theatre Music Group; Festival d'Edimbourg, 1954, avec Moira Shearer, Robert Helpman, dir. Hans Schmidt-Isserstedt, mise en scène Günter Rennert; Sadler's Wells, 1958, par la New Opera Company (à l'affiche avec Le Rossignol*); Grenier de Toulouse, 1962, dir. L. Auriacombe; Scala de Milan, 1978.*

PERSONNAGES

LE NARRATEUR ; LE DIABLE ; LE SOLDAT ; LA PRINCESSE *(danseuse)*.

Un *opéra* où l'on ne chante pas, conçu pour être joué dans des salles de village, où sept instrumentistes accompagnent un danseur et trois personnages parlants ? En 1918, Stravinsky vivait en Suisse, manquant à la fois d'argent et d'un thème sur lequel composer. Avec son ami, l'écrivain suisse Ramuz, il conçut une collaboration où musique, comédie et danse auraient des parts quasi égales. L'œuvre engagerait le moins de moyens possible et pourrait être jouée dans n'importe quelle salle, le cas échéant en plein air. Le résultat est une Morale moderne, dont l'impact, non négligeable, participe autant de la musique, caustique et suggestive, que du texte, à l'ironie mordante. Il est difficile de la situer dans une catégorie précise de théâtre musical, mais l'opéra est au fond ce qui s'en rapproche le plus. L'œuvre dure environ cinquante minutes.

Partie I. Marche au caractère brillant (N° 1). Un soldat épuisé rentre chez lui après la guerre. Il s'arrête et regarde dans son paque-

tage — il y a un portrait de sa petite amie et, plus important, son violon, qui lui a tenu compagnie pendant si longtemps. Le violon domine la section suivante (N° 1 : petits airs près d'un ruisseau). Le diable, déguisé en petit vieillard armé d'un filet à papillons, veut échanger le violon contre un livre. Il le montre : il n'a pas de prix, dit-il, car il peut prédire l'avenir. Le soldat accepte, et quand le diable s'aperçoit qu'il ne peut jouer de l'instrument, le soldat accepte d'être son professeur.

Ils s'éloignent ensemble et, pendant deux jours, le soldat vit dans le plus grand confort. Quand il arrive chez lui (reprise de la marche), il réalise qu'il ne s'est pas absenté trois jours, mais trois ans. Ses amis, sa mère et sa fiancée le prennent pour un fantôme. Il comprend alors qui a été son hôte pendant ces jours de luxe. Sa déchéance et sa solitude apparaissent dans une Pastorale désolée (N° 3). Il voit son ennemi et veut l'attraper. Mais le diable lui rappelle le livre qu'il a reçu en échange du violon. Il commence à le lire, et en tire un enseignement qui lui permet d'être plus riche que son imagination le lui aurait permis. Seul le bonheur lui échappe, et il se prend à rêver des bonnes choses du passé, que symbolise pour lui le son du violon (N° 2). Il est riche, mais il se demande s'il n'est pas également mort. Le diable se présente maintenant sous la forme d'une fripière, qui le supplie de lui acheter quelque chose. Elle finit par montrer un vieux violon, *son* violon, dont à nouveau le son vient le narguer (N° 2).

Partie II. Aux accents de la marche (N° 1), le soldat traverse la frontière d'un pays lointain. Désespéré, il a jeté tous ses biens et se retrouve comme au début, mais sans paquetage. A l'auberge frontalière, il entend dire que la princesse est malade et que le roi a promis sa main à celui qui saurait la soigner. Pourquoi ne tenterait-il pas sa chance ? Il se décide. Puis, au son d'une marche (N° 4 : paso-doble stylisé), il arrive devant les grilles du palais et entre, pour trouver le diable, déguisé en virtuose du violon. Le roi reçoit le soldat et lui promet qu'il pourra voir la princesse le lendemain. Ici le narrateur intervient dans l'action : il incite le soldat à jouer aux cartes contre le diable — s'il perd, il n'obtiendra plus un sou du diable et ils seront quittes. La ruse prend, et le soldat découvre avec joie qu'il peut à nouveau jouer du violon (N° 5 : petit concert). Eric White[1] mentionne une curieuse caractéristique de ce « petit concert » : « Il est amusant de noter... qu'un des thèmes les plus mémorables de *L'Histoire du Soldat* vint à Stravinsky dans un rêve, au cours duquel, selon Schaeffner, il vit une bohémienne, assise sur les marches à l'arrière d'une caravane, qui jouait du violon en allaitant son enfant. Cet obsédant motif en mineur est d'abord

joué par le cornet à pistons, puis par le basson dans le "petit concert[2]"; plus tard, il est joué par le violon dans le "tango[3]". Bien qu'il ne soit pas très utilisé, son caractère est si puissant qu'il semble rétrospectivement imprimer son parfum à toute l'œuvre. »

La musique éveille la princesse, qui est soignée pendant les trois danses qui se succèdent (N°6 : tango, valse et rag-time). Vient le tour du diable, qui doit danser jusqu'à épuisement (N° 7 : la danse du diable). Un « petit choral » (N° 8) célèbre la victoire des amants, mais le diable jure de se venger dans une « chanson parlée » (N° 9). Il y a un « grand choral » (N° 10), où le narrateur dégage la morale :

Il ne faut pas vouloir ajouter à ce qu'on
*   a ce qu'on avait.*
On ne peut pas être à la fois qui on est
*   et qui on était.*
Il faut savoir choisir; on n'a pas le
*   droit de tout avoir : c'est défendu.*
Un bonheur est tout le bonheur; deux,
*   c'est comme s'ils n'existaient.*

Il reste à finir l'« opéra ». La princesse suggère qu'ils aillent voir la vieille maison du soldat. Sur le chemin de la frontière le diable, qui a récupéré le violon, justifie le titre du dernier morceau : « La marche triomphale du diable » (N° 11). Eric White[4] insiste sur le rôle joué par la percussion qui, dit-il, « commence par souligner le thème du violon, puis peu à peu affirme une existence indépendante, si bien que, lorsque les autres instruments *tacent*, il lui appartient de donner à l'œuvre une étrange et sombre conclusion. C'est comme si, une fois que le diable a enfin réussi à emporter le soldat, l'esprit de la musique quittait son corps, ne laissant subsister qu'un squelette. »[5]   H.

---

1. Dans *Stravinsky; a critical survey*, 1947.
2. Sections 13 à 15, 17 et 18.
3. Sections 4 et 8.
4 et 5. Op. cit.

Renard

Burlesque pour la scène, devant être chanté et joué, basé sur des contes populaires russes. Musiques et paroles d'Igor Stravinsky, trad. fr. de C.F. Ramuz. Créé en même temps que Mavra, *à l'Opéra de Paris, 2 juin 1922. New York, 1923 (en concert); Berlin, 1925; Londres (B.B.C.), 1935. Reprise au Festival d'Edimbourg, 1961, avec Murray Dickie, Alfred Hallett, John Lawrenson, Trevor Anthony, dir. Alexander Gibson.*

PERSONNAGES

LE COQ (ténor); LE RENARD (ténor); LA CHÈVRE (basse); LE CHAT (basse).

Renard fut commandé par la princesse Edmond de Polignac qui estimait qu'après Wagner et Strauss le moment était venu de revenir à des œuvres prévues pour de petits ensembles inhabituels. Elle suggéra à Stravinsky de composer quelque chose de ce genre, qui serait joué dans sa demeure parisienne. Stravinsky proposa aussitôt *Renard* qu'il avait déjà en tête depuis un certain temps (en réalité, le duo du chat et de la chèvre avait été écrit quelques années auparavant, quand il travaillait aux *Noces,* en Suisse). Il se mit aussitôt à *Renard,* abandonnant dans son enthousiasme *Les Noces,* à demi terminé.

Son amitié avec l'écrivain suisse Ramuz était alors bien établie. En trois ans, ils collaborèrent aux textes des *Noces,* de *L'Histoire du Soldat,* et à la traduction en français de *Renard* dont Stravinsky avait écrit les paroles en russe. Cette traduction dura très longtemps et posa beaucoup de problèmes car le compositeur attachait la plus grande importance à la relation entre le son des mots et la musique.

Renard fut mis en scène en 1922 pour la troupe de Diaghilev, par la sœur de Nijinsky, Bronislava Nijinska. Les décors furent créés par Larionov, et l'on attendit que *Mavra* fût terminé pour jouer la nouvelle œuvre. Stravinsky a noté sur la partition : « La pièce est jouée par des clowns, des danseurs, ou acrobates, si possible sur des tréteaux placés devant l'orchestre[3]. Si elle est jouée dans un théâtre, que ce soit devant le rideau. Les acteurs ne quittent pas un instant la scène. Ils viennent devant le public au son d'une petite marche, qui sert d'introduction, et sortent de la même façon. Les acteurs ne parlent pas. Les chanteurs (2 ténors et 2 basses) sont dans l'orchestre. » L'orchestre est petit : un bois, deux cors, trompette, percussion et un instrument à cordes, ainsi qu'un cymbalum (Stravinsky avait été séduit par cet instrument, l'entendant pour la première fois dans un café genevois; il en avait aussitôt acheté un et appris à en jouer.

Une petite marche pompeuse, *da capo,* introduit l'œuvre. Les quatre interprètes chantent ensuite un allegro animé dans lequel ils poursuivent leur ennemi, le renard. Le coq s'agite sur son perchoir, introduit par une glissade ascendante et brisée au cymbalum. Il décrit sa vie quotidienne dans une petite chanson triste. Entre ensuite le renard, déguisé en nonne et accompagné d'un autre *arpeggio* au cymbalum. Il demande au coq de descendre et de lui confier ses péchés. Mais le coq le reconnaît et refuse (phrase tirée du premier *allegro*). Le renard s'efforce de plus belle et rappelle au coq combien son comportement polygame est scan-

1. cf. *L'Histoire du Soldat.*

daleux. L'imbécile volatile saute alors de son perchoir, avec un fracas retentissant des cymbales et des tambours. Renard, bien évidemment, l'attrape immédiatement, et le coq pousse des cris perçants pour appeler le chat et la chèvre à la rescousse. Ils arrivent, forcent le renard à s'enfuir, et dansent triomphalement avec le coq.

Au début de la seconde partie, le coq escalade son perchoir d'un air suffisant, accompagné du même accord de cymbalum que précédemment et reprend. son petit air triste que le renard, cette fois sans déguisement, vient à nouveau interrompre. Le renard essaie une fois de plus de convaincre le coq de la nécessité de descendre de son perchoir, le flattant et lui promettant mille merveilles — allant même jusqu'à user d'une voix de basse. Le stupide oiseau résiste au début puis finit par sauter à terre, tandis que résonne la grosse caisse. Le renard fond sur sa proie et cette fois la situation du pauvre coq semble très compromise, ses amis mettant fort longtemps à lui venir en aide. Le renard commence à arracher les plumes du coq qui chante une aria désespérée, et *moderato*, suppliant son assaillant d'avoir pitié. Finalement, comprenant que toute tentative est superflue, il prie pour le bonheur de tous ses parents survivants et expire. Le chat entre avec la chèvre. Ils chantent un joyeux *scherzando*, s'accompagnant à la *guzla*. Ils feignent d'être animés des meilleurs sentiments à l'égard du renard; celui-ci perd un moment la tête quand les compères suggèrent que Mme Renard le trompe; c'est l'occasion à ne pas rater : ils l'étranglent. Tandis qu'il meurt, les quatre chanteurs poussent sept cris de triomphe; puis les acteurs dansent joyeusement, avant de demander au public un témoignage de sa satisfaction. La marche d'ouverture est jouée une dernière fois et les interprètes quittent la scène.

H.

Mavra

Opéra bouffe en 1 acte d'Igor Stravinsky, liv. de Boris Kochno d'après Pouchkine. Créé à Paris, 2 juin 1922, par la troupe de Diaghilev, avec Slobodskaya, Sadoven, Rozovska, Skoupevski, dir. Gregor Fitelberg. Krolloper, Berlin, 1928; Londres (B.B.C.), 1934; Orchestre de Philadelphie, 1934; Rome, 1942, avec Iris Adami-Corradetti, Elvira Casazza, Augusto Ferrauto, dir. Previtali; la Scala, 1942; Festival d'Edimbourg, 1958, par l'Opéra de Hambourg, avec Melita Muszely, Gisela Litz, Jürgen Förster, dir. Leopold Ludwig.

PERSONNAGES

PARASHA (soprano); LA VOISINE (mezzo-soprano); LA MÈRE (contralto); LE HUSSARD (ténor).

En Russie, sous Charles X.

Stravinsky a dit qu'il avait conçu *Mavra* en raison de la sympathie qu'il éprouvait pour le langage musical, le style vocal et les conventions du vieil opéra russo-italien : il éprouva le désir de s'essayer à ce genre à une époque où il était pour ainsi dire périmé. La forme était d'ailleurs parfaitement adaptée à l'histoire qu'il envisageait de traiter : *La Petite maison dans la Forêt,* de Pouchkine. Aussi écrivit-il *Mavra* dans la « tradition directe de Glinka et de Dargomijsky[1] ».

Stravinsky écrivit *Mavra* quand il habitait Biarritz. Il dut s'interrompre pour réaliser l'orchestration de *La Belle au Bois Dormant,* que Diaghilev lui avait demandée pour une reprise londonienne. *Mavra* fut terminé — moins l'ouverture — en mars 1922. A la première, selon les plans de Diaghilev, *Renard* fut également mis au programme. Le livret est de Boris Kochno, secrétaire et assistant de Diaghilev.

Mavra ne ressemble à rien de ce que Stravinsky avait fait jusque-là. C'est en fait son premier opéra où *l'entière responsabilité de l'effet musical et dramatique repose sur les chanteurs* qui, pour la première fois, sont autorisés à s'exprimer à la fois en paroles, en musique et par gestes. On pourrait lui opposer *Le Rossignol* — mais même là, le rôle principal est chanté depuis la fosse d'orchestre et non sur scène. *Renard* prévoit que les chanteurs restent dans la fosse tandis que l'action est mimée sur scène; *Pulcinella* et *Les Noces,* tout en comportant d'importants rôles chantés, ne sont pas autre chose que de purs ballets; *L'Histoire du Soldat* est un opéra sans chanteurs; dans *Œdipus Rex,* le compositeur dépersonnifie ses chanteurs en leur mettant des masques et en leur imposant des mouvements stylisés si bien qu'ils ne sont plus que des marionnettes; dans *Perséphone,* l'action échappe encore plus aux chanteurs; en fait, seul *The Rake's Progress* (exception faite de *Mavra*) a la forme d'un opéra. Dans *Mavra,* l'orchestre détourne rarement l'attention à son profit, sauf dans quelques passages

où les chanteurs sont silencieux, et une fois pendant le quatuor.

La première production fut mise en scène par la sœur de Nijinski, Bronislava Nijinska qui, disait Stravinsky, « avait de merveilleuses idées, malheureusement contrariées par l'incapacité des chanteurs à se soumettre à une technique et une discipline de travail qu'ils ignoraient[2].»

Un village russe. Le salon de la maison de Parasha et de sa mère. Parasha, éprise du hussard, leur voisin, chante son impatience en brodant[3]. Son amant apparaît à la fenêtre, duo. Le hussard s'éloigne; la mère entre en se plaignant de la difficulté de trouver une domestique, maintenant que sa merveilleuse cuisinière, Thecla, est morte. Elle somme Parasha de lui procurer une nouvelle servante, et la jeune fille s'empresse d'obéir. La mère continue de bougonner et la voisine la rejoint. Les deux femmes s'étendent sur les problèmes domestiques, le temps et le prix des vêtements de nos jours.

Parasha revient triomphalement, accompagnée d'une jeune femme qui sera, dit-elle, parfaite. Elle s'appelle Mavra et servait auparavant chez la vieille Anna, leur voisine. C'est, bien entendu, le hussard sous un déguisement, mais la mère et la voisine ne remarquent rien. Quatuor, au cours duquel les deux femmes déclarent à Mavra que la nouvelle employée aura fort à faire pour égaler la regrettée Thecla, tandis que le hussard les approuve résolument. La voisine retourne chez elle, la mère monte dans sa chambre, et les amants chantent leur joie de voir leur plan si bien fonctionner.

La mère réapparaît, confie un certain nombre de travaux à Mavra, et emmène Parasha en promenade,

1. Stravinsky : *Poetics of music : in the form of six lessons* (O.U.P., 1947).
2. *Stravinsky in the Theatre,* Peter Owen Ltd, 1951.
3. Cette aria est souvent entendue sous la forme d'un arrangement de Stravinsky pour violon seul.

non sans avoir précisé dans un aparté qu'elle comptait bien rentrer plus tôt pour vérifier si la nouvelle servante travaillait convenablement. Le hussard, resté seul, chante son amour pour Parasha et considère avec bonheur les merveilleuses journées qui les attendent. Puis il décide de mettre sa solitude à profit en se rasant. Au milieu de l'opération, compliquée par un environnement peu familier et les vêtements féminins qu'il a revêtus, la mère revient. Elle s'évanouit, la voisine se précipite, le hussard saute par la fenêtre, et Parasha reste seule, l'appelant d'un ton plaintif.

H.

Œdipus Rex

Opéra-oratorio en 2 actes d'Igor Stravinsky; liv. de Jean Cocteau d'après Sophocle, trad. en latin par J. Daniélou. Créé au Th. Sarah Bernhardt, Paris, 30 mai 1927 (concert), dir. de l'auteur. Première sur scène : Vienne, 1928; Berlin, 1928, dir. Klemperer; New York (concert), 1928; New York (sur scène), 1931, dir. Stokowski; Buenos Aires, 1931, avec Riavez, dir. Ansermet; Londres, Queen's Hall, (concert), 1936, avec Slobodskaya, Widdop, Harold Williams, Norman Walker, dir. Ansermet; Fest. de Florence, 1937, avec Alfano, Malipiero, dir. Molinari; la Scala, Milan, 1948, avec Danco, Demetz, dir. Sanzogno; Berlin, 1951, avec Ilosvay, Krebs, Frick, dir. Fricsay; Cologne, 1951, avec Mödl, Pears, Rehfuss, dir. Stravinsky (concert); Paris, 1952, avec Zareska, Simoneau, dir. Stravinsky, mise en scène Cocteau; Festival de Hollande, 1952, avec Bouvier, Vroons, dir. Bruck; Edimbourg, 1956, par la troupe de Hambourg, avec Ilosvay, Melchert; Sadler's Wells, 1960, avec Monica Sinclair, Dowd, dir. Colin Davis; New York City Opera, 1959, avec Claramae Turner, Cassilly, dir. Stokowski; la Scala, Milan, 1969, avec Horne, Lajos Kozma, dir. Abbado; Opéra de Paris, 1979, avec Riegel, Cortez, Nimsgern, Macurdy, Dumé, récitante : Maria Casarès, dir. Ozawa.

PERSONNAGES

ŒDIPE, *roi de Thèbes* (ténor); JOCASTE, *son épouse* (mezzo-soprano); CRÉON [1], *frère de Jocaste* (baryton-basse); TIRÉSIAS, *devin* (basse); LE BERGER (ténor); LE MESSAGER[1] (baryton-basse).

Chœur (ténors et basses).

L'action est continue, bien que divisée en deux actes. Elle se déroule en six tableaux, avec un minimum de mouvement (il est recommandé aux interprètes de donner l'impression qu'ils sont des statues vivantes). Un narrateur explique l'action au public en langage contemporain. Le livret est en latin.

Acte I. 1. Le narrateur fait l'exposition à l'intention du public. Il dit d'Œdipe : « Au moment de sa naissance, on lui a tendu un piège; vous verrez le piège se refermer. » Dans le chœur d'ouverture, « Kaedit nos pestis »,[2] les hommes de Thèbes déplorent la peste qui décime leur ville. Ils supplient leur roi, Œdipe, de les

1. Ces rôles peuvent être attribués au même chanteur.
2. L'orthographe retenue est souvent onomatopéique, pour assurer une prononciation uniforme.

aider. Ce qu'il promet de faire :
« Liberi, vos liberabo. »

2. Créon, que l'on avait envoyé
consulter l'oracle à Delphes, est de
retour. Dans l'aria « Respondit deus »,
il rapporte que le dieu a révélé l'existence du meurtrier de Laius dans les
murs de Thèbes, insoupçonné et
toujours inpuni: Il doit être découvert.
Œdipe répond qu'il s'en chargera, vu
son habileté à résoudre les énigmes :
« Non reperias vetus skelus. »

3. Le chœur prie Diane, Minerve et
Phœbus (ou Athena, Artemis et
Apollon, en grec), puis accueille
Tirésias qu'Œdipe a décidé de consulter. Tirésias est aveugle. Le narrateur
l'appelle « la fontaine de vérité ».
Tout d'abord, il refuse de répondre
aux questions du roi. Devant les
reproches d'Œdipe, il accepte de
tout dire : l'assassin du roi est un
roi ! « Dikere non possum ». Œdipe
est furieux, et, comprenant bien ce
que ces propos impliquent, soupçonne Tirésias de s'être ligué avec
Créon pour le détrôner : « Stipen-
darius es », dit-il à Tirésias d'un ton
hargneux. L'aria « Invidia fortunam
odit » s'éteint doucement, un magnifique chœur de salutations et de
louanges à la gloire de la reine Jocaste
lui succède : « Gloria ! ».

Acte II. Débute par une reprise du
retentissant « Gloria ».

4. Jocaste apparaît sur scène. Elle
est venue, dit le narrateur, alertée par
la dispute qui opposait son mari à
son frère. Comment peuvent-ils élever
la voix dans cette ville frappée par
le malheur de « Nonn' erubeskite,
reges ? » Les oracles, dit-elle, ont
l'habitude de tromper ceux qui les

consultent « Mentita sunt oracula »;
n'ont-ils pas prédit que son précédent
mari, Laius, serait tué par son propre
fils, et n'a-t-il pas en réalité été assassiné par des voleurs à un carrefour
« trivium » entre Daulia et Delphes ?
Le chœur reprend le mot « trivium »,
mais ne réussit, en le répétant, qu'à
remplir Œdipe d'horreur. Dans un
duo avec Jocaste « Pavesco subito,
Jocasta », il explique comment il a
lui-même tué un étranger, à cet
endroit précis, alors qu'il allait de
Corinthe à Thèbes. Jocaste essaie de
le rassurer : « Oracula mentiuntur »,
mais en vain.

5. Le messager informe Œdipe de la
mort du roi Polybos. Œdipe n'était pas
vraiment son fils, mais seulement un
enfant adoptif. Le messager raconte
comment Œdipe enfant fut recueilli
par un berger qui le trouva dans
la montagne. Il fut ensuite remis
au roi Polybos « Reppereram in monte
puerum Œdipoda ». Le berger vient
confirmer ce récit, et ses paroles
accablent tant la reine qu'elle disparaît,
prise d'horreur devant l'évidence.
Œdipe, par contre, est persuadé
qu'elle a simplement eu honte de le
savoir si mal né « Nonne monstrum
reskituri ». Ce n'est que lorsque le
messager et le berger l'accusent de
parricide et d'inceste qu'il réalise
l'énormité de son crime. Le chœur
reprend les paroles des accusateurs, et
ceux-ci se retirent. Avec une dignité
calme qu'il n'avait pas jusqu'ici,
Œdipe se résigne à admettre la vérité.
Il disparaît sur ces paroles : « Lux
facta est »[1].

6. Le messager réapparaît, et le
narrateur explique au public qu'il
va entendre le monologue « la
divine Jocaste est morte ». Il raconte
comment elle s'est pendue et comment

---

1. Par une trappe, selon les indications scéniques originales.

Œdipe s'est crevé les yeux avec l'épingle d'or qu'elle portait. Il dit adieu à Œdipe, Œdipe que son peuple aimait tant.

La grande scène où le messager et le chœur pleurent le suicide de Jocaste « Divum Jocastae caput mortuum ! »

f Di - vum Jo - ca - stae ca - put mo - rtu-um

constitue le sommet émotionnel de l'opéra. Le messager disparaît et l'on voit entrer Œdipe, les yeux crevés. Le chœur commente avec douceur sa terrible condition et lui dit un dernier adieu.

L'œuvre est brève (1 h environ). Du chœur d'ouverture à la fin, l'expression est franche et émouvante (que Stravinsky l'ait voulu ou non).

Œdipe est une passionnante étude de caractère, évoluant du pouvoir suprême et de la confiance en soi à l'arrogance (envers Tirésias et Créon) puis à l'apitoiement sur soi-même (« Amiki, amiki » dans l'aria « Invidia fortunam odit »), pour finir dans la lucidité et le désespoir. Il est intéressant de noter qu'il use d'un langage musical qui n'est pas éloigné, par la ligne vocale, de celui de l'*Orfeo* de Monteverdi, en particulier en ce qui concerne l'utilisation expressive des vocalises (cf. Ex. 1). Œdipe est la figure centrale, mais l'intensité naît souvent de son environnement. Plusieurs seuils de tension sont atteints avec le magnifique « Gloria » choral qui clôt l'acte I et commence le II, l'aria de Jocaste et son duo avec Œdipe, et le passage impressionnant où le messager et le chœur pleurent le suicide de la reine.

H.

The Rake's Progress
La Carrière du débauché

Opéra en 3 actes et 1 épilogue d'Igor Stravinsky; texte de W.H. Auden et Chester Kallman. Créé à Venise, 11 septembre 1951, avec Schwarzkopf, Tourel, Tangeman, Rounseville, Otakar, Kraus, Cuénod, Arié, dir. du compositeur. Zürich, 1951, avec Harvey, Malaniuk, Lichtegg, Wolff, dir. Reinshagen; Stuttgart, 1951, avec Wissmann, Marta Fuchs, Holm, Neidlinger, dir. Leitner; la Scala, Milan, 1951, avec Schwarzkopf, Elmo, Picchi, Kraus, Cuénod, dir. Leitner; Vienne, 1952, dir. Hollreiser; Londres (B.B.C. retransmission radiophonique), 1953, dir. Sacher; Metropolitan, New York, 1953, dir. Reiner; Festival d'Edimbourg (troupe de Glyndebourne), 1953, dir. Wallenstein; Sadler's Wells, 1962, dir. Colin Davis; Festival d'Edimbourg, par le Scottish Opera, 1967, dir. Gibson. Festival de Glyndebourne, 1975; Opéra-Comique, Paris, 1977, avec Blanzat, Taillon, Cadiou, Caley, Laurent, J.Ph. Laffont, dir. S. Cambreling.

PERSONNAGES

TRULOVE (basse); ANNE, *sa fille* (soprano); TOM RAKEWELL, *son soupirant* (ténor); NICK SHADOW (baryton); MOTHER GOOSE, *tenancière de « maison »* (mezzo-soprano); BABA LA TURQUE, *femme à barbe dans un cirque* (mezzo-soprano); SELLEM, *commissaire-priseur* (ténor); LE GARDIEN DE L'ASILE (basse).
Prostituées et mauvais garçons, domestiques, citadins, aliénés.

En Angleterre, XVIIIᵉ siècle.

Acte I, scène 1. Après un très bref prélude, on découvre le jardin de la maison de campagne de Trulove. C'est le printemps. Anne et Tom sont assis sous une charmille. Un trio se développe : les deux jeunes gens accueillent joyeusement cette saison qui semble faite pour leur amour : « The woods are green » (Les bois sont verts), et Trulove, dans le fond, espère que ses inquiétudes quant à l'avenir de Tom s'avéreront sans fondement. Anne rentre dans la maison et Trulove dit à Tom qu'il lui a trouvé une situation en ville. Quand Tom refuse, il répond qu'il ne peut reprocher à sa fille de choisir un mari pauvre, mais qu'il s'arrangera par contre pour qu'elle n'épouse pas un paresseux.

Tom, resté seul, considère avec mépris l'attitude de son futur beau-père. Pourquoi irait-il perdre son temps dans un bureau ? Il a d'autres projets et entend s'en remettre simplement à la déesse de la fortune. « Since it is not by merit we rise or we fall » (Puisque ce n'est pas notre mérite qui décide de notre réussite) est le contenu essentiel de son aria, dont l'expression vigoureuse laisse à penser que Tom sous-estime ses forces.

Since it   is not by me-rit we rise or we fall

Il s'interrompt soudain : « I wish I had money » (Ah, si j'avais de l'argent). Aussitôt, une silhouette apparaît à la grille du jardin et demande à voir Tom Rakewell. C'est Nick Shadow ; il apporte de bonnes nouvelles pour Tom et pour tous ceux qui lui veulent du bien. Tom appelle Anne et Trulove, et Nick leur annonce que Tom vient d'hériter d'un oncle inconnu.

Tom se réjouit de sa bonne fortune : « I wished but once, I knew that surely my wish would come true » (Je n'ai fait qu'un seul vœu, mais je

savais qu'il se réaliserait). Il remercie Nick de lui avoir porté cet excellent message, celui-ci le remercie à son tour : il a trouvé un nouveau maître ; Anne et son père louent le Ciel d'avoir favorisé le destin de Tom. Les mots « Be thanked » (Soyez remercié) sont pour chaque personnage accompagnés d'une neuvième descendante en mineur. Tom et Anne chantent joyeusement ensemble : « O clement love » (O amour clément), mais Nick les interrompt : l'héritage d'une telle fortune suppose qu'on se plie à certaines opérations, il faut aller à Londres au plus vite. Anne dit au revoir à Tom, Nick revient dire que la voiture est prête et Tom accepte de payer ce qu'il lui devra après un an et un jour de bons et loyaux services. Nouveaux adieux, nouvelle mise en garde de Trulove : fortune si facilement acquise ne peut qu'inciter à la paresse... et la scène est vide. Nick se tourne vers le public : « The Progress of a Rake begins » (Ici commence la Carrière du Débauché).

Scène 2. Dans le bordel de Mother Goose. Brillante introduction et chœur pour les prostituées et les mauvais garçons.[1]

Nick demande à Tom de réciter ce qu'il a appris à Mother Goose : « En toutes choses, un but à poursuivre : Avant tout, mon devoir envers moi-même », etc. Mais Tom bafouille quand Nick mentionne le mot « amour » : « Ce mot précieux est comme un charbon ardent, il brûle mes lèvres. » Nick présente Tom à l'assemblée : « C'est un étranger à nos rites ». Puis, selon la coutume, Tom est prié de chanter. « Love, too frequently betrayed » (L'amour, trop souvent trahi) est le thème de sa belle cavatine, accompagnée à la clarinette.

« Quelle triste chanson ! » commentent les habitués de l'établissement.

---

1. *Roaring boys* : s'applique à de bruyants fanfarons qui intimidaient les passants dans les rues de l'Angleterre élisabéthaine.

Mother Goose déclare que Tom lui appartient pour la nuit, le chœur s'éloigne en chantant gaiement (d'une façon qui n'est pas sans rappeler « Oranges and Lemons ») et la scène se termine sur leur refrain, « Lanterloo ».

Scène 3. Même décor que scène 1. Anne est triste de n'avoir aucune nouvelle de Tom depuis son départ pour Londres. « Quietly, Night, O find him and caress » (Doucement, Nuit, O trouve-le). Elle est interrompue par Trulove, qui appelle de la maison, puis décide que Tom a plus besoin d'elle que son père. Ce qui entraîne la *cabaletta* (Stravinsky a utilisé le mot dans la partition — exception tout à fait remarquable); c'est un air animé, ponctué par une brillante petite ritournelle orchestrale : « Je vais vers lui. L'amour ne peut défaillir. »

Acte II, scène 1. Tom prend son petit déjeuner dans sa maison londonienne. Il chante les déceptions de la ville, où il n'a pas trouvé le bonheur, et évoque ce que la vie aurait pu être aux côtés d'une personne sincère à laquelle il n'ose même plus penser. La musique revêt la forme d'une longue *scena*, de structure assez décousue : « Varie le chant, O Londres, change ! ».
Dès que Tom dit « Ah, si je pouvais être heureux ! », Nick apparaît et montre à son maître une publicité pour un cirque où se produit Baba la Turque, une femme à barbe. Il conseille à son maître d'épouser Baba. S'il veut être libre et heureux, il ne faut pas qu'il soit comme la « multitude frivole »... conduite par la seule et imprévisible nécessité de ses plaisirs... ni comme la minorité modérée, soumise à l'inflexible loi de son devoir »; il doit « apprendre à ignorer ces tyrans jumeaux : l'appétit et la conscience ». La meilleure façon d'y parvenir : épouser Baba ! L'aria de Nick, « Que l'homme seul remplisse son destin », suggère pour la première

fois le sinistre dessein derrière l'apparence de bonhomie. Tom interrompt la lecture de son journal et éclate de rire : « Mon histoire sera contée par tous, jeunes comme vieux. » Ils décident qu'il épousera Baba la Turque.

Scène 2. Devant la maison londonienne de Tom. Anne l'attend. Un défilé de domestiques apporte quantité de paquets. Tom arrive ensuite en chaise à porteurs et se dirige hâtivement vers Anne : elle doit quitter Londres où « la vertu est la coquette d'un jour », et l'oublier; il n'est pas digne d'elle. Une tête sort alors de la chaise à porteurs, c'est Baba, cachée par un voile épais, qui demande si elle doit encore attendre longtemps. Tom avoue qu'elle est sa femme. Trio. Anne se retire; Tom aide Baba à sortir de la chaise; elle entre dans la maison sous les acclamations de la foule. La scène atteint son sommet quand elle se dévoile, révélant sa barbe.

Scène 3. Même décor qu'acte II, scène 1. Toutes sortes d'objets dans la pièce : animaux et oiseaux empaillés, caisses de porcelaine, etc. Tom et Baba prennent leur petit déjeuner. Il boude, mais elle bavarde avec animation, faisant le relevé détaillé de toutes ses possessions, accumulées dans le monde entier au cours de sa pittoresque carrière. Au bout d'un moment, elle réalise que Tom n'a pas dit un mot et se tourne tendrement vers lui. Il la repousse. Alors, perdant patience, elle brise dans sa colère les objets les plus fragiles de sa collection (mais pas les plus précieux) et proclame avec aigreur que Tom doit être épris de la jeune fille qu'elle a vue le jour de son arrivée. Elle se lance dans une phrase pleine de fioritures; Tom, exaspéré, saisit sa perruque et l'enfonce, à l'envers, sur la tête de Baba qui s'arrête au milieu d'une note.
Tom est malheureux. Il n'y a qu'une solution : dormir. Pendant son

sommeil, Nick entre, poussant un objet à roulettes recouvert d'une housse. Une fois le tissu enlevé une fantastique machine baroque apparaît. Il y introduit un pain, puis un morceau de porcelaine brisée. Il tourne la poignée et le pain ressort. Tom se réveille en disant « Ah, si c'était vrai », puis explique à Nick que, dans son rêve, il inventait une machine qui transformait les pierres en pain, soulageant ainsi les misères du monde. Nick lui demande si cela ressemblait à cet objet qui est devant eux. Tom l'essaie et est tout à fait convaincu. Nick l'encourage à croire qu'il va faire fortune grâce à cette invention, et lui suggère d'en informer sa femme. « Ma femme ? » dit Tom en faisant un geste dans la direction de Baba, « Je n'ai pas de femme. Je l'ai enterrée. »

Acte III. Dans la chambre de Tom comme à la scène précédente, mais tout est maintenant couvert de poussière et de toiles d'araignées. Baba est toujours assise, immobile, la perruque à l'envers lui cachant le visage. Une vente aux enchères va avoir lieu et des amateurs examinent les objets à vendre. De temps à autre, ils évoquent l'extravagance et les fausses promesses qui ont ruiné tant de gens et causé, entre autres, cette vente. Anne vient, décidée à voir Tom, mais personne ne sait ce qu'il est devenu. Elle commence à le chercher dans la maison.

Sellem fait son entrée, précédé de serviteurs portant son attirail de commissaire-priseur. Il se met immédiatement à l'œuvre et son boniment est aussi ingénieux et dépourvu de sens que possible. Tout se passe avec grand style, et l'air de valse sur lequel Sellem présente les divers articles est d'une inconséquence fort élégante (aucun de ceux qui ont assisté à l'incomparable performance de Hugues Cuénod à la première ne le nieront). Vient enfin le tour de Baba, qu'il présente dans un murmure terrifié :

Un objet inconnu nous attire.
Un gâteau ? Un orgue ?
Le Pommier d'Or ?

Les enchères montent et Sellem, pour calmer la foule, arrache la perruque. Baba finit sa phrase, et les spectateurs sont frappés de consternation. Tous la connaissent et elle les domine tous. Même les voix de Nick et de Tom, dans les coulisses, chantant une ballade ressemblant à « Lillibulero », sont insuffisantes pour la calmer. « Les cuistres du petit bénéfice » est son seul commentaire. Elle réconforte Anne : « Vous l'aimez, essayez de le mettre dans le bon chemin : il a une tête de girouette »; puis elle annonce, avec la plus grande dignité, son intention de retourner à la scène et à sa carrière interrompue.

Les voix de Tom et de Nick retentissent à nouveau, et Anne mène le *stretto-finale* : « Je vais vers lui, je vais, je vais, je vais vers lui. » Baba envoie Sellem chercher sa voiture et ordonne à la foule de s'écarter : « La prochaine fois que vous verrez Baba, vous paierez. »

Dans un cimetière. La musique sent la mort, et les phrases de Tom sont empreintes d'un sérieux très nouveau :

Nick se révèle sous son vrai jour (sur l'air de la ballade) :

Un an et un jour ont passé
Depuis le jour où je vous abordai...
Ce n'est pas votre argent
mais votre âme
Que je vous demande ce soir.

L'écriture vocale du rôle de Tom, pris à son propre piège, n'est pas sans rappeler, dans une certaine mesure, celle d'Œdipe dans une situation comparable; cette scène cruciale montre le talent de Stravinsky à son stade le plus puissant et le plus expressif. Nick consent à laisser Tom tenter sa dernière chance pour échapper à l'enfer : ils joueront aux cartes. Tom est le plus fort et, dans sa rage perdu, Nick le condamne à la folie.

Nick disparaît dans une tombe proche, et la scène reste dans l'ombre un moment. Quand les lumières reviennent, Tom est assis sur un tertre moussu, mettant de l'herbe dans ses cheveux et chantant d'une voix enfantine : « Couronné de roses, je suis assis par terre, Adonis est mon nom » (à nouveau sur l'air de la ballade). La scène est très brève, mais la musique suggère la folie avec une économie de moyens dont le résultat est bouleversant :

A Bedlam. Tom est entouré de fous. Il se prend toujours pour Adonis et exhorte l'assistance à se préparer pour célébrer ses noces avec Vénus. On entend une clé tourner dans une serrure, et le chœur réagit vivement :

Attention ! Voici Minos
le cruel et le fort :

Prenez garde !
Son fouet est long et précis.

Mais ce n'est que le geôlier, qui accompagne Anne, venue rendre visite à Tom. Elle l'appelle Adonis, et il est ravi de la voir – d'autant plus que cela lui donne bonne contenance aux yeux de ses collègues qui étaient persuadés qu'aucune Vénus ne répondrait à son appel. A la fin de leur duo d'amour, Anne aide Tom, épuisé, à gagner la litière de paille qui occupe le milieu de la pièce. Pour l'aider à s'endormir, elle lui chante une berceuse :

Le geôlier introduit son père, qui l'éloigne avec douceur. Après son départ, Tom s'éveille et divague : où a disparu sa Vénus ? Les autres ne croiront jamais qu'elle était auprès de lui. Il retombe, mort, sur la paillasse

Pleurez la mort d'Adonis,
éternellement jeune,
le favori de Vénus,
entourez doucement son cercueil.

Le rideau tombe. Les cinq principaux personnages viennent devant la scène pour chanter un épilogue, la Morale : Anne, Baba, Tom, Nick et Trulove :

Pour les bras paresseux
Et les cœurs et les esprits,
Le diable sait trouver
De l'ouvrage.

H.

SERGUEÏ SERGUEÏEVICH PROKOFIEV
(1891-1953)

Le Joueur

Opéra en 4 actes (6 scènes), musique de Prokofiev; texte d'après le roman de Dostoïevsky (Igrok, le Joueur) *par le compositeur. Créé à Bruxelles, 29 avril 1929, traduction fr. de Paul Spaak, dir. Corneil de Thoran. Naples, 1953, avec Barbato, Gardino, Pirazzini, Annaloro, Sinimberghi, Tajo, dir. Scherchen; Darmstadt, 1956; Belgrade, 1961, dir. Danon; Festival d'Edimbourg, 1962, par la troupe de Belgrade.*

PERSONNAGES

LE GÉNÉRAL, *officier de l'armée en retraite (55 ans)* (basse); PAULINE, *belle-fille du général* (soprano); ALEXEI, *tuteur des enfants du général (25 ans)* (ténor); « BABU-LENKA », *la riche tante du général (75 ans)* (mezzo-soprano); LE MARQUIS (ténor); M. ASHLEY, *riche Anglais* (baryton); BLANCHE, *demi-mondaine* (contralto); LE PRINCE NILSKY (ténor); LE BARON WÜRMERHELM *(45 ans)* (basse); LA BARONNE WÜRMERHELM (rôle muet); POTAPITSCH, *intendant de Babulenka* (baryton);

Dans la salle de jeu :

LE DIRECTEUR (basse); LE PREMIER CROUPIER (ténor); LE DEUXIÈME CROUPIER (ténor); LE GROS ANGLAIS (basse); LE GRAND ANGLAIS (basse); LA DAME RESPLENDISSANTE (soprano); LA DAME FALOTE (mezzo-soprano); LA VIEILLE DAME RESPECTABLE (mezzo-soprano); LA VIEILLE DAME SOUPÇONNEUSE (contralto); UN JOUEUR ACHARNÉ (ténor); UN JOUEUR EN MAUVAISE SANTÉ (ténor); UN JOUEUR BOSSU (ténor); UN JOUEUR MALCHANCEUX (baryton); UN VIEUX JOUEUR (basse); SIX JOUEURS (2 ténors, 2 barytons, 2 basses).

Le maître d'hôtel, le groom, les trois domestiques de Babulenka, des joueurs, des clients de l'hôtel, des serviteurs, des portiers. En 1865, dans la ville imaginaire de Roulettenburg.

Dès l'âge de huit ans, Prokofiev fut emmené par ses parents au théâtre à Moscou. Le spectacle le fascina. Il écrivit une demi-douzaine d'opéras avant d'avoir fini ses études, et l'un d'entre eux, *Maddalena* (1911, révisé en 1913) faillit même être joué. Tout au début de la guerre, Albert Coates devait remplacer Nàpravnik à la tête du Théâtre Maryinski, à Saint-Pétersbourg. La révolution fut le seul obstacle, en 1917, à la représentation du *Joueur,* le premier opéra tiré d'un sujet de Dostoïevski. Prokofiev révisa l'orchestration et récrivit certains passages qu'il considérait comme de vulgaires rembourrages camouflés par de monstrueux accords, pour une autre production (également pour Léningrad). Mais cela n'aboutit pas plus. L'œuvre fut finalement créée à Bruxelles un an plus tard, puis traîna encore vingt-quatre ans avant d'être remarquée par les théâtres européens.

Comme le don José de Mérimée ou le chevalier Des Grieux de l'abbé Prévost, Alexei Ivanovich, le héros de Dostoïevsky, raconte l'histoire du Joueur sous la forme d'un journal. Mais, à la différence de Bizet ou de Massenet, Prokofiev refuse de déplacer son héros et le maintient au centre de l'histoire. La fin est modifiée et Prokofiev choisit de ne pas suivre Dostoïevski quand il montre Alexei, le joueur heureux, suivre Blanche à Paris pour devenir un malade du jeu, empruntant de l'argent à son ami Astley, tout en accordant peu d'importance à l'aveu de celui-ci : Pauline l'aime encore.

Le cadre de l'opéra est une ville d'eaux imaginaire, Roulettenburg — en réalité Wiesbaden. C'est là qu'un général russe en retraite attend la grande nouvelle : une riche parente, appelée Babulenka — une grand-mère, mais en réalité sa tante — lui lègue sa fortune. Il est accompagné de ses enfants, de sa belle-fille Pauline et du tuteur des enfants, Alexei. Le général a emprunté d'importantes sommes à un riche marquis français, et est tombé amoureux de Blanche. Alexei, pour sa part, aime Pauline, qui a eu autrefois une liaison avec le marquis.

Acte I. Le jardin du Grand Hôtel de Roulettenburg. En quelques brèves phrases hésitantes qui semblent résumer l'ambivalence de leurs rapports, Pauline apprend d'Alexei qu'il a risqué et perdu l'argent qu'elle lui avait donné pour jouer. Blanche, le marquis et M. Astley regardent le général ouvrir un télégramme qui, à leur grande déception, parle toujours de la santé de Babulenka, mais pas encore de sa mort. Ils conseillent à Alexei d'abandonner le jeu, mais il réagit avec fougue : le sang tartare qui coule dans ses veines lui interdit de ne jouer que pour épargner. Il dit à Astley combien il méprise son hypocrisie; puis, dans une grande scène avec Pauline, explique que, pour gagner, il doit risquer son propre argent. Quand ce sera fait, il lui remboursera l'argent qu'il lui doit et il lui déclarera sa passion.

Le général remercie le marquis pour son dernier prêt et chante une reconnaissance de dette dont le montant, à son grand désespoir, est le double de la somme reçue. Pauline, seule avec Alexei, lui demande s'il tiendra sa promesse de mourir pour elle — est-il prêt à tuer si elle nomme la victime ? Alexei ne peut la prendre au sérieux, mais la tension monte et Pauline, dans une sorte de frénésie, lui ordonne d'insulter la grosse baronne Würmerhelm. Il se dirige alors à contre-cœur vers sa pauvre victime, qui ne se doute de rien, et se déclare son esclave avec une grossièreté qui provoque la consternation générale.

Acte II. Dans l'entrée du casino de l'hôtel, le général reproche sa conduite à Alexei, mais celui-ci réagit avec violence : le général le supplie de se conduire avec plus de modération.

Alexei se trouve maintenant face à M. Astley. Ils commentent tout d'abord sa propre situation, puis abordent la liaison du général et de Blanche, qui était à l'origine venue à Roulettenburg avec un prince italien, puis se vit refuser l'accès du casino à la demande de la baronne Würmerhelm qui l'accusait d'avoir fait des avances à son mari. Maintenant, elle a jeté son dévolu sur le général. Quand celui-ci héritera, elle deviendra sa femme — et Pauline sera enlevée par le marquis-prêteur ! Ce dernier apparaît au même moment. Il tente assez maladroitement de dissuader Alexei d'aggraver son cas, et lui tend un billet de Pauline, qui soutient son point de vue. Alexei murmure entre ses dents qu'il finira bien par régler son compte au marquis.

Tandis que Blanche évoque avec le général l'imminence de l'héritage, Babulenka apparaît, poussée dans une chaise roulante par des serviteurs. Elle est venue tenter sa chance au jeu. Ils la saluent tour à tour : Alexei et Pauline avec affection et respect, le général avec un embarras évident, Blanche et le marquis en gardant leurs distances. La vieille dame déclare qu'elle a réussi à se soigner en renvoyant les médecins, et qu'elle sait, de plus, que tous n'attendaient que sa mort. Blanche sort au bras du prince Nilsky.

Acte III. Une salle du Grand Hôtel, à l'écart des salles de jeu. A l'intérieur, la vieille dame perd sa fortune au jeu. A l'extérieur, le général déplore le tour qu'ont pris les événements et tente vainement d'obtenir la sympathie de Blanche et l'aide d'Alexei, la seule personne qui exerce une influence sur Babulenka. Apprenant que le prince Nilsky a encore perdu, le général se sent galvanisé. Il se précipite dans la salle de jeu, laissant à Blanche le soin de consoler le prince; Alexei, quant à lui, se dit que, si ce n'était pour Pauline, tout cela serait très drôle. Il lui répète qu'il est toujours à son service.

Réapparition de la vieille dame; elle a perdu tout l'argent qu'elle avait apporté et n'a plus qu'à repartir. Sur une musique réellement chaleureuse, elle demande à Pauline de l'accompagner. La jeune fille hésite; en tout cas, lui glisse la vieille dame, qu'elle se méfie du marquis qui ne peut rien apporter de bon. Le général veut entrer dans la chambre de Babulenka, mais Potapitsch lui en interdit l'entrée. Dans son désarroi, il oublie son souci immédiat et commence à se plaindre du comportement de Blanche à son égard.

Acte IV. Dans la chambre d'Alexei. Pauline l'attend. Elle lui annonce que le marquis a écrit : étant donné qu'Alexei a perdu au jeu la part de la fortune familiale qui revenait à la jeune fille, il a ordonné à ses agents de mettre de côté, à son intention, les 20 000 francs provenant de la vente des biens du général. Alexei est très vexé par ce geste insultant. Quand il suggère à Pauline d'emprunter à Astley, elle

lui demande si elle doit se donner à l'Anglais plutôt qu'à lui. Alexei est stupéfait, et il s'enfuit.

Une frénétique introduction orchestrale nous conduit dans une salle de jeu brillamment éclairée. Alexei regarde avant de se lancer. Il gagne en pariant sur le rouge, parie et gagne à nouveau, et finit, avec une chance exceptionnelle par faire sauter la banque à la première table. Il se précipite à la seconde, suivi par plusieurs autres joueurs. Son incroyable chance continue. Il se dirige vers la troisième table, gagnant toujours, et provoquant l'envie et l'admiration. C'est une des scènes les plus brillantes de Prokofiev, en forme de *scherzo*. Les voix des joueurs se mélangent et se superposent avant de se fondre dans un chœur. La musique saisit admirablement l'atmosphère surchauffée, la concentration absolue des joueurs, les mouvements quasi rituels des croupiers, et leurs incantations : « Les jeux sont faits... Rien ne va plus. »

Un entracte[1] préserve, accroît même la tension de la scène précédente : les cris des joueurs retentissent encore derrière le rideau. La dernière scène se passe dans la chambre d'Alexei. Il évoque son succès puis, se rappelant soudain que Pauline le regarde, lui propose l'argent pour qu'elle puisse le lancer à la face du marquis. Elle éclate de rire, et ils déclarent dans une atmosphère de quasi-hystérie qu'ils ne se sépareront jamais, qu'ils trouveront refuge auprès de Babulenka. Maintenant, dit Pauline avec insistance, où sont les 50 000 francs ? Il lui remet l'argent qu'elle repousse violemment. « Pauline ! » crie-t-il quand elle s'éloigne. Puis ses pensées retournent au casino et à ce coup de chance qui ne peut se répéter. Quand le rideau tombe, il contemple d'un œil fixe une roulette imaginaire.

H.

---

1. Dans la mise en scène de Belgrade, vue à Edimbourg, il apparaît en plus comme prologue à l'opéra, avec le rideau levé.

L'Amour des Trois Oranges
Lyubov k trem Apelsinam

Opéra en 1 prologue et 4 actes de Sergueï Prokofiev; liv. du compositeur d'après la comédie de Carlo Gozzi. Créé à Chicago, 30 décembre 1921, avec Koshetz, Pavlovska, Falco, Dusseau, Mojica, Dua, Defrère, Cotreuil, Dufranne, dir. de l'auteur New York, Manhattan Opera House, 1922, même distribution; Cologne, 1925, avec Elsa Foerster, dir. Szenkar; Berlin, 1926; Leningrad, 1927; La Scala, Milan, 1947, avec Gatta, Madonna, Ticozzi, del Signore, Nessi, Colombo, Arié, Dalamangas, dir. Questa; Festival d'Edimbourg, 1962, par l'Opéra de Belgrade, avec Heybalova, Andrasevic, Zarko Cvejic, dir. Danon; Sadler's Wells, 1963, avec Hunter, de Peyer, Garrard, dir. Lovett. Reprise, avec un grand succès, au New York City Center, 1949, avec Faull, Mayer, Haskins, Nadell, Rounseville, Gauld, Tyers, Winters, dir. Halasz.

PERSONNAGES

LE ROI DE TRÈFLE, *souverain d'un royaume imaginaire dont les habitants sont vêtus comme des cartes à jouer* (basse); LE PRINCE, *son fils* (ténor); LA PRINCESSE CLARISSA, *nièce du roi* (contralto); LEANDRO, *son Premier ministre, habillé en roi de pique* (baryton); TRUFFALDINO, *jongleur* (ténor); PANTALOON, *ami et conseiller du roi* (baryton); LE MAGICIEN TCHELIO, *protecteur du roi* (basse); FATA MORGANA, *sorcière protectrice de Leandro* (soprano); LINETTA, NICOLETTA et NINETTA, *princesses camouflées en oranges* (contralto, mezzo-soprano, soprano); LE CUISINIER (basse); FARFARELLO, *un démon* (basse); SMERALDINA, *servante noire de Fata Morgana* (mezzo-soprano); LE MAÎTRE DE CÉRÉMONIES (ténor); UN HÉRAUT (basse); LE TROMPETTE (trombone); DIX SPECTATEURS RAISONNABLES (cinq ténors, cinq basses).

Des monstres, ivrognes, gloutons, gardes, serviteurs, soldats, jokers, intellectuels, beaux esprits, romantiques, esprits simples, petits démons, médecins et courtisans.

L'opéra utilise sur le mode de la farce l'atmosphère de *commedia dell' arte* (elle-même déjà partiellement une parodie) qui règne dans la pièce de Gozzi. Le prologue montre la querelle opposant plusieurs protagonistes de différentes formes de théâtre. Chaque faction affirme que sa forme favorite sera jouée. La confusion est à son comble quand dix figures masquées viennent annoncer que, de toute façon, ils verront quelque chose de totalement différent de ce à quoi ils sont habitués, « L'amour des trois oranges » ! Le rideau laisse apparaître le trompette (jouant du trombone) qui annonce un héraut, qui annonce à son tour que l'histoire repose essen-tiellement sur l'hypocrisie apparemment incurable du fils du roi de trèfle.

Acte I, scène 1. Le palais royal. Les médecins informent le roi que la maladie de son fils est incurable, et le souverain manifeste un grand chagrin; qui lui succédera si on lui enlève son fils ? Sans doute son odieuse nièce, Clarissa. Quelques spectateurs, sur scène, semblent craindre que le roi ne perde sa dignité. Le souverain décide alors que la seule solution est de faire rire son fils – d'ailleurs les médecins ont admis qu'il y avait là un moyen de le soigner. Pantaloon suggère de donner des fêtes et des représentations théâtrales. Il appelle Truffaldino, qui prend sur lui de tout arranger, avant de disparaître.

Le roi demande Leandro et ordonne que des fêtes et des spectacles soient aussitôt organisés. Leandro, que la maladie du prince n'inquiète nullement, essaie d'élever des objections contre ces plans, et la scène se termine par la querelle qui l'oppose à Pantaloon.

La lumière baisse, un rideau couvert de signes cabalistiques apparaît, et Tchelio entreprend de jouer contre Fata Morgana avec des cartes géantes, tandis qu'un chœur de petits démons les entoure. Les portraits du roi de trèfle et du roi de pique, derrière leurs chaises, indiquent clairement que le jeu oppose le protecteur du roi à la protectrice de Leandro. Tchelio perd. La musique qui intervient ici porte le titre de « Scène infernale » dans la suite orchestrale[1].

Scène 2. Le palais du Roi. Leandro et la méchante Clarissa se sont mis d'accord : la princesse épousera Leandro, qui doit s'arranger pour que le prince meure, lui laissant ainsi libre accès au trône. Elle trouve que Leandro n'a pas fait beaucoup de progrès jusqu'ici, mais il lui assure que sa méthode est excellente : à force de fournir au prince de la prose tragique et des vers ennuyeux, il finira bien par en mourir. Ils sont interrompus par les spectateurs des loges qui perdent tout esprit de discipline et envahissent la scène. Clarissa exige que Leandro agisse, et il découvre Smeraldina, la négresse, qui les espionnait. Quand ils menacent de la tuer, elle avoue que Tchelio a pris le prince sous sa protection et qu'il pourrait bien réussir à le faire rire. La seule façon d'empêcher cela est de faire intervenir sa maîtresse, Fata Morgana. Si elle vient aux fêtes, tout ira bien. Les trois voix s'unissent pour appeler Fata Morgana.

Acte II. La chambre du prince. Il est entouré de médicaments de toutes sortes, et son front est recouvert d'une compresse. Il est malade et s'ennuie terriblement. Aucune des vieilles plaisanteries de Truffaldino ne parvient à le dérider. Finalement, ce dernier le persuade de s'habiller et d'assister aux divertissements qui ont été préparés à son intention. L'orchestre entame la célèbre marche,

qui sert d'interlude entre les deux scènes. Dans la grande salle du palais. Le roi s'y tient avec Clarissa, Leandro et Pantaloon. Le prince est vêtu d'un épais manteau, couvert de fourrures de peur de prendre froid.

Truffaldino met en scène une bataille fort comique entre des « monstres », puis déchaîne une foule d'ivrognes et de gloutons qui se battent pour la nourriture. Tout cela en vain : le prince ne rit pas. Désespéré, il regarde autour de lui et aperçoit la sorcière Fata Morgana. Il essaie de la mettre dehors. Elle perd l'équilibre au cours de leur lutte, fait une chute involontaire et accomplit l'impossible : le prince commence à rire. Toute la Cour, même les spectateurs, rient avec lui, et tout le monde se met à danser de joie, sauf Clarissa et Leandro que cela n'amuse pas du tout.

Mais Fata Morgana se ressaisit rapidement. Elle maudit le prince et, entourée par ses petits démons, lui prédit son destin : il tombera amoureux

1. La suite est composée de : Les Ridicules, Scène infernale, Marche, Scherzo, Le Prince et la Princesse, La Fuite.

de trois oranges, qu'il poursuivra jusqu'au bout du monde. Aussitôt, le prince proclame qu'il partira en voyage le jour même, accompagné de Truffaldino. Au milieu de la consternation générale, le petit démon Farfarello apparaît et, actionnant un soufflet, pousse les deux vagabonds sur leur chemin.

Acte III. Le désert. Tchelio essaie vainement d'empêcher Farfarello de pousser le prince et son compagnon vers leur perte, mais le démon lui répond qu'il a perdu tous ses pouvoirs magiques en même temps que la partie de cartes — et il en fait la preuve en lui désobéissant. Le prince arrive avec Truffaldino. Tchelio leur conseille, au cas où ils trouveraient les oranges, de ne les ouvrir qu'à proximité d'une source d'eau. Il leur révèle également qu'elles sont sous la garde du terrible Creonte, qui se présente comme un gigantesque cuisinier. Pour leur venir en aide il remet à Truffaldino un ruban magique qui saura peut-être distraire l'attention du cuisinier pendant qu'ils s'empareront des oranges.

Farfarello réapparaît avec son soufflet et le prince est transporté en un éclair, avec Truffaldino, vers leur destination. C'est le *scherzo* de la suite — le morceau le plus populaire de l'œuvre avec la Marche.

Les deux aventuriers sont au pied du château, remplis de crainte et d'appréhension. Ils se dirigent vers la cuisine quand le colossal cuisinier se dresse devant eux. Ils se cachent. Truffaldino, découvert, échappe à la colère de leur ennemi car celui-ci remarque le ruban qu'il porte autour du cou. Pendant ce temps le prince se glisse dans la cuisine où il dérobe les trois oranges dont le volume est en harmonie avec la stature de leur propriétaire. Le cuisinier demande le ruban, le reçoit en cadeau et gambade de joie tandis que les deux compères s'éloignent.

Dans le désert. Les oranges ont atteint des proportions réellement imposantes, à tel point qu'elles pourraient bien contenir un être humain. Le prince s'endort, mais Truffaldino est tellement assoiffé qu'il ne peut s'empêcher, malgré les recommandations de Tchelio, d'ouvrir une des oranges. Il l'épluche, et la princesse Linetta en sort. Elle dit qu'elle va mourir de soif si on ne lui donne pas immédiatement un peu d'eau. N'obtenant rien, elle prouve aussitôt que la menace n'était pas vaine. La même chose se produit quand la princesse Nicoletta sort de la seconde orange. Truffaldino, ne sachant plus que faire et se sentant incapable de réveiller le prince, s'enfuit dans le désert, désespéré.

Le prince s'éveille et contemple avec le plus grand calme les corps des deux jeunes filles. Il ordonne à quatre soldats qui apparaissent avec beaucoup d'à-propos de les enterrer avec tous les honneurs. Puis il s'adresse à la troisième orange, qui contient, il en est sûr, tout ce dont il a toujours rêvé. Il l'ouvre avec son épée, et une troisième jeune fille émerge, plus belle encore que les deux autres. Il reconnaît en elle l'être qu'il attend depuis sa naissance. Elle exprime des sentiments tout aussi chaleureux, mais ajoute qu'avant tout il lui faut de l'eau. Elle tombe dans les bras du prince, et il semble bien qu'elle va subir le même sort que les deux autres. Les spectateurs se sentent alors terriblement concernés : il faut mettre fin à cette impossible situation. On trouve un seau d'eau dans une des loges et la vie de la princesse est épargnée. Le prince et sa future fiancée échangent des serments passionnés (interrompus par les spectateurs des loges) et le prince déclare qu'ils doivent regagner le palais de son père. La jeune fiancée fait alors des difficultés : avant il faut qu'il lui apporte une robe convenable.

La princesse Ninetta est seule. La silhouette de Smeraldina, derrière laquelle on distingue l'ombre de Fata

Morgana, se glisse vers elle. Les spectateurs des loges manifestent une anxiété fébrile. Entièrement justifiée, d'ailleurs, puisque Smeraldina enfonce une longue épingle dans la tête de Ninetta. Elle pousse un long gémissement triste, et l'on réalise qu'elle a été transformée en rat. Les spectateurs retournent en hâte dans leurs loges, et Fata Morgana indique à Smeraldina qu'elle doit remplacer Ninetta et rencontrer le roi.

La Marche retentit. Une procession apparaît, conduite par le souverain et son fils. Ils s'approchent de Smeraldina qui prétend être la princesse; le prince est horrifié, et refuse de l'épouser : cette négresse n'est certainement pas la jeune fille qu'il avait laissée à cet endroit. Mais son père le contredit, et il doit donner le bras à Smeraldina pour l'accompagner au palais.

Acte IV. Le rideau cabalistique de la *scène 2*, acte I, réapparaît. Fata Morgana et Tchelio sont à nouveau aux prises, s'invectivant et s'accusant des pires méfaits — manque d'imagination et tricherie, entre autres. Fata Morgana semble en meilleure posture. Mais les spectateurs sortent à nouveau de leurs loges, l'entourent et le poussent hors de scène. On entend la porte d'une loge se fermer; des flammes et de la fumée se dégagent. Pour le moment, Tchelio triomphe.

Scène 2. La salle du trône. Leandro et le maître de cérémonies mettent au point les derniers détails, bientôt interrompus par la procession. Quand les rideaux qui entourent le trône s'écartent, on voit apparaître à la place de la princesse un grand rat, la princesse Ninetta métamorphosée. Tout le monde est horrifié. Le roi appelle ses gardes, tandis que Tchelio fait de son mieux pour lui redonner sa véritable forme. Enfin ses efforts sont récompensés, et soudain la princesse Ninetta est sous leurs yeux. Le prince est fou de joie et la déconfiture de Smeraldina est totale. On la reconnaît aussitôt comme une complice de Leandro, qui est accusé de trahison ainsi que Clarissa. La Cour assiste au cas de conscience du roi; finalement, il se tourne vers eux, ayant pris sa décision : tous les coupables seront pendus. Truffaldino le supplie vainement d'avoir pitié.

Les gardes s'avancent vers la méchante équipe qui se disperse en courant. Bientôt la scène est envahie par les poursuivants et les poursuivis. Fata Morgana apparaît soudain au milieu de la scène, une trappe s'ouvre, et les méchants s'y engouffrent, sains et saufs. Les courtisans arrivent trop tard et il ne leur reste plus qu'à crier « Vive le roi ! ». Le souverain rectifie immédiatement : « Vive le prince, et la princesse ! » (Quelques détails étaient modifiés dans la mise en scène du City Center. La dernière scène se déroulait dans la cuisine du palais royal, où Truffaldino s'était endormi, laissant brûler les toasts; la princesse était transformée en pigeon blanc, et non en rat; elle volait dans la cuisine où Tchelio la délivrait de son enchantement; les traîtres étaient condamnés à balayer la cuisine, et non à mourir, et sauvés de ce terrible destin par Fata Morgana. L'opéra se terminait par une reprise de la Marche.)

H.

L'Ange de Feu

Opéra en 5 actes et 7 tableaux de Sergueï Prokofiev; liv. du compositeur d'après un roman de Valery Briusoff (publié en Russie en 1907). Première représentation intégrale, version de concert, au Th. des Champs-Élysées, Paris, 25 novembre 1954, avec Lucienne Marée, Xavier Depraz, dir. Charles Bruck (trad. fr. d'André Michel). Créé sur scène à Venise, 14 septembre 1955, avec Dow, Panerai, dir. Sanzogno; la Scala, Milan, 1957, avec Goltz, Panerai, dir. Sanzogno; Spolète, 1959, avec Gencer, Panerai, dir. Kertesz; Cologne, 1960, avec Pilarczyk, Carlos Alexander; Opéra-Comique, Paris, 1964, avec Cavalli, Julien Haas, dir. Sebastian et 1967, avec J. Brumaire, J. Haas, Andreani, Collard, Bellary, J. Mars, R. Romagnoni, L. Rialland, dir. J. Perisson; Sadler's Wells, 1965, par la New Opera Company, avec Collier, John Shaw; Francfort, 1969 (et Festival d'Edimbourg, 1970), avec Anja Silja, Rudolf Konstantin, dir. Christoph von Dohnanyi (avec suppression de la fin de l'acte II et de la totalité de l'acte IV.)[1]

PERSONNAGES

RUPRECHT, *chevalier* (baryton); LA TENANCIÈRE DE L'AUBERGE (contralto); RENATA (soprano); LE SERVEUR DE L'AUBERGE (baryton); LA SORCIÈRE (mezzo-soprano); JAKOB GLOCK (ténor); AGRIPPA VON NETTELSHEIM, *philosophe* (ténor); LE COMTE HEINRICH (rôle muet); MATHIAS (baryton); LE DOCTEUR (ténor); MÉPHISTOPHÉLÈS (ténor); FAUST (baryton); L'AUBERGISTE DE COLOGNE (baryton); LA MÈRE SUPÉRIEURE (mezzo-soprano); L'INQUISITEUR (basse); DEUX JEUNES NONNES (sopranos).

L'action est située en Allemagne, surtout à Cologne, au XVIe siècle.

Prokofiev travailla à *L'Ange de Feu* entre 1920 et 1926, c'est-à-dire qu'il commença en Amérique, après l'échec de *L'Amour des Trois Oranges*[2]. Le sujet, fortement romantique, contraste curieusement avec le rationalisme ironique que l'on attribue d'habitude au compositeur, qui semble en fait avoir été débordé par les possibilités de l'histoire[3], à tel point qu'à partir de mars 1922, il s'enferma pendant dix-huit mois à Ettal, près d'Oberammergau, où, dit-il, l'action aurait pu se « dérouler dans l'arrière-cour ». Finalement, l'opéra fut accepté par Bruno Walter pour Berlin en 1926, révisé, mais ne fut jamais donné sur scène. Koussevitzky joua un Interlude et la scène d'Agrippa en concert, à Paris, trois ans plus tard. Puis le compositeur décida au début des années 30 d'entreprendre une révision qu'il n'effectua, en fait, jamais (le livret aussi devait être récrit).

L'œuvre fut ensuite égarée et on oublia même son existence, jusqu'au jour où on la retrouva à Paris, après la mort de l'auteur. Entre-temps, Prokofiev en avait utilisé une partie pour sa IIIe symphonie[4].

1. Dans cette version incomplète, Ruprecht meurt dans un duel, curieux destin pour un narrateur.
2. Après la première de cet opéra à Chicago, Prokofiev a dû espérer que Mary Garden, vu sa double position de directeur de l'Opéra de Chicago et de *prima donna* vedette, ferait monter *L'Ange de Feu* et en assumerait le rôle principal. Malheureusement, écrivit-il, elle démissionna de son poste de directeur.
3. Ce n'est pas vraiment un hasard si son premier opéra, *Maddalena*, avait également trait à l'obsession.
4. Créée à Paris, au printemps 1929, dir. Pierre Monteux.

L'Ange de Feu est contemporain de *Wozzeck*. Mais ce chef-d'œuvre de l'ère post-freudienne ne surpasse pas vraiment l'œuvre de Prokofiev dans l'évocation et la description de la neurasthénie. Il faut faire ici une distinction. *Wozzeck* appartient à un autre univers que celui fréquenté par l'émigré Prokofiev. La ville où il s'était réfugié, Paris, était dominée par le néo-classicisme de Stravinsky, l'ironie de Cocteau et de Satie et les nouveaux exploits des Six. Quant à l'Allemagne où il s'était retiré pour écrire *L'Ange de Feu*, elle était marquée par l'opulence de Richard Strauss, à peine contredite à l'époque par une minorité : Schoenberg et ses adeptes d'une part, Hindemith de l'autre. Ce climat était peu favorable, pourrait-on penser, à la conception d'un opéra complètement différent de tout ce que l'auteur avait jusque-là écrit, et dont la violence ne connaissait pas de précédent au XXᵉ siècle. Ce fut en tout cas son chef-d'œuvre dans le domaine de l'opéra.

L'œuvre est allégorique à deux niveaux. D'une part, Renata symbolise la lutte entre le bien et le mal ainsi que l'aptitude à prendre le mal pour le bien et à agir en conséquence. Elle est hantée par des visions d'un Ange, et la passion qu'elle éprouve pour lui devient obsessionnelle ; elle le considère comme le Bien, et personne d'autre ne compte pour elle — sinon Heinrich, qui l'aide dans sa recherche de l'Ange ou de sa représentation physique. A un autre niveau, l'œuvre rend compte d'une romance absolue et ratée (sans doute autobiographique pour Briusoff), vue avec les yeux de l'homme qui souffre, et qui s'avère, à la réflexion, plus destructrice encore pour la partenaire féminine.

Musicalement, l'œuvre est dominée par deux thèmes associés à Renata, qui interviennent tout au long de l'opéra avec leurs variantes :

Acte I. Une chambre dans une auberge minable. L'hôtesse y accompagne Ruprecht. Dès qu'elle est sortie, il entend des imprécations hystériques et terrifiées, provenant d'une pièce voisine, séparée de sa chambre par une porte apparemment condamnée. Il la force, et Renata se jette dans ses bras, hagarde et échevelée. Elle continue à se défendre contre son invisible agresseur bien que Ruprecht ait dégainé et fasse le signe de la croix. La musique décrit admirablement l'épuisement de la jeune femme, tandis que Ruprecht prie et que sa terreur se calme.

La musique qui accompagne son récit est d'une splendeur remarquable. Elle avait huit ans quand un Ange lui apparut pour la première fois. Il était vêtu de blanc, avait des yeux bleus, des cheveux d'or, et des flammes l'environnaient. Il s'appelait Madiel. Il lui apparut nuit et jour et finit par lui annoncer que son destin était de devenir une sainte. Elle avait dix-sept ans quand elle provoqua sa fuite en lui avouant l'intensité de son désir. Elle en·fut désespérée, mais il lui avoua dans un rêve qu'il reviendrait sous forme humaine. Dès qu'elle vit le comte Heinrich, elle sut, en dépit de ses protestations qu'il était Madiel. Son rêve fut enfin exaucé et elle vécut avec Heinrich un an de bonheur idyllique. Il l'abandonna ensuite. Et maintenant Ruprecht vient de la sauver du démon qui la poursuit depuis lors dans des visions et des cauchemars.

Le bruit alarme l'aubergiste et son domestique. Elle explique à Ruprecht que Renata est une femme perdue qui a ensorcelé le comte et tourmenté les gens du village. Il faut qu'elle quitte l'auberge. Ruprecht ne comprend rien à ce qui se passe. Il décide que, dès le départ de l'aubergiste, cette jolie femme, sorcière ou pas, lui appartiendra. Tandis qu'elle regarde par la fenêtre, se languissant d'Heinrich, Ruprecht tente de la séduire, mais en vain. Il n'insiste pas, et semble dès lors plus concerné par Heinrich que la jeune femme elle-même.

L'aubergiste introduit une cartomancienne avec tout son attirail traditionnel, y compris un crapaud en cage : le contraste qu'elle offre avec Renata est délibéré; l'une est à la hauteur de tous les sacrifices d'un commerce dont elle vit, tandis que l'autre ne voit dans la sorcellerie qu'un moyen d'atteindre son but. La scène se termine de façon impressionnante, la vieille voyante faisant d'obscures références à la culpabilité de Renata.

Acte II. A Cologne. L'introduction développe le thème de la déception de Ruprecht :

Renata, seule, lit un livre de magie. Ruprecht entre et se plaint qu'ils aient passé une semaine dans cette ville à ne faire qu'une chose : rechercher Heinrich. Elle répond qu'elle ne peut pas vivre sans Heinrich. Jakob Glock a été chargé de fournir de nouveaux ouvrages de magie, et Renata ne s'en détache pas. Elle déclare à Ruprecht qu'en dépit de son amour soumis, de son absence totale de jalousie, il n'est rien à côté d'Heinrich; si elle se promenait avec Heinrich et découvrait dans le ruisseau le corps de Ruprecht, évidemment suicidé, elle n'y prêterait pas attention, sinon pour demander qu'on l'enlève.

Renata brûle les herbes magiques vendues par la sorcière, et bientôt on frappe au mur. C'est un esprit, dit-elle, qui annonce l'arrivée d'Heinrich. Avec quelques remarquables mesures *divisi* pour les cordes, Prokofiev exprime l'obsession de Renata dans une scène musicalement fort impressionnante.

La porte s'ouvre, la musique retombe, et Ruprecht ne trouve rien. Renata s'effondre en pleurant, et Ruprecht jure de forcer les esprits à collaborer avec elle. Glock réapparaît; il conduira Ruprecht auprès du philosophe-magicien, Agrippa von Nettelsheim.

Un interlude symphonique nous mène dans l'atelier d'Agrippa. Dans une scène saisissante, dont l'intensité rivalise avec celle de la scène précédente, Agrippa s'avère être un maître en arts diaboliques. Mais en bon philosophe, il refuse d'aider Ruprecht. La scène 1 de l'acte II fournissait la plus grande partie de la musique du 3e mouvement de la IIIe symphonie de Prokofiev (un *scherzo* « dénué de gaieté », selon le compositeur), alors que l'interlude et la scène 2 procurent la musique du dernier mouvement.

Acte III, scène 1. Renata, désespérée, devant la maison d'Heinrich ; elle l'a vu et il l'a rejetée, comme une femme possédée du démon. Ruprecht, à son retour de la rencontre avec Agrippa, entend le récit de la volte-face de Renata : elle n'aime plus Heinrich qui, elle en est sûre, était un imposteur et certainement pas Madiel sous une forme humaine. Si Ruprecht tue le séducteur, elle sera complètement sienne et le suivra où il voudra. Ruprecht, ayant hésité un instant, demande à être introduit chez Heinrich. Pendant ce temps Renata prie Madiel de lui pardonner son erreur et de lui donner des forces pour faire face à l'avenir. Sa prière a la puissance d'une grande aria de consécration.

Par la fenêtre, on peut voir Ruprecht provoquer Heinrich ; celui-ci est en apparence l'incarnation de tout ce que Renata a toujours attribué à Madiel : un véritable ange de feu. Renata est bouleversée en le voyant. Aussi, quand Ruprecht réapparaît, elle change à nouveau de position et lui interdit de verser une seule goutte du sang d'Heinrich. Qu'il se laisse plutôt tuer.

Un interlude décrit le duel (dont on peut entendre une partie dans le 1er mouvement de la IIIe symphonie). A la fin, on découvre Ruprecht, gravement blessé, sur les rives du Rhin. Renata le soigne et chante son amour pour lui dans une aria lyrique, affirmant qu'elle se retirera dans un couvent s'il meurt. Après la *berceuse* de Renata, le délire les gagne tous deux (Ruprecht, à cause de sa blessure ? Renata, en raison de son obsession ? — c'est le seul moment où les deux personnages sont musicalement à l'unisson) ; la musique est étrange et intense, et un chœur de femmes commente, dans les coulisses, l'instabilité de l'amour. Un médecin, appelé par Mathias, l'ami de Ruprecht, déclare que ce dernier vivra.

Acte IV. Dans un jardin public, Renata dit à Ruprecht, qui se remet à peine de sa blessure, qu'elle doit le quitter : pour sauver son âme, il faut qu'elle prenne le voile. Ruprecht lui dit qu'il l'aime, et elle veut se suicider, mais quand il l'en empêche, elle retourne l'arme contre lui. Méphistophélès et Faust regardent la scène. Quand le serveur du cabaret leur apporte seulement du vin, Méphistophélès menace d'avaler le garçon — ce qu'il fait, en une gorgée. Mais, à la demande de l'aubergiste, il lui rend la vie. Ils abordent Ruprecht et il est décidé qu'il leur montrera le lendemain les curiosités de la ville.

Acte V. Beau mouvement lent (le thème du 2e mouvement de la IIIe symphonie) que chantent les nonnes du couvent où Renata s'est retirée. La musique offre un contraste rassurant avec la frénésie de la scène précédente. La même sérénité règne au cours du passage où la Mère Supérieure demande à Renata de lui raconter ses visions : a-t-elle vu de mauvais esprits ? Non, répond Renata, je leur ai toujours tourné le dos. Il n'en demeure pas moins, fait remarquer la Supérieure, que depuis son arrivée le désordre a gagné le couvent : des bruits étranges se répandent et les sœurs sont attaquées par des démons.

Entre-temps les nonnes se sont rassemblées dans la crypte, et l'Inquisiteur entre avec sa suite pour examiner Renata. Il lui demande de prouver que ses visions n'ont jamais été inspirées par l'Enfer. L'esprit qui la visite, répond-elle, parle toujours de vertu et de l'importance de la vie future. Sont-ce là les paroles du diable ? Immédiatement deux jeunes sœurs poussent un cri de terreur, des coups sont frappés contre le mur et la scène se transforme en pandémonium indescriptible, tous se laissant peu à peu gagner par la confusion générale. Quelques-uns défendent Renata, mais la plupart l'attaquent. L'exorcisme se poursuit, mais les nonnes se jettent frénétiquement sur l'Inquisiteur et ses assesseurs quand Mephistophélès et Ruprecht apparaissent. A la fin, l'Inquisiteur déclare Renata hérétique et la condamne à mort.

H.

Le Mariage au couvent

Opéra en 4 actes de Serguëi Prokofiev; texte de Mira Mendelson, d'après la pièce de Sheridan, The Duenna. *La création, prévue pour 1941, fut repoussée en raison de l'invasion de la Russie par l'Allemagne. Un projet de représentation au Bolchoï de Moscou, 1943, fut également abandonné. Créé au Kirov, Leningrad, 30 novembre 1946. Première, New York, Greenwich Mews Playhouse, 1948 (sous le titre* The Duenna*), avec accompagnement de deux pianos; Leipzig, 1957; Berlin-Est, 1958, dir. Lovro von Matacic; Naples, 1959, avec Rosetta Noli, Belen Amparan, Agostino Lazzari, Francesco Albanese, Fernando Corena, Guido Mazzini, dir. Fabien Sevitzky; Opéra de Zagreb, 1960 (et Paris, 1961); B.B.C. Londres (retransmission d'un enregistrement réalisé au Théâtre Stanislavsky à Moscou), 1963; Strasbourg, 1973, avec Esther Casas, Jocelyne Taillon, Michel Sénéchal, Frantz Petri.*

PERSONNAGES

DON JEROME, *riche citoyen de Séville* (ténor); FERDINAND et LOUISA, *ses enfants* (baryton, soprano); LA DUÈGNE (MARGARET) (contralto); ANTONIO, *amoureux de Louisa* (ténor); CLARA D'ALMANZA, *amie de Louisa* (mezzo-soprano); MENDOZA, *riche marchand de poisson* (basse); DON CARLOS, *noble ruiné, ami de Mendoza* (baryton); PÈRE AUGUSTIN, *Supérieur du monastère* (baryton); FRÈRE ELIXIR, FRÈRE CHARTREUSE et FRÈRE BÉNÉDICTINE, *moines* (ténor, baryton, basse); 1ᵉʳ MOINE (ténor); 2ᵉ MOINE (ténor); LAURETTA, *servante de Louise* (soprano); ROSINA, *servante de Clara* (contralto); LOPEZ, *serviteur de Ferdinand* (ténor); UN AMI DE DON JEROME (rôle non chanté); UN SERVITEUR DE DON JEROME (rôle non chanté). *Servantes et serviteurs, moines, invités, masques, commerçants.*

A Séville au XVIIIᵉ siècle.

Le cinquième opéra de Prokofiev est inspiré d'un sujet de la littérature anglaise, *The Duenna*, de Sheridan.[1]

Acte I. Une introduction, *moderato ma con brio*, nous mène chez Don Jerome, riche vieillard de Séville, père de

1. Egalement le sujet de l'unique opéra de Roberto Gerhard, jusqu'ici seulement joué à la radio.

deux enfants, Ferdinand et Louisa. Il a engagé une duègne pour cette dernière. Devant sa maison, Don Jerome parle avec Mendoza, le riche marchand de poisson, d'une affaire qu'ils envisagent de monter ensemble. Il s'agit en fait de monopoliser le commerce du poisson à Séville, et ils scellent leur accord sur la promesse que Mendoza épousera Louisa.

Ils s'éloignent. Ferdinand arrive, suivi de son serviteur, Lopez, et se plaint avec une grande ardeur romantique des caprices de la dame de son cœur, Clara. La nuit tombe. Antonio arrive avec sa guitare dans le but évident de donner la sérénade sous la fenêtre de Louisa. Ferdinand ne s'y oppose pas. Antonio chante, se débarrasse de quelques masques moqueurs, et reçoit sa récompense : Louisa apparaît au balcon, apparemment enchantée et se prépare à chanter avec lui.

Mais tout ce bruit a réveillé Don Jerome. Louisa se cache à temps, et son père se laisse mystifier par des masques qui l'encerclent en dansant. Il se prend alors à penser qu'il serait bon de marier sa fille au plus tôt, de peur qu'elle ne devienne la victime d'un imbécile donneur de sérénades. D'autres groupes de masques, dont certains en costume oriental, viennent clore l'acte en dansant avec animation.

Acte II. L'appartement de Louisa dans la maison paternelle. Elle rêve d'épouser l'homme qu'elle aime. La duègne, quant à elle, envisage d'épouser Mendoza et tout son argent, laissant ainsi Louisa libre de se marier avec Antonio. Don Jerome, reprochant à Ferdinand son engouement sentimental, interrompt leur complot. Il a décidé de forcer sa fille à épouser Mendoza, mais les deux enfants s'opposent violemment à ce projet. Don Jerome perd patience et déclare que Louisa restera enfermée tant qu'elle ne se sera pas soumise à sa volonté.

Ferdinand conseille à son père de la laisser épouser celui qu'elle aime vraiment. Mais la fermeté du refus le déconcerte, d'autant qu'il se rappelle qu'Antonio a autrefois aimé Clara. Ses méditations sont interrompues par les lamentations de la duègne et l'insistance de Don Jerome, qui a découvert la lettre d'amour compromettante préparée à son intention par les deux femmes. Leur duo ne nous permet pas de savoir qui a devancé l'autre : lui, en la renvoyant, ou elle, en lui donnant son congé. Quoi qu'il en soit, elle se dirige vers la chambre de Louisa. Celle-ci apparaît ensuite, revêtue des vêtements de la duègne — cape, capuchon, voile, etc. — et faisant semblant de pleurer. Don Jerome lui désigne la porte et lui lance quelques injures, ne sachant pas qu'il s'adresse à sa fille.

Des femmes de pêcheurs vendent du poisson sur le quai, bientôt surveillées par Mendoza et son ami ruiné, Don Carlos. Quand elles s'éloignent, Doña Clara et sa servante Rosina entrent en scène. Clara est ravie d'être enfin partie de chez elle, mais furieuse que ce soit à cause de l'intervention de son amant, qui s'est introduit dans sa chambre pendant la nuit, lui infligeant ainsi un affront mortel.

A peine sont-elles parties que Louisa entre, se plaignant de ne pouvoir trouver Antonio. Peut-être son amie Clara pourrait-elle l'aider — mais Clara est une telle petite sainte ! A ce moment, les regards des deux femmes se croisent, et elles découvrent rapidement que l'une d'elles est en fuite, alors que l'autre se cache. Dans une aria lyrique, Clara raconte son histoire à Louisa : c'était la nuit; elle était allongée dans l'obscurité quand elle entendit son amant se glisser dans sa chambre et elle eut beaucoup de mal à le repousser. Louisa essaie de la consoler et est stupéfaite de l'entendre parler du couvent. Puis, apercevant Mendoza, elle supplie son amie de lui laisser jouer quelques instants le rôle de

Doña Clara d'Almanza. Clara accepte à condition que Louisa ne révèle pas à Ferdinand qu'elle l'a vue et encore moins l'endroit où elle s'est retirée, le couvent de Ste-Catherine. Mais elle s'empresse de le décrire avec la plus grande précision, espérant bien que Louisa saura indiquer l'emplacement de la porte de service.

Mendoza s'approche avec Don Carlos. Louisa, jouant le rôle de Clara, lui demande de transmettre un message à son amant, Antonio. Mendoza est fort indigné car il a cru, un instant, qu'il avait attiré l'attention de la jeune femme. Mais peu importe : il sait qu'Antonio était le prétendant de Louisa, et tout cela vient fort à point. Mendoza demande à son ami d'accompagner Louisa/Clara jusque chez lui, tandis qu'il se rendra chez Don Jerome pour y rencontrer sa fiancée.

Chez Don Jerome. Celui-ci apprend par Mendoza comment Doña Clara s'est enfuie de chez elle et ne peut s'empêcher de chanter les louanges de sa fille. Mais Louisa refuse de rencontrer Mendoza si son père assiste à l'entretien. Il finit par sortir, et la duègne entre, déguisée en Louisa. Mendoza commence par manifester une politesse lyrique, mais semble fort surpris quand il regarde son visage. La duègne réussit néanmoins à le séduire si bien qu'il est persuadé s'être trompé : elle n'est pas laide du tout. La victoire de la duègne est complète, ils envisagent de fuir ensemble. Mendoza se retrouve seul avec Don Jerome, et ils chantent une chanson à boire.

Acte III. Don Carlos a conduit Louisa chez Mendoza, qui arrive accompagné d'Antonio. Celui-ci trouve bizarre que son ancienne amie l'ait convoqué, mais Mendoza et Carlos le poussent dans la pièce où Clara est censée l'attendre. La musique décrit la tendre scène qui se déroule à l'intérieur, et les deux compères entreprennent de regarder ce qui s'y passe par le trou de la serrure. Quand Antonio et Louisa

réapparaissent enlacés, Don Carlos est scandalisé de voir que le jeune homme envisage avec tant de légèreté de séduire la bien-aimée de son ami. Mais Mendoza est favorable aux jeunes amours. De plus, il faut qu'il aille le soir même chez Don Jerome pour enlever sa fille. La scène se termine par un quatuor où les jeunes amoureux louent le soleil couchant, tandis que Mendoza et Don Carlos se demandent quelles compensations la vie peut apporter à ceux qui n'ont plus vingt ans.

On fait de la musique chez Don Jerome : l'hôte joue de la clarinette, un ami du cornet à piston, et un domestique de la grosse caisse. Don Jerome ne comprend pas comment sa fille, qui refusait hier avec véhémence d'épouser le parti qu'on lui avait choisi, a maintenant décidé de s'enfuir avec lui. Lopez introduit Don Carlos, qui apporte la lettre de Mendoza suppliant le père de la jeune fille de lui pardonner. Don Jerome, magnanime, n'hésite pas une seconde, et Don Carlos repart annoncer la bonne nouvelle à Mendoza. La musique continue. Un messager intervient, apportant cette fois une lettre de Louisa priant son père de bénir son mariage. Il accepte à nouveau, s'arrêtant de jouer pour demander à Lopez de préparer un banquet de noces. La musique reprend de plus belle.

Clara, vêtue en nonne, pleure son destin dans le jardin du couvent. Louisa vient plaider la cause de Ferdinand, et il est évident que Clara céderait sûrement s'il était là en ce moment. Antonio les rejoint et lit avec Louisa la réponse de Don Jérome à la lettre où elle lui demandait sa bénédiction. Antonio n'y comprend rien, et ils s'éloignent en manifestant leur joie, tandis que la pauvre Clara continue de se morfondre. Bientôt, cependant, Ferdinand franchit le mur du couvent. La confusion est totale, car il croit voir sa bien-aimée Clara sortir au bras d'Antonio, son ami déloyal. Clara est ravie de le voir si jaloux, sa colère s'évanouit, et elle jure que Louisa ne sera pas seule à se marier en ce jour.

Acte IV. Le monastère. Des moines boivent, l'ambiance est fort gaie, et ils lèvent leurs verres à la santé des sœurs de l'ordre de Ste-Catherine, en particulier à la petite novice au regard sombre. La musique est pétillante, le vin fait de plus en plus de victimes. Soudain, quelques moines apprennent que de riches visiteurs ont été annoncés et qu'il serait bon de changer de ton. Antonio et Mendoza sont venus demander aux frères de les aider à réaliser leur vœu le plus cher : ils voudraient se marier. Après la miraculeuse apparition d'une bourse les moines acceptent. Tout se complique quand Louisa traverse la salle en courant, suivie de Ferdinand, qui croit que sa chère Clara va épouser Antonio. Les deux jeunes gens sont sur le point de se battre quand Clara fait son entrée, toujours habillée en nonne, mais sans son voile. Aidée de Louisa elle met fin à la querelle. C'était elle, la novice au sombre regard ! Les moines la dévorent des yeux. Les quiproquos sont vite résolus, et les mariages dûment célébrés.

Dans la salle de bal de la demeure de Don Jerome on prépare les noces de Louisa. Mais les principaux intéressés sont absents. Mendoza entre et réclame sa femme, et la duègne fait sa première apparition en jeune mariée. Don Jérome est stupéfait de reconnaître son ancienne employée. Sa surprise est encore plus grande quand, l'instant suivant, Antonio et Louisa s'agenouillent devant lui pour obtenir sa bénédiction. Les invités se pressent, et l'on essaie de résoudre les différents malentendus. Enfin, Ferdinand et Doña Clara viennent s'agenouiller aux côtés de Louisa et d'Antonio. Don Jerome commence à réaliser que sa fille a épousé un garçon sans fortune qui a au moins le mérite d'être beau, et que son fils a épousé une dame dotée comme une princesse. Si bien que tout ne va pas aussi mal qu'il aurait pu le craindre ; les réjouissances se poursuivent sans arrière-pensée, tandis que Don Jerome prouve sa virtuosité à l'harmonica.

H.

Guerre et Paix
Voina y Mir

Opéra en 13 scènes de Sergueï Prokofiev; liv. du compositeur et de Mira Mendeslon, d'après Tolstoï. Version originale (avec d'importantes coupures) donnée en concert à Moscou, 7 juin 1945[1], avec Nadion (Natasha), Ivanov (Andréi), Pirogov (Kutuzov), dir. Samosud. Première (8 premières scènes seulement) au Th. Maly, Leningrad, 12 juin 1946, avec Lavrova, Chishko (Pierre), Shaposhnikov (Andrei), Andrukovich (Anatol), Juravlenko (Le vieux prince Bolkonsky), dir. Samosud. La 2e partie fut jouée à bureaux fermés, 1947. Première de la soi-disant version « définitive » (11 scènes seulement, les scènes 7 et 11 étant supprimées), Maly, Leningrad, 1er avril 1955, avec Lavrova, Sokolova, Baskova (Hélène), Gliebov (Pierre), Andrukovich, Shaposhnikov, Modestov (Napoleon), Butiagin (Kutuzov), dir. Grikurov. Pour la première fois hors de Russie : Florence, 1953, avec Rosanna Carteri, Franco Corelli, Ettòre Bastianini, Italo Tajo, Fernando

---

1. Le même jour que la première de *Peter Grimes* à Londres.

*Corena, Mirto Picchi, Renato Capecchi, Anselmo Colzani, dir. Artur Rodzinski.
Première à Moscou, 1957, Th. Nemirovich-Danchenko, avec Kaievchenko,
Shtavinsky, Radzuevsky, Morozov, Kandielaki, Pirogov, dir. Shaverdov (13 scènes,
avec des coupures dans les scènes); NBC TV, New York, 1957, avec Helena Scott,
Davis Cunningham, Morley Meredith, Kenneth Smith, dir. Peter Herman Alder;
Th. Bolchoï, Moscou, 1959, avec Vishnevskaya, Arkhipova, Grigoriev, Kipkalo,
Maslennikov, Vedernikov, Lisitsian, dir. Melik-Peshayev; Leipzig, 1961; Zagreb,
1961, avec Stilinovic, Zunec, Petrusanec (Kutuzov). Première en France, Th. des
Champs-Élysées (version concert), dir. G. Sebastian, avec Colette Herzog, Georges
Luccioni, Yves Bisson, Jacques Doucet, Kristitch. Première en Angleterre : Fest.
de Leeds, 1967 (en concert), avec Elizabeth Vaughan, Gregory Dempsey, Hans
Wilbrink, Ivo Zidek, Donald McIntyre, dir. Edward Downes; Sadler's Wells,
1972, avec Josephine Barstow, Ann Hood, Kenneth Woollam, Tom McDonnell,
John Brecknock, Norman Bailey, Raymond Myers, dir. David Lloyd-Jones, mise
en scène Colin Graham; en Australie, pour l'ouverture de l'Opéra de Sydney,
1973, avec Eileen Hannen, Ronald Dowd, McDonnell, Robert Gard, Neil Warren-
Smith, Myers, dir. Edward Downes.*

PERSONNAGES

LE PRINCE ANDREI BOLKONSKY (baryton); NATALYA ROSTOVA (NATASHA) (soprano);
SONYA, *cousine de Natasha* (mezzo-soprano); MARIA DMITRIEVNA AKHROSIMOVA
(contralto); LE COMTE ILYA ROSTOV, *père de Natasha* (basse); LE COMTE PYOTR
BEZUKHOV (PIERRE) (ténor); HÉLÈNE BEZUKHOVA, *sa femme* (mezzo-soprano);
LE PRINCE ANATOLE KURAGIN, *frère d'Hélène* (ténor); DOLOKHOV, *officier* (baryton);
LE COLONEL VASSKA DENISOV (baryton); LE MARÉCHAL PRINCE MIKHAIL KUTUZOV
(basse); NAPOLÉON BONAPARTE (baryton); PLATON KARATAEV, *vieux soldat* (ténor);
L'HÔTE (ténor); SON MAJORDOME (ténor); Mme PERONSKAYA (soprano); LE TSAR
(rôle muet); LE PRINCE NIKOLAI BOLKONSKY, *père d'Andrei* (baryton-basse); SON
MAJORDOME (baryton); UN VIEUX VALET (baryton); UNE SERVANTE (soprano); LA
PRINCESSE MARYA BOLKONSKAYA, *sœur d'Andrei* (mezzo-soprano); BALAGA, *conducteur de troika* (basse); MATRIOSHA, *bohémienne* (mezzo-soprano); DUNYASHA,
femme de chambre de Natasha (soprano); GAVRILA, *valet de chambre d'Akhrosimova* (basse); METIVIER, *médecin français* (baryton); UN ABBÉ FRANÇAIS (ténor);
TIKHON SCHERBATSKY, *partisan* (baryton); VASILISA (mezzo-soprano); FYODOR,
partisan (ténor); MATVEYEV, *Moscovite* (baryton); DEUX GÉNÉRAUX PRUSSIENS
(rôles parlés); LE PLANTON DU PRINCE ANDREI (ténor); DEUX GÉNÉRAUX RUSSES (rôles
parlés); ZAIZAROV, *aide de camp de Kutuzov* (ténor); L'ADJUDANT DU GÉNÉRAL
COMPANS (ténor); L'ADJUDANT DU MARÉCHAL MURAT (soprano); LE MARÉCHAL
BERTHIER (baryton); LE MARQUIS DE CAULAINCOURT (rôle muet); LE GÉNÉRAL
BELLIARD (baryton); L'ADJUDANT DU PRINCE EUGÈNE (ténor); L'AIDE DE CAMP DE
NAPOLÉON (basse); PLANTON DANS LES COULISSES (ténor); M. DE BEAUSSET (ténor);
LE GÉNÉRAL BÉNNIGSEN (basse); LE PRINCE MIKHAIL BARCLAY DE TOLLY (ténor); LE
GÉNÉRAL YERMOLOV (baryton); LE GÉNÉRAL KONOVNITSIN (ténor); LE GÉNÉRAL
RAYESKY (baryton); LE CAPITAINE RAMBALLE (basse); LE LIEUTENANT BONNET
(ténor); IVANOV, *un Moscovite* (ténor); LE CAPITAINE JACQUEAU (basse); L'ADJUDANT
DU MARÉCHAL BERTHIER (ténor); MAVRA KUSMINITCHNA, *l'intendante des Rostov*
(contralto); LE MARÉCHAL DAVOUT (basse); UN OFFICIER FRANÇAIS (baryton); TROIS
FOUS (ténor, baryton, acteur); DEUX ACTRICES FRANÇAISES (sopranos).

*En Russie — Otradnoye, Pétersbourg, Moscou, Borodino, Fili, près de Smolensk,
1806-1812.*

Selon Mira Mendelson[1] pour qui Prokofiev avait quitté son épouse espagnole, le compositeur envisageait d'écrire un opéra d'après *Résurrection* de Tolstoï quand elle commença à lui lire *Guerre et Paix*. Il fut immédiatement frappé par les possibilités que l'œuvre offrait en matière d'opéra, et particulièrement séduit par la scène de la rencontre entre Natasha et le prince Andrei blessé. En avril 1941[2] ils commencèrent à préparer un projet de livret; en juillet, l'invasion allemande l'avait suffisamment stimulé et 11 scènes avaient été décidées; le 15 août, déjà replié vers le Caucase, il commença à composer. Pour la petite histoire, il y travailla, de temps à autre, pendant les dernières années de sa vie, et l'opéra connut plusieurs avatars.

Au milieu de l'été 1942[3], 11 scènes figuraient dans la partition de piano (2 changements par rapport aux 11 scènes d'origine). Quelqu'un insinua alors que les scènes de guerre manquaient d'héroïsme — rien de surprenant, puisqu'à l'origine l'opéra devait être de petite envergure, insistant surtout sur Pierre et la lutte intérieure chez l'individu, plus que sur Kutuzov et la lutte de la nation. Prokofiev avait déjà commencé à orchestrer la paix, mais il dut se mettre au travail, à la demande du Comité, pour que les 11 scènes soient finies en avril 1943, formant ainsi une première version définitive (une autocopie de la partition vocale, publiée à l'époque, ne contenait pas l'Epigraphe, pourtant terminée). On commença à faire des plans pour une représentation au Bolchoï en 1943[4], sous la direction

de Samosud et avec une mise en scène d'Eisenstein. Mais l'idée fut alors lancée d'une version plus longue, en deux parties. En juin 1946, toute l'équipe du Théâtre Maly de Leningrad, sous la direction de Samosud, donna la 1re partie, composée des scènes 1 à 7 (la scène 2 avait été ajoutée sur la suggestion du chef d'orchestre) et de la scène 8 (la bataille de Borodino). On envisageait de monter la 2e partie, et Prokofiev écrivit la scène 10 (le conseil de guerre à Fili) en 1946-1947. Mais ce projet fut annulé par le décret Zhdanov du 10 février 1948.

Quelques explications s'imposent. Après la création de l'opéra de Muradeli, *La Grande Amitié,* Andrei Zhdanov qui avait, tout comme Staline, détesté l'œuvre, réunit en janvier 1948 les compositeurs moscovites pour mettre au point une nouvelle « ligne dure ». Khrennikov devint secrétaire général des compositeurs, l'importance capitale de la mélodie dans la musique soviétique fut proclamée et la guerre déclarée au formalisme, au naturalisme, au modernisme et à l'occidentalisme.

En décembre 1948, la 2e partie ayant été abandonnée aussitôt après une répétition générale à Leningrad, Prokofiev (qui, selon son collègue Kabalevsky, « considérait cet opéra comme sa meilleure œuvre »[5] entreprit une version qui pouvait être représentée au cours d'une seule soirée. Ses suggestions sont réunies dans la préface de la partition vocale imprimée. En dépit de quelques modifications intervenues entre 1948 et 1952 (l'aria de Kutuzov connut plusieurs versions, la dernière datant de 1953, peu avant la

---

1. Prokofiev et Mira Mendelson se rencontrèrent au printemps 1940. Il avait 51 ans, elle en avait 25.

2. Je suis reconnaissant à Rita McAllister, chargée de cours de musique à l'Université d'Edimbourg, qui m'a procuré de précieuses informations sur la chronologie.

3. En novembre 1941, il quitta Nalchik pour Tbilisi, en Géorgie; en mai 1942, il rejoignit Alma-Ata, dans le Kazakhstan, où il collabora avec Eisenstein au film *Ivan le Terrible*.

4. Cette version, accompagnée au piano, fut donnée à Moscou en représentation privée (octobre 1944) puis en concert public (juin 45).

5. Boris Schwarz : *Music and Musical Life in Soviet Russia 1917-1970* (Barrie & Jenkins).

mort du compositeur), c'est la formule
à 13 scènes qui subsiste et constitue,
avec l'ouverture et l'Epigraphe chorale,
la version définitive. Elle est longue
(plus de quatre heures de musique) et
fréquemment abrégée à la représentation. Il arrive que l'on supprime des
scènes entières, en général 7 et 11
(pour la première florentine, 2 et 9).

Partie I. Le mouvement choral,
d'une dureté de granit, intitulé Epigraphe, est souvent substitué à l'ouverture au début de l'opéra[1], et à
juste titre. C'est un morceau massif
d'harmonie stylisée qui met l'accent
sur la force fondamentale de la Russie
face à ses ennemis. Il constitue une
ouverture impressionnante (l'ouverture
proprement dite, concernant la Guerre
plus que la Paix, est le plus souvent
supprimée). L'Epigraphe contient une
référence à l'Ex. 9, et une citation de
l'Ex. 8 qui symbolise l'explosion
d'optimisme engendré par un patriotisme fervent.

Scène 1, dans le jardin de la propriété du comte Rostov à Otradnoye.
Une nuit de mai 1906. Le prince
Andrei Bolkonsky, un veuf, est
venu visiter la propriété pour raison
d'affaires; il ne peut trouver le sommeil.
Son idéalisme, Ex. 1 :

se transforme en évocation du printemps, Ex. 2 :

pour céder devant la désillusion. On
entend Natasha, dans une chambre à
l'étage, se plaindre à sa cousine Sonya
de ne pouvoir dormir : elle chante sur
une variante de l'Ex. 1, précédée de
l'Ex. 2. Natasha n'a jamais rien vu
d'aussi beau que leur jardin éclairé
par la lune; le prince Andrei est ému
par cette situation romanesque et par
le charme et l'innocence de la jeune
fille. Comment a-t-il jamais pu penser
qu'il n'avait plus rien à attendre de la
vie ? (Ex. 2) Cette scène est lyrique
et expressive, et l'on peut se demander
si Prokofiev avait déjà écrit une
musique aussi tendre. Elle s'harmonise
à merveille avec le romantisme byronien des personnages et semble être
l'héritière directe de la musique de la
scène d'ouverture d'*Eugène Onéguine,*
de Tchaïkovski.

Scène 2, la veille du Nouvel An, en
1810, à Saint-Pétersbourg. Une salle

1. Comme dans les mises en scène du Th. Bolchoï en 1959 et du Sadler's Wells au Coliseum
de Londres, en 1972. En Australie, à l'occasion de l'inauguration de l'Opéra de Sydney, le
chef d'orchestre Edward Downes décida de supprimer l'ouverture et de placer l'Epigraphe
avant la scène de l'Incendie de Moscou (laquelle fut entièrement coupée jusqu'à l'entrée de
Napoléon). Placée au début de l'opéra, elle constitue non seulement un magnifique prélude en
soi mais suggère aussi un fond d'événements publics sur lequel se déroulent les intrigues
privées de la partie I.

de bal dans un palais. Les invités dansent une brillante polonaise puis sont priés d'écouter une nouvelle cantate. Le comte Rostov entre, accompagné de Natasha et de Sonya. Le comte et la comtesse Bezukhov suivent aussitôt. Mᵐᵉ Akhrosimova fait un compliment à Natasha, mais commente aigrement avec Mme Peronskaya la beauté de la célèbre Hélène Bezukhova : si ces épaules sont si blanches, c'est qu'elles ont été patinées par les regards de la moitié des hommes de St-Pétersbourg. Le tsar fait son entrée; une mazurka succède à la polonaise, et Natasha se demande si on va l'inviter (Ex. 1). Pierre, riche et détaché des conventions, s'approche de son ami le prince Andrei et lui suggère de demander une danse à la jeune Natasha Rostova. Le ton nostalgique de la valse évoque alors l'effet produit par la danse sur l'esprit impressionnable de Natasha, dont c'est le premier bal, Ex. 3 :

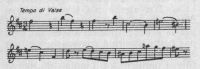

La scène se termine sur une note de ravissement : après la danse, Andrei se dit : « Si elle s'approche d'abord de sa cousine, puis d'une autre dame, elle sera ma femme. » Natasha se dirige alors vers Sonya, et la joie d'Andrei éclate. Mais il n'est pas le seul à avoir remarqué la jeune fille. Le brillant prince Anatole Kuragin, homme de mœurs dissolues, a déjà demandé à sa sœur, Hélène Bezukhova, de le présenter. La scène finit sur une écossaise.

Scène 3, février 1812. Le prince Andrei a demandé la main de Natasha. Le comte Rostov accompagne sa fille (Ex. 1) chez le vieux prince Bolkonsky, le père d'Andrei, qui a insisté pour que son fils parte un an à l'étranger. Le comte Rostov demande si le prince et sa fille sont chez eux. Il n'apprécie pas vraiment l'idée de cette rencontre, mais Natasha est beaucoup plus confiante. L'Ex. 1, habituellement attribué à Andrei, exprime l'idéalisme du tempérament de la jeune fille et leur amour mutuel, et l'Ex. 2 sa confiance en Andrei. On leur répond que le prince ne peut les recevoir. Par contre, la princesse Maria, une vieille fille, vient au-devant d'eux. Le comte Rostov lui présente ses excuses et repart. A peine est-il sorti que le vieux prince apparaît, en bonnet de nuit et robe de chambre. Avec un manque évident de sincérité, il demande à Natasha de lui pardonner sa tenue, murmure quelques menaces et ressort. Maria essaie de justifier son attitude — il souffre sans arrêt — mais Natasha comprend fort bien que le vieil homme est un obstacle à son mariage. Le comte Rostov revient et s'éloigne avec Maria pour lui parler, laissant Natasha seule. Elle est outragée par le comportement des Bolkonsky, mais quand elle pense à Andrei, c'est pour réaliser l'importance du rôle qu'il joue dans sa vie, Ex. 4 :

La princesse Maria fait un effort pour engager la conversation, mais Natasha l'en dissuade avec une grande dignité. Cette scène est l'occasion d'un beau monologue où le caractère de Natasha apparaît dans sa nouvelle maturité.

Scène 4. Dans le salon de la maison de Pierre Bezukhov, mai 1812. C'est un bal, moins grandiose que celui de la scène 2, élaboré à partir d'une valse, avec interpolation de mesures à 4/4. Hélène félicite Natasha d'être venue, bien que fiancée, et lui dit que son frère Anatole est éperdument amoureux d'elle. L'embarras de la jeune fille fait rire Hélène qui, lorsque le comte Rostov déclare qu'il est temps de rentrer, insiste pour que tous restent un peu plus longtemps. Sur un air délicieusement hésitant, Natasha se dit que ni Hélène ni Pierre n'ont semblé réprouver l'amour que lui portait le prince Anatole; il n'y a donc aucune raison pour qu'elle en soit choquée. On recommence à danser, et Anatole fait une cour empressée à Natasha (cette version de la valse symbolise l'admiration fascinée que lui inspire la jeune fille), Ex. 5 :

Il réussit à l'embrasser et lui remet un billet où il lui fixe un rendez-vous. Natasha est touchée par sa ferveur — mais elle aime Andreï (Ex. 2). Si au moins il était présent (Ex. 4) ! Le comte Rostov vient chercher ses filles.

Scène 5, le 12 juin 1812. Les appartements de Dolokhov. Les détails de la fugue d'Anatole et de Natasha sont au point. Anatole chante sa certitude avec fatuité, et même cynisme. Quand Dolokhov, qui a tout préparé, veut convaincre son ami de ne pas réaliser ce projet insensé, Anatole repousse ses arguments. Il

aime les jeunes femmes et, de toute façon, il est amoureux (écho de la valse de la scène précédente : Ex. 5). L'Ex. 1 intervient ici de façon incongrue — peut-être comme contrepoint ironique aux réflexions d'Anatole. Balaga, avec qui Dolokhov s'est arrangé pour trouver une voiture, entre. Il semble avoir participé à plus d'une escapade d'Anatole, et tous trois boivent à l'aventure. Anatole chante un adieu nostalgique à Moscou et à sa maîtresse gitane, Matriosha.

Scène 6. Le soir même : une chambre de la maison de Maria Dmitrievna Akhrosimova, où Natasha demeure en l'absence de son père. Natasha attend Anatole, sa servante Dunyasha lui apprend que Sonya a dénoncé ses projets de fuite. Anatole se présente, mais le maître d'hôtel, Gavrila, lui interdit d'entrer. Anatole s'enfuit avec Dolokhov, et Natasha s'effondre, désespérée. Akhrosimova reproche à Natasha son attitude. Soudain, elle s'adoucit, et la musique offre un grand contraste avec les imprécations précédentes. Natasha est-elle incapable de penser à son père et au prince Andreï ? Natasha s'enfuit en sanglotant, au moment même où Gavrila annonce le comte Pierre Bezukhov, précédé par son thème, Ex. 6 :

Pierre est mis au courant de la situation. Natasha revient (Ex. 1 submergeant l'Ex. 5), se demandant s'il est un allié ou un ennemi, et il la console. Elle le presse de questions et il finit par lui confier qu'Anatole est déjà marié. Pris de pitié, il la supplie de le considérer comme un ami. Elle lui demande alors de tout expliquer à Andrei et de le prier de lui pardonner le mal qu'elle lui a fait, bien que tout soit terminé entre eux (Ex. 4). Pierre le lui promet, puis avoue, dans un élan de sincérité, que s'il était libre lui-même, il lui demanderait sa main. Il se précipite hors de la pièce, et Natasha le suit. Akhrosimova entre avec Sonya, qui craint que sa sœur ne la considère maintenant en ennemie et se demande de plus si elle ne va pas faire un geste inconsidéré. La voix de Natasha retentit dans les coulisses : « Sonya, aide-moi ! Sonya, je suis la pire de toutes. »

Scène 7[1]. Hélène reçoit des amis, dont Anatole. Pierre reproche à son beau-frère son infamante conduite, lui enjoint de quitter immédiatement Moscou. Anatole est stupéfait de cette véhémence et accepte. Pierre, resté seul, songe à l'inutilité de son existence, à sa fortune improductive et à ses amis sans mérite (la musique reprend les matériaux de la scène précédente, en particulier l'Ex. 6 et ses dérivés).

Denisov interrompt son monologue et annonce que Napoléon a franchi la frontière. Cela signifie la guerre.

Partie II. Les scènes de cette partie ont trait à la défense de la Russie contre l'invasion française. Le peuple russe, mené par le maréchal Kutusov, a le premier rôle. Le ton de la musique, partagé entre la représentation de la ferveur patriotique et celle de la dévastation, est tout à fait différent. Ce n'est que lorsque Pierre et Andrei apparaissent sur le champ de bataille de Borodino, et pendant la scène de la mort d'Andrei, que nous retrouvons le style musical de la partie I. Voilà pourquoi certains commentateurs ont

dit de *Guerre et Paix* que c'était deux opéras séparés, réunis en une seule soirée. Il me semble plus juste d'y voir la combinaison d'une tragédie et d'une épopée : la tragédie de Natasha et du prince Andrei, commencée dans la partie I et atteignant son apogée dans la partie II, associée à l'épopée de la lutte du peuple contre l'envahisseur, esquissée dans l'Epigraphe et accomplie dans la partie II.

Scène 8. La musique commence par l'Ex. 7, illustrant les horreurs de la guerre :

Le 25 août 1812. Près de Borodino, soldats et paysans luttent pour la défense de Moscou, et la scène est animée par le son de leurs marches. Le prince Andrei a constitué et entraîné son propre régiment. Le lieutenant-colonel Denisov lui demande où se trouve le maréchal Kutuzov. Sur leur chemin, Denisov confie son idée d'utiliser des partisans dans la lutte contre les Français.

Andrei revient. Par pure coïncidence, il a rencontré Denisov, qui fut fiancé à Natasha, la jeune fille en qui il avait placé tous ses rêves d'avenir (Ex. 2 et 3). Ses pensées sont amères (Ex. 1). Soudain, il reconnaît Pierre Bezukhov. Ne voulant pas trop penser à Natasha, il l'accueille avec froideur. Pierre est venu à Borodino en simple observateur. Pendant leur entretien, deux généraux allemands passent près d'eux, déclarant que, dans la mesure où l'objectif est de mettre l'ennemi en déroute, il ne faut pas trop s'attarder aux pertes civiles. Andrei est furieux : la Russie a été dévastée, son père a été

---

1. Prokofiev a suggéré de couper cette scène si l'opéra semblait trop long à jouer; mais son omission nuit au portrait musical de Pierre.

tué (Ex. 7), et ces Prussiens, qui ont été battus par Napoléon dans toute l'Europe, parlent de batailles comme on en parle dans les manuels ! Son planton vient lui dire que le régiment est prêt et attend ses ordres. Andrei, en dépit de ses pressentiments, exprime sa conviction patriotique de la victoire ultime, Ex. 8 :

Un cri s'élève quand le maréchal sort de sa tente. Andrei embrasse Pierre. Tous deux sont convaincus qu'ils se voient pour la dernière fois. Pierre s'éloigne au moment où Kutuzov entre avec son aide de camp et un groupe de soldats. Sa première apparition, accompagnée d'un air de flûte (Ex. 9a) introduit à l'orchestre l'Ex. 9 :

sur lequel il chante ses premières paroles, en regardant les partisans au travail. Il désire attacher Andrei à son état-major, mais Andrei décline l'offre.

Kutusov regrette d'être privé d'un bon conseiller, tout en étant satisfait de constater que l'homme qu'il a choisi préfère servir en première ligne (référence à l'Ex. 8). Les soldats proclament leur ferveur patriotique dans un chœur basé sur l'Ex. 9, puis un coup de feu indique le début de la bataille (Ex. 7).

Scène 9. Dans la redoute de Chevardino, le même jour, Napoléon dirige la bataille au milieu de son état-major. La musique est une sorte de *scherzo* sinistre, de la manière la plus sardonique de Prokofiev, avec des références à l'Ex. 9 quand il est fait allusion à l'héroïsme russe. Moscou est à sa merci : il s'assurera la gratitude de l'Histoire en se montrant clément. Malgré les demandes pressantes des maréchaux, il refuse d'abord d'engager ses réserves, puis finit par céder. De Beausset essaie vainement d'inciter l'empereur à déjeuner et la scène se termine quand un boulet de canon atterrit pour ainsi dire à leurs pieds. En ne succombant pas, au milieu de la guerre, à la tentation d'assimiler Napoléon à Hitler, Prokofiev a réussi l'impossible : en dix minutes, il a mis en scène de façon convaincante l'un des plus grands personnages de l'Histoire.

Scène 10. Une cabane de paysan dans le village de Fili, deux jours plus tard. Le maréchal Kutuzov tient un conseil de guerre, entouré de ses généraux (Ex. 7, puis Ex. 9). Deux solutions s'offrent à eux, également désastreuses : défendre Moscou met l'armée en péril, mais reculer laisse la capitale à la merci de l'ennemi. Kutuzov ordonne la retraite, persuadé que la victoire définitive ne peut s'obtenir qu'en sacrifiant Moscou.

Il exprime sa confiance dans un monologue de grande envergure, Ex. 10[1] :

Scène 11. Les Moscovites ont mis le feu à leur ville plutôt que de l'abandonner à l'envahisseur (Ex. 7, qui intervient tout au long de la scène). Rien ne se passe comme les Français l'attendaient, et les soldats se livrent au pillage. Pierre, qui se dit qu'il pourrait mettre fin à cette horreur en tuant Napoléon, apprend que les Rostov ont quitté la capitale, emmenant les blessés réfugiés chez eux. Natasha ne sait pas encore qu'Andrei est de ceux-ci. Pierre empêche vigoureusement des soldats français de molester les habitants harassés. Aussi, quand les soldats arrêtent un groupe de Moscovites accusés d'avoir provoqué l'incendie, il est poussé parmi eux. Le maréchal Davout confirme son ordre : les incendiaires seront fusillés. Le vétéran Karataev affirme à Pierre qu'il faut accepter la valeur de la souffrance. La peine de la plupart des incendiaires est commuée, et on les emmène comme simples prisonniers (Ex. 7). Des actrices françaises courent dans les rues en criant que le théâtre est en flammes, et des déments s'échappent tandis que l'hôpital brûle. L'orchestre joue l'Ex. 7 pour introduire Napoléon et son état-major. Ils traversent l'épaisse fumée qui se dégage de la ville incendiée, vaincus par la résistance de la ville et profondément impressionnés par le courage de ses habitants.

Scène 12. Révèle les qualités d'intensité et de sens dramatique de Prokofiev à leur plus haut niveau. Dans le fond d'une cabane de paysan à Mitishi, le prince Andrei est allongé, gravement blessé. Il délire, et le chœur chante « Piti-piti-piti ». La musique retrouve le lyrisme de la première partie, mais l'Ex. 10 intervient quand Andrei pense à Moscou. Il rêve de revoir Natasha (Ex. 1). La voici qui s'approche de son lit de mort. Il la reconnaît (Ex. 4). Elle demande si ses sentiments ont changé et le supplie de lui pardonner. Andrei lui répond qu'il l'aime plus encore qu'avant et leurs voix s'unissent pour célébrer ce qu'il croit être le début d'un nouveau bonheur. Il lui demande s'il va vivre (Ex. 1) et elle s'efforce de le rassurer. Il s'endort, rêvant de leur premier bal (Ex. 3). Sa fin approche, le « Piti-piti-piti » devient plus insistant, puis cesse brusquement.

Scène 13. Sur la route de Smolensk, novembre 1812. L'orage gronde. Les troupes françaises se retirent (réminiscence du *scherzo* des trompettes à la scène 9), escortant un groupe de prisonniers de guerre russes. Parmi ceux-ci se trouvent Pierre et Karataev. Ce dernier ne peut plus avancer et est fusillé. Des francs-tireurs attaquent les Français et libèrent les prisonniers (Ex. 8). Denisov reconnaît Pierre, et lui affirme que la victoire est proche. Il ajoute que le prince Andrei est mort et que Natasha est de retour à Moscou (Ex. 1). Peu après, l'avant-garde russe apparaît, précédant le maréchal (Ex. 8, puis Ex. 9). Il est épuisé, mais sait que les Français sont battus. Tous chantent une grande péroraison, proclamant l'éternité de l'esprit russe (Ex. 10).

H.

---

1. David Lloyd-Jones m'a prouvé que ce grand air avait d'abord été écrit pour un chœur, et destiné à la première partie de la musique du film *Ivan le Terrible*.

DIMITRI DIMITRIEVICH CHOSTAKOVITCH
(1906-1975)

Le Nez

Opéra en 3 actes de Dimitri Chostakovitch ; liv. Preis, Zamyatine et Yonin d'après la nouvelle de Gogol. Créé à Leningrad, Théâtre Maly, le 12 janvier 1930, dir. Somossoud ; disparaît de la scène soviétique dès 1934. Reprises en Occident : Düsseldorf, 1963, avec Kousmitch, Gatstein, dir. W. Rennert ; très nombreuses représentations dans diverses villes de la RFA ; Florence, Mai Musical 1964 avec Renato Capecchi et Italo Tajo ; Santa Fé (New Mexico), 11 août 1965 ; Londres, Sadler's Wells, 4 avril 1973 par la troupe du New Oper Company, Harrhy, Winfield, Dickerson, Oliver, Opie, dir. Lovett. Repris à Moscou, Théâtre Musical de chambre en 1974 avec Akhimov, Lomonossov, Oukolova, dir. Rojdestvensky. Strasbourg, 16 mai 1980 par la troupe de l'atelier lyrique de l'Opéra du Rhin, dir. Y. Prin ; Roubaix, 23 novembre 1980, les mêmes.

PERSONNAGES

LE MAJOR KOVALEV (baryton) ; SON NEZ (ténor) ; IVAN IAKOVLEVITCH, *barbier* (basse) ; MADAME PODOTCHINE (mezzo-soprano) ; *environ soixante-dix personnages, tenant des rôles courts, constituent une toile de fond sonore pour les aventures du major Kovalev et de son Nez.*
La scène se passe à Saint-Pétersbourg, dans la première moitié du XIXᵉ siècle.

Chostakovitch et ses librettistes ont surchargé la nouvelle de Gogol qui a servi de prétexte au *Nez* en y rajoutant grand nombre de personnages épisodiques. L'ouvrage prend ainsi l'allure d'un kaléidoscope sonore où l'on a quelque peine à suivre les aventures burlesques du major Kovalev en quête de son nez. Cet opéra-bouffe, plein de fantaisie, est riche d'une musique jeune et énergique. Après avoir rencontré un succès aussi bref que brillant, il fut relégué dans l'oubli pour de longues années, son contenu idéologique ayant été jugé insuffisant.

Acte I. Nous découvrons le barbier Ivan Iakovlevitch, cherchant à se débarrasser d'un nez qu'il a trouvé, sans explication aucune, dans le morceau de pain de son déjeuner. Il n'arrive pas à se défaire de cet objet

compromettant sans attirer l'attention de la police. Par ailleurs, le major Kovalev découvre, en faisant sa toilette du matin qu'il n'a plus de nez. Parti à la recherche de cet appendice, il le retrouve dans la Cathédrale Notre-Dame de Kazan, vêtu d'un uniforme de Conseiller d'État. Interpellé par Kovalev, le Nez le prend de très haut, fait valoir son rang de haut fonctionnaire et laisse le major tout étourdi par une telle insolence.

Acte II. Nous voyons Kovalev qui se plaint de l'insolence de son Nez aux services de police, puis à la rédaction d'un journal où il tente de faire passer une petite annonce promettant une récompense à qui rattrapera le fugitif. Les employés du journal refusent l'annonce qu'ils ne jugent pas sérieuse, tandis que nous assistons à une description pittoresque de la vie pétersbourgeoise vue à travers un monde de domestiques et d'employés de bureau. Après un court intermède orchestral, Kovalev rentre désolé chez lui, où il trouve son domestique ivre.

Acte III. Une vaste opération policière est montée qui va permettre l'arrestation du Nez. Malheureusement les efforts des médecins sont impuissants à faire reprendre sa place à l'appendice récalcitrant. Kovalev, dont les projets de mariage semblent ruinés par son accident, ne sait comment se consoler. Son Nez, et lui, deviennent des attractions pour tous les habitants de Saint-Pétersbourg qui se pressent dans les jardins publics pour assister à la promenade du Nez. Puis un beau jour, le visage de Kovalev se retrouve aussi normal qu'avant le début des événements. Le major reprend sa place dans la société des gens normaux ; tout finira par l'annonce d'un mariage.

L.

Katerina Ismailova
Lady Macbeth de Mtsensk

Opéra en 4 actes (9 scènes) de Dimitri Chostakovitch; liv. d'après N. Leskov, de A. Preis et D. Chostakovitch. Créé à Leningrad, 22 janvier 1934, dir. Samosud. Moscou, 1934, mise en scène Nemirovich-Danchenko; Cleveland (en russe), 1935, dir. Rodzinski; Londres, Queen's Hall (en concert), 1936, avec Slobodskaya, Hugues Macklin, Harold Williams, dir. Albert Coates. Reprise de la version originale, Düsseldorf, 1959, avec Erika Wien, Rudolf Francl, Randolph Symonette, dir. Erede. Révisé par le compositeur et joué dans la nouvelle version à Leningrad en janvier 1963; en dehors de Russie : Covent Garden, 1963, avec Marie Collier, Charles Craig, Otakar Kraus, dir. Edward Downes; Opéra de Nice, 1964, (trad. M. Hofmann), avec E. Wein, J. Hass, J. Gray, P. Froumenty, J. Doucet, J. Giraudeau, dir. Perisson; San Francisco, 1964, avec Marie Collier, Jon Vickers, Chester Ludgin, dir. Leopold Ludwig; Fest. de Hollande, 1964, par l'Opéra de Zagreb, dir. M. Horvat.

PERSONNAGES

BORIS TIMOFEEVICH ISMAILOV, *marchand* (baryton-basse); ZINOVY BORISOVICH ISMAILOV, *son fils marchand* (ténor); KATERINA LVOVNA ISMAILOVA, *épouse de Zinovy* (soprano); SERGUEÏ, *employé des Ismailov* (ténor); UN IVROGNE (ténor); AKSINYA (soprano); OUVRIER MEUNIER (baryton); RÉGISSEUR (basse); DEUX OUVRIERS (ténors); COCHER (ténor); PORTIER (basse); UN NIHILISTE (ténor); PRÊTRE (basse); SERGENT DE POLICE (baryton); INVITÉ IVRE (ténor); SERGENT (basse); SENTINELLE (basse); SONYETKA, *déportée* (contralto); VIEUX DÉPORTÉ (basse); FEMME DÉPORTÉE (soprano).

Ouvriers, contremaîtres, policiers, invités, déportés.

Au milieu du XIXe siècle, à Kursk Gubernia, en Russie.

L'histoire originale de Leskov, chef-d'œuvre à sa manière, date de 1865. Chostakovitch et son librettiste décidèrent de supprimer l'aspect ironique pour se concentrer sur les caractéristiques déplaisantes des personnages de l'Ancien Régime, au point d'en faire parfois des caricatures, ce qui était un choix politique. La seule exception est Katerina, à qui l'auteur a donné des traits sympathiques et la musique lyrique qui convenait.

Acte I, scène 1. La chambre de Katerina. Elle est allongée sur son lit, lasse d'une existence fastidieuse et d'un mariage sans amour qui dure depuis cinq ans. Le basson annonce l'arrivée de Boris Timofeevich, son odieux beau-père. Il lui fait des reproches et déplore qu'elle n'ait pas encore donné d'héritier à son fils. Elle aimerait sans doute prendre un amant, mais il la surveille, et fera tout pour l'en empêcher. En sortant, il lui dit de préparer de la mort-aux-rats, et elle marmonne que rien ne lui plairait plus que de la lui faire absorber. Boris revient peu après avec son fils et quelques domestiques. Une digue a été endommagée. Il faut la réparer, et Zinovy va lui-même surveiller les travaux. Les domestiques font semblant de pleurer son départ, mais il ne leur accorde aucune attention et présente à son père Sergueï, qu'il vient d'engager. Boris insiste pour que Zinovy fasse jurer à sa femme qu'elle lui restera fidèle pendant son absence, et, malgré les protestations de son fils, la force à s'agenouiller. Tous sortent de la pièce, et Askinya fait une remarque sur l'air insolent de Sergueï, qui a été renvoyé de sa dernière place parce que sa patronne était sur le point de lui céder.

Scène 2. Un interlude orchestral introduit cette scène qui se passe dans la cour de la maison d'Ismailov. Les domestiques, en particulier Sergueï, tourmentent Aksinya qui pousse de grands cris prolongés. Katerina les réprimande. Sergueï insiste pour lui serrer la main et l'instant suivant, Katerina lutte avec lui. Il la terrasse au moment où

Boris sort de la maison et les renvoie tous. Il menace Katerina de raconter à son mari comment elle s'est comportée.

Scène 3. Un autre interlude nous ramène dans la chambre de Katerina. Elle s'ennuie, la voix de son beau-père s'élève bientôt, lui reprochant de gaspiller la chandelle. Dès qu'il s'est éloigné, elle va à la fenêtre et chante un air magnifique où elle oppose sa solitude à la liberté de l'oiseau qui vole sous ses yeux : « Seule à ma fenêtre un jour d'été ». Sergueï frappe à sa porte, sous prétexte d'emprunter un livre. Il lui rappelle combien leur lutte était plaisante et lui propose de recommencer, ils s'embrassent et s'étreignent, quand la voix de Boris retentit : Katerina est-elle bien dans sa chambre ?

Acte II, scène 4. La cour. Accompagné par une musique particulièrement suggestive, Boris Timofeevich parade sous la fenêtre de sa bru, évoquant ses prouesses de jeunesse et mettant en parallèle ces plaisirs d'autrefois et la façon dont son fils semble les mépriser. Voyant de la lumière dans la chambre de Katerina, il ne peut s'empêcher d'exprimer ses pensées lubriques. Que ne ferait-il pas s'il avait seulement dix ans de moins – il semble sur le point de joindre le geste à la parole quand Sergueï apparaît à la fenêtre, embrassant Katerina. Ils se disent au revoir avec transport, et Boris reconnaît Sergueï. Boris le saisit et le fait fouetter, non sans avoir ordonné à Katerina d'observer le spectacle à sa fenêtre. Le châtiment terminé, on emporte Sergueï, et Boris Timofeevich ordonne à sa belle-fille de lui servir à souper.

Une fois Sergueï enfermé dans la resserre, Boris envoie un message à son fils pour l'informer des troubles survenus dans son foyer. Mais Katerina a vite fait de se venger. Elle a empoisonné les champignons, et Boris ressent bientôt une épouvantable douleur. Il supplie qu'on fasse venir un prêtre, mais Katerina est intraitable. Elle prend les clés dans la poche du vieil homme et le laisse mourir seul. Quelques ouvriers, revenant du café, s'étonnent de l'entendre balbutier, le prêtre arrive à temps pour l'entendre accuser sa belle-fille de meurtre. Mais celle-ci manifeste une douleur si sincère que le prêtre ne sait trop que penser et commente le mystère de la mort sur une musique stupide et populaire. Pendant que le rideau tombe, les cuivres retentissent, puis se décomposent en une série de sons discordants qui introduisent l'entracte, le mouvement simple le plus important de l'opéra, passacaille massive qui résume puissamment ce drame passionné.

Scène 5. La chambre de Katerina. Les amants sont réunis. Sergueï s'inquiète du retour de Zinovy. Katerina pense à l'avenir quand surgit le fantôme de Boris Timofeevich (chœur de basses dans les coulisses), elle pousse de tels cris de terreur qu'elle réveille Sergueï. Mais il ne voit pas le fantôme, et tous deux se rendorment aussitôt; Katerina croit ensuite entendre des pas derrière la porte. Ils réalisent que Zinovy Borisovich est de retour, et Sergueï se cache.

Zinovy appelle Katerina, qui finit par le faire entrer. Qu'a-t-elle fait de son temps ? La mort du père a été très brutale. Pourquoi le lit est-il préparé pour deux personnes et comment se fait-il qu'il y traîne une ceinture d'homme ? Zinovy dit qu'il est informé de sa conduite honteuse et commence à la battre avec la ceinture, jusqu'au moment où Sergueï bondit de sa cachette. Zinovy veut gagner la fenêtre mais Katerina le retient et essaie de l'étrangler. Sergueï vient à son aide, et bientôt, Zinovy est mort. Au son d'une marche grotesque, ils descendent le cadavre dans la cave, Katerina éclairant le passage avec une chandelle. Ce qui commence par un air léger et désin-

volte se termine de façon sinistre et lamentable, pendant qu'ils enterrent le corps de Zinovy. Le rideau tombe sur les silhouettes enlacées des deux amants.

Acte III, scène 6. Le jour de leur mariage, Katerina et Sergueï ne peuvent s'empêcher de penser à leur crime. Au moment où ils vont partir pour la fête, un ivrogne entre et demande de l'alcool. Dans une scène d'une drôlerie éclatante, il donne toute une série de bonnes raisons pour aller se servir dans la cave. Il finit par en forcer la porte mais réapparaît presque aussitôt, se pinçant le nez et se plaignant de l'odeur nauséabonde qui y règne. Après une enquête plus approfondie, il est convaincu d'avoir découvert le cadavre de Zinovy Borisovich.

Scène 7. Précédée d'un entracte dont la musique est empruntée à la scène précédente. Le commissariat de police local. Le sergent et ses hommes sont assis à ne rien faire avec frénésie. Dans une parodie de chœur d'opérette, ils chantent leur importance éternelle, tout en se plaignant de manquer de travail. La situation semble s'améliorer quand on introduit un instituteur nihiliste. Ils le questionnent, mais cela ne peut les consoler de leur véritable souci : ils n'ont pas été invités à la noce Ismailov. Quand l'ivrogne fait irruption et déclare qu'il a trouvé un cadavre dans la cave des Ismailov, le sergent et ses hommes se comportent comme s'ils n'attendaient que cela et se précipitent pour procéder aux arrestations.

Scène 8. Un bref et vif entracte introduit cette scène. Dans le jardin des Ismailov, la fête bat son plein. Soudain, Katerina remarque que le verrou de la cave est brisé. Elle prévient Sergueï que tout est compromis et qu'ils doivent s'enfuir sans attendre. Il revient juste de la maison où il est allé prendre de l'argent quand le sergent entre dans le jardin avec ses hommes. Son ton est persifleur, et Katerina comprend rapidement qu'il ne sert à rien de mentir. Elle tend ses mains pour qu'on y passe les menottes. Sergueï veut s'échapper, mais il est rattrapé et battu. Les policiers, ravis, emmènent leurs prisonniers.

Acte IV, scène 9. C'est le soir. Un important groupe de forçats, tous enchaînés, s'est arrêté un instant près d'un pont. Les hommes sont séparés des femmes. Par opposition aux événements de la scène précédente, grotesque et même risible, celle-ci est complètement tragique, et parfois lyrique. Un vieux forçat, dont la résignation est dostoievskienne et les phrases inspirées de Moussorgsky, chante de façon poignante la longue route qui leur reste à faire avant d'atteindre la Sibérie. Katerina, très adoucie, soudoie un garde pour pouvoir passer du côté des hommes. Elle se dirige vers Sergueï, qui accueille ses caresses avec froideur. A-t-elle oublié qu'ils en sont là à cause d'elle ? Elle retourne tristement vers les autres femmes en se plaignant (dans un très bel *arioso* avec accompagnement *obbligato* pour cor anglais) de voir dans chaque geste de Sergueï la preuve qu'il la hait.

Pendant ce temps, Sergueï s'approche de Sonyetka et lui fait la cour sur un air d'une banalité digne d'une opérette. C'est une petite effrontée et une petite vendue. Elle déclare que ses faveurs ne sont pas gratuites : ses bas sont troués, elle cédera à Sergueï s'il est capable de lui en trouver une autre paire — ceux de Katerina par exemple. Sous prétexte que ses jambes sont blessées, Sergueï extorque à Katerina son unique paire de bas. Il les donne immédiatement à Sonyetka et part avec elle, laissant Katerina malade de jalousie. Les femmes se moquent d'elle, et font tant de bruit que la sentinelle est alertée. Katerina se plaint lentement et douloureusement, jusqu'au moment où le sergent réveille

tout le monde : il est temps de repartir. Le vieux forçat secoue Katerina, hébétée, qui se lève avec difficulté. Elle se dirige alors vers Sonyetka, qui attend sur le pont, la saisit et se jette avec elle dans la rivière. Le sergent regarde, déclare qu'on ne peut rien faire en raison de la force du courant, et ordonne à tout le monde de se mettre en route. La colonne s'ébranle, le vieux forçat faisant de son mieux pour soutenir le moral de ses compagnons.

Katerina Ismailova est indéniablement un mélange de genres. La parodie y côtoie le lyrisme, et la farce y est confrontée à la tragédie. Mais tout en étant la création d'un jeune auteur d'opéra, c'est aussi une œuvre perspicace et brillante, d'une vitalité indéniable. Elle reçut au début un accueil extrêmement favorable, mais en janvier 1936 (quelques jours après que Staline et Molotov eurent publiquement approuvé l'opéra de Dzerzhinsky, *Et lentement coule le Don,* d'après un roman de Cholokhov), parut dans la *Pravda* un article intitulé « De la boue, pas de la musique ». Il dénonçait *Katerina Ismailova* comme un opéra moderniste et confus, à la musique pernicieuse et discordante. Dès lors, Chostakovitch eut une carrière irrégulière dans son pays, souvent approuvé pour le sérieux avec lequel il essayait de faire honneur aux idéaux du réalisme soviétique, mais parfois désapprouvé pour leur avoir fait franchement défaut. La *Lady Macbeth de Mtsensk,* populaire en son temps, devint une sorte de légende : elle ne fut jamais jouée dans son pays natal et ne le fut que très rarement à l'étranger, en raison du contrôle serré exercé sur le matériel d'orchestre. Le bruit courut en 1957 qu'une nouvelle version allait voir le jour (à l'époque, Covent Garden s'était renseigné sur la possibilité de représenter l'opéra), mais les années ont passé et la première n'a toujours pas eu lieu. La révision en profondeur d'une œuvre fondée sur le mélange des genres et dont l'écriture datait d'une génération était en réalité quasi impossible ; et toute tentative d'effacer les éléments « immoraux » de l'intrigue semblait vouée à l'échec.

Après la Seconde Guerre mondiale, l'œuvre ne fut montée que deux fois dans sa version originale par des théâtres occidentaux : à Venise en 1947, et à Düsseldorf en 1959 et, dans ce dernier cas, la permission avait à peine été accordée qu'elle fut retirée, mais seulement après la signature d'un contrat entre l'éditeur et le théâtre de Düsseldorf. Ceux d'entre nous qui ont vu cette mise en scène ont pu se demander s'ils assistaient à la dernière représentation contemporaine d'un chef-d'œuvre mineur. Puis la révision effectuée par le compositeur, quelque trente ans après avoir écrit l'œuvre, l'a fait sortir du royaume des conjectures et a permis à une nouvelle génération de se faire une opinion. Quand on l'entendit enfin, ce fut pour constater que ladite révision consistait en un adoucissement des extrémités de la ligne vocale, quelques changements dans les paroles et les indications scéniques, et la composition de nouveaux interludes entre les scènes 1 et 2, et les scènes 7 et 8.

H.

21. L'Opéra anglais

ETHEL SMYTH
(1858-1944)

The Wreckers
Les Naufrageurs

Opéra en 3 actes de Dame Ethel Smyth; texte de Brewster (en fr.) d'après son drame cornouaillais, Les Naufrageurs. *Créé à Leipzig, 11 novembre 1906. Première à Londres (concert au Queen's Hall), 1908, dir. Nikisch; His Majesty's Theatre, 1909, dir. Bruno Walter; Sadler's Wells, 1939, dir. Braithwaite.*

PERSONNAGES

PASCOE, *chef du village et prédicateur, âgé de 55 ans* (basse-baryton); LAWRENCE, *gardien du phare* (baryton); HARVEY, *beau-frère de Lawrence* (basse); TALLAN, *propriétaire de la taverne* (ténor); JACK, *fils de Tallan, âgé de 15 ans* (mezzo-soprano); MARK, *un jeune pêcheur* (ténor); THIRZA, *femme de Pascoe, âgée de 22 ans* (mezzo-soprano); AVIS, *fille de Lawrence, âgée de 17 ans* (soprano);

Le prédicateur, des pêcheurs, des bergers, des mineurs et leurs femmes; des naufrageurs et des piétistes.

Fin du XVIIIᵉ siècle, à l'époque du Wesleyan Revival, en Cornouailles.

Le village de Cornouailles où se passe l'action est peuplé de gens féroces qui croient que les naufragés sur leur côte sont un don de la providence. Mais depuis longtemps les navires passent le long de cette côte dangereuse en toute sécurité, et les habitants sont au bord de la famine. Pensant qu'il s'agit de la punition de leurs péchés, ils implorent le ciel pour que leur soient livrés des marins à assassiner et des navires à piller.

Acte I. Les cloches de la chapelle annoncent la prière de la congrégation, la foule se rend à l'église en chantant un hymne. Tallan et Jack viennent de la taverne. Une rafale de vent annonce une mauvaise mer, qui a peut-être provoqué un naufrage sur la côte. La vue de Pascoe, leur chef et leur prédicateur, amène les fêtards à poser brusquement leurs verres. Pascoe les réprimande, mais dès qu'il est parti Avis a l'audace de le contredire. Ce n'est pas à cause de leurs péchés, dit-elle, que les bateaux naviguent en sécurité, mais bien parce qu'un traître allume un feu pour avertir les marins. Son père, Lawrence, le gardien du phare, a vu ce feu les soirs de tempête, alors qu'il avait éteint le phare pour entraîner les navires à leur perte. La femme de Pascoe, Thirza, entre, mais refuse avec mépris de se joindre aux naufrageurs.

Avis reste seule. En se cachant, elle voit passer Mark qui jette des fleurs par la fenêtre de la maison de Thirza. Avis, qui est amoureuse de Mark, l'accuse de la négliger et de lui préférer Thirza, mais il la traite comme une enfant dont il ne faut pas prendre les caprices au sérieux. Avis laisse entendre que Thirza, également amoureuse de Mark, a trompé son mari. Pascoe revient et envoie Avis à la chapelle, puis reproche gentiment à Thirza de ne pas y être allée. Thirza lui répond que prier pour la perte des navires, dans le but d'enrichir le village, la révolte. Elle hait les naufrageurs. Pascoe lui-même lui est devenu détestable. La foule sort de la chapelle en louant le prédicateur qui a « crié et tonné » jusqu'à ce que « tous fussent convaincus de leurs péchés ». Lawrence, Tallan et Jack s'entretiennent des mesures à prendre pour découvrir l'auteur des signaux à l'intention des navires. L'acte se termine au moment où la foule se prépare à assaillir une barque qu'on a vu se diriger sur les rochers.

Acte II. L'acte commence par un prélude, qui décrit les « falaises de Cornouailles ». Ce prélude a connu un succès considérable en tant que morceau de concert. Un endroit désolé de la côte, où Avis et Jack guettent le « traître ». Quand ils s'en vont surveiller plus loin, Mark entre. Il ramasse du bois pour son feu et s'apprête à l'allumer quand Thirza arrive et le supplie d'y renoncer, car la plage est surveillée, et il serait mis à mort comme traître s'il était découvert. Dans une grande scène d'amour ils décident de gagner ensemble quelque pays lointain, Thirza allume le feu elle-même. Pascoe guidé par la lueur des flammes découvre Thirza dans les bras de Mark. Celui-ci s'échappe, mais Thirza se vante fièrement d'avoir allumé le feu, et avoue à Pascoe qu'elle en aime un autre. Pascoe perd connaissance et la foule le trouve inanimé à côté du feu.

Acte III. La foule s'assemble dans la grotte. Lawrence est le procureur. Il raconte comment ils ont trouvé Pascoe évanoui près du feu. Pascoe refuse de dire s'il a lui-même allumé le feu; Avis accuse Thirza d'avoir ensorcelé son mari. Mark avoue que c'est lui qui a allumé le signal, à la demande d'une « voix qu'il nous faut suivre ». Il demande à être condamné; Thirza se désigne comme la vraie coupable. Avis cherche à sauver Mark, en prétendant qu'elle a passé la nuit avec lui, mais son stratagème ne réussit pas. Thirza et Mark sont tous les deux condamnés à mort et abandonnés dans la grotte, où ils périront noyés par la marée montante.

F.B.

The Boatswain's Mate
Le Second Maître d'Équipage

Comédie en 1 acte et 2 parties; d'après le texte de W.W. Jacobs du même titre; adapté et mis en musique par Ethel Smyth. Création prévue en Allemagne, mais empêchée par le début de la guerre de 1914. Créé à Londres, 1916, Shaftes-

bury Theatre, avec Townsend, Pounds, Ranalow, dir. Goossens; Covent Garden, 1923, avec Buckman, Sidney Russel, Michael, Allin, dir. Goossens; Sadler's Wells, 1933, avec Naylor, Cox, Austin, Brindle, dir. Beecham.

PERSONNAGES

HARRY BENN, *ancien maître d'équipage* (ténor); NED TRAVERS, *ancien soldat* (baryton); MRS. WATERS, *propriétaire de « The Beehive »* (soprano); MARY ANN, *une servante* (actrice comique, rôle parlé); UN AGENT DE POLICE (basse); CHŒUR DE PAYSANS; DEUX CHATS (en coulisse).

Début du XXe siècle en Angleterre.

L'opéra peut se donner soit avec un entracte entre les parties 1 et 2 soit d'un seul tenant. La partie 1 comporte à la fois des dialogues parlés et de la musique; la partie 2 est uniquement musicale.

Partie 1. Une auberge de campagne, « The Beehive », tenue par une veuve plantureuse, Mrs. Waters. L'ancien maître d'équipage, Harry Benn, espère épouser Mrs. Waters. Comme « The Beehive » est isolée sur une route de campagne, il croit que la sécurité qu'apporterait sa présence est un argument irrésistible en sa faveur. Cette même nuit justement la bonne, Mary Ann, doit s'absenter. Mais Mrs. Waters ne veut pas de Benn. Elle lui demande de s'occuper des clients qui pourraient arriver pendant qu'elle sort. Resté seul, Benn se rappelle ses voyages à travers le monde et la vision qui le hantait – celle « d'amasser des dollars et de choisir une femme ». Arrive un ancien soldat, Ned Travers, qui le prend pour le propriétaire. Benn lui explique la situation. Travers lui fait un clin d'œil complice, et les deux hommes s'entendent à merveille; Benn promet à Travers un emploi dès que Mrs. Waters (qui l'a éconduit cinq fois au cours de la dernière quinzaine) aura changé de sentiment à son égard. Benn explique son plan à son nouvel ami : au milieu de la nuit, Travers fera une entrée à « The Beehive » pour en effrayer la propriétaire. Dès qu'elle se mettra à crier, Benn se précipitera, s'attaquera au prétendu cambrioleur; ainsi gagnera-t-il la reconnaissance et la main de Mrs. Waters. Travers hésite, mais deux souverains suffisent à le persuader. Pour être tout à fait tranquille, il obtient de Benn une déclaration écrite, qui lui est dictée dans le style d'un récitatif de grand opéra, où il est dit que Travers a fait semblant d'être un cambrioleur et que « tout est clair et loyal ». Benn signe cette déclaration et la donne à Travers.

Partie 2. L'intérieur de « The Beehive », la nuit. Benn et Travers arrivent à la fenêtre, forcent le loquet; Travers entre. Après avoir échangé quelques paroles avec Benn, il reste seul pour accomplir sa mission. Il enlève ses bottes et commence à monter les marches qui mènent à la chambre de Mrs. Waters, tout en fredonnant un petit air. Il trébuche à grand bruit et Mrs. Waters arrive, tenant un pistolet. Travers se cache en toute hâte dans un placard, elle l'enferme à clef. Après avoir maîtrisé le prétendu cambrioleur, elle est sur le point d'alerter ses voisins quand Travers la supplie d'y renoncer, lui assure qu'il n'est pas un voleur et lui remet la déclaration de Benn. Mrs. Waters accepte d'ouvrir la porte du placard à condition que Travers fasse tout ce qu'elle lui demandera. Un duo charmant : « O mon cher, si j'avais su qu'il s'agissait d'un homme si jeune, je me serais vêtue davantage » laisse présager la suite. Mais Mrs. Waters veut que tout cela serve de leçon à Benn : elle fera feu contre un tapis et feindra d'avoir tué le voleur. Travers se cache, Mrs. Waters tire et crie « A l'assassin ». Benn est horrifié lorsque la propriétaire se met à chanter sur un air de valse : « la première chose à faire est de se débarrasser du corps ». Elle l'envoie creuser la tombe; hanté par la crainte des fantômes, il revient bientôt avec un agent de police auquel il s'est rendu pour le meurtre de Travers. L'arrivée de l'agent est soulignée par le motif du destin de la *Symphonie en ut mineur* de Beethoven. Suit un quatuor animé, car Mrs. Waters fait apparaître Travers. Elle trouve fort amusant que Benn retrouve Travers, installé comme propriétaire de « The Beehive ». Elle décroche sa glace et s'y contemple avec une certaine satisfaction. Mary Ann rentre alors et se joint à sa jubilation.

F.B.

FREDERICK DELIUS
(1862-1934)

A Village Romeo and Juliet
Un Roméo et Juliette villageois

Opéra en 1 prologue et 3 actes de Delius; texte du compositeur, sur une nouvelle de Gottfried Keller. Créé à Berlin, 21 février 1907. Première à Covent Garden, 1910, avec Ruth Vincent, Hyde, Dearth, Maitland, dir. Beecham; repris en 1920. Création américaine, Washington, 1972, avec Patricia Wells, John Stewart, John Reardon.

PERSONNAGES

MANZ et MARTI, *riches cultivateurs* (barytons); SALI, *fils de Manz, enfant* (soprano), *adulte* (ténor); VRELI, *fille de Marti* (soprano); LE SOMBRE VIOLONEUX, *héritier de droit du bois* (baryton); DEUX PAYSANS (barytons); TROIS FEMMES (soprano, mezzo-soprano); LA FEMME DE PAIN D'ÉPICE (soprano); LA FEMME DE LA LOTERIE (soprano); LA FEMME DES BIJOUX DE PACOTILLE (mezzo-soprano); LE BON-HOMME DE NEIGE (ténor); L'HOMME DU MANÈGE (baryton); LA FILLE MAIGRE (soprano); LA FILLE SAUVAGE (mezzo-soprano); LE PAUVRE JOUEUR DE COR (ténor); LE VIOLONEUX BOSSU (basse).

Au milieu du XIXᵉ siècle. A Seldwyla, en Suisse. Six années s'écoulent entre les scènes 1 et 2.

Le professeur Arthur Hutchings, auteur d'un livre sur Delius qui fait autorité, avertit l'auditeur : « Les amateurs d'opéra qui cherchent les qualités scéniques et la découpe dramatique de l'opéra italien, la pompe et les ballets de l'opéra russe, la subtilité psychologique et la richesse émotionnelle de l'opéra de Mozart, ne manqueront pas d'être déçus par

A Village Romeo and Juliet. Aucun opéra n'est plus musical, parce que dans aucun opéra le compositeur n'a eu autant la certitude que c'est la musique qui racontait l'histoire; Cecil Gray en a parlé comme d'un " poème symphonique dont le contenu implicite serait rendu explicite sur scène"... L'amateur d'opéra ne doit rien attendre de cette œuvre, sinon de la musique, et une musique d'une seule espèce — soutenue, d'une beauté de rêve, à peine dérangée par les sons sinistres du Sombre Violoneux, où les querelles et les litiges des cultivateurs. »

Scène 1. Septembre, Manz et Marti se disputent la bande de terre encore sauvage qui sépare leurs champs. Tous deux les labourent au moment où l'action débute, et chacun, dès que l'autre a le dos tourné, se creuse un sillon de plus dans la terre inutilisée.

Sali et Vreli apportent le repas à leurs parents, puis vont jouer ensemble dans les bois. On entend au loin le Sombre Violoneux. Marti le reconnaît. Il sait que la terre devrait lui appartenir, mais qu'il n'a aucun droit légal sur elle parce qu'il n'est qu'un bâtard. Le Violoneux disparaît sous le regard des enfants. Manz et Marti parlent de la vente prochaine de leur terre, et chacun reproche à l'autre la façon dont ici et là il s'est emparé d'un sillon. Leur dispute devient violente, et ils finissent par interdire à leurs enfants de jouer ensemble.

Scène 2. Six ans plus tard. La maison de Marti, qui a pris un aspect négligé. Les enfants ont grandi maintenant, et plus que jamais ils sont attirés l'un vers l'autre. Ils sont pessimistes quant à leur situation. Mais Sali continue d'espérer que tout pourra encore s'arranger, pourvu qu'ils ne desserrent pas les liens qui les unissent. Ils prennent un rendez-vous le soir, dans les champs.

Scène 3. La terre inculte, recouverte de coquelicots. Sali et Vreli.

On entend jouer le Sombre Violoneux qui leur rappelle qu'ils ont joué sur une terre qui lui appartient. Maintenant qu'ils en sont tous réduits à mendier, il a le sentiment d'être leur égal. Que ne viennent-ils avec lui partager son existence vagabonde ? Il ne semble pas attendre de réponse, mais croire en une rencontre prochaine. Vreli se rappelle que la dernière fois qu'ils l'ont vu c'était le jour sinistre de la dispute de leurs pères. Sali la rassure, et c'est avec joie qu'ils parlent de leur enfance. Ils s'embrassent. Marti est à la recherche de Vreli. Au moment où il arrache Vreli des bras de Sali, celui-ci lui donne un coup qui l'étend à terre.

Scène 4. L'intérieur de la maison de Marti, où il ne reste plus qu'un lit et un banc. Sali et Vreli chantent leur amour et font le serment de ne plus jamais se séparer. Vreli raconte à Sali comment elle a dû emmener son père, qui avait perdu ses esprits à la suite du coup qu'il lui avait porté. Elle devra quitter la maison qui a été vendue. Assis ensemble devant le feu, ils s'endorment enlacés. La scène s'obscurcit, et leur rêve est évoqué par la musique. Ils rêvent qu'ils se marient dans la vieille église de Seldwyla. On entend sonner les cloches de l'église, puis le jeu de l'orgue et le chant d'un hymne, et enfin les cloches à nouveau.

Le jour se lève, et les amants s'éveillent pour comprendre qu'il ne s'agissait que d'un rêve. Ils décident d'aller à Berghald.

Scène 5. La foire. Sali et Vreli prennent part à l'allégresse de la foire jusqu'à ce qu'une femme de Seldwyla et ses compagnons les reconnaissent. Un peu gênés, ils quittent la foire, et se dirigent vers le Jardin paradisiaque, qui est un autre endroit où l'on peut danser.

L'interlude joué pendant le changement de décor est la célèbre marche vers le Jardin paradisiaque (composé cinq ans après l'ensemble de l'opéra, sur des thèmes qui en sont extraits).

Scène 6. Une maison de campagne délabrée, transformée en auberge. La rivière ne passe pas loin, et un chaland plein de foin est ammaré là. Le Sombre Violoneux et ses amis vagabonds sont attablés. Il leur raconte l'histoire du différend qui opposa Manz et Marti.

Alors qu'il arrive à la fin de son histoire, Sali et Vreli entrent dans le jardin. Le Sombre Violoneux leur conseille de prendre la route avec lui et ses amis. Ils se mettent à danser tandis qu'il joue. Au loin on en-tend chanter des mariniers et, petit à petit, il vient à l'esprit des jeunes gens que, pour eux, la seule issue est de se laisser « dériver sur la rivière », comme le font ces bateliers, à une différence près : ils ne pourront jamais revenir.

Sous le regard du Sombre Violoneux et de ses amis, ils montent sur le chaland. Vreli jette son bouquet à l'eau. Sali retire le bouchon du fond du bateau. Ils s'éloignent de la rive et tombent dans les bras l'un de l'autre, sur le lit de foin. De loin on entend chanter des bateliers : « Oh, voyageur, nous ne faisons que passer. »

H.

RALPH VAUGHAN WILLIAMS
(1872-1958)

Hugh the Drover
Hugh le Toucheur

Opéra en 2 actes de Ralph Vaughan Williams, texte de Harold Child. Créé au Royal College of Music, Londres, 4 juillet 1924. Première : His Majesty's Th., 1924, avec Mary Lewis, Tudor Davies, Collier, dir. Sargent; Washington, 1928; Sadler's Wells, 1937, dir. Collingwood; New York, 1952. Reprises : Sadler's Wells, 1950, dir. Robertson; R.C.M., Londres, 1972, pour le centenaire de Vaughan Williams.

PERSONNAGES

UN FORAIN (baryton ténorisant); MARY, *la fille du constable* (soprano); TANTE JANE, *la sœur du constable* (contralto); LE GEOLIER (ténor); LE CONSTABLE (basse); JOHN LE BOUCHER (baryton-basse); HUGH LE TOUCHEUR (ténor); UN CAMELOT (baryton); UN VENDEUR DE CRUSTACÉS (basse); UNE VENDEUSE DE PRIMEVÈRES (contralto); UN CHANTEUR DE RUE (ténor); SUSAN (soprano); NANCY (alto); WILLIAM (ténor); ROBERT (basse); UN BOUFFON (basse); UN AUBERGISTE (basse); UN SERGENT (baryton).

Des villageois, des marchands de jouets, des garçons, des soldats, un étalagiste, un jongleur, une danseuse, un joueur de trompette, etc.

Un petit village des Cotswolds aux environs de 1812.

L'auteur de *Hugh the Drover* a fait grand usage de chansons folkloriques anglaises dans sa partition, donnant ainsi à sa musique une saveur particulière; le traitement du texte, qui possède un cachet vraiment original, s'en trouve également modifié. Bien que toutes les mélodies offrent quelque ressemblance avec des chansons folkloriques, cinq airs traditionnels authentiques sont utilisés dans le premier acte (« Cockles », « Toy Lambs », « Primroses », « Maria Martin » et « Tuesday Morning ») et un seul dans le second (l'air du psaume « York »).

Acte I. Une foire. Le Forain a une effigie de Napoléon « Bonyparty », qu'on doit faire brûler, pour divertir les patriotes de Cotsall. On entend la voix de Mary qui chante : « Je dois me marier mardi matin. » Mary doit épouser le lendemain John le boucher, mais elle ne l'aime pas bien qu'il soit l'homme le plus riche et le plus fort de la ville. Sa tante Jane la convainc d'accepter son sort, lorsqu'un étranger, Hugh, vient à passer; entre Hugh et Mary, c'est le coup de foudre. Il l'appelle ma « Douce petite linotte » et au lieu de richesses, il lui offre de voyager et de travailler toute sa vie. John et Hugh se battent; malgré les coups bas de John, Hugh finit par l'emporter. John l'accuse alors d'être un espion français. Hugh est emmené en prison par le Constable (le père de Mary) pendant que la foule se moque de lui.

Acte II, scène 1. La place du marché du village, l'après-midi. (Le compositeur précise que cette scène[1] peut être omise par ceux qui trouveraient l'opéra trop long; l'acte s'ouvre alors sur la scène 2.) Hugh, mis aux fers, est gardé par John et quatre hommes. Le Constable demande à John s'il

ne serait pas plus prudent de relâcher Hugh; comment peuvent-ils prouver que c'est un espion ? John lui montre de l'argent, ce qui peut *tout* prouver.

Mary entre, demande à son père de lui pardonner; elle est disposée à épouser John. Le Constable est prêt à la croire, mais John est sceptique, car elle demande que Hugh soit libéré, puisque c'est à cause d'elle qu'il est aux fers. Il refuse de laisser partir Hugh, Mary et Tante Jane se lamentent sur l'échec de leur projet et laissent Hugh seul enchaîné.

Scène 2. Les cloches de l'église jouent l'air du psaume « York ». Tôt le matin, le jour suivant. Hugh est toujours aux fers.

John et ses amis ont fait la noce toute la nuit. En passant, ils viennent narguer et frapper Hugh. A peine sont-ils partis que Mary vient pour le libérer, après avoir dérobé à son père la clef des chaînes. Les amants sont sur le point de s'enfuir, mais une femme a aperçu Hugh et Mary et a donné l'alerte. Hugh retourne aux fers et cache Mary sous sa cape. Le geôlier et le Constable sont rassurés de le voir là; dès qu'ils sont partis, d'autres réjouissances de ce mois de mai parviennent aux oreilles des deux amants : c'est John, qui vient réveiller Mary en lui apportant un bouquet de primevères. Mais Mary est introuvable. Le Constable, Tante Jane et le geôlier la découvrent assise à côté de Hugh. Le Constable la déshérite; John déclare qu'il n'en veut plus, mais la sympathie de la foule va plutôt à la générosité de Mary. Les soldats qui doivent emmener Hugh arrivent. Dès que le Sergent aperçoit Hugh, il reconnaît en lui un ancien camarade. Fâché de repartir bre-

1. Ajoutée pour la reprise au Royal College of Music, dir. Beecham, cette scène ne semble pas avoir convaincu le compositeur. Malgré tout, en dépit de quelques critiques, il ne l'a jamais expressément rejetée.

douille, il emmène John et promet d'en faire un soldat. Le Constable présente des excuses à Hugh; ses amis le supplient de rester. Mais dans un dernier discours, Hugh leur dit qu'il n'aime pas la vie trop douce qu'on mène à la ville, qu'il préfère « la vie au grand vent », et part avec Mary.

F.B.

The Poisoned Kiss
Le Baiser empoisonné

Opéra en 3 actes. Musique de Ralph Vaughan Williams; liv. d'Evelyn Sharp, tiré à la fois d'un conte de Richard Garnett et du récit de Nathaniel Hawthorne sur la fille de Rapaccini. Composé en 1927-1928, créé à Cambridge le 12 mai 1936; Sadler's Wells, 1937; London Opera Centre, 1975.

PERSONNAGES

HOB, GOB, LOB, *les aides de Dipsacus;* DIPSACUS, *un magicien* (basse); TORMENTILLA, *sa fille* (soprano); ANGELICA, *sa bonne* (soprano); AMARYLLUS, *fils de l'impératrice de la ville d'or* (ténor); GALLANTHUS, *son bouffon* (baryton); TROIS MÉDIUMS, *aides de l'impératrice* (soprano, mezzo-sopranos); L'IMPÉRATRICE PERSICARIA (contralto).

Décrit comme une fantaisie romantique, l'opéra est en fait un conte de fées mis en musique de façon assez particulière, et en tout cas très séduisante; quelques dialogues parlés soutiennent le déroulement dramatique.

Acte I. Près de la maison de Dipsacus, aux confins d'une forêt. Au lever du rideau, des chœurs antagonistes, qui représentent les puissances du bien et du mal, chantent la beauté, respectivement, du jour et de la nuit; lorsqu'ils sont partis, Angelica se lamente sur sa solitude. Toutefois, le prince et son bouffon rôdent dans la forêt, et Gallanthus, le bouffon, arrive chez elle. Angelica, qui n'a encore jamais vu de jeune homme, tombe amoureuse de Gallanthus, et Gallanthus le lui rend bien. Leurs roucoulements sont interrompus par l'arrivée de Dipsacus : des étrangers ont pénétré sur ce qu'il considère comme son domaine. Il va user de son pouvoir magique pour les en chasser. Tormentilla arrive, suivie par Amaryllus. Il l'a rencontrée dans la forêt où elle soignait un cobra; craignant pour sa vie, il a frappé le serpent de sa canne. Mais Tormentilla ne craint pas les serpents. Elle a été nourrie de poisons par Dipsacus, qui a de bonnes raisons pour justifier ce régime étrange. Mais Amaryllus ne le savait pas et n'arrive pas à comprendre pourquoi Tormentilla, au lieu de le remercier, pleure sur son animal blessé. Ils finissent bientôt par s'entendre, leur jeunesse aidant. Pour répondre aux questions de Dipsacus, Tormentilla murmure le mot amour. Il lui fait alors part de ses projets. Quand il était encore jeune, Persicaria l'impératrice de la Ville d'Or a rompu avec lui, et il a juré de se venger. Il a nourri Tormentilla de poisons à seule fin que son baiser soit mortel pour son amant. Elle devra rencontrer le fils de l'impératrice, l'embrasser et lui donner ainsi la mort. Tormentilla refuse, le magicien, pris de colère, les chasse, elle et sa bonne. Elles s'en vont volontiers, d'autant qu'Angelica a dérobé un morceau de pierre philosophale, qui a les mêmes propriétés que la lampe d'Aladin. Elles frottent la pierre, font un vœu, et la scène se remplit d'une armée de couturiers et de tailleurs avec leurs dernières créations.

Acte II. Les appartements de Tormentilla dans la Ville d'Or. La pièce est remplie des fleurs qu'ont envoyées ses prétendants. Elle aime le prince, qu'elle prend pour un berger. Le fils de l'Impératrice voulait être aimé pour lui-même; il a donc eu recours à la ruse et caché son identité. Toute une partie de l'acte est occupée par les complots menés par les aides de l'Impératrice d'un côté et de ceux des magiciens de l'autre. Les aides de l'Impératrice ont reçu comme consigne d'empoisonner Tormentilla, car c'est ainsi que cette mère jalouse se débarrasse de toute femme susceptible de détourner l'affection de son fils; les aides du magicien, de leur côté, projettent de réunir les jeunes amants afin que le prince embrasse Tormentilla et en meure. Les pre- miers offrent à Tormentilla une boîte de chocolats empoisonnés; son immunité lui permet de les manger avec plaisir, et sans qu'ils lui fassent aucun mal. Les seconds conduisent le prince dans les appartements de Tormentilla; les amants se rencontrent, s'embrassent et le prince tombe, apparemment mort.

Acte III. Au palais de l'Impératrice. Le prince n'est pas mort, car depuis son enfance il prend des antidotes; mais il est malade. Le médecin, très inquiet, dit sans détours à l'Impé- ratrice que le seul moyen de le guérir est d'amener à ses côtés Tormentilla dont le nom est sans cesse sur ses lèvres.

Dipsacus se réjouit du malheur de la femme qui l'a un jour délaissé. Il révèle à Persicaria que lui et sa ma- gie sont seuls responsables de la maladie du prince. Ils commencent par se quereller, mais les souvenirs du passé reviennent : leur ancien amour n'est pas mort, ils cèdent à leurs sentiments et tombent dans les bras l'un de l'autre. Les mariages sont annoncés, y compris celui de Gallanthus et d'Angelica.

F.B.

Riders to the Sea
Les Cavaliers de la mer

Opéra en 1 acte de Ralph Vaughan Williams; texte de J.M. Synge. Créé à Londres, Royal College of Music, 1er décembre 1937. Sadler's Wells, 1953, dir. John Matheson; Naples, 1959, dir. Francesco Molinari-Pradelli.

PERSONNAGES

MAURYA, *une femme âgée* (contralto); BARTLEY, *son fils* (baryton); CATHLEEN, *sa fille* (soprano); NORA, *sa fille cadette* (soprano); UNE FEMME (mezzo-soprano). *Chœur de femmes.*

Au début du XXᵉ siècle, une île au large des côtes d'Irlande.

Ce drame musical assez court, qui suit presque mot pour mot la pièce en 1 acte de J.M. Synge qui se déroule dans une communauté de pêcheurs de l'île d'Arran, est sans doute l'opéra de Vaughan Williams qui a connu le plus grand succès.

L'opéra commence par un bref prélude[1] où l'on entend la mer devenir de plus en plus agitée; le calme se transforme en tempête. Nora entre dans la cuisine où sa sœur Cathleen est assise au rouet. Elle apporte quelques vêtements pris sur un homme qui vient de se noyer, pour savoir s'ils appartiennent à Michael, leur frère, qui, tout comme son père et quatre autres frères, s'est perdu en mer. Maurya, leur mère, se repose dans la pièce voisine, et les deux jeunes femmes parlent de sa détresse; elles préfèrent cacher les vêtements dans le grenier pour qu'elle ne les voie pas.

Maurya n'arrive pas à dormir. Elle s'inquiète : Bartley, le seul fils qui lui reste, veut emmener les chevaux en bateau à la foire de Galway. Malgré les supplications de sa mère et de ses sœurs, il sort en disant qu'il montera la jument rousse et que le poney gris suivra. Cathleen et Nora reprochent à leur mère d'avoir refusé sa bénédiction à Bartley, et prétextent qu'elles ont oublié de lui donner le pain pour son voyage pour l'envoyer à sa recherche. Maurya s'attarde quelque peu sur le pas de la porte et chante tristement : « Ici ce sont les hommes encore jeunes qui laissent derrière eux tout ce qui va vieillir »,

puis elle sort; ce sont les bois et les cordes qui évoquent cette scène.

En son absence, les filles de Maurya décident de défaire le paquet de vêtements; il n'y a pas d'accompagnement, sinon parfois un solo de hautbois. Elles découvrent avec horreur qu'ils appartenaient sans aucun doute à Michael. Dès qu'elles entendent revenir leur mère, elles cachent les vêtements et s'efforcent de ne pas laisser paraître leurs sentiments.

Maurya entre et se lamente. Cathleen essaie de savoir ce qui a bien pu provoquer cette terrible détresse : Maurya a vu Bartley sur la jument rousse se diriger vers la mer et, sur le poney gris, Michael, qui portait des habits superbes et des chaussures neuves. Cathleen lui apprend la mort de Michael; Maurya pense que cette vision signifie qu'elle perdra Bartley aussi. On rapporte le corps ruisselant de Bartley, jeté à la mer par le poney gris.

Alors que les autres femmes se lamentent, Maurya chante un air majestueux et résigné; pour elle, c'est presque un soulagement, la mer lui a pris tout ce qu'elle avait, elle ne peut plus lui faire de mal. Elle ne s'inquiétera plus du vent ni de la marée et va enfin trouver le repos. Sur un fond sonore soutenu, en fa mineur, elle bénit l'un après l'autre tous ses disparus. Et au moment où la musique glisse vers le mi majeur, elle demande à Dieu de bénir l'âme de tous ceux qui sont encore en vie.

H.

---

1. Vaughan Williams utilise un petit orchestre; les bois n'ont qu'un instrument par pupitre, en dehors d'une deuxième flûte (la seule clarinette est une clarinette basse); les cuivres se limitent à deux cors et une trompette; le pupitre des cordes est réduit.

The Pilgrim's Progress
Le Voyage du pèlerin

Moralité en 1 prologue, 3 actes, et 1 épilogue, d'après l'allégorie de Bunyan du même titre; musique de Ralph Vaughan Williams. Créé à Covent Garden, 26 avril 1951, avec Arnold Matters, Inia Te Wiata, Norman Walker, Edgar Evans, dir. Leonard Hancock; B.B.C. (en studio), 1960, dir. Boult.

PERSONNAGES

JOHN BUNYAN, *l'écrivain* (baryton-basse); LE PÈLERIN (baryton); L'ÉVANGÉLISTE (basse); LES 4 VOISINS : DOCILE, OBSTINÉ, MÉFIANT, TIMORÉ (ténor, basse, baryton, ténor); LES 3 LUMIÈRES, L'INTERPRÈTE, *dans la Maison Belle* (soprano, mezzo, contralto, ténor); VIGILANT, *le portier* (baryton ténorisant); APOLLYON, 2 ÊTRES CÉLESTES, *dans la Vallée de l'Humiliation* (basse, soprano, contralto); LORD LIBERTIN (ténor bouffe); UN BOUFFON (danseur); DEMAS (baryton); JUDAS ISCARIOTE (baryton); SIMON LE MAGICIEN (basse); LA GLOIRE TERRESTRE (baryton ténorisant); MADAME IMPUDEUR (soprano); MADAME CHIMÈRE (mezzo-soprano); PONCE-PILATE (basse); UN SUISSE (ténor bouffe); LORD MALFAISANT (basse); LA MALICE (soprano); LA FLAGOR-NERIE (contralto); LA SUPERSTITION (ténor); L'ENVIE (basse); UN FILS DE BÛCHE-RON (soprano); MONSIEUR A-CÔTÉ (ténor-bouffe); MADAME A-CÔTÉ (contralto); 3 BERGERS (ténor, baryton, basse); LA VOIX D'UN OISEAU (soprano); UN MES-SAGER DU CIEL (ténor).

Chœur d'hommes et de femmes de la Maison Belle, de « certaines personnes habillées d'or », de Créatures Tristes, de Marchands de la Foire aux Vanités, d'Anges de la Cité Céleste.

Le livret relate les aventures du Pèlerin et les embûches qu'il rencontre dans sa marche vers la Cité Céleste.

On a dit, à juste titre, que la clef de l'œuvre était donnée par son titre : il s'agit d'une Moralité, non pas d'un opéra. Le compositeur a préféré évoquer une atmosphère mi-mystique, mi-pastorale, plutôt que de nouer une tension dramatique en s'attachant aux personnages et aux situations.

M. K.

GUSTAV HOLST
(1874-1934)

Sávitri

Un épisode du Mahā Bhārata. Texte et musique de Gustav Holst. Créé à Wellington Hall, 5 novembre 1916; Covent Garden, 1923, avec Dorothy Silk, Heseltine, Farrington, dir. Pitt; Chicago, 1934; Sadler's Wells, 1935.

SATYAVĀN, *un bûcheron* (ténor); SĀVITRI, *sa femme* (soprano); LA MORT (basse).

Un bois, le soir, en Inde.

L'intrigue raconte comment Sāvitri réussit à se jouer de la Mort, venue pour emmener son époux, Satyavān.

En souhaitant la bienvenue à la Mort, elle obtient d'elle l'accomplissement d'un vœu. Sāvitri lui demande « la Vie », c'est-à-dire des enfants. La Mort tient sa promesse et rend la vie à Satyavān.

Sāvitri occupe dans l'œuvre du compositeur la place que tient *L'Enfant Prodigue* dans celle de Debussy. Sans être un ouvrage tout à fait abouti, il contient pourtant des éléments qui mûriront dans les œuvres remarquables qui suivront. Dans le traitement du chœur et de l'orchestre une tendance très personnelle est déjà bien présente, et l'emploi de rythmes très libres est caractéristique. Le chœur est utilisé tout au long comme un élément de l'orchestre; au lieu de mots, il ne chante que la voyelle « u » de « sun ». Holst obtient ainsi quelques effets nouveaux d'une grande beauté.

F.B.

RUTLAND BOUGHTON
(1878-1960)

The Immortal Hour
L'Heure immortelle

Opéra en 2 actes de Rutland Boughton; liv. adapté d'une pièce et de poèmes de Fiona Macleod. Le 26 août 1914, The Immortal Hour était représenté à Glastonbury. Le succès fut immédiat, et Elgar déclara que c'était là une œuvre de génie. Principaux interprètes : Irene Lemon (Etain), Frederic Austin (Eochaidh), Muriel Boughton (Spirit Voice), Neville Strutt (Manus), Agnes Thomas (Maive), et le compositeur lui-même chantait le rôle de Dalua. La guerre en retarda la représentation à Londres, et ce n'est qu'en 1920 que l'œuvre fut donnée au Old Vic Theatre. En 1921, les Birmingham Players vinrent avec leur production à Londres, et en donnèrent 216 représentations au Regent Theatre. New York, 1926; Sadler's Wells, 1953, dir. James Robertson.

DALUA (baryton); ETAIN (soprano); EOCHAIDH (baryton); LA VOIX DES ESPRITS (mezzo-soprano); MANUS (basse); MAIVE (contralto); LE VIEUX BARDE (basse); MIDIR (ténor).

Chœur de druides et de guerriers.

Les trois personnages principaux sont Dalua, le seigneur de l'Ombre, Etain, fille d'un monde féerique, « fille de roi et étoile parmi les rêves que sont la vie et l'âme », et le roi bien terrestre Eochaidh.

Grâce à la complicité de Dalua, le roi rencontre et épouse Etain. Toute leur scène d'amour est dominée par cette phrase admirable :

Mais Etain a oublié qui elle était et le pays d'où elle était venue. Même le chant des esprits ne peut raviver ses souvenirs :

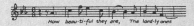

Au bout d'une année, alors que l'on célèbre l'anniversaire de cette rencontre, un étranger, Midir, arrive au palais. Ses chants envoûtent Etain, qui repart avec lui au pays des rêves. Après leur départ, la nuit envahit la scène, Dalua touche la main du roi, qui s'effondre mort.

F. B.

WILLIAM WALTON
(né en 1902)

Troïlus and Cressida
Troïlus et Cressida

Opéra en 3 actes de William Walton; texte de Christopher Hassall. Création à Covent Garden, Londres, 3 décembre 1954, avec Magda Lazslo, Monica Sinclair, Richard Lewis, Peter Pears, Otakar Kraus, Frederick Dalberg, dir. Sir Malcom Sargent. Première à San Francisco, 1955, dir. Erich Leinsdorf; New York, City Center, 1955, dir. Joseph Rosenstock; la Scala, Milan, 1956, dir. Sanzogno. Reprise à Covent Garden, 1963, avec Marie Collier, Josephine Veasey, André Turp, John Lanigan, Kraus, Forbes Robinson, dir. Sargent.

PERSONNAGES

CALCHAS, *grand-prêtre de Pallas* (basse); ANTÉNOR, *capitaine des lanciers troyens* (baryton); TROÏLUS, *prince de Troie* (basse); PANDARUS, *frère de Calchas* (ténor bouffe); CRESSIDA, *fille de Calchas* (soprano); EVADNE, *sa servante* (mezzo-soprano); HORASTE, *un ami de Pandarus* (baryton); DIOMÈDE, *prince d'Argos* (baryton).

Une voix de femme à l'intérieur du temple, des prêtres, des soldats, des Troyens, des Grecs, etc.

A Troie, au XIIe siècle av. J.C.

Le seul grand opéra de Sir William Walton lui a été commandé en 1947 par la B.B.C. La création eut lieu à Covent Garden vers la fin de 1954 : sa manière très directe ainsi que son style romantique un peu tardif ont su plaire au public londonien et lui ont valu un succès immédiat. Dans les productions étrangères, l'œuvre ne connut pas plus de succès que la plupart des autres opéras anglais de la même époque, *Gloriana, The Midsummer Marriage, Billy Budd,* mais la reprise de l'ouvrage laisse penser que le lyrisme bien accentué de la musique, issu de la même plume que le *Concerto pour violon* du compositeur, en fait une œuvre un peu plus durable que ne le sont les opéras « bien faits ».

Acte I. Devant le temple de Pallas. On entend assez faiblement des timbales, ainsi que les murmures d'un chœur de fidèles; ces prières semblent désespérées. La population de Troie, affamée, est au bord de l'émeute. Calchas essaie de les calmer et leur rappelle que l'oracle de Delphes s'est déjà prononcé : il leur conseille de négocier avec les Grecs pendant qu'il en est encore temps. Anténor, décidé à faire une incursion chez l'ennemi avec ses compagnons guerriers, surprend ses paroles, et soulève la foule. La situation devient dangereuse pour Calchas jusqu'au moment où Troïlus arrive et rétablit l'ordre. Il souhaite à Anténor bonne chance dans sa mission, et il se montre à peine froissé lorsque son ami devine que c'est la présence de Cressida qui l'attire au temple.

Troïlus reconnaît qu'il aime Cressida. Les portes du temple s'ouvrent et elle apparaît, précédée de deux prêtres. Troïlus ne lui a encore jamais adressé la parole, et sa première phrase musicale est plutôt tendre. « Matin et soir j'ai senti votre regard me suivre à perte de vue. » Elle est veuve et doit bientôt faire ses vœux de prêtresse. En vain, Troïlus proteste de son amour pour elle. L'oncle de Cressida, Pandarus prend la situation en main et parvient à gagner la confiance de Troïlus. Calchas avoue à sa fille son intention de quitter la ville et de déserter pour rejoindre l'ennemi. Les supplications de Cressida ne suffisent pas à le retenir; restée seule, elle chante un événement de son enfance, où elle eut une sorte de pressentiment de cette désertion (« Petit à petit, tout me revient »). La musique devient plus chaleureuse lorsqu'elle reconnaît dans le guerrier de son rêve d'autrefois le Troïlus d'aujourd'hui qu'elle ne peut aimer.

Pandarus et Evadne viennent confirmer la désertion de Calchas. Sur une musique souple et vivante, il commence à plaider la cause de Troïlus auprès de Cressida, mais il est interrompu par l'arrivée de Troïlus lui-même. Les soldats d'Anténor lui apprennent que leur capitaine a été fait prisonnier. Troïlus fait le serment qu'il sera sauvé, soit par un échange de prisonniers, soit par la force des armes. Lorsque Troïlus part à la recherche de Calchas, Pandarus réussit à persuader Cressida de venir chez lui le lendemain, et obtient qu'elle laisse son écharpe pourpre, en gage de son estime pour Troïlus.

Acte II. Une pièce de la maison de Pandarus. Le repas est terminé et les hôtes jouent aux échecs, y compris Cressida qui joue contre Horaste. Une tempête s'est levée. Pandarus, pensant qu'il peut en tirer profit, dépêche un messager auprès de Troïlus et demande à Cressida et à ses autres invités de rester pour la nuit.

Pandarus entre et annonce à Cressida que Troïlus est dans la maison, qu'il est fou de jalousie et qu'il supplie de la voir. « Il brûle vif sur le feu de la jalousie », ainsi commence le chœur, qui se transforme en trio lorsque Troïlus surprend la machination de Pandarus, l'un des moments les plus animés et les plus réussis de la partition, supprimé lors de la reprise à Covent Garden en 1963. Ravi du succès de sa ruse, Pandarus s'en va sur la pointe des pieds, sans déranger les amants.

L'orage éclate en un interlude orchestral, qui décrit, en même temps que la scène d'amour, la pluie et le vent au-dehors. Troïlus et Cressida regardent ensemble le soleil se lever sur les toits de la ville. Une délégation militaire arrive, conduite par Diomède, venu expliquer que Calchas souhaite qu'on lui rende sa fille, et que les chefs des armées ont décidé que Cressida se rendra dans le camp des Grecs en échange d'Anténor. Pandarus affirme que Cressida n'est pas dans sa maison, mais Diomède la découvre et est émerveillé par sa beauté. Troïlus dit qu'il fera tout pour faire annuler cette décision et ramener Cressida à Troie. En attendant, il lui enverra tous les jours des messages, et achètera les sentinelles afin de pouvoir lui rendre visite dans le camp des Grecs. Un émouvant postlude vocal vient clore ce grand duo, et quand Cressida s'en va, Troïlus lui rend l'écharpe pourpre, gage de leur amour.

Acte III. Le campement grec, dix semaines plus tard. D'un côté, on peut voir la tente de Calchas, derrière les remparts. Un triste solo de cor anglais (marqué *lugubre*) ouvre la scène, puis on entend les veilleurs de nuit. Cressida, dont la solitude est déchirante, supplie Evadne d'aller voir s'il n'y a pas un billet pour elle. Elle n'a eu aucune nouvelle de Troïlus et commence à désespérer. Evadne sait que la froideur de Cressida à l'égard de Diomède est une menace pour leur sécurité, et son solo : « Nuit après nuit la même » n'est d'aucun réconfort pour sa maîtresse. Calchas la supplie de ne pas continuer à bafouer Diomède, qui arrive, exigeant une déclaration définitive quant à leur mariage. Abandonnant tout espoir de jamais revoir Troïlus (retour du solo de cor anglais),

Cressida cède à la demande de Diomède, allant jusqu'à lui donner le foulard pourpre. Evadne surprend leur conversation et détruit en cachette le dernier des nombreux billets que Troïlus avait envoyés à Cressida et, qu'à la demande de Calchas, elle avait cachés à sa maîtresse.

Troïlus et Pandarus viennent chercher Cressida, pour laquelle une rançon a été payée. Avant que Cressida ait pu convaincre Troïlus qu'il est arrivé trop tard, on entend les Grecs acclamer l'épouse de Diomède.

Diomède, portant à son casque l'écharpe pourpre, arrive précisément pour entendre Troïlus affirmer que Cressida lui appartient, corps et âme. Diomède ordonne à Cressida de le démentir; elle hésite, et cette humiliation publique est trop forte pour Diomède : c'est le début d'une lamentation pleine d'amertume, qui se transforme en un impressionnant sextuor, renforcé par le chœur. La scène est interrompue par la colère de Diomède, Troïlus se précipite sur lui avec son épée et semble prendre l'avantage dans ce combat, lorsque Calchas le poignarde dans le dos. Diomède ordonne que le corps du Troyen soit emmené avec les honneurs qui lui sont dus, que Calchas soit renvoyé prisonnier à Troie et que Cressida reste dans le campement des Grecs pour le plaisir de quiconque la choisira. Laissée seule pendant un instant, elle murmure une dernière prière aux dieux, puis voyant s'approcher des soldats grecs, se saisit de l'épée de Troïlus et, après y avoir noué son écharpe, se donne la mort.

H.

The Bear
L'Ours

Opéra en 1 acte de William Walton; liv. de Paul Dehn. Créé au Festival d'Aldeburgh, 3 juin 1967, avec Monica Sinclair, John Shaw, Norman Lumsden, dir. James Lockhart. Prod. TV. (B.B.C.), 1970, avec Regina Resnik, Thomas Hemsley, Hammond-Stroud, dir. Walton.

PERSONNAGES

YELIENA IVANOVNA POPOVA, *une jeune femme* (mezzo-soprano); GRIGORY STEPANO-VITCH SMIRNOV, *un propriétaire* (baryton); LUKA, *valet de Mme Popova* (basse).

Le salon de la maison de Mme Popova, dans la campagne russe, en 1888.

L'œuvre a été commandée en 1965 par la Fondation Serge Koussevitsky; mais l'achèvement de ce petit opéra en 1 acte a été retardé, le compositeur ayant dû subir une intervention chirurgicale assez grave. La première représentation de « The Bear » a eu lieu au Festival d'Aldeburgh en 1967.

Ecrit à partir d'une nouvelle de Tchekhov du même titre, le livret raconte l'histoire de Mme Popova, jeune et belle veuve d'un propriétaire qui, malgré les conseils que s'efforce de lui donner son vieux valet Luka, semble décidée à rester une veuve vertueuse jusqu'à la fin de sa vie, tout en sachant fort bien que son défunt mari n'était pas un modèle de vertu. Il semble que de son vivant il soit resté insensible à ses reproches et c'est sans doute pour cette raison qu'elle a l'intention de l'en poursuivre jusque dans l'au-delà.

Luka lui annonce qu'un homme vient la voir au sujet d'une affaire urgente. Le visiteur entre pratiquement de force, et se présente comme Grigory Stepanovitch Smirnov, propriétaire et lieutenant d'artillerie à la retraite. Le défunt Popov lui devait 1300 roubles pour de l'avoine. Sa banque réclame les intérêts de cet emprunt pour le lendemain, et, s'il ne veut pas voir ses biens saisis et se trouver lui-même en banqueroute, il faut qu'il soit remboursé sur-le-champ. Il refuse d'écouter la promesse de Mme Popova, qui dit que son intendant paiera, et soutient qu'elle seule peut l'aider. Lorsqu'il s'emporte, Mme Popova disparaît en claquant la porte; Smirnov, frustré, se lamente

sur la façon dont tous ses débiteurs disparaissent dès qu'il les poursuit, alors que les créanciers, eux, sont toujours là.

La colère et l'indignation s'emparent de Smirnov, qui souligne sa grande aversion à traiter des affaires avec les femmes. Luka entre pour annoncer que Mme Popova est souffrante et ne peut recevoir personne. Smirnov déclare qu'il veut récupérer son dû, quand bien même il devrait rester une année entière; il ordonne au valet de dételer ses chevaux et de lui apporter une bouteille de vodka. Constatant son aspect négligé dans le miroir, il est lui-même un instant déconcerté par sa propre grossièreté, mais la colère le reprend dès que Luka lui reproche sa conduite. Mme Popova revient, en baissant les yeux. Smirnov ne peut-il attendre la fin de la semaine ? Il reste intraitable; si on ne le paie pas tout de suite il se pendra ! Leur dispute s'anime. Sur un air enjoué, Mme Popova, piquée par l'affirmation de Smirnov selon laquelle les hommes seraient plus fidèles que les femmes, lui raconte l'infidélité de son mari, souligne sa propre conduite, on ne peut plus vertueuse, et son intention de désormais rester pure.

Smirnov n'est pas convaincu et lui fait remarquer que, malgré ses vêtements de deuil, elle n'a pas oublié de se poudrer le visage. C'en est trop pour Mme Popova, et elle le prie de sortir. Au plus fort de la dispute, Smirnov lui propose de régler ce différend par un duel : qu'il y ait vraiment une égalité entre les sexes !

Mme Popova s'empresse d'accepter cette proposition et va chercher les pistolets de son défunt mari. Smirnov, rempli d'admiration, regrette d'être dans l'obligation de tuer une créature si splendide. Mme Popova revient avec les pistolets (à la grande horreur de Luka) et demande à Smirnov de lui en apprendre le maniement. A la fin de la leçon, Smirnov, bouleversé par son amour naissant décide de tirer en l'air. Elle prend cela pour de la lâcheté et lui ordonne de sortir. Smirnov lui déclare son amour. Elle menace de tirer, il lui répond que ce serait un plaisir d'être tué par elle. Elle essaie de rester digne et sonne Luka pour qu'il éconduise Smirnov, mais le vieil homme n'est pas arrivé qu'ils sont déjà tendrement enlacés.

Le charme de cette œuvre est encore relevé par des parodies d'autres compositeurs, comme Stravinsky et Britten.

H.

MICHAEL TIPPETT
(né en 1905)

The Midsummer Marriage
Le Mariage de la Saint Jean

Opéra en 3 actes de Tippett, texte du compositeur. Créé à Covent Garden, 27 janvier 1955, avec Joan Sutherland, Adèle Leigh, Oralia Dominguez, Monica Sinclair, Edith Coates, Richard Lewis, John Lanigan, Otakar Kraus, Michael Langdon, dir. John Pritchard. Reprise à Covent Garden, 1957, 1968, dir. Colin Davis.

PERSONNAGES

MARK, *un jeune homme né de parents inconnus* (ténor); JENIFER, *sa fiancée* (soprano); KING FISHER, *le père de Jenifer, un homme d'affaires* (baryton); BELLA, *la secrétaire de King Fisher* (soprano); JACK, *l'ami de Bella, un mécanicien* (ténor); SOSOSTRIS, *une voyante* (contralto); LES ANCIENS, *prêtre et prêtresse du temple* (basse, mezzo-soprano); STREPHON, *l'un des danseurs.*
Chœur des amis de Mark et de Jenifer, danseurs qui suivent les Anciens.

De nos jours.

Wilfrid Mellers écrivait[1] il y a quelques années : « L'opéra de " recherche" de Tippett, écrit sous l'influence, consciente, du drame en vers de T.S. Eliot (il a correspondu avec Eliot pour obtenir de lui qu'il écrive le livret, ou du moins les paroles), est bien sûr une comédie,

1. *New Statesman*, 31 mars 1967.

et traite, comme il le dit lui-même[1] "des obstacles inattendus à un éventuel mariage"; ces obstacles étant avant tout "notre propre ignorance, ou nos illusions sur nous-mêmes" ».

Mark et Jenifer sont de jeunes amants, et nous sommes témoins de leur incompréhension, de leurs heurts, des modifications qu'ils apportent à leur propre personnalité, de leurs réactions devant la contradiction. L'opéra est avant tout l'histoire de leur développement intérieur. L'élément « social » dans *The Midsummer Marriage* réside dans le lieu plutôt que l'époque — comme l'a dit un critique[2] lors de la reprise à Covent Garden en 1968 : « la clairière au sommet d'une colline dans un bois, les bourgeons de l'été, le sentiment du passé, la présence de l'Angleterre (et en particulier l'ouest du pays), dont le livret et la musique sont saturés ».

Acte I (le matin). Une clairière dans un bois, sans doute au sommet d'une colline, contre le ciel. Une espèce de sanctuaire dont le centre semble être un ancien temple grec. La musique est extrêmement vigoureuse et brillante. Les amis arrivent; ils ont rendez-vous avec Mark et Jenifer, qui doivent se marier. Une musique parvient doucement du temple (Ex. 1) :

Le chœur se cache lorsque apparaissent les danseurs, Strephon en tête, suivis par les Anciens (Ex. 2) :

La Danse (Ex. 3) :

est rituelle, mais elle est interrompue par Mark qui réclame pour son mariage une danse nouvelle. Après quelques mesures de l'Ex. 3, l'Ancien, à la grande indignation de Mark, fait tomber Strephon à l'aide de son bâton, et finit par ordonner à toute la troupe de rentrer dans le temple, avec cette mise en garde : « Nous ne cherchons pas... à vous retenir plus longtemps de vos rêves, vous apprendrez une danse nouvelle avant de quitter ce lieu aujourd'hui. » Tous s'en vont sur la musique de l'Ex. 2.

Dans un air assez long, très orné, qui s'étend du la aigu jusqu'au si bémol près de deux octaves plus bas, Mark leur demande de se joindre à lui pour fêter son amour. « Ah, le matin d'été danse dans mon cœur », chante-t-il, et la musique exubérante

1. Michael Tippett, *Moving into Aquarius*, Routledge & Kegan Paul.
2. David Cairns, dans *The Spectator*, avril 1968.

de Tippett traduit bien les paroles. en une phrase splendide.

Jenifer apparaît, habillée pour un voyage plutôt que pour un mariage, à la grande surprise de Mark; leur duo (sous lequel se trouve un chœur à six voix) est ravissant, mais les supplications de Mark n'y peuvent pas grand-chose : « Ce n'est pas l'amour que je veux, c'est la vérité », dit Jenifer (dont la résolution annonce déjà l'arrivée de son père obstiné, King Fisher). Elle part seule, à la recherche d'elle-même.

Jenifer commence à monter l'escalier[1] qui n'aboutit pas, et elle disparaît brusquement, après un *diminuendo* sur le si bémol aigu. Mark se console presque en riant : « Elle reviendra », mais en entendant la voix du père de Jenifer, King Fisher, un homme d'affaires, il décide de son côté de faire comme Jenifer, et il part à la recherche de lui-même. Il descend et passe par les portes qui mènent dans le flanc de la colline.

King Fisher se trouve associé à la musique de l'Ex. 3 qui représente ici l'autorité aveugle. Il appelle sa secrétaire Bella, et essaye, par son intermédiaire, d'obtenir l'aide des Anciens (variation de l'Ex. 2) pour retrouver la trace de sa fille qui s'est enfuie, pense-t-il, avec Mark. Lorsqu'ils refusent d'ouvrir leurs portes, il envoie Bella chercher son ami Jack, un ouvrier qui fera le travail à leur place. Dans un monologue vigoureux, il envoie à sa recherche les hommes qu'il a réussi à convaincre à prix d'or mais les femmes refusent de travailler pour lui.

Jack entre alors; Bella et Jack représentent, à l'image de Papageno-Papagena, les amoureux sans histoires.

Jack accepte de faire le travail (« Ma carte pourra vous dire qui je suis et quel est mon salaire chaque semaine. Mais elle ne pourra pas vous dire mes rêves. »); mais une voix venant de derrière les portes le met en garde (variation de l'Ex. 1). King Fisher voudrait qu'on agisse, mais cette fois-ci la voix de Sosostris les invite plus violemment encore à la prudence. Au moment décisif Jenifer réapparaît en haut des marches, en partie métamorphosée[2].

A peine a-t-elle entrepris de raconter son expérience que Mark réapparaît à son tour, lui aussi transfiguré, et ressemblant à Dionysos. Les Anciens et les danseurs sortent solennellement du temple et leur demandent de prendre la parole.

C'est d'abord le discours de Jenifer, musicalement très élaboré et orné avec une partie centrale plus lente, puis l'air de Mark, à peine moins brillant. Les danseurs et leurs amis obligent pendant ce temps King Fisher à s'éloigner de plus en plus des deux protagonistes; Jenifer traverse la scène pour affronter Mark et lui montrer l'animal qu'il est devenu à ses yeux. Le miroir qu'elle lui tend lui tombe des mains, et elle commence à descendre les marches pendant que lui monte celles par où elle était allée chercher la vérité; chacun essaye à présent de retrouver cet équilibre spirituel devenu fragile depuis qu'ils ont échangé symboliquement leurs rôles.

Acte II (l'après-midi). Le même décor vu sous un angle sensiblement différent. L'aspect magique de l'acte I est ici accru, quoique modifié musicalement, Ex. 4 :

1. Dans la mythologie, les régions supérieures, d'une façon générale, représentent le principe masculin, et la terre maternelle le principe féminin.

2. La partition dit : « Le modèle de l'antiquité grecque vers lequel tendrait la transformation de Jenifer serait Athéna... mais mon intention n'est pas qu'on y voie une imitation exacte d'Athéna, car la véritable Jenifer doit rester visible, malgré cette transformation surnaturelle. »

Strephon danse devant le temple puis se cache lorsqu'on entend le chœur dans les coulisses qui célèbre le jour le plus long. Jack et Bella arrivent, Bella commence à parler de mariage, et ils envisagent leur avenir avec bonheur en une scène pleine de tendresse, sans doute la plus conventionnelle de l'opéra.

Ils s'engagent dans le bois, Strephon commence à danser. C'est la partie centrale de l'acte, une séquence[1] de ballet très élaborée et travaillée, dans laquelle le conflit inconscient qui oppose les deux sexes est montré dans ses aspects les plus sauvages :

I La Terre à l'Automne : le Chien chasse le Lièvre.

II Les Eaux en Hiver : la Loutre chasse le Poisson.

III L'Air au Printemps : Le Faucon chasse l'Oiseau.

Au commencement (Ex. 1), quelques-uns des arbres du bois, représentés par des danseurs, se déplacent pour former une espèce de terrain de course. Les deux accords grandioses et solennels de l'Ex. 5 annoncent les deux premières danses qui vont s'y dérouler :

Un prélude introduit la très belle séquence musicale qui suit, et chacune des trois parties du ballet se compose d'une modification du décor, de la préparation à la danse, puis de la danse proprement dite. Les mouvements du chasseur et de sa proie sont décrits d'une manière pittoresque, parfois symboliquement, parfois d'une façon presque naturaliste ; le décor est chaque fois différencié : la forêt pour le lièvre, l'eau pour le poisson, l'air et le champ de maïs pour l'oiseau.

Jack réconforte Bella, qui se ressaisit en prenant son miroir ; elle chante un air charmant, tout en refaisant son maquillage, avant de confier à Jack que King Fisher a des projets pour eux dans la suite des opérations. L'acte se termine avec les cris (hors scène) qui saluent la Saint-Jean, l'Ex. 4 à l'orchestre.

1. Les *Danses Rituelles* (trois dans l'acte II et la Danse du Feu dans l'acte III) ont connu leur première exécution en février 1953, à Bâle, sous la direction de Paul Sacher.

Acte III (le soir et la nuit). King Fisher annonce qu'il est venu avec sa propre magie pour s'opposer à celle des Anciens : Mme Sosostris, une voyante. La foule doit la conduire au lieu où elle rencontrera les Anciens. Bella les appelle (Ex. 2). Malgré la tentative des Anciens de l'en dissuader, King Fisher persévère. Une procession (l'Ex. 3, transformé en marche) arrive sur la colline, portant une litière; sur cette litière est un personnage revêtu d'une cape, et Bella reconnaît aussitôt Jack.

On voit apparaître une forme vaguement humaine, recouverte de voiles, à laquelle King Fisher explique rapidement la situation, priant Mme Sosostris, de retrouver sa fille disparue. Sur une musique très impressionnante, qui débute lente et mesurée, Sosostris commence son invocation, « Je suis ce qui a été, ce qui est et ce qui sera »; le mouvement et l'intensité croissent en même temps que la tessiture s'élève; elle poursuit en devinant l'union de Jenifer et Mark, union à la fois physique, puisqu'ils sont amoureux, et symbolique, maintenant que Jenifer est prête à accepter ce qu'il y a de masculin chez Mark et qu'elle-même a réussi à comprendre (et réciproquement). C'est le mouvement le plus important consacré à la voix, dans cette partition d'une écriture vocale pourtant déjà riche.

King Fisher interrompt cette vision et retourne la situation, demandant maintenant à Jack de jouer un autre rôle et d'être son agent pour démasquer l'imposture de Sosostris. A la fin d'un ensemble, dans lequel Jack et Bella, les deux Anciens, et King Fisher

luttent pour prendre le dessus, Jack jette son ceinturon et son arme, les symboles de sa mission, et tourne le dos à King Fisher, qui les ramasse à contre cœur. Il s'apprête à enlever le voile de Sosostris, et chacun de ses gestes est commenté par les Anciens et par la foule; le dernier voile tombe de lui-même pour découvrir un bourgeon incandescent qui s'ouvre comme de gigantesques pétales de lotus. Mark et Jenifer sont à l'intérieur, transfigurés. King Fisher les menace, mais dès que Mark et Jenifer se retournent vers lui, il tombe à terre, mort.

Annoncés par la musique qui précède les autres danses rituelles, Strephon et une danseuse allument le feu symbolique. Le chœur se joint à eux (Ex. 5) pendant que Mark et Jenifer chantent leur vision. A mesure que la danse rituelle progresse, Mark, Jenifer et Strephon semblent être attirés vers l'intérieur du bourgeon de lotus dont les pétales finissent par se refermer sur eux; on ne voit plus alors que la torche allumée au commencement de la danse. A son tour, elle est attirée dans ces voiles qui s'enflamment (Ex. 5), laissant la scène dans le noir lorsque le feu s'éteint.

« Etait-ce une vision ? Etait-ce un rêve ? » La lumière commence à revenir, mais le temple est noyé dans la brume, comme au début. La musique retrouve sa chaleur; Mark et Jenifer, redevenus simples mortels, proclament qu'ils ont trouvé la vérité, et que « Toute chose tombe, pour être bâtie de nouveau, et ceux qui la bâtissent sont heureux » (Ex. 2). Le rideau descend sur la scène vide.

H.

King Priam
Le Roi Priam

Opéra en 3 actes, texte et musique de Michael Tippett. Créé le 29 mai 1962, à Coventry (repris plus tard à Covent Garden), avec Forbes Robinson, Marie Collier, Josephine Veasey, Margreta Elkins, Richard Lewis, dir. John Pritchard. Reprise à Covent Garden, 1967, dir. Pritchard; 1972, dir. Colin Davis.

PERSONNAGES

PRIAM, *roi de Troie* (baryton basse); HÉCUBE, *sa femme* (soprano dramatique); HECTOR, *leur fils aîné* (baryton); ANDROMAQUE, *la femme d'Hector* (soprano lyrico-dramatique); PÂRIS, *le deuxième fils de Priam* (treble *dans la scène 2*) (ténor); HÉLÈNE, *la femme du roi Ménélas de Sparte, puis la maîtresse de Pâris* (mezzo-soprano); ACHILLE, *un héros grec* (ténor héroïque); PATROCLE, *son ami* (baryton léger).

PERSONNAGES ET CHŒURS
DANS LES INTERLUDES

UNE NOURRICE (mezzo-soprano); UN VIEIL HOMME (basse); UN JEUNE GARDE (ténor lyrique); HERMÈS, *messager des dieux* (ténor lyrique élevé).
Chœur de chasseurs, des hôtes de la noce, des serviteurs, des guerriers, etc.

A Troie, dans l'Antiquité.

Dans son deuxième opéra, Tippett a renoncé presque entièrement à l'écriture très riche de *The Midsummer Marriage*, l'écriture orchestrale moins dure et les lignes plus vigoureuses de la musique de *King Priam* sont plus liées au *Concerto pour orchestre* (1962-1963).

Le compositeur a placé en épigraphe de son œuvre les mots allemands suivants : « Es möge uns das Schicksal gönnen, dass wir das innere Ohr von dem Munde der Seele nicht abwenden » (Que le Destin nous accorde de ne jamais détourner notre oreille intérieure des lèvres de notre âme); il a expliqué au moment de la création que le propos de l'œuvre était le Choix — le choix de Priam après la prophétie quant au destin de Pâris, le choix de Pâris d'aller à Troie, après la scène de la chasse, celui de Priam d'accepter Pâris, celui d'Hélène de quitter Sparte avec Pâris, celui de Pâris

entre les trois Grâces, et ainsi de suite pendant toute l'œuvre.

Acte I. Des hérauts portant des trompettes sont devant le rideau, derrière se trouve un chœur qui chante sans paroles. Celui-ci sert dans tout l'opéra à exprimer les moments de tension, en particulier les combats. Les hérauts servent surtout de « liens » entre les épisodes de ce drame héroïque et d'introduction à l'action, qui s'ouvre sur une discussion à propos du rêve d'Hécube, où elle a vu que son fils nouveau-né, Pâris, provoquera la mort de son père. La réaction d'Hécube à la lecture qu'en donne le Vieil Homme s'exprime dans un air : « Alors, je ne suis plus la mère de cet enfant », qui révèle son tempérament passionné et résolu. La réaction de Priam est moins tranchée, et il l'expose dans un monologue plein d'hésitation. Le Jeune Garde, auquel il a confié la tâche de

tuer l'enfant, sent bien que ses sentiments sont en contradiction avec ses
paroles.

Un Interlude vocal, auquel participent la Nourrice, le Vieil Homme et
le Jeune Garde — qui jouent le rôle de
« chœur grec » dans cet opéra — commente les choix qui pouvaient se faire
dans cette situation bien particulière.

Hector, le fils de Priam, qui voulait
faire preuve de sa force physique en
maîtrisant et en capturant tout seul
un taureau sauvage, reste stupéfait
lorsqu'il voit un jeune garçon sauter
sur le dos de l'animal et prendre la
fuite. Ce garçon revient et révèle qu'il
aime ce taureau comme on aime son
meilleur ami; il voudrait se joindre aux
jeunes héros de Troie. Hector propose
de lui enseigner l'art de la guerre;
Priam accepte, pourvu que le père
du garçon soit d'accord. Le garçon
révèle que son nom est Pâris; Priam
exprime son étonnement et sa joie
dans un monologue, où il accepte la
décision du destin.

La Nourrice, le Vieil Homme et le
Jeune Garde sont les témoins de cette
décision et la commentent dans un
deuxième interlude. Quelques hôtes reviennent réjouis du mariage d'Hector
et d'Andromaque; on apprend alors
que l'hostilité qui régnait entre Hector
et Pâris a décidé Pâris à se rendre à la
voile à la Cour de Ménélas à Sparte.

Pâris insiste pour qu'Hélène choisisse
entre lui et Ménélas, et à la fin de
leur duo il obtient la promesse qu'elle
partira avec lui.

Il se demande s'il y a la moindre
possibilité de choix dans les relations
humaines et si lui-même et Hélène
font un « choix », lorsque après avoir
été séparés leurs corps se précipitent
l'un vers l'autre. Hermès, comme pour
répondre à cette question, vient lui dire
qu'il doit choisir entre trois Grâces :
Athéna, Héra, et Aphrodite (chantées
par Hécube, Andromaque et Hélène).
Comment, après en avoir choisi une,
échapper à la colère des autres ?
Hermès répond qu'il n'y échappera

pas — mais qu'il lui faut néanmoins
choisir. Athéna lui offre le courage sur
le champ de bataille, Héra le bonheur
conjugal, et toutes deux le maudissent
tant il est clair qu'il va choisir Aphrodite, et donc s'enfuir avec Hélène,
déclenchant ainsi la guerre entre la
Grèce et Troie.

Acte II. Troie est assiégée. Hector
reproche à Pâris d'avoir pris la fuite
lors d'un combat contre Ménélas.
Priam essaie d'apaiser leur querelle,
et Pâris finit par suivre Hector au
combat. Dans le premier Interlude, le
Vieil Homme demande à Hermès de le
laisser voir Achille, qui s'est retiré
dans sa tente.

Achille est sous sa tente avec
Patrocle, il chante tristement « O pays
dont la terre est riche », un air où
s'exprime son désir de paix et de
beauté. Patrocle regrette qu'Achille
prenne tant à cœur la perte de cette
jeune fille donnée en butin après le sac
de Thèbes, puis reprise, à tel point
qu'il refuse de prendre part au combat.
Ensemble, ils imaginent que Patrocle
pourrait porter l'armure d'Achille
contre les Troyens; Achille verse une
libation aux dieux, pour que Patrocle
revienne sain et sauf.

Dans le deuxième Interlude, le
Vieil Homme supplie Hermès de
prévenir les Troyens du danger que
représente Patrocle. Pâris apprend à
Priam qu'Hector a tué Patrocle en
combat singulier, et Hector arrive
portant l'armure d'Achille. Un trio
superbe célèbre cette victoire, interrompu par le cri de guerre d'Achille.
C'est le plus beau *coup de théâtre*
jamais réussi par le compositeur, et ce
défi terrifiant hante encore ceux qui
ont entendu cet opéra depuis que
Richard Lewis l'a lancé d'une manière
superbe à Coventry, en mai 1962;
c'est une réaction que Tippett avait
sans doute prévue, à en juger d'après
les indications scéniques qu'il a données à cet endroit : « Hector reste là,
comme pétrifié. »

Acte III. Les violoncelles seuls annoncent l'arrivée d'Andromaque. Elle rappelle le jour sinistre où Achille a tué son père et ses frères, mais refuse de céder à la demande d'Hécube, qui voudrait qu'elle aille sur les remparts de Troie rappeler Hector du champ de bataille. Pourquoi Priam ne met-il pas un terme à la guerre en renvoyant Hélène à Sparte ? Hécube lui répond que ce n'est pas pour Hélène que les Grecs se sont mis en guerre, mais pour conquérir la ville de Troie. Lorsque Hélène se montre, Andromaque l'insulte. La réponse d'Hélène se fait sous forme d'un grand air : « Les femmes comme vous, les mères et les épouses ne peuvent pas savoir ce que les hommes peuvent ressentir en ma présence. » Les voix des trois femmes s'unissent en un trio superbe, chacune d'elles y évoque le nom et les qualités de son compagnon et prédit la mort de l'autre.

Priam a l'impression que ses sujets lui cachent quelque désastre, seul Pâris a le courage de lui annoncer la mort d'Hector mais il ne peut accepter les reproches de son père, ni ses regrets quant aux résultats du choix qu'il a fait il y a plus de vingt ans. Il part pour accomplir son destin, en tuant Achille.

Priam se lamente : « Père et roi. » Si les augures avaient prédit la mort d'Hector et non la sienne, il aurait non seulement ordonné le meurtre de l'enfant, mais il l'aurait aussi vraiment voulu.

Le deuxième Interlude, uniquement orchestral, introduit la scène qui se passe sous la tente d'Achille. Priam est venu implorer les Grecs de lui rendre le corps d'Hector. Priam embrasse la main d'Achille, « la main de celui qui a tué mon fils », qui lui remet le corps d'Hector. Ils évoquent leurs destinées respectives, Achille devant mourir de la main de Pâris, et Priam devant être tué par le fils d'Achille, Neoptolemus.

Dans le troisième Interlude, Hermès annonce la mort des protagonistes. Pâris s'offre pour défendre Priam qui a refusé de quitter Troie avec lui. Andromaque affiche son mépris pour Pâris et la façon dont il veut défendre Priam; puis c'est Hélène qui prend sa place : « Elles restent là silencieuses, ces deux femmes au destin malheureux. » Priam envoie Pâris à sa mort héroïque. Il réconforte Hélène et se console lui-même, lorsqu'elle lui rappelle que ni lui ni Hector ne lui ont jamais reproché la part de responsabilités qui lui revenait dans ces événements. Priam s'effondre sans un bruit, devant l'autel où, alors qu'Hermès se montre à lui, Neoptolemus le transperce de son épée. Les « choix » sont faits. »

H.

The Knot Garden
Le Jardin de Nœuds

Opéra en 3 actes; texte et musique de Michael Tippett. Créé à Covent Garden, 2 décembre 1970, avec Jill Gomez, Josephine Barstow, Yvonne Minton, Robert Tear, Thomas Hemsley, Raymund Herincx, Thomas Carey, prod. Peter Hall, dir. Colin Davis.

PERSONNAGES

FABER, *un ingénieur d'environ 35 ans* (baryton robuste)[1]; THEA, *sa femme, une jardinière* (mezzo-dramatique); FLORA, *leur pupille, une adolescente* (soprano léger élevé); DENISE, *la sœur de Thea, une militante libertaire* (soprano dramatique); MEL, *un écrivain noir de 30 ans* (baryton basse lyrique); DOV, *son ami blanc, un musicien* (ténor lyrique); MANGUS, *un psychanalyste* (baryton ténor élevé).

Le jardin d'une maison entourée de murs, de nos jours.

Dans une préface à l'édition de cette partition, le compositeur a écrit : « Le décor, que ce soit le labyrinthe ou le jardin de roses, doit changer avec les situations intérieures. Si ce jardin devait jamais être visible, ce pourrait être celui d'une maison, que des murs assez hauts sépareraient d'une ville industrielle. Le labyrinthe, d'un autre côté, n'est jamais réel. Il ressemble, si jamais il apparaît, à une espèce de dédale qui se déplacerait constamment et qui, si possible, pourrait se mettre en rotation (dans l'acte II).

« L'époque est contemporaine. Bien qu'il soit évident que la durée n'en dépasse pas un jour, l'action dramatique est discontinue, un peu comme un montage cinématographique. Le mot utilisé pour ces coupes est "Dissolution"[2], ce qui sous-entend que le décor doit un peu se défaire, puis se refaire. »

Il a également dit : « Le réalisme provocant de Parolles dans *All's Well that ends Well* (Tout est bien qui finit bien), "La chose que je suis suffit à me faire vivre" est la devise de toute l'œuvre. »

En guise d'introduction à l'acte I, qui porte en sous-titre *Confrontation*, Tippett a écrit dans le programme de la première à Covent Garden : « *The Knot Garden* raconte les amours et les haines de sept personnes dans l'Angleterre d'aujourd'hui. Mangus, un psychanalyste, a été invité à séjourner chez Faber et sa femme Thea. Celle-ci espère que Mangus pourra les aider à résoudre les problèmes de leur jeune pupille, Flora, qui est obsédée par la menace sexuelle, en partie vraie, en partie imaginaire, que constitue pour elle Faber. Mangus découvre que ce n'est pas Flora qui est malade, mais leur mariage, et il met au point un certain nombre de confrontations et de "jeux" destinés à résoudre leurs difficultés. Il se prend pour une espèce de Prospero moderne. Dov, un musicien, et son amant Mel, un jeune écrivain noir, sont également là, mais en tant qu'hôtes de Thea plutôt que de Faber. L'arrivée de la sœur de Thea, Denise, une révolutionnaire, modifie toutes les relations. »

H.

---

1. C'est le compositeur lui-même qui a ainsi décrit les voix requises.
2. Il y en a 2 à l'acte I, 1 à l'acte II et 5 à l'acte III.

BENJAMIN BRITTEN
(1913-1976)

Peter Grimes

Opéra en 1 prologue, 1 épilogue et 3 actes de Benjamin Britten; texte de Montagu Slater, d'après le poème de George Crabbe. Créé au Sadler's Wells, Londres, 7 juin 1945, avec Joan Cross, Coates, Iacopi, Blanche Turner, Bower, Pears, Roderick Jones, Donlevy, Brannigan, Morgan Jones, Culbert, dir. Goodall. Première à Covent Garden, 1947, dir. Rankl; la Scala, Milan, 1947, dir. Serafin; Metropolitan, New York, 1948, dir. Emil Cooper; 1948, par la troupe du Covent Garden. Première à l'Opéra de Paris, 1949, dir. F. Adam; 1967, dir. Colin Davis; Strasbourg, version fr. de R. Lalande.

PERSONNAGES

PETER GRIMES, *un pêcheur* (ténor); JOHN, *son apprenti* (rôle muet); ELLEN ORFORD, *une veuve, maîtresse d'école à « The Borough »* (soprano); CAPITAINE BALSTRODE, *capitaine à la retraite* (baryton); AUNTIE, *propriétaire de « The Boar »* (contralto); SES DEUX « NIÈCES », *les attractions de « The Boar »* (soprano); BOB BOLES, *pêcheur et Méthodiste* (ténor); SWALLOW, *un avocat* (basse); MRS. (NABOB) SEDLEY, *rentière, veuve d'un agent de la Compagnie des Indes Orientales* (mezzo-soprano); REV. HORACE ADAMS, *le pasteur* (ténor); NED .KEENE, *apothicaire et guérisseur* (baryton); DR. THORP (rôle muet); CARTER HOBSON, *le roulier* (basse).
Chœur de villageois et de familles de pêcheurs..

The Borough, un village de pêcheurs de la côte Est de l'Angleterre, aux environs de 1880.

L'idée d'écrire *Peter Grimes* est venue à Britten aux États-Unis, en 1941, après qu'il eut lu un article de E.M. Foster sur George Crabbe, le chantre de l'Angleterre, et plus précisément de l'Est-Anglie. Peu après, le chef d'orchestre Koussevitzky offrit de lui commander un opéra et, dès son retour en Angleterre (au printemps 1942), Britten se mit au travail avec Montagu Slater, pour imaginer le livret.

C'est une adaptation assez libre du récit de Crabbe, qui constitue une partie de son long poème, *The Borough*. Le lieu reste Aldeburgh, où Crabbe est né et où Britten, peu après la création de *Peter Grimes*, s'est établi, mais le tempérament de Peter Grimes est ici un peu adouci. Il n'est plus aussi franchement sadique que dans le poème de Crabbe, mais devient une espèce d'inadapté, fier, obstiné, dont l'entière indépendance et le refus d'accepter la moindre aide finissent par le mener à la catastrophe.

Le succès immédiat que connut le premier opéra de Britten tient à des raisons historiques. Sa création eut lieu un mois après la fin de la guerre en Europe et coïncidait avec le retour à Londres de la troupe du Sadler's Wells. La musique est extrêmement vivante et inventive. Le sujet se prêtait suffisamment bien au grand opéra traditionnel pour satisfaire les vieux amateurs d'opéra, et l'anti-héros (un des premiers exemples de ce type de personnage dans un contexte populaire) était quant à lui assez « différent » pour attirer un public plus sophistiqué.

Prologue. L'Hôtel de Ville du village « The Borough ». Une enquête est en cours sur la mort en mer de l'apprenti de Grimes. Au lever du rideau, on entend aux bois un thème associé à Swallow, l'avocat et le coroner de « The Borough » (N°1).

Les habitants soupçonnent Grimes d'avoir provoqué la mort du garçon. Lorsqu'on lui demande des preuves de son innocence, Grimes répète le serment de Swallow, une octave plus haut et avec une valeur double pour chaque note. Il raconte l'histoire du malheur survenu en mer, lorsque lui et le garçon, alors qu'ils étaient partis pêcher, ont été déviés de leur route par le vent qui tournait; ils sont restés trois jours en mer, et l'enfant est mort de froid.

Quand il s'agit de confirmer les détails de ce qui s'est passé lorsque Grimes a échoué son bateau, Swallow et Grimes s'adressent tour à tour à Ned Keene, au Pasteur, à Bob Boles, à Mrs. Sedley et à Ellen Orford, qui confirment les témoignages à mesure qu'on appelle leurs noms. Le Coroner prononce son verdict : « ... votre apprenti est mort dans des circonstances accidentelles. Mais c'est précisément le genre d'incident que les gens savent se rappeler ». En même temps il conseille à Grimes de se conduire en adulte et non plus en enfant.

Grimes et Ellen Orford restent seuls, et Ellen essaie de le consoler. Au début de leur duo, Ellen chante en mi majeur et Peter en fa mineur, mais à mesure que Peter est réconforté par la confiance qu'elle a en son avenir, il la suit dans sa tonalité, et ils terminent ensemble : « Nous sommes amis. »

Britten commence chacun de ses trois actes avec ce qu'il appelle un interlude; il relie aussi les deux scènes de chaque acte par une pièce orchestrale du même genre. Le prologue et l'acte I (qui se passe sur la plage, et d'où l'on voit l'Hôtel de Ville, l'Auberge « The Boar », et le parvis de l'église) s'en-

chaînent avec le premier de ces interludes (N° 2A) :

Ce morceau bien calme semble exprimer le mouvement caractéristique des vagues et de l'eau (N° 2B) :

Scène 1. La première partie de la scène est sous forme d'un chœur très étendu (N°3), avec des interventions de

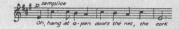

Auntie, qui ouvre son auberge pour la journée; de Boles, qui proteste contre toute forme d'amusement; de Balstrode, qui est préoccupé par le temps qu'il va faire; du Curé et de Mrs. Sedley, qui échangent un « Bonjour »; et de Ned Keene, qui dit qu'il est impatient d'obtenir un rendez-vous pour le soir avec l'une des « nièces » d'Auntie.

On entend la voix de Grimes, qui demande un coup de main pour son bateau. Tout le monde semble le lui refuser, puis Balstrode et Keene se décident à l'aider.

Keene dit à Grimes qu'il lui a trouvé un autre apprenti, qu'il lui suffit d'aller le chercher à l'hospice. Mais lorsque Keene lui en parle, Carter Hobson refuse car sa voiture est pleine : « Il faut que j'aille de pub en pub ». Le chœur soutient le refus de Hobson, mais Ellen Orford reprend son thème et accepte de ramener le nouvel apprenti. « Que celui qui n'a jamais pêché, jette la première pierre. » Son *arioso* en ré mineur est le premier solo important de l'opéra.

Balstrode voit qu'on a hissé le signal de tempête; il prend alors la tête d'un grand ensemble fugué où viennent s'ajouter les voix de Keene, d'Auntie, des deux nièces, de Bob Boles, le chœur et l'orchestre (l'une des caractéristiques des deux nièces est qu'elles chantent presque, mais pas tout à fait, toujours à l'unisson). Bob Boles demande aux habitants de « The Borough » de se repentir, et ce passage se termine sur leur prière fervente : « O marée qui n'attend pas les hommes, épargne nos côtes. » La musique de la tempête est maintenant bien dessinée, et elle va dominer tout le reste de l'acte.

Balstrode fait quelques remarques sur la solitude que Grimes semble vouloir préserver. Grimes est ému par la gentillesse du vieux capitaine et lui raconte, dans un passage *arioso*, toute l'horreur qu'il a vécue seul en mer avec dans le bateau le cadavre du garçon.

L'intervalle de neuvième est censé représenter les difficultés de Grimes à s'adapter; nous l'entendons sous sa forme mineure au début de la scène avec Balstrode (N° 4A)

et résolu en neuvième majeure lorsqu'il pense à Ellen, et à son éventuel salut (N° 4B).

Lorsque le rideau tombe, on entend pour la première fois toute la violence de la tempête dans l'interlude orchestral qui suit et qui développe les thèmes de la tempête déjà entendue, avec en son milieu une allusion à la phrase N° 4B.

La *scène 2* se déroule à l'intérieur de « The Boar ».

Il y a deux épisodes bien caractéristiques dans la musique; Balstrode se plaint du bruit que font deux leur frayeur les « nièces », et se voit repoussé par Auntie, dans un morceau

à moitié comique; Bob Boles, qui est ivre, fait des avances à l'une des « nièces », puis essaie de frapper Balstrode qui parvient à le maîtriser. Toute la compagnie le suit pour chanter « Nous vivons, nous laissons vivre les autres, et nous ne portons la main sur personne. »

Grimes entre alors, et Mrs. Sedley s'évanouit. Grimes remarque à peine ce qui se passe à l'intérieur de « The Boar » et chante les mystères du ciel et de la destinée des hommes : « A présent la Grande Ourse et la Pléïade ». Le thème mélodique est à l'orchestre, en canon; la portée du texte, dans la partie centrale *molto animato* qui sert de contraste, et la façon éloquente dont il répète : « Qui peut faire reculer le ciel et tout recommencer » en font une scène d'une beauté envoûtante.

Tout le monde reste consterné par l'état d'esprit de Grimes, et c'est Ned Keene qui rétablit la situation en lançant une ronde : « Le vieux Joe est parti pêcher. » Trois airs différents sont utilisés et combinés dans une mesure à 7/4 (N° 5).

Hobson, le cocher, entre avec Ellen et le nouvel apprenti de Grimes.

Acte II. Tous se rendent à l'église. L'interlude est fait d'une *toccata* animée et brillante (N° 6)

qui s'oppose à un air très ample et lyrique, qu'on entend d'abord aux altos et aux violoncelles (à l'unisson) puis, dès que le rideau se lève, chanté par Ellen qui entre avec John, le nouvel apprenti (N° 7) :

La *scène 1* se déroule sur le fond sonore fourni par la musique du service religieux, qu'on entend par moments venant des coulisses. Pendant l'hymne (*maestoso*), Ellen parle gentiment au garçon. Au moment où débutent la Confession de foi et les Répons (*Recitativo agitato*) Ellen découvre que le manteau du garçon est déchiré, et qu'il est blessé au cou. Peter Grimes entre alors précipitamment, au moment où le chœur entonne le *Benedicite* (*Allegro agitato*) et dit au garçon qu'ils partent travailler. Il répond sèchement à Ellen lorsqu'elle lui rappelle que c'est dimanche, jour de repos. Le chœur commence le *Credo* (*Adagio*) alors qu'Ellen supplie Peter de prendre en considération le jeune âge du garçon. Il se met à crier et à le frapper, faisant coïncider « l'Amẽn » du chœur avec son propre *fortissimo* : « Ainsi soit-il, et que Dieu ait pitié de moi ! » (N°8);

Grimes fait sortir le garçon devant lui, et laisse Ellen rentrer chez elle en pleurant. La foule a entendu le bruit de la dispute pendant le service et murmure d'indignation. Balstrode essaie de les calmer.

Ellen tente d'expliquer ce qui s'est passé, mais l'opinion publique se dresse de plus en plus contre elle — elle est maintenant directement associée dans leurs esprits à Grimes et à ses méfaits — et bien que sa voix s'élève de plus en plus pour se faire comprendre, l'en-semble et le chœur noient ses efforts, qu'ils n'ont cessé de tourner en déri-sion depuis le début, en criant « Au meurtre ! » Malgré les protestations de Balstrode, le Curé et Swallow réunissent un groupe d'hommes pour aller enquêter sur ce qui se passe dans la cabane de Grimes. Carter Hobson bat le rassemblement sur son tambour, et ils se mettent en marche sur l'air vindicatif que chante le chœur : « Par-tons avec le fer et le couteau; ce qui se fera maintenant sera fait pour la vie. »

A mesure que leurs voix s'éteignent au loin, deux flûtes à un intervalle de seconde amènent un trio à 6/8 pour les deux nièces, Auntie et Ellen (les deux nièces chantent à l'unisson, sauf dans la première et la dernière phrase). Les femmes s'interrogent sur leurs relations avec les hommes : « Faut-il en rire ou en pleurer, ou attendre en silence qu'ils dorment ? »

L'interlude qui relie la première et la seconde scène de l'acte II est une passacaille, qui est le point central de tout l'opéra. Elle est bâtie sur l'Ex. 8 et est traversée par le son triste de l'alto solo, qui représente le sort de l'apprenti maintenant pris dans les rouages du destin de Grimes.

Scène 2. Dans la cabane de Grimes. Jusqu'à la fin du chœur, la scène n'est qu'un monologue de Grimes, le rôle du garçon se réduit à un simple cri.

Grimes oppose ce qu'il a toujours été à ce qu'il a toujours rêvé d'être avec l'aide d'Ellen. Les phrases ornées et le texte idyllique finissent par céder à la fièvre, lorsqu'il décrit cette veille horrible, avec l'apprenti agonisant dans son bateau. L'air se termine sur les mots : « dans la baie tranquille et profonde »; à la mesure suivante on entend la procession qui vient du village pour enquêter. Grimes réagit violemment et pense que c'est le garçon qui est la cause de leur venue chez lui. En l'invitant à être prudent, Grimes le fait descendre un peu plus bas sur la falaise; lorsqu'il sent que les visiteurs s'approchent de sa porte, il se retourne et entend alors le cri du garçon qui vient de tomber et de se tuer. Grimes part aussitôt à sa recherche. Avec ce cri, l'orchestre cesse brusquement de jouer et ne laisse qu'un écho très étrange au célesta.

La foule ne trouve rien, mais fait quelques remarques sur cette porte ouverte, qui laisse voir à proximité le précipice derrière elle, et sur l'ordre qui règne dans la cabane.

Acte III. Cet acte s'ouvre avec un prélude « Au clair de lune », d'une grande simplicité et d'une beauté admirable. Le thème qui s'y dessine est ponctué ici et là d'un petit motif de flûte et de harpe.

La scène est la même qu'à l'acte I (la rue et la plage de « The Borough »), mais cette fois de nuit. Un bal est donné à l'Hôtel de Ville, et il y a un va et vient constant entre « The Boar » et ce bal. L'orchestre joue une gigue bien rustique. Swallow court après l'une des nièces, en chantant un air encanaillé. Ned est arrêté par Mrs. Sedley qui, accompagnée par un *Ländler* de l'orchestre, essaie d'attirer son attention en lui prouvant, à son grand dégoût, que Peter Grimes est un meurtrier.

Lorsque l'orchestre débute un *horn-pipe*, les plus âgés des villageois se souhaitent bonne nuit, le Curé se montrant de loin le plus courtois. Musicalement, c'est une scène d'un raffinement et d'une beauté extraordinaires. Mrs Sedley rumine dans l'obscurité : « Le crime est un passetemps qui adoucit mes pensées. » Ellen et Balstrode arrivent de la plage. Grimes reste introuvable. Ellen est effondrée car elle a reconnu le tricot qu'elle avait fait pour l'enfant et que Balstrode a trouvé, ramené par la marée. L'air d'Ellen « La broderie, dans notre enfance, était un luxe que permettait l'oisiveté » (N°9),

Andante con moto tranquillo   *cresc*

pp Em - broi - - de - ry   in   child - - hood was a

tu -   - xu -ry of   i - dle-ness.

est un moment de repos dans le déroulement du drame. C'est l'air le plus important de tout l'opéra, et en même temps l'un des passages les plus émouvants.

Mrs. Sedley a maintenant la preuve qu'il lui fallait, elle en avertit Swallow. Il ordonne que Hobson parte avec une troupe pour retrouver Grimes. Hobson rassemble des hommes pour l'aider et dans une ambiance d'hystérie et de brutalité, qui est exprimée d'une façon effrayante par le grand ensemble : « Détruisons celui qui nous méprise », les villageois se mettent en chasse pour retrouver Grimes.

Le sixième interlude, plus court, a été décrit par Sackville-West comme « l'un des passages les plus étranges et les plus imaginatifs de tout l'opéra... La musique, qui nous conduit de l'hystérie bornée de la foule jusqu'aux limbes de l'esprit de Grimes... repose sur un seul accord, une septième de dominante sur ré — tenu *ppp* pendant tout l'interlude par trois cors avec sourdines. Des figures cauchemardesques, tels des oiseaux traversant le brouillard, murmurent des fragments de thèmes que Grimes chantait plus tôt... ».

Lorsque le rideau se lève, on entend la milice crier « Peter Grimes », en même temps, une corne de brume (un mi bémol de tuba, suivi d'une appogiature sur le ré naturel) se fait entendre. Grimes arrive en se traînant, une grande scène où il sombre dans la folie; il n'est accompagné que du chœur en coulisse, de la corne de brume et, à l'arrière-plan, de l'accord des cors. Par bribes, il parle de chez lui et chante quelques fragments qui lui rappellent les différentes étapes de sa tragique histoire. Ellen arrive avec Balstrode pour ramener Grimes chez lui; il ne semble pas le reconnaître avant de chanter une réminiscence de l'exemple 4B qui représente ses espoirs, et qui est maintenant associé à son échec dans ce domaine. Balstrode reprend sa voix parlée (le chœur et le son continu de la corne de brume ont fait ici silence pour la première fois depuis le début de l'interlude) pour dire à Peter d'emmener son bateau en mer et de le faire couler. Il va aider Peter, puis revient pour emmener Ellen.

Tout doucement, trois violons commencent à jouer la musique du prélude de l'acte I (N° 2A), et les derniers hommes de la bande rentrent de leur chasse infructueuse. Le jour s'est levé, et le chœur chante le même air qu'au début de l'acte I. Swallow confirme qu'on a vu un bateau couler au large. Mais plus personne ne manifeste le moindre intérêt. « The Borough » a oublié sa chasse à l'homme et se prépare à vivre une nouvelle journée (N°3). H.

The Rape of Lucretia
Le Viol de Lucrèce

Opéra en 2 actes de Benjamin Britten; texte de Ronald Duncan, d'après la pièce d'André Obey, Le Viol de Lucrèce. *Créé à Glyndebourne, 12 juillet 1946; l'œuvre a ensuite tourné dans toute l'Angleterre avec une double distribution, le premier nom étant celui des chanteurs de la création : Cross (Nielsen), Ferrier (Evans), Ritchie (Duff), Pollak (Lawson), Pears (Schitz), Kraus (Rogier), Donlevy (Sharp), Brannigan (Walker), dir. Ansermet (Goodall). Mulhouse, 1948, avec Sabatier, von Sieben, Bécour, Clément, dir. Krannhals; Paris, 1948, par la troupe de Mulhouse; New York, 1949, dir. Breisach; Festival de Salzbourg, 1950, dir. Krips; New York, City Opera, 1958, dir. Rudel.*

PERSONNAGES

CHŒUR D'HOMMES (ténor); CHŒUR DE FEMMES (soprano); LUCRÈCE (contralto); COLLATIN, *son époux* (basse); LUCIA, *sa suivante* (soprano); BIANCA, *sa nourrice* (contralto); TARQUIN, *prince de Rome* (baryton); JUNIUS, *un général romain* (baryton).

Rome et ses environs, en 500 av. J.C.

Les deux actes, qui se divisent chacun en deux scènes, se déroulent dans un cadre musical et dramatique fourni par le Chœur d'Hommes et le Chœur de Femmes. Les deux commentaires servent, avec l'orchestre, à préparer, commenter, souligner ou resserrer les tensions dramatiques. La partition de l'opéra fait appel à un orchestre de chambre de douze instruments et un piano.

Acte I. Les Chœurs d'Hommes et de Femmes sont assis sur des trônes, de chaque côté de la scène. Ils ne se déplacent qu'à peine pendant toute la durée de l'opéra et sont parfois coupés du reste de la scène par un rideau à l'arrière (dans les interludes par exemple).

Le Chœur d'Hommes annonce *con forza* dès la 3e mesure : « Rome est maintenant gouvernée par le prince étrusque Tarquin le Superbe. » Dans une introduction animée, à mi-chemin entre l'*arioso* et le récitatif, il amène l'histoire en esquissant le cadre historique dans lequel elle se déroule.

Les circonstances bien particulières — la guerre contre la Grèce — sont soulignées par le Chœur de Femmes, avant que les deux voix ne s'unissent pour cette phrase lyrique (N° 1) :

Le rideau se lève, et l'orchestre (cordes avec sourdine et harpe) évoque la chaleur accablante de la nuit, où l'on entend le bruit des grillons et des grenouilles. Le Chœur d'Hommes et l'orchestre sont interrompus dans leur description des lumières de la ville, lorsque les officiers se mettent à chanter une chanson à boire.

Les officiers parlent de l'issue des paris qu'ils ont faits la veille au soir, lorsqu'ils sont rentrés chez eux sans prévenir, pour voir ce que faisaient leurs femmes en leur absence. Seule Lucrèce, la femme de Collatin, était chez elle. Les autres, y compris Patricia, la femme de Junius, étaient toutes dans une situation plus ou moins compromettante. « Et Collatin a gagné le pari », s'écrie Tarquin, « Et Junius est cocu, un cocu est un coq qui ne chante plus... » On entend pour la première fois le motif de Tarquin, sur les mots : « Vous oubliez que je suis le *Prince de Rome* » (et sur les quatre notes descendantes do, si, la, sol dièse).

Tarquin et Junius se disputent et commencent à se battre, mais Collatin les sépare, et leur propose de boire ensemble. Tarquin chante (N° 2) :

et tous les autres l'imitent. C'est le motif de Lucrèce.

Junius sort avec colère de la tente et la referme derrière lui; il est jaloux de Lucrèce et ne cesse de répéter son nom, apaisant sa colère en l'injuriant.

L'idée lui vient de se venger. C'est ensuite le Chœur d'Hommes qui poursuit (N° 3).

Junius termine son air en s'écriant « Lucrèce ! » (Ex. 2); Collatin essaie de le raisonner. L'air de Collatin, « Ceux que l'amour a réunis », remplace celui qui a été écrit pour la première version de l'opéra. Tarquin et Junius règlent leur différend sous forme d'un duo assez impressionnant qui finit par un canon à une demi-mesure d'intervalle; ainsi qu'ils le disent eux-mêmes :

Il semble que nous soyons d'accord,
Mais non pas du même avis !

Junius sort en laissant entendre que Tarquin n'osera pas s'attaquer à la chaste Lucrèce. Le Chœur d'Hommes, avec l'accompagnement d'orchestre du début de la scène, commente l'indécision de Tarquin, jusqu'à ce qu'il s'écrie « Mon cheval ! Mon cheval ! »; il est maintenant bien décidé.

Le rideau tombe, le Chœur d'Hommes décrit la chevauchée de Tarquin vers Rome.

Lorsque Tarquin arrive au Tibre, il entre dans le fleuve avec son cheval, et le Chœur décrit cette traversée (N° 3). Le lent *crescendo ppp* du solo de flûte jusqu'au *ff* de tout l'orchestre est extrêmement évocateur, et le moment le plus fort de cette Chevauchée arrive avec le « Lucrèce » *ff* de Collatin; le rideau se lève alors sur la maison de Lucrèce.

Chez Lucrèce, tout est calme. Elle file la laine avec ses deux compagnes. La belle chanson du Chœur de Femmes, avec un accompagnement de flûte et de harpe, sert à donner l'ambiance, en même temps qu'à fournir le refrain des trois couplets des solistes, caractérisés par cette « neuvième nostalgique » que Lucrèce, Bianca et Lucia chantent chacune à leur tour. Lucrèce pense qu'elle a entendu frapper, mais lorsqu'elle s'aperçoit que ce n'est ni Collatin, ni son messager, comme elle l'espérait, elle chante un *arioso* : « Que les hommes sont cruels de nous apprendre l'amour. » Les trois femmes se préparent pour la nuit. Un trio se dessine entre Lucia et Bianca, qui vocalisent sur « ah », tout en pliant le linge, et le Chœur de Femmes, qui commente cette tranquille occupation.

« Que la nuit est calme », dit Lucrèce, « ... alors ce sont les hommes qui doivent faire ce bruit », lui répond Bianca. On entend aussitôt à l'orchestre une évocation de la chevauchée de Tarquin. Lucia continue de chanter le trio du linge. Les Chœurs d'Hommes et de Femmes soulignent le contraste entre la paix qui règne à l'intérieur et l'homme qui est si pressé de la briser. On entend frapper très fort : c'est Tarquin. Le reste de la scène se déroule sous forme de pantomime, commentée par les deux chœurs de manière très expressive. Les deux compagnes de Lucrèce font une remarque sur cette étrange visite tardive du prince, dont le palais n'est que de l'autre côté de la ville, et qui demande pourtant l'hospitalité à Lucrèce. Elle ne peut pas la lui refuser ; c'est alors que commence une longue série de « bonne nuit », chacune bâtie sur le motif de Tarquin, mais avec des variations subtiles, et amenée chaque fois par l'un ou l'autre des chœurs. L'acte se termine lorsqu'elles ont toutes présenté leurs respects au prince.

Acte II. Comme à l'acte I, ce sont les deux chœurs qui ouvrent l'acte. Lucrèce dort. La flûte basse. Le cor avec sourdine et la clarinette basse amènent la berceuse du Chœur de Femmes, un air d'une sensibilité extrême. Il est noté *piano*, et à la fin, le compositeur a écrit *ppppp* sur la partition.

Le Chœur d'Hommes, d'une voix mystérieuse, accompagné des seules percussions, décrit l'approche de Tarquin jusqu'à la chambre de Lucrèce. Lorsqu'il arrive au pied du lit, on entend à nouveau la première phrase de la berceuse du Chœur de Femmes. Dans un air assez long et très expressif, Tarquin décrit ses sentiments, penché sur Lucrèce pour la réveiller d'un baiser.

Lucrèce implore sa merci, sur une musique de plus en plus tendre, et Tarquin essaie de venir à bout de sa résistance : « Peut-on rester sourd à ce que demande le sang ? » Le Chœur prend le parti de Lucrèce dans le quatuor qui suit : « Va-t-en, Tarquin, pendant que ta passion est encore noble, avant que tes désirs ne soient assouvis », mais il est trop tard, et Tarquin menace Lucrèce de son épée. La scène se termine sur une citation par le quatuor *a capella* de la musique entendue à l'origine pendant le monologue de Junius (N° 3). Le rideau tombe brusquement.

L'interlude est sous forme d'un choral orné chanté par les deux Chœurs, où ils donnent une interprétation chrétienne de la scène dont ils étaient témoins.

Le couloir de la maison de Lucrèce, tel qu'on l'a vu dans la 2e scène de l'acte I. Lucia et Bianca se réjouissent de la belle journée qui commence. Leur *aubade* est prétexte à bon nombre de vocalises, avant qu'elles ne se demandent si c'est bien Tarquin qu'elles ont entendu courir ce matin dans le jardin. Lucia chante une petite ariette, « Je me demande souvent si l'amour de Lucrèce est la fleur de sa beauté » au moment où Lucrèce entre.

Elle est accablée ; son comportement d'abord calme se transforme en une espèce d'hystérie lorsqu'on lui donne des orchidées à disposer : « Quelle laideur ! Otez-les ! » Elle ordonne à Lucia d'envoyer un messager à Collatin pour lui dire de rentrer. Elle chante un air, une espèce de miniature d'une beauté tragique, l'un des moments les plus inspirés de la partition. L'air de Bianca est entièrement différent : elle se rappelle l'époque où la vie était encore douce, avant cette journée fatale.

Lucia demande à Bianca de prévenir le messager dépêché auprès de Collatin, mais il est trop tard, et peu après Collatin et Junius arrivent, demandant Lucrèce.

Elle entre, habillée de pourpre en signe de deuil, et en 11 mesures de musique (cor anglais et cordes) raconte l'essentiel de sa tragédie. C'est un passage d'une beauté poignante. Collatin tente de la consoler, lui dit qu'ils ne doivent plus jamais se séparer. L'orchestre ponctue sa narration avec des échos *sotto voce* de la musique qui accompagnait ce qu'elle décrit. Elle termine en chantant une version variée de la phrase N° 3, qui s'achève ainsi : « Pour moi cette honte, pour toi ce regret. » Collatin voudrait lui pardonner, mais elle se poignarde et meurt dans ses bras.

Sa marche funèbre (notée *alla marcia grave*) est sous forme d'une grande chaconne. Elle est chantée d'abord par Collatin et Junius, puis par Bianca et Lucia, et enfin les deux Chœurs s'y associent pour former un ensemble admirable. Le Chœur de Femmes refuse d'accepter le dénouement et demande d'une manière incrédule : « Est-ce tout ? » Le Chœur d'Hommes donne la réponse qui sert de conclusion : « Non, ce n'est pas tout... car désormais Il porte notre péché... Notre espoir est dans Sa passion, Jésus-Christ, Notre Sauveur, Il est tout, Il est tout... » L'opéra se termine sur une dernière redite de ce passage lyrique entendu à la fin du prologue (N° I)

H.

Albert Herring

Opéra en 3 actes de Benjamin Britten; texte de Eric Crozier, adapté de la nouvelle de Maupassant Le Rosier de Madame Husson. *Créé à Glyndebourne, 20 juin 1947, avec Joan Cross, Ritchie, Nancy Evans, de La Porte, Parr, Pears, Sharp, Parsons, Lumsden, Roy Ashton, dir. Britten. Berlin, 1950, dir. Ludwig; New York, 1952, par l'Opera Futures Workshop; Hambourg, 1966, dir. Mackerras; New York, City Opera, 1971, dir. Bernardi.*

PERSONNAGES

LADY BILLOWS, *une dame âgée et autoritaire* (soprano); FLORENCE PIKE, *sa femme d'intérieur* (contralto); MISS WORDSWORTH, *la directrice de l'école* (soprano); MR. GEDGE, *le Curé* (baryton); MR. UPFOLD, *le Maire* (ténor); SUPERINTENDANT BUDD (basse); SID, *un apprenti-boucher* (baryton); ALBERT HERRING, *fils de l'épicière* (ténor); NANCY, *fille du boulanger* (mezzo-soprano); MRS. HERRING, *la mère d'Albert* (mezzo-soprano); EMMIE, CIS, HARRY, *des enfants du village* (sopranos, treble).

Loxford, un petit village, dans l'East Suffolk, en Angleterre, en avril et mai 1920.

Lors d'une tournée en Angleterre avec *Lucretia*, en 1946, Britten décida pour l'avenir de former sa propre troupe d'opéra de chambre, l'English Opera Group; il s'ensuivit que Albert Herring, bien que créé à Glyndebourne, fut présenté sous la direction de l'English Opera Group. Kathleen Ferrier devait y tenir un rôle important, mais en 1947 elle chantait pour la première fois l'*Orfeo* de Gluck à Glyndebourne.

Acte I. Le rideau se lève, après deux mesures d'un prélude animé, sur la pièce où Lady Billows prend son petit déjeuner et où Florence, sa femme de chambre et aide dévouée, fait le ménage. On comprend à moitié les ordres que donne Lady Billows depuis sa chambre (hors scène), et Florence coche sur son carnet ce qu'elle doit faire dans la matinée, par exemple : « Affiche dans la vitrine de la pharmacie... indécente... à déchirer ! » Miss Wordsworth, le Curé, le Maire et Mr. Budd entrent. Ce sont les membres du comité qui doit choisir parmi toutes les candidates la Reine de Mai.

Un *alla marcia* annonce l'arrivée de Lady Billows. L'orchestre commence un air fugué, qui se développe peu après en un véritable quintette : « Nous avons fait notre propre enquête, et nous vous apportons les noms que nous avons choisis. »

Lady Billows s'extasie sur la situation de la Reine de Mai (ses quatre premières notes constituent le « motif de la fête » (Ex. 1)) et devient de plus

May Queen, May Queen

en plus éloquente lorsqu'elle se met à parler de cette « situation de grand chaos moral » dont elle espère sortir la ville. Les noms sont avancés *quasi ballata* par chacun des membres, mais Florence prend un malin plaisir à y mettre son veto. En bref quatuor, qui commence lorsque le Curé dit « Oh, que le fruit est amer » et qui se termine

avec la phrase lourde de sens de Budd, « et l'obscurité a ses avantages », conduit à l'air de Lady Billows, furieuse. Elle dénonce la ville comme « une terre de vice », et Florence se plaît à répéter ses derniers mots : « Une porcherie salie par le sexe féminin. »

Le Superintendant Budd propose un Roi de Mai ? Il se lance brusquement dans un air : « Albert Herring est aussi propre que les foins qu'on vient de couper ». Les autres membres laissent délicatement entendre qu'il s'agit peut-être d'un enfant un peu demeuré, et Lady Billows rejette cette idée avec force. Le Curé essaie de la convaincre en avançant bon nombre de banalités, sur un air *cantabile* repris par les autres, et que Lady Billows, lassée, finit par répéter. « D'accord ! Ce sera lui ! Roi de Mai ! Cela servira de leçon aux filles », dit-elle. C'est le début de la fugue finale (N° 1). Elle transforme ce finale en une espèce d'ode dans le style de Purcell, qui sert de conclusion à la scène.

L'interlude nous présente déjà les enfants du village dont nous ferons la connaissance dans la scène suivante. Le rythme de leur chanson est annoncé par les percussions. L'intérieur de l'épicerie de Mrs. Herring; dehors on peut voir jouer Emmie, Cis et Harry.

Albert entre. Sid essaie de l'éloigner un peu des jupons de sa mère en faisant miroiter le plaisir d'être indépendant « Pêcher les truites, braconner les lièvres. » Entre Nancy, la fille du boulanger, venue faire ses courses, c'est l'amie de Sid.

Sid lui donne rendez-vous le soir même pour une promenade au clair de lune; si elle est en retard, il viendra siffler sous sa fenêtre. Albert fait quelques remarques sur leur duo, qui se transforme ainsi en trio d'une grande beauté lyrique. Albert reste seul, son monologue débute par un passage rapide marqué *Risoluto,* dans lequel il se demande si la sévérité de sa mère est utile et, avec de grandes phrases, il évoque tout ce qu'il perd.

Florence entre dans la boutique et fait appeler Mrs. Herring pour lui dire que le Comité du Festival s'apprête à lui rendre visite. Elle n'a pas le temps de s'expliquer davantage, car Lady Billows est déjà là, annonçant (N° 2) :

C'est un air où elle s'exprime très franchement, et elle annonce que le prix s'élèvera à 25 souverains d'or.

Mrs. Herring, ravie, s'inquiète à peine quand Albert lui fait part de son intention de refuser le prix. Elle l'envoie dans sa chambre pour qu'il se repente un peu de cette tentative de rébellion; les autres enfants qui ont suivi la scène par la vitrine sont ravis : « La maman d'Albert a pris son bâton, et l'a frappé sur le derrière. »

Acte II. Des appels de cor, sur le motif de la fête (N° 1), traversent le bref prélude avant que le rideau ne se lève sur un chapiteau dressé dans le jardin du presbytère.

Sid raconte à Nancy ce qui se passe à l'église, dans un air plein d'ironie. Il l'emmène pour lui confier son plan pour faire évader Albert.

Sur une espèce de gazouillement de la flûte, *presto*, au-dessus des cordes, Miss Wordsworth fait entrer les enfants pour leur faire répéter le chant du couronnement d'Albert comme Roi de Mai.

Sid verse du rhum dans le verre de limonade d'Albert (accompagné par l'accord de *Tristan*), et tout est prêt pour la réception de la procession officielle.

Le Superintendant Budd, Mrs. Herring, le Maire, Florence, le Curé et Lady Billows entrent, chacun chantant une musique caractéristique.

Lady Billows remet à Albert son prix de 25 souverains. Le Curé entonne l'ensemble des félicitations : « Albert le Bon ! Que son règne dure ! » (N° 4) :

Albert lève son verre, et trouve la boisson tout à fait à son goût; il vient en redemander à Nancy, ponctuant sa phrase d'un hoquet (sur un do bémol aigu). Le rideau tombe alors que la fête ne fait que commencer, et une fugue débute sur la mélodie de « Albert le Bon ».

L'interlude se poursuit quelque temps avec le bruit de la fête, puis change de caractère et se transforme en nocturne.

Scène 2. Dans la boutique de Mrs. Herring. Albert revient de la fête, entre gaiement et chante de façon exubérante les souvenirs de son triomphe, ponctuant sa chanson en claquant la porte de la boutique et en tirant la sonnette. Dans cette scène, il aborde des sujets de toutes sortes, depuis la nécessité de trouver des allumettes jusqu'aux charmes de Nancy. Dès qu'il prononce son nom, on entend Sid siffler dans la rue, l'appelant pour leur rendez-vous. Une fois sortie, Nancy fait quelques remarques sympathiques sur la timidité d'Albert. Ils chantent ensemble un duo bref mais énergique, s'embrassent et s'en vont. Albert reste seul.

Il se voit tel que les autres le considèrent : timide, gauche, pouponné par sa mère. Il décide de tirer à pile ou face pour savoir si oui ou non il va aller faire la noce. Ayant gagné, il sort.

Acte III. Le prélude *prestissimo* évoque aussitôt l'ambiance de chasse à l'homme qui succède à la disparition d'Albert. Nancy chante trois couplets d'un air qu'on a qualifié, à juste titre, de malhérien.

Le Superintendant Budd demande à Mrs. Herring une photo d'Albert pour pouvoir l'identifier plus facilement. Mrs. Herring débute le quatuor qui suit (*come un lamento*); Nancy, puis Miss Wordsworth et le Curé se joignent à elle.

Harry s'écrie : « Il y a quelque chose de grand et de blanc dans le puits de Mrs. Williams », Mrs. Herring s'évanouit. Une procession arrive avec le Maire, qui porte un plateau où est posée la couronne de fleurs d'oranger d'Albert, « trouvée sur la route qui mène à Campsey Ash, écrasée par une voiture. »

Vient ensuite un Thrène (N° 5), un grand ensemble pour 9 voix, écrit sur un *ostinato*; chaque personnage a son propre couplet, pendant que les autres continuent la lamentation :

A ce moment Albert entre, ce qui déclenche une avalanche de récriminations et d'interrogations. Seuls Sid et Nancy prennent sa défense et protestent contre cette « façon de le questionner et de le harceler, avec vos vieilles faces pieuses, ravies par le péché ». Albert leur raconte une histoire pleine d'allusions. Tout le monde est horrifié. A la fin du récit de ses méfaits, Albert chante un air (N° 6) qui est ridiculement doux et inoffensif, et en même temps très chaleureux, plein de compréhension, et même d'une certaine sagesse :

Son effet est instantané sur tout le monde; ils ont trouvé quelqu'un à leur hauteur et ne peuvent plus montrer cette condescendance qu'ils avaient pour l'innocence de leur Roi de Mai.

« Je n'en ai pas fait de *trop* ? » demande Albert à Sid et Nancy; puis, voyant à travers la vitrine les enfants qui se moquent de lui, il les invite à entrer pour goûter aux fruits qui se trouvent dans la boutique. L'opéra se termine sur l'Ex. 2 chanté par tous; Albert jette au public sa couronne de fleurs d'oranger.

H.

Let 's Make an Opera !
Faisons un Opéra !

Divertissement pour les jeunes, en 2 parties (et 3 actes); texte d'Eric Crozier, musique de Benjamin Britten. Créé au Festival d'Aldeburgh, juin 1949, avec Gladys Parr, Anne Sharp, Elizabeth Parry, Max Worthley, Norman Lumsden, John Moules, dir. Norman Del Mar. Première à St Louis, 1951, puis exécuté dans le monde entier.

PERSONNAGES

De la pièce :
GLADYS PARWORTHY ; NORMAN CHAFFINCH, *un compositeur;* MAX WESTLETON ; PAMELA WILTON ; ANNE DOUGAL ; MR. HARPER ; JOHN ; BRUCE ; MONICA ; PETER ; MAVIS ; RALPH.

De l'opéra :

MISS BAGGOTT, *la gouvernante* (contralto); BLACK BOB, *le ramoneur* (basse); TOM, *le cocher* (basse); CLEM, *l'aide de Black Bob* (ténor); ALFRED, *le jardinier* (ténor); ROWAN, *la nurse* (soprano); JULIET BROOK *(14 ans)* (soprano); LE CHEF QUI DIRIGE L'OPÉRA; SAM, *l'apprenti ramoneur (8 ans)* (treble); GAY BROOK *(13 ans)* (treble); SOPHIE BROOK *(10 ans)* (soprano); JOHN CROME *(15 ans)* (treble); TINA CROME *(8 ans)* (soprano); HUGH CROME *(8 ans)* (treble).

Une nursery à Iken Hall, Suffolk, 1810.

Il est conseillé d'employer pour les personnages de la pièce les véritables noms des exécutants. L'accompagnement est écrit pour un quatuor de cordes solistes, piano à quatre mains, et percussion (un instrumentiste suffit). Pour les adultes, il faut des professionnels ou de bons amateurs, mais les rôles des enfants (sauf celui de Juliet) doivent être tenus par des enfants. Le compositeur ajoute d'ailleurs une note précisant que les garçons ne doivent pas avoir peur d'utiliser leur voix de poitrine.

Les deux premiers actes de *Let's Make an Opera !* sont sous forme d'une pièce de théâtre, et représentent la préparation et la répétition de *The Little Sweep* (*Le Petit Ramoneur*), un opéra d'enfants qui sera exécuté à l'acte III.

Acte I, scène 1. Le salon de la maison de Mrs. Parworthy. Les différents personnages sont groupés autour de Mrs. Parworthy qui leur raconte une histoire qui lui a été transmise par sa propre grand-mère, la Juliet Brook de l'opéra. Une discussion s'engage, vaut-il mieux en faire une pièce ou un opéra ? Le seul problème est de savoir si l'opéra sera prêt à temps pour être exécuté aux vacances de Noël.

Scène 2. Premières étapes de la répétition et audition réussie de Max Westleton. Quelques fragments de la musique que l'on entendra plus tard dans l'opéra, sont introduits ici.

Acte II. La scène du théâtre, juste avant la répétition générale de *The Little Sweep.* Le chef d'orchestre fait répéter au public les quatre chansons qu'il doit chanter.

The Little Sweep n'a pas d'ouverture mais commence avec la première des quatre chansons qui demandent la participation du public : « La chanson du Ramoneur ». Cet air, qui se chante avant le lever du rideau, tente de familiariser les exécutants avec la mesure à 5 temps. Le rideau se lève sur la nursery. Clem et Black Bob chantent chacun à leur tour la « Chanson du Ramoneur », traînant avec eux le petit Sammy, l'apprenti ramoneur. L'une des tentatives du début de la pièce est d'expliquer ce qu'est un « ensemble » — l'un des enfants demande en quoi il diffère d'un chœur, et on lui répond que chaque personnage a une ligne musicale qui lui est propre. Un ensemble constitue le 2e numéro de cet acte, chaque personnage chante d'abord sa propre ligne en solo, avant de l'intégrer à l'ensemble.

Miss Baggott emmène Rowan pour tout protéger de la poussière. Les deux ramoneurs, méchamment, arrachent à Sammy ses vêtements, le hissent dans la cheminée, lui ordonnant : « Gratte bien ce tuyau, ou nous te faisons brûler vif. »

Les enfants font une partie de cache-cache. Jonny trouve Juliet et se cache avec elle. Ils entendent parler dans la cheminée : « Au secours ! Je suis coincé. » Ils appellent leurs amis (dans cette partie, le dialogue est parlé) et tous ensemble ils prennent la corde et se mettent à tirer.

Pull the rope gently un-til he is free O Pull O! Heave O!

Sammy tombe de la cheminée, il supplie : « Ne m'envoyez plus là-haut. » Les enfants décident de le cacher, et, le prenant par la main, ils l'emmènent à la fenêtre en passant sur les draps; « Traces de suie sur le drap », chantent-ils à l'unisson, en posant ces fausses empreintes. Puis les enfants enferment Sammy dans leur placard à jouets, cachent ses vêtements, et disparaissent eux-mêmes sous les draps. Miss Baggott et les deux ramoneurs reviennent, remarquent les traces, et chantent une autre version de « Traces de suie ». Clem et Black Bob appellent Sammy, et, avec Miss Baggott, ils se lancent dans un trio vindicatif et féroce « Attendez qu'on l'attrape », puis disparaissent pour chercher leur apprenti, laissant sans réponse les cris de Miss Baggott : « Revenez. »

Rowan chante un récitatif assez agité, suivi d'une *cantilena* plus douce, où s'exprime son désir de voir Sammy échapper à ses maîtres. Les enfants aparaissent, lui demandent de l'aider, et décident de donner un bain à Sammy. Le rideau se baisse et la toilette de Sammy est décrite dans la deuxième chanson du public, « Le Bain de Sammy », un air syncopé, dans une mesure à 3/4, extrêmement énergique; au 3e couplet, les violons font un accompagnement très chromatique :

The Ket-ties are sing-ing like mid-sum-mer larks.

Le rideau se lève à nouveau. Rowan et les enfants, toujours sur l'air du « Bain de Sammy » chantent : « Sammy est plus blanc qu'un cygne. » Sammy explique que son père a dû le vendre afin de trouver l'argent pour faire vivre sa famille. Rowan et les enfants essaient de consoler Sammy, « Pourquoi pleures-tu toute la journée quand tu travailles ? »

Andante. O why do you weep through the work-ing day?
pp dolce

Sammy répond : « Comment pourrais-je rire et jouer ? » Jonny propose d'emmener Sammy le lendemain, et Rowan est d'accord pour qu'on laisse une petite place dans une malle.

Miss Baggott arrive. On cache Sammy dans le placard. Miss Baggott ponctue toutes ses récriminations à l'encontre des ramoneurs de réflexions sur son grand état de fatigue : « Oh ! mes pauvres pieds ! » Elle critique la façon dont Rowan a fait le ménage dans la pièce : « Les rideaux sont de travers. » Elle s'apprête à ouvrir la porte du placard pour voir si les jouets sont bien rangés lorsque Juliet sauve la situation en s'effondrant tragiquement, avec un grand cri : « Au secours ! Au secours ! Elle s'est évanouie. »

Pendant un autre interlude (rideau baissé), le public chante « La Chanson de la Nuit », dont l'air délicieux

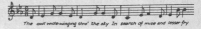

The owl wide-winging thro' the sky In search of mice and lesser fry

correspond bien à sa description *andante tenebroso*. Le public se divise en quatre parties, pour décrire la vie nocturne du hibou, du héron, de la tourterelle et du pinson (avec les cris d'oiseaux qui conviennent à la fin de chaque couplet), qui s'unissent pour les deux derniers couplets. Le lendemain matin. Juliet apporte à Sammy son petit déjeuner et lui chante un air : « Bientôt la diligence va t'emmener. » Elle lui donne trois demi-couronnes, en cadeau d'adieu. Après avoir embrassé tout le monde, Sammy se met dans la malle, et on en referme le couvercle.

Tom vient avec l'aide d'Alfred descendre la malle, mais ils n'arrivent pas à la déplacer. Miss Baggott insiste, mais Tom et Alfred ne veulent rien savoir : « Ou bien on défait cette malle, ou bien elle reste là. » Rowan et les enfants proposent d'aider, et la malle est sortie triomphalement de la pièce. Miss Baggott suit, en marmonnant : « Ne la faites pas tomber. »

Il ne reste plus que le finale — ce qu'on pourrait appeler l'*envoi* : Jonny, les jumeaux et Rowan se précipitent pour dire au revoir. Juliet, Gay et Sophie font des signes de la fenêtre, la percussion imite les sabots des chevaux, et toute la distribution se retrouve sur la scène pour chanter les couplets, le public quant à lui assurant le refrain :

H.

Billy Budd

Opéra en 4 actes de Britten; paroles de E.M. Forster et Eric Crozier, d'après la nouvelle de Herman Melville. Créé à Covent Garden, 1er décembre 1951, avec Pears, Uppman, Dalberg, Hervey Alan, Geraint Evans, Langdon, Marlowe, Te Wiata, dir. Britten. Première à Paris, 1952, avec la distribution de Londres; version révisée, diffusion à la B.B.C., 1961, dir. Britten; Covent Garden, 1964, dir. Solti; Festival de Florence, 1965; New York, en concert, 1966, dir. Solti; Hambourg, 1972, dir. G. Bertini.

PERSONNAGES

CAPITAINE VERE, *commandant de H.M.S. « l'Indomptable »* (ténor); BILLY BUDD (baryton); CLAGGART, *capitaine d'armes* (basse); MR. REDBURN, *lieutenant* (baryton); MR. FLINT, *maître d'équipage* (baryton); LIEUTENANT RATCLIFFE (basse); RED WHISKERS, *un conscrit* (ténor); DONALD, *un homme d'équipage* (baryton); DANSKER, *un vieux loup de mer* (basse); UN NOVICE (ténor); SQUEAK, *caporal d'armes* (ténor); BOSUN (baryton); PREMIER ET SECOND MAÎTRES (barytons); MAINTOP (ténor); L'AMI DU NOVICE (baryton); ARTHUR JONES, *un conscrit* (baryton); QUATRE ASPIRANTS (trebles).

Officiers, matelots, moussaillons, tambours, marins.

A bord de H.M.S. L'Indomptable, *un « soixante-quatorze », pendant la guerre franco-anglaise de 1797.*

Britten avait déjà envisagé une collaboration avec le grand romancier E.M. Forster, avant d'avoir choisi un sujet, et l'histoire raconte que l'écrivain et le musicien ont proposé en même temps, mais indépendamment, la dernière nouvelle de Herman Melville, *Billy Budd*. La collaboration d'Éric Crozier fut sollicitée, parce que Forster prétendait que ses propres connaissances dans le domaine scénique étaient insuffisantes. Le livret, mis à part les chants des marins et une citation de la ballade de Melville, « Billy in the Darbies » (Billy dans les Chaînes) est en prose, il n'y a pas de femmes dans la distribution.

L'action se déroule en 1797, peu après les mutineries de Spithead et du Nore, alors que les souvenirs de « la République flottante » étaient encore très présents dans les esprits. La crainte d'une mutinerie commandait toutes les réactions des officiers, et la situation à bord des navires était de nature à provoquer l'agitation et le mécontentement des marins.

Acte I. Au prologue, le Capitaine Vere apparaît comme un homme âgé. En retraite, il médite sur sa carrière, sur ce qu'elle lui a appris, sur les mystères du bien et du mal et sur les manières impénétrables dont la Providence met un obstacle à toutes les tentatives de faire le bien. Le doute, exprimé musicalement par une ambiguïté entre les tonalités de si bémol majeur et si mineur, est la clef de cette scène. Nous entendons pour la première fois la musique associée par la suite au bégaiement de Billy, lorsque Vere fait allusion à « quelque imperfection de l'image divine ». Le prologue, avec Vere pour seul personnage, sans lumière sur scène, se termine lorsque Vere remonte dans son esprit jusqu'en l'an 1797.

La première scène montre le pont principal et le gaillard d'arrière de H.M.S. *L'Indomptable*. Les hommes chantent en travaillant, et leur musique décrit par son mouvement la houle de la mer, à la fois rassurante et dangereuse. Dans la suite de l'opéra, des motifs qui en sont dérivés serviront à évoquer l'idée de mutinerie. Dans la dernière scène de l'opéra, elle revient pour produire une émotion plus forte encore (N° 1) :

Mr. Flint, le maître d'équipage, surveille le travail. Un groupe de jeunes aspirants (trebles) donnent à leur tour des ordres, mais Donald se moque d'eux lorsqu'ils traversent le pont. L'un des hommes, le Novice, bouscule par mégarde Bosun qui ordonne à Squeak, le caporal d'armes, de lui donner vingt coups de fouet.

Le canot revient d'une expédition d'enrôlement forcé. Mr. Flint, dans un air bref, souligne l'incapacité des nouvelles recrues : « Nous avons une chance du diable ». Mr. Ratcliffe, qui dirigeait l'équipe qui a abordé le navire marchand, *Les Droits de l'Homme*, rapporte qu'il revient avec trois recrues. Claggart s'avance pour les interroger, annoncé par le tuba et les timbales (comme cela avait déjà été esquissé pendant l'air de Flint), et sa première phrase (2a) constitue son motif (N° 2) :

Red Whiskers proteste contre son enrôlement forcé (la musique est toute en doubles croches), Arthur Jones répond plutôt timidement, et enfin Billy Budd dit avec enthousiasme que la mer est toute sa vie et que son métier est « Marin ». Lorsqu'on lui parle de ses parents, il répond « N'en ai pas. Ils disent que j'étais un... j'étais un... » — et on entend la musique associée au bégaiement, lorsqu'il essaie de prononcer les mots « enfant trouvé ». Les officiers sont ravis de leur nouvelle recrue : « C'est un homme en or ». Dans un passage animé marqué *très vif,* Billy se réjouit de cette vie nouvelle : « Billy Budd, roi des oiseaux ! » Il termine avec un adieu à tout ce qui est du passé et au navire sur lequel il a servi : « Adieu à vous tous, camarades, adieu pour toujours... Adieu, *les Droits de l'Homme* » (N° 1). Les officiers pensent aussitôt à une signification politique.

Mr. Ratcliffe invite Claggart à surveiller la nouvelle recrue. Claggart exprime son désarroi : « Pensent-ils que je suis sourd ?... Ces officiers ! Ce sont des moins que rien. » Squeak pense tout d'abord que c'est Red Whiskers qu'il doit surveiller, mais il lui dit d'avoir plutôt Billy Budd à l'œil, et même de le provoquer en lui volant des affaires dans son sac. L'ami du Novice vient lui dire que la flagellation a eu lieu, mais que le coupable

s'est effondré à la suite des coups, il
ne peut plus marcher. « Qu'il rampe »,
lui répond cyniquement Claggart, et il
lui tourne le dos. Une petite procession
toute triste entre sur un air pathétique
du saxophone (le timbre bien particulier de cet instrument est associé au
Novice), traînant le Novice. Dans
l'ensemble plus doux qui suit (un trio,
avec la moitié du chœur à l'unisson),
le Novice exprime son désespoir et les
autres essaient de le réconforter :
« Nous sommes tous perdus à jamais
sur la mer immense » (N° 3) :

Billy et Dansker, suivis de Donald
et Red Whiskers, sortent de l'ombre
où ils étaient cachés. Leur quatuor
scherzando contraste avec ce qui s'est
passé auparavant. Les anciens se
moquent de Red Whiskers et prétendent que bientôt ce sera son tour
et celui de Billy. Claggart apparaît sur
le pont, et peu après on entend l'Appel
du Capitaine (aux flûtes). Donald a
tout juste le temps d'évoquer le nom
du capitaine, « Glorieux Vere » (c'est
le motif de Vere, le renversement de la
lamentation, N° 3) N° 4 :

avant que tout l'équipage ne se précipite sur le pont[1]. Avec une musique et
un langage dénués de toute emphase,
Vere s'adresse à l'équipage, et leur
annonce que le moment de l'action
approche. Billy dirige un chœur à son
éloge à la fin de l'acte.

Acte II, scène 1. Le soir, une semaine plus tard. Vere, seul dans sa
cabine, envoie son garçon demander
aux officiers de venir boire un verre

de vin avec lui. En quelques très belles
phrases d'*arioso*, il prie pour que lui et
son équipage sachent prendre exemple
sur le courage et les vertus des anciens :

Ratcliffe et Flint boivent avec Vere
à la santé du roi, ils parlent de l'affrontement imminent, et chantent un duo
scherzando : « Je n'aime pas les
Français. »

Le mot « mutinerie », glissé dans la
conversation, les assombrit. Redburn,
dans un air assez court, marqué *pp* et
cantabile, reprend l'allusion de Flint :
« Spithead, le Nore, la République
flottante » (N° 1). Il y était et sait ce
qu'une telle mutinerie peut signifier :
« Mon Dieu, préservez-nous du Nore ».
Vere, encore plus intransigeant, dénonce les idées d'origine française qui
ont provoqué le scandale du Nore :
« Nous devons nous tenir sur nos
gardes. » Les autres se souviennent de
ce petit jeune homme qui s'est écrié
« Les Droits de l'Homme », mais Vere
pense qu'il n'y a rien à craindre de ce
côté. Redburn vient annoncer « Terre
à bâbord... Nous sommes dans les
eaux ennemies. » Le capitaine, resté
seul, écoute les chants de manœuvre.
L'un des moments les plus heureux de
l'opéra est celui où l'équipage se met à
chanter et où les remarques de Vere
sont remplies de confiance et de compréhension à son égard.

Scène 2. Cette scène se passe dans
les entreponts. Elle est précédée d'un
interlude orchestral qui emploie le
chant déjà esquissé dans la scène
précédente (« Que le vent nous
emmène »), puis un 2e (« Par dessus
les flots »), puis revenant au premier

1. En 1961, Britten a condensé l'opéra en 2 actes, une version qui a connu un succès quasi
universel. Le finale de l'acte I a disparu complètement; on voit d'abord le capitaine Vere tout
seul chez lui, et ce n'est qu'au 3e acte qu'il se trouve en face de l'équipage du navire.

pour aboutir, avec un effet étonnant, sur un superbe accord de bémol majeur (chœur et orchestre) au moment où le rideau se lève. Donald entonne : « Nous sommes en route pour les îles Samoa, en passant par Gênes. » Red Whiskers et Billy ajoutent des couplets de leur propre cru, et l'exubérance ne fait que croître, soutenue par tout l'orchestre et le chœur.

Billy et Red Whiskers essaient de persuader Dansker de prendre part à la fête, mais il refuse : « Il n'y a qu'une chose au monde que je veux, et je ne l'ai pas. » Billy lui offre le tabac qu'il demande et va le chercher dans son paquetage. On l'entend bégayer, et il arrive en tirant Squeak, qui fouillait dans son sac. Squeak sort un couteau et attaque Billy dont tout le monde prend la défense. Billy réussit à le maîtriser, lorsque Claggart arrive pour rétablir l'ordre. Dansker raconte l'affaire, Squeak est arrêté, enchaîné, puis enfin bâillonné, lorsqu'il menace de raconter les conseils que Claggart lui a donnés. En se tournant vers Billy (2a), il lui dit : « Joliment fait, mon garçon. Joliment fait par un joli garçon ».

On entend, venant des coulisses : « Par-dessus les flots ». Claggart exprime les sentiments qu'il a au fond du cœur : « O beauté, ô bonté, que je n'ai jamais rencontrées ! » « La lumière brille dans l'obscurité, l'obscurité le sait, et en souffre ». La musique, où il dénonce les puissances du bien qui se trouvent en face de sa propre méchanceté, est accompagnée par un trombone solo, et cet air lugubre trouve toute sa force à la fin : « Moi, John Claggart, capitaine d'armes sur *L'Indomptable*, je te tiens sous ma coupe, et je te détruirai. »

La révélation par Claggart de ses mauvaises intentions est aussitôt suivie par l'arrivée du Novice (N° 3).

Deux scènes assez curieuses suivent alors, à caractère de nocturnes et marquées *pianissimo*. La première oppose Claggart au Novice, qu'il oblige en le menaçant à recueillir des preuves contre Billy. Le Novice, après un instant d'hésitation, accepte les guinées que Claggart lui donne pour transmettre à Billy. Ses remords (« C'est le destin, je n'ai pas le choix, tout est dans le destin ») ne l'empêchent pas de se rendre aussitôt auprès du hamac de Billy.

La deuxième scène nocturne réunit Billy et le Novice et est amenée par un thème extrêmement paisible, joué par un violoncelle solo accompagné de deux clarinettes basses (on entend cet air de nouveau, sous une forme plus développée, au début de l'acte IV) (N° 6) :

Billy met un certain temps à comprendre où le Novice veut en venir. Le Novice part en courant, et Billy est saisi d'une nouvelle crise de bégaiement, qui se termine avec l'arrivée de Dansker. Dansker comprend aussitôt, dès que Billy lui parle de guinées et de mutineries. L'acte se termine par un grand duo entre Billy et Dansker, écrit en forme de passacaille. C'est Dansker qui en énonce le thème, une variation sur le motif de Claggart (N° 7) :

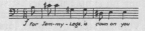

Billy prétend que tout va bien, mais la réponse de Dansker est toujours la même : « *Jemmy-legs* t'en veut. »

Acte III.[1] Affrontement avec les Français, et réussite des efforts de

1. Acte II dans la version révisée.

Claggart pour détruire le bon esprit qui règne dans l'équipage.

Scène 1. Le pont principal et le gaillard d'arrière (comme pour l'acte I). Avant le lever du rideau, la musique est déjà dominée par le rythme *ostinato* qui servira pour la bataille. Le capitaine est inquiet du brouillard. Claggart commence à accuser un matelot qu'il ne nomme pas encore mais qui, dit-il, est à même de menacer la sécurité du navire. Un cri les interrompt : « Navire ennemi par tribord devant ! »

Branle-bas de combat. Le grand soulagement de l'équipage, qui voit là sa récompense pour les semaines entières d'attente, s'exprime dans l'Ex. 8 :

On demande des volontaires pour l'abordage : Donald, Red Whiskers, Dansker et (du haut du gréement) Billy répondent.

Mais la brume rend l'affrontement impossible. On donne l'ordre de dispersion, mais les officiers s'inquiètent du résultat que va produire cette déception sur la discipline. Claggart montre au capitaine Vere les pièces d'or dont un simple marin s'est servi, dit-il, pour acheter l'un de ses camarades. Vere est sceptique, puis, lorsque Claggart prononce le nom de Billy Budd, franchement incrédule : « Non, vous vous trompez... ne me racontez pas ces histoires à dormir debout. » Le capitaine d'armes insiste, et Vere se met en colère : « Claggart ! Prenez garde à ce que vous dites. On peut vous pendre à la vergue pour un faux témoignage. » Il envoie chercher Billy et dit à Claggart de suivre l'accusé

dans sa chambre et de le confronter à ses accusations. Dans l'Interlude qui suit, la musique associée à la brume entoure des phrases de l'exemple n° 5, en forme de choral ; cet interlude représente à l'évidence le conflit qui se déroule dans l'esprit de Vere.

Des fanfares, associées au personnage de Billy, terminent cet interlude, et le rideau se lève sur Vere ; Billy entre alors, persuadé qu'on l'a appelé pour lui dire qu'il a été promu. Vere l'invite à s'exprimer, ce qu'il fait avec enthousiasme.

Claggart entre et commence aussitôt à accuser Billy de mutinerie (variation du motif de la mutinerie). Vere ordonne à Billy de répondre. Il commence à bégayer, puis frappe Claggart d'un coup sur le front. Claggart s'effondre. Vere se penche sur lui, et constate qu'il est mort.

La détresse de Vere apparaît dans son monologue. Les officiers entrent dans la cabine et sont informés des faits. Chacun réagit différemment : Redburn : « Où est la vérité ? La justice est notre devoir » ; Flint : « Quelle brutalité inouïe... vengeance... » ; Ratcliffe : « On a provoqué ce garçon... soyons indulgents. » Vere convoque la cour martiale, présidée par Redburn. Billy est amené, l'accusation est lue, et Vere raconte les faits. Le verdict est « coupable », et on prononce la peine : « Condamné à mort par pendaison à la grand'vergue. » Vere accepte cette sentence, et ordonne qu'elle soit exécutée le lendemain matin.

Dans Billy Budd, la tragédie est vue par Vere ; elle s'exprime d'une manière particulièrement poignante à la fin de cet acte, d'abord dans un *arioso* pour Vere lui-même, puis dans cette fin extraordinaire où, alors que la scène reste vide, Britten écrit un enchaînement de trente-cinq accords parfaits, dont les différences d'intensité et d'instrumentation parviennent à exprimer toutes les émotions suscitées par l'annonce de cette nouvelle et les réactions qu'elle provoque. C'est en fait une grande cadence en fa majeur, et dans les 6 dernières mesures revient une évocation du thème à 6/8 entendu lorsque Billy s'est trouvé réveillé par le Novice à l'acte II (N° 6).

Acte IV, scène 1. Une baie de l'entrepont de batterie. Billy est enchaîné entre deux canons. La musique reprend celle de la fin du 3e acte, et sur le balancement de cet accompagnement Billy chante un air lent et tragique (N° 6).

Dansker entre en cachette, lui apportant un grog. « Tout le monde s'agite », dit-il, « Certains ont l'intention de te sauver... ils jurent que tu ne seras pas pendu ». Billy dit adieu à Dansker, dans une ballade très sereine, à la fois simple et émouvante (N° 9). Les accords qui terminaient l'acte précédent reviennent ici en guise d'accompagnement.

Very lively

And farewell to ye old "Rights-o' Man"! Ne ver your joys no more

L'interlude est fait des motifs qui représentent la vie à bord, et de la musique du jugement.

Scène 2. Le pont principal et le gaillard d'arrière. L'équipage se rassemble au son d'une marche funèbre qu'on pourrait décrire comme une fugue rythmique des timbales et des percussions, sur laquelle sont ajoutés les thèmes représentant chaque groupe de personnages, à son entrée Redburn lit le jugement. Billy se tourne vers Vere et lui dit : « Glorieux Vere, que Dieu te bénisse », et son cri est repris par tout l'équipage. Vere se découvre, et tous les regards se tournent pour voir Billy monter au mât. C'est l'instant décrit par Melville : « Quiconque a jamais entendu un torrent brusquement grossi par les averses diluviennes dans les montagnes tropicales, des averses qui n'arrivent pas jusqu'à la plaine; quiconque a entendu son premier murmure étouffé lorsqu'il descend à travers les bois escarpés, peut se faire une idée du son que l'on entend maintenant. »

Britten a écrit une fugue *presto* sur une variation du thème de la mutinerie (sur le son « ur » de « purple »), mais ce désordre sauvage se transforme bientôt en un écho passionné de la musique qui représentait les corvées quotidiennes, dans l'acte I (N° 1).

La lumière s'éteint progressivement, et Vere reste debout, seul, tel qu'on l'a vu dans le prologue. Il semble un instant que le souvenir de ce qu'il aurait pu empêcher soit trop pour lui (« J'aurais pu le sauver... Qu'ai-je fait ? »), mais il puise sa force dans la ballade de Billy (N° 9), qui se trouve mêlée à la « cadence du réconfort » de la fin de l'acte III. La fin de l'épilogue est calme; l'orchestre cesse de jouer, les lumières s'éteignent; la voix de Vere termine l'histoire.

H.

Gloriana

Opéra en 3 actes de Britten, paroles de William Plomer. Créé à Covent Garden, à l'occasion d'un gala pour le couronnement de la reine Elizabeth II, 8 juin 1953, avec Cross (plus tard Shacklock), Vyvyan (plus tard Sutherland), Sinclair, Leigh, Pears (plus tard Lanigan), Geraint Evans, Matters, Dalberg, Te Wiata, dir. Pritchard; Sadler's Wells, 1966, dir. Bernardi; Bordeaux, 1967, par le Sadler's Wells; Münster, 1968, avec Martha Mödl; English National Opera, Munich, 1972, Vienne, 1975, dir. Mackerras.

PERSONNAGES

LA REINE ELIZABETH I (soprano); ROBERT DEVEREUX, COMTE D'ESSEX (ténor); FRANCES, COMTESSE D'ESSEX (mezzo-soprano); CHARLES BLOUNT, LORD MOUNTJOY (baryton); PENELOPE (LADY RICH), *sœur d'Essex* (soprano); SIR ROBERT CECIL, *secrétaire du Conseil* (baryton); SIR WALTER RALEIGH, *capitaine de la Garde* (basse); HENRY CUFFE, *un membre de l'entourage d'Essex* (baryton); UNE DAME D'HONNEUR (soprano); UN CHANTEUR DE RUE AVEUGLE (basse); LE RECORDER DE LA VILLE DE NORWICH (basse); UNE MÉNAGÈRE (mezzo-soprano); L'ESPRIT DU MASQUE (ténor); LE MAÎTRE DE CÉRÉMONIE (ténor); LE CRIEUR PUBLIC (baryton)
Chœur, danseurs, comédiens, musiciens.

En Angleterre, pendant les dernières années du règne d'Elizabeth I, qui va de 1558 à 1603.

Acte I, scène 1. Le prélude est marqué « très animé »; le rythme des motifs des cuivres annonce déjà les commentaires que fera le chœur sur les événements de la scène 1, qui se passe à l'extérieur d'une lice. Un tournoi s'y déroule. Cuffe observe par une percée dans le mur et rapporte à Essex que Mountjoy a relevé le défi, et que la foule acclame son favori : « Notre joie s'élève, nos espoirs, Mountjoy. » Essex est jaloux lorsque Mountjoy l'emporte et que la reine lui remet son prix. La foule chante un hymne à la gloire de la reine (N° 1) :

Nous sommes le vert feuillage,
notre reine est la rose rouge
Une rose couronnée
parmi les feuilles si vertes.

La musique symbolise les relations d'affection entre la reine et ses sujets, et c'est là l'un des thèmes dominants de l'opéra.

Mountjoy apparaît et demande à son page de nouer son trophée à son bras. Essex lui reproche son arrogance et le provoque en duel. Il est distrait par une fanfare de trompettes, et légèrement blessé au bras. La reine sort de la lice, elle rappelle aux deux Lords qu'aucun duel ne doit avoir lieu à la Cour. Elle demande son avis à Raleigh qui parle « de plus grande maturité ». Un aparté montre bien qu'Essex et Mountjoy vont lui tenir rancune de cette insolence, il est plus âgé qu'eux et a davantage d'expérience, mais son origine est moins noble.

Un ensemble, auquel prennent part la reine, Essex, Mountjoy, Cuffe, Raleigh et le chœur, et une marche jouée par les trompettes, terminent la scène (N° 1).

Scène 2. L'antichambre de la reine au palais de Nonesuch. La reine est seule avec Cecil. Elle fait allusion au duel qui vient d'avoir lieu et demande à Cecil s'il a eu des nouvelles de la réaction de Lady Rich, la « sombre Penelope » est en même temps la sœur d'Essex et la maîtresse de Mountjoy[1]. Lorsqu'elle avoue qu'elle aime bien Essex, ce « jeune homme aux allures de seigneur », Cecil (qu'elle appelle de son surnom historique « Pigmy Elf ») la met en garde. La reine, dans un passage lyrique, rappelle à Cecil que c'est son royaume qu'elle a épousé; elle ne cherche pas de mari et sera heureuse si son peuple est heureux (N° 1). Cecil lui rappelle le conseil déjà ancien que son père lui avait donné :

---

1. Qu'elle a épousé après la mort de son mari, Lord Rich.

Il vient un moment où
pour gouverner
Il faut être prompt et audacieux
Il faut savoir quand frapper :
Parfois quand le fer est encore froid !

Lorsqu'ils en viennent aux affaires d'État, on entend un thème qui sera associé, pendant tout l'opéra, aux tâches du gouvernement, ainsi qu'à Cecil.

Sa montée optimiste en majeur, puis la descente mesurée en mineur sont caractéristiques. Lorsqu'on lui parle de l'éventualité d'une nouvelle armada espagnole, la reine regrette ces dépenses inutiles d'hommes et d'argent : « Nous ne pouvons qu'attendre et observer » (N° 2).

Essex est annoncé, et Cecil se retire. Le salut qu'il adresse à la souveraine, sa cousine, est très exubérant (N° 3) :

et la reine lui demande de chanter quelque chose pour la distraire. Essex chante : « Quand le cœur est triste, il préfère une musique gaie. » Puis un autre air plus doux, plus lent, qui exprime des sentiments beaucoup plus profonds (N°4) :

Cette musique a une importance capitale dans l'opéra, résumant bien leurs relations; pour la reine Elizabeth, dans son âge avancé, le seul lien qui lui reste avec la jeunesse et l'élégance.

Suit un duo très affectueux, interrompu lorsque Elizabeth montre la silhouette de Raleigh dans l'entrée. Essex le dénonce comme un ennemi décidé, avec Cecil, à l'empêcher d'aller jusqu'en Irlande pour renverser l'ennemi de la reine, Tyrone. C'est ici qu'arrive cette phrase associée aux ambitions d'Essex qui lui seront fatales, et qui joue un rôle important dans l'opéra (N° 5) :

La reine renvoie Essex, et reste seule. Son monologue débute par une phrase *forte* accompagnée par les trombones du N° 1. Après une résolution triomphante,

Je vis et je règne en vierge,
Je mourrai sans déshonneur,
Je laisserai une couronne
resplendissante.

la reine prie Dieu de lui donner la force d'accomplir la noble mission qui lui a été confiée. L'accompagnement est fondé sur un « Gloria » du XIVe siècle.

Acte II, scène 1. Le Guildhall, à Norwich. La reine est entourée de sa Cour, d'Essex, Cecil, Raleigh, Mountjoy. Le Recorder de la ville de Norwich termine son discours de bienvenue. Il lui demande de leur faire l'honneur d'assister au Masque qu'ils ont préparé. La reine accepte, mais Essex, dans un aparté, se montre impatient (N° 5).

Le Masque débute. Après avoir salué Gloriana, le Temps et la Concorde (un danseur et une danseuse), des groupes de jeunes filles et des villageois dansent; tous finissent par s'unir pour rendre hommage à Gloriana. La musique est un ensemble de six danses de nature contrastée, annoncées par l'Esprit du Masque et chantées par des voix sans accompagnement. La reine remercie les citoyens de Norwich et le finale est en grande partie fondé sur la phrase N° 1.

Scène 2. Dans le jardin de la maison d'Essex le soir. L'ambiance fraîche et lyrique du début de la scène est créée par une introduction jouée par les flûtes, le célesta, et les cordes avec sourdine *pizzicato*. Mountjoy chante son amour pour Penelope Rich, leur duo est interrompu par la voix d'Essex et de Lady Essex, qui ne les voient pas; ils parlent du refus que la reine oppose à la nomination d'Essex comme Lord Député d'Irlande. Mountjoy et Penelope font quelques remarques sur le mécontentement d'Essex (N° 5), puis reprennent leur conversation. La colère d'Essex monte — « Il viendra un moment où je briserai sa volonté et où j'aurai raison ». Sa sœur et son ami viennent alors le mettre en garde contre cette façon de parler. Quatuor, où l'impatience d'Essex déborde. Ils l'encouragent quant à son avancement, à mesure que le pouvoir de la reine diminue avec le temps : « Nous déciderons qui portera ensuite la couronne... nous gouvernerons nous-mêmes le pays. »

Scène 3. Dans la grande salle du palais de Whitehall, un bal donné par la reine. Toute la scène est bâtie sur une succession de danses de style élizabéthain qui servent de cadre au développement de la situation dramatique. L'orchestre sur scène commence une majestueuse pavane dès que le rideau se lève; toute la Cour danse.

La dame d'honneur de la reine admire la robe de Lady Essex. Celle-ci demande si la reine l'approuvera. Suit une gaillarde, danse rapide sur une musique lente.

La reine entre alors (N° 1), toise Lady Essex, puis ordonne qu'on joue « La Volta ». C'est un morceau brillant, à 6/4. La vigueur de cette danse finit par épuiser même la reine; elle demande alors que les dames, selon l'usage aillent changer de linge pendant qu'un danseur exécute une moresque

pour divertir ceux qui restent. A la fin de cette danse, Lady Essex rentre précipitamment pour se plaindre de la disparition de sa nouvelle robe pendant qu'elle se changeait. La reine apparaît alors, portant sa robe, trop courte pour elle, ce qui est d'un effet grotesque. Elle fait un tour, tandis que la Cour la regarde avec étonnement, puis se tourne vers Lady Essex et lui dit avant de sortir :

Si elle est trop courte pour
me convenir
Je ne pense pas qu'elle puisse
vous convenir non plus.

Essex, Mountjoy et Penelope essaient, dans un ensemble, de consoler Lady Essex qui se soucie surtout des conséquences possibles pour son mari : « La reine a ses exigences, prends garde, Robert ! » La reine revient avec ses conseillers, et annonce qu'Essex est nommé Lord Député en Irlande et chargé de mater la rébellion de Tyrone (N° 5). Essex chante un air où il parle de la charge qui lui est confiée (N° 5), et la scène se termine sur une « Courante », dansée par toute la Cour au moment où le rideau tombe; le grand orchestre, avec son évocation de l'ascension d'Essex, finit par recouvrir l'orchestre sur scène qui joue les danses.

Acte III. La catastrophe qui va amener la chute d'Essex — l'échec en Irlande — est déjà survenue lorsque l'acte III commence; et c'est la reine que nous voyons prendre la « tragique » décision, et non pas Essex lui-même. Son sort est lié au drame de la reine, qui avait placé sa confiance en lui.

Le prélude est marqué *rapide et agité*.

Scène 1. L'antichambre de la reine à Nonesuch. Les demoiselles d'honneur parlent de l'Irlande. Essex entre brusquement et demande à voir la reine; il tire le rideau, derrière lequel elle est à sa coiffeuse, sans sa perruque.

Elle renvoie ses suivantes et se tourne vers lui (N° 3). L'entretien commence dans le calme : « Mais que dois-je pardonner ? Que vous ayez surpris une femme qui vieillit avant qu'elle ne soit parée », demande la reine. Il y a un moment de tristesse, « Vous me voyez telle que je suis », qui conduit à un duo très tendre, « Parce que vous êtes ici, alors que seules les alouettes sont autorisées à me voir », et c'est seulement lorsque Essex lui dit que les ennemis « qui m'ont vaincu sont maintenant ici en Angleterre, chez nous » (N° 5) que la reine l'accuse d'avoir déçu sa confiance. Essex l'assure de sa dévotion (N° 3), et sa colère se transforme bientôt en regrets. Il évoque leurs souvenirs : « Revenons à l'heure de la naissance de nos espoirs ! » Essex et la reine se rappellent cette chanson qui symbolisait leur relation (N° 4). « Va, Robin, va, va ! » (N° 2). Lorsque Cecil arrive, la reine est parée majestueusement (N° 1). Il lui dit que Tyrone est toujours insoumis et qu'Essex a échoué dans sa mission et a aussi ramené une horde de ses partisans insoumis. La reine donne des ordres pour qu'Essex soit mis sous surveillance. Sur une musique où l'on entend avant tout la phrase N° 5, elle remarque : « Je n'ai pas réussi à dresser mon pur sang. »

Scène 2. Une rue de Londres. Le bref prélude orchestral est bâti sur l'Ex. 6. Un Chanteur de rue aveugle est assis à l'extérieur d'une taverne. Il chante les progrès de la rébellion d'Essex, depuis le moment où l'on s'est aperçu qu'il s'était libéré jusqu'à ce qu'il soit déclaré traître par le Crieur Public. La scène est bâtie sur l'air du Chanteur (N° 6), qui est marqué *très librement*, et qui a une saveur populaire bien particulière, qui convient très bien à cet endroit de l'opéra.

To bind by force, to bolt with bars the wonder of this age

Scène 3. Une salle du palais de Whitehall. L'orchestre joue un prélude bâti sur la phrase N° 7. Cecil, Raleigh et d'autres membres du Conseil sont unanimes pour trouver Essex coupable, mais Cecil les prévient que la reine hésitera encore à se décider et ira

Es-sex is guil-ty and con-demned to die

peut-être même jusqu'à lui pardonner. Lorsqu'elle entre, ils lui annoncent leur jugement.

Elle reste seule et c'est son dilemme que symbolise la musique, jusqu'à ce qu'entre Raleigh qui lui annonce que Lady Essex, Penelope Rich et Mountjoy sont venus plaider la cause d'Essex. Après un ensemble, Lady Essex se voit promettre (N° 1) que, quoi qu'il arrive à son époux, ses enfants n'auront pas à en souffrir. Penelope formule sa supplique en des termes « féodaux » : ce ne sont pas uniquement les services rendus par Essex à la reine, mais aussi son rang qui justifieraient sa grâce. La reine, furieuse, envoie chercher l'arrêt pour pouvoir le signer en la présence de cette femme qui lui a fait entrevoir tous ces dangers. Penelope pousse un cri d'angoisse alors que l'orchestre joue *fff* la phrase N° 4, qui va dominer tout le reste de l'opéra.

Après le départ des partisans d'Essex, la scène s'obscurcit et l'action devient irréelle, comme pour le souligner, le dialogue est ici essentiellement parlé, sur un accompagnement d'orchestre (N° 4). Divers épisodes de la fin de la vie de la reine Elizabeth sont évoqués. Son filleul, Harington, lui rappelle qu'il a connu Essex en Irlande; Cecil la prie de le laisser voir James VI d'Écosse, à propos de sa succession; l'ambassadeur de France lui présente ses lettres de créance; la reine fait ce qu'on a appelé son « Discours d'Or » à la Chambre des Communes (« J'ai toujours eu en vue le jour du Jugement dernier »); la dame d'honneur s'en va chercher quelque nourriture et croit alors avoir vu le fantôme de sa maîtresse. Cecil apparaît encore une fois et fait un dernier effort pour amener la reine à aller se coucher, l'archevêque de Canterbury s'agenouille pour prier (quelques modifications, dans le nombre et l'ordre de ces épisodes, ont été portées par la suite.) Alors que la vie de la reine arrive à son terme, on entend dans les coulisses le chœur qui chante tout doucement l'air N° 1.

H.

The Turn of the Screw
Le Tour d'écrou

Opéra en 1 prologue et 2 actes de Britten; liv. de Myfanwy Piper, d'après la nouvelle de Henry James. Créé par l'English Opera Group au Festival de Venise, 14 septembre 1954, avec Jennifer Vyvyan, Joan Cross, Arda Mandikian, Olive Dyer, David Hemmings, Peter Pears, dir. Britten. Première, Sadler's Wells (par l'English Opera Group), avec la même distribution; Festival de Florence, 1955; Berlin, 1957, toutes par l'English Opera Group. Première production indépendante, Darmstadt, 1958, dir. Hans Zanotelli; Stockholm, 1959, avec Elisabeth Söderström; Boston, U.S.A., 1961, avec Patricia Neway, Ruth Kobart, Naomi Farr, Richard Cassilly, dir. Rudel; New York, City Opera, 1962, avec Neway, Cassilly, dir. Rudel; Marseille, 1965, version fr. de Louis Ducreux, dir. V. Reinshagen.

PERSONNAGES

LE PROLOGUE (ténor); LA GOUVERNANTE (soprano); MILES et FLORA, *enfants dont elle s'occupe* (treble, soprano); MRS. GROSE, *la bonne* (soprano); MISS JESSEL, *l'ancienne gouvernante* (soprano); PETER QUINT, *l'ancien valet* (ténor).

Bly, une maison de campagne anglaise, au milieu du XIXe siècle.

The Turn of the Screw est une adaptation pour l'opéra de la nouvelle d'Henry James et elle en préserve presque tous les détails; certains épisodes ont été regroupés en un seul, mais rien n'a été omis. La composition de l'orchestre est la même que celle des autres opéras de chambre[1] de Britten, à laquelle il a néanmoins ajouté un 13e exécutant chargé de jouer le piano et le célesta, qui tiennent un rôle important dans l'orchestration.

En vue d'obtenir une certaine unité dans cet opéra, qui se joue sans interruption, en 1 prologue et 16 scènes (qui sont chacune associées à un instrument principal), l'œuvre est bâtie sur un thème :

Chaque scène est ainsi reliée à celle qui la suit par une variation musicale

---

1. Flûte (qui joue aussi flûte piccolo et flûte basse), hautbois (et cor anglais), clarinette (et clarinette basse), basson, cor, percussion, harpe, piano (et célesta), quatuor à cordes, contrebasse.

de ce thème, qui comprend les 12 notes de la gamme et qui est construit sur une alternance de quartes ascendantes et de tierces mineures descendantes. Il apparaît pour la première fois après le prologue, et avant la 1re scène de l'acte I. Le thème emploie les 12 demi-tons de la gamme, mais loin d'être dodécaphoniques, chaque variation et la scène qui suit ont en fait un centre tonal bien défini, la succession des tonalités ayant été conçue de manière à sauvegarder l'unité musicale. L'un des traits qui caractérisent la nouvelle de James est une succession de réflexions sur sa signification, en particulier sur les tensions ou les émotions qui habitent le personnage principal. Ce sont les variations qui donnent les tours d'écrou et qui constituent la contrepartie musicale de ces monologues littéraires, en faisant croître petit à petit la tension dramatique jusqu'à la catastrophe finale.

L'opéra débute par un prologue didactique pour le ténor accompagné par le piano seul : « C'est une histoire curieuse. Elle est écrite avec une encre un peu passée... une main de femme, la gouvernante des deux enfants — il y a déjà longtemps... » La visite du beau tuteur de ces enfants, les conditions qui doivent présider à son engagement (elle doit en assumer complètement la responsabilité et ne jamais s'en rapporter à lui), son hésitation, la façon dont finalement elle accepte, influencée par la confiance que son employeur semblait vouloir mettre en elle — tout cela est représenté dans le prologue dont la musique laisse déjà entendre ces quartes qui dominent le thème de l'opéra.

Le thème est donné au piano, au-dessus des cordes qui jouent tremolo, avant la 1re scène, Ex. 1 :

La présentation du thème est suivie d'une musique qui décrit le voyage à Bly. Dans la première mesure, on entend la musique qui est associée aux influences les plus fortes exercées sur la vie de Miles, d'un point de vue émotionnel, c'est-à-dire par Quint et la nouvelle gouvernante. Elle revient quelques instants plus tard, sous une forme vocale plus caractéristique, Ex. 2 :

Sur un accompagnement limité aux timbales, et qui souligne encore l'intervalle de quarte, la Gouvernante formule ses craintes et s'interroge sur la nature de ses tâches. « Je saurai très bientôt », conclut-elle, et la variation, qui commence sur l'Ex. 1, mais plus aigu, nous conduit aussitôt dans la vie animée de tous les jours, à Bly.

Les enfants attendent de savoir qui va être leur nouvelle gouvernante. Mrs. Grose essaie de leur faire répéter leurs révérences, ce qu'ils font sur un accompagnement musical; mais avant qu'ils aient terminé de s'interroger et de répéter, la Gouvernante est déjà là pour les saluer (on entend aussitôt l'Ex. 2 au violon solo). Les enfants font leur révérence. Pendant que Mrs. Grose continue à parler d'un air insouciant, la Gouvernante s'extasie sur la beauté des enfants et sur la grandeur de Bly. Les enfants s'apprêtent à lui montrer la maison, et elle termine sur une phrase lyrique : « Bly est maintenant ma maison. »

La variation II (thème à la basse et musique qui représente la vie quotidienne des enfants) nous conduit sous le porche de Bly (scène 3). Mrs. Grose apporte des lettres à la Gouvernante :

« Mrs. Grose ! Il est renvoyé de l'école. »
(Ici, pour la première fois, on entend
le son du célesta, qui sera plus tard
associé à Quint, ex. 3).

Le motif ? « Porte préjudice à ses
amis. » Mrs. Grose a-t-elle jamais su
qu'il était méchant ? Sauvage, dit-
elle, mais non méchant; et comme
pour renforcer sa conviction, on
entend et on voit à l'arrière-plan les
enfants qui chantent une comptine
enfantine : « La lavande est bleue ».
Le duo des adultes se transforme en
quatuor, et la scène se termine avec la
réponse résolue de la Gouvernante à la
question inquiète de Mrs. Grose : « Je
ne ferai rien. »

La variation III, une imitation de
chants d'oiseaux aux bois, crée
l'atmosphère d'une soirée d'été. L'air
lyrique de la Gouvernante (scène 4)
laisse bien voir que la tranquillité de
l'environnement a apaisé ses craintes,
mais c'est précisément au moment où
elle se dit « seule, tranquille, sereine »,
que tombe la fraîcheur du soir, Ex. 3 :

et qu'elle se tourne pour voir un
homme qu'elle ne connaît pas, perché
dans l'une des tours de la maison. Le
gardien ? Non ! Elle connaît tout le
monde dans la maison, est-ce un
étranger, ou un fou qu'on aurait
enfermé ?

La variation IV (Ex. 1, à nouveau à
la basse), marquée « très rapide et
lourde », annonce déjà la vigueur
avec laquelle les enfants vont chanter :
« Tom, Tom, le fils du joueur du fifre »
(scène 5). Cette scène, malgré son
apparence joyeuse, se transforme bientôt en une marche sinistre. La Gouvernante entre dans la pièce, et, en même

temps que s'éteint l'air chanté par les
enfants, on entend à nouveau l'Ex. 3
et on revoit par la fenêtre la silhouette
énigmatique dans la tour. Elle se précipite mais ne trouve personne; elle la
décrit à Mrs. Grose : « Il était roux,
frisé; son visage plutôt allongé et pâle,
ses yeux petits... Il était grand, rasé de
près, assez beau même, mais terrifiant ! » La réaction de Mrs. Grose ne
se fait pas attendre : « Quint ! Peter
Quint ! » (Ex. 3); sa frayeur apparaît
clairement lorsqu'elle raconte l'histoire
de son emprise sur cette maison, et
sa mort, Ex. 4 :

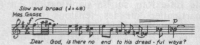

Petit à petit, Mrs. Grose explique sa
haine et sa peur de Quint, et une
nouvelle figure apparaît, Ex. 5 :

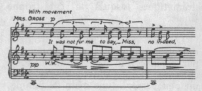

qui souligne bien l'assurance qui lui
fait défaut. Dès qu'est prononcé le
nom de Miss Jessel, on entend le son
caractéristique d'un gong grave, mais
la musique est dominée avant tout par
l'Ex. 4.

La manière dont l'orchestre perd sa
couleur, comme le sang peut quitter le
visage, lorsque la Gouvernante finit
par comprendre que c'est un fantôme
qu'elle a vu, est une des grandes réus-
sites de Britten. La Gouvernante croit
comprendre : sa vie tranquille à Bly
est terminée. Quint revient, mort,
dominer les enfants comme il le faisait
de son vivant. Sa plus grande tâche est
donc de protéger les enfants de cette
influence qui les mènera à leur perte si
elle n'arrive pas à s'y opposer. La résolution de la Gouvernante s'exprime

par l'Ex. 2. Mrs. Grose ne semble rien comprendre mais elle promet d'aider.

Une double fugue très vive, avec des entrées des deux thèmes tirés de l'Ex. 1, annoncent et préparent rythmiquement la scène de la leçon. Miles récite ces déclinaisons qu'on trouve dans toutes les grammaires latines d'écoliers anglais (« Parmi les noms en -is, nous avons... ») La passion de Flora pour l'histoire ne doit pas l'empêcher de répéter sa leçon. La Gouvernante demande à Miles s'il connaît d'autres récitations, et il répond alors, sur une mélodie curieuse et envoûtante, Ex. 6 :

qui semble résumer tout le mystère qui se cache derrière sa gaieté naturelle d'enfant, le seul aspect que nous lui connaissions jusqu'ici :

> *Malo : je préférerais être*
> *Malo : dans un pommier*
> *Malo : qu'un garçon méchant*
> *Malo : dans l'infortune*

La Gouvernante est déconcertée, et l'explication de Miles ne suffit pas à la rassurer : « C'est moi qui l'ai inventée, je l'aime bien, pas vous ? »

La scène 7 nous montre Flora sous le même « éclairage ». Elle est avec la Gouvernante au bord du lac de Bly et lui demande s'il se trouve dans son livre de géographie. Elle dit bientôt sur un ton dramatique que le lac au bord duquel elles sont s'appelle la mer Morte. Elle abandonne ensuite la géographie pour tâcher d'endormir sa

poupée, avec une berceuse bâtie sur les quartes et les tierces mineures de l'Ex. 1, pendant que la Gouvernante lit. Elle dispose les couvertures pour sa poupée et se tourne délibérément vers le public lorsque le fantôme de Miss Jessel apparaît de l'autre côté du lac. La Gouvernante lève les yeux de son livre et aperçoit Miss Jessel qui disparaît (au son du gong et des accords qui la caractérisent), Ex. 7 :

Le silence inhabituel de Flora laisse supposer qu'elle l'a vue aussi. Elle se trouve dans une situation d'autant plus désespérée qu'elle est maintenant sûre que chacun des deux enfants est hanté par la présence d'un mort.

Le célesta et la harpe (Ex. 3) amènent la dernière scène du 1er acte, alors que le cor nous rappelle l'Ex. 1 (variation VII). C'est la nuit, et le son de la voix de Quint vient rompre délicatement le silence, avec une longue vocalise ornée (tirée de l'Ex. 3), Ex. 8 :

C'est un moment d'une beauté à faire frissonner, qui est d'autant plus efficace que c'est la première fois que nous entendons une voix d'homme depuis le prologue. Sans doute n'aurait-il pas été formulé exactement de cette façon si le compositeur n'avait pas entendu Peter Pears, le créateur du rôle de Quint, chanter *a cappella* du Pérotin (« Beata viscera ») dans l'église d'Aldeburgh, à peu près un an plus tôt. On finit par distinguer Quint, là-haut dans la tour, où la Gouvernante l'avait vu pour la première fois. En dessous, on peut voir Miles dans le jardin. « Je suis tout ce qui est étrange et audacieux... », chante-t-il à Miles :

« C'est en moi que se rencontrent les secrets, les désirs naissants. » Miles est fasciné et lui répond; on entend bientôt, annoncée par les accords et le gong de l'Ex. 7, la voix de Miss Jessel qui appelle Flora, qui elle aussi lui répond. Un duo *pianissimo* à 3/8, marqué « rapide et léger », se développe entre Quint et Miss Jessel, Ex. 9 :

On peut penser qu'il symbolise les rencontres entre les esprits et les enfants. Lorsqu'il se termine, on entend les voix de la Gouvernante et de Mrs. Grose qui appellent les enfants (Ex. 1 au cor). Dès qu'elles apparaissent, les fantômes s'évanouissent, Mrs. Grose presse Flora de rentrer et la Gouvernante reste à écouter les réponses énigmatiques que fait Miles à ses questions — l'une des répliques les plus inoubliables de Henry James : « Vous voyez, je suis méchant, n'est-ce pas ? »

Acte II. La variation VIII débute par une imitation à la clarinette de la 1re phrase de Quint, Ex. 8; d'ailleurs, tout le prélude est composé d'éléments qui ont déjà été entendus dans la scène précédente. Il conduit à une conversation entre Miss Jessel et Quint, pour laquelle les indications scéniques donnent la précision suivante : « La lumière se fait sur Quint et Miss Jessel — qui ne sont nulle part. » Le thème de leur duo est dramatique : « Pourquoi m'avez-vous éloignée de mes rêves d'écolière ? Mais ce n'est pas moi !

C'est le son terrible que font les ailes des cygnes sauvages. » Le duo devient de plus en plus tendu, et chacun d'eux affirme (Ex. 2) que son esprit est désormais en paix (Ex. 10) :

(La phrase est une citation de Yeats, et le thème est dérivé de l'Ex. 2). Ce duo se termine par le retour bien marqué en octaves du thème; c'est la première et dernière fois qu'il apparaît dans les parties vocales (Ex. 1). Lorsque les fantômes disparaissent de notre vue (modulation de la bémol majeur vers sol dièse mineur), on entend la voix de la gouvernante, plongée dans une triste méditation, elle chante son air, « Perdue dans mon labyrinthe, je ne vois pas la vérité », au-dessus, une basse obstinée très élaborée.

La scène qui se passe dans le jardin de l'église est annoncée par une évocation à l'orchestre des cloches de l'église (variation IX), et la lumière se fait sur les enfants, qui chantent un *Benedicite* à moitié parodique (« O amis, axis, caulis, collis... que le Seigneur te bénisse. ») La Gouvernante et Mrs. Grose sont avec eux, mais un peu à l'écart et Mrs. Grose ne se rend pas compte de la situation tant que ses tentatives pour la réconforter n'ont pas conduit la Gouvernante à lui raconter toute l'horreur de la nuit précédente : « Ma chère, ma bonne Mrs. Grose, ils ne jouent pas : ils parlent de choses horribles. » Mrs. Grose fait entrer Flora dans l'église mais Miles s'attarde un peu (la percussion imite les derniers sons du carillon), et demande quand il pourra retourner à l'école. Sa dernière remarque, avant d'entrer — « Vous me faites confiance, mais vous n'arrêtez pas de penser et de repenser... à vous, et aux autres. Mon oncle pense-t-il comme vous ? » — arrache à la Gouvernante un cri d'horreur : « C'était un défi. » Désespérée, elle décide qu'elle n'a pas d'autre issue que de quitter Bly, maintenant, et sans plus attendre, pendant qu'ils sont à l'église. Elle sort en courant et la variation X (thème à la basse) constitue un postlude à la scène où elle s'enfuit.

Dès qu'elle est dans sa chambre, la Gouvernante sent la présence de Miss Jessel qu'elle voit assise au bureau. Dans leur duo, Miss Jessel parle sur un ton calme mais inexorable (Ex. 11) :

mais les nerfs de la Gouvernante sont tellement tendus qu'elle est au bord de la dépression (c'est le moment où elle s'approche le plus de la folie, qui dans la nouvelle est une alternative tout à fait concevable à cet envoûtement de ses sens). Elle sait à présent qu'elle ne pourra pas supporter l'idée d'abandonner les enfants. Lorsque Miss Jessel est partie, elle s'écrie : « Il faut que je lui écrive maintenant. » Puis, dans un des passages les plus beaux de l'opéra, joué d'abord à l'orchestre sans voix, elle s'asseoit au bureau et écrit au tuteur des enfants pour lui demander s'il accepte de le recevoir, car il y a certaines choses qu'elle doit lui dire (Ex. 12) (Erwin Stein, dans un commentaire, y a trouvé une vague ressemblance avec l'air de « Malo »).

Au début de la variation XI, la clarinette basse et la flûte basse ont le thème en canon, interrompu par l'Ex. 3. Au moment où le rideau se lève, le cor anglais ajoute l'Ex. 6, qu'on entend chantonné par le garçon, lorsque les lumières s'allument. La scène qui suit est fondée sur cette dernière phrase, une scène où la tension nerveuse menace à chaque instant de se transformer en pleurs. La Gouvernante essaie de savoir ce qui s'est passé à l'école, et on entend alors la voix de Quint, Miles prend peur et la bougie s'éteint : la question est

restée sans réponse, et les larmes ne sont toujours pas versées. Dans la variation XII, plus courte, la voix de Quint chante le thème, accompagné par les cordes *pizzicato*. Quint pousse Miles à prendre la lettre que la Gouvernante a écrite : « Prends-la ! Prends-la ! » C'est ce qu'il fait. La scène se termine lorsqu'on entend l'air de « Malo » à l'orchestre.

Avec la variation XIII, le climat change rádicalement ; le piano solo parodie une sonate de la fin du XVIIIᵉ siècle, et il semble que chacun maîtrise à nouveau la situation. On voit Miles jouer pour la Gouvernante et Mrs. Grose, pendant que Flora, que Mrs. Grose viendra rejoindre plus tard, joue au cerceau. La Gouvernante et Miles chantent à un intervalle de quarte ; cette rupture avec les tierces traditionnelles provient-elle du thème ? Mrs. Grose fait un signe de tête — le ton péremptoire sur lequel elle avait dit la scène 7 de l'acte I, « Dors », a ici un écho sinistre — et Flora quitte discrètement la pièce. Son absence est bientôt remarquée, mais la manière triomphante dont Miles reprend au piano (qui va jusqu'à la variation XIV) ne laisse pas de doute, il s'agissait d'une ruse pour détourner l'attention des adultes.

La variation XIV est bâtie sur le motif de Quint, « sur les sentiers » (Ex. 9), avec une variation du thème principal à l'orchestre. Mrs. Grose et la Gouvernante ne mettent pas longtemps à retrouver Flora au bord du lac. La Gouvernante s'aperçoit aussitôt de la présence de Miss Jessel (Ex. 7), et essaie d'obliger Flora à la reconnaître, mais ses efforts n'aboutissent qu'à contraindre Flora à se réfugier dans les bras de Mrs. Grose, criant qu'elle déteste la Gouvernante et qu'elle ne veut plus avoir affaire à elle. Son exclamation furieuse : « Je ne vois personne, je ne vois rien », est chantée sur le thème de l'innocence perdue (Ex. 10) ; elle conduit à un quatuor de

voix de femmes, où Miss Jessel rallie Flora à sa cause et où Mrs. Grose affirme qu'elle ne voit rien. Avec le départ de Mrs. Grose et de Flora, le thème de la perplexité de Mrs. Grose revient (Ex. 5), et la cadence de la Gouvernante, transposée d'une manière dramatique à partir de l'Ex. 2, accompagne son constat d'échec, Ex. 13.

La variation XV débute sur un accord de 12 notes, et utilise surtout les éléments de : « Je ne vois personne » (piccolo et timbales). La dernière scène se passe dehors. Mrs. Grose emmène Flora (Ex. 4), et révèle à la Gouvernante que la lettre qu'elle a écrite a dû être volée. Miles entre seul, sur le début d'une passacaille de forme assez lâche, sur les six premières notes du thème ; au fur et à mesure, les autres notes sont ajoutées une par une, et la forme se dissout progressivement ; elle est totalement abandonnée lorsqu'arrive le thème tout entier. La mélodie est dans les parties supérieures, aux cordes lorsqu'il s'agit de Miles, et à la clarinette lorsque c'est la Gouvernante qui chante. C'est un passage extrêmement expressif et toute la scène est très tendue. La Gouvernante prie Miles d'une manière presque rituelle d'avoir confiance en elle et de lui dire s'il a volé la lettre. Ses tentatives pour être franc sont contrariées par les avertissements de Quint (Ex. 2 et 9); lorsque la Gouvernante le presse de révéler qui il voit (Ex. 1), la lutte pour sauver son âme atteint son point culminant, et il meurt en criant : « Peter Quint ! Espèce de Diable », ce qui s'adresse — l'ambiguïté demeure jusqu'au bout — à l'une ou à l'autre des personnes qui le tourmentent. La voix de Quint s'unit à celle de la Gouvernante. On entend à la fin, de loin, chanter l'Ex. 3. La Gouvernante reste avec le corps du petit garçon, et c'est avec des répétitions pathétiques de sa chanson « Malo » que l'opéra se termine.

H.

Noye's Fludde
Noé et le Déluge

Le miracle[1] de Chester, mis en musique par Benjamin Britten. Créé à l'Église d'Orford, Festival d'Aldeburgh, juin 1958, avec Gladys Parr, Owen Brannigan, Trevor Anthony, dir. Charles Mackerras.

PERSONNAGES

LA VOIX DE DIEU (rôle parlé); NOYE (baryton basse); MRS. NOYE (contralto); SEM, HAM et JAFFETT (trebles garçons); MRS. SEM, MRS. HAM, MRS. JAFFETT (sopranos filles); LES COMMÈRES DE MRS. NOYE (sopranos filles); CHŒUR D'ANIMAUX ET D'OISEAUX (voix d'enfants); LA CONGRÉGATION.

L'habileté de Britten à écrire pour des exécutants encore jeunes est à peu près inégalée, comme en témoignent de nombreux exemples dans *The Turn of the Screw, Albert Herring, Let's Make an Opera,* la cantate *St. Nicholas, A Midsummer Night's Dream* et les Paraboles d'Église. *Noye's Fludde* ne contient peut-être rien d'aussi fin que la chanson « Malo » de Miles, mais il va beaucoup plus loin que les autres opéras quant à la participation d'adolescents. Noye et sa femme sont adultes, tout comme la Voix de Dieu, ainsi sans doute que le chef d'orchestre et quelques musiciens de l'orchestre, mais le reste de la distribution est confiée aux enfants. Il y a un assez grand chœur d'enfants, et les enfants fournissent un orchestre à cordes complet, des ensembles de flûtes à bec et de clairons, bon nombre de percussionnistes, ces derniers contribuant pour beaucoup à la couleur brillante de la partition.

En guise d'ouverture, Britten utilise l'hymne « Seigneur Jésus, pensez à moi »[2], chanté par la congrégation,

1. Le texte est tiré de *English Miracle Plays, Moralities and Interludes,* publié par Alfred W. Pollard, Clarendon Press, Oxford.

2. Extrait du Psautier de Damon, texte de l'Évêque Synesius, Trad. par Chatfield.

c'est-à-dire par les fidèles puisque l'œuvre est destinée à être exécutée à l'église. La Voix de Dieu ordonne à Noye de construire l'Arche. Sem, Ham, Jaffett et leurs femmes entrent au son d'une musique animée, avec leurs outils de charpentiers. Mrs. Noye, et le chœur qui représente ses Commères, commencent à se moquer de ces préparatifs. Sur une musique solennelle, la famille de Noye, sous sa direction, construit l'Arche. Mais Mrs. Noye reste sceptique, et se querelle avec son mari.

La Voix de Dieu ordonne à Noye d'emmener les animaux dans l'Arche. Annoncée par les clairons, une marche les conduit deux par deux, et ils chantent en marchant « Kyrie Eleison ». Seule Mrs. Noye résiste, « Je n'y entrerai pas aujourd'hui... j'ai mes Commères, elles ne pourront pas se noyer, par saint Jean ! » Mais à la fin, ses enfants vont la porter, et l'emmener à l'intérieur, déjà ivre.

Le passage central de l'opéra est une grande *passacaille* en do, une·des formes que le compositeur préfère, et qui est employée ici à décrire les diffé-rentes étapes du déluge : la pluie, les éclairs, le tonnerre et les eaux qui montent. Plusieurs timbres instrumentaux sont utilisés pour souligner chacun des aspects du désastre. Noye et sa famille chantent une prière avant de s'en remettre à l'Arche pour leur salut, et le sommet de cet épisode est l'hymne : « Père Éternel, qui peux nous sauver »[1]. La congrégation chante avec eux les couplets 2 et 3.

La musique du déluge cesse, suit une espèce de post-scriptum : un renversement de la musique qui décrivait la pluie, jouée maintenant sur le piano et des timbales accordées.

Le corbeau et la colombe sont libérés, conformément à la tradition, et Noye se réjouit de voir la terre bien sèche. La Voix de Dieu ordonne qu'on quitte l'embarcation et les claïrons entonnent un « Alléluia » pendant que les animaux descendent de l'Arche. Le finale est construit sur le *Canon* de Tallis, « Le grand firmament là-haut », dont chacun des six couplets est traité différemment; la congrégation s'y joint pour les deux derniers, et c'est là le sommet de cet opéra.

H.

A Midsummer Night's Dream
Le Songe d'une nuit d'été

Opéra en 3 actes de Britten; texte d'après Shakespeare par le compositeur et Peter Pears. Créé au Festival d'Aldeburgh, 11 juin 1960, avec Jennifer Vyvyan, April Cantelo, Marjorie Thomas, Johanna Peters, Alfred Deller, George Maran, Thomas Hemsley, Owen Brannigan, Peter Pears, dir. Britten. Première à Covent Garden, 1961, avec Joan Carlyle, Irene Salemka, Marjorie Thomas, Margreta Elkins, Russel Oberlin, André Turp, Louis Quilico, Geraint Evans, John Lanigan, dir. Georg Solti; Hambourg, Opéra d'État, 1961, production Rennert; Berlin, Komische Oper, 1961, production Felsenstein; La Scala, Milan, 1961; San Francisco, 1961; New York, City Center, 1963; Festival de Strasbourg, 1967 (en fr.), avec M. Senechal, J. Berbié, H. T'Hezan, dir. F. Adam.

1. J. B. Dykes, texte de W. Whiting.

PERSONNAGES

OBERON, *roi des Fairies*[1] (contre-ténor ou contralto); TYTANIA, *reine des Fairies* (soprano coloratura); PUCK (rôle parlé [acrobate]); THESEUS, *Duc d'Athènes* (basse); HIPPOLYTA, *Reine des Amazones fiancée de Theseus* (contralto); LYSANDER et DEMETRIUS, *amoureux de Hermia* (ténor, baryton); HERMIA, *amoureuse de Lysander* (mezzo-soprano); HELENA, *amoureuse de Demetrius* (soprano); BOTTOM, *un tisserand* (baryton basse); QUINCE, *un charpentier* (basse); FLUTE, *un facteur de soufflets* (ténor); SNUG, *un menusier* (basse); SNOUT, *un chaudronnier* (ténor); STARVELING, *un tailleur* (baryton); COBWEB, PEASEBLOSSOM, MUSTARDSEED, MOTH, *fairies* (trebles); CHŒUR DE FAIRIES (trebles ou sopranos).

C'est une tâche difficile que de transposer un chef-d'œuvre et d'en faire une œuvre de qualité équivalente sous une autre forme d'expression. C'est pourtant ce qu'a réussi Benjamin Britten.

L'opéra rehausse le rôle des *fairies*, et en particulier celui d'Oberon, pour leur donner une position de première importance, mais aussi pour que ce monde féerique serve de cadre à tout l'opéra, qui se passe entièrement, à l'exception de la dernière scène, dans le bois. La musique de Britten se situe dans trois mondes très différenciés : celui des *fairies*, celui des mortels (et donc des amoureux), et celui des artisans.

Acte I. Le bois est représenté par une trame sonore qui ondule très lentement, jouée aux cordes, qui croît et décroît lorsque le rideau se lève et qu'on entend souvent dans tout l'opéra, Ex. 1.

Les *fairies*, en deux groupes, menés par Cobweb et Mustardseed, Puck et Moth, font leur entrée sur l'air : « Par les coteaux et par les vallons, par les ronces et par les buissons. » Ils sont les instruments de Tytania, mais sont bientôt interrompus par Puck (accompagné toujours de la trompette et du tambour), dont ils ont peur. Puck annonce l'arrivée d'Oberon et de Tytania, qui se disputent à propos d'un jeune page indien, Ex. 2 :

dans lequel 2(a) a une importance particulière.

Oberon, resté seul, projette de se venger; il envoie Puck chercher cette herbe dont le suc « rendra un homme ou une femme fou de la prochaine créature vivante qu'il verra ». C'est le célesta qui donne la couleur (plus

1. Les noms des personnages de *A Midsummer Night's Dream* sont ainsi rendus en fr. dans l'édition des œuvres complètes de Shakespeare de la Pléiade (Gallimard, 1959) : Obéron, roi des fées; Titania, reine des fées; Puck, Thésée, Hippolyte, Lysandre, Demetrius, Hermia, Héléna, Bottom, Lecoing (Quince), Flute, Etriqué (Snug), Groin (Snout), Meurt-de-Faim (Starveling), Toile d'araignée (Cobweb), Fleur des pois (Peaseblossom), Grain de moutarde (Mustardseed), Phalène (Moth). Fairies désigne les fées, mais des deux sexes. On trouvera d'autres traductions dans William Shakespeare, *Les Comédies*, Bibliothèque Européenne (Desclée de Brouwer, 1961) ou dans l'édition bilingue d'Aubier-Flammarion (1968).

étrange que sinistre, comme elle l'était dans *The Turn of the Screw*, ainsi que le souligne Peter Evans[1]) par son accompagnement *ostinato* au motif du sort, Ex. 3 :

Oberon, une fois son projet en route, disparaît (Ex. 1).

C'est le tour des amoureux, dont les thèmes, à travers tout l'opéra, sont dérivés de l'Ex. 4 :

Lysander et Hermia s'enfuient pour éviter les fiançailles forcées de Hermia et Demetrius (« T'obligeant à épouser Demetrius » est la seule phrase du livret qui ne se trouve pas dans Shakespeare). La passion qui les brûle déjà apparaît dès le passage qui commence ainsi : « Je te jure ». Ils sortent (Ex. 1), Oberon apparaît; il a préparé dans son cœur — et dans sa musique — quelques machinations (Ex. 3). Aux amours de Lysander et Hermia succèdent les disputes de Demetrius et Helena, qui court après lui; mais Demetrius ne demande qu'à retrouver sa fiancée Hermia. Helena a un petit solo qui révèle bien son tempérament : « Je suis ton épagneul »; Oberon décide de rectifier les chemins croisés de ces

amoureux. Puck lui donne la fleur qu'il a demandée et se couche à ses pieds. « Je connais une rive où pousse le serpolet » est un air d'une sensibilité exquise, par tous ses sous-entendus tragiques; il est amené à l'Ex. 3, et ce sont les violoncelles qui donnent la ligne de la voix et les cors qui ajoutent leur couleur; il termine merveilleusement la 1re moitié de l'acte.

Six artisans entrent prudemment dans le bois silencieux (Ex. 1), annoncés par le trombone *pianissimo*. Peter Quince fait l'appel, non sans être interrompu fréquemment par Bottom, et attribue à chacun un rôle dans la pièce qu'ils projettent de répéter. Chacun d'eux est bien typé, que ce soit Bottom, le fanfaron, ou Francis Flute[2], timide mais tenace, ou Snug le menuisier, « un peu long à apprendre », et qui arrive donc toujours sur les temps faibles des mesures. Bottom se propose de jouer le rôle du Lion en même temps que celui de Pyramus et pense que son exécution conduirait le duc à dire « qu'il rugisse encore », mais Flute et les autres pensent que les dames prendraient peur, « et cela suffirait à nous faire pendre tous ». En promettant d'étudier leur partie, en sorte qu'ils puissent, selon Bottom, « répéter obscènement et courageusement », ils murmurent « Adieu », et laissent à nouveau la forêt vide (Ex. 1).

Hermia et Lysander sont épuisés par leur route, ils trouvent un endroit où se reposer et s'allongent ensemble. Puck les découvre alors, et se trompe, en pressant le suc de la fleur magique sur les yeux de Lysander (célesta). Hermia chante dans son sommeil, et Helena et Demetrius, se disputant toujours, entrent à leur tour, cherchant un endroit où se reposer. Lysander s'éveille, aperçoit Helena et lui déclare son amour et sa haine pour Demetrius.

---

1. *Tempo*, printemps/été, 1960.

2. L'admiration que Flute porte à Bottom, qu'il considère comme un héros, apparaît dès qu'il reprend instinctivement l'air bondissant de Bottom en répétant son propre texte; c'est une idée avancée par David Cairns dans *The Spectator*, lors des premières représentations de l'opéra.

Elle sort en courant, suivie par Lysander; Hermia s'éveille et suit, d'un air distrait, le chemin qu'a pris Lysander.

Au loin on entend Tytania qui entre bientôt avec sa suite, elle demande qu'on chante pour l'endormir. Les fées s'exécutent avec une version étonnamment fraîche de « Serpents tachetés à la langue fourchue », sans aucune espièglerie; mais Oberon passe sans qu'on le voie et (Ex. 3) verse la potion magique sur les yeux de Tytania, en lui disant : « Réveille-toi lorsqu'un être vil sera à proximité. » Le rideau tombe (Ex. 1).

Acte II. Le sujet en est le sommeil et le prélude est fondé sur quatre accords, orchestrés très différemment et qui comprennent les douze notes de la gamme (il n'y a pas d'éléments dodécaphoniques dans cette partition, mais l'influence progressive qu'exerce cette technique sur Britten est ici apparente, encore plus que dans *The Turn of the Screw*). Le rideau se lève sur Tytania endormie. Après le prélude, les six artisans entrent pour répéter. Bottom n'arrête pas de conseiller Peter Quince : les dames n'aimeront ni une mort sur la scène, ni les rugissements du Lion — il faut qu'il y ait un prologue pour expliquer chacune des deux choses. Quince lui-même a quelques énigmes à résoudre : « Comment amener le clair de lune dans la chambre. » (les mots « clair de lune » ont une résonnance bien particulière pour eux), et comment représenter le mur. La répétition commence, observée maintenant par Puck, qui suit Bottom lorsqu'il sort et lorsque Flute a récité tout son rôle sans faire de pause, il le ramène avec une tête d'âne sur les épaules. La troupe est toute déroutée et s'en va aussi vite qu'elle peut : « Béni sois-tu, Bottom, tu es métamorphosé. »

Bottom chante, ou plutôt souffle, pour retrouver ses esprits, et Tytania se réveille amoureuse de lui. Toute sa suite lui est présentée : il est salué solennellement (« Salut, mortel »). Un air langoureux, à la clarinette en la bémol et à la flûte, exprime l'engouement de Tytania, et elle finit par faire chanter et jouer les fées pour lui (flûtes à bec sopranino, cymbales et wood blocks). Bottom annonce : « Je sens le sommeil qui me gagne. » Tytania chante alors son extase et s'endort à son tour.

Un bref interlude amène Puck sur la scène, et après lui, Oberon, qui ne tarde pas à exprimer sa joie à voir les malheurs de Tytania. Mais Puck s'est trompé et il y a de toute évidence un malentendu entre Demetrius et Hermia. Puck part à la recherche d'Helena, et Oberon verse encore un peu de potion sur les yeux de Demetrius (Ex. 3), avant que Puck ne revienne avec Helena et Lysander. Helena reproche à Lysander sa fidélité à Hermia, mais Demetrius se réveille alors et voit Helena, qui a maintenant les deux hommes à ses pieds. Le retour d'Hermia ajoute une nouvelle complication, car Helena la croit à l'origine d'un complot contre elle. L'air très court d'Helena (« Est-ce que tout est donc oublié ? »), où elle décrit l'amitié qui la liait à Hermia, commence par un malentendu, qui les conduit à se disputer amèrement; tous s'en vont, les deux jeunes filles sont brouillées, et les hommes prêts à se battre en duel.

Oberon arrive alors en tirant Puck par l'oreille, se plaignant de son incompétence ou de sa malice. Il lui ordonne d'arranger les allées et venues de Demetrius et Lysander afin que leurs efforts pour s'affronter en un combat mortel se terminent par leur épuisement respectif. Puck mène à bien sa mission, imitant la voix de l'un pour égarer l'autre, jusqu'à ce que le rideau tombe sur les quatre amoureux qui sont disposés de telle manière qu'à leur réveil ils puissent se réconcilier. Les fées chantent une petite bénédiction, qui constitue leur intervention musicale la plus élaborée jusque-là — et Puck déverse le suc sur les yeux de Lysander (Ex. 3).

Acte III. Les cordes, dès le début, nous laissent présager la réconciliation. Dans le bois, Tytania et Bottom dorment, et un peu plus loin les quatre amoureux. Oberon est satisfait et comme il a réussi à obtenir le page indien qui était à l'origine de cette affaire, il a décidé de défaire « cette odieuse imperfection de ses yeux; vois comme tu voyais autrefois » (Ex. 3). Tytania se réveille (Ex. 2), libérée du sort, et se réconcilie avec Oberon (très lent, *quasi-sarabande*), qui propose d'unir les amoureux dans une noce qui coïnciderait avec celle du duc Theseus et d'Hippolyta.

Oberon, Tytania et les fées disparaissent lorsque les amoureux, au son des cors (ceux de Theseus, plutôt que ceux du pays des *fairies*), se réveillent à leur tour et se réconcilient : « Et j'ai retrouvé mon Demetrius, tel un bijou ». Ex. 5; c'est un ensemble superbe, d'une grande beauté.

Ils s'en vont et Bottom, seul sur la scène, se réveille. Quelques souvenirs de ce qui s'est passé lui reviennent. Il est indigné par la conduite de ses acteurs, qui l'ont abandonné. Il a rêvé de mystères. Mais il tirera une ballade de ses rêves, « Et je la chanterai dans la dernière partie de la pièce, devant le duc. »

C'est une affirmation clef, non seulement sur le plan musical et dramatique, mais aussi parce qu'elle donne la preuve du ressort principal de l'opéra, à savoir le pouvoir féerique d'Oberon; Bottom n'aurait jamais pu *imaginer* ce qu'il décrit sans son influence. Lorsqu'il s'en va, les autres reviennent, cherchant toujours à expliquer sa disparition. S'il avait été possible de donner la pièce devant le duc, il se serait sûrement vu attribuer six pence par jour jusqu'à la fin de sa vie pour avoir tenu le rôle de Pyramus !

Dès qu'ils se sont mis d'accord on entend la voix de Bottom. Toutes leurs interrogations cessent lorsqu'ils entendent la nouvelle. « Le duc a dîné, et c'est notre pièce qu'il préfère. » Dans un ensemble agité, marqué « très animé », ils se préparent à partir; les lumières s'éteignent; les cors et les bois évoquent une marche rapide pendant le changement de décor.

Le palais de Theseus. Theseus et Hippolyta entrent avec leur Cour et expriment en quelques phrases leur impatience de voir cette journée de noces faire place à la nuit. Les quatre amoureux obtiennent la bénédiction du duc, avant que Peter Quince ne fasse passer un billet à Hippolyta : « Une brève et fastidieuse scène, pour le jeune Pyramus et son amante Thisbé. »

Ce qui suit n'est rien d'autre qu'un opéra-comique condensé qui remplit 36 pages de la réduction et 40 pages de la partition d'orchestre. Dans l'introduction, les six artisans chantent ensemble, dans un style homophonique, marqué *pomposo* : « Si nous vous offensons, c'est en dépit de nos bonnes intentions », mais ils achoppent déjà lorsqu'en commençant un canon sur : « Pour votre plus grand plaisir », le ré aigu se révèle trop haut pour Flute. Prologue, en la personne de Quince, présente les personnages; bien entendu, ses gestes ne correspondent pas à ses paroles, lorsqu'il les pousse hors de la scène en répétant le mot « Restez ». Wall[1], rôle tenu par Snout, se présente lui-même en *Sprechstimme*, avant que Bottom ne se lance, dans le rôle de Pyramus, dans une véritable tirade dans le style d'un grand air italien — toute la séquence est d'ailleurs une satire de l'opéra romantique du XIXe s., ainsi qu'on le voit clairement à l'air de flûte plutôt timide qui introduit Flute, dans

le rôle de Thisby, et au duo très élaboré, quoique un peu vide, entre Thisby et Pyramus. Wall se prépare à partir, toujours en *Sprechstimme*, et c'est Snug qui lui succède, dans le rôle de Lion, puis Starveling dans celui de Moon. Thisby poursuit son *allegretto* accompagné par la flûte, mais la musique est bientôt submergée par le rugissement de Lion, qui chasse Thisby. Pyramus entre, trouve le manteau de Thisby, pense que le pire est arrivé, et (sans beaucoup changer le climat musical) se plonge une épée dans le ventre. Thisby trouve le corps de Pyramus et, perdant ses esprits, débute une scène de folie que la flûte accompagne fort bien, avant de se lancer dans un *adagio lamentoso*, précédé d'un prélude de tout l'orchestre. Bottom offre à l'assemblée soit un épilogue soit un bergamasque, et c'est la danse qui est choisie. Elle provoque le plus grand malentendu parmi les exécutants, et se divise en deux parties; la 1re hésite entre une mesure à 6/8 et une mesure à 9/8; la 2e est un 2/4 très rapide. Minuit sonne, les artisans s'arrêtent de danser; Theseus et Hippolyta, suivis des quatre amoureux, leur souhaitent ainsi qu'à nous, « Chers amis, bonsoir ».

Le décor ne change pas pour l'entrée de Cobweb, Mustardseed, Peaseblossom et Moth, qui viennent chanter : « Le lion affamé rugit, et le loup hurle à la lune. » Puck entre avec son balai, mais la phrase musicale la plus importante revient à Oberon, aux *fairies* et à Tytania. J'ai déjà évoqué l'effet de catharsis que : « Now until the break of day » (Maintenant jusqu'à l'aube) peut produire sur l'auditeur. Ni le capitaine Vere et ses accords pour le réconforter, ni le retour des chants de travail de « The Borough », ni la répétition de « Malo » ne font une telle impression; pour trouver quelque chose de comparable,

---

1. Les personnages de la pièce sont Wall (mur), Night (Nuit), Pyramus, Thisby, Moon (Lune), Lion (Lion).

il faut sans doute se rappeler la *Lute Song* du final orchestral de *Gloriana* et « Green leaves », Ex. 6 :

Après cela, qui pourrait contredire Puck : « Ne nous blâmez pas, Messeigneurs » ?

H.

Parables for Church Performance
Paraboles pour l'exécution à l'église

Dans la période qui suivit *A Midsummer Night's Dream,* Britten était avant tout occupé à écrire des œuvres pour violoncelle (*Sonate en do,* 1961, et *Symphonie pour violoncelle,* 1963, toutes deux écrites pour son ami Mstislav Rostropovitch), et des œuvres de grande dimension pour l'église (*War Requiem,* 1961). Cette période semble avoir conduit le compositeur à remettre en question certaines de ses vues, et il est sans doute significatif que sa production pour la scène pendant cette décennie soit limitée à trois Paraboles d'Eglise, *Curlew River, The Burning Fiery Furnace* et *The Prodigal Son.* Il est évident que ces œuvres sont en partie le résultat de la réussite de son opéra d'église, *Noye's Fludde,* mais il ne faut pas oublier pour autant des antécédents comme l'œuvre religieuse, *Saint-Nicolas* (1948), qui, sans être conçue pour la scène, est aussi une œuvre dramatique. Formellement, elles témoignent d'une concision nouvelle (à peine plus d'une heure chacune), et d'une certaine économie de moyens (moins de 20 chanteurs pour chaque œuvre et un orchestre de chambre de 7 ou 8 musiciens); quant au style, il réussit une synthèse d'éléments occidentaux et orientaux, en même temps qu'il accorde une grande liberté aux exécutants.

A l'occasion d'un voyage au Moyen-Orient, en février 1956, Britten fit deux expériences musicales à la fois nouvelles et fructueuses : à Bali, il entendit pour la première fois des musiques de Gamelan (cette influence s'exprime dans son ballet, *The Prince of the Pagodas* [*Le Prince des Pagodes*] un peu plus tard cette même année); et à Tokyo il a découvert le Nô, le théâtre japonais. Le Nô semble avoir hanté son imagination : « Mon impression à cette occasion fut considérable : l'histoire à la fois simple et émouvante, l'économie de ce style, la lenteur extrême du déroulement, la beauté des costumes, le mélange de psalmodie, de parole et de chant qui, avec ses trois instruments, faisait une musique étrange — tout cela constituait une expérience "opératique" entièrement nouvelle. »[1]

1. Extrait du texte du compositeur accompagnant l'enregistrement de *Curlew River.*

Sept années plus tard, c'est le Nô *Sumidagawa* qu'il demande à William Plomer de transformer en ce qui est devenu la première de ses trois « Paraboles pour l'exécution à l'église »; *Curlew River,* qui servira d'œuvre de référence pour la conception formelle de toute la série. Le récit et tous ses détails ont été conservés, mais l'ancienne musique du Gagaku japonais s'est transformée en une version moderne du drame liturgique du Moyen Age anglais, avec une musique fondée sur le plain-chant. La formule connut une telle réussite dans *Curlew River* que le compositeur et le librettiste l'ont conservée pour toute la série. Chaque parabole est introduite par une mélodie de plain-chant différente, qui sert ensuite de fondement à l'œuvre entière; elles sont supposées se dérouler au sein d'une communauté monastique, qui entre sous forme de procession au début de la pièce et qui en fournit tous les personnages, qu'ils soient masculins ou féminins.

A la différence de *Lucretia, Albert Herring* ou *Les Mamelles de Tirésias,* qui sont des « grands » opéras en miniature, et où le petit orchestre est habilement employé comme substitut d'un grand, ces Paraboles sont par essence des opéras de chambre.

Curlew River
La Rivière aux courlis

Parabole pour l'Éxécution à l'Église de Benjamin Britten; liv. de William Plomer. Créé au Festival d'Aldeburgh, 12 juin 1964, en l'église d'Orford, avec Peter Pears, John Shirley-Quirk, Bryan Drake, Don Garrard. Première, Festival de Hollande, 1964, et Tours, 1965, par l'English Opera Group; U.S.A., Caramoor, New York, 1966, avec Andrea Velis; Mulhouse, 1968, avec Michel Sénéchal; Mai de Versailles, 1968; Festival d'Aix-en-Provence, 1970, dir. Tunnard.

PERSONNAGES

L'Abbé, onze Moines, quatre Acolytes, sept Frères Lais, qui assurent la distribution de la Parabole :
LA FOLLE (ténor); LE PASSEUR (baryton); LE VOYAGEUR (baryton); L'ESPRIT DU GARÇON (*un acolyte*) (treble); LE CHEF DES PÈLERINS (*l'abbé*) (basse); CHŒUR DE PÈLERINS.

Instrumentistes : flûte (et piccolo), cor, alto, contrebasse, harpe, percussion, orgue positif.

Dans l'ensemble, l'histoire de *Curlew River* ne s'éloigne pas beaucoup de celle de *Sumidagawa,* ainsi qu'en témoigne la description du Nô donnée dans son journal[1] par le prince de Hesse, qui a accompagné Britten à Tokyo : « Le passeur attend sur son bateau ; un voyageur arrive et lui parle d'une femme qui va bientôt arriver à la rivière. La femme est folle, elle cherche son enfant perdu. Elle apparaît alors, mais le passeur ne souhaite pas prendre à bord de son bateau une telle personne; il finit

1. Publié dans *Tribute to Benjamin Britten* (Faber, 1963).

pourtant par la laisser monter. En traversant la rivière, les deux passagers sont assis par terre, l'un derrière l'autre, comme s'ils étaient dans un bateau très étroit; le passeur est derrière eux, poussant symboliquement sur sa perche. Le passeur raconte l'histoire d'un petit garçon qui est passé par là il y a un an jour pour jour. L'enfant était très fatigué, car il venait d'échapper à des brigands qui le retenaient. Il a traversé la rivière sur son bateau, mais il est mort d'épuisement sur l'autre rive. La femme se met à pleurer. C'était son fils. Le passeur en est lui aussi attristé, et il l'emmène sur la tombe de l'enfant. Le rôle de la mère est joué par un grand homme habillé en femme, avec un petit masque de femme sur son visage. Les accessoires favorisent la compréhension du récit... La pièce se termine par une psalmodie du chœur. »

C'est précisément l'histoire de *Curlew River*. Aux trois personnages principaux déjà décrits dans le Nô, Britten et Plomer ajoutent l'Abbé du monastère où l'exécution a lieu, la voix de l'enfant mort, et neuf pélerins qui servent de chœur. En outre − et c'est là un choix décisif − le déroulement et les motivations sont transposés du Japon et du bouddhisme du Moyen Age dans l'Angleterre et la chrétienté du Moyen Age, la musique et la scène débutent avec la procession rituelle des moines dans la nef de l'église, chantant l'hymne de l'Office des Complies[1] (Ex. 1) :

All Voices
Slow (Lento)   cresc.

Te lú-cis an-te ter-mi-num, Re-rum Cre-á-tor, pó-sci-mus.

C'est l'Abbé qui dirige cette action stylisée en ce sens qu'il prépare le décor; les personnages de la parabole revêtent ensuite leur costume sous les

yeux du public, et le drame proprement dit commence lorsque le Passeur annonce énergiquement le rôle qu'il joue dans la pièce.

On a beaucoup écrit au sujet de *Curlew River* et des autres Paraboles d'Église, qui illustrent chacune le paradoxe entre un matériau musical extrêmement organisé (dérivé de la simplicité du plain-chant) et un mode d'exécution beaucoup plus libre que celui des autres œuvres dramatiques de Britten. Pour ce qui est de l'exécution, tout d'abord, le compositeur se passe de chef d'orchestre et traite les chanteurs comme des éléments de l'ensemble de chambre, au même titre que les instrumentistes, qui eux-mêmes, à titre exceptionnel, prennent part à l'action scénique, marchent en procession avec les frères du monastère, prenant des positions dramatiques sur la scène (du moins dans les exécutions d'origine que Colin Graham a dirigées on ne peut mieux, sous l'œil du compositeur).

Eric White[2] a attiré l'attention sur « un élément de rhapsodie » dans les parties vocales, qui est une des conséquences de la liberté accordée aux exécutants; la partition précise toujours quelle est la voix principale et fait un usage assez libre de barres de mesure en pointillé (qui s'opposent aux traits pleins), pour ne pas trop souligner les schémas métriques habituels. Britten a inventé un nouveau signe de silence, le « curlew » (courlis)[3] qui, d'après Imogen Holst, dans son introduction à l'édition de la partition, « montre que l'exécutant doit écouter et attendre que les autres exécutants soient arrivés à la barre de mesure suivante, ou au point de rencontre, c'est-à-dire que la note ou le silence peut être plus long ou plus court que sa valeur écrite ».

Le plus souvent l'écriture est monophonique (l'exécution simultanée de

---

1. Ses intervalles de secondes et de tierces imprègnent toute la ligne vocale de l'Abbé et des moines lorsqu'ils chantent *in propria persona*, plutôt que dans leur rôle.
2. Dans son livre inestimable, *Benjamin Britten, his life and his operas* (Faber, 1970).
3. Qui est également utilisé dans les autres Paraboles d'Église.

versions simples et ornées du même thème), plutôt que polyphonique (chaque voix se déplaçant avec une apparence d'indépendance, tout en faisant un ensemble harmonique). Ce qu'on pourrait prendre pour des parties instrumentales *obligati* devient ici des extensions des gestes de la voix ; les instruments prolongent les phrases vocales pour leur donner une plus grande expression, parfois d'une manière assez curieuse et étrange, comme dans la scène de la Folle, après qu'elle ait reconnu la tombe de son enfant. Le style vocal fait également appel à des répétitions de notes à la manière de Monteverdi.

Dans *Curlew River,* chaque personnage est représenté par certains motifs et un instrument lui est associé en propre. Le Passeur a une version plus agitée de l'Ex. 1 et ses instruments sont le cor et, dans une moindre mesure, l'alto. Le Voyageur a la harpe et la contrebasse, qui joue des arpèges pour accompagner ses « pas lourds et traînants »[1]. La Folle a la flûte, qui en outre joue *flatterzunge* avant son entrée (Ex. 2), et le thème du Courlis

(le signe de la pause dont il était question plus haut se trouve ici sur la dernière mesure d'accompagnement) Ex. 3 :

Le premier motif de la Folle, tout en quartes et en septièmes, conduit à une entrée en scène calquée sur le modèle romantique de la scène de la Folle, avec cette différence que le personnage central de *Curlew River* commence l'œuvre alors qu'elle est encore aliénée et qu'elle devient de plus en plus lucide, au lieu de suivre le cheminement inverse, plus habituel. Dans son air narratif sa ligne, sinon monotone, trouve une certaine expression en faisant monter ou descendre la dernière note d'un ton, ou parfois d'un demi-ton : vers l'aigu, lorsqu'elle évoque sa vie ou la perte de son enfant, vers le grave lorsqu'il s'agit de sa douleur.

Cette Parabole connaît plusieurs étapes dans la montée de la tension dramatique — en particulier lorsque le chœur répète le Chant de la Séparation de la Rivière des Courlis, et un ensemble écrit pour le Passeur, le Voyageur, les flûtes, avant qu'on

1. Patricia Howard : *The Operas of Benjamin Britten* (Barrie and Rockliff, 1969.)

n'autorise la Folle à monter sur le bateau — et finit par culminer au moment où la Folle, convaincue que la tombe sur la rive est celle de son enfant perdu, que les gens de la rivière prennent pour un saint, prie avec les voyageurs sur cette tombe. L'Abbé et le Chœur chantent l'hymne « Custodes hominum », tandis que le Passeur et le Voyageur prient à leur tour, avant que, par quelques phrases très aiguës (suivies du piccolo), l'Esprit du Garçon ne vienne soulager la souf-france de sa mère. A l'« Amen » final, elle s'est départie de sa folie, et cette petite tragédie de la compassion se termine comme elle a commencé : les moines quittent leurs costumes, et après un sermon de l'Abbé chantent la mélodie de plain-chant du début. C'est une œuvre extrêmement tendue et émouvante, qui fut saluée dans le titre de la critique de Wilfred Mellers dans le *New Statesman*[1], d'une manière à la fois plaisante[2] et juste, comme le « Oui de Britten ».

H.

The Burning Fiery Furnace
La Fournaise ardente

Parabole pour l'Exécution à l'Église de Benjamin Britten; liv. de William Plomer. Créé au Festival d'Aldeburgh, en l'église d'Orford, avec Peter Pears, Bryan Drake, Robert Tear, Victor Godfrey, John Shirley-Quirk, Peter Leeming. Première aux U.S.A., Caramoor, New York, 1967, avec Andrea Velis; Mai de Versailles, 1968; en Australie, au Festival d'Adelaïde, 1970, avec John Fryatt.

PERSONNAGES

L'Abbé, onze Moines, cinq Acolytes et huit Frères Lais, qui assurent la distribution de la Parabole :
NABUCHODONOSOR (ténor); L'ASTROLOGUE *(l'Abbé)* (baryton); ANANIAS (baryton); MISAEL (ténor); AZARIAS (basse); LE HÉRAUT ET LE CHEF DES COURTISANS (basse); CHŒUR DE COURTISANS; 5 SUIVANTS (trebles).

Instrumentistes : flûte (et piccolo), cor, trombone alto, alto, contrebasse (et tambour de Babylone), harpe, percussion, orgue positif (et petits cymbales).

L'histoire, beaucoup moins ésotérique que celle de *Curlew River*, est tirée de l'Ancien Testament, et son propos est la résistance à la tyrannie. Au VIe s. av. J.C., trois jeunes Israélites ont été amenés prisonniers à Babylone. Sur le conseil de Daniel, ils sont nommés par le roi Nabuchodonosor pour gouverner six provinces, et leurs noms sont changés en leur forme babylonienne : Shadrach, Meshach et Abednego. Au cours d'une fête, ils refusent de renier la foi de leurs ancêtres en buvant et en mangeant avec les courtisans; l'Astrologue réussit à persuader le roi que c'est une insulte à la nation et à sa foi. Le Héraut annonce que tous doivent s'incliner devant la grande effigie en or du dieu de Babylone, Merodak, lorsque la musique royale se fera entendre, mais Shadrach, Meshach et

1. 3 juil. 1964.
2. Jeu de mots sur *No* (= non ou Nô).

Abedfrom refusent de l'adorer. Sur l'ordre de Nabuchodonosor on prépare une fournaise pour leur exécution, et ils y sont jetés, mais un ange vient les rejoindre dans la fournaise, et leur foi les protège des flammes. Lorsqu'ils réapparaissent indemnes, Nabuchodonosor renvoie son Astrologue et se convertit à leur foi.

L'instrumentation reste identique à celle de *Curlew River*, si ce n'est qu'un trombone alto est ajouté aux 8 exécutants de la première Parabole. C'est encore un fois le plain-chant (la séquence de l'Avent « Salus aeterna ») qui fournit le fondement musical de l'œuvre, mais cette fois avec ces intervalles plus étendus qu'auparavant (Ex.1) :

et suivie, comme dans *Curlew River*, d'une hétérophonie instrumentale (qui a un son plus oriental que dans *Curlew River*, et à mon avis plus indien que japonais), lorsque les moines revêtent leur costume pour la pièce. Elle se déroule en deux parties, introduites chacune par une annonce importante faite par le Héraut. Dans la 1re partie, l'épisode central est le Festin du Roi; dans la 2e partie se situent la Procession, l'Hymne à Merodak, la Fournaise et la Conversion du Roi.

Certaines caractéristiques instrumentales sont associées au Héraut — le trombone alto, et à Nabuchodonosor (et son *alter ego* l'Astrologue — un rôle joué par l'Abbé) — la flûte *flatterzunge*, au-dessus de la harpe et du cor, avec des accords de la contrebasse et de l'alto (Ex. 2) :

Ananias, Misael et Azarias sont davantage associés à l'hymne du plain-chant que les Babyloniens, qui sont eux caractérisés par la 1re phrase de l'Abbé (Ex. 3) :

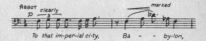

Le Festin lui-même comprend un divertissement donné par trois garçons, deux chanteurs, et un jongleur. La musique y est intentionnellement dans ce style plus simple qu'emprunte habituellement Britten lorsqu'il écrit pour des voix d'enfants, que ce soit pour la scène ou non; les paroles sont en forme de devinettes, ou du moins sous forme de questions et de réponses. A la fin du Festin, Shadrach, Meshach et Abednego se retrouvent seuls, et dans une scène émouvante réaffirment leur position, qui consiste, en quelque sorte, en une résistance passive.

Après que le Héraut ait annoncé le début de la 2e partie, on entend le son des « cornet, flûte, saquebouté, psalterion, dulcimer et de musiques de toutes sortes »; à la 1re note de cette musique, tous les sujets du roi doivent se prosterner et adorer l'effigie en or qu'il a fait ériger. Dans cette musique de Procession, les huit instruments ont huit phrases importantes qu'ils combinent en dix « versets » de la marche, avec des effets étonnamment variés, après quoi vient l'Hymne à Merodak, dieu des Babyloniens, avec ses liaisons qui étaient déjà annoncées par le Héraut lorsqu'il a parlé pour la 1re fois au Festin, puis par Nabuchodonosor et l'Astrologue avant que les trois Israélites ne se soient retrouvés seuls dans la 1re partie (Ex. 4) :

L'épisode final est celui de la fournaise, qui se résout sur le *Benedicite*[1], chanté par les trois Israélites auxquels s'ajoute une voix de *treble* soliste, qui symbolise l'Ange du Seigneur, et qui rappelle l'Esprit du Garçon dans *Curlew River*. La conversion de Nabuchodonosor vient comme une pause dans le psaume, auquel il finit par unir sa voix.

H.

The Prodigal Son
Le Fils prodigue

Parabole pour l'Exécution à l'Église de Benjamin Britten; liv. de William Plomer. Créé au Festival d'Aldeburgh, 10 juin 1968, en l'église d'Orford, avec Peters Pears, John Shirley-Quirk, Bryan Drake, Robert Tear. Première aux U.S.A., Caramoor, New York, 1969, avec Andrea Velis; Festival d'Aix-en-Provence, 1970. dir. Tunnard.

PERSONNAGES

L'Abbé, 11 Moines, 5 Acolytes, 8 Frères Lais, qui assurent la distribution de la Parabole :
LE TENTATEUR *(l'Abbé)* (ténor); LE PÈRE (baryton basse); LE FILS AÎNÉ (baryton); LE FILS CADET (ténor).
Chœur de serviteurs, de parasites et de mendiants; jeunes serviteurs et voix lointaines (trebles).

Instrumentistes : flûte alto (et piccolo), trompette (en ré), cor, alto, contrebasse, harpe, orgue positif, percussion.

L'histoire du Fils prodigue, avec l'accent qu'elle met sur le repentir et le pardon, est l'une des plus belles et des plus connues du Nouveau Testament. Elle complète fort bien le tryptique de Britten, qui comprend donc un Nô, une légende de l'Ancien Testament et une parabole chrétienne.

Une famille, composée du Père, du Fils Aîné, du Fils Cadet et de leurs Serviteurs vivent du fruit du travail de la terre. Lorsque le Fils Aîné et les hommes vont travailler aux champs, le Fils Cadet entend une voix qui le tente en lui offrant des plaisirs inconnus, et ses « désirs les plus secrets ». Il demande sa part d'héritage et l'obtient; mais, en ville, des Parasites la lui dérobent et le laissent seul et désar-

genté. Il rejoint quelques mendiants, dont il partage la vie misérable, puis décide de rentrer chez lui demander pardon à son père. Il est reçu dans la joie; on tue le veau gras, et même le Fils Aîné, malgré sa jalousie, finit par se réconcilier avec lui.

La forme d'ensemble de *The Prodigal Son* est celle qui a été dessinée par les autres Paraboles d'Église; elle débute par un hymne de plainchant, l'hymne de Prime (Ex. 1) :

1. Également mis en musique dans la 1re scène de l'acte II de *Peter Grimes*, et parodié dans *The Turn of the Screw*.

De même que la couleur sonore caractéristique de *Curlew River* était celle de la flûte solo, qui était associée à son personnage principal, celle de *The Burning Fiery Furnace* provient du trombone alto, et celle de *The Prodigal Son* de la trompette et de l'alto (la flûte alto, qui joue aussi le piccolo, et la trompette remplacent la flûte et le trombone alto de *The Burning Fiery Furnace*). La flûte alto est associée au Père, l'alto au Fils Cadet, la contrebasse au Fils Aîné, le cor à ceux qui travaillent la terre. La trompette incarne l'idée de Tentation et est donc souvent entendue en même temps que le Tentateur lui-même.

Le déroulement dramatique débute à la fin du plain-chant qui sert d'ouverture. L'« Amen » des moines est répété en écho une tierce plus haut, puis, d'une façon ironique, une sixte plus haut lorsque le Tentateur se présente au bout de la nef, dans l'habit de l'Abbé qu'on n'avait pas encore vu. Dans les Paraboles précédentes, l'Abbé, qui était d'abord basse, puis baryton, présentait le sujet du drame avant de revêtir son costume pour y participer lui-même. Ici, au contraire, nous arrivons immédiatement au cœur de l'action dès le début, et c'est seulement après que le Tentateur s'est avancé que nous entendons le plain-chant (Ex. 1) avec son véritable effet, dans un passage hétérophonique destiné à accompagner, comme dans les Paraboles précédentes, l'habillage des personnages principaux.

« Voyez comme je vais la briser » : un peu à la manière de Quint, le Tentateur se penche sur la scène familiale idyllique qui sert d'introduction au drame. Musicalement, c'est le personnage le plus vivant lorsqu'il fait miroiter toutes ces séductions aux yeux du Fils Cadet, alors qu'ils se rendent dans la ville du Péché. C'est un duo splendide, avec ses deux voix de ténor, qui rappelle Monteverdi et Purcell dans ses grandes lignes, et qui est caractéristique de Britten lui-même dans ses dessins mélodiques (elle annonce aussi le duo de Mel et Dov de Tippett).

L'écriture chorale est plus importante ici que dans les œuvres qui ont précédé, et la séquence de la Ville et de ses tentations (15 mn) contient neuf passages choraux qui accompagnent le Fils Cadet, depuis l'accueil que lui font les parasites jusqu'à sa déchéance en compagnie des mendiants. Son costume, qui était censé représenter symboliquement l'héritage qu'il avait reçu, est arraché petit à petit, à mesure qu'il perd son patrimoine.

Mis à part peut-être l'*arioso* du Père à l'adresse de ses Fils et de ses Serviteurs, le duo entre le Tentateur et le Fils Cadet et la séquence de la Ville, il n'y a pas de grands morceaux qui puissent se comparer à ceux de *The Burning Fiery Furnace*. La musique de cette Parabole d'Église n'a pas non plus l'intensité dramatique de celle de *Curlew River*.

H.

Owen Wingrave

Opéra en 2 actes de Britten, d'après la nouvelle de Henry James; liv. de Myfanwy Piper. Télévisé et diffusé pour la 1er fois, 16 mai 1971, avec Heather Harper, Jennifer Vyvyan, Sylvia Fischer, Janet Baker, Peter Pears, Nigel Douglas, Benjamin Luxon, John Shirley-Quirk, dir. Britten. Créé sur scène, Covent Garden, 10 mai 1973, même distribution, sauf Janice Chapman dans le rôle de Mrs. Julian, dir. Steuart Bedford.

PERSONNAGES

OWEN WINGRAVE, *le dernier des Wingrave* (baryton); SPENCER COYLE, *directeur d'un établissement d'enseignement militaire* (baryton basse); LECHMERE, *un jeune étudiant de Coyle* (ténor); MISS WINGRAVE, *la tante d'Owen* (soprano); MRS. COYLE (soprano); MRS. JULIAN, *une veuve, pensionnaire à Paramore* (soprano); KATE, *sa fille* (mezzo-soprano); GÉNÉRAL SIR PHILIP WINGRAVE, *grand-père d'Owen* (ténor); LE NARRATEUR, *un chanteur de rue* (ténor); CHŒUR LOINTAIN (trebles).

Londres; Paramore fin du XIXᵉ siècle.

Owen Wingrave fut écrit pour la télévision. Britten et Myfanwy Piper se sont tournés vers Henry James pour le sujet de l'opéra (comme pour *The Turn of the Screw*), et le thème est l'effort du jeune héritier de la famille militaire des Wingrave pour échapper à l'emprise du passé, à la tradition militariste de sa famille et, plus précisément, pour laisser sa conscience pacifiste l'emporter sur les instincts militaires de sa famille.

Le prélude de l'opéra est composé d'une douzaine de mesures marquées *marziale*, et de dix « portraits » instrumentaux d'ancêtres militaires d'Owen. C'est le « sens du passé », ainsi que le dit Henry James et dans ces quelques portraits Britten a exposé le matériau musical de son opéra. Dans ce passage *marziale*, une idée rythmique nous est présentée, qui donnera naissance dans la suite de l'opéra à beaucoup d'autres et qui est toujours associée à la percussion. Donald Mitchell, dans le commentaire qui accompagne l'enregistrement sur disque, l'a décrite comme « cette pulsation inoubliable, qui est le battement de cœur de l'opéra ». Dans la mesure 4 de ce passage *marziale* arrive le thème d'Owen, qui constitue le 11ᵉ de ces portraits (Ex. 1) :

Les dix autres « portraits », destinés à être associés à une représentation visuelle des autres membres de la famille, constituent une grande cadence orchestrale et sont associés respectivement aux instruments suivants : basson, hautbois, cor, clarinette, trombone et piccolo (le colonel et le garçon), trompette, bois, trombone, tous les vents (le père d'Owen).

Acte I, scène 1. Dans la classe de l'établissement militaire de Mr. Coyle. La discussion entre Mr. Coyle et ses élèves, Owen et Lechmere, est accompagnée au début par un flot de triolets, qui voudrait exprimer un certain réconfort; mais dès qu'il est question de morts, la réaction d'Owen devient amère. Avec à nouveau les triolets sous les voix, Coyle parle de la guerre comme d'une science alors qu'Owen serait plutôt tenté de condamner tous ceux qui y participent. Owen reste seul avec Coyle, et lui avoue qu'il ne pourra pas aller jusqu'au bout de ses études militaires; il hait la carrière de

soldat. Mais il est allé trop loin, aux yeux de Coyle, qui termine la scène en se demandant s'il doit essayer de remettre lui-même l'esprit d'Owen dans le droit chemin, ou s'il doit se décider à intervenir auprès de Miss Wingrave à son sujet.

L'interlude est bâti sur le *marziale* du début; des cadences instrumentales brillantes, en particulier un dialogue entre deux trompettes, évoquent les bannières des régiments.

Scène 2. Owen se trouve à Hyde Park, et Miss Wingrave et Coyle sont dans son appartement à Londres. Il y a une espèce de chassé-croisé entre les deux scènes : Owen réaffirme sa résolution de ne pas marcher sur les traces de ses ancêtres, et Miss Wingrave la sienne de préserver la tradition. Sur l'un des rythmes de percussion les plus marquants de l'opéra, Owen se laisse impressionner par la beauté de la Garde à cheval qui vient à passer, et Miss Wingrave par la gloire qui lui est associée. Coyle essaye de la persuader qu'il ne s'agit pas de la part d'Owen d'un caprice enfantin, mais elle décide néanmoins que sa conduite sera redressée à Paramore.

Le 2e interlude est sous-titré : « Une séquence de drapeaux vieillis, passés, déchirés », et Owen récite un extrait de *Queen Mab* de Shelley, accompagnée surtout par des instruments solistes.

Scène 3. Mr. et Mrs. Coyle sont chez eux, avec Lechmere. Ils s'entretiennent de la situation désagréable où la décision d'Owen les met. Lechmere se propose d'aller lui « dire que c'est une honte », et le dernier mot qu'il emploie est le point de départ d'un ensemble miniature, comme il y en a beaucoup au cours de l'opéra, qui réussissent ainsi à définir les positions de plusieurs personnages; musicalement, ils mènent la scène à un point culminant et conduisent en l'espace de quelques secondes à la scène suivante : celui-ci dure 44 secondes. Owen les rejoint et

renouvelle sa résolution. Il redoute d'affronter sa famille et l'avoue à Lechmere lorsque les autres sont sortis.

Le 3e interlude a pour sujet Paramore. Musicalement, c'est une variation du thème d'Owen, ponctuée de doubles croches *staccato* jouées par la trompette avec sourdine.

Scène 4. Kate et Mrs. Julian, des amies et des pensionnaires des Wingrave qui vivent à Paramore (l'oncle de Kate était il y a très longtemps l'amant de Miss Wingrave). Elles se plaignent de la tournure qu'ont prise récemment les événements, mais toutes deux sont persuadées qu'Owen saura « écouter la maison », tout comme Miss Wingrave, lorsqu'elle arrive un peu plus tard.

Owen arrive; loin de l'accueillir comme un héros, Mrs. Julian se montre réservée, et Kate franchement hostile; la scène se termine alors que Miss Wingrave le conduit jusqu'à la chambre de son grand-père, où il est reçu avec ce cri : « Sirrah ! Comment oses-tu ! »

Scène 5. En quatre mesures de musique, et avec quelques répétitions de ce « Comment oses-tu ! », une semaine passe. Owen est accusé de rejeter la tradition familiale, et d'injurier non seulement la mémoire de ses ancêtres mais aussi ceux qui sont vivants. C'est l'ensemble le plus important de l'opéra, et il se termine comme il a commencé, avec les cris : « Comment oses-tu ! »

Scène 6. Mr. et Mrs. Coyle sont arrivés à Paramore; ils trouvent l'atmosphère étrange et la famille un peu morbide. Lorsque est évoquée la possibilité que la maison soit hantée, on entend la première esquisse du thème de la Ballade (Ex. 2). Owen essaie de les accueillir nonchalamment, mais Coyle vient avouer qu'il a fait une dernière tentative pour persuader Owen de céder.

Scène 7. Cette scène est précédée d'un interlude pendant qu'on prépare le dîner de famille. Les conversations menacent constamment de prendre des proportions tragiques; la situation est pour le moins inconfortable. Lorsqu'on enlève les assiettes, chaque personnage à son tour trahit sa pensée, pour ainsi dire en gros plan et sur une musique très caractéristique (c'est encore ce qui s'approche le plus d'un emploi d'une technique proprement télévisuelle dans cet opéra). Après une remarque particulièrement acerbe de Sir Philip, Mrs. Coyle le supplie : « Ah ! Sir Philip, Owen a quelques hésitations. » La famille poursuit avec un ensemble brillant, marqué *scherzando*, et bâti sur ce dernier mot. Owen finit par prononcer l'injure suprême : « Je considère que c'est un crime de tirer son épée pour son pays et un crime que les gouvernements ordonnent. » Sir Philip quitte la salle, furieux, et on entend à nouveau le thème de la Ballade (Ex. 2) à l'orchestre (au cor), sans doute un symbole de l'inévitable affrontement entre la famille et le fils révolté.

Acte II. Les indications scéniques du prologue disent ceci : « On entend alterner un chanteur de rue avec le chœur au loin. Les couplets de sa ballade sont illustrés au ralenti. » La mélodie envoûtante (Ex. 2) se trouve,

au sens propre comme au sens figuré, au centre de l'œuvre; le Narrateur raconte l'histoire de ce jeune Wingrave du passé qui, mis au défi par son ami d'école de se battre, refusa et se vit accuser de lâcheté par son père, et qui fut ensuite tué sur le coup dans une chambre à l'étage de Paramore. (Le Narrateur, un ténor comme Sir Philip, était chanté dans la production d'origine[1] par le même chanteur). Un chœur de voix de garçons chante une variation du motif d'Owen (Ex. 1), et l'accompagnement est réduit à une trompette, jusqu'à ce que la voix d'Owen vienne rejoindre celle du Narrateur. Lechmere est en bas, en compagnie des dames, et Owen réussit une nouvelle fois à offenser Kate. Mrs. Coyle lui demande de faire preuve de patience, de tolérance et de confiance, mais sa demande est vivement rejetée.

Brusquement, Sir Philip sort de sa chambre et demande à voir son petit-fils, qu'il appelle le traître. Owen le suit dans sa chambre; l'entretien s'entend de l'extérieur, et ce n'est pas une surprise lorsque Owen réapparaît pour annoncer qu'il a été deshérité.

Mrs. Julian fond en larmes lorsqu'elle voit ainsi tous ses espoirs s'écrouler. Lechmere commence à faire des avances à Kate, qui lui répond aussitôt, à la grande indignation des Coyle. Il ferait n'importe quoi pour prouver à Kate ce qu'il vaut, il irait même jusqu'à dormir dans la chambre hantée ! Miss Wingrave les envoie tous se coucher et parle d'Owen en sa présence comme s'il n'existait pas. Coyle, comme d'habitude, essaie de sauver les apparences; il va réconforter Mrs. Julian et fait un effort en direction d'Owen.

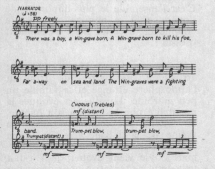

1. Ainsi que dans *The Turn of the Screw*.

Owen reste seul. Il se détourne des portraits, et dans ce que Donald Mitchell appelle le sommet de l'opéra, « un aveu radieux et extatique, qui prédit avec certitude une paix bien plus grande que la simple absence de guerre ». Il chante : « Dans la paix j'ai trouvé mon image, je me suis trouvé moi-même ». La percussion, associée jusqu'ici aux symboles de la guerre (le *marziale* du début), fournit un accompagnement en croches, dans lequel tombent ce que Mitchell appelle « des accords affirmatifs ». Tout à coup, il voit les fantômes du vieil homme et du garçon monter lentement les marches, et pendant un instant il pense que la manière dont il a été rejeté par sa famille a servi en quelque sorte à expier tous les péchés du passé. Il s'affale sur une chaise dans l'obscurité.

Kate arrive alors, elle se croit seule et chante tristement en pensant à ce qui aurait pu être. C'est la première fois qu'elle montre un peu d'affection pour Owen; leur rencontre s'anime et se transforme en duo lorsqu'ils se rappellent les innombrables sentiments qu'ils ont partagés dans le passé. Mais Kate refuse de changer pour satisfaire Owen; ils se disputent, et leur différend culmine lorsqu'Owen lui reproche ses relations avec Lechmere. Kate l'accuse d'être un lâche et lui demande de prouver son courage en dormant dans la chambre hantée. L'orchestre produit un son très strident, lorsque, à la demande d'Owen, elle l'enferme à clef dans la chambre hantée, juste avant que la scène ne change pour nous montrer la chambre à coucher des Coyle, un peu plus tard dans la soirée.

Coyle essaye de rassurer sa femme, qui est indignée par la conduite de Kate, mais une heure après (quelques mesures de musique seulement) elle ne dort toujours pas, et un peu plus tard Lechmere vient frapper à leur porte, disant qu'il est au courant de l'« audace » de Kate et qu'il s'inquiète des conséquences qu'elle pourrait avoir pour Owen. Au moment où ils se préparent à aller voir ce qui se passe, ils entendent de loin le cri tragique de Kate : « Ah, Owen, Owen, tu es parti ! »

Ce pourrait être celui de la Gouvernante à la mort de Miles, ou même celui de la Didon de Berlioz; mais la façon dont elle en assume la responsabilité lui donne une stature plus imposante, lorsque Sir Philip ouvre la porte et trouve Owen gisant à terre, mort. Avec une dernière allusion *piano* à la ballade (le Narrateur et le chœur), l'opéra se termine.

H.

Death in Venice
Mort à Venise

Opéra en 2 actes de Britten; liv. de Myfanwy Piper d'après le récit de Thomas Mann. Créé à Maltings pendant le Festival d'Aldeburgh, 16 juin 1973, avec Peter Pears, John Shirley-Quirk, James Bowman, dir. Steuart Bedford, prod. Colin Graham. Première à Covent Garden, 1973, et Metropolitan, New York, 1974, même distribution.

PERSONNAGES

GUSTAV VON ASCHENBACH, *un romancier* (ténor); LE VOYAGEUR, LE VIEUX BEAU, LE VIEUX GONDOLIER, LE GÉRANT DE L'HÔTEL, LE COIFFEUR DE L'HÔTEL, LE CHEF DES

MUSICIENS AMBULANTS, DIONYSOS (barytons); LA VOIX D'APOLLON (contre-ténor); LA MÈRE POLONAISE (danseuse); TADZIO, *son fils* (danseur); SES DEUX FILLES (danseuses); LEUR GOUVERNANTE (danseuse); JASCHIU, *l'ami de Tadzio* (danseur); LE PORTIER DE L'HÔTEL (ténor); LE BATELIER DU LIDO (baryton); LE GARÇON DE L'HÔTEL (baryton); LA MARCHANDE DE QUATRE-SAISONS (soprano); LE GUIDE (baryton); LE SOUFFLEUR DE VERRE (ténor); LA VENDEUSE DE DENTELLE (soprano); LA MENDIANTE (mezzo-soprano); LA MARCHANDE DE JOURNAUX (soprano); LES MUSICIENS AMBULANTS (soprano, ténor); L'EMPLOYÉ ANGLAIS DE L'AGENCE DE VOYAGES (baryton); DEUX ACROBATES (danseurs); LE PÈRE ET LA MÈRE RUSSES (soprano, basse); LA NOURRICE RUSSE (soprano); LA MÈRE ALLEMANDE (mezzo-soprano); DES GONDOLIERS (ténor, basse).

Munich, Venise et le Lido en 1911.

Après Shakespeare, Melville et Henry James, Britten s'est tourné vers Thomas Mann, pour s'attaquer à *Mort à Venise*. Britten et Myfanwy Piper ont fait jouer à Aschenbach lui-même, cet écrivain célèbre qui est au centre du récit, le rôle du narrateur, en sorte que ses monologues remplacent un peu ce commentaire détaché et ironique qui est un des traits du récit de Mann. Au lieu des nuances et de l'effet d'accumulation de l'écriture de Mann — inévitablement (et à juste titre) omis du livret — Britten, ainsi que l'écrivit Peter Evans dans *Opera*[1], avant la création à Aldeburgh, « offre... un raffinement très caractéristique dans les détails de la musique, et une chaîne de motifs, plus compliquée encore, et pourtant moins gênante, que dans ses autres opéras, qui font de toute l'œuvre son étude la plus approfondie de l'obsession maladive ».

Aschenbach est un être solitaire, et en face de lui se trouvent deux groupes de personnages. La fonction essentielle du premier groupe est de pousser Aschenbach vers cette fin qui lui est prédestinée : le Voyageur, le Vieux Beau, le Vieux Gondolier, le Gérant de l'Hôtel, le Coiffeur de l'Hôtel, le Chef des Musiciens, la voix hors-scène de Dionysos. Tous ces rôles sont tenus par le même chanteur baryton, et ils se partagent tous les mêmes éléments

musicaux, dont beaucoup sont liés à l'Ex. 3. La fonction de l'autre groupe est de l'attirer vers une autodestruction, vers un renversement dionysiaque de son équilibre apollinien (et donc classique). Ce groupe, à la tête duquel se trouvent Tadzio et sa mère, mais qui comprend aussi les autres enfants qui jouent sur la plage, est représenté par des danseurs. Ainsi, non seulement la dimension du ballet et du mime[2] se trouve-t-elle ajoutée aux moyens d'expression vraiment propres de l'opéra (au lieu que le ballet soit utilisé comme décoration, ou comme *divertissement*), mais cette conception souligne aussi l'impossibilité où se trouve Aschenbach de parler à Tadzio, cette impossibilité que lui, l'homme qui s'exprime mieux que quiconque, trouve à formuler en mots sa pensée, et qui est son échec fondamental à communiquer.

De même que Tadzio, sa famille et ses compagnons sont différenciés des autres personnages du drame en ce que leurs rôles sont mimés et dansés plutôt que chantés, de même la musique qui leur est associée est en général différente, en ce sens qu'elle est confiée à la percussion. Le thème de Tadzio est d'ailleurs tiré du son d'un Gamelan, une sonorité que Britten a beaucoup employée plusieurs années auparavant dans son ballet *The Prince of the Pagodas* (1956); Ex. 1 :

---

1. *Opera*, juin 1973.
2. Pour le compositeur, un développement des moyens utilisés dans les Paraboles d'Église.

Son expression envoûtante et la façon dont il glisse sur ce la majeur (associé à Tadzio), laisseraient supposer qu'il représente l'effet produit par Tadzio sur Aschenbach[1], plutôt que la santé, et la vigueur du garçon lui-même comme la beauté de Tadzio, c'est un thème qui reste statique pendant tout l'opéra. La musique de la percussion dans *Death in Venice* incarne et symbolise tout ce qui est étrange, tout ce qui n'appartient pas au monde rationnel et bien ordonné d'Aschenbach.

Aschenbach, au contraire, se développe et change musicalement, tout comme il le fait moralement et physiquement; plusieurs thèmes lui sont associés ainsi qu'à ses visions de son entourage — tout le récit est d'ailleurs vu par lui, de la même façon qu'un psychanalyste voit des événements au travers de l'esprit de son patient. Les Ex. 3 et 5 (et, dans une moindre mesure l'Ex. 3a) sont les traits les plus saillants de l'état d'esprit d'Aschenbach; ils se modifient au fur et à mesure du déroulement pour signifier les changements qui ont lieu dans l'esprit du personnage principal. L'Ex. 3, par exemple, commence par être une gamme diatonique très pure, mais à la fin de l'acte I, il est déformé et épaissi par des dissonances, et il accompagne cette prise de conscience, lorsqu'il s'écrie « Je t'aime » dans sa propre tonalité, mi majeur.

Acte I, scène 1. Munich. Aschenbach songe à son incapacité à travailler : « Mon esprit est ailleurs... Moi... célèbre comme écrivain... je dois discipliner ma pensée, ordonner mon travail de tous les jours. » Les mots, littéralement, lui manquent. Près de l'entrée d'un cimetière, il est abordé par un Voyageur dont la présence et

les mots arrivent à évoquer une image (Ex. 2) :

si bien qu'Aschenbach suit son injonction « Va, voyage vers le Sud ». Ce thème, varié, et joué habituellement par le tuba, symbolisera plus tard le mal physique qui se développe en même temps que cette gangrène qui ronge l'esprit d'Aschenbach.

On entend alors pour la première fois les gammes rapides mais insouciantes de l'Ex. 3 :

Peu après Aschenbach entame le premier de plusieurs monologues dans lesquels il commente le déroulement des événements et les motivations qui l'ont amené dans la situation où il se trouve maintenant. Ces monologues en prose, accompagnés au piano, sont un des traits les plus marquants de cette partition; les notes du chanteur sont indiquées, mais leur durée et le dessin de la phrase sont laissés à son imagination et à sa discrétion. A l'entrée de l'orchestre, la musique revient à une notation plus traditionnelle.

Scène 2. Sur le bateau qui va à Venise, de jeunes hommes parlent à leurs amies sur le quai (sous ces badineries, on peut entendre un chœur

1. Il y a une certaine parenté avec le thème au célesta de Quint dans *The Turn of the Screw*.

très doux qui chante « Serenissima »), Ex. 4 :

un Vieux Beau vient les rejoindre. Il a souvent recours à une petite voix de fausset, et entonne un air vigoureux qui parle des possibilités qu'offre la vie à Venise. Il s'interrompt pour saluer Aschenbach ironiquement (« En route pour Serenissima, je suppose »); mais Aschenbach le trouve repoussant et en vient à se demander pourquoi il a décidé d'aller à Venise (Ex. 4, au chœur, et Ex. 3 à l'orchestre sous sa ligne vocale).

Une ouverture instrumentale (Venise), marquée *Paresseusement*, tirée de l'Ex. 4, et qui est faite d'une sorte d'air de gondolier en forme de barcarolle, avec une certaine tendresse. (Ex. 4a) :

(elle rappelle même un peu la berceuse de l'acte II de *Lucretia*) précède la *scène 3*, le voyage jusqu'au Lido. Aschenbach, heureux maintenant à l'idée de son séjour, est conduit,

contre son gré à son hôtel au Lido par le Vieux Gondolier (Ex. 4, au chœur, mais lointain). Là il est salué par un Batelier et le Portier de l'hôtel, mais lorsqu'il revient pour payer le Vieux Gondolier, il s'aperçoit qu'il a disparu. Il reconnaît dans la gondole noire un signe avant-coureur de la mort.

Scène 4. La première soirée à l'hôtel. Aschenbach est accueilli par le Gérant de l'hôtel, qui lui montre sa chambre et lui fait remarquer la vue splendide — sur une phrase très expressive, et bien caractéristique de Britten (Ex. 5) :

Aschenbach, dans un monologue, évoque les perspectives qu'offre la vie à Venise (l'Ex. 5 et ses variantes sont au premier plan); puis il regarde les clients de l'hôtel se réunir pour dîner; ils parlent tous de ce qu'ils ont fait dans la journée, et dans des langues différentes. Aschenbach voit entrer la famille polonaise (l'Ex. 1 est entendu pour la première fois dans l'opéra) — la Gouvernante, deux filles et Tadzio — et fait cette remarque à propos de Tadzio : « C'est sans nul doute l'âme de la Grèce qui se trouve dans cette perfection lumineuse, un regard d'or... un enfant mortel avec une grâce immortelle. » Lorsque la famille polonaise entre pour dîner, Aschenbach poursuit dans un monologue sa réflexion sur la relation entre la forme et le contenu, sur la discipline de la famille et sa beauté, et conclut : « Il y a en effet dans la nature même de tout artiste un penchant dangereux et un peu déraisonnable pour la beauté. »

Scène 5. Sur la plage (Ex. 5). Aschenbach n'est pas à l'aise, mais il regarde les enfants jouer (percussion rythmique). Il achète des fruits à une marchande de quatre-saisons, et décide, malgré ses pressentiments, de rester au bord de la mer. Il regarde Tadzio revenir de la plage (Ex. 1), l'approuve lorsqu'il mime son aversion pour la famille russe. Il entend au loin des voix qui semblent appeler « Adziù » (variation de l'Ex. 5), mais finit par saisir le vrai nom du garçon et continue dans un monologue d'admirer sa grâce et sa beauté.

Scène 6. Le départ manqué. Lors d'une visite en ville (Ex. 4a), importuné par les guides, les vendeurs ambulants et les mendiants, et gêné par le sirocco, Aschenbach décide de quitter Venise. Il revient à l'hôtel (Ex. 4a), où le Gérant se montre poli et compréhensif, mais la vue de Tadzio dans l'entrée de l'hôtel (Ex. 1) le fait réfléchir lors du trajet jusqu'à la gare (Ex. 4a). Il décide de revenir sur sa décision d'autant plus facilement qu'il a découvert que ses bagages ont été mis par erreur dans le train pour Côme. Il retourne au Lido (Ex. 4a), où l'on devrait les lui envoyer ! « Je suis devenu comme l'un de mes premiers héros, passif devant le destin », tel est le sujet de son monologue. Il est salué par le Gérant de l'hôtel annonçant que le vent souffle maintenant de l'Est et qu'il sera donc plus sain. Lorsqu'il regarde par sa fenêtre, il voit Tadzio et les autres enfants jouer sur la plage. Il comprend le soulagement que lui apporte ce départ manqué : « Je resterai ici, à consacrer mes journées au soleil et à Apollon lui-même. »

Scène 7. Les jeux d'Apollon. Aschenbach, dans son fauteuil, se laisse aller à penser à l'Antiquité grecque. Il lui semble entendre la voix d'Apollon, et dans son imagination il transforme les jeux des enfants en une espèce d'Olympiade où Tadzio serait couronné pour sa victoire dans le pentathlon. La musique est faite d'une suite de danses chorales, accompagnées par la percussion et liées entre elles par la voix d'Apollon, voix de contre-ténor hors-scène, et colorées (comme l'a dit Donald Mitchell dans une introduction à la première diffusion de l'œuvre) par un fragment d'un ancien hymne grec. Après la course à pied, le saut en longueur, le disque, le lancer du javelot et la lutte, Tadzio reste vainqueur. Aschenbach, après un hymne à Apollon très émouvant (bâti sur l'Ex. 1), pense qu'à travers Tadzio il pourrait peut-être retrouver l'inspiration pour écrire à nouveau. A la fin, il essaie de féliciter le vainqueur des jeux, et Tadzio lui sourit lorsqu'il passe pour aller à l'hôtel, Aschenbach retombe, sans pouvoir faire mieux, sur ce qu'il décrira plus tard comme le cliché suprême : « Je t'aime » (précédé d'une version déformée de l'ex. 3).

Acte II. Cet acte met un terme à la joie et entame un processus de destruction par une espèce de corruption à laquelle Aschenbach ne peut échapper. Une introduction lente à l'orchestre nous conduit jusqu'à Aschenbach, qui essaie d'écrire, mais il est tout aussi frustré par son incapacité à communiquer avec Tadzio que par ses sentiments coupables à son égard.

Scène 8. Le salon de coiffure de l'hôtel (1). Dans le bavardage inévitablement lié à sa profession, le Coiffeur fait allusion à une « maladie », que Aschenbach relève aussitôt et sur laquelle le Coiffeur revient.

Scène 9. La Poursuite. Aschenbach, en route pour Venise (Ex. 4a), commence à s'inquiéter, et les événements qui suivent confirment ses craintes : la ville est trop calme, les gens lisent des affiches qui déconseillent de manger des coquillages, il y a une odeur de désinfectant dans l'air, les journaux allemands parlent de « rumeurs au sujet d'une épidémie de choléra à Venise, officiellement démenties » (Ex. 4); pourtant, lorsqu'il voit la famille polonaise, sa seule pensée est de leur cacher ces rumeurs au cas où cela la déciderait à quitter Venise. Ici, le thème de Tadzio (Ex. 1) est confié à la partie supérieure, tandis qu'au-dessous on peut voir et entendre le thème du désir (en noires) et, dans le grave, au tuba, l'Ex. 2, dans la forme qui est associée à l'épidémie. Ex. 6 :

Aschenbach suit les Polonais, s'asseoit à côté d'eux dans un café (musique de café), les regarde prier à Saint-Marc, et finit par s'apercevoir que Tadzio est conscient de sa proximité. Brusquement, il se trouve face à face avec eux, tire son chapeau, et s'en retourne « La joie que j'endure »... Il les suit jusqu'à l'hôtel (Ex. 4) et tente, dans un monologue, de justifier son engouement pour Tadzio en se rapportant à des exemples grecs.

Scène 10. Les musiciens ambulants. A l'extérieur de l'hôtel, après dîner, quelques exécutants se mettent à danser et à chanter; leur Chef chante un air avant de faire la quête parmi les spectateurs. Aschenbach essaie de lui arracher quelques renseignements sur l'épidémie, mais il prend cette histoire à la légère et entonne une chanson comique avant d'emmener les musiciens.

Scène 11. L'agence de voyages. Un jeune employé anglais s'occupe de la foule de gens qui cherchent désespérément à quitter la ville. Il avoue à Aschenbach que le choléra asiatique s'est étendu de l'Inde jusqu'à Venise. Les autorités démentent cette nouvelle, mais il lui conseille néanmoins de partir.

Scène 12. La Dame aux Perles. Aschenbach décide qu'il doit prévenir la mère de Tadzio, la Dame aux Perles; il s'avance vers elle puis retourne à sa chambre. Il ne parvient pas à comprendre sa propre conduite, et se demande : « Qu'est-ce que la maîtrise de soi ? Qu'est-ce que la raison, le sens moral ? Qu'est-ce que l'art, en regard des récompenses qu'offre la confusion ?... Et si tout le monde était mort, et que nous soyons les deux seuls à rester vivants. » Il s'endort.

Scène 13. Le rêve. Il entend (Ex. 3) les voix de Dionysos et d'Apollon, et essaye de repousser les conseils que lui donne le premier, mais finit par participer en rêve à une orgie dionysiaque (l'Ex. 1 déformé, et l'Ex. 2 à l'orchestre). Une fois réveillé, il est résigné devant sa chute : « Que les dieux fassent de moi ce qu'ils veulent. »

Scène 14. La plage déserte. Tadzio et quelques amis jouent sur la plage qui est maintenant presque déserte; Aschenbach les observe.

Scène 15. Le salon de coiffure de l'hôtel (2). Aschenbach, dans une quête désespérée pour retrouver sa jeunesse, fait teindre ses cheveux gris et poudrer le visage, non sans rappeler un peu ironiquement le Vieux Beau de la scène 2.

Scène 16. La dernière visite à Venise. Aschenbach, avec maintenant ce que le librettiste appelle « sa nouvelle apparence », se rend à Venise en gondole (Ex. 4), suit la famille polonaise. Il voit Tadzio se séparer un peu de sa famille, le regarder franchement, puis s'en aller. Malgré la maladie, son esprit est parfaitement lucide, et dans le passage le plus lyrique de tout l'opéra, il se souvient de ce dilemme de Socrate qui disait que le poète ne pouvait percevoir la beauté qu'à travers ses sens : « La beauté conduit-elle à la sagesse, Phèdre ? », un passage très inspiré, qui utilise des éléments des *Donne Sonnets* et de *Abraham and Isaac*, écrits plus de vingt années auparavant. Je ne sais si Britten a voulu prouver que tous les constituants du drame pouvaient ainsi être rassemblés, pour révéler la totalité de l'œuvre en une seule mélodie, une espèce de cantilène qui n'a qu'un petit motif rythmique caractéristique à la fin de chaque phrase; c'est pourtant ce qu'il a réussi à faire.

Scène 17. Le départ (précédé de l'Ex. 5, en guise de postlude à la scène précédente). Le Gérant de l'Hôtel et le Portier parlent du temps et du départ des clients; la Dame aux Perles s'apprête à partir. Aschenbach entre alors, fatigué, et va sur la plage (l'Ex. 5 est tellement réduit qu'il n'y reste plus aucune exubérance). Il regarde Tadzio et ses amis jouer d'abord innocemment, puis un peu plus brutalement; Tadzio a le visage écrasé dans le sable. Les enfants crient et s'en vont en courant. Aschenbach commence à protester, mais entend alors appeler de loin « adziù » et n'arrive qu'à répondre faiblement « Tadzio », avant de s'effondrer, mort, dans son fauteuil (Ex.1), au moment où Tadzio s'en va. Les vingt dernières mesures de l'orchestre constituent le chant funèbre d'Aschenbach; au-dessus de ce commentaire de l'orchestre se trouve l'Ex. 1 à la percussion, toujours aussi plaintif, et toujours avec la même séduction.

H.

RICHARD RODNEY BENNETT
(né en 1936)

The mines of sulphur
Les Mines de soufre

Opéra en 3 actes de Richard Rodney Bennett ; liv. Beverley Cross. Créé en 1965 simultanément à Londres, Sadler's Wells et à Paris, Théâtre des Nations avec Gregory Dempsey, David Bowman, Joyce Blackham, Frank Olegerio, Ann Howard, David Hillman, Catherine Wilson, John Fryatt, dir. Colin Davis ; Milan, Scala le 24 février 1966 avec Giovanni Gibin, Carlo Cavo, Franco Calbrese, Floriana Cavalli, Gloria Lane, dir. Nino Sanzogna, mise en scène : John Huston ; Marseille, Opéra, 19 janvier 1967 avec Besançon, Doucet, Cann-Mayer, dir. Reinshagen ; Cologne, Opéra, 17 mars 1967 (en allemand) avec Dempsey, Scherler, Culler, Winkelmann, dir. von Dohnanyi ; Stockholm, 1967 avec Elisabeth Söderström.

PERSONNAGES

BRAXTON, *un châtelain* (baryton-basse) ; BOCANNION, *un déserteur* (ténor) ; TOVEY, *son compagnion* (baryton) ; ROSALIND, *une gitane* (mezzo-soprano) ; *les acteurs :* JENNY (soprano) ; LEDA (alto) ; FENNEY (ténor) ; TOOLEY (baryton) ; *un danseur, chœur.*

Le titre *Les Mines de soufre* est emprunté à Shakespeare. « Les idées dangereuses sont par leur nature des poisons qui... brûlent comme des mines de soufre », *Othello,* acte III,. sc. 3. Il ne s'agit en apparence que de l'histoire d'un drame sordide et de sa punition. Le livret est pourtant bien plus complexe ; utilisant d'ailleurs les artifices de la dramaturgie shakespearienne, il déroule sa trame sur plusieurs niveaux : théâtre à l'intérieur du théâtre au deuxième acte, récit à l'intérieur du récit au troisième. L'histoire gagne ainsi. en profondeur ; nous passons d'un fait divers à la révélation d'un destin et d'une prise de conscience.

Acte I. L'action se situe au XVIIIᵉ siècle, dans un manoir anglais, délabré, perdu dans une lande déserte. Le propriétaire du château a recueilli une gitane, Rosalind. C'est un personnage mystérieux que l'on sent en accord avec tout un monde invisible. Mais la gitane introduit au château un déserteur, Bocannion et son compagnon, Tovey. Ensemble, ils assassinent Braxton, puis, le meurtre accompli, s'installent comme chez eux dans le hall du manoir. Ils y trouvent un coffre où Braxton enfermait des trésors d'argent et de bijoux ; il ne reste plus aux assassins qu'à faire le compte de leurs richesses nouvelles et à rêver de l'emploi qu'ils en pourront faire ; la vie est plaisante et tous trois décident de partir pour le Nouveau Monde. On entend un appel de cor, des coups à la porte ; ce sont des comédiens ambulants qui demandent l'hospitalité. Bocannion joue avec naturel le rôle de maître de la maison : que les comédiens soient les bienvenus ; en échange de l'abri offert, ils donneront à leurs hôtes une représentation pour les distraire.

Acte II. Il est directement inspiré d'*Hamlet.* Devant les trois meurtriers, les comédiens jouent une pièce qui représente, dans des circonstances ana-logues à l'assassinat de Braxton, le meurtre d'un noble vénitien. Les spectateurs épouvantés interrompent le jeu et, par là même, se démasquent. Bocannion, la main à l'épée, injurie et menace les acteurs. Il projette de mettre le feu au manoir ; il ne restera ainsi aucune trace de quoi que ce soit, les comédiens disparaîtront en même temps que le cadavre de Braxton.

Acte III. Bocannion a enfermé la troupe de comédiens dans la cave, à l'exception de la comédienne Jenny qu'il garde auprès de lui. Celle-ci lui chante l'histoire de comédiens ambulants, atteints de la peste, qui vont de maison en maison, communiquant la maladie à tous ceux qui les hébergent. Lorsque Bocannion, las de ce récit sinistre, attire Jenny à lui, elle ouvre son corsage et lui montre sur son corps le signe noir de la maladie. On entend à nouveau l'appel du cor. Tovey se précipite à l'extérieur pour découvrir que les comédiens se sont enfuis ; dans la confusion qui règne pendant quelques instants, Jenny disparaît également, aussi mystérieusement qu'elle était apparue. Mais sur la porte du manoir est maintenant peinte la grande croix rouge-sang ; c'est le signe que les comédiens leur ont apporté la peste et qu'ils sont définitivement condamnés. Un brouillard épais envahit toute la scène ; les trois misérables, abandonnés à eux-mêmes et à la malédiction de la mort, implorent la pitié de Dieu.

Ce drame où se mêlent le réaliste et le fantastique, est servi par une musique extrêmement souple, résolument atonale, à l'orchestration vigoureuse, évitant tout développement un peu trop long. Il en ressort une atmosphère lourde et pénible où le drame collectif s'affirme à côté des destins particuliers. Cette fable à la manière de Poe est étonnamment moderne. Le monde de Bennett n'est pas loin de celui de Dalla-picola, nourri de toutes les angoisses des années terribles de la décennie de guerre.

L.

22. L'Opéra tchèque

LEOS JANACEK
(1854-1928)

Jeji Pastorkyna
(Jenufa)
Sa belle-fille

Opéra en 3 actes de Leos Janacek; texte du compositeur d'après un récit de Gabriella Preissova. Création, Brno, 21 janvier 1904, avec Marie Kabelacova, Leopolda Svobodova, Stanek-Doubravsky, Prochazka; c'était la première représentation d'un opéra de Janacek, et elle lui valut un succès local considérable. Première à Prague, 1916; à cette occasion l'opéra devint un succès populaire. Trad. en all. par Max Brod (dont la version a servi de point de départ à la plupart des autres traductions) et représenté à Vienne, 1918; Berlin, 1924, dir. Kleiber; Metropolitan, New York, 1924, avec Jeritza, Matzenauer, Oehmann, Laubenthal, dir. Bodanzky; Venise, 1941, avec Cigna; Berlin, 1942, avec Müller, Marta Fuchs, Argyris, Anders; Vienne, 1948, avec Welitsch, Helena Braun, Patzak, Treptow; Festival de Hollande, 1951, avec Brouwenstijn, Vroons; Buenos Aires, 1951; Rome, 1952, avec Caleva, Pederzini, Sinimberghi, Bergonzi; Londres, Covent Garden, 1956, dir. Kubelik; Chicago, 1959, avec Brouwenstijn, Fisher, Cassily, dir. von Matacic; Strasbourg, 1962, dir. Bour; Vienne, 1964, avec Jurinac, Höngen, Kmentt, Cox, dir. Krombholc; Festival d'Edimbourg, 1974, prod. de l'Opéra de Suède de Götz Friedrich, avec Söderström, Kjerstin Meyer, Höiseth, Johnny Blanc; Opéra de Lyon, 1974, dir. Guschlbauer.

PERSONNAGES

GRAND-MÈRE BURYJA, *propriétaire du moulin* (contralto); LACA KLEMEN, STEVA BURYJA, *demi-frères, petits-fils de grand-mère Buryja* (ténors); KOSTELNICKA BURYJOVKA (soprano); JENUFA, *sa belle-fille* (soprano); LE CONTREMAITRE DU MOULIN (baryton); LE MAIRE DU VILLAGE (basse); SA FEMME (mezzo-soprano); KAROLKA, *sa fille* (mezzo-soprano); UNE SERVANTE (mezzo-soprano); BARENA, *une servante au moulin* (soprano); JANO, *un berger* (soprano); TANTE (contralto). *Musiciens, Villageois.*

Jenufa, pour donner à l'opéra le nom sous lequel il est connu à l'étranger, fut le premier succès du compositeur, âgé de cinquante ans; le déroulement normal des événements aurait voulu qu'il fût donné aussitôt à

Prague. Malheureusement, quelques années plus tôt, Janacek avait rendu compte en termes peu flatteurs d'une œuvre de Karel Kovarovic, devenu depuis directeur de l'Opéra de Prague. Il retarda l'audition de l'œuvre, et ce n'est qu'à la suite d'efforts extraordinaires d'amis et d'admirateurs de Janacek qu'il accepta douze ans plus tard *Jenufa* pour Prague, en stipulant alors qu'il devait « arranger » l'œuvre. Cet arrangement consistait en quelques réorchestrations et en un assez grand nombre de petites coupes, souvent d'une mesure ou deux seulement; mais pour cet arrangement il perçut des royalties. L'opéra fut un triomphe à Prague, et dix-huit mois plus tard à Vienne. C'est une réussite assez extraordinaire si l'on considère que la Tchécoslovaquie venait à peine de déclarer son indépendance vis-à-vis de l'Empire autrichien.

Grand-mère Buryja a perdu deux fils avant que l'action ne commence. L'aîné, propriétaire du moulin de la famille, avait épousé la veuve Klemen, qui avait déjà un fils, Laca. Elle eut ensuite un autre fils du meunier, Steva, qui est évidemment l'héritier du père et de la grand-mère. Le second fils de grand-mère Buryja, Toma, a eu de sa première femme une fille qui s'appelle Jenufa; après la mort de la mère de Jenufa, il a épousé Kostelnicka (ce qui veut dire la « femme du bedeau »).

Acte I. Un moulin isolé dans la montagne. Jenufa, tenant un pot de romarin dans les bras, debout, à côté du ruisseau, regarde au loin. La vieille grand-mère Buryja épluche des pommes de terre. Laca taille avec son couteau un manche de fouet. Le prélude (mesure à 6/4) est traversé par le tintement que fait le moulin (xylophone). Jenufa s'inquiète, car Steva n'est toujours pas rentré, et elle se demande s'il n'a pas été emmené comme soldat par l'officier recruteur. Elle est amoureuse de lui — enceinte de lui — et aurait le cœur brisé s'il devait la quitter.

Laca fait quelques remarques ironiques sur la place qu'il occupe dans la maison; en échange de son travail, il ne mérite que le gîte et le couvert; c'est Steva qui a toujours été l'idole de la vieille grand-mère Buryja. L'orchestre dévoile cette espèce de pitié pour les personnages faibles et malheureux qui est une des qualités les plus fortes et les plus attachantes de Janacek; mais la ligne vocale de Laca reste très amère, et Jenufa lui reproche ses paroles. Laca se demande alors à voix haute quelle serait la réaction de Jenufa si Steva était pris par l'armée. Elle est désemparée par la manière dont il semble lire ses sentiments.

Du moulin, on entend les cris joyeux de Jano, le berger. La musique s'imprègne de gaîté lorsqu'il annonce qu'il sait vraiment lire maintenant.

Le contremaître du moulin entre et demande à Laca ce qu'il fait. Un manche de fouet, mais son couteau est mal aiguisé, dit-il, et il le donne à meuler (on entend à nouveau le xylophone à l'orchestre). Laca et Jenufa se disputent, Laca lui reproche son amour pour Steva. Le contremaître désapprouve Laca, et le met en garde contre son attitude vis-à-vis de Jenufa. Il a entendu dire que Steva n'avait pas été recruté comme soldat. Jenufa et grand-mère Buryja surprennent cette conversation et sont ravies de la

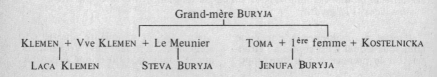

Grand-mère BURYJA

KLEMEN + Vve KLEMEN + Le Meunier　　　TOMA + 1ère femme + KOSTELNICKA

LACA KLEMEN　　　STEVA BURYJA　　　JENUFA BURYJA

nouvelle, mais Laca n'arrive pas à cacher sa jalousie. Kostelnicka rentre dans le moulin; Jenufa demande qu'on la laisse seule pour accueillir Steva.

On entend au loin l'air enjoué que chantent les conscrits qui s'approchent; Steva les suit, il est complètement ivre. Avec un cri hystérique, Jenufa essaie de ramener Steva à la raison, mais il lui répond avec colère et se vante des prouesses qu'il a accomplies; il jette de l'argent à ses compagnons et demande qu'on chante et qu'on danse pour les divertir, lui et sa Jenufa. Ils commencent une chanson à laquelle Steva prend part; entre les couplets l'orchestre joue la danse, et Steva entraîne Jenufa contre son gré.

Kostelnicka les interrompt brusquement. C'est une personne redoutable et décidée, presque autoritaire. Steva ne doit plus boire pendant un an pour épouser Jenufa. Le chœur trouve la décision un peu trop sévère, mais il est difficile de contredire Kostelnicka.

Grand-mère Buryja renvoie les musiciens et dit à Steva d'aller dormir pour se remettre. La scène se termine avec un bref *fugato* dans lequel grand-mère Buryja prévient Jenufa que la vie est pleine de souffrances qu'il faut savoir endurer. Chacun à leur tour, le contremaître, Laca, le chœur, et enfin Jenufa elle-même, dont la partie monte jusqu'au do bémol, s'y joignent. Le xylophone commente de façon prosaïque ce que l'on vient d'entendre : la vie, ici, celle du moulin, continue, quelles que soient les émotions de ceux qui s'y trouvent.

Jenufa et Steva restent seuls. Jenufa supplie Steva de croire en son amour et lui fait part de sa crainte qu'on ne découvre son secret. Son air à ce moment est dominé par une figure qui revient plusieurs fois :

Steva, irrité, accuse presque Jenufa et sa belle-mère de le harceler constamment. Lorsque Laca revient, Jenufa est seule avec son chagrin; il se moque un peu de Steva, mais Jenufa le défend. Dans un dernier effort pour lui faire éprouver quelque répulsion pour cet amoureux qu'il estime indigne d'elle, Laca ramasse les fleurs que Steva a laissé tomber, et qui lui avaient été données par une de ses admiratrices : qu'elle les épingle donc sur sa robe ! Jenufa accepte comme un défi cette insulte. Laca affirme que Steva ne la regarde qu'à cause de ses belles joues roses. Il s'avance pour l'embrasser et lui donne un coup de couteau au visage.

Elle rentre dans la maison en criant, et Laca se lamente sur l'horreur de ce qu'il vient de faire. Barena soutient que c'est un accident, mais le contremaître accuse Laca d'avoir commis ce crime, par dépit.

Acte II. Le salon de la maison de Kostelnicka. La musique crée une atmosphère tendue; lorsque le rideau se lève, Kostelnicka et Jenufa cousent; on voit encore la trace de sa blessure. L'enfant est né, mais Jenufa n'a pas vu Steva depuis des semaines. Kostelnicka s'inquiète et se demande si elle n'a pas été trop sévère; mais elle n'arrive pas à pardonner à Steva sa conduite. Jenufa croit entendre son bébé, mais revient presque aussitôt. Toutes les paroles de Jenufa traduisent sa joie d'avoir cet enfant; et celles de Kostelnicka sa fierté, cruellement blessée, par la honte infligée à sa belle-fille. Kostelnicka donne à Jenufa une boisson soporifique, et Jenufa va dormir.

Kostelnicka a envoyé chercher Steva. Elle avoue avoir prié pour la mort de l'enfant, mais maintenant il faut songer au mariage. Lorsque Steva arrive, elle lui reproche de ne pas être venu plus tôt; il reconnaît qu'il ne savait même pas que l'enfant était né. Il a peur d'aller voir Jenufa et son fils. La beauté de Jenufa a disparu et aussi son amour pour elle. Il donnera une pension pour l'enfant — mais personne ne devra savoir qu'il est de lui.

Kostelnicka le supplie d'aller au moins voir son enfant. Ainsi que Steva le dit lui-même, ses prières seraient capables de faire fondre un cœur de pierre :

Steva cède, mais refuse toujours d'épouser Jenufa, et avoue qu'il s'est engagé à épouser Karolka, la fille du maire. Steva s'en va en courant et, au moment où un cri d'horreur échappe à Kostelnicka, on entend de la chambre la voix de Jenufa qui parle dans son sommeil.

Laca entre alors, fâché d'apprendre que Steva était là, mais toujours désireux de gagner l'amour de Jenufa. Il demande à Kostelnicka si Jenufa est revenue de Vienne — on avait fait croire qu'elle était partie — et il est ravi d'apprendre qu'elle est de retour. Kostelnicka n'a pas le courage de lui cacher plus longtemps la vérité, elle lui parle de l'enfant. Laca est horrifié à l'idée qu'un mariage avec Jenufa l'obligerait à accepter le fils de Steva, mais Kostelnicka, qui voit là s'échapper la dernière chance de Jenufa, prétend que l'enfant est mort. Elle l'envoie s'enquérir du mariage de Steva et de Karolka, puis reste seule, confrontée à ses paroles et à la réalité des faits. Elle pense à cacher l'enfant, mais il porterait toujours malheur à Jenufa. Il n'y a pas d'autre solution que de le tuer. La musique traduit son angoisse et son indécision, et toute la scène est d'une puissance terrifiante, surtout à la fin, lorsque Kostelnicka crie son propre nom en guise de reproche à son ombre. Elle sort avec l'enfant enveloppé dans son châle.

Jenufa se réveille et appelle Kostelnicka. Elle regarde les étoiles, et s'aperçoit brusquement de la disparition de son enfant; elle pense que Kostelnicka l'a emmené au moulin pour le montrer à Steva. Elle prie pour son avenir et la musique se remplit de tristesse et de tendresse. Kostelnicka revient dans un état d'agitation extrême, elle dit à Jenufa qu'elle a déliré pendant deux jours, que son enfant est mort et a été enterré pendant qu'elle était inconsciente.

Kostelnicka apprend à Jenufa que Steva a proposé de donner de l'argent pour l'enfant, mais a refusé de l'épouser, car il est fiancé à Karolka. Jenufa doit le chasser de sa mémoire. Lorsque Laca entre, sa joie de revoir Jenufa est d'une sincérité émouvante. En réponse aux sollicitations pressantes de Kostelnicka, il demande à Jenufa s'ils ne pourraient finir leurs jours ensemble. Jenufa se montre d'abord très digne et réservée, mais elle n'arrive pas à cacher la tendresse qu'elle éprouve pour Laca; Kostelnicka pense que son geste a tout arrangé. A cet instant précis, la fenêtre s'ouvre brusquement, et le vent glacial porte avec lui une impression horrible de désastre ; Kostelnicka pousse un cri d'effroi, et s'agrippe désespérément à Jenufa et à Laca.

Acte III. Même décor qu'à l'acte II. Jenufa se prépare pour le mariage; Laca est assis à ses côtés, ainsi que la vieille grand-mère Buryja. Kostelnicka, les yeux hagards et fatigués, fait le cent pas dans la pièce, dans un état d'épuisement nerveux total; lorsqu'on entend frapper à la porte, elle surprend tout le monde par son agitation. Le maire vient présenter ses félicitations. Laca donne à Jenufa les fleurs qu'il a apportées et elle les épingle sur sa robe. Il ne cesse de se reprocher ce qu'il lui a fait; il passera sa vie entière à essayer de se faire pardonner. A la demande de Jenufa, Laca s'est réconcilié avec Steva, lui a demandé de venir au mariage avec sa future épouse.

Karolka entre avec Steva. Laca lui demande si le jour de leur propre mariage a été fixé. Karolka, pour taquiner Steva, dit qu'elle va peut-être changer encore d'avis. Indigné par cette idée, Steva se replonge dans son silence lorsque Jenufa lui dit qu'elle espère qu'il ne souffrira jamais de blessures faites par un amour véritable. Des jeunes filles, venues avec Barena offrir des fleurs à Jenufa, chantent une petite chanson de noces et grand-mère Buryja vient bénir les mariés.

Brusquement, on entend des cris dehors. Maintenant que la glace a fondu, on a découvert, dans le ruisseau du moulin, le corps de l'enfant assassiné. Jano entre en criant la nouvelle et s'en va emmenant tout le monde, à l'exception de Steva, Kostelnicka et grand-mère Buryja.

Kostelnicka devient folle, mais l'attention se détourne d'elle lorsqu'on entend la voix de Jenufa crier qu'elle reconnaît son enfant. En dépit des efforts de Laca, elle demande pourquoi il n'a pas été enterré correctement; la foule se retourne contre elle, pense que le crime est le sien, et est prête à la lapider. Kostelnicka leur dit, très calmement, que c'est elle la coupable. Elle raconte toute l'histoire, et Jenufa se détourne d'elle, bouleversée. Mais il est évident que son crime a été commis avec l'intention de bien faire, et dans un geste noble, Jenufa lui pardonne.

Jenufa reste avec Laca. Elle décide de vivre seule, lui pardonne la blessure qu'il lui avait faite par amour. Laca la supplie de le laisser rester à ses côtés, et, dans un cri d'exultation, Jenufa comprend que leurs souffrances ont fait naître entre eux un amour plus grand encore.

H.

Vylety Pane Brouckovy
Les Aventures de Monsieur Broucek

Opéra en 2 parties de Leos Janacek; liv. de V. Dyk et F.S. Prochazka, d'après Svatopluk Cech. Créé 23 avril 1920, Prague, avec M. Stork, M. Jenik, E. Miriovska, V. Pivonkova, V. Zitek, B. Novak, dir. Otakar Ostrcil[1]. Première à Munich, 1959, avec Fehenberger, Lipp, Fahberg, Wunderlich, Böhme, Engen, dir. Keilberth. Reprise à Prague, 1968, dir. Jaroslav Krombholc (production donnée aux Festivals d'Edimbourg et de Hollande, 1970); Berlin, Deutsche Opera, 1969, avec Martin Vantin.

PERSONNAGES

Prague 1888	La Lune	Prague 1420	
MATHIAS BROUCEK[2]			(ténor);
un propriétaire			
MAZAL,	BLANKYTNY	PETRIK	(ténor);
un peintre			

1. Ostrcil venait alors d'être nommé chef d'orchestre adjoint à Prague, et Kovarovic, le vieil ennemi de Janacek, était toujours directeur musical.

2. Broucek, en tchèque, est un petit scarabée.

SACRISTAIN	LUNOBOR	DOMSIK .... (baryton basse);
MALINKA	ETHEREA	KUNKA .... (soprano);
WÜRFL	PRESIDENT	UN MAGISTRAT .... (basse);
SERVEUR A	UN ENFANT	
L'AUBERGE	PRODIGE	ÉTUDIANT .... (soprano);
MME FANNY NOVAK		KEDRUTA .... (contralto);
UN CLIENT A	OBLACNY	VACEK .... (baryton);
L'AUBERGE		
UN PROFESSEUR	DUHOSLAV	VOJTA .... (ténor);
	le peintre	
UN COMPOSITEUR	PROFESSEUR	MIROSLAV,
	HARFOBOJ	*l'orfèvre* .... (ténor);
		L'APPARITION DU (ténor ou
		POÈTE .... baryton).[1]

La nuit du 12 au 13 juillet 1888, à Prague; dans la Lune; à Prague, 1420.

Dans la chronologie des opéras de Janacek, *Jenufa* (1904) est précédé de *Sarka*, et de l'opéra en 1 acte, *Le Début d'une histoire d'amour*, deux œuvres de jeunesse qui n'ont pas eu de succès, *Sarka* n'a pas été mis en scène avant 1925. Entre *Jenufa* et les quatre grandes œuvres de la maturité, il y a deux opéras qui ne sont pas aussi célèbres : *Osud* (*Le Destin* : 1903-1904), et la comédie fantastique *Vylety Pane Brouckovy (Les Aventures de M. Broucek)* écrite entre 1908 et 1917. On considère en général qu'*Osud* représente une espèce de transition entre la première manière de Janacek, qui a culminé avec *Jenufa*, et les œuvres plus tardives de la maturité. La production de cet opéra à Brno, pendant le Congrès International Janacek en 1958, n'a pas été un échec, bien que l'œuvre ait eu beaucoup de difficultés à s'implanter dans le répertoire, même tchèque.

L'histoire est tirée de deux romans du poète Svatopluk Cech, où il fait une satire d'un citoyen typique de Prague : *Le Voyage de M. Broucek*

vers la Lune (1887) et *Le Nouveau Voyage sensationnel de M. Broucek, cette fois-ci vers le* XV*e siècle* (1888). Cinq écrivains ont contribué à la 1re partie du livret, rédigée entre 1908 et 1917, avant d'être arrangée sous sa forme définitive par Viktor Dyk. La 2e partie a été écrite par F.S. Prochazka, et Janacek l'a mise en musique en sept mois, pressé sans doute par la situation à la veille de la guerre, par la perspective d'un avenir meilleur pour la nation tchèque, et le parallèle avec les événements qui s'étaient déroulés 500 ans auparavant. Dans le personnage de M. Broucek, Janacek fait une satire de ces philistins de la petite-bourgeoisie de Bohême, aussi ridicules sur la lune que dans ce passé éloigné; il n'hésite pas à identifier son héros sans imagination au petit-bourgeois de son époque.

1re partie. Les aventures de M. Broucek sur la Lune. Le prélude, très caractéristique de Janacek, fait alterner une figure staccato en croches associée à Broucek (d'abord entendue au basson), Ex. 1 :

1. Écrit en clé de fa, et chanté par un baryton élevé ou même (comme dans l'enregistrement de Prague) par un ténor

avec une grande phrase lyrique, Ex. 2 :

associée à l'origine à l'amour de Malinka et de Mazal, mais peut-être aussi à l'idéalisme qu'un esprit compatissant peut trouver en chacun de nous. Ces deux thèmes contradictoires et leurs variantes traversent tout l'opéra.

Une nuit de clair de lune, à l'extérieur de l'auberge Vikarka, sous le Château Hradcany à Prague, à droite la cathédrale, et près d'elle la maison du sacristain. Malinka, la fille du sacristain, se dispute avec Mazal, son amoureux, dont les phrases radieuses s'opposent tout du long aux sons plus fragmentaires de leur dispute. La veille il était sorti danser avec Fanny, la femme de ménage de M. Broucek. Elle devrait épouser M. Broucek ! Leur dispute est interrompue par le sacristain, puis par le bruit des festivités qui vient de l'auberge, et plus tard par M. Broucek; ils contribuent tous deux à aggraver le malentendu, le sacristain en pensant qu'il doit défendre l'honneur de sa fille; M. Broucek, que l'ivresse pousse à la querelle, par ses allusions malheureuses à Fanny et par la manière dont il insiste sur la possibilité d'une vie sur la Lune. Mazal essaie de détourner l'attention de son propriétaire en parlant de la Lune, puis retourne à l'auberge. Broucek tente de réconforter un peu la pauvre Malinka en lui disant qu'elle n'est pas laide, et qu'elle trouvera sûrement un mari, mais s'attire une remarque du sacristain lorsqu'il dit que lui-même ne serait pas opposé à l'idée de l'épouser à condition que ce soit sur la Lune; puis il s'éloigne en titubant.

A l'auberge, des artistes boivent et chacun crie quelque chose, après le départ de M. Broucek, l'un à propos des saucisses qu'il a oubliées, Mazal au sujet de son mariage, et Würfl, le patron de l'auberge, tout simplement son invitation habituelle à revenir bientôt. Un court duo débute sur l'Ex. 2 entre Mazal et Malinka; puis, annoncé par leurs rires et ceux du garçon de l'auberge, M. Broucek revient, un peu chancelant, regardant fixement la Lune. Là-haut, au moins, il n'aurait pas à s'inquiéter de locataires comme Mazal qui ne paient pas leur loyer. Petit à petit, au son de voix cachées, Broucek semble s'élever vers cette demeure qu'il désire tant; tout se couvre d'une brume blanche, et nous sommes amenés, par un solo de violon très aérien, jusque sur la Lune.

A l'arrière-plan, un château. Broucek est endormi. Un habitant du nom de Blankytny, mais qui a l'aspect et la voix de Mazal, arrive sur son cheval, qu'il attache à la tige d'une fleur. C'est un poète, et il a une réaction d'horreur lorsque Broucek l'appelle Mazal et veut lui serrer la main. Broucek est tout aussi fâché que son locataire ne le reconnaisse pas; le malentendu s'aggrave à mesure que Blankytny parle, avec un enthousiasme lyrique, de la beauté et de la nature exaltée de la femme qu'il aime (mais qu'il ferait disparaître s'il la touchait) : la réponse de Broucek est aussi terre à terre que les saucisses qui tombent de sa poche. Lunobor, une espèce de monstre lunaire sous une apparence d'esthète, annonce l'arrivée de sa fille Etherea, objet de l'affection démesurée de Blankytny, qui a la voix de Malinka et qui chante une petite valse avec les demoiselles qui l'accompagnent. La vue de Broucek produit sur tout le monde un effet curieux, et le trio formé par Etherea, Blankytny et Broucek se termine lorsque Etherea embrasse Broucek et s'envole avec lui sur le cheval sur lequel Blankytny était arrivé. Lunobor retourne lire quelques chapitres sur la sagesse de la Lune.

Nous nous trouvons transportés (avec l'Ex. 2 dans un préambule de l'orchestre) au Temple des Arts, construit en forme d'étoile. Chaque branche de l'étoile est consacrée à l'une des formes de l'art. La scène semble être dirigée par le président (Würfl), qui reconnaît être entièrement dépourvu de talent, et qui se serait bien décidé à devenir critique si par nature il n'était pas plutôt gentil. Il donne des conseils aux musiciens et fait leur éloge; il se décrit comme un mécène, que tous les artistes font régulièrement figurer dans leurs œuvres, que ce soit en peinture, en sculpture ou en musique. Le cheval arrive au pied de l'escalier avec Etherea et Broucek. Elle déclare qu'ils sont amoureux et demande la protection du président. Blankytny pleure son amour perdu, mais Lunobor, le père d'Etherea, l'emmène tandis que Broucek reste un objet d'admiration et d'étonnement pour tous les habitants de la lune.

Oblacny préside aux tentatives de tous les artistes pour saluer Broucek; des danseurs font un numéro en son honneur, un enfant prodige (avec, à sa bouche, un piccolo dont il joue sans cesse) s'unit au chœur pour chanter son admiration et, enfin, le président propose qu'on donne un festin. L'enfant prodige chante l'*Hymne national*[1], qui dit que les habitants de la lune respirent les odeurs de leurs aliments au lieu de les manger. Etherea recommence à faire des avances à Broucek, et tous essaient de faire quelque impression sur lui, mais sans grand résultat. Il s'intéresse très peu à Etherea, ne s'agenouille jamais quand on le lui demande et finit par scandaliser tout le monde

en s'endormant et en marmonnant : « Garçon ! Un rôti avec des légumes, s'il vous plaît ! »

Les fleurs que l'enfant prodige agite sous son nez finissent par le réveiller. A nouveau, sa façon de s'exprimer trop rude les scandalise, et ils s'éloignent. Blankytny fond en larmes en voyant combien les habitants de la Lune ont été offensés. Duhoslav, le peintre, demande qu'on admire son tableau. Broucek se cache subrepticement le visage pour manger une saucisse; les artistes se méprennent un instant, pensant qu'il pleure, et ne découvrent que plus tard la terrible vérité. Ils s'étonnent qu'il ne puisse se nourrir de fleurs comme eux. Il leur dit que seuls les végétariens sur la terre le font, et que les gens raisonnables préfèrent la viande. C'est à nouveau une tempête de protestations. Etherea fait une dernière tentative pour le séduire et commence à danser autour de lui, jusqu'à ce que Broucek, furieux, la balaye de son souffle et qu'elle se retrouve par terre, prise dans sa toile d'araignée. Broucek monte sur Pégase et s'envole, en laissant Harfoboj et l'enfant prodige diriger le chant de louange en l'honneur du président.

Le brouillard envahit la scène, et un interlude (à nouveau avec l'Ex. 2 au premier plan) nous ramène à l'auberge Vikarka, où les artistes s'apprêtent à partir, et saluent Würfl; le garçon raconte qu'on a ramené chez lui M. Broucek, incapable de se déplacer tout seul (Ex. 2). Malinka et Mazal restent seuls en scène; puis Mazal rentre chez lui, après avoir passé la nuit avec elle; la musique annonce déjà d'une manière émouvante le grand duo d'amour de l'acte II de *Katya Kabanova*.

2e partie Le voyage de M. Broucek au XVe siècle.

___

1.Une parodie, dans le texte, de l'*Hymne national tchèque*, qui venait (1917) d'être adopté.

Acte I. Au premier plan, l'auberge Vikarka; à l'arrière-plan, le trésor du roi Wenceslas IV. Juste après la guerre contre les Hussites[1], en 1420. La scène est remplie de bijoux, de casques et d'armures en or ou en argent, d'épées, de boucliers, d'assiettes, de couronnes. La musique, au début, est beaucoup moins lyrique que celle de l'acte I. On entend au loin des voix qui parlent de passages et de cachettes souterraines, et Broucek, dans un aparté, affirme qu'il croit en l'existence de tels passages. Würfl commet l'indélicatesse de parler du voyage de Broucek sur la Lune, ce qui déclenche quelques rires, mais quand Würfl leur souhaite le bonsoir, Broucek reste seul à demander qu'on l'aide et qu'on allume les lumières. Dans un grand monologue, il se demande ce qui a pu se passer pour qu'il soit si difficile de sortir de l'auberge.

Le portrait du roi Wenceslas se retourne brusquement, et Broucek tombe dans le trésor. Il n'arrive pas à trouver comment il a pu y arriver et fait tout son possible pour en sortir, mais sans y parvenir. Brusquement, il se trouve face à face avec le poète Svatopluk Cech[2], l'auteur des œuvres dont a été tiré l'opéra. Dans une lumière surnaturelle, Cech explique, dans un passage solennel[3] (Ex. 3) :

que les actions idéalistes du passé l'obligent, étant donné les circonstances actuelles, à fêter la liberté avec une certaine ironie. Ce n'est pas uniquement la nostalgie du passé qu'éprouve un homme déjà âgé, c'est aussi le sentiment d'un patriote déçu[4], et la musique en style de choral (sans être dérivée des citations du choral qui vont suivre) donne sa couleur à toute cette partie médiévale.

Broucek est dehors, il se demande s'il n'est pas dans le quartier juif et s'il n'a pas trouvé un raccourci pour rejoindre l'avenir. La lumière n'est pas bonne — il faudra qu'il écrive aux journaux pour se plaindre — et il est totalement déconcerté lorsqu'un peu plus tard il est arrêté par un citoyen qui tout d'abord ne comprend pas ce qu'il dit, puis qui le prend pour un Allemand, et qui plus est pour un espion du roi Zikmund. Le magistrat (qui chante avec la voix de Würfl) est étonné par l'allusion que fait Broucek au « défunt Zizka », et par la manière dont il soutient que Zizka a vaincu le roi Zikmund en 1420, ce qui est maintenant de l'histoire, puisqu'il parle en 1888. Malgré ses appels au secours, Broucek est emmené devant le juge.

Devant sa maison, alors qu'on entend chanter au loin la population en armes (Ex. 4) :

1. Jan Hus, brûlé vif en 1415 pour hérésie, avait été influencé par l'Anglais Wycliffe, et demandait, comme lui, qu'on imprimât les Ecritures en langue vulgaire. Ses partisans se sont séparés en deux groupes, dont l'un était à Prague, et l'autre — les Taborites — prit une position extrémiste et s'opposa à une grande partie du culte de l'Eglise. En 1420, le roi Zikmund mena une armée contre les hussites qui, sous la conduite de Jan Zizka, battit ses ennemis à la bataille de la Colline de Vikov.
2. Dans la 1re production de 1967, à Brno, transformé en un prologue à la partie 2.
3. Qu'on entend d'abord à l'orchestre au lever du rideau.
4. A Edimbourg, en 1970, lors de la création en Angleterre de l'ouvrage, le rôle de Stavopluk Cech était chanté par le baryton Zdenek Otava, qui était également le créateur du rôle du baron Prus dans *Vec Makropulos* en 1926 *(L'Affaire Makropulos)*, un opéra qu'une grande partie du public avait entendu la veille. Son interprétation d'une grande intensité fut d'un effet extraordinaire, comme si ce célèbre baryton incarnait tout ce qu'il y a de meilleur dans l'âme tchèque.

le juge Domsik (le sacristain) demande à Broucek qui il est. Broucek se rend compte de la situation et dit qu'il vient du pays des Turcs, ce qui explique pourquoi son tchèque leur semble si étrange. Ils sont d'accord pour l'engager; les hussites, guerriers de Dieu, arrivent alors sur la place en chantant un choral qui accompagne leur entrée à l'église : une conclusion brève, mais splendide musicalement, à cette scène.

Acte II. Une pièce de la maison de Domsik. Par la fenêtre on voit l'Hôtel de Ville et la place. Broucek est assis sur le lit et se demande ce qui a bien pu lui arriver pour qu'il se trouve transformé en hussite; la musique évoque son état d'énervement. Il aperçoit alors Kedruta qu'il prend pour sa bonne, Fanny. Domsik lui fait revêtir une tenue médiévale un peu plus adéquate, ce que Broucek fait sans aucun enthousiasme, et sans aucune compétence. La foule arrive de l'église, chantant toujours, mais cette fois le chorale hussite « Oyez, guerriers de Dieu »[1].

Kunka (la fille de Domsik, qui ressemble autant à Malinka que son père au sacristain) arrive avec quelques hôtes à la table de Domsik. Broucek est présenté tour à tour à Vacek, Miroslav et Vojta. Kunka fait un discours virulent, et tous boivent à l'avenir, y compris Broucek qu'on félicite pour ses talents de serveur. Lorsqu'il dit qu'on n'aime pas beaucoup les Tchèques à l'étranger, tous sont d'accord pour penser que c'est une calomnie qu'il faut faire cesser le plus tôt possible par cette victoire sur les oppresseurs. Un étudiant en attribue toute la faute aux prêtres taborites, ce qui provoque la colère de Vacek; Broucek détourne l'attention en affirmant qu'il n'a aucune envie d'aller combattre Zikmund,

qui ne représente rien pour lui. Domsik essaie de le sauver de cette situation gênante lorsque la voix de Petrik les appelle aux armes. Broucek ne peut pas échapper à la distribution des armes et finit par se trouver avec une pique à la main. Kunka dit tendrement adieu à son père; il s'agenouille avant de partir et prie pour qu'ils soient victorieux (Ex. 3 à l'orchestre). Dès qu'ils sont partis, elle saisit une arme et se précipite dehors, malgré les efforts de Kedruta pour la retenir. Kedruta chante la prière du Seigneur, alors qu'on entend le choral hussite à l'extérieur. Broucek apparaît alors soudainement, arrache son costume pour remettre ses propres vêtements, allume un cigare et quitte précipitamment la pièce.

Sur la vieille place du village. Le soleil se couche et la place est noire de monde. Les armées des Praguois et des taborites reviennent après leur victoire sur le roi Zikmund, acclamées par les enfants et par la population, dans une scène d'une grande splendeur musicale. Broucek essaie de s'échapper de la maison de Domsik et est obligé de raconter une histoire manifestement fausse aux taborites. Avant que Petrik ait pu expliquer ce qui s'est vraiment passé, Kunka arrive en pleurant la mort de son père, et essaie de trouver un réconfort auprès de Petrik. Elle rentre dans la maison, pendant que Petrik raconte l'histoire de la lâcheté de Broucek; il a couru vers l'un des chevaliers allemands, s'est mis à genoux devant lui et lui a crié : « Mon Seigneur, je suis vôtre ! Ni Praguois, ni hussite ! *Gnade* ! » Le conseiller Vojta et le peuple demandent sa mort, certains voudraient qu'il soit brûlé, d'autres enterré vivant dans un tonneau. Les excuses de Broucek — il est un enfant de l'avenir, il n'est pas encore né — ne semblent pas les

1. Utilisé par Smetana dans le final de *Libuse*.

convaincre; la voix de Kedruta s'ajoute à celles qui demandent la peine capitale.

Lorsque le tonneau prend feu la scène se trouve à nouveau enfumée, les tensions se relâchent (musique de la lune) et la lueur du feu devient celle d'une bougie dans la main de Würfl, à l'extérieur de l'auberge Vikarka; on voit Broucek dans un tonneau (dans lequel il est tombé ivre, avant de s'endormir). Il accepte l'aide de Würfl, lui assurant que ses aventures ont été bien étranges mais qu'il ne faut les raconter à personne ! L'opéra se termine, vivement et gaiement, sans rappeler l'idéalisme de l'Ex. 2, mais avec une allusion sournoise des harpes à l'Ex. 3.

H.

Katya Kabanova

Opéra en 3 actes de Janacek; texte de Cervinka, d'après L'Orage *de Ostrovsky. Créé à Brno, 23 octobre 1921, avec Marie Vesela, Karel Zavrel, dir. Neumann. Première à Prague, 1922, avec Rose Pauly, Schröder, dir. Klemperer ; Berlin, 1926. Reprise à Munich, 1948, avec Schech, Klarwein. Première à Londres, Sadler's Wells, 1951, dir. Mackerras (puis Kubelik); Paris, Th. des Nations, 1959, par l'Opéra de Belgrade; New York, 1960, dir. Halasz; Paris, 1968, avec Hélène Garetti, Berthe Monmart, Ion Piso.*

PERSONNAGES

VANYA KUDRJAS, *employé de Dikoy* (ténor); GLASHA, *une servante* (mezzo-soprano); DIKOY, *un riche commerçant* (basse); BORIS GRIGORYEVICH, *son neveu* (ténor); FEKLUSHA, *une servante* (mezzo-soprano); MARFA KABANOVA (KABANICHA), *la veuve d'un riche commerçant* (contralto); TIKHON IVANICH KABANOV, *son fils* (ténor); BARBARA, *enfant adoptif des Kabanov* (mezzo-soprano); KATERINA KABANOVA (KATYA), *la femme de Tikhon* (soprano); KULIGIN, *ami de Vanya* (baryton).

Le petit village de Kalino, sur la Volga, vers 1860.

Le mariage de Janacek, en 1880, avec une femme de langue allemande de Brno, semble avoir été dès le départ une affaire orageuse — un an après, Zdenka était retournée chez ses parents. En 1917, en vacances à Luhacovice, il fit la connaissance de Kamila Stösslova, et à l'âge de soixante-trois ans il tomba amoureux de cette femme mariée de vingt-cinq ans à tel point que le reste de sa vie en fut complètement transformé. Les deux tiers de ses œuvres les plus importantes ont été écrites pendant ses douze dernières années, en grande partie inspirées par Kamila.

Dans *Katya Kabanova,* écrit entre 1918 et 1921, Janacek oppose l'ancien matriarcat slave (représenté par Kabanicha) et la nouvelle génération moderne, éclairée (représentée par Barbara et Vanya Kudrjas). Entre ces deux forces conflictuelles se trouvent Katya et Boris, qui ne se sont pas encore émancipés; Katya est opprimée par Kabanicha, et Boris par son oncle Dikoy.

Le prélude, avec ses accords de si bémol mineur *pp* et son motif du destin aux tambours, par-dessus les trombones avec sourdine, établit le climat qui va régner pendant tout l'opéra et sert en même temps d'exposition des principaux motifs. Peu après le début il nous présente une figure très triste de 3 (puis 4) notes chromatiques conjointes, qui, ainsi qu'on l'a dit ailleurs, symbolise les frictions douloureuses entre les gens qui vivent trop près les uns des autres; le premier passage *allegro* a un thème important au hautbois (beaucoup employé dans la suite de l'opéra), sur un arrière-plan fait par la flûte et les cloches de traîneau (le départ de Tikhon); mais la plus importante est cette figure tendre :

qui domine tout le prélude et qui, avec les thèmes qui en dérivent, est utilisée très souvent dans le cours de l'opéra.

Acte I, scène 1. La maison de Kabanicha, sur les rives de la Volga. Kudrjas admire la beauté du fleuve — un point de vue que Glasha, qui travaille pour Kabanicha, ne saurait partager. Au loin Dikoy s'agite avec colère; Kudrjas et Glasha disparaissent, craignant ses réactions. Dikoy se plaint de la paresse de son neveu Boris qu'il n'aime pas, mais il s'en va lorsque Glasha lui apprend que Kabanicha est encore à l'église.

Kudrjas écoute Boris avec compassion : la seule raison qui le pousse à rester avec son oncle est le testament de sa grand-mère; son argent doit lui revenir, ainsi qu'à sa sœur, lorsqu'ils en auront l'âge, pourvu qu'ils fassent ce que veut leur oncle. Sa sœur est restée à Moscou, tenue à l'écart de Dikoy par leur mère. Si ce n'était pour elle, il y a longtemps qu'il aurait quitté son oncle et aurait renoncé à son héritage.

Les gens reviennent de l'église, il faut retenir Kudrjas, qui veut se précipiter sur le pauvre Boris. Et lorsque Boris déplore sa jeunesse qui s'en va si vite, on entend pour la première fois le thème de Katya, *dolce,* au hautbois.

Glasha dit à Feklusha que son employeur Kabanicha est une vieille hypocrite tyrannique. Accompagné à plusieurs reprises par le thème de Katya, Boris avoue à Kudrjas qu'il aime Katya, une femme mariée ! On entend alors le thème, sous sa forme la plus caractéristique, lorsque Katya apparaît :

Kabanicha avec sa famille revient de l'église. Elle prie Tikhon d'aller le jour même au marché à Kazan. Il accepte aussitôt, mais Kabanicha fait une remarque désagréable sur Katya et laisse entendre que depuis son mariage, Tikhon n'a pas eu pour sa mère le respect qu'il lui devait. Tikhon proteste, mais lorsque Katya s'interpose gentiment, Kabanicha se tourne vers elle et l'injurie : qui lui a demandé son avis ? Katya rentre dans la maison, et Kabanicha continue à l'insulter. Kabanicha s'en va, et Barbara accuse violemment Tikhon, lui reprochant de ne pas avoir pris le parti de Katya plus énergiquement; elle sait exactement ce qu'il va faire à présent : boire pour oublier cette scène. Barbara reste seule lorsque le rideau tombe; « Comment pourrait-on ne pas l'aimer ? », remarque-t-elle au sujet de la malheureuse Katya.

Scène 2. A l'intérieur de la maison des Kabanov. Katya dit à Barbara tout ce qu'elle a sur le cœur : elle est malheureuse. Lorsqu'elle était jeune, avant de se marier, elle était libre comme l'air. Elle décrit alors son enfance. Même alors, sa mère ignorait tout de ses aspirations et de ses désirs. L'intensité de la musique croît lorsqu'elle décrit comment elle allait toute seule à l'église : « J'avais l'impression d'entrer au paradis. » Elle ne sait plus très bien ce qu'elle dit, et révèle qu'un désir étrange la remplit, qu'elle est tentée par le péché.

Barbara l'encourage à raconter ses rêves. Elle dit qu'elle entend une voix lui murmurer à l'oreille, quelqu'un l'embrasse, lui demande de partir avec lui et elle finit par lui céder.

Apparaît Tikhon, qui doit partir sur-le-champ pour Kazan où l'envoie sa mère. Malgré les protestations de Katya, il ne peut ni rester ni l'emmener. Katya demande alors à Tikhon de lui faire prêter serment : elle ne devra ni regarder, ni parler à un étranger en son absence, mais il refuse de lui demander une telle chose. Katya commence à prononcer ce serment, Kabanicha entre alors et prie son fils de se préparer pour le voyage. Avant de partir, il donne des instructions à sa femme, en présence de sa mère, pour qu'elle entende bien ce qu'il lui dit. Il répète sur un ton un peu plus doux les injonctions de Kabanicha, et, malgré ses protestations, elles comprennent l'interdiction de voir d'autres hommes. Il semble que Katya va s'effondrer lorsqu'elle dit adieu à son mari. Kabanicha lui dit alors méchamment : « N'as-tu pas honte ? Est-ce ton amoureux ? »

Acte II. La maison des Kabanov, plus tard dans la même journée. Kabanicha s'en prend encore à Katya. Pourquoi ne fait-elle pas comme les autres, qui restent toute la journée à pleurer dans leurs chambres lorsque leurs maris sont partis ? Elle pourrait au moins faire semblant de pleurer : ainsi les gens penseraient-ils qu'on peut lui faire confiance ! Après avoir déversé sa bile, Kabanicha quitte la pièce.

Barbara sort dans le jardin, en se servant d'une clef que Kabanicha a cachée. Si elle « le » voit, dit Barbara, un peu énigmatique, elle lui dira que

Katya l'attend près de la grille du jardin. Pendant un moment, Katya lutte contre la tentation ; elle entend la voix de Kabanicha, mais le danger s'éloigne. Le soulagement qu'elle éprouve lui fait comprendre à quel point elle aime Boris. Rien n'est plus juste, psychologiquement, que la description musicale de la manière dont s'effondre brusquement, sans qu'elle le veuille, sa résistance.

Katya sort, suivie par Kabanicha, elle-même suivie par Dikoy. Il avoue qu'il est un peu ivre mais dit qu'il ne veut pas rentrer chez lui. « Parlez-moi sévèrement » demande-t-il à Kabanicha — elle seule ose le faire. C'est l'argent qui le conduit à pécher. L'autre jour un paysan lui a demandé d'être remboursé ; il l'a maudit, a failli le mettre en pièces, et puis il est tombé à genoux pour lui demander pardon. « Il faut que vous appreniez les bonnes manières », lui réplique Kabanicha.

Dans le jardin. Kudrjas arrive le premier, et chante une chanson rustique d'un air insouciant. Il attend Barbara et s'étonne de voir Boris, qui lui explique que quelqu'un est passé dans l'obscurité et lui a dit de venir là, et qu'il a senti qu'il devait accepter cette invitation. Kudrjas essaye de le mettre en garde, mais Boris est trop amoureux pour tenir compte de ce conseil. Barbara annonce son arrivée en chantant un autre petit air folklorique, auquel Kudrjas répond comme convenu. Lorsqu'elle passe à côté de Boris, elle lui dit que Katya ne tardera pas. Katya arrive, avoue son amour et tombe dans les bras de Boris.

Toute la scène est pleine de cette magie de la nuit d'été, et un effet unique est obtenu par la manière dont sont à la fois associés et opposés les deux couples d'amoureux, l'un passionné et insouciant, l'autre ravi mais coupable. Leurs chants se terminent par un petit duo dans un style folklorique entre Barbara et Kudrjas. Le passage le plus bouleversant de cette scène émouvante est réservé à l'orchestre, lorsque Katya et Boris reviennent sur scène et que leurs sentiments contenus sont exprimés en trois phrases d'orchestre très chargées, qui en révèlent peut-être davantage qu'un passage vocal dix fois plus long.

Acte III, scène 1. Dix jours plus tard. Dans une résidence d'été, près de la Volga. Kudrjas et Kuligin, son ami, s'abritent de l'orage. Ils regardent les images qui sont sur les murs; l'une d'elles représente Ivan le Terrible, ce qui les conduit à faire cette remarque ironique : la Russie n'a jamais eu besoin de tyran, car il y en a un dans chaque famille. Comme s'il voulait leur donner raison, Dikoy entre alors, bousculant tout le monde.

La pluie cesse, et tous quittent l'abri sauf Boris et Kudrjas. Barbara arrive et dit à l'oreille de Boris que le retour de Tikhon a fait perdre la tête à Katya, malade de peur. Boris se cache lorsque Katya entre, soutenue par son mari, et précédée de Kabanicha. On entend au loin le tonnerre, et la pluie recommence dès que Katya aperçoit Boris. Malgré les efforts de Boris, qui essaye de l'en empêcher, elle s'adresse à Tikhon et à Kabanicha avec sa voix la plus aiguë, et non seulement elle avoue son adultère, mais elle nomme aussi l'homme avec lequel elle a péché. Tikhon désemparé refuse d'écouter les aveux de Katya. Kabanicha remarque : « Fils, ta mère t'avait prévenu ! »

Scène 2. Sur les bords de la Volga. Katya a quitté sa famille après ses aveux, et celle-ci est à sa recherche. C'est la nuit, et les remarques que Tikhon fait à Galsha révèlent le doute qui trouble son esprit; il ne faudrait pas se contenter de tuer les femmes de ce genre, dit-il, il faudrait les enterrer vivantes — et pourtant il aime toujours Katya, comment pourrait-il lui faire du mal ? Ils poursuivent leurs recherches. Barbara et Kudrjas entrent en courant, ils sont d'accord pour s'enfuir ensemble.

On entend appeler, de loin, Tikhon et Glasha. Katya entre lentement, espérant revoir Boris encore une fois.

Le souvenir de son amour remplit son cœur de désir; elle appelle Boris, qui apparaît comme s'il répondait à son cri. Il essaie de la consoler, mais son esprit est ailleurs. Elle commence par vouloir partir avec lui, puis change d'avis. L'idée du suicide est oubliée et elle se représente sa vie à venir, constamment torturée par Kabanicha. Tristement, elle lui demande de donner l'aumône à tous les mendiants qu'il rencontrera, en leur demandant de prier pour elle. Ils se disent adieu.

Katya, seule, s'avance vers la rive du fleuve. Elle pense aux fleurs et aux oiseaux qui ont su la consoler pendant sa vie, et qui seront avec elle au moment de sa mort, « si tranquilles, si beaux... et moi je dois mourir ». Elle se jette dans le fleuve. On entend les voix d'un ou deux hommes qui l'ont vue tomber à l'eau, Tikhon et Kabanicha se précipitent sur les lieux; celle-ci essaie de retenir son fils, qui déclare que c'est elle qui a tué Katya. Son corps est ramené sur la rive par Dikoy, et les derniers mots de l'opéra reviennent, ironiquement, à Kabanicha : « Laissez-moi vous remercier, amis et voisins, de votre gentillesse. »

H.

Prihody Lisky Bystrousky
Le Petit Renard rusé

Opéra en trois actes de Janacek; texte du compositeur d'après les nouvelles de Tesnohlidek. Créé à Brno, 6 novembre[1] 1924, avec H. Hrdlickova, Flögl, dir. Neumann. Première à Mayence, 1927, dir. Paul Breisach; Komische Oper, Berlin, 1956, production de Felsenstein (en all.), dir. Vaclav Neumann (production donnée par la suite à Wiesbaden et à Paris); la Scala, Milan, 1958 (en it.), dir. Sanzogno; Londres, Sadler's Wells, 1961, (en angl.), dir. Colin Davis; Glyndebourne, 1975, avec Norma Burrowes, Benjamin Luxon.

PERSONNAGES[2]

Animaux :

BYSTROUSKA, *la renarde* (soprano); LE RENARD (soprano); LAPAK, *le basset* (mezzo-soprano); LE COQ (soprano); CHOCHOLKA, *la poule* (soprano); LE BLAIREAU (basse); LA CHOUETTE (contralto); LE PIVERT (soprano);

Humains :

LE FORESTIER (baryton-basse); LA FEMME DU FORESTIER (contralto); L'INSTITUTEUR (ténor); LE PRETRE (basse); PASEK, *l'aubergiste* (ténor); LA FEMME DE L'AUBERGISTE (soprano); HARASTA, *le colporteur* (basse).
  Oiseaux, mouches, insectes, grillons, sauterelles, etc.

Peu d'opéras ont une origine aussi étrange que *Le Petit Renard rusé* de Janacek. Le compositeur avait lu avec beaucoup de plaisir une série d'articles écrits par le journaliste Tesnohlidek, qui avaient pour sujet une communauté rurale tchèque, et qui présentaient une renarde à moitié sauvage, à moitié apprivoisée. Il avait en particulier été enthousiasmé par la manière dont l'écrivain sautait tout naturellement du monde des hommes à celui des animaux et, au grand étonnement de Tesnohlidek lui-même, il lui demanda d'en faire un texte d'opéra.
On a longtemps considéré qu'il était impossible de mettre en scène cet opéra, où se côtoient des hommes et des animaux; d'ailleurs, la plupart des tentatives ont échoué. Mais en 1956, au Komische Oper à Berlin, les intentions de Janacek se sont trouvées pleinement réalisées, dans la production merveilleuse de Walter Felsenstein. L'exécution a su associer d'une façon étonnante le réalisme et la musicalité. La représentation à Paris de ce spectacle, un an après sa création à Berlin, fut une révélation pour ceux qui ont pu y assister et l'œuvre fut donnée plus de 120 fois dans les quatre années qui ont suivi 1956, sans rien perdre de la qualité étonnante des premières représentations.

---

1. Loewenberg donne le 16 novembre, mais toutes les sources tchèques s'accordent sur la date du 6 novembre.
2. Dans certaines productions, le renard et le basset ont été chantés par des ténors. La partition indique que les parties suivantes sont chantées par une même personne : le blaireau et le pivert, la femme du forestier et la chouette.

Acte I, scène 1. Le rideau se lève à la première mesure, Ex. 1 :

Dans un bois. Des animaux et des insectes dansent; un blaireau fume la pipe, en sortant la tête de son terrier; une libellule bleue exécute une danse aérienne, Ex. 2 :

Le forestier cherche un lieu où faire une sieste — il se sent aussi fatigué qu'après sa nuit de noces! Seul son fusil, qu'il chérit par-dessus tout, ne l'agace pas sans cesse, et ne lui répond pas ![1]

Il s'endort, et les bruits des insectes reprennent, sous la forme d'une valse charmante, Ex. 3 :

lorque les mouches dansent autour du forestier; le tempo (dans une mesure à 2 temps maintenant) devient plus rapide lorsqu'une grenouille se met à chasser un moustique. Une petite Renarde, Ex. 4 :

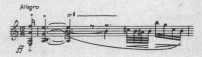

regarde la grenouille avec étonnement. Elle bondit, la grenouille saute brusquement et se retrouve, toute froide et visqueuse, sur le nez du forestier, qui en est franchement dégoûté. Il aperçoit la renarde, et après quelques feintes il réussit à l'attraper et s'en va avec elle sous son bras, Ex. 5 :

La libellule revient, chercher la renarde et se met à danser, sur l'Ex. 2, une petite danse funèbre pour son amie perdue.

L'entrelacs des thèmes de la forêt, les rythmes contrastés des danses, l'invention orchestrale diversifiée et toujours adéquate, et avant tout l'homogénéité des thèmes, le talent de Janacek et la légèreté de son toucher contribuent à en faire une scène musicale qui n'a aucun équivalent dans la littérature d'opéra.

---

1. Tout comme Talich, dans son arrangement orchestral plus court de l'act I du *Petit Renard rusé* (merveilleusement conservé sur un disque Supraphon), avait quelque peu modifié l'orchestration pour les besoins de sa suite, l'ami de Janacek, Max Brod, est parfois allé plus loin dans sa trad. all. que ne le permettait le livret original, soulignant beaucoup d'éléments que Janacek n'avait fait qu'évoquer, et en particulier le symbolisme qui y était sous-entendu. Les ajouts de cette traduction ont en général toujours été, même récemment, bien acceptés lors des représentations en Allemagne, y compris, dans une certaine mesure, dans celles de Felsenstein; mais ils ne l'ont été en aucune façon en Tchécoslovaquie, quoique Max Brod ait été un très bon ami du compositeur. Lorsque le forestier dans la première scène s'allonge pour faire sa sieste, Brod fait une première allusion à une gitane, Terinka, dont la beauté et l'amour de la liberté sont tels que tous les hommes dans l'opéra pensent à elle lorsqu'ils rencontrent la petite renarde.

Scène 2. A l'extérieur de la maison du forestier, un après-midi d'automne. Dès le début la musique est imprégnée de nostalgie et de désir, Ex. 6 :

La femme du forestier verse un peu de lait dans une soucoupe pour le basset et la petite renarde qu'elle et son mari veulent élever pour leur enfant. La petite renarde est toute triste (Ex. 6 a), et le chien essaie de lui expliquer qu'il faut se résigner. La renarde lui parle du comportement scandaleux de ces étourneaux qui ont fait leur nid chez elle. Elle repousse les avances amoureuses du basset. Le fils du forestier arrive avec un ami et taquine la renarde, elle essaie de le mordre : alors le forestier l'attache, et elle reste là (Ex. 6 a), complètement abattue, tandis que les autres rentrent dans la maison.

A la tombée de la nuit commence un épisode musical extraordinaire, bâti sur l'Ex. 6. La renarde semble se transformer en une fille — peut-être la gitane Terinka ? — et cette métamorphose est à l'origine d'une musique d'orchestre amoureuse et passionnée, qui commence en si bémol, Ex. 7 :

Dans la production de Felsenstein à Berlin, cette situation déjà expressive fut soulignée ainsi : le forestier, regardait fixement la petite renarde enchaînée et se souvenait de son amour pour la gitane.

A l'aube, la femme du forestier jette un peu de nourriture aux poules, qui se mettent à chanter une parodie de l'Ex. 7 :

et qui continuent à se promener dans la cour jusqu'à ce que la renarde se lance dans un discours révolutionnaire. C'est pour une conception nouvelle du monde qu'elle prêche, courageuse, féministe, qui ne devra plus être dominé par des êtres comme les hommes ou les coqs. Mais les poules ne répondent pas et la renarde, dégoûtée, se creuse une tombe, s'allonge et fait le mort. Une *stretta* énergique à l'orchestre accompagne cette scène, quand soudain la renarde bondit brusquement, et croque les têtes des poules les unes après les autres. La femme du forestier sort en courant alarmée, la renarde casse sa laisse, fait trébucher le forestier et s'échappe dans les bois.

Acte II, scène 1. Dans le bois. La renarde taquine le blaireau et parvient à gagner la sympathie des autres animaux; lorsque le blaireau s'en va, fâché, elle s'installe, ainsi qu'elle avait toujours voulu le faire, dans le terrier qu'il vient de libérer.

Un interlude nous conduit jusqu'à l'auberge du village et en évoque l'ambiance bruyante. Le forestier joue aux cartes avec l'instituteur, sous l'œil du prêtre du village. Dans sa chanson, le forestier se moque de la maladresse avec laquelle l'instituteur courtise sa bien-aimée. Tout le monde plaisante : le prêtre cite une phrase latine, puis on se moque des exploits de la renarde du forestier. L'aubergiste s'inquiète du bruit qui vient de l'arrière-salle, le prêtre s'amuse de sa citation latine, « Non des mulieri corpus tuum » (Ne donne pas ton corps à une femme), et le forestier se demande si on peut considérer la peau et les os de l'instituteur comme un corps. L'aubergiste conseille au prêtre de quitter l'auberge s'il ne veut pas que ses excès de boisson provoquent un scandale parmi ses nouveaux paroissiens (les productions allemandes, mais pas les tchèques, ont des intermèdes à cet endroit), le forestier se demande si l'instituteur réussira jamais à se marier, l'aubergiste dit qu'un jour il racontera en détail les aventures de la renarde, mais le forestier se fâche et quitte la taverne de mauvaise humeur[1].

Scène 2. Le bois, la nuit, on voit un pont sur la route. L'instituteur descend la route en chancelant ; il s'apitoie sur sa tendance à boire et à ainsi perdre son temps. La renarde passe sa tête au-dessus d'un tournesol, ce qui réjouit l'instituteur qui la prend pour la gitane Terinka, un de ses anciens amours; dans son enthousiasme, il trébuche et se retrouve par terre. Puis c'est le tour du prêtre, qui descend la route en essayant de se rappeler l'origine d'une citation classique. Il aperçoit la renarde, la confond dans son esprit avec Terinka, qu'il a également aimée alors qu'il était encore étudiant : on l'a même injustement soupçonné d'être responsable de sa grossesse. L'apparition du forestier met un terme aux réflexions morales du prêtre qui tombe dans les bras de l'ins-

tituteur. Ils ont peur que le forestier ne leur tire dessus à cette heure de la nuit. Le forestier marmonne qu'il tire sur la renarde qui va se faufiler dans les bois, mais son explication ne semble pas suffisante pour calmer la frayeur du prêtre et de l'instituteur.

Scène 3. La tanière de la renarde, à la lueur de la lune. Derrière le rideau, les voix de la forêt chantent un chant sans paroles, qui jouera un rôle important à la fin de la scène, Ex. 8 :

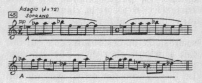

La renarde rencontre un renard, et lui raconte l'histoire romancée de sa vie. Il lui apporte un lapin qu'il a tué, l'embrasse et lui demande si elle a jamais été amoureuse. Après un grand duo d'amour, ils s'en vont tous deux dans la tanière de la renarde, laissant la libellule — ange gardien de la renarde, sans doute — se divertir sur l'Ex. 2. La chouette (en principe la même chanteuse que la femme du forestier) déborde de joie en songeant à tout ce qu'elle va pouvoir raconter. La renarde dit au renard qu'elle va être mère; il décide alors de faire venir un prêtre, le pivert, qui les marie, tandis que les voix de la forêt célèbrent cette noce en un chant de joie sans paroles (Ex. 8).

Acte III, scène 1. La quiétude de la forêt n'est troublée que par le chant de Harasta, parti braconner avec son

---

1. C'est s'éloigner du livret tchèque que de donner ici au forestier, comme le fait Max Brod, un monologue sur les aventures mouvementées de Terinka depuis qu'elle est entrée dans la vie du village — mais il est certain qu'il y a des éléments qui justifient les allusions répétées de Brod à Terinka dans la scène 2 de cet acte . Par ailleurs, on risque une certaine confusion lorsqu'on parle de deux ou trois filles sans qu'aucune n'apparaisse en scène, et cette façon de les réunir en la personne de Terinka, qui reste vague mais nécessairement séduisante, a du moins le mérite de la concision et de la logique dramatique.

panier de colporteur sur le dos. Il trouve un lièvre mort, tué par un renard, et s'apprête à le ramasser lorsqu'il aperçoit le forestier, qui le salue sarcastiquement. Aime-t-il sa vie solitaire ? « Solitaire ? Je vais épouser Terinka », répond Harasta. Pour ne pas laisser voir son chagrin, le forestier pose un piège à renard près du lièvre mort et s'en va, laissant Harasta rire de sa déconfiture.

Les petits de la renarde commencent à danser, sous les regards de leurs parents, autour de ce piège posé maladroitement, sur la musique de l'Ex. 8, mais dans une version plus détendue. On entend au loin le chant de Harasta. Tous se cachent, sauf la renarde. Elle attire l'attention de Harasta en boitant et l'entraîne dans une danse : « Voulez-vous me tuer parce que je suis un renard ? », qui se termine lorsqu'il tombe en trébuchant sur une racine et s'arrache la peau du nez. Il se relève, voit alors les petits renards enlever toutes les volailles de son panier, tire, et tue, tout à fait par hasard, la renarde qui gît par terre, morte, lorsque le rideau tombe.

Scène 2. Dans le jardin de l'auberge. La femme de l'aubergiste sert sa bière au forestier. Il raconte à l'instituteur que chaque fois qu'il s'est rendu à la tanière des renards il l'a trouvée abandonnée; il n'arrivera jamais à se procurer le manchon promis à sa femme. Terinka doit se marier aujourd'hui, dit l'instituteur; et c'est elle qui aura un manchon, soupire la femme de l'aubergiste.

Scène 3. Dans la clairière où il avait attrapé la petite renarde, le forestier cherche un peu de calme, mais la musique d'introduction à cette scène est beaucoup plus agitée que celle du début de l'opéra. Sur une musique très humaine et émouvante, le forestier songe à la forêt où la vie ne connaît pas de fin, mais recommence toujours, et où les hommes, s'ils savent chercher, peuvent trouver le bonheur que donnent les choses éternelles. Lorsqu'il commence à s'endormir, il voit un petit renard qui joue au bord de la clairière : « Je vais t'attraper comme ta mère, mais cette fois-ci, je t'élèverai mieux, pour que les gens ne parlent pas de nous dans les journaux. » Il s'approche du renard et trouve une grenouille dans sa main ! La roue a fait un tour complet, et ainsi se termine cet opéra qui est une miniature d'une beauté exquise, une œuvre née de cette sagesse (et de cette passion) qui vient avec l'âge, un exemple unique de panthéisme dans un drame musical, enfin, à mon sens, l'un des grands chefs-d'œuvre de l'opéra, une œuvre d'un génie exceptionnel.

H.

Vec Makropoulos
L'Affaire Makropoulos[1]

Opéra en 3 actes de Janacek; liv. du compositeur, d'après une pièce de Karel Capek du même titre. Création, Brno, 18 décembre 1926, avec Cvanova, Zdenek

1. Le mot tchèque « Vec » veut dire « chose », si bien que littéralement le titre devrait se traduire *La Chose Makropoulos,* cette chose étant le papier sur lequel est écrit en grec le secret de la vie éternelle. Charles Mackerras, dont la direction splendide de cet ouvrage a été (et est toujours) l'une des gloires du Sadler's Wells, pense que *Le Secret Makropoulos* est une traduction à la fois plus juste et plus éloquente, sinon plus courante, que *Le Procès Makropoulos* ou *L'Affaire Makropoulos.*

Otava, E. Olsovsky, dir. Frantisek Neumann. Première à Prague, 1928; Francfort, 1929, dir. Josef Krips. Reprise, Düsseldorf, 1957 (et l'année suivante au Fest. de Hollande), avec Hildegard Hillebrecht, Patzak, Wiener. Première, Sadler's Wells, 1964 (en angl.), dir. Mackerras; Festival d'Edimbourg, 1970 (par l'Opéra de Prague), dir. Bohumil Gregor; New York, City Opera, 1970.

PERSONNAGES

EMILIA MARTY, *une chanteuse* (soprano dramatique); ALBERT GREGOR (ténor); VITEK, *clerc de notaire* (ténor); KRISTINA, *sa fille* (mezzo-soprano); JAROSLAV PRUS, *un noble hongrois* (baryton); JANEK, *son fils* (ténor); Dr KOLENAT, *un avocat* (baryton basse); UN MACHINISTE (basse); UNE HABILLEUSE (contralto); LE COMTE HAUK-SENDORF, *un vieux mondain* (ténor léger); LA FEMME DE CHAMBRE (contralto).

Prague, dans les années 1920.

Pour son avant-dernier opéra (novembre 1923-décembre 1925), Janacek a adapté lui-même la pièce de Karel Capek, *Le Secret Makropoulos*, bien que Capek lui eût proposé sur le même thème un texte mieux adapté à l'opéra. L'arrière-plan sur lequel se déroule l'histoire apparaît progressivement au cours de l'opéra, en voici le résumé : en 1565, Hieronymus Makropoulos, médecin à la cour de l'empereur Rodolphe II de Habsbourg, réussit à découvrir l'élixir de vie. L'empereur refusa de le croire et obligea la fille de Makropoulos, Elina, qui avait seize ans, à le boire. Makropoulos mourut quelques années plus tard en prison, mais la vie d'Elina fut réellement prolongée par la potion. Tous les soixante ou soixante-dix ans, elle change d'identité pour éviter d'éveiller les soupçons, mais en plus de trois cents ans d'existence, elle a toujours gardé les initiales « E.M. ».

Lorsqu'elle était la chanteuse écossaise Ellen MacGregor (Ellian dans l'opéra), au début du XIXe siècle, elle eut une aventure amoureuse à Prague avec le baron « Peppi » Prus. Elle eut un fils, Ferdinand MacGregor, qu'elle fit inscrire sur les registres de la paroisse où il était né sous le nom de

Makropoulos. En 1827[1], le baron Prus mourut intestat, et son héritage alla à un cousin. Peu après, un autre prétendant du nom de MacGregor se fit connaître, dont les arguments étaient plausibles bien que sans preuves. Par ailleurs, le baron Prus concédait qu'il y avait de bonnes raisons de croire qu'un certain Gregor Mack était le principal héritier. Comme personne ne pouvait revendiquer cette identité, le procès entre les familles Prus et Gregor durait depuis près d'un siècle. Dans l'opéra, l'intérêt est centré sur Emilia Marty : tellement blasée par la vie qu'elle réagit à tout par la froideur et l'indifférence. Deux choses sont susceptibles de l'intéresser : les souvenirs du passé et la peur de la mort.

Comme le fait Janacek couramment (*Katya Kabanova* par exemple), le prélude oppose des thèmes lyriques, comme l'Ex. 1 :

d'où beaucoup d'éléments sont tirés par la suite, à des exclamations de l'orchestre, y compris de brillantes

---

1. Norman Tucker, dans sa traduction pour Sadler's Wells, transforma cette date en 1817, estimant que Capek s'était trompé de dix ans dans ses calculs !

fanfares pour les cuivres et les timbales, Ex. 2 :

qui symbolisent l'époque où Elina Makropoulos est née, sous le règne de Rodolphe.

Acte I. Le rideau se lève sur l'étude de l'avocat, le Dr Kolenaty, où le premier clerc, Vitek, range quelques dossiers. Il s'occupe du procès Gregor contre Prus, Ex. 3 :

dont les origines sont si lointaines qu'il n'est personne aujourd'hui pour s'en souvenir. Albert Gregor arrive pour en discuter. Ils sont interrompus par l'arrivée de la fille de Vitek, Krista. Elle étudie le chant et est enthousiasmée par la célèbre prima donna Emilia Marty, dont la réputation intrigue beaucoup Gregor. On entend alors la voix de Kolenaty, et celle qu'il vient présenter n'est autre que la grande Marty elle-même, au son de la viole d'amour, qui joue son thème un peu désuet, Ex. 4 :

Elle explique qu'elle s'intéresse au procès Gregor-Prus, et montre qu'elle en connaît les plus petits détails. Kolenaty, aidé par les nombreuses remarques d'Emilia Marty, retrace toute l'histoire du procès depuis ses origines en 1827, lorsque le baron Prus est mort intestat, et apparemment sans enfant. Marty affirme catégoriquement que le fils de ce baron Prus était Ferdinand MacGregor (Ex. 4), que sa mère était la chanteuse du Hofoper, Ellian MacGregor. Son motif est le suivant, Ex. 5 :

Interrogée plus avant, Emilia révèle l'endroit où se trouve vraisemblablement caché le papier qui pourrait en fournir la preuve, et Gregor s'empresse d'insister pour que Kolenaty examine ce document important, bien qu'il semble se trouver parmi les lettres d'amour (variation de l'Ex. 1 à la clarinette) dans les archives de son adversaire, l'actuel baron Prus. (Ellian MacGregor avait laissé le papier contenant le secret de l'élixir entre les mains de Prus, peut-être comme gage de son retour, et Emilia désire vivement le retrouver.)

Kolenaty s'en va, protestant contre ce qu'il considère comme une recherche inutile, et Gregor reste seul avec Emilia Marty, absolument persuadé qu'elle peut lui donner la preuve qui lui permettra de gagner son procès, les documents qu'il a si longtemps cherchés sur ses ancêtres et en particulier sur la mystérieuse Ellian MacGregor (l'Ex. 5 revient sous diverses formes). Mais Emilia ne veut rien entendre, et il est effrayé lorsqu'il la voit prendre l'apparence d'une femme âgée. Elle insiste pour qu'il lui donne quelques documents écrits en grec, qu'il trouvera parmi les affaires de son arrière-grand-père au moment où il en héritera. Kolenaty, qui a trouvé tout ce qu'Emilia Marty avait décrit, revient. Prus le suit et félicite Gregor pour avoir rassemblé presque — mais pas tout à fait — toutes les preuves dont il avait besoin. Emilia propose de fournir la preuve écrite que le Ferdinand du testament et Ferdinand Gregor (n° 5) sont une seule et même personne, mais le rideau tombe alors que Kolenaty refuse d'accepter son aide une fois de plus.

Acte II. Prus entre sur la scène vide d'un théâtre d'opéra où bavardent un machiniste et une habilleuse; il est à la recherche d'Emilia Marty. Il est suivi par son fils, Janek, et par Krista. La jeune fille, toujours fascinée par Marty, dit à Janek que leur amour devra passer après sa carrière. Marty fait son entrée, et Prus la présente à Janek, qui produit une impression déplorable. Elle est extrêmement irritable et n'est pas disposée à recevoir des compliments; elle rend à Gregor les bijoux qu'elle a trouvés, cachés dans le bouquet de fleurs qu'il lui a apporté; il fait remarquer que Strada chantait faux, lorsque Vitek risque une comparaison entre elle et la primá donna du passé, et il demande à Krista si elle a déjà couché avec Janek.

Un épisode assez curieux suit : un vieux noceur bégayant, le comte Hauk-Sendorf apporte des fleurs à la diva, à qui il trouve une ressemblance étrange avec une Espagnole qui fut sa maîtresse, Eugenia Montez. Au cours de cette scène, brève mais extrêmement bien dessinée, Hauk apprend qu'en fait Marty est la chanteuse andalouse à qui il avait donné son cœur cinquante ans auparavant.

Après avoir donné un autographe à Vitek, fait signe à Janek et à Krista de partir, échappé à Gregor qui tentait de rester avec elle, Emilia Marty se retrouve seule avec Prus. Il la questionne sur l'intérêt qu'elle porte à Gregor et lui parle de cette mystérieuse Ellian MacGregor[1], dont l'enfant illégitime qu'elle eut du baron Prus, il y a plus d'un siècle, semble être à l'origine du présent litige. Prus est fasciné par le mystère qui l'entoure; quel était son vrai nom ? Dans ses lettres à ses ancêtres elle ne signait que « E.M. » (la conversation est dominée par l'Ex. 5), qui pourrait signifier aussi bien Ellian MacGregor, Eugenia Montez, Emilia Marty — ou même Elina Makropoulos[2]. Il a découvert que c'est sous le nom de Makropoulos que la naissance d'un enfant, Ferdinand, a été déclarée le même jour. Cela semble annuler les prétentions de Gregor sur l'héritage. Ses archives contiennent une enveloppe, qu'il n'a pas encore ouverte; après avoir révélé ce nouveau mystère, Prus se retire, refusant de répondre à l'offre d'Emilia Marty, qui voudrait acheter ce document.

Marty est assise, épuisée, lorsque Gregor revient, et bien qu'il ait le pressentiment de quelque chose de surnaturel autour de sa personne, il lui renouvelle ses serments d'amour. Lorsqu'elle lui demande de reprendre au Dr Kolenaty le document qu'il a trouvé dans les archives de Prus, il menace de la tuer; elle lui montre alors une cicatrice à son cou, qui lui vient d'une première tentative de ce genre. Lorsqu'il renouvelle ses prières, il est surpris de voir qu'elle s'est endormie sur son fauteuil. Il lui baise la main et s'en va; lorsqu'elle s'éveille, elle trouve en face d'elle Janek, qui la regarde fixement sans pouvoir rien dire. L'aidera-t-il ? Son père possède une vieille lettre adressée « A mon fils Ferdinand », dans une enveloppe scellée, pourra-t-il la dérober pour elle ? Il est sur le point d'accepter lorsqu'il est surpris par l'arrivée de son père, et il prend la fuite. Prus et Emilia Marty sont maintenant face à face comme des ennemis, mais comme les autres il succombe à sa

1. Emilia a envoyé au Dr Kolenaty un papier signé par Ellian MacGregor, où il est reconnu que le baron Prus est le père de son fils Ferdinand.
2. Janacek a pris grand soin de fonder sa conversation musicale sur les rythmes et les accents du tchèque parlé; mais lorsqu'il s'est agi de langues étrangères (dans cet opéra, l'espagnol pour Hauk, un peu d'allemand pour Kolenaty, et du grec pour l'héroïne), il a fait comme si les accents étaient ceux du tchèque. Ainsi le mot « Makropoulos », où le grec accentuerait la deuxième syllabe, est accentué sur la première dans l'opéra et tend à se transformer en *Mak*ropoulos!

beauté et accepte, en échange de ses faveurs, de lui donner l'enveloppe sans l'ouvrir.

Acte III. Derrière un rideau dans la chambre d'hôtel de Marty, on voit deux personnes qui s'habillent. Emilia sort et demande la lettre promise, que Prus lui donne sans rien dire. Il semble que la nuit qu'ils ont passé ensemble n'ait été qu'une duperie. Elle ouvre l'enveloppe et reconnaît que son contenu est bien ce qu'elle attendait. On apporte un message à Prus, son fils unique Janek s'est suicidé par amour pour Emilia. Emilia continue d'arranger sa coiffure et refuse de se sentir responsable de cette mort. Hauk réapparaît, demande à Emilia de venir en Espagne avec lui, peu après arrivent Gregor, le Dr Kolenaty, Vitek, Kristina, Prus et un médecin. Le médecin fait emmener le vieil homme, et Kolenaty dit qu'il a quelques questions à poser à Emilia Marty. Tout d'abord, l'autographe qu'elle a donné à Kristina et l'écriture sur l'enveloppe scellée sont de la même main, ce qui veut sans doute dire qu'elle a fabriqué cette vieille lettre. Elle répond sur un ton las que c'est bien Ellian Mac-Gregor qui a écrit cette lettre et s'en va dans sa chambre; pendant ce temps, Kristina et les autres fouillent ses bagages. Finalement, après avoir bu une demi-bouteille de whisky, elle commence à répondre aux questions de Kolenaty.

Son nom est Elina Makropoulos et elle est née en Crète en 1549. Son père était Hieronymus Makropoulos, médecin et alchimiste auprès de l'empereur Rodolphe II (Ex. 2). C'est elle qui, pour convaincre l'empereur que ce n'était pas du poison, dut boire l'élixir que son père avait distillé. C'est elle encore qui a déclaré son enfant, fils du baron Prus, sous le nom de Ferdinand Makropoulos. Ellian MacGregor était son nom de scène, mais à plusieurs occasions elle a employé ceux de Ekaterina Myshkin et Elsa Müller. Elle a laissé à son fils ce qu'elle avait de plus précieux, la recette de ce fameux élixir de vie qui, pendant trois cents ans, lui a permis de porter témoignage des talents d'alchimiste de son père. Les trois cents ans se sont écoulés, elle doit renouveler sa vie avec l'élixir, ou alors mourir de vieillesse.

Au cours de la scène, Emilia Marty vieillit au point qu'à la fin elle peut à peine se tenir debout. Ses auditeurs sceptiques commencent à se demander si après tout elle n'a pas dit la vérité, et l'allongent sur son lit. Lorsqu'elle réapparaît, précédée par l'orchestre qui souligne une variante de l'Ex. 1, jouée tout d'abord par le violon solo, Ex. 6 :

qui signifie peut-être la résignation finale de Marty devant la mort, et donc son salut, elle a l'air d'un fantôme. La dureté de ses manières a disparu (« C'est miraculeux la façon dont la mort m'a touchée avec douceur ») et elle finit par comprendre qu'elle souhaitait désespérément mourir (un chœur invisible répète ses mots). Elle donne le « secret » de Makropoulos (Ex. 2) à Kristina, la plus jeune, qui le jette au feu au moment où Marty s'effondre, morte.

H.

Z Mrtve ho Domu
La Maison des morts

Opéra en 3 actes de Janacek; texte du compositeur d'après le roman de Dostoïevski. Créé à Brno, 12 avril 1930, avec F. Olsovsky (Filka Morosov), A. Pelc (Skuratov), G. Fisher (Chichkov), V. Sima (Goryancikov), dir. Bretislav Bakala. Premières : Mannheim, 1930, dir. Rosenstock; Berlin, Kroll Opera, 1931, avec Soot, Cavara, Domgraf-Fassbaender, dir. Fritz Zweig (dernière création au Kroll Opera avant sa fermeture); Londres, Sadler's Wells, 1965, dir. Mackerras; Nice, 1966, dir. P. Jamin; Milan, La Scala, 1967, dir. Smetacek; Stuttgart, 1967; Hambourg, 1972, avec Cassily, W. Caron, Mittelman, dir. Kubelik; Zurich, 1978, mise en scène G. Friedrich, dir Gregor.

PERSONNAGES

ALEXANDR PETROVIC GORJANCIKOV, *un prisonnier politique* (basse); ALYEYA, *un jeune Tatare* (soprano ou ténor); FILKA MOROSOV, *en prison sous le nom de Luka Kuzmic* (ténor); LE GRAND FORÇAT (ténor); LE PETIT FORÇAT (baryton); LE COMMANDANT (baryton); LE TRÈS VIEUX FORÇAT (ténor); SKURATOV (ténor); CHEKUNOV (baryton); LE FORÇAT IVROGNE (ténor); LE CUISINIER (baryton); LE FORGERON (basse); LE PRÊTRE (baryton); LE JEUNE FORÇAT (ténor); UNE PROSTITUÉE (mezzo-soprano); UN FORÇAT *(qui joue les rôles de Don Juan et du prêtre)* (baryton); KEDRIL (ténor); CHAPKINE (ténor); CHICHKOV (basse); TCHEREVINE (ténor); UN GARDIEN (ténor).

Chœur de forçats et de gardiens; rôles muets dans la pièce : un chevalier, Elvire, la femme du cordonnier, la femme du prêtre, le meunier, la femme du meunier, un scribe, le diable.

En Sibérie, au XIXᵉ siècle.

Janacek a travaillé à *La Maison des morts* de février 1927 jusqu'à la fin de l'année, terminant la partition, d'après sa lettre à Kamila Stövlova, le 4 janvier; après en avoir fait copier les différentes parties, il a commencé à la fin de janvier 1928 à composer son deuxième *quatuor à cordes*. Mais les dates plus tardives (7-5-1928 à la fin de l'acte II, 24-4-1928 à la fin de l'acte III) sont inscrites sur la partition, et l'opéra ne fut pas vraiment achevé avant la mort du compositeur; il en existe seulement une sorte de réduction. L'orchestration et la restitution des passages qui pouvaient manquer ont été entreprises par les élèves du compositeur, Bretislav Bakala, le chef d'orchestre, et Oswald Tchlubna, le compositeur. La juxtaposition de la *Messe glagolithique* et de ce nouvel opéra fait apparaître deux pôles de l'esprit slave, d'un côté l'exultation sereine mais convaincue de la *Messe*, de l'autre le désespoir de certains des personnages de l'opéra.

L'art de Janacek s'est développé avec le temps (on peut difficilement écrire « en même temps qu'il a vieilli » pour un compositeur qui a connu son premier succès *dans sa région* à l'âge de cinquante ans, et qui n'était pas connu dans la capitale de son propre pays avant d'en avoir soixante. La remarque de Roman Vlad, au sujet de *Broucek* — qui disait que les motifs mélodiques fleurissaient dans le drame sans être employés à la manière de Wagner — est de moins en moins vraie au fil des années. Dans *Le Petit Renard rusé*, il avait déjà tissé une trame de motifs pour créer la forêt,

L'*Affaire Makropoulos* avait conduit ce processus un peu plus loin encore et, à l'époque de *La Maison des morts*, Erik Chisholm pouvait à juste titre écrire : « Une étude même superficielle (de l'histoire de Chichkov) suffit à montrer que Janacek utilise un système de leitmotiv aussi complexe que celui tenté par n'importe quel compositeur depuis Wagner. »

Acte I. Il y a un prélude assez important, très évocateur et émouvant, fait d'éléments d'abord destinés à un concerto pour violon qui devait s'appeler *Les Errances de l'âme*. Le rideau se lève sur une colonie pénitentiaire au bord de l'Irtysh, en Sibérie. Les prisonniers, qui attendent devant leurs cabanes, apprennent qu'un nouveau doit arriver de la ville. Ils se disputent jusqu'à ce que le garde fasse entrer Alexandr Petrovic Gorjancikov. Le commandant du camp fait une remarque ironique sur l'élégance des vêtements du prisonnier, puis lui donne l'ordre de bien se tenir en prison. Interrogé sur la nature de son crime, Gorjancikov répond qu'il est prisonnier politique, ce qui provoque un accès de rage du commandant, qui ordonne qu'on le fasse fouetter. Personne, si ce n'est Alyeya, un jeune prisonnier tatare, ne semble remarquer les cris de douleur qui viennent de derrière les cabanes, mais la musique est pleine de compassion. Les autres prisonniers soignent un aigle qui s'est cassé une aile, et qu'ils gardent dans une cage. Cet aigle a de toute évidence une signification symbolique pour eux ; un vieil homme oppose la fierté de l'aigle à la mesquinerie de l'esprit humain. Le commandant et les gardes obligent les prisonniers à reprendre le travail, ils chantent une lamentation où s'exprime leur crainte de ne jamais

revoir leur maison. Skuratov, qui se charge de divertir le camp, rejoint le groupe et chante un air folklorique. Il semble avoir des relations tendues avec Luka Kuzmic, et brusquement Skuratov se laisse aller à exprimer toute sa nostalgie de Moscou, où son travail de cordonnier le rendait heureux. Il se met à danser et s'effondre d'épuisement.

Le reste de l'acte est dominé par la narration de Luka, qui raconte son passé. Harcelé par un commandant brutal, il l'a poignardé à mort. Il a pensé mourir quand ensuite il a été battu et torturé. Lorsqu'il a fini son histoire, pleine de détails sordides, le vieux prisonnier lève la tête et lui demande : « En es-tu mort ? »

Alexandr Petrovic est ramené après avoir été fouetté ; tous regardent les grilles se refermer derrière lui et cessent de travailler. Dans les révisions qui ont été faites de la partition après la mort de Janacek et avant la création à Brno, un épisode dramatique a été surajouté ici à la musique, dans lequel Gorjancikov tente vainement de tuer le commandant, un ajout pour le moins contestable, puisque la musique est alors encore dominée par le motif de Skuratov.

Acte II. Les rives de l'Irtysh[1]. Les steppes s'étendent à l'horizon (des quintes à vide aux flûtes, puis un chant plaintif au loin caractérisent la solitude et la pauvreté de la plaine). Avant le lever du rideau, on entend le son des marteaux, les forçats démolissent un vieux bateau. Gorjancikov demande à Alyeya des nouvelles de sa sœur, mais Alyeya est persuadé qu'elle est morte de honte à la suite de cette disgrâce ; Gorjancikov essaie de le distraire et se propose de lui apprendre à lire et à écrire ; Alyeya est ravi.

---

1. Il est évident que Janacek veut une opposition qui apporte un peu de soulagement entre la mélancolie de l'acte I et l'horreur sinistre de l'hôpital de l'acte III ; pour l'obtenir, il n'a pas hésité à situer la pièce de Dostoïevski en plein air. Il est donc erroné de faire jouer cet acte en intérieur, et Max Brod l'a souligné en le situant en outre en été dans sa traduction allemande.

C'est un jour de fête, et les prisonniers vont avoir une espèce de représentation théâtrale; une marche satirique accompagne l'entrée du commandant dans le camp et c'est alors que Skuratov commence à raconter son crime. Il était fou d'amour pour une fille allemande, Luisa, qui vivait avec sa tante. Malheureusement, bien qu'elle eût donné son accord pour leur mariage, un compatriote plus riche demanda sa main, et sa tante insista pour qu'elle choisisse le meilleur parti. Skuratov la tua. Après avoir pris la fuite, il fut capturé et condamné à la prison à vie. Skuratov raconte l'histoire de manière émouvante, et, dans le cours de sa narration, il s'en prend à un homme ivre qui n'a cessé de l'interrompre en criant : « Ce sont des mensonges ! » Quelqu'un demande à la fin ce qui est arrivé à Luisa, et le cri de Skuratov : « Oh, Luisa » hante l'imagination.

Le moment est venu pour que la pièce commence et il peut sembler contradictoire que Janacek emploie ici, mis à part quelques airs de danse, le même langage musical que celui qu'il utilise pour l'action principale, sans doute veut-il montrer que les fantasmes des prisonniers sont au moins aussi vrais que leurs pensées et leurs gestes de tous les jours, et qu'on peut en fait à peine les en distinguer. Don Juan et son serviteur Kedril sont assaillis par des diables, mais Don Juan a trois aventures avant de succomber. Il courtise Elvire, et lorsqu'un chevalier apparaît pour la défendre, il le tue. Il repousse la femme d'un cordonnier que lui présente Kedril, mais s'intéresse à celle d'un prêtre, avant que les diables ne réapparaissent pour annoncer sa fin. Après de nombreux rires, qui sont stylisés dans la musique, Kedril annonce que la pièce suivante sera le conte de *La Belle Femme du meunier*. Le meunier dit au revoir à sa femme, dont la musique nous donne une image satirique, dans un air incisif à la manière du premier Prokofiev; elle profite de son absence pour recevoir toute une série d'amants; chacun d'eux se cache lorsque le suivant arrive. Le dernier est Don Juan, habillé en prêtre; lorsque le meunier revient, Don Juan le tue et danse avec sa femme au son d'une valse lente extrêmement émouvante.

La pièce est terminée et les prisonniers se dispersent, laissant Alexandr Petrovic assis seul avec Alyeya à boire du thé. Peu après, l'un des autres prisonniers, persuadé qu'ils bénéficient d'un privilège pour avoir ainsi du thé, s'en prend à Alyeya et le blesse à la tête. Les gardiens s'avancent vers les prisonniers lorsque le rideau tombe.

Acte III. A nouveau en hiver, l'intérieur de l'hôpital de la prison. Allongé sur le lit, Alyeya, qui est musulman, raconte à Alexandr Petrovic que ce qui l'a le plus impressionné dans la Bible — il sait maintenant lire un peu — est cette idée que les hommes doivent aimer leurs ennemis. Dans le lit où il est en train de mourir, Luka marmonne encore l'histoire de Chapkine, qui a été pris à braconner et qui s'est fait tirer les oreilles par le directeur de la police, est racontée sur un accompagnement plus réconfortant que d'habitude; et les cris furieux mais poignants de Skuratov, « Oh, Luisa ! », finissent par exaspérer les autres prisonniers qui le ramènent à son lit.

Chichkov entame alors ce qui sera le récit le plus long de tout l'opéra. Avec une ironie un peu amère, son histoire est ponctuée par les cris d'agonie de Luka, qui se révèlera être le malfaiteur du récit de Chichkov. Sur son témoignage, on a pensé qu'une jeune fille, du nom de Akulka, avait été déshonorée par un certain Filka Morosov. Ses parents la battent, et Chichkov finit par se décider à l'épouser; il découvre, la nuit de ses noces, qu'elle était vierge et qu'elle

avait donc été diffamée. Lorsque
Filka est appelé à l'armée, Akulka
avoue qu'elle a toujours été amoureuse de lui, et que depuis leur mariage
elle s'est rendue coupable du péché
dont on l'accusait injustement auparavant. Chichkov, couvert de honte
et d'infamie, l'emmène dans la forêt
et l'égorge. L'histoire est ponctuée
par les efforts inutiles que font ses
auditeurs pour le presser, par la respiration bruyante des prisonniers
malades, et par les râles et les gémissements de Luka, qui meurt et qui est
emmené au moment où le récit se
termine. Lorsqu'il passe devant lui,
Chichkov reconnaît le corps de Filka
Morosov qui se cachait sous un autre
nom; en dépit des remarques d'un
vieux prisonnier, qui voudrait qu'on
lui pardonne, Chichkov maudit le
cadavre jusqu'à ce qu'il ait franchi
la porte. La scène se termine
lorsque les gardiens appellent Alexandr
Petrovic Gorjancikov; Alyeya s'agrippe
désespérément à lui au moment où
on l'emmène.

L'interlude est ponctué par des
interventions vocales sans paroles,
avant que le rideau ne se lève sur
le camp tel qu'on le voyait dans la
scène 1. Le soleil brille, et les prisonniers sont à leur travail lorsque
le commandant s'adresse à Gorjancikov et lui présente des excuses
pour l'avoir fait fouetter à son arrivée.
Il va être libéré bientôt, et ses chaînes
lui sont enlevées.

Lorsque Alexandr Petrovic essaie de
réconforter Alyeya, qui est au bord
du désespoir, la musique prend
ce ton presque optimiste qu'on
trouve au cœur du chef-d'œuvre de
Dostoïevski. Petrovic quitte le camp,
et les prisonniers libèrent l'aigle dont
les ailes ont maintenant retrouvé
leur force; la musique est alors une
espèce d'hymne à la liberté.

Il y a une controverse au sujet de
la fin de l'opéra. Dans l'original de
Janacek, après le départ de Gorjancikov, les gardiens crient aux prisonniers qui restent « Marche », et
l'on entend le bruit de leurs chaînes
lorsqu'ils sont reconduits dans leurs
cabanes — après qu'ils aient entrevu la
liberté, la vie à la Maison des morts
retrouve son cours normal. Seul
Alyeya, en chemise de nuit, a tout
oublié maintenant qu'il a perdu Petrovic, et reste en retrait, « comme un
symbole de l'étincelle de Dieu dans les
hommes ». Sur une proposition du
metteur en scène Ota Zitek, le chef
d'orchestre Bakala et le compositeur
Tchlubna, élèves de Janacek, ont
omis l'intervention du gardien et ont
choisi de préserver l'optimisme du
chœur final en terminant avec lui. Les
chefs qui auront la responsabilité
d'une reprise de cet opéra devront
décider quelle version il faut adopter;
la version réduite ne contient que la
révision, mais l'original est reproduit
dans le livre de Jaroslav Vogel, *Leos
Janacek : sa vie et ses œuvres.*

                                    H.

JAROMIR WEINBERGER
(1896-1967)

Svanda Dudak
Svanda le joueur de cornemuse

Opéra en 2 actes de Jaromir Weinberger; texte de M. Kares. Créé à Prague, 27 avril 1927, dir. Ostrcil. Premières : Berlin, 1929, avec Müller, Branzell, Soot, Scheidl, Schützendorf, Helgers, dir. Kleiber; Vienne, 1930, avec Angerer, Rünger, Piccaver, Hammes, Mayr, dir. Krauss; Metropolitan, New York, 1931, dir. Bodanzky; Covent Garden, 1934, avec Ursuleac, Rünger, Kullmann, Schoeffler, Kipnis, Sterneck, dir. Krauss; Buenos Aires, 1935, dir. Panizza, Reprises : Sadler's Wells, 1948, dir. Robertson; Düsseldorf, 1949.

PERSONNAGES

SVANDA LE JOUEUR DE CORNEMUSE (baryton); DOROTKA, *sa femme* (soprano); BABINSKY, *un brigand romanesque* (ténor); LA REINE (mezzo-soprano); LE MAGICIEN (basse); LE JUGE (ténor); LE BOURREAU (ténor); LE DIABLE (basse); L'ESPRIT FAMILIER DU DiABLE (ténor); LE CAPITAINE DE LA GARDE DE L'ENFER (ténor); DEUX GARDES FORESTIERS (ténor, basse).

Acte I, Scène 1. Svanda, le joueur de cornemuse de Strakonitz, habite avec sa jeune femme Dorotka une maison près de la forêt. Deux gardes forestiers armés se dirigent vers la maison et demandent si un étranger suspect n'a pas été vu dans le voisinage. Ils cherchent le brigand Babinsky, mais Dorotka n'ayant vu personne, les forestiers s'en vont poursuivre leurs recherches ailleurs.

A peine sont-ils partis que Babinsky, qui se cachait dans les branches les plus hautes d'un arbre, saute à terre, sous le regard effaré de Dorotka. Elle lui pose quelques questions et apprend avec étonnement qu'il n'a jamais entendu parler de son célèbre mari, Svanda, le joueur de cornemuse de Strakonitz. Le diable lui-même envie les dons de Svanda. Svanda arrive des champs où il travaillait et invite leur hôte inconnu à partager leur repas. Au cours de la conversation, Babinsky raconte l'histoire du grand brigand Babinsky, l'ami des pauvres, le héros de milliers d'aventures. Ce récit impressionne beaucoup Svanda, qui a envie d'aller voir le monde.

« Un homme avec tes dons, lui répond Babinsky, se frayerait facilement un chemin. » Il lui parle de ces gens riches qui s'ennuient, de la reine dont le cœur est fait de glace et qui ne cesse d'attendre que quelqu'un vienne le faire fondre. Svanda brûle d'ambition. Dorotka voudrait le retenir, mais dès qu'elle a le dos tourné, Svanda s'en va avec Babinsky.

Scène 2. La chambre de la reine, qui espère en vain trouver un remède grâce aux tours du magicien de la cour. Sur l'air d'une polka, aujourd'hui célèbre, Svanda entre. Sa musique est irrésistible; les demoiselles d'honneur et les pages de la reine se mettent à danser. « Qui es-tu, toi qui nous amènes tant de gaieté ? » demande la reine. « Je suis Svanda » répond le joueur de cornemuse, sur un air jovial auquel le chœur prend part :

« Je vais là où règnent l'amertume et le regret; je fais sonner ma cornemuse, aussitôt les nuages se dissipent et le monde entier se réjouit. » La reine aime tellement la musique qu'elle décide d'épouser aussitôt le musicien. Svanda, fasciné par la perspective de partager un trône, accepte et embrasse la reine.

Mais Dorotka l'a suivi et, l'ayant rattrapé, l'accuse de lui avoir été infidèle. L'oubli de Svanda n'était toutefois qu'une aberration passagère. Mais la reine, lorsqu'elle apprend cela, ordonne au couple de comparaître devant le juge, qui les condamnera à mort.

Scène II. Svanda et Dorotka sont condamnés à la peine capitale. Mais le bourreau découvre que sa hache a été volée. C'est Babinsky qui est venu secourir son ami et qui lui donne sa cornemuse. Svanda commence à jouer, et tout le monde reste impuissant; ils *doivent* danser pendant que Svanda et ses amis quittent la ville.

Une fois qu'ils sont assez loin, Dorotka se tourne vers son mari vagabond et lui reproche sa conduite. Svanda nie tout. « Si j'ai donné un seul baiser à la reine, que le Diable m'emporte », s'écrie-t-il. Et c'est ce que fait le Diable; Svanda disparaît.

Acte II, scène 1. L'Enfer. Le Diable joue aux cartes seul; personne n'a confiance dans sa façon de jouer si bien qu'il en est réduit à faire des patiences. Svanda est là aussi. Mais il n'est pas tenu d'obéir au Diable puisqu'il n'a pas été envoyé en enfer mais qu'il est venu de son propre gré, et les lois de l'enfer ne s'appliquent pas à lui. Le Diable s'ennuie beaucoup et ne cesse de demander à Svanda de jouer pour lui. Ses demandes se heurtent à un refus catégorique; Svanda ne veut pas jouer pour le Diable. Mais Svanda regrette Dorotka. Le Diable lui fait voir le spectre de Dorotka et lui dit qu'il lui suffit de signer un papier pour la rejoindre. Svanda signe alors le papier où il renonce à son âme. Au lieu de faire apparaître Dorotka, le Diable lui dit que maintenant en tant que sujet il est tenu de lui obéir et, pour commencer, de jouer sur sa cornemuse.

L'arrivée à point nommé de Babinsky sauve momentanément Svanda. Bien entendu, le Diable connaît bien Babinsky et a beaucoup de respect pour ses talents célèbres. D'ailleurs, il n'est que trop ravi d'accueillir un homme qui n'a pas peur de faire une partie de cartes avec lui. Ils se mettent à parier de plus en plus cher et à la fin le Diable perd tout, son royaume, son trésor, l'âme de Svanda, les emblèmes de son office.

Babinsky se montre généreux. Il laissera au Diable son royaume et ses emblèmes; seul Svanda doit être libre de partir avec lui. Les serviteurs de l'enfer acclament Babinsky, et le Diable le remercie en lui promettant que si jamais il revient, il sera accueilli comme « un fils de la maison ». Pour couronner tout cela, le sonneur leur jouera un air pour qu'ils sachent à quoi ressemble le jeu du grand maître Svanda de Strakonitz. C'est cette fugue ingénieuse qui est devenue célèbre dans les salles de concert où on la joue avec la polka.

La dernière scène nous ramène à la maison de Svanda. Babinsky fait une dernière tentative pour séparer les amoureux. Il dit à Svanda que, bien qu'il ne s'en soit peut-être pas rendu compte, il est resté vingt ans en enfer; que Dorotka est maintenant une vieille paysanne, qui ne le reconnaîtra vraisemblablement pas; il l'invite à revenir dans le grand monde, celui des reines et des princesses.

Mais cette première expérience a servi de leçon à Svanda. Il appelle sa femme de la porte de la maison, et Dorotka arrive, plus jeune et plus belle que jamais. Babinsky s'en va, déconfit. Des paysans qui passent aperçoivent Svanda et viennent le féliciter de son retour.

F.B.

23. L'Opéra polonais

KAROL SZYMANOWSKI
(1882-1937)

Krol Roger
Le Roi Roger

Opéra en 3 actes, musique de Szymanowski; liv. de J. Iwaszkiewicz. Créé à Varsovie, 19 juin 1926, avec Stanislava Korwin-Szymanowska (la femme du compositeur), Eugeniusz Mossakowski (Roi Roger), Adam Tobosz (Berger), dir. Emil Mynarski. Première en allemand, Duisburg, 1928; en tchèque, Prague, 1932; en italien, Palerme pendant le Festival ISCM, 1949, dir. Mierzejewski; en anglais, 1955, diffusion par la B.B.C.; Londres, New Opera Company, 1975, dir. Mackerras.

PERSONNAGES

ROGER II, *roi de Sicile* (baryton); ROXANA, *son épouse* (soprano); EDRISI, *un érudit arabe* (ténor); LE BERGER (ténor); L'ARCHEVÊQUE (basse); UNE ABBESSE (contralto). *Prêtres, moines, religieuses, la garde du roi, chevaliers normands, etc.*

En Sicile, au XIIᵉ siècle.

Issu d'une famille de propriétaires terriens, Karol Szymanowski a mené après la Révolution russe une existence pauvre. Malgré une certaine réputation de pianiste et de compositeur, il dut constamment faire appel à la charité de ses amis pour pouvoir seulement survivre. La liste de ses œuvres comprend deux remarquables concertos pour violon; quatre symphonies, dont la 4ᵉ est la Symphonie concertante pour piano et orchestre; un *Stabat Mater;* un ballet, *Harnasie;* bon nombre d'œuvres de musique de chambre et de pièces pour piano. C'était un écrivain passablement important et son roman, *Elfebos,* est bâti sur un thème qui touche l'homosexualité, une *apologia pro vita sua,* selon ceux qui l'ont connu.

Krol Roger est son deuxième opéra. Le premier *Hagith* (1912-1913, exécuté en 1922), une œuvre en un acte, avait *Salomé* comme modèle, selon son biographe B.M. Maciejewski. Avant 1914, Szymanowski avait beaucoup voyagé en Russie et en Europe, s'aventurant même jusqu'à Alger; c'est là qu'il a développé un penchant très marqué pour l'Orient, suffisamment profond pour que Kaikhorsu Sorabji, dont on sait le jugement qu'il porte sur cette question, puisse écrire à propos de la 3e symphonie (chorale) : « Szymanowski a pris un poème célébrant la beauté énigmatique et sublime d'une nuit d'Orient, qui n'a pas d'équivalent en Europe sauf en Sicile, pays qui appartient autant à l'Orient qu'à l'Occident. Autour de ce poème, Szymanowski a écrit une musique... imprégnée de l'essence même... de l'art iranien... un tel exploit est inégalé dans la musique occidentale. Il ne s'agit pas ici d'un Européen déguisé en Oriental... »

La genèse de l'opéra semble remonter aux conversations entre le compositeur et son cousin, Iwaszkiewicz, au cours desquelles Szymanowski a clairement manifesté son enthousiasme pour les beautés de la Sicile, et en particulier pour cette manière unique dont elle mêlait des éléments grec, arabe, byzantin et latin, qui pouvaient coexister en Sicile tout comme avaient pu le faire, jusqu'à la fin du XIIe siècle, des hommes de différentes croyances. L'opéra représente aussi le conflit entre les idéaux chrétien et païen, ou entre les tendances dionysiaque et apollinienne au sein de chacun de nous[1]. La voix d'un nouveau dieu se fait entendre par l'intermédiaire d'un mystérieux berger, qui apparaît devant le roi chrétien Roger. Tous le rejettent, sauf la reine Roxana qui, guidée par son intuition plutôt que par sa raison, semble accorder quelque croyance au message du berger. Après avoir essayé de le faire prisonnier, le roi finit par composer avec ce phénomène nouveau et le défi qu'il représente. La musique a quelque chose de la richesse et de la texture de celle des contemporains de Szymanowski, Strauss ou Scriabine, avec parfois la sagacité de celle de Debussy.

Acte I. L'intérieur d'une cathédrale byzantine, qui symbolise à la fois l'Orient et l'Occident. Un psaume à la gloire de Dieu est chanté alternativement par des voix de garçons et par la congrégation. Le roi entre avec sa Cour au plus fort de cette musique; l'archevêque et l'abbesse lui demandent de protéger l'Eglise de ses ennemis, et en particulier de cette voix nouvelle qui pervertit les hommes et les femmes. Edrisi explique qu'ils parlent d'un jeune berger, et Roxana intervient pour supplier le roi d'entendre au moins l'enfant présenter lui-même sa défense. Le roi ordonne qu'on le fasse comparaître devant lui, alors que la foule demande sa mort.

Les réponses du berger aux questions du roi sont elliptiques; elles s'expriment dans un long passage extatique et extrêmement lyrique — son dieu est jeune, beau et plein de vitalité. A ces mots, la réaction de la reine est favorable; mais le roi semble mécontent, et prêt à ordonner qu'on mette le berger à mort sur-le-champ; mais il revient sur sa décision et consent à le libérer, non sans provoquer la colère des fidèles; il lui ordonne de venir cette nuit même à la porte du palais. Le berger s'en va, recréant cette extase qui avait accompagné ses déclarations.

Acte II. La cour intérieure du palais, où le roi attend, la nuit, son visiteur. La superbe trame musicale évoque parfaitement bien la chaleur d'une nuit méditerranéenne ainsi que les préoccupations du roi. Edrisi, essayant de le réconforter, découvre que les soucis de son maître proviennent de la trop grande sympathie de Roxana pour le berger. Ils entendent au loin le son de tambourins et de cithares, et, aussitôt, sur un la bémol aigu, Roxana se met à chanter, tout d'abord sans paroles, mais avec une concentration et un ravissement extrêmement

1. Voir l'œuvre de Henze, *The Bassarids*.

éloquents. C'est le passage le plus connu de la partition, malheureusement rendu plus célèbre par la transcription pour violon et piano de Pawel Kochanski que par la représentation de l'opéra.

Le roi est ravi par son chant, mais il sait qu'elle chante en l'honneur du berger dont les gardes annoncent l'arrivée. Suivi de quatre personnes portant des instruments de musique, il s'avance vers le trône du roi, habillé de couleurs vives, et ses cheveux lui tombant sur les épaules. Il salue le roi au nom de l'amour éternel, et dit qu'il vient de Bénarès, sur les rives du Gange, en Inde. C'est Dieu qui l'a envoyé, et il détient son pouvoir; dans un autre passage lyrique important, il chante l'éloge de sa foi, jusqu'à ce que le roi l'interrompe, horrifié par ce qu'il considère comme un blasphème. Aussitôt, Roxana reprend son chant, au grand plaisir du berger, et à la jalousie tout aussi apparente du roi.

La suite du berger commence une danse arabe, à 7/8 au début. Progressivement tous s'y associent, la reine elle-même se montre dans la galerie au-dessus de la cour, et chante avec le berger et sa suite. Fou de colère, le roi Roger ordonne aux gardes d'attacher le berger, pour qu'il reste enchaîné aux côtés de la reine. Furieux, le berger brise ses liens, les jette aux pieds du roi, puis il lance un appel à Roxana et au peuple, et les éloigne du roi pour les conduire vers ce qu'il appelle le Royaume de la Lumière. Le roi reste seul, avec Edrisi, dans sa détresse; puis, brusquement, il se défait de sa couronne, de son manteau et de son épée, et annonce que lui aussi va suivre le berger, en tant que pèlerin et non plus en tant que roi.

Acte III. Le roi Roger et le fidèle Edrisi apparaissent dans les ruines d'un temple grec; le roi se lamente toujours sur son amour perdu, et Edrisi le prie d'appeler l'écho. Le roi finit par le faire, et c'est sans conteste la voix de Roxana qui répond de loin à son cri « Roxana ! », mais à la deuxième tentative c'est la voix du berger qui fait la même réponse. La consternation du roi est soulagée en partie par le conseil du berger, de laisser sa peur là où il a laissé son épée; lorsqu'un peu plus tard Roxana tend la main vers lui, il craint une cruelle plaisanterie de la part du berger. Roxana essaie de le convaincre que le berger est partout autour de lui, dans toutes les choses de la nature. Le berger s'est maintenant transformé en dieu grec, Dionysos, et les membres de sa suite en bacchantes et en ménades; ils se lancent dans une danse folle à laquelle Roxana prend part, et petit à petit ils disparaissent tous, laissant Roger seul avec Edrisi. Après toutes ces épreuves, le roi n'est plus le même, et c'est avec confiance qu'il salue le lever du soleil; l'opéra se termine sur son magnifique chant d'action de grâce.

H.

KRYSZTOF PENDERECKI
(né en 1933)

Die Teufel von Loudun
Les Diables de Loudun

Opéra en 3 actes de Penderecki; liv. du compositeur, fondé sur l'adaptation théâtrale faite par John Whiting de The Devils of Loudun, *de Aldous Huxley (trad. all. de Erich Fried). Créé à Hambourg, 20 juin 1969, avec Tatiana Troyanos, André Hiölski, Helmut Melchert, Bernard Ladysz, dir. Henrik Czyz, mise en scène Konrad Swinarski. Première à Stuttgart, 1969, avec Colette Lorand, Carlos Alexander, dir. Janos Kulka, mise en scène Günther Rennert; Santa Fé, 1969, dir. Skrowaczewski; Création en Grande-Bretagne, Sadler's Wells, 1973, dir. Braithwaite.*

PERSONNAGES

JEANNE, *Prieure du Couvent Ste-Ursule* (soprano dramatique); CLAIRE, GABRIELLE, LOUISE, *sœurs Ursulines* (mezzo-soprano, soprano, contralto); PHILIPPE, *une jeune fille* (soprano lyrique élevé); NINON, *une jeune veuve* (contralto); GRANDIER, *le curé de l'église Saint-Pierre* (baryton); PÈRE BARRÉ, *le curé de Chinon* (basse); DE LAUBARDEMONT, *Conseiller extraordinaire du roi* (ténor); PÈRE RANGIER (basse profonde); PÈRE MIGNON, *confesseur des Ursulines* (ténor); ADAM, *un pharmacien* (ténor); MANNOURY, *un chirurgien* (baryton); D'ARMAGNAC, *le maire de Loudun* (rôle parlé); DE CÉRISAY, *gouverneur de province* (rôle parlé); PRINCE HENRI DE CONDÉ, *ambassadeur extraordinaire du roi* (baryton); PÈRE AMBROSE, *un vieux prêtre* (basse); BONTEMPS, *un geôlier* (baryton basse); LE GREFFIER DU TRIBUNAL (rôle parlé).

Sœurs Ursulines, Carmélites, des habitants, des enfants, des gardes, des soldats.

Loudun, en 1634.

Lors de la création de *Die Teufel von Loudun* à Hambourg, en juin 1969, j'ai été extrêmement frappé par la manière dont le compositeur avait réussi à exprimer complètement toutes les tensions de l'œuvre originale, son caractère inexorable et son horreur — et à rendre tout cela en musique. Son utilisation de la couleur musicale, qu'elle provienne d'instruments isolés ou de combinaisons instrumentales, les moments assez rares où il emploie l'orchestre complet, ou le chœur qu'il y ajoute souvent (en direct ou amplifié) m'ont frappé par leur maîtrise, et il me semble difficile d'en trouver un équivalent dans aucun autre opéra. Les trames ou les mouvements musicaux sont rarement soutenus longtemps, encore moins développés; la voix soliste — bien qu'exceptionnellement chaque mot soit compréhensible — est employée pour la déclamation, ou dans des phrases expressives isolées, mais rarement à la manière « Lyrique » des opéras récents de Stravinsky, Britten, Henze, ou des œuvres de Boulez. Et pourtant *l'efficacité* ne fait aucun doute. Avec la précision d'un acupuncteur, et par des moyens musicaux (c'est-à-dire qui ne sont pas uniquement scéniques), il touche infailliblement tel nerf pour provoquer telle réaction, faisant ainsi progresser le drame en même temps qu'il fait évoluer les émotions de son auditoire.

L'opéra, commandé par Rolf Liebermann pour l'Opéra de Hambourg, fut entendu pour la première fois à un Festival de l'ISCM en 1969, et est fondé sur l'adaptation théâtrale faite par John Whiting du roman d'Aldous Huxley, *The Devils of Loudun*. « Huxley considérait le phénomène de ces sœurs Ursulines qui prétendaient être possédées du démon comme l'une des manifestations de ce besoin inné de l'humanité de se transcender elle-même; les autres manifestations pouvant être la boisson, les drogues, les aventures sexuelles — bien qu'il ait comparé cette chasse aux sorcières dont fut victime Urbain Grandier à des persécutions analogues dans notre époque moderne. Pour Penderecki, dont les œuvres antérieures ont proclamé la foi chrétienne, Grandier est un martyre chrétien, qu'il place fièrement, et d'emblée, sur cette route, et c'est cette passion dont nous sommes témoins dans l'opéra. »[1] Les tragédies personnelles de Grandier et de la Mère Jeanne ont pour arrière-plan les manœuvres politiques au cours desquelles Grandier, curé de l'église Saint-Pierre à Loudun, se fait le champion de l'esprit d'indépendance de sa ville, s'opposant au cardinal de Richelieu et à ses partisans. Grandier est injustement accusé de pactiser avec le diable, son accusateur le plus convaincant étant la Mère Jeanne, à qui il a refusé de devenir le confesseur du couvent dont elle est prieure. Ses rêves et ses frustrations sexuelles se centrent sur lui; l'une des idées est que cette fixation ne peut pas se distinguer de l'amour; elle est donc utilisée par les ennemis de Grandier, qu'ils soient politiques, sociaux ou spirituels pour assurer sa chute.

Acte I, scène 1. C'est la nuit, Jeanne, allongée dans sa cellule, prie. La musique que l'on entend sans cesse tout au long des actes, devient peu à peu angoissante. Jeanne à une vision : Grandier lui apparait, ligoté sur une chaise et traîné par quatre soldats.[2] Il a une corde autour du cou et porte la chemise des hérétiques, imprégnée de soufre; ses jambes brisées brinqueballent, il a l'air d'une vieille poupée chauve et désarticulée. Jeanne, qui est bossue, prie pour retrouver un corps normal. La vision disparaît et on apporte à Jeanne une lettre de Grandier où il exprime ses regrets de ne pouvoir accepter la charge de directeur de conscience de la communauté des Ursulines. Jeanne, dans son imagination morbide, voit Grandier et Ninon couchés ensemble et tombe à genoux, en proie à des convulsions.

Scène 2. Un cadavre est pendu à la potence de la ville de Loudun lorsque les gens quittent l'église Saint-Pierre; parmi eux se trouvent Adam, le pharmacien, et Mannoury, un chirurgien. Ils font quelques remarques sur la suffisance de Grandier, sur l'air satisfait de la jeune veuve Ninon, qu'ils attribuent aux visites que lui fait Grandier, puis sur le nouveau pensionnaire du gibet.

Scène 3. Grandier avec Ninon dans une baignoire.

Scène 4. Adam et Mannoury ont rapporté de la potence la tête de l'homme; ils rencontrent Grandier et le saluent, mais sans grand enthousiasme.

Scène 5. Grandier s'agenouille, seul à l'autel, et prie pour que lui soit montrée la voie de la grâce de Dieu.

Scène 6. Jeanne et les sœurs Ursulines entrent dans l'église, et Jeanne

---

1. William Mann, *The Times*, 23 juin 1969.
2. Tout au long, sont notées les indications scèniques de la direction d'orchestre.

est saisie d'une quinte de toux. Lorsque Grandier entre, après avoir revêtu ses vêtements sacerdotaux, Jeanne crie et quitte l'église en courant, le murmure du chœur cesse un instant.

Scène 7. Adam et Mannoury projettent de rédiger un acte d'accusation contre Grandier.

Scène 8. Grandier dans un confessionnal, et Philippe à l'extérieur. Elle confesse des pensées impures... à son égard, il la fait entrer dans le confessionnal et tire le rideau.

Scène 9. D'Armagnac, le gouverneur de la province, affronte Laubardemont et refuse d'obéir à son ordre de raser les fortifications de la ville. Grandier soutient D'Armagnac.

Scène 10. Adam et Mannoury préparent leur accusation, aidés d'un petit livre contenant un registre des déplacements de Grandier. Mannoury trouve les preuves très fragiles.

Scène 11. Jeanne avec le Père Mignon, un vieil homme un peu fou qui a accepté de devenir le directeur de conscience de l'Ordre. Elle lui dit qu'elle a souffert récemment de visions terribles, qui venaient directement du diable et qu'elle y a reconnu Grandier. Le Père Mignon lui demande si elle comprend la gravité de son accusation.

Scène 12. Dans la pharmacie, le Père Mignon, Adam et Mannoury s'entretiennent des visions de la prieure et le Père Mignon dit qu'il a envoyé un mot au Père Barré, curé de Chinon, expert en matière d'exorcisme. On entend frapper, et Laubardemont entre, à la recherche de renseignements sur Grandier. Il semble s'être adressé à la bonne porte.

Scène 13. Première confrontation entre la Mère Jeanne, Barré et ceux qui veulent l'exorciser. Jeanne prie seule et demande à Dieu de

lui donner l'amour; elle voit aussitôt Grandier et Philippe marcher le long des murs de la ville. Laubardemont, Barré, Mignon, Mannoury et le Père Rangier se précipitent dans la pièce, et lorsque Barré essaie de communiquer avec l'esprit malin, Jeanne rejette la tête en arrière et des éclats de rire masculin sortent de sa bouche déformée. Le point culminant de cette scène est celui où ses cris inarticulés se forment pour prononcer un seul mot, « Grandier ! »

Acte II, scène 1. L'église. Jeanne est à genoux, en face d'elle Barré, Rangier, Mignon et les sœurs Ursulines. L'exorcisme s'y déroule mais des murmures inarticulés et des rires l'interrompent : Asmodeus se met à parler avec une voix profonde, par l'intermédiaire de Jeanne. La cérémonie en latin est interrompue lorsque Jeanne exige qu'ils parlent de la vie sexuelle des prêtres. Le diagnostic de Barré est que le diable semble donc loger plus bas dans les intestins, et il ordonne à Adam et Mannoury de faire les préparations qui conviennent.

Scène 2. Armagnac et Cérisay, maire et gouverneur de Loudun, préviennent Grandier que la répétition continuelle de son nom par la possédée le met dans une situation dangereuse. Grandier dit qu'il espère que Dieu lui viendra en aide dans sa terreur et dans son malheur.

Scène 3. Jeanne est allongée dans sa cellule pendant que Barré et ses compères l'examinent, en présence de Cérisay. Jeanne crie le nom de Grandier et décrit une espèce de messe noire, murmurant à plusieurs reprises quelques mots à l'oreille de Barré. Pendant que Mignon et les sœurs prient (pour la première fois dans l'opéra, il s'agit de chant « normal », mais suivi bientôt d'un effet surprenant de *glissando*), Cérisay prétend que tout cela n'est qu'un produit de l'imagination de Jeanne et des sœurs. Cérisay ordonne qu'on suspende l'exorcisme le temps d'une enquête approfondie sur cette affaire.

Scène 4. Grandier est reconnaissant à Cérisay de son intervention, mais Armagnac dit alors qu'il a des nouvelles de Paris et qu'il a entendu dire que Grandier, pour l'avoir soutenu contre Laubardemont, était maintenant l'ennemi juré de Richelieu ; Grandier avoue qu'il se sent abandonné.

Scène 5. Philippe vient trouver Grandier à l'église et lui dit qu'elle est enceinte. Grandier, non sans manifester sa sympathie, lui dit adieu. Il ne peut pas l'aider.

Scène 6. Dans la pharmacie, Adam, Mannoury et le Père Mignon sont rejoints par les Pères Barré et Rangier. L'Archevêque a rendu une ordonnance interdisant de poursuivre l'exorcisme, et leur « mission » semble terminée. Leur regret se transforme en un beau quintette, le morceau le plus « vocal » de tout l'opéra, et à la fin Barré dit qu'il doit retourner dans sa paroisse, au grand regret de ses complices, mais « Mes amis, il suffira d'un murmure en provenance de l'Enfer, et je serai de retour. »

Scène 7. Les sœurs demandent à la Mère Jeanne pourquoi l'archevêque a interdit au Père Barré de les revoir, et pourquoi les gens enlèvent leurs enfants du couvent, à tel point qu'il reste trop de travail pour que les sœurs puissent en venir à bout seules. Brusquement, Jeanne se met à rire : « Pourquoi ne demandez-vous pas aux diables de vous donner un coup de main ? » Mais ce sont les sœurs qui ont le dernier mot : « Nous nous sommes moquées de Dieu ! »

Scène 8. Sur les fortifications, la nuit, pendant un orage. Grandier entend Armagnac et Cérisay dire que le roi est revenu sur sa parole afin de contenter Richelieu, et que les fortifications de la ville devront être complètement rasées. Curieusement, Grandier se réjouit : « Père Céleste, Vous avez redonné de la force à mes ennemis, et de l'espoir à Vos enfants dans le péché... Vous avez rendu la voie possible. »

Scènes 9 et 10. Dans l'église dont les portes sont barrées, Mignon en présence de Laubardemont incite les sœurs à revenir sur ce qu'elles ont dit au médecin de l'archevêque, à savoir qu'elles jouaient la comédie et qu'elles n'étaient pas vraiment possédées par le diable, et à dire la vérité : que le diable les tenait en son pouvoir. L'hystérie semble les gagner, les voix de Léviathan et de Beherit commencent à parler en Jeanne, et seule la sœur Gabrielle reste assise tranquillement pendant toute la scène. Laubardemont en est galvanisé, il doit partir pour Paris mais laisse Barré poursuivre l'instruction à Loudun.

Les portes s'ouvrent, et des gens de toutes sortes se précipitent. Les sœurs font toujours leurs singeries, à la grande joie de la population. Les prêtres reviennent en habit sacerdotaux et le bruit n'est apaisé que par l'arrivée du représentant du roi, le prince Henri de Condé. On apporte des reliques, et Barré reprend son travail. Léviathan se met à parler en Jeanne, les sœurs s'agitent en entendant le nom de Grandier et transforment la scène en pandémonium, avec des danses impudiques et des cris de toutes sortes. Condé demande à Beherit, qui se cache en la personne de la Mère Jeanne, ce qu'il pense du roi et de son conseiller, le Cardinal. Lorsque Jeanne cherche à tergiverser, il félicite Beherit. S'il en avait fait l'éloge, cela aurait signifié que la politique du roi était démoniaque ; s'il l'avait dénigré, cela aurait pu lui valoir d'être accusé de trahison ! Condé prend une petite boîte qui contient, dit-il, un peu du sang du Sauveur ; que Barré s'en serve pour exorciser les diables. Barré fait son office et les diables quittent le corps de Jeanne en poussant d'horribles cris. Barré triomphe, mais Condé révèle alors que la boîte était vide, et lorsque Barré lui dit que c'est un tour bien cruel qu'il vient de lui jouer, Condé laisse entendre qu'il n'est pas le seul à avoir joué des tours.

Brusquement, Mignon et Rangier se mettent à courir en rond, imitant les voix de Léviathan et de Beherit, et les femmes dans la foule reprennent leurs cris; Barré est à nouveau dans son élément, plongeant dans la foule et maniant son crucifix comme un gourdin. Condé regarde Jeanne et lui dit que son geste lui coûtera son âme immortelle. A présent les sœurs bavardent entre elles, l'une ravie que ses belles jambes lui aient valu tant d'admiration, l'autre que son portrait soit en vente en ville. Grandier essaie d'entrer dans l'église, mais des soldats s'y opposent, ainsi que Laubardemont qui le fait arrêter. Léviathan parle par l'intermédiaire de Jeanne.

Acte III, scène 1. C'est la nuit et la scène est divisée en trois; d'un côté Grandier en prison, dans une deuxième partie Jeanne et le Père Mignon, dans une troisième Mannoury. Une foule s'est assemblée — Bontemps, le geôlier, raconte à Grandier qu'il y a plus de 30 000 personnes venues en ville pour voir l'exécution, et Grandier est obligé de lui rappeler que son procès n'a même pas encore commencé. Grandier prie pour être à même de supporter la douleur et le Père Ambrose essaie de le réconforter. Grandier confesse qu'il a péché, avec des femmes, en quête de pouvoir dans sa vie terrestre. Bontemps vient dire que désormais seuls le Père Barré ou le Père Rangier pourront « réconforter » Grandier. Alors que Grandier demande au Père Ambrose de rester avec lui, Jeanne supplie le Père Mignon de ne pas la quitter, car elle a peur. Adam et Mannoury préparent pendant ce temps chacun leurs outils. Les voix du chœur s'évanouissent.

Scène 2. Laubardemont rejoint Mannoury et Adam, et annonce que Grandier est condamné et qu'il sera bientôt là. Il a fait une forte impression lors du jugement, mais le Père Barré a expliqué que ce sont les agissements du diable. Grandier entre, en vêtements sacerdotaux, et souhaite le « bonjour » au chirurgien et au pharmacien. Il enlève sa cape et sa barrette pour, de toute évidence, se faire raser, au son de ce que *The Times* a décrit lors de la création comme un « *pizzicato* polyphonique frénétique ». Laubardemont leur rappelle de ne pas oublier les sourcils, puis demande à Mannoury de lui arracher les ongles. Le chirurgien rechigne, et Laubardemont ordonne à Bontemps de terminer l'opération; ce qu'il fait sur un cri de douleur de tout l'orchestre.

Scène 3. Une place publique. Une grande foule regarde le greffier du Tribunal lire la sentence. Aux portes de Saint-Pierre et de Sainte-Ursule, avec une corde autour du cou et un cierge de deux livres à la main, Grandier devra demander pardon à Dieu, au roi et à la justice. Puis, il sera attaché à un poteau et brûlé vif. Avant que la sentence ne soit exécutée, il sera soumis à la Question Ordinaire et Extraordinaire. Grandier en appelle à Dieu, lui demandant de témoigner qu'il n'a jamais été un sorcier et de permettre que sa souffrance puisse racheter sa vie vaine et dissolue. Il semble qu'il gagne la sympathie de la foule, et Laubardemont ordonne au capitaine de la Garde de faire évacuer la place. Il conjure Grandier d'avouer sa culpabilité et de signer une confession. Grandier refuse malgré les menaces.

Scène 4. Jeanne entre, habillée d'un simple vêtement blanc, une corde autour du cou. Les autres essaient de la persuader qu'il fait un peu trop chaud pour elle à l'extérieur et lui enlèvent la corde.

Scène 5. Grandier est torturé, mais refuse d'avouer un crime qu'il n'a pas commis.

Scène 6. La procession. Comme dans la vision de Jeanne au commencement. Grandier est assis sur une chaise traînée par quatre soldats. Il porte la chemise des hérétiques, imprégnée de soufre, et une corde autour du cou; ses jambes cassées brinqueballent. C'est une poupée ridicule, chauve et désarticulée.

Scène 7. Devant l'église Saint-Pierre, la procession s'arrête et Ambrose essaye de réconforter Grandier, qui lui embrasse les mains. La procession va jusqu'au couvent de Sainte-Ursule. Lorsque la prieure et quelques autres religieuses sortent, Laubardemont exige que Grandier leur demande pardon, mais il dit qu'il ne peut demander qu'à Dieu de pardonner leurs péchés. La prieure dit qu'elle a souvent entendu parler de la beauté de Grandier qu'elle peut maintenant voir de ses propres yeux, mais Grandier lui répond : « Regardez cette chose que je suis et apprenez ce qu'est l'amour. » La procession arrive au lieu de l'exécution et Grandier est attaché au poteau. Lorsque Grandier essaie de s'adresser à la foule, sa voix est noyée dans l'agitation générale, et Barré le frappe au visage de son crucifix pour le faire taire. Laubardemont et Barré cherchent toujours en vain à le faire avouer, et lorsque Barré lui donne le baiser de la paix, quelqu'un dans la foule crie « Judas ! » Dans sa colère, Barré saisit une torche et met le feu au bûcher avant que les soldats aient eu le temps d'étrangler la victime, une mesure de clémence toute relative, mais habituelle à l'époque. Lorsque l'opéra se termine, on voit Jeanne prier en silence.

H.

24. L'Opéra hongrois

BÉLA BARTOK
(1881-1945)

A Kekszakallu Herceg Vara
Le Château de Barbe-Bleue

Opéra en 1 acte de Béla Bartok; texte de B. Balazs. Créé à Budapest, 24 mai 1918, avec Olga Haselbeck, Oszkar Kalman, Première à Francfort, 1922; Berlin, 1929; Zürich, 1948, avec Malaniuk, Pernerstorfer; Berlin, 1951, avec Ilosvay, Hoffmann, dir. Fricsay; Naples, 1951, avec Malaniuk, Petri, dir. Fricsay; New York, City Center, 1952, avec Ayars, Pease, dir. Rosenstock; Sadler's Wells, 1954, avec Elliot, Ward; Paris, Opéra-Comique, 1960, avec Monmart, Depraz; Rome, 1962, avec Barbato, Rossi-Lemeni; Buenos Aires, 1965, avec Christa Ludwig, Walter Berry, dir. Kertesz; Vienne, Volksoper, 1966, avec Seefried, Wiener, dir. Maag.

PERSONNAGES

LE DUC BARBE-BLEUE (basse); JUDITH, *sa femme* (mezzo-soprano).

Ce bref opéra de Bartok (il dure moins d'une heure) est l'une des plus impressionnantes parmi ses œuvres les plus anciennes. Quoi qu'elle puisse devoir, quant à sa conception, à Debussy et à Maeterlinck, la musique n'en est pas moins bien caractéristique du compositeur. Dans le *Sunday Times*, en 1972, Desmond Shawe-Taylor écrivait : « Ce conte peut être compris à plusieurs niveaux : comme la découverte réciproque, selon un processus raccourci, de deux personnes, découverte qui demanderait dans la vie réelle plusieurs années: comme un conflit entre l'homme, créatif, rationnel, et la femme, émotive, source d'inspiration, mais qui ne comprend jamais parfaite-ment; plus profondément encore, comme une allégorie de la solitude de tous les hommes. Bartok, qui avait un besoin impérieux de solitude intérieure, et dont les absences étaient parfois effrayantes, s'est jeté lui-même dans le sujet de l'opéra, avec une intensité qui saisit l'auditeur. » Il n'y a pas d'action dans cette œuvre, et pourtant la musique en est avant tout dramatique, tout comme la couleur orchestrale préserve une certaine vitalité et vigueur, même dans les moments les plus sombres.

Un barde apparaît devant le rideau pour annoncer que l'histoire de cet opéra est légendaire. Lorsque le rideau se lève, il découvre une grande pièce circulaire, de style gothique[1]. Un escalier monte jusqu'à une porte de fer, à droite de cette porte, on peut voir sept portes plus grandes. Il n'y a pas de fenêtres ni aucune espèce de décoration. La pièce ressemble à une grande caverne vide.

Barbe-Bleue entre, conduisant Judith par la main. Elle a quitté ses parents et sa maison pour le suivre et vient à peine de retrouver courage. Elle voit les portes et veut les ouvrir pour laisser entrer un peu d'air et de lumière dans le château. Elle frappe à la première et entend un long soupir, tel qu'en fait le vent. Avec la clef que lui donne Barbe-Bleue, elle ouvre la porte. d'où jaillit aussitôt une lumière rouge (*tremolos* de violons, *arpeggio* de flûtes). C'est la chambre de torture et Judith s'étonne que les murs soient tachés de sang, mais elle n'a pas peur.

Elle ouvre ensuite quatre autres portes. Une lumière couleur de bronze (trompette solo, trilles des bois) vient de l'armurerie; une lumière dorée (violon solo, trois trompettes) s'échappe du trésor où elle prend une cape couverte de bijoux et une couronne; une lumière bleutée (*glissando* de harpe. *tremolo* de cordes, cor solo) passe par la porte qui cachait le jardin; et une lumière blanche éblouissante (tout l'orchestre, orgue) l'aveugle lorsqu'elle ouvre la porte qui donne sur le royaume de Barbe-Bleue. Chaque fois Judith voit des traces de sang : sur les armes de l'armurerie, sur les bijoux et les vêtements du trésor, sur les fleurs du jardin, et même dans la couleur du nuage qui est au-dessus du royaume.

Judith ne tient pas compte de la mise en garde de Barbe-Bleue et ouvre la sixième porte (harpe, *arpeggios* de clarinette). Lorsqu'elle demande à Barbe-Bleue quelle est la signification de l'eau qui se trouve derrière elle, il lui répond « Larmes ». Il essaie de l'empêcher d'aller jusqu'au bout de son intention, et la prend amoureusement dans ses bras. Elle lui demande s'il a aimé d'autres femmes. et lorsqu'il essaie d'éviter la question, elle exige qu'il lui donne la septième clef pour qu'elle puisse découvrir ce que cache cette porte. En la lui donnant, il lui dit qu'elle lui révélera toutes les femmes qu'il a eues.

Elle ouvre la septième porte, et la cinquième et la sixième portes se referment aussitôt; en même temps, les lumières s'atténuent. Trois femmes sortent alors. Barbe-Bleue s'agenouille devant elles et leur assure qu'il ne les oublie pas; Judith est impressionnée par leur beauté. Dans sa première femme, Barbe-Bleue voit l'incarnation du matin de sa vie, dans la seconde le midi et dans la troisième le soir. L'une après l'autre, elles disparaissent derrière la porte et la quatrième porte se referme. Il s'adresse alors à Judith. Elle est la plus belle de toutes, et c'est la nuit qu'il l'a rencontrée : après elle, ce sera la nuit éternelle. Il va lentement chercher la cape et la couronne de la troisième porte, qui se referme derrière lui, et les met sur Judith. Elle reste un instant à le supplier, puis se retourne et passe par la septième porte qui se ferme derrière elle. Barbe-Bleue est à nouveau seul.

H.

---

1. Telles sont les indications scéniques auxquelles on semble aujourd'hui faire plus d'honneur en les négligeant qu'en les observant.

ZOLTAN KODALY
(1882-1967)

Hary Janos

Fable en 3 actes, texte de Béla Paulini et Zsolt Harsanyi, musique de Zoltan Kodaly. Créé à Budapest, 16 octobre 1926, avec Isabella Nagy et Imre Pallo, dir. Nador Rékai. Première à Cologne, 1931; Zürich, 1950, avec Malaniuk, Boehm, dir. Reinshagen. Nouvelle production, Budapest, 1952, avec Maria Matyas, Imre Pallo. New York, Juilliard School, 1960, en angl.; Mulhouse, 1964, dir. Giovaninetti; Londres, Camden Town Hall, 1967; Vienne, Volksoper, 1967, dir. Carl Melles. Grand succès en Hongrie.

PERSONNAGES

HARY JANOS (baryton); ILKA (ORZSE), *sa fiancée* (soprano); L'IMPÉRATRICE D'AUTRICHE (soprano); L'EMPEREUR NAPOLÉON (baryton); MARIE-LOUISE, *son épouse autrichienne* (mezzo-soprano); LE VIEUX MARZCI, *le cocher de Marie-Louise* (baryton); RITTER VON EBELASZTIN, *le chambellan de l'impératrice Marie-Louise* (ténor); L'EMPEREUR FRANZ D'AUTRICHE, LA COMTESSE MELUSINE, LA COMTESSE ESTRELLA *(Dames d'honneur de Marie-Louise)*, UNE SENTINELLE HONGROISE, UNE SENTINELLE RUSSE, LE GÉNÉRAL SANG-ET-TONNERRE, LE GÉNÉRAL DUFLA, PREMIER ET SECOND HUSSARDS, PREMIER ET SECOND ARTILLEURS, UN VIEILLARD DU VILLAGE, UN ÉTUDIANT, ABRAHAM *(un aubergiste)*, PREMIER ET SECOND PAYSANS (rôles parlés).
Généraux, soldats français et hongrois, paysans, serviteurs de la Cour, peuple.

En Hongrie, au début du XIXe siècle.

Hary Janos est conçu moins comme un vrai opéra que comme une pièce avec beaucoup de musique de scène. Néanmoins, en Hongrie c'est une œuvre qui est chez elle à l'opéra, et elle a été donnée avec succès à l'étranger, en particulier en Suisse. Seuls quelques-uns des nombreux personnages chantent, mais il n'y a pas moins de trente numéros musicaux dans la partition, qui vont du véritable grand finale d'opéra à quelques mesures de musique de scène ou d'ambiance. La pièce est conçue comme une aventure fantastique racontée à ses compères par un paysan hongrois, sans grande culture, mais avec beaucoup d'imagination; fondée uniquement sur ce que Hary voudrait qu'elle soit, l'histoire ne contient rien qui ait un rapport avec la réalité. Kodaly l'a revêtue d'une musique très personnelle, avec beaucoup de charme.

Prologue. Le prélude (qui s'appelle *L'Histoire commence* dans la suite) réussit à créer cette atmosphère d'un « il était une fois ». La scène se passe dans une auberge dont l'un des murs est orné d'une caricature de Napoléon. Quelle histoire Hary Janos va-t-il bien pouvoir raconter aujourd'hui ? demande le vieillard du village. Lorsque Hary entre, un étudiant montre du doigt l'image de Napoléon : c'était un grand héros. « Je l'ai fait prisonnier de mes propres mains un jour », répond Hary !

Première aventure. A la frontière entre la Galicie et la Russie. Du côté russe, c'est le plein hiver; la sentinelle emmitouflée dans des fourrures, tape du pied sur le sol et souffle dans ses mains; la scène est couverte de neige. Du côté hongrois, le soleil brille, les fleurs sont écloses; le hussard est couvert de sueur et s'essuie le front de temps à autre. Ils font quelques remarques sur le temps; la boisson de l'un est trop chaude, celle de l'autre est glacée: ils les échangent. Lorsque le rideau se lève et que la conversation débute, un solo de flûte annonce le thème du grand duo qui arrivera plus tard. Une femme qui essaie de passer de Hongrie en Russie (accompagnée elle-même par une petite musique) se voit refuser le passage, et s'en va dépitée. Une famille juive, également annoncée par la musique, vient du côté russe mais n'est pas autorisée à le quitter.

Ilka apparaît alors, chantant une petite chanson sans accompagnement. Lorsque la sentinelle commence à lui faire de l'œil, elle le prévient qu'elle va lui envoyer Hary Janos s'il ne cesse pas aussitôt. Elle sort. On entend chanter des voix de femmes, et la sentinelle hongroise dit que ce sont les filles du village; si elles sont là, Hary ne doit pas être bien loin. Il a raison. Hary demande où est Ilka; on lui montre dans quelle direction elle est partie, et alors, chassant les autres jeunes filles qui l'accompagnaient, il part à sa recherche.

Herr von Ebelasztin, chambellan à la Cour de France, se montre du côté russe et se plaint au poste de garde du fait que son impératrice n'ait pas été autorisée à traverser la frontière. Hary et Ilka reviennent et vont engager conversation avec Marczi, le cocher hongrois employé à la Cour de France. Les Français ne seront satisfaits, dit-il, que lorsqu'ils auront réussi à lui ôter tout ce qu'il avait de hongrois; c'est une chose à laquelle il oppose une résistance énergique. Lorsqu'on raconte que l'impératrice est retenue dans la salle de garde russe, Hary exige du garde qu'il la laisse passer. « Personne n'entre, personne ne sort », répond le Russe. Il ne semble pas y avoir de solution avant que Hary ne repousse le poste de garde jusqu'en territoire hongrois; la neige et la glace commen-

cent alors aussitôt à fondre, et les fleurs à s'ouvrir.

Marczi fait quelques compliments à Hary et Ilka, une fois qu'il est rentré dans la maison, ils chantent un très beau duo : « Tiszan innen, Dunan tol » (Les rivières brillent, les deux rivières, il y a un homme avec ses chevaux dans la plaine). Cet air, d'une beauté nostalgique et envoûtante, est la troisième pièce de la suite d'orchestre.

Marczi revient, et, au son d'une charmante chanson à boire, lève son verre à la santé des amoureux; mais Ebelasztin se plaint du bruit et ils sont tous gênés à l'idée d'avoir peut-être troublé le repos de l'impératrice. Elle sort pour demander qui chantait aussi joliment. Lorsqu'on lui dit que c'est Hary, elle lui demande de venir à Vienne avec elle et propose d'exaucer trois souhaits qu'il fera. Il demande une ration double pour ses chevaux: une belle livrée hongroise pour Marczi, et la permission pour lui de garder ses moustaches et d'être autorisé à emmener Ilka à Vienne avec lui. Tout lui est accordé.

Le Russe réapparaît, craignant d'être pendu si l'on découvre que le poste de garde a été déplacé. Ebelasztin essaie de le repousser à sa place, mais sans y parvenir; le problème n'est pas résolu avant que Hary ne consente à le faire. Dès qu'il est revenu en territoire russe, il recommence à geler.

Deuxième aventure. Cette partie est amenée par le célèbre intermezzo, avec ses rythmes obsédants. Dans le jardin du palais impérial à Vienne, vu uniquement au travers de l'imagination de Hary, c'est-à-dire que les buissons ont des bourgeons en forme de couronne impériale, les arbres sont en or, le colombier est habité par un aigle à deux têtes. Au cours d'une conversation entre Hary et Marczi, on apprend que tous semblent conscients de l'animosité qu'Ebelasztin manifeste à l'égard de Hary, bien qu'ils soient un peu rassurés lorsqu'arrive l'impératrice Marie-Louise, qui dit à Hary de l'appeler si jamais il a besoin d'aide. Ebelasztin envoie Hary à l'école d'équitation, où, ainsi que nous le dit Ilka peu après, on lui a donné le cheval le plus difficile de toute l'écurie, qui bondit aussitôt sur le toit. Mais Hary revient, l'air insouciant, après avoir tranquillement remis Lucifer à l'écurie. Marie-Louise donne à Hary une violette qu'elle a cueillie, à la grande colère d'Ebelasztin qui l'avait demandée pour lui-même.

L'impératrice autrichienne rejoint l'assemblée (elle tricote un bas en or), et Marie-Louise lui montre, en rougissant un peu, le grand Hary. Hary profite de l'occasion pour conseiller à l'impératrice une vieille recette qu'il recommande à l'empereur malade. Ilka arrive de la cuisine avec une assiette de maïs dont elle donne les grains (en or) à l'aigle à deux têtes. Ebelasztin la rejoint et lui dit qu'il porte dans son sac la déclaration de guerre faite par Napoléon à l'Autriche, qu'il doit employer quand bon lui semblera. Le cadeau d'une violette fait par Marie-Louise à ce rejeton de paysan est une provocation bien suffisante, et il l'utilisera sans plus attendre. Un peu plus tard, on entend des bruits d'armes qui viennent du palais, et tout le monde se précipite pour dire que la France a déclaré la guerre. Hary, qui a maintenant été nommé capitaine par l'empereur, dit au revoir à Ilka et le rideau tombe au moment où le général Dufla arrive avec un énorme canon.

Après l'intermezzo, la musique de la deuxième aventure est faite de trois airs et d'une pièce d'orchestre assez importante qui décrit les douze coups de midi sonnés par les horloges du palais, un épisode qui plaît beaucoup à Hary (et qui fait partie de la suite). Marie-Louise chante un petit air où il est question d'un coucou, en ramassant cette violette qui sera à l'origine du conflit entre Hary et Ebelasztin, et qui mène donc, de façon indirecte, à la déclaration de guerre. Ilka a deux airs; l'un est bref et d'un caractère presque pathétique, lorsqu'elle songe aux dangers encourus par Hary quand il a monté le sauvage Lucifer; l'autre est vif et animé, lorsqu'elle donne à manger à la basse-cour impériale; c'est une des pièces les plus charmantes de la partition.

Troisième aventure. Le champ de bataille; à l'arrière-plan la forteresse de Milan, et derrière les montagnes. Hary a été promu colonel. On entend un chœur de soldats, d'abord mélancolique, mais qui devient de plus en plus animé lorsqu'ils comparent les merveilles qu'ils ont maintenant sous les yeux à la vie villageoise qu'ils connaissaient chez eux; il y a même des dragons dans les montagnes, dit Hary. En s'exprimant d'une manière extrêmement comique, les hussards s'entretiennent de la situation militaire avec le général Sang-et-Tonnerre, on entend des coups de feu, et le général donne l'ordre : « Repli conformément aux plans ». Des soldats français arrivent, Hary tire son sabre, et cela suffit à créer un courant d'air qui terrasse les ennemis. Napoléon tombe à genoux et se fait prisonnier par Hary, qui déclare que la guerre est finie. Il y a alors une marche funèbre, dominée par un petit air gémissant du saxophone.

Marie-Louise montre tout son mépris pour cette défaite de Napoléon, qui chante un petit air sur la marche funèbre. Tout le monde félicite Hary et, sur un accompagnement de musique tzigane, on prépare un festin, Hary et Marie-Louise en profitent pour danser ensemble. Ilka reconnaît que les mises en garde d'Ebelasztin semblaient avoir quelque fondement.

Il y a un échange assez acerbe entre Ilka et Marie-Louise, lorsque celle-ci danse avec Hary. Marie-Louise déclare qu'elle va épouser Hary, et lorsque celui-ci hésite, elle part en menaçant de se suicider. Hary parvient bien entendu à sauver la situation, et dirige un grand ensemble de marche qui termine l'épisode.

Quatrième aventure. La chambre richement meublée de Hary à Vienne. L'impératrice et Marie-Louise chantent un duo accompagné par un chœur de suivantes : Marie-Louise se demande lequel de ses dix prétendants elle va épouser, et sa mère penche pour Hary.

Accompagné d'une musique extrêmement bruyante l'empereur ouvre une procession en l'honneur de Hary, qui recevra en dot la moitié de l'empire et la moitié du palais impérial. Pendant le festin, Hary est mal à l'aise et ne veut rien manger; il est même désagréable lorsqu'on lui dit que le poulet à deux têtes est un mets ordinaire à la table de l'empereur. L'empereur prononce un discours en son honneur: puis, au son d'une marche, les petits archiducs viennent serrer la main de leur héros d'un jour.

Hary avoue qu'il ne peut pas épouser Marie-Louise, car il a déjà une bien-aimée, Ilka. Si on veut le récompenser, dit Hary, que ce soit en lui faisant grâce de la moitié de son service militaire, pour qu'il puisse rentrer chez lui et se marier. L'empereur le lui accorde, et Hary rend son bâton au général Sang-et-Tonnerre. Ilka entre alors. ne sachant rien de ce qui s'est passé, et chante un très bel air mélancolique — sans doute, avec le duo de la première aventure, le passage lyrique le mieux amené de tout l'opéra. Hary, habillé maintenant en fantassin, jure fidélité à l'empereur. Il pardonne à Ebelasztin et le reconduit auprès de sa bien-aimée Marie-Louise. Le finale, chanté par Hary, Ilka et le chœur, utilise les éléments déjà employés dans l'opéra, en particulier le duo d'amour et l'intermezzo.

L'épilogue se passe dans la même auberge que le prologue. Hary Janos termine son histoire : lui et Ilka sont rentrés à la maison et se sont mariés. Maintenant qu'Ilka est morte, il est le seul à pouvoir témoigner de cette histoire.

H.

Székely fono
Les fileuses de Transylvanie

Jeu lyrique en un acte de Zoltan Kodaly ; livret de Bence Szbolcsi, fondé sur des textes du folklore hongrois. Créé à l'Opéra de Budapest le 24 avril 1932 avec Imre Pallo, Maria Basilides, Endre Rössler, Anna Bathy, Maria Budanovics et Oszkar Maleczky, dir. Sergio Falloni. Reprise en 1969 à l'Opéra de Budapest avec György Melis, Erzsebet Komlossy, Jozsef Simandy, Zsuzsa Barlay, Eva Andor et Sandor Palcso, dir. Janos Ferencsik.

PERSONNAGES

UNE PAYSANNE (contralto) ; SON AMOUREUX (baryton) ; UN JEUNE HOMME (ténor) : UNE VOISINE (contralto) ; UNE JEUNE FILLE (soprano) ; UN COMÉDIEN AMBULANT (ténor) : DEUX GENDARMES (rôle muet) ; *jeunes gens, jeunes filles, femmes.*
En Hongrie, au début de ce siècle.

Plus qu'un opéra proprement dit, *Les fileuses de Transylvanie* sont une œuvre théâtrale à laquelle se mêlent intimement des éléments de chant, de danse et de pantomime. Les principaux personnages ont des rôles chantés. L'intrigue très simple qui sert de fil conducteur à l'action est surtout un prétexte qui a permis à Kodaly de faire revivre pour nous l'atmosphère des longues soirées d'hiver dans les villages isolés ; les jeunes gens chantent et plaisantent pendant que les femmes veillent aux travaux domestiques.

Le décor unique représente la « chambre des fileuses » d'un village de Transylvanie. La première scène nous montre les adieux d'une paysanne et de son amoureux. Il part, pour toujours peut-être, car un terrible danger le menace. Entre une petite fille qui fait signe à l'amoureux de se sauver sans plus attendre, ce qu'il fait juste à temps ; deux gendarmes pénètrent dans la pièce, jettent des regards méfiants à la femme, font le tour de la pièce et s'éloignent tandis que la paysanne s'effondre sur sa chaise. Le chœur des femmes s'efforce de la consoler en chantant des chansons populaires ; la petite fille rentre, annonçant que le fugitif est en sûreté. Joie générale ; tout le monde joue au « jeu du marché ». La scène suivante oppose dans une bataille pour rire le chœur des jeunes gens et celui des jeunes filles ; lui succède une scène chantée et mimée racontant l'histoire d'un couple de jeunes amants séparés : tristesse des amoureux, désespoir, mort de chagrin. Puis tout le monde revient sur le devant de la scène pour chanter un grand chœur de mariage. La paysanne et le chœur des femmes y mêlent une prière pour le retour du pauvre fugitif.

Survient alors le seul personnage antipathique de l'opéra : un comédien ambulant déguisé en « puce ». Il commence par mendier, puis adresse un long discours chanté à un jeune couple d'amoureux ; il leur décrit toutes les calamités qui les attendent dans le mariage. L'atmosphère s'assombrit mais la paysanne remet de la gaieté par un chant comique. Arrive l'amoureux fugitif suivi par les deux gendarmes qui escortent une vieille femme. Elle a été volée et c'est sur sa plainte qu'on a poursuivi le jeune amoureux. La « puce » essaie de se cacher mais la vieille femme reconnaît en lui son voleur. Les gendarmes repartent avec deux prisonniers pour mener leur enquête. Scène de tristesse où alternent le chant de la paysanne et celui du chœur des femmes. Mais, très vite, revient l'amoureux, enfin libre. Allégresse générale et danses.

Malgré la maigreur du sujet et l'aspect décousu que donne l'abondance des intermèdes folkloriques, *Les fileuses de Transylanie* n'en ont pas moins une fraîcheur et une vivacité qui en explique la popularité.

L.

25. L'Opéra espagnol

ENRIQUE GRANADOS
(1867-1916)

Goyescas

Opéra en 3 scènes (1 acte) de Enrique Granados; texte de Fernando Periquet. Créé au Metropolitan, New York, 28 janvier 1916, avec Fitziu, Perini, Martinelli, de Luca, dir. Bavagnoli (en esp.). Première à l'Opéra de Paris, 1919; Buenos Aires, 1929; la Scala, Milan, 1937, dir. Capuana; Royal College of Music, Londres, 1951; Florence, 1963; Londres, Morley College, 1965.

PERSONNAGES

ROSARIO, *une jeune dame de haute naissance* (soprano); FERNANDO, *un jeune officier, son amoureux* (ténor); PAQUIRO, *un toréro* (baryton); PEPA, *une jeune fille du peuple, la bien-aimée de Paquiro* (mezzo-soprano).
Majas et majos.

Madrid, vers 1800.

Les personnages et le décor de l'opéra sont inspirés de l'œuvre du grand peintre espagnol Goya. L'opéra s'ouvre sur une foule de majas et de majos qui passent leurs vacances aux abords de Madrid. Certaines des majas jouent à lancer le *pelele* (un homme de paille) dans une couverture, un passe-temps populaire. Paquiro, le to-rero, fait des compliments aux dames. Pepa, sa bien-aimée du jour, arrive dans sa carriole. On l'accueille chaleu-reusement. Bientôt Rosario, une dame de haut rang, vient retrouver son amoureux, Fernando, capitaine de la Garde Royale espagnole. Paquiro lui rappelle ce *baile de candil* (un bal donné dans une salle éclairée à la bougie) auquel elle était venue un soir. Il l'invite à y revenir. Fernando est jaloux. Rosario ira bien au bal, mais Fernando l'y conduira. Il obtient de Rosario la promesse qu'il l'accompa-gnera, tandis que Pepa, furieuse que Paquiro la néglige, jure de se venger d'elle.

2e tableau. La scène du bal. Fernan-do arrive avec Rosario. Son air hautain et ses paroles méprisantes mettent tous ceux qui sont là en colère. Les deux hommes conviennent d'un duel pour le soir.

3e tableau. Le jardin de Rosario. Elle est assise sur un banc de pierre, écoutant pensivement la chanson du rossignol. C'est l'air célèbre appelé « La Jeune Fille et le Rossignol » (La Maja y el Ruiseñor), l'un des plus beaux et des plus riches nocturnes jamais écrits pour voix et orchestre.

Fernando vient voir Rosario avant d'aller à son rendez-vous avec Paquiro. Rosario, un peu hésitante, le suit. Bientôt le silence est rompu par le cri de Fernando, suivi de celui de Rosario. Les amoureux reviennent. Soutenu par Rosario, Fernando meurt dans ses bras.

Granados a tiré la musique de son opéra d'une série de pièces pour piano (1911), inspirée par la peinture de Goya :

1. Los Requiebos (Les Mots d'Amour).

2. Coloquio en la Reja (Conversation à la Fenêtre).

3. El Fandango del Candil (Le Fandango de la chandelle).

4. Quejas o la Maja y el Ruiseñor (Les Plaintes ou La Jeune Fille et le Rossignol).

5. El Amor y la Muerte (L'Amour et la Mort).

6. La Serenada del Espectro (La Sérénade du Spectre).

7. El Pelele (L'Homme de Paille).

Le 1er tableau commence et se termine avec le N° 7; le N° 3 débute le 2e; et le 3e est presque entièrement bâti sur la musique des N° 4, 2 et 5.

H.

MANUEL DE FALLA
(1876-1946)

La Vida Breve
La Vie Brève

Opéra en 2 actes de Manuel de Falla, texte de C. Fernandez Shaw; version fr. de P. Milliet. Créé à Nice, 1er avril 1913, avec Lillian Grenville, David Devriès, Cotreuil, dir. Miranne. Première Opéra-Comique, Paris, 1914, avec Carré, Brohly, Francell, Vieuille, dir. Ruhlmann; Madrid, 1914; Buenos Aires, 1923, avec Hina Spani; Metropolitan, 1926, dir. Serafin; la Scala, Milan, 1934, dir. Votto. Reprises Paris, Opéra-Comique, 1928, avec Ninon Vallin, Micheletti, Vieuille; 1949, avec Gilly; Buenos Aires, 1946; San Carlo, Naples, 1951, dir. Fricsay; la Scala, Milan, 1952, dir. Giulini; Festival de Hollande, 1953, avec de los Angeles, Vroons; Festival d'Edimbourg, 1958, avec de los Angeles, Martinez.

PERSONNAGES

SALUD, *une gitane* (soprano); SA GRAND-MÈRE (mezzo-soprano); CARMELA, *une jeune fille* (mezzo-soprano); PACO (ténor); ONCLE SARVAOR (basse); UN CHANTEUR (baryton); MANUEL, *le père de Carmela* (baryton); UNE VOIX DANS LA FORGE, LA VOIX D'UN MARCHAND AMBULANT, UNE VOIX LOINTAINE (ténors).

A Grenade, à notre époque.

La Vida Breve est la plus ancienne des œuvres de Falla à être encore souvent exécutée. Elle fut écrite en 1904-1905 et remporta un prix à Madrid, mais ne fut pas aussitôt mise en scène. Lorsque Falla vint à Paris, l'œuvre fut enfin exécutée en 1913.

Acte I, scène 1. Le rideau se lève après une douzaine de mesures d'introduction. D'un côté, la maison des gitans, et de l'autre l'entrée d'une forge, où l'on entend chanter une voix mystérieuse. La vieille grand-mère de Salud donne à manger aux oiseaux en cage. Elle pense que l'un d'eux va mourir — peut-être d'amour, comme Salud. On entend les voix de marchands ambulants (hors scène, tout comme celle du soliste dans la forge).

Salud entre, l'air malheureux. Sa grand-mère essaie de la réconforter : Paco viendra sûrement. Salud craint de perdre l'une des deux choses qui ont le plus de prix pour elle : l'amour de Paco et celui de sa grand-mère. Elle écoute les voix qui viennent de la forge, et chante un air où s'exprime sa tristesse : « Vivan los que rien ! » (Vivent ceux qui rient !) La beauté poignante de la musique, écrite dans le style andalou, est celle d'une chanson folklorique.

Paco arrive et dans leur duo la sincérité et l'innocence de Salud s'opposent à la manière de s'exprimer plus conventionnelle de Paco. La grand-mère et l'oncle de Salud observent la scène, et il murmure qu'il se vengerait bien de Paco, qui va épouser dès le lendemain une autre fille et ne fait que jouer avec Salud.

Scène 2. En forme d'intermezzo. On y voit Grenade, depuis le Sacro Monte.

Acte II. Une petite rue dans Grenade, on célèbre les fiançailles de Paco et de Carmela. Un chanteur professionnel chante une chanson andalouse, suivie d'une danse rendue célèbre dans le monde entier par des générations de violoneux qui en ont fait un morceau que l'on bisse toujours.

Salud arrive, elle est désespérée de trouver Paco avec cette fille qui va le séparer d'elle pour toujours. Sa détresse s'exprime dans une grande lamentation, où elle souhaite mourir. Sa grand-mère et son oncle maudissent Paco et tout ce qui le concerne. Salud se décide à lui parler encore une fois. Elle reprend la chanson de la forge : « L'homme qui est né d'une femme est né un jour de malheur. »

Interlude. La cour de la maison. Manuel prononce un discours pour féliciter l'heureux couple, mais Paco est de plus en plus mal à l'aise, lorsque l'oncle Sarvaor arrive dans le patio, suivi par Salud. Sarvaor offre ses services pour divertir l'assemblée, mais Salud dénonce l'infidélité de Paco. Elle tombe morte aux pieds de Paco; sa grand-mère et l'oncle Sarvaor le maudissent.

H.

El Retablo de Maese Pedro
Les Tréteaux de Maître Pierre

Opéra en 1 acte de Manuel de Falla; liv. du compositeur d'après un épisode du 26ᵉ chap. de la 2ᵉ partie de Don Quichotte de la Manche, de Cervantès. Écrit pour la princesse Edmond de Polignac et créé dans son salon, 25 juin 1923, avec Amparito Peris, Salignac, Dufranne, dir. Golschmann (donné en public à Paris un peu plus tard la même année). Première à Séville, en concert, 23 mars 1923, avec Redondo, Segura, Lledo, dir. Falla; Paris, Opéra-Comique, 1928.

PERSONNAGES

DON QUICHOTTE (basse ou baryton); MAÎTRE PIERRE (ténor); LE GARÇON (EL TRUJAMÁN) (soprano garçon ou mezzo élevé); SANCHO PANÇA, L'AUBERGISTE, L'ÉRUDIT, LE PAGE, L'HOMME A LA LANCE ET AUX HALLEBARDES (rôles muets); CHARLEMAGNE, DON GAYFEROS, DON ROLAND, MELISENDRA, LE ROI MARSILIUS, LE MAURE AMOUREUX (personnages du spectacle de marionnettes).

Hérauts, chevaliers, etc., à la cour de Charlemagne; Maures.

Ce petit opéra était à l'origine conçu pour être exécuté entièrement par des marionnettes qui devaient être deux fois plus grandes lorsqu'elles tenaient le rôle des êtres humains. Dans l'écurie d'une auberge de la Manche, aux limites de l'Aragon. A l'arrière-plan, dans l'écurie, se trouve le théâtre de marionnettes de Maître Pierre. L'œuvre, qui dure moins d'une demi-heure, nous présente Maître Pierre et le public du spectacle, puis raconte l'histoire de la délivrance de Melisendra, chaque épisode étant d'abord présenté par le garçon qui sert de narrateur dans un extraordinaire style de récitatif, puis mimé par les marionnettes. A la fin, Don Quichotte interrompt le spectacle. La beauté grave de la musique, la vivacité irrésistible de la narration du garçon (lorsqu'elle est correctement exécutée[1]), et l'orchestration délicate de Falla (il faut remarquer l'utilisation subtile tout au long de l'œuvre de la trompette avec sourdine) et son sens très vif du contraste, ainsi qu'en témoignent les différents épisodes, concourent à en faire une œuvre particulièrement remarquable.

Les vents, par-dessus une caisse claire, jouent un air méridional, une espèce d'air de *cornemuse;* une cloche sonne et Maître Pierre invite les clients de l'auberge à assister au spectacle. Pendant que l'orchestre joue la Symphonie de Maître Pierre, un mélange de dignité et d'insolence, dans une mesure à 6/8, le public s'assemble, les

derniers à arriver étant Don Quichotte et Sancho Pança. Le garçon raconte l'histoire de la délivrance de la belle Melisendra, prisonnière des Maures, par son époux Don Gayferos.

Scène 1. Don Gayferos joue aux échecs avec Don Roland. L'empereur Charlemagne, le père de Melisendra, s'emporte lorsqu'il voit que Don Gayferos préfère jouer plutôt que de sauver sa femme emprisonnée. Gayferos renverse l'échiquier, essaie en vain d'emprunter l'épée de Roland, et s'apprête à aller sauver sa femme.

Scène 2. La tour maure de Saragosse: Melisendra est au balcon. Un Maure lui vole un baiser et Marsilius, roi des Maures, ordonne qu'on le fouette.

Scène 3. Il doit recevoir deux cents coups, une peine exécutée sommairement, nous dit le garçon, sans les procédures légales. Don Quichotte se plaint de la manière dont le garçon brode autour de cette histoire; les témoignages doivent toujours être jugés en respectant la légalité — Maître Pierre est d'accord avec lui : « Chantez votre propre plain-chant, et ne vous mêlez pas aux autres voix, car un tel contrepoint gâte les accords du luth. »

Scène 4. Don Gayferos traverse à cheval les Pyrénées — une pièce parfaite par sa stylisation musicale — faisant sonner de temps à autre son cor de chasse.

1. La voix du garçon doit être « nasale et plutôt forcée, la voix d'un garçon qui crie dans la rue... dénuée de toute expression lyrique. Le rôle doit être chanté par une voix de soprano de garçon, ou à défaut une voix de femme (mezzo-soprano élevé) ».

Scène 5. Mélisendra est sauvée par son mari.

Scène 6. La poursuite des Maures. Le garçon commence par souhaiter longue vie et beaucoup de bonheur au couple, dans un langage extrêmement fleuri, mais il est à nouveau rappelé à l'ordre par Maître Pierre pour s'être éloigné du texte. L'alerte est donnée et les cloches sonnent dans les mosquées et les minarets. Don Quichotte proteste : « Chez les Maures on ne sonne pas les cloches, mais on bat les tambours, et on fait résonner les hautbois. » Maître Pierre fait valoir qu'il s'agit d'une licence théâtrale, et le garçon décrit les cavaliers maures partis rattraper les fugitifs. Don Quichotte ne supporte plus une telle tension, bondit l'épée à la main sur la scène du théâtre et s'attaque aux marionnettes, détruisant tout ce qu'il peut, malgré les protestations de Maître Pierre. Don Quichotte évoque, en quelques très belles phrases, Dulcinée et chante la gloire des chevaliers errants. L'opéra se termine sur son triomphe, alors que Maître Pierre contemple tristement les ruines de son théâtre.

H.

L'Atlantide

Oratorio scénique en 3 parties de Manuel de Falla, musique orchestrée et complétée par Ernesto Hallfter ; liv. Jacint Verdaguer. Créé en oratorio à Barcelone en octobre 1961 ; première représentation Milan, Scala le 18 juin 1962 avec Simionato, Strates, Puglisi, Halley, dir. Th. Schippers ; Berlin, 1962 avec Dooley, Lorengar, Johnson, Leistner, dir. Jochum ; New York, Metropolitan, 29 septembre 1962, en oratorio, avec Farrell, Madeira, London, dir. Ansermet. Buenos-Aires, Teatro Colon, le 3 mai 1963, dir. Juan Jose Castro. Une nouvelle version remaniée pour la seconde fois par Hallfter a été créée à Madrid le 20 mai 1977 sous la direction de Frühbeck de Burgos.

PERSONNAGES

LA REINE ISABELLE (soprano) ; LA REINE PYRÈNE (mezzo-soprano) ; LE NARRATEUR (baryton) ; L'ARCHANGE (ténor) ; LES SEPT PLÉIADES (trois sopranos, deux mezzo-sopranos, deux contraltos) ; GERYON, *monstre à trois têtes* (ténor, ténor, basse) : ALCIDE, CHRISTOPHE COLOMB (personnages muets) ; *Titans, anges, matelots...*
La scène se déroule en Espagne et dans la fabuleuse Atlantide, de l'antiquité mythique au XVIᵉ siècle.

Utilisant des fragments du poème catalan de Jacint Verdaguer, de Falla a composé une vaste cantate scénique qui est à la fois hymne à la gloire de l'Espagne et chant de triomphe de l'ordre et de la raison sur le chaos des forces élémentaires. Le projet qui l'a occupé pendant presque vingt ans de sa vie était encore inachevé lors de sa mort en 1946. C'est Ernesto Hallfter, son élève et ami, qui termina la partition et lui donna une forme qui en permette la représentation.

Les deux premières parties sont le récit par un narrateur, vieux « sage de la mer », à un jeune naufragé gênois, Christophe Colomb, des aventures prodigieuses d'Alcide, le demi-dieu destructeur de monstres. Nous le voyons d'abord s'approcher d'une montagne en flammes d'où il réussit à sauver la reine Pyrène. Avant d'expirer, celle-ci lui explique que Geryon, le monstre à trois têtes, a pris possession de l'Espagne et a mis le feu aux forêts qui lui servaient de frontière. Réfugiée dans une grotte, la malheureuse a assisté impuissante à la destruction de son royaume. Elle conjure Hercule de la venger. Le héros lui élève un cénotaphe grandiose en entassant montagnes et rochers, créant ainsi les Pyrénées. Puis il descend vers l'Espagne et fonde une ville de bonheur : c'est la future Barcelone dont le chœur chante la douceur et la beauté.

Alcide, arrive en vue de Gadès, capitale du monstre Geryon. Les trois têtes de celui-ci sont le symbole même de son esprit de mensonge et de sa ruse. Voyant arriver le héros, il craint pour sa vie et son trône usurpé ; il fait dévier la colère d'Alcide en lui promettant de se soumettre et en lui suggérant combien plus intéressante serait une conquête de l'Atlantide, ce pays fabuleux, planté de riches jardins et habité par les Titans. Au cœur de l'Atlantide se trouve le jardin des Hespérides où se dresse un oranger aux fruits d'or. Les ravissantes Pléiades, filles du roi Atlas jouent dans le jardin, tandis qu'un monstre aux langues de feu se cache pour défendre l'arbre ; la possession d'une de ses branches équivaut en effet à la toute puissance sur le royaume de l'Atlantide tout entier. Les Pléiades aperçoivent Alcide et poussent des cris d'effroi : « Un guerrier va s'emparer de notre arbre. » Le monstre lutte contre Alcide qui lui broie la tête. Les flammes se changent en cendres, le sang éclabousse les fleurs du jardin, les Pléiades tombent inanimées. Les dieux pitoyables feront d'elles des étoiles. Il ne reste plus à Alcide qu'à exterminer les géants qui peuplent encore les terri-

toires dont il vient de s'emparer, et à se diriger vers la terre d'Espagne où il plantera le rameau qu'il a cueilli à l'arbre des Hespérides. Ainsi sera transférée en un nouveau lieu la puissance du royaume qui vient de s'écrouler. A côté de l'oranger, signe du bonheur, poussera le « dragonnier » souvenir du monstre, gardien du jardin, tué par le demi-dieu.

Ayant tué Geryon, comme il l'avait promis à Pyrène, Alcide pourrait se reposer. Mais les Titans sont restés maîtres de l'Atlantide et se sont révoltés contre les dieux. A ce point, l'opéra bascule et Dieu se substitue aux dieux. Sa voix se fait entendre avec douceur pour rappeler qu'il est le créateur, le gardien de l'ordre, et que la révolte des Titans doit être punie. Alcide sera l'instrument de cette punition. Pendant que les Titans, ivres de colère, dressent une tour pour monter à l'assaut des cieux, il rompt la chaîne de montagne qui relie les eaux de la Méditerranée. L'Atlantide et ses habitants sont engloutis par les eaux. Il ne reste que les deux grands amas de rochers, les colonnes d'Hercule, sur lesquels le héros écrit avec sa massue « Non plus ultre ».

Le narrateur montre au jeune naufragé la mer sans limites : « L'Atlantide s'étendait ici. »

La troisième partie nous entraîne dans le rêve de Christophe Colomb qui veut faire naître un nouveau monde audelà des limites imposées par la légende. La reine Isabelle, dans un songe, pressent l'existence des Indes lointaines. Elle se dépouille de ses bijoux pour permettre à Christophe Colomb d'équiper des navires et de partir à la découverte. En mer, les équipages entendront le chant secret qui les encourage : « Qui sont ceux qui volent comme les colombes ? » A ce chant venu du ciel répond celui des marins qui confient leur voyage à la Vierge, étoile des mers. Les deux cantiques se rejoignent dans la nuit.

L.

26. L'Opéra américain

VIRGIL THOMSON
(né en 1896)

Four Saints in Three Acts
Quatre saints en trois actes

*Opéra en 4 actes; texte de Gertrude Stein (*An opera to be sung, *Un opéra à chanter). Donné en concert, Ann Arbor, Michigan, 20 mai 1933; sur scène, Hartford, Connecticut, 8 février 1934, Society of Friends and Ennemies of Modern Music, dir. Alexander Smallens, mise en scène Frederick Ashton, décors et costumes de Florine Stettheimer. L'opéra était chanté par des Noirs, Edward Matthews (saint Ignatius), Beatrice Robinson Wayne et Bruce Howard (sainte Teresa I et II), Embry Bonner (saint Chavez), Bertha Fitzhugh Baker (saint Settlement), et Abner Dorsey et Altonell Hines (le Compère et la Commère). Première à New York, 44 th Street Theatre, 20 février 1934. Depuis, l'œuvre a été entendue dans des exécutions de concert ou pour la radio, et en mai 1952 fut présentée par une troupe composée de Noirs à Paris, lors du Festival d'Art du XXᵉ s., avec Inez Matthews, Edward Matthews, dir. Virgil Thomson; févr. 1973, Mini-Met Forum, New York.*

PERSONNAGES

COMPÈRE (basse); COMMÈRE (mezzo-soprano); SAINTE TERESA I (soprano); SAINTE TERESA II (contralto); SAINT IGNATIUS LOYOLA (baryton); SAINT CHAVEZ (ténor); SAINT SETTLEMENT (soprano).
Double chœur de saints avec ou sans noms; six danseurs.

Le texte de Gertrude Stein est à la fois évocateur et satirique. Virgil Thomson, l'un des critiques musicaux américains les plus connus, a écrit pour ce texte une musique qui n'est en rien prétentieuse; il ne méprise pas la légèreté (on a dit de cette œuvre qu'elle était « à l'opposé de la mode »), et pourtant la relation entre les mots dépourvus de sens et les airs simples est, paradoxalement, rationnelle. Les airs très francs sont harmonisés simplement — Thomson lui-même a dit : « les dissonances attendues font défaut, et c'est là le trait le plus marquant de la partition » (cité dans *American Opéra*, par Edward Ellsworth Hipsher) — la musique se laisse toujours chanter, et n'est en aucune façon dépourvue de ces qualités qui font qu'elle reste dans la mémoire. Le compositeur a choisi une distribution noire en raison de leur diction parfaite et de la manière naturelle dont ils abordent les questions religieuses. Une note dans la partition nous précise que « ce précédent ne doit pas être considéré comme une contrainte », bien qu'il l'ait été pendant quelques années.

L'aspect surréaliste de l'œuvre est souligné par le fait que le scénario utilisé pour la production d'origine fut écrit (par Maurice Grosser) *après* l'achèvement de la musique et du texte. Les chapeaux qui se trouvaient à l'origine en tête de chaque acte (qui sont les seules indications que fournit le livret sur « l'histoire ») sont donnés ci-dessous :

Prélude. Une Narration de Préparent pour des Saints.

Acte I. Sainte Teresa à moitié à l'intérieur, et à moitié à l'extérieur.

Acte II. Ce pourrait être des montagnes si ce n'était Barcelone.

Acte III. Saint Ignatius et l'une des deux littéralement.

Acte IV. Les sœurs et les saints rassemblés et rejouant pourquoi ils sont partis pour rester.

H.

GEORGE GERSHWIN
(1898-1937)

Porgy and Bess
Porgy et Bess

Opéra en 3 actes de George Gershwin; texte de Du Bose Heyward et Ira Gershwin. Créé à Boston, 30 septembre 1935, avec Todd Duncan (Porgy), Anne Brown (Bess), Warren Coleman (Crown), Eddie Matthews (Jake), Abbie Mitchell (Clara), Bubbles (Sporting Life), Eva Jessye Choir, prod. Rouben Mamoulian, dir. Alexander Smallens. Première à Zürich, 1945, dir. Reinshagen. En 1952, une troupe composée entièrement de Noirs quittait les États-Unis pour effectuer avec l'opéra une tournée des principales capitales européennes. La distribution comprenait Leontyne Price, Thigpen, Warfield, Cab Calloway, dir. Smallens. Prod. au Volksoper de Vienne, 1965, dir. Lee Schaenen; Oslo, 1967.

PERSONNAGES

PORGY, *un infirme* (baryton-basse); BESS, *l'amie de Crown* (soprano); CROWN, *un débardeur* (baryton); SERENA, *la femme de Robbins* (soprano); CLARA, *la femme de Jake* (soprano); MARIA, *la patronne du restaurant* (contralto); JAKE, *un pêcheur* (ténor); SPORTING LIFE, *un trafiquant de drogue* (ténor); MINGO (ténor); ROBBINS, *un habitant de Catfish Row* (ténor); PETER, *le vendeur de miel* (ténor); FRAZIER, *un « avocat » noir* (baryton); ANNIE (mezzo-soprano); LILY, *la femme de Peter, marchande de fraises* (mezzo-soprano); JIM, *un cueilleur de coton* (baryton);

L'ENTREPRENEUR DE POMPES FUNÈBRES (baryton); NELSON (ténor); LE VENDEUR DE CRABES (ténor); MR. ARCHDALE, *un homme blanc*, LE DÉTECTIVE, L'AGENT DE POLICE, LE CORONER, SCIPIO, *un petit garçon* (rôles parlés).).
Charleston, Caroline du Sud, U.S.A., il y a peu de temps.

Le décor est celui de Catfish Row, qui, d'après le résumé publié dans la partition, était autrefois « une résidence de l'aristocratie, mais qui abrite maintenant des Noirs, sur les quais de Charleston, en Caroline du Sud ».

Acte I, scène 1. La cour. Introduction *allegro con brio*. On chante et danse. Clara qui s'occupe de son bébé chante une berceuse : « Summer time, an' the livin' is easy » (L'été, et la vie est facile); la beauté et le lyrisme de cet air en ont fait un des plus célèbres de l'opéra et de toutes les mélodies de Gershwin. Un groupe dispute une partie de dés. La diversité de la musique rend bien l'aspect varié de ce qui se passe sur scène : on entend à nouveau, en fond sonore à leur jeu, la berceuse. Jake dit qu'il va se charger lui-même d'endormir le bébé de Clara, et il chante « A woman is a something thing » (Une femme c'est parfois quelque chose), les autres prenant part au refrain. Les pleurs du bébé terminent ce passage.

On entend le cri du vendeur de miel, avant de voir Porgy. C'est un infirme, il se déplace dans un petit chariot tiré par une chèvre. On le taquine au sujet de Bess : « Je crois qu'il a un faible pour Bess, l'amie de Crown », dit Jake. Porgy défend la réputation de Bess, il se plaint de sa condition d'infirme et de sa solitude. Crown entre avec Bess, commande bruyamment à boire, et va rejoindre, d'un pas incertain, les joueurs de dés. La partie se poursuit, bien que Crown éprouve des difficultés à lire les dés, ce que les autres ne manquent pas de faire remarquer. Lorsque Robbins gagne la partie, Crown le jette à terre, s'arme d'un crochet à ramasser le coton et le tue; les habitants de Catfish Row sont horrifiés. Bess donne un peu d'argent à Crown et le supplie de partir

pour échapper à la police; il lui permet de vivre comme bon lui semble avec un autre homme — mais uniquement à titre provisoire.

Sporting Life propose à Bess de l'emmener à New York. Elle refuse et essaie de chercher refuge auprès d'un des habitants de la cour — mais sans y réussir. Porgy ouvre sa porte et la laisse entrer, au moment où l'on entend dehors les sifflets des agents de police.

Scène 2. Dans la chambre de Serena; le corps de Robbins est étendu sur le lit. Les gens veillent près du mort, chantant un *spiritual*. Porgy et Bess entrent, Porgy entonne un *spiritual* rythmé, avant que la police n'arrive. En accusant Peter du meurtre, il réussit à faire avouer aux autres que c'est Crown qui l'a commis et emmène Peter (qui est à moitié sourd) malgré ses protestations, et bien qu'il soit inoffensif, comme « témoin matériel ».

Porgy songe à cette injustice. La veillée se poursuit et Serena commence une grande lamentation : « My man's gone now » (Mon homme est maintenant parti) soutenue par le chœur. L'entrepreneur des pompes funèbres arrive. Bess entonne le dernier *spiritual* « Oh, We're leavin' for the Promise' Land » (Oh, nous partons pour la Terre Promise).

Acte II, scène 1. Un mois plus tard. Jake et les pêcheurs réparent leurs filets et s'apprêtent à prendre la mer, tout en chantant, « It take a long pull to get there » (Il faudra ramer longtemps pour y arriver). Porgy se montre à sa fenêtre, en riant et en chantant sa chanson accompagnée au banjo « Oh, I got plenty o' nuttin' » (Oh, j'ai beaucoup de rien), une petite pièce brillante très éloquente qui conduit le chœur à faire remarquer que son état s'est amélioré depuis que Bess vit avec lui.

Sporting Life flâne dans la cour, et Maria, la cuisinière, remarque qu'il a sur lui de la drogue. Elle l'attrape à la gorge, le coince contre la table et lui tient un discours. Elle ne le lâche qu'à l'arrivée de l'avocat Frazier, à la recherche de Porgy; il lui donne un « divorce » pour Bess.

Un autre visiteur arrive, Mr. Archdale, il fait savoir à Porgy qu'il devra aller cautionner son ami Peter maintenant en prison. Lorsqu'il s'apprête à partir, il aperçoit avec horreur une buse qui survole la cour. Si elle se pose, explique-t-il à Mr. Archdale, elle portera malheur à tous ceux qui habitent la maison. Cet air de Porgy, avec chœur, est parfois supprimé[1], conformément aux intentions de Gershwin lui-même.

Sporting Life propose encore à Bess de partir avec lui pour New York, mais elle ne le supporte pas et ne veut plus entendre parler de cette « poussière de bonheur ». Porgy se rend compte de ce qui se passe, et, par la porte, il agrippe le poignet de Sporting Life, et le serre jusqu'à ce qu'il crie. Il le met en garde et lui dit de ne plus s'approcher de Bess.

C'est le jour du pique-nique; chacun disparaît pour se préparer, laissant Porgy seul avec Bess; elle ne veut pas y aller puisqu'il ne peut se joindre à eux. Ils ont alors un grand duo d'amour, « Bess, you is my woman now » (Bess, tu es ma femme maintenant) à la fin duquel la scène s'anime : un orchestre militaire lance un *Tempo di Marcia giocosa* et, bruyamment, les pique-niqueurs se mettent en route. Maria réussit à persuader Bess de venir avec eux, et elle dit tendrement au revoir à Porgy, qui reste à chanter joyeusement « I got plenty o' nuttin' » (J'ai beaucoup de rien).

Scène 2. Sur l'île de Kittiwah, le soir de cette même journée. Les pique-

niqueurs dansent gaiement et Sporting Life leur fait un discours qui loue les vertus du scepticisme « It ain't necessarily so » (C'est pas forcément vrai).

Serena accuse toute la compagnie de n'être que des impies; elle leur rappelle que le bateau part bientôt et qu'ils doivent se dépêcher de monter à bord.

Bess s'attarde un peu, et Crown arrive face à elle. Il lui dit qu'il reviendra bientôt la chercher. Mais elle lui demande de la laisser rester tranquillement avec Porgy, qui lui a appris à vivre d'une manière correcte. Crown s'amuse de l'entendre parler ainsi, et lui dit qu'il considère comme provisoire sa vie avec Porgy, qui devra cesser dès qu'il reviendra. Bess l'invite à trouver une autre femme : « Oh, what you want wid Bess ? » (Oh, que veux-tu faire avec Bess ?), mais elle n'arrive pas à résister à la fascination que Crown exerce sur elle depuis longtemps, et lorsqu'il la prend dans ses bras, elle reste avec lui et le bateau part sans elle.

Scène 3. Jake et les pêcheurs se préparent à partir, chantant un extrait de « It take a long pull to get there ». Peter est revenu de prison et la voix de Bess qui délire dans la chambre de Porgy nous indique qu'elle aussi est revenue de l'île Kittiwah. Pendant deux jours elle a erré et avait fini par perdre ses esprits lorsqu'elle a réussi à rentrer. Serena prie pour qu'elle se rétablisse, et dit à Porgy : « Ça va aller maintenant, Porgy, docteur Jésus va s'occuper de son cas ». Porgy sait qu'elle était avec Crown, mais cela ne change rien à son amour pour elle. Elle a promis à Crown de partir avec lui quand il viendrait la chercher, mais elle supplie Porgy de la garder avec lui; elle voudrait rester, mais craint la présence de Crown. Porgy lui dit qu'il s'occupera de Crown s'il revient.

---

1. Dans la production de 1952, il a été mis dans le dernier acte.

Clara regarde la mer d'un air inquiet, on entend sonner l'alarme donnée en cas d'ouragan.

Scène 4. La chambre de Serena. Dehors, la tempête fait rage; à l'intérieur, tous sont regroupés et chantent. Peter chante « I hear death knockin' at the do' » (J'entends la mort qui frappe à la porte), presque aussitôt, on entend vraiment frapper; ils se précipitent contre la porte pour empêcher quiconque d'entrer. Il se trouve que c'est Crown. Leur prière cesse lorsqu'il entre; il ordonne à Bess de venir, jetant Porgy à terre quand celui-ci essaie de s'interposer. Serena le met en garde, il peut à tout moment être victime de la tempête. « Si Dieu voulait me tuer, chante-t-il, il avait tout le temps de le faire entre ici et l'île de Kittiwah ».

Il entonne un morceau de jazz très gai. Tout à coup, Clara voit le bateau sur lequel Jake était parti pêcher, mais qui dérive, renversé. Elle pose son bébé dans les bras de Bess et s'en va, désespérée. Bess supplie que quelqu'un la suive, mais seul Crown accepte de se risquer dehors, en promettant de revenir chercher Bess.

Acte III, scène 1. Dans la cour. Les habitants pleurent Clara, Jake et Crown qu'ils croient tous perdus dans la tempête. Lorsqu'ils en viennent à leur prière pour Crown, ils sont interrompus par les rires de Sporting Life. Maria lui reproche sa légèreté, mais il laisse entendre qu'il sait que Crown n'est pas mort. On entend Bess chanter une berceuse au bébé de Clara. Tous vont se coucher.

Crown entre, il traverse furtivement la cour et rampe vers la porte de Porgy. Lorsqu'il passe sous sa fenêtre, le volet s'ouvre silencieusement, un bras s'étend, qui tient un grand couteau et qui le plonge dans le dos de Crown. Crown se relève en chancelant, Porgy le saisit au cou et l'étrangle tout doucement; Porgy s'écrie : « Bess, tu as un homme maintenant, tu as Porgy. »

Scène 2. La police interroge Serena, mais elle était malade et ne sait rien sur la mort de Crown, responsable — tous les habitants de Catfish Row sont prêts à le jurer — du meurtre de son mari, Robbins. Porgy est emmené pour identifier le corps de Crown. Il proteste d'autant plus que Sporting Life, pour les aider, laisse entendre que la blessure de Crown se remettra à saigner dès que l'homme qui l'a tué se trouvera en présence de son corps.

Bess reste seule, Sporting Life lui propose un peu de « poussière du bonheur ». Elle essaie de refuser mais ne parvient pas à résister; Sporting Life chante alors un *blues* très convaincant « There's a boat dat's leavin' soon for New York » (Il y a un bateau qui part bientôt pour New York). Il sort, laissant un autre sachet de drogue derrière lui; après son départ, Bess sort furtivement, et rapporte la drogue chez elle.

Scène 3. Dans Catfish Row, une semaine plus tard. Porgy revient après une semaine d'absence — il refusait de regarder le cadavre de Crown et a été écroué pour offense au tribunal. Tout le monde est déconcerté par son arrivée, mais il distribue les cadeaux qu'il a achetés pour tous (après avoir gagné quelques parties de dés en prison); il cherche Bess à qui revient le dernier cadeau, le plus beau, et ne la trouve nulle part. « Oh, Bess, où est ma Bess ? » chante-t-il; Serena et Maria ajoutent leurs explications à son air, l'une l'excusant et l'autre condamnant ce qu'elle a fait. Le désir de Porgy s'exprime admirablement bien dans ce trio et dans le finale « Oh, Lord, I'm on my way » (O, Seigneur, je suis en route), un *spiritual* avec chœur, que Porgy chante en partant à la recherche de Bess, à New York. Il sort de Catfish Row dans son chariot, bien décidé à la trouver et à la ramener, où qu'elle soit.

Porgy and Bess est le premier opéra américain à avoir connu un succès important. C'est aussi peut-être le seul opéra faisant appel au jazz des années 20 et 30 à avoir survécu à la guerre, qui a mis un terme à cette période. Cela provient sans doute en partie du fait que la plupart des compositeurs européens (par exemple Krenek dans *Jonny spielt auf*) ont employé cette forme d'expression d'une manière satirique, alors que Gershwin l'a utilisé comme un fond folklorique, pour une histoire qui parlait d'une communauté dont le jazz était un moyen d'expression naturel.

H.

GIAN CARLO MENOTTI
(né en 1911)

Gian Carlo Menotti est le compositeur d'opéras américains le plus prolifique. Son foudroyant succès des années 40, qui a duré jusqu'au début des années 50, ne s'est pas trouvé confirmé dans les décennies suivantes. Ses tentatives pour renouveler ou du moins pour styliser la forme de l'opéra traditionnel, comme par exemple dans *The Unicorn, The Dragon, The Manticore* (1958), n'ont pas rencontré beaucoup de succès. *Maria Golovin* (1957) fut accueilli fraîchement par la critique, le public et les directions des théâtres, et *The Saint of Bleecker Street*, malgré l'attrait évident qu'il exerçait dans les pays catholiques, n'a pas réussi à renouveler les succès sensationnels d'œuvres plus anciennes comme *The Medium* ou *The Consul*.

Amelia al Ballo
Amelia au Bal

Opéra en 1 acte de Gian Carlo Menotti; texte du compositeur. Créé (dans une trad. angl. de G. Meade), 1er avril 1937, à Philadelphie, dir. Reiner. Première au Metropolitan Opera, New York (en angl.), 1938, avec Muriel Dickson, Chamlee, Brownlee, Cordon, dir. Panizza; San Remo, 1938, (en it.) dir. Votto; Berlin, 1947.

PERSONNAGES

AMELIA (soprano); SON MARI (baryton); SON AMANT (ténor); SON AMIE (contralto); LE COMMISSAIRE DE POLICE (basse); LA PREMIÈRE BONNE (mezzo-soprano); LA SECONDE BONNE (mezzo-soprano).
Voisins, passants, agents de police.

La chambre à coucher luxueuse d'Amelia, la femme d'un riche bourgeois, dans une grande ville européenne, au début du XXe siècle.

Un prélude animé est dominé par un passage lyrique, *andante*, qui fait allusion au trio de la deuxième moitié de l'opéra. Le rideau se lève alors qu'Amelia, qui est décrite comme « une belle femme avec les cheveux roux », se fait habiller par ses deux bonnes pour aller au premier bal de la saison; son amie menace de partir sans elle si elle ne se presse pas. Les deux femmes chantent un duo (« La notte, la notte ») : rien au monde, ni l'amour, ni l'honneur, n'a la moindre importance quand une femme veut aller au bal.

Après un contretemps de dernière minute, lorsque les bonnes cherchent frénétiquement le précieux fichu d'Amelia, elles sont sur le point de partir quand arrive le mari d'Amelia, qui annonce qu'ils ne peuvent pas y aller car il doit s'entretenir seul à seul avec sa femme. Amelia, furieuse, exige qu'il s'explique. Le pauvre homme a trouvé dans ses papiers une lettre d'amour passionnée, signée « Bubu ». Amelia nie en avoir connaissance, si bien que son mari, sur un air *andante* émouvant (« Amelia cara »), lui lit la lettre à haute voix. Lui dira-t-elle le nom de son amant ? Amelia joue de façon convaincante le rôle de la femme fidèle et commence par refuser de trahir le nom de son amant, mais elle finit par consentir à le divulguer, pourvu que son mari promette de l'emmener au bal. Il est d'accord et, sur le thème de la lettre d'amour, Amelia lui dit que c'est l'homme du troisième étage — celui avec la moustache. « Quand le vois-tu ? » demande le mari. « La nuit, seulement », répond Amelia et, lorsque son mari lui reproche ses infidélités accomplies pendant son sommeil, elle réplique que, puisqu'il ne fait que dormir au lit, son infidélité n'est pas surprenante.

Le mari met son chapeau et son pardessus et se précipite vers la porte. Il tiendra sa promesse mais il aimerait d'abord bavarder un peu avec l'homme du troisième, avec l'aide de son pistolet; ils pourront aller danser pendant que son amant pansera son crâne troué.

Amelia, agacée, pense que si les hommes commencent à se battre elle n'arrivera jamais au bal. Une idée lui

vient, elle va jusqu'au balcon pour dire à son amant de descendre par là, de manière à éviter son mari. En l'attendant, elle chante une *romanza* — les hommes exigent toutes sortes de faveurs, alors que tout ce qu'elle veut c'est aller au bal, elle prie pour que le temps s'arrête et que son vœu soit exaucé.

L'amant arrive (en descendant à l'aide d'une corde), décidé à défendre Amelia contre son mari jusqu'à ce qu'il entende parler du pistolet; il lui propose alors de s'enfuir avec lui sans plus attendre. Mais quand ils ont fini de discuter, il est trop tard; le mari entre, furieux d'être frustré de sa revanche. « Nous pouvons donc y aller maintenant ? » demande Amelia. « Aller où ? » répond le mari, puis, se rappelant le bal, il accepte de l'y mener pour être tranquille. Pendant qu'Amelia s'affaire à sa coiffeuse, il fait les cent pas et remarque la corde au balcon. Il ne lui faut que quelques minutes pour trouver l'amant qui s'est caché; il vise et tire, mais ne produit qu'un déclic inoffensif. L'amant s'avance d'un air menaçant, mais le mari parvient à le raisonner, et ils s'assoient tous deux pour parler de la situation entre hommes, laissant Amelia marmonner à l'arrière-plan.

L'amant raconte son histoire dans une *romanza* extrêmement sentimentale (« Fu di notte ») après laquelle la conversation reprend, mais Amelia est de plus en plus en colère. C'est alors que suit le trio qui était esquissé dans le prélude et où le déroulement de l'action est interrompu pour laisser les trois personnages s'adresser directement au public : « Chi puo saper ? » (Qui peut savoir qui a raison et qui a tort ?)

Lorsqu'Amelia, complètement exaspérée, demande à son mari : « Pour la dernière fois, m'emmèneras-tu au bal, oui ou non ? », il refuse; elle saisit un vase et le frappe à la tête. Il s'évanouit, Amelia prend peur et crie à l'aide.

Accompagnée par un bref interlude orchestral, une foule de voisins et de passants se rassemble. Le chef de la police lui-même finit par arriver. La foule s'aperçoit que ce n'est pas un homme très intelligent et s'efforce de le reprendre à mesure qu'il se trompe sur ce qui s'est passé. « Et d'ailleurs, qui est-ce ? » demande-t-il; et il se met aussitôt au garde-à-vous avant de laisser échapper un « Excellence » dès qu'Amelia lui souffle à l'oreille le nom de son mari. Amelia, de plus en plus charmante, le flatte et lui dit que son mari a été assailli par un voleur — et elle montre du doigt son amant qui, malgré ses protestations, est traîné en prison. Une ambulance emmène le mari qui, lui assure le chef de la police, sera bientôt rétabli. « Je sais », dit Amelia, qui n'a qu'une idée en tête, « mais qui m'emmènera au bal maintenant ? » Et pendant que le chœur chante la morale de cette histoire — quand une femme a envie d'aller au bal, elle finit par y aller — le chef de la police se prépare à devenir son galant cavalier et termine ainsi comme il convenait l'un des opéras les moins ambitieux, mais les plus étincelants de Menotti, et l'une de ses partitions les plus remarquables.

H.

The Medium
Le Médium

Opéra en 2 actes de Menotti; texte du compositeur. Créé au Brander Matthews Th., Columbia University, 8 mai 1946, avec Evelyn Keller, Claramae Turner, dir. Luening. Première à New York (révisé et subventionné par la Ballet Society), 1947, avec Keller, Marie Powers, dir. Barzin; Paris, Th. de la Renaissance, 1948; Londres, Aldwych Theatre, 1948, dir. Balaban; Gênes, 1950, dir. Sanzogno; Venise, Bari, Palerme, Turin, 1951-1952, chaque fois avec Pederzini; Paris, Th. des Champs-Elysées, 1955, avec Marie Powers, Linval; Opéra de Marseille, 1961, avec Scharley, Rutili, Doucet, Macaux, dir. Ducreux; Paris, Opéra-Comique, 1962, avec Denise Scharley, dir. R. Blareau; 1968, avec Scharley, Lublin, dir. Blareau.

PERSONNAGES

MONICA, *la fille de Madame Flora* (soprano); TOBY, *un muet* (danseur); MME FLORA (BABA), *un médium* (contralto); MRS. GOBINEAU, MR. GOBINEAU, MRS. NOLAN, *ses clients* (soprano, baryton, mezzo-soprano).

Aux U.S.A., de nos jours.

Au sujet de *The Medium*, le compositeur lui-même a écrit ceci (dans un texte destiné à accompagner un enregistrement intégral sur disque publié par Columbia Records aux Etats-Unis) : « Malgré son cadre étrange et ses conclusions macabres, *Le Médium* est en fait un jeu d'idées. Il décrit la tragédie d'une femme prise entre deux mondes, un monde réel, qu'elle ne comprend pas parfaitement, et un monde surnaturel, auquel elle n'arrive pas à croire. Baba, le Médium, n'a aucun scrupule à duper ses clients... jusqu'à ce qu'il se passe quelque chose qu'elle n'avait pas prévu. Cet incident insignifiant... brise la confiance qu'elle avait en elle-même, et la rend presque folle de colère. » Il poursuit en expliquant que l'idée de l'opéra lui est venu en 1936 lorsque, séjournant à côté de Salzbourg, il fut invité par quelques amis à une séance de spiritisme. C'est moins son propre scepticisme qui l'a marqué que l'anxiété pathétique avec laquelle ses amis voulaient croire que l'esprit de leur fille décédée leur parlait par l'intermédiaire du médium.

Acte I. Le salon de Mme Flora. Un théâtre de marionnettes dans un coin de la pièce. Dans un autre coin une statue de la Vierge. Pas de fenêtre; l'heure du jour est incertaine. Toby tire quelques morceaux de tissu d'une malle pour improviser un costume. Monica se coiffe et chante pour elle-même. Le bruit de la porte qui claque les effraie, et ils restent immobiles. Mme Flora entre : « Combien de fois vous ai-je dit de ne pas toucher à mes affaires... Est-ce que tout est prêt ? Bien sûr que non. » Monica calme sa mère et ils se préparent pour la séance; Monica revêt une robe blanche et un voile, Toby essaie les divers dispositifs du théâtre de marionnettes.

Les clients arrivent. L'un d'entre eux n'est encore jamais venu, mais les autres, qui viennent depuis deux ans, lui disent combien Mme Flora est merveilleuse. Mrs. Gobineau parle de son enfant qui s'est noyé dans une fontaine de leur jardin en France. La séance débute. Toutes les lumières, à l'exception de la bougie qui se trouve devant la madone, sont éteintes; ils sont assis autour de la table et se tiennent les mains. Baba gémit, et Monica apparaît tout doucement dans une lumière bleue, très faible, en chantant. « Mère, mère, es-tu là ? » Mrs. Nolan est persuadée que c'est sa fille et lui pose quelques questions faciles; ses réponses la satisfont. Monica lui parle d'un bracelet en or, mais il s'avère qu'elle n'en a jamais eu, et aussitôt la vision disparaît..

Monica imite ensuite le bruit d'un enfant qui rit, pour satisfaire les Gobineau. Tout à coup, Baba crie et allume la lumière : « Qui m'a touchée ? » Ils essaient de la rassurer, mais elle les renvoie. En partant, ils chantent un trio : « Mais pourquoi avoir peur de nos morts ? »

La peur de Baba est à son paroxysme, elle saisit Toby dans le théâtre de marionnettes et essaie de lui faire porter la responsabilité de ce phénomène. Monica l'emmène et la console en chantant une grande mélodie que Toby accompagne au tambourin : « O cygne noir, où, mais où est parti mon amant ? » Brusquement, Baba pense entendre des voix et envoie Toby voir qui est là, lorsqu'il revient disant qu'il n'y a rien, elle tombe à genoux et se met à prier. Monica reprend quelques phrases de l'air du berceau.

Acte II. Même décor. Monica, assise devant le théâtre de marionnettes, regarde une représentation que donne Toby. Elle applaudit, puis chante pendant qu'il danse pieds nus autour de la pièce. La danse se transforme en une espèce de duo d'amour dans lequel Monica chante pour eux deux, tandis que Toby mime sa partie. Elle a deviné son amour pour elle et essaie d'en faire un rôle de théâtre comme il aime les jouer.

Baba monte péniblement, Toby se blottit dans un coin avant qu'elle n'entre dans la pièce, alors que Monica est déjà partie dans sa chambre. Baba interroge Toby sur l'incident qui a eu lieu quelques jours plus tôt; a-t-il touché sa gorge ? Etait-ce lui ? Elle n'arrive pas à le faire avouer, elle perd patience, saisit un fouet et le bat sans pitié. On sonne à la porte, les Gobineau et Mrs. Nolan entrent. N'est-ce pas cette nuit que devait avoir lieu la séance ? Oui, dit-elle, mais il n'y en aura plus — elles étaient toutes frauduleuses. Elle veut leur rendre leur argent, mais ils refusent de reconnaître qu'ils se sont laissé abuser. Même la vue des accessoires scéniques et le son de la voix de Monica imitant les voix des enfants ne suffisent pas à les convaincre; ils la supplient de leur accorder une autre séance. Mme Flora perd brusquement patience et leur crie de sortir, elle renvoie aussi Toby. Monica a juste le temps de lui dire au revoir.

Les voix reviennent à l'oreille de Baba. En désespoir de cause elle se sert à boire. « Peur. Ai-je peur ? » se demande-t-elle. Elle passe en revue toute sa vie, puis elle essaie de se consoler avec l'air du cygne noir. Cette scène se termine par un fou rire. Elle demande pardon dans ses prières, puis s'endort, épuisée.

Toby revient et va jusqu'à la chambre de Monica sur la pointe des pieds; il trouve la porte fermée à clef et se cache derrière le canapé lorsque Baba, s'agitant dans son sommeil, renverse la bouteille. Il fouille dans la malle, mais le couvercle se referme bruyamment. Baba s'éveille en sursaut, et Toby se cache derrière le théâtre de marionnettes. Elle crie « Qui est là ? » Prenant alors un revolver dans son tiroir, elle tire en direction du rideau. Une tache de sang apparaît sur le rideau blanc. « J'ai tué le fantôme », dit Baba. La main de Toby s'agrippe au théâtre, qui s'écroule sous son poids, et il tombe mort dans la pièce. « J'ai tué le fantôme », dit Baba, tandis que Monica frappe à la porte et demande qu'on la laisse entrer : « J'ai tué le fantôme. »

H.

The Telephone
Le Téléphone

Opéra bouffe en 1 acte de Menotti; texte du compositeur. Créé au Hecksher Theatre, New York, 18 février 1947, avec Marilyn Cotlow, Paul Kwartin, dir. Barzin. Première, Ethel Barrymore Theatre, New York, 1947, dir. Balaban; Londres, Aldwych Theatre, 1948, dir. Balaban; Zürich, 1949; Hambourg, 1952; Sadler's Wells, 1959, dir. Alexander Gibson; Paris, Opéra-Comique, 1968, avec L. Berton, J.C. Benoit, dir. Blareau.

PERSONNAGES

LUCY (soprano); BEN (baryton).

Aux U.S.A., de nos jours.

La plupart des représentations du *Medium*, en tout cas celles qui ont été données en anglais, ont été précédées d'exécutions du *Telephone*, la petite comédie que Menotti avait écrite pour la première représentation du *Medium* organisée par la Ballet Society. Mais il semblerait que Le Téléphone puisse avoir une existence autonome, et il constitue une œuvre parfaite pour un lever de rideau, une espèce d'*intermezzo* moderne en quelque sorte, dans le style de *Il Segreto di Susanna*, de Wolf-Ferrari.

L'appartement de Lucy. L'ouverture indique bien l'aspect d'*opera buffa* de l'œuvre. Lucy ouvre un paquet que Ben vient de lui donner : « Oh, exactement ce que je voulais », dit-elle en déballant une sculpture abstraite. Ben a quelque chose à lui dire avant que son train ne parte, dans une heure. Il semble qu'il soit sur le point d'y parvenir lorsque le téléphone sonne. Lucy répond en chantant une petite *arietta* où semble se trouver tout ce qu'elle dit toujours à toutes ses amies au téléphone. A un moment de la conversation elle se passe complètement de paroles dans son air, puis elle semble, au grand découragement de Ben, s'apprêter à reposer toutes les questions qu'elle a déjà posées; mais elle finit par raccrocher.

Ben, à nouveau, voudrait lui parler, mais en est encore une fois empêché, cette fois-ci par une erreur de numéro. Mais il a le malheur de parler de l'heure, et Lucy téléphone aussitôt à l'horloge parlante, pour découvrir qu'il est « 16 h 15 mn et 3 secondes et demies ». Une autre tentative échoue lorsque le téléphone sonne à nouveau. La conversation est animée et agitée, Lucy semble se quereller avec un ami. Ben voudrait la consoler, mais elle part dans sa chambre chercher un mouchoir. Ben fait la grimace et songe à ce rival invincible que constitue le téléphone, avec ses « centaines de vies et ses kilomètres de cordon ombilical. » Il est sur le point de couper la ligne lorsque le téléphone sonne bruyamment et désespérément (« Comme un enfant qui appellerait au secours », dit le livret), Lucy entre et le prend tendrement dans ses bras.

Lucy doit téléphoner à son amie Pamela au sujet de la dispute avec George. A nouveau la conversation est une *arietta,* mais cette fois-ci la voix de Ben se glisse sous celle de Lucy, pour se plaindre de ce qu'il n'a jamais l'occasion de lui parler. Il sort, à la grande surprise de Lucy (« J'ai l'impression qu'il avait quelque chose en tête »). D'un côté de la scène on voit alors Ben en train de composer un numéro depuis une cabine téléphonique. Le téléphone de Lucy sonne, et il lui demande de l'épouser, ce qu'elle accepte aussitôt. Lucy n'exige qu'une seule chose : qu'il n'oublie pas... Quoi ? demande Ben; ses mains, ses yeux, ses lèvres ? Non, mon numéro, s'écrie Lucy, et l'opéra se termine sur un air de valse brillante dans lequel Ben promet de ne jamais oublier son numéro qu'elle lui dicte...

H.

The Consul
Le Consul

Opéra en 3 actes de Menotti; texte du compositeur. Créé à Philadelphie, 1er mars 1950, avec Neway, Powers, Lane, Marlo, MacNeil, Lishner, MacKinley, Jongeyans, dir. Lehman Engel. Première à New York, 1951, même distribution; Cambridge Theatre, Londres, 1951, dir. Schippers; Hambourg, 1951, avec Mödl, Koegel, Wasserthal, Ilosvay, Marschner, Meyer-Bremen; Zürich, 1951, dir. Reinshagen; la Scala, Milan, 1951, dir. Sanzogno; Vienne, 1951, dir. Zallinger; Berlin, 1951, et Munich, 1952, avec Borkh; Sadler's Wells, 1954; New York City Opera, 1960.

PERSONNAGES

JOHN SOREL (baryton); MAGDA SOREL, *sa femme* (soprano); LA MÈRE (contralto); L'AGENT DE LA POLICE SECRÈTE (basse); PREMIER ET SECOND POLICIERS EN CIVIL (rôles muets); LA SECRÉTAIRE (mezzo-soprano); MR. KOFNER (baryton-basse), LA FEMME ÉTRANGÈRE (soprano), ANNA GOMEZ (soprano), VERA BORONEL (contralto),

LE MAGICIEN (NIKA MAGADOFF) (ténor), *qui attendent dans le bureau du consul;* ASSAN, *ami de John Sorel* (baryton); LA VOIX SUR DISQUE (soprano).

Quelque part en Europe, après la Seconde Guerre mondiale.

Le premier grand opéra de Menotti traite d'un sujet familier au public, dans les pays qui n'étaient pas de langue anglaise. Le succès immédiat que connut l'œuvre fut peut-être lié davantage à l'aspect théâtral saisissant de son histoire qu'à un pouvoir comparable de la musique elle-même.

Le pays dans lequel se déroule l'action n'est pas identifié, non plus que ce consulat dont la secrétaire incarne la bureaucratie formaliste de toutes les grandes villes du monde.

Acte I, scène 1. Dans la maison de John Sorel. On entend le son d'un disque, venant d'un café de l'autre côté de la rue, au moment où le rideau se lève : « Tu reviendras... ». Sorel entre dans la pièce en titubant et se jette dans un fauteuil. Magda arrive en courant et commence à panser aussitôt la blessure qu'elle découvre sur sa jambe. Il leur raconte, à elle et à la Mère, qui l'a suivie dans la pièce, l'histoire habituelle : il y avait une réunion clandestine, la police, informée, a ouvert le feu lorsqu'ils ont pris la fuite par les toits, le blessant et en tuant un autre. Magda regarde par la fenêtre et voit la police. Elle aide John à se réfugier dans une cachette qu'ils avaient manifestement préparée.

Les agents de la Police Secrète entrent; la Mère berce l'enfant de Magda et de John. Elle chante un air triste où elle regrette cette tranquillité qui a disparu de leurs vies : « En verrons-nous jamais la fin ? » L'agent interroge Magda, qui répond sans se compromettre. Il la menace : « Le courage n'est souvent qu'un manque d'imagination. Nous avons de curieuses façons de faire parler les gens. Oh, pas du tout celles auxquelles vous pensez... Les gens comme vous peuvent résister

à la force, mais non pas aux battements de leur propre cœur. »

Les policiers s'en vont, Magda et la Mère les regardent arrêter un opposant et l'emmener. John sort de sa cachette; il doit s'en aller. Il leur dit que le signal qui indiquera qu'il y a un message de lui sera donné en cassant le carreau avec une pierre. Il faudra alors envoyer chercher Assan, le vitrier, qui leur apportera des nouvelles. Magda et John se disent au revoir (« Maintenant, ô lèvres, dites au revoir »), et leur duo se transforme en trio lorsque la Mère ajoute sa voix aux leurs.

Scène 2. La salle d'attente du consulat, toute triste, et dans un angle le bureau de la Secrétaire, derrière lequel se trouve la porte menant au bureau du Consul. Kofner s'avance pour renouveler sa demande de visa; il a tout ce qu'il faut maintenant... mais les photographies ne sont pas aux bonnes dimensions. Un mouvement *allegretto*, en 6/8, évoque l'aspect monotone et automatique des échanges entre le demandeur et la Secrétaire. Lorsqu'il s'éloigne la Femme Etrangère s'avance jusqu'à la barre qui sépare le bureau de la Secrétaire du reste de la pièce, et présente l'objet de sa demande. Elle ne parle pas la même langue, et les choses semblent se compliquer encore davantage, mais Kofner propose de servir d'interprète. On apprend alors que sa fille s'est enfuie avec un soldat, qui l'a ensuite abandonnée avec son bébé âgé de trois mois. La fille est malade et a besoin de sa mère pour l'aider; peut-elle avoir un visa pour aller lui rendre visite ? Oui, lui répond la Secrétaire, si elle remplit les formulaires et si sa demande est acceptée, elle pourra peut-être partir d'ici deux mois. Elle est stupéfaite en apprenant la nouvelle, mais Kofner l'emmène pour remplir les formulaires.

D'autres gens entrent dans la salle d'attente, et Magda s'avance vers le bureau. Le dialogue qu'elle a avec la Secrétaire est caractéristique du style de Menotti.

Magda : Puis-je parler au Consul ?
La Secrétaire : Personne n'est autorisé à parler au Consul, le Consul est occupé.
Magda : Transmettez-lui mon nom.
La Secrétaire : Votre nom est un numéro.
Magda : Mais mon nom est Sorel, Magda Sorel. La femme de Sorel, qui aime tant la liberté.
La Secrétaire : Sorel est un nom, et un nom est un numéro.
Magda : Puis-je parler au Consul ?
La Secrétaire : Personne n'est autorisé à parler au Consul, le Consul est occupé.

Le duo devient de plus en plus intense : « Expliquez au Consul, expliquez que ma vie est usée jusqu'à la corde. » Mais il est toujours question de remplir des formulaires et de faire des demandes de la manière habituelle, et on tend à Magda un tas de formulaires au moment où Nika Magadoff s'avance. Il commence à faire quelques tours pour essayer de faire bonne impression sur la Secrétaire et lui montrer ses bons sentiments, mais un ensemble lent débute alors (« Dans les interminables salles d'attente »), et il y prend part. Au moment où le rideau tombe, il s'est transformé en quintette avec Magda, Anna Gomez, Vera Boronel, le Magicien et Kofner.

Acte II, scène 1. La maison de Sorel, un mois plus tard. Magda et sa mère s'entretiennent de la possibilité d'obtenir un visa. La Mère chante au bébé une berceuse : « Je te trouverai des coquillages et des étoiles » et, après le retour de Magda, elle sort à son tour. Magda s'agite dans son sommeil, et dans un cauchemar elle voit John et la Secrétaire, qu'il lui présente comme étant sa sœur. Magda a peur d'elle, d'autant plus que John semble attiré par cette femme. Le cauchemar se termine sur la vision horrible d'un enfant mort.

Magda s'éveille en criant, et sa mère la réconforte. Tout à coup, une pierre brise une vitre et Magda se précipite au téléphone pour exécuter les ordres de John. L'agent de la Police secrète arrive, il laisse entendre qu'il n'y aurait aucun obstacle à ce qu'elle rejoigne son mari si elle voulait seulement donner les quelques renseignements qu'il cherche au sujet des amis de son mari. Elle perd patience et lui dit de sortir, menaçant de le tuer si jamais il revient. Il est près de la porte lorsqu'Assan arrive pour réparer la fenêtre.

Assan dit à Magda que John se cache toujours dans les montagnes et ne veut pas quitter le pays avant d'être sûr que sa femme a un visa et peut le suivre. Elle lui demande de lui dire que les démarches sont terminées ; ce n'est pas vrai, mais il n'y a pas d'autre moyen de l'obliger à sauver sa propre vie.

Pendant la scène entre Magda et Assan, la Mère s'aperçoit brusquement que l'enfant, affamé, est mort pendant son sommeil. Elle reste calme à côté du berceau, sans le bercer. Dès qu'elle le regarde, Magda comprend ce qui est arrivé. Elle apaise les larmes de sa mère (« Il est trop tôt pour pleurer »), mais la Mère pense à John, « qui ne reverra jamais son enfant ».

Interlude. Scène 2. Dans le Consulat, quelques jours plus tard. La Secrétaire est à la recherche d'un document. Anna Gomez est à la barre ; le Magicien, Vera Boronel, Kofner et la Femme Etrangère attendent. La Secrétaire trouve la fiche et lit : « Trois années en camp de concentration. Mari prisonnier ; lieu inconnu. Pas de papiers. Je ne vois pas ce que nous pouvons faire pour vous. » « Ce n'est qu'un cas parmi tant d'autres, et il n'y a rien à faire si ce n'est remplir des formulaires, et essayer avant tout d'éviter de sombrer dans le désespoir.

Magda entre et demande à pouvoir passer devant la queue, mais le Magicien explique, gentiment mais fermement, qu'il est venu sept fois au Consulat, et chaque fois que son tour arrivait, c'était l'heure de fermeture ; il *doit* passer à son tour maintenant. Il exhibe à nouveau ses talents professionnels de prestidigitateur et d'hypnotiseur, à la grande épouvante de la Secrétaire. Il met tous ceux qui sont présents en transe dans la salle d'attente et les fait danser joyeusement ensemble ; la Secrétaire finit par être complètement désemparée devant le tour inhabituel qu'ont pris les événements. Elle supplie Magadoff de les ramener à leur état normal ; après s'être exécuté, il quitte la pièce.

Les autres permettent à Magda de passer devant eux. La Secrétaire ne se souvient pas d'elle avant de l'avoir recherchée dans le fichier ; Magda est folle de peur et au bord du désespoir. Elle demande à voir le Consul mais encore une fois cela lui est refusé. Enfin, ne pouvant en supporter davantage, elle renonce à se maîtriser et elle se lance dans une dénonciation du système bureaucratique et des injustices auxquelles il conduit. Le reste de l'acte est consacré à une *scena* pour Magda, interrompue par la Secrétaire et les autres personnes qui attendent au Consulat ; « Nous en sommes arrivés à ceci : les hommes refusent le monde à l'homme. » Sa sortie vise tout d'abord ces questions inutiles dont la vie dépend : « Quel est votre nom ?... Mon nom est Femme. Age : Encore jeune. Couleur des cheveux : Gris. Couleur des yeux : Couleur de Larmes. Activité : Attendre. » Son indignation passionnée se résume finalement en une phrase courageuse : « Oh, le jour viendra, je le sais, où nos cœurs affamés brûleront vos chaînes de papier. Prévenez le Consul, Secrétaire. »

La Secrétaire ne parvient pas à cacher ses propres sentiments bien qu'elle fasse de son mieux : « Vous n'êtes pas très raisonnable, Mᵐᵉ Sorel. » Elle entre dans le bureau du Consul, disant qu'elle va lui demander s'il peut la recevoir quelques instants. Contre toute attente, elle sort et fait savoir à Magda qu'elle pourra entrer dès que le visiteur important qui est avec lui sera parti. Le terme de l'attente semble approcher lorsqu'on voit derrière la porte vitrée deux ombres. Le visiteur lui serre la main, mais lorsqu'il entre dans la pièce, on voit que c'est l'agent de la Police secrète. Magda s'évanouit.

Acte III, scène 1. Le Consulat. Magda attend pour voir le Consul, bien que la Secrétaire l'ait prévenue que les bureaux fermaient dans dix minutes. Vera Boronel entre alors, donne son nom, et est saluée presque agréablement par la Secrétaire ; enfin une personne à qui elle peut annoncer une bonne nouvelle — ses papiers sont en règle ! Il y a à nouveau un *allegretto* pour évoquer l'aspect machinal et mesquin que revêtent ces signatures ; même si ces documents sont associés, comme c'est le cas ici, à une perspective heureuse — et les deux femmes chantent joyeusement ensemble : « Tous les papiers doivent être signés. »

Assan entre précipitamment, à la recherche de Magda ; il lui dit que les nouvelles venant de John sont mauvaises ; il a entendu dire que son enfant et sa mère étaient morts, et il a l'intention de retraverser la frontière pour venir chercher sa femme. Pendant que la Secrétaire et Vera Boronel continuent de signer leurs papiers, Magda et Assan cherchent un moyen de le persuader de ne pas revenir. Magda pense en avoir trouvé un, et elle écrit un mot qu'elle confie à Assan, mais en refusant de lui dire ce qu'elle a écrit.

Tout le monde s'en va, et la Secrétaire est elle aussi bientôt prête à partir. Pendant un instant elle semble revoir ces visages qu'elle a affrontés toute la journée sur ces bancs de la salle d'attente. « Il ne faut pas y penser », dit-elle « pourquoi y a-t-il autant de noms ? Leurs cas sont tous identiques. » Elle est sur le point de partir lorsque John se précipite dans la salle, regardant derrière lui pour voir s'il n'est pas suivi. Il demande si Magda n'est pas venue, et on lui dit qu'il pourra peut-être la rattraper s'il se dépêche. Mais il ne peut pas, répond-il, car il a été suivi jusqu'au Consulat par la police qui ne l'en laissera pas repartir. C'est alors qu'on entend un bruit confus venant de l'extérieur, et lorsque John sort son arme, l'agent de la Police secrète entre, suivi de deux policiers en civil. John est rapidement désarmé. La Secrétaire proteste, on ne peut arrêter personne à l'intérieur du consulat, l'agent secret lui répond que Sorel va les suivre de son propre gré et qu'il ne sera pas arrêté.

Au moment où ils partent, la Secrétaire se précipite pour téléphoner, et lorsque le rideau se lève sur la *scène 2*, après un interlude bâti sur un rythme de marche, on entend sonner le téléphone dans la chambre de Mme Sorel, qui y entre bientôt, mais une fois seulement que la sonnerie a cessé. Elle prépare son suicide, et ouvre le gaz.

Lorsqu'elle se penche sur le four avec un châle sur la tête, les murs s'évanouissent et des figures du Consulat apparaissent, telles exactement que Magda les a connues. Derrière elles se trouvent John et la Mère, celui-ci en habits sombres, celle-là en robe de mariée démodée. Magda leur parle, et un chœur fantomatique chante l'air de marche de l'interlude. Progressivement, ces figures disparaissent ainsi que la musique qui les accompagnait, et l'on n'entend plus que les respirations profondes de Magda. Brusquement le téléphone sonne. Magda étend le bras comme si elle voulait y répondre, mais elle n'a plus la force de réagir, et s'écroule, inerte, sur le fauteuil. Le rideau tombe alors que l'orchestre fait entendre l'air associé à la révolte de Magda, à la fin de l'acte II.

H.

Amahl and the Night Visitors
Amahl et les Visiteurs du soir

Opéra en 1 acte de Menotti; liv. du compositeur. Écrit à l'origine pour la TV. Créé dans les studios de la N.B.C., New York, 24 décembre 1951, avec Rosemary Kuhlmann et Chet Allen, dir. Schippers. Première sur scène, Indiana University, Bloomington, 21 février 1952, dir. Ernest Hoffmann. Première au City Center, New York, 1952; Festival de Florence, 1953, avec Simionato, Alvaro Cordova, Lazzari, Capecchi, Corena, dir. Stokowski; Paris, Th. des Champs-Élysées, 1955; (B.B.C.) TV angl., 1967, avec Cantelo; Opéra d'État de Hambourg, 1968-1969, avec Kjerstin Meyer; Genève, 1971, avec Kjerstin Meyer; Rome, 1971-1972, avec Giovanna Fiorini: Souvent représenté en Italie et aux États-Unis.

PERSONNAGES

AMAHL, *un garçon infirme d'environ 12 ans* (treble); SA MÈRE (soprano); LE ROI GASPARD (ténor); LE ROI MELCHIOR (baryton); LE ROI BALTHAZAR (basse); LE PAGE (baryton).

Bergers, Villageois, Danseurs.

Après quelques mesures d'introduction le rideau se lève sur une petite cabane de berger, où Amahl joue du pipeau. Par terre à ses côtés se trouve sa béquille. A l'intérieur de la cabane sa mère l'écoute un peu, puis lui dit de rentrer. Il essaie de la persuader de venir regarder le ciel superbe et la nouvelle étoile qui brille — « aussi grande qu'une fenêtre, et avec une traîne splendide. » Elle pense qu'il raconte encore des histoires et le gronde pour avoir menti; mais finit par fondre en larmes car le lendemain il lui faudra mendier. Ils se disent bonne nuit et se couchent.

Au loin on entend les voix des trois rois. Leur chemin est éclairé par leur page noir, qui ploie sous le poids des paquets remplis de richesses. Ils s'arrêtent chez Amahl, et le roi Melchior frappe. Amahl va à la porte, puis court prévenir sa mère. A trois reprises elle pense qu'il ment, mais finit par le suivre et les rois lui souhaitent majestueusement le bonsoir (« Que t'avais-je dit ? »); elle offre à ses visiteurs splendides l'hospitalité de sa pauvre maison. Ils l'acceptent avec reconnaissance, surtout Gaspard, qui a tendance à se laisser emporter, et que ses compagnons doivent retenir.

Sur un air enjoué, les rois entrent dans la cabane. Le page dispose les trésors sur un tapis, et la femme va chercher du bois. Amahl bombarde de questions le roi de Nubie, Balthazar, regardant d'un œil Gaspard, qui donne à manger à son perroquet. Amahl ne peut résister au caractère excentrique de Gaspard, et bientôt le questionne sans cesse. Mais Gaspard est sourd, et il ne se montre pas très chaleureux avant qu'Amahl ne lui demande ce qu'il y a dans la boîte; Gaspard s'enflamme alors et montre toutes les pierres précieuses qu'il conserve pour prévenir les malheurs. Lorsque sa mère revient et qu'elle le gronde pour les avoir dérangés, Amahl proteste : « Ce n'est pas ma faute; ils n'ont pas arrêté de me questionner. »

Amahl va chercher les autres bergers; les rois racontent à sa mère qu'ils sont à la recherche de l'enfant, et dans un *andante* ils décrivent leur vision (« Avez-vous vu un enfant couleur de blé, couleur d'aurore ? »). Dans son esprit, la mère identifie l'enfant à son propre fils.

Ils font silence, et on entend alors les voix des bergers chantant un joyeux chœur pastoral, sans accompagnement. Lorsqu'ils arrivent à la porte de la cabane avec leurs corbeilles de fruits et de légumes, ils sont abasourdis par la richesse des rois mais la mère les engage à entrer, et ils viennent timidement offrir leurs humbles cadeaux. Les rois les remercient et la mère demande aux jeunes gens de danser pour leurs hôtes. Ils exécutent une danse qui débute lentement et qui s'anime progressivement pour se transformer en une espèce de tarentelle.

Balthazar remercie les danseurs. Lorsque leur chant s'est estompé, Amahl demande d'un air songeur à Gaspard s'il n'aurait pas une pierre magique susceptible de guérir un garçon infirme. Mais Gaspard, comme d'habitude, n'entend pas bien, et Amahl va tristement se coucher sur son lit de paille.

Chacun s'installe pour la nuit. C'est l'aurore. Tout le monde dort, sauf la mère qui chante l'injustice qui représente toute cette richesse destinée à un enfant inconnu alors que le sien meurt de faim. Elle saisit un des paquets, et le page se réveille. Le bruit de leur lutte réveille Amahl, qui se jette sur le page pour tenter ainsi désespérément de sauver sa mère. Gaspard ordonne au page de relâcher la femme, et le roi Melchior lui dit qu'elle peut garder l'or, car l'enfant qu'ils cherchent n'en a aucun besoin.

Captivée par la description que lui fait Melchior, la mère le supplie de reprendre l'or — si elle n'était pas si pauvre, elle enverrait aussi un cadeau à l'enfant. Amahl veut lui envoyer sa béquille. Il la soulève et, à la surprise générale, fait un pas sans s'en servir. Personne tout d'abord ne veut croire au miracle, puis les rois rendent grâce à Dieu, et Amahl danse et bondit dans la pièce jusqu'à ce qu'il finisse par tomber. L'un après l'autre les rois demandent à Amahl la permission de le toucher. Lorsque le page la lui demande à son tour, il commence par refuser, mais, sur un signe de sa mère, il accepte. Amahl supplie qu'on le laisse partir avec les rois pour donner sa béquille à l'enfant, et lorsque les rois ajoutent leurs voix à la sienne, la mère donne son autorisation — mais il leur faut alors calmer Gaspard qui s'est trop agité. Avec une profusion de conseils maternels, Amahl s'en va avec les rois, lorsque la procession s'éloigne il joue sur son pipeau l'air qui débutait l'opéra.

H.

The Saint of Bleecker Street
La Sainte de Bleecker Street

Opéra en 3 actes de Menotti; texte du compositeur. Créé au Broadway Theatre, New York, 27 décembre 1954, avec Virginia Copeland, Gloria Lane, David Poleri, dir. Thomas Schippers. Première à la Scala, Milan, 1955, avec Eugenia Ratti, Gloria Lane, David Poleri, dir. Schippers; Volksoper, Vienne, 1955, dir. Hollreiser; Angleterre, B.B.C. (Television), 1957; New York, City Opera, 1964-1965; Spoleto, 1968, dir. Schippers; Opéra de Lyon, 1968, dir. Marty.

PERSONNAGES

ASSUNTA (mezzo-soprano); CARMELA (soprano); MARIA CORONA, *une marchande de journaux* (soprano); SON FILS DE 16 ANS, *muet;* DON MARCO, *un prêtre* (basse); ANNINA (soprano); MICHELE, *son frère* (ténor); DESIDERIA, *la maîtresse de Michele* (mezzo-soprano); SALVATORE (baryton); UN JEUNE HOMME (ténor).

Voisins, Invités du mariage, etc.

Un quartier de New York connu sous le nom de « Petite Italie », de nos jours.

L'ouverture établit un climat de ferveur religieuse.

Acte I, scène 1. Un appartement sans confort, dans Bleecker Street, l'après-midi du Vendredi Saint, avec une foule de voisins qui attendent qu'Annina sorte de sa chambre à coucher. C'est une jeune fille fragile, profondément religieuse et qui est sujette à de mystérieuses visions; des stigmates ont apparu après ses transes, et elle a la réputation d'avoir opéré des guérisons miraculeuses.

La foule attend avec impatience d'être bénie par la jeune fille, considérée comme une sainte; le remue-ménage cesse à l'arrivée du prêtre,

Don Marco, qui annonce que la vision a commencé et que l'on va faire sortir Annina. Elle reste d'abord allongée, immobile, et presque sans connaissance; puis elle laisse échapper tout à coup un cri de douleur et se lance dans une description détaillée de la Crucifixion, s'effondrant avec un cri sinistre lorsqu'elle décrit le dernier clou qu'on enfonce; les stigmates de ses mains se mettent alors à saigner. Don Marco et Carmela essaient de repousser les voisins qui font de grands efforts pour toucher la jeune fille malade; mais la foule recule à la vue de Michele, son frère, qui, dégoûté par leur comportement, les chasse. Avec l'aide de Carmela, il ramène Annina dans sa chambre, puis reproche au prêtre sa conduite, en disant que ces visions sont des troubles mentaux plutôt que l'œuvre de Dieu. Don Marco met Michele en garde, son adversaire n'est pas un prêtre, mais Dieu lui-même.

Scène 2. Dans un terrain vague dans Mulberry Street où se trouvent quelques taudis; de l'un d'eux on entend la voix d'Assunta qui chante une berceuse à son enfant. Sur les marches, Annina et Carmela cousent des étoiles dorées en papier sur la robe de la petite Concettina, qui doit jouer le rôle d'un ange dans la procession de San Gennaro. Cette cérémonie va bientôt avoir lieu, mais Annina dit que son frère ne veut pas qu'elle y aille. Carmela annonce son mariage à Annina et l'y convie. Annina l'invite en retour à sa prise de voile. Assunta rit des rêves de bonheur de Carmela — une fois qu'elle aura six enfants et un mari ivrogne, elle sera sûre d'aller au ciel. Annina leur décrit le ciel. Saint Michel l'a emmenée une fois en rêve jusqu'aux portes du paradis, et toutes trois chantent leur émerveillement devant cette vision; lorsque Maria Corona entre brusquement avec son fils muet; elle prévient Annina que les gens refusent de faire leur procession sans leur « Petite Sainte », et qu'ils menacent de l'enlever de force s'il le faut. Maria Corona doutait autrefois des miracles d'Annina, mais depuis que celle-ci a touché son fils, muet de naissance, il a commencé à parler, et il émet quelques grognements pitoyables au moment où Michele entre en colère et renvoie les femmes.

Annina a peur de lui parce qu'il se conduit de telle sorte que les gens le haïssent; il lui explique qu'il l'aime et qu'il veut la protéger de leurs voisins superstitieux, qui veulent en faire une sainte. Pourquoi Dieu la choisirait-il parmi tant de personnes, alors qu'autrefois on se moquait de sa stupidité ? Il jure qu'il va la cacher et qu'elle ne prendra jamais le voile.

On entend la procession qui s'approche. Annina essaie de persuader Michele de rentrer avec elle mais il refuse; de jeunes hommes l'immobilisent et portent triomphalement Annina, effrayée, à la tête de leur procession. Desideria délivre Michele, qui fond en larmes, elle l'embrasse passionnément.

Acte II. On fête le mariage de Carmela avec Salvatore, dans le sous-sol d'un restaurant italien. Desideria arrive, à la recherche de Michele, et lui reproche la manière dont il l'exclut depuis qu'elle vit avec lui. Elle veut qu'il l'emmène au mariage. Michele refuse, prétextant que cela contrarierait Annina. Desideria se met en colère. Pourquoi Michele ne laisse-t-il pas Annina tranquille ? Il est obsédé par elle (« Que fait-elle pour toi, sinon allumer des cierges pour ton âme ? »).

A contrecœur, Michele accepte de l'emmener, mais à la porte ils trouvent Don Marco, qui supplie Michele de ne pas faire un esclandre. Michele prend aussitôt la défense de Desideria et se met à crier qu'elle vaut bien plus que toutes les femmes qui sont là. Il repousse Annina et chante amèrement l'impossibilité à se faire accepter dans le Nouveau Monde comme un citoyen à part entière (« Tu as honte de dire : " J'étais italien "... »).

Annina, bouleversée, demande à Michele de la ramener à la maison. Desideria accuse Michele d'être amoureux de sa sœur. Il saisit un couteau sur le bar et la poignarde dans le dos, puis sort en courant, Annina prie sur le corps de Desideria. On entend au loin les sirènes de la police.

Acte III, scène I. Dans un couloir désert, près d'un kiosque à journaux, dans une station de métro. Annina et Maria Corona attendent Michele. Il arrive avec Don Marco, la rencontre entre le frère et la sœur est très tendre. Annina supplie Michele de se rendre mais il refuse, et ils évoquent leur situation dans un duo tragique. Elle lui dit qu'elle a peur de mourir et qu'elle va entrer dans un couvent, Michele est bouleversé. Il la maudit et s'en va.

Scène 2. La chambre d'Annina. Elle est mourante et veut prendre le voile aussitôt si l'Eglise l'y autorise. Carmela propose de lui prêter sa propre robe de mariée. Une lettre arrive pour Don Marco — c'est l'autorisation de l'Eglise. Des voisins s'entassent dans la chambre, Assunta annonce que Michele a été vu à proximité. La cérémonie se déroule calmement jusqu'à l'arrivée de Michele qui demande à sa sœur de revenir sur sa décision. Elle ne semble pas l'entendre et la cérémonie se poursuit; on lui coupe les cheveux et on lui met le voile noir. Michele observe sans y croire; Annina s'effondre et Don Marco lui met la bague au doigt juste avant qu'elle ne meure.

H.

27. L'Opéra argentin

ALBERTO GINASTERA
(né en 1916)

Bomarzo

Opéra en 2 actes (15 scènes) d'Alberto Ginastera; liv. de Manuel Mujica Lainez. Créé le 19 mai 1967, Washington, D.C., avec Salvador Novoa, Isabel Penagos, Joanna Simon, Claramae Turner, Richard Torigi, dir. Julius Rudel. Première au City Opera, New York, 1968, même distribution; Kiel, 1970 (en all.), avec Charles O'Neill, Buenos Aires, 1972, avec Novoa; Londres, Coliseum, 1976, dir. Lovett.

PERSONNAGES

PIER FRANCESCO ORSINI, *duc de Bomarzo* (ténor); SILVIO DE NARNI, *astrologue* (baryton); GIAN CORRADO ORSINI, *le père de Pier Francesco* (basse); GIROLAMO et MAERBALE, *frères de Pier Francesco* (barytons); NICOLAS ORSINI, *neveu de Pier Francesco* (ténor); JULIA FARNESE, *la femme de Pier Francesco* (soprano); PANTA-SILEA, *une courtisane florentine* (mezzo-soprano); DIANA ORSINI, *la grand-mère de Pier Francesco* (contralto); LE MESSAGER (baryton); UN JEUNE BERGER (treble).
Pier Francesco, Girolamo et Maerbale enfants.

Bomarzo, Florence et Rome au XVIe siècle.

Né à Buenos Aires en 1916, Alberto Ginastera avait déjà écrit des œuvres de tous genres, dont un ballet célèbre, *Panambi* (1939-1940) et un opéra plus célèbre encore, *Don Rodrigo* (1964), lorsqu'on lui commanda un nouvel opéra pour l'Opera Society of Washington.

Son librettiste est l'écrivain argentin Manuel Mujica Lainez (né à Buenos Aires en 1910), qui avait publié en 1962 un roman ayant pour sujet les monstres étranges des jardins de Bomarzo, près de Viterbe, au nord de Rome, et leur créateur au XVIe siècle, Pier Francesco Orsini. Le texte de programme de Lainez, légèrement raccourci, est reproduit en italiques au début de chaque scène. Ginastera a fait la remarque suivante sur son héros : « Je ne vois pas Bomarzo comme un homme de la Renaissance mais comme un homme de notre temps. Nous vivons aujourd'hui dans une ère de l'angoisse, une ère de la sexualité, une ère de la violence.

Bomarzo lutte avec la violence, et est en proie à l'angoisse, l'angoisse métaphysique de la mort. »

L'opéra se divise en deux actes, avec un prologue et un épilogue (en fait une seule scène est divisée en deux ou trois scènes).

Des passages en forme de prélude à l'orchestre, lents, profonds, conduisent à l'intervention du chœur (qui est confiné, sans être amplifié, à la fosse d'orchestre pendant tout l'opéra); elle est parfois notée précisément, parfois aléatoirement[1] — un présage de ce qui va suivre.

Acte I, scène 1. La Potion. *Moi, Pier Francesco Orsini, duc de Bomarzo, le dernier jour de ma vie, j'ai traversé le jardin jusqu'à ce que j'atteigne une figure sculptée dans le rocher, connue sous le nom La Gueule de l'Enfer. Mon astrologue, Silvio de Narni, qui portait un calice, et Nicolas, mon neveu, étaient venus avec moi. Je me souviens que nous avons entendu un berger chanter qu'il ne prendrait pas la place du duc; car j'avais traversé toute ma vie en portant sur mon dos bossu le poids de mes péchés. Ils m'ont laissé là, seul; j'ai bu la potion mystérieuse qui devait me rendre immortel. J'ai entendu la voix de ma grand-mère bien-aimée, qui disait qu'ils m'avaient trahi et que j'allais mourir. Le berger est apparu, mais je n'arrivais à me faire entendre. Puis j'ai vu défiler sous mes yeux tous les événements de ma vie étrange, non pas les plus importants, la Cour, les Batailles, les Guerres, mais les événements de ma vie intime, qui, tout comme ma bosse sur le dos, avaient encombré mon âme.*

La musique est avant tout marquée par l'innocence et la sécurité qui s'expriment dans la « chanson folklorique » du berger, avec ses couleurs médiévales, et par deux brefs solos de Pier Francesco, l'un qui regrette l'absence de paix et de certitude dans sa vie, et l'autre, un monologue dans lequel il affronte seul son destin, dans l'une des sculptures monstrueuses qu'il a fait faire. Le premier interlude, qui fait appel au chœur, est dérivé du prélude et conduit à la scène suivante.

Scène 2. L'enfance de Pier Francesco. *J'ai vu mes frères Girolamo et Maerbale, alors qu'ils étaient encore enfants, jouer dans l'une des salles du château, parmi des vieux vêtements et des bijoux qui étaient éparpillés par terre. Ils voulaient que je prenne part à leurs jeux, mais je savais que, comme toujours, ils voudraient me taquiner. Ils m'ont mis un bonnet d'âne sur la tête mais je n'ai pas bougé. Fâché, Girolamo décidait que puisqu'il devait être duc, je serais la duchesse de Bomarzo, et que Maerbale nous marierait. Ils m'ont habillé d'un absurde costume de femme, mais quand mon frère aîné a voulu m'embrasser, je me suis échappé. Tout à coup, Girolamo est tombé furieusement sur moi, et m'a percé le lobe de l'oreille avec une boucle d'oreille qu'il avait ramassée par terre, en disant que c'était un cadeau de la duchesse. Mon père entendait mes cris d'agonie, mais au lieu de m'aider, il disait que j'étais la honte de la famille, et me traitait de bossu efféminé. Mes frères sont partis en courant, et mon père en colère m'a rappelé, pour se moquer de moi, que dans une pièce secrète non loin de là vivait un être mystérieux que personne n'avait jamais vu mais que tout le monde redoutait. Ouvrant une porte secrète, il m'a poussé dans une cellule. A l'intérieur, j'ai vu un squelette, couronné de chiffons qui ressemblaient à des roses. Je ne sais pas si je l'ai rêvé ou si cela s'est vraiment passé ainsi, mais le squelette s'est levé et s'est mis à danser.*

---

1. Ce qui laisse une grande possibilité de choix aux exécutants.

Les enfants d'Orsini ont ici, des rôles parlés et la musique sert d'arrière-plan à leur sinistre pantomime; elle devient ensuite plus importante au moment de l'entrée du duc lui-même, leur père guerrier, caractérisé ici, et lors de sa prochaine apparition, par le bruit de sa canne frappant le sol.

La danse du squelette est décrite de manière éloquente par des *glissandi* de cordes, auxquels est associée la percussion.

Scène 3. L'Horoscope. *Je me suis ensuite retrouvé jeune homme, dans mon bureau avec l'astrologue qui me disait que je serais immortel, et par conséquent le plus célèbre des Orsini. Je lui ai répondu que mon père me détestait, et qu'il ne me laisserait jamais lui survivre, mais Silvio me dit alors qu'il pouvait éviter cela au moyen d'un sort magique. Nous avons entendu des cris de paons dans le jardin, qui nous ont surpris, car il n'y en avait pas à Bomarzo, et ma grand-mère est arrivée sur la terrasse, pleine de prémonitions. Un messager a annoncé que mon père, le condottiere, revenait à Bomarzo, grièvement blessé. Je me suis alors aperçu que la prédiction de l'astrologue se réalisait.*

L'incantation de Silvio est rendue d'autant plus impressionnante par le chœur qui murmure, à l'arrière-plan; les cris des paons sont faits à l'orchestre. Un interlude important décrit sans doute les sentiments partagés de Pier Francesco lorsqu'il apprend que son père est grièvement blessé et conduit à la scène suivante.

Scène 4. Pantasilea. *Le duc refusait de me recevoir, et m'a envoyé à Florence chez une célèbre courtisane, Pantasilea, sans doute pour se moquer de moi. La courtisane fut évidemment déçue de voir entrer un bossu dans sa chambre. J'étais suivi par Abul, mon esclave, que j'aimais beaucoup. Je me souviens de la terreur qui m'a envahi lorsqu'on m'a laissé seul avec Pantasilea dans une pièce couverte de miroirs, peuplés de cette image de moi dont j'avais honte. J'ai donné à cette créature voluptueuse mon collier de saphirs, et je lui ai demandé de me laisser partir. Elle m'a emmené jusqu'à un placard, et j'ai été révolté par les liquides infâmes qu'elle a employés pour attiser le feu de l'amour qui ne naissait pas. Je suis parti en courant, et les paons ont répété ce cri sinistre que j'avais entendu au château.*

La scène s'ouvre sur l'air de Pantasilea, accompagné à la mandoline, qui chante l'éloge de Florence, une ville associée à ses yeux à l'Amour. Cette horreur qu'éprouve Pier Francesco devant les miroirs, qui lui révèlent son corps bossu, est exposée ici pour la première fois, ainsi que ce refuge dans l'homosexualité que constitue le fidèle Abul. La scène se termine par une reprise de l'air de Pantasilea, aussi triste et solitaire que la profession qu'elle exerce.

Scène 5. Près du Tibre. *La mémoire m'a ensuite conduit quelque part à Bomarzo, près du Tibre, où ma grand-mère me racontait, ainsi qu'elle l'avait souvent fait, l'histoire merveilleuse des Orsini. Tout à coup j'ai vu Girolamo en haut d'un rocher, qui s'apprêtait à se baigner dans la rivière. Il a ri de la prédiction faite par mon horoscope, et s'est ensuite moqué de moi, mais il a perdu l'équilibre en reculant, et est tombé dans la rivière. Ma grand-mère n'a pas voulu que j'aille l'aider; j'avais pourtant vu qu'il s'était cogné la tête contre un rocher et qu'il mourait.*

Musicalement, la scène est dominée par la figure puissante de Diana Orsini, qui a là son rôle chanté le plus important. L'interlude est fait avant tout de sons de cloches, qui célèbrent la proclamation du nouveau duc, plutôt qu'elles ne sonnent le glas pour la mort de l'ancien.

Scène 6. Pier Francesco Orsini, duc de Bomarzo. *Peu après la mort de Girolamo, mon père est mort, et je lui ai succédé à la tête du duché. Nous donnions la cérémonie traditionnelle dans une salle du château, et ma grand-mère m'a présenté à l'une des invitées, la belle Julia Farnese. Des seigneurs et des vassaux marchaient en procession devant moi. Je fus ennuyé de voir Julia quitter la salle avec mon frère Maerbale. Je suis resté seul avec Abul, et un homme en cagoule s'est approché, son visage caché; mais j'ai reconnu — ou j'ai pensé reconnaître — le fantôme de mon père.*

La scène s'ouvre sur un chœur brillant, « O Rex Gloriae », elle comprend la curieuse réapparition du père de Pier Francesco (accompagné du bruit de sa canne), et se termine sur l'affirmation de Diana Orsini : « Tu es le duc. »

Scène 7. Fiesta à Bomarzo. *Les courtisans dansaient, et moi, isolé par mon terrible destin, j'arrivais à peine à murmurer l'amour que j'éprouvais pour Bomarzo, mon Bomarzo, car je suis Bomarzo. Je suis passé d'un rêve à l'autre, et j'avais l'impression qu'Abul, l'esclave, Julia Farnese et Pantasilea dansaient avec moi, essayant de s'emparer de moi. Les danseurs masqués se sont retournés, et à mesure qu'ils disparaissaient le rêve s'est transformé en cauchemar.*

Une marche et une musette précèdent le monologue de Pier Francesco, dans lequel il s'identifie à Bomarzo. A son tour, celui-ci est suivi de deux gaillardes et d'une mascarade, cette dernière ayant un *tempo di Saltarello* obsessionnel, à l'occasion d'une des scènes qui reçut le plus d'éloges de la part des critiques, pour la manière dont elle réussissait à associer étroitement la musique et la danse au sein d'un opéra.

Scène 8. Le portrait fait par Lorenzo Lotto. *J'étais revenu de la campagne de Picardie, et je me suis rendu dans mon bureau; mes yeux avaient hâte de voir mon portrait, fait par Messer Lorenzo Lotto à Venise. J'avais dit à Abul que le peintre y avait représenté le meilleur de moi-même. L'esclave s'est retiré et j'ai remarqué, à côté du portrait, un grand miroir. Dans l'image parfaitement nette qu'elle me renvoyait j'ai vu une représentation de mon corps meurtri, tout à l'opposé du portrait majestueux. Je me suis aperçu que j'étais les deux à la fois. De la profondeur du miroir j'ai vu sortir l'image du diable, comme si les esprits de mon père et de mon frère l'avaient invoqué. Aveuglé par la peur, j'ai brisé le miroir avec mon casque.*

Lorsqu'il regarde le portrait avec Abul, Pier Francesco s'exprime sur un arrière-plan instrumental et laisse échapper au passage le regret que Julia Farnese ne l'aime pas autant qu'Abul. Il se lance dans un air où il exprime ses désirs pour Julia, et dans un tempo plus rapide, sa crainte et sa haine du miroir et du démon qui y apparaît. Le chœur de la fin de la scène donne un écho à ses cris d'horreur, et l'acte se termine ainsi.

Acte II, scène 9. Julia Farnese. *J'étais constamment obsédé par Julia Farnese. Je l'ai vue dans le palais de son père, à Rome, et le soir elle a chanté délicatement les charmes de l'amour courtois. Maerbale chantait avec elle et moi, caché, j'y ajoutais les phrases que me dictait mon amertume. Maerbale et Julia étaient sur le point de boire un verre de vin rouge, je ne pouvais en supporter davantage, par mégarde, j'ai renversé le contenu de son gobelet sur la robe de Julia.*

Dans l'un des grands passages lyriques de la partition, le madrigal de Julia se transforme en duo lorsque Maerbale reprend son air, puis en trio lorsque Pier Francesco, à la manière d'Othello, les surprend et, poussé par la jalousie, interrompt la scène.

Scène 10. La chambre nuptiale. *Julia et moi nous sommes mariés à Bomarzo. Après la cérémonie, nous sommes entrés dans la chambre nuptiale. J'ai montré à Julia les mosaïques qui dessinaient un emblème où étaient associés les roses des Orsini et les lys des Farnese. Brusquement, parmi les motifs, j'en ai vu un qui représentait le visage du diable, mais que Julia ne pouvait voir.*

Un hymne nuptial lent du chœur précède le *Canto triste de amor* de Julia auquel s'associe Pier Francesco, presque à contrecœur, semble-t-il. Pendant que les dames d'honneur finissent de déshabiller la duchesse, elle fredonne pour elle l'air de la scène précédente, jusqu'à ce que Pier Francesco pousse un cri d'angoisse en voyant l'apparition du diable, que lui seul peut voir. Il ordonne aux courtisans de le laisser et, saisissant le poignet de son épouse, il essaie d'obliger le démon à quitter les mosaïques en le regardant fixement.

Scène 11. Le Rêve. *Je n'ai pu posséder Julia cette nuit-là, et j'ai sombré dans le désespoir, aggravé encore par un rêve que j'ai fait. Les peintures d'hommes et de femmes qui peuplent les tombes étrusques de Bomarzo se sont animées, et nous ont pris, Julia et moi, dans leurs danses, m'offrant en imagination ce que la réalité m'avait refusé.*

Les tentatives manquées que fait Pier Francesco pour consommer son mariage sont symbolisées par la substitution provisoire de la personne de Pantasilea à celle de Julia; entre le monologue où il exprime sa frustration et la lamentation brève et violente sur l'impossibilité de posséder sa femme sinon en rêve, se déroule un ballet érotique, sur une musique aléatoire.

Le sol dièse de la fin du cri de Pier Francesco, « Dios mio », devient le point de départ d'un interlude choral aléatoire, censé « produire l'impression que le cri de Pier Francesco est prolongé par le chœur et l'orchestre ».

Scène 12. Le Minotaure. *Comme un fou, j'ai quitté la chambre et j'ai longé ce couloir où étaient alignés les bustes d'empereurs romains, jusqu'à arriver à la sculpture centrale, le Minotaure. Je sentais la fierté des Orsini autour de moi, et, au moment où j'ai reconnu mon défunt père dans l'image sinistre du Minotaure, j'ai embrassé ses lèvres de marbre. Bomarzo tremblait de passion, et pourtant je trouvais ma seule consolation auprès de ce frère si doux.*

Au moment où Pier Francesco entre, il reprend le sol dièse soutenu de sa lamentation, puis il chante à l'adresse du Minotaure. Ensuite dans une dernière strophe, après avoir dérangé un couple d'amants à moitié nus, il embrasse le corps de marbre comme seul refuge de ses lèvres, de sa passion, de ses doutes. L'interlude est une belle villanelle chorale sans accompagnement.

Scène 13. Maerbale. *Je ne pouvais effacer de mon esprit furieux le soupçon que Julia et Maerbale me trompaient. Pour m'assurer que c'était vrai, Silvio de Narni est allé persuader Maerbale que Julia l'attendait sur la loggia. Nicolas Orsini, le fils de mon frère, observait également. Ils se sont embrassés, et Nicolas, sentant le danger, a prévenu son père qu'il devait partir. Sur mon ordre, Abul l'a poursuivi avec son poignard. C'est ainsi que Maerbale a trouvé sa fin.*

Il y a un court duo pour Maerbale et Julia, et la scène se termine par le meurtre de Maerbale et les cris de Julia et de Maerbale lorsque Pier Francesco embrasse violemment sa femme. L'interlude est une évocation sauvage du crime de Pier Francesco.

Scène 14. L'Alchimie. *Silvio de Narni avait consacré toutes ces années à chercher dans son laboratoire la formule qui me permettrait de gagner l'éternité, et il avait fini par la trouver. Autour de nous, dans le laboratoire de Silvio, il y avait des statues de toutes les couleurs d'alchimistes célèbres, et il me semblait que ces formes horribles dansaient furieusement autour de lui. Je ne m'étais pas aperçu que Nicolas nous observait. Il avait juré de venger son père.*

A mesure que la scène de l'invocation croît en intensité, le chœur ajoute ses voix aux exhortations de Silvio, et la dernière partie de la scène est précédée par cette injonction à l'intention des choristes : « Chaque chanteur du chœur peut choisir librement l'ordre dans lequel il utilise des mots donnés, en les criant et les articulant sur des rythmes lâches et discontinus, pour créer une atmosphère de chaos. » Le dernier interlude est une espèce de thème pour la mort du duc.

Scène 15. Le jardin des Monstres. *Et maintenant, car Nicolas Orsini a mélangé du poison à la potion de l'immortalité, je sais que je vais mourir. Les monstres de Bomarzo veillent sur le duc que la vie aban donne. Je ne mourrai pas ! Je ne peux pas mourir ! Mes yeux se ferment. Le berger est revenu, et il m'embrasse sur le front. Bomarzo me pardonne. Mon cœur ne bat pas, et pourtant je*
me lève et je marche, les bras ouverts, vers les monstres — mon immortalité.

La musique rappelle celle de la scène 1, tandis que le chœur donne un écho aux râles mortels de Pier Francesco. Le petit berger, qui pense que le duc s'est peut-être endormi, termine l'opéra comme il l'a commencé.

Bomarzo, écrivait le critique Robert Jacobson dans le *Saturday Review,* « est régi par une structure rigide, qui commence par la division en quinze scènes (séparées par quatorze interludes) dont chacune est divisée en trois microstructures qui reproduisent la forme classique grecque de l'exposition, la crise et la conclusion. » Son emploi par moments du sérialisme post-webernien a su éviter, selon le même critique, la grisaille que l'on trouve souvent dans les opéras dodécaphoniques, et le résultat, écrivait Irving Lowens dans le *Evening Star* de Washington, lors de la création, « est un chef-d'œuvre que *Rodrigo* laissait déjà présager ». Une presse aussi élogieuse n'a pas empêché la production d'être bannie du pays natal du compositeur, l'Argentine, où elle avait été acceptée par le Teatro Colón pour être ensuite rejetée par un décret du maire, qui avait manifestement dû lire les comptes rendus américains ! Toute cette affaire ne semble pas dépourvue de lien avec la visite officielle, peu de temps avant, du président Ongario, lors d'une présentation dans le même théâtre, du ballet de Stravinsky, *le Sacre du Printemps* : « Si vous me présentez encore quelque chose d'aussi sale, je ferai fermer ce théâtre », fut, dit-on, sa réaction.

H.

28. L'Opéra danois

CARL AUGUST NIELSEN
(1865-1931)

Saul og David
Saül et David

Opéra en 4 actes de Carl August Nielsen; texte de E. Christiansen. Créé au Th. Royal de Copenhague, 29 novembre 1902, avec Niels Juel Simonsen (Saül), Peter Cornelius (Jonathan), Helge Nissen (Samuel), Vilhelm Herold (David), Emilie Ulrich (Michal), Elisabeth Dons (La Sorcière d'Endor), dir. Nielsen. Reprises 1912, 1929; nouvelle production 1934 et 1962, dir. Johan Hye-Knudsen; Göteborg, 1928, avec Flagstad (Michal); Stockholm, 1930; avec Jussi Bjoerling, dir. Armas Järnefelt; B.B.C., Glasgow, 1959 (en angl.), dir. Ian Whyte; Union Européenne de Radio, 1972, (en angl.), avec Boris Christoff, Willy Hartmann, Michael Langdon, Alexander Young, Elisabeth Söderström, dir. Horenstein.

PERSONNAGES

SAÜL, *roi d'Israël* (baryton); JONATHAN, *son fils* (ténor); MICHAL, *sa fille* (soprano); DAVID, *un jeune berger* (ténor); SAMUEL, *un prophète* (basse); ABNER, *capitaine de la Garde du Roi* (basse); LA SORCIÈRE D'ENDOR (mezzo-soprano); ABISAY, *un suivant de David* (ténor).

Chœur, jeunes filles, prêtres, guerriers et peuple.

De 1889 jusqu'au milieu du mois de juin 1905, Carl Nielsen était second violon à l'orchestre du Théâtre Royal de Copenhague, et ses deux opéras (à l'exception du 3e acte de *Maskarade*) ont été composés, pendant cette période, entre sa 33e et sa 34e année. En 1890, lors d'un voyage d'études en Allemagne, il alla directement à Dresde et se plongea dans la musique de Wagner. Son premier opéra, *Saül og David*, fut écrit entre 1898 et 1901, c'est-à-dire juste avant sa IIe symphonie, *De Fire Temperamenter* (*Les Quatre Tempéraments*), qui fut publiée en 1902. Il dit que le sujet de *Saül og David* « m'a préoccupé et m'a hanté, si bien que pendant de longues périodes je ne pouvais pas m'en libérer, quel que fût l'endroit où je me trouvais — même lorsque j'étais assis dans l'orchestre avec mon deuxième violon, occupé à jouer des ballets ou des vaudevilles ».

Le compositeur et le librettiste ont fait de Saül une figure tragique, ayant l'intelligence et le courage de remettre en questions les idées reçues et les superstitions d'une société primitive, en opposition à la figure naturelle de David, qui accepte l'ordre existant et qui y croit.

Un bref et brillant prélude martial nous conduit directement au cœur de l'action. Devant la demeure de Saül dans Gilgal, des prêtres et des Israélites attendent avec le roi et son fils Jonathan l'arrivée de Samuel, qui seul peut offrir le sacrifice divin, pour que leur résistance à l'armée des Philistins soit bénie du Tout-Puissant. Incapable de supporter cette attente, Saül s'en prend impatiemment aux prêtres, leur ordonne d'achever les préparatifs, et célèbre lui-même l'office religieux. Les voix des solistes, tantôt rendues incohérentes par la peur, tantôt suppliant le roi, s'opposent à l'arrière-plan aux prières et aux préparatifs que font les prêtres et le peuple.

La voix de Samuel interrompt le sacrifice, reproche au roi sa présomption, et déclare qu'aux yeux de Dieu il est proscrit et indigne de son royaume, bien que Saül l'assure de son repentir. Le peuple et Jonathan se joignent à Saül, mais Samuel est intransigeant : le règne de Saül est terminé, un esprit malin le possédera, mais le royaume d'Israël s'épanouira après son départ. Jonathan essaie de le réconforter, mais Saül est abattu et, dans sa solitude, entre en communication avec le Seigneur des Armées, qu'il considère maintenant comme un ennemi à défier et à vaincre. Son monologue superbe, à la manière de Iago, se termine sur un accent de soumission, au moment où Jonathan revient, ramenant avec lui son ami, le jeune berger David. Le chant de David charme le roi et le réconforte, il le prie de rester avec lui comme son hôte.

David raconte à la fille de Saül, Michal, qu'il est amoureux d'elle depuis qu'il l'a vue se baigner avec ses suivantes dans le ruisseau.

Acte II. Prélude martial, d'un caractère plus formel que celui de l'acte I. Pendant que David chante pour Saül, Abner vient annoncer que l'approche de l'armée des Philistins exige que le roi agisse sans plus attendre, malgré la victoire récente de son fils Jonathan sur un détachement ennemi. Goliath, le champion des Philistins, un géant d'allure féroce, a mis les Israélites au défi de nommer un homme pour l'affronter en un combat singulier; le peuple du perdant sera assujetti à celui du vainqueur. Saül hésite à relever le défi, mais David se propose, il refuse l'épée et l'armure du roi, et s'arme de sa fronde et de cinq petites pierres lisses prises dans la rivière. Il dit adieu à Michal et s'en va.

Le déroulement du combat est suivi à travers l'imagination de Michal et de ses suivantes; elles commencent par appréhender une défaite sanglante, puis entrevoient la possibilité d'une victoire, et finissent par voir vraiment un messager, c'est Jonathan qui apporte la nouvelle du triomphe de David sur Goliath. Un chœur d'action de grâces annonce le retour des guerriers israélites, David et Saül à leur tête, et le roi donne à David sa fille Michal en mariage. Tout le monde se réjouit, mais lorsqu'il entend crier « Saül en a tué des milliers et David des dizaines de milliers », la joie de Saül se transforme en amertume. Le silence gagne la foule, David s'efforce d'apaiser la mélancolie du roi en chantant, Saül lance son javelot sur lui et le bannit, David refuse de se soumettre au roi.

Acte III. Un nocturne plaintif, à 12/8, nous conduit au campement de Saül, la nuit. Jonathan et Michal, dans un des passages lyriques les plus séduisants de la partition, regrettent l'absence de David, avant de s'endormir à leur tour. Tout à coup David, avec son suivant Abisay, arrive. Il s'approche de Saül, endormi sans défense, et prend la lance et la cruche d'eau qui sont à côté de lui. Puis David crie pour réveiller Abner et la Garde du roi. Face à sa loyauté sans bornes, Saül ne peut plus demeurer hostile, et il le reprend dans ses bras. Dans un grand ensemble polyphonique impressionnant, le peuple est témoin de leur serment d'amitié. Mais l'arrivée de Samuel remplit Saül d'une nouvelle appréhension. Samuel raconte sa vision : Dieu lui a ordonné de proclamer David roi des Israélites, et il l'oint solennellement avant de tomber mort. Saül essaye de réaffirmer sa souveraineté, il ordonne à ses soldats de s'emparer de David, ainsi que de Michal; mais ses sujets refusent son autorité, et David et Michal s'en vont sans qu'on ait porté la main sur eux.

Acte IV. Rapide prélude, un solo d'alto sert d'introduction. Saül et Abner viennent consulter la sorcière d'Endor. Elle leur assure que s'ils veulent invoquer l'esprit de Samuel parmi les morts, ils doivent se voiler la face pour ne pas le voir. Lorsqu'il arrive, accompagné de trombones,

c'est pour prédire la mort de Saül et de ses fils entre les mains des Philistins. A la fin d'une scène impressionnante, des soldats viennent chercher Saül pour qu'il les mène contre l'ennemi qui avance.

Un prélude, qui représente la bataille acharnée, conduit à la dernière scène, qui se passe sur le mont Gilboa. Jonathan, blessé et mourant, est soutenu par Abner. Saül est également blessé. Jonathan, avant de mourir, déclare que David est « béni par le Seigneur ». Saül, dans un *arioso* splendide, exige d'Abner qu'il le tue, pour ne pas tomber aux mains des ennemis, et, maudissant Dieu, il retourne son épée contre lui-même. David arrive avec Michal et quelques survivants israélites et, tous ensemble, dans une musique qui évoque presque Haendel, pleurent Saül et Jonathan, et proclament David roi, choisi par Dieu.

H.

Maskarade
Mascarade

Opéra en 3 actes de Carl Nielsen; liv. de Vilhelm Andersen, d'après la pièce de Ludvig Holberg. Créé à Copenhague, 11 novembre 1906, avec Emilie Ulrich/ Ingebord Norregaard-Hansen (Leonora), Ida Moller/Margrethe Lindrop (Pernille), Karl Mantzius (Jeronimus), Joanna Neiiendam (Magdelone), Hans Kierulf (Leander), Peter Jerndoff (Leonard), Helge Nissen (Henrik), Lars Knudsen (Arv), dir. Nielsen. Souvent repris à Copenhague. La 100ᵉ eut lieu en 1946, et en 1965 il y eut une nouvelle production, dir. John Frandsen. Création en Amérique, St Paul, 1972.

PERSONNAGES

JERONIMUS, *un citoyen de Copenhague* (basse); MAGDELONE, *sa femme* (mezzosoprano); LEANDER, *leur fils* (ténor); HENRIK, *le valet de Leander* (baryton-basse); ARV, *le valet de Jeronimus* (ténor); M. LEONARD, *un citoyen de Copenhague* (baryton-ténor); LEONORA, *sa fille* (soprano); PERNILLE, *la bonne de Leonora* (soprano); UN VEILLEUR DE NUIT (basse); UN SERGENT DE VILLE (baryton); UN VENDEUR DE MASQUES (baryton); UN PROFESSEUR (basse); UNE MARCHANDE DE FLEURS (soprano); LE MAÎTRE DE CÉRÉMONIE (baryton-basse); UN PROFESSEUR DE DANSE, SA FIANCÉE (danseurs).

Etudiants, officiers, jeunes filles, hommes et femmes masqués.

Copenhague au printemps 1723.

En 1905 Nielsen se mit à travailler à *Maskarade*, une adaptation de la comédie écrite par Holberg en 1724. L'influence de l'opéra-comique et du style français est sensible, comme l'a dit Jürgen Balzer dans un essai publié à l'occasion du centenaire de Nielsen en 1965. Mais, en écoutant la musique, il est difficile de ne pas croire que le compositeur a entendu — et aimé — le *Falstaff* de Verdi, avant de commencer sa propre comédie. Il s'est manifestement intéressé davantage aux possibilités musicales qu'offrait la situation plutôt qu'à celles qui pouvaient provenir des personnages, mais le résultat n'en est pas moins une œuvre charmante et brillante.

Acte I. Après une ouverture étincelante, dont l'arabesque initiale deviendra le motif de la Mascarade, le rideau se lève sur une pièce de la maison de Jeronimus, dans l'après-midi. Leander, le fils de Jeronimus, s'était rendu à une Mascarade[1] avec son valet Henrik, et leur réveil est difficile. Henrik rêve qu'il danse et fait signe à l'orchestre de jouer un cotillon; Leander, au contraire, sur une musique très lyrique, salue la lumière du jour et se rappelle les aventures de la nuit précédente. Il est amoureux d'une inconnue et ils devront retourner à la Mascarade pour la retrouver. Malheureusement, son père a promis que Leander épouserait Léonora, la fille de M. Léonard. Leander n'a évidemment jamais rencontré la jeune fille. Sur un air spirituel, Henrik lui fait remarquer que la loi est sévère pour ceux qui renoncent à leurs engagements.

Magdelone, la mère de Leander, entre. Elle envie beaucoup Leander d'être allé à cette Mascarade. Elle commence une gavotte, mais il y a un changement de mesure binaire en mesure tertiaire pour des *Folies d'Espagne*, et l'association des deux en fait une scène charmante.

Jeronimus soupçonne sa femme de vouloir aller à la Mascarade, et l'envoie dans sa chambre. Henrik ébruite la nouvelle de l'aventure de Leander, et Jeronimus, seul, dans un monologue plus nostalgique que passionné, regrette le bon vieux temps où la discipline était respectée, et où tout le monde est couché à neuf heures.

M. Leonard arrive et explique à Jeronimus que sa fille Leonora ne veut plus se marier. Les deux pères cherchent une solution pour éviter le scandale. Jeronimus demande à Arv, un serviteur particulièrement stupide, de surveiller la maison cette nuit pour que personne n'en sorte, et il envoie chercher Leander.

Sommé de s'expliquer sur leur conduite éhontée de la nuit précédente, Henrik se distingue en se lançant, sur un air extrêmement enjoué, non seulement dans la défense de leur position, mais aussi dans une plaidoirie pour les rares plaisirs laissés à un valet; sa rébellion s'exprime aussi bien dans le caractère que dans le contenu de son air, et seule sa gaieté l'empêche d'être franchement révolutionnaire. M. Leonard éprouve un peu de sympathie pour les deux jeunes gens, mais Jeronimus exige que Leander présente ses excuses à M. Leonard, et commence à les lui dicter. Lorsqu'il en arrive à la promesse d'épouser la fille de M. Leonard, Leander se rebelle. Le finale, un quintette très animé pour voix d'hommes, est bâti sur le refus réitéré de Leander de céder; il ne veut ni se marier ni rester à la maison ce soir-là.

Acte II. Dans la rue qui sépare le théâtre illuminé de la maison de Jeronimus. Bien que le sujet de cet acte soit avant tout les efforts de tout

---

1. Un bal de carnaval ouvert à toutes les classes de la population, et où il faut se rendre masqué.

un chacun pour se rendre à la Mascarade, le compositeur y a ajouté une certaine puissance lyrique, dès le nocturne, qui sert de prélude, en évoquant de façon très poétique la Copenhague du XVIIIe siècle. Il y a des airs pour le veilleur de nuit et un pour Arv, qui se trouve face à face avec ce qui semble être un fantôme, qui l'invite à confesser ses péchés car il doit bientôt mourir. Arv avoue tous ses péchés : il a volé de la farine, du vin et a séduit la cuisinière. Ce n'est que lorsque le fantôme commence à ricaner qu'Arv reconnaît Henrik déguisé. S'il ne veut pas que tout cela soit répété, Arv devra fermer les yeux lorsque Henrik et son maître iront cette nuit à la Mascarade.

D'ailleurs, il semble que ce soit la destination de la moitié de la population. Arv reconnaît M. Leonard au moment où il quitte la maison de Jeronimus. Après lui arrivent Henrik et Leander, au comble du bonheur, lorsque Leonora (dont il ignore toujours la véritable identité) suit, accompagnée par sa bonne Pernille.

Ils sont dérangés par des bruits venant de la maison de M. Jeronimus, il a découvert l'absence de Henrik et de Leander, et sûr de les trouver à la Mascarade, il cherche un déguisement pour s'y rendre. Il va l'acheter avec Arv (l'air du vendeur de masques est l'une des nombreuses petites coupes apparemment autorisées par le compositeur). Mme Magdelone entre alors, ainsi que M. Leonard, lui aussi en quête d'aventures. Ils se rencontrent, déguisés, et décident d'aller ensemble à la Mascarade. Jeronimus et Arv, accoutrés respectivement en Jupiter et en Cupidon, en font autant, avant que le veilleur de nuit, comme dans Wagner, ne s'attribue le dernier mot.

Acte III. Le grand hall du théâtre. Nous sommes plongés au cœur de la fête, presque sans aucun prélude. Il y a un charmant petit trio pour voix de femmes, et Leander chante son bonheur d'être avec sa Leonora; ils vont même jusqu'à échanger leurs noms. Le duo[1] de Henrik et de Pernille est une parodie volontaire de ce qu'ont chanté leur maître et leur maîtresse, mais qui n'en est pas moins chaleureuse. C'est bientôt le tour de Mme Magdelone et de M. Leonard; celle-ci déclare qu'elle n'est pas mariée, mais refuse d'ôter son masque. M. Jeronimus, à la recherche de Leander, interrompt leur amourette sans savoir qui ils sont.

Une dispute menace d'éclater entre des étudiants et des soldats, mais le maître de cérémonie annonce alors le début des divertissements de la soirée, et la première danse est la très animée *Hanedansen* (la danse du Coq), fragment de la partition le mieux connu. Henrik découvre que Jeronimus est là, portant le masque de Bacchus, et il parvient à l'enivrer.

Le numéro suivant de la soirée est destiné au professeur de danse et à sa fiancée, qui jouent l'histoire de Mars et de Vénus sur une gracieuse musique de valse. Jeronimus, entraîné dans une ronde, fait des avances à la danseuse.

Le maître de cérémonie invite chacun à ôter son masque. Mme Magdelone et M. Leonard se reconnaissent; Leonora et Leander, qui sont tombés amoureux par hasard, se révèlent être ceux dont le mariage était prévu. Seul M. Jeronimus ne comprend pas que ce dénouement réjouisse tout le monde. Les explications qu'on lui donne sont noyées dans un galop final, au cours duquel Henrik, à la manière de Puck, sollicite les applaudissements.

H.

---

1. Qui est titré *Canzone Parodia* dans la partition.

COMPOSITION DE L'ORCHESTRE
DANS L'OPÉRA FRANÇAIS

En prenant pour point de départ de cette période la date de 1669, date de fondation de l'Académie Royale de Musique par Louis XIV, le premier opéra représenté était *Pomone* de Cambert, et la première période prise en considération celle de Lulli (1671-1697), la composition de l'orchestre est, *en général*, la suivante :

— 6 parties de cordes (réduites, presque toujours, à 5 ou 3 parties).
— Basse continue (clavecin et basses) pour les récits.
— Très rarement, trompettes, timbales...

Pendant la période de Lulli et celle de Campra (1697-1733), l'instrumentation est la suivante :

— Premier et second dessus de violon, en clef de sol (1re ligne).
— Haute-contre de violon, clef d'ut (2e ligne).
— Quinte (puis Alto), et souvent Basse de violon, clef d'ut (3e ligne).
— Basse continue, clef de fa (4e ligne).
— Premier et second dessus de flûte, premier et second dessus de hautbois, jouant la même partie que les premier et second dessus de violon.
— Basson, comme la basse.

La contre-basse apparaît dans l'orchestre en 1716, dans les *Festes de l'Eté* de Monteclair.

L'orchestre de Rameau (1733-1774) accorde une plus grande importance à la symphonie. Les flûtes, les hautbois et les bassons sont individualisés. Les cors, les trompettes et les timbales ont également une partie distincte.
La clarinette apparaît à la fin de cette époque.

C'est avec les œuvres de Gluck (1774-1807) que l'orchestre moderne commence à se constituer.
Le trombone est introduit dans l'orchestre : les cymbales sont employées à part : les percussions sont au complet.

EXEMPLES DE FORMATION D'ORCHESTRE

HAENDEL, « Jules César » (1724).

Flûtes ; 4 hautbois ; 4 bassons ; 2 corps ; 2 trompettes ; harpe ; violons ; altos ; violoncelles ; 1 ou 2 clavecins.

Musique de scène :

Hautbois ; basson ; 2 violons ; alto ; violoncelles ; viole de Gambe ; harpe.

WOLFGANG A. MOZART, « Don Juan », (1787).

2 flûtes ; 2 hautbois ; 2 clarinettes ; 2 bassons ; 2 cors ; 2 trompettes ; 3 trombones ; timbales ; mandoline ; premiers violons ; deuxièmes violons ; altos ; violoncelles ; contrebasse.

Musique de scène :

5 groupes de musique de scène avec cordes, bois et trombones distributions différentes.

WOLFGANG A. MOZART, « Cosi fan Tutte », (1790).

2 flûtes ; 2 hautbois ; 2 clarinettes ; 2 bassons ; 2 corps ; 2 trompettes ; 2 timbales ; premiers violons ; deuxièmes violons ; altos ; violoncelles ; contrebasse.

Sur scène :

1 tambour militaire.

Ludwig van Beethoven, « Fidelio », (1805).

> 1 flûte piccolo ; 2 flûtes ; 2 hautbois ; 2 clarinettes ; 2 bassons ; 1 contre-basson ; 4 cors ; 2 trompettes ; 2 timbales ; premiers violons ; deuxièmes violons ; altos ; violoncelles ; contrebasse.

Gioacchino Rossini, « Le Barbier de Séville » (1816).

> 2 flûtes piccolos ; 2 flûtes ; 2 hautbois ; 2 clarinettes ; 2 bassons ; 2 cors ; 2 trompettes ; timbale ; grosse caisse ; sistres ; guitare ; pianoforte ; premiers violons ; deuxièmes violons ; altos ; violoncelles ; contrebasses.

Richard Wagner, « Le Vaisseau Fantôme » (1843).

> Flûte piccolo ; 2 flûtes ; 2 hautbois ; cor anglais ; 2 clarinettes ; 2 bassons ; 4 cors ; 2 trompettes ; 3 trombones ; tuba ; timbales ; tam tam ; harpes ; premiers violons ; deuxièmes violons ; altos ; violoncelles ; contrebasses.

Musique de scène :

> 3 petites flûtes ; 6 cors.

Richard Wagner, « Le Crépuscule des Dieux » (1874)

> 1 piccolo ; 3 flûtes ; 3 hautbois ; 1 cor anglais ; 3 clarinettes ; 1 clarinette basse ; 3 bassons ; 8 cors ; 2 tuba Wagner ; 2 tuba basse ; 1 contrebasse ; 3 trompettes ; 1 trompette basse ; 3 trombones ; 1 trombone contrebasse ; 4 timbales ; 1 triangle ; 2 cymbales ; 1 glockenspiel ; 6 harpes ; 16 premiers violons ; 16 deuxièmes violons ; 12 altos ; 12 violoncelles ; 8 contrebasses.

Giuseppe Verdi, « La Force du Destin » (1862).

> Piccolo ; flûte ; 2 hautbois ; 2 clarinettes ; 2 bassons ; 4 cors ; 2 trompettes ; 3 trombones ; cimbasso ; timbales ; tambour ; grosse caisse ; 2 harpes ; orgue ; premiers violons ; deuxièmes violons ; altos ; violoncelles ; contrebasses.

Giuseppe Verdi, « Othello » (1887).

> 3 flûtes (la 3e aussi piccolo) ; 2 hautbois ; cor anglais ; 2 clarinettes ; clarinette basse ; 4 bassons ; 4 cors ; 2 cornets ; 2 trompettes ; 3 trombones ; trombone basse ; timbales ; cymbales ; tam tam ; grosse caisse ; harpes ; premiers violons ; deuxièmes violons ; altos ; violoncelles ; contrebasses.

Modeste Moussorgski, « Boris Godounov » (1874)

> 3 flûtes (la 3e aussi piccolo) ; 2 hautbois (le 2e aussi cor anglais) ; 2 clarinettes ; 2 bassons ; 4 cors (en fa) ; 2 trompettes (en si bémol) ; 1 trompette (en fa) en

coulisses ; 3 trombones , 1 tuba ; timbales ; grosse caisse ; caisse claire ; cymbales ; tambourin ; tam tam ; harpe ; piano à 4 mains ; cordes.

EMMANUEL CHABRIER, « Une Education manquée » (1879).

1 piccolo , 1 flûte , 1 hautbois ; 1 clarinette ; 1 basson ; 1 cor ; 1 piston ; timbales ; cordes par 4.

RICHARD STRAUSS, « Elektra » (1909)

4 flûtes ; 3 hautbois ; 1 cor anglais ; 1 heckelphone ; 1 clarinette en mi bémol ; 4 clarinettes en la ; 2 cors de basset ; 1 clarinette basse ; 3 bassons ; 1 contrebasson ; 8 cors ; 2 tuba en si ; 2 tuba en fa ; 6 trompettes ; 1 trompette basse ; 3 trombones ; 1 trombone contrebasse ; 1 tuba basse ; 2 harpes ; 8 premiers violons ; 8 deuxièmes violons ; 8 troisièmes violons ; 6 premiers altos ; 6 deuxièmes altos ; 6 troisièmes altos ; 6 premiers violoncelles ; 6 deuxièmes violoncelles ; 8 contrebasses ; percussion.

RICHARD STRAUSS, « Ariane à Naxos » (1916).

2 flûtes (aussi piccolo) ; 2 hautbois ; 2 clarinettes ; 2 bassons ; 1 trompette ; 1 trombone ; 6 violons ; 4 altos ; 4 violoncelles ; 2 contrebasses ; 2 harpes ; celesta ; timbales ; percussion ; piano ; harmonium ; glockenspiel.

CLAUDE DEBUSSY , « Le Martyre de saint Sébastien » (1911).

2 flûtes piccolo ; 2 grandes flûtes ; 2 hautbois ; 1 cor anglais ; 3 clarinettes (en si bémol) ; 1 clarinette basse (en si bémol) ; 3 bassons ; sarrussophone ; 6 cors chromatiques (en fa) ; 3 trompettes ; 1 trombone ; 1 tuba ; 4 timbales ; grosse caisse ; cymbales ; tam tam ; celesta ; 3 harpes ; quintette à cordes.

LEOS JANACEK, « Jenufa » (1916).

Flûte piccolo ; 2 flûtes ; 2 hautbois ; cor anglais ; 2 clarinettes ; clarinette basse ; 2 bassons ; contrebasson ; 4 cors ; 2 trompettes ; 3 trombones ; tuba basse ; timbales ; percussion ; harpe ; cordes.

Musique de scène :

Quintette à cordes ; 2 cors ; glockenspiel ; trompette d'enfant.

BENJAMIN BRITTEN, « Peter Grimes » (1945).

2 flûtes (aussi piccolo) ; 2 hautbois (le 2e aussi cor anglais) ; 2 clarinettes ; 2 bassons ; 4 cors ; 3 trompettes ; 3 trombones ; tuba ; timbales ; percussion ; celesta ; harpe ; cordes.

Musique de scène :

2 clarinettes ; percussion ; violon solo ; contrebasse solo.

ARNOLD SCHOENBERG, « Moïse et Aaron » (1954).

3 flûtes (aussi piccolo) ; 3 hautbois (le 3e aussi cor anglais) ; 1 petite clarinette (en mi bémol) ; 2 clarinettes (en si bémol et en la); 2 bassons ; 1 contrebasson ; 4 cors (en fa) ; 3 trompettes en ut ; 3 trombones ; 1 tuba ; timbales ; percussion ; harpe ; piano ; celesta ; 2 mandolines.

FRANCIS POULENC, « Le Dialogue des Carmélites » (1957).

1 flûte piccolo ; 2 flûtes ; 2 hautbois ; 1 cor anglais ; 2 clarinettes (en si bémol) ; 3 bassons (le 3e aussi contrebasson) ; 4 cors ; 3 trompettes ; 3 trombones ; 1 tuba ; timbales ; 2 harpes ; 1 piano ; percussion ; quintette à cordes.

HANS WERNER HENZE, « Elégie pour de jeunes amants » (1961).

1 flûte (aussi flûte piccolo, flûte contralto et flûte à bec alto) ; 1 cor anglais (aussi hautbois) ; 1 clarinette en si bémol (aussi clarinette basse) ; 1 saxophone contralto en si bémol ; 1 basson ; 1 cor en fa ; 1 trompette en do et ré ; 1 trombone ; timbales ; glockenspiel ; celesta ; flexaton ; marimba ; vibraphone ; mandoline ; guitare ; harpe ; piano à queue sans couvercle ; 2 violons ; 1 alto ; 1 violoncelle ; 1 contrebasse.

Index des Compositeurs et des Librettistes